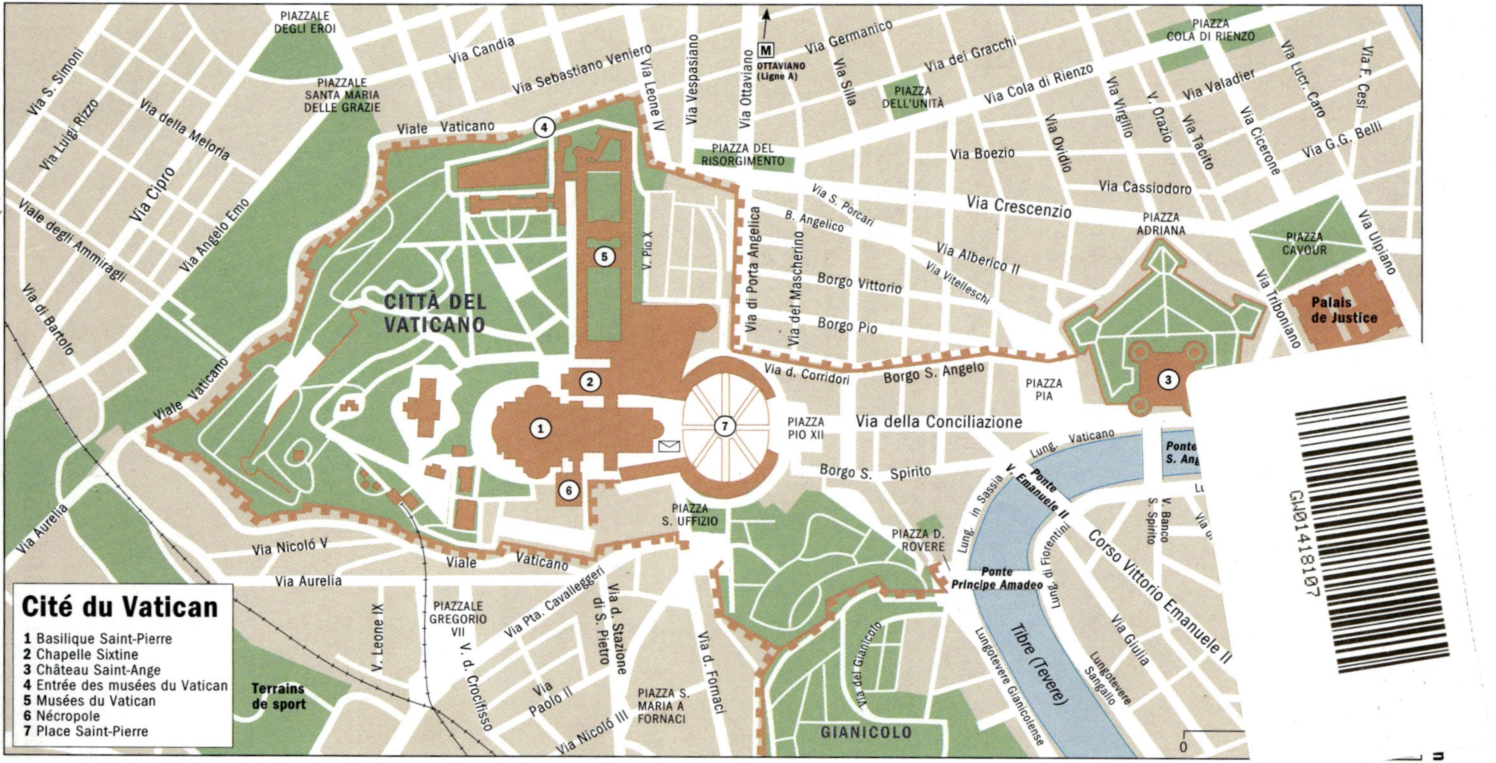
Cité du Vatican
1 Basilique Saint-Pierre
2 Chapelle Sixtine
3 Château Saint-Ange
4 Entrée des musées du Vatican
5 Musées du Vatican
6 Nécropole
7 Place Saint-Pierre
CITTÀ DEL VATICANO
GIANICOLO
Terrains de sport
Palais de Justice
Tibre (Tevere)
PIAZZALE DEGLI EROI
PIAZZALE SANTA MARIA DELLE GRAZIE
PIAZZA DEL RISORGIMENTO
PIAZZA DELL'UNITÀ
PIAZZA COLA DI RIENZO
PIAZZA ADRIANA
PIAZZA CAVOUR
PIAZZA PIA
PIAZZA PIO XII
PIAZZA S. UFFIZIO
PIAZZA D. ROVERE
PIAZZALE GREGORIO VII
PIAZZA S. MARIA A FORNACI
OTTAVIANO (Ligne A)
Via Candia
Via Sebastiano Veniero
Via Leone IV
Via Vespasiano
Via Ottaviano
Via Germanico
Via Silla
Via dei Gracchi
Via Cola di Rienzo
Via Virgilio
V. Orazio
Via Valadier
Via Tacito
Via Lucr. Caro
Via Cicerone
Via F. Cesi
Via G.G. Belli
Via Ovidio
Via Boezio
Via Cassiodoro
Via Crescenzio
Via Ulpiano
Via Triboniano
Via S. Porcari
B. Angelico
Via Alberico II
Via Vitelleschi
Via di Porta Angelica
Via del Mascherino
Borgo Vittorio
Borgo Pio
Via d. Corridori
Borgo S. Angelo
Via della Conciliazione
Borgo S. Spirito
V. Pio X
Viale Vaticano
Via S. Simoni
Via Luigi Rizzo
Via della Meloria
Via Cipro
Viale degli Ammiragli
Via Angelo Emo
Via di Bartolo
Via Aurelia
Via Nicoló V
V. Leone IX
V. d. Crocifisso
Via Pta. Cavalleggeri
Via d. Stazione di S. Pietro
Via Paolo II
Via Nicoló III
Via d. Fornaci
Via del Gianicolo
Lungotevere Gianicolense
Lungotevere Sangallo
Lung. in Sassia
Lung. Vaticano
Lung. di Fiorentini
Ponte Principe Amadeo
Ponte V. Emanuele II
Ponte S. Ang
Corso Vittorio Emanuele II
Via Giulia
V. Banco S. Spirito

PIAZZA GIUSEPPE MAZZINI
Lungo. delle Armi
L. delle Navi
L. Armado da Brescia
L. Michelangelo
Via Flaminia
Viale Medaglio d'Oro
Circonvallaz. Trionfale
Via Trionfale
Via della Giuliana
Viale Angelico
Via G. Ferrari
Via Lepanto
Viale delle Milizie
Viale Giulio Cesare
Via Barletta
Via Marcant. Colonna
Via Leone IV
Via Ottaviano
Via Germanico
Via Candia
Via Cola di Rienzo
Via Cicerone
Via Crescenzio
PIAZZA DEL POPOLO
Via di Ripetta
L.d. Mellini in Augusta
Via del Babuino
Via Margutta
Via del Corso
Via Condotti
PIAZZA AUGUSTO IMPERATORE
PIAZZA CAVOUR
Via Cipro
Via Angelo Emo
Musées du Vatican
CITÉ DU VATICAN (CITTÀ DEL VATICANO)
Basilique Saint-Pierre
Château Saint-Ange
L. Prati
(Tevere)
L. Marianzo
L. Castello
Tibre
L. di Tor di Nona
PIAZZA COLONNA
Viale Vaticano
Via Aurelia
V. S. Maria Mediatrice
Via Staz. di S. Pietro
Viale dei Coronari
Corso Vittorio Emanuele II
Corso d. Rinascimento
PIAZZA NAVONA
Pantheon
L. Gianicolense
Via Giulia
Via Gregorio VII
Via d. Cava Aurelia
Viale delle Mura Aurelia
V. Orti d'Alibert
V. di S. F. di Sales
Palazzo farnese
L. d. Farnesina
Via Arenula
JANICULE (GIANICOLO)
L. dei Vallati
L. dei Cenci
Isola Tiberina
L. Sansio
V. Garibaldi
L. dei Anguillara
Ponte Palatino
Via Aurelia Antica
S. Maria in Trastevere
Villa Doria Pamphili
TRASTEVERE
Via di S. Pancrazio
Via Giacinto Carini
V. Nicola Fabrizi
Via Glorioso
Via Dandolo
Pta. Portese
V. di S. Michele
Ponte Sublicio
Lungotevere Aventino
Viale di Trastevere
Via Marmorata
Via Vitellia
Via Fontelana
Viale di Villa Pamphili
Via dei Quattro Venti
Via Alessandro Poeria
Via Portuense
Lungotevere Testaccio
V. Giovanni Branca
Via Nicola Zabaglia
Via Galvani
Viale Zambarelli
Via di Donna Olimpia
Via Federico Ozanam
V. Cavalcanti
Parco Testaccio
Ponte Testaccio
TESTACCIO
Via Ostiense
N
0
500 m
Rome : vue d'ensemble

Villa Borghese
Via Po
Via Salaria
Viale Regina Margherita
V. Dalmazia
V. Isonzo
Via Nizza
Via Nomentana
Corso d'Italia
Via Piave
Policlinique universitaire
Via V. Veneto
Via Boncompagni
Scalinata della Trinità dei Monti
V. Ludovisi
XX Settembre
Bibliothèque nationale
Viale Regina Elena
SALARIO
Via Sistina
V. dei due Macelli
Via Barberini
Via
Via Palestro
Via dell'Università
Via del Policlinico
Via del Tritone
V. d. Quattro Fontane
PIAZZA DELLA REPUBBLICA
PIAZZA DEI CINQUECENTO
Via Castro Pretorio
Fontaine de Trevi
Stazione Termini
Via Marsala
Palazzo del Quirinale
Via Giovanni Giolitti
Via Nazionale
Via Tiburtina
Via Panisperna
Via Cavour
Via Merulana
PIAZZA VENEZIA
Via Giovanni Lanza
PIAZZA VITTORIO EMANUELE II
V. dei Fori Imperiali
Via Cavour
CAPITOLE (CAPITOLINO)
Forum
Viale Manzoni
PIAZZA DEL COLOSSEO
Via Emanuele Filiberto
V. S. Croce in Gerusalemme
V. Statilia
PIAZZA DI PTA. MAGGIORE
Via Labicana
Colisée (Colosseo)
PALATIN (PALATINO)
Via di S. Gregorio
Via Claudia
P. DI SAN GIOVANNI IN LATERANO
Parco del Celio
Via dei Cerchi
Circo Massimo
Via di S. Stefano Rotondo
Saint-Jean de Latran
Via del Circo Massimo
CAELIUS (CELIO)
Via di S. Prisca
Via dell'Amba Aradam
Via d. Laterani
Via della Navicella
Via Appia
AVENTIN (AVENTINO)
Viale Aventino
Via delle Terme
Via Aventina
Via Gallia
PIAZZA DEI RE DI ROMA
Via Druso
Viale Metronio
Via Cerveteri
Nuova
Terme di Caracalla
Viale d. Piramide Cestia
Via Etruria
Viale di Terme di Caracalla
Via Satrico
Via di Porta Latina
Via di Porta Sebastiano
Via Concordia
Viale Giotto
Viale Guido Baccelli
Via Vetulonia
Via Siria

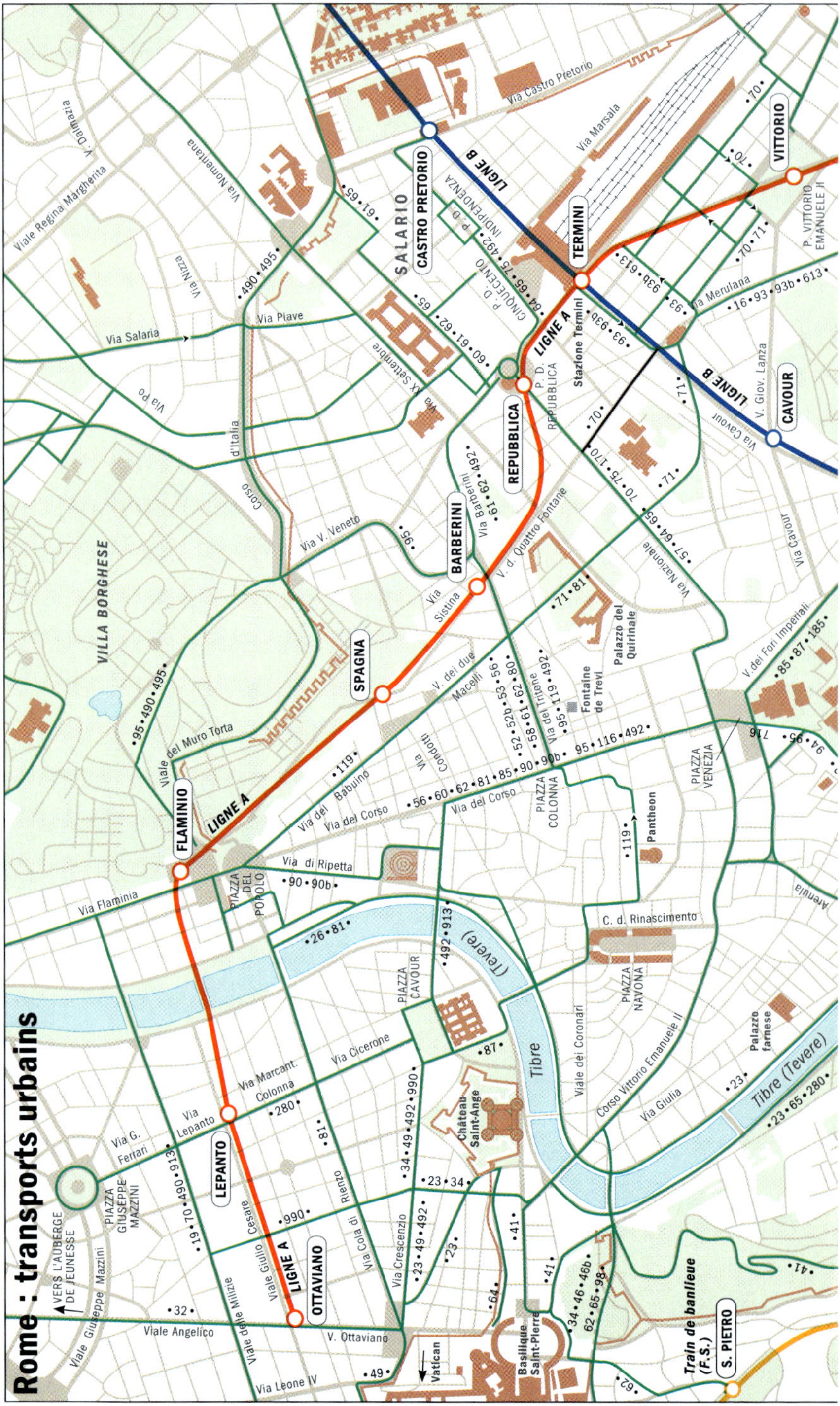
Rome : transports urbains
LIGNE A
LIGNE B
FLAMINIO
SPAGNA
BARBERINI
REPUBBLICA
TERMINI
VITTORIO
CAVOUR
CASTRO PRETORIO
LEPANTO
OTTAVIANO
S. PIETRO
Train de banlieue (F.S.)
VILLA BORGHESE
SALARIO
Stazione Termini
Via Nomentana
Via Salaria
Via Piave
Via Po
Corso d'Italia
Via V. Veneto
Via XX Settembre
Via Castro Pretorio
Via Marsala
Via Merulana
Via Cavour
Via Nazionale
Via Barberini
Via Sistina
Via del Tritone
Via del Babuino
Via del Corso
Via Condotti
Via di Ripetta
Via Flaminia
Viale del Muro Torto
Via Cicerone
Via Cola di Rienzo
Via Crescenzio
Viale delle Milizie
Viale Giulio Cesare
Via Lepanto
Via Marcant. Colonna
Via G. Ferrari
Viale Giuseppe Mazzini
Viale Angelico
V. Ottaviano
Via Leone IV
Viale Regina Margherita
Via Nizza
V. Dalmazia
Via Giulia
Corso Vittorio Emanuele II
Viale dei Coronari
C. d. Rinascimento
V. dei Fori Imperiali
V. Giov. Lanza
V. d. Quattro Fontane
V. dei due Macelli
PIAZZA DEL POPOLO
PIAZZA CAVOUR
PIAZZA COLONNA
PIAZZA VENEZIA
PIAZZA NAVONA
PIAZZA GIUSEPPE MAZZINI
P. VITTORIO EMANUELE II
P. D. REPUBBLICA
P. D. CINQUECENTO
P. D. INDIPENDENZA
Palazzo del Quirinale
Fontaine de Trevi
Pantheon
Palazzo farnese
Château Saint-Ange
Basilique Saint-Pierre
Vatican
Tibre
Tibre (Tevere)
(Tevere)
VERS L'AUBERGE DE JEUNESSE

LIGNE A
MANZONI
S. GIOVANNI
Saint-Jean-de-Latran
COLOSSEO
Colisée (Colosseo)
CIRCO MASSIMO
PIRAMIDE
OSTIENSE
TRASTEVERE
LIGNE B
Train de banlieue (F.S.)
VERS L'AÉROPORT
VERS LAURENTINA
PALATIN (PALATINO)
CAELIUS (CELIO)
AVENTIN (AVENTINO)
TESTACCIO
TRASTEVERE
JANICULE (GIANICOLO)
Forum
Teatro di Marcello
Isola Tiberina
Terme di Caracalla
Parco del Celio
Parco Testaccio
Via Emanuele Fiberto
Vle. Manzoni
V. Statilia
V. Appia
Via Cerveteri
Via Etruria
Via Concordia
Via Satrico
Via Vetulonia
Via d. Laterani
Via Gallia
Viale Metronio
Via di Porta Latina
Via di Porta Sebastiano
Via dell'Amba Aradam
Via di S. Stefano Rotondo
Via di S. Giovanni in Laterano
Via Labicana
P. D. COLOSSEO
V. Claudia
Via della Navicella
Via Druso
Viale di Terme di Caracalla
V. delle Terme
Viale Guido Baccelli
Via di S. Gregorio
Via dei Cerchi
Via del Circo Massimo
Via Aventina
Viale Aventino
Via di S. Prisca
Viale Giotto
Viale d. Piramide Cestia
Via Ostiense
Via Marmorata
Via Nicola Zabaglia
V. Giovanni Branca
Via Galvani
Viale di Trastevere
Via Glorioso
Via Dandolo
V. Nicola Fabrizi
Via Alessandro Poerio
Via Giacinto Carini
V. Cavalcanti
Via dei Quattro Venti
Viale di Villa Pamphili
Via di S. Pancrazio
Via di Donna Olimpia
85 • 87
90b • 118
118
93 • 93b • 613 • 671
90 • 90b • 118
85 • 118
94
57 • 95 • 318
11 • 15 • 27 • 118 • 673
90b • 94
15 • 90 • 90b
90
15
57 • 90 • 90b
16 • 23 • 57 • 92 • 95 • 716
13 • 23 • 57
92
11 • 92 • 715
673
8 • 280 • 170 • 97 • 75 • 44 • 26
75
41
N
0
500 m

Centre de Rome

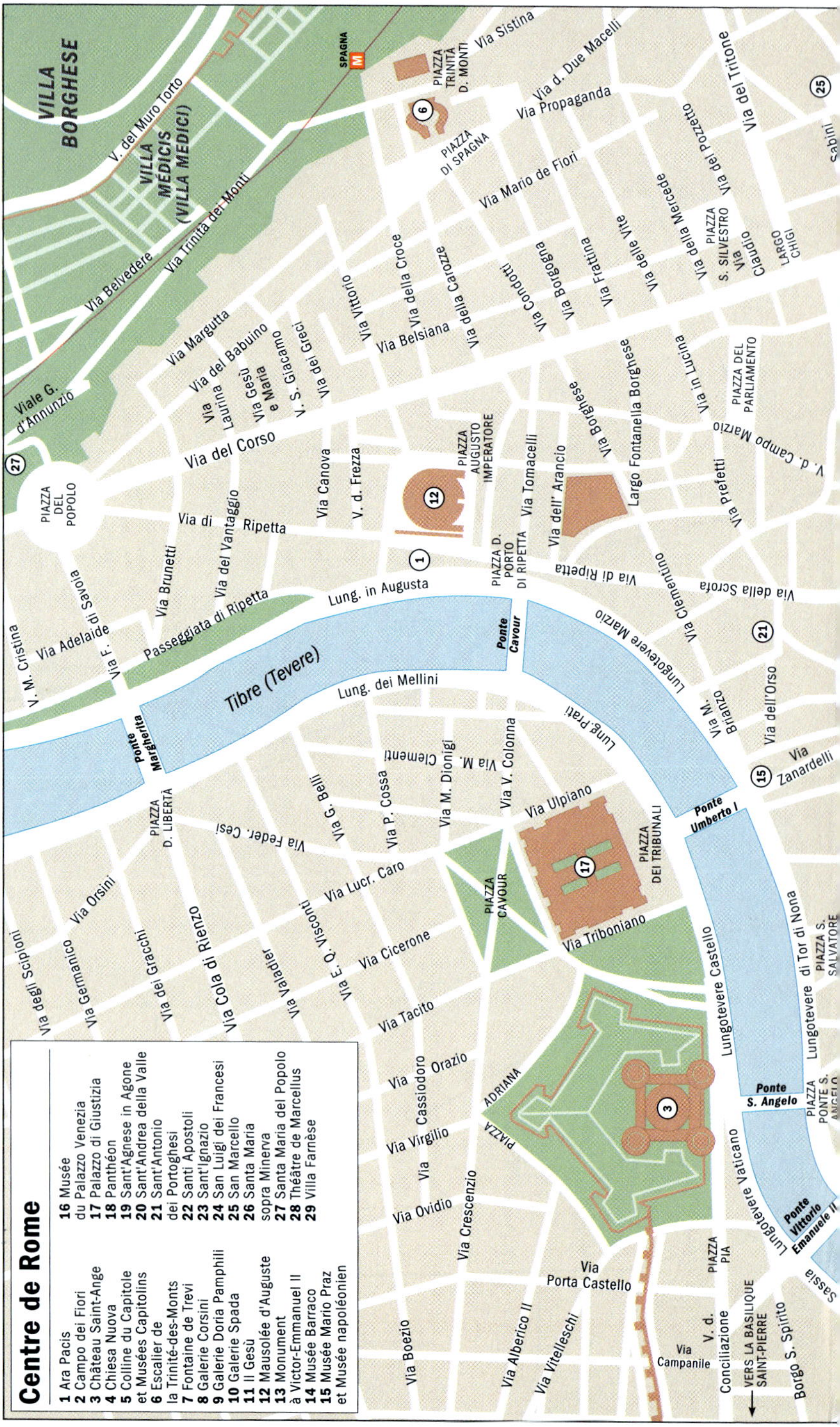
Centre de Rome
1 Ara Pacis
2 Campo dei Fiori
3 Château Saint-Ange
4 Chiesa Nuova
5 Colline du Capitole et Musées Capitolins
6 Escalier de la Trinité-des-Monts
7 Fontaine de Trevi
8 Galerie Corsini
9 Galerie Doria Pamphilj
10 Galerie Spada
11 Il Gesù
12 Mausolée d'Auguste
13 Monument à Victor-Emmanuel II
14 Musée Barraco
15 Musée Mario Praz et Musée napoléonien
16 Musée du Palazzo Venezia
17 Palazzo di Giustizia
18 Panthéon
19 Sant'Agnese in Agone
20 Sant'Andrea della Valle
21 Sant'Antonio dei Portoghesi
22 Santi Apostoli
23 Sant'Ignazio
24 San Luigi dei Francesi
25 San Marcello
26 Santa Maria sopra Minerva
27 Santa Maria del Popolo
28 Théâtre de Marcellus
29 Villa Farnèse
VILLA BORGHESE
VILLA MÉDICIS (VILLA MEDICI)
Tibre (Tevere)
PIAZZA DEL POPOLO
PIAZZA DI SPAGNA
PIAZZA CAVOUR
PIAZZA AUGUSTO IMPERATORE
Via del Corso
Ponte Margherita
Ponte Cavour
Ponte Umberto I
Ponte S. Angelo
Ponte Vittorio Emanuele II
VERS LA BASILIQUE SAINT-PIERRE

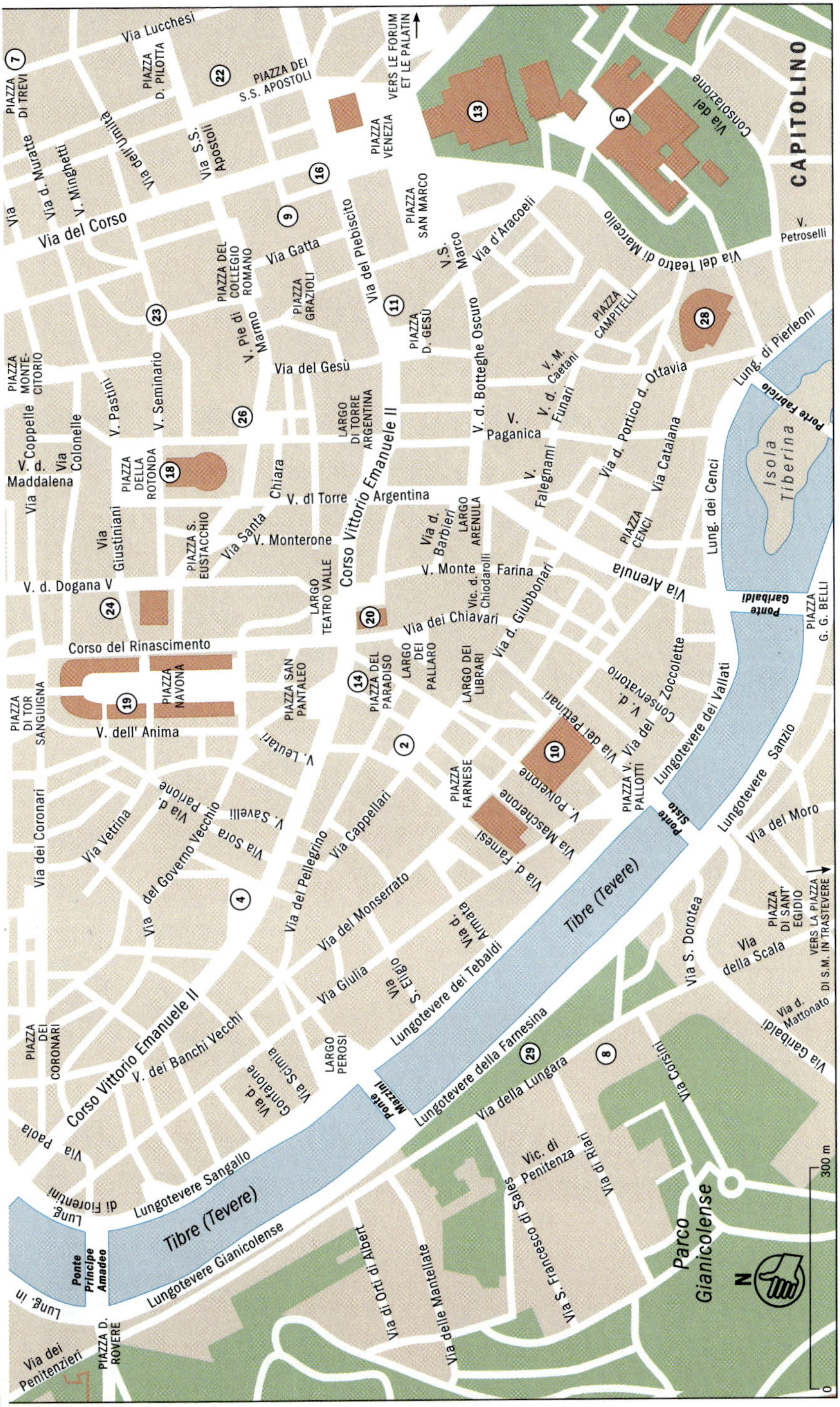
CAPITOLINO
VERS LE FORUM ET LE PALATIN
PIAZZA DI TREVI
Via Lucchesi
PIAZZA D. PILOTTA
PIAZZA DEI S.S. APOSTOLI
PIAZZA VENEZIA
Via d. Muratte
V. Minghetti
Via dell'Umiltà
Via S.S. Apostoli
Via del Corso
PIAZZA DEL COLLEGIO ROMANO
Via Gatta
Via del Plebiscito
PIAZZA SAN MARCO
V.S. Marco
Via d'Aracoeli
Via del Teatro di Marcello
Via della Consolazione
V. Petroselli
PIAZZA GRAZIOLI
PIAZZA D. GESÙ
V. Pie di Marmo
Via del Gesù
V. d. Botteghe Oscure
PIAZZA CAMPITELLI
V. M. Caetani
V. d. Funari
PIAZZA MONTECITORIO
V. Pastini
V. Seminario
Via Coppelle
V. d. Maddalena
Via Colonelle
LARGO DI TORRE ARGENTINA
Corso Vittorio Emanuele II
V. Paganica
Via d. Portico d. Ottavia
Lung. di Pierleoni
Ponte Fabricio
Isola Tiberina
PIAZZA DELLA ROTONDA
Chiara
V. di Torre Argentina
Via d. Barbieri
LARGO ARENULA
V. Falegnami
Via Catalana
Lung. dei Cenci
Via Giustiniani
PIAZZA S. EUSTACCHIO
Via Santa
V. Monterone
PIAZZA CENCI
V. d. Dogana V
LARGO TEATRO VALLE
V. Monte Farina
Vic. d. Chiodaroli
Via Arenula
Ponte Garibaldi
PIAZZA G. G. BELLI
Corso del Rinascimento
Via dei Chiavari
Via d. Giubbonari
PIAZZA NAVONA
PIAZZA SAN PANTALEO
PIAZZA DEL PARADISO
LARGO DEI PALLARO
LARGO DEI LIBRARI
V. d. Conservatorio
PIAZZA DI TOR SANGUIGNA
V. dell' Anima
V. Leutari
Via dei Pettinari
V. del Zoccolette
Lungotevere dei Vallati
Via d. Parione
V. Savelli
PIAZZA FARNESE
V. Polverone
PIAZZA V. PALLOTTI
Lungotevere Sanzio
Via dei Coronari
Via Vetrina
Via Sora
Via del Pellegrino
Via Cappellari
Via Mascherone
Ponte Sisto
Via del Moro
Via del Governo Vecchio
Via d. Farnesi
Tibre (Tevere)
Via del Monserrato
Via d. Armata
Via S. Dorotea
PIAZZA DI SANT' EGIDIO
VERS LA PIAZZA DI S.M. IN TRASTEVERE
Via della Scala
Via Giulia
Via S. Eligio
Lungotevere dei Tebaldi
Via d. Mattonato
PIAZZA DEI CORONARI
Corso Vittorio Emanuele II
V. dei Banchi Vecchi
LARGO PEROSI
Via Sciinia
Via d. Gonfalone
Ponte Mazzini
Lungotevere della Farnesina
Via della Lungara
Via Corsini
Via Garibaldi
Via Paola
Lung. di Fiorentini
Lungotevere Sangallo
Vic. di Penitenza
Via di Riari
Tibre (Tevere)
Ponte Principe Amadeo
Lungotevere Gianicolense
Via di Orti di Alibert
Via delle Mantellate
Via S. Francesco di Sales
Parco Gianicolense
Lung. in Sassia
Via dei Penitenzieri
PIAZZA D. ROVERE
N
0
300 m
1 2 4 5 7 8 9 10 11 13 14 16 18 19 20 22 23 24 26 28 29

Villa Borghèse

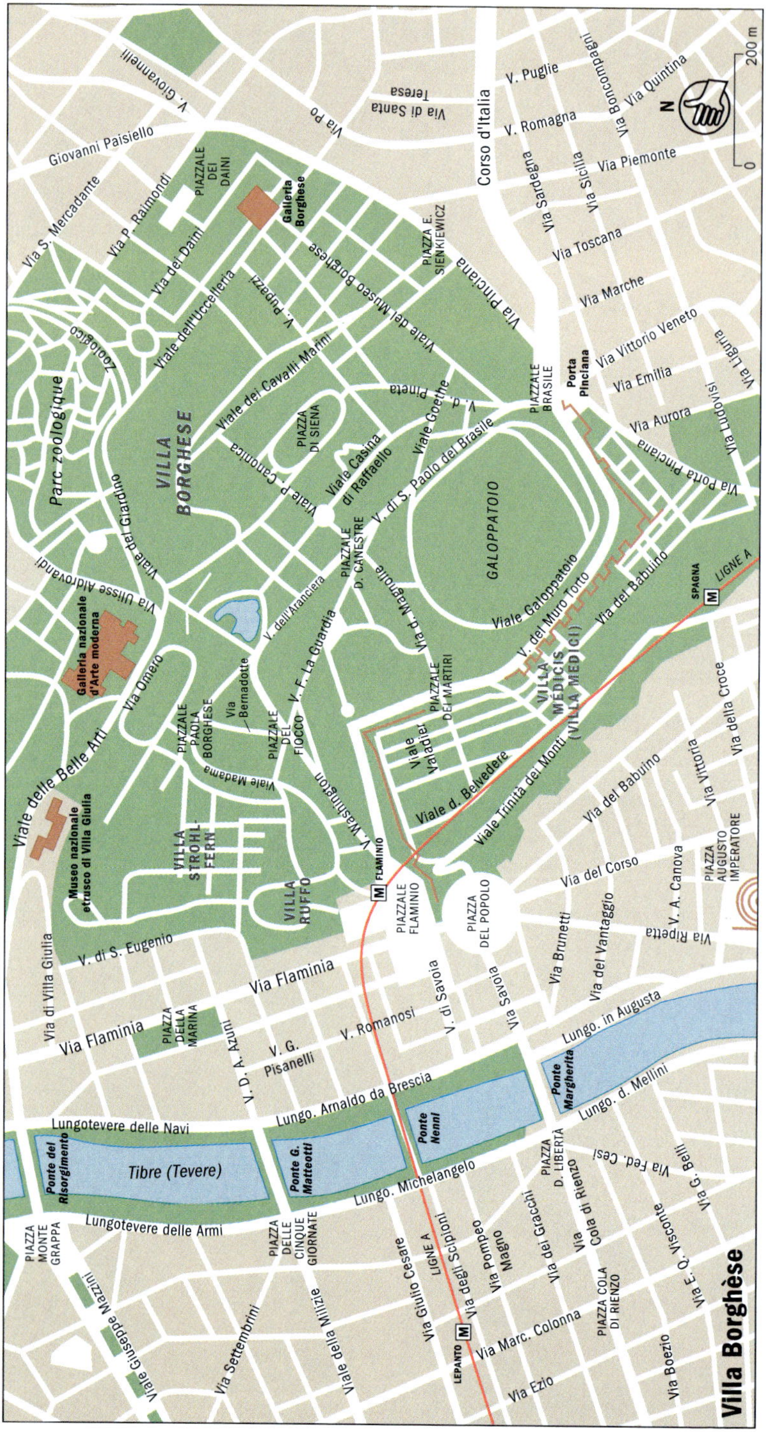
Villa Borghèse
VILLA BORGHESE
Parc zoologique
Zoologico
GALOPPATOIO
Galleria Borghese
Galleria nazionale d'Arte moderna
Museo nazionale etrusco di Villa Giulia
VILLA MÉDICIS (VILLA MEDICI)
VILLA STROHL-FERN
VILLA RUFFO
Porta Pinciana
PIAZZALE DEI DAINI
PIAZZA E. SIENKIEWICZ
PIAZZA DI SIENA
PIAZZALE BRASILE
PIAZZALE D. CANESTRE
PIAZZALE DEI MARTIRI
PIAZZALE PAOLA BORGHESE
PIAZZALE DEL FIOCCO
PIAZZALE FLAMINIO
PIAZZA DEL POPOLO
PIAZZA AUGUSTO IMPERATORE
PIAZZA DELLA MARINA
PIAZZA MONTE GRAPPA
PIAZZA DELLE CINQUE GIORNATE
PIAZZA D. LIBERTÀ
PIAZZA COLA DI RIENZO
FLAMINIO
SPAGNA
LEPANTO
LIGNE A
Tibre (Tevere)
Ponte del Risorgimento
Ponte G. Matteotti
Ponte Nenni
Ponte Margherita
Lungotevere delle Navi
Lungotevere delle Armi
Lungo. Arnaldo da Brescia
Lungo. Michelangelo
Lungo. in Augusta
Lungo. d. Mellini
Corso d'Italia
Via Po
Via di Santa Teresa
V. Giovannelli
Giovanni Paisiello
Via S. Mercadante
Via P. Raimondi
Via dei Daini
Viale dell'Uccelleria
V. Pupazzi
Viale del Museo Borghese
Via Pinciana
Viale dei Cavalli Marini
V. d. Pineta
Viale Goethe
Viale P. Canonica
Viale Casina di Raffaello
V. di S. Paolo del Brasile
Viale del Giardino
Via Ulisse Aldrovandi
V. dell'Aranciera
V. d. Magnolie
V. E. La Guardia
Via Bernadotte
Viale Galoppatoio
V. del Muro Torto
Via del Babuino
Via Omero
Viale delle Belle Arti
Viale Madama
V. Washington
Viale Valadier
Viale d. Belvedere
Viale Trinità dei Monti
V. Puglie
V. Romagna
Via Boncompagni
Via Quintina
Via Piemonte
Via Sardegna
Via Sicilia
Via Toscana
Via Marche
Via Vittorio Veneto
Via Emilia
Via Aurora
Via Liguria
Via Ludovisi
Via Porta Pinciana
Via della Croce
Via Vittoria
Via del Corso
V. A. Canova
Via Ripetta
Via Brunetti
Via del Vantaggio
Via Savoia
V. di Savoia
V. di S. Eugenio
Via di Villa Giulia
Via Flaminia
V. D. A. Azuni
V. G. Pisanelli
V. Romanosi
Via Fed. Cesi
Via G. Belli
Via Giulio Cesare
Via degli Scipioni
Via Pompeo Magno
Via dei Gracchi
Via Cola di Rienzo
Via E. Q. Visconte
Via Marc. Colonna
Via Ezio
Via Boezio
Viale Giuseppe Mazzini
Via Settembrini
Viale della Milizie
N
0
200 m

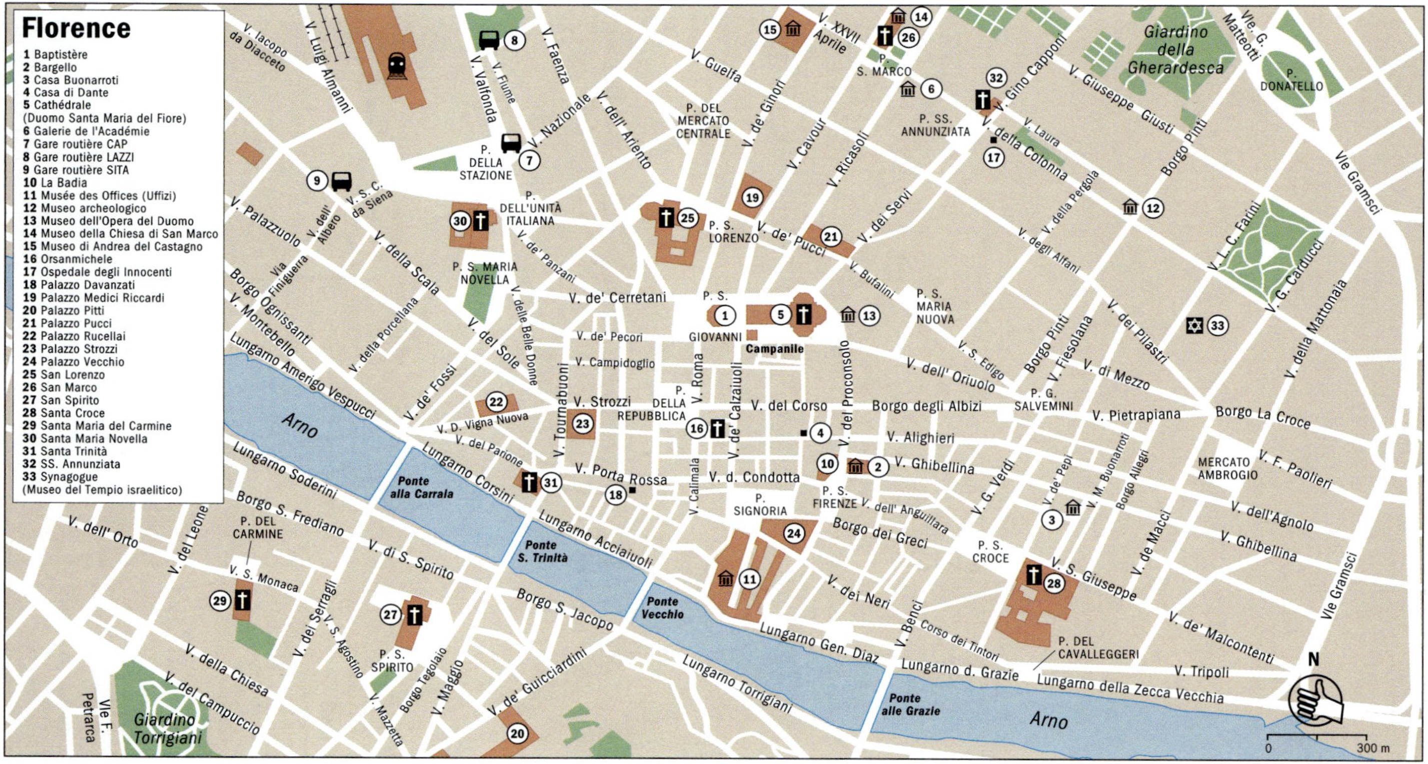
Florence
1 Baptistère
2 Bargello
3 Casa Buonarroti
4 Casa di Dante
5 Cathédrale
(Duomo Santa Maria del Fiore)
6 Galerie de l'Académie
7 Gare routière CAP
8 Gare routière LAZZI
9 Gare routière SITA
10 La Badia
11 Musée des Offices (Uffizi)
12 Museo archeologico
13 Museo dell'Opera del Duomo
14 Museo della Chiesa di San Marco
15 Museo di Andrea del Castagno
16 Orsanmichele
17 Ospedale degli Innocenti
18 Palazzo Davanzati
19 Palazzo Medici Riccardi
20 Palazzo Pitti
21 Palazzo Pucci
22 Palazzo Rucellai
23 Palazzo Strozzi
24 Palazzo Vecchio
25 San Lorenzo
26 San Marco
27 San Spirito
28 Santa Croce
29 Santa Maria del Carmine
30 Santa Maria Novella
31 Santa Trinità
32 SS. Annunziata
33 Synagogue
(Museo del Tempio israelitico)
Arno
Ponte alla Carraia
Ponte S. Trinità
Ponte Vecchio
Ponte alle Grazie
Campanile
Giardino della Gherardesca
Giardino Torrigiani
N
0
300 m

Venise

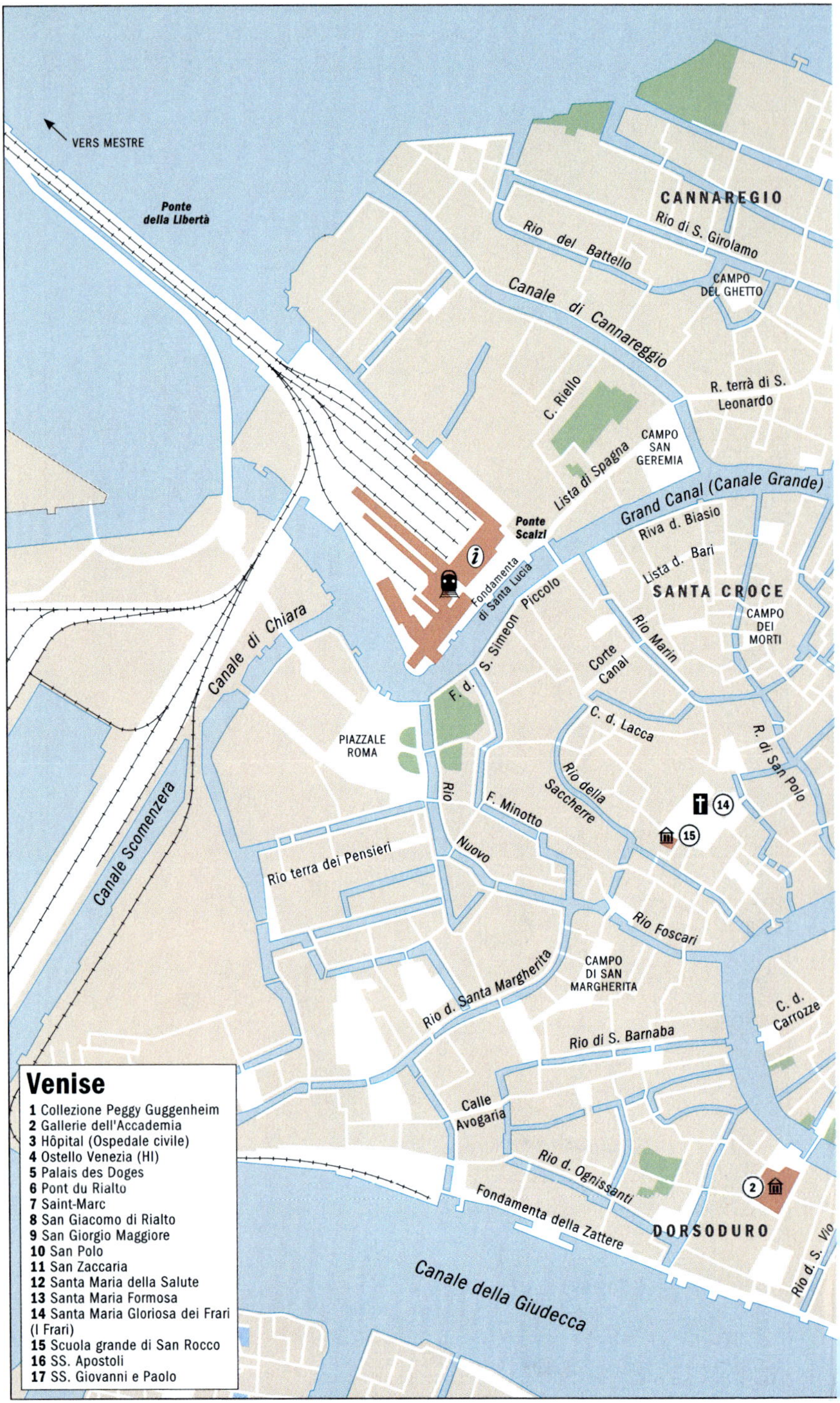
VERS MESTRE
Ponte della Libertà
CANNAREGIO
Rio di S. Girolamo
Rio del Battello
CAMPO DEL GHETTO
Canale di Cannareggio
C. Riello
R. terrà di S. Leonardo
CAMPO SAN GEREMIA
Lista di Spagna
Grand Canal (Canale Grande)
Ponte Scalzi
Riva d. Biasio
Lista d. Bari
Fondamenta di Santa Lucia
S. Simeon Piccolo
F. d.
SANTA CROCE
CAMPO DEI MORTI
Rio Marin
Corte Canal
Canale di Chiara
C. d. Lacca
R. di San Polo
PIAZZALE ROMA
Rio
Nuovo
F. Minotto
Rio della Saccherre
14
15
Canale Scomenzera
Rio terra dei Pensieri
Rio Foscari
CAMPO DI SAN MARGHERITA
Rio d. Santa Margherita
C. d. Carrozze
Rio di S. Barnaba
Calle Avogaria
Rio d. Ognissanti
2
Fondamenta della Zattere
DORSODURO
Rio d. S. Vio
Canale della Giudecca
Venise
1 Collezione Peggy Guggenheim
2 Gallerie dell'Accademia
3 Hôpital (Ospedale civile)
4 Ostello Venezia (HI)
5 Palais des Doges
6 Pont du Rialto
7 Saint-Marc
8 San Giacomo di Rialto
9 San Giorgio Maggiore
10 San Polo
11 San Zaccaria
12 Santa Maria della Salute
13 Santa Maria Formosa
14 Santa Maria Gloriosa dei Frari (I Frari)
15 Scuola grande di San Rocco
16 SS. Apostoli
17 SS. Giovanni e Paolo

VERS MURANO, BURANO ET TORCELLO
Canale delle Navi
Isola di S. Michele
Rio d.
Madonna dell 'Orto
Rio d. Sensa
Sacca della Misericordia
Rio della Misericordia
Rio d. S. Fosca
C. Racchetta
Rio S. Caterina
R. di Noale
N
0
200 m
Strada Nuova
16
3
R. dei Mendicanti
R. della due Torri
R. di San Cassiano
17
Rio di San Marina
Barbaria delle Tole
8
10
6
CAMPO DI SAN POLO
Riva del Vin
CAMPO S. BARTOLOMEO
Sal. di S. Lio
Ruga Giuffa
13
SAN POLO
R. d. S.Severo
R. d. S. Lorenzo
Grand Canal (Canale Grande)
Riva del Carbon
R. di S. Salvador
CASTELLO
C. Lion
R. d. S. Luca
CAMPO MANIN
Calle dei Fabbri
R. d. Palazzo o della Paglina
Fond. Osmarin
C. d. Mandola
R. d. Greci
R. d. Pietà
CAMPO SANT'ANGELO
7
11
Frezzaria
Place Saint-Marc (Piazza San Marco)
5
CAMPO SAN STEFANO
SAN MARCO
Molo
Riva degli
Schiavoni
Ostreghe
Rio della
Moisé
Rio di San
1
Rio d. Fornace
12
Canale di S. Marco
VERS LE LIDO
9
Isola di S. Giorgio Maggiore
VERS 4

Milan

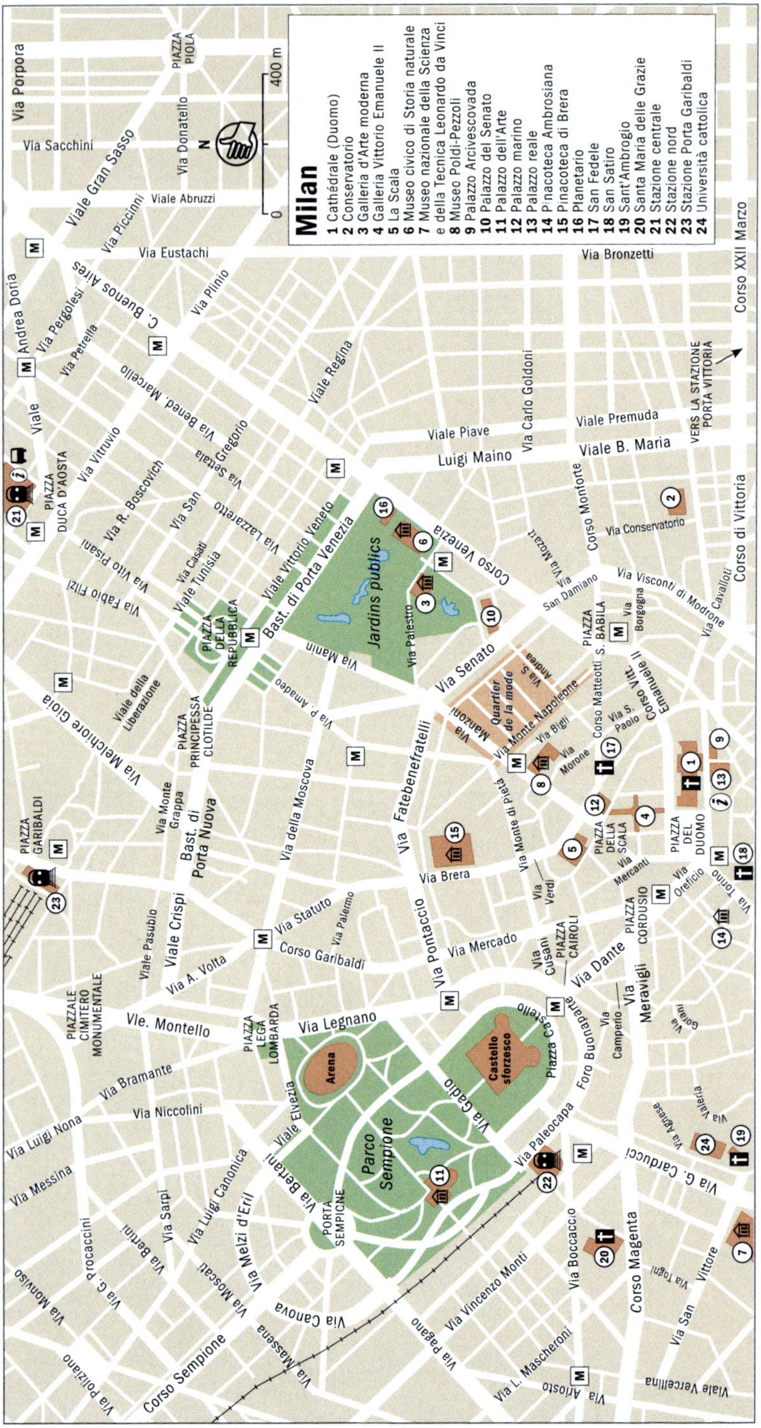
Milan
1 Cathédrale (Duomo)
2 Conservatorio
3 Galleria d'Arte moderna
4 Galleria Vittorio Emanuele II
5 La Scala
6 Museo civico di Storia naturale
7 Museo nazionale della Scienza e della Tecnica Leonardo da Vinci
8 Museo Poldi-Pezzoli
9 Palazzo Arcivescovada
10 Palazzo del Senato
11 Palazzo dell'Arte
12 Palazzo marino
13 Palazzo reale
14 Pinacoteca Ambrosiana
15 Pinacoteca di Brera
16 Planetario
17 San Fedele
18 San Satiro
19 Sant'Ambrogio
20 Santa Maria delle Grazie
21 Stazione centrale
22 Stazione nord
23 Stazione Porta Garibaldi
24 Università cattolica
N
0
400 m
Jardins publics
Parco Sempione
Castello sforzesco
Arena
Quartier de la mode
PIAZZA DUCA D'AOSTA
PIAZZA DELLA REPUBBLICA
PIAZZA PRINCIPESSA CLOTILDE
PIAZZA GARIBALDI
PIAZZALE CIMITERO MONUMENTALE
PIAZZA LEGA LOMBARDA
PIAZZA S. BABILA
PIAZZA DELLA SCALA
PIAZZA DEL DUOMO
PIAZZA CORDUSIO
PIAZZA CAIROLI
PIAZZA PIOLA
PORTA SEMPIONE
VERS LA STAZIONE PORTA VITTORIA
Corso Buenos Aires
Corso Venezia
Corso Monforte
Corso di Vittoria
Corso XXII Marzo
Corso Garibaldi
Corso Magenta
Corso Sempione
Corso Matteotti
Corso Vitt. Emanuele II
Viale Luigi Maino
Viale B. Maria
Viale Piave
Viale Premuda
Viale Regina
Viale Vittorio Veneto
Viale Tunisia
Viale della Liberazione
Viale Crispi
Viale Pasubio
Viale Abruzzi
Viale Gran Sasso
Viale Elvezia
Viale Vercellina
Vle. Montello
Bast. di Porta Venezia
Bast. di Porta Nuova
Via Senato
Via Manzoni
Via Monte Napoleone
Via Fatebenefratelli
Via Brera
Via Pontaccio
Via Mercado
Via Dante
Via Meravigli
Via Melchiore Gioia
Via della Moscova
Via Legnano
Via Vincenzo Monti
Via Boccaccio
Via Carducci
Via Sarpi
Via Canonica
Via Melzi d'Eril
Via Canova
Foro Buonaparte
Piazza Castello

À PROPOS DES GUIDES LET'S GO

"Franchement, nous n'avions jamais vu une telle foison d'informations, d'adresses, de renseignements utiles réunis en un seul guide."
– L'argus des voyages

"Les guides Let's Go comptent parmi les mieux documentés et les plus précis au monde." **– Ouest France**

"L'édition française d'un grand classique américain. Pour voyager branché et sans se ruiner." **– Géo**

"Dans l'univers impitoyable des guides de voyage, les Let's Go occupent une place privilégiée. Leur adaptation en français est une réussite !" **– Page des libraires**

"(...) une densité d'informations pratiques, de conseils et d'adresses qui a fait la réputation des guides Let's Go." **– Le Monde**

LET'S GO ITALIE

EST LE GUIDE INDISPENSABLE POUR DÉCOUVRIR L'ITALIE SANS SE RUINER

AUCUN GUIDE NE DONNE AUTANT D'ADRESSES À PRIX RÉDUIT. Pour chaque région, pour chaque ville, nous avons sélectionné des dizaines d'adresses et vous indiquons les meilleures solutions pour vous déplacer, vous loger, vous nourrir et sortir au meilleur rapport qualité-prix. Vous trouverez des centaines de conseils pour économiser votre argent et ne manquer aucune des réductions accordées aux jeunes, aux étudiants, aux enfants, aux familles ou aux personnes âgées.

LES ENQUÊTEURS DE LET'S GO VOUS ONT PRÉCÉDÉ. Les auteurs-enquêteurs de Let's Go sont systématiquement passés partout, se déplaçant avec des budgets réduits, dans les mêmes conditions que vous : pas de note de frais, pas de chambre d'hôtel gratuite, pas de traitement de faveur. Leur sélection se fonde sur une véritable enquête de terrain, en toute indépendance.

LET'S GO EST SYSTÉMATIQUEMENT ET ENTIÈREMENT MIS À JOUR. D'une édition à l'autre, nous ne nous contentons pas d'ajuster les prix, nous retournons sur place. Si un hôtel familial est devenu un piège à touriste hors de prix, nous le supprimons aussitôt de notre guide pour le remplacer par une meilleure adresse.

LET'S GO EST LE SEUL GUIDE À RASSEMBLER AUTANT D'INFORMATIONS PRATIQUES. Région par région, les sites incontournables et les endroits méconnus sont passés en revue. Pour chaque adresse, les prix, les coordonnées exactes, les horaires d'ouverture précis. Des centaines d'hôtels, de restaurants, de sites... Des cartes détaillées, des rubriques *Transports* complètes. Un chapitre introductif pour bien préparer votre voyage en Italie, trouver le meilleur billet d'avion, de train ou de bus, et tout ce qu'il faut savoir sur l'histoire et la culture italiennes.

LA COLLECTION LET'S GO

EN FRANÇAIS

Let's Go Californie
Let's Go Egypte
Let's Go Espagne
Let's Go Espagne, côte méditerranéenne
Let's Go Etats-Unis, côte Est
Let's Go Etats-Unis, côte Ouest
Let's Go Grèce
Let's Go Irlande
Let's Go Italie
Let's Go Italie du Nord
Let's Go Mexique
Let's Go Métropole Amsterdam
Let's Go Métropole Londres
Let's Go Métropole New York
Let's Go Métropole Rome
Let's Go Métropole Barcelone

EN ANGLAIS

Let's Go Alaska
Let's Go Amsterdam
Let's Go Australia
Let's Go Austria & Switzerland
Let's Go Barcelona
Let's Go Boston
Let's Go Brazil
Let's Go Britain & Ireland
Let's Go California
Let's Go Central America
Let's Go Chili
Let's Go China
Let's Go Eastern Europe
Let's Go Egypt
Let's Go Europe
Let's Go France
Let's Go Germany
Let's Go Greece
Let's Go India & Nepal
Let's Go Ireland
Let's Go Israel
Let's Go Italy
Let's Go Japan
Let's Go London
Let's Go Mexico
Let's Go Middle East
Let's Go New York City
Let's Go New Zealand
Let's Go Pacific Northwest
Let's Go Paris
Let's Go Peru, Bolivia & Ecuador
Let's Go Puerto Rico
Let's Go Rome
Let's Go San Francisco
Let's go South Africa
Let's Go Southeast Asia
Let's Go Southwest USA
Let's Go Spain & Portugal
Let's Go Turkey
Let's Go USA
Let's Go Washington D.C.
Let's Go Western Europe

ÉGALEMENT CHEZ DAKOTA ÉDITIONS

Le guide des jobs et stages autour du monde
Le guide des jobs et stages en Grande-Bretagne
Le guide des jobs pour changer d'air
Le guide du Voyage Utile
Le guide du Jeune Voyageur (18-25 ans)

LET'S GO

ITALIE

Rédacteur en chef
Roxana Popescu
Rédacteurs en chef adjoints
Emma Firestone
Emily Weaton Porter
Auteurs-enquêteurs
Alexie Harper
Stephanie Safdi
Joshua Samuelson
Colin Sheperd
Lulu Wang
Nancy Zhang

DAKOTA ÉDITIONS

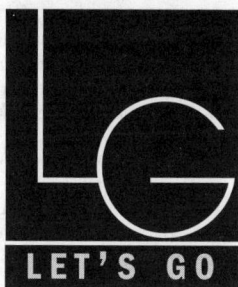

VOS TUYAUX SONT PRÉCIEUX Faites-nous part de vos découvertes, de vos coups de cœur, de vos suggestions ou de vos remarques. Nous lisons tout ce qui nous est adressé, les cartes postales, les courriers de 10 pages sur Internet comme les bouteilles à la mer. Toutes les suggestions sont transmises à nos enquêteurs.

En France :
Dakota Editions – Let's Go, 45, rue Saint-Sébastien, 75011 Paris.
E-mail : **contact@wdakota.com**

Aux Etats-Unis :
Let's Go : Italy, 67 Mount Auburn Street, Cambridge, MA 02138, Etats-Unis.
E-mail : **feedback@letsgo.com**
Subject : "Let's Go : Italy"
Web : **www.letsgo.com**

ÉDITION EN FRANÇAIS
publiée par Dakota Editions,
45, rue Saint-Sébastien, 75011 Paris
Tél. : 01 55 28 37 00
Fax : 01 55 28 37 07

ISBN 2-84640-077-6
Dépôt légal 1er trimestre 2004
Imprimé en France par Herissey

Les chapitres "A la découverte de l'Italie", "L'Essentiel", "Histoire et société", les encadrés ainsi que le lexique en fin d'ouvrage ont été rédigés, adaptés ou complétés par Dakota Editions.

PUBLIÉ AUX ÉTATS-UNIS
par St. Martin's Press, Inc.

Let's Go Italy est écrit par Let's Go Publications, 67 Mount Auburn Street, Cambridge, MA 02138, Etats-Unis.

AUTEURS-COLLABORATEURS

AUTEURS / ENQUÊTEURS

Alexie Harper : Calabre, Sicile, **Stephanie Safdi** : Ligurie, Sardaigne, **Joshua Samuelson** : Emilie-Romagne, Les Marches, Vénétie, **Colin Shepherd** : La Pouille, Basilicate, Campanie, Les Abruzzes, Molise, **Lulu Wang** : Toscane, Ombrie, **Nancy Zhang** : Lombardie, Piémont, Frioule-Vénétie Julienne, Trentin Haut-Adige, **Matthew Mahan**, **Miranda I. Lash**, **Vedran Lekic**, **Michael Squire**, **Elizabeth Thrall** : Rome.

SUPERVISION DES CARTES

Amelia Aos Showalter, Emma Nothmann

ÉDITION FRANÇAISE

Editeurs : Marc Lacouture, Jean-Damien Lepère, Marc Santenac.
Responsable d'édition : Gilles Taillardas.
Adaptation et traduction : Hélène Thong-Vanh, Jean-Damien Lepère.
Conception de la couverture : Emmanuelle Patient.

NOTE À NOS LECTEURS L'information présentée dans cet ouvrage a été rassemblée par les enquêteurs de Let's Go au cours de la fin du printemps et de l'été. Chacun d'eux a sélectionné, en toute honnêteté, ce qu'il pensait être les meilleures adresses.

Les guides Let's Go sont les seuls à fournir au lecteur-voyageur tous les prix des prestations décrites. Malgré toute l'attention portée à la récolte de ces informations, leur fiabilité reste relative : dans le domaine du tourisme, les prix sont soumis à des variations brusques et imprévisibles. Nous faisons donc appel à votre indulgence au cas où vous constateriez des écarts entre les prix mentionnés dans le guide et ceux pratiqués sur place. Nous continuerons néanmoins à prendre le risque d'apporter au voyageur des indications qui, pensons-nous, sont précieuses au moment de préparer son voyage et d'en prévoir les dépenses. Dans tous les cas, nous lirons avec attention vos éventuelles remarques concernant la description des prestations offertes dans les adresses sélectionnées par Let's Go. Ecrivez à Lets'Go/Dakota Editions, 45, rue Saint-Sébastien, 75011 Paris.

SOMMAIRE

SOMMAIRE DES CARTES

COMMENT UTILISER CE GUIDE ?

CHAPITRES INTRODUCTIFS. Le premier chapitre, **A la découverte de l'Italie**, présente les trésors historiques, culturels et naturels de l'Italie. Vous y trouverez aussi des suggestions d'itinéraires, ainsi que nos Favoris, une compilation de ce qui nous a le plus enthousiasmés (émerveillés, amusés, intrigués). Le chapitre intitulé **L'Essentiel** fournit toutes les réponses aux questions pratiques que vous vous posez avant le départ et sur place. Des rubriques s'efforcent également de répondre à vos besoins spécifiques, et de sages conseils peuvent vous aider à mieux vous intégrer dans la culture locale. La partie **Histoire et société** propose une introduction générale à la terre, au peuple, à l'histoire et à la culture de l'Italie.

CORPS DU GUIDE. Les différentes régions italiennes sont regroupées en 6 **chapitres**. Rome fait l'objet d'un chapitre à part

ANNEXES. En dernière partie du guide, le **lexique** vous invite à faire vos premiers pas en italien : vous pourrez ainsi vous débrouiller au restaurant, au marché ou dans un taxi. Un **glossaire** donne une courte définition des principaux termes se rapportant à l'art et à l'architecture. Enfin, si vous recherchez un lieu, un thème ou tout autre information, n'oubliez pas de consulter l'**index** alphabétique, en fin d'ouvrage.

RUBRIQUES. Tous les chapitres commencent par une introduction historique et culturelle, accompagnée d'un encadré **Les incontournables** dans lequel sont indiqués les lieux les plus célèbres ou ceux que nous avons préférés : indispensable pour préparer votre itinéraire et ne pas oublier un site par inadvertance. Puis, chaque description de ville (ou de village) commence elle aussi par une introduction, invariablement suivie des parties **Transports**, **Orientation et informations pratiques**, **Hébergement**, **Restaurants**, **Visites** et/ou **Plages**, **Sorties** et/ou **Vie nocturne**. Le ❤ qui précède certaines adresses marque les coups de cœur de nos enquêteurs. Les numéros de téléphone sont précédés du pictogramme ✆.

ENCADRÉS GRIS ET ENCADRÉS BLANCS. Les encadrés gris tantôt vous content des anecdotes historiques ou des légendes étonnantes, tantôt explorent certaines pratiques culturelles ou religieuses. Les encadrés blancs, quant à eux, fournissent d'importantes informations pratiques, des avertissements ou des conseils utiles.

CATÉGORIES DE PRIX. Dans les villes les plus importantes, les adresses sont qualifiées par un système d'"étoiles". Le tableau ci-dessous présente les équivalences en euros, sachant que le prix de l'hébergement correspond à une chambre simple, tandis que le prix du restaurant est basé sur un repas complet pour une personne, hors boisson.

Hébergement	Prix	Descriptif
❖	< 15 €	Camping, dortoir en auberge de jeunesse, lit sommaire avec salle de bains commune.
❖❖	15-25 €	Hôtel économique.
❖❖❖	26-40 €	Une chambre petite mais qui peut comprendre une salle de bains privée, parfois la clim. et le petit déjeuner.
❖❖❖❖	41-60 €	L'établissement est confortable et bien situé. L'équivalent d'un 3 étoiles en France hors grande ville.
❖❖❖❖❖	> 60 €	Grand hôtel ou adresse de charme avec un service irréprochable.

Restaurant	Prix	Descriptif
❖	< 5 €	Vente à emporter, glacier, pizza à la part, café.
❖❖	6-10 €	*Trattorie* ou pizzeria bon marché.
❖❖❖	10-15 €	Restaurant de bon standing, servant souvent des spécialités régionales.
❖❖❖❖	16-25 €	Restaurant gastronomique ou "branché".
❖❖❖❖❖	> 25 €	Une grande table. Jeans et tee-shirts déconseillés.

Italie :
chapitres
LIECHTENSTEIN
AUTRICHE
HONGRIE
SUISSE
YOUGO-SLAVIE
ITALIE DU NORD
p. 164
SLOVÉNIE
CROATIE
VENISE
p. 307
Milan
BOSNIE-HERZÉGOVINE
Turin
Bologne
Gênes
FRANCE
FLORENCE
p. 462
ITALIE
DU CENTRE
p. 410
Mer
Ligurienne
MONACO
Mer Adriatique
Corse
ROME
p. 107
ITALIE
DU SUD
p. 556
Naples
SARDAIGNE
p. 737
Mer Tyrrhénienne
Cagliari
Palerme
SICILE
p. 659
Mer Ionienne
Mer Méditerranée
0
100 km

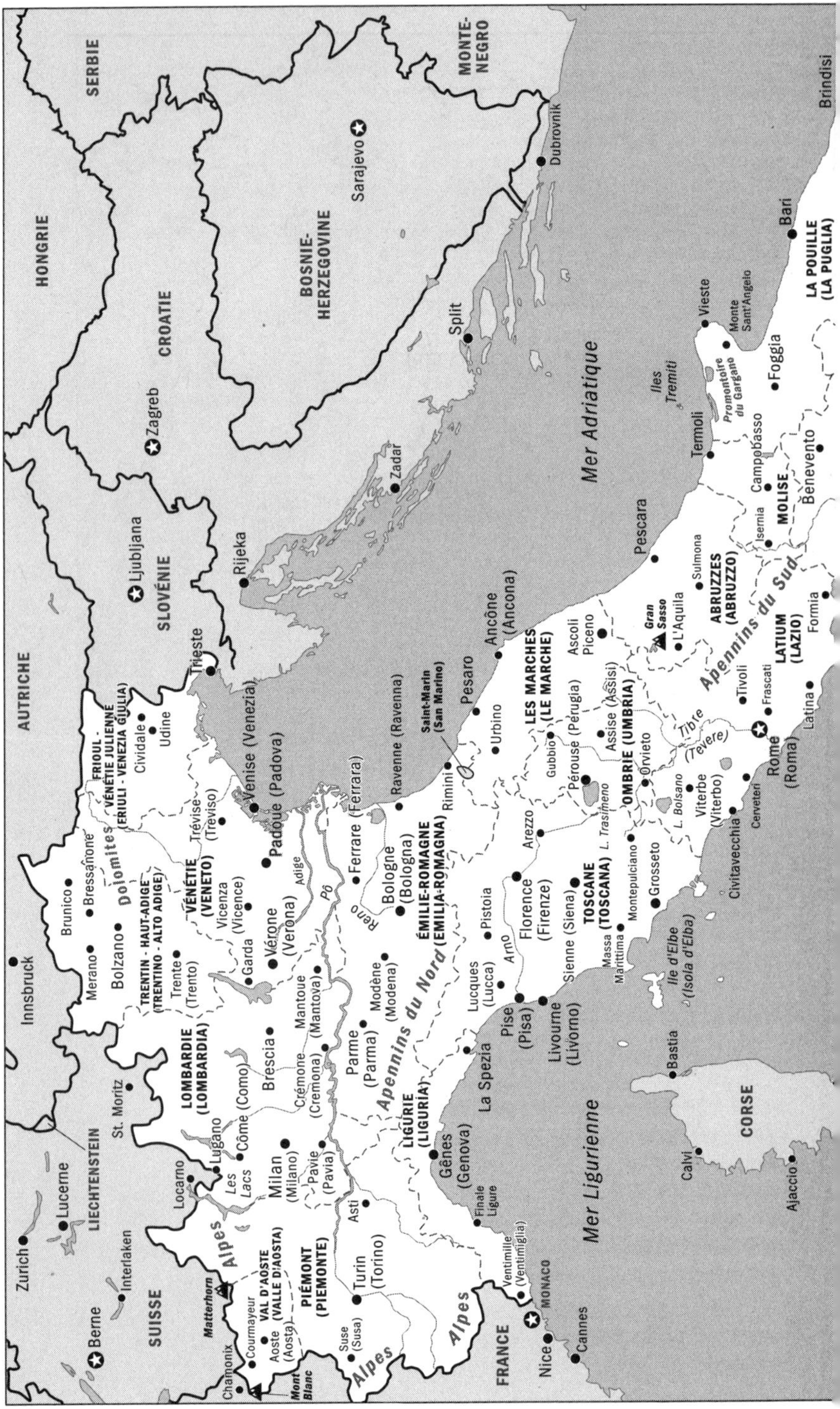
HONGRIE
SERBIE
CROATIE
BOSNIE-HERZEGOVINE
MONTE-NEGRO
AUTRICHE
SLOVÉNIE
SUISSE
LIECHTENSTEIN
FRANCE
MONACO
CORSE
Zagreb
Sarajevo
Ljubljana
Rijeka
Zadar
Split
Dubrovnik
Trieste
Mer Adriatique
Mer Ligurienne
Iles Tremiti
Promontoire du Gargano
LA POUILLE (LA PUGLIA)
Bari
Brindisi
Vieste
Monte Sant'Angelo
Foggia
Termoli
Campobasso
Benevento
MOLISE
Isernia
Pescara
Sulmona
ABRUZZES (ABRUZZO)
Gran Sasso
L'Aquila
Apennins du Sud
LATIUM (LAZIO)
Formia
Tivoli
Frascati
Latina
Rome (Roma)
Tibre (Tevere)
Cerveteri
Civitavecchia
Viterbe (Viterbo)
L. Bolsano
Orvieto
OMBRIE (UMBRIA)
Assise (Assisi)
Ascoli Piceno
Ancône (Ancona)
LES MARCHES (LE MARCHE)
Pérouse (Perugia)
Gubbio
L. Trasimeno
Urbino
Pesaro
Saint-Marin (San Marino)
Rimini
Ravenne (Ravenna)
Arezzo
Montepulciano
Grosseto
TOSCANE (TOSCANA)
Sienne (Siena)
Massa Marittima
Florence (Firenze)
Pistoia
Arno
Ile d'Elbe (Isola d'Elba)
Bastia
Calvi
Ajaccio
Lucques (Lucca)
Pise (Pisa)
Livourne (Livorno)
La Spezia
ÉMILIE-ROMAGNE (EMILIA-ROMAGNA)
Bologne (Bologna)
Reno
Ferrare (Ferrara)
Modène (Modena)
Apennins du Nord
Parme (Parma)
LIGURIE (LIGURIA)
Gênes (Genova)
Finale Ligure
Ventimille (Ventimiglia)
Nice
Cannes
Pô
Adige
Mantoue (Mantova)
Crémone (Cremona)
Vérone (Verona)
Padoue (Padova)
Venise (Venezia)
Vicenza (Vicence)
VÉNÉTIE (VENETO)
Trévise (Treviso)
FRIOUL - VÉNÉTIE JULIENNE (FRIULI - VENEZIA GIULIA)
Cividale
Udine
Dolomites
Bressanone
Brunico
Bolzano
Merano
TRENTIN - HAUT-ADIGE (TRENTINO - ALTO ADIGE)
Trente (Trento)
Garda
Innsbruck
Brescia
LOMBARDIE (LOMBARDIA)
Côme (Como)
Lugano
St. Moritz
Milan (Milano)
Pavie (Pavia)
Les Lacs
Locarno
Lucerne
Zurich
Berne
Interlaken
Alpes
Asti
Turin (Torino)
PIÉMONT (PIEMONTE)
VAL D'AOSTE (VALLE D'AOSTA)
Aoste (Aosta)
Courmayeur
Matterhorn
Mont Blanc
Chamonix
Suse (Susa)

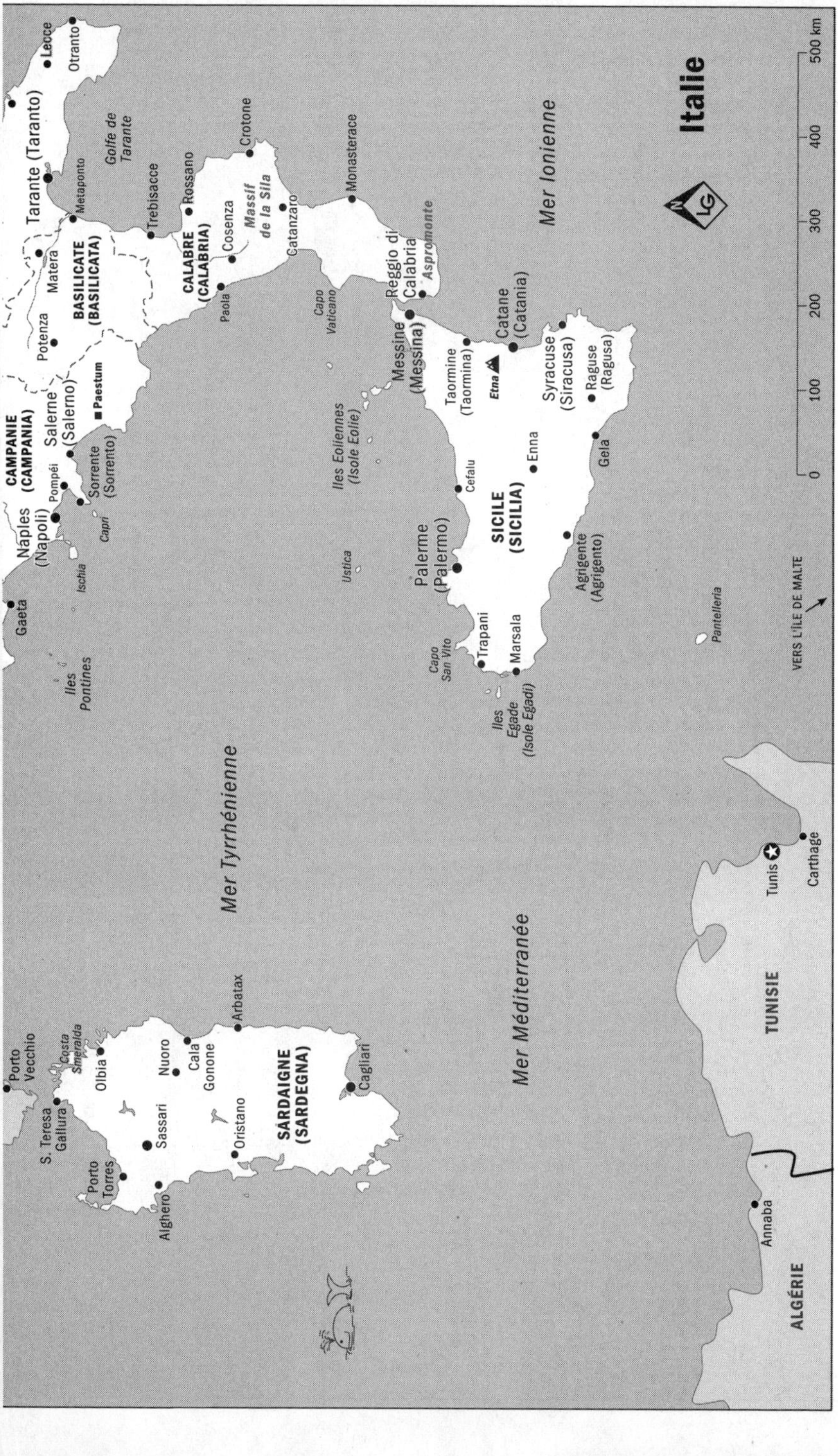
Italie
0
100
200
300
400
500 km
Mer Ionienne
Mer Tyrrhénienne
Mer Méditerranée
Golfe de Tarante
Lecce
Otranto
Tarante (Taranto)
Metaponto
Crotone
Rossano
Trebisacce
Massif de la Sila
Catanzaro
Cosenza
Monasterace
CALABRE (CALABRIA)
BASILICATE (BASILICATA)
Matera
Potenza
Paola
Reggio di Calabria
Aspromonte
Capo Vaticano
Messine (Messina)
Catane (Catania)
Taormine (Taormina)
Etna
Syracuse (Siracusa)
Raguse (Ragusa)
Gela
Enna
Cefalu
SICILE (SICILIA)
Palerme (Palermo)
Agrigente (Agrigento)
Trapani
Marsala
Capo San Vito
Iles Egade (Isole Egadi)
Ustica
Iles Eoliennes (Isole Eolie)
Pantelleria
VERS L'ÎLE DE MALTE
CAMPANIE (CAMPANIA)
Salerne (Salerno)
Paestum
Sorrente (Sorrento)
Pompéi
Naples (Napoli)
Capri
Ischia
Gaeta
Iles Pontines
Porto Vecchio
S. Teresa Gallura
Costa Smeralda
Olbia
Nuoro
Cala Gonone
Arbatax
Sassari
Oristano
Porto Torres
Alghero
SARDAIGNE (SARDEGNA)
Cagliari
TUNISIE
Tunis
Carthage
Annaba
ALGÉRIE

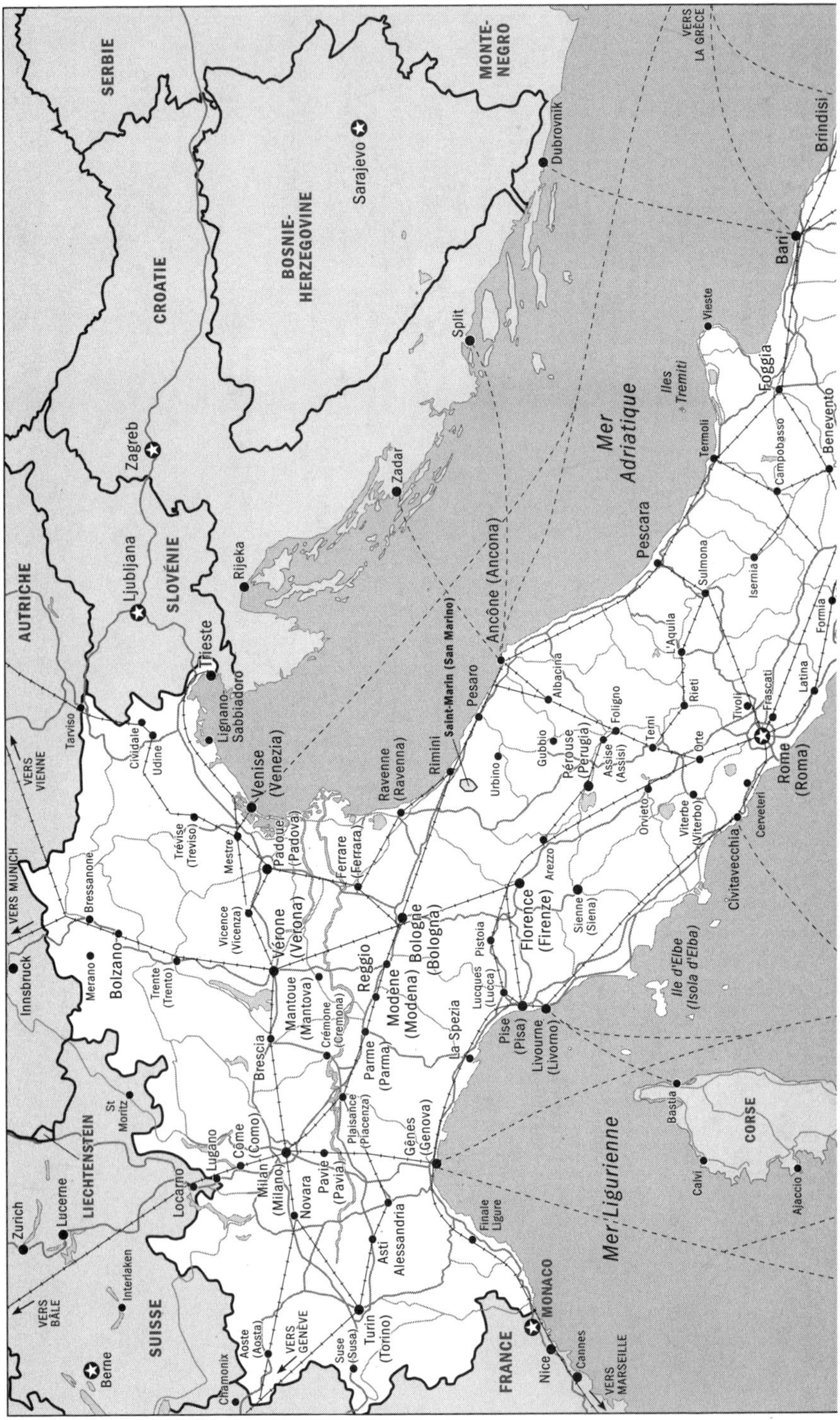
AUTRICHE
SLOVÉNIE
CROATIE
SERBIE
BOSNIE-HERZEGOVINE
MONTE-NEGRO
SUISSE
LIECHTENSTEIN
FRANCE
MONACO
CORSE
Mer Adriatique
Mer Ligurienne
Iles Tremiti
Ile d'Elbe (Isola d'Elba)
VERS MUNICH
VERS VIENNE
VERS BÂLE
VERS GENÈVE
VERS MARSEILLE
VERS LA GRÈCE
Innsbruck
Zurich
Lucerne
Interlaken
Berne
Chamonix
St Moritz
Locarno
Lugano
Ljubljana
Zagreb
Sarajevo
Rijeka
Zadar
Split
Dubrovnik
Trieste
Tarviso
Cividale
Udine
Lignano-Sabbiadoro
Venise (Venezia)
Mestre
Trévise (Treviso)
Padoue (Padova)
Vicence (Vicenza)
Vérone (Verona)
Bressanone
Bolzano
Merano
Trente (Trento)
Brescia
Côme (Como)
Milan (Milano)
Novara
Pavie (Pavia)
Crémone (Cremona)
Mantoue (Mantova)
Plaisance (Piacenza)
Parme (Parma)
Reggio
Modène (Modena)
Bologne (Bologna)
Ferrare (Ferrara)
Ravenne (Ravenna)
Rimini
Saint-Marin (San Marino)
Pesaro
Ancône (Ancona)
Urbino
Gubbio
Pérouse (Perugia)
Assise (Assisi)
Foligno
Albacina
Terni
Rieti
L'Aquila
Sulmona
Pescara
Termoli
Vieste
Foggia
Campobasso
Isernia
Benevento
Bari
Brindisi
Orte
Tivoli
Frascati
Rome (Roma)
Latina
Formia
Orvieto
Viterbe (Viterbo)
Cerveteri
Civitavecchia
Arezzo
Sienne (Siena)
Florence (Firenze)
Pistoia
Lucques (Lucca)
Pise (Pisa)
Livourne (Livorno)
La Spezia
Gênes (Genova)
Finale Ligure
Asti
Alessandria
Turin (Torino)
Suse (Susa)
Aoste (Aosta)
Nice
Cannes
Bastia
Calvi
Ajaccio

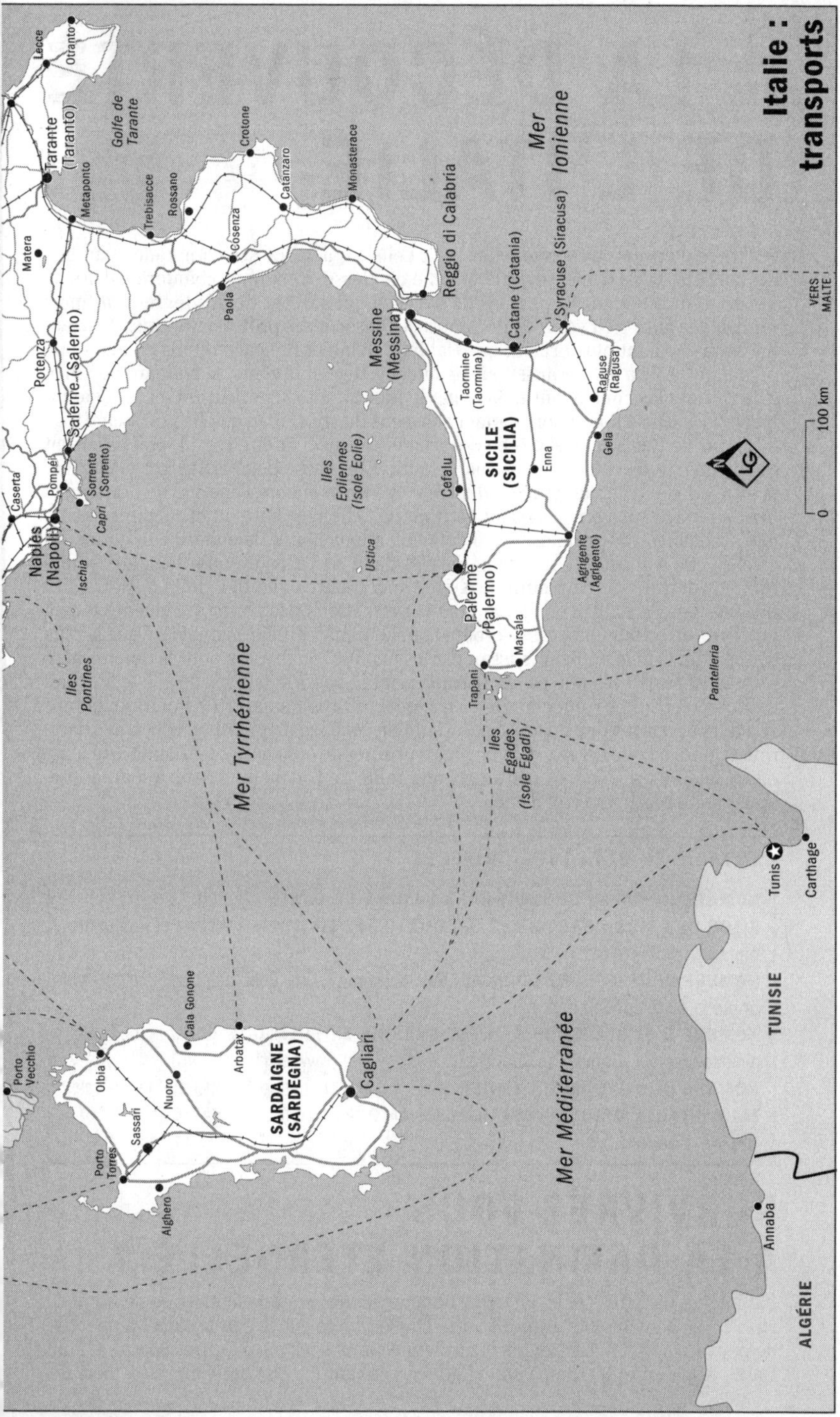
Italie : transports
Lecce
Otranto
Tarante (Taranto)
Golfe de Tarante
Crotone
Metaponto
Trebisacce
Rossano
Catanzaro
Monasterace
Matera
Cosenza
Paola
Reggio di Calabria
Mer Ionienne
Potenza
Salerne (Salerno)
Messine (Messina)
Catane (Catania)
Syracuse (Siracusa)
VERS MALTE
Taormine (Taormina)
Raguse (Ragusa)
Pompéi
Sorrente (Sorrento)
Caserta
Naples (Napoli)
Capri
Ischia
Iles Eoliennes (Isole Eolie)
Cefalu
SICILE (SICILIA)
Enna
Gela
100 km
0
Ustica
Palerme (Palermo)
Agrigente (Agrigento)
Iles Pontines
Marsala
Trapani
Pantelleria
Mer Tyrrhénienne
Iles Egades (Isole Egadi)
Tunis
Carthage
TUNISIE
Cala Gonone
Arbatax
Porto Vecchio
Olbia
Nuoro
SARDAIGNE (SARDEGNA)
Cagliari
Sassari
Porto Torres
Alghero
Mer Méditerranée
Annaba
ALGÉRIE

À LA DÉCOUVERTE DE L'ITALIE

Si l'Italie était une lycéenne, elle serait l'élève qui agace ses camarades tant elle est parfaite. Lorsqu'elle ouvre la bouche en classe, c'est pour chanter des airs de Verdi ou de Puccini. Les perles de sagesse qui sortent de ses lèvres sublimes rendent les autres élèves fous de jalousie et laissent ses professeurs cois. Pourrait-il y avoir étudiant plus brillant que Dante, Calvino et Boccace réunis en une seule personne ? Elle a le flair artistique de Michel-Ange et le génie de Léonard de Vinci. Elle fut un classique avant même que le mot ait une signification, et le reste du lycée s'acharne à imiter son inattaquable sens du style. Bien qu'elle portât une toge à la cour de César, elle s'affiche désormais en Gucci et en Armani, et il paraîtrait même qu'elle travaille comme mannequin. Elle passe des petites gorgées d'ambroisie au vin avec une grâce indéniable et trouve encore l'énergie de boire de la *grappa* verre sur verre jusqu'au petit matin. Allongée sur son lit méditerranéen, elle s'exclame : "Je connais, je l'ai déjà fait, allons plutôt déjeuner !" Au cours des siècles, elle a appris à goûter aux plaisirs de la vie et, en premier lieu, aux somptueuses délices de l'art culinaire. Des succulentes viandes de la Vénétie aux fromages de Sardaigne en passant par la perfection de la *pasta* et l'invention déjà ancienne de ce fabuleux casse-croûte appelé "pizza", l'Italie a considéré que le plus sûr chemin vers le bonheur passait par les papilles. Sa passion pour la bonne chère n'est ainsi surpassée que par sa passion pour la passion : n'est-elle pas le berceau de Roméo et Juliette et celui des *canzonette* d'Eros Ramazotti ? Pourquoi perdre son temps à envier une créature aussi sublime, étalage inépuisable de beautés naturelles, alors qu'elle est là pour vous faire profiter de ses charmes ? Loin d'être inaccessible, elle est, bien au contraire, une reine de l'accueil et, sans aucun doute, vous tomberez amoureux d'elle.

L'ITALIE EN QUELQUES CHIFFRES

NOMBRE DE PAPES BRÛLANT DANS L'ENFER DE DANTE : Quatre.
KILOS DE PÂTES CONSOMMÉS CHAQUE ANNÉE EN ITALIE : 28 kg par habitant et par an.
NOMBRE DE TÉLÉPHONES PORTABLES : Environ 17,7 millions (une personne sur trois possède un téléphone portable).
NOMBRE D'EX-STARS DE LA PORNOGRAPHIE EN POLITIQUE : Une, Ilona Staller, alias la Cicciolina, ancienne députée du Parti radical (www.cicciolina.com).
NOMBRE DE GONDOLES À VENISE : 500 aujourd'hui contre 14 000 au XVIIIe siècle.
TAUX ANNUEL D'ACCROISSEMENT DE LA POPULATION DU VATICAN : 1,15 % (bizarre, bizarre).

SURVIVREZ-VOUS À LA DAMNATION ÉTERNELLE ?

Par un soir du XIIIe siècle, un jeune homme allongé sur son lit en train de boire du *chianti* se demandait s'il y avait autre chose à vivre que le cercle sans fin de fêtes, de beuveries et de contraintes quotidiennes imposées par l'Eglise. Son nom était Dante Alighieri et il trompa son ennui en écrivant *La Divine Comédie*. Si seulement il avait connu les sulfureux bains de **Cumes** ! Ne vous inquiétez pas : si l'idée de lire 300 pages de *L'Enfer* vous effraie, Let's Go Italie est votre passeport pour des activités plus excitantes, mais pour cela il vous faudra braver quelques-uns des péchés capitaux.

❤ LES FAVORIS DE LET'S GO

LE MEILLEUR ENDROIT OÙ RENCONTRER BACCHUS EN PERSONNE : Dans les vignobles de la **région du Chianti**, en titubant d'un verre de vin à un autre.

LES PLUS BELLES BALADES À SCOOTER : Si Napoléon avait disposé d'un scooter, comme la plupart des jeunes Italiens d'aujourd'hui, jamais il ne serait revenu de son exil sur l'**île d'Elbe**. Des paysages tout aussi merveilleux attendent les adeptes du deux-roues dans l'île volcanique de **Pantelleria**.

LE MEILLEUR ENDROIT OÙ COMPLOTER CONTRE UNE NATION : Trouvez l'inspiration dans la ville natale de Machiavel, **Florence**.

LES MORTS LES PLUS VIVANTS : Pour découvrir les mystères du morbide et du macabre, cachez-vous dans la **crypte des capucins** de l'église Santa Maria della Concezione, à **Rome**, où les os de 4000 moines ont été poétiquement accrochés aux murs et au plafond. Découvrez vos penchants nécrophiles dans les **catacombes des capucins** de **Palerme**, où 8000 squelettes reposent en paix, dans leurs habits du dimanche mités.

LE PLUS VIEUX BONHOMME DE NEIGE : Frissonnez en pensant à l'homme âgé de 5200 ans retrouvé pris dans les glaces de **Bolzano**.

LE MEILLEUR ENDROIT OÙ VACILLER, PERCHÉE SUR DES PRADA DE 15 CM DE TALON : Défilez dans la capitale mondiale de la mode. Même si la plupart doivent se contenter de rêver de s'exhiber en Gucci ou en Versace, **Milan** est le lieu idéal où se prendre pour un top-model.

LE MEILLEUR MOMENT POUR SE PRÉSENTER SOUS UNE FAUSSE IDENTITÉ : Cachez-vous sous un masque pendant la folie du **carnaval** de **Venise**.

LES LIEUX D'HÉBERGEMENT LES PLUS SURPRENANTS : Vous trouvez que tous les hôtels se resemblent ? Découvrez les *sassi* (cavernes) de **Matera**, qui datent de 7000 ans. Sachez que ce ne sont pas de simples vieilles caves et que vous y trouverez même une plomberie moderne. Vous pouvez aussi opter pour les *trulli* d'**Alberobello**, des igloos de pierre sèche qui ont été utilisés comme églises, comme habitations et même comme restaurants.

LES MEILLEURS BAINS DE BOUE THÉRAPEUTIQUES : Les bains de boue de **Vulcano**, en Sicile, troueront assurément votre maillot de bain et affoleront votre compteur Geiger.

LES MEILLEURS ENDROITS OÙ COMMENCER UN RÉGIME : Les vénérables poêles de 4 m de diamètre qui ennoblissent les murailles de **Camogli** débordent, lors de l'annuelle *Sagra del Pesce*, lorsque 2000 sardines sont frites. La viande de bœuf est toujours au menu durant la *Sagra della Bistecca* de **Cortone**. Choisissez enfin entre les tartes de la *Festa del Limone*, à **Procida**, et les pommes de terre de... la Fête de la pomme de terre, dans le **massif de la Sila**.

LA GOURMANDISE

Si aux enfers le péché de gourmandise était puni du supplice de Tantale, rassurez-vous : rien de tel ne vous arrivera en Italie. Alors, que votre devise soit "vivre pour manger" ou "manger pour vivre", ne manquez aucune des merveilles culinaires des régions que vous traverserez. **Florence**, ville natale de Dante, fut l'une des premières cités à chasser les ascètes avec des *bruschette* qui vous mettront l'eau à la bouche et d'épaisses et succulentes entrecôtes. Elle se trouva néanmoins vite concurrencée par **Venise** et les crevettes, anguilles, moules, crabes, poulpes et calamars pêchés dans l'Adriatique. Dès que **Turin** entra dans la course avec ses fameux *agnolotti* (savoureux raviolis fourrés à l'agneau et au chou), les jours d'une Italie très croyante et respectant le carême furent comptés. La combinaison d'un vin du Piémont et d'un pain aux amandes de **Pérouse** a assuré à plus d'un pécheur plusieurs jours de pénitence, tandis que la mozzarella qui a propulsé **Naples** sur le devant de la scène vous coûtera au moins cent ans de tourments. Nappez-la d'une bonne huile d'olive pour vous assurer une place au fin fond du quatrième cercle de l'enfer, ou bien sautez en Sicile pour goûter aux délices de l'espadon grillé et des pâtes à la ricotta de **Palerme**. Heureusement pour votre divin juge, l'entrée des enfers se trouve à proximité, au sommet du **grand cratère** de l'île de **Vulcano**.

L'AVARICE

Les Italiens seront certainement les premiers à vous faire remarquer que la haute couture n'est pas à proprement parler un péché mortel dans le schéma de Dante. C'est une bonne chose, car *essere in modo* ("être à la mode") est ce à quoi aspire tout jeune Italien qui se respecte. **Milan** est la ville à éviter si vous partagez le penchant des Italiens pour les vêtements *di buon gusto* ("de bon goût"). Si une fois devant les vitrines des magasins du **Corso Vittorio Emanuele**, à Milan, vous décidez malgré tout de sacrifier un peu de votre *fashion attitude* pour manger et dormir dans un hôtel plutôt que dans la rue, vous pourrez toujours faire un tour aux *blochisti* (magasins de vente en gros des vêtements de la saison précédente) du **Corso Buenos Aires**. Sachez également que **Trévise** est le berceau de Benetton et n'oubliez pas que si vous avez décidé de ne pas quitter l'Italie sans ressembler à un(e) Italien(ne), vous risquez un découvert éternel à la banque des enfers !

LA PARESSE

Reconnaissez-le. A un moment ou à un autre de votre séjour, vous aurez envie de laisser tomber palais et musées pour quelques coups de soleil bien sentis ! Aux **îles Pontine**, allongé au bord d'une piscine naturelle sur une plage entourée de falaises blanches, la damnation éternelle vous semblera un bien léger tribut au vu de telles splendeurs. Incitez vos compagnons de bronzette à la luxure et étalez votre corps de rêve au paradis nudiste de la **plage Guvano** de **Corniglia**, un village des Cinque Terre. L'intensité du bleu de la mer à **Tropea** donne lieu à une expérience quasi mystique, assez en tout cas pour transformer un athée en pratiquant fervent. Les plages de sable de **Sardaigne** n'abîmeront pas la douceur de votre peau comme les *spiagge* caillouteuses du reste du pays. Celle de sable blanc d'**Is Arutas** vous procurera le calme nécessaire pour réfléchir à votre attitude païenne. Vous brûlez déjà.

L'ORGUEIL

L'orgueil pourrait bien être le péché le plus tentant pour un pays comme l'Italie. Songez seulement au nombre de touristes qui passent ses frontières chaque année ou au nombre de chefs-d'œuvre de Léonard de Vinci qu'elle abrite (plus que n'importe quel autre pays au monde)… Mais l'Italie a bien d'autres raisons de s'enorgueillir, vu tous les trésors ignorés des voyageurs qu'elle détient. Alors, que vous soyez en route pour la tour penchée de Pise ou pour le Colisée, sachez que même dans les villes les plus touristiques, il existe des merveilles cachées pour les intrépides (et les lecteurs de Let's Go). Commencez par expier votre plat de *spaghetti al vongole* en haut du **campanile** de **San Giorgio Maggiore**, d'où vous aurez une des plus belles vues sur **Venise**, et en plus vous y serez seul (ou presque). En passant par la trop rarement visitée **Scuola Dalmata San Giorgio degli Schiavoni**, vous découvrirez une étonnante et féroce représentation de saint Georges parmi les peintures de Carpaccio. La vue sur le Grand Canal depuis la cour de la **collection Peggy Guggenheim** n'est surpassée que par l'intérieur de la **Ca' d'Oro**, un des plus beaux palais du Grand Canal. Ne quittez pas Venise sans vous être arrêté sur l'île aux maisons colorées de **Burano**. A **Florence**, la plupart des voyageurs ignorent malencontreusement les fresques colorées de Benozzo Gozzoli au **palais des Médicis** (Palazzo Medici Riccardi), les magnifiques travaux de Masaccio dans la **chapelle Brancacci** de l'église Santa Maria del Carmine et les œuvres pieuses de Fra Angelico au **Museo della Chiesa di San Marco**. Quant à Moïse, il sera obligé de vous livrer aux autorités s'il sait que vous avez manqué sa statue, œuvre de Michel-Ange, en l'**église Saint-Pierre-aux-Liens** (San Pietro in Vincoli), à **Rome**.

SUGGESTIONS D'ITINÉRAIRES

L'ITALIE DU NORD AU SUD (1 MOIS). Saisissez votre chance de voir **Turin** (2 jours) indemne avant que les Jeux olympiques d'hiver de 2006 ne s'y installent, puis suivez les traces de Christophe Colomb en vous rendant à **Gênes** (2 jours), sa ville natale. Après cette avancée vers le Nouveau Monde, mettez le cap sur les boutiques de mode, les rues pavées et les *gelaterie* de **Milan** (3 jours), où résonne encore dans la Scala la voix de Maria Callas chantant Verdi. Achetez un CD pour vous occuper pendant le long trajet en train qui vous conduira à **Venise** (4 jours). Une fois dans la ville naufragée qui menace de s'enfoncer dans l'Adriatique, regardez la brume du matin s'estomper et vous révéler la présence de somptueux *palazzi*. Située pour sa part à l'intérieur des terres, **Florence** (3 jours) peut s'enorgueillir de posséder plus d'œuvres d'art que nombre de petits pays, ainsi que de célèbres toits de tuiles orange, que vous verrez sur toutes les cartes postales de Toscane. En chemin pour les acqueducs en ruines, les églises et la collection d'art de la Renaissance de **Rome** (5 jours), fuyez les tentations matérielles avec les pèlerins à **Assise** (1 jour). Un voyage à **Naples** (2 jours), qui abrite les meilleures pizzas et les meilleurs pickpockets du monde, vous permettra de rejoindre la très plaisante, et très touristique, **Sorrente** (2 jours). N'oubliez pas de prendre le ferry pour aller visiter la légendaire **Capri** (1 jour). Puis revenez sur le continent pour arpenter les ruines et les cendres de **Pompéi** (1 jour), c'est bien plus beau que vous ne l'imaginez... Une excursion d'une journée à **Herculanum**, toute proche, vous donnera une idée de ce qu'était la vie au premier siècle avant J.-C. Retournez à Naples prendre un train pour **Brindisi** (2 jours), une plaque tournante des transports et une ville côtière qui vaut le détour. De là, retournez à Rome ou, si vous voulez prolonger vos vacances, prenez un bateau pour la **Grèce**, il y en a plusieurs par jour.

L'ITALIE DU NORD AU SUD

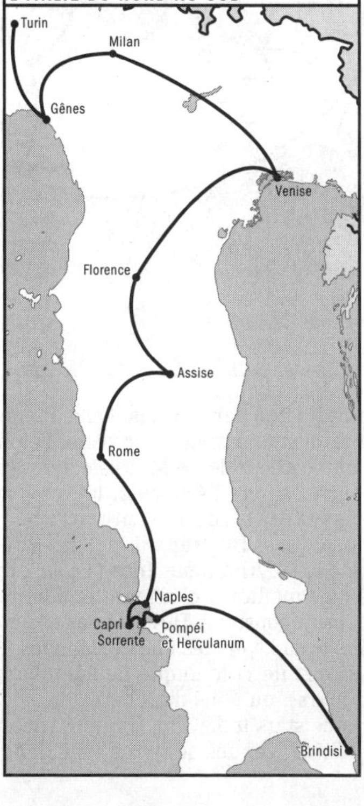

LITTÉRATURE ET ART EN ITALIE DU NORD (1 SEMAINE). Prêt pour des aventures (g)astronomiques ? Partez de **Bologne** (1 jour), qui abrite la plus ancienne université d'Europe (Copernic, Dante et Pétrarque en ont usé les bancs) et pourvoit le reste du monde en merveilles culinaires. Dirigez-vous ensuite vers **Padoue** (1 jour), un

LITTÉRATURE ET ART EN ITALIE DU NORD

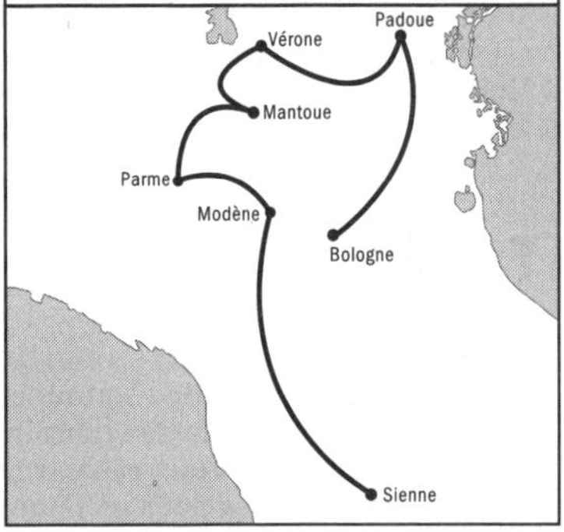

autre centre intellectuel qui peut également s'enorgueillir de compter Dante, Pétrarque ou encore Galilée au nombre de ses anciens élèves. Rendez hommage, aux Roméo et Juliette de Shakespeare dans leur village natal, **Vérone** (1 jour). Si vous préférez les classiques aux bardes anglais, il vous faut visiter **Mantoue** (1 jour), le village natal de Virgile. Suivez l'inspiration de Verdi et de Stendhal en vous rendant à **Parme** (1 jour) : peut-être y rencontrerez-vous votre muse ? Les amoureux d'opéra ne pourront échapper au pèlerinage à **Modène** (1 jour), où ils pourront rendre hommage à Pavarotti lui-même. Enfin, vous découvrirez une architecture à couper le souffle en arpentant les rues de **Sienne** (1 jour).

LE BAS DE LA BOTTE (2 SEMAINES). Débutez votre séjour dans le sud de l'Italie en visitant **Naples** (3 jours), la capitale non officielle du Sud. Découverte par l'empereur Auguste, **Capri** (1 jour) plaît à tout le monde (non, Capri, ce n'est pas fini !) et ne manquez pas la visite de la célèbre Grotte bleue. Si vous voulez paresser, longez tranquillement l'in-

LE BAS DE LA BOTTE

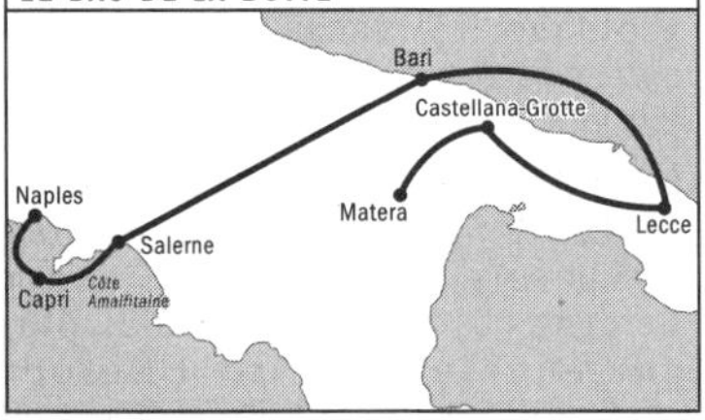

croyable **côte Amalfitaine** (4 jours), le long de laquelle des falaises escarpées plongent dans les eaux bleu cristal de la Méditerranée. De Salerne, faites un saut à **Bari** (1 jour), qui allie aux charmes de sa vieille ville l'énergie d'un campus universitaire moderne. Puis, pour satisfaire votre besoin de plaisirs esthétiques, visitez **Lecce** (2 jours), surnommée la "Florence baroque". Faites marche arrière en direction de **Castellana-Grotte** (1 jour), où le magnifique spectacle de la nature souterraine vous réjouira. Mais ne vous attendez quand même pas à voir les stalactites et les stalagmites pousser sous vos yeux : sachez qu'elles ne s'allongent que de 3 cm par siècle ! Pour finir, rendez-vous à **Matera** (2 jours) où vous pourrez dormir dans les *sassi*, d'anciennes demeures creusées dans la roche.

SOUS LE SOLEIL DE LA SICILE (2 SEMAINES). Oubliez la Mafia, à laquelle elle est sans cesse associée : l'effervescente **Palerme** (2 jours) est une

SOUS LE SOLEIL DE LA SICILE

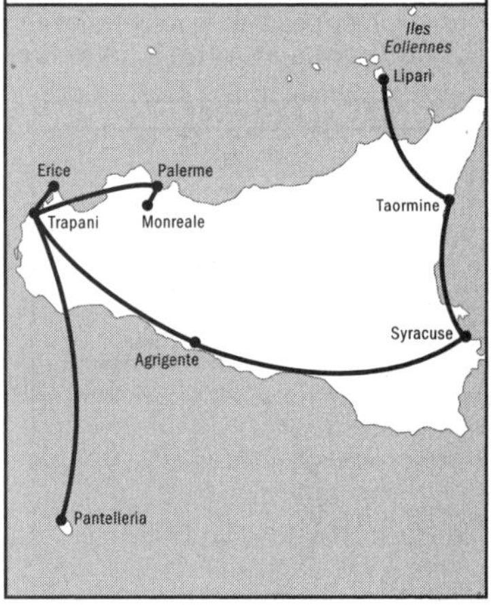

introduction parfaite à la Sicile. Prenez ensuite une journée pour visiter l'étonnante cathédrale de **Monreale**, où vous pourrez suivre l'Ancien et le Nouveau Testament sur les incroyables mosaïques. De **Trapani**, perdez-vous dans la labyrinthique **Erice** (1 jour), un village médiéval charmant et admirablement conservé. Dirigez-vous ensuite vers le sud, vers les mers profondes, et visitez l'île volcanique de **Pantelleria** (2 jours), où vous marcherez dans les pas de stars telles que Giorgio Armani ou Sting, venues se livrer avec délice aux saunas et jacuzzis naturels des sources chaudes de l'île. De retour sur la grande île, visitez **Agrigente** (1 jour) et sa vallée des Temples. Continuez votre exploration des vestiges grecs de la Sicile en vous rendant à **Syracuse** (2 jours), qui peut s'enorgueillir de posséder le plus grand amphithéâtre grec du monde, entre autres merveilles archéologiques. Perché sur des falaises à la beauté incomparable, **Taormine** (1 jour) vous émerveillera autant par ses théâtres antiques que par la vue merveilleuse sur l'Etna. Les **îles Eoliennes** (4 jours) seront la dernière étape de votre voyage : magnifiques panoramas, plages de sable noir et grondements d'un volcan toujours actif... Un dernier verre de vin au coucher du soleil et vous connaîtrez tous les plaisirs de la Sicile !

PLAGES ET CAMPAGNE EN SARDAIGNE (2 SEMAINES). Prenez le ferry à **La Spezia** (1 jour), sur la côte Ligure, pour débuter votre odyssée des plages de la Sardaigne. **Stintino** (1 jour) sera la première étape de votre parcours : une jolie plage et un petit port de pêcheurs... Suivez la côte jusqu'au village romain de **Porto Torres** (1 jour) puis mettez le cap au sud. Arrêtez vous à **Alghero** (2 jours), où vous pourrez faire de la spéléologie jusqu'à ce que votre cœur vous dicte de revenir à l'air libre. Profitez alors de l'atmosphère et des bars de la ville. Puis continuez en direction du sud. **Oristano** (1 jour) pourra être votre point de départ pour les magnifiques plages de la péninsule du Sinis, notamment celles de **Putzu Idu** et de **S'Archittu**. Dirigez-vous ensuite vers la capitale de l'île, **Cagliari** (2 jours), où les ruines romaines et les plages de sable vous enchanteront le jour, et où les discothèques vous feront vibrer la nuit. Pour changer un peu de la mer (et des touristes qui l'accompagnent), filez à **Nuoro** (2 jours), le lieu idéal où découvrir la campagne sarde. Le trajet jusqu'à **Orgosolo** (1 jour), dans les montagnes de Sardaigne, est absolument magnifique. Si vous rêvez de revoir la mer, repartez pour le nord et profitez des fabuleuses plages de **Santa Teresa di Gallura** et de **Capo Testa** (1 jour). Enfin, si vous n'avez pas peur de vous sentir à l'étroit, faites un saut sur la petite île de **La Maddalena** (2 jours), dont les eaux feront se pâmer les amoureux de la mer.

PLAGES ET CAMPAGNE EN SARDAIGNE

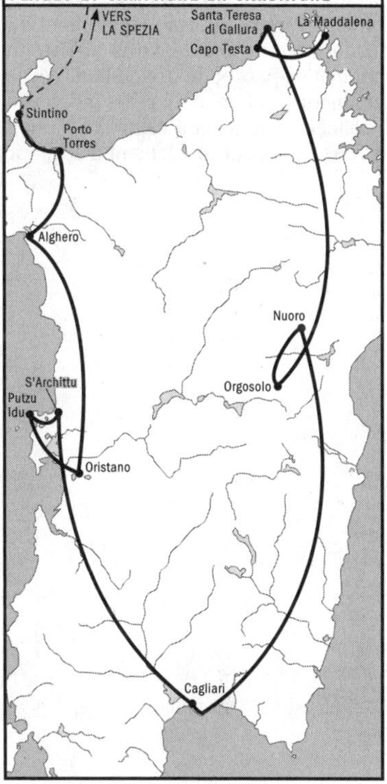

LACS ET MONTAGNES DU NORD DE L'ITALIE (12 JOURS). Débutez votre séjour à **Trévise** (1 jour) en n'omettant pas de revêtir vos plus beaux habits, car c'est ici que Benetton a vu le jour. Puis mettez le cap plein nord vers **Bressanone** (1 jour). Vous pourrez vous imprégner des paysages de montagne enchanteurs et de l'ambiance typique du Südtirol. A **Bolzano** (1 jour), votre arrêt

LACS ET MONTAGNES DU NORD DE L'ITALIE

suivant, vous réaliserez que la frontière autrichienne n'est pas très loin. Au bord du lac de Garde, **Riva del Garda** (2 jours), est une petite ville où la fête bat son plein la nuit et où vos journée seront occupées par la planche à voile et l'escalade. Après toutes ces activités, **Gardone Riviera** (1 jour), également au bord du lac de Garde, vous offrira un moment de paix et de tranquillité. Voyez comment vivait la monarchie milanaise à **Bellagio** (1 jour) et à **Varenna** (1 jour), et vous rêverez probablement d'acquérir une villa au bord du lac de Côme. Faites un tour à **Côme** (1 jour), la plus grande ville du bord du lac, à proximité. Rendez-vous ensuite à **Stresa** (2 jours), une ville romantique au bord du lac Majeur. De là, vous pourrez embarquer pour un tour des charmantes îles Borromées. Enfin, rejoignez, comme Nietzsche avant vous, les rives du paisible lac d'Orta, à **Orta San Giulio** (1 jour). Respirez et détendez-vous. Tout cet exercice vous a fait le plus grand bien !

L'ESSENTIEL

AVANT DE PARTIR

QUAND Y ALLER

Le traditionnel circuit Florence-Venise-Rome, coûteux et très touristique, n'est pas nécessairement la meilleure manière de découvrir l'Italie. N'ayez pas les yeux plus gros que le ventre : si vous disposez d'un temps limité, il peut être plus judicieux de ne visiter que l'une de ces superbes villes et de découvrir la région environnante. Hors des lieux saturés de touristes, vous retrouverez les Italiens charmants et souriants comme ils le sont naturellement. "Les Français sont des Italiens de mauvaise humeur", disait Cocteau. Sachez garder le sourire et vous décontracter pour accepter les éventuels contretemps dans un pays où pratiquement tout ce qui peut être fermé (bureaux, musées...) tend à l'être sans crier gare.

SAISON TOURISTIQUE

La période la plus propice pour visiter l'Italie est sans aucun doute fin mai-début juin ou fin août-courant septembre, lorsque les hordes de touristes ne sont pas encore arrivées – ou qu'elles viennent juste de quitter les lieux – et que le temps est agréable.

En juillet-août, l'Italie est submergée. Durant cette période, la saison touristique bat son plein : les hôtels sont chers et archicomplets, les trains bondés, le *David* de Michel-Ange assailli par les Japonais, l'île d'Elbe envahie par les Allemands, et la vue sur la mer constamment bouchée par des rangées de chaises longues. L'été, il est impératif de réserver plusieurs jours à l'avance – voire des mois – si vous voulez visiter Sienne durant les courses de chevaux du *Palio* ou passer la nuit à Capri. En août, les Italiens prennent leurs propres vacances et ferment la plupart des commerces et des restaurants qui ne sont pas destinés aux touristes. Les grandes villes se vident, les autres ne sont plus qu'un enfer touristique. Un séjour estival présente cependant quelques avantages : si la plupart des meilleurs restaurants sont fermés en août, certaines auberges de jeunesse et la majorité des campings n'ouvrent que l'été et les plages horaires des musées sont plus larges.

Certaines régions connaissent des hautes saisons supplémentaires en dehors de l'été. Les stations des Alpes sont bien entendu très fréquentées à Noël, de la mi-février à la mi-mars et à Pâques. Rome est très courue à Pâques, notamment par les pèlerins du monde entier et les groupes scolaires de toute l'Europe. Venise est une destination de prédilection à Noël et plus encore pendant le carnaval, en février.

Si vous visitez l'Italie entre septembre et mai, vous profiterez des avantages de la basse saison. Vous pourrez par exemple assister aux vendanges en septembre-octobre, à la première pression des olives en hiver et aux processions de la Semaine sainte au mois d'avril.

CLIMAT

La présence de la Méditerranée et la barrière formée au nord par l'arc alpin contribuent à adoucir le climat qui est essentiellement méditerranéen. L'été est assez chaud au nord (et pluvieux par endroits) et parfois torride au sud. Cependant, une brise marine rafraîchit les côtes. L'hiver est bien entendu froid dans les Alpes et plutôt frais et brumeux à Milan, Turin et Venise. La Toscane offre un climat à peu près semblable, avec des températures qui peuvent descendre légèrement en dessous de zéro, et des pluies assurées. Les régions du sud se maintiennent entre 10° C et 15° C en hiver. Les précipitations sont plus importantes lors des changements de saison.

TEMPÉRATURES

Pour chaque ville, la première ligne correspond aux températures en fonction du mois et la seconde ligne les précipitations en fonction du mois. Les températures sont exprimées en degrés Celsius (maxima/minima). Les précipitations sont exprimées en centimètres.

	Janvier	Avril	Juillet	Octobre
Brindisi	12/6	18/11	29/21	22/15
	7,7	4,7	1,4	7,9
Cagliari	14/7	19/11	30/21	23/15
	5	3,1	0,1	5,4
Milan	5/0	18/10	29/20	17/11
	4,4	9,4	6,4	12,5
Naples	12/4	18/9	29/18	22/12
	11,6	6,2	1,9	10,7
Palerme	16/8	20/11	30/21	25/16
	7,1	4,9	0,2	7,7
Rome	11/5	19/10	30/20	22/13
	7,1	5,1	1,5	9,9
Venise	6/1	17/10	27/19	19/11
	3,7	7,8	5,2	7,7

SE RENSEIGNER

ADRESSES UTILES

EN FRANCE

Office national italien de tourisme (ENIT), 23, rue de la Paix, 75002 Paris, ✆ 01 42 66 66 68. Le personnel, essentiellement italien, pourra vous renseigner et distribue des brochures touristiques gratuites..

Centro Turistico Studentesco e Giovanile (CTS), 20, rue des Carmes, 75005 Paris, ✆ 01 43 25 00 76, www.ctsvoyages.fr. Cet organisme italien est spécialisé dans les voyages pour les jeunes et les étudiants. Réductions sur les voyages, le logement et les circuits. Vous pourrez y acheter la carte d'étudiant internationale ISIC et effectuer des réservations dans des auberges de jeunesse italiennes ou des *pensioni*. Le CTS a des bureaux à travers toute l'Italie.

Institut culturel italien, 50, rue de Varenne, 75007 Paris, ✆ 01 44 39 49 39, www.iicparis.org. L'institut organise régulièrement des manifestations culturelles, des conférences et des expositions sur l'Italie. Il dispose également d'une bibliothèque bien fournie. Pour les renseignements concernant le système scolaire et universitaire, contactez le service pédagogique.

Centre de langue et de culture italienne, 4, rue des Prêtres-Saint-Séverin, 75005 Paris, ✆ 01 40 46 82 52, www.centreital.com. Ce centre propose des cours d'italien, d'économie, de politique, d'histoire de l'art, de cinéma et de littérature, des conférences et des expositions d'artistes italiens. Il organise également des voyages et des séjours linguistiques.

Chambre de commerce italienne, 134, rue du Faubourg-Saint-Honoré, 75008 Paris, ✆ 01 53 93 73 73, www.france-italie.net. Documentation sur les entreprises italiennes et l'économie de l'Italie en général.

EN BELGIQUE

Office de tourisme italien (ENIT), 176, avenue Louise, 1050 Bruxelles, ✆ (02) 647 1154, fax (02) 640 56 03.

EN SUISSE

Office de tourisme italien (ENIT), Uraniastrasse 32, 8001 Zurich, ✆ 434 664 040.

AU QUÉBEC

Office national italien du Tourisme, 175 Bloor Street E, Suite 907, South Tower, Toronto, Ontario M4W 3R8. ✆ (416) 925 4882, www.italiantourism.com

LIBRAIRIES

EN FRANCE

LIBRAIRIES SPÉCIALISÉES DANS LES VOYAGES

Ariane, 20, rue du Capitaine-Dreyfus, 35000 **Rennes**, ✆ 02 99 79 68 47, www.librairie-du-voyage.com.

Astrolabe, 46, rue de Provence, 75009 **Paris**, ✆ 01 42 85 42 95.

Les Cinq Continents, 20, rue Jacques-Cœur, 34000 **Montpellier**, ✆ 04 67 66 46 70.

Géothèque, 10, place du Pilori, 44000 **Nantes**, ✆ 02 40 47 40 68. **Géothèque**, 6 rue Michelet, 37000 **Tours**, ✆ 02 47 05 23 56. **Géorama**, 20, rue du Fossé-des-Tanneurs, 67000 **Strasbourg**, ✆ 03 88 75 01 95.

Hémisphères, 15, rue des Croisiers, 14000 **Caen**, ✆ 02 31 86 67 26.

Itinéraires, 60, rue Saint-Honoré, 75001 **Paris**, ✆ 01 42 36 12 63, www.itineraires.com.

Magellan, 3 rue d'Italie, 06000 **Nice**, ✆ 04 93 82 31 81.

Nouveau Quartier Latin (NQL), 78, boulevard Saint-Michel, 75006 **Paris**, ✆ 01 43 26 42 70.

Ombres blanches II, 48, rue Gambetta, 31000 **Toulouse**, ✆ 05 34 45 53 38, www.ombres-blanches.fr

Raconte-moi la terre, 38, rue Thomassin, 69002 **Lyon**, ✆ 04 78 92 60 20, www.raconte-moi.com.

Ulysse, 26 rue Saint-Louis-en-l'Ile, 75004 **Paris**, ✆ 01 43 25 17 35, www.ulysse.fr.

Voyageurs du monde, 55, rue Sainte-Anne, 75002 **Paris**, ✆ 01 42 86 16 00. 26, rue des Marchands, 31000 **Toulouse**, ✆ 05 34 31 72 72, www.vdm.com.

LIBRAIRIES ITALIENNES

La Tour de Babel, 10, rue du Roi-de-Sicile, 75004 **Paris**, ✆ 01 42 77 32 40.

Librairie anglaise et italienne Maurel, 95, rue de Lodi, 13006 **Marseille**, ✆ 04 91 42 63 44.

EN BELGIQUE

Anticyclone des Açores, 34, rue du Fossé-aux-Loups, 1000 **Bruxelles**, ✆ (02) 217 52 46, www.anticyclonedesacores.com.

Peuples et continents, 11, rue Ravenstein, 1000 **Bruxelles**, ✆ (02) 511 27 75

La Route de jade, 116, rue de Stassart, 1050 **Bruxelles**, ✆ (02) 512 96 54, www.laroute-dejade.com.

Tropismes, 11, galerie des Princes, 1000 **Bruxelles**, ✆ (02) 512 88 52. Librairie généraliste avec un rayon spécialisé dans les voyages.

EN SUISSE

La Librairie du voyageur, 8 rue de Rive, 1204 **Genève**, ✆ (022) 810 23 33. Et aussi 18, rue de la Madeleine, 1003 **Lausanne**, ✆/fax (021) 323 65 56.

AU CANADA

Librairies Ulysse, 4176 rue Saint-Denis, **Montréal**, QC, ✆ (514) 843-9447. 560 rue Président Kennedy, **Montréal**, QC, ✆ (514) 843-7222.

INTERNET

Les réseaux d'information accessibles par ordinateur représentent une mine d'or pour bien préparer un voyage. Grâce à Internet, vous pouvez entrer en contact avec des correspondants du fond de la Sicile ou au cœur de Venise. Vous pouvez même réserver par ce biais votre billet d'avion, votre chambre d'hôtel ou votre voiture de location. Une fois familiarisé avec le réseau, votre seul véritable problème sera de faire face à la masse d'informations disponibles, au sein de laquelle il est parfois difficile de repérer les renseignements vraiment utiles.

SITES FRANCOPHONES SUR LES VOYAGES

ABM (www.abm.fr). Cette association de (grands) voyageurs met en ligne des informations pratiques sur de très nombreuses destinations. En prime, un forum et des petites annonces.

Ministère des Affaires étrangères (www.expatries.org). De nombreuses informations utiles : adresse des consulats de France à l'étranger, des centres de vaccination, des postes d'expansion économique, des alliances françaises... Surfez aussi sur www.dfae.diplomatie.fr pour connaître les conseils de sécurité délivrés par le ministère, pays par pays.

Office de tourisme (www.tourismoffice.org). Très pratique, ce site vous permet de vous connecter au site de l'office de tourisme qui vous intéresse dans le monde entier.

Uniterre (www.uniterre.com). Plus de 4500 carnets de voyage sont répertoriés sur ce site au graphisme soigné.

Easyvoyage.com (www.easyvoyage.fr). Sorte de Que choisir ? du voyage, ce site propose des "fiches pays" synthétiques et plaisantes.

Filfog (www.filfog.fr). Le site "contenu" de Nouvelles Frontières, qui se qualifie de "portail de tous les voyages". Fiches pays, actualités et forums.

SITES SUR L'ITALIE

Agence nationale italienne pour le tourisme (www.enit.it) ou **Italian Tourist Web Guide (www.itwg.com)**. Vous obtiendrez de précieux renseignements sur l'hébergement, la restauration, les transports, les manifestations culturelles et les monuments historiques.

Trenitalia (www.trenitalia.com) vous renseigne sur les horaires des trains.

Ferries Online (www.traghetti.com) est un site italien qui indique les horaires des ferrys pour la Sardaigne, les îles Eoliennes, la Tunisie, Malte, la Grèce et la Turquie. Vente en ligne des billets de différentes compagnies.

Musées (www.museionline.com). Informations sur les musées et les expositions.

Scala de Milan (www.lascala.milano.it). Les amateurs d'opéra peuvent y effectuer une visite virtuelle du célèbre opéra.

Centro Turistico Studentesco e Giovanile (www.cts.it/parchionline/parchi.htm) peut vous fournir des informations intéressantes et détaillées sur les parcs nationaux d'Italie (randonnée, logement, restauration, faune et flore...).

Ski Italia (www.skiitaly.com). Pour en savoir plus sur les stations de ski italiennes.

SITES UTILES POUR PRÉPARER VOTRE VOYAGE

Hostelling International (www.iyhf.org). Toutes les informations sur 5000 auberges de jeunesse dans 77 pays (voir aussi le site en français www.fuaj.org).

Oanda (www.oanda.com). Le site de référence si vous souhaitez connaître un taux de change. Plus de 164 monnaies référencées.

PLUS D'INFORMATIONS POUR...

ÉTUDIANTS

Un peu partout en Italie, les étudiants bénéficient de réductions. Pensez à vous procurer une **carte d'étudiant internationale (ISIC)** avant de partir. Elle sera plus facilement acceptée que la carte d'une université française. N'hésitez pas à la présenter systématiquement en demandant : *"C'è uno sconto studentesco ?"* ("Faites-vous une réduction pour les étudiants ?") même si les réductions pour étudiants ne sont pas affichées. A cause de la prolifération de fausses cartes, certaines compagnies aériennes exigent une autre pièce d'identité attestant de votre statut d'étudiant. Apportez votre carte d'étudiant française.

Pour vous procurer la carte ISIC, munissez-vous de votre carte d'étudiant, d'une photo et de 10 €. Vous pouvez l'acheter auprès des agences **OTU Voyages**, **Wasteels** et de certains **CROUS** (Centres régionaux des œuvres universitaires et sociales.) Vous trouverez les adresses des points de vente sur le site www.carteisic.com. En **Belgique**, en **Suisse** et au **Canada**, la carte ISIC est délivrée par les agences de voyages pour jeunes et étudiants et, en général, par tout organisme affilié à l'International Student Travel Organization (ISTO).

JEUNES

La **FIYTO (Federation of International Youth Travel Organisations)** émet une carte de réduction pour les moins de 26 ans qui ne sont pas étudiants. Connue sous le nom de carte **GO 26**, elle est valable un an et offre des avantages similaires à ceux de la carte ISIC : tarifs préférentiels pour certains musées, billets d'avion et titres de transport. En France, on peut se la procurer auprès de l'**OTU** (www.otu.fr) et dans tous les **CROUS** (Centres régionaux des œuvres universitaires et sociales). Une brochure recense les réductions auxquelles la carte donne droit. Pour obtenir la carte GO 26, vous devez présenter une pièce attestant de votre date de naissance et une photo d'identité (avec votre nom inscrit au verso). Elle coûte 12 €.

PERSONNES ÂGÉES

En Italie, les personnes âgées sont traitées avec respect et bénéficient souvent de réductions (transports, musées, cinéma, théâtre, concerts, restaurants, logement...). Si vous avez plus de 60 ans, n'oubliez pas de demander si vous y avez droit. Une preuve de votre statut est néanmoins souvent exigée.

GAYS ET LESBIENNES

En Italie, pays latin, et en particulier dans le sud, la situation des homosexuels est différente de ce qu'elle est dans les pays anglo-saxons. Par exemple, le Vatican s'oppose chaque année à la Gay Pride qui a lieu à Rome. En 2000, le Vatican était soutenu par une majorité d'Italiens qui pensaient que la Gay Pride ne devait pas coïncider avec le jubilé 2000. Beaucoup de gens, pourtant pro-homosexuels, se sont même opposés aux invitations provocantes montrant un homme nu et annonçant "Come to Rome", qui assimilent le pèlerinage de Rome à une sorte de septième ciel moins catholique que de coutume ! Cependant, Titti De Simone, membre du parti Refondation communiste, est devenue en mars 2001 la première femme du Parlement ouvertement lesbienne. Son programme comprenait l'égalité des droits pour tous, tant pour les couples de même sexe que pour les parents gay.

Cela dit, dans les grandes villes du nord comme Milan, Bologne et Turin, on est en général plus tolérant. En outre, se prendre par la main ou marcher bras dessus, bras dessous avec quelqu'un du même sexe, surtout entre femmes, est courant en Italie et n'est pas forcément un signe d'homosexualité. Les relations sexuelles entre personnes du même sexe sont légales à partir de 16 ans. Les bars et les discothèques gay font maintenant partie de la vie nocturne de la plupart des villes (ils servent aussi de refuge aux femmes qui aiment sortir sans être continuellement harcelées). Il existe également quelques plages gay (*spiagge gay*).

Les magazines homosexuels nationaux sont *Babilonia* (parution mensuelle) et *Guida Gay Italia* (parution annuelle). Ils sont en vente dans la plupart des kiosques.L'annuaire gay (www.gay.it/guida/italia/info.htm) répertorie les bars, hôtels et boutiques homosexuels. Essayez également **Out and About** (www.outandabout.com).

L'organisation homosexuelle **Arci-Gay/Lesbica** a des bureaux dans de nombreuses villes italiennes dont Bologne (P. di Porta Saragozza, 2, 40123 Bologna, ✆ 051 644 70 54) et Rome (V. Orvinio, 2 , près de la Piazza Vescovio, 00199 Roma, ✆ 06 86 38 51 12, et V. dei Mille, 23, Roma, ✆ 06 446 58 39). Téléphonez ou consultez son site Internet (www.malox.com/arcigay/link.htm) pour obtenir les coordonnées de l'antenne la plus proche de votre lieu de séjour.

EN FRANCE

Centre gay et lesbien, www.cglparis.org.

Eurogays Travel, www.eurogays.com. Cette agence propose des séjours et des voyages aux gays et aux lesbiennes.

Les Mots à la bouche (librairie), 6, rue Sainte-Croix-de-la-Bretonnerie, 75004 Paris, www.motsbouche.com. Ouvert Lu-Sa 11h-23h et Di. 14h-20h.

EN BELGIQUE

International Lesbian and Gay Association (ILGA), www.ilga.org. Cette association peut vous donner des conseils sur les droits des homosexuels à l'étranger.

HANDICAPÉS

Les Italiens font des efforts importants pour aider les handicapés. L'office du tourisme italien (ENIT) vous indiquera les hôtels et les bâtiments accessibles aux handicapés. Lorsque vous réservez un hôtel ou un billet d'avion, précisez de quoi vous avez besoin et prévoyez un délai suffisant pour l'installation et la confirmation des aménagements. La plupart des gares seront en mesure de vous fournir de l'aide si vous les prévenez 24 heures à l'avance. Vous trouverez généralement un *portiere* pour porter vos bagages (0,25 à 0,50 € par sac). L'Italie possède un réseau ferroviaire moderne et la majorité des trains sont accessibles aux fauteuils roulants. Si vous devez voyager avec un chien guide d'aveugle, contactez votre vétérinaire et le consulat italien le plus proche de chez vous. Un certificat de vaccination de votre animal attestant de sa bonne santé est nécessaire. Le train est certainement en Europe le mode de transport le plus adapté aux handicapés : de nombreuses gares possèdent des rampes d'accès, certains trains ont des élévateurs pour fauteuils roulants, des espaces avec des sièges adaptés et des toilettes spécialement équipées. En général, le Pendolino et beaucoup de trains Eurostar et InterCity sont accessibles aux handicapés. Si vous désirez louer une voiture, de grandes compagnies telles que Hertz, Avis et National proposent parfois des voitures automatiques. En revanche, de nombreux musées et autres lieux touristiques ne prévoient rien pour l'accès des sites aux handicapés. C'est notamment le cas à Venise. Peu ou pas d'hôtels ont des chambres adaptées. Prenez vos précautions avant de prévoir une visite : appelez les hôtels, restaurants et autres établissements pour vous assurer des dispositions d'accès avant votre arrivée.

XIII Voyages, pas de site mais une adresse **e-mail** XIIIvoyages@wanadoo.fr. Cette agence de voyages organise des séjours en France et à l'étranger pour les handicapés.

Association des paralysés de France (APF), www.apf-asso.com. Cette association propose des voyages à l'étranger aux handicapés. Il faut être membre pour y participer.

Mobility International Schweiz, en Suisse, www.mis-ch.ch. Cette association dispose d'une documentation sur le transport et l'hébergement à l'étranger. Elle peut aussi vous donner les coordonnées d'agences de voyage offrant des prestations aux handicapés.

Accessible Europe, Sfoglia Viaggi, V. Londra, 16, 00142 Rome (© 06 7158 2945). Une agence spécialisée dans les voyages pour les handicapés et les personnes âgées. Vous trouverez de nombreux renseignements sur www.accessibleurope.com/index.

VOYAGER AVEC DES ENFANTS

Les Italiens sont réputés pour leur amour des enfants : les vôtres provoqueront sans doute de nombreux regards attendris. La plupart des hôtels accepteront d'installer un lit d'appoint dans votre chambre moyennant un supplément. Et rares sont les enfants qui n'apprécient pas les spécialités italiennes comme la pizza, les spaghettis et les *gelati* (glaces) ! Faites en sorte que votre enfant ait sur lui un document mentionnant son identité au cas où il se perdrait et, si possible, apprenez-lui les numéros d'urgence (© 113 et © 112). Le système ferroviaire italien offre dans certains cas des réductions aux familles. Les enfants de moins de 4 ans voyagent gratuitement, les moins de 12 ans à moitié prix. Au-delà de 12 ans (jusqu'à 25 ans), il existe également de nombreuses réductions (voir **Se déplacer en Italie**).

VÉGÉTARIENS

Les voyageurs végétariens auront sans doute du mal à trouver des restaurants végétariens en dehors des grandes villes, mais pourront se nourrir divinement avec les buffets d'*antipasti*, les mille et une recettes de pâtes et les fruits et légumes mûris au soleil de Méditerranée. Ce guide mentionne certains restaurants végétariens mais vous pouvez toujours demander un plat *senza carne* (sans viande), même si cela doit vous attirer le regard hostile du cuisinier. Pour tout renseignement sur les restaurants, la nourriture et les magasins végétariens, contactez l'**Association italienne des végétariens** (www.vegetariani.it/vegetarismo/ristoranti.htm). Etablie en 1950, l'AVI est, avec ses 3000 membres, la plus grande association végétarienne d'Italie. L'organisme publie également un magazine trimestriel.

FORMALITÉS

AMBASSADES ET CONSULATS D'ITALIE

EN FRANCE

Ambassade d'Italie, 51, rue de Varenne, 75007 **Paris** (M° La Muette), © 01 49 54 03 00 (standard), www.amb-italie.fr.

Consulats : 5, boulevard Emile-Augier, 75016 **Paris**, © 01 44 30 47 00. Des consulats ou des bureaux consulaires existent également à **Bastia**, **Lille**, **Lyon**, **Marseille**, **Metz**, **Nice** et **Toulouse**. Toutes les adresses sur http://sedi.esteri.it/consparigi.

EN BELGIQUE

Ambassade d'Italie, 28, rue Emile Claus, 1050 **Bruxelles**, © (02) 643 38 50, www.ambitaliabruxelles.org.

Consulat : 38, rue de Livourne, B/1000 **Bruxelles**, © (02) 543 15 50. Consulats généraux également à Liège et Charleroi.

EN SUISSE

Ambassade d'Italie, Elfenstrasse 14, 3006 **Berne**, © (031) 350 07 77.

Consulats : Belpstrasse 11, 3007 **Berne**, © (031) 390 10 10. 14, rue Charles-Galland, 1206 **Genève**, © (022) 839 67 44. Consulats également à Lugano, Zurich, Lausanne et Locarno.

AU CANADA

Ambassade d'Italie, 275 Slater Street, 21st floor, **Ottawa**, Ontario K1P 5H9, © (613) 23 22 401, fax (613) 23 31 484, www.italyincanada.com.

Consulat : 3489 Drummond Street, **Montréal**, Québec H3G 1X6, © (514) 849 83 51, www.italconsul.montreal.qc.ca. Consulats généraux également à Vancouver et Toronto.

ENTRER EN ITALIE

Si vous êtes citoyen d'un pays de l'**Union Européenne**, une carte d'identité nationale ou un passeport sont suffisants pour entrer en Italie. Vous pouvez ensuite circuler librement pendant une période de trois mois. Si vous désirez séjourner plus longtemps, adressez-vous à la *questura* (l'équivalent de la préfecture). Elle vous délivrera un *permesso di soggiorno* (permis de séjour) sur présentation d'une pièce d'identité (avec deux photocopies de celle-ci et deux photos). Ce permis est valable cinq ans.

Les citoyens **suisses** peuvent entrer en Italie sans visa pour une durée de 90 jours. Pour un séjour plus long, ils doivent demander un permis de séjour à la *questura*.

Les **Canadiens** n'ont pas besoin de visa pour un séjour de moins de trois mois : ils doivent simplement se munir d'un passeport en cours de validité. Pour prolonger leur séjour au-delà de trois mois, ils doivent faire une demande de prolongation de trois mois non renouvelable à la *questura*. D'après le Bureau des affaires consulaires canadien, il est rare que ces prolongations soient accordées. Pour des séjours de plus de trois mois, il vaut mieux demander un visa de longue durée avant de partir. La demande doit être adressée à l'ambassade ou au consulat italien le plus proche.

Les citoyens de l'Union Européenne et les Suisses n'ont pas besoin de visa spécifique pour étudier ou travailler en Italie. Il existe des visas spécifiques pour les citoyens canadiens, accordés en fonction de critères précis par les services consulaires italiens.

PASSEPORT ET CARTE D'IDENTITÉ

Avant de partir, pensez à photocopier vos pièces d'identité (les quatre premières pages du passeport ou votre carte d'identité). Emportez une photocopie, et laissez-en une autre chez vous. Si vous perdez vos papiers d'identité en Italie, adressez-vous au poste de police le plus proche, qui vous délivrera une attestation de perte ou de vol. Puis rendez-vous à votre consulat, muni de cette attestation et, si possible, d'une éventuelle pièce d'identité restante ou de la photocopie des papiers égarés. Mieux, vous pouvez numériser vos documents et les envoyer à votre adresse e-mail. Pour en savoir plus, voir encadré **Cyberprécautions**.

Pour obtenir un **passeport**, les citoyens **canadiens** peuvent remplir une demande, dans tous les bureaux des passeports, tous les bureaux de poste et la plupart des agences de voyages, puis le retirer en personne dans l'un des 28 bureaux régionaux des passeports. Les enfants de moins de 16 ans peuvent figurer sur le passeport de leurs parents. Un passeport coûte 60 C$ et il est valable 5 ans. La procédure d'obtention est de 5 jours ouvrables si vous vous déplacez, et de 10 jours par courrier. Pour en savoir plus, contactez le Canadian Passport Office, Department of Foreign Affairs and International Trade (www.dfait-maeci.gc.ca/passport).

En Italie, les propriétaires d'hôtel peuvent garder votre passeport ou votre carte d'identité pendant la nuit en guise de garantie. Il s'agit d'une pratique communément acceptée, mais vous n'êtes pas obligé de laisser votre passeport à la réception plus de temps qu'il n'en faut pour en noter le numéro. En payant d'avance vos nuits d'hôtel, vous éviterez cette pratique.

DOUANE

Bonne nouvelle : les citoyens de l'**Union Européenne** n'ont plus besoin de déclarer les articles achetés dans les pays de l'Union. Mauvaise nouvelle : ils ne peuvent plus accéder aux boutiques hors taxe pour leurs achats d'alcools, de parfums ou de cigarettes.

Les citoyens **suisses** ayant séjourné au moins 24 heures dans un pays frontalier de la Suisse ont le droit de rapporter jusqu'à 200 francs suisses de produits et, pour les plus de 17 ans, jusqu'à 2 litres de vin, 1 litre d'alcool de plus de 15° et 200 cigarettes.

Les **Canadiens** en voyage à l'étranger pendant au moins une semaine peuvent rapporter jusqu'à 500 C$ de produits hors taxe par an, à condition de les déclarer à l'arrivée. Pour un séjour compris entre 48h et 6 jours, le maximum est de 200 C$. Les personnes majeures ont le droit de rapporter jusqu'à 200 cigarettes (ou 100 cigarillos ou 50 cigares), 1 litre d'alcool, 2 litres de vin et 500 g de café. Pour en savoir plus, contactez les Douanes canadiennes, www.revcan.ca.

CHIENS, CHATS, VEAUX, VACHES, COCHONS... Vos compagnons à quatre pattes seront acceptés en Italie à condition que vous puissiez présenter un certificat d'origine et de bonne santé conforme aux critères internationaux. Ce document rempli par votre vétérinaire agréé doit comporter la date et la nature des vaccins (vaccin antirabique obligatoire). Les animaux de compagnie sont généralement admis dans les hôtels sous certaines conditions. En revanche, ils sont souvent refusés dans les restaurants et chez les commerçants.

PERMIS DE CONDUIRE INTERNATIONAL

Les citoyens de l'**Union Européenne** et les **Suisses** n'ont pas besoin de permis de conduire international pour prendre le volant en Italie. Il peut être utile pour les Canadiens, même s'il n'est pas explicitement requis. Les **Canadiens** de plus de 18 ans ayant le permis de conduire peuvent obtenir un permis de conduire international dans un bureau de la **Canadian Automobile Association (CAA)** (www.caa.ca). Le prix est de 10 C$, l'adhésion au CAA n'est pas obligatoire.

ARGENT

L'EURO

En tant que membre de la zone euro, l'Italie a adopté l'euro comme monnaie nationale depuis le 1er janvier 2002.

POUR LES SUISSES ET LES CANADIENS

Pour changer de l'argent en Italie, repérez les panneaux marqués cambio. Essayez d'éviter les bureaux de change des grands hôtels, des gares et des aéroports. C'est dans les banques que l'on trouve le meilleur taux de change, malgré une commission minimale. Les banques sont généralement ouvertes Lu-Ve 8h30-13h30 et parfois une heure dans l'après-midi (souvent 15h-16h). Si le pourcentage de la commission n'est pas précisé, cela signifie que son montant est fixe. Dans ce cas, il est plus intéressant de changer le maximum d'argent en une fois (pas trop tout de même si vous voulez le transporter en toute sécurité).

CARTES BANCAIRES

Les cartes bancaires internationales **Eurocard MasterCard** et **Visa** sont acceptées dans toute l'Italie. Les distributeurs de billets sont moins nombreux qu'en France, mais vous n'aurez guère de mal à en trouver dans les grandes villes. Il n'est pas aussi courant en Italie qu'en France d'utiliser la carte bancaire pour régler ses achats.

Pour les Suisses et les Canadiens, il est plus intéressant de payer directement avec sa carte que de retirer de l'argent dans des distributeurs : à chaque retrait, votre banque vous facture des frais dont le montant est fixe (3 € en moyenne). Attention : vous ne pouvez retirer qu'un montant hebdomadaire limité (généralement 305 €).

En cas de perte ou de vol de votre carte bancaire, téléphonez en France : pour **Visa** au ✆ 08 36 69 08 80 ou pour **Eurocard MasterCard** au ✆ 03 08 14 70 70 si votre banque est le Crédit mutuel ou le Crédit agricole. Sinon, vous pouvez contacter le centre d'opposition national au ✆ 0892 705 705, quel que soit le type de carte bancaire que vous ayez. Ce centre vous indiquera le numéro de téléphone spécifique à votre banque. Téléphonez en PCV ou demandez à être rappelé.

Si vous désirez obtenir une avance de fonds pour poursuivre votre voyage, le centre d'opposition de votre banque vous mettra en relation avec le service d'assistance qui décidera de vous accorder ou non cette avance. Le service d'assistance d'**Eurocard MasterCard** peut vous avancer jusqu'à 763 €. Par ailleurs, avant votre départ, relevez le numéro de téléphone du centre d'assistance de votre banque, qui figure au dos de votre carte bancaire. Vous gagnerez du temps !

LE BILLET, LA CARTE ET LE CHÈQUE DE VOYAGE Faut-il préférer les espèces, les cartes bancaires ou les chèques de voyage ? Impossible de donner une réponse définitive ! L'idéal est, bien sûr, de disposer de ces trois moyens de paiement. Voici quelques éléments de comparaison. Le plus sûr est le chèque de voyage. Volé ou perdu, il vous est remboursé et dans 80 % des cas son remplacement est immédiat (ce qui n'est pas le cas d'une carte bancaire). La carte bancaire est la plus facile à utiliser, car vous ne payez aucun frais sur la transaction que vous effectuez (sauf pour les Canadiens et les Suisses, dont la banque prélève de 2 € à 3 € sur chaque transaction). Enfin, les espèces sont acceptées partout (ce qui n'est pas le cas des chèques de voyage et des cartes), et par tous... y compris les pickpockets.

ASSURANCES

ASSURANCE MALADIE

Si vous bénéficiez de l'assurance maladie en France, vous conservez vos droits en Italie. Il vous suffit de vous procurer auprès de votre centre de Sécurité sociale un formulaire E111 **avant de partir**. Celui-ci est renouvelable et valable un an. Avec ce document, vous pourrez obtenir le remboursement de vos dépenses médicales auprès de l'organisme d'assurance maladie italien. Vous pouvez également attendre d'être de retour en France et envoyer vos demandes de remboursement à votre caisse d'assurance maladie. Attention : si vous suivez un traitement médical commencé avant le voyage, vous devez demander un formulaire E112 pour pouvoir être remboursé des frais liés à la poursuite de ce traitement en Italie. Le formulaire E111 est disponible auprès des centres de Sécurité sociale alors que l'E112 sera établi, après examen de votre dossier, par le service des relations internationales de votre centre de paiement.

Les **Canadiens** sont couverts par leur assurance maladie pour des séjours à l'étranger ne dépassant pas 90 jours. Ils doivent se renseigner auprès de leur centre d'assurance maladie provincial.

ASSURANCES LIÉES AUX CARTES BANCAIRES

Si vous êtes en possession d'une **carte Visa** (www.cartebleue.com) ou **Eurocard MasterCard** (www.mastercardfrance.com), vous bénéficiez automatiquement d'une assurance médicale et d'une assistance rapatriement. Elles sont valables pour tous les déplacements à l'étranger ne dépassant pas 90 jours. Le service d'assurance médicale prend en charge la partie des frais non remboursés par la Sécurité sociale en France, avec un plafond de 11 000 € pour Eurocard MasterCard (franchise de 75 €) et pour Visa. Seuls les frais d'hospitalisation sont pris en charge par Visa. Dans tous les cas, vous devrez effectuer une demande de prise en charge *avant* toute dépense médicale. Si vous ne pouvez avancer les frais d'hospitalisation, téléphonez au service d'assistance de votre carte. Quand celui-ci aura vérifié que vous serez en mesure de rembourser à votre retour, il vous avancera le montant des soins. Le cas échéant, le service d'assistance organisera votre rapatriement après avoir vérifié son bien-fondé avec le médecin ou l'hôpital auquel vous vous serez adressé. Par ailleurs, si vous réglez au moins une partie de votre transport (avion, train, location de voiture…) avec votre carte, vous êtes couvert par une assurance décès-invalidité. La déclaration d'accident doit être faite dans les 20 jours. Contactez votre banque pour connaître les numéros d'appel et vous faire communiquer le contrat d'assistance lié à votre carte.

SANTÉ

AVANT LE DÉPART

Une **trousse de premiers soins** sera bien suffisante pour les petits problèmes quotidiens. Elle contiendra : des pansements et du bandage, de l'aspirine, un antiseptique, un thermomètre (dans un étui rigide), une pince à épiler, du coton, un décongestionnant, des gélules contre le mal des transports, la diarrhée et les maux d'estomac, de la crème solaire, un produit contre les insectes et une crème anti-brulûres. Quoi qu'il arrive, vous trouverez tous ces produits en Italie. Les médicaments ordinaires (aspirine, antiseptique, etc…) sont en vente libre dans les pharmacies. Si vous n'arrivez pas à vous repérer parmi les marques italiennes, demandez conseil au pharmacien.

Vérifiez que vos rappels de **vaccinations** sont à jour : polio, tétanos et éventuellement hépatite B. De fait, le tétanos peut s'attraper facilement (objets rouillés, chevaux…). Quant aux hépatites, elles connaissent un net développement, y compris dans les pays les plus développés. Il existe désormais un vaccin combiné contre les hépatites A et B (3 injections au total). Renseignez-vous auprès de votre médecin ou d'un centre de vaccination (adresses sur le site du ministère des Affaires étrangères, www.expatries.org).

Notez dans votre portefeuille les noms des **personnes à prévenir** en cas d'accident. Si vous êtes allergique à certains produits ou traitements, notez-le aussi (cela aidera les médecins). Si vous prenez régulièrement certains médicaments, apportez-en en quantité suffisante pour la durée de votre séjour. Prenez avec vous l'**ordonnance** et un résumé de votre dossier médical (carnet de santé ou autre), surtout si vous apportez de l'insuline, des seringues ou des narcotiques. Il est toujours utile de se faire examiner avant un voyage (les dents, par exemple), en particulier si vous prévoyez de rester à l'étranger plus d'un mois ou que vous ayez l'intention de faire de la randonnée. Si vous portez des **lunettes** ou des lentilles de contact, prévoyez une paire de lunettes de secours ! Emportez éventuellement une prescription ou arrangez-vous pour que votre opticien ou votre famille puisse vous envoyer le nécessaire en cas de casse ou de perte.

PRINCIPES DE BASE

Ne mangez pas n'importe quoi, buvez en quantité suffisante et ne rognez pas sur vos heures de sommeil. Et, surtout, buvez (de l'eau) : 95 % des maux de tête sont dus à la déshydratation.

INSOLATIONS. En Italie, le soleil peut être redoutable en été, surtout dans le sud. Prenez vos précautions (couvre-chef, crème solaire). Les symptômes sont faciles à détecter. La transpiration cesse, la température du corps s'élève et d'intenses maux de tête se font sentir. Dans les cas extrêmes, il peut vous en coûter la vie. Sans tarder, faites boire à la personne atteinte des jus de fruit ou de l'eau salée, tout en la recouvrant de serviettes humides et en lui faisant de l'ombre.

BRÛLURES SOLAIRES. Appliquez de l'écran solaire en bonne quantité plusieurs fois par jour. Les écrans totaux sont la seule protection vraiment efficace pour les peaux très blanches. Si vous souffrez de brûlures, buvez plus d'eau que d'habitude, cela aidera votre corps à se refroidir et votre peau à se reformer. La Biafine (ou une autre crème antibrûlures) fera l'affaire pour soigner aussi bien les coups de soleil que les petites brûlures.

INSECTES ET AUTRES VILAINES PETITES BÊTES. Les insectes feront malheureusement aussi partie du voyage. Les moustiques sont particulièrement actifs à l'aube et au crépuscule. Le soir, portez des vêtements qui couvrent votre peau (manches longues, pantalon que vous pouvez rentrer dans vos chaussettes). Evitez les sandales et, si vous campez, achetez une moustiquaire. Sur les parties découvertes du corps, appliquez des répulsifs (produits à base de citronnelle ou de DEET).

SIDA ET MST. Utilisez des préservatifs. En Italie, les préservatifs (*profilattici* ou plus communément *preservativi*) sont en vente dans toutes les pharmacies et certains supermarchés. Une boîte de six préservatifs coûte aux alentours de 8 €. En France, vous pouvez téléphoner à Sida Info Service au ✆ 0 800 840 800.

FAIRE SES BAGAGES

Voyager léger, telle est la règle. Soupesez bien votre sac avant le départ, car vous devrez forcément le porter un peu durant votre voyage. D'ailleurs, la plupart des objets que vous risquez d'oublier pourront se trouver facilement en Italie. Sur de nombreuses compagnies aériennes, le poids maximum autorisé est de 20 kg. En cas de dépassement, une faveur demandée aimablement au personnel d'embarquement peut parfois vous éviter de payer une surtaxe. Sinon, il vous faudra payer 1 % du prix du billet plein tarif par kilogramme supplémentaire.

! **POUR NE RIEN OUBLIER**

CEINTURE PORTE-MONNAIE, BOURSE À PORTER AUTOUR DU COU ET SAC BANANE DANS LES GRANDES VILLES. Utilisez l'un des deux premiers pour mettre argent, papiers et billets de transport et ne vous en séparez jamais. Portez-les toujours sous vos vêtements. Contentez-vous de placer des objets sans valeur dans votre sac banane : ce type de sac est extrêmement commode pour son propriétaire comme pour les voleurs.

LAVER SES VÊTEMENTS. Les laveries italiennes sont chères et rares. Mieux vaut laver vos vêtements dans le lavabo de l'hôtel : prévoyez simplement de la lessive et un fil à linge pour le séchage.

COURANT ÉLECTRIQUE. 220 V en général, parfois 110 V dans certains hôtels. Les Canadiens devront prévoir un adaptateur et un transformateur.

PELLICULES PHOTO. Elles coûtent à peu près le même prix qu'en France. Si vous êtes un photographe du dimanche, vous pouvez vous contenter d'acheter un ou deux appareils jetables. La qualité des photos est tout à fait honnête (vous pouvez même faire de superbes photos panoramiques et vous n'aurez pas l'angoisse du vol ou de la défaillance technique).

SAC À VIANDE. Si vous avez l'intention de dormir dans les auberges de jeunesse, prévoyez votre "sac à viande" personnel, vous économiserez le prix de la location des draps (car ils sont parfois payants). Pour faire un sac à viande, pliez un drap en deux dans le sens de la longueur et cousez-le pour en faire un sac de couchage, comme ceux des trains couchettes de la SNCF.

AUTRES OBJETS UTILES. Un produit anti-insectes, un réveil, des sacs en plastique (pour les vêtements mouillés, le savon ou les aliments), un chapeau et des lunettes de soleil, des pinces à linge, des épingles de nourrice, un canif, une gourde, une lampe de poche, un cadenas, une serviette, des pansements (pour les ampoules) et des préservatifs.

S'HABILLER

VÊTEMENTS. Evitez de vous déguiser en touriste, vous courrez ainsi moins le risque d'être la cible des pickpockets ou de vous faire escroquer sur une addition. **Prévoyez une tenue adéquate pour visiter les monuments religieux** : le port du short, de la minijupe, d'un décolleté ou de vêtements sans manches vous interdiront le plus souvent l'entrée. Pour les femmes, prévoyez des vêtements suffisamment longs (concept subjectif) et, pourquoi pas, une veste, un pull, ou une étole pour couvrir vos épaules au cours des visites. En voyage, emportez des vêtements qui ne se froissent pas, qui sèchent rapidement et que vous pouvez laver dans un lavabo. N'emportez rien qui soit difficile à entretenir. Et n'oubliez pas qu'il y a des saisons : l'hiver est froid à Venise et les changements de saison pluvieux à Rome, entre autres... Prévoyez des vêtements adaptés.

CHAUSSURES. N'utilisez que des chaussures déjà faites. Pour la montagne, rien ne vaut une bonne paire de chaussures de randonnée. Les sandales anatomiques sont très bien pour reposer vos pieds après une longue marche. Une paire de tongs peut être utile pour le sable brûlant des plages, et au bord des piscines comme à la sortie des douches pour éviter les éventuels champignons.

MATÉRIEL DE CAMPING

TENTE. Les tentes se choisissent d'après la forme et la taille voulues. Les plus simples à utiliser sont les tentes autoportantes, avec armatures et supports intégrés. Elles sont faciles à monter et n'ont pas besoin de piquets (pour plus de prudence, on en plantera tout de même par grand vent). Les tentes "dômes" dites *igloo* sont particulièrement indiquées. Une fois qu'elles sont dressées, leur espace intérieur est presque entièrement utilisable. On peut trouver une bonne tente pour deux à partir de 75 €, et pour 100 € vous en aurez une pour quatre personnes. Si vous faites de la randonnée, prenez garde à prendre une tente légère.

SAC DE COUCHAGE. Quand on campe, l'un des éléments les plus importants est évidemment le sac de couchage. Votre achat dépendra du climat des régions où vous camperez. Les sacs de couchage sont classés en fonction de leur capacité de vous garder au chaud pour une température extérieure minimale donnée. Si la température minimale indiquée est 4°C, cela signifie qu'à cette température, la température à l'intérieur du sac reste de 37°C. Il existe trois catégories de sac : "estival", pour camper l'été (minimum 12°C), "randonnée" (minimum 5°C environ) et "extrême", pour la montagne et les grands froids (environ - 18°C). Les sacs contiennent soit du duvet (très chaud et léger), soit du synthétique (moins cher, plus lourd, plus durable, et qui reste chaud même humide). Quelques exemples de **prix raisonnables** pour des sacs de couchage. Pour un synthétique + 8/+ 4°C : à partir de 45 €. Pour un synthétique + 2/- 2°C, à partir de 70 €. Pour un duvet + 4/0°C : environ 121 €. Pour un duvet - 8/- 12°C : plus de 200 €. Les matelas en mousse coûtent entre 4,5 € et 9 €, tandis que les matelas gonflables vont de 20 € à 30 €. Moins encombrants et plus pratiques que les matelas gonflables mais aussi plus chers, les matelas autogonflants coûtent environ 45 €.

LES PETITS PLUS QUI SIMPLIFIENT LA VIE. Une **toile plastifiée** pour isoler la tente de l'humidité du sol et une **lampe** fonctionnant avec des piles sont également utiles. Si vous campez en automne, en hiver ou au printemps, prévoyez une **couverture de survie**. Même si vous ne comptez pas jouer à *Star Trek*, cette merveille technologique incroyablement légère et compacte vous permet de conserver votre chaleur corporelle de manière très efficace et peut également servir de tapis isolant. Prix : 3 € ! Seul hic, elles est bruyante, excepté quelques modèles un peu renforcés. On trouve des **réchauds** de camping de toute taille, de tout poids et fonctionnant avec divers carburants, mais il faut toujours y mettre le prix (de 20 € à 50 €). En matière de réchaud, on peut classer les campeurs en trois catégories : ceux qui tombent toujours en panne de gaz (généralement par un matin blême, à plusieurs kilomètres de tout lieu habité), ceux qui emportent toujours trop de recharges, encombrantes et lourdes, et tous ceux qui, ayant appartenu successivement aux deux catégories précédentes, ont décidé d'avoir recours aux réchauds des autres. Enfin, n'oubliez pas le parevent qui vous permettra de cuisiner même quand il y aura du vent.

Que vous optiez pour l'achat ou pour la location, faites attention au prix et à la qualité. Prenez votre temps et discutez avec les vendeurs spécialisés. Dans un magasin, cherchez les modèles de l'année passée. En automne, vous pouvez parfois obtenir des rabais allant jusqu'à 50 % sur le matériel de la saison précédente.

AUBERGES DE JEUNESSE

La Fédération internationale des auberges de jeunesse rassemble plus de 5000 auberges dans le monde entier sous le label **Hostelling International (HI)**. La carte de membre donne accès à des réductions dans toutes les auberges de jeunesse italiennes. Sachez qu'il est possible de réserver jusqu'à 6 mois à l'avance vos nuits en auberge de jeunesse grâce au système IBN (International Booking Network). Les auberges reliées à ce réseau sont surtout celles situées dans les grandes villes. Renseignez-vous auprès de la Fédération Unie des Auberges de Jeunesse (FUAJ). La carte HI est rarement vendue dans les auberges de jeunesse mais on peut se la procurer en Italie. Toutefois, elle est moins chère si vous l'achetez dans votre pays. Vous trouverez ci-dessous la liste des organismes affiliés à Hostelling International où vous pourrez acheter votre carte.

EN FRANCE

En France, la **FUAJ** est membre du réseau **Hostelling International**. La carte de membre, en vente au siège et dans toutes les auberges de jeunesse de France (moins de 26 ans 10,70 €, plus de 26 ans 15,25 €) permet de bénéficier de tarifs réduits dans les auberges de jeunesse italiennes. La Fédération Internationale des Auberges de Jeunesse publie un guide recensant les auberges de jeunesse à travers le monde, disponible à la FUAJ (5,34 € sur place, 7,77 € par correspondance).

FUAJ, 27, rue Pajol, 75018 Paris, ✆ 01 44 89 87 27, www.fuaj.org. **Informations, adhésions, réservations** : Antenne nationale Beaubourg, 9, rue de Brantôme, 75003 Paris, tél. 01 48 04 70 30.

EN BELGIQUE

Les Auberges de jeunesse, LAJ, 28, rue de la Sablonnière, 1000 Bruxelles, ✆ (02) 219 56 76, e-mail : info@laj.be, www.laj.be.

EN SUISSE

Fédération des auberges de jeunesse, Schaffhauserstrasse 14, PO Box 161, CH 8042 Zurich, ✆ (01) 360 14 14, e-mail : marketing@youthhostel.ch, www.youthhostel.ch.

AU CANADA

Regroupement Tourisme Jeunesse (HI), 4545, rue Pierre-de-Coubertin, CP 1000, Succursale M, Montréal H1V 3R2, ✆ (514) 252 3117 ou 1866 461 8585 (appel gratuit du Canada seulement), e-mail : info@tourismejeunesse.org, www.tourismejeunesse.org.

ALLER EN ITALIE

D'où que vous veniez, l'Italie est une destination bien desservie. Entre l'avion, le train et le bus, vous n'aurez que l'embarras du choix. Profitez de la concurrence entre les différents moyens de transport pour obtenir les meilleurs prix.

EN AVION

Pour trouver le tarif le moins cher, n'hésitez pas à mener une enquête approfondie et à faire jouer la concurrence. Une première visite dans une agence de voyages vous permettra de défricher le terrain et d'avoir une idée des prix du moment. Téléphonez ensuite aux voyagistes et aux compagnies aériennes pour trouver le meilleur tarif aux dates que vous souhaitez. Dans tous les cas, faites-vous préciser toutes les caractéristiques du billet : vol charter ou régulier, nom de la compagnie, vol direct ou avec correspondance, montant total des taxes, possibilité de modification des dates, période de validité, conditions d'annulation, possibilité d'arriver dans une ville et de repartir d'une autre (*open jaw*) ou encore possibilité de faire une escale dans une ville qui se trouve sur votre parcours (*stop over*). En basse saison, vous aurez moins de difficulté à trouver un billet bon marché. Les tarifs haute saison s'appliquent entre mi-mai ou début juin et mi-septembre ainsi que les jours fériés et lors des congés scolaires. Durant ces périodes, les prix grimpent et les places se font rares. Si vous souhaitez partir à une date précise à un bon prix, il est préférable de réserver votre billet plusieurs semaines, voire plusieurs mois à l'avance. A titre indicatif, voici une fourchette des prix pratiqués sur les vols aller-retour pour l'Italie. En fonction des dates et des conditions, comptez entre 200 € et 300 € pour un **Paris-Rome** ou un **Paris-Venise**. Des destinations comme **Milan** ou **Naples**, sur lesquelles la concurrence est moindre, sont un peu plus chères (de 240 € à 450 €). Pour **Florence**, prévoyez environ 400 €. Dans tous les cas, pour pouvoir comparer les prix des prestataires, faites-vous préciser ce qu'ils comprennent (taxes d'aéroport, frais de dossier, assurance…).

DEPUIS LE CANADA. Les prix varient beaucoup d'une saison à l'autre. La plupart des compagnies pratiquent des prix plus élevés entre mi-juin et fin septembre. Les départs sont moins chers en semaine que le week-end. A titre indicatif, un vol **Montréal-Rome** ou **Toronto-Rome** coûte entre 900 C$ et 1400 C$. L'agence de voyages Travel Cuts propose des vols charter. Il peut être avantageux d'atterrir dans une autre ville d'Europe et de rejoindre ensuite l'Italie par voie terrestre. Un billet Montréal-Paris, par exemple, est très souvent moins cher qu'un Montréal-Rome. De même, renseignez-vous sur les possibilités de départ depuis New York.

> **!** **DERNIÈRE MINUTE** Généralement, vous devez confirmer votre réservation par téléphone 72 heures avant votre départ et faire de même au retour. N'arrivez pas à la dernière minute à l'aéroport, car certaines compagnies pratiquent le **surbooking**, c'est-à-dire vendent plus de sièges que l'avion n'en contient, pour avoir la certitude qu'il partira à plein. Si le vol est complet lorsque vous arrivez, votre voyage ne sera pas remis en cause pour autant. Vous partirez par le vol suivant, et, en guise de compensation, si vous êtes sur un vol partant d'une ville d'Europe et que le retard excède un certain délai, la compagnie sera obligée de vous indemniser.

VOLS CHARTER OU RÉGULIERS. Si vous vous adressez à une compagnie aérienne (Air France, Alitalia, British Airways…), vous voyagerez sur des **vols réguliers**. Ce sont des vols programmés à intervalles constants (quotidiens, hebdomadaires, etc.) et dont les horaires sont publiés longtemps à l'avance. Les billets sur les vols réguliers sont plus chers mais les compagnies aériennes proposent souvent des promotions et des réductions, en particulier aux jeunes. Un **vol charter**, affrété par un voyagiste sur une destination touristique et à une période de forte affluence, n'est pas programmé régulièrement. Dans certains cas, l'avion n'a pas d'horaire garanti au décollage, d'où des retards possibles sur l'heure prévue. Les billets charter sont normalement moins chers que les billets réguliers, mais les conditions sont plus contraignantes (modification, annulation, horaire…). Dernier cas de figure, le **billet à tarif réduit sur un vol régulier**. En achetant votre billet à un voyagiste, vous pouvez également voyager sur vol régulier, et souvent à meilleur prix qu'en achetant votre billet à la compagnie aérienne. Tout simplement parce que le voyagiste a négocié ses prix avec la compagnie et vous fait bénéficier des rabais obtenus.

TARIFS JEUNES ET ÉTUDIANTS. Les compagnies aériennes proposent des réductions aux jeunes de moins de 26 ans et aux étudiants de moins de 27 ans (parfois plus, selon la compagnie). Il ne s'agit pas forcément d'offrir le prix le plus bas, mais de proposer des conditions d'utilisation beaucoup plus souples : possibilité de changer les dates, voire d'annuler, d'opter pour un *open jaw* (arrivée dans une ville et départ dans une autre ville), etc.

PROMOTIONS, ENCHÈRES ET J7. Vous pouvez bénéficier de réductions très importantes en achetant votre billet au dernier moment (entre 7 et 15 jours avant la date de départ). Mais en choisissant d'attendre la dernière minute, vous risquez bien entendu de ne plus trouver de place. A vous de juger si les quelques centaines de francs que vous allez économiser valent le risque de ne pas partir… Vous pouvez contacter les voyagistes et les compagnies aériennes pour connaître leurs invendus et leurs promotions de dernière minute (sur Internet, répondeur ou en agence).

L'AVION SUR LE WEB La vente de billets d'avion sur Internet est un domaine en plein boum. De nombreux acteurs – agences de voyage ou compagnies aériennes – se partagent le marché. Voici une petite visite guidée, sachant qu'il est avisé de surfer sur tous ces sites avant de se décider pour un billet.

Last Minute (**www.lastminute.com**) est l'un des poids lourds de l'e-tourisme. Spécialiste du billet de dernière minute.

Nouvelles Frontières (**www.nouvelles-frontieres.fr**) a inauguré le système des enchères en ligne. On peut y faire de bonnes affaires si l'on est souple sur les dates de départ.

Travelprice (**www.travelprice.fr**) a été l'une des premières agences françaises exclusivement sur Internet. Complet et sérieux.

Promovacances (**www.promovacances.com**) est spécialisé dans la vente de séjours à prix réduits. On y trouve également des vols secs.

Anyway (**www.anyway.fr**) se concentre pour l'essentiel sur les vols secs.

Ebookers (**www.ebookers.fr**) fut l'un des pionniers de la réservation sur le Web. On y trouve tous les classiques du genre : locations, vols secs, séjours…

Opodo (www.opodo.fr), créé par neuf grandes compagnies aériennes européennes, dont Air France. De nombreuses offres alléchantes.

EN TRAIN

Le train n'est pas seulement un des moyens les plus économiques d'aller en Italie, c'est aussi l'un des plus agréables. Même sans voyager à bord du luxueux Venise-Simplon-Express, vous pouvez quitter Paris un soir de grisaille, vous endormir bercé par les rails et vous réveiller à l'annonce "*Roma Termini, Roma Termini*". Il existe tant de forfaits et de tarifs réduits qu'il n'est pas toujours facile de repérer le plus intéressant. A titre indicatif, un aller-retour **Paris-Rome** plein tarif en seconde classe vaut 200 €, un **Paris-Venise** 220 € (dont 15 € pour une couchette). Les principales réductions et formules de pass à votre disposition sont présentées ci-dessous.

POUR LES JEUNES ET LES ÉTUDIANTS

Les **billets BIJ** (billets internationaux pour la jeunesse), réservés aux moins de 26 ans, sont vendus par les agences de voyages spécialisées pour les jeunes et quelques agences de voyage agréées. Ils peuvent remplacer avantageusement les forfaits de train. Utilisables sur les trajets transeuropéens, le réseau intérieur italien et certaines lignes de ferry, ils donnent droit à une réduction de 20 % à 25 % sur les billets de deuxième classe. Les billets sont valables 60 jours et vous permettent de vous arrêter à n'importe quelle gare d'un parcours, à condition que vous le précisiez au moment de l'achat du billet. Lorsqu'il s'agit d'une ligne internationale, il n'est pas possible de moduler votre parcours (par exemple de faire un détour par Venise sur un Paris-Florence).

POUR LES EUROPÉENS

L'EURO DOMINO. Il vous permet de circuler librement dans 28 pays d'Europe et d'Afrique du Nord. Il fonctionne avec un système de coupons. Un coupon pour l'Italie permet d'obtenir 25 % de réduction sur le billet France-Italie. Une fois sur place, vous pouvez voyager gratuitement pendant 3, 4, 5, 6, 7 ou 8 jours, consécutifs ou non, c'est-à-dire que vous pouvez utiliser votre coupon un jour et garder pour plus tard les jours restant à votre crédit. L'Euro Domino est valable un mois en première ou en seconde classe, les tarifs n'étant évidemment pas les mêmes. Un coupon en seconde classe pour l'Italie coûte 173 € pour 3 jours, 213 € pour 5 jours, 273 € pour 8 jours. Les prix indiqués ne comprennent pas les prestations supplémentaires (réservation, couchette). Pour les jeunes de moins de 26 ans, il existe l'**Euro Domino Jeunes**. Le principe est le même que l'Euro Domino mais il n'est utilisable qu'en seconde classe et coûte environ 25 % de moins que l'Euro Domino. Pour en savoir plus, composez le ✆ 08 36 35 35 35 (0,34 € la minute).

LA CARTE INTER-RAIL. Réservée aux Européens, elle permet de circuler librement à l'intérieur d'une zone géographique (l'Europe est découpée en 8 zones, de A à H) et de bénéficier de 50 % de réduction pour rejoindre les pays couverts par le pass. Il existe des pass valables pour une ou plusieurs zones. Un pass pour la zone G (pass une zone, valable 22 jours), une zone bien agréable qui comprend l'Italie, la Slovénie, la Grèce et la Turquie, coûte 318 € aux plus de 26 ans et 219 € aux moins de 26 ans. Les pass pour deux zones et plus sont valables un mois. Un pass 2 zones coûte 402 € aux plus de 26 ans et 285 € aux moins de 26 ans. Un pass pour 3 zones vaut 468 € aux plus de 26 ans et 329 € aux moins de 26 ans. Un pass valable pour l'Europe entière coûte 552 € aux plus de 26 ans et 389 € aux moins de 26 ans. Les détenteurs de la carte Inter-Rail bénéficient de réductions sur les billets de bus et les ferrys en Italie. Elle est vendue en France dans certaines gares SNCF (30 points de vente).

POUR LES CANADIENS

Si vous prévoyez de circuler non seulement en Italie mais à travers toute l'Europe, les **pass Eurail** sont très pratiques (ces pass sont valables dans 17 pays européens). Les agences de voyages offrent toutes des tarifs identiques, déterminés par l'Europe. Les réservations, souvent obligatoires sur les trains rapides et les trains de nuit, sont en sus du prix. Les pass Eurail donnent accès à des réductions, voire à la gratuité, sur certaines lignes de ferry. Il existe plusieurs types de pass. Pour les moins de 26 ans, par exemple, la version **Eurail Youth Pass** coûte environ 497 US$ pour 15 jours et 910 US$ pour 2 mois. Le **Flexipass Eurail** permet de voyager pendant un nombre de jours déterminés, répartis sur une longue période. Par exemple, pour les moins de 26 ans, un **Youth Flexipass**, pour 10 jours de voyage sur une période de 2 mois, coûte 473 US$ (valable uniquement en seconde classe). Les moins de 4 ans voyagent gratuitement et les enfants de 4 à 11 ans payent moitié prix. Attention, ces pass ne sont accessibles qu'aux non-européens. Vous trouverez toutes les informations sur les tarifs et l'utilisation des ces pass sur **www.eurail.com**.

EN BUS

EN FRANCE

Deux compagnies proposent des départs en bus pour l'Italie depuis la France.

Eurolines, gare routière internationale, 28, avenue du Général-de-Gaulle, 93541 **Bagnolet** Cedex, ✆ 08 92 89 90 91, www.eurolines.fr. Nombreuses agences en province (coordonnées sur le site Internet). A titre indicatif, un aller-retour Paris-Rome coûte 152 € (137 € pour les moins de 26 ans et les plus de 60 ans), et c'est le même tarif pour Paris-Florence. Les enfants de 4 à 12 ans voyagent à moitié prix. Eurolines propose également un forfait qui permet de voyager de façon illimitée entre 48 villes européennes durant une période donnée.

Voyages 4A, 1 bis, rue de la Primatiale, 54000 Nancy, ✆ 03 83 37 99 66, www.voyages4a.com. Voyages économiques en bus vers toutes les grandes villes d'Europe, au départ de Paris et de la province. Séjours programmés pendant les vacances scolaires et les jours fériés ou à l'occasion d'événements culturels.

EN FERRY

Depuis la France, vous pouvez aller directement en ferry en Sicile ou en Sardaigne avec la **Société Nationale Corse-Méditérrannée (SNCM)** (voir coordonnées ci-après). Cette compagnie propose des allers simples pour la Sardaigne entre 55 € et 65 € selon la saison. Les départs se font de Toulon et de Marseille. Réductions pour les jeunes, les enfants, les personnes âgées et les détenteurs de la carte Inter-Rail. La SNCM vend également les billets de la compagnie italienne **Tirrenia**. Pour toute information, consultez le site Internet www.tirrenia.it.

SNCM Ferryterranée, 61 boulevard des Dames, BP 90, 13472 **Marseille** Cedex 02. Informations et réservations : ✆ 08 91 701 801 (0,22 €/mn), www.sncm.fr, Plus de 1000 points de vente en France.

ORGANISMES DE VOYAGE

Nous vous donnons la liste des principales compagnies aériennes et de quelques voyagistes. A vous de comparer.

COMPAGNIES AÉRIENNES

EN FRANCE

Air France, agence principale : 119, avenue des Champs-Elysées, 75008 Paris, ✆ 01 42 99 21 01. Renseignements et réservations ✆ 0 820 820 820. www.airfrance.fr.

Alitalia, 69, boulevard Haussman, 75008, Paris ✆ 01 44 94 44 00. Départs de Paris, Lyon et Nantes.

British Airways, 13-15, boulevard de la Madeleine, 75001 Paris, ✆ 0 825 825 400, www.britishairways.com.

KLM-Northwest Airlines, aéroport de Roissy-Charles-de-Gaulle, Terminal 1, Porte 20, BP 20205, 95712 Roissy Cedex, ✆ 0 890 710 710, www.klm.com.

Lufthansa, 106, boulevard Haussmann, 75008 Paris, ✆ 01 55 60 43 43. Renseignements et réservations ✆ 0 820 020 030, www.lufthansa.fr.

EN BELGIQUE

Virgin Express, Building 116, aéroport de Bruxelles, 1820 Melsbroek, ✆ (02) 752 05 11, www.virgin-express.com.

EN SUISSE

Swiss International, renseignements et réservations ✆ 848 85 2000, www.swiss.com.

AU CANADA

Air Canada, 979, boulevard de Maisonneuve Ouest, Montréal, Québec, H3A 1M4. Renseignements et réservations ✆ 1 888 247-2262, www.aircanada.ca.

VOYAGISTES GÉNÉRALISTES

EN FRANCE

Anyway, 128, quai de Jemmapes, 75010 Paris, ✆ 0 892 893 892, www.anyway.fr.

Vacances Carrefour, 126, bd Saint-Germain, 75006 Paris, ✆ 01 43 29 36 46. Les magasins Carrefour proposent des séjours et des vols secs, www.carrefourvacances.com.

Forum Voyages. Plusieurs agences à Paris (dont 11, avenue de l'Opéra, 75011 Paris) et en province. Renseignements et réservations ✆ 01 42 61 20 20, www.forum-voyages.fr.

Fram, 4, rue Perrault, 75001 Paris, ✆ 01 42 86 55 55, www.fram.fr

Go Voyages / Plus Voyages, 22, rue d'Astorg, 75008 Paris, ✆ 08 25 82 57 47, www.govoyages.com ou www.promovol.com.

Havas Voyages, 26, avenue de l'Opéra, 75001 Paris, ✆ 01 53 29 40 00, www.havasvoyages.fr, 500 agences en France.

Jet Tours, 38, avenue de l'Opéra, 75002 Paris ✆ 01 47 42 06 92, www.jettours.com. Agences à Paris et en province.

La Compagnie des voyages, 28, rue Pierre-Lescot, 75001 Paris. Renseignements et réservations ✆ 08 20 00 00 11, www.ebookers.fr.

Look Voyages, renseignements et réservations ✆ 0 825 313 613, www.look-voyages.fr. Nombreux points de vente dans toute la France.

Nouvelles Frontières, nombreuses agences dont 87, boulevard de Grenelle, 75015 **Paris** et 13, avenue de l'Opéra, 75001 **Paris**. Renseignements et réservations ✆ 0 825 000 825, www.nouvelles-frontières.fr. Quelques adresses en province : 31, allée de Tourny, 33000 **Bordeaux**, ✆ 05 56 79 65 85. 11, rue Haxo, 13000 **Marseille**, ✆ 04 91 54 34 77. 38, avenue du Maréchal-de-Saxe, 69006 **Lyon**, ✆ 04 78 52 88 88.

Promovacances. Renseignements et réservations ✆ 08 92 35 05 00. www.promovacances.com.

Travelprice, ✆ 08 92 35 05 00, www.travelprice.fr. Cette agence en ligne appartient à Last Minute qui gère également les sites www.lastminute.com et www.degriftour.com.

EN BELGIQUE

Neckermann. Nombreuses agences dont 17, place de Brouckère, 1000 Bruxelles. Renseignements ✆ 070 233 966, www.neckermann.be.

Nouvelles Frontières, plusieurs agences en Belgique. Agence principale : 2, boulevard Maurice-Lemonnier, 1000 Bruxelles. Renseignements et réservations ✆ (02) 547 44 44, www.nouvelles-frontières.com.

Sunjets, 12, boulevard d'Anvers, 1000 Bruxelles, ✆ 070 233 933, www.sunjets.be.

EN SUISSE

American Express, 7, rue du Mont-Blanc, 1201 Genève, ✆ (022) 731 76 00, www.americanexpress.ch.

Hôtel Plan, 7, rue du Vieux-Collège, 1204 Genève, ✆ (022) 318 44 88, www.hotelplan.ch.

Imholz. Plusieurs agences dont cinq à Genève, notamment 25, rue Chantepoulet, 1211 Genève, ✆ (022) 716 15 70, Centre commercial Balexert, 1209 Genève, ✆ (022) 979 33 40, et 48, rue du Rhône, 1204 Genève, ✆ (022) 318 40 80. Renseignements et réservations ✆ 848 848 444, www.imholz.ch.

Nouvelles Frontières, 10, rue Chantepoulet, 1201 Genève, ✆ (022) 906 80 80. 19, boulevard de Grancy, 1006 Lausanne, ✆ (021) 616 88 91, www.nouvelles-frontieres.ch.

VOYAGISTES SPÉCIALISTES DE L'ITALIE

EN FRANCE

CIT Evasion, Compagnie italienne de tourisme, 3, boulevard des Capucines, 75002 Paris, ✆ 01 44 51 39 51, www.citvoyages.com. Plusieurs bureaux à Paris et en province.

Donatello, 20, rue de la Paix, 75002 Paris, ✆ 01 44 58 30 60, et 7, rue du Président-Carnot, 69002, Lyon, ✆ 04 72 41 26 78, www.donatello.fr. Vend des billets d'avions couplés avec l'hébergement ou la location de véhicules.

Italiatour, 53, rue de l'Arcade, 75008 Paris, ✆ 0810 24 05 44, et 126, bd Haussman, 75008 Paris, ✆ 01 53 42 37 90.

EN BELGIQUE

CIT, Compagnie italienne de tourisme, 70-72, boulevard de l'Impératrice, 1000 Bruxelles, ✆ (02) 509 45 11. Plusieurs agences en Belgique.

AU CANADA

CIT, Compagnie italienne de tourisme, 666 Sherbrook West, Suite 901, Motreal, Québec H3A 1E7. ✆ (450) 671 4224 ou 800 387 0711, www.cittours-canada.com.

POUR LES JEUNES ET LES ÉTUDIANTS

EN FRANCE

Centro Turistico Studentesco e Giovanile (CTS), 20, rue des Carmes, 75005 Paris, ✆ 01 43 25 00 76.

OTU Voyages, spécialiste des voyages étudiants : vols secs, billets spéciaux étudiants (remboursables, modifiables, valables un an), séjours à petits prix en Europe, carte internationale d'étudiant ISIC... Téléphone central info et vente : ✆ 08 20 817 817. 119, rue Saint-Martin, 75004 **Paris** et 39, avenue Georges-Bernanos, 75005 **Paris**, ✆ 01 44 41 38 50. **Lyon** ✆ 08 25 825 520. **Toulouse** ✆ 08 25 826 586. 36 agences OTU Voyages en France, adresses sur www.otu.fr.

Travel Connection, www.travelconnections.fr. Renseignements et réservations ✆ 0825 825 25. **Paris** : 85, bd Saint-Michel, 75006, ✆ 01 43 29 69 50. **Bordeaux** : 284, rue Sainte-Catherine, 33000 Bordeaux, ✆ 05 56 33 89 90. **Lyon** : 33, rue Victor-Hugo, 69002, ✆ 04 72 77 81 91. **Nice** : 15, rue de France, 06000, ✆ 04 93 87 34 96. **Toulouse** : 5, rue des Lois, ✆ 05 61 11 52 42.

Voyages 4A, 1 bis, rue de la Primatiale, 54000 Nancy, ✆ 03 83 37 99 66, www.voyages4a.com. Voyages économiques en bus vers toutes les grandes villes d'Europe, au départ de Paris et de la province. Séjours programmés pendant les vacances scolaires et les jours fériés ou à l'occasion d'événements culturels.

Wasteels-Jeunes sans frontières, 900 points de vente en France. Notamment, 113, boulevard Saint-Michel, 75005 Paris. Renseignements et réservations ✆ 08 25 887 003.

EN BELGIQUE

Connections. Une quinzaine d'agences dans toute la Belgique dont deux à Bruxelles : 19-21, rue du Midi, 1000 Bruxelles et 78, rue Adolphe-Buyl, 1050 Bruxelles. Renseignements et réservations ✆ 070 233 313, www.connections.be.

Wasteels. 25 agences en Belgique dont 7 à Bruxelles. Call Center ✆ 070 233 313, www.connections.be.

EN SUISSE

STA Travel. Plusieurs bureaux dans toute la Suisse dont 3, rue Vignier, 1205 Genève, ✆ (022) 329 97 33. www.statravel.ch.

AU CANADA

Voyages Campus/Travel CUTS (Canadian Universities Travel Services Limited), spécialisé dans les voyages pour étudiants. Une dizaine d'agences au Qébec dont beaucoup dans les universités (université Laval à **Sainte-Foy**, universités McGill et Columbia à **Montréal**). Renseignements et réservations ✆ 1 8886 832 7564 ou (514) 864 5995. www.voyages-campus.com ou www.travelcuts.com. Cet organisme délivre des cartes ISIC, FIYTO (carte GO 26), HI (Hostelling International), des forfaits pour le train, un magazine gratuit (*L'Etudiant voyageur*), et informe sur le "pass vacances-travail". De plus, vous y trouverez des billets d'avion à prix réduits et prix étudiants avec une carte ISIC en cours de validité.

Vacances Tourbec, 3419, rue Saint-Denis, **Montréal**, Québec, H2X 3L1, ✆ (514) 288 4455, fax (514) 288 1611, **e-mail** tourmia@videotron.ca, www.voyagestourbec.com. Plus de 25 autres adresses.

ITALIE, MODE D'EMPLOI

La vie est relativement chère en Italie, particulièrement l'été dans les endroits les plus touristiques où certains commerçants, comme dans n'importe quel pays, n'hésitent pas à augmenter leurs prix. Une chambre individuelle dans un hôtel bon marché coûte au moins 25 €, et une nuit en auberge de jeunesse 15 €. Pour un repas complet dans une trattoria, comptez au moins 10 €. L'entrée des musées coûte entre 2 € et 10 €. Attention, les prix changent vite. Ils peuvent avoir varié par rapport à ceux indiqués dans ce guide.

SE DÉPLACER

ORGANISME DE VOYAGE

Centro Turistico Studentesco e Giovanile (CTS), V. Andrea Vesalio, 6, 00161 Roma, ✆ 06 441 111, e-mail : ctsinfo@mbox.vol.it, www.cts.it. Ouvert Lu-Ve 9h-13h et 15h30-19h, Sa. 9h-13h. 98 bureaux à travers toute l'Italie. CTS propose des réductions sur les voyages, le logement, les circuits et met à la disposition des jeunes et des étudiants un bureau de change. Vous pourrez y acheter la *carta verde* (voir plus loin), qui donne droit à des prix spéciaux sur le réseau ferroviaire, la carte d'étudiant internationale (ISIC), la carte GO 25 et la Carte Jeunes.

TRAIN

Les trains italiens ont conservé un réel charme. Gardez néanmoins un œil vigilant sur vos affaires, un des nombreux spécialistes du vol en compartiment aura peut-être pris le même train que vous.

Le réseau est dense, certaines lignes sont très modernes et fiables, d'autres... le sont moins. Les trajets sont souvent superbes, comme celui du *Pelorinato*, entre Rome et Palerme. La compagnie nationale des chemins de fer italiens, **Ferrovie dello Stato (FS)**, pratique des tarifs bon marché. A titre d'exemple, le trajet entre Rome et Florence, l'un des plus populaires, ne coûte que 25 € en seconde classe. Visitez le site Internet des FS (www.fs-on-line.com ou www.trenitalia.com) pour en savoir plus.

Les trains sont classés par catégories. Leurs noms sont déjà un avant-goût de voyage. Le *locale* s'arrête à toutes les stations et est donc particulièrement lent. Le *diretto* s'arrête déjà moins souvent et l'*espresso* uniquement dans les principales gares. Le *rapido* ou *InterCity* (IC), plus cher, est climatisé et ne dessert que les grandes villes. Regardez bien les horaires, car il arrive que l'*espresso* soit tout aussi rapide que le *rapido*. Aucun *rapido* n'a de seconde classe et, pour la plupart, la réservation n'est pas obligatoire. Si vous souhaitez voyager confortablement, optez pour l'*Eurostar Italia* (l'équivalent italien du TGV français). Les billets (1re et 2e classes) sont chers et il est nécessaire de réserver. Le pass Eurail vous permet de voyager à bord de tous les trains sans supplément (sauf pour l'*Eurostar Italia*). Sur les parcours de nuit, vous devez payer un supplément pour avoir une couchette (*cuccetta*). Les compartiments comprennent six couchettes. Si vous ne voulez pas payer une couchette, prenez un train *espresso* de nuit : ils sont souvent équipés de sièges inclinables.

Si vous n'avez pas acheté la carte Inter-Rail, le pass Eurail ou un billet BIJ, les chemins de fer italiens proposent leurs propres formules, utilisables sur tout le réseau intérieur. Elles sont rarement rentables, compte tenu du faible prix des billets. Cependant, il existe quelques exceptions. Le **"billet kilométrique"** est valable pour 20 trajets sur une distance de 3000 km dans un délai de 2 mois. Il peut être utilisé par un nombre déterminé de personnes, 5 au maximum, qui sont tenues de voyager en même temps à chaque fois. Il est rarement rentable si vous voyagez seul. Normalement, quand vous voyagez à plusieurs, le kilométrage autorisé est divisé par le nombre de voyageurs. Toutefois, en vous arrangeant avec le vendeur à la gare, il est possible, moyennant un supplément, de multiplier le kilométrage autorisé par le nombre de personnes. Le billet kilométrique est valable pour n'importe quel train. Le billet kilométrique de 1re classe coûte 180,76 €, celui de 2e classe 116,72 €. Les enfants de moins de 12 ans ne payent que la moitié du parcours, ceux de moins de 4 ans voyagent gratuitement. Le billet est en vente dans les principales gares italiennes et les agences de la **Compagnie Italienne de Tourisme (CIT)**. En achetant le billet, assurez-vous que la date est tamponnée dessus. Avant chaque trajet, vous devez le faire valider au guichet, sinon vous serez contraint de racheter un titre de transport dans le train, avec en prime une amende élevée.

La **Carta verde**, valable un an, est réservée aux jeunes de 12 à 26 ans. Elle coûte 25,82 € et donne droit à une réduction de 15 % sur tous les trains du réseau italien. Vous ne pouvez l'acheter qu'en Italie. Si vous avez moins de 26 ans et que vous avez l'intention de dépenser au moins 172 € en billets de train, acheter une carte verte est la première chose à faire en arrivant. Les familles, ainsi que les groupes, bénéficient également de réductions. Renseignez-vous à la gare. Les personnes de plus de 60 ans peuvent obtenir également 15 % de réduction sur le prix du billet avec la **Carta d'argento**, valable un an, qui coûte 23,24 €.

BUS

En Italie, les bus ne sont ni moins chers ni plus rapides que les trains mais sont relativement ponctuels, confortables et fréquents. Ils présentent l'avantage de desservir de nombreuses localités qui ne sont pas accessibles en train. Vous aurez le loisir d'admirer la beauté du paysage. Les trajets en bus au milieu des collines du sud de la Toscane ou dans les Dolomites, de Bolzano à Cortina d'Ampezzo, sont mémorables. Il est conseillé d'acheter son billet à l'avance car les bus sont souvent complets. Une fois à bord, n'oubliez pas de composter immédiatement votre billet : tout oubli ou négligence de votre part sera sanctionné par une amende élevée. Pour les horaires et les prix des compagnies locales, renseignez-vous auprès des organismes cités plus haut et des offices de tourisme. Pour chaque ville, nous indiquons dans ce guide les principales liaisons en bus dans la rubrique **Informations pratiques**.

FERRY

La Sicile, la Sardaigne ainsi que les petites îles situées le long des côtes sont accessibles par ferry (*traghetto*) ou par hydroglisseur (*aliscafo*). **Tirrenia** est la principale compagnie privée de ferrys. Pour tout renseignement, www.gruppotirrenia.it. Les bateaux des compagnies **Tirrenia**, **Moby Lines**, **Grandi Navi Veloci**, **Toremar**, **Saremar**, **Siremar** et **Caremar** et les hydroglisseurs de la **SNAV** (www.snavali.com) partent des ports d'Ancône, Bari, Brindisi, Gênes, Livourne, La Spezia, Naples et Trapani. Vous pouvez vous rendre en Grèce au départ de Bari, de Brindisi ou d'Ancône. Le pass Eurail n'est valable qu'à Brindisi. Si vous n'avez pas de pass, il est moins cher de voyager à bord d'un ferry au départ de Bari ou d'Ancône. Cela vous permettra également d'échapper à Brindisi et à ses hordes de touristes. Vous pouvez vous rendre en Tunisie depuis les ports de Gênes et de Trapani ainsi que depuis la Sardaigne. Pour la Turquie, embarquez à Bari ou Brindisi. Pour la Croatie, prenez un ferry à Ancône. Il est conseillé de réserver ses billets de ferry au moins une semaine à l'avance, surtout si vous voyagez avec un deux-roues ou une voiture. Tenez compte du fait que les horaires des ferrys changent souvent à l'improviste et que vous devez confirmer votre départ la veille. Dans certains cas, vous devez passer à l'enregistrement deux heures avant le départ sous peine de voir votre réservation annulée. Les places les moins chères sont les places *posta ponte* (sur le pont). Cependant, ces places ne sont généralement proposées que lorsque les *poltrone* (places assises à l'intérieur du bateau) ont toutes été vendues. Vous pouvez être amené à payer des taxes portuaires. Renseignez-vous sur les réductions auxquelles vous donne droit la carte d'étudiant ou le pass Eurail.

VOITURE

Si vous êtes pressé par le temps ou si vous voyagez à plusieurs, la voiture est sans doute le moyen le plus commode de visiter l'Italie. Certains conducteurs échaudés préfèrent se garer à l'entrée de villes conçues bien avant l'ère de l'automobile et poursuivre à pied, d'autres se débrouillent très bien. Evitez, comme les Dupondt, de débarquer en voiture sur la place du marché, mais ne vous faites pas une montagne de la conduite ou du stationnement en ville. Les *autostrade* (autoroutes), qui permettent de traverser à toute allure montagnes et vallées, sont les dignes héritières des voies romaines. Les Italiens conduisent... à l'italienne. C'est-à-dire vite, et de manière parfois déroutante. Au volant, soyez souple d'esprit, alerte, et patient s'il le faut. Les péages sont chers. L'essence (*benzina*) coûte environ 1,08 € le litre. Sur les panneaux de signalisation, les *autostrade* sont indiquées en vert et les routes secondaires en bleu. Il existe quatre types de routes en Italie : les *autostrade*, des autoroutes payantes, les *strade statali*, des routes nationales, les *strade provinciali*, l'équivalent de nos départementales, et les *strade comunali* qui sont de petites routes de campagne. En cas de panne sur la route, composez le ✆ 80 31 16 depuis un poste fixe ou le ✆ 800 116 800 depuis un portable. Sur l'autoroute, vous trouverez des bornes téléphoniques tous les 2 km. La carte verte internationale d'assurance voiture (ou un certificat équivalent d'assurance internationale) est valable en Italie. Ne l'oubliez pas, elle doit être présentée en cas d'accident ou de contrôle de police.

Il est difficile de trouver une **location de voiture** à moins de 50 € par jour. Si vous louez une voiture, vérifiez toujours que le prix comprend les taxes et l'assurance collisions. Demandez si vous pouvez bénéficier d'une réduction étudiant. L'âge minimum pour louer un véhicule est généralement 21 ans. Il est parfois plus intéressant de louer une voiture depuis la France : renseignez-vous auprès des compagnies aériennes et des voyagistes sur les forfaits avion + location de voiture.

Le siège de l'**Automobile Club d'Italia (ACI)**, qui possède des bureaux dans tout le pays, se trouve V. Marsala, 8, 00185 Roma, ✆ 06 499 442 445.

VÉLOMOTEUR ET VESPA

Le vélomoteur, et surtout la fameuse Vespa, est partie intégrante de la vie italienne. C'est un moyen agréable de visiter le pays, en particulier la côte, ou de se promener dans des villes comme Rome ou Palerme. Si vous n'êtes jamais monté sur un deux-roues, c'est peut-être l'occasion d'essayer. Il est conseillé de porter un casque et de ne pas conduire avec un gros sac à dos. Sachez également que les Vespa sont réputées pour leur manque de stabilité, surtout sous la pluie et sur des routes en mauvais état. Renseignez-vous dans les magasins de location de cycles. Comptez 30 € par jour. Assurez-vous que le prix annoncé comprend les taxes et l'assurance.

VÉLO

La bicyclette se prête bien à la découverte de l'Italie. Compte tenu du relief, à l'exception de la plaine du Pô, vous aurez besoin d'un vélo de randonnée ou d'un VTT, et surtout de bons mollets.

Avant de partir, entraînez-vous un peu et faites réviser votre vélo. Il est utile de savoir réparer un dérailleur ou changer un pneu. Contrairement à d'autres destinations européennes, il n'est pas possible depuis la France d'expédier son vélo en Italie par la SERNAM ou la SNCF. En avion, vous pouvez faire passer votre vélo comme bagage en soute, à condition que le poids total de vos bagages enregistrés n'excède pas le poids total autorisé (en général 20 kg). Des emballages en carton sont disponibles dans certains aéroports (environ 8 €). Attendez-vous à devoir quelque peu démonter votre vélo, au moins les pédales. De nombreuses compagnies de ferrys ne font pas payer de supplément pour les bicyclettes. En dernier ressort, vous pourrez toujours acheter ou louer un vélo en Italie.

Reste à constituer votre équipement. Il est préférable d'acheter un matériel adapté à la randonnée cycliste. Le port d'un casque n'est pas superflu. Rouler avec un sac à dos attaché sur votre bicyclette n'est pas très pratique. Mieux vaut installer des sacoches de part et d'autre du porte-bagages, plus une petite sur le guidon pour glisser cartes, guides et autres objets utiles. Enfin, pour être sûr de retrouver votre vélo où vous l'avez laissé, prévoyez un antivol fiable. Pour en savoir plus sur les itinéraires possibles, adressez-vous aux offices de tourisme.

STOP

Le stop peut vous permettre de rencontrer les gens du pays en voyageant sans vous ruiner. Bien sûr, vous pouvez toujours tomber sur un conducteur qui se révèle être un danger public. A vous de mesurer les risques ! Ceux qui choisissent de faire du stop voyagent souvent à deux. L'idéal est de voyager en couple : deux hommes auront plus de mal à se faire prendre, trois hommes quasiment aucune chance. Si vous cherchez une voiture, vous pouvez commencer par regarder sur les tableaux d'affichage des auberges de jeunesse et des universités ainsi que dans les journaux.

Sans sombrer dans la psychose, restez vigilant. Si vous êtes une femme, soyez encore plus prudente car les risques sont bien sûr plus élevés. Voici quelques conseils classiques, à vous de les retenir ou non : refusez de monter à l'arrière des véhicules à deux portes, assurez-vous que les poignées fonctionnent, ne verrouillez pas la portière de votre côté, gardez vos effets personnels à portée de main (en cas de fuite précipitée, les bagages enfermés dans le coffre risquent de rester où ils sont), ne vous endormez pas dans la voiture. Si vous sentez que la situation vous échappe, faites-vous rapidement déposer, même si l'endroit semble mal approprié pour trouver un autre véhicule.

SE LOGER

HÔTELS

Les hôtels italiens sont classés suivant un système d'étoiles (5 maximum). Un certain nombre d'établissements ont conservé leur ancienne appellation : ce sont les *pensioni* (petits hôtels 1 à 3 étoiles) ou les *locande* (les plus économiques, avec seulement 1 étoile, voire aucune). Quant au mot *albergo*, il est tout simplement synonyme d'hôtel.

Un organisme officiel est chargé d'inspecter et de classer les hôtels. Aucun établissement n'a le droit de vous faire payer davantage que le tarif établi, mais certains tendent à doubler les prix pour les clients étrangers. Un document officiel mentionnant les tarifs est en principe affiché au dos de la porte de votre chambre. Vous avez toujours le droit de voir les lieux avant de choisir. Sachez que l'accès à la salle de bains et le petit déjeuner sont souvent comptés en sus des prix affichés. Les hôtels les moins chers sont généralement aux alentours des gares et des terminaux de bus.

Les prix varient d'une région à l'autre. Ils sont généralement plus élevés dans le nord du pays, à Rome et à Florence. Pour une chambre simple, comptez au moins 25-30 €, pour une double au moins 50 €. Une chambre avec un grand lit est appelée *matrimoniale*. Une chambre double avec deux lits individuels est une *camera doppia*, et une chambre simple, une *camera singola*. Les chambres avec salle de bains coûtent de 30 % à 50 % plus cher. Certains établissements proposent la pension complète ou la demi-pension.

Dans les endroits touristiques, la législation italienne définit les périodes de haute et de basse saison. En dehors de quelques villes prises d'assaut en été, comme Florence, Venise, les stations de la Riviera et Capri, il n'est souvent pas nécessaire d'écrire pour réserver. Si vous n'avez pas de réservation en haute saison, commencez votre recherche en début de journée ou téléphonez la veille. La liste des hôtels, avec leurs tarifs, est normalement disponible à l'office de tourisme local. Vous pouvez aussi obtenir ces renseignements par téléphone. Si vous avez prévu d'arriver tard, téléphonez à la réception de l'hôtel pour qu'on vous garde la chambre. Dans les petits établissements, il est rare que quelqu'un parle français, mais cela ne doit pas vous dissuader de téléphoner : les propriétaires de *pensioni* sont habitués à recevoir ce genre d'appel et l'on arrive toujours à se faire comprendre. Si vous avez réservé, prévenez la direction en cas d'annulation. Certains hôtels n'acceptent plus les réservations, à cause de l'incorrection de certains clients. Quoi qu'il en soit, peu d'hôtels acceptent les réservations par téléphone plus d'un jour à l'avance.

LES DROITS ET LES DEVOIRS DES HÔTELIERS Quand nous ne décrivons les hôtels en détail, cela sous-entend qu'ils répondent aux critères suivants : pas de couvre-feu ni de verrouillage des portes la nuit, une cuisine, des douches chaudes, une consigne sécurisée pour les bagages et pas de caution pour obtenir la clé de votre chambre. Il faut bien sûr tenir compte de l'évolution de l'économie du pays. Sachez qu'à chaque début de printemps, les prix sont réévalués par le gouvernement italien.

AUBERGES DE JEUNESSE

Les auberges de jeunesse permettent de rencontrer des voyageurs du monde entier (et aussi parfois quelques Italiens). Si vous êtes seul, vous pouvez y trouver des compagnons de voyage. Les auberges de jeunesse italiennes sont bon marché et ouvertes aux personnes de tout âge. Beaucoup sont installées dans des bâtiments historiques. Vous pouvez y déjeuner à prix intéressant et elles offrent des services que l'on ne trouve pas dans les hôtels : cuisine, laverie, location de bicyclettes... (variable selon les établissements). En contrepartie, vous devez accepter certaines contraintes : couvre-feu, fermeture de l'auberge dans la journée, dortoirs séparés pour les hommes et les femmes (certaines auberges proposent des chambres doubles). La plupart des auberges ferment en hiver. Certaines sont situées dans des endroits peu faciles d'accès.

Les dortoirs comportent souvent des lits superposés, avec matelas et couvertures. Il est parfois obligatoire de posséder son propre sac de couchage ou un "sac à viande" (drap plié en deux et cousu sur les côtés). Certaines auberges en fournissent, moyennant un supplément. Le couvre-feu est en général à minuit en été et à 23h en hiver. Certaines auberges éteignent la lumière et coupent l'eau chaude à ce moment. Les prix varient d'un établissement à l'autre, mais attendez-vous à payer environ 15 € par personne, petit déjeuner compris. Les repas coûtent entre 3 € et 8 €.

Pour séjourner dans les auberges affiliées à **Hostelling International (HI)**, vous devez en principe avoir la carte internationale des auberges de jeunesse. Pour l'acheter dans votre pays, voyez la rubrique **Auberges de jeunesse**, dans la section **Avant de partir**. L'organisme italien **Associazione Italiana degli Alberghi per la Gioventù (AIG)**, (✆ 06 48 71 152, www.ostellionline.org) propose un service de réservation pour les principales auberges de jeunesse. Il est possible d'effectuer, depuis certaines auberges ou fédérations à l'étranger, des réservations pour les auberges italiennes, grâce au système IBN (International Booking Network).

RÉSIDENCES UNIVERSITAIRES

Les résidences universitaires sont bon marché en Italie. Théoriquement, elles sont ouvertes aux étudiants étrangers pendant les vacances, lorsque des chambres sont disponibles. En réalité, ce type d'hébergement s'avère très improbable. Chaque ville universitaire gère une *Casa dello Studente* auprès de laquelle vous pouvez faire votre demande. Les offices de tourisme peuvent vous donner des renseignements. Pensez également au CTS (Centro Turistico Studentesco e Giovanile).

LOCATION DE VILLAS ET D'APPARTEMENTS

Si vous avez l'intention de séjourner un certain temps en Italie, la location devient intéressante. L'éventail des agences de location est très large : studette dans une station de ski, appartement dans le vieux Rome ou encore bastide entourée de vignes au sommet d'une colline de Toscane. Le site Internet www.casa.it propose des locations. Vous trouverez des adresses de loueurs auprès de l'office de tourisme italien de votre pays.

LOGEMENT CHEZ L'HABITANT

L'éventail des possibilités est très large, de la chambre dans une ferme sicilienne à la résidence moderne en banlieue de Milan.

L'**agriturismo** est un système qui permet de **dormir à la ferme**. Vous disposez d'une petite chambre, que vous êtes chargé d'entretenir vous-même, avec la liberté d'aller et venir à votre guise. Pour en savoir plus, contactez les offices de tourisme locaux. Si vous prévoyez de visiter les Alpes ou les Dolomites, le Touring Club Italiano édite un certain nombre de guides sur les itinéraires de randonnée et les refuges de montagne.

Dans les petites villes, et parfois les grandes, les propriétaires louent des chambres aux touristes de passage, avec ou sans la bénédiction de l'office de tourisme. Ces chambres sont indiquées par la mention *affittacamera*. Les prix sont très variables et il est possible de marchander. Toutefois, ne vous attendez pas à payer beaucoup moins cher que dans une *pensione* 1 étoile.

EN FRANCE

Tourisme chez l'habitant (TCH), 15, rue des Pas-Perdus, BP 8338, 95804 Cergy-Saint-Christophe Cedex, ✆ 01 34 25 44 72 ou 08 92 68 03 36 (0,34 €/mn), www.tch-voyages.com. Cet organisme propose des séjours de courte durée chez l'habitant.

ÉCHANGE D'APPARTEMENTS

Peut-être avez-vous envisagé de troquer votre logement parisien contre un studio dans une station de ski italienne, ou la maison de campagne familiale contre un appartement à Rome. Deux organismes sont spécialisés dans l'échange de logements entre particuliers.

EN FRANCE

Intervac, 230, boulevard Voltaire, 75011 Paris, ✆ 01 43 70 21 22, www.intervac.fr, organise des échanges d'appartements. Pour une cotisation annuelle de 95 €, vous passez votre annonce dans l'un des cinq catalogues internationaux et avez accès aux offres qui vous intéressent.

Homelink, 19, cours des Arts-et-Métiers, 13100 Aix-en-Provence, ✆ 04 42 27 14 14, fax 04 42 38 95 66, www.homelink.fr. Cet organisme propose également des échanges d'appartements (cinq catalogues par an, cotisation annuelle 122 €).

MONASTÈRES

Certains monastères acceptent d'héberger les touristes. Les hôtes ne sont pas tenus d'assister aux offices mais doivent faire leur lit et, dans de nombreux monastères, aider à débarrasser après les repas. Situés pour beaucoup dans les zones rurales, les monastères offrent un cadre idéal aux personnes en quête de sérénité et de recueillement. Une lettre d'introduction d'un prêtre peut faciliter les choses. Pour en savoir plus sur les couvents, monastères et autres institutions religieuses recevant des hôtes, écrivez à l'archevêché (*arcivescovato*) de la grande ville la plus proche. De nombreux offices de tourisme mettent également à votre disposition la liste de ces institutions. En France, adressez-vous à **Tourisme chez l'habitant** (voir ci-dessus) si vous souhaitez réserver une ou plusieurs nuits dans un monastère ou un couvent.

CAMPING

Les terrains de camping italiens sont généralement situés près des lacs et des rivières, ou sur la côte. On en trouve également un certain nombre dans les Alpes. L'espace entre les emplacements est souvent réduit. En août, arrivez avant 11h si vous voulez avoir une place. Comptez au minimum 5 € par personne et 4 € pour la voiture. Il existe toutes sortes de campings, du plus luxueux, avec piscine, au plus rudimentaire. Le **Touring Club Italiano** (www.touringclub.it), édite un annuaire annuel des terrains de camping en Italie, *Campeggi in Italia*, vendu dans les librairies italiennes. Vous pouvez vous procurer gratuitement la liste et une carte des terrains de camping en Italie auprès de l'**Office italien de tourisme**, en France, ou de **Federcampeggio**, V. Vittorio Emanuele, Casella Postale 23, 50041 Calenzano (Firenze), ✆ 055 882 391, fax 055 882 59 18. Le site Internet d'**Easy Camping** (www.icaro.it) contient des informations sur plus de 700 terrains de camping en Italie.

COMMUNICATIONS

POSTE

Le système postal italien n'est pas tout à fait aussi efficace que celui que nous connaissons en France, mais ne vous privez pas d'envoyer quelques cartes postales à vos amis. Il est rare que les lettres ou les petits colis soient perdus si vous les envoyez en *raccomandata* (recommandé), *espressa* (express) ou *per via aerea* (par avion). Vous pouvez acheter des *francobolli* (timbres) dans les *tabacchi* (bureaux de tabac) ou les bureaux de poste. Les cartes postales et les lettres envoyées dans les pays de l'Union Européenne doivent être affranchies à 0,62 € et celles envoyées en dehors de l'Union Européenne à 0,77 €.

Vous pouvez recevoir votre courrier à l'hôtel ou dans les bureaux d'American Express si vous possédez cette carte de crédit. Il suffit que l'expéditeur écrive la mention *"client mail"* avec l'adresse complète du bureau. Le courrier adressé à la poste à votre nom et avec la mention **fermo posta** (poste restante) sera conservé jusqu'à ce que vous veniez le retirer. Pour ce faire, présentez-vous muni d'une pièce d'identité. La plupart du temps, vous n'aurez aucun frais à payer. Dans le cas contraire, la somme à verser dépasse rarement les 0,03 €. Dans les grandes villes comme Rome, le bureau de poste qui propose le service *fermo posta* est efficace et ses horaires d'ouverture assez larges (bien qu'il ferme à 12h le samedi, toute la journée le dimanche et le dernier jour du mois). Une ville pouvant avoir plusieurs bureaux de poste, précisez l'adresse. Pour faciliter le tri, l'expéditeur doit écrire votre nom de famille en majuscules et le souligner. Avant de faire une déclaration de perte, vérifiez toujours que la lettre n'a pas été classée d'après votre prénom.

TÉLÉPHONE

En Italie, les numéros de téléphone commencent tous par 0 et comprennent entre 6 et 11 chiffres (ne cherchez pas à comprendre la logique, il n'y en a pas). Dans la nouvelle numérotation téléphonique, les indicatifs régionaux (06 pour Rome, 041 pour Venise...) ont été intégrés aux numéros. Vous devez donc les composer, y compris à l'intérieur d'une même ville ou d'une même province. Le système venant d'être réformé dans son ensemble, si vous appelez un numéro donné, il se peut que vous entendiez un message enregistré en italien (voire en anglais) indiquant le nouveau numéro. Vous trouverez souvent deux numéros dans les annuaires. Le premier correspond au numéro en vigueur au moment de l'impression, le second (accompagné de la mention *prenderà*) au futur numéro, dont la date de mise en service n'est pas spécifiée. Ce guide a fait tout son possible pour mettre à jour les numéros de téléphone, mais de nouveaux changements sont toujours possibles. Les numéros commençant par 800 ou par 167 sont des numéros verts.

TÉLÉPHONES PUBLICS. Il existe deux types de **téléphone** en Italie : les téléphones à pièces et les téléphones à carte. Vous trouverez des **téléphones** orange **à pièces** dans toutes les villes, même si les portables (*telefonini* ou *cellulari*) sont de plus en plus nombreux. Un appel local vous coûtera au moins 0,1 €. Vous devez insérer des pièces tout au long de votre appel. Vous ne serez pas averti de la fin de la communication, mais vous pourrez peut-être entendre un bip ou un clic juste avant d'être coupé. Pour la plupart des appels, y compris les appels longue distance, utilisez une **carte de téléphone**. Elles sont en vente dans les bureaux de tabac, chez les marchands de journaux, dans les bars et les bureaux de poste et coûtent 5 €, 10 € ou 20 €. Vous pourrez également vous en procurer dans les distributeurs automatiques installés dans les gares ainsi que dans certaines stations de métro ou dans un bureau des télécoms. Demandez alors "*una scheda* (ou "*una carta*") *telefonica da* x *euros*". Pour utiliser votre carte, cassez le coin perforé et insérez-le dans le téléphone avec la bande magnétique vers le haut. La valeur de la carte apparaîtra alors sur l'écran. Composez le numéro. On vous débitera 0,05 € lors du passage de l'appel. La connexion à un portable (dont l'indicatif régional est toujours 0337, 0338 ou 0339) coûte environ 0,1 €. Si votre carte se trouve à cours d'unités au milieu de la conversation, vous pourrez la prolonger en introduisant immédiatement une autre carte ou en ajoutant des pièces. Après avoir raccroché, attendez et savourez la *dolce vita* jusqu'à ce que l'appareil vous rende votre carte. Les cartes téléphoniques peuvent être utilisées pour appeler n'importe où, même à l'étranger.

APPELS EN PCV. Une communication en PCV se dit *chiamata a carico del destinatario* ou *chiamata collect*, ou encore *con preavviso*, avec préavis. Composez le © 15.

APPELS INTERNATIONAUX. Les appels internationaux sont possibles depuis les téléphones à carte. Toutefois, dans les petites villes, ils doivent se faire dans les bureaux de compagnies téléphoniques privées, souvent situés près du bureau de poste central, parfois près de la gare principale, ou alors depuis un téléphone *a scatti* (unités téléphoniques). Pour appeler depuis une agence téléphonique, remplissez un formulaire au comptoir. Une cabine vous sera attribuée. Certaines agences demandent une caution.

Afin d'éviter de régler des factures téléphoniques trop importantes sur place, il peut être avantageux de se procurer avant de partir une **carte d'appel**. Avec cette carte, les appels seront débités sur votre compte bancaire ou téléphonique. La carte **France Télécom** fonctionne selon ce principe. Vous tapez un code confidentiel avant chaque appel et le coût de la communication est inscrit sur votre facture téléphonique en France. Il n'y a pas d'abonnement : seule une avance sur frais de 6,10 € est demandée lorsque vous commandez la carte France Télécom International. Il existe aussi la carte Voyage, qui coûte 15 €. Elle permet d'appeler de France vers l'étranger et inversement vous fait régulièrement bénéficier de communications gratuites. Pour en savoir plus, appelez le © 0 800 202 202.
Pour le **Canada**, contactez le service Canada Direct de Bell Canada (© 800 565 47 08).

LE TÉLÉPHONE, COMMENT ÇA MARCHE ?

Pour téléphoner en Italie :

Depuis l'étranger : 00 + 39 + numéro de votre correspondant.

Depuis l'Italie : composez le numéro de votre correspondant.

Pour téléphoner depuis l'Italie :

Vers la France : 00 + 33 + numéro à 9 chiffres (le numéro à 10 chiffres de votre correspondant sans le 0 initial).

Vers la Belgique : 00 + 32 + numéro à 9 chiffres de votre correspondant.

Vers la Suisse : 00 + 41 + numéro à 9 chiffres de votre correspondant.

Vers le Canada : 00 + 1 + numéro à 10 chiffres de votre correspondant.

UTILISER SON TÉLÉPHONE PORTABLE À L'ÉTRANGER Les services « Monde » (SFR), « Voyage » (Bouygues Telecom) ou « Sans frontière » (Orange) sont gratuits. Ils vous permettent d'appeler ou d'être appelé avec votre téléphone portable dans 150 pays environ. Lorsque vous êtes à l'étranger, votre téléphone se connecte automatiquement à l'un des réseaux partenaires de votre opérateur : vous pouvez donc téléphoner presque instantanément. Pour appeler, vous devez utiliser le format international, quel que soit l'endroit où se trouve votre correspondant : composez '+' ou '00' puis l'indicatif du pays appelé, suivi du numéro d'appel. Sachez aussi que pour certains pays comme la France, il ne faut pas composer le '0' précédant le numéro. Le prix des communications varie selon les pays et les opérateurs. A l'étranger, vous payez un tarif particulier pour les appels émis ET pour les appels reçus. La consultation du répondeur vous est également facturée (prix d'un appel vers la France). Recevoir un texto est gratuit ; en envoyer un coûte 0,30 euros, quels que soient l'opérateur et le pays d'émission.
Avant de partir, consultez votre service client pour :
— connaître les modalités d'activation du service « appels à l'étranger » ;
— vérifier que votre destination est couverte par votre opérateur ;

— connaître les tarifs d'appel pour le pays où vous vous rendez ;
— savoir comment utiliser votre répondeur.

COURRIER ÉLECTRONIQUE (E-MAIL)

Internet est devenu l'un des moyens de communication les plus populaires pour recevoir des messages de l'étranger ou envoyer des nouvelles à ses proches. Vous avez besoin pour cela d'une adresse e-mail et d'un centre serveur qui stocke les messages que vous émettez et ceux que vous recevez. Le courrier électronique (e-mail) est facilement consultable où que vous soyez. C'est un moyen de communication plus rapide et plus fiable qu'un système de courrier classique. De plus en plus de bars proposent un accès à Internet. Vous pouvez connaître l'adresse de ces endroits en vous rendant dans une bibliothèque municipale ou un office de tourisme. Les voyageurs peuvent même parfois se connecter depuis ces lieux contre une somme modique. Il existe une méthode simple et économique pour se connecter depuis n'importe quel **cybercafé** :
– créer son **adresse e-mail** auprès d'un serveur Web spécialisé dans la gestion d'adresses électroniques (service gratuit).
– se connecter à ce site Web chaque fois qu'on désire envoyer un message ou vérifier le contenu de sa boîte aux lettres électronique.

Plusieurs sites Web sont spécialisés dans la gestion d'e-mails gratuits. Citons par exemple **Lemel** (www.mail.voila.fr), **Yahoo** (www.mail.yahoo.fr) ou encore **Hotmail** (www.hotmail.fr).

De très nombreux serveurs Web recensent les adresses de cybercafés dans le monde, où vous pouvez boire un cocktail tout en lançant des missives dans le cyberespace. **Netcafeguide** (www.netcafeguide.com) rassemble 1300 établissements dans 80 pays. **Cybercaptive** (www.cybercaptive.com) est un moteur de recherche qui permet de trouver l'adresse du cybercafé le plus proche de chez vous. Le site est actualisé tous les jours. Vous pouvez aussi essayer **Cybercafe Guide** (www.cybercafe.net).

Depuis quelques années, Internet connaît un développement important dans les grandes villes italiennes. Des nouveaux cybercafés apparaissent tous les jours, et il existe même des cyberlaveries !

SÉCURITÉ

Les touristes constituent des cibles de choix pour la petite délinquance. Faites donc preuve de bon sens, respectez quelques principes élémentaires et évitez surtout de trop attirer l'attention en vous déguisant en touriste. Contre les pickpockets, placez vos objets de valeur (passeport, billet de train, chèques de voyage, carte bancaire...) dans une ceinture-portefeuille (ou une poche kangourou) dissimulée sous vos vêtements. Ayez l'air confiant et sûr de vous, et donnez l'impression que vous savez où vous allez (même si vous n'en avez aucune idée).

Les **trains** sont des endroits de prédilection pour les voleurs. Gardez vos papiers et votre argent sur vous et essayez de dormir sur la couchette supérieure avec vos bagages près de vous. Surveillez particulièrement vos affaires dans les gares, les aéroports ou les bus et ne confiez à personne le soin de les surveiller. Placez un cadenas sur votre sac si vous prévoyez de le laisser en consigne ou à la réception d'un hôtel. Ne laissez jamais vos objets de valeur dans une chambre d'hôtel ou un dortoir. Un passage imprudent à la douche peut vous coûter votre passeport ou votre porte-monnaie.

L'Italie possède ses artistes du **vol à la tire**. Les anecdotes ne manquent pas, et les conseils peuvent faire sourire. Lorsque vous vous promenez sur le trottoir, évitez de porter votre sac à dos côté rue (toutes ces précautions ne suffisent pas toujours à dissuader ces virtuoses de la Vespa qui arrachent les sacs en coupant les bandoulières avec un couteau). Les trucs des détrousseurs de touristes sont nombreux et évoluent constamment. Gardez-vous cependant de certains classiques : histoires larmoyantes prétexte à vous réclamer de l'argent, boue (ou crachat) jetée sur votre épaule pour détourner votre attention le temps de vous arracher votre sac. Une autre tactique très courante, surtout chez les enfants, consiste à déployer un journal juste devant votre nez afin de vous empêcher de voir ce qu'ils sont en train de faire (généralement fouiller consciencieusement dans votre ceinture-banane). Dans tous les cas, la meilleure stratégie est de ne pas répondre, de regarder la personne droit dans les yeux et de vous éloigner rapidement d'un pas assuré en tenant fermement vos affaires. Faites tout ce que vous pouvez pour maintenir les oiseaux de proie à distance. Crier ou menacer avec de grands gestes tend également à décourager l'agresseur.

Enfin, sachez qu'en Italie, la loi de 1991 interdit totalement la **drogue**. Bien que cette loi ne soit pas totalement appliquée, la possession de drogue, y compris de cannabis, est illégale.

CYBERPRÉCAUTIONS Plutôt que d'avoir en permanence une photocopie de vos papiers personnels (passeport, billet d'avion...) sur vous, vous pouvez les mettre dans votre boîte aux lettres électronique ! C'est un moyen simple d'éviter les ennuis en cas de vol ou de perte. Pour cela, il vous suffit de numériser vos documents, de les enregistrer comme fichiers et de les envoyer en pièce jointe à votre adresse e-mail. Pour que l'opération soit vraiment réussie, enregistrez vos documents sous format JPEG, avec une résolution de 150 dpi, de façon que le numéro de passeport reste lisible. N'utilisez pas de couleur mais plutôt un niveau de gris. Le format JPEG permet d'ouvrir les documents à partir d'Internet Explorer, en cliquant simplement sur Fichier, puis Ouvrir. Vous y avez accès de n'importe quel espace Internet et pouvez ainsi prouver votre identité et faciliter les démarches si toutes vos affaires ont disparu. En revanche, évitez de noter votre code de carte bancaire à côté de votre nom...

VOYAGER SEULE(S)

Voici quelques conseils de base pour voyager en toute sérénité sans sombrer dans la psychose. L'Italie est un pays sûr, et vous ne devriez pas rencontrer de problèmes au cours de votre séjour. Cela dit, certains Italiens sont tellement chaleureux qu'ils peuvent parfois s'avérer un brin trop collants. Pour éviter d'être constamment interpellée dans la rue, adoptez l'attitude des Romaines. Marchez d'un pas assuré, évitez de regarder les hommes dans les yeux (les lunettes de soleil sont élégantes) et surtout, évitez de répondre. Certaines célibataires optent pour une fausse alliance. Dans un pays à large majorité catholique comme l'Italie, ce détail peut avoir son utilité.

Si on vous agresse physiquement, ne vous adressez pas directement à l'agresseur (cela risque au contraire de l'encourager). Utilisez plutôt le langage des gestes : par exemple un coup de coude ou de genou bien placé. Ecraser lourdement les orteils de l'agresseur est également très efficace. Lorsque vous circulez en train, évitez les compartiments vides, surtout la nuit. Recherchez les compartiments où se trouvent d'autres femmes.

Les hôtels borgnes et les quartiers mal famés étant bien sûr à éviter, préférez les résidences universitaires et les auberges de jeunesse HI. Certaines organisations religieuses proposent des chambres réservées aux femmes. Pour en obtenir la liste, contactez la paroisse, l'évêché local ou l'office de tourisme de la province. L'**Associazione Cattolica Internazionale al Servizio della Giovane**, V. Urbana, 158, 00184 Roma, ✆ 06 488 14 89, qui gère des auberges de jeunesse réservées aux femmes, peut vous aider. Ayez toujours de la monnaie pour téléphoner ou prendre un taxi.

VIE PRATIQUE

TAXES

L'IVA (*imposto sul valore aggiunta)*, est la taxe sur la valeur ajoutée des produits. A l'image de la TVA française, elle est généralement incluse dans le prix de vente. En Italie, il existe deux taux principaux : l'IVA à 16 % s'applique à la mode, au textile et aux chaussures, l'IVA à 19 % concerne tous les autres produits. Les personnes non ressortissantes de l'Union Européenne peuvent se faire rembourser l'IVA sous certaines conditions.

MARCHANDAGE

Vous pouvez marchander en Italie, mais pas en toute circonstance. C'est une pratique adaptée aux marchés, aux vendeurs de rue ou aux taxis sans compteur (convenez toujours du prix de la course avant de monter à bord). Partout ailleurs, c'est assez déplacé. Vous pouvez discuter du prix dans les petites *pensioni* ou les *affittacamere*. Si vous ne parlez pas italien, essayez de mémoriser au moins les chiffres. Laissez le commerçant faire la première offre et proposez les deux tiers du prix annoncé (la moitié s'il s'agit d'une boutique de souvenirs !). Ne suggérez jamais un prix que vous n'êtes pas prêt à payer. Si le marchand accepte votre prix, vous êtes censé acheter l'article.

URGENCES

En cas d'urgence, composez le © **112** qui est le numéro international des premiers secours en Europe (l'équivalent du © 15 en France). Le © **115** est le numéro des pompiers. Pour tout problème de santé, il existe des antennes de *pronto soccorso* (service d'urgences des hôpitaux) dans les aéroports, les ports et les gares. Chaque *farmacia* possède une liste des officines ouvertes la nuit et le dimanche.

Peu de systèmes juridiques sont aussi alambiqués que le système italien. Les interprétations de la loi sont aussi variées que les dialectes du pays. Si vous devez entrer en contact avec les forces de l'ordre, sachez au moins à qui vous avez affaire. La **polizia urbana**, ou **pubblica sicurezza** (© 113), est la police chargée de l'ordre public. C'est elle que vous devez d'abord contacter en cas de vol ou d'agression. Les **carabinieri** sont des militaires, comme les gendarmes en France. Ils traitent des affaires les plus graves, en particulier du terrorisme ou de la Mafia (ils sont assez impressionnants dans les aéroports avec leur arsenal). Les **vigili urbani** traitent les infractions mineures, en particulier celles concernant la circulation. Ils se feront aussi un plaisir de vous indiquer votre chemin si vous êtes égaré. Ce guide donne pour chaque ville les coordonnées de la police et des urgences médicales dans la rubrique **Informations pratiques**.

TRAVAILLER EN ITALIE

La situation de l'emploi en Italie est morose, surtout dans le sud. Il n'est donc pas facile d'y trouver un petit boulot d'été, a fortiori quand on est étranger. Les secteurs qui embauchent le plus sont l'agriculture (cueillette, vendanges...), la restauration et le tourisme, où on a besoin de bras ou de personnes parlant des langues étrangères.

FORMALITÉS

Les citoyens de l'**Union européenne** et les **Suisses** peuvent travailler librement en Italie. Seule formalité à accomplir pour un séjour de plus de trois mois : demander un titre de séjour (*permesso di soggiorno*) dans les trois mois suivant l'arrivée en Italie pour les Européens et dans les huit jours pour les Canadiens. Cette démarche est inutile si vous êtes à l'hôtel, mais si vous avez un logement, il faut le demander à la police ou au bureau des affaires étrangères du poste de police principal (*Questura Centrale*), V. Genova, 2, Roma © 06 46861. Il faut justifier d'une activité (salariée ou non) ou de ressources suffisantes et d'une couverture sociale (étudiants, retraités, demandeurs d'emploi). Le titre de séjour, valable cinq ans, est renouvelable sous certaines conditions. Vous avez alors le droit de vous inscrire au *Collocamento* (l'équivalent de l'ANPE française). Son siège est à Rome, **Ufficio del Collocamento Centrale**, V. Cesare de Lollis, 12, 00185 Roma, © 06 44 87 11.

Pour les **Canadiens**, un permis de travail est nécessaire. Votre futur employeur doit en faire la demande. L'employeur doit pouvoir prouver que l'employé possède des qualifications qu'il ne trouve pas localement. Vous aurez également besoin d'un visa de travail, que vous obtiendrez auprès du consulat italien (voir **Ambassades et consulats**). Toutes les personnes qui travaillent en Italie doivent être titulaires d'un *codice fiscale* (l'équivalent d'un numéro de sécurité sociale), souvent demandé pour ouvrir un compte ou bénéficier d'une couverture médicale. Pour l'obtenir, vous devez présenter votre passeport et votre permis de séjour à l'*Ufficio delle Entrate*, à Rome. Cependant, l'économie souterraine (*economia sommersa*, ou *economia nera*), basée sur le travail au noir, représente environ un tiers de l'économie globale.

Dans les principales villes italiennes, il existe des centres d'information pour la jeunesse, les Informagiovani (les noms changent d'une ville à l'autre). Les employeurs peuvent y afficher leurs offres d'emploi, généralement pour des jobs d'été ou temporaires. La liste complète figure sur le site www.informagiovaniroma.it.

AU PAIR

Le séjour au pair s'adresse aux jeunes gens de 18 à 30 ans, aux filles mais aussi aux garçons (même s'il est alors plus difficile de trouver une famille d'accueil).

Une liste des organismes de séjours au pair est disponible au **Centre d'information et de documentation jeunesse (CIDJ)**, 101, quai Branly, 75740 Paris Cedex 15, www.cidj.asso.fr, rubrique "Europe et international". Tapez le mot clé "au pair".

BÉNÉVOLAT

Le bénévolat est un bon moyen de s'immerger dans une culture étrangère. Vous serez peut-être logé et nourri et le travail sera certainement passionnant. Les charges très élevées perçues par les organisations qui s'occupent du placement peuvent parfois être évitées en contactant directement les organismes de travail.

Vous trouverez plus d'informations dans le **Guide du voyage utile**, Dakota Editions, 12,80 €.

Voici les adresses Internet des principaux **organismes de chantiers internationaux** en France :

Compagnons bâtisseurs, www.compagnonsbatisseurs-grandsud.org.

Concordia, www.concordia-association.org.

Etudes et chantiers (UNAREC), www.unarec.org.

Jeunesse et reconstruction, www.volontariat.org

Rempart, www.rempart.com.

Service civil international, www.sci-france.org.

Solidarités Jeunesses, www.solidaritesjeunesses.org.

ÉTUDIER EN ITALIE

Si vous souhaitez étudier en Italie, des programmes d'échanges européens ont été mis en place afin de favoriser la mobilité des jeunes Européens. Ils sont rassemblés sous le nom de Socrates. Renseignez-vous auprès de votre université, de votre école ou de l'organisme **Socrates France**, 10, place de la Bourse, 33080 Bordeaux, ✆ 05 56 79 44 00, www.socrates-france.org. La sélection étant sévère, il est conseillé de faire en parallèle des candidatures spontanées auprès des établissements italiens. Les coordonnées des principales universités italiennes sont disponibles auprès de l'**Institut culturel italien**, 50, rue de Varenne, 75007 Paris, ✆ 01 44 39 49 39. Le baccalauréat français permet d'entrer en première année d'université. Pour un niveau supérieur, adressez-vous directement à chaque université. L'acceptation de votre dossier dépendra de votre niveau d'études et de votre connaissance de l'italien.

Certaines universités italiennes proposant des cours d'été, renseignez-vous auprès de l'Institut culturel italien. Vous pouvez également passer par un organisme privé qui se chargera de votre inscription à l'université et de votre logement sur place. Seuls les citoyens non européens ont besoin d'un visa d'études (*permisso di studio*), qui s'obtient avant le départ auprès d'une ambassade ou d'un consulat. Il faut présenter une preuve de son inscription.

ADRESSES UTILES

Le **Centro Turistico Studentesco e Giovanile (CTS)**, 20, rue des Carmes, 75005 Paris, ✆ 01 43 25 00 76, dont la maison mère en Italie dépend des ministères italiens des Affaires étrangères et de l'Education, peut vous fournir des informations sur les possibilités d'études en Italie.

Si vous désirez effectuer un séjour linguistique, nombreux sont les organismes qui peuvent vous aider. Dans tous les cas, renseignez-vous auprès du **Centre d'information et de documentation jeunesse (CIDJ)**, dont les coordonnées figurent plus haut. Il édite une brochure détaillée qui recense les principaux organismes de séjours linguistiques. Des **Centres régionaux d'information pour la jeunesse**, les **CRIJ** (ou les **CIJ** dans certaines régions) existent un peu partout en France. Vous trouverez leurs coordonnées sur Internet www.cidj.asso.fr.

ADRESSES UTILES

OFFICES DE TOURISME

L'**Ente Nazionale Italiano di Turismo (ENIT)** est l'office national du tourisme italien. Il dispose de bureaux à Rome et à l'étranger. En Italie, chaque chef-lieu de province possède son **Ente Provinciale per il Turismo (EPT)**. De nombreuses communes disposent de leur propre syndicat d'initiative, **Azienda Autonoma di Soggiorno e Turismo (AAST)**. Dans les petites localités, vous pourrez parfois trouver un organisme privé appelé **Pro Loco**. Récemment, un nouvel organisme a vu le jour, s'ajoutant aux précédents : l'**Azienda di Promozione Turismo (APT)**. Ne vous y fiez pas trop, car il ne recommande que les hôtels qui ont payé pour figurer sur sa liste. Adressez-vous plutôt au **Centro Turistico Studentesco e Giovanile (CTS)**, réservé aux jeunes et aux étudiants, et à la **Compagnia Italiana Turismo (CIT)**, l'agence de voyages publique (voir plus loin). Pour chaque ville, les coordonnées de l'office de tourisme local figurent à la rubrique **Informations pratiques**.

AMBASSADES ET CONSULATS EN ITALIE

En cas d'incident grave en voyage, allez d'abord vous renseigner au **consulat** de votre pays. C'est au consulat que se trouvent les services d'accueil des ressortissants nationaux (et non à l'ambassade). En cas de perte ou de vol des pièces d'identité, rendez-vous au consulat le plus proche pour les faire remplacer. Le consulat peut vous fournir une liste de médecins et d'avocats dans le pays, prévenir votre famille en cas d'accident ou vous renseigner en matière juridique. Mais ne lui demandez pas de payer vos notes d'hôtel ou vos frais médicaux, de faire une enquête policière, de vous procurer un permis de travail ou une caution de mise en liberté provisoire, ni d'intervenir en votre faveur en cas d'arrestation ou de procès. Toutes les représentations diplomatiques sont fermées les jours fériés. Vous pouvez vous procurer la liste des consulats et ambassades de votre pays grâce à Internet. Si vous êtes français, visitez le site officiel de la **Maison des Français à l'étranger** (www.expatries.org).

LES SITES WEB DES MINISTÈRES DES AFFAIRES ÉTRANGÈRES

Belgique : www.diplobel.org
Canada : www.dfait-maeci.gc.ca
France : www.expatries.org
Québec : www.mri.gouv.qc.ca
Suisse : www.eda.admin.ch

Ambassade de France, P. Farnese, 67, 00186 **Rome**, ✆ 06 68 60 11, www.ambafrance-it.org

Consulats de France : V. Giulia, 251, 00186 **Rome**, ✆ 06 686 011, www.france-italia.it/consulat/rome. V. della Moscova, 12, 20121 **Milan**, ✆ 02 655 91 41, www.consulfrancemilan.org. Via Crispi, 86, 80121 **Naples**, ✆ 081 598 07 11, www.consulfrance-naples.org. V. Roma, 366, 10121 **Turin**, ✆ 011 57 32 311, www.consulfrance-turin.org. P. Ognissanti, 2, 50123 **Florence**, ✆ 055 230 25 56. Via Garibaldi, 20, 16124 **Gênes**, ✆ 010 247 63 27.

Ambassade de Belgique, V. dei Monti Parioli, 49, 00197 **Rome**, ✆ 06 360 95 11.

Consulats de Belgique : V. Turati, 12, 20121 **Milan**, ✆ 02 29 06 20 62. Centro Commerciale Palombare, V. dell'Industria, 2/F, 60127 **Ancone**, ✆ 071 280 67 97. V. Gentille, 53/C, 70126 **Bari**, ✆ 080 558 34 77. V. della Republica, 13, 40127 **Bologne**, ✆ 051 505 101. V. Alghero, 35, 09127 **Cagliari**, ✆ 070 65 37 27. V. Escriva, 2, 95125 **Catane**, ✆ 095 43 86 22. V. dei Servi, 28, 50123 **Florence**, ✆ 055 28 20 94. Salita alla Spinata di Castelleto, 26, 16124 **Gênes**, ✆ 010 246 12 81. V. Depretis, 78, 80133 **Naples**, ✆ 081 551 05 35. V. della Libertà, 159, 90143 **Palerme**, ✆ 091 30 51 32. V. Allessi, 27, 06122 **Pérouse**, ✆ 075 573 64 67. V. Tiburtina Valeria, 91 bis, 65129 **Pescara**, ✆ 085 43 061. Viale XX Settembre, 1, 34100 **Trieste**, ✆ 040 36 19 34. Via Lamarmora, 39, 10128 **Turin**, ✆ 0111 580 51 01. Piazza San Marco, 1470, 30124 **Venise**, ✆ 041 52 24 124.

Ambassade de Suisse, V. Barnaba Oriani, 61, 00197 **Rome**, ✆ 06 809 571.

Consulats de Suisse : Piazza Luigi di Savoia 41/a, 70121 **Bari**, ✆ 080 524 65 78. Via Privata Legler, 1, 24030 Brembate di Sopra (à **Bergame**), ✆ 035 46 31 43. V. XX Settembre, 16, 09125 **Cagliari**, ✆ 070 66 36 61. V. Alcide de Gasperi, 151, 95127 **Catane**, ✆ 095 38 69 19. Ple Galileo, 5, 50125 **Florence**, ✆ 055 22 24 31. P. Brignole, 3/6, 16122 **Gênes**, ✆ 010 54 54 11. V. Palestro, 2, 20121 **Milan**, ✆ 02 77 79 161. V. dei Mille, 16, 80121 **Naples**, ✆ 081 410 70 46. V. Cesare Battist,i 18, 34125 **Trieste**, ✆ 040 760 04 00. Corso Unione Sovietica, 612, 10135 **Turin**, ✆ 011 347 36 48. Dorsoduro 810, Campo Sant Agnese, 30123 **Venise**, ✆ 041 522 59 96.

Ambassade du Canada, Sections politiques, culturelles et commerciales : V. G. B. de Rossi 27, 00161 **Rome**, ✆ 06 44 59 81, service téléphonique 24h/24 ✆ 06 44 598 39 37. Sections des visas et des affaires consulaires : V. Zara, 30, 00198 **Rome**.

Consulat général du Canada : V. Vittor Pisani, 19, 20124 **Milan**, ✆ 02 675 834 20.

HISTOIRE ET SOCIÉTÉ

La péninsule italienne s'étend sur près de 1300 km, de la frontière autrichienne, au nord, jusqu'à la Sicile, dont le sud se trouve à la même latitude que Tunis.

L'ensemble de l'Italie est plutôt montagneux. Au nord, les **Alpes** forment une barrière climatique et historique, creusée de profondes vallées apparues au cours de la dernière glaciation, au fond desquelles se sont formés des lacs glaciaires (dont les plus importants sont le lac d'Orta, le lac Majeur, le lac de Lugano, le lac de Côme, le lac d'Iseo et le lac de Garde). Perpendiculaire au massif alpin et dessinant comme une épine dorsale au milieu de la péninsule, la **chaîne des Apennins** s'étire de la Ligurie, au nord de Gênes, jusqu'à l'Aspromonte, au sud de la pointe calabraise. La **plaine du Pô**, riche et fertile, s'intercale entre ces deux massifs depuis le Piémont jusqu'en Vénétie en passant par la Lombardie et l'Emilie-Romagne. La Toscane, le Latium et la Campanie offrent depuis des siècles autant de plaines que de collines accueillantes et fécondes. Les îles sont également montagneuses et, pour la plupart, volcaniques (certaines fournaises sont d'ailleurs toujours en activité). Les 7400 km de **côte** de la botte sont baignées par la **mer Tyrrhénienne**, la **mer Ionienne** et la **mer Adriatique**, et présentent une très grande variété de paysages et de climats. Il y en a pour tous les goûts, mais Let's Go vous recommande plus particulièrement la côte Amalfitaine (au sud de Naples), la partie orientale du croissant de la Ligurie (au sud de Gênes) et le promontoire du massif de Gargano, sur la côte Adriatique. Il ne faut pas pour autant négliger d'autres portions remarquables du littoral comme la côte Tyrrhénienne de la Calabre, la partie sud du Latium, autour du golfe de Gaëte, ou encore les falaises du massif du Conero, près d'Ancône. Rançon de la gloire d'un des berceaux du tourisme mondial, vous ne serez probablement jamais seul à visiter toutes ces merveilles. L'Italie côté nature a conservé pourtant de nombreux jardins secrets à découvrir. Vous trouverez toujours en **Sicile** ou en **Sardaigne** de superbes plages de sable fin isolées, et les magnifiques **parcs nationaux** comme celui des Abruzzes (dans les Apennins) ou du Gran Paradisio (entre le Val d'Aoste et le Piémont) recèlent une faune et une flore d'une surprenante richesse.

Aujourd'hui, plus de la moitié de la population italienne vit dans des villes de 20 000 habitants et plus, et la **civilisation urbaine** à l'italienne est d'ailleurs le fruit d'une longue tradition. Rome, Milan, Naples et Turin sont de véritables métropoles avec plus d'un million d'habitants chacune (2,6 millions pour Rome).

HISTOIRE

Longues, mouvementées et hautes en couleur, l'histoire et la politique de l'Italie offrent un large panorama de la culture et des traditions européennes. C'est en effet le pays qui donna naissance à l'Empire romain, à Léonard de Vinci et à la Mafia. Politiquement, l'Italie n'a été durablement unifiée qu'à deux reprises au cours de sa longue et riche histoire : une première fois sous la tutelle de Rome, pendant près de huit siècles, une seconde fois à partir de la seconde moitié du XIXe siècle, à la suite du *Risorgimento*.

L'ITALIE AVANT ROME (JUSQU'À 753 AV. J.-C.)

La découverte en 1979, à Isernia, d'un village datant de plus d'un million d'années ferait remonter les premières traces de présence humaine en Italie au paléolithique.

Aux environs du VIIIe siècle av. J.-C., les **Etrusques** s'installent dans les régions du centre où ils développent une brillante civilisation, la plus importante ayant précédé celle de Rome, et dont il ne reste que peu de traces. Son origine comme sa langue restent encore aujourd'hui mystérieuses. Selon l'hypothèse généralement admise, un peuple venu d'Orient (probablement de la côte occidentale de l'actuelle Turquie) se serait mêlé aux populations autochtones de la péninsule italienne. Cette civilisation, essentiellement urbaine, s'étendit rapidement et les Etrusques créèrent un certain nombre de cités dont les plus importantes sont à l'origine de villes comme Volterra, Fiesole, Arezzo, Perugia (Pérouse) ou Orvieto. Gouvernées par des rois et des magistrats choisis dans une caste aristocratique, ces villes jouissaient d'une grande indépendance. Douze d'entre elles ont longtemps formé une puissante confédération. Les Etrusques, artisans et commerçants, étaient aussi des marins qui concurrençaient les Grecs et les Carthaginois. Sur terre, ils commerçaient avec l'ensemble de la péninsule italienne et avaient des contacts jusqu'en Europe centrale. Dès la fin du VIIe siècle avant J.-C., les Etrusques se rendirent maîtres du **Latium**, la région située au centre de la côte occidentale de l'Italie, avant d'envahir la Campanie et la plaine du Pô. Cette civilisation sophistiquée a profondément influencé l'Italie et la Rome antiques. Ainsi, dans le domaine architectural, les Latins lui doivent par exemple l'arche, qui allait jouer un rôle considérable dans les prestigieuses constructions romaines. D'autre part, de nombreux aspects de la religion romaine sont également hérités des Etrusques, comme le culte des morts, la pratique de la divination et certains sacrifices humains qui sont peut-être à l'origine des combats de gladiateurs. Les principaux vestiges de cette civilisation se trouvent à **Cerveteri**, **Tarquinia** et **Volterra**.

Les **Grecs**, qui entretenaient déjà depuis longtemps des rapports commerciaux avec la péninsule italienne, s'installent définitivement dans le sud à partir du VIIIe siècle av. J.-C. Ils établissent d'abord des comptoirs commerciaux qui se transforment progressivement en micro-Etats, le long des côtes de la Puglia (la Pouille), en Campanie, en Calabre et en Sicile. Organisées sur le modèle des cités hellènes, ces colonies forment par la suite ce qu'on appelle la *Magna Graecia* (Grande Grèce), jusqu'au Ve siècle av. J.-C. Affaiblie par la montée en puissance de Rome, l'unité culturelle et politique de la *Magna Graecia* ne pourra survivre aux guerres Puniques.

LA ROME ANTIQUE (753 AV. J.-C.-476)

LA MONARCHIE : 753-509 AV. J.-C.

D'après la mythologie, les jumeaux **Remus** et **Romulus** auraient fondé Rome en 753 av. J.-C. sur le mont Palatin (voir encadré **Aux origines de Rome**). Romulus ayant été choisi par le sort pour diriger seul la nouvelle cité, il tua son frère qui avait franchi le sillon qui symbolisait les limites de la future Ville éternelle. Dans *l'Enéide*, Virgile remonte encore plus loin dans le temps et raconte comment le héros troyen **Enée**, ayant échappé à la destruction de sa ville avec son père Anchise sur son dos, se serait réfugié en Italie après une idylle malheureuse avec **Didon**, la reine de Carthage. Son fils Iule fonda Albe, où naîtront plus tard Remus et Romulus. Cette nouvelle version de la fondation de Rome permettait aux Latins de rattacher officiellement leur mythologie à celle des Grecs. La frontière entre la légende et l'histoire se situe donc au début de la Rome royale. La tradition retient six rois sabins, latins et étrusques après Romulus. Le dernier de ces rois, le tyran **Tarquin**, sera chassé du pouvoir par une rébellion des patriciens, dirigée par le héros Brutus. Une annexe à cette tradition raconte qu'en 509 av. J.-C., le fils de Tarquin le Superbe viola la jeune Romaine **Lucrèce**, sœur de Brutus, qui se suicida publiquement en exhortant le peuple à chasser le tyran et à abolir la monarchie. Toujours est-il que l'Histoire a définitivement retenu cette date pour marquer la naissance de la République romaine.

LA RÉPUBLIQUE : 509-27 AV. J.-C.

La monarchie cède donc la place à une **république** aristocratique dominée économiquement et politiquement par les grandes familles de patriciens. Les consuls exercent le pouvoir exécutif, sous le contrôle du Sénat. Vers 450 av. J.-C., le peuple romain, la plèbe, obtient la reconnaissance de ses droits civils, garantis par la loi des Douze Tables (un tribun représente ses intérêts face aux patriciens). Ces tables sont à la base du **droit romain** dont les principes constituent, encore aujourd'hui, les fondements du droit occidental. Surmontant ses luttes intestines et quelques incursions gauloises, la République développe une armée d'une efficacité redoutable et prend bientôt le dessus sur les cités voisines. Progressivement, toute l'Italie est unifiée sous sa domination, à l'exception des villes grecques du sud.

AUX ORIGINES DE ROME On serait tenté de croire que les origines de la Ville éternelle se perdent dans la nuit des temps. Il n'en est rien. Rome doit ses origines à la colère d'un roi. Ce roi, c'est **Numitor**, le dernier souverain d'Albe, ville fondée quelques siècles plus tôt par des réfugiés politiques troyens (dixit Virgile). Numitor est en colère parce qu'il vient d'apprendre que sa fille, la vestale **Rhea Silvia**, vit dans le péché avec un dieu, un certain Mars. De cette union vont naître des jumeaux, **Romulus** et **Remus**, que le roi, furieux et déshonoré, décide de jeter dans le Tibre. Les petits-fils de Numitor seront sauvés in extremis par une louve (la **Lupa**, en italien) qui les allaite, et par le berger **Faustulus** qui les élève. Bons princes, les deux frères devenus grands aideront leur grand-père à retrouver son trône perdu, mais décideront néanmoins de créer un autre royaume dans les environs, sur la colline du Palatin. La nouvelle cité héritera du nom de **Roma** (et non de Rema), car c'est Romulus qui est finalement désigné par le sort pour gouverner la future ville. Remus, jaloux, s'y oppose. Son frère le tue... Les Romains ne sont pas des enfants de chœur.

Maîtres de l'Italie, les Romains s'engagent dans une lutte de grande envergure contre **Carthage** (près de l'actuelle Tunis) pour la suprématie du bassin méditerranéen : ce sont les **guerres Puniques** (il y en aura trois entre 264 et 146 av. J.-C.). La première (264-241 av. J.-C.) fait tomber la Sicile sous l'emprise de Rome. Au cours de la deuxième (218-201 av. J.-C.), **Hannibal** traverse l'Espagne et les Alpes avec son armée et ses éléphants pour menacer directement Rome. Piégés par les délices de Capoue, et pris de revers en Numidie par Scipion l'Africain, les Carthaginois sont contraints à la paix et cèdent leurs possessions espagnoles. L'initiative de la troisième guerre Punique (149-146 av. J.-C.) revient aux Romains, décidés à en finir avec la cité phénicienne toujours menaçante : "*Delenda quoque Cartago*" ("Et en plus, il faut détruire Carthage"), répétait sans cesse le sage Caton l'Ancien. Celle-ci aboutit enfin à la destruction complète de Carthage. Les Romains allèrent jusqu'à répandre du sel autour de la ville pour que la terre y restât à jamais stérile.

La classe patricienne, commerçante et dirigeante, sera la principale bénéficiaire des guerres contre Carthage. En plus des indemnités de guerre et des impôts prélevés pour sauver Rome, la République latine établit un quasi-monopole commercial en Méditerranée. Deux tribuns, les frères **Gracques** (Tiberius et Caius Sempronius Gracchus), vont donc tenter de combattre le régime de la grande propriété par une politique plus favorable à la plèbe (notamment en faisant voter une loi agraire : la *lex Semproniae)*. En 131 av. J.-C., les revendications des esclaves, des paysans et de la plèbe concernant la distribution des terres dégénèrent en émeutes. Ces crises sociales entraînent une succession de **guerres civiles** et de conflits de pouvoir. De leur côté, les alliés de l'Italie (les *socii*, c'est-à-dire les cités fédérées à Rome) et les colonies latines se soulèvent pour obtenir la citoyenneté romaine que Rome leur refuse. **Sylla**, tout auréolé de ses victoires dans les guerres sociales et contre les cités rebelles, fait entrer les légions dans Rome (un acte sans précédent) et prend le titre de *dictateur* après un coup d'état sanglant (88-79 av. J.-C.).

Les guerres intérieures vont reprendre en 73 av. J.-C. avec la révolte de **Spartacus**. Celui qu'interprétera Kirk Douglas au cinéma est un esclave thrace qui va entraîner à la révolte ses compagnons de l'école de gladiateurs de Capoue. La rébellion dure deux ans. Spartacus réussit à soulever jusqu'à 90 000 hommes, esclaves et paysans, mais échoue et finit crucifié sur la voie Appienne avec 6000 de ses compagnons.

Général victorieux et proche de Sylla, **Pompée** devient consul en 70 av. J.-C., conjointement avec Crassus. En 59, **Jules César** devient troisième consul, rival des deux précédents au sein du (premier) triumvirat. En 58, il entreprend la conquête de la Gaule, achevée en 52 avec la reddition de Vercingétorix à Alésia. Fort de sa gloire, il franchit en 49, avec son armée, le Rubicon, la rivière marquant la frontière de l'Italie romaine (*Alea jacta est*, "le sort en est jeté", aurait-il dit en bravant l'interdit). La lutte entre les trois consuls tourne à l'avantage de César. En 44, ce dernier est nommé consul à vie mais se fait assassiner par les partisans de la République (notamment par son fils adoptif **Brutus**) aux ides de mars (à la mi-mars). Le pouvoir échappe à plusieurs héritiers potentiels (parmi lesquels **Marc Antoine**) pour finalement revenir au neveu et héritier de César, **Octave**. Le Sénat lui accorde le titre d'*Imperator* (dépositaire de l'autorité souveraine, *imperium*, et général en chef victorieux) en 38 av. J.-C., puis de *princeps senatus* (premier des sénateurs) en 28 av. J.-C. et enfin d'**Auguste** (consacrant sa mission divine) en 27 av. J.-C.

L'EMPIRE : 27 AV. J.-C.-476

Auguste devient le premier empereur de Rome, et le fondateur de la dynastie **julio-claudienne** (de 27 av. J.-C. à 68). Son règne (de 27 av. J.-C. à 14), considéré comme l'âge d'or de Rome, marque le début de la **Pax Romana** (200 ans de paix intérieure). Avec l'aide d'une armée de métier particulièrement efficace et d'une administration impériale remarquable, Auguste et ses successeurs parviennent à maintenir la cohésion d'un empire qui s'étend sur tout le pourtour méditerranéen. **Néron**, le dernier des empereurs julio-claudiens, se suicide en 68, après avoir incendié Rome, martyrisé les premiers chrétiens et assassiné sa mère et ses deux femmes. L'année suivante, au cours de laquelle trois prétendants se succèdent au pouvoir, est connue sous le nom d'"année des Quatre Empereurs". Finalement, le triomphe du général **Vespasien** marque le début de la dynastie flavienne (69-96), à laquelle succède la dynastie des Antonins (96-193). Rome atteint son expansion géographique maximale sous le règne de l'empereur **Trajan** (98-117). A sa mort, son fils adoptif **Hadrien** lui succède. De **Marc Aurèle** (161-180), l'histoire retiendra les écrits philosophiques stoïciens plutôt que les victoires contre les incursions barbares. Le dernier des Antonins, **Commode**, sombrera dans la folie et sera assassiné en 193. **Septime Sévère**, un général d'Afrique du Nord, prend le pouvoir et installe la dynastie des Sévères (193-275).

Au milieu du IIIe siècle, un gouvernement affaibli et instable doit affronter des invasions germaniques dans un climat d'anarchie. Il faudra attendre **Aurélien**, en 270, pour que Rome retrouve une certaine stabilité. **Dioclétien** (285-305) instaure la tétrarchie en séparant les fonctions civiles et militaires et se lance dans une politique de persécution systématique des chrétiens, dans le but de restaurer l'unité morale de Rome. Son successeur, **Constantin** (306-337), prend le contre-pied de la politique de Dioclétien vis-à-vis des chrétiens. Il affirmera avoir eu une vision au cours d'une campagne militaire : un signe lui serait apparu dans le ciel sous la forme d'une croix ou d'un chrisme (les deux premières lettres de Christ en grec), accompagné des mots *"In hoc signo vinces"* ("Triomphe par ce signe"). Converti au christianisme, l'empereur promulgue en 313 l'édit de Milan qui instaure la liberté de culte. En 330, il fait de **Constantinople** la capitale de l'Empire. **Théodose**, qui bannit les cultes païens, est le dernier empereur à régner sur l'Empire dans son ensemble. A sa mort, en 395, ses deux fils se partagent le monde romain, scindé en Empire d'Occident et Empire d'Orient. En 410, **Alaric**, roi des Wisigoths, pénètre dans Rome et s'y livre à un pillage en règle. En 476, c'est au tour de l'Ostrogoth **Odoacre** de prendre la Ville éternelle. Douze siècles après l'assassinat de Remus par Romulus, il dépose le dernier empereur romain d'Occident, Romulus Augustule, et prend la couronne de roi d'Italie.

LE MOYEN ÂGE : 500-1300

Les **Lombards** envahissent le nord de l'Italie en 586 et font disparaître les dernières traces d'unité politique qui survivaient à Rome. A la même époque, les Byzantins et les Arabes luttent pour le contrôle de la Sicile et du sud de l'Italie. Après la chute de Rome, l'Eglise et la papauté reprennent une partie de l'héritage impérial dans une Italie morcelée et vulnérable aux attaques des Barbares. En 752, menacé par les invasions lombardes et par Constantinople, le pape fait appel à Pépin le Bref, roi des Francs. En l'an 800, son fils **Charlemagne**, maître de l'Europe occidentale, est couronné empereur par Léon III.

En 962, **Otton Ier** est sacré souverain du Saint Empire romain germanique (la partie orientale de l'empire de Charlemagne). L'autorité théorique du Saint Empire sur tout le nord de l'Italie inaugure une longue série de conflits politiques et militaires entre la papauté et les empereurs germaniques (voir encadré **Les guelfes contre les gibelins**). Les empereurs ont besoin de contrôler la route de Rome pour aller s'y faire sacrer et apparaître comme les héritiers légitimes des empereurs de l'Antiquité. L'épithète "germanique" ne sera d'ailleurs ajoutée que tardivement : à l'époque des Otton, on parle simplement de Saint Empire romain. Or, le **pape** se considère lui aussi comme le dépositaire de l'autorité à la fois temporelle et spirituelle des maîtres de l'ancienne Rome.

On pourrait avancer que les plus authentiques continuateurs de la civilisation romaine ne sont en fait ni les papes ni les empereurs, mais plutôt les **villes** du nord et du centre de l'Italie qui s'allient tantôt avec l'un, tantôt avec l'autre. Elles tirent leur richesse du commerce, en particulier de celui des étoffes, qui leur a permis de devenir autonomes. Elles abritent une importante **bourgeoisie** et dominent en général un vaste arrière-pays, le *comtado*. Ces villes, qui se livrent souvent des guerres, forment également des alliances, telle la **Ligue lombarde** de 1167 dirigée contre l'empereur Frédéric Ier Barberousse et soutenue, comme il se doit, par le pape. Celle-ci rassemble de nombreuses cités parmi lesquelles Milan, Pavie, Crémone, Venise et Padoue. La cité toscane de **Florence**, ville libre ("commune") depuis 1115, sera le principal artisan de la défaite de Frédéric Ier Barberousse. L'empereur y compte pourtant des partisans, les **gibelins**, qui ne cesseront de disputer le pouvoir municipal aux alliés du pape, surnommés **guelfes**. Ces affrontements, qu'on retrouve dans presque toutes les communes italiennes, transportent souvent sur le terrain politique de vieilles rivalités entre familles et autres vengeances privées.

L'Italie du Sud a connu une évolution très différente du fait des **Normands**, redoutables chevaliers, qui y ont fondé au XIe siècle les royaumes de **Naples** et de **Sicile** après avoir fait subir à Rome un nouveau sac (1084). Dans ces royaumes gouvernés d'une main de fer, les villes ne risquent guère de s'émanciper. Lorsqu'au XIIIe siècle l'empereur **Frédéric II Hohenstaufen** hérite de ces territoires, le pape est consterné. Non seulement Frédéric est son adversaire, mais on murmure qu'il ne croirait pas en Dieu ! On va jusqu'à le surnommer l'Antéchrist. A **Palerme**, où il séjourne plus volontiers qu'en Allemagne, il s'entoure de savants juifs et musulmans. Pour couronner le tout, il possède un harem. Mais Frédéric II ne parvient pas plus que Barberousse à s'imposer dans le nord, et il est battu en 1225 par une nouvelle Ligue lombarde. Quant à son royaume méridional, il passera après sa mort à la maison d'Anjou, puis à celle d'Aragon.

La papauté n'est pas pour autant au bout de ses peines. Elle va ainsi se heurter à la volonté du roi de France Philippe IV le Bel de s'affranchir de la tutelle pontificale. En interdisant au roi de lever l'impôt sur le clergé, Boniface VIII provoque un conflit avec la France et meurt après son arrestation par les mercenaires du roi à Agnani, en 1303. Ses successeurs, favorables à la France, s'installeront en Avignon. Connu sous le nom de **captivité babylonienne**, cet épisode se poursuit par le **Grand Schisme d'Occident** (1378-1417), malgré l'intervention de sainte Catherine de Sienne qui ramène le pape à Rome. Cette période connaîtra jusqu'à trois papes en même temps, un en France (à Avignon) et deux en Italie (à Rome et à Pise).

LA RENAISSANCE (RINASCIMENTO) : 1300-1559

C'est au cœur des villes italiennes, sans doute les plus prospères et les plus raffinées du Moyen Age occidental, que l'on va redécouvrir les trésors intellectuels de l'Antiquité gréco-romaine. La Renaissance, qui dans le reste de l'Europe correspond en gros au début du XVIe siècle, est déjà en marche dans l'Italie de la fin du XIIe siècle et s'épanouit pleinement au **Trecento** (les années 1300) puis au **Quattrocento** (les années 1400). L'Italie inaugure, durant cette période, deux ères nouvelles en matière de découvertes : l'exploration géographique de terres inconnues (c'est l'époque des pérégrinations de Marco Polo) et l'exploration intellectuelle du classicisme. Cette volonté d'acquérir une culture, issue de la Grèce ou de la Rome antique, est à l'origine de l'**humanisme**, vaste mouvement intellectuel et artistique glorifiant les réalisations mais également les capacités de l'homme.

LES GUELFES CONTRE LES GIBELINS En Angleterre, il y eut la guerre des Deux Roses. En France, on connaît les Armagnacs et les Bourguignons. Les Italiens, eux, ont eu les guelfes et les gibelins. Le conflit qui, tout au long du Moyen Age, oppose en Italie l'autorité du Saint Empire romain germanique à celle de la papauté, a engendré ces deux partis antagonistes. Les **guelfes** sont partisans des **Welfen** et de la papauté tandis que les **gibelins** s'attachent aux **Hohenstaufen**, seigneurs de **Waiblingen** et empereurs en lutte contre le pape. Au XIe siècle, Grégoire VII et l'empereur Henri IV se querellent à propos de l'investiture des évêques allemands (l'empereur cédera à Canossa : guelfes 1, gibelins 0). **Frédéric Barberousse** transportera le conflit en Italie du Nord en voulant affermir son pouvoir sur les villes lombardes (à la paix de Venise, en 1177 : guelfes 2, gibelins 0). Au XIIIe siècle, **Frédéric II de Hohenstaufen** se dispute avec le **pape Grégoire IX** à propos des territoires et des communes du nord et du centre. A cette époque, les cités italiennes commencent à s'identifier au *parte guelfa* ou au *parte ghibellina*. L'empereur rétablira un moment la position des gibelins en étendant l'autorité impériale sur le sud de l'Italie mais les Hohenstaufen, qui venaient de subir deux excommunications avec Frédéric II, seront finalement expulsés d'Italie à la mort du petit-fils de Frédéric II, Conradin V.

Les deux partis n'en continueront pas moins à mobiliser les rivalités des puissantes villes de la péninsule. A **Florence**, les guelfes se diviseront même en deux factions rivales, les **noirs** (hostiles à un rapprochement avec les gibelins pour préserver l'indépendance de la cité toscane) et les **blancs** (convaincus que le pape était devenu un allié trop envahissant), dont faisait partie **Dante Alighieri**. A la fin du XVe siècle, lorsque les Français commencèrent leurs expéditions en Italie, ce qui restait des guelfes prit parti pour les **rois de France** tandis que les gibelins prenaient une nouvelle fois fait et cause pour les empereurs. Les gibelins devaient par la même occasion se voir offrir leur revanche sur la papauté. En 1527, l'empereur **Charles Quint** laissait ses troupes ravager Rome.

Ces deux siècles si riches en réussites intellectuelles et artistiques connaissent néanmoins d'effroyables fléaux. En 1348, la **peste noire** décime la moitié de la population des villes. En 1494, la syphilis fait rage un peu partout en Italie. A Rome, la maladie se diffuse si largement qu'elle contamine 17 membres de la famille du pape et de sa cour, parmi lesquels son fils **César Borgia**. Le Tibre connaît une crue violente en 1495 et inonde Rome. En ces temps troublés, le moine florentin **Savonarole** dénonce violemment les excès de la papauté. Alexandre VI (Borgia) tente en vain de faire taire le prédicateur fanatique en l'excommuniant, mais Savonarole continue jusqu'à ce que les Florentins, eux-mêmes excédés par ses exhortations continuelles, s'en débarrassent définitivement. Après avoir été torturé, le frère est pendu et brûlé.

Si les papes réussissent à restaurer leur pouvoir, ce sont finalement les idées laïques et séculières qui l'emportent. L'humanisme se répand et l'homme devient la mesure de toute chose, indépendamment de l'influence divine. De puissantes familles régnantes comme les **Gonzague**, à Mantoue, les **Este**, à Ferrare, ou les **Médicis**, à Florence, favorisent, malgré les tensions politiques, le développement économique et artistique de leurs villes. Princes, banquiers et marchands deviennent mécènes. Les guerres que les **rois de France** (Louis XII, Charles VIII et François Ier) mènent dans la péninsule, si elles ne sont guère fructueuses sur le plan politique ou militaire, contribueront à diffuser dans le reste de l'Europe les brillantes réalisations de l'Italie du *Quattrocento*.

Malgré sa fameuse victoire de 1515 à Marignan, **François Ier** ne parvient pas à s'imposer en Italie face à l'empereur **Charles Quint**. La famille autrichienne des **Habsbourg** règne déjà sur l'Allemagne et l'Espagne. Le traité du Cateau-Cambrésis, en 1559, fera d'eux les maîtres d'une grande partie de l'Italie du Nord, ce qui aura pour conséquence d'évincer durablement les Français de la péninsule. Voici réalisé, du moins provisoirement, le vieux rêve des empereurs germaniques.

LES GRANDES FAMILLES DE LA RENAISSANCE Au XIVe siècle, certaines grandes villes italiennes tombent sous la domination de seigneurs, despotes plus ou moins éclairés. Ces derniers mettent fin aux luttes entre les différentes factions, garantissant l'ordre et assurant ainsi la prospérité qui permettra le développement culturel de la Renaissance. Ainsi, de véritables dynasties familiales vont, pour plusieurs siècles, associer leur nom à des villes : Rimini est aux mains des **Malatesta**, Pérouse aux **Baglioni**, Ferrare aux **Este**, Vérone aux **Scaliger** et Mantoue aux **Gonzague**. Lorsque le pouvoir des seigneurs est menacé, ils font appel à des mercenaires appelés *condottieri*, qui en profitent parfois pour leur succéder. C'est ainsi que Milan est d'abord dominée par les **Visconti** puis par les **Sforza**. A Florence, ce ne sont pas des hommes de guerre mais de puissantes familles de banquiers et de commerçants qui concentrent progressivement tout le pouvoir entre leurs mains : la famille **Médicis** marquera de façon indélébile le destin de la cité aux XVe et XVIe siècles. Tous ces souverains improvisés règnent souvent par l'espionnage, la police, le poison et la torture mais ils font oublier leur vilenie par une vie de cour brillante et un généreux mécénat. Ainsi Malatesta donne-t-il sa chance à **Bramante** en lui faisant construire le Tempietto. Le jeune **Michel-Ange** se rend à Florence où il se fait remarquer par Laurent de Médicis. Quant à **Léonard de Vinci**, il met en scène des mariages princiers pour les Médicis et deviendra plus tard l'ingénieur de Ludovic Sforza, dit le More.

LA DOMINATION ÉTRANGÈRE (1559-1815)

En 1559, **Philippe II d'Espagne**, fils de Charles Quint, compte Milan, la Toscane, Naples, la Sicile et la Sardaigne au nombre de ses domaines. Sous les Espagnols, l'Italie connaît les affres de l'inquisition puis, à partir de la fin du XVIe siècle, les fastes du baroque. L'art baroque n'est cependant pas un résultat de l'emprise espagnole, puisqu'il est né à Rome. Il est, en fait, surtout lié à l'affirmation du pouvoir temporel de la papauté. Vers 1600, le **pape** possède plus d'influence, du moins en Italie, que le roi d'Espagne. Au XVIIe siècle, la **Savoie**, qui contrôle le Piémont, devient la puissance prépondérante du Nord. Le XVIIIe siècle voit les **Habsbourg** d'Autriche s'emparer de la plupart des possessions italiennes de leurs cousins d'Espagne. Ce dernier pays étant désormais dirigé par la famille des **Bourbons**, ceux-ci obtiennent (à titre de consolation) le **royaume de Naples**. L'exemple de la Révolution française de 1789 donne aux Italiens l'espoir de mettre fin à ce régime “féodal”.

Les conquêtes napoléoniennes inaugurent une ère nouvelle. Ce sont ses brillantes victoires en Italie sur les troupes autrichiennes et leurs alliés (comme le royaume de Piémont-Sardaigne) qui rendent célèbre **Napoléon Bonaparte**, alors simple général dans les armées de la jeune république française. La France avait déjà annexé la Savoie en 1793. Après une première campagne en 1796, Bonaparte s'entend avec les libéraux italiens pour créer des républiques dans tout le pays, sur le modèle des institutions françaises du Directoire. Ainsi sont fondées les **républiques** Romaine, Ligurienne (Gênes), Cisalpine (autour de la Lombardie, de la Romagne, de Modène et de Ferrare) et Parthénopéenne (à Naples). Napoléon, qui se prend de plus en plus pour Jules César, gouverne déjà la France en tant que Premier consul quand il entreprend la seconde campagne d'Italie, également victorieuse. Devenu empereur des Français en 1804, il va dès l'année suivante se faire proclamer **roi d'Italie** à Milan. On imagine la déception des républicains italiens qui l'avaient soutenu. Les patriotes auraient pu essayer de se consoler en estimant que l'Italie était désormais unie sous une seule autorité. Mais, dans les faits, certaines régions deviennent des **départements français** (Piémont, République ligurienne, Etats de l'Eglise) tandis que d'autres sont transformées en **principautés fantoches** dirigées par des proches de Napoléon (comme le royaume de Naples, confié à son frère Joseph puis à son beau-frère Murat, ou le grand-duché de Toscane dirigé par sa sœur Elisa). Rapidement, cette domination exacerbe les rancœurs à l'égard de la France et stimule le patriotisme italien. La chute de Napoléon, en 1815, n'arrangera pourtant pas la situation. Le **congrès de Vienne** redécoupe en effet l'Italie en accordant à l'Autriche un pouvoir accru sur le nord de la péninsule. Les Bourbons sont de retour à Naples (royaume des Deux-Siciles), les Etats pontificaux couvrent un territoire non négligeable, Parme est érigée en duché autonome et on crée un royaume de Piémont-Sardaigne incluant l'ancienne république de Gênes : l'Italie est plus divisée que jamais, et soumise au pouvoir des princes.

DES NOMS DE RUES TRÈS RÉPANDUS En Italie comme en France, certains noms de rues se retrouvent très fréquemment. Voici quelques éclaircissements pour briller auprès de vos compagnons de route.

Amerigo Vespucci (1454-1512). Navigateur italien au service de l'Espagne et du Portugal, il entreprit quatre expéditions dans le Nouveau Monde. Son prénom, Amerigo, est à l'origine du nom Amérique.

Cavour (1810-1861). Homme d'Etat piémontais, Camillo Bruno, comte de Cavour, a toujours été partisan d'une Italie unifiée autour d'une monarchie. Il meurt en 1861 alors que la question de Rome n'est pas encore réglée.

Garibaldi (1807-1882). Homme politique italien né à Nice, Giuseppe Garibaldi est une des figures emblématiques de l'unité italienne. A la tête des Chemises rouges, il organise un débarquement en Sicile et la reconquête du sud de l'Italie au profit de Victor-Emmanuel II, malgré son désir d'instaurer une république italienne.

Mazzini (1805-1872). Patriote et révolutionnaire italien, Giuseppe Mazzini est le fondateur du mouvement Jeune Italie et l'un des soutiens du Risorgimento. Il désirait libérer et unifier l'Italie pour en faire une république.

XX Settembre. Rome, territoire pontifical jusqu'en 1870, était défendue par la France de Napoléon III. A la suite de la guerre contre l'Allemagne, Paris retire son régiment. Le 20 septembre 1870, les Romains se lancent à l'assaut des troupes du pape. Le 1er août 1871, Rome devient officiellement la capitale de l'Italie.

XXV Aprile. Le 25 avril 1945, l'Italie est entièrement libérée. Les troupes alliées avaient débarqué en Sicile en 1943.

Vittorio Emanuele II (1820-1878). Victor-Emmanuel II, roi de Piémont-Sardaigne (1849-1861) puis roi d'Italie (1861-1878), eut pour ministre Cavour.

Vittorio Veneto. Cette ville de Vénétie, au nord-est de l'Italie, vit la victoire des troupes italiennes sur l'Autriche (29 octobre 1918). Elle symbolise pour l'Italie la fin de la Première Guerre mondiale.

LA NAISSANCE DE LA NATION ITALIENNE (1815-1946)

LE RISORGIMENTO

Le découragement des **libéraux** est de courte durée. Dès les années 1820, ils constituent des sociétés secrètes afin de lutter contre les monarchies autoritaires. La plus connue d'entre elles, le mouvement des *carbonari* ("charbonniers"), existait déjà : elle s'était formée pour chasser les Français du royaume de Naples. Désormais, le **carbonarisme** vise à imposer aux Bourbons l'instauration d'un régime parlementaire. Les *carbonari* sont à l'origine de plusieurs soulèvements, dont celui de Naples en 1820 et celui du Piémont l'année suivante. En général, les princes réussissent à se maintenir avec l'aide des troupes autrichiennes.

Au cours des décennies suivantes, la simple aspiration à la démocratie se transforme en un vaste mouvement en faveur de l'unité de la nation italienne. L'**unité italienne**, c'est un rêve comme seul le XIXe siècle romantique pouvait en produire, car, pour trouver trace d'une Italie véritablement unie, il fallait remonter à l'Empire romain. Sans doute est-ce pour cela que cette lutte pour l'unification et l'indépendance est connue comme le **Risorgimento**, c'est-à-dire la *résurrection*. Plusieurs personnalités vont marquer cette période, et en premier lieu **Giuseppe Mazzini**, l'idéologue du mouvement, qui formule durant son exil en France l'idée d'une république italienne unitaire. Cette idée sera défendue les armes à la main par le célèbre **Garibaldi**, le chef militaire des Chemises rouges. La république proclamée à Rome par Garibaldi et Mazzini après l'insurrection de 1848 (une année connue dans presque toute l'Europe comme le "printemps des peuples") ne survivra cependant pas à la série de défaites que les troupes autrichiennes infligent aux patriotes italiens. Il en résulte que les deux autres grands hommes du Risorgimento ne seront pas des républicains. C'est en effet à la détermination de **Victor-Emmanuel II** (le souverain libéral du royaume du Piémont) et surtout au génie politique de son Premier ministre, **Cavour**, que l'on doit véritablement la naissance de la nation italienne.

En 1861, Victor-Emmanuel II se fait proclamer **roi d'Italie**, profitant des victoires (Magenta, Solferino) remportées en Lombardie sur les Autrichiens grâce au soutien actif de la France de Napoléon III, ainsi que du succès de l'**expédition des Mille**, menée par Garibaldi afin de chasser les Bourbons de Sicile et de Naples. Bientôt, les seuls territoires à échapper au jeune royaume sont la **Vénétie**, qui reste autrichienne, et **Rome**, où le pouvoir temporel du pape est soutenu par les troupes françaises. Napoléon III se fait d'ailleurs payer assez cher l'aide apportée aux patriotes italiens en annexant **Nice** et la **Savoie** à la France. La Vénétie est évacuée par les Autrichiens en 1866. Enfin, la chute de Napoléon III en 1870 permet à l'armée italienne de s'emparer de **Rome** qui devient la capitale de l'Italie réunifiée.

GUERRES ET FASCISME

Une fois retombée l'euphorie de l'unification, les différences séculaires entre les régions refont surface. Le **Nord** se montre soucieux de protéger sa relative prospérité face à la stagnation économique du **Sud** agricole. Les cités du centre craignent de devoir trop déléguer au pouvoir central. Quant au pape, dont les Etats ont été annexés par le nouveau royaume, il interdit aux catholiques de participer à la vie politique italienne sous peine d'excommunication.

Au tournant du XXe siècle, les gouvernements italiens tentent de faire oublier la misère et l'**agitation sociale** au moyen d'une politique coloniale coûteuse dont le seul résultat concret sera l'annexion de la **Libye** en 1912. L'Italie entre dans la **Première Guerre mondiale** aux côtés des Alliés en 1915, escomptant obtenir les territoires adriatiques de l'Empire austro-hongrois en cas de victoire. Mais, lors du redécoupage de l'Europe qui suit la victoire de 1918, les Italiens s'estimeront lésés par le traité de Versailles.

Cette déception des Italiens au lendemain de la guerre, ajoutée à la crise économique, fait le lit du fascisme. Celui-ci promet en effet ordre, grandeur nationale et prospérité. En 1922, la marche sur Rome des milices fascistes (les Chemises noires) installe **Benito Mussolini** à la tête du gouvernement. Rapidement, il élimine les opposants et établit un régime totalitaire. La comédie de la "nouvelle Rome" commence.

Pour commencer, se dit Mussolini, il faut à l'Italie un empire digne de ce nom. Après avoir parfait la conquête, déjà acquise, de la Libye et réaffirmé la domination italienne sur la Somalie, le Duce ("le Guide") lance en 1935 ses troupes contre l'**Ethiopie** (pays indépendant et membre de la Société des Nations). Malgré le silence des démocraties occidentales et en dépit de leur armement moderne et de leurs blindés, les Italiens ont toutes les peines du monde à venir à bout des cavaliers éthiopiens. Même après la fuite de Hailé Sélassié, le Négus, d'importants foyers de résistance subsistent. Mais Mussolini réussit néanmoins à offrir en 1936 au roi Victor-Emmanuel III le titre d'empereur d'Ethiopie sans paraître trop ridicule.

Au moment où éclate la **Seconde Guerre mondiale**, le Duce doute probablement de l'efficacité de sa glorieuse armée. Alors qu'il est officiellement l'allié de Hitler depuis 1937, il ne déclare en effet la guerre à la **France** que le 10 juin 1940. L'année précédente, Mussolini avait décidé l'invasion de l'**Albanie** dans le but d'envahir la **Grèce** plus tard. Mais ses régiments n'ont pas l'efficacité des légions romaines et il lui faudra attendre l'aide des panzers allemands pour venir à bout de la Grèce. Si l'invasion de la Somalie britannique réussit (les Anglais ne la défendent pas), celle de l'**Egypte**, à partir de la Libye, tourne au désastre et l'Allemagne doit, une fois de plus, voler au secours de son encombrant allié.

Ces échecs militaires affaiblissent le régime. En 1943, le **débarquement allié en Sicile** précipite la chute de Mussolini, renié par le roi et même par le Grand Conseil fasciste. Emprisonné, le Duce est libéré par des parachutistes allemands et placé par Hitler à la tête de l'éphémère **République de Salo**, près du lac de Garde. L'armée allemande occupe toute la partie nord de l'Italie, Rome comprise, et le pays devient un champ de bataille où règnent la terreur, la misère et la destruction. Mussolini sera finalement capturé et exécuté par la population en avril 1945. L'Italie, libérée mais ruinée, **rejette la monarchie** par référendum en 1946.

L'ITALIE CONTEMPORAINE (DE 1948 À NOS JOURS)

L'APRÈS-GUERRE

La Constitution adoptée en 1948, proche des institutions françaises de la IVe République, cherche à éviter le retour à la dictature. Elle instaure un système caractérisé par un exécutif faible, un législatif puissant et une large autonomie accordée à 20 régions. Un président de la République est à la tête de l'Etat. Disposant de peu de pouvoir, il est élu pour sept ans par un collège électoral. Le Parlement, bicaméral (un sénat et une chambre des députés), contrôle le gouvernement, dirigé par un président du Conseil. Dès les premières élections, la **Démocratie chrétienne** d'Alcide de Gasperi s'installe durablement au pouvoir ; elle est alliée aux partis modérés et fait face à un puissant parti communiste. Mais les faiblesses intrinsèques du régime génèrent une grave **instabilité gouvernementale**, sans véritable alternance politique. Les coalitions se font et se défont, mais les mêmes hommes et les mêmes partis restent au pouvoir. Depuis 1948, l'Italie a connu plus de 50 gouvernements différents.

C'est pourtant au cours de cette période que le pays, après une rapide reconstruction, entre dans l'ère industrielle. Membre fondateur de la Communauté européenne, elle connaît une progression fulgurante. C'est aujourd'hui la sixième puissance économique du monde. Mais l'écart entre les provinces industrialisées du Nord, en prise directe avec l'Europe, et les régions agricoles du Sud (le *Mezzogiorno*), qui appartiennent davantage au monde méditerranéen, reste criant.

DES ANNÉES DE PLOMB AU "MIRACLE À L'ITALIENNE"

Dans les années 1970, l'Italie est confrontée à des crises politiques. L'*autunno caldo* (l'automne chaud) de 1969, marqué par les grèves, les manifestations et les émeutes, fait suite aux événements de 1968 et annonce les troubles de 1970, auxquels le gouvernement se montrera dans l'incapacité de répondre. Les politiques tentent bien de réagir en intégrant le puissant Parti communiste au sein du système constitutionnel, mais le "compromis historique" de 1973 entre communistes et démocrates-chrétiens ne parvient pas à calmer les esprits. Commence alors le temps du terrorisme, dont l'enlèvement et l'assassinat de l'ancien Premier ministre démocrate-chrétien **Aldo Moro** par les **Brigades rouges**, en 1978, constituera le point d'orgue. A cette terreur d'extrême gauche fait écho une terreur d'extrême droite, comme en témoigne l'attentat de la gare de Bologne en 1980.

La crise politique liée à la **Mafia** et à la **corruption** qui marque la fin des années 1980 est plus profonde. Les chefs de cette nébuleuse organisation contrôlent toujours en sous-main l'économie et la politique, souvent bien au-delà de la Sicile. Avec son emprise sur le marché noir, la *Cosa Nostra* de Naples était devenue après guerre l'un des piliers de l'économie italienne. Elle réapparaîtra à la suite du terrible tremblement de terre de 1980. La Mafia d'aujourd'hui, qui conjugue drogue et violence, n'inspire plus que crainte et amertume à la population italienne. En 1982, le Parlement promulgue une loi anti-Mafia sans précédent, suivie par les maxiprocès de Palerme.

Le chaos de la vie politique italienne désole jusqu'à ses dirigeants. En mars 1983, le socialiste **Bettino Craxi**, allié à la Démocratie chrétienne, devient président du Conseil pour plus de trois ans (inculpé pour corruption, il se réfugie en Tunisie mais sera condamné par contumace à huit ans et demi de prison en 1994). Le jeu des chaises musicales, au sein de coalitions à dominante démocrate-chrétienne, reprend en 1987. Il s'accélère en 1992 avec la démission du président du Conseil **Giulio Andreotti** et l'annonce du départ en retraite du président de la République **Francesco Cossiga**. Au quinzième tour, **Oscar Luigi Scalfaro** est élu président de la République.

Ce lent et pénible processus de moralisation du système politique (le "*Tangentopoli*", la ville des pots-de-vin) aboutit à une crise majeure qui dévoile l'implication de 2600 hommes politiques dans des scandales divers. Au cours de l'opération appelée *Mani pulite* (mains propres), la justice italienne enquête dans la douleur : un attentat à la bombe détruit le musée des Offices de Florence, une dizaine de personnalités de premier plan se suicident et des représailles sanglantes sont perpétrées par la Mafia à l'encontre des juges, notamment le plus célèbre, le juge **Falcone**.

Le discrédit de la Démocratie chrétienne et de ses anciens alliés se traduit par une profonde recomposition politique. En 1994, après une campagne électorale quelque peu démagogique, **Silvio Berlusconi**, magnat de la télévision à paillettes et propriétaire des supermarchés STANDA, devient chef du gouvernement. Il est à la tête d'une coalition de droite, l'**Alleanza per la Libertà**, qui regroupe trois partis : le sien propre, **Forza Italia** (qui prétend se situer au centre de l'échiquier politique), la **Ligue lombarde du Nord** (populiste et fédéraliste) et le parti post-fasciste **Alleanza Nazionale**. Le 22 novembre 1994, alors qu'il préside à Naples une conférence mondiale des Nations Unies contre la criminalité, celui qui est alors Premier ministre depuis sept mois reçoit une convocation à comparaître devant le tribunal. Celle-ci porte sur le versement supposé, à trois fonctionnaires du fisc, de pots-de-vin d'un montant de 200 000 € destinés à éviter des contrôles fiscaux à son empire Fininvest. La coalition finit par imploser. En janvier 1995, l'économiste **Lamberto Dini** est nommé à la tête d'un gouvernement formé de techniciens et chargé de mener à bien les affaires courantes. Après une tentative avortée de réformer les institutions, le président Scalfaro dissout les chambres début 1996.

Le 21 avril 1996, la coalition de gauche de l'**Olivier** remporte les élections, marquant la première véritable alternance depuis 1946. Conduit par l'économiste **Romano Prodi**, l'Olivier rassemble les anciens communistes modernistes du **PDS** et des éléments de la gauche modérée, ainsi que les communistes de Rifondazione Comunista. A droite, la Ligue du Nord d'Umberto Bossi et le parti de Silvio Berlusconi, Forza Italia, maintiennent de bons résultats, tandis que la Démocratie chrétienne, scindée en plusieurs petits mouvements, est marginalisée.

En octobre 1997, coup de théâtre : devant le refus des communistes de s'intégrer au système de la monnaie unique, Romano Prodi se démet et place ainsi son poste et l'avenir du pays dans la balance politique. Après un accord historique avec les membres de sa coalition, il revient au pouvoir pour ancrer durablement l'Italie dans l'Union Européenne. Prodi parvient à réduire le déficit public et à convaincre les autres membres de l'Union que l'Italie est devenue un partenaire fiable. On commence à parler de "miracle à l'italienne".

UN NOUVEAU MILLÉNAIRE POUR L'ITALIE

Si l'accession de Romano Prodi à la présidence du Conseil a paru représenter pour l'Italie le retour à une certaine stabilité, son gouvernement a néanmoins fini par tomber en octobre 1998. Les députés ont en effet refusé de lui renouveler leur confiance, par 313 voix… contre 312 ! C'est le chef du parti Rifondazione, déjà à l'origine de la crise de 1997, qui a orchestré la chute de Prodi. Mais, en Italie, on trouve non seulement des néocommunistes comme ceux de Rifondazione, mais aussi, rappelons-le, "d'anciens communistes". C'est l'un d'eux, **Massimo d'Alema** (PDS), qui est chargé par le président de la République **Carlo Azeglio Ciampi**, de former un nouveau gouvernement : on y trouve à la fois des ex-communistes, un socialiste, une écologiste, des centristes plus ou moins de droite, des démocrates-chrétiens et une communiste non encore officiellement repentie. Massimo d'Alema affirme son intention de poursuivre la voie tracée par Prodi. Il gouverne au centre, même si certaines de ses mesures, comme la régularisation, décidée début 1999, de 250 000 **sans-papiers**, ont choqué la droite. C'est aussi le premier vétéran du Parti communiste italien à avoir obtenu une audience du pape. L'entrée de l'Italie dans la **zone euro** dès le 1er janvier 1999 (au sein de la "première vague") lui inspire une fierté non dissimulée.

Après un succès éclair, Massimo d'Alema se retire en mai 2000 en faveur de son ancien ministre des Finances, **Giuliano Amato**. Ce dernier, le fameux "Docteur Habile", est réputé pour sa facilité à relever les points délicats d'un discours et pour sa chasse aux dépenses abusives. Il est d'ailleurs à l'origine (avec Carlo Azeglio Ciampi et Massimo d'Alema) des réformes budgétaires de 1999. Sa campagne anti-graffitis a, en revanche, complètement échoué. En effet, lors de sa prise de fonction, les maîtres-tagueurs italiens ont placardé des "pourquoi moi ?" dans toute la *bella Italia*. En ce qui concerne le surnom d'Amato, peut-être vient-il du fait qu'il a toujours su éviter les scandales. Il est en effet un des rares hommes politiques à ne pas avoir été éclaboussés par les affaires de corruption des années 1990. Mais toute l'habileté politique et l'honnêteté de celui qui est alors à la tête d'une coalition de 12 partis politiques, le 58e gouvernement italien depuis la Seconde Guerre mondiale, ne parviendra pas à le sauver de l'espèce de malédiction qui semble condamner l'Italie à l'instabilité politique.

Silvio Berlusconi, lui, a pourtant réussi, tout en étant accusé de corruption, à se faire réélire Premier ministre. Le 13 mai 2001 marque en effet son retour à la présidence du Conseil. Le plus célèbre des entrepreneurs italiens, forcé de démissionner en 1994 à cause d'une affaire de corruption, a effectivement été innocenté par la cour de cassation le 19 octobre 2000 et réélu sept mois plus tard. Si quelques interrogations subsistent, renforcées par le fait qu'il se soit empressé de faire voter une loi dépénalisant le crime de falsification de bilan, le gouvernement de centre-droit est jugé positivement par 60 % des Italiens. Silvio Berlusconi, selon un sondage paru en novembre 2001, bénéficie quant à lui du soutien de 70 % de ses concitoyens, niveau jamais atteint par un Premier ministre en Italie. L'Union Européenne, quant à elle, affecte de s'inquiéter de certains de ses choix politiques, reprochant par exemple à son gouvernement d'être à la traîne dans la lutte contre le blanchiment de l'argent sale et de n'être pas assez européen… Beaucoup ont par ailleurs voulu, à tort ou à raison, lui faire porter l'essentiel de la responsabilité de l'escalade de la violence lors du sommet du G8 à Gênes, en juillet 2001, qui a coûté la vie à un manifestant.

Sur le plan intérieur, la lutte contre le travail au noir, qui concerne surtout les petites entreprises et les régions du Mezzogiorno, a été une des priorités du début du mandat de Berlusconi. La loi de régularisation votée peu après le changement de gouvernement par le Parlement permet à la fois de surveiller les entreprises et les travailleurs en situation irrégulière, tout en renflouant les caisses de la Sécurité sociale italienne (l'INPS). Les pertes liées à l'évasion des contributions sociales se chiffrent en effet à environ 550 millions d'euros par an en Italie. Dans les prévisions du gouvernement, la mesure devrait permettre d'augmenter les recettes de l'INPS d'au moins un tiers.

Beaucoup pensent qu'une **réforme électorale** est aujourd'hui nécessaire en Italie mais les vrais changements risquent bien de se faire encore attendre. En effet, si le système politique italien laisse à Silvio Berlusconi une faible marge de manœuvre sur le plan politique, il n'en demeure pas moins attaché à un système favorable à long terme à un homme qui, comme lui, jouit d'un grand pouvoir économique et médiatique (il possède plusieurs groupes de distribution et trois chaînes de télévision), système qui lui a permis de revenir sur le devant de la scène.

ET, AU FAIT, COMMENT ÉLIT-ON UN PAPE ?

A l'origine du christianisme, les évêques et les papes étaient élus par l'assemblée des fidèles. En 1059, le **pape Nicolas II** décide que cette tâche incombera désormais aux cardinaux et que l'élection sera ensuite ratifiée par le clergé et le peuple. En 1179, le concile du Latran supprime ce principe de ratification. Dès lors, seule l'assemblée de cardinaux a le pouvoir d'élire le pape. Mais le concile n'a fixé ni la forme ni la durée de ce collège électoral (ou Sacré Collège). Or, en 1268, après la mort de Clément IV, les cardinaux, réunis à Viterbe, vont mettre plus de deux ans à élire un nouveau pape. Le seigneur de la ville est finalement obligé d'enfermer les cardinaux dans son palais pour les pousser à prendre une décision. A la suite de cette expérience douloureuse, le pape **Grégoire X** nouvellement élu va édicter de véritables règles de fonctionnement pour le Sacré Collège : des cellules séparées, une salle de délibération commune, des fenêtres extérieures murées. Complété en 1272, ce règlement prévoira même que, si les cardinaux n'ont pas pris leur décision après trois jours de claustration, on leur servira un plat par jour pendant cinq jours comme seul repas, puis uniquement du pain, du vin et de l'eau jusqu'à l'élection du souverain pontife. **Aujourd'hui**, la durée du conclave (réunion du Sacré Collège) n'est plus limitée et les cardinaux se réunissent dans la chapelle Sixtine. La foule qui se presse aux alentours est avertie qu'un pape a été élu lorsqu'une fumée blanche s'échappe de la cheminée de la chapelle. Le doyen des cardinaux apparaît alors au balcon de la cathédrale Saint-Pierre et prononce ces mots rituels : "*Annuntio vobis gaudiam magnam : habemus papam*" ("Je vous annonce une grands joie, nous avons un pape"). Depuis quelques années, la majorité des cardinaux du Sacré Collège n'appartiennent plus au continent européen, ce qui donnera un **caractère exceptionnel** à la l'élection du prochain pape.

CHRONOLOGIE

L'ANTIQUITÉ

AVANT J.-C.

Env. 900 : Les Etrusques s'installent dans le centre de l'Italie.
De 750 à 500 : Fondation de colonies grecques dans le sud de la péninsule et en Sicile.
753 : Date coutumière de la **fondation de Rome** par Romulus.
753-510 : La Rome royale.
509 : Début de la République romaine.
264-146 : Guerres Puniques (Rome contre Carthage).
106-43 : *Cicéron.*
146 : Carthage est vaincue et rasée.
91-88 : Guerre sociale.
73 : Révolte des esclaves menée par Spartacus.
70-19 : *Virgile.*
60 : Premier triumvirat (Pompée, Crassus et César).
58-52 : Conquête de la Gaule par César.
52 : Reddition de Vercingétorix.
44 : **Jules César est assassiné.**

43 : Second triumvirat (Antoine, Lépide et Octave).
27 : Octave, neveu de César, devient empereur avec le titre d'Auguste. Il met fin à la République romaine. Début de la Pax Romana.

APRÈS J.-C.

54-68 : Règne de Néron et incendie de Rome (64).
96-192 : Dynastie des Antonins, dont Trajan (98-117), Hadrien (117-138) et Marc Aurèle (161-180).
285 : Dioclétien instaure la tétrarchie et persécute les chrétiens.
313 : **Constantin autorise la liberté de culte.**
324 : Constantinople, capitale de l'Empire.
410 : Prise de Rome par les Wisigoths.
476 : Odoacre renverse le dernier empereur romain d'Occident, Romulus Augustule.

LE MOYEN ÂGE

568 : Invasion de l'Italie du Nord par les Lombards.
756 : Pépin le Bref protège le pape et lui accorde des villes qui vont former le noyau des Etats pontificaux.
800 : Charlemagne est couronné à Rome empereur d'Occident.
962 : Othon Ier est sacré empereur à la tête du Saint Empire romain germanique. Début des rivalités entre le pape et l'empereur.
Xe-XIIIe s. : L'Italie s'éparpille en cités-Etats et fiefs rivaux. Lutte des guelfes contre les gibelins (partisans et adversaires du pape).

LA RENAISSANCE

1314-1321 : *Dante écrit* la Divine Comédie.
1348-1349 : Ravages de la peste noire.
1449-1492 : Laurent le Magnifique à Florence.
1452-1519 : *Léonard de Vinci.*
1464-1533 : *Michel-Ange Buonarroti.*
1483-1520 : *Raffaello Sanzio, dit Raphaël.*
1494 : Début des guerres d'Italie. Trois rois français y participeront (Charles VIII, Louis XII et François Ier).
1498 : Savonarole est torturé, pendu et brûlé par les Florentins.
1515 : Bataille de Marignan.
1559 : Traité du Cateau-Cambrésis. La France cède ses conquêtes d'Italie aux Habsbourg.

LA DOMINATION ÉTRANGÈRE

1559-1713 : Domination espagnole.
1796-1797 : Campagne d'Italie menée par Bonaparte. Victoires d'Arcole et de Rivoli.
1798 : République parthénopéenne de Naples. Bonaparte réussit à unifier l'Italie du Nord.
1801 : Bonaparte devient président de la République cisalpine.
1805 : Napoléon est couronné roi d'Italie à Milan, puis annexe le nord et le centre du pays à l'Empire.
1815 : Congrès de Vienne. L'Autriche reçoit Venise et la Lombardie.

LA NAISSANCE DE LA NATION ITALIENNE

1813-1901 : *Giuseppe Verdi.*
1831 : Mazzini fonde le mouvement Jeune Italie.

HISTOIRE ET SOCIÉTÉ

1859 :	**Victoires des troupes piémontaises et françaises à Magenta et à Solferino contre l'Autriche.**
1860 :	Débarquement des Chemises rouges de Garibaldi en Sicile.
1861 :	**Victor-Emmanuel II** roi d'Italie.
1870 :	Rome capitale de l'Italie après l'évacuation des troupes françaises. L'unification est achevée.
1906-1976 :	*Luchino Visconti.*
1915-1918 :	L'Italie en guerre aux côtés des Alliés. Victoire de Vittorio Veneto. Armistice signé avec l'Autriche.
1921 :	Création du Parti national fasciste et du Parti communiste italien.
1922 :	**Mussolini** arrive au pouvoir.
1929 :	Signature des accords du Latran entre le Vatican et l'Italie.
1934 :	L'**équipe de football italienne** remporte la **Coupe du monde** de football.
1938 :	L'équipe de football italienne... bis.
1940 :	L'Italie alliée à l'Allemagne nazie.
1943 :	République de Salo.
1945 :	Mort de Mussolini, libération de l'Italie et fin de la guerre.
1946 :	Référendum établissant la République italienne.

L'ITALIE CONTEMPORAINE

1948 :	Nouvelle Constitution.
1957 :	L'Italie est membre fondateur de la **Communauté européenne**.
1958 :	L'équipe de football italienne ne participe pas à la Coupe du monde pour la seule et unique fois de son histoire.
1959-1963 :	Le "miracle économique" italien.
1968-1970 :	Période agitée. Grèves, "automne chaud" et fondation des Brigades rouges.
1978 :	Enlèvement et assassinat de l'ancien Premier ministre **Aldo Moro**. Election de Jean-Paul II.
1982 :	Lois anti-Mafia. L'équipe de football italienne : et de trois !
1983-1987 :	**Bettino Craxi** premier socialiste à devenir président du Conseil.
1993 :	Opération *Mani pulite* (mains propres), destinée à traquer la corruption.
1994 :	**Silvio Berlusconi** président du Conseil.
1995 :	Lamberto Dini président du Conseil.
1996 :	La coalition de l'Olivier, menée par le PDS, ex-PCI, remporte les élections législatives. **Romano Prodi** président du Conseil.
1997 :	En octobre, Romano Prodi se démet face au refus de Rifondazione Comunista, allié politique du PDS, d'accepter la monnaie unique. Il revient au pouvoir après la volte-face des communistes.
1999 :	L'Italie entre dans la zone euro, à la grande satisfaction du nouveau président du Conseil, **Massimo d'Alema**.
2000 :	**Giuliano Amato** président du Conseil
2001 :	**Silvio Berlusconi** président du Conseil.

MYTHOLOGIE

LES ORIGINES DES DIEUX GRÉCO-ROMAINS

C'est principalement grâce à **Ovide** que l'on connaît la mythologie romaine, qui reproduit plus ou moins fidèlement les mythes grecs.

Les Romains considèrent que l'univers a été créé le jour où **Gaïa**, déesse de la Terre, engendra **Uranus**, dieu du Ciel. La mythologie situe en effet autour de cet acte la séparation d'avec **Chaos**, empire des ténèbres et du désordre universel. De l'union de Gaïa et d'Uranus naissent les **Titans** et les Titanides, les **Cyclopes** et les

Hécatonchires. Uranus avait interdit à Gaïa d'enfanter de nouveaux sympathiques petits monstres. Excédée de voir tous ses rejetons jetés les uns après les autres dans le Tartare, la plus lointaine et la plus hostile des régions qui composent les Enfers, Gaïa donne à **Saturne**, le plus jeune des Titans, une faucille afin qu'il tranche les testicules de son père. Débarrassé de son géniteur, Saturne gouverne alors un monde tranquille et serein : c'est l'**Age d'or**, durant lequel règne un éternel été et où la terre produit en abondance sans qu'il y ait besoin de la cultiver. Les Titans se partagent la maîtrise de la terre, des Enfers, de la mer et du ciel.

Tout se gâte avec le mariage de Saturne avec sa sœur **Rhéa**. Par peur de subir le sort qu'il infligea à son père, il décide de manger ses enfants afin de les empêcher de le renverser. Les cinq premiers enfants sont avalés rapidement, mais Rhéa, très avisée, cache **Jupiter**, son sixième enfant, et lui substitue une pierre enveloppée de langes. Saturne est trompé par le subterfuge et Jupiter envoyé sur une île, où il sera élevé par une chèvre, **Amalthée**, et entouré par les nymphes. Devenu adulte, il s'allie avec les Cyclopes et les Hécatonchires (qu'il délivre des Enfers) contre son père et les Titans. Grâce à la foudre des Cyclopes, il renverse Saturne et lui fait vomir ses frères et sœurs avec qui il partage son nouveau pouvoir.

HISTOIRE ET SOCIÉTÉ

QUELQUES DIEUX DE LA MYTHOLOGIE ROMAINE

Le panthéon romain s'inspire de celui des Grecs et chaque dieu est doté d'attributs distinctifs (objets ou animaux). Afin de mieux interpréter les vestiges de la Rome antique ou les tableaux des grands maîtres classiques, voici un inventaire des principaux dieux.

Jupiter, dieu parmi les dieux, figure du père, détient la foudre (son arme), possède un sceptre qui représente son autorité et est souvent accompagné d'un aigle. Homme d'âge mûr, il porte souvent une longue et grande barbe. Jupiter est assimilé à Zeus, en tant que dieu suprême et figure principale du panthéon romain. Les Romains le nomment d'ailleurs *Optimus Maximus* (le très bon et très grand). Romulus lui aurait consacré un temple après sa victoire sur les Sabins. Chaque consul et chaque empereur viendront lui rendre des hommages et un culte particuliers.

Junon, sa femme et sa sœur, protectrice du mariage, est accompagnée d'un paon et porte une grenade, symbole de féminité. Son équivalent grec est Héra. Toujours jalouse des infidélités de Jupiter, elle s'ingénie à punir les maîtresses et les enfants illégitimes de son mari. Comme elle est son double féminin, elle détient au même titre que lui la souveraineté du monde.

Neptune, dieu des océans et frère de Jupiter, est représenté avec son trident d'où jaillit sa puissance. Il dirige un quadrige de chevaux ou de tritons. Equivalent du Poséidon grec, les Romains lui consacrent une fête le 23 juillet. C'est le dieu de l'humidité et des eaux douces. Un temple lui est dédié sur le Tibre.

Pluton, dieu des ténèbres et des Enfers, possède un sceptre à l'instar de son frère Jupiter. Il dispose d'un casque qui le rend invisible. A son service, le chien Cerbère, trois fois plus méchant qu'un pitbull mais sensible aux gâteaux, garde l'entrée des Enfers. Comme Hadès, son *alter ego* grec, il est le plus craint des dieux, mais gouverne également la fertilité du sous-sol.

Vesta est la première-née des amours de Saturne et de Rhéa. Cette déesse (Hestia chez les Grecs), dont l'attribut est la virginité, gouverne la civilisation humaine. Un culte lui est rendu par les vestales, jeunes filles dont la virginité est un privilège et une garantie de l'ordre sacré.

Cérès, déesse des moissons et du blé, possède une faucille et porte une gerbe de blé. Les Romains ont assimilé cette très ancienne divinité du Latium à la déesse grecque Déméter. Elle est la sœur des cinq dieux qui précèdent.

Mars, le dieu de la guerre et des combats, de la jeunesse, du printemps et de la végétation, porte un casque et des armes (glaive et javelot). Il correspond au dieu grec Arès. C'est un des plus anciens dieux de la péninsule. On ne compte plus les champs de Mars établis dans tout l'Empire romain. Il est le fils de Jupiter et de Junon et le père de Romulus et Remus, les fondateurs de Rome (voir encadré **Aux origines de Rome**). Il arrive à Vénus de le préférer à son mari Vulcain.

Vulcain, le forgeron, dieu du feu et de l'habileté manuelle, ne se sépare ni de son enclume ni de son marteau. Fils de Jupiter et de Junon, il est malheureusement fort laid, et boiteux de surcroît. Ce qui ne l'empêche pas de séduire les femmes et d'avoir Vénus pour épouse. Il est le dieu des forgerons et de ceux qui travaillent le métal.

Apollon, aussi appelé Phœbus (le brillant) par les Romains, dieu du soleil et des beaux-arts, porte une lyre et un arc. Fils de Jupiter et de Latone (une Titane) et frère jumeau de Diane, Apollon réunit tous les avantages d'un dieu, ce qui pourrait en faire le plus puissant. Il associe la beauté, la jeunesse et l'intelligence et est à la fois musicien et poète, orgueilleux et omniscient. Auguste, premier empereur romain, le choisit comme dieu protecteur, s'institua son descendant et lui attribua sa victoire à la bataille d'Actium.

Diane, déesse de la chasse, a la tête ceinte d'un croissant de lune (son frère Apollon étant le dieu du soleil) et ne se sépare jamais de son arc ni de ses flèches dont la pointe a été forgée par Vulcain. Elle a également reçu des chiens extrêmement rapides et capables de renverser des lions. Une biche est souvent représentée à ses côtés : c'est son gibier favori. A Rome, un temple lui est consacré sur la colline de l'Aventin. Auguste lui accordera une place aux côtés d'Apollon : les jumeaux seront ainsi les deux protecteurs de la capitale de l'Empire.

Minerve, la déesse de la sagesse, de l'intelligence et de l'habileté, est toujours accompagnée d'une chouette. Elle possède un bouclier (l'égide). Fille de Jupiter, il a fallu à Vulcain fendre le crâne du dieu des dieux pour que Minerve pût en jaillir tout armée. Déesse étrusque assimilée à Athéna, Minerve a sa fête le 19 mars. C'est la patronne des artisans.

Vénus, déesse de l'amour et de la beauté, tient une colombe. Est-elle fille de Jupiter ou d'Uranus ? Nul ne le sait précisément. En tout cas, elle est sortie des eaux. A Rome, avant l'Aphrodite grecque, existait une divinité de la nature, des champs et des jardins qui deviendra déesse de la beauté. C'est la mère d'Enée, et donc la protectrice du peuple romain, celle que l'on "vénérait" le plus souvent.

Bacchus, le dieu du vin, est entouré de branches et de feuilles de vigne et accompagné d'une panthère. Né deux fois, il sortira pour sa première naissance de la cuisse de Jupiter, au sens propre du terme. Il est toujours tiraillé entre humanité et divinité. Si Apollon représente le côté optimiste et éclairé des divinités, Bacchus, Dyonisos pour les Grecs, est celui qui fréquente les mortels, les lieux sombres et qui tombe facilement dans l'excès.

Mercure, le messager des dieux, aux pieds ailés, porte le caducée, baguette surmontée de deux courtes ailes et entourée de deux serpents entrelacés, supposés représenter la lutte du bien et du mal. C'est le dieu des voyageurs, des commerçants et des voleurs. Chaussé de ses sandales ailées, il est le messager et l'entremetteur. Egalement inventeur (lyre, flûte), il se sert de ses trouvailles pour faire du troc. Son équivalent grec est Hermès.

LES ARTS PLASTIQUES ET L'ARCHITECTURE

L'ART ÉTRUSQUE

L'histoire de l'art italien commence au VIIIe siècle av. J.-C. avec les **Etrusques**. D'un point de vue culturel et artistique, ces derniers sont fortement liés à l'Asie Mineure ainsi qu'au Proche-Orient. Leurs sculptures, comme leurs peintures murales, sont caractérisées par de grands yeux, d'énigmatiques sourires, ainsi que par un souci très faible du détail anatomique. Les Etrusques sont friands de couleurs vives et de lignes fluides, comme en témoignent les peintures qui recouvrent leurs tombes et leurs statues funéraires. Parmi les **peintures murales** parvenues jusqu'à nous, citons celles exposées à **Tarquinia**. La plus grande partie de l'histoire étrusque est demeurée mystérieuse, car leurs habitations étaient faites de matériaux non durables, tels que la terre et le bois. Ce peuple avait, semble-t-il, une conscience aiguë du caractère éphémère de l'existence humaine. La question de la vie après la mort est en revanche très présente dans la culture étrusque, cet intérêt s'étant traduit par l'édification de nombreuses **nécropoles**. C'est particulièrement clair quand on observe les tombeaux et les sarcophages retrouvés à **Cerveteri**. La divination à partir des entrailles animales joue un rôle prépondérant dans la religion étrusque, ce qui explique probablement le grand nombre de **représentations animales** qu'elle nous a léguées. La plus fameuse est sans aucun doute celle dont Rome fera plus tard son emblème, la *Louve romaine*, que l'on peut voir au musée du Capitole. Le **Museo nazionale etrusco di Villa Giulia** (Musée de la villa Giulia) renferme une collection unique de sculptures et de bijoux étrusques. Les Etrusques entretenaient des relations commerciales avec les Grecs et on a retrouvé chez eux beaucoup de vases peints selon la technique grecque dite de la figure noire et de la figure rouge. Près de 80 % des poteries grecques intactes proviennent d'ailleurs de tombes étrusques.

LES VESTIGES GRECS

Les Grecs, justement, créent dans le sud de l'Italie, dès le VIIIe siècle av. J.-C., des colonies appelées à donner naissance à la **Magna Graecia** (Grande Grèce). Ils édifient un grand nombre de **temples** et d'**amphithéâtres**. Les temples grecs les mieux préservés au monde ne se trouvent pas en Grèce, mais en Sicile. Ces temples constituent pour ainsi dire le rêve de tout professeur d'histoire de l'art (ou le cauchemar de tout étudiant en histoire de l'art), véritables catalogues des éléments constitutifs de l'architecture de l'époque : stéréobates, architraves, triglyphes, métopes, entablements, frises ou corniches. Des exemples remarquables peuvent en être admirés à Paestum, sur le continent, ainsi qu'à Syracuse, Agrigente et Ségeste, en Sicile.

Les colonnes doriques constituent la forme de colonne grecque la plus répandue en Italie. Plus sobre que ses équivalents corinthien et ionique, l'**ordre dorique** est purement fonctionnel. Les Grecs de Sicile seront également très prolifiques en matière de théâtres. D'une capacité atteignant parfois 5000 spectateurs, ces arènes sont alors bien souvent adossées au versant d'une colline. Le **théâtre de Taormine** figure parmi les mieux conservés au monde. L'Italie abrite en outre un nombre impressionnant de copies de statues grecques, réalisées par les Romains (voir ci-après), ainsi que quelques bronzes grecs originaux. Les *bronzes de Riace* que l'on peut aujourd'hui admirer au musée national de Reggio di Calabria ont été tirés des eaux de la mer Ionienne en 1972. Ils forment probablement l'un des plus beaux exemples de l'âge d'or de la sculpture grecque.

L'ART DES VILLES ROMAINES

Pour comprendre l'art romain, qui couvre une période allant de 200 av J.-C. à 350 environ, il faut là encore commencer par s'intéresser à la **Grèce antique**. D'une part, l'art grec s'est développé dans le cadre de la cité : cet aspect urbain caractérise également la civilisation romaine, comme le souligne la place prépondérante qu'y tient l'architecture (les autres arts ayant surtout pour but de décorer les temples, les bâtiments publics ou les places). D'autre part, à travers les échanges culturels et commerciaux, les **Etrusques** intégrèrent à leur art de nombreux éléments grecs que l'on retrouvera plus tard à Rome : colonnes, fresques murales, voûtes ou encore représentations divines similaires. Une des formes caractéristiques de l'art romain reste néanmoins l'**arche**, une innovation que l'on retrouve dans les **aqueducs**, les **ponts** et les **arcs de triomphe**. L'arche a également été utilisée dans la construction des **théâtres** (pour les représentations théâtrales et les réunions politiques) et des **amphithéâtres** ovales (pour les combats de gladiateurs et les manifestations militaires), dont le Colisée de Rome (érigé en 80) est le plus célèbre exemple. Dans le domaine religieux, le **temple** dédié à un dieu ou à un empereur divinisé revêt une apparence proche de celle des sanctuaires étrusques et grecs. La **basilique** (un établissement qui servait à la fois de tribunal et de lieu de négociation pour les commerçants à partir du IIe siècle av. J.-

C.) est une autre forme architecturale dont s'inspireront les premières églises chrétiennes. Quant au **forum**, il reprenait plus ou moins le rôle de l'agora grecque, centre d'échanges, espace administratif et symbole de la cité.

Dans le domaine de l'architecture privée, il existe deux types d'habitation : les **insulae** urbaines, immeubles de rapport occupés par plusieurs familles et dotés de boutiques au rez-de-chaussée, et les **villae**, habitations luxueuses des maîtres dans leur propriété. L'art se trouve alors partout. Il agrémente aussi bien l'intérieur des demeures que les cours ou les boutiques, tandis que les thèmes illustrés vont des divinités en récréation aux paysages boisés imaginaires. La plupart des maisons sont ornées de **peintures murales**. Bien souvent, les demeures de fiers propriétaires sont ornées de fausses portes ou de colonnes en trompe-l'œil destinées à faire paraître l'habitation plus grande qu'elle n'est. Les **mosaïques** constituent un autre support très apprécié, héritage de la période hellénistique. Le motif le plus courant de cette forme d'art est le chien de garde, souvent représenté sur le sol du vestibule accompagné de cette inscription effrayante encore visible à **Pompéi** : *Cave canem* ("Attention au chien"). Les maîtres artisans populariseront ces mosaïques, qu'ils réalisent sur les sols ou parfois les murs des bâtiments, en insérant des *tesserae* (tessères, petits morceaux de pierre ou de verre colorés) joliment taillées à la surface de la peinture. On coule ensuite un lit de ciment entre les cailloux afin de lier le tout. La "mosaïque d'Alexandre" que l'on peut voir au Musée archéologique national de Naples, bien que très endommagée, est sans doute la plus admirable au monde.

La **statuaire** romaine reflète l'engouement de l'époque pour son équivalent grec. Ainsi, beaucoup des sculptures romaines sont des copies en marbre de bronzes grecs. C'est dans le domaine du portrait que la sculpture romaine trouvera un style qui lui soit propre. Les portraits romains datant de la République exhalent ainsi une brutale honnêteté par l'emploi d'une technique consistant à reproduire la topographie du visage des sujets dans le moindre détail, comme dans la fabrication d'une carte géographique, en immortalisant chaque verrue, chaque ride, chaque cicatrice. La sculpture impériale, en revanche, tendra à rendre la distinction entre l'être humain et le dieu assez floue à travers des images puissantes et idéalisées telles que *l'Auguste de Prima Porta* que l'on peut admirer au musée du Vatican. Enfin, le **bas-relief**, en bronze ou en marbre, commémore la plupart du temps les événements historiques liés au règne de tel ou tel empereur. La **colonne Trajane**, à Rome, illustre magnifiquement cet aspect de la sculpture romaine.

Le déclin de l'Empire romain et la montée du christianisme ont été marqués par la recherche de nouvelles formes esthétiques. La basilique romaine, qui était à l'origine un édifice civil, allait devenir un lieu de célébration du nouveau culte. Cette évolution à partir de la tradition gréco-romaine, et dont la **basilique chrétienne** est le symbole, se poursuivra dans le cadre de l'Empire d'Orient (autour de Byzance, sur le territoire de la Turquie actuelle).

En Italie comme dans le reste de l'Europe occidentale, la **chute de Rome** en 476 aura des conséquences culturelles immédiates. Si les royaumes barbares se convertissent les uns après les autres au christianisme, leur installation se traduit en Italie par une désorganisation de la société existante, ainsi que par une éclipse temporaire de la vie urbaine comme de l'activité artistique. Dans ce contexte, l'**Eglise** ne constitue pas seulement un élément de stabilité : il lui faut également encourager la création d'un art religieux original, mieux adapté à cette nouvelle société en pleine éclosion.

DU ROMAN AU GOTHIQUE

Au début du Moyen Age, ce n'est plus la ville mais les églises ou les monastères qui constituent le lieu privilégié de la création artistique. Deux grands styles architecturaux marquent la période médiévale.

Le style **roman** (de 500 à 1200), qui s'étendra à travers l'Europe, est facilement reconnaissable aux voûtes en berceau et aux formes massives de ses édifices religieux. Comme son nom l'indique, il emprunte son vocabulaire architectural aux anciens Romains, mais en conserve les aspects les plus austères, souvent au détriment des influences grecques. La **basilique Sant'Ambrogio** de Milan est représentative du roman, ainsi que la **cathédrale** de **Pise** et, bien sûr, la fameuse **tour** penchée. La rivalité commerciale opposant Pise et **Florence** s'étant étendue au domaine artistique, les Florentins ont mis un point d'honneur à ériger des édifices dans le même style, tels **San Miniato al Monte** et le **baptistère** contemporain de la première ébauche de la cathédrale. Les citoyens de Modène, Parme, Crémone, Pistoia, Lucques, Monreale et Cefalù ont également suivi cet exemple pour leurs cathédrales.

Le style **gothique** (du XIIe au XIVe siècle), quant à lui, se caractérise par la combinaison de l'ogive et de l'arc-boutant, qui soutient le poids du toit, permettant de percer des fenêtres plus grandes. Il ne vient pas d'Italie, mais de France. Le gothique italien n'adopta pourtant que très rarement l'arc-boutant, c'est pourquoi on ne trouve pas trace, dans le pays, d'églises inondées de lumière comme en France ou en Allemagne. **San Petronio**, à Bologne, ou les cathédrales de **Milan** et de **Sienne** sont de beaux exemples de ce style ogival sans arc-boutant ni vitraux. **Santa Maria Novella**, à Florence, et **Santa Maria Gloriosa dei Frari**, à Venise, constituent deux autres exemples du gothique religieux.

Dès le Ve siècle, le pape **Grégoire le Grand** décide de développer, pour la décoration des édifices religieux, un art destiné à l'édification des masses illettrées et exaltant la vie éternelle. La **sculpture**, le **vitrail** et enfin la **peinture** sont donc surtout, au Moyen Age, une façon de délivrer un certain nombre de messages à la communauté chrétienne. Il ne s'agit pas de représenter fidèlement la réalité mais de créer un langage compréhensible par tous. Ce qui compte, c'est le **symbole** : un seul arbre peut suffire à montrer que telle scène biblique se déroule dans une forêt, les personnages secondaires sont en général plus petits, même s'ils apparaissent au premier plan, les mêmes détails reviennent d'une œuvre à l'autre pour exprimer les mêmes idées… Le monde physique n'est en aucun cas un objet d'étude : l'univers entier est inaltérable, mystérieux et entre les mains toutes puissantes de Dieu.

Les peintres siennois **Simone Martini** et **Pietro Lorenzetti** (voir *la Crucifixion*, dans l'église San Francesco de Sienne) comptent parmi les grands artistes de la période gothique. Loin de se limiter à l'architecture religieuse, le gothique italien est également utilisé dans des constructions laïques telles que le **Ponte Vecchio** de **Florence** et les nombreux **palais** qui bordent le Grand Canal de **Venise**. Toujours à Venise, le **palais des Doges** constitue un mariage remarquable des styles gothique et arabe. Dans le domaine de la sculpture, le duo père-fils **Nicola** et **Giovanni Pisano** lorgne (déjà) vers la sculpture classique tout en assimilant les influences françaises. Tous deux donneront naissance à plusieurs chaires remarquables à **Pise** et à **Sienne**.

Le terme de "gothique" n'était pas employé à l'époque. On ne l'utilisera qu'après avoir redécouvert l'art de l'Antiquité, afin de signifier que les œuvres réalisées entre la chute de Rome et le début de la Renaissance italienne traduisaient une esthétique **barbare**, tout juste bonne pour les Goths. N'étaient-ce pas des Wisigoths (Goths de l'Ouest) qui avaient mis fin à l'Empire ? Nul ne sait si les artistes italiens qui, comme Giotto, ont révolutionné l'art au *Trecento* (XIVe siècle) et au *Quattrocento* (XVe siècle) avaient pour ancêtres d'honorables citoyens romains ou de vulgaires Goths… Reste que leur désir de représenter plus fidèlement la nature tout en y recherchant la beauté renoue, plus ou moins volontairement, avec les exigences de vérité et d'harmonie de l'Antiquité gréco-romaine.

L'ITALIE, BERCEAU D'UN ART NOUVEAU

Vers la fin du XIIIe siècle, les artistes commencent à se montrer plus soucieux de réalisme. Le maître toscan **Cimabue** (v. 1240-1302), précurseur, avec **Duccio** (v. 1255-1318), du style proprement italien et auteur des fresques de la basilique d'Assise, aurait servi de maître au peintre **Giotto** (1267-1337),

LE MEILLEUR DE L'ART ET DE L'ARCHITECTURE ITALIENS

ART GREC ET ÉTRUSQUE

La **Louve romaine** (v. 500 av. J.-C.). Les bébés allaités, ajoutés durant la Renaissance à ce bronze d'origine étrusque, représentent Romulus et Remus. *Musée du Capitole, Rome.*

Les **bronzes de Riace**, Phidias et Polyclète (460-30 av. J.-C.). Ces beautés athlétiques furent extraites de la mer en 1972. *Musée national de Reggio di Calabria.*

Le **Tempio della Concordia** (430 av. J.-C.). Sa transformation en église permit de sauver de la destruction ce superbe temple grec. Aujourd'hui, sa teinte rougeoyante forme un contraste spectaculaire avec l'océan. *Vallée des Temples, Agrigente.*

Laocoon (Ier siècle). Cette représentation du héros troyen et de ses fils étouffés par deux serpents influença très fortement le Bernin et Michel-Ange. *Musée du Vatican, Rome.*

ART ROMAIN

Pompéi (v. 50 av. J.-C.-79). La ville fantôme la plus artistique du monde. Avec ses magnifiques peintures en trompe-l'œil et ses corps épouvantablement carbonisés, Pompéi est aujourd'hui la vitrine la plus éloquente qui soit sur le monde antique.

Le **Colisée** (v. 72-80). Cette véritable prouesse romaine en termes de conception et d'ingénierie sert aujourd'hui encore de modèle à la construction de stades un peu partout dans le monde. *Rome.*

La **colonne Trajane** (v. 106-113). Une bonne paire de jumelles permettra aux amoureux de l'art d'observer le sommet du plus phallique des monuments consacrés à la guerre. *Rome.*

Le **Panthéon** (119-125). Le dessin harmonieux de ce bâtiment romain parfaitement conservé vous donnera envie d'adorer les sept dieux planétaires. *Rome.*

ART BYZANTIN OU D'INSPIRATION ORIENTALE

L'**autel de San Vitale** (v. 547). Remarquable par ses mosaïques qui, parce qu'elles représentent l'empereur byzantin Justinien entouré de sa suite, illustrent le lien très ancien entre le christianisme et l'Etat. Les hautes et minces silhouettes en costume d'apparat ouvrent une nouvelle voie par rapport aux canons de beauté romains. *Ravenne.*

La **cathédrale Saint-Marc** (1063). Mosaïques dorées éclairées par des dômes incurvés. *Venise.*

La **cathédrale de Monreale** (1174). Vaste lieu de culte orné de mosaïques illustrant des scènes bibliques. L'originalité de cet édifice résulte de la combinaison du savoir-faire arabe et des canons de l'architecture normande. *Aux environs de Palerme.*

ART ROMAN ET GOTHIQUE

La **cathédrale**, le **baptistère** et le **campanile de Pise** (1053-1272). Les foules venues voir la Tour penchée ne peuvent qu'être aussi impressionnées par l'ouvrage délicat de maçonnerie tout en marbre vert et blanc qui caractérise les bâtisses voisines.

La **cathédrale** et le **baptistère San Giovanni**, **à Florence** (1060-1150). La cathédrale octogonale, surmontée d'un dôme orange foncé dessiné par Brunelleschi, est d'une beauté de carte postale. Ghiberti a consacré presque toute sa vie à sculpter les portes du baptistère.

La Vierge en majesté de Cimabue (1280-1290). Grâce à ses travaux sur la perspective, Cimabue ouvrit la voie à la peinture de la Renaissance. *Galerie des Offices, Florence.*

La Maestà de Duccio (retable de 1308-1311, Museo dell'Opera metropolitana, *Sienne*) et les fresques de la **chapelle de l'Arena** par Giotto (1305-1306, *Padoue*)... Qui donc est sorti vainqueur de la course à l'excellence dans laquelle s'étaient engagés ces deux grands maîtres de la peinture ?

LE MEILLEUR DE L'ART ET DE L'ARCHITECTURE ITALIENS (SUITE)

LA RENAISSANCE

Par quoi commencer ? Décrire toutes les œuvres majeures léguées par la Renaissance italienne ne laisserait plus guère de place pour autre chose. On se contentera donc d'indiquer ici quelques œuvres phares jouissant d'une célébrité particulière, et où les trouver.

Peinture : **Le Paiement du tribut** de Masaccio (Eglise Santa Maria del Carmine, Florence), **La Vierge entourée de quatre saints** de Bellini (Eglise San Zaccaria, Venise), **La Naissance de Vénus** de Botticelli (Musée des Offices, Florence), **La Cène** de Léonard de Vinci (Eglise Sainte-Marie-des-Grâces, Milan), le plafond de la **chapelle Sixtine** décoré par Michel-Ange (Musées du Vatican, Rome), **L'Ecole d'Athènes** de Raphaël (Musées du Vatican, Rome), les œuvres du Tintoret visibles dans la **Scuola Grande di San Rocco** (Venise) et **La Crucifixion de saint Pierre** du Caravage (Chapelle Cerasi, piazza del Popolo, Rome).

Sculpture : Michel-Ange a laissé des sculptures particulièrement admirées, telles que son second **David** (Galerie de l'Académie, Florence) et son **Moïse** (Eglise Saint-Pierre-aux-Liens, Rome), tandis que d'autres artistes se sont moins concentrés sur la représentation de la figure humaine, ce qui ne les a pas empêchés de créer des chefs-d'œuvre tels que le **baldaquin** du Bernin (Basilique Saint-Pierre, Rome).

Architecture : Il serait vain d'énumérer ici les innombrables monuments prestigieux évoqués dans les différents chapitres de ce livre. Cependant, au-delà de l'évident, tâchez de ne pas manquer la perle que constitue la **Villa Rotunda** de Palladio (environs de Vicence), où sont définis avec une rare élégance les critères de ce qui deviendra l'architecture classique.

annonciateur des grandes réalisations esthétiques de la Renaissance. Ce dernier introduit un "nouveau naturalisme" en représentant des personnages expressifs et pleins de vie, et en remplaçant par des paysages le fond neutre cher à ses prédécesseurs. Il est connu pour ses **fresques** (ce terme, qui désigne aujourd'hui n'importe quelle peinture murale, vient de l'italien *dipingere a fresco* : "peindre sur un enduit frais"), telles celles de l'**église Santa Croce** de **Florence** ou (si elles sont bien de lui) de la **basilique Saint-François d'Assise**. Très soucieux de la relation entre l'image et le spectateur, Giotto place ses personnages au niveau des yeux, privilégiant la participation au détriment de l'observation à distance.

Mais nulle part la redécouverte des canons de l'Antiquité classique n'est plus évidente que dans la **sculpture**. Le célèbre **Donatello** (1386-1466), dont on admire particulièrement les *David* (musée du Bargello de Florence), s'inspire ainsi ouvertement de l'art de l'ancienne Rome tout en étudiant minutieusement l'anatomie humaine. Son influence se fera sentir non seulement sur les autres sculpteurs, mais aussi sur les peintres (modelés, drapés, dynamisme des formes).

Les frontières séparant les diverses disciplines artistiques sont alors largement abolies : elles ne réapparaîtront que plus tard. Les premiers véritables théoriciens de l'art commencent logiquement à apparaître. Un des deux grands noms de l'**architecture** du *Quattrocento* (la première Renaissance italienne) est, avec **Brunelleschi** (1377-1446), **Leon Battista Alberti** (1404-1472). Ce dernier écrit un **traité de perspective** qui constituera longtemps la référence ultime en la matière. C'est ainsi que, jusqu'à l'apparition, au XXe siècle, de l'art moderne, les peintres feront docilement converger les "lignes de fuite" de leurs tableaux en un point situé à l'horizon. Le livre d'Alberti s'appuie en grande partie sur les travaux de Brunelleschi, à qui sera dédiée la traduction en italien de ce *De Pictura*. Brunelleschi est en effet plus un ingénieur de talent qu'un théoricien ou un lettré. Outre l'invention supposée de la perspective linéaire, l'Italie lui doit sa première **coupole**, celle de **Santa Maria del Fiore**, à **Florence**. Alberti (**palais Rucellai**, à Florence), dont le style est moins grandiose mais plus pratique, introduira quant à lui la notion d'**urbanisme** en architecture.

La religion reste à cette époque au cœur des préoccupations des artistes : il suffit pour s'en convaincre de constater les liens existant entre **Giotto**, fondateur du réalisme, et l'ordre des franciscains, qui prône la pauvreté et le dialogue avec les "gens ordinaires". Néanmoins, les références à la **mythologie** gréco-romaine se multiplient et constituent pour certains artistes, tel le Florentin **Sandro Botticelli** (1444-1510), un excellent prétexte pour représenter de jolies jeunes filles et de non moins beaux éphèbes plus ou moins nus. Sa Vénus sortant de son coquillage est restée jusqu'à nos jours un symbole de sensualité, au point d'être transposée au cinéma (dans *Les Aventures du baron de Münchausen* de Terry Gilliam, en 1988) sous les traits d'Uma Thurman. L'œuvre de Botticelli est par ailleurs remarquable pour son travail sur la lumière, la matière et le mouvement. Il est intéressant de noter que **Masaccio** (1401-1428), également remarquable pour son travail sur la lumière et la couleur, sera le premier à utiliser la perspective à un seul point de fuite, qui révolutionna la peinture et l'architecture (*La Trinité*, à Santa Maria Novella, à Florence). Le peintre **Fra Angelico** (v. 1400-1455), de son vrai nom Guido di Pietro, devint frère dominicain et passa la plupart de son temps dans le monastère de Fiesole. Il ne resta pas pour autant étranger au nouvel humanisme et son œuvre est caractéristique de la première Renaissance (technique de la perspective, utilisation de la couleur, etc.). Ces techniques nouvelles (perspective, réalisme, emploi des couleurs) vont durablement influencer l'art occidental. **Paolo Uccello** (1397-1475), par exemple, les emploiera à l'extrême en utilisant les lois de la géométrie pour illustrer des scènes de bataille (triptyque de *La Bataille de San Romano*, en partie au musée des Offices). La peinture de **Piero della Francesca** (1416-1492) représente la synthèse la plus aboutie des recherches sur la perspective et l'espace, ainsi que sur les couleurs et le paysage (*Madonna del Parto*, à Monterchi, ou *La Résurrection*, à Sansepolcro). Quant à **Giovanni Bellini** (v. 1431-1516), qui fut influencé par son beau-frère **Andrea Mantegna** (1431-1506), il est la figure emblématique de la peinture vénitienne du XVe siècle, qui se caractérisa par un nouveau travail sur la couleur et sur la lumière. **Lorenzo Ghiberti** (1378-1455), l'un des plus talentueux sculpteurs sur bronze de la Renaissance (portes du baptistère de Santa Maria del Fiore, à Florence), est aussi architecte. Dans la deuxième période de la Renaissance, c'est un ancien peintre, **Donato Bramante** (1444-1514), qui commence la construction de Saint-Pierre de Rome. Elle sera poursuivie par d'autres, parmi lesquels Michel-Ange.

LES GRANDS GÉNIES DE LA RENAISSANCE

Un triumvirat artistique domine la période centrale de la Renaissance (1450-1520). Il est formé par les Florentins **Léonard de Vinci** (1452-1519), **Michel-Ange** (1475-1564) et **Raphaël** (1483-1520). Le premier est un dessinateur hors pair, le second un maître de la sculpture et le troisième le père de la peinture classique. Mais tous trois (même si l'œuvre architecturale de Raphaël nous est très mal connue) ont su montrer un large éventail d'autres talents.

C'est ainsi que **Léonard de Vinci**, archétype de l'humaniste de la Renaissance, excelle dans tous les domaines. Il est à la fois peintre, sculpteur, architecte, ingénieur, mathématicien, anatomiste, écrivain (*Traité de la peinture*, *Carnets*) et musicien. *La Cène* (Santa Maria delle Grazie) reflète, à travers un thème religieux, ce souci de mettre en valeur l'individu qui caractérise l'esprit de la Renaissance. Léonard de Vinci s'emploie également à améliorer l'utilisation de la perspective aérienne et à définir les proportions parfaites du corps humain : il inaugure un procédé appelé *sfumato* (modelé vaporeux créant une impression de distance). Il travaillera entre autres pour le roi François Ier. En France, en dehors de *la Joconde* (exposée au Louvre), on garde de lui le souvenir d'un inventeur qui élaborait dans ses carnets, plans à l'appui, des projets de sous-marins, de chars d'assaut et de machines volantes. Un musée de Milan dédié à ses visions prophético-technologiques présente des maquettes réalisées d'après ses plans.

L'œuvre de **Michel-Ange** est sans doute encore plus impressionnante. Le plafond de la chapelle Sixtine demeure sa réalisation majeure (après son achèvement, il ne peignit plus pendant 25 ans), bien qu'il eût répondu, lorsqu'on lui demanda de le peindre : "Je ne suis pas peintre !" Le pape Jules II apprécia tellement le résultat qu'il paya Michel-Ange pour qu'il peignît son visage sur l'une des figures saintes du *Jugement dernier*, également dans la chapelle Sixtine. Bien qu'il ne soit pas sûr que Michel-Ange acheva ce travail un peu particulier, il est néanmoins certain que l'un des damnés ressemble de manière troublante au conseiller du pape qui recommanda que les nus des fresques fussent repeints vêtus. L'architecture doit à Michel-Ange une partie du projet de Saint-Pierre de Rome. Mais c'est dans la sculpture que s'exprime l'essence de l'extraordinaire talent de Michel-Ange : la *Pietà* de Saint-Pierre de Rome, son équivalent inachevé conservé au Castello Sforzesco de Milan, le viril *David* de Florence (Accademia) et le puissant *Moïse* de San Pietro in Vincoli (Saint-Pierre-aux-Liens), à Rome. Il n'y a dès lors rien d'étonnant à ce que l'on retrouve dans l'œuvre peinte du maître les mêmes corps massifs, vigoureux… et sculpturaux.

Raphaël, enfin, de son vrai nom Raffaello Sanzio, est célèbre pour sa prodigalité artistique et la perfection de sa technique. Il invente le portrait de trois quarts (*Portrait de Baldassare Castiglione*, palais Pitti, Florence) et le portrait de groupe. Les amoureux de l'art de la Renaissance ne peuvent manquer d'admirer les fresques qui ornent les Quatre Chambres du Vatican (*L'Ecole d'Athènes* ou *l'Incendie du Borgo*) et celles des Loges, qui représentent des scènes de l'Ancien Testament.

DE LA RENAISSANCE AU MANIÉRISME

En un sens, l'œuvre de **Raphaël**, en cherchant à représenter une sorte de beauté idéale, marque la fin de cet âge d'or dont elle constitue pourtant l'un des fleurons. A un ami qui lui demande qui est la femme merveilleusement belle sur le tableau qu'il vient d'achever, il avoue s'être passé de modèle afin de peindre un visage débarrassé de toute vulgarité. L'esprit originel de la Renaissance, fondé sur l'observation de la nature et l'application de règles scientifiques à la création, n'a plus très longtemps à vivre.

Le **pillage de Rome** par les mercenaires espagnols et allemands de l'empereur Charles Quint, en 1527, inaugure en outre une période d'instabilité politique et religieuse. Le récit du peintre **Giorgio Vasari** (1511-1574), *Le Vite de' piu eccellenti pittori, scultori e architettori italiani*, donne un aperçu intéressant de cette période. Pour la plupart des autres pays d'Europe, les merveilles de la Renaissance et le début des guerres de religion sont comme les deux faces d'une même pièce. Les Italiens, en revanche, perdent tous leurs repères : Rome n'a-t-elle pas été ravagée par les soldats (certes souvent protestants) d'un souverain catholique qui ne cessera de se présenter comme le défenseur de la vraie foi contre les hérétiques ?

C'est dans cette atmosphère de doute et de confusion que naît le **maniérisme**, qui se prolongera jusqu'aux environs de 1590. Il fait le lien entre la Renaissance et le baroque. Le peintre maniériste se soucie davantage de résoudre des problèmes artistiques abstraits, voire de rendre visibles les **procédés** qu'il emploie pour y parvenir ("Regardez comme je suis habile et ingénieux, voyez comme c'est beau…"), que de s'interroger sur la place de l'homme au sein de la Création. Le raffinement devient une fin en soi, au détriment du réalisme. Les représentations humaines, dans les tableaux de cette époque, sont étrangement étirées et irréelles, comme cette *Madone au long cou* du **Parmesan** (1503-1540), exposée au musée des Offices de Florence. De plus, la perspective est aplatie et les associations de couleurs inhabituelles et parfois peu harmonieuses. Certaines peintures produisent une impression de malaise (l'œuvre du **Pontormo**) tandis que d'autres peintres cultivent un goût particulier pour les scènes de catastrophe (les fresques de la salle des Géants de **Giulio Romano**, dans le palais du Té de Mantoue). En bref, le maniérisme a produit de belles œuvres mais on est loin de la vigueur créatrice, de l'élan collectif caractérisant la période précédente.

En peinture, les Vénitiens sont peut-être les seuls que le maniérisme ne conduise pas dans une impasse. Ils explorent en effet un domaine que le *Quattrocento* avait un peu laissé de côté : le pouvoir expressif de la **couleur**. La Sérénissime République peut en particulier s'enorgueillir d'avoir vu naître **Titien** (1488-1576), qui règne sur la peinture vénitienne pendant près d'un siècle. Son œuvre partage la nostalgie et la poésie de celle de son prédécesseur **Giorgione** (1478-1510), mais dans un style plus énergique et mouvementé. Elle présente une grande variété tant des thèmes que dans le traitement : *La Vénus d'Urbin* (musée des Offices de Florence), *L'Adoration de la sainte Trinité*... C'est surtout dans l'art du portrait que le génie de Titien donne sa pleine mesure (*Portrait de l'Arétin*). Il est ainsi devenu le peintre attitré de Charles Quint qui, d'après ses premiers biographes, se serait un jour penché pour ramasser le pinceau du maître ! Cette histoire, vraie ou non, montre à quel degré était parvenu le prestige de Titien. A la fin de sa vie, le peintre, graduellement atteint de cécité, se mure dans la solitude. Sa manière devient rude, presque sauvage, les contours s'effacent, et on a affirmé qu'il peignait alors plus avec les doigts qu'avec le pinceau. Son compatriote le **Tintoret** (1518-1594) est, quant à lui, surnommé d'emblée *il Furioso*, précisément à cause de la violence de sa touche. Il réalise des scènes religieuses pleines de drame et de tumulte (fresques de la Scuola di San Rocco, à Venise). **Véronèse** (1528-1588), natif comme son nom l'indique de Vérone, travaille également à Venise où il s'illustre dans les compositions monumentales et fastueuses, aux riches coloris (*Le Martyre de sainte Justine*, musée des Offices de Florence).

La ville de Padoue fournit à l'Italie un artiste un peu à part, précurseur de l'architecture classique et sans lien avec le courant maniériste : **Palladio** (1508-1580). Ses œuvres sont connues pour leurs proportions à l'antique et leurs perspectives (voir Vicence ou l'église Il Redentore, à Venise). Il contribue à l'amélioration de la technique architecturale à travers ses *Quatre Livres d'architecture*. Le **style palladien** a un bel avenir devant lui puisque, deux siècles après sa mort, on le recyclera encore pour construire des édifices publics et de splendides demeures particulières en Grande-Bretagne, en Irlande et jusqu'en Amérique. Goethe dira de Palladio qu'il aura été le premier à savoir adapter les formes antiques aux exigences de la vie moderne.

LES SPLENDEURS DU BAROQUE

Le style **baroque** naît aux alentours de 1600 dans la Rome vaticane. La papauté, si elle n'a pu empêcher certains pays de devenir protestants, a néanmoins survécu à la Réforme. Au concile de Trente, l'Eglise catholique a entrepris de mettre fin à quelques-unes de ses mauvaises habitudes (absentéisme du clergé, enrichissements scandaleux) tout en redéfinissant le dogme de manière plus précise : c'est la **Contre-Réforme**. Celle-ci s'accompagne de la reprise en main musclée de certains pays par les souverains catholiques (en particulier les successeurs de Charles Quint, qui sont désormais les meilleurs alliés du pape et de ses nouveaux serviteurs, les jésuites). On parle pour cette période de la "Rome triomphante". La **reconstruction** de la ville de Rome, dont on n'avait guère pu s'occuper après le désastre de 1527, permet d'expérimenter de nouvelles formes d'architecture et d'art.

Le **Bernin** (1598-1680), le sculpteur le plus brillant et le plus prolifique de cette époque, réalise des œuvres aussi monumentales que la *Fontaine des fleuves* de la place Navone, à Rome, mais aussi des sculptures de dimensions plus modestes, d'un réalisme troublant (*Sainte Thérèse en extase*, Santa Maria della Vittoria, Rome). En tant qu'architecte, on lui doit les colonnades de la place Saint-Pierre, dont la façade et la nef sont l'œuvre de **Carlo Maderno** (1556-1629). Mais c'est **Borromini** (1599-1667) qui apporte au baroque ce sens de la fantaisie et du mouvement qui étonne parfois : les façades seront sur plusieurs plans, la courbe supplantera l'angle droit et la symétrie sera, à l'occasion, négligée. Un bon exemple en est offert par la chapelle Sant'Ivo alla Sapienza de Rome.

L'art baroque est un art de décorateurs. L'architecture, la peinture et la sculpture se répondent au sein d'un édifice conçu pour inspirer la passion, la foi et une crainte respectueuse. Il s'agit de rendre la "vraie religion" attirante pour le peuple. Vivantes, grandioses et dynamiques, les œuvres baroques sont souvent conçues, en particulier la sculpture, pour être admirées à partir d'un seul point fixe. Le **trompe-l'œil**, qui donne l'illusion du réel, est à l'honneur : il impressionne à peu de frais et procure à celui qui le regarde le sentiment du merveilleux. Les innombrables petits anges (les *putti*) parsemant le plafond des églises donnent aux fidèles un avant-goût du paradis que leur promet l'Eglise catholique.

En peinture, au début de cette période, le **Caravage** (1573-1610) amorce pourtant un retour à un certain naturalisme, à une représentation fidèle de la nature, dans sa beauté comme dans sa laideur. L'usage du clair-obscur est une constante de sa peinture (cycle de Saint-Matthieu, église Saint-Louis des Français, à Rome) mais il privilégie les contrastes violents en peignant souvent des scènes se déroulant à la lueur des torches. Si la physionomie des personnages est réaliste, cette utilisation de la lumière produit en revanche un effet "expressionniste" avant la lettre. Le Caravage est un artiste à part, en marge des courants, mais son génie lui gagnera l'admiration de ses contemporains dans toute l'Europe.

L'ITALIE DANS L'ART EUROPÉEN, DU XVIIIe SIÈCLE AUX AVANT-GARDES DU XXe SIÈCLE

Tiepolo (1696-1770), avec sa palette lumineuse et ses fresques puissantes, fut le dernier des grands peintres décoratifs italiens (*La Passion*, église Sainte-Alvise, à Venise). Après lui, la peinture italienne perd l'influence qu'elle exerçait sur la peinture européenne depuis la Renaissance. Par ailleurs, à travers l'influence française, le style décoratif **rococo** (dont l'exemple le plus édifiant est l'escalier de la Piazza di Spagna, à Rome) et le formalisme sévère du **classicisme** succèdent au foisonnement baroque. Le sculpteur vénitien **Antonio Canova** (1757-1822) deviendra l'emblème du courant néoclassique pour la relecture qu'il fera de l'Antiquité.

La **peinture vénitienne** commence, au XVIIIe siècle, à représenter des paysages et non plus des portraits ou des scènes. Ce n'est pas un hasard : on voit dès lors affluer en Italie de jeunes gentilshommes (authentiques ou prétendus) venus de toute l'Europe admirer les trésors hérités de l'Antiquité romaine et de la Renaissance. Les Anglais, en particulier, mettent un point d'honneur à visiter la fascinante Venise au cours de leur périple initiatique à travers le continent européen, le "grand tour" (qui donnera le mot "tourisme"). A une époque où la photographie n'existe pas encore, les vues urbaines (*vedutte*) peintes par **Canaletto** (1697-1768) ou, plus tard, **Guardi** (1712-1793) font office de cartes postales de luxe. L'atmosphère humide de Venise n'en permet pas moins aux "védutistes" d'effectuer un travail sur la lumière qui tranche avec l'immobilisme artistique du reste de la péninsule.

Ce n'est qu'à la fin du XIXe siècle que l'art italien paraît se décider à sortir de sa torpeur. L'influence du **symbolisme** (Moreau et Redon en France, les préraphaélites en Grande-Bretagne) atteint l'Italie avant de toucher sa voisine et ancienne ennemie, l'Autriche. Il s'agit d'un mouvement très "fin de siècle" qui revisite les vieux mythes à la lumière des idées les plus modernes sur la sexualité, la folie et la mort. Les Italiens ont de la chance : s'ils ont besoin de quelque vision cauchemardesque pour nourrir leur inspiration, il leur suffit d'ouvrir *la Divine Comédie* de Dante ! **Martini** (1876-1954), qui débute sa carrière comme illustrateur, contribue ainsi à une nouvelle édition de l'œuvre du grand auteur florentin avant de devenir l'un des précurseurs du surréalisme. Un tableau comme *les Mauvaises Mères* de **Segantini** (1858-1899) se nourrit du même imaginaire résolument intemporel. Segantini est cependant surtout connu comme un paysagiste influencé par les courants postimpressionnistes (divisionnisme, pointillisme...). Il deviendra, à titre posthume, l'une des grandes références de la Sécession viennoise.

La première moitié du XXe siècle est marquée par deux grands artistes italiens expatriés, **Modigliani** (1884-1920), qui s'inspire de sources très variées, du maniérisme à l'art primitif africain, et **Giorgio de Chirico** (1888-1978), créateur de la peinture métaphysique et pionnier du surréalisme. Dans les paysages surréalistes qu'il peint, l'architecture romaine antique se mêle à des signes de modernité tels que des trains ou des voitures. Le début du XXe siècle est également influencé par le **futurisme** : sous la férule du poète et théoricien Marinetti, ce mouvement exalte la vitesse, la machine et la foule et renie totalement le passé (voir encadré **Le futurisme**). L'histoire de l'art moderne italien compte aussi des peintres néoexpressionistes comme **Sandro Chio** et **Enzo Cucci**. Quant à la massive architecture fasciste, on peut en voir un exemple remarquable à Rome dans les constructions du quartier de l'EUR, conçu par **Marcello Piacenti**.

LE FUTURISME Ce mouvement d'avant-garde italien, proche des anarchistes, est fondé par l'écrivain **Marinetti** en 1909. Il réunit des artistes issus du symbolisme et intéressés par le cubisme. Fidèles à Marinetti, qui déclara un jour : "Une automobile de course... une automobile rugissante, qui a l'air de courir sur de la mitraille, est plus belle que la Victoire de Samothrace", les futuristes sont fascinés par la vitesse, les techniques modernes et la ville industrielle. Le futurisme explore la peinture et la sculpture avec **Boccioni** (*Ville qui monte*, exposé au MOMA de New York) et **Balla** (*Lumière de rue*, MOMA de New York), l'écriture sonore avec la machine bruitiste de **Russolo** mais aussi le théâtre, la photographie et le cinéma avec **Bragaglia** (*Vie futuriste*) et également les projets d'architecture avec les dessins de **Sant'Elia**. Les affinités de certaines thèses futuristes avec l'idéologie fasciste (Marinetti affirmait vouloir glorifier "la guerre, le militarisme, le patriotisme, le geste destructeur des anarchistes, les belles idées qui tuent et le mépris des femmes") conduisent le mouvement à se compromettre avec le régime de Mussolini. Une branche russe du futurisme se développa de 1910 à 1920, mais elle adhéra à l'idéologie marxiste... Après la guerre, il subit une période de purgatoire mais est aujourd'hui reconnu comme un mouvement artistique de première importance.

LES PIONNIERS DE L'ART CONTEMPORAIN

L'avant-garde italienne n'a jamais cessé d'exister, même sous le fascisme. **Lucio Fontana** (1899-1968) revient en 1946 d'Argentine, où il a passé les années de guerre, et participe à la naissance des courants dits de l'art informel. Il crée les *Concepts spatiaux*, qui voient les couleurs de la peinture traditionnelle remplacées par des actions de lacération ou de perforation. Environ 20 ans après la Seconde Guerre mondiale, les Italiens font de nouveau parler d'eux en inventant l'**arte povera** ("art pauvre"). Ce mouvement, parrainé par le théoricien et critique **Germano Celant**, comptait à l'origine une douzaine d'artistes dont **Anselmo**, **Calzolani** et **Koumellis**. Comme son nom l'indique, il entend démontrer qu'on peut faire de l'art avec des bouts de ficelle, au propre et au figuré... C'est également le cas d'**Alberto Burri** (1915-1995), sculpteur multimédia, qui crée des chefs-d'œuvre avec des morceaux de plastique, de tissu et de cellophane. On est bien loin de l'art baroque ! Enfin, le très célèbre **Maurizio Catelan** offre une vision de l'environnement décalée et une réflexion sur les rapports entre l'homme, la nature et la technique, notamment avec ses arbres poussant dans des voitures.

LA LITTÉRATURE

LA LITTÉRATURE LATINE SOUS LA RÉPUBLIQUE ET L'EMPIRE

Plaute (220-184 av. J.-C.) est l'auteur de farces populaires qui inspireront beaucoup Molière. La poésie lyrique de **Catulle** (84-54 av. J.-C.) met en scène des sentiments passionnés. **Tite-Live** (59 av. J.-C.-17) écrit et magnifie l'histoire officielle de Rome (*Ab Urbe condita)* depuis sa fondation. **Jules César** (100-44 av. J.-C.) raconte ses conquêtes (*La Guerre des Gaules*) et les dernières années de la République. Son contemporain **Cicéron** (106-43 av. J.-C.), grand orateur, demeure une référence pour sa maîtrise de la langue et la force de ses idées, qui s'expriment avec éloquence dans certains de ses discours, les *Catilinaires* (*"O tempora, o mores"*) ou *De la République*, ainsi que dans sa correspondance.

Sous le règne d'Auguste, Rome donna le jour aux plus grands auteurs latins de l'Antiquité. A **Virgile** (70-19 av. J.-C., voir encadré), on doit *L'Enéide*, le récit presque "homérique" des aventures d'Enée, héros de la guerre de Troie. Les vers d'**Horace** (65-8 av. J.-C.), dont on peut lire les *Odes*, *Epodes*, *Satires* et *Epîtres*, sont remarquables par la variété de leurs thèmes et leur classicisme. Les poèmes d'**Ovide** (43 av. J.-C.-17), *Les Amours*, *Les Métamorphoses*, *L'Art d'aimer*, lui valurent d'être banni par Auguste (qui le rendait responsable de la vie dissolue de sa fille, Julia).

Après cette auguste période classique de l'Empire, *Le Satyricon* de **Pétrone** (Ier siècle) décrit de façon crue et brutale la décadence de l'époque de Néron (Fellini en a tiré un film du même nom), tandis que la *Vie des douze Césars* de **Suétone** (vers 70-128) est une mine de renseignements sur la période qui s'étend de César à Domitien. **Tacite** (55-120), dans ses *Histoires*, raconte les événements historiques de la mort de Néron à Domitien. Ses *Annales* partent de la mort d'Auguste et décrivent les règnes scandaleux de la dynastie julio-claudienne jusqu'à Néron (Tibère est sa cible favorite). Enfin, les *Pensées* de **Marc Aurèle** (121-180) sont les méditations stoïciennes d'un empereur philosophe qui pressent le déclin de sa civilisation.

VIRGILE Né en 70 av. J.-C. à Andes, près de Mantoue, mort à Brindes en 19 av. J.-C., Virgile restera toute sa vie attaché au milieu rural dans lequel il était né. Après des études à Crémone, Milan et Rome, il compose **Les Bucoliques** où il exalte la vie pastorale. Devenu l'ami de l'empereur Auguste, il s'établit à Rome et publie **Les Géorgiques**, inspirées par le même amour de la nature. Il chante la grandeur romaine dans **L'Enéide**, épopée d'Enée, prince troyen qui s'enfuit avec son père Anchise sur son dos, après la défaite de sa cité, et épouse par la suite Lavinia, fille du roi du Latium. Dans ce poème, il prône la réconciliation générale et l'harmonie entre les hommes, la nature et les dieux.

LES DÉBUTS DE LA RENAISSANCE

La langue italienne n'accéda au statut de véritable langue littéraire qu'à partir du XIIIe siècle. Saint François d'Assise (1182-1226) écrivit *Le Cantique des créatures* en *volgare* (langue vulgaire). Ses disciples l'imitèrent en rédigeant les *Fioretti*.

Bien que les spécialistes ne soient pas tous d'accord sur les dates qui marquèrent le début de la Renaissance littéraire, la plupart conviennent que **Dante** (Dante Alighieri, 1265-1321) en fut le précurseur. Premier poète italien à poser les bases d'une langue nationale, le toscan, il est considéré comme le père de l'italien moderne et de la littérature italienne. Dans son poème épique *La Divine Comédie*, Dante peuple l'au-delà des personnages qui ont fait l'histoire. A travers cette œuvre, il fustige les grands de son époque, assoiffés de pouvoir. Tandis que Dante est encore à cheval entre le Moyen Age et la Renaissance, l'œuvre poétique de **Pétrarque** (Francesco Petrarca, 1304-1374, *Canzoniere*, *Rime*, *Trionfi*) n'appartient déjà plus à la période médiévale et crée une expression nouvelle de l'amour, pleine de passion et de sensibilité. Le troisième personnage du triumvirat fondateur, **Boccace** (Giovanni Boccaccio, 1313-1375), peut être considéré comme le premier prosateur italien et l'un des premiers conteurs modernes. Son *Décaméron* est un recueil de 100 histoires assez lestes dont les narrateurs sont dix jeunes Florentins ayant fui leur ville infestée par la peste (voir le film de Pasolini du même nom). Pétrarque et Boccace marquent l'apparition d'un esprit nouveau qui redécouvre l'Antiquité à travers les manuscrits et y puise son inspiration.

DE LA RENAISSANCE AU RISORGIMENTO

Le Prince de **Machiavel** (Niccolo Machiavelli, 1469-1527) est un recueil de conseils et d'analyses sur l'art de prendre et d'exercer le pouvoir. Cet ouvrage sans détours est considéré comme un texte fondateur de la pensée politique occidentale moderne. L'**Arioste** (Ludovico Ariosto, 1474-1533) est à l'origine de la comédie néolatine et classique. Son *Roland furieux (Orlando furioso)* inspirera deux opéras, l'*Orlando* de Vivaldi et celui de Haendel. La plume acerbe de l'**Arétin** (Pietro Bacci, 1492-1556), brillant pamphlétaire, était redoutée de ses contemporains. L'œuvre poétique du **Tasse** (Torquato Tasso, 1544-1595), personnage tourmenté à la lisière de la folie (*La Jérusalem délivrée*), s'inscrit dans le cadre troublé de la période maniériste.

Le passage de l'Italie sous domination étrangère se traduisit par un certain silence littéraire. Il faut attendre le XVIIIe siècle pour voir apparaître un auteur de théâtre aussi prolifique que **Carlo Goldoni** (1707-1793) qui substitue, à la farce classique (*commedia dell'arte*) et à ses personnages stéréotypés, la comédie de mœurs (*La Veuve rusée, La Locandiera, Le Bourru bienfaisant*). Si les *Dernières Lettres de Jacopo Ortis* d'**Ugo Foscolo** (1778-1827) s'intègrent dans le courant préromantique des *Souffrances du jeune Werther* de Goethe, elles s'en différencient par leur connotation patriotique (thème de l'exilé romantique), qui préfigure le *Risorgimento*. **Giacomo Leopardi** (1798-1837, *Chants*) est considéré comme l'un des plus grands poètes lyriques italiens. Plus tard, la publication par le poète et romancier **Alessandro Manzoni** (1785-1873), chef du mouvement romantique italien, de l'épique *I Promessi Sposi* (*Les Fiancés*) marque la naissance du roman italien moderne. A travers son œuvre, Manzoni prend également une part active au *Risorgimento*.

HISTOIRE ET SOCIÉTÉ

CHATEAUBRIAND, STENDHAL ET L'ITALIE

Homme politique de première importance et écrivain célèbre dès son vivant, le flamboyant **François-René de Chateaubriand** a déjà parcouru toute l'Italie avant de devenir **ambassadeur de France** à Rome de 1828 à 1829. Il organise de splendides réceptions à la Villa Médicis, lance les fouilles de Torre Vergata (ruines près du tombeau de Néron, à Rome) et prononce un discours devant le conclave à la mort de son ami le pape Léon XII. A la même époque, **Henri Beyle** vit humblement à Milan, écrit pour quelques "*happy few*" sous le nom de **Stendhal** puis occupe le modeste poste de **consul de France** à Trieste et à Civitavecchia. Ces deux génies de la littérature française, aux destins si différents, ont partagé la même passion pour l'Italie. Le premier l'exprime avec flamme dans ses *Mémoires d'outre-tombe*. Le second nous laisse les récits *Rome, Naples et Florence*, les *Chroniques italiennes* et l'inoubliable *Chartreuse de Parme*. Il fera inscrire sur sa tombe *Henri Beyle, Milanese* (Milanais).

LA LITTÉRATURE DU XXe SIÈCLE

Au XXe siècle, avec la montée du communisme, du socialisme et du fascisme, les écrivains italiens rompent avec le modèle littéraire traditionnel. Par son travail sur la relativité de la vérité, le dramaturge **Luigi Pirandello** (1867-1936), prix Nobel, fut le précurseur du théâtre expérimental moderne (*Six personnages en quête d'auteur, Henri IV, Chacun sa vérité*). Un autre écrivain anticonformiste, **Italo Svevo** (1861-1928), s'employa surtout à décrire les mœurs de la bourgeoisie (*La Conscience de Zeno, Une vie, Sénilité*).

En **poésie**, l'Italie fut le foyer des **modernistes**. Le plus brillant d'entre eux, le controversé **Gabriele D'Annunzio** (1863-1938), aussi célèbre pour ses faits d'armes héroïques et ses escapades amoureuses que pour ses vers excentriques, était un véritable hédoniste, comme l'indique le titre d'un de ses ouvrages, *Il Piacere (L'Enfant de volupté)*. Vers le milieu du XXe siècle, **Giuseppe Ungaretti** (1888-1970) et les deux poètes, prix

Nobel, **Salvatore Quasimodo** (1901-1968, *Eaux et terres*) et **Eugenio Montale** (1896-1981, *Les Occasions*) dominèrent la scène littéraire. Montale et Quasimodo fondèrent le "mouvement hermétique" mais devinrent plus accessibles et plus engagés politiquement au moment de la Seconde Guerre mondiale. Ungaretti répandit en Italie les innovations littéraires des symbolistes français. Son recueil *L'Allegria* lança un courant poétique qui tendait vers davantage de pureté dans la forme et de clarté dans le fond.

Les années 1930-1940 virent émerger un groupe de jeunes auteurs italiens ouverts aux œuvres d'écrivains étrangers. Cette école comprend **Cesare Pavese** (1908-1950, *La Lune et les Feux*, *La Prison*, *Le Métier de vivre*), amateur d'auteurs américains comme Ernest Hemingway, John Dos Passos et John Steinbeck, **Ignazio Silone** (1900-1978, *Fontamara*, *Le Grain sous la neige*), très engagé à gauche avant de finir "socialiste sans parti et chrétien sans église", **Vasco Pratolini** (1913-1991, *Un héros de notre temps*), scénariste du *Rocco et ses frères* de Visconti, et **Elio Vittorini** (1908-1966, *Conversation en Sicile*, *Les Hommes et les autres*), engagé au sein du Parti communiste et proche des "hermétiques". Un des ouvrages les plus représentatifs des années 1930 est *Pane e Vino* (*Le Pain et le Vin*), de Silone, écrit en exil. Le plus fécond des auteurs de cette époque, **Alberto Moravia** (1907-1990), écrivit *Les Indifférents*, une attaque contre le régime fasciste qui fut rapidement censurée. Plus tard, Moravia employa une forme plus obscure (*L'Amour conjugal*, *Le Conformiste*, *Le Mépris*, *La Ciociara*, *L'Ennui*). Plusieurs de ses romans ont été portés à l'écran, notamment *Le Conformiste* (Bernardo Bertolucci), *Le Mépris* (Jean-Luc Godard) et, plus récemment, *L'Ennui* (Cédric Kahn). Dans ses dernières œuvres, le thème du sexe est utilisé pour symboliser la violence et l'impuissance spirituelle de l'Italie. Le magnifique *Désert des Tartares* de **Dino Buzzati** (1906-1972) ne doit pas faire oublier le reste de son œuvre, empreinte de rêveries baroques (*Barnabo des montagnes*, *Un amour*, *Le K*, *La Fabuleuse Invasion de la Sicile par les ours*). Le romancier **Curzio Malaparte** (1898-1957, *Kaputt*, 1944, *La Peau*, 1949) est un auteur controversé pour ses opinions politiques et ses engagements changeants, mais d'un talent et d'une liberté d'esprit incontestables. **Elsa Morante** (1912-1985) a su à travers son œuvre (*Mensonge et sortilège*, 1948, *L'Ile d'Arturo*, 1957, *La Storia*, 1974) mettre en valeur le thème de l'enfance comme douloureux passage vers le monde des adultes.

Les jeunes voyageurs trouveront un intérêt particulier à la lecture du *Jardin des Finzi-Contini* de **Giorgio Bassani** (1916-2000). Son traitement de l'exclusion graduelle des Juifs par la société italienne fasciste a donné lieu à une adaptation cinématographique par De Sica. L'œuvre d'**Italo Calvino** (1923-1985, *Le Baron perché*, *Le Vicomte pourfendu*, *Le Chevalier inexistant*, *Marcovaldo*, *Palomar*) est largement publiée en français. Elle comprend aussi le classique *Si par une nuit d'hiver un voyageur...*, une farce enlevée sur les auteurs, les lecteurs et l'insatiable frénésie de lecture, inspirée de Jorge Luis Borges. Son goût pour l'invention littéraire et les jeux de langage le pousseront à participer au célèbre OuLiPo (Ouvroir de Littérature Potentielle, fondé par Raymond Queneau), qui s'efforce de transformer l'obstacle des contraintes de style en tremplin pour l'œuvre. Le romancier sicilien **Leonardo Sciascia** (1921-1989, *Le Jour de la chouette*, *Les Oncles de Sicile*) dénonce les compromissions de la société italienne tout en développant par ailleurs une œuvre empreinte de régionalisme. **Primo Levi** (1919-1987), philosophe et scientifique contemporain, raconte telle qu'il l'a vécue, sans haine ni parti pris, son expérience des camps de concentration dans *Si c'est un homme.*

Le Nom de la rose d'**Umberto Eco** (né en 1932), une enquête criminelle pleine de rebondissements menée dans un monastère au XIVe siècle (voir Sacra di San Michele pour en savoir plus), tient le lecteur en haleine tout en décrivant brillamment la crise du catholicisme au Moyen Age. Son *Pendule de Foucault*, presque précieux à force d'être complexe, s'efforce de retracer l'histoire des Templiers et les cinq siècles de conspirations qui suivirent leur fin tragique. Les thèmes médiévaux réussissent décidément aux auteurs italiens, si l'on en juge par le succès remporté par les œuvres de science-fiction de **Valerio Evangelisti**. Mêlant allégrement passé, présent et avenir, ces romans mettent en scène les aventures de *Nicolas Eymerich, inquisiteur.* Le redoutable père Nicolas aurait probablement fait quelques ennuis au dramaturge **Dario Fo**, le Nobel de littérature 1997, si l'on en juge par la réaction outrée de l'Eglise catholique lorsque le prix fut attribué à cette plume un peu trop acerbe. Ces dernières années, **Francesco Biamonti**, **Andrea Camilleri** (*La Concession du téléphone* et de nombreux romans policiers) et **Alessandro Baricco** (*Châteaux de la colère* et *Soie*, prix Médicis étranger 1995) ont été publiés en français par de grandes maisons d'édition. **Susanna Tamarro**, très populaire en Italie, est connue pour ses romans (*Va où ton cœur te porte*, 1996) et ses recueils de nouvelles (*Réponds-moi*, 2001) mais écrit également beaucoup pour la jeunesse. Enfin, **Roberta Corradin** a publié en 2001 *Déshabillez-moi*, roman sur les tribulations d'un groupe de féministes (aux éditions Florent Massot présente). Elle est devenue, grâce à ce roman, la Helen Fielding (*Le Journal de Bridget Jones*) italienne.

QUELQUES LIVRES EN FORME DE FLORILÈGE

Vous trouverez parmi ces ouvrages des sources de rêverie et d'évasion, des tableaux historiques et de grands classiques :

Le Baron perché, Italo Calvino, 1957. Après être monté, à l'âge de 12 ans, en haut d'un arbre, un jeune baron décide de ne plus en redescendre. Ce qui ne l'empêchera pas de devenir célèbre. Il s'agit d'un des romans les plus emblématiques de l'œuvre d'Italo Calvino, souvent à la marge du fantastique.

Chroniques italiennes, Stendhal, 1855. Consul de France à Civitavecchia, au nord-ouest de Rome, Stendhal s'ennuie. Il fait copier de vieux manuscrits italiens, récits violents d'aventures vécues depuis la Renaissance. Il va recréer son univers romanesque à partir de ces drames authentiques.

Le Conformiste, Alberto Moravia, 1951. Marcello, parce qu'il a vécu une enfance chaotique, décide à l'âge adulte de vivre la vie de Monsieur Tout-le-monde. Dans l'Italie fasciste, la normalité c'est de s'inscrire au parti. Moravia, par son analyse psychologique, décortique une des aberrations de notre siècle.

Le Décaméron, Boccace, environ 1349-1353. Fuyant la peste qui décime Florence en 1348, sept jeunes femmes et trois jeunes gens trouvent refuge dans une maison. Pendant dix jours, chacune de ces dix personnes devra raconter une histoire différente par jour. Un classique de la littérature, à l'orée de la Renaissance italienne.

La Femme du dimanche, Fruttero et Lucentini, 1972. Meurtres mystérieux à Turin. Le commissaire Santamaria mène l'enquête. Le duo le plus célèbre du roman policier italien a voulu donner un portrait plus qu'inquiétant de la capitale du Piémont.

Les Fiancés, Alessandro Manzoni, 1842. Sur fond d'histoire de la Lombardie au XVIIIe siècle, Manzoni décrit les tribulations de deux fiancés, Renzo et Lucia, qui ne pourront s'unir qu'après bien des malheurs. Manzoni a signé là un des premiers romans modernes.

Le Guépard, Giuseppe Tomasi de Lampedusa, 1958. La Sicile, 1860. Garibaldi débarque à Marsala, la bourgeoisie en profite pour évincer l'aristocratie. Ce grand roman pessimiste dénonce avec force la résignation d'une société consciente de son déclin. Luchino Visconti en a réalisé une somptueuse adaptation en 1963.

Le Jardin des Finzi-Contini, Giorgio Bassani, 1962. A Ferrare, la chronique de la vie d'une famille juive pendant la montée du fascisme. Bassani, originaire de Ferrare, y a situé la plupart de ses écrits.

La Jérusalem délivrée, Le Tasse, 1581. Une épopée homérique sur les croisades dont l'un des héros est Godefroy de Bouillon. Immense poème, merveilleux et symbolique.

Mémoires, Casanova, 1791-1798. Somme littéraire gigantesque écrite en français, les *Mémoires* sont l'occasion pour Casanova de nous décrire la vie quotidienne d'un jeune aventurier du XVIIIe siècle, tour à tour gentilhomme, espion et séducteur.

Le Nom de la rose, Umberto Eco, 1980. Sur fond d'affrontement entre papes (Avignon et Rome) et de controverses religieuses, Guillaume de Baskerville, un moine, enquête sur des morts mystérieuses au sein d'une abbaye du nord de l'Italie. Un ouvrage aux multiples niveaux de lecture.

Promenades dans Rome, Stendhal, 1829. Stendhal écrit ses impressions sur la Ville éternelle. On y voit se superposer la Rome antique, la ville des Arts et la capitale d'un Etat appartenant à l'Eglise. Un guide parfait sur Rome.

Roland furieux, L'Arioste, 1532. L'histoire de Roland, neveu de Charlemagne, revue par un poète italien. Il mit 28 ans (1504-1532) à écrire ce long et beau poème.

La San Felice, Alexandre Dumas, publié en 1996. Ce roman inédit relate la très brève existence de la république Parthénopéenne, à Naples, entre 1798 et 1800. Pour une fois, le grand feuilletoniste du XIXe siècle ne joue pas avec l'Histoire, il la respecte mais son roman est aussi vivant et foisonnant que *le Comte de Monte-Cristo*.

La Storia, Elsa Morante, 1974. Iduzza, une institutrice violée par un soldat allemand, met au monde un enfant de cet homme. C'est l'itinéraire de cette femme et de son enfant que l'on va suivre durant la Seconde Guerre mondiale. Le roman provoqua un débat national à sa parution.

LA MUSIQUE

Sur le plan musical, on doit aux Italiens un certain nombre d'innovations majeures : la gamme, le piano, le violon Stradivarius et l'invention du système de transcription musicale encore en usage de nos jours. La musique vocale a toujours occupé une place prépondérante au pays du *bel canto*. L'**opéra**, né à Florence et à Naples, s'est perfectionné à Venise avant d'être consacré à Milan. La saison d'opéra dure de décembre à juin. Les productions de la Scala de Milan, du San Carlo de Naples et du Teatro dell'Opera de Rome sont particulièrement remarquables, mais il ne faudrait pas oublier Bari, Bergame, Gênes, Modène, Trieste et Turin (la Fenice de Venise a été détruite dans un terrible incendie en mars 1996, pour le plus grand malheur des Vénitiens et des amateurs d'opéra, et sa reconstruction pose de nombreux problèmes). Les billets ne sont pas très chers si vous les achetez le jour de la représentation ou si vous prenez des places debout. Ne désespérez pas si vous manquez la saison, car, tout au long de l'été, vous pouvez assister à des spectacles d'opéra en plein air dans les arènes de Vérone, ou lors de **festivals** comme le *Maggio Musicale Fiorentino* de Florence, qui a lieu en mai et en juin.

DU CHANT GRÉGORIEN AU MADRIGAL

Au Moyen Age, les chants religieux s'inspiraient de la liturgie juive (de quoi faire se retourner certains croisés dans leur tombe). De plus, les femmes pouvaient chanter, et ce jusqu'à 578 ap. J.-C., date à laquelle elles furent remplacées dans les chœurs catholiques par des castrats. On castrait en effet certains enfants avant que leur voix n'ait mué, car elle devait s'élever vers le ciel… Grégoire le Grand, qui donna son nom à la musique dite grégorienne, fut chargé de codifier les chants liturgiques qu'il avait entendus lorsqu'il était au monastère. La **monodie** ou **plain-chant** (musique liturgique chantée à une seule voix, sans chœur) accompagnait toutes les fêtes de l'année ecclésiastique. Grâce à des manuscrits retrouvés, on sait qu'il était demandé aux chanteurs de rester modestes et réservés dans l'accomplissement de leur tâche. Il existait donc bel et bien des *prime donne* au VIIe siècle. **Guy d'Arezzo** (995-1050), un autre moine italien, serait à l'origine de la transcription musicale (en réalité, il a inventé une troisième ligne pour le *la*) et c'est lui qui aurait nommé les notes de la gamme, avec la première syllabe de chaque vers de l'*Hymne à saint Jean*. Au Moyen Age et pendant la Renaissance, on pouvait entendre dans les églises les chants religieux composés dans les nombreux monastères italiens, reconnus comme le foyer de la musique religieuse. Plus tard, apparaissent les **madrigaux** qui feront du tort aux moines. C'est le début de l'*Ars Nova*, avec **Francesco Landini** (1325-1397) et **Pietro Casella** (vers 1280) qui essaient de mettre en musique des poèmes populaires (donc profanes) et de les adapter pour plusieurs voix. La **polyphonie** est née. Quel scandale ! Vient ensuite **Giovanni Palestrina** (1525-1594) qui essaye de supprimer l'affreuse tendance hérétique des madrigaux tout en conservant le style de la musique. De nos jours, son travail sur la polyphonie est largement répandu aussi bien en Italie qu'à l'étranger. En effet, on peut entendre la musique de cette époque dans de nombreuses cathédrales et basiliques. Prenez donc le temps d'entrer dans une de ces églises un après-midi. Vous pourrez presque vous prendre pour un chrétien du Moyen Age et vous laisser transporter par la beauté de la musique malgré l'effrayante menace qui pèse sur vous. Car souvenez-vous qu'à cette époque, il était interdit d'éprouver du plaisir en écoutant de la musique sous peine de damnation éternelle. Mais, n'oublions pas que les compositeurs de *musica da chiesa* (musique sacrée) écrivaient également d'autres morceaux pour des particuliers ou pour la cour, et il s'agissait souvent de chansons d'amour paillardes…

L'OPÉRA, UNE INVENTION ITALIENNE

Inventé par la **Camerata**, un collège artistique formé d'écrivains, d'aristocrates et de musiciens florentins, l'opéra vit le jour au début du XVIIe siècle. Il s'inspirait du théâtre de la Grèce antique pour mettre en musique la poésie. Après plusieurs années d'efforts couronnés par un succès incertain, **Jacobo Peri** composa *Daphné*, le premier opéra complet. Diffusé de Florence à Venise puis à Milan et à Rome, ce genre nouveau acquit un aspect de plus en plus formel.

L'opéra baroque, sous sa forme vénitienne ou romaine, est un genre mixte où les personnages sont nombreux et typés, l'intrigue complexe, où le tragique et le pathétique côtoient souvent le bouffon et le grivois, et où l'héroïsme des hommes croise le merveilleux et les divinités. Avec sa profusion de décors, son goût pour les machines, les vols, les transformations à vue, la scène baroque répond à cette luxuriance dramatique par un souci de merveilleux et de faste visuel. **Monteverdi** (*Orphée*, 1607, *Le Couronnement de Poppée*, 1642) peut être considéré comme le premier des grands compositeurs d'opéra baroque.

Aux alentours de 1700, une première réforme s'employa à dégager le drame de l'artificialité baroque dans un souci de retourner à la simplicité antique. Elle fut d'abord menée par un cercle littéraire, l'*Arcadia*, au sein duquel le librettiste **Métastase** fut prépondérant. Cette réforme qui fixait les nouvelles règles du *dramma per musica* devait aboutir à la création de l'*opera seria* (par opposition à l'*opera buffa*, opéra bouffe), ou opéra classique, qui marquera tout le XVIIIe siècle italien. Ce genre fut représenté par des compositeurs comme **Alessandro Scarlatti** (1660-1725), considéré comme l'un des créateurs de l'aria (solo vocal accompagné). Il fonda également l'opéra napolitain, ce qui permit à Naples de devenir un important centre de la musique italienne (et de provoquer des crises cardiaques chez les membres de la Ligue du Nord). Citons également **Caldara**, **Porpora**, **Leo** ou **Jommelli**. **Pergolèse**, plus connu pour son *Stabat Mater*, ainsi que **Cimarosa** et **Paisiello** (*Il Barbiere di Siviglia*), qui ne dédaignaient pas l'opéra bouffe. Ceci contribua également à enrichir le répertoire de l'*opera seria*. Celui-ci fit la part belle aux interprètes, en particulier aux castrats, dont les fameux **Farinelli** et **Cafarelli** (lire le roman de Dominique Fernandez *Porporino ou les mystères de Naples*).

Malgré ses racines italiennes, l'*opera seria* devait connaître son apogée par l'entremise des **musiciens allemands** et **autrichiens** comme Haendel (*Rinaldo*), Gluck (*Orphée et Eurydice*, *Iphigénie en Aulide*) et, surtout, Mozart. Il faut en effet se souvenir que l'Italie du Nord était alors sous la domination de l'Autriche, d'où des influences réciproques. L'Italie restait néanmoins la référence obligée : "*Encore une cochonnerie allemande*", aurait commenté la femme de l'empereur Léopold, d'origine italienne, au terme de la première représentation de *La Clémence de Titus*, œuvre écrite en quinze jours par Mozart qui remplaçait au pied levé son confrère et rival **Salieri**. Les livrets de la plupart des opéras de Mozart sont en italien. Il trouva le complice idéal en la personne du poète vénitien **Lorenzo Da Ponte** (*Les Noces de Figaro*, *Don Giovanni*, *Cosi fan tutte*).

LE SIÈCLE DU BEL CANTO

Au XIXe siècle, la virtuosité et les fioritures vocales de l'*opera seria* cédèrent la place à une expression plus sobre mais d'une plus grande intensité dramatique. De nos jours, pour de nombreux amateurs, l'opéra se résume aux compositeurs du XIXe siècle comme **Verdi**, **Giacomo Puccini**, **Vincenzo Bellini** (*Norma*), **Donizetti** (*Lucia de Lammermoor*, *L'Elixir d'Amour*) et **Rossini** (*Le Barbier de Séville*, *Guillaume Tell*). Ces trois derniers sont les principaux créateurs de l'école du *bel canto*, qui vit le jour au début du XIXe siècle. *Bel canto* signifie littéralement "beau chant" et définit un style d'opéra qui privilégie les mélodies.

Avec ses intrigues basées sur d'extravagantes coïncidences et sa musique puissante et dramatique, l'opéra italien du XIXe siècle domine toujours la scène lyrique. **Giacomo Puccini**, le grand maître du *verismo* de la fin du XIXe siècle, met en scène des personnages ordinaires aux prises avec un terrible dilemme amoureux. Le créateur de *Madame Butterfly*, de *la Bohème* et de *Tosca* a su faire vivre, à travers la beauté de sa musique, des personnages féminins pleins d'humanité. Le grand maître du *bel canto*, **Rossini**, se vantait de composer sa musique plus vite que les copistes ne pouvaient reproduire ses partitions. **Giuseppe Verdi** fut la figure la plus éminente de l'opéra du XIXe siècle, dont il fit évoluer le style au cours de sa longue carrière. Des débuts de Verdi on connaît *Nabucco*, une œuvre puissante du *bel canto*. Le chorus *"Va pensiero"* devint l'hymne de la liberté et de l'unité italiennes. Plus tard, les mélodies mémorables de *Rigoletto*, de *la Traviata* et d'*Il Trovatore* exprimèrent les drames intimes des personnages. Pendant la dernière partie du siècle, on doit à Verdi les conflits héroïques d'*Aïda*, la violence dramatique d'*Otello* et la comédie pleine d'entrain *Falstaff*. Verdi était devenu une telle idole que *"Viva Verdi"* fut l'un des cris de bataille du Risorgimento. D'ailleurs, par une de ces extraordinaires coïncidences dont l'histoire est si friande, Verdi est l'acronyme de **V**ittorio **E**manuele **R**ei **D'I**talia, ce que les patriotes piémontais ne manquèrent pas de remarquer.

Enfin, l'opéra ne serait rien sans ses interprètes d'aujourd'hui. Si l'on ne présente plus **Luciano Pavarotti** et **Ruggero Raimondi**, la relève est assurée par de jeunes chanteurs comme le ténor français d'origine italienne **Roberto Alagna**, ou encore la mezzo soprano **Cecilia Bartoli**.

DU BAROQUE À LA MUSIQUE CONTEMPORAINE

La musique vocale et instrumentale italienne précède l'avènement de l'opéra. La musique sacrée (*musica da chiesa*) du Moyen Age et de la Renaissance et la *musica da camera* (musique de chambre) sont toujours vivement célébrées lors des nombreux festivals italiens. Citons à ce titre **Carlo Gesualdo** (1560-1613) et le grand **Claudio Monteverdi** (1567-1643), déjà cité, tous deux emblématiques du style polyphonique : on leur doit de nombreux motets, chants d'église à plusieurs voix souvent composés sur des paroles en latin. La musique instrumentale commença à s'imposer au XVIIe siècle à Rome. **Vivaldi** (1678-1741), le compositeur vénitien des *Quatre Saisons*, écrivit près de 400 concertos. Avec lui, le concerto acquit sa forme actuelle, dans laquelle le soliste est accompagné par un orchestre complet (l'*estro armonico*). On oublie parfois que le "prêtre roux" fut aussi un compositeur d'opéra (*Orlando*) et de musique religieuse (*Gloria* en ré majeur).

C'est au XVIIIe siècle que l'Italie commença à diffuser ses nouveaux styles musicaux. Vers le milieu du siècle, on se mit à jouer séparément l'ouverture des opéras, créant ainsi un nouveau genre, la **symphonie**, dont la forme s'affranchira et trouvera sa plus haute expression avec les compositeurs allemands.

La musique italienne continua de s'exprimer au XXe siècle avec **Ottorino Respighi** (1879-1936), auteur de *Pins de Rome* et de *Fontaines de Rome*, et **Giancarlo Menotti** et ses opéras courts (*Amahl et les visiteurs de la nuit*). Ce dernier est surtout connu comme le fondateur du **festival de Spolète**. Travaillant sur le métalangage, **Luciano Berio** défie les règles de l'instrumentation traditionnelle dans des morceaux comme *Séquence V* pour trombone solo et mime. **Luigi Dallapiccola** (1904-1975) s'est surtout illustré dans des œuvres chorales comme *Chants de captivité* et *Chants de libération*, deux pièces empreintes de dodécaphonisme et dénonçant le fascisme.

O SOLE MIO ! Jadis, il y a très longtemps, l'opulent Luciano Pavarotti jouissait d'une respectabilité de bon aloi, installé confortablement sur les rayonnages de CD des amateurs de musique classique. Le reste du monde avait peut-être eu l'occasion de lire un article dans lequel Luciano commentait les effets de son dernier régime amaigrissant, mais c'était à peu près tout. Puis vint cette nuit de sinistre mémoire (à moins que l'invasion n'ait commencé avant, ici la chronologie se brouille) où les Parisiens furent tirés de leurs sommeil, hébétés et en sueur, par une clameur terrible venant du Champ de Mars : *O SOLE MIIIIIIIIIO !!!* Luciano Pavarotti venait de découvrir le microphone et, forts de cette nouvelle arme, lui et son gang de ténors avaient commencé la conquête du monde de la pop. Michael Jackson n'avait qu'à bien se tenir. Pavarotti était partout. Alors même qu'on croyait lui avoir échappé, il surgissait tel un diable napolitain de sa boîte (il n'est cependant pas originaire de Naples mais de Modène) et y allait de sa sérénade : Pavarotti et Sting (du défunt groupe Police), Pavarotti et U2 (The Passengers), Pavarotti et Zucchero, Pavarotti chante Noël, Pavarotti chante pour Sarajevo... On retrouve le fameux ténor dans toutes les compilations, des “trésors du classique” aux tubes de l'été. Pas de doute : à une époque où l'on répertorie suffisamment de genres musicaux différents pour remplir un dictionnaire, il fallait bien un homme aussi universel pour nous rappeler ce que “variété” veut dire.

LA CANZONETTA

L'exemple du polyvalent Luciano Pavarotti (voir encadré **O Sole mio !**) le montre bien : en Italie, la frontière entre la “grande musique” et la chanson populaire n'existe pas. Il n'y a que des chanteurs, de préférence ayant du coffre. Dès l'arrivée du rock en Italie, dans les années 1960, celui-ci s'est mêlé à la tradition locale de la chanson d'amour bien sentie (dont le **festival de San Remo** est devenu le symbole) pour créer un style tout à fait caractéristique. Les stars de la *canzonetta* italienne se nommaient alors **Pino Daniele**, **Vasco Rossi** ou **Lucio Battisti**. La mort de ce dernier à l'âge de 55 ans, en septembre 1998, a marqué pour beaucoup d'Italiens la fin d'une époque. Ses textes poétiques mais non engagés (le plus souvent dus à son complice Mogol), assortis d'une musique souvent empreinte de psychédélisme, avaient su séduire une Italie déchirée par les luttes politiques.

La relève est depuis longtemps assurée par des vedettes comme **Laura Pausini**, régulièrement au top 20 italien, et **883** (Otto Otto Tre), dont le dernier tube s'intitule *Come deve andare*. Certaines d'entre elles, en particulier le séduisant **Eros Ramazzoti**, incarnation du *latin lover*, ou encore **Adriano Celentano**, sont connues dans toute l'Europe. L'Italie a par ailleurs connu des artistes plus ouvertement rock : **Moda** a collaboré avec l'ancien guitariste de David Bowie, Mick Ronson (décédé depuis), tandis que **Litfiba** s'est révélé comme l'un des groupes les plus originaux des années 1980. Aujourd'hui, **Gang** ou **Mau Mau** mêlent les rythmes africains à la pop. L'Italie, pays de la “tchatche”, ne pouvait pas ne pas donner naissance à des rappeurs : ainsi naquit **Jouanotti**, dont l'immortel *Ombelico del mondo* sonne comme la pluie (*Piove, senti coma piove*) à nos oreilles. Plus jeune, le beau **Tiziano Ferro** donne dans un rap plus *groovy*. Dans un autre genre, **Lucio Dalla** est l'un des premiers chanteurs italiens à avoir utilisé la musique comme canal de protestation et abordé des thèmes comme les relations entre le Nord et le Sud, la dénonciation de la Mafia et la corruption du gouvernement. Mais n'oublions pas **Zucchero**, personnage débraillé dont la voix rauque rappelle celle de Joe Cocker. Le fait de chanter dans sa langue ne l'empêche pas de remporter un grand succès à l'étranger. Enfin, assez connu en France où il se produit fréquemment, le pianiste de jazz **Paolo Conte** nous interprète ses rengaines désabusées.

Mais que serait la *dolce vita* sans night-clubs ? **Giorgio Moroder** fut dans les années 1970 le principal promoteur de la **disco** en Europe, avant de se lancer dans les musiques de film et de cosigner des tubes avec David Bowie (*Cat People*, pour le film *la Féline*), Japan (*Live in Tokyo*) ou Blondie (*Call me*, pour le film *American Gigolo*, avec Richard Gere). La scène *dance* ne serait pas complète sans la présence à la fois sirupeuse et excitée de "groupes" italiens qui apportent cette indispensable touche de basilic à la soupe en sachet électronique servie dans certaines discothèques. La marque **Gala** a eu un certain succès durant l'été 1998 en laissant les garçons pleurer. Il en va de même d'**Eiffel 65**, à qui revient la palme des textes les plus aboutis avec son inénarrable *Blue*, le célèbre *"Dabedi, dabedaï..."* répété à l'envi.

LE CINÉMA

LES DÉBUTS DU CINÉMA ITALIEN

Le cinéma n'est qu'un des nombreux domaines où le génie italien a trouvé à s'exprimer. Construits en 1905-1906 à Turin, les **studios Cines** abritèrent le développement d'un genre spectaculaire, basé sur la reconstitution grandiose d'événements historiques, le **peplum**. Le *Quo Vadis* (1912) d'**Enrico Guzzani**, la première superproduction de l'histoire du cinéma, connut un succès international, tout comme *Cabiria* (1913) de **Giovanni Pastrone**, dont le scénario et les intertitres furent rédigés par Gabriele D'Annunzio. C'est également dans *Cabiria* que l'on assiste à l'invention d'un langage et de techniques cinématographiques (champ, contrechamp, travelling) qui s'écartent du théâtre. Juste avant la Première Guerre mondiale, le *star system* italien (*divismo*) commença à voir le jour. L'intérêt du public et le succès économique des films se mirent à dépendre de la présence de célébrités et en particulier de *dive* telles que Lyda Borelli et Francesca Bertini, qui incarnèrent la "femme fatale" italienne.

FASCISME ET CINECITTÀ

S'inspirant de Lénine, Mussolini souhaitait faire du cinéma, formidable outil d'édification des masses, un des instruments de sa propagande : il fonda le *Centro Sperimentale della Cinematografia*, une école nationale de cinéma, ainsi que les immenses **studios Cinecittà**, dans la banlieue de Rome. Cinecittà, en regroupant toute la chaîne du cinéma (écriture du scénario, fabrication des décors, tournage, montage, postproduction et distribution), permettait au cinéma italien d'être autarcique et authentiquement autonome. Le metteur en scène **Luigi Chiarini** forma de nombreux étudiants comme **Roberto Rossellini**, **Giuseppe De Santis** et **Michelangelo Antonioni**.

L'industrie cinématographique, châtrée par la censure mussolinienne, ne produisit alors pas de grands films.

LE NÉORÉALISME

A la chute du fascisme, toute une génération de jeunes réalisateurs put enfin s'exprimer librement et donner naissance au **néoréalisme** italien (1943-1950). Ce nouveau genre cinématographique rejetait les plateaux et les vedettes. Les nouveaux cinéastes se voulaient proches de la réalité et tournaient en décors naturels. C'est ainsi que des productions à petit budget, en partie à cause des conditions économiques de l'après-guerre, furent à l'origine d'une véritable révolution cinématographique. *Roma Città aperta* (*Rome ville ouverte*, 1946) de **Roberto Rossellini**, l'histoire d'un chef de la résistance tentant d'échapper à la Gestapo, fut tourné dans les rues de Rome, et dans un style documentaire. On lui doit également *Paisà* (1946), *Allemagne année zéro* (1947) et *Stromboli* (1950). *Le Voleur de bicyclette* (1948) de **Vittorio De Sica**, sans doute le film néoréaliste le plus célèbre, remporta le plus gros succès commercial. *Ossessione* (1942) de **Luchino Visconti** (tiré du roman noir de James Cain *Le facteur sonne toujours deux fois*) fut le premier film néoréaliste marquant du cinéaste, qui évolua ensuite vers un style très personnel et beaucoup moins sobre, au cours d'une carrière exceptionnelle : *Bellissima* (1951), *Senso* (1954), *Rocco et ses frères* (1960), *Le Guépard* (1963), *Les Damnés* (1969), *Mort à Venise* (1971), *Ludwig* (1973) ou encore *L'Innocent* (1976).

LES ANNÉES 1960

En abandonnant les thèmes de la résistance pour se tourner vers les problèmes sociaux, le cinéma néoréaliste perdit de sa popularité. A partir des années 1950, Fellini et Antonioni, rejetant les mécanismes classiques de l'intrigue et des personnages, se mirent à dépeindre un monde plus subjectif.

Film italien par excellence, *La Dolce Vita* de **Federico Fellini**, tourné en 1960, évoque la société romaine élégante et décadente des années 1950 (tout le monde se souvient de la fameuse scène entre Marcello Mastroianni et Anita Ekberg dans la fontaine de Trevi). Dans *Fellini Roma* (1972), largement autobiographique, *Amarcord* (1973), *La Cité des femmes* (1980) et *Et vogue le navire* (1982), le réalisateur fait défiler une galerie de personnages extravertis dans une atmosphère onirique et baroque qui contraste avec les films plus classiques de ses débuts (*La Strada*, 1954).

Parmi les œuvres du grand **Michelangelo Antonioni**, il faut citer la trilogie formée par *L'Avventura* (1960), *La Notte* (1961) et *L'Eclipse* (1962), qui nous présente de jeunes couples blasés, à la dérive. Antonioni veut insister sur l'incommunicabilité entre les êtres par des prises de vue étonnantes de détachement. *Blow-up* (1966), film tourné en anglais dans lequel un photographe se persuade d'avoir été témoin d'un meurtre sur fond de "swinging London", demeure empreint de ce regard "froid" et distancié.

Pier Paolo Pasolini, qui connut un grand nombre de procès pour ses opinions politiques et religieuses, fut à la fois poète (*Les Cendres de Gramsci*, *Poésie en forme de rose*), romancier (*Ragazzi di vita*), dramaturge (*Œdipe roi*, *Médée*) et le réalisateur le plus controversé de son temps (*L'Evangile selon saint Matthieu*, 1964 ; *Des Oiseaux petits et gros*, 1966 ; *Théorème*, 1968 ; *Porcherie*, 1969 ; *Le Décaméron*, 1971 ; *Salo ou les 120 journées de Sodome*, 1974). Très engagés à gauche, ses premiers films décrivent l'univers du sous-prolétariat romain, de la prostitution et de la délinquance (*Accatone*, 1961 ; *Mamma Roma*, 1962, incarnée par la superbe Anna Magnani) tout en restant toujours marqués par la religion.

DES ANNÉES 1970 À NOS JOURS

Durant les années 1960 et 1970, le cinéma italien est en phase avec une société de plus en plus politisée. **Francesco Rosi** n'hésite pas à exposer ses opinions sur le monde politique, la Mafia, le fascisme ou la société italienne dans *Salvatore Giuliano* (1961), *Main basse sur la ville* (1963), *L'Affaire Mattei* (1971), *Lucky Luciano* (1973), *Cadavres exquis* (1975) ou *Le Christ s'est arrêté à Eboli* (1978). **Bernardo Bertolucci** s'est surtout illustré dans des films comme *Le Conformiste* (1970, d'après le roman d'Alberto Moravia), l'histoire d'un homme chargé d'assassiner son ancien professeur pour prouver sa fidélité à l'idéologie fasciste, ou encore *1900* (1975), une immense fresque sur les luttes de classes pendant la montée du fascisme. Plus connu du grand public pour *Le Dernier Tango à Paris* (1972), avec Marlon Brando, il fut récompensé par l'académie des Oscars pour *Le Dernier Empereur* en 1987. Ses derniers films sont *Little Buddha* (1993) et *Beauté volée* (1996), avec Liv Tyler. Parmi les autres classiques italiens, n'oublions pas *le Jardin des Finzi-Contini* (1970) de **Vittorio De Sica**, d'après l'œuvre de Giorgio Bassani, *Parfum de femme* (1975) de **Dino Risi**, *Une Journée particulière* (1977) d'**Ettore**

Scola. Fasciné par l'Amérique, **Sergio Leone** s'imposa sur la scène mondiale comme le maître incontesté du western-spaghetti avec le désormais classique *le Bon, la brute et le truand* (1967), mais aussi comme le maître de l'épopée tragique (*Il était une fois dans l'Ouest*, 1969 ; *Il était une fois en Amérique*, 1984). Parallèlement à ce cinéma plutôt classique, certains réalisateurs ont développé le film d'horreur ou "*gore*" : l'inoubliable *Masque du démon* (1960) de **Mario Bava**, *Anthropophageous* (1980) de **Joe D'Amato**, *Caligula* (1977) de **Tinto Brass**, qui mélange érotisme et violence, ou encore les films du maître du genre, **Dario Argento** (*Demonia*, *Inferno*, *Tenebrae*). Dans les années 1980, les frères **Taviani** connurent un succès international avec *La Nuit de San Lorenzo* (1982), qui dépeint un village de Toscane pendant les derniers jours tragiques de la Seconde Guerre mondiale, et *Kaos* (1984), d'après des nouvelles de Pirandello. L'absence de relève et de moyens financiers, entre autres, ont marqué le début de la crise du cinéma italien au milieu des années 1970. Les studios Cinecittà ne servaient plus qu'à Fellini, qui leur rend un hommage mérité dans *Intervista* (1986). Quelques productions américaines y sont maintenant tournées (*Cliffhanger* et *Daylight*, entre autres) comme le furent des superproductions flamboyantes comme *Ben Hur* et *Cléopâtre*.

Aujourd'hui, la nouvelle génération est représentée par des réalisateurs comme **Giuseppe Tornatore** (*Cinema Paradiso*, 1988) et surtout **Nanni Moretti**, l'auteur de *La messe est finie* (1985), de *Palombella rossa* (1989) et de *Journal intime* (1993), qui fait l'amer constat que l'engagement politique du cinéma italien s'est émoussé. Le réalisateur a remporté la palme d'or au festival de Cannes en 2001 pour son film *La Chambre du fils*, qui dépeint d'une manière juste et sensible la tragique histoire d'une famille tentant de rester unie après la perte d'un enfant.

L'Italie possède aussi une grande tradition **comique**. L'acteur Toto, fils naturel d'un duc napolitain, fut l'équivalent italien d'un Fernandel ou, plus élogieux, d'un Charlie Chaplin. La comédie italienne, souvent douce-amère, est incarnée par les cinéastes **Mario Monicelli** (*Le Pigeon*, 1958 ; *La Grande Guerre*, 1959 ; *Mes Chers Amis*, 1975), **Dino Risi** (*Le Fanfaron*, 1962 ; *Les Monstres*, 1963) et **Ettore Scola** (*Drame de la jalousie*, 1970 ; *Nous nous sommes tant aimés*, 1974 ; *Affreux, sales et méchants*, 1975 ; *Le Bal*, 1983). Plus récemment, l'acteur **Roberto Begnini** s'est illustré dans de nombreuses comédies italiennes et dans le film de Jim Jarmusch *Down by law*. Passé à la réalisation avec notamment *La vie est belle*, comédie tragique sur le génocide juif, il a suscité des réactions passionnées : des voix se sont élevées pour dénoncer l'utilisation de la Shoah dans le cadre d'une fiction, et à plus forte raison d'une comédie, tandis que d'innombrables spectateurs proclamaient avoir été profondément émus par le film.

Enfin, rappelons que l'Italie compte de nombreux **festivals** de cinéma : le Festival international du nouveau cinéma de Pesaro (juin), le Festival international du film de Taormine et Messine (juillet), le festival de Florence (décembre) et surtout, la **Mostra** de Venise (fin août-début septembre), considérée par beaucoup comme le meilleur festival de cinéma au monde.

QUAND L'ITALIE FAIT SON CINÉMA

La péninsule a souvent servi de toile de fond au cinéma. Il est vrai que la gamme de paysages naturels dont elle dispose est si variée qu'elle constitue une source intarissable d'inspiration et de décors irremplaçables pour les tournages. Voici une liste de films mettant en scène l'Italie : certains sont incontournables, mais tous ont été choisis pour l'envie qu'ils donnent de visiter le pays.

Amarcord, Federico Fellini, 1973. Souvenirs de Fellini, images de son enfance en Emilie-Romagne, à Rimini. Truculent. Le titre signifie "je me souviens" en patois de la région.

L'Année de plomb, John Frankenheimer, 1991. Sharon Stone dans la tourmente de l'année 1978, lorsque les Brigades rouges enlèvent Aldo Moro. Très belles vues de Rome.

HISTOIRE ET SOCIÉTÉ

L'Arbre aux sabots, Ermanno Olmi, 1978. Palme d'or au festival de Cannes pour cette reconstitution très fidèle du milieu paysan et de la vie quotidienne d'une ferme lombarde au XIXe siècle. Précision, rigueur, acteurs non professionnels, presque un documentaire.

L'Avventura, Michelangelo Antonioni, 1960. "Itinéraire sentimental" d'un couple qui se rencontre par hasard. A sa sortie, le film ne fit pas l'unanimité et divisa public et critique. Paysages de Sicile : îles Eoliennes et Taormine.

Beauté volée, Bernardo Bertolucci, 1996. Uniquement pour les paysages de Toscane, ensoleillés et magnifiques.

Ben Hur, William Wyler, 1959. Film fleuve tourné en partie à Cinecittà. Budget énorme, 11 oscars. Une réalisation épique, le souffle de l'Histoire et une inoubliable course de chars. Le peplum par excellence.

Cabiria, Giovanni Pastrone, 1914. Un budget colossal pour une œuvre hors norme qui inspirera à Griffith *Naissance d'une nation* et *Intolérance*. A noter, la première apparition de Maciste le colosse, qui allait inspirer un nombre de films incalculable (notamment l'inoubliable *Maciste contre Zorro*).

Cadavres exquis, Francesco Rosi, 1975. Des juges sont assassinés à Palerme. Un inspecteur (Lino Ventura, magnifique) soupçonne la Mafia : cela lui sera fatal. La collusion entre Mafia et milieu politique est clairement dénoncée par Rosi.

Caravaggio, Derek Jarman, 1985. La vie du Caravage, le peintre maître du clair-obscur. Un effort particulier a été porté sur la lumière afin de recréer l'atmosphère des tableaux.

Casanova, un adolescent à Venise, Luigi Comencini, 1969. Adaptation des *Mémoires* du grand séducteur, ce film présente une reconstitution minutieuse de la vie quotidienne dans la Sérénissime du XVIIIe siècle. La scène de l'opération chirurgicale est un moment d'anthologie.

Chambre avec vue, James Ivory, 1985. Au début du siècle, en Toscane, la découverte de l'amour par une jeune Anglaise qui devra faire fi des conventions. Une atmosphère surannée, une reconstitution parfaite, une Florence 1900 très réussie.

Cinema Paradiso, Giuseppe Tornatore, 1988. Revenu en Sicile, un cinéaste se remémore son enfance à travers sa découverte du cinéma et l'amitié qui le liait à un vieux projectionniste (Philippe Noiret). Comédie attendrissante et très réussie, mariant le rire à l'émotion. La scène finale rend hommage aux plus beaux baisers de cinéma.

Don Giovanni, Joseph Losey, 1979. L'opéra de Mozart mis en scène à Venise et dans les villas de Palladio. Costumes magnifiques, mise en scène remarquable. Ruggero Raimondi incarne parfaitement le rôle-titre.

Le Facteur, Michael Radford, 1995. Un facteur devient l'ami du poète chilien Pablo Neruda, exilé en Sicile ; interprétation très sensible de Massimo Troisi.

Le Fanfaron, Dino Risi, 1962. Le couple Gassman-Trintignant fonctionne à merveille dans cette comédie impitoyable sur les dangers de l'insouciance.

Le Grand Bleu, Luc Besson, 1988. Pour les vues très belles de Taormine et de l'hôtel creusé à flanc de falaise. "Roberto, mi palmo !"

Le Guépard, Luchino Visconti, 1963. Palme d'or à Cannes. Lors du débarquement des Chemises rouges en Sicile, le prince Salina, un propriétaire terrien vieillissant, s'interroge et perçoit la fin de son monde. Reconstitution historique, analyse politique très fine et Burt Lancaster dans le rôle de sa vie. Attention, chef-d'œuvre.

Il Bidone, Federico Fellini, 1955. Une histoire de rédemption chez des escrocs à la petite semaine. La vie quotidienne dépeinte par Fellini, sordide et triste, dans l'Italie de l'après-guerre.

Le Jardin des Finzi-Contini, Vittorio De Sica, 1970. Belle adaptation du roman éponyme de Giorgio Bassani. Plus une chronique du temps qui passe qu'une évocation historique. Belles vues de Ferrare.

Une Journée particulière, Ettore Scola, 1975. La rencontre étrange entre une ménagère (Sophia Loren) et un homosexuel (Marcello Mastroianni) le jour de la venue de Hitler à Rome. Un très beau film.

La Dolce Vita, Federico Fellini, 1960. Palme d'or à Cannes. Les errances d'un journaliste à Rome. Film-étape dans la carrière du Maestro, *La Dolce Vita* nous présente Rome sous un jour nouveau, à la frontière du monde de fantasmes qui habitera les films futurs de Fellini.

Main basse sur la ville, Francesco Rosi, 1963. Scandales immobiliers dans le Naples du début des années 1960. Une œuvre politique virulente qui dénonce la société italienne du "miracle économique" et de la corruption.

Le Mépris, Jean-Luc Godard, 1963. Un couple se défait sous les yeux du spectateur. Œuvre phare, film mythique. La maison où se déroulent les scènes de tournage est celle de Malaparte à Capri ; belles vues de Cinecittà. La scène d'introduction entre Brigitte Bardot et Michel Piccoli est un miracle de cinéma, accompagné par la musique obsédante de Georges Delerue.

1900, Bernardo Bertolucci, 1975. L'itinéraire parallèle de deux enfants en Italie du Nord de 1900 à 1945. Montée du fascisme, analyse marxiste de la société, c'est un film à thèse. Mais c'est aussi une superbe reconstitution historique et un film-fleuve (plus de quatre heures, divisées en deux parties).

Mort à Venise, Luchino Visconti, 1971. Prix du XXVe Festival international du film à Cannes. Un compositeur de musique est fasciné par la beauté d'un adolescent. Un film crépusculaire, lent et très beau, bercé par la musique de Mahler et tiré de la nouvelle de Thomas Mann. Visconti a voulu représenter les derniers jours de Gustav Mahler sans le citer ouvertement. Les premières minutes (vue de la lagune) sont de toute beauté.

Padre Padrone, Paolo et Vittorio Taviani, 1977. Palme d'or à Cannes. Un jeune berger sarde, éloigné de l'école par son père, se dégage de la tutelle de celui-ci. Il finira par étudier et par écrire le récit de sa vie. Un quasi-documentaire, austère, sur le monde rural en Sardaigne.

Parfum de femme, Dino Risi, 1975. Drôle et désespérée, cette comédie fait preuve d'une rare sensibilité. Vittorio Gassman, étonnant et touchant en aveugle impuissant et tyrannique.

Le Petit Monde de Don Camillo, Julien Duvivier, 1951. Fernandel, ses conversations privées avec Dieu, ses altercations et sa lutte incessante avec Peppone, le maire d'un village de la plaine du Pô. Film-culte pour certains et qui reste dans les mémoires. L'un des meilleurs rôles de Fernandel. Suivront quatre autres *Don Camillo*.

Le Pigeon, Mario Monicelli, 1958. Un cambriolage perpétré par des amateurs finit mal. La pierre de taille et le modèle de la comédie à l'italienne. Une référence.

Le Porteur de serviette, Daniele Luchetti, 1991. Luciano, professeur naïf, est recruté par un ministre (Nanni Moretti) pour rédiger ses discours. Mais les apparences sont souvent trompeuses et la vie politique se révèle sordide. La satire est mordante. Fine analyse politique qui précédait de deux ans l'opération "mains propres".

Rome, ville ouverte, Roberto Rosselini, 1945. Grand Prix ex-aequo du Festival international du film de Cannes en 1946. Ce film, l'un des piliers du mouvement néoréaliste, est pratiquement un documentaire. Des vues saisissantes de Rome dévastée par la guerre.

Senso, Luchino Visconti, 1954. La lutte pour l'unité italienne, vue à travers une histoire d'amour impossible entre une comtesse vénitienne et un officier autrichien. Encore un chef-d'œuvre.

Le Sicilien, Michael Cimino, 1986. Vie et mort de Salvatore Giuliano. Rosi avait déjà fait un film sur cette figure historique. Ce n'est pas le meilleur film de Cimino. Pour les paysages de Sicile.

Vacances romaines, William Wyler, 1953. L'idylle mouvementée entre une princesse et un reporter. Le couple Audrey Hepburn-Gregory Peck. La vie quotidienne romaine saisie sur le vif.

LES MÉDIAS

LA TÉLÉVISION

Vous trouvez la télévision française racoleuse ou médiocre ? Que direz-vous des programmes italiens ? Les jeux télévisés, les débats et même les émissions pour enfants sont animés par des créatures pulpeuses aux tenues pailletées le plus échancrées possible. L'Italie compte trois chaînes publiques, **RAI 1**, **2** et **3**, et le réseau (très) commercial du président du Conseil, Silvio Berlusconi. Les chaînes du magnat de la presse, **Italia 1**, **Rete 4** et **Canale 5**, diffusent ce qu'il y a de pire sur le marché de l'audiovisuel, des séries américaines du type *Beverly Hills* ou *Alerte à Malibu* mais également des productions italiennes tout aussi indigestes, comme *Un Posto al sole*, équivalent du *Sous le soleil* français. **Magic**, la chaîne musicale italienne, diffuse les clips des grands succès de la pop. Plus tard dans la soirée, vous pourrez regarder des films interminables doublés, entrecoupés de publicités très explicites pour le téléphone rose.

Parmi la pléthore de jeux télévisés où l'on s'humilie pour de l'argent, vous trouverez la *Ruota della Fortuna* (*La Roue de la fortune*) et *Chi vuol' essere miliardario ?* (*Qui veut gagner des millions ?*, version italienne), qui ne seront pas sans vous rappeler certaines productions hexagonales. *Chi l'ha visto ?* (*Perdu de vue*) et *La Vita in diretta* (équivalent de *Loft story*) sont des émissions de télé-réalité. Si vous êtes un acharné de football, suivez *Quelli che il calcio*, un résumé hebdomadaire du championnat de football. Avec *Stricia la notizia*, vous serez informé des événements mondiaux, analysés avec humour. Sachez enfin, si vous avez vraiment le mal du pays, que certaines personnalités françaises, telles Marlène et Amanda Lear, animent des émissions (dont on n'a pas voulu en France) à la télévision italienne !

Ne soyez pas étonné, en allumant votre téléviseur, de tomber sur une chaîne non identifiée, car chaque région d'Italie possède un nombre impressionnant de réseaux locaux dont la qualité, hélas ! ne dépasse que rarement celle des programmes berlusconiens.

LA PRESSE ÉCRITE

Dans toutes les grandes villes italiennes, vous pouvez vous procurer des journaux français dans les **edicole**. Ces kiosques vendent également des magazines, les horaires de train, des bandes dessinées et des cartes postales. Même dans les petites villes, vous trouvez les grands quotidiens régionaux, diffusés à l'échelle nationale, comme les quotidiens conservateurs le **Corriere della Sera** de Milan et **La Stampa** de Turin (qui appartient à Fiat), et les quotidiens progressistes de Rome **La Repubblica** et **Il Messagero**. Il existe également plusieurs journaux sportifs : les deux principaux sont la **Gazzetta dello Sport** et le **Corriere dello Sport**, que la gent masculine italienne s'arrache le matin devant les kiosques. La voix du Vatican s'exprime, elle, à travers l'**Osservatore Romano**. Enfin, vous trouverez la liste des activités et des sorties dans des journaux spécialisés se vendant dans les grandes villes : **Roma C'è**, **TrovaRoma**, **TrovaMilano**, **Firenze Spettacolo** et **Qui Napoli**.

LA MODE

L'élégance est un mode de vie en Italie. En effet, dans un pays reconnu pour sa haute couture et ses créateurs, mais aussi pour ses sacs, ses chaussures ou encore ses tailleurs, il n'est pas étonnant que les Italiens fassent attention à ce qu'ils portent. Non seulement la qualité surpasse la quantité, mais vous ne verrez jamais une femme mal habillée, même au supermarché.

Au grand dam des Parisiens, des New-Yorkais et des Londoniens, c'est bien à Milan que la mode débute et prend fin. A la fin du XIXe siècle, l'Italie a commencé à faire parler d'elle en matière de mode avec les célèbres tissus de **Cerruti**. Au début des années 1900, **Adele Fendi** est réputé pour ses fourrures et le tout-Hollywood s'arrache les magnifiques chaussures de **Salvatore Ferragamo**. En 1950, c'est au tour du marquis **Emilio Pucci** de se faire remarquer avec ses imprimés éclatants aux formes géométriques. Son influence sur le monde de la mode a connu son apogée dans les années 1960 et 1970. Récemment, il a fait un retour sur la scène avec des articles *vintage*.

Fils d'artisan né à Florence en 1881, **Guccio Gucci** part quant à lui très jeune à Paris puis à Londres où il devient maître d'hôtel au Savoy. De retour à Florence, il crée un atelier de maroquinerie en 1923, puis son premier magasin et se spécialise d'abord dans les vêtements en cuir et les accessoires d'équitation. Le succès est immédiat et

Gucci ouvre de nouveaux magasins à Rome et à Milan, puis dans le monde entier. Aujourd'hui, les articles les plus célèbres de la maison Gucci restent le sac avec une anse en bambou, les valises, les mocassins portant la marque Gucci et le foulard "Flora" créé pour Grace Kelly.

Franco Moschino a toujours fait de la provocation sa marque de fabrique avec des slogans comme : "Attention : la mode peut être dangereuse pour votre santé" ou : "Le bon goût n'existe pas". Cet ancien illustrateur de Gianni Versace exprime son engagement en faveur de l'écologie et de la défense des animaux dans ses modèles, le choix de ses matériaux et ses campagnes publicitaires. Ses créations et ses accessoires sont volontairement extravagants. Madonna apprécie beaucoup ses sacs à main.

Valentino a habillé les plus belles femmes du monde, parmi lesquelles Jacqueline Kennedy (qui portait une de ses robes lors de son mariage avec Onassis), Elizabeth Taylor et Farah Diba. Né en 1932 à Voghera, près de Milan, il étudie la couture à Paris auprès de Guy Laroche puis retourne à Rome au début des années 1960. Sa boutique de la Via Condotti est fréquentée par les plus grandes vedettes de Hollywood. A la fin des années 1960, le couturier rencontre Giancarlo Giametti, un génie des affaires qui assurera le succès de Valentino à travers le monde.

Gianni Versace était le couturier phare des années 1980-1990. Il a réussi à s'imposer aux vedettes (Elton John, Elizabeth Hurley) et à rendre aux femmes leur droit à un érotisme "politiquement incorrect" et aux hommes leur "virilité séductrice". Versace, né à Reggio di Calabria en 1946, monté à Milan en 1971, créa sa propre marque en 1978, pour laquelle il a su utiliser une symbolique empruntée à l'Antiquité et à la Renaissance (la fameuse méduse). Organiser des défilés chic et choc avec les plus beaux et les plus chers mannequins dans des lieux extravagants était devenu sa touche personnelle : il avait compris que l'image d'une marque est aussi importante, sinon plus, que les produits qui la représentent. Il avait surtout le talent de bien suivre la mode plutôt que de la faire. Son assassinat, en juillet 1997, a eu un énorme impact dans le milieu du spectacle et marque un grand vide dans celui de la mode. Aujourd'hui, sa sœur Donatella a pris la relève et perpétue au travers des vêtements qu'elle crée l'esprit de son frère.

C'est dans les années 1980 que se révélèrent les deux couturiers **Domenico Dolce** et **Stefano Gabana**, unis sous un même sigle et désormais connus pour leur style sexy. N'oublions pas la grande maison de haute couture **Prada**, qui a contribué à catapulter Milan (et par là même toute l'Italie) au centre du monde de la mode.

CUISINE ET BOISSONS

Les dieux — et la Méditerranée — ont choyé l'Italie, qui est sans doute un des pays au monde où l'on mange le mieux. La *bella figurata* (visage joyeux) et la *passegiata* (promenade) de l'après-dîner sont des institutions incontournables, autant que le repas lui-même. Pizzas, pâtes et glaces ont fait le tour du monde. Mais aussi bonnes soient-elles, ne vous limitez pas à ce fameux triptyque. La cuisine italienne, extrêmement riche et variée, réserve bien d'autres plaisirs. Elle diffère d'une région à l'autre.

SPÉCIALITÉS RÉGIONALES

Le Nord propose des plats à base de crème, de champignons et de pâtes fraîches aux œufs. C'est également dans cette partie de l'Italie que l'on consomme la *polenta*, une préparation à base de farine de maïs, servie avec toutes sortes de sauces et de viandes. Les Méridionaux surnomment d'ailleurs *polentoni* (mangeurs de *polenta*) les habitants du Nord, qui leur rendent la pareille en les traitant de *terroni* (culs-terreux). La **Lombardie** est célèbre pour son *risotto alla milanese* préparé avec du riz *arborio* (riz rond italien), cultivé dans la plaine du Pô, et du safran. On peut également y déguster de délicieux plats de viande comme l'*osso buco* (veau braisé à la sauce tomate avec os à moelle) ou le *vitel tonè* (tranche de veau au thon). Parmi les desserts, le *panettone* a déjà franchi les frontières. La **côte Ligure** produit le *pesto alla genovese* (sauce au basilic dont on agrémente les pâtes), de l'huile d'olive, des fruits de mer et du poisson dont on fait la *burrida* (soupe de poisson). Ne manquez pas de goûter la *cima alla genovese* (épaule de veau farcie), aussi agréable à l'œil qu'au palais, ainsi que les surprenants beignets de fleurs de courgettes. Le **Frioul-Vénétie-Julienne** incorpore à sa cuisine de nombreuses épices comme le cumin et le paprika pour parfumer les viandes et les plats à base de crème. L'influence allemande et autrichienne marque le **Trentin-Haut-Adige** et la **Vénétie**, comme l'indiquent leurs gnocchis fabriqués avec de la fécule de pomme de terre. C'est à Venise que l'on sert les surprenants *spaghetti al nero di seppia* (spaghettis à l'encre de seiche). Le riz peut être également accommodé à l'encre de seiche (*riso nero*) et entre dans la recette d'une sorte de risotto, le *risi e bisi*, préparé avec des petits pois de Chioggia (il s'agit du plat traditionnel servi à Venise pour la fête du *Redentore*, qui commémore la fin de la grande peste). Autres spécialités de la lagune, le foie à la vénitienne et les *pasta e fagioli* (pâtes aux haricots), volontiers accompagnées d'artichauts. Les desserts sont représentés par le *pandoro* de Vérone (sorte de *panettone*). Le paradis de la *pasta* sous toutes ses formes et surtout de la *pasta ripiena* se trouve en **Emilie-Romagne** (voir encadré **A propos de pâtes**) où elle est servie accompagnée des sauces les plus variées (viande, crème, beurre, gorgonzola…), dont la célèbre sauce bolognaise. Le jambon de Parme illustre le raffinement gastronomique de cette riche région agricole. La **Toscane** est réputée pour son huile d'olive vierge de qualité et ses plats à base de haricots (*ribollita*, potée aux haricots et au chou). La façade maritime privilégie les recettes à base de poissons dont le *cacciuco alla livornese* (bouillabaisse à la mode de Livourne). Un des plats de viande typiquement florentins est l'*arista alla fiorentina* (carré de porc à la florentine). Enfin, si vous passez par Sienne, arrêtez-vous dans l'une de ses nombreuses pâtisseries pour y déguster l'emblématique *panforte* (gâteau compact aux épices et aux fruits confits). La cuisine des **Abruzzes** est forte et épicée. **Rome** et le **Latium** offrent une gastronomie variée mais avec une prédilection pour les viandes comme l'*abbachio* (agneau), préparé de diverses façons, la *porchetta* (cochon de lait farci) ou les fameux *saltimbocca* (saute-en-bouche), tranches de veau roulées avec du jambon et des feuilles de sauge. On y mange aussi des spécialités d'abats comme la *coda alla vaccinara* (queue de bœuf braisée avec des légumes), la *trippa alla romana* (tripes) ou les *animelle* (ris de veau). Les légumes sont à l'honneur avec les *carciofi alla giuda* (artichauts écrasés et frits à l'huile), les *spinacci* (épinards), la *rughetta* (roquette) ou les *puntarelle*, jeunes pousses d'une salade ressemblant au pissenlit et que l'on ne mange qu'à Rome. Dans le sud de la péninsule, peu industrialisé, la nourriture a su conserver une plus grande authenticité et coûte beaucoup moins cher. En **Campanie**, lieu de naissance de la célèbre pizza (la vraie pizza napolitaine n'est garnie que de tomate, de mozarella, d'huile d'olive et d'origan) et des *maccheroni* (macaronis), les sauces sont surtout préparées à base de tomates fraîches (*pommarola* en dialecte napolitain) et de basilic ou bien d'un mélange d'ail, d'huile, et de piment. La région de **Caserte** produit la véritable mozzarella au *latte di bufala* (lait de bufflonne), que l'on ne doit surtout pas assimiler à la pâle imitation industrielle au lait de vache fabriquée dans le nord. La cuisine de la **Pouille** utilise beaucoup l'ail et la viande de mouton (c'est la première région de production ovine du pays). Avec les poissons de l'**Adriatique**, on prépare la délicieuse *soupe de Gallipoli* ou le *ciambotto de Bari* (sorte de ragoût de poisson). Si vous aimez la charcuterie, ne manquez pas de goûter le boudin de Lecce et le saucisson de Foggia. On retrouve l'influence grecque à travers les spécialités calabraises à base de figues, de miel, d'épices et d'aubergines.

En **Sicile**, les Arabes introduisirent des produits comme le riz, les agrumes, le sésame (dont les pains siciliens sont saupoudrés) et en particulier les aubergines. Celles-ci entrent dans la composition de nombreux plats comme la *caponata* (marinade d'aubergines), la *pasta alla Norma* (sauce aux aubergines qui tire son nom de l'opéra du compositeur sicilien Bellini) ou les *melanzane alla parmigiana* (aubergines gratinées). Le riz est utilisé dans la fabrication des *arancine*, des boules de riz farcies de viande ou de *provolone* (voir plus loin), roulées dans la chapelure et frites. Région

À PROPOS DE PÂTES Difficile pour un étranger de s'y retrouver parmi toutes les formes de pâtes. Pour simplifier, il existe deux sortes de pâtes, *la pasta fresca* (pâtes fraîches) et *la pasta secca* (pâtes sèches).

Les recettes de **pasta fresca** varient d'une région à l'autre. En Emilie-Romagne, en Toscane, dans le centre (Latium, Abruzzes) et en Campanie, elle est faite avec de la farine mélangée à une grande quantité d'œufs sans ajout d'eau ni de sel. Dans le Piémont, en Ligurie et en Vénétie, la farine est additionnée d'eau et l'on y met moins d'œufs. Enfin, dans le Sud, la farine est remplacée par de la *semola* (semoule de blé dur) que l'on dilue simplement dans l'eau. On peut répartir les pâtes fraîches en deux catégories : *la pasta liscia* (pâtes plates) et la *pasta ripiena* (pâtes farcies). Parmi les **pâtes plates**, on distingue les *lasagne*, appelées *pappardelle* en Toscane (le mot *pappardelle* désignant ailleurs des pâtes plates moins larges que les *lasagne* mais plus larges que les *tagliatelle*), les *tagliatelle*, appelées *fettucine* à Rome, les *taglierini* ou *tagliolini*, plus fins que les *tagliatelle*, les *tonnarelli* ou *spaghetti alla chitarra*, sorte de spaghettis à section carrée, spécialité des Abruzzes. C'est surtout en Emilie-Romagne, dans le Nord et en Italie centrale qu'on rencontre les **pâtes farcies**. Ce sont par exemple les *canneloni* (rouleaux farcis à la viande), les *agnolotti* du Piémont (carrés à bords dentelés farcis à la viande et au chou), les *agnolini* d'Emilie (demi-lunes à la viande et aux légumes), les *capelletti* de Bologne (anneaux entourant un savant mélange de porc, de poulet, de dinde, de mortadelle, de jambon et de parmesan, relevé de noix de muscade), les *tortelli* d'Italie centrale (grands carrés à la ricotta et aux épinards) et bien sûr les célèbres *ravioli*.

La **pasta secca**, les pâtes sèches fabriquées industriellement et consommées dans toute l'Italie, le sont plus spécifiquement dans le sud de la péninsule. Il en existe des longues comme les *spaghetti*, les *spaghettini*, les *linguine* (ou bavettes), les *bucatini* (sorte de spaghettis creux) ou les *vermicelli*. Parmi les pâtes courtes et creuses, on peut citer les célèbres *maccheroni* (macaronis) napolitains, les *penne* (tubes taillés en biseau), les *penne rigate* (*penne* cannelées), les *fusili* (tortillons), les *rigatoni* (tubes courts à grosses cannelures), les *farfalle* (papillons), les *conchiglie* (coquillages), les *eliche* (hélices), les *lumache* (escargots), les *ruote di carro* (roues de chariot), etc.

Un peu à part, il ne faut pas oublier les **gnocchis**, coquilles pleines confectionnées en général à base de fécule de pomme de terre, mais parfois aussi de *semola*. A titre anecdotique, un individu un peu balourd peut être qualifié de *gnoccho* (équivalent français de "nouille").

de pêche, la Sicile propose également de nombreux plats de poisson comme le *pesce spada* (espadon), que l'on trouve sur tous les marchés, ou les *sarde* (sardines), qui servent à la préparation de la curieuse *pasta con sarde* (pâtes avec des sardines, du safran, des pignons de pin, des groseilles séchées et de l'aneth sauvage, le tout accompagné d'une sauce forte à base d'anchois et de chapelure). Une jolie tradition, aussi visuelle que gustative, consiste à faire sécher au soleil des rondelles de tomates, devant les maisons ou sur les rebords de fenêtre, qui sont ensuite conservées dans l'huile (*sott'olio*). Enfin, de son passé, l'île a hérité d'une prédilection pour les glaces et les pâtisseries. Impossible de passer sous silence l'incontournable *cannolo* (rouleau de pâte fourré à la *ricotta* et aux fruits confits) et la *cassata* (une pâtisserie à la *ricotta* et aux fruits confits). On fabrique en Sicile une délicieuse pâte d'amande (*pasta reale* ou *martorana*) adoptant la forme de figurines ou de fruits. Il existe toutes sortes de glaces et de sorbets (goûtez celui au jasmin), sans oublier la *granita*, glace pilée aromatisée entre autres au citron, au café ou *al latte di mandorla* (lait d'amande).

La cuisine **sarde**, issue d'une tradition de bergers et de paysans, est simple et roborative. Il existe sur l'île une grande variété de pains, comme le *pane carasau*, mince et friable, ou la *spianata sarda* qui s'apparente à la *pita* grecque. La *favata* (soupe de fèves), la *cavolata* (soupe au chou et au porc), la *cassola e'pesci* (soupe de poissons) sont rustiques mais délicieuses. On y mange aussi des fruits de mer comme les *bucconi*, coquillages typiques de la Méditerranée et servis bouillis. La viande de prédilection est le chevreau, que l'on fait rôtir les jours de fête. En ce qui concerne les desserts, on peut citer les petits gâteaux à la pâte d'amande (*sospiru* et *candelau*) et l'*aranciata nuorese* (orange confite, spécialité de Nuoro).

L'Italie produit de nombreuses sortes de **fromage** que l'on sert à la fin des repas, mais qui sont utilisés aussi dans la préparation de certains plats : le *parmigiano* ou *grana* (produit dans la région de Parme et de Reggio nell'Emilia) dont on saupoudre les pâtes ; la mozzarella des pizzas et sa cousine la *provola* (ou le *provolone*, sa version à pâte dure), toutes deux fabriquées avec du lait de bufflonne et typiques du Sud ; la *scamorza* (sorte de mozzarella au lait de vache) que l'on peut manger cuite au gril ; la *ricotta* (fromage frais à base de petit lait) utilisée pour les pâtisseries ; la *pasta ripiena* ; le *pecorino* (fromage de brebis piquant et salé) ; le *gorgonzola* (bleu crémeux, produit dans la ville lombarde du même nom) parfois additionné de *mascarpone* (autre fromage lombard très gras) ; et l'*asiago* (fromage typiquement vénitien que l'on mange frais ou que l'on utilise râpé lorsqu'il est sec).

MANGIA, MANGIA !

Si en Italie le **petit déjeuner** (*la colazione*) est succinct et se compose tout au plus d'un café et d'un *cornetto* (croissant), le **déjeuner** (*il pranzo*) constitue au contraire le repas principal. Lorsque vous voulez manger plus léger, préférez les *tavole calde* et les *rosticcerie* aux restaurants. Pays de grande tradition gastronomique, l'Italie n'échappe pourtant pas totalement à l'invasion des fast-foods (qui sont cependant beaucoup moins nombreux qu'en France), comme ceux de la chaîne Burghy, qui proposent également un "salad bar". Si vous choisissez de pique-niquer, vous pouvez acheter vos provisions dans une *salumeria* (charcuterie) ou un magasin d'*alimentari* (épicerie). STANDA (qui appartient à Berlusconi) et COOP sont les deux principales chaînes de supermarchés. Mieux vaut acheter légumes et fruits frais sur les marchés. Les Italiens **dînent** (*la cena*) à peu près aux mêmes heures que les Français (un peu plus tard dans le Sud). Un repas complet commence par un *antipasto* qui peut aller de la simple *bruschetta* romaine (tranche de pain frottée à l'ail avec des rondelles de tomate) au jambon de Parme servi avec du melon. Le *primo piatto* est composé d'un plat de pâtes ou d'un potage (*minestra*), le *secondo* de viande ou de poisson accompagnés d'un *contorno* (garniture de légumes dans une assiette à part). La plupart des restaurants servent un *menù* touristique à prix fixe qui comprend un *primo*, un *secondo*, le pain, l'eau et le vin. Attention tout de même si vous prenez les plats à la carte : les légumes d'accompagnement doivent être commandés à part, ils ne sont pas, comme dans la plupart des autres pays, intégrés aux plats.

Le **bar** est l'endroit idéal où boire un café ou manger un morceau sans trop dépenser d'argent (évitez cependant les endroits touristiques). Vous y trouverez tout un assortiment de paninis chauds (*scaldati*) ou froids (*freddi*), de boissons avec ou sans alcool et de *gelati* (glaces). Les *tramezzini* sont des sandwichs au pain de mie qui ressemblent étrangement à leur équivalent anglais. Essayez ceux au *prosciutto crudo* (jambon cru) ou *cotto* (jambon cuit), au *formaggio*, à la *frittata* (omelette) ou, si vous êtes en Sicile, à la *milza* (rate). Dans les petites villes et les quartiers populaires, le bar est un endroit éminemment social. Les enfants s'y rendent pour manger un *gelato*, les hommes d'un certain âge pour boire un verre de vin et discuter entre eux. Pour commander quelque chose, vous devez d'abord payer à la caisse et présenter ensuite le reçu au serveur.

La façon de calculer **l'addition** dans les restaurants italiens n'est pas la même qu'en France. La plupart comptent un supplément pour le *pane e coperto* (le pain et le couvert). Le *servizio* est également en sus (de 10 % à 15 %). En ville, vous pouvez laisser un pourboire si le service n'est pas compris, mais cela peut être mal perçu dans les petits restaurants familiaux. Dans les bars, repérez la mention *servizio compreso* ou *servizio non* *compreso* pour savoir à quoi vous en tenir (dans le deuxième cas, laissez un pourboire sur le comptoir). Comme en France, le café coûte moins cher au bar qu'assis. Dans tous les commerces, on vous obligera à emporter le *scontrino fiscale* (ticket de caisse), car la loi l'exige. Néanmoins, rien ne vous empêche de le jeter dans la première poubelle venue.

RÉVEILLEZ-VOUS, C'EST L'HEURE DU CAFÉ !

L'**espresso** n'est pas une mince affaire en Italie, c'est le fruit d'une longue expérience et d'un patient travail qui commence par la récolte des grains et s'achève par la dégustation du fameux breuvage. Les grains d'**arabica**, qui poussent en altitude, composent de 60 % à 90 % des cafés italiens. Les 10 % à 40 % restant sont fabriqués à partir de graines de *robusta* à la saveur boisée. Les Italiens préfèrent le **robusta**, car il donne au café un goût plus fort et permet aussi d'obtenir plus de *crema* (qui rend ainsi le café plus onctueux). La **crema**, la mousse qui se dépose au-dessus du café, est obtenue par la pression et la chaleur de la machine à *espresso*.

Pour amener l'essence de café à la surface des grains (afin d'augmenter l'amertume et de révéler le goût si particulier de l'*espresso*), il faut **torréfier** les grains plus ou moins longtemps. Dans le nord, on torréfie les grains jusqu'à ce qu'ils aient une couleur marron acajou. La torréfaction est arrêtée juste avant que l'essence n'atteigne la surface du grain. Le produit obtenu est assez doux. Dans le centre de l'Italie, les grains sont torréfiés un peu plus longtemps, ce qui leur donne un aspect plus brillant. Et dans le sud, ils sont torréfiés encore plus longtemps. Leur enveloppe est donc plus épaisse et gonflée d'essence. Après cette étape, il faut éviter que les grains ne s'oxydent. Pour cela, ils doivent être conditionnés dans les deux heures suivant la torréfaction. Des grains exposés à une humidité de plus de 55 % se dégradent très vite. C'est pourquoi les torréfacteurs (comme la célèbre marque Illy) mettent leurs grains dans de l'azote pour éviter qu'ils ne perdent leur qualité.

Mais la phase la plus importante de l'élaboration d'un *espresso* est peut-être celle qui précède la dégustation. Les grains sont moulus, tassés dans un paquet et mouillés avec de l'eau bouillante sous pression. Pour faire un *espresso* digne de ce nom, la machine doit supporter au moins neuf niveaux de pression afin que l'eau atteigne une température de 96° C. La chaleur et la pression révèlent le goût du café sans brûler les grains, qui vous seront très reconnaissants de cette faveur ! Mais comment juger de la qualité d'un *espresso* ? Vous devez tout d'abord le suivre du regard lorsqu'il tombe goutte à goutte de la machine. Normalement, vous devez attendre à peu près 8 secondes pour que le liquide sorte du tuyau. Environ 15 secondes plus tard, le filet doit être épais et descendre en un flux continu très effilé. Après 25 secondes, la machine doit être arrêtée, sinon l'*espresso* sera trop clair. Surveillez ensuite la *crema*. Elle doit être couleur caramel et assez épaisse pour qu'une cuillerée de sucre reste au-dessus quelques instants avant de fondre dans votre boisson. Une *crema* épaisse empêche l'arôme de s'évaporer et vous indique que la boisson est corsée et bien infusée. Attention : pour que la *crema* conserve toutes ses qualités, il ne faut pas qu'elle subisse de choc thermique. Pour cela, il faut verser le café dans une tasse chaude… Quand vous estimez que votre *caffè* est prêt à être consommé, remuez le sucre et buvez-le d'un trait comme tout Italien qui se respecte.

Le café peut prendre des visages différents, tout comme le bonheur. Si vous voulez une tasse de café classique, un *espresso*, demandez un **caffè**. Le **caffè macchiato** (littéralement "café taché") est l'équivalent de notre café crème. Le **cappuccino**, que les Italiens ne boivent que le matin et jamais après un repas, est additionné d'un nuage de lait sous pression (et non de crème comme celui que l'on sert en France). Pour obtenir un café au lait, commandez un **caffè latte**. Vous ne devez pas repartir d'Italie sans avoir goûté le **caffè corretto**, un *espresso* (corrigé) auquel est ajoutée une larme d'alcool, généralement de la *grappa* (eau de vie de marc) ou du brandy. Quant au **caffè americano**, c'est notre café allongé. Inutile de préciser que les Italiens méprisent ce jus de chaussette. Enfin, sous les grosses chaleurs, rien de plus rafraîchissant qu'un **caffè freddo** (café glacé) ou, pour ceux qui n'aimeraient pas le café, un *té freddo* (thé glacé), très apprécié dans le sud de la péninsule.

LES VINS

Le sol rocailleux, le climat méditerranéen et la bienveillance de Bacchus ont couvert les paysages vallonnés de l'Italie de vignes foisonnantes. La Sicile à elle seule peut se vanter de produire plus de 50 millions de litres par an. Petit rappel pour ceux qui ne se souviendraient plus de la manière dont on fabrique le vin… Le raisin est séparé du pied de vigne puis écrasé par un pressoir pneumatique qui en extrait le jus. Pour le vin rouge, le jus et la peau sont pompés et chauffés à une certaine température dans une cuve à fermentation en acier inoxydable, tandis que le vin blanc est produit avec des raisins débarrassés de leur peau. La durée de fermentation détermine l'âpreté du vin. Plus un vin fermente, plus il devient sec. Après fermentation, le vin est filtré, ce qui l'épure de toute sa lie. Il est alors entreposé dans des conteneurs en verre jusqu'à qu'il soit prêt à être embouteillé.

AVIS AUX AMATEURS

Vous n'aurez aucun mal à trouver un endroit où déguster du vin en Italie. En effet, la campagne italienne est parsemée d'*enoteche regionale* et d'*enoteche pubbliche* (c'est-à-dire d'Etat), sans oublier les foires régionales et les caves des viticulteurs. Ces *enoteche* permettent aux vignobles locaux de se faire connaître et proposent même des journées de découverte. Vous pouvez venir goûter le vin à l'improviste mais il est toutefois préférable de réserver. *Enoteche* désigne également les marchands de vin mais, dans ce cas, le terme n'est suivi ni de *regionale* ni de *pubblica*. Sachez que vous ne pouvez pas déguster de vin dans les *cantine* (restaurants familiaux), sauf si elles ont un bar à vins. Si vous êtes en voiture, renseignez-vous auprès de l'office de tourisme sur les *strade del vino* (routes du vin) ou contactez le mouvement national pour le tourisme viticole en Italie (✆ 39321 42 62 14, fax 39321 46 62 33, www.wine.it/mtv).

Au restaurant, vous pouvez commander le vin au litre ou au demi-litre et plus rarement au verre. Vous avez un bon coup de coude ? Le *secco* (sec) vous aidera à arrêter. Vous êtes de mauvaise humeur après une longue journée de voyage ? Laissez l'*abboccato* (doux) ou l'*amabile* vous attendrir. Vous êtes du genre téméraire ? Alors, descendez un petit *vino novello* qui se boit jeune. Vous êtes plutôt écolo ? Goûtez le *vino biologico*. Si vous êtes plus classique, prenez une gorgée de *classico*, le vin du centre de l'Italie, la région d'origine du vin. Vous pouvez commencer votre soirée par un *superiore*, dont le taux d'alcool est élevé, ou par un *riserva* qui est plus vieux et de qualité supérieure. Mais, si vous avez envie de sensations fortes, essayez le *spumante*, le vin pétillant le moins cher, fermenté en cuve, qui est le jumeau du *talento* fermenté en bouteille. Si vous ne savez que choisir, commandez le vin local, il sera moins cher (en général autour de 3,10 € le litre dans les *trattorie* locales) et se mariera à merveille avec la cuisine locale.

LES RÉGIONS VINICOLES

Le Nord produit des vins assez forts et capiteux : les plus populaires sont le *barolo* et le *barbera*, originaires du **Piémont**. Cette région compte également au nombre de ses bienfaits l'*asti*, nature ou *spumante* (mousseux), et le *moscato del Piemonte*, idéal à l'apéritif. Les Piémontais affirment aussi avoir inventé le vermouth, connu en Europe continentale sous le nom de Martini (de la marque italienne Martini & Rossi). La **Lombardie** s'illustre avec le *cortese* (courtois), le *sangue di Giuda* (sang de Judas) et le *buttafuoco* (le boutefeu). La **Toscane**, grande région viticole d'Italie, s'enorgueillit de son merveilleux *chianti*. Parmi les vins rouges, n'oubliez pas non plus le *salerno* de **Naples** et le pétillant *valpolicella* des environs de **Venise**. Les **Marches** fournissent le *verdicchio* (verdâtre), au fort taux d'alcool. Au chapitre des blancs, goûtez le *soave* (doux, délicat) de **Vérone**, le *frascati* **romain**, l'*orvieto* d'**Ombrie**, le *lacryma christi* **napolitain**, le *tocai* et le *pinot grigio* du **Frioul**. Le Sud et les îles produisent des vins plus forts et plus fruités, comme le *marsala* de **Sicile** et le *cannonau* de **Sardaigne**.

Si vous passez par **Rome**, allez faire un tour du côté des *Castelli romani*, villages où l'on produit le vin blanc du même nom. Dans les caves des viticulteurs, les Romains viennent en bande s'attabler à de grosses tables en bois. Les convives apportent leurs propres provisions, notamment des tranches de *porchetta* (voir cuisine romaine) que l'on peut se procurer chez les commerçants des alentours. Le vin est tiré du tonneau.

LE SPORT

En Italie, la popularité du *calcio*, le **football**, dépasse celle de tous les autres sports. Certains prétendent que la victoire italienne lors de la Coupe du monde de 1982 a fait davantage pour l'unité nationale que plus d'un siècle d'histoire commune. Chaque ville possède son équipe et certaines, comme **Milan**, en ont même plusieurs (Milan AC et Inter de Milan). Les équipes de première division versent des sommes fabuleuses pour s'offrir les meilleurs joueurs du monde. C'est ainsi que, régulièrement, les footballeurs français les plus talentueux tentent leur chance dans le championnat transalpin (Trézéguet, et avant lui Zidane, à la **Juventus de Turin**). Le niveau du championnat italien est considéré par les spécialistes comme le meilleur au monde derrière celui d'Espagne. Tous les dimanches, les stades se remplissent de supporters (*tifosi*) en délire. Les rivalités, en particulier entre Naples et Rome, peuvent parfois s'envenimer mais, si vous en avez l'occasion, allez voir un match, l'ambiance vaut le déplacement.

L'Italie est aussi la seconde patrie du **cyclisme**. Le *Giro d'Italia*, au mois de mai, dure 25 jours. C'est l'une des trois grandes courses cyclistes, avec le Tour de France et la *Vuelta* espagnole. Mais pourquoi diable pédaler quand on peut s'asseoir au volant d'une rutilante voiture rouge qui va très vite ? Depuis qu'**Enzo Ferrari**, un pilote automobile des années 1920, a fondé sa propre marque à Modène (passée depuis sous le contrôle de Fiat), ses compatriotes suivent avec délice les performances de la *scuderia*. Mais le spectacle des courses de **formule 1** ne doit pas vous faire oublier qu'il vaut mieux conduire votre fougueuse voiture de sport *piano* pour loucher sur les filles (ou les garçons), tranquillement abrité par vos lunettes de soleil.

Le **basket** italien a le vent en poupe. Bien que l'équipe nationale ait perdu son titre de championne d'Europe, remporté en juillet 1999, elle conserve un très bon niveau européen et les différentes équipes ont réussi à attirer dans leurs rangs des joueurs étrangers de très haut niveau, venus des Etats-Unis ou d'Europe de l'Est.

De décembre à avril, les Alpes offrent leurs neiges aux **skieurs**. On peut également y pratiquer le ski d'été sur les glaciers, la **randonnée** et l'**escalade** dans le Nord et dans le massif de Sila, en Calabre. En raison de la pollution croissante, la **baignade** n'est plus conseillée sur certaines plages. Si vous aimez nager, préférez les plages du Sud et des îles. A cet égard, les eaux limpides de la Sardaigne vous surprendront agréablement.

Et si le temps le permet, pourquoi ne pas adopter l'une des plus anciennes coutumes italiennes, la **passeggiata**, soit la **promenade du soir** ? Cela n'a l'air de rien mais vous y verrez les gens sur leur trente et un parler, s'observer ou admirer les vitrines. Plus tard dans la soirée, ils parlent sur les *piazze* en mangeant des glaces tout en agitant les mains. Il y faut beaucoup d'entraînement : mieux vaut vous y mettre sans attendre.

LA LANGUE ITALIENNE

La plus belle langue du monde présente l'avantage de ne pas être trop difficile à apprendre, en particulier si vous avez déjà des notions de latin ou d'espagnol. Les Italiens apprécient qu'un étranger essaie de s'exprimer dans leur langue. Cela vaut donc la peine de faire un petit effort (en est-ce véritablement un ?) et d'apprendre au moins quelques phrases. L'italien moderne dérive du bas latin, et a été formalisé au Moyen Age par les écrivains Dante, Pétrarque et Boccace. Leurs œuvres, écrites en **dialecte toscan**, se répandirent parmi les lettrés de l'époque, et cet idiome devint progressivement la base de la langue italienne officielle (même si chaque Italien prétend que la véritable langue italienne est celle de sa région d'origine).

La différence entre les **dialectes régionaux** est particulièrement importante dans un pays dont l'unité ne s'est réalisée qu'à la fin du XIXe siècle. Le **napolitain** guttural et gouailleur diffère profondément de la langue parlée à Milan ou de la *mitzica* sicilienne. Les **Ligures**, quant à eux, utilisent un dialecte qui mêle l'italien, le français et le catalan. Le **sarde** est considéré comme une langue à part entière et non comme un dialecte. Dans certaines régions frontalières du Nord, l'italien n'est pas la langue maternelle : la population du Val d'Aoste s'exprime en **français** et le **Trentin-Haut-Adige** abrite une minorité germanophone. En **Calabre** et en **Sicile**, des villages entiers sont de langue grecque ou albanaise. Aujourd'hui, si les dialectes sont toujours parlés en famille, la majeure partie de la population maîtrise l'italien commun appris à l'école et véhiculé par la télévision (les présentateurs donnent un bon exemple d'italien aseptisé, sans accent ni influence dialectale).

A la fin de ce guide, un petit **lexique** présente quelques rudiments. N'oubliez pas que les **gestes** et les onomatopées font partie de la conversation. Certains ponctuent simplement la discussion (le bout des doigts réunis et la main agitée de bas en haut), tandis que d'autres renvoient à une signification précise. *"Boh"*, que vous entendrez souvent, est une **onomatopée** qui signifie : *"Je ne sais pas"*.

TOURNEZ SEPT FOIS VOTRE LANGUE DANS VOTRE BOUCHE AVANT DE PARLER

En **Toscane**, attendez-vous à un dépaysement complet. En effet, en arrivant, vous aurez l'impression d'avoir été parachuté dans un mystérieux pays situé au cœur de l'Italie. Dans cette drôle de région, les gens semblent parler une langue qui ressemble à l'italien sans être vraiment de l'italien. Et vous ne croyez pas si bien dire. En effet, les **Florentins** se vantent d'avoir des expressions locales originales et des gestes utiles pour ceux qui ne sont pas du pays. Mais il faut savoir par exemple qu'ils abrègent souvent la première personne du singulier **fare** (faire) et **andare** (aller) par **fo** et **vo**, ce qui ne manque pas de poser problème aux étudiants qui ont appris l'italien ailleurs que dans cette région. Si, malgré cela, vous voulez vous faire passer pour un jeune Toscan avec votre portable, vous devez apprendre par cœur ces deux phrases clés : *"Mi garba !"* ("Trop bien") et *"Mi rompi !"* (l'équivalent de : "Ça me les brise menu"). Bien entendu, vous devez prononcer ces phrases **en agitant votre main droite, les doigts repliés sur le pouce**, pour produire un meilleur effet. Par contre, ne faites jamais ce geste en direction d'un de ces hommes baraqués qui ressemblent à des videurs. Comme vous pouvez l'imaginer, les Toscans sont très sensibles quand il s'agit de faire reconnaître leur dialecte comme langue officielle. Cela donne donc des idées aux Italiens des autres régions qui parodient leur tendance à avaler les "c". Les Napolitains et les Sardes s'amusent par exemple à dire la phrase : "Una Coca-Cola con una cannucia corta" avec l'accent toscan, ce qui donne : "Una hoca-hola hon una hannucia horta"... Bien évidemment, quand un Toscan est dans les parages... mais tout de même assez loin pour ne pas les tabasser !

CALENDRIER

JOURS FÉRIÉS

En préparant votre itinéraire, tenez compte des vacances et jours fériés, au cours desquels banques et magasins sont fermés : **1er janvier**, **6 janvier** (Epiphanie), **lundi de Pâques**, **1er mai**, **15 août** (Assomption), **1er novembre** (Toussaint), **8 décembre** (Immaculée Conception), **25 décembre**, **26 décembre** (Santo Stefano). Les bureaux et les magasins ferment également dans les villes suivantes à l'occasion de la fête de leur saint patron : Venise (25 avril, saint Marc), Florence, Gênes et Turin (24 juin, saint Jean-Baptiste), Rome (29 juin, saint Pierre et saint Paul), Palerme (15 juillet, sainte Rosalie), Naples (19 septembre, saint Janvier), Bologne (4 octobre, saint

Pétrone), Cagliari (30 octobre, saint Saturnin), Trieste (3 novembre, saint Juste), Bari (6 décembre, saint Nicolas) et Milan (7 décembre, saint Ambroise).

FÊTES ET FESTIVALS

En comptant le nombre de fêtes célébrant l'apparition de la Vierge en Italie, on peut penser que Marie trouva le pays si beau qu'elle décida de ne plus en partir. Les principales **fêtes** italiennes sont **religieuses** (saint patron de la ville, miracle…). Le **carnaval** (au mois de février) est fêté dans toutes les villes italiennes mais c'est celui de **Venise** qui est le plus célèbre. Vous pourrez aussi assister à des tournois médiévaux, comme ceux d'Arezzo, Ascoli Piceno ou Oristano. Autre héritage du Moyen Age, le célèbre **Palio** de **Sienne** est une course de chevaux montés à cru, qui a lieu sur la place centrale de la ville (une fois en juillet, une autre en août). D'autres villes reprennent cette manifestation. Le troisième dimanche de juillet, les Vénitiens commémorent par une procession de gondoles la fin de l'épidémie de peste de 1575. Au mois de juin, **Florence** célèbre le siège de Charles Quint par un **calcio storico**, sorte de match de football au cours duquel les hommes s'affrontent en costume du XVIe siècle. L'Italie offre également quantité de manifestations artistiques et gastronomiques. Pour avoir la liste de ces manifestations depuis la France, adressez-vous à l'**Office national italien de tourisme**. Vous pouvez également obtenir des informations sur www.italiantourism.com/html/event_en. html.

Date	Evénement	Lieu
1er janvier	*Il Capodanno* (Nouvel An)	Dans toute l'Italie
5 janvier	*Epifania* (Epiphanie)	Rome
6 janvier	*Epifania* (Epiphanie)	Dans toute l'Italie
1-15 février	*Festa del Fiore di Mandorlo* (Fête des fleurs d'amandier)	Agrigente
8 février	*Festa della Matricola* (Fête des diplômes)	Padoue
Les 10 jours précédant le carême	*Carnevale* (Carnaval de Venise)	Venise
5 mars	*Sartiglia* (Joute équestre)	Oristano
Semaine avant Pâques	*Settimana santa* (Semaine sainte)	Dans toute l'Italie
Jeudi avant Pâques	*Giovedì santo* (Jeudi saint)	Dans toute l'Italie
Vendredi avant Pâques	*Venerdì santo* (Vendredi saint)	Dans toute l'Italie
Pâques	*Pasqua*	Dans toute l'Italie
Lundi suivant Pâques	*Lunedì di Pasqua* (Lundi de Pâques)	Dans toute l'Italie
25 avril	*Giorno della Liberazione* (Anniversaire de la Libération)	Dans toute l'Italie
1er mai	Fête du travail	Dans toute l'Italie
1-4 mai	*Sagra di Sant'Effisio* (Fête de Saint Efisio)	Cagliari
5-7 mai	*Calendimaggio* (Election de la reine du printemps)	Assise
6-7 mai	*Festa di San Nicola* (Fête de Saint Nicolas)	Bari
7 mai	*Festa di San Gennaro*	Naples
14 mai	*Sagra del Pesce* (Festival du poisson)	Camogli
15 mai	*Corsa dei Ceri* (Course des chandelles)	Gubbio
28 mai	*Palio della Balestra* (Tournoi d'arbalètes)	Gubbio
1er juin	*Ascenzione* (Ascension)	Dans toute l'Italie
4 juin	*Gioco del Ponte* (Lutte à la corde)	Pise
18 juin	*Giostra del Saraceno* (Joute du Sarrazin)	Arezzo
22 juin	*Corpus Christi* (Fête-Dieu)	Dans toute l'Italie

HISTOIRE ET SOCIÉTÉ

24 juin	*Festa di San Giovanni* (Saint-Jean)	Florence
Fin juin	*Mostra Internazionale del Nuovo Cinema* (Festival international du nouveau cinéma)	Pesaro
Fin juin-déb. juillet	*Santa Maria della Bruna* (Fête de la Vierge noire)	Matera
Fin juin-déb. juillet	Festival de Spolète	Spolète
Juillet-août	Festival de Ravenne	Ravenne
Juillet-août	Festival de jazz en Ombrie	Pérouse
2 juillet	*Festa della Madonna* (Fête de la Vierge)	Enna
2 juillet	*Palio*	Sienne
12 juillet	*Palio della Balestra* (Tournoi d'arbalètes)	Lucques
Mi-juillet	*Palio Marinaro* (Course de bateaux)	Livourne
17 juillet	*Festa del Redentore* (Fête du Pardon)	Venise
25 juillet	*Giostra del Orso* (Joute de l'ours)	Pistoia
Fin juillet-déb. août	*Settimana musicale* (Semaine musicale)	Sienne
Fin juillet-mi-septembre	Taormina Arte	Taormine
Août	*Festa dei Porcini* (Cueillette des champignons)	Cortone
6 août	*Tornep della Quintana* (Tournoi de Quintana)	Ascoli-Piceno
14-15 août	*Sagra della Bistecca* (Fête du bifteck)	Cortone
15 août	*Assunzione* (Assomption)	Dans toute l'Italie
16 août	*Palio*	Sienne
20 et 27 août	*Festa del Redentore* (Fête du Pardon)	Nuoro
Fin août-déb. sept.	*Mostra Internazionale del Cinema* (Festival international du film de Venise)	Venise
3 septembre	*Regata storica* (Régate historique)	Venise
3 septembre	*Giostra del Saraceno* (Joute du Sarrazin)	Arezzo
10 septembre	*Festivale delle Sagre*	Asti
14 septembre	*Palio della Balestra* (Tournoi d'arbalètes)	Lucques
17 septembre	*Palio di Asti*	Asti
19 septembre	*Festa di San Gennaro*	Naples
Déb. octobre	*Festa di San Francesco*	Assise
1er novembre	*Ognissanti* (Toussaint)	Dans toute l'Italie
2 novembre	*Giorno dei Morti* (Jour des morts)	Dans toute l'Italie
21 novembre	*Festa della Madonna della Salute* (Fête de la Vierge, patronne de la bonne santé)	Venise
6 décembre	*Festa di San Nicola* (Saint-Nicolas)	Bari
8 décembre	*Concezione Immacolata* (Immaculée Conception)	Dans toute l'Italie
16 décembre	*Festa di San Gennaro*	Naples
24 décembre	*Vigilia di Natale* (Veillée de Noël)	Dans toute l'Italie
25 décembre	*Natale* (Noël)	Dans toute l'Italie
26 décembre	*Festa di Santo Stefano* (Saint-Etienne)	Dans toute l'Italie
31 décembre	*Festa di San Silvestro* (Saint-Sylvestre)	Dans toute l'Italie

ROME (ROMA)

LES INCONTOURNABLES DE ROME

JETEZ une pièce de monnaie (ou deux, ou trois) dans la **fontaine de Trevi**, pour rencontrer le grand amour lors de votre prochain voyage à Rome.
VISITEZ le **Forum romain**, qui satisfera votre intérêt pour l'Antiquité.
REPLONGEZ dans l'époque des duels de gladiateurs et des combats entre hommes et animaux féroces en visitant le **Colisée**.
CONTEMPLEZ les origines de l'univers au plafond de la **chapelle Sixtine**.

"Je dirais aux voyageurs : en arrivant à Rome, ne vous laissez empoisonner par aucun avis ; n'achetez aucun livre, l'époque de la curiosité et de la science ne remplacera que trop tôt celle des émotions."

—Stendhal

Si Rome ne s'est pas faite en un jour, il vous en faudra plus d'un pour découvrir ses richesses. A vouloir trop en voir en trop peu de temps, vous risquez de passer à côté de la Ville éternelle. Depuis Romulus, il y a 2755 ans, Rome a dirigé un empire, des royaumes et des républiques (la dernière en date étant la République italienne, fondée après le référendum de 1946 qui abolit le royaume d'Italie). Mais Rome, c'est aussi le siège de la chrétienté catholique, établi symboliquement sur le tombeau de saint Pierre. Durant le Moyen Age et la Renaissance, et jusqu'au XIXe siècle, Rome est enfin la riche et somptueuse capitale des Etats pontificaux. Ce passé unique au monde permet aujourd'hui à la ville d'offrir au visiteur une quantité et une variété impressionnante de chefs-d'œuvre. Les temples antiques y côtoient les forteresses médiévales, les palais Renaissance et les églises baroques. Les musées renferment certaines des plus belles collections de sculptures antiques et de peintures de la Renaissance. Devant cette richesse inouïe, prenez votre temps, même si vous en avez peu. Car, ce que Rome peut vous offrir, c'est aussi – et surtout – ses ruelles et ses cafés, ses places et ses célèbres fontaines, son atmosphère et sa *dolce vita*.

La découverte de Rome en a épuisé plus d'un. L'été, la chaleur et la poussière s'ajoutent à l'effervescence qui règne dans cette ville tout au long de l'année. Prenez le temps de déjeuner dans une trattoria ou dans un parc, de faire une halte dans un café et de vous perdre dans les dédales des vieilles ruelles. De toute façon, vous y reviendrez sûrement. Et la Ville éternelle sera toujours aussi belle.

ARRIVÉES ET DÉPARTS

EN AVION

La plupart des vols internationaux, intérieurs et réguliers atterrissent à l'aéroport international Leonardo da Vinci (© 06 659 51), appelé **Fiumicino**, du nom de la petite ville dans laquelle il se trouve. Après avoir dépassé la douane, suivez les panneaux marqués **Stazione FS** sur votre gauche. Prenez l'ascenseur ou les escalators pour rejoindre, deux étages plus haut, la passerelle conduisant à la gare de Fiumicino. La ligne **Termini** est directe jusqu'à la gare principale de Rome, la **gare Termini** (1 dép/30 mn de 7h37 à 22h37, trains supplémentaires à 6h38 et 23h38, durée 30 mn, 8,23 €, 20 € à bord). Achetez votre billet au guichet FS, dans un des bureaux de tabac situés sur la droite de la gare ou à un distributeur automatique. Dans le sens inverse, les trains partent de la gare Termini pour **Fiumicino** des quais n° 25 et n° 26. Repérez les panneaux "*Fiumicino Terminal*" (2 dép/h à la 22e et à la 52e minute de chaque heure, durée 40 mn, 8,80 €). Vous pouvez acheter votre billet au guichet de la compa-

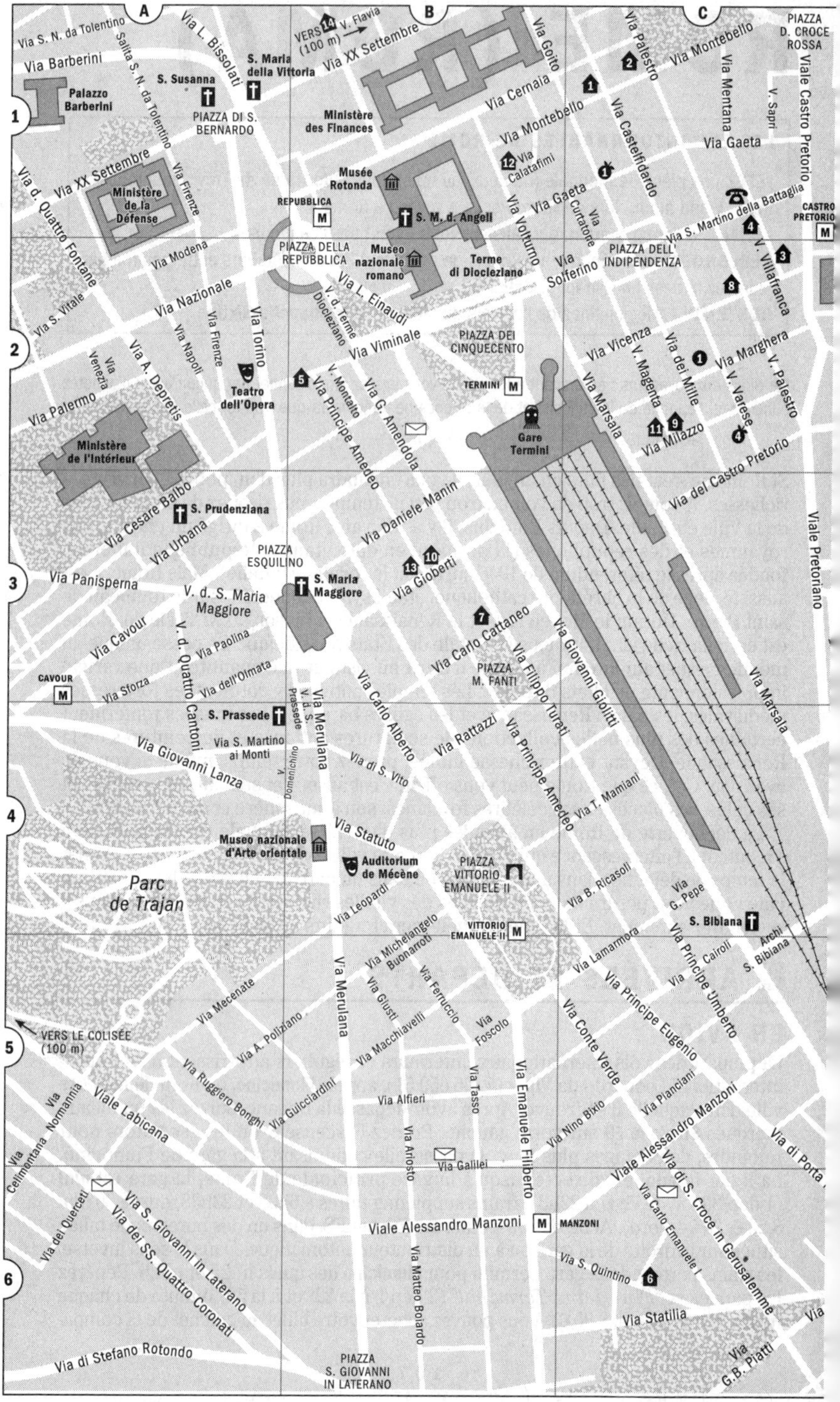
A
B
C
1
2
3
4
5
6
Via S. N. da Tolentino
Via Barberini
Palazzo Barberini
Salita S. N. da Tolentino
Via L. Bissolati
S. Susanna
S. Maria della Vittoria
VERS 14 V. Flavia (100 m)
Via XX Settembre
PIAZZA DI S. BERNARDO
Ministère des Finances
Via Goito
Via Palestro
Via Montebello
PIAZZA D. CROCE ROSSA
Viale Castro Pretorio
Via Mentana
V. Sapri
Via Cernaia
Via Montebello
Via Castelfidardo
Via Gaeta
Via Calatafimi
Via d. Quattro Fontane
Via XX Settembre
Ministère de la Défense
Via Firenze
Musée Rotonda
REPUBBLICA
S. M. d. Angeli
Via Volturno
Via Gaeta
Via Curtatone
Via S. Martino della Battaglia
CASTRO PRETORIO
Via Modena
PIAZZA DELLA REPUBBLICA
Museo nazionale romano
Terme di Diocleziano
Via Solferino
PIAZZA DELL' INDIPENDENZA
V. Villafranca
Via S. Vitale
Via Nazionale
Via Firenze
Via Torino
Via L. Einaudi
V. d. Terme Diocleziano
Via Viminale
PIAZZA DEI CINQUECENTO
Via Vicenza
V. Magenta
Via dei Mille
Via Marghera
V. Palestro
Via Venezia
Via Napoli
Via A. Depretis
Teatro dell'Opera
V. Montalto
Via Principe Amedeo
Via G. Amendola
TERMINI
Via Marsala
V. Varese
Via Palermo
Gare Termini
Via Milazzo
Ministère de l'Intérieur
Via del Castro Pretorio
Via Cesare Balbo
S. Prudenziana
Via Daniele Manin
Via Urbana
PIAZZA ESQUILINO
Via Gioberti
Viale Pretoriano
Via Panisperna
V. d. S. Maria Maggiore
S. Maria Maggiore
Via Cavour
V. d. Quattro Cantoni
Via Paolina
Via Carlo Cattaneo
PIAZZA M. FANTI
Via Filippo Turati
Via Giovanni Giolitti
CAVOUR
Via Sforza
Via dell'Olmata
Via Carlo Alberto
Via Marsala
S. Prassede
V. d. S. Prassede
Via Merulana
Via S. Martino ai Monti
Via Giovanni Lanza
Via Domenichino
Via Rattazzi
Via Principe Amedeo
Via di S. Vito
Via T. Mamiani
Museo nazionale d'Arte orientale
Via Statuto
Auditorium de Mécène
PIAZZA VITTORIO EMANUELE II
Parc de Trajan
Via Leopardi
Via B. Ricasoli
Via G. Pepe
S. Bibiana
VITTORIO EMANUELE II
Via Michelangelo Buonarroti
Via Lamarmora
Via Cairoli
Archi S. Bibiana
Via Merulana
Via Giusti
Via Ferruccio
Via Principe Umberto
Via Mecenate
Via Foscolo
VERS LE COLISÉE (100 m)
Via A. Poliziano
Via Macchiavelli
Via Principe Eugenio
Via Conte Verde
Via Ruggiero Bonghi
Via Tasso
Via Emanuele Filiberto
Via Guicciardini
Via Alfieri
Via Pianciani
Via Normannia
Viale Labicana
Via Nino Bixio
Viale Alessandro Manzoni
Via di Porta
Via Celimontana
Via Ariosto
Via Galilei
Via di S. Croce in Gerusalemme
Via Carlo Emanuele I
Via dei Querceti
Via S. Giovanni in Laterano
Via dei SS. Quattro Coronati
Viale Alessandro Manzoni
MANZONI
Via Matteo Boiardo
Via S. Quintino
Via Statilia
Via di Stefano Rotondo
PIAZZA S. GIOVANNI IN LATERANO
Via G.B. Piatti

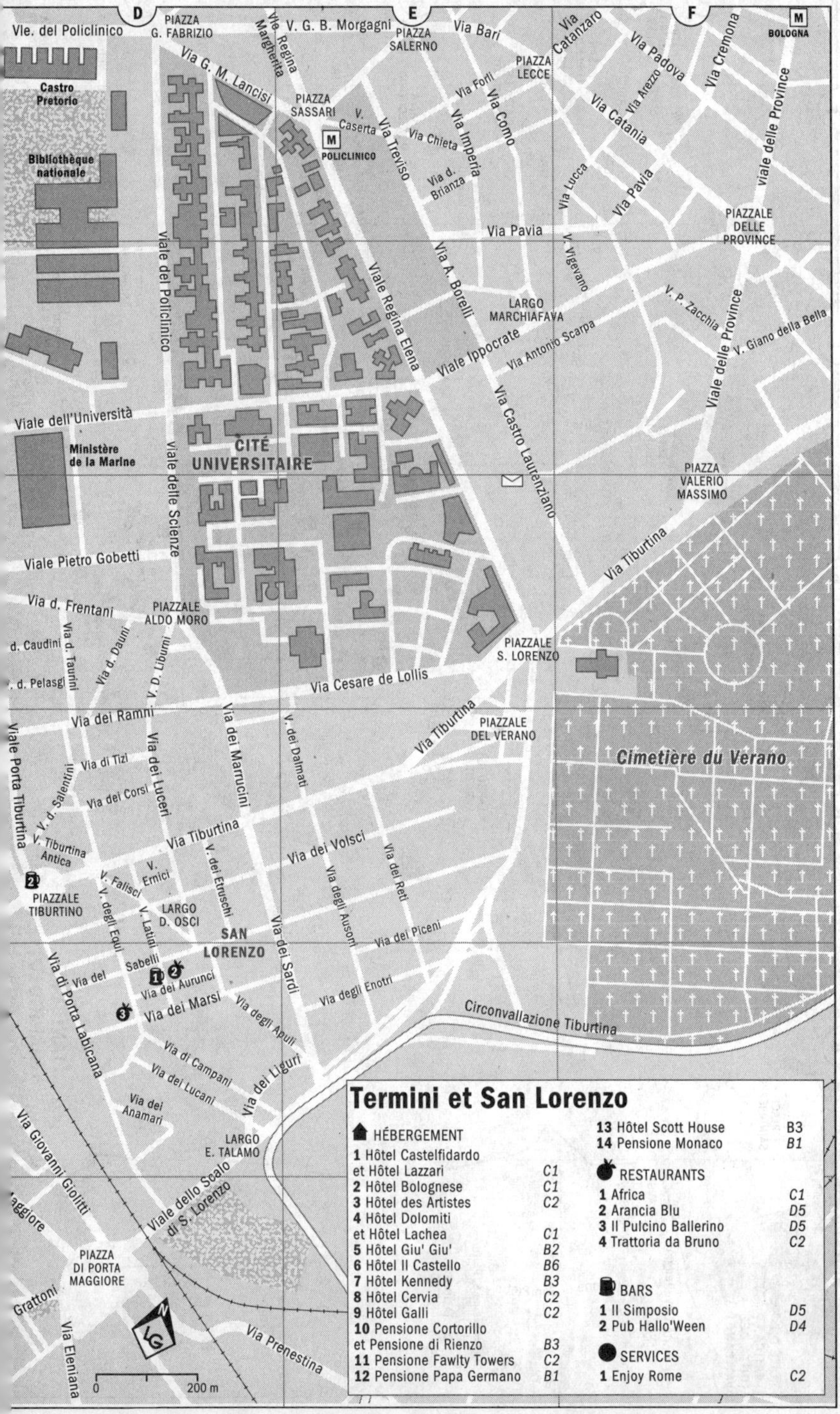

Termini et San Lorenzo

HÉBERGEMENT

- **1** Hôtel Castelfidardo et Hôtel Lazzari — *C1*
- **2** Hôtel Bolognese — *C1*
- **3** Hôtel des Artistes — *C2*
- **4** Hôtel Dolomiti et Hôtel Lachea — *C1*
- **5** Hôtel Giu' Giu' — *B2*
- **6** Hôtel Il Castello — *B6*
- **7** Hôtel Kennedy — *B3*
- **8** Hôtel Cervia — *C2*
- **9** Hôtel Galli — *C2*
- **10** Pensione Cortorillo et Pensione di Rienzo — *B3*
- **11** Pensione Fawlty Towers — *C2*
- **12** Pensione Papa Germano — *B1*
- **13** Hôtel Scott House — B3
- **14** Pensione Monaco — *B1*

RESTAURANTS

- **1** Africa — *C1*
- **2** Arancia Blu — *D5*
- **3** Il Pulcino Ballerino — *D5*
- **4** Trattoria da Bruno — *C2*

BARS

- **1** Il Simposio — *D5*
- **2** Pub Hallo'Ween — *D4*

SERVICES

- **1** Enjoy Rome — *C2*

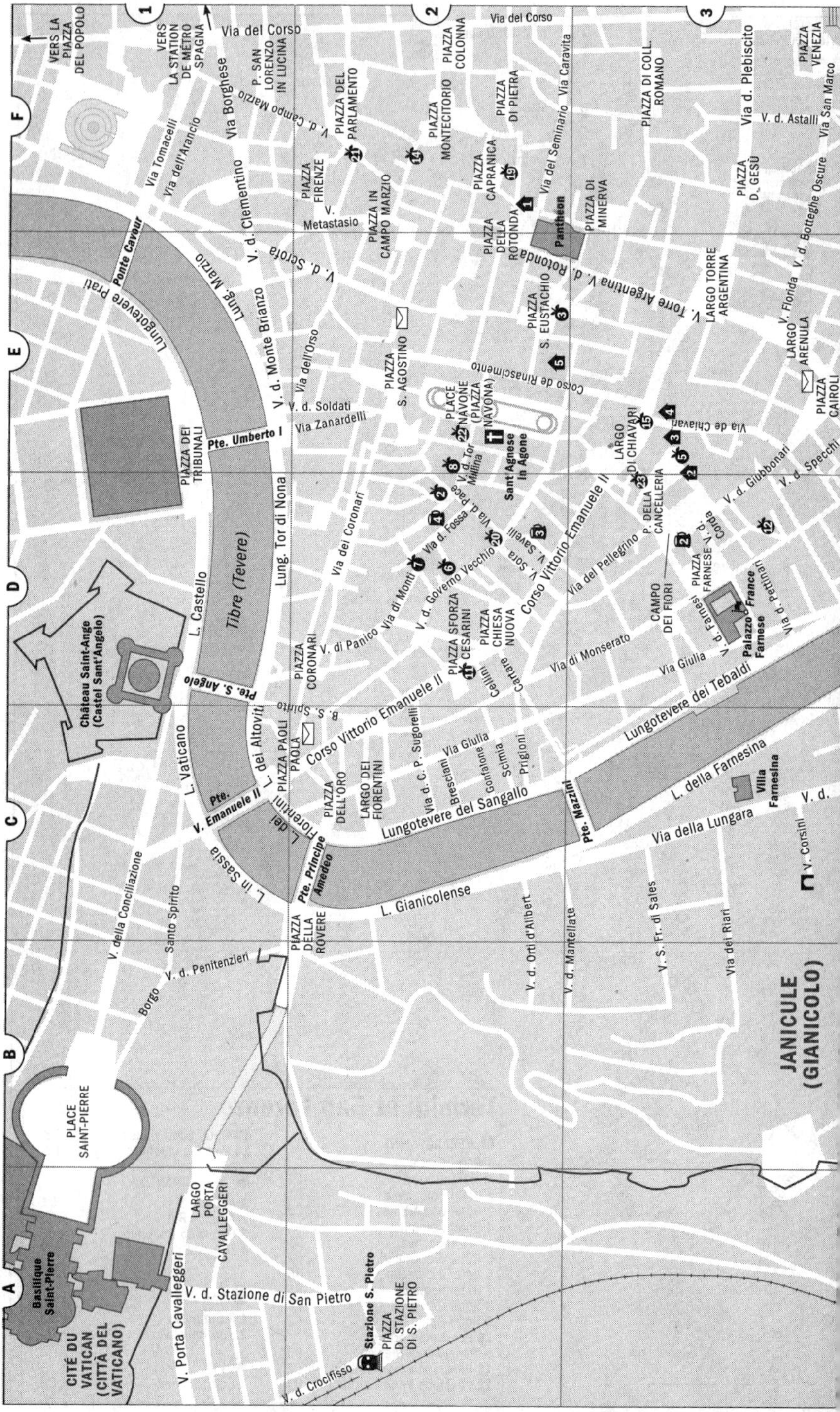
VERS LA PIAZZA DEL POPOLO
VERS LA STATION DE MÉTRO SPAGNA
Via del Corso
P. SAN LORENZO IN LUCINA
PIAZZA DEL PARLAMENTO
PIAZZA COLONNA
PIAZZA MONTECITORIO
PIAZZA DI PIETRA
PIAZZA DI COLL. ROMANO
Via d. Plebiscito
PIAZZA VENEZIA
V. d. Astalli
Via San Marco
Via Caravita
Via del Seminario
PIAZZA CAPRANICA
PIAZZA DI MINERVA
PIAZZA D. GESÙ
Via delle Botteghe Oscure
Via Tomacelli
Via dell'Arancio
Via Borghese
V. d. Campo Marzio
PIAZZA FIRENZE
V. Metastasio
PIAZZA IN CAMPO MARZIO
PIAZZA DELLA ROTONDA
Pantheon
V. d. Rotonda
V. Torre Argentina
LARGO TORRE ARGENTINA
V. Florida
LARGO ARENULA
PIAZZA CAIROLI
PIAZZA S. EUSTACHIO
Corso de Rinascimento
Via de Chiavari
LARGO DI CHIAVARI
V. d. Giubbonari
V. d. Specchi
Via Clementino
V. d. Scrofa
Ponte Cavour
Lungotevere Prati
Lung. Marzio
V. d. Monte Brianzo
Via dell'Orso
PIAZZA S. AGOSTINO
V. d. Soldati
Via Zanardelli
PLACE NAVONE (PIAZZA NAVONA)
Sant'Agnese in Agone
V. d. Tor Millina
Via d. Pace
Via d. Fossa
Via dei Coronari
Lung. Tor di Nona
PIAZZA DEI TRIBUNALI
Pte. Umberto I
Tibre (Tevere)
L. Castello
Château Saint-Ange (Castel Sant'Angelo)
Pte. S. Angelo
PIAZZA CORONARI
V. di Panico
Via di Monti
V. d. Governo Vecchio
PIAZZA SFORZA CESARINI
PIAZZA CHIESA NUOVA
V. Sora
V. Savelli
Corso Vittorio Emanuele II
Via del Pellegrino
P. DELLA CANCELLERIA
CAMPO DEI FIORI
PIAZZA FARNESE
V. d. Corda
Via d. Pettinari
V. d. Farnesi
Palazzo Farnese
France
Via di Monserato
Via Giulia
Lungotevere dei Tebaldi
Cellini
Cartari
B. S. Spirito
PIAZZA PAOLI
PAOLA
L. dei Altoviti
L. Vaticano
Pte. V. Emanuele II
PIAZZA DELL'ORO
LARGO DEI FIORENTINI
V. d. C. P. Sugorelli
Bresciani
Gonfalone
Scimia
Prigioni
Lungotevere del Sangallo
Pte. Mazzini
L. della Farnesina
Villa Farnesina
V. d.
Via della Lungara
V. Corsini
L. dei Fiorentini
Pte. Principe Amedeo
L. in Sassia
L. Gianicolense
PIAZZA DELLA ROVERE
V. della Conciliazione
Santo Spirito
Borgo
V. d. Penitenzieri
V. d. Orti d'Alibert
V. d. Mantellate
V. S. Fr. di Sales
Via dei Riari
JANICULE (GIANICOLO)
PLACE SAINT-PIERRE
Basilique Saint-Pierre
CITÉ DU VATICAN (CITTÀ DEL VATICANO)
LARGO PORTA CAVALLEGGERI
V. Porta Cavalleggeri
V. d. Stazione di San Pietro
Stazione S. Pietro
PIAZZA D. STAZIONE DI S. PIETRO
V. d. Crocifisso
A
B
C
D
E
F
1
2
3

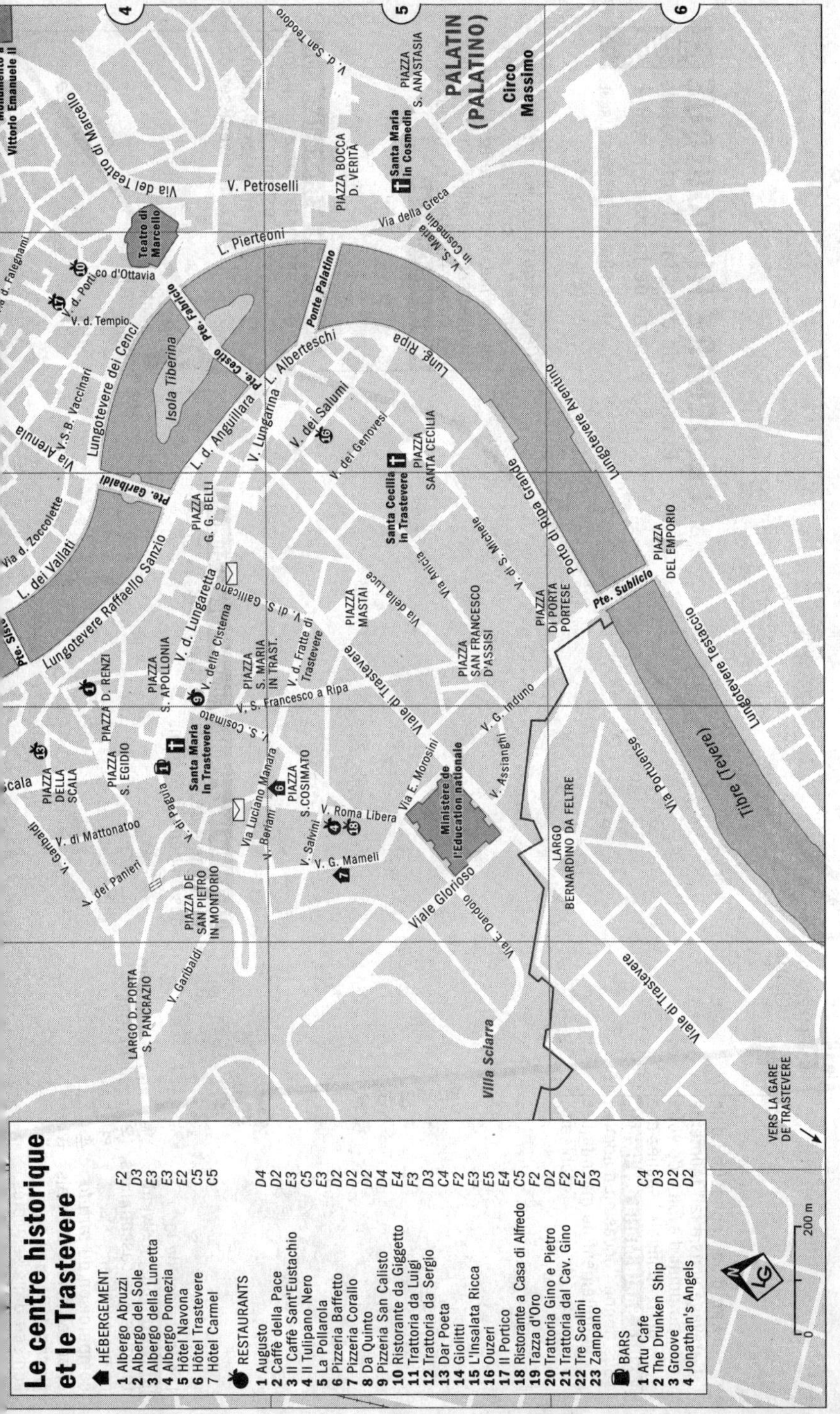
Le centre historique et le Trastevere
HÉBERGEMENT
1 Albergo Abruzzi F2
2 Albergo del Sole D3
3 Albergo della Lunetta E3
4 Albergo Pomezia E3
5 Hôtel Navona E2
6 Hôtel Trastevere C5
7 Hôtel Carmel C5
RESTAURANTS
1 Augusto D4
2 Caffè della Pace D2
3 Il Caffè Sant'Eustachio E3
4 Il Tulipano Nero C5
5 La Pollarola E3
6 Pizzeria Baffetto D2
7 Pizzeria Corallo D2
8 Da Quinto D2
9 Pizzeria San Calisto D4
10 Ristorante da Giggetto E4
11 Trattoria da Luigi F3
12 Trattoria da Sergio D3
13 Dar Poeta C4
14 Giolitti F2
15 L'Insalata Ricca E3
16 Ouzeri E5
17 Il Portico E4
18 Ristorante a Casa di Alfredo C5
19 Tazza d'Oro F2
20 Trattoria Gino e Pietro D2
21 Trattoria dal Cav. Gino F2
22 Tre Scalini E2
23 Zampano D3
BARS
1 Artu Cafe C4
2 The Drunken Ship D3
3 Groove D2
4 Jonathan's Angels D2
200 m
VERS LA GARE DE TRASTEVERE
4
5
6
Vittorio Emanuele II
Via del Teatro di Marcello
V. d. San Teodoro
PIAZZA S. ANASTASIA
PALATIN (PALATINO)
Circo Massimo
Santa Maria in Cosmedin
PIAZZA BOCCA D. VERITÀ
V. Petroselli
Teatro di Marcello
Via della Greca
V. S. Maria in Cosmedin
L. Pierleoni
V. d. Portico d'Ottavia
V. d. Tempio
Ponte Palatino
Pte. Fabricio
Pte. Cestio
Isola Tiberina
Lungotevere dei Cenci
V.S.B. Vaccinari
Via Arenula
L. Alberteschi
Lung. Ripa
L. d. Anguillara
V. Lungarina
V. dei Salumi
V. dei Genovesi
PIAZZA SANTA CECILIA
Santa Cecilia in Trastevere
Lungotevere Aventino
Porto di Ripa Grande
Pte. Garibaldi
Via d. Zoccolette
L. dei Vallati
Lungotevere Raffaello Sanzio
PIAZZA G. G. BELLI
V. d. Lungaretta
V. di S. Gallicano
Via della Luce
Via Anicia
V. di S. Michele
PIAZZA MASTAI
PIAZZA SAN FRANCESCO D'ASSISI
PIAZZA DI PORTA PORTESE
PIAZZA DEL EMPORIO
Pte. Sublicio
Lungotevere Testaccio
Pte. Sisto
PIAZZA D. RENZI
PIAZZA S. APOLLONIA
V. della Cisterna
PIAZZA S. MARIA IN TRAST.
V. d. Fratte di Trastevere
V. S. Francesco a Ripa
Viale di Trastevere
V. G. Induno
PIAZZA DELLA SCALA
PIAZZA S. EGIDIO
Santa Maria in Trastevere
V. S. Cosimato
V. di Paglia
Via Luciano Manara
PIAZZA S.COSIMATO
V. Roma Libera
Via E. Morosini
Ministère de l'Education nationale
V. Assianghi
LARGO BERNARDINO DA FELTRE
Via Portuense
Tibre (Tevere)
V. Garibaldi
V. di Mattonatoo
V. dei Panieri
PIAZZA DE SAN PIETRO IN MONTORIO
V. Salvini
V. G. Mameli
Viale Glorioso
Via E. Dandolo
LARGO D. PORTA S. PANCRAZIO
V. Garibaldi
Villa Sciarra
Viale di Trastevere

LE CENTRE HISTORIQUE

Promenade dans la ville médiévale à partir de la place Navone.

ENTRE 2h30 et 5h30 DE MARCHE.

Si l'art d'un Raphaël ou d'un Caravage vous a fait tourner la tête au point d'avoir vidé votre porte-monnaie, sachez que **l'église Santa Maria del Popolo** vous donne l'occasion d'admirer gratuitement de magnifiques tableaux.

"Ce que vous êtes aujourd'hui, nous le fûmes hier, ce que nous sommes aujourd'hui, vous le serez demain..." Méditez sur la fragilité de l'existence devant les habitants silencieux de la **crypte des Capucins**.

L'escalier de la Trinité-des-Monts, donnant sur la Piazza di Spagna, est envahi de jeunes en quête d'amour et de divertissement.

L'autel de l'Ara Pacis et le **mausolée d'Auguste** témoignent de la modestie légendaire des empereurs romains.

Les fontaines de la **place Navone** peuvent toujours être cascadantes, ce n'est rien en comparaison du *tartufo* et autres *gelati*, les vrais glaces italiennes que l'on sert dans ses cafés.

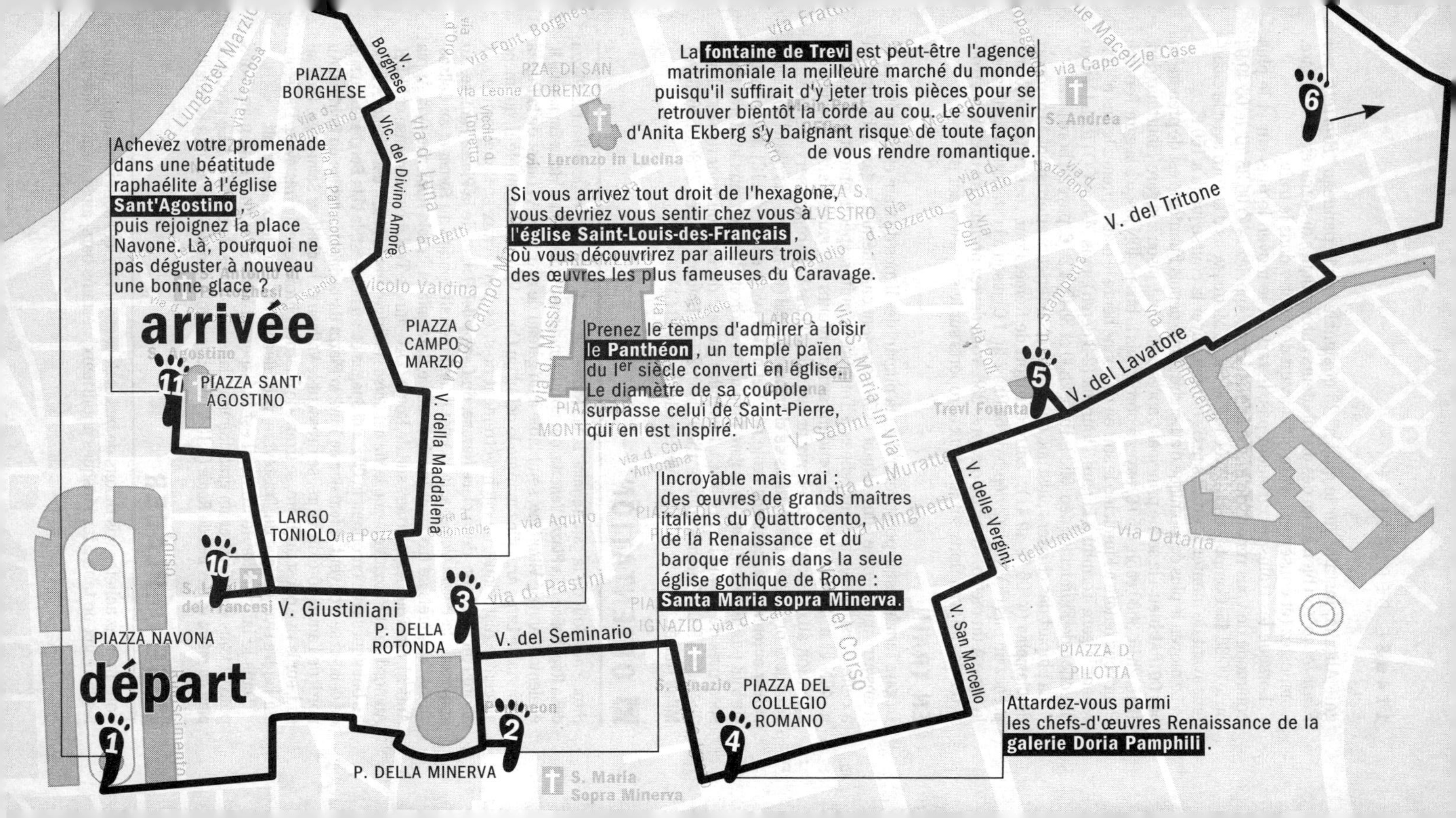
départ
arrivée
1
2
3
4
5
6
10
11
PIAZZA NAVONA
PIAZZA BORGHESE
V. Borghese
Vic. del Divino Amore
PIAZZA CAMPO MARZIO
V. della Maddalena
LARGO TONIOLO
V. Giustiniani
P. DELLA ROTONDA
V. del Seminario
P. DELLA MINERVA
PIAZZA DEL COLLEGIO ROMANO
V. San Marcello
V. delle Vergini
V. del Lavatore
V. del Tritone
PIAZZA SANT' AGOSTINO
Achevez votre promenade dans une béatitude raphaélite à l'église Sant'Agostino, puis rejoignez la place Navone. Là, pourquoi ne pas déguster à nouveau une bonne glace ?
Si vous arrivez tout droit de l'hexagone, vous devriez vous sentir chez vous à l'église Saint-Louis-des-Français, où vous découvrirez par ailleurs trois des œuvres les plus fameuses du Caravage.
Prenez le temps d'admirer à loisir le Panthéon, un temple païen du Ier siècle converti en église. Le diamètre de sa coupole surpasse celui de Saint-Pierre, qui en est inspiré.
Incroyable mais vrai : des œuvres de grands maîtres italiens du Quattrocento, de la Renaissance et du baroque réunis dans la seule église gothique de Rome : Santa Maria sopra Minerva.
La fontaine de Trevi est peut-être l'agence matrimoniale la meilleure marché du monde puisqu'il suffirait d'y jeter trois pièces pour se retrouver bientôt la corde au cou. Le souvenir d'Anita Ekberg s'y baignant risque de toute façon de vous rendre romantique.
Attardez-vous parmi les chefs-d'œuvres Renaissance de la galerie Doria Pamphili.

gnie Alitalia, installé sur le quai n° 25 et signalé par le panneau "*Biglietti per Fiumicino*", ou bien à l'un des distributeurs automatiques disséminés dans la gare. Compostez (et conservez) votre billet avant de monter dans le train.

Lorsque les trains ne circulent pas, le **taxi** est le moyen le plus sûr et le plus commode de vous rendre de Rome à Fiumicino. Appelez le ✆ 06 35 70, le 06 49 94 ou le 06 66 45. Comptez entre 35 et 45 € le trajet. Mettez-vous d'accord avec le chauffeur avant de monter ; certains taxis ont fait payer la course jusqu'à 150 € !

Le moyen le plus économique d'atteindre Rome depuis Fiumicino est de prendre un **bus COTRAL** bleu à la sortie principale, après la douane, jusqu'à la gare Tiburtina (dép. 1h15, 2h15, 3h30 et 5h, 4,50 €, payez à bord), puis le bus n° 40N jusqu'à la gare Termini. Pour vous rendre à Fiumicino le soir ou de bonne heure le matin, prenez le bus n° 40N reliant la gare Termini à la gare Tiburtina (2-3 dép/h), puis le bus COTRAL bleu en direction de Fiumicino (dép. 0h30, 1h15, 2h30 et 3h45, 4,20 €, payez à bord).

La plupart des charters ainsi que quelques vols intérieurs atterrissent à l'aéroport de **Ciampino** (✆ 06 79 49 41), l'autre aéroport de Rome. Pour vous rendre à Rome, prenez un bus COTRAL (2 dép/h de 6h10 à 23h, 1 €) jusqu'à la station Anagnina, sur la ligne A du métro. Avant 8h ou après 23h, vous devrez prendre un taxi. Vous trouverez des informations sur les deux aéroports sur le site www.adr.it.

EN TRAIN

La **gare Termini** est le point central de la plupart des lignes de train et de métro. Les trains arrivant à Rome entre minuit et 5h s'arrêtent en général à la gare Tiburtina ou à celle d'Ostiense, qui sont reliées à Termini, la nuit, respectivement par les bus n° 40N et n° 20N-21N. Soyez prudent aux alentours des gares, faites notamment attention aux pickpockets et aux arnaqueurs. Dans la gare, les services suivants vous sont proposés : **réservations de chambres d'hôtel** (en face de la voie n° 20), **distributeur automatique**, **consigne** (voie n° 1) et **police** (voie n° 13, ✆ 112). Ne manquez surtout pas les ❤ **toilettes de la gare Termini**, un endroit étonnant, aux lumières tamisées, près de la voie n° 1 (0,50 €). Des **trains** partent de Termini pour **Naples** (durée 2h-2h30, 18 €), **Florence** (durée 1h30-2h30, 25 €), **Bologne** (durée 2h30-3h30, 33 €), **Milan** (durée 4h30-8h, 47 €) et **Venise** (durée 5h, 43 €).

ORIENTATION

Située non loin de la **gare Termini**, la **Via Nazionale** est l'artère centrale reliant la **Piazza della Repubblica** à la **Piazza Venezia**, qui abrite l'immense **monument à Victor-Emmanuel II**, également appelé **Vittoriano**, semblable à un gâteau de mariage. A l'ouest de la Piazza Venezia, le **Largo Argentina** marque le début du Corso Vittorio Emanuele II, qui mène au centre historique, un enchevêtrement de sites médiévaux et Renaissance aux abords du **Panthéon**, de la **place Navone**, du **Campo dei Fiori** et de la **Piazza Farnese**. Au sud-est de la Piazza Venezia, la Via dei Fori Imperiali conduit au **Forum** et au **Colisée**, au sud desquels se trouvent les **thermes de Caracalla** et la **voie Appienne** (Via Appia Antica), ainsi que les quartiers sud de Rome : l'Aventin, le Testaccio, Ostiense et l'EUR. Au nord de la Piazza Venezia, la **Via del Corso** se dirige vers la **Piazza del Popolo**. A l'est, les boutiques chic entourent la **Piazza di Spagna** et, au nord-est, la **Villa Borghèse**. Au sud de celle-ci se trouvent la **fontaine de Trevi**, la **Piazza Barberini** et la **colline du Quirinal**. Au nord, de l'autre côté du Tibre, se dressent le **Vatican** et le **château Saint-Ange**. Plus au sud, sur la rive ouest du Tibre, se trouve le quartier pittoresque du **Trastevere**. De retour sur l'autre rive, en face du Trastevere, vous découvrirez le vieux **ghetto juif**.

Dans le labyrinthe de Rome, il est indispensable de se munir d'un plan. Vous pouvez vous en procurer un gratuitement dans les offices de tourisme. Le précieux **plan du métro et des bus de Rome** (4,13 €) est disponible dans les kiosques à journaux.

SE DÉPLACER

Vous pouvez acheter vos tickets de bus et de métro (1 €), qui sont identiques, dans les bureaux de tabac, les kiosques à journaux, certains bars, ainsi qu'aux distributeurs automatiques. Ceux-ci sont situés dans les stations de métro, à certains coins de rue et aux principaux arrêts de bus (repérez le logo ATAC). Chaque ticket est valable pour un trajet en métro ou en bus (quelle que soit la distance ou le nombre de correspondances, dans une limite de 75 mn). Un ticket journalier BIG coûte 4 € et permet de circuler sans limite sur le réseau de transports en commun (métro, tramway et train) de la ville (Comune di Roma), ce qui inclut Ostie, mais pas Fiumicino. Une carte de transport hebdomadaire CIS coûte 16 €. Il existe également un ticket touristique valable 3 jours (11 €).

EN MÉTRO (METROPOLITANA)

La gare Termini se trouve à l'intersection des deux lignes (A et B) de la Metropolitana, auxquelles vous pouvez accéder par plusieurs entrées, notamment par l'escalier situé entre la gare et la Piazza del Cinquecento. Ailleurs, l'entrée des stations est indiquée par un "M" blanc au milieu d'un carré rouge. **Le métro circule tous les jours de 5h30 à 23h30.**

EN BUS

Même si le réseau de bus de Rome, l'**ATAC**, ressemble à première vue à un véritable casse-tête, il est en fait très complet. L'ATAC possède des antennes d'information dans toute la ville, dont une à la gare Termini. (© 800 43 17 84. Ouvert tlj 8h-18h.) A chaque arrêt de bus *(fermata)*, sont indiquées (sur des panneaux jaunes) les lignes qui le desservent, avec les arrêts et les rues principales. Faites attention, car certains bus circulent seulement pendant la semaine (*feriali*) ou le week-end (*festivi*), et d'autres changent de trajet selon les jours de la semaine. Le service commence généralement vers 5h ou 6h et se termine à minuit. Les **lignes de nuit** (*notturni*) existent également, avec des départs toutes les 30 minutes à une heure.

Montez à bord par la porte avant ou par la porte arrière, et non par la porte du milieu, puis compostez immédiatement votre ticket dans l'oblitérateur orange situé à l'arrière. Le ticket est alors valable pour n'importe quel nombre de correspondances durant les 75 mn qui suivent. Il est utile d'acheter plusieurs tickets en même temps et de les garder sur soi, car, le soir et le week-end, il est parfois difficile d'en trouver. Voici quelques itinéraires de bus. **46** : Quartier du Vatican, Corso Vittorio Emanuele II, Largo Argentina, Piazza Venezia. **81** : Piazza Malatesta, San Giovanni, Colisée, Bocca della Verità, Piazza Venezia, quartier du Vatican. **170** : Gare Termini, Via Nazionale, Piazza Venezia, Largo Argentina, Via Marmorata, basilique San Paolo. **492** : Gare Tiburtina, gare Termini, Piazza Barberini, Piazza Venezia, Corso del Rinascimento, Piazza del Risorgimento.

EN TAXI

A Rome, les taxis sont pratiques mais coûtent cher (moins, toutefois, que dans d'autres grandes villes). Vous pouvez leur faire signe dans la rue, mais vous en trouverez facilement dans les stations proches de la gare Termini ainsi que sur les principales places. N'acceptez que les taxis jaunes ou blancs, et assurez-vous qu'ils sont équipés d'un compteur (si tel n'est pas le cas, mettez-vous d'accord sur un prix avant de monter). Le compteur démarre à 2,33 €. Vous paierez un supplément la nuit (2,58 €), le dimanche (1,03 €), si vous allez ou venez des aéroports de Fiumicino (7,23 €) ou de Ciampino (5,50 €), sans oublier un supplément de 1,04 € par bagage. Le pourboire est généralement de 10 %. Attendez-vous à payer environ 7,75 € pour aller de la gare Termini au Vatican. Vous pouvez appeler **Radio-taxi**, qui vous enverra un taxi à l'endroit où vous vous trouvez en quelques minutes. Prenez garde toutefois : certains taxis enclenchent leur compteur au moment où ils répondent à votre appel téléphonique !

À VÉLO ET EN VÉLOMOTEUR

Avec sa circulation anarchique, ses rues pavées et ses collines, Rome est loin d'être le paradis des deux-roues. La location d'un vélo coûte 3 € l'heure ou 8 € la journée, mais la durée de cette "journée" de location varie en fonction de l'heure de fermeture des magasins. En été, vous trouverez des stands de location dans la Via del Corso, sur la Piazza San Lorenzo et dans la Via di Pontifici. (Ouvert tlj 10h-19h. Age

ROME

minimum 16 ans.) Pour un scooter, comptez 40-50 € la journée. Le port du casque est strictement obligatoire, et son prix doit être compris dans la location. Les prix ne comprennent pas les 20 % de la taxe à l'achat. Si vous voulez juste profiter d'un bel après-midi pour découvrir Rome à vélo, rendez-vous chez **Enjoy Rome** (voir plus loin), qui propose une visite instructive, quoique fatiguante, des plus beaux sites de la ville.

INFORMATIONS PRATIQUES

SERVICES TOURISTIQUES ET ARGENT

❤ **Enjoy Rome**, V. Marghera, 8a (✆ 06 445 18 43, www.enjoyrome.com). Lorsque vous vous trouvez au milieu du hall de la gare Termini (entre les trains et les guichets), tournez le dos aux trains et sortez à droite. Traversez la Via Marsala, puis suivez la Via Marghera. Fulvia et Pierluigi, les propriétaires, répondent à vos questions et vous donnent de bons tuyaux sur la ville. Ils se chargent de vous réserver une chambre d'hôtel, vous proposent des visites guidées à pied ou à vélo, et vous renseignent sur les bus pour Pompéi. Ils font également office d'agence de voyages : ils peuvent réserver vos déplacements dans le monde entier et votre logement dans toute l'Italie. Ouvert Avr-Oct Lu-Ve 8h30-19h et Sa. 8h30-14h ; Nov-Mar Lu-Ve 9h30-18h30, Sa 9h-14h.

PIT Info point (✆ 06 48 906 300), sur la voie n° 4, à Termini. Un office de tourisme géré par la municipalité. Informations sur les hôtels, les restaurants, les transports et les événements. Le bureau diffuse une carte assez pratique des sites touristiques. Ouvert tlj 8h-21h. Des kiosques offrant les mêmes services sont disséminés en ville : Castel Sant'Angelo, Fori Imperiali, P. di Spagna, P. Navona, Trastevere, San Giovanni, Santa Maria Maggiore, V. del Corso, V. Navigazione. Il existe également un service de renseignement téléphonique, le **Call Center Comune di Roma** (✆ 06 36 00 43 99), qui fonctionne de 9h à 19h.

ROME

Change : Les grandes banques sont généralement ouvertes Lu-Ve 8h30-13h30. Préparez-vous à passer de longues minutes aux guichets et à affronter des caissiers peu aimables. La **Banca di Roma** et la **Banca Nazionale del Lavoro** pratiquent des taux corrects, mais les taux les plus avantageux sont ceux des **distributeurs automatiques**, disséminés dans toute la ville, notamment aux environs de la gare Termini.

American Express : P. di Spagna, 38 (✆ 06 676 41, cartes et chèques perdus ou volés ✆ 722 82). Ouvert Sep-Juil, Lu-Ve 9h-19h30 et Sa. 9h-15h. Août : Lu-Ve 9h-18h et Sa. 9h-12h30.

SERVICES DIVERS

Consigne : Dans la gare Termini, près du quai n° 1.

Objets trouvés : **Oggetti Smarriti**, V. Nicolo Bettoni, 1 (✆ 06 581 60 40, objets perdus dans le train ✆ 06 47 30 66 82). Ouvert Lu. et Me. 8h30-13h et 14h30-18h, Ma. et Ve. 8h30-13h, Je. 8h30-18h. Vous trouverez un autre bureau dans la **gare Termini**, dans le guichet du corridor principal. Ouvert tlj 7h-23h.

Librairies : **Librairie française de Rome**, **La Procure**, P. San Luigi dei Francesi, 23 (✆ 06 68 30 75 98), près du Panthéon. C'est la seule librairie française de Rome. Important rayon d'ouvrages religieux et grand choix de guides, romans, etc. ❤ **Librairie internationale Feltrinelli**, V. Vittorio Emanuele Orlando, 84-86 (✆ 06 482 78 78), près de la Piazza della Repubblica. Incontournable à Rome : choix remarquable de livres étrangers (dont des classiques français en livre de poche), de dictionnaires et de guides de voyage. Ouvert Lu-Sa 10h-19h30, Di 10h-13h30 et 16h-19h30. Cartes Visa, MC, AmEx.

Gays et lesbiennes : **ARCI-GAY**, V. D. Minzoni, 18 (✆ 051 649 30 55, www.arcigay.it), organise des débats, des spectacles ainsi que d'autres manifestations. La carte de membre (10 € l'année) donne accès à tous les clubs gay d'Itâlie. **Coordinamento Lesbico Italiano**, V. S. Francesco di Sales, 1a (✆ 06 686 42 01), près de la V. della Lungara, dans le Trastevere, informe les lesbiennes. Le **Circolo di Cultura Omosessuale Mario Mieli**, V. Corinto, 5 (✆ 06 541 39 85, www.mariomieli.it), propose de nombreuses informations concernant la vie gay à Rome. Prenez la ligne de métro B jusqu'à la station San Paolo, faites quelques mètres en direction du Largo Beato Placido Riccardi, prenez la première à gauche et poursuivez vers la Via Corinto. Ouvert Sep-Juil, Lu-Ve 9h-13h et 14h-18h. La seule **librairie gay** de Rome est la **Libreria Babele**, V. dei Banchi Vecchi (✆ 06 687 66 28), de l'autre côté du pont lorsque vous partez du château Saint-Ange, non loin du Corso Vittorio Emanuele II. Ouvert Lu-Sa 10h-14h et 16h-19h30.

Laverie automatique : **OndaBlu**, V. La Mora, 7 (✆ 800 86 13 46). Nombreuses autres adresses à Rome. Lavage ou séchage 3,20 € pour 6,5 kg de linge. Lessive 0,75 €. Ouvert tlj 8h-22h.

URGENCES ET COMMUNICATIONS

Police : ✆ 113. **Carabinieri** : ✆ 112. **Urgences médicales** : ✆ 118. **Pompiers** : ✆ 115.

Assistance téléphonique : **Centro Anti-Violenza**, V. della Torrespaccata, 157 (✆ 06 23 26 90 49 ou 06 23 26 90 53). Pour les victimes de violences sexuelles. Annexes dans toute la ville. Accueil 24h/24. **Samaritans**, V. di San Giovanni in Laterano, 250 (✆ 06 70 45 44 44). Aide psychosociale. Ouvert pour les appels et les visites (appelez pour prendre rendez-vous) tlj 13h-22h.

Soins médicaux : **Policlinico Umberto I**, Vle del Policlinico, 155 (urgences ✆ 06 499 71, consultations ✆ 06 499 721 01). Prenez la ligne B du métro jusqu'à la station Policlinico, ou le bus n° 9. Les premiers secours *(pronto soccorso)* sont gratuits. Ouvert 24h/24.

Pharmacies de garde : **Farmacia Internazionale**, P. Barberini, 49 (✆ 06 487 11 95). Cartes Visa, MC. **Farmacia Piram**, V. Nazionale, 228 (✆ 06 488 07 54). Cartes Visa, MC.

Hôpitaux : **Centre médical international**, V. Amendola, 7 (✆ 06 488 23 71, ✆ 488 40 51 la nuit et le Di.). Appelez au préalable. Prescriptions médicales, auxiliaires médicaux de garde. Visite générale 68 €. Ouvert Lu-Sa 8h30-20h. Gardes 24h/24. **Hôpital américain de Rome**, V. E. Longoni, 69 (✆ 06 225 51 pour un service 24h/24, ✆ 225 52 90 pour prendre un rendez-vous). Hôpital privé. Urgences et analyses. Dépistage du sida et tests de grossesse. Gardes 24h/24.

Internet : ❤ **Trevi Tourist Service : Trevi Internet**, V. di Lucchesi, 31-32 (✆/fax 06 69 20 07 99), à une rue de la fontaine de Trevi en direction de la Piazza Venezia, dans la rue qui devient ensuite la Via della Pilotta. Emplacement central. Connexion rapide 2,50 € les 60 mn, 4 € les 120 mn. Vous pouvez également profiter de transferts d'argent de la Western Union, d'un bureau de change et d'appels internationaux bon marché. Ouvert tlj 9h30-22h. **Splashnet**, V. Varese, 33 (✆ 06 49 38 20 73), à trois rues au nord de la gare Termini, propose une combinaison étonnante : une laverie automatique dotée d'un accès à Internet. Pendant que vos chaussettes sales font un brin de toilette amplement mérité (lavage et séchage 3,10 € chacun), vous avez droit à 15 mn d'Internet gratuit. Internet 1,50 € l'heure. Ouvert en été tlj 9h-1h, en hiver 9h-23h. **Freedom Traveller**, V. Gaeta, 25 (✆ 06 47 82 38 62, www.freedom-traveller.it), au nord de la P. Cinquecento. Tenu par une auberge de jeunesse, avec un bar et des chambres bon marché. 4,13 € l'heure, avec la carte 2,60 €. Ouvert tlj 9h-24h.

Bureaux de poste : **Bureau de poste principal**, P. San Silvestro, 19 (✆ 06 679 50 44 ou 06 678 07 88), au sud de la Piazza di Spagna. Vous pouvez envoyer de gros colis ou du courrier. Ouvert Lu-Ve 9h-18h30 et Sa. 9h-14h. Le grand **bureau annexe**, V. delle Terme di Diocleziano, 30 (✆ 06 481 82 98), près de la gare Termini, est ouvert aux mêmes horaires. **Poste du Vatican** (✆ 06 69 88 34 06), deux emplacements sur la place Saint-Pierre. Ouvert Lu-Ve 8h30-19h, Sa 8h30-18h. Il y a également un bureau au premier étage du musée du Vatican. **Code postal** : Les codes postaux de Rome sont compris entre 00100 et 00200.

HÉBERGEMENT

HÔTELS ET PENSIONS

Rome est envahie par les touristes à Pâques, de mai à juillet et en septembre. De ce fait, vous constaterez vite que les prix varient beaucoup en fonction de la saison,

ROME

mais aussi de la durée du séjour, du nombre de personnes et du nombre de places disponibles. La connaissance d'un minimum d'italien se révélera donc utile dans toute négociation. Globalement, les endroits les plus agréables se trouvent dans le centre historique et autour de celui-ci, tandis que les hôtels les moins chers sont dans le quartier de la gare Termini. Dans la gare, vous serez certainement sollicité par des rabatteurs qui essaieront de vous emmener à leurs hôtels. La plupart sont munis de cartes émanant de l'office de tourisme et sont fiables, mais certains sont des imposteurs arborant de fausses cartes. Soyez prudent, notamment la nuit.

PAR PRIX	
MOINS DE 15 €	
Pensione Sandy	SOT
15-25 €	
❤ Colors	BP
Hôtel Il Castello	SOT
❤ Hôtel Papa Germano	TSL
❤ Pensione di Rienzo	SOT
❤ Pensione Fawlty Towers	TSL
26-40 €	
Hôtel Bolognese	TSL
Hôtel Cathrine	TSL
Hôtel Cervia	TSL
Hôtel Giù Giù	SOT
Hôtel Scott House	SOT
Hôtel Dolomiti et Lachea	TSL
❤ Pensione Cortorillo	SOT
❤ Pensione Monaco	VXXS
YMCA Foyer di Roma	TSL
41-60 €	
Albergo Pomzia	CH
Albergo dello Lunetta	CH
Hôtel Boccaccio	PDS
Hôtels Castelfiardo et Lazzari	VXXS
Hôtel des Artistes	TSL
Hôtel Galli	TSL
Hôtel Kennedy	SOT
Hôtel Pensione Joli	BP
❤ Pensione Panda	PDS
Pensione Tizi	VXXS
Santa Maria Alle Fornaci	BP
PLUS DE 60 €	
Albergo Abruzzi	CH
Albergo del Sole	CH
❤ Domus Nova Bethlehem	TSL
Hôtel Carmel	TV
Hôtel Florida	BP
Hôtel Lady	BP
Hôtel Navona	CH
Hôtel Pensione Suisse S.A.S.	PDS
Hôtel Trastevere	TV

BP : Borgo/Prati. **CH** : Centre historique. **PDS** : Piazza di Spagna. **SOT** : au sud et à l'ouest de Termini. **TSL** : Termini, San Lorenzo. **TV** : Trastevere. **VXXS** : Via XX Settembre.

LE CENTRE HISTORIQUE

Si vous souhaitez séjourner à proximité des sites, choisissez le centre médiéval de Rome, bien plus pittoresque que le quartier de la gare Termini : vous ne regretterez pas d'avoir dépensé quelques euros de plus.

Albergo del Sole, V. del Biscione, 76 (✆ 06 68 80 68 73), une rue débouchant sur le Campo dei Fiori. A deux pas de l'animation de la place, l'établissement serait la plus ancienne pension de Rome. Ses 61 chambres modernes et accueillantes possèdent le téléphone, un ventilateur, la télévision et sont décorées de magnifiques meubles anciens. Chambre simple 65 €, avec salle de bains 83 €, chambre double 95/110-140 €. ❖❖❖❖❖

Albergo Pomezia, V. dei Chiavari, 13 (✆/fax 06 686 13 71, www.hotelpomezia.it). Non loin du Corso Vittorio Emanuele II, derrière l'église Sant'Andrea della Valle. Les chambres, rénovées, disposent toutes d'une salle de bains. Chambres propres et calmes, dotées d'un téléphone, d'un ventilateur et d'un chauffage pour l'hiver. Petit déjeuner compris, servi

8h-11h. Accessible aux handicapés. Chambre simple 60-105 €, double 80-125 €, triple 100-160 €. Cartes Visa, MC, AmEx. ❖❖❖❖

Albergo della Lunetta, P. del Paradiso, 68 (✆ 06 686 10 80, fax 06 689 20 28), près de l'église Sant'Andrea della Valle. Depuis le Corso Vittorio Emanuele II, prenez la Via dei Chiavari puis la première à droite. Bon rapport qualité-prix, bel emplacement (entre le Campo dei Fiori et la place Navone). Chambre simple 55 €, avec salle de bains 65 €, chambre double 85 €, avec salle de bains 110 €, chambre triple 115 €, avec salle de bains 145 €. Réservation par carte de crédit ou par chèque. Cartes Visa, MC. ❖❖❖❖

Albergo Abruzzi, P. della Rotonda, 69 (✆ 06 97 84 13 51). Situé à moins de 100 m du Panthéon, il possède des chambres avec vue dignes de ce nom. Salles de bains communes, mais un lavabo dans chaque chambre. Chambre simple 75/150 €, chambre double 115/185 €, chambre triple 170/240 €. ❖❖❖❖❖

Hôtel Navona, V. dei Sediari, 8 (✆ 06 686 42 03, www.hotelnavona.com). De l'extrémité sud de la place Navone, prenez la Via dei Canestrari, traversez le Corso del Rinascimento puis continuez tout droit. Ce bâtiment du XVIe siècle abrite depuis 150 ans une pension qui compta parmi ses hôtes célèbres les poètes anglais Keats et Shelley. Petit déjeuner compris. Chambres à libérer avant 10h. Chambre simple avec salle de bains 84 €, chambre double avec salle de bains 110 €, chambre triple avec salle de bains 150 €. Climatisation 15 €. Cartes de crédit acceptées uniquement pour les réservations. Le règlement doit se faire avant la première nuit. ❖❖❖❖❖

PRÈS DE LA PIAZZA DI SPAGNA

Vous ne vous logerez dans ce quartier qu'en révisant à la hausse votre budget hébergement. C'est le prix à payer pour profiter du voisinage des boutiques haut de gamme. John Keats, lui, n'hésita pas. Les érudits objecteront que le poète anglais vécut plus de 150 ans avant l'apparition des commerces de luxe. Et que la tuberculose qui le rongeait ne l'inclinait guère aux frivolités vestimentaires. A l'époque, les muses ne s'habillaient pas en Prada mais la littérature ne s'en portait pas plus mal.

❤ **Pensione Panda**, V. della Croce, 35, entre la Piazza di Spagna et la Via del Corso (✆ 06 67 80 179, www.webeco.it/hotelpanda). Rénovées dernièrement, les chambres sont jolies et propres. A noter les plafonds voûtés (parfois agrémentés de fresques) et les bas-reliefs dans certains couloirs. Chambres à libérer avant 11h. Réservation conseillée. Chambre simple 48 €, avec salle de bains 68 €, chambre double 68/98 €, chambre triple avec salle de bains 130 €, chambre quadruple avec salle de bains 170 €. Rabais possibles en basse saison. Cartes Visa, MC, AmEx. ❖❖❖❖

Hôtel Pensione Suisse S.A.S., V. Gregoriana, 54 (✆ 06 678 36 49). Tournez à droite juste en haut des marches. Près de la place mais malgré tout paisible. Meubles anciens, lits confortables, salle de bains et ventilateur dans toutes les chambres. TV et Internet accessibles. Petit déjeuner inclus. Chambre simple 90 €, double 140 €, triple 194 €, quadruple 215 €. 10-15 % de remise pour les longs séjours en Nov-Fév. Cartes Visa, MC. ❖❖❖❖❖

Hôtel Boccaccio, V. del Boccaccio, 25 (✆/fax 06 488 59 62, www.hotelboccaccio.com). Métro : ligne A, station Barberini. Dans une rue donnant dans la Via del Tritone, qui part de la Piazza Barberini. Situé à proximité de nombreux monuments, l'hôtel dispose de 8 chambres spacieuses garnies de meubles élégants. Chambre simple 42 €, chambre double 62 €, avec salle de bains 83 €, chambre triple 84/112 €. Cartes Visa, MC, AmEx. ❖❖❖❖

QUARTIERS DU BORGO ET DU PRATI (ENVIRONS DU VATICAN)

Lieu de résidence de nombreux prêtres et religieuses, le Vatican et ses environs sont assez calmes la nuit.

❤ **Colors**, V. Boezio, 31 (✆ 06 687 40 30, www.colorshotel.com). Métro : ligne A, station Ottavio, ou prenez le bus jusqu'à la Piazza del Risorgimento. Prenez la Via Cola di Rienzo jusqu'à la Via Terenzio. Doté de tout le confort et d'un personnel très sympathique, Colors est situé dans le quartier du Prati, élégant et tranquille, et comporte 18 chambres. Cuisine, sèche-cheveux, accès à Internet (3 € l'heure), blanchisserie. Terrasse magnifique ouverte jusqu'à 23h. Dortoir 20 €, chambre double 73-89 €, chambre triple 83-104 €. Réservation par carte de crédit, mais la maison n'accepte pas les cartes de crédit pour le paiement. ❖❖

Hôtel Florida, V. Cola di Rienzo, 243 (✆ 06 324 18 72, www.hotelfloridaroma.it). Un hôtel sur trois étages. Les 18 chambres sont agréablement décorées, avec des tapis aux motifs floraux et de beaux dessus-de-lit. Clim. (10 € la nuit). Réservation conseillée. Chambre simple 65-82 €, double 90-113 €, triple 110-135 €, quadruple 130-150 €. Rabais de 5 % si vous payez en espèces. Cartes Visa, MC, AmEx. ❖❖❖❖❖

Hôtel Pensione Joli, V. Cola di Rienzo, 243, 5e étage (✆ 06 324 18 54, www.hoteljoliroma.com), au niveau de la Via Tabullo, escalier A. Lits confortables, surplombés de ventilateurs, et vue sur le Vatican. Petit déjeuner compris. Chambre simple 53 €, avec salle de bains 67 €, chambre double 90 €, avec lit "king size" 100 €, chambre triple 135 €, chambre quadruple 165 €. Cartes Visa, MC, AmEx. ❖❖❖❖

Hôtel Lady, V. Germanico, 198 (✆ 06 324 21 12, www.hotellady.supereva.it), entre la V. Fabbio Massimo et la V. Paolo Emilio. Les huit chambres possèdent un lavabo et un bureau. Certaines ont même des plafonds en bois dans le style "loft" ainsi que de beaux sols carrelés. Chambre simple 75 €, double 90 €, avec salle de bains 100 €, triple 120 €. Ces prix sont sur présentation de votre guide *Let's Go*. Cartes Visa, MC, AmEx. ❖❖❖❖❖

ROME

LE TRASTEVERE

Le vieux quartier du Trastevere revendique une identité à part et se distingue par une atmosphère relativement préservée du tourisme de masse. De ce fait, les hôtels s'avèrent plutôt rares et disséminés, et leurs prix, souvent, bien au-delà des possibilités du voyageur à petit budget. Cependant, ils permettent de profiter de la proximité du Vatican… en même temps que d'une vie nocturne à l'animation bien profane !

Hôtel Carmel, V. Gioffredo Mameli, 11 (✆ 06 580 99 21, www.hotelcarmel.it). Prenez à droite la Via Emilio Morosini en partant du Viale di Trastevere. Un hôtel sans prétention qui propose 9 chambres simples et modestes à un prix raisonnable. Superbe jardin en terrasse avec des tables pour le petit déjeuner. Toutes les chambres sont équipées d'une salle de bains. Petit déjeuner compris. Chambre simple 80 €, chambre double 100 €, chambre triple 120 €, chambre quadruple 150 €. Cartes Visa, MC, AmEx. ❖❖❖❖❖

Hôtel Trastevere, V. Luciano Manara, 25 (✆ 06 581 47 13, fax 06 588 10 16). Depuis le Viale di Trastevere, prenez à droite la Via delle Fratte di Trastevere que prolonge la Via Luciano Manara. Cet établissement chaleureux surplombe la pittoresque Piazza San Cosimato. 9 chambres paisibles et joliment meublées. Toutes sont équipées du téléphone, de la télévision et d'une salle de bains. Petit déjeuner compris. Chambre simple 77 €, chambre double 98-103 €, chambre triple 129 €, chambre quadruple 154 €. Vous pouvez aussi louer un appartement pour 2 à 6 personnes avec une kitchenette bien agencée et des lits en mezzanine. Cartes Visa, MC, AmEx. ❖❖❖❖❖

TERMINI ET SAN LORENZO

Bienvenue dans le fief des voyageurs à petit budget. Alors que le quartier de Termini regorge de services pour les voyageurs, celui situé au sud de la gare en est un peu dénué la nuit.

♥ **Pensione Fawlty Towers**, V. Magenta, 39 (✆/fax 06 445 03 74, www.fawltytowers.org). Sortez de la gare Termini par la droite en venant du hall central, remontez la Via Marsala, tournez à droite dans la Via Marghera, puis de nouveau à droite dans la Via Magenta et repérez la pancarte jaune. Cet établissement de 15 chambres, extrêmement apprécié, traite ses hôtes comme des coqs en pâte. Le personnel, charmant, vous renseignera volontiers. Une paisible terrasse fleurie vous fera oublier la cohue ferroviaire toute proche. Dans la salle commune, l'hôtel met à votre disposition un téléviseur relié au satellite, une bibliothèque, un réfrigérateur et un four à micro-ondes. Accès à Internet pour un prix raisonnable. Réservation fortement conseillée. Dortoir de 4 personnes 18-20 € par personne, avec salle de bains 23-25 €, chambre simple 44 €, avec douche 51 €, chambre double 62 €, avec douche 77 €, chambre triple avec salle de bains 90 €. ❖❖

❤ **Hôtel Papa Germano**, V. Calatafimi, 14a (✆ 06 48 69 19, www.hotelpapagermano.com). Depuis le hall central de la gare Termini, sortez à droite puis remontez à gauche la Via Marsala, qui prend ensuite le nom de Via Volturno. La Via Calatafimi est la quatrième rue à droite. Les chambres, propres et abordables, équipées du téléphone et de la télévision, s'accompagnent d'un service remarquable des propriétaires, Gino et Pina. Accès à Internet 2,60 € l'heure. Chambres à libérer avant 11h. Dortoir 18-25 € par personne, chambre simple 23-40 €, chambre double 45-70 €, avec salle de bains 52-93 €, chambre triple 54-78/72-105 €. Rabais de 10 % Nov-Mar. Cartes Visa, MC, AmEx. ❖❖

Hôtel des Artistes, V. Villafranca, 20 (✆ 06 445 43 65, www.hoteldesartistes.com). Lorsque vous vous trouvez dans le hall central de la gare Termini, sortez à droite, prenez à gauche la Via Marsala, puis à droite la Via Vicenza. L'hôtel est dans la cinquième rue à gauche. Vous trouverez certainement la chambre qui convient à votre budget parmi les 40 que compte l'établissement, toutes offrant un confort 3 étoiles irréprochable. Les chambres avec salle de bains possèdent également un coffre-fort, un réfrigérateur et la télévision. Joli toit en terrasse et salon doté d'un téléviseur relié au satellite. Accès bon marché à Internet. Réception ouverte 24h/24. Chambres à libérer à 11h. Chambre simple 52-62 €, avec salle de bains 99-149 €, chambre double 59-84/109-159 €, chambre triple 75-112/139-179 €, chambre quadruple 96-126/149-199 €. Réductions de 20 % à 30 % en hiver. Remise de 15 % si vous payez en espèces. Cartes Visa, MC, AmEx. ❖❖❖❖

Hôtel Bolognese, V. Palestro, 15 (✆/fax 06 49 00 45). Cet établissement, dirigé et impeccablement entretenu par un artiste, tranche avec l'habituelle banalité des pensions italiennes. Certaines des 14 chambres sont pourvues d'un salon, d'une baignoire ou d'une terrasse. C'est probablement le seul hôtel des environs de la gare Termini à avoir reçu une distinction des Chevaliers de Malte. Les chambres doivent être libérées avant 11h. Chambre simple 31 €, avec salle de bains 43 €, chambre double 47/55 €, chambre triple 55/70 €. ❖❖❖

Hôtel Dolomiti et **Hôtel Lachea**, V. San Martino della Battaglia, 11 (✆ 06 495 72 56, www.hotel-dolomiti.it). Depuis le hall central de la gare Termini, sortez à droite, prenez à gauche la Via Marsala, puis à droite la Via Solferino. Proche de la station de métro Castro Pretorio, cet ancien palais du XIXe siècle héberge deux hôtels trois étoiles modernes et bien tenus. Il est équipé d'un bar et d'une salle réservée au petit déjeuner. Il dispose aussi d'un accès à Internet (2,60 € les 30 mn). Les chambres possèdent la télévision par satellite, le téléphone et un minibar. Petit déjeuner 6 €. Climatisation 13 € par nuit. Chambres à libérer avant 11h. Chambres simple 37-42 €, avec salle de bains 55-67 €, double 55-68/75 €, triple 60-73/88 €, quadruple 115-135 €. ❖❖❖

Hôtel Pensione Catherine, V. Volturno, 27 (✆ 06 48 36 34). A un saut de puce de la gare Termini. Depuis le hall central de la gare, sortez à droite et prenez à gauche la Via Marsala jusqu'à la Via Volturno. Une pension confortable dotée de chambres spacieuses et de salles de bains communes d'une rare propreté. L'annexe **Affittacamere Aries**, V. XX Settembre, 58a (✆ 06 420 271 61, www.affittacamereaires.com), propose d'autres chambres. Petit déjeuner 2 €. Chambre simple 35-45 €, chambre double 47-62 €, avec salle de bains 52-72 €.

Hôtel Cervia, V. Palestro, 55 (✆ 06 49 10 57, www.hotelcerviaroma.com). De Termini, prenez la sortie sur la V. Marsala, descendez la V. Marghera et prenez la quatrième rue sur la gauche. Salon TV et salle de petit déjeuner avec bar. Le petit déjeuner est inclus dans le prix des chambres doubles. Autrement, il vous faudra payer 5 €. Réception ouverte 24h/24. Chambre simple 35 €, double 60/95 €, triple 75/95 €. En été, dortoirs 4 lits 20 €. Rabais possible sur présentation de votre *Let's Go*. Cartes Visa, MC, AmEx. ❖❖❖

Hôtel Galli, V. Milazzo, 20 (✆ 06 445 68 59, www.albergogalli.com). 12 chambres propres et modernes avec des sols carrelés et des lits en fer forgé. L'hôtel est tenu par une famille sympathique. Toutes les chambres ont une salle de bains, la TV, la clim., un réfrigérateur et un coffre. Petit déjeuner inclus. Chambre simple 50 €, double 80 €, triple 90 €, quadruple 110 €. 10 % de remise en hiver. Cartes Visa, MC, AmEx. ❖❖❖❖

ROME

VIA XX SETTEMBRE ET SES ENVIRONS

Un quartier essentiellement résidentiel, qui héberge les bureaux de nombreux ministères. Beaucoup moins bruyant et touristique que le quartier voisin de Termini.

❤ **Pensione Monaco**, V. Flavia, 84 (✆/fax 06 42 014 180). Remontez la V. XX Settembre vers le nord, tournez à gauche sur la V. Quintino Sella, puis à droite sur la V. Flavia. 11 chambres ensoleillées, toutes avec une salle de bains immaculée. Les matelas sont confortables. Les chambres doivent être libérées à 9h. Avec *Let's Go*, chambre simple 37 €, double 60 €, triple 75 €, quadruple 100 €. 10 % de rabais en hiver. ❖❖❖

Pensione Tizi, V. Collina, 48 (✆ 06 482 01 28, fax 06 474 32 66). A 10 mn de marche de la gare. Remontez la V. XX Settembre vers le nord, tournez à gauche sur la V. Servio Tullio, à droite sur la V. Flavia, à gauche sur la V. Collina. Ou prenez le bus n° 360 ou 217. Parquets en marbre et chambres spacieuses, récemment rénovées. Chambre simple 45 €, double 55 €, avec salle de bains 65 €, triple 80/90 €, quadruple 100/110 €. ❖❖❖❖

Hôtel Castelfidardo et **Hôtel Lazzari**, V. Castelfidardo, 31 (✆ 06 446 46 38, www.castelfidardo.com). Les deux hôtels sont tenus par une même famille très serviable. Trois étages d'un confort éclatant. Les chambres doivent être libérées à 10h30. Chambre simple 44 €, avec salle de bains 55 €, double 64/74 €, triple 83/96 €, quadruple avec salle de bains 110 €. Cartes Visa, MC, AmEx. ❖❖❖❖

AU SUD ET À L'OUEST DE TERMINI

Le quartier d'Esquilini, au sud de Termini, abrite une quantité d'hôtels bon marché et proches des attractions touristiques. La zone située à l'ouest de la gare est néanmoins plus accueillante, avec des rues animées et de nombreux commerces.

❤ **Pensione di Rienzo**, V. Principe Amedeo, 79a (✆ 06 44 67 131, fax 06 446 69 80). Une pension familiale bien tranquille aux chambres spacieuses et fraîchement refaites. De grandes fenêtres donnent sur une cour paisible. Le personnel est sympathique. L'établissement comprend 16 chambres, dont certaines dotées d'un balcon, de la télévision et d'une salle de bains. Petit déjeuner 7 €. Chambres à libérer avant 10h. Chambre simple 20-50 €, chambre double 23-60 €, avec salle de bains 25-70 €. Cartes Visa, MC. ❖❖

❤ **Pensione Cortorillo**, V. Principe Amedeo, 79a (✆ 06 446 69 34, www.hotelcortorillo.it). Cette petite pension sympathique et familiale abrite des chambres pourvues de la télévision et agrémentées de jolis couvre-lits. On peut téléphoner sans se ruiner depuis le salon. Le petit déjeuner est compris. Chambres à libérer avant 10h. Chambre simple 30-70 €, avec salle de bains 40-100 €, chambre double 40-80/50-120 €, lit supplémentaire 10 €. Cartes Visa, MC, AmEx. ❖❖❖

Hôtel Kennedy, V. Filippo Turati, 62-64 (✆ 06 446 53 73, www.hotelkennedy.net). Vous en rêviez, l'hôtel Kennedy l'a fait. Les propriétaires passent de la musique classique dans le bar et mettent à votre disposition un salon avec canapés en cuir et téléviseur grand écran. Une salle de bains, un téléviseur relié au satellite et un téléphone vous attendent dans des chambres climatisées. Chambres avec vue (quelques-unes sur des ruines antiques) à chacun des cinq étages. Petit déjeuner à volonté compris. Chambres à libérer avant 11h. On peut réserver, mais seulement par fax ou e-mail. Chambre simple 60-80 €, chambre double 85-129 €, chambre triple 100-149 €. 10 % de remise sur présentation de votre *Let's Go*. Cartes Visa, MC, AmEx. ❖❖❖❖

Pensione Sandy, V. Cavour, 136 (✆ 06 488 45 85, www.sandyhostel.com), après le croisement avec la V. S. Maria Maggiore. Juste à côté de l'hôtel Vallet. Cette auberge propose Internet gratuitement. Draps et casiers (apportez votre cadenas) dans chaque chambre. Un endroit sans fioritures mais bon marché. Les dortoirs contiennent de 3 à 5 lits. 12-18 € par personne. ❖

Hôtel Scott House, V. Gioberti, 30 (✆ 06 446 53 79, www.scotthouse.com). Les 34 chambres possèdent une salle de bains, la clim., la TV satellite, un coffre et des murs vivement colorés. Chambre simple 35-68 €, double 63-98 €, triple 75-114 €, quadruple 88-129 €, quintuple 100-140 €. Cartes Visa, MC, AmEx. ❖❖❖

Hôtel Il Castello, V. Vittorio Amedeo II, 9 (✆ 06 77 20 40 36, www.ilcastello.com). Métro : ligne A, station Manzoni. Bien qu'éloigné du quartier de Termini, cet hôtel-auberge de jeunesse pratique des prix tout à fait abordables. Descendez la Via San Quintino et prenez la première à gauche. L'établissement occupe l'intérieur d'un château. Le personnel se mettra en quatre pour rendre votre séjour agréable et vous faire oublier l'aspect spartiate des chambres. Repérez les *signorine* en détresse depuis les balcons. Petit déjeuner 3 €. Les chambres doivent être libérées avant 10h30. Dortoir 20 €, chambre simple 26-37 €, chambre double 45-62 €, avec salle de bains 72-82 €, chambre triple 55-73 €, avec salle de bains 75-92 €. Cartes Visa, MC. ❖❖

Hôtel Giu' Giu', V. del Viminale, 8 (✆ 06 482 77 34, www.hotelgiugiu.com). A deux rues au sud de la gare Termini, dans un palais élégant bien que vieillissant. La salle du petit déjeuner est plaisante et les 12 chambres spacieuses et calmes. L'ensemble baigne dans une atmosphère familiale et bon enfant. Petit déjeuner 7 €. Les chambres doivent être libérées avant 10h. Chambre simple 30-40 €, chambre double 50-70 €, avec salle de bains 60-70 €, chambre triple avec salle de bains 90-105 €, chambre quadruple avec salle de bains 120-140 €. ❖❖❖

AUTRES FORMES D'HÉBERGEMENT

CHAMBRES D'HÔTES

Les chambres d'hôtes sont disséminées aux quatre coins de la ville dans des maisons privées, avec obligation pour les propriétaires de fournir aux visiteurs le petit déjeuner. Si ce service n'est pas compris, les appartements sont équipés d'une cuisine. Les chambres et les appartements sont de taille et de qualité très diverses. N'oubliez pas de préciser à quelle distance du centre vous souhaitez être hébergé, au risque de vous retrouver parachuté à l'autre bout de la ville.

Association Bed & Breakfast de Rome, P. del Teatro Pompeo, 2 (✆ 06 55 302 248, www.b-b.rm.it). Ce service de réservation vous propose des chambres correspondant à vos besoins spécifiques (photos, emplacement, parking, etc.). Service téléphonique assuré Lu-Ve 9h-13h.

Bed and Go, V. S. Tommaso d'Aquino, 47 (✆ 06 39 750 907 ou 39 746 484, www.bedandgo.com). Des chambres et des appartements dans le centre. Les prix varient de 165 € pour un appartement de 6 personnes (à majorer de 15 % en haute saison, 10 € pour un lit supplémentaire) à 59 € pour une chambre simple. Ouvert Lu-Ve 9h30-13h et 14h-18h.

HÉBERGEMENT RELIGIEUX

Certains couvents et monastères proposent des chambres d'hôtes. Elles ne sont pas nécessairement bon marché ; on a vu des prix de 155 €pour une chambre simple ! La plupart des lieux d'hébergement sont non mixtes et imposent le couvre-feu de bonne heure. Ils sont normalement ouverts aux personnes de toute confession.

Domus Nova Bethlehem, V. Cavour, 85/A (✆ 06 478 24 41, www.suorebambinogesu.it). De la gare de Termini, descendez la V. Cavour, traversez la P. d. Esquilino ; l'établissement est sur la droite. Un hôtel propre et confortable qui pratique un couvre-feu tolérant à 1h du matin. Toutes les chambres ont la clim., une salle de bains, un coffre et la TV. Petit déjeuner inclus. Chambre simple 70 €, double 98,50 €, triple 129 €, quadruple 148 €. Cartes Visa, MC, AmEx. ❖❖❖❖❖

Santa Maria Alle Fornaci, P. S. Maria alle Fornaci, 27 (✆ 06 39 367 632). Lorsque vous faites face à la basilique Saint-Pierre, passez à gauche sous une porte du mur d'enceinte et engagez-vous sur la V. d. Fornace. Prenez la troisième à droite sur la V. d. Gasperi, qui conduit à la P. S. Maria alle Fornaci. Cette *casa per ferie* dispose de 54 chambres avec salle de bains. Simple, petit et propre. Pas de couvre-feu. Petit déjeuner inclus. Chambre simple 50 €, double 80 €, triple 110 €. Cartes Visa, MC, AmEx. ❖❖❖❖

POUR LES FEMMES

Bien que les hommes aient eux aussi besoin de se loger, vous ne trouverez à Rome, en matière d'hébergement non mixte, que des établissements pour femmes.

YWCA Foyer di Roma, V. Cesare Balbo, 4 (✆ 06 488 04 60). Depuis la Piazza del Cinquecento (face à la gare Termini), descendez la Via del Viminale, prenez à gauche la Via Torino puis à droite la Via Cesare Balbo. La YWCA (prononcez *iv-ka*, à l'italienne) est une auberge de jeunesse mignonne, propre et sûre. Petit déjeuner compris, servi Lu-Sa 8h-9h. Prévenez la réception avant 10h le jour même si vous souhaitez déjeuner sur place (13h-14h, 11 €). Réception ouverte 7h-24h. Les chambres doivent être libérées avant 10h. Couvre-feu à minuit. Chambre simple 37 €, avec salle de bains 47 €, chambre double 62/77 €, triple 52 €, quadruple 104 €. Les cartes de crédit ne sont pas acceptées. ❖❖❖

RESTAURANTS

PAR PRIX

MOINS DE 5 €	
Augusto	TV
❤ Bar Giulia	PN
Caffè della Pace	PN
Da Quinto	PN
Della Palma	PN
Giolitti	PN
Il Caffè Sant'Eustachio	PN
Il Tunnel	SL
Tazza d'Oro	PN
The Old Bridge	BP
Tre Scalini	PN
Volpetti Piu	TES
6-10 €	
Africa	TSL
Arancia Blu	SL
Arancio d'Oro	PDS
Dar Poeta	TV
Franchi	BP
Hostaria da Bruno	TSL
Hostaria da Neurone	FC
I Buono Amici	FC
Il Brillo Parlante	PDS
Il Trulpano Nero	TV
Il Portico	CDF
Il Pulcino Ballerino	SL
La Cestia	TES
L'Insalata Ricca	CDF
"Lo Spuntino" da Guido e Patrizia	BP
Ouzeri	TV
Pizzeria Baffetto	PN
Pizzeria Corallo	PN
Pizzeria San Callisto	TV
Trattoria Gino e Pietro	PN
Vini e Buffet	PDS
Zampano	CDF
10-15 €	
Cacio e Pepe	BP
La pollarola	CDF
Taverna dei Quaranta	FC
Trattoria da Giggetto	CDF
Trattoria dal Cav. Gino	PN
Trattoria Da luigi	CDF
Trattoria da Sergio	CDF
16-25 €	
Ristorante a Casa di Alfredo	TV
UKIYO	CDF

BP : Borgo/Prati. **CDF** : Campo de Fiori. **FC** : Forum, Colisée. **PDS** : Piazza di Spagna. **PN** : Piazza Navona. **SL** : San Lorenzo. **TES** : Testaccio. **TSL** : Termini, San Lorenzo. **TV** : Trastevere. **VXXS** : Via XX Settembre.

Dans la Rome antique, les dîners étaient l'occasion de fêtes gargantuesques pouvant durer jusqu'à dix heures d'affilée. Le spectacle et la musique y avaient une part aussi importante que la nourriture. Ces orgies allaient *ad nauseam*, au sens littéral du terme. En effet, après s'être gavés pendant des heures, les convives se retiraient dans une salle spéciale appelée le *vomitorium*, où ils allaient se délester l'estomac avant de reprendre part au festin. Vous n'aurez certainement pas l'occasion de pratiquer de pareilles agapes aujourd'hui. Le petit déjeuner (quand vous aurez la chance de vous le faire servir) se résume généralement à une gorgée de cappuccino accompagnée d'une pâtisserie. Traditionnellement, le déjeuner constitue le principal repas de la journée, encore qu'en semaine le casse-croûte sur le pouce gagne du terrain. Sachez aussi que les restaurants sont généralement fermés entre 15h et 19h.

TRATTORIAS ET PIZZERIAS

ENVIRONS DU COLISÉE ET DU FORUM

Les environs du Forum et du Colisée abritent certains pièges à touristes parmi les plus éprouvés d'Italie. Toutefois, si vous n'avez pas emporté d'en-cas et que la balade jusqu'au centre historique vous paraisse trop longue sous la chaleur accablante, il existe quelques adresses valables offrant des prix décents.

❤ **I Buoni Amici**, V. Aleardo Aleardi, 4 (✆ 06 70 49 19 93). En partant du Colisée, suivez la Via Labicana jusqu'à la Via Merulana. Tournez à droite, puis à gauche dans la Via Aleardo Aleardi. La nourriture que vous y trouverez, excellente et bon marché, vaut bien cette longue marche. Goûtez les *linguine all'astice* (pâtes au homard, 6,50 €), *le risotto con i funghi* (riz aux champignons, 5,50 €) ou les *penne* à la vodka (5,50 €). Couvert 1 €. Ouvert Lu-Sa 12h-15h et 19h-23h30. Cartes Visa, MC, AmEx. ❖❖

Taverna dei Quaranta, V. Claudia, 24 (✆ 06 700 05 50), à proximité de la Piazza del Colosseo. Dîner en terrasse à l'ombre des arbres du parc du Celio est un *must* qu'offre cet établissement au charme authentique, peu fréquenté par les touristes. Le menu, différent chaque semaine, comprend de remarquables spécialités, comme les délicieuses *olive ascolane* (olives frites fourrées à la viande, 3,90 €) ou les *ravioli all'amalfitana* (à la mode d'Amalfi, 7,75 €). Vin de la maison 5,20 € le litre. Couvert 1 €. Réservation conseillée. Ouvert tlj 12h30-15h30 et 19h30-24h. Cartes Visa, MC, AmEx. ❖❖❖

Hostaria da Nerone, V. d. Terme di Tito, 96 (✆ 06 481 79 52). Métro : ligne B, station Colosseo. Montez les escaliers au-dessus de la station et prenez la V. N. Salvi. Tournez à droite, puis à gauche dans la V. d. Terme di Tito. Des tables en plein air près du Colisée mais loin des touristes. Le menu propose des spécialités romaines. *Primi* 6 €. Couvert 1,29 €. Service 10 %. Ouvert Lu-Sa 12h-15h et 19h-23h. Fermé en août. Cartes Visa, MC, AmEx. ❖❖

ENVIRONS DE LA PLACE NAVONE

Il existe quantité de trattorias et de pizzerias excellentes et abordables un peu à l'écart de la place Navone. Comme dans tous les endroits touristiques, les restaurants les plus proches et les plus visibles sont à l'affût du visiteur paresseux, alors qu'en descendant la Via del Governo Vecchio vous trouverez quelques très bonnes tables moins onéreuses. Quel que soit l'endroit où vous prendrez votre repas, attendez-vous à être sollicité par des artistes de rue.

❤ **Pizzeria Baffetto**, V. del Governo Vecchio, 114 (✆ 06 686 16 17), à l'angle de la Via Sora. Lieu de rendez-vous des activistes de gauche dans les années 1960, le Baffetto accueille aujourd'hui les militants romains de la fourchette. Son succès vous vaudra à coup sûr une longue attente, surtout si vous désirez une place en terrasse. Toujours bondé, mais cela vaut la peine d'attendre car les pizzas sont délicieuses. Pizzas 4,50-7,50 €. Ouvert tlj 8h-10h et 18h30-1h. Les cartes bancaires ne sont pas acceptées. ❖❖

Pizzeria Corallo, V. del Corallo, 10-11 (✆ 06 68 30 77 03), une rue partant de la Via del Governo Vecchio, à proximité de la Piazza del Fico. Cette pizzeria est le lieu idéal où avaler un repas tardif à moindre prix, avant d'aller dilapider vos économies dans les bars chics tout proches. Pizzas 4-9 €. Excellent choix de *primi* (5-9 €), dont les *tagliolini ai fiori di zucca* (pâtes aux fleurs de courgette). Ouvert tlj 18h30-1h, fermé le lundi en hiver. Cartes Visa, MC. ❖❖

Trattoria Dal Cavolo Gino, V. Rosini, 4 (✆ 06 687 34 34). Non loin de la Via del Campo di Marzio, en face de la Piazza del Parlamento. Le sympathique Gino vous accueille en personne à l'entrée de sa trattoria et aime à montrer l'enseigne au-dessus de la porte stipulant que les *tonnarelli alla ciociala* (7 €) sont la spécialité de la maison. Envie d'un verre ? Un autre panneau résume la philosophie de Gino : *In vino veritas*. *Primi* 6-7 €, *secondi* moins de 20 €. Ouvert Lu-Sa 13h-15h30 et 20h-22h30. La maison n'accepte pas les cartes de crédit. ❖❖❖

Trattoria Gino e Pietro, V. del Governo Vecchio, 106 (✆ 06 686 15 76), au coin du Vicolo Savelli. Cuisine romaine toute simple et sans prétention, avec ses *gnocchi verdi al gorgon-*

ROME

zola (7,50 €) et ses *saltimbocca alla romana* (roulade de veau et de jambon à la sauge). Réservation possible. Ouvert Ve-Me 12h-15h et 18h30-23h. Fermé les trois premières semaines d'août. Cartes Visa, MC, AmEx. ❖❖

ENVIRONS DU CAMPO DEI FIORI ET DU GHETTO

Si vous partez explorer le dédale de ruelles tortueuses qui entourent le Campo dei Fiori, vous courrez certes le risque de vous égarer, mais vous pourrez toujours attendre les secours à la table d'un restaurant. L'ancien ghetto juif s'étend de l'autre côté de la Via Arenula par rapport au Campo dei Fiori. Depuis des siècles, le quartier est toujours parvenu à conserver son identité propre, y compris dans le domaine culinaire : vous pourrez y découvrir différentes versions de la cuisine judéo-romaine traditionnelle.

❤ **Trattoria Da Sergio**, Vicolo delle Grotte, 27 (✆ 06 686 42 93). Quittez le Campo dei Fiori par la Via dei Giubbonari, et engagez-vous dans la première rue à droite. L'établissement se situe juste assez loin du Campo dei Fiori pour ne pas être envahi par les touristes. Moyennant un prix raisonnable, Sergio vous reçoit dans une ambiance bon enfant et vous gratifie de copieuses portions d'une excellente cuisine. Essayez donc les *spaghetti all'amatriciana* (garnis de poitrine fumée et de sauce tomate aux épices, 6 €), en lice pour le titre de meilleure recette de pâtes de la ville, et les *straccetti* (hachis de bœuf à la tomate). Réservation recommandée. Ouvert Lu-Sa 12h-15h et 18h30-23h30. Cartes Visa, MC. ❖❖❖

❤ **Zampano**, P. della Cancelleria, 83 (✆ 06 689 70 80), entre la V. Emanuele II et le campo. Cette *hostaria* a gagné tant de prix culinaires qu'elle n'a plus assez de place sur sa vitrine pour tous les nommer. Au menu, des pizzas originales (7-9 €) et une carte de plus de 200 vins. *Primi* 7-8 €, *secondi* 12-13 €. Finissez en beauté avec les délicieux desserts (4,50-6 €). Cartes Visa, MC, AmEx. ❖❖

❤ **Trattoria Da Luigi**, P. Sforza Cesarini, 24 (✆ 06 686 59 46), juste après la Chiesa Nuova, au quatrième croisement en descendant le Corso Vittorio Emanuele II depuis le Campo dei Fiori. Régalez-vous d'une cuisine italienne créative en prenant, par exemple, une assiette de *tagliolini* aux crevettes, aux asperges et à la tomate ou un plat plus simple, comme le *vitello con funghi* (veau aux champignons). Ouvert Ma-Di 12h-15h et 19h-24h. Cartes Visa, MC, AmEx. ❖❖❖

Taverna del Ghetto "Kosher", V. d. Portico d'Ottavia, 8 (✆ 06 68 809 771). Dans l'ancien ghetto, ce restaurant casher sert de savoureuses pâtes maison. Un endroit idéal pour se reposer après une journée de marche. Ouvert Lu-Je et Sa-Di 12h-15h et 18h30-23h, Ve 12h-15h. ❖❖❖

La Pollarola, P. Pollarola, 24-25 (✆ 06 68 80 16 54), près de la Via del Biscione quand vous vous dirigez vers le Campo dei Fiori. Savourez les spécialités romaines telles que les *spaghetti alla carbonara* (avec œufs et *pancetta*, 7 €). La philosophie de la maison ? *"Si mangia bene e si spende giusto"* ("manger bien et payer juste"). *Secondi* 8-15 €. Ouvert Lu-Sa 12h-15h30 et 18h-24h. Cartes Visa, MC, AmEx. ❖❖❖

L'Insalata Ricca, Largo Chiavari, 85-86 (✆ 06 68 80 36 56), une rue donnant dans le Corso Vittorio Emanuele II, non loin de la Piazza Sant'Andrea della Valle. Les inconditionnels de salades (5,20-8,30 €) ne sauront plus où donner de la tête devant tant de variété (l'endroit sert aussi des pâtes, mais qu'importe). L'enseigne possède onze autres adresses à Rome. Réservation recommandée en soirée. Ouvert tlj 12h30-15h30 et 18h45-23h30. Cartes Visa, MC, AmEx. ❖❖

Il Portico, V. d. Portico d'Ottavia, 1b (✆ 06 687 47 22). Un restaurant discret et familial au cœur de l'ancien ghetto juif. Selon votre humeur, savourez une pizza (*proscuitto* 5,20 €, *funghi* 5,20 €) ou une salade (5,70-7,80 €). Ouvert tlj 12h-15h30 et 18h30-24h. Cartes Visa, MC. ❖❖

Trattoria Da Giggetto, V. del Portico d'Ottavia, 21-22 (✆ 06 686 11 05). Très célèbre restaurant pratiquant des prix à la hauteur de sa réputation, le Giggetto propose l'une des meilleures cuisines romaines de la ville dans un cadre sublime surplombant les ruines du théâtre de Marcellus. Ses *carciofi alla giudia* sont légendaires, mais si vous en avez le courage, essayez la cervelle frite aux champignons et aux courgettes (12 €). Couvert 1,50 €. Réservation obligatoire pour le dîner. Ouvert Ma-Di 12h15-15h et 19h30-23h. Cartes Visa, MC, AmEx. ❖❖❖

ENVIRONS DE LA PIAZZA DI SPAGNA

Comme dans les environs de la gare Termini, on trouve malheureusement beaucoup de très mauvais restaurants dans ce quartier. La seule différence étant que là où vous débourserez 8 € pour un repas médiocre à Termini, la même cuisine vous coûtera ici le double. Mais voici quelques exceptions :

❤ **Vini e Buffet**, P. della Torretta, 60 (✆ 06 687 14 45). De la Via del Corso, dirigez-vous vers la Piazza San Lorenzo in Lucina. Prenez à gauche la Via del Campo di Marzio, puis tout de suite à droite le Vicolo della Torretta. Vini e Buffet est le lieu de prédilection des Romains chic qui cherchent à échapper à la foule et aux restaurants médiocres de la Piazza di Spagna. Les salades composées sont originales et rafraîchissantes, comme la délicieuse *insalata con salmone*, au saumon et aux crevettes. Pâtés, *crostini* et *scarmorze* (mozzarella cuite avec divers ingrédients) figurent également au menu pour 6,50-8,50 €. Ne partez pas sans avoir goûté l'un des yaourts maison accompagnés de fruits frais. Réservation recommandée mais pas indispensable. Ouvert Lu-Sa 12h30-15h et 19h30-23h. La maison n'accepte pas les cartes de crédit. ❖❖

❤ **Arancio d'Oro**, V. dell'Arancio, 50-52 (✆ 06 686 50 26). Depuis la Piazza di Spagna, empruntez la Via dei Condotti, traversez la Via del Corso et suivez la Via Fontanella Borghese. Prenez ensuite la première à droite puis la première à gauche. Mieux vaut arriver de bonne heure pour éviter l'affluence. Les gens du coin se retrouvent ici devant les succulents fruits de mer qui font l'orgueil de la maison. Excellentes pâtes à l'encre de seiche (7,50 €). Réservation recommandée. Ouvert Lu-Sa 12h30-15h et 19h30-23h30. Cartes Visa, MC, AmEx. ❖❖

Il Brillo Parlante, V. Fontanella, 12 (✆ 06324 33 34 ou 06 323 50 17, www.ilbrilloparlante.com). Prenez la V. Corso en vous éloignant de la P. del Popolo et tournez à gauche sur la V. Fontanella. Faites comme les Romains : installez-vous sur l'une des tables à l'ombre et savourez les pizzas cuites au feu de bois, préparées avec des ingrédients extrêmement frais. Ouvert Ma-Di 11h-17h30 et 19h30-2h. Cartes Visa, MC. ❖❖

UKIYO, V. della Propaganda, 22 (✆ 06 678 60 93, www.ukiyo-restaurante.it). Cet élégant restaurant nippon cuisine d'excellents sushis, nouilles japonaises, poissons et légumes vapeur. Mention spéciale pour la soupe *miso*, ainsi que pour les sushis à l'*iniri* (tofu sucré), à l'*unaga* (anguille) et au *sake*. Menu complet (28,50 €) et menu dégustation (42 €). Ouvert Lu-Ma et Je-Di 12h-14h45 et 19h10-22h45. Accès handicapés. Cartes Visa, MC, AmEx. ❖❖❖❖

QUARTIERS DU BORGO ET DU PRATI (ENVIRONS DU VATICAN)

On trouve, dans les rues bordant le Vatican, quantité de pizzerias et de petits bars servant à prix d'or d'insipides sandwichs. Il est vrai que les visiteurs, exténués par des heures d'exploration, n'ont souvent plus le courage de chercher la bonne affaire. Ce quartier recèle pourtant quelques très bonnes adresses.

❤ **Franchi**, V. Cola di Rienzo, 204 (✆ 06 687 46 51, www.franchi.it). Benedetto Franchi ("Frankie") sert depuis près de 50 ans aux bienheureux habitants du Prati de succulentes *tavole calde*, de gros sandwichs et autres régals culinaires pour pique-nique. Goûtez aux délicieux *suppli* (boulettes de riz ou de pommes de terre frites aux légumes et à la mozzarella, 1,10 € chacune), aux amuse-gueules marinés (anchois, poivrons, olives et saumon, tous vendus au kilo), et bien sûr aux pâtes maison, comme les lasagnes végétariennes ou les *cannelloni* fourrés à la ricotta et au bœuf (5,50 € la portion, copieuse). Ouvert Lu-Sa 8h15-21h. Cartes Visa, MC, AmEx. ❖❖

Cacio e Pepe, V. Giuseppe Avezzana, 11 (✆ 06 321 72 68). De la P. Mazzini, prenez la V. Settembrini jusqu'à la P. dei Martiri di Belfiore, puis tournez à gauche sur la V. Avezzana. Des pâtes délicieuses à des prix épatants. Pas étonnant que Cacio e Pepe soit l'une des

ROME

adresses favorites du quartier depuis 1964. Déjeuner à moins de 10 €. Dîner complet autour de 15 €. Ouvert Lu-Ve 20h-23h30, Sa 12h30-15h. ❖❖❖

"Lo Spotino" da Guido e Patrizia, Borgo Pio, 13 (✆ 06 687 54 91), près de la basilique Saint-Pierre. Ne laissez pas les serveurs à nœud papillon et les nappes à carreaux colorées des établissements voisins vous distraire, et dirigez-vous sans hésiter vers ce restaurant romain authentique situé au pied du Borgo Pio. Guido en personne, entouré de sa cour, préside derrière un comptoir garni de tous les ingrédients nécessaires à la confection d'une délicieuse *tavola calda*. Repas complet pour moins de 8 €. Ouvert Lu-Sa 8h-20h. La maison n'accepte pas les cartes de crédit. ❖❖

LE TRASTEVERE

Dans la journée, seuls les cris des enfants et le bruit des Vespa résonnent dans les ruelles pavées du Trastevere. Le soir, à mesure que les restaurants se remplissent et que les carafes de *rosso* se vident, les choses deviennent claires. Impossible de se sentir plus romain que dans le Trastevere.

❤ **Pizzeria San Calisto**, P. San Calisto, 9a (✆ 06 581 82 56). A deux pas de la Piazza Santa Maria in Trastevere. Tout simplement les meilleures pizzas de Rome ! Elles ont la pâte fine, croustillante, et sont si énormes qu'elles débordent des assiettes (4,20-7,80 €). La *bruschetta* (2,10 €) vaut à elle seule le déplacement. Ouvert Ma-Di 19h-24h. Cartes Visa, MC. ❖❖

Ristorante a Casa di Alfredo, V. Roma Libera, 5-7 (✆ 06 588 29 68). Tout près de la P. S. Cosimato. Essayez en entrée les *gnocchi con gamberi* (8 €) ou la spécialité *tonarelli all'alfredo* (8 €), puis commandez des *calamari* grillés (10,50 €) ou un *filetto a pepe verde* (13 €). Ouvert tlj 12h-15h et 19h30-23h30. Cartes Visa, MC, AmEx. ❖❖❖❖

Dar Poeta, Vicolo del Bologna, 45-46 (✆ 06 558 05 16, www.darpoeta.it). De la P. S. Egidio, descendez la V. delle Scala et tournez à droite. Aucun touriste à l'horizon. La carte propose 18 sortes de *bruschetta* (toutes à 2 €) ainsi que des pizzas classiques ou plus créatives (4-8,50 €). Gardez de la place pour les desserts succulents préparés par *mamma* la propriétaire. Ouvert 19h30-1h. Cartes Visa, MC, AmEx. ❖❖

Il Tulipano Nero, V. Roma Libera, 15 (✆ 06 581 83 09). Suivez le Viale di Trastevere jusqu'à la Via Morosini, puis prenez à droite la Via Roma Libera. Ce restaurant, qui échappe presque à la frénésie de la Piazza Santa Maria in Trastevere, est en revanche coincé en plein milieu du chaos nocturne de la Piazza Cosimato. Les appétits survoltés peuvent s'attaquer aux *pennette all'elettroshock* (7,50 €) ou goûter les pizzas originales qui font la réputation de l'endroit (à partir de 5,50 €). Le format des plats va de l'imposant au gargantuesque. Ouvert Ma-Di 18h-2h. Cartes Visa, MC, AmEx. ❖❖

❤ **Ouzeri**, V. dei Salumi, 2 (✆ 06 581 82 56). Vous avez le choix : tournez à gauche dans le Viale di Trastevere, ou bien prenez la Via dei Vascellari depuis le Lungotevere Ripa puis à droite la Via dei Salumi. L'Ouzeri se proclame "*taberna greca*", mais les serveurs avouent vite qu'il s'agit plutôt d'une association culturelle grecque, avec leçons de danse traditionnelle en sus. Concerts et danse (sauf lorsqu'il fait trop chaud, en juillet et en août). La cuisine est absolument divine : partagez le *piatto misto* avec un(e) ami(e) (7-15 €). Pour entrer, sonnez à la porte. Adhésion de 1,50 € obligatoire. Réservation recommandée. La maison n'accepte pas les cartes de crédit. Ouvert Lu-Sa 20h30-2h. ❖❖

Augusto, P. de' Rienzi, 15 (✆ 06 580 37 98), au nord de la Piazza Santa Maria in Trastevere. Savourez-y les pâtes du jour à l'heure du déjeuner (autour de 5 €) et le *pollo arrosto con patate* (5,50 €). Les desserts maison sont au-delà du réel. A l'heure du dîner, c'est la foule et le bruit ; le déjeuner est beaucoup plus calme, on peut même papoter avec les serveurs. Pas de réservation. Ouvert Lu-Ve 12h30-15h et 20h-23h, Sa. 12h30-15h. ❖

ENVIRONS DE LA GARE TERMINI

Vous êtes affamé et avez un train à prendre. Cependant, vous n'avez aucune raison de vous infliger le cauchemar alimentaire des pièges à touristes, à 5 € la "collation", qui entourent la gare Termini. Les adresses suivantes assurent un service de qualité et accueillent surtout une clientèle locale.

❤ **Africa**, V. Gaeta, 26-28 (✆ 06 494 10 77), près de la Piazza dell'Indipendenza. Dans son décor jaune et noir, l'Africa propose depuis 20 ans une excellente cuisine à base de spécialités érythréennes et éthiopiennes. En amuse-gueule, goûtez aux délicieux *sambusas* à la viande (2,50 €). En entrée, le *zighini beghi* (agneau rôti à la sauce piquante, 8 €) et le *misto vegetariano* (assortiment de légumes, 6 €) sont un vrai régal, tandis que la sauce au yaourt accompagne à merveille les plats pimentés. Couvert 1 €. Ouvert Lu-Sa 20h-24h. Cartes Visa, MC. ❖❖

Trattoria Da Bruno, V. Varese, 29 (✆ 06 49 04 03). Depuis la Via Marsala, près de la gare, empruntez la Via Milazzo et prenez la troisième à droite. Ce restaurant, prisé dans le quartier, propose des plats du jour. Commencez avec les *tortellini con panna e funghi* (à la crème et aux champignons, 6,50 €) ou les *gnocchi* maison, puis poursuivez avec le délicieux *osso buco* (jarret de veau braisé). Pour le dessert, ne manquez pas les crêpes préparées par Bruno le patron ; elles sont tellement bonnes que le pape Jean-Paul II a ici commis un péché de gourmandise. Ouvert tlj 12h-15h15 et 19h-22h15. Cartes Visa, AmEx. ❖❖

SAN LORENZO

Dans le quartier de San Lorenzo vivent beaucoup d'étudiants de l'université. Ses restaurants, excellents et bon marché, attirent par ailleurs une foule de Romains. Sans grever votre budget, vous pourrez vous vanter d'avoir déniché telle ou telle petite cantine où l'on ne voit presque pas de touristes. Soyez tout de même vigilant à la nuit tombée. Depuis la gare Termini, dirigez-vous vers le sud par la Via Marsala et le Piazzale Tiburtina, ou prenez le bus n° 492, passez sous la Porta Laurentina et l'ancienne enceinte de la ville, puis descendez au début de la Via Tiburtina.

❤ **Il Pulcino Ballerino**, V. degli Equi, 66-68 (✆ 06 494 12 55), une rue donnant dans la Via Tiburtina. Atmosphère artistique. Le chef cuisinier concocte des plats imaginatifs comme les *conchiglione al Moby Dick* (coquillages au thon et à la crème sur leur garniture de légumes), ainsi que divers risottos. Excellents plats végétariens, comme la *scamorrza* (fromage grillé) sur pommes de terre (6,20 €). Vous pouvez en outre cuisiner vous-même votre repas grâce à une pierre chaude posée au milieu de la table. Couvert 1 €. Ouvert Lu-Sa 13h-15h30 et 20h-24h. Cartes Visa, MC, AmEx. ❖❖

Il Tunnel, V. Arezzo, 11 (✆ 06 442 368 08). Métro ligne B, station Bologna. De la station, descendez le Viale della Provincie, prenez la 4e rue à droite, la V. Padova, puis la 2e rue à gauche. Vous êtes sur la V. Arezzo. Un peu compliqué à trouver, mais cette *hostaria* tenue par une famille est une excellente adresse de quartier. Les pâtes sont fraîches et le *bisteca alla Fiorentina* est sans égal (prix au poids). Pizza à partir de 4 €. *Primi* 4-10 €, *secondi* autour de 15 €. Ouvert Ma-Di 12h-15h et 19h-24h. Cartes Visa, MC. ❖❖

Arancia Blu, V. dei Latini, 65 (✆ 06 445 41 05), non loin de la Via Tiburtina. Cet élégant petit restaurant végétarien vous régalera d'une cuisine à emporter aussi savoureuse que novatrice. Essayez donc ses plats raffinés, comme les *tonnarelli con pecorino romano e tartufo* (pâtes au fromage de brebis et aux truffes, 6,20 €), les raviolis frits fourrés à l'aubergine ou le *caciocavallo* fumé à la sauce au basilic (8,50 €). Carte des vins très fournie. Ouvert tlj 20h30-24h. Cartes Visa, MC. ❖❖

LE TESTACCIO

Ce quartier ouvrier du sud de Rome, qui abritait autrefois de grands abattoirs, héberge aujourd'hui une kyrielle d'excellents restaurants servant une cuisine romaine traditionnelle. C'est également le cœur de la vie nocturne à Rome. Fidèles à leurs racines, les restaurants du Testaccio proposent des plats à base de viande.

❤ **La Cestia**, Viale di Piramide Cestia, 69. Métro ligne B, station Piramide. Traversez la P. di Porta Sao Polo, jusqu'au Viale di Piramide Cestia. Le restaurant se tient sur la droite. La cuisine est tellement réputée que les employés de la FAO viennent de la vieille ville jusqu'ici pour déjeuner. Les pizzas et les pâtes sont excellentes, mais les fruits de mer et les poissons sont la spécialité du chef. Ouvert Ma-Di 12h30-15h et 19h30-23h. Cartes Visa, MC. ❖❖

Volpetti Piu, V. Alessandro Volta (✆ 06 574 43 06). De la V. Marmorata, tournez à gauche dans la V. A. Volta. Cette authentique *gastronomia* sert des repas rapides en self-service. Salades fraîches, pizzas et plats du jour à partir de 4 €. Ouvert Lu-Sa 10h-22h. ❖

DESSERTS

Vous trouverez des glaciers à chaque coin de rue ou presque. Malheureusement, la qualité est rarement au rendez-vous. Privilégiez les glaces aux couleurs pâles (donc naturelles), ou bien essayez un de nos glaciers ou confiseurs favoris.

❤ **Della Palma**, V. della Maddalena (✆ 06 68 806 752), à quelques marches du panthéon. C'est tout simplement le plus grand choix de parfums de toute l'Italie. Plus de 100 au dernier recensement. Du *pomegranate* au chocolat blanc en passant par le chocolat noir/abricot. Les milk-shakes sont à tomber par terre. Décor des années 50. Ouvert tlj 8h30-24h. ❖

❤ **Da Quinto**, V. d. Tor Millina, 15 (✆ 06 686 56 57). A l'ouest de la P. Navona. Longues file d'attente et murs décorés à la manière de Carmen Miranda. Les glaces sont à la fois légères et copieuses. Essayez les parfums aux fruits, par exemple pour un banana split d'anthologie (4,13 €). Ouvert tlj 11h-2h. Parfois fermé le mercredi en hiver. ❖

❤ **The Old Bridge**, Viale dei Bastioni di Michelangelo (✆ 06 39 723 026), non loin de la P. del Risorgimento. Plutôt que de patienter devant les musées du Vatican, trouvez quelqu'un pour faire la queue à votre place et venez-vous réfugier ici. Les coupes sont énormes et il y a plus de 20 parfums maison pour les remplir. Ouvert Lu-Sa 9h-2h, Di 15h-2h. ❖

Giolitti, V. d. Uffici del Vicario, 40 (✆ 06 669 12 43, www.giolitti.it). Du Panthéon, suivez la V. d. Pantheon jusqu'au bout puis prenez la V. d. Maddalena également jusqu'au bout. La V. d. Uffici del Vicario est la rue qui part sur la droite. Des *gelati* merveilleuses, avec des douzaines de parfums. Les glaces nappées de morceaux de fruits frais ne son pas mal non plus. Le tout est servi dans un décor antique. Il y a beaucoup de monde le soir. Cônes 1,55-2,60 €. Ouvert tlj 9h-13h. Cartes Visa, MC, AmEx. ❖

Tre Scalini, P. Navona, 30 (✆ 06 68 80 19 96). Le *tartufo* (morceau de glace au chocolat recouvert de copeaux de chocolat) a fait la réputation de cet établissement désormais assez touristique. Comptez 3,20 € pour un *tartufo* au bar et 6,50 € en salle. Bar ouvert Je-Ma 9h-1h30, restaurant (cher) ouvert Je-Ma 12h30-15h30 et 19h30-21h. ❖

CAFÉS

Bar Giulia (ou **Cafe Peru**), V. Giulia, 84 (✆ 06 686 13 10), près de la P. V. Emanuele II. Le propriétaire Alfredo sert ce qui pourrait bien être le meilleur café de Rome (0,57 € au comptoir). Pour le même prix, vous pouvez même lui demander d'ajouter quelques gouttes de votre digestif favori. Le seul problème sera de vous frayer un chemin à travers la foule. Ouvert Lu-Sa 4h-21h30. ❖

Tazza d'Oro, V. d'Orfani, 84-86 (✆ 06 679 27 68). Lorsque vous êtes face au portique du Panthéon, remarquez le panneau aux lettres jaunes à droite. Pas de place assise mais un café parmi les tout meilleurs de la ville, notamment l'arabica "regina". En été, craquez pour un *granita di caffè* coiffé de crème fouettée (1,30 €). Espresso 0,65 €, cappuccino 0,80 €. Ouvert Lu-Sa 7h-20h. ❖

Caffè della Pace, V. d. Pace, 3-7 (✆ 06 686 12 16), près de la P. Navona. Un endroit rêvé pour observer la foule, même s'il y a autant de touristes aux tables en train d'écrire des cartes postales que d'Italiens le portable à la main. Un café stylé et bien placé mais l'addition est corsée. Espresso 2 €. Les prix augmentent à la tombée de la nuit. Ouvert Ma-Di 9h-2h. ❖

Il Caffè Sant'Eustachio, P. S. Eustachio, 82 (✆ 06 68 802 048). Derrière le Panthéon, tournez à droite sur la V. Palombella. Stendhal venait dans ce temple du café boire ses petits noirs. La décoration a hélas bien changé depuis. *Gran Caffè speciale* 2,10 €, à une table 3,60 €. Ouvert Lu-Ve et Di 8h30-1h, Sa 8h30-2h. ❖

ENOTECHE (BARS À VINS)

Les bars à vins, qui se cachent souvent au coin d'une petite place, vont du "décontracté et local" au "chic et international".

❤ **Bar Da Benito**, V. dei Falegnami, 14 (✆ 06 686 15 08), une rue partant de la Piazza Cairoli, dans le quartier juif. Cette minuscule *tavola calda* s'emplit de bouteilles et de travailleurs affamés. Vin au verre à partir de 1 €, bouteille à partir de 5,50 €. A chaque jour ses deux plats de pâtes (4,50 €), accompagnées de *secondi* comme le *prosciutto* aux légumes (5 €). Un bar toujours bondé, bruyant et excessivement sympathique. Ouvert Lu-Sa 6h30-19h. Déjeuner 12h-15h30. Fermé en août.

Cul de sac, P. Pasquino, 73 (✆ 06 68 801 094), près de la P. Navona. L'un des meilleurs bars de Rome qui offre à ses fidèles clients des tables en extérieur, des verres de très bon vin à partir de 2 € et des plats délicieux. Le pâté maison (au faisan et aux champignons par exemple) est une merveille, tout comme l'assiette d'escargots à la bourguignonne (5,10 €). Ouvert Lu 19h-0h30, Ma-Sa 12h-16h et 18h-0h30. Cartes Visa, MC.

VISITES

Rome rassemble une succession de chefs-d'œuvre datant de chaque période de la civilisation occidentale, des temples et forums antiques aux musées des XIXe et XXe siècles en passant par les églises médiévales, les basiliques Renaissance et les fontaines baroques. Aucune ville ne peut rivaliser avec Rome, ses 981 églises et ses 280 fontaines. On en trouve dans tous les recoins de la ville. Des bustes étrusques aux tableaux contemporains, une vie entière ne suffirait pas à découvrir tous les trésors de Rome.

LA VILLE ANTIQUE

LE FORUM ROMAIN (FORO ROMANO)

Entrée principale *: V. dei Fori Imperiali (à hauteur du Largo Corrado Ricci, entre la Piazza Venezia et le Colisée).* ***Autres entrées*** *: En face du Colisée (et de la colline du Palatin) et au niveau du Clivus Capitolinus, près de la place du Capitole. Métro : ligne B, station Colosseo, ou bien prenez un bus jusqu'à la Piazza Venezia. Ouvert en été tlj 9h-19h15. En hiver : tlj 9h-16h. Entrée libre. Visite guidée avec un archéologue 3,50 €. Visite avec audioguide 4 €. Adressez-vous au "biglietteria palatino" au bout de la V. Nova après l'arc de Titus. L'escalier situé après l'entrée principale du* ***Forum civique*** *mène à la Via Sacra. Celle-ci traverse l'ancienne place du marché et le Centre civique. La* ***basilique Emilienne*** *se trouve sur la droite, et la* ***Curie*** *juste derrière.*

L'emplacement du Forum romain était à l'origine une vallée marécageuse sujette aux crues du Tibre. Au cours de l'âge de fer (1000-900 av. J.-C.), les habitants fuirent ce lieu malsain pour aller s'installer sur la colline du Palatin, n'en descendant que pour ensevelir leurs morts. Aux VIIIe et VIIe siècles av. J.-C., une fois par semaine, les Etrusques et les Grecs utilisaient le Forum comme marché. Les premiers Romains fondèrent une ville d'abord constituée de baraques en toits de chaume, à l'emplacement du Forum. Nous sommes alors en 753 av. J.-C., année au cours de laquelle Romulus et le chef sabin Titus Tatius joignent leurs forces pour mettre un terme à la guerre provoquée par le fameux enlèvement des Sabines. Aujourd'hui, le Forum est le témoin de siècles de construction d'édifices civiques. Après avoir franchi l'entrée, vous suivrez un escalier menant à la **Via Sacra**, la rue la plus ancienne de Rome, près de l'endroit qui constituait autrefois le **Forum civique**. Les autres parties du Forum romain sont la **place du Marché**, le **Forum inférieur**, le **Forum supérieur** et la **Velia**.

LE FORUM CIVIQUE. La **Basilica Emilia** (basilique Emilienne), construite en 179 av. J.-C., abritait la corporation des argentiers (*argentarii*), ou agents de change. Elle fut reconstruite à plusieurs reprises à la suite d'incendies, en particulier après celui provoqué en 410 par Alaric et ses soldats Goths. Dans le sol, on distingue encore la trace de pièces de monnaie en bronze perdues par les argentiers et fondues dans les flammes. A côté de la basilique Emilienne se trouve la **Curia** (Curie), ou Sénat, l'un des plus anciens bâtiments du Forum. Elle fut transformée en église en 630 et restaurée sous la dictature de Mussolini. La Curie abrite les **bas-reliefs de Trajan**, deux panneaux sculptés représentant l'un la destruction par le feu des registres du fisc (celui de l'époque, bien évidemment), l'autre la distribution de nourriture aux enfants pauvres. Sur le grand espace devant la Curie se trouvait le **Comitium**, ou place des assemblées, où les hommes venaient voter et où les représentants du peuple se rassemblaient pour des discussions publiques. C'est également à cet endroit que se trouvaient les Douze Tables, des tablettes en bronze sur lesquelles étaient gravées les premières lois de la République. Juste à côté du Comitium, vous verrez les **Rostres** (ou tribune aux harangues), érigées par Jules César juste avant sa mort. On raconte que c'est ici que Julie, la fille rebelle d'Auguste, exprima son opposition en se livrant à des ébats amoureux avec certains des ennemis de son père. L'imposant **arc de Septime Sévère**, à droite des Rostres, fut érigé en 203 ap. J.-C. pour célébrer les victoires de Septime Sévère au Moyen-Orient.

LA PLACE DU MARCHÉ. Sur cette place située juste en face de la Curie, on découvre un certain nombre de lieux et d'enceintes sacrés, parmi lesquels le **Lapis Niger** (pierre noire). C'est sur cette place qu'un groupe de sénateurs fit assassiner Jules César. Sous le Lapis Niger se trouvent les vestiges d'un autel du VIe siècle av. J.-C., ainsi qu'un pilier de forme pyramidale sur lequel sont gravées les plus anciennes inscriptions latines de Rome, qui mettent en garde le public contre la profanation de ce lieu saint. Sur la place, les **trois arbres sacrés** de Rome (l'olivier, le figuier et la vigne) ont été replantés par l'Etat italien. De l'autre côté, une vasque en calcaire évoque le **Lacus Curtius** (lac de Curtius). D'après la légende, un gouffre béant s'ouvrit à l'emplacement de cette source en 362 av. J.-C., et le patricien Marcus Curtius s'y précipita afin de boucher le trou et ainsi sauver Rome de la destruction. Le monument le plus récent du Forum (en dehors du guichet d'information néoclassique) est la **colonne de Phocas**, érigée en 608 pour célébrer la visite de l'empereur byzantin Phocas.

LE FORUM INFÉRIEUR. Bien que datant du début du Ve siècle av. J.-C., le **temple de Saturne** tire ses origines de l'âge d'or de Rome. Le temple devint le site des saturnales, une orgie hivernale au cours de laquelle les distinctions de classe n'existaient plus, où les maîtres servaient les esclaves et où tout était permis. Juste à côté, des rangées de colonnes tronquées sont encore visibles. C'est tout ce qui reste de la **Basilica Giulia** (basilique Julienne), un palais de justice construit par Jules César en 54 av. J.-C. A côté de la basilique Julienne, trois colonnes de marbre blanc et un fragment d'architrave marquent l'emplacement de l'énorme podium du **temple de Castor et Pollux**, récemment restauré. Selon la légende, les dieux jumeaux aidèrent les Romains à battre leurs rivaux étrusques lors de la bataille du lac Régille, en 496 av. J.-C. La légende veut qu'immédiatement après la bataille, les jumeaux soient apparus sur le Forum pour faire boire leurs chevaux assoiffés à la **source de Juturne** (Lacus Juturnae). De l'autre côté de la rue par rapport au temple de Castor et Pollux, se trouve la base rectangulaire du **temple du Divin Jules César**, construit par Auguste, premier empereur romain, en 29 av. J.-C., en hommage à son père adoptif assassiné. Par ce temple, Auguste célébrait également sa propre divinité. Pour commémorer ses victoires militaires, Auguste fit construire l'**arc d'Auguste** dans la Via Sacra. Le bâtiment rond derrière le temple du Divin Jules César est le **temple de Vesta** (déesse protectrice du feu), restauré à partir de fondations datant de la période étrusque. Dans ce temple, les vestales veillaient sur le feu sacré et éternel de la cité, et gardèrent la flamme constamment allumée pendant plus de mille ans. Dans l'une des salles secrètes du temple, où seules les vestales avaient le droit d'entrer, se trouvait le **Palladion**, une statuette représentant Minerve qu'Enée était censé avoir rapportée de Troie en Italie. En face du temple de Vesta, de l'autre côté de la place, on peut voir la **Regia**, de forme triangulaire, qui fut le bureau du *pontifex maximus*, le plus haut dignitaire religieux de la Rome antique.

LE FORUM SUPÉRIEUR. La **maison des Vestales**, à l'ombre du Palatin, occupait le vaste ensemble de chambres et de cours situées à l'arrière du temple de Vesta. Pendant 30 ans, les six vierges qui célébraient les rites de Vesta, toutes ordonnées à l'âge de sept ans, vivaient recluses dans de spacieux appartements au-dessus de l'agitation du Forum. Les vestales comptaient parmi les personnes les plus respectées de la Rome antique. Elles étaient les seules femmes à pouvoir se déplacer dans le Forum sans être accompagnées, et elles avaient également le droit de gracier les prisonniers. Cependant, cette estime avait un prix : si l'une d'entre elles rompait son vœu de chasteté, elle était aussitôt enterrée vivante avec pour toute consolation un morceau de pain et une bougie. Ceux-ci lui permettaient de survivre assez longtemps pour méditer sur ses péchés. En retournant vers la Via Sacra, vous trouverez le **temple d'Antonin et de Faustine** (tout de suite à droite lorsque vous êtes face à l'entrée du Forum), dont les fondations, les colonnes et le plafond en claire-voie ont permis de le préserver de façon remarquable à travers les siècles. Aux VIIe et VIIIe siècles, après plusieurs tentatives infructueuses de destruction du temple, l'**église San Lorenzo in Miranda** fut construite à l'intérieur du temple abandonné. A l'ombre du temple (à droite quand on lui fait face) se trouve la **nécropole**. Les fouilles ont mis au jour des tombes remontant à l'âge du fer (VIIIe siècle av. J.-C.) et qui accréditent la thèse de la fondation de Rome en 753 av. J.-C. Après le temple, la Via Sacra traverse la **Cloaca maxima**, l'égout qui recueille toujours les eaux de la vallée. La voie longe ensuite le **temple de Romulus** (la construction ronde derrière l'échafaudage), dédié au fils de l'empereur Maxence, et non au légendaire fondateur de Rome. Remarquez les portes en bronze d'origine, datant du IVe siècle ap. J.-C. et dotées d'une serrure qui fonctionne encore.

LA VELIA. La Via Sacra mène, au-delà du Forum proprement dit, à la gigantesque **basilique de Maxence** (également connue sous le nom de basilique de Constantin). L'empereur Maxence entama sa construction en 306 ap. J.-C., jusqu'à l'usurpation du pouvoir par Constantin. Ce fut ce dernier qui acheva la basilique. Les fragments découverts d'une statue de Constantin, notamment un pied de près de deux mètres de long, sont exposés au **Palazzo dei Conservatori**, sur le Capitole. La façade baroque de l'**église Santa Francesca Romana**, construite sur le site du temple d'Hadrien dédié à Vénus et à Rome, marque l'entrée du **Forense Antiquarium**, un petit musée qui renferme des urnes funéraires et des squelettes provenant de la nécropole. (Ouvert tlj 9h-13h. Entrée libre.) Au sommet de la colline Velia (en tournant le dos au mont Palatin) se trouve l'**arc de Titus**, édifié en 81 ap. J.-C. par l'empereur Domitien pour célébrer la prise de Jérusalem par les armées de son frère Titus, 11 ans auparavant. La Via Sacra conduit à une sortie située de l'autre côté de la colline, d'où vous pourrez vous rendre facilement au Colisée. Le chemin qui passe devant l'arc monte jusqu'au mont Palatin.

ROME

❤ LE COLISÉE (COLOSSEO)

Métro : ligne B, station Colosseo. Ouvert Mai-Oct 9h-18h30, Nov-Avr 9h-16h. Billet combiné Colisée et Palatin 8 €, citoyens de l'Union Européenne de 18 à 24 ans 4 €, gratuit pour les citoyens de l'Union Européenne de moins de 18 ans et de plus de 60 ans. Carte Archeologia valable 7 jours pour les quatre musées nationaux romains (Musei nazionali romani), le Colisée, le Palatin, les termes de Dioclétien et la Crypti Balbi 20 €. Visite avec un archéologue 3,50 €, avec un audioguide (version française disponible) 4 €.

Le Colisée, géant de travertin (roche calcaire parsemée de trous), reste le symbole millénaire de la Ville éternelle. Inauguré en 80, le plus vaste de tous les amphithéâtres romains pouvait accueillir jusqu'à 55 000 spectateurs. Au cours des 100 jours qui marquèrent l'inauguration, 9000 bêtes sauvages et 2000 gladiateurs périrent dans l'arène. Pendant trois siècles, on y organisa des combats de gladiateurs. Le sol du Colisée, aujourd'hui partiellement restauré et utilisé pour divers concerts et spectacles télévisés, recouvre un labyrinthe de cellules en brique, de rampes et d'ascenseurs qui permettaient de transporter les bêtes sauvages de leur cage jusqu'à l'arène. Au Moyen Age et à la Renaissance, les tribunes en marbre furent récupérées pour la construction de palais et d'édifices religieux, dont la basilique Saint-Pierre et le palais Barberini.

L'ARC DE CONSTANTIN

Entre le Colisée et le Palatin se dresse l'arc de Constantin, l'un des monuments impériaux les mieux conservés. L'empereur Constantin fit construire cet arc pour commémorer sa victoire sur Maxence à la bataille du pont Milvius, en 312. Cet arc triple, proportionné et harmonieux, est composé de sculptures et de bas-reliefs prélevés sur des monuments romains érigés en l'honneur des empereurs Trajan, Hadrien et Marc Aurèle.

LE PALATIN (PALATINO)

Le Palatin se dresse au sud du Forum. Ouvert tlj 9h-19h15, en hiver tlj 9h-16h. Fermeture possible Lu-Ve à 15h, Di. et jours fériés à midi. Dernière entrée 45 mn avant la fermeture. Billet combiné Colisée et Palatin 8 €, citoyens de l'Union Européenne âgés de 18 à 24 ans 4 €, gratuit pour les citoyens de l'Union Européenne de moins de 18 ans et de plus de 60 ans. Visite guidée 3,50 €, avec la carte Archeologia 2,50 €. Vous trouverez un guichet derrière l'arche de Titus, à gauche dans le Forum (après avoir marché une centaine de mètres dans la Via di San Gregorio en partant du Colisée), ou à l'entrée principale du Forum. Visitez d'abord le Forum puis le Palatin : vous apprécierez mieux la vue sur le Forum après y avoir déambulé. Les ***Orti Farnesini*** *(jardins Farnèse), les collines qui offrent les plus belles vues, de même que les maisons de Livie et d'Auguste, sont en cours de rénovation.*

On accède au Palatin par les escaliers (à droite lorsque la route tourne au niveau de l'arc de Titus) qui mènent aux **jardins Farnèse**. Ce mont, qui forme en fait un plateau entre le Tibre et le Forum, était le lieu où demeurait la louve qui allaita Romulus et Remus. C'est ici que Romulus bâtit les premières murailles de la cité. A l'époque de la République, le Palatin était le quartier résidentiel le plus prisé. C'est là qu'habitaient les aristocrates et les hommes d'Etat, parmi lesquels Cicéron et Marc Antoine. Auguste vivait dans une modeste maison, mais, par la suite, les empereurs misèrent sur le prestige du mont en se faisant construire des quartiers gigantesques. Vers la fin du Ier siècle, la résidence impériale s'était étendue au mont tout entier, dont le nom latin, Palatium, finit par désigner le palais qui le recouvrait. Après la chute de Rome, le mont subit le même sort que le Forum.

Plus bas, les fouilles se poursuivent sur le site d'un village du IXe siècle av. J.-C., baptisé pompeusement **maison de Romulus**. La grosse masse à droite du village est le podium du **temple de Cybèle**, érigé en 191 av. J.-C., au cours de la deuxième guerre Punique. L'escalier qui se trouve légèrement à gauche mène à la **maison de Livie**. En tant qu'épouse d'Auguste, Livie devint la première impératrice romaine. Elle avait fait relier son habitation, composée d'un vestibule, d'une cour et de trois salons voûtés, à la **maison d'Auguste**, voisine.

A l'angle, le **Cryptoporticus** (tunnel) permettait de rejoindre le palais de Tibère depuis les bâtiments environnants. Ce passage secret, utilisé par les esclaves et les messagers, fut sans doute construit par Néron dans un de ses moments de paranoïa. La majestueuse **Domus Augustana** constituait la résidence privée des empereurs. A côté, s'étend l'autre aile du palais, la **Domus Flavia**, dont la gigantesque fontaine octogonale occupait pratiquement toute la cour. Entre la Domus Augustana et la Domus Flavia se trouve l'**Antiquarium du Palatin**, un musée qui abrite les principaux objets trouvés lors des fouilles du mont Palatin. *(30 personnes admises toutes les 20 mn de 9h10 à 18h20. Entrée libre.)* L'aile orientale du palais renferme le curieux **Stadium Palatinum**, ou Hippodrome, un espace ovale jadis entouré d'une colonnade, mais aujourd'hui décoré par des fragments de portiques, de statues et de fontaines.

LA MAISON DORÉE (DOMUS AUREA)

Sur la colline de l'Oppius, en contrebas des thermes de Trajan. Depuis le Colisée, remontez le Viale Domus Aurea, puis prenez la première à droite. ✆ 06 39 96 77 00. Ouvert Lu et Me-Di 9h-19h45. 30 visiteurs admis toutes les 20 mn. Entrée 5 €. Audioguide 2 €. Visite guidée avec un archéologue 3,50 €. Réservation conseillée 1,50 €.

La Domus Aurea, ou "Maison dorée", recouvrait jadis une partie importante de Rome. Ayant décrété qu'il était un dieu, Néron se fit bâtir une demeure à sa mesure. Entre les deux extrémités du palais se trouvait un lac intérieur, à l'endroit même où se dresse le Colisée aujourd'hui, et la colline du Celio fut transformée en jardins privés. Le Forum n'était plus que le vestibule du palais ; Néron couronna ce dernier d'une statue colossale à son effigie, figurée pour l'occasion par un soleil. Néron pilla toute la Grèce pour y trouver des œuvres d'art dignes d'orner les quartiers impériaux, parmi lesquelles la fameuse statue du *Laocoon*. Mais la fête ne dura pas longtemps, puisque Néron se suicida cinq ans seulement après avoir fait construire ce gargantuesque jardin des plaisirs. Par civisme ou par jalousie, les empereurs flaviens qui lui succédèrent ordonnèrent la démolition de cette demeure et ôtèrent toute trace du palais en bâtissant des monuments pour le bien des citoyens. Les thermes flaviens furent construits en haut de la colline du Celio, le lac fut asséché et, sur son emplacement, fut érigé le Colisée.

LE CIRCUS MAXIMUS ET LES THERMES DE CARACALLA

Métro : ligne B, station Circo Massimo, ou bien empruntez la Via di San Gregorio depuis le Colisée. Le cirque est toujours ouvert. Pour vous rendre aux thermes, prenez la Via delle Terme di Caracalla depuis l'extrémité est du cirque.

Aujourd'hui, il ne reste du glorieux **Circus maximus**, le "très grand cirque", qu'une étendue d'herbe et quelques ruines. Construit en 600 av. J.-C., le cirque attirait près de 300 000 Romains, qui s'y rassemblaient pour assister à des courses de chars sur la piste longue de 400 m. Les **Terme di Caracalla** sont les plus vastes (ils pouvaient accueillir jusqu'à 1500 personnes) et les mieux conservés de Rome. Vous y verrez quelques magnifiques mosaïques, en particulier dans les **apodyteria** (vestiaires).

LES FORUMS IMPÉRIAUX (FORI IMPERIALI)

Les ruines tentaculaires des Forums impériaux qui se dressent de chaque côté de la Via dei Fori Imperiali s'étendent du Forum à la Piazza Venezia. **Le site a été provisoirement fermé au public** en raison de fouilles, mais vous pouvez le voir gratuitement entre les grilles de la Via dei Fori Imperiali. Ce grand ensemble de temples, de basiliques et de places publiques a été construit par les empereurs entre le Ier siècle av. J.-C. et le IIe siècle, en réponse à la densité croissante de l'ancien Forum.

LE FORUM DE TRAJAN. Construit entre 107 et 113, le **Foro Traiano** tout entier célébrait la victoire de l'empereur Trajan lors de la campagne de Dacie. L'ensemble comprenait une statue équestre colossale de Trajan ainsi qu'un immense arc de triomphe. A une extrémité de ce forum désormais en ruines, on peut admirer la ❤ **colonne Trajane**, qui présente dans un état de conservation presque parfait quelques-uns des plus beaux bas-reliefs romains jamais sculptés. Les épisodes des guerres de Trajan contre les Daces sont illustrés sur cette colonne où sont représentés plus de 2500 légionnaires. Depuis 1588, une statue de saint Pierre remplace celle de Trajan.

LES MARCHÉS DE TRAJAN. Les **Mercati Traianei**, un complexe de forme semi-circulaire construit sur trois niveaux, donne une idée de ce qu'était le premier centre commercial de Rome. Vous pourrez également y voir exposées quelques sculptures impressionnantes, bien qu'en mauvais état, provenant des forums impériaux. *(V. IV Novembre, 94, en haut de l'escalier de la Via Magnanapoli, à droite des deux églises situées derrière la colonne Trajane. © 06 679 00 48. Ouvert Ma-Di 9h-19h. Entrée 6,20 €.)*

LES AUTRES FORUMS. De l'autre côté de la Via dei Fori Imperiali, à l'ombre du monument à Victor-Emmanuel II, on aperçoit de maigres vestiges du **forum de César**, le premier des forums romains. Quelques colonnes reconstituées sont tout ce qui subsiste du fameux **temple de Venus Genitrix** (la Vénus Mère dont Jules César prétendait descendre). Tout près de là, le mur en calcaire gris du **forum d'Auguste** commémore la victoire vengeresse du futur Auguste sur les assassins de César, à la bataille de Philippes, en 42 av. J.-C. Le bien nommé **Forum Transitorium** (également appelé **forum de Nerva**) était un espace rectangulaire étroit qui reliait le forum d'Auguste au Forum romain républicain. L'empereur Nerva l'inaugura en 97 et dédia son temple à Minerve, la déesse dont le nom ressemblait le plus au sien. Tout ce qui reste du **forum de Vespasien** est l'**église Santi Cosma e Damiano**, dans laquelle vous pourrez voir des mosaïques. Elle se trouve de l'autre côté de la Via Cavour, près du Forum romain. *(Ouvert tlj 9h-18h30.)*

ROME

LE CAPITOLE (CAMPIDOGLIO)

***Chapelle Bufalini** ouverte tlj 9h30-12h30 et 14h30-17h30. **Prison Mamertine** ✆ 06 679 29 02. Ouvert tlj 9h-12h30 et 14h30-18h30. Don demandé. Pour vous rendre au **Capitole,** prenez un bus jusqu'à la Piazza Venezia. De la Piazza Venezia, faites face au monument à Victor-Emmanuel II, prenez à droite la Via d'Aracœli et grimpez l'escalier jusqu'en haut de la colline.*

Autrefois centre de la cité, le Monte Capitolino est aujourd'hui encore le siège de la municipalité de Rome. Michel-Ange dessina la grande **Piazza del Campidoglio** (place du Capitole). Cette place est encadrée par deux palais jumeaux, le Palazzo dei Conservatori et le Palazzo nuovo, qui abritent les **Musées du Capitole** (voir **Musées**). A gauche du Palazzo nuovo, un escalier mène à l'arrière de l'**église Santa Maria d'Aracœli**, édifiée au VIIe siècle. A l'intérieur, on peut admirer de nombreux monuments d'origines diverses. Son impressionnante **chapelle Bufalini** renferme le *Santo Bambino*, une statue de l'Enfant Jésus qui reçoit des lettres d'enfants malades du monde entier. En bas de la colline, par les escaliers situés derrière l'église, se trouve la sinistre **prison Mamertine**, consacrée **église San Pietro in Carcere**. Saint Pierre, lorsqu'il y était emprisonné, baptisa ses geôliers grâce à la source qui avait jailli miraculeusement dans sa cellule.

Tout au bout de la place, le **Palazzo Senatorio**, aux belles tourelles, renferme les bureaux de l'hôtel de ville. Au XVIe siècle, le pape Paul III fit restaurer par Michel-Ange les imposantes statues des dioscures Castor et Pollux (guerriers jumeaux de la mythologie grecque). Il fit également transférer sur la place, toujours avec l'aide de Michel-Ange, la fameuse **statue équestre de Marc Aurèle**, qui se trouvait au palais du Latran. En raison de la pollution, la statue a dû être placée dans la cour du Palazzo dei Conservatori. C'est donc une copie qui couronne désormais la place.

LE VELABRUM

***Eglise San Nicola** ✆ 06 686 99 72. Appelez pour visiter l'intérieur de l'église. Ouvert Sep-Juil, Lu-Sa 7h30-12h et 14h-17h, Di 9h30-13h et 16h-20h. **Porche** et **église Santa Maria** ouverts tlj 10h-19h.*

Le Velabrum se trouve dans une plaine inondable du Tibre, au sud du ghetto. Au bout de la Via del Portico d'Ottavia, on peut voir le fronton brisé et les quelques colonnes de l'ancien **portique d'Octavie** (Portico d'Ottavia), un édifice grandiose construit par l'empereur Auguste (Ier siècle av. J.-C.). Le **théâtre de Marcellus** (Teatro di Marcello), qui porte le nom de l'infortuné neveu d'Auguste, fut construit à la fin du Ier siècle av. J.-C. et servit de modèle au Colisée. On retrouve les mêmes motifs dans les arches et les piliers et la même composition classique des colonnes (doriques, ioniques et corinthiennes). En suivant la Via del Teatro di Marcello en direction du Tibre, on découvre, dans les murs de l'**église San Nicola in Carcere**, les vestiges de trois temples romains. A l'origine, ces temples étaient dédiés à Junon (déesse du Mariage), à Janus (dieu de la Paix et de la Guerre, au double visage) et à Spes (dieu de l'Espoir).

Au sud, le long de la Via Luigi Petroselli, se trouve la **Piazza della Bocca della Verità**, site de l'ancien **Forum Boarium** (marché aux bestiaux). En face, on découvre la charmante **église Santa Maria in Cosmedin**, qui abrite un campanile du XIIe siècle, un porche ancien et de très belles décorations intérieures. Placée à l'abri du porche, la ❤ **Bocca della Verità** (la Bouche de la vérité), rendue célèbre par Audrey Hepburn dans le film *Vacances romaines* de William Wyler, constitue la véritable attraction du lieu. Cette sculpture circulaire du dieu du Fleuve servait à l'origine à l'écoulement des eaux. D'après une légende qui remonte au Moyen Age, la bouche du dieu se referme sur la main des menteurs et leur sectionne les doigts.

LE CENTRE HISTORIQUE

LA PIAZZA VENEZIA ET LA VIA DEL CORSO

Suivant le tracé de l'ancienne Via Lata, la **Via del Corso** tire son nom de l'époque où elle fut le premier champ de courses de Rome. Elle s'étend en ligne droite sur plus de 1,5 km, de la Piazza del Popolo à la Piazza Venezia, au sud. A droite de la place, le

Palazzo Venezia, décrépi, fut l'un des premiers palais Renaissance de Rome. Mussolini l'occupa et prononça plusieurs de ses discours les plus célèbres du haut de son balcon. Le bâtiment abrite désormais le **musée national du Palazzo Venezia**. Les loggias de la cour intérieure et de l'**église San Marco** datent de la Renaissance. *(Entrée par la Piazza di San Marco, à droite du monument à Victor-Emmanuel II.)* Débouchant de la Via del Corso, la **Piazza Colonna** tient son nom de l'impressionnante **colonne de Marc Aurèle**, destinée à rivaliser avec celle de Trajan. Au XVIe siècle, le pape Sixte Quint fit ajouter à son sommet une statue de saint Paul. De l'autre côté de la place, le **Palazzo Wedekind**, siège du journal *Il Tempo*, a été construit en 1838 avec des colonnes romaines provenant de la cité étrusque de Veio. L'angle nord-ouest de la place jouxte la **Piazza di Montecitorio**, dominée par le **Palazzo Montecitorio**, qui fut conçu par le Bernin et où siège maintenant la Chambre des députés.

PIAZZA DELLA ROTONDA ET LA PIAZZA DELLA MINERVA

Avec ses colonnes et son fronton de marbre, ses portes de bronze et sa coupole d'origine, le ❤ **Panthéon**, l'un des rares monuments antiques conservés quasiment en l'état, a presque 2000 ans. Les archéologues s'interrogent toujours sur la manière dont les architectes du IIe siècle le construisirent. La coupole, un parfait hémisphère dépourvu d'arche, de voûte et de nervure, est la plus grande du genre. Son ouverture centrale est la seule source de lumière du bâtiment. Grâce à un système de cadran solaire, cette lumière indiquait les heures, mais aussi la date des équinoxes et des solstices. En 606, le Panthéon fut consacré **église Santa Maria ad Martyres**, son nom officiel aujourd'hui encore. *(Piazza della Rotonda. Ouvert Lu-Sa 8h30-19h30, Di. 9h-18h, jours fériés 9h-13h. Entrée libre.)* Sur la place, on peut voir une fontaine dessinée à la fin de la Renaissance par Giacomo della Porta et récemment restaurée. Elle supporte un **obélisque** égyptien, ajouté au XVIIIe siècle.

A gauche du Panthéon, au centre de la petite **Piazza della Minerva**, se dresse un autre obélisque porté par le curieux éléphant sculpté du Bernin. Derrière l'obélisque, l'**église Santa Maria Sopra Minerva** recèle des chefs-d'œuvre de la Renaissance, notamment le *Christ portant la Croix* de Michel-Ange, l'*Annonciation* d'Antoniazzo Romano, et une statue de saint Sébastien récemment attribuée à Michel-Ange. Dans le transept droit, la **chapelle Carafa** (1488-1492) est décorée de célèbres fresques de Filippino Lippi.

De la Piazza della Rotonda, prenez la Via Giustiniani vers le nord jusqu'à la Via della Scrofa et la Via della Dogana Vecchia. L'**église Saint-Louis-des-Français** (San Luigi dei Francesi), l'église française de Rome, abrite trois des plus célèbres œuvres du Caravage (1573-1610) retraçant les épisodes de la vie de saint Matthieu : sa vocation, son martyre et l'ange lui dictant l'Evangile. *(Ouvert Ve-Me 7h30-12h30 et 15h30-19h, Je. 7h30-12h30.)*

LA PLACE NAVONE (PIAZZA NAVONA) ET SES ENVIRONS

Un stade pouvant contenir 30 000 personnes fut construit en 86 sur le site de l'actuelle place Navone. L'empereur Domitien l'utilisait comme champ de courses. Le stade accueillit ensuite des compétitions de lutte, de lancer du disque et du javelot, mais aussi des courses à pied, des courses de chars et des combats navals (le stade était rempli d'eau et l'équipage des navires était composé de prisonniers). La belle **Fontana dei Quattro Fiumi** (fontaine des Fleuves) du Bernin est au centre de la place. Chaque dieu des fleuves symbolise l'un des quatre continents connus au XVIIe siècle : le Gange pour l'Asie, le Danube pour l'Europe, le Nil pour l'Afrique (le personnage est voilé, parce qu'on ignorait où le fleuve prenait sa source) et le Rio de la Plata pour les Amériques. Aux extrémités de la place se trouvent la **Fontana del Moro** (fontaine du Maure) et la **Fontana del Nettuno** (fontaine de Neptune), conçues par Giacomo della Porta au XVIe siècle et rénovées par le Bernin en 1653. L'**église Sant'Agnese in Agone**, dont la façade fut dessinée par Borromini, renferme le crâne de sainte Agnès, martyrisée dans le stade de Domitien pour avoir refusé un mariage arrangé. *(Ouvert tlj 9h-12h et 16h-19h.)*

A l'ouest de la place, au croisement de la Via di Tor Millina et du Vicolo della

Pace, se trouve un porche semi-circulaire au-delà duquel siège l'**église Santa Maria della Pace**, une des églises les plus renommées au XVIIe siècle. Elle contient les superbes *Sibylles* de Raphaël, dans la **chapelle Chigi**. Tout près, sur le Corso del Rinascimento, la coupole en forme de double hélice de l'**église Sant'Ivo** domine le **Palazzo della Sapienza**, autrefois le siège de l'université de Rome. Pour rejoindre la Piazza del Gesù, descendez le Corso del Rinascimento et prenez à gauche le Corso Vittorio Emanuele II. La **Chiesa del Gesù** (église de Jésus, fin du XVIe siècle) est la maison mère de l'ordre jésuite, fondé en 1540 par Ignace de Loyola, qui se voulait le fer de lance de la Contre-Réforme. On doit la conception de l'édifice à Vignole, grand admirateur de Michel-Ange. Plutôt austère, la façade due à Giacomo della Porta contraste avec l'intérieur baroque, surchargé de dorures. A gauche de la coupole, l'autel de saint Ignace de Loyola surmonte le tombeau du fondateur de la compagnie de Jésus. *(Ouvert tlj 6h-12h30 et 16h-19h15.)*

LE CAMPO DEI FIORI

Le Campo dei Fiori se trouve de l'autre côté du Corso Vittorio Emanuele II lorsque vous venez de la place Navone. Quand les papes gouvernaient Rome (à l'époque des Etats pontificaux, de 800 à 1871), ce quartier fut le théâtre d'innombrables exécutions. Derrière le Campo dei Fiori se trouve la **Piazza Farnese**, dominée par le **Palazzo Farnese**. Alexandre Farnèse, élu premier pape de la Contre-Réforme sous le nom de Paul III (1534-1549), fit construire ce qui devint le plus beau palais Renaissance de Rome. Depuis 1635, l'ambassade de France loue le palais pour une somme symbolique et, en échange, les bureaux de l'hôtel Gallifet, à Paris, abritent l'ambassade d'Italie. A l'est du palais se dresse le **Palazzo Spada**, avec sa façade baroque, qui abrite la collection de la **galerie Spada**.

LE GHETTO JUIF

La communauté juive de Rome est l'une des plus anciennes d'Europe. Les premiers Juifs arrivèrent à Rome peu avant l'établissement de l'Empire, il y a plus de 2000 ans. Le ghetto, ce minuscule quartier où le pape Paul IV les confina en 1555, fut fermé en 1870. Aujourd'hui, c'est un quartier animé et quelque 16 000 Juifs y vivent encore. Prenez le bus n° 64 : le ghetto se trouve en face du Campo dei Fiori, de l'autre côté de la Via Arenula.

LA PIAZZA MATTEI. Ornée de sa gracieuse **Fontana delle Tartarughe** (fontaine des Tortues), réalisée par Taddeo Landini au XVIe siècle, cette place marque le centre du ghetto. Tout près de là se trouve l'**église Sant'Angelo in Pescheria**, installée à l'intérieur du portique d'Octavie en 755, et appelée ainsi à cause du marché aux poissons qui s'y tenait autrefois. Les Juifs du ghetto étaient obligés d'assister à la messe dans cette église tous les dimanches, une évangélisation forcée à laquelle ils résistèrent secrètement en se mettant de la cire dans les oreilles. *(Ouvert à la prière Me. à 17h30 et Sa. à 17h.)*

LA SYNAGOGUE ASHKENAZITA. Bâti entre 1874 et 1904 à l'angle du Lungotevere dei Cenci et de la Via Catalan, cet édifice incorpore des éléments d'architecture perse et babylonienne. Depuis un attentat terroriste survenu en 1982, la sécurité a été renforcée et les visiteurs sont fouillés à l'entrée. La synagogue accueille le **Musée du judaïsme**, une collection d'anciennes torahs et d'objets datant de la Seconde Guerre mondiale. *(© 06 687 50 51. Ouvert pour les services et les visites du musée.)*

LA PIAZZA DI SPAGNA ET SES ENVIRONS

❤ **L'ESCALIER DE LA TRINITÉ-DES-MONTS.** Conçue par un Italien, financée par les Français, occupée par les Britanniques et rentabilisée par le grand ambassadeur américain Ronald McDonald, la **Scalinata della Trinità dei Monti** a une dimension résolument internationale. Lorsque les 137 marches de cet escalier furent réalisées en 1726, des centaines de Romains habillés en Madone ou en Jules César vinrent se proposer comme modèles aux artistes. Le poète anglais Keats mourut en 1821 dans la maison rose à droite de l'escalier, comme l'indique la petite plaque sur la façade.

Cette maison abrite aujourd'hui le **Musée Keats et Shelley**. (*Piazza di Spagna.*)

❤ **LA FONTAINE DE TREVI.** La célèbre **Fontana di Trevi**, œuvre de Nicola Salvi (1697-1751), terminée en 1762, est l'un des emblèmes de Rome. Construite contre la façade arrière du **Palazzo Poli**, elle occupe la majeure partie d'une petite place. Cet ensemble de rochers, de personnages et de bas-reliefs sculptés est d'une blancheur éclatante depuis les récents travaux de restauration. Cette fontaine a été immortalisée par une scène de *La Dolce Vita* de Fellini, au cours de laquelle la sculpturale Anita Ekberg y prend un bain de minuit en compagnie de Marcello Mastroianni. Si vous souhaitez revenir un jour à Rome, jetez une pièce de monnaie dans la fontaine. Si vous êtes plus ambitieux et désirez tomber amoureux à Rome, jetez deux pièces de monnaie. Et si vous désirez trouver l'âme sœur, jetez trois pièces. En face de la fontaine se dresse l'**église** baroque **Santi Vincenzo e Anastasio**, reconstruite en 1630. Le cœur et les poumons des papes qui se succédèrent de 1590 à 1903 sont conservés dans la **crypte**. (*Ouvert tlj 7h30-12h30 et 16h-19h.*)

LE MAUSOLÉE D'AUGUSTE ET L'ARA PACIS. Le tertre en brique du **Masoleo d'Agosto** abritait autrefois les urnes funéraires de la famille impériale. (*Piazza Augusto Imperatore. Depuis la Piazza del Popolo, prenez la Via di Ripetta vers le sud, en direction du Tibre. Ouvert aux visites de façon sporadique.*) A l'ouest du mausolée (à droite lorsque vous venez de la Piazza del Popolo), protégé par des glaces, trône l'**Ara Pacis** (autel de la Paix), un instrument de propagande achevé en 9 av. J.-C. pour célébrer la paix ramenée par Auguste après des années de troubles et de guerre civile. Les bas-reliefs qui ornent l'avant et l'arrière de cet autel en marbre représentent des figures allégoriques inspirées des mythes nationaux les plus sacrés de Rome (des lupercales romaines, Enée sacrifiant une truie blanche, Tellus, la déesse de la Terre, et la déesse Rome). Les panneaux latéraux montrent des portraits réalistes d'Auguste, de sa famille, de ses enfants et de divers hommes d'Etat et prêtres. Cet autel fut découvert à environ 10 m sous terre, sous 3 m d'eau.

LA PIAZZA BARBERINI. Depuis le Largo Santa Susanna, la Via Barberini mène au rond-point de la Piazza Barberini, où se trouve la **Fontana del Tritone** (fontaine du Triton). Cette œuvre du Bernin marque le centre de la Rome baroque. Non loin de la Piazza Barberini se dresse également la **Fontana delle Api** (fontaine des Abeilles), construite en 1644 par le Bernin. Maderno, Borromini et le Bernin contribuèrent à la construction du **Palazzo Barberini**. Ce palais abrite la **Galleria nazionale d'Arte antica**, qui présente une collection de peintures datant du XIe au XVIIIe siècle. (*V. delle Quattro Fontane, 13.*) Un peu plus haut à droite, l'austère **église Santa Maria della Concezione**, construite durant la Contre-Réforme, renferme la ❤ **crypte des Capucins**, où les ossements artistiquement décorés de 4000 moines sont exposés. (*V. Vittorio Veneto, 27a. Ouvert Ve-Me 9h-12h et 15h-18h. Don demandé.*)

LA PIAZZA DEL POPOLO. La Piazza del Popolo, qui fut à certaines périodes l'endroit préféré des papes pour les exécutions publiques, reste aujourd'hui l'un des lieux les plus animés de la ville. Elle est dominée, en son centre, par l'**obélisque du pharaon Ramsès II**, vieux de quelque 3200 ans, qui faisait déjà figure d'antiquité lorsque Auguste le rapporta d'Egypte au Ier siècle av. J.-C. L'**église Santa Maria del Popolo** est située sur le côté nord de la place, près de la Porta del Popolo. Sa façade est très simple, mais l'église recèle des œuvres majeures de la Renaissance et de l'époque baroque. (*✆ 06 361 08 36. Ouvert Lu-Sa 7h-12h et 16h-19h, jours fériés et Di. 8h-13h30 et 16h30-19h30.*) Dans la **chapelle della Rovere**, la première chapelle à droite, on peut admirer l'*Adoration* du Pinturicchio. La **chapelle Cerasi**, à gauche du transept, renferme deux superbes tableaux du Caravage, la *Conversion de saint Paul* et la *Crucifixion de saint Pierre*. La **chapelle Chigi**, la seconde à gauche de la nef, fut construite et décorée par Raphaël pour le riche banquier de Sienne, Agostino Chigi, réputé à l'époque l'homme le plus riche du monde. A l'extrémité sud de la place, vous découvrirez les **églises jumelles** de Santa Maria di Montesano et de Santa Maria dei Miracoli, érigées au XVIIe siècle.

Lorsque le soleil se couche, les Italiens de tous âges se retrouvent dans la rue pour la célèbre *passegiata.* Cette promenade de début de soirée est avant tout l'occasion de retrouver ses amis et de discuter. Il est ainsi très rare de voir des gens marcher seul. Mais c'est aussi l'occasion de se montrer, de s'observer les uns les autres et bien sûr de flirter.

La tradition de la *passegiata* est bien plus ancienne qu'on pourrait le croire. Elle remonte en réalité aux deux premiers siècles avant notre ère, lorsque les magistrats romains commencèrent à édifier des portiques dans la ville. Inspirés en partie par les *stoas* grecs, ces portiques consistaient en de vaste jardins encerclés par des allées de colonnades. Les décorations de marbre sur les colonnes, les sols et les murs distrayaient les promeneurs tout comme les statues, les fresques et les objets rapportés de la Grèce fraîchement conquise. (L'entrée du portique d'Octave, l'un des portiques les plus fameux de la République, se dresse toujours dans le ghetto juif de Rome.)

Les portiques étaient en quelque sorte les ancêtres de nos parcs de loisirs, des lieux intermédiaires entre le jardin public, le musée et la place du village. C'est là qu'on donnait rendez-vous à ses proches pour converser tout en marchant. Mais si l'on en croît le poète Ovide (43 av. J.-C.-17), chantre de l'amour, les portiques publics étaient aussi des lieux de rencontre, très fréquentés par les célibataires à une époque où les bars n'existaient pas. Dans son manuel de séduction, voici les conseils qu'il donne au jeune promeneur :

“Lorsque vous sentez que sa démarche trop rapide va l'épuiser, sachez vous attarder dans les parages. Il faut apprendre à précéder son pas. A d'autres instants, laissez-la passer devant. Parfois, tentez de la rattraper avant de ralentir au dernier moment. N'ayez nulle vergogne à vous faufiler entre les colonnes qui vous séparent d'elle ou à cheminer directement à ses côtés.”

(Ars Amataria 1.491-6)

Soyez attentif lors de votre prochaine *passegiata.* Il y a de grandes chances pour que vous surpreniez des promeneurs suivant à la lettre les conseils d'Ovide quelque 2000 ans plus tard (à l'exception toutefois du slalom entre les colonnes.)

Dans la Rome ancienne, le plaisir de la marche pouvait aussi avoir pour cadre un décor privé – si vous étiez assez fortuné pour posséder une villa de campagne. Là, les promenades étaient davantage intellectuelles : elles comptaient moins de flirt mais plus de rhétorique. Dans sa villa de Tusculum, Cicéron (106-43 av. J.-C.) baptisa l'un de ses portiques d'après l'académie de Platon et un autre d'après le Lyceum d'Aristote. Il les décora de manière *ad hoc* ; ainsi la promenade pouvait passer en revue les grands thèmes philosophiques, à la manière des penseurs grecs. Il n'était pas le seul. Nous avons la preuve que d'autres de ses contemporains baptisèrent certaines de leurs retraites champêtres d'après des sites célèbres ; la balade devenait ainsi un voyage métaphorique à travers le monde, une sorte de tourisme “virtuel”.

Le tourisme “réel”, lui, se mit aussi à décoller à cette époque. La puissance militaire de l'empire rendait plus sûr les périples autour du bassin méditerranéen. Le voyage en Grèce, à Athènes en particulier, était l'un des plus appréciés des Romains. Sans doute ressentaient-ils une vague nostalgie à contempler *de visu* les restes d'une civilisation si grandiose. L'un des dialogues philosophiques de Cicéron a d'ailleurs pour trame le voyage de touristes romains à Athènes. Alors qu'il chemine parmi les locaux désertés de l'académie de Platon, l'un des protagonistes essaie d'expliquer ce plaisir dérivé de la marche. “Où que nous allions, nous marchons à travers l'histoire” dit-il en substance.

Timothy O'Sullivan est diplômé d'un Ph.D en philologie de l'université d'Harvard. Sa thèse avait pour thème “l'esprit en mouvement : signification de la marche dans le monde romain.” Il est aujourd'hui professeur assistant d'Etudes classiques à l'université de Trinity de San Antonio, au Texas.

LA VILLA BORGHÈSE

Métro : ligne A, station Spagna, puis suivez les indications. Vous pouvez aussi vous arrêter à la station Flaminio (ligne A), puis prendre le Viale Washington sous l'arche du Pincio. Depuis la Piazza del Popolo, montez les escaliers à droite de Santa Maria del Popolo, traversez la rue, puis gravissez le petit chemin. ***BioParco****, Vle del Giardino Zoologico, 3 (© 06 321 65 64). Ouvert Lu-Ve 9h30-18h, Sa-Di 9h30-19h. Entrée 8,50 €, 3-12 ans 6,50 €, entrée libre pour les moins de 3 ans.* ***Catacombes de sainte Priscilla****, V. Salaria, 430, juste avant le croisement de la Via Antica et de la Via Ardeatina. Les catacombes, ainsi que les jardins de la* ***Villa Ada****, sont plus facilement accessibles par le bus n° 310 depuis la gare Termini, ou par le bus n° 630 depuis Venezia ou la P. Barberini. Descendez Piazza del Vescovio et prenez la Via di Tor Fiorenza en direction de la Piazza di Priscilla pour atteindre l'entrée du parc et des catacombes. © 06 86 20 62 72. Ouvert Ma-Di 8h30-12h et 14h30-17h. Entrée 5 €.*

Pour célébrer sa nomination au titre de cardinal, Scipion Borghèse fit construire la **villa Borghèse**, au nord de l'escalier de la Trinité-des-Monts et de la Via Vittorio Veneto. Le parc réunit trois des plus remarquables musées d'art de Rome, dont la collection mondialement connue du **galerie Borghèse** (voir Musées plus loin) et le fascinant **Musée national étrusque de la villa Giulia** (voir plus loin également). La Villa abrite également un zoo, le **BioParco**. Au nord de la villa Borghèse se trouvent les **catacombes de sainte Priscilla**.

LE VATICAN

Métro : ligne A, station Ottaviano ou Cipro/Musei Vaticani. Vous pouvez également prendre le bus n° 64 ou n° 492 à la gare Termini ou sur le Largo Argentina, le n° 62 sur la Piazza Barberini ou le n° 23 depuis le Testaccio. Centre d'information du Vatican © 06 69 82.

Plus petit Etat du monde (moins de 50 ha), le Vatican est tout ce qui reste des Etats pontificaux. En vertu des accords du Latran, signés en 1929, le pape détient tous les pouvoirs sur son minuscule Etat souverain et doit rester neutre en ce qui concerne l'administration de Rome et la politique nationale italienne. Le Vatican conserve certains symboles de son indépendance. Il possède son propre système postal, entretient sa troupe de gardes suisses et possède un patrimoine artistique rassemblé dans les **musées du Vatican** (voir Musées).

LA BASILIQUE SAINT-PIERRE

Pour obtenir des renseignements, écrivez au centre d'information, P. San Pietro, Città del Vaticano, ou appelez le © 06 820 19 ou le 06 823 50. Lors de votre visite, adoptez une tenue vestimentaire correcte dissimulant les jambes, les bras et le décolleté (ni short, ni jupe s'arrêtant au-dessus du genou, pas de hauts sans manches), sous peine de vous voir interdire l'entrée. Les jeans et les tee-shirts sont acceptés. Les hommes doivent retirer leur chapeau en entrant. Vous pouvez vous confesser dans votre langue d'origine à l'intérieur de la basilique. Les langues parlées, une vingtaine en tout, sont affichées à l'extérieur des confessionnaux, à côté du maître-autel. Le ***centre d'information touristique des pèlerins*** *est situé à gauche de la basilique, entre celle-ci et la colonnade. Le personnel multilingue dispose de brochures gratuites et assure un service de change. A côté du centre d'information se trouvent les sanitaires et le poste de premiers secours.* ***Basilique*** *ouverte tlj 7h-19h ; Oct-Mars 7h-18h. Messes Lu-Sa à 8h30, 10h, 11h, 12h et 17h, Di. et jours fériés à 9h, 10h30, 11h30, 12h10, 13h, 16h et 17h45. La* ***coupole*** *est ouverte Avr-Sep tlj 9h-18h15, Oct-Mar 9h-17h15, sauf lorsque le pape se trouve dans la basilique. Entrée 5 €.* ***Grottes du Vatican*** *ouvertes tlj 7h-18h ; Oct-Mars 7h-17h.* ***Trésor de saint Pierre*** *ouvert tlj 9h-18h30, Oct-Mar 9h-17h15, fermé lorsque le pape célèbre la messe, ainsi qu'à Noël et à Pâques. Entrée 5 €, enfants de moins de 13 ans 3 €. Accès handicapés.*

LA PLACE ET LA FAÇADE. La vaste **Place Saint-Pierre** est entourée d'une colonnade de marbre en arc de cercle réalisée par le Bernin. La Via della Conciliazione, construite sous Mussolini pour relier – au propre et au figuré – le Vatican au reste de la ville, ouvre une perspective que le Bernin n'avait pas prévue. L'architecte avait conçu cette place de façon qu'elle s'ouvre soudain à la vue des pèlerins ébahis, qui venaient de parcourir les ruelles tortueuses du Borgo. Au centre de la place se dresse un obélisque du Ier siècle av. J.-C., transféré d'Egypte (Héliopolis) à Rome sur ordre de Caligula en 37. Si l'on se tient sur les cercles situés entre l'obélisque et les deux fontaines qui l'entourent, un effet d'optique donne l'impression que les quatre rangées de colonnes forment une seule ligne. Cent quarante statues surmontent la colonnade. Les statues de la basilique représentent le Christ et tous les apôtres, sauf saint Pierre.

L'ENTRÉE ET LA PIETÀ. En 322, Constantin, premier empereur chrétien, décida la construction d'une église à l'endroit où saint Pierre avait été déposé après son martyre au Ier siècle. La cour, située près du porche de la basilique et surveillée par des gardes suisses, serait l'endroit où saint Pierre fut exécuté en compagnie de milliers d'autres chrétiens. La **Porta Sancta**, la porte sur la droite, ne peut être ouverte que par le pape. La cérémonie, au cours de laquelle le souverain pontife frappe le centre muré de la porte avec un marteau d'argent a lieu tous les vingt-cinq ans.

La **basilique Saint-Pierre** est gigantesque. La nef mesure 187 m de long. A l'intérieur de la nef, des repères sur le sol permettent de comparer la taille de la basilique avec celle des autres grandes églises du monde. Dans la première chapelle à droite, on découvre la *Pietà* (1500), le chef-d'œuvre de Michel-Ange. La sculpture est protégée par une vitre blindée depuis qu'un fou l'a endommagée à coups de marteau en 1972.

L'INTÉRIEUR. Dans chacune des niches des quatre piliers de la croisée, on peut voir la statue d'un saint. Dans l'abside, le **baldaquin** du Bernin, soutenu par des colonnes torses, surmonte l'autel pontifical. Ce baldaquin, sculpté dans le bronze du portail du Panthéon, fut inauguré le 28 juin 1633 par le pape Urbain VIII Barberini. Vous pouvez reconnaître, parmi les motifs de vigne et de *putti*, l'abeille, emblème de la famille Barberini. Dans l'abside, on peut admirer d'autres sculptures, en marbre et en bronze, également du Bernin.

LES GROTTES DU VATICAN. Les grottes du Vatican renferment les tombeaux de onze papes, de la reine Christine de Suède (convertie au catholicisme après son abdication) et d'une poignée d'empereurs. Les passages ont beau être bordés de sépultures anciennes ou plus récentes, l'endroit est tout sauf sinistre grâce à un jeu de lumières vives, une bonne couche de peinture et la présence de gardes rassurants.

LA COUPOLE. L'entrée de la coupole se trouve à côté de la sortie des grottes. On accède à la balustrade intérieure, qui fait le tour de la coupole, par les escaliers ou par l'ascenseur. 350 marches mènent à la plate-forme extérieure. Au sommet, le panorama est superbe : vous voyez le toit de la basilique, la place Saint-Pierre, les jardins du Vatican et l'horizon brumeux de la Ville éternelle.

LE TRÉSOR DE SAINT-PIERRE. Les neuf salles du Trésor regroupent les dons faits au tombeau de saint Pierre au cours des siècles. Parmi les pièces maîtresses, on peut citer la "sainte colonne" qui provient de l'ancienne basilique de Constantin, la dalmatique dite de Charlemagne (un vêtement liturgique byzantin postérieur au règne de l'empereur), l'ange en terre cuite du Bernin ayant servi de modèle à celui de la chapelle du Saint-Sacrement, le superbe tombeau en bronze de Sixte IV et le sarcophage en pierre de Junius Bassus (IVe siècle).

LE TOMBEAU DE SAINT-PIERRE ET LA NÉCROPOLE PRÉ-CONSTANTINE. La légende veut que l'empereur Constantin, après s'être converti, construisît la première basilique directement au-dessus du tombeau de saint Pierre. Afin d'édifier son monument à l'endroit exact, l'empereur fit raser une colline et détruire une nécropole du Ier siècle qui se trouvait là. Cette légende paraissait sans fondement jusqu'à ce qu'en 1939 des ouvriers découvrent les traces de ruines anciennes sous la basilique. Le Vatican ordonna des fouilles discrètes pour tenter de trouver le tombeau de l'apôtre. Vingt-et-un ans plus tard, il fut localisé sous un petit *aedicula* (temple), juste à la verticale des autels de la basilique de Constantin et de la basilique actuelle. Les ossements du saint ne se trouvaient pas dans la tombe grossièrement creusée.

Mais l'église soutint que les reliques reposaient dans une niche murale non loin. Une version qui fut contestée par les archéologues. Il est fort possible que les ossements aient été déplacés lors du sac de Rome par les Sarrasins en 849. Des visites guidées, sur réservation écrite uniquement, permettent de découvrir la nécropole qui abrite plusieurs mausolées bien préservés, ainsi que des inscriptions funéraires, des mosaïques et des sarcophages. L'entrée se trouve à gauche de la place Saint-Pierre, derrière le centre d'informations. *(✆ 06 69 885 318. Ouvert Lu-Ve 9h-17h. Réservation nécessaire. Ecrivez au Délégué de la Fabbrica di San Pietro, bureau des fouilles, 00120 Vatican, en indiquant vos dates possibles de visite et la ou les langues que vous parlez. Les appels téléphoniques ne sont acceptés que pour confirmer une réservation. 9 €.)*

LE CHÂTEAU SAINT-ANGE (CASTEL SANT'ANGELO)

Descendez la Via della Conciliazione depuis la basilique Saint-Pierre. Pour accéder au château Saint-Ange, longez le fleuve en tournant le dos à la basilique, avec le château sur votre gauche. Des panneaux vous indiqueront l'entrée. Vous pouvez aussi franchir le Tibre par le pont Sant'Angelo, qui mène directement à l'entrée du château. ✆ 06 687 50 36 ou 06 697 91 11.Ouvert en été tlj 9h-19h. En hiver : Ma-Di 9h-19h. Entrée 5 €, entrée libre pour les citoyens de l'Union Européenne de moins de 18 ans ou de plus de 65 ans. Audioguide 4 € (disponible en français).

A quelques minutes de marche de la basilique Saint-Pierre, le long de la Via della Conciliazione, se dresse, massif, le château Saint-Ange. Les papes qui gouvernaient Rome utilisèrent le mausolée de l'empereur Hadrien et de sa famille (IIe siècle ap. J.-C.) comme forteresse au Moyen Age et comme prison à la Renaissance. L'empereur Hadrien, féru d'art et surtout d'architecture, dessina lui-même le plan de son mausolée en s'inspirant du tombeau plus modeste de son prédécesseur Auguste, qui se trouve sur l'autre rive du Tibre. Hadrien fit élever, sur une base circulaire en marbre déjà existante, un tumulus de terre planté de cyprès. Pour défendre leur ville contre les Barbares, au IIIe siècle, les Romains convertirent le mausolée en forteresse. Lors de l'épidémie de peste de la fin du VIe siècle, le pape Grégoire le Grand vit un ange rengainant son épée au sommet de la citadelle. L'épidémie prit fin à la suite de cette apparition. Les murs extérieurs du fort entourent un vaste parc. Les anciennes fortifications englobent le pont Saint-Ange, au-dessus du Tibre, et le mur Léonin, qui s'étend jusqu'au palais du Vatican. Le château abrite les **appartements du pape** (la chambre de Clément VIII, au deuxième étage, et les appartements du troisième étage). Les étages supérieurs offrent une vue imprenable sur Rome. Le **pont Saint-Ange**, en marbre, est décoré de statues d'anges du Bernin. Il constitue le point de départ du traditionnel pèlerinage de Saint-Pierre à la **basilique de Saint-Jean-de-Latran**.

NOUVELLES FRAÎCHES

S@INT ISIDORE, TRIEZ POUR NOUS

Vous connaissez la chanson ; votre boîte à lettres électronique se trouve inondée de courriels pour agrandir certaines parties du corps que vous ne possédez pas ou pour réclamer une commission sur une somme d'argent que vous n'avez pas gagnée.

Heureusement, le pape Jean-Paul II est en train de réfléchir à des mesures pour endiguer l'avalanche de messages commerciaux (*spam*) qui déferle sur Internet. Pour cela, le Vatican va bientôt désigner un saint-patron du Web.

Bien qu'on ne connaisse pas encore l'identité du gagnant, saint Isidore de Séville fait figure de favori. Aux VIe et VIIe siècle, cet érudit composa la première encyclopédie, *Etymologiae*, dont les 20 volumes avaient pour ambition de concentrer tout le savoir du monde. L'ange Gabriel, qui a fait les preuves de son habilité à délivrer les messages, est également un prétendant sérieux.

Le choix sera annoncé au moment de la présentation par le Vatican d'un document sur l'éthique d'Internet, ainsi que le relate le site www.christiantoday.com.

L'initiative peut sembler un curieux mélange de science et de foi. Les autorités du Vatican estiment pour leur part que les Internautes doivent être protégés du flot de tentations – argent, luxure, stupre... – qui surgit sans crier gare sur nos écrans. Un ange gardien du Web serait ainsi en mesure de renvoyer dans les ténèbres les forces obscurantistes de l'âge digital.

LE TRASTEVERE

Pour vous rendre dans le Trastevere, prenez le bus n° 75 ou n° 170 de la gare Termini au Viale di Trastevere, ou le tramway n° 8 depuis le Largo Argentina.

L'ÎLE TIBÉRINE (ISOLA TIBERINA)

Selon la légende, l'île du Tibre est née en même temps que la République romaine, au moment où le fils du tyran étrusque Tarquin le Superbe viola la vertueuse Lucrèce. Fou de rage, le mari de celle-ci le tua et jeta son cadavre dans le Tibre, où la vase et le sable, s'amassant autour du corps, formèrent un bloc de terre. L'île, qui abrite depuis 154 le luxueux hôpital Fatebenefratelli, a longtemps été réputée pour ses vertus curatives. En effet, au IIIe siècle av. J.-C., Esculape, le dieu grec de la médecine, serait apparu aux Romains sous la forme d'un serpent et se serait rendu sur l'île. Son symbole, le caducée, y est aujourd'hui omniprésent.

L'**église San Bartolomeo** (XIIe siècle) fut inondée et reconstruite de nombreuses fois, ce qui explique l'assemblage hétéroclite entre la façade baroque, le clocher roman et les 14 colonnes antiques. *(Ouvert tlj 9h-12h30 et 16h-18h30.)* Plus connu sous le nom de **Ponte dei Quattro Capi** (pont des Quatre-Têtes), le **Ponte Fabricio**, qui conduit au centre historique, est le plus ancien pont de la ville. Il fut construit par Lucius Fabricius en 62 av. J.-C.

ROME

LE CENTRE DU TRASTEVERE

Juste à côté du pont Garibaldi se dresse la statue du poète Giuseppe Gioacchino Belli, au milieu de la place du même nom. A gauche se trouve la **Casa di Dante** (maison de Dante), où sont données des lectures de *La Divine Comédie* chaque dimanche de novembre à mars. Dans la Via di Santa Cecilia, l'**église Santa Cecilia**, dédiée à la patronne de la musique, se trouve derrière une roseraie (en traversant le parking de la place). Sous l'autel, on peut admirer la célèbre statue de sainte Cécile, œuvre de Stefano Maderno (1599). *(Ouvert tlj 7h-13h et 15h30-19h. Cloître ouvert Ma. et Je. 10h-11h30, Di. 11h30-12h. Don demandé. Accès à la crypte 2 €.)*

Depuis la Piazza Sonnino, la Via della Lungaretta conduit vers l'ouest à la Piazza di Santa Maria in Trastevere, point de ralliement des touristes et des chiens errants de Rome. C'est ici que se dresse la grandiose **Basilica di Santa Maria in Trastevere**, construite au IVe siècle sur ordre du pape Jules Ier. La basilique est en cours de restauration, mais on peut toujours admirer les superbes mosaïques du XIIe siècle dans l'abside et dans l'arc du chœur. Elles représentent Jésus, la Vierge Marie et nombre de saints et de papes. *(Ouvert Lu-Sa 9h-17h30, Di 8h30-10h30 et 12h-17h30.)* Au nord de la place, la Via della Lungara conduit à la **Galleria Corsini**, V. della Lungara, 10, de style rococo (voir **galerie nationale d'Art ancien** dans le chapitre Musées), et, en face de la galerie Corsini, à la magnifique **villa Farnèse**, le joyau du Trastevere, construite entre 1508 et 1511 par Baldassare Peruzzi pour le banquier philanthrope Agostino Chigi ("le Magnifique"). Le musée de la villa ne contient pas de tableaux, mais mieux encore, il est entièrement décoré de fresques de maîtres (voir Musées).

LE JANICULE (GIANICOLO)

*Vous pouvez accéder au **sommet** de la colline du Janicule par le bus n° 41, qui part du Vatican. Il est cependant plus rapide de remonter la Via Garibaldi à partir de la Via della Scala in Trastevere (environ 10 mn à pied). **Eglise** et **Tempietto** ouverts tlj 9h30-12h30 et 16h-18h30, Nov-Avr 9h30-12h30 et 14h-16h. **Jardin botanique**, Largo Cristina di Svezia, 24, au bout de la Via Corsini, non loin de la Via della Lungara. Ouvert Ma-Sa 9h-18h30. Oct-Mars : Lu-Sa 9h-17h30.*

Au sommet de la colline du Janicule se dresse l'**église San Pietro in Montorio**, construite, dit-on, à l'endroit où saint Pierre fut crucifié (la tête en bas, comme il l'avait demandé par déférence à l'égard du Christ). L'église abrite la *Flagellation* de Sebastiano del Piombo, tableau peint d'après des dessins de Michel-Ange. Juste à côté, dans une petite cour, se trouve le petit ❤ **Tempietto** de Bramante. Cet édifice, résultat d'un mélange d'architecture antique et Renaissance, fut construit afin de marquer le lieu du martyre de saint Pierre et inspira la grande coupole de

Saint-Pierre. Le **Jardin botanique** de Rome contient un **jardin destiné aux aveugles**, avec des plantes étiquetées en braille, ainsi qu'une **roseraie**, où vous pourrez voir les deux souches supposées avoir donné naissance à toutes les variétés de roses cultivées dans le monde.

TERMINI

AU NORD DE LA GARE

LES THERMES DE DIOCLÉTIEN. De 298 à 306, 40 000 esclaves chrétiens travaillèrent à la construction des **Terme di Diocleziano**, qui pouvaient accueillir 3000 personnes. Ces bains publics comprenaient des toilettes publiques en marbre chauffées (avec des sièges pour 30 personnes), des bassins à différentes températures, des gymnases, des galeries d'art, des jardins, des bibliothèques et des salles de concert. En 1561, Michel-Ange, alors âgé de 86 ans, entreprit sa dernière œuvre architecturale et transforma les vestiges des thermes en une église, l'**église Santa Maria degli Angeli**. Dans la rotonde du IVe siècle, à droite lorsque vous sortez de l'église, vous pourrez voir des statues datant de l'époque des thermes et observer les fouilles par les fenêtres. *(Ouvert Ma-Sa 9h-19h45. Entrée libre.)*

LA PIAZZA DEL QUIRINALE. Cette place située à l'extrémité sud de la Via del Quirinale, est construite au sommet de la plus haute des sept anciennes collines de Rome. L'imposant **Palazzo del Quirinale** (palais du Quirinal), un édifice baroque réalisé par le Bernin, Carlo Maderno et Domenico Fontana, est le palais du président de la République italienne. A l'angle de la Via Nazionale et de la Via Milano, en contrebas de la Piazza del Quirinale, se trouve le **Palazzo delle Esposizioni** (palais des Expositions), un grand bâtiment accueillant des expositions d'art temporaires. Plus loin, se dresse la magnifique façade baroque de l'**église San Carlo alle Quattro Fontane** (ou **San Carlino**), de Borromini.

LA VIA XX SETTEMBRE. Suivez la Via del Quirinale jusqu'au croisement avec la Via delle Quattro Fontane. Ce carrefour et les rues environnantes sont l'une des plus belles contributions du pape Sixte V (XVIe siècle) à l'urbanisme de Rome. Chacun des quatre bâtiments d'angle est agrémenté d'une élégante fontaine surmontée d'un personnage allongé. A ce niveau, la Via del Quirinale prend le nom de Via XX Settembre. Elle mène à la Piazza San Bernardo, de style baroque, où se dresse la colossale **Fontana dell'Acqua Felice** de Domenico Fontana (1587). Le sculpteur Prospero Antichi réalisa la statue de Moïse en s'inspirant très maladroitement de Michel-Ange. On raconte même qu'Antichi faillit mourir de déception en contemplant son œuvre. De l'autre côté de la rue se trouve l'**église Santa Maria della Vittoria**, ainsi nommée parce qu'une icône de la Vierge Marie aurait aidé les catholiques à gagner la bataille de la Montagne Blanche, près de Prague, en 1620. A l'intérieur, la chapelle Cornaro, la dernière du transept gauche, abrite une des œuvres les plus célèbres du Bernin, l'*Extase de sainte Thérèse d'Avila* (1647-1652). *(Ouvert tlj 7h-12h et 15h30-19h.)*

LA VIA NOMENTANA. Cette rue part de la **Porta Pia** de Michel-Ange en direction du nord-est et sort de la ville. Prenez le bus n° 36 devant la gare Termini ou rendez-vous dans la Via XX Settembre pour prendre le bus n° 60. Depuis la Porta Pia, une marche de 2 km vous mène, en passant devant des villas, des ambassades et des parcs, à l'**église Sant'Agnese Fuori le Mura** (Sainte-Agnès-hors-les-Murs). L'abside est décorée d'une mosaïque de style byzantin représentant sainte Agnès. Sous l'église serpentent quelques-unes des ❤ **catacombes** les plus impressionnantes de Rome. *(V. Nomentana, 349. ✆ 06 86 20 54 56. Ouvert Ma-Di 9h-12h et 16h-18h, fermé Lu. après-midi. Entrée des catacombes 5 €.)*

AU SUD DE LA GARE

LA BASILIQUE SAINTE-MARIE-MAJEURE. Une des cinq églises de Rome auxquelles a été accordé le statut d'extraterritorialité, la **Basilica Santa Maria Maggiore**, qui domine la colline de l'Esquilin, appartient officiellement au Vatican. En 432, le pape Sixte III ordonna la construction de la basilique après avoir remarqué que des Romaines continuaient à se rendre dans un temple païen dédié à la déesse mère

Junon Lucina. Lorsque Sixte fit démolir le temple pour ériger à la place sa nouvelle basilique, non seulement il substitua un culte chrétien à un culte païen, mais il célébra également la récente décision du concile d'Ephèse proclamant la Vierge Marie mère de Dieu. A droite de l'autel, une simple dalle de marbre indique l'emplacement de la **tombe du Bernin**. Dans la **loggia**, des mosaïques du XIVe siècle représentent le miracle de la "neige d'août", qui indiqua au pape Libère l'endroit où il devait construire l'église. *(Depuis la gare Termini, dirigez-vous vers le sud jusqu'à la Via Giolitti, puis empruntez la Via Cavour. Ouvert tlj 7h-19h. Loggia ouverte tlj 9h30-12h et 14h-17h30. Billets en vente à la boutique de souvenirs, 2,70 €. Tenue correcte exigée.)*

LA PIAZZA VITTORIO EMANUELE II ET SES ENVIRONS. Située au bout de la Via Carlo Alberto lorsque vous venez de la basilique Santa Maria Maggiore, la Piazza Vittorio Emanuele II n'est pas très belle, mais elle accueille chaque jour l'un des plus grands marchés de Rome. Pour voir la façade rococo de l'**église Santa Croce in Gerusalemme**, prenez la Via di Santa Croce in Gerusalemme depuis l'extrémité est de la Piazza Vittorio Emanuele II. Des hordes de pèlerins viennent visiter la **Cappella delle Reliquie** (chapelle des Reliques), qui date de l'époque mussolinienne et contient de prétendus fragments de la "vraie croix" sur laquelle Jésus aurait été crucifié. La relique la plus impressionnante de la chapelle est peut-être celle du doigt démembré de saint Thomas, doigt qu'il utilisa pour sonder les blessures du Christ. *(Ouvert tlj 7h-19h.)*

L'ÉGLISE SAINT-PIERRE-AUX-LIENS. Datant du IVe siècle, la **Chiesa di San Pietro in Vincoli** est ainsi nommée parce que sous son chœur sont conservées les chaînes qui auraient entravé saint Pierre prisonnier à Jérusalem et à Rome (dans la prison de Tullianum, sur le Capitole). D'après la légende, les deux reliques se seraient miraculeusement soudées l'une à l'autre. Après avoir été séparées pendant plus d'un siècle entre Rome et Constantinople, elles furent de nouveau réunies au Ve siècle et placées sous l'autel de cette église. L'imposante ❤ **statue de Moïse**, de Michel-Ange, trône majestueusement au centre de l'église. *(Métro : ligne B, station Cavour, ou prenez le bus n° 75 jusqu'au Largo Venosta. Empruntez la Via Cavour vers le sud-ouest en direction du Forum. Sur votre gauche, montez les marches de la Via San Francisco di Paola jusqu'à la Piazza San Pietro in Vincoli. Ouvert tlj 7h-12h30 et 15h30-18h.)*

ROME

LE SUD DE ROME

LA COLLINE DU CAELIUS

Métro : ligne B, station Colosseo. Tournez à gauche en sortant de la station, prenez la Via dei Fori Imperiali (qui débouche dans la Via Labicana) vers l'est en vous éloignant du Forum, puis tournez à droite vers la Piazza San Clemente. ✆ 06 70 45 10 18. Ouvert Lu-Sa 9h-12h30 et 15h-18h, Di. et jours fériés 10h-12h30 et 15h-18h. Accès à la basilique inférieure et au Mithraeum 3 €.

La colline du Caelius et celle de l'Esquilin sont les plus hautes des sept collines originelles de Rome. Dans les temps anciens, c'est entre ces deux collines que Néron fit bâtir sa Domus Aurea décadente. A la suite de sa destruction, plusieurs églises furent tour à tour construites sur le site de la ❤ **basilique Saint-Clément**. Celle-ci est en effet l'un des édifices religieux les plus mystérieux de Rome, car elle se décompose en trois niveaux qui nous révèlent les vestiges d'anciennes églises : sous la basilique du XIIe siècle se cache une basilique du IVe siècle, qui recouvre elle-même un vieux **Mithraeum** (petit temple où l'on célébrait le culte du dieu Mithra) et des égouts. Dans la basilique supérieure, vous pourrez voir des mosaïques du Moyen Age représentant la crucifixion ainsi que des saints et des apôtres. La **chapelle Sainte-Catherine** est également décorée de fresques, réalisées par Masolino vers 1420. Le plan initial de l'immense basilique du IVe siècle n'est plus très visible à cause des colonnes et des murs destinés à soutenir l'édifice supérieur. Mais avec un peu d'imagination, on peut retracer les contours de la nef centrale, des nefs latérales et de l'abside d'origine, ornées de fresques du XIe siècle. A ce niveau se trouvent également la tombe de saint Cyrille et une série de fresques représentant des généraux romains prêtant serment en italien. Ce sont les premières traces écrites de la langue. En dessous se trouve le **Mithraeum** du

IIe siècle. Encore un peu plus bas se trouvent les *insulae*, un dédale de pièces en brique et en pierre où Néron aurait joué de la lyre en 64 alors que Rome était en feu. A plus de 30 m de profondeur, vous pourrez également voir un système de canalisations et d'égouts datant de la République mais toujours en état de marche.

LA BASILIQUE SAINT-JEAN-DE-LATRAN (SAN GIOVANNI IN LATERANO) ET LA SCALA SANTA

Métro : ligne A, station San Giovanni, ou prenez le bus n° 16 à la gare Termini. ***Basilique Saint-Jean-de-Latran*** *ouverte tlj 7h-19h. Cloître ouvert tlj 9h-18h. Accès par la Piazza San Marco, à droite du Vittoriano. Entrée 2 €. Tenue décente exigée. Musée 1 €.* ***Scala santa****, en face de la basilique.*

L'immense basilique Saint-Jean-de-Latran est la cathédrale du diocèse de Rome. Cette église, fondée par Constantin en 314, est la plus ancienne basilique chrétienne de la ville. Au-dessus de l'autel papal, le baldaquin gothique (1367) abrite deux reliquaires en or contenant la tête de **saint Pierre** et celle de **saint Paul**. Aujourd'hui fermé au public, le palais du Latran, voisin, fut la résidence des papes jusqu'à leur fuite en Avignon au XIVe siècle. Le sanctuaire de la **Scala santa**, à gauche en sortant de la basilique, abrite l'icône dite *acheropite*, laquelle serait un portrait du Christ que saint Luc aurait commencé et qu'un ange aurait terminé, ainsi que l'escalier de 28 marches que le Christ aurait gravi pour se rendre devant Ponce Pilate. En signe de pénitence, les pèlerins montent la Scala santa à genoux, en récitant une prière à chaque marche. C'est en accomplissant cet acte que Martin Luther aurait pris conscience de la futilité du rite catholique.

ROME

L'AVENTIN (AVENTINO)

On accède à la colline de l'Aventin depuis l'extrémité ouest du Circus maximus (la partie la plus éloignée de la station de métro Circo Massimo) par le Piazzale Ugo La Malfa. La Via di Valle Murcia grimpe ensuite jusqu'à un parc planté d'orangers qui offre une vue panoramique sur la partie sud de Rome, en passant devant les plus luxueuses maisons de Rome et une belle **roseraie** ouverte au public. Lorsqu'on traverse le parc, une grille donne accès à la cour de l'**église Santa Sabina**, avec son porche à colonnes antiques et son haut clocher. La Via di Santa Sabina continue le long de la colline jusqu'à la **Piazza dei Cavalieri di Malta**, siège de l'ordre croisé des chevaliers de Malte. A travers le **trou de la serrure** de la porte jaune pâle à droite, on peut apercevoir la coupole de Saint-Pierre, parfaitement encadrée de haies. *(Roseraie ouverte Mai-Juin 8h-19h30.)*

LA VOIE APPIENNE

La **Via Appia Antica**, construite en 312 av. J.-C. à travers toute la péninsule, permettait aux légions de rallier directement Brindisi et, de là, les contrées orientales de l'Empire. Certaines autoroutes italiennes en suivent aujourd'hui le tracé, mais de grands tronçons de cette voie restent visibles à Rome.

L'ÉGLISE SANTA MARIA IN PALMIS. Cette église, également appelée **Domine Quo Vadis**, fut fondée sur l'emplacement où saint Pierre aurait eu une vision du Christ alors qu'il tentait de fuir. Lorsque saint Pierre demanda au Christ : "*Domine quo vadis ?*" ("Seigneur, où vas-tu ?"), celui-ci lui répondit qu'il allait à Rome pour être à nouveau crucifié, puisque saint Pierre l'avait abandonné. Honteux de sa lâcheté, l'apôtre regagna Rome pour y mourir en martyr. Au milieu de la nef latérale se trouvent les supposées empreintes du Christ, dans un bloc de pierre enchâssé dans le sol de l'église. *(Au croisement de la Via Appia Antica et de la Via Ardeatina. Prenez le bus n° 218 de la Piazza di San Giovanni. Ouvert Lu-Sa 7h-12h30 et 15h-18h30, Di 8h30-13h et 15h-19h.)*

LES CATACOMBES. L'ensevelissement des morts étant interdit à l'intérieur des murs de la cité antique, les Romains aisés faisaient placer leur dépouille le long de la voie Appienne. Ces nécropoles souterraines, utilisées par les chrétiens à partir du IIe siècle pour pratiquer clandestinement leur culte, sont composées de kilomètres de galeries sur plusieurs niveaux (jusqu'à cinq). Les catacombes de **San Callisto**, avec 22 km de galeries, sont les plus vastes de Rome. Sainte Cécile, 16 papes, 7 évêques et quelque 500 000 chrétiens furent enterrés dans ce qui fut le premier cimetière chrétien. Les catacombes de **Santa Domitilla** sont célèbres pour leurs peintures, notamment un portrait de groupe intact du Christ et des apôtres, qui date du IIIe siècle. Les catacombes de **San Sebastiano** furent la sépulture temporaire de saint Pierre et de saint Paul. *(Métro : ligne A, station San Giovanni. Prenez le bus n° 218 depuis la Piazza di San Giovanni jusqu'au croisement de la Via Ardeatina et de la Via delle Sette Chiese. Entrée 5 € pour chaque catacombe.* ***Visite guidée gratuite*** *toutes les 20 mn.* ***San Sebastiano*** *: V. Appia Antica, 136. Prenez le bus n° 218 et arrêtez-vous près de San Callisto et de Santa Domitilla. Descendez la Via delle Sette Chiese jusqu'à la Via Appia Antica et tournez à droite. © 06 785 03 50. Ouvert Lu-Sa 8h30-12h et 14h30-17h30, fermé en Nov. La basilique adjacente est ouverte tlj 8h-18h.* ***San Callisto*** *: V. Appia Antica, 110. Prenez la voie privée qui part au nord-est vers l'entrée des catacombes. © 06 51 30 15 80. Ouvert Lu-Ma et Je-Di 8h30-12h et 14h30-17h, fermé en Fév.* ***Santa Domitilla*** *: V. delle Sette Chiese, 282. Face à la Via Ardeatina depuis la sortie de San Callisto, traversez la rue et remontez la Via delle Sette Chiese. Les catacombes sont à gauche. © 06 511 03 42. Ouvert Me-Lu 8h30-12h et 14h30-17h, fermé en Janv.)*

LE TESTACCIO ET OSTIENSE

Le quartier ouvrier du Testaccio est situé au sud de l'Aventin. Outre ses petits restaurants bon marché et ses boîtes de nuit branchées, le quartier possède des monuments intéressants. Depuis la gare Termini, prenez le bus n° 27. La ligne B du métro dessert également le Testaccio (station Piramide). Le quartier se concentre autour de la **Porta San Paolo**, aux allures de château (un vestige des remparts d'Aurélien), et de la colossale **pyramide de Caius Cestius**, qui fut construite en 330 jours environ par les esclaves de Caius.

LE CIMETIÈRE PROTESTANT. Le paisible **Cimitero Acatolico per gli Stranieri** est le seul espace funéraire de Rome (hors période antique) réservé aux étrangers non catholiques. Les poètes Keats et Shelley ainsi qu'Antonio Gramsci y sont enterrés. *(V. Caio Cestio, 6. Depuis la station de métro Piramide, suivez la Via Raffaele Persichetti jusqu'à la Via Marmorata, puis tournez immédiatement à gauche dans la Via Caio Cestio. Ouvert Ma-Di 9h-17h. Sonnez la cloche pour entrer. Don demandé.)*

LA COLLINE DU TESTACCIO. L'amoncellement de morceaux de terre cuite au cours des siècles donna naissance à la colline du Testaccio (nom formé à partir du latin *testae*, qui signifie tessons), dont le sommet culmine à 36 m. Sur les pentes couvertes d'herbe de la colline, on trouve encore des fragments d'amphores de couleur orange, mais il est interdit de les ramasser. *(Au bout de la Via Caio Cestio et en face de la Via Nicola Zabaglia.)*

LA BASILIQUE SAINT-PAUL-HORS-LES-MURS. La **Basilica San Paolo Fuori le Mura**, construite "hors les murs" de Rome, est la plus grande basilique de la ville après Saint-Pierre. Détruite par un incendie en 1823, elle fut reconstruite à l'identique. Quelques vestiges subsistent de l'édifice original, parmi lesquels les mosaïques de l'abside, le baldaquin de marbre au-dessus du maître-autel et le cloître. Saint Paul fut martyrisé à proximité de la basilique et son corps repose, dit-on, sous l'autel, sa tête étant conservée à Saint-Jean-de-Latran. Vous pouvez acheter une bouteille de **bénédictine**, distillée par les moines, à la boutique de souvenirs (5-15 €). *(Métro : ligne B, station Basilica San Paolo. Vous pouvez aussi prendre le bus n° 23 ou n° 769 depuis le Testaccio, au coin de la Via Ostiense et du Piazzale Ostiense. Basilique ouverte en été, tlj 7h-18h30 ; en hiver 7h-18h. Cloître ouvert en été, tlj 9h-13h et 15h-18h30 ; en hiver 9h-13h et 15h-18h. Tenue décente exigée.)*

LE QUARTIER DE L'EUR

Mussolini, qui rêvait d'égaler les empereurs de Rome, lança en 1942 la construction du quartier de l'**EUR** (Exposition universelle de Rome) afin de glorifier les réalisations du régime fasciste, et avec l'idée d'étendre Rome jusqu'à la mer. Mais le conflit mondial dans lequel l'Italie était engagée obligea le Duce à annuler l'Exposition universelle et à renoncer à ses projets d'extension de Rome. Aujourd'hui, les bâtiments achevés de l'EUR – dont certains constituent d'intéressants exemples d'architecture de la fin des années 1930 – abritent une partie des collections d'œuvres d'art des musées de Rome. Pour vous rendre dans ce quartier situé au sud de la ville, prenez le bus n° 714 ou la ligne B du métro jusqu'à la station EUR. La **Via Cristoforo Colombo** traverse l'EUR du nord au sud. Depuis la station de métro, remontez cette rue vers le nord jusqu'à la **Piazza Guglielmo Marconi**, où se dresse un **obélisque** moderne, interprétation pompeuse du style romain classique (pour les **musées de l'EUR**, voir plus loin).

L'ABBAYE DES TROIS-FONTAINES. L'**Abbazia delle Tre Fontane** est construite à l'endroit où saint Paul aurait été décapité. D'après la légende, la tête du saint rebondit à trois reprises sur le sol, faisant jaillir à chaque fois une fontaine. Au XIIe siècle, saint Bernard de Clairvaux y séjourna. Aujourd'hui, les moines trappistes de l'abbaye vendent une forte liqueur d'eucalyptus de leur fabrication (7-12 €), ainsi que d'énormes barres d'un excellent chocolat artisanal (2-4 €). *(Métro : ligne B, station Laurentina. Prenez tout droit en sortant du métro, puis tournez à droite dans la Via Laurentina et marchez environ 1 km vers le nord, avant de tourner de nouveau à droite dans la Via delle Acque Salve. Ouvert tlj 8h-13h et 15h-19h.)*

MUSÉES

Au cours des millénaires, les Etrusques, les empereurs romains et les papes ont accumulé des trésors, laissant derrière eux une quantité impressionnante d'œuvres d'art. Les musées sont en général fermés les jours fériés, le dimanche après-midi et le lundi.

LES PRINCIPALES COLLECTIONS

LES MUSÉES DU VATICAN

Depuis la place Saint-Pierre, prenez à droite et longez le mur de la cité en direction du nord. Les musées se trouvent une dizaine de rues plus loin. Depuis la station de métro Ottaviano, prenez à gauche la Via Ottaviano, marchez jusqu'au mur de la cité, prenez à droite et longez le mur jusqu'à l'entrée du musée. ✆ 06 69 88 49 47 ou 06 69 88 50 61. ***Renseignements*** *et magasin de souvenirs (où vous trouverez le guide officiel des musées, très utile, 7,50 €) se trouvent au rez-de-chaussée, à l'entrée du bâtiment. Pour 5,50 €, vous pouvez louer un* ***audioguide****, qui vous fournira de précieuses informations et d'amusantes anecdotes. Vous pouvez également vous faire accompagner par un guide (les langues principales sont représentées). La plupart des galeries sont ouvertes Lu-Ve 8h45-16h45 et Sa. 8h45-13h45. Dernières entrées 1h avant la fermeture. Fermé pendant les principales fêtes religieuses. La plupart des musées sont accessibles aux handicapés, sauf les parties les moins fréquentées. Entrée 10 €, avec la carte ISIC 7 €, gratuit pour les enfants mesurant moins de 1 m. Entrée libre pour tout le monde le dernier Di. de chaque mois 8h45-13h45. La plupart des salles sont accessibles aux fauteuils roulants, à l'exception des parties les moins visitées et du dernier étage du musée étrusque. Un bar se trouve entre la chapelle sixtine et la collection d'art religieux moderne. On trouvera également une cafétéria près de l'entrée principale.*

Les musées du Vatican rassemblent les trésors accumulés par la papauté au fil des siècles. Ils constituent l'une des toutes premières collections d'art de l'Antiquité et de la Renaissance au monde. L'entrée, située dans le Viale Vaticano, donne sur le célèbre escalier en bronze à double hélice, qui mène à la billetterie.

Le superbe **musée Pio-Clementino** possède l'une des plus remarquables collections de sculptures antiques du monde occidental. Deux molosses écumants gardent l'entrée de la **Stanza degli Animali** (salle des Animaux), qui comporte une collection de sculptures d'animaux en marbre très révélatrice de la brutalité des passe-temps romains. Vous pouvez également admirer l' ❤ **Apollon du Belvédère**, une copie d'un original grec du IVe siècle av. J.-C., qui exprime l'idéal de la beauté classique, et la composition tourmentée du **Laocoon** (IIe siècle av. J.-C.). La dernière salle abrite le magnifique **sarcophage en porphyre rouge de sainte Hélène**, mère de Constantin (IVe siècle ap. J.-C.).

L'escalier Simonetti mène au **Musée étrusque**, où sont exposés les objets découverts dans les nécropoles de Toscane et du nord du Latium. Sur le palier de l'escalier Simonetti se trouvent la **salle du Bige** (un char antique en marbre reconstitué au XVIIIe siècle par Franzoni) et la **galerie des Candélabres**, décorée comme son nom l'indique de candélabres de l'Antiquité, également en marbre, et qui présente des exemples de la statuaire et des arts décoratifs romains. Après cette salle commence un long parcours vers la chapelle Sixtine, à travers la **galerie des Tapisseries**, la **galerie des Cartes**, les **appartements de Pie V** (ici, un escalier permet un raccourci jusqu'à la Sainte-Chapelle), la **salle Sobieski** et la **salle de l'Immaculée Conception**. Depuis la salle de l'Immaculée Conception, on accède aux quatre ♥ **chambres de Raphaël** (Stanze di Raffaello), qui constituent les somptueux appartements privés du pape Jules II décorés par Raphaël (1508). Jules II avait été à ce point impressionné par *L'Ecole d'Athènes* qu'il renvoya les autres peintres, fit détruire leurs fresques et confia à Raphaël la décoration de l'ensemble de ses appartements. Cette commande marqua le début de la brillante carrière romaine de l'artiste. Après la mort prématurée de leur maître en 1520, les élèves de Raphaël achevèrent son œuvre en suivant ses plans. Selon l'itinéraire, on se rend directement à la chapelle Sixtine ou l'on passe d'abord par les **appartements Borgia**, richement décorés de fresques, et par le décevant **musée d'Art religieux contemporain**. Un escalier descend à la salle des Sibylles, où César Borgia fit assassiner son beau-frère Alphonse d'Aragon afin de permettre à sa sœur Lucrèce d'épouser le duc de Ferrare. Quand vous sortirez de la chapelle Sixtine, n'oubliez pas de vous arrêter dans la **salle des noces Aldobrandines** (Sala delle Nozze Aldobrandine), qui abrite une série de célèbres fresques de l'Antiquité.

LA CHAPELLE SIXTINE. Depuis le XVIe siècle, le conclave (l'assemblée des cardinaux qui élit le pape) se réunit dans la **Cappella Sistina**. Celle-ci, fondée par le pape Sixte IV en 1475, fait partie intégrante de la basilique Saint-Pierre. La voûte en berceau de la chapelle, d'une hauteur de 21 m, a été récemment restaurée et rendue à ses éclatantes couleurs d'origine (ce qui a donné lieu à un certain nombre de controverses). Les fresques des murs, exécutées par des artistes florentins et ombriens du XVe siècle, sont antérieures à celles de la voûte, réalisées par Michel-Ange. Les fresques du mur de droite illustrent la vie de Moïse, celles du mur de gauche représentent les scènes de la vie du Christ. Ce cycle de fresques a été réalisé entre 1481 et 1483, sous la direction du Pérugin, par un groupe d'artistes comprenant Botticelli, Ghirlandaio, Rosselli et Signorelli. Sur le mur de droite, on peut admirer le *Voyage de Moïse* (Le Pérugin), la *Fuite en Egypte* (Botticelli), la *Traversée de la mer Rouge*, les *Tables de la Loi*, le *Châtiment de Korah, Dathan, Abiram* (Botticelli) et le *Testament de Moïse* (Signorelli). Sur le mur de gauche figurent le *Baptême de Jésus* (Le Pérugin), la *Tentation du Christ* (Botticelli), la *Réunion des premiers apôtres* (Ghirlandaio), le *Sermon sur la montagne*, le *Christ remettant les clés à saint Pierre* (Le Pérugin) et la *Cène* (Rosselli). Botticelli, Ghirlandaio et Fra Damante ont réalisé les portraits des 26 premiers papes placés dans les niches entre les hautes fenêtres.

La chapelle est dominée par le génie audacieux et brillant de Michel-Ange. Ses **fresques** de la chapelle Sixtine sont considérées comme un des chefs-d'œuvre de l'art occidental. L'artiste était encore au début de sa carrière lorsqu'il les réalisa en 1508. La voûte est divisée en plusieurs parties représentant chacune une scène de la Genèse. Michel-Ange ne peignait pas à plat sur le dos, mais debout et penché en arrière, et il ne put jamais se débarrasser de ses douleurs au cou et aux yeux. De droite à gauche, on découvre *Dieu séparant la Lumière des Ténèbres*, la *Création du soleil et de la lune*, la *Séparation de la terre et des eaux*, la *Création de l'homme*, la *Création de la femme*, le *Péché originel*, le *Sacrifice de Noé*, le *Déluge* et l'*Ivresse de Noé*. Ces scènes sont encadrées par les *ignudi*, nus masculins aux poses variées, peints sur des reliefs en trompe-l'œil. Dans les quatre angles de la voûte, on peut voir *David et Goliath*, *Judith et Holopherne*, *Moïse et le serpent d'Airain* et le *Supplice d'Aman*. Le *Jugement dernier* de Michel-Ange (commencé en 1533 et achevé en 1541) recouvre tout le mur de l'autel. A gauche de cette fresque, les anges conduisent les élus vers le paradis tandis qu'à droite, Charon fait traverser le Styx aux damnés. Le Christ-Juge domine l'ensemble. Il est entouré de la Vierge, qui se détourne des damnés, et des saints qui crient vengeance. L'autel se dresse au milieu des flammes de l'enfer.

LA PINACOTHÈQUE. La **Pinacoteca** abrite une superbe collection de peintures. Vous pouvez notamment y admirer, parmi d'autres œuvres de la Renaissance, le *Couronnement de la Vierge* de Filippo Lippi, la *Vierge à l'Enfant* du Pérugin, la *Madone de Santa Nicoletta dei Frari* de Titien et la *Transfiguration* de Raphaël.

LA GALERIE BORGHÈSE (GALLERIA BORGHESE)

Ple Scipione Borghese, 5. Métro : ligne A, station Spagna, sortie Villa Borghese. En sortant du métro, prenez à droite le Viale del Muro Torto jusqu'à la Piazza di Porta Pinciana, puis le Viale del Museo Borghese, juste en face de vous. Cette rue vous mènera directement au musée. Sinon, prenez le bus n° 910 depuis la gare Termini et descendez à l'arrêt Via Pinciana, ou suivez les panneaux indiquant la sortie pour la villa Borghèse puis montez la route à gauche pour rejoindre le Viale del Museo Borghese. Des panneaux vous guideront dans le parc. © 06 841 65 42. Ouvert tlj 9h-19h. Entrée à chaque heure pile, visite limitée à 2 heures, dernières entrées 30 mn avant la fermeture. Un nombre limité de visiteurs est admis toutes les 2 heures. Les billets se vendent très rapidement, alors pensez à réserver. Entrée 8 €, citoyens de l'Union Européenne 18-25 ans 5,25 €, citoyens de l'Union Européenne de moins de 18 ans ou de plus de 65 ans 2 €. Le billet donne accès aux galeries du rez-de-chaussée et à la pinacothèque. Réservation possible par téléphone au © 06 32 810 Lu-Ve 9h-18h, Sa 9h-13h ou sur www.ticketeria.it).

La galerie Borghèse est un superbe musée, mais vous n'avez que 2h pour le visiter : vous n'aurez donc pas le temps de traîner en chemin. La sensuelle statue de **Pauline Borghèse**, sœur de Napoléon et épouse du prince Camille Borghèse, que Canova a représentée en Vénus triomphante, est exposée à droite, dans la salle 1. Les salles suivantes regroupent les plus célèbres sculptures du Bernin : le magnifique **David** armé de sa fronde, **Apollon et Daphné**, le corps en apesanteur du **Rapt de Proserpine**, et l'expression lasse d'Enée (**Enée et Anchise**). Ne passez pas à côté des six tableaux du **Caravage**, dont *L'Autoportrait en Bacchus* et *Saint Jérôme*. La collection continue dans la pinacothèque à l'étage. Depuis les jardins à l'arrière, un escalier en colimaçon permet d'y accéder. La salle 9 renferme la **Déposition** de Raphaël, tandis que la *Pietà* de Sodoma se trouve dans la salle 12. Arrêtez-vous aussi devant les autoportraits du Bernin, *Cléopâtre et Lucrèce* de Del Conte, l'impressionnante **Lamentation sur le Christ mort** de Rubens et **L'Amour sacré et l'amour profane** de Titien.

LE MUSÉE NATIONAL ÉTRUSQUE DE LA VILLA GIULIA (MUSEO NAZIONALE ETRUSCO DI VILLA GIULIA)

Ple di Villa Giulia, 9, dans la villa Borghèse. Métro : ligne A, station Flaminio, ou prenez le bus n° 19 depuis la Piazza del Risorgimento ou le n° 52 depuis la Piazza San Silvestro. Depuis la galerie Borghèse, suivez le Viale dell'Uccelliera vers le zoo, puis prenez la Via del Giardino jusqu'au Viale delle Belle Arti. Le musée se trouve sur votre gauche, après la Galerie nationale d'art moderne. © 06 320 19 51. Ouvert Ma-Di 8h30-19h30. Entrée 4 €, gratuit pour les citoyens de l'Union Européenne de moins de 18 ans ou de plus de 65 ans et pour les citoyens canadiens de moins de 15 ans. Audioguide 4 €, livre de la visite 15 €, disponibles à la librairie qui jouxte l'entrée du musée.

Une courte marche vers le Tibre le long du Viale delle Belle Arti, dans la villa Borghèse, conduit à l'immense villa Giulia et à son musée étrusque. La villa fut construite sous le pontificat de Jules III, qui régna de 1550 à 1555. Un poète de l'époque a immortalisé le scandale qui éclata lorsque ce pape frivole nomma un dresseur de singes de 17 ans à un poste officiel.

Parmi les objets exposés, on peut citer l'élégant sarcophage des époux (salle 9), un char étrusque appelé *biga* et les squelettes fossilisés de ses deux chevaux (salle 18), et le vase Chigi, qui représente un bel exemple d'art grec du VIIe av. J.-C. (salle 15). A l'étage, des archéologues ont rassemblé les morceaux de toute la façade d'un temple étrusque, avec ses gargouilles en terre cuite, des fragments de la peinture d'origine et un bas-relief représentant le guerrier grec Tydée mordant la tête d'un ennemi blessé mais encore vivant. Le tronc de chêne creux de la salle 31 faisait jadis office de cercueil, et il contient encore les ossements du défunt. La salle 33 nous permet d'appréhender plus intimement la vie des Etrusques, avec des accessoires de beauté cylindriques, vieux de 2000 ans, au contenu surprenant : miroirs en bronze et assortiments de fausses dents…

LES MUSÉES DU CAPITOLE

Au sommet de la colline du Capitole, derrière le monument à Victor-Emmanuel II. ✆ 06 399 678 00. Ouvert Ma-Di 9h-20h. Le guichet ferme 1h avant les musées. Musées en partie accessibles aux handicapés. Entrée 7,80 €, avec la carte ISIC 5,80 €, gratuit pour les citoyens de l'Union Européenne de moins de 18 ans ou de plus de 65 ans. Livre de la visite 7,75 €, audioguide 4 €.

Les collections de sculpture antique des musées du Capitole comptent parmi les plus vastes du monde. Le **Palazzo nuovo** renferme l'original de la statue de **Marc Aurèle**, provenant du centre de la place du Capitole. Les salles réservées à la statuaire contiennent des œuvres majeures comme le *Gaulois mourant*, le *Satyre au repos* et la *Venus prudens*. La collection de sculptures continue, de l'autre côté de la place, dans le **Palazzo dei Conservatori**. Ne manquez pas les fragments du **Colosse de Constantin** et la fameuse **Louve du Capitole**, une statue étrusque qui symbolise Rome depuis l'Antiquité. A l'étage, la pinacothèque abrite des peintures italiennes des XVIe et XVIIe siècles. Parmi les chefs-d'œuvre qui n'ont pas été accaparés par les galeries du Vatican, on peut citer le *Portrait de jeune homme* de Bellini, le *Baptême du Christ* de Titien et *Romulus et Remus nourris par la louve* de Rubens. L'étrange sensualité qui émane du *Saint Jean-Baptiste* et de la *Diseuse de bonne aventure* du Caravage mérite qu'on s'y attarde.

ROME

LA GALERIE NATIONALE D'ART ANCIEN (GALLERIA NAZIONALE D'ARTE ANTICA)

***Palazzo Barberini** : V. delle Quattro Fontane, 13. Métro : ligne A, station Barberini. ✆ 06 42 003 669. Ouvert Ma-Di 9h-19h30. Entrée 6 €, citoyens de l'Union Européenne de 18 à 25 ans 3 €, citoyens de l'Union Européenne de moins de 18 ans ou de plus de 65 ans et étudiants en art et en architecture 1 €. **Galleria Corsini** : V. della Lungara, 10. En face de la villa Farnèse, dans le Trastevere. Bus n° 23 : descendez entre le Ponte Mazzini et le Ponte Sisto. ✆ 06 68 80 23 23. Ouvert Ma-Di 8h30-19h30. Entrée 4 €, étudiants de l'Union Européenne 2 €, gratuit pour les étudiants italiens en art et les citoyens de l'Union Européenne de plus de 65 ans.*

Cette collection nationale d'objets d'art datant du XIIe au XVIIIe siècle se partage entre le Palazzo Barberini et le Palazzo Corsini. Le **Palazzo Barberini** renferme des tableaux du Moyen Age jusqu'à l'époque baroque, notamment des œuvres de Lippi, de Raphaël, du Greco, de Carrache, du Caravage et de Poussin. La **Galleria Corsini** possède une jolie collection de peintures de maîtres hollandais du XVIIe et du XVIIIe siècle, parmi lesquels Van Dyck et Rubens, et d'artistes italiens comme le Caravage et Carrache.

LA VILLA FARNÈSE (VILLA FARNESINA)

V. della Lungara, 230, juste en face du Palazzo Corsini et non loin du Lungotevere della Farnesina. Bus n° 23 : descendez entre le Ponte Mazzini et le Ponte Sisto. ✆ 06 68 02 72 68. Ouvert Lu-Sa 9h-13h. Entrée 4,50 €, moins de 18 ans 3,50 €, gratuit pour les citoyens de l'Union Européenne de plus de 65 ans.

Considéré comme l'homme le plus riche de son temps, Agostino Chigi "le Magnifique" menait une vie excentrique dans la villa Farnèse. Au cours d'un banquet dans la loggia surplombant le Tibre, il fit jeter dans le fleuve, après chaque plat, les assiettes d'or et d'argent de ses invités. Cependant, le rusé avait dissimulé des filets sous l'eau afin de récupérer ses trésors de l'art antique. Lorsqu'on pénètre dans la villa, le magnifique **salon de Galatée** se trouve sur la droite. L'architecte de la villa, Baldassare Peruzzi, est l'auteur de la majeure partie des peintures, qu'il réalisa en 1511. Les symboles des signes du zodiaque recouvrent le plafond voûté et contribuent à former la carte du ciel du 29 novembre 1466 à 21h30, moment précis de la naissance d'Agostino Chigi. Le chef-d'œuvre des lieux, le **Triomphe de Galatée**, est de Raphaël. L'escalier au plafond en stuc, avec ses splendides détails en perspective, mène à la **loggia de Psyché**, également signée Raphaël. Le plafond représente l'histoire d'amour entre Cupidon et Psyché qui provoqua la jalousie de Vénus. Le **salon des Perspectives** est une pièce de fantaisie dans laquelle Peruzzi a peint des vues de Rome, encadrées de colonnes en trompe-l'œil. La chambre à coucher contiguë, la **Stanza delle Nozze** (salle des Mariages), est sans doute la pièce la plus intéressante. A l'origine, le Sodoma peignait les appartements pontificaux du Vatican lorsque Raphaël se manifesta et lui souffla la commande. Le Sodoma s'en remit très vite en réalisant cette fresque magistrale du mariage d'Alexandre le Grand avec la belle Roxane.

LA GALERIE SPADA (GALLERIA SPADA)

P. Capo di Ferro, 13, dans le Palazzo Spada. Depuis le Campo dei Fiori, prenez l'une des petites rues qui mènent à la Piazza Farnese et tournez à gauche vers le Capo di Ferro. Bus n° 64. © 06 687 48 96. Ouvert Ma-Sa 8h30-19h30 et Di. 9h-19h30. Derniers billets vendus 30 mn avant la fermeture. Entrée 5 €, étudiants de l'Union Européenne 2,50 €, gratuit pour les citoyens de l'Union Européenne de moins de 18 ans ou de plus de 60 ans. Supplément 1 € pour la réservation.

Au XVIIe siècle, le cardinal Bernardino Spada fit l'acquisition d'un magnifique ensemble de peintures et de sculptures. Pour abriter sa collection, il commanda la construction d'un palais digne de tels chefs-d'œuvre. Par bonheur, le temps a laissé ces appartements pratiquement intacts, et la visite de la galerie offre un aperçu du luxe qui entourait la vie des courtisans de la période baroque.

Dans la première des quatre salles, on peut admirer trois portraits de l'ancien maître des lieux, peints par le Guerchin, Guido Reni et Cerini. Dans la salle II sont accrochés des tableaux du Tintoret et de Titien, ainsi qu'une frise de Vaga qui, à l'origine, était destinée à la chapelle Sixtine. Dans la salle IV, les Gentileschi, père et fille, sont représentés sur trois toiles : le *David* d'Orazio, la *Sainte Cécile* (sainte patronne des musiciens) et la *Vierge à l'Enfant* d'Artemisia.

ROME

LES MUSÉES NATIONAUX ROMAINS

***Musée national du Palazzo Massimo** : Largo di Via Peretti, 1. Lorsque vous tournez le dos à la gare Termini, le musée se trouve à l'angle gauche de la Piazza del Cinquecento. © 06 481 55 76, réservation pour les groupes © 06 39 96 77 00. Ouvert Ma-Di 9h-19h45 ; le guichet ferme à 19h. Entrée 6 €, citoyens de l'Union Européenne de 18 à 24 ans 3 €, gratuit pour les citoyens de l'Union Européenne de moins de 18 ans ou de plus de 60 ans. Audioguide 2,50 €. **Musée national des thermes de Dioclétien** : P. del Cinquecento, 78. En face de la gare Termini. © 06 39 96 77 00. Ouvert Ma-Di 9h-19h. Entrée 5 €, citoyens de l'Union Européenne 18-24 ans 2,50 €, gratuit pour les citoyens de l'Union Européenne de moins de 18 ans ou de plus de 60 ans. Audioguide 4 €, visite guidée avec archéologue 3,50 €. **Aula Ottagona** : V. Romita, 8. © 06 39 96 77 00. Ouvert Ma-Sa 9h-14h, Di 9h-13h. Entrée libre. **Musée national du Palazzo Altemps** : P. Sant'Apollinare, 44. Un peu au nord de la place Navone. © 06 783 35 66. Ouvert Ma-Di 9h-19h. Entrée 5 €, citoyens de l'Union Européenne 18-24 ans 2,50 €, gratuit pour les citoyens de l'Union Européenne de moins de 18 ans ou de plus de 65 ans. Audioguide 4 €.*

Le superbe **Musée national du Palazzo Massimo** est consacré à l'histoire de l'art romain sous l'Empire, et renferme notamment le *Discobole* de Lancellotti, une des rares mosaïques de Néron qui nous soient parvenues, ainsi que des pièces et des bijoux antiques. A côté se trouve le **Musée des thermes de Dioclétien**, un magnifique complexe rénové qui occupe une partie des anciens **thermes de Dioclétien**. Vous pourrez y voir des épigraphes (inscriptions) anciens et y découvrir l'histoire latine à partir du VIe siècle av. J.-C. 19 sculptures classiques sont exposées dans une magnifique salle octogonale, l'Aula Ottagona, qui occupe une autre aile. De l'autre côté de la rue se trouve le dernier des trois musées, consacré à la Renaissance, le **Musée national du Palazzo Altemps**, qui abrite de nombreuses sculptures romaines antiques, dont le célèbre *trône Ludovisi*, sculpté au Ve siècle av. J.-C.

LES AUTRES COLLECTIONS

❤ LE MUSÉE DE LA CENTRALE THERMOÉLECTRIQUE DE MONTEMARTINI. Ne vous laissez pas influencer par l'apparence extérieure du **Museo centrale termoelettrica Montemartini**, un bâtiment, ou plutôt une usine électrique du début du XXe siècle, et osez entrer. Vous serez agréablement surpris d'y admirer de magnifiques sculptures classiques. Parmi les pièces incontournables de ce musée, *Hercule sur le mont Olympe*, une immense mosaïque très bien conservée qui recouvre le sol et représente une scène de chasse. *(V. Ostiense, 106. Métro : ligne B, station Piramide. Depuis le Piazzale Ostiense, tournez à droite de la station de métro vers la Via Ostiense. Continuez à pied ou prenez le bus n° 702 ou n° 23 pour trois arrêts. ✆ 06 574 80 30. Ouvert Ma-Di 9h30-19h. Entrée 4,13 €, citoyens de l'Union Européenne 18-24 ans 2,58 €, gratuit pour les moins de 18 ans et les plus de 65 ans.)*

LA GALERIE COLONNA. Malgré son désordre et ses heures d'ouverture succinctes, la **Galleria Colonna** renferme des œuvres magnifiques. Le palais fut construit au XVIIIe siècle pour mettre en valeur les trésors de la famille Colonna, parmi lesquels le *Narcisse à la Fontaine* du Tintoret. *(V. della Pilotta, 17. Un peu au nord de la Piazza Venezia, dans le centre historique. ✆ 06 66 78 43 30. Ouvert Sa. 9h-13h, fermé en août. Entrée 7 €, étudiants 5,50 €, gratuit pour les moins de 10 ans, les plus de 65 ans, les militaires et les handicapés.)*

ROME

LA GALERIE DORIA PAMPHILI. La famille Doria Pamphili, dont la lignée illustre comprend le pape Innocent X, est toujours propriétaire de l'étonnante collection privée exposée dans son palais. Les tableaux et les sculptures sont présentés par taille et par thème, selon une logique discutable, mais le musée renferme tout de même des chefs-d'œuvre, dont le *Repos après la fuite en Egypte* du Caravage et le *Double Portrait* de Raphaël. Ne manquez pas non plus le cadavre conservé (provenant des catacombes) dans la petite chapelle. *(P. del Collegio Romano, 2. Depuis la Piazza Venezia, remontez la Via del Corso et prenez la deuxième à gauche. ✆ 06 679 73 23. Ouvert Ve-Me 10h-17h, dernières entrées à 16h15. Fermé le jour de l'an, à Pâques, le 1er mai, le 15 août et à Noël. Entrée 7,30 €, étudiants et personnes âgées 5,70 €. Audioguide fourni. Appartements privés ouverts 10h30-12h30. Entrée 3,10 €.)*

LE MUSÉE NATIONAL D'ART ORIENTAL. Le **Museo nazionale d'Arte orientale** expose une grande collection d'objets d'art d'Extrême-Orient, depuis la préhistoire jusqu'au XIXe siècle. Il est divisé en six sections : l'évolution de l'art au Proche-Orient, l'art islamique, l'art népalais et tibétain, l'art bouddhiste d'Inde, l'art d'Asie du Sud-Est et l'histoire de la Chine. Parmi les plus belles pièces figurent les poupées incarnant la fertilité et datant de l'âge de pierre, et les peintures de Bouddha. *(V. Merulana, 248. Dans le Palazzo Brancaccio, sur le mont Esquilin. ✆ 06 487 44 15. Ouvert Lu., Me. et Ve. 9h-14h, Ma. et Je. 9h-19h, Di. 9h-13h, fermé le 1er et le 3e Lu. du mois. Entrée 4,13 €, gratuit pour les Italiens de moins de 18 ans ou de plus de 60 ans.)*

MUSEO CRIMINOLOGICO. Pour une pause insolite dans vos sorties culturelles, faites un tour au musée de la criminologie. L'endroit est toutefois déconseillé aux âmes sensibles. Des instruments de torture sont présentés au rez-de-chaussée ainsi que de vieilles gravures anglaises plutôt sordides (par exemple un forgeron en train de se faire décerveler à coup de marteau). Au premier étage, vous découvrirez les élucubrations de la phrénologie – cette science qui prétendait lier le caractère à la forme du crâne – et le sens caché des tatouages. Enfin, au dernier étage sont exposés divers objets liés au terrorisme, au trafic de drogue et à l'espionnage. *(V. del Gonfalone, 27. Près du ponte Mazzini. ✆ 06 68300 234. Ouvert Ma-Me 9h-13h et 14h30-18h30, Je 14h30-18h30, Ve-Sa 9h-13h. Fermeture possible en août. Entrée 2 €.)*

SORTIES

MUSIQUE

Si vous aimez la vraie musique, Rome est la ville qu'il vous faut. *Telecom Italia* sponsorise des concerts de musique classique au Teatro dell'Opera. A 9h le jour du concert, vous pouvez vous procurer gratuitement les invendus au guichet de l'opéra. Mais vous devrez arriver très tôt, car le premier arrivé est le premier servi. Les églises locales accueillent souvent des chorales, aux concerts desquelles vous pouvez assister gratuitement. Pour plus de détails, lisez le magazine des offices de tourisme ou consultez les tableaux d'affichage des églises. Enfin, et peut-être surtout, les *carabinieri* proposent fréquemment des concerts gratuits de divers compositeurs italiens sur la Piazza di Sant'Ignazio ou dans des forums.

❤ **Alexanderplatz Jazz Club**, V. Ostia, 9 (✆ 06 39 74 21 71). Métro : ligne A, station Ottaviano. Près du Vatican. Depuis la station de métro, suivez le Viale Giulio Cesare vers l'ouest, prenez la deuxième à droite, la Via Leone IV, puis la première à gauche, la Via Ostia. Des bus de nuit pour la Piazza Venezia et la gare Termini partent du Piazzale Clodio. Cet établissement est réputé l'un des meilleurs clubs de jazz d'Europe. Lisez les messages inscrits sur les murs par les grands musiciens qui sont venus jouer ici, des vieux pros comme Art Farmer et Cedar Walton aux jeunes vedettes comme Steve Coleman et Joshua Redman. Cocktails 6,20 €. Les clients doivent acheter une *tessera* (carte d'abonnement, 6,20 €), valable deux mois. Ouvert Sep-Juin, tlj 21h-2h. Les concerts commencent à 22h30. En été, le club prend ses quartiers dans la Villa Celimonta.

Accademia Nazionale di Santa Cecilia (✆ 06 361 10 64 ou 800 90 70 80, www.santacecilia.it). Ce conservatoire, qui porte le nom de la sainte martyre patronne de la musique, fut créé par le compositeur Giovanni Pierluigi Palestrina au XVIe siècle et accueille l'orchestre symphonique de Rome. Les concerts se déroulent dans le **Parco della Musica**, Viale Pietro di Coubertin, 30, près de la P. del Popolo. La saison s'étend d'octobre à juin pour les concerts classiques et les créations comme Jimi Hendrix interprété par un quartet à cordes. De fin juin à fin juillet, les concerts sont joués en plein air dans le *Nymphaeum* de la villa Giulia.

Teatro Ghione, V. d. Fornaci, 37 (✆ 06 637 22 94, www.ghione.it), près du Vatican. Ce théâtre tendu de velours rouge accueille des concerts de musique classique ainsi que des grands noms de la scène européenne. Saison Oct-Avr. Billetterie ouverte tlj 10h-13h et 16h-20h. Tickets 9-21 €. Cartes Visa, MC.

Cornetto Free Music Festival Roma Live, à plusieurs endroits dans la ville, notamment dans le stade Olympique. Par le passé, le festival a accueilli des pointures telles que Pink Floyd, The Cure, the Backstreets Boys, Ziggy Marley, Lou Reed ou Joan Baez. Pour gagner des billets, allez sur www.cornettoalgida.it.

Fiesta, Ippodrome delle Capannelle, V. Appia Nuova, 1245 (✆ 06 71 299 855, www.fiesta.it). Métro : ligne A, station Colli Albani, ou bus n° 664. Un festival de musique latino-américaine. Plus de 30 000 fans de salsa s'y retrouvent dans une liesse étonnante. Les concerts démarrent à 20h30. Billets 8 €. Réservation ✆ 199 109 910.

ROME

THÉÂTRE

Les 80 théâtres de Rome, s'ils ne rivalisent pas vraiment avec ceux des autres grandes villes européennes, produisent tout de même un certain nombre de spectacles de qualité, qu'il s'agisse de comédies musicales classiques ou de pièces de théâtre expérimental. Ils méritent une visite, ne serait-ce que pour leur splendide architecture. Pour obtenir des informations sur les pièces, renseignez-vous auprès de l'office de tourisme ou lisez *Roma C'è*. Sites Web utiles : www.musical.it et www.comune.rome.it.

Teatro Argentina, Largo di Torre Argentina, 52 (✆ 06 68 80 46 01 ou 06 687 54 45). Depuis la gare Termini, prenez le bus n° 64. Considéré comme le théâtre le plus important de Rome, le Teatro Argentina accueille des pièces de théâtre (en italien), des concerts et des ballets. Il organise aussi de nombreux festivals de théâtre et de musique tout au long de l'année. Bureau de location ouvert Lu-Ve 10h-14h et 15h-19h, Sa. 10h-14h. Billet environ 10-26 €, étudiants 10-21 €. Cartes Visa, MC, AmEx.

Teatro Colosso, V. Capo d'Africa, 5 (✆ 06 700 49 32). Descendez la V. dei Fori Imperiali, dépassez le Colisée, puis tournez à droite sur la P. Colosseo. La V. Capo d'Africa est à deux rues sur la droite. Un répertoire de pièces alternatives, en italien. Billetterie ouverte Ma-Sa 18h-21h30. Fermé l'été. Billets 10-20 €, étudiants 7,75 €.

CINÉMA

Malheureusement, la plupart des cinémas romains ne passent que des films doublés dans la langue de Dante. Si vous souhaitez malgré tout voir des films en version originale sous-titrée, cherchez dans un programme le sigle “V. O.”, pour *versione originale*, ou encore “L. O.”, pour *lingua originale*. L'été, des écrans géants sont installés sur certaines places de la ville, à l'occasion de **festivals de cinéma en plein air**. Les projections nocturnes peuvent être très agréables, mais n'oubliez pas votre crème anti-insectes. Le festival de cinéma **San Lorenzo sotto le Stelle**, l'un des plus populaires, a lieu à la Villa Mercede, V. Tiburtina, 113, avec des séances à 21h et à 23h (billets 5,16-7,75 €). Par ailleurs, des films sont projetés à la pointe sud de l'île Tibérine, généralement en plein air. Le journal *Roma C'è* fournit le programme des films.

❤ **Il Pasquino**, P. di Sant'Egidio, 10 (✆ 06 580 36 22), non loin de la Piazza Santa Maria in Trastevere. C'est le plus grand cinéma de Rome projetant des films en anglais. Le programme change tous les jours : téléphonez pour obtenir les horaires ou passez les prendre. Billet 6,20 €, tarif réduit 4,13 €. Les salles 2 et 3 forment un ciné-club : la carte de membre (1,03 €), valable deux mois, vous permettra de payer 5,16 € à chaque séance pendant deux mois. En été, vous pourrez assister au Festival du cinéma international de Rome.

Nuovo Sacher, Largo Ascianghi, 1 (✆ 06 581 81 16). Ce cinéma, qui appartient au célèbre réalisateur italien Nanni Moretti, projette des films indépendants. Films en V. O. Lu et Ma. Billets 7 €, matinée et Me. 4,50 €.

Warner Village Moderno, P. della Repubblica 43/45 (✆ 06 47 779 191, www.warnervillage.it). Un complexe multisalles qui passe les grosses productions américaines. Billet 7,30 €, matinée et moins de 12 ans 5,50 €.

ROME

ÉVÉNEMENTS SPORTIFS

Au mois de mai fleurissent les tournois de tennis et les concours hippiques, mais le seul sport qui compte ici est le *calcio*, autrement dit le football. Rome a deux équipes en série A (l'équivalent italien de la première division française) : l'**A. S. Roma**, championne d'Italie 2001, et la **Lazio Rome**. Les matchs de championnat ont lieu presque tous les dimanches (parfois le samedi) de septembre à juin au **Stadio Olimpico**, dans le Foro Italico. Les matchs de coupe d'Europe, quant à eux, se déroulent en milieu de semaine. Les deux rencontres que vous ne devez manquer pour rien au monde sont celles qui opposent la Roma à la Lazio, car elles s'avèrent souvent décisives dans la course au titre. Les billets, qui coûtent généralement à partir de 15,50 €, sont en vente aux guichets du stade avant les matchs (venez très tôt, car les files d'attente sont longues et les places partent très vite) ainsi qu'à la boutique officielle des clubs. La **boutique de l'A. S. Roma** se trouve P. Colonna, 360 (✆ 06 678 65 14, www.asroma.it), près de la Via del Corso, tandis que celle de la **Lazio Rome** est située V. Farini, 24 (✆ 06 48 26 688, www.laziopoint.superstore.it).

SHOPPING

Si vous voulez ressembler à une *bella figura*, ces romaines tellement élégantes, vous vous devez de porter des lunettes de soleil, un tailleur Armani, des chaussures à talons Ferragamo et un sac à main Dolce & Gabbana dans lequel vous aurez rangé votre portable dernier cri. Pour les hommes, contentez-vous d'un costume bien taillé. Pour limiter vos dépenses, essayez de viser les soldes qui se déroulent deux fois par an, mi-janvier et mi-juillet.

BOUTIQUES

De nombreuses boutiques de mode sont installées près des marches de la Piazza di Spagna et sur la V. d. Condotti.

Dolce & Gabbana, V. d. Condotti, 52 (✆ 06 69 924 999). Ouvert Lu-Sa 10h-19h30.

Prada, V. d. Condotti, 88-95 (✆ 06 679 0897). Ouvert Lu 15h-19h, Ma-Sa 10h-19h, Di 13h30-19h30.

Salvatore Ferragamo, hommes : V. d. Condotti, 64-66 (✆ 06 678 11 30). Femmes : V. d. Condotti, 72-74 (✆ 06 679 15 665). Ouvert Lu 15h-19h, Ma-Sa 10h-19h.

Bruno Magli, V. d. Gambero, 1 (✆ 06 679 38 02). Ouvert Lu-Sa 10h-19h30.

Emporio Armani, V. d. Babuino, 140 (✆ 06 36 002 197). Vend les vêtements Armani les plus abordables. Mêmes heures d'ouverture que Giorgio Armani (voir ci-dessous.)

Fendi, V. Borgognona, 36-40 (✆ 06 679 48 24). Ouvert tlj 11h-14h et 15h-19h.

Gianni Versace, hommes : V. Borgnognona, 24-25 (✆ 06 679 50 37). Femmes : V. Bocca di Leone, 25-27 (✆ 06 678 05 21). Ouvert Lu-Sa 10h-19h.

Giorgio Armani, V. d. Condotti, 75 (✆ 06 699 14 60). Ouvert Lu-Sa 10h-19h.

Gucci, V. d. Condotti, 8 (✆ 06 678 93 40). Ouvert Lu 15h-19h, Ma-Sa 10h-19h, Di 14h-19h.

CHIC ET BON MARCHÉ

Les grands magasins de créateurs permettent d'acquérir des vêtements et des chaussures à prix discounts. Essayez par exemple **David Cenci**, V. Campo Marzio, 1-7 (✆ 06 669 06 81 ; ouvert Lu 16h-20h, Ma-Ve 9h30-13h30 et 16h-20h, Sa 10h-20h), **Antonelo & Fabrizio**, C. V. Emanuele, 242-243 (✆ 06 68 802 749 ; ouvert tlj 9h30-13h30 et 16h-20h) et **Discount dell'Alta Moda**, V. Agostino Depretis, 87 (✆ 06 47 825 672 ; ouvert Lu 14h30-19h30, Ma-Sa 9h30-19h30).

❤ **Diesel**, V. del Corso, 186 (✆ 06 678 39 33). Egalement V. d. Babuino, 95. Fabriqués en Italie, les jeans Diesel restent les plus *fashion* en Europe. Les prix ici sont vraiment intéressants. Ouvert Lu-Sa 10h30-20h, Di 15h30-20h.

Mariotti Boutique, V. d. Frezza (✆ 06 322 7126). Cette boutique chic vend des vêtements de créateur. Les matières sont splendides et les prix élevés. Essayez d'attendre les soldes. Ouvert Lu-Ve 10h-19h30, Sa 10h-14h.

Ethic, V. del Corso, 85 (✆ 06 36 002 191), V. d. Pantheon, 46 (✆ 06 68 301 063) et V. d. Carozze, 20. Un bon compromis entre l'avant-garde et le bon goût. Branché mais juste ce qu'il faut. Les prix sont raisonnables. Ouvert tlj 10h-19h30.

CHAUSSURES

❤ **Trancanelli**, P. Cola di Rienzo, 84 (✆ 06 323 45 03), V. d. Croce 68-9 (✆ 06 679 15 03). Une boutique de rêve pour vous chausser avec élégance sans vider votre Livret A. Ouvert Lu 15h-19h45, Ma-Sa 9h30-19h45.

❤ **Bata**, V. Nazionale, 88a (✆ 06 679 15 70), V. Due Macelli, 45 (✆ 06 482 45 29). La marque possède 250 enseignes en Italie et 6000 dans le monde, toutes remplies du sol au plafond de chaussures au design parfait, car italien. Ouvert Lu-Sa 9h30-20h, Di 16h-20h.

DIVERS

❤ **Alcozer**, V. d. Carozze, 48 (✆ 06 679 13 88), près de la P. d. Spagna. Un trésor de bijoutier qui pratique des prix sensés. Boucles d'oreille 22 €. Crucifix ornés qui auraient beaucoup plu à Lucrèce Borgia 65 €. Ouvert Lu 14h-19h30, Ma-Sa 10h-19h30.

❤ **Materozzoli**, P. S. Lorenzo in Lucina, 5, près de la V. del Corso. (✆ 06 68 892 686). Cette *profumeria* propose des savons exclusifs et développe sa propre ligne de parfums. Ouvert Lu 15h30-19h30, Ma-Sa 10h-13h30 et 15h30-19h30. Fermé du 10 au 28 août.

❤ **Porta Portese**, dans le Trastevere. Tram n° 8 du Largo di Torre Argentina. Un gigantesque marché aux puces, à vivre au moins une fois dans sa vie. On y trouve des vêtements, des chaussures, des bijoux, des sacs et des millions d'autres objets totalement inutiles. Prenez garde à vos affaires car de nombreux pickpockets sévissent. Ouvert Di 5h-13h.

Campo Marzio Penne, V. Campo Marzio, 41 (✆ 06 68 807 877). Une maroquinerie-papeterie haut de gamme qui vend des stylos à plume, des articles en cuir et des albums de photos colorés. Ouvert tlj 10h-13h et 14h-19h.

Disfunziani Musicali, V. degli Etruschi, 4 (✆ 06 446 19 84), à San Lorenzo. Grande variété de CDs. Ouvert Lu 15h-20h, Ma-Sa 10h30-20h. Cartes Visa, MC.

VIE NOCTURNE

Les Romains ont conservé, depuis l'Empire, un goût pour "le pain et les jeux" (*panem et circenses*). Chaque soir, les concerts en plein air, les chanteurs, les acrobates et les cracheurs de feu envahissent les places et les terrasses des cafés dans des scènes dignes de Fellini. Tant de festivités requièrent cependant un peu d'organisation. Outre les adresses que nous recommandons, consultez les hebdomadaires *Roma C'è* ou *Time Out*, en vente dans les kiosques, pour obtenir la liste complète des discothèques, des cinémas et des manifestations.

Rome possède moins d'établissements gay que la plupart des villes de sa taille. De nombreux clubs gay demandent la **carte de membre ARCI-GAY** (10 € l'année), en vente au **Circolo di Cultura Omosessuale Mario Mieli** (✆ 06 541 39 85). *Time Out* couvre l'essentiel des manifestations gay.

BARS

❤ **Jonathan's Angels**, V. della Fossa, 14-16 (✆ 06 689 34 26), à l'ouest de la place Navone. Prenez le Vicolo Savelli Parione Pace, qui part de la Via del Governo Vecchio. Jonathan, le patron, porte des tatouages dont les dessins se retrouvent sur la décoration des murs... Décor kitsch (visitez en particulier les ❤ toilettes) et concerts. Jonathan en personne tient le bar de droite, tandis que son fils, Jonathan junior, passe de la techno underground au bar de gauche. Demi pression 5 €, délicieux cocktails et *long drinks* 8 €. Par bonheur, l'établissement est dépourvu de piliers de bar. Ouvert Lu-Ve 17h-2h, Sa-Di 15h-2h.

❤ **Shanti**, V. dei Conciatori, 11 (✆ 06 330 465 662). De la sation de métro Piramide, descendez la V. Ostiense puis prenez la deuxième rue sur la droite. Un temple de la culture nord-africaine, sur deux étages qui sentent bon l'encens. Les cocktails sont incroyablement bons (6-7 €). Narguilés (2,60 € par personne). Danse du ventre Sep-Mar Me-Ve 23h-1h. Ouvert tlj 21h-1h. Fermé les dimanches de juillet et pendant tout le mois d'août.

Nuvolari, V. degli Ombrellari, 10 (✆ 06 68 803 018), près de la V. Vittorio. Un bar à cocktails qui possède également une bonne cave à vins. Il est possible de commander une assiette de fromages et de viande (7,50 €). Dessert 3,50 €. Ouvert Lu-Sa 20h-2h.

Artu Café, Largo Fumasoni Biondi, 5 (✆ 06 588 03 98), sur la P. San Egidio. Un bar aux boiseries sombres qui baigne dans une lumière colorée. On y croise ceux qui viennent prendre un verre avant d'aller dîner ou ceux qui rentrent d'une soirée dans le Trastevere. Bière 4,50 €, cocktails à partir de 6,20 €. Amuse-gueules offerts 18h45-21h. Ouvert Ma-Di 18h-2h. Cartes Visa, MC.

Il Simposio, V. dei Latini, 11 (✆ 0328 90 77 85 51). Ah ! humez cette bonne odeur de térébenthine ! Les murs de l'établissement sont couverts d'œuvres d'artistes s'inspirant de Jackson Pollock. Vous aurez sûrement la chance de pouvoir admirer l'un d'entre eux en train d'éclabousser de peinture un vieux réfrigérateur. Avec des cocktails à partir de 3,50 € et le verre de *fragolino* à 2,75 €, même les artistes les plus pauvres peuvent se permettre d'entrer. Ouvert Sept-Mi-Juil tlj 21h-2h.

Pub Hallo'Ween, Ple Tiburtino, 31 (✆ 06 444 07 05), à l'angle de la Via Tiburtina et de la Via Marsala. Les crânes en plastique et les fausses toiles d'araignée confirment ce que vous pressentiez déjà : en entrant ici, vous avez mis un pied en enfer. Bières pression 3,70-4,20 €, cocktails 5 €. Essayez les délicieux sandwichs spéciaux tels que le Freddy (au salami et à la mozzarella) ou le Candyman (au Nutella). Ouvert tlj 20h30-2h30, fermé en août.

Rock Castle Café, V. B. Cenci, 8 (✆ 06 68 807 999), dans le ghetto juif. Très fréquenté par les étudiants étrangers en résidence à Rome. Bière à volonté le Me 21h-22h 5 €. Soirées *revivals* années 70 et 80 le lundi. Ouvert tlj 21h-3h.

The Proud Lion Pub, Borgo Pio, 36 (✆ 06 683 28 41). Oubliez un instant que vous êtes à Rome et embarquez pour les Highlands d'Ecosse. Ce pub est membre du club de fléchettes d'Italie. Renseignez-vous pour connaître les dates de tournoi. Bière et cocktails 4 €. Malt single 4,50 -5 €. Ouvert Lu-Sa 20h30-tard dans la nuit.

The Drunken Ship, Campo dei Fiori, 20-21 (✆ 06 68 30 05 35, www.drunkenship.com). N'y allez pas si vous ne voulez pas rencontrer de touristes Américains. Ambiance jeune et animée. Bières 4,13 €. *Happy hours* tlj 17h-20h. Soirée "femmes" le Di., tequila à moitié prix le Ma., et *power hour*, c'est-à-dire bière à volonté (6 €), le Me. de 21h à 22h. Ouvert tlj 11h-2h. Cartes Visa, MC, AmEx.

DISCOTHÈQUES

Les discothèques de Rome sont relativement chères et se démodent aussi rapidement que les vêtements. Certaines valent cependant le détour. L'été, quelques grandes discothèques se déplacent vers les plages de **Fregene**, d'**Ostie** ou de **San Felice Circeo**. Pour en savoir plus, consultez *Roma C'è* ou *Time Out*.

Chic and Kitsch, V. S. Saba, 11a (✆ 06 578 20 22). Élégant et excentrique, comme son nom l'indique. Musique House et ses variantes sous la houlette du DJ résident Giuliano Marchili. Entrée 13 € pour les hommes, 10 € pour les femmes (une boisson incluse). Ouvert Me-Di 23h30-4h. Fermé en août.

Classico Village, V. Libetta, 3 (✆ 06 37 518 551). Métro : ligne B, station Garbatella. Sortez sur la V. Argonauti puis tournez à gauche sur la V. Libetta. Plus qu'une boîte, un temple de la contre-culture qui réunit en un lieu concerts, projections de films, expositions, lectures de poésie, dégustations de cuisine africaine, etc. Ouvert tlj. Les horaires et le prix d'admission varient (8-10 €).

Groove, V. Savelli, 1 (✆ 06 687 24 27). De la P. Pasquino, descendez la V. d. Governo Vecchio et prenez la deuxième rue à gauche. Chechez la porte noire. Programmation acid jazz, funk, soul et disco. Ve et Sa une consommation obligatoire (5,16 €). Ouvert Me-Di 22h-2h. Fermé la majeure partie d'août.

Alien, V. Velletri, 13-19 (✆ 06 841 22 12, www.aliendisco.it). L'une des plus grandes boîtes de Rome, qui draine une clientèle plutôt bien habillée. House la plupart du temps, avec quelques soirées à thème. Entrée 15 €, avec une boisson incluse. Ouvert Ma-Di 23h-5h30. L'été, la boîte prend ses quartiers à Fregene.

Charro Cafe, V. di Monte Testaccio, 73 (✆ 06 578 30 64). Vous deviez vous rendre à Mexico mais vous êtes resté bloqué à Rome ? Ne pleurez plus, *mis amigos*, et foncez au Charro, le paradis des tequilas frappées (2,60 €). Les Italiens s'y enivrent d'un grand choix de bières (5 €) et de forts cocktails mexicains (6 €), puis dansent sur de la pop et de la house. Entrée 5 €, une boisson comprise. Le restaurant est ouvert Lu-Sa 20h30-24h, la boîte 24h-3h. Fermé en août.

Aquarela, V. di Monte Testaccio, 64 (✆ 06 575 90 58), à côté du Radio Londra Caffè (voir plus loin). Si vous voulez voir des tessons d'amphore, vous êtes au bon endroit. Un bel exemple de rénovation urbaine, version romaine. Construite sur des entrepôts puis utilisée pendant des années comme marché aux légumes, cette boîte de nuit est composée en partie de deux tunnels souterrains, qui restent frais même lorsque l'ambiance devient chaude ! Entrée 10 €, avec une consommation. Ouvert Ma-Di 20h30-4h.

Piper, V. Tagliamento, 9 (✆ 06 841 44 59, www.piperclub.it). Au nord de Termini. De la P. XX Settembre, prenez la V. Piave (V. Salaria). Tournez à droite sur la V. Po (V. Tagliamento). Ou prenez le bus n° 319 de Termini jusqu'à Tagliamento. Une boîte populaire qui accueille de temps à autre des nuits gays. La musique alterne : 70s, rock, disco, house et alternatif. Entrée 10-18 €, une boisson comprise. Ouvert Ve-Sa 23h-4h30, en été Sa-Di 23h-4h30.

Ketumbar, V. Galvani, 24 (✆ 06 57 305 338), dans le Testaccio. Vous avez envie de payer 10 € votre cocktail et 5 € un coca servi dans une bouteille en verre comme jadis. C'est ici qu'il faut venir. Un petit SoHo new yorkais au cœur de Rome. Cher et tendance. L'endroit fait aussi restaurant japonais (sushi 18-36 €). Ouvert Lu-Sa 20h-3h. Fermé en août. Cartes Visa, MC, AmEx.

Jungle, V. di Monte Testaccio, 95 (✆ 06 574 66 25). Petit bar-discothèque enfumé où des Goths tout de cuir vêtus se déchaînent sur du Cure et de la pop italienne le samedi. Jeux de lumière assez délirants. Entrée 5-8 €, entrée gratuite avant 23h. Bière 5 €, cocktails 7,75 €. Ouvert Ve-Sa 23h-5h.

LE LATIUM

Berceau de la civilisation romaine, la région du Lazio s'appelait à l'origine *Latium*, qui signifie "terre sauvage" en latin. Le Lazio s'étend des côtes de la mer Tyrrhénienne jusqu'aux Abruzzes, au pied des Apennins. Elle vit le développement de la civilisation des Etrusques qui, au IXe siècle av. J.-C., établirent des colonies à Tarquinia, Cerveteri et Veio. A la même époque, les Latins, qui peuplaient les collines autour du lac Albano, étendirent leur domination au sud du Latium. Alors que Rome n'était encore qu'un ensemble de huttes au sommet du mont Palatin, les villes étrusques et latines s'étaient dotées d'un système religieux et politique élaboré. Au cours des siècles, Rome s'imposa militairement sur les cités du Latium avant de devenir le centre de l'univers. Les villes du Latium déclinèrent et devinrent de paisibles lieux de villégiature pour les Romains, tradition qui se poursuit encore aujourd'hui.

TIVOLI ✆0774

Perchée à 120 m au-dessus de l'Aniene, à moins de 1h30 de la gare Termini, Tivoli se caractérise par l'omniprésence de l'eau. Cette ville fut un lieu de villégiature fort apprécié par d'illustres Romains, comme les poètes Horace, Catulle et Properce qui possédaient des villas sur ses hauteurs. Aujourd'hui, les limites de la ville dépassent celles de la cité antique. Promenez-vous dans ses jardins et ses rues en pente, d'où vous pourrez jouir d'une magnifique vue sur Rome. Mais surtout, ne manquez pas les trois merveilleuses villas de Tivoli.

TRANSPORTS ET INFORMATIONS PRATIQUES. Pour vous rendre à Tivoli, prenez la **ligne B du métro** de la gare Termini jusqu'à Rebibbia (15 mn). Sortez de la gare, suivez les panneaux indiquant Tivoli et empruntez le passage souterrain pour atteindre l'autre côté de la Via Tiburtina. Montez ensuite dans un **bus bleu COTRAL** en direction de Tivoli. Vous pouvez acheter votre ticket (1,60 €) dans le bar d'à côté ou dans la station de métro. Laissez le bus monter à Tivoli (25 mn), puis descendez à l'arrêt Piazza delle Nazioni Unite après être passé devant la Piazza Garibaldi (pour retourner à Rome, vous devrez prendre le bus sur la Piazza Garibaldi). La rue qui part de la Piazza Garibaldi conduit à l'**office de tourisme**, signalé par un grand "I" dans un panneau rond. Vous pourrez y obtenir des informations sur les villas, des cartes indiquant les principaux restaurants et hôtels, ainsi que les horaires des bus. (✆ 0774 31 12 49. Ouvert Lu et Me 9h-13h, Ma et Je-Sa 9h-15 et 16h-19h.) Pour vous rendre à la **Villa d'Este**, frayez-vous un chemin au milieu des étals de souvenirs de la Piazza Trento, puis tournez à gauche. La **Villa Gregoriana** se trouve, quant à elle, au bout de la Via di Sibilla, qui traverse la ville. Pour accéder à la **Villa Adriana** (villa d'Hadrien), à 5 km de Tivoli, prenez le bus orange n° 4x devant le kiosque à journaux de la Piazza Garibaldi. Achetez votre ticket (1 €) au kiosque.

VISITES. La ❤ **Villa d'Este**, ornée de somptueux jardins, a été construite en 1550 pour Hippolyte II, cardinal d'Este (le fils de Lucrèce Borgia), par son architecte Pirro Ligorio. Les jardins en terrasses, aux fontaines extraordinaires, sont conçus dans l'esprit de ceux de la Rome antique. *(✆ 0774 33 29 49. Ouvert Mai-Août Ma-Di 8h30-19h45 ; Sep-Avr 9h-1h avant le coucher du soleil. Entrée 6,50 €, gratuit pour les citoyens de l'Union Européenne de moins de 18 ans ou de plus de 65 ans.)* La **Villa Gregoriana** est

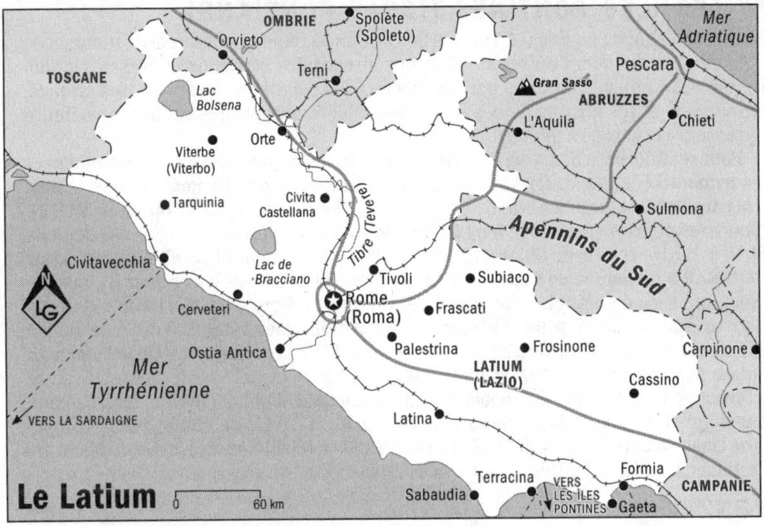

un parc dont les sentiers vous mèneront parmi des temples vers des grottes éparses, sculptées par des eaux tumultueuses. Le clou du spectacle est la **Grande Cascade**, une cataracte de 160 m qui tombe du haut du tunnel aménagé par le pape Grégoire XVI. *(La villa est actuellement fermée pour restauration. Pour en savoir plus, téléphonez à l'office de tourisme de Tivoli.)* Visitez ensuite les immenses vestiges de la **villa d'Hadrien**, la plus grande et la plus luxueuse des villas jamais construites sous l'Empire romain. Au IIe siècle, l'empereur Hadrien, féru d'art et d'architecture, s'inspira des monuments qu'il avait vus au cours de ses voyages pour dessiner les plans de cette villa. Admirez le Pœcile, qui évoque le célèbre Stoa Poikile (porche peint) d'Athènes, ainsi que le Canopus, un bassin bordé de statues classiques qui représente un canal situé près d'Alexandrie. *(✆ 0774 38 27 33. Ouvert tlj 9h-1h30 avant le coucher du soleil. Entrée 6,50 €, étudiants de l'Union Européenne 3,25 €.)*

LE LAC DE BRACCIANO

La plage et les eaux fraîches du lac de Bracciano sont les plus proches de Rome, à environ une heure de bus. Malgré son sable volcanique assez inconfortable, cet immense plan d'eau est l'endroit rêvé où passer une journée de farniente. L'air vivifiant, l'eau fraîche et le paysage luxuriant et vallonné vous feront vite oublier les petits désagréments. L'impressionnant **château Orsini-Odescalchi**, construit au XVe siècle, surplombe la ville. Il abrite quelques fresques magnifiques, ainsi que des sangliers empaillés. *(✆ 06 99 80 43 48, www.odescalchi.it. Ouvert Avr-Sep, Ma-Di. Visites guidées en anglais à 10h30, 11h30, 15h30 et 17h30. Entrée 5,68 €, enfants de moins de 12 ans et militaires 4,65 €.)* Pour obtenir la liste des concerts classiques qui ont souvent lieu ici en été, consultez *Roma C'è*. Dans de nombreuses trattorias de Bracciano, vous pourrez déguster des poissons du lac ou des anguilles (la spécialité locale), malgré les siestes qui se prolongent un peu trop et les heures d'ouverture aléatoires. Sur la plage, n'hésitez pas à prendre un des ferrys qui traversent le lac pour aller admirer les magnifiques paysages d'**Anguillara** ou de **Trevignano**.

Pour vous rendre au lac de Bracciano depuis Rome, prenez la **ligne A du métro** jusqu'à la station Lepanto, puis montez dans un **bus COTRAL** pour le lac de Bracciano (2 €). Vous pouvez également accéder à Anguillara et au lac de Bracciano par le **train**. Pour cela, prenez la ligne Rome-Viterbe (1 dép/h, départ de la station San Pietro, à Rome, de 5h35 à 21h45, dernier retour pour Rome à 22h14, 2,50 €).

❤ LES ÎLES PONTINES (ISOLE PONZIANE)

Situées à 40 km de la côte d'Anzio, les îles Pontines, étonnant archipel de montagnes volcaniques, servaient autrefois de refuge aux pirates sarrasins et corses les plus notoires. Les plages abritées par les falaises, les eaux bleu turquoise, les criques, les tunnels et les grottes de ces îles fournissaient aux pirates un lieu de détente après leurs nombreux pillages.

Pour rejoindre les îles, vous avez le choix entre les rapides *aliscafi* (hydrofoils) et les *traghetti* (de grands ferrys), plus lents mais moins chers. De **Rome**, prenez le **train** à la gare Termini jusqu'à Anzio (départ toutes les heures de 6h à 23h, durée 1h, 2,90 €), d'où vous pourrez prendre le **ferry CAREMAR** pour Ponza (13 Juin-15 Sep 3-5 dép/j de 8h10 à 17h15, retour de 9h50 à 19h. Lu-Ve 20 €, Sa-Di et août 23 €). La compagnie **CAREMAR** a un **bureau de vente** à Anzio (✆ 06 98 60 00 83, www.caremar.it), installé dans une cabane blanche sur le quai, et un autre à Ponza (✆ 0771 805 65). Vous pouvez également emprunter les rapides hydrofoils **Linee Vetor** (3-5 dép/j de 8h15 à 17h15, retour de 9h50 à 18h, 20 €, Sa-Di et août 23 €). La compagnie **Linee Vetor** a un **bureau de vente** à Anzio (✆ 06 984 50 83, www.vetor.it), installé sur le quai, et un autre à Ponza (✆ 0771 805 49). De **Formia**, la compagnie **CAREMAR** fait circuler deux bateaux par jour (dép. 9h et 17h30, retour 5h30 et 14h30, 10,70 €), de même que la compagnie **Linee Vetor** (dép. Lu 13h20, Ma et Je-Di 8h30 et 13h20, retour Lu 18h30, Ma et Je-Di 10h et 18h30, Ve-Di 10h, 15h et 18h30, 20 €).

PONZA ✆ 0771

Ponza est le paradis des plages. La **Cala dello Schiavone** et la **Cala Cecata**, par exemple, sont de superbes criques qui se trouvent sur la ligne de bus. Pour bronzer, rendez-vous sur la plage **Chiaia di Luna** ou au bord des ❤ **Piscine naturali** ("piscines naturelles"). A 10 mn de marche du port se trouve la *chiaia*, située au pied d'une spectaculaire falaise haute de 200 m. Un joli trajet à travers le paysage vallonné de Ponza vous conduira aux superbes piscines naturelles (prenez le bus pour Foma et demandez au chauffeur de vous déposer aux piscines, puis traversez la rue et descendez le long chemin escarpé). N'hésitez pas à plonger dans l'eau cristalline des profondes piscines naturelles créées par l'érosion des falaises, ni à prendre un bain de soleil sur les affleurements rocheux qui séparent les plans d'eau. Le bruit court qu'il existe de superbes falaises d'où l'on peut plonger. Cela dit, Let's Go ne vous conseille pas de vous jeter d'une falaise de 15 m de haut, d'autant que des oursins couvrent les rochers.

Pour parcourir Ponza, vous pouvez prendre le **bus Autolinee Isola di Ponza**, qui part de la Via Dante (1 dép/15-20 mn jusqu'à 1h, achetez votre ticket au chauffeur, 1 €). Suivez le Corso Pisacane jusqu'à ce qu'il devienne la Via Dante (après le tunnel) : l'arrêt de bus apparaîtra alors sur votre gauche. Les bus s'arrêtent à la demande, alors pensez à leur faire signe. Des **navettes maritimes** partant du port desservent les plages et les ports autour de l'île (à partir de 3 € a/r, arrangez-vous avec le chauffeur pour l'heure du retour). L'**office de tourisme Pro Loco**, V. Molo Musco, à l'extrémité droite du port, près du phare, est installé dans un bâtiment rouge. (✆ 0771 0 031 prolocoponza@libero.it. Ouvert en été Lu-Sa 9h-13h et 16h-20h30, Di. 9h-13h.)

Vous devrez débourser environ 100 € pour une chambre d'hôtel à Ponza. Il est judicieux de s'adresser plutôt à l'une des nombreuses *immobiliare vacanze* (agences spécialisées dans les appartements de vacances) de la ville. L'office de tourisme dispose d'une liste de plus de dix agences qui peuvent vous aider à trouver une chambre ou un appartement. L'**Hôtel Mari**, C. Pisacane, 19, a soigné sa décoration et propose des chambres confortables avec salle de bains, clim. et TV. (✆ 0771 80 101, www.hotelmari.com. Petit déjeuner inclus. Internet 3 €pour 30 mn. Sept-Juin chambre simple 42 €, double 62 €, avec vue sur la mer 82 €. Juil-Aoû simple 64 €, double 94/124 €. Cartes Visa, MC, AmEx. La **Pensione Arcobalono**, sur une colline à 10 mn du port, est tenue par une famille. Allez-y ne serait-ce que pour la vue. (V. Scotti di Basso, 6. ✆ 0771 80 315. Chambres en haute saison 40 €, avec petit déjeuner et dîner 60 €. Basse saison rabais de 10 €. Cartes Visa, MC.) Les restaurants sont assez chers, l'assiette de pâtes est à environ 10 €, mais le **Ristorante Da Antonio**, qui se trouve au bord de l'eau, V. Dante (✆ 0771 80 98 32), propose des fruits de mer et une vue qui méritent le déplacement.

PALMAROLA

Palmarola est un îlot inhabité au large de la côte nord-ouest de Ponza. Vous tomberez sous le charme de ses eaux turquoise, d'où émergent d'étranges formations rocheuses, d'origine volcanique, et de blanches falaises teintées de rouge et de jaune par les minerais de fer et de soufre de la roche. A l'approche de Palmarola, vous découvrirez la **Dala Brigantina**, un amphithéâtre de calcaire. La plupart des visites guidées vous feront passer par les **grottes de Pilatus**, sorte de ferme à poissons.

Palmarola est accessible uniquement par **bateau**. Vous pouvez en louer un (à partir de 35 € la journée) ou opter pour "*una gita a Palmarola*", **une visite guidée en bateau** proposée par l'une des nombreuses agences du port.

ZANNONE

Zannone est une réserve naturelle, un vrai paradis pour les amoureux de la nature saturés de plage. Les visites guidées vous feront faire le tour de l'île en bateau. Elles vous permettront également de fouler le sol de l'île, habité de *mufloni* (mouflons), de vous promener dans des forêts de *lecci* (mousse) et de visiter le monastère médiéval de **San Spirito**. Zannone est accessible uniquement par **bateau** : adressez-vous à la **Cooperativa Barcaioli Ponzesi**, C. Pisacane (✆ 0771 80 99 29), au niveau du tunnel Sant'Antonio (dép. 10h30, retour 19h, 16-20 €).

ITALIE DU NORD

LOMBARDIE (LOMBARDIA)

LES INCONTOURNABLES DE LOMBARDIE

SORTEZ dans le **quartier des Navigli** à **Milan**, après avoir passé la journée au musée **Poldi-Pezzoli** et au Cenacolo Vinciano de l'**église Sainte-Marie-des-Grâces**, où vous pouvez admirer *La Cène*, l'un des tableaux les plus célèbres de Léonard de Vinci. Puis gravissez les marches de **la Scala**, toujours à **Milan**, le plus célèbre opéra du monde.
RÉVISEZ vos gammes avant de vous rendre à **Crémone** pour y écouter du jazz, de l'opéra ou du violon. Vous ne pourrez pas échapper à la musique : c'est en effet ici que sont fabriqués les célèbres stradivarius.
FLÂNEZ dans le quartier médiéval de **Bergame**, sur les hauteurs de la ville. Promenez-vous dans ce labyrinthe de rues fleuries de géraniums. Et ne manquez pas le magnifique plafond de la basilique Santa Maria Maggiore.

Au cours des siècles, le riche territoire agricole de la Lombardie a suscité la convoitise des généraux romains, des empereurs germaniques et des rois de France. Aujourd'hui, cette région est devenue la capitale économique, industrielle et financière de l'Italie ainsi que la plus riche d'Europe après l'Ile-de-France. La Lombardie est fière de sa puissance économique et elle se sent, à bien des égards, plus proche des pays d'Europe du Nord que du reste de l'Italie. Comme le montre le succès de la Ligue lombarde, les habitants de la région supportent mal l'autorité du gouvernement : ils ont parfois l'impression de payer pour les difficultés économiques du Sud. Les tensions sont d'ailleurs aggravées par l'afflux incessant, depuis la fin de la Seconde Guerre mondiale, d'immigrants du Sud de l'Italie, d'Afrique du Nord, du Moyen-Orient et d'Asie. Mais c'est aussi en partie grâce à cette diversité que les Lombards sont plus ouverts sur le reste du monde et plus cosmopolites que la plupart des autres Italiens.

MILAN (MILANO) ✆ 02

Milan est plus moderne et tournée vers l'avenir, y compris dans sa manière de vivre, que toute autre ville italienne. Celle qui fut la capitale de l'Empire romain d'Occident entre 286 et 402, puis une ville prospère au Moyen Age (comme en témoigne sa superbe cathédrale datant de 1386), ne conserve que de rares vestiges de son riche passé historique. La ville vit à un rythme très rapide et ici, *il dolce di far' niente* ("le plaisir de ne rien faire") n'est pas de mise. La sieste elle-même, ce rite sacré dans nombre d'autres villes de la péninsule, est très écourtée, voire inexistante. L'expression régionale *Milano l'e Milano* ("Milan, c'est Milan") résume bien la place particulière qu'occupe dans l'esprit de ses habitants cette ville plus cosmopolite que le reste de l'Italie. Avec de larges boulevards bordés d'arbres et une architecture harmonieuse, plus autrichienne qu'italienne, la métropole lombarde dégage une image d'élégance et de raffinement. D'ailleurs, Milan est une des capitales internationales de la haute couture au même titre que Paris et Londres, mais aussi une

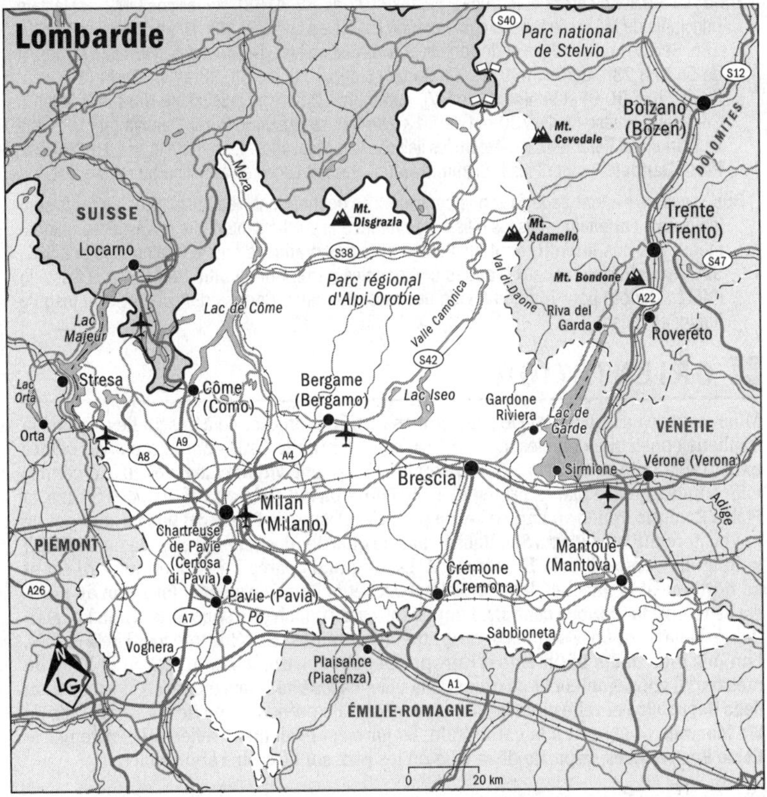

place financière et industrielle importante. Comme dans toutes les grandes villes, criminalité, drogue et prostitution (en particulier dans le quartier de la gare centrale) sont des maux bien réels, mais Milan reste agréable et riche en distractions. Deux fois par an, ses habitants vibrent lors de la rencontre des deux clubs de football locaux, l'Inter et l'AC Milan : pour eux le ballon rond est une religion ! Les Milanais sont généralement ouverts et accueillants, bien qu'ils ne prennent pas toujours le temps d'être amicaux. La seule accalmie est en août, mois au cours duquel la ville se vide de ses habitants qui prennent enfin du repos.

ARRIVÉES ET DÉPARTS

Avion : **Aéroport Malpensa**, à 45 km de la ville. Vols internationaux. Services de consigne et des objets trouvés disponibles. Le **Malpensa Express** se rend à l'aéroport depuis la station de métro Cardona (dép. de 5h50 à 20h, durée 45 mn, 9 €, 11,50 € si vous achetez votre billet dans le train) et inversement (dép. de 6h45 à 21h45). L'**aéroport** de **Linate**, à 7 km de la ville, est mieux situé que le précédent. Vols intérieurs, européens et internationaux. Service des objets trouvés disponible. Un **bus STAM** (✆ 02 71 71 06), à destination de Linate, part de la Stazione centrale toutes les 20 mn. Prendre le bus n° 73 (1 €) depuis la Piazza San Babila (sur la ligne de métro MM1) vous reviendra moins cher. **Informations générales** pour les deux aéroports ✆ 02 74 85 22 00.

Train : La **Stazione centrale**, P. Duca d'Aosta (✆ 01 47 88 80 88), sur la ligne MM2, est la gare principale de Milan. Le bureau d'information est ouvert Lu-Sa 9h18h, Di 9h-12h30 et 13h30-18h. Services de consigne et des objets trouvés disponibles. Destinations : **Florence** (1 dép/h de 5h30 à 23h, durée 3h30, 22 €), **Rome** (1 dép/h, durée 5h, 38,17 €), **Turin** (1 dép/h, durée 2h, 7,90 €) et **Venise** (21 dép/j, durée 3h, 12,34 €). La **Stazione Nord** relie Milan à Côme et à Varèse (1 dép/30 mn de 5h à 23h45). La **Stazione Porta Genova** (sur la Piazza Le Stazione di Porta Genova) assure les liaisons vers Vigevano, Alessandria et Asti. La **Stazione Porta Garibaldi** (sur la Piazza Sigmund Freud) dessert Lecco et Valtellina au nord-ouest.

Bus : Les bus partent de la Stazione centrale. Les destinations, les horaires et les tarifs sont indiqués à l'extérieur, mais les billets s'achètent aux guichets intérieurs (en espèces uniquement). Les bus **Intercity** sont plus chers et moins pratiques que les trains. Les bus **SAL**, **SIA**, **Autostradale** et ceux d'autres compagnies partent du quartier de la Piazza Castello (MM1 : Cairoli) pour Turin, la région des lacs, Bergame, Certosa di Pavia, et vont jusqu'à Rimini et Trieste.

ORIENTATION

Milan est entourée d'une série d'anciennes fortifications, au-delà desquelles s'étend la banlieue construite dans les années 1950 et 1960 pour loger les immigrants. Au centre exact de la ville se trouvent la **cathédrale** et la **galerie Vittorio Emanuele II**. Le centre-ville compte quatre places principales : la **Piazza Cairoli**, près du château des Sforza, la **Piazza Cordusio**, reliée au Largo Cairoli par la Via Dante, la **Piazza del Duomo**, au bout de la Via Mercanti et la **Piazza San Babila**, dans le quartier des affaires et de la mode établi le long du Corso Vittorio Emanuele II. Deux grands parcs s'étendent au nord-est et au nord-ouest de la ville : les **Giardini pubblici** et le **Parco Sempione**. Plus loin au nord-est se trouve la **Stazione centrale**, l'imposante gare construite sous Mussolini. Le quartier de la gare est un assemblage de gratte-ciel dominés par l'élégante **tour Pirelli** (1959), l'un des plus hauts bâtiments d'Europe. Depuis la gare, le bus n° 60 ou la ligne de métro n° 3 vous emmènent au cœur de la ville. La **Via Vito Pisani** mène à l'énorme **Piazza della Repubblica** et relie ainsi la gare au centre. Elle prend le nom de **Via Turati**, puis de **Via Manzoni**, et aboutit à la cathédrale. La gare est également reliée au centre par le **Corso Buenos Aires**, la partie de la ville où les prix sont les plus abordables.

SE DÉPLACER

Milan a beau être une ville moderne, ses rues sont plusieurs fois centenaires et il peut être difficile de s'y repérer. Procurez-vous un plan détaillé. Les rues sont généralement sûres la nuit, mais les femmes devraient tout de même éviter de se promener seules. Les tickets de bus, de tramway et de métro sont en vente dans les kiosques à journaux, les bureaux de tabac (*tabacchi*), aux distributeurs automatiques (pensez à avoir de la monnaie) et aux rares guichets dans les stations de métro.

Métro : La **Metropolitana Milanese** ("MM") est le moyen de transport le plus pratique de Milan (quand il n'est pas en grève). Elle circule de 6h à minuit. La **ligne n° 1** (rouge, MM1) relie le quartier des *pensioni* (petits hôtels), situé à l'est de la Stazione centrale, au centre de la ville et se prolonge jusqu'à l'auberge de jeunesse (embranchement Molino Dorino). La **ligne n° 2** (verte, MM2) relie les trois grandes gares de Milan et croise la ligne n° 1 aux stations Cardona et Loreto. Enfin, la **ligne n° 3** (jaune, MM3) part du nord de la Stazione centrale et rejoint l'extrémité sud de la ville, en coupant la ligne n° 2 à la station Stazione centrale et la ligne n° 1 à la station Duomo.

Bus : S'il est pratique, le métro ne couvre pourtant pas toute la ville. Le bus au contraire permet d'atteindre les zones les plus excentrées. Parmi les nombreuses lignes de trains et de bus, sachez que les **tramways n° 29** et **n° 30** empruntent la ceinture extérieure, les **bus n° 96** et n° **97** la ceinture intérieure. Il faut acheter les tickets à l'avance. Un ticket (1 €) est valable pour un trajet. Il existe un pass bus/métro valable 24h (3 €) ou 48h (5,50 €). Il est conseillé d'avoir quelques tickets supplémentaires le soir, car les bureaux de tabac ferment vers 20h et les distributeurs sont parfois hors service. Si vous êtes pris à voyager sans ticket, l'amende sera de 16 €.

Taxi : Les taxis blancs sont omniprésents, généralement près des places et dans les zones très fréquentées. **Radio-taxi** (✆ 02 85 85 ou 40 00). Supplément nuit 3,10 €. Service 24h/24.

Location de voitures : Toutes les compagnies pratiquent des tarifs équivalents (entre 50 et 74 € la journée) et sont situées à la sortie de la galerie principale de la Stazione centrale. **Hertz** (✆ 02 669 00 61). Ouvert Lu-Ve 8h-19h et Sa. 8h-14h. **Europcar** (✆ 02 66 98 15 89 ou 800 01 44 10, numéro gratuit). Ouvert Lu-Ve 8h-19h, Sa. 8h30-12h30. **Avis** (✆ 02 669 02 80 ou 02 670 16 54). Ouvert Lu-Ve 8h-20h et Sa. 8h-16h.. Sachez que le stationnement est limité dans le centre-ville. Pour éviter les contraventions, renseignez-vous auprès de la **polizia municipale** (✆ 02 772 71).

INFORMATIONS PRATIQUES

SERVICES TOURISTIQUES ET ARGENT

Offices de tourisme : **APT**, V. Marconi, 1 (✆ 02 72 52 43 00, www.milanoinfotourist.com), dans le Palazzo di Turismo, qui donne sur la Piazza del Duomo, à droite en face de la cathédrale. Très nombreuses informations locales et régionales avec notamment une bonne carte et un guide des musées (en italien). Il faut faire la queue, mais les employés sont aimables et efficaces. Ils peuvent réserver des chambres d'hôtel. Vous pouvez acheter une brochure à 8 € comprenant des coupons de réductions, des plans de la ville, la description complète des sites touristiques, un forfait bus/métro de 24h et un CD-Rom sur l'opéra de Milan, le tout rangé avec soin dans une petite pochette. Pour savoir ce qui se passe en ville, procurez-vous ❤ *Milano Mese* (*"un mois à Milan"*), ainsi que la brochure répertoriant les activités et les adresses des boîtes de nuit. Demandez le précieux guide des visites culturelles (12,91 €, comprenant les musées). Ouvert Lu-Sa 8h30-20h, Di. 9h-13h et 15h-17h. Une **annexe** se trouve à la Stazione centrale (✆ 02 72 52 43 70 ou 02 72 52 43 60), en retrait du hall principal, au premier étage sur votre gauche, entre deux boutiques de souvenirs assez voyantes. Ouvert Lu-Sa 9h-18h, Di. 9h-12h30 et 13h30-18h.

Voyages à prix réduit : **CIT**, Galleria Vittorio Emanuele II (✆ 02 86 37 01), au milieu de la galerie. Il y a également un service de **change**. Ouvert Lu-Ve 9h-19h, Sa. 9h-13h et 14h-18h. **CTS**, V. San Antonio, 2 (✆ 02 58 30 41 21). Ouvert Lu-Ve 9h30-12h45 et 14h-18h, Sa. 9h30-12h45. **Billets Transalpino** près du bureau des informations ferroviaires, au niveau supérieur de la Stazione centrale (✆ 02 67 16 82 28, www.transalpino.com). Réductions pour les moins de 26 ans. Ouvert Lu-Sa 8h-20h30. L'**agence principale** est située quatre rues plus loin, V. Locatelli, 5 (✆ 02 66 71 24 24). Si ces bureaux sont fermés, adressez-vous à **Italturismo**, à droite de la gare, sous le grand passage. Ouvert tlj 7h-19h45.

Change : Toutes les agences de la **Banca d'America e d'Italia** et de la **Banca Nazionale del Lavoro** vous donneront de l'argent liquide sur présentation de votre carte Visa. A Milan, les banques ouvrent généralement Lu-Ve 8h30-13h30 et 14h30-16h30. De nombreux **distributeurs automatiques** sont à votre disposition dans toute la ville.

American Express : V. Larga, 4 (✆ 02 72 10 41), au coin de la Via dell'Orso. Service de réception du courrier gratuit pour les membres pendant un mois. Si vous n'êtes pas membre, il vous en coûtera environ 5 €. Transferts d'argent avec une commission (31 € pour un montant de 500 €). Service de **change**. Ouvert Lu-Ve 9h-17h30.

SERVICES DIVERS

Consigne : A l'aéroport Malpensa, 2 € par bagage et par jour. A la Stazione centrale, 2,58 € les 12h. Ouvert 4h30-1h30.

Objets trouvés : **Ufficio Oggetti Smarriti Comune**, V. Friuli, 30 (✆ 02 546 81 18). Ouvert Lu-Ve 8h30-16h.

Service des bagages : **Aéroport Malpensa** (✆ 02 58 58 00 69). **Aéroport** de **Linate** (✆ 02 70 12 44 51). **Stazione centrale** (✆ 02 63 71 26 67). Ouvert tlj 7h-13h et 14h-20h.

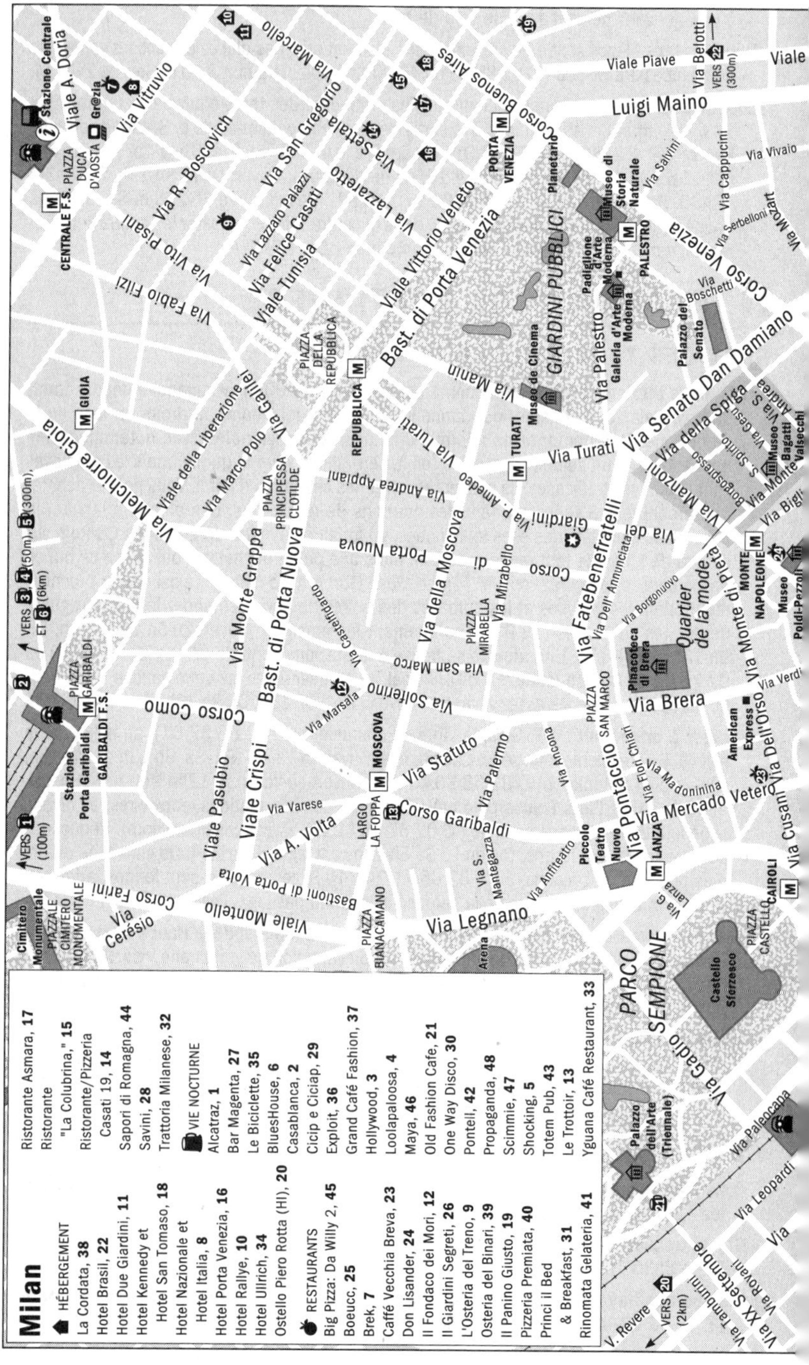
Milan
HÉBERGEMENT
La Cordata, 38
Hotel Brasil, 22
Hotel Due Giardini, 11
Hotel Kennedy et Hotel San Tomaso, 18
Hotel Nazionale et Hotel Italia, 8
Hotel Porta Venezia, 16
Hotel Rallye, 10
Hotel Ullrich, 34
Ostello Piero Rotta (HI), 20
RESTAURANTS
Big Pizza: Da Willy 2, 45
Boeucc, 25
Brek, 7
Caffé Vecchia Breva, 23
Don Lisander, 24
Il Fondaco dei Mori, 12
Il Giardini Segreti, 26
L'Osteria del Treno, 9
Osteria del Binari, 39
Il Panino Giusto, 19
Pizzeria Premiata, 40
Princi il Bed & Breakfast, 31
Rinomata Gelateria, 41
Ristorante Asmara, 17
Ristorante "La Colubrina," 15
Ristorante/Pizzeria Casati 19, 14
Sapori di Romagna, 44
Savini, 28
Trattoria Milanese, 32
VIE NOCTURNE
Alcatraz, 1
Bar Magenta, 27
Le Biciclette, 35
BluesHouse, 6
Casablanca, 2
Cicip e Ciciap, 29
Exploit, 36
Grand Café Fashion, 37
Hollywood, 3
Loolapaloosa, 4
Maya, 46
Old Fashion Cafe, 21
One Way Disco, 30
Pontell, 42
Propaganda, 48
Scimmie, 47
Shocking, 5
Totem Pub, 43
Le Trottoir, 13
Yguana Café Restaurant, 33
Stazione Centrale
CENTRALE F.S.
PIAZZA DUCA D'AOSTA
Viale A. Doria
Via Vitruvio
Via R. Boscovich
Via Vito Pisani
Via Fabio Filzi
Via San Gregorio
Via Marcello
Via Settala
Via Lazzaretto
Via Lazzaro Palazzi
Via Felice Casati
Viale Tunisia
Viale Vittorio Veneto
Bast. di Porta Venezia
Corso Buenos Aires
PORTA VENEZIA
Planetario
Museo di Storia Naturale
GIARDINI PUBBLICI
Padiglione d'Arte Moderna
Galleria d'Arte Moderna
PALESTRO
Via Palestro
Corso Venezia
Palazzo del Senato
Via Senato Dan Damiano
Luigi Maino
Viale Piave
Via Belotti
VERS 22 (300m)
Via Vivaio
Via Cappucini
Via Salvini
Via Serbelloni
Via Mozart
Via Boschetti
PIAZZA DELLA REPUBBLICA
REPUBBLICA
Via Manin
Museo de Cinema
Via Turati
TURATI
Via della Spiga
Via Manzoni
Museo Bagatti Valsecchi
Via Monte Napoleone
MONTE NAPOLEONE
Museo Poldi-Pezzoli
Via Bigli
GIOIA
Via Melchiorre Gioia
Viale della Liberazione
Via Galileo
Via Marco Polo
PIAZZA PRINCIPESSA CLOTILDE
Via Andrea Appiani
Via P. Amedeo
Giardini
Corso di Porta Nuova
Via della Moscova
PIAZZA MIRABELLA
Via Mirabello
Via Fatebenefratelli
Via dell' Annunciata
Via Borgonuovo
Quartier de la mode
Via Monte di Pietà
Pinacoteca di Brera
Via Brera
Via Verdi
American Express
Via Dell'Orso
VERS 3 4 (50m), 5 (300m), ET 6 (6km)
PIAZZA GARIBALDI
GARIBALDI F.S.
Stazione Porta Garibaldi
Viale Monte Grappa
Bast. di Porta Nuova
Via Castelfidardo
Via San Marco
Via Solferino
Via Marsala
MOSCOVA
Corso Como
Viale Pasubio
Viale Crispi
Via Varese
Via Statuto
Via Palermo
Via Ancona
PIAZZA SAN MARCO
Via Pontaccio
Via Fiori Chiari
Via Madoninina
Via Mercado Vetero
Via Cusani
CAIROLI
LANZA
Piccolo Teatro Nuovo
Corso Garibaldi
LARGO LA FOPPA
Via A. Volta
Bastioni di Porta Volta
Viale Montello
VERS 1 (100m)
Cimitero Monumentale
PIAZZALE CIMITERO MONUMENTALE
Corso Farini
Via Cerésio
PIAZZA BIANCAMANO
Via Legnano
Via S. Mantegazza
Via Anfiteatro
Arena
PARCO SEMPIONE
Castello Sforzesco
PIAZZA CASTELLO
Via G. Lanza
Via Gadio
Palazzo dell'Arte (Triennale)
Via Paleocapa
Via Leopardi
V. Revere
VERS 20 (2km)
Via XX Settembre
Via Tamburini
Via Rovani

Corso Monforte
Viale B. Maria
Premuda
PIAZZA TRICOLORE
Corso XXII Marzo
Via Gaetano Donizetti
Via Mascagani
Via Bellini
Conservatorio
VERS LA STATION P. VITTORIA (700m) ET L'AÉROPORT DE LINATE (6km)
Corso di Vittoria
Via Conservatorio
Via Pietro
Via F. Corridoni
Via C. Battisti
Via Visconti di Modrone
Via Fontana
Via Besana
Viale Reg. Margherita
Via Pogdora
Via Luciano Manera
Via della Pace
Nero
Viale Lazio
Via Monte
Viale Caldara
Via Cortatone
Via San Barnaba
Via Lamarmora
Via Fanti
Via Orti
Via C. Feguglia
Via Andreani
PIAZZA S. BABILA
S. BABILA
Via Borgogna
Via Cerva
C. Europa
Via Guastalla
Via d. Commenda
PIAZZA L'AUGUSTO
GIARDINI GUASTALLA
Policlinico
CROCETTA
Corso di Porta Romana
PORTA ROMANA
Via Crema
Viale Bligny
Viale Filippetti
Viale Beatrice d'Este
Corso Porta Vignetina
300 mètres
Via Quadronno
Via Crivelli
Via Savoia
Via S. Calimero
Via F. Sforza
Manhattan Lab
Ospedale Maggiore (Università Statale)
San Nazaro
Via Festa di Perdono
Via S. Antonio
Via Larga
Corso Vitt. Emanuele II
Via Cavallotti
Napoleone
Corso Matteotti
Via Verri
PIAZZA BELGIOSO
Via S. Paolo
Via Agnello
Via Morone
Casa Omenoni
San Fidele
Palazzo Marino
Galleria V. Emanuele II
Duomo
Musée du duomo
Palazzo Reale
Teatro Lirico
Via G. Marconi
Via Albricca
Via Da Cannobio
PIAZZA DELLA SCALA
La Scala
Via Margherita
DUOMO
PIAZZA DEL DUOMO
Via Mazzini
MISSORI
PIAZZA MISSORI
Corso Italia
Via S. Sofia
Via Mercalli
Via S. Martino
VERS (1km)
Via V. del Bossi
PIAZZETTA CLERICI
M. BOSSI
Via Grossi
Via Mercanti
Via Orefici
San Satiro
Via Spadari
Via Torino
Via Amadei
Via Molino Delle Armi
Via del Fante
Via San Luca
Via Burigozzo
Via Broletto
Via S. Tomaso
CORDUSIO
PIAZZA CORDUSIO
Via Cordusio
PIAZZA PIO XI
Pinacoteca Ambrosiana
Via G. Negri
Via d. Posta
Via Dante
Via Comaggia
Via Disciplini
V. Wittgens
Via Calafimi
V. Aurispa
Via S. Croce
LARGO CAIROLI
Via Camperio
Via Meravigli
Via Borromei
Via Gorani
Via Maurilio
Via Santa Marta
San Giorgio
Via Stampa
Via San Vito
Via P. Gregorio XIV
PIAZZA VETRA
Via Pioppette
Vetere
San Eustorgio
Via Sambuco
Bus vers l'aéroport de Malapensa
Via S. Giov. Sul Muro
Via Sant'Orsola
Via Brisa
Via Cappuccio
Via Ansperto
Via Luini
San Lorenzo
Corso Porta Ticinese
Via Mora
Via P. Fabbroni
Via Arena
PORTA TICINESE
PIAZZALE XXIV MAGGIO
Viale Gian Galeazzo
Viale Col di Lana
(20m), (50m), (100m), (150m)
Via A. Sforza
Foro Buonaparte
Via Valeria
Università Cattolica
Via C. Correnti
Via Edmondo De Amicis
Via Simonetta
Via d'Oggiono
Via Ferrari
Via Alessi
AL Naviglio Pavese
VERS
CADORNA
Stazione Nord
Via Agnese
Basilica di Sant'Ambrogio
Via Lanzone
Via S. Vincenzo
Via S. Calogero
Via di Porta Genova
Viale G. d'Annunzio
Canale Darsena
Viale Gorizia
Grande
Vincenzo Monti
Santa Maria delle Grazie
Corso Magenta
Via G. Carducci
S. AMBROGIO
Via Carroccio
Via Ariberto
Via Crespi
Via Sesto
PIAZZA CANTORE
C. Colombo
Via Morara
Via Vigevano
Via Corsico
Naviglio
Ripa di Porta Ticinese
Via Boccaccio
Via Ruffini
Via Togni
Via San Vittore
Museo Nationale della Scienza e della Tecnica "da Vinci"
Via Olivetani
Via Olona
S. AGOSTINO
Via Ausinio
Viale Papiniano
Viale Conti Zugna
Via Savona
Via Ventimiglia
Stazione Porta Genova
PORTA GENOVA
Via Casale
Alzaia
Via Valenza
Via Tortona

Librairies : **Hoepli Libreria Internazionale**, V. Hoepli, 5 (✆ 02 86 48 71), accessible par la Piazza Media, près de la Piazza Scala. Ouvert Lu. 14h-19h et Ma-Sa 9h-19h. Cartes Visa, MC. **Rizzoli**, Galleria Vittorio Emanuele II (✆ 02 86 46 10 71). Ouvert tlj 9h-21h. Cartes Visa, MC, AmEx. Pour les livres d'occasion, allez voir les **bouquinistes** le long du Largo Mattioli.

Gays et lesbiennes : **Arcigay "Centro d'Iniziativa Gay"**, V. Bezzeca, 3 (✆ 02 54 122 225, www.arcigaymilano.org). Le formidable personnel du centre parle anglais. Ouvert Lu-Ve 15h-20h, Di 15h-19h30.

Assistance aux handicapés : **Direzione Servizi Sociali**, Largo Treves, 1. Ouvert tlj 8h30-12h et 13h-17h.

Laverie : **Aqua Dolce**, V. B. Marcello, 32 (✆ 02 29 525 820). Ouvert tlj 8h-20h. **Washland**, V. Porpora, 14 (✆ 340 335 5660). Ouvert tlj 8h-22h.

URGENCES ET COMMUNICATIONS

Urgences : ✆ 118. **Police** : ✆ 113. **Carabinieri** : ✆ 112.

Police touristique : **SOS Turista**, V. C. M. Maggi, 14 (✆ 02 33 60 30 60). Ouvert tlj 9h30-13h et 14h30-18h.

Urgences médicales : **Pronto Soccorso** (✆ 02 34 567) ou **Croix-Rouge** (✆ 02 33 83).

Pharmacies de garde : La pharmacie située dans la galerie principale de la Stazione centrale reste ouverte 24h/24 (✆ 02 669 07 35 ou 02 669 09 35). De jour, essayez la pharmacie de la Piazza del Duomo, au n° 21 (✆ 02 86 46 48 32). Ouvert Lu-Sa 9h30-13h et 15h-19h. Toutes les pharmacies affichent la liste des pharmacies de garde sur leur porte.

Hôpital : **Ospedale maggiore di Milano**, V. Francesco Sforza, 35 (✆ 02 550 31), à 5 mn de la cathédrale, sur la rocade intérieure.

ACI (Automobile Club Italia) : ✆ 116

Internet :

Enjoy internet, Viale Tunisia, 11 (02 36 555 805). Près de la station de métro Porta Venezia (MM1). Connection rapide 2 €/h. Ouvert Lu-Sa 9h-24h et Di. 9h30-23h30.

Gr@zia, P. Duca d'Aosta, 14 (✆ 02 670 05 43), à gauche de l'entrée principale de la gare centrale. 1 €/15mn. Ouvert tlj 8h2h.

Cafenet Dolphin Navigator, V. Padova, 2 (✆ 02 284 72 09), station de métro : Loreto (MM1/MM2). 1,30 €/15 mn. Ouvert Lu-Ve et Di 6h-19h.

Internet Point, V. Padova, 38 (✆ 02 28 04 02 46). MM1/2 : Loreto. Dix ordinateurs, fax, imprimante et transferts de fonds. 3 € l'heure. Ouvert tlj 10h-22h.

Bureaux de poste : V. Cordusio, 4 (✆ 02 72 48 22 23), près de la Piazza del Duomo en direction du château. Timbres, poste restante et bureau de change. Ouvert Lu-Ve 8h30-19h30 et Sa. 8h30-13h. Il y a également deux bureaux de poste dans la gare centrale. **Code postal** : 20100.

HÉBERGEMENT ET CAMPING

Si l'on en croit les brochures touristiques, Milan compte plus d'une cinquantaine d'hôtels bon marché. En réalité, seul un petit nombre d'entre eux sont propres, sûrs et assez bien situés. A Milan, la pleine saison dure toute l'année. Réservez si possible longtemps à l'avance.

LES ENVIRONS DE LA STAZIONE CENTRALE

❤ **Hôtel Sara**, V. Sacchini, 17 (✆ 02 20 17 73, www.hotelsara.it). MM1/2 : Loreto. En partant du métro, prenez la Via Porpora, puis la Via Sacchini, la troisième à droite. L'hôtel a été récemment rénové et la rue est très calme. Télévision et téléphone dans toutes les chambres. Accès Internet gratuit. Chambre simple 45-52 € (50-55 € avec A/C), chambre double 68-75 € (80-85 € avec A/C). Cartes Visa, MC, AmEx. ❖❖❖❖

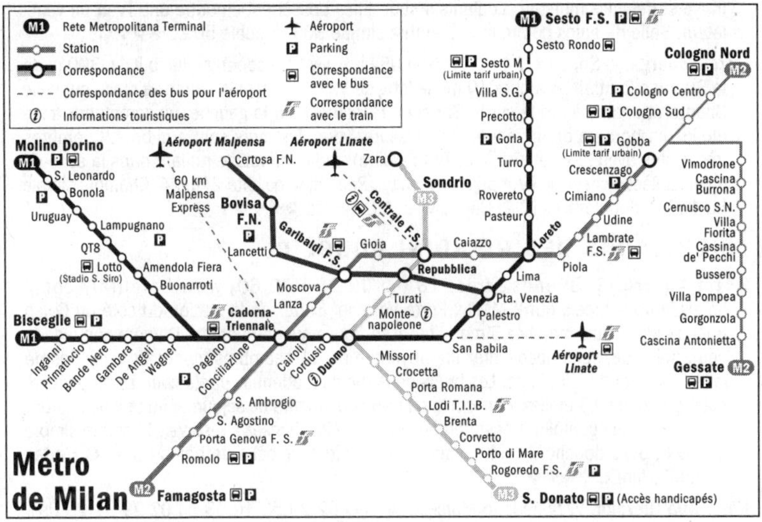

Hôtel Ca' Grande, V. Porpora, 87 (✆/fax 02 26 14 40 01 ou 02 26 14 52 95, www.hotelcagrande.it). MM1/2 : Loreto. L'hôtel est situé à six rues de la Piazza Loreto, dans un bâtiment jaune auquel on accède par un portail vert. Vous pouvez aussi prendre le tramway n° 33 à la gare centrale. Il descend la Via Porpora et s'arrête dans la Via Ampere, à 50 m de la porte de l'hôtel. 20 chambres propres avec téléphone, télévision et accès au beau jardin. La rue est parfois bruyante et mieux vaut laisser les fenêtres fermées. La réception est ouverte 24h/24. Accès Internet. Chambre simple 45 €, avec salle de bains 55 €, chambre double 66 €, avec salle de bains 75 €. Petit déjeuner compris. Cartes Visa, MC, AmEx. ❖❖❖❖

Hôtel Malta, V. Ricordi, 20 (✆ 02 204 96 15 ou 02 29 52 12 10, www.hotelmalta.it). MM1/2 : Loreto. Remontez le Corso Buenos Aires en direction de la Piazza Loreto. De là, prenez la Via Porpora, et tournez dans la première rue à droite, la Via Ricordi. Vous pouvez aussi prendre le tramway n° 33 à destination de la Via Ampere à partir de la gare, puis rebrousser chemin et suivre la Via Porpora jusqu'à la Via Ricordi. Carrelage de couleur terre, plantes sur les rebords des fenêtres. Trois balcons surplombent un verdoyant jardin de roses où sèchent les draps. 15 chambres équipées de salles de bains et de la télévision. Les animaux sont autorisés. Réservation recommandée. Chambre simple 36 €, chambre double 73 €. Cartes Visa, MC. ❖❖❖❖

Hôtel Ambra, V. Caccianino, 10 (✆ 02 266 54 65, fax 02 70 60 62 45). MM1/2 : Loreto. Descendez la Via Porpora (5-10 mn), et prenez la Via Caccianino sur la droite, dix rues plus loin. Vous voilà dans un paradis de pavillons et de palmiers, typiquement milanais. 19 chambres impeccables, toutes avec salle de bains, télévision, téléphone et balcon. Petit déjeuner 3 €. Réservez et demandez la clef si vous rentrez tard le soir. Chambre simple 42 €, chambre double 68 €, chambre triple 91 €. Possibilité de réductions pour les étudiants (jusqu'à 10 €). Cartes Visa, MC, AmEx. ❖❖❖❖

Hôtel Oriente, V. Porpora, 52 (✆ 02 236 12 98). De la station Loreto (MM1), suivez la V. Porpora pendant 10 mn ; l'hôtel est sur la gauche. Les grandes fenêtres qui montent jusqu'au plafond donnent sur les jardins des maisons alentours. Toutes les chambres ont une salle de bains, la TV et un ventilateur. Chambre simple 45-55 €, double 60-70 €, triple 85-100 €. Cartes Visa, MC. ❖❖❖❖

Albergo Villa Maria, V. Sacchini, 19 (✆ 02 29 525 618), à côté de l'hôtel Sara. Les sept chambres de cette auberge familiale ont de grandes fenêtres, des draps aux motifs de fraise et des jolis murs aux couleurs sorbet. Elles possèdent en outre une TV et un ventilateur. Salle de bains commune. Chambre simple 30 €, double 50 €. ❖❖❖

Hôtel Soperga, V. Soperga, 24 (✆ 02 669 0541, www.hotelsopergamilano.it). A 300 m de la Stazione Centrale. Marchez 10 mn le long de V. F. Aporti, puis tournez à droite sur Viale Brianza et encore à droite sur V. Soperga. L'hôtel est sur la gauche, un somptueux trois-étoiles en bordure de la voie ferrée. Rassurez-vous, les murs sont anti-bruit. Chambres très vastes avec tapis épais, A/C, TV (satellite), radio, carrelage rutilant dans la salle de bains et sèche-cheveux. Petit déjeuner inclus. Réception ouverte 24h/24. Chambre simple 80-160 €, double 90-212 €. Cartes Visa, MC, AmEx. ❖❖❖❖❖

LES ENVIRONS DES GIARDINI PUBBLICI

Hôtel Aurora, C. Buenos Aires, 18 (✆ 02 204 79 60, www.hotelitaly.com/hotels/aurora/index. htm). MM1 : Porta Venezia. Sortez de la station du côté du Corso Buenos Aires, puis marchez 5 mn : l'hôtel se trouve sur votre droite. Derrière une façade peu attrayante, vous découvrirez un labyrinthe de 11 chambres modernes équipées de la télévision et du téléphone. Les bruits de la rue sont atténués par la cour. Le propriétaire possède un hôtel 3 étoiles à proximité où il vous permettra de séjourner au tarif de l'Aurora si ce dernier est complet. Réception ouverte 24h/24. Pensez à réserver. Chambre simple 41-46 €, avec douche 46-54 €, chambre double avec salle de bains 69-82 €. Cartes Visa, MC, AmEx. ❖❖❖❖

Hôtel Due Giardini, V. Benedetto Marcello, 47 (✆ 02 29 52 10 93 ou 02 29 51 23 09). MM1 : Lima. Suivez la Via Vitruvio sur quelques dizaines de mètres puis prenez à gauche la Via Benedetto Marcello. Un tapis rouge recouvre l'escalier sinueux. 11 chambres équipées de la télévision et du téléphone. Accès Internet. Petit déjeuner 4 €. Chambre simple 55 €, double 90-120 €. Cartes Visa, MC. ❖❖❖❖

Hôtel San Tomaso, V. Tunisia, 6, au 2e étage, MM1 : Porta Venezia (✆/fax 02 29 51 47 47, www.ti.it/hotelsantomaso). Prenez la sortie de métro Corso Buenos Aires (la sortie se trouve à l'autre bout de la station) et, au niveau du McDonald's, prenez à gauche la Via Tunisia juste en face de vous. 11 chambres spartiates et fatiguées mais c'est l'une des options les moins chères de Milan. Certaines donnent sur une cour, toutes sont équipées du téléphone et de la télévision. Demandez les clés si vous voulez sortir le soir. Chambre simple 35 €, chambre double 62 €. Cartes Visa, MC. ❖❖❖

Hôtel Kennedy, V. Tunisia, 6, au 5e étage (✆ 02 29 40 09 34, **e-mail** raffaelo.bianchi@galactica.it). MM1 : Porta Venezia. Trois étages au-dessus de l'hôtel San Tomaso. 16 chambres très propres avec une très belle vue de Milan. Certaines ont la télévision et le téléphone. Demandez la chambre qui donne sur la cathédrale, mais sachez que la rue peut être bruyante. Demandez une clé si vous voulez sortir le soir. Les chambres doivent être libérées à 10h. Petit déjeuner 2,07 €. Réservation conseillée. Chambre simple 40 €, chambre double 70 €, avec salle de bains 80 €, chambre triple 80-110 €, chambre quadruple 100-120 €. Tous les tarifs sont négociables, sauf celui des chambres simples. Cartes Visa, MC, AmEx. ❖❖❖

Hôtel Rallye, V. Benedetto Marcello, 59, MM1 : Lima (✆/fax 02 29 53 12 09, **e-mail** h.rallye@tiscalinet.it). Descendez Via Vituvio sur une cinquantaine de mètres jusqu'à la Via Benedetto Marcello : l'hôtel est à gauche. 20 chambres sobres et calmes avec télévision et téléphone. Etablissement agréable. Chambre simple 30 €, chambre double 51-67 €. Petit déjeuner compris, servi sous l'abricotier du jardin. Cartes Visa, MC, AmEx. ❖❖❖

Hôtel Brasil, V. G. Modena, 20, MM1 : Palestro (✆/fax 02 749 24 82, www.hotelbrasil.it). Prenez la V. Serbelloni puis tournez rapidement à gauche sur la V. Cappuccini, qui franchit deux grandes artères et devient successivement la V. F. Bellotti puis la V. G. Modena. Depuis la Stazione Centrale, vous pouvez aussi prendre le bus n° 60 qui passe V. G. Modena. De grandes chambres avec vue... sur le boulevard. Petit déjeuner servi en chambre 4 €. La réception ferme à minuit trente. Demandez la clé si vous comptez sortir.

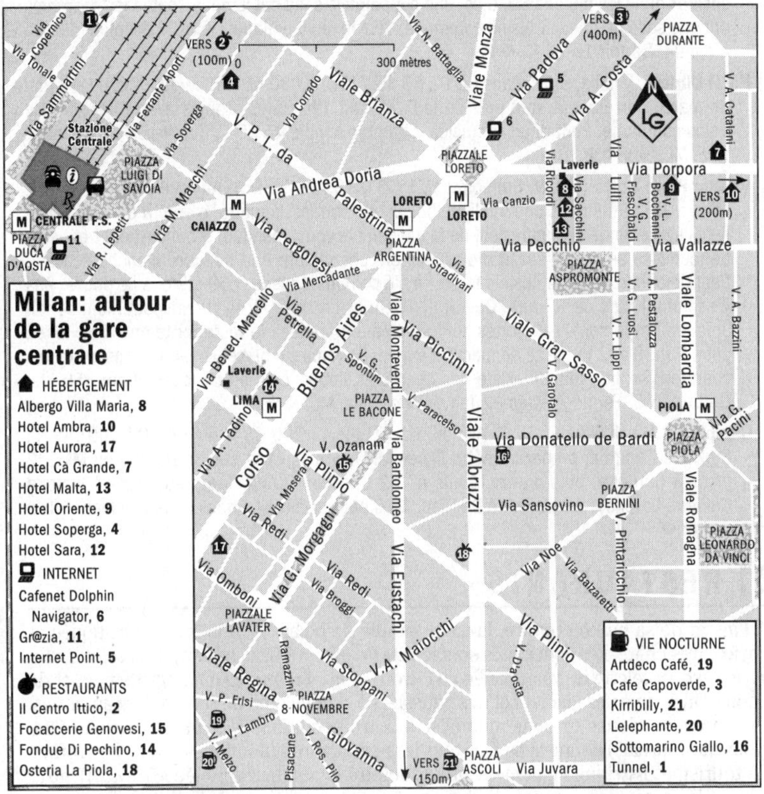

Chambre simple 39 €, avec douche 44 €, avec baignoire 57 €, chambre double 52/57/72 €. Cartes Visa, MC, AmEx. ❖❖❖❖

Hôtel Porta Venezia, V. B. Castaldi, 26, MM1 : P. Venezia (✆ 02 29 414 227, fax 20 249 397). Suivez la C. Venezia ; la V. B. Castaldi est la troisième rue à droite. Des chambres frustes avec TV et ventilateur. Les moustiquaires aux fenêtres sont les bienvenues. L'accueil est sympathique. Chambre simple 31-42 €, avec salle de bains 36-47 €, double 52-77/41-62 €. Cartes Visa, MC. ❖❖❖❖

Hôtel Italia et Hôtel Nazionale, V. Vitruvio, 44/46 (✆ 02 669 38 26, nazionaleitalia@tiscali.it). De la Stazione Centrale, prenez à gauche jusqu'à la troisième rue. Les deux hôtels se trouvent sur la gauche. Ils sont tenus par la même famille. Chambres sobres mais propres. Réservez à l'avance. Simple 33 €, avec salle de bains 52 €, double 49/70 €. Cartes Visa, MC, AmEx. ❖❖❖

EN PÉRIPHÉRIE DE LA VILLE

La Cordata, V. Burigozzo, 11 (✆ 02 58 314 675, www.lacordata.it), MM3 : Missori. De la P. Missori, prenez le tramway vers Italia (Lusardi), descendez au deuxième arrêt, marchez dans la direction du tramway sur un pâté de maison et tournez à droite sur V. Burigozzo. L'entrée de l'hôtel est au coin du magasin de camping La Cordata. Autre solution : prenez le métro (MM1) jusqu'à la station S. Babila et prenez le bus n° 65 en direction d'Agrippa. Descendez à l'arrêt S. Lucia puis marchez, dans le même sens que le bus qui vous a déposé, jusqu'à la V. Burigozzi. L'établissement a été créé par un groupe d'éducateurs sociaux dans les années 80. C'est une coopérative sans but lucratif. Toutes les chambres ont une salle de bains. Cuisine commune. Couvre-feu théorique 23h30. Réception de 14h à minuit. Dortoir 15,50 €. ❖❖

Hôtel Ullrich, C. Italia, 6, 5e étage (✆ 02 86 450 156, fax 80 45 35). MM3 : Missori. A 5 mn de marche du *Duomo*, tout près de la P. Missori. Chambres propres avec TV et salle de bains commune. Petit déjeuner inclus. Chambre simple 45-55 €, double 68-78 €. Cartes Visa, MC. ❖❖❖❖

Ostello Piero Rotta (HI), V. Salmoiraghi, 1 (✆ 02 39 26 70 95). Au nord-ouest de la ville. MM1 : QT8. Situé dans une banlieue boisée. En sortant du métro, prenez à droite (en laissant l'église ronde de l'autre côté de la rue derrière vous), pendant 5 mn environ. L'auberge de jeunesse se trouve sur la droite, derrière une clôture à la peinture blanche écaillée. Petit déjeuner, draps et casiers fermés à clé compris. Laverie 5,50 €. Vous ne pouvez pas y séjourner plus de 3 jours. Ouvert tlj 7h-9h30 et 15h30-24h (l'enregistrement se fait uniquement le soir). Les portes sont strictement fermées le reste du temps. Couvre-feu entre 23h30 et 24h. Carte de membre exigée, en vente sur place. La plupart des chambres comptent six lits, mais il existe des chambres familiales. Pas de réservation. 350 lits. Dortoir 16 €. Fermé 21 Déc-12 Janv. Cartes Visa, MC. ❖❖

Camping Città di Milano, V. G. Airaghi, 61 (✆ 02 48 200 134, fax 48 202 999). De la Stazione Centrale, prenez le métro lignes MM1/3 jusqu'à la station Duomo ou MM1/2 jusqu'à Cardona, puis prenez le bus n° 62 direction D'Angelli et descendez à Victoria Caldera. Laverie 4,50 €. Fermé Déc-Jan. 13 € par personne l'emplacement incluant l'électricité. ❖

RESTAURANTS

A l'instar de sa haute couture, la gastronomie de Milan est à la fois sophistiquée et parfois très chère. Les spécialités sont le *risotto giallo* (riz au safran), la *cotoletta alla milanese* (côtelette de veau panée au citron) et la *cazzouela* (mélange de porc et de chou). On trouve des glaciers et des pâtissiers à chaque coin de rue : goûtez au *panettone*, une délicieuse brioche milanaise aux fruits confits. *Il Giornale Nuovo* ("Le Nouveau Journal") donne la liste de tous les restaurants et boutiques de la ville. L'office de tourisme distribue également une brochure en anglais appelée *Milano Where, When, How*, où sont recensés tous les restaurants proposant de la cuisine étrangère.

Les plus grands **marchés** se tiennent autour de la **Via Fauchè** le samedi, le long du **Viale Papiniano** le mardi et le samedi, et sur la **Piazza Mirabello** le lundi et le jeudi. La **Fiera di Sinigallia**, une foire vieille de 400 ans où l'on trouve des objets extravagants et curieux, a lieu le samedi sur les berges de la Darsena, un canal situé dans le quartier des Navigli (Via D'Annunzio). Le **supermarché Pam**, V. Piccinni, 2 (✆ 02 29 51 27 15), accessible par le Corso Buenos Aires, est ouvert tlj 8h30-21h (fermé Lu. matin).

Non loin du Duomo, sur la V Orefici, vous trouverez d'excellentes épiceries. **Peck**, V. Cantu, 3, une rue qui donne sur la V. Orefici, est une vénérable *rosticceria* qui vend des foies gras, du jambon de la forêt noire et des desserts variés depuis 1883 (ouvert Ma-Sa 8h45-19h30 et Lu 15h-19h30). De la P. Duomo, dépassez l'office de tourisme et descendez la V. Marconi jusqu'à **Viel**, au n° 3, qui prépare de succulentes glaces, notamment un parfum figue-pêche mémorable. (Cône deux boules 2 €, ouvert Lu-Sa 7h-19h30.) Pour les noctambules, **Panino's Story**, sur la Piazza Lima et dans le Corso Buenos Aires, fait griller des paninis toute la nuit.

PIZZERIAS ET TRATTORIAS

❤ **Savini**, Gallerie V. Emmanuele II (✆ 02 72 003 433, www.thi.it). L'écrivain italien Castellaneta écrivit autrefois : "*Savini fait autant partie de Milan que la Scala ou la Galleria.*" Autant dire que c'est une institution. Depuis 1867, ce restaurant à la réputation internationale n'a pas changé de décor. Enfilez une tenue élégante et offrez-vous un splendide repas. Service 12 %. Ouvert Lu-Sa 12h30-14h30 et 19h30-22h30. Cartes Visa, MC, AmEx. ❖❖❖❖❖

❤ **Osteria del Binari**, V. Tortona, 1 (© 02 89 409 428). MM2 : Porta Genova. Des murs couverts de vigne et une cuisine régionale exquise font de ce restaurant l'endroit idéal pour un dîner romantique. Le personnel est aussi discret qu'attentionné. Une adresse chic. *Primi* 6 €, *secondi* 12 €. Ouvert Lu-Sa 19h-2h. Cartes Visa, MC, AmEx. ❖❖❖

❤ **Trattoria milanese**, V. S. Marta, 11 (© 02 86 451 991). MM1/3 : Duomo. De la P. Duomo, prenez V. Torino, tournez à droite sur V. Maurilio puis encore à droite sur V. S. Marta. Une cuisine milanaise simple et goûteuse servie avec amour depuis 1933. Arches en briques et gravures du vieux Milan sur les murs. L'*osso buco* (18 €) et la *costoletta alla milanese* (14 €) sont des merveilles. *Primi* 5-8 €, *secondi* 6-18 €. Couvert 2 €. Service 11 %. Ouvert Lu et Me-Di 12h30-15h et 19h-24h. Fermé les deux dernières semaines de juillet. Cartes Visa, MC, AmEx. ❖❖❖

Boeucc, P. Belgioso, 2 (© 02 76 020 224). MM3 : Monte Napoleone. Prenez la V. Manzoni en direction du Duomo, tournez à gauche sur V. Morone puis continuez jusqu'à la P. Belgioso. De lourdes portes protègent ce sanctuaire décoré de statues et de draperies en velours. Les gourous de la finance viennent déjeuner ici depuis 1696 ! *Primi* 11-13 €, *secondi* 19-24 €. Couvert 5 €. Ouvert Lu-Ve 12h40-14h30 et 19h40-22h30, Di 19h40-22h30. Cartes Visa, MC, AmEx. ❖❖❖❖❖

Don Lisander, V. Mansoni 12/A (© 02 76 020 130). MM3 : Monte Napoleone. Prenez la V. Manzoni en direction du Duomo. Le restaurant est sur la gauche avant le Museo Poldi-Pezzoli. Une carte italienne avec des touches de cuisine française ou espagnole. Les serveurs, cravate noire soigneusement nouée, sont aux petits soins d'une clientèle très smart. Magnifique jardin d'été. *Primi* 12,50 €, *secondi* 19-22 €. Ouvert Lu-Sa 12h30-14h30 et 19h30-22h30. Cartes Visa, MC, AmEx. ❖❖❖❖❖

Il Centro Ittico, V. F. Aporti, 35 (© 02 26 143 774). MM2/3 : Centrale F. S. Une marche de 20 mn le long de la V. F. Aporti, vers la P. Duca d'Aosta. Cette ancienne halle à poissons sert les meilleurs plats de mer de la ville. *Primi* à partir de 8 €, *secondi* à partir de 12 €. Ouvert Lu-Sa 12h30-14h30 et 20h-24h. Couvert 2,50 €. Cartes Visa, MC, AmEx. ❖❖❖

Osteria La Piola, V. Abruzzi, 23 (© 02 29 531 271). Dévorez les pâtes fraîches maison de cette *osteria con cucina*. Les chefs-d'œuvre de la cuisine milanaise sont au menu, notamment une *tipica cotoletta con osso alla milanese* de toute beauté (15 €). L'endroit est climatisé. Quelques tables en extérieur. Ouvert Lu-Sa 12h30-14h30 et 19h30-23h. Cartes Visa, MC, AmEx. ❖❖❖

Osteria Il Giardino dei Segreti, V. Sottocomo, 17 (© 02 76 008 376, www.ilgiardinodeisegreti.it). MM1 : S. Babila. De la P. S. Babila, suivez la C. Monforte vers la P. Tricolore, tournez à droite sur Viale Premuda puis à gauche sur V. Sottocorno. A l'écart des touristes, ce restaurant jouit d'un beau jardin ombragé. Un cadre rêvé pour déguster les plats de champignons ou de poisson. La liste des vins est complète. *Secondi* 12-16 €. Ouvert Lu-Sa 12h-15h et 18h-23h. Cartes Visa, MC, AmEx. ❖❖❖

Osteria del Treno, V. S. Gregorio, 46/48 (© 02 670 04 79). MM2/3 : Centrale F. S. De la P. Duca d'Aosta, prenez la V. Pisani et tournez à gauche sur V. S. Gregorio. Une brasserie noire de monde à midi. Menu écrit à la craie Les plats sont copieux. *Primi* en self-service 3,10-4,13 €, *secondi* 4,65-6,20 €. Les prix sont un peu plus élevés le soir. Ouvert Di-Ve 12h-14h30 et 7h-22h30. ❖❖

Big Pizza Da Willy 2, V. G. Borsi, 1, le long de V. A. Sforza (© 02 83 96 77). Cette pizzeria ne s'appelle pas comme cela pour rien ; les pizzas sont gargantuesques. La bière coule à flots dans ce repaire d'étudiants affamés. Pizza 5-8 €. Ouvert Lu-Ve 11h-24h, Sa-Di 18h-24h. D'autres branches se trouvent Piazzale XXIV Maggio et V. Buonarroti 16. ❖❖

Il Panino Giusto, V. Malpighi, 3 (© 02 29 409 297). MM1 : Porta Venezia. Pour les amateurs exigeants de panini. Essayez le renommé *tartufo*, fourré au fromage, à la tomate, au *pros-*

ciutto cru, le tout avec une pointe d'huile d'olive. Ouvert tlj 12h-24h30. Cartes Visa, MC, AmEx. ❖

Focaccerie Genovesi, V. Plinio, 5. MM1 : Lima. Oubliez les conseils de votre diététicien et dévorez sans complexe une *focaccia fromaggio* débordante de graisse (2,40 €). Une adresse d'habitués, pour ne pas dire d'initiés. Ouvert tlj 10h30-14h et 16h30-20h. ❖

Sapori di Romagna, V. A. Sforza, 9 (✆ 339 646 24 02). Paninis croustillants à souhait, crêpes sucrées ou salées font le bonheur d'une clientèle qui fait parfois la queue dehors. Ouvert Lu-Sa 12h-23h30. ❖

Ristorante "La Colubrina", V. Felice Casati, 5 (✆ 02 29 51 84 27). MM1 : Porta Venezia. Nappes rouges et sol en mosaïque accueillent une clientèle de quartier. Pizzas 3,10-5,16 €. A midi, menu copieux à 10 €. Plats du jour 5,50-12 €. Vin 4 € le litre. Couvert 1,30 €. Ouvert Sep-Juil, Ma-Sa 12h-14h30 et 19h-23h30, Di-Lu 19h-23h30. ❖❖❖

Pizzeria Premiata, V. Alzaia Naviglio Grande, 2 (✆ 02 89 40 06 48). MM2 : Porta Genova. En sortant du métro, prenez la Via Vigevano, puis la 2e à droite, la Via Corsico, et ensuite à gauche dans la Via Alzaia Navirio Grande. Un des lieux de prédilection des étudiants milanais. Service un peu long le soir mais les portions sont généreuses. Pizzas à partir de 4,65 €, *primi* autour de 7,75 €. Ouvert tlj 12h-2h. Cartes Visa, MC, AmEx. ❖❖❖

Pizzeria/Ristorante Casati 19, V. F. Casati, 19 (✆ 02 204 72 92). MM1 : Porta Venezia. Remontez le C. Buenos Aires jusqu'au croisement avec la V. F. Casati. Près des hôtels San Tomaso et Kennedy. Choisissez votre poisson sur l'étal tapissé de glace pilée. Pizza 5,20-6,80 €. *Secondi* 4,14-15,50 €. Ouvert Je-Ve et Di 12h-14h30 et 19h-23h30, Sa 19h-23h30. Cartes Visa, MC, AmEx. ❖❖

Princi il Bread & Breakfast, V. Speronari, 6 (✆ 02 87 47 97), près de la P. Duomo. Une boulangerie à succès qui sert des focaccias dorés et d'appétissants strudels au miel. Idéal pour manger rapide et pas cher. Ouvert Lu-Sa 9h-20h30. ❖

❤ **Brek**, V. Lepetit, 20 (✆ 02 670 51 49), près de la gare. Self-service de plus en plus apprécié par les Milanais. Vous composez vous-même votre repas et les produits frais sont cuisinés sous vos yeux. Air conditionné et salle non-fumeurs. *Primi* 3 € environ, *secondi* 4-7 €. Ouvert Lu-Sa 11h30-15h et 18h30-22h30. Autres adresses : **Piazza Cavour**, à la hauteur de la Via Manzoni (✆ 02 65 36 19, MM3 : Napoleone) et **Porta Giordano** (✆ 02 76 02 33 79, MM1 : San Babila). ❖

Rinomata Gelateria, A. Naviglio Pavese, 2 (✆ 02 58 113 877), au coin de Ripa di Porta Ticinese. Après la tournée des bars de Naviglio, rien de tel que de venir ici savourer une glace pour retrouver ses esprits. Cornet simple à deux boules 1,80 €. Ouvert Lu-Sa 9h-24h. ❖

CUISINE ÉTRANGÈRE

❤ **Il Fondaco dei Mori**, V. Solferino, 33 (✆ 02 65 37 11). MM2 : Moscova. Remontez jusqu'à la Piazza XXV Aprile par le Corso Garibaldi et prenez à droite à la hauteur de la Porta Nuova. La Via Solferino est la deuxième rue à droite. Pas d'enseigne. Sonnez à la petite porte du grand portail en bois. Entrez sous le porche et continuez jusqu'à la porte surmontée d'une étoile blanche. C'est l'un des premiers restaurants musulmans d'Italie. Il est dirigé par le "Circolo Culturale Amis" qui valorise la culture islamique en Italie. C'est un *must* à Milan. Demandez au dynamique propriétaire, Ali, si vous pouvez manger sous une tente, avec tapis, coussins et tapisseries assortis. Aucun alcool n'est servi, mais goûtez aux délicieux yaourts à la mangue et au café au gingembre. Tous les plats sont *hallal*. Menu végétarien 8 € (déjeuner). Délicieux buffet 12 € (dîner). *Kebabs* 10 €. Couvert 1,55 €. Ouvert Lu-Sa 12h-15h et 19h30-24h, Lu. 19h30-24h. Cartes Visa, MC. ❖❖❖❖

❤ **Caffè Vecchia Brera**, V. dell'Orso, 20 (✆ 02 86 461 695). MM1 : Cordusio. De la P. Cordusio, prenez la V. Broletto jusqu'à ce qu'elle devienne la V. M. Vetero. Cuisine française inspirée avec un soupçon d'influence locale. Crêpes 3,50-7 €. Cocktails 5-6,50 €. Ouvert tlj 7h-2h. ❖❖

Fondue di Pechino, V. Tadino, 52 (✆ 02 29 405 838). MM1/3 : Centrale F. S. Prenez la V. Vitruvio puis à droite sur V. Tadino. L'antre de la fondue (pas seulement au fromage).

Plongez toutes sortes d'ingrédients dans votre caquelon. Menu déjeuner 7 €. Ouvert tlj 11h30-15h30 et 18h30-24h. ❖❖

Ristorante Asmara, V. Lazzaro Palazzi, 5 (✆ 02 29 52 24 53, www.ristoranteasmara.it). MM1 : Porta Venezia. Descendez le Corso Buenos Aires, c'est la troisième rue à gauche. Cuisine érythréenne, que l'on mange avec les doigts à l'aide de morceaux d'un pain moelleux (*injera*). Asseyez-vous sur le balcon. Demandez un assortiment de plats végétariens *"un po di tutto vegetariano"*. Plats végétariens 9,30 €, autres plats (copieux) 9-12 €. Thé éthiopien servi gracieusement à la fin du repas. Ouvert 12h-15h et 18h-24h. Fermé Me. Cartes Visa, MC, AmEx. ❖❖❖

VISITES

LE QUARTIER DE LA CATHÉDRALE

❤ **LA CATHÉDRALE.** Centre géographique et spirituel de Milan, le **duomo**, fleuron de l'art gothique flamboyant, constitue un bon point de départ pour explorer la ville à pied. En 1386, le duc **Gian Galeazzo Visconti**, qui voulait faire de Milan une grande capitale européenne, dédie la cathédrale à la Nativité en espérant obtenir un héritier. La construction se poursuit de manière sporadique pendant quatre siècles et s'achève finalement en 1809 sur ordre de Napoléon, alors roi d'Italie. Cette cathédrale comprend 3400 statues, 135 flèches, 96 gargouilles et des kilomètres de dentelle de pierre. C'est aujourd'hui l'une des plus grandes cathédrales européennes, après Saint-Pierre de Rome, Saint-Paul de Londres et la cathédrale de Séville. Sa façade triangulaire est un curieux mélange d'éléments gothiques et d'éléments baroques italiens. Elle est ornée en son sommet d'un fronton d'une extrême finesse. A l'intérieur (beaucoup plus sobre), les cinq nefs sont séparées par 52 énormes piliers, surmontés d'un cercle de niches où logent des statues. Sous cette haute coupole (68 m), l'église offre 4000 places assises ! Depuis les étroits bas-côtés s'élèvent de majestueux vitraux, considérés comme les plus grands du monde. Dans le transept droit, l'imposant **tombeau en marbre de Giacomo de Médicis**, frère du pape Pie IV, est inspiré du style de Michel-Ange. Depuis le côté gauche du transept, on peut ❤ **grimper sur les toits** par un escalier et admirer de plus près le travail d'orfèvre des sculpteurs. Sur la grande flèche, qui culmine à 108 m, fut posée au XVIIIe siècle une statue dorée de la Vierge. Les chercheurs qui s'intéressent aux premières conceptions de l'anatomie humaine viennent voir la statue de saint Barthélemy (1562). Sculptée par le vaniteux **Marco d'Agrate**, la statue représente le saint qui fut écorché vif portant sa propre peau. L'allée du toit permet de se promener tranquillement autour de l'édifice et de voir de près les statues de marbre blanc. On peut observer le travail de restauration, qui commence par le nettoyage et la remise en état de la toiture qui bien que régulière n'en semble pas moins fragile. Par temps clair, vous pouvez profiter d'un panorama sur la ville, avec les Alpes en toile de fond. *(MM1 : Duomo. Ouvert tlj 9h-19h ; Nov-Fev 9h-16h45. Tenue correcte exigée. Accès aux toits tlj 9h-17h30. Entrée 3,50 €, ascenseur 5 €.)*

Le **Museo del Duomo**, récemment rénové, expose de nombreux objets relatifs à la construction de la cathédrale, notamment des ébauches et des dessins exécutés par les bâtisseurs de l'époque. Vous ne manquerez pas d'admirer le travail des charpentiers en découvrant leurs maquettes. Vous pourrez ainsi, après avoir vu l'original, vous figurez les différentes étapes nécessaires à son édification. *(Dans le Palazzo reale, P. del Duomo, 14, en face de l'aile droite de la cathédrale. ✆ 02 86 03 58. Ouvert tlj 10h-13h15 et 15h-18h. Entrée 6 €.)* Dans le Palazzo Reale, on trouve également le **Museo d'Arte contemporanea** avec, à l'étage, une belle collection d'art italien du XXe siècle, mais aussi quelques toiles de Picasso. *(✆ 02 62 08 32 19. Ouvert Ma-Di 9h30-17h30. 6,20-9,30 €. Accessible aux handicapés.)*

❤ **LA PINACOTHÈQUE AMBROSIENNE.** Les 13 salles de la **Pinacoteca ambrosiana** comptent de belles œuvres datant du XIVe au XIXe siècle, dont la *Vierge au baldaquin* de Botticelli, le captivant *Portrait d'un musicien* de Léonard de Vinci, le carton de Raphaël pour *L'Ecole d'Athènes*, le *Panier de fruits* du Caravage (premier exemple de nature morte en Italie), l'*Adoration des Rois mages* du Titien, des œuvres de Brueghel et de Bril, et plusieurs portraits de Hayez. La cour est remplie de bustes sculptés et l'escalier est décoré de marbre et de mosaïques éblouissantes. *(P. Pio XI, 2. Suivez la Via Spadari, perpendiculaire à la Via Torino, puis prenez à gauche la Via Cantù. © 02 86 46 29 81. Ouvert Ma-Di 10h-17h30. Entrée 7,50 €)*

❤ **LE THÉÂTRE DE LA SCALA.** Connu sous le simple nom de La Scala, le **Teatro alla Scala** est l'opéra le plus prestigieux du monde. Il occupe le site de l'ancienne église de Santa Maria alla Scala. C'est dans ce bâtiment néoclassique (1778) que la cantatrice Maria Callas devint une légende. Pour admirer la somptueuse salle, ses rangées de balcons et ses deux galeries, il faut entrer par le **Museo teatrale alla Scala**. Vue des loges, qui s'échelonnent dans cette salle en fer à cheval, la fosse d'orchestre semble une lointaine oasis, perdue dans une mer de velours rouge. Dans le musée, vous verrez un ensemble de masques en terre cuite réalisés entre le IVe siècle av. J.-C. et le IIe siècle après J.-C. A l'étage, vous pourrez admirer des marionnettes de plusieurs traditions, allant de l'opéra classique jusqu'au théâtre d'ombres asiatique. Ne soyez pas surpris par la présence de quelques mèches de Verdi, ni par celle des moulages en plâtre des mains de grands chefs d'orchestre. *(Piazza della Scala. A l'opposé de la Galleria Vittorio Emanuele II en partant de la cathédrale. © 02 805 34 18. Musée ouvert tlj 9h-18h. Dernière visite : 17h15. Entrée 5 €.)*

❤ **LE MUSÉE POLDI-PEZZOLI.** Le musée présente de belles collections privées léguées à la ville par Poldi Pezzoli en 1879. Les chefs-d'œuvre du musée sont exposés dans la salle Dorée, qui donne sur un joli jardin. On peut admirer de magnifiques œuvres du XVe siècle, la *Vierge à l'Enfant* d'Andrea Mantegna, la *Madone à l'Enfant* de Botticelli, l'*Ecce Homo* de Giovanni Bellini, le *Portrait de jeune femme* d'Antonio del Pollaiolo et la remarquable *Lagune* de Guardi. Les étages sont consacrés à diverses petites collections. Les magnifiques armes italiennes qui y sont exposées valent à elles seules le détour. Autre objet remarquable : une armure hérissée de mamelons en métal, dont la silhouette rappelle étrangement celle d'un pack de bière. *(A quelques minutes de marche de La Scala. V. Manzoni, 12. © 02 79 48 89. Ouvert Ma-Di 10h-18h. Entrée 6 €.)*

LA GALERIE VITTORIO EMANUELE II. L'entrée monumentale de la **Galleria Vittorio Emanuele II** se dresse sur la gauche de la cathédrale. Ses étages en arcades, qui abritent des cafés, des boutiques et des bureaux, sont surmontés d'une voûte en berceau et d'une imposante coupole de verre et d'acier (48 m de haut). Des mosaïques représentant les continents occupés jadis par l'Empire romain ornent le sol et les murs de la salle octogonale au centre de la galerie. Celle-ci, autrefois consacrée à l'art, est aujourd'hui le centre de multiples activités commerciales. Ne manquez pas le Mediastore, le plus grand magasin de musique d'Italie. *(© 06 46 02 72. Ouvert Lu-Sa 10h-23h et Di. 10h-20h. Entrée libre.)*

LE MUSÉE BAGATTI VALSECCHI. Dans cette demeure habitée jadis par une famille aristocratique du XIXe siècle, on peut voir des armes précieuses, des céramiques, des mosaïques et des objets en ivoire allant du XVe siècle à nos jours. *(MM3 : Napoleone. V. Gesù, 5, ou V. Santo Spirito, 10. Depuis la sortie du métro, la Via Gesù est la 2e rue à gauche. © 02 76 00 61 32. Ouvert Ma-Di 13h-17h45. Entrée 6 €, le Me 3 €.)*

LES ENVIRONS DU CHÂTEAU DES SFORZA (CASTELLO SFORZESCO)

LE CHÂTEAU DES SFORZA. Restauré après avoir été ravagé par une bombe en 1943, le **Castello sforzesco** est l'un des plus célèbres monuments de la ville. Construit au XIVe siècle comme défense contre Venise, il comportait des baraquements militaires, des écuries et une réserve qui servit d'atelier à Léonard de Vinci. Ancienne résidence des ducs de Milan, le château abrite aujourd'hui les **Musei civici**, dont le **musée des Instruments de musique**, le **musée de la Sculpture** et la **pinacothèque**. Le rez-de-chaussée est le plus intéressant, avec une collection de sculptures comprenant la *Pietà Rondanini* de Michel-Ange, sa dernière œuvre, restée inachevée. Soutenu par un ensemble de colonnes de marbre, le tombeau du duc Bernabo Visconti (XIVe siècle) trône dans l'entrée, le duc y est immortalisé sur son cheval préféré. Dans le **musée des Arts appliqués**, ne manquez pas l'*Automa contesta di demonio*, une "caricature mécanique", dont le personnage en bois affublé d'oreilles pointues, d'yeux rouges et d'une langue articulée, est mu à distance par un mécanisme dissimulé. *(MM1 : Cairoli. © 02 88 463 703. Ouvert Ma-Di 9h30-19h30. Entrée libre.)*

❤ **LA PINACOTHÈQUE DE BRERA.** La **Pinacoteca di Brera**, installée dans un palais du XVIIe siècle, réunit l'une des plus impressionnantes collections de tableaux d'Italie. Vous y verrez des œuvres allant du XIVe au XXe siècle, avec une prédilection pour l'école lombarde. On y admire notamment la *Pietà* de Bellini (1460), *Le Baiser* d'Hayez (1859), le *Christ mort* d'Andrea Mantegna (1480), le *Mariage de la Vierge* de Raphaël (1504), le *Repas d'Emmaüs* du Caravage (1606) et la *Conversation sacrée* de Piero della Francesca (1474). Les fresques vives et animées de la *Casa dei Panigarola* contrastent avec les tableaux aux sujets plus dramatiques du musée. On peut également découvrir une collection de peintures modernes assez intéressante avec, entre autres, des œuvres de Modigliani et de Carlo Carrà, et la célèbre *Tête de taureau* de Picasso. *(MM2 : Lanza. V. Brera, 28, tout de suite après la Via Guiseppe Verdi en partant de La Scala. © 02 72 26 31. Ouvert tlj 8h30-19h30. Entrée 6,20 €, citoyens de l'Union Européenne entre 18 et 25 ans 3,10 €. Accessible aux handicapés.)*

NAPOLÉON ET L'ITALIE La campagne d'Italie de 1796-1797 permet au jeune Bonaparte de révéler son génie militaire. A la tête des armées révolutionnaires, il entre à Milan en mai 1796 et annonce aux Italiens qu'il est venu "briser leurs chaînes". Cela ne l'empêchera pas de mettre un terme à la république de Venise puis d'abandonner la Vénétie à l'Autriche. Malgré les abus qui accompagnent l'occupation, l'arrivée des armées révolutionnaires françaises dans la péninsule permet au peuple italien de découvrir une nouvelle conception de la liberté. En 1799, les armées révolutionnaires sont chassées de Lombardie par l'armée austro-russe mais, un an plus tard, Bonaparte rétablit la domination française grâce à la victoire de Marengo. Après la proclamation de l'Empire français (mai 1804), la République cisalpine devient le royaume d'Italie. Napoléon 1er est couronné à Milan en mai 1805, et il confie la charge de la vice-royauté à son beau-fils Eugène de Beauharnais. Dès lors, l'Empire s'arroge progressivement l'intégralité de la péninsule. Après le Piémont, annexé dès 1802, sont englobés dans l'Empire français la République ligurienne, l'Etrurie et les Etats pontificaux (la Vénétie, le Trentin et Trieste). En 1809, la domination napoléonienne s'étend sur toute l'Italie continentale. Après la défaite de Leipzig, les Autrichiens envahissent l'Italie au cours de l'automne 1813, au moment où les Italiens se lassent des abus de la domination française. Le congrès de Vienne de 1814-1815 met un terme à la présence française en Italie. Au cours de la période napoléonienne, les Italiens se sont habitués pour la première fois à vivre ensemble, sous les mêmes lois (Code Napoléon) et sous le même régime administratif. Cette expérience contribuera grandement au Risorgimento. L'idée de l'Etat-nation véhiculée par les Français prévaut en 1870 lors de la création de l'Etat italien.

L'ÉGLISE SAINTE-MARIE-DES-GRÂCES. La **Chiesa di Santa Maria delle Grazie**, couvent du XVe siècle, renferme trois réalisations de Bramante (1444-1514), le grand architecte qui travailla à Milan et à Rome : la coupole, la splendide tribune datant de 1492 et un joli cloître (auquel on accède par une porte à gauche de la nef). A côté de l'entrée de l'église, dans l'ancien réfectoire du monastère, le **Cenacolo Vinciano** abrite la célèbre **Cène** de Léonard de Vinci. Le peintre a choisi de représenter le moment du repas où Jésus-Christ déclare aux apôtres : "L'un de vous va me trahir." *(P. Santa*

Maria delle Grazie, le long du Corso Magenta, qui coupe la Via Carducci. MM1 : Cadorna. ✆ 02 89 42 11 46 ou 02 199 199 100. Arrivez tôt le matin ou dans la soirée si vous voulez éviter la foule et l'attente au guichet. Réserver une visite est fortement recommandé. Ouvert Ma-Di 8h-19h30 et Sa. 8h-23h. Entrée 6,50 €, moins de 18 ans et plus de 65 ans 3,25 €. Audio-guide 2,50 €. Prix de la réservation : 1,50 €. Accessible aux handicapés.)

LE MUSÉE NATIONAL DES SCIENCES ET DES TECHNIQUES LÉONARD DE VINCI. Une visite du **Museo nazionale della Scienza e della Tecnica Leonardo da Vinci** s'impose pour mieux connaître le grand maître. Il permet d'avoir un aperçu historique des précurseurs de la technologie moderne. La salle des "ordinateurs" présente une machine hybride étonnante : un piano transformé en machine à écrire par le Turinois Eduardo Hughes en 1885. Les touches correspondent à des lettres qui sont imprimées sur un ruban par un rouet. Une autre salle abrite les maquettes en bois des inventions géniales et futuristes du maître italien, tandis qu'une autre section est consacrée à la physique appliquée. *(V. San Vittore, 21, près de la Via Carducci. MM2 : Sant'Ambrogio. ✆ 02 48 55 51. Ouvert Ma-Ve 9h30-16h50 et Sa-Di 9h30-18h20. Entrée 6,20 €, moins de 12 ans et plus de 60 ans 4,20 €.)*

❤ **LA BASILIQUE SAINT-AMBROISE.** La **Basilica di Sant'Ambrogio**, qui fut fondée par Saint Ambroise au IVe Siècle, est un superbe exemple du style roman lombard (XIe et XIIe siècles). C'est l'édifice médiéval le plus prestigieux de Milan. Des reliefs du IXe siècle en or et en argent décorent le maître-autel. Derrière l'autel, vous pourrez descendre dans la crypte où vous verrez la sépulture du saint (340-397) ainsi que celle de saint Protais. Dans la nef, la septième chapelle sur la droite est la minuscule **Cappella di San Vittore in Ciel d'Oro** du IVe siècle, dont la coupole est ornée de ravissantes mosaïques du Ve siècle. *(MM1 : Sant'Ambrogio. Ouvert Lu-Sa 7h30-12h et 14h30-19h, Di. 15h-19h. Entrée libre. Audioguides disponibles à l'arrière de la basilique, 1 €.)*

❤ **LE STADE GIUSEPPE MEAZZA.** Après la visite de la cathédrale, celle du **Stadio Giuseppe Meazza** amène forcément à se poser une question cruciale : Quel est le véritable lieu de culte des Milanais ? C'est sans doute pour mieux mettre en évidence leur caractère sacré que les chaudes rencontres entre l'Inter et l'AC Milan se déroulent le dimanche. La visite (proposée en anglais et en italien) vous fera voyager à travers un véritable mémorial du football. Vous passerez par les tribunes d'honneur et pénétrerez dans les vestiaires où sont exhibés les maillots des deux équipes. *(V. Piccolomini, 5. MM2 : Lotto. Suivez le Viale Federico Caprilli, le stade est sur votre gauche. L'entrée se fait porte n° 5. Visites Lu-Sa 10h-17h. Entrée 10 €, moins de 18 ans et plus de 65 ans 7 €. Forfaits pour les groupes à partir de 20 personnes. Les tickets pour les matchs du Milan A.C. s'achètent V. Turati, 3 (MM3 : Turati) ; les tickets pour l'Inter s'achètent V. Durini, 24 (MM1 : S. Babila))*

LE CHEVAL DE LÉONARD DE VINCI. Pendant 17 ans, Léonard de Vinci travailla à concevoir la plus grande statue équestre jamais sculptée. Mais il n'eut pas le loisir de réaliser cette pièce destinée au château des Sforza. Il y a une dizaine d'années, Charles Dent eut l'idée de réaliser "Ce cheval qui ne fut jamais" en s'inspirant des esquisses de Léonard de Vinci. De l'aveu même de Dent, sa statue s'éloigne du dessein initial du génie de la Renaissance. Attention, le néophyte pourrait s'y tromper, elle n'est pas d'époque. *(Vle Federico Caprilli, 6-16. MM1 : Lotto. Descendez la Via F. Caprilli jusqu'à ce que vous aperceviez le stade sur votre gauche. La statue se trouve à droite, derrière un large portail. Ouvert tlj 9h30-18h30. Entrée libre.)*

DU CORSO DI PORTA ROMANA AU QUARTIER DES NAVIGLI

Les monuments étant relativement éloignés les uns des autres, il est conseillé d'utiliser les transports en commun.

❤ **LE QUARTIER DES NAVIGLI.** Surnommé la "Venise de Lombardie", le quartier des Navigli est un ensemble de canaux, de petites passerelles, d'allées et de marchés découverts, particulièrement vivant le soir. Ce quartier fait partie du réseau médiéval de canaux dont les écluses originales furent dessinées par Léonard de Vinci. Ceux-ci reliaient autrefois les villes du Nord aux lacs. *(A la sortie de la station Porta Genova, ligne MM2, sous l'arche néoclassique de la Porta Ticinese.)*

LA BASILIQUE SANT'EUSTORGIO. Fondée au IVe siècle, l'église était destinée à conserver les reliques des Rois mages. Après sa destruction en 1164, celles-ci furent emportées à Cologne. La reconstruction s'échelonna sur les XIIe et XIIIe siècles. La décoration intérieure est typique du style gothique lombard avec des voûtes basses en ogive soutenues par de lourdes colonnes. Le joyau de l'église est la ❤ **chapelle Portinari** (1468), un chef-d'œuvre du début de la Renaissance attribué à l'architecte florentin Michelozzo. Au centre de la chapelle se trouve la magnifique **tombe gothique de saint Eustorge** (1339), réalisée par Giovanni di Balduccio de Pise. Le cercueil orné est posé sur les épaules en marbre blanc de dévots, l'un d'eux a trois visages. *(P. Sant'Eustorgio, 3. Pour vous y rendre, descendez le Corso Ticinese en partant de l'église San Lorenzo Maggiore. Tramway n° 3. Ouvert Me-Lu 9h30-12h et 15h30-18h. Chappelle ouverte Ma-Di 16h30-18h30.)* Près de l'église se trouve la **Porta Ticinese**, qui date du XIIe siècle.

L'ÉGLISE SAN LORENZO MAGGIORE. La plus vieille église de Milan fut érigée au IVe siècle sur les vestiges d'un bâtiment beaucoup plus ancien. Reconstruite plus tard (le clocher date du XIIe siècle et le dôme du XVIe siècle), elle conserve son plan octogonal d'origine. A droite de l'église se dresse la **chapelle Sant'Aquilino** (XIVe siècle), à l'intérieur de laquelle on peut admirer une mosaïque du IVe siècle représentant le Christ jeune (et sans barbe) au milieu des apôtres. Un escalier derrière l'autel conduit aux ruines d'un ancien amphithéâtre romain. *(C. Ticinese. MM2 : Porta Genova, puis tramway n° 3 dans la Via Torino. Ouvert tlj 7h30-18h45. Entrée pour la chapelle 2 €.)*

DANS LES GIARDINI PUBBLICI

LA GALERIE D'ART MODERNE. La **Galleria d'Arte moderna** se trouve dans la Villa comunale, où Napoléon séjourna avec Joséphine à l'époque où Milan était la capitale de son royaume d'Italie (1805-1814). Le musée, inspiré par Versailles, présente d'importantes œuvres d'art moderne lombard ainsi que des toiles de peintres impressionnistes. On y trouve aussi le portrait de *Beatrice Hastings* de Modigliani (1915), la *Tête* de Picasso, le *Wald Bau* de Klee et la *Nature morte avec une bouteille* de Morandi, ainsi que des œuvres de Matisse, de Mondrian et de Dufy. *(V. Palestro, 16 MM1/2 : Palestro. Près des Giardini pubblici de la Villa comunale. © 02 76 00 28 19. Ouvert Ma-Di 9h-17h30. Entrée libre.)* Attenant à la galerie, le **Padiglione d'Arte contemporanea** (pavillon d'Art contemporain, également appelé PAC) regroupe un ensemble extravagant de vidéos, de photos, de créations multimédia et de peintures. Après avoir admiré l'art classique, ce bastion du postmodernisme vous semblera peut-être stérile ou au contraire vivifiant. *(MM1 : Cardona. Suivez la Paleocapa depuis la Piazza Cardona qui devient la Via Alemagna. Accessible aux handicapés. Ouvert Di-Me 9h30-18h et Je 9h30-19h. Entrée 8 €.)*

LE MUSÉE D'HISTOIRE NATURELLE. Le **Museo civico di Storia naturale** est consacré à la géologie et à la paléontologie. Il a une vocation internationale, mais se focalise surtout sur l'histoire naturelle de l'Italie. Lorsque l'on voit le besanosaurus qui arpentait la Lombardie voilà 325 millions d'années, même la cathédrale vous semblera récente. *(C. Venezia, 55, dans les Giardini pubblici. © 02 78 13 02. Ouvert Lu-Ve 9h-18h et Sa-Di 9h30-18h30. Entrée libre.)*

SORTIES

La ville finance plusieurs manifestations culturelles tout au long de l'année. Vous trouverez le programme dans le magazine mensuel *Milano Mese*, distribué à l'office de tourisme.

OPÉRA

Peu de villes au monde ont développé un amour de l'opéra aussi fort que Milan. Pendant les travaux de rénovation de la Scala, la troupe de chanteurs se produit dans le **Teatro degli Arcimboldi**. La qualité de l'acoustique est exceptionnelle. Même si vous êtes placé sur les fauteuils les plus éloignés (et les moins chers), vous profiterez d'un son éblouissant. Les soirs de spectacle, un bus navette part de la P. Duomo (en face du Mc Do) (de 18h45 à 19h15, 1 €) ainsi que de la station de métro MM1 : Precotto. Les billets s'achètent au guichet temporaire de la Scala qui se trouve dans la station de métro du Duomo. (✆ 02 72 023 339, www.teatroallascala.org. Tickets 10-155 €. A midi le jour même, les billets invendus sont proposés à moitié-prix. Ouvert tlj 12h-18h.)

THÉÂTRE

Le **Piccolo Teatro**, V. Rovello, 2 (✆ 02 72 33 32 22), près de la Via Dante, était dans les années d'après-guerre un théâtre politiquement engagé : c'est le regretté et talentueux Giorgio Strehler qui en était le directeur. Il est aujourd'hui propriété de la municipalité et programme des pièces originales et classiques à petit budget. (Spectacles Ma-Sa à 20h30 et Di. à 16h. Place 20 €, étudiants 12 €.) Les **Teatri d'Italia di Porta Romana**, C. di Porta Romana, 124 (✆ 02 58 31 58 96), proposent des pièces "expérimentales" et des premières œuvres (la place 15 €). Pour y aller, prenez le bus n° 13 depuis la Via Marconi, près de la Piazza del Duomo. En juin et en juillet, les Teatri d'Italia parrainent le **Milan Oltre**, un festival de théâtre, de danse et de musique. Appelez l'**Ufficio Informazione del Comune** au ✆ 02 86 46 40 94, pour plus de détails. Le **Carnevale** de Milan, amical et chaleureux, transforme les rues en véritables scènes de théâtre. De plus en plus populaire, il attire les déçus du carnaval de Venise qui trouvent que les acteurs sont de moins en moins bien costumés. Il a lieu tous les ans du jeudi au samedi après le mercredi des Cendres, dans toute la ville et spécialement autour de la cathédrale.

CINÉMA

Vous trouverez la liste des très nombreux cinémas de Milan dans les journaux de la ville (en particulier dans l'édition du jeudi). Le mercredi, l'entrée coûte 3,61 € (au lieu du tarif habituel 4,13-5,16 €). Il est plus facile de trouver à Milan qu'ailleurs en Italie des cinémas projetant des films en version originale. En voici quelques-uns : l'**Anteo**, V. Milazzo, 9 (✆ 02 659 77 32, MM2 : Moscova), l'**Arcobaleno**, V. Tunisia, 11 (✆ 02 29 40 60 54, MM1 : Porta Venezia), et le **Mexico**, V. Savona, 57 (✆ 02 48 95 18 02, MM2 : Porta Genova, place 4,65 €, étudiants 3,87 €). Si vous vous intéressez à ce qui se passe derrière le grand écran, allez voir les *Collezioni della Cineteca italiana* du **Museo del Cinema**. Situé tout près des Giardini pubblici, ce musée en sous-sol recèle de nombreux témoignages de l'histoire du septième art. Un catalogue du musée est disponible pour 2,28 €. Parmi les curiosités, à noter une cabine de projection attribuée au pionnier du cinéma italien, Italo Pacchion, et un dispositif signé Thomas Edison, qui projette des images et diffuse en synchronisation des sons. (V. Daniele Manin, 2B. ✆ 02 655 49 77. MM3 : Turati. Entrée 3 €.)

SHOPPING

Gardez à l'esprit que la plupart des magasins milanais sont fermés le lundi matin. Si vous supportez l'idée d'être en retard d'une saison sur la mode, vous trouverez les collections de la saison précédente dans les *blochisti* (stocks de vêtements où l'on trouve toutes les grandes marques). **Monitor**, V. Monte Nero (MM3 : Porta Romana, puis tramway n° 9 ou n° 29), et le fameux **Il Salvagente**, V. Bronzetti, 16, près du Corso XXII Marzo (bus n° 60 depuis MM1 : Lima, ou MM2/3 : Stazione Centrale), proposent des prix intéressants. Pour des vêtements plus abordables mais toujours élégants, arpentez les grands magasins et les boutiques à la clientèle plus jeune du **Corso Buenos Aires**. Tous les magasins sont ouverts de 10h à 12h30 et de 14h30 à 19h. Allez au ❤ **K-Shop**, P. Argentina (MM1/2 : Loreto), pour du sportswear à prix réduit. **J.D.C**, C. Buenos Aires, 61, propose une excellente sélection de vêtements. Essayez aussi **Gio Cellini**, C. Buenos Aires, 30, pour ses chaussures à la mode, disponibles dans toutes les couleurs. Pour les femmes, **Pimpkie**, C. Buenos Aires, 19, habille à des prix raisonnables. La **Via Torino**, au sud de la cathédrale, abrite l'élégant **Upim** (au coin de la Via Spadar). **Crash**, V. Torino, 46, est le temple des vêtements techno, idéaux pour la discothèque ou la ville, et à des prix abordables. A la **Gallerie-A**, dans la Via Torino, au niveau de la Piazza San Giorgio, vous trouverez les vêtements branchés les plus excentriques, dans un certain tissu noir et rose qui fait fureur. On y trouve de tout, de la perruque au fouet, en passant par le fameux vêtement fétiche. Enfin, dans la **Via Sarpi**, au niveau de la Porta Garibaldi, on trouve des boutiques de vêtements pas trop chers.

La brochure *Milano : Where, When, How* donne une liste de **marchés** et de **friperies**. Vous trouverez des magasins de vêtements d'occasion sur le Corso Garibaldi et sur le Corso di Porta Ticinese, dans le quartier des Navigli (MM2 : Porta Genova, puis bus n° 59). **Eliogabalo** (d'après Héliogabale, le nom de l'empereur romain obsédé par l'esthétique), P. Sant'Eustorgio, 2 (✆ 02 837 82 93), propose le dernier cri de la haute couture. Les amateurs de bonnes affaires viennent faire leurs emplettes le samedi et le mardi sur les marchés en plein air de la bien nommée **Via Fauchè** (MM2 : Garibaldi) et le samedi du côté de la **Viale Papinian** (MM2 : Sant'Agostino). La célèbre **Fiera di Sinigallia**, qui existe depuis quatre siècles, dans la Via D'Annunzio, est aussi propice aux bonnes affaires (le samedi uniquement). Le grand magasin La **Rinascente**, très chic, vaut aussi le détour ; c'est là qu'Armani commença sa carrière. (A gauche du Duomo, www.rinascenteshopping.com, ouvert Lu-Sa 9h-22h et Di 10h-22h.)

Les soldes d'hiver commencent le 10 janvier, les soldes d'été dès la fin juillet (20-50 % de réduction). Les boutiques de vêtements sont généralement ouvertes Lu. 15h-19h, Ma-Sa 10h-12h30 et 15h-19h30. Les fous furieux du shopping peuvent faire du lèche-vitrines dans le ❤ **quartier de la mode**, réputé dans le monde entier, entre le **Corso Vittorio Emanuele II**, près de la cathédrale, et la **Via Monte Napoleone**, au niveau de la Piazza San Babila. Descendez à l'arrêt San Babila de la ligne de métro n° 1, passez à gauche derrière la cathédrale pour rejoindre le Corso Vittorio Emanuele II et suivez-le pour arriver Piazza San Babila. Vous voilà dans l'endroit le plus branché de Milan. Si vous y pénétrez avec votre carte de crédit en poche, sachez que c'est à vos risques et périls. Ici, les vêtements sortent tout droit de l'atelier des créateurs et ce sont des produits d'avant-garde que vous ne trouverez nulle part ailleurs. La **Via Sant'Andrea**, entre la Via Monte Napoleone et la Via della Spiga, est aussi très chic.

Si vous passez d'abord par le **Corso Vittorio Emanuele II**, profitez de l'espace de transition qu'il vous offre avant d'être happé par le quartier de la mode : les centres commerciaux y côtoient les grandes marques. Si vous êtes un puriste, marchez jusqu'à la Piazza San Babila et tournez à gauche dans la Via Monte Napoleone : vous entrez dans le monde grandiose de la mode. Cela commence par **Louis Vuitton** et **Mila Schon**, des magasins dont l'atmosphère n'a rien à envier à celle des galeries d'art, et cela continue par **Les Copains**, **La Perla**, **Gucci**, **Larusmiani** et **Prada**. Après le croisement avec la Via Sant'Andrea (qui vaut aussi le coup d'œil), se succèdent **Valentino**, **Versace**, **Lorenz**, **Swatch**, **Alexander Nicolette** et finalement **Expensive**. La **Via Gesù**, au coin de la **Via Monte Napoleone** (un peu plus loin que la Via Sant'Andrea), justifie aussi une petite promenade. Les vitrines, tellement bien nettoyées qu'elles en deviennent invisibles, témoignent de l'extrême attention portée au détail. Mais les boutiques de mode sont nombreuses et il n'est nul besoin de se cantonner au territoire restreint de ce quartier, même s'il est saturé de griffes de renommée internationale.

VIE NOCTURNE

Consultez les journaux du mercredi (rubrique *Vivi Milano* dans le *Corriere della Sera*) ou du jeudi (rubrique *Tutto Milano* dans *La Repubblica*). Le magazine mensuel *Milano Magazine*, une publication de l'Ufficio Informazione del Comune, donne de nombreuses informations sur les bars, les films et les manifestations culturelles. Toutefois, le meilleur guide de la vie nocturne est *Pass Milano*, publié uniquement en italien, que vous trouverez dans la plupart des librairies. L'office de tourisme APT distribue également *Milano : When, Where, How*, en anglais, qui donne la liste, divisée en rubriques, des endroits où sortir. Les appellations italiennes ne recouvrent pas forcément les mêmes réalités qu'en français. Ainsi, les **discoteche** sont bien des boîtes de nuit, mais les **cabaret** s'apparentent à des salles de concerts et le mot **bar** signifie souvent boîte de nuit. Les **pubs** sont comme en France, des bars irlandais, anglais ou australiens. On peut donc y boire et parfois y manger, mais on n'y danse pas. Le mot **dancing** désigne une salle de danse pour personnes (très) âgées. Les **night clubs** sont des clubs érotiques. En général, les Milanais sortent du jeudi au dimanche matin et se reposent les autres soirs de la semaine. La plupart des clubs de la ville n'ouvrent pas avant 22h30 et l'heure "de pointe" est entre 23h30 et 2h30. De nombreuses boîtes de nuit organisent des soirées à thème (années 1970, années 1980, hard rock, *dance*/house, *trance*, cuir, gay, bi...). Les prix d'entrée varient. N'oubliez pas que tout est fermé au mois d'août. En septembre, après les rénovations de l'été, bars et discothèques présentent parfois des visages très différents.

Les galeries d'art, les petits bars et les restaurants de l'élégant quartier de la **Via Brera** (MM1 : Cairoli) sont fréquentés par une population de trentenaires aisés. Dès la tombée de la nuit, la jeunesse milanaise se rend dans les quartiers de la **Porta Ticinese** et de la **Piazza Vetra** près de l'église San Lorenzo, à 15 mn de marche de la cathédrale. On peut s'asseoir sur les pelouses des parcs, participer à un match de football, sortir sa guitare ou prendre une bière dans l'un des nombreux bars *(birrerie)*. La concentration la plus importante de bars se trouve dans le **quartier des Navigli**. La jeunesse milanaise s'y retrouve aux premières heures du jour.

Le **métro** ferme vers minuit et les **taxis** coûtent très cher, ce qui ne vous laisse pas d'autre choix que de rentrer à pied (c'est pourquoi il est préférable de sortir dans le quartier de votre hôtel). Vous pouvez vous déplacer relativement en sécurité la nuit à Milan, mais soyez vraiment prudent en banlieue ainsi qu'aux alentours de la gare et du Corso Buenos Aires.

Pendant l'été se déroulent beaucoup de **festivals de musique** à Monza, au nord de Milan. Renseignez-vous en lisant les journaux, en regardant les affiches dans la rue ou en demandant directement aux Milanais.

BARS ET DISCOTHÈQUES

AUX ENVIRONS DU CORSO PORTA TICINESE ET DE LA PIAZZA VETRA

❤ **Le Biciclette**, V. Conca dei Naviglio, 10 (✆ 02 58 104 325). Le vélo au plafond rappelle que le patron dirigeait autrefois un atelier de cycles. Ambiance chic et relaxe. Les clients sirotent leur cocktail tranquillement vautrés sur les immenses sofas. Bière et vin 4, 50 €. buffet *happy hour* 18h30-21h30. Ouvert tlj 19h-2h.

❤ **Exploit**, V. Piopette, 3 (✆ 02 89 408 675), à droite avant la Chiesa di S. Lorenzo Maggiore. Une clientèle d'habitués qui vient ici passer du bon temps entre amis. Bière très bon marché. Ouvert tlj 12h-15h et 18h-3h.

❤ **Yguana Café Restaurant**, V. Papa Gregorio XIV, 16 (✆ 03 38 109 30 97). Descendez le Corso Porta Ticinese puis tournez à gauche vers la Piazza della Vetra. Adoptez le style des beaux Milanais, un brin frimeurs tout de même, qui sirotent nonchalamment des cocktails à côté de leur scooter. *Happy hour* tlj 17h30-21h, brunch Di. 12h30-16h. Ouvert tlj 17h30-1h.

Grand Café Fashion, C. di Porta Ticinese, 60 (✆ 02 89 400 709). De la station P. Genova (MM2), prenez le tram n° 9 jusqu'à la Piazzale XXIV Maggio ; puis remontez la C. P. Ticinese. Le café se trouve à 15 mn de marche. Une clientèle de *Beautiful People* et des canapés en peaux de léopard du meilleur effet. Consommation obligatoire 7,75 €. Happy hour Ve 18h30-22h. Ouvert Ma-Di 18h-4h.

LE QUARTIER DES NAVIGLI

Rendez-vous jusqu'au bout du Corso della Porta Tricinese. Tournez à droite et traversez la Piazza XXIV Maggio vers la Via Ascanio Sforza et la Via del Naviglio, deux rues parallèles bordant un canal. Ou alors prenez le métro MM2 : Porta Genova. Parcourez jusqu'au bout la Via Vigevano et tournez à droite dans la Via del Naviglio Pavese.

❤ **Scimmie**, V. Ascanio Sforza, 49 (✆ 02 58 11 13 13, www.scimmie.it). Un bar légendaire et l'atmosphère la plus agréable des Navigli. Soirées à thème et concerts fréquents (22h30). *Fusion*, jazz, soul et reggae. Ouvert tlj 20h-3h.

❤ **Pontell**, V. del Naviglio Pavese, 2. Traversez le canal, descendez la Via del Naviglio Pavese et cherchez le premier établissement sur la droite. Une palissade en bois blanc et des rubans de satin : il ne manque que la poupée Barbie. Commandez au barman, torse nu, une bière à la pression (8 €). Toujours plein de Milanais et d'étrangers. Ouvert tlj 18h-2h.

Maya, V. A. Sforza, 41 (✆ 02 58 105 168). Des totems, des motifs géométriques délirants et des boissons aux noms aussi fantaisistes que la *cuccaracha de toro* (5 €), il n'en faut pas plus pour passer une bonne soirée. Cover 2 €. Happy hour agité (5 €) 18h-21h. Ouvert tlj 20h-2h.

Totem Pub, V. E. Gola, 1 (✆ 02 837 50 98), situé sur l'autre rive du canal, au croisement de la Via del Naviglio Pavese et de la Via Emilio Gola. Faites attention au crâne de vache accroché à l'entrée, ne faites pas attention aux images saintes placées entre les bouteilles de Bacardi et préparez-vous à entendre un cocktail détonnant de musique : du hard rock à la *fusion*, en passant par le reggae et la *jungle*. On peut aussi s'y faire tatouer. Les bières sont servies dans de très grands verres (8 €). Ouvert tlj 20h30-2h30.

Propaganda, V. Castelbarco, 11 (✆ 02 58 31 06 82). A partir de la Via Ascanio Sforza, prenez à gauche la Via Lagrange, et continuez tout droit dans la Via Giovenale. La Via Castelbarco est sur votre droite, et le Propaganda est indiqué par de grands panneaux. Si vous préférez danser plutôt que d'aller de bar en bar, c'est la plus grande piste de danse de Milan (concerts de temps en temps). L'endroit est plutôt fréquenté par des étudiants bon chic bon genre (entrée 13 € pour les filles, 16 € pour les garçons). Ouvert Je-Di 23h-4h.

AUX ENVIRONS DU CORSO COMO

De la station de métro Garibaldi (MM2), suivez le C. Como vers le sud. Les boîtes de nuit les plus glamours de Milan se trouvent ici, attirant top modèles et stars du cinéma qui sirotent des mojitos.

Hollywood, C. Como, 15 (✆ 02 659 89 96), juste à côté du Lollapaloosa. C'est l'une des seules discothèques de la ville qui se permette de sélectionner ses clients parmi la foule qui attend dehors. Mettez vos habits de lumière et bluffez les videurs. Pour la petite histoire, on dit que la ❤ **glace** des toilettes pour dames donne directement sur les toilettes pour hommes : souriez messieurs ! Rap, house et pop. Entrée 16 €. Ouvert Ma-Di 23h-4h.

Casablanca, C. Como, 14 (✆ 02 62 690 186). Un bar haut de gamme pour clients sélects. N'oubliez pas votre mascara et ne commandez rien d'autre que des mojitos pour être dans le coup. Cocktails 10 €. Ouvert Je-Di 18h-3h.

Lollapaloosa, C. Como, 15 (✆ 02 655 56 93). Descendez à la station Garibaldi (MM2) et dirigez-vous vers le sud. Rien à voir avec les bars chics et coincés du quartier : ici, la clientèle danse sur les tables. Vous serez vite pris par la folle ambiance et finirez soit sur la table, soit... dessous. Le bar appartient à un joueur de football. Excellente musique rock. Entrée 6 € (avec une consommation). Ouvert tlj 18h-3h.

Shocking, V. Bastioni di Porta Nuova, 12 (✆ 02 659 54 07). En descendant la Via Como. Plus détendue qu'au Hollywood mais moins délirante qu'au Lollapaloosa, l'ambiance est branchée au possible. Salle house et *dance*. Entrée comprenant une boisson 13 €. Au sous-sol, salle techno, entrée 16 € avec une boisson. Ouvert Ve-Sa 22h30-4h. Fermé Juin-Août.

LES ENVIRONS DU LARGO CAIROLI

❤ **Le Trottoir**, C. Garibaldi, 1 (✆ 02 80 10 02), à proximité de la Via Brera. En sortant de la station Lanza (MM2), prenez la Via Tivoli et marchez jusqu'à l'intersection avec le Corso Garibaldi. Un bar à l'atmosphère très intime, avec chaque soir un groupe de musiciens différent. Sans doute le bar le plus intéressant de la ville. On y rencontre toutes les nationalités. Pintes et cocktails 8 €. Ouvert tlj 19h-2h30.

Old Fashion, V. Camoens, dans le Parco Sempione. MM1/2 : Cadorna. Depuis la Piazza Cadorna, prenez la Via Paleocapa vers la droite puis la Via Alemagna. Ce club se trouve à l'intérieur du Palazzo dell'Arte, sur la droite, et est fréquenté par des étudiants *night-clubbers* et quelques *fashion victims*. Une des adresses incontournables de la vie milanaise. Il y a une salle extérieure et de très bons DJ's. Entrée 15 € (avec une boisson). Ouvert tlj 23h30-4h.

Bar Magenta, V. Carducci, 13 (✆ 02 805 38 08), à quelques pas de la station Cardona (MM1/2). Un pub de 1807, décoré de panneaux de bois, où l'on boit de la Guinness. Il est difficile d'y entrer, et encore plus d'en sortir. Les noctambules sont souvent obligés de boire leur bière sur le trottoir. Ouvert tlj 20h-2h.

À L'EST DU CORSO BUENOS AIRES

❤ **Cafe Capoverde**, V. Leoncavallo, 16 (✆ 02 26 82 04 30). MM1 : Loreto. Du métro, descendez la Via Costa, puis la Via Leoncavallo. Traversez la boutique de fleurs de ce café unique et paradisiaque à la végétation luxuriante. Johnny Hockey, patron branché du lieu, est l'un des Milanais les plus sympathiques qu'il soit donné de rencontrer. Spécialité de cocktails, et plats convenables. *Primi* ou pizzas 6 €. Restaurant ouvert Lu-Sa 12h30-14h30 et 19h30-24h, Di 12h30-14h30 et 18h-24h. Bar ouvert tlj 23h-3h.

❤ **Artdeco Cafe**, V. Lambro, 7 (✆ 02 39 52 47 60). MM1 : Porta Venezia. En sortant de la station, passez trois rues jusqu'au Corso Buenos Aires et prenez à droite dans la Via Melzo. L'Artdechothe est situé trois rues plus loin, sur la gauche, en face du Le Lephante. Ce bar-discothèque représente la quintessence de l'élégance milanaise. Décor *artsy* et ambiance très détendue. Malgré une dominante Art-Déco, chaque table a son style propre. 250 lampes de couleur. House, hip-hop et *acid jazz*. On danse après minuit. *Happy hour* 18h-21h. Ouvert tlj 7h-2h.

Kirribily, C. Catel Morone, 7 (✆ 02 70 12 01 51). En partant du métro Porta Venezia (MM1), remontez le Corso Buenos Aires, tournez à droite dans le Viale Regina Giovanna. Un pub australien plein d'ambiance, avec de la bonne bière et une énorme tête de requin accrochée au mur. Essayez le rhum cubain et la viande de kangourou. Lu. *happy hour*, Ma. soirée étudiante, Je. pop quiz. Ouvert Lu-Ve 12h-15h et 18h-3h, Sa-Di 18h-3h.

BARS ET DISCOTHÈQUES GAYS

Le Lephante, V. Melzo, 22 (✆ 02 29 51 87 68). MM2 : Porta Venezia. Depuis le métro, prenez le Corso Buenos Aires et tournez a droite dans la Via Melzo. Intérieur sombre à la déco des années 60, avec lampes à lave et meubles bizarroïdes. Lesbiennes principalement, même si l'happy hour (18h30-21h30) attire une clientèle mixte. Cocktails 7-8 €. Ouvert Ma-Di 18h30-2h.

Sottomarino Giallo, V. Donatello de Badi, 2 (✆ 02 29 40 10 47). Le plus grand club pour lesbiennes de Milan. Ouvert Ma-Di 22h30-3h30.

Cicip e Ciciap, V. Gorani, 9 (✆ 02 86 72 02). MM1 : Cairoli. Depuis le métro, prenez la Via San Giovanni sul Muro puis la Via Brisa. La Via Gorani est la deuxième rue à gauche. Bar et restaurant réservés aux femmes. Ouvert Sa. 20h30-3h.

One Way Disco, V. Cavallotti, 204 (✆ 02 242 13 41), hors de la ville, à Sesto San Giovanni. MM2 : Sesto FS. Discothèque à l'ambiance très cuir. Vous devez être membre pour entrer. Ouvert Ve-Sa 22h30-3h30 et Di. 15h30-19h.

CONCERTS

❤ **Tunnel**, V. Sammartini, 30 (✆ 02 66 71 13 70), non loin de la Via Giuseppe Bruscetti, à côté de la Stazione centrale. C'est *la* salle pour assister aux concerts les plus *underground* : *post-punk*, *hardcore*, *ska*, reggae, *surf rock* futuriste, *kraut-rock* (musique allemande des années 1970) et *rockabilly*. Divers groupes de rock indépendant viennent jouer dans cet ancien tunnel ferroviaire. Concerts tous les soirs, deux concerts à la suite Ve. et Sa. Entrée 3-10 €. Il faut acheter une carte de membre. Les horaires sont variables, consultez les journaux.

Alcatraz, V. Valtellina, 25 (© 02 69 01 63 52). MM2 : Porta Garibaldi. Prenez la Via Ferrari et tournez à droite dans la Via Farni. Après avoir dépassé les rails de chemin de fer, tournez à gauche dans la Via Valtelina. C'est l'une des plus grandes discothèques et salles de concert. Entrée 14 € (avec une consommation). Ouvert Ve-Sa 23h-3h.

Blues House, V. Sant'Uguzzone, 26 (© 02 27 00 36 21, www.blueshouse.it). MM1 : Villa San Giovanni. Pour boire un verre dans une ambiance tranquille, sur fond de jazz et de blues. Ouvert Me-Di 21h-2h30.

PAVIE (PAVIA) ©0382

Important avant-poste romain, Pavie résiste à Attila, roi des Huns, en 452, avant de devenir capitale lombarde aux VIIe et VIIIe siècles. Les forces espagnoles, autrichiennes et françaises gouvernent successivement Pavie du XVIe siècle à 1859, date à laquelle la guerre d'indépendance italienne met fin à la domination étrangère. Si autrefois les rois venaient s'y faire couronner, Pavie est aujourd'hui une prospère et active ville universitaire qui accueille des milliers d'étudiants. Des églises romanes sont disséminées d'un bout à l'autre du quartier historique. Non loin de la ville se trouve la chartreuse de Pavie dont les canaux baptisés *da Vinci* (une merveille d'ingénierie moderne) car dessinés par Leonard lui-même, sont reliés à ceux du quartier des Navigli à Milan.

LES LOMBARDS Au cours du VIIe siècle après J.-C., les Lombards quittent la **Germanie** et viennent tenter leur chance dans ce qui reste de l'Empire romain dominé par les "barbares". Ils envahissent la vallée du Pô, établissent leur capitale à **Pavie** et conquièrent Ravenne, Rimini, Pesaro, Fano, Seigallia et Ancône. Malgré leur conversion au catholicisme, leurs rapports avec Rome demeurent pour le moins conflictuels. Inquiets de leurs ambitions territoriales et politiques, les papes se tournent vers les Francs. La conquête des possessions lombardes par Pépin le Bref constitue l'origine des Etats pontificaux. En 774, Charlemagne, fils de **Pépin le Bref**, ceint la couronne de fer des rois lombards, avant de recevoir le titre d'empereur en 800. A la suite de cela, les Lombards se sont mêlés aux populations italiennes. Au Moyen Age, la Lombardie est réputée pour ses banquiers et ses commerçants, qui s'expatrient dans toute la chrétienté. On trouve d'ailleurs des "rues des Lombards" en grand nombre dans beaucoup de villes de France et d'Europe. Milan devient un pôle commercial et financier incontournable de l'Occident. Aujourd'hui, le nom de la région de Lombardie rappelle le rôle et l'importance de ce peuple dans l'histoire de l'Italie du Nord.

TRANSPORTS

Train : La gare est située au bout du Viale Vittorio Emanuele II. Destinations : **Gênes** (1 dép/h de 6h33 à 22h45, durée 1h30, 5,73 €), **Milan** (1 dép/h de 5h08 à 23h14, durée 30 mn, 2,75 €) et **Crémone** via **Codogno** (1 dép/h, durée 2h, 4,66 €).

Bus : A gauche de la gare ferroviaire. Les bus partent d'un grand immeuble moderne en brique sur la Via Trieste. Les billets peuvent être achetés au guichet (peint en vert) sous l'auvent du terminal. Destination : **Milan** (2 dép/h, durée 1h, 2,60 €), via la **chartreuse de Pavie** (durée 10 mn, 2,25 €).

Location de voitures : **M.C.M.** Auto, Viale partigiani, 72 (© 0382 57 61 31). Voitures à partir de 35,80 €/j.

Taxi : A la gare ferroviaire (© 0382 274 39) ou dans le centre-ville (© 0382 291 90), sur P. Vittoria.

ORIENTATION ET INFORMATIONS PRATIQUES

Pavie se repose sur les berges du Tessin, non loin de l'endroit où celui-ci rencontre le Pô. La gare donne sur le **Piazzale Stazionale**, dans la partie ouest et moderne de la ville, reliée au centre historique par le **Viale Vittorio Emanuele II**, qui mène au **Piazzale Minerva** puis à l'artère principale de Pavie, le **Corso Cavour**. Celui-ci conduit à la place centrale de la ville, la **Piazza della Vittoria**, qui communique avec la **Piazza del Duomo**. Au-delà de cette place, le Corso Cavour prend le nom de **Corso Mazzini**.

Office de tourisme : V. Fabio Filzi, 2 (✆ 0382 221 56). Depuis la gare, prenez à gauche la Via Trieste, puis à droite la Via Fabio Filzi et dépassez l'arrêt de bus. Le personnel, serviable et cultivé, donne un bon plan de la ville. Ouvert Lu-Sa 8h30-12h30 et 14h-18h.

Change : **Banca Commerciale Italiana**, C. Cavour, 12. **Banco Ambrosiano Veneto**, C. Cavour, 7d. Essayez aussi le premier étage du bureau de poste.

Librairie internationale : Fox Books, C. Mazzini, 2c, près de la P. Victoria. Ouvert Lu et Di 15h-19h30, Ma-Sa 9h-13h et 15h-19h30.

Laverie : **Lavanderia Self-Service** a plusieurs boutiques : S. Maria D. Pertiche, 22 ; V. Flarer, 22 ; V. dei. Mille, 56. Lavage 3,50 €. Ouvert tlj 6h-22h.

Urgences : ✆ 113.

Soins médicaux et ambulances : ✆ 118, le soir et les jours fériés ✆ 0382 52 76 00.

Pharmacie de garde : **Vippani**, V. Bossolaro, 31 (✆ 0382 223 15), à l'angle de la Piazza del Duomo et de la Via Menocchio. Liste des pharmacies de garde. En cas d'urgence, service de nuit, avec paiement d'un supplément. Ouvert Lu-Ve 8h30-12h30 et 15h30-19h30.

Hôpital : **Ospedale San Matteo**, P. Golgi, 2 (✆ 0382 50 11).

Internet : A **l'université** (avec la carte internationale d'étudiant). A partir de la Piazza Vittoria, prenez à gauche la Strada Nuova, puis tout de suite à droite après le croisement avec la Via Mentana, et vous arrivez à l'université. Continuez et traversez la cour (sur la droite) en direction d'une grande statue assise avec une épée plantée dans le sol. A droite (derrière la statue), vous verrez une porte sur laquelle vous pourrez lire *"Dipartimento di Scienza della Letteratura e dell'Arte medievale e moderna"*. Poussez la porte, présentez votre carte d'étudiant et souriez. Accès Internet gratuit. Ouvert Lu-Je 9h-17h et Ve. 9h-14h.

Bureau de poste : P. della Posta, 2 (✆ 0382 39 22 81), accessible par la Via Mentana, à quelques pas du Corso Mazzini. Ouvert Lu-Ve 8h-18h, Sa 8h-13h. **Code postal** : 27100.

HÉBERGEMENT ET CAMPING

La pénurie d'hôtels bon marché incite les voyageurs à ne venir à Pavie que pour la journée et à passer la nuit à Milan. Vous pouvez cependant profiter du programme, bien organisé, d'*agriturismo* (nuit chez l'habitant à la campagne). L'office de tourisme fournit une brochure complète.

Locanda della Stazione, V. Vittorio Emanuele II, 14 (✆ 0382 29 321), à la sortie de la gare sur la droite. Emplacement central et accueil sympathique. Les chambres sont décorées simplement mais propres. Beaucoup ont la clim. Salle de bains commune. Chambre simple 21 €, double 31 €. ❖❖

Hôtel Aurora, V. Vittorio Emanuele II, 25 (✆ 0382 236 64), tout près de la gare ferroviaire, sur votre gauche. Avec ses murs blancs et sa décoration façon Andy Warhol, cet hôtel ressemble à une galerie d'art new-yorkaise. Les salles de bains ont des douches. Téléphone, air conditionné et télévision dans toutes les chambres. Pensez à réserver. Chambre simple 45 €, chambre double 70 €. Cartes Visa, MC. ❖❖❖❖

Hôtel Excelsior, P. Stazione, 25 (✆ 0382 28 596). Des chambres classiques avec salle de bains, clim., minibar et TV. petit déjeuner 6 €. Parking 8 €. Chambre simple 50 €, double 73 €. Cartes Visa, MC, AmEx. ❖❖❖❖

Camping Ticino, V. Mascherpa, 10 (✆ 0382 52 70 94). Depuis la gare, prenez le bus n° 4 (en direction de Mascherpa, 10 mn environ), et descendez à l'arrêt Chiozzo. Restaurant et piscine à proximité (6 €, 4 € pour les enfants). Ouvert Mars-Oct. 5,40 € par personne, 2,70 € pour les moins de 12 ans. 3,80 € par tente, 2,10 € par voiture. Douche chaude 0,26 €.

RESTAURANTS

Le *coniglio* (lapin) et la *rana* (grenouille) sont les deux spécialités de Pavie. Cependant, si vous n'êtes pas porté sur les animaux qui sautillent, vous pouvez vous rabattre sur les *tavole calde* (self-services où vous pourrez manger tout de même des plats cuisinés) qui bordent le Corso Cavour et le Corso Mazzini. Un autre plat apprécié est la *zuppa alla pavese*, un bouillon de poule ou de bœuf, accompagné d'un œuf poché et saupoudré de fromage *grana*. **Esselunga** (✆ 0382 262 10) est un immense **supermarché** à l'extrémité du centre commercial entre la Via Trieste et le Viale Battisti. (Ouvert Lu. 13h-21h et Ma-Sa 8h-21h.)

Antica Trattoria Ferrari, V. dei Mille, 111 (✆ 0382 53 90 25). Les lambris en bois évoquent un chalet suisse mais c'est bien un restaurant italien. Cuisine locale de qualité et service sans reproche. *Primi* 6,50 €, *secondi* 9,50 €. Couvert 3 €. Service 10 %. Ouvert Ma-Sa 12h30-14h et 19h30-21h45. Cartes Visa, MC. ❖❖❖❖

Ristorante Bardelli, V. Lungoticino Visconti, 2 (✆ 0382 27 441). Restaurant très agréable sur les berges du Tessin. Un endroit idéal pour un dîner en tête à tête. Le menu propose les standards de la cuisine lombarde en fonction des saisons. Primi 10 €, secondi 13-16 $. Ouvert Ma-Di 12h-14h30 et 19h-22h30. Cartes Visa, MC, AmEx. ❖❖❖❖❖

Ristorante-Pizzeria Marechiaro, P. Vittoria, 9 (✆ 0382 237 39). Derrière le porche en stuc blanc se cache un restaurant accueillant. Asseyez-vous à l'intérieur pour être le seul sur la place à ne pas être trempé par les pluies d'après-midi. Délicieuses pizzas à la pâte croustillante 3,50-9,50 €. *Primi* et *secondi* relativement bon marché (5-20 €). Couvert 1,50 €. Ouvert Ma-Di 12h-14h30 et 18h-3h. Cartes Visa, MC, AmEx. ❖❖

Ristorante-Pizzeria Regisole, P. del Duomo, 4 (✆ 0382 247 39), sous les arcades, avec une belle vue sur la cathédrale. Climatisation et tables en terrasse. La musique baroque est très relaxante. Pizzas abordables, dont la *Margherita* à 4,50 €. Ne partez pas avant d'avoir goûté au *profiteria* (gâteau au chocolat, 2 €). Ouvert Me-Lu 12h-15h et 18h15-24h, fermé en août. Cartes Visa, MC, AmEx. ❖

VISITES

❤ **LA BASILIQUE SAINT-MICHEL.** C'est dans la **Basilica di San Michele** que Charlemagne, en 774, Frédéric Ier Barberousse, en 1155, ainsi qu'une succession de ducs au Moyen Age furent couronnés rois des Lombards. Bien que reconstruite au XIIe siècle dans le style roman (après qu'un tremblement de terre en a détruit la plus grande partie en 661), cette basilique du VIIe siècle conserve son cachet médiéval. Selon la légende, au moment où l'on posait la couronne sur sa tête, Charlemagne aurait été illuminé par la lumière du jour passant à travers les vitraux. Le chœur est décoré d'une belle fresque de 1491 représentant le couronnement de la Vierge et de bas-reliefs datant du XIVe siècle. Un crucifix en argent du VIIIe siècle orne la chapelle à droite du presbytère. *(Descendez la Strada Nuova jusqu'au Corso Garibaldi et prenez à droite dans la Via San Michele. Ouvert tlj 8h-12h et 15h-18h.)*

L'UNIVERSITÉ DE PAVIE. La prestigieuse université de Pavie, fondée en 1361, s'étend le long de la Strada Nuova. Elle accueillit, entre autres, Pétrarque, Christophe Colomb et le dramaturge vénitien Goldoni. Mais le plus éminent de tous ses élèves fut sans conteste le physicien Alessandro Volta, l'inventeur de la pile, dont les expériences sont exposées au sein de l'université. Un des doyens de l'université, Galeazzo II de Visconti, acquit une certaine notoriété en effectuant des recherches sur la torture humaine. Les trois tours qui s'élèvent dans l'enceinte de l'université, sur la Piazza Leonardo da Vinci, sont les vestiges d'une centaine de tours médiévales qui dominaient autrefois la ville. De nombreuses cours pavées font de l'université un bon endroit pour flâner l'après-midi. *(En partant de la Piazza della Vittoria, prenez à gauche la Via Calatafimi, puis à droite le Corso Stradivari. Prenez la première entrée à droite à l'intérieur de l'université. Entrée libre.)*

LA CATHÉDRALE. Appelée officiellement **Cattedrale monumentale di Santo Stefano Martiro**, elle fut commencée en 1488 selon des plans de Bramante et de Léonard de Vinci. La construction de cette cathédrale constitua l'une des entreprises les plus ambitieuses de la Renaissance lombarde. La **Torre civica**, attenante, s'effondra au printemps 1989, faisant plusieurs victimes. Elle entraîna dans sa chute une bonne partie de la chapelle gauche de la cathédrale ainsi que quelques habitations et boutiques voisines. Vous pouvez voir les vestiges de la tour sur la gauche. La fragile façade en brique, datant de la fin du XIXe siècle, et récemment renforcée par des colonnes en béton, cache un intérieur d'une grande beauté, définitivement achevé sous Mussolini. *(La cathédrale se trouve de l'autre côté de la Piazza San Michele. ouvert tlj 8h-12h et 15h-18h)*

LE CHÂTEAU DES VISCONTI. Cette imposante bâtisse médiévale en brique (1360) est entourée d'un parc qui s'étendait jadis jusqu'à la chartreuse de Pavie, et servait de terrain de chasse aux Visconti. La vaste cour du château est bordée sur trois côtés de fenêtres richement colorées et d'une ravissante décoration en terre cuite. Le quatrième mur fut détruit en 1527 au cours des guerres franco-espagnoles. A l'intérieur, le **Museo civico** (Musée municipal) abrite une impressionnante galerie de tableaux ainsi qu'une belle collection de sculptures romanes lombardes. Au premier étage est exposée une reproduction de la cathédrale de Pavie en bois bruni. *(Le château est au bout de la Strada Nuova. ✆ 0382 338 53. Ouvert Ma-Sa 9h-13h30 et Di. 9h-13h. Entrée 6 €. Musée ✆ 0382 30 48 16.)*

LA BASILIQUE SAN PIETRO IN CIEL D'ORO. Depuis le jardin du château, on peut voir les formes arrondies de cette église de style roman lombard (1132). A l'intérieur, le maître-autel soutient un reliquaire gothique en marbre, réalisé au XIVe siècle et contenant les ossements de saint Augustin. A gauche de l'autel, la sacristie a un plafond décoré de fresques complexes. Un orgue de la taille d'un mur est suspendu au-dessus de l'entrée. *(Ouvert tlj 7h-12h et 15h-19h.)*

SORTIES

Pavie est une petite ville mais les étudiants contribuent à lui donner une vie nocturne agitée. Le ❤ **Nice One**, C. Strada Nuova, 26, a une carte de 1200 cocktails *(4,5-6 €, ✆ 0382 30 34 54, ouvert Ma-Di 17h-2h)*. Ambiance des îles à la **Morgan's Drink House**, C. Cavour, 30C, qui sert de délicieux jus et cocktails de fruits *(✆ 0382 26 880, ouvert Lu et Me-Di 17h-2h)*. Le **Malaika "bar and soul"**, V. Bossolaro, 21, à la hauteur du Corso Cavour, est peut-être le meilleur bar de la ville. Son intérieur exotique aux couleurs chaudes résonne le soir de musique africaine. Savourez des paninis, des salades et des desserts aux fruits. *(✆ 0382 30 13 99. Ouvert Ma-Di 11h-2h.)*

EXCURSION DEPUIS PAVIE : ❤ LA CHARTREUSE DE PAVIE

Les bus partent de Milan (MM2 : Famagosta) jusqu'à Certosa (2 dép/h, premier départ à 5h40 de Milan, dernier départ à 20h de la chartreuse, durée 20 mn, 2,25 €). Depuis l'arrêt du bus de Certosa, allez jusqu'au feu rouge et prenez à droite, continuez dans cette direction jusqu'à ce que vous croisiez la Via Certosa sur la droite. La Via Certosa, bordée d'arbres, mène à la Chartreuse. Ouvert Mai-Sep Ma-Di 9h-11h30 et 14h30-18h ; Avr 9h-11h30 et 14h30-17h30 ; Oct et Mar 9h-11h30 et 14h30-17h. Nov et Fév 9h-11h30 et 14h30-16h30. Entrée libre.)

A 8 km au nord de Pavie se dresse la **Certosa di Pavia** (✆ 0382 92 56 13), l'une des plus belles chartreuses du monde. Ce monastère et mausolée des chartreux fut construit pour la famille Visconti, qui gouverna la région du XIIe au XVe siècle. Commencé en 1386 par les Visconti et fini par les Sforza en 1497, l'édifice réunit quatre siècles d'art italien, du gothique au baroque. Plus de 250 artistes ont travaillé sur sa façade exubérante (1490-1560), ornée de sculptures et d'incrustations de marbre, qui illustre le style Renaissance lombard à son apogée. La sacristie abrite un triptyque florentin en ivoire, avec 99 sculptures et 66 bas-reliefs représentant les vies de Marie et de Jésus. La belle cour contient 24 maisons, une pour chaque moine de la chartreuse. En accord avec le dicton de saint Benoît "*ora et labora*" ("prie et travaille"), les moines sont aussi agriculteurs et distillent d'excellentes liqueurs. Le prix des bouteilles commence à 5,16 € (pour une petite bouteille). Ils organisent également des **visites guidées** (généralement en italien) de la chartreuse, très intéressantes, lorsqu'un groupe assez nombreux s'est formé. La vue de la façade justifie à elle seule les 20 mn de trajet en bus.

FRANÇOIS Ier ET L'ITALIE Roi de France de 1515 à 1547, François Ier est perçu dans l'histoire comme le type même du gentilhomme de la Renaissance. De belle prestance, souvent vêtu avec une élégance fastueuse, il est aussi un guerrier qui perpétue la tradition de la chevalerie. Les moins flatteurs de ses courtisans louent son intelligence, son goût pour les lettres et les arts, tout comme sa légendaire galanterie, qui font de lui le plus brillant et le plus séduisant des hommes du royaume. Mais il est aussi un chef de guerre ambitieux. Poursuivant la politique de ses prédécesseurs (Charles VIII et Louis XII), il relance les guerres d'Italie. Après avoir vaincu les Suisses, alliés du duc de Milan, à **Marignan** (aujourd'hui Malegnano) en 1515, il fait la conquête de Milan. Il se heurte ensuite à **Charles Quint**, empereur d'Autriche et roi d'Espagne, qui possède aussi une partie de la péninsule (Naples, la Sardaigne et la Sicile). Après la défaite de La Bicoque en 1523, au cours de laquelle il perd le Milanais, François Ier tente une nouvelle expédition mais il subit une défaite complète à Pavie en 1525 où il est fait prisonnier. Charles Quint l'emmène à Madrid. En 1526, François Ier est libéré en échange de son renoncement au Milanais et à Naples (**traité de Madrid**). Aussitôt libre, il reprend une dernière fois les hostilités en s'alliant avec Venise, le pape Clément VII et Francesco Sforza (Milan). Après ce dernier échec, il renonce définitivement à l'Italie lors de la signature de **la paix de Cambrai** en 1529. Malgré les défaites militaires, François Ier a toujours gardé la même passion pour l'Italie. Grand introducteur de la Renaissance italienne en France, il a attiré auprès de lui des artistes renommés comme Benvenuto Cellini et le Primatice, sans oublier Léonard de Vinci, qui finira ses jours à Amboise, près de ce souverain qui l'admirait tant.

CRÉMONE (CREMONA) ✆ 0372

La réputation de Crémone est liée à la musique : c'est la ville natale du compositeur Claudio Monteverdi (1567-1643) et du violon, inventé par le luthier Andrea Amati en 1530. Et c'est ce dernier qui est à l'origine de la dynastie de la lutherie de Crémone. Antonio Stradivari, dit Stradivarius (1644-1737), et Giuseppe Guarneri (1698-1744), apprentis de la famille Amati, élèveront l'art de la lutherie jusqu'à des sommets inégalés. Des étudiants des quatre coins du monde viennent encore apprendre ce métier à l'Ecole internationale de lutherie, peut-être dans le vain espoir de découvrir la formule secrète du vernis de Stradivarius. La sobriété des bâtiments couleur terre de Crémone, la saison musicale du théâtre Ponchielli et sa belle architecture font de la ville un foyer culturel plein de vie et de couleurs.

En dépit d'un tourisme développé, Crémone est une ville qui n'a rien perdu de son cachet. La vie citadine bat son plein sur la Piazza del Comune. Vers la fin de la journée, quand le soleil nimbe d'orange et de rose la cathédrale, des habitants de Crémone de tous les âges se donnent rendez-vous pour papoter entre eux ou avec leur téléphone portable. Dans la journée, cette atmosphère conviviale se retrouve sur les marchés (Me. et Sa. 8h-13h) de la Piazza Stradivari. On peut y acheter des vêtements, des chaussures, des sacs et des objets artisanaux aussi bien que des légumes, des fruits frais, une grande variété de jambon séché ou fumé et de capiteux fromages italiens.

TRANSPORTS

Train : V. Dante, 68 (✆ 89 20 21). Guichet ouvert tlj 6h-19h30. Destinations : **Brescia** (1 dép/h de 5h24 à 18h58, durée 45 mn, 3,25 €), **Mantoue** (1 dép/h de 6h24 à 20h34, durée 1h, 4,15 €), **Milan** (6 dép/j de 5h02 à 19h24, durée 1h15, 5 €) et **Pavie** (durée 2h15, 4,60 €). Les trains desservent aussi Bergame, Bologne, Brescia, Parme, Piacenza et Pise. regardez les panneaux d'affichage dans la gare pour connaître les horaires et les prix.

Bus : **Autostazione di Via Dante** (✆ 0372 292 12), à une rue de la gare, sur la gauche. Guichet ouvert Lu-Ve 7h40-12h15 et 14h30-18h, Sa 7h40-12h15. Destinations : **Brescia** (1 dép/h de 6h11 à 18h55, 4,10 €) et **Milan**. Au départ de la gare ferroviaire, les bus locaux orange sillonnent la ville.

Taxi : On peut prendre un taxi à la gare ferroviaire et sur les places, par exemple la Piazza Stradivari. ✆ 0372 213 00 ou 0372 267 40.

ORIENTATION ET INFORMATIONS PRATIQUES

En quittant la gare, dirigez-vous sur le côté gauche du parc, et traversez la Via Dante puis le Viale Trento e Trieste. Continuez tout droit dans la **Via Palestro** qui prend le nom de **Corso Campi** puis de **Corso Verdi**, jusqu'à la **Piazza Stradivari** (également appelée Piazza Cavour). Tournez à gauche pour aller **Piazza del Comune** (communément appelée Piazza del Duomo), où se dressent la cathédrale et le Torrazzo, ainsi que l'office de tourisme. De la place, prenez la Via Solferino jusqu'à la Piazza Roma, le lieu de réunion des *rastamen* de Crémone.

Office de tourisme : **Azienda di Promozione turistica**, P. del Comune, 5 (✆ 0372 232 33). Personnel sympathique. Demandez la brochure riche en informations sur les hôtels, les musées et les restaurants. Ouvert tlj 9h-12h30 et 15h-18h).

Change : **Banco Nazionale del Lavoro**, C. Campi, 4-10 (✆ 0372 40 01). A côté de la poste, au coin à gauche quand vous arrivez de la Piazza Stradivari par le Corso Verdi puis le Corso Campi. Ouvert Lu-Ve 8h20-13h20 et 14h30-16h, Sa. 8h20-11h50. **Distributeur automatique** disponible 24h/24.

Urgences : ✆ 113. **Soins médicaux et ambulances** : ✆ 118.

Police : **Questura**, V. Tribunali, 6 (✆ 0372 40 74 27).

Hôpital : **Ospedale** (✆ 0372 40 51 11), dans le Largo Priori. Après la Piazza IV Novembre, prenez la Via Buoso da Dovara puis à droite la Via Giuseppina.

Bureau de poste : C. Verdi, 1 (✆ 0372 59 35 02). Ouvert Lu-Ve 8h30-19h.

Code postal : 26100.

HÉBERGEMENT ET CAMPING

Albergo Touring, V. Palestro, 3 (✆ 0372 369 76). Depuis la gare, descendez la Via Palestro, l'Albergo est à une cinquantaine de mètres, indiqué par une grosse enseigne au coin de la Via Fluvio Cazzagina. 10 chambres basiques mais hautes de plafond. Réservation obligatoire. Chambre simple 24 €, chambre double 40 €, avec salle de bains 50 €. ❖❖❖

Servizi per l'Accaglienza, V. Fuoco, 11 (✆/fax 0372 21 562). Descendez la V. Trento e Trieste vers la P. Libertà, et tournez à droite sur la V. Fuoco. Des chambres calmes qui donnent sur une place. Chambre simple 19 €, double 31-42 €, demi-pension 21 €. Pension complète 23,50 €. ❖❖

Hôtel Duomo, V. Gonfalonieri, 13 (✆ 0372 35 242, fax 45 83 92), sur la P. del Comune. 18 chambres spacieuses avec salle de bains, TV et clim. La réception est joliment décorée.

Les tables en terrasse du restaurant adjacent sont toujours pleines de monde. Petit déjeuner 5 €. Chambre simple 40 €, double 60 €. Cartes Visa, MC, AmEx. ❖❖❖

RESTAURANTS

Créée au XVIe siècle, l'étrange *mostarda di Cremona* est un méli-mélo de fruits (cerises, figues, abricots et melons) conservés dans un sirop sucré et servis avec de la viande bouillie. Les barres de *torrone* (nougat à base d'œufs, de miel et d'amandes) sont moins originales mais très prisées parmi les friandises de Crémone. Vous trouverez de la *mostarda* dans la plupart des restaurants locaux, et du *torrone* dans les confiseries de la Via Solferino. **Sperlari** (© 0372 223 46), au n° 25, fait le bonheur des dentistes depuis 1836 grâce à son délicieux *torrone*. (Ouvert tlj 8h30-12h30 et 15h30-19h30.) Vous pouvez trouver du *torrone* moins cher chez **Negozio Vergami Spelta e Generali**, C. Giacomo Matteoti, 112, au niveau de la Piazza della Libertà, au coin du Corso Matteoti et du Viale Trento e Trieste. Les moins gourmands (mais néanmoins gourmets) pourront goûter aux fromages *grana padono* ou *provolone* dans les *salumerie*. Le mercredi et le samedi de 8h30 à 13h, un **marché** se tient sur la Piazza Stradivari. Quant aux **supermarchés**, vous avez le choix entre **CRAI**, P. Risorgimento, 30, près de la gare et **GS**, V. San Tommaso, 9, près de la Piazza del Comune (ouvert Lu. 13h-20h et Ma-Sa 8h-20h).

Ristorante Pizzeria Marechiaro, C. Garibaldi, 85 (© 0372 262 89). Situé dans une artère commerçante à la mode, le décor sans prétention de ce restaurant en fait un refuge au milieu des boutiques chics. Pizzas à partir de 3,50 €. *Primi* 5,50-9 €, *secondi* 6,50-9 €. Ouvert tlj 18h30-24h. ❖❖

La Piedigrotta, P. Risorgimento, 14 (© 0372 220 33), à quelques dizaines de mètres à droite de la gare. Restaurant très propre au décor à la fois classique et moderne. Carte impressionnante de poissons, de pâtes et de plats végétariens. La *pizza marechiaro* (7 €) est garnie d'une authentique écrevisse. Menu avec *primi, secondi* et *contorno* 11 €. Ouvert Lu et Me-Di 11h30-14h30 et 17h30-1h30. Cartes Visa, MC. ❖

ÉCONOMISEZ VOS EUROS Si vous souhaitez voir tout ce que Crémone a à vous offrir, achetez un *biglietto cumulativo* qui comprend l'entrée au **Museo civico**, au **Palazzo communale** et au **Museo stradivariano** pour 10 €. Vous trouverez également une carte qui propose des réductions sur toutes les visites et des trajets de bus gratuits pour 7,75 €. Les deux options sont proposées par l'office de tourisme.

VISITES

LE THÉÂTRE PONCHIELLI. Cet opéra baroque, richement décoré, est sans aucun doute l'un des monuments de Crémone à ne pas manquer. Chef-d'œuvre vieux de 250 ans, la salle, bien que méconnue, vaut d'être visitée et l'endroit est idéal pour écouter les violons Stradivarius et Amati. Confortablement installé dans des fauteuils de velours rouge, on peut se laisser pénétrer par la musique et profiter de l'acoustique impressionnante des loges individuelles. Si vous n'avez pas le temps pour un concert, vous pouvez visiter l'opéra gratuitement. *(Rendez-vous Piazza Stradivari et, de là, marchez jusqu'au n° 56 du Corso Vittorio Emanuele II. © 0372 407 27 30, www.teatroponchielli.it. Guichet ouvert Juin-Sep Lu-Sa 16h30-19h30, Oct-Mai Lu-Sa 16h-17h.)*

LA CHIESA DI SAN SIGISMONDO. Cette église fut construite pour célébrer l'union des deux puissantes familles des Sforza et des Visconti en 1441. Mais elle dut être rebâtie en 1463 suite à un incendie ravageur. La décoration intérieure est un magnifique exemple de maniérisme. Les plus grands maîtres crémonais du genre, Boccanino, Giulio et Antonio, se sont illustrés sur chaque colonne, voûte ou arche. *(Largo B. Visconti. De la P. Libertà, faites une marche de 30 mn le long de la V. Ghisleri. Suivez les panneaux. Ou prenez le bus n° 2 vers San Sigimondo. Ouvert tlj 8h30-12h et 15h-19h. Entrée libre.)*

LA PIAZZA DEL COMUNE. C'est ici que bat le cœur de Crémone. Sur cette magnifique place médiévale sont regroupés le Palazzo communale, la cathédrale, le Torrazzo et la Loggia dei Militi. Le premier étage du **Palazzo comunale**, l'hôtel de ville, comprend une succession de pièces superbement décorées. Dans la *Saletta dei Violoni* ("salle des Violons") sont exposés cinq violons attribués à Andrea Amati, à son petit-fils Nicolò Amati, à Stradivarius et à Guarneri. Juste en face se dresse la **cathédrale** (*duomo*) en marbre rose datant du XIIe siècle, officiellement connue sous le nom de Santa Maria Assunta. L'intérieur renferme un cycle de fresques du XVIe siècle et des tapisseries bruxelloises du XVIIe siècle. L'allée centrale a été magnifiquement restaurée. *(Ouvert Lu-Sa 7h30-12h et 15h30-19h, Di 7h30-13h.)*

A gauche de la cathédrale s'élève le superbe ❤ **Torrazzo** du XIIIe siècle, le plus haut campanile d'Italie (111 m). Repérez sur son horloge astronomique les signes du zodiaque (elle retarde d'une heure en été, alors ne vous y fiez pas si vous avez un train à prendre). On peut monter les 478 marches qui mènent au sommet pour profiter de la vue panoramique. Evitez cependant de le faire vers midi.

Le dôme du **baptistère** (1167) est reconnaissable à sa structure octogonale, sans décoration, mais dont les faces en pierre rose donnent de la chaleur à la place. Juste en face, la **Loggia dei Militi**, érigée en 1292 dans un style gothique, servit de lieu de réunion aux capitaines de milice. *(Baptistère ouvert Sa. 15h30-19h, Di. 10h30-12h30 et 15h30-19h.)*

PALAZZO AFFAITATI. Le Palazzo Affaitati (1561) s'enorgueillit d'un imposant escalier de marbre. Il abrite deux musées : le Museo Civico et le Museo Stradivarius. Récemment restauré, le **Museo Civico** abrite des œuvres de Bembo et du Caravage. On peut y admirer quelques peintures exceptionnelles, dont le *San Francesco in meditazione* du Caravage, *La Vierge et l'Enfant avec saint Stéphane* de Bembo, *L'Amore dormiente* de Genovesino (représentant Cupidon muni de son arc et adossé les yeux fermés à un crâne), ainsi qu'une fresque de San Giovanni Nuovo. L'une des toiles les plus fascinantes du musée est signée Arcimboldi. Elle représente un visage constitué d'une multitude de… légumes. Le **Museo Stradivario** ne possède pas de violon original du Maître mais il expose des moules, des maquettes et des croquis permettant de bien comprendre les étapes de la fabrication d'un violon. De nombreux instruments prestigieux sont présentés. *(Palazzo Affaitati, V. Ugolani Dati, 4 © 0372 40 77 70. Museo Stradivario ouvert Ma-Sa 8h30-18h, Di. 10h-18h. Entrée 8 €.)*

AUTRE VISITE. Le **palais Fodri** (1499) est un autre exemple de riche édifice Renaissance à Crémone. Les colonnes de la cour portent les insignes royaux français en hommage à Louis XII, qui occupa le duché de Milan en 1499. *(C. Matteotti, 17.)*

ITALIE DU NORD

SORTIES

Crémone vit au rythme de ses festivals musicaux. Le **Cremona Jazz**, d'avril à juin, prépare la saison estivale avec une série de concerts donnés dans toute la ville. Lors de l'**Estate in Musica** (soirées des mois de juillet et d'août) une série de concerts en plein air est organisée. Le **festival Monteverdi** rend hommage aux grands compositeurs de Cremone. Il se tient en septembre-octobre et est sans doute le festival le plus couru de la ville. La saison d'**opéra** au Teatro Ponchielli s'étale d'octobre à décembre. *(guichet de vente sur C. V. Emanuele, 52, billets autour de 15 €.)* L'office de tourisme pourra vous donner une liste complète des autres festivités : brocantes, foire au bétail, fabrication artisanale de violons ou de robes de fiancée…

MANTOUE (MANTOVA) ©0376

Ville natale du poète latin Virgile, Mantoue doit la construction de ses monuments historiques à ses souverains, nés bien après le célèbre poète. La famille Gonzague fut certainement la plus puissante d'entre eux. Après leur ascension en 1328, les Gonzague se chargèrent de changer l'image de bourgade provinciale de Mantoue en y attirant de célèbres artistes comme Monteverdi ou Rubens et en cultivant les talents locaux. Leurs efforts furent couronnés de succès, comme l'attestent les églises San Sebastiano et Sant'Andrea, ainsi que les superbes fresques de Mantegna et de Pisanello. Ville agricole et industrielle prospère, Mantoue parvient néanmoins à conserver l'atmosphère rurale et nonchalante qu'aimaient tant ses anciens souverains. De là, on peut facilement se rendre aux lacs des environs.

TRANSPORTS

Train : P. Don Leoni, au bout de la Via Solferino. Destinations : **Crémone** (1 dép/h de 5h40 à 19h45, durée 1h, 4,15 €), **Milan** (9 dép/j de 5h26 à 18h36, durée 2h, 7,90 €) et **Vérone** (1 dép/h de 6h10 à 22h20, durée 40 mn, 2,27 €).

Bus : **APAM**, P. Mondadori (© 0376 32 72 37), vers la droite en sortant de la gare. Départs fréquents pour **Brescia** et vers d'autres destinations locales. Les horaires sont indiqués à l'extérieur de la gare routière. Seuls les bus en rouge circulent le dimanche.

Taxi : © 0376 36 88 44. De 5h à 1h.

Location de vélos : V. Piave, 22b. 8 €/j. Ouvert Lu-Sa 8h-12h30 et 14h-19h30. L'office de tourisme peut vous renseigner sur des circuits à vélo dans les environs.

ORIENTATION ET INFORMATIONS PRATIQUES

La plupart des bus s'arrêtent dans le quartier historique, et il vous faudra marcher un peu pour aller jusqu'au centre-ville. Pour y aller depuis la gare ferroviaire, située **Piazza Don Leoni**, prenez à gauche la Via Solferino puis à droite la Via Bonomi jusqu'à l'artère principale, le **Corso Vittorio Emanuele II**. En continuant sur la gauche, on débouche sur la Piazza Cavallotti, reliée à la **Piazza Martiri di Belfiore** par le Corso della Libertà. De là, la **Via Roma** mène au quartier historique qui englobe la **Piazza Marconi**, la **Piazza Mantegna** et la **Piazza delle Erbe**.

Office de tourisme : P. Mantegna, 6 (© 0376 32 82 53, www.aptmantova.it), près de l'église Sant'Andrea. Depuis la gare, prenez à gauche la Via Solferino, traversez la Piazza San Francesco d'Assisi jusqu'à la Via Fratelli Bandiera et tournez à droite dans la Via Verdi. Demandez le précieux guide de Mantoue qui contient un excellent plan de la ville. Ouvert Lu-Sa 8h30-12h30 et 15h-18h, Di 9h30-12h30.

Excursions en bateau : **Montonavi Andes**, V. San Giorgio, 10 (© 0376 32 28 75, fax 0376 36 08 69).

Urgences : © 113. **Ambulances** : © 118.

Police : P. Sordello, 46 (© 0376 20 51).

Pharmacie : **Dr. Silvestri**, V. Roma, 24. Ouvert Ma-Sa 8h30-12h30 et 16h-20h. La liste des pharmacies ouvertes la nuit est affichée à l'extérieur.

Hôpital : **Ospedale Civile Poma**, V. Albertoni, 1 (© 0376 20 11).

Internet : Speedcafe, Galleria Ferri, 6, près de la P. Cavalotti. Ouvert tlj 17h-24h.

Bureau de poste : P. Martiri Belfiore, 15 (© 0376 32 64 03), en remontant la Via Roma depuis l'office de tourisme. Ouvert Lu-Sa 8h30-19h. **Code postal** : 46100.

HÉBERGEMENT

Au vu des tarifs hôteliers, vous seriez en droit d'exiger une suite luxueuse dans le Palazzo ducale. Vous trouverez des établissements meilleur marché dans les petites localités voisines. Demandez à l'office de tourisme la brochure d'*agriturismo* qui recense les adresses des logements ruraux (généralement autour de 11 € par personne et par nuit).

Hôtel ABC, P. Don Leoni, 25 (© 0376 32 33 47, fax 0376 32 23 29), en face de la gare. Chambres petites mais bien tenues avec salle de bains, ventilateur et TV. On peut se détendre autour du patio en plein air. Petit déjeuner (buffet) inclus. Les prix sont fonction du mode de paiement : c'est moins cher si vous payez en espèces. Chambre simple 44-56 €, double 66-99 €, triple 77-110 €. ❖❖❖❖

Albergo Bianchi, P. Don Leoni, 24 (✆ 0376 32 64 65, fax 0376 32 15 04). Juste de l'autre côté de la gare. Chambres confortables et personnel accueillant. Les chambres ont une salle de bains, la TV et la clim. Certaines ont un balcon. La cour, avec ses murs couverts de lierre, est très agréable. Réservation conseillée. Chambre simple 60-80 €, double 100 €, triple 130 €. Cartes Visa, MC, AmEx. ❖❖❖❖❖

Hôtel Mantegna, V. Filzi, 10 (✆ 0376 32 80 19, fax 36 85 64), à 2 mn de la P. Belfiore, dans le cœur historique. 40 chambres tout confort, avec salle de bains, TV et clim. Après une journée de visite, détendez-vous sur les canapés en cuir du lobby et sirotez un verre au bar. Chambre simple 75 €, double 120 €, triple 140 €. Cartes Visa, MC, AmEx. ❖❖❖❖❖

Albergo Giulia Gonzaga, V. Vespasiano Gonzaga, 65 (✆ 0376 52 81 69), à Sabbioneta, à 45 mn en bus de Mantoue. Un hôtel très bien tenu, à la décoration champêtre. Les 13 chambres ont une salle de bains et la TV. Chambre simple 35 €, double 50 €. Cartes Visa, MC. ❖❖❖❖

RESTAURANTS

Si vous aimez la viande et la charcuterie, vous devez absolument goûter la *pancetta* et le salami, spécialités de Mantoue. Le *risotto alla pilotta*, un plat à base de porc, est également un incontournable. La ville célèbre chaque année une **festa dell'Osso** au cours de laquelle toutes les parties du cochon, y compris la tête, les oreilles la queue et les pattes, sont cuisinées. Rendez-vous en décembre pour vous régaler.

❤ **Ristorante Corte Bondeno**, sur la V. Mezzana Loria, à Sabbioneta (✆ 348 77 5 90 07). Prenez la sortie nord de la ville à partir de la P. Ducale et suivez les panneaux. La V. Mezzana Loria devient un chemin de terre à mesure qu'on s'approche du restaurant. Celui-ci est installé dans une robuste ferme en pierre. Bien sûr, il est plus facile de s'y rendre en voiture. Mais si vous avez fait la marche de 30 mn, vous oublierez vos pieds fourbus dès lors que vos assiettes se rempliront de la meilleure cuisine de Mantoue. Ne manquez pas les *tortelli di zucca* (raviolis à la citrouille), avec du beurre et du parmesan. Pour accompagner les plats, rien de mieux qu'une bouteille de vin pétillant *Lambrusco Mantovano*. Menu 22 €, sans le vin. Réservation conseillée. Ouvert Ma-Di au déjeuner et à partir de 20h30 le soir. Cartes Visa, MC. ❖❖❖❖

Antica Osteria ai Ranari, V. Trieste, 11 (✆/fax 0376 32 84 31), dans le prolongement de la Via Pomponazzo, près du Porto Catena. Etablissement sympathique spécialisé dans la cuisine régionale. A goûter absolument, les *tortelli di zucca* (raviolis à la citrouille). *Primi* 5-7 €, *secondi* 5-9 €. Couvert 1,50 €. Ouvert Ma-Di 12h-14h30 et 19h15-23h30. Fermé trois semaines environ fin Juil-début Août. Cartes Visa, MC, AmEx. ❖❖

Trattoria con Pizza da Chiara, V. Corridoni, 44a/46 (✆ 0376 22 35 68). De la P. Cavalotti, suivez la C. Libertà et tournez à gauche sur la V. Roma puis à droite dans l'étroite V. Corridoni. Un escalier mène à trois charmantes salles avec un sol pavé. La salle du bas est climatisée. Les spécialités maison sont un régal, notamment le *risotto all pescatore* (6 €). Pizza à partir de 4 €. *Primi* à partir de 4 €, *secondi* à partir de 5 €. Couvert 1,50 €. Ouvert Lu et Me-Di 12h-15h et 19h-24h. Cartes Visa, MC, AmEx. ❖❖

Masseria, P. Broletto, 8 (✆/fax 0376 36 53 03). Un restaurant touristique mais vraiment plaisant. Tables en plein air éclairées aux chandelles. Le *risotto alla pilotta* (8 €) recueille les faveurs des habitués. Pizzas succulentes à partir de 6,50 €. Ouvert Ma-Sa 12h30-14h30 et 19h30-23h. Cartes Visa, MC, AmEx. ❖❖

Pizzeria-Ristorante Piedigrotta, C. della Libertà, 15 (✆ 0376 32 70 14), tout près de la P. Cavalotti. Deuxième établissement V. Verde, 5 (✆ 0376 32 21 53), près de la P. Mantegna. Pizzas et délicieux plateaux de fruits de mer à des prix défiant toute concurrence. Ambiance chaleureuse. *Pizza margherita* 4,20 €, *primi* à partir de 4,50 €, *secondi* à partir

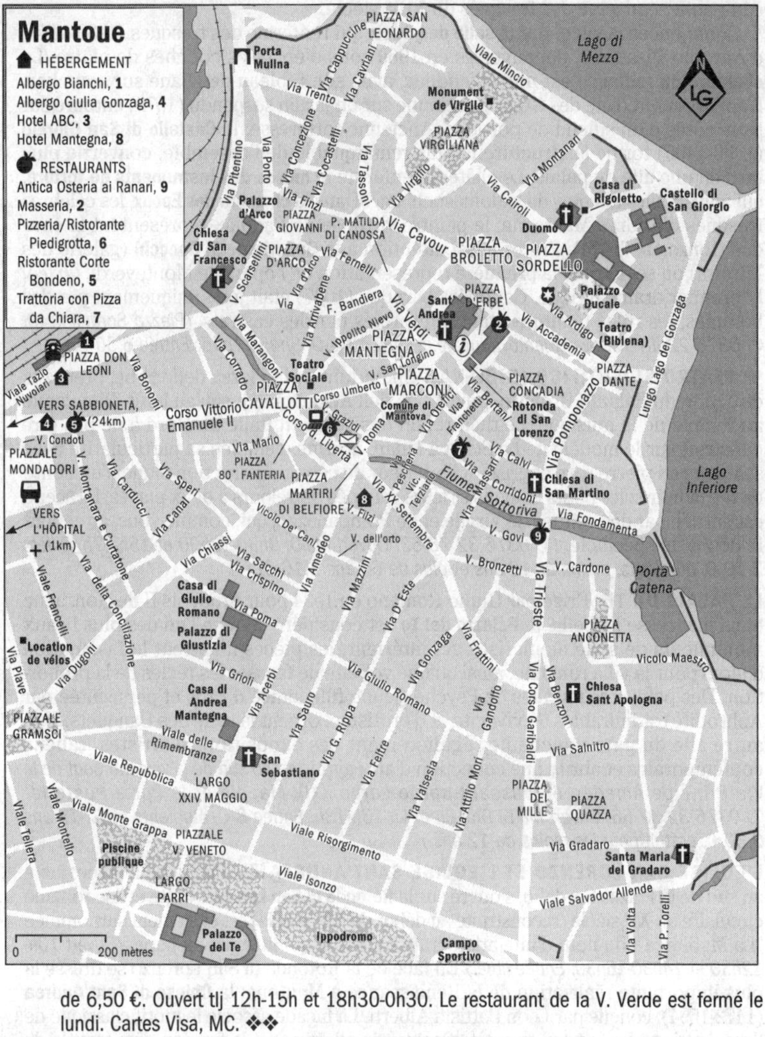

de 6,50 €. Ouvert tlj 12h-15h et 18h30-0h30. Le restaurant de la V. Verde est fermé le lundi. Cartes Visa, MC. ❖❖

VISITES

❤ **PALAZZO DUCALE.** La **Piazza Sordello** est une place pavée située au centre d'un vaste quartier érigé par les Gonzague. Le Palazzo ducale, qui domine la place, donne une idée édifiante du faste de la cour des Gonzague. Ses 500 pièces et ses 15 cours, construites sur une période de 300 ans (du XIVe au XVIIe siècle), abritent aujourd'hui une belle collection de meubles anciens et d'œuvres de la Renaissance. Le palais est lui-même constitué de plusieurs édifices dignes d'intérêt. Le **Magna Domus** (cathédrale) et le **Palazzo del Capitano** (palais du Capitaine), tous deux du XIVe siècle, forment le corps principal du bâtiment. Au-delà de la façade XVIIIe siècle de la cathédrale, on peut admirer le campanile roman, agrémenté d'éléments gothiques sur le côté. L'intérieur date de la fin de la Renaissance, mais le baptistère, au-dessous du campanile, conserve des fresques du XIIIe siècle.

Commencez la visite par la **salle des Ducs**, qui renferme des fresques (1439-1444) d'Antonio Pisanello, découvertes en 1969 sous d'épaisses couches de plâtre. La **chambre du zodiaque** est une splendeur, avec son tableau de Diane sur son char. L'appartement d'été des Gonzague donne sur un jardin suspendu (1579) entouré sur trois côtés d'un splendide portique. Ancienne forteresse, le **Castello di San Giorgio** (1390-1406) forme la structure la plus remarquable de l'ensemble, convertie plus tard en une aile du palais. Le château renferme le **musée des Instruments de torture**, qui amusera les adeptes du sadomasochisme. Dans la **chambre des Epoux**, les célèbres fresques d'Andrea Mantegna, le peintre virtuose de Padoue, représentent la cour des Gonzague (1474). Prêtez aussi attention à la **Galleria degli Specchi** (galerie des Miroirs) où se déroula la première représentation de l'opéra de Monteverdi, *Orfeo*, le premier drame lyrique. Cet opéra baroque (1607) était joué uniquement par des hommes, les rôles féminins étant interprétés par des castrats. *(Piazza Sordello, 40. © 0376 22 48 32. www.mantovaducale.it. Ouvert Ma-Di 8h45-17h15. Entrée 6,50 €.)*

❤ **TEATRO SCIENTIFICO (BIBIENA).** En partant de la Piazza delle Erbe, prenez la direction du Palazzo Broletto, puis la Via dell'Accademia jusqu'au bout. Bienvenue au temple de la musique. Le théâtre, un des seuls en Italie du Nord à ne pas être construit sur le modèle de La Scala à Milan, affirme d'emblée sa particularité avec ses murs en pierre rose et grise. A l'intérieur de cette construction digne d'un conte de fée, admirez les petits balcons et leurs canapés de velours à deux places. La scène est gardée par des statues de Virgile et de Pompanazzo, qui, comme vous, attendent le début du spectacle. *(© 0376 32 76 53. Ouvert Ma-Di 9h30-12h30 et 15h-17h. Billets 2,10 €, étudiants, moins de 18 ans et plus de 60 ans 1,10 €)*

LE PALAIS DU TÉ. Erigé par Giulio Romano en 1534 pour François II de Gonzague et sa maîtresse Isabella, le **Palazzo del Te** est considéré comme l'un des plus beaux monuments de style maniériste. A l'intérieur, les pièces illustrent la fascination d'alors pour la villa romaine, ainsi qu'une volonté de fausser les règles de la proportion. Des peintures murales de Psyché (jeune fille aimée d'Eros et persécutée par Aphrodite), admirables de vivacité et d'érotisme, ornent la salle des Banquets. Une autre aile du palais accueille régulièrement des expositions d'artistes italiens contemporains et abrite une collection d'art égyptien. *(Au sud de la ville, au bout de la Via Principe Amedeo en passant par le Largo XXIV Maggio et la Porta Pusterla. © 0376 32 32 66. Ouvert Ma-Di 9h-18h et Lu 13h-18h. Entrée 8 €, étudiants et 12-18 ans 2,50 €, gratuit pour les moins de 12 ans.)*

L'ÉGLISE SAN LORENZO ET L'ÉGLISE SANT'ANDREA. La Piazza delle Erbe, juste au sud de la Piazza Sordello, s'ouvre sur la **Rotonda di San Lorenzo**. Cette église romane circulaire du XIe siècle (reconstruite au début du XXe siècle) est également surnommée "La Matildica", du nom d'une aristocrate influente qui la légua au pape. *(Ouvert 10h-12h30 et 14h30-16h30. Entrée libre.)* En face de la Rotonda di San Lorenzo se dresse la plus importante réalisation de la Renaissance à Mantoue, la **Chiesa di Sant'Andrea** (1472-1594), conçue par Leon Battista Alberti. La façade associe le motif classique de l'arc de triomphe (portail en voûte flanqué de pilastres) et le fronton d'un temple de l'Antiquité. Elle est le premier espace monumental à avoir été construit dans un style classique depuis la Rome impériale. Le plan (voûte en plein cintre, bas-côté unique, chapelles latérales et croisée du transept surmontée d'un dôme) a servi de prototype pour l'architecture ecclésiastique pendant près de 200 ans. C'est Giorgio Anselmi qui a peint les fresques du dôme. Tous les ans, pour le vendredi saint, a lieu une procession religieuse dans la ville au cours de laquelle la relique de l'église, un morceau de terre prétendument recouvert du sang du Christ, est montrée à la population. Le reste du temps, ce précieux trésor est conservé dans la crypte. La tombe du peintre Andrea Mantegna se trouve au fond de l'église. *(Ouvert tlj 8h-12h et 15h-18h30. Entrée libre.)*

LE PALAIS D'ARCO. Le **Palazzo d'Arco**, demeure seigneuriale de style néoclassique, abrite des meubles, des peintures et des céramiques datant du XVIIIe siècle. A ne pas manquer : l'extraordinaire chambre du zodiaque, œuvre de Giovan Maria Falconetto.

La salle est divisée en douze sections richement décorées, évoquant chacune un signe astrologique et la ville italienne qui lui est associée. *(A proximité de la Via Pitentino. Depuis la Piazza Mantegna, suivez la Via Verdi puis la Via Fernelli. ✆ 0376 32 22 42. Ouvert Mars-Oct, Ma-Di 10h-12h30 et 14h30-18h. Nov-Fév : Sa. 10h-12h30 et 14h-17h. Entrée 3 €, étudiants 1 €.)*

SORTIES

Le **Teatro Bibiena**, V. Accademia (✆ 0376 32 76 53), accueille de nombreux concerts. Les deux saisons de musique classique vont d'octobre à avril et d'avril à juin. Des concerts de jazz se déroulent également d'avril à juin. Le 15 août, dans la ville voisine de Grazie (accessible en bus), a lieu la **Festa della Madonnari**, un concours international de dessinateurs de rue. Début septembre, les italophones devraient apprécier le **festival de littérature** (Festivaletteratura), qui attire des hordes d'étudiants en lettres venus réciter des poèmes d'auteurs connus ou des compositions personnelles.

EXCURSION DEPUIS MANTOUE : SABBIONETA

Sabbioneta, située à 33 km au sud-ouest de Mantoue, est facilement accessible en bus (4 dép/j, de 6h35 à 19h50, durée 45 mn, 6,40 €). Descendez P. Gonzaga. L'office de tourisme se trouve P. D'Armi. (✆ 0375 22 10 44, www.comune.sabbioneta.it. Visites guidées en français 7,20 €. Ouvert Ma-Di 10h-13h et 14h-19h30.).

Sabbioneta fut fondée par Vespasien Gonzague (1532-1591) dans l'espoir de créer un petit paradis : il y établit finalement sa cour féodale. La ville devint un grand foyer artistique à la fin de la Renaissance, lui valant le surnom de “Petite Athènes des Gonzague”. A l'intérieur de l'enceinte datant du XVIe siècle, bien conservée, se dressent les admirables **Palazzo ducale**, **théâtre Olympique** et **Palazzo del Giardino**. La visite guidée, très bien conçue, commence par le Palazzo dei Giardino, orné de magnifiques fresques. Elle se poursuit par le Palazzo Ducale, qui abrite moins de peintures, mais dont l'architecture est superbe – notez les très beaux plafonds en chêne. Enfin, elle permet de découvrir le Teatro Olimpico et sa scène richement décorée. En vous promenant dans les rues, vous ne manquerez pas la plus vieille porte de la ville, la **Porta Vittoria**, ni la Porta Imperiale, à l'est. Pour visiter les églises de la ville, il convient de téléphoner au curé (✆ 0375 52 035). L'intérieur baroque de la **Chiesa di Villa Pasqui** se visite librement (tlj 10h-13h et 14h30-17h30). L'office de tourisme distribue une carte des environs qui permet de rejoindre l'église paroissiale à travers champs de maïs et fermes : une jolie excursion. Sabbioneta accueille le premier dimanche de chaque mois les amateurs d'antiquités au grand **Mercato dell'Antiquariato**.

ITALIE DU NORD

BERGAME (BERGAMO) ✆0444

C'est à Bergame qu'est née au XVIe siècle la *commedia dell'Arte.* Centre commercial et industriel actif, mais aussi foyer artistique et historique, la ville est physiquement et spirituellement divisée en deux. Des palais, des églises et une grande muraille qui servait à défendre la cité (contrôlée par les Vénitiens) contre Milan (occupée par les Espagnols) caractérisent la *città alta* (ville haute), tout comme le font ses étroites ruelles qu'ombragent de solennelles façades des édifices religieux. La *città bassa* (ville basse), en contrebas, est en revanche une métropole moderne et dynamique comportant de nombreux bâtiments néoclassiques.

TRANSPORTS

Train : P. Marconi (✆ 035 24 76 24). Gare située à la jonction des vallées de Brembana et de Seriana. Consigne disponible. Destinations : **Brescia** (1 dép/h de 5h43 à 20h55, durée 1h, 3,25 €), **Crémone** (1 dép/h de 7h24 à 17h28, durée 1h30, 5 €), **Milan** (1 dép/h de 5h46 à 23h02, durée 1h, 3,65 €) et **Venise** (durée 2h, dép. 8h22, 11,21 €).

Bus : A droite de la gare ferroviaire. Les bus ont des horaires flexibles, téléphonez pour en savoir plus. Destinations : **Côme** (7 dép/j, 4,15 €) et **Milan** (1 dép/30 mn, 4,10 €).

ORIENTATION ET INFORMATIONS PRATIQUES

La gare ferroviaire, le terminal des bus et les hôtels bon marché sont tous regroupés dans la **città bassa**. Il y a trois façons de se rendre à la **città alta**, plus intéressante. Vous pouvez prendre le bus n° 1. Arrêtez-vous au **funiculaire** qui monte depuis le **Viale Vittorio Emanuele II** jusqu'au Mercato delle Scarpe (8 dép/h). Sinon, le bus n°1a va au "Colle Aperto" et s'arrête au sommet de la *città alta*. Vous pouvez aussi prendre l'escalier situé dans la Via Salita della Scaletta, juste à gauche du départ du funiculaire, dans le Viale Vittorio Emanuele II. En haut de l'escalier, prenez à droite et vous arriverez à la *città alta* par la Via San Giacomo après avoir passé la Porta San Giacomo (durée 10-15 mn).

Offices de tourisme : **APT**, V. Aquila Nera, 2 (✆ 035 24 22 26, www.apt.bergamo.it), dans la *città alta*. Prenez le bus n° 1 ou n° 1a. Arrêtez-vous au funiculaire, puis suivez la Via Gombito jusqu'à la Piazza Vecchia et tournez à droite au niveau de la bibliothèque (avant la Piazza Vecchia) dans la Via Aquila Nera. L'office de tourisme est la première porte à droite. Ouvert tlj 9h-12h30 et 14h-17h30. Dans la *città bassa*, vous trouverez également un **APT**, V. Vittorio Emmanuele II, 20 (✆ 035 21 02 04 ou 035 21 31 85). Il se trouve derrière un portail en fer forgé, en face de l'hôtel Excelsior San Marco. Ouvert Lu-Ve 9h-12h30 et 14h-17h30.

Change : **Banca Nazionale del Lavoro**, V. Petrarca, 12 (✆ 035 23 80 16), à côté de la Via Vittorio Emanuele II, près de la Piazza della Libertà. Taux intéressants. Ouvert Lu-Ve 8h30-13h20 et 14h45-16h15. Vous pouvez aussi changer de l'argent au premier étage du bureau de poste. Ouvert Lu-Ve 8h30-17h.

Distributeurs automatiques : A la gare, près des bureaux de tabac, ainsi qu'à l'extérieur de la **Banca Popolare di Milano**, V. Paleocapa (près du Viale Papa Giovanni XXIII).

Transfert d'argent : **World Center Argenti**, V. Giacomo Quarenghi, 37d (✆ 035 31 31 24, fax 035 32 13 63), non loin de la Via Pietro Paleocapa. Ouvert tlj 10h30-20h.

Consigne : Dans la gare ferroviaire. Ouvert tlj 7h-21h. L'office de tourisme garde gratuitement les bagages pendant ses heures d'ouverture.

Laveries automatiques : **Speedy Wash**, V. A. Mai, 39/b (✆ 0335 425 9971). Ouvert tlj 7h30-20h.

Urgences : ✆ 113. **Ambulances** : ✆ 118.

Urgences médicales : ✆ 035 26 91 11 pendant la journée, ✆ 035 25 02 46 le soir et le dimanche.

Police : V. Galgario, 17 (✆ 035 23 82 38).

Hôpital : **Ospedale Maggiore**, Largo Barozzi, 1 (✆ 035 26 91 11).

Internet : A l'auberge de jeunesse HI, pour ses clients uniquement (5,16 € l'heure), ou à **Telecom Italia**, V. Pignolo 56 (5,16 €). Ouvert tlj 8h-22h.

Bureaux de poste : V. Locatelli, 11 (✆ 035 24 32 56). Prenez la Via Zelasco depuis le Viale Vittorio Emanuele II. Ouvert Lu-Ve 8h30-13h40 et Sa. 8h30-11h40. Les colis sont pris en charge dans le bureau situé V. Pascoli, 6 (✆ 035 23 86 98). Mêmes horaires que l'agence principale. **Code postal** : 24122.

HÉBERGEMENT

Plus on se rapproche de la *città alta*, plus les prix augmentent. Les hôtels les plus abordables se trouvent dans la *città bassa*. Renseignez-vous auprès de l'office de tourisme sur les options d'*agriturismo* (logement chez l'habitant à la campagne).

❤ **Ostello della Gioventù di Bergamo (HI)**, V. Galileo Ferraris, 1 (©/fax 035 36 17 24, www.sottosopra.org/ostello). Prenez le bus n° 9 depuis la gare ferroviaire jusqu'à l'arrêt "Comozzi", puis le n° 14 jusqu'à l'arrêt "Leonardo da Vinci". De là, il faut grimper une petite colline. Le bâtiment est en pierre avec des grilles orange. Cette auberge spacieuse et bien entretenue possède la télévision par satellite, des jardins et une vue magnifique sur la *città alta* et sur la vallée : de quoi compenser un peu son éloignement du centre-ville. Chaque dortoir est muni de sa propre salle de bains. Seuls les détenteurs de la carte des auberges de jeunesse sont admis. Petit déjeuner compris. Laverie réservée aux clients, 8 € pour le lavage, le séchage et la lessive. Accès Internet 5,16 € l'heure. Dortoir 14 € par personne. Pas d'enregistrement le matin. Fermeture des portes 10h-14h. Cartes Visa, MC. ❖❖

❤ **Locanda Caironi**, V. Torretta, 6b/8 (© 035 24 30 83). Depuis la gare ferroviaire, descendez la Via Papa Giovanni XXIII jusqu'à la Via Angelo Maj, tournez à droite et passez plusieurs rues jusqu'à atteindre la Via Borgo Palazzo. Tournez à gauche, puis à droite dans la seconde rue. Vous pouvez également prendre le bus n° 5 ou n° 7 dans la Via Angelo Maj. Cet établissement familial est situé dans un édifice du XVIIIe siècle, dans un quartier résidentiel paisible. Les chambres donnent sur le jardin d'une **trattoria** considérée comme l'un des meilleurs restaurants de Bergame. Salle de bains commune. Chambre simple 20 €, chambre double 38 €. Il est conseillé de réserver. Cartes Visa, MC. ❖

Albergo San Giorgio, V. San Giorgio, 10 (© 035 21 20 43, www.sangiorgioalbergo.it), bus n° 7, ou une marche de 15 mn depuis la gare ferroviaire. Descendez la Via Papa Giovanni XXIII jusqu'à la Via Pietro Paleocapa, puis tournez à gauche dans la Via San Giorgio. Hôtel situé à proximité de la voie ferrée, mais relativement calme. Chambres propres et modernes avec télévision, téléphone et lavabo. 68 lits, 2 chambres accessibles aux handicapés. Chambre simple 28 €, avec salle de bains 42 €, chambre double 42/60 €. Réservation utile mais pas obligatoire. Cartes Visa, MC. ❖❖❖

Convitto Pensionato Caterina Cittadini, V. Rocca, 10 (© 035 24 39 11), près de la Piazza Mercato delle Scarpe (la Via Rocca est la petite ruelle sur la droite au sommet du funiculaire) dans la *città alta*. Réservé aux femmes. Les murs peints en orange vif, la cour intérieure et les terrasses ensoleillées composent un décor chaleureux. Les étrangères sont les bienvenues, même si les sœurs ne parlent qu'italien. Réception à l'étage. Couvre-feu à 22h, si vous sortez tard, demandez la clé. Chambre simple 25 €, avec salle de bains 30 €, chambre double 40 €. Petit déjeuner et dîner compris. ❖❖❖

ITALIE DU NORD

RESTAURANTS

Les *casonsei*, un plat de raviolis à la viande, sont l'une des délicieuses spécialités de Bergame, au même titre que les fromages *branzi* et *taleggio*, agréables en fin de repas arrosés de *valcalepio* rouge ou blanc. La *polenta*, à base de semoule de maïs et d'eau, assaisonnée de condiments variés, accompagne généralement les plats régionaux. Les rues de la *città alta* sont bordées de pâtisseries vendant des *polentina* jaunes, recouvertes de chocolat, en forme d'oiseau. Ces douceurs onéreuses sont plutôt destinées aux touristes. Vous trouverez des produits de base à **Compra Bene Supermercati**, à droite du Viale Vittorio Emanuele II, après l'office de tourisme de la *città bassa*, juste avant la colline où se trouve la *città alta*. Un autre supermarché, **Despar**, se tient V. P. Giovanni, 23, non loin du centre de la *città bassa*. N'oubliez pas que la plupart des magasins de Bergame sont fermés le lundi matin.

LA CITTÀ ALTA

Après une journée de promenade, nous vous recommandons d'aller vous détendre un moment dans l'une des nombreuses *vinerie* de la *città alta*. La plupart des bons restaurants se trouvent dans le quartier touristique, sur la V. Bartolomeo et ses prolongements, V. Colleoni et V. Gombito.

Taverna del Colleoni & Dell'Agnello, P. Vecchia, 7 (© 035 23 25 96). Un restaurant très chic qui a ouvert ses portes il y a 300 ans. Vous ne trouverez pas mieux à Bergame, tant pour la qualité de la cuisine que pour le service. *Primi* 3,15 €, *secondi* 13-24 €. Ouvert Ma-Sa 12h-14h30 et 19h30-22h30, Di 12h-14h30 et 19h30-22h. Cartes Visa, MC, AmEx. ❖❖❖❖

Trattoria del Teatro, P. Mascheroni, 3a (✆ 035 23 88 62), au commencement de la V. Bartolomeo. La salle ne paie pas de mine mais la cuisine est succulente. Prix raisonnables. Primi 7-8 €, secondi 12-14 €. Ouvert Ma-Di 12h30-15h30 et 19h30-23h30. ❖❖❖

Trattoria Tre Torri, P. Mercato del Fieno, 7a (✆ 035 24 43 66), à gauche de la Via Gombito en s'éloignant de la Piazza Vecchia. Cet établissement élégant est toujours plein. Il y a des tables dans un petit intérieur en pierre. On peut aussi s'asseoir en terrasse de mai à septembre. Essayez la spécialité maison, les *foiaole con porcini* (6,20 €). Menu (*primo*, *secondo*, et vin) environ 18 €. Couvert 1,50 €. Ouvert 12h-15h et 19h30-22h30, fermé Me. en hiver. Cartes Visa, MC. ❖❖❖

Ristorante-Pizzeria Bernabo, P. Mascheroni, 11 (✆ 035 23 76 92). Des pizzas et des plats de pâtes à fondre de plaisir. *Primi* 8,50 €, *secondi* 6-12 €. Ouvert Lu-Me et Ve-Di 12h30-14h30 et 19h30-22h30. Cartes Visa, MC, AmEx. ❖❖❖

Trattoria da Ornella, P. Gombito, 15 (✆ 035 23 37 36). A la sortie du funiculaire, remontez la V. Gombito. Une adresse populaire spécialisée dans la *polenta taragna*, faite avec du beurre, des fromages régionaux et plusieurs types de viande (14 €). La salle est climatisée. Couvert 2 €. *Primi* 6-8 €, *secondi* 10-14 €. Ouvert Lu-Me et Ve-Di 12h-15h et 19h-23h. Cartes Visa, MC, AmEx. ❖❖❖

Circolino Cooperativa Città Alta, V. Sant'Agata, 19 (✆ 035 21 57 41 ou 035 22 58 76). Quand vous regardez la bibliothèque en marbre blanc, quittez la Piazza Vecchia par la gauche. Descendez la Via Colleoni et tournez à droite dans la Via Sant'Agata. Un panneau indique où tourner. Cette ancienne prison et église a été transformée en un agréable café associatif au milieu d'un jardin où la vigne pousse sur des arches. La vue sur les collines et les villas des environs est superbe. On peut faire une partie de billard, de flipper ou de *bocce* (un jeu italien, mélange de bowling et de pétanque, qui se joue très solennellement). Sandwichs, pizzas et salades. Ouvert tlj 12h-24h. ❖

LA CITTÀ BASSA

Trattoria Casa Mia, V. San Bernardino, 20 A (✆ 035 22 06 76). Depuis la gare ferroviaire, rendez-vous à la Porta Nuova. Tournez à gauche dans la Via Gian Tiraboschi, qui devient Via Zambonate, puis encore à gauche dans la Via San Bernardino. Restaurant familial avec *primo* (notamment la spécialité de Bergame, la polenta), *secondo*, *contorno* et boisson pour 11 € (ou 8,50 € le midi). Ouvert Lu-Sa 12h-15h30 et 18h-24h. Fermé une semaine mi-août. Les cuisines ferment à 22h. ❖❖

Ristorante Ol Giopi e la Margi, V. Borgo Palazzo, 27 (✆ 035 24 23 66). Du Largo Pta. Nuova, tournez à droite sur V. G. Camozzi puis à gauche sur V. Palazzo. Le restaurant se trouve peu après le pont. D'excellents *menù*, copieux et savoureux, en font une adresse de choix du quartier. A réserver pour les grosses faims. Menu déjeuner 25,82 €, menu dîner 36,15 €. Ouvert Ma-Sa 12h-15h30 et 19h30-24h. ❖❖❖❖❖

VISITES

LA CITTÀ ALTA

Par opposition à la ville moderne qu'elle surplombe, la ville haute, avec ses fontaines et ses passages couverts, conserve un merveilleux cachet médiéval. On y accède par le funiculaire, en bus ou à pied. Depuis la Galleria dell'Accademia Carrara, la Via Noca, en terrasse, grimpe jusqu'à la Porta Sant'Agostino, une porte du XVIe siècle construite par les Vénitiens en guise de fortification. La Via Porta Dipinta mène à la Via Gombito, qui s'achève sur la Piazza Vecchia.

❤ **LA BASILIQUE SANTA MARIA MAGGIORE.** La **Basilica Santa Maria Maggiore**, attenante à la chapelle Colleoni, fut élevée pendant la seconde moitié du XIIe siècle.

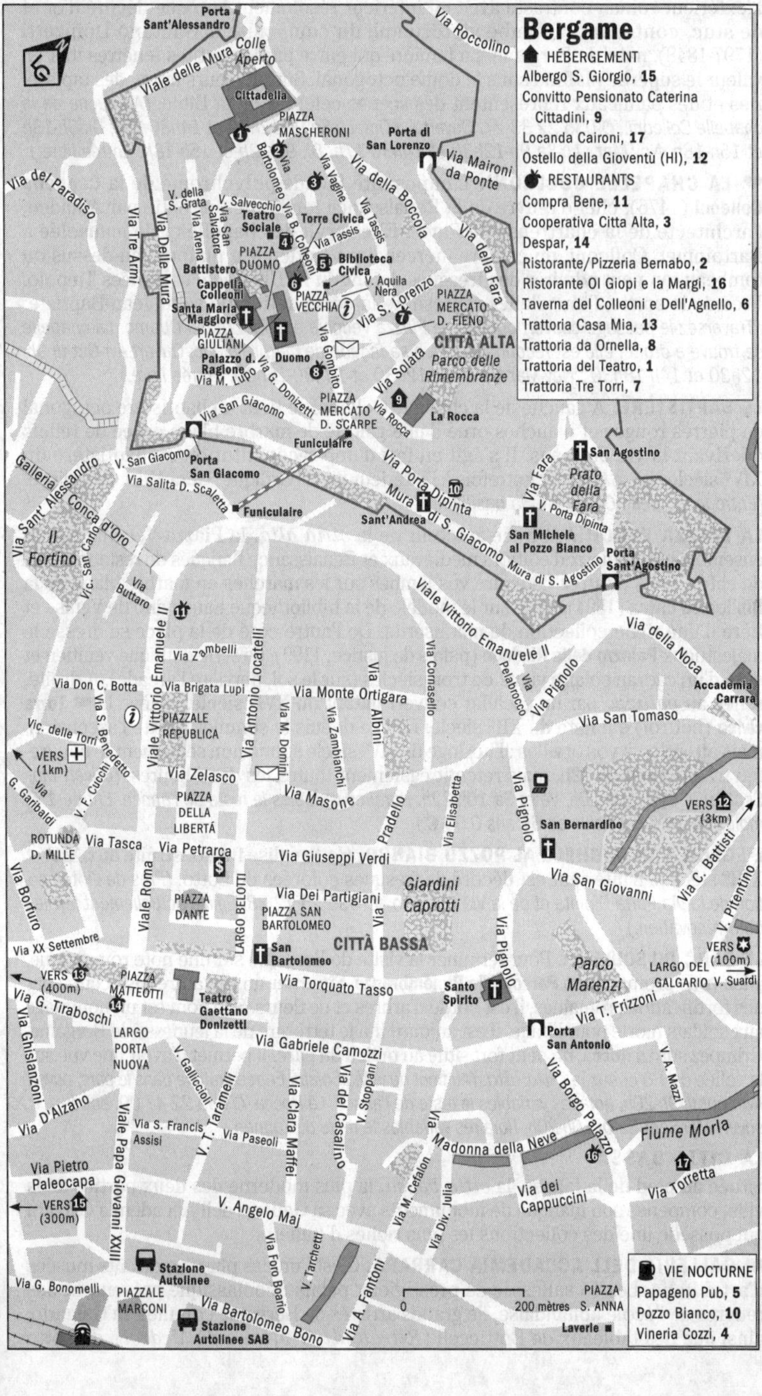
Bergame
HÉBERGEMENT
Albergo S. Giorgio, 15
Convitto Pensionato Caterina Cittadini, 9
Locanda Caironi, 17
Ostello della Gioventù (HI), 12
RESTAURANTS
Compra Bene, 11
Cooperativa Citta Alta, 3
Despar, 14
Ristorante/Pizzeria Bernabo, 2
Ristorante Ol Giopi e la Margi, 16
Taverna del Colleoni e Dell'Agnello, 6
Trattoria Casa Mia, 13
Trattoria da Ornella, 8
Trattoria del Teatro, 1
Trattoria Tre Torri, 7
VIE NOCTURNE
Papageno Pub, 5
Pozzo Bianco, 10
Vineria Cozzi, 4
Porta Sant'Alessandro
Viale delle Mura
Colle Aperto
Cittadella
PIAZZA MASCHERONI
Porta di San Lorenzo
Via Roccolino
Via Maironi da Ponte
Via del Paradiso
Via Tre Armi
Via Delle Mura
V. della S. Grata
Via Arena
V. Via San Salvatore
V. Salvecchio
Teatro Sociale
Via Bartolomeo
Via B. Colleoni
Via Vagine
Via della Boccola
Via della Fara
Torre Civica
Via Tassis
Biblioteca Civica
Battistero
PIAZZA DUOMO
Cappella Colleoni
Santa Maria Maggiore
PIAZZA GIULIANI
PIAZZA VECCHIA
V. Aquila Nera
Via S. Lorenzo
PIAZZA MERCATO D. FIENO
CITTÀ ALTA
Parco delle Rimembranze
Duomo
Palazzo d. Ragione
Via M. Lupo
Via G. Donizetti
Via Gombito
Via Solata
Via Rocca
PIAZZA MERCATO D. SCARPE
La Rocca
Via San Giacomo
Porta San Giacomo
V. San Giacomo
Funiculaire
Via Salita D. Scaletta
Via Porta Dipinta
Mura di S. Giacomo
Sant'Andrea
San Agostino
Via Fara
Prato della Fara
V. Porta Dipinta
San Michele al Pozzo Bianco
Mura di S. Agostino
Porta Sant'Agostino
Galleria Conca d'Oro
Via Sant' Alessandro
Il Fortino
Vic. San Carlo
Via Buttaro
Viale Vittorio Emanuele II
Via della Noca
Accademia Carrara
Via Zambelli
Via Pelabrocco
Via Pignolo
Via Cornasello
Via Don C. Botta
Via Brigata Lupi
Via Monte Ortigara
Via Albini
Via San Tomaso
Via S. Benedetto
Vic. delle Torri
PIAZZALE REPUBLICA
Via Antonio Locatelli
Via M. Domini
Via Zambianchi
VERS (1km)
Via Zelasco
Via Masone
Via G. Garibaldi
V. F. Cucchi
PIAZZA DELLA LIBERTÁ
Via Pradello
Via Elisabetta
VERS (3km)
San Bernardino
Via C. Battisti
ROTUNDA D. MILLE
Via Tasca
Via Petrarca
Via Giuseppe Verdi
Via San Giovanni
Via Borfuro
Viale Roma
PIAZZA DANTE
LARGO BELOTTI
Via Dei Partigiani
PIAZZA SAN BARTOLOMEO
Giardini Caprotti
V. Pitentino
Via XX Settembre
San Bartolomeo
CITTÀ BASSA
VERS (100m)
VERS (400m)
PIAZZA MATTEOTTI
Via Torquato Tasso
Santo Spirito
Parco Marenzi
LARGO DEL GALGARIO
V. Suardi
Via G. Tiraboschi
Teatro Gaettano Donizetti
Via T. Frizzoni
LARGO PORTA NUOVA
Via Gabriele Camozzi
Porta San Antonio
Via Ghislanzoni
V. Gallicciol
V. T. Taramelli
Via Clara Maffei
Via del Casalino
V. Stoppani
Via Borgo Palazzo
V. A. Mazzi
Via D'Alzano
Viale Papa Giovanni XXIII
Via S. Francis Assisi
Via Paseoli
Via Madonna della Neve
Fiume Morla
Via Pietro Paleocapa
VERS (300m)
Via M. Cefalon
Via Div. Julia
Via dei Cappuccini
Via Torretta
V. Angelo Maj
V. Tarchetti
Via Foro Boario
Via A. Fantoni
Stazione Autolinee
Via G. Bonomelli
PIAZZALE MARCONI
Via Bartolomeo Bono
Stazione Autolinee SAB
0
200 mètres
PIAZZA S. ANNA
Laverle

ITALIE DU NORD

L'extérieur roman contraste avec un intérieur résolument baroque décoré d'or et de stuc, contenant la tombe victorienne du compositeur Gaetano Donizetti (1797-1848), natif de Bergame. La lumière qui entre par les petites fenêtres met en valeur le superbe plafond sous le dôme octogonal. Sur plusieurs murs, des tapisseries et des panneaux représentent des scènes célèbres de la Bible. *(A gauche de la chapelle Colleoni. © 035 22 33 27. Ouvert Avr-Oct, Lu-Sa 9h-12h30 et 14h30-18h, Di. 9h-13h et 15h-18h. Nov-Mar : Lu-Sa 9h-12h30 et 14h30-17h, Di. 9h-12h et 15h-18h. Entrée libre.)*

❤ **LA CHAPELLE COLLEONI.** L'imposante façade polychrome de la **Cappella Colleoni** (1476), chef-d'œuvre de la Renaissance lombarde, fut bâtie par Amadeo, l'architecte de la chartreuse de Pavie. Elle servit de chapelle et de mausolée à Bartolomeo Colleoni, un célèbre mercenaire vénitien. Au plafond, au-dessus du tombeau, on peut admirer des fresques datant du XVIIIe siècle et signées Tiepolo. Près de la sortie, l'une d'elles représente la décapitation de saint Jean-Baptiste. *(Traversez le passage couvert qui relie la Piazza Vecchia à la Piazza del Duomo. La chapelle se trouve à droite, elle est reconnaissable à sa façade de marbre blanc. Ouvert Avr-Oct tlj 9h-12h30 et 14h-18h30 ; Nov-Mar Ma-Di 9h-12h30 et 14h30-16h30. Entrée libre.)*

LE BAPTISTÈRE. A gauche de la chapelle Colleoni se tient un baptistère octogonal en pierres rouges et blanches orné d'une galerie de marbre blanc ornée de reliefs décrivant la vie de Jésus. Il s'agit en fait d'une reconstitution du baptistère du XIVe siècle qui se trouvait autrefois à l'intérieur de la basilique Santa Maria Maggiore. *(Entre la chapelle Colleoni et la basilique.)*

LA PIAZZA VECCHIA. Située au cœur de la *città alta*, la Piazza Vecchia est un ensemble harmonieux d'édifices médiévaux et Renaissance flanqués de restaurants et de cafés. Vous pourrez détendre vos jambes sur les marches en marbre blanc de la **Biblioteca civica** (1594), bâtie sur le modèle de la bibliothèque Sansovino de Venise et fière d'une riche collection de manuscrits. De l'autre côté de la place se dresse le majestueux **Palazzo della Ragione** (palais de justice, 1199), de style gothique vénitien et doté d'un cadran solaire vieux de trois siècles (sur le sol, derrière l'arcade). A droite, reliée au *palazzo* par un escalier couvert datant du XVIe siècle, s'élève la ❤ **Torre civica** (beffroi) qui date du XIIe siècle. La vue depuis le sommet mérite l'ascension, mais attention à vos oreilles : l'horloge du XVe siècle sonne non seulement le couvre-feu traditionnel de 22h, mais retentit également toutes les demi-heures. *(Ouvert Mai-Sept Lu-Je et Di 10h-20h, Ve et Sa 10h-22h. Horaires variables le reste de l'année. Entrée 1 €, moins de 18 ans et plus de 65 ans 0,50 €.)*

L'ÉGLISE SAN MICHELE AL POZZO BIANCO. Cette église fut construite aux XIIe et XIIIe siècles. L'intérieur est décoré de fresques colorées de Lotto. *(Près de l'intersection de la Via Porta Dipinta et de la Via Osmano. © 035 25 12 33. Eglise actuellement fermée pour rénovation.)*

LE PARC DU SOUVENIR. Pour terminer la visite de Bergame sur une note romantique, allez vous promener au **Parco delle Rimembranze**. Situé sur un site autrefois occupé par des fortifications romaines, il est bordé d'arbres et de fleurs. Son nom est un hommage aux soldats morts pour l'Italie. Il est aujourd'hui le territoire de la jeunesse de Bergame. Grimpez sur **La Rocca**, un petit fort situé au milieu du parc. Il permet d'avoir une vue sur la vallée du Pô et sur la *città alta*. *(Au bout de la Via Solata. Entrée gratuite dans le parc, ouvert Avr-Sept tlj 9h-20h, horaires variables le reste de l'année. La Rocca © 035 22 47 00, entrée 1 €, ouvert Mai-Sept Sa-Di 10h-20h, horaires variables le reste de l'année.)*

LA CITTÀ BASSA

Située au pied de la falaise, la *città bassa*, la plus moderne des deux parties de la ville, compense son manque de monuments avec sa Galleria dell'Accademia Carrara qui possède une des collections les plus riches d'Italie.

❤ **GALLERIA DELL'ACCADEMIA CARRARA.** C'est l'un des plus importants musées d'art d'Italie. Les 15 salles de ce prestigieux palais néoclassique présentent des œuvres de l'école hollandaise, de grands artistes de Bergame comme Fra'Galgario, ainsi que des tableaux de Botticceli (*Ritrato di Giuliano de Medici*), de Lotto

(Ritrato di Giovinetto), de Tiepolo, du Titien, de Rubens, de Bruegel, de Bellini, de Mantegna, de Goyen, de Van Dyck et du Greco. Plusieurs tableaux de Rizzi sont aussi exposés dans la galerie VI, notamment un célèbre diptyque. Dans le premier volet, *Madalena in meditazione*, la Vierge est représentée le regard tourné vers le Christ en croix, et dans *Madalena penitente*, elle serre une bible contre sa poitrine. Proche des œuvres de Rizzi, vous trouverez plusieurs peintures de Lotto, dont *Nozze mistiche di Santa Caterina*. Dans la galerie IX sont exposés les travaux de Moroni. Le musée présente des œuvres couvrant une période allant du gothique du XIIIe siècle jusqu'à l'humanisme florentin. *(P. dell'Accademia, 82a. Depuis le Largo Porta Nuova, prenez la Via Camozzi, tournez à gauche dans la Via Pignolo puis à droite dans la Via San Tomasso. © 035 39 96 43. Ouvert Avr-Sep Ma-Di 10h-13h et 15h-18h45, Oct-Mar 9h30-13h et 14h30-17h45. Entrée 2,58 €.)*

AUTRES VISITES. Le mieux est de commencer le tour de la ville par la **Piazza Matteotti**, cœur de la *città bassa* et rendez-vous des promeneurs du soir. Cette place fut redessinée par les fascistes en 1924. A l'extrême droite de la place, l'**église San Bartolomeo** abrite un superbe retable d'une *Vierge à l'Enfant* de Lorenzo Lotto. *(Ouvert tlj 9h-16h. Entrée libre.)* A droite de l'église San Bartolomeo, la Via Tasso conduit à l'**église Santo Spirito**, à l'étrange façade sculptée. Son bel intérieur Renaissance (1521) conserve des peintures de Lotto, de Previtali et de Bergognone *(ouvert Juil-Aoû Lu-Sa 7h-11h et 17h-18h30, Di 8h30-12h et 17h-19h, horaires variables le reste de l'année)*. Ne manquez pas la promenade le long de la **Via Pignolo**. Cette rue sinueuse relie la *città bassa* à la *città alta* et serpente entre de superbes palais datant du XVIe au XVIIIe siècle. En chemin, on rencontre la petite **église San Bernardino**, dont l'intérieur coloré recèle un splendide retable de Lotto. *(Ouvert Me-Je 10h-13h. Entrée libre.)*

SORTIES

Bergame ne cache pas son goût pour les arts et peut s'enorgueillir d'une constante activité culturelle. La saison lyrique dure de septembre à novembre, suivie par la saison théâtrale, de novembre à avril, où les troupes italiennes les plus prestigieuses se produisent au **théâtre Donizetti**, P. Cavour, 14, dans la *città bassa* (© 035 416 06 02). En mai et en juin, l'activité reprend autour du **festival international de piano**, organisé en coopération avec Brescia. En septembre, la ville célèbre son compositeur, Gaetano Donizetti, et lui dédie un festival où l'on joue ses œuvres les moins connues. Pour plus d'informations, contactez l'office de tourisme ou le théâtre, P. Cavour, 14 (© 035 24 96 31). En été, la municipalité distribue *Viva La Tua Città*, un programme recensant tous les événements gratuits (disponible à l'office de tourisme).

La *città alta* se métamorphose le soir. Certains préfèrent se rendre dans les discothèques des villes voisines, mais beaucoup de jeunes de Bergame se retrouvent dans les petits restaurants, les pubs et les *vinerie* pour boire un verre et discuter. Le ♥ **Pozzo Bianco**, V. Porta Dipinta, 30b (© 035 24 76 94) est une *birreria* (brasserie) où l'on peut manger un morceau. C'est de loin le lieu le plus animé. *(Ouvert tlj 7h-15h et 18h-3h. Cartes Visa, MC, AmEx.)* Pour une ambiance romantique, d'inspiration vénitienne, prenez un verre à la **Vineria Conezzi**, V. B. Colleoni, 22. La carte des vins italiens compte pas moins de 330 références. *(© 035 23 88 36, www.vineriacozzi.it. Couvert 2,10 €. Ouvert l'été Lu-Je et Sa-Di 10h30-2h, l'hiver Lu-Ma et Je-Di 10h30-2h.)* Non loin, au **Papageno Pub**, V. Colleoni, 1B, la bière coule à flots et l'ambiance est plus débridée. *(© 035 23 66 24, ouvert Lu-Me et Ve-Di 7h-2h).*

BRESCIA © 030

C'est à la fin de la journée, quand le soleil décline, que l'âme de Brescia se dévoile dans un festival de couleurs et de lumière. De loin, on embrasse d'un coup d'œil le vert de la cathédrale, le rouge des toits du quartier résidentiel et la silhouette des ruines romaines dans le quartier historique. La ville devait autrefois sa prospérité à la présence de riches aristocrates. L'origine de ses revenus est à présent moins prestigieuse puisqu'il s'agit de l'exportation d'armes Beretta et d'équipements sanitaires.

Mais c'est tout de même la florissante industrie de la mode qui donne à Brescia son caractère. Les rues n'hésitent pas à rivaliser de prestige avec Milan, sous les enseignes de Ferragamo et de Versace.

TRANSPORTS

Train : Brescia se trouve entre Milan et Vérone sur la ligne Turin-Trieste. Consigne disponible (voir plus loin). Destinations : **Bergame** (10 dép/j de 5h25 à 22h28, durée 1h, 3,25 €), **Crémone** (11 dép/j de 6h29 à 21h25, durée 1h45, 3,25 €), **Milan** (1 dép/h de 5h55 à 23h38, durée 1h, 3,65 €), **Padoue** (1 dép/h de 6h15 à 21h13, durée 1h45, 10,90 €), **Venise** (1 dép/h de 4h13 à 21h13, durée 2h15, 13,53 €), **Vérone** (10 dép/j de 7h23 à 1h34, durée 45 mn, 5,53 €) et **Vicence** (1 dép/h de 5h58 à 21h13, durée 1h15, 9,19 €). Bureau d'information (✆ 147 888 088), ouvert tlj 7h-21h.

Bus : La gare routière (✆ 030 449 15) se trouve à droite de la sortie de la gare ferroviaire, dans un bâtiment orange vif. Brescia est le principal point de départ des bus qui desservent la rive occidentale du lac de Garde. Les bus à destination de l'est partent de là. Destinations : **Crémone** (1 dép/h de 6h30 à 18h55, durée 1h15, 4,25 €), **Mantoue** (1 dép/h de 5h45 à 19h15, durée 1h30, 4,95 €), **Vérone** (1 dép/h de 6h45 à 18h15, durée 2h15, 5,27 €). Les bus à destination de l'ouest partent de la gare routière **SAIA** (✆ 030 377 42 37), à droite de la gare ferroviaire. Destination : **Milan** (4 dép/j. de 6h40 à 21h20, durée 1h45, 6 €). Guichet ouvert Lu-Ve 7h-12h30 et 13h30-18h25, Sa. 7h-12h30 et 13h30-15h10.

Taxi (✆ 030 351 11) : Service 24h/24.

ORIENTATION ET INFORMATIONS PRATIQUES

La plupart des joyaux architecturaux de la ville sont concentrés dans le quartier historique. Le *centro storico* est délimité par la **Via XX Settembre** au sud, la **Via dei Mille** à l'ouest, la **Via Pusterla** au nord et la **Via Filippo Turati** à l'est. A partir de la **Piazza della Repubblica** et du quartier peu attrayant situé autour des gares routière et ferroviaire, prenez le **Corso Martiri della Libertà**, puis le **Corso Palestro** à droite et la **Via X Giornate** à gauche vers la **Piazza Loggia**. Tournez encore à gauche jusqu'à la **Piazza Tito Speri**. De là, descendez la **Via dei Musei**, où sont concentrés tous les musées ainsi que le site archéologique romain. Suivez les pancartes qui indiquent le château dans la **Via del Castello**.

Offices de tourisme : **APT**, C. Zanardelli, 34 (✆ 030 434 18, fax 030 375 64 50). Près d'un cinéma, sur le trottoir qui se trouve en face du Teatro Grande, à quelques pas à gauche. L'office de tourisme est situé au fond à droite d'une petite place. Bon plan de la ville, programme des événements et guides touristiques. Ouvert Lu-Ve 9h-12h30 et 15h-18h, Sa. 9h-12h30. Vous pouvez également vous rendre à l'**office de tourisme municipal**, P. Loggia, 6 (✆ 030 240 03 57, www.comune.brescia.it). Ouvert Oct-Mars, Lu-Ve 9h30-12h30 et 14h-17h, Sa. 9h30-12h30. Avr-Sep : Lu-Sa 9h30-18h30.

Ecole de planeur : **Brixia Flying**, V. San Zeno, 117 (✆ 030 242 20 94, www.spidemet.it/bresciafly).

Location de voitures : **Avis**, V. XXV Settembre, 2f (✆ 030 29 54 74). **Europcar Italia**, V. Stazione, 49 (✆ 030 28 04 87). **Hertz**, V. XXV Aprile, 4c (✆ 030 45 32).

Consigne : Dans la gare ferroviaire, 3,80 €. Ouvert tlj 10h-20h.

Urgences : ✆ 113. **Police** : ✆ 112. **Soins médicaux** : ✆ 118.

Hôpital : **Ospedale Civile** ✆ 030 399 51.

Internet : **Black Rose**, V. Cattaneo, 22a (✆ 030 280 77 04). Deux ordinateurs dans un bar confortable. 4,15 € l'heure. Ouvert Lu-Sa 7h-24h.

Change : **Banco di Brescia**, C. Zanardelli, 54. Ouvert Lu-Ve 8h25-13h25 et 14h40-16h10. Deux **distributeurs automatiques** dans la rue à gauche de l'office de tourisme.

Bureau de poste : P. Vittoria, 1 (© 030 444 21). Ouvert Lu-Ve 8h15-17h30 et Sa. 8h15-13h. **Code postal** : 25100.

HÉBERGEMENT

Les hôtels de Brescia affichent des prix raisonnables mais sont souvent complets l'été. Il est conseillé d'appeler une semaine à l'avance pour réserver. Renseignez-vous auprès de l'office de tourisme sur les possibilités d'*agriturismo* (chambre chez l'habitant, à la campagne).

Albergo San Marco, V. Spalto, 15 (© 030 304 55 41). Depuis la gare, prenez la Via Foppa et tournez à droite dans la Via XX Settembre. Prenez ensuite la première à gauche, la Via Romanino, et enfin, à droite, la Via Vittorio Emanuele II qui donne sur V. Spalto. 7 chambres fatiguées et étouffantes en été. L'hôtel se trouve dans une rue passante, ce qui veut dire très bruyante mais aussi bien desservie par les bus. Salle de bains communes. Chambre simple 23 €, chambre double 39 €. Cartes Visa, MC, AmEx. ❖❖

Albergo Stazione, V. Stazione, 15-17 (© 030 377 46 14, fax 030 377 39 95). Situé à 2 mn à pied de la gare au bout d'une allée peu engageante, cet hôtel propose 36 chambres propres équipées du téléphone, de l'air conditionné et de la télévision. Chambre simple 30 €, avec salle de bains 40 €, chambre double 50/60 €. Soyez prudent car le quartier n'est pas très sûr la nuit. Cartes Visa, MC. ❖❖❖

Albergo Regina, C. Magenta, 14 (© 030 375 78 81). En partant de la Via Vittorio Emanuele II, prenez à gauche dans la Via Cavour et encore à gauche dans le Corso Magenta. L'hôtel est sur la gauche. Un hall d'entrée en bois mène à 20 chambres propres. Parfois un peu bruyant. Il flotte dans les couloirs une bonne odeur de cuisine. L'auberge dispose d'un salon lumineux, d'une salle de télévision commune et du téléphone dans chaque chambre. Petit déjeuner inclus. Chambre simple sans salle de bains 30 €, chambre double avec salle de bains 60 €. Cartes Visa, MC. ❖❖❖

Hôtel Solferino, V. Solferino (© 030 46 30). A moins de 5 mn de marche en remontant la V. Foppa. Appuyez sur la sonnette puis montez les marches étroites. Chambres spartiates. Salle de bains commune. Pas de réservation par téléphone. Chambre simple 26 €, double 52 €. Attention quand vous rentrez le soir, le quartier n'est pas sûr. ❖❖❖

RESTAURANTS

Quoi que vous mangiez, il est impératif de goûter à l'un des vins locaux. Le *tocai di San Martino della Battaglia* est un vin blanc sec, le *groppello* un vin rouge léger et le *botticino* un rouge corsé. Chaque samedi, la Piazza Loggia accueille un marché où l'on trouve de tout. Les marchands ambulants de la Piazza Mercato vendent des produits de base à des prix très avantageux. (Ma-Ve 8h30-18h, Lu. et Sa. matin.) Le **supermarché PAM**, V. Porcellaga, 26, se trouve dans la rue qui prolonge le Corso Martiri della Libertà (ouvert Lu. 14h-20h et Ma-Sa 9h-20h).

Trattoria Due Stelle, V. S. Faustino, 46 (© 030 42 370). Vieille de 150 ans, cette *trattoria* est la plus ancienne de Brescia. C'est aussi l'une des plus appréciées. Les plats à base de tripes, les *casonsei* (raviolis fourrés à la viande) et les *zuppe di Verdura* (soupes de légumes) sont entrées dans la légende de la ville. Le menu du déjeuner (9 €) inclut *primo*, *secondo*, un café et un verre de vin. Ouvert Ma-Sa 11h30-14h30 et 19h30-22h30, Di 12h-15h. Cartes Visa, MC. ❖❖

Al Frate, V. Musei, 15 (© 030 377 0550). Un restaurant haut de gamme qui sert une cuisine locale et inventive. Goûtez le *coniglio ai fichi i vino rosso* (lapin au vin et aux figues, 12 €). Le service est impeccable, la clientèle très chic. *Primi* 7,50-8,50 €, *secondi* 8,50-14 €. Couvert 2,50 €. Ouvert tlj 12h30-14h30 et 19h30-23h30. Cartes Visa, MC. ❖❖❖

Ristorante-Pizzeria Cavour, C. Cavour, 56 (© 030 240 09 00). Près de la Via Vittorio Emmanuele II. Délicieuses pizzas et pâtes à prix raisonnables. Goûtez la *pizza Cavour* avec tomates fraîches, mozzarella, pancetta et basilic, cuite au feu de bois. Pizzas à partir de 3,75 €, pâtes 6,70 €. Couvert 1,50 €. Ouvert Me-Lu 11h-15h et 18h30-1h. Cartes Visa. ❖

Trattoria G. A. Porteri, V. Trento, 52 (✆ 030 38 09 47). De la gare, suivez la V. Foppa jusqu'au bout, tournez à droite sur la V. V. Emanuele II, puis à gauche V. Gramsci. Traversez la P. della Vittoria et la P. della Loggia, pour déboucher sur la V. Solferino. Dépassez la P. Trento. Le restaurant est à 10 mn de là sur la gauche. Appuyez sur la sonnette. Les habitants n'hésitent pas à marcher longtemps comme vous pour goûter l'une des meilleures cuisines de la ville. *Primi* 8 €, *secondi* 10-12 €. Réservation obligatoire. Ouvert Ma-Sa 12h-14h et 20h-22h. Cartes Visa, MC. ❖❖❖

VISITES

LA NOUVELLE CATHÉDRALE ET LA ❤ ROTONDA. Non contents de posséder une cathédrale, les habitants de la ville décidèrent d'en ériger une seconde. La Piazza del Duomo, ou Piazza Paolo IV, est dominée par le **Duomo nuovo** (1604-1825), une cathédrale de style baroque qui possède le troisième dôme le plus haut d'Italie. Juste à côté, l'ancienne cathédrale ou **Rotonda**, aussi appelée **Duomo di Santa Maria Assunta**, est un édifice roman du XIe siècle, d'une grande simplicité, avec peu de couleur et de tableaux. Il se distingue par sa tour ronde et son toit pointu. La crypte de San Filastrio est tout ce qui reste de la basilique qui avait été construite sur ce site au VIIIe siècle. *(P. Paolo IV, alias Piazza del Duomo. Depuis la Piazza della Vittoria, prenez le chemin qui traverse le passage couvert et qui passe sous le clocher. Ancienne cathédrale, ouverte Avr-Oct, 9h-12h et 15h-19h, horaires variables les autres mois. Fermé Lu. Duomo nuovo, ouvert Lu-Sa 7h30-12h et 16h-19h30, Di 8h-13h et 16h-19h30.)*

LA PIAZZA DELLA LOGGIA. La construction de la Piazza della Loggia date de la domination vénitienne, tandis que la Piazza della Vittoria a été rénovée en 1932 pendant la dictature fasciste. La **Torre dell'Orologio** a été bâtie sur le modèle de la tour de l'Horloge qui occupe la place Saint-Marc de Venise. Elle comprend une horloge astronomique, décorée de soleils et d'étoiles, et deux jaquemarts de pierre sonnant les heures. En face de la tour, la **Loggia** Renaissance, œuvre d'un groupe d'architectes, dont Sansovino et Palladio, abrite une pièce ornée de peintures du XVIe siècle.

LA PINACOTHÈQUE TOSIO-MARTINENGO. Ce solennel palais de 22 pièces abrite une belle collection d'œuvres de l'école de Brescia (notamment de Moretto), mais surtout le *Christ bénissant* de Raphaël (**salle n° 7**). On trouve également de très belles toiles de Ferramola, de Savoldo, de Romanino, de Gambara, de Ceruti, de Veneziano, de Clouet, de Vincenzo Foppa et de Lorenzo Lotto. *(Depuis la Piazza della Loggia, descendez en direction du sud vers la Piazza della Vittoria et la Via Gramsci. Tournez à gauche dans la Via Moretto qui conduit à la pinacothèque. L'entrée est au centre de la place, derrière la statue. ✆ 030 377 4999, www.asm.brescia.it/musei. Ouvert Juin-Sept Ma-Di 10h-17h, Oct-Mar 9h30-13h et 14h30-17h. Entrée 3 €.)*

LE GRAND THÉÂTRE. Véritable joyau de Brescia, le **Teatro grande**, de style baroque, scintille de moulures (*stuccato*) dorées dont l'éclat est rehaussé par le rouge des fauteuils et des tapis. Les natifs de la ville prétendent que leur salle surpasse en beauté la fameuse Scala de Milan. N'oubliez pas de visiter le Ridotto (une salle de concert) contigu, véritable lieu de culte local. *(C. Zanardelli, 9. En partant de la Piazza della Vittoria, descendez la Via Gramsci, passez deux rues et prenez à gauche le Corso Zanardelli. ✆ 030 297 93 11. Visites uniquement sur réservation. Fermé actuellement pour rénovation, la date de réouverture n'est pas connue.)*

TEMPIO CAPITOLINO. Des vestiges de la Brescia antique sont disséminés le long de la Via dei Musei. La colonie romaine de Brixia est enterrée sous le carré de verdure de la **Piazza del Foro**. Entre les deux grands bâtiments sombres, on découvre les restes du vaste Tempio capitolino de l'empereur Vespasien. Souvent fermé pour cause de restauration, le temple est malgré tout assez visible derrière les grilles. *(Partez de la Piazza Paolo VI et laissez la cathédrale derrière vous. Prenez la Via Mazzini et tournez à gauche dans la Via dei Musei.)*

LE MUSÉE DE LA VILLE. Le monastère San Salvatore e Santa Giulia servit d'ultime résidence à Esmengarde, l'épouse de Charlemagne. Il abrite aujourd'hui le **Museo della Città** qui témoigne de l'histoire de Brescia grâce à des œuvres d'art et des objets archéologiques Les restes de deux villas romaines furent découverts sous l'abbaye. Elles permettent d'admirer de belles mosaïques au sol et des fresques murales dans les styles romains et pompéiens. L'**Oratorio de Santa Maria in Solario**, dans le musée, abrite une *Victoire ailée* en bronze ainsi que la précieuse *Croix de Desiderius* datant du VIIIe siècle, incrustée d'argent, de pierres précieuses et de camées. *(Via dei Musei, 14, à quelques mètres du Tempio capitolino. © 800 762 811, www.domusortaglia.it. Ouvert Juin-Sep, Lu-Sa 10h-18h ; Oct-Mar Lu-Di 9h30-17h30. Entrée 8 €.)*

LE CASTELLO. Comme tout château perché qui se respecte, le Castello de Bresca possède un pont-levis, des remparts et des tunnels souterrains. Sa construction s'étala entre les XIIIe et XVIe siècles. Les parties les plus remarquables sont toutefois celles édifiées sous les Visconti, en particulier le donjon fortifié. Pendant le Risorgimento, les troupes autrichiennes bombardèrent la ville depuis les remparts afin de mater la rébellion connue sous le nom de *dieci giorni*, les Dix jours. Le château abrite le **Museo Civico del Risorgimento**, qui relate le rôle joué par la ville pendant cette période, ainsi qu'un **musée des armes**, avec des armures et diverses armes de la période 1300-1700. En été, un restaurant ouvre ses portes dans l'enceinte, et des concerts sont organisés. *(Sur la V. del Castello. Pendant l'ascension, restez bien dans les rues les plus fréquentées ; les chemins alentour sont le fief des vendeurs de drogue. Ouvert tlj 8h-20h. Entrée libre. Museo Civico et Musée des armes ouverts tous deux Juin-Sep Ma-di 10h-18h, Oct-Mar 9h30-17h30. Entrée 2 €. L'office de tourisme fournit la liste des événements qui se déroulent au château.)*

SORTIES

La majorité des manifestations culturelles de Brescia se déroule dans le splendide **Grand théâtre**. Le festival annuel **Stagione di Prosa**, lors duquel est programmée une série de pièces de théâtre, a lieu de décembre à avril. D'avril à juin, l'attention se tourne vers le **festival international de piano**, coproduit avec Bergame. Le **festival de jazz de Brescia** se tient en juin (© 030 406 36, **e-mail** ellisse@ellisse.it). De juin à septembre, la ville accueille un cinéma en plein air, des concerts de toutes sortes, des ballets et des opéras. Procurez-vous le programme à l'office de tourisme ou appelez le © 035 377 11 11 pour avoir plus de renseignements.

Les amateurs de vieilles voitures de course ne manqueront pas le **Mille Miglia**, une course automobile aller-retour entre Brescia et Rome qui se déroule début mai. Cette compétition, autrefois très disputée, fut interrompue en 1957 suite à un accident mortel. La version d'aujourd'hui se déroule à un rythme beaucoup plus tranquille. C'est surtout l'occasion de faire rouler de merveilleuses voitures de collection telles que des Ferrari, des Maserati, des Alfa-Roméo, des Porsche ou des Aston Martin, toutes sorties des ateliers entre 1927 et 1957. (Informations sur le www.millemiglia.it).

LA RÉGION DES LACS

Stendhal, avec ses descriptions de lacs, de fleurs et de montagnes, a marqué plus d'une génération de lecteurs. Vous aurez peut-être la même inspiration que le célèbre écrivain en visitant la région des lacs, qui l'a tant impressionné. Des auteurs moins lyriques, comme Nietzsche et Hermann Hesse, ont également trouvé refuge dans le silence des montagnes majestueuses qui surplombent les eaux limpides. L'été, chaque lac attire un type particulier de touristes. Si des hordes de jeunes Allemands prennent l'autoroute jusqu'au lac de Garde (voir Trentin-Haut-Adige), pour faire de la planche à voile le jour et fréquenter les discothèques la nuit, le lac de Côme est, pour sa part, célèbre pour sa soie, dont sont faits les vêtements de ses élégants résidants. Située à une heure de train seulement de Milan, la ville de Côme a d'ailleurs été influencée par la frénésie urbaine de sa grande voisine et sert de plaque tournante des transports au sud de la région des lacs. Sur ses rivages romantiques, longtemps réservés aux millionnaires et aux célébrités, se trouvent aussi des auberges de jeunesse bien tenues et incroyablement bon marché. Les rives somnolentes du lac Majeur, qui s'étend entre l'Italie et la Suisse, sont elles aussi bordées de palaces. Cette destination de lune de miel abrite également les îles Borromées, célèbres pour leurs magnifiques palais et leurs jardins exotiques. Les baigneurs pourront enfin plonger dans les eaux limpides du lac d'Orta, dont les rives sont parfaites pour se prélasser ou passer un après-midi à composer une prose inspirée.

LES INCONTOURNABLES DE LA RÉGION DES LACS

PRENEZ le funiculaire jusqu'à Brunate et partez pour une belle randonnée dans les environs de **Côme**.

GAGNEZ au loto avant de pouvoir louer une chambre dans la Villa d'Este à **Cernobbio**.

PAVANEZ-VOUS dans les splendides jardins entourant le Palazzo borromeo de l'Isola Bella, l'une des quatre **îles Borromées**.

CONTEMPLEZ les beautés naturelles du **lac d'Orta**.

LAC DE CÔME (LAGO DI COMO)

Les rives nord du lac de Côme, le lac le plus profond d'Europe (410 m), sont splendides et mystérieuses. On y respire à la fois la douceur de la Méditerranée et l'air vif des montagnes. Le lac est entouré de somptueuses villas, de petits villages ornés de bougainvillées et construits sur le flanc de vertes collines, et de petits ports. Le lac est composé de trois longs bras en forme de Y inversé qui se rejoignent entre les villes de Bellagio, de Menaggio et de Varenna. On peut se rendre dans ces trois bourgades en bateau ou en bus depuis Côme. Elles constituent un séjour encore plus tranquille et agréable que leur voisine, plus industrielle.

Côme, la plus grande agglomération du lac, est un nœud de communication d'où l'on peut rejoindre sans problème les autres localités de la région. Des trains en provenance de Milan et de Venise desservent la ville (voir plus loin **Transports**). De Côme, prenez le bus C-10, près de la Ferrovia Nord, à destination de Menaggio ou de Domaso, sur la rive nord (dernier dép. 20h30, durée 1h, 2,53 €). Il y a un bus C-30 toutes les heures pour Bellagio (dernier dép. 20h14, durée 1h, 2,70 €). Si vous voulez faire des folies, choisissez un moyen de transport plus romantique et prenez le bateau, sur la Piazza Cavour, à destination de n'importe laquelle de ces villes. Varenna et Menaggio peuvent se substituer à Côme en tant que lieu de transit pour explorer les rivages du lac. Depuis Milan, prenez un train s'arrêtant à Varenna (direction Sondrio) puis un ferry pour la localité de votre choix. Au départ de Lugano, en Suisse, prenez le bus C-12 pour Menaggio (dernier dép. 18h46, durée 1h). Un forfait d'une journée, valable pour les voyages en bateau dans toute la région, coûte 9,30 €.

CÔME (COMO) ✆031

Côme est située à la pointe sud-ouest du lac, au bout de la ligne de chemin de fer en provenance de Milan. Alessandro Volta, qui inventa la pile électrique en 1800, y est né, et Giuseppe Terragni y développa à son paroxysme son "architecture rationaliste". Centre industriel de la région, réputé pour ses manufactures de soie, cette petite ville au bord du lac a su conserver son charme et son atmosphère langoureuse, tout en s'adaptant au rythme et aux goûts chic des Milanais. Des hommes d'affaires impeccablement habillés arpentent les rues embouteillées par les scooters, signe que le tourisme n'est pas la seule source de profit de Côme. C'est peut-être ce qui la rend plus agréable que la plupart des autres villes du lac. Les amateurs de baignade préféreront les eaux plus propres du nord du lac, mais les randonneurs en feront certainement leur base de départ pour de grandes excursions. Après le dîner, les habitants de la ville se retrouvent pour une lente promenade au bord de l'eau, au milieu des villas du XVIIIe siècle et des glycines.

TRANSPORTS

Train : **Stazione San Giovanni** (© 0147 88 80 88). Guichet ouvert tlj 6h40-20h25. Destinations : Stazione centrale de **Milan** (1 dép/30 mn de 4h45 à 22h13, durée 1h, 4,85 €) et gare Santa Lucia de **Venise** (1 dép/h de 4h45 à 19h55, durée 4h, 21,33 €) via **Milan**. Une seconde gare, la **Ferrovia Nord** (également appelée Como Nord, © 031 30 48 00), est située de l'autre côté de la ville, près de la Piazza Matteotti. Elle dessert la Stazione Nord de **Milan** (2 dép/h de 5h à 22h35, durée 1h, 3,72 €) via **Saronno** (1,96 €). Consigne disponible.

Bus : **SPT**, P. Matteotti (© 031 24 72 47). Guichet ouvert tlj 6h-22h. Bureau d'information ouvert Lu-Ve 8h-12h et 14h-18h, Sa. 8h-12h. Destinations : **Bellagio** (1 dép/h de 6h34 à 20h12, durée 1h, 2,50 €), **Bergame** (1 dép/h de 6h45 à 18h30, durée 2h, 4,30 €), **Domaso** (1 dép/h de 7h10 à 18h40, durée 2h, 4,75 €), **Gravedona** (1 dép/h de 7h10 à 18h40, durée 2h, 3,56 €) et **Menaggio** (1 dép/h de 7h10 à 20h30, durée 1h, 2,43 €).

Ferry : **Navigazione Lago di Como** (© 031 57 92 11). Départs tous les jours pour les villes du bord du lac depuis les embarcadères situés le long du Lungo Lario Trieste, devant la Piazza Cavour. Billet aller simple pour Mennagio 7,40 €. Plusieurs pass sont proposés (6,80-17 €). Procurez-vous la brochure *Orario* qui donne tous les horaires et tarifs, y compris les services de nuit en été.

Transports en commun : Les tickets de bus s'achètent dans les bureaux de tabac ou à l'auberge de jeunesse pour ses clients (0,77 €).

Taxi : **Radio-taxi** (© 031 26 15 15).

Location de vélos : **Montagna Sport**, V. Regina (© 031 24 08 21), loue des VTT pour 20,66 € la journée. Il y a des réductions pour les locations plus longues. Ouvert tlj 9h30-12h30 et 14h30-19h. L'**auberge de jeunesse** loue des VTT à ses clients à 11 € la journée.

ORIENTATION ET INFORMATIONS PRATIQUES

En descendant les marches de la **gare San Giovanni**, vous verrez le lac à votre gauche. Pour rejoindre le centre-ville, continuez tout droit et traversez le petit parc. Prenez la **Via Fratelli Recchi** à gauche, puis tournez à droite dans le **Viale Fratelli Rosselli** qui devient le **Lungo Lario Trento**. Il court le long du lac devant la **Piazza Cavour**, la place centrale. Pour vous rendre dans le quartier commerçant de la ville depuis cette place, prenez la **Via Plinio** jusqu'à la **Piazza del Duomo** puis la **Via Vittorio Emanuele II**. Pour rejoindre la **gare routière** et la **gare Ferrovia Nord**, situées près de la Piazza Matteotti, tournez à droite quand vous êtes en face du lac sur la Piazza Cavour.

SERVICES TOURISTIQUES ET ARGENT

Office de tourisme : P. Cavour, 16 (© 031 26 97 12, www.lakecomo.ork), sur la grande place, près de l'embarcadère des ferrys. Vous y trouverez des cartes et de nombreuses informations. N'hésitez pas à demander au personnel, très serviable, des informations sur les randonnées. Service de réservation d'hôtel. Ouvert Lu-Sa 9h-13h et 14h30-18h, Di 9h30-13h.

Change : **Banca Nazionale del Lavoro**, P. Cavour, 33 (© 031 31 31), en face de l'office de tourisme. Taux corrects. **Distributeur automatique** disponible 24h/24. Ouvert Lu-Ve 8h20-13h20 et 14h30-16h. Vous trouverez également des bureaux de change à l'office de tourisme, à la gare et au bureau de poste principal.

URGENCES ET COMMUNICATIONS

Urgences : © 113. **Ambulances** : © 118. **Police** : © 112.

Pharmacie de garde : **Farmacia Centrale**, V. Plinio, 1 (© 031 42 04), à côté de la Piazza Cavour. Ouvert Ma-Di 8h30-12h30 et 15h30-19h30. La liste des pharmacies ouvertes le soir est affichée à l'extérieur.

ITALIE DU NORD

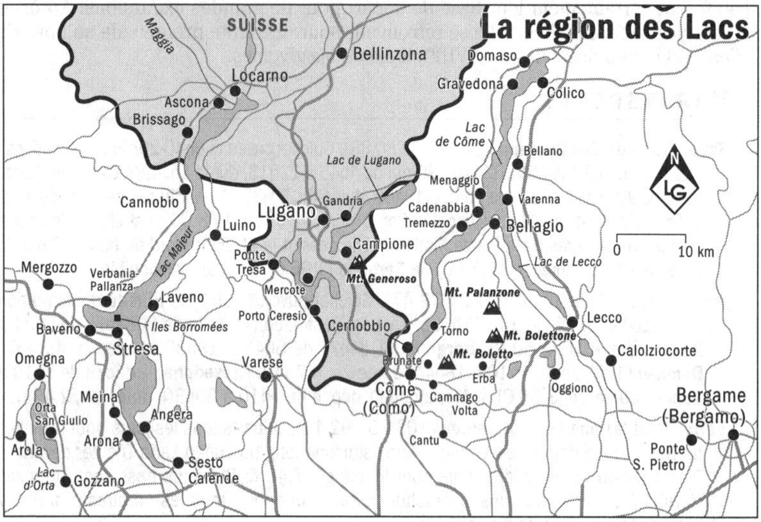

Hôpitaux : **Ospedale Valduce**, V. Dante, 11 (✆ 031 32 41 11). **Ospedale Sant'Anna**, V. Napoleana, 60 (✆ 031 58 51 11), Ospedale Villa Aprica, V. Castel Camasino, 10 (✆ 031 57 94 11).

Internet : **Bar Black Panther**, V. Garibaldi, 59 (✆ 031 26 65 35). Depuis la Piazza Cavour, prenez la Via Fontana jusqu'à la Piazza Volta, puis continuez tout droit dans la Via Garibaldi. 3,10 € l'heure, ou gratuit (30 mn) si vous prenez une consommation. Ouvert Ma-Di 7h-24h. **Como Bar**, V. Volta, 51 (✆ 031 26 20 51). 3,60 € l'heure. Ouvert Ma-Di 7h30-21h30. **Clic Zone**, V. Volta, 29 (✆ 031 24 30 70), 3,10 €/h. Ouvert Lu 13h-15h, Ma-Sa 10h-14h.

Bureaux de poste : Via Vittorio Emanuele II, 99 (✆ 031 26 02 10), dans le centre-ville. Ouvert Lu-Ve 8h10-14h30 et Sa. 8h10-13h. **Code postal** : 22100.

HÉBERGEMENT

❤ **Hôtel Funicolare**, V. Coloniola 8/10 (✆ 031 30 42 77, fax 30 16 06). Un très bel hôtel deux-étoiles, bien placé. Bon rapport qualité-prix et personnel aimable. Les chambres ont une salle de bains et la clim. Petit déjeuner inclus. Chambre simple 47 €, double 74 €. Cartes Visa, MC, AmEx. ❖❖❖❖

In Riva al Lago, P. Matteotti, 4 (✆ 031 30 23 33), derrière l'arrêt de bus. Situé dans le centre, cet établissement offre 25 chambres modernes et impeccables, possédant toutes salle de bains et clim. Petit déjeuner 2-4 €. Il est préférable de réserver. Chambre simple 30-40 €, chambre double 50-60 €. Appartements pour 2 à 11 personnes disponibles. Cartes Visa, MC, AmEx. ❖❖❖

Ostello Villa Olmo (HI), V. Bellinzona, 2 (✆/fax 031 57 38 00, **e-mail** hostellocomo@tin.it), derrière la Villa Olmo. Depuis la gare San Giovanni, prenez à gauche et marchez pendant 20 mn en poursuivant tout droit dans la Via Borgo Vico. Vous pouvez également prendre le bus n° 1, n° 6 ou n° 11 jusqu'à l'arrêt "Villa Olmo" (0,77 €). Cette auberge est accueillante et très animée. Gérée par un personnel charmant, elle propose un service de bar, des paniers pique-nique, de délicieux dîners (9,80 €) et diverses réductions. Dortoirs un peu encombrés, mais possédant des casiers individuels fermés à clé et des draps. Laverie self-service 3 €, repassage 0,85 €. Les chambres doivent être rendues à 10h. Couvre-feu strict à 23h30. Pensez à réserver. Ouvert Mars-Nov, tlj 7h-10h et 16h-23h30. Dortoir 15 €, avec la carte HI 12,50 €. Petit déjeuner compris. ❖

Protezione della Giovane (ISJGIF), V. Borgo Vico, 182 (✆ 031 57 43 90 ou 031 57 35 40), avant l'auberge de jeunesse, sur votre droite. Prenez le bus n° 1, n° 6 ou n° 11. Etablissement tenu par des religieuses, réservé aux femmes de plus de 18 ans. 52 chambres propres. Utilisation de la cuisine gratuite. Laverie 3,60 € par machine. Couvre-feu à 22h30. Chambre simple ou double 13 € par personne, 11 € après la quatrième nuit. ❖

Albergo Piazzolo, V. Indipendenza, 65 (✆ 031 27 21 86). Depuis la Piazza Cavour, prenez la Via Bonta puis la Via Boldini, et enfin la Via Luni. La Via Indipendenza, piétonne, est sur la droite. Les 4 chambres ont de grandes fenêtres qui donnent une impression d'espace. Toutes sont décorées avec goût et possèdent une salle de bains moderne. Chambre double 55 €, chambre pour quatre personnes 95 €. Cartes Visa, MC, AmEx.

RESTAURANTS

A Côme, on peut déjeuner *alla milanese*, c'est-à-dire "sur le pouce", dans un self-service agréable et bon marché. En revanche, il est beaucoup plus difficile de trouver un restaurant abordable pour le dîner. Vous pouvez faire vos provisions au **supermarché GS**, au coin de la Via Fratelli Recchi et du Viale Fratelli Rosselli, en face du parc. Allez pique-niquer sur un banc au bord du lac après avoir fait le plein de grosses miches de *resca* (pain sucré typique de Côme, truffé de fruits secs) ou de *matalok* (gâteau sec) à la boulangerie **Beretta Il Fornaio** qui se trouve au n° 26a du Viale Fratelli Rosselli. (Ouvert Lu. 7h30-13h, Ma-Sa 7h30-13h et 15h30-19h30.) Vous trouverez un grand choix de fromages, de pains et de viandes pour 5,16 € au **Gran Mercato**, P. Matteotti, 3. (Ouvert Lu. 8h30-13h, Ma-Ve 8h30-13h et 15h-19h30, Sa. 8h-20h, Di. 8h30-13h.) Un **marché en plein air** se tient également les mardi et jeudi matin et le dimanche toute la journée sur la Piazza Vittoria et ses alentours.

Scalda Sole, V. Volta, 41, près de la P. Volta (✆ 031 26 38 89), accueille une foule d'hommes d'affaires pour le déjeuner. *Primi* 8 €, *secondi* 13 €. Ouvert Ma-Sa 12h30-14h et 19h30-22h. Cartes Visa, MC, AmEx. ❖❖❖

Il Solito Posto, V. Lambertenghi, 9 (✆ 031 26 53 40). Un restaurant au cadre magnifique, très apprécié des habitants. Goûtez aux spécialités : la *terine* d'asperges (9,50 €) et la *bresaola* aux artichauts (9,30 €). Ouvert Ma-Di 12h-14h30 et 19h-22h30. Cartes Visa, MC, AmEx. ❖❖❖❖

Il Carrettiere, V. Colonolia, 18 (✆ 031 30 34 78), à côté de la Piazza Alcide de Gasperi et de la Piazza Matteotti. Les fruits de mer sont la spécialité de ce restaurant très fréquenté par les Milanais. Vous apprécierez tout autant l'ambiance "pirate" que la présentation colorée des plats. Suggestion : les *spaghetti all'astice* ou *alla scoglio* (12,91 €). Ouvert Ma 19h30-23h, Me-Di 12h-14h30 et 19h-0h30. Cartes Visa, MC, AmEx. ❖❖❖❖

VISITES

LA CATHÉDRALE ET SES ENVIRONS. Près de la Piazza Cavour se dresse la cathédrale. La construction de ce **duomo**, surmonté d'une magnifique coupole, commença en 1397 et fut suivie de quatre siècles d'ajouts successifs : le résultat est une combinaison harmonieuse d'éléments Renaissance et gothiques, avec des touches de style roman et de baroque. Les vigoureuses sculptures représentant l'exode d'Egypte qui ornent la façade de la cathédrale sont l'œuvre des frères Rodari. Remarquez, des deux côtés de la porte, les statues de deux résidants de Côme, Pline le Jeune et son oncle Pline l'Ancien, qui mourut lors de l'éruption du Vésuve en 79 ap. J.-C. *(Ouvert tlj 7h-12h et 15h-19h.)* A côté de la cathédrale se trouve le **Broletto**, palais communal du XIIIe siècle, doté de solides piliers, de fenêtres à colonnades et de balcons en marbre colorés. La **basilique San Fedele**, qui se trouve à quelques mètres dans la Via Vittorio Emanuele II, évoque les églises byzantines de Ravenne car ses parties les plus anciennes (notamment son autel) ont été construites par les Lombards à la même époque. *(Ouvert tlj 8h-12h et 15h-18h.)* Juste derrière la cathédrale, après le passage à niveau, la **Casa del Fascio**, aujourd'hui appelée **Palazzo Terragni**, fut construite en 1934-1936 par l'architecte Giuseppe Terragni pour abriter le siège du gouvernement fasciste local. Cet édifice a pourtant fait date dans l'histoire de l'architecture moderne car il ne présente pas l'aspect lourd et imposant qui caractérise habituellement les bâtiments de l'époque mussolinienne. Parmi les musées de la ville, vous pouvez visiter le **musée della Seta** (musée de la Soie), V. Vallegio, 3 *(ouvert Ma-Ve 9h-12h et 15h-18h, 8 €)* et le **Museo Buco del Piombo**, V. Alpe Burati, qui expose le résultat de fouilles menées dans une grotte de l'ère jurassique *(ouvert Avr-Oct Sa 14h-18h et Di 10h-18h, entrée 4 €)*. La grotte elle-même, près de Erba, vaut le déplacement (voir plus loin).

SUITE DE LUXE **Cernobbio** est une jolie ville située à 6 km de Côme, près de la rive ouest du lac. En partant de la Villa Olmo, vous ferez une pittoresque marche d'une heure pour vous y rendre. Tout au long du chemin, le paysage est ponctué de villas et de châteaux et vous pourrez apprécier la vue splendide sur Côme et sa cathédrale. La **Villa Fiori** et la **Villa Erba** sont les plus proches du lac, mais le clou de la région est la fameuse **Villa d'Este**. Autrefois résidence de vacances de la famille d'Este (qui régna sur Ferrare du XIIIe au XVIe siècle), elle est aujourd'hui devenue un somptueux hôtel de luxe. Ses ❤ **jardins** foisonnants méritent à eux seuls le détour. Si vous ne parvenez pas à trouver une chambre à Côme ou à Menaggio, inutile de retourner dormir à Milan : la Villa d'Este se fera un plaisir de vous accueillir pour la modique somme de 1775 €. Si par hasard vous hésitez, sachez que vous partagerez peut-être votre dîner avec la reine d'Angleterre et qu'il y a de fortes chances pour que votre chambre donne sur la piscine, un bassin flottant sur le lac tout proche. Toujours pas intéressé ? Commandez un *espresso* pour la bagatelle de 15 €, cela vous permettra de vous faire une idée sur la beauté des lieux.

AUTOUR DU LAC. Depuis la Piazza Cavour, suivez la berge du côté gauche jusqu'au **Tempio voltiano**. Ce musée est consacré à l'une des célébrités de Côme, Alessandro Volta, l'inventeur de la pile. *(© 031 57 47 05. Ouvert Avr-Nov, Ma-Di 10h-12h et 15h-18h ; en hiver 10h-12h et 14h-16h. Entrée 2,07 €, groupes et enfants de moins de 6 ans 1,29 €.)* Si vous voulez vous recueillir sur la tombe de Volta, prenez le bus n° 4 jusqu'au **Camnago Volta** (1 dép/30 mn de 6h20 à 20h20, durée 15 mn depuis la Stazione San Giovanni, 0,77 €). Vous pouvez aussi vous promener jusqu'aux villas qui bordent le lac, notamment la **Villa "La Rotonda"**, qui est décorée de stucs et de chandeliers rococo. *(Ouvert Lu-Je 9h-12h et 15h-17h, Ve. 9h-12h.)* Plus au nord, la **Villa Olmo** s'élève dans le parc du même nom, romantique à souhait et parsemé de statues. *(Villa ouverte Avr-Sep, Lu-Sa 9h-12h et 15h-18h. Jardins ouverts Avr-Sep, tlj 8h-23h ; Oct-Mars 9h-19h.)*

RANDONNÉE

Le ❤ **funiculaire** qui monte à **Brunate** offre des vues magnifiques et vous réserve de superbes promenades à l'arrivée. Il part du n° 4 de la Piazza dei Gasperi, à l'extrémité du Lungo Lario Trieste. (© 031 30 36 08. Juin-Sep : 1 dép/15 mn de 6h à 24h. Oct-Mai : 1 dép/30 mn de 6h à 22h30. Durée 15 mn. 2,25 €, moins de 12 ans 1,50 €. A/r 3,95 €, moins de 12 ans 2,50 €. Vous pouvez obtenir une réduction et ne payer que 2,58 € par le biais de l'auberge de jeunesse.) Pour des vues encore plus époustouflantes, grimpez vers le **Faro voltiano** (906 m, 20 mn de marche), un phare dédié à Volta. Il est facile à trouver : vous n'aurez qu'à suivre les pancartes ou prendre la rue qui monte. Le chemin pavé, un peu plus raide, vous fournira l'occasion d'une marche plus sportive. Vous apprécierez la vue rafraîchissante sur les Alpes et la Suisse, et, si le ciel est dégagé, vous apercevrez Milan et le Cervin. Mais même par temps couvert, vous admirerez la splendeur des villas du lac de Côme.

A 15 mn de marche du Faro voltiano se trouve **San Maurizio**. De là, en seulement une heure et demie, vous pourrez atteindre le **Monte Boletto** (1236 m). Vous avez également la possibilité de prendre le bus qui relie Brunate au Faro voltiano et passe à environ 1 km de San Maurizio *(1 dép/30 mn de 8h15 à 18h45, 0,77 €)*. Si la marche jusqu'au Monte Boletto ne vous a pas exténué, repartez pour encore une heure de balade vers le **Monte Bolettone** (1317 m). Que vous choisissiez l'une ou l'autre de ces montagnes, vous profiterez d'une vue sensationnelle sur le lac de Côme.

En direction du nord-ouest, entre San Maurizio et le Monte Boletto, après un restaurant du nom de Baita Carla, vous trouverez un chemin menant à une petite ville située sur les rives du lac de Côme, **Torno**. A 8 km au nord de Côme, Torno est l'endroit idéal pour rejoindre la ville en bateau *(1 dép/h de 6h58 à 20h14, 1,86 €)*. A Torno, ne manquez pas d'aller admirer l'**église San Giovanni**, avec son magnifique porche du XVIe siècle, ainsi que la **Villa pliniana**, que vous trouverez à 15 mn au nord du quai d'accostage des bateaux.

Si vous êtes d'attaque pour une excursion plus longue vers les montagnes à l'est de Côme, prenez le bus C-40, qui part de la gare routière de Côme, en direction d'**Erba** *(1 dép/h de 7h15 à 22h35, durée 30 mn, 2,53 €)*. En partant d'Erba, marchez vers **Caslino d'Erba** qui mène au **Monte Palanzone** (1436 m). La promenade est réputée pour être la plus belle de la région. En chemin, faites une halte dans la grotte Buco del piombo pour profiter d'un peu de fraîcheur.

MENAGGIO ✆ 0344

Pourquoi ne pas faire de Menaggio votre port d'attache durant votre séjour dans la région de Côme ? Il s'y trouve de jolis hôtels situés en bordure de lac, de nombreux jardins, des rues pavées et de superbes collines. Vous pourrez y explorer les environs du laç de Côme tout en dormant à peu de frais : l'auberge de jeunesse de Menaggio propose des tarifs plus avantageux qu'ailleurs. C'est entre Menaggio et Varenna que le lac de Côme atteint sa plus grande largeur (4 km environ).

> De nombreuses petites villes bordent le splendide lac de Côme. Elles sont toutes desservies par le bus mais le trajet est souvent long. Mieux vaut voyager en bateau : c'est plus direct et tellement plus romantique. La compagnie **Navigazione del Lago** propose des pass à 6,80 € qui couvrent Bellagio, Varenna, Managgio, Cadenabbia, Tremezzo et Lenno. La plupart des trajets ne durent pas plus de 5 mn, avec des ferrys qui partent toutes les quinze minutes, entre 8h45 et 19h45.

TRANSPORTS ET INFORMATIONS PRATIQUES. Plusieurs **bus** et **ferrys** relient Menaggio aux autres villes du lac. Sur la **Piazza Garibaldi**, dans le centre-ville, l'**office de tourisme** (✆ 034 43 29 24, e-mail : infomenaggio@tiscalinet.it) vous donnera des informations sur les multiples possibilités d'excursions autour du lac. (Ouvert Lu-Sa 9h-12h et 15h-18h.) En cas d'**urgence**, appelez le ✆ 113, la **police** (✆ 112) ou une **ambulance** (✆ 118). Une **pharmacie** se trouve P. Garibaldi (✆ 0344 32 10 51. Ouvert 8h30-12h30 et 15h-19h.) L'**hôpital** est situé dans la Via Cazartelli (✆ 034 43 31 11). **Internet** est accessible au **Video Mix**, en face du restaurant La Crêperie. (✆ 034 43 41 10. Ouvert Ma-Sa 8h30-12h30 et 16h-19h30.) Le **bureau de poste**, V. Lusardi, 48, assure aussi le **change** de devises. (Ouvert Lu-Ve 8h20-18h30 et Sa. 8h20-11h30.) **Code postal** : 22017.

HÉBERGEMENT ET CAMPING. L' ❤ **Ostello La Prinula (HI)**, V. IV Novembre, 86 (✆ 034 43 23 56, www.menaggiohostel.it), est l'un des endroits les moins chers de la région, et, au dire de certains, la meilleure auberge de jeunesse de toute l'Italie ! Suivez le rivage jusqu'à la rue principale, dépassez la station-service, montez la moins raide des deux rues (celle du côté droit) et vous arriverez à l'entrée principale. Une liste des activités est affichée : vous trouverez des excursions avec guide, des cours de cuisine et des randonnées à cheval. L'auberge propose à ses clients des plats faits maison avec des produits du terroir (dîner 11 €), et aussi des suites familiales, une machine à laver (3,50 € par lessive), des locations de vélos et de kayaks (9,30 € la journée), une cuisine, des paniers pique-nique (6,50 €), un accès Internet (2,07 € les 15 mn), sans compter l'accès gratuit à la plage. (Fermeture des portes 10h-17h.

Couvre-feu à 23h30. Ouvert Mars-Nov. Réception 8h-10h et 17h-23h30. Pensez à réserver. Dortoir 13,50 €, chambre familiale avec 4 lits et une salle de bains 14 € par personne. Petit déjeuner compris.) Installée avantageusement près de la Piazza Garibaldi, l'**Albergo il Vapore** *(© 034 43 22 29, fax 034 43 48 50, e-mail ilvapore@usa.net)* est également bon marché. Le sympathique propriétaire propose des chambres petites mais décorées chaleureusement, certaines avec vue sur le lac, toutes avec salle de bains. (Pensez à réserver. Petit déjeuner 6,50 €. Chambre simple 28 €, chambre double 45 €, avec vue sur le lac 50 €.) Deux des endroits corrects et abordables pour camper sont assez loin du centre-ville, ce qui vous donnera l'occasion de faire une bonne marche au bord du lac : installez-vous notamment au **Camping Europa** (© 034 43 11 87, 4,55 € par personne, 7,55 € par tente). Si cela vous dit, continuez plus haut sur le lac et vous arriverez aux campings de Domaso, où les paysages sont encore plus spectaculaires.

RESTAURANTS ET SORTIES. Hormis l'excellent dîner proposé par l'auberge de jeunesse qui satisfera le visiteur le plus pointilleux, il existe plusieurs pizzerias et restaurants dans Menaggio. La **Pizzeria Lugano**, V. Como, 26, est l'une des tables les moins chères de la ville, avec des pizzas à 5,20 € *(© 0344 31 664, ouvert Ma-Di 12h-14h30 et 19h-23h)*. Pour un repas mémorable, rendez-vous à **Il Ristorante**, Largo Cavour, 3, près de la P. Garibaldi. La vue sur le lac est imbattable. Essayez le *carre de agneau seibacola* (20 $) ou les tagliatelles servies avec des poissons frais du lac (8,50 €). La carte de vin compte 300 références. (© 0322 32 133. ouvert Lu-Sa 12h30-22h30, fermé Ma en hiver.) Le café de l'**Hôtel du Lac**, V. Mazzini, 21, sert les meilleurs *tiramisù* de la ville. (© 0344 32 194. ouvert tlj 6h30-1h.)

VISITES ET RANDONNÉE. A plus de 1400 m au-dessus du lac se trouve le **Rifugio Menaggio.** (© 034 43 72 82, bureau ouvert Juin-Sep tlj, le reste de l'année seulement le w-e, 17 €par personne. Cartes Visa, MC, AmEx.). De là-haut, les randonneurs peuvent tenter les parcours menant au **Monte Grona** ou à l'**église Sant'Amate**. De nombreux sentiers de randonnée partent de la ville. Il faut compter quatre heures aller-retour pour rejoindre les impressionnantes **gorges Sass Corbee**, juste à l'extérieur de la ville. Une autre randonnée facile consiste à marcher jusqu'au **Lago di Piano**, une petite réserve naturelle nichée dans le **Val Menaggio**. Au retour, vous pouvez rentrer en bus (**C12**). Dernière option facile : entreprendre la marche de 30 mn qui mène à la **Crocetta**. Renseignez-vous auprès de l'office de tourisme pour obtenir des cartes et des détails sur les différents chemins, car le tracé d'un certain nombre d'entre eux est alambiqué.

BELLAGIO © 031

Fréquentée par la haute société milanaise, Bellagio est une magnifique cité lacustre, l'une des plus élégantes stations du lac de Côme. Vous pourrez flâner dans ses rues en pente bordées de cafés, et admirer les magasins de soie ainsi que les villas de l'aristocratie lombarde.

TRANSPORTS ET INFORMATIONS PRATIQUES. Pour vous rendre à Bellagio au départ de Milan, rendez-vous d'abord dans l'agglomération de **Varenna** et prenez un **ferry** près de la gare ferroviaire. Il existe également un service de bus au départ de **Côme**. L'**office de tourisme**, P. Mazzini (© 031 95 02 04, ouvert Lu et Me-Sa 9h-12h et 15h-18h, Ma et Di 10h-12h30 et 15h-17h30), vous fournira des informations détaillées sur les excursions à destination des différentes parties du lac. En cas **d'urgence**, appelez la **police** au © 113, les **carabiniers** au © 112 ou une **ambulance** au © 118. La **pharmacie** située V. Roma, 12 (© 031 95 01 86), vous accueillera la nuit si vous sonnez à la porte (ouvert Je-Ma 9h-12h30 et 15h30-20h). Le **bureau de poste**, Lungo Lario Manzoni, 4 (© 031 95 19 42), change aussi les devises (ouvert Lu-Ve 8h10-13h30 et Sa. 8h10-23h40). **Code postal** : 22021.

HÉBERGEMENT ET RESTAURANTS. Parmi les villes situées sur les rives du lac, c'est à Bellagio qu'on trouve les hôtels les plus chers. L'**Albergo Giardinetto**, V. Roncati, 12 (© 031 95 01 68), près de la P. della Chiesa, propose des chambres modestes mais tranquilles. C'est l'un des meilleurs rapports qualité prix de la ville. (Chambre simple 30 €, chambre double avec salle de bains 52 €.) Le **Ristorante Barchetta**, S. Mella, 13, est situé au cœur de la vieille ville. Son menu propose une cuisine lombarde inspirée. Essayez par exemple les *gnocchi* aux crevettes et aux pointes d'asperges (10,50 €). Le menu (20 € par personne pour 2 pers. min) est excessivement copieux. (© 031 95 13 89. Ouvert l'été Lu et Me 19h-22h15, Ma et Je-Di 12h-14h15 et 19h-22h15 ; horaires variables en hiver. Cartes Visa, MC, AmEx). Le **Ristorante La Punta**, V. Eugenie Vitali, 19, jouit d'une vue fabuleuse sur le lac. Pour vous y rendre de l'embarcadère, marchez tout droit vers P. della Chiesa puis tournez à gauche et continuez sur 400 m. Les raviolis végétariens au fromage et aux épinards, servis dans une sauce aux noix crémeuse, sont un délice (8 €). (© 031 95 18 88. Ouvert tlj 12h-14h30 et 19h-22h. Cartes Visa, MC, AmEx.) **Dita Negrini M. Rosa**, V. Centrale 3, près de la P. della Chiesa, propose une cuisine bien plus simple pour des repas sur le pouce. Les *panini* sont savoureux.

VISITES. La visite des jardins de cyprès de la **Villa Serbelloni** (©/fax 031 95 15 51), au-dessus de l'office de tourisme, vaut le déplacement. Du haut des fortifications, la vue est magnifique. *(Villa ouverte Avr-Oct, Ma-Di 9h-18h. Entrée 5 €. Visite guidée des jardins Ma-Di à 11h et à 16h si la météo le permet, durée 1h30. Achetez vos billets à l'office de tourisme 15 mn avant le début de la visite.)* Ne confondez pas la Villa Serbelloni avec le grand hôtel Villa Serbelloni, un cinq-étoiles situé au pied de la colline, à moins que vous ne vouliez payer un petit extra de 240 €. De l'autre côté de la ville, vous pourrez explorer les jolis jardins fleuris de la **Villa Melzi**, au bord du lac. Le duc Lodovico Galarati Scoti habite toujours la villa, mais les dépendances sont ouvertes au public. Celles-ci comptent une **chapelle** et un **musée** constitué d'une seule pièce où sont exposés quelques objets datant aussi bien de l'époque romaine que de l'époque napoléonienne. *(Ouvert Mars-Oct, tlj 9h-18h, entrée 5 €.)* De là, un court trajet en ferry mène au village de **Lenno** (inclus dans le pass d'une journée du Centro Lago). A Lenno, un bateau à moteur permet de rejoindre la ❤ **Villa del Balbianello**. L'endroit vous rappelle quelque chose ? C'est ici qu'Annakin et Amidala prennent du bon temps dans *Star Wars : Episode II*. Cette villa du XVIIIe siècle est sans doute la plus somptueuse de tout le lac. *(© 0344 56 110. Les horaires varient. Mieux vaut téléphoner. 5 €.)*

VARENNA © 0341

Bien que Bellagio n'en soit séparée que par un court trajet en bateau, Varenna semble bien éloignée de la clientèle chic qui se presse partout ailleurs sur la rive est du lac. C'est un endroit idéal pour profiter de superbes paysages en se promenant dans les immenses jardins attenants aux villas, ou tout simplement à flanc de coteau. Mais si les balades sont nombreuses, les possibilités d'hébergement sont en revanche rares et chères.

TRANSPORTS ET INFORMATIONS PRATIQUES. Les **trains** pour Varenna relient l'est du lac à Milan. Il est donc facile de vous y rendre pour une excursion d'une journée. (© 0341 36 85 84. A Milan, 1 dép/j de 5h40 à 21h10, 2,10 €.) Sur la **Piazza San Giorgio**, à cinq minutes de l'embarcadère, vous trouverez l'**office de tourisme** (© 0341 83 03 67, ouvert Mai-Sep, Ma-Di 10h-12h30 et 13h-18h), la **banque**, sur la droite, en face de l'église (ouvert Lu-Ve 8h20-13h20 et 14h45-15h45), la **pharmacie**, à gauche de l'église (ouvert Je-Ma 9h-12h30 et 15h30-19h30, Me. 9h-12h30), et, près de la rive, la **poste** (ouvert Lu-Ve 8h30-14h et sa 8h30-12h30). **Code postal** : 23829. En cas d'**urgence**, composez le © 113 ou appelez la **police** au © 0341 82 11 21.

HÉBERGEMENT ET RESTAURANTS. L'**Albergo Olivado**, P. Martiri, 4, possède des chambres confortables, avec salle de bains et clim. Certaines ont en prime une belle vue sur le lac. (© 341 83 01 15, www.olivedo.it. Fermé de mi-Nov à mi-Déc. petit déjeuner inclus. Chambres doubles 80-115 €.) Deux **épiceries** se trouvent sur la P. Giorgio. Pour vous restaurer, faites un tour au **Nilus Bar**, Riva Garibaldi, au bord de l'eau, où l'on sert des pizzas (4,5-8 €), des crêpes (4-5,70 €) et des paninis (4,5-8 €), le tout arrosé d'une bonne dose de soleil (gratuite, mais n'en abusez pas et munissez-vous d'une bonne crème protectrice). (Ouvert tlj 8h-22h.) Sur la rive du lac la plus tranquille se tient le très beau restaurant **Vecchia Varenna**, Contrada Scoscesa, 10. Les *robiola*, raviolis au fromage, arrosés d'une sauce à la *grappa* (11 €) sont une heureuse surprise. (© 341 83 07 93. *Primi* 11 €, *secondi* 15 €. ouvert Ma-Di 12h-15h30 et 18h30-23h. Fermé en janvier.)

VISITES ET EXCURSIONS. Pendant la traversée en bateau, ne manquez pas d'admirer les maisons peintes avec goût du centre-ville. On peut aller d'un bout à l'autre de la ville par une petite route d'où l'on jouit d'une vue imprenable sur le lac. Pour vous rendre à la **Sorgente del Fiumelatte**, la rivière la plus courte d'Italie, dépassez la Piazza San Giorgio et prenez la route en montée située après le cimetière. Si vous voulez faire une excursion moins longue, lancez-vous dans l'ascension de la colline située juste après la place et, après 20 mn de marche, vous arriverez au **Castello di Vezio**, un édifice datant du XIIe siècle. Un vieux pont-levis permet d'accéder à la petite tour du château. *(Ouvert Avr-Sep, tlj 10h-19h, en août 10h-24h. Entrée 4 €.)* Construite au XIVe siècle avec la sobriété du style roman tardif, l'**église San Giorgio** surplombe la ville. Admirez sa rosace décorée de dauphins. *(Ouvert tlj 7h-12h et 14h-19h.)* De là, vous pouvez atteindre les superbes jardins, donnant sur le lac, de deux anciens couvents du XIIIe siècle. La **Villa Monastero**, à 150 m à droite de l'église, possède quant à elle un jardin botanique. *(Ouvert Mar-Oct, tlj 9h-19h. Entrée des jardins 2 €)* D'autres jardins vous attendent 100 m plus loin, à côté de la **Villa Cipressi**, résidence secondaire d'aristocrates lombards. *(Jardins ouverts Mars-Oct, tlj 9h-19h. Entrée 2 €, billet couplé pour les deux villas 3,50 €.)*

DOMASO © 0344

Domaso, située au nord du lac, est la station d'où vous aurez la plus vaste vue d'ensemble sur le lac. Elle constitue un excellent site pour la planche à voile. Vous trouverez la tranquille **La Vespa (HI)**, V. Case Sparse, 12, au bord de l'eau (© 0344 974 49, www.ostellolavespadomaso.it). Cette auberge de jeunesse moderne et festive (le bar est ouvert très tard) donne sur le lac. Elle est à 50 km de Côme, soit deux heures en bus, mais on peut aussi y accéder en bateau. Par l'intermédiaire de l'auberge, vous aurez des réductions sur la location de VTT ou de planches à voile et accéderez à Internet. (Couvre-feu à 24h. Accessible aux handicapés. Ouvert Mars-Oct. Dortoir 11 €. Petit déjeuner compris.)

L'**office de tourisme** se trouve dans la Villa Camilla, sur la gauche lorsqu'on est en route pour l'auberge de jeunesse. (© 344 96 332. ouvert tlj 10h-12h30 et 17h-22h.) Parmi les visites, signalons l'**église S. Bartolomeo**, du XIIIe siècle, et la **Villa** du XVIIIe siècle. Les restaurants servent la spécialité du village, les *missoltini*, des petits poissons séchés et salés. Pour le dessert, allez faire le plein de glaces à la **Gelateria Pochintesta**. (Tout droit depuis l'embarcadère. Ouvert l'été tlj 6h-1h.)

LAC MAJEUR (LAGO MAGGIORE)

Moins animé que les lacs situés plus à l'est, le lac Majeur donne une impression de luxe et de nonchalance. Les splendides hôtels, construits le long du rivage, attirent une clientèle triée sur le volet. De vertes collines s'élèvent au-dessus des eaux et, loin à l'ouest, se dessine la sombre silhouette du massif glacé du Mont Rose (4634 m), qui domine la vallée. Mais ne vous laissez pas impressionner par ces signes de grandeur, ni par la réputation de "lac où tout est plus cher" propre au lac Majeur. En effet, on y trouve aussi quelques pensions plus modestes qui permettent de profiter du calme et de la beauté de ce lieu exceptionnel. La petite ville de Stresa est le lieu idéal où séjourner si vous souhaitez explorer les îles Borromées et le lac d'Orta, tandis que sur l'autre rive, une auberge de jeunesse extraordinaire vous attend dans la communauté urbaine de Verbania-Pallanza.

STRESA © 0323

Cette station touristique a conservé le charme qui fit son succès au XIXe et au début du XXe siècle. Les hôtels de style Art Nouveau et des rangées d'hortensias bordant le rivage confèrent à la ville un caractère distingué et légèrement suranné. Au détour de chaque ruelle, on découvre de splendides vues sur le lac et les montagnes environnantes. Stresa est particulièrement prisée des touristes. Il n'y a pourtant pas grand-chose à faire à part admirer avec envie les villas au bord de l'eau. Vous pouvez également sauter dans un bateau pour les îles Borromées ou partir explorer les pentes du tout proche Mottarone.

TRANSPORTS ET INFORMATIONS PRATIQUES. Stresa n'est qu'à une heure de train de Milan, sur la ligne Milan-Domodossola (1 dép/h de 7h30 à 22h15, 5,10 €). Le **guichet** est ouvert Lu-Ve 6h10-12h10 et 12h50-20h10, Sa. 7h-14h, Di. 12h50-20h10. Les **ferrys** de la compagnie Navigazione Lago Maggiore desservent l'**Isola Bella** (durée 5 mn), l'**Isola Superiore** (10 mn) et l'**Isola Madre** (30 mn) puis rejoignent **Verbania-Pallanza** (1 dép/30 mn de 7h10 à 19h, durée 35 mn, 6,40 €). Certains continuent leur route vers **Intra** (1 dép/h, durée 50 mn), **Laveno** (7 dép/j, durée 1h) et **Locarno** (5 dép/j, durée 3h). L'**office de tourisme IAT** (©/fax 0323 31 308)se trouve dans l'immeuble de la compagnie de ferrys, sur les quais, non loin de la Piazza Martini (ouvert tlj 10h-12h et 15h-18h30). Vous trouverez un bureau de **change** et un **distributeur automatique** disponible 24h/24 à la **Banca Popolare di Intrata**, C. Umberto I, 1 (© 0323 30 330), près de la Piazza Marconi. (Ouvert Lu-Ve 8h20-13h20 et 14h30-16h.) La **Farmacia Internazionale**, C. Italia, 40 (© 0323 30 326), affiche la liste des pharmacies de garde. En cas d'urgence, appelez les **premiers secours** (© 113 ou 0323 31 844), une **ambulance** (© 118 ou 0323 33 360) ou la **police** (© 112 ou 0323 30 118). Le **bureau de poste** se trouve V. Bolongaro, 44 (© 0323 30 065), près de la Piazza Rossi (ouvert Lu-Ve 8h30-19h et Sa. 8h30-13h). **Code postal** : 28838.

HÉBERGEMENT. Pour rejoindre l'**Orsola Meublé**, V. Duchessa di Genova, 45 (© 0323 31 087, fax 0323 93 31 21), dirigez-vous à droite en sortant de la gare, descendez la pente puis tournez à gauche. On est loin du luxe des bords de lac, mais on y trouve des chambres bon marché carrelées de bleu avec des balcons en ciment où trônent des chaises en plastique. Par contre, les douches exiguës et les lits courts laissent à désirer. Si cela peut vous consoler, la salle du petit déjeuner est décorée de trophées de golf. (Chambre simple 15 €, avec salle de bains 30 €, chambre double 30/40 €. Petit déjeuner inclus. Cartes Visa, MC, AmEx.) Moderne et agréable, l'**Albergo Luina**, V. Garibaldi, 21 (©/fax 0323 30 285, **e-mail** luina@katamail.com), est situé près du centre-ville, mais est également constamment complet. Pensez à appeler plusieurs semaines à l'avance pour réserver. Il y a seulement quelques chambres, mais toutes ont une salle de bains et la télévision. (Chambre simple 31-46 €, chambre double 47-70 €. Petit déjeuner compris.) L'**Hôtel Mon Toc**, V. Duchessa di Genova, 67/69 (© 0323 30 282, fax 0323 93 38 60, **e-mail** info@hotelmontoc.com), propose 13 jolies chambres fraîches, très bien entretenues, toutes équipées d'une salle de bains, de la télévision et du téléphone. En sortant de la gare, prenez à droite, puis de nouveau à droite au croisement en passant sous la voie. (Petit déjeuner inclus. Chambre simple 45 €, chambre double 78 €. Cartes Visa, MC, AmEx.)

RESTAURANTS. La spécialité de Stresa est le *margheritine*, un cake au beurre dégoulinant de sucre glacé. La **Taverna del Pappagallo**, V. Principessa Margherita, 46 (© 0323 30 411), propose d'excellentes assiettes de pâtes et de frites ainsi que des pizzas cuites au feu de bois, le tout servi dans un décor chaleureux, avec un joli jardin. Goûtez l'*omelette al prosciutto* (omelette au jambon) ou les *cannelloni alla "Pappagallo"* pour 7,30 €. (*Primi* 3,62-7,32 €, *secondi* 9,30-11,36 €. Couvert 1,30 €. Ouvert Lu et Je-Di 11h30-14h30 et 18h30-22h30.) Chez **Pizza D.O.C.**, C. Italia, 60 (© 0323 30 000), vous pourrez manger à un prix raisonnable en profitant d'une vue panoramique sur le lac depuis le balcon du vieil hôtel Ariston. Un choix de 75 pizzas (3,10-7 €) et la livraison gratuite en font une très bonne adresse. (*Primi* 5,16-6,20 €, *secondi* 6,20-8,26 €. Pizza aux pommes ou au nutella en dessert 5,20-10,30 €. Ouvert tlj 12h-14h30 et 22h-24h. Cartes Visa, MC, AmEx.) Achetez du fromage, du jambon et d'autres produits au **supermarché GS**, V. Roma, 11. Les pizzas placées derrière les étals vous mettront l'eau à la bouche (à partir de 1,20 €). (Ouvert Lu-Sa 8h30-13h et 15h-19h30, Di. 8h30-12h30.)

ITALIE DU NORD

VISITES ET SORTIES.
Stresa peut se flatter de posséder le seul musée du parasol et de l'ombrelle au monde. **Il Museo dell'Ombrello e del Parasole**, V. Golf Panorama, 2, contient plus de 1000 pièces qui témoignent de la Belle Epoque, lorsque les femmes de la haute société défilaient sur la croisette en s'abritant du soleil sous d'élégantes ombrelles. (© 0323 20 80 64. ouvert Avr-Sep Ma-Di 10h-12h et 15h-18h.) Vous entendrez sûrement parler de la **Villa Pallavicino**, de ses 20 ha de jardins parfaits pour la promenade, ainsi que des nombreux oiseaux et animaux exotiques qui le peuplent, notamment des lamas, des kangourous, des zèbres et des flamants roses. (© 0323 31 533. Ouvert Mars-Oct, tlj 9h-17h. Entrée 6,70 €.) Vous pouvez aussi partir en direction des collines, grâce au **Stresa-Mottarone Funivia**, P. Lido, 8, et faire de grandes balades à pied ou en VTT dans le Mottarone. (© 0323 30 399. Ouvert 9h-17h30. Départ toutes les 20 mn. Billet 6,20 €, aller-retour 11 €. Location de VTT à proximité.)
Le **café Idrovolante**, P. Lido, 6 (© 0323 31 384), un lieu très fréquenté par les habitants de la ville, organise des concerts de musique de styles divers : soul, R'n'B, blues ou encore rock. Vous pouvez aussi y consulter vos e-mails. Pour vous y rendre depuis le port, face au lac, tournez à gauche dans la Via Borromeo et longez la rive pendant 20 mn. (Ouvert en été tlj 8h-2h.) De la dernière semaine d'août à la troisième semaine de septembre, Stresa accueille des orchestres et des solistes de renommée internationale dans le cadre des **Settimane musicali di Stresa e del Lago Maggiore** (billets à partir de 25 €). Pour toute information, contactez le guichet, V. Carducci, 38 (© 0323 31 095, www.settimanemusicali.net. Ouvert 9h30-12h30 et 15h-18h).

VERBANIA-PALLANZA © 0323

Le parfum des fleurs embaume l'air de cette petite bourgade. Avec le port voisin d'Intra, Pallanza forme la communauté urbaine de Verbania.

TRANSPORTS ET INFORMATIONS PRATIQUES. Pour vous rendre à Pallanza au départ de Côme sans repasser par Milan, prenez le **train** à la Stazione Nord de **Côme** à destination de **Saronna**, et empruntez la correspondance pour **Laveno** (billet Côme-Laveno 3 €). De là, embarquez à bord du **ferry** pour **Intra**, et prenez un autre ferry pour rejoindre Pallanza (billet a/r Laveno-Pallanza 6,20 €, dernier ferry à 19h). Entre Intra et Pallanza, vous pouvez aussi marcher sur la belle route qui suit le rivage. Si les trains régionaux vous déplaisent, il existe un train au départ de Milan pour Verbania-Pallanza. De là, des **ferrys** passent par l'**Isola Madre** (durée 5 mn), l'**Isola Superiore** (20 mn) et l'**Isola Bella** (25 mn) pour rejoindre **Stresa** (1 dép/30 mn, durée 35 mn). Pallanza ne présente pas d'intérêt particulier en termes de sites et d'activités, mais l'**office de tourisme**, C. Zanitello, 8 (© 0323 50 32 49, **e-mail** turismo@comune.verbania.it), à 5 mn du port, sur votre droite quand vous êtes dos à l'eau, vous aidera à organiser des excursions sur les îles. (Ouvert Mar-Oct Lu-Sa 9h-12h30 et 15h-18h, Di. 9h-12h30.) La **Banca Popolare di Intra**, P. Garibaldi, 20, possède un **distributeur automatique** accessible 24h/24. Vous la trouverez à droite lors de votre descente du bateau. (Ouvert Lu-Ve 8h20-13h20 et Sa-Di 8h20-11h50.) La **Farmacia Dottore Nitais**, sur la Piazza Gramsci, possède une borne électronique où sont répertoriées les pharmacies de garde. (Ouvert Lu-Sa 8h30-12h30 et 15h30-19h30.) En cas d'**urgence**, composez le © 113, appelez la **police** au © 112 ou une **ambulance** au © 118. Le **bureau de poste** se trouve également Piazza Gramsci. (Ouvert Lu-Ve 8h15-13h40 et Sa. 8h15-12h.) **Code postal** : 28922.

HÉBERGEMENT ET RESTAURANTS. Inaugurée il y a quelques années seulement, l'auberge de jeunesse **Ostello Verbania Internazionale (HI)**, V. delle Rose, 7 (© 0323 50 16 48, fax 0323 50 78 77), est située dans une villa ancienne et calme, à 10-15 mn à pied des ferrys. Une fois descendu du ferry, prenez à droite et suivez pendant 5 mn la rive du lac jusqu'à la Via Vittorio Veneto, juste après l'office de tourisme. Prenez à gauche la Via Panoramica, montez la colline, suivez le virage puis tournez à droite. L'auberge est à 50 m sur votre gauche. Elle dispose de locaux propres, d'équipements modernes (tables de ping-pong, billard, baby-foot, jeux vidéo, salon de télévision) et de gigantesques salles de bains communes. (Déjeuner et dîner 7 €. Fermeture des portes 11h-16h. Couvre-feu à 24h. Réception ouverte tlj 8h-11h et 16h-20h. Dortoir avec draps et casiers 13 €, 3 chambres familiales avec salle de bains 14 € par personne. Petit déjeuner compris.) L'**Hôtel Novara**, P. Garibaldi, 30 (© 0323 50 35 27, fax 0323 50 35 28), propose 16 chambres impeccables au-dessus d'un restaurant, disposant toutes du téléphone et de la télévision. Lorsque vous êtes face au lac, tournez à gauche des quais : la Piazza Garibaldi se trouve à deux minutes de marche environ. (Chambre simple 38,40 €, chambre double avec salle de bains 77 €. Petit déjeuner compris.)

La **Pizzeria Emiliana**, P. Giovanni XXIII, 24 (© 0323 50 35 22), propose des pizzas cuites au feu de bois, en plat ou en dessert (3,60-7,80 €). Tentez l'aventure gastronomique avec une pizza au nutella pour 5,16 €. (*Secondi* 6,80-13,50 €. Ouvert tlj 12h-14h30 et 19h-24h.) Si vous êtes las des pizzas, rendez-vous à l'**Hostaria il Cortile**, V. Albertazzi, 14 (© 0323 50 28 16). La cour est un peu décatie mais cela ajoute à l'ambiance des lieux. Cuisine copieuse et bon marché. Mangez des *penne al gorgonzola* pour 4,65 € ou des *scaloppine al vino blanco e limone* (escalopes de veau au vin blanc et au citron) pour 6,20 €. (Ouvert Ma-Je 11h30-14h30 et 17h30-2h. *Primi* à partir de 4,10 €, *secondi* à partir de 5,10 €. Cartes Visa, MC.)

VISITES. En partant de l'auberge de jeunesse en direction d'Intra, vous trouverez sur votre chemin la superbe **Villa Taranto** (©/fax 0323 55 66 67). Ses jardins de contes de fée, avec leurs cascades, leurs bassins et leurs fontaines, illustrent merveilleusement l'art botanique. Vous y trouverez également les ingrédients habituels d'un jardin de villa : une profusion de couleurs, des plantes et des fleurs. Partez à la recherche de la charmante *Pinus Sabinabias (Ouvert Avr-Oct, tlj 8h30-18h30. Entrée 7 €, gratuit pour les enfants de moins de 6 ans.)*

LES ÎLES BORROMÉES (ISOLE BORROMEE)

La végétation luxuriante et les imposantes villas anciennes attirent beaucoup de visiteurs sur les trois principales îles Borromées : leur beauté justifie amplement une petite escapade. Des **ferrys** rejoignent les îles au départ de Stresa ou de Pallanza (1 dép/30 mn de 9h à 19h). Le billet pour la journée permettant d'aller et venir à volonté entre les îles coûte 10 €. Les billets d'entrée pour les sites peuvent être chers si vous les achetez dans les îles : il est préférable de les acheter aux guichets des ferrys à Stresa ou à Pallanza.

L'**Isola Bella** est la plus célèbre des îles grâce à la richesse du ❤ **Palazzo** et des ❤ **Giardini borromei**. Le palais, bâti en 1670 par le comte Borromée, est un exemple de style baroque. Il abrite six chambres au luxueux mobilier, des tableaux, des tapisseries, des obélisques ainsi que des sculptures signées Antonio Canova et des toiles réalisées par Anthony Van Dyck. Les jardins s'élèvent en une dizaine de terrasses ornées de statues. Au sommet se trouve une licorne, emblème de la famille des Borromée, seigneurs des îles depuis le XIIe siècle. Après avoir admiré cette extravagante "pièce montée", il est difficile de croire qu'"Humilitas" soit la devise de la famille. (© 0323 30 556. Ouvert Mars-Sep, tlj 9h-12h et 13h30-17h30 ; Oct. 9h-17h. Entrée 8,50 €, enfants de 6 à 15 ans 4 €.)

Montez dans un ferry pour vous échapper de ce paradis aristocratique et rejoindre l'île des pêcheurs chère à Hemingway. Seule île sans jardin, l'**Isola Superiore**, également appelée **Isola dei Pescatori**, possède des plages publiques, de jolis sentiers et un parc pour enfants. On y trouve aussi des boutiques de souvenirs hors de prix et, bien sûr, des filets de pêche séchant au soleil.

L'**Isola Madre** est la plus longue et la plus tranquille des trois îles. On y visite une élégante **villa du XVIe siècle**, commencée en 1502 par Lancelotto Borromée et achevée par le comte Renato un siècle plus tard. Cette villa présente la collection de poupées de la princesse Borromée, des marionnettes et un grand nombre de portraits. Si vous faites l'impasse sur la maison, ne manquez pas en revanche le splendide jardin botanique, un foisonnement d'arbres (dont les plus grands palmiers d'Italie), de plantes et de fleurs exotiques qui vaut à lui seul le prix de l'entrée. (© 0323 31 261. Ouvert Mars-

Oct, tlj 9h-17h30. Entrée 8 €, enfants de 6 à 15 ans 4 €.) Un conseil : ne débarquez sur l'Isola Madre que si vous avez l'intention de visiter la villa ou les jardins, car sinon, vous devrez attendre le bateau suivant sur l'embarcadère… le seul endroit gratuit de l'île ! A côté de l'Isola Madre se trouve la quatrième île, l'**Isolino San Giovanni**, encensée par le célèbre chef d'orchestre Arturo Toscanini mais malheureusement fermée au public.

LAC D'ORTA (LAGO D'ORTA)

ORTA SAN GIULIO ✆0322

Le lac d'Orta, ceint de collines et de forêts, est le mieux préservé de tous les lacs de la région. Fatigué des brumes wagnériennes, le philosophe allemand Nietzsche s'y réfugia de 1883 à 1885 pour travailler à son chef-d'œuvre, *Ainsi parlait Zarathoustra*. Le lac d'Orta étant à la fois difficile d'accès et relativement coûteux, il est resté moins touristique que le lac de Côme et le lac Majeur. La porte d'entrée de ce paradis est la petite ville d'Orta San Giulio, une station estivale aux mille et une fleurs. Prenez vos précautions afin de ne pas vous retrouver bloqué faute de correspondance.

TRANSPORTS. La petite ville d'Orta se situe sur la ligne de **train** Novara-Domodossola (durée 1h30, 2,62 €). Achetez votre billet pour Orta auprès du contrôleur, une fois dans le train. Descendez à **Orta Miasino**, à 3 km au-dessus d'**Orta**, prenez à gauche et marchez jusqu'à l'intersection. Là, tournez à gauche dans la Via Fava. **Orta San Giulio** est à 10 mn à pied. Une route sinueuse taillée dans la montagne relie Orta au **lac Majeur**, situé non loin de là. En semaine, des **bus** relient Stresa (départ de la Piazza Marconi, près des téléphones et de la petite épicerie blanche) à **Orta**, via **Baveno** (en été, dép. Lu-Ve 9h, 12h et 16h, durée 1h, 5 €), et inversement (en été, dép. Lu-Ve 10h, 13h et 17h, 5 €). Si vous êtes en voiture, vous pouvez séjourner dans les bourgades voisines d'**Alzo** et d'**Arola**. L'office de tourisme d'Orta vous donnera de plus amples détails.

INFORMATIONS PRATIQUES. L'**office de tourisme** d'Orta (✆ 0322 90 56 14, **e-mail** infoorta@jumpy.it) est situé dans la Via Panoramica, de l'autre côté de la rue où se trouve la tour de la Villa Crespi. Depuis la gare, prenez à gauche et continuez tout droit après le carrefour pendant environ 10 mn (ouvert en été, Lu-Ve 9h-13h et 14h-18h). Une **pharmacie**, V. Corina Care Albertolletti, 6, se trouve près de la place principale. (✆ 0322 90 117. Ouvert Lu-Sa 8h30-12h et 15h30-19h30.) En cas d'**urgence**, appelez une **ambulance** (✆ 118 ou 0322 90 114) ou la **police** (✆ 0322 82 444). La **Banca Popolare di Novara**, V. Olina, 14, possède un bureau de **change** et des **distributeurs automatiques** situés à l'extérieur. (Ouvert Lu-Ve 8h20-13h20 et 14h35-15h35, Sa. 8h20-11h20.) Le **bureau de poste** se trouve sur la Piazza Ragazzoni (✆ 0322 90 157, ouvert Lu-Sa 8h15-17h30). **Code postal** : 28016.

HÉBERGEMENT ET CAMPING. Se loger à "bon prix" à Orta signifie dépenser au moins 65 € pour une chambre double. Mieux vaut donc séjourner à Stresa et ne venir ici que pour la journée. Si cela vous est impossible, le **Piccolo Hôtel Olina**, V. Olina, 40 (✆ 0322 90 56 56), dispose de belles chambres avec salle de bains, ainsi que de chambres familiales avec cuisine. (Chambre simple 52-75 €, chambre double 65-77 €. Petit déjeuner compris. Cartes Visa, MC, AmEx.) En dehors de la ville mais à quelques minutes seulement de la gare ferroviaire, l'**Hôtel-Meublé Santa Caterina**, V. Marconi, 10 (✆ 0322 91 58 65, fax 0322 90 377), propose des chambres spacieuses et propres, récemment rénovées. (Chambre simple 60-75 €, chambre double 80-97 €. Cartes Visa, MC, AmEx.) Les chambres avec balcon ou jardin privé coûtent un peu plus cher. Le **Camping Orta**, V. Domodossola, 28 (✆/fax 0322 90 267), est situé au bord du lac. De la gare, prenez à gauche jusqu'au carrefour puis tournez à droite. (5,50 € par personne, 9,50 € par tente, 12 € si vous voulez un emplacement en bordure du lac.)

RESTAURANTS. Le lac d'Orta est réputé pour son *tapulon* (viande d'âne hachée, épicée et cuite dans du vin rouge). On en trouve à l'incomparable ❤ **Salumeria Il Buongustaio**, V. Olina, 8 (✆ 0322 90 56 26, www.ortafood.com, ouvert tlj 9h-19h30). Discutez avec Lucas le propriétaire, il vous conseillera sur les 150 bouteilles d'alcool miniatures, cadeau idéal pour toutes les belles-mères de la planète. Un grand **marché** se tient le mercredi matin sur la Piazza Motta. On peut y trouver fruits, légumes et aliments séchés.

Si vous n'appréciez pas les spécialités locales, rendez-vous à la **Pizzeria La Campana**, V. Giovanetti, 41 (© 0322 90 211), au bout de la Via Olina, après la Piazza Motta, où vous trouverez des plats plus "nationaux". (Pizzas 5,15-8,25 €, *primi* 5,20-6,20 €, *secondi* 7-13 €, desserts 3,35 €. Ouvert Ma-Di 11h-23h.) L'effort consistant à grimper l'escalier qui conduit à la **Taverna Antico Agnello**, V. Olina, 40 (© 0322 90 56 56), est largement récompensé par la qualité de la nourriture et l'empressement du personnel. Les alentours sont des plus paisibles et l'on s'y sent comme un coq en pâte. (*Primi* 6,50-8,20 €, *secondi* 8,60-13,20 €. Ouvert Me-Lu 12h30-14h30 et 19h30-22h. Cartes Visa, MC, AmEx.) Sur l'**Isola di San Giulio**, rendez-vous au **Ristorante San Giulio**, V. Basilica, 4 (© 0322 90 234), l'unique restaurant de l'île. Prenez un brunch dans la salle à manger du XVIIIe siècle (*primi* 3,62-5,16 €, *secondi* 4,32-8,26 €, couvert 1,55 €). Le soir, si vous avez manqué le dernier bateau public, un bateau spécial vous ramènera.

SAINTES RELIQUES CONTRE VILAINS DÉMONS Saint Jules arriva à Orta en 319 ap. J.-C. Comme tout bon chrétien de son époque, il voulut édifier une église. La légende raconte que les gens du pays se méfièrent de lui et l'exilèrent sur l'île qui porte aujourd'hui son nom, de peur qu'il n'attire avec ses projets l'attention des serpents et des démons (ce fléau bien connu des promoteurs immobiliers et autres bâtisseurs). L'acharné Jules ne renonça pas pour autant et les habitants d'Orta, réalisant qu'il était un homme bon, l'aidèrent à bâtir l'une des plus petites (et des plus charmantes) basiliques au monde. L'île est également connue pour être un paradis de silence. Ses rues étroites sont jalonnées d'inscriptions (en diverses langues), et en vous promenant, vous pourrez méditer quelques perles de sagesse, comme "Le silence est le langage de l'amour" ou "Dans le silence, on peut tout recevoir". Les restes de saint Jules reposent dans un sarcophage de verre, dans la crypte de la basilique. Si vous êtes trop sensible, évitez de regarder à l'intérieur, car vos cris d'horreur risquent de réveiller les 47 nonnes (et les trois familles) qui habitent l'île. Parfaitement visible, la dépouille du saint est censée effrayer les créatures de l'enfer (et les hordes de touristes aussi, sans doute). Et jusqu'à présent, on dirait que ça marche !

VISITES. A partir d'Orta, faites un tour sur l' ❤ **Isola di San Giulio** (59 habitants). L'île est aussi belle que les îles Borromées, mais bien plus calme. Sa **basilique** romane, un édifice datant du XIIe siècle orné de marbre et de bois, a été construite sur des fondations remontant au IVe siècle. Le trésor de l'église est sa **chaire**, sculptée dans du marbre noir et représentant les évangélistes. Dans la crypte, le **squelette de saint Jules**, couvert de brocarts, repose dans un cercueil de verre. *(Basilique ouverte Lu. 11h-12h15, Ma-Sa 9h30-12h15 et 14h-18h45, Di. 8h30-10h45 et 14h-18h45. Entrée libre.)* De petits **bateaux à moteur** font la navette toutes les 10 mn en été (a/r 2,60 €, tickets vendus à bord). Un ferry fait également la navette toutes les heures *(de 9h45 à 17h40, 1,81 €)*. Si vous vous en sentez la force, la traversée à la nage est difficile mais réalisable. Enfin, le lac d'Orta accueille de nombreux événements musicaux et sportifs : demandez le programme à l'office de tourisme. Une petite marche sur les hauteurs d'Orta vous mènera au **Sacro Monte**, un sanctuaire dédié à saint François d'Assise. Fondé en 1591, il comprend vingt chapelles ornées de 376 statues en terre cuite grandeur nature et de 900 fresques illustrant la vie du saint patron de l'Italie. *(Ouvert tlj 8h30-19h. Entrée gratuite.)* Le **Mercato antiquario** (marché aux antiquaires) s'installe sur la Piazza Motta le premier samedi du mois (Avr-Oct 9h-18h).

LIGURIE (LIGURIA)

LES INCONTOURNABLES DE LIGURIE

EXPLOREZ les collections d'art flamand qu'abritent les somptueux palais baroques de **Gênes** la Superbe, puissante cité portuaire encore ceinte de ses remparts.

PARCOUREZ l'ensorcelante Via dell'Amore des **Cinque Terre**, cinq villages de pêcheurs situés sur une côte abrupte découpée en terrasses, et admirez les façades pastel des maisons.

OFFREZ-VOUS la Côte d'Azur en version italienne et partez dormir à la belle étoile sous les palmiers de **Finale Ligure**.

PERDEZ votre argent avec l'insouciance d'un prince russe du XIXe siècle au casino de l'élégante ville de **San Remo**.

La Ligurie, qui s'étire comme un croissant sur 350 km le long de la Méditerranée entre la France et la Toscane, est la côte la plus célèbre et la plus touristique d'Italie. Au centre, Gênes, ville industrielle au riche passé, divise la Ligurie entre la **Riviera du Levant** à l'est et la **Riviera du Ponant** à l'ouest. Protégée du rude climat du Nord par les Alpes, la Ligurie reçoit les pluies des tumultueux orages d'été qui arrosent les collines, les champs et les longues étendues de sable du bord de mer. Sur la Riviera du Levant, le paysage s'enflamme alors de rouge et de violet sombre et l'air est embaumé du parfum des fleurs de citronniers et d'amandiers. A l'ouest, la pluie s'écoule le long des rues pavées de villages médiévaux et rafraîchit l'atmosphère surchauffée des plages bondées.

D'origine nordique et non latine, les Ligures possèdent leur propre vocabulaire et leur propre accent. Mais cette forte identité culturelle ne les empêche pas d'être des Italiens à part entière. Ils ont contribué de manière très active à l'unification de leur pays. Giuseppe Mazzini, considéré comme le père du *Risorgimento* (mouvement politique, littéraire et social qui a abouti à l'unification de l'Italie au milieu du XIXe siècle) était d'ailleurs originaire de Ligurie.

GÊNES (GENOVA) ✆ 070

Gênes, l'un des principaux ports d'Italie, n'est pas à première vue très attirante. Cependant, beaucoup de Ligures vous diront que c'est une ville qu'il faut connaître pour l'apprécier. La plupart des touristes préfèrent aller chercher dans les petites stations balnéaires voisines des plages plus propres et une mer plus limpide. Si vous décidez de rester, vous serez charmé. Dans le quartier historique, situé à l'intérieur des remparts, n'hésitez pas à suivre les *creuze* (passages étroits) et les *vicoli* (ruelles) qui montent en lacet au milieu des jardins en terrasse. A partir du XIIIe siècle, les grandes familles de Gênes ont commencé à y bâtir des palais, à y créer des parcs et à y rassembler de magnifiques collections d'œuvres d'art. Gênes la Superbe, qui fut une république marchande puissante et aussi redoutée que Venise, a donné naissance à de nombreux hommes célèbres comme Christophe Colomb, Giuseppe Mazzini et Niccolò Paganini, le violoniste virtuose. Gênes commença à décliner au XVIIIe siècle, déclin dont elle n'est jamais vraiment sortie, même si de nos jours elle cherche à s'éloigner des préoccupations industrielles pour mettre en valeur son passé glorieux.

TRANSPORTS

Avion : **Aéroport Cristoforo Colombo Internazionale** (✆ 010 601 51), à Sesti Ponente. L'aéroport dessert différentes villes d'Europe. Pour vous y rendre, prenez le **Volabus n° 100** devant la Stazione Brignole (1 dép/30 mn de 5h30 à 21h30, 2 €) et descendez à l'arrêt "Aeroporto".

La Riviera italienne

Train : **Stazione Principe**, P. Acquaverde, et **Stazione Brignole**, P. Verdi. Des trains (départ toutes les 10 mn, durée 5 mn, 1 €) ainsi que les bus n° 18, n° 19, n° 33 et n° 37 relient les deux gares (durée 25 mn, 0,77 €). Consigne. Ouvert tlj 6h-24h. Depuis les deux gares, les trains desservent divers points de la côte ligure et les grandes villes d'Italie, dont **Rome** (9 dép/j, durée 5h, 32,50 €) et **Turin** (15 dép/j, durée 2h, 8 €).

Ferry : Au Ponte Assereto, du côté du port, à 15 mn de marche de la Stazione Marittima ou un court trajet en bus (n° 20) depuis la Stazione Principe. Achetez votre billet dans l'une des agences de voyages de la ville ou à la **Stazione Marittima**, sur le port. Lorsque vous partez, rendez-vous au Ponte Assereto au moins une heure avant le départ. Ferrys pour **Barcelone**, **Olbia**, **Palau**, **Palerme**, **Porto Torres** et la **Tunisie**. La compagnie **TRIS** (© 010 576 24 11) et la compagnie **Tirrenia** (© 081 317 29 99) desservent la Sardaigne. Les **Grandi Traghetti** (© 010 58 93 31) desservent Palerme.

Bus : **AMT**, V. D'Annunzio, 8r (© 010 55 824 14). Le billet (1 €) est valable pendant 1h30 *intramuros*. Forfaits touristiques à la journée 3 €, sur présentation d'une pièce d'identité. Billets et forfaits également valables pour les funiculaires et les ascenseurs publics.

Taxi : © 010 59 66.

Location de vélos : **Nuovo Centro Sportivo 2000**, P. Garibaldi, 18r (© 010 254 12 43). 6 € la journée. Ouvert Lu. 15h30-19h30, Ma-Sa 9h15-12h30 et 15h30-19h30. Cartes Visa, MC.

ORIENTATION ET INFORMATIONS PRATIQUES

La plupart des visiteurs arrivent à l'une des deux gares de Gênes : la **Stazione Principe**, sur la Piazza Acquaverde, et la **Stazione Brignole**, sur la Piazza Verdi. Depuis la Stazione Principe, prenez les bus n° 18, n° 19, n° 20, n° 30, n° 32, n° 35 ou n° 41 et depuis Brignole le n° 19 ou le n° 40 jusqu'à la **Piazza de Ferrari**, au centre de la cité. La ville suit la courbe de la côte. Si vous souhaitez rejoindre la place centrale à pied depuis la Stazione Principe, prenez la **Via Balbi**, tournez à droite dans la **Via Cairoli**, et continuez dans la **Via Garibaldi**. Celle-ci aboutit sur la Piazza delle Fontane Marose, où il vous faut prendre à droite la **Via XXV Aprile**, qui mène à la Piazza de Ferrari. A partir de la Stazione Brignole, prenez la **Via Fiume**, sur la droite en sortant de la gare, puis tournez à droite dans la **Via XX Settembre**, jusqu'à la Piazza de Ferrari. Si le plan gratuit que vous trouverez à l'office de tourisme indique les sites, beaucoup de noms de rue n'y figurent pas. Le plan détaillé *Nicola Vincitorio Pianta Generale* en vente dans les kiosques à journaux, vous sera sans doute utile car on se perd facilement dans les rues labyrinthiques de Gênes, surtout dans le centre historique. La double **numérotation des rues** (rouge pour les établissements commerciaux, noir pour les résidences et les bâtiments publics) est en effet assez déroutante, surtout lorsque les numéros rouges, salis, apparaissent noirs. Nous signalons les adresses rouges par un **"r"** après le numéro.

Le *centro storico* réunit, comme son nom l'indique, la majeure partie des monuments historiques de Gênes. C'est aussi un quartier mal fréquenté la nuit, avec des problèmes de drogue et de prostitution. Si les Génois n'hésitent pas à dire que leur ville mérite quelques promenades, ils déconseillent vivement la fréquentation du *centro storico* une fois la nuit tombée, le dimanche (jour de fermeture des magasins) et au mois d'août (lorsque tout le monde est parti en vacances). Pour le reste, arpentez le quartier en suivant à la lettre le trajet que vous vous serez fixé, soyez vigilant, faites preuve de bon sens : évitez d'afficher la mine perplexe du touriste perdu et cantonnez-vous aux rues animées. Dernier conseil : évitez de vous faire arroser par les Génois qui vivent au-dessus des restaurants et des bars et qui ont la fâcheuse habitude de manifester leur mécontentement en aspergeant les clients trop bruyants. Gardez l'œil, mais ne devenez pas paranoïaque : vous êtes en vacances et la promenade ne vous décevra pas.

Offices de tourisme : **APT**, V. Roma, 11/3 (© 010 57 67 91, www.genovatouristboard.net), Porto Antico, Palazzina Santa Maria, près de l'Aquarium. Au niveau de l'aquarium, face à la mer, faites 30 m à gauche jusqu'au groupe d'immeubles où se trouve l'office. Ouvert tlj 9h-13h et 14h-18h. On trouve des **annexes** à la Stazione Principe (© 010 246 26 33) et à l'aéroport Cristoforo Colombo Internazionale (© 010 601 52 47). L'une et l'autre sont ouvertes Lu-Sa 9h30-13h et 15h30-18h. Vous pouvez aussi passer à l'**Informagiovani**, dans le Palazzo ducale, P. Matteotti, 24r (© 010 55 74 320 ou 010 55 74 321). Cet établissement informe les jeunes sur les locations d'appartements, les jobs et les concerts. On peut aussi y surfer gratuitement sur Internet. Ouvert Juil-Août : Lu-Ma et Je-Ve 9h-12h30, Me. 9h-12h30 et 15h-18h, horaires variables le reste de l'année.

Voyages à prix réduit : **CTS**, V. San Vincenzo, 117r (© 010 56 43 66 ou 010 53 27 48), près de la Via XX Settembre et du Ponte Monumentale. En haut d'un escalier, à gauche du centre commercial. Tarifs étudiants. Ouvert Lu-Ve 9h-13h et 14h30-18h.

Consigne : Dans les gares ferroviaires. 3 € les 12h.

Librairie, V. XX Settembre, 210r (© 010 58 57 43). Un large choix de livres en plusieurs langues. Ouvert Lu-Ve 9h-22h, Sa 9h-23h, Di 10h30-13h et 14h-22h.

Urgences : © 113. **Police** : © 112. **Ambulances** : © 118.

Pharmacie de garde : **Pescetto**, V. Balbi, 185r (© 010 261 609), près de la Stazione Principe. La liste des pharmacies de garde est affichée. Ouvert 8h30-12h30 et 15h30-24h.

Hôpital : Ospedale San Martino, V. Benedetto XV, 10 (© 010 55 51).

Internet : **Internet Point Nodore** (© 010 589 990), à l'angle de la Via Brigata Bisagno et du Corso Buenos Aires, près de la Piazza Vittoria. 2 € le quart d'heure. Ouvert 9h-22h, fermé Di. **A.P.C.A.**, V. Cristoforo Colombo, 35r (©/fax 010 581 341). Internet 5,35 € l'heure, 1,55 € les 15 mn. Ouvert Lu-Sa 9h-12h et 15h-19h. Internet gratuit à l'**Informagiovani** (voir précédemment).

Bureaux de poste : Le bureau de poste principal est P. Dante, 4-6r (© 010 259 46 87), à proximité de la Piazza de Ferrari en descendant la Via Dante. Service de poste restante. Ouvert Lu-Sa 8h-19h. La plupart des bureaux annexes sont ouverts Lu-Sa 8h-13h30. **Code postal** : 16121.

HÉBERGEMENT ET CAMPING

Les hôtels 1 étoile sont très nombreux mais d'une qualité inégale. Dans presque tous les établissements bon marché du quartier historique et du port, les chambres se louent à l'heure... et il est déconseillé d'y passer la nuit. Préférez l'auberge de jeunesse si les longs trajets en bus ne vous rebutent pas, ou les hôtels situés autour de la Stazione Brignole. En octobre, il est plus difficile de trouver une chambre en raison des manifestations nautiques.

Ostello Per La Gioventù (HI), V. Costanzi, 120 (©/fax 010 242 24 57). Depuis la Stazione Principe, prenez le bus n° 35 et dites au chauffeur que vous voulez descendre Via Napoli pour prendre ensuite le bus n° 40. C'est ce bus qu'il vous faut prendre d'emblée si vous partez de l'autre gare, la Stazione Brignole (où se trouve son premier arrêt). Il passe toutes les 15 mn. Poursuivez jusqu'en haut de la colline et demandez au chauffeur où descendre. Auberge spacieuse (213 lits) et bien équipée : cafétéria, ascenseur, consigne gratuite, laverie (6,50 € pour 5 kg), parking, accès handicapés, télévision et beaux points de vue sur la ville autour et en contrebas. Le personnel parle plusieurs langues et peut vous renseigner sur Gênes. Petit déjeuner, douches chaudes et draps compris. Réception ouverte 7h-11h et 15h30-0h30. Chambres à libérer à 9h. Pas de couvre-feu. Carte de membre HI exigée (on peut l'acheter). Dortoir 13 €, chambre familiale 14-18 € par personne. ❖

Albergo Argentina, V. Gropallo, 4/4 (©/fax 010 839 37 22). De la Stazione Brignole, prenez à droite la Via de Amicis et continuez en direction de la Piazza Brignole. Lorsque vous êtes face à l'Albergo Astoria, prenez à droite et marchez 15 mn. Sonnez à la grande porte en bois ornée d'une tête de lion en bronze sur le trottoir de gauche. 9 chambres spacieuses et meublées avec goût surplombent un jardin dans un immeuble bien tenu et sûr. Si personne ne vous ouvre la porte, allez à l'Albergo Carola : les propriétaires sont une seule et même famille. Chambre simple 26 €, chambre double 45 €, avec salle de bains 52 €, triple 68 €, quadruple 75 €. ❖❖❖

Albergo Carola, V. Gropallo, 4/12 (© 010 839 13 40), situé deux étages au-dessus de l'Albergo Argentina (voir précédemment). Grandes chambres donnant sur un jardin calme. Le propriétaire ne demande qu'à vous être utile. Chambre simple 26 €, chambre double 45 €, avec douche 38,73 €, avec salle de bains 53 €, triple 60/70 €, quadruple 70/80 €. ❖❖❖

Hôtel Balbi, V. Balbi, 21/3 (©/fax 010 25 23 62, www.balbi.hotel-genova.com). Les grandes chambres du Balbi sont dotées de plafonds décorés qui témoignent de la relative ancienneté du bâtiment, construit autour de 1840. Parties communes très plaisantes. 50 lits. Petit déjeuner inclus. Chambre simple 30 €, avec salle de bains 45 €, chambre double 55/70 €, chambre triple 75/85 €. Cartes Visa, MC, AmEx. ❖❖❖

Locanda di Palazzo Cicala, P. San Lorenzo, 16 (© 010 251 88 24, www.palazzocicala.it). Dans une rue qui donne sur la P. Lorenzo, en face du duomo. Si vous en avez les moyens, offrez-vous cet hôtel au luxe parfait. Les dix chambres ont une salle de bains, la clim., la TV et un ordinateur avec connexion Internet. Chambre simple à partir de 110 €, double à partir de 150 €. Cartes Visa, MC, AmEx. ❖❖❖❖❖

Albergo Caffaro, V. Caffaro, 3 (©/fax 010 247 23 62), au coin de la Piazza Portello, entre la Stazione Principe et la Stazione Brignole. Prenez le bus n° 18 de la Stazione Principe en direction de P. Portello et descendez au 3e arrêt. Avec ses 8 chambres impeccables et sa direction charmante, l'établissement ne peut que vous plaire. Depuis la terrasse, laissez glisser votre regard sur les coupoles et les flèches descendant jusqu'à la mer. Chambre simple 28 €, avec salle de bains 35 €, chambre double 45/52 €, triple 55 €, quadruple 65 €. Cartes Visa, MC, AmEx. ❖❖❖

Albergo Barone, V. XX Settembre, 2/23 (©/fax 010 58 75 78). De la Stazione Brignole, dirigez-vous sur la droite et descendez la Via Fiume jusqu'à la Via XX Settembre. 12 chambres propres avec de petits lits et des fenêtres qui donnent sur le quartier commerçant de Gênes. Réception 8h30-24h. Mieux vaut réserver (carte de crédit obligatoire), surtout vers la fin octobre. Chambre simple 31 €, avec douche 39 €, chambre double 42/48 €, chambre triple avec douche 54-63 €, chambre quadruple 70/80 €. Cartes Visa, MC, AmEx. ❖❖❖

Hotel Agnello d'Oro, V. Monachette, 6 (© 010 246 2084, www.hotelagnellodoro.it), près de la V. Balbi. L'établissement mérite ses trois étoiles. 20 chambres très propres avec salle de bains et TV. La vue depuis la terrasse sur le toit est superbe. Certaines chambres ont leur propre balcon ainsi que la clim. Petit déjeuner (buffet) inclus. Chambre simple 65-85 €, double 70-90 €, triple 95 €. Cartes Visa, MC, AmEx. ❖❖❖❖❖

Campings : On trouve de très nombreux terrains de camping autour de Gênes mais ils sont vite complets en juillet et en août. Vous trouverez les renseignements les plus complets à l'office de tourisme. **Genova Est**, V.-Marcon-Loc Cassa (✆ 010 347 20 53). Prenez le train desservant le faubourg de Bogliasco à la Stazione Brignole (6 dép/j, durée 10 mn, 1,08 €). Le camping est accessible par un bus gratuit qui part de Bogliasco (4 dép/j de 8h10 à 18h, durée 5 mn). Raccordement électrique 1,80 € la journée. Machine à laver 3,50 €. 4,65 € par personne, 9,60 € par grande tente, 24 € le bungalow pour deux personnes.

RESTAURANTS

La gastronomie est l'une des grandes richesses de Gênes. Un plat *alla genovese* s'accompagne presque toujours de *pesto*, une sauce à base d'huile d'olive, de *parmigiano* (parmesan), de basilic, de pignons et d'ail. Délicieux, le *pesto* se marie à tout et les Génois l'utilisent dans beaucoup de recettes. Autres spécialités locales : la *farinata*, un pain frit à base de farine de pois chiches, les *pansotti*, des raviolis aux épinards et à la *ricotta* servis avec une sauce crémeuse aux noix, le *polpettone*, une purée de pommes de terre et de haricots saupoudrée de chapelure. Agrémentez vos repas de *focaccia* à l'huile d'olive, un délicieux pain plat aux herbes, aux olives, aux oignons ou au fromage, spécialité de la ville voisine de Recco. Vous pouvez aussi en manger une miche au goûter, comme les écoliers génois. Essayez le saucisson de Gênes, incomparablement frais et tendre. Enfin, n'oubliez pas les produits de la mer, car si Gênes est un port industriel, on y trouve quand même son lot de poisson frais et savoureux. Si vous recherchez de l'authenticité, les trattorias sont innombrables, surtout dans le centre historique, et affichent des prix raisonnables. Le **Mercato Orientale**, au coin de la Via XX Settembre, au sud du Ponte Monumentale, offre un grand choix de fruits et de légumes frais. Achetez une bonne bouteille de vin (3 €) pour le prix d'un verre dans une trattoria ou une barquette de succulentes fraises à moitié prix.

❤ **Trattoria da Maria**, Vicolo Testadoro, 14r (✆ 010 58 10 80). Prenez la Via XXV Aprile près de la Piazza Marose. Trattoria traditionnelle avec nappes à carreaux, paniers remplis d'oignons et de carottes et grands poivriers de rigueur. Le menu est différent chaque jour, mais la cuisine de grand-mère est toujours délicieuse. Menu touristique 8 €. Ouvert Lu 12h-14h30, Ma-Ve et Di 12h-14h30 et 19h-21h30. ❖❖

❤ **Da Vittorio**, V. Sottoripa, 59r (✆ 010 247 29 27). Réputé le meilleur restaurant de fruits de mer de la ville. Il n'est que de voir la queue devant la porte pour s'en convaincre. Les prises du jour sont exposées en vitrine (les serveurs ne cessent d'aller et venir entre les bacs de glace de la devanture et les cuisines). Homard 27 €, *primi* à partir de 6 €, *secondi* à partir de 7 €. Il est vivement recommandé de réserver. Ouvert tlj 12h-16h et 19h-23h30. ❖❖❖

Da Franca, Vico delle Lepre, 8r (✆ 010 247 44 73). De la P ; delle Fontane Marose, prenez la V. Garibaldi et tournez à gauche sur Vico Angeli. Une trattoria haut de gamme, tant par le cadre que pour l'excellence de la cuisine. Un peu cher mais vous ne le regretterez pas. Laissez-vous tenter par les crevettes aux amandes (11 €). *Primi* 11-15 €, *secondi* 9-14 €. Cartes Visa, MC, AmEx. ❖❖❖❖

Ristorante al Rusticello, V. San Vicenzo, 59r (✆ 010 588 556) à côté de la Stazione Brignole. L'endroit parfait pour les visiteurs au budget serré, fatigués de s'asseoir sur des chaises en plastique et de poser leurs coudes sur des nappes en papier. Habillez-vous et goûtez la cuisine authentique et l'atmosphère un tantinet romantique de cet établissement aux plafonds bas et aux murs de brique. *Primi* 4,50-6 €, *secondi* 4,50-15 €. Ouvert tlj 12h-14h30 et 18h30-24h. Cartes Visa, MC. ❖❖

Casa del Cioccolato Paganini, V. di Porto Soprana, 45 (✆ 010 951 36 62). Comme le violon du maître homonyme, le chocolat ici est capable de vous tirer des larmes de plaisir. Toutes les confiseries sont faites maison. Craquez pour un flacon de *sciroppo di rose* (1,80 €) ou pour une boîte de chocolat Niccolo Paganini (6,50 €). Ouvert 14h30-20h tlj. ❖

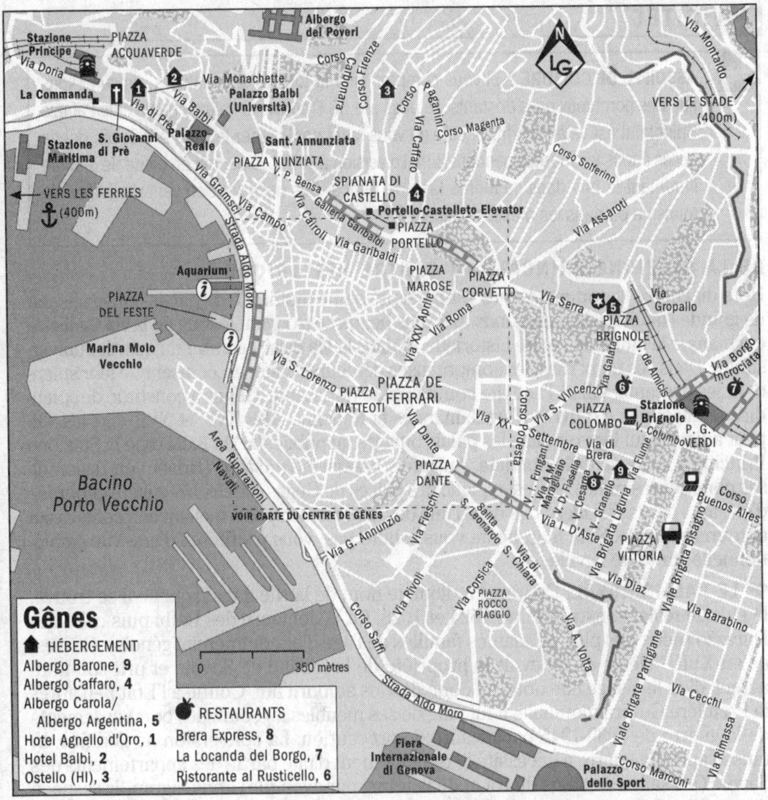

Brera Express, V. di Brera, 11r (© 010 54 32 80), juste au coin de la Via XX Settembre, près de la Stazione Brignole. Le menu de cette cafétéria est une excellente affaire (9 €) et les plats à la carte sont abordables. Nourriture savoureuse et de première fraîcheur. Si vous n'avez rien contre les libres-services, inutile de gaspiller votre argent à la pizzeria qui occupe la partie droite du restaurant : on y sert les mêmes plats pour deux fois plus cher. Ouvert tlj 11h45-15h et 19h-24h. Le libre-service ferme dès 22h. ❖❖

I tre Merli, Vico della Maddalena, 26r (© 010 247 40 95), dans une petite rue qui part de la V. Garibaldi. Une excellente adresse connue des seuls initiés. Murs de brique, musique douce et ambiance relax. Les experts en vin passent des heures le nez plongé dans la carte de 16 pages. *Primi* 8-11 €, *secondi* 7-18 €. Ouvert Lu-Ma et Je-Ve 12h30-15h et 19h30-24h, Sa 19h30-1h, di 19h30-24h. Cartes Visa, MC, AmEx. ❖❖❖❖

La Locanda del Borgo, V. Borgo Incrociati, 47r (© 010 81 06 31), derrière la Stazione Brignole. Lorsque vous sortez de la gare, prenez à droite et passez sous le tunnel. La Via Borgo Incrociati est en face. La trattoria est propre, accueillante et populaire. Vous mangerez très bien pour un prix très raisonnable. *Primi* à partir de 6 €. Menu Lu-Je 8 €. Ouvert tlj 12h-14h et 19h30-22h30. Cartes Visa, MC, AmEx. ❖❖❖

Caffè degli Specchi, Salita Pollaiuoli, 43r (© 010 246 8193). On y accède depuis la P. Matteoti. *Specchio* veut dire miroir. Les narcissiques seront aux anges dans ce café très chic. Commandez une verre de vin (3,60 €) ou l'un des cocktails aux fruits originaux (4,65-5,15 €). En été, on peut s'asseoir dehors. Assiettes "déjeuner" de fromages, viandes et légumes 8-11 €. Ouvert Lu-Sa 7h-20h30. ❖

VISITES

ASSOIFFÉ DE CULTURE ? Si vous comptez faire la tournée des musées, procurez-vous l'un des nombreux pass existants. Le pass à 6,50 € couvre le Palazzo Reale et le Palazzo Spinola. Il est valable 24h. Si cela ne vous suffit pas, prenez le pass à 8 €, qui donne accès à tous les musées pendant 24h. La version à 9 € vous permet en prime de prendre librement le bus dans ce même laps de temps. Ces pass sont en vente à l'office de tourisme ou dans les musées concernés.

DE LA STAZIONE PRINCIPE AU CENTRE HISTORIQUE

Hors du centre historique, Gênes est parsemé d'une multitude de palais construits par de grandes familles de marchands. Les plus beaux se trouvent le long de la **Via Garibaldi**, qui marque la limite du centre historique, et dans la **Via Balbi**, au cœur du quartier universitaire. Dans ces deux rues, les somptueuses demeures alignées, écrasent de leur splendeur les passants. Ville à l'activité commerciale florissante, Gênes a constitué de splendides collections d'œuvres d'art flamandes et italiennes des XVIe et XVIIe siècles. On peut aujourd'hui les voir dans les palais ouverts au public. La **Via Balbi** relie la Stazione Principe à la **Piazza della Nunziata**. Autrefois baptisée *Guastata* (Brisée) en raison de ses nombreuses ruines, elle est typique des places de Gênes : petite, irrégulière et bordée d'élégants palais. Baladez-vous dans l'une des rues résidentielles menant aux collines qui entourent la ville. Si la marche ne vous rebute pas, vous profiterez d'une vue exceptionnelle sur toute la ville.

❤ **LE PALAIS ROYAL.** Comme l'indique le nom de la rue dans laquelle il se trouve, le **Palazzo reale**, construit entre 1624 et 1628, fut la demeure des Balbi puis celle des Durazzo (deux des plus puissantes familles de l'âge d'or commercial génois). Ce n'est qu'au XVIIIe siècle qu'il devint la propriété de la famille de Savoie et prit son nom actuel, d'où le visage que nous lui connaissons aujourd'hui. Confié à l'Etat peu après la Première Guerre mondiale, il fut vidé de ses meubles au cours des bombardements de la guerre de 1939-1945 par mesure de précaution. La conversion de l'édifice en musée après la guerre a nécessité le remaniement d'une partie des appartements des Savoie (les salles de bains du roi et de la reine, par exemple) afin d'agrandir l'espace disponible. Comme nombre de demeures de Gênes, il se perd un peu au milieu des bâtiments et des rues étroites qui l'entourent. Soyez attentifs si vous ne voulez pas le rater. L'intérieur est beaucoup moins anonyme et c'est un décor de grands seigneurs qui vous attend une fois la porte passée. La salle du trône de style rococo est ornée de velours rouge et de fresques dorées. Tout comme l'antichambre royale et les chambres à coucher, elle est demeurée intacte. La **Galleria degli Specchi**, inspirée de la galerie des glaces de Versailles, vous donnera le vertige et vous ne resterez pas de marbre devant l'**horloge de la reine**, avec sa lune parcourant un ciel étoilé (une bougie posée derrière éclaire la scène). Parmi les peintures décorant les murs, on peut voir quelques œuvres du Tintoret, de Van Dyck et de Bassano. *(Via Balbi, 10, à 10 mn à l'ouest de la Via Garibaldi. © 010 271 02 72. Ouvert Je-Di 9h-17h, Ma et Me 9h-13h30. Le guichet ferme 30 mn avant le musée. Entrée 4 €, moitié prix pour les 18-25 ans, gratuit pour les moins de 18 ans, pour les plus de 65 ans.)*

❤ **L'ASCENSEUR DE PORTELLO-CASTELLETO.** Faites comme les Génois et prenez cet ascenseur comme s'il s'agissait d'un bus (il fait d'ailleurs partie du réseau des transports publics de la ville). Ce trajet de 30 secondes sera l'occasion d'admirer l'un des plus beaux panoramas sur la ville et le port. Après avoir arpenté ce quartier propret, restaurez-vous en dégustant une pâtisserie et un *espresso*. Il ne vous reste plus qu'à prendre une photo et à emprunter les escaliers pour redescendre. *(Passez l'entrée du tunnel sur la Piazza Portello. Ouvert 6h40-24h. 3,50 €.)*

LA VIA GARIBALDI. Alternativement appelée Via Aurea ("rue Dorée") et Strada dei Re ("rue des Rois"), la Via Garibaldi réunit certains des plus beaux palais de Gênes. Les riches cours intérieures abritent des jardins, des fontaines et des bassins.

Construit au XVIe siècle, le **Palazzo rosso**, au n° 18 (© 010 24 76 351), doit son nom au fait qu'il fut repeint en rouge au XVIIe siècle. Des tapis rouges couvrent aussi les planchers de la **Galleria del Palazzo rosso**, la salle d'exposition au plafond richement décoré de fresques qui abrite plus de 700 ans de céramique génoise, dont de délicats coquetiers du XVIIIe siècle. La salle à l'étage, détruite par un bombardement en 1942, fut reconstruite et expose maintenant plusieurs portraits en pied de Van Dyck et le chef-d'œuvre de Bernardo Strozzi, *La Cuoca* (La Cuisinière). Dans le **Palazzo bianco** (1548, reconstruit en 1712), au n° 11 (© 010 24 76 377), vous pourrez admirer l'une des plus importantes collections d'art ligure ainsi que des tableaux hollandais et flamands. *(Les deux galeries sont ouvertes Ma-Sa. 9h-19h, Di. 10h-18h. Entrée 3,10 €, billet couplé 5,16 €. Gratuit Di., ainsi que pour les moins de 18 ans et les plus de 60 ans.)*

L'HÔTEL DE VILLE. Bâti entre 1554 et 1570, le Palazzo Tursi, devenu le **Palazzo municipale** de Gênes, possède une façade Renaissance imposante et de superbes jardins sur ses toits. Vous y découvrirez le violon mythique de Niccolò Paganini (1782-1840), le *Guarneri del Gesù*, ce que l'on peut traduire par "l'instrument de Jésus". Le son divin de ce violon aurait, dit-on, brisé des cœurs et même poussé quelques âmes sensibles au suicide. Même les auditeurs moins tourmentés croyaient entendre chanter les anges. Le violon est encore parfois utilisé lors de concerts. Pour le voir, allez à gauche en haut des escaliers et demandez au secrétariat. *(V. Garibaldi, 9. Ouvert Lu-Ve 8h30-18h, Entrée libre.)*

L'ÉGLISE SAN GIOVANNI DI PRÈ. Terminée en 1180, cette église romane est l'un des plus anciens monuments de Gênes. Peu éclairée et dominée par une solide voûte en pierre, cette église crée une impression de profondeur propice à la contemplation. De l'autre côté de l'église se trouve la **Commenda** (Commanderie, XIIe siècle), construite pour l'ordre des chevaliers hospitaliers de Saint-Jean-de-Jérusalem. *(Juste avant la Via Balbi en venant de la Stazione Principe et de la grande place ornée d'une statue de Christophe Colomb, tournez à droite dans la Salita San Giovanni.)*

L'ÉGLISE DEL GESÙ. Egalement appelée **Santi Ambrogio e Andrea** (1549-1606), cette église est décorée de trompe-l'œil et de deux belles toiles de Rubens, *La Circoncision* (1605), au-dessus de l'autel, et *Saint Ignace guérissant une possédée* (1620), dans la troisième chapelle sur la gauche. *(De la Piazza de Ferrari, prenez la Via Boetto jusqu'à la Piazza Matteotti. Eglise ouverte tlj 7h15-12h30 et 16h-19h30. Fermé pendant les messes le dimanche. Entrée libre.)*

LE PALAZZO DUCALE. C'est l'un des monuments les plus imposants de la ville. Il fut édifié en 1291 pour héberger le gouvernement de la commune. La façade, complétée en 1783 par l'architecte Sione Cantoni, est un magnifique exemple de style néoclassique. L'intérieur est doté d'un

AU MENU

LE PESTO

La côte ligurienne évoque des images de village perché en haut d'une falaise ou de bateaux de pêche dansant sur les flots. Mais pour les gourmets, il n'est qu'une seule chose qui compte en Ligurie : le *pesto*, cette sauce verte au basilic qui accompagne une si grande variété de mets. L'expression culinaire *alla genovese* indique presque toujours un plat servi avec du *pesto*. S'il est acquis que la ville de Gênes produit le meilleur *pesto* d'Italie, toutes les *trattoria* et toutes les grands-mères de Ligurie vont revendiquer cette distinction.
Originaire d'Inde, le basilic s'est parfaitement acclimaté au soleil ligurien. C'est l'ingrédient principal du *pesto*. Le mot *pesto* vient de "*pestore*", qui signifie broyer. Pendant des siècles, on écrasait au mortier les feuilles et le pistil du basilic pour en récupérer toute la saveur. Aujourd'hui, les chefs utilisent un mixer dans lequel ils ajoutent de l'huile d'olive, des pignons de noix, de l'ail et du parmesan. Certains préfèrent atténuer le goût fort du parmesan avec de la *ricotta* ou du *pecorino*.
Pour savourer pleinement le *pesto*, commandez un plat de *gnocchi*, de lasagnes ou de *troffie* (boulettes de farine de pommes de terre). Saupoudrez d'une pincée de parmesan. Et régalez-vous.

étonnant décor Rococo. Le **musée** à l'étage accueille des expositions temporaires internationales. Des concerts et des pièces de théâtre se déroulent également dans le palais. *(P. Matteoti, 9, © 010 557 40 04, www.palazzoducal.genova.it. Musée ouvert Ma-Di 9h-23h. Entrée 7 €.)*

VILLETTA DI NEGRO. Au flanc d'une colline, ce beau parc, avec ses jardins en terrasse agrémentés de grottes artificielles, de cascades et de statues de patriotes italiens, est idéal pour se reposer ou faire une promenade. *(De la Piazza Fontane Marose, prenez la Salita di Santa Caterina jusqu'à la Piazza Corvetto. Ouvert tlj de 8h au coucher du soleil.)*

LE PORTO ANTICO

L'énorme port de Gênes bout d'une intense activité commerciale. Le port est divisé en plusieurs quais. Le plus vieux, le **Molo Vecchio**, à l'extrême gauche lorsqu'on fait face à la mer, date du XVe siècle. Il accueille de gigantesques entrepôts qui servaient autrefois au coton. Au centre, le **Quarteri Antichi** abrite encore quelques entrepôts du XVIe siècle. Le **Ponte Spinola**, tout proche, est le site du merveilleux aquarium de Gênes.

❤ **L'AQUARIUM.** En ville, les plages sont pratiquement inexistantes, mais cela ne signifie pas qu'il vous est interdit de contempler les profondeurs de la mer. La climatisation vous permettra de flâner devant la faune sous-marine qui a élu domicile dans ces immenses bacs (il s'agit de l'aquarium le plus volumineux d'Europe). Poursuivez la visite avec un film en 3D ou avec le grand bateau bleu, la *Grande Nave Blu*, qui vous ouvrira l'accès aux fonds sous-marins. Ne ratez pas le bac "interactif", où l'on peut caresser des raies. Une bonne façon de se sentir en harmonie avec "la grande bleue". La dernière attraction en date, Behind the Scenes, permet de découvrir les coulisses de l'aquarium : passionnant. *(Sur le Porto Antico, en face de l'office de tourisme. Répondeur vocal © 010 248 12 05. www.acquariodigenova.it. Ouvert Juil-Aoû tlj 9h30-23h, dernière entrée 21h30 ; horaires variables le reste de l'année. Entrée 12 € par personne, Grande Nave Blu 2 €. Les visites Behind the Scenes ont lieu Sa-Di à 12h, 14h, 16h et 16h30, 7,50 €, enfants 5 €.)*

PADIGLIONE DEL MARE E DELLA NAVIGAZIONE. Ce musée situé au dernier étage d'un ancien entrepôt à coton fait revivre le glorieux passé naval de la ville, au moyen de maquettes, d'objets et de figurines en cire. *(Magazzini del Cotone, Modulo 1. © 010 246 46 78, www.acquariodigenova.it. Ouvert Lu-Ve 10h30-17h30, Sa-Di 10h30-19h30. Entrée 5,40 €.)*

CROISIÈRES. Pour voir la ville depuis la mer, embarquez pour une croisière. Des bateaux partent toutes les 30 mn du Porto Antico, à côté de l'aquarium et en face de l'office de tourisme. Les prix varient selon la durée de l'excursion.

LE CENTRE HISTORIQUE

Le quartier historique est situé entre la Piazza de Ferrari, la Via Garibaldi et le port. Il est difficile de s'y repérer en raison du dédale que forment ses rues. Si vous pénétrez au hasard dans le quartier et suivez les ruelles pavées, vous avez de fortes chances de vous retrouver sur une charmante petite place avec de petites maisons, un café et un chef-d'œuvre architectural plusieurs fois centenaire. Malheureusement, le taux de criminalité rend le centre historique assez dangereux et il faut donc éviter de le visiter le dimanche, jour de fermeture des boutiques, et la nuit, où même la police ne s'y aventure pas. Le centre historique réunit les plus beaux monuments de Gênes, comme la **cathédrale**, le **Palazzo Spinola** et la **tour Embraici**, qui date du Moyen Age. Cette dernière, ornée de créneaux, est un peu perdue dans la masse des bâtiments qui l'environnent. Elle se trouve à gauche de l'**église Santa Maria di Castello**.

❤ **L'ÉGLISE SANTA MARIA DI CASTELLO.** Elevée à l'emplacement d'une ancienne construction grecque et étrusque, elle fut utilisée par les croisés. Elle forme aujourd'hui un labyrinthe de chapelles (ajoutées à la structure d'origine du XVIe au XVIIIe siècle), de cours, de cloîtres et de jardins. Dans la chapelle juste à gauche du grand autel, vous verrez le **Crocifisso miracoloso** (*Le Crucifié miraculeux*), qui, d'après la légende, aurait bougé la tête pour avertir une jeune femme trahie par son amant. On raconte aussi que la barbe de Jésus s'agrandit chaque fois que la ville

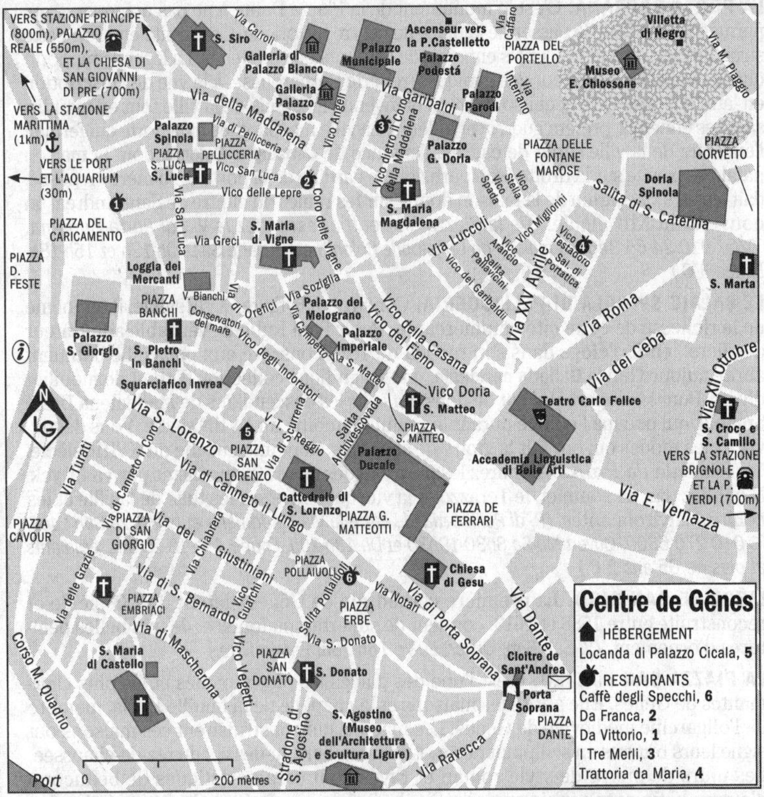

traverse une crise. Pendant la visite, faites attention où vous mettez les pieds, le sol est pavé de tombes du XVIIIe siècle. Jetez un coup d'œil au tableau particulièrement morbide **San Pietro Martire di Verona** (au-dessus de la porte dans la salle à gauche de la sacristie), représenté avec l'instrument de son martyre, un couperet enfoncé dans le crâne. *(De la Piazza Matteotti, remontez la Via San Lorenzo en direction de la baie et prenez à gauche la Via Chiabrera. L'église est au bout, sur la Piazza Caricamento. Ouvert tlj 9h-12h et 15h-18h. Fermé le dimanche pendant la messe. Entrée libre.)*

LA CATHÉDRALE SAN LORENZO. La structure d'origine du IXe siècle fut remaniée et agrandie entre le XIIe et le XVIe siècle, les autorités religieuses jugeant le lieu "imparfait et difforme". Le résultat laisse à désirer et ne respecte pas les lois de la symétrie. Le sentiment de déséquilibre qu'inspire l'ensemble vient du fait que l'un des deux clochers ne fut jamais terminé. La façade gothique bicolore et rayée est flanquée de porches copieusement ouvragés, de lions, de sirènes et de vignes sculptés du IXe siècle, le tout ouvrant sur un intérieur inattendu (la partie de l'édifice qui comprend l'autel fut ajoutée au XVIIe et au XVIIIe siècle). Passez la main sur la bombe exposée à droite de l'entrée, elle vous portera chance : lancée par les Anglais lors de la Seconde Guerre mondiale, elle n'explosa pas. Si vous en avez le temps, passez par le **Museo del Tesoro** pour découvrir le trésor de l'église, dont de magnifiques timbales et l'impressionnant Sacro Catino (ciboire sacré) de couleur émeraude dont l'origine demeure mystérieuse. *(Piazza San Lorenzo, au coin de la Via San Lorenzo, qui part de la Piazza Matteotti. Ouvert Lu-Sa 8h-19h, Di. 7h-19h. Entrée libre. Visite guidée toutes les 30 mn.)*

LA PORTA SOPRANA. C'est le monument de la Piazza Dante à ne pas manquer et qui permet aujourd'hui de passer de la place au centre historique. Construite en 1100, cette structure servait à intimider les ennemis de la république de Gênes. La légende rapporte que le téméraire empereur germanique Frédéric Barberousse, à la vue de l'inscription en latin qui orne l'arc et qui souhaite la bienvenue aux amis de la ville tout en maudissant ses ennemis, préféra guerroyer ailleurs. La ville fut épargnée et la porte qui fermait l'enceinte de la ville servit de cadre à l'enfance de **Christophe Colomb**, dont la maison natale se trouve sur la droite (son père était le gardien de la porte et sa mère en possédait les clés). Le jardin de la maison donne sur les ruines du cloître de Sant'Andrea, un couvent du XIIe siècle. *(De la Piazza Matteotti, descendez la Via di Porta Soprana. ©/fax 010 24 65 346. La maison de Christophe Colomb est ouverte Sa-Di 9h-12h et 15h-18h. Entrée 3 €.)*

LE PALAIS SPINOLA DI PELLICCERIA. Construit à la fin du XVIe siècle, il témoigne de la richesse de cette cité commerçante. Peter Paul Rubens, véritable admirateur des lieux, en fit l'éloge dans son recueil de 1622 consacré aux palais. Le bâtiment abrite aujourd'hui la **Galleria nazionale**, une magnifique collection d'art et de mobilier divers. Pour la plupart, il s'agit de dons faits par les descendants de Maddalena Doria Spinola, qui occupa l'édifice durant la première moitié du XVIIIe siècle. Vous découvrirez les modes qui ont fait la gloire de ses murs, dont une cuisine du XVIIIe siècle. Dans la *Sala da Pranzo*, admirez les portraits des quatre évangélistes par Van Dyck. N'oubliez pas, au sommet, le Terazzo et la vue qu'il offre sur les toits de la ville et les collines environnantes. *(P. di Pellicceria, 1, entre la Via Maddalena et la Piazza San Luca. © 010 270 5300. Ouvert Ma-Sa 8h30-19h30 et Di. 13h-20h. Entrée 4 €, 18-25 ans, étudiants et plus de 65 ans 2 €.)*

L'ÉGLISE SAN SIRO. La première cathédrale de Gênes, datant du IXe siècle et reconstruite entre 1588 et 1613, contient de superbes plafonds et de très belles peintures d'ornement. *(V. San Siro. Ouvert Lu-Ve 16h-18h. Entrée libre.)*

LA PIAZZA SAN MATTEO. C'est l'une des places les plus typiques et les plus charmantes de Gênes. Elle abrite les maisons et la chapelle de la famille Doria, membre de l'oligarchie médiévale de Gênes. Les maçons qui construisirent ces maisons ont signé leurs œuvres en sculptant des motifs animaliers au-dessus du rez-de-chaussée. Les murs de pierre de style roman et rayés sont caractéristiques de beaucoup d'autres bâtiments génois anciens. Sur la façade ouvragée de la petite **église San Matteo**, édifiée par les Doria en 1125 et dont le clocher remonte à l'époque romaine, des inscriptions célèbrent la gloire de cette famille aristocratique. L'église fut d'ailleurs reconstruite en 1278 et rehaussée par rapport à la rue afin de montrer le pouvoir religieux et politique des Doria. *(Derrière la cathédrale. Entrée libre.)*

LE MUSÉE DE SANT'AGOSTINO. Le **Museo dell'Architettura e Scultura ligure**, le plus récent musée du centre historique, occupe l'ancien monastère de Sant'Agostino, sur la Piazza di Sarzano. Il retrace l'histoire de Gênes à travers son art et beaucoup d'œuvres ont été enlevées à des bâtiments pour les préserver. La pièce maîtresse de ce musée est le monument funéraire de Marguerite de Brabant, réalisé par Giovanni Pisano en 1312. Autre œuvre à voir, le néoclassique *Madeleine pénitente*, si sensuel qu'il frise le sacrilège. *(Suivez les panneaux vers la Porta Soprana et prenez la Via Ravecca en direction du port. © 010 20 60 22. Ouvert Ma-Sa 9h-19h, Di. 9h-12h30. Entrée 3,50 €.)*

SORTIES

Vous trouverez dans la Via XX Settembre quelques bars qui attirent une foule le soir et surtout le week-end. Le Corso Italia, très animé, est le cœur de la vie nocturne génoise. Sur le Molo Vecchio, en plein port, un complexe multisalles a ouvert, **Cineplex** (www.cineplex.it, tickets 7 € le w-e, 6,5 € la semaine, 5 € en matinée). Le bus n° 31 qui descend le Corso Italia vous mènera au petit port de **Boccadasse**, un village de pêche très prisé des riches Génois. La brise marine y remplace la fumée des cigarettes et les promesses d'amour éternel fleurissent sur les murs à la place des graffitis habituels. De grandes bâtisses dominent les restes de jetées balayés par les flots et d'extravagants restaurants se tiennent au-dessus de précipices rocheux.

❤ **Mako**, C. Italia, 24 (© 010 36 76 52, www.makogeneva.com). La boîte de nuit du moment. Tenue smart et branchée de rigueur. Allez-y en taxi ou en bus (n° 31) puis prenez l'ascenseur en verre pour rejoindre la piste. Les clubbers, tous bronzés, arrivent vers minuit et l'endroit est plein à craquer vers 2h. Arrivez avant 0h30 pour éviter la file d'attente. Entrée 11 €, cocktails 8 €. Ouvert 12h15-4h.

Estoril, C. Italia, 7d (© 010 362 37 54). Ambiance des Caraïbes et vue panoramique font le succès de ce bar-boîte. Bière 3 €, cocktails 4 €. Ouvert Ve-Sa 19h30-3h.

Al Parador, P. della Victoria, 49r (© 010 58 17 71). Un bar qui ferme très tard la nuit. On y croise starlettes et vraies stars comme Uma Thurman ou Claudia Schiffer. Les clubbers viennent ici pour l'*after* et l'ambiance n'est pas triste. Cocktails 4,50 €. Ouvert Lu-sa 24h/24.

Le Corbusier, V. San Donato, 36-38 (© 010 246 86 52). Des nuages de fumée montent de la foule d'étudiants et d'artistes rassemblés dans ce lieu très branché. La musique et l'ambiance sont plus intenses, plus profondes et plus avant-gardistes que dans bien d'autres bars. Avec ses expos et ses séances occasionnelles de lecture, Le Corbusier a quelque chose des salons de la Renaissance où les gens aimaient à philosopher et à se noyer dans l'alcool. Ouvert Lu-Ve 8h-1h, Sa-Di 18h-1h.

RIVIERA DU LEVANT (RIVIERA DI LEVANTE)

CAMOGLI © 0185

Camogli est un petit port doté d'un pittoresque front de mer : de vieilles maisons roses et jaunes s'accrochent à la colline, des bateaux rouges et verts tanguent au bord des quais où s'entassent des filets de pêche, des parasols de couleur vive recouvrent les plages de galets noirs. Comme dans beaucoup de villages de la côte ligure, il faut emprunter des escaliers pour passer d'une rue à l'autre et, à mesure que l'on grimpe les niveaux, la vue sur la mer et la campagne environnante devient plus impressionnante. Camogli doit son nom aux femmes qui le peuplaient lorsque leurs maris étaient partis en mer ("Camogli" est la contraction de *Casa mogli*, la "maison des épouses"). Aujourd'hui, les maris sont rentrés et la ville de pêcheurs s'est transformée en une paisible agglomération de 6000 habitants. Moins chère et plus jeune que ses voisines à la mode, Portofino et Santa Margherita, Camogli est parfaite pour flâner en amoureux au bord de l'eau.

TRANSPORTS

Train : Camogli est accessible par la ligne Gênes-La Spezia. Guichet ouvert Lu-Sa 5h-12h30, Di 13h-19h30. Consigne. Destinations : **Gênes** (38 dép/j de 1h08 à 22h05, durée 40 mn, 1,50 €), **La Spezia** (24 dép/j de 5h29 à 22h49, durée 1h30, 3,50 €) via **Santa Margherita** et **Sestri Levante** (39 dép/j de 1h03 à 23h50, durée 30 mn, 2 €).

Bus : Les bus **Tigullio** relient la Piazza Schiaffino, près de l'office de tourisme, aux villes voisines. Les billets s'achètent à l'office de tourisme ou au bureau de tabac situé au n° 25 de la Via della Repubblica. Destinations : **Santa Margherita** (20 dép/j, durée 20 mn, 1 €), **Ruta**, **San Lorenzo** et **Rapallo**.

Ferry : **Golfo Paradiso**, V. Scalo, 3 (© 0185 77 20 91, www.golfoparadiso.it), en bord de mer, près de la Piazza Cristoforo Colombo. Billets en vente sur le quai. Destinations : **Cinque Terre** (à Portovenere, près de Vermazza, 15 Juin-1er Juil Di., 2 Juil-1er Août Ma. et Sa-Di, 1er-15 Sep Je. et Di., dép. 9h30, retour 17h30, 20 € a/r), **Portofino** (Sa-Di dép. 15h et retour 17h30, 15,50 € a/r) et **San Fruttuoso** (Mai-Sep départs toutes les heures, durée 30 mn, 8 € a/r).

ORIENTATION ET INFORMATIONS PRATIQUES

La ville grimpe, à flanc de colline, depuis la mer jusqu'à des forêts de pins et d'oliviers. Un promontoire la sépare de la plage de galets et du port de pêche. Pour atteindre le centre de la ville, prenez à droite en sortant de la **gare** Camogli-San Fruttuoso. A environ 100 m de la gare, prenez à gauche et descendez l'escalier raide qui vous mènera à la **Via Garibaldi**. De là, tournez à droite pour rejoindre les plages de galets.

Office de tourisme : V. XX Settembre, 33 (✆ 0185 77 10 66), à votre droite en quittant la gare. Les employés vous aideront à trouver une chambre et répondront à toutes vos questions. Ouvert l'été Lu-Sa 9h-12h30 et 15h30-19h et Di. 9h-13h. Horaires variables le reste de l'année.

Change : **Banco di Chiavari della Riviera Ligure**, V. XX Settembre, 19 (✆ 0185 77 51 13). Taux raisonnables. **Distributeur automatique** à l'extérieur. Ouvert Lu-Ve 8h20-13h20 et 14h35-16h.

Urgences médicales : ✆ 118.

Police : ✆ 0185 72 90 57. **Carabinieri** : V. Cuneo, 30f (✆ 112 ou 0185 77 00 00).

Pharmacie : **Dr. Machi**, V. della Repubblica, 4-6 (✆ 0185 77 10 81). Panneau extérieur indiquant les pharmacies de garde. Ouvert Juil-Août, Ma-Sa 8h30-12h30 et 16h-20h ; Sep-Juin 15h30-19h30. Fermé Je.

Hôpitaux : **Ospedale San Martino**, à Gênes (✆ 0105 551). V. Bianchi, 1, à Recco (✆ 0185 743 77).

Bureau de poste : V. Cuneo, 4 (✆ 0185 77 026), à gauche de la gare, sous une arcade. Ouvert Lu-Ve 8h-13h30, Sa. 8h-12h. **Code postal** : 16032.

HÉBERGEMENT

❤ **Albergo La Camogliese**, V. Garibaldi, 55 (✆ 0185 77 14 02, fax 0185 77 40 24). Descendez l'escalier près de la gare en direction de la mer, en suivant le grand panneau bleu. Les grandes chambres, joliment décorées, sont agréables, et toutes ont une salle de bains, le téléphone et la télévision. L'auberge est à quelques marches de la plage. Chambre simple 51-59 €, chambre double 69-80 €, triple 100 €. Cartes Visa, MC, AmEx. ❖❖❖❖

Albergo Augusta, V. Schiaffino, 100 (✆ 0185 77 05 92, www.htlaugusta.com), de l'autre côté de la ville. Les chambres, récemment rénovées, vous feront sentir le charme du grand bleu. 15 chambres avec télévision, téléphone, salle de bains, certaines avec vue sur la baie et balcon. Petit déjeuner (buffet) inclus et connexion Internet 15 mn offerte. Chambre simple 40-56 €, chambre double 52-90 €, chambre triple 85-120 €. Cartes Visa, MC, AmEx. ❖❖❖❖

Albergo Selene, V. Cuneo, 16 (✆/fax 0185 77 01 49). A gauche en sortant de la gare, après la poste. Les chambres sont propres et modestes, certaines agrémentées d'un balcon. Chambre simple 35 €, chambre double 70 €, chambre triple 85 €. Petit déjeuner compris. Cartes Visa, MC, AmEx. ❖❖❖

Pensione Faro, V. Schiaffino, 116-118 (✆ 0185 77 14 00), au-dessus du restaurant du même nom, en bas de la rue depuis l'Albergo Augusta. 8 chambres. Petit déjeuner 4 €. Chambre simple 40-50 €, double 55-80 €. Demi-pension 50-65 €. Cartes Visa, MC, AmEx. ❖❖❖❖

RESTAURANTS

Vous trouverez toute sorte de provisions pour vos pique-niques dans les commerces de la Via della Repubblica, à une rue du port, ou au **supermarché Picasso**, près de l'office de tourisme, V. XX Settembre, 35 (ouvert Lu-Sa 8h30-12h30 et 16h30-19h30). Un **marché** occupe la Piazza del Teatro le mercredi de 8h à 12h. On y trouve de la nourriture, des vêtements et même des hameçons en promotion.

❤ **Focacceria Pasticceria Revello**, V. Garibaldi (✆ 0185 770 777, www.revellocamogli.com). Cette boutique est connue dans toute la région. Elle sert de délicieuses focaccia et pâtisseries depuis 40 ans. Faites comme les habitués et commandez une focaccia aux oignons pour le petit déjeuner. Les camogliesi, des petits gâteaux fourrés à la crème (19 € le kg), sont une succulente recette maison. Ouvert tlj 8h-14h et 16h-20h. ❖

❤ **Gelato e Dintorni**, V. Garibaldi, 104/105 (✆ 0185 774 35 33). Un glacier qui pourrait prétendre au titre de "meilleur glacier d'Italie." Il est spécialisé dans les glaces au yaourt accompagnées de fruits frais. Deux boules 1,30 €. *Granita* sicilien 1,70 €. ouvert tlj 10h30-23h. ❖

La Rotonda, V. Garibaldi, 101 (✆ 0185 77 45 02), sur la promenade. Un bon endroit pour déguster les classiques de la cuisine ligurienne, et notamment des plats de poisson. De la salle, qui surplombe la mer, on jouit d'une vue magnifique. *Primi* à partir de 7 €, *secondi* à partir de 12 €. Ouvert tlj 12h30-14h30 et 19h30-23h, en hiver Me-Lu 12h30-14h30 et 19h30-23h. Cartes Visa, MC, AmEx. ❖❖❖❖

Il Portico Spaghetteria, V. Garibaldi, 197A (✆ 0185 77 02 54). Un nouveau venu sur la promenade. Les assiettes sont copieuses et les prix raisonnables. Certains plats de pâte font preuve d'invention, comme les *pasta al turridu* (pâtes aux anchois, aux raisins, à la tomate et au fenouil, 7,50 €). Couvert 1,50 €. Ouvert Lu-Sa à partir de 20h, Di 12h30-15h et à partir de 20h. ❖❖

La Crêperie bretonne, V. Garibaldi, 162 (✆ 0185 77 50 17). Une charmante adresse pour un repas sur le pouce. Les crêpes sucrées sont un régal, fourrées aux fruits ou couvertes d'une boule de glace. Crêpes 2-5 €. Ouvert Avr-Sep tlj 12h-24h. ❖

Al Bar Teatro, P. Matteotti, 3 (✆ 0185 77 25 72). L'établissement mérite des applaudissements : depuis 40 ans, on y sert 60 sortes de pizzas (4-8 €), dans un jardin reposant. Ouvert tlj 7h-14h et 19h30-22h. Cartes Visa, MC, AmEx.

VISITES ET SORTIES

Si vous êtes las de la plage et de la promenade du bord de mer, vous pouvez entreprendre la marche de 3h qui mène à **San Fruttuoso** (voir plus loin). Procurez-vous le plan de la randonnée à l'office de tourisme de Camogli, ou suivez les deux points bleus du chemin bien balisé qui débute à la fin de la Via Cuneo (près du poste des carabinieri). Les excursions en bateau et la plongée évitent aussi de tomber dans la routine (bronzage, baignade, bronzage…) mais cela vous coûtera tout de suite un peu plus cher. Le **B&B Diving Center**, V. San Fortunato, 11-13 (✆ 0185 77 27 51, www.bbdiving.it), à la hauteur de la Piazza Colombo, dispose de bateaux pouvant accueillir jusqu'à 10 personnes et propose 18 sites de plongée le long de la côte et trois excursions sous-marines par jour (35 € par personne ave équipement et guide) ainsi que des plongées avec masque et tuba. Le centre loue aussi des kayaks (30 €/j.) (Ouvert tlj 9h-19h.)

Camogli est réputée pour sa grande fête du poisson, la **Sagra del Pesce**. Le deuxième dimanche de mai, les touristes affluent pour participer au festin gratuit de poissons, frits dans une poêle géante de 4 m de diamètre (datant de 1952), qui peut contenir jusqu'à 2000 sardines. Lorsqu'elle n'est pas utilisée, cette poêle orne un mur à l'entrée de la ville. En fait, c'est même un mur entier de poêles qui accompagne votre descente des marches menant à la mer par la Via Garibaldi.

Il n'y a pas grand chose à faire le soir. Pour clore en beauté la journée, dégustez un mojito (5 €) ou une sangria au bar **Il Barcollo**, V. Garibaldi, 92 (✆ 0185 77 33 22, ouvert 16h-3h). **Captain Hook**, V. al Porto, 4, est décoré comme un navire de pirate. Le bar sert des plats généreux et propose plus de 60 variétés de rhum (3,20-10 €). (✆ 0185 77 16 95. Ouvert tlj 8h-3h).

EXCURSION DEPUIS CAMOGLI : SAN FRUTTUOSO

San Fruttuoso est accessible à pied (1h30 depuis Portofino Mare ou Portofino Vetta, 3h depuis Camogli) ou en bateau. La compagnie Golfo Paradiso (✆ 0185 77 20 91, www.golfoparadiso.it) part de Camogli (départs toutes les heures de 8h à 17h, dernier retour à 18h, 8 € a/r). Les ferrys du Servizio Marittimo del Tigullio (✆ 0185 28 46 70) partent de Camogli pour Portofino (1 dép/h de 9h30 à 16h30, 12 € a/r) et pour Santa Margherita (1 dép/h de 9h15 à 16h15, 6 €).

Si vous abordez San Fruttuoso par la mer, la vue de la Torre di Doria ("tour de Doria"), qui date du XVIe siècle, vous fera penser à un gladiateur solitaire perdu dans une arène de verdure. Les habitants de ce minuscule hameau sont rompus à l'isolement. Quand la mer est mauvaise, il leur arrive d'être coupés du monde pendant plusieurs jours (l'autre chemin les reliant à l'arrière-pays n'étant praticable qu'à pied). L'**Abbazia di San Fruttuoso di Capo di Monte**, l'abbaye bénédictine du Xe siècle à laquelle le village doit son nom, abrite un charmant petit cloître et expose des vestiges archéologiques. Grimpez en haut du clocher pour profiter de la vue panoramique. (✆ 0185 77 27 03. Ouvert Juin-Sep tlj 10h-13h et 14h-17h30. Entrée 6 €, enfants 4 €.) A 15 m de la côte et à 17 m sous l'eau, une statue de bronze, le **Christ des profondeurs**, fut érigée en mémoire des noyés. Elle est aujourd'hui considérée comme la protectrice des plongeurs, et plonger convenablement équipé est précisément le seul moyen de la contempler. On peut en revanche voir une réplique fidèle du *Christ des profondeurs* sans se mouiller, dans l'**église**, proche de l'abbaye. C'est en pensant à votre retour en ferry que vous ferez une offrande au *Sacrario dei Morti in Mare*. L'église, l'abbaye et l'eau cristalline font de San Fruttuoso une excursion reposante et calme. Evitez de dépenser vos deniers dans les restaurants touristiques hors de prix (il y en a plus que de maisons), apportez plutôt un pique-nique ou allez manger des *lasagna al pesto* chez **Da Laura** (ouvert tlj 8h-18h), sur la plage.

SANTA MARGHERITA LIGURE ✆ 0185

Petit village de pêcheurs sans histoire depuis le XIIe siècle, à des années-lumière de l'effervescence de la Riviera, Santa Margherita Ligure a commencé à faire parler d'elle au début du XXe siècle quand des stars d'Hollywood et d'ailleurs la choisirent comme lieu de vacances. Le bord de mer a de faux airs de Croisette et les couleurs pastel donnent une touche arts déco aux immeubles, tandis que les palmiers offrent leur ombre aux flâneurs venus chercher un peu de fraîcheur sur le port. Santa Margherita Ligure a malgré tout retrouvé un peu de la tranquillité qui faisait son charme à l'origine et reste l'une des rares villes abordables de la Riviera di Levante, moins fréquentée par les touristes que les villes voisines. Vous pouvez donc vous y installer et sillonner chaque jour le reste de la côte.

TRANSPORTS

Train : P. Federico Raoul Nobili, en haut de la Via Roma. La plupart des trains de la ligne Pise-Gênes s'arrêtent à Santa Margherita Ligure. Consigne. Destinations : **Gênes** (2-4 dép/h de 4h37 à 12h03, durée 50 mn, 2,10 €) et **La Spezia** (2 dép/h de 5h35 à 22h55, durée 1h30, 3,95 €) via **Cinque Terre** (durée 1h, 3,40 €).

Bus : Les bus **Tigullio** (✆ 0185 28 88 34) partent de la Piazza Vittorio Veneto, devant le petit kiosque vert sur le front de mer. Destinations : **Portofino** (3 dép/h, durée 20 mn, 1,50 €) et **Camogli** (1 dép/h, durée 30 mn, 1,20 €). Guichet ouvert tlj 7h05-19h35.

Ferry : **Tigullio**, V. Palestro, 8-1b (✆ 0185 28 46 70, www.traghettiportofino.it). Les bateaux partent du quai sur la Piazza dei Martiri della Libertà. Destinations : **Cinque Terre** (Juil-Sep Me-Je et Sa à 8h45 ; également Lu en août, 20 €), **Portofino** (1 dép/h de 9h15 à 16h15, 3,50 €) et **San Fruttuoso** (1 dép/h, 6 €).

Taxi : P. Stazione (✆ 0185 28 65 08).

Location de deux-roues : **Noleggio Cicli e Motocicli**, V. XXV Aprile, 11 (✆ 0330 87 86 12). Permis moto exigé pour la location d'un tandem. Les moins de 18 ans ont besoin de la signature d'un représentant légal pour louer un scooter. Vélo 3,60 € l'heure, 10,50 € la journée. Scooter 15,50 € l'heure, 41 € la journée. Ouvert tlj 10h-12h30 et 15h-19h.

ORIENTATION ET INFORMATIONS PRATIQUES

De la gare, prenez à droite et descendez la **Via Roma** vers le front de mer (vous pouvez aller plus vite en prenant l'escalier à droite du stop, devant la gare, et en suivant la **Via della Stazione** jusqu'à la mer). Il y a deux places principales dans le quartier du bord de mer : la **Piazza dei Martiri della Libertà** et la **Piazza Vittorio Veneto**, plus petite. Ces deux places sont bordées de palmiers. Lorsque vous faites face à la mer, la **Via Gramsci** est la rue qui fait le tour du port sur la gauche. La **Via XXV Aprile** mène à l'office de tourisme. Elle devient ensuite le **Corso Matteotti** et rejoint l'autre grande place de la ville, la **Piazza Mazzini**.

Office de tourisme : **Pro Loco**, V. XXV Aprile, 2b (© 0185 28 74 85). En sortant de la gare ferroviaire, prenez à droite la Via Roma. Suivez-la jusqu'au Corso Rainusso, que vous prendrez à gauche. La Via XXV Aprile monte du Largo Giusti. Le personnel, dynamique, vous donnera des informations et des plans et vous aidera à réserver une chambre d'hôtel. Ouvert Lu-Sa 9h-12h30 et 15h-19h30, Di. 9h30-12h30 et 16h30-19h30.

Consigne : A l'Hôtel Terminus, en face de la gare. 5 € par bagage.

Urgences : © 113. Pour tout service médical la nuit et le week-end, contactez la **Guardia Medica** au © 118.

Police : **Polizia Municipale**, P. Mazzini, 46 (© 0185 20 54 50).

Pharmacies de garde : **Farmacia A. Pennino**, P. Caprera, 10 (© 0188 29 70 77). Ouvert Lu-Ma et Je-Di 8h30-13h et 15h-22h.

Hôpital : V. F. Arpe (© 0185 68 31).

Bureau de poste : V. Giuncheto, 46 (© 018 29 47 51), près de la gare. Ouvert Lu-Ve 8h-18h, Sa. 8h-13h15. Poste restante. **Change**. **Code postal** : 16038.

HÉBERGEMENT

Mieux vaut éviter les établissements luxueux en bord de mer. A quelques rues seulement de la plage, vous trouvez des chambres sans vue mais calmes et moins chères. Les prix varient selon la saison.

❤ **Hôtel Terminus**, P. Nobili, 4 (© 0185 28 61 21, fax 0185 28 25 46), à gauche en sortant de la gare. Grâce aux attentions et aux dons de cuisinier du propriétaire, vous retrouverez le charme et l'élégance qui ont rendu célèbre la Riviera italienne. Chambres joliment décorées avec vue sur la mer. Petit inconvénient : le bruit du train qui passe au loin. Petit déjeuner compris, sous forme de buffet, et dîner sur la terrasse pour 18 €. Chambre simple 50 €, chambre double avec salle de bains 80 €, triple 105 €, quadruple 116 €. Cartes Visa, MC, AmEx. ❖❖❖❖

Albergo Annabella, V. Costarecca, 10 (© 0185 28 65 31), derrière la P. Mazzini. 11 chambres confortables, certaines avec salle de bains, toutes meublées à l'ancienne. On se croirait chez des grands-parents attentionnés, avec leur vieux chien hirsute M. Phillip. Les salles d'eau communes sont grandes et très propres. Petit déjeuner 4 €. Chambre simple 45 €, double 70 €, triple 94,50 €, quadruple 119 €. ❖❖❖❖

Hôtel Europa, V. Trento, 5 (© 0185 28 71 87, www.pangea.it/hoteleuropa). Caché derrière les façades tape-à-l'œil du port, cet hôtel moderne propose 18 chambres équipées de la télévision, du téléphone et d'une salle de bains. Parking. Petit déjeuner inclus. Chambre simple 45-65 €, chambre double 75-95 €, chambre triple 90-120 €. Cartes Visa, MC, AmEx. ❖❖❖❖

Hôtel Helios, V. Gramsci, 6 (© 0185 28 74, www.hotelhelios.com). Une clientèle aisée vient ici profiter de la plage privée et de l'aire de baignade. Chambres luxueuses avec salle de bains, clim. et TV. Petit déjeuner (buffet) inclus. Chambre simple 85-135 €, double 100-210 €, triple 136-158 €. Cartes Visa, MC, AmEx. ❖❖❖❖❖

ITALIE DU NORD

RESTAURANTS

Le Corso Matteotti est bordé de magasins d'alimentation, de boulangeries, de magasins de primeurs et de bouchers. Le vendredi de 8h à 13h, les commerçants chassent les voitures et investissent l'avenue. Le **supermarché COOP**, C. Matteotti, 9c, près de la Piazza Mazzini, est bien approvisionné en produits de première nécessité. La "pêche du jour" de la flotte locale est vendue sur le **marché au poisson**, Lungomare Marconi (ouvert tlj 8h-12h30, arrivages Lu-Ma et Je-Di 16h-18h). Un **marché** se tient P. Mortola tous les vendredis matin.

❤ **Trattoria Da Pezzi**, V. Cavour, 21 (✆ 0185 28 53 03). Pour une fois, oubliez la pizza et faites le plein d'une nourriture consistante. Les spécialités génoises ont les faveurs de la clientèle d'habitués, notamment les *torta pasquelina* (5 €). Ambiance bon enfant. Pour le dessert, que diriez-vous d'un *gelato* arrosé au whisky (4 €) ? *Primi* 3-6,40 €, *secondi* 3-8 €. Ouvert Lu-Ve et Di 12h-14h et 18h-21h. Cartes Visa, MC. ❖

❤ **Trattoria Baicin**, V. Algeria, 9 (✆ 0185 28 67 63) Traversez la Piazza dei Martiri della Libertà près des quais. Papo Piero est le chef cuisinier et Mamma Carmela prépare les pâtes et les sauces. Vous pouvez goûter aux *trofie alla genovese* (gnocchis servis avec pommes de terre, haricots verts et *pesto*, 5,50 €). *Primi* à partir de 4,50 €, secondi à partir de 8,50 €. Ouvert Ma-Di 12h-15h et 19h-24h, mais les cuisines ferment à 22h30. Cartes Visa, MC, AmEx. ❖❖

Trattoria Noemi, V. S. Bernardo, 3 (✆ 0185 53 94). Depuis la mer, une rue qui part à droite de la V. XX Aprile. Un établissement simple et sans prétention, fréquenté par les gens du quartier. Les *pansotti alla salsa di noci* (pâtes aux légumes dans une sauce crémeuse aux noix, 6,90 €) sont une merveille. *Primi* 5,90-7 €, *secondi* 5,20-19 €. Ouvert Lu-Ma et Je-Di 12h10-14h et 19h10-22h30. Cartes Visa, MC. ❖❖

L'Approdo, V. Cairoli, 26 (✆ 0185 28 17 89). Certes, c'est une folie mais au moins sera-t-elle mémorable. Les vieilles recettes de la maison sont admirablement exécutées, notamment les plats de *scampi* (26 €). Service impeccable. *Primi* 11-15 €, *secondi* 16-36 €. Couvert 3 €. Ouvert Ma 19h30-24h, Me-Di 12h30-14h et 19h30-24h. Cartes Visa, MC, AmEx. ❖❖❖❖❖

Gelateria Centrale, Largo Giusti, 14 (✆ 0185 28 74 80). On se presse ici pour commander un *pinguino* (2 €), une boule de glace servie dans un épais cône au chocolat. Ouvert tlj 8h30-24h. ❖

VISITES ET SORTIES

Si le spectacle des vagues ne vous réchauffe pas l'âme, il vous reste l'eau bénite de la **Basilica Santa Margherita**, Piazza Caprera. Dégoulinante de cristal et de dorures, cette basilique de style rococo abrite par ailleurs des œuvres d'artistes flamands et italiens. De la V. della Victoria, un chemin monte jusqu'à la **Villa Durazzo**, construite à l'emplacement d'un château médiéval, et entouré par de magnifiques jardins. La maison est richement décorée, notamment de tableaux du XVIe siècle. (Ouvert Ma-Di 9h-18h30.).

Le **Sabot American Bar**, P. dei Martiri della Libertà, 32 (✆ 0185 28 07 47), accueille une clientèle nombreuse venue boire une bière et regarder des matchs de football. (Ouvert Me-Lu 10h-2h.) Pour continuer à boire à l'américaine, descendez la rue jusqu'au **Miami**, P. dei Martiri della Libertà, 29 (✆ 0185 28 34 24). Des néons bleus, des couples qui s'embrassent sur des banquettes de vinyle blanc, ainsi que des *Manhattans* à 7 €, créent une ambiance très rock'n'roll. (Ouvert tlj 17h-3h.)

EXCURSION DEPUIS SANTA MARGHERITA LIGURE : PORTOFINO

Prenez le bus pour Portofino Mare (et non Portofino Vetta). De la Piazza dei Martiri della Libertà, à Portofino, les bus Tigullio vous ramèneront à Santa Margherita Ligure (3 dép/h, 1,50 €). Achetez les billets dans l'edicola (kiosque à journaux) de couleur verte sur la place. Portofino est accessible par ferry depuis Santa Margherita (1 dép/h de 10h30 à 16h, 3,50 €) et Camogli (2 dép/j, 11 €).

D'élégants yachts sont amarrés dans le port, les rues pavées sont envahies de boutiques chic et de galeries d'art et les voitures de luxe remplissent les parkings. Le littoral et la petite baie, splendides, sont cependant fréquentés par toutes les classes de la société. Portofino vaut bien que vous lui consacriez une excursion d'une journée si vous séjournez à Santa Margherita Ligure. La promenade d'une heure sur la route qui borde l'océan vous permettra de repérer quelques petites plages de galets, notamment celle de **Punto Pedale**, un endroit idéal pour se reposer sur une chaise longue (4 €/h) ou défier les vagues en kayak (6 €/h). La plage de **Paraggi** (où le bus s'arrête) est la seule plage de sable du coin et seule une petite partie en est publique. Une **réserve naturelle** entoure Portofino. On peut la traverser à pied jusqu'à San Fruttuoso (durée 3h) ou Santa Margherita (2h30-4h). Si vous choisissez de rester en ville, vous pouvez faire une halte rafraîchissante dans l'**église San Giorgio**, dont l'intérieur est peint en blanc brillant. Un petit cimetière se trouve derrière l'église. Les protestants, traités en parias, étaient autrefois enterrés à l'extérieur de l'enceinte. A quelques minutes de marche, vous découvrirez le **château** entouré de jardins enchanteurs tournés vers la mer. Construit au XVIe siècle, ce qui était jadis une forteresse fut transformé au XIXe siècle en résidence d'été. *(Ouvert en été, tlj 9h-19h, en hiver 10h-17h. Entrée 3,50 €.)*

De retour en ville, l'**Alimentari Repetto**, Piazza dei Martiri dell'Olivetta, 30 (la grande place donnant sur le port), vous approvisionnera en sodas (2 €), sandwichs (à partir de 3 €) et *foccacia* (2 €). *(© 0185 26 90 56. Ouvert tlj 8h-22h, en hiver 9h-18h.)* Revenez ensuite prendre un verre dans l'un des nombreux bars des quais pour admirer le coucher de soleil sur le port. La **Trattoria Concordia**, V. del Fondaco, 5, a su garder une atmosphère authentique. Ses *trenette al pesto* (8 €) font le bonheur des habitués. (© 0185 26 92 07, *primi* 5-26 €, *secondi* 10-26 €)

Des cartes et des brochures sont disponibles à l'**office de tourisme**, V. Roma, 35 (© 0185 26 90 24, www.apttigullio.liguria.it), sur le chemin du front de mer depuis l'arrêt du bus. *(Ouvert Lu-Ma 10h30-13h30 et 14h30-19h30, Me-Di 10h30-13h30 et 14h-19h30.)* **Banco di Chiavari**, V. Roma, 14-16 (© 0185 26 91 64), dispose d'un service de **change**. *(Ouvert Lu-Ve 8h20-13h20 et 14h30-16h.)* En cas d'urgence, le poste de **police** est situé V. del Fondaco, 8 (© 0185 26 90 88). Il existe une **pharmacie**, P. dei Martiri della Libertà, 6. *(© 0185 26 91 01. Ouvert tlj 9h-13h et 16h-20h, fermé Di. en hiver. Cartes Visa, MC, AmEx.)* Le **bureau de poste** se trouve V. Roma, 32. *(© 0185 26 91 56. Ouvert Lu-Ve 8h-13h30, Sa. 8h-12h.)*

LES CINQUE TERRE © 0187

Eugenio Montale, poète italien et prix Nobel, passa les 30 premières années de sa vie aux Cinque Terre. De son pays natal, il écrivit : "*Qui delle divertite passioni par miracolo tace la guerra*" ("Ici, les passions du plaisir apaisent miraculeusement les conflits"). Si vous êtes en proie à de violentes émotions, les cinq villages de pêcheurs des Cinque Terre calmeront votre esprit troublé. Ils sont surplombés par de jolies collines en terrasses et des falaises abruptes, friables, illuminées par le bleu de la mer. Les jours de brume, la perspective change et les villages semblent à la fois proches et loin les uns des autres. Un même village peut évoquer un hameau de montagne inaccessible et, quelques minutes après, vous voici arpentant les rues d'un petit port de pêche aux façades pastel. Vous pouvez visiter les cinq villages en quelques heures seulement. Cependant, chacun d'eux (**Monterosso**, **Vernazza**, **Corniglia**, **Manarola** et **Riomaggiore**) constitue un monde à part, avec son caractère et son atmosphère propre. Ils jouèrent le rôle de muse du poète, mais ont aussi de quoi devenir des étapes touristiques incontournables. Pour y séjourner, il faut donc réserver une chambre longtemps à l'avance (au moins un mois ou deux avant l'été) ou se contenter d'une excursion d'une journée depuis Levanto ou La Spezia.

TRANSPORTS

Train : Les villages se trouvent le long de la ligne Gênes-La Spezia (Pise). Les horaires sont disponibles à l'office de tourisme. **Monterosso** est le plus facile d'accès. Sa gare se trouve Via Fegina, tout au nord de la ville. Trains pour **Florence** (1 dép/h, durée 3h30, 8 €) via **Pise** (1 dép/h, durée 2h30, 4,39 €), **Gênes** (1 dép/h, durée 1h30, 3,62 €), **La Spezia** (1 dép/30 mn, durée 20 mn, 1,19 €) et **Rome** (1 dép/2h, durée 7h, 26,60 €). Des trains relient fréquemment les cinq villages (1 dép/50 mn, durée 5-20 mn, 1-1,50 €). Prenez soin de monter dans un train régional et non un train express pour Gênes ou La Spezia.

Ferry : On peut rejoindre **Monterosso** par ferry depuis **La Spezia** (2 dép/j, durée 1h, 18 €). Des ferrys basés à Monterosso assurent eux aussi la liaison entre les villages. **Navigazione Golfo dei Poeti** (✆ 0187 77 77 27), sur le port, dans le vieux village, en face du bureau **IAT**, propose des excursions à **Manarola** (5 dép/j, 8 €) et à **Riomaggiore** (8 dép/j, 8 €), à **Vernazza** (9 dép/j, 2,25 €) et à **Portovenere** (6 dép/j, 15 €). Les ferrys **Motobarca Vernazza** relient Monterosso à **Vernazza** (1 dép/h de 9h30 à 18h45, durée 5 mn, 2,58 €).

Taxi : ✆ 0335 61 65 842 ou 0335 616 58 45.

Location de bateaux : A Monterosso, **Tonno Subito**, V. Mazzini, 5 (✆ 338 232 29 85) loue des kayaks, des masques et tubas et des fusils pour la chasse sous-marine. Ouvert Ma-Di 8h30-12h et 15h-18h. **Mar Mar**, V. Maborghetto, 8 (✆/ fax 0187 920 932) propose les mêmes services à Riomaggiore.

DES FORMULES PASS BIEN PRATIQUES. Le **Cinque Terre Tourist Ticket** (4,20 €) permet de faire autant de trajets en train que l'on souhaite entre les cinq villages, La Spezia et Levanto, dans un délai de 24h. On peut l'acheter dans chacune des gares desservies. Les bureaux du parc national des Cinque terre vendent aussi des **cartes Cinque Terre** (5,40 €) permettant un accès illimité en train, en bus et sur les chemins de randonnée (13,60 € avec le bateau).

ORIENTATION ET INFORMATIONS PRATIQUES

Les villages sont reliés par le train et par des sentiers qui traversent les vignes en terrasses et qui suivent par moments le littoral rocheux. **Monterosso** est le village le plus commerçant et le plus recommandé aux fous de bronzette. Il dispose en effet de trois plages de sable et propose une vie nocturne animée. De là, vous pourrez accéder facilement aux autres villages par le train, par le bateau, en kayak ou à pied, selon votre énergie et votre endurance. **Vernazza** est sans doute le village le plus séduisant, avec sa grande place de bord de mer entourée de maisons colorées et son port plein de jolis bateaux à l'ancre. L'anse dans laquelle il est situé abrite une plage de galets et une jetée en pierre envahie par les baigneurs et les promeneurs. **Corniglia** surplombe la mer et le village est relié à la gare par un escalier de quelques centaines de marches. Vous n'aurez pas l'agrément des plages comme dans les villages voisins, mais vous pourrez en revanche profiter d'un calme absolu et de couchers de soleil étonnants. **Manarola** est un beau petit village aux rues tranquilles, avec une auberge de jeunesse toute neuve, de bons petits restaurants et une jolie crique, idéale pour se baigner. **Riomaggiore** dispose d'un nombre incroyable de chambres à louer et d'un petit port où vous pourrez voir les pêcheurs nettoyer la coque de leur bateau avec application.

Offices de tourisme : **Bureau du parc national de Cinque Terre**, P. Garibaldi, 29 (✆ 0187 81 78 38, www.cinqueterre.it), à Monterosso, fournit des renseignements sur la randonnée et l'hébergement. On peut aussi acheter la carte de transports Cinque Terre. Ouvert tlj 9h-22h. **Pro Loco**, V. Fegina, 38 (✆ 0187 81 75 06), en dessous de la gare de Monterosso. Bien documenté, avec de nombreuses informations sur les bateaux, les randonnées et les hôtels. Service d'hébergement pour Monterosso. Ouvert Avr-Oct, Lu-Sa 10h-12h30 et 15h-17h30, Di. 9h-12h. A **Riomaggiore**, un bureau installé dans la gare (✆ 0187 92 06 33) fournit des informations sur les randonnées, les hôtels et les excursions. Ouvert Juin-Sep, tlj 10h-18h.

Excursions : **Navigazione 5 Terre Golfo dei Poeti** (✆ 0187 73 29 87) propose des excursions en bateau vers **Vernazza** (3 € aller simple) et **Riomaggiore** (8 € aller simple) au départ de Monterosso (9 dép/j de 9h30 à 18h45) et de Vernazza (9 dép/j de 10h à 18h30).

Urgences : © 113. **Urgences médicales** : © 118. **Police** : © 112.

Carabinieri : © 0187 81 75 24. A Riomaggiore © 0187 92 01 12.

Premiers secours : **Guardia Medica**, présente aussi bien à Corniglia (© 033 885309 49), à Monterosso (© 0187 81 76 87), à Riomaggiore (© 0187 80 09 73) et à Manarola (© 0187 92 07 66) qu'à Vernazza (© 0187 82 10 84).

Bureaux de poste : Bureau principal à Monterosso, V. Roma, 73 (0189 81 83 94). Ouvert Lu-Sa 8h-13h. **Code postal** : 19016 pour Monterrosso, 19017 pour Manarola et Riomaggiore, 19018 pour Corniglia et Vernazza.

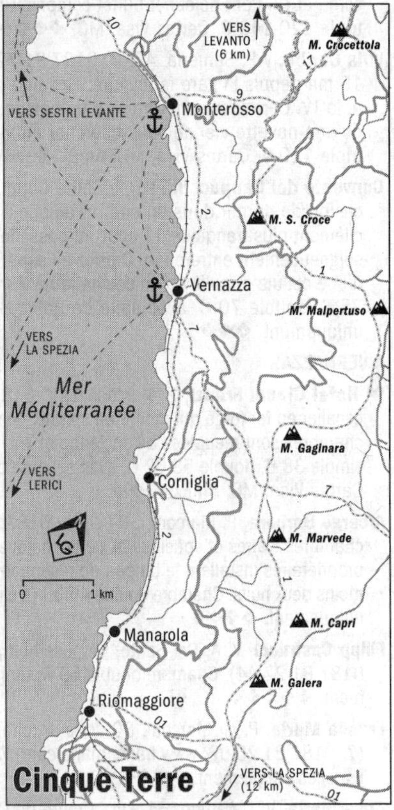

HÉBERGEMENT

Quelle que soit la durée de votre visite, nous vous recommandons de réserver plusieurs semaines à l'avance. Les quelques hôtels bon marché (tous situés à Monterosso et à Vernazza) se remplissent dès le début de la saison. Si vous vous retrouvez à chercher une chambre en arrivant, tentez plutôt votre chance à Riomaggiore, à Monterosso et à Vernazza, où les chambres sont plus nombreuses et moins chères qu'ailleurs. Dans la région des Cinque Terre, les chambres d'hôtes (*affittacamere*) sont le logement le plus simple et le moins cher.

A MONTEROSSO

❤ **Hôtel Souvenir**, V. Gioberti, 24 (©/fax 0187 81 75 95). Le meilleur rapport qualité-prix de la ville. Petit hôtel familial et tranquille avec 30 lits et un jardin. Chambres claires équipées de salles de bains carrelées dernier cri, personnel sympathique. Chambres 33 € par personne, 25 € pour les étudiants. Petit déjeuner 5 €. ❖❖❖

Meublè Agavi, Lungomare Fegina, 30 (© 0187 81 71 71 ou 0187 80 16 65, fax 0187 81 82 64). Prenez à gauche sur la promenade en sortant de la gare. Dix chambres spacieuses équipées d'une salle de bains, du téléphone et d'un réfrigérateur. Réception ouverte jusqu'à 18h. Chambre simple 45 €, chambre double 38 €, triple 100 €. ❖❖❖❖

La Colonnina, V. Zuecca, 6 (© 0187 81 74 39, www.lacolonninacinqueterre.it), est située dans une rue calme du centre. Les parties communes sont plaisantes et ensoleillées. Les 19 chambres ont la TV (satellite) et la clim. Certaines possèdent un balcon. Petit déjeuner buffet (bio) 8,50 €. Chambre double 85-93 €, triple 115 €. Espèces ou TC uniquement. ❖❖❖❖❖

Hotel Punta Mesca, V. Molinelli, 35. Proche de la mer, dans la partie moderne de la ville. Etablissement propre disposant de chambres spacieuses avec salle de bains,

ITALIE DU NORD

clim., et TV. Petit déjeuner buffet compris. Chambre simple 65-80 €, double 90-110 €, triple 120-148 €. Cartes Visa, MC. ❖❖❖❖❖

Villa Caribe, V.P. Semeria, 49 (✆ 0187 81 72 79), est un peu excentré. Il faut marcher 15 mn depuis la gare ferroviaire. Les cinq chambres ont une salle de bains, la clim. et la TV. Certaines sont dotées d'un balcon. Réception ouverte 7h-13h. Appelez pour qu'une navette vienne vous chercher en ville. Chambre simple 50 €, double 80 €, triple 120 €. Cartes Visa, MC, AmEx. ❖❖❖❖

Convento dei Cappuccini, sur la Salita Cappuccini (✆/fax 0187 81 75 31), offre l'occasion de dormir dans un endroit unique à un prix raisonnable. Vous trouverez difficilement plus tranquille. Le couvent possède des vignobles, un potager et une courette soigneusement entretenue. Gardez à l'esprit néanmoins que les chambres ont la taille d'une cellule et qu'il y a un couvre-feu à 23h. Petit déjeuner compris. Chambre simple 35 €, double 70 €, avec salle de bains 80 €, chambre familiale 140 €. Espèces uniquement. ❖❖❖

A VERNAZZA

❤ **Hotel Gianni Franzi,** P. Marconi, 1 (✆ 0187 82 10 03, www.giannifranzi.it). Avec son escalier en fer forgé qui monte en spirale, ce vénérable hôtel dégage un charme fou. Les chambres sont meublées à l'ancienne et ont, pour la plupart, un grand balcon. Chambre simple 38 €, double 58-62 €, avec salle de bains 75 €, triple avec salle de bains 96 €. Cartes Visa, MC, AmEx. ❖❖❖.

Albergo Barbara, P. Marconi, 30 (✆/fax 0187 81 23 98), dernier étage, sur le port. Neuf chambres claires et spacieuses, certaines avec une belle vue. Les jours chauds d'été, les propriétaires installent le bureau de réception à l'extérieur. Pour réserver, il faut rester au moins deux nuits. Chambre double 45-60 €, chambre triple 65 €, quadruple 70 €. Espèces uniquement. ❖❖❖❖

Filipp Castrucci, V. A. Del Santo, propose huit grandes chambres avec salle de bains. (✆ 0187 81 22 44). Chambre double 65 €, triple 90 €, quadruple 120 €. Espèces uniquement. ❖❖❖❖❖

Franca Maria, P. G. Marconi, 30, loue six chambres d'hôtes dispersées dans le village. (✆ 0187 81 20 02, www.francamaria.com) Chambre double 50-100 €, triple 90-120 €. Espèces uniquement. ❖❖❖❖❖

Anna Maria, V. Carattino, 64, sur la route de Corniglia. Les sept chambres ; logées dans une vieille tour, offrent des vues imprenables sur la mer et le village. (✆ 0187 82 10). Chambre double 65-83 €. Espèces uniquement. ❖❖❖❖❖

A CORNIGLIA

Ristorante Cecio, sur la petite route de Vernazza, propose 13 grandes chambres avec salle de bains. Les vues sont dignes d'une carte postale. (✆ 0187 81 28 43). Chambre double 60 €. Cartes Visa, MC. ❖❖❖❖

Locanda a Lanterna, V. Fieschi, 164. 12 chambres dont certaines ont vue sur les flots (✆ 0187 812 291.) Petit déjeuner 7 €. Chambre double 50 €, avec salle de bains 60 €. Cartes Visa, MC. ❖❖❖❖

Dau Tinola, V. Fieschi, 31, est un restaurant qui loue également 12 chambres avec salle de bains. (✆ 0187 82 12 00.) Chambre double 60 €. ❖❖❖❖❖

Villa Sandra, V. Fieschi, 212, dispose de quatre chambres seulement mais elles sont grandes. (✆ 087 81 23 84, www.cinqueterrelaposada.com). Chambre double 44 €. Espèces uniquement. ❖❖❖❖

A MANAROLA

❤ **Albergo della Gioventù-Ostello "Cinque Terre"**, V. Riccobaldi, 21 (✆ 0187 92 02 15, www.hostel5terre.com). En sortant de la gare, prenez à droite et continuez jusqu'en haut de la colline (300 m). L'auberge est en face de l'église. Ce bâtiment flambant neuf est très bien équipé, avec notamment un solarium équipé de douches, une terrasse extérieure, de la musique à chaque étage, des machines à laver (4 € la lessive, 3 € le séchage), un ascenseur en verre, une photocopieuse, un service de fax, Internet et le téléphone. Très belle vue, et personnel aussi jeune que sympathique. On peut y louer des kayaks, des vélos ou un masque et un tuba. Draps et 5 mn de douche compris. Petit déjeuner 3,50 €. Réception ouverte tlj 7h-10h et 17h-1h. Couvre-feu 1h, 24h en hiver. Réservez au mois un mois à l'avance. Dortoir 17-20 € en haute saison. Chambre quadruple avec salle de bains 68-80 €. Accès handicapés. 48 lits. Cartes Visa, MC, AmEx. ❖❖

❤ **Bed and Breakfast La Toretta**, Vico Volto, 14, est une adresse fleurie et ensoleillée. La plupart des chambres sont vastes et ont un balcon, la TV et la clim. Des appartements avec cuisine sont aussi proposés. (✆ 0187 92 03 27, www.torrettas.com.) Petit déjeuner buffet inclus. Chambre double 70-90 €. ❖❖❖❖

Hotel Ca'D'Andrean, V. A. Discovolo 101, sur les hauteurs de la gare ferroviaire. Cinq chambres spacieuses, certaines ouvrant sur une terrasse. L'été, on prend son petit déjeuner (6 €) dans le jardin planté de citronniers. (✆ 0187 92 00 40, www.candrean.it.) Chambre simple 60 €, double 80 €. Espèces uniquement.

Casa Capellini, V. E. Cozzani, 12, loue des chambres chez l'habitant pour deux personnes (42 €) ainsi qu'un appartement avec cuisine (2 pers. 54 €.) Contactez les propriétaires par e-mail. (✆ 087 92 08 23, casa.capellini@tin.it). Espèces uniquement. ❖❖❖❖

Il Porticciolo, V. Birolli, 92, propose trois chambres (60 €), avec salle de bains, TV et balcon. (✆/fax 0187 92 00 83). Petit déjeuner 5 €. Cartes Visa, MC, AmEx. ❖❖❖❖❖

A RIOMAGGIORE

Hotel Ca Dei Duxi, V. Colombo, 36, est charmant et bien situé. Les lits sont confortables. C'est un très bon rapport qualité-prix. Les six chambres ont une salle de bains, la TV, la clim., un minibar et une terrasse. (✆ 0187 92 00 36, www.duxi.it.) Petit déjeuner buffet inclus. Chambre simple 30-50 €, double 60-110 €. Espèces uniquement. ❖❖❖

Hotel Villa Argentina, V. de Gasperi, surplombe la vieille ville. Les 15 chambres, bien aérées, offrent d'incroyables vues sur la mer. (✆/fax 0187 92 02 13, www.hotelvillargentina.com). Chambre simple 77-96 €, double 92-120 €. Espèces uniquement. ❖❖❖❖❖

B&B La Caribana, V. Santuario, 114, est tenu par les mêmes propriétaires que ceux de Mar-Mar ci-dessous. Six chambres avec salle de bains, TV (câble) et balcon. (✆/fax 0187 920 932.) Petit déjeuner inclus. Chambre double 90 €, triple 110 €. Espèces uniquement.

Mar-Mar, V. Malborghetto, 8, propose des chambres chez l'habitant. Des appartements pouvant recevoir de 2 à 10 personnes sont également disponibles. (✆/fax 0187 92 09 32). Chambre double 50-80 €, appartements 40-200 €. Espèces uniquement. ❖❖

❤ **Robert Fazioli**, V. Cristoforo Colombo, 94 (✆/fax 0187 92 09 04). Certaines chambres bénéficient d'une vue sur le port. Chambres simples, chambres doubles et appartements. Dortoir 15-22 €. Chambre double avec salle de bains 60-70 €. Ouvert tlj 9h-21h. ❖❖

5Terre Affiti, V. Colombo, 174, loue des chambres chez l'habitant avec salle de bains et TV satellite. (✆ 0187 92 03 31, www.immobiliare5terre.com). Chambre simple 30-55 €, double 45-55 €, quadruple avec terrasse et cuisine 100 €. ❖❖❖

Edi, V. Colombo, 111, loue des chambres doubles (salle de bains, réfrigérateur) et des appartements pour 6 personnes. (✆/fax 0187 92 03 25, www.wel.it/vesignaedi). Double 52 €, appartement 26-31 €/pers. Cartes Visa, MC, AmEx. ❖❖❖

La Dolce Vita, V. Colombo, 120, propose des chambres aménagées en dortoirs, avec salle de bains et réfrigérateur, ainsi que des appartements pour 4 personnes (✆ 0187 92 09 18). Dortoir 18 €, appartement 20 €/pers. Espèces uniquement. ❖❖

RESTAURANTS

Si votre budget est serré, nous vous recommandons plutôt de pique-niquer sur les plages ou dans les montagnes : les fruits de mer sont toujours frais et excellemment accompagnés par le vin local, le *sciacchetrà*, ou le moins cher (mais non moins succulent) vin blanc *Cinque Terre*.

ITALIE DU NORD

A MONTEROSSO

❤ **Il Ciliego**, Località Beo, 2, près de la P. Garibaldi, sert une cuisine succulente préparée avec les mets du jardin. Les incroyables *trufie al pesto* (8 €) ont fait l'objet d'une distinction lors du très sévère *Salon del Gusto*. (✆ 0187 81 78 29). Menu déjeuner 27 €. *Primi* 6-8 €, *secondi* 7-11 €. Ouvert Ma-Sa 12h30-14h30 et 19h30-22h30. ❖❖❖❖

Ristorante Al Carugio, V. San Pietro, 9. Une cantine populaire qui sert les spécialités liguriennes. Les artichauts frits (11,40 €) sont le plat traditionnel du village. (✆/fax 0187 81 73 67, www.ristorantealcarugio.com). *Primi* 6-10,50 €, *secondi* 7-15 €. Ouvert tlj 12h-14h30 et 18h10-22h30. Fermé le jeudi en hiver. Cartes Visa, MC, AmEx. ❖❖❖

FAST, V. Roma, 13 (✆ 0187 81 71 64). Dans la *Casa dei Panini Cantanti* (littéralement, "la maison des sandwichs qui chantent"), FAbio et STephano (d'où le nom de l'établissement) tranchent les sandwichs plus vite que la musique. Des guitares électriques sont accrochées au plafond, au-dessus d'affiches de stars de cinéma. Gros sandwichs aux noms évocateurs de groupes de rock (*Primus* ou *Soul Coughing*) à partir de 3,10 €. L'été ouvert tlj 8h-1h. Cartes Visa, MC. ❖

Focacceria Il Frantoio, V. Gioberti, 1 (✆ 0187 81 83 33). *Focaccia* de toutes les sortes (avec des olives, des oignons, des herbes ou d'autres ingrédients), cuites au feu de bois (1-2 € la part). L'endroit idéal où prendre des forces avant de partir explorer les environs. Ouvert Lu-Me et Ve-Di 9h-14h et 16h-19h30. Espèces uniquement. ❖

A VERNAZZA

Trattoria Gianni Franzi, P. Marconi, 1, est réputée pour son pesto. On dîne dans une ambiance détendue soit dans la vaste salle intérieure soit dehors sur la place. (✆ 0187 82 10 03). *Primi* 4-10,50 €, *secondi* 5-15,50 €. Ouvert Lu-Je et Ve-Di 12h-15h et 19h30-21h30. Cartes Visa, MC, AmEx. ❖❖

Gambero Rosso, P. Marconi, 7. Si vous voulez vous faire plaisir, allez dîner dans ce restaurant élégant. La cuisine est délicieuse et le service à la hauteur. Si vous vous en sentez capable, commandez le *menù degustazione* (30 €), qui comprend quatre plats de la région (✆ 0187 81 22 65). *Primi* 7-9 €, *secondi* 11-22 €. Ouvert Ma-Di 12h30-15h et 19h-22h. Cartes Visa, MC, AmEx. ❖❖❖❖

Osteria Il Baretto, V. Roma, 31 (✆ 0187 81 23 81). Prix modestes pour un restaurant touristique en plein air. Moules fraîches au vin et aux herbes 7,75 €, *spaghetti al pesto* 6,20 €. *Primi* 6,50-11,50 €, *secondi* 6,50-13 €. Couvert 1,60 €. Ouvert Ma-Di 12h-15h et 19h-22h. ❖❖❖❖

A CORNIGLIA

La Gata Flora, V. Fieschi, 109, est l'une des toutes meilleures pizzerias de la ville. Une variété étonnante est proposée. Des croustillantes *farinata* (0,80 €) sont également en vente. (✆ 0187 82 12 18). Part de pizza 2,10 €. Ouvert Ma-Di 9h30-16h et 18h-20h30. ❖

La Posada, V. alla Stazione (✆ 0187 82 11 74). Montez les escaliers en sortant de la gare. Prenez à droite et marchez 150 m. Les plats sont délicieux mais chers. Une vue imprenable sur la mer n'a pas de prix. *Primi* 6-8 €, *secondi* 7-10 €. Couvert 2 €. Déjeuner tlj à partir de 12h et dîner à partir de 19h. Cartes Visa, MC. ❖❖❖

Ristorante Cecio, V. Serra, 51 (✆ 0187 81 20 43). Dégustez vos verres de vin et savourez vos spaghettis en regardant le soleil se coucher à travers les vignes depuis la terrasse. La cuisine est délicieuse, notamment le *risotto all cecio* (2 pers. min. 8 €/pers.). Il est conseillé de réserver. *Primi* et *secondi* à partir de 6-15 €. Couvert 2 €. Ouvert tlj 12h-15h et 19h30-1h. Cartes Visa, MC. ❖❖❖

A MANAROLA

Marina Piccola, V. Lo Scalo, 16 (✆ 0187 92 01 03). Les repas sont copieux dans cette petite marina. L'établissement est magnifiquement situé en bordure de côte rocheuse. Dégustez les *tagliatelle ai granchi* (au crabe) et les *penne agli scampi* (aux crevettes,

7,75 €). *Primi* à partir de 5,16 €, *secondi* à partir de 9,30 €. Ouvert tlj 12h-16h et 18h-23h. Cartes Visa, MC, AmEx. ❖❖❖❖

Trattoria Da Billy, V. Rolandi, 122. Cette trattoria est un peu à l'écart, au-dessus de la P. della Chiesa. La maîtresse de maison prépare ses couches de lasagne devant les clients. Une adresse très appréciée des habitants, à juste titre. La vue sur le village est superbe. (✆ 0187 92 068). *Primi* 6-8 €, *secondi* 6,50-11 €. Ouvert Lu-Me et Ve-Di 12h-14h et 19h-21h30. Cartes Visa, MC. ❖❖

Trattoria il Porticciolo, V. Birolli, 92 (✆ 0187 92 00 83). L'établissement n'a rien de particulier mais la nourriture est savoureuse. Au dessert, demandez la *tarta nocciola*, la spécialité de la maison (tarte aux noix) 3,10 €. *Primi* 4,50-7,75 €, *secondi* 4-16 €. Couvert 2 €. Ouvert Je-Ma 7h-15h30 et 17h-23h. Cartes Visa, AmEx. ❖❖❖❖

RANDONNÉES

Les paysages autour des Cinque Terre sont somptueux. Les petits villages de pierre sont environnés de falaises sauvages, de vignobles en terrasses et d'une végétation tropicale. Les sentiers qui relient les cinq villages serpentent à travers les cours d'eau, les vignes, les cactus et les citronniers et offrent de magnifiques points de vue sur la région. Avec des chaussures de marche, vous pourrez parcourir la distance entre Monterosso et Riomaggiore en 5 heures, ou batifoler sur les beaux rivages. Le chemin de randonnée de Monterosso à Vernazza (1h30) est le plus éprouvant, tandis que celui qui va de Vernazza à Corniglia (2h) passe par de très beaux endroits. Le chemin de Corniglia à Manarola (1h) est également agréable. Le sentier qui relie Manarola à Riomaggiore (20 mn), appelé la **Via dell'Amore**, est moins spectaculaire, mais il offre de nombreux accès à la mer.

Pour éviter de devoir littéralement escalader les falaises, partez de Riomaggiore et allez jusqu'à Vernazza ou Monterosso. Nous vous recommandons de partir tôt le matin, car le soleil tape très fort. Prenez la tranquille Via dell'Amore en direction du sentier n° 2, sur la Punta Bonfiglio, à Manarola. Allez jusqu'au bout, ou bien bifurquez en direction du sentier n° 7 qui relie Manarola à Corniglia. Ce chemin en montée mène jusqu'à la route taillée dans le flanc de la colline, dont la pente décroît progressivement avant de s'inverser. Elle serpente dès lors jusqu'en bas pour rejoindre le chemin de randonnée qui mène jusque dans Vernazza. Prenez le temps de faire un plongeon dans l'eau avant de repartir pour Monterosso. Si vous en avez assez de marcher, prenez le train pour rejoindre votre ville de départ.

A Monterosso, vous pourrez visiter le **Convento dei Cappuccini** (construit entre 1618 et 1622), perché sur une colline au centre du village. Le couvent abrite une belle *Crucifixion* du maître flamand Van Dyck, qui séjourna et travailla dans la région. (Ouvert tlj 9h-12h et 16h-19h.) A Vernazza, les restes du **Castello Doria**, du XIe siècle, situé en face du port, au sommet d'un escalier abrupt à gauche de la Piazza Marconi, offrent une vue spectaculaire sur le village coloré et le littoral (ouvert tlj 10h-18h30, entrée 1 €).

SORTIES

A MONTEROSSO

Il Casello, V. Lungo Ferravia, 70. Suivez la Via Fegina en passant le tunnel et allez jusqu'au bout de la plage publique, en face du vieux village. Il Casello est dans un bâtiment rose surplombant la plage. On peut y manger (*focaccia* 3,50-4 €, salade de tomates et mozzarella 5 €), surfer sur Internet (1 € les 15 mn) et boire un verre (bières et liqueurs à partir de 2,07 €). Le menu résume l'ambiance : *"Ne vous plaignez pas de l'attente... amusez-vous."* Ouvert tlj 11h-3h.

A MANOROLA

Il Bar Sopra il Mare, Punta Bonfiglio (✆ 0187 76 20 58). Le soir, prenez un verre ou une glace, asseyez-vous sous les étoiles et regardez les flots se briser sur la roche de Manarola.

POUR INITIÉS

LA PLAGE DE GUVANO

En 1873, la première voie ferrée italienne traversait la vallée de Guvano dans les environs de Corniglia. En 1968, les ouvriers creusèrent un tunnel dans la montagne. Il permit d'atteindre une crique jusqu'alors inaccessible. Les jeunes des environs furent les premiers à découvrir la plage secrète. Ils en firent un endroit sans contrainte où ils pouvaient se baigner nus et édifier d'immenses feux de joie. Dans les années 1990, les autorités locales cédèrent le terrain à un groupement d'agriculteurs. Ceux-ci nettoyèrent la plage, plantèrent des vignes et des tomates et firent payer un droit d'accès au tunnel. Ils attendent aujourd'hui un agrément de l'Etat pour embaucher un maître-nageur et vendre leur nourriture. Si elle aujourd'hui nettoyée, la plage n'a pas perdu ses charmes... naturels. Elle reste en effet un haut lieu du naturisme. Si vous parvenez à trouver l'entrée, vous pourrez à votre tour profiter des deux criques merveilleuses et sauter dans les vagues vêtu comme au jour de votre naissance.

Depuis la gare ferroviaire, tournez à gauche, franchissez les escaliers et, de l'autre côté des rails, prenez la rampe qui descend à gauche. Une fois en bas, tournez à droite vers la ville. Devant le tunnel, appuyez sur le bouton pour ouvrir la porte : vous attendent 15 mn de marche dans un couloir sombre (déconseillé si vous êtes seul). (Tunnel ouvert Juil-Août tlj 9h-19h ; Juin et Sep. Sa-Di 9h-19h. Prix 5 €.)

Cappuccino 1,03 €. Bière 2,50-3 €. Cocktails 3,60-4,15 €. Ouvert mi-Juin-Oct, tlj 13h30-0h30.

A RIOMAGGIORE

Bar Centrale, V. Cristoforo Colombo, 144. Le repaire des *backpackers* qui viennent se détendre dans le patio en plein air. Dans tous les cas, vous adorerez Ivo le barman, qui vous servira une boisson bien fraîche avant de passer les meilleurs morceaux de la bande FM à plein volume. Accès Internet. Bière 2-4 €. Ouvert tlj 7h30-1h.

A Pie de Ma, Bar and Vini, V. Dell'Amore, quand on se dirige vers la ville. Un bar récent qui fait déjà salle comble à partir de 19h. Focaccia 3,50 €, cocktails 5 €. Ouvert tlj 10h-24h.

PLAGES

Les Cinque Terre n'ayant pas été épargnées par la fièvre immobilière qui a frappé les villes de la côte, la plupart des plages y sont privées. Malgré tout, ceux qui sont prêts à se passer du sable fin et des palmiers trouveront toujours un endroit où se baigner gratuitement. Pour les autres, l'entrée des plages privées coûte entre 1,50 € et 3 €. Parasol, cabine et deux chaises longues 14-16 €, matelas de plage 7 €. Les prix augmentent en juillet et août. Nombre d'établissements exigent la location de chaises et de parasols, et, étant donné l'affluence, nous vous conseillons d'arriver de bonne heure pour trouver une place.

La plus grande des **plages publiques** se trouve tout près de la gare ferroviaire de **Monterosso**. Arrivez tôt pour avoir une chance d'étendre votre serviette. La plage qui s'étend aux pieds du vieux village est intéressante. Suivez la Via Fegina et traversez le tunnel. Les pointes sud et nord du village offrent aussi quelques endroits où se baigner. **Vernazza** abrite une petite plage privée et plusieurs solariums sur la jetée. Manarola, Corniglia et Riomaggiore surplombent la mer du haut de collines rocheuses dont les flancs se couvrent de serviettes et de corps bronzés les jours de beau temps. Ces lieux de baignade improvisés sont moins fréquentés et présentent l'avantage d'être plus pittoresques que les plages situées en ville. Cherchez un rocher sur lequel vous étendre sans tomber à l'eau et laissez les vagues vous débarrasser de vos problèmes. La **plage Guvano** de **Corniglia** accueille garçons et filles qui s'y montrent dans le plus simple appareil (voir encadré ci-contre.).

Si les profondeurs de la mer vous intéressent, pourquoi ne pas organiser une petite excursion sous-marine ? Vous trouverez à Riomaggiore, Via San Giacomo, des tubas et du matériel de plongée au **centre de plongée Coopsub Cinqueterre** (© 0187 92 00 11, www.5terrediving.com). Des guides basés au Capo Montenero (à 5 mn en bateau) vous accompagneront jusqu'à Corniglia (30 mn). La côte n'étant pas encore prise d'assaut, juin et septembre sont des mois parfaits pour profiter, en plus des bans de coraux et de poissons, de l'escorte des dauphins. Si vous n'avez pas votre licence de plongée, vous pouvez toujours prendre des leçons pour assister au spectacle. (Ouvert Pâques-fin-Sep, tlj 9h-19h. Plongée avec tuba le long de la Via dell'Amore 5,50 € l'heure. Plongée 30 €, deux plongées 56 €. Plongée nocturne 35 €. Promenade en bateau le long de la côte avec un arrêt pour piquer une tête près des chutes de la plage de Caneto 15 € par personne pour 3h. Kayak 3,50-7 € l'heure.)

AUX ENVIRONS DES CINQUE TERRE

LEVANTO

Calme et relativement épargné par les touristes en comparaison des Cinque Terre, Levanto est un endroit idéal pour passer une après-midi à la plage. Bien que le paysage ne soit pas aussi spectaculaire que celui des cinq villages voisins, la plage et le front de mer de cette petite station balnéaire sont charmants et le relief des collines alentour rappelle que nous sommes toujours en Ligurie. Il faut compter trois heures d'une marche sportive pour rallier Levanto depuis Monterosso. Vous pouvez aussi prendre le train de Monterosso (20 dép./j de 8h02 à 22h08, durée 5 mn). Si vous choisissez la première option, le chemin commence par une difficile ascension de 30 mn jusqu'à **Punta del Mesco**, un phare du XIXe siècle aménagé sur les ruines d'un monastère. Avant de redescendre vers Levanto, le sentier serpente le long des falaises et passe au milieu des vignes, des vergers et des ruines d'un château du XIIIe siècle. Des plages couvertes de parasols, publiques et privées, se trouvent en chemin. Pour le pique-nique, faites vos courses à la **Focacceria Dome**, V. Dante, 18, qui sert des focaccias et des parts de pizzas généreuses. Pour le dîner, **Da Rino**, V. Garibaldi, 10, est un restaurant familial qui sert de délicieuses pâtes et des poissons non moins succulents. (✆ 328 389 03 50, *primi* 5-8 €, *secondi* 8-15 €, ouvert tlj 19h-24h.)

LA SPEZIA ✆ 0187

L'été 2000, un habitant qui binait son jardin trouva une bombe sous un pied de tomates. En effet, La Spezia, qui servit de base navale et militaire durant la Seconde Guerre mondiale, fut lourdement bombardée. Aujourd'hui les plaies de la guerre ont été pansées, même si les autorités ont dû parfois évacuer la population lors de trouvailles des plus explosives. Mais La Spezia n'a pas oublié son passé nautique et le port de guerre est devenu un port de commerce de toute première importance. Sa position stratégique en a fait un point de départ vers la Corse, ainsi qu'un passage obligé pour les touristes désirant se rendre à Cinque Terre. Située dans le creux que forme le Golfo dei Poeti (le "golfe des Poètes"), La Spezia constitue un point de départ idéal pour explorer les villages voisins comme Porto Venere, les plages de San Terenzo et de Lerici, ainsi que les très belles criques de Fiascherino. L'architecture de La Spezia n'offre pas d'intérêt particulier et vous ne trouverez pas ici le charme et la tranquillité des villages voisins. Vous pourrez en revanche vous loger à un prix raisonnable, flâner dans quelques rues commerçantes bordées de palmiers et apprécier le petit vent de modernité qui souffle plus fort ici que dans les environs. Si vous ne trouvez pas à vous loger à Cinque Terre ou à Levanto, cette ville, bien que plus urbanisée, est un bon endroit d'où explorer la côte.

TRANSPORTS. La Spezia est située sur la ligne de train Gênes-Pise. Un trajet depuis Vernazza coûte 1,30 €. **Navigazzione Golfo dei Poeti**, V. Minzoni, 13 (✆ 0187 73 29 87) propose des ferrys qui font escale dans tous les villages des **Cinque Terre** (aller simple 11 €, Lu-Sa billet a/r 19 €, Di 22 €), à **Porto Venere** (3,50 €, a/r 6 €), à **Capri** (Juil-Août, durée 3h, a/r 40 €). Téléphonez car les horaires changent souvent. Pour un **taxi**, appelez le ✆ 0187 71 48 05. La principale station est à la gare.

ORIENTATION ET INFORMATIONS PRATIQUES. Le principal **office de tourisme** de la ville (✆ 0187 77 09 00) se trouve derrière le port, V. Mazzini, 45. (Ouvert tlj 9h30-13h et 15h30-19h.) Une annexe est située à l'extérieur de la gare ferroviaire. L'agence de voyage **CTS Travel**, V. Sapri, 86 (✆ 0187 75 10 74, **e-mail** cts.laspezia@tin.it), vous aidera à acheter des billets de ferry (pour la Grèce notamment), à obtenir des réductions étudiants sur les billets d'avion et à louer une voiture. (Ouvert Lu-Sa 9h30-12h30 et 15h30-19h30.)

En cas d'**urgence**, composez le ✆ 113, appelez la **police** au ✆ 112 ou un **médecin** au ✆ 118. La **Farmacia Alleanza**, V. Chiodo, 145 (✆ 0187 73 80 07), est ouverte Lu-Ve 8h30-12h30 et 16h-20h. Si elle est fermée, une liste des autres pharmacies est affichée à l'extérieur. Connectez-vous à **Internet** au **Downtown Phone Center**, P. Saint Bon, 1 (✆ 0187 77 78 05, **e-mail** world@village.it), à seulement 5 mn de la gare. On peut aussi y envoyer des colis par UPS ou Western Union. (Internet 5,16 € l'heure. Ouvert Lu-Sa 9h-12h30 et 15h-22h.) Le **bureau de poste**, P. Verdi (✆ 0187 73 53 62), est à proximité du port (Ouvert Lu-Sa 8h-18h30. **Code postal** : 19100.

HÉBERGEMENT ET RESTAURANTS. Près du port, l'**Albergo Il Sole**, V. Cavalotti, 3, dispose de onze chambres spacieuses et colorées. (✆/fax 0187 73 51 64, www.albergoilsole.com. Petit déjeuner buffet 3 €, chambre simple 25-36 €, double 39-45 €, avec salle de bains 47-55 €. Cartes Visa, MC, AmEx). Dans la rue d'à côté, l'**Albergo Teatro**, V. Carpenino, 31 (✆/fax 0187 73 13 74), près du Teatro Civico, possède six chambres récemment rénovées, claires et modernes. (Chambre simple 25 €, double 35-45 €, avec salle de bains 45-63 €.) Pour davantage de luxe, choisissez l'**Hôtel Firenze Continentale**, V. Paleocapa, 7, en face de la gare ferroviaire. Décor très fin de siècle avec ses sols en marbre et son hall somptueux. Les immenses chambres ont une salle de bains, la clim., et la TV. Certaines ont également un balcon. (✆ 0187 71 32 10, www.hotelfirenzecontinentale.it. Petit déjeuner inclus. Chambre simple 72-76 €, double 90-113 €, triple 140-154 €. Cartes Visa, MC, AmEx.)

Des trattorias et des boutiques de paninis bon marché bordent la **Via del Prione**. La spécialité culinaire de La Spezia est la *mescuia*, une soupe épaisse à base de haricots, de farine de maïs, d'huile d'olive et de poivre, que vous pouvez déguster dans n'importe quelle *antica osteria* de la ville. Le **supermarché Spesafacile**, V. Colomba 101-107, vend des produits de première nécessité. L'**Osteria con Cucina all'Inferno**, V. L. Costa, 3, près de la P. Cavour, sert des spécialités liguriennes depuis 1905. Cette trattoria basse de plafond sent bon les *acciughe ripiene* (anchois fourrés, 5,50 €) ainsi que la *mesciua* (4,50 €). (✆ 0187 29 458. *Primi* 4,50-5,50 €, *secondi* 8,50 €. ouvert Lu-Sa 12h15-14h30 et 19h15-22h30.) Un peu plus haut de gamme, la **Trattoria Dino**, V. Cardona, 18, sert de très bons plats de pâtes et de poissons dans un cadre plein d'élégance. Le menu change tous les jours. (✆ 0187 73 54 35. *Primi* 9-10 €, *secondi* 12-13 €. Ouvert Ma-Sa 12h-14h45 et 19h30-22h30, Di 12h-14h45. Cartes Visa, MC, AmEx.)

VISITES ET SORTIES. La Spezia est sans doute l'un des plus beaux ports d'Italie, avec ses palmiers qui bordent la promenade et ses marins en uniforme blanc qui se baladent dans les rues. Les rues s'animent à l'approche du soir, tout particulièrement la **Via del Prione**. Enfin, si vous levez la tête, vous verrez les collines en terrasses parsemées de mimosas en fleur. La Spezia abrite aussi un certain nombre de musées intéressants, dont beaucoup traitent de la mer et de son impact sur l'histoire de la région.

La remarquable collection du **Musée naval**, P. Chiodo (✆ 0187 78 30 16), est installée à côté de l'Arsenale Militare Marittimo, construit entre 1860 et 1865 pour aider à la croissance de la ville. Des tenues de plongée de la Seconde Guerre mondiale, d'anciennes proues de navires du XIXe siècle (dont une grande salamandre verte), des ancres en fer géantes, ainsi que des maquettes de vaisseaux égyptiens, romains et européens y sont exposées. *(Ouvert Lu-Sa 8h30-13h et 16h15-21h45, Di 8h30-13h15. Entrée 1,55 €.)* Le **Museo Amadeo Lia**, V. Prione, 234 (✆ 0187 73 11 00, www.castagna.it/mal), établi dans les anciens bâtiments de l'église et du couvent des moines de saint Francis de Paola, présente une belle collection de peintures du XIIIe au XVIIe siècle, dont des œuvres attribuées à Raphaël (salle **6**). La salle **7** abrite une petite collection de tableaux du XVIe siècle, parmi lesquels l'autoportrait de Pontormo, le *Portrait d'un gentilhomme* de Titien et le *Portrait d'un juriste* de Bellini. *(Ouvert Ma-Di 10h-18h. Entrée 6 €.)* Le **château Saint-Georges**, édifié au XIVe siècle, témoigne de l'emprise de la toute puissante république de Gênes sur La Spezia. Il abrite aujourd'hui le **musée Ubaldo Formentini**, V. XXVII Marzo

(© 0187 75 11 42), un musée archéologique. Le **musée Civico Entografico**, V. Curtatone, 9, expose l'artisanat et des objets du folklore local : vêtements, poterie, meubles, bijoux… (© 0187 73 95 37. Ouvert Lu-Sa 8h-13h, 2 €) Vous pourrez également visiter le **Palazzina delle Arte** et le **Musée des Sceaux**, V. Priore, 236 (© 0187 73 09 54), où vous découvrirez l'une des plus grandes collections de sceaux au monde. Utilisés pour légaliser d'importantes transactions, ils sont sculptés avec un art et une minutie qui impressionnent.

RIVIERA DU PONANT (RIVIERA DI PONENTE)

SAVONA © 019

La ville, qui a plus de 1800 ans, constitue un relais important entre la plaine du Pô et la côte ligure. Sa position stratégique a attisé les convoitises des puissances voisines dont Gênes, qui la mit à sac et fit ériger en 1528 la citadelle du promontoire de Priamar. La forteresse abrite aujourd'hui l'une des deux auberges de jeunesse de la ville et un musée d'art et d'archéologie. Savona fut reconstruite sous Napoléon pour redevenir un port au commerce actif. C'est aujourd'hui une ville plaisante, avec son vieux quartier tortueux, ses palais du XVe siècle et ses boutiques de mode très chic.

TRANSPORTS

Train : De la gare ferroviaire, prenez le bus n° 2 (0,80 €) pour vous rendre dans le centre-ville et à l'auberge de jeunesse de la citadelle. Trains pour **Gênes** (1-3 dép/h de 4h42 à 22h12, 2,80 €) et **Vintimille** (1-2 dép/h de 6h à 23h, 6,30 €).

Bus : Les bus ACTS pour **Finale Ligure** (1 dép/20 min de 5h02 à 22h22) s'arrêtent devant la gare ferroviaire. Les bus n° 4 et n° 5 vont de la Piazza Mamelli à la gare (1 dép/15 min de 5h15 à 24h, 0,80 €). Achetez les billets à la gare ou payez 0,40 € de plus en les achetant dans le bus.

Location de vélos : **Noleggio Biciclette**, dans les jardins publics. Prenez la Via Dante en direction de la Piazza Eroe dei Due Mondi. Location pour adultes et enfants. 2,50 € l'heure, 9 € la journée. Ouvert Lu-Ve 11h-24h et Sa-Di 10h-12h et 15h-19h.

ORIENTATION ET INFORMATIONS PRATIQUES

La forteresse du XVIe siècle se dresse au bord de l'eau, près de la **Piazza Priamar**. La **Via Manzoni** et la **Via Paleocapa** délimitent le *centro storico* médiéval. De l'autre côté du port (en passant par la Calata Sbarbaro), vous trouverez la **Piazza Mancine** et les quartiers animés de cette cité balnéaire.

Office de tourisme : C. Italia, 157/r (© 019 840 23 21). Cartes et horaire des bus. L'été ouvert Lu-Sa 9h30-13h et 15h-18h30, Di et jours fériés 9h30-12h30 ; horaires variables le reste de l'année.

Librairie internationale : **Libreria Economica**, V. Pia, 88/r (© 019 838 74 24). Ouvert Lu 9h15-12h30, Ma-Di 9h15-12h30 et 15h30-19h30.

Police : © 112. **Urgences médicales** : © 118. **Guardia Medica**, © 800 55 66 88.

Pharmacie : **Farmacia della Ferrara**, C. Italia, 153r. Affiche une liste des pharmacies de garde. Ouvert Lu 15h30-19h30, Ma-Ve et Di 8h30-12h30 et 15h30-19h30, Sa 8h30-12h30.

Hôpital : **Ospedale San Paolo**, V. Genova, 30 (© 019 84 041).

Bureau de poste : P. Diaz, 9 (© 019 84 141). Cartes téléphoniques, poste restante et **change** de 8h15 à 17h30. Ouvert Lu-Sa 8h-18h30. **Code Postal** : 17100.

HÉBERGEMENT ET CAMPING

Ostello Villa de Franceschini, Villa alla Strà, 29, Conca Verde (✆ 019 26 32 22, e-mail concaverd@hotmail.com). L'établissement est à 3 km de la gare ferroviaire et aucun transport public n'y passe. Appelez pour savoir si on peut venir vous chercher. Plus vous serez nombreux, plus vous aurez de chances. Navette 9h-20h, réservation pour la navette de 17h et de 19h. Réception 7h-10h et 16h-0h30. Dortoir avec petit déjeuner 10 €, chambre familiale 12 € par personne. ❖

Hôtel Savona, P. del Popolo, 53r (✆ 019 82 18 20). De la gare ferroviaire, prenez la V. L. Pirandello et tournez à gauche au rond-point sur la C. Tardy et Benech, qui devient la C. Mazzini après le pont. Prenez à gauche la V. XX Settembre. L'hôtel est deux rues plus loin sur la droite. Emplacement pratique et chambres lumineuses, avec salle de bains, TV et balcon. Petit déjeuner inclus. Chambre simple 26-42 €, double 42-62 €. Cartes Visa, MC. ❖❖❖

Hôtel Nazionale, V. Astengo, 55r (✆/fax 019 851 636). Tout près de l'hôtel Savona, au coin de la rue. Un trois-étoiles confortable, à la décoration soignée. Toutes les chambres ont salle de bains et TV. Petit déjeuner buffet 3 €. Réception 7h-24h. Chambre simple 42 €, double 45 €. Cartes Visa, MC, AmEx. ❖❖❖❖

Camping Vittoria, V. Rizza, 111 (✆ 019 88 14 39). Prenez le bus n° 6 (dép. de 5h à 23h) au niveau de la Via Baselli, sur la Piazza Goffredo Mameli. Le terrain se trouve au bord de la mer et donne sur une petite plage. 4-7 € par personne, 8-25 € par tente. Electricité 3 €. Les prix sont plus élevés en été. ❖

RESTAURANTS

❤ **Farineta e Vino**, V. Pia, 15/r (✆ 393 29 58 11). Ici, on cuisine à l'ancienne fruits de mer et poissons. L'espadon cuit au four (8 €) ou la *farinata* (3,80 €) sont hautement recommandables. *Primi* 4 €, *secondi* 7 €. Ouvert tlj 12h-14h et 17h-21h30. ❖❖

Osteria Bacco, V. Quarda Superiore 17-19r (✆ 019 83 353 505, www.osteriabacco.it). Bateaux au plafond, cartes nautiques, faux trésors et personnel déguisé en pirate vous mettent dans l'ambiance. Cuisine régionale. Le menu change tous les jours mais les parts sont toujours copieuses. *Primi* à partir de 10 €, *secondi* à partir de 12 €. Ouvert Lu-Sa 12h15-14h30 et 19h30-22h. Cartes Visa, MC. ❖❖❖❖

Pizzeria Grotta Marina, P. del Popolo, 19r (✆ 019 82 96 28). Un spécialiste de la pizza napolitaine. L'exclusivité de la maison, la pizza Gigante (26 €), divisée en quatre parts couvertes de *toppings*, peut rassasier quatre personnes affamées. Pizzas 3-7 €. Ouvert tlj 12h-15h et 19h-1h30. Cartes Visa, MC. ❖❖

PLAGES ET SORTIES

La **plage publique** s'étend tout près des jardins de la ville. Prenez le Corso Italia en direction de la Via Dante. Passez la statue du vaillant Garibaldi pour arriver sur une portion de sable où les *ragazzi* (garçons) jouent au football. Vous verrez de nombreux bars le long du front de mer, à l'extrémité du port, mais pour voir des Italiens arborant des dreadlocks, **Birrò**, V. Baglietto, 42r, est l'endroit où aller. Attendez-vous à écouter beaucoup de reggae, puis tous les soirs après 23h la programmation d'un DJ. (Ouvert tlj 20h-1h.)

FINALE LIGURE ✆019

Au pied d'une statue ornant le front de mer, vous pourrez lire que Finale Ligure est consacrée au *riposo del popolo*, ("repos du peuple"). Si pour vous le *riposo* consiste à faire du surf au gré des flots, à grimper pour visiter l'imposant château de San Giovanni, qui date du XVe siècle, ou à faire du lèche-vitrines dans les boutiques chic, vous n'allez pas vous ennuyer ici. Comme le repos ne serait pas complet sans glaces,

Finale Ligure, qui compte plus de *gelaterie* que de visiteurs, a vraiment de quoi satisfaire les touristes arpentant ses allées arborées.

TRANSPORTS

Train : P. Vittorio Veneto (© 010 275 87 77). Trains fréquents pour **Gênes** (1 dép/h de 5h37 à 15h31, durée 1h, 3,80 €) et **Vintimille** (1 dép/h de 6h40 à 23h14, durée 2h30, 4,70 €). La plupart des trains pour Gênes s'arrêtent à **Savona** et ceux pour Vintimille à **San Remo**. Guichet ouvert tlj 5h55-19h10.

Bus : Les bus **ACTS** partent d'un arrêt situé devant la gare ferroviaire pour **Finalborgo** (1 dép/20 mn, durée 5 mn, 0,80 €). Sur le trottoir d'en face, les bus vont à **Borgo Verezzi** (8 dép/j, durée 10 mn, 0,80 €).

Location de vélos : **Oddonebici**, V. Cristoforo Colombo, 20 (© 019 69 42 15). Vélo d'adulte 15 € la journée. Ouvert Ma-Sa 8h-12h30 et 15h30-20h, Di 10h-12h30 et 16h-18h. Cartes Visa, MC.

ORIENTATION ET INFORMATIONS PRATIQUES

La ville est divisée en trois secteurs : **Finalpia** à l'est, **Finalmarina** au centre et **Finalborgo**, la vieille ville, au nord-ouest, vers l'intérieur des terres. La gare et la plupart des endroits cités ci-après sont à Finalmarina. La rue principale de la ville change plusieurs fois de nom entre la gare centrale et la grand-place : la **Via de Raimondi** devient la **Via Pertica**, puis la **Via Garibaldi**, qui s'ouvre sur la **Piazza Vittorio Emanuele II**. De cette place, la **Via della Concezione** file parallèlement à la mer et à la **Via San Pietro**, plus à l'est. Pour atteindre la vieille ville, prenez à gauche en sortant de la gare, passez sous la voie ferrée et marchez dans la **Via Domenico Bruneghi** pendant 10 ou 15 mn.

Office de tourisme : **IAT**, V. San Pietro, 14 (© 019 68 10 19, fax 019 68 18 04), l'artère principale qui donne sur la mer. Ouvert Lu-Sa 9h-12h30 et 15h30-18h30, Di. 9h-12h.

Change : **Banca Carige**, V. Garibaldi, 4, à l'angle de la Piazza Vittorio Emanuele II. Ouvert Lu-Ve 8h20-13h20 et 14h30-16h. Le samedi, adressez-vous au **bureau de poste**, qui facture aussi 3 € le change, avec un taux plus bas mais une attente plus longue. Vous trouverez des **distributeurs automatiques** à la Banca Carige et à la Banca San Paolo, V. della Concezione, 33.

Librairie : **Piccardo**, V. Pertica, 35 (© 019 69 26 03), vend quelques livres étrangers. Ouvert Lu-Sa 8h30-12h30 et 15h30-19h30 et aussi Di. en été.

Police : V. Brunenghi, 67 (© 112 ou 019 69 26 66).

Ambulances : © 118. **P. A. Croce Bianca**, V. Torino, 16 (© 019 69 23 33), à Finalmarina.

Pharmacie de garde : **Farmacia della Marina**, V. Ghiglieri, 2 (© 019 69 26 70), au carrefour où la Via de Raimondi devient la Via Pertica. Ouvert Lu-Sa 8h30-11h et 16h-23h. Le panneau à l'extérieur indique les adresses des pharmacies de garde.

Hôpital : **Ospedale Santa Corona**, V. XXV Aprile, 128 (© 019 623 01), à Pietra Ligure.

Internet : **Net Village internet Cafe**, V. di Raimondi, 21 (© 019 681 6238), à deux rues en face de la gare. 5,50 € l'heure. Ouvert tlj 8h-24h.

Bureau de poste : V. della Concezione, 29 (© 019 68 15 331). Ouvert Lu-Ve 8h-18h, Sa. 8h-13h15. Fax, vente de cartes de téléphone et change. **Code postal** : 17024.

HÉBERGEMENT ET CAMPING

L'auberge de jeunesse offre les meilleurs prix et, accessoirement, les vues les plus imprenables. En juillet et en août, elle constitue d'ailleurs souvent la dernière chance de trouver un lit (elle ne prend pas de réservations). Pour tous les autres lieux d'hébergement listés ci-dessous, la réservation est fortement conseillée. Vous pouvez également trouver des chambres chez l'habitant par l'intermédiaire de l'office de tourisme.

ITALIE DU NORD

❤ **Castello Wuillerman (HI)**, V. Generale Caviglia (✆/fax 019 69 05 15, **e-mail** hostelfinaleligure@libero.it). De la gare ferroviaire, prenez à gauche la Via Mazzini, qui devient la Via Torino, puis encore à gauche la petite Via degli Ulivi, qui aboutit à un escalier. En haut, il y a un petit panneau et encore quelques marches avant d'atteindre le château de brique rouge donnant sur la mer. Vous trouverez dans cette auberge de jeunesse tout ce que vous voulez : des repas classiques et végétariens, une laverie (4 € par machine), des salles de bains récemment rénovées, une superbe cour et un accès à Internet (4,50 € l'heure). Réception ouverte 7h-10h et 17h-22h. Couvre-feu à 23h30. Dortoir 11 €. Draps et petit déjeuner compris. Pas de réservation par téléphone. Réservé aux possesseurs de la carte HI, mais possibilité de l'acheter sur place. ❖

Pensione Enzo, Gradinata delle Rose, 3 (✆ 019 69 13 83). Prenez votre temps pour venir à bout des escaliers qui mènent à cet établissement et tournez très vite à gauche. Vue imprenable. Pension et petit déjeuner possibles. Chaque chambre est équipée d'une salle de bains et de la télévision. Chambre double (il y en a 7) 40-50 €. Ouvert mi-Mars-Sep. ❖❖

Albergo Carla, V. Cristoforo Colombo, 44 (✆ 019 69 22 85, fax 019 68 19 65). Très bien situé, avec salle de bains dans les chambres, un bar et un restaurant. Petit déjeuner 3,70 €, chambre simple 23-30 €, chambre double 44-50 €. Cartes Visa, MC, AmEx. ❖❖❖

Albergo San Marco, V. della Concezione, 22 (✆ 019 69 25 33, fax 019 68 16 187). De la gare, prenez tout droit dans la Via Saccone, puis tournez à gauche dans la Via della Concezione. Entrée par le restaurant. Propriétaire sympathique. 14 chambres impeccables, toutes avec salle de bains (avec une douche) et téléphone, beaucoup avec un balcon et vue sur la mer. Le front de mer est facilement accessible. Ouvert Pâques-mi-Oct. Réservation conseillée. Chambre simple 33-38,50 €, chambre double 45-56,80 €. Petit déjeuner compris. Cartes Visa, MC, AmEx. ❖❖❖❖

Camping Tahiti, V. Varese (✆/fax 019 60 06 00, www.campingmulino.it). De la gare, prenez le bus pour Calvisio sur la Piazza Vittorio Veneto. Descendez au Bar Paradiso, traversez le pont au niveau de la Via Rossini. Tournez à gauche et longez la rivière jusqu'à la Via Varese. Le camping est à flanc de colline sur huit terrasses et compte 90 emplacements pour une capacité d'accueil de 360 personnes. Réception 8h-20h. Ouvert Pâques-15 Oct. En haute saison, 6,50 € par personne, 5 € par tente. Douches chaudes 0,50 €, électricité 2,50 €. ❖

Del Mulino, V. Castelli (✆ 019 60 16 69). Prenez le bus pour Calvisio jusqu'à l'hôtel Boncardo et suivez les panneaux marron puis jaunes jusqu'à l'entrée du terrain. Bar, restaurant et supérette sur place. Douches chaudes. Laverie 5 €. Réception ouverte Avr-Sep, tlj 8h-20h. 4,50-6 € par personne, 5-7 € par tente. ❖

RESTAURANTS

De nombreux restaurants et pizzerias bordent les rues qui donnent sur la plage. Le **Coop**, V. dante Alighieri, 7, est un petit supermarché où vous constituer vos paniers repas.

❤ **Spaghetteria Il Post**, V. Porro, 21 (✆ 019 60 00 95). Un restaurant de pâtes élégant, inventif et pas cher, avec un menu original et un personnel souriant. Vous pouvez goûter aux *penne quattro stagioni* (pâtes garnies de bacon, de champignons, de tomates, d'artichauts et de mozzarella, 6,50 €), aux *penne pirata* (aux crevettes et au saumon) ou aux spaghettis *marinara* (aux palourdes avec des câpres et des olives, 7,50 €). Couvert 1 €. Ouvert Ma-Di 19h-22h30. Fermé les deux premières semaines de mars. ❖❖

Il Dattero, V. Pertica, au croisement avec les V. Rossi et V. Garibaldi. On se presse de bonne heure chez ce glacier qui propose de succulents parfums et des glaces au yaourt. Les pâtisseries fourrées à la glace sont un délice (2,20 €). Deux parfums 1,30 €. *Granita* sicilienne 1,60 €. Ouvert tlj 11h-24h. ❖

Farinatta Vini, V. Roma, 25 (✆ 019 69 25 62). Un petit restaurant de quartier qui se définit lui-même comme une "*trattoria alla vecchia maniera*". La vieille école a du bon si l'on en juge par la saveur des fruits de mer. Le menu change tous les jours. *Primi* 5,50-8 €, *secondi* 7,50-15 €. Réservation conseillée l'été. Ouvert 12h30-14h et 19h30-21h30. Cartes Visa, MC, AmEx. ❖❖❖

Sole Luna, V. Barrili, 31 (✆ 019 681 61 60). Commandez à emporter ou restez pour manger sur le pouce une *farinata* (1,50 €), un gâteau aux pois chiches fourré à la viande et aux légumes. Parts de pizza (1,50-1,80 €). Crêpes 3 €. Ouvert tlj 10h-20h. ❖

Beigisela, V. Colombo, 2 (✆ 019 69 52 75), à l'angle des V. Alonzo et V. Colombo. Décor noir et blanc et mobilier en métal pour une ambiance chic. Plats régionaux délicieux et desserts maison à se lécher les doigts. *Primi* 8,50-8,80 €, *secondi* 7,30-10,30 €. Bar à vin ouvert 19h-0h30. Ouvert Lu-Ma et Je-Ve 19h30-22h30, Sa-Di 12h30-14h et 19h30-22h30. ❖❖❖

VISITES

Le quartier de **Finalborgo**, le centre historique de Finale Ligure, est à 1 km de la gare par la Via Brunenghi, à l'intérieur des terres. On peut s'y rendre en bus. Il est entouré d'une enceinte fortifiée. Par l'élégante **Porta reale**, on accède au **Chiostro di Santa Caterina** (cloître de Sainte-Catherine), qui date du XIVe siècle et abrite le **Museo Civico del Finale** (✆ 019 69 00 20, e-mail museoarcheofinale@libero.it), consacré à l'histoire ligure. (Ouvert Ma-Sa 9h-12h et 15h30-17h. En hiver : Ma-Sa 9h-12h et 14h30-17h, Di. 9h-12h. Entrée libre.) Le ❤ **Castel Govone**, au sommet d'un sentier escarpé, offre une vue spectaculaire sur Finale. Si vous aimez l'escalade, renseignez-vous sur les différents itinéraires au **Rock Store**, P. Garibaldi, 14 (✆ 019 69 02 08), à Finalborgo, où l'on vous fournira des cartes et tout l'équipement nécessaire. (Ouvert Ma-Di 9h-12h30 et 16h30-19h30.)

Les petites villes autour de Finale Ligure méritent d'être découvertes. On peut prendre un bus **SAR** jusqu'aux villages médiévaux de **Borgio** et de **Verezzi**. Le bus s'arrête tout d'abord à Borgio (1 dép/15 mn de 6h35 à 1h41, 1,50 €). De là, cinq bus partent tous les jours pour **Verezzi** (dernier retour Lu-Ve à 18h40, Sa-Di à 19h10). Après avoir exploré les ruelles de **Borgio**, et vous être baigné sur les très belles plages de la partie moderne, vous pouvez gagner Verezzi à pied. De Borgio, engagez-vous sur la V. Nazario Sauro, puis tournez à gauche sur le petit chemin pavé de la V. Verezzi. Il monte en lacets jusqu'au sommet de la colline, croisant et recroisant la route principale, qu'il rejoint 100 m avant l'arrivée. L'ascension est fatigante mais la vue sur la mer est splendide. Après 25 mn environ, vous parvenez à quatre placettes reliées les unes aux autres et entourées de vieilles maisons. Vous voici à **Verizzi**. Un festival de théâtre en plein air se tient ici tous les étés en juillet-août. Sur la première des places, vous pourrez manger une pizza *quattro stagioni* cuite au feu de bois (5,16 €) chez **A. Topia**, V. Roma, 16 (✆ 019 616 905, ouvert tous les soirs, fermé Lu. en hiver). Si vous repartez de Verezzi à la nuit tombée, ne prenez en aucun cas un raccourci pour descendre la colline : des chiens de garde hantent les abords de la route principale.

PLAGES

Sur le mur du tunnel qui mène à la première plage publique de Finale Marina, une inscription à la bombe dit : "Voglio il sole / Cerco nuova luce / Nella confusione" ("Je veux du soleil / Je cherche la lumière / Dans la confusion"). Dante n'a qu'à bien se tenir ! Si vous avez les mêmes aspirations que notre poète graffiteur, c'est là qu'il faut aller, alors soyez aventureux et oubliez la petite plage de la ville où les campeurs sont serrés comme des sardines. Prenez la Via Aurelia en direction de l'est, passez sous le premier tunnel. Cachée entre les falaises, la plage est l'endroit idéal où s'offrir en sacrifice au dieu du soleil. Vous préférez la déesse de la lune ? Même en plein été, les nuits sont souvent fraîches. Amenez donc quelques couvertures ainsi qu'une âme sœur pour vous tenir chaud. Blottissez-vous l'un contre l'autre et profitez de la vie.

SORTIES

Pilade, V. Garibaldi, 67 (✆ 019 69 22 20), fait la joie des touristes et des habitants de la ville. Ce bar propose des concerts de blues, de jazz et de soul le vendredi soir. Pour le trouver, cherchez la statue de bois du joueur de cor en smoking rouge placé sur le trottoir, au son du saxophone qui vous attend à l'intérieur. Commander un cocktail exigera que vous haussiez un peu la voix (5 €), une bière (3 € et plus) aussi. Pendant les heures creuses, en semaine, vous y ferez la rencontre d'habitués dodelinant de la tête au rythme du rock et de la techno italienne. Il n'est pas rare que l'abus de Peroni ait rendu leur regard quelque peu vitreux. Il est possible d'y manger des pizzas et des hamburgers. (Ouvert tlj 10h-2h. Fermé Je. en hiver.) Au coucher du soleil, prenez la Via Torino et vous arriverez à la fameuse boîte **Cuba Libre** (✆ 019 60 12 84). Rien ne manque : multiples pistes de danse, bars, fumigènes et messages politiques. (Entrée 13 € pour les hommes, 10 € pour les femmes. Ouvert Ve-Sa de 22h au petit matin.) Si vous voyagez avec des enfants (ou si vous êtes vous même un grand enfant), vous pouvez aller à la fête foraine sur le front de mer.

SAN REMO ✆0184

Autrefois fréquenté par l'aristocratie russe, les tsars, les écrivains et les artistes, San Remo est aujourd'hui le Las Vegas de l'Italie et le plus important complexe touristique de la côte. Récemment, la ville a servi de toile de fond aux machinations meurtrières de Matt Damon dans *Le Talentueux M. Ripley*. Les play-boys pariant des fortunes aux jeux et les femmes en bikini participent au parfum glamour de San Remo, de ses établissements et de sa promenade bordée de palmiers : le Corso Imperatrice. Situé sur la Riviera dei Fiori (la "Riviera des fleurs"), San Remo jouit d'une situation exceptionnelle et d'un feu d'artifice d'œillets tout au long de l'année. Les prix pratiqués ici ne feront pas le bonheur des visiteurs au budget serré mais, loin du clinquant de cet univers très jet-set, les ruelles étroites de la Pigna, dans la vieille ville, sont moins chères que les autres quartiers. Si la réputation de luxe de San Remo vous a déjà refroidi, il n'est pas interdit de n'y passer qu'une journée en venant de Vintimille ou de Bordighera, qui sont à moins d'une heure de train. Bien que, pour beaucoup, San Remo soit avant tout le domaine de dame Fortune, la ville se distingue également par la qualité du festival de musique organisé chaque année en février.

TRANSPORTS

Train : La gare fait face à la C. F. Cavalotti. Les trains desservent **Gênes** (1 dép/h de 4h56 à 22h41, durée 3h, 7,35 €), **Milan** (1 dép/2h de 5h30 à 18h, durée 4h30, 13,22 €), **Turin** (1 dép/45 mn de 4h56 à 22h41, durée 4h30, 11,21 €) et **Vintimille** (1 dép/h de 6h37 à 22h56, durée 15 mn, 1,50 €).

ORIENTATION ET INFORMATIONS PRATIQUES

La ville s'organise autour de ses trois artères principales, parallèles au front de mer et orientées d'ouest en est. A droite de la gare ferroviaire s'étend la **Via Nino Bixio** qui, après un détour du côté de la plage, à droite, bifurque dans la direction opposée. La **Via Roma** se détache de la Via Nino Bixio après 30 m et, fatiguée de son parcours solitaire de 500 m, la rejoint à nouveau. Situé à droite de la gare ferroviaire mais à gauche de la Via Roma, le **Corso Giacomo Matteotti** expose avec orgueil ses quartiers huppés.

Office de tourisme : **APT**, V. Nuvoloni, 1 (✆ 0184 57 15 71, www.sanremonet.com). Tournez à droite en sortant de la gare et à gauche dans la C. Matteoti qu'il faut suivre jusqu'au bout. Le personnel polyglotte propose de nombreuses brochures. Ouvert Lu-Sa 8h-19h, Di. 9h-13h.

Argent : **Banco Ambrosiano**, V. Roma, 62 (✆ 0184 59 23 11), fait du **change** et a un **distributeur automatique**. Ouvert Lu-Ve 8h20-13h20 et 14h35-16h05, Sa. 8h20-11h50. D'autres banques se trouvent sur la V. Roma.

Librairie internationale : **Libreria Beraldi**, V. Cavour, 8 (✆ 0184 54 11 11). Ouvert tlj 8h30-12h30 et 15h30-19h30.

Laverie : **Blu Acquazzura**, V. Alessandro Volta, 131. Lavez et séchez 7 kg de linge pour 5 €. Ouvert tlj 6h-19h30.

Urgences : ✆ 118. **Police** : ✆ 113.

Pharmacie : C. Giacomo Matteotti, 190 (✆ 0184 550 90 65). Ouvert Lu-Ve 8h30-22h.

Hôpital : **Ospedale Civile**, V. Giovanni Borea, 56 (✆ 0184 53 61).

Internet : **Mailboxes, Etc.**, C. Felice Cavallotti, 86 (✆ 0184 59 16 73). Deux ordinateurs. 7,50 € l'heure. Il y a aussi des photocopieuses, un fax, un scanner et un graveur de CD. Ouvert Lu-Ve 9h-18h30, Sa. 9h-13h.

Bureau de poste : V. Roma, 156. Ouvert Lu-Sa 8h-18h. **Code postal** : 18038.

HÉBERGEMENT

❤ **Albergo De Paoli**, C. Raimondo, 53, 1er étage (✆ 0184 50 04 93). Suivez la Via Roma. Le Corso Raimondo se trouve après la fontaine. L'établissement se dresse sur la gauche et a pour voisin le très luxueux Hôtel Esperia (3 étoiles). Les chambres sont soignées mais visent à l'essentiel. Les salles de bains communes sont impeccables. Vous serez assez loin du casino et de la plage. Chambre simple 18 €, chambre double 30,50 €. ❖❖

❤ **Metropolis Terminus**, V. Roma, 8 (✆/fax 0184 57 71 00 10). En sortant de la gare, prenez immédiatement la Via Roma, sur la droite. Vous n'aurez pratiquement pas à marcher. Chambres agrémentées de hauts plafonds, de parquet et d'un mobilier en bois. Le restaurant appartient au propriétaire de l'hôtel. Chambre simple 30 €, chambre double 60 €, avec douche 70 €. Supplément de 10 € en août. ❖❖

Albergo Al Dom, C. Mombello, 13, 1er étage (✆ 0184 50 14 60). De la gare, prenez le Corso Nino Bixio sur la droite puis la troisième à gauche, le Corso Mombello. Cet ancien casino propose de très belles chambres pleines de style, agrémentées de hauts plafonds et équipées d'une salle de bains. Petit déjeuner 5 €. Chambre simple 25-30 €, chambre double 50-60 €. Cartes Visa, MC. ❖❖❖

Hôtel Mara, V. Roma, 93 (✆ 0184 53 38 60). Prenez à droite en sortant de la gare et marchez 5 mn. L'établissement est sur la gauche. Il propose des chambres impeccables quoique sans fioritures. Salle de bain commune mais propre. Chambre simple 30 €, double 39 €, triple 54 €, quadruple 68 €. ❖❖❖

Hôtel Graziella, Rondo Garibaldi, 2 (✆ 0184 571 03 21). De la gare ferroviaire, prenez à droite la C. F. Cavalotti puis encore à droite au Rondo Garibaldi. L'hôtel est un peu en retrait de la rue. Chambres petites mais non dénuées de charme, avec leur haut plafond et leur balcon. La plupart sont climatisées. Petit déjeuner 7 €. Chambre simple 55 €, double 110 €. ❖❖❖❖

RESTAURANTS

Sauf exception, les restaurants de la ville sont hors de prix. Essayez les pizzerias raisonnables du Corso Nazario Sauro, qui longe le front de mer. Traversez les rails depuis la Via Nino Bixio.

Urbicia Vivas, P. dei Dolori, 5/6 (✆ 0184 75 55 66, www.urbicasvivas.it). Donne sur un charmant square de la vieille ville. Poissons somptueux et pâtes maison succulentes sont servis dans cette trattoria familiale. Les habitués se battent pour avoir une table. Pensez à réserver. *Primi* 5-10 €, *secondi* 6-12 €. Ouvert tlj 8h-15h et 19h-24h. Cartes Visa, MC, AmEx. ❖❖

Trattoria A Cuvèa, C. S. Garibaldi, 110 (✆ 0184 50 34 98). Suivez la C. Cavalotti depuis la gare. Une cuisine ligurienne simple et de qualité. Excellent rapport qualité-prix. Primi 5,70-8,25 €, secondi 2,60-10,60 €. Ouvert tlj 12h-15h et Lu-Sa 19h-24h. ❖❖

ITALIE DU NORD

UNE PETITE FOLIE

FAITES VOS JEUX !

Le Casino attire chaque année des milliers de touristes fortunés qui ne viennent à San Remo que pour jouer. Même si votre compte en banque n'est pas au mieux, rien de tel qu'une bonne partie de poker ou de roulette pour vivre des moments palpitants.
Si vous avez laissé votre cravate chez vous, vous resterez cantonné aux salles des machines à sous, où 500 bandits manchots vous attendent. Mais la véritable action se déroule à l'étage. Dans le salon français, les croupiers en smoking animent des parties de chemin de fer, de trente et quarante et de cavalli corse. La salle est étincelante, avec ses lustres en cristal et ses tableaux Renaissance aux murs. L'ambiance est un peu moins chic dans le salon américain. Là se déroulent des parties de black jack, de poker et de roulette. Pour faire une pause, installez-vous à l'une des tables du nouveau restaurant en terrasse, sur le toit. Une délicieuse cuisine est servie sous les accords d'un piano langoureux. Pour une musique plus vigoureuse, le Grand Théâtre du casino accueille des orchestres symphoniques.

Corso Inglesi, 18 ✆ 0184 59 51, www.casinosanremo.it. Réservé aux plus de 18 ans. Entrée pour les salles à l'étage Ve-Di 7 €. Machines à sous tlj 10h-0h30. Salles américaine et française Lu-Ve 14h30-2h30, Sa-Di 14h40-4h. Les billets pour la salle de concert s'achètent au guichet du casino. Restaurants : primi 18 €, secondi 16-30 €. Ouvert 20h30-23h30.

Dick Turpin's, C. Nazario Sauro (✆ 0184 50 34 99). Suivez l'avenue jusqu'à la mer. Crêpes à partir de 4,50 € et quelques plats d'inspiration indienne et américaine. Ambiance de pub décontractée. Les pizzas et les pâtes ne manquent pas. Ouvert tlj 12h-16h et 19h-1h. Cartes Visa, MC. ❖❖

Ristorante Trattoria Piccolo Mundo, V. Piave, 7. Une petite rue entre la C. V. Matteoti et la V. Roma. Des spécialités de la région servies à des prix raisonnables. L'éclairage tamisé et le décor soigné sont du meilleur effet. *Primi* 5-8 €, *secondi* 7-12 €. Ouvert Ma-Sa 10h-15h et 18h-22h. ❖❖❖

Pizzeria Napoletana da Giovanni, V. Capitano Antonio Pesante, 7 (✆ 0184 50 49 54). Cet établissement à l'écart des foules est sans prétention et plein de naturel. Ça change des établissements à touristes du front de mer. Une cuisine de qualité à petits prix. *Primi* 5-10,50 €, *secondi* 5,50-18 €. 41 variétés de pizzas 4,50-8,50 €. Ouvert Lu-Me et Ve-Di 12h-14h30 et 19h-23h. Cartes Visa, MC. ❖❖❖

Vin D'Italia, V. Mombello, 3 (✆ 0184 59 17 47). Les meilleures *sardinara* de la ville (8 €), cuites au feu de bois. Ambiance détendue et murs de pierre. *Primi* 8-13 €, *secondi* 13 €. Ouvert Lu-Sa aux heures de déjeuner et de dîner. Cartes Visa, MC. ❖❖

VISITES

San Remo abrite de nombreux trésors architecturaux. En face de l'office de tourisme se dresse l'**église** russe orthodoxe **Cristo Salvatore**. Ses coupoles rappellent celles de la célèbre église Basile-le-Bienheureux, à Moscou. Il fut un temps, avant le début du XXe siècle, où la tsarine Marie Alexandrovna et d'autres nobles versaient de l'argent pour le maintien de l'église, peut-être pour apaiser le démon du jeu. Prenez le temps d'admirer l'extérieur de l'édifice, car l'intérieur n'a pu être achevé en raison des deux guerres mondiales. *(Ouvert tlj 9h30-12h30 et 15h-18h. Vous devez participer au denier du culte, 1 €.)* Quittez l'église et engagez-vous dans la V. Cappucini pour rejoindre la P. San Siro. Ici se trouve la **Basilica di san Siro**, considérée comme l'édifice le plus sacré de la ville. Elle fut construite au XIIIe siècle et mêle styles roman et gothique avec ses hautes baies et son plafond décoré de fresques. De là, circulez au milieu des vendeurs de rue et des *gelateria* groupés sur la V. Pallazzo pour rejoindre **la Pigna**, le vieux quartier de San Remo. Ces ruelles étroites abritent de nombreuses petites églises du Moyen Age, qui seraient reliées entre elles par des passages secrets si l'on en croit les habitants. De la Pigna, vous pouvez suivre la rue bordée d'arbres qui monte vers les hauteurs afin de profiter d'une vue magnifique sur la baie. Au bout, sur la P. Assunta, se tient le très singulier **sanctuaire della Madonna della Costa**. Cet édifice construit au XVIIe siècle, est coiffé d'un dôme orné de fresques et d'un autel chatoyant sous les lumières roses des vitraux. *La*

Vierge à l'enfant, œuvre de Vilo de Voltiri, date de la fin du XIVe siècle. *(Ouvert tlj 9h-12h et 15h-17h30. Messe à 18h. entrée libre.)*

SORTIES

Le **Casino**, C. degli Inglesi, 18 (✆ 0184 59 51, www.casinosanremo.it), construit au début du XXe siècle, est un bel exemple d'architecture art nouveau. On lui a apposé le qualificatif très britannique d'*Edwardian*. Il a en effet conservé l'atmosphère luxueuse du temps du prince Edouard, fils de la reine Victoria et lui-même roi d'Angleterre de 1901 à 1910. L'accès est réservé aux plus de 18 ans. Jeans, shorts et baskets sont interdits, et, l'hiver, manteau et cravate sont de rigueur. Pour les machines à sous, aucune tenue vestimentaire spécifique n'est exigée et l'entrée est gratuite… enfin, si l'on peut dire ! Etant donné qu'elle ouvre à 10h, la chance a le temps de tourner un bon nombre de fois entre la première et la dernière pièce introduite dans l'insatiable appareil. (Voir encadré pour en savoir plus.)

L'essentiel de la vie nocturne de San Remo s'organise autour de son casino. Une fois la nuit tombée, le très chic **Corso Giacomo Matteotti** se remplit de couples aisés occupés à faire du lèche-vitrines, à déguster une glace ou à siroter un verre à la terrasse d'un bar. Le casino, pris dans un tourbillon de voitures de luxe, se trouve à l'une des extrémités du Corso Giacomo Matteotti. A l'opposé s'étend une place. C'est entre ces deux points que s'alignent bars et cafés. En face du casino, **Il Teatrino di Mangiafuoco**, V. Roma, 26, fait salle comble. Musique assourdissante (DJ aux manettes) et sélection ahurissante d'alcools. (Ouvert Ma-Di 19h-2h.) A cinq minutes du casino, vous trouverez la seule discothèque de la plage, **Pico de Gallo**, sur le Lungomare V. Emanuele, 11/13 (www.picosanremo.com). Sirotez un cocktail des Caraïbes et dansez jusqu'au petit matin sur le sable. On entend la musique du ❤ **Zoo Bizarre** de loin. Ce bar se trouve V. Gaudio, 10, une petite rue qui part de la C. Matteoti, à gauche quand on fait face au casino. Une foule branchée occupe les chaises et les tables colorées, souvent pour y rester une bonne partie de la nuit le week-end. (Ouvert Lu-Ve 20h-2h, Sa-Di 20h-3h). Si vous préférez les ambiances plus calmes, réfugiez-vous au **Sax Pub**, V. Roma, 160, dont le décor jazz et les tables en plein air ont les faveurs d'une clientèle plus âgée. (Ouvert Lu-Ma et Je-Di 19h-3h).

La **Disco Ninfa Egeria**, V. Giacomo Matteotti, 178 (✆ 0184 59 11 33), promet de belles nuits à condition d'être prêt à payer le prix fort et de prendre le risque de ne pas plaire au videur. (Entrée 13 €.) Ceux qui parlent italien pourront aller voir un film au **Théâtre Ariston**, lui aussi dans le Corso Giacomo Matteotti. C'est là que se tient chaque année le festival de San Remo. Outre les derniers films italiens à l'affiche, vous y verrez des films étrangers doublés.

Pour goûter aux plaisirs de la **plage**, rendez-vous à l'ouest du casino. Vous y serez cerné par les apollons musclés et les starlettes en bikini, que ce soit sur les plages publiques ou dans les nombreux *bagni* qui longent le front de mer. En plus, ce sont de vraies plages de sable (les galets ne seront plus qu'un mauvais souvenir), entourées de jetées rocheuses et d'une eau scintillante ! Attention, vous n'êtes pas seul à le savoir, levez-vous de bonne heure si vous souhaitez en profiter.

BORDIGHERA ✆0184

En tissant la trame d'*Il Dottore Antonio*, en 1855, l'écrivain Giovanni Ruffini était loin de se douter qu'il jetait avec son roman les bases de l'industrie touristique de Bordighera et de toute la côte italienne. Une jeune Anglaise que la maladie amène aux portes de la mort est miraculeusement sauvée par la sensualité des sables et le doux murmure de l'été à Bordighera. Après dix ans d'une lecture assidue, le public britannique ne songeait plus qu'à juger par lui-même si la réalité était à la hauteur de la fiction. On entreprit alors d'édifier les premiers grands hôtels, tel l'Hôtel d'Angleterre (en français dans le texte), propulsant ainsi la ville parmi les premières destinations balnéaires de la côte. Le peintre Claude Monet a fréquenté les rues du petit port. A la fin du XIXe siècle, les visiteurs occasionnels étaient cinq fois plus nombreux que la population locale. Aujourd'hui, bien que juillet et août soient toujours des mois difficiles, cette fièvre s'est apaisée, ce qui permet aux touristes de mieux profiter des hôtels et des rues bordées de palmiers.

TRANSPORTS

Train : P. Eroi della Libertà. Trains pour **Gênes** (durée 3h, 7,35 €), **San Remo** (1 dép/h, 1,30 €) et **Vintimille** (1 dép/h, 0,95 €). Guichet ouvert tlj 6h15-19h45.

Bus : Les bus **Rivieria Trasporti** sont stationnés tous les 300 m dans la Via Vittorio Emanuele II. Ils desservent **San Remo** (durée 20 mn, 1,15 €) et **Vintimille** (durée 20 mn, 1,15 €).

ORIENTATION ET INFORMATIONS PRATIQUES

Le bus arrivant de Vintimille vous laisse dans la rue principale, la **Via Vittorio Emanuele II**, qui court au nord de la gare ferroviaire vers l'ouest de la ville jusqu'à la **Piazza Eroi della Libertà**. Derrière la gare, une jolie promenade de 2 km, le **Lungomare Argentina**, longe la plage parallèlement à la *città moderna* (la "ville moderne"), où sont regroupées les boutiques. Pour rejoindre le Lungomare Argentina, empruntez un des nombreux tunnels qui passent sous la voie ferrée.

Office de tourisme : V. Vittorio Emanuele II, 172 (© 0184 26 23 22, fax 0184 26 44 55). De la gare, prenez la Via Roma, puis à gauche la Via Vittorio Emanuele II et enfin la première à droite juste après le parc. Ouvert l'été Lu-Sa 9h-12h30 et 15h30-19h, Di. 9h-13h ; horaires variables le reste de l'année.

Change : **Banca Carige Spa**, V. Vittorio Emanuele II, 153-155 (© 0184 26 67 77). Ouvert Lu-Ve 8h20-13h25 et 14h30-16h. **Distributeurs automatiques** à l'extérieur de la banque et tout le long de la rue.

Urgences : © 113. **Ambulances** : © 118.

Police : V. Primo Maggio, 43 (© 112 ou 0184 26 26 26).

Pharmacie : **Farmacia Centrale**, V. Vittorio Emanuele II, 145 (© 0184 26 12 46). Ouvert Lu-Ve 8h30-12h30 et 15h30-19h30. La liste des pharmacies de garde est affichée à l'extérieur.

Hôpital : V. Aurelia, 122 (© 0184 27 51).

Bureau de poste : P. della Libertà, 5 (© 0184 26 91 51), sur le trottoir en face de la gare, à gauche. Service de change et cartes de téléphone. Poste restante, 0,15 € par lettre. Ouvert Lu-Ve 8h-18h30, Sa 8h-12h30. **Code postal** : 18012.

HÉBERGEMENT

En été, la plupart des hôtels exigent qu'on choisisse un séjour de plusieurs jours ainsi que la demi-pension, la pension complète ou au moins le petit déjeuner. De nombreux hôtels "fin de siècle" bordent le front de mer. Ils sont imposants, confortables et chers. Les établissements ci-après sont bien meilleur marché.

❤ **Pensione Miki**, V. Lagazzi, 14 (© 0184 26 18 44), près de la Via Vittorio Emanuele II, à 500 m environ de la gare en sortant à gauche. Cette *pensione* familiale est située dans un paisible quartier résidentiel. Petites chambres avec balcon, jardin. 16 lits. Petit déjeuner et douche compris. Petit déjeuner inclus. Chambre simple 24-28 € avec réservation, chambre double 48-52 €. Demi-pension 32-40 €, pension complète 40-48 €. La demi-pension ou la pension complète peut être obligatoire pendant l'été.

Albergo Nagos, P. Eroi della Libertà, 7 (© 0184 26 04 57), à gauche en face de la gare. Etablissement familial. Chambres petites avec lavabo et cabinet. Salles de bains communes. Terrasse avec vue sur la mer. Chambre simple 23 €, chambre double 39 €. Demi-pension 31-35 €, pension complète 39 €. Petit déjeuner 2,58 €.

RESTAURANTS

Il y a peu de restaurants bon marché dans cette ville touristique relativement haut de gamme. Les trattorias de la vieille ville pratiquent néanmoins des prix raisonnables et proposent une bonne cuisine ligure. Profitez de votre séjour à Bordighera pour goûter au dessert régional, les *cubaite* (gaufres joliment décorées et fourrées à la crème caramel) ainsi qu'au vin *rossese* de Dolceacqua. Le **marché couvert**, P. Garibaldi, 46-48, vous permettra de trouver tous les produits nécessaires pour faire un bon pique-nique (ouvert Je. 8h-12h). Il existe également un **supermarché STANDA** V. della Libertà, 32. (Ouvert Lu-Sa 8h15-19h30, Di. 9h-13h et 16h-19h30. Cartes Visa, MC, AmEx.) Pour y faire vos courses, prenez la Via Vittorio Emanuele II vers l'est, passez la Piazza Ruffini et tournez à gauche dans la Via Libertà.

Ristorante La Piazzeta, P. del Popolo, 13, 158 (© 0184 26 04 74). Des spécialités liguriennes servies avec générosité. Le restaurant prépare également des pizzas originales cuites au feu de bois. *Primi* 6-8 €, *secondi* 7,50-10,50 €. Les desserts sont drôlement bien présentés. (3,30 €. Ouvert Lu-Ma et Je-Di 12h-14h30 et 17h-23h. Cartes Visa, MC, AmEx. ❖❖

Crêperie-Caffè Giglio, V. Vittorio Emanuele II, 158 (© 0184 26 15 30), est un lieu fréquenté par une clientèle locale, qui propose un grand choix de paninis peu chers (à partir de 2,85 €) ainsi que de délicieuses crêpes (3,10-5,70 €). Le mélange des cuisines française et italienne a donné naissance à la crêpe à la tomate, à la mozzarella et à l'origan. Il y a aussi un bon choix de crêpes sucrées. Ouvert Ma-Sa 19h-3h, Di 15h-3h. ❖❖

La Reserve, V. Aziglio, 20 (© 0184 26 13 22). Un restaurant perché en haut de la falaise, à l'extrémité est du Lungomare. Plats traditionnels italiens avec une touche de cuisine du nord. Essayez l'*osso bucco* de lotte avec du bacon et du vin rouge (20 €). *Primi* 8,50 €, *secondi* 15,50-20 €. Ouvert 12h30-14h et 20h-21h30. ❖❖❖❖

Bar Eden, Lungomare Argentina, 26 (© 0184 26 29 90), concocte des glaces maison avec amour. Le parfum citron est un régal. Au bar, on sert de très bons cafés, notamment un *caffè fredo* glacé (2,10 €). Glace 2 boules 1,60 €. Ouvert tlj 8h-2h. ❖

Ristorante Stella, V. V. Emanuele, 106 (© 0184 26 37 15). Goûtez à l'atmosphère paisible des lieux et dégustez un savoureux plat de pâtes, comme les *penne al salmone*. Menu quatre plats 14-18 €. *Secondi* 7,75-10,85 €. Ouvert Lu et Me-Di 12h-15h et à partir de 19h15. Cartes Visa, MC. ❖

VISITES ET SORTIES

Le **Giardino esotico Pallanca**, V. Madonna della Ruota, 1 (© 0184 26 63 47), est un jardin exotique abritant plus de 3000 variétés de cactus et de plantes rares d'Amérique du Sud. *(Suivez la Via Aziglia sur 1 km ou prenez le bus dans la Via Vittorio Emanuele II en direction de San Remo et demandez au chauffeur où descendre. Ouvert Ma-Di 9h-12h30 et 14h30-19h. Entrée 4,13 €.)* Si vous vous sentez d'attaque pour une longue promenade à l'est du centre-ville, prenez la Via Romana pour admirer tous les hôtels construits au XIXe siècle pour les fans d'*Il Dottore Antonio*. Passé la Piazza dei Amici, la rue devient le Corso Rossi. Baladez-vous dans le parc à proximité et descendez ensuite les marches qui mènent à l'**église Sant'Ampelio**, construite à l'emplacement de la grotte où le saint vivait en ermite. Préférant la pêche au prêche, des pêcheurs se réunissent sur les rochers en contrebas de l'édifice. *(Ouvert Di. à 10h, mais vous pouvez aussi essayer de frapper à la porte jusqu'à ce qu'on vous ouvre.)* L'église Sant'Ampelio est également ouverte le 14 mai pour la solennelle **fête de Sant'Ampelio**, durant laquelle a lieu une procession rituelle. Des concerts sont donnés de mai à septembre au **Chiosco della Musica**, sur le front de mer. Bordighera est également réputée pour son **Salon international de l'humour**, qui se déroule à la fin de l'été, avec au programme un grand concours de dessins humoristiques et de spectacles comiques.

VIE NOCTURNE

Graffiti Pub, V. Vittorio Emanuele II, 122 (✆ 0184 26 15 90). Les joyeux drilles qui fréquentent l'établissement ne sont pas intimidés par la statue de bulldog qui orne les lieux. La clientèle bruyante de plus de 25 ans s'abandonne volontiers au confort des banquettes bleues et des tables qui longent le trottoir. Hamburgers, paninis. Bière pression 2-4 €, liqueurs 3,10 €. Ouvert Lu-Sa 17h-3h. Cartes Visa, MC.

Disco Kursaal, Lungomare, 7 (✆ 0184 26 46 85). Vous pourrez y entendre différents styles de musique : *underground*, house et *indus*. Ouvert Sep-Juil, Ve-Di 24h-5h. Août : tlj 24h-5h. Cartes Visa, MC, AmEx.

Chica Loca (✆ 0184 26 35 10), sur le Lungomare Argentina, entre la gare et Disco Kursaal. Paella pour deux personnes 15 €, tapas 2,50-3 €. Sirotez une margarita (6 €) tout en écoutant de la musique *live*. Ouvert Juil-Sep tlj 12h-15h et 19h-6h30.

Il Barretto (✆ 0184 26 25 66). Le meilleur *spot* de la ville. Vous le saurez quand vous le verrez. Alcool à flots, piste noire de monde, plats rapides et pas chers... Que du bon ! Ouvert tlj 12h-15h et 19h-18h30.

PIÉMONT (PIEMONTE)

LES INCONTOURNABLES DU PIÉMONT

RÉSOLVEZ le mystère du saint suaire dans la cathédrale Saint-Jean-Baptiste, à **Turin**. S'agit-il de la relique ayant enveloppé le corps du Christ, ou d'un linceul datant du Moyen Age ?

RETROUVEZ l'atmosphère du roman *Le Nom de la rose*, d'Umberto Eco, en vous promenant dans l'imposant monastère de Sacra di San Michele, sur les hauteurs d'**Avigliana**.

ENIVREZ-VOUS avec modération en goûtant les vins pétillants produits dans la région d'**Asti**, notamment l'*Aspi spumante*.

C'est dans la fertile et prestigieuse région du Piémont que le Pô prend sa source (long de 652 km, le Pô traverse le nord de l'Italie avant de se jeter dans la mer Adriatique). Le Piémont se divise en trois zones aux intérêts divers : l'**Alpine**, dominée par les sommets de Monviso et du Grand Paradis, comprend un immense parc national qui s'étend jusqu'au Val d'Aoste et plusieurs stations de sports d'hiver. Le **Pianura**, au commencement de la plaine du Pô, réunit les industries de Turin, les célèbres maisons viticoles d'Asti et les seules rizières d'Italie. Au nord et au sud du Pô, on trouve des châteaux isolés sur des **collines**.

Le Piémont joua un rôle très important dans l'histoire de l'Italie. Victor-Emmanuel II (dont la famille dominait le Piémont depuis le XIe siècle) fut le créateur, avec son ministre Camillo Cavour, de l'unité italienne (1859). Turin fut la capitale de l'Italie de 1861 à 1865. La région continua ensuite de jouer un rôle politique actif et elle servit de base aux derniers monarchistes comme aux membres des Brigades rouges. Aujourd'hui, elle tente de faire revivre son passé glorieux en organisant, dans les villes médiévales, divers festivals et commémorations traditionnels.

TURIN (TORINO) ✆011

L'élégance de Turin ne doit rien au hasard : elle est le fruit de plusieurs siècles d'urbanisme réfléchi et de l'intervention de riches amateurs d'art. De très belles avenues bordées d'arcades convergent vers de grandes places, et les rues de la ville arborent un nombre infini de superbes façades d'églises et de palais. Turin

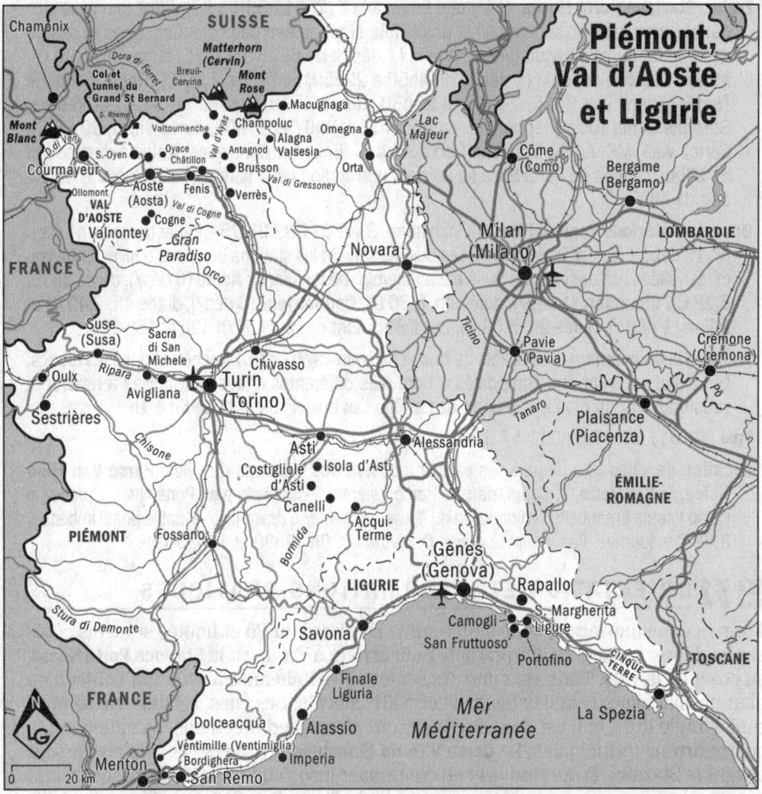

n'est pas seulement une ville d'art et d'histoire, c'est aussi une métropole dynamique à l'économie florissante, à l'image du groupe automobile Fiat, fleuron de l'industrie italienne. La journée, les hommes d'affaires en costume-cravate côtoient les étudiants. Lorsqu'il étudiait à Turin à l'aube de la Renaissance, le grand humaniste Erasme disait que cette ville avait quelque chose de magique. Au fil du temps, Turin a acquis la réputation d'être une ville résolument anticonformiste, mais il est peu probable que le visiteur de passage puisse percevoir cet aspect de la mentalité turinoise. Seuls les gitans des rues et le marché aux puces vieillot donnent à la ville un petit air d'étrangeté. Il ne faut cependant pas oublier que c'est ici que naquit le *Risorgimento* (mouvement apparu au XIXe siècle qui conduira à l'unité du pays), et que les terroristes des Brigades rouges firent de Turin leur fief dans les années 1970. C'est également ici que des personnalités comme les écrivains César Pavese et Natalia Ginzburg développèrent leurs idées progressistes tout en marquant leur opposition au fascisme. En 2006, le monde entier vibrera avec Turin, pendant les 20e jeux Olympiques d'hiver.

TRANSPORTS

Avion : **Aéroport de Caselle** (✆ 011 567 63 61). Destinations européennes. De la Porta Nuova, prenez le tramway n° 1 et descendez à la Porta Susa. De l'autre côté de la rue, sous les arcades, prenez le bus bleu à destination de "Caselle Airport" (3,36 €). Achetez votre billet au **Bar Mille Luci**, P. XVIII Dicembre, 5.

Train : **Stazione Porta Nuova**, C. Vittorio Emanuele II (✆ 011 53 13 27). C'est une vraie ville dans la ville, avec un supermarché, un coiffeur et un bureau de poste. Consignes et service des objets trouvés. Destinations : **Gênes** (1 dép/h de 6h25 à 22h25, durée 2h, 7,90 €), **Milan**, Stazione centrale (1 dép/h de 4h50 à 22h50, durée 2h, 7,90 €), **Rome**, Stazione Termini (dép. TGV 6h15, 21h27 et 23h30, durée 4h30, à partir de 37 €) et **Venise**, Stazione Santa Lucia (dép. trains express 7h13, 1Hh07 et 17h07, durée 4h30, 30,68 €). Cartes Visa, MC, AmEx. **Stazione Porta Susa**, C. Bolzano. Consignes. Trains à destination de **Milan**. La gare de Porta Susa se trouve à une station de la gare de Porta Nuova en direction de Milan.

Bus : **Autostazione Terminal Bus**, C. Inghilterra, 3 (✆ 011 33 25 25). Par le tramway n° 9 ou n° 15 depuis la gare Porta Nuova. Les bus desservent les stations de sports d'hiver, la Riviera et les vallées occidentales de Suse et de Pinerolo. Destinations : **Aoste** (6 dép/j, durée 3h30, 6,28 €), **Chamonix** (1 dép/j, durée 4h, 8,30 €), **Courmayeur** (6 dép/j, durée 4h, 7,49 €) et **Milan** (1 dép/h, durée 2h, 5,68 €). Les tickets sont en vente tlj 7h-12h et 15h-19h.

Transports en commun : Les tickets de **bus** et de **tramway** (0,77 €) s'achètent dans les tabacs. Les tickets doivent être compostés à bord. Les différentes lignes sont faciles à repérer et vous trouverez un plan à la plupart des arrêts. Les bus circulent tlj de 5h à 1h.

Taxi : ✆ 011 57 37 ou 011 57 30 ou encore 011 33 99.

Location de vélos : La plupart des parcs proposent des locations de vélos. **Parco Valentino Noleggio Biciclette**, V. Ceppi, dans le Parco Valentino. Depuis la gare Porta Nuova, prenez le Corso Vittorio Emanuele II en direction du fleuve, et tournez à droite juste avant le pont Umberto I. 3,61 € la journée. Pas de limite d'âge. Ouvert Ma-Di 9h-12h30 et 14h30-19h.

ORIENTATION ET INFORMATIONS PRATIQUES

Turin occupe une large plaine située sur la rive nord du Pô et limitée sur trois côtés par les Alpes. La gare la plus pratique pour arriver à Turin est la **Stazione Porta Nuova**, au cœur de la ville. Turin est l'une des seules villes italiennes à avoir fait l'objet d'un plan d'urbanisme, cela dès les XVIe et XVIIe siècles. Ses rues, rectilignes, se croisent à angle droit et il est donc facile d'y circuler à pied ou en bus. La ville compte quatre artères principales. Le **Corso Vittorio Emanuele II** traverse la ville en passant devant la Stazione Porta Nuova et en continuant jusqu'au Pô. La **Via Roma**, qui réunit les principaux monuments historiques, relie la **Piazza San Carlo** à la **Piazza Castello**. Les deux autres grandes rues, la **Via Po** et la **Via Garibaldi**, partent de la Piazza Castello. La Via Po continue en diagonale jusqu'au fleuve, en passant par la **Piazza Vittorio Veneto** (le centre universitaire). La Via Garibaldi va jusqu'à la **Piazza Statuto** et à la **Stazione Porta Susa**. Evitez de circuler seul aux alentours des deux gares ferroviaires et de la Piazza della Repubblica, qui sont mal fréquentés.

Offices de tourisme : **ATL**, P. Castello, 165 (✆ 011 53 51 81, www.turismotorino.org), sous l'arcade à gauche de la place lorsque vous faites face au Palazzo reale (l'entrée est indiquée par un grand "i" blanc sur un panneau bleu). Le personnel parle anglais, français, allemand et espagnol. Vous trouverez un plan détaillé de Turin avec un index des rues, ainsi que des informations sur les musées et les cafés historiques. Vous pouvez aussi obtenir des informations sur la région, par exemple sur la ville de Suse, le monastère de Sacra di San Michele ou le ski à Sestrières. Renseignez-vous sur les visites quotidiennes et sur l'itinéraire des visites en bus (dép. Lu et Me-Di 14h30, 7 €). Il y a une **annexe** de l'office de tourisme dans la gare Porta Nuova (✆ 011 53 13 27), en face du quai 17. Les deux bureaux ouvrent Lu-Sa 9h30-19h et Di. 9h30-15h30.

Change : Le bureau de change de la gare Porta Nuova propose des taux raisonnables. Ouvert tlj 7h30-19h35. Cartes Visa, MC. Lorsque ce bureau est fermé, vous pouvez essayer les **banques** le long de la Via Roma et de la Via Alfieri ou le **distributeur automatique** près de l'office de tourisme APT.

Consigne : Dans la **Stazione Porta Nuova**, 2,58 € les 12h. Ouvert tlj 4h30-2h30. Dans la **Stazione Porta Susa**, 2,58 € les 12h. Ouvert tlj 7h-23h.

Librairie : **Libreria Internazionale Luxembourg**, V. Accademia delle Scienze, 3 (✆ 011 561 38 96), en face de la Piazza Carignano. Sur fond de musique classique, le personnel très serviable de cette librairie sur trois niveaux vous aidera à trouver votre bonheur parmi les livres, les journaux et les magazines en anglais, français, allemand ou espagnol. Ouvert Lu-Sa 8h-19h30. Cartes Visa, MC.

Laverie : **Lavanderia Vizzini**, V. San Secondo, 1f (✆ 011 54 58 82). Lorsque vous faites face à la Stazione Porta Nuova, tournez à droite dans la Via San Secondo. Lavage et séchage 7,75 € pour 4 kg. Ouvert Lu-Ve 8h30-13h et 15h30-19h30.

Urgences : ✆ 112 ou 113. **Ambulances** : ✆ 118. **Police** : ✆ 112.

Croix-Rouge : ✆ 011 28 03 33.

Soins médicaux : ✆ 011 508 03 70.

Pharmacie de garde : **Farmacia Boniscontro**, C. Vittorio Emanuele II, 66 (✆ 011 54 12 71 ou 011 53 82 71), à proximité de la Stazione Porta Nuova. Les horaires des autres pharmacies sont affichés sur la porte. Ouvert 15h-0h30.

Hôpitaux : **San Giovanni Battista**, appelé aussi Molinette, C. Bromante, 88 (✆ 011 633 16 33). **Mauriziano Umberto**, C. Turati, 62 (✆ 011 508 01 11).

Internet : **Università degli Studi di torino Infopoint**, V. Po, 29 (✆ 011 670 30 20). De la P. Veneto, remontez la V. Po. Internet gratuit. Ouvert 9h-18h50. **1pc4you**, V. Verdi, 20G (✆ 011 83 59 08). Le plus grand centre Internet d'Italie du Nord. 72 ordinateurs avec écran plat et haut débit. A partir de 2 €/h. Ouvert Lu-Ve 9h-22h, Sa-Di 12h-22h. **Telecom Italia Internet Corners**, V. Roma, 18, près de la P. Castello. Egalement une cabine dans la gare Puorta Nova, juste avant la sortie à gauche. 0,10 € pour 70 secondes. Ouvert 8h-22h.

Bureau de poste : V. Alfieri, 10 (✆ 011 53 68 00), non loin de la Piazza San Carlo. Service de fax et de télégrammes. Ouvert Lu-Ve 8h15-19h20, Sa. 8h15-13h, le dernier jour du mois 8h15-12h. Poste restante ouverte Lu-Sa 9h-12h et 15h-19h. **Code postal** : 10100.

HÉBERGEMENT ET CAMPING

Les hôtels sont nombreux mais les tarifs sont généralement élevés, même pour une chambre ordinaire. Il est plus facile de trouver à se loger le week-end et en été.

Ostello Torino (HI), V. Alby, 1 (✆ 011 660 29 39, fax 011 660 44 45, **e-mail** hostelto@tin.it). Prenez le bus n° 52 à la Stazione Porta Nuova (n° 64 le Di.). Descendez au second arrêt, situé juste après le Pô (sur la Piazza Crimea, au centre de laquelle vous verrez un obélisque de grès rose). Prenez le Corso Lanza à droite : vous verrez une enseigne indiquant l'auberge de jeunesse au coin de la rue. Suivez les panneaux jusqu'à la Via Gatti (sur la gauche), puis remontez la route sur 200 m. L'établissement est derrière une rangée d'arbustes. Vous voilà dans un quartier résidentiel, sur les collines jouxtant le fleuve, au milieu de villas luxueuses pour un prix modique. Profitez de la vue que livre sur la ville cette auberge de jeunesse propre et bien tenue. 76 lits et un salon de télévision. Dîner 8 €. Petit déjeuner et draps compris. 10,33 € de caution pour la consigne. Laverie 4 € par petite machine (lavage et séchage). Réception ouverte Lu-Sa 7h-12h30 et 15h30-23h30. Couvre-feu à 23h30 (demandez la clé si vous sortez le soir). Pensez à réserver. Dortoir 12 €, chambre double 13 €/personne, avec salle de bains 16 €/personne. Fermé 20 Déc-1er Fév. Chauffage Oct-Avr 1,03 € par jour. ❖

Hôtel Canelli, V. S. Dalmazzo, 5b (✆ 011 53 71 66). de la gare Porto Nuova, prenez le bus n° 52 jusqu'à Cernaia, puis engagez-vous à droite dans la V. Gianone puis à gauche dans la V. S. Dalmazzo. Les chambres ne sont plus de première jeunesse mais elles sont propres et ont une salle de bains. Le quartier est paisible. Enregistrement après midi. Chambre simple 24 €, double 32 €, triple 39 €. ❖❖

Mobledor, V. Accademia Albertina, 1 (✆ 011 88 84 35). De la gare, prenez le bus n° 68 jusqu'à Giolitti. Marchez tout droit, tournez à gauche sur V. S. Croce puis encore à gauche sur V. Accademia Albertina. Les chambres sont fatiguées mais possèdent une douche et la TV. Certaines chambres simples ont une salle de bains commune. Chambre simple 31 €, double 45 €, triple 57 €. Cartes Visa, MC. ❖❖❖

Hôtel Azalea, V. Mercanti, 16 (✆ 011 53 81 15). Sortez de la gare Porto Nuova par la droite et prenez le bus n° 58 ou 72 jusqu'à Garibaldi. Prenez la V. Garibaldi à gauche, en vous éloignant de la P. Castello, puis à gauche sur la V. Mercanti. Des chambres confortables et vraiment propres, dans un quartier bien situé. Réservation conseillée. Chambre simple 25 €, avec salle de bains 31 €, chambre double avec salle de bains 40 €. Cartes Visa, MC. ❖❖❖

Hôtel Bellavista, V. Bernardino Galliari, 15, 5e étage (✆ 011 669 81 39, fax 011 668 79 89). En sortant de la Stazione Porta Nuova, tournez à droite puis prenez la deuxième à gauche. Hall ensoleillé rempli de plantes et terrasse avec vue sur la ville. 18 grandes chambres aérées avec la télévision, le téléphone et un balcon. Petit déjeuner 5 €. Chambre simple 36 €, avec salle de bains 41 €, chambre double 55/65 €. Cartes Visa, MC, AmEx. ❖❖❖❖

Hôtel Lux, V. Bernardino Galliari, 9, 1er étage (✆ 011 65 72 57, fax 011 66 87 482). Depuis la Stazione Porta Nuova, descendez la Via Nizza et tournez dans la seconde rue à gauche, la Via Bernardino Galliari. Chambres simples et bon marché sans salle de bains, mais avec la télévision. Chambre simple 26 €, chambre double 42 €, avec salle de bains 47 €. ❖❖❖

Hôtel Nizza, V. Nizza, 9, 1er étage (✆/fax 011 669 05 16 ou 011 650 59 63). En sortant de la Stazione Porta Nuova, prenez à droite dans la Via Nizza. L'un des meilleurs deux-étoiles de la ville. Chambres très spacieuses, toutes équipées de salles de bains, de la télévision et du téléphone. Il y a un bar sur le balcon. Petit déjeuner inclus. Chambre simple 45 €, chambre double 70 €, chambre triple 94,50 €, chambre quadruple 114 €. Cartes Visa, MC, AmEx. ❖❖❖❖

Camping : **Campeggio Villa Rey**, Strada Superiore Val San Martino, 27 (✆/fax 011 819 01 17). Prenez le bus n° 72 ou 63 à la Stazione Porta Nuova jusqu'à la Porta Palazzo, puis prenez ensuite le bus n° 3. Descendez au terminus (Hermada). De là, vous pouvez marcher pendant 1 km sur la route qui monte ou prendre le bus n° 54. Emplacements paisibles, nichés dans les collines au-dessus de la ville. Bar, restaurant et petit supermarché sur place. 3,50 € par personne, 4-5 € par tente. Electricité 1,50 €, douches 0,80 €.

DES SPÉCIALITÉS GOÛTEUSES ET COÛTEUSES La cuisine piémontaise est un subtil mélange de plats rustiques du nord de l'Italie et d'ingrédients français. Pour la cuisson, le beurre remplace l'huile d'olive et on utilise du fromage et des champignons (notamment des truffes blanches) à la place des tomates, des poivrons et des épices. Les *agnolotti* (raviolis à l'agneau et au chou) sont une spécialité régionale mais la *polenta* (semoule de maïs souvent garnie de fromage *fontina*) est le plat le plus courant. Le Piémont est connu pour ses excellents vins. On peut déguster différents plats de viande mijotée dans une sauce au vin. On trouve les trois plus grands vins rouges d'Italie (*Barolo*, *Barbaresco* et *Barbera*) dans les marchés et les restaurants. Ils sont aussi les plus chers mais en valent la peine. Si vous voulez goûter les saveurs de la cuisine piémontaise, préparez votre porte-monnaie, car les restaurants qui servent les spécialités régionales sont eux aussi fort chers.

RESTAURANTS

Turin est l'un des centres mondiaux du chocolat depuis plusieurs siècles. Ferrero Rocher et Nutella en sont deux fleurons mondialement connus. Pour contourner les restrictions imposées par Napoléon sur le chocolat, les Turinois développèrent un substitut de chocolat aux noisettes, le *granduiotti*. C'est devenu l'ingrédient principal d'un parfum de glace typiquement turinois, le *granduia*. Vous trouverez

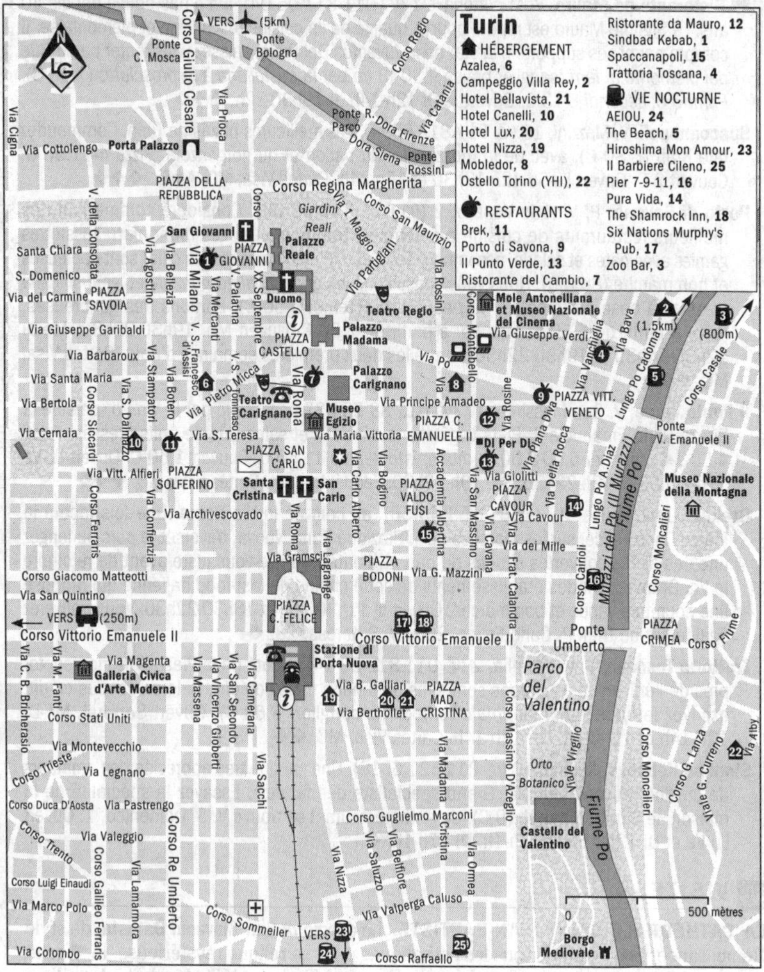

une *gelateria* à peu près tous les 200 m, spécialement dans le centre-ville, dans la Via Roma et la Via Po. Repérez les pancartes *produzione propia* (fait maison). Les meilleures glaces s'achètent à la **Gelateria Pepino**, P. Carignano, 8 (ouvert tlj 8h-1h), le glacier préféré de la Maison de Savoie, ainsi qu'à la très aristocratique **Gelateria Fiorio**, V. Po, 8 (✆ 011 817 32 25, ouvert Ma-Di 8h-2h).

Vous pourrez vous ravitailler à des prix très raisonnables dans la Via Mazzini. Vous trouverez également un supermarché **Di Per di**, V. Carlo Alberto, 15e, au coin de la Via Maria Vittoria, et V. S. Massimo, 43. Le marché en plein air qui se tient P. della Repubblica passe pour être le plus grand d'Europe.

❤ **Ristorante del Cambio**, P. Carignano, 2 (✆ 011 54 66 90), de l'autre côté du Palazzo Carignano. Fondée en 1757, c'était l'une des cantines de Camille Cavour. Le menu *piemontese* change en fonction des saisons. Le *menù di tradizione* (60 € pour 2 personnes) comprend cinq plats délicieux et parfaitement assortis ainsi qu'une invitation à déguster un cigare au bar avec un digestif maison. *Primi* 13-16 €, *secondi* 20-42 €. Couvert 5 €. Service 15 %. Ouvert Lu-Sa 12h30-14h30 et 20h-22h30. cartes Visa, MC, AmEx. ❖❖❖❖❖

❤ **Ristorante da Mauro**, V. M. Vittoria, 21 (✆ 011 817 06 04). Il n'a pas bougé depuis 40 ans. Le Signore Mauro est réputé pour la qualité de sa cuisine toscanaise et piémontaise. Il compte parmi ses supporters la star de la Juventus Del Piero. Laissez-vous tenter par le *Bue del piemonte ai ferri* (sanglier braisé 9,30 €) ou par la *castellana à la prosciutto* (7,50 €). *Primi* 6 €, *secondi* 6-13 €. Ouvert Je-Di 12h-14h et 19h30-22h. ❖❖❖

Spaccanapoli, V. Mazzini, 19 (✆ 011 812 6694). Les meilleures pizzas de Turin. Commandez une Kraft (5,80 €), avec de la mozzarella, du bacon et du gorgonzola. Pizza 4-11,50 €. Couvert 2 €. Ouvert Lu-Sa 12h-13h30 et 17h-24h. Cartes Visa, MC, AmEx. ❖❖❖

Porto di Savona, P. Vittorio Veneto, 2 (✆ 011 817 35 00). Considéré comme l'un des meilleurs restaurants de cuisine piémontaise traditionnelle. Les *monopiatti* (assiettes garnies avec pâtes et salade, accompagnées d'eau, d'un dessert et d'un café) sont copieuses et bon marché (8-20 €). Nous vous conseillons les *gnocchi al gorgonzola* et les *fusilli alla diavola* (à base de tomates, de *pesto* et de crème, 5,50 €). Portions très généreuses. *Primi* à partir de 5,50 €, *secondi* à partir de 7,50 €. Ouvert Ma. 19h30-22h30, Me-Di 12h30-14h30 et 19h30-22h30. Fermé les deux premières semaines d'août. Cartes Visa, MC. ❖❖❖

Il Punto Verde, V. San Massimo, 17 (✆ 011 88 55 43), accessible par la Via Po, près de la Piazza Carlo Emanuele II. Plats végétariens délicieux et sains. Jus de fruits pressés. *Primi* 4,50-7 €, *secondi* 5,50-8,50 €, *monopiatti* géants 11,50 €. Couvert 1,50 €. Ouvert Lu-Ve 12h-14h30 et 19h-22h30, Sa. 19h-22h30. Fermé en août. Cartes Visa, MC. ❖❖❖

Brek, P. Carlo Felice, 22 (✆ 011 53 45 56), au coin de la Via Roma. Une fois face à la Piazza Carlo Felice, sur les marches de la Stazione Porta Nuova, traversez le parc ou longez une des allées couvertes situées de part et d'autre. Arrêtez-vous juste avant de rejoindre la Via Gramsci. Un des établissements de cette chaîne de fast-food italienne qui propose une nourriture variée et bon marché. Ouvert tlj 11h30-15h et 18h30-22h30. Vous trouverez également un Brek P. Carlo Felice, 22 et V. S. teresa, 23. ❖

Trattoria Toscana, V. Vanchiglia, 2 (✆ 011 812 29 14), à côté de la Piazza Vittorio Veneto, près de l'université. Les repas sont sans prétention mais copieux. Si le cœur vous en dit, essayez le *bistecca di cinghiale* (bifteck de sanglier, 5,68 €). Ouvert Sep-Juil, Me-Di 12h-14h et 19h-22h, Lu. 12h-14h. Cartes Visa, MC. ❖❖

Sindbad Kebab, V. Milano, 10 (✆ 011 521 6518). Une cantine très appréciée des amateurs de cuisine moyen-orientale. Grand spécialiste des falafels. Essayez la spécialité de la maison, le Sindbad Kebab (9 €). Un autre restaurant se trouve V. S. Domenico, 1. Ouvert Lu-Ve et Di 12h-15h et 17h-1h, Di 17h-1h. ❖

VISITES

LA CATHÉDRALE SAINT-JEAN-BAPTISTE. Le **duomo di San Giovanni Battista**, de style Renaissance, est connu de tous les catholiques pour sa relique mystérieuse, le ❤ **saint suaire**, qui fut transporté de Chambéry, en France, à Turin en 1578. La clarté des piliers qui soutiennent l'église rend d'autant plus saisissant le noir des deux imposantes chapelles situées de part et d'autre de l'autel. En vous dirigeant à gauche de la porte de la chapelle de gauche, vous pénétrerez dans la Capella della Santa Sindone, où est exposée sous vitrine une photo de 3 m de haut du saint suaire. Le vrai se trouve juste en dessous, protégé par un caisson fait d'aluminium et de verre. Au grand dam des curieux, l'opacité de la vitre ne permet pas de distinguer les formes de la relique tant vénérée. Deux images reproduisent les deux faces du corps, celle de gauche découvrant le visage et les bras (qui sont faciles à distinguer), celle de droite le dos. A vous de voir s'il s'agit de Jésus ou non. Avant de quitter la cathédrale, n'oubliez pas de regarder la reproduction exécutée par Luigi Gagna de *La Cène* de Léonard de Vinci, au-dessus de la porte d'entrée. Elle est considérée comme la meilleure copie de cette œuvre de la Renaissance. Tout l'édifice est en cours de restauration, mais reste ouvert au public. *(Derrière le Palazzo reale, à l'intersection de la Via XX Settembre et de la Piazza San Giovanni. ✆ 011 436 15 40. Ouvert tlj 7h-12h30 et 15h-19h. Entrée libre. Le véritable saint suaire est visible du 10 août au 22 octobre, gratuitement mais sur réservation au ✆ 800 32 93 29.)*

LA CARTE TURIN. Outre son merveilleux musée d'antiquités égyptiennes, Turin accueille de nombreuses expositions permanentes ou temporaires de grande qualité, qu'il s'agisse de cinéma ou d'art moderne. Si vous comptez en profiter, procurez-vous la **Carte Turin** (valable 48h pour 15 €, ou 72h pour 17 €) Elle donne accès à 120 musées et monuments, ainsi qu'aux transports publics. A partir de deux musées et un trajet en bus, la carte est amortie.

❤ **LE MUSÉE ÉGYPTIEN ET LA GALERIE SABAUDA.** Le **Palazzo dell'Accademia delle Scienze** abrite deux des plus beaux musées de Turin. Sur deux niveaux, le **Museo egizio** regroupe une collection exceptionnelle d'art égyptien, l'une des plus riches après celle du musée du Caire et celle du Louvre. Parmi les sculptures et les fragments architecturaux qui occupent le rez-de-chaussée, vous pourrez admirer plusieurs copies sur papyrus du *Livre des morts* (description des rites funéraires) ainsi que le sarcophage intact du vizir Ghemenef-Har-Bak. Au 1er étage, on découvre la tombe complète (l'une des rares épargnées par les pilleurs) de l'architecte Khâ et de son épouse, datant du XIVe siècle av. J.-C. Le rez-de-chaussée vous fera découvrir une autre dépouille : celle d'un courtisan égyptien du VIe siècle av. J.-C., Rei Harteb, suspendue à 1,5 m du sol. La peau, les oreilles, les paupières et le nez sont intacts. Admirez la perfection de la dentition de cette momie qui a quelque 27 siècles d'âge. *(V. Accademia delle Scienze, 6, à proximité de la Piazza Castello. © 011 561 77 76. Ouvert Ma et Ve-Di. 8h30-14h, Me-Je 14h-19h30. Entrée 6,50 €, 18-25 ans 3 €, gratuit pour les moins de 18 ans et les plus de 65 ans.)*

Les 2e et 3e étages abritent la **Galleria Sabauda**, où sont exposées les collections de la maison de Savoie en provenance du Palazzo reale et du Palazzo Carignano de Turin mais aussi du Palazzo Durazzo de Gênes. La galerie est réputée pour ses peintures flamandes et hollandaises, notamment *Saint François recevant les stigmates* de Van Eyck, les *Scènes de la Passion* de Memling, *Les Trois Fils de Charles Ier d'Angleterre* de Van Dyck et le *Vieillard endormi* de Rembrandt. La galerie Sabauda abrite également un beau Poussin, plusieurs Strozzi et la *Décapitation de Jean le Baptiste* par Volture. *(© 011 54 74 40. Mêmes horaires que le musée égyptien. Entrée 4 €, 18-25 ans 2 €, gratuit pour les moins de 18 ans et les plus de 60 ans. Entrée pour les deux musées 8 €.)*

MOLE ANTONELLIANA. Ce bâtiment est dès à présent le symbole de la ville et des jeux Olympiques d'hiver de 2006. A terme, il devrait aussi incarner la grandeur du cinéma et des arts visuels. Construit au départ pour accueillir une synagogue, cet édifice de la seconde moitié du XIXe siècle (dont l'allure n'est pas sans évoquer le style victorien en Angleterre) se dresse à 167 m au-dessus du sol. Pour pénétrer à l'intérieur, il faut franchir les portes de verre inclinées (automatiques) dans la Via Montebello. Un ascenseur également en verre vous transportera au sommet du Mole, d'où vous pourrez contempler toute la ville et notamment la basilique de Superga. Le Mole abrite le tout nouveau **Museo nazionale del Cinema**, l'un des plus grands musées consacrés aux origines et au développement du septième art. Parmi les pièces maîtresses figurent des courts métrages réalisés par Thomas Edison au XIXe siècle ainsi que le très étrange phénakistiscope. Au programme de la visite : regardez des scènes d'amour étendu sur un lit (dans la cour située au centre du musée), tremblez dans une crypte devant *Dracula* ou installez-vous confortablement dans un salon années 1960 pour regarder le *JFK* d'Oliver Stone. *(V. Montebello, 20, à quelques rues à l'est de la Piazza Castello. © 011 81 54 230. Ouvert Je-Ve et Di 10-20h, Sa 10h-23h. Musée 5,20 €, ascenseur 3,62 €, billet combiné 6,80 €.)*

LE PALAIS CARIGNANO. Ce vaste palais baroque est l'œuvre de Guarini et fut achevé en 1679. Il accueillit la princesse de Savoie, et, après l'unification du pays en 1861, le premier parlement italien. Il renferme actuellement le **Museo nazionale del Risorgimento italiano** (Musée national du Risorgimento italien), qui présente à travers différents documents et objets 240 ans d'histoire italienne, de 1706 à 1946. C'est l'endroit rêvé pour tout étudiant en histoire de passage à Turin. *(V. Accademia delle Scienze, 5. On y accède par la Piazza Carlo Alberto, de l'autre côté du palais, en face de la Bibliothèque nationale. ✆ 011 562 37 19. Ouvert Ma-Di 9h-19h. Entrée 4,25 €, étudiants 2,50 €, gratuit pour les moins de 10 ans et les plus de 65 ans. Une visite guidée des salles, gratuite, a lieu tous les Di. de 10h à 11h30.)*

L'OPÉRA. En face du Palazzo se tient le **Teatro Carignano**, dont les Turinois affirment que chaque pierre vaut bien celles de la **Scala** de Milan. Cette salle très baroque, rutilante d'or et de rose, a été ciselée avec minutie et arbore sur son plafond des fresques néoclassiques qui méritent sans aucun doute que l'on s'y attarde. *(✆ 011 54 70 54. Pas d'heure fixe pour l'ouverture. Téléphonez pour vous renseigner. Visite gratuite.)*

VERREZ-VOUS LE CHRIST À TURIN ? Le saint suaire de Turin, conservé dans la cathédrale Saint-Jean-Baptiste depuis 1578, est considéré tantôt comme un canular, tantôt comme une relique miraculeuse. Cette pièce de lin de 90 cm de large sur 4,20 m de long représente l'image durablement imprimée du corps d'un homme mort, portant des marques de souffrance, voire de torture (le tissu contient des traces de sang). La légende qui entoure cette relique veut que le linceul ait servi à envelopper le corps du Christ après la crucifixion. Certains affirment que les marques laissées sur le tissu correspondraient exactement aux stigmates de Jésus (traces des clous aux mains et aux pieds, coup de lance au côté, marques de la couronne d'épines). Pour les fidèles, l'importance de cette relique est parfaitement résumée par les paroles du pape Paul VI : "Le suaire est le témoignage de l'amour du Christ écrit en lettres de sang." Aujourd'hui, la communauté scientifique et l'Eglise s'accordent à dire que le suaire a bel et bien servi à envelopper un cadavre, mais ne peuvent affirmer qu'il s'agit de celui du Christ : le mystère reste intact...

LE MUSÉE D'ART MODERNE ET CONTEMPORAIN. La **Galleria civica d'Arte moderna e contemporanea** présente des œuvres d'artistes de la fin du XIXe siècle et du XXe siècle : une majorité d'Italiens, comme Modigliani et Chirico, mais aussi des étrangers universellement connus tels que Picasso, Ernst, Léger, Chagall, Twombly, Klee, Courbet et Renoir. Ce musée détient l'une des collections d'art moderne et contemporain les plus importantes d'Italie, du pointillisme au Pop Art, en passant par le dadaïsme. Ne manquez pas le morbide *Orange Car Crash* d'Andy Warhol. *(V. Magenta, 31, au coin du Corso Galileo Ferraris et du Corso Vittorio Emanuele II. ✆ 011 562 99 11, www.gam.intesa.it. Ouvert Ma-Di 9h-19h. Entrée 5,20 €, moins de 26 ans 2,80 €, gratuit pour les moins de 10 ans et les plus de 65 ans.)*

LE PALAIS ROYAL ET L'ÉGLISE SAN LORENZO. Le **Palazzo reale** fut la demeure des princes de Savoie de 1645 à 1865. Son intérieur rouge et or, somptueux, abrite notamment une belle collection de vases de porcelaine chinois. Les jardins furent dessinés en 1697 par André Le Nôtre, l'architecte du parc du château de Versailles. Le décor intérieur de l'**église San Lorenzo**, à côté du Palazzo reale, sur la Piazza Castello, frappe par sa splendeur. Construit entre 1668 et 1680, ce bâtiment octogonal constitue la réalisation la plus originale de Guarini. *(Piazzetta Reale, au bout de la Piazza Castello. Palais ✆ 011 436 14 55. Ouvert Ma-Di 9h-19h. Entrée au rez-de-chaussée 4,50 €, entrée pour tout le palais 5,25 €, 18-25 ans 2,65 €, gratuit pour les moins de 18 ans et les plus de 65 ans. Visites guidées en italien (40 mn) Ma-Di 9h-13h et 14h-19h. Jardins ouverts de 9h jusqu'à une heure avant le coucher du soleil, entrée libre. Eglise ouverte 8h-12h30 et 15h30-18h.)* L'aile droite du Palais royal renferme l'**Armeria reale** (armurerie royale) de la maison de Savoie. Elle réunit l'une des plus belles collections d'armes et d'armures du Moyen Age et de la Renaissance. *(P. Castello, 191. ✆ 011 54 38 89. Ouvert Ma-Di 9h-17h. Entrée 4,50 €, moins de 18 ans et plus de 60 ans gratuit.)*

LA BASILIQUE DE SUPERGA. Lors du siège de Turin par les troupes de Louis XIV en 1706, le roi Victor-Amédée II promit à la Vierge Marie qu'il lui ferait construire une magnifique cathédrale si la ville résistait à l'ennemi. Les assiégeants furent effectivement repoussés et le roi fit édifier l'imposante **Basilica di Superga**, au sommet d'une colline à 672 m d'altitude. Le porche néoclassique et le haut tympan de la basilique soutiennent une superbe coupole. De la terrasse, on jouit d'un panorama sur Turin, la vallée du Pô et les Alpes. *(© 011 898 00 83. Prenez le tramway n° 15 depuis la Via XX Settembre jusqu'à la Stazione Sassi. De là, empruntez le bus n° 79 ou montez dans le petit funiculaire qui met 20 mn à gravir la colline. Le funiculaire part toutes les heures, a/r 3,10 €, Di. et fêtes 6,15 €. Ouvert Avr-Sep, tlj 9h30-12h et 15h-18h ; Oct-Mars 10h-12h et 15h-17h. Entrée libre. Entrée de la crypte 1,55 €.)*

LE PARC DU VALENTINO. Les parterres luxuriants et romantiques de l'un des parcs les plus vastes des rives du Pô sont le refuge d'amoureux transis et d'enfants rieurs. En entrant par le Corso Vittorio Emanuele II, vous découvrirez le **Castello del Valentino** (château) sur la gauche. Autrefois demeure de l'architecte du même nom, le bâtiment abrite aujourd'hui l'Ecole d'Architecture (Facolta di Architettura). Un peu plus loin au sud, en suivant le cours du Pô, près du calme et très soigné **Giardino Roccioso**, se tient le **Borgo e Rocca Medievale**, un village "médiéval" édifié à l'occasion de l'exposition universelle de 1884. *(Parc et château, V. Virgilio, 107, sur les rives du Pô. © 011 81 77 178. Ouvert 15 Août-25 Oct. Il est nécessaire de téléphoner pour réserver. Entrée libre.)*

LA PIAZZA SAN CARLO. Au centre de cette place rectangulaire, située entre la Piazza Carlo Felice et le Palazzo reale, s'élève la fière statue équestre du duc Emmanuel-Philibert de Savoie rengainant son épée après sa victoire sur les Français à la bataille de Saint-Quentin (1557). En plus d'élégants bâtiments baroques, la place abrite les églises jumelles **Santa Cristina** et **San Carlo Borromeo**, respectivement à gauche et à droite lorsque l'on arrive de la Via Roma. Les statues de la façade de Santa Cristina sont les plus impressionnantes, mais les deux édifices ont été construits avec les plus beaux granits de Suse et la pierre blanche de Gassino. *(Eglise Santa Cristina, ouverte 8h-13h et 15h-20h. Eglise San Carlo, ouverte 7h-12h et 15h-19h. Entrée libre.)*

LE MUSÉE NATIONAL DE L'AUTOMOBILE. Le **Museo nazionale dell'Automobile** retrace l'histoire de l'automobile, exposant des dessins, des croquis, plus de 150 voitures d'origine et les premiers modèles fabriqués par Ford, Benz, Peugeot, Oldsmobile ainsi que par l'Italien Fiat. L'accent est logiquement mis sur les voitures italiennes et sur les voitures de course. Il y a aussi de fréquentes expositions temporaires, souvent de design automobile. *(C. Unità d'Italia, 40 (© 011 67 76 66). Vers le sud lorsque vous prenez la Via Nizza depuis la gare Porta Nuova. Ouvert Ma-Di 10h-17h. Entrée 2,70 €.)*

SORTIES

Pour connaître les endroits où sortir, renseignez-vous auprès de l'office de tourisme. Le vendredi, lisez le journal turinois *La Stampa*, qui consacre un cahier spécial, baptisé *Torino Sette*, à l'actualité culturelle. De juin à août, la ville organise les **Giorni d'Estate**, un festival auquel sont conviés des musiciens de tous les pays. Pour obtenir des informations sur les programmes et les adresses, contactez l'office de tourisme ou bien la **Vetrina per Torino**, P. San Carlo, 159. (© 800 015 475, www.comune.torino.it/welcomep.htm. Ouvert Lu-Sa 11h-19h.) Du 5 au 25 septembre, **Settembre Musica** permet d'assister à une série de concerts classiques (en tout plus de 40). Pour obtenir le programme, contactez la Vetrina par Torino ou l'office de tourisme (programme disponible à partir de début juillet). Les **cinémas** sont très nombreux et leur programmation va du film d'auteur à la superproduction hollywoodienne. Il y a, entre autres, le **Lux** (Via Roma, entre la Piazza Carlo Felice et la Piazza San Carlo, trottoir de gauche lorsque l'on va vers le Palazzo reale), le **Cinema Vittoria** (au coin de la Via Antonio Gramsci et de la Via Roma) et la **Multisala Ambrosio** (dans le Corso Vittorio Emanuele II, à droite en sortant de la Stazione Porta Nuova). Pendant l'année scolaire, un grand nombre de films étrangers passent en version originale, mais le plus souvent ils sont doublés en italien. Pour tout renseignement, demandez la brochure **Arena Metropolis** à l'office de tourisme.

SHOPPING

L'une des grandes attractions de Turin est sans doute le marché aux puces **Gran Balon**, qui a lieu un dimanche sur deux sur la Piazza della Repubblica. Les vendeurs de babioles en tout genre côtoient les marchands d'antiquités et d'objets rares. L'ambiance est celle d'une chasse au trésor. Les rues de Turin sont remplies de magasins de vêtements, mais le voyageur au budget limité se rendra vite compte que les belles boutiques chic de la **Via Roma** sont inabordables : limitez-vous au lèche-vitrines. En revanche, faites un tour dans les commerces des **Via Garibaldi** et **Via Po**, qui s'adressent à une clientèle jeune ou étudiante. Sur la Via Po, vous trouverez aussi plusieurs disquaires et vendeurs de livres anciens. **La Rinascente**, à l'angle de la Via Lagrange et de la Via Teofilo Rossi, est un grand magasin qui propose une large sélection de vêtements classiques. **Musy Padre e Figli**, Via Po, 1, passe pour être la plus vieille joaillerie au monde. Elle fut créée par la famille Musy qui quitta la France en 1707. La boutique a conservé sa façade du XIIIe siècle ainsi que son goût très sûr pour le noble argent. (✆ 011 812 55 82. Ouvert Lu-Je 9h-12h et 15h-17h).

VIE NOCTURNE

Bars et discothèques changent continuellement. Pour une liste complète des concerts et des manifestations, procurez-vous la brochure hebdomadaire *News Spettacolo* à l'office de tourisme.

LA VIA MURAZZI DEL PO

Sur le quai au bout du Corso Vittorio Emanuele II, entre le Ponte Emanuele et le Ponte Umberto I, la **Via Murazzi del Po** a fini par devenir le lieu incontournable de la vie nocturne turinoise. Situés au bord du Pô, ces temples de la boisson s'adressent aussi bien aux yuppies qu'aux goths. La plupart des boîtes de nuit ouvrent de 23h jusqu'au matin et sont accessibles moyennant 10 €, avec une consommation comprise. Vous pourrez y entendre de la très bonne musique underground, de la *dance* et parfois même des concerts. **The Beach** est réputée pour passer la meilleure techno de la ville. On peut aussi se prélasser sur les chaises longues en terrasse et même piquer un petit somme dans la zone spécialement aménagée à cet effet. (✆ 011 18 20 22. Entrée 10,33 €, ouvert tous les soirs 24h-3h.)

LE LUNGO PO CADORNA (AU NORD DE LA VIA MURAZZI DEL PO)

Pura Vida, C. Cairoli, 14 (✆ 0348 420 52 31). Lieu de prédilection d'une jeunesse estudiantine avide de musique latino et de reggae. Calez votre petit creux avec une *tortilla* 2,70 € ou une *torta de pollo* 3,25 €. Ouvert Lu-Ve et Di 10h-3h et Sa. 10h-4h.

Zoo Bar, C. Casale, 27 (✆ 011 819 43 47, www.barrumba.com/zoobar). La musique *live* et le cabaret disco transforment cette petite salle en un lieu très... interactif. Les vendredis et samedis soirs, les étudiants de l'université débarquent en force et se chargent de mettre l'ambiance. Ouvert Lu-Sa 23h-3h.

Pier 7-9-11, Murazzi del Po, 7/9/11 (✆ 01 83 53 56). L'endroit idéal pour *groover* sur les tubes du moment. Cette boîte, qui a ouvert récemment, dispose d'une terrasse en plein air qui surplombe le fleuve. Ouvert Lu-Sa 22h30-3h.

LE CORSO VITTORIO EMANUELE II

D'excellents pubs irlandais et anglais ont élu domicile le long du Corso Vittorio Emanuele II, entre la Stazione Porta Nuova et le Pô.

Six Nations Murphy's Pub, C. Vittorio Emanuele II, 28 (✆ 011 88 72 55). En sortant de la Stazione Porta Nuova, tournez à droite. A quelques rues en descendant le Corso Vittorio Emanuele II sur votre gauche. Les barmen sont en kilt. Pinte 4,20 €. La salle fumeurs se trouve au fond. Ouvert tlj 18h-3h.

The Shamrock Inn, C. Vittorio Emanuele II, 34 (✆ 011 817 49 50), un peu plus loin vers le fleuve. Ce bar, qui bouge au rythme de la rumba, propose des sandwichs, des desserts et de nombreuses bières pression. Ne manquez pas de vous asseoir près de la vitre pour profiter de la rue tout en discutant. Ouvert Lu-Sa 20h30-3h.

L'AUTRE BERGE DU PÔ ET LE LINGOTTO CENTRO FIERE

Hiroshima Mon Amour, V. Carlo Bossoli, 63 (✆ 011 31 76 636). Prenez le bus n° 1 ou n° 34 en direction de Lingotto Centro Fiere. Le nom fait référence au roman de Marguerite Duras. La musique change chaque soir, allant du reggae au rock, et les disques laissent parfois la place à des concerts. Bref, c'est de la bombe, bébé ! L'entrée est variable, de la gratuité à 10 €. Prévoyez un taxi pour le retour. Ouvert tous les soirs de 23h à tard dans la nuit.

Il Barbiere Cileno, V. Ormea, 78 (✆ 388 200 19 80). De la Porta nuova, prenez le bus n° 34 jusqu'à Valpergo Caluso. Continuez dans la même direction que le bus jusqu'à ce que vous croisiez Angolo Corso Raffaello. Tournez à gauche ; vous allez tomber sur la V. Ormea. Un endroit très agréable, jeune et branché. La musique alterne *house* et salsa. Prévoyez de rentrer en taxi. Ouvert Lu-Sa 20h30-3h30, Di 23h30-3h30.

AEIOU, V. Spanzotti, 24 (✆ 347 925 78 26). De la Porta Nuova, grimpez dans le bus n° 15 en direction de Brissogne. Descendez à S. Paolo et continuez tout droit. Une foule jeune et flashy, des concerts et un bar bien approvisionné. Venez pour les soirées "Flashdance" du vendredi ou les nuits d'acid jazz du samedi ("Dance forever"). Ouvert tous les soirs 20h-3h.

LES JEUX OLYMPIQUES

En 2006, Turin sera le point de mire du monde entier, puisque c'est ici que se dérouleront les **20e jeux Olympiques d'hiver**. Ce seront les premières Olympiades italiennes depuis les Jeux de Cortina d'Ampezzo en 1956. Turin a reçu ce privilège en gagnant face à six candidats européens : Zakopane en Pologne, Klagenfurt en Autriche, Poprad-Tatry en Slovaquie, Sion en Suisse, Helsinki en Finlande et Lillehammer en Norvège. Pour convaincre le **comité olympique**, Turin a su mettre en valeur le fait qu'elle est non seulement une ville située dans un environnement montagneux mais aussi une véritable métropole. Si vous voulez profiter des joies de l'hiver, allez glisser sur les pistes de **Sestrières**, d'**Alagna Valsesia** ou encore de **Macugnaga**. Pour plus d'informations sur les J.O., contactez le Comité olympique de Turin, V. Nizza, 262 (✆ 011 63 10 511, www.torino2006.it).

EXCURSIONS DEPUIS TURIN

❤ SACRA DI SAN MICHELE

Pour vous rendre au monastère depuis Turin, vous devez prendre le ***train*** *pour Avigliana (15 dép/j, 1,76 €). Ensuite, l'accès au monastère est difficile car les bus n'y passent pas. La première option consiste à faire à pied les 14 km qui séparent Avigliana de Sacra di San Michele. Comptez trois heures d'ascension. Un véritable pèlerinage ! L'office du tourisme d'Avigliana diffuse des cartes de la randonnée (voir plus loin). Si vous manquez de temps ou d'énergie, vous pouvez prendre un* ***taxi*** *(✆ 011 93 02 18, autour de 30 €). Négociez le prix et arrangez-vous pour vous faire ramener. La troisième solution consiste à se rendre en train d'Avigliana jusqu'au village de Sant'Ambrogio (8 départs/j, 1,80 €) et d'entreprendre alors la marche d'1h30 jusqu'au monastère. Lorsque vous sortez de la gare, allez tout droit sur la V. Caduti per la Patria puis tournez à droite sur la V. Umberto. Continuez jusqu'à ce que vous atteigniez la Chiesa Parrochia, l'église du village. Derrière l'église, sur la droite, se trouve un panneau "Sacra di San Michele Mulatteria". Le chemin est dès lors bien balisé. Attention, certains passages peuvent être glissants ou caillouteux. Songez à vous munir de chaussures de marche et à apporter de l'eau.*

Les horaires du monastère sont fluctuants. Contactez les offices du tourisme de Turin ou d'Avigliana. Ou connectez-vous sur le site du monastère www.sacradisanmichele.it

Le monastère de Sacra di San Michele se dresse à 1000 m au-dessus de la ville d'Avigliana. Splendide et imposant, il semble être le prolongement du piton rocheux

GAZETTE LOCALE

AUTHENTIQUES RELIQUES ?

Le docteur Luigi Garlaschelli est chimiste-biologiste à l'université de Pavie. Durant ses moments libres, il s'intéresse à l'authenticité des reliques de saints.

LG : Pourquoi y a-t-il autant de reliques de saints en Italie ?

D. L. G. : Au Moyen Age, on pensait qu'elles protégeraient les cités en cas de guerre. Il pouvait s'agir aussi bien du dernier souffle de saint joseph, du lait de la Vierge Marie ou des empreintes de doigt du Christ.

LG : Quelles furent vos premières recherches ?

D. L. G. : J'ai commencé par m'intéresser au miracle du sang de saint Janvier, à Naples. Il est conservé dans deux ampoules placées sous le maître-autel du duomo. Saint Janvier fut décapité en 305. Ses reliques n'apparurent toutefois que 1000 ans plus tard, un peu près en même temps que le suaire de Turin. Contrairement au sang humain, qui ne peut coaguler qu'une fois, le sang de saint Janvier se liquéfie et se solidifie deux fois par an, à l'occasion de fêtes religieuses.

LG : Comment cela est-il possible ?

D. L. G. : En n'utilisant que des matériaux disponibles au Moyen Age, nous avons créé une mixture de même couleur qui possède également cette étrange propriété. Elle combine notamment chlorure de fer (qu'on trouve près des volcans actifs), du carbonate de calcium et du sel de cuisine. Je pense que le mystère serait levé si on nous permettait d'accéder au sang miraculeux. Mais les ampoules restent soigneusement scellées.

sur lequel il est construit. Umberto Eco s'inspira de son atmosphère et de son décor pour décrire le monastère du *Nom de la rose*. En s'y promenant, en particulier l'hiver, on ne peut s'empêcher de penser à certaines scènes du film de Jean-Jacques Annaud, même s'il n'a pas été tourné à San Michele. Le monastère, qui évoque le Mont-Saint-Michel, fut fondé en l'an 1000 au sommet du mont Pirchiriano. On y pénètre par l'immense **escalier des Morts** qui aide à soutenir l'ensemble du bâtiment. Cet escalier mène jusqu'aux superbes portes de bois sculptées aux armes de saint Michel (avec le serpent de l'Eden). L'intérieur est de style roman-gothique. A l'entrée, la fresque de gauche, œuvre de Secondo del Bosco (1505), représente la *Mise au tombeau*, la *Mort de la Vierge* et l'*Assomption*. **L'autel Saint-Michel** se trouve en bas de petites marches qui partent du milieu de la nef. Une fois que vous vous serez accoutumé à l'obscurité, vous découvrirez trois petites chapelles. La plus grande, à gauche, avec une paroi en rocher massif, est le lieu le plus sacré du monastère. Construite en 966 par saint Jean-Vincent, elle fut, dit-on, "consacrée par les anges". Dans cette crypte se trouvent les tombeaux datant du Moyen Age de différents princes de la maison de Savoie. L'édifice est en restauration, mais reste ouvert au public.

A partir de la gare d'Avigliana, prenez à gauche et suivez pendant environ 30 mn la route principale, le Corso Laghi, qui traverse la ville et longe le Lago Grande. Cette partie n'est pas très agréable car elle longe une route très empruntée. Prenez à gauche la rue Sacra di San Michele, une rue très verdoyante qui monte en serpentant dans la montagne. Le chemin est clairement indiqué. Il faut compter trois heures de marche pour y arriver. Ayez de bonnes chaussures, et n'oubliez pas d'emmener de l'eau. Si vous désirez vous procurer une carte avant de vous lancer dans cette aventure, allez au bureau **Informazione Turistica** d'Avigliana, P. del Popolo, 2 (✆ 011 932 86 50), à 5-10 mn de marche, tout droit en sortant de la gare (ouvert Lu-Ve 9h-12h et 15h-18h). Il y a des **toilettes publiques** avant l'entrée du monastère et des **restaurants** dans la dernière ligne droite de la montée.

ASTI ✆ 0141

Asti est une ville pétillante et enivrante, tout comme le vin qui porte son nom. Le site sur lequel elle a été bâtie, correspondant aux contreforts des Alpes, était encore immergé dans les eaux de l'océan jusqu'à l'ère pliocène (visitez le musée de l'**église San Pietro in Consavia** pour tout apprendre de l'histoire locale). Asti était une cité très active à l'époque romaine : elle s'appelait alors "Hasta". Elle a traversé des temps difficiles entre le XIVe et le XVIIIe siècle, avant de retrouver progressivement son dynamisme. Cette nouvelle prospérité est aujourd'hui clairement visible. Sous la domination de la maison de Savoie (1300 à 1700), Asti a plusieurs fois été saccagée et brûlée au cours d'affrontements ayant opposé celle-ci aux autres princes ainsi qu'aux seigneurs locaux. Cependant, de nombreux d'édifices du XIIIe siècle ont survécu et les rues de la vieille ville sont bordées de maisons médiévales. Tandis que le poète du XVIIIe siècle Vittorio Alfieri ou encore son cousin le comte Benedetto (épris d'urbanisme et auquel on doit d'avoir remodelé la cité) ont contribué à en asseoir la réputation sur le plan culturel, Asti est sans doute encore plus connue pour ses vins pétillants, en particulier l'*Asti spumante*.

TRANSPORTS

Train : P. Marconi, à l'angle de la Via Cavour et du Corso L. Einaudi. Destinations : **Alessandria** (1 dép/h de 5h22 à 1h04, durée 30 mn, 2,45 €), **Milan**, Stazione Centrale (dép. 6h43, durée 2h, 7,90 €) et **Turin**, stazione Porta Nuova (2 dép/h de 4h30 à 22h57, durée 1h, 3,50 €). Bureau d'informations ouvert Lu-Ve 6h-12h40 et 13h10-19h45.

Bus : P. Medaglie d'Oro, en face de la gare. Destinations : **Canelli** (1 dép/2h de 7h10 à 18h40), **Castagnole** (1 dép/2h de 7h20 à 18h40), **Costigliole** (9 dép/j de 7h15 à 18h50) et **Isola d'Asti** (6 dép/j de 10h à 18h50). Les tickets s'achètent dans le bus (1,55-2,07 €).

Taxi : © 0141 53 26 05 (P. Alfieri) ou © 0141 59 27 22 (P. Marconi, près de la gare).

ORIENTATION ET INFORMATIONS PRATIQUES

La **Piazza Vittorio Alfieri**, de forme triangulaire, constitue le cœur de la ville. La majorité des monuments historiques se trouve légèrement à gauche de la place, quand vous regardez la statue sur le **Corso Alfieri**.

Office de tourisme : P. Vittorio Alfieri, 29 (© 0141 53 03 57, fax 0141 53 82 00). Informations sur les logements (pas de possibilité de réservation) et les excursions dans les établissements viticoles et les châteaux. Vous pourrez aussi vous procurer des informations sur les possibilités d'*agriturismo* et un guide sur Asti et sa province, ainsi que l'indispensable plan de la ville. Le personnel parle anglais, français et allemand. Ouvert Lu-Sa 9h-13h, 14h30-18h30 et Di. 10h-13h.

Change : **Cassa di Risparmio di Asti**, à l'angle de la Piazza I Maggio et de la Via M. Rainero. Ouvert Lu-Ve 8h20-13h20 et 14h30-15h50, Sa. 8h20-11h20. La poste a également un service de change. Des **distributeurs automatiques** accessibles 24h/24 se trouvent dans la Via Dante, ainsi que dans la gare.

Urgences : © 113.

Police : C. XXV Aprile, 19 (© 0141 41 81 11).

Croix-Rouge (ambulances) : © 0141 41 77 41.

Hôpital : **Ospedale Civile**, V. Botallo, 4 (© 0141 39 21 11).

Pharmacie : **Farmacia Alfieri**, P. Alfieri, 3 (© 0141 41 09 92). Ouvert Lu 15h-19h, Ma-Ve 9h-12h30 et 15h-19h, Sa 9h-0h30. Affiche la liste des pharmacies de garde.

Internet : De l'autre côté de l'immeuble, près de l'office de tourisme, **Uffizio Relazioni il Publico**, P. Alfieri, 33, propose trois ordinateurs pour surfer gratuitement. Dans l'office de tourisme, **Telecom Italia Internet Point**, 5,16 €/h.

Bureau de poste : C. Dante, 55 (© 0141 35 7251), près de la Piazza Vittorio Alfieri. Ouvert Lu-Ve 8h30-17h30 et Sa. 8h15-12h. **Code postal** : 14100.

HÉBERGEMENT ET CAMPING

❤ **Hôtel Cavour**, P. Marconi, 18 (©/fax 0141 53 02 22), en face de la gare (en sortant par les portes de gauche). Géré par des gens très agréables qui s'efforceront de répondre à toutes vos questions. Chambres propres et modernes avec télévision et salle de bains.

Réception ouverte tlj 6h-1h. Fermé en août. Chambre simple 44 €, chambre double 64 €. Cartes Visa, MC, AmEx. ❖❖❖❖

Hôtel Genova, C. Alessandria, 26 (✆ 0141 59 31 97). De la P. Alfieri, prenez la C. V. Alfieri jusqu'à ce qu'elle devienne la C. Alessandria. L'hôtel est sur la gauche. Chambres un peu plus basiques que celles de l'hôtel Cavour. Toutes possèdent néanmoins une TV. Petit déjeuner 1,80-6,20 €. Chambre simple 39 €, avec salle de bains 47 €, double 57/64 €. réductions étudiantes possibles. Cartes Visa, MC. ❖❖❖

Campeggio Umberto Cagni, V. Valmanera, 152 (✆ 0141 27 12 38). Depuis la Piazza Vittorio Alfieri, prenez la Via Aro, que prolonge le Corso Volta, puis tournez à gauche dans la Via Valmanera et continuez toujours tout droit. Ce camping est très couru car on y trouve un restaurant, un four à pizza, une table de ping-pong, un terrain de sport pour le foot et le volley-ball et un bar. Ouvert Avr-Sep. 3,50 € par personne, 4-4,50 € par tente. Electricité 2 €. Douches gratuites.

RESTAURANTS

La cuisine d'Asti est réputée pour sa simplicité et sa qualité, ses succulents fromages et, bien sûr, son vin de renommée internationale. Vous aurez certainement l'occasion de goûter au *bagna calda* ("bain chaud"), un assortiment de légumes frits à l'huile d'olive et aromatisés à l'ail et aux anchois. Parmi les fromages de la région, on trouve le *robiole* et, comme en Savoie, la tomme.

Pour vos pique-niques, vous pouvez faire vos provisions au **marché aux fruits et aux légumes** du Campo del Palio (ouvert Me. et Sa. 7h30-13h) ou au **marché** de la Piazza Catena, à côté de la Via Carducci, au cœur de la ville. Le bazar de la Piazza Vittorio Alfieri est ouvert aux mêmes heures que le marché du Campo del Palio, mais on y achète des vêtements, des chaussures, des sacs et autres denrées non périssables. Le **Mercato Coperto Alimentari**, P. della Libertà (entre la Piazza Vittorio Alfieri et le Campo del Palio), a des stands séparés. Ce marché bien situé propose de la viande, des fruits et des légumes, ainsi que de nombreuses spécialités régionales. (Ouvert Lu-Me et Ve 8h-13h et 15h30-19h30, Sa 8h-19h30.) Si vous n'avez toujours pas trouvé votre bonheur, essayez **Di Per Di**, soit dans la Via Alberto (au niveau de la Piazza Statuto), soit en face de l'office de tourisme, sur la Piazza Vittorio Alfieri.

Ristorante Aldo di Castiglione, V. Giobert, 8 (✆ 0141 35 49 05). De la P. Alfieri, tournez à gauche sur la C. V. Alfieri puis encore à gauche sur la V. Giobert. Aldo fait le bonheur des habitants de la ville depuis 30 ans, avec sa cuisine piémontaise toujours innovante. Essayez le robuste menu du déjeuner (20 €), avec *primo*, *secondo*, dessert, vin et café. Dîner entrée-plat-dessert à partir de 20 €. Ouvert Lu-Me et Ve-Di 12h-14h30 et 19h30-22h. Cartes Visa, MC. ❖❖❖❖

L'Altra Campana, V. Q. Sella, 2 (✆ 0141 43 70 83). De la P. Marconi, suivez la V. Cavour jusqu'au bout puis tournez à gauche et dirigez-vous vers l'arche. Une sélection incroyable de fromages, notamment de la *robbiola* et de la *toma*. Le chef accommode à merveille le sanglier et les truffes. *Primi* 6,20-8 €, *secondi* 6,50 €. Couvert 0,50 €. Ouvert Lu et Me-Di 12h15-14h30 et 19h45-22h30. Cartes Visa, MC. ❖❖❖

L'Angolo del Beato, V. Guttari, 12 (✆ 0141 53 16 68). De la P. Marconi, suivez la V. Cavour ; la V. Guttari est sur la gauche. Des pâtes fraîches et des spécialités piémontaises sont l'assurance d'un bon repas. L'*agnolotti* est servi avec une sauce au bouillon de viande et au vin blanc. Arrosez votre repas d'un verre de *Barbera* ou de *Barolo*. *Primi* 8 €, *secondi* 13 €. Couvert 1,50 €. Ouvert Lu-Sa 12h-14h et 19h30-22h30. Cartes Visa, MC. ❖❖❖

Pizzeria Francese, V. dei Cappelli, 15 (✆ 0141 59 87 11). De la P. Alfieri, tournez à gauche sur la V. Garibaldi, puis traversez la P. S. Secondo jusqu'à la V. dei Cappelli. Le Signore Francese est tellement expert en matière de pizza qu'il a écrit un guide de 692 pages sur les meilleures pizzerias d'Italie. Les siennes sont, il est vrai, sensationnelles, avec une pâte fine et croustillante, une sauce *marinara* parfumée et une laiteuse mozzarella. Pizza 5,50-7 €. Couvert 1,50 €. Ouvert Lu-Ma et Je-Di 12h-15h et 18h-2h. Cartes Visa, MC. ❖❖

VISITES

LA CATHÉDRALE. La **cattedrale**, commencée en 1309, est l'une des cathédrales gothiques les plus remarquables du Piémont. L'entrée principale est entourée de statues de moines et de prêtres. Le clocher, à l'arrière de l'édifice, sonne juste avant et après l'heure. Sur la façade du parvis, on peut voir un cadran solaire. Tout au long des XVIe et XVIIe siècles, les artistes locaux, parmi lesquels Gandolfino d'Asti (né comme son nom l'indique à Asti), ont couvert chaque parcelle de la cathédrale de fresques. Les colonnes peintes donnent l'impression que des vignes poussent autour d'elles. Quelques restes de mosaïques du XIe siècle sont encore visibles sur le sol autour de l'autel. Des rosaces très colorées illuminent l'intérieur de la cathédrale, alors que sur la droite, on peut voir des statues de terre cuite grandeur nature qui retracent la vie de Jésus. *(P. della Cattedrale. Descendez le Corso Alfieri puis prenez à droite la Via Mazzini. Ouvert tlj 7h-12h30 et 15h-19h.)*

L'ÉGLISE SAN PIETRO IN CONSAVIA. Elle date du XVe siècle mais son baptistère fut conçu au XIIe siècle. L'église fut transformée en hôpital militaire pendant la Seconde Guerre mondiale. Aujourd'hui, des citoyens de l'Empire romain, des moines du Moyen Age et des victimes de la dernière guerre reposent ensemble sous la cour de la cathédrale. Là ont été aménagés le **Museo paleontologico**, une petite salle au rez-de-chaussée abritant une collection de fossiles et d'ossements trouvés dans les environs d'Asti, ainsi que le **Museo archeologico**. Ce dernier se trouve dans une salle en forme de L, au premier étage, où l'on peut découvrir des vases et des jarres grecs ainsi que des poteries dont les plus anciennes datent du IVe siècle av. J.-C. Vous pourrez aussi voir des antiquités romaines d'Asti et de la région ligure. *(Au bout du Corso Alfieri, dans la direction opposée à la Torre Rossa. Ouvert Ma-Sa 10h-13h et 16h-19h, Di. 10h-12h. Entrée libre dans les deux musées.)*

AUTRES VISITES. Le **Palazzo di Città** (hôtel de ville, XVIIIe siècle) et la **Collegiata di San Secondo** se trouvent à une courte distance à pied de la Piazza Vittorio Alfieri, en prenant à l'ouest le long de la Via Garibaldi jusqu'à la Piazza San Secondo. La Collegiata, église gothique et romane (crypte), est construite à l'endroit où le saint patron d'Asti, San Secondo, fut décapité. La façade est décorée et à l'intérieur sont accrochées des bannières et des tentures murales. *(Ouvert tlj 7h30-12h et 15h30-19h30.)* Au-delà de la **Piazza Medici**, vous découvrirez la **Torre de Toyana**, une tour datant du XIIIe siècle appelée aussi **Torre dell'Orologio**. Au bout du Corso Alfieri se dresse la plus vieille tour d'Asti, la **Torre Rossa** ("tour Rouge"). Cette tour en brique compte 16 côtés et ses fondations remontent à l'époque de l'empereur Auguste (autour de 27 av. J.-C.), qui fut l'une des plus brillantes figures de l'histoire romaine. San Secondo y fut emprisonné avant son exécution. L'église de **Santa Caterina** (XVIIIe siècle), de style baroque et en forme d'ellipse, se trouve juste à côté. *(Ouvert tlj 7h30-12h et 15h-19h.)* Vous pourrez pique-niquer dans les **Giardini pubblici**, entre la Piazza Vittorio Alfieri et le Campo del Palio. C'est l'endroit idéal pour se reposer en s'allongeant dans l'herbe et planifier votre visite de la ville et des vignes des environs.

SORTIES

De la dernière semaine de juin à la première semaine de juillet se déroule le **festival Asti Teatro**, une véritable institution dans le domaine du théâtre contemporain. Les représentations ont lieu en plein air ou en salle. Vous pourrez ainsi voir toutes sortes de pièces (pas seulement récentes), mais aussi des spectacles de danse classique et moderne, des concerts de musique classique et de jazz… Cet événement attire des spectateurs de toutes nationalités et propose des spectacles dans toutes les langues, même si la majorité sont joués en italien (8-13 €). Il est recommandé de réserver bien à l'avance vos billets, ainsi que votre chambre d'hôtel. Le deuxième vendredi de septembre a lieu une fête agricole à ne pas manquer, la **Douja d'Or**, une foire aux vins qui dure toute la semaine. On peut y assister notamment à un concours national d'œnologie et à des conférences pour apprendre à choisir un vin. Au cours de cette semaine, le deuxième dimanche de septembre, a lieu le **Paisan**, ou **Festivale**

delle Sagre. Les habitants de la région, vêtus de costumes traditionnels, affluent des villes des environs, défilent dans les rues d'Asti et font la fête jusqu'au petit matin. Mais le spectacle n'est véritablement complet qu'une fois arrivé le troisième dimanche de septembre, lorsque la Douja d'Or s'achève par le **Palio di Asti**, une procession qui commémore la libération de la ville en 1200. Le **Palio** commence par un défilé et s'achève en grande pompe par une course de chevaux à cru, l'une des plus anciennes de ce genre en Italie. Il existe d'autres types de courses comme les **courses d'ânes**, qui ont lieu à **Quarto** (à 4 km d'Asti), sur lesquelles vous obtiendrez des renseignements en vous adressant à l'office de tourisme d'Asti. Pendant ces courses, qui ont lieu vers la fin de l'été, chaque âne représente chacun des sept quartiers du village. A la fin de l'événement, le quartier victorieux organise une parade, et tous les habitants du village se rassemblent autour d'un banquet de raviolis et de viande d'âne.

EXCURSION DEPUIS ASTI : CANELLI

Des bus vont à Canelli (1 dép/1h30 de 7h10 à 17h, durée 30 mn, 2,07 €) au départ de la gare routière d'Asti.

Les vignobles d'Asti assurent à la région une partie de sa richesse et un renom international. Les vins pétillants *Asti cinzano* et *Asti spumante* ainsi que le vin doux *moscato* sont de bons crus locaux. Les exploitations viticoles sont pour la plupart gérées en famille et vous y recevrez en général un excellent accueil : une raison parmi d'autres de visiter ces lieux un peu moins touristiques qu'Asti. **Canelli** est entourée de vignes de muscat qui produisent l'*Asti spumante*, un vin fruité. La **Casa Contratto**, V. G.B. Giulani, 56, est une cave familiale créée en 1867. Les visites font découvrir les différentes étapes de la fabrication du vin. La cave, creusée à 32 m de profondeur dans la falaise, abrite 500 000 bouteilles. Elles sont maintenues à l'envers et tournées chaque jour de 90° jusqu'à ce que le maître des lieux les considère achevées. Les visites sont en italien mais il est aisé de comprendre.(© 0141 82 46 50. Ouvert Lu-Ve 8h-12h et 14h-18h, Sa-Di sur RV uniquement. Appelez à l'avance pour une visite guidée.) Après cela, vous pouvez rendre visite à l'**Enoteca Regionale di Cannelli e dell'Astesana**, C. Libertà, 65/A, pour goûter les meilleurs vins du cru. (© 0141 83 21 82, enotecanelli@inwind.it. Ouvert Je-Ve 17h-24h, Sa-Di 11h-13h et 17h-24h.)

ACQUI TERME © 070

Acqui Terme est une petite ville qui, vue de l'extérieur, n'a rien d'extraordinaire. Pourtant, des sources d'eau chaude à 75°C bouillonnent dans le sous-sol de cette ville bien paisible. L'eau, riche en minéraux, et les *fanghi* (bains de boue) apportent guérison et relaxation à ceux qui veulent prendre soin de leur organisme.

TRANSPORTS ET INFORMATIONS PRATIQUES. Prenez le **train** depuis **Gênes** via **Ovada** (1 dép/h, durée 1h30, 3,36 €). La gare ferroviaire d'Acqui Terme (© 0144 32 25 83) se trouve sur la Piazza Vittorio Veneto. Il y a aussi des trains au départ d'**Asti** (17 dép/j, durée 1h, 3,10 €). Pour vous rendre au centre-ville à partir de la gare, prenez à gauche la Via Alessandria puis, dans son prolongement, le Corso Vigano, pour aboutir à la **Piazza Italia**. Pour vous rendre à l'**office de tourisme IAT**, P. Maggiorino Ferraris, 5 (© 0144 32 21 42), quittez la place en prenant le **Corso Dante**, tournez à droite dans le Corso Cavour et à gauche dans la Via Maggiorino Ferraris. (Ouvert l'été Lu. 10h30-12h30 et 15h30-18h30, Ma-Ve 9h30-12h30 et 15h30-18h30, Sa-Di 10h-12h30 et 15h30-18h30.) Pour **changer de l'argent**, vous trouverez plusieurs banques sur le Corso Dante, parmi lesquelles la **Cassa di Risparmio di Torino**, C. Dante, 26 (© 0144 570 01). Dans les locaux de la **Acqui Terme Biblioteca Civica**, V. Ferraris, 15, vous avez accès gratuitement à Internet. La **poste**, V. Truco (© 0144 32 29 84), se trouve non loin de la Piazza Matteotti (de la Piazza Italia, prenez la Via XX Settembre). Le **code postal** est le 15011.

HÉBERGEMENT ET RESTAURANTS. Si vous cherchez un endroit central, confortable et accueillant, essayez l'**Albergo San Marco**, V. Ghione, 5 (© 0144 32 24 56, fax 0144 32 10 73). De la Piazza Italia, prenez le Corso Bagni sur environ 15 m, et tournez à droite dans la Via Ghione. Les propriétaires sont très serviables, et l'excellente cuisine servie au restaurant du rez-de-chaussée passe pour l'une des meilleures de la ville. Goûtez l'excellent dessert *semifreddo zabaglione e torrone*. (Chambre simple 23 €, avec salle de bains 28 €, chambre double avec salle de bains 44 €. *Primi* 5-6,50 €, *secondi* à partir de 6,50 €. Fermé en Janv., les 2 dernières semaines de Juil. et début Août.) En dehors du centre-ville et de l'autre côté de la rivière (à un quart d'heure à pied), vous trouverez plusieurs hôtels bon marché situés non loin des sources. L'**Albergo VIP**, V. Einaudi, 15 (© 0144 35 27 23), propose de belles chambres, avec mini-bar et internet gratuit, et un restaurant peu onéreux. De la Piazza Italia, prenez le Corso Bagni en franchissant la rivière. La Via Einaudi est la première rue à gauche. (Chambre simple avec salle de bains 40 €, chambre double 70 €, suite avec massage et clim. 103 €)

Pour un dîner agréable, rendez-vous à **Il Nuovo Ciarlocco**, V. Don Bosco, 1. De la P. Italia, engagez-vous dans la C. Dante qui devient ensuite la V. Don Bosco. Une excellente cuisine vous est proposée à des prix très raisonnables. Le menu change tous les jours (© 0144 57 720. *Primi* 6-8 €, *secondi* 8-18 €, ouvert Lu et Je-Di 12h-14h et 19h30-22h, Ma 12h-14h. Cartes Visa, MC, AmEx.) Des plats traditionnels comme les *trippa in umido* (tripes, 5,20 €) sont servis à la **Antica Osteria da Bigat**, V. Mazzini 30/32. (© 0144 32 42 83. Ouvert Lu-Ma et Je-Sa 12h-14h et 17h-21h, Di 17h-21h.)

Faites vos courses sans vous ruiner au **supermarché Di per Di**, V. Nizza, 11 (© 0144 57 858, ouvert Lu. 15h30-19h30, Ma-Di 8h30-12h45 et 15h30-19h30).

VISITES. Même si vous êtes en parfaite santé, vous ne pouvez pas aller à Acqui Terme sans aller tremper au moins vos doigts de pied dans les eaux sulfureuses et fumantes des **sources**. Sur la **Piazza Bollente**, romantique à souhait, vous pourrez voir une fontaine d'eau chaude qui dégage une vapeur épaisse, même en été. Prenez la Via Manzoni en haut de la colline en direction du Castello dei Paleogi, qui abrite le **Museo civico archeologico**, construit au XIe siècle, endommagé au XVIIe siècle et restauré au XIXe siècle. Le musée expose une petite mais intéressante collection de tombes et de mosaïques romaines. *(© 0144 575 55. Ouvert Me-Sa 9h30-12h30 et 15h30-18h30, Di. 15h30-18h30. Entrée 5 €.)* La **cathédrale** romane, sur la Piazza del Duomo, en bas de la Via Barone lorsque vous partez du Museo civico archeologico, abrite le fameux *Triptyque de la Vierge à l'Enfant* de Rubens. Malheureusement, l'œuvre est enfermée dans la sacristie. Renseignez-vous auprès de l'office de tourisme sur les possibilités de voir ce chef-d'œuvre. *(Ouvert Lu-Ve 7h-21h, Sa-Di 8h-12h et 18h-20h.)* De la rivière, vous pouvez voir les quatre arches intactes de l'**Acquedotto romano** (aqueduc romain).

SORTIES. Acqui Terme offre une grande diversité de cures. Dans la **Zona bagni**, le **Reparto Regina**, P. Acqui Lussa, 6 (© 0144 32 43 90, www.termediacqui.it), est le paradis des curistes… Vous y passerez un moment grandiose. Le centre offre toutes sortes de services, de la ventilation pulmonaire (14,50 €) à l'irremplaçable bain de boue (35,50 €). A partir du centre-ville, descendez le Corso Bagni en traversant la rivière, dépassez la gigantesque **piscine municipale** et tournez à gauche dans la Via Acqui Terme. (Reparto Regina, à l'intérieur de l'hôtel Regina, ouvert Lu-Ve 8h-13h et 15h-18h, Sa. 8h-13h. Piscine municipale, ouvert Lu-Sa 8h-20h. Entrée 5,16 €, douche et transat inclus.)

Si vous souhaitez faire plaisir à votre palais plutôt qu'à votre dos, allez faire un tour à l' ❤ **Enoteca regionale di Acqui Terme**, P. Levi, 7 (© 0144 77 02 73). De la Piazza Italia, prenez le Corso Italia, tournez à gauche dans la Via Garibaldi, puis prenez la première à droite jusqu'à la Piazza Levi. La cave remplie de bons vins se trouve en bas des marches. Elle fut creusée sous le premier édifice romain de la ville. Elle abrite 230 vins différents, dont les vins locaux Dolcetto et Bracchetto. De quoi donner raison à la devise touristique de la ville : "*dove l'aqua e salute, e il vino allegria*" ("où l'eau donne la santé et le vin le bonheur"). (Ouvert Ma. et Ve-Di 10h-12h et 15h-18h30, Je. 15h-16h30. Cartes Visa, MC.)

VAL D'AOSTE (VALLE D'AOSTA)

LES INCONTOURNABLES DU VAL D'AOSTE

ADMIREZ la flore alpine dans le jardin botanique de **Valnontey**, à 1700 m d'altitude.

SKIEZ sur les pentes du **Cervin**, l'un des plus célèbres glaciers du monde, ou à **Courmayeur**, en compagnie de la jet-set.

DÉCOUVREZ les chutes d'eau vertigineuses, la faune sauvage et la nature préservée des vallées du **parc national du Grand Paradis**, qui ont fait du Val d'Aoste un important centre touristique.

Les luxuriants reliefs du Val d'Aoste sont tapissés de forêts de pins, ornés de vignes en terrasse et ponctués de chalets de montagne. Peu de réalisations humaines peuvent rivaliser avec la beauté de cette nature sauvage. Pénétrer dans ces vallées par les **cols du Grand et du Petit-Saint-Bernard**, au nord et à l'est, ou grâce aux téléphériques qui enjambent les montagnes entre l'Italie, la France et la Suisse, est vraiment spectaculaire. A quelques heures de route des grandes villes de Milan, Gênes et Turin, le Val d'Aoste reste la région la plus élevée mais aussi la moins peuplée de toute la péninsule. Les cascades du **parc national du Grand Paradis** et les grands pics couronnés de glaciers ont fait du tourisme le moteur de l'économie locale, ce qui explique malheureusement une inflation permanente.

RANDONNÉE

Le Val d'Aoste est le paradis des randonneurs. En avril et en mai, la fonte des neiges provoque souvent des avalanches. La meilleure saison pour la randonnée est donc l'été (juillet et août), ainsi que la première semaine de septembre, quand le service public de bus fonctionne à plein régime. Le mont Blanc ("Monte Bianco" en italien) et les sommets environnants sont de grands classiques de l'escalade auxquels seuls les pros iront se mesurer. Adressez-vous aux offices de tourisme locaux et aux bureaux d'information alpins afin d'en savoir plus sur la difficulté des différentes randonnées et escalades possibles. Le personnel parle plusieurs langues.

Les offices de tourisme d'Aoste et de toutes les petites vallées vous donneront la liste des magasins où vous pourrez acheter un pique-nique *(al sacco)*, des terrains de camping et des **refuges** (*rifugi*) et **bivouacs alpins** (*bivacchi*). Demandez la brochure *Refuges de montagne et bivouacs du Val d'Aoste*. Certains refuges se trouvent à une courte distance en téléphérique ou à une demi-heure de marche des routes principales. La plupart offrent la demi-pension (environ 30 €). Les refuges publics sont généralement peu fréquentés et vous pouvez y passer la nuit gratuitement. Dans les refuges privés, la nuit coûte environ 16 €. Pour plus de détails, contactez la **Società Guide**, V. Monte Emilius, 13 (✆ 0165 40 439), à Aoste, ou le **Club Alpino Italiano**, P. Emilio Chanoux, 15 (www.guidealpine.it), également à Aoste. Vous y trouverez des assurances, de même que des tarifs spéciaux et des réductions pour les membres.

La plupart des offices de tourisme disposent de la brochure *Alte Vie* (littéralement "hautes routes"), dans laquelle vous trouverez des cartes, des photographies et de judicieux conseils sur les deux pistes de montagne qui permettent d'atteindre la plupart des sommets de la région. Ces deux pistes sont divisées en plusieurs petites randonnées. Certaines ne réclament aucune expérience particulière et sont tout à fait splendides.

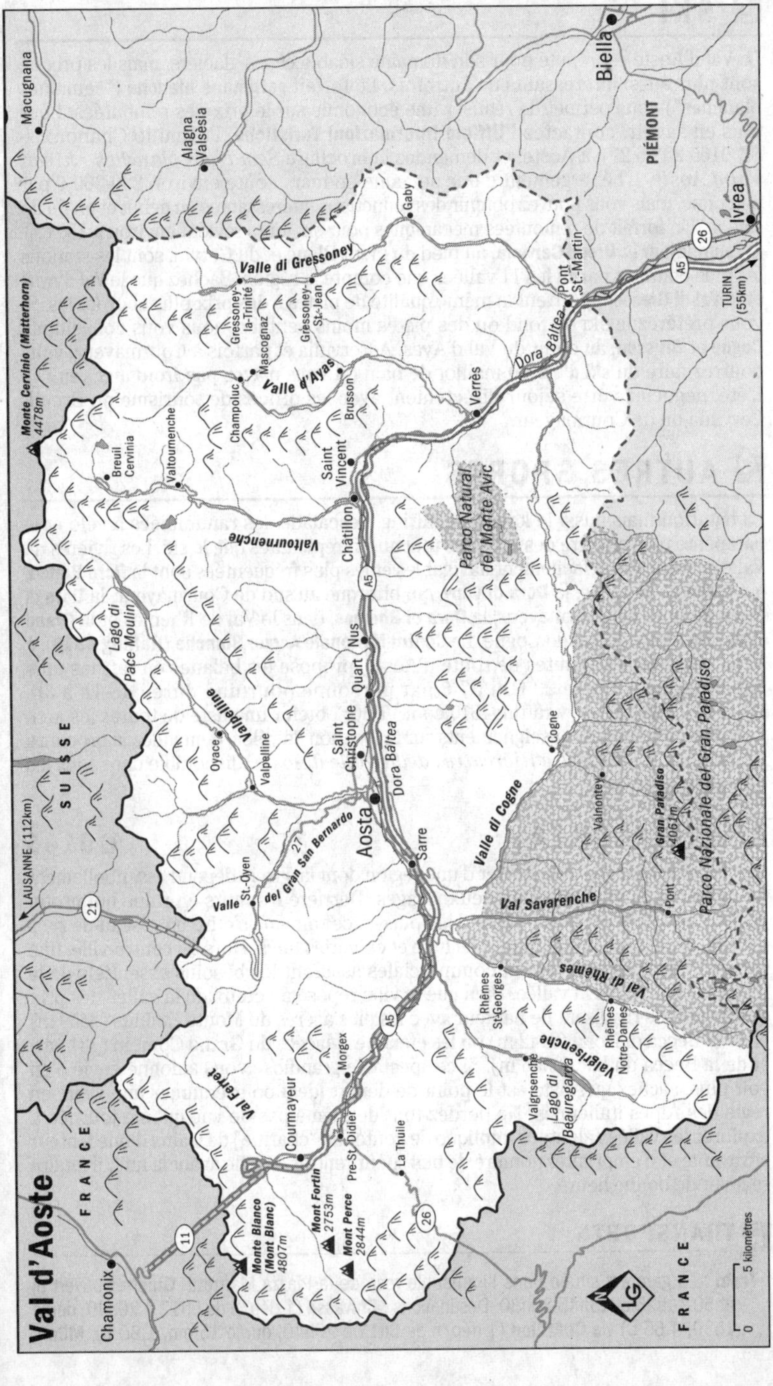
Val d'Aoste
Chamonix
Monte Bianco (Mont Blanc) 4807m
Mont Fortin 2753m
Mont Perce 2844m
Courmayeur
Morgex
Pre-St Didier
La Thuile
Val Ferret
Valgrisenche
Lago di Beauregarda
Rhêmes Notre-Dames
Rhêmes St-Georges
Val di Rhêmes
Val Savarenche
Pont
Gran Paradiso 4061m
Parco Nazionale del Gran Paradiso
Valnontey
Cogne
Valle di Cogne
Sarre
Aosta
Dora Bâltea
Saint Christophe
Quart
Nus
Châtillon
Saint Vincent
Verrès
Pont St-Martin
Parco Natural del Monte Avic
Valle St.-Oyen
del Gran San Bernardo
Valpelline
Oyace
Lago di Pace Moulin
Valtournenche
Breuil Cervinia
Monte Cervinio (Matterhorn) 4478m
Champoluc
Brusson
Valle d'Ayas
Gressoney-la-Trinité
Mascognaz
Gressoney-St-Jean
Valle di Gressoney
Gaby
Alagna Valsèsia
Macugnana
Biella
Ivrea
PIÉMONT
TURIN (55km)
LAUSANNE (112km)
SUISSE
FRANCE
FRANCE
A5
26
21
27
11
LG
5 kilomètres

SKI

Le Val d'Aoste est réputé pour son domaine skiable et ses glaciers, mais les prix ne sont plus aussi intéressants qu'autrefois. Le forfait **settimane bianche** ("semaines blanches") vous permet de réaliser une économie sur le prix des remontées. Pour plus en savoir, contactez l'**Ufficio Informazioni Turistiche**, P. Emilio Chanoux, 8 (© 0165 23 66 27), à Aoste, et demandez la brochure *Semaines blanches : hiver, Val d'Aoste*. L'hébergement d'une semaine en mars coûte environ 230-360 € par personne, mais vous pouvez obtenir des réductions intéressantes en début et en fin de saison. Un forfait de remontées mécaniques pour six jours revient environ à 150 €.

Courmayeur et **Breuil-Cervinia**, au pied du mont Blanc et du Cervin, sont les stations les plus connues parmi les 11 vallées que compte la région. Sachez que le **Val d'Ayas** et le **Val di Gressoney** offrent la même qualité de pistes à des prix plus abordables. Si vous préférez le ski de fond ou des pistes moins pentues, nous vous conseillons **Cogne** et **Brusson**, au cœur du Val d'Ayas. A Cervinia et parfois à Courmayeur, vous pourrez faire du **ski d'été** en maillot de bain (si vous n'avez pas froid aux yeux !). L'été, négociez votre séjour directement avec les offices de tourisme de Breuil-Cervinia ou de Courmayeur.

AUTRES SPORTS

La natation mais aussi le kayak, le rafting, l'escalade, les randonnées à vélo et le parapente peuvent être des activités tout aussi trépidantes que le ski. Les rivières du Val d'Aoste les plus facilement navigables et les plus fréquentées sont la **Dora Baltea**, qui traverse la vallée, la **Dora di Veny**, qui bifurque au sud de Courmayeur, la **Dora di Ferre**, au nord de Courmayeur, la **Dora di Rhêmes**, dans le Val de Rhêmes et la **Grand Eyvia**, qui coupe le Val de Cogne. Le **Centro Nazionale Acque Bianche (Rafting 4810)**, à Fenis, à quelques minutes de route d'Aoste, propose les balades en raft les plus économiques : entre 23 € et 37 € par personne pour une durée de 1h à 3h. (© 0165 76 46 46, www.rafting4810.com.) Pour obtenir une liste de toutes les activités sportives et des renseignements sur la location de vélos, demandez la brochure *Attrezzature Sportive e Ricreative della Valle d'Aosta*, disponible dans tous les offices de tourisme.

AOSTE (AOSTA) ©0165

Centre géographique et financier d'une région dont la survie dépend essentiellement du tourisme, la ville présente deux visages. Derrière les murs en ruine qui protégeaient autrefois cet avant-poste de la puissance romaine s'étire un réseau de rues pavées, où se cachent boutiques de luxe et épiceries fines. Hors du centre-ville, une zone d'industries minières et commerciales assurant les besoins essentiels de la région s'étend dans la vallée. Bien que la ville repose au creux de la vallée, les prix qu'elle affiche rivalisent de hauteur avec les pics acérés du Monte Emilius (3559 m) et de la Becca di Nona (3142 m) ou les étendues glacées du Grand Combin (4314 m) et de la Becca du Lac (3396 m). Si ce spectacle grandiose vous a donné envie d'en voir plus, sachez qu'Aoste est le point de départ idéal pour entamer une visite en règle des Alpes italiennes. Ne perdez tout de même pas de vue qu'une journée à explorer les vallées alentour implique de goûter au "charme" de trains d'une lenteur effrayante et d'emprunter nombre de bus : pour rentrer en ville avant la nuit, il faudra se lever de bonne heure.

TRANSPORTS

Train : La gare est située dans l'immeuble rose de la Piazza Manzetti. **Guichet** ouvert tlj 4h50-11h25 et 13h45-20h30. Destinations : **Chivasso** (1 dép/h de 5h12 à 20h40, durée 1h30, 4,65 €) via **Châtillon** (1 dép/h de 6h12 à 20h40, durée 15 mn, 1,80 €), **Milan**,

Stazione Centrale (12 dép/j de 6h12 à 20h40, durée 4h, 10,12 €), **Pont-Saint-Martin** (1 dép/h de 5h12 à 20h40, durée 50 mn, 3,10 €), **Turin**, Stazione Porta Nuova (1 dép/h de 5h15 à 20h40, durée 2h, 6,82 €), et **Verrès** (1 dép/h de 6h12 à 20h40, durée 30 mn, 2,45 €).

Bus : **SAVDA**, V. Giorgio Carrel (✆ 0165 26 20 27), en sortant de la Piazza Manzetti près de la gare. Destinations : **Courmayeur** (1 dép/h de 6h45 à 21h45, durée 1h, 2,48 €) et **col du Grand-Saint-Bernard** (dép. 9h40 et 14h25, durée 2h, 2,70 €). **SVAP**, dans la même gare, dessert des villes plus proches. Destinations : **Cogne** (7 dép/j de 8h05 à 20h35, durée 1h, 2,07 €) et **Fenis** (7 dép/j de 9h50 à 19h, durée 30 mn, 1,55 €). Des bus partent de la gare de Châtillon **Breuil-Cervinia** (7 dép/j, durée 2h, 3,10 €) et pour **Valtournenche**.

Taxi : P. Manzetti (✆ 0165 26 20 10), P. Narbonne (✆ 0165 356 56 ou 0165 318 31).

Location de voitures : **Europcar**, P. Manzetti, 3 (✆ 0165 414 32), à gauche de la gare ferroviaire. Voiture de tourisme à partir de 55 € la journée (69 € avec kilométrage illimité), réductions pour les locations de longue durée. Age minimum 18 ans. Cartes Visa, MC.

2 ORIENTATION ET INFORMATIONS PRATIQUES

La gare se trouve **Piazza Manzetti**. De là, descendez l'**avenue du Conseil des Commis** jusqu'à l'immense **Piazza Emilio Chanoux**, le centre d'Aoste. La rue principale est orientée est-ouest. Si vous tournez à gauche au bout de l'avenue du Conseil des Commis, vous atteignez la **Via Jean-Baptiste de Tiller**, puis la **Via Aubert**. Vers la droite, la **Via Porta Pretoria** mène de manière prévisible à la Porte **Pretoria** et devient ensuite la **Via Sant'Anselmo**.

Office de tourisme : P. Emilio Chanoux, 2 (✆ 0165 23 66 27, www.regione.vda.it/turismo), tout droit puis en bas de l'avenue du Conseil des Commis depuis la gare. Vous y trouverez diverses brochures, dont un "guide des monuments" avec une excellente carte de la ville et des adresses de restaurants ou d'hôtels. *Orario Generale*, qui paraît chaque année, recense les horaires des moyens de transport du Val d'Aoste (y compris les téléphériques). Le personnel parle anglais, allemand et français. Ouvert l'été 9h-21h ; l'hiver Lu-Sa 9h-20h, Di. 9h-13h.

Informations sur les Alpes : **Club Alpino Italiano**, C. Battaglione Aosta, 81 (✆ 0165 401 94). Prenez l'avenue Battallion depuis la Piazza della Repubblica jusqu'au Corso Battaglione Aosta. Ouvert Lu., Ma. et Je. 6h-19h30, Ve. 8h-22h. Quand c'est fermé, essayez la **Società Guide**, V. Monte Emilius, 13 (✆ 0165 40 448, www.guidealpine.it). Pour connaître le temps, contactez la **Protezione Civile**, V. saint Christophe (✆ 0165 441 13).

Change : **Monte dei Paschi di Siena**, P. Emilio Chanoux, 51 (✆ 0165 27 68 88). **Distributeur automatique** à l'extérieur. Ouvert Lu-Ve 8h20-13h20 et 14h40-16h10.

Vêtements et matériel de sport : **Meinardi Sport**, V. Aubert, 27 (✆ 0165 414 32). Un grand choix de vêtement et de matériel, dont des cartes et des guides des Alpes italiennes, proposés à des prix raisonnables. Ouvert Lu-Ve et Di 8h30-12h30 et 15h-19h, Sa 8h30-12h30. Fermé en août.

Laverie : **Onda Blu**, V. Chambéry, 60. Machine 3,50 € les 30 mn, séchage 3,50 € les 20 mn. Ouvert tlj 8h-22h.

Police : C. Battaglione Aosta, 169 (✆ 113). **Urgences médicales** : ✆ 118.

Pharmacie : **Farmacia Chenal**, V. Croix-de-Ville, 1 (✆ 0165 26 21 33), juste au coin de la Via Aubert. Ouvert Je-Ma 9h-12h30 et 15h-19h30.

Hôpital : V. Ginevra, 3 (✆ 0165 30 41).

Internet : **Bar Snooker**, V. Lucat, 3 (✆ 0165 23 63 68). De la gare, prenez à droite la Via Giorgio Carrel puis tournez à gauche dans la Via Lucat. Salle de billard, jeux vidéo et jeux de cartes. Accès Internet 5 € l'heure. Ouvert tlj 7h30-3h30.

Bureau de poste : P. Narbonne, 1a (✆ 0165 441 38), dans un immense bâtiment en demi-cercle. Ouvert Lu-Ve 8h15-18h, Sa. 8h15-13h. Le service de poste restante est de l'autre côté de la ville, V. Cesare Battisti, 10. Ouvert Lu-Ve 8h15-18h, Sa. 8h15-13h. **Code postal** : 11100.

HÉBERGEMENT ET CAMPING

Nabuisson, V. Aubert, 50 (✆ 0165 36 30 06, www.bedbreakfastaosta.it). De la gare ferroviaire, descendez la V. Conseil des Commis jusqu'à la P. Chanoux. Tournez à gauche sur la V. Tiller qui débouche sur la V. Aubert. Le bâtiment jaune se trouve derrière le portail en fer sur la droite. Chambres pleines de charme et spacieuses, avec une petite cour intérieure. Le propriétaire travaille aussi à l'office de tourisme : il parle plusieurs langues et est de bon conseil. Toutes les chambres ont une salle de bains et la TV. Petit déjeuner 10 €. Réservation nécessaire. Ouvert Juin-Oct et Déc-Avr. Chambre double 40 €, appartement avec cuisine équipée 55-60 €. Lit supplémentaire 5-10 €. ❖❖❖❖

Hôtel Turin, V. Torino, 14 (✆ 0165 44 593, www.hotelturin.it). De la gare ferroviaire, tournez à gauche sur V. Giorgio, à droite sur V. Vevey puis encore à droite sur V. Torino. Chambre simple 21-30 €, avec salle de bains 37-48 €, chambre double avec salle de bains à partir de 62 €. Cartes Visa, MC, AmEx. ❖❖

Hôtel Roma, V. Torino, 7 (✆ 0165 41 00), près de la gare et du centre-ville, au coin de l'hôtel Turin. Toutes les chambres ont salle de bains et TV. Chambre simple 37-48 €, double 62-72 €. Cartes Visa ; MC. ❖❖❖❖

Camping : **Camping Milleluci**, V. Porossan, 15 (✆ 0165 23 52 78, www.hotelmilleluci.com), 5 € par personne, parking 10,30 €, réductions pour les longs séjours, obligation de rester au moins deux nuits le w-e. Cartes Visa, MC, AmEx. ❖

RESTAURANTS

La Suisse a inspiré les spécialités comme la *fonduta*, une fondue au fromage de la région appelé la *fontina*, dont on recouvre la viande et les légumes, et la *polenta valdostana*, de la polenta mélangée à de la *fontina* fondue. Les pâtisseries locales sont délicieuses, en particulier les *tegole*, des gaufrettes aux fruits secs. Le **supermarché STANDA** se trouve V. Festaz, 10. (✆ 0165 357 57. Ouvert Lu-Sa 8h-20h, Di 9h-13h et 15h30-19h30.) Le **marché** hebdomadaire d'Aoste se tient le mardi sur la Piazza Cavalieri di Vittorio Veneto.

Trattoria Praetoria, V. Sant'Anselmo, 9 (✆ 0165 443 56), juste après la Porta Pretoria. Les plafonds décorés de stuc et le personnel chaleureux donnent à ce restaurant une atmosphère chic inimitable. Ceci explique peut-être l'attente d'une demi-heure avant d'avoir une table le soir, le week-end. Goûtez les fameuses *salsiccette in umido* (saucisses braisées à la sauce tomate). *Primi* 67,50 €, *secondi* 6,50-12 €. Couvert 1,50 €. Ouvert tlj 12h15-14h30 et 19h15-21h30. En hiver : Lu-Me et Ve-Di 12h15-14h30 et 19h15-21h30. Cartes Visa, MC, AmEx. ❖❖

Old Distillery Pub, V. Pres Fosses, 7 (✆ 0165 23 95 11). De la Porta Pretoria, descendez la Via Sant'Anselmo et prenez à droite sous un petit porche. Vous arriverez Via Pres Fosses, une rue sinueuse. Le pub est à gauche. Le personnel 100 % anglais et un grand choix de bières attirent une clientèle locale importante. On assiste parfois à des concerts. Guinness 4,50 €. Ouvert tlj 18h-2h. ❖

Vecchia Aosta, P. Pta. Praetoria, 4 (✆ 0165 36 11 86). La *mocetta el il lardo di Arnad con castagne al miele* (viande, lard et châtaignes, 7,50 €) est particulièrement savoureuse. Egalement au menu, de délicieuses crêpes aux asperges et au fromage fondu. Ouvert Lu-Ma et Je-Di 12h30-14h30 et 19h30-22h. Cartes Visa, MC, AmEx. ❖❖

La cave de Tillier, V. de Tillier, 40 (✆ 0165 23 01 33). Tout près de la P. Chanoux, dans une petite allée qui part de la rue, sur la droite. Murs en vieilles pierres pour ce restaurant à la cuisine plus qu'honnête. *Primi* 6-10,50 €, *secondi* 7-16 €. Ouvert l'été tlj 12h-14h30 et 19h-22h30. Cartes Visa, MC.

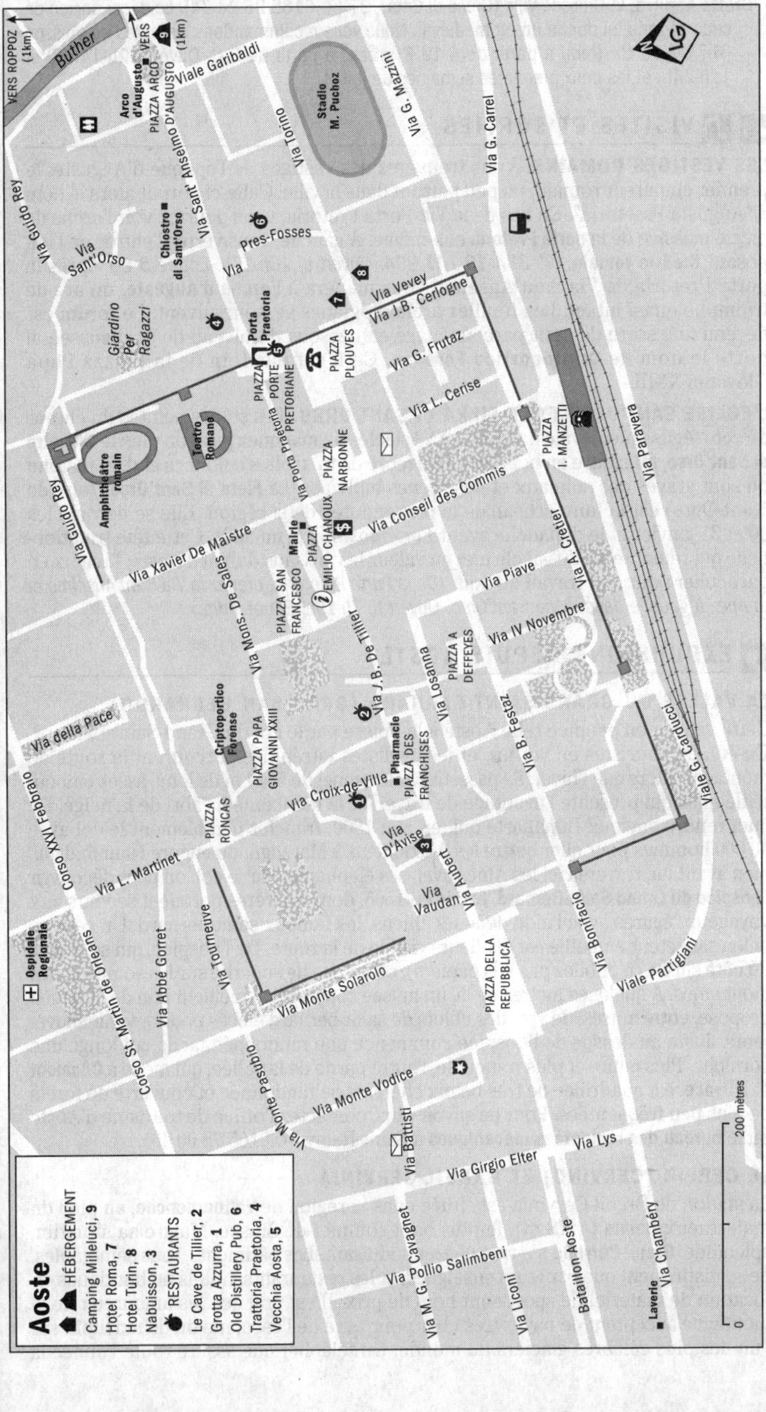
Aoste
HÉBERGEMENT
Camping Milleluci, 9
Hotel Roma, 7
Hotel Turin, 8
Nabuisson, 3
RESTAURANTS
Le Cave de Tillier, 2
Grotta Azzurra, 1
Old Distillery Pub, 6
Trattoria Praetoria, 4
Vecchia Aosta, 5
VERS ROPPOZ (1km)
VERS 9 (1km)
Buther
Arco d'Augusto
PIAZZA ARCO D'AUGUSTO
Viale Garibaldi
Stadio M. Puchoz
Via Torino
Via G. Mazzini
Via G. Carrel
Via Guido Rey
Via Sant'Orso
Chiostro di Sant'Orso
Via Sant Anselmo
Via Pres-Fosses
Giardino Per Ragazzi
Porta Praetoria
PIAZZA PORTE PRETORIANE
Via Vevey
Via J.B. Cerlogne
PIAZZA PLOUVES
Via G. Frutaz
Via L. Cerise
Amphithéâtre romain
Teatro Romano
Via Porta Praetoria
PIAZZA NARBONNE
PIAZZA I. MANZETTI
Via Paravera
Via Xavier De Maistre
Mairie
PIAZZA EMILIO CHANOUX
Via Conseil des Commis
Via Mons. De Sales
PIAZZA SAN FRANCESCO
Via Piave
Via A. Cretier
Via J.B. De Tillier
Via IV Novembre
Via Losanna
PIAZZA A DEFFEYES
Via della Pace
Criptoportico Forense
PIAZZA PAPA GIOVANNI XXIII
Pharmacie
PIAZZA DES FRANCHISES
Via B. Festaz
Viale G. Carducci
Corso XXVI Febbraio
PIAZZA RONCAS
Via Croix-de-Ville
Via D'Avise
Via L. Martinet
Via Vaudan
Via Aubert
Via Bonifacio
Ospidale Regionale
Corso St. Martin de Orleans
Via Abbé Gorret
Via Tourneuve
Via Monte Solarolo
PIAZZA DELLA REPUBBLICA
Viale Partigiani
Via Monte Pasubio
Via Monte Vodice
Via Battisti
Via Girgio Elter
Via Lys
Via M. G. Cavagnet
Via Pollio Salimbeni
Via Liconi
Bataillon Aoste
Laverie
Via Chambéry
0
200 mètres

ITALIE DU NORD

Grotta Azzurra, V. Croix-de-Ville (Croce di Città), 97 (© 0165 26 24 74). Le décor ancien de cette pizzeria lui donne un air médiéval. Nous vous recommandons les pâtes au poisson (6,71-7,75 €). *Primi* à partir de 4-19 €, pizzas à partir de 5 €. Ouvert 12h-14h30 et 19h-24h. et les deux premières semaines de juillet.

VISITES ET SORTIES

LES VESTIGES ROMAINS. Vous trouverez des vestiges de l'époque d'Auguste, le premier empereur romain, un peu partout dans la ville. Celle-ci portait alors le nom d'"Augusta Praetoria". En bas de la Via Porta Pretoria, vous pourrez voir l'arche de pierre massive de la **porte Pretoria** elle-même. A gauche, vous verrez l'entrée de l'imposant **théâtre romain**. *(© 334 16 747 994. Ouvert tlj 10h-17h. Entrée 5 €.)* Après la porte Pretoria, la Via Sant'Anselmo vous mènera à l'**arche d'Auguste**, un arc de triomphe quasi intact. Les fouilles archéologiques se poursuivent. Le forum est devenu une sorte de petit parc aménagé en dessous du niveau de la chaussée, il porte le nom de **Criptoportico Forense**. Ce n'est pas loin de la Piazza Papa Giovanni XXIII.

L'ÉGLISE SANT'ORSO ET LA FIERA DI SANT'ORSO. Les stalles peintes du chœur de cette église médiévale datent du XVe siècle. Ne manquez pas non plus le **Chiostro di Sant'Orso**, un cloître en bois sculpté décoré de très jolies colonnes et d'un plafond où sont gravés des animaux et des scènes bibliques. La **Fiera di Sant'Orso** (foire de Saint-Ours) est la foire artisanale la plus réputée de la région. Elle se déroule les 30 et 31 janvier et le dimanche avant *Ferragosto*, à la mi-août. Cette fête traditionnelle qui remonte au IXe siècle met en valeur les artisans du Val d'Aoste, fameux en particulier pour leur travail du bois. *(De la Porta Praetoria, prenez la Via Sant'Anselmo et tournez à gauche dans la Via Sant'Orso. Ouvert tlj 7h-19h. Entrée libre.)*

ITALIE DU NORD

EXCURSIONS DEPUIS AOSTE

LA VALLÉE DU GRAND-SAINT-BERNARD (GRAN SAN BERNARDO)

Cette vallée peu peuplée relie Aoste à la Suisse par le col du Grand-Saint-Bernard. En été, les touristes en voiture et les cyclistes intrépides parcourent la route de montagne, alors que l'hiver, ils passent par le tunnel de 5854 m de long, assez embouteillé mais qui présente l'avantage de traverser la montagne à l'abri de la neige. De quoi rendre envieux Bonaparte qui, en mai 1800, franchit péniblement le col avec 40 000 hommes pour aller battre les Autrichiens à Marengo, ou encore Hannibal qui, bien avant lui, traversa ici les Alpes avec ses éléphants. Sur le col, on peut découvrir l'**hospice du Grand-Saint-Bernard**, fondé en 1505, dont les frères portaient secours aux voyageurs égarés avec l'aide de leurs chiens, les fameux saint-bernard. Un célèbre chien sauveteur empaillé est d'ailleurs visible de la route. De l'hospice, qui se trouve du côté suisse (n'oubliez pas vos papiers), on a une vue superbe sur les sommets des montagnes. A quelques mètres de là, un musée consacré au meilleur ami de l'homme propose, entre autres, de voir des chiots de saint-bernard élevés pour devenir sauveteurs. Juste au-dessus de l'hospice commence une randonnée facile qui longe une corniche. Plus petite et plus tranquille, l'autre partie de la vallée, qui mène à **Ollomont** et à **Oyace**, est quadrillée de très beaux chemins de randonnée et couverte de forêts de pins peu fréquentées. Pour en savoir plus, contactez l'office de tourisme d'Aoste ou le **bureau des remontées mécaniques** à Saint-Remy (© 0165 78 00 46).

LE CERVIN (CERVINO) ET BREUIL-CERVINIA

La station de Breuil-Cervinia est située dans la région de **Valtournenche**, au pied du majestueux **Cervin** (4478 m), le plus haut sommet de Suisse. Malgré sa situation splendide, **Breuil-Cervinia** n'a rien de très séduisant. Les bâtiments, tous semblables, ne se distinguent que par leurs enseignes, et les restaurants, hôtels ou boutiques de location de matériel de sport sont hors de prix. Il est vrai que les amoureux de la montagne acceptent de payer très cher pour faire de l'escalade ou du ski alpin sur l'un des plus célèbres glaciers du monde. Un téléphérique assure toute l'année la liaison avec le **plateau Rosa** (a/r 18 €). Le ski est possible en hiver comme en été, où les skieurs troquent leur parka contre un maillot de bain. Quelques pistes traversent la frontière suisse. Les randonneurs peuvent tenter l'ascension (3h) du **Colle superiore delle Cime bianche** (2982 m), qui offre des vues grandioses sur le Val d'Ayas à l'est et le glacier du Cervin à l'ouest. Une marche de 1h30 sur le même sentier vous conduira aux eaux vert émeraude du **lac Goillet**. L'office de tourisme propose une bonne carte des randonnées, qui détaille ces parcours parmi bien d'autres. En face de l'office, la **Società Guide** (✆ 0166 94 81 69) peut vous fournir un guide de haute montagne chevronné et organiser des randonnées de groupe.

Des **bus** relient Breuil-Cervinia à Châtillon, sur la ligne de train Aoste-Turin (6 dép/j de 6h10 à 19h15, 2,30 €). Des bus directs partent tous les jours de la Piazza Castello de Milan pour Cervinia (durée 5h). D'autres partent pour **Turin** (durée 4h, dép. Lu-Sa à 6h45, 13h25 et 17h, Di à 18h, 7,80 €). L'**office de tourisme de Cervinia**, V. Giorgio Carrel, 29 (✆ 0166 94 91 36, www.montecervinia.it), n'est pas avare de brochures sur les forfaits d'hiver et d'été (ouvert tlj 9h-12h et 15h-18h30). Si vous êtes étudiant, renseignez-vous sur les **cartes universitaires**, qui donnent droit à une réduction de 10 % à 20 % sur le prix des remontées.

VAL D'AYAS

Le Val d'Ayas propose un domaine skiable aussi intéressant que ceux des vallées plus huppées de l'ouest, pour un coût bien moindre. A l'ombre de l'imposant **mont Rose** (Monte Rosa), cette vallée étroite propose les mêmes activités sportives qu'ailleurs (ski, randonnée et rafting), le snobisme en moins et l'authenticité en plus. Séjournez dans la ville de **Champoluc**, d'où vous pourrez faire d'excellentes randonnées, par exemple le sentier n° 14, qui mène au petit hameau de **Mascognoz**, un ensemble de chalets de bois habités par une dizaine de paysans (durée 45 mn). Des **trains** desservent quotidiennement **Verrès** depuis **Aoste** (17 dép/j de 6h35 à 20h40, durée 40 mn, 2,60 €), et **Turin** (durée 1h30). Des **bus** desservent **Champoluc** depuis la gare ferroviaire de Verrès (4 dép/j de 9h30 à 18h, durée 1h, 2,17 €). L'**office de tourisme** de **Brusson** (✆ 0125 30 02 40) et les plus petites agences de **Champoluc**, V. Varase, 16 (✆ 0125 30 71 13), et d'**Antagnod** (✆ 0125 30 63 35) distribuent des cartes de randonnée ainsi que des listes de lieux d'hébergement. (Ouvert tlj 9h-12h30 et 15h-18h.)

VAL DE COGNE (VAL DI COGNE)

Depuis la fermeture de ses mines de fer en 1970, Cogne vit essentiellement du ski de fond. En hiver, la ville offre un réseau de 80 km de **pistes de ski de fond** (forfait d'une journée 4,13 €). C'est aussi un des meilleurs sites au monde où pratiquer l'escalade sur glace (renseignez-vous auprès de la Società Guide à Aoste). Un téléphérique mène à quelques pistes et remontées mécaniques pour le **ski alpin** (a/r 5,16 €, 18,08 € le forfait d'une journée, 100 € le forfait de 7 jours comprenant le téléphérique). En été, la ville sert de porte d'entrée aux randonneurs qui veulent explorer les étendues sauvages et vierges de la plus grande réserve naturelle d'Italie, le **parc national du Grand Paradis (Gran Paradiso)**. Ce parc abrite près de 5000 bouquetins et vous pourrez y admirer le plus haut **glacier** italien (4061 m, d'autres glaciers particulièrement immenses étant, contrairement au Grand Paradis, à cheval sur le territoire de plusieurs pays), qui sépare le parc du reste du Val d'Aoste. Le **musée de la Mine** de Cogne (✆ 0165 74 92 64) se trouve près de la cité-dortoir où habitaient les mineurs. Vous pouvez vous passer de regarder le film, datant de la Première Guerre mondiale, qui décrit la joyeuse vie d'un mineur. En revanche, ne manquez pas d'observer le système de câbles qui servait à remonter le charbon.

Cogne est accessible depuis Aoste en **bus** (6 dép/j de 8h15 à 20h30, durée 1h). Le voyage à travers la vallée sèche, rocailleuse et plantée de pins en vaut la peine. Le bus s'arrête devant l'**office de tourisme APT** de Cogne, P. Emilio Chanoux, 36 (✆ 0165 740 40 ou 0165 740 56), qui distribue des cartes du parc et donne des informations sur les transports et les randonnées. (Ouvert tlj 9h-12h30 et 15h-18h. En hiver : Lu-Sa 9h-12h30 et 14h30-17h30, Di. 9h-12h30.)

VALNONTEY

Construit dans une étroite vallée au fin fond du parc national, ce petit hameau offre une vue remarquable sur le mont Grand Paradis qui le surplombe. On peut le rejoindre depuis Cogne par le sentier n° 25, qui part de la rivière (45 mn de marche). En juin et en août, des **bus** relient Cogne à **Valnontey** (1 dép/30 mn de 7h30 à 20h, 1,10 €, billets en vente dans le bus). Valnontey est apprécié pour ses magasins d'alimentation (*alimentari*), ses hôtels deux étoiles et le **Giardino Alpino Paradisia**. L'idée de construire ce jardin botanique à 1700 m d'altitude, au beau milieu d'un terrain nu et broussailleux, est née au cours du Festival de la montagne de Cogne en 1955, probablement après quelques verres de vin. Le jardin présente une grande variété de flore alpine (plus de 1000 essences), dont les plus rares spécimens de lichen. (Ouvert 15 Juin-15 Sep, tlj 9h30-12h30 et 14h30-17h30. Entrée 2,10 €.) Derrière le jardin botanique débute le sentier n° 6, qui mène à une étonnante chute d'eau. Entre juin et septembre, les campeurs auront le choix entre le **Camping Gran Paradiso** le **Lo Stambecco**. (Gran Paradiso © 0165 74 92 04. 5,16 € par personne, enfants 7-16 ans 3,62 €, gratuit pour les moins de 6 ans. 5,06 € pour la tente, la voiture et l'électricité. Laverie en libre service. Douche gratuite. Lo Stambecco © 0165 741 52. 4,91 € par personne, 3,10-3,62 € pour la tente et l'électricité.)

COURMAYEUR © 0165

La plus ancienne station de sports d'hiver des Alpes italiennes reste le terrain de jeux privilégié de la jet-set. Plus grand sommet d'Europe, le **mont Blanc** (Monte Bianco) en est, bien sûr, la principale attraction. Ses crêtes et ses neiges éternelles offrent aux vacanciers nombre de sentiers de randonnée et de pistes de ski. Malheureusement, les prix sont excessivement élevés pour des voyageurs au budget serré, les hôtels affichent complet hiver comme été et les rues sont remplies de boutiques chic et de cars de touristes. La station est plus paisible en mai et en juin, lorsque les commerçants prennent leurs vacances.

TRANSPORTS ET INFORMATIONS PRATIQUES. Un seul et énorme bâtiment, sur la **Piazza Monte Bianco**, abrite tous les organismes utiles au voyageur. Sur cette place, les **bus** qui partent de la **gare routière** (© 0165 84 20 31, ouvert tlj 7h30-20h30) desservent **Aoste** (1 dép/h de 4h45 à 20h45, durée 1h, 2,48 €) et **Turin** (4 dép/j de 8h à 16h, durée 3h30, 7,50 €). A droite de la gare, l'**office de tourisme APT** (© 0165 84 20 60, www.courmayeur.net) offre des cartes et son personnel parle anglais, allemand et français. (Ouvert Lu-Sa 9h-12h30 et 15h-18h30, Di. 9h30-12h30 et 15h-18h). Des **taxis** stationnent sur la Piazza Monte Bianco 24h/24 (© 0165 84 29 60, la nuit © 0165 84 23 33). En cas d'**urgence**, appelez le © 113 ou une **ambulance**, Strada delle Volpi, 3 (© 118). Il y a une **pharmacie** au n° 33 de la Via Roma (ouvert Lu-Sa 9h-12h30 et 15h-19h30). Pour **Internet** : **Ziggy**, V. Marconi, 15 (5,20 €pour 45 mn). Le **bureau de poste** (© 0165 84 20 42) est sur la Piazza Monte Bianco (ouvert Lu-Ve 8h15-13h40, Sa. 8h15-11h40). **Code postal** : 11013.

HÉBERGEMENT ET RESTAURANTS. Pour avoir une chambre en hiver, il faut réserver au moins six mois à l'avance. Prévoyez plutôt de dormir à Aoste, où les hôtels sont moins chers, et de passer simplement la journée à Courmayeur, car les hôtels bon marché y sont rares et difficiles d'accès. Cependant, si vous souhaitez passer la nuit sur place, la **Pensione Venezia**, V. delle Villete, 2 (©/fax 0165 84 24 61), en haut de la colline à gauche en partant de la Piazza Monte Bianco, propose 14 chambres simples et lumineuses avec un petit balcon et des salles de bains communes. (Petit déjeuner inclus. Chambre simple 28,91 €, chambre double 41,32 €.) Pour être vraiment au calme, allez au refuge **Cai-Uget** (© 0165 86 90 97), sur le mont Blanc, à Val Veny. Prenez le car à Courmayeur (sur la Piazza Monte Bianco) pour **Purtud**, direction La Visaille (15 dép/j), et regagnez le refuge à pied (30 mn) : il se trouve entre les deux arrêts de car. (Dortoir 25,68 €, demi-pension 30,99-36,15 €. Ouvert 15 Juin-30 Sep et de Déc. à la première semaine après Pâques.)

Pour manger, le plus économique est de pique-niquer. Au **Pastificio Gabriella**, Passaggio dell'Angelo, 2 (© 0165 84 33 59), vers le bout de la Via Roma, vous trouverez d'excellentes viandes froides, des salades de pâtes et des crêpes. Cependant, il vous faudra sûrement faire la queue pour être servi. (Ouvert Je-Ma 8h-13h et 16h-19h30, fermé deux semaines en juillet. Cartes Visa, MC.) **Il Fornaio**, V. Monte Bianco, 17 (© 0165 84 24 54), sert de délicieux pains et des pâtisseries. (Ouvert tlj 8h-12h30 et 16h-19h30.) Le mercredi est le **jour du marché** (8h30-14h) à Dolonne, un bourg à 1 km de Courmayeur.

La ville abrite quelques restaurants pratiquant des prix raisonnables. Ils servent une nourriture plus que copieuse, mais la plupart, hélas, ferment en été. **La Terraza**, V. Circonvallazione, 73, est ouvert toute l'année. En haut de la P. Monte Bianco, ce restaurant sert une cuisine typique du val d'Aoste, notamment de la fondue au lard garnie de châtaignes et de miel (12,91 €). Le menu trois-plats à 12 €a beaucoup de succès. (© 0165 84 33 30. *Primi* à partir de 9,30 €, *secondi* à partir de 13 €. Ouvert Je-Di 12h-14h15 et 19h30-22h.) Vous n'aurez pas de vue sur les montagnes à **La Boite**, S. Margherita, 14 (© 0165 84 67 94), mais profiterez de l'atmosphère paisible pour savourer une cuisine inspirée. (*Primi* 8-9,50 €, *secondi* 10,50-21 €. OUvert tlj 11h45-15h et 18h45-1h.)

SKI ET RANDONNÉE. Le prix des forfaits pour les remontées mécaniques varie en fonction de la saison : renseignez-vous auprès de l'office de tourisme pour avoir un tarif précis. (Forfait de 6 jours 126-169 € en haute saison.) Les brochures *Courmayeur* et *Settimane Bianche* donnent des indications sur les locations de skis et les forfaits.

Au XIXe siècle, les gentlemen anglais effectuaient le **Giro del Monte Bianco** ("tour du mont Blanc") en deux ou trois jours. Avec le flegme et l'ironie qui les caractérisaient, ils appelaient cela le "tour des voyageurs les moins aventureux". Aujourd'hui, les guides — plus réalistes — recommandent d'y consacrer au moins une semaine. Le chemin contourne le mont Blanc par Chamonix et Courmayeur, puis continue en Suisse. Refuges et hôtels-dortoirs ponctuent le trajet à cinq ou six heures d'intervalle (15,50-18,08 € par personne). Vous pouvez également faire des randonnées plus courtes : un segment de la piste principale représente une bonne journée de marche et deux autres segments prennent aisément deux jours. Attention : pour faire le tour du mont Blanc, il faut être un alpiniste expérimenté et se munir de l'équipement adéquat. Pour en savoir plus, adressez-vous au bureau des guides (voir plus loin). Une belle randonnée de six heures vous attend sur la route qui remonte la vallée, au-delà du **Rifugio Elisabetta**. Le sentier (indiqué par un "2" dans un triangle) bifurque à gauche et grimpe jusqu'au **col des Chavannes** (2603 m). La piste longe alors le mont Perce, sous la crête, jusqu'au mont Fortin (2758 m, vue imprenable), avant de redescendre jusqu'au lac Combal.

Les deux plus petites vallées de Courmayeur, Val Veny et Val Ferret, naissent au pied du mont Blanc et permettent de belles randonnées. Les bus **SAVDA** desservent les deux vallées : renseignez-vous à l'office de tourisme, où vous trouverez la brochure *Sept itinéraires autour du mont Blanc, dans Val Veny et Val Ferret*. Il est bien entendu indispensable de se munir d'une carte lorsqu'on explore les chemins de montagne. Vous en trouverez à la **librairie La Buona Stampa**, V. Roma, 4 (© 0165 84 67 71, ouvert tlj 9h-13h et 15h30-19h30). Pour trouver un guide et obtenir des renseignements, allez à l'**Ufficio delle Guide** (© 0165 84 26 04), P. Abbé-Henri, 2, à gauche derrière l'église. (Ouvert tlj 9h-12h30 et 15h-19h30, en hiver Ma-Di 9h-19h). Le bureau abrite également un **musée de l'Alpinisme** qui présente du matériel ancien et de superbes photographies d'expéditions historiques. (Ouvert Ma-Di 9h-19h. Entrée 2,58 €, enfants 8-12 ans 1,55 €.)

Vous pouvez également effectuer le trajet par la voie des airs, grâce au téléphérique ❤ **Funivie del Monte Bianco**, qui mène au **Punto Helbronner** (3462 m), puis à **Chamonix**. Du sommet, vous pourrez jouir de superbes points de vue sur le **Cervin**, le **Grand Paradis** et le **mont Rose.** Les téléphériques partent de La Palud, près de Val Ferret (à 10 mn en bus de Courmayeur, 1,55 €). Ils font plusieurs arrêts dans la montagne (a/r pour Punto Helbronner 29,50-32,50 €, en été seulement) avant d'arriver à Chamonix. Pour en savoir plus, appelez le © 0165 899 25 ou le © 0165 891 96 ou allez sur www.montebianco.com. Pour d'autres **excursions dans la nature** (*accompagnatori della natura*), contactez Cristina Gaggini et Claudia Marcello (✆ 368 73 45 407 ou 0165 84 28 12).

VÉNÉTIE (VENETO)

LES INCONTOURNABLES DE VÉNÉTIE (HORS VENISE)

PROMENEZ-VOUS dans la chapelle des Scrovegni à **Padoue** et appréciez les splendides fresques murales réalisées par Giotto.
DÉCLAREZ-VOUS sous le balcon de Juliette à **Vérone**.
DÉCOUVREZ le génie de l'architecte Palladio à **Vicence** et dans les environs, notamment à la célèbre **Villa Rotonda**.

La Vénétie s'étend des Alpes autrichiennes à la vallée fertile du Pô et à son delta, en passant par les Dolomites et les Préalpes vénitiennes. Cette région englobe une extraordinaire variété de reliefs ainsi qu'une multitude de villes et de villages très différents culturellement, bien qu'autrefois tous dominés par l'Empire vénitien. Dans les villes du Nord, qui se trouvaient alors rattachées à l'Autriche voisine, des dialectes régionaux ont fleuri, témoignant du relatif isolement dans lequel ces villes se sont développées. La Vénétie se flatte de posséder sa propre gastronomie. Riche de ses diversités, elle surprendra plus d'un touriste généralement obnubilé par Venise, la *bella* du nord.

PADOUE (PADOVA) ✆ 049

Padoue mélange les genres : des étudiants chargés de livres traversent les *piazze* débordant de sculptures anciennes. Quoique sérieusement mise à mal par l'invasion lombarde en 602 de notre ère, la cité ne perdit pas de temps pour devenir l'un des grands centres intellectuels d'Europe. L'université, fondée en 1222, est la plus ancienne d'Italie après celle de Bologne. Des sommités comme Dante, Pétrarque, Galilée, Copernic, Mantegna, Giotto et Donatello contribuèrent à donner à Padoue sa réputation de centre intellectuel et artistique. Aujourd'hui, la ville est un foyer universitaire actif et vaut vraiment le détour.

TRANSPORTS

La situation de Padoue, située sur les lignes de chemin de fer Venise-Milan et Venise-Bologne, ainsi qu'un réseau complet de bus interurbains font de la ville un point de chute très commode pour tous les itinéraires touristiques dans la région.

Train : P. Stazione, à l'extrémité nord du Corso del Popolo, le prolongement du Corso Garibaldi. Ouvert 5h-24h. Consigne disponible. Trains à destination de : **Bologne** (1-2 dép/h de 4h22 à 22h41, durée 1h30, 5,73 €), **Milan** (1 dép/h de 3h52 à 0h41, durée 2h30, 11,21 €) **Venise** (3-4 dép/h de 4h42 à 23h35, durée 30 mn, 2,40 €), **Vérone** (1-2 dép/h de 5h53 à 23h19, durée 1h, 4,45 €).

Bus : **SITA**, P. Boschetti (✆ 049 820 68 11). Depuis la gare, descendez le Corso del Popolo, tournez à gauche dans la Via Trieste, puis à droite dans la Via Porciglia. Ouvert Lu-Sa 5h30-20h30, Di 6h20-20h40. A destination de : **Montagnana** (1-2 dép/h, durée 1h, 3,40 €), **Venise** (2 dép/h, durée 45 mn, 2,20 €) et **Vicence** (2 dép/h, durée 1h, 3,10 €).

Transports en commun : **ACAP** (✆ 049 824 11 11). Les bus n° 8, n° 12 et n° 18 conduisent directement au centre-ville. Vous pouvez acheter les tickets à la gare ferroviaire (billet 0,85 €, valable un jour).

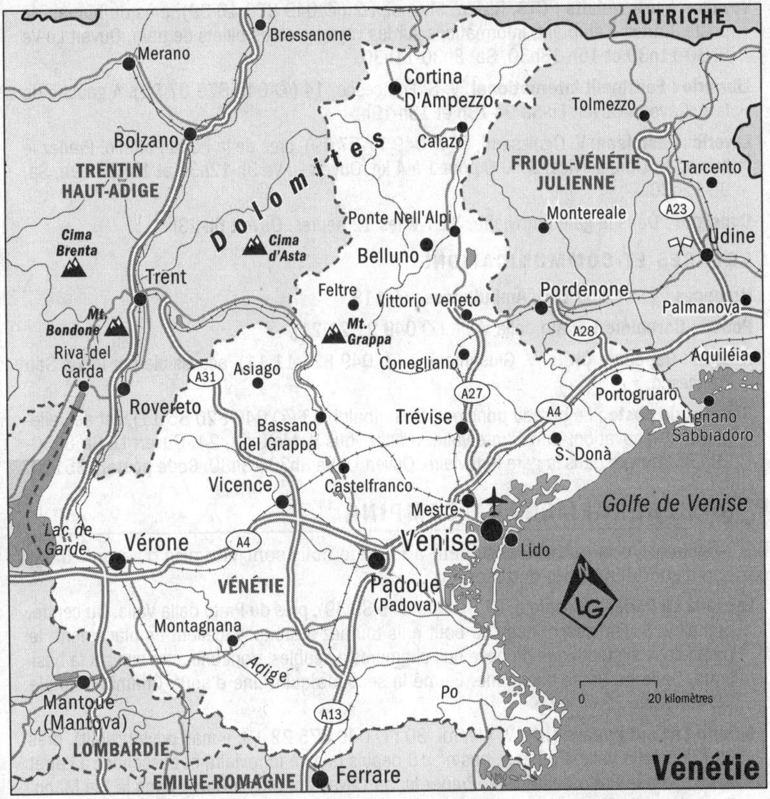

Taxi : Radio-taxi (© 049 65 13 33). Disponible 24h/24.

Location de voitures : **Europcar**, P. Stazione, 6 (© 049 875 85 90). Age minimal 21 ans. Ouvert Lu-Ve 8h30-12h30 et 15h-19h, Sa. 8h30-12h30. Cartes Visa, MC. **Maggiore Budget**, P. Stazione, 15 bis (© 049 875 28 52). Il faut avoir son permis de conduire depuis au moins un an. Ouvert Lu-Ve 8h30-12h30 et 14h30-18h30, Sa. 9h-12h.

ORIENTATION ET INFORMATIONS PRATIQUES

La gare se trouve à l'extrémité nord de la ville, juste à l'extérieur de l'enceinte qui date du XVIe siècle. Une petite marche de 10 mn le long du **Corso del Popolo** – qui se transforme en **Corso Garibaldi** – vous mènera au cœur de la ville moderne et commerçante. Le quartier de l'université, celui des **places** (Piazza della Frutta, Piazza dei Signori et Piazza delle Erbe), ainsi que celui de la **cathédrale** (duomo), sont piétonniers. La **Via del Santo** vous conduit à la **basilique Saint-Antoine**, dédiée au saint patron de Padoue.

Offices de tourisme : Dans la gare (© 049 875 20 77, fax 049 875 50 88). Vous y trouverez des plans, des brochures et des informations sur la fête du 13 juin, ainsi que la liste des hôtels (mais ils ne prennent pas de réservations). Ouvert Lu-Sa 9h15-19h et Di. 8h30-12h30. **Bureau principal**, P. Pedrocchi, 11 (© 049 876 79 27). Ouvert Lu-Sa 9h-13h30 et 15h-19h. **Annexe**, P. del Santo (© 049 875 30 87), de l'autre côté de la rue sur la droite, lorsque vous tournez le dos à la basilique.

Voyages à prix réduits : **CTS**, Riviera Mugnai, 22 (✆ 049 876 16 39), près du bureau de poste. Cartes d'étudiant, informations sur les voyages et les billets de train. Ouvert Lu-Ve 8h30-11h30 et 15h-18h30, Sa. 8h30-11h30.

Librairie : **Feltrinelli international**, V. S. Francesco, 14 (✆ 049 875 07 92). A gauche de la V. Cavour. Ouvert Lu-Sa 9h-13h et 15h-19h.

Laverie : **Fastclean**, V. Ognissanti, 6 (✆ 049 77 57 59), près de la Porta Portello. Prenez le bus n° 9. Libre-service. 3,70 € pour 1 à 4 kg. Ouvert Lu-Ve 9h-12h30 et 15h15-19h, Sa. 9h-12h30.

Consigne : Dans la gare ferroviaire. 3,87 € les 12 heures. Ouvert 6h-23h.

URGENCES ET COMMUNICATIONS

Urgences : ✆ 112 ou 113. **Ambulances** : ✆ 118.

Police : **Carabinieri**, Prato della Valle (✆ 049 21 21 21).

Hôpital : **Ospedale Civile**, V. Giustiniani, 1 (✆ 049 821 11 11), accessible par la Via San Francesco.

Bureaux de poste : Le bureau principal, C. Garibaldi, 33 (✆ 049 820 85 11), est actuellement en rénovation. dans l'intervalle, rendez-vous V. Matteoti, 24. Ouvert Lu-Sa 8h30-18h30. **Annexe** dans la gare ferroviaire. Ouvert Lu-Sa 8h30-13h30. **Code postal** : 35100.

HÉBERGEMENT ET CAMPING

Les logements bon marché abondent à Padoue mais sont vite pris d'assaut. Il est par conséquent essentiel de réserver.

Locanda La Perla, V. Cesarotti, 67 (✆ 049 875 89 39), près du Prato della Valle. Du centre, prenez V. S. Francesco jusqu'au bout puis tournez à droite. Excellent emplacement. le propriétaire sympathique propose huit chambres agréables, dont une avec vue sur la basilique. Salle de bains commune. Fermé la seconde quinzaine d'août. Chambre simple 28 €, double 38 €. ❖❖❖

Ostello Città di Padova (HI), V. Aleardi, 30 (✆ 049 875 22 19, e-mail pdyhtl@tin.it), près du Prato della Valle. Prenez le bus n° 18 depuis la gare ferroviaire et descendez à l'arrêt situé après le Prato della Valle. Prenez la Via Cavaletto, puis à droite dans la Via Marin. Contournez l'église, puis prenez à gauche la Via Torresino : vous verrez alors le panneau de l'auberge. Tournez enfin à droite dans la Via Aleardi. L'auberge est sur la gauche. Beaucoup d'aménagements : machines à café et soda, téléphone, accès Internet (5,16 € l'heure), laverie (5 € la machine), pièce réservée à la lecture, salle de télévision. Le tout est très utilisé, mais correctement tenu. Toilettes "à la turque". Accessible aux handicapés. Douches, draps et petit déjeuner compris. Réception ouverte tlj 7h-9h30 et 16h-23h. Les chambres sont fermées entre 9h30 et 16h. Les douches et les pièces communes sont fermées après 14h30. Couvre-feu à 23h. Réservez au moins une semaine à l'avance. Dortoirs de 8 lits 13,50 € par personne. Chambres familiales de 4-5 personnes, 13,50 €/pers. Cartes Visa, MC. ❖

Hôtel Al Santo, V. del Santo, 147 (✆ 049 875 21 31), près de la basilique. 16 chambres petites mais bien tenues et claires situées au-dessus d'un agréable restaurant. Toutes les chambres sont équipées du téléphone et d'une douche. Petit déjeuner inclus, menu au déjeuner ou au dîner 15 €. Chambre simple 52 €, chambre double 90 €, chambre triple 130 €. Cartes Visa, MC. ❖❖❖❖

Hôtel San Antonio, V. S. Fermo, 118 (✆ 049 875 13 93, fax 875 2508). Chambres basiques mais propres, dotées de grandes fenêtres, de la clim. et de la TV. Certaines ont vue sur la rivière. La décoration mêle meubles en bois anciens et design d'aujourd'hui. Petit déjeuner buffet 7 €. Chambre simple 60 €, double 78 €, triple 98 €, quadruple 116 €. Cartes Visa, MC. ❖❖❖❖

Hôtel Corso, C. del Popolo, 2 (✆ 049 875 08 22), au coin de la V. Trieste. Des chambres petites mais bien meublées, avec de belles vues. Toutes ont une salle de bains, la clim.

ITALIE DU NORD

et la TV. Réception ouverte 24h/24. Petit déjeuner buffet inclus. Chambre simple 78-85 €, double 103-124 €. Cartes Visa, MC, AmEx. ❖❖❖❖❖

Opera Casa Famiglia (ACISJF), V. Nino Bixio, 4 (✆ 049 875 15 54), juste après la Piazza Stazione. Quittez la gare en prenant sur la droite et tournez à gauche juste avant l'hôtel Monaco. Etablissement pour les femmes de moins de 30 ans uniquement. Salle d'étude et cuisine ouvertes la nuit. 30 lits. Couvre-feu à 22h30. Chambres doubles, triples et quadruples, toutes un peu fatiguées mais propres, 16 € par lit. ❖❖

Camping : **Sporting Center**, V. Roma, 123-125 (✆ 049 79 34 00). Prenez le train jusqu'à Montegrotto, à 15 km de Padoue. Depuis la gare, marchez tout droit et suivez les panneaux. Tennis, terrains de *beach-volley* et restaurant à proximité (réduction pour les clients du camping). Ouvert Mars-début Nov. Les prix varient nettement suivant la saison : 5,30-7,30 € l'emplacement, 7,20-10 € par voiture avec chambre. ❖

RESTAURANTS

Les **marchés** de Padoue se tiennent Piazza delle Erbe et Piazza della Frutta, le matin uniquement. Vous y trouvez des produits frais, ainsi que de la viande (stands le long de la rue et sous les arcades). Le supermarché **PAM**, Via Cavour sur la Piazza della Garzeria, bénéficie d'une situation commode, en plein centre-ville (ouvert Lu-Sa 8h-20h). **Franchin**, V. del Santo (✆ 049 875 05 32), est une épicerie fine réputée qui vend de la viande, des fromages, du pain et du vin (Ouvert Lu-Ma et Je-Di 8h30-13h30 et 17h-20h, Me 8h30-13h30.) Les amateurs de vin pourront goûter celui du domaine viticole **Colli Euganei**, ou tester le *Lambrusco* pétillant d'Emilie-Romagne. Les visiteurs de la basilique Saint-Antoine peuvent commettre un menu péché en goûtant le *dolce del santo*, un gâteau vendu dans la pâtisserie voisine.

❤ **Pizzeria Al Borgo**, V. Luca Belludi, 56 (✆ 049 875 88 57), à proximité de la basilique Saint-Antoine, à quelques pas de la Piazza del Santo (en direction du Prato della Valle). Rejoignez l'exubérante population locale pour un dîner en terrasse. La salade Lancelot, composée de chicorée et d'épinards, est délicieuse. Grandes pizzas à partir de 3,70 €, pizzas plus élaborées à partir de 6 €. Couvert 2 €. Réservation conseillée. Ouvert Lu et Me-Di 12h-14h30 et 19h-24h. Cartes Visa, MC, AmEx. ❖❖

❤ **Patagonia Ice Cream**, P. dei Signori, 27 (✆ 049 875 10 45). Du côté de la V. Dante. Des *gelatos* crémeuses à souhait. 0,90 € la boule. Ouvert tlj 11h30-13h et 15h-23h. ❖

❤ **Alexander Birreria Paninoteca**, V. San Francesco, 38 (✆ 049 65 28 84). De la basilique, prenez la Via del Santo jusqu'à la Via San Francesco et tournez à gauche dans celle-ci. Grande variété de sandwichs. Paninis 3-5 €. Ouvert Lu-Ve 10h-2h, Sa-Di 12h-2h. ❖

Trattoria Pizzeria Marechiario, V. Manin, 37 (✆ 049 875 84 89). Le personnel aimable sert d'immenses assiettes de pâtes à des prix tout petits. Pizzas et pâtes à partir de 4 €. Couvert 1,55 €. Ouvert tlj 12h-14h30 et 18h30-24h. ❖❖

Antica Trattoria Paccagnella, V. del Santo, 113 (✆ 049 875 05 49). Un endroit élégant et paisible. Bonne cuisine locale. *Primi* à partir de 4,80 €, *secondi* à partir de 6,80 €. Ouvert 12h-14h30 et 19h-22h. Cartes Visa, MC. ❖❖

Lunanuova, V. G. Barbarigo, 12 (✆ 049 875 89 07), dans le quartier de la cathédrale. Table végétarienne dans un lieu tranquille. Pâtes et plats du Moyen-Orient 4,50-5 €. Ouvert Ma-Sa 12h30-14h15 et 19h30-24h. ❖❖

VISITES

CINQ SUR CINQ. La **Carte Padova** (13 €) permet de visiter cinq des monuments les plus intéressants de la ville : la chapelle des Scrovegni, le Museo Civico agli Eremitani, le Palazzo della Ragione, le Caffè Pedrocchi's Piano Nobile et l'Oratorio San Michele. La carte permet également d'emprunter gratuitement le bus et offre des réductions chez les commerçants affiliés. Vous pouvez l'acheter à l'office de tourisme.

❤ **LA CHAPELLE DES SCROVEGNI (OU CHAPELLE ARENA).** Elle mérite à elle seule un pèlerinage à Padoue, elle se distingue en effet des autres chapelles italiennes par sa décoration intérieure. Elle contient un cycle remarquable de fresques de Giotto, terminées entre 1305 et 1306. Ces 38 panneaux, qui s'élèvent du plancher au plafond, sont parfaitement conservés. Ils illustrent la vie de Marie et de Jésus avec une rare intensité et forment l'une des œuvres d'art les plus importantes de l'époque. Le **Museo civico agli Eremitani**, adjacent, abrite une collection de peintures, ainsi qu'un surprenant crucifix de Giotto. *(P. Eremitani, 8. ✆ 049 820 45 50. Chapelle accessible uniquement via le musée. Musée ouvert Fév-Oct, tlj 9h-19h ; Nov-Janv 9h-18h. Entrée musée 9 €, entrée combinée musée et chapelle 11 €. Les billets s'achètent au guichet du Museo Civico ou sur internet www.cappelladegliscrovegni.it.)*

❤ **LA BASILIQUE SAINT-ANTOINE (IL SANTO).** Des sculptures de bronze de Donatello ornent le maître-autel. Au-dessus, on peut voir la *Crucifixion*, du même artiste, ainsi que d'autres fresques gothiques plus récentes. Le **tombeau de saint Antoine** se trouve à gauche lorsqu'on regarde l'autel. Il est difficile à manquer : témoignages écrits, remerciements et autres suppliques recouvrent ce qui constitue la destination finale des pèlerins qui investissent la basilique chaque année. On peut voir la mâchoire et la langue du saint dans l'arche centrale de la **Cappella delle Relinque** (chapelles des reliques), située au fond de l'église, juste en face de l'entrée principale. La mâchoire, sous verre, est encastrée dans la "tête" d'un buste en or du saint, et la langue est conservée dans un coffret doré (le "Reliquario della Lingua"), juste en dessous. Outre les cartes postales, vous pouvez envoyer des e-mails à Saint-Antoine (dearsaintanthony@mess-s-antonio.it), ou lui demander de retrouver votre parapluie puisqu'il est le saint patron des objets perdus. Une **exposition audiovisuelle** permanente relate la vie du saint. Depuis l'intérieur de l'église, suivez les panneaux "Mostra" qui vous feront traverser la cour jusqu'à l'entrée. L'**Oratorio di San Giorgio**, contigu, abrite des fresques de l'école de Giotto, au même titre que la **Scuola del Santo**, qui comprend trois œuvres du jeune Titien. *(P. del Santo. ✆ 049 824 28 11. Cathédrale ouverte Avr-Sep, tlj 6h30-19h45 ; Nov-Mars 6h30-18h45. Tenue correcte exigée. Mostra ouverte tlj 9h-12h30 et 14h30-18h. Audioguides disponibles à l'accueil. Oratorio et Scuola ✆ 049 875 52 35. Ouvert Avr-Sep, tlj 9h-12h30 et 14h30-19h ; Oct-Janv 9h-12h30 ; Fév-Mars 9h-12h30 et 14h30-16h30. Accessible aux handicapés. Entrée 2 €, étudiants 1,50 €.)*

LA STATUE DU GATTAMELATA. Au centre de la Piazza del Santo se dresse la statue équestre en bronze d'Erasme Gattamelata de Narni (un général vénitien connu pour son habileté et sa férocité), œuvre de Donatello. Dans la pure tradition Renaissance, Donatello réalisa la statue d'après le modèle équestre romain de Marc-Aurèle figurant au Campidoglio de Rome. Le visage de Gattamelata est empreint d'une sérénité qui contraste avec le caractère guerrier de la statue de Colleoni, réalisée dix ans plus tard, que vous pouvez admirer à Venise.

LE PALAIS DE JUSTICE. Dominant les étals du marché de la Piazza della Frutta, le gigantesque et étonnant **Palazzo della Ragione**, construit en 1218, a conservé l'essentiel de son aspect originel. Le long des murs, vous pouvez voir des signes astrologiques. Le plafond original, autrefois peint sur un fond de ciel étoilé, survécut à l'incendie de 1420 mais finit par s'effondrer lors d'une tornade en 1756. Il est toujours en cours de réparation. A droite de l'entrée se trouve la **Pierre de la honte**. Sous l'influence de saint Antoine de Padoue, la ville abolit en 1231 les peines de prison dans les affaires de dettes au profit d'une pratique originale : le débiteur, à moitié nu, était obligé de répéter une centaine de fois devant la pierre, et en public "*Cedo bonis*" ("je renonce à mes biens"). A l'extrémité du hall, un cheval de bois massif, attribué à tort à Donatello, occupe tout l'espace de la pièce. *(Entrée par la V. Febbraio, 8. ✆ 049 820 50 06. Ouvert Lu-Me et Ve-Di 9h-19h, Je 9h-23h. Entrée 8 €, étudiants 5 €.)*

L'UNIVERSITÉ. Le **campus universitaire** est disséminé d'un bout à l'autre de la ville mais a pour centre le **Palazzo Bò**. Le **Teatro Anatomico** (1594) fut le premier amphithéâtre d'anatomie d'Europe et accueillit de grands noms de la médecine, comme Vésale et William Harvey. Presque tous les nobles de Venise firent leurs études de

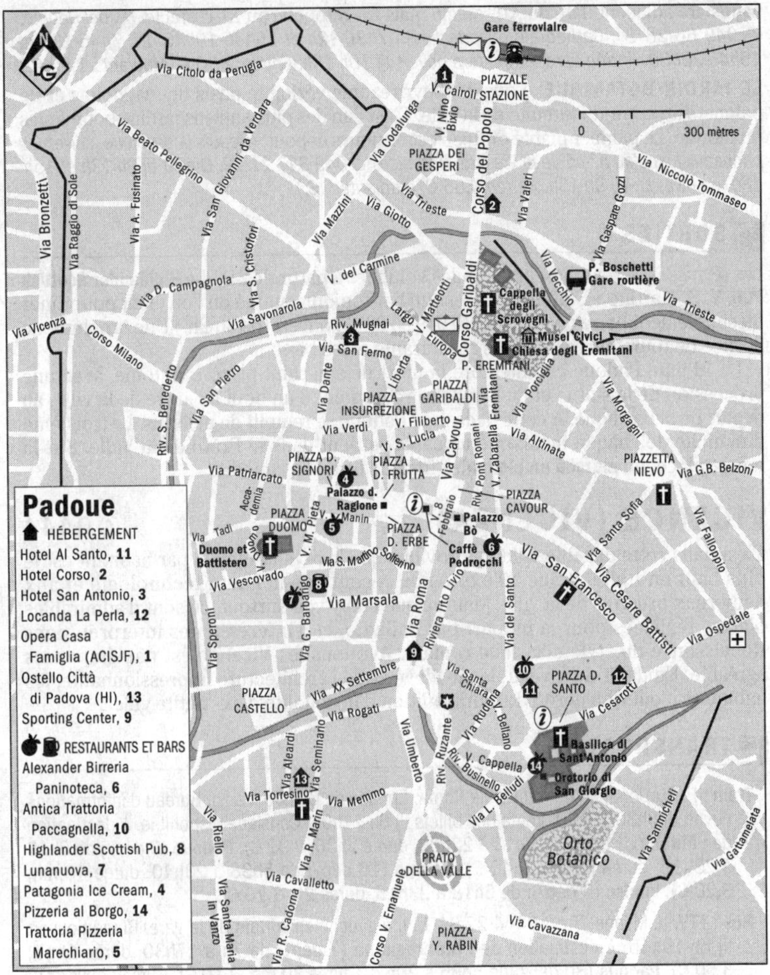

droit dans le **Grand Hall**. La "chaire de Galilée" est conservée dans la **Sala dei Quaranta**, où le savant donnait ses cours. Le ❤ **Caffè Pedrocchi**, de l'autre côté de la rue, servait de siège aux libéraux du XIXe siècle, partisans de Giuseppe Mazzini. Au tout début, la célèbre façade néoclassique du café n'avait pas de porte et était ouverte en permanence. Le conflit entre les étudiants et la police autrichienne qui eut lieu ici en février 1848 marqua un tournant dans la période du Risorgimento. Vous pourrez vous replonger dans cette atmosphère chargée d'histoire pour le prix d'un *cappuccino*. A l'étage, le **Piano Nobile** est un petit musée admirablement décoré. *(Palazzo Bò, P. delle Erbe. © 049 827 30 47. Visites guidées Lu., Me. et Ve. à 15h15, 16h15 et 17h15, et Ma., Je. et Sa. à 9h15, 10h15 et 11h15. 3 € la visite, 1,50 € pour les étudiants. Caffè Pedrocchi, V. VIII Febbraio, 15. Ouvert tlj 9h-1h. Piano Nobile ouvert Ma-Di 9h30-12h30 et 15h30-18h. Entrée 3 €.)*

LA CATHÉDRALE. Elle fut érigée entre le XVIe et le XVIIIe siècle. Michel-Ange aurait participé à sa conception. L'intérieur est entièrement blanc, seules les pointes des colonnes, grises, tranchent. Il n'y a aucune fresque, et juste quelques peintures. Le

baptistère adjacent date du XIIe siècle mais fut retouché au XIIIe siècle. *(P. del Duomo. © 049 66 28 14. Cathédrale ouverte Lu-Sa 7h30-12h et 15h45-19h45, Di. 7h45-13h et 15h45-20h30. Entrée libre. Baptistère ouvert tlj 10h-18h. Entrée 2,50 €, étudiants 1,50 €.)*

LE JARDIN BOTANIQUE. Vous découvrirez une véritable oasis de magnolias et de palmiers au cœur du tumulte de la ville. C'est l'un des plus anciens jardins botaniques du monde. Le palmier planté en 1585 est toujours debout. *(Depuis la basilique, suivez les panneaux jusqu'au n°15 de la Via Orto Botanico. © 049 827 21 19. Ouvert tlj 9h-13h et 15h-18h, en hiver Lu-Ve 9h-13h. Entrée 4,65 €, étudiants 1 €.)*

SORTIES

Les terrasses se remplissent de foules volubiles à partir de 21h. Le **Highlander Scottish Pub**, V. S. Martino e Solferino, 69, est un bar toujours animé où l'on vient pour dîner ou simplement boire des pintes. (© 049 65 99 77, ouvert tlj 19h-2h.) Une brochure de l'office de tourisme recense les restaurants et les bars.

Le 13 juin, Padoue commémore la mort de son saint patron, Antoine, avec une procession de la statue et de la mâchoire du saint d'un bout à l'autre de la ville, au départ de la basilique. A cette occasion, Padoue se remplit de pèlerins. Le troisième dimanche de chaque mois, une **brocante** se tient dans le Prato della Valle. Sur la même place, un **marché en plein air** s'installe tous les samedis.

VICENCE (VICENZA) ©0444

C'est dans cette paisible ville de province que le revenu moyen par habitant est le plus haut en Italie, grâce à l'explosion récente de la haute technologie et aux nombreux orfèvres de la ville. Mais ce que l'on y voit surtout, ce sont d'admirables places, réalisées pour la plupart par Palladio, et d'intéressantes interprétations Renaissance du style classique romain. Avouons-le : Vicence est une étape très agréable. En dépit du niveau de vie élevé et de l'architecture impressionnante, les habitants n'ont rien perdu de leur tradition d'hospitalité d'ex-"petite ville".

TRANSPORTS

Train : P. Stazione, au bout du Viale Roma. En face du Campo Marzo. Bureau d'informations ouvert tlj 8h30-19h30. Vente des billets tlj 6h-21h05. Consigne disponible. A destination de : **Milan** (21 dép/j de 6h13 à 22h02, durée 2h30, 8,99 €), **Padoue** (9 dép/j de 6h18 à 23h15, durée 30 mn, 2,40 €), **Vérone** (16 dép/j de 5h38 à 23h40, durée 40 mn, 3,20 €), **Venise** (2 dép/h de 6h18 à 23h15, durée 2h, 3,70 €).

Bus : **FTV**, V. Milano, 7 (© 0444 22 31 11), à gauche en sortant de la gare. Bureau ouvert tlj 6h-19h45. A destination de : **Montagnana** (7 dép/j de 7h à 17h30, durée 1h15, 3,50 €), **Padoue** (30 dép/j de 5h55 à 20h20, durée 30 mn, 3,10 €). Bureau ouvert Lu-Sa 6h-19h40, Di 6h15-19h40.

Taxi : **Radio-taxi** (© 0444 92 06 00). Un ou deux taxis sont généralement disponibles à chaque extrémité du Corso Palladio.

ORIENTATION ET INFORMATIONS PRATIQUES

Vicence occupe le cœur de la Vénétie. La gare ferroviaire et le terminal des bus interurbains se trouvent au sud de la ville. Pour gagner le centre-ville, aidez-vous du plan de la ville affiché à l'extérieur de la gare et engagez-vous dans le **Viale Roma**. Prenez le **Corso Palladio** (l'artère principale) à droite, après avoir atteint la fin de la Via Roma (au Jardin Salvi), tournez à droite et passez sous l'arche romaine. De l'autre côté, vous apercevrez la Piazza Castello. Marchez tout droit et vous rejoindrez le Corso Palladio. La **Piazza Matteotti** se trouve à l'autre bout de la rue, soit à quelques rues de là. Marchez tout droit jusqu'au vieux mur romain qui sert de porte au Théâtre Olympique. L'office de tourisme est situé juste à droite.

Office de tourisme : P. Matteotti, 12 (© 0444 32 08 54, www.vicenzae.org), près du Théâtre Olympique. Brochures utiles et plan de la ville indiquant les accès pour les handicapés. Le personnel parle anglais. Ouvert tlj 9h-13h et 14h-18h.

Voyages à prix réduits : **AVIT**, V. Roma, 17 (© 0444 54 56 77), avant d'atteindre le supermarché PAM. Billets BIJ et Transalpino. Location de voitures **Avis** et **Hertz**. Ce dernier possède également un bureau à la gare ferroviaire. Le personnel parle anglais. **CTS**, C. Ponta Nova, 43 (© 0444 32 38 64), près de l'église dei Carmini. Billets d'avion à prix réduits, voyages organisés et cartes ISIC. Le personnel parle anglais. Ouvert Lu-Ve 9h-12h30 et 15h-19h.

Change : Au bureau de poste. Il y a des **distributeurs automatiques** à la gare, sur la Contrà del Monte et un peu partout dans le centre.

Consigne : Dans la gare ferroviaire. 3,87 € les 24h. Ouvert tlj 9h-13h et 15h-19h.

Urgences : © 113. **Ambulances** : © 118.

Police : V. Muggia, 2 (© 0444 50 40 44).

Hôpital : **Ospedale Civile**, V. Rodolfi, 37 (© 0444 99 31 11).

Internet : **Gala 2000**, V. Roma, en face du supermarché PAM.

Bureau de poste : Contrà Garibaldi, 1 (© 0444 33 20 77), entre la cathédrale et la Piazza dei Signori. Ouvert Lu-Sa 8h30-19h30. **Change** jusqu'à 18h. **Code postal** : 36100.

HÉBERGEMENT ET CAMPING

Ostello Olimpico Vicenza, V. Giuriolo, 9 (© 0444 54 02 22, fax 0444 54 77 62). A droite du Théâtre Olympique et en face du Museo civico se tient l'hôtel, peint en jaune vif. 84 lits. La chambre la plus grande compte six lits. Murs aux couleurs éclatantes qu'éclairent de grandes fenêtres. L'hôtel dispose en plus de trois terrasses. Accessible aux handicapés. Petit déjeuner 1,55 €. Déjeuner ou dîner 9,50 €. Réception ouverte tlj 7h-9h et 15h30-23h30. 13,50 € par lit. ❖❖

Hôtel Vicenza, Stradella dei Nodari, 9 (©/fax 0444 32 15 12), dans la ruelle en face du Ristorante Garibaldi, juste à gauche. Chambres impeccables et situation centrale (vous aurez vue sur la place animée). Personnel agréable. 30 chambres. Les prix varient selon la saison. Chambre simple 44 €, chambre double 60 €. ❖❖❖❖

Hôtel Giardini, V. Giurolo, 10 (©/fax 0444 32 64 58), près de la P. Matteoto. De l'office de tourisme, tournez à droite. 18 chambres modernes et agréables avec TV satellite, salle de bains et minibar. Petit déjeuner inclus. Réception 7h-1h. Chambre simple 83 €, double 114 €, triple 119 €. Cartes Visa, MC, AmEx. ❖❖❖❖❖

Camping : **Campeggio Vicenza**, Strada Pelosa, 239 (© 0444 58 23 11, www.ascom.vi.it/camping). Totalement inaccessible sans voiture. Prenez la SS11 en direction de Padoue, tournez à gauche dans la Strada Pelosa et suivez les panneaux. Douches comprises. Laverie 5,50 €. Ouvert Mars-Sep. 6,50 € par personne, 7 € par tente avec une voiture. ❖

RESTAURANTS

Un **marché** découvert investit chaque jour la Piazza delle Erbe, derrière la basilique. Les mardi et jeudi matin, ayez du flair pour dénicher des victuailles au milieu des vêtements (très originaux) vendus sur la place centrale, non loin de la poste. Le marché du jeudi est le plus important et s'étend dans toute la ville. Vous y trouverez notamment du poulet, du fromage et du poisson. Pour des achats plus ordinaires, rabattez-vous sur le **Supermercato PAM**, Vle Roma, 1 (ouvert Lu-Ve 8h-20h).

❤ **Bruno Raffaello**, Contrà Manin, 11 (© 0444 52 60 01) près de la Piazza dei Signori. Spaghettis et *gnocchis* sont servis sous une véranda pleine de charme. Essayez la spécialité locale, la polenta aux champignons et au fromage (4 €). Couvert 1 €. Pâtes à partir de 4,50 €. Ouvert Je-Di 11h-16h, 18h-24h. Cartes Visa, MC, AmEx. ❖❖

ITALIE DU NORD

Zi'Teresa, Contrà S. Antonio, 1 (✆ 0444 32 14 11), derrière le bureau de poste. Une cuisine très variée et surprenante. Le menu de poisson (bar) est digne d'un festin (35 €, inclus les *antipasti*). Pizza à partir de 4 €. Menu trois-plats 25 €. Ouvert Lu-Ma et Je-Di 11h30-15h30 et 18h30-24h. Cartes Visa, MC, AmEx. ❖❖❖❖

Righetti, P. del Duomo, 3 (✆ 0444 54 31 35), avec une autre entrée Contrà Fontana, 6, est un self-service avec des tables en terrasse. *Primi* à partir de 2,50 €, *secondi* à partir de 4 €. Couvert 0,30 €. Ouvert Lu-Ve 9h-15h et 17h30-1h. Fermé en août. ❖

Soraru Sergio, Pta. Palladio, 17 (✆ 0444 32 09 15). Cette pâtisserie sert des desserts appétissants. Les morceaux de fraise dans la glace attestent de la fraîcheur des ingrédients utilisés. 2 boules 1,60 €. Ouvert tlj 8h30-13h et 15h30-22h. ❖

VISITES

Si vous souhaitez avoir une belle perspective sur Vicence et les nombreuses œuvres de Palladio, rendez-vous au **Piazzale Vittoria** du **Monte Berico**, une colline située non loin de la gare ferroviaire, en direction de la Via Risorgimento.

❤ **LE THÉÂTRE OLYMPIQUE.** Il s'agit de la dernière œuvre de Palladio, bien qu'il mourut avant de le voir achevé. Les rues et les allées labyrinthiques qui partent de la scène, ainsi que les statues très travaillées des murs du théâtre, ont l'air d'avoir été créées pour impressionner les visiteurs. *(P. Matteotti. ✆ 0444 32 37 81, www.olimpico.vicenza.it. Ouvert Juil-Aoû Ma-Di 9h-18h45 ; ferme à 16h45 le reste de l'année. Entrée 7 €, étudiants 4 €, comprend l'entrée au Museo Civico.)* Chaque année de juin à septembre, la ville organise au Théâtre Olympique des spectacles qui réunissent des talents locaux ou nationaux. *(✆ 0444 54 00 72. Entrée 10,33-18,08 €, étudiants 7,75-15,50 €.)*

❤ **LA PIAZZA DEI SIGNORI.** C'était le centre de la ville à l'époque où Venise la contrôlait. Sur l'un de ses côtés s'élève la splendide **basilique Palladiana** qui valut à Palladio une célébrité immédiate. En 1546, l'architecte réussit à convaincre son riche mécène, Gian Giorgio Trissino, de la nécessité de restaurer le palais de justice, alors bien mal en point. Palladio réussit là où de nombreux architectes avant lui avaient échoué. La diversité des colonnes dans les loggias jumelles cache ingénieusement la structure gothique irrégulière d'origine. La **Torre di Piazza**, à gauche, donne une idée de l'ancienne apparence de la basilique. De l'autre côté de la place, la **Loggia del Capitano** dénote un style palladien plus tardif. *(✆ 0444 32 36 81. Basilique ouverte Ma-Sa 10h-19h. Entrée 3-5 € lorsque des expositions ont lieu dans la basilique.)*

LE MUSEO CIVICO. Le **Palazzo Chiericati**, une villa construite par Palladio, abrite aujourd'hui le Museo civico. Sa vaste collection comprend quelques toiles de Bartolomeo Montagna (dont une belle *Madone*), une *Crucifixion* de Memling, le *Miracle de saint Augustin* du Tintoret, *Les Trois Ages de l'Homme* de Van Dyck et le *Ritratto Virile* de Veneto. *(Tout au bout du Corso Palladio, en face de l'office de tourisme et du Théâtre Olympique. ✆ 0444 32 13 48. Ouvert Juil-Aoû Ma-Di 10h-19h, ferme à 17h le reste de l'année. Les tickets s'achètent au Théâtre Olympique.)*

EXCURSION DEPUIS VICENCE : LES VILLAS PALLADIENNES

Villa Rotonda. ✆ 0444 32 17 93. Prenez le bus n° 8 jusqu'à l'arrêt Villa Rotonda. Ouvert 15 Mars-15 Oct. L'extérieur est ouvert Ma-Di 10h-12h et 15h-18h, entrée 3 €. L'intérieur est ouvert Me. 10h-12h et 15h-17h. Entrée 6 €.

La région de Vicence abonde en joyaux palladiens. L'expansion vénitienne vers l'intérieur des terres débuta à l'aube du XVe siècle et offrit ensuite à Palladio une occasion unique d'exercer ses talents d'architecte. Tandis que la suprématie maritime de Venise vacillait, les nobles commencèrent à se tourner vers l'acquisition de terrains fonciers. Le Sénat vénitien leur ordonna par décret de construire des villas plutôt que des châteaux pour empêcher l'apparition de petits fiefs indépendants. Il en résulta un grand nombre de véritables bijoux architecturaux.

Si la plupart des demeures palladiennes disséminées un peu partout en Vénétie sont difficiles d'accès, il existe cependant quelques belles villas aux alentours de Vicence. La ❤ **Villa Rotonda** est considérée comme l'une des plus belles réalisations architecturales de tous les temps. Ce chef-d'œuvre de Palladio servit d'ailleurs de modèle à nombre d'édifices français, anglais et américains. De l'autre côté de la rue, mais plus loin en direction de Vicence, se trouve la **Villa Valmarana "ai Nani"** ("des nains"), © 0444 54 39 76, un très bel édifice de petite taille situé au milieu d'une succession de jardins fleuris de forme circulaire. (Ouvert 15 Mars-5 Novembre Ma-Di 10h-12h et 15h-18h, entrée 6 €)

VÉRONE (VERONA) © 045

Si vous vous promenez sur le vieux pont romain, le Ponte Pietra, par un soir d'été, admirez le cours tranquille de l'Adige ainsi que les tours des châteaux et les campaniles des églises qui se profilent dans le lointain. Vous comprendrez alors pourquoi Shakespeare a situé son *Roméo et Juliette* à Vérone. Les portes de la ville et l'immense amphithéâtre témoignent de son lointain passé romain, tandis que le Pont des Scaliger, tout comme leurs tombeaux, rappelle l'ancienne gloire de la ville.

TRANSPORTS

Avion : Aeroporto Valerio Catullo (© 045 809 56 66, www.aeroportoverona.it), à 12 km du centre-ville. Des navettes relient la gare ferroviaire (toutes les 20 mn de 6h10 à 23h10, 3,62 €).

Train : P. XXV Aprile (© 045 800 08 61). Vente des billets tlj 5h50-21h30. Bureau d'informations ouvert tlj 7h-21h. Consigne disponible. A destination de : **Bologne** (1 dép/2h de 3h48 à 23h, durée 2h, 5,73 €), **Milan** (1 dép/h de 5h34 à 22h42, durée 2h, 6,82 €), **Rome** (5 dép/j de 6h12 à 23h, durée 5h, 32,95 €), **Trente** (1 dép/2h, durée 1h, 4,65 €) et **Venise** (1 dép/h de 5h40 à 22h38, durée 1h45, 5,90 €).

Bus : **APT** (© 045 800 41 29) P. XXV Aprile, dans un bâtiment gris en face de la gare, à droite du terminal des bus AMT. Ouvert Lu-Sa 6h-20h, Di 6h30-20h. A destination de : **Brescia** (1 dép/h, durée 2h, 5,30 €), **Montagnana** (3 dép/j, durée 2h, 4 €), **Riva del Garda** (17 dép/j, durée 2h, 5 €) et **Sirmione** (17 dép/j, durée 1h, 2,75 €).

Taxi : **Radio-taxi** (© 045 53 26 66). Service 24h/24.

Location de voitures : **Hertz** (© 045 800 08 32), **Avis** (© 045 800 06 63) et **Europcar** (© 045 59 27 59) sont regroupés dans la même agence à la gare. A partir de 48 € la journée. Réductions pour les locations de longue durée. Ouvert Lu-Ve 8h30-12h et 14h30-19h, Sa. 8h30-12h.

ORIENTATION ET INFORMATIONS PRATIQUES

Depuis la gare, marchez 20 mn en remontant le **Corso Porta Nuova**, ou prenez le bus n° 11, n° 12, n° 13, n° 72 ou n° 73 jusqu'au cœur de Vérone, l'**Arena** (c'est-à-dire l'amphithéâtre), située sur la **Piazza Brà** (ticket 0,93 €, forfait journée 3,10 €). Les plus belles parties de la ville sont contenues dans les méandres de l'**Adige**. La **Via Mazzini** relie l'Arena aux monuments de la **Piazza delle Erbe** et de la **Piazza dei Signori**. Le **Castelvecchio** est à l'ouest de la Piazza Brà, au bout de la Via Roma. L'**université**, le **Théâtre romain** et le **Jardin Giusti** se trouvent de l'autre côté du Ponte Nuovo.

Offices de tourisme : P. Brà-V. degli Alpini, 9 (© 045 806 86 80, info@tourism.verona.it). Ouvert Lu-Sa 9h-19h, Di 9h-15h. Il y a une autre agence à **l'aéroport** (©/fax 045 861 91 63). Une troisième agence se trouve dans la **gare ferroviaire**. Ouvert Lu-Sa 9h-18h.

Voyages à prix réduits : **CIT**, P. Brà, 2. En face de l'Arena, à gauche de la Via Mazzini quand vous tournez le dos à l'Arena. (© 045 59 17 88). **Change**. Ouvert Lu-Ve 9h-13h et 15h-18h30, Sa 9h-13h.

Librairie : **The Bookshop**, V. Interrato dell'Acqua Morta, 3a (✆ 045 800 76 14), près du Ponte Navi. Petite sélection de livres en français. Ouvert Lu 15h30-19h30, Me-Ve et Di 9h15-12h30 et 15h30-19h30, Sa 9h15-12h30.

Consigne : Dans la gare ferroviaire. 3 € les 12h.

Objets trouvés : V. del Pontiere, 32 (✆ 045 807 84 58), au poste de police.

Urgences : ✆ 113. **Ambulances** : ✆ 118.

Police : **Questura**, ✆ 045 809 04 11.

Pharmacies de garde : **Farmacia Due Campane**, V. Mazzini, 52. Ouvert Lu-Ve 9h10-12h30 et 15h30-19h30, Sa. 9h10-12h30. Pour avoir la liste des **pharmacies ouvertes 24h/24**, procurez-vous le journal *L'Arena* ou appelez le ✆ 045 801 11 48.

Hôpital : **Ospedale Civile Maggiore**, Borgo Trento, Piazza Stefani (✆ 045 807 11 11).

Internet : **Internet Train**, V. Roma, 17/a (✆ 045 801 33 94). Depuis la Piazza Brà, tournez à droite dans la Via Roma, le magasin se trouve deux rues plus loin sur la gauche. 14 ordinateurs haut débit. 5 € l'heure. Ouvert Lu-Ve 11h-22h, Sa-Di. 14h-18h. **Realita Virtuale**, V del Pontiere, 3/c. De la P. Brà, marchez le long du mur près de l'office de tourisme, puis tournez à droite sur la V. Pontiere. 4 € l'heure. Ouvert Lu-Ve 9h-13h et 15h-19h, sa 9h-12h.

Bureaux de poste : P. Viviani, 7 (✆ 045 805 93 11). Suivez la Via Cairoli qui part de la Piazza delle Erbe. Ouvert Lu-Sa 8h10-19h. **Autre bureau** Via Cattaneo, 23 (✆ 045 805 99 11). **Code postal** : 37 100.

HÉBERGEMENT ET CAMPING

Les petits hôtels bon marché de Vérone affichent vite complets. Aussi, les réservations sont-elles fortement conseillées, surtout pendant la saison lyrique (30 Juin-3 Sep).

Ostello della Gioventù (HI), "Villa Francescatti", Salita Fontana del Ferro, 15 (✆ 045 59 03 60, fax 045 800 91 27). Depuis la gare, prenez le bus n° 73 ou le bus de nuit n° 90 jusqu'à la Piazza Isola, au nord-est de la ville. A pied, depuis l'Arena, empruntez la Via Anfiteatro, qui devient la Via Stella puis la Via Nizza avant de croiser le Ponte Nuovo. Continuez le long de la Via Carducci et tournez à gauche dans la Via Interrato dell'Acqua Morta jusqu'à la Piazza Isola. Suivez les panneaux jaunes indiquant "Ostello della Gioventù" en montant la colline. Cette auberge, située dans une villa du XVIe siècle, offre des dortoirs impeccables et une ambiance communautaire. Marchez sur les carrelages gris blanc immaculés de ses agréables patios. Douches chaudes (jusqu'à 23h), petit déjeuner et draps compris. Dîner avec plats végétariens 7,50 €. Séjour de 5 jours au maximum. Les chambres sont disponibles à 17h. L'établissement est fermé de 9h à 17h. Couvre-feu à 23h, avec permission spéciale pour les personnes qui vont à l'opéra. Pas de réservations. Chambres familiales, dortoirs de 6, 7 ou 36 lits. Dortoir 12,50 € par personne, chambre familiale 13,50 € par personne. ❖

Albergo Ciopeta, V. L. Teatro Filarmonico, 2 (✆ 045 800 68 43, fax 803 37 22). L'hôtel compte cinq chambres et un restaurant attenant. Toutes les chambres ont la clim. Salle de bains commune. Petit déjeuner inclus. Réservation nécessaire. Chambre simple 45 €, double 75 €, triple 100 €. Cartes Visa, MC, AmEx. ❖❖❖❖

Locanda Catullo, V. Catullo, 1 (✆ 045 800 27 86, fax 59 69 87). Caché au bas d'une allée étroite, au cœur d'un quartier à la mode, entre la Piazza Brà et la Piazza delle Erbe. Empruntez la Via Mazzini et continuez jusqu'au n° 40. Là, prenez la Via Catullo, puis le Vicolo Catullo à 20 m à gauche. Etablissement chaleureux. 21 chambres. Chambre simple 40 €, chambre double 55 €, avec salle de bains 65 €, chambre triple 81 €, avec salle de bains 96 €. Paiement en début de séjour demandé. ❖❖❖❖

Casa della Giovane (ACISJF), V. Pigna, 7, au 2e étage (✆ 045 59 68 80, fax 045 800 59 49), dans le centre historique. Depuis la Piazza delle Erbe, remontez le Corso Sant'Anastasia et prenez le Vicolo Santa Cecilia à gauche. Une fois au bout, tournez à gauche dans la Via Augusto Verità, perpendiculaire à la Via Pigna, que vous prendrez sur la gauche. Il y a un petit panneau. La cour est calme. Chambres lumineuses, certaines avec vue sur les toits de Vérone. Etablissement réservé aux femmes. Réception ouverte 8h30-22h30. Couvre-feu à 23h. Si vous avez des billets d'opéra, le propriétaire vous laissera rentrer plus tard. 60 lits. Dortoir 11,50 €, chambre simple 15,50 €, chambre double 26 €, avec salle de bains 31 €. ❖

Hôtel Mastino, C. Porta Nuova, 16 (✆ 045 59 53 88, www.hotelmastino.it). Etablissement haut de gamme, flambant neuf et bien équipé. Les chambres ont toutes une salle de bains, la clim., la TV et un minibar. Petit déjeuner inclus. Chambre simple 130 €, double 160 €, triple 190 €. Cartes Visa, MC, AmEx. ❖❖❖❖❖

Hôtel Europa, V. Roma, 8 (✆ 045 59 47 44, www.veronahoteleuropa.com). Le décor "aquatique" des chambres est assez convaincant. Chambres avec salle de bains, clim., TV et minibar. Petit déjeuner inclus. Chambre simple 100 €, double 155 €, triple 185 €. Réductions pouvant aller jusqu'à 40 % l'hiver. Cartes Visa, MC, AmEx. ❖❖❖❖❖

RESTAURANTS

Vérone est réputée pour ses vins : le *soave* (blanc sec), le *valpolicella*, le *bardolino* et le *recioto* (tous trois rouges). Les spécialités culinaires de la ville incluent les *gnocchis*, les pâtes aux haricots et les asperges de Rivoli. Les étals de la Piazza Isola proposent de meilleurs prix que ceux de la Piazza delle Erbe. Pour goûter aux différents vins, passez à l'**Osteria dal Zovo** (voir ci-après). Pour des victuailles plus consistantes et meilleur marché, allez au **supermarché Pam**, V. dei Mutilati, 3. (Ouvert Lu-Sa 8h-20h, Di 9h-13h30 et 15h-19h.)

❤ **Osteria dal Zovo**, Vicolo San Marco in Foro, 7/5 (✆ 045 803 43 69), près du Corso Porta Borsari. Le patron, accueillant, propose tous les vins imaginables, et aussi de la grappa tirée au tonneau. Comptez un minimum de 4,65 € pour une bonne bouteille. Demandez à Oreste de vous montrer le "Puits de l'Amour" ("Il Pozzo dell'Amore") qui se trouve dans une cour à proximité. Ouvert tlj 8h30-13h30 et 14h30-21h. ❖

❤ **Bottega del Vino**, V. Scudo di Francia, 3 (✆ 045 800 45 35), dans une rue à droite en venant de la Via Mazzini. Tournez à gauche à hauteur de la Banco Nazionale del Lavoro, la Bottega se trouvera alors juste sur votre gauche. Une trattoria vénérable et pleine de charme. Cave de 3000 bouteilles. Cet établissement propose de nombreux vins régionaux (à partir de 0,80 € le verre) ainsi que de la nourriture à déguster au bar. *Primi* à partir de 6,50 €, *secondi* à partir de 8 €. Ouvert Lu et Me-Di 10h30-15h et 18h-24h. Cartes Visa, MC, AmEx. ❖❖❖

Cantore, V. Alberto Mario, 2 (✆ 045 803 18 30), au bout de la Via Mazzini, à l'endroit où elle croise la Via Alberto Mario, près de la Piazza Brà. Le nouveau Cantore est l'une des meilleures pizzerias de Vérone. Les tables sont pleines dès le coucher du soleil, et ne désemplissent plus. La sauce est piquante, le fromage généreux, et la croûte délicieuse. Pizza à partir de 4,30 €, *primi* 6,80 €, *secondi* 8 €. Couvert 1,50 €. Ouvert Avr-Nov, Je-Ma 12h-15h et 16h-24h. Pendant le festival d'opéra, ouvert toute la nuit. Cartes Visa, MC, AmEx. ❖❖❖

Ristorante Greppie, V. lo Samaritana, 3 (✆ 045 800 45 77). Entre la V. Mazzini et la V. Cappello ; suivez les panneaux à partir de la Maison de Juliette. Sis dans une ruelle charmante, ce restaurant est l'endroit idéal pour un dîner en tête à tête. Cuisine véronèse traditionnelle. *Primi* à partir de 6,50 €, *secondi* à partir de 11,50 €. Couvert 3 €. Ouvert Ma-Di 12h-14h30 et 18h-22h30. Cartes Visa, MC, AmEx. ❖❖❖

Trattoria Al Pompiere, V. lo Regina d'Ungheria, 5 (✆ 045 803 05 37), au coin du restaurant Greppie. Une trattoria vieille de 90 ans qui sert une savoureuse nourriture régionale. L'intérieur en bois sombre est décoré des photographies des amis du patron. *Primi* 8-11 €, *secondi* 8-18 €. Ouvert Lu et Di 7h-22h30, Ma-Sa 12h30-14h30 et 19h-22h30. Cartes Visa, MC, AmEx. ❖❖❖

Caffè Tubino, C. Porta Borsari, 15d (✆ 045 800 95 02), près de la grande arche, à l'intersection de la Porta Borsari et de la Via Fama. Situé dans un palais du XVIIe siècle, ce minuscule établissement est spécialisé dans la préparation du café et du thé. Vous pourrez emporter chez vous quelques biscuits ou caramels ainsi qu'un échantillon de café Tubino, la propre marque de l'établissement. Cappuccino 1,20 €. Ouvert Lu-Sa 7h-23h. ❖

VISITES

Ô MON TRÉSOR. Si vous souhaitez économiser de l'argent, procurez-vous la **Carte Verona** (pass à la journée 8 €, pass de 3 jours 12 €). Elle offre l'accès à tous les musées, églises et sites touristiques, y compris le Jardin Giusti et le palais des Scaliger. Vous pouvez l'acheter dans tous les endroits concernés. Les églises disposent également de leur propre pass, couvrant l'entrée à la basilique, au *duomo*, à San Fermo, S. Zeno et S. Lorenzo (5 €, étudiants et seniors 4 €).

❤ **L'ARENA.** Cet amphithéâtre romain tient lieu d'**opéra** à la ville de Vérone. Par son histoire, son emplacement et son statut actuel, l'Arena peut être en un sens considéré comme le cœur emblématique de la ville. Erigé en l'an 100 de notre ère, ce majestueux amphithéâtre, aux marbres roses a survécu à un tremblement de terre qui détruisit une grande partie des murs extérieurs au XIIe siècle. Ses 44 rangées de gradins magnifiquement entretenus valent le détour. Ce n'est pas un musée, mais un centre vivant voué aux arts, où l'activité est incessante. Pour la liste des spectacles, voir **Sorties**. *(P. Brà. Infos ✆ 045 800 32 04, www.arena.it. Accessible aux handicapés. Ouvert Ma-Di 8h30-18h30, Lu 13h45-18h30. Entrée 3,10 €, étudiants 2,10 €.)*

LE ROMANTISME AU BALCON... Bienvenue à Vérone, célèbre pour avoir tenu le rôle de la ville dans *Roméo et Juliette*. Une fois à l'intérieur de la fameuse **Maison de Juliette (Casa di Giulietta)**, rendez-vous sur le balcon et faites-vous prendre en photo par des hordes de touristes. Après avoir joué un personnage de Shakespeare, parcourez l'histoire de ces pièces pratiquement vides et admirez les fresques et les peintures représentant les célèbres amoureux. Dans chaque pièce, les cheminées et les chaises vides donnent la désagréable impression que les occupants viennent juste de déménager. Malgré cela, des centaines de touristes hantent les lieux pour venir caresser une partie bien précise de l'éclatante statue de bronze représentant Juliette... sans oublier les amoureux d'aujourd'hui qui inscrivent leurs déclarations sur les briques de l'entrée, transformant ainsi le hall en scène internationale dédiée aux graffitis d'amour. Mais contrairement à la rumeur, les Dal Capello (les Capulet) n'ont jamais vécu ici. *(V. Cappello, 23 ✆ 045 803 43 03. Ouvert Lu 13h30-19h30, Ma-Di 8h30-19h30. Entrée 3,10 €, 2,10 € pour les étudiants.)* Vous pouvez également voir la **tombe de Juliette** et le **Museo degli Affreschi** (musée de la Fresque). *(V. del Pontiere, 5 ✆ 045 800 03 61. Ouvert Lu 13h30-19h30, Ma-Di 8h30-19h30. Entrée pour la tombe et le musée 2,60 €, étudiants 1,50 €.)* La **Maison de Romeo**, qui abrita longtemps la famille Montecchi (les Montaigu), se trouve V. Arche Scaligeri, 2, à l'angle lorsque vous quittez la Piazza dei Signori. Le monument, aujourd'hui propriété privée, n'offre rien d'autre à voir qu'une façade unie.

❤ **LA PIAZZA DELLE ERBE ET SES ENVIRONS.** La Piazza delle Erbe (c'est-à-dire la "place aux Herbes"), un ancien forum romain, est particulièrement colorée les jours de marché. Tout au bout, le **palais** baroque **Maffei** domine la place. Son centre est occupé par la **fontaine Madonna Verona**. Souvent dissimulée sous les parasols de bois des marchands de fruits se tient la **Berlina**, une structure de marbre à laquelle, au Moyen Age, on attachait les détenus pour les "bombarder" de fruits pourris. Le lion ailé perché sur la **colonne de Saint-Marc**, élevée en 1523, est le symbole de Venise. Tout à côté, vous pouvez faire du lèche-vitrines dans la **Via Mazzini**, pavée d'un marbre rose poli depuis des siècles par les pieds véronais, qui est la rue la plus chic de Vérone.

LA PIAZZA DEI SIGNORI. L'**Arco della Costa**, appelé "l'arche de la côte" en raison

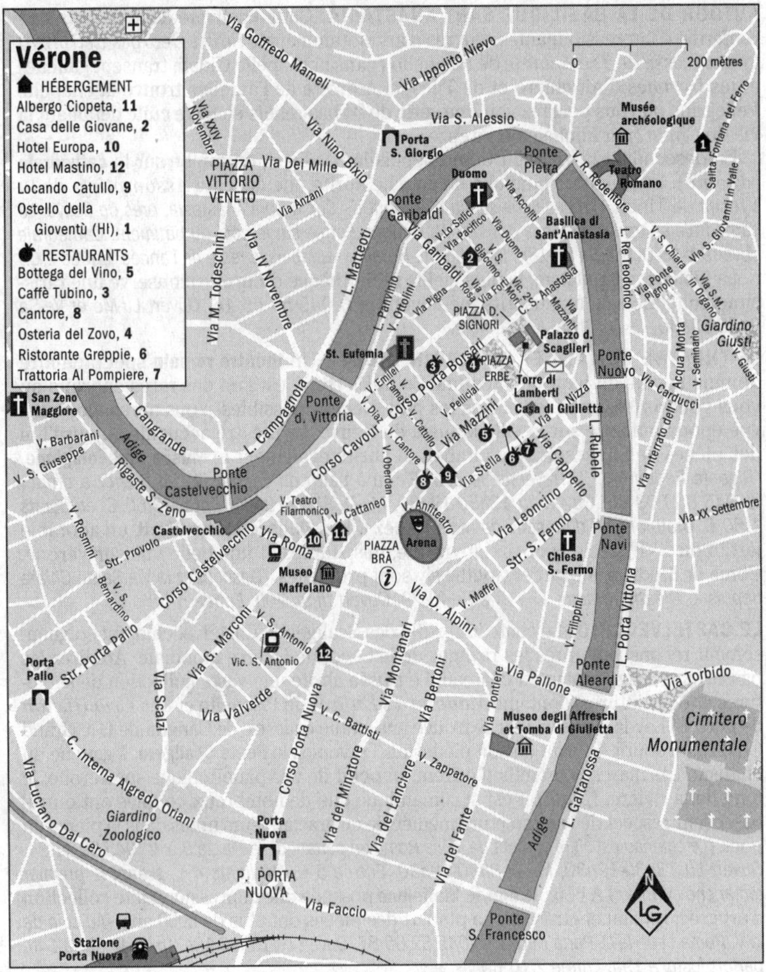

de la côte de baleine qui y est suspendue, sépare la Piazza delle Erbe de la Piazza dei Signori. D'après la légende, la côte tombera sur la première personne qui passera sous l'arche sans avoir jamais proféré le moindre mensonge. Les visites papales et royales n'ont rien changé à l'affaire : elle n'a pas bougé depuis mille ans. Une austère statue d'un Dante Alighieri contemplatif occupe le centre de la place. Les Scaliger (Della Scala), seigneurs de la ville de 1260 à 1387, s'avérèrent de très sensibles mécènes des arts. Le **palais des Scaliger**, alors résidence principale de la famille, se trouve en face de l'Arco della Costa (à la droite de Dante). Remarquez aussi la **Loggia del Consiglio** (1493), construite dans le style Renaissance vénitienne.

Bâtie en 1172 par une famille noble de Vérone, la ❤ **Torre dei Lamberti** offre ce qui est peut-être la plus belle vue de la ville. Quelques clochers percent çà et là une mer de toits rouges. Un ascenseur et un escalier en colimaçon mènent au sommet de la tour, à 83 mètres d'altitude. *(Torre dei Lamberti © 045 803 27 26. Ouvert Lu 13h30-17h30, Ma-Di 8h30-19h30. Montée par l'ascenseur 2,60 €, étudiants 2,10 €, par les escaliers 2,10 €.)* En passant par l'arche tout au bout de la Piazza dei Signori, on découvre les très médiévaux **tombeaux des Scaliger**.

AUTOUR DE LA BASILIQUE SANT'ANASTASIA. Cette basilique de style gothique renferme d'impressionnantes œuvres d'art, notamment le *Saint Georges délivrant la princesse de Trébizonde* de Pisanello (dans la chapelle Giusti, transept gauche) et les fresques d'Altichiero et de Turone. A droite de l'autel se trouve la chapelle Pellegrini, où vous pourrez voir une série de 24 bas-reliefs en terre cuite détaillant la vie du Christ (par Michele da Firenze).

En descendant la Via del Duomo depuis la basilique, on tombe sur la **cathédrale** (*duomo*). La première chapelle de gauche abrite une délicate *Assomption de la Vierge* de Titien. *(La basilique se situe au bout du Corso Sant'Anastasia, près du fleuve. La cathédrale se trouve plus bas dans la Via Duomo. Entrée sur le côté du bâtiment. Cathédrale ouverte Mars-Oct Lu-Sa 9h-18h, Di 13h-18h. Horaires variables le reste de l'année. Entrée 2 €.)*

La **Biblioteca Capitolare**, la plus vieille bibliothèque d'Europe, conserve une rarissime collection de manuscrits médiévaux. *(✆ 045 59 65 16. Ouvert Lu-Me et Ve-Sa 9h30-12h30, Je 16h-18h. Entrée libre.)*

LE THÉÂTRE ROMAIN ET LE JARDIN GIUSTI. Un **théâtre romain** spectaculaire domine la ville du haut de la colline Saint-Pierre. C'est l'un des rares endroits où vous voudrez réserver les places les plus élevées possibles. Vous aurez alors une vue époustouflante sur la ville au-delà du fleuve. Le théâtre accueille aujourd'hui des pièces de Shakespeare en italien. Il abrite également le **Musée archéologique**. *(Rigaste Redentore, 2. Traversez le pont Pietra à partir du centre-ville, et prenez à droite. ✆ 045 800 03 60. Ouvert Lu 13h30-19h30, Ma-Di 8h30-19h30. Entrée 2,60 €, étudiants 1,50 €. Gratuit le 1er dimanche du mois.)* Allez flâner dans le **Jardin Giusti**, un adorable jardin du XVIe siècle avec un labyrinthe, des statues et une belle vue sur Vérone. Côme de Médicis, Mozart et Goethe s'y sont promenés. *(Descendez la Via Santa Chiara depuis le Théâtre romain. ✆ 045 803 40 29. Ouvert tlj 9h-20h. Entrée 5 €.)*

ITALIE DU NORD

LE CASTELVECCHIO. Le château fortifié des Scaliger, le Castelvecchio, fut soigneusement reconstruit après les ravages de la Seconde Guerre mondiale. Admirez les passages et les parapets du château. Le **musée** abrite une vaste collection de sculptures et de peintures, dont une *Madone à l'Enfant* de Pisanello et une *Crucifixion* de Luca Di Leyda. Dans la cour se trouve une statue équestre de Cangrande I (le Grand Chien) qui sourit du haut de son piédestal. Traversez le **Ponte Scaligero**, à gauche du château. Les marches du milieu offrent un point de vue panoramique sur Vérone, le long de la rivière. L'endroit est si romantique que de nombreux couples ont outrepassé leur respect de l'architecture médiévale en gravant leurs noms dans la pierre du pont. *(Le château est situé au bout de la Via Roma en partant de la Piazza Brà. ✆ 045 59 47 34. Ouvert Lu 13h30-19h30, Ma-Di 8h30-19h30. Entrée 5 €, étudiants 4 €, gratuit le premier dimanche du mois.)* A côté, le **musée Maffeiano** possède une impressionnante collection d'art grec, romain et étrusque. La plupart des pièces ont plus de 2000 ans. *(Au coin de la V. Roma et de la C. Porta Nuova. ✆ 045 59 00 87. Ouvert Lu 13h30-19h30, Ma-Di 8h30-14h, parfois jusqu'à 19h. Entrée 2,10 €.)*

L'ÉGLISE SAINT-ZÉNON (SAN ZENO MAGGIORE). C'est l'un des plus beaux exemples d'architecture romane italienne. L'imposante église de brique consacrée au saint patron de Vérone l'emporte en beauté sur toutes les autres. Ne manquez pas les portes de bronze ornées de scènes de l'Ancien et du Nouveau Testament (XVIIe siècle). L'intérieur est remarquable pour son plafond de bois en forme de carène de bateau ainsi que pour sa crypte spacieuse. L'abside à étage abrite un retable Renaissance de Mantegna. *(Depuis le Castelvecchio, remontez vers le nord le long de l'Adige. Ouvert tlj 8h-12h et 15h-19h.)*

L'ÉGLISE SAN FERMO. Cette église du XIe siècle a été édifiée à l'endroit même où les deux martyrs, saint Fermo et saint Rustico, furent torturés à mort en l'an 304. Un escalier sur la droite mène à la crypte en marbre où reposent les dépouilles des deux chrétiens. *(Descendez la V. Cappello en direction de la P. Navi. L'église se trouve au bout, au coin de C. S. Fermo. Ouvert Mar-Oct Lu-Sa 10h-18h, Di 13h-18h. Horaires variables le reste de l'année. Entrée 2 €.)*

SORTIES

Vérone a réussi à tirer profit du ravissant marbre rose de son amphithéâtre romain pour accueillir un grand événement culturel annuel, le **Festival lyrique.** Plusieurs œuvres de Verdi ont récemment été jouées, notamment *Aïda* et *Rigoletto*. Le festival se déroule de fin juin à début août. Des ballets et des concerts de jazz ont également lieu dans l'amphithéâtre. (✆ 045 800 51 51. Les places non numérotées sur les marches en pierre du théâtre coûtent 19,50 € du dimanche au jeudi, 21,50 € le vendredi et le samedi. Places réservées 70-154 €. Arrivez au moins une heure à l'avance si vous n'avez pas réservé.)

Le **Théâtre romain** accueille des ballets et des représentations de pièces de Shakespeare (en italien) tous les étés de juin à septembre. Pendant une semaine en juin se tient le **festival Verona Jazz**. (Informations pour le festival de jazz ✆ 045 807 72 05 ou 045 806 64 85. Billets pour les deux manifestations 10,33-20,66 €.) Pour profiter gratuitement de la scène musicale de Vérone, participez aux **Concerti Scaligeri**, une succession de 40 concerts en plein air (jazz, blues, acoustique et classique) qui a lieu l'été.

Les boîtes de nuit se trouvent non loin de la ville. Prenez le bus n° 92 ou 94 depuis la gare, ou depuis le Castelvecchio, pour rejoindre le club le plus branché de Vérone, le **Berfi's Club**, V. Lussemburgo, 1. Vous aurez besoin d'un taxi pour rentrer. (✆ 045 50 80 24. Ouvert 23h-4h.) **Alter Ego**, V. Torricelle, 9, est tellement tendance que les bus ne s'y rendent même pas (✆ 045 91 51 30, ouvert 23h-4h).

TRÉVISE (TREVISO) ✆0422

Trévise (comme son nom l'indique : "trois visages"), capitale provinciale aux multiples facettes, est connue sous deux autres noms, *città d'acqua* ("ville d'eau") et *città dipinta* ("ville peinte"). La première appellation lui vient des ruisseaux issus de la rivière Sile qui arrosent les abords de la ville. La référence à la peinture provient, quant à elle, des façades ornées de fresques qui bordent les rues. Le troisième aspect propre à l'image de Trévise est certainement sa prospérité. Dans la ville natale de Benetton, la mode figure au premier plan. Les gens sont beaux et leurs vêtements encore plus. Quant à leurs chaussures, elles sortent des mains des dieux italiens du cuir. Venez faire du lèche-vitrines dans cet endroit étincelant, mais songez peut-être à d'abord égarer votre carte de crédit !

TRANSPORTS

Train : La gare se trouve Piazza Duca d'Aosta, juste au sud du centre-ville. En venant de la gare routière, prenez la Via Roma, à droite. Guichets ouverts 6h-21h. Gare ouverte 4h30-0h30. Trévise se trouve sur la ligne Venise-Udine. A destination de : **Trieste** (11 dép/j de 7h20 à 22h21, durée 2h30, 9 €), **Udine** (26 dép/j de 7h20 à 0h20, durée 1h30, 5,73 €) et **Venise** (42 dép/j de 4h38 à 23h35, durée 30 mn, 1,95 €). Pour aller à **Milan** et à **Padoue**, changez à Venise.

Bus : Lungosile Antonio Mattei, 21 (✆ 0422 57 73 60), à gauche juste avant que le Corso del Popolo ne traverse la rivière. Bureaux ouverts tlj 6h50-13h et 13h30-19h45. La ligne de bus **La Marca** (✆ 0422 41 22 22) dessert la Vénétie et les villas palladiennes. A destination de : **Padoue** (31 dép/j de 6h à 19h45, durée 1h30, 3,35 €), **Venise**, Mestre (45 dép/j de 4h10 à 22h45, durée 30 mn, 2,15 €) et **Vicence** (14 dép/j de 6h15 à 18h30, durée 1h30, 3,90 €).

ORIENTATION ET INFORMATIONS PRATIQUES

Trévise se trouve à 30 km de Venise à l'intérieur des terres. Les murs de la vieille ville, dont les contours ont été dessinés par les eaux de la rivière Sile, abritent le centre historique de Trévise (et la plupart de ses centres d'intérêt). Quand vous sortez de la gare, vous trouverez les bus **ACTT** (interurbains) de l'autre côté de la **Piazza Duca d'Aosta**. Prenez la **Via Roma** à gauche des bus pour échapper à ces murs

ITALIE DU NORD

en ruine et atteindre le centre-ville. Ici commence le **Corso del Popolo** qui traverse le fleuve et se dirige vers la **Piazza della Borsa**. De là, montez la **Via XX Settembre** pour admirer la magnifique **Piazza dei Signori**. C'est la plus belle place de Trévise qui, en plus, vous offre une superbe vue sur le **Palazzo dei Trecento**. Quant à la **Via Calmaggiore**, piétonnière, elle vous conduit jusqu'à la cathédrale.

Office de tourisme : **APT**, P. Monte di Pietà, 8 (© 0422 54 76 32, www.provincia.treviso.it), de l'autre côté du Palazzo dei Trecento lorsque vous venez de la Piazza dei Signori. Demandez le plan de la ville et la liste des excursions le long du Sile. Il est conseillé de réserver pour une promenade gratuite dans la ville (Mai-Déc Sa. 10h-12h). Ouvert l'été Lu. 9h-12h30, Ma-Ve 9h-12h30 et 14h-18h, Sa-Di 9h30-12h30 et 15h-18h.

Urgences : © 113. **Ambulances** : © 118.

Police : **Carabinieri**, V. Cornarotta, 24 (© 112). **Questura**, V. Carlo Alberto, 37 (© 0422 57 71 11).

Hôpital : **Ospedale Civile Ca' Foncello**, Ple Ospedale, 1 (© 0422 32 21 11).

Internet : **Attrazione Las Vegas**, V. Roma, 39 (© 0422 59 02 47), en haut d'une salle de jeux vidéo enfumée. 6,50 € l'heure. Ouvert 10h-24h, jusqu'à 1h le Sa.

Bureau de poste : P. Vittoria, 1 (© 0422 317 21 11). Situé dans un somptueux bâtiment au bout de la Via Cadorna, en sortant du Corso del Popolo. Ouvert Lu-Sa 8h10-19h. **Code postal** : 31100.

HÉBERGEMENT

Le niveau de vie élevé de Trévise a fait naître un grand nombre d'hôtels chic (chambre simple à partir de 40 €), mais très peu de logements à prix modérés… Il est donc conseillé de ne pas y séjourner. Si cependant vous êtes contraint d'y rester pour la nuit, vous trouverez à l'**Albergo Campeol**, P. Ancilotto, 4, bien situé derrière le Palazzo dei Trecento, les chambres, aux motifs jaune vif, les moins chères de la ville avec salle de bains, télévision et téléphone. (©/fax 0422 566 01. Petit déjeuner 5 €. Chambre simple 52 €, chambre double 83 €. Cartes Visa, MC, AmEx.) **Da Renzo**, V. Terragio, n'a pas le charme des chambres du centre-ville mais est accessible en bus depuis la gare (montez dans le bus n° 7, n° 8 ou n° 11 et demandez au chauffeur de vous arrêter à Da Renzo ou Borgo Saovoia, 0,74 €). Toutes les chambres ont une salle de bains, l'air conditionné et le téléphone. Petit déjeuner compris. (© 0422 40 20 68, www.sevenonline.it/darenzo. Chambre simple 48 €, chambre double 68 €.) Pour un établissement plus huppé, rendez-vous à l'**Hôtel Carlton**, Largo Porta Altinia, 15, à 2 minutes de la gare. Les chambres de ce quatre-étoiles ont la clim., la TV, un minibar et pas mal de cachet. Le petit déjeuner buffet est gargantuesque. (© 0422 41 16 61, www.hotelcarlton.it. Petit déjeuner inclus. Chambre simple 95-118 €, double 160-190 € Cartes Visa, MC, AmEx.)

RESTAURANTS

Trévise est réputée pour ses *ciliegie* (cerises), son *radicchio* (la trévise, une chicorée rouge) et surtout pour le ❤ tiramisu, un dessert succulent à base de biscuit imbibé de café et de liqueur et recouvert de *mascarpone* (un fromage doux) et de cacao. Les cerises abondent en juin, la trévise en décembre et le tiramisu tout au long de l'année. Pour goûter à ces délicieuses spécialités, rendez-vous au **marché** qui se tient tous les matins à l'arrêt "Stiore" des bus n° 2 et n° 11. Vous pouvez aussi faire vos provisions au **supermarché Pam**, V. Zarzetto, 12. **All'Oca Bianca**, V. della Torre, 7, dans une petite rue qui part de la Via Calmaggiore, se trouve un petit restaurant de quartier très animé. Bons plats de poisson. Si vous avez manqué la saison des cerises, l'eau-de-vie *ciliegie sotto grappa* vous en rappellera heureusement le goût. (© 0422 54 18 50. *Primi* 5-7 €, *secondi* et poissons 9-13 €. Couvert 1,55 €. Ouvert Lu-Ma et Ve-Di 12h30-14h15 et 19h30-22h15, Je 19h30-22h15. Cartes Visa, MC, AmEx.) Le buffet servi chez **Brek**, C. del Popolo, 23, permet de manger rapidement et sans se ruiner. (© 0422 59 00 12. Pâtes et salades 3-7 € Ouvert 11h30-15h et 18h30-22h. Cartes Visa, MC.) Si vous n'avez pas le temps d'attendre les *primi* et *secondi*, commencez par un dessert au **Nascimben**, V. XX Settembre, 3, le rendez-vous des gourmands. (✆ 0422 59 12 91, tiramisu 1,39 € les 100 g. Ouvert Lu-Sa 7h-19h.)

VISITES

LE PALAZZO DEI TRECENTO. Dominant la Piazza dei Signori, ce palais a été parfaitement reconstruit après le raid aérien de 1944 (survenu le vendredi saint) qui ravagea la moitié de la ville. On peut facilement repérer, grâce au marquage au sol, l'ancien emplacement des murs et de l'escalier avant le bombardement. La reconstruction d'après-guerre et le nouvel édifice se marient harmonieusement au paysage urbain. *(✆ 0422 65 82 35. Ouvert à l'occasion d'expositions.)*

LA CATHÉDRALE. La longue promenade de la Via Calmaggiore conduit, sous les arcades, à cette cathédrale forte de sept dômes et d'une façade néo-classique. La **chapelle Machiostro** fut rajoutée en 1519 et contient des fresques de Pordenone et l'*Annonciation* de Titien. Etrange association, lorsque l'on sait que les deux artistes étaient des ennemis jurés. *(Ouvert Lu-Je 9h-12h, Sa-Di 9h-12h et 15h-18h.)*

LE MUSEO CIVICO. Aussi connu sous le nom de **musée Bailo**, il abrite le *Sperone Speroni* de Titien et le *Portrait d'un dominicain* de Lorenzo Lotto. Au rez-de-chaussée, on peut voir des objets issus des fouilles archéologiques de Trévise, dont d'impressionnants disques de bronze du Ve siècle av. J.-C., originaires de Montebelluna. *(Borgo Cavour, 24. ✆ 0422 59 13 37. Ouvert Ma-Sa 9h-12h30 et 14h30-17h, Di. 9h-12h. Entrée 1,55 €.)*

VENISE (VENEZIA)

LES INCONTOURNABLES DE VENISE

ADMIREZ la manière dont le soleil d'après-midi enflamme les mosaïques d'or de la **basilique Saint-Marc**. Et le soir venu, allez danser au son des vieux tubes sur la place la plus célèbre d'Italie, la **place Saint-Marc**.

PROMENEZ-VOUS dans les rues calmes et le long des canaux du **Dorsoduro**.

DÉCOUVREZ le mysticisme du Tintoret dans la **Scuola grande di San Rocco** puis continuez vers la **basilique dei Frari** pour découvrir les œuvres sensuelles de son rival jaloux, Le Titien.

PRENEZ un *vaporetto* pour vous rendre au petit village de pêcheurs de **Burano** et contemplez ses façades pastel et ses dentelles traditionnelles.

La décadence de Venise lui confère un charme fou. Vous pouvez en effet admirer ses gigantesques palais se dressant fièrement sur un immense réseau de bois et écouter l'eau trouble de ses canaux clapoter aux portes des maisons abandonnées. Dieu sait que ce genre de romantisme est précieux dans cette ville où les gondoles voguent aujourd'hui aux côtés de canots à moteur diesel, et où les grues sont plus nombreuses dans le ciel que les clochers ! Son lent déclin fut néanmoins précédé de belles réussites. Fondée au IXe siècle par des habitants de la Vénétie fuyant les invasions "barbares", Venise acquiert dès le XIe siècle, grâce à sa puissance maritime et à ses relations privilégiées avec Constantinople, une place de choix dans le commerce entre l'Orient et l'Occident. C'est en effet par Venise que transitent l'or, la soie, les épices et le café. Après la conquête de Constantinople en 1204, la ville étend rapidement son pouvoir autour de l'Adriatique, notamment sur les îles grecques ainsi que sur la Turquie actuelle et dans le nord de l'Italie, faisant des envieux. Au cours des siècles suivants, les puissances européennes à l'ouest et les Turcs à l'est grignotent peu à peu l'empire commercial de Venise. Quand Napoléon arrive en 1797, Venise n'est plus qu'un lieu brillant par sa vie mondaine. Venise est peut-être condamnée à vivre pour toujours comme à cette époque oisive où la distance était mesurée en marchant, et le temps fonction du flux et du reflux de la mer. Mais aujourd'hui, ce que l'on retient principalement, c'est le passé prestigieux de Venise, l'époque où elle était une ville riche et influente.

Promenez-vous dans le dédale des rues et découvrez les joyaux de l'art de la Renaissance enfermés dans une vingtaine de palais, d'églises et de musées, qui sont des merveilles architecturales à eux seuls. Si Venise subit aujourd'hui encore des invasions, il s'agit cette fois de touristes : des rues comme celle qui s'appelait jadis La Serenissima, "la plus sereine", sont maintenant remplies de touristes la majeure partie de l'année. L'économie de Venise est basée sur le tourisme, secteur qui ne peut embaucher tous les Vénitiens, obligés de plus en plus de quitter leur ville.

Malgré sa lente décadence, la ville continue de vivre. Le romantisme se meurt mais Venise survit parmi les foules estivales, les eaux polluées de ses canaux et les souvenirs de sa gloire passée.

ARRIVÉES ET DÉPARTS

Avion : **Aeroporto Marco Polo** (✆ 041 260 61 11, www.veniceairport.it), à 10 km au nord de la ville. La navette ATVO (✆ 041 520 55 30) relie l'aéroport au Piazzale Roma au sud de la gare. (1 dép/h de 5h à 9h et de 10h à 20h40, durée 30 mn, 2,70 €.) Vols très fréquents vers les grandes villes d'Europe et d'Amérique. Guichet ouvert tlj 6h40-19h30.

Train : La gare principale de Venise est la **Stazione Venezia Santa Lucia**. Elle se trouve au nord-ouest de la ville. Si vous arrivez par le train, descendez à Santa Lucia, et non pas à Mestre, sur le continent. Ouvert tlj 3h45-0h30. Le guichet d'informations se trouve sur votre gauche lorsque vous venez des quais. Ouvert tlj 7h-21h. Des casiers sont disponibles à proximité du quai n°1. Consigne, à côté du quai n°14. Pour les objets trouvés (✆ 041 78 52 38), suivez les panneaux indiquant *ogetti rinvenuti* près du quai n° 14. Ouvert Lu-Ve 8h-16h. Destinations : **Bologne** (1 dép/h de 6h07 à 23h32, durée 2h, 7,90 €), **Florence** (1 dép/2h de 6h33 à 18h33, durée 3h, 26,60 €), **Milan** (1-2 dép/h de 5h20 à 21h06, durée 3h, 12,34 €), **Padoue** (1-3 dép/h de 5h28 à 23h32, durée 30 mn, 2,40 €), **Rome** (9 dép/j de 6h33 à 23h33, durée 4h30, 35-45 €) et **Trieste** (1 dép/h de 6h50 à 0h20, durée 2h, 7,90 €).

Bus : **ACTV**, Ple Roma (✆ 041 528 78 86, fax 041 272 25 88). C'est le réseau local des bus et des bateaux. **ACTV** assure les trajets longue distance. Destinations : **Padoue** (2 dép/h, durée 1h30, 3,50 €) et **Trévise** (2 dép/h, durée 1h, 2,40 €). Guichet ouvert tlj 7h-24h.

ORIENTATION

Venise est bâtie sur 118 îlots reliés à la ville côtière de Mestre par une fine langue de terre. Cette ville est un véritable labyrinthe où il n'est guère facile de se repérer. On se perd en effet facilement entre les *fondamente* (les quais), les *calli* (les ruelles), les *campi* (les places), les *salizzade* (les rues pavées), les *sottoporteghi* (les passages), les *listi* (les grandes artères), les *canali* (les canaux), les *rii* (les petits canaux), les *ponti* (les ponts) et les *rii terra* (les anciens canaux comblés). La ville vous mettra sens dessus dessous, puis vous laissera, abasourdi, murmurant "*O Sole Mio*" ou "*Mamma mia*", au choix. Mais ne vous inquiétez pas, même les habitants ont parfois du mal à s'y retrouver. Leur tactique est de prendre une direction générale et d'affiner ensuite leur itinéraire au fur et à mesure de leur progression. Suivez leur exemple, détendez-vous, détachez les yeux de votre plan et regardez autour de vous : vous découvrirez des trésors à chaque coin de rue.

Voici quelques conseils pour vous repérer. Situez les lieux suivants sur votre plan : le **pont du Rialto** (dans le centre), la **place Saint-Marc** (Piazza San Marco, au centre, un peu au sud), le **pont de l'Académie** (au sud-ouest), la **Ferrovia** (ou Stazione Santa Lucia, la gare ferroviaire, au nord-ouest), le **Ponte dei Scalzi** (juste à l'ouest de la gare) et le

Piazzale Roma (juste à côté de la gare au sud). Le Grand Canal (Canale Grande) serpente à travers la ville, la divisant en six quartiers, ou *sestieri* : **Cannaregio**, **Castello**, **San Marco**, **Dorsoduro**, **San Polo** et **Santa Croce** (c'est assez simple aujourd'hui mais sachez qu'au XIe siècle il y en avait plus de 70). La numérotation des maisons ne répond à aucune logique immédiatement compréhensible par un étranger car elle ne se fait pas par rue mais sur l'ensemble de chaque *sestiere*, d'où des numéros allant de 1 à environ 6000. Même si les limites entre les *sestieri* ne sont pas très nettes, ce découpage vous permettra au moins de vous faire une idée approximative de l'endroit où vous vous trouvez. Au nord, dans le quartier du **Cannaregio**, sont situés la gare, l'ancien ghetto juif et la Ca' d'Oro. A l'est, vous trouverez le quartier du **Castello**, qui s'étend jusqu'à l'Arsenale et aux jardins publics ("*giardini publici*"). Le quartier **San Marco**, délimité au nord par le pont du Rialto, à l'est par le pont de l'Académie et à l'ouest par la place Saint-Marc se situe au sud du Cannaregio. Le **Dorsoduro** commence de l'autre côté du pont, s'étire sur la longueur du Canale della Giudecca et s'étend au nord jusqu'au Campo San Pantalon. Plus au nord se trouve **San Polo**, qui comprend le *campo* du même nom et va de l'église Santa Maria dei Frari au Rialto. **Santa Croce** se situe à l'ouest de San Polo, de l'autre côté du Grand Canal par rapport à la gare et s'étend jusqu'au Piazzale Roma.

Si vous souhaitez rejoindre directement la **place Saint-Marc** ou le **pont du Rialto** lorsque vous venez de la gare (ou du Piazzale Roma), prenez le *vaporetto* n° 82. Vous pouvez également y aller à pied : tournez à gauche en sortant de la gare et engagez-vous dans la Lista di Spagna. Il ne vous restera plus qu'à suivre les panneaux et la foule en direction de la place Saint-Marc, située à 40 mn de marche.

SE DÉPLACER

À PIED

C'est à bien des titres le meilleur moyen d'explorer Venise : le moins cher, certes, mais également souvent le plus rapide. Emprunter un *vaporetto* (bateau-bus) entre le Rialto et la place Saint-Marc coûte 3,50 € et prend 20 mn, alors qu'en marchant seulement 10 mn on parvient au même résultat sans bourse délier. En revanche, seuls trois ponts permettent de franchir à pied le Grand Canal : celui de Scalzi, celui du Rialto et celui de l'Académie. Il existe des sortes de ferrys aux allures de gondoles, les ❤ *traghetti*, qui permettent de le franchir en six autres points (0,40 €). Des **panneaux jaunes** disséminés dans tout Venise orientent les piétons vers les lieux les plus connus de la ville. Bien souvent, les indications plus informelles peintes à la bombe ou affichées sur les murs (par exemple : vers le Rialto, vers San Marco) s'avèrent tout aussi fiables. Il n'en est pas moins nécessaire de se munir d'un bon plan de la ville, avec un code de couleurs distinguant les différents quartiers (voir précédemment **Orientation**) et possédant un index des noms de rues. La carte fournie par l'office de tourisme ne vous aidera pas beaucoup.

EN VAPORETTO

Outre la marche à pied, on peut se déplacer en *vaporetto* (bateau-bus) qui sillonnent les cours d'eau vénitiens. Ils sont moins romantiques, mais également moins chers, que les traditionnelles gondoles. La plupart des bateaux circulent de 5h à minuit, et la ligne *Notte* propose un service moins fréquent le long du Grand Canal, du Canal de la Giudecca et du Lido, de 23h30 à 5h30. Le tarif pour un trajet est fixe, quelle que soit sa durée (3,50 €). Si vous prévoyez de parcourir assidûment la ville en ayant souvent recours aux *vaporetti* ou, plus encore, si vous êtes logé sur l'une des îles, vous pouvez acheter un forfait (10,50 € la journée, 22 € les 3 jours).

Les billets s'achètent dans les guichets des arrêts de *vaporetti* et dans divers distributeurs automatiques (au bureau des transports ACTV du Piazzale Roma et à l'arrêt du Rialto). Vous pouvez également les acheter à bord, auprès du conducteur. Notez que des cartes détaillées, en couleur, sont également disponibles aux guichets. Faites attention, car les stations de *vaporetti* ne vendent pas toujours des tickets à toute heure. Essayez d'en avoir quelques-uns d'avance en vous assurant qu'ils ne sont pas précompostés (*non timbrati*) et peuvent être utilisés dans toutes les stations. Dans tous les cas, n'oubliez pas de le composter en début de trajet (dans la petite boîte jaune située à chaque arrêt de *vaporetto*). Si vous êtes pris à resquiller, l'amende s'élève à plus de 20 €. Pendant les périodes où le tourisme est intense, des agents de l'ACTV montent fréquemment à bord des *vaporetti* pour contrôler les tickets. Si possible, évitez les heures de pointe (9h-10h et 17h-20h).

PRINCIPALES LIGNES DE VAPORETTI

Ligne n° 82 : Les bateaux partent de la gare, descendent le Grand Canal, puis retournent à leur point de départ par le canal de la Giudecca. Un excellent moyen d'admirer les palais alignés le long du Grand Canal.

Ligne n° 1 : L'itinéraire est le même que celui du n° 82, mais le *vaporetto* prend beaucoup plus son temps et les arrêts sont innombrables.

Ligne n° 51 et n° 52 : Les *vaporetti* de la ligne 51 partent de la gare, prennent le canal de la Giudecca jusqu'au Lido, le long de la limite nord de la ville, puis retournent à la gare. Ceux de la ligne n° 52 suivent le même itinéraire en sens inverse.

Ligne n° 12 : Elle relie les Fondamente Nuove à Murano, à Burano et à Torcello.

PERSONNES À MOBILITÉ RÉDUITE

Il est vraiment très difficile de se déplacer à Venise. Outre ses centaines de ponts, les hôtels et les centres d'intérêt de la ville sont toujours surélevés pour éviter les *acque alte*, c'est-à-dire la montée des eaux. Il existe néanmoins des services pour les personnes à mobilité réduite. L'**office du tourisme APT** publie une carte gratuite où sont indiqués trois itinéraires accessibles en fauteuil roulant dans les environs de la place Saint-Marc. Les endroits où l'on peut accéder en fauteuil roulant sans avoir à traverser de pont sont signalés en jaune. La plupart sont accessibles avec les *vaporetti* des lignes n° 1 et n° 82. Sur les cartes sont également répertoriés les ponts aménagés pour les fauteuils roulants. Pour les utiliser, vous devez vous procurer les **clés** auprès des offices du tourisme APT. Malheureusement, les ascenseurs pour fauteuil roulant ne fonctionnent pas toujours très bien.

ACQUE ALTE Les marées hautes (généralement d'octobre à avril) provoquent les *acque alte*, des inondations périodiques qui envahissent certaines parties de la ville avec parfois jusqu'à 1 m d'eau. En 1966, le niveau d'eau sur la place Saint-Marc a même excédé les 2 mètres, causant d'importantes dégradations à certains de ses trésors artistiques. Les *acque alte* durent généralement deux à trois heures, au cours desquelles planches et plates-formes sont installées au-dessus des principales artères. Ceux qui ne veulent pas se mouiller les pieds pourront consulter l'office de tourisme ainsi que les plans affichés aux arrêts de *vaporetti* qui indiquent les rues submergées. Mais vous pouvez quand même vous acheter des bottes en caoutchouc, à tout hasard !

INFORMATIONS PRATIQUES

SERVICES TOURISTIQUES ET ARGENT

Offices de tourisme :

APT, Calle della Ascensione, **Piazza San Marco**, 71f (✆ 041 529 87 40), juste en face de la basilique Saint-Marc. Ouvert tlj 9h30-18h30. Une autre agence se trouve au **Pavillon Venise**, Ex Giardini Reali, San Marco, 2 (✆ 041 522 51 50), à côté de l'arrêt de *vaporetto* "Vallaresso". Des bureaux

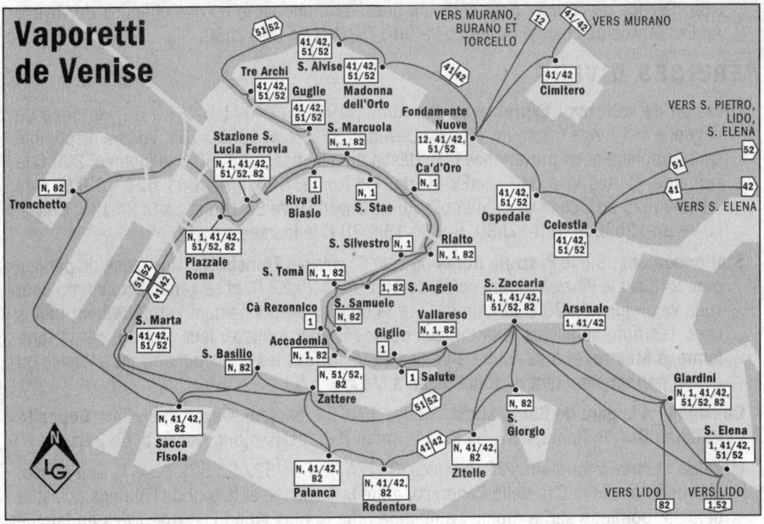

se trouvent également sur la P. Roma et au Lido, Gran Viale, 6 (✆ 041 526 57 21, fax 041 529 87 20. Ouvert uniquement l'été Lu-Sa 10h-13h.) Evitez si vous le pouvez l'agence située dans la **gare** (✆/fax 041 71 90 78) ; elle est généralement bondée.

AVA (✆ 041 171 52 88), à la gare ferroviaire, juste à droite de l'office de tourisme, effectue vos réservations pour le jour même dans les hôtels ayant des chambres disponibles, pour 1 €. Ouvert en été, tlj 8h-22h. Pour faire des réservations par téléphone, appelez le ✆ 041 522 22 64 ou le numéro gratuit ✆ 800 843 006. Autres bureaux sur le **Piazzale Roma** (✆ 041 523 13 79) et à l'**aéroport** (✆ 041 541 51 33). Le personnel vous réservera également des chambres moyennant 2 €.

Carte Rolling Venice : cette carte est réservée aux moins de 29 ans offre des réductions dans plus de 200 hôtels, restaurants et musées. Elle coûte 3 € et est valable pendant un an. Avec la carte, un pass vaporetto de 3 jours revient à 15 €, au lieu de 22 € normalement. Vous pouvez vous procurer la carte Rolling Venice au kiosque **ACTV VeLa** (✆ 041 274 76 50, ouvert tlj 7h-24h), sur la P. Roma, dans tous les offices du tourisme ainsi qu'aux kiosques ACTV Vela situés près des arrêts de *vaporetti* **Ferrovia**, **Rialto**, **San Marco** et **Vallaresso**.

Voyages à prix réduit : **CTS**, Fondamenta Tagliapietra, Dorsoduro, 3252 (✆ 041 520 56 60, www.cts.it). Depuis le Campo San Barnaba (près du Campo Santa Margherita), traversez le pont le plus proche de l'église. Lorsque vous vous retrouvez face à une impasse, tournez à droite. Prenez ensuite à gauche dans la Calle Cappeller puis, une fois parvenu à un large pont, de nouveau à gauche. Vente de billets d'avion aux étudiants à des prix très avantageux, cartes ISIC disponibles. Le personnel parle anglais. Ouvert Lu-Ve 9h30-13h30 et 14h30-18h30.

Change : Tels *Le Marchand de Venise* de Shakespeare, les changeurs d'aujourd'hui sont si durs en affaires qu'ils seraient bien capables, le cas échéant, de vous prendre "une livre de chair" en guise de commission. A moins de vouloir maigrir, mieux vaut encore se rabattre sur les **distributeurs automatiques**. On en trouve beaucoup (et les banques qui vont avec) le long de la **Calle Larga XXII Marzo** (entre la place Saint-Marc et la galerie de l'Académie) et du **Campo San Bartolomeo** (près du Rialto). De nombreux points de change automatiques 24h/24, à côté des distributeurs et à l'extérieur des banques, proposent des commissions relativement basses et des taux corrects.

American Express : Salizzada San Moise, San Marco, 1471 (✆ 800 87 20 00 ou 041 520 08 44). Sortez de la place Saint-Marc à l'opposé de la basilique. Prenez à gauche, puis à droite dans la Salizzada San Moise. Taux de change moyens, mais pas de commission. Service de courrier pour ceux qui possèdent une carte ou des chèques de voyage AmEx. Service de change ouvert Lu-Ve 9h-17h30 et Sa 9h-12h30.

SERVICES DIVERS

Location de voitures : **Expressway**, Ple Roma, 496/N (✆ 041 522 30 00), en face de l'agence ACTV. Age minimum 18 ans. Ouvert tlj 8h-12h et 13h30-18h. Voiture disponible sans supplément en provenance ou à destination de l'aéroport. 50 € la journée, 300 € la semaine. Cartes Visa, MC, AmEx. **Hertz**, Ple Roma, 496/F (✆ 041 528 40 91). Age minimum 25 ans, carte de crédit obligatoire. Ouvert Lu-Ve 8h-18h et Sa-Di 8h-13h. L'hiver, Lu-Ve 8h-12h30 et 15h-17h30, Sa. 8h-13h. 70 € la journée.

Stationnement : Sur le **Piazzale Roma** ou sur l'île voisine, **Tronchetto**. Une place de parking pour 24h sur le Piazzale Roma coûte de 18,59 € à 25,82 €, et se garer à Tronchetto peut vous valoir jusqu'à 20 € la journée. Sur la côte, le stationnement est nettement moins cher. Les automobilistes feront mieux de se résigner à laisser leur véhicule sur la terre ferme, à **Mestre**, et à se rendre à Venise en train. Tous les trains qui arrivent à Venise ou qui en partent s'arrêtent de toute façon à Mestre.

Consigne : A la **gare de Santa Lucia**. 3 € les 12h, 5 € par jour. Ouvert tlj 6h-24h. **Deposito Pullman Bar**, P. Roma, 497, près du Pullman Bar. 3 € par jour. Ouvert tlj 6h-21h.

Librairie : **Libreria Studium,** P. San Marco, 337/A (✆ 041 522 23 82). De la P. San Marco, prenez à gauche la Cal. delle Canonico, entre la basilique et la tour de l'horloge ; c'est la dernière boutique sur la droite. La librairie offre le plus grand choix de livres en langue étrangère de Venise. Ouvert Lu-Sa 9h-19h30. **Libreria Linea D'Acqua**, Cal. delle Mandola, San Marco 3717/D. Sur le pont. Suivez la Cal. Cortesia à partir du Campo Manin. Ouvert tlj 10h30-12h45 et 15h30-19h15. **La Libreria di Demetra**, Campo S. Geremia, Cannaregio (✆ 041 275 01 52). Ouvert Lu-Sa 9h-24h, Di 10h-24h.

Association pour gays et lesbiennes : **Arcigay Venezia**, V. A'Costa 38a (✆ 347 155 94 36, www.arcivenezia.it), à Mestre.

Laverie automatique : **Self-Service**, Calle della Chioverette, Santa Croce, 665b. A partir du pont dei Scalzi, prenez à droite dans la Fondamenta San Simeon Piccolo, puis à gauche dans la Calle Traghetto di Santa Lucia. La laverie sera sur votre droite après que vous aurez franchi le *campiello*. Lavage 4 €. Séchage 2,50 €. Ouvert tlj 7h-22h.

Toilettes publiques : **AMAV W.C.** Suivez les panneaux blancs jusqu'aux toilettes publiques impeccables mais payantes (0,52 €). Ouvert tlj 8h-21h.

URGENCES ET COMMUNICATIONS

Police : ✆ 113 ou 112. **Premiers secours** : ✆ 118. **Pompiers** : ✆ 115.

Carabinieri, Campo San Zaccaria, Castello, 4693a (✆ 041 274 111). **Questura**, V. Nicoladi, 24, Marghera (✆ 041 271 57 67). A contacter si vous avez de sérieuses réclamations à faire à propos de votre hôtel.

Pharmacie de garde : **Farmacia Italo Inglese**, Calle della Mandola, San Marco, 3717 (✆ 041 522 48 37), au niveau du Campo Manin, près du pont du Rialto. Ouvert Lu-Ve 9h-12h30 et 15h45-19h30, Sa. 9h-12h30. Pour la liste des pharmacies de garde, consultez les panneaux d'affichage à l'extérieur des pharmacies.

Hôpital : **Ospedale Civile**, Campo S.S. Giovanni e Paolo, Castello (✆ 041 529 41 11).

Internet :

Casanova, Lista di Spagna, Cannaregio, 158/A (✆ 041 275 01 99). Un bar à la mode et quatre ordinateurs à connexion haut débit. 7 €/h. Internet 9h-23h30.

Surf In The Net, Calle del Campanile, San Polo, 2898a (✆ 041 244 02 76). Depuis la station de *vaporetto* "San Tomà", prenez la Calle del Traghetto puis tournez à gauche. Vous pouvez maintenant vous asseoir confortablement face à ces ordinateurs ultra-rapides. Six postes Internet. 7 € l'heure, 5 € pour les étudiants. Ouvert Lu-Sa 10h-22h, Di 11h-22h.

Net House, dans le Campo San Stefano, San Marco, 2967-2958 (✆ 041 227 11 90). 9 € l'heure, 6 € avec la carte ISIC ou Rolling Venice. Ouvert Lu-Je 8h-2h, Ve-Di 24h/24.

Horus Explorer, Fondamenta Tolentini, Santa Croce, 220 (✆ 041 71 04 70, fax 041 275 83 99). Près de la gare et du Piazzale Roma, derrière les Jardins Papadopoli. 5,15 € l'heure. 10 % de réduction avec la carte Rolling Venice. Fax et photocopieuses à disposition. Ouvert Lu-Ve 9h-18h.

Venice, Lista di Spagna, Cannaregio, 1519 (✆ 041 275 82 17). 4,50 € les 30 mn. Ouvert tlj 9h-24h.

Bureau de poste : **Poste Venezia Centrale**, Salizzada Fontego dei Tedeschi, San Marco, 5554 (✆ 041 271 71 11), près de l'extrémité est du pont du Rialto en sortant du Campo San Bartolomeo. Le bâtiment, un vieux palais, mérite à lui seul le détour. Poste restante au guichet n° 40. Ouvert Lu-Sa 8h30-18h30. Autre agence (✆ 041 528 59 49), sous les arcades au bout de la place Saint-Marc, à l'opposé de la basilique. Ouvert Lu-Ve 8h30-14h, Sa 8h30-13h. **Code postal** : San Marco 30124, Castello 30122, San Polo 30125, Santa Croce 30135, Cannaregio 30121, Dorsoduro 30123.

HÉBERGEMENT ET CAMPING

Venise est la ville la plus chère d'Italie pour se loger. Dans les *pensioni*, méfiez-vous des petits déjeuners à 5,16 € ou autres subterfuges pour enfler l'addition et convenez toujours de ce que vous paierez (petit déjeuner, etc.) avant de remettre votre passeport au réceptionniste et, si possible, réservez au moins un mois à l'avance. On peut parfois dénicher des lits en dortoir sans avoir réservé, même de juin à septembre, mais les chambres individuelles sont alors prises d'assaut. N'envoyez jamais aucune avance en argent liquide et si vous envoyez des chèques de voyage, consignez soigneusement la date, le montant, le numéro, etc. Si, à votre arrivée, tous les établissements affichent complet ("*tutto completo*"), le service hôtelier **AVA** pourra vous trouver une chambre pour le jour même, mais attendez-vous à payer alors bien plus que prévu. La police n'apprécie guère les campements improvisés dans les parcs et sur les plages.

Les institutions religieuses autour de Venise proposent des dortoirs (25 €) et des chambres individuelles (70 €) pendant l'été. Voici quelques adresses : **Casa Murialdo**, Fondamenta Madonna dell'Orto, Cannaregio, 3512 (✆ 041 71 99 33), **Casa Capitanio**, Santa Croce, 561 (✆ 041 522 39 75, ouvert uniquement Juin-Sep), **Patronato Salesiano Leone XIII**, Calle San Domenico, Castello, 1281 (✆ 041 240 36 11), **Domus Cavanis**, Dorsoduro, 896 (✆ 041 528 73 74) près du pont de l'Académie, **Istituto Canossiano**, Fondamenta delle Romite, Dorsoduro, 1323 (✆ 041 240 97 11) et l'**Istituto Ciliota**, Calle Muneghe San Stefano, San Marco, 2976 (✆ 041 520 48 88).

CANNAREGIO ET SANTA CROCE

Le secteur de la gare, près de la Lista di Spagna, offre certaines des meilleures solutions d'hébergement à prix modérés. Dans ce quartier règne toujours un petit air de fête. Les rues s'animent la nuit, en particulier à cause des jeunes touristes et des étudiants, même si le quartier se trouve à 20 ou 30 mn en *vaporetto* des plus grands centres d'intérêt de la ville. Si vous voulez du calme, demandez une chambre à l'écart de la rue.

❤ **Alloggi Gerotto Calderan**, Campo San Geremia, 283 (✆ 041 71 55 62, www.casagerotto.com). Tournez à gauche en quittant la gare (à 3 mn). C'est vraiment une affaire. 34 grandes chambres rutilantes. Quatre salles de bains propres avec douche à chaque étage. Accès Internet. Les chambres doivent être libérées à 10h. Couvre-feu à 0h30 pour les dortoirs, à 1h pour les chambres individuelles. Réservez au moins 15 jours à l'avance. Dortoir 21 €, chambre simple 41 €, avec salle de bains 46 €, chambre double 75/93 €, chambre triple 84/93 €. ❖❖

❤ **Locanda Cà San Marcuola**, Campo San Marcuola, Cannaregio, 1763 (✆ 041 71 60 48, www.casanmarcuola.com). De la Lista di Spagna, suivez les panneaux jusqu'à S. Marcuola. Deux lions de pierre flanquent l'entrée. Ce palais du XVIIe siècle, couleur saumon, dispose de chambres refaites à neuf et joliment éclairées. Le second étage a des poutres apparentes au plafond et donne sur le Canal. La *Doppia Superiore* est vraiment superbe avec son lustre et son balcon qui surplombe le Grand Canal. Ascenseur accessible aux handi-

ITALIE DU NORD

capés. Toutes les chambres ont l'air conditionné, la télévision et une salle de bains. Petit déjeuner inclus. Chambre simple 70-80 €, chambre double 120-125 € et chambre triple 150-160 €. *Doppia Superiore* 140-180 € pour 2, 180-200 € pour 3. Cartes Visa, MC, AmEx. ❖❖❖❖❖

❤ **Hôtel Bernardi-Semenzato**, Calle dell'Oca, Cannaregio, 4366 (© 041 522 72 57, fax 041 522 24 24). A partir de l'arrêt de *vaporetto* Ca' d'Oro, prenez à droite dans la Strada Nuova. Tournez à gauche dans la petite Calle del Duca, puis à droite dans la Calle di Loca. 25 chambres avec téléphone et coffre-fort. Antiquités vénitiennes, faïences et parquet récupéré du Danieli, l'hôtel de luxe 5 étoiles de Venise. Dispose d'une confortable annexe récemment rénovée. Quelques chambres en rez-de-chaussée. Petit déjeuner inclus. Les chambres doivent être libérées à 10h30. Couvre-feu à 1h, mais des exceptions sont envisageables si l'on s'entend avec la réception. Chambre simple 30 €, chambre double avec salle de bains 95 €, chambre triple avec salle de bains 115 €, chambre quadruple avec salle de bains 130 €. La carte Rolling Venice vous fera obtenir 10 % de réduction sur les grandes chambres. Cartes Visa, MC, AmEx. ❖❖❖

Hôtel La Forcola, Cannaregio, 2353 (© 041 524 14 84, www.laforcolahotel.com). De la gare, suivez la Lista Da Spagna puis tournez à gauche tout de suite après le deuxième pont. Un ancien palais élégamment décoré. Toutes les chambres ont une salle de bains, la clim., la TV et un minibar. Accès handicapés. Petit déjeuner buffet inclus. Chambre simple 80-100 €, double 130-165 €, triple 180-215 €, quadruple 200-250 €. Cartes Visa, MC, AmEx. ❖❖❖❖❖

Hôtel Tintoretto, Santa Fosca, 2316 (© 041 72 15 22, www.hoteltintoretto.com). Descendez la Lista da Spagna depuis la gare puis suivez les panneaux. Des chambres accueillantes avec salle de bains, clim., TV et minibar. Certaines donnent sur le Grand Canal. Petit déjeuner inclus. Réception 24h/24. Chambre simple 41-120 €, double 74-175 €. Les prix varient selon la saison. Cartes Visa, MC, AmEx. ❖❖❖❖

Ostello Santa Fosca, Fondamenta Canale, Cannaregio, 2372 (©/fax 041 71 57 75, www.santafosca.it) à seulement 10 mn à pied de la gare. Prenez la Lista di Spagna à gauche de la gare, traversez trois ponts et, lorsque vous êtes face à l'église, tournez à gauche dans le Campo Santa Fosca. Traversez le premier pont puis tournez à gauche dans la Fondamenta Canale. Cette auberge, tenue par des étudiants, est calme. De juillet à septembre, 140 lits répartis en dortoirs et en chambres doubles vous attendent, contre seulement 31 lits (cinq dortoirs et une chambre double) d'octobre à juin. Juil-Sep, réception ouverte tlj 7h30-12h et 15h-1h. Fermeture des portes 12h-14h30. Couvre-feu à 1h. Oct-Juin, réception ouverte tlj 8h-12h et 17h-20h. Pas de couvre-feu. Dortoir 18 € par personne, chambre double 42 €. 2 € de réduction avec la carte ISIC ou Rolling Venice. ❖❖

Hôtel Rossi, Lista di Spagna, Cannaregio, 262 (© 041 71 51 64, ©/fax 041 71 77 84). 14 chambres qui ont bien vécu avec ventilateur, haut plafond et téléphone, à proximité de la bruyante Lista di Spagna. Petit déjeuner inclus. Réservez au moins un mois à l'avance pour Juin-Sep. Ouvert pendant le Carnaval (début Fév.). Chambre simple 52 €, avec salle de bains 67 €, chambre double 75 €, avec salle de bains 90 €. La carte Rolling Venice vous donne droit à 10% de réduction. Cartes Visa, MC. ❖❖❖❖

Albergo Adua, Lista di Spagna, Cannaregio, 233a (© 041 71 61 84, fax 041 244 01 62), à 50 m de la gare. En faisant face au canal, prenez à gauche et cherchez l'*albergo* sur votre droite. 22 chambres confortables, dans les tons pastels, attendent les voyageurs fatigués. Les chambres ne sont pas bon marché, et le petit déjeuner servi dans un patio semi-couvert et rempli de plantes n'est pas donné non plus. Couvre-feu à minuit. Chambre simple 50 €, avec salle de bains 90 €, chambre double 70 €, avec salle de bains 100 €. L'hôtel dispose de chambres moins chères à une autre adresse. Renseignez-vous à la réception. Cartes Visa, MC, AmEx. ❖❖❖❖

Ostello Venezia (HI), Fondamenta Zitelle, Giudecca, 87 (© 041 523 82 11, fax 041 523 56 89, www.hostelbooking.com). La seule auberge de jeunesse HI de Venise. Cette auberge est isolée de l'île principale par le canal de la Giudecca, mais vous pouvez vous y rendre par *vaporetto*. Prenez le n° 82 ou n° 52 en direction de "Zitelle" puis longez le canal sur 20 m. Avec ses 250 lits, où hommes et femmes dorment séparés comme dans un internat, cette auberge vous offre une vue incomparable. Elle possède une très grande salle à manger, un accès Internet et un bar. Draps et petit déjeuner compris. Dîner 8 €. Réception ouverte tlj 7h-9h30 et 13h30-23h30. Fermeture des portes 9h30-13h30. Couvre-feu à 23h30. Vous pouvez effectuer une réservation par l'intermédiaire du réseau informatique international IBN depuis les autres auberges HI ou en ligne sur www.hostelbooking.com, ou encore par téléphone. Membres HI uniquement. Mais, pas de panique, vous pouvez vous procurer une carte HI temporaire ou permanente sur place. Dortoir 16,50 € par personne. Cartes Visa, MC. ❖❖

Instituto Cannosiano, Ponte Piccolo, Giudecca, 428 (©/fax 041 522 21 57). Prenez le *vaporetto* n° 82 jusqu'à Palanca et traversez le pont à gauche. Réservé aux femmes. 35 lits. Si vous vous décidez pour cet agréable couvent et voulez y déposer vos bagages, vous devrez arriver avant 9h ou après 15h. Libération des chambres 7h30-8h30. Fermeture des portes 9h-15h. Couvre-feu très strict à 22h30 et à 22h en hiver. Pas de réservation. Très grands dortoirs à 15 € par personne.

SAN MARCO

Situés à proximité des magasins de souvenirs, des boutiques de luxe, de nombreuses trattorias et pizzerias, et encore de nombreux sites, ces lieux d'hébergement sont de tout premier choix pour ceux qui recherchent le Venise un peu tape-à-l'œil et, pour tout dire, touristique. En début de soirée, tandis que le trafic des gondoles devient intense, écoutez donc les sons des accordéons qui résonnent dans les canaux étroits de San Marco.

❤ **Albergo San Samuele**, Salizzada San Samuele, San Marco, 3358 (©/fax 041 522 80 45, www.albergosansamuele.it). Prenez la Calle delle Botteghe à partir du Campo San Stefano (près du pont de l'Académie) et tournez à gauche dans la Salizzada San Samuele. On accède à ce charmant petit hôtel, simple et bon marché, par une cour à l'abandon. Les 10 chambres propres et colorées, avec des salles de bains éclatantes, sont joliment décorées. Il faut réserver 1 à 2 mois à l'avance. Chambre simple 26-45 €, chambre double 36-75 €, avec salle de bains 46-105 €. Possibilité de chambre triple, sur réservation uniquement. ❖❖❖

Albergo Casa Petrarca, Calle Schiavone, San Marco 4386 (©/fax 041 520 04 30). Lorsque vous venez du Rialto, prenez la Calle Larga Mazzini et tournez à droite au niveau de l'église dans la Calle dell'Ovo. Prenez ensuite à gauche dans la Calle dei Fabbri, puis à droite dans le Campo San Luca. Traversez celui-ci pour rejoindre la Calle dei Fuseri. Prenez la deuxième rue à gauche, puis à droite dans la Calle Schiavone. 7 petites chambres blanches et propres qui donnent sur d'austères murs de brique, ou sur les fenêtres des voisins. Le sympathique hall d'entrée est rempli de plantes et d'étagères pleines de livres. Le charmant propriétaire parle anglais. Chambre simple 45 €, chambre double avec salle de bains 90 €. ❖❖❖❖

Hôtel Locanda Fiorita, Campiello Novo, San Marco, 3457 (© 041 523 47 54, ©/fax 041 522 80 43, www.locandafiorita.com). A partir du Campo San Stefano, prenez la Calle del Pestrin puis montez jusqu'à la place surélevée. Une jolie cour abritée par une tonnelle mène à de grandes chambres doubles décorées de tapis orientaux. Les chambres simples sont plus petites et moins attirantes. Toutes les chambres sont équipées de la télévision, du téléphone et de l'air conditionné. Il y a quelques chambres au rez-de-chaussée, et la télévision par satellite dans l'annexe située non loin de là. Petit déjeuner inclus. Chambre simple 78 €, chambre double 103-180 € selon l'emplacement et la présence de douche. Un lit supplémentaire vous coûtera 30% de plus. Cartes Visa, MC, AmEx. ❖❖❖❖❖

Domus Civica (ACISJF), Campiello Chiovere Frari, San Polo, 3082 (© 041 72 11 03, fax 041 522 71 39) entre la basilique i Frari et le Piazzale Roma. Quand vous vous trouvez à la gare, traversez le pont dei Scalzi et tournez à droite. Prenez ensuite à gauche dans la Fondamenta dei Tolentini puis encore à gauche dans la cour pour rejoindre le Corte Amai. L'hôtel est le bâtiment avec une façade incurvée à droite juste après le pont. Cette résidence d'étudiants, affiliée à l'Eglise, est tenue par de très gentilles personnes. A l'intérieur, une grande poutre en bois surplombe une centaine de lits, quelques tables de ping-pong, une salle de télévision et un piano. Réception ouverte tlj 7h30-23h30. Couvre-feu à 23h30. Ouvert Juin-Sep. Chambre simple 29,50 €, chambre double 54 €. Réduction de 15 % avec la carte Rolling Venice. ❖❖❖

Alloggi Alla Scala, Corte Contarini del Bovolo, San Marco, 4306 (✆ 041 521 06 29). Quand vous êtes au Campo Manin, prenez la Calle delle Locande. Tournez ensuite à gauche, puis tout de suite à droite dans le Corte Contarini del Bovolo. L'hôtel se trouve à côté d'un véritable joyau architectural, le Palazzo Contarini del Bovolo, avec un escalier circulaire ornementé, haut de 6 étages. A l'intérieur de l'hôtel, un vieux tapis rouge recouvre les marches de l'escalier qui vous mènera à l'une de ses 5 chambres confortables et très calmes, toutes avec salle de bains. Petit déjeuner 9 €. Chambre simple 55 €, double 77-87 €, triple 117 €. Cartes Visa, MC. ❖❖❖❖

CASTELLO

L'extrémité ouest du Castello est très bruyante et très vivante car assaillie par des hordes de touristes venus de la place Saint-Marc, située non loin de là. Les hôtels sont bien placés, à proximité des principaux monuments de Venise, mais ils sont souvent difficiles à trouver dans ce dédale de petites rues étroites.

❤ **Foresteria Valdese**, Castello, 5170 (✆ 041 528 67 97, www.diaconiavaldese.org/venezia). Depuis le pont du Rialto, prenez le Campo San Bartolomeo. Continuez sous le *sottoportico* à gauche, suivez la Salizzada San Lio et tournez à gauche dans la Calle Mondo Nuovo. Traversez le pont, puis le Campo Santa Maria Formosa vers la Calle Lunga Santa Maria Formosa. L'hôtel se trouve dans le Palazzo Cavagnis, juste après le premier pont. Ce superbe bâtiment, qui était au XVIIIe siècle la maison d'hôtes de la plus grande église protestante de Venise, se trouve aujourd'hui à deux pas des principaux centres d'intérêt de la ville. Attention : cet hôtel a également son mot à dire en matière d'art. En effet, les plafonds des dortoirs (33 lits) et des chambres privées (toutes équipées de la télévision) sont décorés de superbes fresques. Savourez votre petit déjeuner (compris) assis dans une immense salle bien éclairée, sous des poutres en bois. Réception ouverte tlj 9h-13h et 18h-20h. Fermeture des portes 10h-13h. Pas de couvre-feu. Fermé trois semaines en novembre. Chambre double 56 €, avec salle de bains 74 €, chambre quadruple 102 €. Chambre 7 personnes avec salle de bains 152 €, chambre 8 personnes avec salle de bains 174 €. Demandez à dormir dans une chambre décorée de fresques. Vous pouvez également louer un des deux appartements disponibles avec salle de bain et cuisine pour 102-115 €. Réduction de 1 € avec la carte Rolling Venice. Cartes Visa, MC. ❖❖

La Residenza, Campo Bandiera e Moro, Castello, 3608 (✆ 041 528 53 15, www.venicelaresidenza.com). De la V. Arsenal, prenez à gauche la Riva degli Schiavoni puis à droite la Cal. del Dose jusqu'au Campo. La façade en briques, délabrée, de ce palais du XVe siècle est trompeuse. L'intérieur est somptueux avec ses statues en pierre et ses rideaux à frous-frous dans les chambres. Celles-ci disposent toutes d'une salle de bains, de la clim., de la TV et d'un minibar. Petit déjeuner inclus. Chambre simple 60-95 €, double 100-155 €. Cartes Visa, MC. ❖❖❖❖❖

Antica Locanda Casa Verardo, Castello, 4765 (✆ 041 528 61 27, www.casaverardo.it). De la basilique Saint-Marc, empruntez la Cal. Canonica, tournez à droite avant le pont et à gauche pour traverser un autre pont. Suivez Ruga Giuffa jusqu'au Campo S. Filippo e Giacomo. Au campo, prenez la Cal. della Chiesa sur la gauche jusqu'à un pont. L'hôtel se trouve de l'autre côté. Ce palais du XVe siècle s'enorgueillit de ses parquets et de ses plafonds. Les vues de la terrasse sur le toit sont aussi belles que celles qu'on a du campanile ! Le petit déjeuner est d'ailleurs servi sur la terrasse. Toutes les chambres ont une salle de bains et la TV. Chambre simple sans clim. 60-75 €, double 80-165 €, avec baignoire 130-210 €. Cartes Visa, MC, AmEx. ❖❖❖❖❖

Hôtel Bruno, Salizzada S. Lio, Castello, 5726/A (✆ 041 523 04 52, www.hoteldabruno.it). Du Campo S. Bartolomeo, prenez la Salizzada S. Lio et franchissez le pont. Des chambres magnifiques décorées avec goût. Chambres avec salle de bains et clim. Petit déjeuner inclus. Chambre simple 60-160 €, double 90-210 €, triple 120-260 €. Cartes Visa, MC. ❖❖❖❖❖

Locanda Silva, Fondamenta del Remedio, Cannaregio, 4423 (✆ 041 522 76 43). Quand vous partez de la place Saint-Marc, passez sous le clocher et tournez à droite dans la Calle Larga San Marco, puis à gauche dans le Ramo dell'Anzolo (qui devient la Calle Remedio après le pont). Au canal, prenez à gauche dans la Fondamenta Remedio. Cet hôtel, où vous serez accueilli par les deux adorables chats de la maison, dispose de 24 chambres propres, simples et très ensoleillées. Toutes les chambres possèdent le téléphone. Petit déjeuner compris. Ouvert Fév-mi-Nov. Chambre simple 40 €, avec salle de bains 60 €, chambre double 70-80/90-105 €, chambre triple 120-140 €, chambre quadruple 140-170 €. ❖❖❖❖

Locanda Canal, Fondamenta del Remedio, Castello, 4422c (✆ 041 523 45 38, fax 041 241 91 38), près de la Locanda Silva. Une salle d'attente chaleureuse vous mène vers 7 chambres spacieuses qui se trouvent être dans un palais du XIVe siècle reconverti. Certaines donnent même sur le canal. Les hauts plafonds sont la preuve de cette reconversion. Certaines chambres n'ont pas de salle de bains. Dans d'autres, la salle de bains et les toilettes ne sont pas séparées de la chambre : pudiques s'abstenir. Petit déjeuner compris. Chambre double 70-83 €, triple 90-105 €. ❖❖❖❖❖

DORSODURO

Promenez-vous dans les rues du Dorsoduro, larges et calmes, et le long de ses canaux tranquilles. Vous y verrez des façades plutôt austères. Les touristes, attirés par les nombreux musées d'art, longent les canaux mais ignorent l'intérieur du quartier qui est plutôt résidentiel. La plupart des hôtels du Dorsoduro, situés vers le Grand Canal, entre la Chiesa dei Frari et le pont de l'Académie, sont chers.

Locanda Cà Foscari, Calle della Frescada, Dorsoduro, 3887b (✆ 041 71 04 01, **e-mail** valstersc@tin.it). Cet hôtel est situé dans un quartier paisible, près des *vaporetti*. Depuis l'arrêt de *vaporetto* San Tomà, prenez à gauche tout au bout et traversez le pont. Tournez ensuite à droite, puis à gauche dans la petite allée. Les lustres en verre de Murano et les murs décorés de masques de carnaval embellissent les 11 chambres simples mais sympathiques de cet endroit tenu par un vieux couple chaleureux. Petit déjeuner compris. Réception 24h/24. Réservez 2 ou 3 mois à l'avance. Ouvert Fév-Nov. Chambre simple avec salle de bains 60 €, chambre double 70-90 €, triple 87-110 €, quadruple 108-130 €. Cartes Visa, MC. ❖❖❖❖

Hôtel Galleria, Rio Terra Antonio Foscarini, Dorsoduro, 878a (✆ 041 523 24 89, www.hotelgalleria.it), sur la gauche lorsque vous êtes face à la galerie de l'Académie. Ses somptueuses tapisseries orientales et ses jolies gravures donnent au Galleria une élégance digne de sa situation sur le Grand Canal. La vue remarquable que l'on a depuis certaines des 10 chambres rachète leur relative petitesse. Petit déjeuner (servi dans les chambres) compris. Chambre simple 70 €, chambre double 95-100 €, avec salle de bains 110 €, avec vue sur le canal 145 €. Cartes Visa, MC, AmEx. ❖❖❖❖❖

Hôtel agli Alboretti, Accademia, 884 (✆ 041 523 00 58, www.aglialboretti.com). Une maison vénitienne traditionnelle, qui a fait l'objet d'une rénovation. Toutes les chambres ont une salle de bains et la TV. Petit déjeuner inclus. Chambre simple 104 €, double 150-180 €, triple 210 €. Cartes Visa, MC, AmEx. ❖❖❖❖❖

Hôtel Messner, Fondamenta di Ca' Bala, Dorsoduro, 216 (✆ 041 522 72 66, fax 041 522 74 43, **e-mail** messner@doge.it). Depuis l'arrêt de *vaporetto* Salute, prenez à droite dans la Calle del Bastion, puis tournez à gauche. Cet hôtel de brique rouge 2 étoiles, qui fait face au canal, dispose également de chambres 1 étoile au rez-de-chaussée d'une annexe proche. Les 31 chambres sont très différentes, allant de la chambre simple classique à la chambre quadruple avec kitchenette. En revanche, toutes sont équipées d'une salle de bains, du téléphone, d'un coffre-fort et d'un sèche-cheveux (les chambres 2 étoiles disposent aussi de la télévision et de l'air conditionné). Petit déjeuner, avec buffet, inclus. Fermé mi-Nov-Déc. Chambre simple 80-100 €, deluxe 90-110 €, chambre double 120-145/140-160 €, chambre triple 140-165/160-180 €, chambre quadruple 170-190/180-200 €. Annexe : chambre simple 70-90 €, chambre double 90-

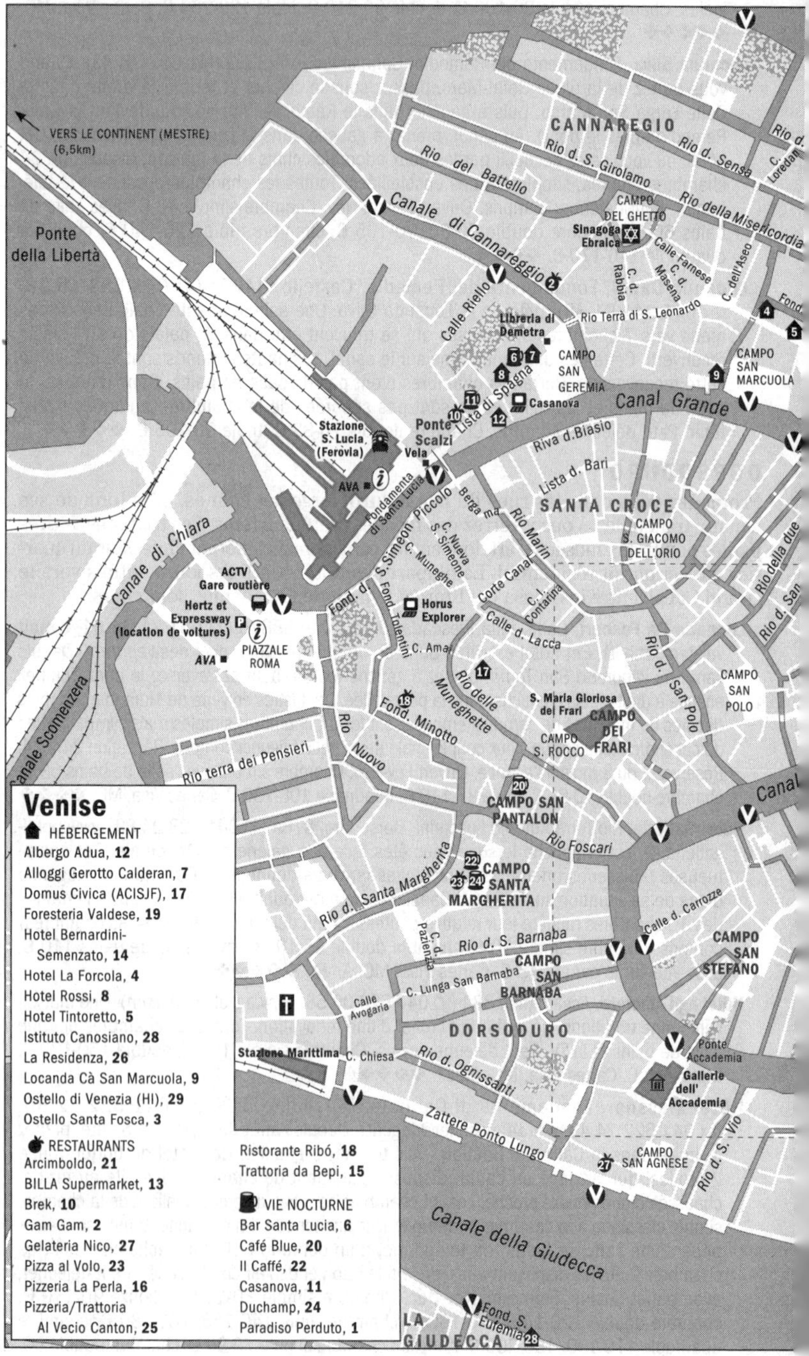
Venise
HÉBERGEMENT
Albergo Adua, 12
Alloggi Gerotto Calderan, 7
Domus Civica (ACISJF), 17
Foresteria Valdese, 19
Hotel Bernardini-Semenzato, 14
Hotel La Forcola, 4
Hotel Rossi, 8
Hotel Tintoretto, 5
Istituto Canosiano, 28
La Residenza, 26
Locanda Cà San Marcuola, 9
Ostello di Venezia (HI), 29
Ostello Santa Fosca, 3
RESTAURANTS
Arcimboldo, 21
BILLA Supermarket, 13
Brek, 10
Gam Gam, 2
Gelateria Nico, 27
Pizza al Volo, 23
Pizzeria La Perla, 16
Pizzeria/Trattoria Al Vecio Canton, 25
Ristorante Ribó, 18
Trattoria da Bepi, 15
VIE NOCTURNE
Bar Santa Lucia, 6
Café Blue, 20
Il Caffé, 22
Casanova, 11
Duchamp, 24
Paradiso Perduto, 1
VERS LE CONTINENT (MESTRE) (6,5km)
Ponte della Libertà
CANNAREGIO
Rio del Battello
Rio d. S. Girolamo
Rio d. Sensa
Rio della Misericordia
Canale di Cannaregio
CAMPO DEL GHETTO
Sinagoga Ebraica
Calle Farnese
C. d. Rabbia
C. d. Masena
C. dell'Aseo
Calle Riello
Libreria di Demetra
Rio Terrà di S. Leonardo
CAMPO SAN GEREMIA
CAMPO SAN MARCUOLA
Lista di Spagna
Casanova
Canal Grande
Stazione S. Lucia (Ferovia)
Ponte Scalzi
Vela
AVA
Fondamenta di Santa Lucia
Riva d. Biasio
Lista d. Bari
SANTA CROCE
CAMPO S. GIACOMO DELL'ORIO
S. Simeon Piccolo
Berga ma
C. Nuova S. Simeone
C. Muneghe
Rio Marin
Corte Canal
C. I. Contarina
Canale di Chiara
ACTV Gare routière
Hertz et Expressway (location de voitures)
PIAZZALE ROMA
Fond. d.
Fond. Tolentini
Horus Explorer
Calle d. Lacca
C. Amai
Rio d. San Polo
CAMPO SAN POLO
Rio delle Muneghette
S. Maria Gloriosa dei Frari
CAMPO DEI FRARI
CAMPO S. ROCCO
Canale Scomenzera
Fond. Minotto
Rio Nuovo
Rio terra dei Pensieri
CAMPO SAN PANTALON
Rio Foscari
CAMPO SANTA MARGHERITA
Rio d. Santa Margherita
Calle d. Carrozze
C. d. Pazienza
Rio d. S. Barnaba
CAMPO SAN BARNABA
CAMPO SAN STEFANO
C. Lunga San Barnaba
Calle Avogaria
DORSODURO
Stazione Marittima
C. Chiesa
Rio d. Ognissanti
Ponte Accademia
Gallerie dell' Accademia
Zattere Ponto Lungo
CAMPO SAN AGNESE
Rio d. S. Vio
Canale della Giudecca
Fond. S. Eufemia
LA GIUDECCA

VERS MURANO,
BURANO, TORCELLO,
ET L'AÉROPORT MARCO POLO
Canale delle Fondamente Nuove
Isola di San Michele
Chiesa della Madonna dell'Orto
Madonna dell 'Orto
Sacca della Misericordia
Campo dei Mori
Canale
Rio Trapolin
CAMPO SAN FOSCA
S. Fosca
Rio d. Noale
Calle Rachetta
Fondamenta Zen
Chiesa dei Gesuiti
Fondamenta Nuove
Calle Larga dei Botteri
Calle Delle Vele
Ruga Duc Pozzi
C. ddl Fumo
Rio dei Mendicanti
0
200 mètres
Strada Nuova
Ca d'Oro
S. d. Pistor
CAMPO DEI S.S. APOSTOLI
Arrêts de vaporetto
Torre
Cassiano
SS. Giovanni e Paolo
Rio d. San Marina
Barbaria delle Tole
C. d. Cappuccine
Ponte di Rialto
SAN POLO
CAMPO S. BARTOLOMEO
CAMPO S. MARIA FORMOSA
Ruga Giuffa
Sal. di S. Lio
Riva del Vin
Riva del Carbon
Rio d. S. Salvador
Grande
CASTELLO
Scuola Dalmata San Giorgio Degli Schiavoni
Scudi
VERS L'ARSENALE
Calle Lion
C. d. Furlani
F. Furlani
Rio d. S.Luca
CAMPO MANIN
Calle dei Fabbri
Rio d. Palazzo o della Paglia
C. corona
Fond. Osmarin
C. d. Madonna
CAMPO BANDIERA E MORO
Rio d. Gorne
Calle d. Mandola
CAMPO SANT' ANGELO
San Marco
S. S. Provolo
S. Zaccaria
C. della Pietà
CAMPO S. ZACCARIA
C. del Vin
C. del Dose
C. del Forno
C. Crosera
VERS LES GIARDINI PUBLICI
SAN MARCO
Frezzaria
PIAZZA SAN MARCO
Palazzo Ducale
Riva degli Schiavoni
Rio d. Arsenale
Ostreghe
Rio della
Mois
Rio d. San
Canale di San Marco
VOIR CARTE DU CENTRE DE VENISE
Rio d. Fornace
San Giorgio Maggiore
Isola di S. Giorgio Maggiore
Fond delle Zitelle
VERS 29 (100m)
VERS LE LIDO

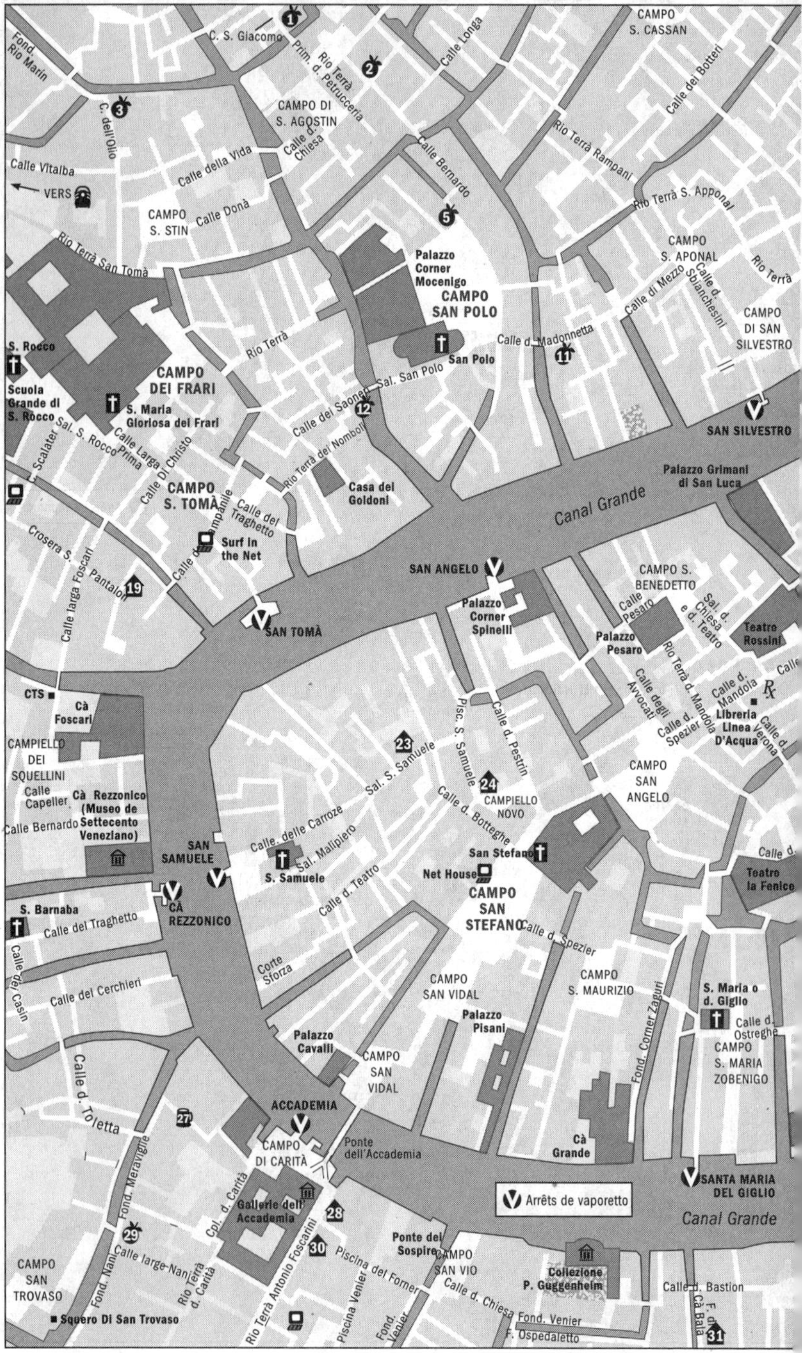
CAMPO S. CASSAN
C. S. Giacomo
Fond. Rio Marin
Rio Terrà Prim. d. Petrucceria
Calle Longa
Calle dei Botteri
CAMPO DI S. AGOSTIN
Calle d. Chiesa
C. dell'Olio
Rio Terrà Rampani
Calle Bernardo
Calle Vitalba
Calle della Vida
VERS
CAMPO S. STIN
Calle Donà
Rio Terrà S. Aponal
Rio Terrà San Tomà
Palazzo Corner Mocenigo
CAMPO SAN POLO
CAMPO S. APONAL
Calle di Mezzo
Calle d. Sbianchesini
Rio Terrà
CAMPO DI SAN SILVESTRO
Rio Terrà
S. Rocco
CAMPO DEI FRARI
San Polo
Calle d. Madonnetta
Sal. San Polo
Scuola Grande di S. Rocco
S. Maria Gloriosa dei Frari
Calle dei Saoneri
SAN SILVESTRO
Sal. S. Rocco
Scalater
Calle Larga Prima
Calle Di Christo
Rio Terrà dei Nomboli
Palazzo Grimani di San Luca
CAMPO S. TOMÀ
Casa dei Goldoni
Canal Grande
Calle del Traghetto
Calle d. Campanile
Surf in the Net
Crosera S. Pantalon
SAN ANGELO
CAMPO S. BENEDETTO
Calle larga Foscari
Palazzo Corner Spinelli
Calle Pesaro
Sal. d. Chiesa e d. Teatro
SAN TOMÀ
Palazzo Pesaro
Teatro Rossini
Rio Terrà d. Mandola
CTS
Calle degli Avvocati
Calle d. Mandola
Cà Foscari
Calle d. Pestrin
Calle d. Spezier
Libreria Linea D'Acqua
Calle d. Verona
CAMPIELLO DEI SQUELLINI
Psic. S. Samuele
Sal. S. Samuele
CAMPO SAN ANGELO
Calle Capeller
Cà Rezzonico (Museo de Settecento Veneziano)
CAMPIELLO NOVO
Calle Bernardo
Calle d. Botteghe
Calle delle Carroze
Sal. Malipiero
San Stefano
SAN SAMUELE
Net House
Teatro la Fenice
S. Samuele
CAMPO SAN STEFANO
S. Barnaba
CÀ REZZONICO
Calle d. Teatro
Calle del Traghetto
Calle d. Spezier
Calle dei Casin
Corte Sforza
CAMPO SAN VIDAL
CAMPO S. MAURIZIO
Calle del Cerchieri
Fond. Corner Zaguri
S. Maria o d. Giglio
Palazzo Pisani
Calle d. Ostreghe
CAMPO S. MARIA ZOBENIGO
Palazzo Cavalli
CAMPO SAN VIDAL
Calle d. Toletta
ACCADEMIA
CAMPO DI CARITÀ
Ponte dell'Accademia
Cà Grande
SANTA MARIA DEL GIGLIO
Fond. Meravigie
Cpl. d. Carità
Gallerie dell' Accademia
Arrêts de vaporetto
Canal Grande
Ponte dei Sospire
CAMPO SAN VIO
Calle large Nani
Rio Terrà Antonio Foscarini
Piscina del Forner
Collezione P. Guggenheim
CAMPO SAN TROVASO
Fond. Nani
Rio Terrà d. Carità
Piscina Venier
Calle d. Chiesa
Fond. Venier
Calle d. Bastion
F. di Cà Balà
Squero Di San Trovaso
F. Ospedaletto
1 2 3 5 11 12 19 23 24 27 28 29 30 31

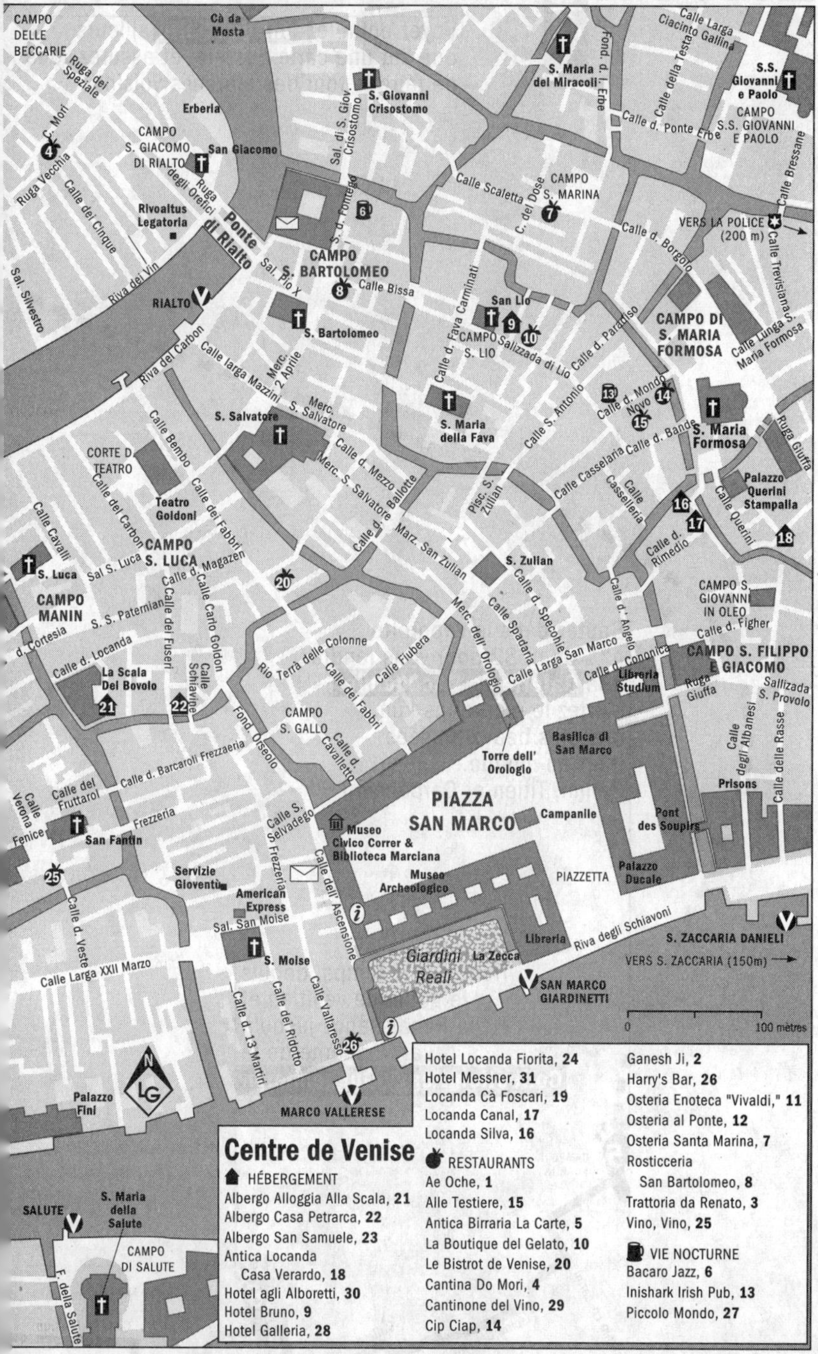
Centre de Venise
HÉBERGEMENT
Albergo Alloggia Alla Scala, 21
Albergo Casa Petrarca, 22
Albergo San Samuele, 23
Antica Locanda Casa Verardo, 18
Hotel agli Alboretti, 30
Hotel Bruno, 9
Hotel Galleria, 28
Hotel Locanda Fiorita, 24
Hotel Messner, 31
Locanda Cà Foscari, 19
Locanda Canal, 17
Locanda Silva, 16
RESTAURANTS
Ae Oche, 1
Alle Testiere, 15
Antica Birraria La Carte, 5
La Boutique del Gelato, 10
Le Bistrot de Venise, 20
Cantina Do Mori, 4
Cantinone del Vino, 29
Cip Ciap, 14
Ganesh Ji, 2
Harry's Bar, 26
Osteria Enoteca "Vivaldi," 11
Osteria al Ponte, 12
Osteria Santa Marina, 7
Rosticceria San Bartolomeo, 8
Trattoria da Renato, 3
Vino, Vino, 25
VIE NOCTURNE
Bacaro Jazz, 6
Inishark Irish Pub, 13
Piccolo Mondo, 27
PIAZZA SAN MARCO
Basilica di San Marco
Palazzo Ducale
Campanile
Torre dell' Orologio
Pont des Soupirs
Prisons
PIAZZETTA
Libreria
La Zecca
Giardini Reali
Museo Civico Correr & Biblioteca Marciana
Museo Archeologico
Ponte di Rialto
RIALTO
CAMPO S. BARTOLOMEO
CAMPO S. LUCA
CAMPO MANIN
CAMPO DI S. MARIA FORMOSA
CAMPO S. FILIPPO E GIACOMO
S. Maria della Salute
SALUTE
SAN MARCO GIARDINETTI
S. ZACCARIA DANIELI
MARCO VALLERESE
VERS S. ZACCARIA (150m)
VERS LA POLICE (200 m)
Riva degli Schiavoni
Teatro Goldoni
La Scala Del Bovolo
American Express
Servizio Gioventù
Libreria Studium
Palazzo Querini Stampalia
Rivoaltus Legatoria
0
100 mètres

VENISE
Balade

Voyez enfin le **Pont du Rialto** ailleurs que sur une carte postale, et assurez-vous de faire le tour des marchés voisins.

Sautez dans le vaporetto n° 1 ou n° 82 pour vous rendre à la **Galerie de l'Académie.** Mettez le pied dans l'un des plus beaux musées d'art au monde. Bellini, Titien et Carpaccio !

Traversez le temps, depuis le gothique vénitien et la Renaissance jusqu'à l'art moderne de la **Collection Peggy Guggenheim.**

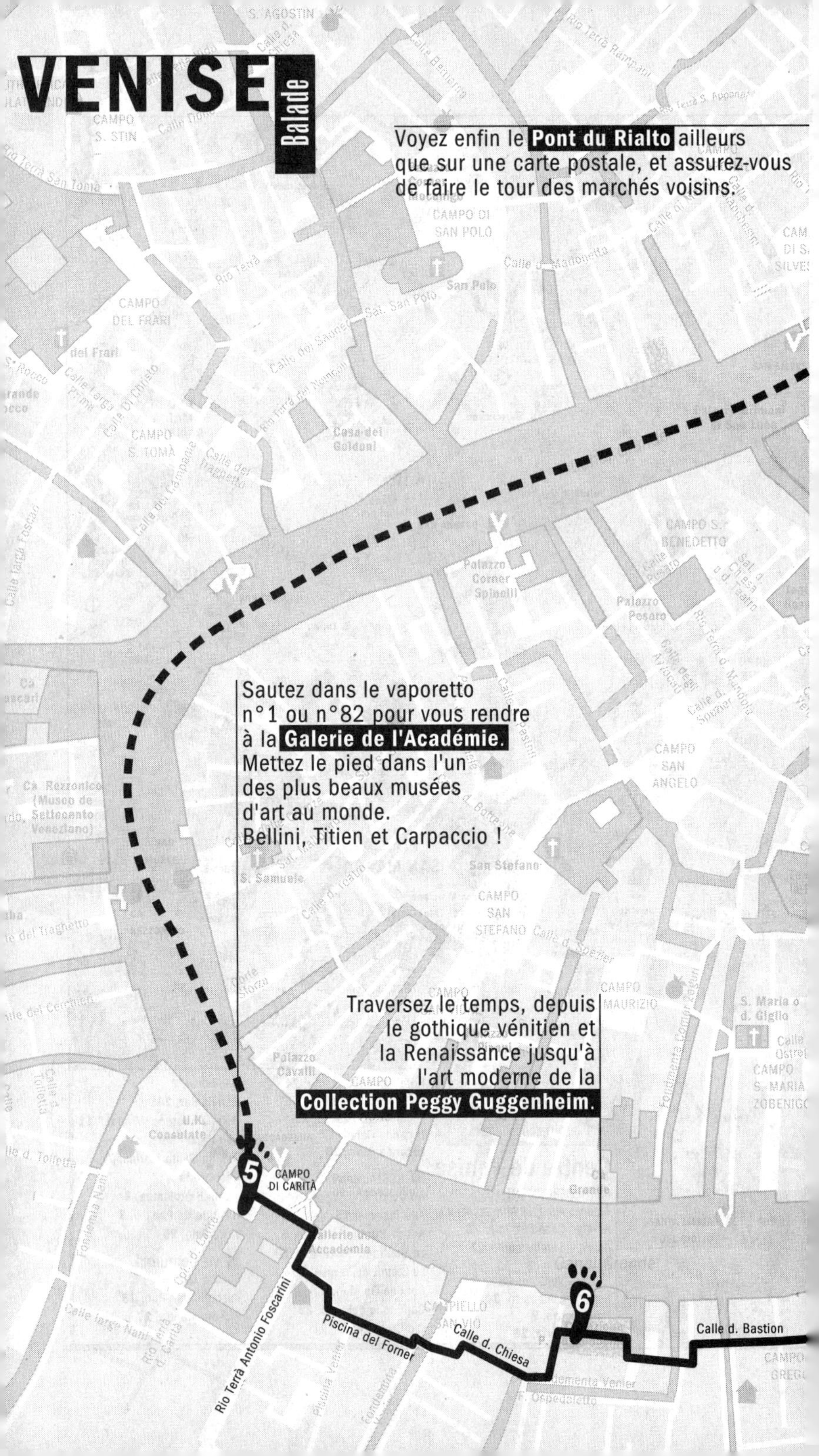

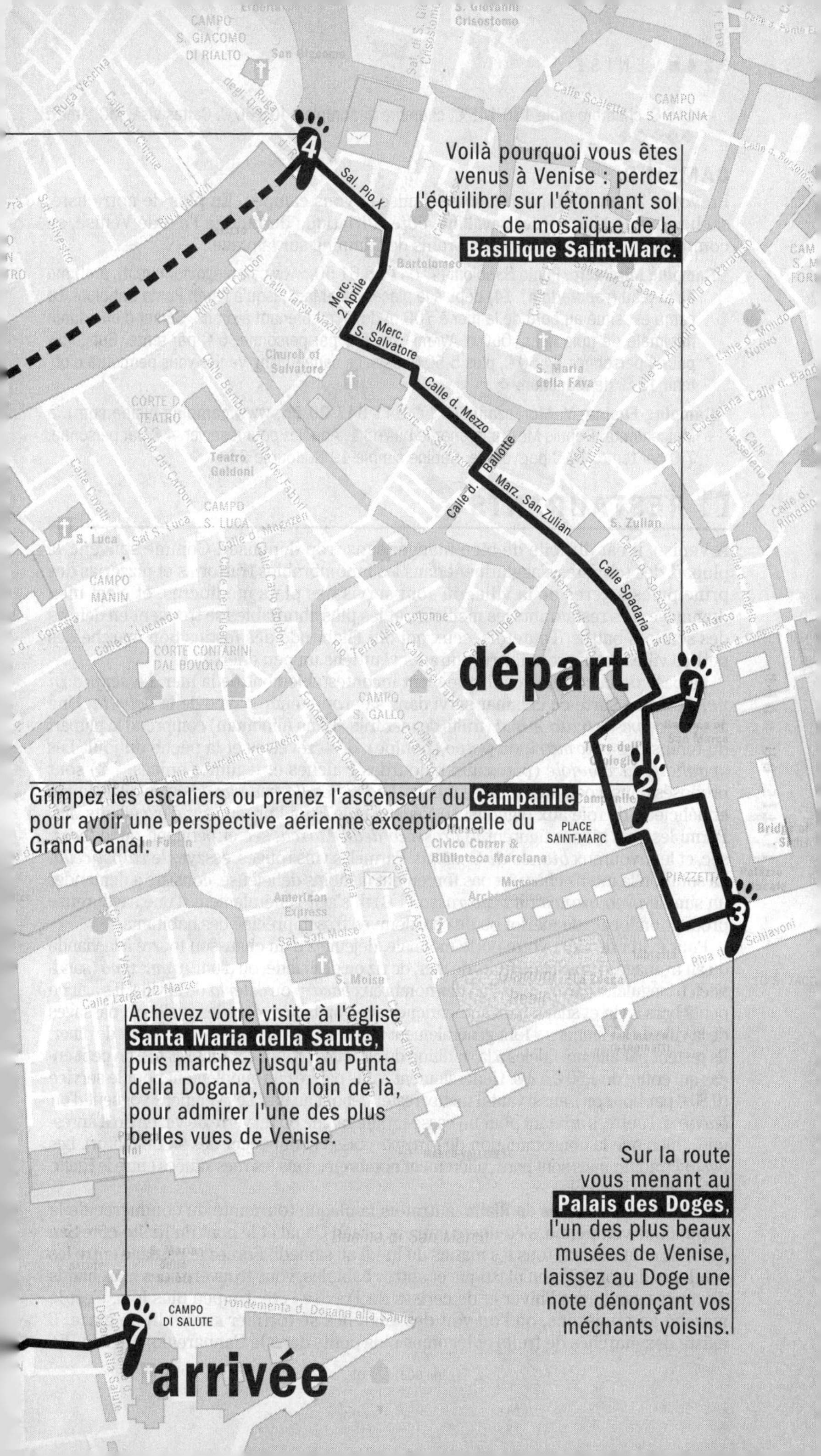
Voilà pourquoi vous êtes venus à Venise : perdez l'équilibre sur l'étonnant sol de mosaïque de la **Basilique Saint-Marc**.
départ
1
Grimpez les escaliers ou prenez l'ascenseur du **Campanile** pour avoir une perspective aérienne exceptionnelle du Grand Canal.
2
PLACE SAINT-MARC
3
Sur la route vous menant au **Palais des Doges**, l'un des plus beaux musées de Venise, laissez au Doge une note dénonçant vos méchants voisins.
4
Sal. Pio X
Merc. 2 Aprile
Merc. S. Salvatore
Calle d. Mezzo
Calle d. Ballotte
Marz. San Zulian
Calle Spadaria
Achevez votre visite à l'église **Santa Maria della Salute**, puis marchez jusqu'au Punta della Dogana, non loin de là, pour admirer l'une des plus belles vues de Venise.
7
CAMPO DI SALUTE
arrivée

115 €, chambre triple 130-145 €, chambre quadruple 140-160 €. Cartes Visa, MC, AmEx. ❖❖❖❖❖

CAMPING

Prévoyez 20 mn de bateau jusqu'à Venise si vous campez. En plus de notre liste, sachez que le **Litorale del Cavallino**, côté Adriatique du Lido, à l'est de Venise, se compose d'une succession de terrains de camping sur la plage.

Camping Miramare, Punta Sabbioni (✆ 041 96 61 50, www.campingmiramare.it), à 40 mn de bateau (*vaporetto* n° 14) depuis la place Saint-Marc jusqu'à l'arrêt Punta Sabbioni. Le camp est situé au bord de la mer à 700 m de là, en prenant à droite. Séjour d'une durée minimale de trois nuits. Ouvert Avr-mi-Nov. 5 € par personne. 6 € par tente. Bungalow pour 4 personnes 34,50 €, plus 5,50 €/pers. La carte Rolling Venice vous permettra d'obtenir 15 % de réduction. ❖

Camping Fusina, V. Moranzani, 79 (✆ 041 547 00 55, www.camping-fusina.com), à Malcontenta. Depuis Mestre, prenez le bus n° 1. Appelez pour réserver. 4 € par personne, 7 € par tente, 14 € par voiture. Cabine simple 19 €, double 26 €. ❖

RESTAURANTS

A Venise, il est difficile de bien manger sans trop dépenser. Comme souvent, la plupart des touristes s'agglutinent dans les innombrables trattorias et pizzerias des principales artères de la ville, où sont servis des plats médiocres, et c'est bien dommage. Les restaurants les meilleurs et les plus abordables se trouvent en dehors des sentiers battus. Toutefois, ceux qui ont l'habitude des festins bon marché des petites villes trouveront les restaurants vénitiens un peu chers.

La base de la cuisine vénitienne vient incontestablement de la mer. Le *seppie in nero* est une sorte de calamar servi dans sa propre encre, avec de la *polenta*. Une assiette de *pesce fritta mista* (fruits de mer frits, 8 € au minimum) comprend la plupart du temps des *calamari*, du *polpo* (poulpe), des crevettes et la pêche du jour. Les *spaghetti al vongole* (pâtes aux palourdes fraîches et légumes épicés, 7 €) sont proposés dans à peu près tous les menus. Le *fegato alla veneziana* est un plat simple et délicieux de foie aux oignons. La Vénétie et le Frioul produisent d'excellents **vins**. Parmi les vins blancs figurent le *prosecco della Marca*, sec et pétillant, ou le *tocai*, sec, et le savoureux *bianco di Custoza*. Parmi les vins rouges, essayez le *valpolicella*. La solution la moins chère, et pas forcément la moins délicieuse, consiste à demander un simple *vino bianco* ou *vino rosso* (1 €). Il s'agit généralement d'une savoureuse production locale de merlot ou de chardonnay, très appréciée des habitants.

Pour éviter de vider votre porte-monnaie, déjeunez d'un chausson fourré à la viande ou au fromage, d'un plat de fruits de mer, de riz ou de viande, ou d'un *tramezzino* (sandwich triangulaire garni), dans l'un des nombreux *bacaro* ou *osteria* de la ville. Il s'agit de petits bars à vin et snack-bars authentiques que l'on trouve dans les ruelles et passages de la ville. Les Vénitiens y font généralement une halte en fin d'après-midi, avant de dîner. Ils restent par ailleurs fidèles à la tradition du **cichetto** (prononcez tchi-KE-to), un petit en-cas qui coûte de 1,50 € à 3 €. Généralement, vous paierez un supplément pour le service (0,80 € par boisson), aussi vaut-il mieux rester debout au bar. Les Vénitiens voguent d'un *bacaro* à l'autre, s'arrêtant pour un casse-croûte rapide ou un verre de vin en fin d'après-midi (bien que la consommation de *grappa* puisse commencer dès 9h du matin). Les *bacari* traditionnels sont particulièrement nombreux dans les rues situées entre le Rialto et le Campo San Polo.

Les fameux **marchés du Rialto**, autrefois la plaque tournante du commerce de la République vénitienne, s'étendent entre le Grand Canal et le pont du Rialto côté San Polo. Ils sont ouverts tous les matins du lundi au samedi. Forcez le passage entre les vendeurs de gondoles en plastique et autres babioles, vous trouverez des marchands d'oranges sanguines l'hiver et de cerises de Trévise l'été. Un peu plus loin, c'est le marché aux poissons, où l'on voit des anguilles se tortiller sur un lit de glace. Il existe des marchés de fruits et légumes plus petits dans le Cannaregio, près du Rio

Terra San Leonardo, non loin du Ponte delle Guglie, ainsi que sur de nombreux *campi* un peu partout dans la ville.

Le supermarché **STANDA**, Strada Nuova, Cannaregio, 3650, près du Campo San Felice, propose un important rayon épicerie. Celui-ci est situé au fond du magasin, derrière les vêtements : l'occasion ou jamais d'acheter un ciré marin qu'imprègne déjà une douce odeur de poisson ! Plus petit, le **FULL Alimentari**, Calle Carminati, 5989, Castello, juste au nord de la place Saint-Marc, propose des produits bon marché à ceux qui sont capables de naviguer dans ses allées étroites.

CANNAREGIO

Trattoria da Bepi, Cannaregio, 4550 (© 041 528 50 31). Du Campo SS. Apostoli, tournez à gauche sur Salizzade del Pistor. Un restaurant de cuisine vénitienne traditionnelle qui a ouvert ses portes il y a 38 ans. Des pots de terre cuite pendent du plafond et une foule joyeuse prend place sur le patio en plein air. *Spaghetti alle vongole* 9 €. *Primi* 7-10,50 €, *secondi* 9,50-18 €. Réservez pour une table en extérieur. Ouvert Lu-Me et Ve-Di 12h-15h et 19h-22h. Cartes Visa, MC. ❖❖❖

Pizzeria La Perla, Rio Terra dei Franceschi, Cannaregio, 4615 (© 041 528 51 75). A partir de la Strada Nuova, prenez à gauche dans la Salizzada di Pistor sur le Campo S.S. Apostoli, puis tournez à droite. Le menu de La Perla, abordable, ne comprend pas moins de 90 sortes de pâtes et de pizzas, chacune servie dans de belles proportions par une équipe amicale. Spacieuse et sans prétention, cette pizzeria est l'endroit idéal pour les familles et les groupes. Pâtes 6,10-8,20 €, pizzas 4,65-7,90 €. Accès handicapés. Couvert 1,10 €. Service 10 %. Ouvert Lu-Sa 12h-14h et 19h-21h45. Cartes Visa, MC, AmEx. ❖❖

Gam Gam, Rio di Cannaregio, Cannaregio, 1122 (© 041 71 52 84), dans l'ancien ghetto juif de la Fondamenta Pescaria. Optez pour un menu, copieux, de cuisine vénitienne casher. Goûtez au *schnitzel* (11,50 €), aux *falafels* (8,75 € l'assiette), ou composez-vous un assortiment à partir du buffet du midi et dégustez-le dehors, près du canal. Pâtes 67,50-9 €. Ouvert Lu-Ve et Di 12h-22h. ❖❖❖

Ristorante Brek, Lista di Spagna, Cannaregio, 124a (© 041 244 01 58). Le restaurant se trouve à gauche de la gare. Cette chaîne italienne a fait de réels efforts pour créer une ambiance particulière dans ses restaurants. Laissez-vous tenter par ses appétissants buffets aux airs de marché, où vous sont proposés, à des prix abordables, des *antipasti* (entrées, 3 €), des *insalate* (salades, 2,60-5 €), des *formaggii* et des *dolci* (desserts, 3 €). Vous pouvez aussi commander des pâtes fraîches (3,10-4,65 €) aux cuisiniers, qui sont très aimables. Ouvert tlj 8h-22h30. ❖❖

CASTELLO

❤ **La Boutique del Gelato**, Salizzada S. Lio, Castello, 5727 (© 041 522 32 83). Du Campo Bartolomeo, passez sous le Sottoportego de la Bissa, allez tout droit et traversez le pont jusqu'au campo S. Lio. Engagez-vous sur la Salizzada S. Lio ; c'est sur la gauche. La meilleure *gelateria* de Venise. Précipitez-vous là-bas ! Vous en redemanderez ! Les Vénitiens eux-mêmes s'y bousculent et rapportent chez eux quantité de glaces délicieuses pour leur famille. Boule simple 0,80 €. Ouvert Juil-Aoû tlj 10h-22h30, Sep-Juin 10h-20h. ❖

Alle Testiere, Cal. del Mondo Novo, Castello, 5801 (©/fax 041 522 72 20). Du Campo S. Maria Formosa, prenez la Cal. Mondo Novo. Ce minuscule restaurant mêle recettes anciennes et décor contemporain, avec ses photos noir et blanc au mur et ses tables en bois soigneusement vernies. Le menu ne contient que peu de plats mais ils sont choisis avec soin. Essayez les entrées de poisson. *Primi* 14 €, *secondi* 21,50-23 €. Réservation conseillée. Ouvert Ma-Sa 12h-15h et 19h-24h. Cartes Visa, MC. ❖❖❖❖

Pizzeria/Trattoria Al Vecio Canton, Castello, 4738/A (© 041 528 51 76). Du Campo S. Maria Formosa, lorsque l'église est sur votre droite, traversez le pont et suivez Ruga Giuffa. Tournez au bout à droite. L'endroit est renommé pour sa pizza *Al Vecio Canton* (avec tomates, fromage, huile d'olive, ail et un zeste de citron, 6 €). Ouvert Lu et Me-Di 12h-15h et 19h-24h. ❖❖

Arcimboldo, Cal. dei Furiani, Castello 3219 (✆ 041 528 65 69). De la Riva Schiavoni, prenez la Cal. Dose jusqu'au Campo Bandiera, puis suivez la Salizzata S. Antonin jusqu'à Furlani. Au niveau de la Scuola S. Giorgio, tournez à droite sur la Cal. dei Furiani. Les peintures d'Arcimboldo ajoutent une touche très "classique" à ce restaurant. Essayez la spécialité de la maison, le *pesce al forno con verdure di staggione* (poisson cuit au four avec légumes de saison, 26 €, servi pour deux personnes). Pâtes 8-14 €. Ouvert Lu et Me-Di 12h-15h et 19h-24h. ❖❖❖❖

Cip Ciap, Calle Mondo Nuovo, 5799a (✆ 041 523 66 21), entre la Salizzada San Lio et le Campo Santa Maria Formosa. Emportez leurs pizzas bon marché (à partir de 4,20 €) et allez les déguster dans les *campi* situés à proximité. La *disco volante* (soucoupe volante) garnie de champignons, d'aubergines, de jambon et de salami vient d'un autre monde (6,50 €). A tel point qu'il faut téléphoner afin de la commander ! Ouvert Lu et Me-Di 9h-21h. ❖

Osteria Santa Marina, Campo Santa Marina, Castello, 5911 (✆ 041 528 52 39) à l'est du pont du Rialto. Si vous voulez faire des folies et être entouré d'autochtones habillés sur leur trente et un, venez ici savourer la cuisine traditionnelle de Venise. Sinon, vous pouvez vous arrêter en passant pour goûter aux *cicchetti* accompagnés d'un verre de *prosecco*. Le menu change tous les jours. Par contre, il n'y a jamais de poisson le lundi car il n'y a pas de marché ce jour-là. *Primi* 14 €, *secondi* 19-25 €. Service et couvert 3 €. Ouvert Di-Lu 19h30-22h, Ma-Sa 12h30-14h30 et 19h30-22h. ❖❖❖❖

SAN MARCO

Le Bistrot de Venise, Cal. dei Fabbri, San Marco, 4685 (✆ 041 523 66 51). Lorsque vous vous trouvez devant la basilique Saint-Marc, passez sous le deuxième *sottoportego* sur votre droite. De bons plats de pâtes accommodés selon des recettes datant du XIVe siècle. Mais, vous vous en doutez, les plats de l'empire vénitien ne sont pas donnés. Le risotto à l'anguille est une spécialité de la maison. La liste des vins est complète. D'octobre à mai, des expositions attirent ici artistes et musiciens. *Primi* à partir de 12 €, *secondi* à partir de 17 €. Service 15 %. Réduction 10 % avec la carte Rolling Venice. Ouvert tlj 12h-15h et 19h-1h. Cartes Visa, MC, AmEx. ❖❖❖❖

Vino, Vino, Ponte delle Veste, San Marco, 2007a (✆ 041 24 17 688). A partir de la Calle Larga XXII Marzo, tournez dans la Calle delle Veste. Plus de 350 sortes de vins différents, la plupart autour de 1,03-1,55 €. *Primi* 4,13 €, *secondi* 7,75 €, servis dans ce bar à vin sombre et sans fioriture. L'impressionnant menu de fruits de mer change tous les jours. *Primi* 5,50 €, *secondi* 9 €. Couvert 1 €. Ouvert Lu, Me-Ve et Di 10h30-24h, Sa 10h30-1h. 15 % de réduction sur les repas avec la carte Rolling Venice. ❖❖❖

Rosticceria San Bartolomeo, Calle della Bissa, San Marco, 5424a (✆ 041 522 35 69). Depuis le Campo San Bartolomeo, vous saurez où la trouver grâce à l'enseigne à néon placée sous le dernier *sottoportico* sur la gauche. Un choix impressionnant de sandwichs, de pâtes et de *cicchetti* à emporter ou à savourer assis sur place. Ne manquez pas la *mozzarella al prosciutto*. Ceux qui préfèrent être servis à table trouveront leur bonheur à l'étage, pour le déjeuner et le dîner. Plats à partir de 5,90 €, couvert 1,30 €. Ouvert tlj 9h30-21h30. Cartes Visa, MC, AmEx. ❖

Harry's Bar, Calle Vallaresso, San Marco, 1323 (✆ 041 528 57 77), à l'angle du Pavillon Venise. Pénétrez dans l'antre préféré d'"Ernesto" Hemingway et d'autres célébrités comme Robert de Niro ou Tom Cruise. Considérant que Venise manquait cruellement de bars, un certain Harry Cipriani de Boston décida d'en fonder un. Si vous avez envie de nouveautés, venez passer quelques instants ici et goûtez à de surprenantes boissons (dont le fameux Bellini), assez chères au demeurant. Bellini 13 €. Service 15 %. Ouvert tlj 10h30-22h55. Cartes Visa, MC. ❖

DORSODURO

Cantinone del Vino Già Schiavone, Fondamente Meraviglie, Dorsoduro, 992 (✆ 041 523 00 34). Ce restaurant se trouve en bas de la rue quand vous venez de la

Taverna San Trovaso. Il n'y a jamais de places assises sous cette tente noire de monde qui cache une des authentiques *osterie* de Venise. Envie d'une bouteille ? Vous avez le choix parmi celles qui décorent les murs. Elles contiennent les meilleurs vins de Vénétie, dont une bonne douzaine se vend à moins de 5 €. Sinon, vous pouvez commander un verre au bar et l'accompagner de délicieux *cichetti* (essayez le tomate-mozzarella-basilic, 1,29 €). Ouvert Lu-Sa 8h30-21h. ❖

Gelateria Nico, Fondamente Zattere, Dorsoduro, 922 (✆ 041 522 52 93). Près de la V. Zattere, avec une très belle vue sur le canal Giudecca. Gelato 1-6,50 €. Ne manquez pas le ❤ **gianduiotto al passagetto** (une tranche de glace au chocolat et aux noisettes nappée de crème fouettée, 2,30 €.) Ouvert tlj 6h45-23h. ❖

Pizza al Volo, Campo Santa Margherita, Dorsoduro, 2944 (✆ 041 522 54 30). Joignez-vous aux étudiants et autres voyageurs et grignotez sur le *campo* avant d'aller boire un verre dans un des bars alentours. Une petite faim ? Demandez la délicieuse spécialité maison, *al volo*, une tourte avec mozzarella, *grado* et *melanzane* (aubergine). A emporter uniquement. 1,30 € la part, pizzas entières à partir de 4 €. Ouvert tlj 11h30-16h et 17h30-1h30. ❖

SAN POLO ET SANTA CROCE

Ae Oche, Santa Croce, 1552a/b (✆ 041 524 11 61). Du Campo S. Giacomo, prenez la Cal. del Trentor. Gare aux indécis : il y a plus de cent pizzas au menu (3,50-10 €). Ouvert tlj 12h-15h et 19h-24h. Cartes Visa, MC. ❖❖

Osteria Enoteca "Vivaldi", San Polo, 1457 (✆ 041 523 81 85). Du Campo S. Polo, du côté opposé à l'église, traversez le pont vers la Cal. della Madonnetta. Les chefs Sifrido et Massimiliano livrent leur propre interprétation de la spécialité vénitienne *sarde in saor*. L'endroit ressemble à une taverne. *Primi* 8-10 €, *secondi* à partir de 10 €. Couvert 1,50 €. Service 10 %. Réservation conseillée Ve-Sa soir. Ouvert tlj 11h30-14h30 et 18h30-22h30. Cartes Visa, MC, AmEx. ❖❖❖

Osteria al Ponte, Cal. Saoneri, San Polo, 2741/A (✆ 041 71 08 49). Du Campo S. Polo, suivez les panneaux vers l'Accademia ; c'est juste après le premier pont. Un établissement toujours plein qui fait le bonheur des Vénitiens affamés. Couvert 1,30 €. Ouvert tlj 10h-14h30 et 17h30-22h. Cartes Visa, MC, AmEx. ❖❖

Trattoria da Renato, San Polo, 2245/A (✆ 041 524 19 22). Traversez le pont en vous éloignant des Frari, tournez à gauche sur le Campo S. Stin puis à droite sur la Cal. Donà et franchissez le pont. La façade quelconque dissimule un intérieur kitsch des années 1950. *Menù* à 12 € comprenant *primo*, *secondo*, salade et fromage ou dessert. Couvert 1 €. *Primi* 5-8 €, *secondi* à partir de 8 €. Réservation recommandée pour une table en terrasse. Ouvert tlj 13h-15h15 et 19h15-22h30. ❖❖❖

Ristorante Ribo, Fondamenta minotto, Santa Croce, 158 (✆ 041 524 24 86). de la gare, traversez le pont Scalzi, puis tournez à droite. Prenez ensuite à gauche sur F. dei Tolentini, juste avant le pont, puis à gauche sur F. Minotto. Un restaurant plein d'élégance avec vue sur le canal et spécialités vénitiennes au menu. L'ambiance est très agréable, surtout si vous parvenez à avoir une table dans le jardin. Primi à partir de 12 €, secondi 14 €. Couvert 3 €. Ouvert Lu-Di 12h15-15h et 19h15-22h30. Cartes Visa, MC, AmEx. ❖❖❖❖

Ganesh Ji, Calle dell' Olio, San Polo, 2426 (✆/fax 041 71 98 04). Depuis la gare, traversez le pont dei Scalzi, continuez tout droit puis prenez à gauche la Calle della Bergama. Prenez ensuite deux fois à droite, dans la Fondamenta Rio Marin et dans la Calle dell'Olio. Tel un Marco Polo des temps modernes, vous voilà installé à un carrefour entre Orient et Occident, devant un déjeuner indien composé de 3 plats (végétarien 12 €, non-végétarien 13,50 €). Savourez votre riz basmati et votre *naan* du côté du canal (sur la terrasse) ou à l'intérieur, parmi les statues d'éléphants. Couvert 2,20 €, mais la carte Rolling Venice vous épargnera cette dépense-là. Ouvert Je. 19h-24h, Ve-Ma 12h30-14h et 19h-24h. Cartes Visa, MC. ❖❖❖❖

Cantina Do Mori, Calle dei Do Mori, San Polo, 429 (✆ 041 522 54 01), près des marchés du Rialto. Tournez à gauche dans la Calle Angelo, puis encore à gauche dans la Calle dei Do Mori. Le plus ancien bar à vins de Venise, qui peut être considéré comme une attrac-

ITALIE DU NORD

tion touristique mais reste un endroit élégant où avaler quelques *cicchetti* (à partir de 1 €) ou encore un superbe verre de vin local. Les ustensiles de cuivre vieilli couvrant les murs et le sol de pierre inégal confèrent à Do Mori un charme antique. On n'est pas supposé s'asseoir. Ouvert Lu-Sa 8h30-20h30.

Antica Birrara La Corte, Campo San Polo, San Polo, 2168 (✆ 041 275 05 70). Aménagé dans les locaux d'une ancienne brasserie, ce bar est fidèle à ses racines puisqu'il offre une carte de bières allemandes des plus étendue. A l'intérieur, le bar et le restaurant ont un air très propre et disposent d'un espace non-fumeurs. Dehors, appréciez les scènes de rue du Campo San Polo, jadis le cadre de courses de taureaux et qui accueille aujourd'hui des joueurs d'accordéon qu'on trouvera, selon ses goûts, charmants ou casse-pieds. Bière 1,50-4,30 €. Pizzas 4,50-9 €. Couvert 1,80 €. Ouvert Ma-Di 12h-15h et 18h-24h. Cartes Visa, MC, AmEx.

VISITES

AUTOUR DU PONT DU RIALTO

LE GRAND CANAL. Le **Canale Grande** serpente à travers Venise, en passant devant les très belles façades des palais qui jalonnent ses rives et témoignent de l'ancienne splendeur de la cité. Même si la décoration extérieure varie d'un bâtiment à l'autre, selon l'époque de leur construction (Renaissance ou baroque), la structure de base demeure la même. Aux premier et deuxième étages, appelés *piani nobili* (les étages nobles), richement décorés, se trouvaient des chambres et des salons très luxueux. Les familles des riches marchands conservaient leurs biens au rez-de-chaussée, et les domestiques dormaient dans de petites chambres sous les toits. Les perches aux allures de sucre d'orge utilisées pour accoster les bateaux sont appelés *bricole*, et elles sont décorées des couleurs de la famille possédant le *palazzo* le plus proche. *(Pour voir les façades de ces bâtiments, prenez le vaporetto n° 82 ou le n° 1, plus lent, à partir de la gare ferroviaire jusqu'à la Place Saint-Marc. Un* ❤ ***trajet de nuit*** *vous permettra de découvrir les façades éclairées de façon originale par le jeu de la réflexion des lumières dans l'eau.)*

LE PONT DU RIALTO. Le pont du Rialto (1588-1591), dont l'arche unique enjambe majestueusement le Grand Canal, symbolise la tradition commerciale qui a fait la grandeur de Venise. La structure particulière du pont, tout comme son aspect massif, s'expliquent en effet par le souci de rentabilité des dirigeants de la vieille cité marchande : ceux-ci exigeaient que tout pont construit dans ce voisinage soit pourvu d'un nombre suffisant de boutiques, génératrices de revenus. Antonio da Ponte, le bien nommé, lui-même membre du gouvernement de la cité, se plia à cette exigence, et créa ce spectacle architectural dont l'allure singulière fait le bonheur des vendeurs de cartes postales. *(Vaporetto "Rialto".)*

RIVOALTUS LEGATORIA. Entrez dans cette boutique n'importe quel jour de l'année pour entendre Wanda Scarpa vous crier "Bienvenue" depuis son atelier sous les mansardes. Wanda réalise des cahiers faits main et reliés en cuir depuis plus de trente ans. Aujourd'hui, les boutiques de papiers ont fleuri à Venise mais Rivoaltus Legatoria, qui était la première du genre, continue de produire la meilleure qualité possible. On murmure que des stars de cinéma viennent ici acheter leur calepin. Quant au couple qui tient l'endroit, il est absolument délicieux, surtout lorsque Giorgio Scarpa, le mari, prétend qu'il doit enchaîner sa femme pour qu'elle travaille. N'hésitez pas à lui demander de vous faire visiter la boutique. *(Ponte di Rialto, ✆ 041 523 61 95. Ouvert tlj 10h-19h30.)*

L'ÉGLISE SAN GIACOMO DI RIALTO. Entre le pont du Rialto et les marchés alentour se trouve la plus vieille église de Venise, communément appelée "San Giacometto". Une horloge très travaillée pare son *campanile.* De l'autre côté de la place, une statue appelée *il Gobbo* (le bossu) soutient une courte volée de marches : elle servait autrefois de podium pour les déclarations officielles. C'est également aux pieds d'*il Gobbo* que s'effondraient les personnes condamnées pour vol, après une éprouvante traversée de la ville : elles devaient courir depuis la place Saint-

Marc, nues, vilipendées et fouettées par la foule. *(Vaporetto "Rialto". Traversez le pont puis prenez à droite. Eglise ouverte tlj 10h-17h. Entrée libre.)*

LA PLACE SAINT-MARC ET SES ENVIRONS

❤ **LA BASILIQUE SAINT-MARC.** Voici le joyau de la couronne de Venise : un magnifique mélange d'or et de marbre, dont la symétrie et les fresques embellissent la place. C'est certainement la première attraction touristique de la ville, alors attendez-vous à faire la queue, mais dites-vous que la visite en vaut vraiment la peine. Si vous ne voulez pas perdre trop de temps, venez de bonne heure le matin, et si vous voulez profiter du plus bel éclairage naturel projeté sur les mosaïques intérieures et les fresques extérieures, venez en fin d'après-midi, lorsque le soleil commence à descendre dans le ciel.

La construction de la **Basilica di San Marco** commença au IXe siècle, à l'époque où deux marchands vénitiens dérobèrent les reliques de saint Marc à Alexandrie et les rapportèrent en fraude à Venise, sous des morceaux de lard (afin de prévenir d'éventuelles fouilles de la part des musulmans). A la suite d'un incendie qui détruisit la première église consacrée à saint Marc au XIe siècle, Venise érigea une autre église, avec la volonté évidente de rivaliser avec les magnifiques édifices de Rome et de Constantinople. Pendant la construction, la ville dédaigna la structure architecturale classique de l'Eglise Catholique Romaine, choisissant de bâtir selon un plan en croix grecque, couronnée de cinq coupoles à bulbe. L'intérieur est richement décoré de mosaïques en or datant des périodes byzantine (XIIIe siècle) et Renaissance (XVIe siècle). Au-dessus du maître-autel trône un motif typiquement byzantin, un Christ *pantocrator* ("maître de l'univers"), entouré des évangélistes au jour du Jugement. L'image omniprésente du lion ailé, l'animal symboliquement rattaché à saint Marc, se révèle fort impressionnante. La surcharge visuelle se poursuit sur le sol du XIIe siècle, qui présente un assemblage de marbre, de verre et de porphyre aux motifs géométriques d'une grande complexité – neuf siècles d'inondations sporadiques lui ont donné son aspect actuel. Derrière le maître-autel, décoré de statues Renaissance des Apôtres, de la Vierge Marie et de Marie-Madeleine, découvrez la **Pala d'Oro**, un retable byzantin incrusté d'or, d'émaux et de pierreries qui sert d'ornement au tombeau de saint Marc. A droite de l'autel se trouve le **trésor**, qui rassemble des objets en or et des reliques volées à Constantinople lors de la IVe croisade. Par une porte du narthex, on gagne la **galerie de la basilique**, d'où l'on jouit d'une meilleure vue sur les mosaïques des murs et du sol, ainsi que d'une vue sur la place, à l'extérieur et sur les célèbres chevaux en bronze de la façade. *(Basilique ouverte tlj 9h30-17h. Elle est illuminée de 11h30 à 12h30. Tenue correcte exigée, c'est-à-dire couvrant épaules et genoux. Entrée libre. Pala d'Oro accessible tlj 9h45-17h. Entrée 1,50 €. Trésor accessible Lu-Sa 9h45-17h. Entrée 2 €. Galerie ouverte tlj 9h45-17h. Entrée 1,50 €.)*

❤ **LE PALAIS DES DOGES.** Autrefois lieu de résidence des doges, les chefs de la République vénitienne, le **Palazzo Ducale** abrite aujourd'hui l'un des plus beaux musées de Venise. Quand la ville agrandit le palais au XVe siècle, elle préserva son apparence originelle légère et gracieuse datant du XIVe siècle (en dépit de ce que disaient les architectes de la Renaissance qui trouvaient que le bâtiment était "sens dessus dessous"). La Scala dei Giganti (escalier des Géants, réalisé par Antonio Rizzo), qui mène au 1er étage, au bout de la cour à gauche, est surmontée d'un *Mars et Neptune* de Sansovino. C'était là que les nouveaux doges étaient intronisés. Les touristes, pour leur part, doivent se contenter d'emprunter l'escalier moins spectaculaire situé non loin de là. Sur le balcon, vous découvrirez la **Bocca di Leone** ("gueule du lion"), une boîte aux lettres à la mâchoire impressionnante dans laquelle les personnes en conflit avec l'un de leurs voisins pouvaient déposer des lettres de dénonciation. A l'intérieur du palais se trouvaient les appartements privés du doge, ainsi que les superbes salles affectées au gouvernement de la république. Par la Scala d'Oro ("l'escalier d'Or"), on débouche sur la **Sala del Maggior Consiglio** ("salle du Grand Conseil"), dominée par le *Paradis* du Tintoret. On accède ensuite à la **Sala delle Quattro Porte** ("salle des Quatre Portes") et à la Sala dell'Anticollegio ("l'antichambre du Sénat"), ornée entre autres d'allégories du Tintoret. En reprenant votre souffle avant de continuer, rappelez-vous le but de tout ce faste et de cette abondance d'escaliers : pousser le visiteur du doge à tomber à genoux lorsqu'enfin il pénètre dans la **Sala Del Collegio** ("salle du Sénat") ! Une série de passages conduit à la salle du Conseil des Dix, très craint, et à la salle du Conseil des Trois, encore plus craint, avant d'aboutir très logiquement à la prison, en passant par le **pont des Soupirs** (Ponte dei Sospiri). Casanova, séducteur, écrivain et aventurier, fit partie de ceux que le Conseil des Dix condamna à passer le pont, qui tient son nom du soupir à fendre l'âme que poussaient d'ordinaire les prisonniers au moment de jeter un ultime regard sur le monde extérieur. *(© 041 277 71 76, mkt.musei@comune.venezia.it. Ouvert Avr-Oct tlj 9h-19h, Nov-Mar 9h-17h. Le guichet ferme 1h avant l'heure de fermeture. Le billet comprend l'entrée au Museo civico Correr, à la bibliothèque Marciana, au Musée archéologique, au musée del Vetro di Murano et au Museo del Merletto di Burano. Audioguides 5,50 €. Accessible aux handicapés. Entrée 11 €, étudiants 5,50 €, enfants 6-14 ans 3 €.)*

❤ **LA PLACE SAINT-MARC.** Contrairement aux rues étroites qui quadrillent la plus grande partie de Venise, la **Piazza San Marco** (la seule place de Venise à porter officiellement le nom de *piazza*) est une grandiose étendue de lumière et d'espace. C'est aussi là que vit la moitié de la population mondiale des pigeons ! Tout comme ces oiseaux, les touristes abondent. A la différence près qu'ils viennent admirer l'architecture magnifique et écouter la musique des orchestres jouant en plein air, plutôt que manger des miettes de pain dans les mains des enfants. Les galeries des *procuratie* encadrent la place sur trois côtés : les **Procuratie Vecchie** (Bureaux du Vieux Trésor), au sud, dans le style Renaissance du XVIe siècle, les **Procuratie Nuova** (Bureaux du Nouveau Trésor), au nord, dans un style baroque plus fastueux datant du XVIIe siècle, et la plus petite **Ala Napoleonica**, à l'ouest, de style néoclassique, quelquefois appelée Procuratie Nuovissime (Bureaux du Véritable Nouveau Trésor). La **basilique Saint-Marc** se tient majestueusement du côté ouvert de la place.

La **tour de l'Horloge** (Torre dell'Orologio) est perchée entre la basilique et les Procuratie Vecchie. Elle fut construite entre 1496 et 1499 selon les plans de Codussi. Au-dessous du lion de Saint-Marc, l'horloge solaire et zodiacale représente également les phases de la lune et les constellations. La Vierge Marie est assise entre un panneau pivotant sur la gauche qui affiche les heures et un autre sur la droite affichant les minutes, deux additions datant du XIXe siècle. A son sommet, les deux Maures en bronze frappent les heures. Ce trésor, gardien du temps, est tenu à l'écart des regards depuis plusieurs années en raison de travaux de restauration.

Dominant la place, le **campanile** de brique de 96 m de haut servait à l'origine de tour de guet et de phare. Accessoirement, le gouvernement vénitien a eu un temps l'habitude d'y suspendre des cages où les coupables de crimes contre l'Etat étaient exposés. La tour actuelle est une réplique conforme du clocher du XVIe siècle (celui de Bartolomeo Bon), qui s'est effondré en 1902 à l'issue d'une tentative malheureuse de restauration. Cette nouvelle version, érigée dix ans plus tard, a été dotée d'un ascenseur. Au sommet, vous découvrirez un beau panorama sur Venise, mais comptez 20 mn de queue en haute saison. Par temps clair, on peut distinguer la Croatie et la Slovénie *(Campanile ouvert tlj 9h-21h. Entrée 6 €, audio-guide 3 €.)*

❤ **L'ÉGLISE SAN ZACCARIA.** Dédiée au père de saint Jean-Baptiste et dessinée entre autres par Coducci à la fin du XVe siècle, cette église de style gothique Renaissance abrite l'un des chefs-d'œuvre de la peinture de la Renaissance vénitienne, la *Vierge entourée de quatre saints* de Giovanni Bellini. Cette peinture, par la richesse de ses tons et les contrastes entre ombre et lumière, est l'un des premiers exemples de la méticulosité vis-à-vis des détails spécifique aux artistes vénitiens. *(Vaporetto San Zaccaria. Depuis la place Saint-Marc, prenez à gauche le long de l'eau, passez le pont, et tournez à gauche sous le sottoportico. © 041 522 12 57. Ouvert tlj 10h-12h et 16h-18h. Entrée libre.)*

LES MUSÉES DE LA PLACE SAINT-MARC. Sous l'arcade au bout de la place se trouve l'entrée de trois musées. Le **Museo Civico Correr** est digne d'intérêt. Les salles préliminaires permettent de mesurer l'influence du néoclassicisme français sur l'art vénitien. Le musée possède par ailleurs de très belles toiles de maître, notamment deux Bellini ainsi que les *Courtisanes* de Carpaccio. On y découvre par ailleurs nombre d'objets de la vie quotidienne vénitienne comme les chaussures "plate-forme" de 30 cm de haut portées par les femmes cloîtrées de la haute société, apparemment pour les empêcher de se déplacer. Des portulans, des armes en tous genres et maints portraits de doges complètent la visite. Les sculptures grecques et romaines du **Museo archeologico** servirent de modèles d'étude aux artistes de la ville. La grande salle de lecture de la **Biblioteca nazionale Marciana** est décorée de fresques de Véronèse, de Titien et du Tintoret. *(© 041 522 49 51. Ouvert Avr-Oct 9h-19h, Nov-Mar 9h-17h. Dernière entrée 1h avant la fermeture. Entrée 11 €, étudiants 5,50 €. Billet également valable pour le palais des Doges.)*

SAN POLO

LA BASILIQUE SANTA MARIA GLORIOSA DEI FRARI (I FRARI). Les franciscains commencèrent à édifier cette énorme église gothique en 1330. Aujourd'hui, ses murs en terre cuite abritent non seulement deux toiles extraordinaires de Titien, mais aussi le maître de la Renaissance lui-même puisqu'il est enterré là. Son ❤ *Assomption* (1516-1518), sur le maître-autel, marque l'apogée de la Renaissance vénitienne. Tout comme ses contemporains romains ou florentins, Titien a su créer ici une composition équilibrée et harmonieuse, mais le tableau trahit également le penchant typiquement vénitien pour la couleur et pour l'expression d'une certaine sensualité. Sur votre droite en entrant se trouve un second chef-d'œuvre de Titien, la *Vierge de la famille Pesaro* (1547). Cette œuvre est révolutionnaire parce que Titien a placé la Vierge et l'Enfant à la droite du centre, et encore parce qu'il a donné au visage de la Vierge une expression humble et réaliste. La tombe de Titien se trouve juste en face de l'énorme pyramide sous laquelle repose le sculpteur Canova (1757-1822). Une œuvre extraordinaire de Bellini datant de 1488 se trouve dans la sacristie, présentant la Vierge et l'Enfant entourés de saints. Dans la chapelle florentine qui se trouve à la droite du maître-autel, vous pourrez voir le *Saint Jean-Baptiste* de Donatello (1438), une sculpture en bois. *(Vaporetto San Tomà. Suivez les pancartes indiquant la direction du Campo dei Frari. Ouvert Lu-Sa 9h-18h et Di. 13h-18h. Entrée 2 €.)*

❤ **SCUOLA GRANDE DI SAN ROCCO.** La plus illustre *scuola* de Venise (les *scuole* étant des confréries laïques ayant pour sièges de superbes palais, décorés par des artistes de renom) est en soi un monument en l'honneur du Tintoret et de son travail. Le Tintoret, Vénitien dans l'âme (il ne quitta sa ville qu'une seule fois en 76 ans, et encore, il refusa de partir sans sa femme), entreprit de combiner, selon ses propres mots, "la couleur de Titien et le dessin de Michel-Ange". Pour obtenir des effets de profondeur, il faisait poser ses modèles au sein de décors peints mettant bien en évidence leur position dans l'espace. La *scuola* lui demanda d'achever toutes les peintures du bâtiment. Il y travailla pendant 23 ans. L'immense tableau de la *Crucifixion*, dans la salle de l'Albergo, est l'une des œuvres les plus fortes du peintre. Etalant ses colonnes bizarrement ciselées et son marbre richement coloré, la *scuola* est en elle-même un chef-d'œuvre. Si vous restez dehors à l'admirer, vous tomberez sûrement sur des musiciens ambulants interprétant de la musique classique sur la place. *(Juste derrière la I Frari, sur le Campo San Rocco. © 041 523 48 64. Ouvert tlj 9h-17h30. Le guichet ferme à 17h. Entrée 5,50 €, étudiants 4 €, gratuit pour les moins de 18 ans. Audioguides gratuits.)*

LE CAMPO DI SAN POLO. Cette place est la plus grande de Venise après la place Saint-Marc. Elle accueillait autrefois des courses de taureaux. Une toile représentant le chaos qui s'ensuivait le plus souvent se trouve au Museo civico Correr, sur la place Saint-Marc. Aujourd'hui, les bancs, les arbres et les enfants qui jouent font de cette place un endroit idéal pour se détendre. *(Entre le Campo dei Frari et le Rialto. Vaporetto San Silvestro. Prenez la direction inverse du vaporetto ou bien, si vous partez de l'autre côté du Campo dei Frari, traversez le pont et prenez à droite. Tournez ensuite à gauche dans le Rio Terrà puis à droite dans la Calle Seconda dei Saoneri : le Campo San Polo se trouve tout au bout à gauche.)*

DORSODURO

❤ **LA GALERIE DE L'ACADÉMIE.** La **Gallerie dell'Accademia** abrite la collection d'art vénitien la plus complète au monde. En haut du double escalier, dans la **salle I** au plafond décoré de chérubins, vous pourrez voir de l'art vénitien du Moyen Age, dont l'usage généreux de la couleur a continué d'influencer les peintres de cette ville bien après que le style gothique lui-même fut tombé en désuétude. Parmi les énormes retables Renaissance de la **salle II**, la *Vierge à l'Enfant entre des saints et des anges musiciens* de Giovanni Bellini est l'un des plus impressionnants. Dans les **salles IV** et **V**, vous trouverez d'autres œuvres de Bellini, dont la *Vierge à l'Enfant avec Madeleine et sainte Catherine*, mais aussi deux tableaux de son élève Giorgione. Ce dernier défia les conventions de son époque en représentant des scènes qui n'étaient ni bibliques ni allégoriques. Le sens de son œuvre la plus connue, *La Tempête*, est demeuré obscur jusqu'à ce jour. Le lien unissant les deux personnages a fait l'objet d'innombrables interprétations, dont aucune n'est jamais apparue entièrement satisfaisante. Une analyse aux rayons X a par ailleurs révélé que Giorgione avait à l'origine peint une femme en train de se baigner à l'endroit où est aujourd'hui représenté un jeune homme debout. La visite culmine avec la **salle X**, qui renferme la gigantesque *Cène* peinte par Véronèse. Celle-ci fut condamnée à l'époque par les chefs de l'Inquisition pour son caractère fantaisiste et la représentation d'un Allemand protestant et d'un singe parmi les hôtes. Véronèse fut contraint de changer le nom de son tableau, qui devint *Le Repas chez Lévi*. Cette pièce contient également plusieurs belles peintures du Tintoret, témoignant de la virtuosité du peintre dans la représentation des personnages en perspective plongeante, et la dernière œuvre de Tiepolo, une émouvante *Pietà* destinée à orner la tombe de l'artiste. Dans la **salle XX**, des peintures de Gentile Bellini et de Carpaccio mettent en scène la ville de Venise et ses processions d'une façon si précise que les chercheurs les utilisent comme de véritables photographies du passé. *(Vaporetto Accademia. © 041 522 22 47. Ouvert Lu. 8h15-14h et Ma-Di 9h15-19h15. Le guichet ferme à 18h45. Entrée 6,50 €. Audioguides disponibles. Renseignez-vous pour les horaires des visites guidées en français.)*

❤ **LA COLLECTION PEGGY GUGGENHEIM.** Cette petite collection éclectique d'art moderne occupe l'élégant palais Venier dei Leoni, situé au bord de l'eau, l'ancienne résidence de Mme Guggenheim, milliardaire américaine et grande amie des arts. De son vivant, les artistes en chair et en os se rassemblaient souvent en ces lieux. Aujourd'hui, l'endroit est devenu l'un des musées les plus fréquentés de Venise, à juste titre. Présentée avec goût, la collection comprend entre autres des œuvres de Brancusi, de Marini, de Kandinsky, de Picasso, de Magritte, de Rothko, de Max Ernst, de Jackson Pollock et de Dalí. Ses jardins tranquilles abritent également de belles sculptures. Mme Guggenheim y est aussi enterrée (avec ses 14 chiens shihtzu, qu'elle adorait). La sculpture de Marini *L'Ange dans la Ville*, qui se dresse triomphalement devant le palais, a été conçue avec un pénis détachable. Mme Guggenheim pouvait ainsi éviter de froisser ses invités les plus prudes. La cour offre des vues magnifiques sur le Grand Canal. *(Calle San Cristoforo, Dorsoduro, 701. Vaporetto Accademia. Prenez à gauche et suivez les panneaux jaunes. © 041 240 54 11. Ouvert Avr-Nov Lu. et Me-Ve et Di 10h-18h, Sa. 10h-22h ; Nov-Avr Lu et Me-Di 10h-18h. Entrée 8 €, étudiants avec carte ISIC ou Rolling Venice 5 €. Entrée libre pour les moins de 10 ans. Audioguides 4 €.)*

L'ÉGLISE SANTA MARIA DELLA SALUTE. S'élevant tout au bout du Dorsoduro, à l'entrée du Grand Canal, cette église constitue l'un des premiers exemples de baroque vénitien, le style baroque visant à placer le fidèle au centre de l'espace et de l'architecture. En prenant la décision de bâtir cette église, le 22 octobre 1630, le Sénat ne faisait qu'exaucer le vœu fait à la Sainte Vierge d'ériger un édifice religieux si elle mettait un terme à la terrible épidémie de peste qui frappait la ville. La construction du bâtiment fut confiée à Baldassare Longhena. Les Vénitiens célèbrent encore aujourd'hui le troisième dimanche de novembre en construisant un ponton en bois qui traverse le Grand Canal et en allumant des bougies dans l'église. Non loin de l'église se trouve la **Dogana**, l'ancienne maison des douanes, où les bateaux qui arrivaient dans Venise devaient faire une halte et s'acquitter d'un impôt obligatoire. En quittant la Dogana (marchez le long de la Fondamenta della Dogana jusqu'au bout du Dorsoduro), vous pourrez admirer une ❤ **superbe vue** sur la ville, à condition que vous parveniez à vous frayer un chemin à travers les promeneurs profitant du soleil et les couples enlacés. *(Vaporetto Salute. © 041 522 55 58. Ouvert tlj 9h-12h et 15h-17h30. L'intérieur de la Dogana est fermé au public. Entrée libre. Sacristie accessible moyennant contribution.)*

SQUERO DI SAN TROVASO. C'est le plus ancien des trois derniers chantiers de gondoles à Venise (il a été construit au XVIIe siècle). Vous pourrez y voir des gondoles aux différentes étapes de leur réalisation… ou de leur dégradation. Les bâtiments sont construits dans le style des habitations de Cadore (la région montagneuse d'où vinrent les premiers artisans qui fabriquaient les embarcations, et également celle d'où vient le bois utilisé dans cette fabrication). Si la porte principale est fermée, traversez le Grand Canal et regardez les gondoles en construction tout au fond de la cour. *(Vaporetto Zattere. Remontez la Fondamenta Nani, d'où vous pourrez voir les bateaux, et passez le premier pont avant d'atteindre l'entrée, sur le Campo San Trovaso. Horaires variables. Entrée libre.)*

L'ÉGLISE SAN SEBASTIANO. Elle s'élève dans la partie ouest du Dorsoduro et date du XVIe siècle. C'est là que, fuyant Vérone, le peintre de la Renaissance Véronèse chercha refuge en 1555, probablement après avoir commis un meurtre. En 10 ans, il décora l'église de somptueuses peintures et fresques. Au plafond, vous pourrez contempler l'émouvante *Histoire de la reine Esther*, tandis que le peintre lui-même repose en paix sous la pierre tombale près de l'orgue. *(Vaporetto San Basilio. De là, dirigez-vous droit devant. Ouvert Lu-Sa 10h-17h. Entrée 2 €.)*

CA' REZZONICO. Conçue par Longhena, c'est un des plus beaux palais vénitiens du XVIIIe siècle. A l'intérieur, le **Museo del Settecento veneziano** (musée du XVIIIe siècle vénitien) vous apprendra tout sur les intrigues et les liaisons amoureuses des grands de ce siècle. Les petites chambres et les boudoirs de l'étage sont décorés de charmantes peintures de Tiepolo, de Guardi et de Longhi. *(Vaporetto Ca' Rezzonico. Traversez le Campo San Barnaba afin d'emprunter le premier pont à droite, et prenez à droite la Fondamenta Rezzonico. © 041 241 01 00. Réservation 24h à l'avance. Audioguide 5,50 €. Ouvert Avr-Oct Lu et Me-Di 10h-18h, Nov-Mar 10h-17h. Entrée 6,50 €.)*

MINIJUPES, MINIPASS ET MINIRÉDUCTIONS Les minijupes sont interdites dans de nombreuses églises vénitiennes, une "tenue correcte" y étant exigée : épaules et genoux doivent être couverts. L'Associazione Chiesi di Venezia ("Association des Eglises de Venise") vend le **Chorus pass** valable trois jours donnant accès à 13 églises, notamment Santa Maria dei Miracoli, Santa Maria Gloriosa dei Fratri, San Polo, Madonna dell'Orto, Il Redentore et San Sebastiano. Le pass (8 €, étudiants 5 €) est disponible dans les églises citées précédemment (sauf Santa Maria Gloriosa dei Fratri) et offre un accès illimité aux 13 églises. Pour plus d'informations sur l'une d'entre elles ou sur ce pass, appelez le © 041 275 04 62.

CASTELLO

L'ÉGLISE SAINT-JEAN ET SAINT-PAUL. Surnommé le "Panthéon de la noblesse vénitienne", l'immense **Chiesa di Santissimi Giovanni e Paolo** renferme la dépouille de 25 doges ainsi que les monuments qui leur sont dédiés. Le long des murs sont également alignés les monuments dédiés à d'autres citoyens considérés comme particulièrement honorables. Ne laissez pas votre attention se focaliser uniquement sur la façade gothique en terre cuite de l'église, car le sublime portail Renaissance composé d'une arche soutenue par des colonnes de marbre grec est de loin le clou du spectacle. Sur la droite en entrant, vous pourrez voir un bas-relief représentant l'agonie de Marcantonio Bragadin. Bragadin défendit Chypre contre l'invasion des Turcs en 1571 mais, acculé à la reddition, il finit écorché vif. Ses restes reposent aujourd'hui dans l'urne placée au-dessus du monument.

DERRIÈRE LES MASQUES

La crise d'identité de Venise

Des touristes allemands et américains qui jouent des coudes sur le Rialto. Des enfants français qui chahutent sur la place Saint-Marc. Des couples japonais exténués. Les vaporetto bondés qui voient s'agiter des photographes anglais sous le regard blasé des Vénitiens qui partent au travail. "*Où est la vraie Venise ?*" s'interroge soudain un touriste perplexe, slalomant entre les pigeons, les guides vociférant et les flashs des appareils photos. Mais la vraie Venise est là, est-on tenté de lui répondre. Car il n'y a pas de Venise sans touriste. La ville est un théâtre où tout est fait pour le regard des autres. Et ses habitants, qu'ils soient gondoliers ou vendeurs au Rialto, en sont les acteurs. D'ailleurs lorsqu'ils n'étaient pas sûrs de pouvoir compter sur des spectateurs, les Vénitiens n'en ont-ils pas sculpté sur leur maison – tous ces visages souriants sur les murs des *palazzo* – ou n'ont-ils pas rempli leur boutique de masques au regard attentif ?

La République s'est toujours sentie obligée de se montrer en spectacle. En 828, des émissaires volèrent la dépouille de saint Marc en Egypte. Grâce à l'afflux de pèlerins qui suivit, la ville put obtenir son indépendance. Aux XIIIe et XIVe siècles, les doges affermirent leur monopole sur le commerce entre l'Europe et l'Orient. Des marchands, des acheteurs et des voyageurs curieux se pressèrent sur les marchés du Rialto. Le tourisme demeura ainsi florissant pendant plusieurs siècles. Lorsque Venise perdit son empire commercial, il devint la première ressource de la ville. Dans les années 1700, la perle de l'Adriatique était devenue l'une des destinations favorites des grandes fortunes d'Europe. La cité des masques et des illusions avait trouvé un nouveau public.

Aujourd'hui, Venise se bat pour ne pas sombrer. Le développement d'industries sur le continent dans les années 1950 a vidé la ville d'une grande partie de ses habitants. Il n'en reste plus que 50 000. La moitié des maisons sont abandonnées. La forêt de pilotis qui supporte les habitations s'enfonce sous l'eau, causant des inondations géantes plus de cent fois par an et permettant au sel de ronger les fondations en brique. Face à ces maux, les autorités doivent à nouveau recourir aux mannes du tourisme. Bien que certaines mesures aient eu pour intention de faire revenir les habitants, les efforts récents ont surtout visé à garder les visiteurs plus longtemps. La Biennale de Venise ou le festival de cinéma de la Mostra ont été créés dans ce sens.

La ville espère ainsi modifier le comportement des touristes. La majorité des 10 millions de visiteurs annuels ne dépensent que peu d'argent pendant leur séjour. Ils restent quelques heures, le temps de visiter la basilique saint-Marc et de manger une glace, puis vont dormir dans la ville voisine de Padoue, beaucoup moins onéreuse, ou s'en repartent vers Florence. Plutôt que d'offrir plus d'hébergements abordables, l'ancien maire Massimo Cacciari a préféré fustiger les "touristes-polaroid" d'un jour. En 1999, il fit réaliser une série d'affiches par Benetton intitulée "pour ou contre Venise". On pouvait y voir un touriste molesté par une nuée de pigeons. D'autres élus voudraient établir un droit d'accès à la ville, augmenter les taxes d'aéroport ou encore émettre des quotas pour les visiteurs à la journée. Le nouveau maire Paolo Costa a su jusqu'à présent éviter de telles mesures radicales. Il souhaite plutôt que "Venise" devienne une marque protégée, comme le récent conflit avec le casino de Las Vegas du même nom l'a montré.

Autrefois carrefour des cultures du monde, Venise semble aujourd'hui focaliser les problèmes rencontrés par l'Europe face à la modernité. Se laissera-t-elle submerger par ces difficultés ou saura-t-elle au contraire enfiler un nouveau masque pour se réinventer ? Nous en serons à n'en pas douter les spectateurs privilégiés.

Lisa Nosal a été enquêtrice sur le Let's Go Italie 2000. Elle a également servi de guide accompagnatrice pour une association culturelle de Venise et travaille aujourd'hui pour une agence de voyages à Boston.

Non loin se trouve un retable décoré par Giovanni Bellini, représentant saint Vincent Ferrier. A quelques mètres du transept gauche se trouve la **Cappella del Rosario**. Après l'incendie qui détruisit la chapelle en 1867, des œuvres de Véronèse furent apportées ici pour remplacer les tableaux détruits par le feu. A l'extérieur de l'église se trouve la statue équestre en bronze de **Bartolomeo Colleoni**, un mercenaire qui légua son héritage à la cité à condition qu'un monument soit érigé en son honneur en face de Saint-Marc. Il voulait bien entendu dire la basilique Saint-Marc. La cité, peu désireuse de construire un tel monument sur ce lieu, décida de placer la statue en face de… la Scuola di San Marco, c'est-à-dire de la confrérie de Saint-Marc. Ce faisant, elle pouvait prétendre avoir respecté la volonté du mort et profiter de l'argent de Bartolomeo Colleoni, tout en laissant la place Saint-Marc aux pigeons. La statue fut réalisée en 1479 par l'un des maîtres de Vinci, le Florentin Verrocchio. *(Vaporetto Fondamenta Nuove. Prenez à gauche puis à droite en direction de la Fondamenta dei Mendicanti. ✆ 041 523 59 13. Ouvert Lu-Sa 7h30-12h30 et 15h30-19h, Di. 15h-18h. Entrée libre.)*

L'ÉGLISE SANTA MARIA DEI MIRACOLI. La famille Lombardo réalisa ce petit bijou de la Renaissance vers la fin du *quattrocento*. C'est l'une des plus belles églises de Venise : sa façade présente des marbres multicolores et son intérieur est rutilant de couleurs, de reliefs dorés et de figures sculptées. *(A partir de S.S. Giovanni e Paolo, traversez le Ponte Rosse puis continuez tout droit. Ouvert Lu-Sa 10h-17h et Di. 13h-17h. Entrée 2 €.)*

SCUOLA DALMATA DI SAN GIORGIO DEGLI SCHIAVONI. A l'intérieur de ce modeste bâtiment de pierre aujourd'hui noircie, datant du début du XVIe siècle, Carpaccio a décoré le rez-de-chaussée de ravissantes peintures, qui décrivent les vies de saint Georges, de saint Jérôme et de saint Tryphon. *(Castello, 3259a. Vaporetto San Zaccaria. Prenez à droite en sortant du bateau, puis à gauche dans la Calle della Pietà, ensuite à droite dans la Salizzada dei Greci et à gauche dans la Fondamenta dei Furlani. ✆ 041 522 88 28. Ouvert Avr-Oct, Ma-Sa 9h30-12h30 et 15h30-18h30, Di. 9h30-12h30. Nov-Mars : Ma-Sa 10h-12h30 et 15h-18h, Di. 10h-12h30. Tenue correcte exigée : épaules et genoux doivent être couverts. Entrée 3 €.)*

LES JARDINS PUBLICS ET SANT'ELENA. Vous voulez voir de la verdure ? Allez faire un tour dans les **Giardini pubblici** créés par Napoléon, ou bien allez pique-niquer sur la pelouse ombragée de Sant'Elena. *(Vaporetto Giardini ou Sant'Elena. Entrée libre.)*

CANNAREGGIO

LE GHETTO JUIF. En 1516, le Doge força la population juive de Venise à se rassembler dans un même quartier de fonderies de canons, créant le premier ghetto en Europe. (Ghetto signifie "fonderie" en vénitien.) Tandis que seule une trentaine de Juifs vivent ici de nos jours, le Ghetto en accueillit jusqu'à 5000. Le quartier réunit les plus hauts bâtiments habités de Venise (il fallait compenser le manque de place). La plus vieille synagogue, ou *schola*, la **Schola Grande Tedesca** (synagogue allemande) est aménagée dans le même bâtiment que le **Museo ebraico di Venezia** (Musée hébreu de Venise) sur le Campo del Ghetto Nuovo. Non loin, sur le Campiello delle Scuole se tient l'opulente **Schola Levantina** (Synagogue Levantine) et la **Schola Spagnola** (Synagogue Espagnole), toutes deux, au moins en partie, œuvres de Longhena. *(Cannaregio, 2899b. Vaporetto San Marcuola. Suivez les flèches en allant tout droit et tournez à gauche sur le Campo del Ghetto Nuovo. ✆ 041 71 53 59. Museo ebraica di Venezia ouvert Juin-Sep, Lu-Ve et Di 10h-19h. Oct-Mai 10h-16h30. Dernière entrée 30 mn avant la fermeture. Entrée 3 €, étudiants 2 €. Synagogues accessibles uniquement en visite guidée d'une durée de 40 mn. Musée et visite guidée 8 €, étudiants 6,50 €.)*

CA' D'ORO. La Galerie Giorgio Franchetti est installée dans la Ca' d'Oro, la plus belle demeure du Grand Canal, et un merveilleux exemple de gothique vénitien (1425-1440). Elle contient quelques œuvres de première importance comme le *Saint Sébastien* d'Andrea Mantegna, le dernier exemple d'un sujet que l'artiste représenta à de nombreuses reprises, ainsi que le *Belvédère d'Apollon*, l'un des bronzes les plus importants du XVe siècle. Pour admirer la ❤ façade "gâteau de mariage" de la Ca' d'Oro, prenez le *traghetto* sur le Grand Canal en direction des marchés du Rialto.

(Vaporetto Ca' d'Oro. © 041 522 23 49. Ouvert Lu. 8h15-14h et Ma-Sa 8h15-19h15. Le guichet ferme 30 mn avant la fin des visites. Entrée 5 €.)

L'ÉGLISE SANTA MARIA ASSUNTA. En pénétrant dans cette extravagante église du XVIIIe siècle, ornée d'une somptueuse façade baroque, vous êtes pris dans un tourbillon de magnifiques marbres verts et blancs (la beauté des œuvres en stuc dorées qu'elle renferme n'a jamais été égalée dans tout Venise). Admirez le *Martyre de saint Laurent* de Titien qui se trouve sur l'autel à gauche de l'entrée. *(Vaporetto Fondamenta Nuove. Tournez à droite puis à gauche dans la Salizzada dei Specchieri. © 041 623 16 10. Ouvert tlj 10h-12h et 16h-18h.)*

L'ÉGLISE MADONNA DELL'ORTO. Le Tintoret a peint certaines de ses œuvres les plus fortes pour cette simple église paroissiale, autre exemple essentiel de l'architecture gothique vénitienne. A l'intérieur, les plafonds boisés présentent dix de ses plus grandes peintures. Près du maître-autel, on peut admirer son *Jugement dernier* peuplé d'une foule d'âmes emplissant l'espace, ainsi que l'*Adoration du veau d'or*. Enfin, sur la droite de l'abside, impossible de manquer la *Présentation de la Vierge au temple*, magnifique. *(Vaporetto Madonna dell'Orto. Ouvert Lu-Sa 10h-17h. Entrée 2 €. Un interrupteur placé à chacun des quatre angles du bâtiment permet d'éclairer les tableaux.)*

SAN GIORGIO MAGGIORE ET GIUDECCA

LA BASILIQUE SAN GIORGIO MAGGIORE. Construite sur l'île de San Giorgio, où s'était retirée une importante communauté monastique, San Giorgio Maggiore est très différente de la plupart des autres églises vénitiennes. Le célèbre Palladio, grande figure du classicisme en architecture, ne partageait pas l'amour des artistes vénitiens pour la couleur et l'ornementation, aussi a-t-il préféré ériger un édifice austère et sobre. La lumière emplit l'immense espace intérieur, mais n'éclaire malheureusement pas la *Cène* du Tintoret près du maître-autel. Si vous voulez mieux voir ses anges fantomatiques en sollicitant pour cela la fée électricité, il vous en coûtera 0,20 €. La jolie cour, juste à droite de la basilique, est fermée au public, mais le style de Palladio est reconnaissable à travers ses grilles. Prenez l'ascenseur pour monter en haut du **campanile**, d'où vous pourrez admirer une très belle vue de la ville. *(Vaporetto San Giorgio Maggiore. © 041 522 78 27. Ouvert l'été Lu-Sa 10h-12h30 et 14h30-16h30 ; en hiver 14h30-17h. Entrée libre dans la basilique. Campanile 3 €. Payez le Frère dans l'ascenseur.)*

L'ÉGLISE DU RÉDEMPTEUR. Il s'agit du chef-d'œuvre religieux de Palladio. Cette immense église Renaissance allongée, comme le Salut, commémore le serment fait à Dieu de construire une église et d'y faire un pèlerinage annuel si la peste quittait la ville. Chaque année, des feux d'artifice sont lancés pour le célébrer. Remarquez les peintures de Véronèse et de Bassano dans la sacristie. *(Vaporetto Redentore. Demandez à entrer dans la sacristie. Ouvert Lu-Sa 10h-17h et Di. 13h-17h. Entrée 2 €.)*

LES ÎLES DE LA LAGUNE

❤ BURANO

Dans ce village traditionnel, les pêcheurs partent chaque matin chercher le poisson, tandis que de petites veuves, toutes de noir vêtues, restent assises sur le seuil des maisons colorées à broder de belles dentelles. Vous pourrez admirer leur travail dans la petite **Scuola di Merletti di Burano** (musée de la Dentelle) de l'île. *(A 40 mn en bateau de Venise. Vaporetto n° 12 Burano, au départ de San Zaccaria ou de la Fondamenta Nuove. Le musée se trouve sur la Piazza Galuppi. © 041 73 00 34. Ouvert Me-Lu 10h-17h. Entrée 4 €. Accès compris dans le billet pour le palais des Doges.)*

MURANO

L'île est célèbre pour son activité verrière depuis 1292, époque à laquelle les artisans de Venise décidèrent de s'y installer. Aujourd'hui, d'importantes manufactures côtoient des établissements touristiques, permettant à chacun d'observer des souffleurs de verre en action. Evitez les vendeurs de verre de Murano que vous rencontrerez près de la gare ou près de la place Saint-Marc : ils sont très convaincants et vont essayer de vous vendre des tickets pour assister à une démonstration de souffleurs de verre. Ne vous faites pas avoir car cette visite peut être gratuite si vous réussissez à leur échapper et à prendre un *vaporetto* jusqu'à Colona, Faro ou Navagero. Suivez ensuite les flèches indiquant *fornace*. Vous serez impressionné par la rapidité et la grâce des souffleurs de verre. Comme il n'y a pas beaucoup de démonstrations, vous devrez flâner un peu dans le coin et essayer de vous mêler à un groupe pour avoir la chance de voir un souffleur de verre en action. Le **Museo Vetrario** (musée du Verre) possède une splendide collection de verres remontant à l'Antiquité romaine. Plus loin dans la même rue se dresse l'exceptionnelle **basilique Santa Maria e San Donato**, construite au VIIe siècle mais remaniée au XIIe siècle. Saint Donat est supposé avoir tué un dragon rien qu'en lui crachant dessus. Ses saints ossements, précieuses reliques, sont exposés dans l'abside. *(Vaporetto n° 12 ou n° 52 Faro. Prenez le bateau aux arrêts San Zaccaria ou Fondamenta Nuove.* ***Museo Vetrario****, Fondamenta Giustian, 8. © 041 73 95 86. Ouvert Je-Ma 10h-17h. Le guichet ferme à 16h30. Entrée 5 €, étudiants 3 €. Entrée au musée comprise dans les tickets combinés pour le palais des Doges.* ***Basilique*** *© 041 73 90 56. Ouvert tlj 8h-12h et 16h-19h.)*

TORCELLO

Havre de paix pour les premiers pêcheurs fuyant les barbares du continent, Torcello était l'île la plus puissante du lagon avant que Venise n'usurpe sa gloire. Aujourd'hui, mise à part la présence de quelques petits bars, Torcello est agréablement déserte et couverte d'une végétation luxuriante. Sa **cathédrale Santa Maria Assunta**, possède des mosaïques byzantines des XIe et XIIe siècles dépeignant le Jugement dernier et la Vierge Marie. Le **Campanile** offre de splendides vues sur le lagon extérieur. *(A 45 mn en bateau de Venise. Vaporetto n° 12 Torcello, depuis les arrêts San Zaccaria ou Fondamenta Nuove. Cathédrale © 041 73 00 84. Ouvert tlj 10h-18h. Entrée 3 €.)*

LIDO

Le Lido servit de décor au roman de Thomas Mann *Mort à Venise* ainsi qu'à l'adaptation cinématographique de Visconti, retraçant l'atmosphère de sensualité et de mystère inhérente à Venise. Aujourd'hui, c'est surtout une station balnéaire envahie de voitures et de radios qui braillent. Les amoureux de la Belle Epoque pourront visiter le célèbre **Grand Hôtel des Bains**, Lungomare Marconi, 17. Si vous mourez de chaud, suivez la foule qui descend le Gran Viale Santa Maria Elisabetta et dirigez-vous vers la **plage publique**, à la propreté toutefois douteuse. Une épave assez impressionnante est échouée à l'une de ses extrémités. *(Vaporetto Lido.)*

ISOLA DI SAN MICHELE

Ile-cimetière de Venise, San Michele abrite la petite **église San Michele in Isola** (1469), première église Renaissance de Venise et œuvre de Codussi. Remarquez le portail droit de l'église, au-dessus duquel on peut voir un relief présentant saint Michel tuant le dragon, constitue l'entrée vers les terrains de cyprès. Dans le cimetière protestant planté de cyprès, est censé reposer le poète américain Ezra Pound, ennemi de l'état et critiqué pour ses prises de position pro fascistes. Le cimetière orthodoxe, quant à lui, abrite les tombes de deux grands artistes russes : le compositeur Igor Stravinsky et le chorégraphe Serge de Diaghilev. *(Vaporetto Cimitero, depuis l'arrêt Fondamenta Nuove. Eglise et cimetière ouverts Avr-Sep, tlj 7h30-18h. Oct-Mars : tlj 7h30-16h. Entrée libre.)*

SORTIES

VENISE EN GONDOLE

Impossible d'évoquer Venise sans parler des gondoles, ces embarcations jadis utilisées par les nobles vénitiens, et qui restent un luxe aujourd'hui. Les prix officiels commencent à partir de 62 € pour un groupe pour 50 mn, et augmentent après le coucher du soleil. Pour une balade particulièrement romantique, il est conseillé de faire un tour juste avant que le soleil ne se couche. A six personnes, les prix deviennent abordables. Il est plus facile de marchander avec les gondoliers qui travaillent isolés, même s'ils n'ont pas le droit de descendre en dessous du prix minimum fixé, qu'avec ceux que l'on voit attendre aux "bornes de taxis" réparties dans toute la ville. Venise ayant été construite pour être parcourue en gondole, c'est le seul moyen de locomotion (Let's Go déconseille la nage) qui vous permettra d'admirer les porches des maisons et des palais au fil des canaux. Pour une expérience plus courte et moins chère, vous pouvez prendre les ❤ *traghetti*, ces gondoles-ferrys qui traversent le Grand Canal en six points distincts. Les trajets se font debout et ne durent qu'une minute, mais coûtent à peine 0,36 €.

MUSIQUE, THÉÂTRE, CINÉMA ET EXPOSITIONS

La brochure hebdomadaire **Un ospite di Venezia** (littéralement "Un invité à Venise") distribuée gratuitement à l'office de tourisme et dans les hôtels, ou encore sur Internet à l'adresse www.unospitedivenezia.it, publie la liste des festivals, des concerts et des expositions.

Les amateurs de **musique** trouveront leur bonheur à Venise, où se déroulent toutes sortes de concerts (concerts de musique de chambre en plein air sur la place Saint-Marc ou concerts plus formels). Autrefois chef de chœur dans l'église Santa Maria della Pietà, **Vivaldi** continue à hanter la cité. L'été, les œuvres de l'artiste (en particulier *Les Quatre Saisons*) font l'objet de concerts presque tous les soirs. Même l'hiver, vous ne devriez pas manquer d'occasions de les entendre. Pour plus d'informations sur les adresses et les horaires, adressez-vous aux personnes vêtues de costumes d'époque qui se trouvent un peu partout dans la ville. (Essayez la Calle Larga Mazzini près du Rialto, le Ponte della Paglia près de la place Saint-Marc, ou le Campo della Carità en face de la galerie de l'Académie.) La **Chiesa di San Vidal**, près du Campo S. Samuele, à San Marco, présente des concerts de musique utilisant des instruments du XVe siècle. (Concerts à 21h certains soirs. Entrée 21 €, étudiants 16 €; Les billets s'achètent à l'église.)

Le grand théâtre **La Fenice**, qui a brûlé en 1996, a rouvert récemment. Les fans d'opéra pourront aussi faire quelques kilomètres pour assister au festival lyrique de Vérone. Des représentations variées figurent au programme du **Teatro Goldoni**, Calle del Teatro, San Marco, 4650b (✆ 041 240 20 11), à côté du Rialto. La **Mostra Internazionale del Cinema** (Festival international de cinéma de Venise) se tient tous les ans de

POUR INITIÉS

MURANO, L'ÎLE DE VERRE

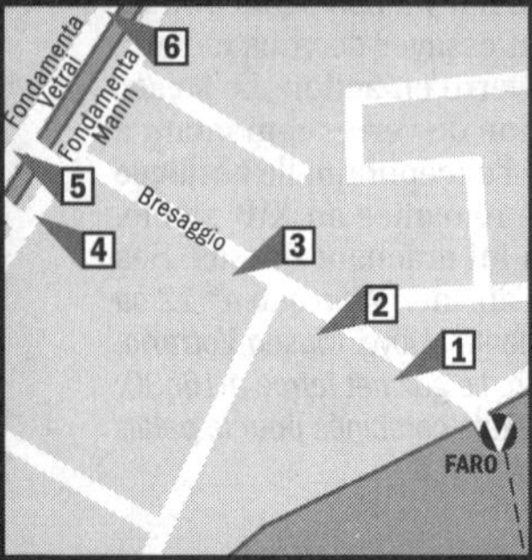

Leurs forges ayant provoqué de nombreux incendies à Venise, les maîtres-verriers furent contraints de s'exiler sur Murano. Voici nos meilleures adresses si vous souhaitez rapporter quelques souvenirs de votre visite de l'île :

1/ Chez **Civam**, des lustres pendent au plafond et des montagnes de vases attendent acquéreur. (✆ 041 73 93 23.)

2/ Regardez les artisans souffler et façonner le verre en fusion à la **Factory**. Bressagio, 25/a.

4/ Achetez les vases tout juste sortis du four à **Vetreria ai Dogi** (✆ 041 527 43 80)

5/ Admirez les créations élégantes de **Murano Collezioni** (✆ 041 73 62 72). La maison fut créée par les trois plus grands commerçants de verre de Venise il y a des lustres.

6/ Remarquez le design original des vases et des lampes forgés par **Linea Vetro** (✆ 041 73 62 66).

fin août à début septembre. Ce festival très prestigieux, qui reçoit des stars internationales, décerne chaque année le Lion d'or. Dans ce cadre, on s'en doute, les films sont montrés en version originale. Les billets (réservation au © 041 520 03 11), à partir de 20 €, s'achètent un peu partout, et certaines projections en plein air organisées tard le soir sont gratuites. Cependant, les principaux cinémas de Venise, comme l'**Accademia**, Calle Gambara, Dorsoduro, 1019 (© 041 528 77 06), à droite de la galerie de l'Académie, le **Giorgione**, Campo San Apostoli, Cannaregio (© 041 522 62 98) et le **Rossini**, San Marco, 3988 (© 041 523 03 22), aux abords immédiats du Campo Manin, ne diffusent que rarement les films en version originale.

La très célèbre **Biennale de Venise** (© 041 521 89 15, www.labiennale.org) a lieu toutes les années impaires et présente des œuvres internationales d'art contemporain dans les jardins publics et à l'Arsenal.

LE CARNAVAL

Après un sommeil de plusieurs siècles, le fameux Carnaval de Venise compte de nouveau parmi les célébrations annuelles de la ville (depuis 1979). Force est de reconnaître qu'il est aujourd'hui plus commercial que festif. Pendant les dix jours précédant le mercredi des Cendres, des Vénitiens masqués, en costumes traditionnels du XVIIIe siècle, et des touristes bardés d'appareils photo emplissent les rues. Concerts et spectacles de rue sont organisés à travers toute la ville, et la population de Venise double pour le mardi gras. Ecrivez à l'office de tourisme en janvier pour connaître les dates et les détails et, si vous voulez être de la fête, réservez votre chambre d'hôtel plusieurs mois à l'avance.

L'autre fête haute en couleur de Venise est la **Festa del Redentore**, qui célébrait à l'origine la fin de la peste (3e dimanche de juillet). L'église du Rédempteur est, pour l'occasion, reliée à Zattere par un pont flottant construit par les militaires et la veille au soir, de magnifiques feux d'artifice illuminent la ville entre 23h et minuit.

Le 1er samedi de septembre, Venise accueille sa **Regata storica**, une course de gondoles sur le Grand Canal, précédée par une procession de gondoles décorées. La **Festa della Salute** se déroule le 3e dimanche de novembre à l'église Santa Maria della Salute : un autre pont flottant est cette fois déployé sur le Grand Canal. Cette fête religieuse avait également pour but de célébrer la fin de la peste.

SHOPPING

Enfin, pour le shopping, quelques avertissements s'imposent. Ne faites surtout pas vos achats sur la place Saint-Marc ni autour du Rialto. Les boutiques en dehors de ces endroits possèdent non seulement des articles de meilleure qualité mais pratiquent des prix jusqu'à deux fois inférieurs. Vous trouverez des verreries vénitiennes dans le quartier qui s'étend de la place Saint-Marc au pont de l'Académie ainsi qu'entre le Rialto et la gare. Vous pouvez également admirer la vitrine de la fabrique de verre soufflé située derrière la basilique Saint-Marc. Le plan donné avec la carte Rolling Venice donne la liste des boutiques offrant des réductions à ses détenteurs. Pour un choix plus vaste et plus varié de verre et de dentelle, n'hésitez pas à vous déplacer jusqu'aux îles de Murano pour le verre et de Burano pour la dentelle.

VIE NOCTURNE

La vie nocturne de Venise est beaucoup plus tranquille que dans la plupart des grandes villes. Les Vénitiens se contentent généralement de siroter une bière ou un verre de vin plutôt que d'aller se défouler dans une discothèque. Bien sûr, la sortie la plus appropriée est sans doute la promenade le long du Grand Canal, au clair de lune, sur le *vaporetto* n° 82 en écoutant les commentaires du guide. On peut aussi préférer une balade, vers 22h, sur la place Saint-Marc, des quartets d'instruments à corde jouent alors de quoi se régaler l'oreille. Les quartiers de sortie des jeunes sont le **Campo Santa Margherita** dans le Dorsoduro, et la **Lista di Spagna** dans le Cannaregio.

❤ **Paradiso Perduto**, Fondamenta della Misericordia, 2540 (✆ 041 72 05 81). Depuis la Strada Nuova, traversez le Campo San Fosca puis le pont. Continuez dans la même direction et franchissez encore deux ponts. Habitants de la ville et étudiants emplissent ce bar sans prétention de leurs conversations et de leurs rires tandis que les serveurs habillés avec désinvolture posent devant eux de grosses portions de *cichetti* (assiette mixte 11,36 €). Jazz *live* Di. 21h. Ouvert Je-Di 19h-2h.

❤ **Café Blue**, Calle Lunga San Pantalon, Dorsoduro, 3778 (✆ 041 71 02 27). A partir du Campo Santa Margherita, passez le pont qui se trouve à l'extrémité étroite de la place, contournez l'église par la droite et, tout au bout, prenez à gauche. Beaucoup de lumière, de bruit et de monde. Ce bar américain attire essentiellement une clientèle d'expatriés et d'étudiants étrangers. Kiosque à e-mail gratuit (accessible 20h-2h). Happy-hour en hiver 18h-20h. Concerts de jazz en hiver Ve et Di en soirée. Ouvert l'été 12h-2h, en hiver 9h30-2h.

Piccolo Mondo, Accademia, Dorsoduro, 1056a (✆ 041 520 03 71). Lorsque vous faites face à l'Accademia, tournez à droite et suivez la rue. Les touristes fourbus aiment reprendre des forces dans cette petite mais joyeuse *discoteca*. Parmi les hôtes célèbres qui ont levé le coude ici, citons Mick Jagger, Michael Jordan et le prince Albert de Monaco. Boissons à partir de 7 €. Ouvert 22h-4h. Cartes Visa, MC, AmEx.

Duchamp, Campo S. Margherita, 3019 (✆ 041 528 62 55). Un bar très vivant dont les tables en plein air se remplissent vite. Beaucoup d'étudiants se retrouvent ici pour boire des pintes. Bière (pinte) 4,30 €. Ouvert Lu-Ve et Di 21h-2h et Di 17h-2h.

Casanova, Lista di Spagna, Cannaregio, 158a (✆ 041 275 01 99, www.casanova.it). Vous avez envie de danser ? Laissez-vous séduire par le charme de la clientèle du Casanova. Malheureusement, les nuits fiévreuses ne sont pas le fort de Venise, et peut-être serez-vous tenté, tout comme le vrai Casanova, de vous enfuir. Le thème et les prix changent tous les soirs, et vous pourrez passer de la musique alternative à la musique latino en passant par la house. Entrée 10 € (une boisson incluse). Ouvert tlj 22h-4h. Cartes Visa, MC, AmEx.

Inishark Irish Pub, Calle Mondo Novo, Castello, 5787 (✆ 041 523 53 00), entre le Campo Santa Maria Formosa et la Salizzada San Lio. C'est le pub irlandais le plus beau et le plus créatif de Venise. Admirez les décorations thématiques tout en savourant une pinte ou deux. Guiness et Harp 4,20 €. Ouvert Ma-Di. 18h-1h30.

Bar Santa Lucia, Lista di Spagna, Cannareggio, 282b (✆ 041 524 28 80), près de la gare. Dans ce petit bar bruyant, qui ne désemplit jamais, vous rencontrerez des habitants du quartier avides de faire la connaissance de voyageurs. Grand choix de bières irlandaises. Pinte de Guiness 5 € et vin 2,10 €. Ouvert Lu-Sa 18h-2h.

Bacaro Jazz, Campo San Bartolemeo, San Marco, 5546 (✆ 041 52 85 249). Pour trouver ce bar, il vous suffit, à partir de la poste, de suivre les lumières rouges et les mélodies de jazz. Ce restaurant chic est le repère des 20-30 ans qui s'y retrouvent autour d'une grande assiette de *cichetti* (14 €). Comme les murs, vibrez vous aussi au son du jazz. Cependant, venez plutôt pendant l'*happy hour*, de 14h-19h30, pour ne pas trop vous ruiner. Ouvert Je-Ma 11h-2h.

Il Caffè, Campo Santa Margherita, Dorsoduro, 2963 (✆ 041 528 79 98), également appelé **Bar Rosso**. Le piano droit, le samovar et les stucs aux tons passés donnent à ce lieu une ambiance 1900 très agréable. Tables en terrasse. Vin 0,80 €, bière 2 €. Ouvert Lu-Sa 8h-2h.

FRIOUL-VÉNÉTIE JULIENNE (FRIULI VENEZIA GIULIA)

LES INCONTOURNABLES DU FRIOUL-VÉNÉTIE JULIENNE

DÉCOUVREZ la ville portuaire de **Trieste**, à la frontière de l'Italie et de la Slovénie. Proche de la Croatie et longtemps rattachée à l'empire d'Autriche, elle a gardé dans son architecture et sa culture les traces d'une histoire riche et mouvementée.
CONTEMPLEZ les mosaïques du sol de la basilique d'**Aquilée**.
ADMIREZ à **Udine** les fresques de Tiepolo et les peintures qui ornent les somptueux palais de la ville.

Occulté par les villes touristiques de la Vénétie ainsi que par les montagnes du Trentin-Haut-Adige, le Frioul-Vénétie Julienne est souvent, à tort, négligé par les voyageurs. Depuis longtemps, Trieste est la seule exception à la règle et les visiteurs sont de plus en plus nombreux à venir dans cette station balnéaire, parmi les moins chères de la côte Adriatique. Les villes de la région doivent leur charme à leur petite taille et offrent un authentique aperçu de la vie et de la culture locales, ce qui fait parfois défaut aux grandes villes d'Italie.

Le Frioul-Vénétie Julienne doit son nom à plusieurs provinces distinctes. Du VIe au XVe siècle, elles furent unifiées par le clergé local qui parvint à conserver son autonomie par rapport à l'Eglise et aux autres Etats. La région entière ne put pourtant résister à l'annexion par la République vénitienne, avant de se faire avaler, tout comme les Vénitiens, par l'Autriche-Hongrie. Les différences historiques, alliées à la vulnérabilité de la région vis-à-vis des forces de l'Est, ont fait du Frioul-Vénétie Julienne un étrange amalgame culturel. Les intrigues politiques et la civilisation raffinée héritées de l'Empire austro-hongrois attirèrent nombre d'intellectuels au début du siècle. James Joyce passa douze années de sa vie à Trieste, au cours desquelles il écrivit *Ulysse*. Dans *L'Adieu aux armes*, Ernest Hemingway évoque le rôle de la région pendant la Première Guerre mondiale. Freud et Rilke, enfin, y travaillèrent et y écrivirent.

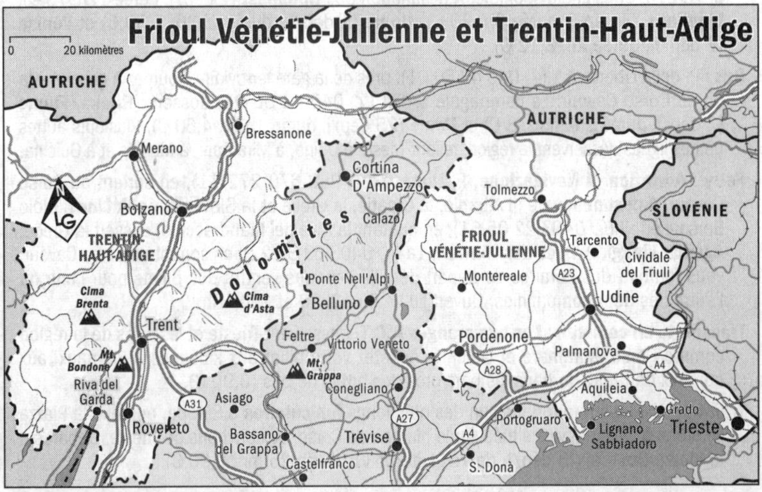

TRIESTE ✆ 040

Trieste, qui occupe une position stratégique (au milieu d'une étroite bande de terre coincée entre les actuels Balkans et l'Adriatique), n'a pas toujours été un lieu d'existence pacifique. A l'époque où elle était une ville indépendante (du IXe au XVe siècle) et se révélait être la principale rivale de Venise dans l'Adriatique, Trieste a sans cesse été convoitée par l'Autriche, qui commença par la placer sous sa protection. Elle finit par se l'approprier et rasa le cœur médiéval de la cité pour le remplacer par un déploiement d'architecture néoclassique. Dans les années qui suivirent, le gouvernement dominateur des Habsbourg ne parvint toutefois qu'à transformer la population en fervents *irredentisti*, réclamant la réintégration de la province à l'Italie. Il fallut attendre la chute de l'Autriche pour que les troupes italiennes occupent enfin la ville en 1918. L'unification ne mit pas pour autant un terme à l'histoire mouvementée de la ville : la profusion de statues fascistes érigées sous Mussolini compléta l'imposante architecture austro-hongroise, et la politique de nationalisme exacerbé du Duce écrasa ceux qui n'avaient pas encore été aliénés par les Habsbourg. A la fin de la Seconde Guerre mondiale, les troupes alliées libérèrent la ville de l'occupation nazie, et les divisions ressurgirent, Yougoslaves et Italiens revendiquant chacun la propriété de la ville. Si elle a finalement réintégré l'Italie en 1954, Trieste est toujours partagée entre ses origines slaves et ses origines italiennes.

TRANSPORTS

Trieste est directement reliée à Venise et à Udine par le train, et constitue un passage obligatoire pour les trains et les bus en direction de la Slovénie et de la Croatie. En été, le service des ferrys dessert toute la longueur de l'Istrie, et, de façon moins fréquente, la côte dalmate de la Croatie et la Grèce.

ARRIVÉES ET DÉPARTS

Avion : **Aeroporto Friuli-Venezia Giulia/Ronchi dei Legionari**, V. Aquileia, 46 (✆ 0481 77 32 24 ou 0481 77 32 25). Pour vous rendre à l'aéroport, empruntez le bus public **SAF** (Lu-Sa 1 dép/h, durée 1h, 3,50 €). Guichet (✆ 0481 77 32 32) ouvert tlj 7h-12h et 13h-19h. Alitalia (✆ 1478 656 43) propose des vols quotidiens pour **Gênes**, **Milan**, **Munich**, **Naples**, **Paris** et **Rome**.

Train : P. della Libertà, 8 (✆ 040 379 4737), en empruntant le Corso Cavour depuis les quais. Guichet (✆ 040 41 86 12), ouvert tlj 5h40-21h30. Bureau d'informations ouvert tlj 7h-21h. Consigne disponible. A destination de : **Budapest** (2 dép/j, durée 12h, 73 €), **Ljubljana** (3 dép/j, durée 3h, 20 €), **Udine** (1 dép/h, durée 1h30, 5,80 €) et **Venise** (2 dép/h, durée 2h, 8,12 €).

Bus : P. della Libertà, 11 (✆ 040 42 50 01), près de la gare ferroviaire. Tournez à gauche à la fin du Corso Cavour. La compagnie **SAITA** (✆ 040 42 50 01) dessert : **Rijeka/Fiume** (2 dép/j, durée 2h-2h30, 8 €) et **Udine** (25 dép/j, durée 1h30, 4,60 €). Plusieurs autres petites lignes desservent la région, reliant Trieste à Duino, à Miramare, à Muggia et à Opicina.

Ferry : **Adriatica di Navigazione,** P. Unità, 7 (✆ 040 670 272 11), en sortant du Corso Cavour. A destination de : l'Albanie, la Croatie, la Grèce et la Slovénie. **Anek Lines,** Molo Bersaglieri, 3 (✆ 0403 22 05 61), en quittant la Riva del Mandracchio, dessert la Grèce. **Agemar Viaggi**, P. Duca degli Abruzzi, 1a (✆ 0403 63 32 22), en sortant du Corso Cavour, vous fournira des horaires de départ détaillés et vous vendra des billets pour l'une ou l'autre des deux compagnies. Ouvert Lu-Ve 9h-12h30 et 15h-18h.

Transports en commun : **Les bus oranges A.C.T.** desservent Trieste et les villes de la région comme Carso, Miramare et Opicina. Achetez votre billet aux kiosques à journaux, aux bureaux de tabac ou dans les bars près des arrêts de bus (0,90 €).

Tramway : Faites un tour dans l'un des plus longs **funiculaires** d'Europe, qui relie la Piazza Oberdan à Opicina, ville située sur le plateau de Carso, aux environs de Trieste. Départ sur la Piazza Oberdan (3 dép/h de 7h11 à 20h11, durée 25 mn, 0,90 €).

Taxi : **Radio-taxi** (© 040 30 77 30). Disponible 24h/24.

Location de voitures : **Maggiore-Budget-Alamo** (© 040 42 13 23), à la gare ferroviaire. Environ 68 € la journée, 250 € la semaine. Ouvert Lu-Ve 8h30-12h30 et 15h-19h, Sa. 8h30-12h30.

ORIENTATION ET INFORMATIONS PRATIQUES

Ayant pour point de départ le centre-ville, les quais austères et industrialisés accueillant les ferrys, les pêcheurs et les régates de marins se terminent au nord par la **Barcola**. Censée constituer la "plage" de Trieste, elle s'avère être une étendue de béton s'étirant sur 7 km depuis la sortie de la ville jusqu'au château Miramare. La disposition des rues du centre de Trieste est très particulière. Le centre est bordé à l'est par la **Via Carducci**, qui part de la **Piazza Oberdan** en direction du sud. Le **Corso Italia**, à l'ouest, surchargé de boutiques, part de la superbe **Piazza dell'Unità d'Italia**, une immense place qui longe le port. Les deux rues se rejoignent **Piazza Goldoni**. Depuis la Piazza dell'Unità d'Italia, descendez vers le Corso Italia et admirez les *Triestini* (c'est le nom des habitants de Trieste) qui viennent parader sur la **Piazza della Borsa**.

Office de tourisme : **APT**, Piazza dell'Unità d'Italia, 4/e (© 040 347 83 12, fax 040 347 83 20). Vous trouverez ici une mine d'informations dont la liste des *manifestazioni* (événements culturels et artistiques) ainsi que la balade-découverte de James Joyce. Ouvert tlj 7h-21h. Une **annexe** se trouve dans la gare ferroviaire, à droite des quais. Mêmes horaires.

Change : **Deutsche Bank**, V. Roma, 7 (© 040 63 19 25). Vous pouvez retirer de l'argent liquide avec votre carte Visa. Ouvert Lu-Ve 8h15-13h et 14h35-15h50.

Librairie : **Libreria Internazionale Transalpina**, V. Torre Bianca, 27/a (© 040 63 12 88). Ouvert Ma-Sa 9h-13h et 15h30-19h30. Cartes Visa, MC, AmEx.

Urgences : © 113. **Ambulances** : © 118. **Police** : © 112.

Pharmacie de nuit : **Farmacia alla Borsa,** P. della Borsa, 12a (© 040 36 79 67). Ouverte 24h/24. Les pharmacies sont de garde par roulement. Renseignez-vous auprès de l'office de tourisme, ou voyez la liste affichée sur la vitrine de chaque pharmacie. Ouvert Lu-Ve 8h30-13h et 16h-19h30, Sa. 8h30-13h.

Hôpital : **Ospedale Maggiore,** P. dell'Ospedale (© 040 399 22 10), en remontant la Via San Maurizio depuis la Via Carducci.

Internet : **One Net,** V. S. Francesco d'Assisi, 28/c (© 040 77 11 90). 6,50 € l'heure. Ouvert Lu-Sa 10h-13h et 16h-21h. **Interland**, V. Gallina, 1 (© 040 372 86 35). 1,30 € les 15 mn. Ouvert Lu-Ve 10h30-20h30 et Sa 14h30-20h30.

Bureau de poste : P. Vittorio Veneto, 1 (© 040 676 41 11). En venant de la gare, une fois dans la Via Ghega, prenez la deuxième rue à droite. Fax disponible. Ouvert Lu-Sa 8h15-19h. **Code postal** : 34100.

HÉBERGEMENT ET CAMPING

À VOUS TRIESTE ! La carte **Trieste for You**, que vous pouvez obtenir gratuitement dans les hôtels de la ville si vous restez au moins deux nuits, vous permet d'avoir des réductions dans les hôtels, les restaurants, les musées et les magasins de la ville. Pour en savoir plus, contactez l'office de tourisme.

Les hébergements propres et bon marché ne sont pas légion à Trieste, mais il en existe quelques-uns à l'écart du centre-ville. Beaucoup d'entre eux sont occupés par des travailleurs saisonniers (qui réservent au mois), tandis que les autres sont remplis de touristes croates et slovènes.

❤ **Hôtel Alabarda**, V. Valdirivo, 22 (© 040 63 02 69, fax 040 63 92 84, www.hotelalabarda.it) dans le centre-ville. Depuis la Piazza Oberdan, prenez la Via XXX Ottobre près de l'arrêt de tramway et tournez à droite dans la Via Valdirivo. Sous ses hauts plafonds, vous vous sentirez comme un prince en son palais. Télévision et téléphone dans chacune des 18 superbes chambres. Accès Internet 5,16 € l'heure. Accessible aux handicapés. Parking. Chambre simple 31-33 €, avec salle de bains 46 €, chambre double 43-48/66 €. 10 % de réduction sur présentation de votre guide *Let's Go*. Cartes Visa, MC, AmEx. ❖❖❖

Ostello Tegeste (HI), V. Miramare, 331 (✆/fax 040 22 41 02). L'auberge de jeunesse se trouve au bord de la mer, juste au sud du château Miramare, à 4 km environ du centre-ville. En sortant de la gare, prenez le bus n° 36 (0,90 €), qui part de la rue située à gauche. Demandez au chauffeur de vous déposer à l'arrêt "Ostello". De là, marchez le long du front de mer, en suivant la route qui longe la plage, en direction du château. Cet hôtel est moins central que d'autres établissements de la ville, mais la vue sur la mer Adriatique lui donne un charme indéniable. Bar dans la cour, location de bicyclette (4 € la journée), et dîner en option (8 €). Douches chaudes et petit déjeuner compris. Réservé aux possesseurs de la carte des auberges de jeunesse. Réception ouverte tlj 8h-23h30. Les chambres sont fermées entre 10h et 13h. Couvre-feu à 23h30. Dortoir 12 €. ❖

Nuovo Albergo Centro, V. Roma, 13 (✆ 040 347 87 90, www.hotelcentrotrieste.it). Nouveau et central, comme son nom l'indique ! Les chambres ont la TV satellite. Parking. Réception ouverte 8h-24h. Chambre simple 29 €, avec salle de bains 40 €, chambre double 42/62 €, triple 57/84 €. Cartes Visa, MC, AmEx. ❖❖❖

Locanda Valeria, Strada per Vienna, 156 (✆ 040 21 12 04) à Opicina, à 7 km à l'est de Trieste. Prenez le tramway sur la Piazza Oberdan jusqu'au Terminus ou le bus n° 39 depuis la Piazza della Libertà jusqu'à Strada per Vienna. Cet hôtel se trouve à trois rues des arrêts de tramway et de bus. Oubliez le côté chic du centre-ville de Trieste et laissez-vous bercer par l'ambiance sympathique en vous joignant aux autochtones mi-Italiens mi-Slovènes dans le seul restaurant du coin. Petit déjeuner 3,50 €. Chambre simple 23,25 €, chambre double 41,35 €. ❖❖

Camping Obelisco, Strada Nuova per Opicina, 37 (✆ 040 21 16 55, fax 040 21 27 44), à Opicina (voir précédemment). Prenez le tramway depuis la Piazza Oberdan (0,72 €), et demandez au chauffeur de vous indiquer l'arrêt "Obelisco". Suivez les panneaux jaunes. Bien équipé. Bar sur place. 3,10-3,65 € par personne, 5,70-7,25 € par tente. ❖

RESTAURANTS

La plupart des spécialités de Trieste dénotent une influence de l'Europe de l'Est. Mais la ville est aussi réputée pour ses fruits de mer, et notamment pour ses *sardoni in savor* (grandes sardines marinées à l'huile et à l'ail), ainsi que pour ses *cevapaccici* (saucisses épicées inspirées de celles que l'on mange en Hongrie) et ses *jotas* (un copieux ragoût composé de chou, de saucisses et de haricots). Ne manquez pas les ❤ **osmizze**, des restaurants éphémères créés en 1784 quand un décret impérial autorisa les paysans à vendre leurs produits sur le Carso huit jours par an. Aujourd'hui, des familles du Carso ouvrent leur terrasse au public pendant deux semaines. Elles servent des produits de leur propre ferme et du vin de leur vignoble, comme le *Terrano del Carso*, un vin rouge peu alcoolisé, réputé pour ses vertus thérapeutiques.

Vous pouvez faire des achats de première nécessité dans les quelques **alimentari** de la Via Carducci, ou sur les petits marchés permanents. Pour des prix plus bas et des heures et des horaires continus, rendez-vous à l'**Euro Spesa Supermarket,** V. Valdirivo, 13f, au niveau du Corso Cavour. (Ouvert Lu-Sa 8h-20h.) Un **marché couvert** se tient dans la Via Carducci, 36d, à l'angle de la Via della Majolica. Vous y trouvez des fruits, des légumes, de la viande et du fromage. (Ouvert Lu. 8h-14h et Ma-Sa 8h-19h.) Promenez-vous également dans le **marché en plein air** de la Piazza Ponterosso, à proximité du canal (ouvert Ma-Sa 8h-17h30). La plupart des magasins sont fermés le lundi, et respectent strictement les heures de sieste entre 12h30 et 15h30.

Antica Trattoria Suban, (✆ 040 54 368). Ce restaurant ouvrit ses portes en 1865 à l'initiative d'un tailleur à la cour des Habsbourg. On y sert des plats délicieux hongrois, autrichiens ou italiens (par exemple les croquettes de veau avec *parmigiano* et jaune d'œuf). Tellement

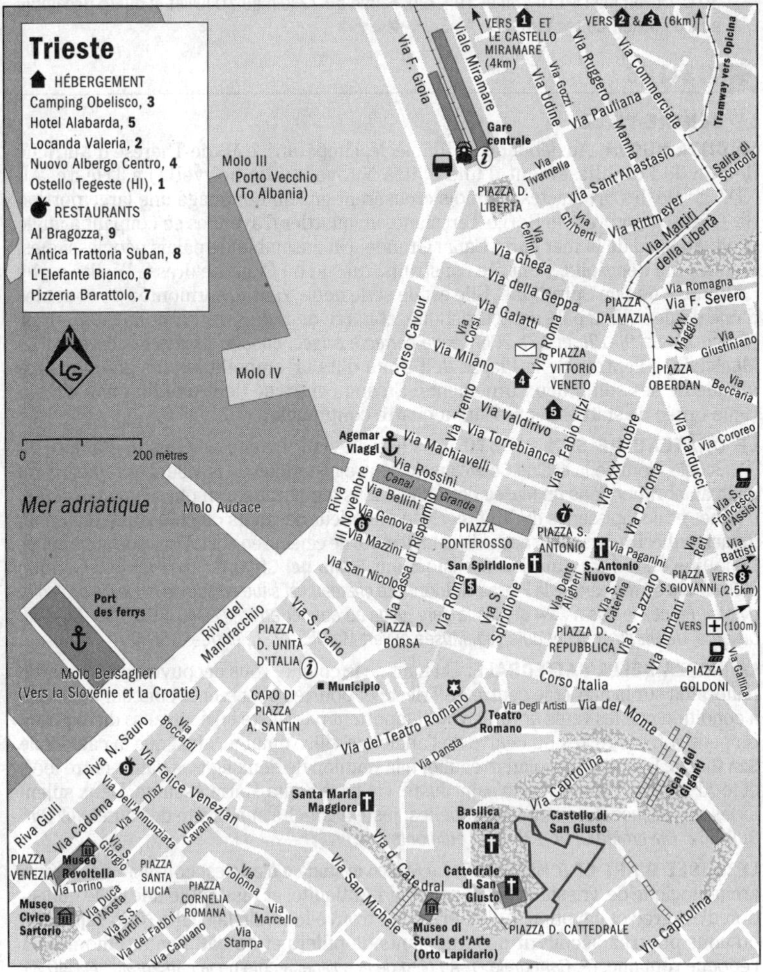

divin que même Jean-Paul II a honoré les lieux de sa présence. Plats 25-30 €. Ouvert Me-Di 12h30-14h30 et 19h30-22h. Réservation conseillée. Fermé les deux premières semaines d'août. Cartes Visa, MC, AmEx. ❖❖

Pizzeria Barattolo, P. Sant'Antonio, 2 (✆ 040 63 14 80), au bord du canal. En vous installant sous la verrière, vous profiterez de la vue sur les fleurs, la fontaine et l'église de la place. Leur délicieuse pâte à pizza attire surtout une clientèle jeune à l'heure du déjeuner. Bar et *tavola calda*. Pizzas 4,30-9,20 €. *Primi* 4,20-5,50 €, *secondi* 5,80-10,50 €. Couvert 1 €. Service 15 %. Ouvert tlj 8h30-24h. Cartes Visa, MC, AmEx. ❖

Elephante Bianco, Riva III Novembre, 3 (✆ 040 36 26 03). Un ancien hôtel du temps des Habsbourg et aujourd'hui un restaurant utra-chic qui sert de la cuisine méditerranéenne. Repas complet 30 €. Ouvert Lu-Ve 12h30-14h30 et19h30-22h30, Sa 19h30-22h30. ❖❖❖❖❖

Al Bragozza, Riva Nazario Sauro, 22 (✆ 040 30 30 01). La meilleure table de fruits de mer de la ville. La lotte braisée au vin blanc et aux artichauts est une pure merveille. Repas complet

30 €. Ouvert Ma-Di 11h-15h et 19h-22h. Fermé du 22 juin au 10 juillet et du 25 décembre au 10 janvier. Cartes Visa, MC, AmEx. ❖❖❖❖❖

VISITES

LE CENTRE-VILLE

LA CITTÀ NUOVA. Au début du XVIIIe siècle, l'impératrice Marie-Thérèse d'Autriche décida de l'établissement d'une "Città Nuova" (ville nouvelle) à Trieste. Au XIXe siècle, les urbanistes viennois creusèrent en son hommage une large portion de Trieste pour créer le Borgo Teresiano, un quartier d'avenues se coupant à angle droit, au bord de la mer et du Canal Grande. Un ensemble de palais néoclassiques, aujourd'hui décrépits, y ont été construits. Au sud du Canal se dresse l'église serbe orthodoxe de San Spiridione. Elle est de style néobyzantin, surmontée de coupoles d'une couleur bleu pâle caractéristique, et parée de riches décorations intérieures. *(Ouvert Ma-Sa 9h-12h et 17h-20h. Tenue correcte exigée, épaules et genoux couverts.)* Le **Municipio**, à l'entrée de la Piazza dell'Unità d'Italia, embellit la plus grande place d'Italie de ses somptueux ornements. En son centre se tient une fontaine allégorique ornée de statues représentant quatre continents.

LE CHÂTEAU DE SAN GIUSTO. Le château vénitien de San Giusto, qui date du XVe siècle, domine la **colline Capitoline**, le centre historique de la ville. Les remparts du château abritent dans un **musée** des expositions temporaires, en plus d'une collection d'armes et de tapisseries du XIIIe siècle. A l'intérieur des murs du château se dresse un immense théâtre découvert accueillant un festival de cinéma en août. Vous pouvez grimper la colline en empruntant l'impressionnant **Scala dei Giganti** (escalier des Géants, 265 marches), qui part de la Piazza Goldoni. *(Le château est situé au sud de la Piazza dell'Unità d'Italia. Prenez le bus n° 24 depuis la gare jusqu'au dernier arrêt. © 040 31 36 36. Château ouvert tlj de 9h au coucher du soleil. Musée ouvert Ma-Di 9h-13h, entrée 1,55 €.)*

LA PIAZZA DELLA CATTEDRALE. Du haut de la colline, vous découvrirez un superbe panorama sur la mer et le centre de Trieste et pourrez observer le coucher du soleil, à condition que les vents *bora* ne vous emportent pas. Juste en contrebas du château, on peut voir les restes du centre de l'ancienne ville romaine, ainsi que la **cathédrale San Giusto**. Elle doit son plan irrégulier à la réunion de deux églises bâties entre le Ve et le XIe siècle, l'une dédiée à saint Juste, l'autre à Santa Maria Assunta. Deux splendides mosaïques décorent les chapelles, juste à gauche et à droite de l'autel. *(© 040 309 362. Ouvert Ma-Di 9h-13h. 2 €, étudiants 1 €.)*

LE MUSÉE D'ART ET D'HISTOIRE. Le **Museo di storia e d'arte** est consacré à l'histoire archéologique de Trieste avant et pendant l'Antiquité, et rassemble une belle collection d'art grec et égyptien. A l'extérieur se trouve le **Jardin lapidaire (Orto Lapidario)** où vous pourrez découvrir des fragments de piliers et de bâtiments remontant à l'époque romaine. *(P. Cattedrale, 1. Au pied de la colline, à côté de la cathédrale. © 040 31 05 00. Ouvert Je-Di 9h-13h et Ma-Me 9h-19h. Entrée 1,70 €.)*

LE THÉÂTRE ROMAIN. Le **Teatro romano**, aujourd'hui tout décrépit, fut construit sous les auspices de Trajan (Ier siècle après J.-C.). Sa fonction première était d'accueillir des combats de gladiateurs. Il servit par la suite de décor à des représentations de tragédies grecques. *(V. del Teatro, derrière le Corso Italia. Depuis le Jardin lapidaire, descendez la colline et tournez sur votre droite, vers la Piazza dell'Unità d'Italia.)*

MUSEO REVOLTELLA. Ce musée reçoit de nombreuses expositions temporaires d'art moderne. Il se compose de la maison du baron Revoltella, une demeure du XVIIIe siècle, ainsi que d'une galerie d'art moderne. Vous pouvez également y voir une collection permanente d'œuvres datant de la période néoclassique à nos jours. *(V. Diaz, 21. © 040 31 13 61 ou 040 30 09 38. Ouvert Me-Lu 9h-13h30 et 16h-19h.)*

ENVIRONS DE TRIESTE

❤ **LE CHÂTEAU MIRAMARE.** Le superbe **Castello Miramare**, que l'archiduc Maximilien d'Autriche a fait construire au milieu du XIXe siècle, est le point d'arrivée de la **Barcolana**, une régate organisée par la ville de Trieste. Les somptueux appartements du château sont ornés d'immenses chandeliers de cristal, de beaux meubles sculptés, de superbes tapisseries et de porcelaine chinoise. Selon la légende, le fantôme de Charlotte, la femme de Maximilien, rôderait dans le château la nuit. Elle aurait, dit-on, perdu la tête après l'assassinat de son mari. Perché sur un haut promontoire au-dessus du golfe, le Miramare, aux tourelles blanches, s'aperçoit facilement depuis la colline Capitoline de Trieste, ou encore depuis les allées du Carso. Ses grands parcs, refuges de nombreux animaux paressant au soleil, sont ouverts au public (accès gratuit). *(Pour y accéder, prenez le bus n° 36 (15 mn, 0,90 €), descendez à l'auberge et continuez à pied le long de la mer. © 040 22 47 013. Ouvert tlj 9h-19h, le guichet ferme à 18h. Entrée au château 4 €. Visites guidées en anglais 2 €. Accès gratuit aux jardins.)*

BARCOLA. Vous en avez assez du néoclassique ? Armez-vous de votre huile de bronzage et foncez droit sur le ciment. La promenade de la **Barcola**, bordée de cafés, s'étend sur 7 km vers le nord de la ville. Vous y rencontrerez des gens en train de se faire bronzer, de faire du roller ou du jogging ou de jouer au *bocci*. Chaque deuxième dimanche d'octobre, Trieste organise la *Barcolana*, une régate qui attire de nombreux marins du monde entier qui envahissent le port avec leurs milliers de voiles gonflées sous les assauts du vent.

LE PARC MARIN. Sponsorisé par la WWF (World Wild Fundation), le petit parc aquatique se trouve dans les jardins du **château Miramare**. Téléphonez pour réserver votre place, car vous ne pouvez visiter ce parc qu'accompagné d'un guide. Les bouées jaunes qui délimitent le parc sont visibles des jardins du château. Si vous voulez vous approcher davantage, armez-vous d'un tuba ou d'une bouteille de plongée et inscrivez-vous pour une visite guidée. *(© 040 22 41 47. Téléphonez pour réserver votre place pour la visite du musée ou pour participer à une plongée guidée soit avec masque et tuba, soit avec bouteilles. Dans ce dernier cas, vous devez avoir votre certificat de plongée. Réservation obligatoire. Groupe de 10 personnes exigé mais vous pouvez demander à être intégré à un groupe. Ouvert Lu-Ve 9h-19h et Sa. 9h-17h. Les plongées avec masque et tuba ont lieu en été tlj à 9h30, 11h30, 14h30 et 16h30 ; en hiver à 10h, 12h et 15h. Les plongées avec bouteille sont à 9h et 14h. Plongée 14,50 €, 10,50 € pour les enfants.)*

LE SENTIER DE KUGY ET LA GROTTA GIGANTE. Faites un tour dans le tramway qui relie Opicina à la Piazza Oberdan. C'est l'un des plus longs funiculaires d'Europe. Après une montée abrupte, le tramway passe au milieu des vignobles de la région et vous offre une magnifique vue sur les côtes de l'Adriatique. Descendez à l'obélisque et partez à la découverte du sentier Kugy. C'est un chemin très fréquenté qui longe les falaises du Carso. Asseyez-vous sur les bancs et admirez la superbe vue sur l'Adriatique et sur les côtes de Slovénie et de Croatie. Au terminus de la ligne de tramway se trouve la plus grande grotte du monde ouverte au public, surnommée, à juste titre, la *Grotta gigante*. Des escaliers vous conduisent à l'intérieur de cette immense grotte de plus de 107 m de haut. *(V. Macchiavelli, 17. A l'arrêt de tramway, prenez le bus n° 45 qui part du petit parking situé près de la Via Nazionale. 0,90 €. © 040 32 73 12. Ouvert Avr-Sep, Ma-Sa 10h-18h. Visites guidées toutes les 30 mn. Mars et Oct. : Ma-Sa 10h-16h, visites toutes les heures. Nov-Fév : 10h-12h et 14h-16h, visites toutes les heures. Entrée 8 €.)*

RISIERA DE SAN SABBA. L'usine de riz abandonnée qui se trouve à l'extérieur de Trieste a été transformée en un camp de concentration pendant la Seconde Guerre mondiale. Aujourd'hui, la *risiera*, Ratto della Pileria, 43, renferme un musée qui explique le rôle de Trieste dans les mouvements de résistance slovène face aux nazis qui occupaient la région. *(Prenez le bus n° 8. © 040 82 62 02. Ouvert 16 Mai-Mars, Ma-Di 9h-13h. Avr-15 Mai : Lu-Sa 9h-18h et Di. 9h-13h. Entrée libre.)*

FARO DELLA VITTORIA. Le phare de la Victoire se dresse sur les fondations du fort autrichien de Kressich. Il est dédié aux soldats tombés pendant la Première Guerre mondiale. Inauguré en 1927 en présence de Vittorio Emanuele III, ce phare haut de

70 m abrite l'ancre du premier navire italien à avoir pénétré dans le port de Trieste lors de la libération de 1918. *(St. del Friuli, 141. © 040 41 04 61. Ouvert Avr-Sep Lu-Sa 9h30-12h30 et 15h30-18h30 ; Oct-Mar Sa-Di 10h-15h. Gratuit.)*

SORTIES

La saison lyrique du **Teatro Verdi** se déroule de novembre à mai. Une saison d'opérette de six semaines a également lieu de la fin juin à début août. On peut acheter les billets ou réserver par téléphone au **guichet**, Riva III Novembre, 1. (© 040 67 22 298 ou 040 67 22 299, www.teatroverdi-trieste.com. Ouvert Ma-Di 9h-12h et 16h-19h. Billet 8-36 €.) La *passeggiata* la plus animée se déroule dans le Capo di Piazza, une avenue piétonnière et commerciale qui relie la Piazza della Borsa à la Piazza dell'Unità d'Italia. Le **Bar Unità**, à l'angle sud-ouest de la Piazza dell'Unità d'Italia, affronte l'hiver pour voir sa terrasse prise d'assaut par les étudiants. (© 040 36 80 63. Ouvert Lu-Sa 6h30-3h30.) Si le mauvais temps vous incite à rester au chaud, rendez-vous à **Juice**, V. Madonnina, 10 (© 040 760 03 41). Ce bar-restaurant branché, où les menus sont inscrits sur de vieux disques vinyles, est le repaire de la jeunesse de la ville. Peut-être parce qu'il ne sert pas que des pâtes et des pizzas ! Réchauffez-vous avec des crêpes fourrées au nutella (2 €) ou avec un *scivolo* (toboggan au sens littéral), une boisson locale faite avec de la vodka à la fraise et du citron. (Ouvert Sep-Juin, tlj 7h30-2h.)

AQUILÉE (AQUILEIA) © 0431

Lorsque le paysage monotone de champs de maïs et de vignobles laisse place à des vestiges de colonnes et à des briques de calcaire impeccablement alignées, vous êtes à Aquilée. Deux minutes et quelques bâtiments plus tard réapparaissent les champs de maïs. Vous avez quitté Aquilée. Voilà ce que retiennent la plupart des touristes qui ne font que passer dans cette minuscule ville, située sur le chemin de la station balnéaire de Grado. La route principale les a empêchés d'aller à la rencontre du riche passé de ce village endormi, qui abrite des objets très bien conservés. En effet, Aquilée n'a pas toujours été un si petit village. Entre 200 et 452, il était la capitale de la région et servait de point d'accès à l'Adriatique pour l'empire d'Orient.

INFORMATIONS PRATIQUES. Aquilée est accessible par **bus** depuis Udine (16 dép/j de 6h10 à 21h40, durée 1h, 2,80 €). Les bus locaux desservent Cervignano, une **gare ferroviaire** située sur la ligne Trieste-Venise (2 dép/h de 6h à 20h30, durée 15 mn, 1,40 €). Le précieux **office de tourisme APT** se trouve sur la Piazza Capitolo. De l'arrêt de bus, lorsque vous faites face à la basilique, tournez à droite et descendez la V. Giula Augusta qui devient la V. Beligna. Vous y trouverez une liste des logements bon marché et des terrains de camping, y compris sur l'île de Grado qui se trouve à 15 km au sud de la **Via Beligna**, la principale grande route coupant la ville. (© 0431 910 87. Ouvert Avr-Oct tlj 9h-19h, Nov-Mar 9h-12h.) En cas d'**urgence**, composez le © 113 ou appelez le **commissariat de police**, Via Semina (© 0431 91 03 34). La plus grande pharmacie du coin, **Farmacia**, est située Corso Gramsci, à deux rues de l'Albergo Aquila Nera. (© 0431 91 00 01. Ouvert Lu-Ve 8h30-12h30 et 15h30-19h30, Sa. 8h30-12h30.) Continuez dans la Via Augusta (en direction de Cervignano), vous trouverez deux rues plus loin le kiosque **Poste Italiane** qui fait office de **bureau de change** et de **bureau de poste** de juillet à septembre. (Ouvert Lu-Ve 9h-12h30 et 15h30-17h.) Sinon, vous pouvez aller à la poste centrale, qui se trouve Piazza Cervi, près du Corso Gramasci. (© 0431 91 92 72. Ouvert Lu-Sa 8h25-13h40.) **Code postal** : 33051.

HÉBERGEMENT ET RESTAURANTS. La ville héberge une auberge agréable, **Domus Augustus** (HI), Via Roma, 25. Les gérants sont sympathiques et on pardonnera la décoration minimaliste et les salles de bains communes à la propreté pas toujours irréprochable. (© 0431 91 024, www.ostelloaquileia.it. Petit déjeuner inclus. Internet 4 €, location de vélo 2 € l'heure. Réception ouverte 14h-23h30. Les chambres doivent être libérées à 10h. Couvre-feu 23h30. Dortoir 13-17 € Cartes Visa, MC.) Le seul hôtel abordable d'Aquilée est l'**Albergo Aquila Nera**, P. Garibaldi, 5, à cinq minutes à pied de la Via Roma en partant de la Via Beligna. Il a été rénové en 2003. Le restaurant au rez-de-chaussée propose des repas le midi et le soir que vous partagerez peut-être avec les propriétaires ou leur famille. Si vous voulez passer une soirée sympathique et rencontrer des habitants du coin, allez boire un verre dans le bar d'à côté. (✆ 0431 910 45. Petit déjeuner compris. salle de bains commune. Chambre simple 28 €, chambre double 46 €, chambre triple 60 €.) Vous pouvez également essayer le **Camping Aquileia**, V. Gemina, 10, au bout de la rue en partant du forum. Terrain ombragé avec piscine. (✆ 0431 910 42, ✆/fax 0431 91 95 83, www.campingaquileia.it. 5,25 € par personne, 3,25 € pour les moins de 12 ans. Emplacement pour tente 9 €. Bungalow pour trois personnes 42 €, pour quatre personnes 51,90 €. Ouvert 15 Mai-20 Sep.)

La Colombara, V. S. Zilli, 42, est un restaurant renommé qui sert des plats régionaux comme le délicieux *calamari ai sedani* (aux céleris). Plus incongru, l'établissement propose épisodiquement des soirées romaines au cours desquelles les serveurs sont habillés en toge. De la gare routière, tournez à droite et suivez la rue à mesure qu'elle décrit un virage. (✆ 0431 91 513. Dîner 20-40 €. Ouvert Ma-Di 12h30-14h30 et 19h30-22h30. Cartes Visa, MC.) L'*agriturismo* **Pergola**, V. Beligna, 4, propose de délicieux plats locaux notamment de la viande d'agneau. C'est un oiseau en cage qui se fera un plaisir de vous annoncer la spécialité de la maison. (✆ 0431 913 06. Ouvert Lu. et Me-Ve 10h-15h et 17h-23h, Sa-Di 12h-16h et 17h-23h. *Primi* 4,20-6,50 €, *secondi* 6,40-9,30 €.) Composez vous-même votre festin au **supermarché Desparo**, Via Augusta, en face du parking de bus. (Ouvert Ma-Sa 8h30-13h et 16h-19h, Di 8h-13h. Fermé le mercredi après-midi.)

VISITES. La ❤ **basilique**, qui offre un échantillonnage des arts de toutes les époques, rend hommage avec beauté et sérénité au patrimoine artistique de la ville. Le sol, vestige de l'église d'origine, est une mosaïque du IVe siècle d'une rare beauté, couvrant plus de 700 m² de dessins géométriques et de représentations animales réalistes. La crypte du IXe siècle, sous l'autel, contient plusieurs fresques, datant quant à elles du XIIe siècle, illustrant les vicissitudes des premiers chrétiens d'Aquilée ainsi que des scènes de la vie du Christ. Dans la **Cripta degli Scavi**, à gauche de l'entrée, des fouilles ont révélé l'existence de trois niveaux de sol, dont des mosaïques appartenant à une maison romaine du Ier siècle. *(✆ 0431 910 67. Basilique ouverte tlj 8h30-19h. Entrée libre. Crypte ouverte tlj 8h30-18h30. Entrée 2,60 €.)* Profitez du magnifique panorama que vous offre le campanile, construit en 1031 sur les ruines d'un amphithéâtre romain. Admirez les Alpes slovènes au nord, Trieste à l'est et l'Adriatique à l'ouest. (Ouvert tlj 9h30-13h et 15h-18h. 1,10 €.)

Le **Porto Fluviale**, une allée de cyprès située derrière la basilique, était de 100 av. J.-C. à 300 ap. J.-C le chantier naval du port fluvial d'Aquilée, prospère à cette époque. Pour vous rendre aux ruines du **forum**, empruntez ce chemin, plus agréable que la Via Augusta. De là, continuez jusqu'au **Museo Paleocristiano** pour voir des mosaïques couvertes de mousse qui expliquent la transition entre le paganisme classique et le christianisme. (✆ 0431 911 31. Ouvert Lu. 8h30-13h45 et Ma-Di 8h30-19h30. Entrée libre.) Les objets trouvés lors des fouilles d'Aquilée sont regroupés dans le **Musée archéologique (Museo archeologico)**, à l'angle de la Via Augusta et de la Via Roma. Le rez-de-chaussée contient des statues romaines et des bustes, tandis que sont exposés à l'étage des objets en terre cuite, en verre et en or. (*✆ 0431 910 16. Ouvert Lu. 8h30-14h et Ma-Di 8h30-19h30. Entrée 4,50 €.*)

UDINE ✆ 0432

La Piazza della Libertà est une véritable merveille technique. Cette place inclinée est divisée en plusieurs niveaux et ornée d'une fontaine et des statues d'Hercule et de Cacus. Soixante mètres carrés de pure Renaissance. Hormis cela, l'intérêt touristique d'Udine est limité. A moins que vous ne soyez un inconditionnel de Giambattista Tiepolo (dont les œuvres rococo couvrent la ville), les différents musées et églises sont intéressants sans plus. Udine a par ailleurs connu une histoire mouvementée : domination vénitienne en 1420, rattachement à l'Autriche à la fin du XVIIIe siècle et sévères bombardements lors de la Seconde Guerre mondiale. Aujourd'hui, ses rues calmes et luxueuses satisfont les habitants de la ville, fous de mode, et restent relativement inconnues des touristes. En fait, ses hébergements très chers font de la tranquille Udine un lieu hors de portée pour beaucoup de voyageurs.

TRANSPORTS

Train : V. Europa Unità. Bureau d'information (✆ 1478 880 88) ouvert 7h-21h. Billets et réservations 7h-20h30. Consigne disponible. A destination de : **Milan** (dép. 5h45 et 18h49, durée 4h30, 24,79 €), **Trieste** (1-3 dép/h de 5h12 à 23h29, durée 1h30, 5,55 €), **Vienne** (7 dép/j de 9h52 à 1h45, durée 7h, 54,87 €) et **Venise** (1-3 dép/h de 5h50 à 22h29, durée 2h, 7,84 €).

Bus : V. Europa Unità, à droite de la gare en sortant. La compagnie **SAF** (✆ 0432 60 81 12) envoie ses bus à destination de : **Aquilée** (1 dép/h de 6h50 à 21h, 2,58 €), **Cividale** (1 dép/h de 6h40 à 19h15, 2,60 €), **Palmanova** (1 dép/2h de 6h50 à 21h, 2,07 €) et **Trieste** (2 dép/h de 5h10 à 22h55, 4,27 €).

Taxi : **Radio-taxi** (✆ 0432 50 58 58).

ORIENTATION ET INFORMATIONS PRATIQUES

Les gares ferroviaire et routière d'Udine occupent la **Via Europa Unita**, au sud de la ville. Toutes les lignes de bus passent par la gare, mais seuls les bus n° 1, n° 3 et n° 8 empruntent la Via Europa Unità pour aller au centre-ville, en passant par la **Piazza della Libertà** et la **colline du château**. Vous pouvez faire le trajet à pied en 15 mn : depuis la gare, prenez à droite en direction du Piazzale D'Annunzio, puis à gauche sous les arcades dans la **Via Aquileia**. Remontez alors la Via Veneto jusqu'à la Piazza della Libertà.

Office de tourisme : P. 1° Maggio, 7 (✆ 0432 29 59 72). Depuis la Piazza della Libertà, prenez la Via Manin à droite puis tournez à gauche sur la Piazza 1° Maggio (et cherchez la façade aux arcades roses). On peut aussi prendre les bus n° 2, n° 7 ou n° 10. Les itinéraires de visites sont indiqués sur le plan de la ville et dans une brochure sur Udine et ses environs. Ouvert Juin-Août Lu-Sa 9h-13h et 15h-18h, ferme à 17h le reste de l'année.

Change : Vous trouverez de nombreuses banques autour de la Piazza della Libertà, toutes offrant des taux à peu près identiques. Change également possible au bureau de poste (à gauche après l'entrée).

Info montagne : La **Società Alpina Friulana**, Via Odorico da Pordenone, 3 (✆ 0432 50 42 90), donne des informations sur le ski et les randonnées dans la région. Ouvert Lu-Ve 17h-19h30.

Urgences : ✆ 113. **Ambulances** : ✆ 118. **Carabinieri,** V. D. Prefettura, 16 (✆ 112).

Pharmacie de garde : **Farmacia Beltrame**, P. della Libertà, 9 (✆ 0432 50 28 77). Ouvert Lu-Sa 8h30-12h30 et 15h30-23h. Sonnette 23h-8h.

Hôpital : **Ospedale Civile**, P. Santa Maria della Misericordia (✆ 0432 55 21). Prenez le bus n° 1 en direction du nord jusqu'au terminus.

Internet : V. Francesco, 3. 4 € l'heure. Ouvert Lu-Sa 9h-13h et 15h30-20h45, Di 15h30-19h30.

Bureaux de poste : V. Veneto, 42 (✆ 0432 51 09 35). Poste restante, timbres et fax. Ouvert Lu-Sa. 8h30-19h. Autre **succursale**, V. Roma, 25 (✆ 0432 22 31 11), tout droit depuis la gare. Ouvert Lu-Sa. 8h30-19h. **Code postal** : 33100.

HÉBERGEMENT

Deux nouvelles : la bonne, c'est que le grand plan affiché à l'extérieur de la gare indique clairement tous les hôtels d'Udine. La mauvaise, c'est que les hommes d'affaires du coin les ont sûrement réservés depuis longtemps.

Al Bue, V. Pracchiuso, 75 (© 0432 29 90 70, fax 0432 29 98 39). Prenez le bus n° 4 devant la gare et descendez à la Piazza Oberdan. Dirigez-vous vers la Via Pracchiuso à l'autre extrémité de la place. Belles chambres bien aménagées mais plutôt chères (avec salle de bains, télévision et téléphone) donnant sur une cour en terrasse. Hôtel calme. En bas, le restaurant propose des repas le midi et le soir à des prix tout aussi élevés. Chambre simple 46,48 €, chambre double 82,63 €. ❖❖❖❖

Hôtel Quo Vadis, Piazzale Cella, 28 (© 0432 21 091), se trouve dans une zone commerciale accessible uniquement avec une voiture. Les chambres ont toutes une salle de bains et la TV. Certaines sont climatisées. Chambre simple 37 €, double 60 €, triple 75 €. Cartes Visa. ❖❖❖

Hôtel Europa, V. Europa Unita, 47 (© 0432 50 87 31 ou 0432 29 44 46, fax 0432 51 26 54). Tournez à droite en sortant de la gare et traversez : l'hôtel se trouve deux rues plus loin. L'ascenseur que vous pouvez emprunter pour accéder au bar du rez-de-chaussée est très petit. En revanche, les chambres sont propres et très agréables. Elles ont toutes une salle de bains, la télévision, le téléphone et l'air conditionné. Chambre simple 57 €, chambre double 83 €. Cartes Visa, MC. ❖❖❖❖

Al Vecchio Tram, V. Brenari, 32 (© 0432 50 25 16), propose des chambres spartiates dans un quartier peu rassurant. Les salles de bains sont communes. Seul intérêt : c'est vraiment pas cher. Chambre simple 18 €, double 29 €. ❖❖

RESTAURANTS

La cuisine d'Udine, aux parfums d'Italie, d'Autriche et de Slovénie, est plus rustique que raffinée. L'une des spécialités régionales est le *brovada e museto*, un ragoût à base de navets marinés et de saucisses bouillies. Vous pouvez faire vos provisions les matins de semaine au **marché découvert** de la Piazza Matteotti, près de la Piazza della Libertà, ou bien le samedi matin entre 8h et 13h sur la Via Redipuglia ou la Piazza 1° Maggio. Les produits de première nécessité s'achètent au **supermarché Dimeglio**, très central, situé dans la Via Stringer en sortant de la Piazza XX Settembre. (Ouvert Lu-Sa 9h-13h30 et 16h-19h45. Fermé Me. 13h-17h.)

❤ **Trattoria al Chianti,** V. Marinelli, 4 (© 0432 50 11 05) près du commissariat. Vous pouvez y déguster 7 *gnocchi* différents faits maison. Vous voulez faire un petit tour en Slovénie ? Essayez les *spatzle* ou les *cjalcons*, que vous pouvez accompagner d'un bon *vino della casa* : quel festin de roi à petit prix ! *Secondi* 5,10-9,30 €. Couvert 1 €. Ouvert Lu-Sa 8h30-15h30 et 18h-24h. ❖❖

❤ **Ristorante Vitello d'Oro**, V. E. Valvason, 4 (© 0432 50 89 82). Sert les spécialités de la région depuis 1849 ; une institution ! Goûtez au *cotechino*, en forme de saucisse. *Primi* 6,50-10,50 €, *secondi* 15,50-18 €. Couvert 2,60 €. Ouvert l'été Lu-Sa 12h-15h et 19h-23h. Horaires variables le reste de l'année. Cartes Visa, MC, AmEx. ❖❖❖❖

Al Vecchio Stallo, V. Viola, 7 (© 0432 21 296). Un restaurant décontracté qui sert les classiques de la cuisine italienne. Essayez les gnocchi à la citrouille. *Primi* 4,50-5,50 €, *secondi* 4,50-9 €. Couvert 1 €. Ouvert Juil-Aoû Lu-Sa 11h-15h30 et 17h-24h. ❖❖

Ristorante da Brando, Piazzale Cella, 16 (© 0432 50 28 37). Un établissement familial qui a ouvert ses portes il y a 50 ans. La cuisine *fiuliano* est de qualité et les prix sont sages. Menu complet avec un quart de rouge, 10 €. Couvert 1,55 €. Ouvert Lu-Sa 8h-24h. ❖❖

VISITES ET SORTIES

De juin à septembre, la Piazza 1° Maggio accueille l'**Estate in Città**, un festival de concerts, de projections de films et de visites guidées de la ville. Pour plonger au cœur de la vie nocturne d'Udine, rendez-vous dans un de ses nombreux bars, comme le **Bar Americano**, P. della Libertà. (© 0432 24 80 18. Ouvert tlj 6h30-24h.) La **Taverna dell'Angelo Osteria**, V. della Prefettura, 3c, nous rappelle l'ancienne culture viticole vénitienne alors que le **Black Stuff**, V. Gorghi, 3a, est rempli de jeunes. (© 0432 29 78 38. Ouvert Me-Lu 17h30-2h.)

LA PIAZZA DELLA LIBERTÀ. Le cœur d'Udine est formé par la Piazza della Libertà, une élégante place surélevée, entourée d'édifices remarquables. Son flanc le plus haut est occupé par les **arcades San Giovanni**, de style Renaissance. Les deux colonnes symbolisant Venise (Saint-Marc et la Justice) commémorent la conquête d'Udine par la République vénitienne. De l'autre côté de la place s'élève la délicate **Loggia del Lionello** (1488), communément employé comme point de rendez-vous. Le robuste **Arco Bollani**, dans l'angle près de la tour de l'Horloge, donne accès à l'**église Santa Maria** et au **castello** des gouverneurs vénitiens. Le *castello* abrite aujourd'hui le **Museo civico**, qui réunit des œuvres intéressantes. *(© 0432 50 18 24. Ouvert Ma-Sa 9h30-12h30 et 15h-18h, Di. 9h30-12h30. Entrée 2,58 €, étudiants et plus de 60 ans 1,81 €.)*

LA CATHÉDRALE. Le **duomo**, mêlant éléments gothiques et romans, est orné à l'intérieur de peintures baroques de Tiepolo (1er, 2e et 4e autels à droite). On découvre également un petit **musée** dans le **campanile** de brique, qui se compose de deux chapelles décorées de fresques, datant du XIVe siècle, de Vitale da Bologna. *(Piazza del Duomo, à 50 m de la Piazza della Libertà. © 0432 50 68 30. Ouvert tlj 7h-12h et 16h-20h. Entrée libre.)*

ORATORIO DELLA PURITÀ. Udine est parfois appelée la "ville de Tiepolo", et certaines des plus belles œuvres baroques de l'artiste ornent l'Oratorio della Purità. La fresque de l'*Assomption* (1759), au plafond, et l'*Immaculée Conception* du retable sont caractéristiques du style lumineux et aérien de l'artiste. *(En face de la cathédrale. © 0432 50 68 30. Demandez au sacristain de vous laisser entrer, moyennant une petite contribution.)*

LE PALAIS PATRIARCAL. Ce *palazzo* du XVIe siècle contient des fresques plus précoces de Tiepolo. Là, de 1726 à 1730, l'artiste exécuta une longue série de scènes de l'Ancien Testament. Le musée contient aussi des sculptures en bois romanes et baroques de la région. *(P. Patriarcato, 1, au début de la Via Ungheria. L'entrée se situe sous les armoiries ornées. © 0432 250 03. Ouvert Me-Di 10h-12h et 15h30-18h30. Entrée 4 €.)*

CIVIDALE DEL FRIULI © 0432

La petite ville endormie de Cividale se visite facilement en un après-midi. Nul besoin de carte, il suffit de passer l'ancienne porte et de suivre les panneaux de métal ou de bois qui jalonnent les restaurants, les boutiques et les cafés pour parvenir jusqu'aux monuments historiques. Elle fut fondée par Jules César en 50 avant J.-C. Au VIe siècle, les Lombards s'emparèrent de ce qui s'appelait alors le *Forum Iulii* et firent du centre commercial romain la capitale du premier duché lombard : la ville devint un havre pour les artistes et les nobles au cœur du Moyen Age. L'arrivée des conquérants vénitiens en 1420 figea la croissance de Cividale dans son état médiéval. Aujourd'hui, vous pourrez apprécier la *cucina friuliani* (cuisine régionale), et y admirer un pont construit par le diable lui-même…

INFORMATIONS PRATIQUES. Cividale est facilement accessible depuis Udine en **train** (1 dép/h de 6h à 20h05, durée 15 mn, 1,80 €). Les **bus** sont moins fréquents (1,60 €). La **gare ferroviaire** s'ouvre sur le Viale Libertà et est située à quelques pas du centre. (© 0432 73 10 32. Ouvert Lu-Sa 5h45-20h et Di. 7h-20h.) Depuis la gare, prenez directement la Via Marconi, en tournant à gauche sous la Porta Arsenale Veneto au bout de la rue. Longez la **Piazza Dante** par la droite puis tournez à gauche dans le **Largo Boiani**. Le **duomo** se trouve juste devant vous. L'**office de tourisme**, Calle per d'Aquileia, 10, en face de la cathédrale, est tenu par un personnel très serviable et compétent. (© 0432 73 14 61. Ouvert Lu-Ve 9h-13h et 15h-18h.) La **Banca Antoniana Popolare Veneto**, Largo Boiani, 20, possède un **distributeur automatique**. En cas d'**urgence**, composez le © 113 ou contactez la **police** (© 0432 70 61 11), P. A. Diaz, en quittant la Piazza Dante. L'**hôpital** (Ospedale Civile) occupe la Piazza dell'Ospedale (© 0432 73 12 55). La **Farmacia Minisini** est située Largo Boiani, 11. (Ouvert Ma-Ve 8h30-12h30 et 15h50-19h30, Sa. 8h30-12h30.) Vous trouverez le **bureau de poste**, Largo Boiani, 23, en vous dirigeant vers le Ponte del Diavolo. Il possède un service de change qui accepte les chèques de voyage. (© 0432 73 12 55. Ouvert Lu-Sa 8h30-18h.) **Code postal** : 33043.

HÉBERGEMENT ET RESTAURANTS. Pour atteindre la **Casa Il Gelsomino**, Str. Matteotti, 11, tournez à droite depuis l'office de tourisme puis encore à droite sur la St. Matteoti. L'hôtel a pour cadre une maison ancienne et son propriétaire est affable. Il dispose d'une chambre simple et d'une chambre double, chacune avec sa salle de bains. Un copieux petit déjeuner est inclus dans le prix, avec des viennoiseries qui viennent tout droit de la boulangerie du coin. (© 0432 73 19 62. Chambre simple 20 €, double 40 €.) Situé dans le centre, l'hôtel 2 étoiles **Al Pomo d'Oro**, P. San Giovanni, est le moins cher de la ville, mais n'est pas bon marché pour autant. Toutes les chambres disposent de salle de bains. (©/fax 0432 73 14 89. Petit déjeuner compris, demi-pension et pension complète possibles. Accessible aux handicapés. Les chambres doivent être libérées à 18h. Chambre simple 45 €, chambre double 65 €. Cartes Visa, MC, AmEx.)

Les spécialités culinaires de la région sont le *gubana* (une pâtisserie fourrée à la figue et au pruneau, arrosée de *grappa*), le *frico* (une galette de pommes de terre au fromage) et le *picolit*, un petit vin sucré assez cher, difficilement trouvable en dehors de la vallée du Natisone. La plupart des bars disposent d'un stock de *gubanas* tout prêts, mais on en trouve des tout frais près du Ponte del Diavolo, C. d'Aquileia, 16 (sur la droite, cherchez l'enseigne "**Gubana Cividalese**"). Demandez une *gubanetta* (0,70 €) à moins que vous ne vouliez le gâteau entier. La Piazza Diacono abrite un **marché en plein air** tous les samedis de 8h à 13h. Le **supermarché Coopca,** V. A. Ristori, 17, satisfera les budgets les plus limités. (© 0432 731 105. Ouvert Ma-Di 8h30-12h45 et 16h-19h30.) Les gérants de l'**Antica Trattoria Dominissini**, Stretta Stellini, 18, servent de la cuisine frioulienne dans une ambiance de bar animée. (© 0432 73 37 63. *Primi* 4,13-5,16 €, *secondi* 4,13-8,26 €. Couvert 1,03 €. Ouvert Ma-Ve 9h30-15h30 et 18h-23h, Di. 9h30-15h30 et 18h30-23h.) Le restaurant **Alla Frasca**, Str. De Rubeis, 11, prépare de délicieux plats de champignons, comme les *garganelli alla frasca* (pâtes aux truffes, 6,20 €), sous une tonnelle. (© 0432 73 12 70. *Primi* 5-10 €, *secondi* 10-15,50 €. Couvert 1,80 €. Ouvert Ma-Di 12h30-15h et 18h30-24h. Cartes Visa, MC.) L'**Antica Trattoria alla Speranza,** Foro Giulio Cesare, 6, en sortant du Largo Bioani, propose également de la cuisine locale, en particulier des fromages. (© 0432 73 11 31. *Primi* 6 €, *secondi* 9-12 €. Ouvert Me-Lu 8h-15h et 18h-24h.)

VISITES ET SORTIES. Sans cesse modifiée au cours des siècles, la **cathédrale** de Cividale présente un curieux mélange de styles architecturaux. Le gros de sa construction est dû à Pietro Lombardo, qui acheva le monument original en 1528. En gagnant le fond de la cathédrale, vous découvrirez le retable en argent de Pellegrino II (XIIe siècle), avec 25 saints et deux archanges. Poursuivez jusqu'au tombeau Renaissance du patriarche Niccolò Donato, à gauche de l'entrée. Adjacent au *duomo*, le **Museo cristiano** contient, entre autres, le **baptistère de Callisto**, une pièce d'architecture merveilleusement sculptée, commandée par Callisto, le premier patriarche d'Aquilée à venir s'établir à Cividale. Le musée abrite en outre l'**autel de Ratchis**, une œuvre délicatement ciselée datant du milieu du VIIIe siècle. *(Cathédrale © 0432 73 11 44. La cathédrale et le musée sont ouverts Lu-Sa 9h30-12h et 15h-18h, Di. 15h-17h30. Entrée libre.)*

Le plus beau monument italien du VIIIe siècle se trouve en amont, au **Tempietto Longobardo**, construit sur les vestiges de maisons romaines. En sortant du *duomo*, prenez à droite, puis continuez tout droit. Dépassez la place et tournez à nouveau à droite dans la Riva Pozzo di Callisto. Au bas de l'escalier, tournez à gauche et suivez les panneaux. A l'intérieur, un sextuor de personnages en stuc, appelé la "procession des vierges et des martyrs", couvre le mur. *(© 0432 70 08 67. Ouvert tlj 9h-13h et 15h-18h30, en hiver 10h-13h et 15h30-17h30. Entrée 2 €, étudiants 1 €.)*

Le paysage luxuriant qui s'étend à l'horizon sert de décor au pittoresque **Castelmonte Stara Gora**, dans les hauteurs. On pourra contempler un panorama tout aussi splendide depuis le **Ponte del Diavolo** (Pont du diable), un impressionnant pont de pierre du XVe siècle. Pour mieux voir le pont, vous pouvez descendre les escaliers qui mènent à l'eau, tout au bout. D'après la légende, c'est le diable lui-même qui aurait lancé le gros rocher au milieu de la rivière, sur lequel se tient le pont.

TRENTIN-HAUT-ADIGE

LES INCONTOURNABLES DU TRENTIN-HAUT-ADIGE

RETOURNEZ à l'état sauvage du côté des sommets blancs des **Dolomites**, près de la frontière autrichienne.

PRENEZ l'accent autrichien en allant au restaurant à **Bolzano**.

TRANSFORMEZ-VOUS en amphibien au **lac de Garde**, en explorant tant ses rives que ses profondeurs !

Au pied des Alpes italiennes, les pics paraissent aiguisés, les rivières sont cristallines et le blond naturel devient la couleur de cheveux prédominante. Il est vrai que l'influence culturelle autrichienne supplante celle de l'Italie dans la plus grande partie de la région. Longtemps rattachées à l'Empire romain, les provinces firent par la suite l'objet d'âpres rivalités. Elles furent conquises par Bonaparte lors des campagnes qu'il mena en Italie entre 1796 et 1800, avant d'être récupérées par les Autrichiens qui les conservèrent même après l'indépendance italienne. A l'issue de la Première Guerre mondiale et de la chute de l'Empire austro-hongrois, le Trentin et le Tyrol du Sud revinrent à l'Italie. L'Allemagne mit un frein aux efforts acharnés de Mussolini pour italianiser le Tyrol du Sud dans les années 1920, mais ne put l'empêcher de donner à chaque nom allemand un équivalent italien. Si dans le Trentin, au sud, on parle essentiellement l'italien, le Südtirol (Tyrol du Sud), au nord, est majoritairement germanophone et englobe presque toute la région montagneuse des Dolomites. Le mélange des traditions autrichiennes et italiennes se reflète partout, de l'art à la gastronomie. Pratiquez donc un peu votre allemand – vous pourriez bien en avoir besoin pour commander de la cuisine italienne dans l'une des nombreuses *Spaghettihäuser* de la région.

TRENTE (TRENTO) ✆ 0461

Lorsque vous arrivez à Trente, installez-vous dans une confortable pâtisserie, et commandez un *Apfel Strudel* et un *cappuccino* : vous aurez ainsi réuni les parfaits symboles des influences germanique et méditerranéenne de la région. La situation stratégique de Trente, nichée au pied des Alpes et reliée à la Vénétie par une longue et profonde vallée, en fit un point de rencontre important. Pour les Romains, Trente servait de porte d'entrée vers les provinces du Nord. Pendant les siècles qui suivirent, des châteaux forts, tels le Castello del Buonconsiglio, proliférèrent dans toute la région. Plus tard, la période Renaissance fut marquée par l'édification de palais. Le contrôle de la ville fut le sujet de vives disputes au cours du XIXe siècle, mais fut réglé une fois pour toutes à la fin de la Première Guerre mondiale, lorsque Trente devint définitivement italienne.

TRANSPORTS

Train : (✆ 0461 98 36 27), dans la Via Dogana. Guichet ouvert tlj 5h40-20h30, bureau d'informations ouvert 9h-12h et 14h30-18h. Consigne disponible. A destination de : **Bologne** (13 dép/j de 5h35 à 1h05, durée 3h, 10,12 €), **Bolzano** (2 dép/h de 1h40 à 23h22, durée 45 mn, 2,89 €), **Venise** (5 dép/j de 4h15 à 18h19, durée 3h, 10,12 €) et **Vérone** (1 dép/h de 2h28 à 22h14, durée 1h, 4,65 €).

Bus : **Atesina** V. Pozzo, (✆ 0461 82 10 00), près de la gare. A destination de : **Rovereto** (1 dép/h, durée 25 mn, 2,50 €) et **Riva del Garda** (1 dép/h, durée 1h, 3 €).

Bus régional : La compagnie **Atesina** a aussi mis en place un système local très complet. Billets en vente dans les bureaux de tabac pour 0,80 € par voyage.

Téléphérique : **Funivia Trento-Sardagna** V. Lung'Adige Monte Grappa (© 0461 38 10 00). Depuis la gare routière, tournez à droite dans la Via Pozzo, puis encore à droite dans la Cavalcavia San Lorenzo. Traversez le pont qui surplombe la voie ferrée : la Funivia se trouve de l'autre côté. Ouvert Lu-Ve 7h-22h, Sa. 7h-21h25 et Di. 9h30-19h. Ce téléphérique vous emmène à **Sardagna**, en haut du mont Bondone (2 dép/h, 0,80 € l'heure).

Taxi : **Radio-taxi** (© 0461 93 00 02).

Location de bicyclettes : **Cicli Moser,** V. Calepina, 37 (© 0461 23 03 27). VTT 15 € la journée.

ORIENTATION ET INFORMATIONS PRATIQUES

Les gares ferroviaire et routière de Trente se situent dans la même rue, entre l'**Adige** et les **jardins publics**. Le centre-ville se trouve à l'est du fleuve. En prenant la Via Pozzo à droite, rejoignez la Via Torre Vanga. Continuez dans la **Via Pozzo**, qui se transforme en **Via Orfane**, puis en **Via Cavour**, jusqu'à la **Piazza del Duomo**, dans le centre de la ville. Vous trouverez beaucoup de **distributeurs automatiques** dans les parages. En tournant à gauche un peu plus tôt dans la Via Roma (qui devient la Via Manci, puis la Via San Marco), vous déboucherez sur le **Castello del Buonconsiglio**.

Office de tourisme : **APT**, V. Manci, 2 (© 0461 98 38 80, www.apt.trento.it). De la gare ferroviaire, tournez à droite puis à gauche sur la V. Roma qui devient la V. Manci. Informations sur les hébergements dans la ville et dans les montagnes de la région. Vous y recevrez aussi des conseils si vous prévoyez de faire de la randonnée, du vélo ou du ski dans les environs. Au programme également : dégustation de vin et visites guidées de la ville. Ouvert tlj 9h-19h.

Librairie : **Libreria Disertori**, V. M. Diaz, 11 (© 0461 98 14 55), près du Piazzale C. Battisti. Ouvert Lu 15h30-19h, Ma-Sa 9h-12h et 15h30-19h.

Urgences : © 113. **Ambulances** : © 118.

Police : (© 112 ou 0461 89 95 11), sur la Piazza Mostra.

Pharmacie de garde : **Farmacia dall'Armi**, P. del Duomo, 10 (© 0461 23 61 39). Fondée en 1490. Ouvert Lu-Sa 8h30-12h30 et 15h30-19h. Les pharmacies de garde varient. Vérifiez sur la liste affichée sur la devanture de toutes les pharmacies.

Hôpital : **Ospedale Santa Chiara**, Largo Medaglie d'Oro, 9 (© 0461 90 31 11), après la piscine en remontant la Via Orsi.

Internet : **Call me**, V. Belenzani, 58 (© 0461 98 33 02), près de la cathédrale. Cartes téléphoniques bon marché. Accès Internet 4 € l'heure. Ouvert Lu-Ve 9h-21h, Sa 9h-13h et 14h-21h, Di 9h-13h et 14h-19h.

Bureaux de poste : V. Calepina, 16 (© 0461 98 72 70), au niveau de la Piazza Vittoria. Ouvert Lu-Ve 8h10-18h30 et Sa. 8h10-12h20. Une **annexe** se trouve dans la Via Dogana, à gauche de la gare (© 0461 98 23 01). Ouvert Lu-Ve 8h10-18h30 et Sa. 8h10-12h20. **Code postal** : 38100.

HÉBERGEMENT

❤ **Ostello Giovane Europa (HI)**, V. Torre Vanga, 11 (© 0461 26 34 84, fax 0451 22 25 17). A deux minutes de la gare. Prenez à droite la Via Pozzo, puis à gauche la Via Torre Vanga. Nouvelles chambres avec salles de bains propres, casiers et laverie (4 €). Cependant, les trains tout proches pourraient bien vous tenir éveillé toute la nuit. Petit déjeuner, douches et serviettes inclus. Réception ouverte tlj 7h30-23h. Les chambres doivent être libérées à 10h. Couvre-feu à 23h30. Réservation obligatoire. Dortoir 13 €, chambre simple 25 €. Cartes Visa, MC, AmEx. ❖

❤ **Hôtel Venezia**, P. del Duomo, 45 (©/fax 0461 23 41 14). Un hôtel assez ancien qui présente deux visages : les chambres du deux-étoiles, en face du duomo, sont grandes et tout confort, tandis que celles du une-étoile sur la V. Belenzani sont plus spartiates.

Emplacement central, ce qui veut dire réveil au son des cloches. Chambre simple 42 €, chambre double 63 €. Cartes Visa, MC. ❖❖❖❖

Hôtel Paganella, V. Aeroporto, 27 (✆ 0461 99 03 55). Des gares, traversez la rue et prenez à gauche pour rejoindre les arrêts de bus. Empruntez le bus n° 14 jusqu'à la P. della Chiesa. De là, revenez sur vos pas et tournez à droite sur la V. Aeroporto ; l'hôtel est à 50 m sur la gauche. A l'écart, mais les chambres sont accueillantes et les salles de bains communes très propres. Chambre simple 35 €, double 60 €. Cartes Visa, MC. ❖❖❖

Hôtel Aquila d'Oro, V. Belenzani, 76 (✆ 0461 98 62 82, www.aquiladoro.it). A un jet de pierre du duomo. Une affaire en or, avec des glaces qui courent jusqu'au plafond, des meubles en bois vernis, un éclairage tamisé, ainsi que la clim., la TV et le téléphone. Petit déjeuner inclus. Chambre simple 60 €, double 90 €. Cartes Visa, MC, AmEx. ❖❖❖❖❖

RESTAURANTS

Le vaste **marché** en plein air de Trente a lieu le jeudi de 8h à 13h derrière la Piazza del Duomo : on peut y faire le plein de fruits, de légumes et de fromages. Exercez donc votre art du marchandage. Vous pouvez le reste du temps faire vos courses au **supermarché Trentini**, P. Lodron, 28, de l'autre côté de la Piazza Pasi lorsque vous venez de la cathédrale. (✆ 0461 22 01 96. Ouvert Lu. 14h30-19h30, Ma-Sa 8h30-12h30 et 14h30-19h30.) Le **supermarché Poli** se situe près de la gare, au coin de la Via Roma et de la Via delle Orfane. (✆ 0461 98 50 63. Ouvert Lu. et Sa. 8h30-12h30, Ma-Ve 8h30-12h30 et 15h15-19h15.)

Osteria Il Capello, P. Lunelli, 5 (✆ 0451 23 58 50). Des gares, tournez à gauche sur la V. Roma. Franchissez quatre rues, tournez à nouveau à droite. Un endroit tranquille, très agréable. Choisissez votre repas dans un court menu écrit à la main où tous les plats sont élaborés à base d'ingrédients frais. Goûtez au veau, particulièrement bien préparé. *Primi* 7 €, *secondi* 10-14,50 €. Couvert 2 €. Ouvert Ma-Sa 12h-14h et 19h30-22h, Di 12h-14h. Cartes Visa, MC. ❖❖❖

Ristorante Al Vo, Vicolo del Vo, 11 (✆ 0461 98 53 74). Des gares, tournez à droite et marchez le long de la V. Torre Vanga. Tournez à gauche, le restaurant est à 200 m sur la droite. Une cuisine régionale traditionnelle, notamment les *bolliti* (plats de viandes à la moutarde) et les *stincho di agnello* (carré d'agneau), à des prix très corrects. Menu complet à 12 €. Ouvert Lu-Me et Sa 11h30-15h et 19h-21h30. Cartes Visa, MC, AmEx. ❖❖❖

La Cantinota, V. San Marco, 22/24 (✆ 0461 23 85 27). Des gares, prenez à à droite puis à gauche sur la V. Roma. Tournez à nouveau à gauche sur la V. San Marco. Moitié piano-bar, moitié *trattoria*. Parmi les spécialités, une peu habituelle pizza à la viande de cheval (10 €). *Primi* 6,50-8,50 €, *secondi* 12 €. Ouvert Lu-Me et Ve-Di 11h-15h et 19h-22h. Cartes Visa, MC. ❖❖❖

Antica Trattoria Due Mori, V. San Marco, 11 (✆ 0461 98 42 51), en face de la Cantinota. Les poutres apparentes et les nappes roses ajoutent une touche "chic" à cet endroit qui sert par ailleurs une honnête cuisine locale. *Secondi* 7,20-23,80 €. Couvert 1,60 €. Ouvert Je-Sa 12h-14h30 et 19h-22h30, Di 12h-14h30 et 19h-22h. Cartes Visa, MC. ❖❖

VISITES ET SORTIES

LA PIAZZA DEL DUOMO. Cette place, cœur social et centre de gravité de Trente, est l'un des endroits les plus intéressants de la ville. La **Fontana del Nettuno** (Fontaine de Neptune), située au milieu de la place, est surmontée d'une belle statue du dieu de la mer, son trident entre les mains. De ses marches, vous aurez une vue intéressante sur les fresques qui recouvrent les **maisons Cazuffi**. La **cathédrale San Vigilio**, du nom du saint patron de Trente, se dresse juste à côté. *(Ouvert tlj 6h40-12h15 et 14h30-19h30. Entrée libre.)*

LE MUSÉE DIOCÉSAIN. Situé dans un haut et gracieux château de pierre rouge et blanche, le **Museo diocesano** abrite une collection d'œuvres religieuses, de retables et d'ornements en lien avec la cathédrale et le fameux Concile de Trente.

(P. del Duomo, 18 ✆ 0461 23 44 19. Musée ouvert Lu-Sa 9h30-12h30 et 14h30-18h. Entrée 3 €. L'entrée inclut l'accès aux fouilles archéologiques qui se trouvent sous l'église.)

LE CHÂTEAU DU BON CONSEIL. Le **Castello del Buonconsiglio**, mélange de tourelles fortifiées et de pierres travaillées, est le plus grand monument de Trente et le symbole de la ville. Il abrite divers produits de l'artisanat local, objets en bois ou encore poteries datant du XIIIe au XVIIe siècle. C'est également là que, pendant la Première Guerre mondiale, les Autrichiens emprisonnèrent et condamnèrent à mort Cesare Battisti. Pour de plus amples informations sur ce héros nationaliste natif de Trente et sur le rôle joué par la ville au cours des deux guerres mondiales, arrêtez-vous au **Museo storico** (musée d'histoire) de Trente, situé dans le domaine du château : le billet d'entrée comprend la visite du château et celle du musée. Pour admirer les célèbres fresques du Buonconsiglio, demandez le chemin de la Torre della Aquila au gardien posté dans la *Loggia del Romanino*. *(Descendez la Via Belenzini et continuez tout droit en direction de la Via Roma. ✆ 0461 23 37 70. Ouvert tlj 10h-18h. Entrée 5 €, étudiants, moins de 18 ans et plus de 60 ans 2,50 €. L'entrée inclut l'accès au Tridentum, un site de fouilles dans des ruines romaines, sous la Piazza Battisti.)*

BOLZANO (BOZEN) ✆0471

En proie à la double influence de l'Italie et de l'Autriche, Bolzano semble avoir surtout subit l'ascendance autrichienne, dont son architecture est caractéristique. L'Italie y apparaît ici dans des teintes pastel, agrémentée de flèches gothiques démesurées, de voûtes d'ogives et d'ornements de dentelle. La cathédrale de Bolzano, bien que construite à différentes époques, est également de style gothique. Les musées de la ville n'exhibent pas de tableaux ou de sculptures restaurés, mais le corps en partie décomposé d'un homme pris dans les glaces de l'âge du cuivre. Toutefois, les plus belles attractions touristiques à Bolzano ne sont pas celles qui sont payantes. Vous pourrez en effet aussi profiter du soleil au bord des eaux cristallines de la Talvera, contempler ses vertes collines aux pentes abruptes et admirer la perfection des rangées de vignes attendant de mûrir.

TRANSPORTS

Train : P. Stazione (✆ 0471 97 42 92). Bureau d'informations ouvert Lu-Sa 8h-17h30, Di. 9h-13h et 14h30-17h30. Consigne disponible. A destination de : **Bressanone** (1 dép/h de 6h à 21h31, durée 30 mn, 3,25 €), **Merano** (1 dép/h de 6h58 à 22h, durée 45 mn, 3,25 €), **Milan** (3 dép/j de 11h31 à 3h44, durée 3h30, 21 €), **Trente** (2 dép/h de 5h15 à 21h40, durée 45 mn, 2,89 €) et **Vérone** (1-2 dép/h de 5h15 à 21h40, durée 2h, 6,80 €). Service plus fréquent vers Milan via Vérone.

Bus : **SAD**, V. Perathoner, 4 (✆ 0471 45 01 11), entre la gare et la Piazza Walther. La gare routière et l'office de tourisme distribuent tous deux les horaires détaillés des bus vers la région occidentale des Dolomites. Service moins fréquent après 18h ainsi que le Di. A destination de : **Bressanone** (1 dép/h de 4h19 à 21h31, durée 1h, 4,65 €), **Merano** (1 dép/h de 6h50 à 20h35, durée 1h, 3,60 €) et **Cortina d'Ampezzo** (12 dép/j de 5h45 à 20h35, durée 4h, 13,65 €).

Transports en commun : **SASA** (✆ 0471 45 01 11, appel gratuit ✆ 800 84 60 47). Les différentes lignes desservent toute la ville et s'arrêtent Piazza Walther. Achetez vos billets (0,90 €) dans les bureaux de tabac, ou dans les distributeurs situés près de certains arrêts de bus.

Téléphériques : A la périphérie de Bolzano, vous trouverez trois téléphériques qui montent jusqu'aux pistes (dont des pistes cyclables) les plus proches (1000 m ou plus). Le personnel de l'office de tourisme vous conseillera aimablement sur les différentes routes praticables, et vous distribuera *Bolzano a passeggio*, un guide comprenant 14 randonnées faciles dans les collines environnantes. Il distribue également les horaires des téléphériques sous forme de livret.

Funivia del Colle (✆ 0471 97 85 45). Pour gagner Colle (Kohlern), prenez le **plus ancien téléphérique du monde**, qui part de la Via Campiglio. 1-2 dép/h de 7h à 19h, durée 9 mn, aller-retour 2,60 €, 2,10 € par vélo.

Funivia del Renon (Rittner Seilbahn, ✆ 0471 97 84 79). Part de la Via Renon (à 5 mn à pied de la gare) pour Renon (Ritten). 2-3 dép/h de 7h10 à 20h20, durée 12 mn, aller-retour 3,50 €, 2 € par vélo.

Funivia S. Genesio (✆ 0471 97 84 36), dans la Via Sarentino, de l'autre côté du fleuve Talvera, en passant par le Ponte Sant' Antonio, relie Bolzano aux hauts plateaux de Salto. 2 dép/h de 7h05 à 12h30 et de 14h15 à 19h30, durée 9 mn, aller-retour 3,40 €, 2,58 € par vélo.

Taxi : **Radio-taxi** V. Perathoner, 4 (✆ 0471 98 11 11). Disponible 24h/24.

Location de voitures : **Budget-National-Maggiore**, V. Garibaldi, 32 (✆ 0471 97 15 31). A partir de 69,72 € la journée. Age minimum 21 ans. Ouvert Lu-Ve 8h-12h et 15h-19h, Sa. 8h-12h. **Hertz**, V. Garibaldi, 34 (✆ 0471 98 14 11, fax 0471 30 37 15). A partir de 51,65 € la journée. Age minimum 21 ans.

Location de vélos : **Sportler Velo**, V. Grappoli, 56 (✆ 0471 97 77 19), près de la Piazza Municipale (Rathausplatz). VTT 15,50 € la journée, 23,24 € les 2 jours et 77,47 € la semaine. Grand choix de vélos et de matériel à vendre. Ouvert Lu-Ve 9h-12h30 et 16h30-19h, Sa. 9h-12h30.

ORIENTATION ET INFORMATIONS PRATIQUES

Le centre historique de Bolzano est situé entre la gare ferroviaire et la Talvera (également appelée Talfer Fluss). Les places principales sont situées non loin les unes des autres et sont toutes accessibles à pied. Les noms des rues et des places sont indiqués en allemand et en italien, comme sur la plupart des cartes. Une petite marche au milieu du parc dans la **Via Stazione** (Banhofsallee) en partant de la gare ferroviaire, ou dans la **Via Alto Adige** (Sudtirolerstrasse), depuis la gare routière, vous mènera à la **Piazza Walther** (Waltherplatz) et à la cathédrale. Au-delà de la Piazza Walther, la Piazza del Grano s'ouvre à gauche sur la **Via Portici** (Laubenstrasse), le coin le plus tape-à-l'œil de Bolzano, où les commerçants allemands et italiens ouvrent traditionnellement leurs magasins de part et d'autre des galeries. Suivez la Via Portici, après la Piazza delle Erbe, pour atteindre le **Pont Talvera**.

Office de tourisme : **Azienda di Soggiorno e Turismo**, P. Walther, 8 (✆ 0471 30 70 00, www.bolzano-bozen.it). Vous y trouverez un plan de la ville, la liste de toutes les possibilités de logement et des brochures sur l'*agriturismo*. La brochure *Mountain Walks on the Sunny Side of the Alps* établit un classement des différentes randonnées selon leur durée et leur niveau de difficulté dans la région du Haut-Adige. Le guide *Bolzano Plus* contient plusieurs pages de numéros de téléphone utiles, de propositions d'excursions et de manifestations. Ouvert Lu-Ve 9h-18h30 et Sa. 9h-12h30.

Change et distributeurs automatiques : Au bureau de poste ou à la **Banca Nazionale del Lavoro**, P. Walther, juste à côté de l'office de tourisme. Taux intéressants. Ouvert Lu-Ve 8h20-13h20 et 15h-16h30. Vous trouverez des distributeurs automatiques un peu partout dans le centre-ville.

Alpine Info : **Club Alpino Italiano** (CAI), P. delle Erbe, 46 (✆ 0471 978 172). Informations sur l'escalade et la randonnée, ainsi que des excursions avec guides. Sonnez, le bureau se trouve au 1er étage. Ouvert Ma-Ve 11h-13h et 17h-19h.

Laverie automatique : **Lava e Asciuga**, V. Rosmini, 81, près du Pont Talvera. Lavage 3,10 €, séchage 3,10 €, lessive 0,77 €. Ouvert tlj 7h30-22h30.

Urgences : ✆ 113. **Police** : ✆ 112. **Premiers secours** : ✆ 118.

Pharmacie de garde : **Farmacia all'Aquila Nera**, V. Portici, 46b. Ouvert Lu-Ve 8h30-12h et 15h-19h, Sa. 8h30-12h. Les pharmacies de garde varient, consultez la liste affichée sur la devanture de n'importe quelle officine.

Hôpital : **Ospedale Regionale San Maurizio** V. Lorenz Böhler, (✆ 0471 90 81 11). Il se trouve au terminus du bus n° 10.

Internet : **Cafe Meraner**, V. Bottai, à une rue de la Piazza Municipio. 3,70 € les 30 mn, 6,20 € l'heure. Ouvert Lu-Sa 7h-20h. **Telecom Italia**, P. Parrocchia, 21. 5,16 €/h. Ouvert Lu-Di 8h-23h.

Bureau de poste : V. della Posta, 1 (✆ 0471 97 94 52), près de la cathédrale. Ouvert Lu-Ve 8h05-18h30 et Sa. 8h05-13h. **Code postal** : 39100.

HÉBERGEMENT ET CAMPING

La poignée d'hôtels bon marché de Bolzano se remplit vite en été, n'hésitez pas à réserver bien à l'avance. L'office de tourisme vous fournira des informations sur les possibilités d'hébergement à la ferme (*agriturismo*). Hélas, vous devrez généralement vous débrouiller pour gagner ces *pensione* souvent situées dans les montagnes environnantes.

Feighter Hôtel, V. Grappoli, 15 (✆ 0471 97 87 68). De la gare ferroviaire, prenez la V. Laurin qui mène à la V. Grappoli ; c'est sur la droite. Un peu excentré mais très calme. Les chambres sont de qualité variable, avec TV, téléphone et ventilateur. Réservez pour avoir une vue sur les montagnes. Chambre simple 52 €, double 80 €. Cartes Visa, MC. ❖❖❖❖

Croce Bianca, P. del Grano, 3 (✆ 0471 97 75 52). Repérez le panneau placé au-dessus d'une terrasse très animée, à l'angle de la Piazza Walther, du côté opposé à la cathédrale. Les chambres sont cosy et les matelas bien épais. Il s'agit de l'hôtel bon marché le mieux situé de la ville. Petit déjeuner 4,13 €. Réservation indispensable. Chambre simple 28 €, chambre double 47 €, avec salle de bains 55 €, chambre triple avec salle de bains 72 €. Cartes Visa, MC. ❖❖❖

Schwarze Katz, Stazione Maddalena di Sotto, 2 (✆ 0471 97 54 17, fax 0471 32 50 28), près de la Via Brennero, à 15 mn du centre. Depuis la gare ferroviaire, prenez à droite dans la Via Renon, après le téléphérique, et repérez les panneaux qui vous mèneront 20 m plus haut à gauche, sur une colline raide. Etablissement familial très agréable avec un restaurant dans le jardin, principalement fréquenté par les habitants de Bolzano. 9 chambres avec salle de bains et petit déjeuner compris. Réservation indispensable. Chambre simple 25,82 €, chambre double 45-53 €. Cartes Visa, MC. ❖❖

Garni Thiulle, V. Thiulle, 5 (✆ 0471 26 28 77). A 15 mn à pied de la gare. Traversez le Pont Talvera en vous éloignant du centre-ville, puis dirigez-vous sur la gauche et prenez la Via Santo Quirino. Empruntez la première à droite puis tournez de nouveau à gauche pour atteindre la Via Thiulle. Chambres modestes et tranquilles, quelques-unes avec vue sur le jardin. Tenu par un couple âgé. Chambre simple 25-41 €, chambre double 51-67 €. ❖❖

Camping : **Moosbauer**, V. San Maurizio, 83 (✆ 0471 91 84 92, fax 0471 20 48 94). Prenez un bus SAD jusqu'à Merano, descendez à l'arrêt de l'Hôtel Pircher et revenez sur vos pas sur environ 300 m en direction de Bolzano. Douches incluses. 4,75 € par personne, 4,50 € par tente. ❖

RESTAURANTS

Les spécialités de Bolzano sont : le *Rindsgulasch*, un délicieux ragoût de bœuf, le *Speck*, un savoureux jambon fumé, et les *Knödel*, des boulettes de pâte que l'on retrouve dans différents plats. Les trois types de *Strudels* (*Apfel*, à la pomme, *Topfen*, au fromage blanc, et *Mohn*, au pavot) vous caleront en cas de petite faim. A l'automne, les vignerons organisent le *Südtirol Törgelen*, une semaine de dégustation. Vous trouverez tous les produits régionaux au **marché** permanent de la Piazza delle Erbe (Lu-Sa 6h-19h). Il existe également un **supermarché Despar**. (V. della Regina, 40. ✆ 0471 97 45 37. Ouvert Lu-Ve 8h30-12h30 et 15h-19h30, Sa. 8h-13h.) De nombreuses *alimentari* sont disséminées autour de la Piazza delle Erbe.

Hopfen & Co., V. dei Argentieri, 36 (✆ 0471 30 07 88), propose un choix éclectique de spécialités régionales. Essayez une pinte de *birra scura* (bière brune) ou *chiaro* (blonde), pour seulement 2,40 €. Vous pouvez aussi décider de dîner dans l'une des élégantes salles à l'étage. Le savoureux *goulash*, sorte de ragoût, peut paraître onéreux (11 €) mais accompagné d'un peu de pain et d'une boisson, c'est un plat riche qui ne vous laissera pas sur votre faim. Autres plats 7-11 €. Cartes Visa, MC. ❖❖❖

Restaurant Pizzeria Nussbaumer, V. Bottai, 11 (✆ 0471 97 39 50), sert des spécialités italo-allemandes. La carte inclut près de 30 pizzas (à partir de 5,20 €). Cartes Visa, MC. ❖❖

Hostaria Argentieri, V. Argentieri, 14 (✆ 0471 98 17 18), est un restaurant aussi italien que possible. Le patio fleuri est charmant. *Secondi* 8,50-19,30 €. Couvert 1,50 €. Ouvert Lu-Sa 12h-14h30 et 19h-22h30. Cartes Visa, MC. ❖❖❖❖

VISITES

Procurez-vous à l'office du tourisme la Carte des Musées (2,50 €) qui permet d'accéder à cinq musées et fait bénéficier en prime d'une visite guidée de la ville ainsi que d'une réduction sur le prix d'entrée du château Roncolo.

LA CATHÉDRALE ET L'ÉGLISE DES FRANCISCAINS. Avec sa tour en flèche et son toit en forme de diamant, la **cathédrale** gothique est un lieu sombre. Pour la plus grande part, la beauté de Bolzano réside surtout dans ses façades. Vous découvrirez quelques-unes des plus belles compositions architecturales près de la Piazza delle Erbe et de la Via del Museo. L'**église des Franciscains** est l'exception : sa simplicité extérieure (une façade de forme triangulaire) cache un intérieur remarquable. Les hauts murs blancs de l'église soutiennent un crucifix suspendu par des câbles très fins. Vue d'une certaine distance, la croix semble flotter en face de trois vitraux aux reflets dorés, rouges et pourpres. *(La cathédrale se trouve sur la Piazza Walther. L'église des Franciscains se situe quant à elle du côté de la Piazza delle Erbe, en partant de la Piazza Walther. Ces deux monuments sont ouverts Lu-Ve 9h45-12h et 14h-17h, Sa. 9h45-12h. Entrée libre.)*

LE MUSÉE ARCHÉOLOGIQUE DU TYROL DU SUD. Si vous voulez faire une expérience d'un tout autre genre, allez visiter cet étonnant musée qui retrace la vie des hommes dans la région du Tyrol du sud, de l'âge de pierre jusqu'au début du Moyen Age. Vous pourrez y voir le véritable homme des glaces (ce corps vieux de 5000 ans découvert par un couple d'Allemands lors d'une randonnée dans les Alpes), qui endure sa condition de *Decomposus Interuptusi* avec une grande dignité. Demandez un audioguide gratuit (mais en anglais) au guichet. *(V. Museo, 43, près du Pont Talvera. ✆ 0471 98 20 98, www.iceman.it. Ouvert Ma-Di 10h-17h et Je. 10h-20h. Entrée 8 €, étudiants 5,50 €. Audioguides 2 €)*

LE CHÂTEAU RONCOLO. Perchée au-dessus de la ville sur des collines couvertes de vignobles, c'est la forteresse médiévale la plus accessible de Bolzano. Le chemin sinueux qui y mène vous fera profiter d'une vue splendide sur la ville. Une fois sur place, vous ne manquerez pas d'être étonné par le curieux mélange qu'offrent les collections du musée. Masques de diables, statues démoniaques et mannequins aux yeux vides côtoient les somptueuses fresques des murs de pierre. *(Sur la Via Weggerstein en direction de la Via Sant'Antonio. Prenez le bus n° 12 qui part de la Piazza Walter. ✆ 0471 32 98 08. Ouvert Juil-Sep Ma-Di 10h-20h, Oct-Juin 10h-18h. L'entrée des fresques ferme à 17h. Entrée 3 €.)*

RANDONNÉES

Bolzano, situé dans les pré-Alpes, n'autorise pas des marches aussi spectaculaires que celles qu'on peut faire dans les Dolomites, à l'est, ou dans les hautes vallées alpines à l'ouest. De très agréables randonnées peuvent néanmoins être effectuées dans les environs. Pour cela, le **bureau du Club Alpin Italien** vous sera de meilleur conseil que l'office du tourisme. Les meilleurs sentiers sont accessibles par les trois funiculaires qui encerclent la ville. Le **funivia del Renon** et le **funivia del Colle** desservent un nombre restreint de chemins balisés. En revanche, le **funivia San Genesio** vous conduit au départ de nombreux chemins de difficulté variables. Les trois funiculaires distribuent des cartes des itinéraires les plus accessibles. Passez à l'office du tourisme de San Genesio (✆ 0471 35 41 96, www.jenesien.net) avant votre excursion. Une balade facile relie l'arrêt du funiculaire de San Genesio à l'auberge de l'Edelweiss, puis au Tachenfenhaus avant de revenir au funiculaire via l'auberge Locher. Au total, comptez 4h30. Même pour les courtes promenades, prévoyez suffisamment d'eau et protégez-vous du soleil.

LE CLUB ALPINO ITALIANO (CAI). Si vous souhaitez faire une longue randonnée, dans les Dolomites par exemple, vous avez intérêt à devenir membre du Club Alpin Italien. Le club gère de nombreux refuges de montagne (*rifugi*) et ses membres peuvent y loger à moitié prix. Les refuges, qui ouvrent généralement de fin juin à début octobre, louent également parfois du matériel d'escalade pour les *via ferrate*. L'adhésion au CAI coûte 35 € (11,50 € pour les moins de 18 ans), avec un supplément de 5,50 € pour les nouveaux membres et de 15,50 € pour les non-Italiens. Vous pouvez vous inscrire au bureau CAI de Belluno. Apportez une photo d'identité.

BRESSANONE (BRIXEN) ✆ 0472

Bressanone est la quintessence du Südtirol. Située au nord-ouest des Dolomites et au sud de l'Autriche, la vallée alpine enchante les visiteurs avec ses vues dégagées sur les vertes montagnes, ses rivières cristallines et ses maisons aux tons pastel impeccablement alignées. La ville abrite quelques trésors hérités de son passé médiéval, par exemple un cloître du XIVe siècle. Bressanone est plus petite et moins visitée que Bolzano, elle est aussi moins chère que Merano. Néanmoins, attendez-vous en été à voir arriver les amateurs de beaux paysages par cars entiers, et tenez-vous prêt à un repli rapide vers les montagnes.

TRANSPORTS ET INFORMATIONS PRATIQUES. Bressanone est une excursion facile en train ou bus, au départ de Bolzano ou de Trente. Les **trains** desservent : **Bolzano** (1 dép/h de 6h27 à 21h09, durée 30 mn, 3,25 €), **Munich** (3-4 dép/j de 8h33 à 18h57, durée 5h, 42,53 €), **Trente** (1 dép/2h de 6h27 à 21h09, durée 1h-1h30, 6,15 €) et **Vérone** (3-4 dép/j de 6h27 à 21h09, durée 2h, 14,15 €). Les **bus** relient **Bolzano** (1 dép/h de 7h à 20h15, durée 1h, 2,68 €). La **Piazza del Duomo** est le cœur de la ville. Pour vous y rendre en partant de la gare ferroviaire ou de la gare routière, suivez le **Viale della Stazione** sur 500 m, dépassez l'**office de tourisme** (sur votre droite, au coin du Viale della Stazione et de la Via Cassiano). Au carrefour, prenez la **Via Bastioni Minore** et passez à droite sous la voûte fleurie pour entrer dans la cour du Palazzo Vescovile. L'**office de tourisme**, Vle della Stazione, 9, met à votre disposition des cartes de la ville et des guides pour vos balades. (✆ 0472 83 64 01, www.brixen.org. Ouvert Lu-Ve 8h30-12h30 et 14h30-18h, Sa. 9h-12h30.) **Urgences** : ✆ 113. **Police** : ✆ 112 ou 0472 83 34 55. **Ambulances** : ✆ 118. Vous trouverez une **pharmacie ouverte 24h/24**, Kl. Luber, 2a. Pour les pharmacies de garde, consultez la liste affichée sur les vitrines. (Ouvert Lu-Di 8h-12h30 et 15h-21h, fermé le Me. après-midi.) L'**hôpital** (✆ 0472 81 21 11) se trouve Via Dante, vers Brenner. Les **distributeurs automatiques** sont situés dans la Via Bastioni Maggiore, à une rue au nord de la Piazza del Duomo. Vous pouvez **changer de l'argent** au **bureau de poste**, derrière l'office de tourisme. (Ouvert Lu-Ve 8h05-18h30 et Sa. 8h05-13h.) **Code Postal** : 39042

HÉBERGEMENT ET RESTAURANTS. Les restaurants sont très abordables à Bressanone et le prix d'une chambre simple dans un hôtel trois étoiles n'excède pas les 41,32 €. Il est préférable de réserver, car la ville attire de nombreux randonneurs et les lieux d'hébergement sont peu nombreux dans le centre-ville. L'**Ostello de la Gioventù Kassianum**, V. Bruno, 2 (✆ 0472 27 99 99), près de la cathédrale, avec ses propriétaires allemands, est une véritable institution. (Petit-déjeuner compris et draps fournis. Dortoir 19-27 €) De la gare ferroviaire, prenez à gauche sur le Viale Stazione ; une rue après l'office du tourisme, vous verrez l'**Hôtel Goldones Kreuz (Croce d'Oro)**, V. Basioni Minori, 8. Central et idéal pour se relaxer avec son jacuzzi, son sauna et

LA BONNE AFFAIRE

DES SOUVENIRS PAS RUINEUX POUR UN SOU

MOINS DE 10 €

Des CDs italiens : Vous ne vous lassez pas des chansons d'amour qui passent en boucle à la radio ? Achetez un CD à un vendeur de rue.

De l'huile d'olive : les meilleures huiles sont pressées à froid. Cherchez les marques Fratelli Corvi et Colavita.

MOINS DE 20 €

Des lunettes de soleil : vous voulez des Gucci mais vos poches sont vides ? Une imitation aux montures colorées fera parfaitement l'affaire pour être *a la moda*.

Des carnets en cuir : avec du noble cuir italien et du papier de qualité, l'inspiration vient toute seule.

Des champignons séchés : l'ingrédient indispensable pour réussir vos recettes italiennes.

MOINS DE 50 €

Des poteries peintes à la main : d'exquises poteries, aux motifs floraux ou géométriques, sont produites en Ombrie, en Campanie et en Sardaigne.

Du vin italien : rouge, blanc ou pétillant, doux ou brut – vous trouverez nécessairement votre bonheur.

Du vinaigre balsamique : Modène est connue pour produire le meilleur vinaigre du monde (5-100 €).

son solarium. (✆ 0472 83 61 55. Chambre simple 45-70, double 70-120 €.) Prenez un Skibus à l'arrêt qui se trouve à gauche de la gare ferroviaire et demandez à ce qu'on vous dépose à l'**Hôtel Senoner**. Autrement, descendez le Viale Mozart pendant 15 mn et tournez à gauche dans la première rue après la rivière. Cet hôtel trois-étoiles, qui date du XVe siècle, offre des vues magnifiques sur les Dolomites, depuis le balcon des chambres, la terrasse ensoleillée ou le jardin (✆ 0472 83 25 25. Petit déjeuner 2 €, Chambres 42 €. Cartes Visa, MC.) Dans une atmosphère conviviale, **Cremona**, V. Veneto, 26, dispose de 12 chambres propres (mais bruyantes), à l'extérieur du centre-ville. En partant de la gare, descendez le Viale Mozart et prenez la Via Veneto, une rue plus loin. (✆ 0472 83 56 02, fax 0472 20 07 94. Petit déjeuner compris. Chambres simple 27 €, double 52 €. La plupart des chambres sont équipées d'une salle de bains.)

Finstewirt, Vco. Duomo, 3, tout près de la P. Duomo, a servi son premier verre de vin au XIIe siècle ! Depuis, l'établissement a ajouté des plats tyroliens à son menu. Dans la salle du bas, les vignes et les fontaines en pierre forment un décor frais et plaisant. (✆ 0472 83 23 44. *Primi* 6-9 €, *secondi* 14,50-18 €. Ouvert Ma-Di 12h30-14h30 et 18h30-22h30. Cartes Visa, MC.) **Torre Bianca**, V. Torre Bianca, 6, sert une grande variété de pizzas au milieu de spécialités tyroliennes. Essayez la *Pizza al Cacciatore* (pizza du chasseur, 8,90 €), garnie de champignons et de gibier. (✆ 0472 83 29 72. Ouvert Lu et Me-Di 9h30-22h. Cartes Visa, MC.) Au **Restaurant Fink**, Kleine Lauben, 4, un établissement vieux d'un siècle à la décoration typique, des jeunes femmes en costume traditionnel vous serviront de la cuisine autrichienne ou italienne. (✆ 0472 83 48 83. *Rosti* de pommes de terre et légumes 6,55 €, *insalata grande con mozarella e pane d'olive* (grande salade à la mozarella et au pain d'olives) 6,40 €. Couvert 1 €. Ouvert Lu-Sa 11h-23h.)

VISITES. La plupart des attractions touristiques sont situées autour de la Piazza del Duomo. A quelques mètres au sud de celle-ci, sur la Piazza del Palazzo, vous pourrez admirer le **Palazzo Vescovile**, un édifice richement décoré construit en 1595, dont la stupéfiante cour intérieure vaut à elle seule le détour. Le Palazzo Vescovile abrite le **Museo diocesano** (Musée diocésain), où sont exposés des objets d'art religieux, le trésor de la cathédrale et des documents sur l'histoire de la ville. On y trouve également une série de portraits de l'époque médiévale et de la Renaissance, dont des gravures de Hans Klocker et de Albrecht Dürer. Toutes les explications sont en allemand ou en italien. *(✆ 0472 83 05 05. Ouvert 15 Mars-Oct, Ma-Di 10h-17h. Entrée 5 €.)* La **cathédrale**, au centre de la place, fut édifiée dans le style roman, mais on lui ajouta des éléments baroques et néoclassiques lors des rénovations de 1595, 1754 et 1790. Laissez-vous éblouir par les dorures des plafonds et le marbre des murs. En sortant de la cathédrale, vous apercevrez sur votre gauche le **chiostro** (cloître), édifice du

XIVe siècle et musée retraçant l'évolution de la peinture médiévale à travers une série de fresques. *(Cathédrale et cloître ouverts Lu-Sa 6h-12h et 15h-18h, Di. 15h-18h. Entrée libre.)* A Bressanone, on peut aussi se contenter de flâner dans les rues de la ville, qui sont très agréables. En partant du Ponte Aquila, derrière la cathédrale, traversez le pont en direction de la petite **Altstatd** (vieille ville) et promenez-vous au milieu de ruelles sinueuses et pavées, aux fenêtres fleuries.

À LA DÉCOUVERTE DU PLATEAU DE LA PLOSE (ENVIRON UNE DEMI-JOURNÉE)

Le Plateau de la Plose domine Bressanone à l'est, à une altitude de plus de 2000 m. C'est une zone alpine accessible et très fréquentée grâce aux nombreuses navettes du **téléphérique** de **Sant'Andrea** (2 dép/h de 9h à 18h, durée 10 mn, 6,20 € l'aller-retour, transport de bicyclette 2,50 €), au départ de **Sant'Andrea**, ville voisine perchée à flanc de coteau. Le **bus n° 126** de la SAD fait quotidiennement la navette entre la gare de Bressanone et Sant'Andrea. (Vers S. Andrea, durée 2h, 7 dép./j de 7h54 à 19h15. Vers Bressanone : de 7h15 à 19h25. Billet a/r 2 €). Les tickets sont en vente dans le bus. Près de la plus haute station de téléphérique, vous trouverez le départ du **circuit n° 30** qui longe le terrain régulier du versant ouest du plateau, ainsi que celui du **circuit n° 17**, le long des prairies du versant sud. Pour une randonnée plus difficile et plus longue, le **circuit n° 7** parcourt les trois sommets du massif de la Plose : le Monte Telegrafo, le Monte Fana et le Monte Farca, culminant à 2600 m. On peut prendre un repas chaud ou passer la nuit aux refuges alpins de **Plose** et de **Rossalm**. **Difficulté** : De facile à modérée. **Distance** : Variable, avec des étapes de 4 km. La brochure de l'office du tourisme vous indiquera trois excursions faciles de trois à six heures. **Conseils** : Vérifiez les horaires des bus et des remontées mécaniques. Protégez-vous du soleil car le terrain est exposé. Les personnes ayant des problèmes respiratoires doivent être prudentes car l'altitude est relativement élevée (2000 m).

LES DOLOMITES (DOLOMITI)

Les Dolomites sont d'impressionnants massifs calcaires qui semblent émerger des prairies et des forêts de pins. Ces étranges sommets, paradis des randonneurs, des skieurs et des varappeurs, prennent naissance à l'ouest de Trente et s'étendent au nord et à l'est, jusqu'à la frontière autrichienne. Les Dolomites doivent leur nom à la roche qui les compose ; la dolomite et un carbonate naturel, mélange de calcium et de magnésium. C'est ce qui explique à la fois la teinte rosée et luminescente de

UNE PETITE FOLIE

DES SOUVENIRS RUINEUX MAIS INOUBLIABLES

MOINS DE 100 €

Une bouteille de Nocillo : on produit cette liqueur de noix sucrée sur la côte amalfitaine.

Des truffes : c'est la spécialité du Piémont. Qu'elles soient blanches ou noires, les truffes sont le champignon du riche. Jusqu'à 3000 € le kg.

Un jean Diesel : le grand retour du Denim. Les campagnes de pub décalées de la marque sont nées en Italie. Ici, les prix sont 50 % moins chers qu'à l'étranger. Une paire de jean 75 €.

Miss Sixty : une autre marque italienne implantée partout dans le monde mais les jeans sexy et les débardeurs asymétriques sont ici moins chers qu'ailleurs.

PLUS DE 100 €

Des lunettes de designer : sortez de la foule, portez les lunettes de soleil extrêmement branchées des créateurs et opticiens italiens.

Des camées : admirez les maîtres sculpteurs de Campanie qui transforment des coquillages en de délicats joyaux selon des méthodes antiques utilisées par les Romains.

TOUJOURS PLUS CHER

Avouez que vous avez toujours rêvé de posséder votre propre **Vespa**. La fameuse marque de scooter est devenue tellement *fashion* en dehors d'Italie. Mais comptez de 2000 à 3000 €.

la pierre mais aussi son excessive dureté. Pour Le Corbusier, les Dolomites constituaient “la plus belle architecture naturelle du monde.” En raison du manque de route, les habitants de la région vécurent longtemps isolés. Certains parlent encore une langue vieille de 2000 ans, qui mixe latin et celte. Les villes de Belluno et de Cortina d'Ampezzo sont de bon points de départ pour explorer les montagnes. Vous pouvez aussi choisir de vous établir dans les villes, un peu plus éloignées mais charmantes, de Bolzano et de Bressanone.

Les Dolomites forment un domaine skiable très populaire, égayé de soleil et de neige poudreuse. Le meilleur moyen de goûter les sports d'hiver dans la région des Dolomites est de profiter du forfait *settimana bianca* (semaine blanche), disponible dans tous les bureaux **CTS** ou **CIT**. Il est aisé de trouver un logement dans les centaines de refuges alpins ou dans les chambres chez les particuliers (repérez les panneaux *Zimmer* ou *Camere*). Cette solution facilitera vraiment votre séjour dans les montagnes. Ils sont tous très bien indiqués sur les cartes de la région, la *Kompass Wanderkarte* ou la *Tabac*, disponibles dans la plupart des kiosques et des librairies. Les refuges sont généralement ouverts de fin juin à début octobre, mais la saison est parfois plus courte en altitude. Les offices de tourisme provinciaux de Trente et de Bolzano fournissent de la documentation sur les campings de leurs provinces respectives.

BELLUNO ✆0437

En été, on devine à peine les sommets imposants des Dolomites à travers la couche de brume qui stagne dans la vallée. Leur silhouette massive apparaît et disparaît au gré des nuages, nourrissant l'imaginaire des habitants qui y voient un signe de la présence de déités de la montagne ou d'esprits errants. Le vaste réseau de transports publics, les logements bon marché et la proximité des montagnes contribuent largement à attirer à Belluno les amateurs de plein air au budget restreint. La ville est le point de départ idéal pour des excursions, des randonnées de plusieurs jours (notamment vers les célèbres *Alte Vie*), ou plus simplement pour des promenades sur les hauteurs. Malgré quelques splendides palais et de luxueuses galeries marchandes, Belluno est une cité plus ou moins méconnue par le gros des touristes, qui lui préfèrent d'autres sites à la réputation établie comme Cortina d'Ampezzo.

TRANSPORTS. Belluno est située dans une région facilement accessible, au sud des Dolomites, dans les Préalpes, à 108 km au nord de Venise et à 127 km à l'ouest d'Udine. Trains en provenance de **Padoue** (1 dép/h de 6h à 22h33, durée 1h, 5,73 €) via **Conegliano** (8 dép/j de 6h39 à 20h43, durée 1h, 2,69 €), un arrêt sur la ligne Venise-Udine. Quelques trains relient directement **Conegliano** à Belluno, mais vous devrez le plus souvent changer à Pontenelle Alpi. (✆ 0437 72 77 91. Guichet ouvert tlj 6h-19h25.) La **gare routière** est située **Piazza della Stazione**, en face de la gare ferroviaire. C'est le point de départ des **Dolomiti Bus** qui desservent les Préalpes et l'est des Dolomites. Destinations : **Calalzo** (12 dép/j de 6h15 à 20h05, durée 1h, 3 €), **Cortina d'Ampezzo** (10 dép/j de 6h25 à 18h50, durée 2h, 3,70 €) et **Feltre** (16 dép/j de 6h20 à 19h10, durée 40 mn, 2,50 €). Comme d'habitude, il existe bon nombre de correspondances possibles entre les bus, vous pourrez donc voyager en toute liberté en **transports publics** à travers les montagnes. Pour des horaires détaillés, renseignez-vous auprès des **Dolomiti Bus**. (✆ 0437 94 11 67, 0437 94 12 37 ou 0437 21 72 00. Ouvert Lu-Ve 8h-12h et 15h-18h, Sa 8h-12h.) Les **bus** de couleur orange passent tous par la Piazza della Stazione et sillonnent l'ensemble de l'agglomération (0,80 € le billet, valable pour un trajet).

ORIENTATION ET INFORMATIONS PRATIQUES. Le centre-ville, c'est-à-dire la **Piazza dei Martiri**, se trouve à cinq minutes à pied des deux gares. En tournant le dos à la gare ferroviaire, suivez la **Via Dante** et après avoir traversé le petit **Piazzale Battisti**, prenez la **Via Loreto**. Parcourez-la jusqu'au bout, et lorsque vous l'aurez dépassée d'environ 50 m, tournez à gauche dans la **Via Matteotti**. La Piazza dei Martiri, avec sa longue galerie marchande débouchant sur des fontaines et des jardins, est enfin en vue. L'**office de tourisme APT** se trouve en face de la galerie marchande, P. dei Martiri, 7.

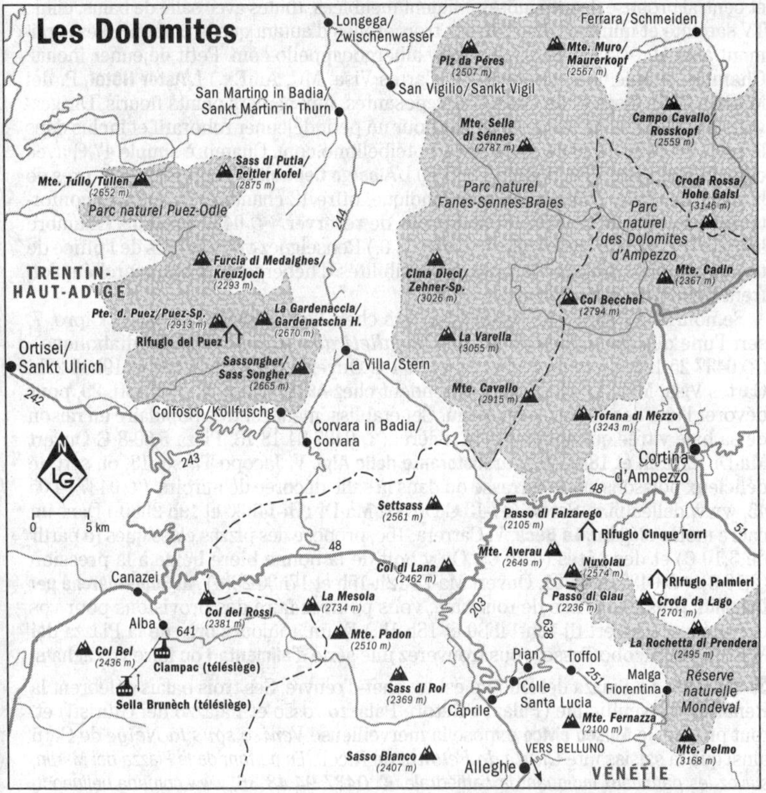

(© 0437 94 00 83, www.infodolomiti.it. Ouvert tlj 9h-12h30 et 15h30-18h30.) Si vous êtes à court d'argent, rassurez-vous, il n'y a pas moins de six **banques** sur la place, toutes avec des taux de change comparables et des distributeurs de billets disponibles 24h/24. **Urgences** : © 113. **Police** : V. dei Volontari della Libertà (© 0437 94 55 08). **Ambulances** : © 118. Les pharmacies sont ouvertes à tour de rôle 24h/24 (consultez la liste). Essayez la **Farmacia Dott. Perale**, P. Vittorio Emanuele, 12 (Ouvert Lu-Sa 8h45-12h30 et 16h-19h30.) L'**hôpital** de Belluno est situé Via Loreto, 32 (© 0437 16 111). Envie de vérifier vos e-mail ? L'**Hôtel Astor**, P. dei Martiri, 26/E, vous facturera 6 € l'heure de connexion. Au **bureau de poste**, V. Roma, près de la Piazza Emanuele, vous pourrez envoyer un fax ou faire des photocopies. (© 0437 95 32 11. Ouvert Lu-Sa 8h30-18h30.) **Code Postal** : 32100

HÉBERGEMENT ET RESTAURANTS. La qualité de l'hébergement est un des atouts de Belluno : on y trouve en effet des chambres bon marché en plein centre-ville. La **Cerva B&B**, Via Paoletti, 7/B, est un établissement familial très sympathique. Vous pouvez utiliser à votre guise les VTT. Le petit déjeuner est préparé par la maîtresse de maison. Les salles de bains sont communes mais les chambres sont plutôt confortables. De la gare ferroviare, traversez la Piazza et suivez à gauche la V. le Volontari Libertà avant de prendre à nouveau à gauche sur la V. Fantuzzi. Traversez la rue principale pour atteindre la V. Col di Lana et tournez à droite après 15 mètres. (© 338 825 36 08. Petit déjeuner 2,50 €. Chambre simple 18 €, double 31 €.) Pour rejoindre l'**Albergo Cappello e Cadore**, V. Ricci 8, prenez la V. le Volontari Libertà depuis la gare ferroviaire. Tournez à droite dans la V. Fantuzzi qui devient la V. J. Tasso ; la V. Ricci est une rue transversale. Construit en 1864, cet hôtel élégant

ITALIE DU NORD

et central propose des chambres joliment meublées, toutes avec salle de bains, clim., TV satellite et minibar. Il mérite ses trois étoiles d'autant que le personnel est vraiment amical. (✆ 0437 94 02 46, www.albergocappello.com. Petit déjeuner inclus. Chambre simple 50 €, double 92 €. Cartes Visa, MC, AmEx.) L'**Astor Hôtel**, P. dei Martiri, 26/E, dispose de chambres reposantes, aux papiers peints fleuris. Dirigez-vous dans la salle du bas près du bar pour un petit déjeuner roboratif et inclus dans le prix. (✆ 0437 94 20 94, www.astorhotelbelluno.com. Chambre simple 47 €, avec clim. et baignoire 70 €, double 57/80 €.) L'**Albergo Centrale**, V. Loreto, 2, tout près de la place centrale, comme son nom l'indique, offre 12 chambres propres et confortables au cœur de la ville. N'oubliez pas de réserver. (✆ 0437 94 33 49. Chambre simple 31 €, double avec salle de bains 52 €.) Renseignez-vous auprès de l'office de tourisme pour connaître les autres possibilités d'hébergement bon marché qu'offrent Belluno et ses environs.

Se nourrir à Belluno ne revient pas très cher. Le **Ristotante Taverna**, V. Cipro, 7, sert l'une des spécialités de la ville, le *galleti alla diavola* (poulet diabolique). (✆ 0437 25 192. *Secondi* 7-10 €. Couvert 1 €. Ouvert Lu-Sa 12h-14h30 et 19h30-22h. Cartes Visa, MC.) Les habitants se rendent chez **Al Mirapiave**, V. Matteoti, 29, pour dévorer l'une des 60 pizzas du menu. Cet établissement est très populaire en raison de sa baie vitrée qui donne sur la rivière. (✆ 0437 94 18 13. Pizza 5,60-8 €. Ouvert Ma-Di 12h-15h et 18h-23h.) Au **Ristorante delle Alpi**, V. Jacopo Tasso, 13, on sert de délicieux poissons sur la terrasse ou dans la salle décorée de miroirs. (✆ 0437 94 05 45, www.dellealpi.it. *Secondi* 7-13 €. Ouvert Ma-Di 11h-14h30 et 19h-2h30.) Dans un cadre moins élégant, **La Buca**, V. Carrera, 15c, propose des pizzas classiques (à partir de 3,10 €) et des pâtes (5,20 €). On y boit de la bonne bière belge à la pression (2,10 €). (✆ 0437 94 01 91. Ouvert Ma-Di 12h-15h et 17h30-23h.) Au **Supermarché per Dolomiti**, près de l'office de tourisme, vous pourrez faire des provisions pour vos excursions. (Ouvert tlj 12h-14h30 et 18h-1h.) Enfin, toujours près de la Piazza dei Martiri, Via Jacobo Tasso, vous trouverez une série d'**alimentari** où faire vos achats.

VISITES. La Piazza del Duomo est un chef-d'œuvre. Ses trois palais célèbrent la Renaissance vénitienne (Palazzo Retori, Palazzo rosso et Palazzo dei Giuristi) et, tout proche, le **Museo civico** expose la merveilleuse *Venise sous la Neige* de Caffi ainsi que la saisissante *Chute de Fetonte* de Ricci. *(En partant de la Piazza dei Martiri, suivez les panneaux indiquant la cathédrale. ✆ 0437 94 48 36, www.comune.belluno.it. Ouvert Ma-Sa 10h-12h et 16h-19h, Di. 10h30-12h30, horaires réduits hors saison. Entrée 3,50 €.)* Puisque vous êtes dans les parages, profitez-en pour emprunter la *scala mobile* (un escalier roulant sur trois niveaux situé devant le Palazzo rosso), ou pour descendre à pied quelques marches, afin d'apprécier le point de vue sur la vallée. Au pied de la *scala mobile*, vous trouverez un kiosque, louant à la journée des vélos équipés de paniers sur le devant, de cale-pieds et de cinq vitesses.*(Ouvert tlj 9h-18h. Petite caution demandée.)*

La présence imposante et menaçante des montagnes se ressent partout à Belluno. Les impressionnantes parois de pierre et les pics herbeux qui dominent la ville ne sont pourtant que la partie émergée de l'iceberg (à prendre au sens propre). Au nord, l'endroit où débutent les Dolomites, la vaste étendue du **Parc national des Dolomites de Belluno** (Parco Nazionale di Dolomiti Bellunese) se trouve à seulement 30 mn, en voiture ou en bus. Moins spectaculaire, le **Jardin botanique de l'est des Alpes**, est situé sur le versant ouest près du **Monte Favaghera**, tout en haut d'un téléphérique. Du 1er Juil. au 15 Sep., des bus assurent la liaison entre Belluno et un télésiège permettant aux visiteurs de grimper sans effort jusqu'à 1500 m d'altitude. *(✆ 0437 94 48 30. Horaires des bus et télésièges disponibles à l'office de tourisme.)*

RANDONNÉES. Pour toute information sur les excursions dans les Dolomites, tâchez de rendre visite au **bureau du Club Alpin Italien**, P. S. Giovanni Bosco, 11. De l'office du tourisme, traversez la place et tournez à droite sur P. Vittorio Emanuele. Continuez tout droit et descendez les marches. Lorsque la route se divise en deux, prenez V. S. Giuseppe jusqu'à la P. S. Giovanni Bosco. Le bureau se trouve en face, de l'autre côté de la place. (✆ 0437 93 15 55. Ouvert Avr-

Oct Ve 20h30-22h30, Nov-Avr Ma 18h-20h et Ve 20h30-22h30.)
Belluno sert de point de départ à de superbes randonnées. L'une des plus intéressantes se trouve le long de la *altavia* qui s'étend du nord au sud de Braies à Belluno. Il faut entre huit et quinze jours pour faire le parcours dans son intégralité, mais le premier tronçon, entre Belluno et le **Rifugio n° 7**, peut être fait en une journée. De la P. Martiri, prenez la V. J. Tasso, qui devient la V. Fantuzzi puis la V. Col di Lana. Suivez-la pendant un kilomètre environ jusqu'à un panneau qui vous indique de prendre à droite, vers Bolzano ; empruntez le chemin qui grimpe pendant 9 km. La route carrossée peut également se faire à vélo, tout du moins jusqu'à la Casa Bortot (707 m). Achetez à manger ici. C'est la dernière étape avant l'assaut final pour le Rifugio n° 7. Suivez le petit chemin de gravier qui part à gauche de la Casa, et qui mène au **Parco Nazionale Dolomiti Bellunesi**, ainsi qu'au départ de l'**Altavia n° 1**. Le chemin est bien balisé et longe le lit d'une rivière. On peut voir des cascades et des bassins d'eau creusés dans les parois montagneuses. Après 3-4 h de marche, vous atteignez une petite prairie sur laquelle se dresse le Rifugio n° 7, à **Pils Pilon** (✆ 0437 94 16 31, en hiver 0445 66 11 28. Appelez pour savoir s'il y a des places disponibles. Repas chauds servis. Chambre 16 €, membres CAI 8 €.)
Pour plus d'informations sur les *altevie*, connectez-vous sur www.dolomiti-altevie.it.

CORTINA D'AMPEZZO ✆ 0436

Dès les premières chutes de neige, Cortina la scintillante attire les skieurs qui viennent parfois de l'autre bout de l'Europe pour affronter ses sommets escarpés. Les Habsbourg les fréquentèrent jusqu'au début de la Deuxième Guerre mondiale, moment où Cortina fut le théâtre de sanglantes batailles. Lors de vos promenades vous verrez peut-être de près des tranchées ou des tunnels datant de la guerre, mais n'oubliez pas d'apprécier la splendeur du Tyrol. Ceux qui ne goûtent pas les plaisirs des sports de montagne iront dépenser leur argent dans les boutiques aux prix prohibitifs, ou goûteront aux alléchantes pâtisseries autrichiennes qui n'ont eu que la frontière à passer.

TRANSPORTS. Cortina est située près de la frontière autrichienne, au nord de Belluno et à l'est de Bolzano. Pour atteindre Cortina, vous devrez vous arrêter à la **gare ferroviaire** de Calazo et prendre un des bus qui gravissent régulièrement la côte sinueuse séparant les deux villes (1 dép/h de 6h30 à 20h35, durée 1h, 2,41 €). Cortina est plus accessible en voiture, mais si vous n'avez pas le choix, sachez que des trains relient Calazo à Belluno (9 dép/j de 8h15 à 21h17, durée 1h, 2,85 €), à Milan (8h) et à Venise (3h). Des **bus** directs desservent Cortina au départ de Belluno (10 dép/j de 6h15 à 18h55, durée 2h, 3,70 €), de Milan (Juin-Août, Ve-Sa, durée 7h, 22,56 €) et de Venise (Sep-22 Juin Sa-Di, 23 Juin-Août tlj, durée 5h, 13,45 €). Les **bus urbains** (leur couleur orange vous est désormais familière) parcourent Cortina et la vallée de l'Ampezzo. Ils sont pratiques pour rejoindre les hôtels ou les *funivie* (téléphériques) situés à l'extérieur de la ville (0,72 €, tickets en vente dans les kiosques à journaux, les bureaux de tabac et les bars proches des arrêts de bus). Pour plus de détails, adressez-vous au bureau d'information des Dolomiti Bus, à la **gare routière** de Cortina. (✆ 0436 86 79 21. Ouvert Lu-Sa 8h15-12h30 et 14h30-17h.) Les bus ne sont pas très fréquents. Aussi, si vous ne supportez plus d'attendre, vous pouvez toujours recourir au service de Radio-taxi (✆ 0463 86 08 88, disponible 24h/24).

ORIENTATION ET INFORMATIONS PRATIQUES. Le **Corso Italia**, une rue piétonne bordée de boutiques plutôt chères, est l'artère principale de la ville. Vous pourrez y admirer la cathédrale et son campanile haut de 75 m. Pour vous y rendre en partant de la gare routière, traversez la rue, prenez sur la gauche et suivez le **Largo Poste**, jusqu'au centre-ville. Vous trouverez l'**office de tourisme APT** sur la Piazzetta San Francesco, 8, non loin de la Via del Mercato, à l'opposé de la cathédrale par rapport à la gare. (✆ 0436 32 31, fax 0436 32 35, www.apt-dolomiti-cortina.it. Ouvert tlj 9h-12h30 et 16h-19h.) Les banques prélèvent toutes les mêmes commissions, plutôt élevées, et disposent de **distributeurs automatiques**. **Urgences** :

© 113. **Police** : V. Marconi (© 0436 86 62 00). L'**hôpital** de la ville, l'Ospedale Cortina, se trouve V. Roma, 121 (© 0436 88 51 11), il est ouvert 24h/24. Les **pharmacies de garde** varient (se renseigner en consultant la liste affichée sur les vitrines), mais la **Farmacia Internazionale**, C. Italia, 151, est connue non seulement pour ses longs horaires d'ouvertures, mais aussi pour posséder les fresques les plus colorées de la ville. (© 0436 22 23. Ouvert Lu-Sa 9h-12h45 et 15h-19h.) **Dolomiti Multimedia**, Largo Poste, 59, facture 6,20 € l'heure de connexion à Internet. (© 0436 86 80 90. Ouvert Lu-Ve 8h30-12h30 et 15h-19h30.) Le **bureau de poste** se trouve dans le Largo Poste. (© 0436 29 79. Ouvert Lu-Ve 8h10-18h et Sa. 8h10-12h30.) **Code Postal** : 32043.

HÉBERGEMENT ET RESTAURANTS. Il y a déjà presque 40 ans, en 1956, que les J.O. d'hiver se déroulèrent à Cortina. Mais le nombre et le prix des chambres portent à croire que la ville n'a pas tourné la page. L'unique hôtel bon marché et la demi-douzaine de campings sont éloignés du centre-ville, mais offrent une vue imprenable sur les falaises de craie alentour. Pour les inconditionnels de la vie citadine, l'option la moins chère est l'**Hôtel Montana**, C. Italia, 94, près de la cathédrale. (©/fax 0436 86 04 98. Chambre simple 34-50 €, chambre double 62-90 €. Cartes Visa, MC.) L'**Hôtel Oasi**, V. Cantore, 2, est un deux-étoiles établi près de la gare ferroviaire, à l'ombre de grands arbres. Les lits sont confortables et l'éclairage délicieusement tamisé ; bref, c'est un endroit idéal pour se détendre après une journée de marche. (© 0436 86 20 91, www.cortina.dolomiti.org/hoteloasi. Petit déjeuner inclus. Chambre simple 33-45 €, double 60-90 €.) Vous pouvez également choisir de dîner et dormir à Fiames, à 5 km au nord de Cortina, à l'**Hôtel Fiames**, Localita Fiames, 13. Pour vous y rendre, prenez le bus n° 1 (durée 10 mn) à la gare, et descendez au dernier arrêt. (© 0436 23 66, fax 0436 57 33. Petit déjeuner compris, déjeuner ou dîner 15,50 €. Chambre simple 42-54 €, double 52-65 €.) Encore moins cher, le **Camping international Olimpia**, Localita Fiames, se situe juste avant l'Hôtel Fiames. L'arrêt Olimpia du bus n° 1 est devant l'entrée du camping. (© 0436 50 57. 15 € par personne.) Attention, les bus pour Fiames ne sont pas très fréquents (1 dép/h de 7h35 à 18h50).

Comme dans la plupart des stations de ski, les notes de restaurants sont parfois salées. La **Pizzeria Il Ponte**, V. Franchetti, 8, fait exception à la règle. Elle propose, en plus de la vue sur les montagnes, de délicieuses pizzas à partir de 4 € et des pâtes à partir de 4,13 €. Passez derrière la cathédrale, prenez le Corso Italia, puis tournez à gauche dans la Via Franchetti. (© 0436 86 76 24. Ouvert Ma-Di 10h-15h et 18h-24h. Cartes Visa, MC, AmEx.) De l'autre côté de la rue, vous trouverez encore moins cher au **supermarché Kanguro**, V. Franchetti, 1. (Ouvert Lu-Sa 8h30-12h30 et 15h30-19h30. Cartes Visa, MC.)

VISITES. L'office de tourisme de Cortina est une mine d'informations sur les activités locales. Vous y trouverez des renseignements ou des propositions pour pratiquer le ski, la randonnée, les sports nautiques ou la marche en montagne. Mais il n'est pas pour autant obligatoire d'être un grand sportif pour visiter les environs : un chemin plat, la *passegiata*, praticable à pied ou à vélo, traverse l'agglomération sur 7 km, de la plateforme de saut à ski jusqu'à Fiames. Laissez-vous surprendre par le spectacle qu'offre **Croda del Pomogagnon**, une chaîne d'imposants pics rocheux. La *passegiata* est indiquée par des panneaux de chaque côté de la Via Marconi.

ITALIE DU NORD

LAC DE GARDE (LAGO DI GARDA)

Le lac de Garde est *le* plus grand lac italien. Il est entouré de montagnes vertigineuses et l'été, un petit vent bien agréable rafraîchit l'atmosphère. Le lac s'étire sur 52 km et trois provinces, la Vénétie, la Lombardie et le Trentin. La région fit l'objet de peuplements anciens : on a découvert ici la plus vieille charrue en bois, datée de 2000 av. J.-C. ainsi que de nombreux vestiges de l'âge de bronze. Plus tard, Milan et Venise s'affrontèrent pour mettre la main sur ces terres fertiles, riches en poissons d'eau douce, en olives, en citrons et en truffes. En 1426, Venise l'emporta. Aujourd'hui, touristes allemands, italiens et hollandais se pressent sur les rivages pour bronzer, faire de la planche à voile ou du pédalo, et dévaler les petites routes

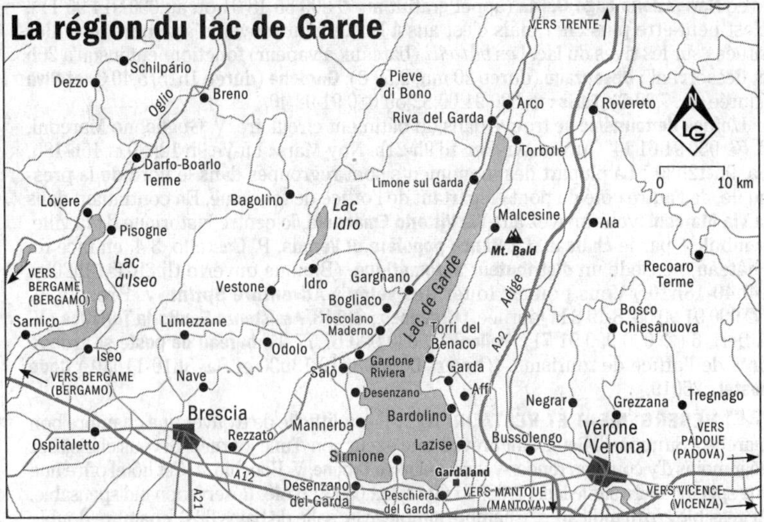

La région du lac de Garde

de montagne à scooter.

A Sirmione, sur la rive sud du lac, vous découvrirez des ruines romaines et un château médiéval à la situation exceptionnelle, mais aussi des foules de touristes et des prix élevés. Gardone Riviera, plus tranquille et un peu délabrée, située sur la rive ouest, abrite la fascinante villa du poète Gabriele D'Annunzio. **Riva del Garda**, au nord du lac, offre moins de visites intéressantes, mais la ville est animée et les prix meilleur marché.

Desenzano se trouve sur la ligne de train Milan-Venise, à 30 mn de **Vérone** et de **Brescia**, à 1h de **Milan** et à 2h de **Venise**. Ce petit port constitue un agréable point de départ pour les villes du bord du lac grâce à son réseau de bus, d'hydroglisseurs et de ferrys. Consultez les horaires bien à l'avance, car bus et bateaux cessent de circuler en début de soirée (entre 20h et 22h). Pour les excursions les plus courtes, nous vous conseillons le ferry, moins cher que l'hydroglisseur. Les bus sont encore moins chers. Plusieurs terrains de camping entourent le lac, surtout entre Desenzano et **Salò**, le côté le plus habité. Vous pouvez louer une chambre chez l'habitant dans les principales villes du lac. Demandez la liste aux offices de tourisme.

SIRMIONE ✆ 030

Les amateurs "d'authenticité" seront sans doute déçus par Sirmione. Cette station thermale, sise à la pointe d'une étroite péninsule, était autrefois considérée par le poète Catulle comme "le joyau des péninsules et des îles". Elle est aujourd'hui la proie des promoteurs immobiliers qui tentent de profiter de sa popularité. Les rues médiévales, mais éclairées au néon, débordent de familles et de couples de retraités s'adonnant à la sainte trinité de Sirmione : déjeuner, shopping et dessert. Même ainsi, la ville peut être séduisante. Il y a comme une électricité palpable dans ses rues bondées. A l'extrémité nord de la péninsule, l'effervescence un peu artificielle du centre de Sirmione laisse place à des ruines romaines et à des lieux de promenade où règne le calme. Et ici, les magnifiques points de vue sur le lac ne manquent pas.

TRANSPORT ET INFORMATIONS PRATIQUES. Sirmione se dresse sur une étroite péninsule, sur la rive sud du lac. Des **bus** partent chaque heure de **Desenzano** (durée 20 mn, 1,45 €), la gare la plus proche, à destination de **Brescia** (durée 1h, 3,10 €) et de **Vérone** (durée 1h, 2,65 €). Achetez des billets au distributeur bleu à côté de l'arrêt de bus, ou à l'intérieur du kiosque Atesina. Emprunter la voie des eaux, avec **Navigazione Lago Garda** (appel gratuit au © 800 55 18 01 ou au 030 914 95 11), c'est peut-être plus cher mais c'est aussi le meilleur moyen d'atteindre les villes situées sur les rives du lac. Les *battelli* (bateaux à vapeur) fonctionnent jusqu'à 20h et desservent : **Desenzano** (durée 20 mn, 2,50 €), **Gardone** (durée 1h15, 5,40 €) et **Riva** (durée 4h, 7,80 €). **Taxis** : © 030 91 60 82 ou 030 91 92 40.

L'**office de tourisme** se trouve dans un bâtiment circulaire, V. Guglielmo Marconi, 2. (© 030 91 61 14. Ouvert Avr-Oct, tlj 9h-21h. Nov-Mars : Lu-Ve 9h-12h30 et 15h-18h, Sa. 9h-12h30.) La plupart des monuments sont regroupés dans le nord de la presqu'île, de l'autre côté du pont en partant de l'office de tourisme. En continuant dans la **Via Marconi**, vous arrivez à la **Via Vittorio Emanuele**, le centre historique de la ville, symbolisé par le **château**. La **Banca popolare di Verona**, P. Castello, 3-4, en face du château, possède un **distributeur automatique**. (Banque ouverte tlj 8h25-13h20 et 14h40-18h10.) Vous pouvez louer des **vélos** à **Adventure Sprint**, V. Brescia, 9. (© 030 91 90 00. 8-19 € la journée.) **Urgences** : © 113. **Assistenza Sanitaria Turistica** : V. Alfieri, 6 (© 030 990 91 71). **Police** : © 030 990 67 77. Le **bureau de poste** se trouve près de l'office de tourisme. (Ouvert Lu-Ve 8h10-13h30 et Sa. 8h10-11h40.) **Code postal** : 25019.

HÉBERGEMENT ET RESTAURANTS. Il est difficile de trouver une chambre bon marché à Sirmione. Mieux vaut prévoir une excursion d'une journée. Si vous choisissez néanmoins d'y coucher, rendez-vous à l'**Albergo Grifone**, V. Bocchio, 4. Cet hôtel offre une vue spectaculaire sur le lac. (© 030 91 60 14, fax 030 91 65 48. Réservation indispensable. Accessible aux handicapés. Chambre simple avec salle de bains 32 €, chambre double 55 €. Lit supplémentaire 15 €.) Dans le cœur historique, le discret **Hôtel Marconi**, V. Vittorio Emanuele II, 51, est un trois-étoiles aux chambres spacieuses et bien entretenues. Matelas épais, TV et clim. dans chaque chambre. Profitez du petit déjeuner servi sur la terrasse ensoleillée puis allez vous étendre sur la plage privée. (© 030 91 60 07, www.hotelmarconi.net. Petit déjeuner inclus. Chambre simple 52-55 €, double 83-92 €) **Corte Regina**, V. Anticha Mura, 11, propose des chambres standard avec salle de bains, clim. et TV. (© 030 91 61 47, fax 919 6470. Petit déjeuner inclus. Réserver un mois à l'avance. Chambre simple 50-70 €, double 75-90 €, triple 90-120 €. Cartes Visa, MC.) Le meilleur terrain de camping près de Sirmione s'appelle… **Sirmione**, V. Sirmioncino, 9, derrière l'hôtel Benaco, à 3 km de la ville. Prenez le bus *Servizio urbano* pour vous y rendre. (© 030 990 46 65, fax 030 91 90 45. Ouvert Mars-15 Oct. 5,50-8,50 € par personne, 8,50-13,50 € par emplacement, bungalows pour deux personnes 45-65 €)

Au **Ristorante Grifone**, au rez-de-chaussée de l'*albergo* du même nom, le chef sert une cuisine internationale sur une agréable terrasse en plein air. (© 030 91 60 14. Couvert 2,50 €. *Primi* 7 p, *secondi* 9 €. Ouvert Lu-Ma et Je-Di 12h-14h15 et 19h-22h15. Cartes Visa, MC, AmEx.) Le **Ristorante Pizzeria Valentino**, P. Porto Valentino, 13, prépare de délicieuses pizzas à partir de 4,65 € (ouvert Lu-Je et Sa-Di 9h-15h et 17h30-1h. Cartes Visa, MC, AmEx.) Pour une ambiance élégante et intime, rendez-vous à la **Antica Trattoria La Speranzina**, Viale Dante, 16. La carte fait la part belle aux poissons. Vous pouvez choisir entre la salle climatisée ou la jolie terrasse fleurie. (© 030 990 6292. Réservation nécessaire. *Primi* 15 €, *secondi* 18 €, Ouvert Ma-Di 12h-14h30 et 19h-22h30. Cartes Visa, MC, AmEx.) Dans la ville voisine de **Colombare**, accessible par bus (10 mn, 2 dép./h, 0,90 €), le **Ristorante Pizzeria Roberto** propose une cuisine régionale succulente, à des prix deux fois inférieurs à ceux de Sirmione. De l'arrêt de bus de Colombare, marchez 5 mn sur la V. Colombare en direction de Sirmione. (Pizzas 3,50-8,70 €, *primi* 7,30-10 €, *secondi* 7,30-10 €. Ouvert Ma-Di 11h45-14h20 et 18h-23h30.)

Faites vos courses au **marché** de Sirmione sur la Piazza Montebaldo, qui se tient tous les vendredis de 8h à 13h.

VISITES. Au centre de Sirmione s'élève la forteresse des Scaliger, le **Castello Scaligero**, bâtie au XIIIe siècle. Elle témoigne de la puissance de la belliqueuse famille Della Scala (les Scaliger), qui a dominé la région de Vérone de 1260 à 1387. Allez-y pour la vue que l'on a des tours. *(© 030 91 64 68. Ouvert Avr-Oct Ma-Di 9h-19h ; Nov-Mar 8h30-16h30. Entrée 4 €.)* Tout au bout de la presqu'île, vous découvrirez les ruines d'une immense villa et de bains romains, le site est appelé **Grotte di Catullo**. *(© 030 91 61 57)*. Cette villa est l'édifice romain le mieux préservé du nord de l'Italie. Il y a deux **plages** publiques tranquilles et propres entre le château et les ruines romaines. Juste à côté se trouve l'**église San Pietro in Mavino** (VIIIe siècle), la plus ancienne de Sirmione. Cette église, perchée sur un promontoire, abrite de belles fresques réalisées du XIIIe au XVIe siècle. Le **parc Tomelleri**, sur la pointe nord de la péninsule, permet de jouir de superbes vues sur les falaises de Sirmione. La ville abrite un centre de **thalasso**, V. Punto Staffalo, 1, *(© 030 990 4923, www.termedisirmione.com)*, ouvert toute l'année. Les thermes attirent une clientèle âgée qui vient là soulager ses rhumatismes. Les installations incluent une piscine thermale, des massages aquatiques (25 €), des bains de boue (13,30-20,57 €) et divers soins de beauté. Rendez-vous à l'office de tourisme pour connaître les conditions d'accès. Les **festivals d'été** proposent des concerts, des représentations théâtrales, des expositions et des concours de pêche à la truite.

GARDONE RIVIERA © 0365

Vous découvrirez, dans cet ancien lieu de villégiature de la haute société italienne, la magnifique villa **Il Vittoriale** (la Victoire) du poète et romancier ultranationaliste Gabriele D'Annunzio. Depuis la mort de ce dernier en 1938, Gardone a perdu de son éclat. De nombreux retraités ont pris ici la place de Casanova, le grand séducteur du XVIIIe siècle. Mais vous pouvez vous éloigner de la foule et faire de jolies randonnées au milieu des citronniers, en gagnant les collines situées derrière la ville, ou profiter de la tranquillité ambiante, parmi les villas anciennes et les jardins luxuriants.

TRANSPORTS ET INFORMATIONS PRATIQUES. Les deux rues principales de Gardone, **Gardone Sotto** et le **Corso Zanardelli**, se croisent au niveau de l'arrêt de bus. Des **bus** (© 0365 210 61 ou 800 41 25) desservent **Brescia** (2 dép/h, durée 1h, 2,75 €), **Desenzano** (6 dép/j, durée 30 mn, 2,25 €) et **Milan** (2 dép/j, durée 3h, 8 €). Vous pouvez acheter les billets de bus à **Molinari Viaggi Travel Agency**, P. Wimmer, 2, à côté de l'embarcadère des ferrys. (© 0365 215 51. Ouvert tlj 8h30-12h15 et 15h-18h30). De l'embarcadère des **ferrys**, sur Lungolago D'Annunzio, on peut rejoindre **Sirmione** (durée 2h, 5,40 €, express 7,80 €) et **Riva** (durée 1h30, 6,70 €, express 9,40 €).

L'**office de tourisme APT** se trouve V. della Repubblica, 8, vous y trouverez une bonne carte des chemins de randonnée ainsi que des informations sur les possibilités de logement. (©/fax 0365 203 47. Ouvert tlj 9h-12h30 et 15h30-18h30.) Pour **changer de l'argent**, rendez-vous à la **Banco di Brescia** en face du Grand Hôtel. Pour vous y rendre depuis l'embarcadère des ferrys, tournez à droite et montez les escaliers. (© 0365 200 81. Ouvert Lu-Ve 8h25-13h25 et 14h40-15h40.) **Urgences** : © 113. **Police** : © 112 ou 0365 54 06 10. **Assistance médicale** : Le soir et les jours fériés © 0365 29 71. Le **bureau de poste**, V. Roma, 8, est à côté de la banque. (© 0365 208 62. Ouvert Lu-Ve 8h30-14h et Sa. 8h30-12h30.) **Code postal** : 25083.

HÉBERGEMENT ET RESTAURANTS. Si votre budget est serré, mieux vaut visiter Gardone Riviera le temps d'une journée, car les hôtels sont plutôt chers. La **Locanda Trattoria agli Angeli**, P. Garibaldi, 2, dispose de dix chambres meublées à l'ancienne, avec salle de bains, clim. et TV. L'établissement se trouve dans un quartier charmant et fleuri à proximité de Il Vittoriale. (© 0365 20 832. Ouvert Mai-Sep. Petit déjeuner inclus. Chambre simple 50 €, double 80-200 €. Cartes Visa, MC, AmEx.) La **Pizzeria Ristorante Emiliano**, V. Reppublica, 57, près de l'embarcadère des ferrys, sert des pizzas gigantesques pour 3,90 €. (© 0365 21 517. Couvert 1,30 €. Ouvert tlj 12h-14h30 et 18h-23h.) Pour un dîner romantique en plein air, choisissez **La Stalla**, V. dei Colli, 14, près de la V. Roma. La *trata alla griglia* (poisson frais grillé, 8 €) fond littéralement dans la bouche. (© 0365 21 038. Ouvert tlj 19h-23h. Cartes Visa, MC, AmEx.) **Taverna**, V. Repubblica, 34, entre l'office de tourisme et les ferrys, sert de succulents poissons grillés. (*Primi* 7 €, *secondi* 8-15 €. Couvert 1 €. Ouvert Lu et Me-Di 12h-14h et 18h-23h. Cartes Visa, MC, AmEx.)

VISITES ET SORTIES. La villa ❤ **Il Vittoriale** de Gabriele D'Annunzio (1863-1938) est située en amont de Gardone Riviera. Après la Première Guerre mondiale, le poète ultranationaliste s'embarqua avec un groupe de fidèles à bord du Puglia (on peut voir la proue du navire dans le jardin) et traversa l'Adriatique

ITALIE DU NORD

pour reprendre la ville de Fiume à la Yougoslavie. Il s'était également fait remarquer en pilotant un avion au-dessus de Vienne afin de jeter des tracts. En 1925, Mussolini offrit cette villa du lac de Garde à D'Annunzio, en espérant que cette retraite paisible mettrait un terme aux actions d'éclat du poète. D'Annunzio se ruina pour remplir sa maison de bibelots bizarres et luxueux (il y en a plus de 2000 dans la salle de bains). Vous découvrirez également des reliques et des souvenirs pathétiques du poète. Dans la *Sala del Mappamondo*, vous verrez le globe sur lequel D'Annunzio échafaudait ses rêves de conquête, et dans la *Sala del Lebbroso*, tapissée de peaux de léopards, se trouve le cercueil dans lequel il aimait s'étendre pour contempler la mort. *(© 0365 29 65 11, www.vittoriale.it. Villa ouverte Avr-Sep, Ma-Di 8h30-20h. Jardins ouverts Oct-Mars, Ma-Di 9h-17h. Visites avec audioguides disponibles en plusieurs langues. Essayez d'arriver tôt pour éviter la foule. Entrée Villa 6 €, entrée Jardin 6 €, entrée pour les deux 11 €.)* Pour vous remettre de ces sombres délires, allez visiter les **jardins botaniques** de la Via Roma, qui abritent 2000 plantes différentes provenant des cinq continents, dont de nombreuses espèces de bambous et d'azalées. Des sculptures sont disséminées au milieu de la verdure et, à un endroit, vous pourrez même voir deux têtes sculptées se cracher mutuellement à la figure, défiant les promeneurs de traverser le pont. *(Ouvert tlj 9h-17h. Entrée 6 €.)* La **Fondazione "al Vittoriale"** présente en été des pièces de théâtre, des concerts et des ballets dans le **Teatro del Vittoriale**, un théâtre en plein air. (© 0365 29 65 06. Spectacles mi-Juil-début Août. Places à partir de 15,50 €.) De style baroque, la **Chiesa di San Nicola**, près de Il Vittoriale, abrite des tableaux du fils de Veronese, Carlo Caliari. Dans l'autel gisent les reliques (os et sang) de deux saints martyrs Feliciano et Zosimo. Elles ont été déterrées des catacombes romaines. *(Ouvert Lu-Sa 10h-18h et Di 13h-18h.)*

RIVA DEL GARDA ©0464

Vous pourriez passer la journée entière à simplement profiter du spectacle naturel : les montagnes paraissent s'incliner vers la ville et, même par temps clair, les brumes s'accrochent nonchalamment aux sommets. Le vent qui vient des hauteurs fait de Riva un endroit rêvé pour la planche à voile et les écoles de sport nautique ont acquis une réputation internationale. La ville sert aussi de base pour une foule de sports de plein air, qu'il s'agisse de randonnée, de canoë, de rafting, de cyclisme ou de natation. Avec un brin de l'élégance décadente de Gardone Riviera et une dose de l'animation vive de Sirmione, Riva del Garda est la destination idéale pour les voyageurs au budget serré.

TRANSPORTS

Bus, Viale Trento, 5 (© 0464 55 23 23) : Riva est facilement accessible depuis **Rovereto** (1 dép/h de 5h50 à 19h05, durée 1h, 2,20 €), **Trente** (10 dép/j de 6h20 à 18h25, durée 2h, 3,20 €) et **Vérone** (11 dép/j de 5h05 à 20h10, durée 2h, 5 €). La **gare ferroviaire** la plus proche se trouve à Rovereto.

Ferry : **Navigazione Lago di Garda**, P. Catena (© 030 914 95 11). Bateaux à destination de : **Gardone Riviera** (durée 1h30, 6,60 €) et **Sirmione** (durée 4h, 3,90 €). Excursions touristiques à partir de 10,60 € (de 8h à 18h).

Location de vélos : **Fiori E Bike,** Vle dei Tigli, 24 (© 0464 55 18 30). 8-13 € la journée. Les tarifs sont dégressifs en fonction de la durée de location.

Location de scooter : **Santorum Autonoleggio,** Vle Rovereto, 76 (© 0464 55 22 82). 13 € pour 1h. 44 €/j, 160 €/semaine. Ouvert Mar-Nov Lu-Sa 9h-12h30 et 14h30-19h, Di 9h-12h. Horaires variables le reste de l'année. Cartes Visa, MC, AmEx.

ORIENTATION ET INFORMATIONS PRATIQUES

Pour rejoindre le centre depuis la gare routière, prenez le Viale Trento tout droit, puis la **Via Roma** jusqu'à la **Piazza Cavour**.

Office de tourisme : Giardini di Porta Orientale, 8 (✆ 0464 55 44 44, www.gardatrentino.it), près de la rive du lac, derrière le terrain de jeux de la Via della Liberazione. On vous y indiquera les chambres libres en ville et les possibilités de visites guidées de la région à peu de frais. Vous pouvez aussi vous y procurer une carte de la ville et une carte des sentiers de randonnée. Ouvert Lu-Sa 9h-12h et 15h-18h30, Di. 10h-12h et 16h-18h30.

Urgences : ✆ 113. **Police** : ✆ 112. **Premiers secours** : ✆ 118.

Pharmacies de garde : Vle Dante Alighieri, 12c (✆ 0464 55 25 08) et V. Maffei, 8 (✆ 0464 55 23 02), près de la Piazza delle Erbe. Un médecin y est également disponible. Ouvert Lu-Sa 8h30-12h30 et 15h30-19h30, Di. 9h-12h30 et 16h30-19h.

Internet : **Bar Italia,** P. Cavour, 8 (✆ 0464 55 25 00). 4 € l'heure. Ouvert 7h-1h. **Ongarda.com,** V. Galleria S. Giuseppe, 2 (✆ 0464 55 77 76), 4,65 € l'heure.

Bureau de poste : Vle San Francisco, 26 (✆ 0464 55 23 46). Vous pourrez changer des **chèques de voyage** et des **devises**. Ouvert Lu-Ve 8h-18h30 et Sa. 8h-12h30. **Code postal** : 38066.

HÉBERGEMENT ET CAMPING

Riva est l'une des rares villes du lac à disposer de logements abordables, mais les réservations (plusieurs mois à l'avance) sont plus que nécessaires en juillet et en août.

Hôtel Benini, V. S. Alessandro, 25 (✆ 0464 55 30 40, fax 52 10 62). A 1 km du centre-ville, cet hôtel clinquant et moderne offre des vélos à ses pensionnaires, ainsi qu'un jardin et une piscine. Les chambres ont une salle de bains, la clim., et la TV. Petit déjeuner buffet inclus. Chambre simple 43 €, double 70 €, triple 105 €. Cartes Visa, MC, AmEx. ❖❖❖❖

Ostello Benacus (HI), P. Cavour, 9 (✆ 0464 55 49 11, www.garda.com/ostelloriva), dans le centre. A partir de la gare routière, descendez le Viale Trento, prenez le Viale Roma, puis tournez à gauche sous l'arcade et suivez les panneaux. Cette auberge de jeunesse dispose de douches chaudes, de la télévision par satellite, d'un magnétoscope, de casiers et d'une salle à manger. Seules les toilettes sont à l'ancienne. Réception ouverte tlj 7h-9h et 15h-24h. Douche, draps et petit déjeuner compris. Réservez quelques jours à l'avance. 100 lits. Dortoir 12 €. Cartes Visa, MC, AmEx. ❖

Locanda La Montanara, V. Montanara, 20 (✆/fax 0464 55 48 57). Au n° 47 de la Via Dante, tournez à droite (lorsque vous êtes face aux montagnes) dans le Viale Florida. Continuez jusqu'aux arcades, et tournez à droite dans la Via Montanara. Chambres confortables et claires. Petit déjeuner 5 €. Réservez au moins un mois à l'avance en été. Ouvert de Pâques à mi-Oct. Chambre simple 16 €, chambre double avec salle de bains 32-35,50 €, triple 48,50 €. Cartes Visa, MC. ❖❖

Albergo Ancora, V. Montanara, 2 (✆ 0464 52 21 31). Chambres ensoleillées meublées à l'ancienne et jolis draps brodés. Toutes les chambres ont une salle de bains et la TV. Chambre double une personne 57 €, double deux personnes 78 €, avec petit déjeuner 88 €. Cartes Visa, MC, AmEx. ❖❖❖❖

Villa Maria, V. dei Tigli, 19 (✆ 0464 55 22 88, www.garnimaria.com). L'hôtel est un peu éloigné de la place centrale (15 mn à pied), mais les chambres sont bien équipées, avec salle de bains et télévision. La terrasse sur le toit avec vue sur les montagnes et le petit déjeuner copieux constituent des "plus" appréciables. Chambre simple avec salle de bains 33 €, chambre double avec salle de bains 46 €. Cartes Visa, MC. ❖❖

Monte Brione, V. Brione, 32 (✆ 0464 52 08 85, www.campingbrione.com), dispose d'un terrain de camping de premier ordre, avec tous les équipements nécessaires, y compris une piscine, une machine à laver et des branchements électriques. Douches chaudes gratuites. A 500 m de la plage. Pistes cyclables à proximité. 7 € par personne, 10,80 € par emplacement. Cartes Visa, MC. ❖

Bavaria, Vle Rovereto, 100 (✆ 0464 55 25 24, www.bavarianet.it), sur la route en direction de Torbole, jouit d'une excellente situation, juste au bord de l'eau. Vous trouverez une pizzeria sur place. Très fréquenté par les amateurs de planche à voile, le camping loue du matériel et a sa propre école de planche à voile. Possibilité de faire de la voile, du canoë et de la natation. Ouvert Avr-Oct. 6,80 € par personne, 9 € par emplacement. Douches chaudes 1,30 €. Cartes Visa, MC. ❖

RESTAURANTS

Un petit **marché découvert** se tient pratiquement tous les matins sur la Piazza delle Erbe (ouvert Lu-Sa). Vous trouverez le **supermarché Orvea**, Viale San Francesco, en vous éloignant du lac depuis l'office de tourisme. (Ouvert Lu-Sa 8h30-12h30 et 15h30-19h, Di 8h30-12h30.)

Ristorante Ancora, V. Montanra, 2 (© 0464 52 21 31). Vous avez le choix entre la salle au mobilier en osier et la terrasse. Carte variée. Les *spaghetti allo scoglio* (avec fruits de mer et sauce tomate, 12,50 €) sont délicieux. *Primi* à partir de 8 €, *secondi* à partir de 9,50 €. Ouvert tlj 12h-14h30 et 19h-24h. Cartes Visa, MC, AmEx. ❖❖❖

Leon d'Oro, V. del Fiume, 20 (© 0464 55 23 41). Les plats proposés vont vous envoyer au septième ciel. Goûtez aussi les vins locaux, délicieux et bon marché. Et n'oubliez pas d'admirer le cadre... si chic ! Pizza à partir de 4,50 €, *primi* 6,50 €, *secondi* 8 €. Couvert 1,30 €. Ouvert tlj 11h30-15h et 17h-23h. Cartes Visa, MC, AmEx. ❖❖❖

Ristorante-Pizzeria La Leonessa, V. Maffei, 7 (© 0464 55 36 70, fax 52 10 62), tout près de la P. delle Erbe. Les tables en extérieur accueillent des familles italiennes et les touristes qui ont eu la bonne idée de s'éloigner un peu du port. Laissez-vous surprendre par la spécialité de la maison, la *sorpresa della casa* (des pâtes aux câpres, aux olives et aux tomates enveloppées dans une pâte à pizza, 6 €). Ouvert Lu-Ma et Je-Di 12h-14h30 et 18h-22h. Cartes Visa, MC. ❖❖

Biteria Spaten, P. delle Erbe, est indéniablement un temple de la bière. Vous êtes dans une authentique taverne tyrolienne. Longues tables de bois, nappes à damier, hauts plafonds, portraits de nobles sévères sur les murs et clientèle joyeuse qui n'en finit pas de trinquer. *Wurstel* 7,50 €, *goulash* à partir de 8 €, *birra grande* 3,10 €. Ouvert tlj 11h-15h et 17h30-24h. Cartes Visa, MC, AmEx. ❖❖

VISITES ET SORTIES

Pour nager dans l'eau fraîche, prendre un bain de soleil sur une plage de galets et profiter de la vue splendide sur le lac, empruntez le sentier qui longe la rive, à gauche de l'office de tourisme lorsque vous êtes face au lac. Sur le Lungalago Marinai d'Italia, vous pouvez louer des pédalos (2 personnes 7 €.)

LES CHUTES D'EAU. Juste à l'extérieur de Riva del Garda (3 km), la cascade de **Cascato Varone** a fini par creuser une profonde gorge dans la montagne. Les chutes étaient autrefois accessibles aux amateurs d'escalade qui devaient partir du haut de la montagne. Aujourd'hui, les visiteurs préfèrent emprunter l'escalier. *(Bus n° 1 ou 2 au départ de la V. Martiri. © 0464 52 14 21. Ouvert Mai-Août, tlj 9h-19h ; Oct. et Mars 10h-12h30 et 14h-17h ; Avr. et Sep. 9h-18h. Entrée 4 €.)*

DISTRACTIONS TOUT PUBLIC. A une heure de Riva del Garda se trouve une sorte de Disneyland non homologué appelé **Gardaland**. Parmi les attractions, vous trouverez des montagnes russes, un "delphinarium" (un aquarium géant pour les dauphins) et des joutes médiévales. *(Des bus APT partent toutes les heures de Riva à destination de Peschiera del Garda. Là, un service de bus Gardaland vous emmènera au parc (1 dép/h de 8h50 à 22h15). Il y aussi un service de bus directs de Riva à Gardaland : Ma. et Je. dép. 8h45 et 16h05, aller-retour 30 €. Informations et bus Gardaland © 045 644 97 77, www.gardaland.it. Entrée 20,50 € pour les adultes, 17,25 € pour les enfants. Gratuit pour les enfants de moins d'un mètre. Ouvert fin Mars-fin Oct. Horaires variables.)*

RANDONNÉES ET AUTRES ACTIVITÉS. De l'autre côté de la ville, si vous souhaitez faire une randonnée un peu aventureuse, suivez la Via Dante en direction des montagnes jusqu'à ce qu'elle devienne la V. Bastione. De là, une marche de 30 mn vous mènera jusqu'au **Bastione**, le symbole de la ville. Construit en 1450, ce fortin survécut aux attaques des armées napoléoniennes en 1796, mais il perdit son étage supérieur dans la bataille. En continuant sur le sentier, vous atteindrez, après une heure d'efforts car la pente est rude, l'**église Santa Barbara**, d'où vous pourrez jouir d'une superbe vue sur toute la vallée. L'office de tourisme propose des dépliants sur les différentes activités sportives possibles : marche, escalade, kayak, canoë. Renseignez-vous également sur les possibilités de randonnées à cheval, et de golf.

SORTIES NOCTURNES. Allez danser au son d'une techno latine sur l'un des **bateaux-discothèques** qui sillonnent le lac toute la nuit. (Entrée 12,50 €, une consommation incluse. Ouvert de fin juillet à fin août.) A votre retour sur la terre ferme, la fête bat son plein à la **Discoteca Tiffany**, qui attire une clientèle à majorité allemande. Elle se trouve dans les Giardani di Porta Orientale, en face de l'office de tourisme. Pour souffler, installez-vous à l'un des tabourets du bar et admirez le port en contrebas (© 0464 55 25 12. Ouvert Juil-Aoû tlj 22h-4h, le reste de l'année Ve-Di 22h-4h.) Le **Pub All'Oca**, V. Santa Maria, 9, a les faveurs de la jeunesse branchée. Buvez un verre de vin en écoutant une musique jazz et swing. (© 0464 55 34 57. Ouvert Je-Di 18h-2h.) L'ambiance est nettement plus débridée au **Cafe Latino**, V. Oro, 15, une *discoteca* sur trois niveaux qui surplombe le lac. Les barmen se reconnaissent à leur visage tatoué. (© 0464 55 57 85. Entrée 8 €, une boisson incluse. Ouvert Ve-Sa 23h-4h. Cartes Visa, MC, AmEx.) Renseignez-vous auprès de l'office de tourisme pour connaître le programme des concerts gratuits.

ÉMILIE-ROMAGNE (EMILIA ROMAGNA)

LES INCONTOURNABLES D'ÉMILIE-ROMAGNE

SORTEZ vos lunettes dans l'obscurité des cafés et tendez l'oreille pour mieux profiter des conversations qui occupent les intellectuels de **Bologne**.
FLAMBEZ à **Modène** où les Ferrari font vibrer leurs moteurs sur des airs de Pavarotti.
RÉGALEZ-VOUS d'un savoureux *prosciutto* et de parmesan à **Parme**.
ADMIREZ les magnifiques mosaïques byzantines dorées de **Ravenne**.

Contrairement à Venise, à Florence ou à Rome, les villes d'Emilie-Romagne sont moins célèbres pour leurs monuments que pour leur gastronomie. Située dans les plaines fertiles du Pô, l'Emilie-Romagne est l'une des plus riches régions agricoles d'Italie (produits laitiers et céréaliers) et elle occupe une place de choix en matière culinaire. Parmi ses grandes spécialités, on trouve le parmesan et le jambon de Parme, les pâtes fraîches et la mortadelle de Bologne, les fromages *salama* et *grana* de Ferrare et de nombreux vins comme le *lambrusco* de Parme, rouge et pétillant, ou le *sangiovese* de Romagne. La région ne conserve presque aucun vestige de l'époque romaine, mais vous y verrez des édifices médiévaux. Organisées en communes autonomes au Moyen Age, les villes d'Emilie-Romagne sont gouvernées à la Renaissance par quelques familles qui ont donné leurs noms à des places et à des palais. Berceau du socialisme italien au XIXe siècle, cette région reste très marquée à gauche. Les paysages d'Emilie-Romagne sont inoubliables. Les immenses plaines aux teintes jaune et brun sombre sont parsemées de bâtiments bas et carrés, aux toits plats. En hiver, le brouillard accentue l'impression d'immensité et, en été, les plaines sont brûlées par le soleil. Les édifices construits par l'homme, qu'il s'agisse de fermes ou de cathédrales, semblent être nés de la nature qui les entoure.

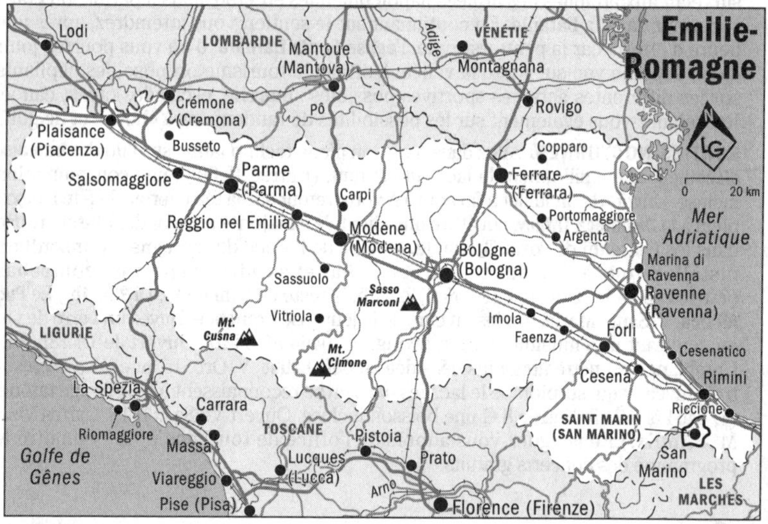

BOLOGNE (BOLOGNA) ✆ 051

Prenant appui sur des porches vieux de plus de 700 ans, les immeubles aux façades rouges, orange ou jaunes de Bologne semblent se pencher sur les rues pavées qui s'enroulent autour des églises et emmènent tranquillement le promeneur aux portes de la ville. Mais Bologne ne se résume pas à son charme pittoresque. Siège de la plus vieille université d'Europe et centre économique important de l'Italie actuelle, elle a su développer un état d'esprit particulièrement ouvert. Plusieurs fédérations étudiantes, ainsi que le mouvement gay italien, y ont élu domicile. La tolérance sociale et l'énergie estudiantine stimulent la vie nocturne. De même, le militantisme politique est puissant et respecté. Avec l'ère de la prospérité sont arrivés les voitures et les scooters qui rendent dangereuses les promenades dans la rue, surtout pour les poumons. A l'instar de bien des facultés de la péninsule, l'université de Bologne se targue d'avoir vu passer dans ses amphithéâtres des personnages aussi célèbres que Pétrarque, Copernic et Dante. Et si seul le ciel (ou l'enfer) sait où ce dernier a découvert les fameux neuf cercles de sa *Divine Comédie*, c'est à n'en pas douter Bologne qui l'a inspiré pour illustrer (voire condamner) le péché de gloutonnerie : la passion des Bolonais pour la cuisine riche a valu à la ville d'être surnommée *la Grassa* ("la Grasse").

TRANSPORTS

Avion : **Aeroporto G. Marconi** (✆ 051 647 96 15), à Borgo Panigale, au nord-ouest du centre-ville. Pour vous y rendre, prenez l'**Aerobus** (✆ 051 29 02 90), porte D à l'extérieur de la gare ferroviaire (1 dép/15 mn de 5h30 à 23h25, 4,50 €).

Train : Guichet d'information ouvert tlj 7h-21h. Consigne disponible. Destinations : **Florence** (2-3 dép/h de 4h08 à 22h48, durée 1h30, 5-7,10 €), **Milan** (2-3 dép/h de 3h27 à 22h14, durée 3h, 10,10 €), **Rome** (1-2 dép/h de 5h13 à 1h34, durée 4h, 21,41 €) et **Venise** (1 dép/h de 6h02 à 21h40, durée 2h, 10,12 €).

Bus : **ATC**, P. XX Settembre (✆ 051 29 02 90, www.atc.bo.it). Prenez à gauche en sortant de la gare. Destination : **Ferrare** (1-2 dép/h de 6h35 à 20h, durée 1h, 3,30 €). La compagnie **Terminal Bus** (✆ 051 24 21 50), près du guichet ATC, fait circuler des bus Eurolines. Ouvert Lu-Ve 9h-18h30, Sa 8h30-18h, Di 15h-18h30.

Transports en commun : Les bus urbains sont également gérés par la compagnie **ATC** (✆ 051 29 02 90). Guichet dans la gare ferroviaire, à côté de l'office de tourisme. Ils sont généralement bondés en début d'après-midi et dans la soirée. Billet valable pendant une heure après le compostage (1 €). A partir de la gare, les bus n° 25 et n° 30 remontent la Via Marconi et traversent la Via Ugo Bassi et la Via Rizzoli. Le bus n° 25 continue dans la Strada Maggiore. Les bus n° 90 et n° 96 partent de la Piazza Maggiore et vont jusqu'à la Piazza Santo Stefano, en empruntant la Via Santo Stefano. Le bus n° 33 démarre de la gare ferroviaire et fait le tour des murs de la ville.

Location de voitures : **Hertz**, V. Amendola, 16 (✆ 051 25 48 30, fax 051 25 48 52), proche de la gare. Ouvert Lu-Ve 8h-20h, Sa. 8h-13h.

Taxi : **C.A.T.** (✆ 051 53 41 41). **Radio-taxi** : ✆ 051 37 27 27. Service 24h/24.

ORIENTATION ET INFORMATIONS PRATIQUES

Située au centre de l'Italie du Nord, Bologne est le carrefour des différentes lignes ferroviaires à destination des grandes villes italiennes, mais aussi de la côte Tyrrhénienne et de la côte Adriatique. La **gare ferroviaire** est située à l'extrémité nord de l'enceinte de la ville. De la gare, prenez le bus n° 25 ou n° 30 pour vous rendre au cœur du centre historique, la **Piazza Maggiore** (billets 0,93 €, disponibles dans la plupart des bureaux de tabac, des kiosques à journaux et dans les distributeurs). De la **Piazza del Nettuno** (au nord de la Piazza Maggiore) partent la **Via Ugo Bassi** à l'ouest, la **Via dell'Indipendenza** au nord, qui conduit à la gare, et la **Via Rizzoli** à l'est, qui mène à la **Piazza di Porta Ravegnana** (où se dressent les deux célèbres tours). Pour atteindre l'université, suivez la **Via Zamboni** à partir des tours.

Offices de tourisme : P. Maggiore, 1 (✆ 051 24 65 41, www.comune.bologna.it), à côté du Palazzo comunale. Plans de la ville et renseignements sur l'hébergement. Ouvert Lu-Sa 9h-19h et Di. 9h-14h. **CST** (✆ 051 648 76 07, www.cst.bo.it) offre des services d'hébergement. Ouvert. Lu-Sa 10h-14h et 15h-19h, Di 10h-14h. Un autre **bureau** se trouve dans l'aéroport, près des arrivées internationales. Ouvert Lu-Sa 8h-20h, Di 9h-15h.

Voyages à prix réduit : **Centro Turistico Studentesco (CTS)**, Largo Respighi, 2/f (✆ 051 26 18 02 ou 051 23 48 62), à hauteur de la Via Zamboni, près du Teatro comunale. Ouvert Lu-Ve 9h-12h30 et 14h30-18h. L'agence vend des billets BIJ et des cartes HI pour les auberges de jeunesse. Importantes réductions sur les trajets maritimes et aériens.

Consigne : Dans la gare ferroviaire. 3 € les 12h. Ouvert tlj 6h-24h.

Librairie : **Feltrinelli International**, V. Zamboni, 7/b (✆ 051 26 80 70). Grand choix de livres de littérature contemporaine et de guides de voyage. Située en plein centre-ville, au pied des deux tours de la Piazza di Porta Ravegnana. Ouvert Lu-Sa 9h-19h30.

Laverie : **Lavarapido**, V. Petroni, 38b, à l'intersection de la Piazza Verdi et de la Via Zamboni. Libre-service avec boissons, en-cas et télévision : à vous de choisir entre la BBC et MTV. 3,40 € par lessive. Ouvert tlj 9h-21h.

Gays et lesbiennes : **ARCI-GAY**, V. Don Minzoni, 18 (✆ 051 649 44 16, www.arcigay.it). C'est à la fois une association politique et sociale et un centre d'écoute et de conseil. Boîte de nuit en bas. Ouvert Lu-Sa 14h30-19h30.

Urgences : ✆ 113. **Urgences médicales** : ✆ 118. **Police** : P. Galileo, 7 (✆ 051 640 11 11).

Pharmacie de garde : P. Maggiore, 6 (✆ 051 23 85 09). Ouvert 24h/24.

Hôpital : **Ospedale Policlinico Sant'Orsola**, V. Massarenti, 9 (✆ 051 636 31 11).

Internet : **Comune di Bologna**, P. Maggiore, 6 (✆ 051 20 31 84), dans l'office de tourisme. Accès à Internet gratuit sur trois ordinateurs à connexion rapide. Réservez votre place auprès de l'office de tourisme quelques jours à l'avance en haute saison. Ouvert Lu-Ve 9h30-18h30, Sa 9h30-13h30. **Bar College**, Largo Respighi 6/d (✆ 051 22 96 24), près du Teatro Communale. On peut boire des cocktails tout en "checkant" ses "mails". 4,50 € l'heure. Ouvert Lu-Ve 8h-3h, Sa 10h-3h, Di 10h-2h.

ITALIE DU NORD

Bureaux de poste : P. Minghetti (© 051 23 06 99), au sud-est de la Piazza Maggiore, près de la Via Farini. Poste restante. Ouvert Lu-Sa 8h-18h30. Vous trouverez également un guichet dans la gare ferroviaire (© 051 24 34 25). Ouvert Lu-Ve 8h-13h et Sa. 8h15-12h20. **Code postal** : 40100.

HÉBERGEMENT

Réservez le plus tôt possible. Des réductions sont accordées aux voyageurs qui restent un certain temps. La plupart des établissements sont situés sur les V. dell'Indipendenza et V. Marconi.

Albergo Panorama, V. Livraghi, 1, 3e étage (© 051 22 18 02, fax 051 26 63 60). Depuis la Piazza Maggiore, prenez la Via Ugo Bassi puis la troisième rue à gauche. Cet hôtel très bien situé est d'une propreté irréprochable, ce qui est rare à Bologne. Comme son nom l'indique, ses 13 chambres offrent de belles vues sur les collines alentour. Elles n'ont pas de salle de bains, mais sont toutes équipées d'une télévision et d'un téléphone. Il y a aussi un ascenseur. Chambre simple 50 €, chambre double 65 €, chambre triple 80 €, chambre quadruple 90 €, chambre quintuple 100 €. Cartes Visa, MC, AmEx. ❖❖❖❖

Ostello due Torri San Sisto (HI), V. Viadagola, 5 (©/fax 051 22 49 13), près de la Via San Donato, dans la localité de San Sisto, à 6 km au nord-est du centre-ville. Procurez-vous un plan précis de Bologne à l'office de tourisme. De la gare, suivez la Via dell'Indipendenza et tournez à droite dans la Via della Mille. Attendez le bus n° 93, sur le trottoir de gauche (1 dép/30 mn). Demandez au chauffeur de vous arrêter à San Sisto, puis traversez la rue pour atteindre l'auberge. C'est le bâtiment jaune sur la droite avec une clôture métallique verte et jaune. Cette grande auberge de jeunesse est située dans un quartier tranquille. Laverie, terrain de basket. Accessible aux handicapés. Réception ouverte 7h30-9h et 15h30-23h30. Fermeture des portes 10h-15h30. Couvre-feu à 23h30. Dortoir 13,50 € par personne, 2,60 € supplémentaires pour les non-membres. Chambre familiale 14,50 € par personne. Petit déjeuner et douches chaudes compris. Cartes Visa, MC, AmEx. ❖

Garisenda, Galleria Leone, 1, 2e étage (© 051 22 43 69, fax 051 22 10 07). Descendez la Via Rizzoli. Juste avant les deux tours, prenez à droite dans la galerie marchande. On s'y sent comme chez soi. Un peu bruyant tout de même. Petit déjeuner inclus. Chambre simple 45 €, chambre double 65 €, chambre triple 90 €. Cartes Visa, MC, AmEx. ❖❖❖❖

Hôtel San Vitale, V. San Vitale, 94 (© 051 22 59 66, fax 051 23 93 96). Suivez la Via Rizzoli et passez les tours pour arriver à la Via San Vitale, à quelques rues de la Piazza Aldrovandi. Les 17 chambres sont ordinaires mais propres et elles donnent sur un magnifique jardin et sur une cour intérieure. Toutes les chambres sont équipées du téléphone et de la télévision. Accessible aux handicapés. Réception ouverte jusqu'à 2h. Chambre simple 52-62 €, chambre double 78-86 €, chambre triple 90-105 €. ❖❖❖❖

Albergo Centro, V. della Zecca, 2, 2e étage (© 051 22 51 14, fax 051 23 51 62). A partir de la Piazza Maggiore, prenez la Via Ugo Bassi et tournez dans la deuxième rue à gauche. Les 25 chambres sont équipées de grands lits, de fauteuils en cuir, de la télévision, du téléphone et de l'air conditionné. Les salles de bains viennent d'être rénovées. Petit déjeuner 8 €. Chambre simple avec salle de bains 72 €, chambre double 75 €, avec salle de bains 92 €. Cartes Visa, MC, AmEx. ❖❖❖❖❖

Pensione Marconi, V. Marconi, 22 (© 051 26 28 32). A droite de la gare, prenez la Via Amendola et continuez tout droit dans la Via Marconi. Vous pouvez également prendre le bus n° 25 jusqu'à la Via Marconi. Ne vous laissez pas refroidir par les murs couverts de graffitis à l'entrée. Chambres coquettes avec du carrelage au sol et des lambris. Réception ouverte toute la nuit. Chambre simple 45 €, double 70 €, triple 93 €. ❖❖❖❖

Protezione della Giovane, V. Santo Stefano, 45 (© 051 22 55 73). Prenez le bus n° 32 ou n° 33 depuis la gare, en direction de la Porta Santo Stefano, puis remontez la Via Santo Stefano. Sonnez et montez le grand escalier au fond. Très belles chambres, propres, dans un bâtiment impressionnant. Pour les femmes uniquement. Petit déjeuner compris. On peut aussi y déjeuner et y dîner. Couvre-feu à 22h30. Dortoir 15 €. ❖❖

RESTAURANTS

La cuisine bolonaise comprend une grande variété de pâtes fraîches. Nous vous conseillons les *tortellini* garnis de viande hachée, les *tortelloni* à base de *ricotta* et d'épinards et, bien sûr, les incontournables *spaghetti alla Bolognese* (avec une épaisse sauce à la viande et à la tomate). Bologne est également réputée pour ses charcuteries, dont la *mortadella bologna*.

Les restaurants sont concentrés dans les petites rues autour du centre-ville. Mais on peut aussi se rendre dans les quartiers de la Via Augusto Righi, de la Via Piella et de la Via Saragozza pour trouver des restaurants de cuisine traditionnelle à des prix raisonnables. Au grand **Mercato delle Erbe**, un marché couvert qui se tient V. Ugo Bassi, 27, vous pourrez acheter des produits frais, des fromages et de la viande. (Ouvert l'été Lu-Me et Ve 7h-13h15 et 17h-19h30, Je. et Sa. 7h-13h15, horaires variables le reste de l'année) Un **supermarché PAM** se trouve V. Marconi, 26, à l'angle de la Via Riva di Reno. (Ouvert Lu-Me et Ve-Sa 7h45-19h45, Je. 7h45-13h.)

❤ **Trattoria Da Maro**, V. Broccaindosso, 71b (✆ 051 22 73 04), entre la Strada Maggiore et la Via San Vitale. Fréquenté à l'heure du déjeuner par les étudiants et par les habitants du quartier qui y dégustent des *tortellini* et d'autres spécialités régionales. *Primi* 5-6 €, *secondi* 5-7 €. Couvert 1,55 €. Ouvert Ma-Sa 12h-14h30 et 20h-23h. Cartes Visa, MC, AmEx. ❖❖

❤ **Nuova Pizzeria Gianna**, V. Santo Stefano, 76a (✆ 051 22 25 16). Les fans de Gianna la surnomment affectueusement "Mamma". Lorsqu'elle prépare ses fantastiques pizzas, profitez-en pour discuter avec elle. A partir de 2,90 € (pizza *marinara*). Ouvert Lu-Ve 7h-24h, Sa 7h-22h, fermé en août.

Antica Trattoria Roberto Spiga, V. Broccaindosso, 21a (✆ 051 23 00 63). Petit restaurant familial qui sert une cuisine simple et copieuse. *Primi* 5,16 €, *secondi* 5,16-8,26 €. Menu *pranzo a prezzo fisso* ("déjeuner à prix fixe") 12,91 €. Couvert 1,03 €. Ouvert Lu-Sa 12h-15h et 19h30-22h. Fermé en août.

Trattoria Da Danio, V. San Felice, 50 (✆ 051 55 52 02), près de la Via Ugo Bassi (en face du Dragon d'Oro, voir plus loin). Une trattoria authentique. Cuisine copieuse et délicieuse. *Primi* 5-7 € et *secondi* 5-6 €. Ouvert tlj 12h-15h et 19h-23h. Cartes Visa, MC, AmEx. ❖❖

Ristorante Clorofilla, Strada Maggiore, 64c (✆ 051 23 53 43). Descendez la Strada Maggiore depuis la Piazza di Porta Ravegnana. Cuisine originale, saine et presque exclusivement végétarienne. Salades composées 5-8 €, plats chauds 5-6 €. Ouvert Lu-Sa 12h15-14h45 et 19h30-23h. En hiver, thé servi de 16h à 18h30. Cartes Visa, MC. ❖❖

Il Gelatauro, V. San Vitale, 82b (✆ 051 23 00 49). Osez une glace aux fruits frais servie en sandwich dans une brioche. Les moins de 14 ans peuvent tourner la roue du Gelatauro et gagner un cornet. Cornet à partir de 1,60 €. Ouvert Ma-Di 11h-23h, fermé en août. ❖

VISITES

Les rues de Bologne se caractérisent par une succession d'arcades et de portiques. Cette forme architecturale fut adoptée dès le XIVe siècle pour pallier le manque de logements dans une cité en pleine expansion. Elle s'est poursuivie au cours des siècles suivants, ce qui aboutit à un mélange de styles gothique, Renaissance et baroque très harmonieux.

LES PLACES ET LES PALAIS

❤ **LA PIAZZA MAGGIORE.** Au cœur de la ville, la Piazza Maggiore symbolise à la fois le riche passé historique et la prospérité actuelle de Bologne. Au nord de la place se dresse le **Palazzo del Podestà**. Ce palais roman fut remanié au XVe siècle par Aristotile Fioravanti, qui fut ensuite l'architecte du Kremlin de Moscou. Il est surmonté par la tour de l'Arengo datant de 1212. Au XIVe siècle, Bologne rêvait, comme beaucoup d'autres villes italiennes, de posséder une cathédrale plus vaste que Saint-Pierre de Rome. Mais, sur ordre du Vatican, elle dut consacrer les fonds de cet ambitieux projet à la construction du Palazzo archiginnasio. La basilique de Bologne, la **Basilica di San Petronio**, œuvre d'Antonio Da Vincenzo (1390), est néanmoins un somptueux édifice. Vous pourrez admirer sa façade en marbre, aux teintes rouges et blanches (les couleurs traditionnelles de Bologne) et son magnifique portail central orné de sculptures et de bas-reliefs. L'intérieur, immense, est assez sombre, mais constitue un superbe exemple de style gothique. D'importants événements se sont déroulés dans la basilique depuis sa construction, notamment certaines réunions du concile de Trente et la cérémonie de couronnement de 1530, au cours de laquelle le pape Clément VII couronna Charles Quint empereur d'Allemagne, empereur romain et roi d'Espagne (qui ne craignait pas le cumul des mandats !). On raconte que c'est en découvrant la pompe et le faste des cérémonies de cette basilique que Luther décida d'engager sa réforme. Dans l'aile nord, vous pourrez admirer au sol l'un des plus grands cadrans solaires zodiacaux de toute l'Italie. *(Ouvert Lu-Sa 7h15-13h30 et 14h30-18h30, Di. 7h30-13h et 14h30-18h30.)*

❤ **PALAZZO ARCHIGINNASIO.** Ancien bâtiment universitaire, ce palais abrite aujourd'hui la bibliothèque municipale. L'amphithéâtre situé à l'étage fut construit en 1637 par Antonio Levanti dans le but d'enseigner l'anatomie aux étudiants. Les murs sont décorés de statues représentant les docteurs de l'université en train de dispenser leur science. Apollon, situé au centre du plafond, supervise la dissection qui a lieu sous ses yeux. Observez bien les deux statues situées à droite lorsque vous entrez. Ces deux écorchés illustrent l'état de la connaissance des médecins au XVIIe siècle sur la musculature humaine. *(Derrière la basilique San Petronio. ✆ 051 27 68 11. Palais ouvert tlj 9h-13h. Fermé deux semaines en août. Entrée libre.)*

LA PIAZZA DEL NETTUNO. Voisine de la Piazza Maggiore, cette place abrite la célèbre fontaine en bronze de Giambologna, autrement dit "Jean de Bologne", représentant *Neptune et ses gardiens*. Le dieu de la mer, surnommé "le Géant" par les habitants, est entouré de sirènes pour le moins aguichantes et d'angelots marins. La statue est construite en spirale, obligeant ceux qui la regardent à marcher en cercle autour d'elle. Vu sous un certain angle (classé X), que n'importe quel Bolonais vous indiquera, Neptune semble avoir plus qu'un trident dans la main. Derrière la fontaine, au n° 3 de la Piazza Maggiore, vous pouvez visiter un endroit commémorant la résistance italienne durant la Seconde Guerre mondiale. Des photos d'hommes et de femmes qui luttèrent contre l'Allemagne nazie, et dont beaucoup finirent dans des camps de concentration, sont exposées. Ce lieu est également dédié à la mémoire de victimes plus récentes, comme celles de l'attentat à la bombe dans la gare de Bologne en 1980.

LA PIAZZA DI PORTA RAVEGNANA ET LES DEUX TOURS. Six rues convergent vers cette place. Les deux tours qui s'y dressent (une petite et une grande) sont l'emblème de la ville. D'après la légende, les deux tours de la place furent bâties par deux familles rivales de Bologne, les Asinelli et les Garisendi. Décidés à construire la tour la plus haute et la plus belle, les Garisendi ne prirent pas le temps de renforcer les fondations. La partie supérieure de leur tour s'effondra et seule la base déséquilibrée et oblique subsista. Les Asinelli prirent plus de précautions et construisirent alors une tour de 97 m. La réalité est moins épique et plus simple : les deux tours ont été construites par la ville de Bologne. Un glissement de terrain ayant interrompu la construction d'une tour d'observation pour la défense civile (la petite tour penchée), les travaux reprirent juste à côté. Du sommet de la **Torre degli Asinelli**, que l'on atteint après avoir gravi pas moins de 498 marches, on a une vue spectaculaire sur toute la région. *(Depuis la Piazza del Nettuno, descendez la Via Rizzoli. Ouvert tlj 9h-18h. Entrée 3 €.)*

LE PALAIS COMMUNAL. Le vaste **Palazzo comunale**, en brique, arbore une tour de l'horloge ainsi que, sur la façade, une magnifique Vierge Marie en terre cuite réalisée par Niccolò dell'Arca et une statue en bronze du pape Grégoire XIII réalisée par Menganti. A l'intérieur se trouvent les **Collezioni comunali d'Arte** (voir Musées, plus loin) et le **musée Morandi**, qui est consacré au peintre du début du XXe siècle Giorgio Morandi. *(Le palais est situé sur la droite quand vous êtes en face de la basilique.)*

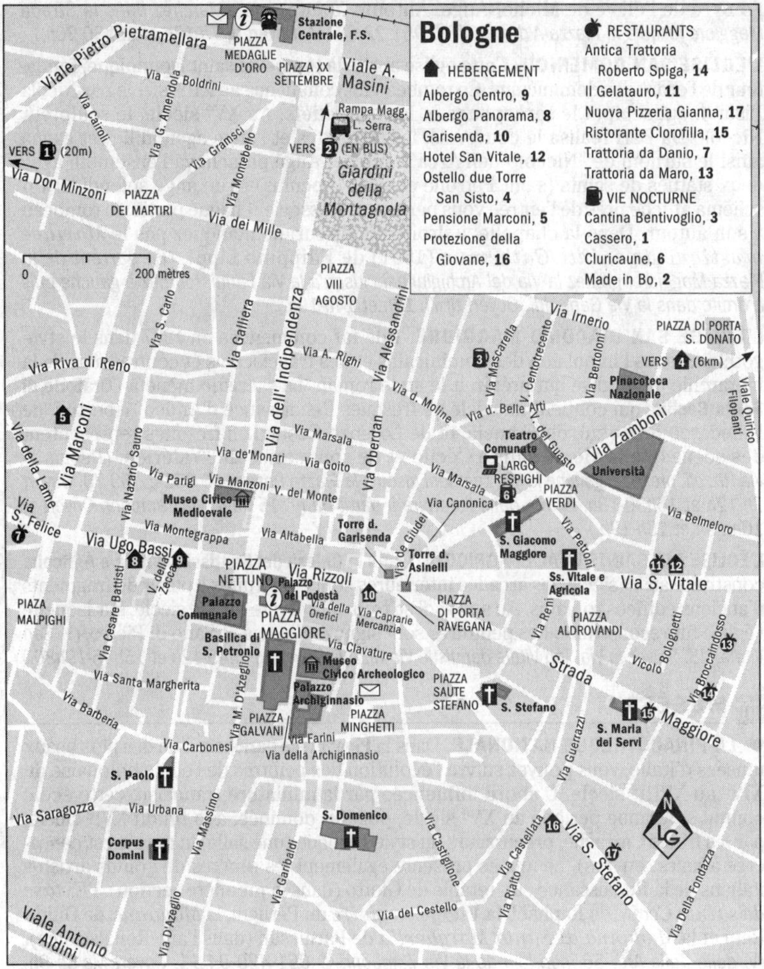

LES ÉGLISES

LA PIAZZA SANTO STEFANO. Sur cette place, quatre églises romanes (sur les sept d'origine) sont juxtaposées les unes aux autres et composent la **basilique Santo Stefano**. La plus belle d'entre elles est la **Chiesa del San Sepolcro** (église du Saint-Sépulcre, XIIe siècle), au centre. Elle est bâtie selon un plan circulaire et abrite, sous la chaire, le tombeau du saint patron de Bologne, San Petronio. Dans la cour, à l'arrière, on peut voir le **bassin de Pilate**, dans lequel le gouverneur romain se serait "lavé les mains" suite à la condamnation du Christ. *(Piazza Santo Stefano. Suivez la Via Santo Stefano à partir de la Via Rizzoli. © 051 22 32 56. Ouvert Lu-Sa 9h-12h et 15h30-18h, Di 9h-12h45 et 15h30-18h30. Habillez-vous correctement pour visiter les églises, bras et jambes doivent être couverts.)*

L'ÉGLISE SANTA MARIA DEI SERVI. A l'intérieur de cet édifice gothique très bien conservé, des colonnes et des piliers octogonaux soutiennent une combinaison remarquable de nervures voûtées et d'arches en ogive. Dans une chapelle, à gauche derrière l'autel, vous verrez la *Maestà* de Cimabue. Le superbe retable sculpté est l'œuvre de l'élève de Michel-Ange, Antonio Montorsoli. *(Marchez dans la Strada Maggiore jusqu'à la Piazza Aldrovandi. © 051 22 68 07. Ouvert tlj 7h-13h et 15h30-20h.)*

L'ÉGLISE SAN DOMENICO. Cette église abrite la tombe de saint Dominique, fondateur de l'ordre des dominicains. Ce tombeau fut commencé au XIIIe siècle par Nicola Pisano, qui sculpta le sarcophage et les bas-reliefs. Au XVe siècle, le sculpteur Niccolò Da Bari réalisa le couvercle, les statuettes et l'ange agenouillé (et gagna ainsi le surnom de "Niccolò dell'Arca"). Michel-Ange paracheva l'ensemble avec deux statues de saints (saint Pétrone et saint Proculus) et un ange splendide. Un schéma affiché près de l'entrée vous permettra d'associer chaque partie du tombeau à son auteur. Dans la chapelle, à droite du chœur, ne manquez pas le *Mariage mystique de sainte Catherine* (1501) de Filippino Lippi. *(En partant de la Piazza Maggiore, prenez la Via del Archiginnasio jusqu'à la Via Farini, tournez à gauche puis à droite dans la Via Garibaldi. Ouvert tlj 7h-13h et 14h-19h.)*

L'ÉGLISE SAN GIACOMO MAGGIORE. Elle fut commencée en 1267 dans le style gothique, sous l'impulsion des dominicains et des franciscains et contre l'avis de la hiérarchie de l'Eglise qui préférait le style roman. La sacristie mène à l'**Oratorio di Santa Cecilia**, qui contient un cycle de fresques Renaissance d'Amico Aspertini, de Francesco Raibolini, dit Francia, et de Lorenzo Costa. Les fresques représentent des scènes de la vie de sainte Cécile et de son mari, saint Valérien. *(Depuis la Via Rizzoli, prenez à gauche la Via Zamboni jusqu'à la Piazza Rossini. © 051 22 59 70. Ouvert 7h-12h et 15h30-18h. Entrée dans l'oratoire à partir du n° 15 de la Via Zamboni. Ouvert tlj 10h-13h et 15h-19h.)*

L'ÉGLISE DES SAINTS VITAL ET AGRICOLA. Dans la **Chiesa dei Santissimi Vitale e Agricola**, construite au Ve siècle, les arcades intérieures sont construites à partir de fragments d'anciens édifices romains. Au sous-sol se trouve la crypte du XIe siècle, sur laquelle l'église fut reconstruite. Les peintures sont signées Francia et Sano di Pietro. *(V. San Vitale, 48. Suivez la Via San Vitale depuis la Via Rizzoli. Ouvert tlj 7h45-12h et 15h45-19h30.)*

MUSÉES

❤ **LA PINACOTHÈQUE NATIONALE.** Dans la **Pinacoteca nazionale**, l'un des plus beaux musées d'Italie, vous pouvez suivre l'évolution des peintres de l'école bolonaise du XIVe au XVIIIe siècle. D'abord influencée par la miniature française, cette école connut sa grande période au XVe siècle, puis fut dominée, à la fin du XVIe siècle, par les frères Carrache, précurseurs du style baroque (une salle du musée est consacrée à leurs œuvres). Le musée présente également les œuvres de grands artistes italiens de la Renaissance : un retable de Giotto (dans la première section), l'*Extase de sainte Cécile* de Raphaël, la *Vierge en gloire* du Pérugin, la *Madonna* de Guido Reni et la *Madonna di Santa Margherita* de Parmesan (dans l'aile Renaissance). *(V. delle Belle Arti, 56, non loin de la Via Zamboni. © 051 420 94 11. Ouvert Ma-Sa 9h-18h30. Entrée 6 €.)*

LE MUSÉE D'ART MÉDIÉVAL. Le **Museo civico medievale** est installé dans le Palazzo Ghisilardi Fava (XVe siècle). Vous y verrez plusieurs tombeaux sculptés de professeurs qui enseignaient à l'université de Bologne au Moyen Age. Ces derniers sont représentés en train d'enseigner à des étudiants qui bâillent, rêvent ou bavardent. La "pierre de la Paix" fait référence à un événement historique. En 1321, les étudiants de Bologne avaient protesté contre l'exécution d'un de leurs camarades, avant d'accepter finalement la sentence de la justice. La pierre les représente donc agenouillés devant une Vierge à l'Enfant en signe de soumission. Le musée renferme également des armures, des reliques et tout un ensemble de vestiges témoignant de la vie au Moyen Age. *(V. Manzoni, 4, non loin de la Via dell'Indipendenza et de la Piazza Maggiore. © 051 20 39 30. Ouvert Ma-Sa 9h-18h30, Di 10h-18h30. Entrée 4 €.)*

LE MUSÉE ARCHÉOLOGIQUE. Le **Museo civico archeologico** abrite une très belle collection d'outils préhistoriques et des fragments d'antiquités. Le premier étage est consacré aux outils datant des âges de pierre et du bronze. Il présente également des vases et des statues grecs ainsi que des inscriptions romaines. Gare aux momies de crocodiles de la section égyptienne, à l'étage inférieur : elles ont l'air horriblement vivant. *(V. Archiginnasio, 2, derrière la cathédrale. © 051 23 52 04. Ouvert Ma-Sa 9h-18h30, Di 10h-18h30. Entrée 4 €, étudiants 2 €.)*

COLLEZIONI COMUNALI D'ARTE BOLOGNA. Admirez les fresques impressionnantes qui recouvraient autrefois les murs de la mairie ainsi que la collection d'art et de meubles d'époque. *(P. Maggiore, 6, dans le Palazzo comunale. © 051 20 36 29. Ouvert Ma-Sa 9h-18h30, Di 10h-18h30. Entrée 4 €, étudiants 2 €.)*

SORTIES

Les étudiants branchés de Bologne se chargent d'animer la vie nocturne. Pendant l'année universitaire, en particulier le week-end, la ville s'agite tard dans la nuit (ou le matin). De nombreux clubs et discothèques ferment en été mais l'ambiance ne faiblit pas pour autant. L'activité se déplace alors dans les rues.

MUSIQUE CLASSIQUE

Teatro comunale, Largo Respighi, 1 (© 051 52 99 99, www.nettuno.it/bo/teatro_comunale), près de la Via Zamboni. Des opéras, des concerts de musique symphonique et des ballets sont donnés par de prestigieux interprètes (billet d'opéra à partir de 8 €, concerts classiques et ballets à partir de 6 €). Les notables de la ville réservent leurs places presque un an à l'avance. Pour tenter d'avoir une place, ajoutez votre nom sur la liste située à l'extérieur du guichet trois jours avant le spectacle. Venez ensuite à l'heure indiquée pour acheter votre billet.

DISCOTHÈQUES ET BARS

Procurez-vous dans les magasins de disques les prospectus qui offrent des réductions ou des entrées gratuites (par exemple au **Rizzoli Media Store**, V. Rizzoli, près de la Piazza Maggiore). Téléphonez toujours avant pour connaître les horaires et les tarifs.

Cluricaune, V. Zamboni, 18b (© 051 26 34 19), est un bar irlandais qui attire un grand nombre d'étudiants. Pinte de bière à partir de 3,10 €. Pendant l'*happy hour* (Me 19h30-22h30), pintes à 2,50 €. Ouvert Lu-Ve et Di 11h-3h, Sa 16h-3h.

Cassero, V. Don Minzoni, 18 (© 051 649 44 16), au bout de la Via Saragozza, à l'une des portes de la ville. Ce bar gay, très animé, accueille une foule d'hommes et de femmes. Le toit en terrasse offre une très belle vue sur la ville. Dans ce lieu branché, vous pourrez danser jusqu'au bout de la nuit, ou bien assister à l'un des spectacles organisés chaque semaine. Boissons 3-6 €. Ouvert Lu-Ve 22h-2h, Sa-Di 22h-3h.

Cantina Bentivoglio, V. Mascarella, 4b (© 051 26 54 16), près de la Via delle Belle Arti. Ce lieu haut de gamme sert des plats et du vin (à partir de 4,50 €). Ecouter un concert de jazz sous les parasols de la cour intérieure met tout de suite dans l'ambiance. Les murs sont couverts de bouteilles de vin. Ouvert Ma-Di 20h-2h. Fermé le dimanche en été. Cartes Visa, MC, AmEx.

MANIFESTATIONS ESTIVALES

Made in Bo, V. del Fondiore, 16 (© 051 53 38 80, www.madeinbo.it) est un festival en plein air qui s'adresse aux jeunes de Bologne. Il a lieu de début juin à mi-juillet. Il y a trois boîtes en plein air, des bars et un marché de bandes dessinées et de disques. Le tout sur une colline éclairée par des projecteurs, autant dire que l'ambiance est quasi mystique. Pour découvrir Made in Bo, prenez le bus n° 25. Les choses commencent à bouger à partir de 22h. Malheureusement, le retour en taxi coûte de 10 € à 20 €. Le **Boest** est un festival annuel de musique, de théâtre, de danse et de cinéma, subventionné par la ville. Il se déroule également en été.

SPORTS

Partagez la joie de Bologne d'affronter toutes les grandes équipes italiennes de foot-

ITALIE DU NORD

ball et vibrez avec la ville entière lorsque son équipe joue au **Stadio comunale**, V. Andrea Costa, 174 (✆ 051 57 74 51, www.bolognafc.it). Prenez le bus n° 21 depuis la gare ou le bus n° 14 depuis la Porta Isaia. La saison s'étend de septembre à juin et certains matchs se déroulent le dimanche après-midi. N'oubliez pas que les billets pour assister aux rencontres avec des clubs comme la Juventus de Turin ou le Milan AC sont très vite vendus.

FERRARE (FERRARA) ✆ 0532

Rome a ses mobylettes, Venise ses bateaux, et Ferrare ses bicyclettes. Les vieux, les jeunes, et même les bébés, perchés en équilibre précaire sur les guidons des vélos, sillonnent Ferrare dans tous les sens, parcourant les grandes artères de la ville aussi bien que les rues médiévales inaccessibles aux automobilistes. Résultat : le centre-ville est tranquille, propre et propice à la marche. Même les maisons et les immeubles semblent plus lumineux, épargnés par la pollution des gaz d'échappement. Louez un vélo, vous aussi, afin de découvrir les merveilles de cette ville. Ferrare doit son prestige à la dynastie des Este, qui régna sur la ville de 1028 à 1598. Entre deux assassinats d'un parent proche ou d'un rival, les Este se consacraient aux arts avec une passion et un goût qui firent d'eux les plus grands mécènes de leur temps. Leur cour et leur université attirèrent entre autres Pétrarque (1304-1374, poète et humaniste italien), l'Arioste (1474-1533, poète italien), le Tasse (1544-1595, poète italien auteur de *La Jérusalem délivrée*), mais aussi les peintres Mantegna et le Titien. La ville doit son urbanisme aéré et harmonieux à Hercule Ier d'Este, qui régna au début du XVIe siècle. A la même époque, les Este firent construire à Ferrare la première salle de théâtre moderne. Mais, à la fin du XVIe siècle, la dynastie s'éteignit et Ferrare sombra dans une profonde léthargie jusqu'à l'arrivée des armées de Bonaparte, deux siècles et demi plus tard.

TRANSPORTS

Train : Depuis le centre, suivez la Via Cavour en direction du nord-ouest pour rejoindre la gare. Ferrare se trouve sur la ligne de chemin de fer Bologne-Venise. Guichet ouvert tlj 6h15-20h50. Consigne disponible. Destinations : **Bologne** (1-2 dép/h de 4h32 à 22h13, durée 30 mn, 2,75 €), **Padoue** (1 dép/h de 3h52 à 23h07, durée 1h, 4,03 €), **Ravenne** (1 dép/h de 6h12 à 20h15, durée 1h, 4,10 €), **Rome** (9 dép/j de 4h40 à 1h42, durée 3-4h, 30,73 €) et **Venise** (1-2 dép/h de 3h52 à 23h43, durée 2h, 5,73 €).

Bus : **ACFT** (✆ 0532 59 94 92) et **GGFP**. La gare routière se trouve dans la Via Rampari di San Paolo. Vous pouvez aussi prendre la plupart des bus à la gare ferroviaire (à partir de l'arrêt de bus n° 2, prenez la Via Rampari di San Paolo et dirigez-vous vers le bâtiment où est inscrit *biglietteria*). Ouvert tlj 6h15-20h. Bus pour les **plages** de Ferrare (12 dép/j de 7h30 à 18h50, durée 1h, 4,05-4,80 €), **Bologne** (16 dép/j de 5h20 à 18h45, durée 1h30, 3,31 €), **Modène** (1 dép/h de 6h22 à 19h32, durée 1h30, 4,65 €). Il y a moins de départs le dimanche.

Taxi : **Radio-taxi** (✆ 0532 90 09 00). Service 24h/24.

Location de vélos : **Pirani e Bagni**, Piazza Stazione, 2 (✆ 0532 77 21 90). 7 € par jour. Ouvert Lu-Ve 5h30-20h et Sa. 7h-12h.

ORIENTATION ET INFORMATIONS PRATIQUES

Pour rejoindre le centre-ville, tournez à gauche en sortant de la gare dans le **Viale Costituzione** et continuez à droite dans le **Viale Cavour**, qui mène au **Castello Estense** (1 km). Pour le même trajet, vous pouvez aussi prendre le bus n° 2 jusqu'à l'arrêt "Castello" ou les bus n° 1 ou n° 9 jusqu'au bureau de poste. (Environ 1 dép/15-20 mn de 5h42 à 20h30, 0,83 €.) Après le château, la Via Cavour se prolonge par le **Corso Giovecca**. Le **Corso dei Martiri della Libertà**, perpendiculaire à la Via Cavour, devient le **Corso Porta Reno** qui part vers le sud et aboutit à la **Piazza Travaglio**.

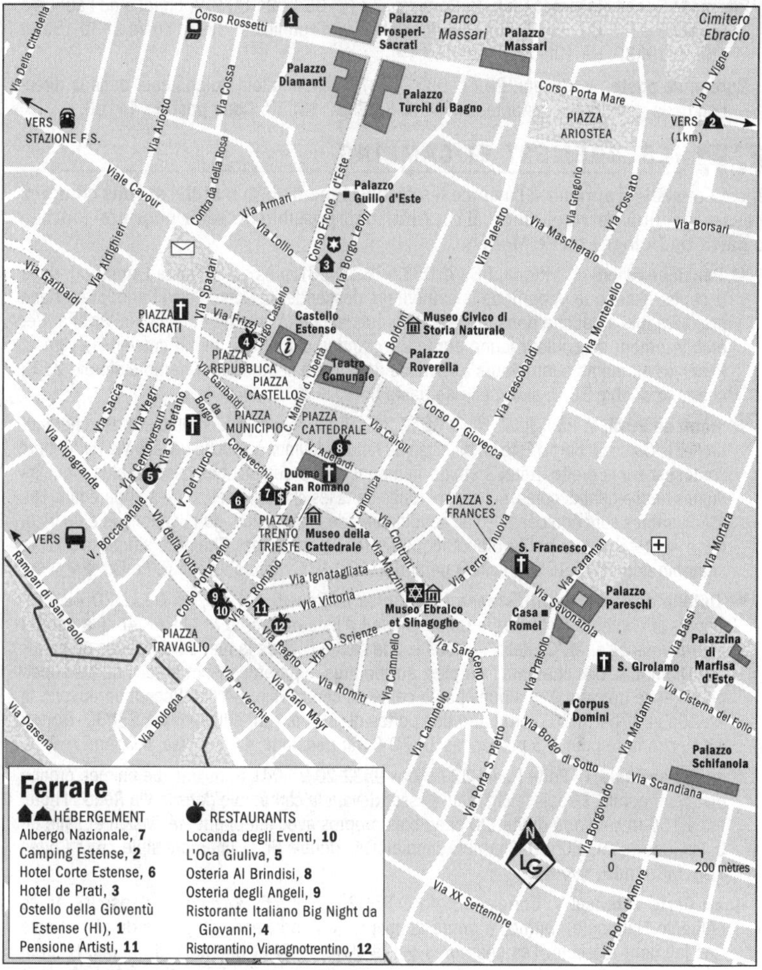

Office de tourisme : Dans le Castello Estense (✆ 0532 20 93 70, www.comune.fe.it). C'est un grand bureau bien équipé, installé dans la cour principale du château. Ouvert Lu-Sa 9h-13h et 14h-18h, Di 9h30-13h et 14h-17h30.

Change : **Banca Nazionale del Lavoro**, C. Porta Reno, 19, près de la Piazza della Cattedrale. Ouvert Lu-Ve 8h20-13h20 et 14h35-16h05, Sa. 8h50-11h50.

Urgences : ✆ 113. **Ambulances** : ✆ 118. **Croix-Rouge** : ✆ 0532 20 94 00.

Police : Corso Ercole I d'Este, 26 (✆ 0532 29 43 11), près du Largo Castello.

Pharmacies de garde : **Fides**, C. Giovecca, 125 (✆ 0532 20 25 24). **Comunale n° 1**, C. Porta Mare, 114 (✆ 0532 75 32 84). Ouvert 24h/24.

Hôpital : **Ospedale Sant'Anna**, C. Giovecca, 203 (✆ 0532 23 61 11, service des urgences ✆ 0532 20 31 31). En face du Palazzina Marfrissa, près de la Porta Medaglie d'Oro, l'une des portes de la vieille ville.

Internet : **Speedy Internet Club**, C. Porta Po, 37 (✆ 0532 24 80 92), en face de l'auberge de jeunesse. 5 € pour 45 mn. Photocopie et fax disponibles. Ouvert Lu-Ve 9h30-13h et 15h30-19h30, Sa 10h-13h.

Bureau de poste : V. Cavour, 29 (✆ 0532 29 73 00), non loin du château, dans la direction de la gare. Poste restante. Ouvert Lu-Sa 8h30-18h30. **Code postal** : 44100.

HÉBERGEMENT ET CAMPING

Il est conseillé d'appeler à l'avance les établissements bon marché si vous comptez passer la nuit à Ferrare. Sinon, il est tout à fait possible de venir pour une journée à partir de Bologne ou de Modène.

❤ **Pensione Artisti**, V. Vittoria, 66 (✆ 0532 76 10 38), près de la Piazza Lampronti, dans le centre historique. A partir de la cathédrale, descendez le Corso Porta Reno, prenez une première fois à gauche dans la Via Ragno puis encore à gauche dans la Via Vittoria. Cet établissement de couleur jaune abrite 21 grandes chambres. Jardin couvert de vignes. Réservez au moins quatre jours à l'avance de juillet à septembre. Chambre simple 21 €, chambre double 38 €, avec salle de bains 55 €. ❖❖

❤ **Hôtel de Prati**, V. Padiglioni, 5 (✆ 0532 24 19 05, www.hoteldeprati.com). Du château, prenez le Corso Ercole I d'Este en direction du nord et tournez à gauche dans la Via Padiglioni : l'hôtel est sur la droite. Hôtel 3 étoiles flambant neuf à des prix très raisonnables. Couloirs jaunes habilement décorés, sol carrelé rouge dans les chambres et poutres apparentes. Les 12 chambres sont équipées de l'air conditionné, de la télévision, du téléphone et d'un frigo. Il y a un café et une petite bibliothèque au rez-de-chaussée. Chambre simple 47-70 €, chambre double 70-105 €, suite à partir de 110-140 €. Cartes Visa, MC, AmEx. ❖❖❖❖

❤ **Ostello della Gioventù Estense (HI)**, Corso B. Rosetti, 24 (✆/fax 0532 20 42 27). Depuis le château, remontez le Corso Ercole I d'Este ou prenez le bus n° 4c à la gare et arrêtez-vous à l'arrêt "Castello". L'hôtel est de l'autre côté de la rue, en contrebas du palais des Diamants. Ces chambres simples, aux poutres apparentes, sont dotées de lits superposés et se trouvent à quelques pas à peine du centre-ville. 84 lits. Réception ouverte tlj 7h-10h et 17h-23h30. Fermeture des portes de 10h à 17h, couvre-feu à 23h30. Dortoir 13 €, chambre pour 2-5 personnes 14,50 € par personne. Cartes Visa, MC, AmEx. ❖

Albergo Nazionale, C. Porta Reno, 32 (✆/fax 0532 20 96 04), dans une rue animée proche de la cathédrale. Depuis le château, passez devant la cathédrale dans la Via Reno : l'hôtel est à 150 m sur votre droite. 20 chambres propres avec téléphone, télévision et salle de bains. Couvre-feu à 0h30. Chambre simple 40 €, double 60 €, chambre triple 75 €. Cartes Visa, MC, AmEx. ❖❖❖❖

Hotel Corte Estense, V. Correggiari, 4 (✆ 0532 21 21 76, www.corteestense.it). Après l'Albergo Nationale, tournez à droite depuis la C. Porta Reno. Un palais du XVIIe siècle très joliment restauré. Les chambres ont la clim., la TV et une salle de bains. Le petit déjeuner est servi en terrasse. Accessible aux handicapés. Réception 24h/24. Petit déjeuner buffet compris. Parking. Chambre simple à partir de 55 €, double 90 €, triple 120 €. Cartes Visa, MC, AmEx. ❖❖❖❖

Camping : **Estense**, V. Gramicia, 76 (✆/fax 0532 75 23 96), à 1 km du centre-ville. Prenez le bus n° 1 jusqu'à la Piazza San Giovanni (0,83 €). Depuis l'église située à côté de l'arrêt des bus, un autre bus vous amène directement au terrain de camping (1 dép/20 mn de 14h à 20h20). Attention, les itinéraires de bus sont susceptibles de changer. Renseignez-vous auprès du guichet ACFT, à la gare, avant d'embarquer. Si vous partez du château, prenez le Corso Ercole I d'Este, tournez à droite dans le Corso Porta Mare et à gauche dans la Via Gramicia. Le camping est tout droit sur la droite, juste après la Via Pannonio. Ouvert toute l'année 8h-22h. 4,50 € par personne, 6,50 € par voiture. ❖

RESTAURANTS

La gastronomie de Ferrare est d'une grande diversité. Les spécialités de pâtes sont les *cappelletti*, délicieux raviolis triangulaires à la viande servis dans un bouillon et les *cappellacci*, pâtes fourrées à la courge et au parmesan servies dans une sauce légère au beurre et à la sauge. Le plat le plus typique de Ferrare est le *salama da sugo*, une saucisse ronde à base de viande marinée dans du vin, que l'on sert froide en été (avec du melon), et chaude en hiver. Le dessert traditionnel est le *pampepato*, un délicieux gâteau aux amandes et aux fruits recouvert de chocolat. Pour vos pique-niques, vous pourrez vous approvisionner au **Mercato Comunale**, V. Garibaldi (ouvert tlj 8h-13h). Parmi les vins, nous vous conseillons l'*Uva d'Oro* (raisin doré), légèrement pétillant, qui rappelle le souvenir de Renata Di Francia, qui, au XVIe siècle, fit apporter des raisins de France pour célébrer son mariage avec le duc Ercole II d'Este. Tous les magasins d'alimentation sont fermés le jeudi après-midi.

❤ **Osteria degli Angeli**, V. delle Volte, 4 (✆ 0532 76 43 76). De la basilique, prenez la C. Porta Reno et tournez à gauche sous l'arche pour déboucher sur la V. delle Volte. La salle à manger date du XVIe siècle. Avec ses tables éclairées aux bougies, le lieu est très *cosy*. Essayez le mystérieux plat de bœuf *Sefreto del Angeli* (12 €). *Primi* 7 €, *secondi* 8-11 €. Ouvert Ma-Di 12h-14h et 19h-22h. Cartes Visa, MC. ❖❖❖

❤ **Osteria Al Brindisi**, V. G. degli Adelardi, 9b (✆ 0532 20 91 42), seul restaurant à être situé dans une rue tranquille à proximité de la cathédrale (en face du côté gauche). La plus vieille *osteria* d'Italie (1435) vibre au rythme des tubes soul de la Motown. La clientèle branchée vient manger ici une cuisine traditionnelle très très bon marché. Cet établissement, que fréquentaient Copernic et le sculpteur Cellini, vient d'être béni par un cardinal et a reçu la visite de Jean-Paul II. Alors entrez-y sans hésiter. Primi à partir de 5 €. Couvert 2 €. Ouvert Ma-Di 9h-1h. Cartes Visa, MC. ❖❖❖

❤ **Locanda degli Evanti**, V. Carlo Mayr, 21 (✆ 0532 76 13 47). Cuisine traditionnelle servie avec un assortiment de pains tout chauds. *Primi* 6,70 €, *secondi* à partir de 10,36 €. Couvert 2,09 €. Ouvert Lu-Ma et Je-Di 11h-15h et 17h-23h30. Cartes Visa, MC. ❖❖❖

Ristorantino Viaragnotrentino, V. Ragno, 31a (✆ 0532 76 17 15), près du Corso Porta Reno. Un restaurant clinquant qui propose un menu restreint mais éclectique. *Primi* à partir de 8 €, *secondi* 13 €. Ouvert Lu-Me et Ve-Di 12h45-15h et 19h50-22h30. Cartes Visa, MC, AmEx. ❖❖❖

L'Oca Giuliva, V. di S. Stefano, 38 (✆ 0532 20 76 28). Un passage voûté en briques mène à l'élégante salle à manger. La décoration moderne donne une nouvelle jeunesse aux murs du XVe siècle. *Primi* 8-12 €, *secondi* 13 €. Ouvert Ma 20h-22h, Me-Di 12h30-14h et 20h-22h Cartes Visa, MC, AmEx. ❖❖❖

Ristorante Italia Big Night da Giovanni, V. largo Castello, 38 (✆ 0532 24 23 67). Un restaurant inspiré par le film *Big Night*, l'histoire de deux frères italiens qui tentent de faire

BON À SAVOIR

LA FOLIE DU VÉLO

Ferrare a connu son heure de gloire au Moyen Age. La ville n'a guère changé depuis et ses rues tortueuses ne sont pas propices à la circulation automobile. Les habitants ont donc tout naturellement fait de la bicyclette leur moyen de transport préféré.

Conséquence heureuse, la ville est aujourd'hui l'une des moins polluées d'Italie. Les immeubles ne sont pas maculés par les fumées des pots d'échappement, l'air est respirable et le centre-ville jouit d'un calme surprenant.

Si vous voulez en profiter, louez un vélo à la journée (7 €) à la boutique près de la gare ferroviaire. L'office du tourisme vous indiquera des itinéraires de balade jusqu'au delta du Po, vers des zones de lagons ou le long de la côte adriatique. Mais la promenade la plus intéressante, et aussi la plus facile, consiste simplement à faire le tour des remparts de la ville. L'enceinte médiévale est dans un état de conservation remarquable et une piste cyclable en fait le tour (9 km).

Le vélo ici est tellement ancré dans les mœurs qu'on peut sillonner les centres commerciaux en pédalant. Nul doute que l'amour porté à la petite reine n'est pas prêt de s'éteindre à Ferrare.

fortune en Amérique en ouvrant un restaurant. L'endroit est charmant et la cuisine de premier choix. *Primi* 8-19 €, *secondi* 15-23 €. Couvert 3 €. Ouvert Lu-Sa 12h30-14h15 et 20h15-22h15. Cartes Visa, MC, AmEx. ❖❖❖❖

VISITES

Le mieux est de visiter Ferrare à bicyclette. Baladez-vous avec les habitants le long de la Via Garibaldi ou faites le tour de la promenade plantée d'arbres, longue de 9 km, qui suit la muraille médiévale, remarquablement préservée. Commencez tout au bout du Corso Giovecca. Sinon, joignez-vous au flux des habitants de la ville qui déambulent dans la Via Garibaldi, réservée aux piétons et aux vélos.

❤ **LE CHÂTEAU DES ESTE.** Avec ses murs de brique rouge, ses tours, ses tourelles et ses douves, le **Castello Estense**, situé en plein cœur de la ville, est imposant. Le marquis Niccolò II fit construire cet édifice pour être à l'abri des révoltes engendrées par son système de taxes. A l'intérieur, les plafonds de la **Loggetta degli Aranci** (Orangerie) mais aussi du **Salone dei Giochi** (salle de Jeu) et des salles voisines ont conservé leurs belles fresques. Vous pouvez visiter le donjon. Ses murs de pierre font trois mètres d'épaisseur et ses fenêtres sont obturées par trois strates de barreaux. Difficile de ne pas penser aux sombres machinations et aux crimes sanglants qui se déroulèrent dans ses prisons souterraines. C'est notamment ici que Parisina, l'épouse du duc Niccolò d'Este III, fut exécutée avec son amant, le fils naturel du duc Ugolino. Cette fin tragique inspira plusieurs poètes, dont Browning, romantique anglais du XIXe siècle, qui lui consacra le poème *My Last Duchess*. Grimpez au sommet de la **tour Leoni** (depuis l'intérieur du château) pour voir la ville sous vos pieds. *(© 0532 29 92 33. Ouvert Ma-Di 9h30-17h. Entrée 7 €, tarif réduit 6 €, supplément pour la tour 1 €.)*

LA CATHÉDRALE SAN ROMANO. Il n'est pas un noble qui n'ait voulu laisser sa marque sur le **duomo**, qui constitue, avec le château, le centre de Ferrare. Les délicates arcades et l'ornement de terre cuite de l'abside de la cathédrale sont l'œuvre de Rossetti. Sur le campanile rose, construit au XVe siècle par l'architecte Alberti, on peut voir les sceaux et les armoiries de la famille d'Este. Dans le **Museo della Cattedrale**, à l'étage, vous pourrez admirer le *San Giorgio* et l'*Annonciation* de Cosme Tura (école de Ferrare, XVe siècle). *(A partir du château, prenez le Corso dei Martiri della Libertà jusqu'à la Piazza della Cattedrale. L'entrée du musée se trouve en face de la cathédrale, vous devez passer par une cour dans la Via San Romano. La cathédrale est ouverte Lu-Sa 7h30-12h et 15h-18h30, Di. 7h30-12h30 et 16h-19h30. Musée © 0532 20 74 49. Ouvert Ma-Di 9h-13h et 15h-18h. Entrée 4,20 €, étudiants 2 €.)*

LE PALAIS DES DIAMANTS. Construit en 1493 sur des plans de Biagio Rossetti, le célèbre **Palazzo dei Diamanti** doit son nom aux 800 blocs de marbre taillés en forme de diamants qui décorent sa façade. Il se distingue sans conteste parmi les plus belles résidences ducales. A l'intérieur se trouvent deux musées. La Galleria d'Arte Moderna e Contemporanea, à droite à l'entrée, présente des expositions d'art contemporain. A gauche, la **Pinacothèque nationale** réunit les plus belles œuvres de l'école de Ferrare, notamment une belle *Vierge endormie* de Carpaccio (1508) et l'extraordinaire *Massacre des innocents* de Garofalo. *(Depuis le château, prenez le Corso Ercole I d'Este et marchez jusqu'au coin du Corso Rossetti. Ouvert Ma-Me et Ve-Sa 9h-14h, Je. 9h-19h, Di. et jours fériés 9h-13h. Galleria © 0532 20 99 88, entrée 7,23 €. Pinacothèque © 0532 20 58 44. Entrée 4 €, étudiants 2 €. Billet combiné 8,30 €.)*

LE PALAIS MASSARI. Lieu de résidence au XVIe siècle de la famille Bevilacqua, le **Palazzo Massari** abrite à l'heure actuelle plusieurs musées. Au rez-de-chaussée, le **Museo civico d'Arte moderna e contemporanea "Filippo de Pisis"** expose, comme son nom l'indique, des œuvres de peintres contemporains et s'attache tout particulièrement à la carrière de Filippo de Pisis. A l'étage, le **Museo ferrarese Boldini e dell'Ottocento** réunit un magnifique ensemble de peintures de Giovanni Boldini, ainsi que deux tableaux d'Edgar Degas représentant l'illustre natif de Ferrare, qui mourut à Paris en 1931. *(C. Porta Mare, 9. Longez le Corso Ercole I d'Este et prenez à droite dans* *le Corso Porta Mare. © 0532 20 99 88. Musées ouverts tlj 9h-13h et 15h-18h. Entrée pour le Museo Boldini 4,20 €, pour le Museo Pisis 2 €. Billet pour les deux 6,70 €.)*

LE CIMETIÈRE JUIF. Dans le **Cimitero ebraico**, créé au XIXe siècle, reposent les Finzi et les Contini, héros du roman *Le Jardin des Finzi-Contini* de Giorgio Bassani. Un monument a été érigé à la mémoire des Juifs de Ferrare morts à Auschwitz. *(A l'extrémité de la Via Vigne. A partir du château, descendez le Corso Giovecca. Tournez à gauche dans la Via Montebello et continuez jusqu'à la Via Vigne.)*

LE PALAIS SCHIFANOIA. Ancienne résidence secondaire des Este, le **Palazzo Schifanoia** possède un remarquable portail sculpté, qui donne un avant-goût de la richesse des œuvres d'art exposées à l'intérieur. Les fresques du **Salone dei Mesi** ("salon des mois") décrivent avec une grande précision la vie à la cour des Este au XVe siècle. Dans plusieurs salons sont exposés une collection de manuscrits médiévaux de grandes tailles, remarquez les riches enluminures colorées. *(V. Scandiana, 23. Depuis la Piazza della Cattedrale, suivez dans Via Voltapaletto et continuez sur la Via Savonarola. Prenez la Via Madama à droite, puis la première à gauche. © 0532 641 78. Ouvert Ma-Di 9h-13h et 15h-18h. Entrée 4,20 €, étudiants 2 €. Il existe un billet combiné valable pour le Palazzo Schifanoia et la Palazzina di Marfisa d'Este au prix de 6,70 €, tarif réduit 4,20 €.)*

LA MAISON ROMEI. La **Casa Romei** fut la résidence d'un marchand de Ferrare au XVe siècle. Vous découvrirez, à l'intérieur, des salles somptueusement décorées. Le musée rassemble des statues et des fresques provenant d'anciennes églises de Ferrare. Vous pourrez aussi vous promener dans un agréable jardin caressé par la lumière du jour. *(V. Savonarola, 30. Depuis la cathédrale, tournez à droite dans la Via Voltapaletto, et continuez dans la Via Savonarola. © 0532 24 03 41. Ouvert Ma-Di 8h30-19h30. Entrée 2 €, étudiants 1 €.)*

PALAZZINA DI MARFISA D'ESTE. Ce tout petit palais date de la fin de la Renaissance. L'intérêt de ce magnifique bâtiment récemment restauré tient aux décorations de ses plafonds. Profitez de la vaste pelouse qui l'entoure pour contempler cette résidence de brique et de stuc jaunes. Des magnolias gardent le palais de chaque côté. *(C. Giovecca, 170. Suivez le Corso Gioveca depuis le Largo Castello, ou prenez le bus n° 9. © 0532 20 74 50. Ouvert Ma-Di 9h-13h et 15h-18h. Entrée 2 €, étudiants 1,60 €.)*

SORTIES

Le **Palio di San Giorgio**, qui date du XIIIe siècle, se déroule le dernier dimanche de mai. Une procession haute en couleur réunissant les délégués des huit quartiers (*contrade*) de Ferrare traverse la ville. Quatre courses ont ensuite lieu sur la Piazza Ariostea : la course des garçons, la course des filles, la course des ânes et, enfin, la grande course de chevaux. La cérémonie au cours de laquelle chaque quartier reçoit sa cocarde se déroule deux semaines avant le Palio sur la Piazza del Municipio. La troisième ou quatrième semaine d'août, des groupes de musique et des artistes de rue de tous horizons viennent jouer lors du **festival Buskers** (© 0532 24 93 37, www.ferrarabuskers.com). Lors du **festival de l'anguille**, même les estomacs les plus délicats finissent par s'extasier devant la variété des recettes. Il se déroule début octobre dans la province de Comacchio.

MODÈNE (MODENA) ©059

Pour se faire une idée de la formidable prospérité de Modène, il suffit de savoir qu'elle est la ville natale du ténor Luciano Pavarotti et le berceau des usines Ferrari et Maserati. Conquise par les Romains au IIIe siècle av. J.-C., Modène doit son développement précoce au fait que ce qui était jadis la principale route de la région, la Via Emilia, passe par son centre. La ville n'a pas beaucoup de sites à visiter, mais ses bâtiments colorés, sa cuisine envoûtante et ses allures tranquilles en font une ville d'Emilie-Romagne où il fait bon vivre.

TRANSPORTS

Train : P. Dante Alighieri (✆ 1478 880 88). Accueil ouvert 8h-19h. Destinations : **Bologne** (1 dép/h, durée 30 mn, 2,32 €), **Milan** (1 dép/h, durée 2h, 8,90 €) et **Parme** (2 dép/h, durée 30 mn, 3,15 €).

Bus : **ATCM**, V. Fabriani (✆ 199 11 11 01), près de la Via Monte Kosica à droite de la gare. Destination : **Maranello** (1 dép/1-2h, 2,12 €).

Taxi : V. Viterbo, 82b (✆ 059 37 42 42).

ORIENTATION ET INFORMATIONS PRATIQUES

Modène est située à peu près à mi-chemin de Parme et de Bologne. Depuis la gare, prenez le bus n° 7 ou n° 11 (1 €) jusqu'à la **Piazza Grande**, dans le centre-ville. Pour vous y rendre à pied, prenez la Via Galvani à gauche, puis le Viale Monte Kosica à droite. La deuxième à gauche, la Via Ganaceto, débouche directement sur la **Via Emilia**, la rue principale de Modène. Tournez à gauche dans la Via Emilia, puis passez quelques rues pour arriver à la Piazza della Torre, qui donne sur la **Piazza Grande**. La Via Emilia est nommée **Via Emilia Ovest** à l'ouest, **Via Emilia Centro** au centre et **Via Emilia Est** à l'est.

Offices de tourisme : V. Scudari, 12 (✆ 059 20 66 60, iatmo@comune.modena.it). De la P. Grande, suivez la V. Castellaro et tournez dans la première rue à gauche. Ouvert Lu 15h-18h, Ma-Sa 9h-13h et 15h-18h, Di 9h-13h. **Informagiovani** (✆ 059 20 65 83), sur la P. Grande, 17, est un bureau d'informations pour les jeunes, avec un accès à internet. Ouvert Lu-Sa 9h-13h et 15h-19h.

Change : **Credito Italiano**, V. Emilia Centro, 102 (✆ 059 21 80 86), à l'angle de la Via Scudari. Prenez un billet à l'entrée. Ouvert Lu-Ve 8h20-13h20 et 15h-16h30, Sa. 8h20-12h45. **Distributeurs automatiques** dans le bâtiment de la Rolo Banca 1473, sur la Piazza Grande.

Urgences : ✆ 118. **Police** : ✆ 113 ou 059 20 07 00. **Ambulances** : ✆ 059 34 31 56. **Urgences médicales** : ✆ 059 422 23 37.

Hôpital : **Ospedale Civile**, P. Sant'Agostino, (✆ 059 43 51 11) ou la **Polyclinico di Modena** (✆ 059 422 21 11), plus moderne.

Internet : **Informagiovani**, dans l'office de tourisme de la Piazza Grande. Vous devez être en possession d'une pièce d'identité valide. Inscription 1,50 €. 3 € les 2h. Ouvert Lu-Sa 9h-13h et 15h-19h. **Space Net**, P. Grande, 34 (✆ 059 21 20 96). 1 € les 15 mn. Ouvert tlj 10h-20h. **Netgate**, V. Berengano, 72/74 (✆ 059 23 64 83). De la V. Emilia, gagnez la V. Emilia Ovest et tournez à droite. 4,50 €/h. Ouvert Lu, Me et Ve 10h-21h, Ma et Je 10h-20h, Sa 14h-18h.

Bureau de poste : V. Emilia Centro, 86 (✆ 059 205 32 11). Dans un immeuble jaune avec un porche en marbre rouge. Ouvert Lu-Sa 8h-18h30. **Code postal** : 41100.

HÉBERGEMENT ET CAMPING

Ostello San Filippo Neri, V. Sant'Orsola, 48-52 (✆/fax 059 23 45 98), à 300 m de la gare ferroviaire. En sortant de la gare, dirigez-vous vers le Viale Fontanelli puis prenez la première rue à gauche, la Via Sant'Orsola. L'établissement est sur la gauche. Cette auberge de jeunesse récente, sur plusieurs étages, possède tous les charmes de la modernité : des salles de bains impeccablement équipées, du mobilier solide, de grands placards fermant à clé, des distributeurs automatiques, un accès Internet, un téléphone public, la télévision, un magnétoscope, plusieurs cours intérieures et d'un ascenseur. Les chambres doivent être rendues avant 10h. Fermeture des portes 10h-14h, couvre-feu à 24h. Dortoir 14,50 €. Cartes Visa, MC, AmEx. ❖

Albergo Bonci, V. Ramazzini, 59 (✆ 059 22 36 34), à quelques minutes du centre-ville. A partir de la Via Ganaceto, prenez à droite la Via Cerca, et continuez dans la Via Ramazzini.

Chambres un peu sombres et sans salle de bains, mais propres et grandes. Chambre simple 31 €, chambre double 50 €, triple 55 €. Cartes Visa, MC. ❖❖❖

Locanda Sole, V. Malatesta, 45 (✆ 059 21 42 45), à 100 m seulement de la Piazza Grande. De la gare, prenez le Viale Monte Kosica, puis à gauche la Via Ganaceto, et à gauche encore la Via Emilia Centro. La Via Malatesta est ensuite la deuxième à gauche. Chambres fraîches et aérées. Aucune n'a de salle de bains, mais certaines ont la télévision et de très bons matelas. Il vaut mieux réserver. Fermé les trois premières semaines d'août. Chambre simple 30 €, chambre double 50 €. ❖❖❖

Camping : **International Camping Modena**, V. Cave Ramo, 111 (✆ 059 33 22 52), à Bruciata. A l'ouest de la gare, prenez le bus n° 19 à destination de Rubiera, pendant environ 10 mn. Les bus circulent de 6h20 à 20h30, et vous déposent à environ 500 m du camping, si vous le demandez au chauffeur. Ouvert Mars-Oct 11 € pour une personne et une tente, 6 € par personne supplémentaire. ❖

RESTAURANTS

Modène et ses environs sont situés au cœur des plaines les plus fertiles du bassin du Pô. Comme Bologne et Parme, Modène produit une excellente charcuterie, notamment du *prosciutto crudo* (jambon cru) et un vin rouge pétillant, le *lambrusco*. Mais la grande spécialité de Modène est son vinaigre balsamique doux et parfumé, utilisé pour assaisonner les salades, les légumes et même les fruits. Ce vinaigre devient meilleur en vieillissant et certaines bouteilles atteignent la coquette somme de 50 €. Le **Mercato Albinelli** se tient à quelques pas de la Piazza XX Settembre, dans la Via Albinelli. Les habitants de Modène aiment venir dans ce vaste marché, où l'on trouve tous les aliments imaginables. (Ouvert Juin-Août, Lu-Sa 6h30-14h. Sep-Mai tlj 6h30-14h, Sa. également 16h30-19h.)

Ristorante/Pizzeria Al Grottino, V. del Taglio, 26 (✆ 059 22 39 85). Une pizzeria classique avec des tables en terrasse. Pizza à partir de 3,50 €. Couvert 2 €. Ouvert Lu-Ma et Je-Di 12h-14h30 et 19h-24h. Cartes Visa, MC, AmEx. ❖❖

K2, C. Canal Grande, 67 (✆ 059 21 91 81). C'est le must en matière de glace. Chaque cornet ressemble à une fleur sculptée. Ouvert Je-Ma 9h-24h. ❖

Trattoria Da Omer, V. della Torre, 33 (✆ 059 21 80 50), près de la Via Emilia, de l'autre côté de la Piazza Torre. Essayez de repérer l'enseigne du restaurant au milieu des bijouteries et des magasins de fourrure, car l'entrée de la Via Torre est difficile à voir. Omer, le chef, prépare une cuisine délicieuse à des prix raisonnables. Les *tortellini fiocco di neve*, fourrés au fromage et servis avec une sauce au beurre et à la sauge (7,50 €), sont un véritable régal. Buffet de légumes frais 4 €, *primi* 7,50 €, *secondi* 7,50 €. Ouvert Lu-Sa 13h-14h et 20h-22h30. Cartes Visa, MC, AmEx. ❖❖❖

Ristorante Uva' D'Oro, P. Mazzini, 38 (✆ 059 23 91 71). Dînez aux chandelles sur la terrasse ou dans la charmante salle à manger. Délicieuses salades (7-8 €). *Primi* 9-10 €, *secondi* 11-15 €. Ouvert Lu-Ve 12h-14h30 et 19h30-22h30, Sa-Di 19h30-22h30. Cartes Visa, MC, AmEx. ❖❖❖

Caffè dell'Orologio, Piazzetta delle Ova, 4 (✆ 059 387 25 66 08). De la P. Mazzini, traversez la V. Emilia. Prenez une table en terrasse pour siroter un cocktail en soirée ou restez à l'intérieur boire un cappuccino. Un café très chic. Ouvert l'été Lu et Me-Di 7h-24h ; en hiver 7h-21h. ❖❖

VISITES

LA CATHÉDRALE. Le **duomo**, édifié au début du XIIe siècle, est une cathédrale romane très bien conservée. Elle abrite une étrange relique du saint patron de la ville, San Geminiano : un bras recouvert d'argent (1178) qui est porté en procession dans les rues de Modène le 31 janvier. Les sculptures stylisées inspirées de thèmes celtiques, romains et bibliques sont les œuvres du sculpteur Wiligelmo et de ses élèves. Les sculptures qui encadrent les portes représentent des scènes de l'Ancien

Testament et les voyages de San Geminiano en Asie (à l'époque où il était encore en un seul morceau !). *(Piazza Grande, 59. © 059 21 60 78. Ouvert tlj 6h30-12h30 et 15h30-19h.)*

LE PALAIS DES MUSÉES. Le **Palazzo dei Musei** abrite la **Biblioteca Estense** (© 059 23 50 04). Parmi les précieux documents de la bibliothèque, on peut admirer une carte du monde portugaise datant de 1501. Dans la ❤ **salle Campori**, ne manquez pas la **bible de Borso d'Este**, un ouvrage de 1200 pages dont certaines enluminures ont été exécutées par Taddeo Crivelli, un peintre d'Emilie-Romagne ayant vécu au XVe siècle. Vous admirerez une variété d'objets protégés par d'imposants caissons vitrés : des instruments de musique, des tapisseries en papier, des instruments scientifiques datant du XIXe siècle, des céramiques, des étoffes, une collection anthropologique illustrant les cultures primitives d'Amérique, d'Asie et d'Afrique, ainsi que la collection Matteo Campori avec entre autres la magnifique *Testa di Fanciulla con turbante* de Francesco Stringa. *(Largo Sant'Agostino, du côté de la Via Emilia Ouest. Biblioteca Estense © 059 22 22 48. Appelez pour visiter la Salle Campori. Entrée 2,60 €.)*

Au-dessus de la bibliothèque, la **Galleria Estense** présente, dans de très grandes salles, une vaste collection de peintures italiennes. La collection abrite deux joyaux : un portrait de François d'Este par Vélasquez, restauré il y a peu, et un buste représentant le même sujet exécuté par le Bernin. Ne manquez pas non plus les œuvres des frères Carrache, de Guido Reni, de Salvatore Rosa et de Guernico. Vous pensez avoir fait le tour des peintures de *Vierge à l'Enfant* en Italie ? Ne ratez pas deux des plus excellentes représentations de ce thème (extrêmement) récurrent, signées Botticelli et Mantegna. *(© 059 439 57 11. Ouvert Ma-Di 8h30-19h30. Entrée 4 €, étudiants 2 €.)*

LA TOUR GHIRLANDINA. Dominant la cathédrale du haut de ses 95 m, la **Torre Ghirlandina** est l'emblème de Modène. Construite à la fin du XIIIe siècle, elle mêle des éléments romans et gothiques. Au pied de la tour se tient un monument dédié aux victimes du nazisme et du fascisme. *(Ouvert Avr-Juil et Sept, Di. et jours fériés uniquement 9h30-12h30 et 15h-19h. Entrée 1 €.)*

L'USINE FERRARI. La célèbre usine Ferrari est située au sud-ouest de Modène à **Maranello**. Après l'arrêt de bus de Maranello, les bus vont directement dans l'usine. Il est interdit de se promener dans les bureaux et les ateliers, mais on peut visiter la **Galleria Ferrari**, le musée de la société, une immense structure de verre et d'acier. Vous y découvrirez une collection impressionnante de Ferrari anciennes et modernes, de voitures de formule 1 et de trophées. L'usine comporte sûrement une salle d'état major où sont cachés les plans secrets de Ferrari pour devenir maître du monde. Cependant Let's Go vous déconseille de jouer les James Bond pour la trouver. *(Galleria Ferrari, V. Dino Ferrari, 43. Pour arriver jusqu'au musée à partir de l'arrêt de bus de l'usine, parcourez environ 200 m dans la même direction que le bus, puis tournez à droite au panneau indiquant Galleria Ferrari. © 0536 94 32 04. Ouvert tlj 9h30-18h. Entrée 10 €.)*

POUR LES FANS DE PAVAROTTI. Si vous êtes un vrai fan du ténor italien, apercevoir la **maison de Pavarotti** est une obligation. C'est une grande villa au coin du Stradello della Chiesa et de la Via dei Giardini. Mais ne vous attendez pas à voir et à entendre Luciano chanter *La donna è mobile* sur son balcon, car on le dit plutôt discret.

LA GASTRONOMIE. Si vous êtes plus intéressé par la gastronomie que par les voitures, vous pouvez contacter l'une des nombreuses associations locales qui œuvrent à la promotion des spécialités de la région, notamment le *prosciutto* et le vinaigre balsamique. La plupart demandent que l'on effectue une réservation au minimum 15 à 20 jours à l'avance. L'office du tourisme a de la documentation sur les visites guidées. Pour des informations concernant le jambon, contactez le **Consorzio del Prosciutto di Modena** (Association des producteurs de jambon de Modène, V. Corassori, 72, © 059 34 34 64). En ce qui concerne le vin, le **Consorzio Tutela del Lambrusco di Modena** (Association des producteurs de lambrusco, V. Schedoni, 41, © 059 23 50 05), organise des dégustations. Même chose pour le **Consorzio della Cigliegia Tipica di Vignola** (Association des producteurs de cerises Vignola, V. Barozzi, 2, © 059 77 36 45, dans le petit hameau de Savignano sul Parano). Enfin, le vinaigre

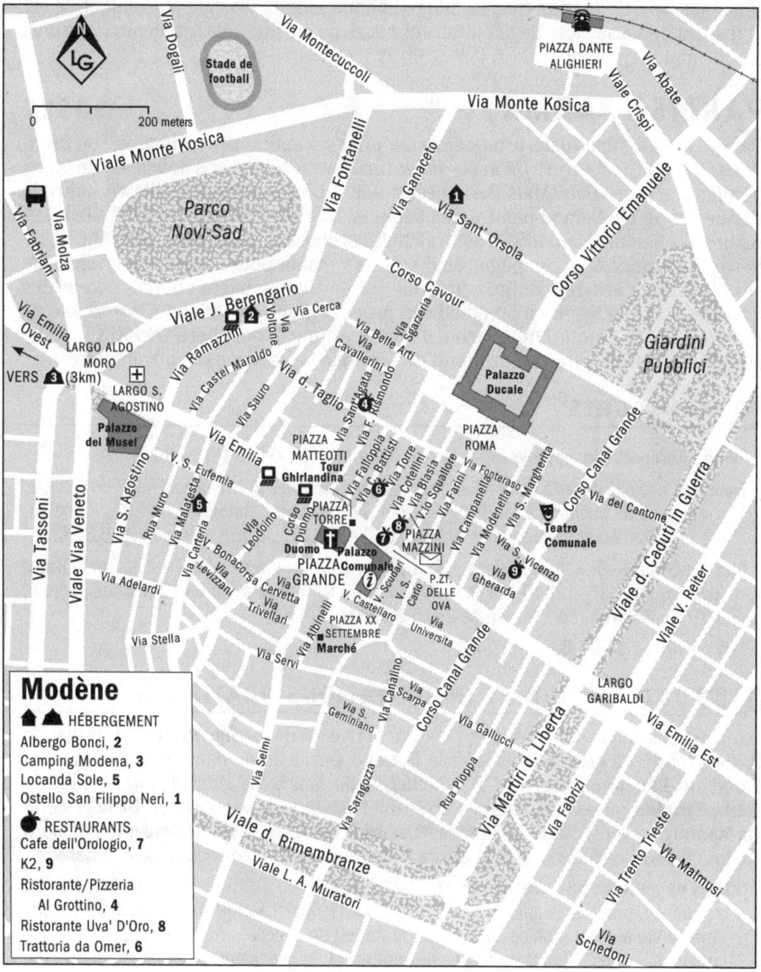

balsamique n'aura plus de secrets pour vous une fois que vous aurez contacté le **Consorzio Produttori di Aceto Balsamico** (Association des producteurs de vinaigre balsamique), à la chambre de commerce, C. Cavour (✆ 059 23 69 81), en vous y prenant 15 jours à l'avance.

SORTIES

Chaque année, la première ou la deuxième semaine de juin, Modène accueille la nuit de **Pavarotti et ses amis**, un concert de bienfaisance lors duquel se produisent Luciano Pavarotti (étonnant, non ?) ainsi qu'une pléiade d'interprètes célèbres (et pas forcément Placido Domingo et José Carreras). Renseignez-vous auprès de l'office de tourisme en mai. Entre la fin juin et début juillet, pendant la semaine des **Serate Estensi**, Modène vit au rythme des expositions, des spectacles de rue et des soirées de "parades historiques" (*corteo storico*), au cours desquelles les habitants de Modène, vêtus de costumes Renaissance, défilent dans les rues. Pendant trois semaines à partir de la mi-mai, la ville rend hommage au vinaigre balsamique ; c'est le festival de **Balsamica**. Dégustations et cours de cuisine sont au menu. Pour plus d'informations, contactez le ✆ 059 22 00 22.

PARME (PARMA) ✆0521

Parme est renommée dans le monde entier pour ses spécialités culinaires, son *prosciutto crudo* (jambon cru), son *parmigiano* (parmesan) et son délicieux vin blanc pétillant, le *malvasia*. Mais Parme est aussi une ville d'artistes. Elle vit naître le Parmesan (le plus grand peintre de l'école maniériste italienne du XVIe siècle) et Arturo Toscanini (1867-1957, célèbre chef d'orchestre). Au XIXe siècle, Giuseppe Verdi, amoureux de la campagne émilienne, s'y établit pour composer certaines de ses plus belles œuvres. Enfin, cette ville est particulièrement chère au cœur des Français, car elle inspira à Stendhal son premier grand roman, *La Chartreuse de Parme* (1839). Aujourd'hui, Parme a conservé une atmosphère très XIXe siècle, élégante et raffinée, tout en profitant de l'énergie de sa jeunesse universitaire.

TRANSPORTS

Avion : **Aéroport Giuseppe Verdi**, V. dell'Aeroporto, 44a (✆ 0521 98 26 26).

Train : P. Carlo Alberto della Chiesa. Parme est située à près de 200 km au nord-ouest de Bologne, sur la ligne de chemin de fer Bologne-Milan. Destinations : **Bologne** (2 dép/h, durée 1h, 4,15 €), **Florence** (7 dép/j, durée 3h, 14,16 €) et **Milan** (1 dép/h, durée 1h30, 6,82 €).

Bus : arrêt sur P. C. A. della Chiesa, 7B, à droite de la gare ferroviaire. Destinations : **Bardi** (dép. Lu-Sa 6h15, 12h40 et 17h30, Di 8h, 3,65 €), **Busseto** (Lu-Sa 12 départs par jour, 3,10 €), **Colorno** (dép. Ma-Sa de 7h15 à 19h15, 1,45 €).

Taxi : ✆ 0521 25 25 62. 24h/24.

ORIENTATION ET INFORMATIONS PRATIQUES

Le centre historique de Parme se trouve sur la rive est du **Torrente Parma**. En sortant de la gare, tournez à gauche dans le Viale Bottego, puis à droite dans la Via Garibaldi et parcourez 1 km jusqu'au centre. Tournez à gauche dans la Via Mazzini pour rejoindre la **Piazza Garibaldi**, où les habitants de Parme ont l'habitude de se retrouver. De la place, la **Via Mazzini** part vers l'ouest, la **Via della Repubblica** vers l'est, la **Strada Cavour** vers le nord en direction de la cathédrale et la **Strada Farini** vers le sud en direction de la **Cittadella**.

Offices de tourisme : Str. Melloni, 1a (✆ 0521 21 88 89 ou ✆/fax 0521 23 47 35). Tournez à gauche à partir de la gare et descendez la Via Garibaldi à droite. Prenez enfin à gauche dans la Via Melloni (l'office se situe sur le trottoir de gauche). Vous y trouvez des renseignements sur les hébergements, les restaurants et les événements. Ouvert Lu-Sa 9h-19h, Di. et fêtes 9h-13h. Les bureaux d'**Informagiovani** occupent également le bâtiment (✆ 0521 21 87 49). Vous obtiendrez toutes les informations dont vous rêvez, aussi bien pour une escapade d'une journée que pour trouver un job (petites annonces en italien). Ouvert Ve-Me 9h-13h et 15h-19h, Je. 9h-19h.

Librairie : **Feltrinelli**, V. della Repubblica, 2 (✆ 0521 23 74 92), à l'angle de la Piazza Garibaldi. Livres en langues étrangères. Ouvert Lu-Sa 9h-20h, Di 10h-13h et 15h30-19h30.

Urgences : ✆ 113. **Ambulances** : ✆ 118. **Police** : **Questura**, Borgo della Posta (✆ 0521 21 94).

Pharmacie : **Farmacia Guareschi**, Strada Farini, 5 (✆ 0521 28 22 40). Ouvert Lu-Ve 8h30-12h30 et 15h30-19h30. Pour le service de garde, des listes sont affichées sur toutes les devantures des pharmacies.

Hôpital : **Ospedale Maggiore**, V. Gramsci, 14 (✆ 0521 99 11 11 ou 0521 25 91 11), de l'autre côté de la rivière, après le palais ducal.

Internet : **Informagiovani** (voir précédemment) vous offre 2h de connexion gratuites. Réservez votre place.

Bureaux de poste : V. Melloni, 4c (© 0521 23 75 54), entre la Via Garibaldi et la Strada Cavour. Ouvert Lu-Sa 8h30-18h30. Une **annexe** se trouve en face de la gare, V. Verdi, 25 (© 0521 20 64 39). Ouvert Lu-Ve 8h15-18h et Sa. 8h15-12h50. **Code postal** : 43100.

HÉBERGEMENT ET CAMPING

Ostello Cittadella (HI), V. Passo Buole (© 0521 96 14 34). Depuis la gare, prenez le bus n° 9 (dernier bus à 19h55, 0,67 €). Descendez lorsque le bus tourne à gauche dans la Via dei Martiri della Libertà (à environ 10 mn de la gare). Sinon, à partir de la Piazza Garibaldi, marchez dans la Strada Farini pendant un bon moment avant de tomber sur la Via dei Martiri della Libertà, à gauche. Prenez la Via Passo Buole, un peu plus loin à droite. Au bout de la rue, passez par le grand portique blanc entouré d'anciens remparts. L'auberge de jeunesse est à gauche. L'établissement est un surprenant mélange d'ancien et de moderne, installé dans une forteresse du XVe siècle. Grandes chambres simples à 5 lits, douches chaudes et toilettes rustiques. Réservé aux titulaires de la carte des auberges de jeunesse, mais parfois les cartes d'étudiants sont acceptées. Séjour de trois jours au maximum. Appelez pour savoir s'il reste de la place. Fermeture des portes 9h30-19h. Couvre-feu à 23h. Ouvert Avr-Oct. 9 € par personne. Un camping se tient dans le parc de la Citadelle. 3 nuits au maximum. Douches, électricité comprise. Ouvert Avr-Oct 6,50 €/pers., 11 € par voiture. ❖

Albergo Leon d'Oro, V. Fratti, 4 (© 0521 77 31 82), près de la Strada Garibaldi. Prenez à gauche en sortant de la gare. Ne vous fiez pas à l'escalier peu engageant. Les chambres sont étonnamment propres avec de grandes fenêtres. Les salles de bains sont communes. Restaurant au rez-de-chaussée. Chambre simple 33 €, chambre double 50 €. Cartes Visa, MC, AmEx. ❖❖❖

Locanda Lazzaro, Borgo XX Marzo, 14 (© 0521 20 89 44), près de la Via della Repubblica. Située au-dessus du restaurant du même nom, où l'accueil est chaleureux mais les prix sont assez élevés. 8 chambres, certaines avec salle de bains. Réservez au moins une semaine à l'avance en été. Chambre simple 35-42 €, chambre double 60-65 €, triple 65-80 €. Cartes Visa, MC, AmEx. ❖❖❖❖

Hotel Torino, Borgo Mazza, 7 (© 0521 28 10 46, fax 23 07 25, www.hotel-torino.it). Un hôtel très agréable, avec un bouquet de fleurs dans les chambres et une terrasse sur le toit. Toutes les chambres disposent d'une salle de bains, de la clim. et de la TV. Réception 24h/24. Chambre simple 68 €, double 105 €, avec terrasse 118 €. Cartes Visa, MC, AmEx. ❖❖❖❖❖

Casa della Giovane, Str. del Conservatorio, 11 (© 0521 28 32 29). La Via del Conservatorio est parallèle au Viale Toscanini et part de l'université. Etablissement réservé aux femmes. Ambiance jeune et sympathique. 45 lits. Petit déjeuner et goûter compris. Le couvre-feu varie selon la saison (généralement autour de 21h30). Dortoir 26 €. ❖❖

RESTAURANTS

La cuisine de Parme est à la fois délicieuse et abordable. Du parmesan, du jambon cru et plusieurs variétés de saucisses remplissent les vitrines des nombreuses charcuteries (*salumerie*) de la Strada Garibaldi. Profitez de votre séjour à Parme pour déguster de l'authentique *malvasia* car, à l'exportation, ce vin blanc perd de son pétillant naturel. Vous pouvez également essayer le *lambrusco*, un vin rouge savoureux. Un **marché en plein air** se tient sur la Piazza Ghiaia, après le Palazzo della Pilotta (ouvert Me. et Sa. 8h-13h). Vous pouvez compléter vos provisions au **supermarché Dimeglio**, Str. XXII Luglio, 27c (© 0521 28 13 82, ouvert Lu-Me et Ve-Sa 8h30-13h et 16h30-20h, Je. 8h30-13h).

❤ **Pizzeria La Duchessa**, P. Garibaldi, 1/B (© 0521 23 59 62). Excellent restaurant avec un grand choix de pizzas. Contrairement à ce que pourrait faire penser son nom, c'est le restaurant le moins cher de la place. En revanche, il vous faudra attendre pour avoir une table. Pizzas 4,20-9,50 €. *Primi* 5,50-8 €, *secondi* 6,50-15 €. Ouvert Ma-Di 10h-14h et 19h-0h30. Cartes Visa, MC. ❖❖

❤ **K2**, Str. Cairoli, 23, près de la Chiesa di San Giovanni Evangelista. Vous trouverez là les meilleures glaces de Parme (selon les Parmesans). Cornets généreux servis par des artistes du *gelato* en uniforme rose et blanc. ne manquez pas l'*amarena* (cerise amère) ou la *fiordinutella* (noisettes). Ouvert 11h-24h, fermé Me. ❖

Ristorante Taverna Gallo d'Oro, Borgo della Salina, 3 (✆ 0521 20 88 46). Un cadre très chaleureux – les murs datent du XIVe siècle – et une liste des vins complète en font l'une des adresses cotées de la ville. Dîner en extérieur en été le soir. *Primi* 6,50-7 €, *secondi* 6,50-7,50 €. Ouvert Lu-Sa 12h-14h30 et 19h30-23h. Cartes Visa, MC, AmEx. ❖❖

Trattoria Corrieri, V. del Conservatorio, 1 (✆ 0521 23 44 26), une rue qui part de l'université, près de la Strada Mazzini. Un décor très "typique" : arches blanchies à la chaux, nappes rouge et blanc et chapelets de fromages et de saucissons suspendus. Pas véritablement bon marché, mais l'endroit vaut le détour. Laissez-vous tenter par les *tris* (*tortelli* aux asperges) ou dégustez du jambon accompagné de melon (*prosciutto e melone*). *Primi* 6-7,50 €, *secondi* 5-13 €. Ouvert Lu-Sa 12h-14h30 et 19h30-24h. Cartes Visa, MC, AmEx. ❖❖

Le Sorelle Picchi, Strada Farini, 27 (✆ 0521 23 35 38), la rue commence sur la Piazza Garibaldi. Suivez le regard de la statue de Garibaldi pour trouver la Strada Farini. Cette charcuterie traditionnelle abrite l'un des meilleurs restaurants de la ville, ouvert pour le déjeuner uniquement. *Primi* 7 €, *secondi* 8-12 €. Couvert 1,55 €. Le restaurant est ouvert Lu-Sa 12h-15h, la charcuterie 8h30-19h. Cartes Visa, MC. ❖❖

Ristorante Leon d'Oro, V. Fratti (✆ 0521 77 31 82), voir Hébergement. D'énormes assiettes d'*antipasti* et de *dolci* sont servies dans une salle à manger ensoleillée. *Primi* à partir de 5,50 €, *secondi* à partir de 10,50 €. Ouvert tlj 12h30-15h30 et 20h-24h. Cartes Visa, MC, AmEx. ❖❖❖

Ristorante Angel d'Ore, Vicolo Scutellari, 1 (✆ 0521 28 26 32), près de la P. del Duomo. Des plats délicieux à savourer dans une salle éclairée aux chandelles. Service attentionné et discret. *Primi* 11-15 €, *secondi* 14-22 €. Ouvert Lu-Sa 12h30-14h30 et 19h30-22h30. Cartes Visa, MC, AmEx. ❖❖❖❖

VISITES

❤ **LA CATHÉDRALE ET LE BAPTISTÈRE.** Le **duomo** roman du XIe siècle recèle de vrais chefs-d'œuvre, notamment le bas-relief de *La Descente de la Croix* de Benedetto Antelami (1178) et le trône épiscopal qui repose sur des colonnes. La coupole intérieure est décorée de fresques aux couleurs remarquables, œuvres du Corrège représentant l'ascension triomphale de la Vierge vers le paradis. Le baptistère, édifié à une période architecturale charnière, constitue une transition entre le roman et le gothique. Cet édifice en marbre rose et blanc est remarquable pour ses portails sculptés et ses fresques intérieures du XIIIe siècle. *(Piazza del Duomo. Depuis la Piazza Garibaldi, suivez la Strada Cavour en direction de la gare et prenez la quatrième à droite, la Strada del Duomo. ✆ 0521 23 58 86. Ouvert tlj 9h-12h30 et 15h-19h. Baptistère ouvert tlj 9h-12h30 et 15h-19h. Entrée 2,70 €, tarif réduit 1,50 €.)*

LE PALAIS DE LA PILOTTA. L'imposant **Palazzo della Pilotta** est le gardien des trésors artistiques de Parme. Il fut construit en 1602 par les ducs de Farnèse pour asseoir leur autorité sur Parme. Ces derniers firent également édifier la **Cittadella** à l'autre bout de la ville (un parc à l'heure actuelle), dans le but d'unifier la cité. Aujourd'hui, le palais abrite plusieurs musées, dont le plus important est la **Galleria nazionale**. Vous pourrez admirer de très belles œuvres, notamment la *Testa di una Fanciulla*, ("Portrait d'une jeune fille") de Léonard de Vinci. De la galerie, rendez-vous au très vaste **théâtre Farnèse**, qui fait aussi partie du palais. Cette élégante salle, toute en bois, fut initialement construite en 1615 sur le modèle du théâtre Olympique de Vicence, conçu par Palladio. Laissé à l'abandon, le théâtre fut complètement ravagé par une bombe en 1944, puis reconstruit en 1956. *(Piazza della Pilotta. A partir de la Piazza del Duomo, empruntez la Strada del Duomo, passez la Strada Cavour, puis continuez dans la Strada Piscane. Il suffit de traverser*

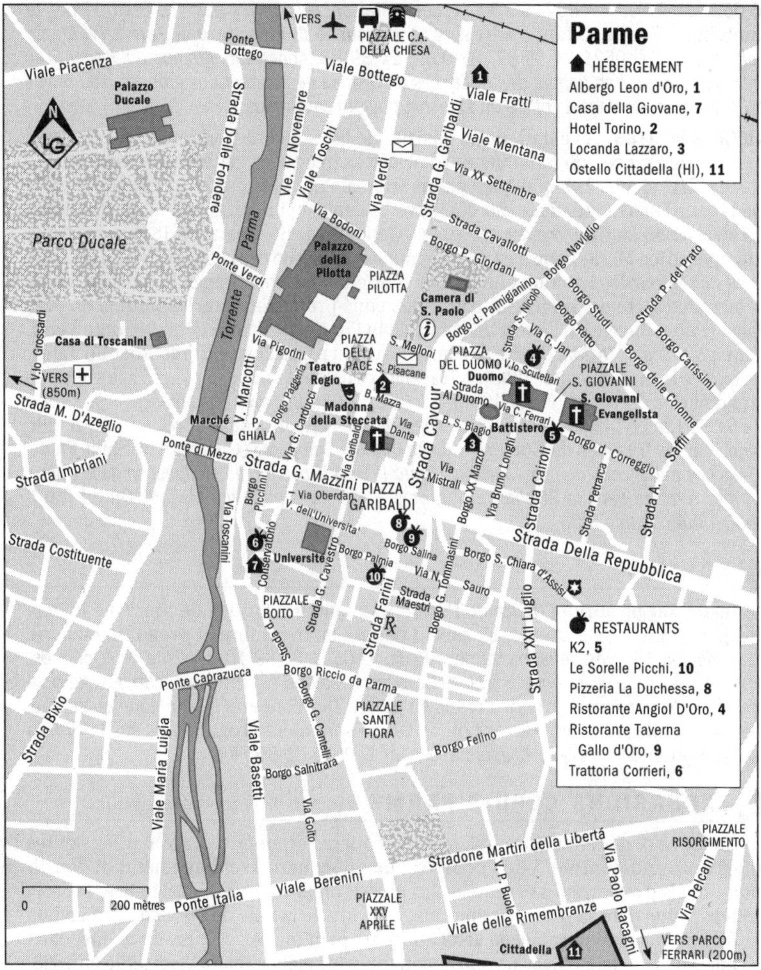

la Piazza della Pace pour arriver à la Piazza della Pilotta. Galleria nazionale © 0521 23 33 09. Ouvert Ma-Di 8h30-14h. Entrée au théâtre 2 €, étudiant 1 €. Entrée Théâtre et musée 6 €, étudiants 3 €.) Le Palazzo della Pilotta abrite également le grand **Museo archeologico nazionale** (le musée national des Antiquités). Vous y verrez toutes sortes d'objets et des œuvres d'art (pièces de monnaie, bronzes et sculptures…) d'origines égyptienne, grecque, étrusque et romaine. *(© 0521 23 37 18. Ouvert Ma-Di 8h30-19h30. Entrée 2 €, étudiants 1 €.)*

L'ÉGLISE SAN GIOVANNI EVANGELISTA. La coupole de l'église est décorée de fresques du Corrège. La première, la deuxième et la quatrième chapelle du bas-côté gauche abritent des fresques du Parmesan (XVIe siècle). *(Piazza San Giovanni, derrière la cathédrale. © 0521 23 55 92. Ouvert Lu-Sa 8h-11h45 et 15h-18h45, Di 8h-12h45 et 15h-19h45.)*

LA FABRICATION DU PARMESAN ET DU JAMBON. Si vous êtes intéressé par les méthodes de fabrication du parmesan (l'inverse serait étonnant !), vous pouvez contacter le **Consorzio del Parmigiano Reggiano**, en vous y prenant à l'avance, afin de convenir d'une visite, toujours suivie d'une dégustation. *(V. Gramsci, 26c.*

© 0521 29 27 00, fax 0521 29 34 41. Les visites ont lieu Lu-Ve à partir de 8h30.) Pour le jambon de Parme, il faut s'adresser au **Consorzio di Prosciutto di Parma** *(V. Marco dell'Arpa, 8b. © 0521 24 39 87, fax 0521 24 39 83. Appelez longtemps à l'avance. Les usines se trouvent en dehors de la ville. Les excursions nécessitent des groupes d'au moins 10 personnes. Contactez l'office du tourisme pour en savoir plus.)*

AUTRES VISITES. A l'extérieur du quartier de la cathédrale, on retrouve un certain "parfum de France", dû à l'influence française exercée dans cette région entre le XVIe et le XVIIIe siècle. Les quelques palais français qui ont résisté aux ravages de la Deuxième Guerre mondiale ont conservé l'élégance et le raffinement que Stendhal décrivait dans *La Chartreuse de Parme*. Conquis par Bonaparte en 1801, puis donné à l'impératrice Marie-Louise en 1815, le duché de Parme ne devint italien qu'en 1860. Très aimée par les habitants de Parme, Marie-Louise encouragea la musique et les beaux-arts. Détente assurée si vous allez vous promener dans les jardins du **Parc ducal** (Parco ducale), à l'ouest du palais de la Pilotta, de l'autre côté du Ponte Verdi. *(Ouvert Mai-Sep tlj 7h-24h, Oct-Avr 7h-20h.)* Au sud du parc, dans le Borgo Rodolfo Tanzi, on trouve la maison natale d'**Arturo Toscanini** et un petit **musée** consacré à la vie de ce grand chef d'orchestre (1867-1957). *(© 0521 28 54 99, www.museotoscanini.it. Ouvert Ma-Sa 9h-13h et 14h-18h. Entrée 2 €.)* Si vous êtes encore vaillant, retournez en ville pour voir les fresques du Corrège dans la **Camera San Paolo** (Chambre de Saint-Paul). *(Dans une petite cour, derrière la poste. Prenez la Strada del Duomo en direction de la rivière, tournez à droite dans la Strada Cavour, puis à gauche dans la Via Melloni. Ouvert Ma-Di 8h30-13h45. Entrée 2 €.)*

SORTIES

Le **Teatro Reggio** abrite l'**Opéra** de Parme. Demandez à l'office de tourisme le prix des places les moins chères. La saison débute en décembre et prend fin en avril. *(V. Garibaldi, 16, près de la Piazza della Pace. © 0521 21 89 10. La visite de l'Opéra est gratuite, mais vous devez appeler avant.)* Lorsque la saison est finie au Teatro Reggio, le **festival E'Grande Estate** prend le relais en juillet. Des concerts de musique classique, des opéras, des concerts de jazz ou du tango sont alors programmés sur la Piazza della Pilotta. *(Billets 10-15 €. Informations au © 0521 21 86 78.)*

EXCURSIONS DEPUIS PARME

Les amoureux d'architecture italienne et d'opéra seront enchantés par les petites villes autour de Parme. Vous pourrez ainsi découvrir le village natal de Verdi, modeste fils d'aubergistes devenu le plus grand compositeur d'opéras italien. **Roncole Verdi** est situé dans la plaine parmesane, à 3,5 km de la ville de **Busseto** (à 1h en bus de Parme). La **maison natale de Verdi** abrite un petit musée. A Busseto même, dans les murs de l'ancienne **Rocca**, vous découvrirez le célèbre **Teatro Verdi**, créé en 1868. Vous en voulez encore ? Allez à **Sant'Agata** (accessible avec le même bus). Considéré comme un "débauché" à Busseto car il vivait avec sa diva, Verdi décida de s'établir à 3 km de là, à Sant'Agata, à la frontière de la province de Parme et de celle de Plaisance. C'est dans la **Villa Sant'Agata** que le compositeur se reposait, loin des mauvaises langues et de l'animation milanaise. Vous pouvez en visiter certaines pièces, conservées à l'identique depuis la mort de Verdi en 1901.

PLAISANCE (PIACENZA) ©0523

Plaisance est l'une des plus agréables petites villes que vous aurez l'occasion de visiter. Peu fréquentée par les touristes, elle vient d'être élue l'une des villes les plus accueillantes du pays. Avec ses remarquables monuments du Moyen Age et de la Renaissance, elle constitue une halte idéale sur la route de Parme, de Bologne ou de Milan.

TRANSPORTS

Train : P. Marconi. Consigne disponible. Plaisance est située sur la ligne principale du train qui va de **Bologne** (1 dép/h, durée 1h30, 7,35 €) à **Milan** (1 dép/h, durée 1h, 4,60 €) et sur la ligne secondaire qui rejoint **Turin** (9 dép/j, durée 2h, 9 €), via **Alessandria**.

Taxi : © 0523 59 19 19. Beaucoup de taxis attendent autour de la gare.

ORIENTATION ET INFORMATIONS PRATIQUES

Depuis la gare, pour vous rendre **Piazza del Duomo**, longez le côté gauche du parc dans le Viale delle Mille et tournez à droite au bout du parc dans la Via Giulio Alberoni. Tournez de nouveau à droite dans la Via Roma puis à gauche dans la Via Daveri, qui mène directement à la place. De là, la Via XX Settembre vous conduit à la **Piazza dei Cavalli**.

Offices de tourisme : **IAT**, P. dei Cavalli, 7 (©/fax 0523 32 93 24, www.comune.piacenza.it). Depuis la gare, traversez le parc et prenez à gauche le Viale delle Mille. Passez deux rues et tournez à droite dans la Via Roma. Continuez à marcher et tournez à gauche dans la Via Cavour. Traversez la Piazza dei Cavalli en passant à gauche du Palazzo del Comune (le grand bâtiment derrière les statues de cavaliers). Vous y êtes ! Ouvert Ma-Sa 9h30-12h30 et 15h-18h. **Ufficio Relazione con il Pubblico**, P. dei Cavalli, 2 (© 0523 49 22 24).

Ambulances : © 118. **Hôpital** : **Ospedale Civile Da Piacenza**, V. G. Taverna, 49 (© 0523 30 11 11).

Bureau de poste : V. Sant'Antonio, 38-40 (© 0523 31 64 11). Ouvert Lu-Sa 8h-18h30. **Code postal** : 29100.

HÉBERGEMENT ET RESTAURANTS

Les logements peu onéreux se trouvent aux abords du centre historique. Situé au-dessus d'un café, l'**Hôtel Astra**, V. Boselli, 19, propose 10 chambres modestes mais très propres. (© 0523 45 70 31. Réception ouverte 24h/24. Réservation fortement recommandée. Chambre simple 26 €, chambre double 34 €.) La **Protezione delle Giovane**, V. Tempio, 26 (© 0523 32 38 12), est proche du centre-ville. Depuis la Piazza dei Cavalli, descendez à gauche le Corso Vittorio Emanuele. La Via del Tempio est la troisième à droite. Entretenues par des religieuses, les 15 chambres sont impeccables, tout comme l'âme des clientes sauvées du péché par un couvre-feu à 22h30. (Exclusivement réservé aux femmes. Chambre simple ou double 23 €, avec petit déjeuner 25 €.)

Comme dans beaucoup de villes italiennes, les magasins de spécialités alimentaires abondent. Vous pouvez faire vos courses sur les marchés, le long de la **Via Calzolai**, près du centre. Le **marché** se tient le mercredi et le samedi matin sur la Piazza del Duomo et sur la Piazza dei Cavalli dans le centre historique. Parmi les spécialités locales, on retiendra les *tortelli* farcis aux épinards et à la *ricotta*, et les *pisarei e faso*, une soupe consistante à base de haricots et de petits pois. On trouve aussi des produits à base de *cavallo* (cheval) : avis aux amateurs ! L'**Osteria del Trentino**, V. del Castello, 71 (© 0523 32 42 60), près de la Piazza Borgo, est un charmant restaurant avec une terrasse dans le jardin et un personnel tout aussi charmant. Les *tortelli ricotta e spinaci* sont la spécialité de la maison (6,50 €). (*Primi* 5,50 €, *secondi* 6,50 €. Ouvert Lu-Sa 12h-15h et 20h-24h. Cartes Visa, MC, AmEx.) **Trattoria-Pizzeria dell'Orologio**, P. del Duomo, 38 (© 0523 32 46 69), est un régal pour les amateurs de pizza et de cuisine traditionnelle, à l'ombre de la cathédrale. (Ouvert 12h-14h30 et 18h30-0h30, fermé Je. Cartes Visa, MC, AmEx.)

VISITES

LA PIAZZA DEI CAVALLI. La place centrale, la Piazza dei Cavalli, doit son nom à ses deux imposantes statues équestres datant du XVIIe siècle, œuvres de Francesco

Mochi. Les chevaux ont une telle puissance qu'ils semblent dominer leurs prestigieux cavaliers, les ducs Rannucio Ier et Alexandre Farnèse, père du premier. Le joyau de cette place est le **Palazzo del Comune**, de style gothique (également appelé **Il Gotico**). Ce palais datant de 1280 a été construit à l'époque où Plaisance dirigeait la puissante Ligue lombarde (groupement commercial de villes-Etats du nord de l'Italie). Depuis la Piazza dei Cavalli, prenez la Via XX Settembre jusqu'à la **cathédrale**, construite entre 1122 et 1233. A l'intérieur, à droite de l'autel, se trouve la dépouille de Giovanni Battista Scalabrini. La nef de la cathédrale est d'une grande simplicité, mais la **crypte**, véritable forêt de fines colonnes, est l'une des plus belles et des plus impressionnantes d'Italie. Au centre sont conservés les ossements de Santa Giustina. *(Ouvert tlj 7h30-12h et 16h-19h.)*

LE PALAIS FARNÈSE. Le **Palazzo Farnese** se trouve sur la Piazza Cittadella, au bout du Corso Cavour en partant de la Piazza dei Cavalli. Il abrite le **Museo civico**, la **pinacothèque** et le **Museo delle Carrozze** (carrosses du XVIIIe et du XIXe siècle) Le joyau de la pinacothèque est une fresque de Botticelli représentant la naissance du Christ. *(✆ 0523 32 69 81. Ouvert Ma-Je 8h45-13h, Ve-Sa 8h30-13h et 15h-18h, Di. 9h30-13h et 15h-18h. Entrée pour le Museo civico et la pinacothèque 4,20 €, pour le Museo delle Carrozze 2,10 €, pour les trois 5,25 €, étudiants 4,20 €.)* La **Galleria Ricci Oddi** présente une collection d'art contemporain dont des œuvres de Hayez. *(V. San Siro, 13. ✆ 0523 207 42. A partir de la Piazza dei Cavalli, prenez le Corso Vittorio Emanuele et tournez à gauche dans la Via San Siro. Ouvert Ma-Sa 10h-12h et 15h-18h.)*

RAVENNE (RAVENNA) ✆ 0544

Après avoir admiré de nombreuses fresques, venez à Ravenne pour goûter au plaisir de contempler ses mosaïques dorées. En 540, Ravenne tombe sous l'autorité de l'Empire byzantin alors gouverné par Justinien et sa femme Théodora. Cette période grandiose et troublée prend fin en 751 avec l'invasion des Lombards. Mais Ravenne conserve certains des plus beaux exemples d'art byzantin après Istanbul. Les touristes lettrés se rendent aussi à Ravenne pour y voir la tombe de Dante, convoitée par les habitants de Florence, la ville natale de l'illustre poète, qui doivent se contenter d'un tombeau vide.

TRANSPORTS

Train : P. Farini. Guichet ouvert tlj 6h-20h30. Consigne disponible. Destinations : **Bologne** (1 dép/1-2h de 5h05 à 20h34, durée 1h, 4 €), **Rimini** (1 dép/h de 5h25 à 21h35, durée 1h, 2,80 €), **Ferrare** (1 dép/h, durée 1h, 4,10 €) avec correspondance pour **Florence** et **Venise**.

Bus : P. Farini. Les bus **ATR** (réseau régional) et **ATM** (réseau municipal) partent devant la gare ferroviaire pour les villes balnéaires de la côte comme **Lido di Classe** (2,10 €) et **Marina di Ravenna** (1 €). Billets en vente au guichet ATM (indiqué "Punto") de l'autre côté de la place (billet pour touristes valable 3 jours 3 €). Il est plus prudent d'acheter un billet aller-retour. Guichet ouvert en été, Lu-Sa 6h30-20h30 et Di. 7h-20h30. En hiver, Lu-Sa 6h30-19h30 et Di. 7h30-19h30.

Taxi : **Radio-taxi** (✆ 0544 338 88), sur la Piazza Farini, en face de la gare ferroviaire. Service 24h/24.

Location de vélos : A gauche en sortant de la gare, sur la Piazza Farini. 1,03 € l'heure, 7,75 € la journée. VTT 1,55 € l'heure. Ouvert Lu-Sa 6h15-20h. Des bicyclettes gratuites peuvent être empruntées aux stands "Family Bike" disséminés dans la ville.

ORIENTATION ET INFORMATIONS PRATIQUES

La gare est située sur la **Piazza Farini**, à l'est de la ville. Depuis la gare, le **Viale Farini** mène à la **Via Diaz**, qui permet de rejoindre la **Piazza del Popolo**, dans le centre-ville.

Office de tourisme : V. Salara, 8 (© 0544 354 04), sur la Piazza del Popolo. Prenez la Via Muratori jusqu'à la Piazza XX Settembre, puis la Via Matteotti à droite. Au bout de cette rue, tournez à gauche dans la Via Cavour puis prenez la première à droite. Vous y êtes ! Informations et plans très utiles. Ouvert en été, Lu-Sa 8h30-19h et Di. 10h-16h. En hiver : Lu-Sa 8h30-18h et Di. 10h-16h.

Urgences : © 113. **Urgences médicales** : © 118.

Hôpital : **Santa Maria delle Croci**, V. Randi, 5 (© 0544 40 91 11). Prenez le minibus n° 2 à partir de la gare.

Police : **Questura**, V. Berlinguer, 20 (© 0544 29 91 11).

Internet : **Biblioteca Oriani**, V. Baccarini, 3. De la P. del popolo, tournez à gauche sur la V. Cairoli, repiquez à droite sur la P. Caduti et continuez tout droit jusqu'à V. Baccarini. 2,07 € l'heure. Ouvert Lu-Ve 8h30-19h, Sa 8h30-13h30. Fermé de fin juillet à mi-août.

Bureau de poste : P. Garibaldi, 1 (© 0544 24 331), près de la Via Diaz avant la Piazza del Popolo. C'est un grand immeuble en brique en face du Teatro Dante Alighieri. Ouvert Lu-Ve 8h15-18h30 et Sa. 8h-12h30. **Code postal** : 48100.

HÉBERGEMENT ET CAMPING

Albergo Al Giaciglio, V. Rocca Brancaleone, 42 (© 0544 394 03). Prenez le Viale Farini, puis tournez à droite de l'autre côté de la Piazza Mameli. Cet hôtel, récemment rénové, à prix modérés, est la meilleure adresse de la ville. 18 chambres propres avec moquette et lambris. Restaurant au rez-de-chaussée. Chambre simple 33 €, avec salle de bains 36 €, chambre double 42 €, avec salle de bains 52 €, chambre triple 55 €, avec salle de bains 65 €. Cartes Visa, MC. ❖❖❖

Residenza Galletti Abbiosi, V. Roma, 140 (© 0544 21 51 27). Ce fut jadis l'orphelinat de Ravenne. C'est aujourd'hui un hôtel plutôt confortable. Les chambres ont la clim. et une salle de bains. Les parties communes sont très spacieuses. Petit déjeuner inclus. Réception Lu-Ve 8h-12h30 et 15h-18h30, Sa-Di 8h-12h et 15h-18h. Chambre simple 47 €, double 90 €, triple 129 €. Cartes Visa, MC, AmEx. ❖❖❖❖

Ostello Dante (HI), V. Nicolodi, 12 (©/fax 0544 42 11 64). Prenez le bus n° 1 ou n° 70 depuis le Viale Pallavicini, à la gare (1 dép/30 mn de 6h30 à 20h, 1 dép./h de 20h30 à 23h30). Auberge de jeunesse propre et simple, dans la périphérie est. Distributeurs de boissons, télévision câblée et accès Internet. Les lits sont dignes du premier cercle de l'enfer cher à Dante : les matelas défoncés sont assez inconfortables, mais pas au point de vous tourmenter toute la nuit. Réception ouverte tlj 7h-10h et 17h-23h30. Fermeture des portes 10h-17h. Couvre-feu à 23h30. 140 lits, 4-6 lits par chambre. Dortoir 13 €, chambre familiale 14 € par personne. Petit déjeuner compris. Accessible aux handicapés. Cartes Visa, MC. ❖

Hôtel Ravenna, V. Maroncelli, 12 (© 0544 21 22 04, fax 0544 21 20 77), à droite en sortant de la gare, à gauche de la rue. 26 chambres propres avec sol carrelé, télévision et téléphone. Agréable salle de télévision au rez-de-chaussée. Accessible aux handicapés (ascenseur). Parking privé. Chambre simple 45 €, chambre double 65 €. Cartes Visa, MC. ❖❖❖❖

Adriano, V. di Campeggio, 7 (© 0544 43 72 30), à Marina di Ravenna, à 8 km du centre. Le bus n° 1 s'y rend depuis la gare ferroviaire. Un camping quatre-étoiles près d'une plage publique. Electricité, billard et terrain de football. Réservation nécessaire pour les bungalows. Réception ouverte 8h30-13h et 15h-21h. Ouvert mi-avril à mi-septembre. 3,80-9 € par personne, 7-15 € par tente. Cartes Visa, MC. ❖

RESTAURANTS

La cuisine traditionnelle n'est pas très bon marché à Ravenne. Vous pouvez aller au **supermarché Coop**, V. Aquileia, 110 (ouvert Lu. 15h30-20h et Ma-Sa 8h-20h). Le **marché couvert** se trouve sur la Piazza Andrea Costa, en remontant la Via IV Novembre depuis la Piazza del Popolo (ouvert Ma-Je et Sa 7h-14h, Ve 7h-14h et 16h-19h).

❤ **Cà de' Ve'n**, V. Ricci, 24 (✆ 0544 30 163). De la P. Garibaldi, tournez à droite sur la V. Gordini puis à gauche sur la V. Ricci. Cette *osteria* du XVIe siècle, avec son plafond richement décoré, se fait l'écho de l'héritage byzantin de Ravenne. Le menu de pâtes change tous les jours. Vin au verre à partir de 2 €. Ouvert Ma-Di 11h-16h15 et 18h-22h. Cartes Visa, MC, AmEx. ❖❖

Ristorante L'Oste Bacca, V. Salara, 20 (✆ 0544 353 63). Fruits de mer, pâtes, poissons, viandes et légumes, préparés avec talent. Goûtez la spécialité maison, les *tortellaci di ortica* (pâtes fourrées au fromage et servies avec du poisson et des tomates). *Primi* 5,16-7,32 €, *secondi* 7,32-14,46 €. Couvert 1,55 €. Ouvert Me-Lu 12h-14h30 et 19h-22h30. Cartes Visa, MC, AmEx. ❖❖

Gelateria Nuovo Mondo, V. Farini, 60. Pour un cornet géant de *gelato* (1,50 €).

VISITES

POUR NE RIEN MANQUER La **Carte Ravenna** offre l'accès à six musées et monuments : le Museo Arcivescovile, le Battistero Neoniano, la Basilica di Spirito Santo, la Basilica di Sant'Apollinare Nuovo, la Basilica di San Vitale et le Mausoleo di Galla Placidia. Il n'est pas possible d'acheter son billet isolément pour un site. Du 16 juin à février, la carte coûte 6,50 € (pour les étudiants 5,50 €). Du premier mars au 15 juin 8,50 € (étudiants 7,50 €.) Elle s'achète sur n'importe lequel des sites concernés.

❤ **LA BASILIQUE SAN VITALE ET LE MAUSOLÉE DE GALLA PLACIDIA.** A l'extérieur comme à l'intérieur, la **Basilica di San Vitale**, qui date du VIe siècle, est un véritable chef-d'œuvre. Pour pénétrer dans l'église, il faut traverser une cour envahie par la verdure. Autrefois considérées comme la *biblia pauperum* ("bible du pauvre"), ces mosaïques remplaçaient l'écrit. Celles qui se trouvent à gauche de l'abside représentent deux événements de la vie d'Abraham : l'une dépeint le moment où il apprend la grossesse de sa femme, tandis que l'autre représente l'intervention divine au moment où il va sacrifier son fils Isaac. Les ❤ **mosaïques** les plus connues, où figurent l'empereur Justinien et l'impératrice Théodora, ornent respectivement le bas des panneaux gauche et droit de l'abside. Les scènes représentées dans l'abside sont typiques du style byzantin, avec des sujets aux corps rigides qui se détachent sur un fond doré. *(V. San Vitale, 17. Prenez la Via Argentario par la Via Cavour. ✆ 0544 21 62 92. Ouvert Avr-Sep, tlj 9h-19h ; Oct-Mars 9h30-16h30.)* Vous pourrez admirer les mosaïques les plus anciennes et les plus intéressantes de Ravenne dans le **mausolée de Galla Placidia**. Une représentation de Jésus en berger décore le mur supérieur, au-dessus de la porte. Il est figuré penché sur son bâton en forme de croix, en train de caresser un mouton. *(Derrière la basilique. Mêmes horaires d'ouverture que ceux de la basilique, entrée comprise avec le billet pour la basilique.)*

❤ **L'ÉGLISE SAINT-APOLLINAIRE DE CLASSE.** Les mosaïques qui ornent l'intérieur de la **Chiesa di Sant'Apollinare in Classe**, qui date du VIe siècle, sont somptueuses. Dans l'abside, l'une représente un Christ en majesté entouré d'anges, tandis que l'autre, une splendide croix dorée, se détache sur un fond azuréen. Saint Apollinaire apparaît dans la partie inférieure, entouré des douze apôtres. *(A Classe, à 5 km de la ville. Prenez le bus n° 4 ou n° 44 depuis la gare. ✆ 0544 47 35 69. Ouvert Lu-Sa 8h30-19h30 et Di. 9h-13h. Entrée 2 €, gratuit le Di de 9h à 13h.)*

LA TOMBE DE DANTE ET LE MUSÉE DANTE. Au grand dam des Florentins, dont la cité a vu naître le poète, un des monuments les plus visités de Ravenne est la **tombe de Dante** (1265-1321). Au **musée Dante**, vous pourrez voir la bibliothèque de l'écrivain, qui contient la bagatelle de 18 000 livres, et une collection d'interprétations de ses *Canti*. *(La tombe et le musée se trouvent dans la Via Dante Alighieri. A partir de la Piazza del Popolo, traversez la Piazza Garibaldi pour arriver à la Via Dante Alighieri. Accès à la tombe*

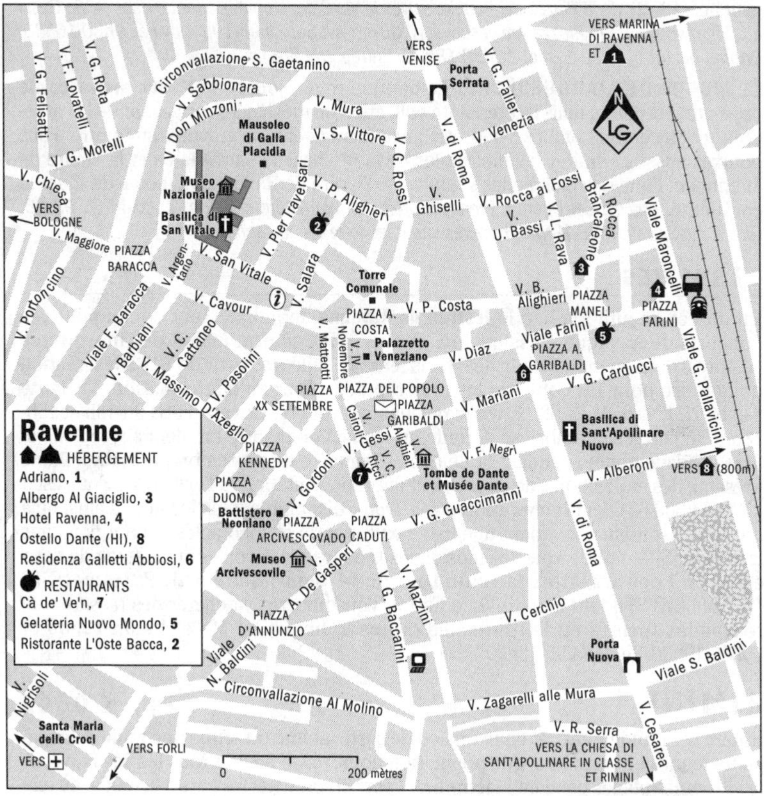

tlj 9h-19h. Entrée libre. Musée © 0544 33 667. Ouvert Avr-Sep Ma-Di 9h-19h ; Oct-Mars 9h-12h et 14h-17h. Entrée 2 €.)

LA BASILIQUE SANT'APOLLINARE NUOVO. Cette basilique s'élève à côté d'une tour ronde en brique. Ses fenêtres sont voûtées et son mortier est fait de coquillages écrasés. Datant du VIe siècle, l'édifice passa aux mains de l'Eglise catholique moins de 40 ans après sa construction. Les mosaïques des côtés de l'aile centrale représentent des saints et des prophètes, tandis que celles de l'abside centrale racontent les miracles de Jésus. *(V. di Roma. Depuis la gare, suivez le Viale Farini et tournez à gauche dans la Via di Roma. Ouvert Avr-Sep tlj 9h-19h ; Oct-Mar 9h-12h et 14h-17h.)*

LE MUSÉE NATIONAL. Le **Museo nazionale** est installé dans le cloître de l'ancien couvent de San Vitale. Sa collection est constituée d'œuvres d'art des époques romaine, paléochrétienne, byzantine et médiévale. Il y a plusieurs choses à ne pas manquer, parmi lesquelles des objets en ivoire sculpté, des armes incrustées d'ivoire ainsi que des objets trouvés lors de récentes fouilles dans des sites funéraires de Classe. *(V. Fiandrini. On y accède par la porte située entre la basilique et le mausolée de Galla Placidia. © 0544 344 24. Ouvert Avr-Sep 9h-19h, horaires variables le reste de l'année. Entrée 4 €, étudiants 2 €.)*

LE BAPTISTÈRE NÉONIEN. Certains spécialistes pensent que le **Battistero neoniano**, le baptistère de la cathédrale, était autrefois un établissement thermal romain. Construite au Ve siècle, la coupole centrale représente le Christ immergé dans le Jourdain, avec saint Jean-Baptiste à sa droite et la personnification du fleuve à sa gauche. *(A partir de la Piazza del Popolo, suivez la Via Cairoli, prenez à droite dans la Via Gessi et dirigez-vous vers la Piazza Arcivescovado. Ouvert Avr-Sep tlj 9h-19h, Nov-Fév 9h30-16h30. Duomo ouvert tlj 7h30-12h et 15h30-18h30. Entrée gratuite.)*

LE MUSÉE DE L'ARCHEVÊCHÉ. Le baptistère qui jouxte le **Museo arcivescovile** présente une petite, mais intéressante collection de mosaïques provenant de la cathédrale, et un certain nombre d'impressionnants fragments de gravures sur pierre. Vous pourrez aussi y admirer les mosaïques de la ❤ **chapelle Sant'Andrea** et la chaire de Maximien, l'une des plus belles sculptures d'ivoire de Ravenne et même de toute la chrétienté. *(Piazza del Duomo. Prenez à droite du baptistère néonien. © 0544 21 99 38. Ouvert Avr-Sep tlj 9h30-18h30, horaires variables le reste de l'année.)*

SORTIES

En juin et en juillet a lieu le **festival de Ravenne**, mondialement connu pour ses concerts de musique classique où, depuis 1990, se produisent des interprètes célèbres, dont au moins deux des "trois ténors". Billets à partir de 10 €. Réservation obligatoire pour les concerts les plus réputés. (Bureau d'information, V. Dante Alighieri, 1. © 0544 24 92 11, www.ravennafestival.org. Ouvert Lu-Sa 9h-13h et 15h-18h.) De juin à septembre se déroule un festival de théâtre en plein air, le **Bella di Sera.** Chaque année, pendant la deuxième semaine de septembre, le **festival Dante** présente des expositions, des lectures et des représentations à l'église San Francesco (© 0544 302 52). La brochure *Ravenna Oggi*, disponible dans les hôtels ainsi qu'à l'office de tourisme, contient une liste des concerts et spectacles qui ont lieu dans la région. Si le fait de voir des mosaïques tous les jours vous donne envie de vous essayer à cet art, allez faire un tour au ❤ **Colori-Belle Arti**, P. Mameli, 16 (© 0544 373 87), non loin du Viale Farini. Vous pourrez y acheter des *tesserae* de toutes les formes et de toutes les tailles. (Ouvert Lu-Me et Ve 9h-12h30 et 16h30-19h30, Je et Sa 9h-12h30.)

RIMINI © 0541

Rimini est rapidement devenue un lieu de sortie animé où afflue une foule de voyageurs jeunes et branchés. Une population nombreuse mêlant tous les âges investit la ville et les plages pendant la journée, et sort le soir dans les bars à la mode, où elle reste souvent jusqu'au petit matin. Dans la rue principale, vous trouverez une concentration de toutes les activités que Rimini a à offrir : galeries marchandes, discothèques et pubs. Le soir, la rue s'anime et l'on peut voir des mères de famille en talons hauts avec leurs poussettes, des caricaturistes, et des adolescents à la chevelure gominée qui vont et viennent de boîte en boîte. Si vous aspirez à des loisirs plus culturels (et moins bruyants), allez visiter le centre historique, moins fréquenté. Vous pourrez vous promener à travers les rues médiévales de la ville, à l'ombre du temple de Malatesta et des vestiges romains. Sinon, vous pouvez toujours suivre les panneaux indiquant "al mare" en direction de la plage de sable fin.

TRANSPORTS

Avion : **Miramare Civil Airport**, V. Flaminia (© 0541 71 57 11). Majorité de vols charters. Il dessert la plupart des grandes villes européennes. Les prix des vols sont variables. Le bus n° 9, qui démarre en face de la gare, de l'autre côté de la rue, vous conduit à l'aéroport (1 dép/20 mn, 1 €).

Train : Ple Cesare Battisti et V. Dante Alighieri. Rimini est un arrêt important sur la ligne de chemin de fer Bologne-Lecce. Consigne disponible. Destinations : **Ancône** (1-2 dép/h, durée 1h, 4,65 €), **Bologne** (1-3 dép/h, durée 1h30, 6,35 €), **Milan** (1-2 dép/h, durée 3h, 15,44 €) et **Ravenne** (1-2 dép/h, durée 1h, 2,80 €).

Bus : Gare routière interurbaine **TRAM**, V. Roma (© 0541 30 05 33), à l'angle de la Piazza Clementini, à quelques centaines de mètres de la gare. A partir de la gare, suivez la Via Dante Alighieri et prenez la première à gauche. Bus à destination des villes intérieures.

Billet 2,84 € pour 24h. Guichet ouvert Lu-Sa 7h15-12h30 et 14h30-18h30. Les bus des compagnies **Fratelli Benedettini** (✆ 0549 90 38 54) et **Bonelli Bus** (✆ 0541 37 34 32) proposent le service le plus pratique pour aller à **Saint-Marin** (11 dép/j de 7h30 à 19h, durée 50 mn, 3,36 €). Les bus partent de la Piazza Tripoli (bus n° 11, arrêt 14) et de la gare. Il est préférable de monter à la Piazza Tripoli car la foule y est moindre qu'à la gare.

Location de voitures : **Hertz**, V. Trieste, 16a (✆ 0541 531 10). Près de la plage, vers le Viale Vespucci (bus n° 11, arrêt 12). Ouvert Lu-Sa 8h30-13h et 15h-19h30.

Location de vélos : V. Fiume, accessible par le Viale Vespucci (bus n° 11, arrêt 12). 3 € l'heure.

Location de scooter, P. Kennedy, 6 (✆ 0541 39 10 72). A partir de 13 € l'heure. Ouvert Avr-Oct tlj 9h-24h.

ORIENTATION ET INFORMATIONS PRATIQUES

Pour vous rendre à la plage depuis la gare, située sur le **Piazzale Battisti** (15 mn à pied), prenez à droite juste en sortant, tournez à droite de nouveau sous le tunnel jusqu'à la flèche jaune indiquant "al mare", puis prenez le **Viale Principe Amadeo**. Le **Viale Amerigo Vespucci**, qui devient le **Viale Regina Elena**, longe le bord de mer. Vous pouvez aussi prendre le bus n° 11 (1 dép/15 mn de 5h30 à 2h) qui vous mène à la plage depuis la gare et continue ensuite dans le Viale Amerigo Vespucci et dans le Viale Regina Elena. Les arrêts de bus sont numérotés, ce qui facilite le voyage. Achetez des billets (1 € le trajet ou 3 € la journée) au kiosque situé en face de la gare ou dans les bureaux de tabac. Pour rejoindre le quartier historique depuis la gare, prenez la **Via Dante Alighieri** (5 mn à pied) ou, à la plage, montez dans le bus n° 11. La **Via Dante Alighieri** devient la **Via IV Novembre**, laquelle conduit à la **Piazza dei Tre Martiri**. Le **Corso di Augusto**, qui court d'est en ouest, passe par cette place.

Offices de tourisme : **IAT**, Ple Battisti, 1 (✆ 0541 513 31, www.rimini-turismo.it), sur la gauche quand vous sortez de la gare. Accueil cordial. Ouvert en été Lu-Sa 8h30-19h et Di. 9h30-12h30. **Annexe**, P. Fellini, 3 (✆ 0541 569 02 ou 0541 565 98), près de la mer, au début de la Via Vespucci (bus n° 11, arrêt 10). Ouvert en été, tlj 8h-19h ; en hiver 9h-12h30 et 15h-20h. **Réservations d'hôtels Adria**, à la gare (✆ 0541 69 36 28, www.iperhotel.com). Service gratuit. Ouvert Lu-Sa 8h30-12h30 et 15h-18h, Di 8h30-12h30.

Voyages à prix réduit : **CTS**, **Grantour Viaggi**, V. Matteuci, 4 (✆ 0541 52 001), près de la Via Principe Amadeo. Billets, cartes ISIC et informations sur les voyages organisés. Ouvert Lu-Me et Ve 9h-12h et 15h30-18h30, Je 9h-16h, Sa 9h30-12h.

Consigne : Dans la gare ferroviaire. 2,10-3,20 € par 24h.

Laverie : Lavanderia Trieste Espress, V. Trieste, 16 (✆ 0541 26 764), au coin du Viale Vespucci (bus n° 11). 5 € pour 1 kg. Ouvert Lu-Ve 8h30-12h30 et 15h-19h30, Sa 8h30-12h30.

Urgences : ✆ 113. **Ambulances** : ✆ 118. **Police** : C. d'Augusto, 192 (✆ 0541 353 11 11).

Hôpital : **Ospedale Infermi**, V. Settembrini, 2 (✆ 0541 70 51 11).

Internet : **Central Park**, V. Vespucci, 21 (✆ 0541 37 44 50). Neuf ordinateurs dans l'arrière-salle, derrière le vidéo-club. 2 € les 25 mn.

Bureaux de poste : C. d'Augusto, 8 (✆ 0541 78 16 73), près de l'arc d'Auguste, non loin de la Piazza dei Tre Martiri. Ouvert Lu-Ve 8h-18h30 et Sa. 8h-12h30. **Code postal** : 47900.

HÉBERGEMENT ET CAMPING

Les réservations sont indispensables. L'office de tourisme vous fournit une liste complète des hôtels et des terrains de camping. De nombreux hôtels sont regroupés dans les petites rues qui donnent dans le Viale Amerigo Vespucci et dans le Viale Regina Elena, notamment entre les arrêts 12 et 20 du bus n° 11. Les prix sont plus élevés en août.

Hotel Cirene, V. Cirene, 50 (✆ 0541 39 09 04, www.hotelcirene.com). Bus n° 11, arrêt 13. De très belles chambres avec salle de bains et TV. Certaines ont un balcon. Petit déjeuner inclus. Demi-pensions et pension complète en option. Chambre simple 25-52 €, double 30-57 €. Cartes Visa, MC, AmEx. ❖❖❖

Saxon, V. Cirene, 36 (✆/fax 0541 39 14 00). Bus n° 11, arrêt 13. Prenez à gauche à la sortie du bus, tournez à droite dans la Via Misurata, puis à gauche dans la Via Cirene. C'est un petit hôtel 3 étoiles situé dans une rue calme. Jolies chambres bleues, toutes équipées de la télévision. Chambre simple 27,89-45,45 €, chambre double 51,65 €. Cartes Visa, MC, AmEx. ❖❖❖

Hôtel Italia, V. Misurata, 13 (✆ 0541 39 09 94). Bus n° 11, arrêt 13. 23 chambres très propres, toutes avec salle de bains. Petit déjeuner buffet inclus. Du 9 au 22 août, la demi-pension ou la pension complète sont obligatoires. Chambres 20-28 €. En août, demi-pension 41 €, pension complète 45 €. Supplément pour une chambre simple 7 €. Cartes Visa, MC. ❖❖❖

Albergo Filadephia, V. Pola, 25 (✆ 0541 236 79). Bus n° 11, arrêt 12. 20 chambres propres à des prix compétitifs. Les chambres doubles du premier étage bénéficient d'un balcon. Certaines chambres ont une salle de bains. Il est conseillé de réserver. Ouvert Avr-Sep. Chambres 17-30 €. Les prix varient selon les saisons. Cartes Visa, MC, AmEx. ❖❖

Quisisana, Vle Regina Elena, 41 (✆ 0541 38 13 85, www.quisisana-srl.it). Bus n° 11, arrêt 15. Ambiance quasi luxueuse et emplacement de choix, le tout à un prix relativement raisonnable. Télévision par satellite. La terrasse de devant est un endroit idéal pour observer l'agitation de la rue située en contrebas. Le restaurant au rez-de-chaussée sert une cuisine maison copieuse. Séjour de trois jours au minimum. Demi-pension 27-45 €, pension complète 30-49 €. Cartes Visa, MC, AmEx. ❖❖❖

Pensione Millefiori, V. Pola, 42 (✆ 0541 43 33 16, hpeonia@libero.it). Bus n° 11, arrêt 12. Une terrasse mène à un bar où le propriétaire vous servira du café. Pension familiale avec de grandes chambres et des lits douillets. Petit-déjeuner "américain" compris. Chambres 21-31 €. Demi-pension 28-91 €. ❖❖

Milord, V. Ariosto, 19 (✆ 0541 38 17 66, fax 0541 38 57 62), bus n° 11, arrêt 16. Adresse 3 étoiles dans une rue tranquille à l'écart du trafic. 38 grandes chambres avec une salle de bains, le téléphone, la télévision et, pour certaines, l'air conditionné. Restaurant au rez-de-chaussée. Chambres 20-35 €. Cartes Visa, MC, AmEx. ❖❖❖

Camping : **Maximum**, V. Le Principe di Piemonte, 57 (✆ 0541 37 26 02, fax 0541 37 02 71), bus n° 11, arrêt 33. Réception ouverte tlj 9h-22h. Ouvert Juin-Sep. 4-9 € par adulte, 9-16 € par tente, bungalow à partir de 41 €. Cartes Visa, MC. ❖

RESTAURANTS

Les restaurants du bord de mer sont plutôt aseptisés, mais vous pourrez trouver quelques snacks proposant une nourriture appétissante. Pour des repas plus complets, il vaut mieux se rendre dans le centre-ville. Le **marché couvert** de Rimini, entre la Via Castelfidardo et le temple, est très bien approvisionné. (Ouvert Lu., Me. et Ve-Sa 7h15-13h et 17h-19h30, Ma. et Je. 7h15-13h.) A la **rosticceria** du marché, vous pourrez manger des plats de fruits de mer à bons prix. Près de la plage, le **supermarché STANDA**, V. Vespucci, 133, pourvoira à tous vos pique-niques. (Ouvert tlj 8h-21h.)

Osteria Pizzeria Le Logge, V. Le Trieste, 5 (✆ 0541 55 978). Les dîners sont servis en terrasse. Le Chef prépare de succulents risotto – notamment aux asperges (5,40 €). Pizzas 3,20-7 €, pâtes 4,40-8 €. Ouvert tlj 19h-1h30. Cartes Visa, MC, AmEx. ❖❖

Ristorante-Pizzeria Pic Nic, V. Tempio Malatestiano, 30 (✆ 0541 219 16), près de la Via IV Novembre, au coin de la Via Giordano Bruno. Un rendez-vous d'habitués dans un décor surprenant. Enorme buffet avec de délicieuses spécialités. La *pizza bianco verde* (fromage

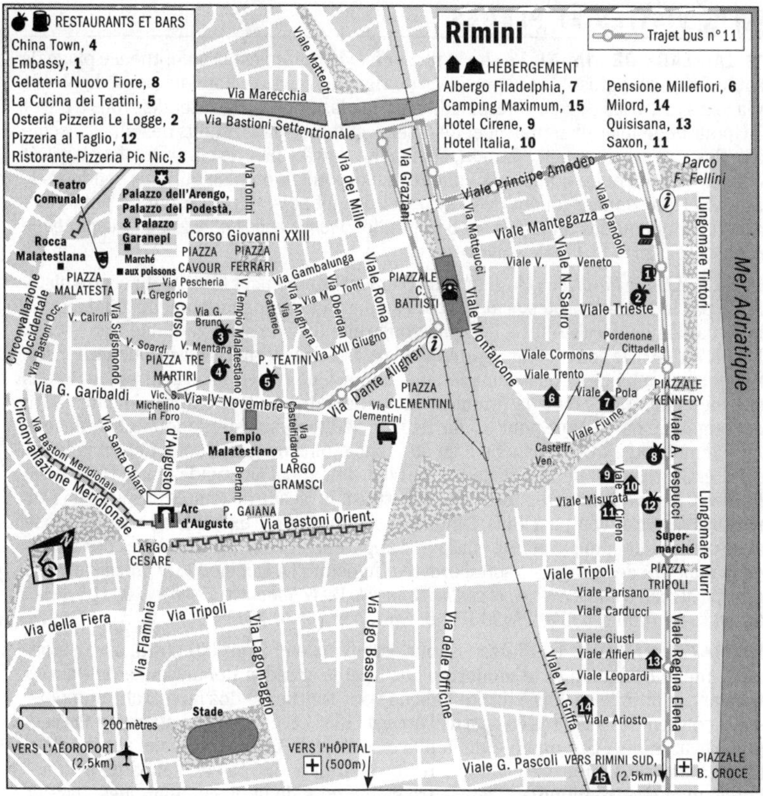

et herbes, 5,20 €) est succulente. *Primi* à partir de 6,20 €, *secondi* à partir de 7 €. Ouvert 12h-15h et 19h-1h. Cartes Visa, MC, AmEx. ❖❖

La Cucina del Teatini, P. Teatini, 3 (✆ 0541 28 008), près de la V. IV Novembre. Un endroit romantique à l'écart des foules. La décoration originale mêle des murs peints à l'éponge, des poteries et de l'art moderne. *Primi* 8-9 €, *secondi* 9-13,50 €. Ouvert Lu-Sa 12h30-14h30 et 19h30-22h30. Cartes Visa, MC, AmEx. ❖❖❖

Pizzeria al Taglio, V. Misurata, 5 (✆ 0541 39 28 78), près de la P. Kennedy. Des pizzas copieuses et appétissantes. Craquez pour la *caprese* (fromage, huile d'olive, basilic et tomates crues) ou pour la *diavoli* (mozzarella, tomates et salami). Pizzas 3-7 €. Ouvert tlj 12h-15h et 17h30-2h. ❖

China Town, V. San Michelino in Foro, 7 (✆ 0541 254 12). A partir de la gare, prenez la Via Dante Alighieri et poursuivez dans la Via IV Novembre. Tournez à droite dans la Via San Michelino in Foro, juste après le temple de Malatesta. Vous ne regretterez pas cette infidélité à la cuisine italienne... Essayez les bananes frites ou, si vous êtes vraiment curieux, la glace frite. Plats à partir de 3,10 €. Ouvert Lu 18h-23h30, Ma-Di 10h-15h et 18h-23h30. Cartes Visa, MC, AmEx. ❖

Gelateria Nuovo Fiore, V. Vespucci, 7 (✆ 0541 236 02). Une deuxième boutique se trouve au n° 85 de la même rue. Ce bar sert tous les parfums de glace imaginables dans un décor psychédélique bleu et rose. Donnez libre cours à votre gourmandise et goûtez les spécialités de la maison, comme le *tartuffo affrohgato alla kalua* (6,50 €). Ouvert Mars-Oct, tlj 8h-24h. ❖❖

VISITES ET PLAGES

❤ **LA PLAGE DE RIMINI.** Le site le plus prisé de Rimini est la somptueuse plage de sable fin, avec parasols et vaguelettes de rigueur. Si votre hôtel ne possède pas de plage privée, vous devrez vous installer sur la plage publique. Attendez-vous à payer 3 €pour bénéficier d'un transat et de divers équipements : terrains de volley, piscine à bulles, casiers, Internet… Le soir, l'action ne s'arrête pas, au contraire. La plage est bordée de bars et de nombreux concerts se déroulent en plein air. Les vendeurs le long du front de mer louent des kayaks et des jet skis, et proposent du parachute ascensionnel ou des plongées avec bouteille. *(Prenez le bus n° 11 et descendez entre l'arrêt 12 et l'arrêt 18.)*

LE TEMPLE DE MALATESTA. Il faut absolument commencer la visite du centre historique par le **Tempio malatestiano**, qui est l'un des plus beaux monuments du début de la Renaissance. L'église fut à l'origine construite dans le style gothique franciscain. De 1447 à 1460, le gouverneur Sigismond Malatesta transforma l'église pour abriter son tombeau et celui de sa quatrième femme, Isotta. On peut voir son portrait au-dessus des éléphants noirs dans la première chapelle à droite. Par la suite, Malatesta fut excommunié par le pape pour "meurtre, viol, adultère, inceste, sodomie, sacrilège et faux témoignage". Ce débauché n'en était pas moins un grand soldat et un mécène éclairé. Gouverneur de Rimini de 1417 à 1468, il fit appel au grand peintre Piero della Francesca et à l'architecte Alberti, qui construisit la façade du temple, inspirée de l'**arc romain d'Auguste** (voir plus loin). L'intérieur est un superbe exemple de style gothique avec un bas-côté unique et une charpente apparente. Les sculptures et les bas-reliefs de la majorité des chapelles sont l'œuvre d'Agostino Di Duccio. *(V. IV Novembre. De la gare, prenez la Via Dante Alighieri et continuez dans la Via IV Novembre (5 mn). ✆ 0541 511 30. Ouvert Lu-Sa 7h50-12h30 et 15h30-19h, Di. 9h-13h et 15h30-19h.)*

LA PIAZZA CAVOUR. La Piazza Cavour est un ensemble architectural assez étonnant, mêlant l'ancien et le moderne. Les hautes arcades Renaissance du **Palazzo Garampi**, le premier palais à droite lorsque vous tournez le dos au marché aux poissons, côtoient les austères **Palazzo dell'Arengo** (1207), à gauche, et **Palazzo del Podestà** (1334), au milieu. Sur un côté de la place se tient le **Teatro comunale**, perpendiculaire à la mairie. Ce théâtre en brique rose construit en 1857 a été bombardé pendant la Seconde Guerre mondiale. Sur le troisième côté de la place, boutiques, bars et bureaux sont regroupés autour de l'entrée du **marché aux poissons**, qui date de 1747. Aux coins du marché, on peut voir quatre dauphins en pierre qui alimentaient les petits canaux (encore visibles sous les bancs) utilisés pour nettoyer les poissons. Au centre de la place, on peut enfin découvrir une **fontaine** (1543) excentrique, tapissée de mousse, portant une inscription en hommage à Léonard de Vinci, et une statue du pape Paul V (1614) qui le représente richement vêtu, brandissant des aigles féroces. *(Depuis la gare, suivez la Via Dante Alighieri jusqu'à la Via IV Novembre. Une fois sur la Piazza dei Tre Martiri, prenez à droite le Corso di Augusto. Des expositions sont organisées au Palazzo del Podestà. Renseignez-vous auprès de l'office de tourisme.)*

L'ARC D'AUGUSTE. Cet arc romain triomphal (27 av. J.-C.) est le plus impressionnant vestige du passé glorieux de Rimini. Les colonnes à chapiteaux qui supportent le fronton sont décorées de médaillons représentant les visages de divinités latines. Aujourd'hui, l'arc sert de rond-point et d'entrée dans l'un des quartiers les plus animés du centre historique, la Piazza dei Tre Martiri. *(Suivez la Via IV Novembre jusqu'à la Piazza dei Tre Martiri et prenez à gauche dans le Corso di Augusto.)*

SORTIES

Rimini est en passe de devenir le rendez-vous de tous les amoureux de la fête. La ville est en outre réputée dans toute l'Europe pour être un ❤ **haut lieu de la drague**. Le soir, une bonne partie de l'action se passe sur le front de mer. Sur le **Viale Amerigo Vespucci** et le **Viale Regina Elena**, la traditionnelle *passegiata* se transforme en un défilé géant de "mateurs". Les centaines de discothèques de Rimini sont les plus grandes et les plus animées de toute l'Italie. Mais quantité ne rime pas avec variété. La plupart des boîtes de Rimini se ressemblent, avec leurs pistes multiples, ayant chacune leur style de musique, leur prix d'entrée exorbitant, et leur ambiance très chaude. Profitez des bons de réduction que l'on ne manquera pas de vous proposer lorsque vous passerez sur le Viale Vespucci et le Viale Regina Elena. Les femmes n'auront pas de mal à entrer gratuitement, ce qui constitue en soi un avertissement.

De mi-juillet à fin août, un service de **bus Bleus** (3 € la nuit) assure la liaison entre le centre-ville et les discothèques. La ligne bleue part de la gare et dessert les stations balnéaires environnantes, en suivant l'itinéraire du bus n° 11 qui passe par le Viale Vespucci et le Viale Regina Elena (1 dép/20 mn, durée 1h). Les billets s'achètent à bord. Dans le centre-ville, la vie nocturne se concentre sur la **V. Pescheria**, près du vieux marché à poissons. Les pubs et les bars y restent ouverts jusqu'à 3h du matin.

Embassy, V. Vespucci, 22, à 5 mn de la P. Kennedy. C'est la seule boîte de nuit accessible à pied si vous résidez dans le centre. Une boîte un rien snob qui passe de la techno à l'intérieur et un mix house-hip-hop dans le jardin. Les habitués ne viennent pas avant 1h ; c'est l'heure où les canons à mousse se mettent en marche. ✆ 0541 23 934. Entrée 10-16 €. Cartes de réduction distribuées à l'entrée. Ouvert tlj 24h-4h.

Life, V. R. Margherita, 11, à Bellariva. Clubbers cosmopolites ; préparez-vous à faire des progrès en langue étrangère ou contentez-vous de descendre des *shots* de tequila avec les barmen. Pour y aller, prenez le bus n° 11, arrêt 22. Le club propose aussi son propre service de bus gratuit. ✆ 0541 37 34 73. Boisson gratuite à 2h30. Entrée 9 € avec le coupon de réduction distribué près des portes. Ouvert tlj 22h-4h.

Carnaby, V. Brindisi, 20, à Rivazzurra. Bus n° 11, arrêt 26. Plus près de la ville. Trois étages de musique : rap, *R 'n' B*, house et *pop-rock*. C'est un endroit rêvé pour danser et faire des rencontres. Curiosité du lieu : une coccinelle jaune s'est crashée au 1er étage. Ouvert Mars-Sep, tlj 22h-4h. Entrée 12 €, avec un coupon de réduction 10 €. ✆ 0541 37 32 04, www.carnaby.it.

ITALIE DU CENTRE

TOSCANE (TOSCANA)

LES INCONTOURNABLES DE TOSCANE (HORS FLORENCE)

RESTEZ sobre pendant votre tournée viticole dans la **région du Chianti** et admirez les villes bâties à flanc de colline.

PATIENTEZ des heures durant sous le soleil et au milieu de la foule, juste pour avoir droit à 30 folles secondes de spectacle durant le célèbre Palio de **Sienne**.

MARCHEZ sur le Campo dei Miracoli de **Pise** et découvrez que sa célèbre tour penchée n'est pas son seul monument incliné.

Avec leurs douces collines couvertes d'oliviers et de vignes et leurs étendues dorées de tournesols, de blé et de maïs, les paysages toscans comptent parmi les plus beaux d'Italie. Au XVe siècle, la province fut le berceau de la Renaissance italienne, une véritable explosion de tous les arts : peinture, sculpture, architecture mais aussi science et pensée politique. Le toscan de Dante, de Pétrarque et de Machiavel devint la langue nationale italienne. Sous le règne des astucieux (et despotiques) Médicis, gardiens de l'humanisme et détenteurs de la richesse de la région, la Toscane a également remporté la victoire qui lui permit d'avoir sa place dans les Offices (Uffizi). Aujourd'hui, la Toscane est toujours une région qui rayonne. En effet, comme pour Dante, l'Italie se résume pour beaucoup à la Toscane, d'où ces millions de gens qui arpentent ses places pavées et s'extasient devant les œuvres de Botticelli chaque été. Outre Florence, Sienne et Pise, très intéressantes mais également très touristiques, vous devez absolument ne pas manquer trois villes parmi les plus belles et les plus agréables de Toscane : Montepulciano, Cortone et Lucques. Prenez également le temps de découvrir par vous-même les nombreux villages perchés au sommet des collines ou nichés au fond des vallées. Sachez en revanche que la côte est moins agréable. La cuisine traditionnelle de Toscane risque de vous surprendre. Ni pâtes, ni tomates, ni *risotto*, ni *polenta* sur les tables toscanes. Ce sont les haricots blancs (*fagioli*) qui sont à l'honneur. Le pain toscan est utilisé en tartines dans les *crostini* (tartines de pain grillé au pâté de foie ou au fromage). Les autres spécialités sont la *ribollita* (ragoût de haricots secs et de choux) et les *fiori di zucca fritti* (fleurs de courgettes farcies), ainsi que le *coniglio* (lapin), les *trippa* (tripes), le *lepre* (lièvre), le *cinghiale* (sanglier), les *salsicce* (saucisses grillées) et la fameuse *bistecca alla fiorentina*. Le vin est cependant la première spécialité de Toscane : le chianti de la région de Sienne et de Florence est le plus populaire, le *brunello di Montalcino* est le meilleur (et le plus cher). Il y a aussi le *vinsanto*, un vin sucré à base de raisin séché pendant plusieurs mois dans des greniers avant d'être pressé. Faites comme les Toscans : trempez-y des *cantuccini di Prato* (de croustillants biscuits aux amandes).

AREZZO ✆ 0575

Le poète Pétrarque, l'humaniste Leonardo Bruni, Giorgio Vasari, artiste et historien de la Renaissance, ou encore Guido d'Arezzo, l'inventeur de la notation musicale, et, plus récemment, Roberto Benigni, acteur et réalisateur, sont originaires d'Arezzo.

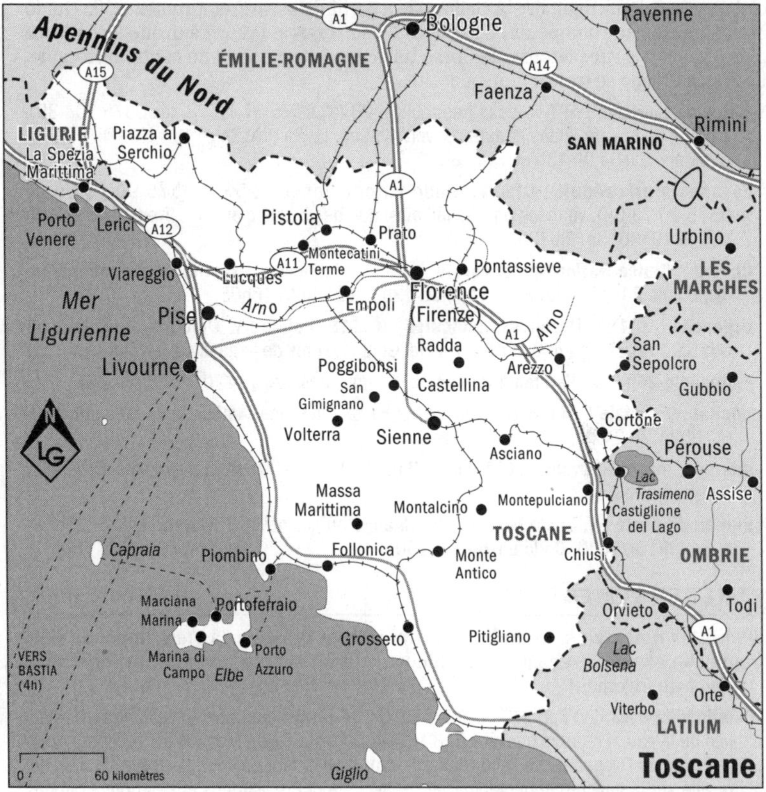

Michel-Ange, né dans un petit village des environs, attribuait même une partie de son génie à la beauté des collines d'Arezzo. Le poète Carducci a écrit que "Arezzo à elle seule justifie que l'on chante les louanges de l'Italie". C'est peut-être un peu excessif, mais le charme d'Arezzo est indéniable.

TRANSPORTS

Train : P. della Repubblica. Bureau d'information ouvert Lu-Ve 8h-12h et 15h-18h, Sa. 9h-12h. Consigne disponible. Trains pour **Florence** (2 dép/h de 4h30 à 21h50, durée 1h30, 5 €, InterUrbain 8 €) et **Rome** (1 dép/1-2h de 6h30 à 22h10, durée 2h, 11/18 €).

Bus (© 0575 38 26 51) : Les bus **TRA-IN**, **SITA** et **LFI** s'arrêtent tous sur la Piazza della Repubblica, à gauche quand vous sortez de la gare. Destinations : **Cortone** (1 dép/h, durée 1h, 2,50 €), **Sienne** (7 dép/j, durée 1h30, 4,60 €), **Sansepolcro** (SITA, 1 dép/h, durée 1h, 3,10 €). Les billets s'achètent au guichet de l'ATAM, en face et à gauche en sortant de la gare ferroviaire. Ouvert tlj 6h-12h et 13h30-19h45.

Taxi : **Radio-taxi** (© 0575 38 26 26). Service 24h/24.

Location de voitures : **Autonoleggi Ermini**, V. Perrenio, 21 (© 0575 35 35 70). 55-105 € la journée. Age minimum 21 ans. Ouvert Lu-Ve 8h30-12h30 et 15h30-19h30, Sa. 8h30-12h30.

ORIENTATION ET INFORMATIONS PRATIQUES

La **Via Guido Monaco** part de la **Piazza della Repubblica**, juste en face de la gare, et est parallèle au **Corso Italia.** Ces deux artères constituent le cœur du quartier commercial d'Arezzo. Pour rejoindre la vieille ville à partir de la gare, empruntez la Via Guido Monaco jusqu'au rond-point de la **Piazza Guido Monaco**. Prenez à droite la **Via Roma** puis à gauche la rue piétonne, le Corso Italia, qui vous conduit au centre historique. La **Piazza Grande** se trouve alors à droite.

Office de tourisme : **APT**, P. della Repubblica, 28 (✆ 0575 37 76 78, fax 0575 208 39), à droite de la gare. Plans gratuits. Ouvert Avr-Sep, Lu-Sa 9h-13h et 15h-19h, Di. 9h-13h. Oct-Mars : Lu-Sa 9h-13h et 15h-18h30.

Voyages à prix réduit : **CTS**, V. Guido Vittorio Veneto, 25 (✆ 0575 90 78 09 ou 0575 90 78 08), vend les pass Eurail ainsi que des billets d'avion. Ouvert Lu-Ve 9h-13h et 16h-19h30, Sa. 9h-13h.

Change : **Banca Nazionale del Lavoro**, V. Guido Monaco, 74. **Distributeur automatique** disponible 24h/24. Ouvert Lu-Ve 8h20-13h35 et 14h45-16h05.

Urgences : ✆ 113. **Urgences médicales** : ✆ 118. **Police** : V. Dardano, 9 (✆ 113 ou 0575 90 66 67), au niveau de la Via Fra' Guittone, près de la gare. **Carabinieri** : ✆ 112.

Pharmacie 24h/24 : **Farmacia Comunale**, Campo di Marte, 1 (✆ 0575 90 24 66).

Hôpital : **Ospedale San Donato,** dans la Via Fonte Veneziana. **Ambulances** : **Misericordia** (✆ 0575 24 242).

Internet : **InformaGiovani,** P. G. Monaco, 2 (✆ 199 44 09 99). 30 mn gratuites. Ouvert Lu-Sa 9h30-19h30.

Bureau de poste : V. Guido Monaco, 34. **Change** au guichet n° 1. Ouvert Lu-Ve 8h15-19h et Sa. 8h15-12h30. **Code postal** : 52100.

HÉBERGEMENT

Les hôtels d'Arezzo se remplissent rapidement pendant la **Fiera Antiquaria**, le premier week-end de chaque mois. Sinon, vous ne devriez avoir aucune difficulté à trouver un logement.

Ostello Villa Severi, V. Redi, 13 (✆ 0575 29 90 47, www.peterpan.it/ostello.htm). Un peu loin de la gare. Prenez le bus n° 4 (0,80 €) sur la Piazza Guido Monaco et descendez deux arrêts après l'Ospedale Vecchio (durée 7 mn), au moment où vous apercevez le parc de la ville sur la gauche. Auberge spacieuse, avec de hauts plafonds et des poutres apparentes. Les chambres surplombent les collines et les vignes. Petit déjeuner 2,58 €. Déjeuner ou dîner, comprenant le vin et plusieurs plats, 10,33 €. Il est conseillé de réserver pour les repas. Réception ouverte tlj 9h-13h et 18h-23h30. Fermeture des portes 13h-18h. Dortoir 13 €. ❖

Albergo Cecco, C. Italia, 215 (✆ 0575 209 86, fax 0575 35 67 30). A partir de la gare, prenez la Via Guido Monaco, tournez à droite dans la Via Roma puis encore à droite 2 rues plus loin (à 5 mn à pied de la gare). Les chambres sont grandes et propres, de style années 1960, avec du mobilier en véritable Formica. Restaurant au rez-de-chaussée. Petit déjeuner 3 €. Chambre simple 30 €, avec salle de bains 40 €, chambre double 50 €, chambre triple 70 €, chambre quadruple avec salle de bains 88 €. Cartes Visa, MC, AmEx. ❖❖❖

Hôtel Continentale, P. Guido Monaco, 7 (✆ 0575 20 251, www.hotelcontinentale.com). Le grand luxe. Les chambres sont modernes et décorées avec goût. Elles possèdent une salle de bains, la TV et la clim. Le hall est vraiment superbe, tout comme la vue sur la vieille ville dont on jouit depuis le restaurant en terrasse. En prime, le personnel est très serviable et vous aidera à organiser vos excursions. Petit déjeuner buffet 8 €. Chambre simple 67 €, double 98 €, triple 132 €, quadruple 165 €. Cartes Visa, MC, AmEx. ❖❖❖❖❖

RESTAURANTS

Le **supermarché Conad**, à l'angle de la Via Vittorio Veneto et de la Via L. B. Alberti, derrière la gare ferroviaire, est grand et bien fourni. (Ouvert Lu-Ma et Je-Sa 8h-20h30,

Me. 8h-13h30.) Un **marché en plein air** se tient sur la Piazza Sant'Agostino en semaine, et dans la Via Niccolò Aretino le samedi. Les meilleurs fromages de la ville se trouvent à **La Mozzarella**, V. Spinello, 25. (Ouvert Lu-Sa 8h-13h et 16h-20h.)

Le Taste Vin, V. de'Cenci, 9 (✆ 0575 23 304). Lorsque vous remontez la V. G. Monaco, prenez la deuxième rue à droite après la P. G. Monaco ; suivez la V. Tolletta tout droit jusqu'à la V. de'Cenci. La connotation française du nom s'applique surtout à l'élégant décor. La carte, elle, reste fidèle aux traditions toscanes. *Primi* 6-10 €, *secondi* 9-11 €. Fermé du 5 au 20 août. Ouvert Ma-Di 12h30-15h et 20h-23h30. Cartes Visa, MC, AmEx. ❖❖❖

Trattoria Il Saraceno, V. Mazzini, 6 (✆ 0575 27 644), près de la C. Italia. Des céramiques joliment assorties, des meubles en bois massif et un menu qui décline tous les standards de la cuisine toscane. Serez-vous tenté par les *trippa fiorentina* (7,50 €) ? Attention, on mange serrés comme des sardines. Profitez-en pour lier connaissance avec vos voisins de table. Pizza 6-8 €, *secondi* 7-12 €. Ouvert Lu-Ma et Je-Di 12h-15h30 et 19h30-23h. Cartes Visa, MC, AmEx. ❖❖❖

Un Punto Macrobiotico, P. San Gemignano, 1 (✆ 0575 30 24 20). A partir du Corso Italia, prenez à droite la Via Mazzini puis de nouveau à droite la Via Frale Torri, qui mène à la Piazza San Gimignano. Le paradis des végétariens. Une soupe accompagnée d'une assiette composée de 5 miniplats (comme le *risotto* ou une simple salade) constituent un repas complet (6,20 €). Ouvert Lu-Sa 12h30-14h et 19h30-21h. ❖❖

Paradiso di Stelle, V. Guido Monaco, 58 (✆ 0575 274 48). Excellents *gelati* maison. Goûtez aux parfums *nocciola* (noisette) et *tiramisù*, ils sont divins. A partir de 2 €. Ouvert Mars-Sep, Ma-Di 10h30-24h ; Oct-Fév 10h30-21h. ❖

VISITES

LA BASILIQUE SAINT-FRANÇOIS. La superbe **Basilica di San Francesco**, qui date du XIe siècle, abrite beaucoup de fresques, notamment la ❤ *Leggenda della Vera Croce* (Légende de la Vraie Croix) de Piero della Francesca. Cette fresque représente l'épisode de la crucifixion et son rôle dans l'histoire de l'église catholique. Le récit commence avec la mort d'Adam, développe le thème de la crucifixion, repris au fil des siècles, et s'achève avec la conversion de l'empereur Constantin. Le personnage agenouillé au pied de la croix est saint François, à qui est dédiée cette église. *(En partant de la gare, prenez la Via Guido Monaco. La basilique est ouverte Lu-Ve 9h-18h30, Sa 9h-17h30, Di 13h-17h30. Accès gratuit. La chapelle où se trouvent les fresques est ouverte Lu-Ve 9h-19h, Sa. 9h-18h et Di. 13h-18h. Visites toutes les demi-heures. La dernière visite a lieu 30 mn avant la fermeture de la chapelle. Entrée 5 €. Réservation obligatoire. Téléphonez au ✆ 0575 90 04 04 ou rendez-vous dans le bureau situé sur le côté gauche de l'église. Vous pouvez y voir la partie supérieure des fresques sans payer.)*

LA PIAZZA GRANDE. La place abrite l'église **Santa Maria della Pieve**. Construit au XIIe siècle dans le style roman de Pise, ce monument est le plus intéressant de la ville du point de vue architectural. Un beau polyptyque très bien restauré du XIVe siècle, *Il Politico*, de Pietro Lorenzetti, orne le chœur. Il représente une *Annonciation* et une *Madone à l'Enfant*. Au-dessous se trouvent les restes de l'église du IXe siècle sur les fondations de laquelle l'édifice actuel fut construit. Sur la place, la tour adjacente est appelée "la tour aux mille trous". *(Ouvert Lu-Sa 8h-12h et 15h-19h, Di 8h30-12h et 16h-19h).* La Piazza Grande est entourée de superbes édifices. Au centre se dresse la **Petron**, où étaient exhibés les criminels et où on lisait les proclamations publiques. L'édifice actuel est une reconstitution de l'original. *(La Piazza Grande se trouve au bout du Corso Italia, sur la droite.)*

LA CATHÉDRALE. Ce massif édifice gothique mérite également une visite. Vous y verrez la **tombe** de l'évêque Guido Tarlati et des bas-reliefs qui retracent certains épisodes de la vie peu commune de cet iconoclaste. La lumière pénètre dans la cathédrale au travers de sept vitraux circulaires de 10 m de haut réalisés par le

Français Marcillat. La chapelle de la Consolation (à gauche), protégée par un écran en fer forgé, abrite des terres cuites d'Andrea della Robbia, dont une remarquable *Assomption*. *(De la P. San Francesco, remontez la Via Andrea Cesalpino. Cathédrale et tombe ouvertes tlj 7h-12h30 et 15h-18h30).*

L'ÉGLISE SAN DOMENICO. Fidèles à leur habitude, les dominicains construisirent leur église à l'extrémité de la ville, à l'opposé de l'édifice des franciscains. L'église contient un superbe crucifix de Cimabue (1265), une *Annonciation* de Spinello Aretino, dans la chapelle à droite de l'autel, et une rosace de Marcillat. *(Prenez la Via Andrea Celaspino à partir de la Piazza San Francesco, tournez à gauche au niveau de la Piazza della Libertà dans la Via Ricasorli, puis à droite dans la Via di Sassoverde, qui conduit à l'église. Ouvert tlj 8h-12h et 14h30-19h30. Les horaires peuvent être réduits selon le personnel disponible. Fermé durant les offices.)* Derrière l'église se trouve la **maison de Vasari**, que l'historien fit construire pour lui-même et décora de fresques héroïques. Le propriétaire des lieux se peignit lui-même en train d'admirer la vue depuis l'une des fenêtres. *(V. XX Settembre, 55. © 0575 40 90 40. Ouvert Lu. et Me-Sa 8h30-19h30, Di. 8h30-13h30. Le guichet ferme 30 mn avant la clôture. Entrée 2 €. Appuyez sur la sonnette pour entrer.)*

SORTIES

La foire aux antiquités d'Arezzo a lieu le premier week-end de chaque mois sur et autour de la **Piazza Grande**. Vous pourrez trouver de très beaux meubles anciens, des objets religieux ainsi que tout un attirail d'objets divers. La **Giostra del Saraceno** (la joute du Sarrasin) est une joute médiévale qui se déroule le troisième dimanche de juin et le premier dimanche de septembre. Lors d'un rituel rappelant les croisades, les "chevaliers" représentant les quatre quartiers de la ville chargent, armés de lances, une effigie en bois représentant un Sarrasin.

EXCURSION DEPUIS AREZZO : SANSEPOLCRO

Sansepolcro est facilement accessible par le bus SITA qui part toutes les heures d'Arezzo (6 dép/j, durée 1h, 3,10 €). Le bus s'arrête juste devant les murs de la vieille ville.

Perdue dans une petite vallée entourée de collines boisées, Sansepolcro, à 38 km d'Arezzo, est la ville natale de Piero della Francesca (1416-1492). Le ❤ **Museo civico** lui est consacré. Ne manquez pas la *Résurrection*, son chef-d'œuvre, dans lequel un Jésus triomphant porte une bannière rouge et noire. La *Vierge de miséricorde*, du même artiste, est un polyptyque représentant une immense Madone protectrice. *(V. Aggiunti, 65. © 0575 73 22 18. Ouvert Juin-Sep, tlj 9h-13h30 et 14h30-19h30 ; Oct-Mai 9h30-13h et 14h30-18h. Entrée 6,20 €, groupes et plus de 65 ans 4,50 €, enfants de 10 à 16 ans 3 €.)* Le **duomo** de style roman abrite dans l'une de ses chapelles l'autre grande fierté de la ville : le mystérieux **Volto Santo** (Sainte Face). On estime qu'il date du XIIe siècle mais nombreux sont ceux persuadés qu'il est en réalité plus ancien. Les traits assyriens du visage laissent deviner une origine orientale. Les experts considèrent que son auteur pourrait être le même que celui qui a réalisé le célèbre Volto Santo de Lucques. *(Ouvert 8h-12h et 15h-18h.)*

Rendez-vous à l'**office de tourisme** de Sansepolcro, P. Garibaldi, 2, pour obtenir des plans de la région. A partir de l'arrêt de bus, entrez dans la vieille ville par la Via Aggiunti. Suivez-la jusqu'à ce que vous ayez laissé le Museo civico sur votre droite. Prenez à droite sous l'arche qui donne dans la Via Matteotti, puis immédiatement à gauche vers la Piazza Garibaldi. L'office de tourisme se trouve à une rue de là, sur la gauche. (©/fax 0575 74 05 36. Ouvert tlj 9h30-13h et 15h30-18h30.)

SIENNE (SIENA) ©0577

Les touristes pressés vont directement de Rome à Florence sans prendre le temps de s'arrêter dans la magnifique Sienne. Cette superbe cité a gagné une tranquillité que lui envient ses deux prestigieuses voisines. Au XIIIe siècle, le commerce de la laine et l'activité bancaire en firent l'un des grands pôles européens, qui rivalisait avec Florence. Les relations entre les deux cités étaient pour le moins tendues à cette époque. Le XIVe siècle marqua l'apogée artistique et architecturale de Sienne mais, en 1348, la moitié de sa population périt de la peste. La ville, affaiblie, ne retrouva jamais sa grandeur. Sienne est par ailleurs la ville natale de sainte Catherine (1347-1380), une illettrée mystique qui convainquit le pape Grégoire XI de rétablir la cour pontificale à Rome (1378), et de saint Bernardin (1487-1564), disciple de saint François d'Assise, qui parcourut l'Italie pour répandre ses préceptes. De nos jours, les habitants célèbrent fièrement leur riche passé avec des événements comme le Palio, une course de chevaux qui permet aux différentes *contrade* (quartiers) de la ville de se mesurer. C'est également devenu la principale attraction touristique de la ville, ce qui tend à nettement dévoyer les qualités culturelles de l'événement.

TRANSPORTS

Train : P. Rosselli. La gare se situe à plusieurs kilomètres du centre-ville. Guichets ouverts tlj 5h50-12h30 et 13h-19h30. Pour vous rendre à Sienne en train au départ de Rome et des villes du sud, prenez une correspondance à Chiusi. Des villes au nord, changez à Florence. Consigne disponible. Trains pour **Florence** (1 dép/h, durée 1h30, 5,30 €) et **Rome** (16 dép/j, durée 2h30, 16,14 €).

Bus : **TRA-IN/SITA** (✆ 0577 20 42 45). Le point de vente des billets est sur la Piazza Gramsci, non loin du cœur de la cité. Le moyen le plus simple d'aller à Sienne est de prendre le bus. De nombreuses liaisons sont assurées entre Sienne, Florence et les autres villes toscanes, ce qui fait de Sienne une base idéale pour partir à la découverte de la région. Certains bus interurbains partent de la Piazza Gramsci et d'autres de la gare ferroviaire. Les horaires et destinations sont affichés sur un grand panneau dans le terminal souterrain de la Piazza Gramsci. Ouvert tlj 5h45-20h15. Ces bus desservent **Arezzo** (7 dép/j, 4,60 €), **Florence** (bus express, 1 dép/h, 6,50 €), **Montepulciano** (3 dép/j, 4,30 €), **San Gimignano** (1 dép/h, 5 €), **Volterra** (4 dép/j, 2,50 €, descendez au Colle Val d'Elsa et achetez vos billets au kiosque pour un bus **CPT** pour Volterra). Un réseau de bus **TRA-IN** circule également dans Sienne. Vous pouvez acheter vos billets (0,90 €, valable 1h) au bureau de la Piazza Gramsci ou dans tout commerce qui arbore un panneau TRA-IN.

Taxi : **Radio-taxi** (✆ 0577 492 22). Ouvert tlj 7h-21h.

Location de voitures : **Intercar**, V. Mentana, 108 (✆ 0577 411 48). Voitures Suzuki à partir de 80,57 € la journée. Au-delà de 200 km, le kilomètre supplémentaire est facturé 0,21 €. Réduction de 10 % pour les locations de plus de 3 jours. Age minimum 21 ans. Ouvert Lu-Sa 9h-13h et 15h30-20h. Cartes Visa, MC.

Location de deux-roues : **DF Moto**, V. Gazzani 16-18 (✆ 0577 28 83 87). Loue des VTT 10 €/j, des scooters 50 cc 26 €/j. Cartes Visa, MC, AmEx. **Automotocicli Perozzi**, V. del Romitorio, 5 (✆ 0577 28 08 39), loue également des vélos (8 €/j) et des scooters (24 €/j). Ouvert Lu-Sa 8h30-12h30. Cartes Visa, MC, AmEx.

ORIENTATION ET INFORMATIONS PRATIQUES

Pour vous rendre dans la vieille ville depuis la gare de Sienne, traversez la rue et prenez un bus (n° 3, n° 4, n° 7, n° 8, n° 9, n° 10, n° 14, n° 17 ou n° 77) qui vous mènera au centre-ville. Ces bus s'arrêtent soit sur la **Piazza del Sale**, soit sur la **Piazza Gramsci**. Certains s'arrêtent en fait juste avant la Piazza Gramsci, ce qui pourrait vous induire en erreur. Le mieux est de demander au conducteur. De l'une ou l'autre de ces deux places, suivez les panneaux vers la **Piazza del Campo** (également appelée Il Campo), le centre historique. Achetez vos billets aux distributeurs à l'entrée de la gare ou aux guichets (0,90 €). Les bus s'arrêtent sur la Piazza San Domenico, aux abords de la vieille ville. La **Piazza del Duomo** se trouve à 100 m de la Piazza del Campo.

Offices de tourisme : **APT**, P. del Campo, 56 (✆ 0577 28 05 51, fax 0577 27 06 76). Renseignements sur les sites historiques, les hôtels et les restaurants, mais aussi sur les transports. Ouvert 16 Mars-14 Nov tlj 9h30-13h et 14h30-18h. 15 Nov-15 Mars : Lu-Sa 8h30-13h et 15h-19h, Di. 9h-13h. Le bureau **Prenotazioni Alberghiere** (✆ 0577 28 80 84, fax 0577 28 02 90), sur la Piazza San Domenico, vous trouvera un logement, moyennant une commission de 2 €. Ouvert Avr-Oct, Lu-Sa 9h-20h ; Nov-Mars 9h-19h.

Voyages à prix réduit : **CTS**, V. Sallustio Bandini, 21 (✆ 0577 28 58 08). Agence de voyages pour les étudiants. Ouvert Lu-Ve 9h-12h30 et 15h30-19h.

Librairie : Libreria Ticci, V. delle Terme, 5/7 (✆ 0577 28 00 10). Ouvert Lu-Ve 9h-19h45, Sa 9h-14h30. **Feltrinelli**, V. Banchi di Sopra, 52 (✆ 0577 27 11 04). Ouvert Lu-Sa 9h-21h30, Di 11h-19h30.

Laveries : **Lavorapido**, V. di Pantaneto, 38. Lavage 3 € les 8 kg. Séchage 3 €. Ouvert tlj 8h-21h. **Onda Blu**, Casato di Sotto, 17 (✆ 0800 86 13 46). Lavage 3 € les 6,5 kg. Séchage 3 €. Ouvert tlj 8h-22h.

Consigne : Dans la gare ferroviaire. 2-3,50 € les 12h. Ouvert 7h-19h45.

Urgences : ✆ 113. **Police** : **Questura** (✆ 112), V. del Castoro, près de la cathédrale. **Soins médicaux** : ✆ 118. **Ambulances** : **Misericordia**, V. del Porrione, 49 (✆ 0577 43 111).

Hôpital : V. Le Scotte, 14 (prenez le bus n°77 sur la Piazza Gramsci). ✆ 0577 58 51 11.

Pharmacie de garde : **Farmacia del Campo**, P. del Campo, 26. Un panneau d'affichage à l'extérieur donne la liste des pharmacies de garde. Ouvert en été, tlj 9h-13h et 16h-20h ; en hiver 9h-13h et 15h30-19h30.

Internet :

Internet Train, V. di Città, 121 (✆ 0577 22 63 66). 5,16 € l'heure. Ouvert Lu-Sa 10h-20h, Di 12h-20h.

Engineering Systems, V. Stalloreggi, 8 (✆ 0577 27 47 52). 4,13 € l'heure. Ouvert tlj 10h-20h.

Bureau de poste : P. Matteotti, 36. Bureau de change (commission de 2,58 € pour les transactions excédant les 5,16 €). Ouvert Lu-Sa 8h15-19h. **Code postal** : 53100.

HÉBERGEMENT ET CAMPING

Trouver une chambre à Sienne n'est pas difficile mais, entre Pâques et octobre, il est plus prudent de réserver. Pour assister au *Palio*, il est nécessaire de réserver sa chambre plusieurs mois à l'avance. Si vous souhaitez rester à Sienne plus d'une semaine, vous pouvez louer une chambre chez un particulier. Les offices de tourisme APT et Prenotazioni Alberghiere vous donneront une liste des chambres d'hôtes.

❤ **Albergo Tre Donzelle**, V. delle Donzelle, 5 (✆ 0577 28 03 58, fax 0577 22 39 33). Les chambres simples en bois sombre et au sol carrelé sont arrangées avec goût. Salle de télévision, salle à manger et salon avec cheminée. Agréablement situé, mais souvent bruyant. Couvre-feu à 1h. Chambre simple 33 €, chambre double 45 €, avec salle de bains 60 €. Lit supplémentaire 18 € dans les chambres sans salle de bains, 19 € dans les chambres avec salle de bains. Cartes Visa, MC, AmEx. ❖❖❖

B&B Maria Elena, Vicolo di Vallepiatta, 12 (✆ 0577 28 33 50). Les trois chambres dominent la Chiesa di San Domenica depuis un agréable jardin. Lits futon "queen size", salle de bains propres, serviettes douillettes, TV et machine à laver. Petit déjeuner (copieux) inclus. Séjour minimal de 3 nuits. Songez à réserver. 50 € par personne. ❖❖❖❖

Piccolo Hôtel Etruria, V. delle Donzelle, 3 (✆ 057728 80 88, www.hoteletruria.com). Hôtel moderne entièrement rénové et d'une propreté irréprochable. Toutes les chambres sont équipées d'un téléphone, de la télévision et d'un sèche-cheveux. Petit déjeuner 5 €. Couvre-feu à 0h30. Chambre simple 40 €, avec salle de bains 45 €, chambre double avec salle de bains 75 €, chambre triple avec salle de bains 99 €. Cartes Visa, MC, AmEx. ❖❖❖❖

Ostello della Gioventù "Guidoriccio" (HI), V. Fiorentina, 89 (✆ 0577 522 12, www.franchostel.it), à Località Lo Stellino, à 20 mn du centre en bus. Prenez le bus n° 15 ou n° 10 en face de la gare, sur la Piazza Gramsci. Le service de bus est réduit le Di. soir. Le bus n° 15 s'arrête juste devant l'hôtel. Pour le bus n° 10, demandez au conducteur où descendre. Depuis l'arrêt, continuez dans la direction que suivait le bus et prenez la première à droite, une rue venteuse en pente. Cherchez le petit panneau sur le côté droit, qui pointe vers la gauche. Bon rapport qualité-prix. Petit déjeuner compris. Dîner 9 €. Couvre-feu 24h. Réservation recommandée. Dortoir 13 € par personne. ❖

Hôtel Alma Domus, V. Camporegio, 37 (✆ 0577 441 77, fax 0577 476 01), derrière l'église San Domenico. Chambres impeccables, avec des lits anciens à structure métallique et un sol en pierre polie. Clim. et salle de bains dans toutes les chambres. La petite cour à l'entrée est remplie de pots de fleurs et compte de nombreux bancs. Couvre-feu à 23h30. Petit déjeuner 6 €. Chambre simple 42 €, double 55 €, triple 70 €, quadruple 85 €. ❖❖❖❖

Albergo Bernini, V. della Sapienza, 15 (✆/fax 0575 28 90 47, www.albergobernini.com). Les belles chambres décorées d'antiquités de cet hôtel offrent de superbes vues sur la cathédrale. Dehors, un patio ombragé permet de prendre son petit déjeuner au chant de nuées d'oiseaux exotiques. Petit déjeuner 7 €. Couvre-feu à minuit. En haute saison, vaste chambre simple 78 €, chambre double 62 €, avec salle de bains 82 €. Hors saison, les prix baissent de 20 %. ❖❖❖❖❖

Albergo Canon d'Oro, V. Montanini, 28 (✆ 0577 443 21), près de la Piazza Matteotti. Un néon vert vous accueille dans le vestibule. Chambres luxueuses avec belle vue sur les jardins et les collines. Accessible aux handicapés. Petit déjeuner 6 €. Chambre simple 55-62 €, chambre double 76,50 €, chambre triple 101 €, chambre quadruple 119 €. Cartes Visa, MC, AmEx. ❖❖❖❖❖

Locanda Garibaldi, V. Giovanni Dupre, 18 (✆ 0577 28 42 04), derrière le Palazzo pubblico et la Piazza del Campo. Les murs blanchis à la chaux sont rehaussés de poutres de bois noir. Restaurant au rez-de-chaussée. La plupart des chambres possèdent une salle de bains. Couvre-feu à minuit. Réservation acceptée quelques jours à l'avance. Chambre double 62 €, chambre triple 90 €, chambre quadruple 110 €. Cartes Visa, MC. ❖❖❖

Hôtel Duomo, V. Stalloreggi, 38 (✆ 0577 28 90 88). Les chambres luxueuses de cette demeure du XVIIe siècle sont équipées d'une salle de bains, de la clim., de la TV satellite. Certaines ont en prime une vue magnifique. Petit déjeuner inclus. Réservation conseillée. De mars à novembre, chambre simple 104 €, double 130 €, triple 171 €, quadruple 184 €. Rabais de 30 % hors saison. Cartes Visa, MC, AmEx. ❖❖❖❖❖

Camping : **Colleverde**, Strada di Scacciapensieri, 47 (✆ 0577 28 00 44). Prenez le bus n° 3 ou n° 8 sur la Piazza del Sale. Faites-vous confirmer par le conducteur que vous êtes sur la bonne route. Les bus partent à intervalles d'une demi-heure. Le bus n° 8 nocturne (22h37 et 23h57) part de la Piazza Gramsci. Bien entretenu, avec restaurant, épicerie et bar à proximité. Ouvert mi-Mars-mi-Nov. Piscine 1,55 €, enfants 1,03 €. Camping 7,75 € par adulte, 4,13 € par enfant entre 3 et 11 ans.

RESTAURANTS

Sienne est spécialisée dans la pâtisserie. La plus connue est le *panforte*, un gâteau aux amandes, au miel et au citron. Selon la légende, le *panforte* permettait aux croisés de ne jamais manquer d'énergie… Un peu plus légers, les *ricciarelli* sont des biscuits tendres aux amandes, saupoudrés de vanille. Allez déguster ces spécialités au **Bar Pasticceria Nannini**, la plus ancienne pâtisserie de Sienne, V. Banchi di Sopra, 22-24, et un peu partout en ville. L'**Enoteca Italiana**, dans la Fortezza Medicea (non loin de la Via Cesare Maccari), propose les meilleurs vins d'Italie, du *brunello* au *baralo* et de l'*asti spumante* au *vernaccia*, à partir de 1,55 € le verre. (✆/fax 0577 22 69 89. Ouvert Lu-Je et Di. 10h-20h, Ve-Sa 10h-22h.) Le **marché** se tient sur la Piazza La Lizza chaque mercredi de 8h à 13h. Vous pouvez faire vos courses au supermarché **COOP**, près de la gare. Tournez le dos à la gare, prenez à gauche, puis encore à gauche au niveau du pont autoroutier. Le supermarché se trouve dans le complexe commercial situé immédiatement sur votre droite. (Ouvert Lu-Sa 8h-19h30.)

❤ **Osteria di Calzoleria**, V. Calzioleria, 12 (✆ 0577 28 90 10). Des odeurs de cuisine délicieuses montent de la salle à manger. Ambiance intime et carte toscane réjouissante. Laissez-vous tenter par les *tagliatelle al ragu di coniglio* (pâtes à la sauce au lapin, 6,50 €) *Primi* 5-7,50 €, *secondi* 8-13 €. Ouvert tlj 12h30-14h30 et 19h-22h. Cartes Visa, MC. ❖❖❖

❤ **Trattoria Papei**, P. del Mercato, 6 (✆ 0577 28 08 94). La Piazza del Mercato se trouve de l'autre côté du Palazzo pubblico en partant de la Piazza del Campo. Excellents plats que vous pouvez savourer à l'extérieur ou dans une salle ornée de voûtes en pierre au milieu de joyeux autochtones. Grand choix de plats de pâtes maison (6,20 €) ainsi que de succulents *secondi* traditionnels. Amateurs de viande, goûtez au sanglier au paprika, à l'huile et aux olives (8 €) : un vrai délice ! Le vin rouge de la maison est excellent (7 € la bouteille). Couvert 1,60 €. Ouvert Ma-Di 12h30-15h et 19h-22h30. Cartes Visa, MC, AmEx. ❖❖❖

Osteria La Chiacchera, Costa di San Antonio, 4 (✆ 0577 28 06 31), près du Santuario di Santa Caterina. Asseyez-vous dans la toute petite salle à manger ou en terrasse et laissez-vous tenter par les pâtes maison accompagnées de la cuvée du patron (2,58 € le demi-litre) : un vrai régal. Tagliatelles au sanglier (5,16 €). *Secondi* 4,80-7 €. Ouvert Lu et Me-Di 12h30-15h30 et 19h-24h. Cartes Visa, MC, AmEx. ❖❖

Osteria Il Grattacielo, V. dei Pontani, 8 (✆ 0577 28 93 26). Située dans une petite rue étroite entre la Via dei Termini et la Via Banchi di Sopra. Parmi tous les délices de la maison, voici quelques plats qui ne manqueront pas de vous régaler : olives, potée d'artichauts, tomates séchées au soleil et marinées dans l'huile, salade au basilic et à la tomate, salami et *pecorino* (fromage de brebis) et bien d'autres excellents plats. Il est impossible de comprendre la tarification mais un assortiment de 5 à 6 de ces plats (relativement copieux) avec du pain et un quart de litre de vin rouge maison (délicieux) vous coûtera environ 10 €. Ouvert Mai-Sep Lu-Sa 8h-19h, Oct-Mar 8h-14h30 et 17h-22h. ❖❖

Osteria Campagnia di San Martino, V. Porrione, 25 (✆ 0577 493 06), à proximité de la Piazza del Campo. Vous pourrez goûter à la cuisine toscane sur des tables un peu bancales en terrasse ou dans la salle à manger climatisée à l'étage. Les pâtes maison à la sauce au sanglier sont tout simplement fantastiques. *Primi* 6-7 €, *secondi* 7-13 €. Couvert 1,50 €. Ouvert Lu-Sa 12h-15h et 19h-22h30. Cartes Visa, MC, AmEx. ❖❖❖

Gelateria Brivido, V. d. Pellegrini, 1-3 (✆ 0577 28 00 58). Des glaces de qualité avec quelques parfums qui titillent la curiosité, tels kiwi ou melon d'eau. Cônes à partir de 1,50 €. Ouvert tlj 10h-21h.

VISITES

SIENNE ET SES MONUMENTS A Sienne, vous avez le choix entre deux *biglietti cumulativi*. Le premier vous donne accès au Museo dell'Opera Metropolitana, au baptistère, à la bibliothèque Piccolomini et à l'oratoire de San Bernardino pendant cinq jours (7,50 €). Le second, valable sept jours (16 €), vous donne en plus accès à cinq autres monuments dont le Museo civico. Ces billets s'achètent à l'entrée des musées et des monuments.

❤ **IL CAMPO.** La **Piazza del Campo** est le véritable cœur de la ville, le lieu où, depuis des siècles, les Siennois se retrouvent à chaque occasion importante. Pavée de briques, elle est divisée en neuf parties, chacune représentant un membre du "gouvernement des Neuf" qui dirigeait la ville au Moyen Age (XIIIe et XIVe siècles). C'est sur cette place que, selon Dante, Provenzan Salvani, le célèbre *condottiere* siennois, mendia afin de racheter l'un de ses amis. Saint Bernard prêcha sur la place. Aujourd'hui, elle réunit dans la journée des groupes d'adolescents, des touristes et des vendeurs de souvenirs, et dégage un charme particulier la nuit, quand les cafés chic ouvrent leurs portes et que les habitants se pavanent dans les rues, selon le rituel de la *passeggiata* (promenade). Elle accueille aussi, deux fois l'an, le **Palio**.

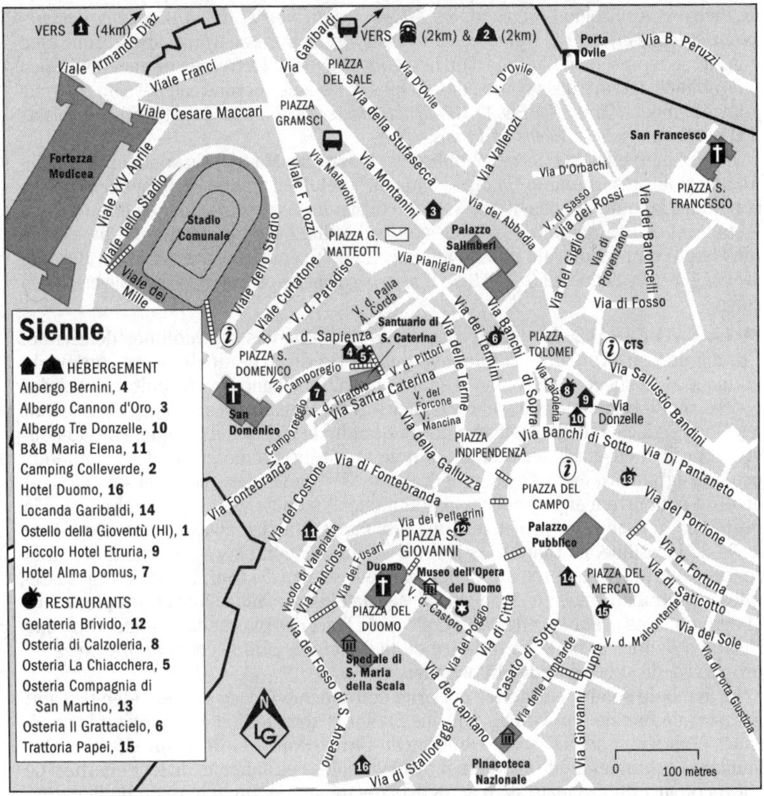

En haut de la place se trouve la **Fonte Gaia**, une fontaine autrefois ornée de panneaux sculptés par Jacopo della Quercia (1408-1419). Ils ont été remplacés par des copies, les originaux étant conservés à l'**hôpital Santa Maria della Scala**. L'eau provient d'un aqueduc du XIVe siècle long de 25 km. Tout au bout de cette charmante place en forme de coquillage s'élève le **Palazzo pubblico**, d'une grande élégance avec son allure de château. Sa **Torre del Mangia** est un imposant clocher de 102 m de haut.

En face du palais se dresse la **Cappella di Piazza**, dont la construction commencée en 1348 s'étala sur un siècle à cause de l'épidémie de peste qui décima la population. On peut voir sur sa façade le passage d'un style gothique, avec ses arcs brisés, à un style Renaissance, plus arrondi.

❤ **LE PALAIS PUBLIC.** C'est dans le Palazzo pubblico, un impressionnant bâtiment médiéval, que se tenait au Moyen Age le Conseil des Neuf. De nos jours, les bureaux de l'administration locale y ont été transférés, mais ce qui fait le réel intérêt de ce palais, c'est son **Museo civico** qui renferme de superbes œuvres d'art siennois. La collection offre un large éventail de peintures, des triptyques du Moyen Age aux paysages du XVIIIe siècle. Mais les trésors de cette collection sont les peintures typiques de Sienne peintes du Haut Moyen Age au début de la Renaissance. La **Sala del Mappamondo** (salle de la Mappemonde), surnommée ainsi d'après ses séries de fresques sur l'astronomie, abrite la *Maestà* (Vierge intronisée) de Simone Martini où point en filigrane, malgré son caractère religieux, un message civique. En effet, sur le parchemin que tient l'Enfant Jésus est inscrite la devise de la ville qui soutient la justice. De plus, sur les marches du trône surmonté d'un dais sont gravés deux vers tirés de *La Divine Comédie* de Dante. La salle suivante, la **Sala dei Nove** (salle des Neufs), vous propose les célèbres fresques de Pietro et Ambrogio Lorenzetti, les *Allégories du bon et du mauvais gouvernement et leurs effets à la ville et à la campagne*. A droite se trouve une fresque bien conservée représentant l'utopie d'un bon gouvernement. La fresque de gauche, un peu plus abîmée, montre des voleurs, des diables et les âmes perdues au pays du mauvais gouvernement. *(Ouvert Nov-Fév, tlj 10h-17h30 ; Mars-Oct 10h-19h. Entrée 6,50 €, étudiants 4 €, entrée libre pour les moins de 11 ans.)*

L'autre merveille du Palazzo pubblico est la **Torre del Mangia**. Un sonneur de cloche un peu glouton surnommé "Mangiaguadagni" (celui qui mange les bénéfices) donna son nom à la tour. Le Conseil des Neuf fit construire cette tour pour qu'elle surpassât en taille et en beauté toutes les autres tours d'Italie. Avec ses 102 m de haut, c'est la plus haute tour médiévale d'Italie après celle de Crémone. *(Ouvert Nov-Mar 10h-16h, Avr-Oct 10h-17h. Entrée 5,50 € ou 9,50 € si vous combinez cette visite avec celle du Museo civico.)*

❤ **LA CATHÉDRALE.** Le **duomo** est perché sur l'une des sept collines de Sienne. Commencé en 1196, il ne fut achevé qu'à la fin du XIVe siècle. Entre-temps, le gothique avait succédé au roman : l'édifice, qui alterne bandes vert sombre et bandes claires, marie harmonieusement les pinacles gothiques aux arcs romans. En montant les marches à gauche du **baptistère** pour rejoindre la Piazza del Duomo, vous découvrirez un immense arc accolé à un pan de mur zébré, témoignage d'un ambitieux projet d'agrandissement de la cathédrale au XIVe siècle. Les Siennois souhaitaient en effet concurrencer Florence, qui commençait à édifier sa propre cathédrale : la peste mit un terme à ce projet, qui, de toute façon, était irréaliste compte tenu de la taille de la colline, en tuant tous les travailleurs disponibles à des kilomètres à la ronde. Vous pouvez apercevoir la nef inachevée depuis la tour. L'une des ailes latérales a été transformée en musée : le **Museo dell'Opera metropolitana** (voir plus loin). Malgré tous ces avatars, cette cathédrale reste l'une des plus belles d'Italie. Giovanni Pisano a décoré la partie inférieure de la façade de statues très expressives de prophètes, de sibylles et de philosophes.

Le symbole solaire en bronze qui orne cette même façade est une idée de saint Bernard de Sienne, qui voulait voir les Siennois abandonner leurs loyautés partisanes pour s'unir sous la seule bannière du Christ-Roi. Ses efforts furent vains : les habitants continuèrent de s'identifier aux symboles des animaux de leur quartier. Le sol recouvert de **panneaux de marbre** est très décoré, comme le reste de la cathédrale. On peut y voir des scènes très variées comme *L'Alchimiste* ou *Le Massacre des Innocents*. Afin de protéger les pièces, la plupart sont recouvertes. Septembre est le meilleur moment pour les admirer, car les plus belles œuvres, à savoir celles de Marchese d'Adamo, sont découvertes. Au milieu de la nef centrale se trouve, à gauche, l'**autel Piccolomini** conçu par Andrea Bregno en 1503. On pourrait croire qu'il s'agit de la façade d'un bâtiment entier mais ce n'est qu'un autel. Ne vous méprenez pas : bien que saint Pierre et saint Paul, cachés dans les niches, aient l'air vivant, ce sont des statues que Michel-Ange a sculptées au début de sa carrière. Dans la chapelle voisine se trouve une statue en bronze de Donatello représentant un saint Jean-Baptiste émacié. La superbe **Libreria Piccolomini**, fondée par Pie III, renferme les livres illustrés de son oncle Pie II. On peut également y voir *Les Trois Grâces*, la copie romaine de la statue grecque, des partitions enluminées du XVe siècle et un cycle de fresques du Pinturicchio. *(Cathédrale ouverte 15 Mars-31 Oct Lu-Sa 7h30-19h30 ; Nov-14 Mar Lu-Sa 7h30-17h, Di 14h-17h. Tenue correcte exigée. Entrée libre, sauf en septembre lorsque le sol est découvert : 4,50 €. Bibliothèque ouverte 15 Mars-31 Oct Lu-Sa 9h-19h30 ; Nov-14 Mar Lu-Sa 10h-13h et 14h-17h, Di 14h-16h45, entrée 1,50 €.)*

MUSEO DELL'OPERA METROPOLITANA. Ce musée abrite toutes les œuvres qui ne tiennent pas dans la cathédrale. Le rez-de-chaussée renferme quelques-unes des premières statues gothiques d'Italie, réalisées par Giovanni Pisano. Au premier étage se trouve la célèbre ❤ *Maestà* de Duccio di Buoninsegna, réalisée de 1308 à 1311. Ce chef-d'œuvre de la peinture siennoise allie la tradition byzantine à la finesse d'exécution gothique. Démantelés en 1771 par des collectionneurs rapaces, la plupart des panneaux narratifs ont été rendus aux Siennois, à l'exception de quelques-uns encore détenus par la National Gallery de Londres, la Frick Gallery de New York et la National Gallery of Art de Washington. Les autres œuvres remarquables du musée sont la vierge byzantine dite *Madonna degli Occhi Coressi* ainsi que les peintures de Simone Martini et de Lorenzetti. Montez tout en haut par la **Scala del Falciatore** (suivez les panneaux vers le "panorama"), et gagnez le balcon dominant la nef. Après avoir gravi les marches de cet escalier en spirale excessivement étroit, vous arriverez en effet au sommet d'une fine tour d'où vous aurez une vue superbe sur la cathédrale et sur toute la ville. *(Le musée est situé dans la nef inachevée, à droite de la cathédrale. Ouvert 15 Mars-31 Oct, tlj 9h-19h30 ; 1er Nov-14 Mars 9h-13h30. Entrée 5,50 €.)*

L'HÔPITAL SANTA MARIA DELLA SCALA. L'**Ospedale Santa Maria della Scala**, ancien hôpital du XIIIe siècle, a été transformé en musée. Il renferme des fresques d'origine, des chapelles, des arcades ainsi qu'un dédale de salles remplies de magnifiques peintures et statues. La **Sala del Pellegrinaio**, utilisée comme salle d'hôpital jusqu'à la fin des années 1920, vous propose un cycle de fresques considéré comme le chef-d'œuvre de Vecchietta. Le premier panneau montre une femme enceinte censée être la mère du légendaire (et probablement fictif) fondateur de l'hôpital, Beato Sorore, rêvant des bonnes actions futures de son fils. La salle la plus intéressante, artistiquement parlant, est la **Sacrestia Vecchia** également appelée **Capella del Sacro Chiedo**, où l'on peut voir des fresques du XVe siècle, chefs-d'œuvre de l'art siennois. Jetez un coup d'œil à travers les rideaux des fenêtres et admirez la petite vallée avant de plonger dans les chapelles et sous les arcades du sous-sol. Le contraste est saisissant. Cela dit, souvenez-vous que l'hôpital a été construit sur une colline. Ces sombres arcades étaient le lieu "d'actes de piété pour les morts" pour de nombreuses contrefraternités. Rassurez-vous, aucun sacrifice d'animaux, aucun démembrement ni acte nécrophile n'a eu lieu en ces lieux. En dessous de ces arcades se trouve le **Museo archeologico** dont l'entrée est comprise dans le billet de l'Ospedale. Si vous voulez vous faire une petite peur, descendez dans les sous-sols qui abritent presque entièrement le musée. Il a été créé en 1933 pour rassembler et préserver les objets étrusques de la région. Suivez les flèches dans ce labyrinthe de couloirs froids et humides : vous passerez sous des voûtes de brique et de béton avant d'arriver dans des salles bien éclairées où vous pourrez voir des poteries et des pièces étrusques. *(Ouvert Mars-Nov, tlj 10h-18h ; Déc-Fév 10h30-16h30. Entrée 5,20 €, étudiants 3,10 €.)*

LA PINACOTHÈQUE NATIONALE. La **Pinacoteca nazionale** renferme une magnifique collection d'art rassemblant les œuvres des plus grands artistes siennois, dont les sept grands élèves d'Onccio : Simone Martini, les frères Lorenzetti, Bartolo di Fredi, Da Domenico, Sano di Pietro et le Sodoma. Ce musée est agréablement épargné par les hordes de touristes qui rendent généralement difficile l'accès aux collections magistrales de Florence. *(V. San Pietro, 29, dans le palais Buonsignori, en descendant la rue à partir du musée de la cathédrale. Ouvert Ma-Sa 8h15-19h15, Di. 8h15-13h15 et Lu. 8h30-13h30. Entrée 4 €, ressortissants de l'Union Européenne 2 €, gratuit pour les ressortissants de l'Union Européenne de moins de 18 ans ou de plus de 65 ans.)*

LE SANCTUAIRE DE SAINTE CATHERINE. Le **Santuario di Santa Caterina** a été érigé autour de la maison de la jeune Siennoise du XIVe siècle, canonisée en 1461. Mystique, inspirée par ses visions, elle incita le pape à quitter Avignon pour Rome. Le pape Pie XII en fit une sainte patronne de l'Italie en 1939. L'édifice, remanié à la Renaissance, est charmant. Il s'ouvre sur un grand nombre de chapelles baroques. La **Chiesa del Crosifisso** (église du Crucifix) est impressionnante. *(Entrée dans la Via Santa Caterina, en descendant de la Piazza San Domenico. Ouvert tlj 9h-12h30 et 14h30-18h. Entrée libre.)*

LE BAPTISTÈRE. Admirez les merveilleuses et complexes fresques représentant la vie du Christ et de saint Antoine qui décorent le baptistère. Les **fonts baptismaux** hexagonaux (1417-1430) datent de la Renaissance. *Le Baptême du Christ* et *Saint Jean en prison* de Ghiberti côtoient *Le Banquet d'Hérode* de Donatello. *(Ouvert 15 Mars-30 Sep, tlj 9h-19h30 ; Oct 9h-18h ; 1er Nov-14 Mars 10h-13h et 14h30-17h. Entrée 2,50 €.)*

AUTRES VISITES. Comme dans de nombreuses villes italiennes, les franciscains et les dominicains ont bâti, par esprit de rivalité, leur propre église aux deux extrémités opposées de la ville. L'**église San Domenico** renferme un portrait de sainte Catherine par Andrea Vanni et de nombreuses fresques dramatiques représentant la sainte en état de ferveur religieuse. La chapelle, construite en 1460, abrite le tabernacle dans lequel est conservée la tête de la sainte. Hélas ! la chapelle n'honore plus sa fonction originelle. *(P. San Domenico. Ouvert 1er Nov-31 Mars, tlj 9h-12h55 et 15h-18h ; 1er Avr-31 Oct 7h-12h55 et 15h-19h.)* L'**église San Francesco**, à la nef impressionnante, contient deux funèbres fresques de Pietro et Ambrogio Lorenzetti. *(Ouvert tlj 7h30-12h et 15h30-19h.)* Si vous vous intéressez au Palio, visitez les différents musées consacrés aux **contrade** de Sienne, dans lesquels chaque quartier conserve ses propres collections de costumes, bannières, icônes et autres objets rituels, de l'aigle à la chenille en passant par la louve et la tortue. *(Il est en général nécessaire de réserver pour visiter ces musées, bien souvent au moins une semaine à l'avance. Renseignez-vous à l'office de tourisme.)*

SORTIES

Les courses de chevaux du ❤ **Palio** se tiennent chaque année le 2 juillet et le 16 août. A l'approche de l'événement, la ville entre en ébullition. Dix des dix-sept *contrade* (choisies par tirage au sort, en raison de l'espace limité de la Piazza del Campio) entrent en scène, après un rituel traditionnel. Des groupes de jeunes portant les couleurs de leur *contrada* entonnent des chansons aux paroles souvent obscènes dans la rue. Cinq courses d'essai ont lieu pendant les trois jours qui précèdent la course finale, et une ultime course se déroule le matin même de la finale. La veille du grand jour, les rues de la ville, prises d'assaut par les Siennois et les touristes, sont en fête jusqu'au petit matin. Le jour J, à 14h30, chaque cheval est emmené dans l'église de sa *contrada* pour y être baptisé. Une procession regroupant hérauts et porte-drapeaux défile pendant deux heures dans les rues de la ville. A la fin de cette procession flotte le *Palio*, une bannière représentant la Madone dans un chariot tiré par des bœufs blancs. Le début de la course est peut-être le moment le plus excitant. Les cavaliers se disputent la meilleure place au départ jusqu'à ce que l'annonceur soit satisfait du désordre établi et lance le départ de façon inattendue. La course commence à 19h30, et il ne faut que 90 secondes aux chevaux pour faire trois fois le tour de la place. Pendant l'épreuve, tout est permis, comme le veut la tradition, qui remonte à 1283.

Si vous avez l'intention d'assister au *Palio*, pensez à réserver un logement au moins quatre mois à l'avance, surtout dans les hôtels bon marché. Ecrivez à l'office de tourisme APT en mars ou en avril pour obtenir une liste des lieux d'hébergement. Vous pouvez aussi réserver une bonne place dans les tribunes, quoique le prix puisse en être prohibitif. Vous pouvez vous tenir sur les côtés de la place gratuitement, avec les autres plébéiens, mais il est conseillé d'arriver tôt pour trouver une bonne place, ou le seul spectacle que vous verrez sera une mer de spectateurs aussi déçus que vous de ne rien voir. Pour tout savoir sur le *Palio*, procurez-vous l'excellent programme distribué par l'office de tourisme.

Fin juillet, l'**Accademia chigiana** (✆ 0577 461 52, www.chigiani.it) organise un excellent festival de musique, la **Settimana musicale sienese** (la Semaine musicale de Sienne). Toujours en juillet, Sienne accueille un festival de jazz, où se produisent des musiciens de renommée internationale. Pour en savoir plus, appelez le ✆ 0577 27 14 01.

EXCURSIONS DEPUIS SIENNE

SAN GALGANO

Procurez-vous une voiture ou un deux-roues et contactez l'office du tourisme pour en savoir plus.

Perdue dans la campagne toscane entre Sienne et Massa Marittima, l'**abbaye cistercienne de San Galgano** (XIIIe siècle) était autrefois l'une des plus riches et des plus puissantes de la région. Les moines remplissaient les fonctions de trésorier et de juge pour les communes de Sienne et de Volterra. Certains ont été élevés au rang d'évêque, d'autres sanctifiés (mais seulement après d'importantes pressions). L'abbaye participa à l'édification de la cathédrale de Sienne. Les moines avaient construit une abbaye aux dimensions dignes de leur puissance, mais, dès le milieu du XVIe siècle, l'édifice ne fut plus entretenu. Cette superbe abbaye en ruine, le plus bel exemple d'architecture gothique cistercienne d'Italie, est un endroit inoubliable. La nature a été clémente : l'édifice n'a plus de toit, mais les colonnes majestueuses, les rosaces et les fenêtres gothiques, où les oiseaux aiment à faire leur nid, sont toujours intactes.

LA RÉGION DU CHIANTI

Des bus partent de Sienne pour Castellina et Radda, les meilleurs endroits où visiter des vignobles (6 dép/j, durée 45 mn-1h, 2,70 €). Trois bus relient également Radda à Florence tous les jours (le dernier bus part pour Florence à 18h10 et pour Sienne à 18h40, durée 1h30).

Sienne est un bon point de départ pour visiter les vignobles du Chianti, mondialement connus et ce à juste titre. Les paysages sont inoubliables : collines vertes, châteaux perchés, minuscules bourgades et bien sûr vignes à perte de vue. Au Moyen Age, les villages de Castellina, de Radda et de Gaiole formèrent alliance contre les troupes françaises et espagnoles. Elles adoptèrent comme symbole le coq noir. L'animal figure aujourd'hui sur toutes les étiquettes des bouteilles de vin produits dans la région.

Castellina constitue une porte d'entrée pratique. L'**office de tourisme** privé, V. della Rocca, 12, près de la place centrale (Piazza del Comune), peut vous aider à trouver un lieu d'hébergement. Il vous donne également des renseignements utiles sur la ville et la région. (© 0577 74 60 20, info@collinverdi.it. Ouvert Lu-Sa 9h-13h et 15h-18h ; en hiver 10h-13h.) Vous pouvez acheter la marque Chianti dans de nombreux magasins. Nous vous conseillons la **Volte Enoteca**, V. Ferruccio, 12, à deux rues de la Piazza del Comune. Les premières bouteilles sont à 5 €. (© 0577 74 13 14. Ouvert Mars-Oct, tlj 9h30-19h30. Nov-Déc : 10h-12h et 16h-19h30. Cartes Visa, MC, AmEx.) Si vous avez envie d'une part de pizza (à partir de 0,67 €), allez chez **Pizza Chiantigiana**, V. Chiantigiana, 7, près du carrefour principal où s'arrêtent les bus. (© 0577 74 12 91. Ouvert Lu-Sa 11h-14h30 et 16h-21h30.)

Castellina possède quelques jolies rues mais elle dégage moins de charme que d'autres villes toscanes. Aussi, ne vous y attardez pas et rejoignez **Radda in Chianti**, à 9 km. Pour vous y rendre, prenez le même bus que pour Castellina, si vous partez de Sienne. L'**office de tourisme** de Radda est sur la P. Ferrucci, 1, la place principale de la ville. Le personnel est très serviable et toujours prêt à vous aider à trouver un logement ou un

UNE PETITE FOLIE

LA TOURNÉE DES VIGNOBLES AVEC SILVIO

La pluie a inondé la route ; les habitants ont choisi d'emprunter les petits chemins de campagne qu'eux seuls connaissent. Le groupe fait de même. Il se joint à une famille pour le déjeuner puis fait irruption sans crier gare chez un viticulteur. Celui-ci réserve un accueil chaleureux au guide, Silvio, un enfant de la région qui connaît les collines comme sa poche.

Silvio jouit d'une relation privilégiée avec les paysans du Chianti. Dans un domaine, il emprunte la clé au père pour faire visiter une minuscule église ornée de fresques ; chez un autre vigneron, il raconte la fois où un sanglier a pointé son groin dans la cuisine et s'est battu comme un coq. En chemin, il ne manque pas, bien sûr, d'apprendre à ses clients tout ce qui concerne le vin et ses techniques, mélangeant avec aisance érudition et anecdotes.

De nombreux tour-opérateurs proposent le Chianti à leurs clients, mais les excursions de Silvio sont vraiment à part. Elles ne durent qu'une journée, mais chaque périple est conçu sur mesure. Il peut organiser un cours de cuisine comme vous concocter une randonnée sportive à travers les vignes et les champs de tournesol. Bref, pour bien découvrir le Chianti et ses richesses, Silvio est l'homme de la situation.

Envoyez un couriel a italyinfo@hahoo.com pour plus d'informations. 420 € pour 2 personnes.

restaurant. On vous propose également des visites guidées en bus pour découvrir quatre (voire plus) vignobles de la région. C'est un bon moyen de goûter aux vins des différentes caves accompagnés d'un en-cas (100-150 € par personne). Cependant, comme la plupart des caves proposent des dégustations gratuites, nous vous conseillons de vous procurer une carte des vignobles locaux et de les découvrir par vous-même. Demandez à l'office de tourisme où se trouvent les vignobles où vous pouvez vous rendre à pied. Depuis l'arrêt de bus, placez-vous à droite des murs de la ville et traversez deux rues. Tournez ensuite à gauche vers les jardins publics puis encore à gauche dans la ville vers la Via Roma, l'artère principale qui conduit à la Piazza Ferrucci. (✆ 0577 73 84 94, proradda@chiantinet.it. Ouvert Mar-Oc Lu-Sa 10h-13h et 15h-19h, Di. 10h-12h30.)

Les chambres modernes de l'hôtel **Le Camere di Giovannino**, V. Roma, 6-8, sont d'une propreté inégalée. L'hôtel se trouve à quelques mètres de l'office de tourisme. Toutes les chambres ont une salle de bains. (✆/fax 0577 73 56 01. Chambre simple 42 €, chambre double 52-55 €, chambre triple 65 €.) A l'instar de Castellina, Radda possède de nombreuses *enoteche*. Essayez la **Casa Porciatti**, P. IV Novembre, 1-3, à l'intérieur des remparts du XIVe siècle qui entourent la ville. Bouteilles à partir de 7 €. Vous pouvez également y acheter des saucisses et des fromages maison. (✆ 0577 73 80 55, www.casaporciatti.it. Ouvert Mai-Oct, Lu-Sa 7h45-13h et 17h-20h, Di. 7h45-13h. Nov-Avr : Lu-Sa 8h-13h et 16h30-19h30.) Vous trouverez les vins les moins chers au magasin **COOP**, V. Roma, 26. Les premières bouteilles sont à 3,10 €. (Ouvert Lu-Ma et Je-Sa 8h-13h et 16h30-20h, Me. 8h-13h.) Si vous ne voulez pas préparer votre repas vous-même, allez à la **Pizzeria da Michele**, P. IV Novembre, qui, outre de belles vues sur la vallée, propose des plats goûteux comme le sanglier aux olives (12 €). (✆ 0577 738 491. Primi 6-8 €, secondi 9,50-12 €. Couvert 2,07 €. Ouvert Ma-Di 12h-14h30 et 19h-24h.) L'**Enotecha Dante Alighieri**, P. Dante Alighieri, 1, en face de l'arrêt de bus, est une excellente adresse. Les plats sont à emporter ou à manger sur place. Goûtez à ses succulentes spécialités : les *bruschette* et les *crostini* (à partir de 2,25 €). Grand choix de vins. (✆ 577 73 88 15. Ouvert Di-Ve 7h-22h et Sa. 7h-21h.) Après une bonne journée de dégustation, allez vous reposer dans le jardin public à l'extérieur des remparts. Asseyez-vous sur un des bancs de pierre de la terrasse et admirez la magnifique vue sur la campagne.

CORTONE (CORTONA) ✆ 0575

Ancienne cité étrusque, Cortone domine du haut d'une colline plantée d'oliviers la campagne toscane. Le paysage, formé de collines douces, des eaux scintillantes du lac Trasimène et de champs ondoyants, donne lieu à de très beaux couchers de soleil. Petite ville aujourd'hui paisible, elle fut jadis l'une des rivales de Pérouse, d'Arezzo et même de Florence. Mais elle perdit son autonomie en 1409 et fut vendue aux enchères à Florence, sa rivale. Malgré ses récriminations, Cortone connut alors la paix et la prospérité. Les peintures de Luca Signorelli et de Pietro Lorenzetti, témoins de cette prospérité, sont aujourd'hui exposées au Museo diocesano de Cortone.

TRANSPORTS

Train : En provenance de **Florence** (8 dép/j, 6,20 €) et de **Rome** (13 dép/j, 8,99 €). Descendez à la gare de **Camucia-Cortona**, puis de là, prenez le bus LFI jusqu'à la Piazza Garibaldi, à Cortone (durée 15 mn, 1,50 €, billets en vente dans le bus).

Bus : Les bus en provenance d'**Arezzo** (3-5 dép/j, durée 1h, 2,50 €) s'arrêtent sur la Piazza Garibaldi. Achetez vos billets de bus LFI à l'office de tourisme, dans un café ou dans un bureau de tabac.

Taxi : ✆ 033 58 19 63 13.

ORIENTATION ET INFORMATIONS PRATIQUES

Les bus en provenance des villes voisines arrivent sur la **Piazza Garibaldi**, au pied des remparts. Pour vous rendre dans le centre, prenez à gauche en remontant la **Via Nazionale**, où se trouve l'office de tourisme, jusqu'à la **Piazza della Repubblica**, la place centrale. La **Piazza Signorelli**, la deuxième grande place de la ville, est toute proche.

Office de tourisme : V. Nazionale, 42 (✆ 0575 63 03 52). Le personnel vous donnera des brochures et des cartes ainsi que les horaires des trains et des bus. Vous pouvez aussi y acheter les billets de transport. Ouvert Juin-Sep, Lu-Sa 9h-13h et 15h-19h, Di. 9h-13h. Oct-Mai : Lu-Ma et Je-Ve 9h-13h et 15h-18h, Me et Sa 9h-13h.

Change : **Banca Popolare**, V. Guelfa, 4. Ouvert Lu-Ve 8h30-13h30 et 14h30-15h30. Vous trouverez un **distributeur automatique** disponible 24h/24, V. Santa Margherita, 2-3.

Urgences : ✆ 113. **Urgences médicales** : ✆ 118. **Police** : V. Dardano, 9 (✆ 0575 60 30 06).

Pharmacie de garde : **Farmacia Centrale**, V. Nazionale, 38 (✆ 0575 60 32 06). Ouvert Lu-Sa 9h-13h et 16h30-20h.

Hôpital : V. Maffei, (✆ 0575 63 91).

Bureau de poste : V. Santucci, 1, à 15 mn de la Piazza della Repubblica. Ouvert Lu-Ve 8h15-13h30 et Sa. 8h15-12h30. **Code postal** : 52044.

HÉBERGEMENT

❤ **Ostello San Marco (HI)**, V. Maffei, 57 (✆ 0575 60 13 92 ou 0575 60 17 65, www.cortonahostel.com). A partir de l'arrêt de bus, montez la Via Santa Margherita et suivez les panneaux de l'auberge. Cette auberge qui date du XIIIe siècle est très propre. Petit déjeuner, draps et douches compris. Dîner 8 €. Réception ouverte tlj 7h-10h et 15h-24h. Couvre-feu à minuit. Dortoir 10,50 € par personne. Ouvert mi-Mars-mi-Oct, et toute l'année pour les groupes. ❖

Casa Betania, V. G. Severini, 50 (✆ 0575 62 829). De la P. Garibaldi, descendez la V. Severini. Traversez la rue et entrez par le portail tout de suite à droite. Chambres basiques mais avec de grandes fenêtres. Un joli jardin se trouve juste en face. Chambre simple 25 €, avec salle de bains 30 €, double 35/40 €. ❖❖

Istituto Santa Margherita, V. Cesare Battisti, 15 (✆ 0575 63 03 36). A partir de la Piazza Garibaldi, descendez la Via Severini jusqu'à l'*istituto*, à l'angle de la Via Cesare Battisti. Dans ce couvent, des couloirs dallés de marbre mènent à des chambres spacieuses, toutes équipées d'une salle de bains. Petit déjeuner 3 €. Couvre-feu à minuit. Chambre simple 30 €, chambre double 44 € (réservée aux couples mariés), chambre triple 55 €, chambre quadruple 65 €. ❖❖❖

Hôtel San Luca, P. Garibaldi, 1 (✆ 0575 63 04 60, www.sanlucacortona.com). Un hôtel tout confort. Les chambres sont élégantes, certaines possèdent un balcon qui surplombe la vallée de Chiena. Toutes les chambres ont une salle de bains, la TV, la clim. et un minibar. Chambre simple 65 €, avec petit déjeuner 70 €, double 90/100 €, triple 134 €, quadruple 170 €, quintuple 201 €. Cartes Visa, MC, AmEx. ❖❖❖❖❖

Albergo Italia, V. Ghibellina, 5 (✆ 0575 63 02 54 ou 0575 63 05 64, fax 0575 60 57 63), qui donne sur la Piazza della Repubblica. L'hôtel, situé dans un palais du XVIe siècle, propose des chambres 3 étoiles climatisées avec meubles anciens, lits fermes, télévision et salle de bains impeccable. Le petit déjeuner et la salle de bains sont compris dans le prix des chambres. Chambre simple 55 €, chambre double 95 €, chambre triple 115 €, chambre quadruple 145 €. ❖❖❖❖❖

RESTAURANTS

Bien manger sans dépenser tout votre budget est tout à fait possible à Cortone. Les trattorias, les *rosticcerie* et les épiceries abondent. Accompagnez votre repas d'un verre du meilleur vin local, le *bianco vergine di Valdichiana*. Vous pouvez aussi en trouver au **supermarché Despar**, P. della Repubblica, 23, à 2,50 € la bouteille, où vous pourrez également acheter des paninis. Le samedi, la Piazza della Repubblica accueille un **marché en plein air** (ouvert 8h-13h).

Pizzeria Fufluns, V. Ghibellina, 3 (✆ 0575 76 41 40), près de la P. della Republica. Les pizzas sont irrésistibles. Pas étonnant que ce minuscule restaurant aux murs en pierre soient l'une des adresses favorites de la ville. Pizza 4-6 €. Ouvert Lu et Me-Di 12h30-14h30 et 19h30-0h30. Cartes Visa, MC. ❖❖

Trattoria Toscana, V. Dardano, 12 (✆ 0575 60 41 92). Un restaurant qui prépare avec bonheur les recettes toscanes traditionnelles. Essayez les *ravioli porcini* (raviolis aux épinards nappés d'une sauce aux champignons), une spécialité maison. Réservation conseillée. *Primi* 5-6,20 €, *secondi* 7-13 €. Ouvert Lu et Me-Di 12h-14h30 et 19h-21h45. Cartes Visa, MC, AmEx. ❖❖

Trattoria Dardano, V. Dardano, 24 (✆ 0575 60 19 44). Deux salles à l'atmosphère feutrée. La cuisine est simple mais roborative. Les viandes sont préparées avec un art consommé. *Primi* 4-6 €, *secondi* 5-8 €. Ouvert Lu-Ma et Je-Di 12h-16h et 19h-24h. ❖❖

Ristorante Preludio, V. Guelfa, 11 (✆ 0575 63 01 04). Habillez-vous de manière chic. Le chef toscan connaît ses classiques mais il n'hésite pas à ajouter sa touche personnelle. Nul ne s'en plaint. *Primi* 8-9 €, *secondi* 11-15 €. Couvert 2 €. Ouvert tlj 12h30-15h et 19h30-22h30. Cartes Visa, MC. ❖❖❖

Il Cacciatore, V. Roma 13 (✆ 0575 63 05 52). A l'écart des bruits de voiture. Un restaurant familial qui sert des plats simples mais délicieux. La carte fait une large place aux viandes. *Primi* 7-8 €, *secondi* 9-14 €. Ouvert Lu-Ma et Je-Di 12h30-14h30 et 19h30-22h. ❖❖❖

VISITES

❤ **LE MUSÉE ÉTRUSQUE.** Le **Museo dell'Accademia etrusca** expose des pièces de monnaie, des tableaux, du mobilier ancien (du Ier au XVIIIe siècle) et quelques momies égyptiennes dans leurs sarcophages. La pièce la plus originale du musée est une lampe en bronze du Ve siècle av. J.-C., suspendue au plafond dans un caisson de verre. Equipée de seize réservoirs d'huile, elle pèse à vide 58 kg. La troisième galerie est consacrée à l'art toscan des XIIe et XIIIe siècles, avec des œuvres de Taddeo Gaddi, Cenni di Francesco et Bici di Lorenzo. L'art moderne est aussi représenté à travers Gino Severini, né à Cortone, qui expose ses lithographies, ses collages et une étrange *Maternità*. *(Entrée par la cour intérieure du Palazzo Casali, près de la Piazza della Repubblica. ✆ 0575 63 72 35, www.accademia-etrusca.org. Ouvert Nov-Mars, Ma-Di 10h-17h ; Avr-Sep 10h-19h. Entrée 4,20 €, groupes de 15 et plus 2,50 €.)*

❤ **LE MUSÉE DIOCÉSAIN.** A l'étage de ce petit **Museo diocesano**, dédié à l'art de la Renaissance, vous pouvez admirer la superbe *Annonciation* de Fra Angelico (salle 3). Au même étage, à gauche, vous verrez le visage tourmenté du Christ peint par Pietro Lorenzetti dans la fresque intitulée *Le Chemin de croix*. Admirez également *La Déposition* de Luca Signorelli, une interprétation poignante de la mort et de la résurrection du Christ, dans la salle 1. *(Depuis la Piazza della Repubblica, traversez la Piazza Signorelli et suivez les panneaux. ✆ 0575 628 30. Ouvert Avr-Oct tlj 10h-19h. Nov-Mars : tlj 10h-17h. Entrée 5 €.)*

FORTEZZA MEDICEA. De la Fortezza medicea, vous avez la plus belle vue sur la vallée de Chiena et le lac Trasimène. Les cours et les tourelles de cette forteresse abritent des photos et des objets traditionnels de la région. *(Prenez la Via Santa Margherita depuis la Piazza Garibaldi et de l'arrêt de bus. Passez devant l'église et montez la petite route à l'autre bout du parking. ✆ 0575 60 37 93. Ouvert Mai-Sep, Ma-Di 10h-18h. Entrée 3 €, 1,50 € pour les étudiants de moins de 18 ans.)*

LES PALAIS ET LES PLACES. Sur la Piazza della Repubblica se dresse un palais du XIIIe siècle, le **Palazzo comunale**, qui frappe par son escalier monumental et son clocher. Derrière lui, le **Palazzo Casali** domine la Piazza Signorelli. De l'édifice original du XIIIe siècle, ne restent que les murs d'enceinte de la cour, ornés de blasons, et le mur extérieur droit. La façade et les escaliers datent du XVIIe siècle. A droite du Palazzo Casali, un peu en retrait, se trouve la **Piazza del Duomo**. A l'intérieur du palais, vous pouvez admirer un autel baroque réalisé en 1664 par Francesco Mattioli.

FÊTES ET SORTIES

Pour la **Sagra della Bistecca** (les 14 et 15 août), le festival le plus important de Cortone, toute la ville converge vers le jardin public (derrière l'église San Domenico) pour célébrer le steak local. Peu de temps après et au même endroit, les amateurs de champignons se rassemblent pour l'excellente **Festa dei Porcini** (troisième week-end d'août). Les billets sont en vente à l'entrée du jardin. Début juin, les habitants de quartiers autrefois rivaux commémorent un mariage qui eut lieu en 1397. Des processions en costumes d'époque défilent et un concours de tir à l'arc, le **Giostra dell'Archidado**, est organisé. Le vainqueur remporte la convoitée *verratta d'oro* (flèche d'or). Plusieurs manifestations musicales et théâtrales ont lieu chaque année, surtout en juillet, quand Cortone profite de l'afflux de touristes venus assister au **festival de jazz de Pérouse**. Aux beaux jours, allez vous reposer dans le jardin public et, le soir, installez-vous dans la *passeggiata* (promenade) du parc, où les habitants de Cortone regardent des films italiens. (Mi-Juin-début Sep. Les séances commencent en général à 21h30. Achetez vos billets à l'entrée du jardin public, 5 €.)

MONTEPULCIANO ✆ 0578

Cette petite ville médiévale, bâtie sur la crête d'une colline, est un merveilleux endroit où apprécier la campagne toscane et son excellent vin. Montepulciano est entourée d'épais murs de pierre qui furent bâtis en quatre fois, d'abord pour résister aux assauts des voisins et ensuite pour se protéger des maladies et des pèlerins envahissants. Derrière les impressionnants remparts, nombre de palais Renaissance et d'églises sont à découvrir. Cependant, la ville est avant tout connue pour son *vino nobile*, à la douce robe grenat, que les amateurs peuvent déguster chez les nombreux marchands de vins. Mais, si vous n'aimez pas le vin, les paysages et les musées de Montepulciano en font un agréable refuge.

TRANSPORTS

Train : Montepulciano se trouve sur la ligne Florence-Rome. La gare est à 10 km du centre-ville. Destination : **Chiusi** (1 dép/h, durée 20 mn, 2,50 €). Les bus **LFI** relient la gare au centre de Montepulciano (Sep-Mai, dép. de 6h à 21h, 1 €). De juin à août, ne descendez pas à la gare de Montepulciano. Le service de bus LFI est alors irrégulier, et vous auriez à prendre un taxi pour 13-16 €. Choisissez plutôt de vous rendre jusqu'à la gare de Chiusi, et de là prenez un bus.

Bus : Les bus **TRA-IN** desservent Montepulciano à partir de **Sienne** (Lu-Sa 7-8 dép/j, durée 1h30, 4,30 €), certains via **Buonconvento**. Deux bus directs font aussi le trajet de Montepulciano à **Florence** (durée 2h, 7,50 €). Les **bus LFI** desservent **Chiusi** (2 dép/h de 7 à 21h50, durée 1h, 2 €). Achetez vos billets dans les agences qui arborent les panneaux *LFI Biglietti* et *TRA-IN*.

Taxi : ✆ 0578 639 89. **Taxi 24h/24** : ✆ 0578 71 60 81.

ORIENTATION ET INFORMATIONS PRATIQUES

Les bus achèvent leur route au pied de la colline, hors de la ville. Faites-vous déposer dans le centre historique (*centro storico*), juste avant que le bus ne commence sa descente. Une petite montée vous conduira à la rue principale, le **Corso**. Vous pouvez aussi prendre un des **bus** ATAF orange (0,80 €). Divisé en quatre parties (Via di Gracciano nel Corso, Via di Voltaia nel Corso, Via dell'Opio nel Corso et Via del Poliziano), le Corso s'enroule comme un serpent autour de l'abrupte colline. Lorsque vous atteignez son extrémité et que la rue commence à s'aplanir, vous apercevez sur la droite une autre montée, la **Via del Teatro**. Prenez-la et reposez-vous ensuite sur la **Piazza Grande**, la place principale.

Office de tourisme : P. Grande, 7 (✆ 0578 75 86 87, www.stradavinonobile.it). Vous y trouverez des cartes et on vous dirigera gratuitement vers les *alberghi* et les *affittacamere* de la ville et de la campagne environnante. Vous pouvez également vous inscrire à une visite guidée des vignobles de la ville (13 €), qui a lieu Me à 17h30.

Change : **Banca Toscana**, P. Michelozzo, 2. **Distributeur automatique** à l'extérieur. Ouvert Lu-Ve 8h20-13h20 et 14h45-15h45. Vous trouverez également un bureau de change à la **poste** et des points de change automatiques sur la Piazza Savonarola (24h/24).

Urgences : ✆ 113. **Urgences médicales** : ✆ 118. **Police** : P. Savonarola, 16 (✆ 112).

Pharmacies : **Farmacia Franceschi**, V. di Voltaia nel Corso, 47 (✆ 0578 71 63 92). Ouvert Avr-Sep, Lu-Sa 9h-13h et 16h30-19h30. Oct-Mai : tlj 9h-13h et 16h-19h. **Farmacia Sorbini**, V. Calamandrei (✆ 0578 75 73 52). Quelqu'un est de garde la nuit en cas de médicaments à administrer d'urgence.

Bureau de poste : V. delle Erbe, 12, en remontant de la Piazza delle Erbe et du Corso. **Change** (commission 0,50 €). Ouvert Lu-Ve 8h15-19h et Sa. 8h15-12h30. **Code postal** : 53045.

HÉBERGEMENT

La plupart des logements de Montepulciano étant aussi chers que des hôtels 3-4 étoiles, mieux vaut se cantonner aux *affitacamere* (chambres à louer chez l'habitant). L'office de tourisme vous aidera à trouver un logement si vous souhaitez rester plus d'une journée à Montepulciano.

Affittacamere Bellavista, V. Ricci, 25 (✆ 347 823 2314 ou 338 229 1964), en bas de l'office de tourisme. De charmantes petites chambres avec de magnifiques vues. Appelez pour réserver et obtenir les clés. Chambre double avec salle de bains 46-48 €. ❖❖❖❖

Albergo La Terazza, V. Piè al Sasso, 16 (✆/fax 0578 75 74 40, www.laterrazzadimontepulciano.com). Depuis la Piazza Grande, prenez la Via del Teatro, tournez ensuite à gauche de la cathédrale puis encore à gauche de la Piazzeta del Teatro dans la Via di Cagnano. L'hôtel se trouve quatre rues plus loin à droite. Réservation obligatoire. Chambre simple 56 €, chambre double 83 €, chambre quadruple 124 €. Cartes Visa, MC. ❖❖❖❖

Meuble Il Riccio, V. Talosa, 21 (✆/fax 0578 75 77 13, www.ilriccio.net), à deux pas de la P. Grande. Les œuvres d'art au mur, les piliers et les cages d'escalier... on se croirait presque dans une église. Les vues sur la vallée de Chiana et ses lacs scintillants depuis le toit en terrasse sont à couper le souffle. Réservation conseillée. Chambre simple 70 €, double 80 €, triple 96 €. Cartes Visa, MC, AmEx. ❖❖❖❖❖

Ristorante Cittino, V. della Nuova, 2 (✆ 0578 75 73 35) près de la Via di Voltaia del Corso. Cet établissement familial dispose de trois chambres spacieuses et confortables. De bonnes odeurs de cuisine montent du restaurant au rez-de-chaussée. Chambre simple 30-35 €, double 55 €. ❖❖❖

RESTAURANTS

De nombreuses **supérettes** bordent le Corso. Vous trouverez un **supermarché CONAD** à quelques rues de la Piazza Savonarola, juste en dehors de la ville. (Ouvert Lu-Ma et Je-Sa 8h30-19h, Me. 8h30-12h.) Un **marché** en plein air se tient sur la Piazza Sant'Agnese le jeudi. (Ouvert 8h-13h.)

Il Cantuccio, V. delle Cantine, 1-2 (✆ 0578 75 78 70). Les serveurs portent le smoking. Délicieuse cuisine toscane, pimentée d'une touche étrusque. Craquez pour un *bistecca alla fiorentina* ou tentez le *pollo e coniglio all'Etrusca* (poulet et lapin à la mode étrusque, 11,40 €). *Secondi* 7-16 €. Service 12 %. Ouvert Ma-Di 12h-14h et 18h-22h. Fermé les deux premières semaines de juillet. Cartes Visa, MC. ❖❖❖

Trattoria Diva e Maceo, V. di Gracciano nel Corso, 92 (✆ 0578 71 69 51). Les habitués viennent ici goûter les *cannelloni* fourrés à la ricotta et aux épinards ou déguster un délicieux *osso buco*. *Primi* 6-8 €, *secondi* 7-13 €. Ouvert Me-Di 12h30-14h et 19h30-21h30. Fermé la première semaine de juillet. Cartes Visa, MC, AmEx. ❖❖

Osteria dell'Acquaccheta, V. del Teatro, 22 (✆ 0578 75 84 43 ou 0578 71 70 86), près du Corso. La *bistecca alla fiorentina* est copieuse. Essayez le *pecorino con miele e noci* (avec du miel et des noix) ou le *pecorino di pienza al tartufo* (avec des truffes). *Primi* 5-6 €, *secondi* au poids à partir de 2,20 € les 100 g. Ouvert Juil-Sep Lu et Me-Di 12h-16h et 18h-2h, horaires variables le reste de l'année. Cartes Visa, MC. ❖❖❖

Caffè Poliziano, V. di Voltaia nel Corso, 27 (✆ 0578 75 86 15). Les tables en marbre et le bar en cuivre donnent tout son cachet à cet élégant café où vous pouvez savourer de délicieuses pâtisseries (à partir de 0,70 €). Ses deux petites terrasses offrent une vue magnifique. Si vous voulez faire des folies, offrez-vous un repas dans la superbe salle à manger du café. Le café est ouvert tlj 7h-1h. Cartes Visa, MC, AmEx. ❖

VISITES

L'ÉGLISE SAN BIAGIO. Construit en forme de croix grecque, ce qui est assez inhabituel, ce magnifique exemple de symétrie et de décoration Renaissance est considéré comme le chef-d'œuvre de Sangallo. L'intérieur de l'église, très sombre, a été refait en style baroque au XVIIe siècle mais on peut encore apercevoir la structure d'origine, beaucoup plus simple. *(De la Piazza Grande, prenez la Via Ricci jusqu'à la Via della Mercenzia, tournez à gauche en bas des escaliers avant la Piazzeta di San Francesco et suivez les panneaux. Vous devez monter, descendre les rues et franchir les remparts pour trouver l'église. Ouvert tlj 9h-13h et 15h30-19h.)*

QUARTIER DE LA VIA DI GRACCIANO. De nombreux et remarquables palais se trouvent dans ce quartier. Sur la droite s'élève le **Palazzo avignonesi** (1507-1575), attribué à Vignola. Les fenêtres élégantes qui ornent le premier étage contrastent avec celles du rez-de-chaussée. Cette différence de style

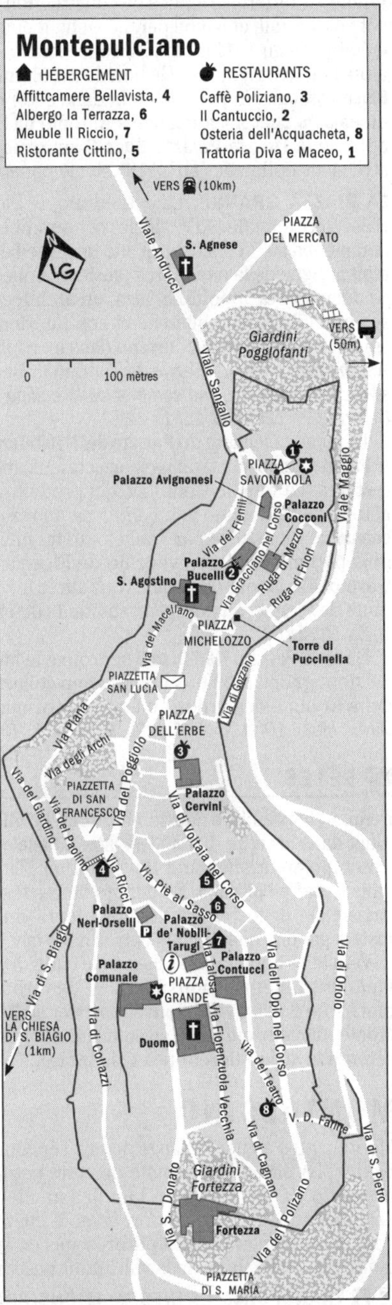

reflète les différents stades de construction du bâtiment. Les têtes de lion, de chaque côté du portail, et le lion perché en haut de la **colonne Marzocco**, en face du palais, ont été ajoutés en 1511 quand Florence s'empara de la ville. Le lion florentin remplaça alors la louve siennoise (le lion de la colonne est une copie, l'original se trouvant au **Museo civico**). Un peu plus loin dans cette même rue s'élève la façade asymétrique du **Palazzo Cocconi**, attribuée à Antonio da Sangallo l'Ancien (1455-1534). De l'autre côté de la rue, le **Palazzo Bucelli** est orné d'urnes et d'inscriptions romaines et étrusques collectées au XVIIIe siècle par son propriétaire Pietro Bucelli.

LA PIAZZA GRANDE. La cathédrale, le Palazzo Tarugi, le Palazzo Contucci et le Palazzo comunale (XIVe siècle) ceinturent la place. La construction de la cathédrale commença au XVIe siècle, quand le conseil de la ville déclara que l'édifice de l'époque était indigne de la cité. Après plusieurs années et une pléiade d'architectes, le conseil se décida pour Ippolito Scalza, un architecte d'Orvieto. Avec sa façade inachevée, ses murs de brique blanche et son intérieur spartiate, elle étonne toujours par sa simplicité. Elle abrite pourtant, dans un triptyque au-dessus de l'autel, une poignante *Assomption de la Vierge* de Taddeo di Bartolo, que d'aucuns considèrent comme son chef-d'œuvre. *(Au sommet de la colline, sur la Piazza Grande. Remontez le Corso. Ouvert tlj 9h-12h30 et 15h15-19h.)*

La façade élégante du **Palazzo dei Nobili-Tarugi** fait face à la cathédrale. Tout proche, le **Palazzo Contucci** est un mélange curieux, mais néanmoins élégant, de diverses architectures. La famille Contucci, qui produit un excellent vin depuis plus d'un siècle, gère aujourd'hui une petite *enoteca* au rez-de-chaussée du palais. L'austère **Palazzo comunale** fut achevé par Michelozzo au milieu du XVe siècle. Il s'agit d'une version plus petite du Palazzo vecchio de Florence, lequel demanda près d'un siècle de travaux. De la tour du palais, vous aurez une vue qui embrasse un vaste paysage, des tours de Sienne, au nord, aux sommets du massif du Gran Sasso au sud. *(Tour ouverte Lu-Sa 10h-18h.)*

Dans le **Palazzo Neri-Orselli** se trouve le **Museo civico**, l'un des sites les plus prisés de Montepulciano. Vous y verrez une collection de terres cuites émaillées d'Andrea della Robbia, des urnes funéraires étrusques et plus de 200 tableaux. *(V. Ricci, 10. Ouvert Ma-Di 10h-13h et 15h-19h. Entrée 4,13 €, moins de 18 ans et plus de 65 ans 2,58 €.)*

FÊTES

Pendant la première quinzaine d'août, la ville est envahie de musiciens qui viennent jouer dans le cadre du **Cantiere internazionale d'Arte**. Ce festival a été créé en 1976 par le compositeur allemand Hans Werner. En juillet, un festival de jazz est organisé dans le **Caffè Poliziano**. En dehors de ces festivals, vous pouvez faire la tournée des cavistes et déguster gratuitement leurs vins. Goûtez à celui de la Porta di Bacco, juste à gauche quand vous entrez dans la ville. (Ouvert tlj 9h-20h.)

Vers le 15 août, les marches de la cathédrale accueillent le **Bruscello**, un festival où viennent jouer des musiciens et des troupes de théâtre amateurs. Le dernier dimanche d'août, vous pouvez assister au **Bravio delle Botti** (course de tonneaux) de Montepulciano, qui a lieu en souvenir des huit milices des villages voisins qui repoussèrent l'invasion florentine et siennoise.

MONTALCINO ✆ 0577

Montalcino n'a guère changé depuis l'époque où elle était l'une des places fortes de Sienne. La principale activité de cette petite ville est la production de l'excellent *brunello di Montalcino*, l'un des meilleurs vins rouges d'Italie. Vous pouvez déguster et acheter ce vin fort en goût chez les nombreux détaillants qui se succèdent dans les petites rues pittoresques de la ville, ou vous rendre chez les viticulteurs, juste en dehors de la ville, pour une visite et quelques dégustations gratuites.

TRANSPORTS ET INFORMATIONS PRATIQUES. Prenez un des **bus TRA-IN** qui partent tous les jours de **Sienne** pour Montalcino (9 dép/j, durée 1h15, 2,84 €). Les bus partent de la gare ferroviaire, et non de la Piazza Gramsci, mais on peut aussi se procurer les billets au guichet TRA-IN de la place (voir **Informations pratiques** de Sienne). Le dernier bus pour Montalcino part à 22h15, le dernier bus retournant à Sienne à 20h30. Si vous venez de **Montepulciano** (durée 1h15, 3,50 €), changez de bus à **Torrenieri**. Contactez l'**office de tourisme** (Associazione Pro-Loco Montalcino), Costa del Municipio, 8 (© 0577 84 93 21), pour obtenir des informations sur les visites des caves à vin. De la Piazza Cavour, où le bus s'arrête, remontez la Via Mazzini jusqu'à la Piazza del Popolo. L'office de tourisme se trouve sous le clocher. (© 0577 84 93 31, www.prolocomantalcino.it. Ouvert Avr-Oct tlj 10h-13h et 14h-17h40.) Louez un **VTT** (13 € la journée) ou un **scooter** (à partir de 26 € la journée) à **Minocci Lorenzo Noleggio,** V. Strozzi, 31, dans la station d'essence. (© 0577 84 82 82. Ouvert sur rendez-vous uniquement.)

HÉBERGEMENT ET RESTAURANTS. Les chambres d'hôtel étant plutôt rares et chères à Montalcino, essayez de trouver une *affittacamera* (chambre chez l'habitant), elles sont en général bien tenues. Il vous en coûtera entre 40 et 50 € la chambre double avec salle de bains. L'office de tourisme vous aidera à trouver un logement. Il pourra aussi vous fournir la liste de tous les hôtels et *affittacamere* à proximité. L' ❤ **Albergo Il Giardino**, P. Cavour, 4, au cœur de la ville, est assez abordable. Ses chambres sont modernes et décorées avec goût. Le propriétaire, tout à fait sympathique, vous accueillera dans son salon chaleureux et vous montrera sa collection des meilleurs vins italiens, commencée en 1950. (© 0577 84 82 57. Chambre simple 45 €, chambre double 53 €, chambre triple 72 €.) **Il Barlanzone Affitacamere**, V. Ricasoli, 33, possède deux grandes chambres, avec TV, baignoire et une vue dégagée jusqu'à la forteresse. (© 0577 84 61 20. Chambre simple 45 €, double 55 €. Cartes Visa, MC.) L'**Affittacamere Mariuccia**, P. del Popolo, 28, propose des chambres aux murs blancs, bien rangées, disposant de salles de bains impeccables et de la télévision. La réception se trouve de l'autre côté de la rue, dans l'Enotecha Pierangioli. (© 0577 84 91 13. Chambre simple 38 €, chambre double 47 €.) Le plus vieil hôtel de la ville, l'**Albergo Il Giglio**, V. S. Saloni, 5, offre des chambres avec salle de bains et TV satellite. La vue depuis les chambres est tout simplement splendide. (©/fax 0577 84 81 67. Chambre simple 53 €, double 75 €, triple 85 €. Cartes Visa, MC, AmEx.)

Pour vos pique-niques, allez faire un tour au **marché** qui se tient dans la Via della Libertà. (Ouvert tlj 7h30-13h.) Vous trouverez les bouteilles de *brunello* les moins chères au **supermarché COOP**, V. Sant'Agostino, près de la Piazza del Popolo. La Via Mazzini, l'artère principale, qui traverse le cœur de la ville, est littéralement envahie d'*enoteche* (bars à vins) qui proposent presque toutes un grand choix de *brunello* que vous pouvez accompagner de fins en-cas comme des *bruschette* (4-6 €) ou des assiettes de fromage ou de viande (3-6 €). La plupart des restaurants du centre-ville servent des repas complets et possèdent une carte des vins très fournie. Goûtez à la délicieuse *scottiglia di cinghiale* (ragoût de sanglier) ou au *coniglio arrosto* (lapin rôti) que vous ont concoctés les cuisiniers de l'**Osteria di Porta al Cassero**, près de la *fortezza*. (© 0577 84 71 96. Ouvert Je-Ma 12h-15h et 19h-22h.) En bas du petit escalier proche de la Via Mazzini se trouve la **Taverna Il Grappolo Blu**, Scale di Via Moglio, 1, où vous pouvez manger des pâtes ou de très bons plats. Ne partez pas sans avoir goûté ses pâtes aillées maison à la sauce aux truffes (7 €), elles sont divines ! (© 0577 84 71 50. Couvert 1,50 €. Ouvert Sa-Je 12h-15h et 19h-22h.) **Re di Macchia**, V. S. Saloni, 21, prépare de succulents *sfogliatine di stracchino i pere* (raviolis au fromage et à la poire, 11,50 €). (© 0577 84 61 16. Ouvert Me et Ve-Di 12h30-14h et 19h30-21h30. Cartes Visa, MC, AmEx.)

VISITES. Si vous voulez faire la tournée des vignobles locaux, passez devant la *fortezza* qui se trouve dans la Via Strozzi et suivez les flèches qui vous conduisent hors de la ville vers **Castelnuovo dell'Albate** et l'**Abbazia di Sant'Antimo**. Après deux kilomètres d'une route touristique sinueuse, vous entrez dans le domaine de l'**Azienda Agricola Greppo**, qui produisit la première bouteille de *brunello* en 1888. *(© 0577 84 80 87, www.biondisanti.it. Visites Lu-Ve 9h-11h et 15h-17h. Bureaux ouverts Lu-Ve 8h-12h et 14h-18h.)* Vous pouvez vous y rendre à pied (10-15 mn) ou à vélo depuis la *fortezza*, mais faites attention aux voitures : même s'il n'y en a pas beaucoup, la route reste dangereuse à cause des virages. Au bout de l'allée de gravier bordée de cyprès se dresse un imposant édifice en pierre qui abrite les caves et les salles de dégustation. La visite des caves et la dégustation des vins se font sur rendez-vous. Elles sont principalement destinées à faire vendre cette délicieuse production. Trois kilomètres plus loin se trouve la **Fattoria del Barbi**, où l'on peut déguster le vin sans subir de pression : exactement ce qu'il vous faut. Vous pouvez vous y rendre à pied (30 mn) ou à vélo depuis la *fortezza* sans trop d'effort. Au retour, une pente douce vous attend. Suivez les indications qui se trouvent sur le côté gauche de la route et empruntez le chemin de gravier. La visite de ces immenses caves sera récompensée par la dégustation de deux de leurs délicieux vins (un *brunello* et un vin spécial de la maison) et de leur huile d'olive vierge extra. Vous pouvez venir déguster du vin quand vous en avez envie du moment que c'est pendant les heures d'ouverture. Il suffit de sonner la cloche. Le restaurant de l'établissement sert également des repas midi et soir. *(© 0577 84 11 11, www.fattoriadeibarbi.it. Ouvert Lu-Ve 10h-13h et 14h30-18h, Sa. 14h30 18h. Visite gratuite. 1 visite/h, Lu-Ve 11h-12h et 15h-17h.)* Le **Palazzo comunale**, Piazza del Popolo, organise des foires aux vins.

L'édifice le plus intéressant des environs est l' ❤ **Abbazia di Sant'Antimo**, dans le village de Castelnuovo, à 10 km de Montalcino sur la même route que les caves à vin. Cette abbaye a été construite au début du XIIe siècle sur les ruines d'une église qu'aurait fondée Charlemagne au VIIIe siècle. Avec son abside arrondie et ses chapiteaux d'albâtre gravés, c'est une des plus belles églises romanes de Toscane. Si cela ne suffisait pas, elle est entourée de collines, de vignobles et de cyprès, les symboles de la région. A l'intérieur, vous pourrez entendre les **chants grégoriens** que les moines entonnent sept fois par jour au cours de leur messe (c'est le seul moment de la journée où l'église est fermée au public). Le reste du temps, des chants enregistrés flottent dans l'église. *(© 0577 83 56 69. Ouvert Lu-Sa 10h30-12h30 et 15h-18h30, Di. 9h-10h30 et 15h-18h.)* Des bus relient la P. Cavour de Montalcino à Castelnuovo *(Lu-Sa dép. 7h10, 13h45, 14h45 et 19h, retour 7h45, 14h25 et 16h55. 2 € a/r.)* Si vous prenez le bus de 19h pour vous rendre à l'abbaye, vous n'aurez pas de bus pour le retour. De Castelnuovo, il faut marcher une dizaine de minutes pour rejoindre l'abbaye.

En 1555, la **Fortezza** de Montalcino, construite au XIVe siècle, servit de refuge à un groupe de républicains siennois qui fuyaient la ville assiégée par les Florentins. Par chance, la forteresse est encore bien conservée. Vous pouvez donc voir cinq de ses tours ainsi qu'une partie des remparts de la ville. La *fortezza* possède deux cours, l'une ensoleillée où fleurissent des géraniums et l'autre à l'ombre des arbres. Si vous avez une petite faim, l'**Enoteca La Fortezza** propose d'excellents plateaux de fromage (7 €) que vous pouvez accompagner de vins locaux (3-9 € le verre, et 6-12 € pour du *brunello*). Si le personnel derrière le comptoir est vigilant, vous devrez payer 3,50 € pour accéder aux remparts de la *fortezza* par l'escalier de la tourelle et jouir de la magnifique vue sur la campagne alentour. *(Fort et enoteca ouvert Avr-Oct, tlj 9h-20h. Nov-Mars : Ma-Di 9h-18h.)*

VOLTERRA ©0588

Perchée sur une falaise escarpée (*Le Balze*), la ville surplombe un damier de champs jaunes et verts. Attirés par ce site imprenable, les Etrusques y fondèrent Velathri, qui devint au IVe siècle av. J.-C. l'une des plus puissantes cités de la Dodécapole. Au Moyen Age, des parties de la ville, construite sur la falaise, s'effondrèrent et Volterra fut réduite au tiers de sa taille initiale. Aujourd'hui, Volterra est réputée pour ses vestiges étrusques et ses ravissantes statues d'albâtre que l'on peut acheter chez les nombreux artisans locaux. L'architecture médiévale et les vues magnifiques attirent nombre de touristes, mais c'est hors de ses murs, dans les champs environnants et les montagnes lointaines, que Volterra révèle son plus beau visage.

TRANSPORTS

Train (✆ 0588 861 50) : La gare est située à 9 km du centre, à **Saline di Volterra** (service de bus **CPT** entre Volterra et Saline). Des trains partent vers **Pise** (6,35 €) et la **côte**.

Bus : Piazza Martiri della Libertà (✆ 0588 861 50). Les bus **TRA-IN** relient Volterra à **San Gimignano** (durée 2h, 4,25 €), **Sienne** (durée 2h, 4,40 €) et **Florence** (durée 2h, 6,56 €). Dans tous les cas, vous devez changer à Colle Val d'Elsa. Pour San Gimignano, deuxième changement à Poggibonsi. Dans la mesure où les services sont assurés par des compagnies différentes, prenez garde à ne pas vous emmêler les pinceaux. **CPT** relie Colle Val d'Elsa à Volterra. Achetez vos billets dans un bureau de tabac ou à l'un des distributeurs automatiques proche de l'arrêt de bus. Les réseaux de bus **TRA-IN** et **SITA** relient Colle Val d'Elsa au reste de la Toscane. Achetez vos billets dans les agences de voyage ou au bureau central de la compagnie dans la ville où vous vous trouvez. Il y en a un à Colle Val d'Elsa, sur la place d'où les bus partent et arrivent. Quand vous achetez votre premier billet, assurez-vous de disposer d'un temps de correspondance raisonnable à Colle Val d'Elsa. Les bus **CPT** partent vers **Saline di Volterra** (5 dép/j, 2 dép/j le Di. et en août, 1,50 €) et **Pise** (7 dép/j, durée 2h, 5 €) via **Pontederra**.

Taxi : ✆ 0588 875 17.

ORIENTATION ET INFORMATIONS PRATIQUES

De la **Piazza dei Martiri della Libertà**, où le bus s'arrête, prenez à gauche la **Via Ricciarelli** et marchez 40 m pour atteindre la **Piazza dei Priori**, centre historique et administratif de Volterra.

Office de tourisme : P. dei Priori, 20 (✆ 0588 872 57). Location d'audioguides pour la visite de la ville. 7 € par personne, 10 € pour 2 personnes. L'office vous aide aussi pour vos réservations d'hôtel ou de taxi. Ouvert Avr-Oct tlj 10h-13h et 14h-19h. Nov-Mars : tlj 10h-13h et 14h-18h. **Associazone Pro Volterra**, V. Turazza (✆ 0588 86 150), vend des tickets de bus CPT et fournit les horaires des trains pour Pise et ceux des bus pour Florence, Pise, Saline di Volterra, San Gimignano et Sienne.

Change : **Cassa di Risparmio di Firenze**, V. Matteotti, 1. **Distributeur automatique** et point de change automatique à l'extérieur, disponibles 24h/24. Mêmes services sur la Piazza dei Martiri della Libertà.

Internet : ❤ **Web and Wine**, V. Porte all'Arco, 11/13 (✆ 0588 81 531, www.webandwine.com). Après avoir surfé, dégustez un verre de chianti tout en admirant les ruines étrusques visibles à travers le plancher vitré. 5,50 €/h. Ouvert Ma-Di 7h-1h. **SESHA**, P. XX settembre, 10. Ouvert tlj 9h-13h et 16h-20h. Cartes Visa, MC.

Urgences : ✆ 113. **Urgences médicales** : ✆ 118.

Pharmacie : **Farmacia Amidei**, V. Ricciardelli, 2 (✆ 0588 860 60). Ouvert Lu-Sa 9h-13h et 16h-19h30. Ouvert Di. pour les urgences.

Hôpital : Borgo San Lazzaro (✆ 0588 919 11).

Bureau de poste : P. dei Priori, 14 (✆ 0588 869 69). Ouvert Lu-Ve 8h15-19h et Sa. 8h15-12h30. **Code postal** : 56048.

HÉBERGEMENT

Adressez-vous à l'office de tourisme pour trouver des chambres chez l'habitant (chambre double à partir de 40 €).

❤ **La Torre**, V. Guarnacci, 47 (✆ 0588 80 036 ou 348 724 76 93). De l'arrêt du bus, tournez à gauche dans la V. Marchesi, à droite dans la V. delle Progioni, à droite dans la V. dei Sarti puis à gauche dans la V. Guarnacci. Une *affittacamere* en plein quartier histo-

ITALIE DU CENTRE

rique. Extrêmement confortable. Le propriétaire distribue gratuitement des plans de la ville ainsi que des boissons. Réservation nécessaire. Chambre simple 31 €, double 46 €. ❖❖❖

Seminario Viscovile, Vle Vittorio Veneto, 2 (✆ 0588 860 28), sur la Piazza Sant'Andrea, près de l'église. De la Piazza dei Martiri della Libertà, tournez à gauche puis aussitôt à droite dans la Via Matteotti. Traversez la Piazza XX Settembre et prenez la première rue à gauche. Sortez de la ville par la Porta Marcoli, prenez ensuite à gauche et continuez tout droit jusqu'à ce que vous arriviez à Sant'Andrea. D'immenses couloirs ornés de fresques vous conduisent à des chambres de 2 à 4 personnes (sans salle de bains) décorées de meubles anciens. Jolies vues sur les remparts. Couvre-feu à minuit. Petit déjeuner 3 €. Réservation obligatoire. Chambres 14 €, avec salle de bains 18 €. Cartes Visa, MC. ❖❖

Albergo Etruria, V. Matteotti, 32 (✆ 0588 873 77). De la Piazza dei Martiri della Libertà, prenez à gauche, puis à droite dans la Via Matteotti : l'Etruria se trouve à quelques pas. Chambres d'un blanc immaculé et superbes salles de bains en faïence. Télévision et téléphone. Vous pouvez vous reposer dans le salon intérieur ou profiter du jardin. Petit déjeuner 6 €. Chambre simple 42 €, chambre double 67 €. Cartes Visa, MC. ❖❖❖❖

Hôtel La Locanda, V. Guarnacci 24/28 (✆ 0588 81 547, www.hotel-lalocanda.com). Cet ancien couvent a été transformé en hôtel quatre étoiles. Les chambres, avec salle de bains, minibar et coffre-fort, sont très confortables et joliment décorées. L'hôtel expose des œuvres d'une galerie d'art voisine. Petit déjeuner buffet inclus. Chambre simple 92 €, double 115 €, double avec accès handicapés 105 €, triple 155 €, quadruple 207 €. Cartes Visa, MC, AmEx. ❖❖❖❖❖

Camping : **Le Balze**, V. Mandringa, 15 (✆ 0588 878 80). Sortez de la ville par la Porta San Francesco et prenez à droite la Strada Provincila Pisana. La Via Mandringa se trouve sur votre gauche (20 mn). Une piscine et un bar vous y attendent. Vous pouvez acheter vos billets de bus pour aller en ville dans le magasin du camping (1 dép/h de 8h18 à 21h21). Douche comprise. Réception ouverte tlj 8h-23h. Interdiction de circuler après 23h. Ouvert Avr-Oct. 6 € par personne, 4 € par tente, 7 € pour un camping-car. Cartes Visa, MC. ❖

RESTAURANTS

Les *alimentari* de la Via Guarnacci et de la Via Gramsci proposent un grand choix de charcuteries de gibier et de fromages locaux. Essayez la *salsiccia di cinghiale* (saucisse de sanglier) et le *pecorino* (fromage de brebis). En dessert, pourquoi ne pas goûter les excellents *ossi di morto* (os de mort), un mélange de blanc d'œuf, de sucre et de noisettes avec un zeste de citron, ou encore le *pane di pescatore*, un délicieux pain nourrissant aux noisettes et aux raisins ? Pour vos courses, allez au **supermarché Despar**, V. Gramsci, 12. (Ouvert Lu-Ve 7h30-13h et 17h-20h, Sa. 7h30-13h.)

L'Ombra della Sera, V. Gramsci, 70 (✆ 0588 866 63), près de la Piazza XX Settembre. Ambiance *cosy* dans ce restaurant qui sert avec brio les standards locaux comme les succulents *taglioni al tartufo* (7,80 €). *Primi* 4,90-7,80 €, *secondi* 9-12,90 €. Couvert 1,30 €. Service 10 %. Ouvert Ma-Di 12h-15h et 19h-22h. Cartes Visa, MC, AmEx. ❖❖❖

Pizzeria-Birreria Ombra della Sera, V. Guarnacci, 16 (✆ 0588 852 74). Les chefs pétrissent la pâte à pizza avec une dextérité remarquable. Prenez place sur les bancs dans la salle aux plafonds voûtés ou commandez à emporter. Pizza (4-7 €), salade (6 €) et pâtes (5-7 €). Couvert 0,80 €. Service 10 %. Ouvert Ma-Di 12h-15h et 19h-23h. Cartes Visa, MC. ❖

Il Pozzo degli Etruschi, V. dei Prigioni, 30 (✆ 0588 80 60). Copieux plats toscans. Vous pouvez essayer les *penne all'etrusca* (pâtes avec tomates, champignons et sauce au fromage, 6,50 €) et le *cinghiale alla maremmane* (sanglier sauvage, 7,75 €). *Primi* 3,10-9 €, *secondi* 4-13 €. Menu touristique 12,91 €. Couvert 1,29 €. Service 10 %. Ouvert Di-Je 12h-15h et 18h30-22h. Cartes Visa, MC, AmEx. ❖❖

Ristorante Etruria, P. dei Priori, 6/8 (✆ 0588 86 064). On y mange dehors et les uns contre les autres pour bénéficier du cadre de la vieille ville, avec ses tours et ses palais. Soupes et viandes de gibier au menu. *Primi* 3,50-9 €, *secondi* 4,50-12 €. Service 10 %. Ouvert tlj 12h-15h et 19h-22h. Cartes Visa, MC, AmEx. ❖❖

VISITES ET SORTIES

LA PIAZZA DEI PRIORI ET LA FORTEZZA MEDICEA. La **Piazza dei Priori**, bordée de palais sobres et dignes, constitue le cœur de Volterra. Le **Palazzo dei Priori**, le plus ancien palais municipal de Toscane (1208-1254), domine la place. *(Ouvert tlj 10h-13h et 14h-18h, entrée 1 €.)* En face se trouve le **Palazzo pretorio**, un ensemble d'édifices et de tours du XIIIe siècle, occupé actuellement par les services municipaux. Tout en haut de Volterra, la **Fortezza medicea** témoigne avec élégance de l'époque de la domination florentine. C'est aujourd'hui une prison. Le **parc** voisin offre une vue sur le fort et est un endroit très populaire pour pique-niquer. *(De l'arrêt du bus, marchez vers la ville et prenez la première à droite. La route tourne et se met à grimper ; suivez-la jusqu'à l'entrée du parc. Ouvert tlj 8h-20h.)*

LA CATHÉDRALE. Le **duomo**, construit en style roman pisan au XIIIe siècle, fut plusieurs fois remanié au cours des trois siècles qui suivirent sans jamais être vraiment terminé. A l'intérieur, à gauche, l'oratoire abrite un ensemble de statues en bois évoquant la vie de Jésus, de sa naissance à sa crucifixion. La chapelle près du transept est ornée de fresques de Rosselli, dont une superbe *Mission per Damasco*. Remarquez également le spectaculaire emploi de la perspective dans l'*Annonciation* d'Albertinelli et Fra Bartolomeo sur le mur gauche. *(De la Piazza dei Priori, prenez la Via Turazza jusqu'à la Piazza San Giovanni. Cathédrale ouverte tlj 8h-12h30 et 15h-18h.)*

LA PINACOTHÈQUE. La **Pinacoteca comunale** occupe un élégant édifice avec une cour entourée d'arcades. Dans ses pièces à l'éclairage tamisé, vous verrez les plus belles œuvres d'art de Volterra. A l'intérieur, la gracieuse *Vierge entourée de saints* de Bartolo étonnera tous ceux qui auront vu son morbide *Jugement dernier* à San Gimignano. Le tableau le plus exceptionnel du musée est la *Déposition de croix* (1521) de Rosso Fiorentino, où l'artiste, rejetant les conventions florentines d'ordre et de mesure, peint une "cacophonie" de couleurs qui s'enroule autour du corps du Christ, donnant l'illusion que son sujet n'est pas confiné à la surface plane de la toile. *(V. dei Sartiri, 1. Remontez la Via Buonparenti à partir de la Piazza dei Priori. © 0588 875 80. Ouvert tlj 7h-19h. Un billet couplé pour la pinacothèque, le Musée étrusque et le musée d'Art sacré peut être acheté dans n'importe lequel des trois édifices pour 7 €, étudiants 5 €.)*

LE MUSÉE ÉTRUSQUE GUARNACCI. Le **Museo etrusco Guarnacci** abrite plus de 600 urnes funéraires étrusques des VIIIe et VIIe siècles av. J.-C. Chacune, surmontée d'une sculpture stylisée représentant le défunt, est ornée de bas-reliefs évoquant des scènes mythologiques. Les pièces ne sont pas très bien présentées, et une visite avec audioguide vous coûtera un supplément de 4,50 €. Au rez-de-chaussée (salle XIV) se trouve une étrange sculpture de bronze très allongée, surnommée *l'Ombra della sera* (l'Ombre du soir), qui inspira plus tard le sculpteur italien Giacometti. La petite histoire veut qu'elle ait été déterrée par un fermier au XIXe siècle et utilisée pendant des années comme tisonnier de cheminée avant qu'on ne se rende compte qu'il s'agissait d'un chef-d'œuvre de l'art étrusque. Dans la salle XIX, le musée renferme une curiosité, *Gli Sposi* (les Epoux), un couple marié, à l'allure peu sereine, sculpté sur la même urne. *(V. Minzoni, 15. De la Piazza dei Priori, descendez la Via Matteotti et prenez à droite la Via Gramsci jusqu'à la Via Minzoni © 0588 863 47. Ouvert mi-Mars-Oct, tlj 9h-19h ; Nov-mi-Mars 9h-14h.)*

LE MUSÉE D'ART SACRÉ DE LA CATHÉDRALE. La visite des trois petites salles du Museo dell'Opera del Duomo di Arte sacra est comprise dans le prix du billet qui donne accès aux autres monuments de la ville, aussi profitez-en. La plupart des objets que contient ce musée étaient à l'origine dans la cathédrale. Vous y verrez aussi bien des robes liturgiques que d'impressionnantes sculptures métalliques. *(V. Roma, 1, près de la cathédrale. © 0588 862 90. Ouvert mi-Mars-Oct, tlj 9h30-13h et 15h-18h ; Nov-mi-Mars 9h-13h.)*

L'AMPHITHÉÂTRE ROMAIN. Il ne reste de ces immenses vestiges que des sièges de pierre recouverts d'herbe et les colonnes corinthiennes de la scène. Vous pouvez vous promener au milieu de ces ruines ou en avoir gratuitement une vue plus aérienne depuis la route près de la Porta Fiorentina. *(A l'extérieur de la ville, près de la Porta Fiorentina. De la Piazza dei Priori, suivez la Via delle Priogioni, tournez à droite à l'intersection en T et prenez la première rue à gauche. Continuez dans la Via Guarnacci après avoir franchi la Porta et le parking sur votre gauche. Ouvert tlj 10h-13h et 14h-18h. Entrée 2 €.)*

SAN GIMIGNANO ✆0577

Les tours médiévales, les églises et les palais de San Gimignano dominent la campagne environnante. Originellement au nombre de 72, les tours ne sont plus que 14 à rappeler l'ancienne prospérité de la cité et à témoigner des rivalités qui opposaient, à l'intérieur même de San Gimignano, les gibelins, partisans de l'empereur, aux guelfes, partisans du pape, aux XIIIe et XIVe siècles. Les deux grandes familles rivales étaient les Salvucci (gibelins) et les Ardinghelli (guelfes). Les tours étaient également utilisées comme entrepôts à grains pendant les sièges, et permettaient de jeter de l'huile bouillante sur les ennemis qui s'approchaient d'un peu trop près. Au XIVe siècle, pendant l'essor des *comune*, la plupart des tours furent démolies. La petite cité de San Gimignano déclina pour ne retrouver la prospérité qu'au XXe siècle, grâce aux touristes, peut-être attirés par ses tours visibles depuis l'horizon (qui valurent d'ailleurs le surnom de "Manhattan médiéval" à la ville). La nouvelle prospérité de la ville a également permis la reprise de la production du vin local, le *vernaccia*. Avec ses cohortes de visiteurs, ses boutiques de souvenirs et ses restaurants attrape-touristes, San Gimignano ressemble aujourd'hui à une sorte de Disneyland médiéval. Heureusement, le soir, la ville retrouve une divine tranquillité, quand les rues se vident et que les boutiques disparaissent derrière leurs volets.

TRANSPORTS

Train : La gare la plus proche est celle de **Poggibonsi**. Des bus relient la gare à San Gimignano (Lu-Ve 2 dép/h de 6h10 à 20h35, Sa-Di 1 dép/h de 7h40 à 20h, 1 €).

Bus : Les bus **TRA-IN** (✆ 0577 20 41 11 ou 0577 93 72 07) partent de la Piazza Montemaggio, à l'extérieur de la Porta San Giovanni. Vous pouvez obtenir les horaires ainsi que des billets au **Caffè Combattente**, V. San Giovanni, 124, à votre gauche après les portes de la ville. Vous pouvez également acheter des billets de bus dans n'importe quel bureau de tabac de la ville ainsi qu'à l'office de tourisme, Piazza del Duomo. Vous devez changer à **Poggibonsi** (1 dép/h, durée 20 mn, 1,34 €) pour vous rendre à **Sienne** (1 dép/1-2h, durée 1h30, 5,20 €) et **Florence** (1 dép/h, durée 2h, 6 €).

Location de voitures : **Jolly Pentacar** (✆ 0577 94 05 75, www.jolly-pentacar.com), dans le Viale Garibaldi, juste à l'extérieur des murs de la ville, près de la Porta San Matteo. Petites voitures à partir de 58 € la journée. Loue aussi des vélos (10 € la journée) et des scooters (à partir de 23 € la journée). Ouvert tlj 8h-20h. **Bruno Bellini**, V. Roma, 41 (✆ 0577 94 02 01). VTT 4-9 € l'heure, voiture 58 € la semaine. Scooters à partir de 31 € la journée. Ouvert tlj 9h-13h et 15h-20h.

ORIENTATION ET INFORMATIONS PRATIQUES

Les bus pour San Gimignano s'arrêtent sur le Piazzale Martini Montemaggio, la grande place couverte d'arbres et parcourue de sentiers de graviers, située juste à l'extérieur des murs de la ville. Pour rejoindre le centre-ville depuis l'arrêt de bus, franchissez la porte et suivez la foule le long de la **Via San Giovanni**, la principale artère de la ville, jusqu'à la **Piazza della Cisterna**, qui donne sur la **Piazza del Duomo**.

Office de tourisme : **Pro Loco**, P. del Duomo, 1 (✆ 0577 94 00 08, prolocs@tin.it), dispose d'une multitude de brochures et d'une liste des hôtels et des chambres chez l'habitant (l'office peut se charger des réservations pour ces dernières si vous vous rendez sur place), ainsi que des horaires et billets pour les bus et les trains, et propose également des marches dans la campagne environnante (2/j, 10,33 €). Visites des vignobles Ma. 11h et Je. 17h, comprenant de nombreuses dégustations (toutes avec nourriture) et le transport par bus, le tout pour 26 € (18 € si vous avez votre propre moyen de transport). Réservez autour de midi un jour à l'avance. Ouvert Mars-Oct, tlj 9h-13h et 15h-19h ; Nov-Fév 9h-13h et 14h-18h.

Service d'hébergement : **Siena Hôtels Promotion**, V. San Giovanni, 125 (© 0577 94 08 09, fax 0577 94 01 13), à votre droite quand vous passez les portes de la ville, près du panneau "Cooperativa Alberghi e Ristoranti", réserve des chambres d'hôtel à San Gimignano et à Sienne (moyennant 5 % de commission). Ouvert Lu-Sa 9h30-19h. **Associazione Strutture Extralberghiere**, P. della Cisterna, 6 (©/fax 0577 94 31 90). Le personnel, d'une patience à toute épreuve, vous aidera à réserver une chambre (service gratuit). Chambre double avec salle de bains 50-60 €. Il vaut mieux appeler une semaine à l'avance si vous voulez demeurer dans la campagne, mais on vous trouvera toujours quelque chose dans le centre-ville. Ouvert Mars-Nov, tlj 9h30-19h30.

Change : L'office de tourisme Pro Loco et le bureau de poste offrent les meilleurs taux. Ailleurs, gare à votre bourse. **Distributeurs automatiques** dans la Via San Giovanni, la Via degli Innocenti et sur la Piazza della Cisterna.

Police : © 112. **Carabinieri** : Sur la Piazza dei Martiri (© 0577 94 03 13).

Urgences médicales : © 118.

Pharmacie de garde : P. Cisterna, 8 (© 0577 94 03 69). Urgences 24h/24. Ouvert Lu-Sa 9h-13h et 16h30-20h.

Bureau de poste : P. delle Erbe, 8, derrière la cathédrale. Ouvert Lu-Ve 8h15-19h et Sa. 8h15-12h30. Bureau de change disponible. **Code postal** : 53037.

HÉBERGEMENT ET CAMPING

La plupart des hôtels sont hors de prix. Cherchez du côté des *affittacamere* (chambre double à partir de 50 €). Une liste de ces chambres bon marché est disponible à l'office de tourisme ou à l'**Associazione Strutture Extralberghiere** (voir plus haut).

Camere Cennini Gianni, V. San Giovanni, 21 (© 347 074 81 88, www.sangiapartments.com). La réception se trouve dans la pâtisserie, V. San Giovanni, 88. De la gare routière, passez la Porta San Giovanni. Cuisine disponible pour les groupes de 4 personnes. On s'y sent comme à la maison. Chambres avec poutres apparentes et grande salle de bains. Réservation recommandée. Chambre 45 €, double 55 €, triple 65 €, quadruple 75 €. Cartes Visa, MC.

Albergo-Ristorante Il Pino, V. Cellolese, 6 (©/fax 0577 94 04 15), près de la V. S. Matteo. La simplicité rustique dans un quartier très calme. Poutres, arches médiévales, briques et lits de couleur rouge. Toutes les chambres disposent d'une salle de bains et de la télévision. Il est conseillé de réserver. Chambre simple 45 €, chambre double 55 €. Cartes Visa, MC, AmEx.

Hôtel La Cisterna, P. della Cisterna, 24 (© 0577 94 03 28, www.hotelcisterna.it). Les rideaux fleuris et les bouquets dans les chambres s'accordent bien avec le paysage champêtre que l'on voit des fenêtres. Toutes les chambres sont spacieuses et ont une salle de bains ainsi que la TV satellite. La clim. coûte un supplément de 5 €. Petit déjeuner buffet inclus. Chambre simple 70 €, double 90 €, avec vue 103-115 €, lit supplémentaire 30 €. Cartes Visa, MC, AmEx.

Camping : **Il Boschetto di Piemma** (© 0577 94 03 52), à Santa Lucia, à 2,5 km de la Porta San Giovanni. Des bus s'y rendent à partir de la Piazza dei Martiri (0,90 €). Demandez au conducteur si le bus passe par le camping. Sinon, le trajet à pied est agréable. Bar et épicerie sur place. Réception ouverte tlj 8h-13h et 15h-22h. Ouvert Avr-15 Oct. 4,70 € par personne, 6,20 € pour une petite tente. Douches chaudes comprises.

RESTAURANTS

Le gibier est la spécialité de San Gimignano. Vous pouvez aussi, bien sûr, trouver les plats toscans traditionnels, mais à des prix plutôt élevés. Pour acheter les produits locaux, essayez le **marché** de la Piazza del Duomo (le jeudi matin de 8h à 12h). **La Buca**, V. San Giovanni, 16 (✆ 0577 94 04 07), est une bonne adresse où se procurer une bouteille de *vernaccia di San Gimignano*, un vin blanc légèrement moelleux. Cette coopérative vend également de délicieuses saucisses. Celle au sanglier *ai pignoli* (2 € les 100 g) et la *salame con mirto* sont particulièrement bonnes. (Ouvert Avr-Oct, tlj 9h-21h, Nov-Mars 9h-19h.)

❤ **Trattoria Chiribiri**, P. della Madonna, 1 (✆ 0577 94 19 48). De l'arrêt de bus, prenez à gauche de la Via San Giovanni en haut des escaliers. Ce petit restaurant propose de drôles de plats locaux à des prix imbattables. Le lapin rôti fourré aux légumes (8 €) est tout simplement excellent. *Primi* 5-7 €, *secondi* à partir de 7,50 €. La chaleur de la salle à manger monte vite quand il y a beaucoup de monde mais le service y est vraiment phénoménal. Ouvert Mars-Oct, Je-Ma 11h-23h ; Nov-Fév Je-Ma 12h-14h et 19h-22h. ❖❖

La Bettola del Grillo, V. Quercecchio, 33 (✆ 0577 94 18 44), non loin de la Via San Giovanni, en face de la Piazza della Cisterna. Excellente cuisine toscane dans une ambiance branchée, avec tables en plastique et un petit jardin à l'arrière offrant une agréable vue. Menus végétariens. *Primi* 5,20-8 €, *secondi* 7-14 €. Couvert 1,30 €. Menu 13 €, vin et dessert compris. Ouvert Ma-Di 12h30-15h et 19h15-23h. Cartes Visa, MC. ❖❖

La Stella, V. Matteo, 77 (✆ 0577 94 04 44). Bonne cuisine traditionnelle à prix raisonnables. Produits de la ferme. Délicieuses pâtes maison avec une sauce au sanglier (7,80 €). *Primi* 4,95-8,75 €, *secondi* à partir de 7,75 €. Carte des vins intéressante avec, bien entendu, le fameux *vernaccia* de San Gimignano. Couvert 1,85 €. Ouvert Avr-Oct, Je-Ma 12h-14h30 et 19h-21h30 ; Nov-Avr 12h-14h et 19h-21h. Cartes Visa, MC, AmEx. ❖❖❖

Ristorante Perucà, V. Capassi, 16 (✆ 0577 94 31 36). Caché dans une petite rue derrière la Via Matteo. Pizza 5-8 €, *primi* 6-10 €, *secondi* 10-16 €. Couvert 2 €. Ouvert Ve-Me 12h-14h30 et 19h-22h30. Cartes Visa, MC, AmEx. ❖❖❖

Ricca Pizza, V. S. Matteo, 5 (✆ 0577 94 22 73). Très bien placé, juste à gauche de la cathédrale. Des pizzas délicieuses livrées entières ou à la part. Emportez votre pizza préférée et installez-vous sur les marches de la cathédrale pour manger. Part 2,50 €. Petite pizza 5 €, grande 10 €. Ouvert 11h-21h30. ❖

❤ **Pluripremiata Gelateria**, P. della Cisterna, 4 (✆ 0577 94 22 44). Les trois comptoirs de ce glacier servent des parfums jamais vus ailleurs. Essayez le *limoncello* ou le *tuttobosco*. Coupes à partir de 1,50 €. Ouvert 11h30-21h. ❖

VISITES ET SORTIES

Connue sous le nom de *Città delle Belle Torri*, San Gimignano attira de nombreux artistes aux XIVe et XVe siècles. C'est pourquoi la ville compte aujourd'hui tant d'œuvres d'art et de monuments de cette période.

BILLETS COMBINÉS Les billets cumulatifs pour les musées de la ville sont en vente à différents tarifs. Le *biglietto intero* (7,50 €) correspond au plein tarif pour un adulte. Le *biglietto ridottio* est un billet à prix réduit (5,50 €) pour les étudiants, les moins de 18 ans et les familles avec des enfants de 8 à 18 ans. Les enfants de moins de 7 ans bénéficient d'un *ingresso gratuito* (entrée libre) sur presque tous les sites. La ville se considérant tout entière comme une œuvre d'art, le même billet permet de visiter à peu près tout San Gimignano. Vous pouvez acheter les billets sur n'importe lequel des sites.

❤ **LA PIAZZA DELLA CISTERNA ET LA PIAZZA DEL DUOMO.** Construite en 1237, la Piazza della Cisterna est bordée de tours et de palais. Elle est attenante à la Piazza del Duomo, où s'élève la haute tour du **Palazzo del Podestà**. A sa gauche, de vastes tunnels et des loggias compliquées criblent le **Palazzo del Popolo** (voir plus loin). Le palais est dominé à sa droite par la **Torre grossa**, la plus haute tour de la ville (54 m) et la seule qu'on puisse visiter. Sur la place se dressent également les tours jumelles des Ardinghelli, tronquées pour respecter une ordonnance qui interdisait tout édifice plus grand que la Torre grossa. *(Palazzo del Popolo ouvert Ma-Di 9h-19h30.)*

❤ **LE MUSEO DELLA TORTURA.** Ce musée, déconseillé aux âmes sensibles, présente près de 50 instruments de torture utilisés au fil des âges. Parmi les objets présentés dans les neuf salles, on notera des haches, des épées, des ceintures de chasteté, des colliers à piquants, des guillotines et même un ancêtre de la chaise électrique. Morbide et fascinant à la fois. Les explications en plusieurs langues ne cachent rien des effets douloureux des divers instruments. Et comme si ce n'était pas suffisant, il y a même des diagrammes pour bien montrer le fonctionnement sur les différentes parties du corps. *(V. del Castello, 1, à deux pas de la P. Cisterna. Ouvert mi-Juil à mi-Sept tlj 10h-24h, Avr à mi-Juil et Mi-Sept à Oct 10h-20h, Nov-Mar 10h-18h. Entrée 8 €, étudiants 5,50 €.)*

LE PALAIS DU PEUPLE. La cour médiévale du **Palazzo del Popolo**, décorée de fresques, s'ouvre sur le **Museo civico** (Musée civique) au premier étage. C'est dans la **Sala di Dante**, la première salle du musée, que l'illustre écrivain prit la parole en tant qu'ambassadeur de Florence le 8 mai 1300 pour tenter de convaincre San Gimignano de se battre aux côtés de la capitale toscane dans la guerre interminable qui l'opposait à Sienne. Les murs de la salle sont ornés de la superbe *Maestà* de Lippo Memmi, qui bénit des scènes de chasse et de tournois du XIVe siècle. A l'étage, le retable de Taddeo di Bartolo intitulé *L'histoire de San Gimignano* raconte l'histoire de cet homme qui porte le même nom que la ville et qui fut évêque de Modène. Le musée abrite également de superbes œuvres de l'art siennois et florentin. En effet, vous pouvez y admirer la très remarquable *Annonciation* de Filippo Lippi, réalisée sur deux panneaux circulaires, et la sereine *Madonne en gloire* du Pinturicchio, une des dernières œuvres de l'artiste. Vous pourrez visiter tranquillement ce musée que la plupart des touristes semblent ignorer. Il cache également un escalier de 218 marches qui mène à la **Torre grossa**. Prenez votre courage à deux jambes et montez en haut de la tour pour admirer la superbe vue panoramique sur les nombreuses tours de San Gimignano, le paysage toscan, les anciennes forteresses et les nombreuses places. Les cloches de la tour sonnent tous les jours à midi. *(Museo civico et tour ouverts Mar-Oct tlj 9h30-19h, Nov-Fév 10h-19h. Entrée 5 €, étudiants 4 €)*

LA BASILIQUE COLLEGIALE. La Piazza del Duomo abrite la **Basilica di Collegiata**, construite au XIIe siècle, dont la façade remaniée, plutôt terne, cache un formidable intérieur de style roman. La **Chapelle di Santa Fina**, sur le bas-côté droit, est une harmonieuse chapelle construite par Giuliano et Benedetto da Maiano et décorée de splendides fresques de Ghirlandaio représentant la vie de sainte Fina, patronne de San Gimignano. Atteinte d'une maladie incurable à l'âge de 10 ans, Fina décida de vouer à Dieu les quelques années qui lui restaient à vivre. Elle aurait, par sa sainteté, contribué à détourner les hordes barbares de sa bourgade natale. Dans l'aile nord de l'église, Bartolo di Fredi a peint de belles fresques qui représentent des scènes de l'Ancien Testament. Barna di Siena a essayé de l'égaler en peignant celles du Nouveau Testament, très impressionnantes, sur l'aile droite. *(P. del Duomo. Collégiale et chapelle ouvertes Avr-Oct, Lu-Ve 9h30-19h30, Sa. 9h30-17h et Di. 13h-17h. Nov-Mars : Lu-Sa 9h30-17h et Di. 13h-17h. Fermé en février. Entrée 3,50 €, enfants de 6 à 18 ans 1,50 €.)*

LA FORTERESSE. De la Piazza del Duomo, suivez les panneaux juste après la collégiale. La petite **Fortezza**, qui tombe en ruine, se dresse devant vous. Sa cour est souvent remplie d'artistes de rue et de musiciens. En haut de la tourelle, vous pouvez jouir d'une superbe vue sur la campagne. En juillet et en août, des films sont projetés dans la cour un soir par semaine. *(Programme et renseignements à l'office de tourisme. Films 6,20 €.)*

PISTOIA ✆ 0573

Malheur aux vaincus ! L'histoire n'a pas été très généreuse avec Pistoia, et la ville a longtemps traîné derrière elle une mauvaise réputation. Au Moyen Age, Pistoia se fit surtout remarquer pour ses guerres de clans et ses vendettas. Affaiblie par ces luttes intestines, la ville ne résista pas longtemps à la puissance de Florence. Plus tard, Michel-Ange qualifia encore les habitants de Pistoia de "véritables ennemis du Ciel", signifiant par là que la ville n'était à ses yeux qu'un repaire d'assassins. Pistoia doit d'ailleurs son nom sanglant à la dague *pistole* (l'arme favorite des assassins de la ville) et plus tard au pistolet. Avec l'unité italienne, Pistoia profita toutefois d'un rapide développement industriel (notamment dans l'industrie ferroviaire) et commercial. De cette contribution à l'édification puis à la vie de l'Italie moderne, a résulté une certaine altération du visage de la ville. Les trésors de l'ancienne Pistoia restent cependant visibles un peu partout. Avec son petit cœur médiéval, rempli de maisons en pierre et d'églises, de rues étroites et de places ouvertes, Pistoia incarne bien l'essence du bourg toscan, que complètent une belle cathédrale et un campanile.

TRANSPORTS

Train : P. Dante Alighieri. Bureau d'information ouvert tlj 8h30-11h30 et 14h30-18h. Trains pour **Florence** (1 dép/h, durée 40 mn, 2,60 €), **Pise** (1 dép/2h, durée 1h, 4 €), **Rome** via Florence (1 dép/h, durée 4h, 25-32 €) et **Viareggio** (1 dép/2h, durée 1h, 4 €).

Bus : Les **bus Copit** partent de la gare ferroviaire. Ouvert tlj 7h-20h15. Les billets sont en vente dans le bureau situé en face de la gare. Informations supplémentaires V. XX Settembre, 71 (✆ 0573 36 32 43). A destination d'**Empoli** (durée 1h15, 2,79 €), **Florence** (durée 1h, 2,79 €) et **Viareggio** (durée 2h, 3,92 €).

Taxi : P. Garibaldi (✆ 0573 212 37) et à la gare ferroviaire (✆ 0573 242 91). Service de nuit (✆ 0573 242 91) jusqu'à 1h.

Location de vélos : **Bencini**, C. Gramsci, 98, loue des VTT à partir de 15 €/j. (✆ 0573 25 144. Ouvert Lu-Sa 9h15-13h et 15h30-19h30.)

ORIENTATION ET INFORMATIONS PRATIQUES

De la gare, il est facile de se rendre dans le centre-ville en remontant toujours tout droit la **Via XX Settembre**, la **Via Vanucci**, la **Via Cino** puis la **Via Buozzi**. Après une rue, tournez à droite dans la **Via degli Orai** pour arriver sur la **Piazza del Duomo**, le cœur de la ville. Sinon, les bus locaux **COPIT** (n° 1 et n° 3) vous emmènent à la Piazza Gavinana (0,50 €, billets vendus dans les bureaux de tabac). Prenez ensuite à droite la **Via Cavour** puis à gauche la **Via Roma**, qui conduit à la Piazza del Duomo.

Office de tourisme : **APT**, P. del Duomo, 4 (✆ 0573 216 22, fax 0573 343 27), dans le Palazzo dei Vescosi. Le personnel est sympathique et compétent. Ouvert tlj 9h-13h et 15h-18h.

Change : **Cassa di Risparmio di Pistoia e Pescia**, V. Roma, 3 (✆ 0573 36 90), à côté du bureau de poste. Change les devises et les chèques de voyage. Ouvert Lu-Ve le matin et en début d'après-midi. Le **bureau de poste** permet également de changer de l'argent.

Police : ✆ 112. **Urgences médicales et ambulances** : ✆ 118.

Pharmacie : V. Cino, 33 (✆ 0573 36 81 80).

Hôpital : ✆ 0573 35 21.

Bureau de poste : V. Roma, 5 (✆ 0573 99 52 11). Il contient un bureau de change (change également les chèques de voyage American Express). Ouvert Lu-Sa 8h15-19h. **Code postal** : 51100.

HÉBERGEMENT ET RESTAURANTS

Les chambres abordables sont plutôt difficiles à trouver à Pistoia. Si vous décidez d'y passer la nuit, allez à l'**Albergo Firenze**, V. Curtatone e Montanara, 42, qui offre un bon rapport qualité-prix. De la gare, descendez la Via XX Settembre, et continuez tout droit. La rue changera de nom plusieurs fois avant de devenir la Via Curtatone e Montanara. L'auberge se trouve sur la droite, au bout de la rue. Le propriétaire, un Américain sympathique, est toujours prêt à vous renseigner. Chambres coquettes et impeccables, équipées de la télévision. (©/fax 0573 231 41, www.hotel-firenze-it. Petit déjeuner et Internet inclus. Chambre simple 40 €, avec salle de bains 60 €, chambre double 70/80 €. Cartes Visa, MC, AmEx.) Dans la même rue, vous trouverez un trésor d'hôtel, le **Bed & Breakfast Canto alla Porta Vecchia**, V. Curtatone e Montanara, 2. Il n'y a pas d'enseigne alors surveillez bien les numéros. Les quatre chambres sont vraiment splendides, décorées avec un goût artistique très sûr. Anna, la propriétaire, offre à ses hôtes un verre d'accueil. Le soir, discussions sans fin sur la terrasse. (©/fax 0573 27 692. Chambre simple 30 €, double 60 €, avec salle de bains 70 €.)

Vous trouverez des épiceries et des magasins spécialisés dans les petites rues secondaires. Un **marché** un peu touristique se tient sur la Piazza del Duomo. (Ouvert Me. et Sa. 7h30-14h.) Un marché aux fruits et aux légumes a lieu tous les jours de la semaine sur la Piazza della Sala, à proximité de la cathédrale. (Ouvert 8h-14h et 17h-19h.) Le supermarché **Dimeglio** se trouve Via Vittorio Veneto, à l'opposé de la gare ferroviaire, sur la droite. (Ouvert Je-Ma 8h-22h et Me. 8h-13h30.) **La Botte Gaia**, V. Lastrone, 17-19, propose un choix de vins italiens et étrangers, et d'excellents fromages, *antipasti*, *crostini* et salades. Les *bruschette* aux tomates séchées et au *pecorino* (fromage au lait de brebis) sont petites mais délicieuses. (© 0573 36 56 02. Réservation recommandée. Ouvert Ma-Sa 10h30-15h et 18h30-1h, Di. 18h30-1h. Cartes Visa, MC, AmEx.) La **Trattoria dell'Abbondanza**, V. dell'Abbondanza, 10, propose des plats savoureux comme la *panzanella di farro* (salade estivale accompagnée de pain avec huile d'olive, basilic, tomates, persil et ail) et le *coniglio arrosto* (lapin rôti). (© 0573 368 037. *Primi* à partir de 5 €, *secondi* à partir de 7 €. Ouvert Ve-Ma 12h-14h et 19h30-22h, Je 19h-22h30.) La salle à manger du **Ristorante San Jacopo**, V. Crispi, 15, est tout à fait charmante. Le menu fait la part belle aux recettes toscanes et on y retrouve le fameux *coniglio con olive* (lapin aux olives, 7,50 €). (© 0573 27 786. *Primi* 5-7 €, *secondi* 7,50-10 €. Ouvert Ma 19h-22h30, Me-Di 12h15-14h30 et 19h-22h. Cartes Visa, MC, AmEx.)

VISITES

LA CATHÉDRALE SAN ZENO. La **Piazza del Duomo** est le centre géographique et culturel de la ville. C'est là que se dresse la **Cattedrale di San Zeno**, toute de marbre vert et blanc. L'intérieur abrite de nombreuses œuvres du début de la Renaissance, dont plusieurs sculptures de Verrocchio. Le joyau de la cathédrale est l'❤ **autel de saint Jacques** (Dossale di San Jacopo), un chef-d'œuvre d'orfèvrerie qui illumine toute la chapelle Saint-Jacques sur le bas-côté droit. Les orfèvres les plus réputés de Toscane, y compris le jeune Brunelleschi, ont travaillé à cet autel entre 1287 et 1456. *(© 0573 250 95. Ouvert tlj 8h30-12h30 et 15h30-19h. Pour l'autel, visite 11h20-12h et 16h-17h30. Tenue correcte exigée. Entrée 2 €.)* Construit par Andrea Pisano, le **baptistère** octogonal du XIVe siècle, en face de la cathédrale, est assez décevant à l'intérieur. Son seul véritable intérêt est une *Vierge à l'Enfant* située dans le tympan et attribuée à Nino et Tommaso Pisano. *(Ouvert Ma-Sa 9h30-12h30 et 15h-18h, Di 9h30-12h30.)* Le **campanile**, adjacent à la cathédrale, offre une vue spectaculaire : par beau temps vous pouvez voir toute la route jusqu'à Florence. *(© 0573 21 622. Ouvert aux visites guidées avec réservation à l'office du tourisme, Lu et Ve-Di 9h-13h et 15h-18h. Entrée 5,16 €.)*

LES PALAIS. Près de la cathédrale, face à la place, se dresse le **Palazzo comunale**, qui date du XIIIe siècle. Sa façade présente une curieuse particularité : à gauche du balcon central, à mi-hauteur, un bras sort du mur, brandissant une massue au-dessus d'une tête en marbre noir. Ce singulier dessin rappelle la victoire des Pistoiens contre le roi maure

ITALIE DU CENTRE

Musetto en 1115. Avec ses fenêtres et ses arcades gothiques, la cour vaut elle aussi le détour. *(© 0573 37 12 96. Ouvert Ma-Sa 10h-19h et Di. 9h-12h30. Entrée au musée civique à l'intérieur 3 €)* Le **Palazzo del Tau** abrite le **Centro Marino Marini**, un musée consacré à l'un des plus grands artistes contemporains italiens, né à Pistoia. On y trouve des études et des tableaux de l'artiste ainsi que quelques-unes des sculptures qui le rendirent célèbre, dont les fameuses sculptures de Pomone (ancienne déesse romaine de la fertilité), à la sensualité exacerbée. *(C. Silvano Fedi, 72. © 0573 302 85. Ouvert Mai-Sep Ma-Sa 10h-13h et 16h-19h, Di. 9h-12h30. Horaires variables le reste de l'année. Entrée 3,10 €.)*

L'ÉGLISE SANT'ANDREA. La façade de cette église est du plus pur style roman pisan. Ses panneaux de marbre présentent des visages délicatement ciselés qui témoignent de l'agonie humaine. En outre, elle renferme la célèbre chaire de Giovanni Pisano, décorée de son *Massacre des innocents*, aussi impressionnant que dérangeant, qui domine toute la nef. *(De la Piazza del Duomo, prenez la Via del Duca puis la Via dei Rossi et la Via Sant'Andrea. © 0573 219 12. Ouvert tlj 8h30-12h30 et 15h30-18h, jusqu'à 19h en été.)*

L'ÉGLISE SAINT-JEAN-HORS-LES-MURS. Construite au XIIe siècle, la **Chiesa San Giovanni Fuorcivitas** impressionne par la taille de sa nef, dont le vaste espace est baigné de la lumière filtrant à travers les vitraux colorés. L'édifice abrite la vibrante *Visitation* de Luca della Robbia et un bas-relief roman représentant la Cène. Les fonts baptismaux de Giovanni Pisano et la chaire de Guglielmo da Pisa comptent parmi les plus beaux exemples de la sculpture du XIIIe siècle. *(A l'angle de la Via Cavour et de la Via Crispi. Ouvert tlj 9h-12h et 17h-18h30.)*

SORTIES

Avec de la Staropramen, de la Wopf Heizen et de la Bass à la pression, **Vecchia Praga**, P. della Sala, 6, est un paradis de la bière dans un océan de vignobles. Cocktails, liqueurs et vins peuvent aussi y être commandés, tout comme quelques plats légers. (© 075 31 155. Ouvert tlj 10h-2h. En août 18h-2h.)

Des milliers de néobeatniks se regroupent chaque année à Pistoia pour assister aux **concerts de blues** qui se déroulent en juillet. Ces dernières années, des artistes aussi fameux que B. B. King, Bob Dylan et David Bowie s'y sont produits. (Informations © 0573 35 86, www.pistoiablues.com) Pendant le festival, le camping est autorisé dans certains endroits proches du stade. Le 25 juillet a lieu la **Giostra dell'Orso** (la joute de l'ours). Il s'agit d'une version modernisée de ce qui, à l'origine, au XIIIe siècle, consistait en un combat sanglant entre douze cavaliers et un ours habillé.

EXCURSION DEPUIS PISTOIA : MONTECATINI TERME

*Bien que la ville de Montecatini Terme soit très petite, elle possède deux gares situées à 2 mn l'une de l'autre. La plupart des trains s'arrêtent aux deux gares. La **Stazione Centrale** est, comme son nom l'indique, plus centrale que la **Stazione Succursale**. Si vous arrivez à la première, tournez le dos à l'entrée principale, prenez la Via Manzoni ou traversez la Piazza XX Settembre et continuez jusqu'à la Piazza del Popolo. Traversez la place et prenez le Viale Verdi. (De la Stazione Succursale, prenez le Corso Matteotti en direction de la Piazza del Popolo.) Procurez-vous une carte de la ville et la liste des stations thermales à l'**office de tourisme**, Vle Verdi, 66-68. (© 0572 77 22 44. Ouvert Lu-Sa 9h-12h30 et 15h-18h, Di. 9h-12h.)*

A seulement 10 mn de train de Pistoia, Montecatini Terme est le paradis des petits budgets. En effet, vous pourrez y jouer au “riche” sans trop dépenser d'euros. Réputée pour ses thermes, Montecatini Terme est une station thermale classique où de riches Italiens (et un grand nombre de touristes européens) passent leurs journées à se prélasser sous des palmiers, à faire les boutiques et à manger dans des restaurants chic.

Si vous voulez vous rendre dans plusieurs stations thermales, achetez un billet jumelé au 41, Vle Verdi. (Ouvert Lu-Ve 8h-13h et 15h30-17h30, Sa. 8h-13h.) Pour vous rendre au **Testuccio**, les thermes les plus célèbres de la ville, suivez le Viale Verdi jusqu'au bout. Vous pourrez vous détendre dans cette station thermale néoclassique. Apportez votre tasse ou achetez-en une (0,50 €) pour boire l'eau aux vertus médicinales. (Ouvert Mai-Oct 7h30-12h et 17h-19h. Entrée 12,50 €. De 11h à 12h et de 17h à 19h, entrée 5 €.) Si vous venez en hiver, adressez-vous à l'**Excelsior**, qui est ouvert toute l'année et propose les mêmes services.

Montecatini Terme possède de nombreux hôtels mais la plupart sont fermés en basse saison. L'**Hôtel Corona d'Italia**, V. Verdi, 5, est ouvert toute l'année. Les chambres sont meublées à l'ancienne et comportent des sols en marbre, une salle de bains et la TV. Réservez pour obtenir une chambre double avec balcon (au même prix qu'une double sans balcon.) (✆ 0572 79 217. Chambre simple 32 €, double 47 €. Cartes Visa, AmEx, MC.) Pour un repas de prince, à des prix somme toute abordables, rendez-vous au restaurant du **Grand Hotel Tettucio,** V. Verdi, 74. Vous dégusterez en terrasse les délicieuses spécialités du chef, comme les *maccheroni all'Astice* (pâtes plates couronnées d'un demi-homard, 12 €). (✆ 0572 78 051. *Primi* 10-12 €, *secondi* 12-18 €. Couvert 4 €. Ouvert tlj 12h30-15h et 19h30-24h. Cartes Visa, MC, AmEx.) Le restaurant familial **Corsaro Verde**, P. XX Settembre, 11, propose un grand choix de plats toscans. (✆ 0572 91 16 50. *Primi* à partir de 5 €, *secondi* à partir de 7 €. Ouvert tlj 11h30-15h et 19h-23h. Nov-Avr fermé Lu. Cartes Visa, MC, AmEx.)

LUCQUES (LUCCA) ✆0583

Autrefois, Lucques fut la rivale de Florence et de Sienne, aussi bien militairement que politiquement. Aujourd'hui, la paisible cité, avec ses allées d'arbres et ses remparts, possède une double caractéristique qui la distingue de toutes les autres villes toscanes : elle n'a ni collines ni touristes. Personne ne joue des coudes pour aller visiter ses magnifiques églises, ses palais, ses maisons médiévales aux tons ocre et son amphithéâtre romain. De plus, l'absence de collines permet aux habitants de se promener à vélo, ce qui donne au lieu une petite atmosphère de vacances.

TRANSPORTS

Train (✆ 0583 470 13) : Piazza Ricasoli, au pied des remparts, hors de la ville. Le train est le moyen de transport le plus pratique pour se rendre à Lucques. Service d'information ouvert tlj 8h-12h et 15h-20h30. Trains pour **Florence** (1 dép/h, durée 1h30, 4,45 €), **Pise** (1 dép/h, durée 30 mn, 2 €) et **Viareggio** (1 dép/h, durée 20 mn, 2 €). Consigne disponible.

Bus : **Lazzi** (✆ 0583 58 40 76), Piazza Verdi, près de l'office de tourisme. Destinations : **Florence** (1 dép/h, durée 1h30, 4,50 €) et **Pise** (1 dép/h, durée 50 mn, 2,10 €).

Taxi : Piazza Verdi (✆ 0583 95 52 00), Piazza Stazione (✆ 0583 49 49 89), Piazza Napoleone (✆ 0583 49 26 91) et Piazza Santa Maria (✆ 0583 49 41 90).

Location de bicyclettes : **Promo Turist,** P. Santa Maria, 31 (✆ 348 380 01 26), à côté de l'office de tourisme régional. Grand choix de vélos. Divers types de location. Vélo de base 2,10 € l'heure, 9,30 € la journée. VTT et vélo de course à partir de 19,90 € la journée. Ouvert tlj 9h-20h. **Antonio Poli,** P. Santa Maria, 42 (✆ 0583 49 37 87, www.biciclette-poli.com), de l'autre côté de l'office de tourisme régional. Services et prix à peu près identiques. Ouvert tlj 8h30-20h.

Location de scooters : **Serchio Motori,** V. Mazzini, 20 (✆ 0583 95 42 75). La Via Mazzini est à droite en venant du Piazzale Ricasoli, en face de la gare ferroviaire. Scooter 50cc 31 € la journée.

ORIENTATION ET INFORMATIONS PRATIQUES

De la gare, traversez la grand-route et prenez à gauche. Passez la **Porta San Pietro**, prenez à gauche le **Corso Garibaldi**, puis à droite la **Via Vittorio Veneto**, qui vous mène sur la **Piazza Napoleone** (également appelée Piazza Grande), la place centrale. Si vous arrivez en bus, suivez la **Via San Paolino** en direction du centre-ville et prenez la Via Vittorio Veneto pour rejoindre la place.

Offices de tourisme : **Centro Accoglienza Turistica** (✆ 0583 58 31 50), Piazzale Verdi. Passez la Porta San Pietro, prenez à gauche la Via Carrara, puis tout de suite à droite la Via Vittorio Veneto. Prenez alors à gauche la Via San Paolino et poursuivez sur la Piazza Verdi. L'office de tourisme est sur la droite. Le personnel vous fournira des renseignements sur les trains et les bus ainsi que des cartes. On vous proposera également des visites par audioguide (9 €) et des locations de vélo (2,10 €/h). Service de réservation gratuit, mais pas pour les hôtels les moins chers. Ouvert tlj 9h-19h. **Agenzia per il Turismo**, P. Santa Maria, 35 (✆ 0583 91 99 31). De la Via Roma, prenez à gauche la Via Fillungo, suivez-la jusqu'au bout, prenez à gauche la Via San Germma Galgani, puis encore à gauche pour rejoindre la Piazza Santa Maria. L'office se trouve à gauche, entre les deux boutiques de location de vélos. Vous y trouverez des brochures détaillées et un service de réservation hôtelier. Ouvert tlj 9h-19h.

Change : **Credito Italiano**, P. San Michele, 47 (✆ 0583 475 46). **Distributeur automatique** à l'extérieur, disponible 24h/24. Ouvert Lu-Ve 8h20-13h20 et 14h45-16h15, Sa. 8h20-11h50.

Consigne : A l'office du tourisme 2 €/h.

Urgences : ✆ 113. **Carabinieri** : ✆ 112.

Pharmacie de garde : **Farmacia Comunale**, V. San Girolamo, 16, près de la Piazza Napoleone.

Hôpital : **Campo di Marte**, ✆ 0583 97 01.

Internet : **Internet Zone,** V. Cesare Battisti, 58/60. 2,50 €/h. Ouvert tlj 10h-2h.

Bureau de poste : Via Vallisneri (✆ 0583 43 351), près de la Piazza del Duomo. Ouvert Lu-Sa 8h15-19h. **Code postal** : 55100.

HÉBERGEMENT

❤ **Ostello per la Gioventù San Frediano (HI)**, V. della Cavallerizza, 12 (✆ 0583 46 99 57, www.ostellolucca.it). De la Piazza Napoleone, prenez la Via Beccheria. Deux rues plus loin, prenez à droite la Via Roma puis la première rue à gauche, la Via Fillungo. Six rues plus loin, tournez à gauche vers la Piazza San Frediano et ensuite à droite de l'église dans la Via della Cavallerizza. L'hôtel est sur votre gauche (15 mn). Flambant neuf, il possède des chambres spacieuses et de superbes salles de bains modernes. Accepte uniquement les membres HI (carte en vente sur place). Petit déjeuner 1,55 €, repas 8 €. Réception ouverte tlj 7h30-10h et 15h30-22h. Fermeture des portes 9h45-15h30. Dortoir 15 € par personne et 16 € avec salle de bains. Chambres familiales avec salle de bains 19,50 € par personne. ❖❖

Piccolo Hôtel Puccini, V. di Poggio, 9 (✆ 0583 55 421, www.hotelpuccini.com), au coin de la maison d'enfance de Puccini. La décoration de chaque chambre fait référence à un opéra. Les chambres sont douillettes et bien équipées, avec salle de bains, TV et coffre. Chambre simple 55 €, double 80 €. Cartes Visa, MC, AmEx. ❖❖❖❖

Affittacamere San Frediano, V. degli Angeli, 19 (✆ 0583 46 96 30, sanfredianolu@onenet.it). Sur le chemin de l'auberge HI, prenez à gauche la Via degli Angeli (avec les arches), deux rues avant la Piazza San Frediano. Les chambres colorées sont pleines de fraîcheur. Elles possèdent la télévision. Chambre simple 38 €, avec salle de bains 50 €, chambre double 50/65 €. Cartes Visa, MC, AmEx. ❖❖❖

Camere La Colonna, V. dell'Angelo Custode, 16 (✆/fax 0583 44 01 70 ou 0339 460 71 52), non loin de la Piazza Maria Foris Portam. Chambres spacieuses, avec salles de bains ultramodernes. Certaines possèdent d'immenses fenêtres qui s'ouvrent sur une cour très calme. Télévision et téléphone. Chambre double 50 €, avec salle de bains 75 €. Cartes Visa, MC, AmEx. ❖❖❖❖

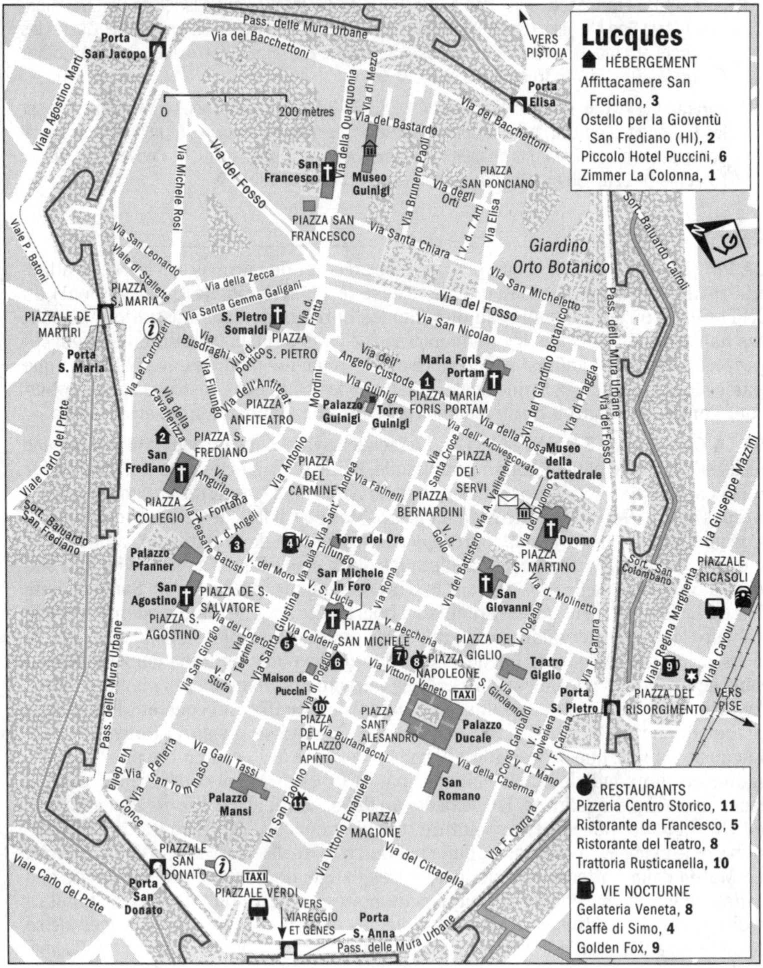

RESTAURANTS

Le **marché central** occupe le grand bâtiment de la Piazza del Carmine. (Ouvert Lu-Sa 7h-13h et 16h-19h30.) Un autre **marché** se tient dans la Via dei Bacchettoni. (Me. et Sa. 8h-13h.) Le supermarché le plus proche, **Superal**, se trouve V. Diaz, 24. Tournez à droite en sortant de la Piazza Elisa, puis prenez la première à gauche. (✆ 0583 49 05 96. Ouvert Lu-Ma et Je-Di 8h-20h, Me. 8h-13h30.)

❤ **Trattoria Rusticanella**, V. San Paolino, 32 (✆ 0583 55 383). Une ambiance de taverne pour ce restaurant qui accueille les habitants rentrant du travail. L'endroit est très animé. Essayez la pizza aux fruits de mer, avec moules et calamar. Pizza à partir de 4,50 €. *Primi* et *secondi* à partir de 5 €. Ouvert Lu-Sa 11h-15h et 18h-22h. Cartes Visa, MC. ❖❖

Pizzeria Centro Storico, V. S. Paolino (✆ 0583 53 409). Michele, le pizzaiolo, est une star ici. Part de pizza 1,70 €. *Primi* et *secondi* 5 €. Ouvert tlj 9h-24h. Cartes Visa, MC, AmEx. ❖

Ristorante Da Francesco, Corte Portici, 13 (✆ 0583 41 80 49), entre la Piazza San Salvatore et la Piazza San Michele. Cour calme, ambiance reposante et bonne cuisine locale. Goûtez les spaghetti aux moules et au pesto. *Secondi* à partir de 8 €. Vin 7,20 € le litre. Couvert 1,50 €. Ouvert Ma-Di 12h-14h30 et 20h-22h30. ❖❖

Ristorante del Teatro, P. Napoleone, 25 (✆ 0583 49 37 40). Installez-vous confortablement sur les banquettes en cuir, passez commande aux serveurs en smoking et regardez ce qui se passe sur la place. Les fruits de mer sont divins. *Secondi* à partir de 10 €. Couvert 3 €. Ouvert Lu et Me-Di 12h-15h et 19h-23h. Cartes Visa, MC, AmEx. ❖❖❖❖

VISITES

LA PIAZZA NAPOLEONE. Cette place, située au cœur de Lucques, est le centre administratif de la ville. C'est là que se dresse le **Palazzo ducale** (palais ducal) du XVIe siècle, où sont installés aujourd'hui les bureaux de l'administration. Le soir, les habitants de Lucques s'y donnent rendez-vous pour la traditionnelle *passeggiata*. La **Piazza del Anfiteatro**, elle aussi assez fréquentée, tant par les habitants que par les touristes, doit sa forme ovale au fait que les bâtiment construits sur son pourtour l'ont été à l'endroit où se tenaient jadis les murs d'un amphithéâtre romain.

❤ **LA CATHÉDRALE SAINT-MARTIN.** La façade asymétrique du **duomo di San Martino** (XIIe siècle) a été bâtie autour du campanile, édifié deux siècles plus tôt. L'extérieur de la cathédrale est décoré de bas-reliefs du XIIIe siècle, dont un *Voyage des Rois mages* et une *Déposition* de Nicola Pisano. Matteo Civitali, le célèbre sculpteur de Lucques, conçut le pavement, participa à la réalisation de la statue de saint Martin, à droite de la porte d'entrée, et sculpta les deux magnifiques anges de l'autel. Son chef-d'œuvre est le *Tempietto*, sur le bas-côté gauche, près du **Volto Santo** (Sainte Face). La légende veut que ce crucifix en bois ait été sculpté par Nicodème après le calvaire : il représenterait donc le vrai visage du Christ. L'objet saint se trouva en la possession de l'évêque de Lucques, qui, dit-on, l'expédia en Italie dans un bateau sans équipage ni voiles. Le navire échoua miraculeusement sur les plages de Luni. Les villes de Lucques et de Luni se disputant le crucifix, l'évêque eut l'idée de le placer dans un chariot tiré par des bœufs. Ceux-ci se dirigèrent aussitôt vers Lucques. Depuis, une procession a lieu chaque année le 13 septembre pour commémorer ce choix judicieux. Ne manquez pas la *Cène* de l'école du Tintoret, dans la troisième chapelle à droite. La **sacristie**, ou **Ilaria**, contient *La Vierge et les Saints* de Ghirlandaio, une superbe peinture très bien conservée (en cours de restauration), et le **tombeau** avec gisant d'Ilaria del Carretto, réalisé par Jacopo della Quercia. Le **Museo della Cattedrale**, situé juste après l'angle de la cathédrale, possède des salles délicatement éclairées remplies de boîtes en verre où vous verrez nombre d'objets religieux utilisés au cours des siècles dans la cathédrale. *(La cathédrale se trouve Piazza San Martino. De la Piazza Napoleone, engagez-vous dans la Via del Duomo. Cathédrale ouverte Lu-Ve 9h-18h, Sa. 9h-19h et Di. entre les messes 9h-17h45. Sacristie ouverte Lu-Ve 9h30-17h45, Sa. 9h30-18h45, Di. 9h-9h50, 11h20-11h50 et 13h-18h15. Entrée 2 €. Museo della Cattedrale ouvert Avr-Oct tlj 10h-18h. Entrée 3,50 €. Un même billet permet d'accéder à l'Ilaria, au Museo della Cattedrale et à l'église San Giovanni, 5,50 €.)*

L'ÉGLISE SAN GIOVANNI. Sous ses allures modestes, l'église cache un véritable trésor archéologique. En effet, sous le grand dôme en plâtre du transept de gauche se trouve l'entrée d'un complexe romain du IIe siècle récemment découvert. Vous pouvez vous promener parmi les vestiges d'une maison privée et de thermes romains (sans oublier les fondations de l'église) au sous-sol avant de revenir dans l'église. *(L'entrée est située sur le côté droit de l'église quand vous venez de la Piazza San Martino. Ouvert Avr-Oct tlj 10h-18h, Nov-Mar Lu-Ve 10h-14h et Sa-Di 10h-15h. Entrée 2,50 €.)*

L'ÉGLISE SAN FREDIANO. Sur la Piazza Scalpellini s'élève cette impressionnante église romane dont la façade est ornée d'une immense mosaïque colorée de Berlinghieri (XIIIe siècle) représentant l'*Ascension*. A l'intérieur, la seconde chapelle abrite le reliquaire de Santa Zita, la sainte locale. En dépit de la légende voulant que le temps ne l'affecte pas, la statue se détériore rapidement… Dans une chapelle à gauche se trouve *La Légende du Volto Santo* d'Amico Aspertini. *(De la Piazza San Michele, suivez la Via Fillungo jusqu'à la Piazza San Frediano. Ouvert 7h30-12h et 15h-18h.)*

LA MAISON NATALE DE GIACOMO PUCCINI. Les mélomanes n'oublieront pas de visiter la **Casa Puccini**, maison natale de Giacomo Puccini (1858-1924), le compositeur de *La Bohème* et de *Madame Butterfly*, entre autres. Cette maison en stuc dispose de pièces aérées aux murs carrelés où vous verrez le piano avec lequel l'artiste composa son dernier opéra, *Turandot*, des lettres et des manuscrits, tandis que résonne dans la maison la musique du maître. *(C. San Lorenzo, 9, non loin de la Via Poggi. © 0583 58 40 28. Ouvert Juil-Sep, tlj 10h-18h. Mars-Mai et Oct-Déc : Ma-Di 10h-13h et 15h-18h. Fermé Janv-Fév. Entrée 3 €.)*

LA TOUR GUINIGI ET LE CLOCHER. L'étroite **Torre Guinigi** de l'immense et froid **palazzo Guinigi**, construit en pierre, domine Lucques. Vous pouvez y monter mais le palais, quant à lui, n'est pas ouvert au public. Vos efforts pour gravir les 230 marches (où vous devrez vous frayer un chemin entre les rampes et les larges bacs remplis de chênes squelettiques) seront récompensés par une magnifique vue à 360° sur Lucques et les collines avoisinantes. *(V. Sant'Andrea, 41. © 0583 31 68 46. De la Piazza San Michele, prenez la Via Roma, tournez à gauche dans la Via Fillungo puis à droite dans la Via Sant'Andrea. Ouvert Juin-Sep tlj 9h-24h. Entrée 3,10 €.)* Si cette longue ascension vous effraie, vous pouvez opter pour les 207 marches de la **Torre delle Ore** (clocher) d'où vous aurez également une belle vue. Ces deux tours sont parmi les rares qui subsistent aujourd'hui des 250 qui parsemaient la cité médiévale de Lucques. *(V. Fillungo, 22. Après être passé devant la Torre Guinigi, vous trouverez la Via Fillungo et par conséquent le clocher. Ouvert en été tlj 10h-19h, en hiver 10h-17h30. Entrée 3,10 €.)*

❤ **LES REMPARTS.** La promenade de 4 km le long des **Baluardi**, à pied ou à vélo, est particulièrement agréable. Le chemin, malheureusement assez proche de la route, se faufile parmi de grands arbres, des parcs verdoyants et des fontaines. De là, vous pourrez apprécier la vue sur la ville ainsi que les jolis paysages alentour. C'est l'endroit rêvé où passer un après-midi tranquille, ou faire un pique-nique suivi d'une petite sieste.

SORTIES

Des festivals de danse et des concerts de musique classique ont lieu tout au long de l'année à Lucques, surtout en été. Le festival international des orchestres symphoniques propose une dizaine de concerts entre fin juin et mi-août. Vous pouvez aussi aller voir un film italien projeté sur la Piazza Guidiccioni. *(Juin-Août, tlj 21h. 4 €.)* Le Teatro Comunale del Giglio propose des opéras en septembre. Mais le festival le plus éclatant de Lucques est sans conteste le **Settembre Lucchese**, qui présente des spectacles artistiques, folkloriques et sportifs. Le **Palio della Balestra**, un concours d'arbalètes dont la tradition remonte à 1443, se déroule également chaque année. Les participants, en costume d'époque, rivalisent d'adresse le 12 juillet et le 14 septembre pour le plus grand plaisir des touristes.

Gelateria Veneta, V. Vittorio Veneto, 74. Curieusement, cette gelateria est le cœur de la vie nocturne de la ville. Allez-y un samedi soir tard pour vous en persuader. (© 0583 46 70 37. Cônes 1,70-3,50 €. *Granita* 2,20 €. Ouvert Lu-Ve et Di 10h-1h, Sa 10h-2h.

Caffè Di Simo, V. Fillungo, 58. Chandeliers, tables en marbre et bar en zinc sont au rendez-vous. Ce café était fréquenté au XIXe siècle par des artistes, des écrivains, des partisans du *Risorgimento* et des musiciens (dont Pinini) mais, à cette époque, ils ne devaient pas payer leur café 2,10 €. Ouvert Ma-Sa 8h-22h.

Golden Fox, V. Regina Margherita (© 0583 49 16 19). De la gare ferroviaire, traversez le Piazzale Ricasoli puis prenez à gauche la Via Regina Margherita. Le bar est sur votre gauche. Cuivres et meubles en bois sombre décorent ce pub anglais très spacieux dont la clientèle, presque exclusivement italienne, vient se détendre, boire une bière (4,50 € la pinte) et écouter les tubes américains. Ouvert tlj 20h-2h.

PISE (PISA) ✆ 050

L'image qu'on a de Pise se résume à sa tour. En effet, chaque année, des millions de touristes envahissent le Campo dei Miracoli uniquement pour admirer la célèbre tour inclinée. Cette place est devenue un vrai marché touristique où l'on peut acheter des tee-shirts, des glaces et des cartes postales. La tour est sans aucun doute très intéressante mais elle le serait tout autant si elle n'était pas penchée. Alors, si vous décidez de venir à Pise, ne vous limitez pas à la tour et prenez le temps de découvrir les autres trésors de la ville. La cathédrale, le baptistère, les musées et le cimetière, qui sont sur la même place, renferment des trésors artistiques plus impressionnants que la célèbre tour. Et n'oubliez pas que, comme le suggèrent les nombreux magasins de photocopies et les librairies, Pise est aussi une ville universitaire. Partez donc à la découverte des quartiers proches de l'immense université. De magnifiques places côtoient de superbes bâtiments et d'étroites ruelles pittoresques où vous pouvez lire des graffitis politiques passionnés. Ce quartier se trouve entre la Piazza dei Cavalieri et la Piazza Dante Alighieri.

Au cours de son histoire, Pise a connu des hauts et des bas. Au Moyen Age, la ville sut tirer profit de l'Arno, qui la reliait à la mer, pour devenir une importante ville portuaire. Elle étendit son empire vers la Méditerranée et plus précisément vers la Corse, la Sardaigne et les Baléares. Mais avec l'arrivée du limon le long de l'Arno, Pise connut une sombre période. De nos jours, grâce à la curiosité des touristes qui approvisionnent la ville en devises, Pise reprend du poil de la bête.

TRANSPORTS

Avion : **Aéroport Galileo Galilei** (✆ 050 50 07 07). Des trains relient la gare à l'aéroport en fonction des heures de départ et d'arrivée des avions (durée 5 mn, 1 €). A l'aéroport, vous pouvez aussi prendre le bus n° 3 qui vous conduira à la gare ferroviaire ainsi qu'à d'autres endroits de Pise et de ses environs (3 dép/h, durée 10 mn entre l'aéroport et la gare, 0,85 €). Vols charters, intérieurs et internationaux. Destinations : **Londres** (11 dép/j, durée 2h15), **Munich** (3 dép/j, durée 1h30) et **Paris** (3 dép/j, durée 2h).

Train : Piazza della Stazione, au sud de la ville (✆ 147 808 88). Guichets d'information ouverts tlj 7h-21h. Guichets de vente des billets ouverts 24h/24. Trains pour **Gênes** (1 dép/h, durée 2h30, 7,90 €), **Florence** (1 dép/h, durée 1h, 4,85 €), **Livourne** (1 dép/h, durée 20 mn, 1,50 €) et **Rome** (durée 3h, 15-23,50 €). Les trains locaux ou régionaux, comme ceux qui vont à **Lucques** (2 dép/h, durée 20 mn, 1,76 €), s'arrêtent bien souvent à l'autre gare de Pise, **San Rossore**. Celle-ci est plus proche de la cathédrale et de l'auberge de jeunesse. Si vous partez de San Rossore, achetez votre billet dans un bureau de tabac : il n'y a pas de vente de billets dans la gare.

Bus : **Lazzi**, P. Vittorio Emanuele II, 11 (✆ 050 462 88). Destinations : **Florence** (1 dép/h, changez de bus à Lucques, durée 2h30, 5,80 €), **La Spezia** (4 dép/j, durée 3h, 5,80 €), **Lucques** (1 dép/h, durée 40 mn, 2,10 €) et **Pistoia** (3 dép/j, durée 1h30, 4,50 €). La compagnie **CPT** (✆ 800 01 27 73), se trouve Piazza Sant'Antonio, près de la gare. Destinations : **Livourne** (1 dép/j, durée 45 mn, 2,17 €) et **Volterra** (7 dép/j, durée 1h30, 4,91 €) via **Pontederra**.

Taxi : **Radio-taxi** (✆ 050 541 600). Egalement Piazza della Stazione (✆ 050 412 52), Piazza del Duomo (✆ 050 56 18 78) et à l'aéroport (✆ 050 285 42).

Location de voitures : **Avis** (✆ 050 420 28, âge minimum 23 ans), **Hertz** (✆ 050 43 220, âge minimum 21 ans) et **Maggiore** (✆ 050 425 74, âge minimum 19 ans) sont tous présents à l'aéroport. A partir de 61 € la journée.

ORIENTATION ET INFORMATIONS PRATIQUES

Pise est située sur la côte Tyrrhénienne, à l'embouchure de l'Arno, à l'ouest de Florence. La rive nord de l'Arno regroupe la plupart des monuments historiques. La principale gare ferroviaire est au sud de la ville. Pour vous rendre de la gare au **Campo dei Miracoli** (le "Champ des miracles", également appelé **Piazza del Duomo**), prenez le

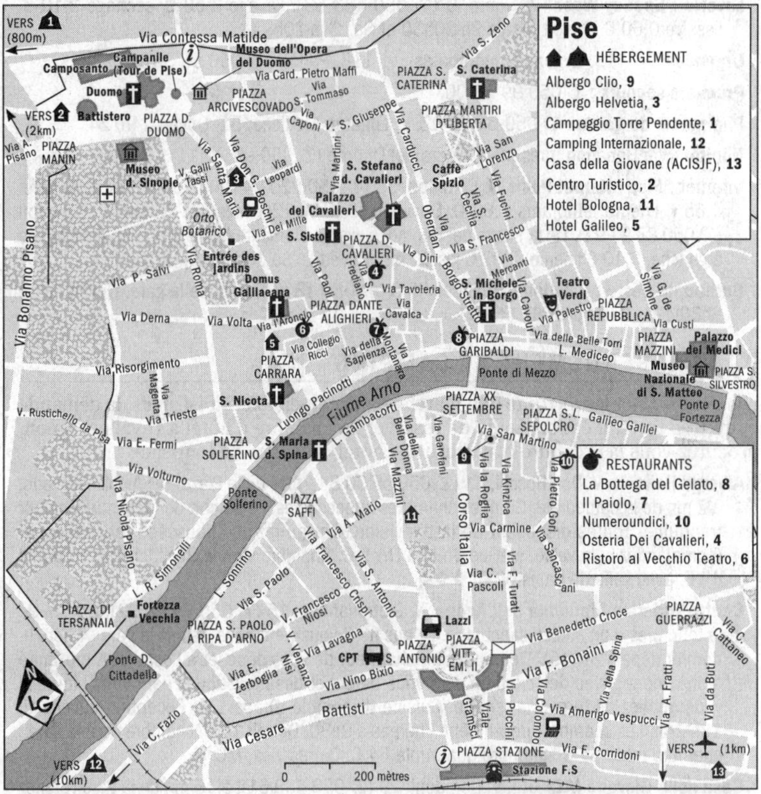

bus n° 3 (0,75 €, billets vendus dans les bureaux de tabac). Si vous souhaitez marcher jusqu'à la vieille ville, empruntez le **Viale Gramsci**, en face de la gare, jusqu'à la **Piazza Vittorio Emanuele II**. De là, prenez le **Corso Italia** et passez l'Arno. Vous vous trouverez alors dans le **Borgo Stretto**. Depuis le quartier universitaire, prenez à gauche la Via Dini et traversez la Piazza dei Cavalieri en direction de la cathédrale et de la tour.

Offices de tourisme : Piazza della Stazione, à gauche en sortant de la gare (✆ 050 422 91, www.turismo.toscana.it). Le personnel délivre des plans détaillés de la ville. Pas de réservation de chambres, mais vous pouvez obtenir une liste très complète des lieux d'hébergement, adresses et tarifs compris. Une **annexe** (✆ 050 56 04 64) se trouve derrière le baptistère. De la Piazza del Duomo, passez sous l'arche principale pour gagner la Piazza Manin, juste à l'extérieur de la ville, et prenez immédiatement à droite. L'office se situe 20 m plus bas en longeant les remparts. Les deux offices sont ouverts Lu-Sa 9h-19h et Di. 9h30-15h30.

Voyages à prix réduit : **CTS**, V. Santa Maria, 12 (✆ 050 483 00), près de l'Hôtel Galileo. Voyages organisés d'une journée, billets internationaux et bateaux pour les îles. L'attente est généralement longue. Ouvert Lu-Ve 9h30-12h30 et 16h-19h, Sa. 9h30-12h30.

Consigne : A l'aéroport. 6 € par bagage et par jour.

Librairie : **The Bookshop**, V. Rigattieri, 33/39 (✆ 050 57 34 34). Ouvert Aoû-Juin Lu-Ve et Di 9h-20h, Juillet 9h-13h et 16h-20h.

Gays et lesbiennes : Arci-Gay "Pride !", V. San Lorenzo, 38 (✆ 050 55 56 18, www.gay.it/pride). Ouvert Lu-Ve 13h30-19h30.

Laverie : **Speedy Wash**, V. Trento, 9 (✆ 050 483 53). Lavage 3,50 €, séchage 3,10 €. Lessive 0,50 €. Ouvert Ma-Ve 9h-20h30 et Sa. 14h-20h.

Urgences : ✆ 113. **Urgences médicales** : ✆ 118. **Police** : ✆ 050 58 35 11.

Premiers secours : ✆ 050 99 23 00.

Pharmacie de garde : ✆ 050 54 40 02. V. Lugarno Mediceo, 51. Ouvert 24h/24.

Hôpital : Via Bonanno, près de la Piazza del Duomo (✆ 050 99 21 11).

Internet : **Pisa Internet Point**, V. Colombo, 53 (✆ 050 220 04 08), à deux rues de la gare. 4,65 € l'heure, étudiants 3,62 €. Ouvert Lu-Sa 10h-22h. **Internet Planet,** P. Cavolloti (✆ 050 83 97 92). De la Piazza del Duomo, suivez la Via Santa Maria et prenez la deuxième à gauche. 3,10 € l'heure, 2,07 € les 30 mn. Ouvert Lu-Sa 10h-0h30, Di 15h-24h.

Bureau de poste : P. Vittorio Emanuele II, 8 (✆ 050 18 69), près de la gare. Ouvert Lu-Sa 8h30-19h. **Code postal** : 56100.

HÉBERGEMENT ET CAMPING

Les *pensioni* et les *locande* bon marché ne manquent pas à Pise mais, la demande étant très forte, il est conseillé de réserver sa chambre d'hôtel à l'avance. Sinon, procurez-vous la brochure et la carte des hôtels à l'office de tourisme.

Albergo Helvetia, V. Don Boschi, 31 (✆ 050 55 30 84), près de la Piazza del Archivescovado, à 2 mn de la cathédrale. Grandes chambres impeccables. La plupart donnent sur une cour tranquille. Toutes disposent de la télévision. Bar au rez-de-chaussée. Petit déjeuner (commandez-le la veille, service 8h30-11h) 5 €. Chambre simple 35 €, chambre double 45 €, avec salle de bains 62 €. ❖❖❖

Centro Turistico Madonna dell'Acqua, V. Pietrasantina, 15 (✆ 050 89 06 22), à 2 km de la tour, près d'un ancien sanctuaire. Le bus n° 3 vous y emmène depuis la gare (4 dép/h, dernier départ 21h45). Demandez au chauffeur de vous déposer à l'*ostello*. A proximité d'une crique, avec des criquets pour vous bercer et des moustiques pour vous piquer si vous oubliez de fermer la fenêtre. Cuisine disponible. Draps 1 €. Réception ouverte tlj 18h-24h. Les chambres doivent être libérées à 9h30. Dortoir 15 €, chambre double 42 €, chambre triple 54 €, chambre quadruple 64 €. Cartes Visa, MC. ❖

Casa della Giovane (ACISJF), V. Corridoni, 29 (✆ 050 430 61), à 15 mn de la gare (prenez à droite en sortant). Tenue par des sœurs, cette auberge de jeunesse pour femmes propose des chambres claires et propres. Grande cuisine et salle à manger. Couvre-feu à 23h. Réception ouverte tlj 7h-23h. Chambre simple 28 €, double 38 €. ❖❖❖

Albergo Clio, V. San Lorenzino, 3 (✆ 050 284 46), non loin du Corso Italia et du Ponte Mezzo. Salon rose et noir, tapissé de miroirs. Des couloirs carrelés avec des motifs en damier mènent à des chambres modernes équipées de salles de bains très propres. Chambre simple 28 €, chambre double 42 €, avec salle de bains 55 €, chambre triple avec salle de bains 65 €. ❖❖❖

Hôtel Galileo, V. Santa Maria, 12 (✆ 050 406 21). Un système solaire de chambres spacieuses. Ne vous laissez pas décourager par l'entrée, un peu sombre. Chambre simple avec salle de bains 45 €, chambre double 48 €, avec salle de bains 60 €. ❖❖❖❖

Hôtel Bologna, V. Mazzini, 57 (✆ 050 50 21 20, www.albergobologna.com). Un hôtel vraiment tout confort, avec ascenseur. Les chambres ont une salle de bains, la TV, la clim., des bonnets de douche et de délicieuses peintures de chérubins. Petit déjeuner inclus. Internet 1 €/h. Chambre simple 85 €, double 105 €, triple 125 €. Cartes Visa, MC, AmEx. ❖❖❖❖❖

Campings : Le **Campeggio Torre Pendente**, V. delle Cascine, 86 (✆ 050 56 17 04), est le plus proche du centre-ville (1 km). Prenez le bus n° 3 jusqu'à la Piazza Manin. En longeant les murs de la ville vers la droite, traversez deux rues et prenez à gauche la Via delle Cascine, en suivant les panneaux du camping. Empruntez le long passage souterrain en béton, et dépassez ce qui ressemble à une zone industrielle. Le camping est sur votre droite. Let's Go vous déconseille cet itinéraire de nuit. Petite piscine, salles de bains décentes, emplacements espacés. Ouvert Pâques-Oct. 6,75 € par personne, 3,20 € par enfant, 4,20 € par tente. Bungalows 32-82 €. Le **Camping Internazionale** (✆ 050 35 211), V. Litoranea, à Marina di Pisa, se trouve à 10 km de Pise, sur une plage privée. Pour vous y rendre, prenez l'autocar CPT sur la Piazza Sant'Antonio (assurez-vous auprès du conducteur que vous êtes dans le bon autocar) pour Marina di Pisa (1,50 €). Achetez votre billet à l'agence CPT, à l'entrée de la Piazza Sant'Antonio quand on vient de la Piazza Vittorio Emanuele II. Ouvert Mai-Sep. 5 € par personne, 4 € par enfant, 6 € par petite tente, 7,50 € par grande tente. En Juil-Aoû, les prix augmentent de 1 à 2 €. Cartes Visa, MC, AmEx. ❖

RESTAURANTS

Vous trouverez du côté de l'Arno des trattorias bien moins touristiques que dans le quartier de la cathédrale. De même, les alentours de l'université abondent en petits restaurants peu chers et originaux. Un marché se tient sur la **Piazza Vettovaglie** et dans les rues alentour. Vous trouverez aussi de nombreuses boulangeries et épiceries. Pour vos courses, allez au **supermarché Superal**, V. Pascoli, 6, tout près du Corso d'Italia. (Ouvert Lu-Sa 8h-20h.)

❤ **Il Paiolo**, V. Curtatone Montanara, 9 (✆ 050 425 28), près de l'université. Dans ce bar à l'ambiance très sympathique vous pouvez prendre un menu composé de *primi* et de *secondi* pour 8 €. Si vous voulez un repas plus consistant, commandez sa *bistecca* (steak aux champignons, noix et parmesan). Goûtez aussi à son délicieux *risotto* aux fruits de mer, avec des moules, de petits calamars et du saumon (5,20 €), le tout arrosé d'un vin blanc maison doux et léger (2,10 € le quart de vin). Ouvert Lu-Ve 12h30-15h et 19h30-2h, Sa-Di 7h30-2h. ❖❖

❤ **La Bogetta del Gelato**, P. Garibaldi, 11. Grand choix de parfums, du Nutella au *pistachio* (pistache), de la crème de whiskey au *limoncello*. Faites votre choix avant d'arriver au comptoir si vous ne voulez pas être écrasé par la foule qui attend. Très fréquenté le soir. Cornet de glace et pot à 1,20 €. Ouvert Je-Ma 11h-1h. ❖

Ristoro Al Vecchio Teatro, V. del Collegio Ricci, 2 (✆ 050 202 10), près de la Piazza Dante. Une cuisine délicieuse et originale, essentiellement à base de légumes frais. Essayez le *risotto d'ortolana* (aux légumes) ou la crémeuse *sfogliata di zucchine* (tarte aux courgettes). *Primi* et *secondi* 7 €. Couvert 1,50 €. Ouvert Lu-Sa 12h-15h et 20h-22h. Fermé en août. Cartes Visa, MC, AmEx. ❖❖

Numeroundici, V. San Martino, 47. Numeroundici n'était à l'origine qu'une petite échoppe, qui vend aujourd'hui d'excellents sandwichs (2,50 €), des *torte* aux légumes (2,30 €) et des plats du jour originaux. La nourriture y est correcte. Pas de service à table et pas de chichis. *Primi* 4 €, *secondi* 6 €. Ouvert Lu-Ve 12h-22h. ❖

Osteria Dei Cavalieri, V. San Frediano, 16 (& 050 58 0858). Une salle à manger agréable, avec des posters de jazz au mur. C'est l'endroit parfait pour goûter une spécialité toscane – *trippa*, *coniglio* ou *cinghiale* – avant de partir à la plage. *Primi* 7-9 €, *secondi* 8-13 €. Ouvert Lu-Ve 12h30-14h et 19h45-22h, Sa 19h45-22h. ❖❖

VISITES

La **Piazza del Duomo**, autrement dit le **Campo dei Miracoli**, rassemble la **cathédrale**, le **baptistère**, le **cimetière** et le **campanile**, la fameuse "**tour penchée**". Le Campo est entouré d'un tapis d'herbe qui forme comme un écrin de velours vert.

❤ **LA TOUR PENCHÉE.** Si vous regardez bien, tous les édifices du Campo dei Miracoli sont plus ou moins inclinés, en grande partie à cause du sol meuble et fragile. Aucun cependant n'égale le **Campanile del Duomo**. La tour fut commencée en 1173 par Bonanno Pisano et, dès qu'elle eut atteint la hauteur de 10 m, les fondations commencèrent à s'affaisser. L'inclinaison de cette tour de 55 m de haut s'intensifia après la Seconde Guerre mondiale, en raison du nombre de visiteurs. Des travaux de redressement ont été entrepris, et en juin 2001, les câbles de sécurité en acier et les gaines de fer qui emprisonnaient la tour depuis de longues années ont enfin été retirés. La tour est maintenant stable (elle a été redressée de 7 mm) et est rouverte au public depuis décembre 2001. Les architectes qui se sont occupé des travaux estiment qu'il lui reste 300 ans avant de s'effondrer pour de bon. *(Achetez votre ticket à la billetterie du Museo del Duomo ou à celle près de l'office du tourisme. Les visites ont lieu de juin à août tlj de 8h30 à 22h30, Sep-Mai 8h30-19h30. Présentez-vous près du bureau d'information 10 mn avant le départ. Les enfants de moins de 8 ans ne sont pas autorisés à grimper. Les mineurs doivent être accompagnés d'un adulte. Entrée 15 €.)*

BILLETS COMBINÉS Il existe plusieurs billets combinés. Pour 10,50 €, vous pouvez visiter la cathédrale, le baptistère, le Camposanto, le Museo delle Sinopie et le Museo del Duomo. Pour 6 €, vous avez un billet pour deux de ces monuments, pour 7 €, un billet pour la cathédrale et deux autres monuments, et pour 8,50 €, vous pouvez visiter tous les monuments sauf la cathédrale. Ces billets combinés peuvent être achetés à l'entrée de n'importe lequel des sites concernés.

❤ **LA CATHÉDRALE.** La façade de marbre vert sombre et blanc du **duomo** est de style roman pisan. C'est d'ailleurs l'une des cathédrales de style roman les plus importantes au monde. Commencée en 1063 par Buscheto, qui fut enterré dans son chef-d'œuvre après sa mort, ce fut le premier édifice du Campo. Les portes de bronze (1180) de Bonanno Pisano s'ouvrent sur la nef centrale et les cinq nefs latérales. La cathédrale fut gravement endommagée lors d'un incendie en 1595. Heureusement, les peintures de Ghirlandaio, la mosaïque aux impressionnantes dorures représentant le *Christ rédempteur* de Cimabue, dans l'abside, et une partie du pavement de Cosmati ont été épargnées. La chaire de Giovanni Pisano (la dernière et sans doute la plus belle que l'artiste ait réalisée) est la pièce maîtresse de la cathédrale. Sans doute Pisano avait-il le secret désir de faire encore mieux que son père, qui avait sculpté celle du baptistère. Le haut de la chaire se compose de panneaux qui décrivent des scènes bibliques. La *Nativité*, le *Jugement dernier* et le *Massacre des Innocents* sont particulièrement remarquables. Les piliers et les colonnes sont ornés de figures symbolisant les arts et les vertus. *(Ouvert Lu-Sa 10h-20h, Di 13h-20h. Entrée 2 €.)*

❤ **LE BAPTISTÈRE.** Vaste édifice commencé en 1152 par l'artiste Deotisalvi (littéralement "Dieu te sauve"), le baptistère fait 107 m de circonférence et 55 m de haut. L'architecture mêle le style gothique et le style roman toscan. La partie inférieure, ornée de rayures, est du plus pur style toscan, alors que, dans la partie supérieure, les gables, les pinacles et les petites niches en dentelle de pierre qui abritent les statues sont typiquement gothiques. La chaire de Nicola Pisano (1260), à gauche des fonts baptismaux, rappelle la sobriété et la dignité des œuvres antiques et annonce l'art de la Renaissance. L'acoustique de la coupole est exceptionnelle : les chants du chœur peuvent être entendus à plus de 2 km. Un escalier, incrusté dans le mur, mène à un balcon intérieur. En haut, vous pourrez saisir des vues de la ville à travers les fenêtres étroites. *(Ouvert fin-Avr-fin Sep, tlj 8h-20h ; Oct-Mars 9h-18h. Entrée 6 €, avec accès à un autre musée ou monument de votre choix parmi ceux accessibles grâce aux billets combinés.)*

LE CIMETIÈRE. Ce long **Camposanto** entouré de murs blancs abrite, entre autres, des sarcophages romains, dont les motifs ont inspiré Nicola Pisano pour la réalisation de sa chaire (dans le baptistère). Selon la tradition, la terre du cimetière contient celle qui fut rapportée du Golgotha par les croisés. Les galeries gothiques intérieures sont ornées de fresques très endommagées par les bombardements alliés de 1944. La **chapelle Ammannati** abrite d'inquiétantes fresques du XIVe siècle représentant Florence en proie à la peste. On ne sait rien de l'artiste, surnommé "le Maître du Triomphe de la mort". *(Ouvert fin-Avr-fin Sep, tlj 8h-20h ; Mars et Oct. 9h-17h40 ; Nov-Fév 9h-16h40. Entrée 6 €, avec accès à un autre musée ou monument de votre choix parmi ceux accessibles grâce aux billets combinés.)*

LE MUSÉE NATIONAL SAN MATTEO. Le **Museo nazionale di San Matteo**, sur les bords de l'Arno, abrite des œuvres spectaculaires de Masaccio, Fra Angelico, Ghirlandaio et Simone Martini ainsi que des sculptures d'artistes pisans, ou encore un buste de Donatello dans l'ancien couvent. *(Non loin de la Piazza Mazzini, dans le Lugamo Mediceo. Ouvert Lu-Sa 9h-19h. Entrée 4 €, 18-26 ans 2 €, gratuit pour les moins de 18 ans et les plus de 65 ans.)*

MUSEO DELL'OPERA DEL DUOMO ET MUSEO DELLE SINOPIE. Le Museo dell'Opera del Duomo présente des œuvres provenant des trois édifices du Campo. On y trouve la *Vierge à l'Enfant* de Giovanni Pisano, remarquable par l'intensité du regard qui unit la mère et son fils. Vous y verrez un crucifix du XIe siècle, à l'allure très moderne (on dirait presque du Picasso), ainsi que des œuvres de Camaino ou de Nino Pisano et un assortiment de pièces romaines et étrusques placées dans l'église au Moyen Age. *(Derrière la tour. Ouvert Avr-fin Sep, tlj 8h-19h20 ; Mars et Oct 9h-17h20 ; Nov-Fév 9h-16h20. Entrée 6 €, avec accès à un autre musée ou monument de votre choix parmi ceux accessibles grâce aux billets combinés.)* Le **Museo delle Sinopie**, en face du Camposanto, contient des esquisses de Traini, de Veneziano, de Gaddi et d'autres artistes découvertes lors de la restauration, après la Seconde Guerre mondiale, des fresques du Camposanto. *(Même horaire que le Museo dell'Opera del Duomo. Entrée 6 €, avec accès à un autre musée ou monument de votre choix parmi ceux accessibles grâce aux billets combinés.)*

LA PIAZZA DEI CAVALIERI. Conçue par Vasari et construite sur le site du forum romain, cette place était le centre politique de la ville au Moyen Age. Aujourd'hui, elle accueille la **Scuola Normale Superiore** (Ecole normale supérieure), l'une des meilleures universités d'Italie. Bien qu'elle ne soit pas ouverte au public, un petit tour à l'extérieur vous permettra d'apprécier sa belle façade décorée de bustes des grands-ducs de Toscane. Les "paniers" noirs en fer forgé situés à chaque extrémité du **Palazzo del Orologgio** (palais de l'Horloge) servaient à exposer les têtes des malfrats pisans. C'est aussi dans la tour de ce palais qu'en 1208 Ugolino della Gherardesca, ses fils et ses neveux furent condamnés à mourir de faim pour trahison. Cet épisode sordide de l'histoire politique toscane est relaté dans *L'Enfer* de Dante.

AUTRES VISITES. Trois églises sortent du lot à Pise. Ne manquez pas l'**église Santa Maria della Spina**, joyau d'art gothique, face au Lungarno Gambacorti, au bord de l'Arno. Cet ancien oratoire fut agrandi en 1323 et rebaptisé Chiesa della Spina (église de l'Epine) pour accueillir l'une des épines de la couronne du Christ. Malheureusement, l'intérieur de l'église n'est visible que pendant la **Semaine culturelle italienne**, une fois par an. *(Du Campo dei Miracoli, descendez la Via Santa Maria et traversez le pont. Pour en savoir plus sur la Semaine culturelle, adressez-vous à l'office de tourisme.)* L'**église San Michele in Borgo** est remarquable pour ses graffitis du XIVe siècle en latin, écrits lors de la campagne électorale du recteur de l'université. *(De l'église précédente, suivez la rivière sur votre gauche, traversez au premier pont, prenez à droite et continuez tout droit.)* L'**église San Nicola** mérite également une visite. Saint Nicolas, le patron de la ville, est représenté dans le célèbre autel de la quatrième chapelle sur la droite en train de briser et de détourner les flèches de Dieu lancées contre Pise. Le campanile est légèrement incliné, un peu comme son célébrissime cousin. *(Entre la Via Santa Maria et la Piazza Carrara. Ouvert tlj 7h45-11h30 et 17h-18h30.)*

LE JARDIN BOTANIQUE. Si vous avez envie de verdure après toutes ces vieilles pierres, allez trouver un peu d'ombre et de fraîcheur dans l'**Orto botanico**, parmi ses palmiers, ses allées de graviers et ses plantes innombrables. *(Entrée V. Ghini, 5, entre la Via Roma et la Via Santa Maria. Ouvert Lu-Ve 8h-17h30 et Sa. 8h-13h.)*

SORTIES

Des concerts sont parfois donnés dans la cathédrale, où l'acoustique est particulièrement bonne. Appelez l'**Opera della Primaziale** (© 050 56 05 47) pour en savoir plus. Chaque année, le **Gioco del Ponte** fait revivre la cité des temps médiévaux. Les Pisans se partagent alors des deux côtés de l'Arno et prêtent serment, soit au *Tramontana*, soit au *Mezzogiorno*. Il s'ensuit un combat au cours duquel les participants poussent un grand chariot et cherchent à occuper la plus grande partie du pont. A la mi-juin a lieu la **Luminara di San Ranieri** au cours de laquelle Pise brille pour une nuit grâce aux 70 000 ampoules installées sur les bâtiments de la ville. Si vous voulez vous promener dans le quartier étudiant, partez de la Piazza Garibaldi, près de l'Arno, et remontez le Borgo Stretto, la Via Oberdan et la Via Carducci. Ces rues sont remplies de cafés et de magasins. Arrêtez-vous pour boire une bière, déguster un café ou manger une glace. Asseyez-vous à la terrasse du **Caffè Spizio**, V. Oberdan, 54 (✆ 050 58 02 81), et observez

VIAREGGIO ✆ 0584

Coincée entre les parasols colorés des plages privées de la côte de Versilia et les oliveraies et les châtaigneraies qui couvrent les contreforts des Apennins, la ville balnéaire de Viareggio s'étend le long de la Riviera. Le matin, les trains locaux amènent la jeunesse dorée des environs qui vient profiter du soleil dans une ambiance branchée et aisée. Le soir, des touristes européens fortunés déambulent le long de la mer, sur la large promenade qui se distingue par son architecture des années 1920. Parlant trop fort dans leurs téléphones portables ou s'attardant devant les vitrines des boutiques de luxe, ils semblent indifférents au clapotis des vagues et à la douce brise marine qui rendent la plage de Viareggio si attirante.

TRANSPORTS. Viareggio se trouve sur les lignes ferroviaires Rome-Gênes et Viareggio-Florence. Départs pour **Florence** (durée 2h, 5h45-22h, 5,70 €), **Gênes** (durée 2h30, 5h51-21h20, 11,26 €), **La Spezia** (durée 1h, 7h25-23h25, 5,11 €), **Livourne** (durée 30 mn, 7h-23h20, 4,85 €) via **Pise** et **Rome** (durée 3h, 3 dép/j, 25,20 €). Les **bus Lazzi** (✆ 0584 462 33) relient Viareggio à **Florence** (4 dép/j, durée 2h15, 6,50 €), **La Spezia** (4 dép/j, durée 2h, 3,40 €), **Lucques** (1 dép/h, durée 45 mn, 2,40 €) et **Pise** (20 dép/j, 2,40 €). Tous les bus s'arrêtent sur la Piazza Mazzini, la place principale de la ville. Vous trouvez des **taxis** (✆ 0584 454 54) à la gare.

INFORMATIONS PRATIQUES. L'**office de tourisme** situé dans la gare fournit des plans, les horaires des bus locaux et des informations sur les hôtels, les randonnées et les visites à faire en voiture. (Ouvert Me-Sa 9h30-12h30 et 15h-17h30, Di. 9h30-12h30, horaire réduit Oct-Avr.) De la sortie principale de la gare, traversez la place et prenez à droite. Tournez ensuite dans la première rue à gauche et descendez la Via XX Settembre jusqu'à la Piazza Mazzini. De l'autre côté de la place, prenez à droite la Via Carducci jusqu'à l'**office de tourisme principal**, situé au n° 10. Le personnel procure un plan correct de la ville et distribue un nombre incroyable de brochures sur la région. (✆ 0584 96 22 33, www.versilia.turismo.toscana.it. Ouvert Lu-Sa 9h-13h30 et 15h30-19h, Di. 9h30-12h30.) La plupart des itinéraires proposés nécessitent une voiture. Vous pouvez en louer une chez **Avis**, dans la Via Aurelia Nord, juste devant le supermarché, à seulement 100 m de la gare. (✆ 0584 456 21. Age minimum 25 ans. Ouvert Lu-Sa 9h-20h.) **Change** au bureau de poste ou dans n'importe quelle banque de la Via Garibaldi. Une **consigne** automatique est disponible dans la gare ferroviaire (3 € pour 12h). En cas d'**urgence**, composez le ✆ 113. Pour les **premiers secours**, appelez le ✆ 118. Une **pharmacie** ouverte toute la nuit se trouve V. Mazzini, 14. Le **bureau de poste**, à l'angle de la Via Garibaldi et de la Via Puccini, permet de changer des devises. (✆ 0584 303 45. Ouvert Lu-Ve 8h15-19h, Sa 8h15-12h30.) **Code postal** : 55049.

HÉBERGEMENT ET RESTAURANTS. Parmi la splendeur et la prétention des hôtels quatre étoiles se cachent nombre de lieux d'hébergement bon marché. Cependant, il y de fortes chances qu'ils fassent office de pension l'été et soient loués pour quelques semaines à des Italiens en vacances. L'**hôtel Albachiara**, V. Zanardelli, 81, vous propose des chambres simples et propres aux murs blancs. (✆ 0584 445 41. Chambre double Sep-Juin 65 €, Juil-Août 70 €, pension complète Sep-Juin 44 € par personne, Juil-Août 47-49 €.) Vous pouvez également vous détendre dans les somptueux fauteuils du salon rempli de miroirs de l'**hôtel Rex**, V. San Martino, 48. Petites chambres propres avec télévision, téléphone, climatisation et salle de bains. (✆ 0584 96 11 40. Petit déjeuner compris. De fin juin à août : chambre simple 70 €, chambre double 100 €, chambre triple 120 €. Prix de 10 % à 20 % moins élevés le reste de l'année. Cartes Visa, MC.) L'**Hôtel Girasole**, V. XX Settembre, est bien placé, entre la gare ferroviaire et la plage. Les chambres sont très propres et possèdent leur salle de bains. De délicieuses odeurs s'échappent du restaurant au rez-de-chaussée. (✆ 0584 45 137. Chambre simple 44 €, double 57 €.)

Habitués à servir une clientèle aisée, les restaurants de Viareggio ne sont pas très abordables. Pour éviter de payer les 1,55 € de couvert et les 15 % de service en vigueur partout, rendez-vous chez **Lo Zio Pietro,** V. San Martino, 73, où vous pourrez déguster de la charcuterie, du *calccio* (soupe de poisson), des légumes et du poulet rôti. (✆ 0584 96 21 83. Ouvert Lu-Sa 9h-20h.) Dépensez ensuite 5 € pour boire un café et manger un gâteau sur la terrasse de l'élégant **Gran Caffè Margherita**, qui surplombe la mer. De la Piazza Martini, prenez à gauche en faisant face à la mer, le long de la promenade principale. Le café se trouve à environ cinq rues de là, sur la droite.

PLAGES ET SORTIES. La majeure partie du littoral a été interdite d'accès par les propriétaires de plages privées. Cependant, vous pouvez les traverser pour aller nager du moment que vos affaires ne traînent pas sur leur plage. Mais si vous voulez vous allonger sur le sable, vous devez aller sur les plages municipales. Il y en a de petites sur la gauche lorsque vous êtes face à la mer. Si vous continuez dans la même direction, vous trouverez de plus grandes plages municipales après avoir traversé le canal, le long du Viale Europa. Elles se trouvent à la limite sud de la ville (à 30 mn de la gare). La *spiaggia libera* est fréquentée par les jeunes gens ; l'ambiance y est beaucoup détendue que sur les plages privées. Si vous n'aimez pas trop vous réveiller avec du sable dans le pantalon, vous feriez mieux d'aller à **Forte dei Marmi**, une station balnéaire extrêmement huppée. Pour vous y rendre, prenez un bus bleu CLAP sur la P. Mazzini (1 dép/h, 1,80 €). Une fois sur place, installez-vous à la terrasse d'un de ces cafés très chic et observez les résidents habillés en Armani qui font leurs courses dans des boutiques luxueuses. A la tombée de la nuit, faites un tour sur la promenade.

LIVOURNE (LIVORNO) ✆ 0586

Dominée par les énormes ferrys qui partent pour la Sardaigne, la Corse, la Grèce et l'Espagne, Livourne est une ville portuaire qui vit à l'écart des grands bouleversements industriels. On vient essentiellement à Livourne pour prendre le bateau. Henry James en a fait un bon mot, toujours d'actualité : "La ville ne renferme aucune église remarquable, aucun palais municipal ni aucun musée, mais elle peut se targuer, à juste titre, d'être la seule ville d'Italie où il n'y ait rien de pittoresque." Cela dit, la ville n'est pas un simple trou dans le sol. Elle possède quelques monuments publics intéressants, des forts, des restaurants qui servent d'excellents poissons et fruits de mer. Les promenades le long du front de mer et sur la plage sont aussi fort agréables, sans parler de la campagne environnante.

TRANSPORTS

Train : Fréquents départs pour : **Florence** (durée 1h, 5,70 €), **Piombino** (durée 1h, 4,85 €), **Pise** (durée 15 mn, 1,55 €) et **Rome** (durée 3h, 14,50 €).

Bus : Les bus **ATL** (✆ 0586 84 71 11) partent régulièrement de la Piazza Grande pour **Piombino** (6 €) et **Pise** (2 €). Le terminal se trouve sur la gauche quand on fait face à l'église sur la Piazza Grande.

Ferry : Stazione Marittima. Depuis la gare ferroviaire, prenez le bus n° 1 jusqu'à la Piazza Grande (achetez votre billet dans un bureau de tabac, 0,85 €). De la Piazza Grande, prenez le bus PB n° 1, n° 2 ou n° 3 ou descendez la Via Logorano, traversez la Piazza Municipio et prenez la Via Porticciolo puis la Via Venezia. Cette rue vous mène au port et à la Stazione Marittima (10 mn). Dans la gare maritime, vous trouverez des **bureaux de change**, des **consignes** et un **restaurant**. Veillez à vérifier les horaires, car ils sont souvent modifiés au dernier moment. Pendant la saison touristique et le week-end, les prix sont plus élevés. Taxe portuaire 3-8 €. La compagnie **Corsica Marittima** (✆ 0586 21 05 07) assure des liaisons rapides avec **Bastia** (2-4 dép/j de fin Avr. à mi-Sep., durée 2h, 16,30 €) et **Porto Vecchio** (1-2 dép/semaine Juin-Sep, durée 10h). **Moby Lines** (✆ 0586 82 68 25) dessert aussi **Bastia** (1-2 dép/semaine d'Avr. à Sep., durée 4h, 15-28 €). **Corsica & Sardinia Ferries** (✆ 0586 88 13 80, fax 0586 89 61 03) dessert **Bastia** (fréquence variable selon la saison, durée 4h, 16-28 €) et **Golfo Aranci**, en Sardaigne (2 dép/j de juin à août, service très réduit hors saison, durée 6-9h, 21-48 €). Les bureaux de vente des billets sont ouverts avant et après les arrivées et les départs des ferrys.

Taxi : P. XX Settembre (✆ 0586 21 00 00), P. Grande (✆ 0586 89 80 94) et à la gare ferroviaire (✆ 0586 40 12 94).

ORIENTATION ET INFORMATIONS PRATIQUES

Pour vous rendre de la gare à la **Piazza Grande**, la place centrale, prenez le bus n° 1. Les bus n° 2 et n° 8 vont également à la place centrale, après un détour dans les environs de la ville. Les billets sont en vente dans les distributeurs à l'extérieur de la gare, dans les distributeurs orange et dans les bureaux de tabac (0,85 €). Si vous préférez marcher, traversez le parc en sortant de la gare et descendez le **Viale Carducci**, qui prend ensuite le nom de Via dei Larderei, jusqu'à la **Piazza della Repubblica**. Prenez enfin la **Via delle Galere**, de l'autre côté de la place, et vous arriverez sur la Piazza Grande.

Offices de tourisme : P. Cavour, 6, 2e étage (✆ 0586 89 81 11), près de la Via Cairoli, sur la gauche de la place. Ouvert Lu-Sa 9h-13h et 15h-17h, Sa 9h-13h. Horaire réduit Sep-Mai. Une **annexe** (✆ 0586 89 53 20) se trouve dans la Stazione Marittima.

Change : Les guichets de la **gare** proposent des taux corrects. Ouvert tlj 8h-11h45 et 15h-17h45. Vous pouvez aussi changer de l'argent à la **Stazione Marittima** ou dans l'une des nombreuses **banques** de la Via Cairoli.

Consigne : Automatique, dans la gare ferroviaire. 2-4 € les 24h.

Urgences : ✆ 113. **Urgences médicales** : ✆ 118.

Pharmacie de garde : **Farmacia Comunale**, V. Fiume, 1, non loin de la Piazza Grande.

Bureau de poste : V. Cairoli, 12-16 (✆ 0586 27 641). Ouvert Lu-Ve 8h30-19h et Sa. 8h30-12h30. Guichet de change. **Code postal** : 57100.

HÉBERGEMENT

❤ **Ostello Albergo Villa Morazzana**, V. Collinet, 40 (✆ 0586 50 00 76, fax 0586 56 24 26), dans la campagne, aux limites de la ville. Prenez le bus n° 1 jusqu'à la Piazza Grande (0,85 €). De là (face au n° 25), montez dans le bus n° 3 (20 mn). Pendant la semaine, certains bus s'arrêtent juste devant l'auberge, alors que d'autres vous font descendre dans la Via Popogna. En semaine, 1 dép/h pour chaque itinéraire. Si vous prenez celui qui s'arrête Via Popogna, tournez ensuite à gauche dans la Via San Martino et suivez les indications (15 mn). Le bâtiment est une villa du XVIIe siècle où sont organisées des expositions d'artistes de la région. A quelques minutes seulement d'une plage tranquille et de charmantes balades. Petit déjeuner compris. Fermé entre 9h30 et 17h. Couvre-feu à 23h30. Accès handicapés. Réservation nécessaire. Dortoir 13 € par personne, chambre simple 26 €, avec salle de bains 42 €, chambre double avec salle de bains 62 €. Cartes Visa, MC, AmEx. ❖❖

Hôtel Marina, C. Mazzini, 24 (✆ 0586 83 42 78). De l'office de tourisme principal (voir plus haut), traversez la Piazza Cavour, suivez la Via Ricasoli et prenez à droite la Via Mazzini. Confort moderne comprenant la télévision à télécommande, le radio-réveil et la climatisation. Chaque chambre est équipée d'une salle de bains. Accessible aux handicapés. Chambre simple 47 €, chambre double 62 €, chambre triple 72 €. Cartes Visa, MC. ❖❖❖❖

Hôtel Cavour, V. Adua, 10 (✆/fax 0586 89 96 04). De l'office du tourisme, traversez la P. Cavour et suivez la V. Michon jusqu'à la V. Adua. Des chambres basiques mais bon marché. Les salles de bains communes sont propres. Chambre simple 24 €, avec salle de bains 29 €, double 36/47 €, triple 51/65 €, quadruple avec salle de bains 83 €. ❖❖

Hôtel Boston, P. Mazzini, 40 (✆ 0586 88 23 33). De la P. Grande, suivez la V. Grande jusqu'au port, tournez à gauche sur S. C. Cialdini qui devient S. C. Novi Lena. Traversez le parc ; la P. Mazzini sera sur la gauche. Des chambres peintes dans les verts et meublées avec goût. TV, grande salle de bains. Clim. pour 10 € en plus. Chambre simple 67-72 €, double 85-96 €. Cartes Visa, MC, AmEx. ❖❖❖❖❖

RESTAURANTS

Les spécialités de Livourne sont naturellement les produits de la mer. La ville a sa propre version de la bouillabaisse, le *cacciucco*, un ragoût épicé de fruits de mer à la tomate. Un **marché** se tient sur la P. Cavallotti. (Ouvert Lu-Ve 5h-15h, Sa 5h-20h.) Vous trouverez un **supermarché STANDA** près de la Piazza Grande, V. Grande, 174.

Osteria del Mare, Borgo dei Cappuccini, 5 (✆ 0586 881 027). De la P. Mazzini, près de l'hôtel Boston, prenez la V. Navi jusqu'au Borgo dei Cappuccini. Un restaurant élégant et d'un bon rapport qualité-prix. Le *risotto mare* (6,20 €) est la spécialité du chef. *Primi* 6-7 €, *secondi* 8-13 €. Ouvert Lu-Me et Ve-Di 12h-15h et 19h30-22h30. Cartes Visa, MC, AmEx. ❖❖❖

Ristorante Vecchia Livorno, Scali delle Cantine, 32 (✆ 0586 88 40 48). En face de la Fortezza Nuova. Un établissement très apprécié qui sert des *tagliatelle vongole* ainsi que d'autres classiques livournais. *Primi* 5-10 €, *secondi* à partir de 13 €. Couvert 1,50 €. Ouvert Lu et Me-Di 12h-14h30 et 19h-22h. ❖❖❖

Luna Rossa, C. Mazzini, 222 (✆ 0586 88 14 42), non loin de l'hôtel Marina. Nourriture savoureuse et ambiance détendue. Les prix sont très raisonnables. *Primi* 4-6,50 €, *secondi* 5-11 €. Couvert 1,30 €. Service 10 %. Ouvert Ma-Di 12h-15h et 19h30-22h. Cartes Visa, MC. ❖❖

VISITES ET SORTIES

LES FORTERESSES. La **Fortezza Nuova** est sise dans le quartier dit **Piccola Venezia** à cause de ses nombreux canaux qui évoquent la Sérénissime. La forteresse, entourée de larges douves, fut construite au début du XVIIe siècle par la famille Médicis. Elle abrite aujourd'hui un jardin public très bien entretenu, où vous pourrez acheter un en-cas et le déguster assis à une charmante terrasse en regardant le port. De là, rendez-vous à la Piazza Municipio, puis descendez la Via San Giovanni pour voir la **Fortezza Vecchia**, édifice tentaculaire qui semble sortir des eaux. Les puissants marquis de Toscane construisirent la tour centrale au IXe siècle. Les Pisans complétèrent les fortifications lorsqu'ils conquirent Livourne. Au XVIe siècle, les Médicis entourèrent l'édifice de remparts afin de consolider leur pouvoir sur Livourne, devenue le principal port de Toscane. En faisant face à la forteresse, dirigez-vous sur la gauche pour rejoindre, après une courte promenade le long de l'eau, la Piazza Micheli, où s'élève le Monumento dei Quattro Mori (le monument des quatre Maures). La statue en marbre de Ferdinand Ier de Médicis fut sculptée en 1595 par Bandini tandis que les quatre esclaves en bronze de Pietro Tacca datent de 1626.

LE MUSÉE CIVIQUE GIOVANNI FATTORI. Livourne n'est pas un foyer artistique très réputé mais, d'une part, elle est la ville natale d'Amedeo Modigliani (1884-1920) et, d'autre part, elle vit naître au XIXe siècle le groupe de peintres *I Macchiaioli*, dont le chef de file fut Giovanni Fattori. Dans le **Museo civico** qui porte son nom sont exposées les œuvres pré-impressionnistes des artistes de ce mouvement, ainsi que celles de leurs successeurs, les post-Macchiaioli. *(Dans la Villa Mimbelli, à l'angle de la Via San Jacopo et de la Via Acquaviva. ✆ 0586 80 80 01. Ouvert l'été Ma-Di 10h-13h et 17h-23h ; en hiver 10h-13h et 16h-19h. Entrée 6,50 €, étudiants 4,50 €.)*

FÊTE. La principale fête de Livourne, le **Palio marinaro**, a lieu à la mi-juillet. Des rameurs des différents quartiers de la ville participent à une course dans le vieux port, encouragés par les nombreux spectateurs sur les berges.

ÎLE D'ELBE (ISOLA D'ELBA)

Comment ne pas être sensible au charme de ces eaux turquoise et de ces montagnes suspendues au-dessus des plages de velours ? Vestige d'une ancienne presqu'île, la Tyrrhénide, qui reliait la Corse aux côtes de Toscane, l'île d'Elbe attira des colons étrusques qui exploitèrent le fer de ses collines. Jason et les Argonautes s'y arrêtèrent, les Grecs la nommèrent Aethalia (l'Ile de suie), et les patriciens romains aimaient y faire construire leurs résidences d'été. L'île d'Elbe est avant tout connue pour avoir accueilli Napoléon de mai 1814 à février 1815. Elle est pourtant loin de ressembler à une terre d'exil. Chaque parcelle de l'île attire un type particulier de visiteurs : les familles préfèrent **Marina di Campo** et **Marciana Marina**, les fanatiques de la fête vont au **Capoliveri**, les membres du yacht-club fréquentent **Porto Azzurro**, et les amoureux de la nature cherchent la tranquillité à la pointe nord-est de l'île, plus montagneuse, entre la plage de **Cavo** et **Rio nell'Elba**, à l'intérieur des terres. La côte sud-est est la partie la plus commerçante de l'île. C'est aussi la plus accueillante pour ceux qui aiment les plages de sable et les campings bien équipés, tandis que le nord-est de l'île est traversé de petites routes intérieures et offre des paysages à la nature préservée. Elbe est l'un des meilleurs endroits pour les amateurs de vélo ou de scooter, avec ses routes dont les méandres grimpent haut dans les reliefs de l'île, offrant des vues stupéfiantes sur l'océan. Le bus n'est pas mal non plus, quoique moins poignant.

TRANSPORTS

Le seul **aéroport** de l'île (✆ 0565 97 60 11) est à Marina di Campo. Vols pour **Milan**, **Munich**, **Parme**, **Vienne** et **Zurich**. La meilleure manière de se rendre sur l'île d'Elbe est de prendre le **ferry** à **Piombino Marittima** (aussi appelé Piombino Porto). Il vous déposera à **Portoferraio**, la plus grande localité de l'île. Certains ferrys vous amènent à **Porto Azzurro**, de l'autre côté de l'île. Les **trains** circulant sur la ligne Gênes-Rome vont parfois directement jusqu'à Piombino Marittima mais ils s'arrêtent généralement à Campiglia Marittima (si vous venez de Florence, changez à Pise), d'où un bus vous mènera jusqu'aux ferrys de Piombino Marittima (bus local, durée 30 mn, 1,209 €). Si vous achetez un billet pour Piombino à la gare ferroviaire, et que votre train passe par Campiglia, le prix de la correspondance en bus sera compris. Les compagnies **Toremar** (ferry durée 1h, 5,70-7,50 €, hydroglisseur durée 30 mn, 6-10 €, seulement l'été) et **Moby Lines** (durée 1h, 6,50-9,50 €) assurent au total environ 20 départs par jour en été pour l'île d'Elbe, le dernier ferry étant vers 22h30. Les bureaux de **Toremar** (✆ 0565 311 00) et de **Moby Lines** (✆ 0565 22 52 11) sont sur l'embarcadère des ferrys, à Piombino. Vous pouvez également acheter des billets pour le prochain ferry au guichet **FS** dans la gare ferroviaire de Campiglia Marittima.

PORTOFERRAIO ✆0565

Portoferraio est le port principal d'Elbe, à la fois ville moderne sans grand attrait à l'ouest et ville toscane pittoresque à l'est. C'est en tout cas la ville la plus animée de toute l'île et l'endroit où sont rassemblés le plus de services. Bien que Portoferraio ne compte que peu de sites à visiter, la vieille ville n'est pas dénuée de charme.

TRANSPORTS

Bus : **ATL**, V. Elba, 20 (✆ 0565 91 43 92), en face du débarcadère de la Toremar dessert **Capoliveri**, **Cavo**, **Lacona Marciana**, **Marciana Marina**, **Marina di Campo**, **Porto Azzurro**, **Pomonte** et **Rio Elba** (1 dép/h, billet 1,20-3,10 €). Dans les bureaux, vous trouverez les horaires des bus et un guichet vendant les billets, dont ceux valables une journée (6,50 €) et ceux valables toute une semaine (18 €). Ouvert tlj 8h-20h. Oct-Mai : Lu-Sa 8h-13h20 et 16h-18h30, Di. 9h-12h30 et 14h-18h30.

Ferry : **Toremar**, Calata Italia, 22 (✆ 0565 91 80 80). **Moby Lines**, V. Elba, 4 (✆ 0565 91 41 33, fax 0565 91 67 58).

Taxi : © 0565 91 51 12.

Location de voitures : **Rent Chiappi,** Calata Italia, 38 (© 0565 91 66 87). A partir de 42 € la journée. Le personnel pourra vous fournir de l'essence et vous aidera volontiers à préparer votre itinéraire. Loue également des VTT (10 €) et des mobylettes (18-40 €). Assurance comprise.

Location de deux roues : **TWN**, V. Elba, 32 (© 0565 91 46 66, fax 0565 91 58 99). Pour une journée : mobylette à partir de 19 €, scooter à deux places 31 €, VTT 15 €, voiture Fiat à partir de 39 €. Majoration de 10 % en Juil-Août. Plusieurs succursales dans l'île (Marciana Marina, Porto Azzurro, Lacona, Procchio et Marina di Campo). Vous pouvez rendre le véhicule dans une autre succursale (5 €). 10 % de réduction sur présentation de votre guide *Let's Go*. Ouvert 9h-13h et 14h-19h. Cartes Visa, MC, AmEx.

INFORMATIONS PRATIQUES

Le centre de Portoferraio n'est pas très étendu. Du port, la rue à gauche mène à la **Calata Italia** et la rue à droite à la **Via Emanuele II**. Au milieu se trouve la **Via Manzoni**. De la Catala Italia, la **Via Elba** s'éloigne de la mer. De nombreux commerces et des banques s'y trouvent. La Via Emanuele II devient la **Calata Mazzini**. Elle décrit une boucle autour du port ; suivez les panneaux et passez à gauche sous une arche en brique, la **Porta Medicea**, pour gagner la **Piazza Cavour**. Traversez-la pour rejoindre une autre place, la **Piazza della Repubblica**. Vous êtes en plein cœur de Portoferraio.

Offices de tourisme : **APT**, Calata Italia, 44, au rez-de-chaussée (© 0565 91 46 71, www.aptelba.it). Sur le port, lorsque vous tournez le dos à la mer, dirigez-vous sur la gauche. Pasez devant plusieurs cafés et bureaux touristiques privés puis traversez la V. Elba. L'office est à 5 mn de là, sur la droite. Brochures, cartes de l'île, horaires de bus et informations sur l'hébergement. Ouvert tlj 8h-20h, en hiver 8h-13h et 16h-18h. L'**Associazione Albergatori**, Calata Italia, 20 (© 0565 91 47 54), vous trouvera gratuitement une chambre. Ouvert Lu-Ve 9h-13h et 15h30-19h, Sa. 9h-12h30. Un **office de tourisme pour le camping** est situé V. Elba, 7 (©/fax 0565 93 02 08). Ouvert Lu-Ve 9h-13h et 16h-20h, Sa 9h-13h.

Excursions en bateau : La compagnie **Linee di Navigazione Archipelago Toscano** (©/fax 0565 91 47 97, www.elbacrociere.com) organise des trajets le long de la côte, ainsi que des excursions sur les îles voisines (25,80-36,20 €). **Visione Sottomarina** (© 328 709 54 70) propose aussi des promenades en bateau ; elles sont moins onéreuses mais il y a plus de monde à bord. La compagnie possède des bateaux à fond transparent pour découvrir les merveilles sous-marines. Tours à partir de 15 €. Venez au moins 20 mn à l'avance pour bénéficier des meilleures places. Les bateaux partent de Marciana Marina.

Change : Evitez les bureaux de change du port, qui pratiquent des taux très élevés. Rendez-vous plutôt dans la Via Manganaro, près de l'hôtel Nobel, où vous trouverez plusieurs banques dotées de **distributeurs automatiques**, dont la **Banca di Roma** (© 0565 91 90 07). Ouvert Lu-Ve 8h30-13h et 15h10-16h.

Urgences : © 113. **Ambulances** : P. della Repubblica, 37 (© 0565 91 40 09).

Hôpital : près de la Via Carducci (© 0565 926 11 11).

Bureaux de poste : P. Pietro Gori, près de la Piazza della Repubblica. Ouvert Lu-Ve 8h15-19h et Sa. 8h15-12h30. Un **autre bureau** est situé près du port, Via Carducci. Ouvert Lu-Ve 8h30-13h30 et Sa. 8h15-12h30. **Code postal** : 57037.

HÉBERGEMENT

Réservez en été et contactez l'Associazione Albergatori si vous avez besoin d'aide.

❤ **Albergo Le Ghiaie**, V. A. de Gasperi (© 0565 91 51 78), sur la belle plage du même nom. Chambres claires et agréables, toutes avec une salle de bains et beaucoup avec un balcon donnant sur une mer d'un bleu profond. Chambre simple 45-50 €, chambre double 75-82 €, triple 90-97 €. Cartes Visa, MC, AmEx. ❖❖❖❖

Ape Elbana, Salita Cosimo de' Medici, 2 (© 0565 91 42 45). Surplombe la place principale du centre historique. Les chambres, agréables et spacieuses, possèdent toutes une salle de bains. Petit déjeuner inclus. Chambre simple 50 €, double 62 €. Réduction d'environ 15 € l'hiver. Cartes Visa, MC. ❖❖❖❖

Hôtel Nobel, V. Manganaro, 72 (© 0565 91 52 17, fax 0565 91 55 15). Du port, prenez la Via Elba puis la Via Manganaro. L'hôtel est sur la droite. Il est un peu délabré, mais c'est le moins cher. Chambre simple 30 €, avec salle de bains 40 €, chambre double 44/62 €, triple avec salle de bains 75 €. Cartes Visa, MC, AmEx. ❖❖❖

Hôtel Massimo, Calata Italia, 23 (© 0565 91 47 66), sur le port. L'enseigne lumineuse aux néons jaunes se voit d'assez loin. De grandes chambres avec salle de bains, TV, clim. Petit déjeuner buffet inclus. Chambre simple 55 €, double 99 €, triple 106 €, quadruple 119 €. Les prix chutent de 20 % en basse saison. Cartes Visa, MC. ❖❖❖❖

RESTAURANTS

Portoferraio est envahi de nombreux restaurants attrape-touristes très chers. Ce n'est donc pas l'endroit idéal pour les petits budgets. Par contre, vous pouvez manger rapidement à un prix abordable dans les nombreux cafés et bars de la ville. Pour l'épicerie, allez au supermarché **Conad**, dans le centre-ville, P. Pietri, 24, près de la Via Elba et de l'hôtel Nobel. (Ouvert Lu-Sa 7h30-20h30, Di. 7h30-13h et 16h-20h.) Un peu de vocabulaire : la *schiaccia* est un pain d'Elbe cuit dans de l'huile d'olive et fourré d'oignons ou d'olives noires et l'*aleatico* une liqueur de vin douce qui a du corps. A goûter absolument.

Trattoria Da Zucchetta, P. della Repùbblica, 40 (© 0565 91 53 31). Située au cœur du centre historique, cette trattoria propose des plats napolitains à des prix modérés. Tables en terrasse très agréables. Pizzas 4-8 €, *primi* 7-9 €, *secondi* 8-23 €. Ouvert tlj 11h30-15h et 18h-23h30. Cartes Visa, MC, AmEx. ❖❖

Ristorante Stella Marina (© 0565 91 59 83), sur Banchina Alto Fondale, en face du quai de Toremar. Les navires masquent la vue mais la nourriture se suffit à elle-même. Dommage que ce ne soit pas plus copieux. Les *taglioni ai frutti di mare* (avec des moules, des crevettes et de la pieuvre, 10 €) sont hautement recommandables. Service parfait. *Primi* 6-11 €, *secondi* au poids. Ouvert Mai à mi-Nov et Déc Ma-Di 12h-14h et 19h30-23h. Cartes Visa, MC, AmEx. ❖❖❖

Ristorante Frescantico, V. Carducci, 132 (© 0565 918 989). Ce charmant bar à vins propose également de très bons plats. Essayez les pâtes maison à partir de 7 €. On trouve au menu aussi bien des crevettes que du sanglier. Couvert et service 10 %. Ouvert Mai-Nov, tlj 12h30-15h et 19h-23h. Déc-Avr : Lu-Sa 12h30-15h et 19h-21h30. Cartes Visa, MC. ❖❖❖

Ristorante Residence, Calata Italia (© 0565 91 68 15). Plats abordables, à emporter ou à manger sur place, sur une des tables qui donne sur le port. Ouvert Mai-Oct, tlj 6h30-23h. Nov-Avr : Ve-Di 6h30-23h. Cartes Visa, MC, AmEx. ❖

VISITES

Si, une fois à Portoferraio, vous n'avez pas envie de vous allonger sur la plage, promenez-vous dans les rues pavées de la vieille ville. Vous tomberez vite sous le charme des maisons roses, jaunes et orange aux volets fermés construites sur le flanc de la montagne.

LES SITES NAPOLÉONIENS. Le **musée Napoléon** occupe la **Villa dei Mulini**, où habita l'empereur entre le 3 mai 1814 et le 26 février 1815, avant de débarquer sur les côtes françaises et d'entamer ses Cent Jours. Vous verrez sa bibliothèque, quelques objets personnels et sa correspondance, ainsi que le drapeau de l'île qu'il dessina, en l'agrémentant même de quelques abeilles provenant de ses armes impériales. *(© 0565 91 91 08. Ouvert Lu et Me-Sa 9h-19h, Di 9h-13h. Entrée 3 €. Le billet combiné vous offre aussi l'accès – dans les 3 jours – à la Villa napoleonica pour 5 €.)* La **Villa napoleonica di San Martino** est située dans le village du même nom. Couverte de blasons portant le monogramme de l'empereur, la villa pourrait être un monument égocentrique, témoin de son orgueil démesuré, mais lesdits blasons furent en fait disposés après sa mort. A noter en particulier le salon égyptien, dont les frises retracent la campagne d'Egypte. *(A 6 km de Porteferraio. Prenez le bus n°1. © 0565 91 91 51. Mêmes heures d'ouverture que la Villa dei Mulini.)* Poursuivez sur les traces de Napoléon, à une rue de là, en visitant la **Chiesa della Misericordia** afin de vous recueillir devant le masque mortuaire du grand homme. *(Entrée 0,52 €.)*

LES AUTRES SITES. Dans un autre genre, le **Musée archéologique** retrace l'histoire de l'île d'Elbe au moyen de vestiges provenant de navires échoués. *(Dans la Fortezza della Lingrella. © 0565 91 73 38. Ouvert tlj 9h-13h30 et 15h-19h ; Juil-Août 9h30-14h et 18h-24h. Entrée 2 €, enfants et groupes 1 €.)* La **forteresse des Médicis** domine le port. Côme de Médicis, grand-duc de Toscane, entreprit la construction de cet édifice en 1548. La structure était si imposante que, en 1553, le pirate turc Dracut déclara qu'elle était imprenable et repoussa son plan d'attaque de Portoferraio. *(Ouvert tlj 9h-19h. Entrée 2 €, enfants 1 €.)*

Du port, de nombreux panneaux indiquent la direction de la **Spiaggia delle Ghiale**. Il n'est donc pas étonnant que la plage soit noire de monde en été. Mais même la forêt de parasols ne saurait masquer la beauté des lieux. Plus à l'est, après une volée de marches partant de la **Villa dei Mulini**, vous pouvez accéder à la **Spaggia delle Viste**, moins fréquentée. La plage, abritée par des falaises et longue de 400 m, porte bien son nom.

PORTO AZZURRO © 0565

A Porto Azzurro, tout est cher. C'est le rendez-vous des gens qui ne savent pas quoi faire de leur argent… Mais il est vrai que la ville possède les plus belles plages de l'île. Pour les voyageurs au budget serré, le mieux est de camper près de la plage, à Localita Barbarossa. Comptez environ 9 €par personne et 11 €par tente. Le plus grand terrain est le **Camping Roclan's** (© 0565 95 78 03), puis viennent **Arrighi** (© 0565 955 68), **Da Mario** (© 0565 95 80 32) et **Il Gabbiano** (© 0565 950 87). L'**Albergo Barbarossa**, à Localita Barbarossa, propose des chambres pittoresques à des prix corrects. (© 0565 950 87. Chambre simple 30 €, chambre double 42 €, avec salle de bains 52 €.) Vous pouvez vous rendre à Localita Barbarossa à pied ou en bus. Si vous choisissez le bus, prenez celui qui va à **Marina di Campo** (demandez au chauffeur s'il s'arrête bien à Localita Barbarossa). Si vous y allez à pied, suivez les panneaux indiquant *Carabinieri* depuis la place principale qui longe l'océan. Une fois passé devant la gendarmerie (*Carabinieri*), continuez jusqu'à Localita Barbarossa (15 mn de pente douce). Pour un séjour en ville confortable, l'**Hôtel Belmare**, Bianchina IV Novembre, 21, en face de l'embarcadère, est tout indiqué. (© 0565 95 012, www.elba-hotelbelmare.it, chambre simple 55 €, double 85 €. Cartes Visa, MC, AmEx.)

Pour un repas sur le pouce, faites un tour à la **Creperia**, V. Marconi, 2. La crêpe nutella et mascarpone est irrésistible. (Ouvert Avr-Oct 11h-24h.) Pour un vrai repas, prenez une table au **Ristorante Bella H'Briana**, V. D'Alarcon, 29. (*Primi* 5-8 €, *secondi* 7-14 €. Ouvert 12h-15h et 18h-23h.)

Le **Bar Tamata**, V. Cesare Battisti, 3 (© 0347 381 39 86), est fréquenté en fin de soirée par une clientèle plutôt tranquille. Le **Morumbi**, en revanche, à 2 km en contrebas de la route de Capoliveri, est l'une des discothèques les plus chaudes de l'île : vous y trouverez des pistes de danse, une pizzeria et une pagode. (© 0565 92 01 91. Entrée 13 € le week-end, gratuit pour les femmes. Ouvert 30 Juin-15 Sep.) Si vous voulez fuir l'hédonisme du lieu, le premier bus part à 7h et le dernier à 20h55 (durée 1h pour Portoferraio). En cas d'urgence, appelez les **carabinieri** (© 112) ou une **ambulance** (© 118).

MARCIANA MARINA © 0565

Autour de Marciana Marina, la côte est découpée en petites criques et plages de galets. Les criques les moins fréquentées se trouvent entre Sant'Andrea et Fetovaia. Vous pouvez y accéder en bateau. Plongeurs sous-marins, réjouissez-vous : cet endroit est réputé avoir les plages les plus limpides de l'île, et les plages de sable fin ou de galets plats sont parfaites pour le farniente comme pour la plongée.

INFORMATIONS PRATIQUES. L'endroit est facilement accessible en voiture, à vélomoteur, en bateau ou en **bus** (durée 50 mn à partir de Portoferraio, 1,80 €). L'un des services gratuits de l'**office de tourisme**, V. Scali Mazzini, 13, sur la Piazza Vittorio Emanuele II, consiste à vous trouver un logement. (✆ 0565 90 42 44. Ouvert Je-Ma 17h-23h.) Le **bureau de poste** est situé dans la Via Lloyd. (Ouvert Lu-Ve 8h15-13h30 et Sa. 8h15-12h30.) En cas d'**urgence**, appelez les **carabinieri** (✆ 112) ou une **ambulance** (✆ 118).

HÉBERGEMENT ET RESTAURANTS. Les logements à bon prix abondent, il suffit de regarder les panneaux. A Marciana Marina, l'**Albergo Imperia**, V. Amedeo, 12, propose des chambres confortables. Le propriétaire s'arrangera pour que vous ayez des réductions dans les restaurants du coin. Toutes les chambres sont équipées de la télévision et d'un réfrigérateur, et quelques-unes d'un balcon. (✆ 0565 990 82, imperia@elbalink.it. Petit déjeuner inclus. Mi-Sep-Juin : chambre simple 55 €, chambre double 80 €.) A deux pas de la plage, la **Casa Lupi**, V. Amedeo, offre des chambres très propres aux volets verts, toutes avec salle de bains. Une terrasse donne sur un vignoble et sur la mer. (✆ 0565 991 43. Août : chambre simple 42 €, chambre double 68 €. En basse saison : chambre simple 27 €, chambre double 58 €.) Sur le port, l'**Hôtel Marinella**, V. Margherita, 38, possède de grandes chambres, avec salle de bains, TV et vue imprenable sur la mer. (✆ 0565 99 018. Prix par personne en haute saison 44-72 €, demi-pension 49-83 €. Cartes Visa, MC, AmEx.)
Plusieurs restaurants de qualité se trouvent P. Vittoria. **Ristorante Zorba**, P. Vittoria, 14, n'est pas avare sur ses portions. L'*antipasti di mare* (calamars, crevettes, moules et palourdes, 8 €) convient tout à fait pour un *secondo*. (✆ 0565 99 225. Ouvert 12h15-14h30 et 19h15-22h40. Cartes Visa, MC.) **First Love**, V. G. Dussol, 9/13, sert des amours de plats (✆ 0565 99 355. *Primi* 7 €, *secondi* 7,50-17 €. Ouvert tlj 19h-2h. Cartes Visa, MC.) Pour un plat à emporter, essayez le **Bar L'Onda**, V. Amedeo, 4, qui prépare de bonnes crêpes (3-4 €) et des sandwichs qu'on peut manger sur un banc sur la promenade.

VISITES. De Marciana Marina, vous pouvez également partir en randonnée dans le **Monte Capanne**. Du sommet de cette montagne de 1019 m, la plus haute de l'île, vous aurez une superbe vue. Par temps clair, vous pouvez même apercevoir la Corse. La promenade dure deux heures. Un téléphérique rejoint le sommet. (Aller-retour 12 €. Ouvert 10h30-12h15 et 14h45-18h.) Pour vous rendre au Monte Capanne de Marciana Marina, prenez le bus en direction de **Marciana**, charmant village médiéval accroché à flanc de montagne, et descendez à l'arrêt "Monte Capanne" (durée 15 mn). De Marciana, vous pouvez aussi marcher jusqu'au **Romitorio di San Cerbone** et au **sanctuaire della Madonna del Monte**, deux sites réputés pour leur côté mystique. Près de **Chiessi**, vous trouverez des plages et des criques sauvages où il fait bon se reposer.

FLORENCE (FIRENZE)

Sur l'un des plafonds d'une salle d'audience du palazzo Pitti, on peut lire la maxime : "*toute fortune est illusoire ; elle vient mais ne demeure.*" Florence en est la parfaite illustration. La capitale toscane fut par le passé le cœur politique, religieux et artistique de l'Europe. Berceau de la Renaissance, elle reste aujourd'hui l'une des villes au monde les mieux préservées. Son patrimoine artistique est incomparable. Florence s'est développée grâce au commerce, en particulier de textiles. Au XIVe siècle, c'était déjà l'une des premières cités d'Europe. Le palazzo Vechio, si imposant et qui abrite ajourd'hui la mairie, avait été édifié. Et les artistes florentins Cimabue et Giotto, un proche de Dante, avaient produit leurs œuvres fondatrices de la Renaissance artistique.
Au XVe siècle, sous l'influence de Côme de Médicis, la ville accrut encore son prestige

et son influence. Les Médicis, qui appartenaient à l'origine à la classe moyenne, ont associé leur nom à la gloire de Florence. On devine aujourd'hui encore ce que fut leur fortune en se promenant dans les rues. Après avoir fait l'acquisition du palazzo Pitti, ils s'émurent du fait que le ponte Vecchio était insalubre ; c'est là qu'étaient établis les étals de bouchers et les tanneurs. Ils firent chasser les commerçants, et installèrent à la place des bijoutiers et des orfèvres. Grâce à leur argent, les Médicis furent des mécènes généreux… et inspirés. Côme fut le protecteur de Donatello, Ghiberti et Brunelleschi. Son petit-fils, Laurent le Magnifique, soutint Botticelli et le jeune Michel-Age. Son fils, le pape Léon X, resta dans l'histoire comme le souverain pontife ayant excommunié Marin Luther. Mais il permit également à Raphaël de réaliser ses chef-d'œuvre. Les Médicis firent de la politique un art. Avec intelligence et cruauté. Nicolas Machiavel, qui débuta comme clerc en 1494, en fut un témoin privilégié. Rapidement propulsé au rang pompeux de "secrétaire de la seconde chancellerie de Florence", il se créa un carnet d'adresses digne d'un bottin mondain du XVIe siècle. Mais ses relations ne le sauvèrent ni de l'exil ni de la torture lorsque la jeune république s'effondra et que les Médicis l'accusèrent de complot. *Le Prince*, son chef-d'œuvre, fut écrit pour regagner les faveurs du clan Médicis. Machiavel ira même jusqu'à faire l'éloge de leur froide brutalité et de leur penchant à torturer leurs ennemis. Le sac de Rome organisé par Charles Quint et la chute du pape Clément VII, un Médicis, ruinèrent les espoirs de Machiavel de reprendre un jour ses fonctions. Il mourut en exil en 1527 et son corps repose aujourd'hui dans l'église Santa Croce.
Malgré tous ses trésors, Florence n'est pas devenue une ville-musée froide et inanimée : aujourd'hui encore, des étudiants florentins écrivent des citations de Marx ou de Malcolm X dans les rues et les enfants jouent au ballon contre les murs de la cathédrale. Lorsque l'Arno sortit de son lit en 1966, inondant l'église Santa Croce et le palais des Offices sous 6 mètres d'eau, aussi bien les habitants que les touristes présents prirent leur courage à deux mains pour sauver les peintures, les sculptures et les livres des eaux.

LES INCONTOURNABLES DE FLORENCE

PROMENEZ-VOUS dans Florence et régalez-vous du spectacle des superbes corps sculptés, de ceux de Michel-Ange exposés dans la **galerie de l'Académie** aux bronzes de Donatello, que vous découvrirez dans le **Bargello**.
GRIMPEZ jusqu'au sommet du **Dôme de Brunelleschi** pour atteindre la coupole de Michel-Ange, d'où vous découvrirez une vue panoramique de Florence.
PRENEZ GOÛT aux œuvres de Botticelli, Giotto, Raphaël et autres grands maîtres de la Renaissance, que vous pourrez admirer au **musée des Offices**.

ARRIVÉES ET DÉPARTS

Avion : **Aéroport Amerigo Vespucci** (✆ 055 31 58 74), à Peretola, dans la banlieue de Florence. Vols intérieurs et charter principalement. Le bus orange n° 62 de la compagnie **ATAF** relie l'aéroport et la gare centrale (1 €). Achetez vos billets dans les bureaux de tabac au niveau supérieur des départs de l'aéroport. Les bus de la compagnie **SITA**, V. Santa Caterina da Siena, 157 (✆ 800 37 37 60 46 ou 055 28 46 61) relient régulièrement l'aéroport et la gare routière (4 €). **Aéroport Galileo Galilei** (✆ 050 50 07 07), à Pise. Prenez le train express pour l'aéroport à la gare centrale de Florence (10 dép/j, durée 1h15, 4,85 €). A Florence, vous pouvez vous renseigner sur les vols au "terminal aérien" (✆ 055 21 60 73), situé au milieu du quai n° 5 de la gare centrale. Ouvert tlj 7h30-17h.

Train : **Gare Santa Maria Novella**, en face de l'église Santa Maria Novella. Il s'agit du seul bâtiment moderne de Florence. Bureau des renseignements ouvert tlj 7h-21h. En dehors des heures d'ouverture, vous pouvez appeler le service national d'information sur le trafic ferroviaire au ✆ 147 880 88. Vous y trouverez des services de consigne et d'objets trouvés. Trains toutes les heures en direction de **Bologne** (durée 1h, 7,75 €), **Milan** (durée 3h30, 22 €), **Rome** (durée 3h30, 15-22 €), **Sienne** (durée 1h30, 4,30 €) et **Venise** (durée 3h, 12,34 €).

Bus : Trois grandes compagnies de bus se partagent la desserte des villes de Toscane. Leurs bureaux se trouvent près de la Piazza della Stazione.

SITA, V. Santa Caterina da Siena, 15r (✆ 800 37 37 60 46 ou 055 28 46 61). Nombreux bus en direction d'**Arezzo** (3 dép/j, durée 1h30, 4,10 €), **Poggibonsi** (11 dép/j, durée 50 mn, 4,20 €), **San Gimignano** (14 dép/j, durée 1h30, 5,70 €), **Sienne** (durée 2h, service express 1h15, 6,50 €) et **Volterra** (6 dép/j, durée 2h, 6,66 €), via **Colle Val d'Elsa**.

LAZZI, P. Adua, 1-4r (✆ 055 35 10 61), dessert **Lucques** (en été 1 dép/h, en hiver 6 dép/j, 4,50 €), **Pise** (en été 1 dép/h, en hiver 6 dép/j, 5,80 €), **Pistoia** (2,60 €) et **Prato** (2 €).

CAP, Largo Alinari, 9 (✆ 055 21 46 37), dessert tout spécialement **Prato** (Durée 50 mn, 2 €).

ORIENTATION

Depuis la gare Santa Maria Novella, marchez un peu dans la **Via de' Panzani** puis tournez à gauche dans la **Via de' Cerrentari** : vous arriverez à la **cathédrale**, le cœur de Florence au propre comme au figuré. Tout comme il est connu que tous les chemins mènent à Rome, toutes les rues de Florence mènent à la cathédrale, facilement reconnaissable, qui surplombe tous les autres bâtiments. Vers le sud, la **Via dei Calzaiuoli**, très fréquentée, mène de la cathédrale à la **Piazza della Signoria**, où de nombreuses statues font face au **Palazzo vecchio** et à la très célèbre **galerie des Offices**. L'autre place principale est l'immense **Piazza della Repubblica**. La plupart des rues qui débutent sur cette *piazza* vont au nord vers la cathédrale et au sud vers les nombreux petits magasins du **Ponte vecchio**. Ce pont, ainsi que les quatre autres qui traversent l'Arno, relie le centre de Florence à l'**Oltrarno**, un quartier qui se trouve au sud du fleuve.

Afin de vous repérer dans les rues enchevêtrées du centre de Florence, procurez-vous un **plan gratuit** (de préférence celui avec l'index des noms de rue) à l'office de tourisme, *Informazione Turistica*, de l'autre côté de la place quand vous venez de la gare ferroviaire (voir plus loin **Informations pratiques**).

EN ROUGE ET NOIR Les rues de Florence sont numérotées en rouge et en noir. Les numéros rouges concernent les commerces, et les numéros noirs (parfois bleus), les maisons résidentielles (y compris la plupart des monuments et des hôtels). Dans ce chapitre, lorsque nous citons une adresse, nous n'indiquons que les chiffres pour les numéros noirs, tandis que les numéros rouges sont suivis de la mention "r". Attention, les deux sortes de numéros coïncident rarement.

SE DÉPLACER

Transports en commun : Les bus **ATAF**, de couleur orange, sillonnent presque toute la ville, en général entre 6h et 1h sans interruption, mais les horaires varient d'une ligne à l'autre. Billets : 1 € pour 1h de trajet, quel que soit le nombre de bus que vous prenez, 3,90 € les quatre billets de ce type, 1,80 € pour 3h de trajet, 4 € pour un billet valable 24h, 7,20 € pour un billet valable 3 jours, 12 € pour un billet valable une semaine. Vous pouvez acheter vos billets dans les kiosques à journaux et les bureaux de tabac ou aux distributeurs automatiques, fonctionnant avec des pièces, disponibles à de nombreux arrêts de bus. Dans tous les cas, les billets doivent être achetés avant de monter et oblitérés dans le bus. Si vous êtes contrôlé sans billet ou avec un billet non oblitéré, l'amende risque de s'élever à 50 €. Une fois validé, votre billet vous permettra de voyager dans n'importe quel bus pendant 1h. De 21h à 6h, les billets vendus à bord du bus coûtent 1,55 €. **Le guichet** et **le bureau d'information ATAF** (✆ 800 42 45 00) se trouvent sur votre gauche quand vous sortez de la gare ferroviaire. Ouvert tlj 6h30-20h. Le **plan des bus** est gratuit. Le bus n° 7 va à Fiesole, le n° 10 à Settignano et le n° 17 à Villa Camerate (1 €).

Location de voitures : **Hertz**, V. Finiguerra, 17 (✆ 055 239 82 05). Age minimum 25 ans. Ouvert Lu-Sa 8h-23h et Di. 8h-13h. **Maggiore** (✆ 055 31 12 56) a des agences à l'aéroport. Age minimum 19 ans. Ouvert tlj 8h30-22h30. Autre agence V. Finiguerra, 13 (✆ 055 21 02 38), ouvert Lu-Sa 8h30-22h30. **Avis** (✆ 055 31 55 88) a également des bureaux à l'aéroport. Age minimum 25 ans. Ouvert 8h-23h30. Dans le centre-ville, le bureau Avis est sur le Borgo degli Ognissanti, 128r (✆ 055 21 36 29). Ouvert Lu-Ve 8h-13h et 15h-18h, Sa. 8h-16h.

Location de vélos et de vélomoteurs : **Alinari Noleggi**, V. Guelfa, 85r (✆ 055 28 05 00, fax 055 271 78 71), loue des scooters (28-55 € par jour) et des vélos (12-18 € par jour). **Florence by Bike**, V. S. Zaniobi, 120/122 r (✆/fax 055 48 89 92, www.florencebybike.it) propose les mêmes services (vélos 12-32 €/j, scooters 30-92 €/j). Mieux vaut réserver. Ouvert Mar-Oct tlj 9h-19h30. Cartes Visa, MC, AmEx.

Parking : La plupart des hôtels du centre-ville ne possèdent pas de parking. Il existe plusieurs petits parkings à l'intérieur de la ville, mais leurs horaires sont très variables (repérez les pancartes bleues sur lesquelles figure la lettre P en blanc). Les parkings de la gare ferroviaire et sous la Piazza della Libertà sont ouverts 24h/24. **Fourrière** : **Depositeria comunale**, V. dell'Arcovata, 6 (✆ 055 30 82 49). Les bus ATAF n° 23 et n° 33 s'arrêtent à proximité.

Taxi (✆ 055 43 90, 055 47 98 ou 055 42 42.) : Station de taxis devant la gare centrale.

INFORMATIONS PRATIQUES

SERVICES TOURISTIQUES ET ARGENT

Offices de tourisme :

Informazione Turistica, P. della Stazione, 4 (✆ 055 21 22 45, ✆/fax 055 238 12 26), de l'autre côté de la place quand vous sortez du côté principal de la gare. Enormément d'informations sur les événements culturels et les manifestations de toute sorte, plans gratuits et horaires de chacun des monuments de la ville. Demandez un plan comportant un index des noms de rue. Ouvert tlj 8h30-19h. **Autres bureaux** : V. Cavour, 1r (✆ 055 29 08 32 ou 055 29 08 33), Borgo Santa Croce, 29r (✆ 055 234 04 44), V. Manzoni, 16 (✆ 055 23 320) et à l'aéroport (✆ 055 31 58 74). Mêmes horaires.

Consorzio I. T. A. (✆ 055 28 28 93 et 055 21 95 37), dans la gare ferroviaire, près de la voie n° 16 et de la pharmacie. Entrez, prenez un numéro et attendez votre tour. Le personnel vous trouvera une chambre en ville, mais pas toujours d'un très bon rapport qualité-prix. Commission de 2,50 € à 7,75 €. Il n'y a ni plan ni informations touristiques. Ouvert tlj 8h45-20h.

Visites guidées : **Enjoy Florence** (✆ 055 167 27 48 19, www.enjoyflorence.com). Des guides en verve vous feront profiter d'une visite très intéressante de la ville, au pas de course mais en petits groupes. Les visites de la vieille ville se concentrent sur l'histoire de Florence au Moyen Age et durant la Renaissance. Les visites partent tlj à 10h devant l'agence Thomas Cook située au Ponte vecchio. La fréquence des visites n'est pas la même en hiver. Visite 15,50 €, 12,91 € pour les moins de 26 ans. **Mercurio Tours** (✆ 055 26 61 41, www.mercurio-italy.org). Les guides sont compétents et enthousiastes. Ils vous font découvrir plusieurs facettes de la ville : les marchés, les églises, les ponts. Les départs ont lieu sous les arches au beau milieu du ponte Vecchio, Lu-Sa à 9h15. Prix : 26 €, gratuit pour les moins de 12 ans. Le prix pour les visites des musées et des palais est plus élevé (36 €). Consultez le site Internet pour connaître les heures de départ. Ouvert Lu-Ve 9h-13h et 14h-18h, Sa 9h-12h. Fermé en août.

Visites à vélo : **Florence by Bike**, V. S. Zanobi, 120-122r (✆/fax 055 48 89 92, www.florencebybike.it). Visites guidées à vélo du centre historique, de la région du Chianti et des collines aux environs de Florence (23,24-60,43 €). Il est nécessaire de réserver. Ouvert tlj 9h-19h30. **I Bike Italy** (✆ 055 234 23 71, www.ibikeitaly.com) propose des excursions à vélo d'une ou deux journées (plusieurs niveaux de difficulté) à Fiesole et dans le Chianti. Vous pourrez également visiter les vignobles et la campagne de Toscane.

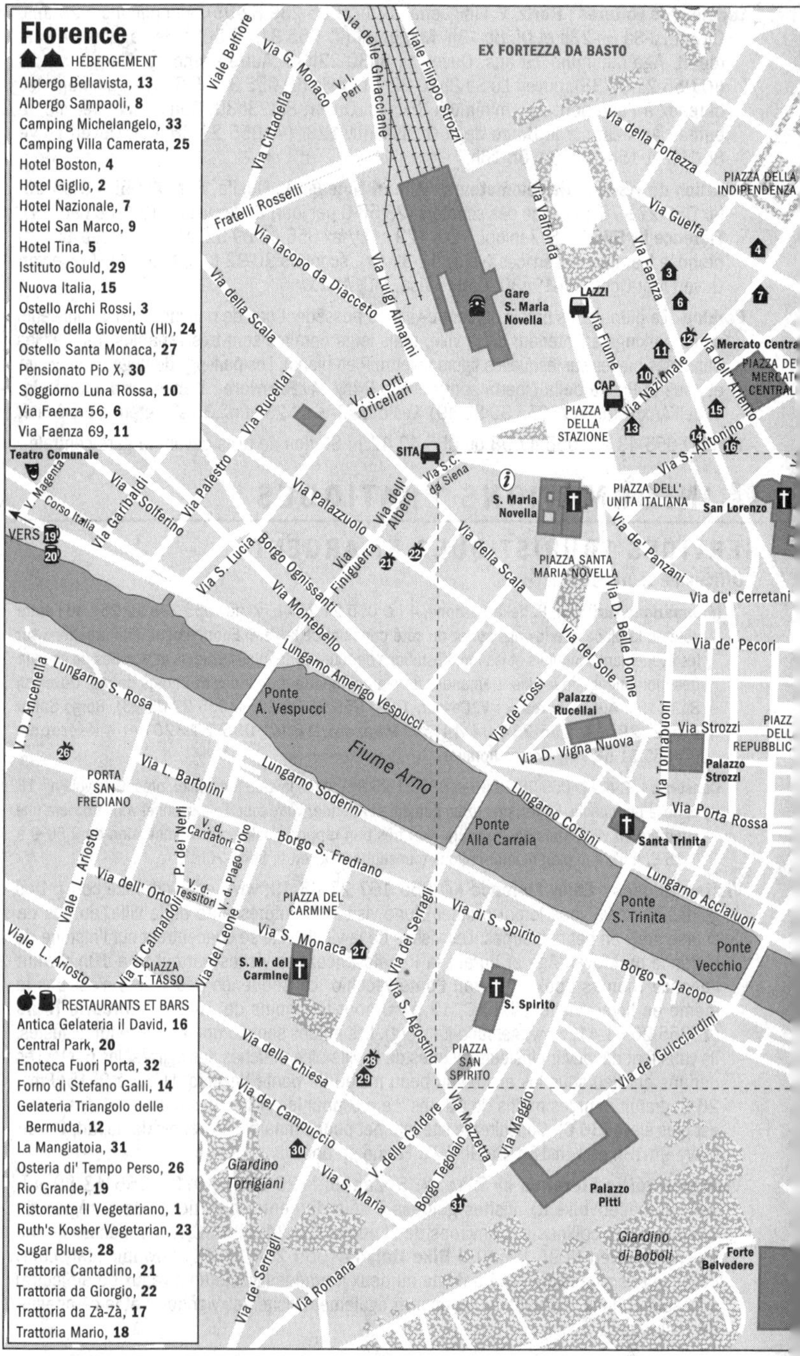
Florence
HÉBERGEMENT
Albergo Bellavista, 13
Albergo Sampaoli, 8
Camping Michelangelo, 33
Camping Villa Camerata, 25
Hotel Boston, 4
Hotel Giglio, 2
Hotel Nazionale, 7
Hotel San Marco, 9
Hotel Tina, 5
Istituto Gould, 29
Nuova Italia, 15
Ostello Archi Rossi, 3
Ostello della Gioventù (HI), 24
Ostello Santa Monaca, 27
Pensionato Pio X, 30
Soggiorno Luna Rossa, 10
Via Faenza 56, 6
Via Faenza 69, 11
RESTAURANTS ET BARS
Antica Gelateria il David, 16
Central Park, 20
Enoteca Fuori Porta, 32
Forno di Stefano Galli, 14
Gelateria Triangolo delle Bermuda, 12
La Mangiatoia, 31
Osteria di' Tempo Perso, 26
Rio Grande, 19
Ristorante Il Vegetariano, 1
Ruth's Kosher Vegetarian, 23
Sugar Blues, 28
Trattoria Cantadino, 21
Trattoria da Giorgio, 22
Trattoria da Zà-Zà, 17
Trattoria Mario, 18
EX FORTEZZA DA BASTO
Viale Belfiore
Via G. Monaco
V. I. Peri
Via delle Ghiacciaie
Viale Filippo Strozzi
Via Cittadella
Via della Fortezza
PIAZZA DELLA INDIPENDENZA
Via Guelfa
Via Valfonda
Via Faenza
Fratelli Rosselli
Via Iacopo da Diacceto
Via Luigi Alamanni
Gare S. Maria Novella
LAZZI
Via Fiume
Via della Scala
Mercato Centrale
PIAZZA DEL MERCATO CENTRALE
Via Nazionale
Via dell' Ariento
V. d. Orti Oricellari
CAP
PIAZZA DELLA STAZIONE
Via Rucellai
Via S. Antonino
SITA
Via S.C. da Siena
Teatro Comunale
V. Magenta
Corso Italia
Via Garibaldi
Via Solferino
Via Palestro
Via Palazzuolo
Via dell' Albero
S. Maria Novella
PIAZZA DELL' UNITA ITALIANA
San Lorenzo
VERS
Via de' Panzani
Via S. Lucia
Borgo Ognissanti
Via Finiguerra
Via della Scala
PIAZZA SANTA MARIA NOVELLA
Via de' Cerretani
Via Montebello
Via D. Belle Donne
Via de' Pecori
Via del Sole
Lungarno Amerigo Vespucci
V. D. Ancenella
Lungarno S. Rosa
Ponte A. Vespucci
Via de' Fossi
Palazzo Rucellai
Via Strozzi
PIAZZA DELLA REPUBBLICA
Via Tornabuoni
Via D. Vigna Nuova
Palazzo Strozzi
Fiume Arno
Via L. Bartolini
PORTA SAN FREDIANO
Lungarno Soderini
Lungarno Corsini
Via Porta Rossa
Ponte Alla Carraia
Santa Trinita
V. d. Cardatori
P. dei Nerli
V. d. Piaggo D'Oro
Borgo S. Frediano
Viale L. Ariosto
Via dell' Orto
V. d. Tessitori
Lungarno Acciaiuoli
PIAZZA DEL CARMINE
Via dei Serragli
Via di S. Spirito
Ponte S. Trinita
Via di Camaldoli
Via del Leone
Via S. Monaca
Ponte Vecchio
Viale L. Ariosto
PIAZZA T. TASSO
S. M. del Carmine
Borgo S. Jacopo
S. Spirito
Via S. Agostino
Via della Chiesa
PIAZZA SAN SPIRITO
Via de' Guicciardini
Via del Campuccio
Via Mazzetta
Via Maggio
V. delle Caldare
Borgo Tegolaio
Giardino Torrigiani
Via S. Maria
Palazzo Pitti
Giardino di Boboli
Forte Belvedere
Via de' Serragli
Via Romana

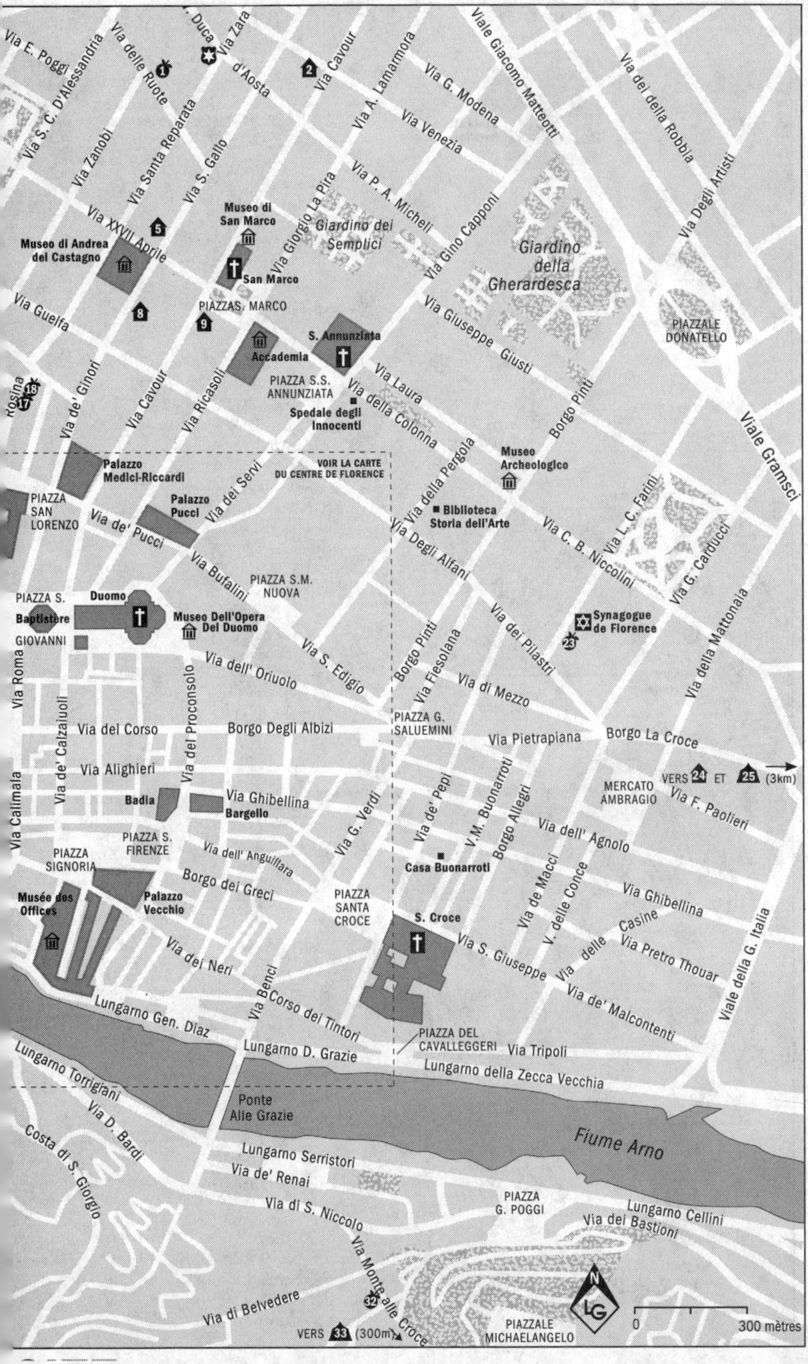
Via E. Poggi
Via S. C. D'Alessandria
Via delle Ruote
Via Zara
d'Aosta
Via Cavour
Via A. Lamarmora
Via G. Modena
Viale Giacomo Matteotti
Via dei della Robbia
Via Venezia
Via Zanobi
Via Santa Reparata
Via S. Gallo
Via P. A. Micheli
Via Giorgio La Pira
Giardino dei Semplici
Via Gino Capponi
Giardino della Gherardesca
Via Degli Artisti
Museo di San Marco
Via XXVII Aprile
Museo di Andrea del Castagno
San Marco
PIAZZA S. MARCO
Via Guelfa
S. Annunziata
Accademia
Via Giuseppe Giusti
PIAZZALE DONATELLO
PIAZZA S.S. ANNUNZIATA
Spedale degli Innocenti
Via Laura
Via della Colonna
Borgo Pinti
Via de' Ginori
Via Ricasoli
Rosina
Viale Gramsci
Palazzo Medici-Riccardi
VOIR LA CARTE DU CENTRE DE FLORENCE
Museo Archeologico
Via della Pergola
Via dei Servi
Palazzo Pucci
PIAZZA SAN LORENZO
Via de' Pucci
Biblioteca Storia dell'Arte
Via L. C. Farini
Via C. B. Niccolini
Via G. Carducci
Via Degli Alfani
Via Bufalini
PIAZZA S.M. NUOVA
PIAZZA S. GIOVANNI
Duomo
Baptistère
Museo Dell'Opera Del Duomo
Synagogue de Florence
Via dei Pilastri
Via della Mattonaia
Via dell' Oriuolo
Via S. Egidio
Borgo Pinti
Via Fiesolana
Via di Mezzo
Via Roma
Via de' Calzaiuoli
Via del Proconsolo
Via del Corso
Borgo Degli Albizi
PIAZZA G. SALUEMINI
Via Pietrapiana
Borgo La Croce
Via Alighieri
VERS 24 ET 25 (3km)
MERCATO AMBRAGIO
Via F. Paolieri
Via Calimala
Badia
Via Ghibellina
Bargello
Via G. Verdi
Via de' Pepi
V.M. Buonarroti
Borgo Allegri
Via dell' Agnolo
PIAZZA S. FIRENZE
PIAZZA SIGNORIA
Via dell' Anguillara
Casa Buonarroti
Borgo dei Greci
Via de Macci
V. delle Conce
Via Ghibellina
Musée des Offices
Palazzo Vecchio
PIAZZA SANTA CROCE
S. Croce
Via delle Casine
Via Pietro Thouar
Viale della G. Italia
Via dei Neri
Via S. Giuseppe
Via de' Malcontenti
Via Benci
Corso dei Tintori
Lungarno Gen. Diaz
PIAZZA DEL CAVALLEGGERI
Via Tripoli
Lungarno D. Grazie
Lungarno della Zecca Vecchia
Lungarno Torrigiani
Ponte Alle Grazie
Via D. Bardi
Fiume Arno
Costa di S. Giorgio
Lungarno Serristori
Via de' Renai
PIAZZA G. POGGI
Lungarno Cellini
Via di S. Niccolo
Via dei Bastioni
Via Monte alle Croce
Via di Belvedere
VERS 33 (300m)
PIAZZALE MICHAELANGELO
N
LG
0
300 mètres

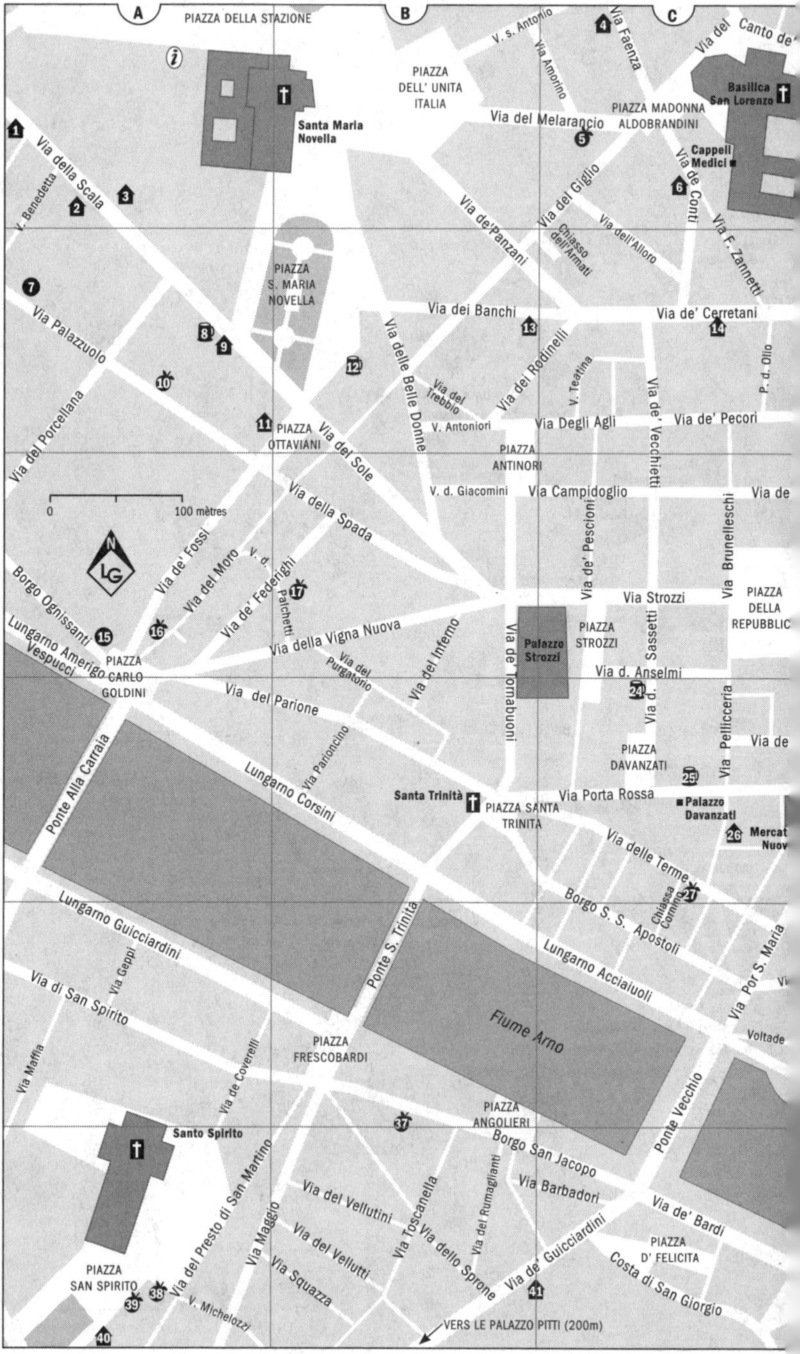
A
B
C
PIAZZA DELLA STAZIONE
V. s. Antonio
Via Faenza
Via del Canto de'
Via Amorino
PIAZZA DELL' UNITA ITALIA
Santa Maria Novella
Basilica San Lorenzo
Via del Melarancio
PIAZZA MADONNA ALDOBRANDINI
Cappelle Medici
Via della Scala
V. Benedetta
Via de' Conti
Via del Giglio
Via de' Panzani
Chiasso dell'Armati
Via dell'Alloro
Via F. Zannetti
PIAZZA S. MARIA NOVELLA
Via Palazzuolo
Via dei Banchi
Via de' Cerretani
Via delle Belle Donne
Via dei Rodinelli
V. Teatina
P. d. Olio
Via del Trebbio
Via de' Vecchietti
Via del Porcellana
PIAZZA OTTAVIANI
Via del Sole
V. Antoniori
Via Degli Agli
Via de' Pecori
PIAZZA ANTINORI
V. d. Giacomini
Via Campidoglio
Via de
0
100 mètres
Via della Spada
Via de' Fossi
Via del Moro
V. d. Palchetti
Via de' Federighi
Via de' Pescioni
Via Brunelleschi
Borgo Ognissanti
Via Strozzi
PIAZZA DELLA REPUBBLICA
Lungarno Amerigo Vespucci
PIAZZA CARLO GOLDINI
Via della Vigna Nuova
Via del Purgatorio
Via del Inferno
Via de' Tornabuoni
Palazzo Strozzi
PIAZZA STROZZI
Via Sassetti
Via d. Anselmi
Via del Parione
Via d.
Via Pellicceria
Via de
Ponte Alla Carraia
Via Parioncino
PIAZZA DAVANZATI
Lungarno Corsini
Santa Trinità
PIAZZA SANTA TRINITA
Via Porta Rossa
Palazzo Davanzati
Mercato Nuovo
Via delle Terme
Chiassa Cornino
Borgo S. S. Apostoli
Lungarno Guicciardini
Ponte S. Trinità
Lungarno Acciaiuoli
Via Por S. Maria
Via Geppi
Via di San Spirito
Fiume Arno
Voltade
Via Maffia
PIAZZA FRESCOBARDI
Via de Coverelli
Ponte Vecchio
PIAZZA ANGOLIERI
Santo Spirito
Borgo San Jacopo
Via del Presto di San Martino
Via Barbadori
Via del Vellutini
Via Maggio
Via Toscanella
Via del Rumagliànti
Via de' Bardi
Via del Vellutti
Via dello Sprone
Via de' Guicciardini
PIAZZA D' FELICITA
PIAZZA SAN SPIRITO
Via Squazza
Costa di San Giorgio
V. Michelozzi
VERS LE PALAZZO PITTI (200m)

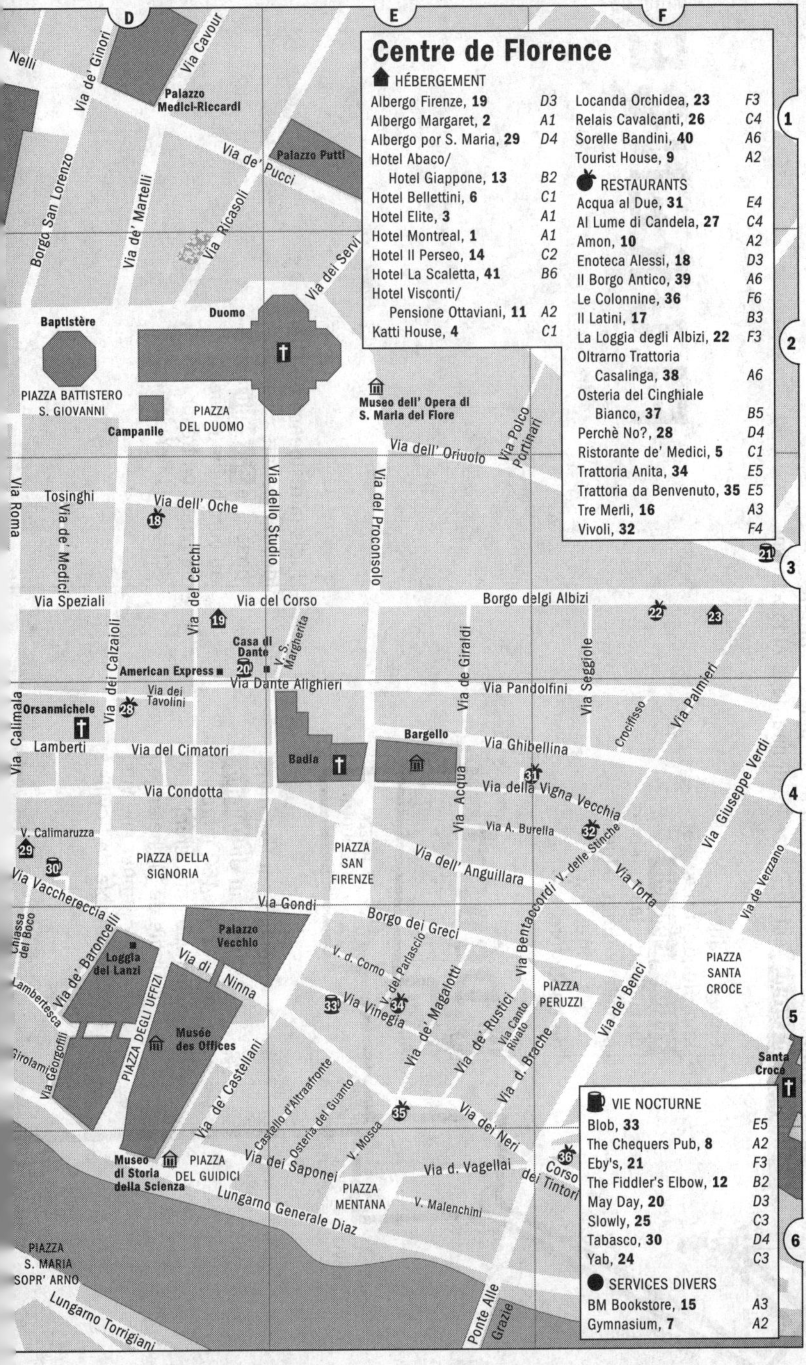
Centre de Florence
HÉBERGEMENT
Albergo Firenze, 19 D3
Albergo Margaret, 2 A1
Albergo por S. Maria, 29 D4
Hotel Abaco/ Hotel Giappone, 13 B2
Hotel Bellettini, 6 C1
Hotel Elite, 3 A1
Hotel Montreal, 1 A1
Hotel Il Perseo, 14 C2
Hotel La Scaletta, 41 B6
Hotel Visconti/ Pensione Ottaviani, 11 A2
Katti House, 4 C1
Locanda Orchidea, 23 F3
Relais Cavalcanti, 26 C4
Sorelle Bandini, 40 A6
Tourist House, 9 A2
RESTAURANTS
Acqua al Due, 31 E4
Al Lume di Candela, 27 C4
Amon, 10 A2
Enoteca Alessi, 18 D3
Il Borgo Antico, 39 A6
Le Colonnine, 36 F6
Il Latini, 17 B3
La Loggia degli Albizi, 22 F3
Oltrarno Trattoria Casalinga, 38 A6
Osteria del Cinghiale Bianco, 37 B5
Perchè No?, 28 D4
Ristorante de' Medici, 5 C1
Trattoria Anita, 34 E5
Trattoria da Benvenuto, 35 E5
Tre Merli, 16 A3
Vivoli, 32 F4
VIE NOCTURNE
Blob, 33 E5
The Chequers Pub, 8 A2
Eby's, 21 F3
The Fiddler's Elbow, 12 B2
May Day, 20 D3
Slowly, 25 C3
Tabasco, 30 D4
Yab, 24 C3
SERVICES DIVERS
BM Bookstore, 15 A3
Gymnasium, 7 A2
Palazzo Medici-Riccardi
Palazzo Pucci
Baptistère
Duomo
PIAZZA BATTISTERO S. GIOVANNI
Campanile
PIAZZA DEL DUOMO
Museo dell' Opera di S. Maria del Fiore
Casa di Dante
American Express
Orsanmichele
Badia
Bargello
PIAZZA DELLA SIGNORIA
PIAZZA SAN FIRENZE
Palazzo Vecchio
Loggia dei Lanzi
Musée des Offices
PIAZZA DEGLI UFFIZI
Museo di Storia della Scienza
PIAZZA DEL GUIDICI
PIAZZA MENTANA
PIAZZA PERUZZI
PIAZZA SANTA CROCE
Santa Croce
PIAZZA S. MARIA SOPR' ARNO
Via Cavour
Via de' Ginori
Via de' Pucci
Borgo San Lorenzo
Via de' Martelli
Via Ricasoli
Via dei Servi
Via dell' Oriuolo
Via Folco Portinari
Via dell' Oche
Via dello Studio
Via del Proconsolo
Via Roma
Via de' Medici
Via del Cerchi
Via Speziali
Via del Corso
Borgo delgi Albizi
Via dei Calzaioli
Via Dante Alighieri
Via Pandolfini
Via de Giraldi
Via Seggiole
Via Palmieri
Via Ghibellina
Via della Vigna Vecchia
Via Giuseppe Verdi
Via Acqua
Via A. Burella
V. delle Stinche
Via Torta
Via dell' Anguillara
Via Condotta
Via del Cimatori
Via Calimala
V. Calimaruzza
Via Vaccherecccia
Via Gondi
Borgo dei Greci
Via de' Baronceelli
Via di Ninna
Via Vinegia
Via de' Magalotti
Via de' Rustici
Via Bentaccordi
Via de' Benci
Via de Verzzano
Via de' Castellani
Via dei Neri
Via d. Vagellai
Corso dei Tintori
Via dei Saponei
Lungarno Generale Diaz
V. Malenchini
Lungarno Torrigiani
Ponte Alle Grazie

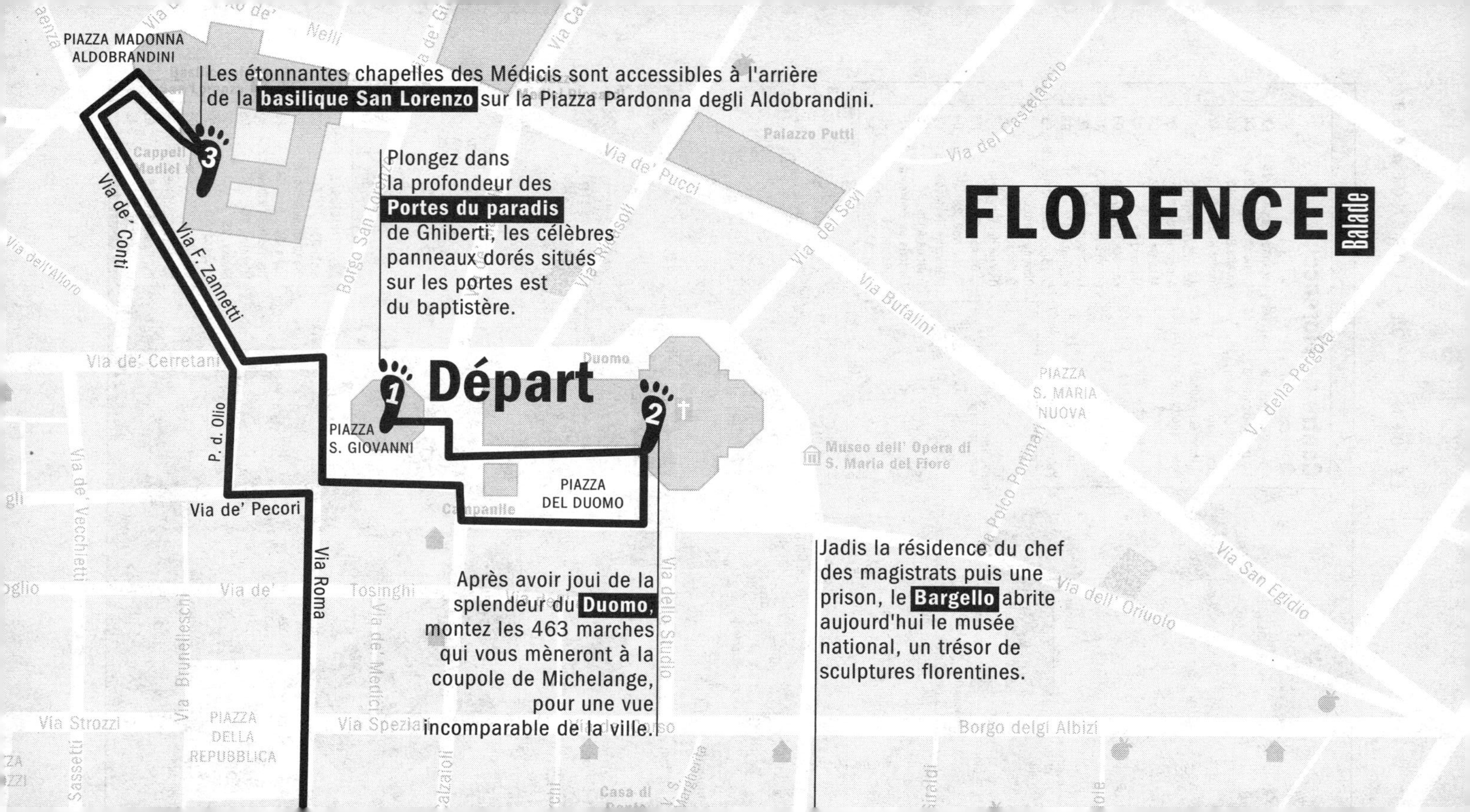

FLORENCE
Balade
Départ
Les étonnantes chapelles des Médicis sont accessibles à l'arrière de la basilique San Lorenzo sur la Piazza Pardonna degli Aldobrandini.
Plongez dans la profondeur des Portes du paradis de Ghiberti, les célèbres panneaux dorés situés sur les portes est du baptistère.
Après avoir joui de la splendeur du Duomo, montez les 463 marches qui vous mèneront à la coupole de Michelange, pour une vue incomparable de la ville.
Jadis la résidence du chef des magistrats puis une prison, le Bargello abrite aujourd'hui le musée national, un trésor de sculptures florentines.
PIAZZA MADONNA ALDOBRANDINI
PIAZZA S. GIOVANNI
PIAZZA DEL DUOMO
PIAZZA S. MARIA NUOVA
PIAZZA DELLA REPUBBLICA
Via de' Conti
Via F. Zannetti
Via de' Cerretani
P. d. Olio
Via de' Pecori
Via Roma
Via de' Vecchietti
Via Strozzi
Via Brunelleschi
Via de' Medici
Via Speziali
Via dello Studio
Via de' Pucci
Via dei Servi
Via Bufalini
Via del Castelaccio
V. della Pergola
Via Folco Portinari
Via dell' Oriuolo
Via San Egidio
Borgo delgi Albizi
Borgo San Lorenzo
Via Ricasoli
Palazzo Putti
Museo dell' Opera di S. Maria del Fiore
Duomo
Campanile
Cappelle Medicee
Tosinghi
Via dell'Alloro
Nelli

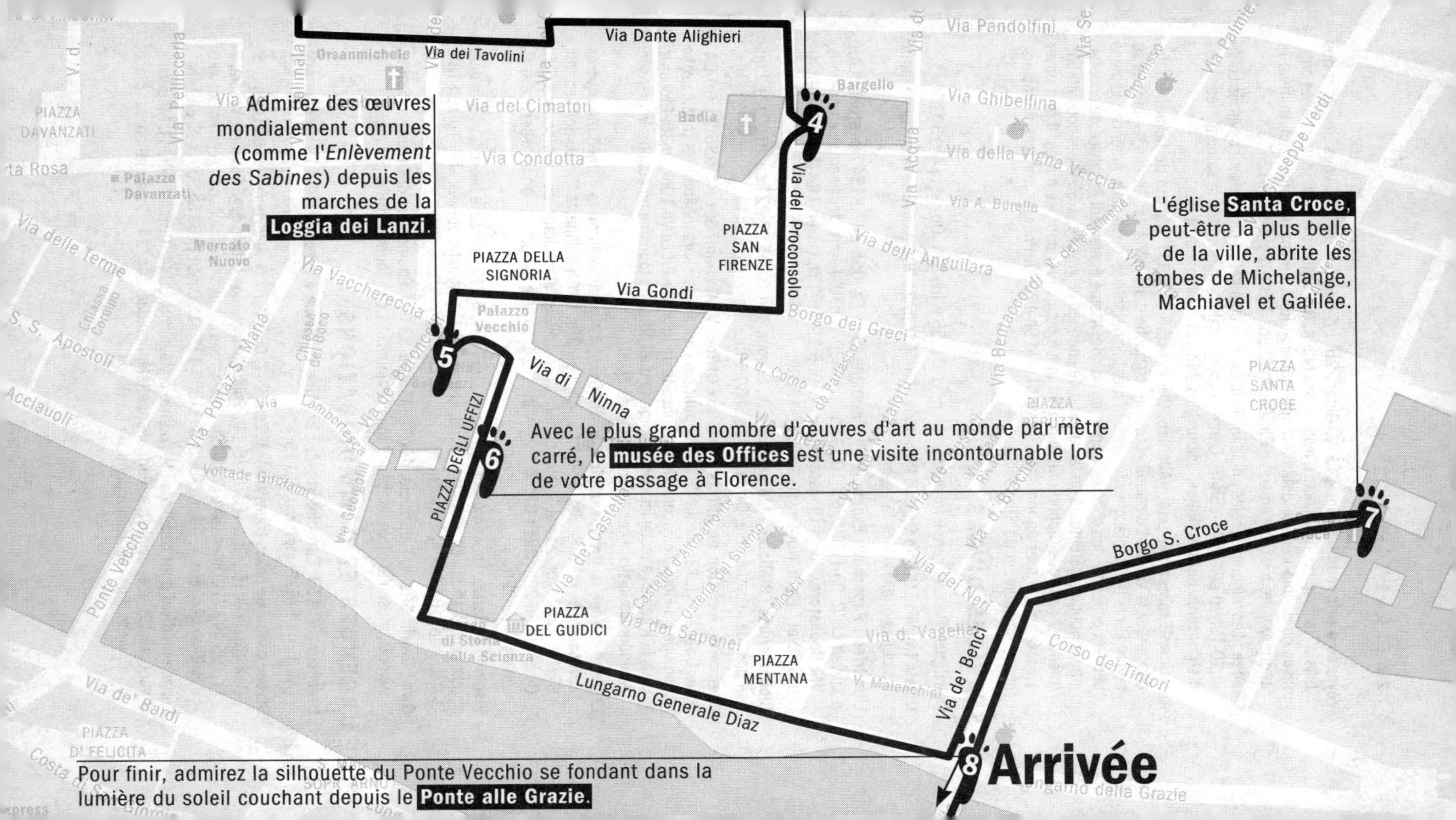
Admirez des œuvres mondialement connues (comme l'*Enlèvement des Sabines*) depuis les marches de la **Loggia dei Lanzi**.
Avec le plus grand nombre d'œuvres d'art au monde par mètre carré, le **musée des Offices** est une visite incontournable lors de votre passage à Florence.
L'église **Santa Croce**, peut-être la plus belle de la ville, abrite les tombes de Michelange, Machiavel et Galilée.
Pour finir, admirez la silhouette du Ponte Vecchio se fondant dans la lumière du soleil couchant depuis le **Ponte alle Grazie**.
Arrivée
4
5
6
7
8
Via Dante Alighieri
Via dei Tavolini
Orsanmichele
Bargello
Badia
Via del Proconsolo
PIAZZA SAN FIRENZE
PIAZZA DELLA SIGNORIA
Via Gondi
Palazzo Vecchio
Via di Ninna
PIAZZA DEGLI UFFIZI
PIAZZA DEL GUIDICI
PIAZZA MENTANA
Lungarno Generale Diaz
Via de' Benci
Borgo S. Croce
PIAZZA SANTA CROCE
Corso dei Tintori
Via dei Neri
Via dei Saponai
Borgo dei Greci
Via dell' Anguilara
Via Ghibellina
Via Pandolfini
Via della Vigna Veccia
Via A. Burella
Via Acqua
Via Bentaccordi
Via Giuseppe Verdi
Via Palmie
Via del Cimatori
Via Condotta
Via Vaccherecia
Via delle Terme
S. S. Apostoli
Acciaiuoli
Ponte Vecchio
Via de' Bardi
PIAZZA D' FELICITA
PIAZZA DAVANZATI
Palazzo Davanzati
Mercato Nuovo
Via Pellicceria
Voltade Girolami
Via Lambertesca
Via Georgofili
Via Portaz S. Maria
Via de' Baroncelli
V. d. Corno
Via d. Vagellai
V. Malenchini
V. Mosca
Lungarno della Grazie

Voyages à prix réduit : Chez **CTS**, V. Ginori, 25r (✆ 055 28 95 70), vous trouverez des billets Transalpino, des billets d'avion à prix réduit, des voitures à louer, des voyages organisés ou encore la carte d'étudiant international ISIC. Arrivez tôt, prenez un numéro et attendez votre tour. Ouvert Lu-Ve 9h30-13h30 et 14h30-18h, Sa. 9h-12h30.

Change : Les banques locales ont le meilleur taux de change. La plupart sont ouvertes Lu-Ve 8h20-13h20 et 14h45-15h45. Certaines sont également ouvertes le samedi matin. Les **distributeurs automatiques**, disponibles 24h/24, ne manquent pas.

American Express : V. Dante Alighieri, 20r (✆ 055 509 81). A partir de la cathédrale, descendez la Via dei Calzaiuoli et tournez à gauche dans la Via dei Tavolini. Le bureau se trouve sur la petite place au bout de la rue. Les détenteurs de la carte American Express peuvent échanger des chèques contre du liquide. Assure également le service du courrier, gratuit pour les détenteurs de la carte ou de chèques de voyage, 1,55 € par consultation (même si l'on vous répond que rien n'est arrivé pour vous) pour les autres. Il faut payer 1,55 € pour laisser un message. Ouvert Lu-Ve 9h-17h30. Pour les services financiers, ouvert uniquement Sa. 9h-12h30.

SERVICES DIVERS

Consigne : Dans la gare ferroviaire, quai n° 16. 2,58 € les 12h. Ouvert tlj 4h15-1h30.

Objets trouvés : **Ufficio Oggetti Rinvenuti** (✆ 055 235 21 90), à côté de la consigne, pour les objets oubliés dans le train.

Librairies : **Paperback Exchange**, V. Fiesolana, 31 r (✆ 055 247 8154, www.papex.it). Ouvert Lu-Ve 9h-19h30, Sa 10h-13h et 15h30-19h30. Fermé deux semaines mi-août. **VM Bookstore**, Borgo Ognissanti, 4r (✆ 055 29 45 75). Ouvert Mar-Oct Lu-Sa 9h30-19h30 et Di a-m, Nov-Fév Lu-Sa 9h30-19h30.

Bibliothèques : **Biblioteca Marucelliana**, V. Cavour, 43 (✆ 055 27 221 ou 26 02), à 2 mn à pied de la cathédrale. Ouvert Lu-Ve 8h30-19h et Sa. 8h30-13h45.

Agence de location de billets : **The Box Office**, V. Alamani, 39r (✆ 055 21 08 04, fax 055 21 31 12). Vente de billets pour tous les événements théâtraux et musicaux se déroulant à Florence, y compris les concerts de rock. Ouvert Lu-Ve 10h-19h30. Procurez-vous la liste des spectacles dans n'importe quel office de tourisme ou achetez le mensuel florentin des loisirs, *Firenze Spettacolo* (1,55 €).

Laveries : **Wash & Dry Lavarapido**, V. dei Servi, 105r, non loin de la cathédrale. **Autres adresses** : V. della Scala, 52-54r, V. del Sol, 29r, V. Ghibellina, 143r, V. dei Serragli, 87r, V. Morgagni, 21r et V. Nazionale, 129r. Lavage et séchage en libre service 6 €. Ouvert tlj 8h-22h. **Onda Blu**, V. degli Alfani, 24. Lavage et séchage en libre-service 6 €. Ouvert tlj 8h-22h.

Piscine : **Bellariva**, Lungarno Colombo, 6 (✆ 055 67 75 21). Prenez le bus n° 14 à la gare ou marchez 15 mn en remontant l'Arno. Entrée 6 €. Ouvert Juin-Sep, Me. et Ve-Lu 10h-18h, Ma. et Je. 10h-18h et 20h-23h.

Gym : **Everfit SRL**, V. Palazzuolo, 49r (✆ 055 29 33 08). Equipement des plus modernes. Aérobic, musculation et stretching tous les jours. 11 € la journée, 68 € par mois.

URGENCES ET COMMUNICATIONS

Urgences : ✆ 113. **Carabinieri** : ✆ 112. **Aide médicale d'urgence** : ✆ 118. **Dépannage (ACI)** : ✆ 116. **Pompiers** : ✆ 115.

Bureau central de police (Questura) : V. Zara, 2 (✆ 055 497 71). Autre bureau P. del Duomo, 5. Ouvert Lu-Je 8h15-18h, Ve-Sa. 8h15-14h. **Police touristique** : **Ufficio degli Stranieri**, V. Zara, 2 (✆ 055 497 71). Ouvert Lu-Ve 8h30-12h. Pour signaler des affaires perdues ou volées, rendez-vous à l'**Ufficio Denunce**, V. Duce d'Aosta, 3 (✆ 055 497 71). Ouvert Lu-Sa 8h-20h et Di. 8h-14h.

Service médical pour touristes : V. Lorenzo il Magnifico, 59 (✆ 055 47 54 11). Médecins généralistes et spécialistes. Permanence téléphonique 24h/24. Consultation sur place 45 €, visite d'un médecin à domicile 65 €.

Pharmacies : **Farmacia comunale** (✆ 055 28 94 35), près du quai n ° 16 de la gare ferroviaire. **Farmacia Molteni**, V. dei Calzaiuoli, 7r (✆ 055 28 94 90). Elles sont toutes deux ouvertes 24h/24.

Internet : Parcourez n'importe quelle rue très fréquentée et vous êtes sûr de trouver un cybercafé.

Internet Train. 15 magasins dans Florence, dont vous trouverez la liste sur www.internettrain.it/citta.isp. Equipement complet avec accès telnet (téléphone via Internet), e-mail et navigateur web. 4 € l'heure, étudiants 3 € l'heure. Ouvert Lu-Ve 10h-24h, Sa. 10h-20h et Di. 12h-21h.

Libreria Edison, P. Repubblica, 27r. Un endroit très agréable avec un bar et des étagères remplies de livres. 2,50 €/h. Ouvert tlj 10h-20h.

Bureau de poste : V. Pellicceria (✆ 055 21 61 22), près de la Piazza della Repubblica. Pour envoyer des colis, rendez-vous derrière le bâtiment dans la Via dei Sassetti, au n° 4. Ouvert Lu-Ve 8h15-19h et Sa. 8h15-12h30. Bureau des télégrammes en face de la poste. Ouvert 24h/24. **Code postal** : 50100.

HÉBERGEMENT ET CAMPING

Florence possède un grand choix de logements pour petits budgets et, même si vous arrivez sans avoir réservé, vous trouverez toujours un endroit où dormir. Le **Consorzio ITA**, à la gare (voir précédemment **Services touristiques et argent**), peut vous aider à trouver une chambre et vous indiquer les prix des nombreuses *pensioni* (généralement une étoile) et *affittacamere* privées de Florence. Sinon, laissez vos bagages à la consigne et arpentez les rues (voir précédemment **Transports en commun**). Vous trouverez sûrement de bonnes occasions. Certains gérants d'hôtel peuvent même vous recommander d'autres hôtels si le leur est complet. Alors, n'hésitez pas à demander.

Florence est cependant une ville très touristique et les meilleurs hôtels sont vite complets. Aussi est-il préférable de réserver, et ce le plus tôt possible (au moins 10 jours à l'avance). Il vous faudra faire preuve d'encore plus de prévoyance si vous avez l'intention de visiter la ville à Pâques ou en été. Ne serait-ce que par courtoisie envers ceux qui, parmi les autres voyageurs, errent peut-être de panneau "complet" en panneau "complet", prévenez par téléphone si vous décidez finalement de ne pas venir ou de loger ailleurs. Plusieurs propriétaires ont d'ailleurs décidé de ne plus accepter de réservations, leurs clients négligeant trop souvent de se présenter. La grande majorité des pensions demandent des réservations par écrit, avec au minimum une nuit de caution payée par mandat postal. Certaines se contentent de vous demander d'appeler quelques jours avant pour confirmer votre venue.

Si vous avez des plaintes à formuler, vous pouvez vous adresser à l'**Ufficio Controllo Alberghi**, V. Cavour, 37 (✆ 055 276 01), non sans avoir d'abord tenté de résoudre le problème en parlementant avec le propriétaire. Les prix des hôtels sont strictement réglementés par la municipalité et doivent être compris dans une certaine fourchette en fonction de la catégorie de l'établissement. Ils augmentent d'environ 10 % tous les ans, en mars ou en avril.

Vous n'aurez aucun mal à trouver un **logement pour plusieurs semaines.** Si vous pensez rester au moins un mois, consultez les **panneaux d'affichage** et les petites annonces dans *La Pulce*, un journal paraissant trois fois par semaine (2 €) et qui propose des appartements à louer seul ou à plusieurs et des sous-locations, ou dans le **Grillo Fiorentino**, un mensuel gratuit. De 200 à 600 € par mois, le prix est acceptable.

MÉFIEZ-VOUS DES HÔTELS TROP PEU CHERS Tous les jours à la gare Santa Maria Novella, des rabatteurs sautent sur les touristes fraîchement débarqués pour leur vanter des hôtels incroyablement bon marché. Il s'agit bien souvent d'établissements clandestins. Il n'est pas rare que la police y fasse des descentes en plein milieu de la nuit, chassant les infortunés voyageurs qui se sont laissés séduire. Les hôtels "officiels" de Florence font l'objet d'une inspection annuelle. Ils doivent afficher clairement la liste des tarifs qu'ils pratiquent (pour les hôtels d'une à cinq étoiles)

AUBERGES DE JEUNESSE

❤ **Ostello Archi Rossi**, V. Faenza, 94r (✆ 055 29 08 04, fax 055 230 26 01), tout près de la gare. A gauche en sortant de la gare, prenez la Via Nazionale. Prenez ensuite la deuxième à gauche jusqu'à la Via Faenza. Le bâtiment est indiqué par un néon bleu "*Ostello*". Il est reconnaissable à ses arcades de brique et à ses carreaux de céramique. Les murs de l'entrée sont couverts de graffitis. C'est une auberge récente avec une salle de télévision et un patio. Le patio est d'ordinaire envahi de jeunes voyageurs. Petit déjeuner inclus. Dîner 3,60-4,20 €. Laverie 5,20 €. Accès gratuit à Internet. Juin-Sep, arrivez avant 8h si vous voulez obtenir une chambre, plus tôt si vous êtes en groupe. Les chambres doivent être libérées à 9h30, et les portes ferment de 9h30 à 14h30. Couvre-feu à 1h. L'auberge n'accepte pas les réservations. 18 € par personne dans un dortoir de 9 lits ; 21 € pour un dortoir de 3-5 lits. Chambres familiales 23,50 €. Séjour d'une nuit 20 €. Chambre accessible aux personnes handicapées 26 €. ❖❖

❤ **Istituto Gould**, V. dei Serragli, 49 (✆ 055 21 25 76), dans le quartier de l'Oltrarno. Les bus n° 36 et n° 37 permettent de se rendre à l'hôtel à partir de la gare (descendez au deuxième arrêt de l'autre côté du fleuve). L'une des meilleures adresses de Florence : un ancien palais, avec un personnel accueillant, des chambres ensoleillées et impeccables, bien que certaines donnent sur une rue bruyante. Réception ouverte Lu-Ve 9h-13h et 15h-19h, Sa. 9h-13h. Réception fermée Sa. après-midi. 89 lits. Chambre simple 30 €, avec salle de bains 35 €, chambre double 44 €, avec salle de bains 50 €, chambre triple 55 €, avec salle de bains 63 €, chambre pour quatre personnes avec salle de bains 80 €. Cartes Visa, MC. ❖❖❖

Pensionato Pio X, V. dei Serragli, 106 (✆/fax 055 22 50 44). Dans la même rue que l'Istituto Gould, un peu plus loin lorsque vous arrivez par le chemin indiqué précédemment. Sur votre droite, dans une cour. Généralement complet en été, mais cela vaut la peine d'essayer. Calme, avec 3 à 5 lits par chambre. Chambres et salles de bains propres et fonctionnelles. 4 salons simples, dont un comporte la télévision. Arrivez avant 9h pour obtenir une chambre. Libération des chambres à 9h. Couvre-feu à minuit. Réservez l'été. 54 lits. Dortoir 16 € par personne, avec salle de bains 18 €. ❖❖

Ostello Santa Monaca, V. Santa Monaca, 6 (✆ 055 26 83 38, www.ostello.it). Suivez la direction de l'Istituto Gould, mais prenez à droite la Via dei Serragli jusqu'à la Via Santa Monaca. Environ 20 lits par dortoir, dans des pièces hautes de plafond. Bonne ambiance et personnel serviable. Une petite cuisine est à votre disposition mais il n'y a aucun ustensile, vous devrez amener les vôtres. Pas de repas sur place, mais vous pouvez acheter des billets bon marché valables dans un self-service du quartier. Douches très propres et draps compris. Machines à laver en libre service, 6,50 € pour 5 kg de linge. Accès Internet 4 € l'heure. Arrivez avant 9h pour obtenir une chambre. Séjour maximum de 7 nuits. Réception ouverte tlj 6h-13h et 14h-1h. Couvre-feu à 1h. Les réservations doivent parvenir à la réception 3 jours avant le début du séjour. 116 lits. 16 € par personne. Cartes Visa, MC, AmEx. ❖❖

Ostello della Gioventù Europa Villa Camerata (HI), V. Augusto Righi, 2-4 (✆ 055 60 14 51, fax 055 61 03 00), au nord-est de la ville. Sortez de la gare par le quai n° 5, puis prenez le bus n° 17 devant la gare, ou sur la Piazza dell'Unità en face de la gare : descendez à l'arrêt "Salviatino". Demandez au chauffeur où descendre. Marchez environ 10 mn depuis l'entrée, située après un vignoble. Etablissement bien tenu et très populaire, dans une très belle villa avec loggia. Draps et petit déjeuner compris. Dîner 8 €. Machines à laver disponibles en libre service 5,20 €. Réception ouverte tlj 7h-12h30 et 13h-24h. Chaque chambre compte 4, 6 ou 8 lits. Libération des chambres de 7h à 9h. Chambres fermées de 10h à 14h. Strict couvre-feu à minuit. Réservation par écrit. 360 lits. Dortoir 15 € par personne, 2,58 € de supplément par nuit si vous n'avez pas la carte des auberges de jeunesse.

HÔTELS

LA PIAZZA SANTA MARIA NOVELLA ET SES ENVIRONS

Les nombreux logements bon marché que vous trouverez autour de cette place, qui fait face à la gare, sont idéalement situés, à proximité de la basilique et de la gare, en plein centre-ville. Que demander de mieux que de se trouver face à l'imposante façade de la cathédrale Santa Maria Novella, œuvre d'Alberti, en sortant d'une confortable *pensione* ? Pendant que vous y êtes, essayez de négocier une chambre avec vue sur la place…

❤ **Hôtel Abaco**, V. dei Banchi, 1 (✆/fax 055 238 19 19). En sortant de la gare, traversez la place, contournez l'église Santa Maria Novella par la gauche (lorsque vous êtes en face) et prenez la rue sur votre gauche, la Via dei Banchi. Cette petite pension dispose de sept chambres bien tenues, avec des poutres apparentes qui leur confèrent un air un peu médiéval. Double vitrage et accès Internet gratuit. Climatisation, téléphone et téléviseur dans toutes les chambres. Machine à laver 7 € par machine. Chambre simple 63 €, chambre double 70 €, avec salle de bains 85 €. Lit supplémentaire 25 €. Cartes Visa, MC. ❖❖❖❖❖

Hôtel Elite, V. della Scala, 12 (✆ 055 21 53 95, fax 055 21 38 32). Prenez le chemin de l'Albergo Margaret. Le personnel de cet hôtel 2 étoiles est souriant, les chambres décorées de boiseries bien cirées et de cuivres bien astiqués. Salon douillet où l'on peut se reposer et petit-déjeuner pour 6 €. Chambre simple avec douche 60 €, avec salle de bains 75 €, chambre double avec salle de bains 90 €, chambre triple 110 €. ❖❖❖❖❖

Soggiorno Luna Rossa, V. Nazionale, 7 (✆ 055 230 21 85). La Via Nazionale se trouve sur votre gauche en sortant de la gare. Cette petite pension aux murs jaune clair et aux plafonds hauts vous propose de grandes chambres avec téléphone et télévision. Les salles de bains communes sont en revanche petites. Chambre simple 40 €, double 60 €, triple 75 €, avec douche 90 €, quadruple avec douche 100 €. ❖❖❖

Hôtel Giappone, V. dei Banchi, 1. (✆ 055 21 00 90, fax 055 29 28 77). Propre, confortable et bien situé. Téléphone, télévision et douche dans toutes les chambres. Les salles de bains communes sont extrêmement propres. Chambre simple 42 €, avec douche 47 €, avec salle de bains 55 €, chambre double 65/72/85 €. Cartes Visa, MC. ❖❖❖❖

Hôtel Visconti, P. Ottaviani, 1 (✆/fax 055 21 38 77). En sortant de la gare ferroviaire, dirigez-vous vers l'arrière de la cathédrale Santa Maria Novella. Poursuivez au-delà de l'église jusqu'à la Piazza Santa Maria Novella, puis vers le côté gauche de la place jusqu'à ce que vous atteigniez la petite Piazza Ottaviani. Bar, salle de télévision et 10 chambres. Le petit déjeuner, compris, est servi sur la terrasse-jardin du dernier étage (ouvert 24h/24). Chambre simple (minuscule) 40 €, chambre double 60 €, avec salle de bains 90 €, chambre triple 80 €, avec salle de bains 100 €, chambre quadruple 90 €. ❖❖❖

Hôtel Montreal, V. della Scala, 43 (✆ 055 238 23 31, www.hotelmontreal.com). Prenez le chemin de l'Albergo Margaret (voir ci-dessous). Bien tenu, accueil sympathique. Salon de télévision spacieux, meublé de canapés dans lesquels on s'enfonce comme dans un bienheureux océan de paresse. Couvre-feu à 1h30. 22 chambres modernes et vastes. Chambre simple 40 €, avec salle de bains 55 €, chambre double avec douche 65 €, avec salle de bains 75 €, chambre triple avec salle de bains 105 €, chambre quadruple avec salle de bains 120 €. ❖❖❖

Albergo Margaret, V. della Scala, 25 (✆ 055 21 01 38, www.dormireintoscana.it/margaret). En sortant de la gare, prenez à droite la Via degli Orti Oricellari, qui mène à la Via della Scala, et vous aurez l'hôtel à votre gauche. Somptueux décor, avec des tables en marbre et d'épais tapis. Personnel très gentil. Huit belles chambres dont la plupart possèdent un balcon. Couvre-feu à minuit. Chambre simple 60 €, chambre double 70 €, avec salle de bains 90 €. Tarif réduit Sep-Mai ainsi que pour les longs séjours. ❖❖❖❖❖

Pensione Ottaviani, P. Ottaviani, 1 (✆ 055 239 62). En haut de l'escalier de l'hôtel Visconti, se trouve un hôtel simple, charmant, confortable et abordable. L'accueil est très agréable et les chambres, spacieuses avec des meubles en bois, ont toutes le téléphone. Pas de salle de bains. Chambre simple 40 €, chambre double avec douche 60 €. Lit supplémentaire 25 €. ❖❖❖

Tourist House, V. della Scala, 1 (✆ 055 26 86 75, www.touristhouse.com). Tout près de la P. S. Maria Novella. Les propriétaires, qui gèrent également l'hôtel Giappone, sont vraiment charmants. Décor moderne, très soigné, et vaste salon commun avec fauteuils. Chambres confortables avec salle de bains, télévision et terrasse. Petit déjeuner compris. Chambre simple 67 €, chambre double 83 €, chambre quadruple 124 €. Cartes Visa, MC. ❖❖❖❖❖

Albergo Bellavista, Largo Alinari, 15 (© 055 28 45 28, fax 055 28 48 74). En sortant de la gare, traversez la place en diagonale vers la gauche. L'hôtel se trouve au quatrième étage d'un vieux *palazzo*, à quelques pas de la gare. Toutes les chambres sont confortables. Leur ameublement est un peu démodé, mais elles offrent de belles vues. Les propriétaires sont très gentils. Téléphone et sèche-cheveux dans toutes les chambres. Petit déjeuner inclus. Chambre double avec salle de bains à partir de 80 €, lit supplémentaire 45 €. Cartes Visa, MC, AmEx. ❖❖❖❖❖

LE CENTRE HISTORIQUE (PRÈS DE LA CATHÉDRALE)

Envahi par les touristes, ce quartier tend à être plus onéreux que les autres, mais il est encore possible d'y trouver des hôtels bon marché. Beaucoup offrent une très belle vue sur Florence, et certains se cachent dans des palais Renaissance. Pour rejoindre la cathédrale depuis la gare, suivez la Via de'Panzani et prenez à gauche la Via de'Cerrentari.

❤ **Hôtel Il Perseo**, V. de'Cerrentari, 1 (© 055 21 25 04, www.hotelperseo.com). En sortant de la gare, empruntez la Via de'Panzani, qui devient la Via de'Cerrentari. 19 chambres impeccables, toutes équipées d'un ventilateur. Certaines donnent sur des vues à vous couper le souffle. Bar confortable et salle de télévision. Petit déjeuner compris. Accès Internet, 3 € les 30 mn. Parking 15,50 € par jour. Chambre simple 53 €, chambre double 73 €, avec salle de bains 93 €, chambre triple 97 €, avec salle de bains 120 €. Cartes Visa, MC. ❖❖❖❖

Relais Calvacanti, V. Pellicceria, 2 (© 055 21 09 62, www.relaiscalvacanti.com). L'hôtel est impeccablement tenu par une mère et sa fille. Vieilles armoires dans les chambres. Cuisine en libre accès. Toutes les chambres ont la clim., la TV et un minibar. Check-Out 11h. Chambre simple 80 €, double 110 €, avec vue 120 €, triple 155 €. Réduction possible sur présentation de votre guide *Let's Go*. Cartes Visa, MC. ❖❖❖❖❖

Albergo por S. Maria, V. Calimaruzza, 3 (© 055 21 63 70), entre les Offices et la P. della Repubblica. Des chambres spacieuses, avec clim. Petites salles de bains communes. Chambre simple 55 €, double 85 €, avec salle de bains 95 €. ❖❖❖❖

Locanda Orchidea, Borgo degli Albizi, 11 (©/fax 055 248 03 46). Prenez la Via del Proconsolo, derrière la cathédrale, puis tournez à gauche. La femme de Dante naquit dans ce palais du XIIe siècle, bâti autour d'une tour toujours intacte. Entrée décorée d'œuvres d'art et d'antiquités. Equipe amicale et aimable. 7 chambres confortables et décorées, dont certaines donnent sur le jardin. Attention : les chambres donnant sur la rue sont bruyantes. Chambre simple 55 €, chambre double 75 €, chambre triple 100 €. ❖❖❖❖

Hôtel Bellettini, V. de Conti, 7 (© 055 21 35 61, www.firenze.net/hotelbellettini). Dans une petite rue tout près de la chapelle des Médicis et de la cathédrale. Chambres joliment meublées, avec matelas confortables, salle de bains, clim. et TV. Belles vues depuis les chambres. La salle de réception, noyée de soleil, est un endroit idéal pour se reposer. Internet gratuit. Petit déjeuner buffet inclus. Chambre simple 75 €, avec salle de bains 95 €, double 100/130 €, triple 160 €. Cartes Visa, MC, AmEx. ❖❖❖❖❖

Albergo Firenze, P. dei Donati, 4 (© 055 21 42 03, 055 26 83 01 ou 055 21 33 11, fax 055 21 23 70), près de la Via del Corso, à deux rues au sud de la cathédrale. Central et tranquille, cet hôtel est situé dans un très beau palais. 60 chambres modernes et claires, avec téléviseur et salle de bains. Accessible aux handicapés. Petit déjeuner compris. Chambre simple 67 €, chambre double 88 €, chambre triple 126 €, chambre quadruple 156 €. ❖❖❖❖❖

LA VIA NAZIONALE ET SES ENVIRONS

Depuis la Piazza della Stazione, la Via Nazionale conduit à des hôtels bon marché, proches à la fois de la cathédrale et de la gare. On en trouve beaucoup dans la **Via Nazionale**, la **Via Faenza**, la **Via del Fiume**, la **Via Guelfa** et les rues adjacentes. Il y en a parfois plusieurs dans un même bâtiment. Mais attention : les chambres donnant sur la rue, très fréquentée, peuvent être très bruyantes.

❤ **Katti House**, V. Faenza, 21 (✆ 055 21 34 10, www.kattihouse.com). Prenez la Via Nazionale en sortant de la gare puis la première rue sur votre droite, la Via Faenza. "Katti House", du nom de la fille du propriétaire, est un vrai bijou néanmoins abordable. Cette charmante résidence privée, qui a été rénovée par les propriétaires, est décorée de rideaux faits main et de meubles vieux de plus de 400 ans. Les maîtres des lieux sont vraiment charmants. Chambres climatisées, avec télévision et téléphone. Chambre double 95 €, chambres triple et quadruple 105 €. Les prix chutent en Nov-Mar. ❖❖❖❖❖

Via Faenza, 56, V. Faenza 56. Le bâtiment abrite six pensions parmi les moins chères de la ville.

Pensione Azzi (✆ 055 21 38 06, fax 055 264 86 13). Cette pension se définit comme la *locanda degli artisti* (l'auberge des artistes). Mais nul besoin d'être un artiste pour apprécier l'accueil chaleureux des gérants, la propreté des 12 chambres et l'élégance de la salle à manger et de la terrasse. Accessible aux handicapés. Petit déjeuner compris. Chambre simple 45 €, chambre double 62 €, avec salle de bains 80 €. Cartes Visa, MC, AmEx. ❖❖❖❖

Locanda Paola (✆ 055 21 36 82). 7 chambres doubles ordinaires et impeccables, certaines avec une belle vue sur les collines de Fiesole. Couvre-feu (négociable) à 2h. Mêmes prix qu'à la Penzione Azzi. ❖❖❖❖

Albergo Merlini (✆ 055 21 28 48, www.hotelmerlini.it). Des peintures murales et des géraniums rouges ornent le salon-solarium. Certaines chambres donnent sur la cathédrale. Petit déjeuner simple 5 €. Couvre-feu à 1h. Internet 5 € l'heure. Chambre double 65 €, avec salle de bains 75 €. Cartes Visa, MC, AmEx. ❖❖❖❖❖

Albergo Marini (✆ 055 28 48 24). Des couloirs au parquet bien ciré mènent à 10 chambres immaculées. Si vous louez une chambre double, demandez celle comportant une immense terrasse. Petit déjeuner 5,16 €. Couvre-feu (négociable) à 1h. Chambre double 65 €, avec salle de bains 96 €, chambre triple 86 €, avec salle de bains 117 € ❖❖❖❖.

Albergo Armonia (✆ 055 21 11 46). Les murs des 7 chambres, très propres, sont décorés d'affiches de films américains. Salles de bains donnant sur le hall. L'intérêt du propriétaire pour le cinéma ne s'arrête pas là : si vous avez le même nom qu'une vedette de cinéma (connue du propriétaire), vous obtiendrez une réduction de 5 %. Chambre simple 42 €, chambre double 65 €, chambre triple 90 €, chambre quadruple 100 €. Réductions de 25 € en hiver. ❖❖❖❖

Via Faenza, 69, V. Faenza, 69. Ici, deux établissements confortables et sans fioritures se trouvent sous le même toit. Prenez la Via Nazionale en sortant de la gare, puis la première rue à gauche, la Via Faenza.

Hôtel Nella/Pina, aux 1er et 2e étages (✆ 055 265 43 46, www.hotelnella.net). 14 chambres assez rudimentaires à un bon prix, sans parler de l'accès Internet gratuit. Petits salons confortables. Au Nella : chambre simple 52 €, avec salle de bains 57 €, chambre double 83 €. Au Pina : simple 47 €, double 62 €. Réduction possible sur présentation de votre *Let's Go*. Cartes Visa, MC, AmEx. ❖❖❖❖

Locanda Giovanna (✆/fax 055 238 13 53). 7 chambres assez grandes et bien tenues, dont certaines avec vue sur le jardin. Petite pièce commune comportant quelques fauteuils. Chambre simple 40 €, chambre double 60 €, avec salle de bains 70 €, chambre triple avec salle de bains 80 €. ❖❖❖

Hôtel Nazionale, V. Nazionale, 22 (✆ 055 238 22 03, www.nazionalehotel.it). La rue est à gauche en sortant de la gare. 9 chambres ensoleillées avec des lits confortables, comportant toutes une salle de bains. On vous apportera le petit déjeuner dans votre chambre entre 8h et 9h30, et c'est compris dans le prix. L'hôtel ferme à minuit mais les couche-tard peuvent demander les clés. Chambre simple 50 €, avec salle de bains 60 €, chambre double avec salle de bains 90 €, chambre triple 97 €, avec salle de bains 110 €. Cartes Visa, MC. ❖❖❖❖

Hotel Boston, V. Guelfa, 68 (✆ 055 47 03 84). 14 chambres tout confort, aux poutres apparentes et aux dessus-de-lit jaunes. Clim. et TV. Savourez votre petit déjeuner dans le salon à l'ancienne ou dans le jardin. Chambre simple 50 €, avec salle de bains 70 €, double 80 €. ❖❖❖❖

Nuova Italia, V. Faneza, 26 (✆ 055 26 84 30). Des posters sont affichés partout sur les murs de la réception et des couloirs. Les chambres de ce deux-étoiles ont la clim. et la TV. Petit déjeuner inclus. Chambre simple 95 €, double 125 €, triple 145 € ; quadruple 165 €. Cartes Visa, MC, AmEx. ❖❖❖❖❖

ENVIRONS DE LA PIAZZA SAN MARCO ET DE L'UNIVERSITÉ

Ce quartier est beaucoup plus calme. Les touristes y sont plus rares, malgré la proximité du centre. Toutes les adresses indiquées ci-après se situent à quelques rues de la délicate beauté de San Marco, l'une des églises les moins visitées de Florence. Pour vous rendre dans ce quartier, la Via Nazionale à gauche en sortant de la gare, puis la Via Guelfa à droite, à l'angle de la Via San Gallo et de la Via Cavour.

❤ **Hôtel Tina**, V. San Gallo, 31 (✆ 055 48 35 19, fax 055 48 35 93). Petite *pensione* aux plafonds hauts, mobilier neuf et dessus-de-lit éclatants. Petit salon des plus confortables. 18 chambres, certaines climatisées et dotées de sèche-cheveux. Chambre simple 44 €, chambre double avec douche 65 €, avec salle de bains 75 €, chambre triple avec douche 83 €, chambre quadruple avec douche 103 €. Cartes Visa, MC. ❖❖❖❖

❤ **Albergo Sampaoli**, V. San Gallo, 14 (✆ 055 28 48 34, www.hotelsampaoli.it). Personnel serviable et vaste pièce commune décorée de meubles en bois. Certaines chambres ont un balcon et la plupart sont décorées d'antiquités. Réfrigérateurs disponibles. Accès Internet, gratuit les 30 premières minutes. Chambre simple 45 €, avec salle de bains 60 €, chambre double 65 €, avec salle de bains 84 €. Cartes Visa, MC, AmEx. ❖❖❖❖

Hôtel Giglio, V. Cavour, 85 (✆ 055 48 66 21, www.hotelgiglio.it). Le grand luxe avec ses planchers en bois, ses draps brodés et ses serviettes douillettes. Toutes les chambres ont une salle de bains, la clim. et la TV. Petit déjeuner buffet inclus. Chambre simple 65-90 €, double 85-130 €, triple 105-150 €, quadruple 120-170 €. Cartes Visa, MC, AmEx. ❖❖❖❖❖

Hôtel San Marco, V. Cavour, 50 (✆ 055 28 18 51, fax 055 28 42 35). 15 chambres modernes et claires sur trois étages. Superbe salle de petit déjeuner, très élégante. Petit déjeuner compris. Clés disponibles sur demande. Couvre-feu à 1h30. Chambre simple 45 €, avec salle de bains 55 €, chambre double 65 €, avec salle de bains 72 €, chambre triple avec salle de bains 105 €. Cartes Visa, MC. ❖❖❖❖

L'OLTRARNO

A seulement 10 mn de marche de la cathédrale, les pensions de l'Oltrarno sont idéales pour se reposer de l'agitation florentine. De San Spirito au Palazzo Pitti et aux jardins Boboli, vous trouverez assez de sites pour faire de cet endroit un lieu de séjour idéal.

❤ **Hôtel La Scaletta**, V. de'Guicciardini, 13b (✆ 055 28 30 28, www.lascaletta.com). Depuis la cathédrale, prenez à gauche la Via Roma puis traversez le Ponte Vecchio et continuez dans la Via Guicciardini. 11 chambres au charme suranné, meublées d'antiquités et reliées par un réseau complexe d'escaliers et d'alcôves. Chambres avec air conditionné ou ventilateur. Une terrasse sur le toit offre une magnifique vue sur les jardins Boboli et la ville. Petit déjeuner compris. Fermeture des portes à minuit : arrangez-vous avec le propriétaire si vous désirez rentrer plus tard. Chambre simple 51 €, avec salle de bains 93 €, chambre double 120 €, avec vue sur le jardin 130 €. Cartes Visa, MC. ❖❖❖❖

Sorelle Bandini, P. Santo Spirito, 9 (✆ 055 21 53 08). Du Ponte S. Trinità, continuez sur la V. Maggio et prenez la troisième à droite pour tomber sur la P. Santo Spirito. 12 chambres aux deux derniers étages d'un palais du XVe siècle. Une loggia en plein air surplombe l'Oltrarno. Dans les chambres, les vénérables meubles en bois ne cachent pas leur âge. Petit déjeuner inclus. Chambres double 108 €, avec salle de bains 130 €. ❖❖❖❖❖

CAMPING

Campeggio Michelangelo, V. Michelangelo, 80 (✆ 055 681 19 77), près du Piazzale Michelangelo. A la gare, prenez le bus n° 13 (durée 15 mn, dernier bus à 23h25). Le camping est souvent bondé mais dispose d'une vue magnifique sur Florence. Il constitue un lieu idéal où se laisser aller à la paresse à l'ombre des oliviers. Très bien aménagé, avec une épicerie bien fournie et un bar. Location de tentes 10,50 € la nuit. Réception ouverte tlj 6h-24h. Ouvert Avr-Nov. 7,50 € par personne, 4,65 € par tente, 4,30 € par voiture, 3,20 € par vélomoteur. ❖

Villa Camerata, V. Righi, 2-4 (✆ 055 60 03 15, fax 055 61 03 00), même entrée que l'auberge de jeunesse, sur le trajet du bus n° 17. On peut prendre le petit déjeuner à l'auberge de jeunesse pour 1,55 €. Séjour limité à 6 nuits. Même réception que l'auberge de jeunesse, ouverte tlj 7h-12h30 et 13h-24h. Si elle est fermée, installez-vous puis retournez-y avant minuit afin de vous inscrire et de payer. Le jour du départ, vous devez libérer les lieux entre 7h et 10h. 6 € par personne, 4,80 € avec une carte, 5 € pour une petite tente, 10,50 € pour une grande tente, 10,50 € par voiture. ❖

RESTAURANTS

La cuisine florentine prend ses racines dans les traditions paysannes de la région. Assez rustique, elle est appréciée pour sa fraîcheur et sa simplicité, et réputée l'une des meilleures d'Italie. Les haricots blancs et l'huile d'olive en sont les deux ingrédients de base. Parmi les *antipasti*, la *bruschetta* est une tranche de pain toscan grillée et tartinée d'huile d'olive et d'ail, parfois agrémentée de tomates ou de basilic. Parmi les *primi*, les Florentins ont perfectionné des plats paysans traditionnels comme la *minestra di fagioli* (une délicieuse soupe de haricots blancs et d'ail) et la *ribollita* (un mélange, plutôt copieux, de fèves, de choux et de pain). Le *secondo* traditionnel de Florence est la *bistecca alla Fiorentina*, un steak épais que les Florentins préfèrent *al sangue*, c'est-à-dire saignant. Vous pouvez néanmoins le demander *al puntito* (à point) ou *ben' cotto* (bien cuit). Le meilleur fromage est le *pecorino*, un fromage de brebis. La capitale toscane est aussi réputée pour son vin, le chianti (le meilleur est le *chianti classico*). En carafe, un litre de vin coûte entre 4 € et 6 € dans les trattorias de Florence, tandis que le prix de la bouteille peut descendre jusqu'à 3 € dans les magasins. Le raffinement florentin se retrouve dans les desserts. Ne manquez pas les *cantuccini di prato* (biscuits aux amandes faits avec des tonnes de blancs d'œuf), trempés dans du *vinsanto* (un vin doux de dessert).

Pour déjeuner, vous pouvez aller dans une *rosticceria gastronomica*, ou au **restaurant universitaire**, V. dei Servi, 52, où vous pouvez manger un repas copieux pour seulement 8 €. (Ouvert Lu-Sa 12h-14h15 et 18h45-21h. Fermé mi-Juil-Août.) Pour acheter des produits frais et de la viande, la meilleure adresse est le **Mercato Centrale**, entre la Via Nazionale et la Piazza San Lorenzo. (Ouvert Juin-Sep, Lu-Sa 7h30-14h. Oct-Mai : Sa. 7h-14h et 16h-20h.). Pour les produits de base, allez au supermarché **STANDA**, V. Pietrapiana, 1r. Depuis la cathédrale, prenez à droite la Via del Proconsolo, puis la première à gauche, le Borgo degli Albizi. Traversez la Piazza G. Salvemini et vous trouverez le supermarché sur votre gauche. (Ouvert Lu-Sa 8h-21h et Di 9h-13h30 et 15h30-18h30.) Derrière la cathédrale, tournez à droite sur la V. del Proconsolo puis à gauche sur le Borgo degli Albizi. Traversez deux rues et tachez de repérer sur votre droite l'enseigne de la **Loggia degli Albizi**, au numéro 39r. Ce café-boulangerie, à l'écart des foules, sert de délicieuses pâtisseries (✆ 055 247 95 74. Ouvert Lu-Sa 7h-20h).

Les **végétariens** n'auront aucun mal à trouver des marchés "bio". Les deux meilleures adresses sont deux magasins portant le même nom, qui vient du titre d'un livre américain (qui l'eût cru ?), **Sugar Blues**. L'un est situé à 5 mn à pied de la cathédrale, en haut de la Via dei Martelli (qui devient la Via Cavour), V. XXVII Aprile, 46r. (✆ 055 48 36 66. Ouvert Lu-Ve 9h-13h30 et 16h-19h30, Sa. 9h-13h.) L'autre se trouve tout près de l'Istituto Gould (voir **Hébergement**), dans le quartier de l'**Oltrarno**, V. dei Serragli, 57r. (✆ 055 26 83 78. Ouvert Di-Ma et Je-Ve 9h-13h30 et 16h30-20h, Sa. et Me. 9h-13h30.) Vous pouvez également tester **La Raccolta**, au sous-sol du bâtiment situé V. Leopardi, 2r. (✆ 055 247 90 68. Ouvert tlj 8h30-19h30.)

Ruth's Kosher Vegetarian, V. Farini, 2, au 1er étage de l'immeuble, à droite de la synagogue, sert des plats **casher**. (Ouvert Di-Je 12h30-14h30 et 19h-21h.) Si vous désirez des informations sur les endroits où trouver de la nourriture **hallal**, appelez le **Centro Culturale Islamico** (© 055 238 14 11).

LE CENTRE HISTORIQUE (PRÈS DE LA CATHÉDRALE)

❤ **Al Lume di Candela**, V. delle Terme, 23r (© 055 265 65 61), à mi-chemin entre la P. S. Trinità et la P. della Signoria. Les spécialités toscanes, délicieusement préparées, sont servies sur des plateaux dorés et éclairées aux bougies. Essayez le fabuleux *anatra ai frutti di bosco* (canard aux baies sauvages, 11,90 €). Le service est un peu lent mais ce n'est pas un mal : prenez le temps de bien savourer chaque plat. *Primi* 5,90-7,90 €, *secondi* 9,60-11,90 €. Ouvert tlj 12h-14h30 et 19h-23h. Cartes Visa, MC, AmEx. ❖❖❖

❤ **Acqua al Due**, V. della Vigna Vecchia, 40r (© 055 28 41 70), derrière le Bargello. Ce restaurant populaire est fréquenté aussi bien par de jeunes Italiens que par des étrangers. Essayez l'*assagio*, un assortiment de cinq pâtes (8 €). *Primi* environ 7 €, *secondi* 7-19 €, excellentes *insalate* à partir de 5 €. Air conditionné. Couvert 1,03 €. Il est fortement conseillé de réserver. Ouvert tlj 19h-1h. Cartes Visa, MC, AmEx. ❖❖❖

❤ **Trattoria Anita**, V. del Parlascio, 2r (© 055 21 86 98), juste derrière le Bargello. Dîner aux chandelles avec de très bonnes bouteilles de vin posées sur des étagères en bois. Goûtez aux traditionnelles pâtes toscanes farcies ou laissez-vous tenter par l'assortiment de plats allant du poulet rôti au steak à la florentine. *Primi* 4,70-5,20 €, *secondi* à partir de 5,20 €. Couvert 1 €. Ouvert Lu-Sa pour le déjeuner et le dîner. Cartes Visa, MC, AmEx. ❖❖

Le Colonnine, V. dei Benci, 6r (© 055 23 46 47), près du Ponte alle Grazie. Atmosphère chaleureuse et enjouée. La terrasse et l'intérieur joliment décoré plaisent à tous, y compris aux Italiens. Les plats les plus habituels sont ici particulièrement savoureux (pizza à partir de 4,70 €, *secondi* à partir de 7 €). Ouvert tlj 12h-15h30 et 18h30-24h. Cartes Visa, MC. ❖❖

Trattoria Da Benvenuto, V. della Mosca, 16r, (© 055 21 48 33). Décor pastel et nappes en lin vous mettent en appétit. *Spaghetti alle vongole* (aux palourdes) 5,50 €. Penne aux champignons et aux olives 5,50 €. *Primi* 4,65-8,50 €, *secondi* 6-13 €. Couvert 1,50 €. Service 10 %. Ouvert Lu-Sa 12h-14h30 et 19h-22h30. Cartes Visa, MC, AmEx. ❖❖❖

LA PIAZZA SANTA MARIA NOVELLA ET SES ENVIRONS

❤ **Tre Merli**, V. del Moro, 11r (© 055 287062). Une seconde entrée se trouve sur la V. de Fossi, 12r. La salle est très agréable avec des banquettes confortables, de beaux services de table et un éclairage tamisé. Le jeune chef est pétri de talent. Vous en serez convaincu après avoir goûté ses *spaghetino all'imperiale* (avec moules, palourdes et crevettes, 13,30 €). Le propriétaire, Massimo, accueille les lecteurs de *Let's Go* avec un verre de vin et une remise de 10 % sur l'addition. *Primi* 7,50-13,50 €, *secondi* 12-18,50 €. Ouvert Lu-Sa 12h-14h30 et 18h-21h30. Cartes Visa, MC, AmEx. ❖❖❖

❤ **Trattoria Contadino**, V. del Palazzuolo, 71r (© 055 238 26 73). Repas maison copieux. Propose des menus avec des choix variés à prix fixes, mais ne vous inquiétez pas, il ne s'agit pas de *menù turistico*. Repas servis à une clientèle presque exclusivement italienne dans une ambiance informelle et des plus surpeuplées. En *primo*, choisissez les pâtes ou la soupe du jour et la spécialité de viande du jour en *secondo*. Pain, eau et 1/4 de litre de vin maison (le vin rouge est assez bon) compris. Menu du midi 9,50 €. Ouvert Lu-Sa 12h-14h30 et 18h-21h30. Cartes Visa, MC, AmEx. ❖❖

Il Latini, V. dei Palchetti, 6 r (© 055 21 09 16). Du Ponte alla Carraia, montez la Via del Moro : la Via dei Palchetti se trouve sur votre droite. Menu du chef avec des plats traditionnels toscans tels que *ribollita* sous du jambon fumé, que vous pourrez déguster sur des tables en bois sombre dans des salles décorées de faïence. *Primi* 5,50-7,50 €, *secondi* 9,50-16 €. Couvert 1,55 €. Ouvert Ma-Di 12h-14h30 et 19h30-22h30. Cartes Visa, MC, AmEx. ❖❖❖

Amon, V. Palazzuolo, 28r (© 055 29 31 46). Le patron, un Egyptien souriant, sert des spécialités du Moyen-Orient et du pain maison. Essayez la moussaka ou le *foul*, un mélange de haricots et d'épices. Les falafels sont épicés et bien au-dessus de la moyenne. Pas de places assises, il faut manger debout ou emporter les plats. Falafel 2,60 €, chiche-kebab 3,10 €. Ouvert Ma-Di 12h-15h et 18h30-23h. ❖

❤ **Trattoria Da Giorgio**, V. Palazzuolo, 100r (✆ 055 28 43 02). Une trattoria pleine à craquer, avec des murs blancs et des napperons en papier. Repas complet comprenant *primo*, *secondo*, pain, eau et vin rouge maison. Prévoyez un peu d'attente. Menu du midi ou du soir 9,50 €. Ouvert Lu-Sa 12h-15h30 et 19h-0h30. Cartes Visa, MC, AmEx. ❖❖

LE QUARTIER DE LA GARE ET DE L'UNIVERSITÉ

❤ **Trattoria da Zà-Zà**, P. del Mercato Centrale, 26r (✆ 055 21 54 11). Poutres en bois au plafond, voûtes en brique, casiers à vin sur les murs et chandeliers sur lesquels ruisselle de la cire vous mettent en appétit. Remplis d'Italiens et d'étrangers. Essayez le *tris* (une soupe composée de haricots, de tomates et de légumes, 6 €) ou les *tagliatelle al tartufo* (pâtes aux truffes). Finissez avec un *vinsanto e cantucci* pour 3,10 €. Couvert 1,55 €. Ouvert Lu-Sa 12h-15h et 19h-23h. Il est recommandé de réserver. Cartes Visa, MC, AmEx. ❖❖❖❖

❤ **Trattoria Mario**, V. Rosina, 2r (✆ 055 21 85 50), tout près de la Piazza del Mercato Centrale. Les gens du quartier viennent déjeuner ici sur de petites tables en bois. Sur les murs sont affichés les menus, en anglais et en italien. Pâtes succulentes et plats de viande bon marché. *Primi* 3,10-3,40 €, *secondi* 3,10-10,50 €. Ouvert Lu-Sa 12h-15h30. ❖❖

Ristorante de' Medici, V. del Melarancio, 10r (✆ 055 29 52 92), à une rue de la Piazza dell'Unità Italia. Des nappes blanches, de belles poutres en bois et des murs où sont peintes des scènes de la vie toscane décorent les deux grandes salles de restaurant, où se retrouvent presque uniquement des Italiens. *Calzone* 7 €, pizza 4-8 €. *Primi* 6-8 €, *secondi* 10-15 €. Cartes Visa, MC, AmEx. ❖❖

Ristorante Il Vegetariano, V. delle Ruote, 30 (✆ 055 47 50 30), près de la Via San Gallo. Faites attention à l'adresse, car le restaurant n'est pas signalé. Les minces menus affichés à l'extérieur vous précisent les préoccupations végétariennes de l'endroit. Libre-service où vous pouvez savourer des plats frais très créatifs. Restaurant très intime, avec ses plafonds bas et son agréable jardin de bambous. *Pesto*, *risotto* au riz complet (4,65 €). Un des rares restaurants de Florence où l'on puisse fumer. Salades 4-5 €, *primi* à partir de 5 €, *secondi* à partir de 6 €. Ouvert Sep-Juil Ma-Ve 12h30-15h et 19h30-24h, Sa-Di 20h-24h. ❖❖

Forno di Stefano Galli, V. Faenza, 39r (✆ 055 21 53 14). Vous voulez retrouver le bon goût du pain que vous avez mangé hier soir ? Vous êtes au bon endroit : ici, vous trouverez des pains frais ainsi que de bonnes pâtisseries. Pâtisseries 0,80-2,50 €, tranches de pain 1 €. Ouvert 7h30-4h30. Egalement V. delle Panche, 91 et V. Bufalini, 31-35r. ❖

L'OLTRARNO

❤ **Il Borgo Antico**, P. Santo Spirito, 6r (✆ 055 21 04 37). Grande terrasse avec vue sur la *piazza* et, à l'intérieur, salle de restaurant rustique très remplie. Goûtez aux *antipasti* (tomates et basilic pour 6 €), ils sont délicieux. On vous sert le pain avec une petite assiette d'olives noires baignées dans de l'huile agrémentée de piment fort. Les salades, présentées dans de grands bols, sont inoubliables. *Primi* 6 €, *secondi* 10-20 €. Couvert 2 €. Ouvert Juin-Sep tlj 13h-0h30, Oct-Mai 12h45-14h30 et 19h45-1h. Réservation recommandée. Cartes Visa, MC, AmEx. ❖❖❖❖

❤ **La Mangiatoria**, P. San Felice, 8r (✆ 055 22 40 60). Du Ponte vecchio, continuez tout droit dans la Via Guicciardini, et dépassez le Palazzo Pitti. Bonne cuisine toscane. Demandez une table au fond de la salle à manger ou asseyez-vous au comptoir en pierre pour regarder les cuisiniers fabriquer des pizzas, ou pour prendre des leçons sur la façon de manger les pâtes. Essayez les étonnants spaghetti aux noix et à la crème. Pizza 4-6,50 €, *primi* 3,50-5,50 €, *secondi* 4-5 €. Couvert 3 € uniquement dans la salle à manger. Ouvert Ma-Di 11h30-15h et 19h-22h. Cartes Visa, MC, AmEx. ❖❖

Osteria di'Tempo Perso, V. Pisana, 16r (✆ 055 223 145). Traversez le Ponte Alla Carraia, tournez à droite sur le Borgo S. Frediano et sortez par la Pta S. Frediano. Un jardin couvert de vignes et un chef qui connaît son métier. Les *linguine alle vongole* (7 €) sont géné-

ITALIE DU CENTRE

reuses en fruits de mer et goûteuses. Le menu change tous les jours. *Primi* 5,50-7 €, *secondi* 7,50-11,50 €. Couvert 1 €. Cartes Visa, MC, AmEx. ❖❖❖

Oltrarno Trattoria Casalinga, V. Michelozzi, 9r (✆ 055 21 86 24), près de la Piazza Santo Spirito. Délicieuses spécialités toscanes. Un restaurant bondé, à l'atmosphère décontractée et aux tables ornées de nappes en papier. Excellent *pesto*. Les prix sont imbattables. *Primi* 4-6 €, *secondi* 5-9 €. Couvert 1,55 €. Ouvert Lu-Sa 12h-14h30 et 19h-22h. ❖❖❖

Osteria del Cinghiale Bianco, Borgo Jacopo, 43r (✆ 055 215706). Les têtes de sanglier aux murs donnent la tendance. Les plats de gibier proposés sont d'une incroyable variété surtout pendant la saison de chasse (Sept-Avr). Avec ses bougies logées dans de petites niches et ses plafonds en bois, l'endroit ne manque pas de cachet. *Primi* 7-9 €, *secondi* 9-15 €. Réservation conseillée. Ouvert Lu-Ma et Je-Di 18h30-23h30 ; Sa-Di 12h-15h et 18h30-23h30. Cartes Visa, MC. ❖❖❖❖

GLACES ET PÂTISSERIES

Le *gelato* italien tel que nous le connaissons et l'apprécions aujourd'hui aurait été inventé, il y a bien longtemps, par la famille Buontalenti de Florence. Un bon conseil cependant avant de vous jeter sur les cornets : vérifiez la couleur de la glace à la banane. Si celle-ci est d'un jaune vif, c'est que des ingrédients douteux y ont été ajoutés. Si elle est légèrement grise, c'est qu'il s'agit de vraies bananes. Vous pouvez y goûter en toute confiance. La plupart des *gelaterie* servent également des *granite*, de la glace pilée parfumée, qui sont meilleures pour la ligne.

❤ **Gelateria Triangolo delle Bermude**, V. Nazionale, 61r (✆ 055 28 74 90). Certains ne ressortent jamais du Triangle des Bermudes, les glaces y sont trop bonnes. La bien nommée *crema venusiana* est un mélange de noisette, de caramel et de meringue. Essayez les sorbets à la fraise et à la rose. Cornets à partir de 1,55 €. Ouvert tlj 11h-24h. ❖

❤ **Vivoli**, V. della Stinche, 7 (✆ 055 29 23 34), derrière le Bargello. La plus connue des *gelaterie* de Florence, qui prétend, non sans quelque raison, produire "les meilleures glaces du monde". Les coupures de presse affichées sur les murs au-dessus du vieux comptoir de bois vont également dans ce sens. Très grand choix de parfums, des fruits à la noisette en passant par la mousse au chocolat. Pas de cornet, pots à partir de 1,55 €. Ouvert Ma-Sa 7h30-1h, Di 9h30-1h. Cartes Visa, MC, AmEx. ❖

Antica Gelateria il David, V. San Antonino, 28r (✆ 055 21 86 45), près de la V. Faenza. Un trésor de glacier. Le choix n'est pas immense mais chaque parfum est succulent. Tout est fait maison. Cônes à partir de 1,60 €. Ouvert Lu-Sa tlj 11h-24h. ❖

Perché No ?, V. Tavolini, 19r (✆ 055 239 89 69), près de la Via dei Calzaiuoli. Pourquoi pas, en effet ? Si le décor semble récent, c'est la plus ancienne *gelateria* de Florence. Fondée en 1939, elle propose encore une divine glace à la pistache, un parfum chocolat à fondre et une non moins inoubliable *nocciolosa* (à la noisette). Vous laisserez-vous tenter ? Cornets 1,55 €. Ouvert Avr-Oct tlj 11h-0h30, Nov-Mar Lu et Me-Di 10h-20h. ❖

Carabè, V. Ricasoli, 60r (✆ 055 28 94 76). Des glaces uniques, fabriquées avec des ingrédients venus directement de Sicile, et surtout moins chères qu'ailleurs. La pistache, le citron (*limone*) et la noisette (*nocciola*) sont extraordinaires. Vous pouvez également essayer la *susine* (prune), plus originale. Les *granite* siciliennes sont inoubliables, notamment les parfums *mandorle* (amande) et *more* (mûre). Cornets à partir de 1,55 €, *granite* à partir de 2,10 €. Ouvert Mai-Sep, tlj 10h-24h ; Mars-Avr et Oct. 12h-1h. ❖

ENOTECHE (BARS À VIN)

Essayez une *enoteca* pour goûter quelques-uns des meilleurs vins italiens, qui vous sont proposés accompagnés d'une petite assiette d'amuse-gueules (fromages, olives, salami et toasts).

Enoteca Alessi, V. della Oche 27-29r (✆ 055 21 49 66, fax 055 239 69 87), à proximité de la cathédrale. C'est l'une des meilleures de Florence, et aussi l'une des plus connues. Elle propose une sélection de plus de 1000 vins à tous les prix, ainsi que de délicieux petits en-cas à déguster entre deux gorgées. Entrez par le magasin de vin et de chocolat.

L'endroit est spacieux, haut de plafond et frais : exactement ce qu'il vous faut après une journée de visite. Ouvert Lu-Ve 9h-13h et 16h-20h. Cartes Visa, MC, AmEx. ❖❖

Enoteca-Bar Fuori Porta, V. Monte alle Croce, 10r (✆ 055 234 24 83), à l'ombre de San Miniato. Moins formelle, en dehors des sentiers battus, elle propose des repas corrects. Vous y trouverez des pâtes et des plats toscans typiques (à partir de 5,70 €) à savourer après les amuse-gueules. Ouvert Lu-Sa 10h-14h et 17h-21h. ❖❖

VISITES

Il y a assez à voir à Florence pour occuper un visiteur pendant des années. Si vous n'y êtes que pour quelques jours, visitez les incontournables. L'immense Dôme de Brunelleschi, la magnifique nef de l'église Santo Spirito et les nombreuses œuvres d'art du musée des Offices vous permettront de voir le principal. Mais vous pouvez également visiter les musées d'art de la ville qui, bien qu'extraordinaires, peuvent vous épuiser, vous et vos finances.

LA PIAZZA DEL DUOMO ET SES ENVIRONS

❤ **LA CATHÉDRALE SANTA MARIA DEL FIORE.** En 1296, Arnolfo di Cambio fut chargé d'édifier "la plus haute et la plus belle cathédrale que les hommes puissent jamais construire". Sûrs d'eux, Arnolfo et une multitude d'autres architectes se succédèrent, achevant l'imposante nef du **duomo** en 1418. Mais un problème subsistait : aucun ne possédait l'ingénierie nécessaire pour construire le dôme de la cathédrale. C'est à Filippo Brunelleschi que revint la tâche de le construire : il s'agit du plus grand **dôme** jamais réalisé (45 m de diamètre, 110 m de haut) depuis le Panthéon de Rome (43 m de diamètre pour une hauteur identique). Il est désormais appelé le **Dôme de Brunelleschi**. L'architecte eut l'idée révolutionnaire de réaliser une coupole à double paroi, avec des briques imbriquées qui avaient la particularité de supporter leur propre poids pendant la construction. Il n'y eut donc pas besoin d'échafaudages. Brunelleschi supervisa chaque étape de la construction, dessinant lui-même le système de poulies et installant des cuisines entre les deux murs pour que les ouvriers n'eussent pas à descendre pour manger. Le **Museo dell'Opera del Duomo** (voir plus loin) présente des documents permettant de mieux comprendre les prouesses d'ingénierie que réalisa Brunelleschi. La coupole fut achevée en 1436, mais la façade originelle fut transformée au XVIe siècle par les Médicis. En 1871, elle fut remaniée par Emilio de Fabris, un architecte florentin influencé par l'art gothique.

Les Florentins affirment que la cathédrale possède la **troisième plus longue nef du monde** après celles de Saint-Pierre de Rome et de Saint-Paul de Londres. Le dôme de Brunelleschi culmine à 110 m, ce qui le rend reconnaissable au premier coup d'œil et permet de découvrir des vues incomparables de Florence. La cathédrale, avec son baptistère et son campanile, forme un remarquable ensemble qui frappe par ses marbres blanc, vert et rose. Sa taille immense rend malheureusement difficile l'appréciation des œuvres d'art qui ornent les murs. *L'Apocalypse*, peinte sur le plafond du dôme, vaut cependant le détour. Le monument en trompe-l'œil dédié au capitaine mercenaire sir John Hawkwood fut réalisé, après la mort de celui-ci, par Paolo Uccello, à la place de la statue que les autorités florentines lui avaient promise. Il se trouve sur le mur de gauche. A noter les deux terres cuites de Della Robbia au-dessus de l'entrée des deux sacristies. A l'arrière de la cathédrale, l'**horloge perpétuelle** conçue par Paolo Uccello ne vous indiquera pas l'heure, car elle tourne à l'envers. Renseignez-vous à l'entrée, sur votre gauche, sur les visites guidées gratuites (en anglais). *(Cathédrale ouverte Lu-Sa 10h-16h45, Di. 13h30-16h45 et le premier Sa. du mois 10h-15h30. Messes tlj 7h-12h30 et 17-19h.)*

Pas moins de 463 marches conduisent au sommet de la ❤ **coupole** de Michel-Ange. Cette ascension est l'occasion de découvrir la structure interne de l'édifice. Au sommet, depuis la galerie extérieure, la vue sur la ville est splendide. *(Entrée par la partie sud de la cathédrale. ✆ 055 230 28 85. Ouvert Lu-Ve 8h30-19h et Sa. 8h30-17h40, entrée 6 €.)* Vous pouvez également visiter la **crypte**, ornée de mosaïques et de tombes du XIIIe siècle, où repose Brunelleschi. *(Ouvert Lu-Sa 9h30-17h, entrée 1,55 €.)*

LE BAPTISTÈRE. Bien qu'il eût été érigé entre le Ve et le IXe siècle, les contemporains de Dante (1265-1321) ont longtemps pensé que le baptistère était à l'origine un temple romain. A présent, l'extérieur est orné du même marbre vert et blanc que la cathédrale. A l'intérieur, il s'orne de mosaïques de style byzantin, réalisées par des maîtres florentins et vénitiens du XIIIe siècle, et dont les motifs très stylisés sont étonnamment modernes. La représentation de l'enfer n'est pas sans évoquer fortement l'*Inferno* de Dante. C'est d'ailleurs ici que le poète fut baptisé.

Andrea Pisano fut appelé de Pise pour sculpter les premières **portes de bronze** du baptistère en 1330. Aidé par des Vénitiens spécialisés dans les travaux de fonderie et les moulages, il réalisa les portes qui, aujourd'hui, gardent le côté sud (vers le fleuve). En 1401, un concours fut organisé pour savoir qui forgerait les autres portes de la façade. Des huit candidats, il n'en resta bientôt plus que deux : Brunelleschi (alors âgé de 23 ans) et Ghiberti (20 ans). Chacun eut un an pour réaliser un panneau dont le sujet imposé était le sacrifice d'Abraham (ces panneaux sont aujourd'hui exposés au Bargello). Le travail de Ghiberti fut jugé particulièrement élégant et susceptible de s'harmoniser au mieux avec l'encadrement gothique des portes déjà réalisées par Pisano. Le génie de Brunelleschi n'en étant pas moins apparent, il fut question de faire réaliser la commande par les deux artistes en collaboration. Brunelleschi ayant refusé tout net, il… prit la porte, et Ghiberti se mit à l'œuvre seul.

Le résultat fut à ce point apprécié qu'en 1425 on lui demanda de dessiner les deux dernières portes. Les "**portes du paradis**", comme Michel-Ange les aurait appelées, sont très différentes des autres. Destinées à l'origine à la façade nord, elles impressionnèrent tellement les Florentins qu'ils décidèrent d'en faire le vis-à-vis de l'entrée de la cathédrale. Elles furent achevées en 1452, après 28 ans de travail. Malheureusement, les panneaux sont toujours en cours de restauration depuis l'inondation de 1966. Ils seront vraisemblablement tous exposés dans le Museo dell'Opera del Duomo, une fois la restauration terminée. *(En face de la cathédrale. Ouvert Lu-Sa 12h-19h, Di. 8h30-14h. Messes tlj 10h30 et 11h30. Entrée 3 €.)*

LE CAMPANILE. A côté de la cathédrale s'élève le *campanile* (82 m), dont l'extérieur en marbre rose, vert et blanc égale ceux de la cathédrale et du baptistère. Giotto, l'architecte officiel de la ville, en fit les plans et commença à bâtir les fondations en 1334. A sa mort, son travail fut repris par Andrea Pisano, qui ajouta deux étages. La tour fut enfin achevée en 1359 par Francesco Talenti, qui avait pris soin de doubler l'épaisseur des murs pour qu'ils pussent soutenir le poids de l'immense édifice. Les originaux des bas-reliefs extérieurs se trouvent au Museo dell'Opera del Duomo. Cela vaut vraiment la peine de monter les 414 marches du campanile (une épreuve d'endurance), car la vue est magnifique. *(Ouvert tlj 8h30-19h30. Entrée 6 €.)*

! **PARLEZ-EN AUX MÉDICIS** Le prix d'entrée de tous les musées florentins a récemment doublé. Il faut compter désormais jusqu'à 9 € le droit d'entrée. En outre, la plupart des musées ne pratiquent **pas de réduction pour les étudiants**. Ces prix, certes élevés, ne doivent pas vous dissuader d'investir une partie de votre budget dans la visite de plusieurs musées. Pourquoi venir ici, en effet, si c'est pour se priver d'admirer les plus grands trésors de la Renaissance ? Nous vous conseillons ainsi d'investir quelques euros supplémentaires pour louer un audioguide, et apprendre davantage encore sur les peintres et leurs créations. Les nombreuses églises de Florence regorgent d'œuvres d'art, qui sont elles visibles gratuitement. En été, vous pourrez bénéficier de la *Sera al Museo* : chaque musée ouvre gratuitement ses portes une soirée par mois pendant les vacances (de 20h30 à 23h). Notez que la plupart des musées arrêtent de vendre des billets d'entrée de 30 mn à une heure avant leur fermeture. Vous pouvez réserver vos places pour les Offices, l'Académie, la chapelle des Médicis, la Galerie Palatina, le musée de San Marco et le Bargello sur le site Internet **www.florenceart.it**.

MUSEO DELL'OPERA DEL DUOMO. C'est dans ce musée moderne, situé derrière la cathédrale, que sont regroupées la plupart des œuvres provenant de la cathédrale. En haut du premier escalier est exposée la *Pietà* que Michel-Ange, trop âgé, ne put jamais terminer. On prétend que, insatisfait de son travail, il frappa la sculpture à coups de marteau, endommageant notamment le bras gauche du Christ. Peu de temps après, un élève restaura l'œuvre du maître, mais des cicatrices sont toujours visibles sur le visage de Maria Maddalena. Vous admirerez également la ❤ **Marie-Madeleine** de Donatello (1455), sculptée dans le bois, et les superbes **cantorie** de Donatello et Luca della Robbia (il s'agit des anciennes tribunes des chanteurs de la cathédrale, ornées de bas-reliefs représentant des groupes d'enfants rieurs). Seuls quatre des panneaux des **portes du paradis** du baptistère (voir précédemment) sont aujourd'hui exposés. Vous pourrez enfin y voir un immense mur exposant toutes les peintures présentées lors de la compétition relative à la façade de la cathédrale en 1870. *(P. del Duomo, 9, derrière la cathédrale. © 055 264 72 87. Ouvert Lu-Sa 9h-18h30 et Di. 9h-14h. Entrée 6 €. Audioguide 4 €)*

L'ORSANMICHELE. Construite en 1337 pour servir de grenier, l'**Orsanmichele** fut convertie en église après un incendie important qui poussa les autorités de la ville à transférer les activités liées aux grains à l'extérieur de Florence. La structure en loggia et les anciens toboggans à grain sont encore visibles de l'extérieur. Les statues qui ornent la façade représentent les saints des principales confréries de métiers, qui les avaient commanditées. A l'intérieur de ces niches, ne manquez pas le *saint Jean-Baptiste* et le *saint Stéphane* de Ghiberti, le *saint Pierre* et le *saint Marc* de Donatello, ainsi que le *saint Luc* de Jean Bologne. A l'intérieur, un tabernacle gothique dessiné par Andrea Orcagna enchâsse la superbe Vierge de Bernardo Daddi, une statue de marbre très travaillée et très expressive représentant Marie en pleine béatification. L'étage du haut accueille parfois des expositions. De l'autre côté de la rue se trouve le **Museo di Orsanmichele**, où vous pourrez voir des peintures et des sculptures qui se trouvaient à l'origine à l'intérieur de l'église. *(V. dell'Arte della Lana, entre la cathédrale et la Piazza della Signoria. © 055 28 49 44 pour l'église et le musée. Eglise ouverte tlj 9h-12h et 16h-18h. Musée ouvert tlj 9h-12h, fermé le premier et le dernier Lu. du mois. Entrée libre.)*

LE MUSÉE COM'ERA DE FLORENCE. Ce petit musée, où vous pouvez éviter les foules, retrace l'histoire de Florence. On y voit en entrant une grande maquette de la ville au temps de l'Empire romain, puis viennent des gravures et des peintures montrant des vues aériennes et des cartes de Florence telle qu'elle fut conçue au cours des siècles. Ensuite, une très agréable pièce renfermant des scènes de rue, réalisées par Della Gatta, vous conduit à une dernière salle où se trouve une magnifique vue aérienne détaillée (1,52 m sur 3 m) de la Florence du XIIIe siècle. Cette vue a été conçue entre 1934 et 1946. *(V. dell' Oriuolo, à proximité de la cathédrale. © 055 261 65 45. Ouvert Ve-Me 9h-14h. Entrée 3 €.)*

LA PIAZZA DELLA SIGNORIA ET SES ENVIRONS

La **Via dei Calzaiuoli**, qui faisait jadis partie du *castrum* (camp fortifié) romain, va de la Piazza del Duomo à la Piazza della Signoria et au Palazzo vecchio. C'est une rue très touristique, bordée de boutiques de souvenirs, de magasins plus élégants, de *gelaterie* et de marchands ambulants.

PIAZZA DELLA SIGNORIA. Cette *piazza* du XIIIe siècle est dominée par le blanc Palazzo vecchio, orné de tourelles (voir plus loin), et l'angle du musée des Offices. Elle est souvent noire de monde et devient le soir le repère des artistes de rue. Elle est indirectement le résultat de l'interminable conflit qui opposa les guelfes aux gibelins. En effet, la destruction massive des maisons de puissants gibelins lors d'une bataille au XIIIe siècle fit place nette. Mais la construction du Palazzo vecchio donna à l'endroit son caractère politique et civique. En 1497, le prédicateur **Jérôme Savonarole** convainquit les Florentins d'allumer sur cette place un **bûcher des vanités**, où furent consumés de nombreux livres et œuvres d'art non conformes à son idéal de pureté religieuse. On prétend que la plus grande partie des œuvres profanes de Botticelli, qui n'avaient pas été vendues à des collections privées, aurait été détruite en cette occasion. Un an plus tard, ce fut au tour de Savonarole de partir en fumée au même endroit, indiqué aujourd'hui par une plaque commémorative. Les statues qui ornent la place en font un véritable musée. A côté de l'entrée du Palazzo vecchio se trouvent *Judith et Holopherne* de Donatello, la copie du *David* de Michel-Ange, la statue équestre de Côme Ier par Jean Bologne et l'*Hercule* de Bandinelli. La statue de *Neptune*, réalisée par Ammannati, arracha à Michel-Ange l'exclamation : "Oh ! Ammannati, Ammannati, quel beau marbre gâché !" Apparemment, nombre de Florentins partagent cette opinion. Surnommé par dérision "Il Biancone" (le gros blanc), Neptune est en permanence l'objet du vandalisme de supposés esthètes en colère. L'oreille d'un des chevaux est fréquemment cassée et, en 1997, un inconnu tailla une patte antérieure du cheval… Bâtie pour les assemblées au XIVe siècle, la gracieuse **loggia dei Lanzi** est à présent l'un des meilleurs endroits de Florence où admirer gratuitement des sculptures.

PALAZZO VECCHIO. Ce palais fortifié fut construit entre 1299 et 1304 d'après les plans d'Arnolfo di Cambio, qui souhaitait que ce palais remplaçât le Bargello comme siège du gouvernement de la commune. La façade de pierre massive abrite une cour, au centre de laquelle s'élève une tour utilitaire et des tourelles. Les appartements étaient occupés par les sept membres de la *Signoria* (le conseil de la ville) lorsqu'ils géraient, chacun à son tour, les affaires de la cité. Le bâtiment devint plus tard la résidence de la famille Médicis, le symbole du gouvernement communal devenant le siège du pouvoir autocratique florentin. En 1470, Michelozzo conféra à la ❤ **cour intérieure** son aspect Renaissance. Il la décora de fresques religieuses et orna les fenêtres et les portes de frontons de pierre. La cour, refaite par Michelozzo en 1444 puis décorée par Vasari en 1565, contient des copies du XVe siècle de la belle fontaine au *putto* (enfant joufflu) et de plusieurs lions en pierre (le lion est l'emblème héraldique de Florence) d'après Verrocchio. Ces dernières années, quelques transformations ont été apportées au Palazzo vecchio. En effet, en plus des Appartements monumentaux, des circuits vous sont proposés : vous pourrez emprunter les passages secrets, participer à des activités, voire rencontrer Giorgio Vasari. Pour cela, vous devez réserver. La visite des **passages secrets** vous emmènera à la découverte d'escaliers cachés dans les murs, de chambres secrètes du duc Côme Ier et du passage sous les toits débouchant au-dessus du Salone del Cinquecento (voir plus loin). Les **activités** proposées comprennent la reconstitution de la vie à la cour des Médicis, la visite d'une exposition de maquettes ainsi que l'explication des expériences scientifiques de Galilée et de Torricelli, les deux mathématiciens des Médicis. La **rencontre avec Giorgio Vasari** est une visite privée dans les Appartements monumentaux au cours de laquelle vous verrez un guide imiter Vasari, le peintre et architecte du duc Côme Ier. Les **Appartements monumentaux**, qui renferment l'importante collection d'art du palais, se transforment en musée pour vous. Douze ordinateurs répartis dans différentes salles sont à votre disposition pour vous faire vivre, à l'aide d'animations très détaillées, l'histoire de ce bâtiment. *(✆ 055 276 82 24 ou 055 276 85 58, www.museoragazzi.it. Bureau des réservations ouvert tlj 9h-13h et 15h-19h. Visites guidées en français tous les jours, groupes de 20 personnes max. Réservation conseillée. Entrée aux Appartements monumentaux 6 €, 18-25 ans 4,50 €. Activités 2 € supplémentaires, 18-25 ans 1 €.)*

La ville demanda à Michel-Ange et à Léonard de Vinci de peindre les murs du **Salone del Cinquecento**, la salle de réunion du Grand Conseil de la République. Ils ne purent terminer les fresques mais laissèrent les esquisses de *la Bataille de Cascina* et de *la Bataille d'Anghiari*, qui furent étudiées par des générations d'artistes florentins pour leur impressionnante représentation d'hommes et de chevaux dans d'étranges positions. Le minuscule **cabinet de travail de François Ier**, construit par Vasari, est orné de chefs-d'œuvre maniéristes. Parmi ces trésors, vous pourrez admirer les peintures de Bronzino, d'Allori et de Vasari ainsi que des statuettes en bronze de Jean Bologne et d'Ammannati. Le **Mezzanino**, quant à lui, renferme certaines des plus belles pièces du palais, dont le portrait de la poétesse Laura Battiferi par Bronzino et l'*Hercule et l'Hydre* de Jean Bologne. *(✆ 055 276 84 65. Palais ouvert 15 Juin-15 Sep, Ma., Me. et Sa. 9h-19h, Lu. et Ve. 9h-23h, Je. et Di. 9h-14h. Sep-Mai : Lu-Me et Ve-Sa 9h-19h, Je. et Di. 9h-14h. Palais 5,70 €, visite de la cour gratuite.)*

❤ **LE MUSÉE DES OFFICES.** Depuis la Piazza San Giovanni, descendez la Via Roma après la Piazza della Repubblica, à l'endroit où la rue devient la Via Galimala. Continuez jusqu'à la Via Vacchereccia puis tournez à gauche. Les **Uffizi** sont droit devant vous.

La galerie des **Offices** fut édifiée par Giorgio Vasari en 1554 pour Côme Ier, qui souhaitait de nouveaux "bureaux" (*uffizi*) pour diriger son duché de Toscane. Le musée des Offices reste aujourd'hui l'un des plus beaux musées du monde et, en tout cas, le plus dense. Le chemin passant entre les deux ailes principales du bâtiment, orné de lugubres colonnades, relie la Piazza della Signoria à l'Arno. De nombreux vendeurs vous proposeront, le long de la loggia de cet immense bâtiment uniforme, des bibelots et des copies des magnifiques œuvres que renferme le musée.

Au premier étage du musée des Offices proprement dit, les cabinets de dessins et d'estampes exposent une partie d'un vaste fonds qui n'est accessible dans sa totalité qu'aux universitaires. Au deuxième étage, le long couloir principal qui fait le tour du bâtiment abrite des sculptures antiques grecques et romaines en marbre, qui inspirèrent de nombreux artistes de la Renaissance. La collection, présentée par ordre chronologique, montre au visiteur les évolutions de la peinture florentine de la Renaissance, avec des comparaisons avec l'art allemand ou vénitien de la même période.

La **salle 2** contient des œuvres de la fin du XIIIe siècle et du début du XIVe siècle. On y découvre trois *Maestà* (immenses panneaux de la Vierge en majesté) réalisées par trois artistes différents : Cimabue, le premier artiste renommé de Florence, le Siennois Duccio di Buoninsegna, dont la profusion des couleurs dénote les origines "étrangères", et Giotto qui, par son utilisation informelle de la perspective et sa façon naturelle de peindre la chair, rompt déjà avec la rigidité du style gothique. La **salle 3** est consacrée à l'art siennois du XIVe siècle. Y sont exposées notamment les magnifiques œuvres de Simone Martini (notamment son étonnante *Annonciation*, où l'émotion est presque palpable) et celles des frères Lorenzetti. Les **salles 5** et **6** contiennent des exemples du style dit "gothique international", qui eut son heure de gloire dans les cours européennes à la fin du XIVe siècle.

La **salle 7** abrite deux œuvres mineures de Fra Angelico (appelé Beato Angelico dans les musées italiens), une *Vierge à l'Enfant* de Masolino et Masaccio (les personnages centraux ont été dessinés par Masaccio), ainsi que trois tableaux remarquables : la *Sacra Conversazione* de Domenico Veneziano, l'une des seules œuvres du peintre qui nous soient parvenues et des premières peintures à intégrer la Vierge et les saints dans un espace unifié ; le double portrait, foisonnant de détails, du duc Frederico da Montefeltro et de sa femme, Battista Sforza, par Piero della Francesca ; la célèbre *Bataille de San Romano* de Paolo Uccello (seul le panneau central du triptyque est exposé, le Louvre et la National Gallery de Londres détenant les deux autres). La **salle 8** contient les œuvres de Filippo Lippi, dont sa célèbre *Vierge à l'Enfant*. Les frères Pollaiuolo se partagent la **salle 9**, où réside également un tableau de Filippino Lippi, fils de Filippo, sans doute un faux.

Les **salles 10** à **14** sont entièrement consacrées à **Botticelli** : *Le Printemps*, *La Naissance de Vénus*, *La Vierge à la Grenade* et *Pallas et le Centaure* ont retrouvé leurs couleurs lumineuses depuis leur restauration. Dans la **salle 15** sont regroupées les œuvres de la Seconde Renaissance, en particulier la superbe *Annonciation* de **Léonard de Vinci** et son *Adoration des Mages*, tableau inachevé. Léonard de Vinci et les autres peintres de la Seconde Renaissance ont créé un idéal de beauté peut-être plus réaliste en apparence que la beauté figée de la plupart des œuvres de Lippi et de Botticelli. La **salle 18**, conçue par Buontalenti pour abriter les trésors des Médicis, est dotée d'une coupole nacrée et possède une belle collection de portraits, notamment la *Bia de' Medici* de Bronzino et le *Laurent le Magnifique* de Vasari. La **salle 19** renferme les tableaux des élèves de Piero della Francesca, le Pérugin (le *Portrait d'un jeune homme* est peut-être de Raphaël, lui-même élève du Pérugin) et Signorelli. Les **salles 20** à **22** font un petit détour inattendu par l'art d'Europe du Nord : vous y comparerez les deux versions complètement différentes d'*Adam et Eve*, l'une par le réaliste Albrecht Dürer et l'autre, plus torturée, par Cranach l'Ancien. La **salle 21** contient les œuvres des grands peintres vénitiens du XVe siècle. Examinez la célèbre *Allégorie sacrée* de Bellini, particulièrement émouvante, avant de vous consacrer à l'*Adoration des mages* de Mantegna, dans la **salle 23**.

Les **salles 25** à **27** sont consacrées aux peintres florentins. On y trouve l'unique peinture à l'huile de Michel-Ange, *La Sainte Famille* (*Doni Tondo*), une série de tableaux de Raphaël (notez le détail sur les anneaux de son portrait de Jules II), la célèbre *Vierge aux Harpies* d'Andrea del Sarto et les étonnants *Disciples d'Emmaüs* de Pontormo. La **salle 28** accueille la *Vénus d'Urbino* du Titien, tandis que l'aberrante *Vierge au long cou* du Parmigianino, symbole de la dérive maniériste de la fin de la Renaissance, se trouve dans la **salle 29**. Les **salles 31** et **32** regroupent des œuvres de Sebastiano del Piombo et Lorenzo Lotto. Le vestibule menant aux **salles 36** à **40** abrite un sanglier en marbre de l'époque romaine qui inspira le *Porcellino* de bronze qui orne la place du Mercato Nuovo. Les **salles 41** et **43-45** étant actuellement en cours de restauration, vous ne pourrez voir les œuvres de Rembrandt, Rubens et du Caravage qu'elles abritent. Vous pourrez néanmoins admirer le célèbre *Bacchus* du Caravage, temporairement exposé dans la salle 16.

Les Offices sont prolongés par le **couloir secret** édifié au-dessus du Ponte vecchio par Vasari, qui relie sur un kilomètre le Palazzo vecchio au Palazzo Pitti. Ce passage contient une remarquable galerie comprenant une section spécialement consacrée aux autoportraits d'artistes. Malheureusement, ces œuvres ne sont pas visibles, en raison des dégâts causés par l'inondation de 1966.

En mai 1993, une bombe qui éclata dans les Offices tua cinq personnes et détruisit des œuvres d'une valeur inestimable. Cet attentat à l'encontre d'un des plus grands symboles occidentaux de l'art et de la culture produisit un choc en Italie et bien au-delà. *(© 055 29 48 83. Audioguide 4,65 €. Ouvert Ma-Di 8h30-18h50. Entrée 8,50 €. Vous pouvez vous épargner des heures d'attente en achetant vos billets à l'avance. (Supplément 1,55 €. Paiement par carte de crédit.) Appelez le © 055 29 48 83.)*

PONTE VECCHIO. Le Ponte vecchio (Vieux Pont) est, comme son nom l'indique, le plus vieux pont de Florence. Construit à l'endroit où le lit de l'Arno est le plus étroit, il existe depuis l'époque romaine et fut l'unique pont de Florence jusqu'en 1218. Dans sa version actuelle, il date en fait de 1345. Au milieu du XVIe siècle, les Médicis décidèrent d'épargner aux banquiers et aux riches marchands traversant le pont les odeurs nauséabondes qui imprégnaient ce quartier alors populaire. Ils remplacèrent les bouchers et les tanneurs qui l'habitaient par des bijoutiers et des orfèvres, dont les boutiques de style médiéval s'alignent toujours sur le pont. Bien qu'officiellement ouvert à la circulation, le pont est envahi par des masses compactes de touristes et des musiciens de rues.

Le plus ancien pont de Florence fut aussi le seul à survivre aux bombardements allemands de la Seconde Guerre mondiale. En 1944, le général qui conduisait la retraite allemande refusa de détruire le Ponte vecchio, se "contentant" de le rendre infranchissable en démolissant les tours médiévales et les bâtiments qui le bordaient de chaque côté de l'Arno. Un conseil : allez sur le pont voisin, le ❤ **Ponte alle Grazie** (Pont des Grâces), afin d'admirer comme la silhouette du Ponte vecchio se fond dans la lumière du soleil couchant. *(En venant des Offices, tournez à gauche dans la Via Giorgofili, puis à droite quand vous atteignez l'Arno.)*

LE BARGELLO ET SES ENVIRONS

❤ **LE BARGELLO.** Ce palais du XIIIe siècle, situé au cœur de la vieille ville, fut jadis la résidence du *podestà* ("capitaine du peuple") avant d'être celle du chef de la police (*bargello*). Il devint logiquement une prison dans la cour de laquelle se pressait la foule des curieux venus assister aux exécutions publiques. Restauré au XIXe siècle, il abrite aujourd'hui le **Museo nazionale** (Musée national), consacré à la sculpture florentine. Vu de l'extérieur, le Bargello ressemble encore à une forteresse de trois étages. Dans la cour, on peut voir de magnifiques fenêtres arc-boutées ainsi que les ailes du bâtiment, ornées de sculptures débouchant sur des colonnades jusqu'à l'extérieur. Au 1er étage, sur la droite, dans le **Salone del Consiglio generale** (salon du conseil général), le *David* complètement nu de **Donatello** est un bronze qui illustre parfaitement le retour de plus en plus marqué à mesure qu'avançait la Renaissance, au naturel et à la sensualité, qui avaient caractérisé l'art de la Grèce classique. Comparez-le au *David* en marbre du même artiste, contre le mur de gauche. Le long du mur de droite sont installées les deux portes en bronze représentant *le Sacrifice d'Isaac*, réalisées par Ghiberti et Brunelleschi lors du concours organisé pour la construction des portes du baptistère (voir **Le baptistère**). Dans la loggia (également au 1er étage), on découvre une ménagerie d'animaux en bronze créée par Jean Bologne pour la grotte d'un jardin des Médicis. Au rez-de-chaussée, la première salle est consacrée aux premières œuvres de Michel-Ange. On y voit un *Bacchus ivre*, un beau buste de *Brutus*, un *Apollon* inachevé et un *tondo* (médaillon) représentant *la Vierge à l'Enfant*. Cellini est également présent avec ses modèles en bronze de *Persée* et le buste de Côme Ier. *L'Océan* de Jean Bologne trône dans la petite cour médiévale, tandis que son *Mercure* se tortille dans la salle Michel-Ange. *(V. del Proconsolo, 4, entre la cathédrale et la Piazza della Signoria. © 055 238 86 06. Audioguide 3,62 €. Ouvert tlj 8h15-13h50, fermé les deuxième et quatrième Lu. de chaque mois. Les horaires peuvent varier certains mois. Entrée 4 €.)*

LA BADIA. C'est là, en face du Bargello, de l'autre côté de la Via del Proconsolo, qu'était établi au Moyen Age le plus riche monastère de Florence. Enfoui au cœur d'un bâtiment résidentiel, sans façade, rien ne laisse soupçonner la présence d'un tel trésor. L'une des plus célèbres peintures de la fin du XVe siècle, *L'Apparition de la Vierge à saint Bernard* de Filippino Lippi, vous accueille à gauche en entrant dans l'inquiétante pénombre. Remarquez les fresques, très belles malgré leur piteux état, et les pilastres corinthiens. *(Entrée par la Via Dante Alighieri, au niveau de la Via del Proconsolo. © 055 24 44 02. Ouvert aux visites Lu 15h-18h.)*

LE MUSÉE D'HISTOIRE DES SCIENCES. Après avoir médité pendant des heures sur les grands artistes et écrivains italiens, laissez-vous intimider par les grands noms de la science qui habitent le **Museo di Storia della Scienza**. Vous pouvez y voir un nombre impressionnant de démonstrations et d'instruments scientifiques de la Renaissance, comme des télescopes, des maquettes astrologiques, le mécanisme des pendules ainsi que des maquettes en cire sur l'anatomie ou la naissance d'un enfant. Ne manquez surtout pas la **salle 4**, qui renferme de nombreux instruments de Galilée. Des guides détaillés se trouvent à droite de l'escalier d'entrée. *(P. dei Giudici, 1, derrière le Palazzo vecchio et le musée des Offices. © 055 29 34 93. Ouvert Lu. et Me-Ve 9h30-17h ; Ma., Sa. 9h30-13h et 1er Oct-31 Mai le deuxième Di. de chaque mois 10h-13h. Entrée 6,50 €.)*

LA MAISON DE DANTE. La **Casa di Dante** est prétendument similaire à celle de l'écrivain. Si vous lisez l'italien et vouez une admiration éternelle à l'œuvre de Dante, vous ne pourrez qu'apprécier cette exposition. Tout près se trouve la petite église délaissée et mélancolique où Béatrice, son grand amour, venait écouter la messe. Une plaque indique le lieu où, jour après jour, Dante la regardait passer sans jamais oser lui adresser la parole, ainsi qu'il le raconte dans sa *Vita Nova*. Après la mort prématurée de Béatrice, à laquelle il ne s'unit jamais, ni devant Dieu ni autrement, Dante fit d'elle le centre de son œuvre. Dans *la Divine Comédie*, c'est elle qui lui sert de guide à travers les sphères du paradis. *(A l'angle de la Via Dante Alighieri et de la Via Santa Margherita, à une rue du Bargello. © 055 21 94 16. Ouvert Lu. et Me-Sa 10h-17h, Di. 10h-14h. Entrée 3 €, 2 € par personne pour les groupes de 15 personnes et plus.)*

LA PIAZZA DELLA REPUBBLICA ET SES ENVIRONS

Les banquiers de Florence, qui introduisirent les lettres de change et le florin, firent la richesse de la ville et financèrent toutes les œuvres d'art que vous pouvez y admirer. Au début du XVe siècle, on comptait 72 banques à Florence, la plupart réunies autour du Mercato nuovo et de la Via Tornabuoni. Ce quartier est plus calme et plus résidentiel, car il possède moins de monuments.

❤ **L'ÉGLISE SANTA MARIA NOVELLA.** Au XVe siècle, les marchands les plus riches préférèrent souvent construire leur chapelle dans l'église Santa Maria Novella, située près de la gare actuelle. Cette église accueillait les frères de l'ordre des dominicains, également appelés *Domini canes* (ou "chiens de Dieu"), parce qu'ils faisaient la chasse au péché et à la corruption des âmes. Edifiée de 1279 à 1360, l'église possède une façade romano-gothique dont la partie inférieure est ornée de marbres blanc et vert. C'est Alberti qui conçut la partie supérieure de l'église à la demande de Giovanni Rucellai (ce dernier se fit ensuite construire une chapelle à l'intérieur). Le résultat est considéré comme l'un des chefs-d'œuvre d'architecture du début de la Renaissance. La façade, pure et symétrique, devance la reprise classique de la Seconde Renaissance. Les Médicis chargèrent Vasari de décorer l'intérieur de l'église de fresques célébrant leur famille. Ils firent même blanchir les autres parois de l'église pour ne laisser aucune trace de leurs rivaux. Heureusement, Vasari conserva la célèbre fresque de la ❤ *Trinité* de Masaccio, la première peinture à utiliser la perspective géométrique. Cette fresque donne l'illusion qu'un tabernacle se trouve dans le mur, sur le côté gauche de la nef. La **chapelle de Filippo Strozzi**, à droite du maître-autel, contient des fresques de Filippo Lippi, dont le portrait d'Adam, un peu verdâtre, celui d'Abraham et *La Torture de saint Jean l'Évangéliste*, d'un réalisme saisissant. Le tombeau de Filippo Strozzi, œuvre de Benedetto da Maiano, se trouve derrière l'autel. C'est à la suite d'un pari avec Donatello, à qui ferait le plus beau crucifix, que Brunelleschi réalisa celui en bois, très réaliste, qui se trouve dans la **chapelle Gondi**, à gauche du maître-autel. La **chapelle Tornabuoni** est décorée de remarquables fresques de Ghirlandaio. *(© 055 21 59 18. Ouvert Lu-Je et Sa. 9h30-17h, Ve. et Di. 13h-17h. Entrée 2,50 €, 18-25 ans 1,50 €.)*

L'église Santa Maria Novella est dotée d'un **cloître** dans lequel se trouvent des fresques de Paolo Uccello, dont *Le Déluge* et *Le Sacrifice de Noé*. Sur le côté du cloître, la **chapelle des Espagnols** est couverte de fresques du XIVe siècle d'Andrea di Bonaiuto. *(© 055 28 21 87. Ouvert Lu-Je et Sa. 9h-16h30, Di. 9h-14h. Entrée 2,60 €.)*

LA PIAZZA DELLA REPUBBLICA. Sur la plus grande place de Florence, les foules côtoient les artistes de rue à la nuit tombée. Une arche gigantesque qui donne sur la Via Strozzi marque la limite ouest de la place. Des cafés et des restaurants hors de prix bordent les autres côtés de la place, qui a remplacé en 1890 le *Mercato vecchio*, le vieux marché. L'inscription "Antico centro della città, da secolare squalore, a vità nuova restituito" ("l'ancien centre de la ville, sordide pendant des siècles, entame une vie nouvelle") fait référence, de manière péjorative, au passé de la place, où se trouvait l'ancien ghetto juif. La "libération des Juifs", dans les années 1860, leur permit de s'installer ensuite où ils le désiraient. La destruction de l'ancien marché était la première étape d'un plan visant à démolir les bâtiments historiques du centre-ville et à réaménager Florence. Heureusement, ce projet a échoué grâce à une campagne internationale.

L'ÉGLISE SANTA TRINITÀ. Afin de passer la vie éternelle en bonne compagnie, nombre de riches commerçants florentins firent également construire, outre des palais, des chapelles familiales dans cette église… La façade, dessinée par Bernardo Buontalenti au XVIe siècle, constitue un bel exemple d'architecture de la fin de la Renaissance. L'intérieur, d'un gothique sobre, est magnifique. Les quatre chapelles de droite sont ornées d'un cycle de fresques assez abîmées évoquant la vie de la Vierge. Sur l'autel se trouve une magnifique *Annonciation* de Lorenzo Monaco. Des scènes de *La Vie de saint François* par Ghirlandaio illuminent la **chapelle Sassetti**, à droite du transept. Le retable de *L'Adoration des bergers*, également de Ghirlandaio, est maintenant exposé aux Offices. Celui qui est exposé dans l'église est une copie. *(Piazza Santa Trinità. © 055 21 69 12. Ouvert Lu-Sa 8h-12h et 16h-18h, Di. 16h-18h.)*

LE NOUVEAU MARCHÉ. Les colonnes à la splendeur corinthienne soutenant les arcades du **Mercato nuovo**, construites en 1547, abritaient les échoppes des banquiers et des marchands de soie. Aujourd'hui, les marchands vendent aussi bien des portefeuilles, des ceintures, des vêtements, des fruits et légumes que de l'or et de l'argent, et ce, de l'aube au crépuscule. L'ironique statue *Il Porcellino* (le porcelet) de Pietro Tacca, représentant en fait un sanglier, fut ajoutée quelque 50 ans après que le marché eut ouvert pour la première fois. Elle est polie par les touristes car, paraît-il, frotter le groin de l'animal porte bonheur. *(V. Calimala, entre la Piazza della Repubblica et le Ponte vecchio.)*

PALAZZO DAVANZATI. Au XVe siècle, période de grande prospérité pour la ville, les banquiers et les marchands faisaient étalage de leur richesse en construisant des palais toujours plus somptueux. L'un des tout premiers fut le Palazzo Davanzati. Aujourd'hui, ce palais aux hauts plafonds abrite le **Museo della Casa fiorentina antica**. Avec son mobilier d'époque (originaux et reproductions), ses fresques restaurées, ses décorations et ses portes en bois, ce musée recrée la vie luxueuse des riches marchands du Quattrocento. *(V. Porta Rossa, 13. © 055 238 86 10. Ouvert tlj 8h30-13h50. Fermé les premier, troisième et cinquième Lu. et deuxième et quatrième Di. de chaque mois. Vidéo à 10h, 11h et 12h au 4e étage.)*

PALAZZO STROZZI. A la relative austérité encore médiévale de la façade du Palazzo Davanzati succède un style plus élégant et raffiné. Le Palazzo Strozzi, commencé en 1489 et peut-être le plus majestueux de tous occupe toute une rue. Avec ses lignes harmonieuses et son imposante façade à trois étages constituée de blocs bombés de pierre brune, c'est le palais florentin par excellence. Il abrite désormais plusieurs instituts culturels, fermés au public, et organise de temps en temps des expositions de collections d'art, cette fois ouvertes à tous. La cour, ouverte au public, vaut le coup d'œil pour sa loggia et ses grandes fenêtres. *(V. Tornabuoni, au niveau de la Via Strozzi. Entrez par la Piazza della Strozza. © 055 28 53 95.)*

SAN LORENZO ET LE NORD DE LA VILLE

❤ LA BASILIQUE SAN LORENZO. Les Médicis se sont approprié toute une partie de la ville au nord de la cathédrale afin d'y construire leur propre église, la **Basilica San Lorenzo**, et leur propre palais (voir plus loin). San Lorenzo, un autre exemple de la clarté et du sens des proportions du début de la Renaissance, fut commencée en 1419 d'après les plans de Brunelleschi. Les Médicis prêtèrent à la ville l'argent nécessaire à la construction de l'église, en échange de quoi ils gardèrent le contrôle de sa conception. Leurs armoiries, avec les six boules rouges, sont gravées partout à l'intérieur de l'édifice. Leurs tombeaux remplissent les deux sacristies et la **Capella dei Principi** (chapelle des princes, voir plus loin), derrière l'autel. Côme Ier est astucieusement placé devant le maître-autel, ce qui fait de la basilique son mausolée personnel. Michel-Ange avait été choisi pour décorer l'extérieur de la basilique mais les fonds manquèrent. Dégoûté des politiciens florentins, il abandonna le projet pour partir étudier l'architecture à Rome, et les murs restèrent nus. *(Ouvert Lu-Sa 10h-17h. Entrée 2,50 €.)*

Les **❤ chapelles Médicis** sont sur la Piazza della Madonna degli Aldobrandini, derrière la basilique San Lorenzo. Mausolée grandiose, la **Cappella dei Principi** (chapelle des princes, XVIIe-XVIIIe siècles) de Matteo Nigetti est une imitation du baptistère. En dehors des portraits dorés des ducs de Médicis, la décoration constitue l'un des rares exemples de baroque visible à Florence, avec tout ce que ce style peut avoir de pompeux. La **Nouvelle Sacristie** (1524), œuvre de Michel-Ange, plus ancienne en dépit de son nom, est au contraire d'une beauté sobre qui dénote l'influence de Brunelleschi. Les sculptures qui ornent les **tombeaux** de Julien de Médicis et de Laurent II, représentant les différents moments d'une journée, sont également de lui. Sur le tombeau du belliqueux Julien se trouvent les figures allégoriques du *Jour* (l'homme alerte) et de *la Nuit* (la femme endormie). Sur le tombeau de Laurent II, grand protecteur des arts, sont sculptés *l'Aurore* (une femme qui refuse de se réveiller) et *le Crépuscule* (un homme fatigué après une journée de labeur). La femme attire particulièrement l'attention. Son manque de naturel est peut-être dû au fait que Michel-Ange refusait de travailler à partir de modèles féminins, ce qui explique une certaine androgynie des personnages. Dans les deux cas, les couples représentent la vie et la mort. Dans une salle sous la Nouvelle Sacristie, vous pouvez voir des esquisses de Michel-Ange. *(Faites le tour pour gagner l'entrée sur la P. Madonna degli Aldobrandini. Ouvert tlj 8h15-17h. Fermé les deuxième et quatrième Di. et les premier, troisième et cinquième Lu. du mois. Entrée 6 €.)*

A côté, la **Biblioteca Medicea-Laurenziana** (Bibliothèque Laurentienne) illustre encore une fois la virtuosité de Michel-Ange, qui sut utiliser toutes les ressources de l'architecture classique pour construire le fameux portique de l'entrée. L'escalier de granit *pietra serena* constitue l'une de ses créations les plus originales. La bibliothèque abrite l'une des plus importantes collections de manuscrits au monde. *(© 055 21 07 60. Ouvert tlj 8h30-13h. Entrée incluse dans le billet pour les chapelles.)*

❤ **LE MUSÉE DE L'ÉGLISE SAN MARCO.** Le **Museo della Chiesa di San Marco**, l'un des endroits les plus paisibles de Florence, rassemble de nombreux chefs-d'œuvre de Fra Angelico, dont le retable autrefois exposé dans l'église. A l'étage se trouve son *Annonciation* la plus célèbre, peinte dans des tons particulièrement vifs et chatoyants. Les cellules des moines dominicains contiennent chacune une fresque du maître. Leur composition simple et leurs couleurs un peu ternes devaient inciter à la méditation. Dans la bibliothèque de Michelozzo, on retrouve toute la sérénité de son maître en architecture, Brunelleschi. Côme de Médicis, protecteur de ce couvent, s'y retira à la fin de sa vie. Sa cellule est, comme par hasard, la plus grande... Vous trouverez aussi dans ce monastère la cellule de Savonarole, où vous pourrez voir certains de ses objets personnels. Sur le chemin de la sortie, vous passerez devant deux salles abritant le **Museo di Firenze antica** (musée de la Florence antique), qui mérite bien une petite visite. De nombreux fragments archéologiques y sont exposés, dont la plupart proviennent d'édifices étrusques et romains découverts dans le quartier. *(Entrée par la P. di San Marco, 3. ✆ 055 238 86 08 ou 055 238 87 04. Ouvert tlj 8h15-18h50, fermé les deuxième et quatrième Lu. et les premier, troisième et cinquième Di. du mois. Entrée 4 €, citoyens de l'Union Européenne âgés de 18 à 25 ans 2 €. Gratuit pour les plus de 65 ans et les moins de 18 ans.)*

LA GALERIE DE L'ACADÉMIE. Le triomphant ❤ *David* de Michel-Ange, sûr de sa perfection, se dresse au centre d'une rotonde spécialement conçue pour l'abriter. Présidant autrefois la Piazza della Signoria, il fut apporté ici après que son poignet gauche eut été brisé en deux endroits lors d'une émeute en 1873.

Ne vous inquiétez pas si le vrai *David* vous semble différent de sa copie, à la tête légèrement plus grosse, qui se trouve devant le Palazzo vecchio. Il y a une explication, même si les deux statues sont pratiquement identiques. Etant donné que le *David* de l'**Accademia** est posé sur un socle très élevé, il faut rectifier la distorsion que subit le regard. C'est pourquoi Michel-Ange lui a sculpté une tête et un torse aux dimensions plus importantes.

Dans le passage menant au *David* se tient le groupe des *Prisonniers*, quatre statues que Michel-Ange décida de ne pas achever. Imaginant qu'un chef-d'œuvre était emprisonné dans chaque pierre, il sculpta les blocs juste assez pour faire émerger leur visage de la pierre. Ces statues illustrent la philosophie minimaliste que Michel-Ange appliquait à la sculpture. Ne manquez pas la belle collection de triptyques gothiques, au second étage ainsi que dans la salle n° 2, ni les icônes russes de la dernière salle. *(V. Ricasoli, 60, entre les églises San Marco et Santissima Annunziata. ✆ 055 23 88 609. La plupart des salles sont accessibles aux handicapés. Ouvert 15 Juin-15 Sep, Ma-Ve 8h30-18h50 et Sa. 8h30-22h. 16 Sep-14 Juin : Ma-Di 8h30-18h50. Entrée 6,20 €.)*

LE PALAIS DES MÉDICIS. L'architecte Michelozzo fut choisi par Côme de Médicis pour construire le **Palazzo Medici Riccardi**, édifié à partir de 1444. Avec ses fenêtres en ogive et celles dessinées par Michel-Ange sur la façade sud-ouest, le palais de Michelozzo marque le début d'un nouveau style architectural pour les palais et apparaît comme un archétype des *palazzi* de la Renaissance. A l'intérieur, la **chapelle** est décorée de fresques murales du XVe siècle de Benozzo Gozzoli représentant ❤ *Les Rois mages* et les membres de la famille Médicis. Le palais accueille également de nombreuses petites expositions, de l'hommage à Fellini (avec souvenirs du maître) à des esquisses architecturales. *(V. Cavour, 3. ✆ 055 276 03 40. Ouvert tlj 9h-13h et 14h-19h. Entrée adulte 4 €, enfant 2,50 €.)*

L'HÔPITAL DES INNOCENTS. Il s'agirait du premier orphelinat construit en Europe : en tout cas, il n'en reste aujourd'hui nulle part de plus ancien. Certaines parties de l'**Ospedale degli Innocenti** trahissent encore sa fonction originelle, ainsi ce cylindre de pierre mobile sur lequel les mères déposaient les enfants qu'elles ne se sentaient pas capables d'élever. Elles actionnaient alors la cloche afin d'avertir le personnel de l'orphelinat, qui faisait pivoter la pierre pour accueillir le bébé. La loggia aménagée sur la droite du bâtiment, conçue par Brunelleschi et construite dans les années 1420, fut copiée un siècle plus tard, de l'autre côté de la Piazza Santissima Annunziata, par Antonio da Sangallo. La statue équestre de Ferdinand de Médicis domine la place. La **Galleria dell'Ospedale degli Innocenti** (galerie de l'hôpital des innocents), très lumineuse, contient *La Vierge et l'ange* de Botticelli et l'*Epiphanie* de Ghirlandaio. *(P. Santissima Annunziata. © 055 203 73 08. Ouvert Je-Ma 8h30-14h. Entrée 2,60 €.)*

LE MUSÉE ARCHÉOLOGIQUE. Sa façade jaune pâle et les rares indications le concernant donnent une fausse impression de ce musée qui abrite en fait une grande diversité d'objets et qu'il serait dommage de manquer. En effet, on peut y voir une remarquable collection de statues et autres monuments d'origine étrusque ou provenant de la Grèce antique et de l'ancienne Egypte. Une longue galerie en forme de couloir, sur deux étages, bordée par une cour ornée de plantes et d'arbres, donne à voir des bijoux étrusques. Dans presque toutes les autres villes du monde, les foules se presseraient dans ce musée mais, à Florence, vous pouvez apprécier la visite sans vous faire bousculer. Admirez le bijou du musée, la *Chimera d'Arezzo* (la Chimère d'Arezzo). *(V. della Colonna, 38. © 055 23 575. Ouvert Lu. 14h-19h, Ma. et Je. 8h30-19h, Me. et Ve-Di 8h30-14h. Entrée 4 €.)*

LE MARCHÉ CENTRAL. A deux rues de San Lorenzo se tient le **Mercato centrale**, où vous pouvez acheter de la viande, du fromage ou du vin (au rez-de-chaussée) et des fruits et légumes (au premier étage). Ce marché, construit dans les années 1920 avec des balustrades en fer forgé et des escaliers entrelacés qui relient les étages, est le meilleur endroit où acheter des denrées à petit prix pour votre pique-nique dans les jardins Boboli. Vous trouverez, comme toujours, des vêtements et des articles en cuir sur la Piazza del Mercato Centrale et dans les rues avoisinantes.

LA PIAZZA SANTA CROCE ET SES ENVIRONS

❤ **L'ÉGLISE SANTA CROCE.** Les franciscains édifièrent leur église le plus loin possible de leurs rivaux dominicains, installés à Santa Maria Novella. Malgré les principes ascétiques de l'ordre de saint François, cette église, essentiellement gothique, est proprement somptueuse et c'est peut-être la plus belle de la ville. La nef était à l'origine décorée de fresques peintes par Andrea Orcagna. Si vous n'avez jamais entendu parler de cet artiste, c'est sans doute à cause de Vasari, qui non seulement détruisit toutes ses fresques, mais ne daigna même pas l'inclure dans sa *Vie des artistes* (1550). A droite de l'autel, les fresques de la **Cappella Peruzzi** rivalisent de beauté avec celles de la **Cappella Bardi**. Les unes et les autres sont l'œuvre de Giotto et de ses élèves, mais malheureusement elles vieillissent mal et se décolorent. Bien des Florentins célèbres sont enterrés ici : Michel-Ange repose dans un tombeau conçu par Vasari (sur le bas-côté droit), tandis que l'humaniste Leonardo Bruni est représenté tenant son *Histoire de Florence* sur un tombeau dessiné par Bernardo Rossellino. Entre les deux tombeaux se tient une *Annonciation* de Donatello en pierre, rehaussée d'or. L'église contient également le tombeau de Dante mais celui-ci est vide : Dante, exilé par les Florentins, mourut à Ravenne et son corps n'a jamais été rapatrié, en dépit du vœu de ses concitoyens repentants. Plus près de l'autel, le tombeau de Machiavel est décoré avec profusion. Sur le bas-côté droit se trouve celui de Galilée. *(© 055 24 46 19. Ouvert 15 Mar-15 Nov Lu-Sa 9h30-17h30, Di et jours fériés 15h-17h30, 16 Nov-14 Mar Lu-Sa 9h30-12h30 et 15h-17h30, Di et jours fériés 15h-17h30. Entrée 4 €, moins de 18 ans 2 €.)*

Le **Museo dell'Opera di Santa Croce** fut gravement touché par les inondations de 1966 qui endommagèrent de nombreuses œuvres, dont la célèbre *Crucifixion* de Cimabue. Le musée occupe trois côtés de la paisible cour, bordée d'allées de gravier et de cyprès. L'ancien réfectoire des moines contient une fresque pleine d'imagination, *L'Arbre de la Croix* de Taddeo Gaddi, et, au-dessous, une *Cène* du même artiste. L'imposante église Santa Croce contraste avec la délicate petite ❤ **Cappella Pazzi** de Brunelleschi, de l'autre côté du premier cloître, un lieu idéal où reprendre des forces, entre les pilastres *pietra serena*, très travaillés, les apôtres et les évangélistes de Luca della Robbia. Vous y verrez également les statues des évangiles de Donatello. *(Entrée par la loggia en face de la Capella Pazzi. Ouvert Je-Ma 10h-19h. Entrée incluse dans le billet pour l'église.)*

LA SYNAGOGUE DE FLORENCE. Egalement connue sous le nom de **Museo del Tempio israelitico**, cette synagogue, cachée derrière des grilles et des murs, attend que vous découvriez ses dômes de style néomauresque, ses arches en fer à cheval et ses dessins. David Levi, un riche homme d'affaire florentin, céda sa fortune en 1870 pour que fût construit un "temple monumental digne de Florence". Les Juifs avaient en effet été autorisés à vivre et à célébrer leur culte en dehors du ghetto. Considérée comme l'une des plus belles synagogues d'Europe, celle de Florence fut édifiée entre 1872 et 1874 par les architectes Micheli, Falchi et Treves. Des visites guidées gratuites et très intéressantes sont dispensées toutes les heures. Il faut réserver. *(V. Farini, 4, au niveau de la Via Pilastri. © 055 24 52 52 ou 055 24 52 53. Ouvert Di-Je 10h-18h, Ve. 10h-14h. Entrée 4 €.)*

CASA BUONARROTI. Ce modeste petit musée renferme des souvenirs de Michel-Ange ainsi que deux de ses premières œuvres les plus importantes, à savoir *La Vierge à l'escalier* et *Le Combat des Centaures*. Ces deux tableaux sont à gauche quand vous arrivez au premier étage. Il réalisa ces panneaux, qui montrent son évolution des bas-reliefs vers la sculpture, à l'âge de 16 ans. *(V. Ghibellina, 70. Suivez la Via de' Pepi depuis la Piazza Santa Croce puis tournez à droite dans la Via Ghibellina. © 055 24 17 52. Ouvert Me-Lu 9h30-14h. Entrée 6,50 €.)*

L'OLTRARNO

De l'autre côté de l'Arno se trouve un quartier vivant, sans prétention. Vous avez sûrement déjà traversé le Ponte vecchio en direction de l'Oltrarno mais nous vous conseillons de rebrousser chemin et de marcher vers la Via Maggio, une rue qui longe des *palazzi* de la Renaissance devant lesquels, pour la plupart, vous trouverez des panneaux explicatifs. Dirigez-vous vers le Ponte Santa Trinita, qui vous offrira de magnifiques vues sur le Ponte vecchio. Traînez un peu sur la Piazza San Spirito, arpentez le marché pendant la journée ou admirez le spectacle des artistes de rue à la nuit tombée.

❤ **LE PALAIS PITTI.** Luca Pitti, un riche banquier parvenu du XVe siècle, construisit le **Palazzo Pitti** à l'est de Santo Spirito, au pied de la colline Boboli. Les Médicis achetèrent le palais avec la colline en 1550 et le firent agrandir. Il servit un temps de résidence royale sous la brève monarchie italienne (dont Florence fut la capitale dans la seconde moitié des années 1860). Une grande place se trouve juste devant et il abrite aujourd'hui une galerie et quatre musées. *(Guichet et informations © 055 29 48 83. Billet pour la galerie, les musées et les jardins Boboli 10,50 €, valable 3 jours.)*

La ❤ **Galleria palatina**, qui ouvrit ses portes en 1833, fut l'un des premiers musées publics de la ville. Aujourd'hui, elle abrite la deuxième collection de Florence en importance (après celle des Offices) et possède une impressionnante quantité d'œuvres de la Renaissance, notamment de remarquables tableaux de Raphaël (la plupart sous verre), de Titien, d'Andrea del Sarto, de Rosso, du Caravage et de Rubens. La salle Putti et le salon de musique présentent surtout des peintures flamandes. Pendant que vous visitez les salles, n'oubliez pas de lever la tête de temps en temps pour admirer les superbes fresques des plafonds. Les **Appartamenti reali** (Appartements royaux) se trouvent en fin de visite. Leur magnificence témoigne de l'époque où la maison de Savoie régnait sur l'Italie et habitait les lieux. *(Ouvert Di-Ve 8h30-21h et Sa. 8h30-24h. Entrée pour la Galleria et les Appartements royaux 6,50 €.)*

La **Galleria d'Arte moderna** contient les tableaux préimpressionnistes de l'école de Macchiaioli. Elle possède également une bonne collection d'œuvres néoclassiques et romantiques ainsi que le groupe de statues *Abel et Caïn* de Giovanni Dupré. La **Galleria del Costume** (musée du Costume) regroupe les plus beaux échantillons de la garde-robe des Médicis. *(Ouvert tlj 8h15-13h50, fermés les premier, troisième et cinquième Lu. et les deuxième et quatrième Di. de chaque mois. Entrée pour la Galerie d'art moderne et le musée du costume 5 €.)* Le **Museo degli Argenti** (musée de l'Argenterie), au sous-sol, contient les trésors des Médicis. Vous vous promènerez parmi les pierres précieuses, les ivoires, l'argenterie et la belle collection de vases de Laurent le Magnifique. *(Ouvert 8h15-19h30. Entrée 2 €.)*

LES JARDINS BOBOLI. Ce parc très bien aménagé, parfait exemple du jardin de style Renaissance, vous offre une magnifique vue de Florence et de la campagne avoisinante. C'est également l'endroit idéal où pique-niquer dans la ville. Derrière le palais se cache, en haut de la colline, une grande pelouse ovale au milieu de laquelle se dresse un obélisque égyptien. Des statues de marbre marquent ses limites. De labyrinthiques avenues de cyprès conduisent les promeneurs vers des fontaines moussantes où se tiennent des nus, et vers des aires de pique-nique ombragées. Au fond du jardin se cache le délicat **musée de la porcelaine**, qui expose de belles céramiques ayant appartenu aux Médicis. *(Ouvert en été tlj 8h15-19h30, en hiver 8h15-16h30. Entrée pour les jardins et le musée de la porcelaine 4 €.)*

L'ÉGLISE SANTA MARIA DEL CARMINE. A l'intérieur, la ❤ **chapelle Brancacci** abrite de magnifiques fresques du XVe siècle. En 1424, Felice Brancacci demanda à Masolino et à Masaccio de décorer la chapelle de scènes de la vie de saint Pierre. C'est probablement Masolino qui esquissa les fresques, utilisant des techniques de perspective révolutionnaires pour l'époque, mais ce fut Masaccio qui exécuta le gros du travail. Cinquante ans plus tard, Filippino Lippi compléta le cycle de fresques. L'*Adam et Eve* de Masolino fait face à l'*Adam et Eve chassés du Paradis*, caractéristique du style de Masaccio, où il démontre l'originalité de son talent en privilégiant la profondeur psychologique aux dépens de toute idéalisation. Des œuvres telles que *le Paiement du tribut* ont constitué un exemple et une source d'inspiration pour de nombreux autres artistes, à commencer par Michel-Ange. La nef de l'église est fermée au public, mais vous pourrez la voir depuis la chapelle située dans l'aile principale, un peu sombre mais néanmoins très belle car entièrement recouverte de fresques. *(Ouvert tlj 9h-12h. Entrée libre. Chapelle ouverte Lu et Me-Sa 10h-17h, Di 13h-17h. Entrée 4 €, billet couplé avec le palazzo Vecchio 8 €.)*

L'ÉGLISE SANTO SPIRITO. L'extérieur de la **Chiesa di Santo Spirito**, plutôt terne, contraste avec son intérieur Renaissance, considéré par beaucoup comme l'un des plus simples et des mieux proportionnés au monde. Les dessins de Brunelleschi étaient incontestablement en avance sur leur temps. L'artiste avait prévu quatre nefs entourées de chapelles qui devaient apparaître à l'extérieur comme autant de protubérances créant sur la façade un mouvement d'ondulation. Après la mort de Brunelleschi, survenue alors que le projet entrait à peine dans sa phase de réalisation, on construisit un édifice un peu plus traditionnel. Ses colonnes hautes et fines ainsi que la claire-voie laissant passer des rayons du soleil la rendent spacieuse et lumineuse. L'église Santo Spirito est une merveille d'équilibre et d'harmonie. *(© 055 21 00 30. Ouvert Lu-Ma et Je-Ve 8h30-12h et 16h-18h, Me. 8h30-12h, Di. 8h-12h et 16h-19h.)*

SAN MINIATO AL MONTE ET SES ENVIRONS

❤ **L'ÉGLISE SAN MINIATO AL MONTE.** Cette église, l'une des plus anciennes de Florence, est un bel exemple d'architecture romane. La façade en marbre ornée de mosaïques du XIIIe siècle annonce l'étonnant pavement de l'intérieur, décoré de lions, de colombes et de signes astrologiques. A l'intérieur, la **chapelle du cardinal du Portugal** contient une collection de terres cuites de Della Robbia. Assurez-vous de faire le tour de l'église et de visiter le cimetière : vous y verrez une étonnante profusion de tombes et de mausolées, réalisés dans des styles architecturaux très différents. *(Prenez le bus n° 13 à partir de la gare, ou gravissez les marches depuis le Piazzale Michelangelo. © 055 234 27 31. Eglise ouverte tlj 7h30-19h.)*

LE PIAZZALE MICHELANGELO. Cette esplanade, aménagée en 1860, offre l'un des plus beaux points de vue sur Florence. Le coucher du soleil est le moment idéal pour en profiter. Aménagé en vaste parking, le piazzale est aujourd'hui le point de chute de nombreux cars de touristes durant l'été. A l'occasion, il accueille aussi des concerts. Mais c'est surtout la vue, ainsi que la copie du célèbre *David* de Michel-Ange placé sur un piédestal au centre du piazzale, qui donne son cachet à l'endroit. *(Franchissez le Ponte vecchio et tournez à gauche. Traversez la place puis prenez à droite la Via de' Bardi. Poursuivez votre escalade tandis que la Via de Bardi devient la Via del Monte alle Croci, d'où un escalier partant sur la gauche vous mènera au Piazzale Michelangelo.)*

SORTIES

Chacun sait que Florence livre depuis plusieurs années une bataille à l'Angleterre pour savoir qui des deux est à l'origine du football moderne... De fait, en juin, les différents *sestieri* (quartiers) de la ville participent au **calcio storico**, ancêtre du football. Deux équipes de 27 joueurs, en costumes traditionnels, s'affrontent balle de bois au pied sur l'une des places de la ville. L'épreuve sportive se termine parfois en bagarre générale. Renseignez-vous dans les journaux ou à l'office de tourisme pour savoir quand se déroulent les parties. Pour un véritable match de football, avec les stars de la Fiorentina, allez au **stadio**, au nord de la ville. Les billets (à partir de 16 €) sont vendus au **Box Office** et au bar situé en face du stade.

Pour la **Saint-Jean-Baptiste** (San Giovanni Battista), un formidable feu d'artifice éclate le 24 juin sur la Piazza Michelangelo (bien visible depuis l'Arno) à partir de 22h. Des festivals de musique ont lieu tout l'été. Le festival de musique classique **Maggio Musicale** se déroule à partir de fin avril, comme son nom ne l'indique pas. L'**Estate Fiesolana** (Juin-Août) propose dans le théâtre romain de Fiesole des concerts, des opéras, des ballets et des projections de films.

En été, dans le cadre du festival **L'Europa dei Sensi**, on peut assister chaque soir à des **Rime Rapanti**, des spectacles alliant musique, poésie et art culinaire (à travers des spécialités caractéristiques d'un pays européen invité). Appelez le bureau d'information pour vous renseigner ou réserver. (✆ 055 263 85 85, www.rimerampanti.it.) La même organisation accueille également le plus moderne **Pavoniere**, avec concerts, billard, bar et pizzeria, à l'Ippodromo delle Cascine (le long de la rivière après la gare ferroviaire). Appelez le ✆ 055 321 75 41 pour vous renseigner ou réserver.

En septembre, la **Festa dell'Unità** programme des concerts aux Campi Bisenzia (accessible par le bus n° 30). Enfin, la **Festa del Grillo** (fête du grillon) a lieu le premier dimanche après l'Ascension. Les criquets, enfermés dans de minuscules cages en bois, sont amenés dans le Parco delle Cascine pour être relâchés dans l'herbe. Cette fête vient, dit-on, de la tradition qui consistait pour les hommes à placer un grillon devant la porte de leur bien-aimée pour lui donner la sérénade.

SHOPPING

Les **boutiques chic** qui bordent la Via Tornabuoni et les orfèvres hors de prix qui s'entassent sur le Ponte Vecchio visent une clientèle aisée. Max Mara reste le créateur le moins cher, c'est vous dire ! Si vous souhaitez néanmoins compléter votre parure, faites un tour chez **Vaggi**, Ponte Vecchio 2/6r et 20r. Les petits pendentifs démarrent à 25 €. Pour des boucles d'oreille en or 18 K, comptez 40 € et plus. Vous pouvez même obtenir une remise sur présentation de votre *Let's Go*. (✆ 055 21 55 02. Ouvert Lu-Sa 9h-19h30.)

Florence contribue à l'*alta moda* en organisant, deux fois l'an, le **Pitti Uomo**, l'un des grands rendez-vous européens du prêt-à-porter masculin (en janvier et en juillet). Les boutiques de mode féminine sont ici plus créatives et de plus petite taille que celles de Rome ou de Milan, qui bien souvent appartiennent à de grandes marques.

L'artisanat local est vendu sur les marchés. **San Lorenzo**, le plus grand, le moins cher et le plus touristique, s'étale autour de la Piazza San Lorenzo. On y trouve, outre les inévitables souvenirs pour touristes, des objets en cuir, en laine, en tissu ou en or. (Ouvert Lu-Sa de 9h jusqu'après la tombée de la nuit.) Les prix sont rarement élevés mais la marchandise n'est pas de très bonne qualité. **T-Show**, V. Guicciardini, 15 r, est une boutique de deux étages qui propose une quantité impressionnante de tee-shirts, de sacs et de souvenirs *made in Italia* (✆ 055 284 738. Ouvert Lu-Sa 9h30-19h30, Di 10h-19h. Cartes Visa, MC.)

Au **Parco delle Cascine**, un parc qui commence près de la Piazza Vittorio Veneto et s'étire le long de l'Arno, on trouve de tout, des pots de fleurs aux perroquets. On peut également y acheter des vêtements et des chaussures. La nuit, le parc devient le domaine des travestis et de leurs clients. Un marché aux puces spécialisé dans les meubles anciens, les cartes postales et tout un tas de vieux objets se trouve sur la **Piazza Ciompi**, près de la Via Pietrapiana. C'est l'un des meilleurs de la ville. (Ouvert Ma-Sa.) Même si le prix est affiché, vous pouvez tenter de marchander. L'usage est de proposer la moitié de ce que l'on vous en demande au départ, tout en gardant en tête la limite que vous êtes décidé à ne pas dépasser.

Pour des souvenirs d'ordre culinaire, faites un tour chez **Gastronomia Tassini**, V. Apostoli, 24r. Vous y trouverez quantité de sauces en pot – pesto, olives, *cinghiale* (sanglier), *tartufo*... – à partir de 2 €. Le propriétaire Giorgio consent des réductions aux lecteurs de *Let's Go*, et vous fournira gracieusement recettes de cuisine et conseils avisés. Tous les articles sont soigneusement emballés dans du papier bulles pour que vous puissiez les ramener sans casse à la maison. (✆ 055 282 696. Ouvert Lu-Sa 8h30-14h et 16h30-17h30. Cartes Visa, MC.) Chez **Exprimenta**, V. dello Studio 25r, préparez-vous à vivre de nouvelles expériences, comme prendre un bain de pétales de rose ou vous couvrir de chocolat. Cette boutique propose des produits de bains originaux, notamment des shampoings, des savons et des lotions pour le corps aux arômes uniques. Que vous choisissiez olive ou *caffè*, vous serez surpris par le réalisme des odeurs. (✆ 055 210394. Savon 3 €, lotions et shampoings 8-10 €. Ouvert 10h-13h30 et 14h30-19h30. Cartes Visa, MC.)

Les **livres** et les **reproductions d'œuvres d'art** sont les meilleurs souvenirs que vous puissiez rapporter de Florence. Le célèbre **Alinari**, V. della Vigna Nuova, 46-48r, assure détenir la plus grande collection de reproductions d'œuvres d'art et de photographies du monde. (A partir de 25 € la pièce. ✆ 055 21 89 75. Ouvert Ma-Ve 9h-13h et 14h30-18h30, Sa 9h-13h.) La petite boutique **Abacus**, V. de' Ginori, 30r (✆ 055 21 97 19), est l'une des nombreuses papeteries qui vendent de très beaux albums de photos, des journaux intimes et des agendas en cuir fin et en *carta fiorentina*, un papier recouvert de motifs floraux enchevêtrés. Vous pouvez même observer le travail des artistes. Les **articles en cuir** de Florence sont généralement de grande qualité et d'un prix plutôt raisonnable. On peut acheter ces objets un peu partout en ville, mais les meilleurs magasins sont dans la Via della Porta Santa Maria et sur la Piazza Santa Croce. L'un des meilleurs endroits où acheter des produits en cuir se cache dans l'une des plus belles églises de Florence : l'**école du cuir de Santa Croce**, à l'arrière de l'église, propose les plus beaux articles de la ville à de très bons prix. (Le dimanche, utilisez l'entrée V. San Giuseppe, 5r. ✆ 055 24 45 33 ou 055 247 99 13, www.leatherschool.it. Ouvert Mar-Nov Lu-Sa 9h30-18h30, Di. 10h30-12h30 et 15h-18h. horaires variables le reste de l'année.) **NOI**, V. delle Terme, 8, vend des créations haut de gamme pour une clientèle aisée, mais possède aussi des articles plus accessibles. Portefeuilles à partir de 25 €, sacs 60-200 €, vestes à partir de 250 €. (Réduction de 10 % sur présentation de votre *Let's Go*.)

LA BONNE AFFAIRE

LES MAGASINS D'USINE

Les grandes marques comme Gucci possèdent toutes des magasins d'usine dans les environs de Florence. Les prix peuvent être jusqu'à 50 % moins chers que ceux pratiqués en ville. Cela vaut le coup de faire une infidélité aux musées...

The Mall (✆ 055 86 577 750) regroupe les magasins de Gucci, Yves Saint-Laurent, Bottega Veneta, Loro Piana, Giorgi Armani et Sergio Rossi. De la gare Santa Maria Novella, prenez le train jusqu'à Rignano Sull'Arno puis un taxi (✆ 055 865 71 63 ou 347 886 27 31) pour Leccio. Ouvert Lu-Ve 9h-19h, Di 15h-19h.

Dolce et Gabbana (✆ 055 833 13 00). De Florence, prenez le train local pour Montevarchi (un trajet d'environ 40 mn sur la ligne des Abruzzes). Un taxi jusqu'au magasin d'usine revient à environ 11 €. Ouvert Lu-Ve 9h-19h, Di 15h-19h.

Prada (✆ 055 919 05 80). De Florence, prenez le train local pour Montevarchi. Un taxi jusqu'au magasin d'usine revient à environ 11 €. Ouvert Lu-Ve 9h30-19h, Di 14h-19h.

Une autre possibilité pour rejoindre les magasins d'usine consiste à prendre un **bus navette** (25 € a/r) depuis Florence. Départs Lu-Sa 9h30 (retour 13h30) et 14h30 (retour 18h30), Di 14h30 (retour 18h30). Téléphonez au ✆ 055 865 77 75 pour réserver. Pour plus d'informations www.outlet-firenze.com.

Julie Wecsler, 2004

VIE NOCTURNE

Pour connaître le programme des manifestations florentines, consultez le *Firenze Spettacolo* (2 €). Les saltimbanques de rue amusent les touristes près de la cathédrale, des arcades du Mercato nuovo, de la Piazza della Signoria et du Piazzale Michelangelo. La **Piazza Santo Spirito**, dans l'Oltrarno, est bordée de nombreux bars et restaurants. En été, des concerts y sont régulièrement donnés. A la gare, prenez le bus n° 25 jusqu'aux **Giardini del Drago** (Jardins du Dragon) pour une petite partie de football.

BARS

May Day Lounge, V. Dante Alighieri, 16r. Un *lounge* très éclectique dans lequel les artistes exposent leurs œuvres. Faites une partie de Pong sur les jeux d'arcade des années 80 ou sirotez un cocktail au rythme de la musique funk. Bière pression 4,50 €. *Happy hour* 20h-22h. Ouvert tlj 20h-2h.

Slowly, V. Porta Rossa, 63r (✆ 055 264 5354). Des murs tout lisses, une lumière bleutée, des notes de jazz-pop. Slowly est vraiment très, très *slow*, presque suave... Les cocktails sont délicieux, notamment l'incontournable *mojito* (8 €). Ouvert tlj 19h-2h30. Cartes Visa, MC.

Eby's Latin Bar, V. dell'Oriulo, 5r (✆ 338 650 8959). Les cocktails de fruits de saison sont à tomber par terre. Les burritos ne sont pas mal non plus et les nachos sont les meilleurs de Florence. Bière 3 €, cocktails 5,50 €. *Happy hour* 18h-21h. Ouvert Lu-Sa 12h-15h et 18h-3h.

Le Chequers Pub, V. della Scala, 7-9r (✆ 055 28 75 88). De tous les pubs irlandais de la ville, c'est sans doute celui qui attire le plus d'Italiens. Vous y trouverez un grand choix de bières (pinte 4,50 €), ainsi que la cuisine consistante de tout bon pub qui se respecte. *Happy hour* tlj 18h30-20h (pinte 2,50 €). Ouvert Avr-Oct Di-Je 12h30-1h30, Ve-Sa jusqu'à 2h30. Horaires variables le reste de l'année.

Fiddler's Elbow, P. Santa Maria Novella, 7r (✆ 055 21 50 56). Authentique pub irlandais servant du cidre, de la Guinness et d'autres bières à la pression (4,20 € la pinte). Ambiance conviviale mais beaucoup, beaucoup de touristes. Di-Je 15h-1h, Ve-Sa 14h-2h.

DISCOTHÈQUES

Rio Grande, V. degli Olmi, 1 (✆ 055 33 13 71), près du Parco delle Cascine. Probablement la discothèque la plus fréquentée de Florence, aussi bien par les touristes que par les autochtones. L'entrée (16 €) comprend une boisson. Chaque boisson supplémentaire vous coûtera 7 €. Les "soirées spéciales" proposent de la soul, du hip-hop, de la house et du reggae. Téléphonez pour avoir le programme de la semaine. Ouvert Ma-Sa 23h-4h. Cartes Visa, MC, AmEx.

Central Park, Parco delle Cascine. Sur liste de danse en plein air, vous vous défoulerez sur du hip-hop, de la *jungle*, du reggae, et sur ce que les Italiens appellent du "dance rock". Ce complexe compte aussi une salle de cinéma, une pizzeria, une crêperie et des ordinateurs permettant l'accès à Internet. Généralement, aux alentours de minuit, l'endroit est envahi d'adolescents. Cocktails 8 €. Ouvert tlj de 21h jusque tard.

Yab, V. Sassetti, 5 (✆ 055 21 51 60). Dans cette boîte se côtoient étudiants étrangers et italiens. Bon vieux R 'n' B et reggae chaque lundi, soirées spéciales avec d'autres styles de musique les autres jours. Vous pouvez vous défouler sur l'immense piste de danse où, par bonheur, vous ne serez pas aveuglé par des stroboscopes. Généralement, l'endroit est bondé à partir de minuit. Cocktails 5 €. Ouvert tlj 21h-1h.

Blob, V. Vinegia, 21r (✆ 055 21 12 09), derrière le Palazzo vecchio. Fréquentation irrégulière : il y a des nuits calmes et d'autres qui durent jusqu'au petit matin. Ce petit club propose des soirées animées avec des concerts, des DJ, des films en version originale, des matches de foot et des soirées buffet. Concert de guitare cubaine le dimanche soir. Cocktails 5,50 €. Ouvert tlj jusqu'à 4h. Cartes Visa, MC, AmEx.

Tabasco Gay Club, P. Santa Cecilia, 3r (✆ 055 21 30 00), dans une petite rue, de l'autre côté de la Piazza della Signoria, depuis le Palazzo vecchio. Fumigènes et stroboscopes sur la piste de danse. Plafonds bas et lumières tamisées. La boîte gay la plus populaire de Florence. On tend à y rester entre hommes. Age minimum 18 ans. Entrée 10 € avec une consommation. Ouvert Ma-Di 22h-4h. Cartes Visa, MC, AmEx.

EXCURSION DEPUIS FLORENCE : FIESOLE

On ne peut se rendre à Fiesole en train, mais de nombreux bus desservent la ville à partir de Florence, en 25 mn. L'autocar ATAF n° 7 part des abords de la gare ferroviaire, près du quai n° 16, de la Piazza del Duomo et de la Piazza San Marco, à Florence. Il dépose les passagers sur la Piazza Mino da Fiesole, en plein centre. L'office de tourisme, P. Mino da Fiesole, 37, est à quelques pas, dans le bâtiment recouvert de plâtre jaune juste en face de la place. Vous y trouverez des plans gratuits et une liste des musées et des monuments à visiter. ✆ 055 59 94 78. Ouvert Lu-Sa 9h-18h, Di 10h-22h et 14h-18h.

Perchée sur une colline à seulement 8 km de Florence, la ville de Fiesole est en fait plus ancienne que sa prestigieuse voisine. Elle constituait en effet l'un des foyers de la civilisation étrusque, avant la période romaine, et ce furent ses habitants qui fondèrent les premiers établissements sur le site de la grande cité toscane. Fiesole a toujours été très prisée par les Florentins cherchant à échapper à la chaleur étouffante de la vallée. Ses paysages furent une source d'inspiration pour de nombreux écrivains et artistes comme Alexandre Dumas, Anatole France, Marcel Proust, Gertrude Stein, Frank Lloyd Wright ou Paul Klee. C'est à Fiesole que Léonard de Vinci a testé sa machine volante. Fiesole possède quelques belles églises mais ce qui fait tout son charme, c'est la vue extraordinaire qu'elle offre sur Florence et les collines environnantes. C'est l'endroit idéal où pique-niquer ou se promener un après-midi.

Lorsque vous tournez le dos à l'arrêt de bus, à deux pas de la Piazza Mino da Fiesole, vous verrez la grille d'entrée du **Museo civico**. Le billet vous donne accès aux trois musées qui le composent. Le **Teatro romano**, qui comprend des thermes étrusques, des ruines de temple et une magnifique vue sur la campagne, sert de temps en temps de cadre à des concerts en été. L'amphithéâtre vous conduit ensuite au **Museo civico archeologico**, qui rassemble un grand nombre d'objets étrusques ainsi que des urnes grecques très bien conservées. Rendez-vous de l'autre côté de la rue pour visiter le **musée Bandini**, qui abrite des peintures italiennes du XVe siècle. (Ouvert Avr-Oct tlj 9h30-18h30 ; Sep-Mar Lu et Me-Di 9h30-18h30. Entrée 6,20 €, 4,13 € pour les étudiants et les plus de 65 ans. A la gare de Santa Maria Novella de Florence, on peut acheter un billet combiné bus et musées pour 6,71 €)

Dos à l'arrêt de bus, montez en haut de la colline : vous trouverez sur votre gauche le **Missionario francesco** (Mission franciscaine) et les jardins publics. La montée brève et intense vous fera bien transpirer, mais le magnifique panorama de Florence et des collines avoisinantes en vaut la peine. Le monastère comprend une chapelle ornée de fresques et un musée renfermant de superbes poteries chinoises, des figurines de jade et des objets égyptiens (dont une momie) rapportés par des moines franciscains. (✆ 055 59175. Ouvert Juin-Sep Lu-Ve 10h-12h et 15h-18h, Sa-Di 15h-18h, horaires variables le reste de l'année.)

Dormir à Fiesole peut s'avérer ruineux mais c'est un bon endroit où se détendre un après-midi après un bon déjeuner. Pour grignoter quelque chose, allez à la **Pizzeria Etrusca**, Piazza Mino da Fiesole, près de l'arrêt de bus. (✆ 055 59 94 84. Ouvert tlj 12h-15h et 19h-1h. Pizza 5-10 €, *primi* à partir de 4,65 €, *secondi* à partir de 8,26 €.) Non loin de là, le **Blu Bar**, P. Mino, 10, permet de prendre un café ou de savourer une glace en profitant de la vue merveilleuse sur la vallée de l'Arno. (Ouvert Avr-Oct tlj 8h-1h, Nov-Mar Lu et Me-Di 8h-1h.)

OMBRIE (UMBRIA)

LES INCONTOURNABLES D'OMBRIE

DÉCOUVREZ la basilique Saint-François d'**Assise**, qui possède des fresques si belles qu'elles vous en couperont le souffle.
ADMIREZ la beauté de la cité étrusque souterraine et la superbe cathédrale d'**Orvieto**.
VIBREZ lors du célèbre festival de jazz d'Ombrie, qui se déroule chaque année à **Pérouse**.

L'Ombrie passe pour être le "poumon de l'Italie", une terre riche en beautés naturelles, composée de forêts sauvages et de plaines cultivées, de gorges escarpées et de collines aux reliefs arrondis, de petits villages aux rues pavées et de villes plus modernes où affluent les étudiants et les étrangers. Cette belle région continentale, enclavée entre les côtes Adriatique et Tyrrhénienne, est depuis toujours enviée et contestée. Il y a 3000 ans, les Etrusques s'installèrent dans la région, où ils ont laissé des sépultures. A travers les siècles, les hordes de Barbares, les agressions répétées des Romains et l'omniprésence de la papauté ont bafoué cette terre, la mettant à feu et à sang et pillant ses richesses. La chrétienté modifia l'architecture de l'Ombrie ainsi que son identité régionale pour en faire une terre de saints et de mouvements religieux. Saint François calma les ardeurs de l'Eglise par son humilité et prôna la paix. La région possède des chefs-d'œuvre de Giotto et donna à la peinture quelques-uns des maîtres incontestés du Moyen Age, comme le Pérugin ou encore le Pinturicchio. Aujourd'hui, l'art occupe toujours une place de choix dans les activités de la région, comme le prouvent le **festival de Spolète** ou encore le **festival de jazz d'Ombrie**, des événements annuels reconnus dans le monde entier.

PÉROUSE (PERUGIA) ✆075

Les habitants de Pérouse sont aujourd'hui réputés pour leur gentillesse et leur civilité. Cela surprend quand on sait que Pérouse a été pendant des siècles l'une des villes les plus belliqueuses du pays. Elle s'est trouvée mêlée à la plupart des grands conflits de la région, des guerres Puniques aux luttes entre guelfes et gibelins. Les Pérugins ont trouvé le temps, entre deux batailles, de mettre au point une sympathique fête annuelle, la *Battaglia de' Sassi* (bataille de pierres). Les règles en sont assez simples : deux équipes se jettent des cailloux jusqu'à ce que l'une des deux ait trop de blessés dans ses rangs pour continuer à jouer. Même les enfants avaient le droit d'y participer afin de devenir adultes… La réputation de Pérouse s'est améliorée lorsqu'elle est devenue, au XIVe siècle, l'hôtesse des flagellants, ces religieux fanatiques qui traversaient l'Europe de ville en ville en se fouettant publiquement pour expier leurs péchés, réels ou imaginaires. La ville a en outre ajouté à son palmarès l'emprisonnement de saint François d'Assise et le meurtre de deux papes par empoisonnement. Heureusement, au milieu de ces folies hérétiques, Pérouse a connu des moments de prospérité qui ont donné naissance à de fantastiques réalisations artistiques.

C'est en effet ici que vivait le grand Pietro Vannucci, dit "le Pérugin", maître de Raphaël. La ville a par ailleurs servi de lieu de rencontre aux grands maîtres de Toscane du XIIIe au XVe siècle. La Galleria nazionale dell'Umbria, l'un des plus grands musées d'Italie, abrite l'héritage de cette période. Aujourd'hui, la capitale de l'Ombrie est une ville agréable, animée par la présence des milliers d'étudiants inscrits dans ses deux universités. Son festival de jazz est mondialement connu et ses rues médiévales, ses palais du Corso Vannucci, ses superbes panoramas sur la campagne environnante et enfin ses *baci* (baisers) en chocolat, spécialité locale archiconnue, attirent des flots de touristes.

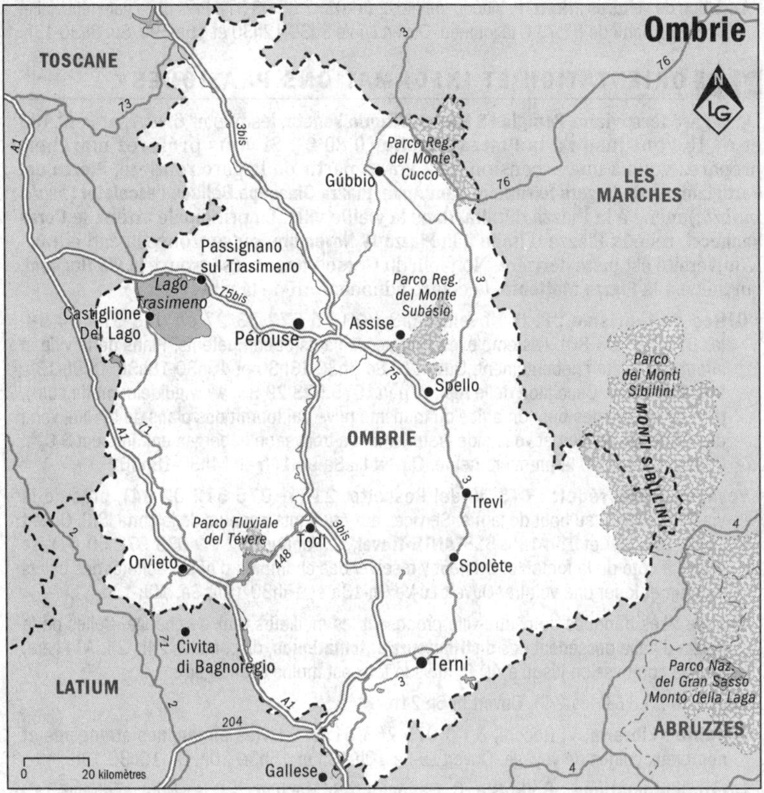

TRANSPORTS

Train : **Perugia FS**, P. Vittorio Veneto. Pérouse est sur la ligne Foligno-Terontola. Bureau d'informations ouvert tlj 8h10-19h45. Guichets ouverts tlj 6h-20h40. Trains pour **Arezzo** (1 dép/h, durée 1h30, 3,82 €), **Assise** (1 dép/h, durée 25 mn, 1,60 €), **Foligno** (1 dép/h, durée 40 mn, 2,20 €), **Orvieto** via **Terontola** (9 dép/j, durée 2h, 6 €), **Florence** (7 dép/j, durée 2h30, à partir de 7,90 €), **Passignano sul Trasimeno** (1 dép/h, durée 30 mn, 1,96 €), **Rome** sans arrêt (6 départs/j, durée 2h30, à partir de 15 €), **Rome** via **Terontola** ou **Foligno** (durée 3h, à partir de 11 €) et **Spolète** via **Foligno** (1 dép/h, durée 1h30, 3,50 €). **Autre gare** : **Perugia Sant'Anna**, P. Guiseppe Bellucci. Trains de banlieue pour **Sansepolcro** (14 dép/j de 6h18 à 20h31, durée 1h30, 3,90 €) et **Termi** (12 dép/j de 5h21 à 20h07, durée 1h30, 4,40 €) via **Todi** (durée 1h, 2,70 €).

Bus : P. dei Partigiani, au pied de l'escalator de la Piazza d'Italia. Le bus n° 6 (0,80 €) va à la gare. Les **bus APM** (© 075 573 17 07), P. dei Partigiani, desservent la plupart des villes d'Ombrie, dont **Assise** (8 dép/j de 6h à 20h, durée 1h, 2,80 €), **Chiusi** (7 dép/j de 6h20 à 18h35, durée de 30 mn à 2h, 4,80 €), **Gubbio** (11 dép/j de 6h40 à 20h08, durée 1h15, 4 €) et **Todi** (8 dép/j de 6h30 à 19h30, durée 1h15, 4,80 €). Les bus sont moins nombreux Di. Il existe d'autres services de bus à la **Stazione Fontiveggio**, qui se trouve près de la gare ferroviaire. Vous pouvez acheter vos billets au Radio-taxi Perugia, à droite de la gare ferroviaire. Bus pour **Sienne** (1 dép/2h, 9 €).

Taxi : **Radio-taxi Perugia** (© 075 500 48 88).

Location de voitures : **Hertz**, P. Vittorio Veneto, 2 (✆ 0337 65 08 37). Près de la gare ferroviaire. Voiture à partir de 82,73 € la journée. Ouvert Lu-Ve 8h30-12h30 et 15h-19h, Sa. 8h30-13h.

ORIENTATION ET INFORMATIONS PRATIQUES

De la gare ferroviaire **Perugia FS Piazza**, **Vittorio Veneto**, les bus n° 6, n° 7, n° 9, n° 13d et n° 15 vont jusqu'à la **Piazza d'Italia** (0,80 €). Si vous préférez marcher, préparez-vous à une ascension de 2 km. A partir de la gare routière, **Piazza dei Partigiani**, ou de la **gare ferroviaire Sant'Anna**, **Piazza Giuseppe Belluci**, l'**escalator** (*scala mobile*) mène à la Piazza d'Italia, dans la vieille ville. La principale artère, le **Corso Vannucci**, relie la Piazza d'Italia à la **Piazza IV Novembre**, où se trouve la cathédrale. L'université est juste derrière. Non loin du Corso Vannucci se trouve la **Via Baghoni**, qui mène à la **Piazza Matteotti**, le centre administratif de la ville.

Office de tourisme : P. IV Novembre, 3 (✆ 075 572 33 27 ou 075 573 64 58, fax 075 573 93 86). Les employés sont accueillants et compétents. Plans de la ville et informations sur l'hébergement. Ouvert Lu-Sa 8h30-13h30 et 15h30-18h30, Di 9h-13h. **Info Umbria**, L. Cacciatori delle Alpi, 3/b (✆ 075 573 29 33, www.guideinumbria.com), près de la gare des bus. Un office du tourisme privé qui fournit des plans de la ville, vend des billets de concert et vous aide gratuitement à trouver un hébergement. Internet 3 €/h. Consigne : 1,30 € la première heure. Ouvert Lu-Sa 9h-14h et 14h30-18h30.

Voyages à prix réduit : **CTS**, V. del Roscetto, 21 (✆ 075 572 02 84), près de la Via Pinturicchio, au bout de la rue. Services aux étudiants porteurs de la carte ISIC. Ouvert Lu-Ve 10h-13h et 15h-18h. **SESTANTE Travel**, C. Vannucci, 2 (✆ 075 572 60 61), se trouve à côté de la fontaine. On peut y réserver des chambres d'hôtel, acheter des billets de train et louer une voiture. Ouvert Lu-Ve 9h-13h et 15h30-19h, Sa. 10h-13h.

Change : Les banques du centre-ville proposent les meilleurs taux de change. Celles de la Piazza d'Italia possèdent des **distributeurs automatiques**, disponibles 24h/24. A la gare, pas de commission jusqu'à 40 €, mais le taux est moins avantageux.

Consigne : 3,87 € les 24h. Ouvert tlj 6h-21h.

Librairie : **Libreria**, V. Rocchi, 3 (✆ 075 753 61 64). Livres en langues étrangères et nombreux guides de voyage. Ouvert Lu-Sa 10h-13h et 15h30-20h, Di. 10h30-13h.

Laverie automatique : **Bolle Blu**, C. Garibaldi, 43. Machine 3 € les 8 kg, séchage 3 €. Ouvert tlj 8h-22h.

Police : ✆ 112. **Urgences** : ✆ 118. **Questura** : V. Cortonese, 157 (✆ 075 506 21).

Pharmacie de garde : **Farmacia San Martino**, P. Matteotti, 26 (✆ 075 572 23 35). Ouvert 24h/24.

Hôpital : ✆ 075 57 81.

Internet : **Service Economy**, C. Garibaldi, 30 (✆ 075 572 07 30). De la P. Danti, derrière la cathédrale, suivez la V. Rocchi jusqu'à P. Braccio Fortebraccio. Traversez la place et suivez sur la gauche le C. Garibaldi. De nombreux cafés internet sont installés dans cette rue, mais Service Economy ne demande que 1 € par heure, sans limitation de temps.

Bureau de poste : P. Matteotti. Ouvert Lu-Sa 8h10-19h30 et Di. 8h30-17h30. **Change** ouvert Lu-Ve 8h10-17h30, Sa. 8h10-13h et Di. 8h30-17h30. **Code postal** : 06100.

HÉBERGEMENT ET CAMPING

Il est indispensable de réserver en juillet, pendant le festival de jazz.

❤ **Ostello della Gioventù/Centro Internazionale di Accoglienza per la Gioventù**, V. Bontempi, 13 (✆/fax 075 572 28 80, www.ostello.perugia.it). De la Piazza d'Italia, prenez le Corso Vannucci jusqu'à la Piazza IV Novembre. Sur la Piazza Danti, tournez à droite vers la Piazza Piccinino. La Via Bontempi est sur votre droite, à 2 mn de la cathédrale. Hauts plafonds décorés de fresques et jolie vue. Cuisine, casiers et salle de télévision. Douche et accès à la cuisine compris. Draps 1,50 €. Séjour maximum de 2 semaines. Fermeture des portes de

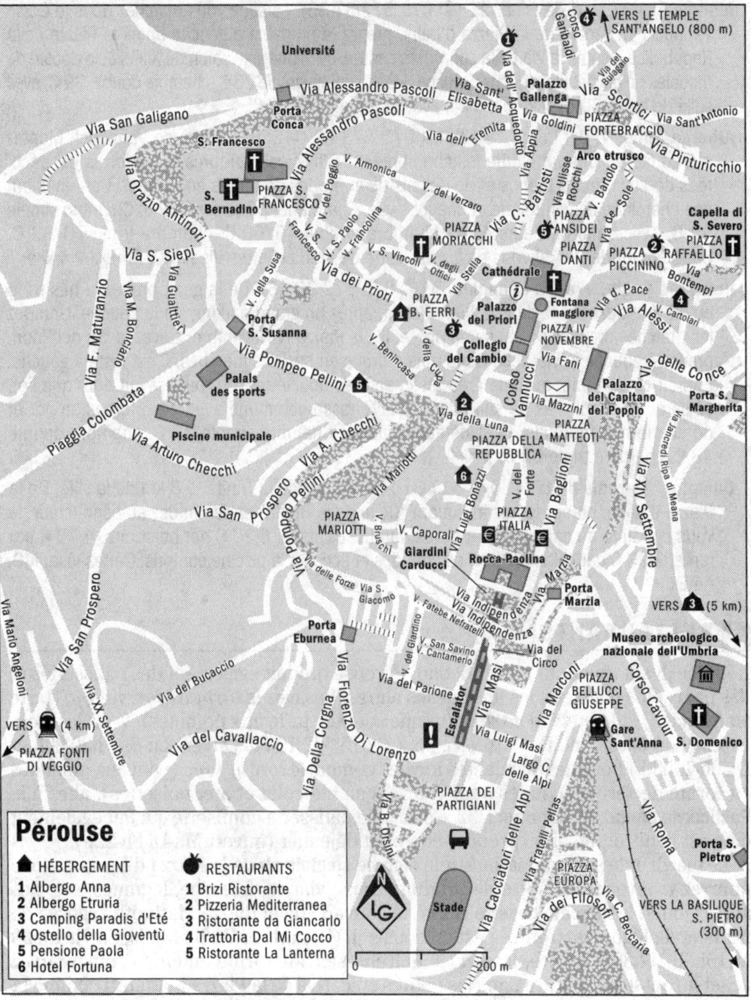

9h30 à 16h, couvre-feu à minuit. Ouvert 16 Janv-14 Déc. Dortoir 12 € par personne. Cartes Visa, MC, AmEx. ❖

Hôtel Umbria, V. Boncambi, 37 (✆ 075 572 12 03). Des chambres exiguës mais habilement meublées, avec TV et des salles de bains rutilantes. Chambre simple 35-45 €, double 50-65 €. Prix négociables. ❖❖❖

Hôtel Fortuna, V. L. Bonazzi, 19 (✆ 075 572 28 45, www.umbriahotals.com). Un palais du XIIIe siècle reconverti en un hôtel de standing. Serviettes moelleuses et internet gratuit de 20h à 24h. Toutes les chambres ont une salle de bains, la TV, un minibar et un sèche-cheveux. Chambre simple 79 €, double 114 €. Rabais de 20 € en basse saison. Cartes Visa, MC, AmEx. ❖❖❖❖❖

Casa Monteripido, V. Monteripido, 8 (✆ 075 42 210). Du Corso Garibaldi, rejoignez la Pta. S. Angelo puis prenez tout droit sur la V. Monteripido. A 20 mn à pied du centre mais l'établissement est d'un excellent rapport qualité-prix. Il y a même un petit jardin. Chambre simple 14 €, double 25/30 €. ❖

Albergo Etruria, V. della Luna, 21 (✆ 075 572 37 30). Lorsque vous marchez dans le Corso Vannucci en venant de la Piazza d'Italia, prenez la première à gauche après la Piazza della Repubblica jusqu'à la Via della Luna. Très central, avec un vaste salon du XIIIe siècle décoré de meubles en bois et d'antiquités. Douche 3 €. Chambre simple 26 €, chambre double 39 €, avec salle de bains 50 €, chambre triple avec salle de bains 80 €. ❖❖❖

Albergo Anna, V. dei Priori, 48 (✆/fax 075 573 63 04), près du Corso Vannucci. Montez quatre étages pour atteindre les chambres du XVIIe siècle, propres et confortables, décorées de fins rideaux blancs et de dessus-de-lit brodés de motifs en couleur. Certaines ont une cheminée en céramique et une jolie vue. Charmante pièce commune. Chambre simple 40 €, avec salle de bains 45 €, chambre double 46/60 €, chambre triple 70/82 €. Supplément de 2 % si vous payez par carte de crédit. Cartes Visa, MC, AmEx. ❖❖❖❖

Pensione Paola, V. della Canapina, 5 (✆ 075 572 38 16). De la gare, prenez le bus n° 6 ou n° 7 et descendez dans le Viale Pellini, après un grand parking sur la gauche. Grimpez les marches, la pension est sur la droite. De la Piazza IV Novembre, suivez la Via dei Priori, prenez à gauche la Via della Cupa puis à droite en bas des marches. C'est juste à gauche. Endroit confortable, avec de grandes chambres douillettes, où tout est fait pour que l'on se sente chez soi. Pas de salle de bains. Terrasse commune avec des plantes en pot et de charmants fauteuils. Petit déjeuner inclus. Chambre simple 31 €, chambre double 48 €, chambre triple 62 €. ❖❖❖

Camping : **Paradis d'Eté** (✆ 075 517 31 21), à Colle della Trinità, à 8 km de la ville. De la Piazza d'Italia, prenez le bus indiquant "Colle della Trinità" et demandez au conducteur de vous conduire au camping. Bar et restaurant sur place. 6,20 € par personne, 4,70 € par tente, 2,90 € par voiture. Douches chaudes et accès à la piscine compris. Cartes Visa, MC, AmEx. ❖

RESTAURANTS

Réputée avant tout pour son chocolat, Pérouse produit également des pâtisseries et des pains plus délicieux les uns que les autres. Essayez la *torta di formaggio* (tarte au fromage) et le *mele al cartoccio* (une sorte de tarte aux pommes). Vous les trouverez chez **Ceccarani**, P. Matteotti, 16. (✆ 075 572 19 60. Ouvert Lu-Sa 7h30-20h et Di. 9h-13h30.) Pour des spécialités locales comme le *torciglione* (pain aux amandes en forme de serpent) ou les *baci* (baisers au chocolat et aux noisettes), allez à la **Pasticerria Sandri**, C. Vannucci, 32. Cette jolie pâtisserie-confiserie qui fait également café est l'endroit idéal où prendre son petit déjeuner (ouvert Ma-Di 8h-22h).

Le mardi et le samedi matin, sur le **marché en plein air** de la Piazza d'Europa, vous pourrez trouver toute sorte de produits frais : viande, fromage, légumes, etc. Les autres jours, le **mercato coperto** (marché couvert) de la Piazza Matteotti regorge de fruits et de légumes. L'entrée est en sous-sol. (Ouvert Lu-Ve 7h-13h30, Sa 7h-13h30 et 16h30-19h30.) En été, le soir, le marché se transforme en café. Vous pouvez acheter tout le nécessaire dans les petites épiceries de la Piazza Matteotti comme la **COOP**, P. Matteotti, 15. (Ouvert Lu-Sa 9h-20h.) Essayez deux vins locaux, le *sagrantino secco*, un vin rouge qui a du corps, et le *grechetto*, un vin blanc sec et léger.

❤ **Trattoria Dal Mi Cocco**, C. Garibaldi, 12 (✆ 075 573 25 11). Le menu est écrit dans le dialecte de la région mais vos efforts de compréhension seront récompensés par d'excellents plats. Le menu à 13 € comprend un *antipasto*, deux *primi*, deux *secondi*, les légumes d'accompagnement, le dessert, le vin et la liqueur ! Il est recommandé de réserver pour le dîner et le week-end. Ouvert Ma-Di 13h-15h et 20h45-24h. Cartes Visa, MC. ❖❖❖

Brizi Ristorante, V. Fabbretti 75-79 (✆ 075 572 13 86). De la Piazza IV Novembre, allez à droite de la cathédrale. Dirigez-vous vers la gauche sur la Piazza Danti et à droite dans la Via Rocchi pour arriver sur la Piazza Braccio Fortebraccio. Enfin, prenez à gauche, de l'autre côté de la place, la Via Fabbretti. Essayez leur assortiment de grillades avec de l'agneau, des saucisses et du poulet (6,20 €). Les *primi* vont de 3,62 € à 4,65 € et les *secondi* sont à partir de 4,13 €. Un menu touristique vous est également proposé avec *primo*, *secondo*, *contorni* et un quart de vin ou d'eau pour 10,33 €. Couvert 1,29 €. Ouvert Me-Lu 12h-14h30 et 19h-22h30. Cartes Visa, MC. ❖❖

Pizzeria Mediterranea, P. Piccinino, 11-12 (✆ 075 572 13 22). De la Piazza IV Novembre, allez à droite de la cathédrale et encore à droite sur la Piazza Piccinino. Laissez-vous tenter par ses succulentes pizzas dont le prix n'a vraiment rien d'effrayant (à partir de 3,70 €). Ne résistez pas à la *pizza capriccio* (avec des champignons, des saucisses, du délicieux *pecorino* et du basilic). Couvert 1,10 €. Ouvert tlj 12h30-14h30 et 19h30-23h. Cartes Visa, MC AmEx. ❖

Ristorante da Giancarlo, V. dei Priori, 36 (✆ 075 572 43 14), à proximité du Corso Vannucci. Descendez les marches de l'entrée et goûtez impérativement à ses excellents *gnocchi* : ils fondent tout simplement en bouche. Les *primi* vont de 6,20 € à 14 € et les *secondi* sont à partir de 9,30 €. Couvert 2 €. Ouvert Sa-Je 12h-15h et 18h-22h. Cartes Visa, MC. ❖❖❖

Ristorante La Lanterna, V. Rocchi, 6, près du duomo. Un autre grand expert en *gnocchi*. Laissez-vous tenter par les *gnocchi lanterna* (fourrés à la ricotta et aux épinards et garnis de champignons, de truffes et de fromage, 8 €). Vous avec le choix entre la salle à manger voûtée et les tables en plein air donnant sur la place toujours animée. Les garçons, élégants, sont très attentionnés. *Primi* 8-11 €, *secondi* 10-15 €. Service 15 %. Ouvert Mai-Août tlj 12h30-15h30 et 18h30-24h. Sep-Avr fermé Je. Cartes Visa, MC, AmEx. ❖❖❖❖

VISITES

LA PIAZZA IV NOVEMBRE

Les édifices les plus intéressants de la ville se trouvent sur la Piazza IV Novembre, et les autres monuments sont tous à moins de 20 mn de marche. Au milieu de la place se trouve la **Fontana maggiore**, conçue par Fra' bevignate, natif de Pérouse. Les bas-reliefs sont de Nicola Pisano et de son fils Giovanni. Sur la vasque inférieure, on découvre les allégories des saisons et de la science. Le bassin supérieur est, quant à lui, orné de saints et de personnages historiques.

❤ **LE PALAIS DES PRIEURS ET LA GALERIE NATIONALE DE L'OMBRIE.** Le **Palazzo dei Priori**, qui date du XIIIe siècle, est un très bel exemple d'architecture gothique. Ses fenêtres à meneaux et ses créneaux dentelés sont la marque de l'ancien esprit belliqueux des Pérugins. Le palais abrite aujourd'hui l'impressionnante **Galleria nazionale dell'Umbria**, qui possède des collections d'une extraordinaire richesse. Les peintres toscans sont bien représentés (œuvres de Duccio, Fra Angelico, Taddeo di Bartolo, Guido da Siena et Piero della Francesca, dont le *Polyptyque de saint Antoine*, dans la salle 4, est particulièrement impressionnant). Mais que ceux-ci ne vous fassent pas oublier les artistes locaux.

LA BONNE AFFAIRE

CHOCOMANIA

L'Ombrie est le cœur agricole de l'Italie et sa capitale, Pérouse, est l'un des tout premiers centres de production de chocolat au monde. Sans doute inspirés par Perugino, les artisans chocolatiers réalisent de véritables œuvres d'art : fourrés aux herbes ou aux fruits, les chocolats sont sculptés en poupées ou en bouquets de fleurs. Avec l'afflux de gourmands du monde entier, les prix ont augmenté ces dernières années. Les boutiques sur la P. IV Novembre demandent jusqu'à 4,15 € pour à peine 100 gr de chocolat. Des prix à faire mourir de frustration les voyageurs dont le budget s'épuise comme peau de chagrin.

Heureusement, caché entre la P. Italia et la P. Reppublica, se trouve un trésor de chocolatier qui sait réconcilier les bourses et les panses. Chez Perugina, on vend des barres de chocolat pour 1,60 € les 150 gr ainsi que des *baci* enveloppés dans du papier d'argent (10 pour 3,80 €). La forme n'est pas sacrifiée pour autant : les chocolats sont magnifiquement ouvragés et les emballages toujours soignés. Bref, ne soyez pas rebuté par les animaux empaillés en vitrine qui pourraient laisser croire à un piège à touristes. Et faites confiance aux habitants qui viennent ici faire leurs achats. A de tels prix, vous pouvez même rapporter du chocolat italien à vos amis. Il n'y a rien de tel pour se faire mousser !

Corso Vanucci, 101 (✆ 075 573 6677). Ouvert Lu 14h30-19h45, Ma-Sa 9h30-19h45, Di 10h30-13h30 et 15h-19h45.

Le musée permet en effet de suivre l'évolution de la peinture ombrienne sur plusieurs siècles. La fresque du Pinturicchio, *Les Miracles de saint Bernardin de Sienne*, est superbe. *L'Adoration des Mages* (salle 10) est de Pietro Vannucci, alias le Pérugin, figure centrale de la peinture ombrienne. L'artiste étonne par le choix de ses couleurs et de ses sujets. *L'Adoration*, récemment restaurée, est sans doute le chef-d'œuvre du musée. *(C. Vannucci, 19. ✆ 075 572 10 09. Ouvert tlj 8h30-19h30. Fermé le 1er Janv., le 25 Déc. et le premier Lu. de chaque mois. Entrée 6,50 €, gratuit pour les citoyens de l'Union Européenne de moins de 18 ans et de plus de 65 ans.)*

A droite de la galerie, en haut de l'escalier qui fait face à la fontaine, on trouve à la **Sala dei Notari**, qui jadis abritait l'Assemblée des citoyens, de belles fresques du XIIIe siècle représentant des épisodes bibliques et des fables d'Esope. *(Ouvert Juin-Sep, tlj 9h-13h et 15h-19h. Oct-Mai fermé Lu.)*

LA CATHÉDRALE. Tout au bout de la Piazza IV Novembre se dresse le **duomo** gothique, dont la construction débuta au XIVe siècle et dont la façade est restée inachevée. L'intérieur et la façade ont été remaniés à plusieurs reprises du XVe au XVIIIe siècle. On y vénère l'anneau nuptial de la Vierge Marie, que les Pérugins subtilisèrent à la ville de Chiusi au Moyen Age en jetant des pierres sur ses habitants. Aujourd'hui, l'anneau fait l'objet d'une protection renforcée. *(Piazza IV Novembre. Ouvert Lu-Sa 9h-12h45 et 16h-17h15, Di 16h-17h45.)*

LA GUILDE DES MARCHANDS. A côté du palais des Prieurs, le **Collegio della Mercanzia** est décoré de fresques du Pérugin. On retrouve la douceur de tons qu'il transmit à son élève le plus célèbre, Raphaël. Ce dernier aurait même participé à la fresque intitulée *Prophètes et Sibylles*. *(A côté de la Galerie nationale de l'Ombrie. ✆ 075 573 03 66. Ouvert Mars-Oct et 20 Déc-6 Janv, Lu-Sa 9h-13h et 14h30-17h30, Di. et jours fériés 9h-13h. 1er Nov-19 Déc et 7 Janv-28 Fév : Ma. et Je-Ve 8h-14h, Me. et Sa. 8h-16h30, Di. 9h-13h. Entrée 1,03 €. Il existe un billet combiné (3,10 €) permettant de visiter également l'autre guilde, la guilde des Banquiers.)*

LA GUILDE DES BANQUIERS. Depuis 1390, les 88 membres de la confrérie de Pérouse se réunissent régulièrement dans une superbe salle couverte de boiseries, le **Collegio del Cambio**. Dans une petite chapelle adjacente à la salle principale se trouvent archivés les noms de tous les banquiers membres depuis le Moyen Age. Sur les murs de la **Sala dell'Udienza** (salle des audiences), les fresques du Pérugin dépeignent des héros, des prophètes, des sibylles et le peintre lui-même. Sont également exposées des peintures de Giannicola di Paolo (1519) qui retracent la vie de saint Jean-Baptiste, notamment une scène de décapitation particulièrement sinistre. *(C. Vannucci, 25, à côté de la Galerie nationale et de la guilde des Marchands. ✆ 075 572 85 99. Ouvert Mars-Oct et 20 Déc-6 Janv, Lu-Sa 9h-12h30 et 14h30-17h30, Di. et jours fériés 9h-12h30. 1er Nov-19 Déc et 7 Janv-1er Fév : Ma-Sa 8h-14h et Di. 9h-12h30. Billet combiné avec la guilde des Marchands 3,10 €.)*

LA VIA DEI PRIORI

Etalant aujourd'hui sa sérénité de pierre (*pietra serena*), la Via dei Priori fut le lieu de nombreux règlements de comptes au Moyen Age. Les piques que vous pouvez voir, aujourd'hui encore, sur les murs de la rue étaient utilisées pour empaler les têtes en décomposition des criminels… A une rue du Corso Vannucci, cachée derrière un immeuble de brique sur votre gauche, se trouve la petite **église Sant'Agata**, décorée de fresques du XIVe siècle. Deux rues plus loin se dresse l'**église San Filippo Neri**, construite en 1627 dans le style baroque. C'est là que le cœur de sainte Marie de Vallicella est conservé. Quelques rues plus loin, sur la droite lorsque vous descendez la Via San Francesco, la Piazza San Francesco al Prato est une petite place dont l'herbe verte vous invite à la paresse. Un peu plus loin sur la gauche se trouve l'**Oratorio San Bernardino**, un joyau d'architecture Renaissance construit entre 1457 et 1461 par Agostino di Duccio. La façade est décorée de bas-reliefs et de sculptures. A l'intérieur, un sarcophage romain du IIIe siècle sert d'autel. *(Eglises et oratoire ouverts tlj 8h-12h30 et de 15h30 au coucher du soleil.)*

LA VIA ULLISSE ROCCHI ET LE QUARTIER NORD-EST

Depuis la cathédrale, vous pouvez redescendre par la Via Ulisse Rocchi, la plus vieille rue de la ville, jusqu'à l'entrée nord de Pérouse, près de la Piazza Braccio Fortebraccio et du **Palazzo Gallenga**, récemment rénové. Là se trouve l'**Arco etrusco**, un arc romain parfaitement préservé, construit sur un socle étrusque et surmonté d'une loggia du XVIe siècle. Continuez tout droit sur la Piazza Braccio Fortebraccio et suivez le Corso Giuseppe Garibaldi. Après le **Palazzo Gallenga**, sur la droite au bout du Corso Garibaldi, on découvre l'étonnant **Tempio Sant'Angelo**. Cette église, édifiée au Ve siècle sur les ruines d'un temple romain, est la plus ancienne de Pérouse. *(© 075 572 26 24. Ouvert Ma-Di 9h30-12h et de 15h30 au coucher du soleil.)* Sur le chemin du retour, prenez à gauche sur la Piazza Braccio Fortebraccio jusqu'à un escalier qui gravit le flanc de la colline. En haut, continuez tout droit puis tournez à droite vers la Piazza Michelotti. Prenez la Via Aquila, sur la gauche de la place, puis la première à droite. Vous atteindrez alors la **Cappella di San Severo**, qui abrite une fresque peinte par Raphaël aidé de son maître, le Pérugin. Raphaël réalisa la partie supérieure de *La Sainte Trinité et les Saints*, et son maître la partie inférieure. *(© 075 57 38 64. Ouvert Avr-Oct Ma-Di 10h-13h30 et 14h30-18h30. Nov-Mars : Lu-Ve 10h30-13h30 et 14h30-16h30, Sa-Di et jours fériés 10h-13h30 et 14h30-17h30. Entrée 2,50 €, entrée du Pozzo etrusco comprise.)* Suivez la Via Raffaello jusqu'à la Via Bontempi et vous arriverez au **Pozzo etrusco** (puits étrusque), P. Danti, 18. Construit au IIIe siècle av. J.-C., il servait de réservoir principal à la ville. Faites un vœu, jetez une pièce et écoutez-la heurter le fond, 36 m plus bas. *(© 075 573 36 69. Ouvert tlj sauf Ma 10h-13h30 et 14h30-18h30. En août ouvert aussi le Ma.)*

LES QUARTIERS EST DE LA VILLE

❤ **LA BASILIQUE SAN PIETRO.** Construite au Xe siècle et remaniée à plusieurs reprises, la **Basilica di San Pietro** a conservé sa forme originelle de basilique. Une double arcade de colonnes mène au chœur. A l'intérieur, les murs sont couverts de peintures et de fresques qui dépeignent la vie des saints et des soldats. La *Pietà* de la chapelle collatérale gauche est du Pérugin. A proximité de la basilique se trouve un joli petit jardin médiéval. La partie en contrebas offre une superbe vue sur la campagne environnante. *(Au bout de la ville, dans le Borgo XX Giugno, après le port San Pietro. Eglise ouverte tlj 8h-12h et de 16h au coucher du soleil.)*

L'ÉGLISE SAN DOMENICO. Située sur le Corso Cavour, la plus grande église d'Ombrie domine l'est de la ville. Son immense rosace gothique contraste avec les lignes Renaissance de l'intérieur. Ne manquez pas, dans la chapelle à droite de l'autel, la **tombe sculptée du pape Benoît XI**, achevée en 1325. Autrefois conservés dans une boîte fermée par un ruban rouge, les ossements du saint homme ont été récemment placés à l'intérieur de la tombe, dans un coffre transparent blindé : cela vous donne une idée de l'obstination des voleurs de cadavres. *(Ouvert tlj 8h-12h et de 16h au coucher du soleil.)*

LE MUSÉE ARCHÉOLOGIQUE NATIONAL DE L'OMBRIE. Situé dans l'ancien couvent dominicain, le **Museo archeologico nazionale dell'Umbria** possède une section préhistorique et de belles collections d'art étrusque et romain, dont une imposante statue du Germain (*Statua di Germanico*) en bronze, qui provient d'un trésor romain. Une salle abrite une exposition de photos qui vous fait parcourir l'histoire de l'Ombrie. Une tombe étrusque se trouve au sous-sol, près de l'entrée. Un tunnel vous fera découvrir 50 urnes enterrées dans la pierre. *(© 075 572 71 41. Entrée sur la gauche dans la cour d'entrée de l'église San Domenico. Ouvert Ma-Di 8h30-19h30, Lu 14h30-19h30. Entrée 2 €.)*

LES JARDINS CARDUCCI

Tout au bout du Corso Vannucci, l'artère principale de la ville, qui part de la Piazza IV Novembre, se trouvent les **Giardini Carducci**. Giosuè Carducci est un poète du XIXe siècle qui s'inspira de l'extraordinaire esprit belliqueux des Pérugins pour écrire une ode à l'Italie. Ces jardins offrent une vue magnifique sur la campagne ombrienne : chaque colline est coiffée d'un château ou des ruines d'une église.

SORTIES

L'événement culturel le plus important de Pérouse est le ❤ **festival de jazz d'Ombrie**, qui accueille, pendant dix jours en juillet, des artistes de renommée internationale. (Entrée 8-50 €. Certains concerts sont gratuits. Contactez l'office de tourisme ou connectez-vous au www.umbriajazz.com pour connaître le programme.) En juillet et en août, **Teatro è la notte** propose des concerts, des films et des spectacles de danse. En septembre se déroule la **Sagra musicale umbra**, une série de concerts de musique classique et sacrée donnés dans les églises. Contactez le Palazzo Gallenga pour vous renseigner sur les autres événements culturels, et l'office de tourisme pour obtenir des informations sur l'**Eurochocolate Festival**, mondialement connu, qui se déroule pendant dix jours fin octobre.

Pérouse offre un choix de sorties nocturnes plus important qu'ailleurs dans la région : les étudiants de la ville remplissent les discothèques presque tous les soirs de la semaine pendant l'année universitaire, de septembre à mai. Joignez-vous à la foule qui se réunit sur la **Piazza Braccio Fortebraccio**, d'où des navettes gratuites (à partir de 23h) vous emmènent dans les diverses boîtes de nuit alentour. Sur place, préparez-vous à débourser entre 13 € et 26 € pour avoir le droit d'entrer. Si vous aimez la techno assourdissante, vous pourrez vous en donner à cœur joie. Les boîtes de nuit les plus animées de Pérouse sont le **Domus Delirii**, V. del Naspo, 3, sur la Piazza Morlacchi (ouvert tlj 24h-5h), et le **St. Adams**, V. della Cupa, 6, à gauche de la Via dei Priori quand vous venez du Corso Vannucci (ouvert tlj 24h-5h).

Allez boire un verre dans l'un des nombreux **bars** de Pérouse. Le **Shamrock Irish** se trouve P. Danti, au 18, sur le chemin du puits étrusque. Vous y dégusterez la meilleure Guinness de la ville (4,50 €) ou un verre de votre whisky préféré. *(✆ 075 573 66 25, www.shamrockpubs.com. Happy hour 18h-21h, ouvert Ma-Di 18h-2h30.)* Rendez-vous à **La Terrazza**, derrière le marché couvert de la Piazza Matteotti, pour boire un verre sans vous ruiner (grand choix de bières). Les tables de la terrasse donnent sur une des plus jolies vues de Pérouse. On peut assister à des séances de cinéma en plein air, à des numéros de cabaret, à des conférences et à des lectures par des auteurs italiens et étrangers. (Ouvert tous les soirs 18h-3h sauf par mauvais temps). **L'Elfo II**, V. del Verzaro, 39, non loin de la Piazza Morlacchi, possède un charmant intérieur éclairé à la bougie, en face du terrain de jeux, dans le quartier universitaire. *(Bière 3,50-4 € la bouteille, cocktails 5,50 €. Ouvert tlj 21h-2h.)*

EXCURSIONS DEPUIS PÉROUSE : AUTOUR DU LAC TRASIMÈNE

Ce lac un peu marécageux, situé à 30 km à l'ouest de Pérouse, constitue un refuge tranquille et rafraîchissant qui vous éloignera de la chaleur suffocante et des centres-ville bondés de touristes des villes d'Ombrie. Il fut le cadre d'une célèbre et terrible bataille pendant la seconde guerre Punique. En 217 av. J.-C., Hannibal et son armée montée à dos d'éléphant mirent en déroute les Romains dans la plaine située au nord du lac. Les noms des villages d'**Ossaia** (ossuaire) et de **Sanguineto** (sanglant) rappellent le carnage, qui fit 16 000 morts du côté romain. Les tombes de ces soldats, enterrés à la va-vite, ont été récemment découvertes. Si une visite vous tente, vous pouvez vous promener sur le site du champ de bataille, dans la ville de **Tuero**. Cette ville se situe entre les deux villages principaux qui bordent le lac Trasimène, **Passignano sul Trasimeno** et **Castiglione del Lago**, facilement accessibles en bus et en train. Des ferrys relient Passignano sul Trasimeno, Castiglione del Lago, Tuero, San Feliciano et les deux principales îles de ce lac, l'**Isola Maggiore** et l'**Isola Palvese**. Ces courtes croisières constituent de reposantes promenades.

CASTIGLIONE DEL LAGO

*Pour vous rendre en **train** à Castiglione del Lago, vous devez emprunter la ligne Florence-Rome. De Pérouse, changez à Terontola et prenez un train en direction de Rome ou de Chiusi. Le trajet dure normalement une heure, mais tout dépend du temps d'attente entre les changements (3 €). Pour aller au centre-ville, tournez à gauche en sortant de la gare* *puis aussitôt à droite dans la Via Buozzi et suivez les flèches indiquant "Castellocento". Au bout de la rue, montez le grand escalier qui vous fait face puis le plus petit, tournez à droite après les remparts et prenez la Via Vittorio Emanuele II. Vous voilà dans la rue principale du petit centre historique. Pour aller à l'embarcadère des* ***ferrys****, prenez à droite au bout de la Via Vittorio Emanuele II puis continuez à l'extérieur des remparts. Tournez à gauche au croisement en T, puis descendez tout de suite l'escalier en pierre à droite. Prenez à gauche puis à droite pour arriver à l'embarcadère.*

Castiglione del Lago est une ville paisible et calme. C'est également le lieu de vacances le plus important des environs du lac Trasimène. La ville se trouve sur une colline calcaire plantée d'oliviers. De solides murs médiévaux entourent ses deux rues principales et son unique place. En raison de sa situation en bordure du lac et de son sol extrêmement fertile, les puissances étrangères se sont souvent disputé la domination de la ville. Au bout de la Via Vittorio Emanuele II, près de l'hôpital, se tiennent le **Palazzo della Corgna** et la **Rocca medievale**. N'hésitez pas à visiter la cour de l'immense *rocca*, qui tombe en ruine (entrée libre). Peut-être aurez-vous l'occasion de profiter de sa pelouse lors d'un concert en plein air. Il y en a de temps en temps. En revanche, l'entrée du *palazzo* est payante. Mais la magnifique vue sur le lac, depuis les murs de la forteresse, vaut vraiment le coup. Ce palais du XVIe siècle est orné de fresques de Nicolò Circignani, plus connu sous le nom du Pomarancio. (Le *palazzo* et la *rocca* sont ouverts en Juil-Aoû 10h-13h30 et 16h30-20h, horaires variables le reste de l'année.)
L'**office de tourisme**, P. Mazzini, 10, fournit les horaires de bateau, change des devises et vous aidera à trouver un hôtel, une chambre chez un particulier ou un appartement à louer. (© 075 965 24 84. Ouvert Lu-Ve 8h30-13h et 15h30-19h, Di 9h-13h et 15h30-19h, Di et jours fériés 9h-13h et 16h-19h.) Les logements à prix réduit sont rares dans les environs immédiats de Castiglione del Lago, mais **La Torre**, un hôtel trois étoiles situé V. Vittorio Emanuele II, 50, au cœur de la vieille ville, propose des chambres propres, équipées de salles de bains et autres commodités. (©/fax 075 95 16 66. Chambre simple 55 €, chambre double 75 €, chambre triple 90 €. Cartes Visa, MC, AmEx.) **Il Torrione**, V. delle Mura, 4, juste à l'intérieur des portes de la ville, est une autre option avisée. Les chambres ont une salle de bains et beaucoup offrent de belles vues sur le lac. (© 075 95 32 36. Chambre simple 50 €, double 60 €).

Les commerces sont regroupés dans la Via Vittorio Emanuele II. **Paprika**, V. Vittorio Emanuele II, 107, est un restaurant qui sert des spécialités locales comme les *spaghetti ai sapore di Trasimeno* (spaghettis à la sauce aux anguilles, 7,50 €). *Primi* 6,90-7,70 €, *secondi* à partir de 7,80-13,40 €. Couvert 1,70 €. Ouvert Ve-Me 12h30-15h et 19h-22h30. Cartes Visa, MC, AmEx.) Non loin, le **Ristorante L'Acquario**, V. V. Emanuele, 69, se distingue par ses menus du déjeuner, copieux et variés (12,50-16,40 €), à base de poissons pêchés dans le lac. (*Primi* 6-8 €, *secondi* 8-13 €. Couvert 1,60 €. Ouvert Lu-Ma et Je-Di 12h-14h30 et 19h-22h30. Cartes Visa, MC, AmEx.)

PASSIGNANO SUL TRASIMENO

Passignano sul Trasimeno se trouve sur la ligne de train Foligno-Terontola. Les trains partent de Pérouse (17 dép/j, durée 30 mn, 1,65 €). Pour rejoindre le front de mer et l'embarcadère, tournez à droite en sortant de la gare. Suivez la rue qui passe au-dessus des lignes de chemins de fer, dessine des courbes à droite puis à gauche et vous conduit à la rue principale du front de mer. Continuez tout droit, l'embarcadère est à 5 mn.

Ce village, où se pressent pendant les vacances d'été des hordes d'Italiens, n'a guère d'autre intérêt que d'être l'endroit le plus accessible pour prendre le ferry pour l'Isola Maggiore depuis Pérouse. Si vous avez du temps à perdre en attendant votre ferry, visitez les nombreux magasins de céramiques qui longent le front de mer ou continuez tout droit et promenez-vous dans le petit centre médiéval. Allez au bout de l'unique rue, qui traverse un très joli quartier résidentiel, pour profiter de la magnifique vue sur le lac.

ISOLA MAGGIORE

Des ferrys relient l'île à Passignano sul Trasimeno (1 dép/h de 7h15 à 19h45, durée 25 mn, 3,30 €, a/r 5,40 €) et à Castiglione del Lago (2 dép/3h de 8h35 à 19h05, durée 30 mn, 3,30 €, a/r 5,90 €). Vous pouvez acheter votre billet à bord du ferry lorsque vous revenez de l'île ou à l'embarcadère.

Sur les traces de saint François d'Assise, passez une agréable journée sur l'île Majeure, la seule île habitée du lac Trasimène. Il existe un **office de tourisme** près de l'embarcadère. (Ouvert tlj 10h-12h et 13h-18h. Pas de plans gratuits mais de beaux guides de l'île à 3,10 €.) Depuis l'embarcadère, tournez à droite puis suivez le sentier qui mène à la pointe de l'île et au **château Guglielmi**. La seule chose que vous puissiez visiter est la chapelle baroque, faiblement éclairée, aux plafonds couverts de fresques et dont le plâtre des murs se décolle. En sortant du château, sur votre droite, dirigez-vous vers le rivage et suivez le chemin qui part vers la gauche, jusqu'à une clairière où se trouve une statue de saint François. De l'autre côté de la clairière, montez l'escalier en pierre jusqu'à ce que vous aperceviez la petite **chapelle** qui abrite le rocher où, en 1211, saint François d'Assise passa 40 jours. Encore 5 mn de marche et vous atteindrez l'**église San Michele Arcangelo**, qui contient de superbes fresques du XIVe siècle et d'où vous aurez une vue superbe de l'île. (Ouvert tlj 10h30-13h et 15h-18h. Entrée 3 €.) Vous pouvez également vous dorer au soleil sur la petite **plage** privée de l'île mais ce n'est pas vraiment autorisé. Pour plus de tranquillité, choisissez plutôt la plage de Castiglione del Lago.

GUBBIO ✆075

Gubbio, de son ancien nom *Iguvium*, fut fondée par les Romains au IIIe siècle av. J.-C. et devint par la suite un poste de contrôle stratégique de la voie romaine transalpine, la Via Flaminia. Les Tavole Eugubine, sept tables de bronze gravées (IIIe-Ier siècle av. J.-C.), sont de précieux témoignages de l'histoire et de l'ancienne langue d'Ombrie. Elles ont été découvertes sous le forum de la cité romaine et témoignent de l'alliance de la ville avec les Romains (contre les Etrusques). La ville subit plus tard la domination des ducs d'Urbino, qui firent construire de superbes palais, puis elle passa en 1624 aux Etats de l'Eglise. De nos jours, la ville de Gubbio se distingue plus par ses céramiques ou le fait qu'elle possède sa propre école de peinture et qu'elle soit la ville natale du grand romancier italien Bosone Novollo Raffaelli que par ses ruelles pavées et sa multitude de points de vue sur la campagne environnante, choses communes à de nombreuses villes d'Italie du centre.

TRANSPORTS

Train : Il n'y a pas de gare à Gubbio. La gare la plus proche est à **Fossato di Vico**, à 19 km, sur la ligne Rome-Ancône. Trains pour **Ancône** (15 dép/j, durée 1h30, à partir de 4,23 €), **Rome** (10 dép/j, durée 3h, à partir de 10,12 €) et **Spolète** (10 dép/j, durée 1h15, 3,36 €). Des bus font la navette entre la gare et Gubbio (Lu-Sa 9 dép/j, Di. 6 dép/j, 2 €). Vous pouvez acheter vos billets au kiosque qui se trouve à l'arrêt de bus "Pérouse", Piazza dei Quaranta Martiri, et au kiosque de la gare de Fossato. Si vous êtes coincé à Fossato et que les bus ne circulent plus, vous pouvez appeler un taxi au ✆ 075 91 92 02 ou au ✆ 033 53 37 48 71.

Bus : Les bus **APM** (✆ 075 50 67 81) de et pour **Pérouse** (Lu-Ve 11 dép/j, Sa-Di 4 dép/j, durée 1h, 4 €) sont plus pratiques que le train.

Taxi : Piazza dei Quaranta Martiri (✆ 075 927 38 00).

ORIENTATION ET INFORMATIONS PRATIQUES

Gubbio est un lacis de ruelles et de passages médiévaux débouchant sur de petites places. La **Piazza della Signoria**, sur la saillie de la colline, est le centre administratif de la ville. Les bus vous déposent sur la **Piazza dei Quaranta Martiri**. En prenant la **Via della Repubblica**, juste devant vous quand vous sortez de la gare routière, vous débouchez sur le **Corso Garibaldi**. Les meilleures boutiques d'objets en céramique sont dans la **Via dei Consoli** et sur la **Piazza Grande**.

Office de tourisme : P. Oderisi, 6 (✆ 075 922 06 93), près du Corso Garibaldi, à côté du siège du parti communiste, mais que cela ne vous empêche pas de découvrir les joies capitalistes de la nourriture ombrienne. Demandez le plan détaillé de la ville. Ouvert Lu-Ve 8h30-13h45 et 15h-18h, Sa 9h-13h et 15h-18h, Di 9h30-12h30 et 15h-18h.

Distributeur automatique : 24h/24h, P. dei Quaranta Martiri, 48.

Urgences : ✆ 113. **Police** : V. Leonardo da Vinci (✆ 075 22 15 42).

Pharmacie de garde : C. Garibaldi, 12 (✆ 075 927 37 83). Ouvert Avr-Sep, Lu-Sa 9h-13h et 16h30-20h ; Oct-Mars 9h-13h et 16h-19h30. Quatre pharmacies se relaient le Di. et pour les urgences nocturnes.

Hôpital : ✆ 075 23 94 67 ou 075 23 94 69.

Bureau de poste : V. dei Cairoli, 11 (✆ 075 927 39 25). Ouvert Lu-Sa 8h10-18h. Les deux dernières semaines de Juil., ouvert Lu-Sa 8h30-13h25. **Code postal** : 06024.

HÉBERGEMENT

❤ **Residence di "Via Piccardi"**, V. Piccardi, 14 (✆ 075 927 61 08). Chambres spacieuses et confortables, possédant toutes une salle de bains et donnant sur le jardin où est servi le petit déjeuner. Personnel charmant et très accueillant. Petit déjeuner compris. Chambre simple 30 €, chambre double 45 €, chambre triple 55 €. ❖❖❖

Pensione Grotta dell'Angelo, V. Gioia, 47 (✆ 075 927 17 47, www.grottadellangelo.it). De la Piazza dei Quaranta Martiri, montez la Via della Repubblica et tournez dans la première à droite, la Via Massarelli. Prenez ensuite la première à droite, la Via Gioia. Grandes chambres modernes, avec télévision, téléphone et salle de bains. Pension complète et demi-pension possibles. Petit déjeuner 3 €. Chambre simple 35 €, chambre double 50 €, triple 60 €. Cartes Visa, MC, AmEx. ❖❖❖

Locanda del Duca, V. Piccardi, 3 (✆ 075 927 77 53). Traversez la Piazza dei Quaranta Martiri pour trouver la Via Piccardi. Des chambres spacieuses et très propres, avec salle de bains et télévision. Restaurant au rez-de-chaussée. Chambre simple 45 €, chambre double 60 €. Cartes Visa, MC, AmEx. ❖❖❖❖

Residenze Le Logge, V. Piccardi, 7 (✆ 075 927 75 74), dans la même rue que la Locanda del Duca. Les chambres sont grandes et tout confort. Si vous voulez vraiment vous faire plaisir, demandez l'immense suite pour deux personnes, superbement meublée et qui possède de grandes baies vitrées et un bain bouillonnant. Chambre simple 47 €, double 57 €, suite 80 €. ❖❖❖❖

Hôtel Gattapone, V. Beni 11/13 (✆ 075 927 24 89, www.mencarelligroup.com). Remontez la V. della Repubblica, prenez la première à gauche après la P. San Giovanni puis la première à droite : vous êtes sur la V. Beni. Un hôtel petit mais charmant. Les 16 chambres ont toutes une salle de bains, un minibar et la TV satellite. Petit déjeuner buffet inclus. Chambre simple 78 €, double 100 €, triple 130 €, quadruple 160 €. Rabais de 20 % en Jan-Mar. Cartes Visa, MC, AmEx. ❖❖❖❖❖

RESTAURANTS

Pour un petit en-cas, la **salumeria** du n° 36 de la Piazza dei Quaranta Martiri, en face de la gare routière, propose de bons sandwichs pour environ 2,30 € (ouvert tlj 8h-13h et 16h30-20h). Le mardi matin, un **marché** se tient sous la loggia de la Piazza dei Quaranta Martiri. Vous trouverez des spécialités locales chez **Prodotti Tipici e Tartufati Eugubini**, V. Piccardi, 17. Essayez les *salumi di cinghiale o cervo* (saucisses au sanglier ou au cerf), le *pecorino* (fromage de brebis) et l'huile de truffe (ouvert tlj 10h-13h et 14h30-20h).

Taverna del Buchetto, V. Dante, 30 (✆ 075 927 70 34), près de la Porta Romana, au bout du Corso Garibaldi. Les amateurs de sensations fortes peuvent essayer le très épicé *pollo alla diavola* (poulet à la diable). Pizzas 3,62-7 €, *primi* 4,13-7,75 €. Couvert 1,29 €. Ouvert Ma-Di 12h-14h30 et 19h30-22h. Cartes Visa, MC, AmEx. ❖❖

La Cantina Ristorante-Pizzeria, V. Francesco Piccotti, 3 (✆ 075 922 05 83), non loin de la Via della Repubblica. La spécialité de la maison est le *funghi porcini e tartufi* (le porc aux champignons et aux truffes). Pizzas 4,50-7 €, *primi* 6,50-10,50 €, *secondi* 6,50-13 €. Couvert 1 €. Ouvert Ma-Di 12h-14h30 et 19h-22h, 12h-15h pour les pizzas. Cartes Visa, MC. ❖❖

San Francesco e il Lupo (✆ 075 927 23 44), à l'angle de la Via Cairoli et du Corso Garibaldi. Pizzas 5,50-10,50 €, *primi* 5-13 €, *secondi* 8-12 €. Couvert 1,50 € pour les plats à la carte. Ouvert Me-Lu 12h-14h et 19h-22h. Cartes Visa, MC. ❖❖

Ristorante La Lanterna, V. Gioia, 23 (✆ 075 927 55 94). Derrière les hauts murs se cachent deux salles à manger qui accueillent aussi bien les résidents que les touristes. Cuisine locale et savoureuse. Ouvert Lu-Me et Ve-Di 12h-15h et 19h-22h30. Cartes Visa, MC. ❖❖

VISITES

LA PIAZZA DEI QUARANTA MARTIRI. En descendant du bus, vous trouverez sur votre gauche le **Giardino dei Quaranta Martiri** (le jardin des quarante martyrs), où s'élève un mémorial en l'honneur des otages exécutés par les nazis pendant la Seconde Guerre mondiale en représailles de l'assassinat de deux officiers allemands. L'**église San Francesco**, sur la droite, a été édifiée sur les ruines de la maison de la famille Spadalonga. Les Spadalonga étaient des amis de saint François d'Assise. Ce sont eux qui lui donnèrent la tunique qui allait servir de modèle à la bure que portent encore les franciscains. D'après la rumeur, c'est à cet endroit qu'il se serait converti. L'abside centrale abrite une superbe *Vita della Madonna* (vie de la Vierge) et des fresques du XVe siècle réalisées par Ottaviano Nelli, le peintre le plus célèbre de Gubbio. Elles sont malheureusement très endommagées. Sur la place, de l'autre côté de l'église, se trouve la **Loggia dei Tiratoi**, où les tisserands du XIVe siècle avaient l'habitude de tendre leurs vêtements afin qu'ils rétrécissent de manière uniforme lors des lavages. La Via Matteotti, qui part de la Piazza dei Quaranta Martiri, mène hors de la ville au monumental **théâtre romain**, très bien conservé, où l'on joue encore des pièces classiques.

LE PALAIS DES CONSULS. Construit en 1332 pour abriter la haute magistrature de la ville, le **Palazzo dei Consoli** est l'œuvre de Matteo di Giovanello. L'édifice accueille aujourd'hui le **Museo civico**, qui expose des sculptures et de vieilles pièces de monnaie. On y trouve aussi les **Tavole eugubine**, sept tables de bronze gravées (300-100 av. J.-C.), souvent comparées à la pierre de rosette. Découvertes en 1444, près d'un théâtre romain à l'extérieur de la ville et écrites en ombrien (sauf les deux dernières, écrites en latin), elles sont la source principale des connaissances sur cette langue ancienne. Un paysan les découvrit dans une chambre souterraine du théâtre romain, et la généreuse cité de Gubbio lui offrit en échange deux années de droits de pâturage. Les textes rituels gravés décrivent l'organisation sociale et politique de la société ombrienne et donnent des conseils sur la façon de consulter les augures à partir de foies d'animaux. La porte de l'autre côté permet d'accéder au **Musée archéologique**. A l'intérieur, on trouve des statues égyptiennes ainsi que des outils de l'époque romaine. *(✆ 075 923 75 30. P. della Signoria. Palais des consuls et musée ouverts mi-Mars-Oct, tlj 10h-13h et 15h-18h ; Nov-mi-Mars 10h-13h et 14h-17h. Entrée 5 €, 2,50 € pour les 15-25 ans, gratuit pour les 7-14 ans.)*

LE PALAIS DUCAL ET LA CATHÉDRALE. Erigé au sommet de la ville au XVe siècle, le **Palazzo ducale** fait face au **duomo**, qui date quant à lui du XIIIe siècle. Federico da Montefeltro avait demandé à Luciano Laurena de construire une copie miniature de son palais d'Urbino. Si vous entrez dans le *palazzo* (entrée payante), vous pourrez admirer son intérieur Renaissance, explorer les excavations des murs médiévaux du sous-sol ou laisser vos yeux errer sur les objets d'art moderne d'une valeur douteuse exposés au rez-de-chaussée. La cathédrale, un édifice gothique tout rose sans prétention, possède de très beaux vitraux (fin XIIe siècle)et abrite les tombes de plusieurs évêques du Moyen Age et surtout l'*Adoration des bergers* du Pinturicchio. *(Suivez les panneaux depuis la Piazza della Signoria. Musée ouvert Lu-Sa 9h-13h et 14h30-18h30, Di. 9h-12h30. Entrée 2 €, gratuit pour les moins de 18 ans et les plus de 60 ans. Cathédrale ouverte Avr-Sep tlj 9h-12h et 14h-16h, le reste de l'année 10h-17h.)*

LE MONT INGINO. Pendant la pause du déjeuner, quand les musées sont fermés, vous pouvez prendre le téléphérique *(funivia*, durée 7 mn) pour aller pique-niquer au sommet du mont Ingino, d'où vous aurez une superbe vue. Profitez-en pour visiter la **basilique** et le **monastère Sant'Ubaldo**. La basilique contient le corps de saint Ubaldo, le saint patron de Gubbio, conservé dans un caisson de verre, ainsi que les *ceri*, d'énormes pièces de bois utilisées lors de la procession *Corsa dei Ceri* en mai (voir plus loin). De l'entrée de la basilique, en haut de la colline, tournez à gauche et continuez jusqu'à un sentier mal entretenu qui mène au sommet de la montagne. *(Le téléphérique fonctionne : Juin : Lu-Sa 9h30-13h15 et 14h30-19h, Di. 9h-19h30. Juil-Août : Lu-Sa 8h30-19h30 et Di. 8h30-20h. Sep. : Lu-Sa 9h30-13h15 et 14h30-19h30. Oct. : tlj 10h-13h15 et 14h30-18h. Nov-Fév : tlj 10h-13h15 et 14h30-17h. Mar Lu-Sa 10h-13h15 et 14h30-17h30, Di 9h30-13h15 et 14h30-18h. 4 €, a/r 5 €.)*

FÊTES

La **Corsa dei Ceri** (littéralement, la course des cierges), qui a lieu le 15 mai, est l'une des processions les plus célèbres d'Italie. Elle existe depuis près de 900 ans. Les *ceri* sont en réalité trois grandes pièces de bois coiffées de petits saints, chacune représentant une classe de la population (les francs-maçons, les artisans et les commerçants, et les paysans). Après douze heures d'intense préparation, les *ceraioli*, vêtus de costumes traditionnels, hissent les *ceri* sur leurs épaules et entament une course échevelée vers le mont Ingino, au milieu des encouragements de la foule, avant de déposer les *ceri* dans la basilique Sant'Ubaldo, où ceux-ci demeurent jusqu'à l'année suivante. Ce festival orgiaque qui mêle le sacré et le profane remplit les paisibles rues médiévales de Gubbio d'une cohue formée par les visiteurs en pleine extase venus de toute la région comme de l'étranger.

Le **Palio della Balestra** se déroule le dernier dimanche de mai. Tous les ans depuis 1461, des archers portant les couleurs de Gubbio et de la ville voisine de Sansepolcro, en Toscane, viennent se mesurer sur la Piazza della Signoria. Si Gubbio sort victorieuse, il s'ensuit un joyeux défilé. Aujourd'hui, l'une des principales industries de Gubbio est la fabrication de petits arcs, les *balestre*, destinés aux touristes.

ASSISE (ASSISI) ✆ 079

"Car c'est en donnant que l'on reçoit, c'est en pardonnant que l'on est pardonné, et c'est en mourant que l'on est promis à une vie éternelle."

—Saint François d'Assise

Assise est imprégnée du souvenir de saint François. Prêchant l'ascétisme et le renoncement, il révolutionna l'Eglise catholique et inspira la création de l'ordre des franciscains. La ville est aujourd'hui un lieu de pèlerinage, surtout pour les jeunes Italiens qui s'y rassemblent pour des retraites et des fêtes religieuses. De nombreux frères et sœurs franciscains habitent la ville et perpétuent le message de leur fondateur. Accrochée à la montagne, entourée de remparts, Assise a conservé son cachet médiéval. La basilique Saint-François est sans doute le site le plus visité de toute l'Ombrie. Elle abrite les reliques du saint, les fameuses fresques de Giotto illustrant sa vie, ainsi que des œuvres de Cimabue, de Jacopo Torriti, de Filipo Rusuti, de Simone Martini et de Pietro Lorenzetti. L'influence de ces maîtres est perceptible dans les rues de la ville, ainsi que sur les places, dans les palais et dans les nombreux lieux de culte. Assise possède également des monuments étrusques et romains. Vous en verrez à divers endroits de la ville. L'hébergement est de qualité et les restaurants excellents (bien qu'un peu chers). Les tremblements de terre de l'automne 1997 ont dévasté une grande partie de la ville et de la basilique Saint-François mais une grande partie des dégâts ont été réparés.

TRANSPORTS

Train : La gare se trouve à côté de la basilique Santa Maria degli Angeli. Assise est sur la ligne Foligno-Terontola. Guichet ouvert 6h-20h. Consigne disponible. Trains pour : **Ancône** (8 dép./j, à partir de 6,80 €), **Florence** (13 dép/j, 8,99 €), **Pérouse** (16 dép/j, 1,60 €) et **Rome** (11 dép/j, 8,99 €).

Bus : Les bus partent de la P. Unità D'Italia, près de la basilique. Les bus **APM** (✆ 075 573 17 07) desservent **Foligno** (Lu-Ve 10 dép/j, 3,36 €), via **Spello** et **Pérouse** (12 dép/j, durée 1h30, 2,70 €). Les billets s'achètent dans les kiosques à journaux. Les bus **SULGA** (✆ 075 500 96 41) desservent **Florence** (durée 2h30, départ à 7h, 6,40 €) et **Rome** (durée 3h15, départs à 13h45, 16h45 et 17h45, 8,26 €). Les billets s'achètent à bord. Les bus **SENA** (✆ 075 728 32 08) vont à Sienne (durée 2h15, départs à 10h20, 17h45 et 20h45, 7 €). Ils partent de la P. S. Maria degli Angeli, près de la gare ferroviaire. Les horaires sont disponibles à l'office du tourisme.

Transports en commun : Des **bus** (2 à 3 dép/h, 0,80 €) circulent depuis la gare, située près de la basilique Santa Maria degli Angeli, jusqu'au centre-ville. Ils s'arrêtent sur la Piazza dell'Unità d'Italia, près de la basilique, au Largo Properzio, près de l'église Santa Chiara, et sur la Piazza Matteotti, au-dessus de la Piazza del Comune. Vous pouvez acheter les billets dans les bureaux de tabac de la gare ferroviaire ou à bord du bus.

Taxi : Piazza del Comune (✆ 075 81 31 93), Piazza Santa Chiara (✆ 075 81 26 00), Piazza dell'Unità d'Italia (✆ 075 81 23 78) et à la gare (✆ 075 804 02 75).

Location de voitures : **Agenzia Assisiorganizza**, V. S. Gabriele dell'Addolorata, 25 (✆ 075 81 23 27). Voiture à partir de 75 € par jour et de 347 € par semaine. Age minimum 21 ans. Ouvert Lu-Sa 11h-22h. Seules les cartes de crédit sont acceptées. Cartes Visa, MC, AmEx.

ORIENTATION ET INFORMATIONS PRATIQUES

Dominant la ville au nord, le château médiéval de **Rocca maggiore** est un point de repère utile au cas où vous vous perdriez. Lorsque vous venez de la gare ferroviaire, le bus s'arrête tout d'abord au **Borgo dell'Unità d'Italia** : descendez là si vous vous rendez directement à la basilique Saint-François. Sinon, restez dans le bus jusqu'à la **Piazza Matteotti**, d'où le centre-ville n'est pas très éloigné. La **Piazza del Comune** est la place centrale. Pour vous y rendre depuis la Piazza Matteotti, où les bus s'arrêtent, prenez la Via del Torrione jusqu'à la **Piazza San Rufino**. Dirigez-vous à gauche quand vous êtes sur la place puis prenez la **Via San Rufino** jusqu'à ce qu'elle rejoigne le centre-ville. La **Via Portica**, qui se prolonge dans la Via Fortini, la Via del Seminario et la Via San Francesco, relie la place centrale à la **basilique Saint-François**. De l'autre côté de la ville, le **Corso Mazzini** mène à l'**église Santa Chiara**.

Office de tourisme : (✆ 075 81 25 34, fax 075 81 37 27, www.umbria2000.it) Piazza del Comune. Lorsque vous traversez la Piazza del Comune en direction de la Via San Rufino, l'office de tourisme est au bout de la place, face à vous. Vous y obtiendrez le plan de la ville ainsi que des brochures et les horaires de bus et de train. Ouvert Lu-Ve 8h-14h et 15h30-18h30, Sa. 9h-13h et 15h30-18h30, Di. et jours fériés 9h-13h.

Change : Le bureau de poste change les chèques de voyage (commission de 1 € à 2,60 €). Service de change également à la **Banca Toscana**, Piazza San Pietro, et à la **Cassa di Risparmio di Perugia**, Piazza del Comune. Banques ouvertes 8h20-13h20 et 14h35-15h35. **Distributeurs automatiques** à l'extérieur des banques.

Consigne : à la gare ferroviaire, 2,58 € les 12h. Ouvert tlj 6h30-18h30.

Urgences : ✆ 113. **Carabinieri** : P. Matteotti, 3 (✆ 075 81 22 39).

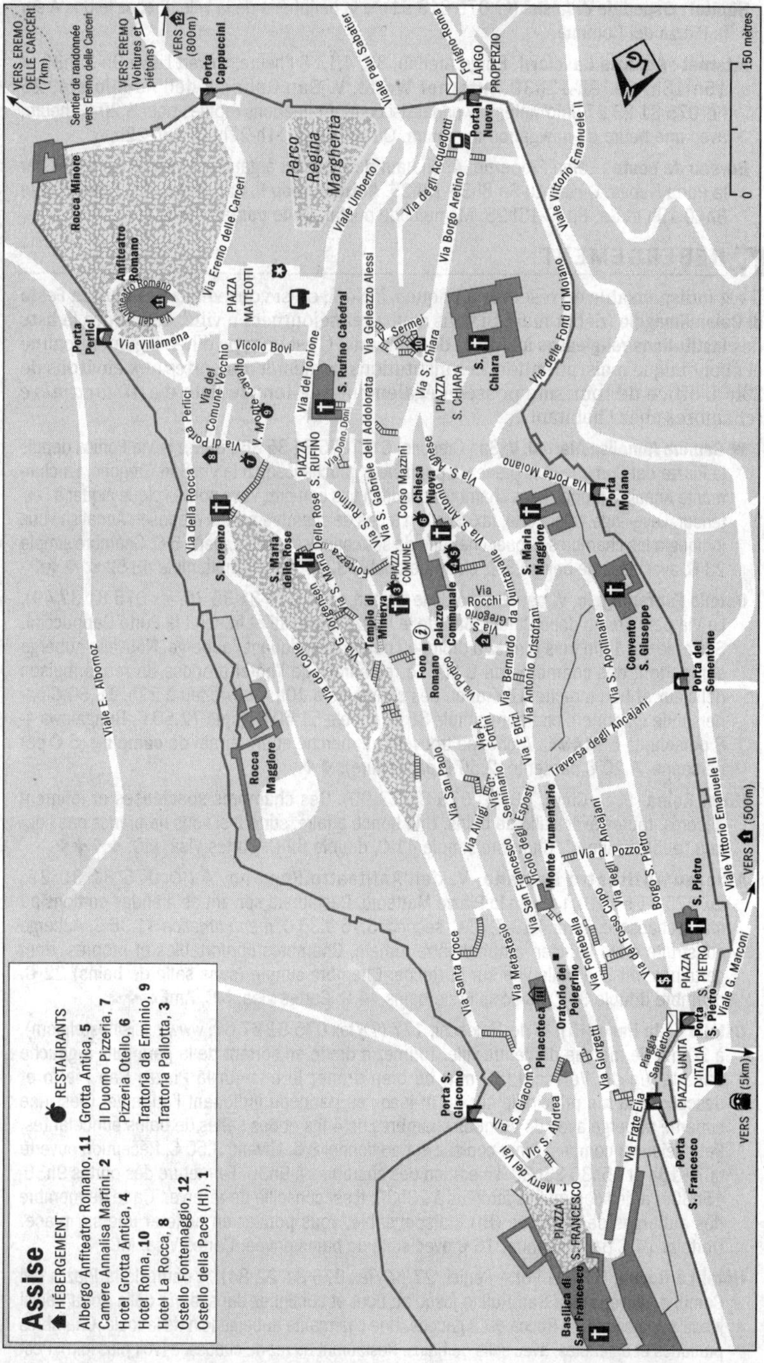
Assise
HÉBERGEMENT
Albergo Anfiteatro Romano, 11
Camere Annalisa Martini 2
Hotel Grotta Antica, 4
Hotel Roma, 10
Hotel La Rocca, 8
Ostello Fontemaggio, 12
Ostello della Pace (HI), 1
RESTAURANTS
Grotta Antica, 5
Il Duomo Pizzeria, 7
Pizzeria Otello, 6
Trattoria da Erminio, 9
Trattoria Pallotta, 3
VERS EREMO DELLE CARCERI (7km)
Sentier de randonnée vers Eremo delle Carceri
VERS EREMO (Voitures et piétons)
VERS (800m)
Porta Cappuccini
Rocca Minore
Anfiteatro Romano
Parco Regina Margherita
PIAZZA MATTEOTTI
Porta Perlici
Via Villamena
Via Eremo delle Carceri
Viale Umberto I
Viale Paul Sabatier
Foligno-Roma
LARGO PROPERZIO
Porta Nuova
Via degli Acquedotti
Via Borgo Aretino
Viale Vittorio Emanuele II
S. Rufino Catedral
PIAZZA S. RUFINO
PIAZZA S. CHIARA
S. Chiara
Via delle Fonti di Moiano
Via Porta Moiano
Porta Moiano
S. Maria Maggiore
Chiesa Nuova
Corso Mazzini
PIAZZA COMUNE
Tempio di Minerva
Foro Romano
Palazzo Communale
S. Lorenzo
S. Maria delle Rose
Via della Rocca
Rocca Maggiore
Viale E. Albornoz
Convento S. Giuseppe
Porta del Sementone
Traversa degli Ancajani
Monte Frumentario
Via San Francesco
S. Pietro
PIAZZA S. PIETRO
Porta S. Pietro
Viale G. Marconi
VERS (500m)
Pinacoteca
Oratorio del Pelegrino
Porta S. Giacomo
PIAZZA UNITA D'ITALIA
VERS (5km)
Porta S. Francesco
PIAZZA S. FRANCESCO
Basilica di San Francesco
150 mètres

ITALIE DU CENTRE

Hôpital : **Ospedale di Assisi** (✆ 075 813 91), à la périphérie de la ville. Prenez le bus A sur la Piazza del Comune.

Internet : **Agenzia Casciarri**, Borgo Aretino, 39. 4,13 € l'heure. Ouvert Lu-Ve 9h-12h30 et 15h-18h, Sa. 9h-12h30. **Internet World**, V. San Gabriele dell'Addolorata, 25 (✆ 075 81 23 27, info@internetworldassisi.com). Connexions rapides pour 3,20 € l'heure, avec une heure de navigation minimum. Ouvert Lu-Sa 11h-22h, Di 16h-22h.

Bureau de poste : Largo Properzio, 4, en haut de l'escalier à gauche quand vous sortez par la Porta Nuova. Ouvert Lu-Sa 8h35-13h25. **Autre bureau** P. San Pietro, 41. Ouvert Lu-Ve 8h10-19h et Sa. 8h10-13h25. Même code postal. **Code postal :** 06081.

HÉBERGEMENT

Il est indispensable de réserver à Pâques, à Noël, ou si vous venez pendant la **Festa di Calendimaggio** (début mai). Si vous souhaitez séjourner en ville, demandez la liste des **institutions religieuses** à l'office de tourisme. C'est un type d'hébergement calme et économique mais, attention, ces institutions ferment leurs portes aux environs de 23h. L'office de tourisme possède également une longue liste d'*affittacamere* (chambres chez l'habitant).

❤ **Camere Annalisa Martini**, V. San Gregorio, 6 (✆ 075 81 35 36). Suivez la Via Portica depuis la Piazza del Comune puis prenez la première à gauche jusqu'à la Via San Gregorio. La charmante Annalisa propose des chambres à louer à très bon prix. Vous pouvez pique-niquer à l'extérieur. Lave-linge, téléphone, fax. Si elle n'a pas de chambre à vous proposer, Annalisa vous indiquera les chambres à louer chez une de ses connaissances. Laverie 5 €. Chambre simple 23 €, avec salle de bains 25 €, chambre double 32/36 €, chambre triple 48-52 €. ❖❖❖

Ostello Fontemaggio, V. per l'Eremo delle Carceri, 8 (✆ 075 81 36 36, fax 075 81 37 49). La Via per l'Eremo delle Carceri part de la Piazza Matteotti et franchit la Porta Cappuccini. Suivez-la sur 1 km puis prenez à droite au panneau indiquant l'auberge. Nouvelle auberge comportant des chambres de 8 lits. Le restaurant de l'hôtel propose un repas maison délicieux et bon marché. Libération des chambres à 10h. Couvre-feu à 22h. 18,50 € par personne en dortoir, chambre simple 36 €, double 51,60 €, triple 72,50 €. Bungalows 4-8 personnes 50-140 €. A côté se trouvent un marché et un terrain de **camping** (5 € par personne, 4,20 € par tente, 2,50 € par voiture). ❖❖

Hôtel Roma, P. S. Chira, 13 (✆ 075 81 23 90). Des chambres spacieuses et joliment décorés, toutes avec salle de bains. Une bonne affaire, surtout si vous ne prenez pas l'option "petit déjeuner". Chambre simple 41 €, double 62 €. Cartes Visa, MC. ❖❖❖❖

Albergo Anfiteatro Romano, V. dell'Anfiteatro Romano, 4 (✆ 075 81 30 25, fax 075 81 51 10), près de la Piazza Matteotti. Restaurant servant de grandes portions au rez-de-chaussée. *Primi* 4,13-7,75 €, *secondi* 5,16-9,30 €, *menù turistica* 11,36 €. Auberge construite dans l'ancien amphithéâtre romain. Chambres confortables et propres, dont certaines ont une belle vue sur la Rocca. Chambre simple (sans salle de bains) 22 €, chambre double 34 €, avec salle de bains 44 €. Cartes Visa, MC, AmEx. ❖❖

Ostello della Pace (HI), V. dei Valecchi, 177 (✆/fax 075 81 67 67, www.assisihostel.com), à 20 mn de marche du centre-ville. Tournez à droite en sortant de la gare puis à gauche dans la Via dei Valecchi (30 mn) ou bien prenez le bus sur la Piazza San Pietro et descendez la rue principale sur 50 m jusqu'au panneau indiquant l'auberge. C'est une superbe auberge avec de grandes chambres de 4 lits et des salles de bains étincelantes. Petit déjeuner compris. Dîner copieux et traditionnel 8 €. Laverie 3,50 €. Réception ouverte tlj 7h-10h et 15h30-23h30. Libération des chambres à 9h30. Fermeture des portes 9h30-15h30. Parties communes fermées à 23h30. Il est conseillé de réserver. Carte de membre des auberges de jeunesse (HI) indispensable, vous pouvez en acheter une sur place. Dortoirs 14 € par personne, 16 € avec salle de bains privée. Cartes Visa, MC. ❖

Hôtel La Rocca, V. della Porta Perlici, 27 (✆/fax 075 81 22 84). A partir de la Piazza del Comune, suivez la Via San Rufino jusqu'au bout et continuez dans la Via della Porta Perlici jusqu'aux arcades. La Rocca est à gauche. Une charmante auberge loin de la foule. Chambres pratiques et agréables, avec salle de bains. Restaurant au rez-de-chaussée (voir plus loin). Petit déjeuner 4 €. Chambre simple 33,50 €, chambre double 40 €, chambre triple 60 €. Cartes Visa, MC, AmEx. ❖❖❖

Hôtel Grotta Antica, Vicolo dei Macelli Vecchi, 1 (✆ 075 81 34 67). De la Piazza del Comune, prenez la Via dell'Arco dei Priori (sous l'arcade), puis à droite le Viccolo dei Macelli Vecchi. Salles de bains, télévision et téléphone. Chambre simple 30 €, chambre double 38 €, chambre triple 49 €, chambre quadruple 56 €. Restaurant au rez-de-chaussée. ❖❖❖

RESTAURANTS

Assise vous soumet à la tentation de ses pains aux noisettes et de ses pâtisseries. La *bricciata umbria* (sorte de clafoutis aux cerises) et le *brustengolo* (fourré aux raisins, aux pommes et aux noix) sont particulièrement délicieux. La **Pasticceria Santa Monica**, V. Portica, 4, juste à côté de la Piazza del Comune, offre le meilleur rapport qualité-prix de la ville (ouvert tlj 9h-20h). Le samedi matin, un marché se tient sur la Piazza Matteotti. Les autres jours de la semaine, un marché aux fruits et aux légumes se trouve dans la Via San Gabriele.

Trattoria da Erminio, V. Monte Cavallo, 19 (✆ 075 81 25 06). De la Piazza del Comune, suivez la Via San Rufino jusqu'à la Piazza San Rufino puis dirigez-vous vers la Via della Porta Perlici et tournez dans la première rue à droite. Goûtez ses *primi* farcis (4,70-8,30 €) et laissez-vous tenter par ses délicieux *secondi* (5,20-11 €) grillés au feu de bois dans l'angle de la salle à manger. Le demi-litre de vin maison est à 1,81 €. Couvert 1,30 €. Ouvert Ve-Me 12h-14h30 et 19h-21h. Cartes Visa, MC, AmEx. ❖❖

Trattoria Pallotta, V. S. Ruffino (✆ 075 81 26 49), sous l'une des arches en face du temple de Minerve. Cuisine ombrienne inspirée, servie sous des arcades en pierre. Menus végétariens également. *Primi* 6-10 €, *secondi* 8-12 €. Ouvert Lu et Me-Di 12h-14h30 et 19h-21h30. Cartes Visa, MC, AmEx. ❖❖❖

Pizzeria Il Lupo, V. S. Ruffino, 1 (✆ 075 81 23 51). De la P. del Comune, prenez la V. S. Rufino. Pour grignoter sur le pouce des parts de pizza pas chères (2 €) et des paninis encore moins chers (1,50 €). Les sandwichs au pepperoni sont un régal. Il y très peu de places à l'intérieur. Prenez à emporter et allez vous asseoir près de la fontaine ou sur les bancs ombragés. ❖

Ristorante Antifeatro Romano, V. Amfiteatro Romano, 4 (✆ 075 81 30 25), près de la P. Matteoti, au rez-de-chaussée de l'hôtel du même nom. Une nourriture généreuse servie dans un patio qui sent bon le chèvrefeuille. *Primi* 4-6 €, *secondi* 5-8 €. Couvert 1,60 €. Ouvert tlj 12h-14h30 et 19h-21h. Cartes Visa, MC, AmEx. ❖❖

VISITES

Né vers 1182 dans une famille de riches drapiers, Giovanni del Bernardone (le futur saint François), qui se destinait à la carrière militaire, décida de se consacrer à la religion à l'âge de 19 ans. Sa condamnation des dérives de l'Eglise, son amour de la nature et son humilité attirèrent à lui des disciples venus de toute l'Europe. Défiant la papauté décadente et les ordres monastiques corrompus, il fonda l'ordre des frères mendiants franciscains et continua à prêcher la chasteté et la pauvreté jusqu'à sa mort en 1226. Saint François fut canonisé peu après sa mort et l'ordre des franciscains fut ensuite progressivement intégré par la hiérarchie catholique, qu'il avait tant critiquée et qui bâtit la magnifique basilique d'Assise en son honneur.

LA BASILIQUE SAINT-FRANÇOIS D'ASSISE

Tenue décente exigée : les minijupes, les shorts trop courts et les chemises échancrées sont interdits. Les épaules comme les genoux doivent être couverts. Il est également interdit de faire des photos dans la basilique. ✆ 075 819 00 84. Visites gratuites dispensées par de jeunes frères franciscains tlj 9h-12h et 14h-17h30. Départ des visites guidées devant la basilique inférieure : téléphonez ou réservez à l'office de tourisme de la basilique, situé en face de l'entrée de la basilique inférieure. La basilique inférieure est ouverte tlj 6h15-18h45. La basilique supérieure est ouverte tlj 8h30-18h45. Museo del Tesoro della Basilica ouvert tlj 9h30-12h30 et 14h-18h. Entrée 1 €.

L'édification de l'immense ❤ **Basilica di San Francesco**, au milieu du XIIIe siècle, déclencha un véritable tollé : l'ordre des franciscains protesta vivement contre cet étalage de richesses en contradiction totale avec les idées de saint François. Le frère Elie, alors à la tête de l'ordre, trouva le compromis suivant : l'église serait construite sur deux niveaux, le premier édifié autour de la crypte du saint, le second servant au service religieux. La basilique inférieure, sombre et austère, célèbre la vie modeste de saint François, tandis que la basilique supérieure, lumineuse et richement décorée, est dédiée à sa sainteté. Cette superposition de deux édifices inspira une nouvelle forme d'architecture franciscaine. La basilique a été très endommagée par le tremblement de terre de 1997. Depuis, la restauration du site a fait l'objet d'intenses efforts pour les cérémonies du jubilé de l'an 2000.

Les murs de l'église sont presque entièrement recouverts de fresques. Dans la basilique supérieure, une série de 28 fresques conçues par Giotto orne la nef. Chacune d'elles évoque une période de la *Vie de saint François*. La première le montre adolescent, touché par la grâce ; dans la dix-neuvième, il reçoit les stigmates ; la dernière représente le saint entrant dans son agonie mystique.

Remarquez également, dans les transepts et l'abside de la basilique supérieure, les fresques de Cimabue et de ses élèves. Ceux qui sont allés à Arezzo reconnaîtront l'un des tableaux : c'est une copie presque parfaite de son crucifix dans l'église San Domenico. Malheureusement, les fresques sont tellement détériorées qu'elles ressemblent à des négatifs photographiques. Dans la basilique inférieure, le transept gauche est orné d'une *Crucifixion*, d'une *Cène* et d'une *Vierge entourée de saints* de Pietro Lorenzetti. Au-dessus de l'autel se trouvent quatre somptueuses fresques allégoriques où sont représentés la Pauvreté, la Chasteté, l'Obéissance et le Triomphe de saint François. Elles furent d'abord attribuées à Giotto puis à un certain “Maestro delle Vele”, sans doute un de ses élèves. Une magnifique *Vierge avec quatre anges et saint François* de Giotto orne le transept droit. Les plus belles fresques de cet étage sont sans doute celles de Simone Martini dans la première chapelle à gauche. Elles évoquent la vie de saint Martin. A droite de l'abside, vous pouvez descendre dans une salle où sont exposés les effets personnels de saint François : sa tunique, ses sandales et divers instruments de mortification.

Le **tombeau de saint François** se trouve dans la crypte. Il fut caché au XVe siècle, de peur que les belliqueux habitants de Pérouse ne vinssent le profaner, et ne fut redécouvert qu'en 1818. Le tombeau en pierre, placé au-dessus de l'autel, est entouré de quatre sarcophages contenant les corps des disciples du saint.

Au **Museo del Tesoro della Basilica** (le musée du Trésor), ne manquez pas la gracieuse *Vierge à l'Enfant*, en ivoire, du XIIIe siècle, et un fragment de la sainte Croix.

AUTRES VISITES

ROCCA MAGGIORE. La silhouette de l'imposante Rocca maggiore se découpe bien au-dessus de la cathédrale. Rejoignez les allées chauffées par le soleil en dehors de la *rocca* pour profiter de la magnifique vue sur la ville et la basilique Saint-François d'Assise. Mais vous pouvez également jouer à la taupe dans le tunnel long de 50 m du château pour grimper à la tour de guet. La vue est magnifique quelle que soit la direction dans laquelle vous regardez, mais le tunnel n'est pas conseillé aux claustrophobes. En effet, dans ce sombre tunnel, les murs sont à peine plus larges que vous, l'air se raréfie lentement, l'atmosphère devient de plus en plus étouffante et les gens se bousculent pour sortir au plus vite de cet enfer. Et dans cette cohue, les cris des gens qui se font piétiner résonnent dans ces couloirs trop chauds. Ouf, voilà la sortie ! *(De la Piazza del Comune, suivez la Via San Rufino jusqu'à la Piazza San Rufino. Continuez par la Via della Porta Perlici, montez l'étroit escalier sur votre gauche et suivez les flèches menant à la Rocca. ✆ 075 81 52 92. Ouvert tlj de 10h au coucher du soleil. Fermé en cas de mauvais temps. Entrée 1,70 €, étudiants 1 €. Billet combiné Pinacothèque, Foro Romano et Rocca 5,20 €, étudiants 4 €.)*

LA BASILIQUE SAINTE-CLAIRE. L'intérieur de la **Basilica di Santa Chiara** en pierre rose et blanche, constitue un bel exemple d'architecture gothique. Elle fut édifiée sur les ruines de l'ancienne basilique où saint François allait à l'école. L'édifice abrite essentiellement des reliques de sainte Claire et de saint François, dont le crucifix miraculeux qui lui révéla le message de Dieu. Les religieuses de ce couvent ont fait vœu de réclusion. *(© 075 81 22 82. Ouvert tlj 6h30-12h et 14h-19h.)*

LA CATHÉDRALE (ÉGLISE SAN RUFINO). De la Piazza del Comune, la Via San Rufino, bordée de vieilles maisons entassées les unes sur les autres, débouche sur la Piazza San Rufino, où l'on découvre le **duomo** avec sa tour massive et sa superbe façade romane. L'intérieur, en comparaison, est plutôt décevant. *(© 075 81 22 82. Ouvert tlj 8h-13h et 14h-18h.)*

LA PIAZZA DEL COMUNE ET SES ENVIRONS. La Via San Francesco, qui mène à la basilique, est bordée de maisons médiévales et Renaissance. A noter, l'**Oratorio del Pelegrino**, orné de fresques à l'intérieur comme à l'extérieur. La place centrale, la Piazza del Comune, a été édifiée à l'emplacement de l'ancien **Foro romano** (forum romain). Des pans de murs romains alternent avec des bâtiments du XIIIe siècle. Entrez par la **crypte Saint-Nicolas**, dans la Via Portica, et promenez-vous entre les colonnes et les statues qui bordent la Piazza del Comune. Vous verrez également le **Tempio di Minerva**, un merveilleux héritage de la période romane, décoré de colonnes corinthiennes en ruine. Près de la place, le **Palazzo del Priore** abrite la **pinacothèque**, qui possède des collections d'art ombrien de la Renaissance. La **Chiesa nuova** (nouvelle église) se dresse parmi les impressionnants bâtiments de la place, avec ses colonnes extérieures et son intérieur couvert de fresques. *(Forum © 075 81 30 53. Pinacothèque © 075 81 52 92. Ouvert 16 Mars-15 Oct, tlj 10h-13h et 14h-18h ; 16 Oct-15 Mars 10h-13h et 14h-18h. Entrée 2,50 € chacun. Tempio di Minerva ouvert tlj 7h-19h. Chiesa nuova © 075 81 23 39. Ouvert tlj 6h30-12h et 14h-17h.)*

SORTIES

La **semaine de Pâques** est particulièrement riche en événements. Le jeudi saint, une pièce raconte la déposition de croix, tandis que, le vendredi saint et le dimanche de Pâques, des processions religieuses parcourent la ville. Assise fête l'arrivée du printemps par la **Festa di Calendimaggio** (les premiers jeudi, vendredi et samedi de mai). On élit la reine du printemps et les différents quartiers s'affrontent en un bruyant tournoi musical. Dames et chevaliers prennent possession des rues de la ville et chantent des chansons d'amour en hommage au jeune saint François qui, le soir, parcourait les rues d'Assise en chantant des sérénades. C'est au cours d'une de ces promenades nocturnes qu'il aurait eu la vision de la *Madonna della Povertà* (Vierge de la Pauvreté). D'avril à octobre, une ou deux fois par semaine, des concerts de musique classique et des récitals d'orgue sont donnés dans les églises. Le 4 octobre se déroule le **festival Saint-François**, qui débute dans la basilique Santa Maria degli Angeli, à l'endroit où saint François est mort. Chaque année au cours de ce festival, une région d'Italie différente remet de l'huile dans la lampe votive de la cathédrale. Danses et chants sont exécutés en costumes traditionnels.

EXCURSIONS DEPUIS ASSISE

EREMO DELLE CARCERI ET LE MONT SUBASIO

Depuis la Piazza Matteotti, sortez de la ville par la Porta dei Cappuccini et tournez aussitôt à gauche dans une rue un peu délabrée qui longe les remparts. A la Rocca minore, suivez le sentier qui monte sur votre droite et ignorez les indications. Aux deux tiers de la montée, le sentier, qui devient plat, suit le flanc de la montagne et vous offre de magnifiques vues sur la verte vallée en contrebas. Suivez le chemin pavé à droite au lieu de traverser et de suivre le sentier. Attention aux cailloux qui peuvent vous faire déraper lors de la descente. Si vous ne voulez pas trop vous fatiguer ou si vous préférez y aller en voiture depuis la Porta dei Cappuccini, suivez le chemin en terre à côté de la route pavée. Ouvert 6h30-17h30. Des taxis font le trajet depuis le centre-ville pour 6 €.

La longue (1h) mais splendide ascension qui vous mènera au sommet du mont Subasio est récompensée par la découverte du superbe ❤ **Eremo delle Carceri** (l'ermitage des "prisons"). Si vous voulez vous promener sur le mont Subasio, achetez une carte Kompass (6,20 €) ou une carte du Club Alpino Italiano, moins détaillée (4,65 €), dans les librairies ou chez les marchands de journaux d'Assise. Ne soyez pas surpris par le nombre de voitures stationnées et de magasins de souvenirs kitsch qui se trouvent à l'extérieur des grilles de l'ermitage. Vous oublierez tout cela très vite, une fois sur le chemin qui conduit aux bâtiments en pierre brute. De la cour centrale, vous pouvez accéder à la **Grotta di san Francesco**, une série de petites cellules et de chapelles reliées par des escaliers abrupts et de toutes petites portes, où saint François d'Assise dormait et priait. Admirez la beauté naturelle de cette grotte où saint François d'Assise s'est si souvent retiré.

LES ÉGLISES

Plusieurs églises dédiées à saint François ou à sainte Claire se trouvent dans les environs immédiats d'Assise. 15 mn après avoir franchi la Porta Nuova, au sud-est de la ville, vous arriverez au **couvent Saint-Damien**, où saint François reçut la révélation divine et écrivit le *Cantique des créatures* (1224). L'intérieur de la chapelle est orné de belles fresques du XIVe siècle ainsi que d'un christ en bois. (Ouvert tlj 6h30-12h et 15h-17h30.)

Si vous arrivez en train, vous apercevrez l'immense **Basilica di Santa Maria degli Angeli** (Sainte-Marie des Anges), édifiée sur l'emplacement de la **chapelle de la Porziuncola** (de la Portioncule), première chapelle de l'ordre des franciscains, qui abrita un temps la cellule de saint François.

Depuis Assise, prenez un des nombreux bus en direction de la gare (indiquant "S. M. degli Angeli") sur la Piazza Matteotti, le Largo Properzio ou la Piazza dell'Unità d'Italia et descendez un arrêt après celui de la gare. Si vous partez de la gare, sortez à gauche et prenez la première rue à gauche après la voie ferrée, le Viale Patrono d'Italia. La basilique est un peu plus loin sur votre gauche (10 mn). Sa façade Renaissance contraste avec son intérieur baroque, orné d'un dôme violet. A l'intérieur, vous découvrirez les deux bâtiments qui se trouvaient dans les bois avant sa construction au XVe siècle. La **Porziuncola** est la chapelle construite par saint François d'Assise lui-même. L'endroit devint très populaire quand saint François institua la **Festa del Perdono**, une fête annuelle qui avait lieu le 2 août et pendant laquelle il distribuait une indulgence à tous ceux qui entraient dans l'église. Dans le transept de droite se trouve une petite cellule bénédictine, la **Cappella di Transito**, où est mort saint François.

Un jour, pour résister à la tentation, saint François se jeta dans les rosiers du jardin juste à côté de la basilique : de là viendrait leur couleur rouge. Dans le jardin se trouve le musée Santa Maria degli Angeli, qui abrite les saintes reliques qui se trouvaient auparavant dans la Porziuncola. *(Basilique ouverte tlj 6h15-20h. Juil-Sept jusqu'à 21h. Musée ouvert tlj 9h-12h et 15h30-18h30. Entrée libre.)*

SPOLÈTE (SPOLETO) ✆ 0743

Il y a un peu plus de 40 ans, la seule véritable attraction de Spolète était une petite gorge très jolie qu'enjambait un pont médiéval, le Ponte delle Torri. Mais en 1958, la vie de la ville bascula grâce au compositeur Gian Carlo Menotti, qui décida d'organiser un festival d'art. Son optimisme ne fut pas déçu : le festival a toujours lieu de nos jours. Menotti voulait prouver que l'art pouvait faire vivre une ville : il a gagné son pari avec le *Festivale dei Due Mondi* (Festival des Deux Mondes). Grâce à ce festival, Spolète est devenue une ville prospère et un centre artistique reconnu. L'art sous toutes ses formes prend possession de la ville à la fin juin pour tout l'été. Pour preuve, en 1962, des artistes modernes sont venus à Spolète parsemer la ville et le théâtre romain de leurs sculptures. Vous serez ainsi accueilli à la sortie de la gare par un "stabile" de Calder (légèrement différente de ses célèbres mobiles). Que vous veniez pour son festival, ses vestiges romains ou ses églises, Spolète saura vous retenir un peu plus longtemps.

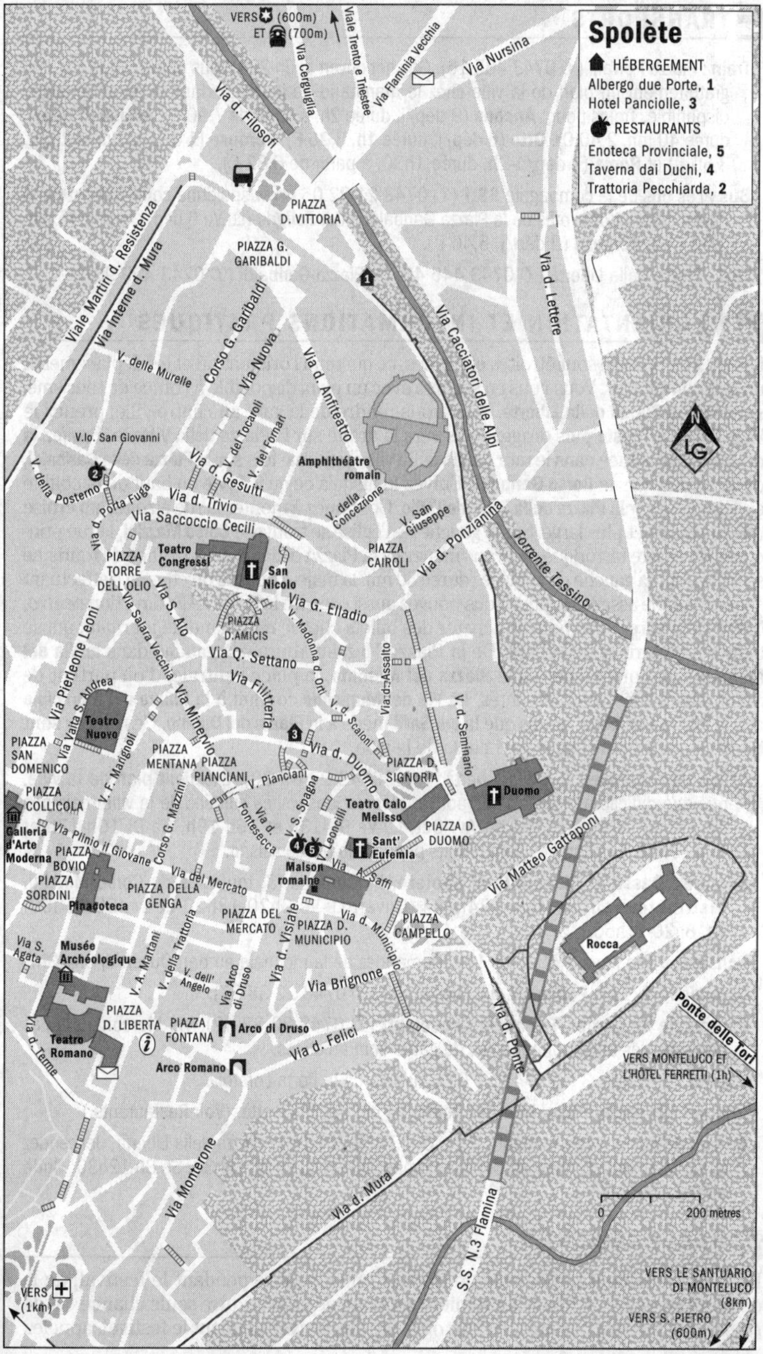
Spolète
HÉBERGEMENT
Albergo due Porte, 1
Hotel Panciolle, 3
RESTAURANTS
Enoteca Provinciale, 5
Taverna dai Duchi, 4
Trattoria Pecchiarda, 2
VERS (600m)
ET (700m)
Viale Trento e Trieste
Via Flaminia Vecchia
Via Nursina
Via Cerguglia
Via d. Filosofi
PIAZZA D. VITTORIA
PIAZZA G. GARIBALDI
Viale Martiri d. Resistenza
Via Interne d. Mura
Via d. Lettere
Via Cacciatori delle Alpi
Corso G. Garibaldi
Via Nuova
Via d. Anfiteatro
V. delle Murelle
V. del Tocaroli
V. del Fornari
V.lo. San Giovanni
V. della Posterno
Via d. Gesuiti
Amphithéâtre romain
Via d. Trivio
Via d. Porta Fuga
Via Saccoccio Cecili
V. della Concezione
V. San Giuseppe
Via d. Ponzianina
Torrente Tessino
PIAZZA CAIROLI
Teatro Congressi
San Nicolo
PIAZZA TORRE DELL'OLIO
Via S. Alo
Via Salara Vecchia
PIAZZA D.AMICIS
Via G. Elladio
V. Madonna d. Orti
Via Q. Settano
Via Filitteria
Via Pierleone Leoni
Via Vaita S. Andrea
Teatro Nuovo
Via Minervio
Via d. Assalto
V. d. Scaloni
V. d. Seminario
PIAZZA SAN DOMENICO
V. F. Marignoli
PIAZZA MENTANA
PIAZZA PIANCIANI
V. Pianciani
Via d. Duomo
PIAZZA D. SIGNORIA
Duomo
PIAZZA COLLICOLA
Galleria d'Arte Moderna
Via Plinio il Giovane
Corso G. Mazzini
Via d. Fontesecca
V. S. Spagna
V. Leoncilli
Teatro Caio Melisso
Sant' Eufemia
PIAZZA D. DUOMO
Via Matteo Gattaponi
PIAZZA BOVIO
PIAZZA SORDINI
Pinacoteca
PIAZZA DELLA GENGA
Via del Mercato
Maison romaine
Via A. Saffi
Rocca
PIAZZA DEL MERCATO
PIAZZA D. MUNICIPIO
Via d. Municipio
PIAZZA CAMPELLO
Via d. Visiale
Via S. Agata
Musée Archéologique
V. A. Martani
V. della Trattoria
V. dell' Angelo
Via Arco di Druso
Via Brignone
Via d. Ponte
Ponte delle Tori
PIAZZA D. LIBERTA
PIAZZA FONTANA
Arco di Druso
Teatro Romano
Via d. Terme
Via d. Felici
Arco Romano
VERS MONTELUCO ET L'HÔTEL FERRETTI (1h)
Via Monterone
Via d. Mura
S.S. N.3 Flamina
0
200 mètres
VERS LE SANTUARIO DI MONTELUCO (8km)
VERS S. PIETRO (600m)
VERS (1km)

ITALIE DU CENTRE

TRANSPORTS

Train : Piazza Polvani (✆ 0743 485 16). Guichet ouvert tlj 6h-20h. Vous pouvez vous procurer gratuitement un plan de la ville chez le marchand de journaux dans la gare. Consigne disponible. Trains pour : **Ancône** (9 dép/j, durée 2h, à partir de 7,90 €), **Assise** (5 dép/j, durée 40 mn, 2,40 €), **Orte** (6 dép/j, durée 1h, 8,26 €), **Pérouse** (1 dép/h, durée 1h30, 3,50 €) et **Rome** (1 dép/1-2h, durée 1h30, à partir de 6,82 €).

Bus : Les bus de la compagnie **SSIT** (✆ 0743 21 22 05, www.spoletina.com) partent de la Piazza della Vittoria, près de la Piazza Garibaldi, pour **Foligno** (Lu-Ve 6 dép/j, durée 45 mn, 2,60 €) et **Pérouse** (2 dép/j, 5,40 €).

Taxi : Piazza della Libertà (✆ 0743 445 48) ou Piazza Garibaldi (✆ 0743 499 90).

ORIENTATION ET INFORMATIONS PRATIQUES

Les rues de Spolète sont étroites et pavées, ce qui rend l'orientation et les déplacements un peu compliqués. Vous vous en sortirez avec un plan, disponible à l'office de tourisme, situé sur la **Piazza della Libertà**. Pour vous rendre de la gare au centre-ville, prenez le **Viale Trento e Trieste** puis dirigez-vous vers la droite sur **la Piazza della Vittoria**. Passez la double porte, située dans le mur de la vieille ville, puis une fois sur la **Piazza della Garibaldi**, dirigez-vous vers le **Corso Garibaldi**. Suivez-le jusqu'à ce qu'il dévie en haut de la colline et débouche sur la **Piazza della Torre dell'Olio**. Continuez à monter la rue étroite, qui croise une rue pavée et plus large. Sur la gauche de l'église se trouve le **Corso Mazzini**, la rue principale du centre historique, qui vous mènera à la Piazza della Libertà. L'office de tourisme se trouve sur la gauche de la place (durée 30 mn, la majeure partie du chemin s'effectuant sur une colline assez abrupte). Vous pouvez aussi prendre le bus ATAF (direction *centro*, 0,80 €) à la gare. Vous pouvez acheter des billets chez le marchand de journaux qui se trouve à l'intérieur de la gare. De la Piazza Mazzini, tournez à gauche dans la **Via del Mercato**, qui vous mènera à la **Piazza del Mercato**, la place centrale, d'où partent de nombreuses rues commerçantes. La **Via del Municipio** conduit à la **Piazza del Municipio** et à la **Piazza Campello**, tandis que la **Via Saffi** mène à la **Piazza del Duomo**. Ces places sont bordées par les plus beaux bâtiments de la ville.

Office de tourisme : P. della Libertà, 7 (✆ 0743 23 89 20). Excellent plan de la ville, quoique difficile à manier. Vous pouvez réserver des visites guidées de la ville mais pas de chambres d'hôtel. Ouvert Avr-Oct, Lu-Ve 9h-13h et 16h-19h, Sa-Di 10h-13h et 16h-19h30. Les horaires sont réduits pendant la basse saison.

Banque : **Cassa di Risparmio di Spoleto**, P. Mentana, 3, tout près du Corso Mazzini. **Distributeur automatique** 24h/24. Ouvert Lu-Ve 8h20-13h20 et 14h50-15h50, Sa. 8h20-11h50.

Consigne : A la gare, 2,58 € les 12h. Demandez de la monnaie au bar. Ouvert tlj 5h-23h.

Urgences : ✆ 113. **Police** : V. dei Filosofi, 57 (✆ 0743 22 38 87).

Pharmacie de garde : **Farmacia Scoccianti** (✆ 0743 22 32 42), Vle Marconi, 11. Les adresses des autres pharmacies de garde sont affichées.

Hôpital : V. Loreto, 3 (✆ 0743 21 01), au-delà de la Porta Loreto.

Internet : **Zeppelin Pizza**, **Internet Point**, sur la P. della Libertà. (Voir Restaurants.)

Bureau de poste : Viale Matteotti, 2 (✆ 0743 403 73). De la Piazza della Libertà, descendez la Via Matteotti : l'entrée est sur votre droite. Ouvert Lu-Ve 8h-18h30, Sa 8h-12h30. **Code postal** : 06049.

HÉBERGEMENT

Il est pratiquement impossible de trouver une chambre pendant le festival, de la dernière semaine de juin à la première semaine de juillet. Votre seule chance est de réserver le plus tôt possible. Néanmoins, si vous arrivez pendant le festival, appelez

Conspoleto, P. della Libertà, 7. (✆ 0743 22 07 73, www.conspoleto.com. Ouvert Lu-Sa 9h-13h et 15h-19h, Di. 9h-13h.) Ils rechercheront des chambres et feront les réservations pour vous. L'office de tourisme possède également une liste des campings, des lieux d'hébergement *agriturismo* et des chambres chez l'habitant (séjour minimum d'une semaine). Les prix sont plus élevés pendant le festival.

Hôtel Panciolle, V. del Duomo, 3 (✆/fax 0743 456 77), dans le centre historique, près de la cathédrale. Chambres claires, bien aérées et modernes, possédant toutes une salle de bains. Petit déjeuner 5 €. Chambre simple 37 €, chambre double 55 €, chambre triple 62 €. ❖❖❖❖

Albergo Due Porte, P. della Vittoria, 5 (✆ 0743 22 36 66), à 10 mn à pied de la gare. Suivez le Viale Trento e Trieste puis tournez à droite sur la Piazza della Vittoria. L'hôtel est sur la gauche du passage, dans les enceintes de la ville. Vous pouvez aussi prendre le bus en face de la gare. Salles de bains immaculées. Télévision et téléphone. Accessible aux handicapés. Petit déjeuner compris. Chambre simple 35 €, chambre double 57 €, chambre triple 75 €. Cartes Visa, MC. ❖❖❖❖

Hôtel Ferretti, Loc. Monteluco, 20, à 5 mn de l'arrêt du bus qui monte la colline toutes les heures (ou effectuez l'ascension de 30 mn le long du sentier n° 1). Vous avez plus de chances de trouver une place dans cet hôtel perché sur les hauteurs qu'en centre-ville. En prime, il y a un piano dans le salon. (✆ 0743 49 849. Chambre simple 31 €, double 39 €.) ❖❖❖

RESTAURANTS

Le **marché en plein air** se tient, comme son nom l'indique, sur la **Piazza del Mercato**. (Ouvert Lu-Sa 8h30-13h.) Sinon, vous trouverez les produits de base au supermarché **STANDA**, Piazza Garibaldi. (Ouvert Lu-Sa 9h-13h et 16h-20h.) Pendant le festival, il est nécessaire de réserver sa table dans la plupart des restaurants de la ville.

❤ **Taverna del Duchi**, V. Saffi (✆ 0743 40 323). Une *taverna* agréable et qui pratique des prix sensés. Les murs sont couverts d'affiches du festival. Les pâtes *al dente* sont cuites à la perfection. Essayez tout simplement les *spaghetti alla bolognese* (5,50 €). Plats de viande 5-10 €. Pizza à partir de 5 €, le soir seulement. Ouvert Lu-Je et Sa 12h-15h et 19h-22h. Cartes Visa, MC. ❖❖

❤ **Zeppelin Pizza Internet Point** (✆ 0743 47 767), sur la P. della Libertà. Une adresse fréquentée par les habitants qui viennent manger un morceau tout en surfant sur le net. Pizzas et paninis bon marché. Ouvert 10h30-15h30 et 17h-21h30. Cartes Visa, MC. ❖

Trattoria Pecchiarda, Vicolo San Giovanni, 1 (✆ 0743 22 10 09). Remontez le Corso Garibaldi, prenez à droite la Via della Posterna puis à gauche quand vous êtes en haut de l'escalier. Très joli patio orné de plantes. *Primi* et *secondi* grillés au feu de bois (7-10 €). Ouvert tlj 13h-15h30 et 20h-24h. Cartes Visa, MC, AmEx. ❖❖❖

Enoteca Provinciale, V. Saffi, 7 (✆ 0743 22 04 84), près de la pinacothèque. Lieu chaleureux où l'on peut goûter aux vins locaux et manger des plats légers comme la *frittata d'asparaghi* (omelette aux asperges) ou la *strangozzi alla spolentina*. *Primi* 7-9 €, *secondi* 8-13 €. Ouvert Lu et Me-Di 11h-15h et 19h-23h. Cartes Visa, MC. ❖❖❖

Ristorante Appollinare, V. S. Agata, 14 (✆ 0743 22 32 56). Un des bons restaurants de la ville. Serveurs en smoking. Le menu décline les standards de la cuisine ombrienne, avec un brin de fantaisie. Il change selon les saisons. En été, pourquoi ne pas commencer par la *caramella* (un beignet au fromage *caciotta* nappé de sauces aux truffes noires, 9 €) ? *Primi* 9-15 €, *secondi* 10-18 €. Ouvert de Pâques à Oct tlj 12h30-14h30 et 19h30-22h30, fermé Je le reste de l'année. Cartes Visa, MC, AmEx. ❖❖❖❖❖

VISITES

LA CATHÉDRALE. Le monumental **duomo** roman fut édifié au XIIe siècle et flanqué d'un portique Renaissance en 1491. L'intérieur a été remanié au XVIIe siècle. Son clocher, mélange de styles et de matériaux, fut édifié à partir de fragments de structures romanes. Il est soutenu par de curieux piliers très élancés. La façade est ornée de huit rosaces, la plus grande représentant les symboles des quatre évangélistes. A l'intérieur, l'abside en forme de dôme est décorée de fresques de Filippo Lippi évoquant *La Vie de la Vierge Marie. L'Annonciation* est particulièrement impressionnante. Le peintre est mort ici alors qu'il travaillait à ces fresques. Laurent de Médicis, duc et mécène de Florence, demanda à la ville de Spolète de lui retourner le corps de l'artiste mais celle-ci refusa. Le prince fit alors simplement exécuter le tombeau qui est aujourd'hui dans le transept et qui fut décoré par le fils de l'artiste, Filippino. *(A quelques pas de la pinacothèque. Ouvert tlj 8h30-12h30 et 15h-19h.)*

L'ÉGLISE SANT'EUFEMIA. L'église Sant'Eufemia, construite au XIIe siècle, est l'une des œuvres romanes les plus typiques d'Ombrie. Elle n'a ni la stature ni la beauté de la cathédrale. Remarquez les *matronei* (balcons des femmes), qui sont les premiers à avoir été construits dans une église de la région. *(De l'autre côté de la Piazza del Duomo. Ouvert Lu et Me-Sa 10h-13h et 16h-17h, Di 10h30-18h. Entrée 2,50 €.)*

LES MUSÉES D'ART. La **pinacothèque** de Spolète, s'est installée récemment dans le palazzo Spada, sur la P. Sordini. Elle expose les œuvres d'artistes de la région, médiévaux et modernes. Les pièces les plus intéressantes sont certainement celles du Pérugin et de son élève, Lo Spagna. *(© 0743 21 82 70. Ouvert tlj 10h-13h et 15h-18h. Entrée 2,07 €.)* Le **musée d'Art moderne** abrite une belle collection permanente, notamment des travaux de jeunesse de Moore et de Calder, ainsi que des expositions temporaires. *(Du Corso Mazzini, prenez à gauche la Via Sant'Agata puis à droite la Via delle Terme. Le musée est un peu plus loin sur la droite. Ouvert Mar-Oct tlj 10h30-13h et 15h-18h30, fermé à 17h le reste de l'année. Entrée 3,10 €, billet combiné avec la Casa Romana 4,13 €.)*

LES RUINES ROMAINES. La présence de nombreuses ruines témoigne de l'importance de la ville à l'époque romaine. Le **théâtre** du Ier siècle, très bien conservé, se trouve juste à l'extérieur des remparts romains. On peut l'apercevoir de la Piazza della Libertà. Prenez la Via Sant'Agata depuis la place pour rejoindre l'entrée du **Museo archeologico** voisin, qui expose des céramiques et des statues découvertes dans la région. *(© 0743 22 32 77. Ouvert tlj 8h30-19h30. Entrée 2 €, pour les citoyens de l'Union Européenne de 18 à 26 ans 1 €, gratuit pour les moins de 18 ans et de plus de 65 ans.)* L'**Arco romano**, au bout de la Via Bronzino, marquait l'entrée de la ville et, un peu plus loin, l'**Arco di Druso** celle du forum (aujourd'hui la Piazza del Mercato). Visitez de toute urgence la **Casa romana** (maison romaine), restaurée, qui appartenait à la mère de l'empereur Vespasien. Le billet d'entrée comprend l'accès à la Galleria civica d'Arte. *(A côté de l'hôtel de ville. Entrée V. di Visiale, 9. De la Piazza del Duomo, prenez à droite la Via del Duomo, puis la première à gauche. Ouvert tlj 10h-20h. Entrée 2,07 €.)*

LA ROCCA ET LE PONT DES TOURS. La **forteresse des papes**, appelée **Rocca**, domine Spolète. Cette forteresse, qui servit de prison jusqu'en 1982, a été utilisée pendant la dernière guerre pour enfermer des prisonniers politiques italiens et slaves. Ils organisèrent une spectaculaire évasion en 1943 pour aller rejoindre les partisans dans les collines ombriennes. Aujourd'hui, la Rocca est en cours de rénovation, bien que la cour et les plus grandes salles soient utilisées pour des concerts et des événements cinématographiques, surtout pendant le festival. A proximité se trouve l'une des réalisations architecturales les plus étonnantes de la région, le **Ponte delle Torri**. Cet aqueduc du XIVe siècle, long de 80 m, enjambe le Tessin. Sur l'autre rive, on distingue les tours du château médiéval, qui donnèrent son nom au pont.

MONTELUCO. Si vous traversez l'aqueduc, vous trouvez sur votre gauche une jolie route bordée d'élégantes villas et d'églises. Une revigorante heure de marche à travers la forêt vous permet d'atteindre le **sanctuaire de Monteluco**, qui fut le refuge de saint François et de saint Bernard de Sienne. Vous trouverez aussi des bars, des hôtels, un parc et un stand de tir. A 5 mn de marche du Ponte delle Torri se trouve l'**église San Pietro**. Sa façade est ornée de bas-reliefs représentant des animaux, des diagrammes cosmologiques et des fables populaires. A noter, à droite de la porte, un loup sous un capuchon de moine, qui tient un livre. *(Traversez le Ponte delle Torri et suivez le petit sentier* *sinueux. Des bus partent de la Piazza della Libertà pour Monteluco toutes les 1h30 environ, quand le sanctuaire est ouvert. Sanctuaire ouvert normalement tlj 9h-17h30. Entrée libre.)*

SORTIES

Le ❤ **festival de Spolète** (appelé précédemment le **Festival dei Due Mondi**, ou Festival des Deux Mondes) se déroule de la fin juin à la mi-juillet et c'est aujourd'hui non seulement l'une des manifestations culturelles les plus importantes d'Italie mais aussi l'un des événements les plus prestigieux sur la scène internationale. Les plus grands artistes italiens et internationaux présentent des concerts, des opéras et des ballets. Des projections de films et des expositions d'art moderne et d'artisanat complètent le festival. Vous pouvez acheter vos billets à partir de la fin avril à un guichet situé Piazza del Duomo, 8, et à partir de la fin mai à un autre guichet situé Piazza della Libertà (✆ 0743 447 00.) Pendant le festival, les guichets du **Teatro nuovo** et de la **Rocca albornoziana** sont ouverts une heure avant le début de la plupart des spectacles. (Ouvert Ma-Di 10h-13h et 16h-19h.) Réserver de l'étranger est possible et même recommandé : renseignez-vous auprès de l'Associazione Festival dei Due Mondi, Biglietteria Festival dei Due Mondi, 06049 Spoleto (PG), Italia. La **Stagione del Teatro lirico sperimentale di Spoleto** (saison d'opéras expérimentaux) commence fin août et se poursuit en septembre. Pour obtenir des informations, adressez-vous à l'**Istituzione Teatro lirico sperimentale di Spoleto "A. Belli"**, P. Bovio, 1, 06049 Spoleto. (✆ 0743 22 16 45, www.caribusiness.it/lirico.)

TODI ✆075

Selon la légende, c'est un aigle qui conduisit les fondateurs de la ville jusqu'au site de Todi. L'aigle leur avait volé une nappe alors qu'ils pique-niquaient. Désireux de la récupérer, les pique-niqueurs suivirent l'aigle jusqu'à cette colline escarpée et s'y installèrent. Cette ville isolée, longtemps épargnée par l'histoire, conserve des traces de son passé étrusque, romain et médiéval. Bien que toutes les zones de la ville dépourvues de vestiges historiques aient été transformées en parkings, il n'y a guère de place pour circuler ou pour tout aménagement du XXIe siècle. De nombreuses boutiques d'antiquités se sont cependant installées ici, accueillant les centaines de voyageurs qui descendent des cars de touristes stationnés chaque matin sur la Piazza Jacopone.

INFORMATIONS PRATIQUES. Todi est facilement accessible en **bus** depuis Pérouse. La gare routière se trouve Piazza della Consolazione. Vous pouvez vous y rendre avec le bus A mais la promenade de 1 km depuis le centre est plutôt agréable. Les **bus APM** (✆ 075 894 29 39 ou numéro vert ✆ 800 51 21 41) font l'aller-retour entre les deux villes (Lu-Sa 10 dép/j, dernier dép. pour Todi à 17h, dernier dép. pour Pérouse à 19h30, durée 1h30, 4,80 €). Vous pouvez aussi vous rendre à Todi en **train**, depuis la gare **Sant'Anna** de **Pérouse** (13 dép/j, durée 45 mn, 2,70 €). Vous trouverez des **taxis** sur la Piazza Garibaldi (✆ 075 894 23 75), sur la Piazza Jacopone (✆ 075 894 25 25) ou en appelant le ✆ 0347 77 48 321. L'**office de tourisme IAT**, P. Umberto, 1, fournit des cartes, les horaires des bus et des renseignements sur les restaurants et les hôtels. (✆ 075 894 25 26. Ouvert Lu-Sa 9h-13h et 15h-18h30.) En cas d'**urgence**, appelez la **police** (✆ 112 ou 075 895 62 43), une **ambulance** (✆ 118) ou l'**hôpital** (✆ 075 885 81). La pharmacie **Pirrami** (✆ 075 894 23 20) se trouve sur la Piazza del Popolo. **Code postal** : 06059.

HÉBERGEMENT ET RESTAURANTS. Les hôtels du centre-ville pratiquent des tarifs élevés. L'adresse la moins chère est sans doute la **Casa Per Ferie L. Crispoti**, près de la P. del Popolo. Lorsque vous descendez la V. del Duomo, tournez à droite sur la V. di S. Prasse et à gauche sur la V. Cesia. La Casa se trouve au n° 96. Bien qu'elle soit à vocation religieuse, elle héberge un bar et le couvre-feu, en théorie à 20h, n'est pas appliqué à la lettre. Les chambres sont mixtes. A la nuit tombante, l'obscurité s'abat sur les longs couloirs sans fenêtre. Repérez les interrupteurs avant de vous absenter. (© 075 894 53 37, www.crispoltifirie.it. Toutes les chambres ont une salle de bains. Petit déjeuner 2,50 €. Dortoir 23,50 €, chambre simple 33,50 €, double 52 €. Cartes Visa, MC.) Pour trouver des hôtels à prix sensiblement égal, il vous faudra marcher une vingtaine de minutes hors du centre-ville. Par exemple pour rejoindre l'hôtel trois étoiles **Tuder**, V. Maestà dei Lombardi, 13. De la Pta. Romana, descendez la V. Cortesi, tournez à gauche sur la V. del Crocefisso puis à droite sur la V. Maestà dei Lombardi. (© 075 894 21 84, fax 075 894 39 52. Chambre simple avec salle de bains 57 €, chambre double avec salle de bains 95 €. Cartes Visa, MC, AmEx.)

Pour vos courses, rendez-vous chez **COOP**, au coin de la V. Cortesi et de la V. del Crocefisso, à 5 mn de marche de la Pta. Romana. Vous pouvez grignoter un morceau et regarder ce qui se passe dans la rue à la **Pizzeria Italo**, P. Bartolomeo d'Alviano, 1. (Parts de pizza à partir de 1 €, lasagnes 4 €. Ouvert Ma-Di 8h-15h et 16h30-23h.) L'**Antica Hosteria de la Valle**, V. Ciuffelli, 19, sert une nourriture réjouissante dans un joli décor de pierre et de bois. (© 075 894 48 48. Ouvert Ma-Di 12h-14h30 et 19h-22h. Cartes Visa, MC.) Juste un peu plus bas dans la rue se trouve un parc avec des bancs qui offre des vues splendides sur la ville et sur la campagne environnante.

VISITES. Sur la **Piazza del Popolo**, dans le centre-ville, la sombre cathédrale et les palais solennels composent un ensemble imposant. Cette place est le centre de Todi depuis l'époque romaine. C'est le point le plus élevé de la ville et le plus abouti en matière d'architecture. Le **Palazzo del Capitano**, sur la place, abrite le **Museo archeologico** et la **Pinacoteca civica**. Montez pour atteindre les fresques fascinantes de la **Sala del Capitano del Popolo**, en haut de l'escalier extérieur en marbre. *(Ouvert Je-Di 10h30-13h et 14h30-18h. Entrée 3,50 €, 2,50 € pour les 15-25 ans, 2 € pour les moins de 15 ans.)* De l'autre côté de la place, la massive **cathédrale** est solidement plantée au sommet d'un large escalier de pierre. Les motifs compliqués de la rosace centrale et du portail voûté attirent l'attention. A l'intérieur, les colonnes romanes surmontées de chapiteaux corinthiens soutiennent un mur dépouillé d'où ressortent de grandes fenêtres. La délicate arcade latérale de style gothique, ajoutée au XIVe siècle, abrite un curieux retable représentant la tête de la Vierge peinte en relief, alors que le reste est plat. Un *Jugement dernier* du XVIe siècle occupe le mur du fond. La **crypte** du VIIIe siècle dissimule les stalles en marqueterie très ouvragées du chœur. *(Cathédrale et crypte ouvertes tlj 8h30-12h30 et 14h30-18h30.)* En face de la cathédrale, la tour et la façade du **Palazzo dei Priori** (1297-1337) conservent quelque chose de la sobriété médiévale, en dépit des rangées de fenêtres Renaissance sculptées au début du XVIe siècle.

La Piazza Garibaldi fait maintenant office de parking municipal mais elle donne toujours sur un magnifique panorama. Depuis la place, suivez les panneaux qui conduisent, par le Corso Cavour, jusqu'aux vestiges du **Foro romano** et à l'**église San Ilario** du XIIe siècle. A proximité, les **Fonti Scarnabecco** (fontaines), avec leurs portiques du XIIIe siècle, servent toujours. Retournez sur la Piazza del Popolo et prenez la Via Mazzini jusqu'au **Tempio di San Fortunato**, d'une anguleuse majesté. Bâtie par les Franciscains entre le XIIIe et le XVe siècle, cette église possède des portails romans et un intérieur gothique. L'histoire d'Isaac décore l'espace entre la première et la deuxième colonne à droite de l'entrée. A noter, la fresque de Masolino *La Vierge aux anges*. A droite de San Fortunato, un sentier grimpe vers la **Rocca**, un château en ruine du XIVe siècle. Près du château, suivez le chemin sinueux, judicieusement nommé **Viale della Serpentina**, jusqu'à l'impressionnant belvédère construit sur les restes d'une ancienne muraille romaine. Plus bas, l'église Renaissance **Santa Maria della Consolazione**, avec ses fenêtres à meneaux et ses élégantes coupoles, abrite les douze énormes statues des principaux saints de la région ainsi qu'un très bel autel.

ORVIETO ©0763

Fondée il y a 3000 ans, Orvieto est située au sommet d'un plateau volcanique perdu au milieu des douces collines cultivées du sud de l'Ombrie. Au VIIe siècle av. J.-C., les Etrusques commencèrent à creuser les entrailles de la terre pour en extraire le *tufo* (une pierre volcanique qui servit à la construction du quartier médiéval), créant

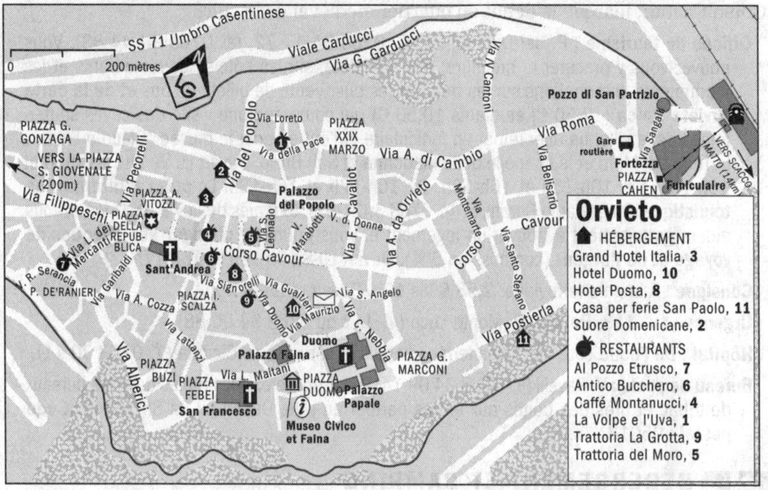

ainsi une véritable ville souterraine, parallèle à celle d'Orvieto. Cinq siècles plus tard, les Romains pillèrent la ville et reconquirent la région, appelant paradoxalement leur "nouvelle" ville "*urbs ventus*" (vieille ville), d'où est dérivé le nom Orvieto. Au Moyen Age, la ville redevint un centre de culte. Au XIIIe siècle, alors que Thomas d'Aquin enseignait et que les Chrétiens préparaient leurs croisades, une multitude d'églises furent érigées dans les rues tortueuses de la cité. Aux XIVe et XVe siècles, les maîtres d'Orvieto, en même temps que ceux de Sienne, d'Assise et de Pérouse, formèrent une école de peinture influente. Aujourd'hui, Orvieto est une destination touristique importante. Les visiteurs affluent pour admirer la superbe cathédrale du XIIIe siècle. La ville est également réputée pour ses rues anciennes, ses clochers, ses salles souterraines et son fameux vin blanc, l'*orvieto classico*.

TRANSPORTS

Train : Via San Rocco. Consigne disponible. Trains pour **Arezzo** (durée 1h, 5,70 €), **Florence** (1 dép/h de 7h29 à 20h32, durée 2h30, 9,70 €) via **Cortona** (durée 45 mn) et **Rome** (1 dép/h de 4h25 à 23h28, durée 1h30, 6,82 €).

Bus : **COTRAL** (© 0763 73 48 14), P. Cahen. Un bus quotidien fait la navette entre la gare, la Piazza Cahen et les sites touristiques environnants. Achetez vos billets dans les bureaux de tabac de la gare. Bus pour **Viterbe** (8 dép/j de 6h20 à 17h45, 2,80 €). Les bus **ATC**, P. della Rivoluzione Francese (© 0763 30 12 24), vont à **Pérouse** (dép. 5h55, 6 €) et **Todi** (dép. 13h40, 4,80 €). Achetez vos billets dans le bureau de tabac situé en haut du Corso Cavour ou à bord du bus.

Taxis : Sur la P. Matteoti, Orvieto Scalo ou au © 0763 30 19 03.

ORIENTATION ET INFORMATIONS PRATIQUES

Orvieto est à mi-chemin en train de Rome et de Florence. Pour rejoindre la vieille ville à partir de la gare, prenez le funiculaire (1 dép/15 mn, 0,80 €, 0,90 € avec la navette) pour atteindre la **Piazza Cahen**, où les bus de la compagnie ATC s'arrêtent. Une **navette** vous conduit jusqu'à la **Piazza del Duomo**. Si vous préférez marcher, empruntez le **Corso Cavour** jusqu'à la **Via del Duomo**. En prenant à gauche dans cette rue, vous atteindrez la cathédrale et les principaux musées. La rue à droite mène à la **Piazza del Popolo**. Le Corso Cavour, l'artère centrale d'Orvieto, regroupe la plupart des restaurants, des hôtels et des commerces. La **Piazza della Repubblica**, au bout du

Corso Cavour, marque le début du quartier médiéval de la ville.

Offices de tourisme : P. del Duomo, 24 (✆ 0763 34 17 72, fax 0763 34 44 33). Vous pouvez vous y procurer la brochure, très complète, sur les hôtels, les restaurants et les monuments. Informations sur les trains et les bus. Vente de billets de bus **et de la carte Orvieto Unica** (12,50 €, étudiants 10,50 €) qui comprend une visite des caves souterraines de la ville, un aller-retour en funiculaire et l'entrée pour le musée "Claudio Faina", la Torre del Moro et la chapelle della Madonna di San Brizio. Ouvert Lu-Ve 8h15-13h50 et 16h-19h, Sa. 10h-13h et 16h-19h, Di. 10h-12h et 16h-18h. Le **point d'information touristique**, Borgo Largo Barzini, 7 (✆ 0763 342 297), tout près de la Via del Duomo, vous aidera gratuitement à trouver un logement et vous pourrez y **changer des chèques de voyage et de l'argent** (commission 5 %). Ouvert Lu-Sa 9h-13h et 16h-17h.

Consigne : A la gare ferroviaire. 2,58 € les 12h. Ouvert tlj 6h30-20h.

Urgences : ✆ 113. **Police** : V. Monte Luco (✆ 112 ou 0763 34 00 88).

Hôpital : De l'autre côté des voies ferrées depuis la gare, à Loc. Ciciona (✆ 0763 30 71).

Bureau de poste : V. Ravelli (✆ 0763 34 09 14). Vous trouverez des timbres dans les bureaux de tabac et près des boîtes aux lettres partout en ville. Ouvert Lu-Sa 8h-16h45. **Code postal** : 05018.

HÉBERGEMENT ET CAMPING

❤ **Casa Per Ferie San Paolo**, V. Postierla, 20 (✆ 0763 34 05 79 ou 349 963 21 21). Lorsque vous faites face à la cathédrale, suivez la rue qui part à droite du Palazzo Papale pendant 10 mn. Entrez par le portail à droite, l'hôtel est dans le bâtiment à gauche. Un peu loin de la cathédrale, certes, mais près de la gare et d'un bon rapport qualité-prix. Couvre-feu à 20h. Réservez 4 à 5 jours à l'avance pour les chambres simples. Simple 20,65 €, avec salle de bains 25,85 €, double avec salle de bains 46,60 €. ❖❖

Posta, V. Luca Signorelli, 18 (✆ 0763 34 19 09). C'est un lieu tranquille. La petite place de derrière est ombragée par une treille. Les chambres sont belles et confortables, avec des miroirs à dorures. Petit déjeuner 6 €. Fermeture des portes à minuit. Réservez au moins 20 jours à l'avance en Juil-Août. Chambre simple 31 €, avec salle de bains 37 €, chambre double 44/56 €. ❖❖❖

Hôtel Duomo, V. Maurizio, 7 (✆ 0763 34 18 87, www.orvietohotelduomo.com), près de la Via del Duomo, dans la première rue à droite en venant de la Piazza del Duomo. A quelques pas de la cathédrale, comme son nom le laisse présager. Un hôtel tout confort avec des chambres spacieuses, claires et bien aérées. Clim., TV satellite, minibar et prises modem. Certaines chambres ont une très belle vue. Petit déjeuner inclus. Chambre simple 70 €, chambre double 100 €. Cartes Visa, MC, AmEx. ❖❖❖❖❖

Istituto S. S. Salvatore Suore Domenicane, V. del Popolo, 1 (✆/fax 0763 34 29 10). Chambres agréables et relativement bon marché, tenues par des nonnes. Petit déjeuner 3 €. Séjour minimum de 2 nuits. Couvre-feu à 23h en été, à 21h30 en hiver. Fermé en Juil. Chambre simple 41,32 €, chambre double avec salle de bains 51,65 €. ❖❖❖❖

Grand Hotel Italia, V. del Poppolo, 13 (✆ 0763 34 20 65, www.bellaumbria.net/Grand-Hotel-Italia). Relaxez-vous dans la salle d'accueil ou à la terrasse à l'étage. Les chambres sont impeccables, avec salle de bains, minibar et TV. Petit déjeuner inclus. Chambre simple 60 €, double 94 €. Cartes Visa, MC, AmEx. ❖❖❖❖

Camping : **Scacco Matto** (✆ 0744 95 01 63, fax 0744 95 03 73), au bord du lac Corbara, à 14 km du centre d'Orvieto. Prenez à la gare le bus pour Baschi et demandez au chauffeur de vous déposer à l'arrêt qui se trouve à 200 m de l'entrée du camping. Les bus qui relient le camping à la gare circulent irrégulièrement. Accès à la plage et douches chaudes compris. 5,50 € par personne, 5,50 € par tente, 3 € par voiture. ❖

RESTAURANTS

Les restaurants d'Orvieto sont souvent chers mais, en cherchant bien, il est possible de manger à des prix raisonnables. Vous avez le choix entre un menu régional, avec 7 plats, et quelque chose de plus léger : *lumachelle* (petits pains au jambon et au fromage), *tortucce* (pâte à pain frite), gâteaux à l'anis ou aux amandes, pizza à la couenne de porc, soupe aux pois chiches et aux châtaignes, *rigatoni* sucrés aux noix et au chocolat ou enfin *mazzafegate* (saucisses sucrées ou salées). L'un des anciens noms d'Orvieto était "Oinarea" (la cité où le vin coule à flots). Aujourd'hui, il coule encore, à condition de dépenser de 3 à 5 € par bouteille, mais ne quittez pas la ville sans avoir goûté l'*orvieto classico*. Par exemple chez **Imbottiti**, V. del Duomo, 36 (ouvert Lu-Ma et Je-Sa 7h30-12h et 17h15-21h, Me 7h45-14h). La **Cantina Freddano**, C. Cavour, 5, propose des dégustations de vin gratuites afin de ne pas acheter à l'aveuglette. (© 0763 30 82 48. Ouvert tlj 9h30-19h30.)

❤ **Hostaria Vina e Cucina**, V. del Duomo, 25 (© 0763 342 402), à droite de la cathédrale. Une décoration originale, des banquettes couvertes de coussins et des petits prix font de l'*hostaria* une des adresses favorites des habitants. Les tables se remplissent très vite. Les *spaghetti pachino e basilico* (pâtes aux tomates cerises et basilic, 6 €) sont simples mais goûteuses. *Primi* 5-7 €, *secondi* 7-13 €. Ouvert tlj 19h-23h. ❖❖

❤ **Trattoria La Grotta**, V. Signorelli, 5 (©/fax 0763 34 13 48), à proximité de la cathédrale. Franco, le propriétaire des lieux, passe de table en table faire une petite visite de courtoisie. Commencez par des *bruschette*, poursuivez avec des *fettucine ai carciofi* (aux artichauts) et finissez avec le sublime tiramisù (4 €). *Primi* et *secondi* 4-13 €. Ouvert Me-Lu 12h30-15h et 19h-23h. Cartes Visa, MC, AmEx. ❖❖

La Volpe e l'Uva, V. Ripa Corsica, 2/A (© 0763 21 72 99). De la Piazza della Repubblica, suivez les pancartes. L'ambiance de ce restaurant végétarien est plutôt intime, et les plats délicieux. La lumière est douce, on prend son temps. Les spécialités sont les *ombrigelli con la carbonara ai fiori di zucca* (pâtes à la carbonara de fleurs d'aubergine) et les *salsicce e uva* (saucisses végétariennes aux raisins). Elles vous laisseront un souvenir impérissable. Ouvert Me-Di 19h-23h. Cartes Visa, MC, AmEx. ❖❖

Al Pozzo Etrusco Ristorante, P. dei Ranieri, 1a (© 0763 444 56). De la Piazza della Repubblica, suivez la Via Garibaldi, la Piazza dei Ranieri est sur votre droite. Le restaurant "*Al Pozzo Etrusco*" tire son nom du puits étrusque qui se trouve effectivement dans cet établissement. La nourriture est simple mais roborative. *Primi* 4,50-7,50 €. *Secondi* 5,50-11,50 €. Ouvert Lu et Me-Di 12h-15h et 19h-22h. Cartes Visa, MC, AmEx à partir de 26 €. ❖❖

Trattoria del Moro, V. S. Leonardo, 7 (© 0763 34 27 63). De la piazza del Popolo, lorsque vous faites face à la C. Cavour, le restaurant est sur la droite. Une salle petite, pleine d'intimité. Les portions sont copieuses. *Primi* 4-5 €, *secondi* 6-8 €. Ouvert Lu-Je et Sa-Di 12h-15h30 et 19h-23h. Cartes Visa, MC, AmEx. ❖❖

Ristorante Antica Bucchero, V. de' Cartari, 4 (© 0763 34 17 25). Dans une rue piétonne. Des plats régionaux servis dans une salle en sous-sol ou dehors sous les parasols. *Primi* et *secondi* 6-11 €. Ouvert tlj 12h-15h et 19h-22h. Cartes Visa, MC, AmEx. ❖❖❖

Cafe Monteanucci, C. Cavour, 25 (© 0763 34 12 61). Dégustez de délicieuses pâtisseries, au chocolat notamment, pendant que vous envoyez des e-mails. Accès Internet 3,10 € les 30 mn. Ouvert tlj 7h-24h. Nov-Avr fermé mercredi. ❖

VISITES

❤ **LA CATHÉDRALE.** La navette qui part de la gare vous dépose sur la Piazza del Duomo, où s'élève le magnifique **Duomo**, commencé en 1290. Son extraordinaire façade colorée, conçue par Lorenzo Maitani, est ornée de mosaïques et de sculptures. D'abord conçue comme une petite chapelle romane, la cathédrale fut ensuite augmentée d'un transept et d'une nef. Des bas-reliefs d'une grande finesse d'exécution évoquent les prophéties de l'Ancien Testament et la Création. On peut notamment remarquer le très réaliste *Jugement dernier* de Maitani. La rosace dessinée par Andrea Orcagna (1325-1364) est entourée de sculptures en bronze et en marbre représentant les apôtres et les prophètes. Pas moins de 33 architectes, 90 mosaïstes, 152 sculpteurs et 68 peintres

GAZETTE LOCALE

LE PALLIO DE CIVITA

"Il y a trois cents ans, explique Franco, un habitant du village de Civita, avoir un cheval revenait à posséder une Ferrari." On ne peut pas dire que Civita soit aujourd'hui un des hauts lieux du sport automobile en Italie. Les rues sont interdites aux voitures et aux scooters. Seuls quelques tracteurs tracent péniblement leur chemin pour apporter les produits de consommation courante. Par le passé, entretenir un cheval était donc un luxe que la population de Civita, de simples paysans, ne pouvait s'autoriser.

Pendant des années, les jeunes du village ont donc regardé avec envie leurs riches voisins de Sienne organiser le célèbre palio. Jusqu'à ce qu'ils décident un jour de produire leur propre course. Mais comme ils n'avaient pas les mêmes moyens, ils substituèrent aux chevaux... des ânes ! Sur la Piazza San Donato, le palio de Civita était né. Ils le baptisèrent "La Tonna", le tonnerre.

Le premier dimanche de juin et le deuxième dimanche de septembre, la foule se presse à travers les portes de la ville. Le nombre de spectateurs dépasse de loin le nombre d'habitants. Le palio lui-même est une superbe bannière représentant Santa Maria la libératrice. Il est redessiné chaque année à l'issue d'un concours. Les organisateurs tracent le parcours à l'aide de piquets tricolores vert, blanc et rouge. Chaque rue parraine son propre âne. Le jour de la course, les habitants défilent ainsi soit sous une bannière de soie de couleur bleu royal,

se sont relayés depuis le XIVe siècle. Les portes en bronze ont été installées en 1970. Les fresques d'Ugolino dé Prete Ilario, récemment rénovées, sont derrière l'autel.

On peut accéder à la ❤ **Cappella della Madonna di San Brizio** (appelée parfois **Cappella nuova**) par le transept droit de la cathédrale. A l'intérieur, les fresques de l'Apocalypse par Luca Signorelli sont considérées comme son chef-d'œuvre. Sur le mur gauche se trouve *La Prédication de l'Antéchrist*, sur le mur opposé *La Résurrection des corps*. A côté, *L'Enfer* représente le peintre (un diable bleu) enlaçant sa maîtresse sous un feu. Selon la rumeur, la catin de Babylone – transportée sur le dos d'un diable au-dessus de la foule – aurait les traits d'une femme d'Orvieto qui repoussa les avances de Signorelli. Commencées par Fra Angelico en 1447, les fresques devaient être confiées au Pérugin mais la ville, lasse d'attendre, engagea Signorelli pour les achever. Sa maîtrise de l'anatomie humaine, sa faculté de représenter les habitants de la ville avec grâce et aise, ses compositions spectaculaires et son coup de pinceau vigoureux préfigurent le génie de Michel-Ange. La chapelle contient également le **reliquaire du corporal** (le corporal est le tissu que le prêtre étend sur l'autel au début de la messe). Le tissu conservé ici reçut le sang du Christ lorsque celui-ci s'écoula d'une hostie consacrée à Bolsène en 1263, corroborant la doctrine de la transsubstantiation. *(Cathédrale ouverte Lu-Sa 7h30-12h45 et 14h30-19h, Di 14h30-18h45. Chapelle ouverte Avr-Sept Lu-Sa 10h-12h45 et 14h30-19h15, Di 14h30-18h. Les horaires varient le reste de l'année. Vous pouvez acheter les billets à l'office de tourisme juste en face. Les personnes en jupe courte ou en short ne sont pas admises. Capella nuova : entrée 3 €, gratuit avant 10h.)*

LE PALAIS DES PAPES. L'austère **Palazzo dei Papi**, qui date du XIIIe siècle, est à droite de la cathédrale. C'est ici qu'en 1527 le pape Clément VII rejeta la demande de divorce d'Henri VIII, condamnant ainsi le catholicisme anglais (et la femme d'Henri VIII, Catherine d'Aragon, sans parler des cinq autres femmes qu'Henri importuna avant sa mort en 1547) à une fin rapide. Le palais abrite le **Museo archeologico nazionale**, où sont exposées les pièces étrusques découvertes dans la région ainsi qu'une tombe. *(A droite de la cathédrale. Ouvert tlj 8h30-19h30. Entrée 2 €, gratuit pour les moins de 18 ans et les plus de 60 ans.)*

LA CITÉ SOUTERRAINE. Si vous vous intéressez au passé étrusque de l'Italie, faites une **visite souterraine d'Orvieto**, qui vous conduira à travers les entrailles sombres et sans fin de la ville. Bien que l'ancienne cité étrusque de Velzna (au-dessus de laquelle est construite l'Orvieto moderne) ait été pillée par les Romains, les traces de son histoire sont préservées sous terre. Des citernes, des moulins souterrains, des poteries, des caves à vin et des sépultures datant de plus de 3000 ans se trouvent sous vos pieds. *(© 0763 34 48 91. La visite, d'environ 1h, démarre à l'office de tourisme tlj à 11h30, 12h45, 16h30 et 17h45. Entrée 5,50 €, étudiants 3,50 €.)*

MUSEO CIVICO ET MUSEO FAINA. Ces deux musées renferment une collection intéressante d'art étrusque. Les pièces de monnaie, les urnes en bronze et les vases du VIe siècle av. J.-C. ont été découverts dans une nécropole. *(En face de la cathédrale. Ouvert Avr-Août, tlj 10h-13h et 14h-18h. Sep-Mars : Ma-Di 10h-13h et 14h-18h. Entrée 4,13 €, étudiants et plus de 60 ans 2,58 €.)*

L'ÉGLISE SANT'ANDREA. Sur la Piazza della Repubblica, l'église Sant'Andrea, bâtie sur les ruines d'un temple étrusque, marque l'entrée du **quartier médiéval**. L'église servait de lieu de rassemblement (*comune*) au moment de la république d'Orvieto, au Moyen Age. A l'intérieur, la **crypte** contient les vestiges, récemment retrouvés, de l'ancien temple. *(Piazza della Repubblica, à 500 m en descendant le Corso Cavour depuis de la Piazza Cahen.)*

L'ÉGLISE SAN GIOVANNI. Edifiée sur les anciens remparts de la ville, cette église est la plus ancienne d'Orvieto. Elle fut dédiée au premier évêque de la ville, représenté sur une fresque à gauche de l'entrée. A côté se trouve l'arbre généalogique des fondateurs de l'église, lequel date du XIVe siècle. La pente verdoyante au pied de l'église est la dernière demeure des milliers de personnes décédées en 1348 de la peste noire. En revenant de l'église San Giovanni, empruntez la Via Ripa di Serancia, la plus vieille rue de la ville. L'endroit offre une vue magnifique sur la campagne environnante. *(De la Piazza della Repubblica, suivez la Via Filippeschi, qui devient la Via Malabranca.)*

SORTIES ET VIE NOCTURNE

Il y a des fêtes en toute saison à Orvieto. Au printemps a lieu le **Palio dell'Oca**, un jeu médiéval consistant à exhiber sa dextérité à cheval. Le jour de la Pentecôte, Orvieto célèbre la **Festa della Palombella**. Des feux d'artifice éclatent simultanément devant la cathédrale et l'église San Francesco. En juin, la **procession du Corpus Domini** célèbre le miracle de Bolsène. Le défilé des dames et des porteurs d'étendards dansant sur de la musique d'époque est suivi d'un banquet médiéval. Le jour de la fête proprement dite, une longue procession religieuse défile dans les rues. Du 29 décembre au 5 janvier, l'**Umbria Jazz Winter** bat la mesure dans les théâtres, les églises et les palais de la ville et s'achève dans la cathédrale. Pour en savoir plus sur les festivals, adressez-vous au **Servizio Turistico Territoriale IAT dell'Orvietano**, P. del Duomo, 24 (© 0763 34 19 11 ou 0763 34 36 58), ou à l'**Informazioni Turistiche** (© 0763 34 17 72, fax 0763 34 44 33), à la même adresse.

pour la C. de Maesta, soit sous une bannière d'un rouge profond, pour la C. de Cassero. Pendant les trois heures qui précèdent l'événement, une fanfare joue sans discontinuer. Puis, sans crier gare, les cloches du campanile sonnent à toute volée. Les musiciens redoublent d'ardeur et une procession s'élance de la Chiesa San Donato, avec à sa tête le maire et le curé.

La courte procession se déroule dans une joyeuse cacophonie car au même instant les ânes défilent eux aussi sur la piste pour leur tour de chauffe. Les règles sont rappelées aux jockeys. Ils doivent effectuer trois tours, comme à Sienne. Il y a néanmoins une différence de taille. Les ânes sont tout sauf des bêtes de compétition. La course prend dès lors des allures de farce. Certains ânes, étourdis par toute cette agitation, se mettent à tourner en rond, d'autres restent figés sur place, d'autres encore vont se diriger vers les spectateurs pour quêter une confiserie.

Sur le site internet de Civita (www.civitadibanoregio.it), on mentionne que, au cours de la Tonna, l'âne se défait enfin de son image d'animal borné. Le palio de Civita permet en tout cas à cet humble compagnon de l'homme de connaître son heure de gloire. Même si le tonnerre annoncé est plus celui de la fête qui bat son plein que celui des sabots qui labourent la piste.

LES MARCHES (LE MARCHE)

LES INCONTOURNABLES DES MARCHES

LAISSEZ-VOUS charmer par la vue sur mesure qui s'offre à vous depuis le palais ducal d'**Urbino**. En effet, cet édifice d'une exquise harmonie domine une vallée aux douces collines. Et ce n'est qu'un des trésors de cette ville perchée !

NE MANQUEZ PAS un séjour à **Ascoli Piceno**, qui vous surprendra par la richesse de son patrimoine architectural et artistique et la beauté de ses couchers de soleil.

REPOSEZ-VOUS des visites culturelles à **San Benedetto del Tronto**, et profitez jusqu'à plus soif des joies de la mer.

Les vallées couleur d'émeraude des Marches sont comprises entre les monts Apennins et le rivage de la mer Adriatique, autrement dit entre les villages traditionnels à flanc de montagne et les plages envahies par les parasols. En effet, tandis que la côte est bordée de stations balnéaires, les petites villes agricoles de l'arrière-pays, faciles d'accès, veillent sur les vestiges hérités des Gaulois, des Picéniens et des Romains. Du XIIe au XVe siècle, la puissante famille Montefeltro d'Urbino et le clan Malatesta de Rimini dominèrent la région, développant les arts et faisant construire des églises et des palais superbes. Grâce à eux, les Marches furent un foyer artistique majeur à la Renaissance, avec des artistes de renom comme Donato Bramante (peintre et architecte, 1444-1514) et Raphaël, originaire d'Urbino (1483-1520). Aujourd'hui, la région vit essentiellement du tourisme mais les petites villes de l'arrière-pays ont conservé leur charme, tout en étant tournées vers l'avenir. Ainsi, les petites rues pavées du Moyen Age sont sillonnées à toute vitesse par des conducteurs experts, tandis que les anciens supports de torches qui ont subsisté sont aujourd'hui utilisés pour tendre le linge. Et si la plupart des visiteurs estiment qu'à l'exception d'Urbino, les Marches manquent de sites justifiant un grand détour, plusieurs destinations valent assurément le coup d'œil si vous passez dans la région.

PESARO ✆ 0721

Pesaro, sur la côte Adriatique, est l'endroit idéal où se remettre de la folie de Rimini. Les plages sont un peu moins bondées et l'ambiance en ville est loin d'être aussi dionysiaque. Alors que les boutiques de surf et les petits établissements de restauration rapide occupent l'essentiel de l'espace le long de la plage, le quartier historique regorge de musées et d'églises, tandis que le cœur de la ville est plus moderne. A la nuit tombée, les plus jeunes s'amusent sur les manèges, les adolescents flirtent discrètement et les moins jeunes échangent des histoires sur les bancs des squares.

TRANSPORTS

Train : La gare est située à l'extrémité de la Via del Risorgimento et de la Via della Liberazione. Pesaro se trouve sur la ligne Bologne-Lecce, qui longe la côte Adriatique. Guichet ouvert tlj 7h-20h30. Consigne (voir ci-après). Trains pour **Ancône** (2 dép/h, durée 1h, 2,94 €), **Bologne** (1 dép/h, durée 2h, 7,40 €), **Fano** (1 dép/h de 5h24 à 23h02, durée 15 mn, 1,24 €) et **Rimini** (2 dép/h, durée 30 mn, 2,40 €).

Bus : Ple Matteotti, en descendant la Via San Francesco à partir de la Piazza del Popolo. Les bus n° 10, 11, 14, 20, 30, 40, 50, 60, 70, 130 et C/S s'arrêtent sur le Piazzale Matteotti. Les bus pour **Fano** (2 dép/h, durée 15 mn, 1 €) partent du Piazzale Matteotti et de la gare ferroviaire. Les bus **SOBET** desservent **Urbino** au départ de la gare ferroviaire (Lu-Sa 11 dép/j de 7h à 20h05, Di. 6 dép/j de 8h30 à 20h05, durée 1h, 2,05 €). Achetez vos billets dans le bus. Un bus express **Bucci** part tous les jours du Piazzale Matteotti en direction de la gare Tiburtina de **Rome** (dép. 6h, durée 4h30, 20,75 €). Achetez vos billets dans le bus.

Location de vélos (✆ 347 752 96 34) : Ple D'Annunzio, au croisement du Viale Trieste et de la Via Giuseppe Verdi. 2 € l'heure. Ouvert Mai-Sep, tlj 9h-24h.

ORIENTATION ET INFORMATIONS PRATIQUES

Depuis la gare, prenez à droite la Via del Risorgimento, puis continuez dans la Via Branca pour arriver à la **Piazza del Popolo**, le centre de la vieille ville. De là, la **Via Rossini** se dirige vers la mer. Elle coupe le **Viale della Vittoria** et devient ensuite le **Viale della Repubblica**. Celui-ci croise à son tour le **Viale Trieste**, qui longe le front de mer, sur le **Piazzale della Libertà**. Depuis la Piazza del Popolo, le **Corso XI Settembre** part en direction du nord-ouest vers l'église Sant'Agostino, tandis que la **Via San Francesco** rejoint le **Piazzale Matteotti**, où se trouve la gare routière.

Office de tourisme : **IAT** (✆ 0721 693 41, fax 0721 304 62), au niveau du Piazzale della Libertà, dans le Viale Trieste, juste avant d'atteindre le Piazzale. Sur la façade du bâtiment, un panneau porte l'inscription "Tourist Office". Le personnel, efficace, se trouve au niveau de la porte "IAT" (à droite de la Sfera Grande, le globe de bronze géant). Ouvert Lu-Sa 8h30-13h30 et 15h-19h, Di. 9h-13h. En hiver : Lu-Sa 9h-13h et 15h30-18h30. **Office de tourisme régional** : Palazzo del Turismo, V. Rossini, 41, et V. Angolo Mazzolari, 4 (✆ 800 56 38 00, www.provincia.ps.it/turismo), juste après la Piazza del Popolo lorsque vous vous dirigez vers la mer, sur votre gauche. Le personnel vous informe sur la région, ainsi que sur les sites, les villes et les visites guidées. L'accès à Internet est réservé aux recherches. Ouvert Lu-Sa 9h30-13h et 14h-19h, Di 9h30-12h30.

Consigne : Dans la gare ferroviaire, 3 € les 12h. Ouvert tlj 6h-23h.

Urgences : ✆ 113. **Ambulances** : ✆ 118. **Assistance médicale** : ✆ 0721 213 44. **Police** : **Questura** (✆ 0721 38 61 11), sur la Piazza del Popolo.

Bureau de poste : P. del Popolo, 28 (✆ 0721 43 22 85). Poste restante au guichet n° 1. Ouvert Lu-Sa 8h-18h30. **Code postal : 61100.**

HÉBERGEMENT ET CAMPING

Vous ne devriez pas avoir de difficulté à trouver une chambre, notamment si vous venez en basse saison, où les prix sont extrêmement intéressants (la haute saison court du 15 juin au 31 août).

❤ **San Marco**, V. XI Febbraio, 32 (✆/fax 0721 313 96). Depuis la gare ferroviaire, suivez la Via del Risorgimento et tournez à droite avant d'atteindre la Piazza Lazzarini. Un arrêt de bus ("San Marco") se trouve juste en face. Un hôtel 3 étoiles au prix d'un 2 étoiles, dans une rue très passante. 40 chambres spacieuses avec salle de bains, téléphone et télévision. 2 chambres accessibles aux handicapés. Petit déjeuner inclus. Chambre simple 40 €, chambre double 65 €, triple 80 €, quadruple 95 €. Cartes Visa, MC, AmEx. ❖❖❖❖

Hôtel Athena, V. Pola, 18 (© 0721 301 14, fax 0721 338 78), près du Viale della Vittoria. De la gare ferroviaire, montez dans un bus C/B et descendez dans la Via del Fiume. Prenez à droite la Via Trento puis à gauche la Via Pola. Le restaurant propose des spécialités locales. 22 chambres claires, près de la plage (5 mn à pied), avec salle de bains, téléphone et télévision. Juil-Août chambre simple 36 €, double 50 €, triple 60 €. Les tarifs baissent un peu hors saison. Cartes Visa, MC. ❖❖❖

Camping Panorama (©/fax 0721 20 81 45, www.panoramavillage.it), à 7 km au nord de Pesaro par la *strada panoramica* (route panoramique) qui mène à Gabicce Mare. Du Piazzale Matteotti, le bus n° 13 vous dépose sur le site, mais demandez tout de même au chauffeur si le bus va bien au camping. Ouvert Mai-Sep. 7,25 € par personne, 8,50 € par tente. Douches chaudes et piscine en accès libre. Cartes Visa, MC, AmEx. ❖

RESTAURANTS

Le **marché** de Pesaro se tient V. Branca, 5, près de la Piazza del Popolo, derrière le bureau de poste. Vous trouverez plusieurs **pizzerias** le long de la plage, et des **alimentari** sur le Corso XI Settembre, perpendiculaire à la Via Rossini.

C'era Una Volta, V. Cattaneo, 26 (© 0721 30 911), tout près du Piazzale Lazzarini. Ici, la pizza est reine. 75 variétés au menu. La salle ressemble à une taverne, avec ses voûtes en brique. Ecran TV géant au mur. Pizza 2,80-6 €. *Primi* à partir de 4,70 €. Ouvert Ma-Di 12h-14h30 et 19h-1h. Cartes Visa, MC, AmEx. ❖

Trattoria da Sante, V. Bovio, 27 (© 0721 33 676). Suivez la C. XI Settembre vers le nord depuis la P. del Popolo et tournez à gauche sur la V. Bovio. Vous pouvez prendre connaissance de la presse italienne tout en savourant un bon plat de pâtes. *Primi* 5-6 €, *secondi* 7-9 €. Couvert 1 €. Réservez pour dîner les soirs de week-end. Ouvert tlj 12h-14h30 et 19h-22h30. ❖❖❖

Harnold's, P. Lazzarini, 34 (© 0721 651 55), à deux portes du théâtre Rossini. De la Piazza del Popolo, suivez la Via Branca en vous éloignant de la mer. Un grand choix de paninis frais et bon marché (2-4 €). Vente à emporter. Ouvert tlj 8h-3h. Cartes Visa, MC. ❖

Il Gelato, V. Marsala, 2 (© 0721 67 319), tout près du Largo Aldo Moro. Les meilleurs glaces de la ville, crémeuses à souhait. Cônes et coupes 1-2 €. ❖

VISITES

LA PIAZZA DEL POPOLO. Avec sa façade ornée d'un portique à arcades et de grandes fenêtres, le **palais ducal** domine de sa masse imposante la **Piazza del Popolo**, la place principale de Pesaro. Il fut édifié au XVe siècle pour les Sforza et achevé au XVIe siècle pour les Della Rovere. (Visite guidée uniquement. Renseignez-vous à l'office du tourisme.)

MUSEO CIVICO. Il abrite une superbe collection de céramiques italiennes et d'objets primitifs, dont des portraits réalisés par Giancarlo Polidori, qui prouvent le talent des potiers de la région. On peut aussi y admirer une impressionnante galerie de peintures, parmi lesquelles le remarquable *Padre Eterno* de Bellini et une série de quatre natures mortes de Benedetto Sartori. *(Toschi Mosca, 29. De la Piazza del Popolo, prenez la Via Rossini en direction de la mer puis tournez à gauche dans la Via Mazzolari. Le Toschi Mosca est sur la gauche. © 0721 38 75 41. Ouvert Juil-Août Ma et Je 9h30-12h30 et 17h-23h, Me et Ve-Di 9h30-12h30 et 17h-20h. Sep-Juin : horaires variables. Entrée 2,58 €, billet combiné avec la Casa Rossini 4,13 €.)*

LA MAISON NATALE DE ROSSINI. La **Casa Rossini** est aménagée en musée et vous y trouverez une vaste collection de photographies, de portraits et de lettres du célèbre compositeur né ici en 1792. Au sous-sol ont lieu des projections de ses opéras. *(V. Rossini, 34. © 0721 38 73 57. Ouvert Juil-Août tlj 19h30-12h30 et 17h-20h. Sep-Juin : horaires variables. Entrée 2,58 €.)*

LA VILLA IMPÉRIALE ET LE PARC ORTIGIULI. Girolamo Genga commença à construire cette villa en 1530. La demeure, entourée de somptueux jardins, présente des fresques des frères Dossi et de Raffaellino del Colle. Elle ne se visite qu'à une certaine période de l'année et il faut pour cela s'inscrire à une visite guidée, organisée par l'office de tourisme IAT.

Si vous voulez assister au coucher de soleil, allez au **Parco Ortigiuli**, V. del Belvedere, près de la rivière Foglia. Profitez-en, c'est gratuit…

SORTIES

Pesaro accueille chaque année la **Mostra internazionale del nuovo Cinema**, le festival international du cinéma nouveau (© 0644 566 43), pendant la deuxième et la troisième semaine de juin. Les œuvres présentées dans le cadre de ce festival sont souvent de bons films d'auteurs indépendants, anciens ou récents. Les projections se déroulent dans la Via Rossini et au **Teatro comunale sperimentale** (© 0721 38 75 48), tout près de la Piazza del Popolo. Le **Conservatorio di Musica Gioacchino Rossini**, fondé par le maître, organise toute l'année des événements culturels. Renseignements au **Teatro Rossini** (© 0721 38 76 26), sur la Piazza Lazzarini. Le théâtre, après des travaux de restauration, devrait rouvrir ses portes au printemps 2002. Le **festival Rossini** commence début août mais les concerts et les représentations se poursuivent jusqu'en septembre. Programme et renseignements à l'office de tourisme, réservations au bureau d'information situé V. Rossini, 24, au 1er étage. (© 0721 380 02 40. Ouvert Lu-Ve 10h-12h et 16h-18h.) La *passeggiata* (promenade) du soir se fait entre le Piazzale della Libertà et la Piazza del Popolo.

EXCURSION DEPUIS PESARO : FANO

Fano est sur la ligne de chemin de fer Bologne-Lecce. La gare se trouve sur le Piazzale della Stazione. Trains pour Pesaro (2 dép/h, durée 10 mn, 1,24 €). Pour vous rendre à la plage depuis la gare, sortez dans la Via Cavallotti, puis prenez à droite la Via Cesare Battisti. Des bus partent de Pesaro pour Fano (2 dép/h Lu-Sa de 6h30 à 20h30, durée 15 mn, 2 €). Les billets s'achètent à bord du bus.

Fano est à 12 km au sud de Pesaro, sur la mer Adriatique. Les plages situées entre ces deux villes sont beaucoup moins fréquentées que les autres plages de la région, même en été. Fano est l'endroit idéal si vous cherchez une station balnéaire un peu tranquille. Pour les plages les moins fréquentées, continuez à gauche (lorsque vous êtes face à la mer) jusqu'à ce que vous ne voyiez plus personne. Le **Viale Adriatico** longe la côte. L'**office de tourisme**, V. Cesare Battisti, 10, fournit un plan de la ville et la liste des manifestations locales. (© 0721 80 35 34, www.turismofano.com. Ouvert Lu-Sa 9h-13h et 16h-18h30.)

On peut se rendre à Fano pour la journée depuis Pesaro mais, si vous êtes amené à y rester une nuit, contactez l'**Associazione Albergatori**, Vle Adriatico, 132. Cette organisation vous aidera gratuitement à trouver une chambre. (© 0721 82 73 76 ou 721 82 57 10. Ouvert Juin-Sep Lu-Sa 9h-13h et 16h-19h30, Di. 9h-12h.) La **Trattoria Quinta**, V. Adriatico, 42, à l'extrémité nord de la ville, propose des repas traditionnels et bon marché. Le menu change tous les jours. (© 0721 80 80 43. *Primi* 5,60 €, *secondi* 9 €. Couvert 1,10 €. Ouvert Lu-Sa 12h-15h et 19h-23h. Cartes Visa, MC.) Plus vers les terres, **La Vecchia Fano**, V. Vecchi, 8, offre un cadre très romantique et une cuisine savoureuse. (*Primi* 6,50-8 €, *secondi* 6,50-12,50 €. Ouvert Ma-Di 12h-14h30 et 19h30-22h30. Cartes Visa, MC.)

URBINO © 0722

Urbino est l'archétype de la petite ville italienne telle qu'on se l'imagine. Elle connut son âge d'or sous le règne de Federigo da Montefeltro (1474-1482), un fin lettré sachant aussi bien manier le verbe que l'épée. Le décor de conte de fées de la ville, avec ses modestes habitations en pierre blotties autour d'un immense palais à tourelles perché sur une colline, a peu changé en cinq siècles. Ses nombreux monuments Renaissance sont reliés par des rues tortueuses impeccablement entretenues, qui ont inspiré à Piero della Francesca sa magnifique *Cité idéale*. Une petite population étudiante anime la ville, et la beauté des paysages environnants n'a d'égale que celle des trésors artistiques que renferment les remparts de la cité.

TRANSPORTS

Bus : Départs du Borgo Mercatale. Les horaires des bus d'Urbino et des trains pour Pesaro sont indiqués au début du Corso Garibaldi, au coin de la Piazza della Repubblica, sous le portique. Les bus bleus **SOBET** (✆ 0722 223 33) relient la Piazza Matteotti et la gare ferroviaire de **Pesaro** (Lu-Sa 11 dép/j de 6h40 à 18h45, Di. 6 dép/j de 7h30 à 20h05, durée 1h, 2,05 €, achetez vos billets dans le bus). La compagnie **Bucci** (✆ 0721 324 01) assure la liaison une fois par jour pour **Rome** (dép. 16h, durée 5h, 18,50 €). Consigne disponible (voir ci-après).

Taxi : Piazza della Repubblica (✆ 0722 25 50) et près de l'arrêt de bus (✆ 0722 37 79 49).

ORIENTATION ET INFORMATIONS PRATIQUES

Après l'ascension de collines escarpées, les bus vous déposent au **Borgo Mercatale**, au pied de la vieille ville. Il vous suffit de monter la Via Mazzini pour atteindre la **Piazza della Repubblica**, la place centrale. De là partent en étoile la **Via Raffaello**, la **Via Cesare Battisti**, la **Via Vittorio Veneto** et le **Corso Garibaldi**. La Via Vittorio Veneto vous mène rapidement à la **Piazza del Rinascimento**.

Office de tourisme : V. Puccinotti, 35 (✆ 0722 26 13), en face du palais ducal. Ouvert Lu-Ve 9h-13h et 15h-18h. Un petit **bureau d'information touristique** se trouve à côté de l'arrêt de bus du Borgo Mercatale. Ouvert Lu-Sa 8h-19h, Di 10h30-15h30.

Voyages à prix réduit : **CTS**, V. Mazzini, 60 (✆ 0722 32 92 84). Billets de train et d'avion et informations sur les voyages organisés pour les étudiants. Ouvert Lu-Ve 9h-13h et 15h30-19h30, Sa. 9h-13h.

Consigne : Au bureau du parking du Borgo Mercatale. 1 € les 24h. Ouvert tlj 8h-20h.

Laverie : **Powders**, V. Cesare Battisti, 35. 3,75 €. Ouvert Lu-Sa 9h-22h.

Urgences : ✆ 113. **Ambulances** : ✆ 118. **Police** : Borgo Mercatale (✆ 0722 23 51 81).

Hôpital : V. Montefeltro, non loin de la Via del Comandino (✆ 0722 30 11). Les bus n° 1 et n° 3, qui partent du Borgo Mercatale, s'arrêtent juste devant.

Internet : L'office de tourisme permet aux voyageurs d'utiliser gratuitement son ordinateur pendant 10 minutes. **The Netgate**, V. Mazzini, 17, possède plus de 20 ordinateurs. 5 € l'heure, étudiants 4 €. Ouvert Lu-Ve 10h-24h, Sa 12h-24h, Di 12h-22h.

Bureau de poste : V. Bramante, 22 (✆ 0722 27 78 15), juste à côté de la Via Raffaello. Chèques de voyage disponibles. Ouvert Lu-Ve 8h30-18h30 et Sa. 8h30-12h30. **Code postal :** 61029.

HÉBERGEMENT ET CAMPING

Les logements bon marché sont rares à Urbino et il est conseillé de réserver. Vous pouvez toujours venir passer une journée à Urbino tout en étant installé à Pesaro.

Pensione Fosca, V. Raffaello, 67, au dernier étage (✆ 0722 32 96 22 ou 0722 25 42). La Signoria Rosina prend bien soin de ses hôtes. Neuf grandes chambres agréables mais sans salle de bains. Chambre simple 21 €, chambre double 40 €, chambre triple 43 €. ❖❖

Hôtel San Giovanni, V. Barocci, 13 (✆ 0722 28 27). Cet hôtel relativement moderne, installé dans un bâtiment médiéval, propose des chambres sans prétentions dotées de petites salles de bains. Restaurant au rez-de-chaussée. Fermé du 11 au 31 juillet. Chambre simple 23 €, avec salle de bains 33 €, chambre double 34/50 €. ❖❖❖

Piero della Francesca, V. del Comandino, 53 (✆ 0722 32 84 28, fax 0722 32 84 27), en face de l'hôpital. Prenez le bus n° 1 sur le Borgo Mercatale. A pied, depuis la Piazza della Repubblica, prenez la Via Raffaello puis la première à droite, la Via Bramante, et longez cette rue jusqu'à l'extérieur des remparts de la ville. Tournez à gauche puis à droite dans le Viale Gramsci, qui devient le Viale del Comandino, et suivez les panneaux indiquant l'hôpital (15 mn). Des chambres modernes et bien aménagées, qui justifient la longue marche pour venir jusqu'ici. Salle de bains, télévision et téléphone. Chambre simple 31 €, chambre double 52 €, chambre triple 68 €, chambre quadruple 83 €. Cartes Visa, MC, AmEx. ❖❖❖❖

Camping : **Camping Pineta** (✆ 0722 47 10, fax 0722 47 34), V. San Donato, à Cesane, à 2 km des remparts de la ville. Prenez le bus n° 4 ou n° 7 sur le Borgo Mercatale (1 dép/h de 7h10 à 19h40, 0,62 €) et demandez à descendre au camping. La plupart des terrains sont plats et assez éloignés les uns des autres. Réception tlj 9h-22h. Ouvert Avr-mi-Sep. 5 € par adulte, 10,60 € par tente. Les prix augmentent de 10 % en Juil-Aoû. Cartes Visa, MC, AmEx. ❖

RESTAURANTS

De nombreuses boutiques de paninis, des *gelaterie* et des snacks entourent la Piazza della Repubblica. Pour vos courses, allez au **supermarché Margherita**, V. Raffaello, 37 (ouvert Lu-Sa 8h-14h30 et 16h-20h). Au **restaurant universitaire**, V. Budassi, tous les possesseurs d'une carte d'étudiant peuvent dîner copieusement pour 3,62 € (fermé Juin-Août).

Pizzeria Le Tre Piante, V. Voltaccia della Vecchia, 1 (✆ 0722 48 63). De la Piazza della Repubblica, prenez la Via Vittorio Veneto et tournez à gauche dans la Via Nazario Sauro, puis à droite dans la Via Budassi et encore à gauche dans la Via Foro Posterula (5 mn). Très bonne cuisine traditionnelle et accueil chaleureux. Voilà qui explique son succès auprès des habitants du quartier ! En prime, coucher du soleil sur la chaîne des Appenins depuis la terrasse. Pizzas 2,10-6 €, *primi* 5,20-6,20 €, *secondi* à partir de 7 €. Ouvert Ma-Di 12h-15h et 19h-23h. ❖❖❖

Ristorante Ragno d'Oro, Viale Don Minzoni, 2/4 (✆ 0722 32 77 05). Suivez la V. Rafaello jusqu'à la statue en haut de la colline puis prenez à droite sur le Viale Don Minzoni. Perché sur la plus haute colline d'Urbino, cette *trattoria* sert d'immenses assiettes de pâtes. Les *spaghetti alla puttanesca* (5 €) vont mettre à mal votre régime. Pizza 2,50-7,50 €. *Primi* 5-7 €, *secondi* 6-14 €. Couvert 1,30 €. Ouvert tlj 12h-15h et 19h10-22h30. Cartes Visa, MC, AmEx. ❖❖❖

Ristorante La Vacchia Fornarina, V. Mazzini, 14 (✆/fax 0722 32 00 07). Un restaurant tout petit et très cozy. La maisonnette toute en briques a l'air de sortir d'un conte des frères Grimm. Les spécialités ombriennes sont épatantes. *Primi* 7-10 €, *secondi* 10-20 €. Ouvert tlj 12h-14h30 et 19h-22h30. Cartes Visa, MC, AmEx. ❖❖❖❖

Un Punto Macrobiotico, V. Pozzo Nuovo, 4 (✆ 0722 32 97 90). De la Piazza della Repubblica, prenez la Via Cesare Battisti puis la première à droite. Un restaurant bio très branché. Asseyez-vous sur les longs bancs et engagez la conversation avec vos voisins. Le menu du jour propose des pâtes et des légumes. Il faut adhérer à l'association (5 €) pour pouvoir manger. Buffet à volonté 2,10 €. Ouvert Lu-Sa 12h-14h et 19h30-21h. ❖❖

Caffè del Sole, V. Mazzini, 34 (✆ 0722 26 19). Un favori des étudiants qui viennent y dévorer des paninis. Concerts de jazz de septembre à mai mercredi et jeudi soir. Ouvert Lu 7h-1h, Ma-Sa 7h-2h. ❖

Bar del Teatro, C. Garibaldi, 88 (✆ 0722 29 11), au pied du palais ducal. La plus belle vue de la ville : le palais ducal d'un côté et la vallée de l'autre. Un endroit frais et ombragé où passer un agréable après-midi. *Espresso* 0,80 €, *cappuccino* ou thé 1,10 €. Ouvert Lu-Sa 7h-2h. ❖

VISITES

❤ **LE PALAIS DUCAL.** Le **Palazzo ducale**, conçu par l'architecte Luciano Laurana pour le duc Federigo da Montefeltro, trône fièrement sur la Piazza del Rinascimento. La façade est l'œuvre d'Ambrogio Barocci : deux grandes tours élancées encadrent trois loggias superposées. La **cour intérieure** Renaissance est un chef-d'œuvre d'équilibre et d'harmonie.

Sur la gauche, un escalier monumental mène aux appartements privés du duc, qui abritent aujourd'hui la **galerie nationale des Marches**. Le musée, qui fait généralement l'objet de peu de considération, contient pourtant, parmi d'autres chefs-d'œuvre, le *Portrait du duc Federigo* par Berruguete, le *Portrait d'une femme* de Raphaël, et l'étonnant tableau de Paolo Uccello *La Légende de la profanation de l'hostie*. *La Flagellation* de Piero della Francesca est l'une des plus belles et des plus mystérieuses tentatives de perspective en peinture. A contempler aussi du même artiste, *La Cité idéale*. La pièce la plus frappante du palais est la salle de lecture du duc, au deuxième étage. Elle est ornée de magnifiques panneaux marquetés qui donnent l'illusion d'une bibliothèque remplie d'instruments de musique et d'astronomie.

Ensuite, un escalier en spirale mène à la **Cappella del Perdono** et au **Tempietto delle Muse**. Jadis, onze panneaux de bois représentant Apollon, Minerve et les neuf muses recouvraient les murs du temple, mais ils ont tous été retirés. Huit d'entre eux ont été installés dans la Galleria Corsini de Florence. Ne quittez pas le palais sans avoir visité les caves, véritable labyrinthe où se trouvent la salle de bains du duc (avec eau chaude et eau froide), les cuisines, les toilettes des domestiques, la chambre froide. Un système souterrain ingénieux alimentait en eau ces différentes pièces. *(P. del Rinascimento. © 0722 32 26 25. Ouvert Lu. 8h30-14h, Ma-Di 8h30-19h15. Entrée 4 €, étudiants 2 €.)*

L'ORATOIRE DE SAINT JEAN-BAPTISTE. L'**Oratorio San Giovanni Battista**, édifié au XIVe siècle, est orné de fresques aux couleurs vives de Salimbeni (1416) représentant la vie de saint Jean-Baptiste. Le guide vous expliquera en italien que les peintres utilisaient du sang de brebis pour dessiner les esquisses des fresques. *(Tout au bout de la Via Barocci. De la Piazza della Repubblica, prenez la Via Mazzini et tournez à droite dans la Via Posta Vecchia puis à gauche dans la Via Barocci. © 0722 32 09 36. Ouvert Lu-Sa 10h-12h30 et 15h-17h30, Di. 10h-12h30. Entrée 2 €.)*

LA MAISON NATALE DE RAPHAËL. La **Casa di Raffaello** (1483-1520) est aujourd'hui un charmant musée au mobilier d'époque. Il ne possède aucun original de Raphaël, mais une reproduction d'une des premières œuvres de l'artiste, *La Vierge à l'Enfant*, est exposée parmi d'autres. Figurent également quelques tableaux Renaissance de moindre importance, parmi lesquels la belle *Annonciation* de Giovanni Santi, qui n'est autre que le père du grand Raphaël. *(V. Raffaello, 57. © 0722 32 01 05. Ouvert Lu-Sa 9h-13h et 15h-18h, Di. 10h-13h. Entrée 3 €.)*

LA FORTEZZA ALBORNOZ. Si vous montez jusqu'à la Fortezza Albornoz, vous aurez une vue saisissante sur le palais ducal et le reste de la ville. L'endroit est idéal pour pique-niquer ou prendre des photos. *(Prenez à gauche tout au bout de la V. Raffaello. Parc ouvert tlj 10h-16h.)*

SORTIES

La Piazza della Repubblica est le lieu de parade privilégié des jeunes d'Urbino. A la tombée de la nuit, allez vous mêler à cette foule apprêtée avec soin pour la *passeggiata*. C'est la belle heure pour une promenade à travers les ruelles de la ville, surtout en août, quand la vie nocturne bat son plein. Tout le monde étanche sa soif au **Bosom Pub**, V. Budassi, 14. Le lieu est bondé de danseurs et la boisson coule à flots. Le patron organise parfois des "sangria parties" ou une Festa di Bacco en costumes romains. (© 0722 47 83. Entrée libre. Bière 2-3 €, vin 5-8 €. Ouvert Août-Mai tlj 16h30-3h. Juin-Juil 22h30h-3h.)

Un **festival de musique ancienne** se déroule au mois de juillet dans les églises et les théâtres de la ville. Le samedi soir est réservé aux amateurs, donc, si vous avez votre lyre avec vous, n'hésitez pas à participer. En août se déroule une reconstitution en costumes Renaissance de la **Révocation de la cour du duc**. La **Festa dell'Aquilone**, qui se déroule le premier dimanche de septembre, est un concours de cerfs-volants qui voit différentes villes italiennes s'affronter.

ANCÔNE (ANCONA) ©071

Ancône est, grâce à son port le centre de la côte Adriatique italienne. Bien que la plupart des Italiens ne connaissent Ancône que pour son port, la ville n'est pas dépourvue de caractère. La spacieuse Piazza Roma a son charme, avec ses immeubles aux couleurs pastel et sa fontaine de carte postale, tandis que les palmiers de la Piazza Cavour lui donnent un air typiquement méditerranéen. Vus de la cathédrale, le port et son chantier naval ressemblent à de gigantesques sculptures immergées.

TRANSPORTS

Train : P. Rosselli (© 071 424 74). Ancône est un nœud ferroviaire important sur la ligne Bologne-Lecce. Guichet ouvert tlj 5h55-20h45. Trains pour **Bologne** (1-2 dép/h, durée 2h30, à partir de 12 €), **Milan** (1-2 dép/h de 0h36 à 19h20, durée 5h, à partir de 21 €), **Pesaro** (1-2 dép/h, durée 1h, 3,30 €), **Rimini** (1-2 dép/h, durée 1h30, 4,80 €), **Rome** (9 dép/j de 2h15 à 19h10, durée 3-4h, à partir de 15 €) et **Venise** (3 dép/j, durée 5h, à partir de 15 €).

Ferry : Départs pour la **Croatie**, la **Grèce** et le **nord de l'Italie**. Les horaires des ferrys sont à votre disposition à la **Stazione Marittima** (© 071 20 11 83), sur les quais juste à côté de la Piazza Kennedy. Réservez en juillet et en août.

Adriatica : © 071 50 211, www.adriatica.it. Liaisons avec **Durazzo**, en **Albanie** (durée 15h, à partir de 64 €, Juil-Août 85 €), **Spalato**, en **Croatie** (durée 8h, à partir de 38 €, Juil-Août 46 €), et **Bar**, en **Yougoslavie** (durée 16h, à partir de 46 €, Juil-Août 51 €).

ANEK : © 071 207 23 46, www.anek.com. Liaisons avec la **Grèce** : **Igoumenitsa** (15h) et **Patras** (durée 20h, à partir de 48 €, Juil-Août 63 €). Les billets aller-retour sont 30 % moins cher.

Jadrolinija : © 071 20 43 05, www.jadrolinija.tel.hr/jadrolinija. Liaisons avec **Split** en **Croatie** (durée 9h, à partir de 36,50 €, Juil-Août 44 €).

SEM Maritime Co. (SMC) : © 071 20 40 90, www.sem.hr. Liaisons avec **Split**, en **Croatie** (durée 9h, à partir de 37 €, a-r 65 €, Juil-Août 43/80 €), et l'**île de Hvar**.

Blue Star Ferries (Strintzis) : © 071 207 10 68, www.bluestarferries.com. Liaisons avec **Patras** en **Grèce** (à partir de 53 €, Juil-début Sep 70 €).

ORIENTATION ET INFORMATIONS PRATIQUES

Les bus n° 1, n° 1/3 et n° 1/4 (0,80 €), qui partent de l'île située juste en face de l'entrée de la gare ferroviaire, longent le port en direction de la **Stazione Marittima** puis remontent le **Corso Stamira** jusqu'à la **Piazza Cavour**. Demandez la destination au chauffeur avant de monter dans le bus, car les itinéraires peuvent toujours changer. Pour aller à la Stazione Marittima, descendez Piazza della Repubblica (le premier arrêt après avoir tourné vers l'intérieur des terres), repartez vers le port et tournez à droite sur le front de mer. Le Corso Stamira, le **Corso Garibaldi** et le **Corso Mazzini**, qui sont parallèles, partent de l'extrémité ouest de la Piazza Cavour et traversent la **Piazza Roma** et la **Piazza Kennedy** avant de rejoindre le port.

Office de tourisme : V. Thaon de Revel, 4 (© 071 35 89 91). Prenez le bus n° 1/4 (0,72 €), dont l'arrêt est situé sous l'auvent à l'extérieur de la gare, et traversez toute la ville pour atteindre la Piazza IV Novembre. Le bureau se trouve au début de la Via Thaon de Revel, à droite de la place lorsque vous êtes face à la mer. Ouvert Lu-Sa 9h-13h et 15h-18h, Di. 9h-13h. Un **autre bureau** (© 071 20 11 83) disposant d'informations sur les ferrys se trouve à la Stazione Marittima. Ouvert Juin-Sep, Ma-Sa 8h-20h et Di-Lu 8h-14h.

Consigne : 12 €/bagage les 2 premiers jours, puis 2 €/j/bagage.

Urgences : © 112 ou 113. **Ambulances** : © 118. **Police** : © 071 228 81.

Bureau de poste : P. XXIV Maggio, près du port. Ouvert Lu-Sa 8h0-18h30. **Code postal** : 60100.

HÉBERGEMENT

Pensione Euro, C. Mazzini, 142, 1er étage (© 071 207 22 76). Cet hôtel dispose de neuf chambres basiques mais claires et spacieuses. Les salles de bains communes sont propres : vous pouvez vous y aventurer sans tongs. Chambre simple 20 €, chambre double avec douche 35 €, triple 50 €. ❖❖

Ostello della Gioventù, V. Lamaticci, 7 (©/fax 071 42 257). En sortant de la gare, traversez la place et tournez à gauche. Prenez la première rue à droite, puis montez l'escalier tout de suite à droite derrière le kiosque : l'auberge se trouve à droite. Vous pouvez aussi prendre le bus n° 1 ou 1/4 depuis le centre. Cet établissement, qui vient d'ouvrir, est l'endroit idéal pour les voyageurs de passage. Les chambres de quatre à six lits sont très propres, et les salles de bains impeccables. De plus, il y a une salle commune. Réservé aux détenteurs de la carte HI, mais vous pouvez l'acheter sur place. Libération des chambres avant 9h30. Fermeture des portes 11h-16h30. Couvre-feu à minuit. Réception ouverte 6h30-11h et 16h30-24h. Dortoir 13 € par personne. ❖

Pensione Milano, V. Montebello 1a (© 071 20 11 47, fax 071 20 73 931). Dos au port, marchez jusqu'au bout de la Piazza Cavour et tournez à droite dans la Via Vecchini ; deux pâtés de maisons plus loin, montez le large escalier face à vous. 14 chambres spartiates. Salle de bains commune. Chambre simple 21 €, chambre double 31 €. ❖❖

Hôtel City, V. Matteoti, 112/114 (© 071 207 0949, www.hotelcityancona.it). De la P. Cavour, lorsque vous tournez le dos au port, prenez à gauche la rue juste avant le Largo 24 Maggio et tournez à gauche au bout pour déboucher sur la V. Matteoti. Un hôtel trois-étoiles rutilant et moderne. Toutes les chambres ont une salle de bains, la clim., la TV et un minibar. Petit déjeuner buffet inclus. Lu-Je chambre simple 60 €, double 96 €, triple 98 € ; Ve-Di simple 55 €, double 90 €, triple 95 €. Cartes Visa, MC, AmEx. ❖❖❖❖

Hôtel Viale, Viale della Vittoria, 23 (© 071 20 18 61). Juste après la P. Cavour, sur le trajet du bus n° 1/4. Les chambres sont exiguës mais bien meublées et confortables : salle de bains, TV et clim. Petit déjeuner inclus. Chambre simple 45 €, double 72 €. Cartes Visa, MC, AmEx. ❖❖❖❖

RESTAURANTS

Mercato Pubblico, P. delle Erbe, 130. Remontez le Corso Mazzini, tournez à gauche sur la Piazza della Repubblica, puis prenez la première à droite : l'entrée se trouve au milieu de la rue, sur votre gauche. Achetez sur ce marché à l'ancienne ce qu'il vous faut pour préparer votre repas avant votre trajet en ferry. Ouvert Mars-Sep, Lu-Sa 7h30-12h45 et 17h-20h ; Nov-Fév 7h30-12h45 et 16h30-19h30. ❖

Bontà delle Marche, C. Mazzini, 96 (© 071 53 985, www.bontadellemarche.it). De la P. Roma, dirigez-vous vers la statue équestre puis tournez à gauche. Cette épicerie-traiteur fait restaurant au déjeuner. Très beau choix de viandes et de fromage. Restaurant ouvert tlj 12h30-15h30. Cartes Visa, MC. ❖❖❖

Osteria Brillo, C. Mazzini, 109 (© 071 207 26 29). Cuisine italienne copieuse à des prix défiant toute concurrence. Pâtes 6,20 €, *secondi* 5,50-13,50 €, pizzas 2,60-6,50 €. Ouvert Lu-Sa 12h30-15h et 19h30-23h. Cartes Visa, MC, AmEx. ❖❖

VISITES

LA VIEILLE VILLE. Vous avez une très belle vue sur la mer depuis le **Piazzale del Duomo**, en haut du **Monte Guasco**. La situation montagneuse de la place permet d'atténuer les effets déplaisants de l'industrialisation. Sur le Piazzale s'élève le *duomo* ou **cathédrale San Ciriaco**, bel édifice en forme de croix grecque érigé au XIe siècle sur les ruines d'un ancien temple dédié à Vénus. Son architecture reflète les influences respectives de l'art byzantin et de l'art roman. *(Pour vous rendre à la cathé-*

drale depuis la Piazza Cavour, empruntez le Corso Mazzini jusqu'au port puis, une fois sur la Piazza della Repubblica, prenez à droite la Via Gramsci. Continuez dans cette rue qui devient la Via Ciriaco, la Via Pizzecolli puis la Via Ferretti. A la Piazza del Senato, montez l'escalier de 244 marches qui mène à la cathédrale. La cathédrale est ouverte en été Lu-Sa 8h-12h et 15h-19h, en hiver jusqu'à 18h. Les horaires d'ouverture le dimanche dépendent des horaires de la messe.)

LA PINACOTHÈQUE MUNICIPALE FRANCESCO PODESTI. Le musée de peintures d'Ancône, la **Pinacoteca comunale Francesco Podesti**, est situé dans un palais du XVIe siècle, le **Palazzo Bosdari**. On peut y voir la sublime *Madonna col Bambino* de Carlo Crivelli ainsi que *L'Apparition de la Vierge* de Titien, mais également plusieurs représentations de la circoncision du Christ, avec un petit Jésus à l'air bouleversé dans chacune d'elles (mais qui ne le serait pas dans ces circonstances ?). Le clou du musée est sans doute un autre Titien, sa sombre peinture de la crucifixion. *(V. Pizzecolli, 17. Voir précédemment comment se rendre à la cathédrale. Ouvert Lu. 9h-13h, Ma-Ve 9h-19h, Sa. 9h-18h et Di. 15h-19h. Entrée 4 €.)*

LE MUSÉE ARCHÉOLOGIQUE NATIONAL DES MARCHES. Après des décennies de restauration rendues nécessaires par les dégâts causés par la Seconde Guerre mondiale puis par le tremblement de terre de 1972, le **Museo archeologico nazionale delle Marche**, installé dans le Palazzo Ferretti, un édifice du XVIe siècle, a finalement rouvert ses portes. Il présente des collections préhistoriques et antiques, notamment étrusques et romaines, avec de beaux bronzes et des bijoux. *(V. Ferretti, 6. De la Piazza Cavour, empruntez le Corso Mazzini en direction du port, puis prenez à droite la Via Gramsci. © 071 207 53 90. Ouvert Di-Ve 8h30-19h30. Entrée 4 €.)*

LA RIVIERA DEL CONERO. Il existe plusieurs **plages** de galets à quelques kilomètres d'Ancône. Entourés de falaises abruptes, les villages de la côte proches d'Ancône, dont l'ensemble porte le nom de Riviera del Conero, attirent de nombreux touristes italiens. La compagnie **Autolinee RENI** propose un service de bus partant de la Piazza Cavour et de la gare d'Ancône pour **Sirolo**, **Numana** et **Marcelli**. *(Achetez votre billet au bar Pink Ladies, à l'angle de la Piazza Cavour et de la Via Camerini, ou au café de la gare.)*

ASCOLI PICENO ©036

Selon une légende, Ascoli fut construite par des Grecs guidés vers l'ouest par un pivert, un *picchio*, qui donna son surnom à la ville et devint l'emblème des Marches. Une autre légende raconte qu'Ascoli était la ville du peuple *piceno* (les Picéniens), une tribu latine aux mœurs paisibles qui contrôlait une bonne partie de la région côtière des Marches et avait pour symbole le pivert. Quelles que soient ses origines, et malgré plusieurs intrusions malencontreuses du monde moderne, Ascoli est l'une des villes les plus intéressantes des Marches. Cette cité médiévale, posée sur une colline et entourée de remparts, est riche de sites intéressants mais, comme elle est assez peu touristique, les prix y demeurent très abordables. En prime, l'auberge de jeunesse est installée dans un palais du XIe siècle : que demander de plus ?

TRANSPORTS

Train : Piazzale della Stazione (© 0736 34 10 14), au bout de la Via Marconi. Trains pour **San Benedetto** (Lu-Sa 13 dép/j de 5h30 à 20h30, durée 30 mn, 2,22 €). Guichet ouvert Lu. 6h20-11h30 et 16h-17h30, Ma-Sa 8h-12h et 15h-17h.

Bus : Les bus **START** plus bondés et deux fois moins rapides que les trains, vont à **San Benedetto** (1-2 dép/h de 5h10 à 23h, durée 1h, 3,45 €). Ils partent de l'arrêt de bus du Viale De Gasperi, derrière la cathédrale. Egalement des bus pour **Acquasanta Terme** (13 dép/j, durée 1h15, 3,45 €). Les billets s'achètent au kiosque à journaux près de l'arrêt de bus. Les bus pour **Rome** (4 dép/j, durée 3h, 12 €) partent de la Piazza Orlini. Bureau ouvert Lu-Sa 8h-13h et 15h-19h, et le dimanche 30 mn avant les départs.

ORIENTATION ET INFORMATIONS PRATIQUES

En sortant de la **gare ferroviaire**, prenez le **Viale dell'Indipendenza** sur la droite et marchez jusqu'à l'arrêt de bus. Prenez le bus n° 1, n° 2, n° 3, n° 4a ou n° 9 (0,80 €) pour aller dans le centre-ville historique. Descendez à l'**arrêt de bus** du Viale De Gasperi, derrière la cathédrale, là où s'arrêtent également les bus Cotravat et ARPA. Prenez la rue qui passe entre la cathédrale et le petit baptistère carré jusqu'à la **Piazza Arringo**, ornée de deux fontaines. De l'autre côté de la place, la **Via XX Settembre** débouche sur la **Piazza Roma**. De là, la Via del Trivio mène à la **Piazza del Popolo** et au **Corso Mazzini**.

Offices de tourisme : **Centro dei Visitatori** (© 0736 29 82 12), Piazza Arringo. Ouvert 9h-13h et 15h30-19h30. **Ufficio degli Informazioni**, P. del Popolo, 17 (© 0736 25 30 45, fax 0736 25 23 91). Personnel très compétent. Ouvert Lu-Ve 8h-13h30 et 15h-19h, Sa. 9h-13h et 15h-19h, Di. et jours fériés 9h-13h.

Change : **Banca Nazionale del Lavoro**, C. Trento e Trieste, 10c (© 0736 29 61). De la Piazza del Popolo, prenez à droite le Corso Mazzini, qui coupe le Corso Trento e Trieste. Ouvert Lu-Ve 8h20-13h20 et 15h-16h30. Les **distributeurs automatiques** acceptent les principales cartes bancaires.

Urgences : © 113. **Police** : © 112, Vle dell'Indipendenza. **Ambulances** : © 118.

Pharmacie de nuit : **Farmacia Sebastiani**, P. Roma, 1 (© 0736 25 91 83). Ouvert tlj 9h-13h et 17h-20h, en hiver 9h-13h et 16h30-19h30. Le panneau vert dans la vitrine indique la pharmacie de garde le week-end.

Bureau de poste : (© 0736 24 22 11), V. Crispi. Ouvert Lu-Sa 8h-18h30. **Bureau de change** Lu-Ve 8h10-18h15. **Code postal** : 63100.

HÉBERGEMENT

❤ **Ostello dei Longobardi** (© 0736 26 18 62), Rocca dei Longobardi, 12, près de la Via dei Soderini, non loin du centre historique. De la Piazza del Popolo, prenez la Via del Trivio. Au bout, prenez la Via dei Cairoli à gauche, jusqu'à la Piazza San Pietro il Martiro. Prenez ensuite à gauche la Via delle Donne, qui devient la Via dei Soderini. L'auberge est sur la droite. Elle occupe un bâtiment dont certaines parties datent du XIe siècle. Réception fermée à 23h. Dortoir 11,50 € par personne. ❖

Cantina dell'Arte (© 0736 25 57 44 ou 0736 25 56 20), V. della Lupa, 8, en plein cœur de la ville. De la Piazza del Popolo, suivez le Corso Mazzini et tournez à gauche dans la Via Tribu Fabia. La Via della Lupa est parallèle à la Via Tribu Fabia. Sols en marbre, patios, télévision, téléphone et salles de bains. Chambre simple 35 €. Appartement pour 5 personnes 90 €. Cartes Visa, MC. ❖❖❖

RESTAURANTS

La cuisine locale se sert des ingrédients cultivés dans la région – champignons, notamment des truffes, oignons, câpres, ail, fenouil et anis. Les olives sont exploitées ici depuis l'époque romaine. Les chefs d'Ascoli préparent à merveille l'*olive all'ascoliana*, des olives fourrées à la viance émincée. Les raviolis frits à la crème sucrée et les gâteaux à l'anis sont deux desserts qui font le bonheur des enfants pendant les vacances. Parmi les vins de la région, vous pouvez goûter le *Rosso Piceno* et le *Falerio dei Colli Ascolani*. L'*Anisetta Meletti* est la liqueur produite dans la région. Allez donc faire un tour au **marché en plein air** qui se tient du lundi au samedi sur la Piazza San Francesco, derrière la Piazza del Popolo. Le **supermarché Tigre** se trouve sur la Piazza Santa Maria Inter Vineas. Suivez le Corso Mazzini à partir de la Piazza del Popolo, puis tournez à gauche dans le Corso Trento e Trieste et remontez jusqu'à la place (ouvert Lu-Sa 8h-13h et 16h30-20h).

Ristorante dal Vagabondo, V. D'Argillano, 29 (© 0736 26 21 68). De la Plazza del Popolo, empruntez la C. Mazzini, tournez à gauche puis suivez les panneaux. Un restaurant qui témoigne d'un goût très sûr, que ce soient pour les œuvres d'art exposées au mur ou pour celles concoctées en cuisine par le chef Gelanno. Son *menù* spécial est à ne pas rater, avec

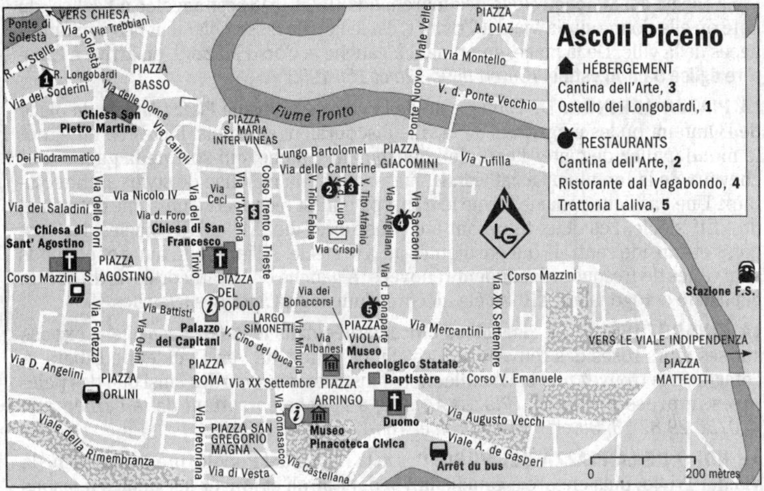

des *bruschetta*, des *olive all'ascolana*, une escalope de veau et un dessert. *Primi* 5-7 €, *secondi* 10 €. Ouvert tlj 12h-15h et 19h-23h. Cartes Visa, MC, AmEx. ❖❖

Cantina dell'Arte, V. della Lupa, 5 (✆ 0736 25 56 90), en face de l'hôtel du même nom. Menu copieux à 8,75 €, dans un cadre ravissant. *Primi* 4-5 €, *secondi* 5-6 €. Ouvert Lu-Sa 12h-13h30 et 19h-22h30. Cartes Visa, MC. ❖❖

Tratttoria Laliva, P. della Viola, 13 (✆ 0736 25 93 58). De la P. del Popolo, prenez la V. Giudea. Un café décontracté, idéal pour un repas rapide. *Primi* 4-4,70 €, *secondi* 5-6 €. Ouvert Lu et Je-Di 11h40-16h30 et 18h30-22h, Ma 11h30-16h30. ❖❖

VISITES ET SORTIES

Presque tous les bâtiments d'Ascoli Piceno sont réalisés en travertin, une pierre blanche et poreuse. Le premier spectacle qu'offre la ville est le coucher de soleil rose sur les collines avoisinantes.

LA PIAZZA DEL POPOLO. Cette place est le centre historique de la ville, un havre de tranquillité à l'abri de toute agitation. Le sol en travertin, arpenté depuis des siècles, est devenu aussi lisse que de la glace. Les arcades du XVIe siècle qui bordent deux des côtés de la place incitent à la rêverie, mais vous redescendrez vite sur terre en voyant les prix prohibitifs pratiqués dans les cafés et les *gelaterie* des alentours. Sur le troisième côté de la place se dresse l'imposant **Palazzo dei Capitani del Popolo** (le palais des Capitaines du peuple), un édifice du XIIIe siècle. Le portail massif et la statue représentant le pape Paul III ont été ajoutés en 1548. Construit pour les plus hauts dignitaires de la ville, les "capitaines", il fut réduit en cendres le jour de Noël 1535, suite à une discorde familiale. Dix ans plus tard, il était reconstruit et dédié au pape qui avait ramené la paix à Ascoli. En 1938, il fut le siège du parti fasciste, puis celui des partisans en 1945. Des ruines romaines et des vestiges datant d'Auguste ont été découverts à cet emplacement. On peut avoir un aperçu des fouilles et des objets mis au jour en descendant, grâce à la voie aménagée à cet effet, dans les soubassements de l'édifice. *(✆ 0736 24 49 75. Ouvert tlj 9h-13h et 15h-19h.)*

Au fond de la Piazza del Popolo s'élève la belle **église San Francesco** (XIIIe-XVIe siècles). L'intérieur contient un crucifix en bois du XIVe siècle, seul objet à ne pas avoir brûlé en 1535. Trouvez les "colonnes musicales", deux ensembles de cinq colonnes basses qui entourent la porte qui donne sur la Via del Trivio. Posez fermement vos mains sur les colonnes et écoutez les sons qui s'en dégagent. *(Ouvert tlj 8h-12h et 15h-19h.)*

La **Loggia dei Mercanti** (loge des marchands, 1509-1513) est accolée à l'église, du côté où elle donne sur la Via del Trivio. C'est le lieu de rassemblement des personnes âgées de la ville. De la place, en prenant à gauche le Corso Mazzini, on arrive à l'austère **église Sant'Agostino**. *(Ouvert tlj 9h-12h et 15h-19h.)*

LA PIAZZA ARRINGO. De l'autre côté de la ville se trouve la **Piazza Arringo**, la place de l'Orateur, où les magistrats de la ville discouraient autrefois. Faites comme tout le monde, allez déguster l'eau, délicieusement fraîche, qui sort de la gueule des chevaux de la fontaine. La **cathédrale**, massive, est un mélange de styles architecturaux. Une basilique romane forme le transept, qui est recouvert d'un dôme octogonal du VIIIe siècle. Les deux tours ont été construites aux XIe et XIIe siècles, les bas-côtés et l'abside centrale ont été ajoutés au XVe siècle. A l'intérieur, murs et plafonds sont ornés de fresques récemment rénovées. A gauche de la cathédrale se dresse un **baptistère** octogonal du XIIe siècle, décoré d'une loggia à arches aveugles.

LA PINACOTHÈQUE. La **Pinacoteca civica**, située dans le **Palazzo comunale**, expose sur ses murs roses des œuvres de Crivelli, de Titien, de Van Dyck et de Ribera. A l'étage, vous trouvez une belle collection d'instruments à cordes ainsi que des peintures impressionnistes. *(Piazza Arringo, à gauche en sortant de la cathédrale. © 0736 29 82 13. Ouvert Ma-Di 9h-13h et 16h-19h. Entrée 5 €.)*

AU NORD DE LA PIAZZA DEL POPOLO. De la Piazza del Popolo, prenez à gauche la Via del Trivio, puis encore à gauche la Via dei Cairoli et longez les vieilles maisons en pierre. Vous arriverez à la petite **Via di Solestà**, qui fait un coude sur la droite à partir de l'église. En suivant cette ruelle, on atteint le **Ponte di Solestà**, à une seule arche, l'un des plus grands ponts romains d'Europe. Si vous traversez ce pont et marchez dans la **Via Bernardo Tucci**, vous découvrirez l'**église Sant'Emidio alle Grotte**, dont la façade baroque est façonnée à même la roche. A l'intérieur se trouvent des catacombes où sont enterrés les premiers chrétiens d'Ascoli.

FÊTES. Le premier dimanche d'août a lieu le **tournoi de Quintana**, une fête traditionnelle qui plonge la ville dans une reconstitution médiévale flamboyante. Le tournoi proprement dit et une procession aux flambeaux jusqu'à la Piazza del Popolo sont les points d'orgue du festival de quatre jours qui célèbre Sant'Emidio, le patron de la ville. En février, le **carnaval** d'Ascoli est l'un des plus réputés d'Italie. Toutes les folies sont permises le mardi, le jeudi et le dimanche précédant le mercredi des Cendres. Des danses folkloriques ont lieu sur la Piazza del Popolo.

SAN BENEDETTO DEL TRONTO ©0735

Avec ses 7000 palmiers et autant d'enfants jouant sous leur feuillage, ses kilomètres de plages désertes et ses eaux transparentes, San Benedetto attire l'été un grand nombre de familles italiennes et de touristes. Repos, détente et *gelati* semblent être ici les maîtres mots.

TRANSPORTS

Train : Viale Gramsci, 20a (© 0735 59 21 31). San Benedetto se trouve sur la ligne Bologne-Lecce. Guichet ouvert tlj 6h40-13h30 et 13h50-20h30. Trains pour **Ancône** (1-2 dép/h de 5h35 à 0h02, durée 1h30, 4,15-7,05 €), **Bologne** (1 dép/h, durée 2h30-3h30, 20,80 €) et **Milan** (7 dép/j de 6h08 à 23h55, durée 5h, 34,30 €).

Bus : Les lignes locales s'arrêtent devant la gare ferroviaire. Le bus n° 2 part de l'autre côté de la rue, en face de la gare, et longe le front de mer (1 dép toutes les 10-20 mn de 6h à 24h, 0,75 €). Les bus **Start** pour Ascoli Piceno partent de la gare (25 dép/j de 6h à 0h02, durée 1h, 1,70 €). Achetez vos billets au café de la gare ou au Caffè Blue Express, en face de la gare.

ORIENTATION ET INFORMATIONS PRATIQUES

De la gare, traversez la rue et prenez le bus n° 2 (0,62 €) jusqu'au *lungomare* (bord de mer) ou suivez à gauche le Viale Gramsci et tournez dans la **Via Mazzocchi** en direction de la plage. A droite, la **Via delle Palme** conduit au **Viale Trieste**. La route qui longe le front de mer change plusieurs fois de nom à mesure qu'elle progresse vers l'ouest de la ville : Viale Trieste, **Viale Marconi, Viale Europa/Scipioni, Viale del Rinascimento**, et enfin **Via San Giacomo**.

Office de tourisme : APT, Vle delle Tamerici, 5 (© 0735 59 22 37). De la gare ferroviaire, prenez à gauche la V. Gramsci, puis encore à gauche la V. Fiscalletti. Suivez-la jusqu'à la mer puis tournez à droite sur le Viale dei Tigli. On vous fournit des plans et on peut vous réserver une chambre d'hôtel ou un emplacement de camping dans les environs. Ouvert Juin-Sep Lu-Ve 9h-13h et 16h-19h, Sa-Di 9h-12h.

Urgences : © 113. **Police** : V. Crispi, 51 (© 112). **Ambulances** : © 118.

Hôpital : **Ospedale Civile**, V. Silvio Pellico, 34 (© 0735 78 13 13). De la gare, prenez à gauche le Viale Gramsci, puis à droite la Via Montello et à gauche la Via Silvio Pellico.

Pharmacie : **Pharmacie Mercuri**, Viale de Gasperi, 61/63 (© 0735 78 01 51).

Internet : **Pub Adams**, V. Crispi, 133 (© 0735 59 23 99).

Bureau de poste : Dans la gare ferroviaire. Ouvert Lu-Ve 8h-13h30, Sa 8h-12h30. **Code postal** : 63039.

HÉBERGEMENT ET CAMPING

Le long de la Via Alessandro Volta, parallèle au Viale Marconi, vous trouverez un certain nombre d'hôtels bon marché. La plupart des hôtels possèdent une plage privée, dont l'accès est souvent compris dans le prix. Vous trouverez des cabines à louer sur les plages (5,20 €), ainsi que des parasols (6,20 €). Il y a une **plage publique** juste à côté de l'office de tourisme.

Albergo Patrizia, V. Alessandro Volta, 170 (© 0735 817 62, fax 0735 78 63 18). Prenez le bus n° 2, arrêt 35. Prix attractifs. Cet hôtel bien situé possède une plage privée. 36 chambres. Le restaurant propose de très bons dîners à prix réduit pour les clients de l'hôtel. Petit déjeuner compris. Ouvert Juin-Sep. En août, pension complète 33,50-59 € par personne. ❖❖❖❖

La Playa, V. Cola di Rienzo, 25a (©/fax 0735 65 99 57), au bout de la plage. Du Viale del Rinascimento, prenez tout droit la Via San Giacomo, tournez à droite dans la Via Ferucci, comptez trois rues puis tournez à gauche dans la Via Cola di Rienzo. C'est l'hôtel bon marché de San Benedetto. Personnel aimable, chambres spacieuses avec salle de bains et balcon. Chambre simple 26 €, chambre double 36 €. ❖❖

Camping : **Seaside**, V. dei Mille, 125 (© 0735 65 95 05). Prenez le bus n° 2 jusqu'à l'arrêt n° 11, ou bien, du Viale del Rinascimento, tournez dans la Via Negri et à gauche dans la Via dei Mille. Piscine, supermarché et restaurant. Ouvert Juin-Sep. 7 € par personne, 12 € par emplacement, 2,50 € par voiture. Les prix augmentent en août. ❖❖

RESTAURANTS

Pour faire vos courses, allez au **supermarché Tigre**, Vle Ugo Bassi, 10. Le mardi et le vendredi matin se tient le **marché** de la Via Montebello. La spécialité culinaire de la ville est le *brodetto alla sambenedettese*, un mélange de poissons, de tomates vertes, de poivrons et de vinaigre.

Bagni Andrea, Viale trieste (© 0735 83 384, www.digiworld.net/daAndrea). A gauche lorsque vous vous éloignez de la gare. Offrez-vous un dîner aux chandelles sur le front de mer. Spécialités de poissons. Le menu change tous les jours (8-18 €). Réservations conseillées les vendredis et samedis soir. Ve-Sa piano bar à 22h. Ouvert tlj 13h-15h et 20h30-23h. La discothèque swing/salsa ferme à 3h (entrée gratuite). Cartes Visa, MC. ❖❖❖

Molo Sud, Porto Molo Sud (© 0735 58 73 25). Du Viale Trieste, lorsque vous marchez vers la gare, prenez à droite le Viale delle Tamerici. Parvenu à la mer, tournez à droite avant le virage. Vous voulez manger du poisson ? Cette célébrité locale a exactement ce qu'il vous faut. *Primi* 7,75 €, *secondi* à partir de 10,35 €. Toujours bondé. Il est conseillé de réserver. Ouvert Ma-Di 12h30-16h et 20h-22h30. ❖❖❖❖

Marina Al Centro Ristorante, V. lo Colombo, 7. De la gare ferroviaire, tournez à gauche sur la V. Gramsci puis à gauche sur la V. Francesco Fiscaletti : le restaurant se tient sur la droite. Les tables sont dressées dans un très agréable patio. Dommage que le menu soit si succinct. *Primi* 5,50 €, *secondi* 7-12 €. Ouvert Ma-Di 12h30-15h et 19h30-24h. Cartes Visa, MC. ❖❖❖

Bar San Michele, V. del Piemonte, 111 (✆ 0735 82 429). De la gare, prenez à gauche dans le Viale Gramsci et continuez dans le Viale Ugo Bassi, puis dans la Via del Piemonte. Ce pub irlandais sert des plats italiens étonnamment bons. Pizzas 3,70-6,50 €. Couvert 0,60 €. Ouvert tlj 12h-15h et 19h15-2h30. Cartes Visa, MC, AmEx. ❖❖

LES ABRUZZES (ABRUZZO)

LES INCONTOURNABLES DES ABRUZZES

APPRENEZ que si le reste du monde est passé au XXIe siècle, **L'Aquila** reste mystérieusement en 99...

BATIFOLEZ avec les sangliers, les loups des Apennins et les aigles royaux dans le **parc national des Abruzzes**.

Vus de loin, les villages ressemblent à des bouquets de fleurs, avec leurs maisons ramassées aux toits de chaume orange et leurs portes de bois peintes en vert. Les maisons et le château médiéval sont disséminés au pied des Apennins. La région, loin de toute modernité, semble tout droit sortie d'un livre d'histoire. En effet, les artisans, l'agriculture, ainsi que les dialectes régionaux des Abruzzes et du Molise font figure de pièces de musée et sont identiques à ceux de l'Italie d'autrefois. Situé à environ deux heures de train de Rome, le massif des Abruzzes offre un véritable refuge à qui veut fuir la frénésie touristique. Les Abruzzes et le Molise, qui ne formaient qu'une région jusqu'en 1963, se trouvent à la jonction de l'Italie du Nord et de l'Italie du Sud. Les Abruzzes, plus riches, connaissent l'affluence touristique grâce à leur double situation montagneuse et maritime, mais ceux qui préfèrent la nature pourront aussi profiter du côté plus sauvage de cette région, avec ses lacs de montagne, ses pinèdes luxuriantes et les sangliers qui peuplent le parc national des Abruzzes. Le Molise était autrefois le centre religieux des Samnites ; dans cette région moins étendue, vous pourrez voir de superbes ruines datant des époques grecque et romaine, et vous apprécierez les fêtes médiévales ainsi que l'excellente cuisine locale. Les femmes transportent des pots d'eau fraîche en cuivre, les hommes torse nu mènent leurs ânes, tandis que les jeunes vont et viennent, baladeur sur les oreilles.

Dans les Abruzzes et le Molise, il est conseillé d'avoir une **voiture**, car le service des bus est souvent restreint et les horaires pas toujours respectés. Dans ces deux régions, toutefois, la compagnie ARPA est relativement fiable : téléphonez au bureau de L'Aquila (✆ 0862 41 28 08) ou à celui d'Avezzano (✆ 0863 265 61) pour tout renseignement sur les horaires et les destinations. Evitez de voyager le dimanche, car il y a beaucoup moins de bus. Les **trains FS** desservent les principales villes.

L'AQUILA ✆ 0862

Perchée près des hauts sommets des Apennins, L'Aquila (littéralement "l'Aigle") porte bien son nom. Capitale artistique et politique des Abruzzes, elle fut fondée en

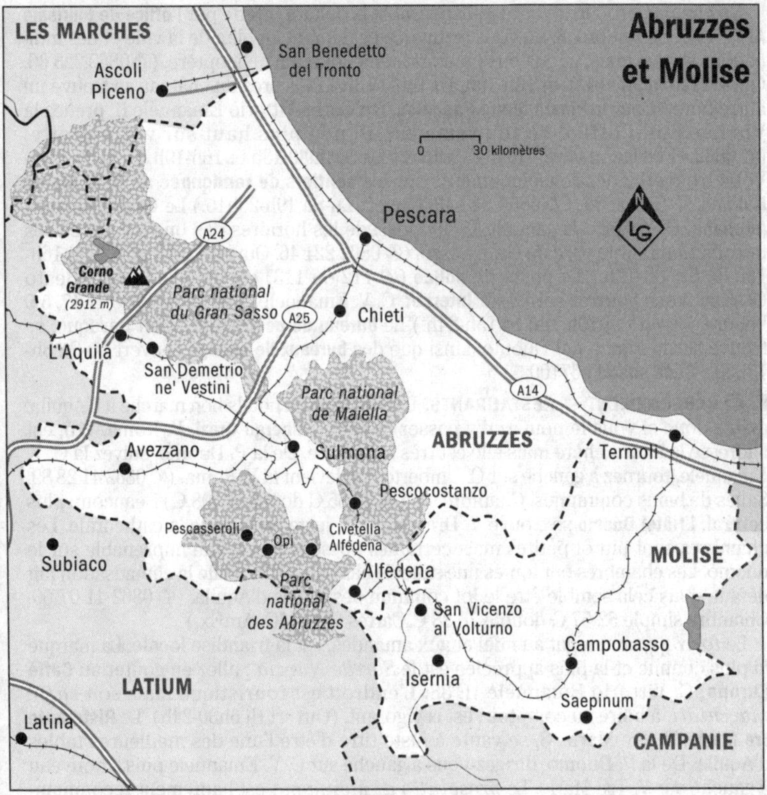

1254 par 99 seigneurs de 99 châteaux voisins, qui firent construire, pour l'occasion, une fontaine à 99 jets d'eau. Selon la légende, la ville contient 99 rues, 99 places et 99 églises, dont l'une sonne 99 coups à 21h09, tous les soirs…

TRANSPORTS. L'Aquila possède deux systèmes de bus : les **bus jaunes municipaux** et les **bus bleus régionaux ARPA**. Les bus jaunes s'arrêtent aux arrêts où il est indiqué **ASM**, coûtent 0,80 € le trajet et circulent dans la ville et aux alentours. Les billets sont en vente dans n'importe quel bureau de tabac, kiosque à journaux ou bar. Du lundi au samedi, les **bus ARPA** desservent **Avezzano** (28 dép/j de 5h30 à 20h30, durée 50 mn, 4,50 €), **Pescara** (7 dép/j de 6h à 21h10, durée 1h30, 7,23 €), **Rome** (17 dép/j de 4h40 à 20h, durée 1h45, 8,73 €) et **Sulmona** (7 dép/j de 6h à 19h, durée 1h, 7,23 €). Les bus partent de la **Fontana Luminosa**, près du château. Le **guichet** (✆ 0862 412 808) est ouvert Lu-Sa 5h30-20h30, Di. 7h30-13h15 et 14h30-20h. La **gare ferroviaire** (✆ 0862 41 92 90) est à la périphérie de la ville. Prenez le bus M11, 30 ou 79C vers le centre, ou tournez à droite et suivez les panneaux jusqu'à la Fontana delle 99 Cannelle. De la fontaine, montez la côte à pied (2 km). Trains pour **Sulmona** (13 dép/j de 6h27 à 20h25, durée 50 mn-1h, 4,50 €) et **Terni** (10 dép/j de 6h27 à 19h57, durée 2h, 5,89 €).

ORIENTATION ET INFORMATIONS PRATIQUES. Le **Corso Vittorio Emanuele II**, la principale artère de la partie nord de la ville, passe entre le **Castello cinquecentesco** et la **Piazza del Duomo**, le cœur du quartier historique. Après la Piazza del Duomo, la rue devient le **Corso Federico II** jusqu'aux jardins luxueux de la **Villa comunale** puis la **Via XX Settembre**, au sud de la ville. Prenez un plan de la ville à l'office de tourisme, car il n'est pas simple de s'y retrouver.

En chemin, procurez-vous l'indispensable brochure offerte par l'**office de tourisme APT**, V. XX Settembre, 8, où vous trouverez également un plan de la ville et des indications sur les taxis, et où vous pourrez même louer un hélicoptère. (© 0862 223 06. Ouvert Lu-Sa 9h30-13h et 16h-19h, Di. 9h30-13h.) Plus près du château se trouve un autre bureau, sur la **Piazza Maria Paganica**. Du Corso Vittorio Emanuele II, prenez la Via Leosini, l'office de tourisme est un peu plus haut sur votre droite. (© 0862 41 08 08 ou 0862 41 03 40. Ouvert Lu-Sa 9h30-13h et 16h-19h, Di 9h30-13h.) Vous trouverez des renseignements sur les **sentiers de randonnée** au **Club Alpino Italiano**, V. Sassa, 34. (© 0862 243 42. Ouvert Lu-Sa 19h-20h15.) Le **Centro Turistico Aquilano**, C. Vittorio Emanuele II, 49, possède les horaires des bus locaux et des informations sur le parc du Gran Sasso. (© 0862 221 46. Ouvert Lu-Ve 8h-12h et 16h-18h45, Sa. 8h-12h.) Le poste de **police** (© 112 ou 113) est dans la Via del Beato Cesidio. Vous pourrez surfer sur **Internet**, C. V. Emanuele, 101. (© 0862 40 47 47, 5 € l'heure. Ouvert tlj 10h-14h et 15h-24h.) Le **bureau de poste**, tout à fait baroque, se trouve sur la Piazza del Duomo, ainsi que des **bureaux de change** (ouvert Lu-Sa 8h-18h30). **Code postal** : 67100.

HÉBERGEMENT ET RESTAURANTS. Il n'existe pas d'hôtels bon marché à L'Aquila, évitez donc si vous le pouvez d'y passer la nuit. L'**Albergo Orazi**, V. Roma, 175, est l'adresse la moins chère mais elle est très excentrée. De la P. Duomo, suivez la C. V. Emanuele, tournez à gauche sur C. Umberto qui devient la V. Roma. (© 0862 41 28 89. Salles de bains communes. Chambre simple 20,65 €, double 30,98 €.) Beaucoup plus central, l'**Hôtel Duomo** se trouve V. Dragonetti, 1, juste en face de la cathédrale. Les chambres sont plutôt petites mais certaines possèdent une vue imprenable sur le duomo. Les chambres ont toutes une salle de bains et la TV. Seule la climatisation fait défaut, mais cela semble être le lot commun des hôtels d'Aquila. (© 0862 41 07 60. Chambre simple 52-57 €, double 78-88 €. Cartes Visa, MC, AmEx.)

Le *torrone*, un nougat au miel et aux amandes, est la friandise locale. La marque la plus connue et la plus appréciée est le *Sorelle Nurzia* : allez en goûter au **Caffè Europa**, C. Vittorio Emanuele II, 38. L'endroit est touristique mais son *caffè macchiati*, à boire au comptoir, est revigorant. (Ouvert tlj 6h30-24h). Le **Ristorante Tre Marie**, V. Tre Marie, 3, se vante à juste titre d'être l'une des meilleures tables d'Aquila. De la P. Duomo, dirigez-vous à gauche sur C. V. Emanuele puis à nouveau à gauche sur V. Tre Marie. Le *prosciutto di Monfagna* est hautement recommandable (10,33 €). (© 0862 201 91. *Primi* 10,33 €, *secondi* 13 €. Ouvert Lu-Sa 19h-22h30. Cartes Visa, MC, AmEx.) La **Trattoria Da Lincosta**, P. San Pietro di Coppito, 19, près de la Via Roma, propose également des spécialités régionales, servies sur une agréable terrasse. (© 0862 286 62. Ouvert Sa-Je 12h-15h30 et 19h30-22h30. Cartes Visa, MC, AmEx.) Achetez des fruits frais, de la viande fumée et d'autres articles moins comestibles (comme des chaussettes) au **marché** de la Piazza del Duomo (ouvert Lu-Sa 8h-12h). Le **supermarché STANDA**, C. Federico II, est à deux pas de la Via XX Settembre. (Ouvert Lu-Sa 8h-20h.)

VISITES. Le plus ancien monument de la ville, l'emblème de L'Aquila, est la **Fontana delle 99 Cannelle** (la fontaine aux 99 jets d'eau). Prenez la Via Sallustio à partir du Corso Vittorio Emanuele II, et tournez à gauche dans la Via XX Settembre. Construite en 1272, la fontaine symbolise la fondation mythique de la ville : 99 seigneurs de la région s'unirent pour construire une forteresse destinée à protéger les villages environnants. Chaque jet d'eau, craché par un masque, représente l'une des 99 cités. Personne ne sait où est la source de la fontaine. Les récentes rénovations de l'édifice n'ont pas permis d'éclaircir ce mystère. Ceux qui seraient tentés de boire de son eau doivent refréner leurs ardeurs, car elle n'est pas potable.

Le **Castello cinquecentesco** de L'Aquila domine un beau parc au bout du Corso Vittorio Emanuele II. Au XVIe siècle, les Espagnols construisirent cette place forte pour se protéger des villageois rebelles. Les remparts, impressionnants, abritent aujourd'hui le **Museo nazionale di Abruzzo**, remarquable pour son département archéologique, sa collection d'art sacré médiéval et ses tapisseries de la Renaissance. On y voit également un mammouth fossilisé, découvert près de la ville en 1954.

(✆ 0862 63 32 39. Ouvert Ma-Di 9h-20h. Entrée 4,13 €.)

Pour vous rendre à la ❤ **Basilica di Santa Maria di Collemaggio**, prenez le Corso Federico II depuis la Via XX Settembre, et tournez à gauche dans le Viale di Collemaggio après la Villa Comunale. L'édification de la basilique commença en 1287 sous l'impulsion de l'ermite Pietro del Morrone, qui devint pape sous le nom de Célestin V. La très belle façade de pierres blanches et roses aux magnifiques vitraux, ajoutée au XIVe siècle, contraste avec l'austérité de l'intérieur. Les ornements baroques furent retirés lors d'une restauration en 1972 pour rendre à l'intérieur de la basilique son aspect d'origine. (Ouvert en été, tlj 8h30-13h et 16h-19h.)

La **Chiesa di San Bernardino** surplombe les montagnes du côté sud de la ville. Du Corso Vittorio Emanuele II, descendez la Via di San Bernardino. L'église, qui date du XVe siècle, a été restaurée après le terrible tremblement de terre de 1703. A l'intérieur, vous pourrez admirer le mausolée de saint Bernardin, orné de figures sculptées de style Renaissance. (Ouvert tlj 7h30-13h et 16h-19h30.)

EXCURSIONS DEPUIS L'AQUILA. Dans la région escarpée des environs de L'Aquila se nichent des villages médiévaux, d'anciens monastères et des forteresses abandonnées. Il est préférable de se déplacer en voiture, car les bus ne circulent que peu fréquemment dans cette région. A l'est de la ville s'élève la forteresse **Rocca Calascio** (XVe siècle), un très bel exemple d'architecture militaire. Non loin de là se trouvent les villages médiévaux de **Santo Stefano di Sessanio** et de **Castel del Monte**, ainsi que le village de **Bominaco**, qui abrite l'**Oratorio di San Pellegrino** (IXe siècle). A l'ouest de L'Aquila s'étendent les ruines romaines de l'**Amiternum** et l'immense **Lago di Campotosto**, le plus grand lac artificiel d'Italie. Les **bus ARPA** desservent ces sites à partir de L'Aquila et de Sulmona (2-3 dép/j, durée 1-2h, 2,65-4,33 €). Au nord de L'Aquila, la ville d'**Assergi** abrite une très belle abbaye du XIIe siècle, **Santa Maria Assunta**, ornée de fresques d'inspiration byzantine bien préservées. Pour vous y rendre, prenez le bus municipal n° 6 (2 dép/h, durée 20 mn, 0,80 €) sur la place, près du château.

Les **grottes de Stiffe**, à **San Demetrio ne' Vestini**, à 21 km au sud-est de L'Aquila, permettent de découvrir les entrailles du massif des Abruzzes. Une rivière souterraine a creusé la terre, formant des lacs, des cavernes et des chutes d'eau. Malgré l'affaissement récent d'une des cavernes, le site reste impressionnant. (✆ 0862 86 142, www.grottestiffe.it. Ouvert toute l'année. Visites à 10h, 13h, 15h et 18h.) Pour vous y rendre, prenez le **bus Paoli** depuis la **Porta Paganica** (5 dép/j, durée 25 mn, 2,58 €). Pour en savoir plus, contactez l'**APT** de L'Aquila. Réservations par courrier ou par téléphone au **Gruppo Speleologico Aquilano**, Svolte della Misericordia, 2, 67100 L'Aquila (✆/fax 0862 41 42 73).

PARC NATIONAL DU GRAN SASSO (PARCO NAZIONALE DEL GRAN SASSO)

A seulement 12 km au nord de L'Aquila s'élève le massif le plus élevé d'Italie, le **Gran Sasso** (le Grand Rocher), paradis des amoureux de la montagne. A mi-chemin de votre ascension du Sasso (et au-dessus de la cime des arbres) se trouve une plaine plate appelée Campo Imperatore : c'est le repaire des troupeaux de chevaux sauvages et des bergers. Vous pourrez y admirer les sommets et les paysages alentour. Par temps clair, les courageux qui graviront les 2912 m du **Corno Grande**, le plus haut sommet de la chaîne, pourront apercevoir les deux côtes italiennes. Les nombreuses randonnées le long de la crête offrent des vues superbes sur les montagnes et les environs. Avant le départ, procurez-vous, en ville ou au pied de la montagne, la **carte des sentiers de randonnée** du Club Alpino Italiano (7,40 €). Les sentiers sont indiqués sur la carte en fonction de leur difficulté : seuls ceux qui mènent au sommet sont indiqués avec exactitude. Attention, les pics sont recouverts de neige de septembre à juillet. Les refuges (5-9 € la nuit) sont indiqués sur la carte et sur la brochure d'information des bureaux EPT et IAT de L'Aquila. Vous pouvez également planter votre tente au **camping Funivia del Gran Sasso**, propre et verdoyant, en bas du téléphérique. (© 0862 60 61 63. 4-5 € par personne, 6-8 € par grande tente.) Il y a aussi une auberge de jeunesse au **Campo Imperatore** : appelez du départ des pistes et demandez que l'on vienne vous chercher. (© 0862 40 00 11. 15,50 € par lit.) Appelez toujours les refuges avant d'arriver, et apportez de la nourriture et des vêtements chauds, car il fait frais et venteux toute l'année au Campo Imperatore, et les prix augmentent avec l'altitude…

Le **téléphérique** (*funivia*) est un bon point de départ pour les randonnées. Il monte les 1008 m jusqu'au Campo Imperatore (2 dép/h de 9h à 17h, a-r 10 €), ce qui vous permet d'effectuer facilement une randonnée sur le Sasso en une après-midi depuis L'Aquila. A L'Aquila, prenez le bus jaune n° 6 ou n° 6D (5 dép/j, durée 30 mn, 0,80 €) à la *Fontana Luminosa*. Achetez vos billets dans les kiosques à journaux ou les bureaux de tabac. Le téléphérique est fermé certains jours en juin et en octobre. Les randonnées partent de la station supérieure du téléphérique. Appelez le **Club Alpino Italiano** (© 0862 243 42) pour des conseils et informations à jour. Pour tout renseignement sur les guides de montagne, adressez-vous à l'office de tourisme ou envoyez un courrier au **Collegio Regionale Guide Alpine**, V. Serafino, 2, 66100 Chieti (© 0871 693 38).

En hiver, le Gran Sasso est rempli de skieurs. Les pistes autour du funiculaire comptent parmi les plus difficiles, avec des dénivelés de 1000 m. La plus longue piste s'étend sur 4 km. Dix pistes partent du sommet du funiculaire et des deux remonte-pentes. Vous pouvez acheter un forfait hebdomadaire à la *biglietteria* en bas du funiculaire. **Campo Felice**, dans la station voisine de Monte Rotondo, dispose de 16 remonte-pentes, de nombreuses pistes de difficulté variable et d'une école de ski.

SULMONA © 0864

Située au cœur du parc national des Abruzzes, Sulmona constitue une base idéale pour explorer les alentours. Cette petite ville, peu fréquentée par les touristes, est réputée pour ses *fabbriche* (usines), qui produisent de nombreuses variétés de *confetti* (dragées), ainsi que pour son authentique culture punk. Elle est également connue pour avoir été la patrie du poète latin Ovide, auteur du fameux texte "*Sulmo mihi patria est*" (Sulmo est ma patrie). Les habitants continuent d'ailleurs d'appeler leur ville par l'acronyme SMPE. Si vous passez une journée à Sulmona, vous aurez l'occasion d'admirer ses principaux édifices et d'effectuer une belle randonnée.

TRANSPORTS. Sulmona est bien desservie par les transports en commun. La gare (© 0864 342 93), à 2 km du centre-ville, est sur les lignes Rome-Pescara et Carpione-L'Aquila-Terni. Les **trains** vont à **Avezzano** (10 dép/j de 4h47 à 19h49, durée 1h, 3,36 €), **L'Aquila** (9 dép/j de 6h34 à 20h30, durée 50 mn-1h, 3,36 €), **Naples** (4 dép/j de 6h30 à 15h26, durée 4h, 12 €), **Pescara** (21 dép/j de 5h à 21h18, durée 1h-1h15, 4,50-6 €) et **Rome** (6 dép/j de 5h47 à 17h23, durée 1h30-2h30, 7-12 €). Pour vous rendre de la gare au centre-ville, prenez le **bus A** (de 5h30 à 20h, 0,70 €), et demandez à descendre à l'arrêt Piazza XX Settembre.

INFORMATIONS PRATIQUES. Le **Corso Ovidio** et les rues qui le prolongent traversent la ville depuis la gare à l'ouest jusqu'à la Porta Napoli à l'est, en passant par la Piazza XX Settembre et la Piazza Garibaldi. L'**office de tourisme IAT**, C. Ovidio, 208, vous permettra de tout savoir sur Sulmona. (© 0864 532 76. Ouvert Lu-Sa 9h-13h et 16h-19h, Di. 9h-12h.) Un personnel accueillant assure la permanence de l'**Uffizio Servizi Turistici**, situé en face sur la Piazza dell'Annunziata. (© 0864 21 02 16. Ouvert tlj 9h-13h30 et 16h-20h, en hiver 9h-13h30 et 15h30-19h30.) Pour appeler la **police**, composez le © 113. Allez à **Totoricevitora**, P. Garibaldi, 25, pour surfer sur le Web. (© 0864 21 27 14. 6 € l'heure. Ouvert Lu-Sa 9h-13h et 15h30-20h30.) Le **bureau de poste** se trouve sur la Piazza Brigata Maiella, derrière la Piazza del Carmine. (Ouvert Lu-Ve 8h15-18h30 et Sa. 9h15-13h.) **Code postal** : 67039.

HÉBERGEMENT ET RESTAURANTS. Vous trouverez sans mal des hôtels bon marché dans le centre-ville, mais, si vous venez l'été, il est tout de même prudent de réserver. L'**Albergo Stella**, V. Panfilo Mazara, 18-20, bien situé, près du Corso Ovidio et de l'aqueduc, possède neuf chambres propres et bien tenues, avec salle de bains, télévision et téléphone. (✆ 0864 526 53, www.albergostellaristorante.com. Petit déjeuner compris. Chambre simple 35-40 €, chambre double 55-65 €. Cartes Visa, MC.) La vigne recouvre la façade de l'**Hôtel Italia**, P. Tommasi, 3, à droite lorsque vous quittez la Piazza XX Settembre. 27 chambres, dont plusieurs donnent sur la coupole de Santissima Annunziata et les montagnes. En été, dans le cadre d'un échange, l'hôtel est occupé par des étudiants de l'université du Colorado. (✆ 0864 523 08. Chambre double 41 €, avec salle de bains 53 €.) L'**Hôtel Armando**, V. Montenero, 15, offre à ses hôtes beaucoup de tranquillité grâce à son jardin et au confort de ses chambres. Celles-ci possèdent toutes une salle de bains, la clim., et la TV. Certaines ont un balcon. Pour rejoindre l'hôtel, quittez la vieille ville par la Pta. Napoli, engagez-vous dans la V. Mazzini, prenez la V. Diaz qui est la quatrième rue sur la gauche jusqu'à ce que vous atteigniez la V. Montenero. (✆ 0864 210 783. Petit déjeuner inclus. Chambre simple 42-45 €, double 72-75 €. Cartes Visa, MC, AmEx.) L'**office du tourisme UST** loue trois appartements dans le centre. Deux peuvent contenir 4 personnes (39 € la nuit), le troisième peut héberger jusqu'à 7 personnes (52-75 € la nuit). Téléphonez pour réserver au ✆ 0864 21 02 16.

Depuis 50 ans, ❤ **Cesidio**, V. Sulmona, 25, propose de la cuisine locale à des prix raisonnables. Goûtez la spécialité de la maison, les *spaghetti al Cesidio* (avec une sauce relevée), pour 4,13 €. (✆ 0864 34 940. Ouvert Ma-Di 12h-15h30 et 19h-22h30.) A l'**Osteria Del Temp Perso**, V. del Vecchio, 7, non loin du Corso Ovidio, on sert des pizzas savoureuses (4-5 €) dans une salle chic et colorée. (✆ 0864 52 545. Ouvert Lu-Ma et Je-Di 12h30-15h et 19h30-2h. Cartes Visa, MC, AmEx.) Le **Ristorante Frangio**, V. Ercole Ciofano, 51, a installé ses jolies tables sous une treille et dans la verdure. La cuisine est fraîche et goûteuse. (✆ 0864 21 27 73. *Primi* et *secondi* à partir de 5,50 €)

VISITES ET SORTIES. Sur le Corso Ovidio s'élève la **Cattedrale di San Panfilo**, de style roman et gothique, qui fut édifiée sur les ruines d'un temple dédié à Apollon et à Vesta. En descendant le Corso Ovidio, on découvre la **Chiesa** et le **Palazzo di Santissima Annunziata**. La façade gothique du palais (XVe siècle) contraste avec celle, baroque, de l'église. Le palais abrite aujourd'hui un petit **musée** consacré aux travaux d'orfèvrerie réalisés à Sulmona pendant la Renaissance. Le musée présente également une collection de statues de bois provenant des églises de la région. *(✆ 0864 21 02 16. Ouvert Lu-Ve 9h-13h, Sa-Di 10h-13h et 16h-19h. Entrée 1 €.)* A côté, le **Museo in Situ** expose les ruines intactes d'une maison romaine (ouvert Ma-Di 10h-13h, entrée libre). La belle et imposante **Piazza Garibaldi** est agrémentée d'une fontaine Renaissance, la **Fontana del Vecchio** (la fontaine du vieillard), dont l'eau provient de l'aqueduc médiéval qui borde la place.

Les célèbres dragées de Sulmona sont élaborées, entre autres endroits, dans la **fabrique** de la famille Pelino, V. Stazione Introdaqua, 55. Tournez à droite après l'arche qui relie le Corso Ovidio à la Via Trieste, montez 1 km jusqu'à la Via Stazione Introdaqua. Les Pelino fabriquent des dragées depuis 1783, et ce, sans aucune aide extérieure. Le résultat est délicieux ! Votre guide personnel (auquel ne manque qu'un grand chapeau haut-de-forme violet) vous conduira à travers des couloirs tapissés de friandises jusqu'au **musée de la Dragée**. Jetez un œil aux photos légèrement sacrilèges (surtout pour l'Italie) des anciens papes et du père Pio en train de manger des instruments religieux en sucre. *(✆ 0864 21 00 47. Ouvert Lu-Sa 8h-12h30 et 15h-18h30. Entrée libre.)* Régalez-vous de fleurs, de poissons et de maisons en dragées. Ne manquez pas les vieux chaudrons, les fours, les bocaux et les tubes avec lesquels les Pelino réalisent leurs recettes.

Au cours de la dernière semaine de juillet, les habitants célèbrent la **Giostra Cavalleresca di Sulmona**, une fête durant laquelle des chevaliers portant des flambeaux font des figures en forme de huit sur la place Garibaldi, en hommage aux huit *borghi* (quartiers) de Sulmona à l'époque médiévale. Vous pouvez acheter des places assises (15-18 €) ou chercher un endroit d'où voir l'événement gratuitement. En guise de préparation, chaque *borgo* organise une fête publique pendant un week-end du mois de juin. En octobre, Sulmona accueille un festival de cinéma et un festival international d'opéra.

RANDONNÉE. Les montagnes qui surplombent Sulmona font partie du **parc national de Majella**. Vous pouvez facilement accéder aux sentiers à pied ou en bus à partir du centre-ville. En haut de ces escarpements se trouve la grotte du saint ermite qui devint le pape Célestin V. Pour voir la petite grotte dans laquelle il vivait, comptez entre 45 mn et 1 h de marche facile depuis **Badia**, un village à 20 minutes de bus de Sulmona (0,90 €). Avant de partir, passez à l'office de tourisme et procurez-vous la carte du **Club Italiano Alpino** (7,40 €), qui décrit les différentes randonnées et en indique la couleur. Attention : les niveaux de difficulté indiqués correspondent à des randonnées en montagne et non à des randonnées sur terrain plat, ce qui signifie qu'une personne qui n'est pas habituée à marcher en montagne risque de rencontrer des difficultés sur un sentier de niveau moyen. Cependant, les premiers tronçons de presque tous les sentiers sont relativement faciles. Ceux des sentiers 7 et 8, par exemple, vous emmènent à travers des forêts vallonnées et vous offrent de superbes panoramas (5 km, départ de Fonte D'Amore et arrivée à Marane, deux villages situés l'un comme l'autre à environ 4 km de Sulmona et desservis par les bus locaux). Si vous souhaitez prendre le bus pour rejoindre le départ des sentiers, procurez-vous les horaires à l'office de tourisme et repérez les heures du milieu d'après-midi durant lesquelles le service est interrompu.

PARC NATIONAL DES ABRUZZES (PARCO NAZIONALE D'ABRUZZO)

Créé en 1923 pour sauvegarder la faune et la flore de la région, le parc s'étend sur 44 000 ha au sud-ouest des Abruzzes. Ce territoire montagneux et boisé, aux lacs cristallins, abrite une faune variée. L'ours brun, le loup des Apennins, le chamois des Abruzzes ainsi que le lynx, réintroduit depuis peu dans la région de Civitella Alfedena, y vivent en liberté. Pescasseroli, le centre administratif du parc, peut constituer une base d'exploration.

TRANSPORTS

Le meilleur moyen de se rendre dans le parc consiste à prendre le **bus ARPA** (© 0863 265 61 ou 0863 229 21), qui le traverse au cours de son trajet d'Avezzano à **Castel di Sangro** (Lu-Sa 6 dép/j de 6h40 à 18h35, 5,21 €). Le bus s'arrête à **Barrea** (durée 2h15, 4,41 €), à **Civitella Alfedena** (durée 2h, 4,21 €), à **Opi** (durée 1h45, 4,21 €), à **Pescasseroli** (durée 1h30, 3,90 €) et à **Villetta Barrea** (durée 2h, 4,26 €). Des bus relient Pescasseroli à la gare Tiburtina de Rome (dép. 7h45, retour 18h15, durée 3h, 13,21 €). Des **trains** vont d'Avezzano à **Pescara** (6 dép/j de 6h13 à 20h10, durée 1h45-2h, 9,65 €), **Rome** (13 dép/j de 4h30 à 20h50, durée 1h30-2h, 9,11 €) et **Sulmona** (11 dép/j, de 6h13 à 20h10, durée 1h-1h15, 5,52 €).

INFORMATIONS PRATIQUES

A Pescasseroli, faites un tour à l'**Ufficio di Zona**, Vico Consultore, 1, près de l'arrêt de bus de la Piazza Sant'Antonio, pour vous renseigner sur les sentiers de randonnée et vous procurer des tee-shirts à l'effigie de la faune locale ainsi que l'indispensable plan du parc. (© 0863 919 55. Plan 6 €. Ouvert tlj 9h40-13h et 15h-18h30.) Pour choisir un lieu d'hébergement, allez à l'**office de tourisme IAT**, V. Piave, 2, près de la Piazza Sant'Antonio. (©/fax 0863 91 04 61, www.pescasseroli.net. Ouvert tlj 9h-13h et 16h-19h.) Il existe d'autres *uffici di zona* dans le parc, auprès desquels vous trouverez des informations utiles. Pour la **police**, faite le © 0863 91 07 16. La **Farmacia del Parco**, P. V. Emanuele, 12, est bien approvisionnée, notamment en lotion solaire et en pansements contre les ampoules. (© 0863 91 07 53. Ouvert Lu-Me et Ve-Di 9h-13h et 16h-20h.) Le **bureau de poste** se trouve sur la V. Piave, 1a (© 0863 91 07 31. Ouvert Lu-Ve 8h-13h30, Sa 8h-12h.)

HÉBERGEMENT ET RESTAURANTS

AVEZZANO

Une chose est sûre : Avezzano devait être une très belle ville avant le tremblement de terre de 1915. Aujourd'hui, elle est surtout connue pour son *telespazio*, un

ITALIE DU CENTRE

système de transmission par satellite, et constitue une des principales entrées du parc. Les bus qui desservent le parc partent derrière la gare ferroviaire, sur la gauche (prenez le *sottopassagio*). L'**Hôtel Velino**, V. Montello, 9, est un établissement paisible et proche de la gare ferroviaire. Les chambres sont exiguës mais possèdent la TV satellite et une salle de bains très propre. Le salon possède un piano et il y a un bar ; de quoi faire oublier l'architecture moderne et un peu lugubre du bâtiment (✆ 0863 41 26 96. Chambre simple 42-52 €, double 62-72 €. Cartes Visa, MC, AmEx.) Un supermarché **COAL** se tient V. XX Settembre 304. Pour une pizza express, faites un tour à la **Pizzeria il Golosine**, qui vend 1 € la part de *margherita*.

PESCASSEROLI

Sis au milieu du parc, Pescasseroli est un endroit agréable où séjourner. La plupart des hôtels abordables ne proposent pas de chambres individuelles mais il est souvent possible, en basse saison, de partager une chambre double avec quelqu'un. La **Pensione Claudia**, V. Tagliamento, 35, à 200 m de l'avenue principale, en face du parking gravillonné, propose 10 chambres calmes avec salle de bains. (✆ 0863 918 37, m.finamore@ermes.it. Sep-Juin, chambre 15 €. Juil-Août, demi-pension obligatoire, 32 € par personne.) La **Pensione al Castello**, V. Gabriele D'Annunzio, 1, en face du bureau du parc, possède 7 belles chambres avec salle de bains, téléphone et télévision. (✆ 0863 91 07 57. Petit déjeuner 2,58 €. Chambre double 42 €. En août et durant les vacances de Noël, demi-pension obligatoire, 36-52 € par personne.) Près de la Pension Claudia se tient l'**Hôtel Dafne**, V. Roverto, et son joli jardin de roses. Les chambres sont très confortables, avec salle de bains et TV (✆ 0863 91 28 38. Réservez en juillet-août. Demi-pension obligatoire en août. Chambre double 52 €, en août 60 €. Cartes Visa, MC, AmEx.) Le **Monte Marsicano**, sur la V. della Piazza, a l'avantage d'être central. Les chambres ont beaucoup moins de cachet ; elles ont néanmoins une salle de bains et la TV. (© 0863 91 10 55. Chambre simple 20-40 €, double 40-80 €. Demi-pension 38-68 €. Cartes Visa, MC, AmEx.) Il y a quatre terrains de camping dans un rayon de 21 km autour de la ville. Le meilleur est le **Campeggio dell'Orso**, à 1 km de Pescasseroli, sur la route d'Opi. (© 0863 919 55. 3,50 € par personne, 3,50 € par tente.)

Le **supermarché Delfino A & O** est dans la Via Santa Lucia, la principale artère, juste après le zoo et le bureau du parc. (Ouvert tlj 8h30-13h et 16h-19h. Cartes Visa, MC, AmEx.) La **Pasticceria Alpina**, Traversa Sangro, 6, propose tout un choix de délicieux petits gâteaux. (© 0863 91 05 61. Ouvert Ma-Di 7h-22h.) La **Trattoria da Pitone**, V. Colli dell'Oro, derrière le *Municipo*, sert des plats simples et délicieux. Essayez l'agneau, infiniment tendre (7 €). (© 0863 91 27 69. *Primi* 5,50 €, *secondi* 7 €. Couvert 1,50 €. Cartes Visa, MC, AmEx.) Pour satisfaire votre envie de pizza, mettez le cap sur la **Pizzeria La Rontoda**. Sur la route de Opi, tournez à gauche sur la V. Seggiovia. (Ouvert tlj 11h-15h et 19h-22h.)

OPI

Les **bus ARPA** empruntent la route sinueuse qui traverse le parc jusqu'au village d'**Opi**, nommé d'après la déesse païenne de l'abondance, en l'honneur de laquelle un temple avait été bâti à cet endroit. **La Sosta**, V. Marsicana, 17, est un très joli bed and breakfast. Les sept chambres sont d'une grande propreté. L'hôtel se trouve à 500 m de la ville sur la route du bus en direction du parc. Les chambres sont sobres mais confortables, avec de splendides vues sur les montagnes. La terrasse à l'arrière est l'endroit rêvé pour se détendre. (© 0863 91 60 57. Chambres 20 €.) A 2 km du village, sur la ligne de bus, se trouve le terrain de camping **Vecchio Mulino**. Il est difficile de ne pas remarquer le grand ballon multicolore qui le signale (© 0863 91 22 32. 5,50-6 € par personne, 5,50 € par petite tente.) En août, Opi accueille la **Sagra degli Gnocchi** (la fête des gnocchis !), qui attire chaque année des milliers d'amateurs de gnocchis, de saucisses et de fromage.

CIVITELLA ALFEDENA

Dix kilomètres après Opi, le bus atteint le village de **Villetta Barrea**. 200 m plus loin, sur la route de Civitella Alfedena, se trouve le **camping Le Quite**. Le terrain borde la rivière Sangro. (© 0864 891 41. 2,58-3,10 € par personne, 3,10-3,62 € par grande tente.) A Civitella Alfedena, installez-vous comme chez vous à l'**Alberghetto La Torre** ou à l'**Albergo Autico Borgo**, V. Castello, 3, tous deux appartenant au même propriétaire. (© 0864 89 01 21. Chambre double 44-55 €, triple 52-72 €, quadruple 62-82 €.) Le **Museo del Lupo** retrace l'histoire du loup des Apennins et du lynx. (© 0864 89 01 41. Ouvert tlj 10h-13h et 15h-19h. Entrée 3 €.) A proximité de Civitella Alfedena se trouve le beau **lac de Barrea**, long de 7 km, bordé par les villages de Villetta Barrea et de **Barrea**.

ACTIVITÉS DE PLEIN AIR

Vous n'entrez vraiment dans le parc qu'à partir du moment où la route qui mène d'Avezzano à Pescasseroli se met à grimper brutalement. Les champs de coquelicots, les affleurements de roches, les vallées profondes sont un enchantement. Le parcours en bus qui serpente à travers le parc est spectaculaire. Si vous n'apercevez pas d'animaux sauvages dans le parc, vous pourrez vous consoler à Pescasseroli au **Centro di Visita**, Vle Colle dell'Orso, 2, tout près de la Via Santa Lucia, au sortir de la ville sur la route d'Opi. Le centre possède un **musée** et un petit **zoo** (ouvert tlj 10h-13h et 15h-19h, entrée 5,16 €).

A l'**Ufficio di Zona de Pescasseroli**, achetez l'indispensable carte des randonnées (5,60 €), qui vous indiquera les meilleurs endroits où observer la faune (ainsi que l'emplacement des autres *uffici di zona* dans le parc). Avec un peu de chance, vous pourrez voir des ours bruns, des chamois, des cerfs, des loups et des aigles. Tous les sentiers commençant par la même lettre partent du même endroit. Pour une petite mise en jambe, vous pouvez suivre le **sentier B1**, qui mène aux ruines du château de Monte Ceraso (50 mn aller-retour). Une très belle randonnée de cinq heures (aller-retour) conduit au **Vicolo** (défilé) **di Monte Tranquillo** (1673 m). Empruntez le **sentier C3**, qui part du sud de Pescasseroli, et grimpez jusqu'à la verdoyante Valle Mancina en passant par le Rifugio (refuge) della Difesa. Continuez à monter pour enfin atteindre le défilé, d'où vous aurez une vue superbe sur les sommets. Si vous avez l'âme d'un aventurier, partez à l'ascension du **Monte Marsicano**, l'un des sommets les plus élevés du parc (2245 m). Le **sentier E6** qui part d'Opi (durée 7-8h aller-retour) est une randonnée difficile, et la montée est rude. Nous vous conseillons de vérifier dans un *ufficio di zona* que cette excursion est adaptée à vos capacités.

Si vous calquez vos randonnées sur les horaires des bus ARPA, rien ne vous empêche d'aller encore plus loin. Depuis Civitella Alfedena (à 15 km de Pescasseroli), prenez l'un des **sentiers de I1 à K6** qui conduisent à travers la très belle **Valle di Rose**. Vous passerez à proximité du plus grand troupeau de chamois du parc. De mi-juillet à début septembre, on ne peut visiter cette partie du parc qu'accompagné d'un guide (7 € par personne). La veille de votre excursion, allez dans un *ufficio di zona* vous informer sur les sentiers, obtenir un permis ou réserver un guide. De Barrea (à 20 km de Pescasseroli), le **sentier K5** mène au **lac Vivo** (3h30 aller-retour). Attention, le lac s'assèche de juin à octobre.

Des **VTT** sont à votre disposition pour 2 € l'heure à la boutique qui se tient V. Sorgenti, 1. (Ouvert tlj 9h-19h.) Plusieurs sentiers, dont le C3, permettent de belles promenades à VTT. **Ecotur**, P. Vittorio Veneto, 24, à Pescasseroli, propose des randonnées et des excursions organisées. (© 0863 91 27 60. Ouvert tlj 9h-13h et 15h30-19h.) L'hiver, la région offre les meilleures conditions pour skier, avec ses belles pentes et ses chutes de neige abondantes. Un forfait intéressant, le **settimane bianche**, comprend le logement en demi-pension et les billets de remonte-pente. Pour tout renseignement sur les billets, appelez le © 0863 91 22 16. Pour des informations sur l'enneigement, composez le © 0862 665 10.

ITALIE DU SUD

CAMPANIE (CAMPANIA)

LES INCONTOURNABLES DE CAMPANIE

ADMIREZ, dans le Musée archéologique national de **Naples**, le Taureau Farnèse, la plus grande sculpture antique, et laissez-vous émerveiller par la fameuse mosaïque représentant Alexandre le Grand livrant bataille aux Perses.
PRENEZ Pompéi sur le fait, en 79 ap. J.-C., lorsque l'éruption du Vésuve arrêta le temps, et devenez un "voyeur volcanique".
PROFITEZ des plages superbes et des contreforts étonnants de la **côte Amalfitaine**.
FAITES RÉSONNER vos pas dans le temple de Mercure à **Baies**.
ALLEZ HONORER les dieux dans les temples de **Paestum**, qui abritent des monuments grecs remarquablement conservés.

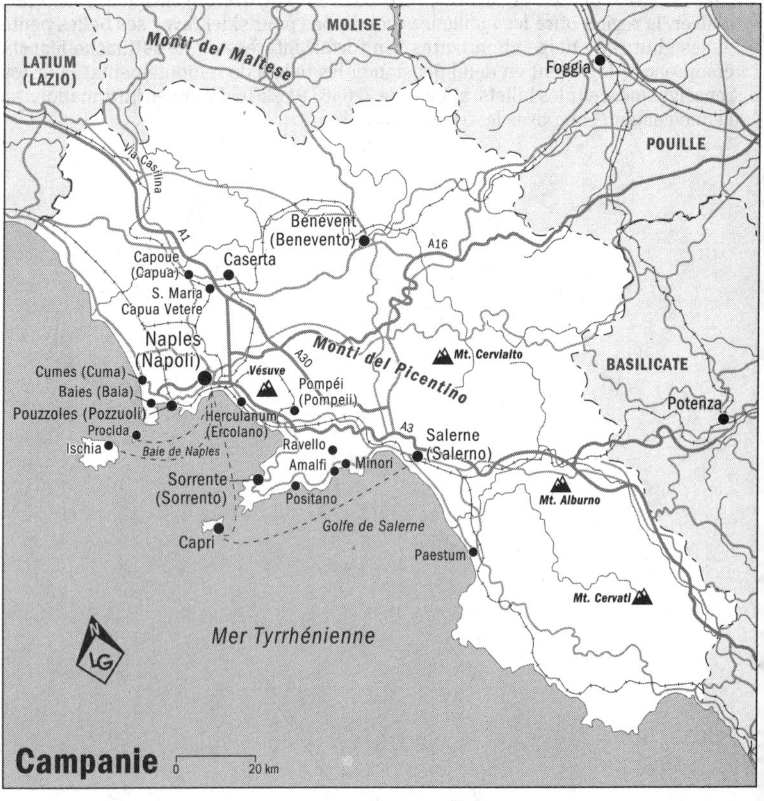

On pourrait croire qu'en Campanie, l'actualité se vit au rythme des catastrophes naturelles. Il n'est qu'à considérer les flots qui ont englouti Baies, la lave qui a recouvert Pompéi ou les ruines de Bénévent pour se convaincre que la région est la proie de la fureur des éléments. Ici, tout n'est cependant pas que drame et destruction (ce genre d'événement est rare), et une visite en règle vous en apportera la preuve. Outre Naples et son effervescence, vous pourrez goûter aux charmes d'églises étincelantes et de magnifiques musées. Si la chaleur des rues de la ville vous donne des envies de baignade, les îles au large de la côte Amalfitaine vous attendent avec leurs plages ventilées et leurs criques à l'abri des regards. Une randonnée sur le flanc d'un des extraordinaires volcans qui dominent la région sera l'occasion de jouir d'un panorama grandiose que vous ne retrouverez nulle part ailleurs en Italie.

NAPLES (NAPOLI) ✆ 081

Troisième agglomération de la péninsule italienne, la ville tente désespérément de faire oublier sa *brutta reputazione*, sa mauvaise réputation. Victime d'une pauvreté endémique, d'un taux de chômage avoisinant les 25 % et des critiques virulentes de la Ligue du Nord qui ne songe qu'à débarrasser l'Italie de tout ce qui se trouve en dessous de Rome, la ville se doit de faire face sur tous les fronts. Pourtant, les changements sont perceptibles et les vieux clichés ne sont plus de rigueur. Le renforcement des patrouilles de police et l'action du Napoli 99, une organisation déterminée à stimuler la vie artistique et à s'occuper de la restauration des monuments, ont fait de Naples non pas une *brutta città* ornée de quelques merveilles mais une *luoga bella*, une magnifique cité, en proie à des problèmes surmontables. L'UNESCO a récemment déclaré la ville centre historique d'intérêt mondial pour la richesse et la variété de son architecture, la plus éclectique du monde. Ses rues étroites sont le théâtre d'un va-et-vient constant de voitures et de piétons et le centre-ville est un trésor de *piazze* et de *palazzi*, d'élégantes églises, de boutiques artisanales et de trattorias pittoresques. Campée à proximité de volcans, de plages et d'îles, Naples a plus d'un charme à offrir.

ARRIVÉES ET DÉPARTS

Avion : **Aeroporto Capodichino** (✆ 081 789 67 42), Via Umberto Maddalena, au nord-ouest de la ville. Les **bus** très pratiques de la compagnie **CLP** (✆ 081 531 17 06 ou 081 531 17 07) relient l'aéroport à la Piazza Municipio (dép. de 6h à 22h30, durée 20 mn, 1,55 €). Le bus n° 15 ou le n° 3S va de la Piazza Garibaldi à l'aéroport (0,77 €). Un **taxi** partant du centre-ville coûte environ 15 €. la compagnie **Alitalia**, V. Medina, 41-42 (✆ 848 865 643), possède un bureau près de la Piazza Municipio. Ouvert Lu-Ve 9h-16h30. **British Airways** (✆ 848 812 266). Ouvert Lu-Ve 8h-20h et Sa. 9h-17h. **Lufthansa** (✆ 06 656 840 04).

Train : Naples est desservie par trois compagnies ferroviaires qui partent toutes de la **Stazione Centrale** (gare centrale).

FS : Trains fréquents depuis la Stazione Centrale à destination de : **Brindisi** (5 dép/j de 11h à 20h, durée 5h, 8,85 €), **Milan** (13 dép/j de 7h30 à 22h30, durée 8h, 49,58 €), **Rome** (34 dép/j de 4h30 à 22h06, durée 2h, 9,61 €), **Salerne** (8 dép/j de 8h à 21h, durée 45 mn, 2,74 €) et **Syracuse** (6 dép/j de 10h à 21h30, durée 10h, 28,41 €).

Circumvesuviana (✆ 081 772 24 44) : Relie la Stazione Centrale (sous-sol) à **Herculanum** (1,55 €), **Pompéi** (1,90 €) et **Sorrente** (2,84 €), à raison de 1 dép/30 mn de 5h09 à 22h42.

Ferrovia Cumana et **Ferrovia Circumflegrea** (✆ 0800 00 16 16) : Consigne disponible. Toutes deux assurent un service régional depuis la gare de Montesanto (à côté de la station de métro) jusqu'à **Pouzzoles** et **Cumes**. Les trains partent toutes les 20 mn. Bureau d'information à la gare centrale ouvert tlj 7h-21h.

Ferry : Les horaires et les prix des ferrys changent constamment, aussi est-il préférable de se renseigner à l'avance. Vous trouverez dans la brochure *Qui Napoli* (gratuite à l'office de tourisme) et dans le journal *Il Mattino* (0,77 €) les horaires de tous les ferrys. Les prix indiqués ci-dessous correspondent à la haute saison. Le week-end, les prix sont souvent plus élevés qu'en semaine. Les ferrys circulent un peu moins souvent durant la période Nov-Avr. Renseignez-vous sur les taxes portuaires. Les hydrofoils partent du **Molo Beverello** et de **Mergellina**. Les ferrys partent du **Molo Beverello**, de la **Stazione Marittima** et de **Pouzzoles**. La Stazione Marittima se charge des voyages plus longs jusqu'à Palerme et vers les îles Eoliennes. Le **Molo Angioino** et le Molo Beverello, d'où partent les ferrys et les hydrofoils, sont situés l'un à côté de l'autre, non loin de la Piazza Municipio. Depuis la Piazza Garibaldi, prenez le bus R2 pour rejoindre la P. Municipio.

Caremar (✆ 081 551 38 82) : Bureau de vente sur le Molo Beverello. Ouvert tlj 6h-22h. Les ferrys et les hydrofoils partent pour : **Capri** (ferry : 6 dép/j, durée 1h30, 5 € ; hydrofoil : 4 dép/j de 7h55 à 18h30, durée 1h, 10 €), **Ischia** (ferry : 8 dép/j, durée 1h30, 5 € ; hydrofoil : 6 dép/j de 7h50 à 20h10, durée 1h, 10 €) et **Procida** (ferry : 7 dép/j de 6h25 à 21h55, durée 1h, 5 € ; hydrofoil : 6 dép/j de 7h40 à 19h45, durée 40 mn, 9 €).

SNAV (✆ 081 761 23 48, www.snavali.com) : Ouvert tlj 9h-19h. Ses hydrofoils, entre Avr. et Oct., desservent : **Capri** (7 dép./j, durée 1h, 10 €), **Palerme** (durée 5h, prix et horaires variables) et **Procida** (4 dép./j, durée 40 mn, 10 €). Cartes Visa, MC, AmEx.

Siremar (✆ 081 580 03 40, fax 081 580 03 41) : Bureau de vente au Molo Angioino. Départ depuis la Stazione Marittima. Ouvert tlj 9h-19h. 2 ferrys par semaine en été, 3 par semaine en hiver. Destinations : **Lipari** (durée 12h), **Stromboli** (durée 8h), **Vulcano** (durée 13h) ainsi que des escales intermédiaires. Les prix sont variables.

Tirrenia (✆ 081 199 123 199) : Tickets en vente sur le Molo Angioino. Départ depuis la Stazione Marittima. Bureau ouvert tlj 8h30-13h15 et 14h30-17h30. Ferrys à destination de **Cagliari** (1 dép/semaine, durée 15h) et **Palerme** (départ tlj, durée 11h). Vous devrez payer en plus la taxe portuaire. Les horaires et les prix changent souvent : appelez pour en savoir plus.

Alilauro (✆ 081 551 33 52 ou 081 552 28 38) : Guichet sur le Molo Angioino. Départ depuis le Molo Beverello. Ouvert tlj 9h-19h. Les ferrys de cette compagnie vont à **Ischia** (dép. 8h40, 13h55 et 19h, 10-20 €) et **Tunis** (2 dép/semaine en été, 1 dép/semaine en hiver, durée 19h, prix variables).

ORIENTATION

Pour s'y retrouver, le mieux est de découper la ville en 5 zones bien distinctes : le quartier de la **gare ferroviaire**, le **front de mer**, la **ville haute**, la **ville basse** et le **centre historique**. Le quartier délabré situé à l'est de la ville s'organise autour de la Piazza Garibaldi, qui rassemble la **Stazione Centrale**, un métro et la plus importante gare routière de Naples. C'est de cette place que part en direction du sud-ouest le Corso Umberto I, très commerçant, pour rejoindre la Piazza Bovio. A ce niveau, l'artère débouche à gauche sur la Via Depretis (d'où vous pouvez prendre un bus CLP pour Amalfi ou pour l'aéroport), qui mène à la Piazza Municipio (au sud de la ville basse, dans le quartier des affaires et des administrations) et au Castel nuovo. Tout près de la Piazza Municipio se trouvent le Molo Beverello et la Stazione Marittima, d'où partent les ferrys et les hydrofoils. Après avoir traversé la Piazza Reale, la Via San Carlo poursuit jusqu'à la Piazza Trieste e Trento et à la Piazza Plebiscito. Dans la Via Cesario Console, prenez la Via Santa Lucia à droite pour vous rendre au Castel dell'Ovo et sur le **front de mer (Santa Lucia, Chiaia et Mergellina)**. Les larges trottoirs de la Via Carracciolo offrent une vue rafraîchissante sur la mer (certes pas très propre) et sur des hommes en maillot de bain occupés à bronzer sur les rochers. En suivant cette rue, vous passerez devant la luxueuse Villa comunale, la Piazza della Repubblica et la Piazza Sannazaro, où se rencontrent la Via Mergellina et le Corso Vittorio Emanuele II. Ce dernier traverse la Via Mergellina et conduit à la Piazza Amadeo, où il faut prendre le funiculaire pour se rendre sur la **ville haute (Vomero, Posillipo et Capidomonte)**. La Via Cimarosa débouche sur la Via Giordano, où vous aurez le choix entre la Villa Floridian en allant sur la gauche et la Piazza degli

Artisti et ses artisans en optant pour la droite. Depuis cette place, prenez la Via T. da Camaino jusqu'à la Piazza Medaglie d'Oro, puis descendez la Via Fiore jusqu'à la Piazza Fanzago, d'où part la Via Bernini en direction de la Piazza Anvitelli. Pour quitter Vomero, tournez à gauche dans la Via Scarlatti pour rejoindre le funiculaire de la Via Morghen, qui vous descendra jusqu'à Montesano. Une fois arrivé, prenez la Via Tarsia, qui mène à la Piazza Dante. Là, vous aurez à choisir entre la Via Toledo, qui traverse la **ville basse** et offre les boutiques les plus attrayantes de la ville, et le passage piéton de l'arcade en direction de Spaccanapoli pour découvrir le **centre historique**. Ce quartier et son chapelet d'églises s'organisent autour de l'ancienne voie romaine occupée aujourd'hui par la Via dei Tribunali.

Si vous souhaitez prolonger votre séjour, il est recommandé de s'adresser à l'office de tourisme, aux hôtels, voire aux musées, qui distribuent des plans détaillés de la ville. N'hésitez pas à prendre la brochure gratuite *Naples en bus*, qui explique tout ce qu'il faut savoir sur le réseau des transports urbains.

TRANSPORTS

Le réseau des **transports en commun** napolitains a été uniformisé, de sorte qu'un ticket "Giranapoli" donne accès à tous les moyens de transport napolitains : **bus**, **métro**, **tramway** et **funiculaire**. Les tickets sont en vente dans les tabacs et valables soit pour un trajet (durée 1h30, 0,77 €), soit pour la journée (2,32 €), soit pour le mois (23,24 €). Pour visiter les sites aux alentours, Pouzzoles, le Vésuve ou Cumes, choisissez **Unico Fascia 1** ou **Fascia 2**, qui sont les moyens adéquats pour voyager à l'heure, à la journée, à la semaine ou au mois via les compagnies ANM, CTP, Sepsa, FS et Circumvesuviana. Les billets Unico, de 1,20 € à 4 €, sont également en vente dans les tabacs. Tout s'arrête de circuler vers minuit, sauf les bus *notturni* (de nuit), malheureusement peu fiables.

Bus : **ANM** (✆ 081 763 21 77). Ouvert Di-Ve 8h30-18h. N'oubliez pas de valider vos tickets à l'aide des composteurs jaunes. Procurez-vous un exemplaire de *Naples en bus*, l'indispensable plan du réseau de bus napolitain. Tous les arrêts ont des panneaux indiquant la direction et l'itinéraire des bus.

Les **bus municipaux R1** relient la Piazza Bovio à Vomero (Piazza Medaglie d'Oro), et les **R2** la Piazza Garibaldi à la Piazza Municipio.

Les bus **3S** relient "les trois gares" : l'aéroport, la Stazione Centrale de la Piazza Garibaldi et le Molo Beverello (la baie de Naples), où les bateaux partent pour Capri, Sorrente et Ischia.

Metropolitana : Le métro fonctionne bien et son usage est particulièrement indiqué pour les longues distances, comme lorsqu'il s'agit d'aller de la Piazza Garibaldi à Pouzzoles, à l'ouest. On le prend sur le quai n° 4, au sous-sol de la Stazione Centrale. Arrêts à Piazza Cavour (pour accéder au musée national), Montesanto (pour accéder aux trains de banlieue Cumana, Circumflegrea et au funiculaire pour Vomero), Piazza Amedeo (funiculaire pour Vomero), Mergellina et Pouzzoles. Si vous vous rendez à Procida ou à Ischia, prenez le métro pour Pouzzoles, d'où vous pourrez embarquer.

Tramway : Ils permettent de se rendre à Mergellina en longeant la côte. Le tramway n° 1 s'arrête au port du Molo Beverello. Prenez-le en face de la statue de Garibaldi, près de la Stazione Centrale.

Funiculaire : Il y en a trois qui relient la ville basse aux hauteurs de Vomero. Le **Centrale**, le plus utilisé, part de la Piazza Augusteo. Le **Montesanto** part de la Piazza Montesanto. Le **Chiaia** part de la Piazza Amedeo. Le Centrale et le Chiaia font par intermittence des arrêts dans le Corso Vittorio Emanuele II. Un quatrième, le **Mergellina**, relie Posillipo à Mergellina (Lu-Sa 4 dép/h de 7h à 22h, Di. service réduit de 8h à 19h).

Taxi : **Napoli** (✆ 081 556 44 44), **Free** (✆ 081 551 51 51), **Partenope** (✆ 081 556 02 02). Vérifiez la présence et la mise en marche du compteur dans les taxis que vous empruntez. **Consortaxi** (✆ 081 552 52 52). **Radio-taxi** (✆ 081 551 51 51). Les **taxis Rosa** de Radio-taxi offrent un service de taxi sûr pour les femmes entre 22h et 6h. Dans tous les taxis, le compteur démarre à 2,60 €. Puis il augmente de 0,05 € tous les 75 m. De 22h à 7h, le compteur démarre à 4,15 € et il y a supplément de 2,10 €. Depuis l'aéroport, supplément de 2,60 €.

Location de voitures : **Avis** (✆ 081 554 30 20), au niveau de la Stazione Centrale. Voitures à partir de 165 € pour deux jours, 355 € par semaine. Ouvert Lu-Ve 8h-19h30, Sa. 8h30-13h et 16h-18h, Di. 9h-13h. Taxe supplémentaire de 12 % sur les voitures louées à l'agence qui se trouve dans l'aéroport (✆ 081 780 57 90). Ouvert Lu-Di 7h-24h. **Hertz**, P. Garibaldi, 91 (✆ 081 20 62 28), demande 57 € par jour et 300-350 € par semaine. Autre agence près de l'aéroport, V. Scarfoglio, 1 (✆ 081 570 87 01, fax 081 570 78 62). La taxe supplémentaire de 12 % y est appliquée. Ouvert Lu-Ve 8h-13h et 14h-19h, Sa 8h30-13h30. **Maggiore Budget** (✆ 081 28 78 58), dans la gare centrale : à partir de 78 € par jour, 312 € par semaine. Ouvert Lu-Ve 8h-13h et 15h-19h, Sa 8h30-13h30. Cartes Visa, MC, AmEx.

INFORMATIONS PRATIQUES

SERVICES TOURISTIQUES ET ARGENT

Offices de tourisme : **EPT** (✆ 081 26 87 79, fax 081 20 66 66), dans la Stazione Centrale. Le personnel contactera pour vous les hôtels et les compagnies de ferrys. Prenez un plan et l'indispensable ❤ *Qui Napoli*, un guide complet de la ville qui paraît chaque mois. Ouvert Lu-Sa 8h30-20h, Di 8h-14h. **Bureau principal**, P. dei Martiri, 58 (✆ 081 40 53 11). Ouvert Lu-Sa 9h-20h. Autres bureaux à la **gare de Mergellina** (✆ 081 761 21 02). Ouvert Lu-Sa 8h30-19h et Di. 8h-14h. **OTC** (✆ 081 580 82 16), au niveau du Palais royal, sur la Piazza del Plebiscito, a un personnel tout aussi avide de vous fournir son aide. Ouvert Lu-Ve 9h-18h30.

Voyages à prix réduit : **CTS**, V. Mezzocannone, 25 (✆ 081 552 79 60), près du Corso Umberto I, sur la ligne de bus R2. Informations pour les jeunes et les étudiants, cartes ISIC et FIYTO, service de réservations. Ouvert Lu-Ve 9h30-13h30 et 14h30-18h30, Sa. 9h30-12h30. V. Cinthia, 36 (✆ 081 767 78 77). Ouvert Lu-Ve 9h30-13h30 et 14h30-19h et Sa. 9h30-14h. V. Scarlatti, 198 (✆ 081 558 65 97). Ouvert Lu-Ve 9h30-19h30 et Sa. 9h30-14h. **CIT**, P. Municipio, 69 (✆ 081 552 54 26), est une des meilleures agences de voyages de la ville. Ouvert Lu-Ve 9h-13h et 15h-18h. **Association des auberges de jeunesse italiennes** (Associazione Alberghi Italiani per la Gioventù, ✆ 081 761 23 46), dans l'auberge de jeunesse de Mergellina (voir **Hébergement**). Vous y trouverez des informations sur les auberges de jeunesse italiennes, ainsi que des billets d'avion, de train et de ferry à prix réduits (Transalpino). Possibilité d'acheter la carte des auberges de jeunesse HI 15,50 €. Ouvert Lu-Ve 9h-13h et 15h-18h.

Change : Les principales banques ont des agences sur la Piazza Municipio et sur la Piazza Garibaldi. L'agence **Thomas Cook**, à l'aéroport, propose des taux de change corrects. Ouvert Lu-Ve 9h30-13h et 15h-18h30. Annexes : P. Municipio, 70 (✆ 081 551 83 99), et **Minichini**, V. Depretis, 141 (✆ 081 552 42 13). Vous pouvez également changer de l'argent dans la **Stazione Centrale**, dont le bureau de change est ouvert 24h/24, mais les taux ne sont pas avantageux.

American Express : **Every Tour**, P. Municipio, 5 (✆ 081 551 85 64). Ouvert 9h-13h30 et 15h30-19h.

Consigne : Dans la Stazione Centrale, près de Ferrovia Circumflegrea et du bureau d'informations de la gare. 2,58 € les 12h. Ouvert 8h-20h.

Librairies : **Feltrinelli**, V. S. T. d'Aquino, 70/76 (✆ 081 552 14 36), au nord du palais municipal. Ouvert Lu-Ve 9h-20h, Sa 9h-14h et 16h-20h30. **Libreria Universal Books**, C. Umberto, 22 (✆ 081 252 00 69), dans un *palazzo*. Ouvert tlj 9h-15h30 et 16h-19h. Cartes Visa, MC.

Laverie automatique : **Self Service Lavendería**, Largo Donnaregina, 5 (✆ 328 619 63 41). Lavage 3,50 €. Ouvert Lu-Sa 9h-19h. **Lavanderia a gettone,** V. Montesanto, 2 (✆ 081 542 21 62). Depuis le métro ou le funiculaire, descendez la Via Montesanto en direction du commissariat Dante et du théâtre Bracco : la laverie se trouve sur votre droite,

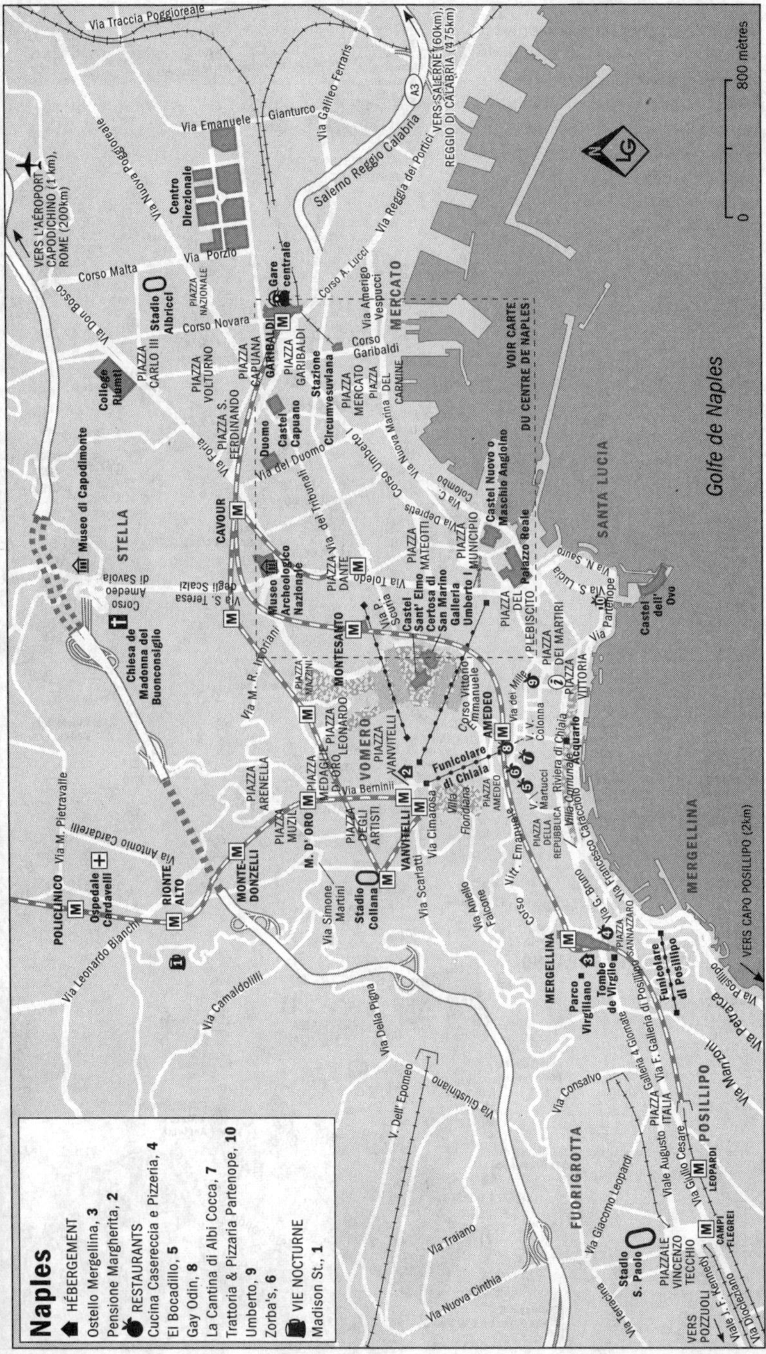
Naples
HÉBERGEMENT
Ostello Mergellina, 3
Pensione Margherita, 2
RESTAURANTS
Cucina Casereccia e Pizzeria, 4
El Bocadillo, 5
Gay Odin, 8
La Cantina di Albi Cocca, 7
Trattoria & Pizzaria Partenope, 10
Umberto, 9
Zorba's, 6
VIE NOCTURNE
Madison St., 1
VERS L'AÉROPORT CAPODICHINO (1 km), ROME (200km)
VERS SALERNE (60km), REGGIO DI CALABRIA (475km)
VERS CAPO POSILLIPO (2km)
VERS POZZUOLI
VOIR CARTE DU CENTRE DE NAPLES
Golfe de Naples
800 mètres
STELLA
VOMERO
MERCATO
SANTA LUCIA
MERGELLINA
FUORIGROTTA
POSILLIPO
Museo di Capodimonte
Chiesa de Madonna del Buonconsiglio
Ospedale Cardavelli
Stadio Albricci
Centro Direzionale
College Rïumtl
Gare centrale
Duomo
Castel Capuano
Stazione Circumvesuviana
Museo Archeologico Nazionale
Castel Sant' Elmo
Certosa di San Marino
Galleria Umberto I
Castel Nuovo o Maschio Angioino
Palazzo Reale
Castel dell' Ovo
Funicolare di Chiaia
Villa Floridiana
Villa Comunale
Acquario
Parco Virgiliano
Tombe de Virgile
Funicolare di Posillipo
Stadio Collana
Stadio S. Paolo
POLICLINICO
RIONTE ALTO
MONTE DONZELLI
M. D' ORO
VANVITELLI
MONTESANTO
CAVOUR
GARIBALDI
AMEDEO
MERGELLINA
LEOPARDI
CAMPI FLEGREI
PIAZZA GARIBALDI
PIAZZA MERCATO
PIAZZA DANTE
PIAZZA MUNICIPIO
PIAZZA DEL PLEBISCITO
PIAZZA DEI MARTIRI
PIAZZA VITTORIA
PIAZZA AMEDEO
PIAZZA VANVITELLI
PIAZZA MEDAGLIE D'ORO
PIAZZA LEONARDO
PIAZZA ARENELLA
PIAZZA MUZII
PIAZZA DEGLI ARTISTI
PIAZZA CARLO III
PIAZZA VOLTURNO
PIAZZA CAPUANA
PIAZZA NAZIONALE
PIAZZA S. FERDINANDO
PIAZZA MATEOTTI
PIAZZA DELLA REPUBBLICA
PIAZZA SANNAZZARO
PIAZZA ITALIA
PIAZZALE VINCENZO TECCHIO
Via Traccia Poggioreale
Via Nuova Poggioreale
Via Emanuele Gianturco
Via Galileo Ferraris
Salerno Reggio Calabria
Via Reggia dei Portici
Corso Malta
Via Porzio
Corso Novara
Via Don Bosco
Corso A. Lucci
Via Amerigo Vespucci
Corso Garibaldi
Via Nuova Marina del Carmine
Corso Umberto I
Via Foria
Via del Duomo
Via dei Tribunali
Via Depretis
Via C. Colombo
Via Toledo
Corso Amedeo di Savoia
Via S. Teresa degli Scalzi
Via M. R. Imbriani
Via P. Scura
Via Bernini
Via Cimarosa
Via Scarlatti
Corso Vittorio Emmanuele
Via dei Mille
V. V. Colonna
V. Martucci
Riviera di Chiaia
Via Francesco Caracciolo
Via Partenope
Via S. Lucia
Via N. Sauro
Via M. Pietravalle
Via Antonio Cardarelli
Via Leonardo Bianchi
Via Camaldolilli
Via Simone Martini
Via Aniello Falcone
Via G. Bruno
Via della Pigna
V. Dell' Epomeo
Via Giustiniano
Via Consalvo
Galleria 4 Giornate
Via F. Galleria di Posillipo
Via Posillipo
Via Petrarca
Via Manzoni
Viale Augusto
Via Giulio Cesare
Via Giacomo Leopardi
Via Traiano
Via Nuova Cinthia
Via Terracina
Viale J. F. Kennedy
Via Diocleziano

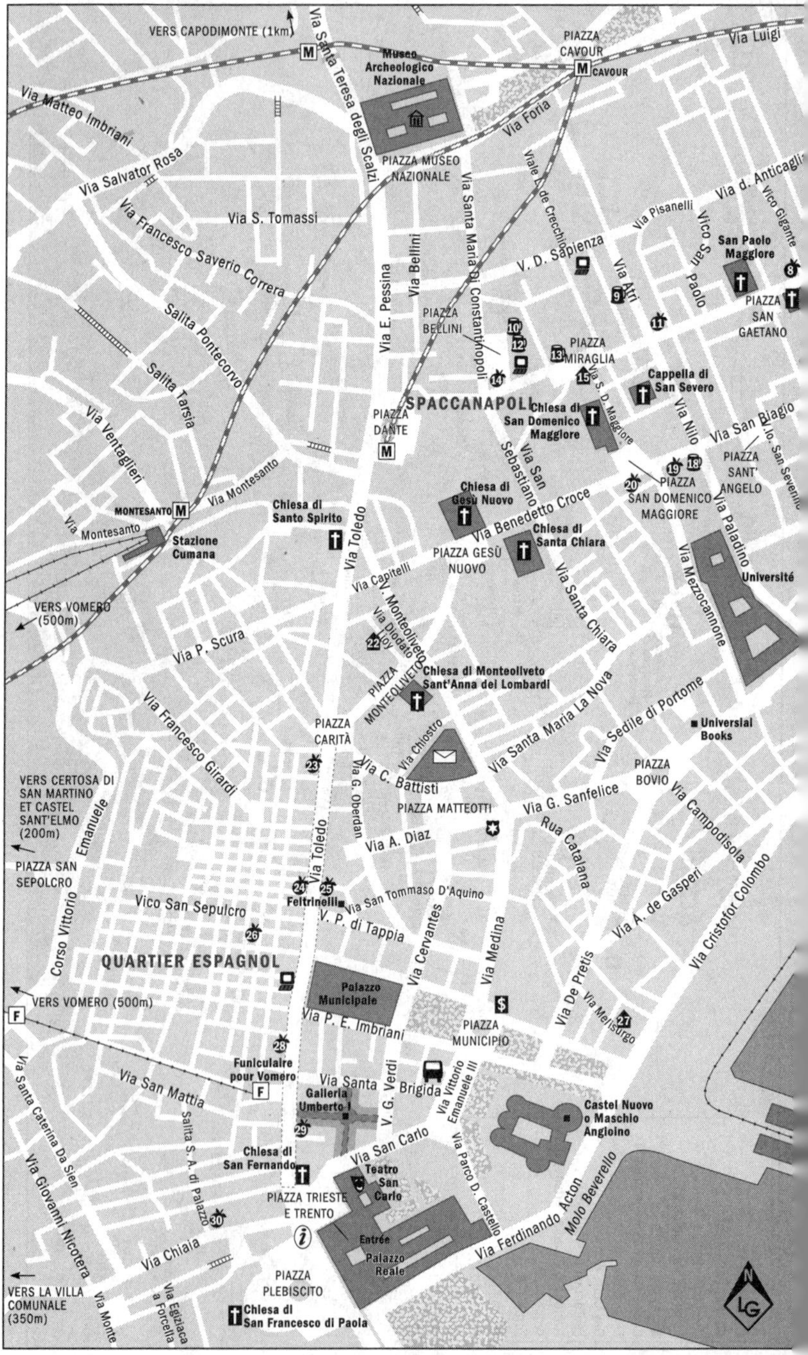
VERS CAPODIMONTE (1km)
Via Santa Teresa degli Scalzi
Museo Archeologico Nazionale
PIAZZA CAVOUR
CAVOUR
Via Luigi
Via Matteo Imbriani
Via Foria
PIAZZA MUSEO NAZIONALE
Via Salvator Rosa
Via Santa Maria di Costantinopoli
Viale L. de Crecchio
Via d. Anticaglia
Vico Gigante
Via Pisanelli
Via S. Tomassi
Via Francesco Saverio Correra
V. D. Sapienza
Via Atri
Vico San Paolo
San Paolo Maggiore
Via Bellini
Via E. Pessina
PIAZZA BELLINI
PIAZZA SAN GAETANO
Salita Pontecorvo
PIAZZA MIRAGLIA
Via S. D. Maggiore
Cappella di San Severo
Salita Tarsia
SPACCANAPOLI
Chiesa di San Domenico Maggiore
PIAZZA DANTE
Via Nilo
Via San Biagio
Via Ventaglieri
Via S. Severino
Via San Sebastiano
PIAZZA SANT' ANGELO
PIAZZA SAN DOMENICO MAGGIORE
Via Montesanto
Chiesa di Gesù Nuovo
MONTESANTO
Chiesa di Santo Spirito
Via Benedetto Croce
Via Montesanto
Stazione Cumana
Chiesa di Santa Chiara
Via Paladino
Via Toledo
PIAZZA GESÙ NUOVO
Via Mezzocannone
Université
Via Capitelli
VERS VOMERO (500m)
V. Monteoliveto
Via Diodato Lioy
Via Santa Chiara
Via P. Scura
PIAZZA MONTEOLIVETO
Chiesa di Monteoliveto Sant'Anna dei Lombardi
Via Santa Maria La Nova
Via Sedile di Portome
Universal Books
Via Francesco Girardi
PIAZZA CARITÀ
Via Chiostro
Via C. Battisti
PIAZZA BOVIO
VERS CERTOSA DI SAN MARTINO ET CASTEL SANT'ELMO (200m)
Via G. Oberdan
PIAZZA MATTEOTTI
Via G. Sanfelice
Via Campodisola
Rua Catalana
Via A. Diaz
PIAZZA SAN SEPOLCRO
Corso Vittorio Emanuele
Feltrinelli
Via San Tommaso D'Aquino
Via A. de Gasperi
Via Cristofor Colombo
Vico San Sepulcro
V. P. di Tappia
Via Cervantes
Via Medina
QUARTIER ESPAGNOL
Palazzo Municipale
Via De Pretis
VERS VOMERO (500m)
Via Melisurgo
Via P. E. Imbriani
PIAZZA MUNICIPIO
Funiculaire pour Vomero
Via San Mattia
Via Santa Brigida
Via Santa Caterina Da Sien
Galleria Umberto I
V. G. Verdi
Via Vittorio Emanuele III
Castel Nuovo o Maschio Angioino
Salita S. A. di Palazzo
Via San Carlo
Via Parco D. Castello
Chiesa di San Fernando
Teatro San Carlo
Via Giovanni Nicotera
PIAZZA TRIESTE E TRENTO
Molo Beverello
Via Ferdinando Acton
Via Chiaia
Entrée
Palazzo Reale
PIAZZA PLEBISCITO
VERS LA VILLA COMUNALE (350m)
Via Monte
Via Egiziaca a Forcella
Chiesa di San Francesco di Paola
N
LG

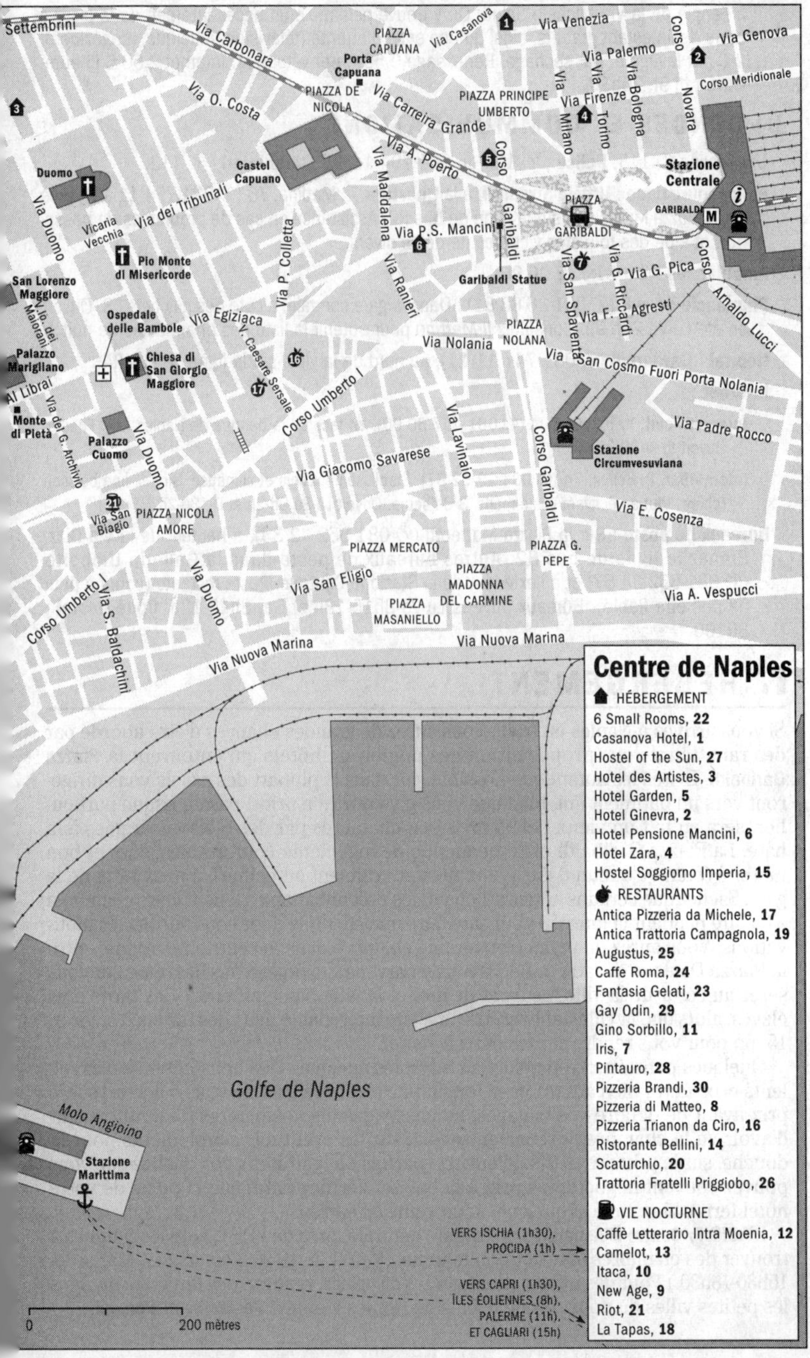
Centre de Naples
HÉBERGEMENT
6 Small Rooms, 22
Casanova Hotel, 1
Hostel of the Sun, 27
Hotel des Artistes, 3
Hotel Garden, 5
Hotel Ginevra, 2
Hotel Pensione Mancini, 6
Hotel Zara, 4
Hostel Soggiorno Imperia, 15
RESTAURANTS
Antica Pizzeria da Michele, 17
Antica Trattoria Campagnola, 19
Augustus, 25
Caffe Roma, 24
Fantasia Gelati, 23
Gay Odin, 29
Gino Sorbillo, 11
Iris, 7
Pintauro, 28
Pizzeria Brandi, 30
Pizzeria di Matteo, 8
Pizzeria Trianon da Ciro, 16
Ristorante Bellini, 14
Scaturchio, 20
Trattoria Fratelli Priggiobo, 26
VIE NOCTURNE
Caffè Letterario Intra Moenia, 12
Camelot, 13
Itaca, 10
New Age, 9
Riot, 21
La Tapas, 18
Settembrini
Via Carbonara
PIAZZA CAPUANA
Via Casanova
Via Venezia
Corso Novara
Via Genova
Via Palermo
Corso Meridionale
Porta Capuana
PIAZZA DE NICOLA
Via O. Costa
Via Carreira Grande
PIAZZA PRINCIPE UMBERTO
Via Milano
Via Torino
Via Firenze
Via Bologna
Via A. Poerio
Corso Garibaldi
Castel Capuano
Duomo
Via Maddalena
Stazione Centrale
PIAZZA GARIBALDI
Via Duomo
Vicaria Vecchia
Via dei Tribunali
Via P. Colletta
Via P.S. Mancini
Via San Spaventa
Via G. Riccardi
Via G. Pica
Corso Arnaldo Lucci
Pio Monte di Misericorde
Garibaldi Statue
Via Ranieri
San Lorenzo Maggiore
V.lo. dei Maiorani
Ospedale delle Bambole
Via Egiziaca
Via F. Agresti
PIAZZA NOLANA
Via Nolania
Via San Cosmo Fuori Porta Nolania
Palazzo Marigliano
Chiesa di San Giorgio Maggiore
V. Caesare Sersale
Corso Umberto I
Via Lavinaio
Al Librai
Via del G. Archivio
Monte di Pietà
Palazzo Cuomo
Stazione Circumvesuviana
Via Padre Rocco
Via Giacomo Savarese
Corso Garibaldi
Via E. Cosenza
Via San Biagio
PIAZZA NICOLA AMORE
PIAZZA MERCATO
PIAZZA G. PEPE
Via San Eligio
PIAZZA MADONNA DEL CARMINE
PIAZZA MASANIELLO
Via A. Vespucci
Corso Umberto I
Via S. Baldachini
Via Nuova Marina
Golfe de Naples
Molo Angioino
Stazione Marittima
VERS ISCHIA (1h30), PROCIDA (1h)
VERS CAPRI (1h30), ÎLES ÉOLIENNES (8h), PALERME (11h), ET CAGLIARI (15h)
0
200 mètres

à l'angle de la Via Michele Sciuti. On y trouve pêle-mêle un accès Internet, de la lessive et du désinfectant gratuits, ainsi qu'une salle d'attente (télévision, musique, magazines). 2 € par lavage et par séchage. Repassage 0,50 € par vêtement. Internet 2,50 € l'heure. Ouvert tlj 9h-20h30.

URGENCES ET COMMUNICATIONS

Urgences : ✆ 113. **Police** : ✆ 113 ou 081 794 11 11. **Carabinieri** : ✆ 112.

Police touristique : **Ufficio Stranieri**, à la **Questura**, V. Medina, 75 (✆ 081 794 11 11), près de la Piazza Municipio, sur la ligne de bus R2. Assistance en cas de problèmes de passeport et aide des touristes victimes de délits divers.

Ambulances : ✆ 081 752 06 96.

Pharmacie de nuit (✆ 081 26 88 81) : Dans la gare centrale, à côté des guichets FS. Ouvert en été Lu-Ve 20h-9h. Consultez *Il Mattino* pour obtenir la liste des pharmacies de nuit.

Hôpital : **Cardarelli** (✆ 081 747 11 11), au nord de la ville, sur la ligne de bus R4.

Internet :

Internet Point, V. Toledo, 59A (✆ 081 497 60 90), en face de la banque de Naples. 2 € l'heure. Ouvert tlj 9h30-20h30.

Internetbar, P. Bellini, 74 (✆ 081 29 52 37). Etablissement chic et climatisé. Sirotez une boisson (chère) tout en écrivant vos e-mails. 3 € l'heure. Ouvert Lu-Sa 9h-2h et Di. 8h-2h.

Bureaux de poste : Sur la Piazza Matteotti (✆ 081 552 42 33), à hauteur de la Via Diaz. Prenez la ligne de bus R2. Autres bureaux de poste dans la Galleria Umberto (✆ 081 552 34 67) et à l'extérieur de la Stazione Centrale. Poste restante (connue pour ne pas être fiable). Bureaux ouverts Lu-Ve 8h15-18h et Sa. 8h15-12h. **Code postal** : 80100.

HÉBERGEMENT

Si vous arrivez à Naples en train, vous aurez de grandes chances d'être abordé par des rabatteurs vous proposant un des nombreux hôtels qui entourent la **Piazza Garibaldi**. Evitez-les autant que possible, car dans la plupart des cas ils vous dirigeront vers un bâtiment qui, bien que vous n'y couriez a priori pas de risque particulier, sera en fait un vieux palais divisé en chambres par des cloisons érigées à la hâte. La Piazza Garibaldi offre beaucoup de logements confortables, sûrs et bon marché (bien qu'aucun d'entre eux ne soit vraiment au calme), à proximité de la gare. Sachez que certains hôtels affichant des prix imbattables louent leurs chambres à l'heure pendant la journée pour satisfaire une clientèle dont nous tairons les motivations. Vous aurez du mal à trouver une chambre dans le centre historique, entre la Piazza Dante et la cathédrale. Si vous y parvenez, estimez-vous heureux, car vous serez au cœur de la ville. Le front de mer et la ville basse affichent des tarifs plus élevés, alors que la ville haute assure une vue imprenable mais des trajets d'environ 15 mn pour vous rendre sur les lieux à visiter.

Quelques conseils : bien qu'il y ait à Naples quelques très bons hôtels à d'excellents prix, faites bien attention en louant une chambre. Mettez-vous d'accord sur le prix avant de défaire vos bagages, ne laissez jamais vos papiers d'identité avant d'avoir vu la chambre et renseignez-vous sur les éventuels suppléments pour la douche, sur le prix des petits déjeuners (parfois obligatoires), etc. Sachez que vous pouvez souvent négocier les prix à la baisse. Vérifiez enfin que la porte de votre hôtel ferme bien à clé et que quelqu'un veille à l'entrée.

L'**ACISJF/Centro D'Ascolto**, dans la gare centrale, près de l'EPT, aide les femmes à trouver des chambres sûres et bon marché. (✆ 081 28 19 93. Ouvert Lu., Ma. et Je. 15h30-18h30.) Pour des informations sur les **campings**, rendez-vous directement dans les petites villes du pourtour de la baie de Naples, comme **Pouzzoles** et **Pompéi**.

LE FRONT DE MER

Ostello Mergellina (HI), Salita della Grotta, 23 (✆ 081 761 23 46, fax 081 761 23 91). M° Mergellina. Tournez deux fois à droite en sortant de la station de métro et empruntez la Via Piedigrotta, puis prenez à gauche dans la Salita della Grotta. Tournez à droite dans la longue allée, située après le pont. Offre des vues magnifiques sur le Vésuve et sur Capri depuis la terrasse. 200 lits dans des chambres bien tenues pour 2, 4 ou 6 personnes (certaines nettement plus agréables que d'autres). Ordinateur, cafétéria et consigne gratuite au rez-de-chaussée, sans oublier l'agréable (et très spacieux) salon. Petit déjeuner, draps et douches compris, mais pas de serviettes. Laverie 5,20 €. Petit déjeuner 7h-9h, dîner 19h-21h30. Vous devez quitter la chambre entre 9h et 15h. Couvre-feu à 0h30. Réservations conseillées en juillet et en août. Dortoir 14 € par personne, chambre double 53,34 €, chambre familiale 16 € par personne, quoique le prix puisse tomber à 13 € si plus de lits que prévu sont entassés dans la chambre. ❖❖

LE QUARTIER DE LA GARE FERROVIAIRE

❤ **Hostel Pensione Mancini**, P. Mancini, 33 (✆ 081 553 67 31, www.hostelpensione-mancini.com), à l'extrémité de la Piazza Garibaldi, du côté opposé à la gare. Les propriétaires sont sympathiques et parlent plusieurs langues. Etablissement simple, récemment rénové. Six catégories de chambre disponibles, de la chambre simple à la quadruple. Petit déjeuner compris. Vous pouvez prendre possession de votre chambre après 12h, vous devez la quitter avant 12h. Réservation recommandée une semaine à l'avance. Dortoir 18 €, chambre simple avec salle de bains 35 €, chambre double 45 €, avec salle de bains 55 €, chambre triple avec salle de bains 80 €, chambre quadruple avec salle de bains 90 €. ❖❖

❤ **Casanova Hôtel**, V. Venezia, 2 (✆ 081 26 82 87, www.hotelcasanova.com). Prenez la Via Milano à partir de la Piazza Garibaldi et tournez à gauche tout au bout, ou bien continuez dans le Corso Garibaldi et prenez à droite avant la Via Casanova. Hôtel 2 étoiles propre doté de chambres spacieuses et d'une terrasse sur le toit avec bar l'été. 18 chambres climatisées, certaines équipées d'une télévision, d'un réfrigérateur et d'un téléphone. Petit déjeuner 4 €. Consigne. Vous devez quitter votre chambre avant midi. Réservations nécessaires. Chambre simple 23-26 €, avec salle de bains 26-30 €, chambre double 38-42 €, avec salle de bains 47-52 €, chambre triple 55-68 €, chambre quadruple 69-78 €. Cartes Visa, MC, AmEx. ❖❖

Hôtel Zara, V. Firenze, 81 (✆ 081 28 71 25, www.hotelzara.it). Depuis la Piazza Garibaldi, tournez à droite dans la Via Milano, puis encore à droite dans la Via Firenze. Chambres calmes et spacieuses, avec téléphone. Machine à laver disponible, tarif variable. Réservation recommandée. Chambre simple 30 €, chambre double 45 €, avec salle de bains 55 €, chambre triple avec salle de bains 75 €. Cartes Visa, MC, AmEx. ❖❖

Hôtel Ginevra, V. Genova, 116 (✆ 081 28 32 10, www.hotelginevra.it). Prenez à droite en sortant de la gare. Suivez le Corso Novara, la Via Genova est la deuxième à droite. Etablissement propre, familial. Les salles de bains contiennent des douches. Le personnel parle français. 14 chambres. Chambre simple 25 €, avec salle de bains 45 €, chambre double 45 €, avec salle de bains 50 €, chambre triple 60 €, avec salle de bains 75 €, chambre quadruple 70 €, avec salle de bains 80 €. Cartes Visa, MC, AmEx. ❖❖❖

Hôtel Garden, C. Garibaldi, 92 (✆/fax 081 553 60 69). Un hôtel de bon standing avec sa salle à manger ensoleillée et la charmante terrasse sur le toit. Les chambres sont spacieuses et possèdent une salle de bains, la TV et la clim. Réservation conseillée de mai à septembre. Sur présentation de votre guide *Let's Go*, chambre simple 58-69 €, double 83-99 €. Cartes Visa, MC, AmEx. ❖❖❖❖

LE CENTRE HISTORIQUE

❤ **Soggiorno Imperia**, P. Miraglia, 386 (✆ 081 45 93 47). Prenez le bus R2 depuis la gare. Remontez la Via Mezzocannone jusqu'à la Piazza San Domenico Maggiore et cherchez deux grandes portes vertes à gauche de la Piazza Miraglia. A proximité de l'université. Grimpez 6 volées de marches successives pour atteindre ce palais du XVIe siècle rénové.

Propre et lumineux, bon marché et bien situé. 11 chambres. Pas de téléphone. Réservation fortement recommandée. Dortoir 18 €, chambre simple 35 €, chambre double 50 €, avec salle de bains 70 €, chambre triple 75/90 €, quadruple 90/100 €. ❖❖

6 Small Rooms, V. Diodato Lioy, 18 (✆ 081 790 13 78, www.at6smallrooms.com). Depuis la Piazza Monteolivetto, prenez la Via Diodato Lioy et faites quelques mètres. Il n'y a pas d'enseigne, cherchez le nom sur l'interphone. L'établissement est un peu à l'écart mais il vaut bien une petite marche. Les deux chats et leurs maîtres, des Australiens branchés, vous mettront à l'aise. Clé (caution 5 €) indispensable pour ceux qui comptent rentrer après le couvre-feu de minuit. Des chambres spacieuses et agréables, ainsi qu'une grande cuisine, comme à la maison. Chambre simple 22 €, dortoir 18 €. ❖❖

Hostel of the Sun, V. Melisurgo, 15 (✆/fax 081 420 6393, www.hostelnapoli.com). Interphone n° 51. Les propriétaires sont jeunes et l'endroit est plein de vie. Cuisine disponible. Connexion Internet rapide 2,60 € l'heure. Petit déjeuner inclus. Laverie 3 €. Dortoir 18 €, chambre simple 45 €, double 50 €, avec salle de bains 70 €, triple 70/90 €, quadruple 90/100 €. ❖❖

Hôtel des Artistes, V. Duomo, 61 (✆ 081 44 61 55, www.hoteldesartistesnaples.it). Très bien placé pour explorer la vieille ville. L'hôtel est plein d'intimité. Chacune des 11 chambres est joliment décorée et possède un balcon, une salle de bains, la clim. et la TV. Des lustres et des miroirs complètent le décor. Chambre simple 66-80 €, double 80-115 €, triple 95-120 €, quadruple 115-130 €. Cartes Visa, MC, AmEx. ❖❖❖❖❖

LA VILLE HAUTE

Pensione Margherita, V. Cimarosa, 29, 4e étage (✆ 081 578 28 52), dans le même immeuble que la gare centrale du funiculaire (sortez et faites le tour du bâtiment à droite). Sonnez pour entrer. 19 chambres spacieuses, dont certaines disposent d'une terrasse. Le personnel est attachant, et vous profiterez d'une vue magnifique sur le Vésuve et Capri à des prix imbattables pour ce quartier chic et résidentiel. Prévoyez 0,05 € pour l'ascenseur ou faites de l'exercice. Vous devrez quitter votre chambre à 11h. Couvre-feu 24h. Fermé du 1er au 15 Août. Chambre simple 32 €, chambre double 58 €, chambre triple 82 €. Cartes Visa, MC. ❖❖❖

RESTAURANTS

PIZZERIAS

Si vous aviez encore des doutes sur l'origine de la **pizza**, votre séjour à Naples va sans doute les lever. N'hésitez pas à vous attabler dans l'une des pizzerias de la ville. Le pizzaïolo travaillera la pâte, la fera voltiger, la couvrira de sauce, de mozzarella et vous servira une *margherita* dont vous n'oublierez pas la saveur. Les Napolitains aiment à dire que lors des dernières élections municipales, la pizza a failli obtenir la majorité des suffrages. C'est dire si elle est de Naples !

❤ **Gino Sorbillo**, V. dei Tribunali, 32 (✆ 081 44 66 43, www.accademiadellapizza.it), dans le centre historique, près du Vico San Paolo. 21 membres d'une même famille se sont succédé dans cette pizzeria. Le *ripieno al forno* (ou *calzone* pour les profanes) est l'invention du grand-père. Cet établissement très fréquenté et plein d'entrain est actuellement géré par Gino, qui a porté le nombre des pizzas à 40. Ne manquez pas le *gusta pizza*, le seul vin créé exclusivement pour accompagner la pizza. *Margherita* 2,58 €, *marinara* 2,07 €, bière 0,77-3,35 €. Ouvert tlj 12h-15h30 et 19h-23h30. ❖

❤ **Pizzeria Da Matteo**, V. dei Tribunali, 94 (✆ 081 45 52 62), près de la Via del Duomo. Cette pizzeria, très appréciée des étudiants et des connaisseurs, a connu son heure de gloire en 1994, lors de la tenue à Naples de la conférence annuelle du G7 : Bill Clinton y a alors mangé. Ne manquez pas la pizza *marinara*, délicieuse et bon marché (2 €). Ouvert Lu-Sa 9h-24h.

Antica Pizzeria Da Michele, V. Cesare Sersale, 1/3 (✆ 081 553 92 04). En partant de la Piazza Garibaldi, remontez le Corso Umberto I et prenez sur la droite. Il n'est qu'à voir la queue devant cet établissement aux allures simples pour comprendre qu'on y trouve la qualité. Les faits parlent d'eux-mêmes. On vous y sert les deux grands classiques du genre : la *marinara* (tomate, ail, origan, huile d'olive) et la *margherita* (tomate, mozzarella, basilic). Les pizzas coûtent de 3,10 € à 4,13 €. Les boissons sont à 1,05 €. Ouvert Lu-Sa 10h-23h. ❖

Pizzeria Brandi, Salita Sant'Anna di Palazzo, 1 (✆ 081 41 69 28), près de la Via Chiaia. C'est dans le four à bois de cet établissement que Raffaele Esposito inventa en 1889 la recette de la pizza *margherita*. En 1994, pendant que le président Clinton mangeait chez Da Matteo, sa fille Chelsea faisait de même chez Brandi. Tout comme Pavarotti, Isabella Rossellini et Gérard Depardieu. Brandi n'est pas qu'une simple pizzeria, vous y trouverez plusieurs autres spécialités napolitaines. Réservations recommandées. *Margherita* 4,13 €. Couvert 1,55 €. Service 12 %. Ouvert tlj 12h-15h et 19h-24h. Cartes Visa, MC, AmEx. ❖❖

Pizzeria Trianon Da Ciro, V. Pietro Colletta, 42-44-46 (✆ 081 553 94 26, www.napolibox.it/trianon), près de l'Antica Pizzeria Da Michele, à une rue du Corso Umberto I. Certains prétendent que cette pizzeria est la meilleure de Naples. Dans ce vaste établissement climatisé, laissez-vous tenter par la spécialité de la maison, la *Gran Trianon* (6,50 €), une pizza aux 8 goûts différents, séparés en sections. Pizzas 3-7 €, bière 3 €. Service 15 %. Ouvert tlj 10h-15h30 et 17h30-23h. ❖❖

Iris, P. Garibaldi, 121/125 (✆ 081 26 99 88). Vaut le déplacement pour son ambiance paisible et sa *gamerone brace* (7,75 €), couverte de minuscules petits poissons aux yeux ouverts. C'est la meilleure pizzeria dans les environs de la gare. *Menù* 9,29 €. Couvert 0,50 €. Ouvert Lu-Ve et Di 6h-24h. Cartes Visa, MC. ❖❖

RESTAURANTS ET TRATTORIAS

Les Napolitains raffolent des **fruits de mer** et les préparent très bien. Essayez les *cozze* (moules), récoltées dans le golfe et préparées en soupe ou avec du citron. Dégustez de succulentes *vongole* (palourdes) ou cantonnez-vous à leurs très chics cousines, les *ostrice* (huîtres). Abstenez-vous de faire la moue en observant les Napolitains sucer la tête des *aragoste* (langoustes), et tenez-vous en à votre *polipo* (poulpe), qui vous apportera les protéines dont vous avez besoin pour un prix ridicule. En commandant vos spaghettis, ne faites pas allusion aux voyages de Marco Polo ni à l'influence de la cuisine chinoise sur la gastronomie italienne : mieux vaut se ranger du côté du plus fort, car le fait d'avoir raison ne résoudra pas vos problèmes. La ville est surtout connue pour ses *spaghetti alle vongole* (aux palourdes) et *alle cozze* (aux moules). Si vous désirez vous procurer des produits frais, arpentez les **marchés** de la ville, celui de la Via Soprammuro, au coin de la Piazza Garibaldi, est tout à fait ce qu'il vous faut. (Ouvert Lu-Sa 8h-13h30.) Maraîchers, épiceries et boulangeries couvrent la Via dei Tribunali de Spaccanapoli.

Le **front de mer** offre un mélange de cuisine traditionnelle et internationale. Si vous avez des envies de manger grec ou espagnol, prenez le métro ou le bus C25 en direction de la Piazza Amadeo. Pour des restaurants napolitains décontractés et animés spécialisés dans les fruits de mer, prenez le métro ou le tramway n° 4 jusqu'à Mergellina, au sud-ouest de la Piazza Amadeo, tout près de la mer. Au cœur de Mergellina, la Piazza Sannazzaro dispose de trattorias servant une spécialité napolitaine, la *zuppa di cozze* (soupe de moules et de poulpe). Parmi les rues commerçantes de la **ville basse**, vous découvrirez de discrets établissements, bien à l'écart des trattorias bruyantes et chères qui jouxtent les galeries. Les rues étroites et sinueuses du **centre historique** et de la Piazza Dante accueillent les meilleures trattorias et pizzerias de la ville. Pour manger bon et pas cher tout en restant dans la couleur locale, aventurez-vous dans la Via dei Tribunali, au cœur de Spaccanapoli. La Piazza Garibaldi, dans le quartier de la **gare ferroviaire**, reste le fief des établissements touristiques et onéreux, mais il est encore possible d'y déguster un repas de qualité à des prix raisonnables en empruntant les rues adjacentes qui donnent sur la place.

LE FRONT DE MER

Zorba's, V. Martucci, 5, Mergellina (✆ 081 66 75 72), à proximité de la Piazza Amadeo, sur la droite. Tournez à gauche au niveau du panneau, l'établissement se trouve trois

POUR INITIÉS

LA TOURNÉE DU PIZZANOSAURE

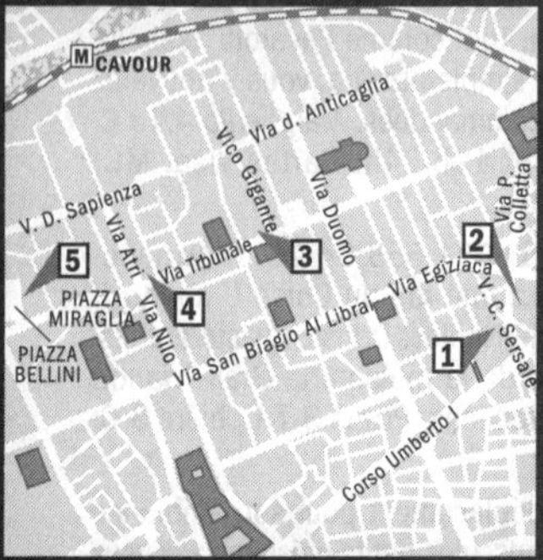

Naples est la capitale mondiale de la pizza. Jeûnez pendant quelques jours, trouvez-vous un compagnon de fourchette et partez à l'assaut des quatre meilleures pizzerias de la ville.

1/ Commencez par les fondamentaux chez **Antica Pizzeria da Michele**. Ici, on ne sert que la *margharita* et la *marinara*. Pour les puristes (✆ 081 553 9204).

2/ Traversez la rue jusqu'à la **Pizzeria Trianon da Ciro** pour goûter les pizzas du grand concurrent de da Michele (✆ 081 553 9426).

3/ La courte marche jusqu'à la **Pizzeria di Matteo** devrait vous ouvrir à nouveau l'appétit. (✆ 081 45 52 62).

4/ Concluez en beauté avec les créations de **Gino Sorbillo**, l'inventeur de la calzone (✆ 081 44 66 43).

5/ Installez-vous à la table d'un des cafés en plein air de la Piazza Bellini et desserrez d'un cran votre ceinture. Vous l'avez fait !

portes plus bas. Fatigué de manger italien ? Cette taverne décorée de boiseries, avec sa musique, sa cuisine et son hospitalité grecques, vous changera les idées. *Satanas* (saucisses diaboliquement pimentées) 6,50 €. Salade grecque 4,65 €. Baklava 3 €. Ouvert Lu-Ve et Di 20h-1h, Sa 20h30-3h. ❖❖

El Bocadillo, V. Martucci, 50, Mergellina (✆ 081 66 90 30), propose de bons plats espagnols et sud-américains dans une atmosphère rustique, avec des tables à banquettes et un escalier grimpant au-dessus d'une mini jungle éclairée par des néons verts. La plupart des plats coûtent 5,50-10 €. Paella 8,26 €. Pichet de sangria 5,70 €. Ouvert tlj 19h-3h. ❖❖

La Cantina di Albi Cocca, V. Ascensione, 6, (✆ 081 41 16 58). Prenez la Via Vittorio Colonna à partir de la Piazza Amedeo, descendez les escaliers à droite, puis tournez encore à droite et immédiatement à gauche. Un peu dur à trouver, mais ce restaurant à la lumière tamisée est idéal pour un dîner romantique. Spécialités napolitaines et belle carte des vins. *Primi* 6-8 €, *secondi* 8-10 €. Couvert 1 €. Ouvert Lu-Sa 13-15h et 20h-24h. Cartes Visa, MC. ❖❖❖

Cucina Casereccia e Pizzeria, P. Sanazzero, 69 (✆ 081 66 65 64), à Mergellina. Un restaurant moins maniéré que les autres établissements du front de mer, qui concocte une cuisine authentique. Spécialités de moules, servies par exemple dan la *zuppa di cozze* (6,71 €) qui a la faveur des habitués. Si vous avez très faim, commandez plutôt une *zuppa di cozze super* (9,30 €). Ouvert tlj à partir de 12h. ❖❖❖

Ristorante Bellini, V. Santa Mari di Constantinopoli, 79-80 (✆/fax 081 45 97 74), tout près de la P. Bellini. Venez le soir pour profiter de la fraîcheur et du parfum des fleurs. Le service est attentionné. Essayez le *linguine al cartoccio* (11 €) ou un autre plat de poissons du menu. Ouvert tlj 9h-16h et 19h-1h30. Fermé le Di en été. Cartes Visa, MC. ❖❖❖

Umberto, V. Alabierdi, 30/31 (✆ 081 41 85 55, www.umberto.it). Thés légers à la carte et bosquets de bambou. Les spécialités de la maison incluent les *tubettoni d'o treddata* (pâtes en tubes fourrées aux fruits de mer, 9,30 €) et les *polpettine di nonna Ermelinda* (boulettes de viande à la sauce tomate, 4,65 €). Fermé deux semaines en août. réservation conseillée. Ouvert Ma-Di 12h-15h et 19h30-24h. Cartes Visa, MC, AmEx. ❖❖❖

Trattoria et Pizzeria Partenope, V. Partenope, 12H (✆ 081 764 2317). Les tables en extérieur sont très agréables. Ne manquez pas les fantastiques *calamari* (7,50 €). Le soir, vue splendide sur les lumières de la ville. Pizza 4-13 €. Ouvert tlj 12h30-16h et 19h30-2h. Cartes Visa, MC. ❖❖

LA VILLE BASSE

Trattoria Fratelli Prigiobbo, V. Portacarrese, 96 (© 081 40 76 92). Depuis la Via Toledo, prenez à droite en face de la Via Ponte di Tappia. La *trattoria* se trouve non loin dans le quartier espagnol. Pizzas 2,50 €. *Primi* 2,50 €, dont d'excellents *gnocchi alla mozzarella*. *Secondi* aux fruits de mer, comme les *calamari* grillés, 4 €, mais les portions sont petites. Bouteille de vin 2,50 €. Ouvert Lu-Sa 8h-24h. ❖❖

LE CENTRE HISTORIQUE

Antica Trattoria Campagnola, Piazetta Nilo, 22 (© 339 207 31 49). Des portions incroyablement généreuses et une cuisine succulente, notamment le *fritto di aliei*. La salle en plein air est toute simple ; un calme qui tranche avec l'agitation des *pizzerie* alentours. Service efficace et bonne carte des vins. *Menù* 12 €. Ouvert tlj 10h-23h. Cartes Visa, MC, AmEx. ❖❖❖

GLACES ET PÂTISSERIES

Ne manquez pas non plus les pâtisseries napolitaines, notamment la *sfogliatella*, fourrée de ricotta (fromage) sucrée, de zestes d'orange et de fruits confits. Il en existe deux sortes : la *riccia*, croustillante et feuilletée, et la *frolla*, plus molle et friable.

❤ **Gay Odin**, V. Vittoria Colonna, 15b (© 081 41 82 82), non loin de la Piazza Amedeo. Depuis 1824, de succulents desserts au chocolat sortent des fours de cette pâtisserie. Essayez la fameuse *forresta* au chocolat (2,20-8,40 €) ou les scandaleux *cioccolati nudi*, de petits chocolats libérés de leur emballage. Délicieux ! Poussez de toute façon la porte de cette pâtisserie, ne serait-ce que pour l'odeur. Ouvert Lu-Sa 9h30-13h30 et 16h30-20h, Di 10h-14h. Il existe d'autres adresses : V. Toledo, 214 et V. Luca Giordano.

Fantasia Gelati, V. Toledo, 381 (© 081 551 12 12). La perfection en matière de *gelato*. Les glaces aux fruits, *arancia* (orange) ou papaye par exemple, sont faites à partir de jus de fruits frais. On sent le résultat. En prime, les coupes sont généreuses. Cônes 1,30-2 €. Ouvert tlj 7h-23h.

Augustus, V. Toledo, 147 (© 081 551 35 40). Certes il y a toujours la queue, mais vous aurez ainsi le temps de choisir avec soin votre parfum. Egalement des tartes aux fruits et du cappuccino bien crémeux. Le comptoir au fond vend du fromage et de la viande. Ouvert tlj 7h-21h.

Pintauro, V. Toledo, 275 (© 081 41 73 39), près de la gare centrale du funiculaire. Ce petit établissement a inventé et répandu, depuis 1785, la plus ancienne pâtisserie de la ville, la *sfogliatella*. Goûtez-en une, toute chaude, pour 1,30 €. Ouvert Lu-Sa 9h15-20h15.

Scaturchio, P. San Domenico Maggiore, 19 (© 081 551 69 44). L'un des meilleurs pâtissiers-glaciers du centre historique. Faites une halte entre la visite de deux églises. Cônes 1,30 €. Le *ministeriale*, gâteau mariant le rhum au chocolat, est la spécialité de la maison. Dès la première bouchée, vous comprendrez que l'apparence touristique de la boutique n'a en rien altéré l'authenticité des recettes. Ouvert Lu-Sa 7h20-20h40.

Caffè Roma, V. Toledo, 325 (© 081 40 68 32), près de la gare centrale du funiculaire. Un immense choix de panini et de pâtisseries. Pour une fois, oubliez les glaces (peu engageantes de toute façon) et commandez plutôt une délicieuse *granita*. Ouvert Lu-Sa 9h-21h.

VISITES

Les églises et les musées sont aussi nombreux à Naples que les *motorini* et les piétons. L'architecture, ses pierres, ses marbres et ses tuiles trahissent à chaque coin de rue l'identité des hommes qui accaparèrent cette terre : tour à tour grecque, romaine, espagnole et italienne. Le sous-sol de Naples recèle des trésors que vous pourrez contempler au Museo archeologico nazionale ou dans les Gallerie di Capidomonte. Les appartements du Palazzo reale et les différents châteaux de la ville vous permettront de vous faire une idée des splendeurs passées de la cour napolitaine.

LA CAMPANIA ARTECARD Cette carte est intéressante si vous comptez passer quelques jours à Naples. Elle permet d'accéder gratuitement à deux sites touristiques de la ville et de ses environs (incluant Pompéi) et donne 50 % de réduction sur les billets d'entrée des autres sites. Elle permet également d'emprunter gratuitement les transports en commun et offre des remises sur la location d'audioguides. (✆ 800 60 0601, www. campaniartecard. it. 13 €, 18-25 ans 8 €.)

LE CENTRE HISTORIQUE

LE VIEUX NAPLES (SPACCANAPOLI)

Ce célèbre quartier de Naples abrite des trésors d'architecture et mérite une longue promenade. Les principaux monuments sont un peu perdus parmi les *pensioni* et autres *pasticcerie*, alors soyez attentifs et repérez les petits panneaux sur les bâtiments. Pour vous rendre dans le centre historique à partir de la Piazza Dante, traversez la **Porta Alba** et la **Piazza Bellini**, puis prenez la **Via dei Tribunali**, qui suit une ancienne voie romaine et le long de laquelle vous trouverez aujourd'hui quelques-unes des meilleures **pizzerias** de la ville.

❤ **LE MUSÉE ARCHÉOLOGIQUE NATIONAL.** Installé dans un palais du XVIe siècle qui a également servi de caserne, le **Museo archeologico nazionale** abrite des collections exceptionnelles, notamment des trésors provenant de Pompéi et d'Herculanum. Les pièces n'étant pas toutes correctement répertoriées, procurez-vous le guide en couleur. Au rez-de-chaussée, la collection Farnèse est constituée de sculptures découvertes à Pompéi et à Herculanum, ainsi que de portraits impériaux et de statues colossales originaires des Bains de Caracalla à Rome. Parmi les chefs-d'œuvre exposés se trouve l'**Hercule Farnèse**, qui figure le héros de la mythologie reprenant des forces après avoir accompli le dernier de ses travaux. Le **Taureau Farnèse** est la plus imposante des sculptures antiques parvenues jusqu'à nous. Taillée dans une seule pièce de marbre, elle fut retouchée par Michel-Ange. Au niveau de la mezzanine, vous découvrirez des mosaïques provenant de Pompéi. Les sujets varient de la nature morte à la **mosaïque d'Alexandre**, qui représente le téméraire conquérant aux prises avec l'armée perse. Le premier étage est consacré aux objets de décoration murale et aux ustensiles domestiques trouvés à Herculanum et à Pompéi. La **collection secrète** est une succession de peintures et d'objets érotiques allant de l'illustration des amours divines aux amulettes ithyphalliques. Vous découvrirez également de magnifiques **bijoux** et des ornements précieux, parmi lesquels l'étincelante **tasse Farnèse**. Le sous-sol, où est exposée la collection d'antiquités égyptiennes, n'est pas ouvert au public de façon régulière. *(Prenez le métro jusqu'à la Piazza Cavour, puis tournez à droite en sortant de la station et continuez un peu. Vous pouvez aussi prendre le bus n° 110 depuis la Piazza Garibaldi ou le bus R4 depuis la Piazza Dante en direction de la Piazza Museo. ✆ 081 44 01 66. Ouvert Lu. et Je-Di 9h-19h30. Entrée 6,50 €.)*

LA CATHÉDRALE. Comme toute grande ville italienne, Naples a son **duomo**. Il repose tranquillement sur une petite place, et sa modeste façade masque sa taille. Cependant, deux fois l'an, des hordes de gens se massent autour pour célébrer la **Festa di San Gennaro** (voir **Sorties**). La cathédrale fut remaniée et rénovée à d'innombrables reprises depuis son sacrement en 1315 par Robert d'Anjou, roi de Naples. Plus près de nous, la façade a été restaurée dans le style néogothique de la fin du XIXe siècle. Une très belle grille en bronze protège la **Cappella del Tesoro di San Gennaro** (troisième à droite), dédiée à saint Janvier, le saint protecteur de Naples, et décorée de peintures baroques. Chaque fois qu'une menace pèse sur la ville (éruption du Vésuve ou autre), les Napolitains invoquent saint Janvier pour qu'il les protège. La tête du saint est conservée, ainsi que deux ampoules contenant son sang, dans un reliquaire d'argent placé derrière le maître-autel. Selon la légende, la ville serait victime d'un grand désastre si le sang ne se liquéfiait pas miraculeusement deux fois par an, lors de la célébration du saint-patron. Jusqu'à présent, le miracle a toujours eu lieu, tandis que les Napolitains abondent dans la nef et tout autour de la cathédrale. Sous l'autel principal se trouve le tombeau du saint, tout de marbre blanc décoré de ciselures Renaissance. Au milieu de la nef de gauche, vous entrez dans la **Chiesa di Santa Restituta**, la première basilique chrétienne de Naples, qui marque l'entrée des fouilles des **voies gréco-romaines** courant sous la ville. *(Remontez la Via del Duomo depuis le Corso Umberto I, ou prenez le bus n° 42 depuis la Piazza Garibaldi. © 081 44 90 97. Ouvert Lu-Ve 9h-12h et 16h30-19h, Sa-Di 8h-15h30 et 17h-19h30. Entrée libre, fouilles 3 €.)*

PIO MONTE DELLA MISERICORDIA. Cette petite chapelle fut érigée par un groupe de nobles décidés à venir en aide aux chrétiens retenus en esclavage par les infidèles et dont la liberté était mise à prix. Il s'agissait également d'accueillir des pèlerins, ce que cet organisme continue à faire en partie. L'église s'organise autour de sept voûtes, ornées chacune d'un autel et d'un tableau. La plus majestueuse abrite *Notre-Dame de la miséricorde*, du Caravage. L'obélisque situé à l'extérieur, sur la place, est consacré à Saint Janvier, qui sauva la ville de la peste en 1656. *(A une rue de la Via dei Tribunali, après la Via del Duomo, au niveau d'une petite place. © 081 44 69 44. Appelez le matin pour une visite guidée.)*

L'HÔPITAL DES POUPÉES. Très pittoresque, cet **Ospedale delle Bambole** est sans doute l'un des musées les plus attachants (ou décrépits, selon le point de vue) du vieux Naples. L'artisan, qui réassemble des poupées à l'aide d'accessoires improbables, saura vous faire partager sa passion... et son humour. *(V. San Biagio dei Librai, 81. Depuis la Piazza Nicola Amore, remontez la Via del Duomo et prenez la deuxième à gauche. © 081 20 30 67, www.ospedaledellebambole.it. Ouvert tlj 10h30-14h et 16h-20h.)*

L'ÉGLISE SANTA CHIARA. Cette église, qui constitue l'un des principaux monuments angevins de Naples, fut édifiée au XIVe siècle puis reconstruite après avoir été détruite par les bombardements de la Seconde Guerre mondiale. Le vaste intérieur, sans abside, est dallé de tombeaux et de sépultures. Derrière l'autel, vous remarquerez le tombeau de Robert d'Anjou, mort en 1343. Ne manquez pas le jardin et le monastère adjacents, parés d'allées gothiques, de fresques et de tuiles brillamment colorées, et jouez avec les quelques chats qui en ont fait leur territoire. *(Depuis la Piazza Dante, descendez la Via Toledo et tournez à gauche dans la Via Benedetto Croce. L'église se trouve sur la Piazza Gesù Nuovo. © 081 552 62 09. Ouvert Lu-Ve 9h30-13h et 15h30-17h30, w-e et jours fériés 9h30-13h.)*

GESÙ NUOVO. La façade jésuite de cette église du XVe siècle se compose de blocs de pierre taillés comme des diamants. L'intérieur, très baroque et tapissé de marbre, est rehaussé de plafonds et de chapelles ornés de fresques aux couleurs vives. Devant l'église, un obélisque baroque, ou *guglia*, chante la gloire des saints de l'ordre de Jésus. Le soir, il devient le point de rendez-vous des musiciens de rue. *(En face de la Chiesa di Santa Chiara, sur la Piazza Gesù Nuovo. © 081 551 86 13. Ouvert tlj 9h-12h15 et 16h15-19h.)*

L'ÉGLISE MONTEOLIVETO. L'intérêt de cette église réside dans la profusion de sculptures Renaissance qui ornent ses autels latéraux. Vous découvrirez entre autres huit personnages en terre cuite grandeur nature pleurant la mort du Christ. Les fresques de Vasari décorent la sacristie. *(En partant de la Piazza Dante, descendez la Via Toledo et tournez à gauche dans la Via Benedetto Croce. Traversez la Piazza Gesù Nuovo et descendez le Corso Trinità Maggiore jusqu'à la Piazza Monteoliveto.)*

L'ÉGLISE SAN LORENZO MAGGIORE. Cette grande église manifeste une belle et frappante simplicité gothique. C'est ici que le poète Boccace rencontra sa bien-aimée, la Madonna Fiammetta, en 1334. A l'intérieur de l'église se trouvent les tombeaux de Catherine d'Autriche (1323) et de Robert d'Artois (1387). Des ruines grecques et romaines ont récemment été mises au jour, sous l'église et le monastère. Elles seront bientôt présentées au public. *(P. San Gaetano, 316, dans la Via dei Tribunali, non loin de la Via del Duomo. © 081 29 05 80.)*

LE QUARTIER DE LA GARE FERROVIAIRE

❤ **LE PALAIS ROYAL.** La façade du **Palazzo reale**, qui donne sur la Piazza del Plebiscito, est ornée de grandes statues représentant les différents dirigeants de Naples. A l'intérieur du palais du XVIIe siècle, les anciens appartements royaux, magnifiques, décorés de mobilier Bourbon, de peintures, de statues et de porcelaines, abritent désormais le **Museo del Palazzo reale**. Aujourd'hui encore, le palais est un véritable gardien du savoir, puisqu'il abrite les 1 500 000 volumes de la **Biblioteca nazionale**. Parmi les trésors de la bibliothèque se trouvent les manuscrits carbonisés de la **Villa dei Papiri** (villa des Papyrus) d'Herculanum. *(A partir de la Piazza Garibaldi, prenez le bus R2, direction Piazza Trieste e Trento, et faites le tour du palais pour atteindre l'entrée, qui se trouve Piazza del Plebiscito. © 081 794 40 21. Ouvert Lu et Me-Di 9h-20h. Bibliothèque © 081 40 12 73. L'accès au public est limité.)*

Dans le palais se trouve également le fameux **Teatro San Carlo**, dont l'acoustique est réputée meilleure que celle de la Scala de Milan. Pour obtenir de plus amples informations sur les spectacles, voir le chapitre **Sorties**. *(L'entrée du théâtre se trouve sur la Piazza Trieste e Trento. © 081 797 21 11. Visites guidées Juil., Sa-Ma et Je. à 10h. Sep-Juin : Sa-Di à 14h. 3 €.)*

❤ **NAPOLI E LA CITTÀ SOTTERRANEA/NAPOLI SOTTERRANEA.** Les promenades guidées à travers ce dédale souterrain sont fascinantes, mais à déconseiller aux claustrophobes. Il vous faudra ramper le long d'étroits passages, vous faufiler dans des grottes et des catacombes, et passer devant des graffitis datant de la période mussolinienne tout en contemplant les aqueducs romains. *Napoli e la Città* se concentre sur la zone située sous le Castel nuovo et la ville basse, alors que *Napoli Sotterranea* vous fera découvrir les entrailles du centre historique de la ville. *(**Napoli e La Città Sotterranea**, bureau dans le Vico Santa Anna di Palazzo, © 081 40 02 56. La visite guidée (Je. à 21h, Sa. à 10h et 18h, Di. à 10h, 11h et 18h, 5 €) part du Caffè Gambiunes, sur la Piazza Trieste e Trento. Téléphonez d'abord. **Napoli Sotterranea**, P. San Gaetano, 68. Descendez la Via dei Tribunali et prenez à gauche avant San Paolo Maggiore. © 081 29 69 44, www.napolisotterranea.com. Visites toutes les 2h, Lu-Ve 12h-16h, Sa., Di. et fêtes 10h-18h. 5 € par personne.)*

LE CASTEL NUOVO. Vous ne pouvez pas manquer cet immense monument, dont les cinq tourelles dominent la baie de Naples. Connue sous le nom de **Maschio angioino**, cette forteresse, construite en 1286 par Charles II d'Anjou, était destinée à lui servir de résidence royale à Naples. Les éléments les plus remarquables du château sont sans doute les deux arches de l'entrée, qui commémorent l'arrivée d'Alphonse Ier d'Aragon à Naples en 1443. A l'intérieur, vous pouvez voir la magnifique **salle des Barons**, de forme cubique, où le roi Ferdinand piégea un jour ses barons rebelles et où le conseil municipal de Naples tient encore régulièrement des réunions très animées. Le **Museo civico** abrite une collection de fresques des XIVe et XVe siècles et une série de portes en bronze montrant Charles d'Aragon vainquant les rebelles. *(Château et musée au niveau de la Piazza del Municipio. A partir de la Piazza Garibaldi, prenez le bus R2. Musée © 081 795 20 03. Ouvert Lu-Sa 9h-19h. Entrée 5 €.)*

LA CHAPELLE SANSEVERO. Vous trouverez dans la **Cappella Sansevero**, ancienne chapelle abritant désormais un musée privé, de remarquables statues, parmi lesquelles un **Christ voilé** de Giuseppe Sanmartino. Tout en admirant ce chef-d'œuvre de marbre, pensez à jeter un coup d'œil sur les fresques qui décorent le plafond. La tradition rapporte que c'est dans la crypte que le prince alchimiste Raimondo San Severi, qui édifia la chapelle, donna la mort à sa femme et à l'amant de celle-ci en leur injectant une substance mortelle capable de conserver en l'état veines, artères et organes vitaux. Vous aurez beau chercher, il n'y a ici nulle trace des deux amants. *(V. Sanctis, 19. Au coin supérieur de la Piazza San Domenico Maggiore. © 081 551 84 70. Ouvert Lu. et Me-Ve 10h-17h ; en été, à Noël et à Pâques Lu. et Me-Ve 10h-19h ; pendant les vacances 10h-13h30. Entrée 5 €, étudiants 2,50 €, tarif réduit pour les groupes.)*

L'ÉGLISE SAN DOMENICO MAGGIORE. Cette église datant du XIIIe siècle a subi de nombreuses modifications au cours des âges. Elle doit son décor intérieur néogo-

ITALIE DU SUD

thique aux aménagements réalisés au XIXe siècle. A droite de l'autel de la chapelle du Crucifix se tient la peinture du XIIIe siècle où Dieu est représenté s'adressant à saint Thomas d'Aquin. C'est dans le monastère contigu que le célèbre théologien vécut, à une époque où Naples était l'un des grands centres de l'érudition en Europe. Quelques sculptures Renaissance ornent les chapelles latérales. *(P. San Domenico Maggiore. © 081 45 91 88. Ouvert Lu-Ve 8h30-12h et 17h-20h, Sa-Di 9h30-13h et 17h-19h.)*

LA VILLE HAUTE

CAPODIMONTE

❤ **MUSÉE-GALERIE CAPODIMONTE.** Ce musée, installé dans un **palais** royal, est entouré d'un parc aux allures pastorales où les jeunes viennent compter fleurette et jouer au football. Outre les somptueux appartements royaux et leur mobilier, ce palais abrite le musée national de la Peinture. La **collection Farnèse**, au rez-de-chaussée, est un feu d'artifice de chefs-d'œuvre. La plupart ont été retirés des églises et placés ici pour des raisons de sécurité. Ne manquez pas la *Transfiguration* de Bellini, la *Crucifixion* de Masaccio et la *Danaé* de Titien. Le premier étage s'intéresse au développement du style réaliste propre à Naples et à la mise en scène dramatique de ses jeux d'ombres et de lumières avec le Caravage (sa *Flagellation* est exposée), Ribera et Luca Giordano. *(Prendre le bus n° 110 sur la Piazza Garibaldi ou le bus n °24 sur la Piazza Dante en direction du Parco Capodimonte. Le parc a deux entrées, la Porta Piccola et la Porta Grande. © 081 749 91 11. Ouvert Ma-Ve et Di. 8h30-19h30. Entrée 7,50 €, 6,50 € après 14h.)*

L'ÉGLISE MADONNA DEL BUONCONSIGLIO. Surnommée “la petite Saint-Pierre”, car son architecte Vincenzo Vecchia s'inspira de Saint-Pierre-de-Rome, cette église présente des copies de la *Pietà* et du *Moïse* de Michel-Ange. A l'extérieur, les **Catacombe di San Gennaro** (catacombes de saint Janvier), datant du IIe siècle, sont célèbres pour leurs fresques. *(Dans la Via Capodimonte, non loin du musée. © 081 741 10 71. Visites guidées des catacombes tlj 9h30-12h30. Entrée 2,60 €.)*

VOMERO

LE MUSÉE NATIONAL SAN MARTINO. Autrefois monastère, l'immense Certosa di San Martino abrite aujourd'hui un excellent musée retraçant l'histoire de la ville et de sa culture. Outre les différentes collections, vous pourrez visiter la chapelle, généreusement ornée de marbre et de statues baroques. Vous y trouverez l'un des chefs-d'œuvre de Ribera, *La descente de la Croix*, et une émouvante Nativité de Guido Reni. Les différents balcons et les jardins en terrasse offrent une vue imprenable. *(Prenez le funiculaire pour Vomero depuis la Via Toledo, puis tournez à droite dans la Via Cimarosa. Prenez la Via Morghen à gauche puis la Via Angelini à droite avant d'arriver sur le Piazzale San Martino. © 081 578 17 69. Ouvert Ma-Ve 8h30-19h30, Sa 9h-19h30. Entrée 6 €.)*

L'imposant **Castel Sant'Elmo**, tout proche, fut construit pour décourager les rébellions et détenir les prisonniers politiques. Oubliez ce passé obscur et profitez de la vue exceptionnelle. *(© 081 578 40 30. Ouvert Ma-Di 9h-14h. Entrée 1 €.)*

LE MUSÉE NATIONAL DE LA CÉRAMIQUE DUCA DI MARTINA. Si vous aimez la céramique, allez voir ce musée situé dans les jardins luxuriants de la **Villa Floridiana**. Il abrite des porcelaines du XVIIIe siècle ainsi que quelques pièces provenant d'Asie. *(Le musée se trouve V. Cimarosa, 77. Pour y aller, prenez le funiculaire en direction de Vomero depuis la Via Toledo, puis tournez à gauche dans la Via Cimarosa en sortant de la station. Entrez par le jardin et descendez la pente. © 081 229 21 10. Visiteurs admis à 9h30, 11h, 12h30 et 14h. Entrée 2,50 €, 1,50 € pour les 18-25 ans.)*

LE FRONT DE MER

❤ **LA TOMBE DE VIRGILE.** Quiconque a fait du latin au lycée aura sans doute envie d'aller voir le tombeau du poète Virgile, dans la Salita della Grotta, ne serait-ce que pour se rappeler les heures de souffrance passées à apprendre les déclinaisons latines. Juste à droite en dessous du tombeau se trouve l'entrée – fermée – de la *Crypta neapolitana*, un tunnel construit à l'époque d'Auguste qui reliait l'ancienne Neapolis à Pouzzoles et à Baies. Tout à côté, vous découvrirez le *Leopardi*, déplacé depuis l'église de Santa Vitale de Fuorigrotta en 1939. Il vous fera grande impression. *(A partir du M° Mergellina, prenez à droite, puis de nouveau à droite. L'entrée se situe entre la passerelle et le tunnel. © 081 66 93 90. Ouvert Ma-Di 9h-13h. Entrée libre. Visites guidées à la demande.)*

LE CHÂTEAU DE L'ŒUF. Le **Castel dell'Ovo**, une forteresse massive toute en briques ocre et en angles curieux, construite par les Normands, est bâtie sur le promontoire du port de Santa Lucia, un rocher de calcaire, qui fut jadis relié à la terre et divise aujourd'hui la baie en deux. La légende prétend que Virgile a caché un œuf dans les murs du château et que, si l'œuf venait à se briser, l'édifice s'effondrerait. Ce château de sable offre en tout cas de belles vues sur Naples et la mer alentour. *(Partez à la recherche de cet œuf en prenant le bus n° 1 pour Santa Lucia depuis la Piazza Garibaldi ou la Piazza del Municipio, puis en traversant la jetée qui aboutit au Borgo dei Marinari. © 081 764 53 43. Ouvert uniquement pour des événements exceptionnels. Appelez à l'avance.)*

L'AQUARIUM. Si vous en avez assez de voir la faune marine de la baie de Naples uniquement dans votre assiette, allez visiter cet aquarium, situé dans la Villa comunale. Datant du XIXe siècle, c'est le plus ancien d'Europe et vous y trouverez 200 espèces locales réparties dans 30 bassins. *(Facilement accessible par le tramway n° 1 depuis la Piazza Garibaldi ou la Piazza del Municipio. © 081 583 32 63. Ouvert en été, Ma-Sa 9h-18h et Di. 10h-18h. En hiver : Lu-Sa 9h-17h et Di. 9h-14h. Entrée 1,55 €, enfants et groupes 0,77 €.)*

SORTIES

Autrefois prétextes à réjouissances, les fêtes religieuses de Naples sont aujourd'hui l'occasion d'aller faire des folies dans les magasins. Le 19 septembre, le 16 décembre et le premier dimanche de mai, la ville célèbre son saint patron en organisant la **Festa di San Gennaro**. Mêlez-vous à la foule qui suit la procession vers la cathédrale et ne manquez pas de constater par vous-même que le sang de Saint Janvier est miraculeusement liquéfié dans son ampoule. La fête de la **Madonna del Carmine** (16 juillet) est l'occasion de revivre l'incendie du campanile de Fra'Nuvolo et d'admirer un magnifique feu d'artifice. En juillet, vous pourrez également assister à des concerts sur la Piazza San Domenico Maggiore. La région célèbre quantité d'événements durant l'été : les *Rioni Festivali*, des feux d'artifice, des compétitions sportives, des processions, des concerts et des spectacles.

Pour vous divertir tout en restant sur votre siège, rendez-vous au **Cinema Teatro Amedeo**, V. Marcucci, 69 (© 081 68 02 66), à proximité de la Piazza Amadeo. Consultez *Il Matino* pour plus d'informations. Le **Teatro San Carlo**, dans le Palazzo reale (© 081 797 23 31), propose des opéras (Oct-Juin) et des concerts joués par l'orchestre symphonique de la ville (Oct-Mai). Les billets pour le dernier balcon coûtent 13,50 €, achetez-les le plus tôt possible.

Pour goûter à la vie napolitaine, il vous suffira d'assister à un match de football au **Stadio San Paolo** (© 081 239 56 23) de Fourigrotta. Prenez le métro jusqu'à "Campi Flegrei". La **Società Sportiva Napoli (S. S. Napoli)** est récemment redescendue en série B mais fait toujours l'admiration de tout le pays. Les matchs se déroulent chaque semaine de septembre à juin les samedi et dimanche. Billets à partir de 20 €.

SHOPPING

Grâce à son marché noir florissant et à ses prix relativement bas, Naples est l'endroit idéal où faire du shopping pour qui accepte de prendre quelques risques. Si vous avez vraiment l'intention d'acheter des articles à des marchands ambulants, sachez qu'ils sont plus malins que vous. Si une transaction vous paraît trop belle pour être vraie, c'est que c'est le cas. Vous ferez généralement de bonnes affaires avec les vêtements, mais n'achetez pas d'appareils électroniques (certains se sont retrouvés avec des cartons d'emballage de marques connues qui ne contenaient en réalité qu'un assortiment de journaux, de bouteilles d'eau et de briques). La **Via Santa Maria**

di Costantinopoli, au sud du musée archéologique, propose un grand choix de bouquinistes et d'antiquaires. Spaccanapoli et les rues adjacentes près du Conservatorio sont consacrés aux disquaires, alors que la Via Toledo est le fief des boutiques chic à des prix raisonnables. Les rues au sud de San Lorenzo abritent des artisans et leurs crèches napolitaines traditionnelles.

Autour de la **Piazza dei Martiri**, ce sont les couturiers italiens qui tiennent le haut du pavé : Gucci, Valentino, Versace, Ferragamo, Armani et Prada. Le quartier commerçant le plus moderne et le plus onéreux est situé sur la colline du Vomero, le long de la **Via Scarlatti** et de la **Via Luca Giordano**, perpendiculaires entre elles. Si vous cherchez des jeans, allez au marché qui se trouve à proximité de Porta Capuana. (La plupart des marchés sont ouverts Lu-Sa 9h-17h, mais certains ferment à 14h.)

VIE NOCTURNE

La vie nocturne napolitaine varie beaucoup selon la saison. Alors qu'ils adorent aller s'éclater dans les petites boîtes ou discothèques durant l'hiver, les Napolitains retournent instinctivement dans les rues et les places quand il se remet à faire chaud. L'hiver, les boîtes et les bars ouvrent généralement vers 23h et restent ouverts jusqu'à ce que tout le monde rentre chez soi, soit entre 4 et 5h du matin. L'été, le dimanche soir, la Villa comunale se remplit de promeneurs venus profiter de la fraîcheur le long de la baie (tramway n° 1). La Via Petrarca et la Via Posillipo attirent les jeunes couples, dont la plupart prennent leur voiture pour s'en faire un petit nid douillet. Selon les Italiens les plus passionnés, un baiser échangé en ce lieu assure 7 ans de bonheur.

Pour des rassemblements moins exclusifs, les gens vont boire un verre sur les places de la ville. Sur la **Piazza Vanvitelli**, à Vomero (prenez le funiculaire à partir de la Piazza Toledo, ou bien le bus C28 à partir de la Piazza Vittoria), les jeunes viennent frimer et montrer leur nouvelle voiture ou les nouveaux autocollants de leurs *motorini*. Ne vous y trompez pas, ce que vous sentez sur la **Piazza Gesù Nuovo**, près de l'université de Naples (à côté de la Piazza Dante) et du quartier général du parti communiste, n'a rien à voir avec de la fumée de cigarette. La jeunesse estudiantine, fatiguée d'avoir tagué ses graffitis revendicateurs *contro lo stato* (contre l'ordre établi), se repose ici au son du bongo et profite du moment pour faire connaissance avec les touristes. C'est sur la **Piazza Bellini** (à quelques pas de la Piazza Dante) et sur la **Piazza San Domenico Maggiore** (depuis la Via Umberto I, remontez la Via Mezzocannone) qu'une foule animée s'attable dans les cafés pour boire, fumer et discuter en terrasse. *Il Matino* et *Qui Napoli* dressent un inventaire convenable des discothèques de la ville. Bien qu'il n'y ait pas à proprement parler de boîte gay ou lesbienne, des établissements comme Virgilios ou Velvet organisent des soirées spéciales. Pour plus d'informations, appelez **Arci-Gay/Lesbica** (✆ 081 551 82 93).

CAFÉS, BARS ET PUBS

Caffè Letterario Intra Moenia, P. Bellini, 70 (✆ 081 29 07 20, www.intramoenia.it). Ne vous y trompez pas, cet établissement n'est pas un musée de souvenirs malgré les objets artisanaux et les cartes postales exposés. Il attire une clientèle plutôt intello qui n'hésite pas à feuilleter les livres négligemment disposés au milieu d'une décoration tout en osier. Bien que le menu affiche des prix élevés, un petit cocktail (6 €) ou une simple bière à siroter en terrasse sur la Piazza Bellini seront sûrement les bienvenus. Ouvert tlj 22h-2h.

Itaca, P. Bellini, 71 (✆ 081 822 66 132). Tout de noir décoré et très légèrement éclairé, l'ancien 1799 rebaptisé Itaca fait appel à ce qu'il y a de plus sombre en vous. Une musique *trance* angoissante vous empêchera de remarquer que vous venez de vous ruiner en prenant un dernier cocktail. Bière 3-4 €, cocktails à partir de 6 €. Ouvert tlj 10h-3h.

La Tapas, V. Paladino, 56 (✆ 347 847 44 75). Un bar sans esbroufe, fréquenté par les étudiants et leurs professeurs. Tout près de l'agitation nocturne de la P. San Domenico Maggiore. Ouvert tlj 19h-2h30.

BOÎTES DE NUIT

Camelot, V. San Pietro A. Majella, 8 (✆ 0380 713 60 17). Situé au coin de la Piazza Bellini, dans le centre historique, l'établissement dispose de deux étages à l'éclairage intimiste et à la musique dans le vent. Mis à part les 2 ou 3 concerts du mois, Camelot a fait de la danse et de la bière ses leitmotivs. Très fréquenté en hiver, vous saurez apprécier son personnel agréable et son ambiance sympathique en été. Bière 2,58 €. Ouvert Sep-Juin, Ma-Di 22h30-5h.

Madison Street, V. Sgambati, 47 (✆ 081 546 65 66), à Vomero, dispose d'une grande piste de danse pour les festivités du week-end. Entrée 10 €. Ouvert Sep-Mai, Ve-Di 22h-4h.

Riot, V. San Biagio, 39 (✆ 081 767 50 54), non loin du Corso Umberto I, vous donne l'occasion d'écouter des artistes locaux jouer du jazz ou du blues. Ouvert Je-Di 22h30-3h.

New Age, V. Atri, 36 (✆ 081 29 58 08). Une boîte gay et lesbienne, dans le centre historique. Essayez de ne pas marcher seul(e) sur la V. Atri la nuit. Ouvert Ma-Di 23h jusque tard.

EXCURSIONS DEPUIS NAPLES

LES CHAMPS PHLÉGRÉENS (CAMPI FLEGREI)

*Pour **Baies**, prenez le bus SEPSA qui part de la station de métro Pozzuoli (30 mn). Une fois à Baies, le billet Unico Fascia 1 (1,70 €) vous permettra d'utiliser tous les transports publics pendant une journée. Pour **Cumes**, prenez le bus SEPSA Misène-Cumes à la gare ferroviaire de Baies, descendez au terminus (durée 15 mn) et marchez jusqu'au bout de la Via Cumae. L'arrêt "Cumes" du Ferrovia Circumflegrea est situé au cœur de la nouvelle ville, à plusieurs kilomètres de marche du site. Pour **Misène**, prenez le bus SPESA Misène-Cumes au départ de Baies ou de Cumes. Pour **Pouzzoles**, vous avez le choix entre le Ferrovia Cumana, le Ferrovia Circumflegria et le métro de Naples.*

Cette magnifique portion de côte, parsemée de lacs et de baies, fut autrefois une zone d'intense activité volcanique. Les Grecs, qui occupèrent la région les premiers, l'associèrent aux enfers. Ils ne se laissèrent heureusement pas effrayer par Hadès et édifièrent de merveilleux monuments que nous pouvons admirer encore aujourd'hui. Les lacs volcaniques et les bains de boue des champs Phlégréens (de feu), que les Romains choisirent pour édifier des thermes réservés aux classes privilégiées, peuvent être visités à **Baies (Baia)**, tandis que Virgile continue à marquer de son sceau la ville de **Cumes (Cuma)**. Si les siècles passés vous ennuient, ne manquez pas les plages grises de **Misène (Miseno)** ni les vapeurs âcres du cratère Solfatara de **Pouzzoles (Pozzuoli)**, qui offrent l'occasion d'un bon nettoyage tout en s'amusant. Les sites naturels de premier ordre abondent dans la région, et il vous faudra une bonne journée en partant de Naples pour tout voir. Si vous souhaitez vous reposer de l'agitation de la grande ville, passez la nuit à Misène et détendez-vous. Vous pouvez également passer toute une journée à Pouzzoles : la ville offre parmi les meilleurs campings de tout le pays.

Autrefois tenue pour l'aire de jeu de l'empereur tyrannique Caligula, **Baies** avait la réputation d'être le foyer de l'hédonisme et de l'immoralité dans l'Antiquité. C'est aujourd'hui une paisible ville balnéaire avec un port en pleine activité. Certains vestiges du passé sont cependant encore visibles un peu partout dans la ville, agrémentés de vues spectaculaires. Les luxueuses ruines des **thermes romains** sont certainement les plus intéressants vestiges du passé "libertin" de Baies. Il est possible de grimper au deuxième et même au troisième étage. Ne manquez pas non plus le ❤ **temple de Mercure**, également appelé temple de l'Echo pour son acoustique. Cette chambre thermale est surmontée de la plus ancienne coupole à lucarne du monde, d'où une boule de lumière bondit sur l'eau tandis que la moindre respiration éveille un écho décuplé. Lorsque vous sortez de la gare, repérez l'escalier sur la droite, montez-le jusqu'en haut, puis tournez à gauche. (✆ 081 868 75 92, www.ulixes.it. Ouvert tlj de 9h jusqu'à 1h avant le coucher du soleil. Entrée 4 €, incluant un pass de deux jours permettant de visiter également les thermes, le Musée archéologique de Baies, les Scavi de Cumes et l'amphithéâtre de Pouzzoles.) Si vous aimez les trésors archéologiques, allez faire un tour au **Castello aragonese** ainsi qu'au **Museo archeologico dei Campi flegrei**. Prenez le bus Cumes-Misène en direction de Misène et descendez au premier arrêt (7 mn). Le musée abrite un certain nombre de sculptures et de pierres gravées trouvées dans les environs. Vous y jouirez également d'une vue superbe sur la ville. (✆ 081 868 75 92. Ouvert Ma-Di 10h-18h. Entrée incluse dans le pass archéologique.) Si vous visitez Baies le samedi ou le dimanche, rendez-vous au port en face de la gare ferroviaire et embarquez dans le *Cymba*, un bateau à fond transparent pouvant transporter 48 personnes, qui vous fera faire une visite de 1h15 au-dessus de la **ville romaine engloutie**, au large de la côte. Achetez vos billets à bord ou organisez une excursion de groupe pour définir votre propre horaire. (✆ 081 526 57 80. Visites Sa. à 12h et 16h, Di. à 10h30, 12h et 16h. Billet 7,75 €. Tarif réduit pour les enfants de moins de 13 ans.)

Cumes est l'un des sites les plus admirables des champs Phlégréens. Fondée au VIIIe siècle av. J.-C., il s'agit de la plus ancienne colonie grecque installée sur le sol italien. Selon la mythologie, c'est aussi, comme le raconte l'*Enéide* de Virgile, l'endroit où Enée, le père mythique de Rome, s'échoua après avoir fait naufrage. Parmi les **scavi** (vestiges) de Cumes se trouve l'un des hauts lieux de culte du monde antique, ❤ l'**Antro della Sibilla** (antre de la Sibylle). Cette galerie, construite pour la sibylle de Cumes, prêtresse d'Apollon fameuse pour ses oracles, fut utilisée comme four à pizza jusqu'à ce que des archéologues comprennent, en 1932, de quoi il s'agissait. Traversez le hall trapézoïdal jusqu'à l'endroit même où la sibylle, le plus célèbre oracle de la Grèce antique, conseilla d'innombrables héros mythologiques. Selon la littérature, les dieux l'inspiraient et elle donnait ses prédictions dans un état de rage terrible. Nous vous recommandons également le **temple d'Apollon**, situé en haut de l'escalier qui mène à la grotte, ainsi que le **temple de Jupiter**, en haut de l'acropole. La superbe vue sur Ischia et le bord de mer ne vous fera pas regretter vos efforts. Selon les habitants, échanger un baiser dans ce temple vous portera bonheur.

Pouzzoles est la destination la plus facilement accessible depuis Naples. C'est un port actif qui accueille les navires en partance pour Ischia et Procida. Ne manquez pas la visite du cratère volcanique **Solfatara**. On y accède à pied depuis le centre (de nombreux panneaux balisent le parcours) ou grâce au bus n° 152. Solfatara était considéré par les Anciens comme la porte d'entrée du monde des Enfers. On les croit volontiers si l'on considère la couleur jaunâtre phosphorescente des rochers, les jets de gaz sulfurique, l'odeur et la chaleur. (✆ 081 15 26 23 41, www.solfatar.it. Ouvert Avr-Sep tlj 8h30-19h, Oct-Mar de 8h30 jusqu'à une heure avant le coucher du soleil. 4,60 €) En dessous du cratère, à une courte distance à pied à la fois de la gare et du front de mer se dresse le superbe **amphithéâtre de Flavie**, construit au premier siècle de notre ère. Promenez-vous à travers les ruines et imaginez que vous êtes Russel Crowe. (✆ 081 526 60 07. Ouvert en été tlj 9h-20h, en hiver 9h-19h. Entrée incluse dans le pass archéologique).

Vous pouvez visiter Baies et Cumes depuis Naples, mais aussi séjourner à **Misène**, un village situé au bout de la péninsule, sur les rochers, où vous attendent de charmants hôtels au bord de l'eau. Prenez le **bus SEPSA** depuis la gare ferroviaire de Baies jusqu'à Misène (1 dép/h, durée 10 mn). Au terminus du bus se trouve l'**Hôtel Villa Palma**, V. Misena, 30, un établissement moderne et confortable à quelques pas de la plage. (✆ 081 523 39 44. 15 chambres, toutes avec salle de bains. Petit déjeuner compris. Chambre double 36-62 €. Cartes Visa, MC, AmEx.) De la **Cala Moresco**, V. Faro, 44, on jouit d'une vue étonnante qui va jusqu'à Naples. (✆ 081 523 55 95. 28 chambres parfaitement équipées. Petit déjeuner inclus. Chambre simple 62-67 €, double 93-108 € Cartes Visa, MC, AmEx.) De l'autre côté du port, l'**Hôtel Miseno** dispose de chambres qui donnent sur les bateaux de pêche. (✆ 081 523 50 00. 17 chambres avec salle de bains. Petit déjeuner inclus. Simple 36-46 € Double 41-52 € Cartes Visa, MC, AmEx.)

CASERTE (CASERTA)

Caserte est facilement accessible en train. Les ***trains*** *effectuent la liaison depuis Naples (35 dép./j, durée 30-50 mn, 2,70 €) et Rome (durée 2h30-3h30, 9,30-15 €). La gare de Caserte, située dans le centre-ville en face de la Reggia, est également un des principaux arrêts des* ***bus*** *municipaux (0,77-0,88 €). La* ***Reggia*** *se trouve juste en face de la gare ferroviaire, de l'autre côté de la Piazza Carlo III. © 0823 32 14 00. Ouvert Ma-Di 9h-19h30, jardins ouverts tlj de 9h jusqu'à 1h avant le coucher du soleil. Entrée 6 €. Les* ***offices de tourisme EPT*** *de Caserte se trouvent sur le Corso Trieste, 43, et à l'intérieur de la Reggia. © 0823 32 11 37. Ouvert Lu-Ve 9h-16h. Le* ***bureau de poste*** *est dans la Via Ellittico, à gauche de la Piazza Carlo III, en face de la gare.* ***Code postal*** *: 81100. Pour* ***Capoue****, prenez le* ***train*** *jusqu'à la gare de "Santa Maria Capua Vetere" (1,19 €). Continuez tout droit sur une courte distance, puis tournez dans la Via Avezzana, la première à gauche. Prenez de nouveau la première à gauche puis continuez sur 150 m et tournez à droite dans la Via Ricciardi, qui devient plus loin la Via Amphiteatro. Si vous ne voulez pas prendre le train, le* ***bus*** *bleu, qui part face à la gare de Caserte (0,88 €), vous mènera directement à la Piazza Adriano.* ***Amphithéâtre*** *ouvert tlj de 9h jusqu'à 1h avant le coucher du soleil. Entrée 2,50 €. Pour Naples, les bus partent depuis l'intersection qui se trouve une rue au nord de la gare ferroviaire de Capoue.*

Les touristes affluent à Caserte, "la Versailles napolitaine", pour une seule et unique raison : visiter la magnifique ❤ **Reggia**. Lorsque le roi Charles III de Bourbon commanda ce palais en 1751, il entendait rivaliser avec Louis XIV. L'impressionnant ensemble fut achevé en 1775, avec le gigantesque Palais royal et son **parc** de 120 hectares. Trois kilomètres de pelouse bien verte, parsemée de fontaines, de bassins, de statues et d'arbres taillés avec soin, mènent à la grande cascade (75 m de haut). Des séries de sculptures au fond du parc montrent Diane transformant le chasseur Actéon en un cerf, retournant ainsi sa meute de chiens contre lui. Sur la droite se trouve le Jardin anglais, agrémenté de ruines factices inspirées par Pompéi et Paestum. Si vous ne voulez pas marcher jusqu'à la cascade, prenez le bus (0,77 €) ou, plus romantique, une calèche. Le **palais**, grandiose, est composé de 1200 pièces, 1742 fenêtres et 34 escaliers. L'escalier de l'entrée principale est l'un des joyaux architecturaux du palais. Des fresques et des sols en marbre ornent les appartements royaux aux couleurs éclatantes. S'il vous reste du temps, allez jeter un œil sur **San Leucio**, un château qui surplombe Caserte.

Capoue (Capua) et les vestiges de son **amphithéâtre romain** (l'un des plus impressionnants) se trouvent à une station de train de Caserte. Seul le Colisée de Rome, construit à la même époque, peut rivaliser avec cet édifice massif. Risquez un pas dans les tunnels par lesquels gladiateurs et fauves étaient menés dans l'arène.

La plupart des hôtels de Caserte se trouvent dans le quartier un peu délabré qui entoure la gare. Si la fatigue vous gagne après la visite de la Reggia, passez la nuit à l'**Hôtel Baby**, V. Giuseppe Verdi, 41, à droite en sortant de la gare, qui dispose de 10 chambres correctement meublées. Evitez de trop regarder les ampoules nues qui tombent du plafond (© 0823 32 83 11. Chambre simple 43,90 €, chambre double 51,65 €, chambre triple 67,14 €. Cartes Visa, MC, AmEx.) Plus bas dans la même rue se tient le très bel **Hôtel Amadeus.** Les 12 chambres possèdent de hauts plafonds boisés et des salles de bains lumineuses. (© 0823 35 26 63. Réservation conseillée. Chambre simple 55 €, double 73 €, triple 97 €. Carte Visa, MC, AmEx.)

La cuisine de Caserte est sans prétention. La ville possède de nombreuses **pizzerias** proposant de délicieuses pizzas (que vous pouvez emporter). L'une des plus fréquentées est la **Pizzeria La Ciociara**, V. Roma, 13, qui sert de grandes parts pour 1-2 €. Depuis la gare, marchez en direction de la Reggia et prenez la deuxième rue à droite, la Via Roma. (© 0823 32 26 14. Ouvert tlj 10h-24h.) La **Via Mazzini**, qui s'étend de la Piazza Dante à la Piazza Vanvitelli, constitue le centre de ce que la ville peut offrir en matière de vie sociale.

BÉNÉVENT (BENEVENTO)

Bénévent est accessible en ***train*** *depuis Caserte (durée 1h, 3,70 €), Naples (durée 1h30, 4 €) ou Rome (durée 3h, 9,86 €). Plusieurs* ***bus*** *municipaux (informations © 0824 210 15) partent de la gare ferroviaire, dont le bus n° 1 (0,70 €) qui se dirige vers le Corso Garibaldi, l'artère principale de la ville. Les bus pour Naples et les autres villes de la région partent de la gare routière Extraurbani, à quelques rues au nord du Castel, sur le Corso Garibaldi. Pour appeler un* ***taxi****, composez le © 0824 200 00. L'****office de tourisme EPT****, sur la Piazza Roma (tout près du Corso Garibaldi), est un puits d'informations. © 0824 31 99 38. Ouvert Lu-Ve 8h-13h45 et 15h-17h45.* ***Code postal*** *: 82100.*

Selon la légende, cette ville fut tout d'abord appelée *Maleventum* (le vent mauvais) par les Samnites. Les Romains, après avoir définitivement vaincu Pyrrhus en 275 av. J.-C. non loin de la cité, décidèrent qu'après tout l'endroit n'était pas si mauvais que cela et l'appelèrent "le bon vent" (*Beneventum*). Gravement touchée par les bombardements de la Seconde Guerre mondiale, la ville a été intelligemment restaurée et modernisée par la suite, sans que les restes de l'ancienne ville ne perdent trop de leur charme.

Du VIe au IVe siècle av. J.-C., Bénévent était le centre du royaume des Samnites. Le beffroi de la Piazza Matteotti, non loin du Corso Garibaldi, commémore avec fierté cet héritage. L'**église Santa Sofia** (762), elle aussi sur la Piazza Matteotti, est flanquée d'un monastère aujourd'hui transformé en **Museo del Sannio** (musée du Samnium, © 0824 218 18). Vous y découvrirez des objets samnites, romains et quelques productions d'artistes de la région. Au sud du musée, en descendant le Vico Noce, se tient un jardin orné de sculptures exécutées par Mino Palladino. Au nord de la Piazza Roma, l'❤ **Arc de Beneventum** (114-117) met en scène les différentes campagnes de l'empereur **Trajan**. Il s'agit des plus beaux et des plus importants bas-reliefs encore visibles sur un arc de triomphe romain. De l'autre côté de la ville se dresse le **théâtre romain** (IIe siècle) l'un des mieux conservés du pays : on y donne aujourd'hui encore des concerts (entrée 2 €). Au mois de septembre, la ville organise un festival de théâtre ; contactez l'office de tourisme pour plus de détails.

L'**Albergo della Corte** se cache dans une allée, P. Piano Corte, 11. Suivez l'étroite Via Bartolomeo Camerario, non loin du Corso Garibaldi. L'hôtel propose 11 chambres récemment refaites, toutes avec télévision. (© 0824 548 19. Chambre simple 34 €, chambre double 47 €.) Le personnel du **President Hôtel**, V. Perraso, 1, est efficace et attentionné. Cela compense quelque peu la froideur des chambres pourtant bien équipées, avec salle de bains, lits confortables, TV et clim. (© 0824 31 67 16. Chambre simple 46 €, double 67 €.) Près de l'arc de Trajan, le **Ristorante e Pizzeria Traiano**, V. Manciotti, 48, sert des repas simples mais délectables. (© 0824 250 13. *Primi* et *secondi* 4,13 €. Ouvert Me-Lu 12h-16h et 19h-24h.) Pour des sandwichs copieux, faites un détour par la **Salumeria Borai**, C. Garibaldi, 158, un traiteur réputé que vous dénicherez au milieu de toutes les *gelaterie* établies dans la même rue. (© 0824 49 13 01. Ouvert Lu-Ve 7h-14h et 17h-20h30, Sa 7h-14h.) Même si la région est surtout réputée pour sa *mozzarella di bufala*, ne quittez pas la ville sans avoir goûté la liqueur qu'elle fabrique, la *strega* (sorcière), ainsi nommée en souvenir des légendaires sorcières de Bénévent. L'engouement pour la *strega* est si grand qu'on en a même fait un parfum de glace. Le **marché Margherita** se tient au coin de la V. S. Fillipo et de la V. S. Gaetano, à deux rues derrière le *duomo* (Lu-Sa 9h-13h et 16h-20h.)

Le long retour vers Naples sera l'occasion de découvrir une campagne accidentée. Les bus font un arrêt dans le petit village de **Montesarchio**, perché sur une colline. Ses rues étroites et sinueuses mènent à une ❤ **tour aragonaise** d'où vous découvrirez un panorama inoubliable. Adressez-vous à l'office de tourisme de Bénévent pour obtenir l'horaire des bus. Cette halte ne vous prendra pas plus de 2 heures.

LE GOLFE DE NAPLES (GOLFO DI NAPOLI)

POMPÉI (POMPEII) ✆081

Le 24 août 79 de notre ère, la vie à Pompéi, cité romaine florissante d'environ 25 000 habitants, fut brutalement ensevelie sous une pluie de cailloux incandescents, d'énormes nuages de cendres suffocants et une coulée de lave descendus du Vésuve. A part quelques prudents habitants qui évacuèrent la ville dès les premières secousses, les Pompéiens furent tous brûlés vifs ou asphyxiés. C'est sans doute avec une certaine appréhension que vous envisagerez de parcourir les ruines éloquentes et terribles qui témoignent de la tragédie qui a frappé la ville : le carcan de cendres enveloppant les victimes a figé pour l'éternité l'expression des visages et les dernières contorsions des corps, tout en préservant admirablement les murs et leurs fresques. Le Vésuve, quant à lui, est toujours actif et menaçant. Depuis 1748, date à laquelle fut découvert le site, chaque décennie a apporté son lot de découvertes, dissipant davantage les zones d'ombre qui obscurcissaient notre connaissance du monde romain et de la vie quotidienne de ses habitants.

TRANSPORTS

La façon la plus rapide de se rendre à Pompéi (à 25 km au sud de Naples) consiste à prendre le **train Circumvesuviana** (✆ 081 772 21 11) à la gare centrale de Naples (direction Sorrente, 2 dép/h, durée 40 mn, 2,20 €) ou à la gare de Sorrente. Descendez à l'arrêt "Pompeii Scavi-Villa dei Misteri", plus pratique que l'arrêt "Pompeii Santuario". L'entrée ouest du site se situe en contrebas, à gauche. Vous pouvez également prendre le **train FS**, qui part pour Salerne sur la voie principale de la gare de Naples et s'arrête à Pompéi, mais les départs sont moins fréquents (1 dép/h, durée 30 mn, 2,20 €). La gare FS est à 10 mn à pied de l'entrée est. Prenez tout droit dans la Via Sacra, puis à gauche en face du sanctuaire dans la Via Roma.

ORIENTATION ET INFORMATIONS PRATIQUES

La ville moderne de Pompéi est située tout à l'est de la cité antique, laquelle s'étend sur un axe est-ouest. L'**office de tourisme**, V. Sacra, 1 (✆ 081 850 72 55), vous donnera un plan. Pour vous rendre à l'autre bureau, P. Porta Marina Inferiore, 12, depuis l'arrêt "Pompeii Scavi-Villa dei Misteri", prenez à droite en sortant de la gare Circumvesuviana et suivez la route jusqu'au bas de la colline. (✆ 800 01 33 50. Les deux bureaux sont ouverts Lu-Ve 8h-15h30 et Sa. 8h-14h.) Vestiaire gratuit à l'entrée des ruines. Il y a un **poste de police** à l'entrée du site, mais les commissariats se trouvent P. Schettini, 1 (✆ 081 850 61 64), et à l'angle de la Piazza B. Longo, au bout de la Via Roma.

HÉBERGEMENT ET CAMPING

A moins que vous ne souhaitiez visiter Pompéi de fond en comble, il n'y a aucune raison de passer la nuit dans la ville moderne, terne et sans attrait. Cependant, si tel est votre désir, vous trouverez sans problème une chambre, que vous pourrez parfois négocier à la baisse (au moins 15 %). Vous trouverez une liste complète des adresses avec les prix à l'office de tourisme.

Motel Villa dei Misteri, Vle Villa dei Misteri, 11 (✆ 081 861 35 93, www.villadeimisteri.it), dans la montée près de la gare Circumvesuviana. 33 chambres confortables et propres. La plupart disposent d'un balcon donnant sur une piscine en forme d'amphore. Le salon très chic et les chambres somptueuses expliquent pourquoi il vous faudra réserver 3 mois à l'avance pour un séjour estival. Air conditionné disponible pour 11 €. Petit déjeuner

5 €. Chambre simple 54-62double 54-62 €, triple 72-82 €. Cartes Visa, MC, AmEx. ❖❖❖❖

Camping Zeus, Vle Villa dei Misteri, 1 (✆ 081 861 53 20, www.campingzeus.it), situé près de la gare Circumvesuviana "Villa dei Misteri". Belles pelouses plantées d'arbres. 5 € par personne, 4 € par petite tente. Bungalows pour 2 à 5 personnes 40-70 €. Cartes Visa, MC. ❖

Camping Pompeii, V. Plinio, 121-128 (✆ 081 862 28 82, www.wei.it/cpompei), en bas de la Via Plinio, la principale rue venant des ruines. 50 bungalows. Pour une personne 25 €, pour deux personnes 31-41 €, pour trois personnes 36-46 €, pour quatre personnes 51-61 €. Réservation une semaine à l'avance conseillée. ❖

Camping Spartacus, V. Plino, 117 (✆ 081 536 95 19, www.campingspartacus.it), près du camping Pompei. Pelouses soigneusement tondues. Bungalows avec salle de bains (39-90 €). Camping 5,50-6 € par personne, 1 € par tente. Camping-car 5,50 €. ❖

RESTAURANTS

La cafétéria située dans l'enceinte des ruines est horriblement chère. Nous vous recommandons d'amener votre **pique-nique**. Vous trouverez quelques restaurants et marchands de fruits près de l'entrée des ruines. Vous pouvez aussi vous approvisionner au **supermarché GS**, V. Statale, sur la grand-route entre les deux entrées du site archéologique.

La Vinicola, V. Roma, 29 (✆ 081 863 12 44), propose une restauration rapide. Elle attire les clients notamment grâce à sa cour en plein air, à ses serveurs joyeux dont on dirait qu'ils peuvent se mettre à chanter à tout moment, et à ses copieux *gnocchi con mozzarella*. Déjeuner touristique 13 €, boissons non comprises. Couvert 0,77 €. Ouvert tlj 9h-24h.

Empire Cafe, V. Plinio, 71 (✆ 081 863 23 66), dans la direction de l'hôtel Minerva depuis les ruines. Repas complet 6-11 €. Ce n'est pas uniquement une pizzeria : il y a aussi une salle de concert-discothèque dans le même bâtiment. Ouvert tlj 9h-2h. Discothèque ouverte 21h-2h.

Porta Marina Fruit Juices, sur la dernière terrasse à droite avant l'entrée de la Porta Marina, sert probablement les meilleurs jus d'orange de toute l'Italie (2,50 €). A ne pas manquer.

VISITES

Le site de Pompéi est ouvert de 8h30 à 19h30 (entrée 10 €). Une visite d'ensemble de Pompéi vous prendra probablement toute la journée. Les **visites guidées** ne sont pas données et sont surtout destinées aux groupes, mais c'est le meilleur moyen de connaître en détail la vie et la mort des Romains du Ier siècle. Contactez l'**agence GATA** (✆ 081 861 56 61) ou **Assotouring** (✆ 081 862 25 60) pour plus de renseignements. Il arrive que les guides recrutent leurs clients directement près de l'entrée. Une autre option consiste à louer l'un des excellents **audioguides** proposés au guichet ; les commentaires sont à la fois clairs et intéressants (6 €, version pour les enfants 4,50 €). Si vous préférez vous passer d'un guide, quel qu'il soit, sachez que malgré le prix élevé de l'entrée, les ruines manquent cruellement de panneaux explicatifs et de commentaires.

LE FORUM ET SES ENVIRONS. Les murs de la **basilique** (palais de justice civile et commerciale) sont décorés de stuc pour imiter le marbre. Plus loin dans la Via Marina, vous atteindrez l'immense place du ❤ **forum**, entourée d'un portique (colonnes doriques). Le forum, qui était orné à l'origine de statues de dieux et d'empereurs, constituait le centre commercial, religieux et politique de la ville. Les moulages impressionnants des victimes du Vésuve sont exposés sur le côté ouest. A l'extrémité nord se dresse le **temple de Jupiter**, en partie détruit par le tremblement de terre de 62, qui précéda l'éruption d'une quinzaine d'années. A gauche, le **temple d'Apollon** est orné des copies des statues de Diane et d'Apollon (les originaux sont au Musée archéologique national de Naples) et d'une colonne surmontée d'un cadran solaire.

De l'autre côté du forum, à gauche de l'**édifice d'Eumachia** (remarquez les encadrements des portes ornés d'animaux et d'insectes se cachant dans des feuilles d'acanthe), le **temple de Vespasien** abrite un autel décoré d'une scène de sacrifice.

LA MAISON DU FAUNE ET SES ENVIRONS. Longez le forum vers le nord, à côté du restaurant, et entrez dans les **thermes du forum**, à gauche dans la Via delle Terme. Des moulages se sont effrités, laissant voir des dents et des os. A droite, dans la Via della Fortuna, vous apercevez la ❤ **maison du Faune**, où l'on découvrit la statuette en bronze d'un faune dansant ainsi que l'impressionnante mosaïque de la Bataille d'Alexandre (les originaux sont à Naples au Musée archéologique national). La taille et l'opulence de ce bâtiment laissent à penser aux archéologues qu'il s'agissait de la demeure privée de l'un des hommes les plus riches de la cité. Continuez dans la Via della Fortuna et prenez à gauche le Vicolo dei Vettii pour pénétrer dans la somptueuse ❤ **maison des Vettii**. A l'intérieur se trouvent les fresques les plus colorées de Pompéi. Dans le vestibule, on peut voir Priape, le dieu de la fertilité, afficher sa colossale virilité. Jadis, les *phalli* étaient censés repousser les mauvais esprits, mais de nos jours ils ne parviennent qu'à faire glousser les touristes.

LE LUPANAR ET SES ENVIRONS. Retournez sur vos pas dans le Vicolo dei Vettii, traversez la Via della Fortuna en direction du Vicolo Storto, puis tournez à gauche dans la Via degli Augustali. Les Romains, qui étaient en train de repaver cette route usée lorsque le volcan entra en éruption, laissèrent leur travail inachevé. Prenez la première à droite, le Vicolo del Lupanare, et vous pourrez visiter le **lupanar** (étymologie directement latine), dont les petites chambres s'ornent de peintures érotiques illustrant avec précision la spécialité de l'occupante. Deux mille ans plus tard, c'est toujours l'endroit le plus fréquenté de la ville. La rue continue jusqu'à l'avenue principale, la Via dell'Abbondanza. Sur votre gauche se trouvent les **thermes de Stabies**, des bains publics et privés plus luxueux que les thermes du forum. L'établissement comprend une section pour les femmes et une autre pour les hommes, chacune avec un *apodyterium* (vestiaire), un *frigidarium* (salle pour les bains froids), un *tepidarium* (bains tièdes) et un *caldarium* (bains chauds avec vapeur).

LE GRAND THÉÂTRE ET SES ENVIRONS. La Via dei Teatri, en face, vous conduit à un vaste ensemble comprenant le **Grand Théâtre**, construit dans la première moitié du IIe siècle av. J.-C., et le **Petit Théâtre**, édifié un peu plus tard pour les auditions musicales et les spectacles de mimes. Au nord des théâtres s'élève le **temple d'Isis**, édifice dédié à la déesse égyptienne de la fertilité. En sortant du temple par la droite, dans le Vicolo Meridionale, vous passez devant deux belles demeures, la **maison de Ménandre** et la **maison de Caius Secundus**. Tout au bout de cette rue, prenez à gauche et retournez sur l'avenue principale. Les Romains croyaient que les carrefours étaient particulièrement vulnérables aux esprits malins. Les intersections, comme c'est le cas ici, sont donc souvent agrémentées d'un autel destiné à les repousser.

L'AMPHITHÉÂTRE ET SES ENVIRONS. En prenant à droite dans la Via dell'Abbondanza, remarquez les inscriptions peintes en rouge sur les murs : des slogans politiques aux déclarations d'amour, chacun y trouvera un sujet de débat (les graffitis n'ont manifestement pas beaucoup changé en 2000 ans). Au bout de la rue se dressent la **maison de Loreius Tiburtinus** et la **maison de Vénus** (Casa di Venere), de grandes structures ornées de superbes fresques et de jardins reconstitués d'après les découvertes des archéologues sur l'aménagement des jardins de l'époque. L'**amphithéâtre** (80 av. J.-C.), tout proche, est le plus ancien amphithéâtre romain que l'on connaisse. Il pouvait contenir 12 000 spectateurs. Lorsque des combats avaient lieu, la foule devait décider si le gladiateur vaincu vivrait ou mourrait, en manifestant son avis mûrement réfléchi par un pouce élégamment pointé, soit vers le haut, soit vers le bas.

Pour atteindre la ❤ **villa des Mystères**, allez à l'extrémité ouest de la Via delle Terme, tournez à droite dans la Via Consolare et continuez tout droit au-delà de la Porta Ercolano. Cette villa, la mieux conservée de Pompéi, abrite la magnifique **fresque dionysiaque** (peut-être la plus grande peinture du monde antique) représentant l'initiation d'une jeune épouse au culte de Dionysos. En passant devant la Porta Ercolano, vous aurez une vue splendide de toute la cité.

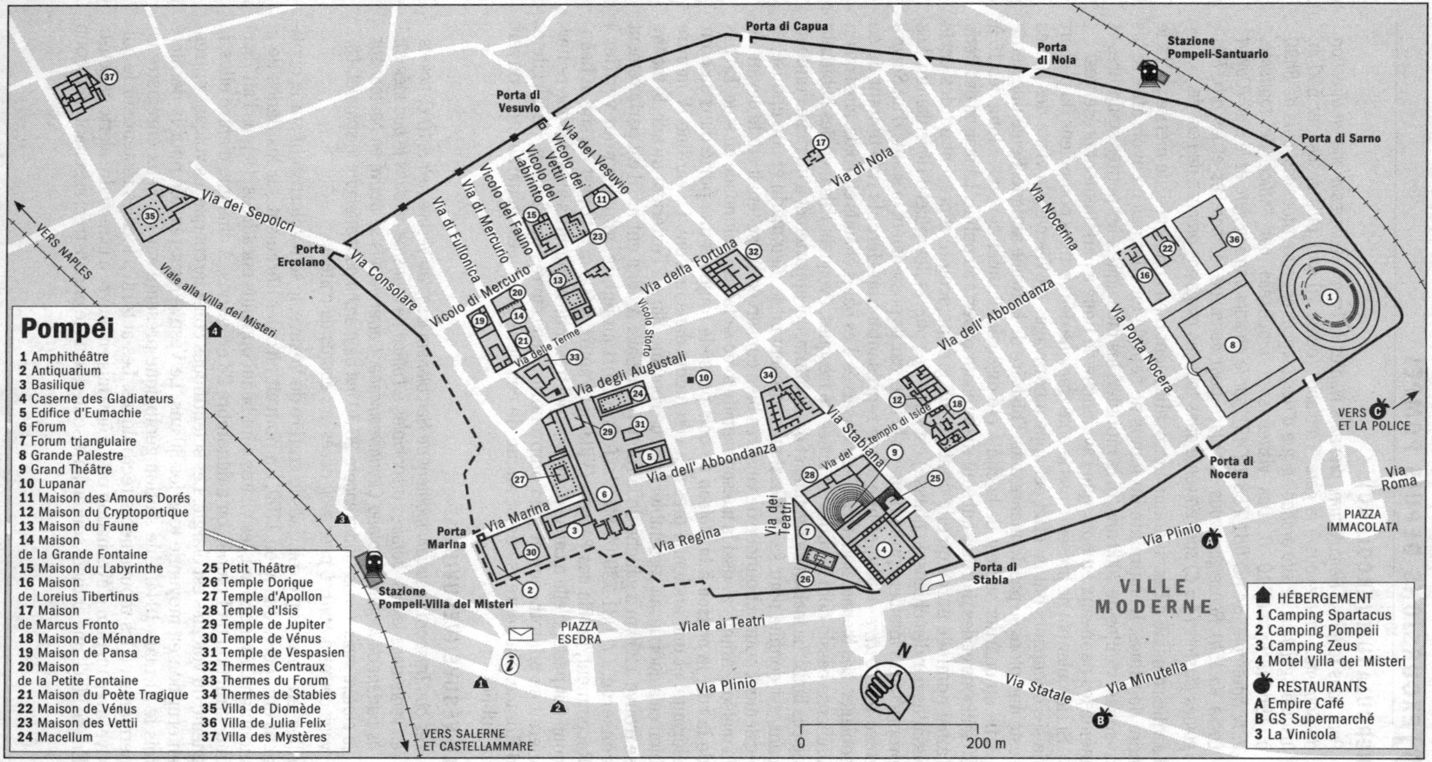
Pompéi
1 Amphithéâtre
2 Antiquarium
3 Basilique
4 Caserne des Gladiateurs
5 Edifice d'Eumachie
6 Forum
7 Forum triangulaire
8 Grande Palestre
9 Grand Théâtre
10 Lupanar
11 Maison des Amours Dorés
12 Maison du Cryptoportique
13 Maison du Faune
14 Maison de la Grande Fontaine
15 Maison du Labyrinthe
16 Maison de Loreius Tibertinus
17 Maison de Marcus Fronto
18 Maison de Ménandre
19 Maison de Pansa
20 Maison de la Petite Fontaine
21 Maison du Poète Tragique
22 Maison de Vénus
23 Maison des Vettii
24 Macellum
25 Petit Théâtre
26 Temple Dorique
27 Temple d'Apollon
28 Temple d'Isis
29 Temple de Jupiter
30 Temple de Vénus
31 Temple de Vespasien
32 Thermes Centraux
33 Thermes du Forum
34 Thermes de Stabies
35 Villa de Diomède
36 Villa de Julia Felix
37 Villa des Mystères
HÉBERGEMENT
1 Camping Spartacus
2 Camping Pompeii
3 Camping Zeus
4 Motel Villa dei Misteri
RESTAURANTS
A Empire Café
B GS Supermarché
3 La Vinicola
Porta di Capua
Porta di Nola
Stazione Pompeii-Santuario
Porta di Sarno
Porta di Vesuvio
Porta Ercolano
Porta Marina
Porta di Stabla
Porta di Nocera
Stazione Pompeii-Villa del Misteri
VERS NAPLES
VERS SALERNE ET CASTELLAMMARE
VERS ET LA POLICE
Via dei Sepolcri
Viale alla Villa dei Misteri
Via Consolare
Via di Fullonica
Via di Mercurio
Vicolo di Mercurio
Vicolo del Fauno
Vicolo del Labirinto
Vicolo dei Vettii
Via del Vesuvio
Via di Nola
Via della Fortuna
Vicolo Storto
Via delle Terme
Via degli Augustali
Via Marina
Via dell' Abbondanza
Via Stabiana
Via del tempio di Iside
Via dei Teatri
Via Regina
Via Nocerina
Via Porta Nocera
Via Roma
PIAZZA IMMACOLATA
Via Plinio
VILLE MODERNE
Viale ai Teatri
PIAZZA ESEDRA
Via Statale
Via Minutella
N
0
200 m

EXCURSIONS DEPUIS POMPÉI

HERCULANUM (ERCOLANO)

Pour vous rendre à Herculanum, prenez à Naples le train Circumvesuviana en direction de Sorrente. Arrêtez-vous à la gare "Ercolano" (durée 20 mn), puis descendez 500 m, jusqu'au guichet. Le site archéologique d'Herculanum est ouvert tous les jours de 8h30 à 19h30. Entrée 10 €. Des visites sont proposées par l'office de tourisme, V. IV Novembre, 84 (© 081 788 12 43), sur le chemin entre la gare et le site. (Ouvert Lu-Sa 9h-15h). Renseignez-vous sur place pour connaître les horaires et les prix. Des guides illustrés (4-6 €) sont en vente dans tous les magasins proches de l'entrée.

La ville romaine d'Herculanum, incroyablement bien conservée, ne mérite guère le nom de ruines. L'empreinte du temps ne semble en effet pas en avoir affecté les fresques, vieilles de 2000 ans, ni le mobilier, les mosaïques, les petites sculptures et même les panneaux en bois, que l'avalanche de boue a parfaitement préservés.

Si Herculanum ne présente pas le côté tragique des vestiges pompéiens (la plupart de ses occupants ont en effet échappé aux ravages du Vésuve), la visite des ruines reste une plongée passionnante dans l'histoire de la Rome antique. Seule une petite partie du quartier sud-est de la cité a été dégagée. Promenez-vous le long des 15 à 20 maisons et des thermes qui sont maintenant ouverts au public. La **maison des Cerfs** (ainsi nommée parce qu'elle contient un groupe sculpté représentant des cerfs assaillis par des chiens de chasse) est l'une des plus belles villas d'Herculanum. Les propriétaires aimaient probablement la fête, car ils possédaient la statue d'un *Satyre avec une outre à vin*, et une autre représentant un Hercule ivre tentant de se soulager. Les **thermes** sont très bien conservés. Les bains chauds et froids, ainsi qu'un immense bassin dont la voûte est ornée de fresques, évoquent l'aisance des habitants de ces lieux. La **maison de Neptune et d'Amphitrite**, qui appartenait à un riche commerçant, est connue pour sa ❤ **mosaïque** représentant le dieu marin et son épouse, et également pour la boutique de vins très bien conservée qui se tenait sur le devant de la maison. Admirez aussi la **maison samnite** avec sa fausse colonnade en stuc. En bas de la rue, la **maison à la cloison de bois** possède toujours une porte dans sa cour élégante, et une ancienne presse à vêtements dans un coin. Le cardine IV montre bien ce à quoi devait ressembler une rue romaine. Situé à l'extérieur du site, le **théâtre** se trouve à 250 m à gauche de la route principale. A demi enfoui, il est parfaitement conservé. (© 081 739 09 63. Parfois ouvert au public, appelez pour vérifier.) Récemment, la **villa des Papyrus** (Villa dei Papiri), à 500 m à l'ouest du site, a beaucoup fait parler d'elle à cause d'un éventuel trésor de manuscrits antiques que renfermerait sa bibliothèque et qui comprendrait des œuvres de Cicéron, de Virgile et d'Horace. Malheureusement, aucun de ces deux sites n'est généralement ouvert au public.

LE VÉSUVE (VESUVIO)

Les bus Trasporti Vesuviani montent de Herculanum jusqu'au Vésuve (a/r 3,10 €, tickets en vente dans le bus, horaires disponibles à l'office de tourisme ou dans le bus même). Ils partent de la gare Ercolano Circumvesuviana. L'arrêt de bus se trouve en hauteur sur le cratère mais il vous faudra encore 20-30 mn de marche pour atteindre le sommet. Là, vous devrez payer 6 € pour avoir accès aux abords du cratère.

Allez jeter un coup d'œil dans le cratère du Vésuve, le seul volcan actif sur le continent européen. Jusqu'en 1700, on pouvait circuler librement sur les flancs de la montagne. Aujourd'hui, les visites sont beaucoup plus encadrées. Depuis l'an 79, et la destruction de Pompéi, on a dénombré 28 éruptions. A chacune d'entre elles, la gueule du volcan s'est élargie. Les scientifiques considèrent que les volcans entrent en éruption en moyenne tous les 30 ans. Le Vésuve s'est réveillé pour la dernière fois le 31 mars 1944. Une station géologique présente sur les lieux enregistre en permanence les mouvements tectoniques. Les autorités locales restent sur le qui-vive, avec un plan d'évacuation prêt à être mis en œuvre à la moindre alerte sérieuse. En été 2003, une activité souterraine soutenue a été enregistrée, suscitant beaucoup de commentaires et de pronostics. Les experts s'accordent à dire que la prochaine éruption sera la plus violente depuis celle de 1631 – elle-même aussi dévastatrice que l'éruption de 79 qui engloutit Pompéi.

SORRENTE (SORRENTO) ✆ 081

En passant près de la péninsule de Sorrente, Ulysse faillit succomber au chant des sirènes. Si elles existent toujours, ces dernières doivent sûrement être polyglottes… car une masse bigarrée de touristes afflue chaque année autour du golfe de Sorrente, utilisant la ville comme base pour leur exploration de la baie. Avec 20 000 habitants et 13 000 lits d'hôtel, c'est la ville la plus grande et la plus touristique de la péninsule. Vous y croiserez beaucoup d'Anglais, et il semble plus facile de trouver un thé qu'un cappuccino. Malgré tout, la cité est charmante, avec sa vieille ville et sa **Marina Grande**. De nombreux ferrys relient la ville au reste de la baie.

TRANSPORTS

Train : **Circumvesuviana** (✆ 081 772 24 44), tout près de la Piazza Lauro. 39 trains par jour de 5h à 23h30, à destination de **Pompéi** (durée 35 mn, 1,85 €), **Herculanum** (durée 45 mn, 1,85 €) et **Naples** (durée 1h, 2,90 €).

Ferry et **hydrofoil** : Vous pouvez accéder au port en bus (0,93 €) depuis la Piazza Tasso. La compagnie **Linee Marittime Partenopee** (✆ 081 807 18 12) envoie des ferrys (5 dép/j de 8h30 à 16h50, durée 40 mn, 6,50 €) et des hydrofoils (17 dép/j de 7h20 à 17h40, durée 20 mn, 9,50 €) à **Capri**. Cette compagnie met également en service des hydrofoils à destination de **Naples** (7 dép/j, durée 35 mn, 7 €) et **Ischia** (durée 45 mn, 12,50 €). Guichets ouverts tlj 7h30-19h. **Caremar** (✆ 081 807 30 77) fait circuler des ferrys pour **Capri** (durée 20 mn, 5,70 €). Guichets ouverts tlj 7h-17h.

Bus : Les bus **SITA** partent de la gare Circumvesuviana pour les villes de la côte Amalfitaine. 18 bus par jour à destination d'**Amalfi** (durée 1h15, 2,30 €), **Positano** (durée 40 mn, 1,20 €) et **Praiano** (durée 1h, 1,20 €). Achetez vos tickets dans un bar, un bureau de tabac ou un hôtel sur la Piazza Lauro.

ORIENTATION ET INFORMATIONS PRATIQUES

Sorrente s'étend en grande partie sur un plateau bordé de falaises qui plongent vertigineusement dans la baie de Naples. La place centrale, la **Piazza Tasso**, est reliée par un escalier (et des routes) à la **Marina Grande** et à la **Marina Piccola**, où se trouve le **port**. Le Corso Italia traverse la Piazza Tasso : si vous faites face à la mer, les gares routière et ferroviaire sont sur la droite, alors que la vieille ville se trouve à gauche. La Via Fuorimura coupe le Corso Italia et s'écarte des falaises.

Office de tourisme : Lungomare de Maio, 35 (✆ 081 807 40 33). De la Piazza Tasso, prenez la Via de Maio, traversez la Piazza Sant'Antonino puis continuez vers le port. Le bureau est à droite, dans le Circolo dei Forestieri (à gauche en entrant dans le bâtiment). Procurez-vous un exemplaire du *Surrentum*, le mensuel touristique gratuit. Ouvert Avr-Sep, Lu-Sa 8h45-19h45. Oct-Mars : Lu-Sa 8h30-14h et 16h-18h15.

Location de voitures et de vélomoteurs : **Sorrento Car Service**, C. Italia, 210a (✆ 081 878 13 86). Scooter à partir de 38 € la journée. Casque et assurance compris. Permis de conduire obligatoire. Voitures et chauffeurs également disponibles. Ouvert tlj 8h-13h et 16h-20h. Cartes Visa, MC, AmEx.

Librairie : **Libreria Tasso**, V. S. Cesaro, 96 (✆ 081 807 16 39). Ouvert Lu-Sa 9h30-13h30 et 17h-22h45, Di 11h-13h30 et 19h-22h45.

Laverie automatique : **Terlizzi**, C. Italia, 30 (✆ 081 878 11 85) : Dans la vieille ville. 8 € la machine. Lessive 0,50 €. Nettoyage à sec. Ouvert Lu-Sa 8h15-13h15 et 17h-20h.

Urgences : ✆ 113. **Urgences médicales** : **Ospedale Civile di Sorrento**, C. Italia, 129 (✆ 081 53 11 11). **Police** (✆ 081 807 30 88) : Dans le Vico 3° Rota. Depuis la gare, prenez à droite dans le Corso Italia puis à gauche après la Via Nizza.

Internet : **Blublu. it**, V. Fuorimura, 20 (✆/fax 081 807 48 54, www.blublu.it). Prenez la Via Fuorimura depuis la Piazza Tasso. Connexions rapides. Accès Internet 3 € les 30 mn. Ouvert Lu-Ve 10h-13h et 17h-22h, Sa. 15h30-22h.

Bureau de poste : C. Italia, 210 (✆ 081 807 28 28), près de la Piazza Lauro. Ouvert Lu-Ve 8h-18h30, Sa 8h-12h30. **Code postal** : 80067.

HÉBERGEMENT ET CAMPING

Sorrente, avec ses logements à des prix raisonnables, son réseau de transports publics et ses différents points d'accès Internet, attire bon nombre de visiteurs en route pour Amalfi, désireux de découvrir les petites localités alentour. Occupés pendant la journée à visiter l'arrière-pays, ils retournent à Sorrente pour passer la nuit. Il est vivement recommandé de s'y prendre très tôt pour obtenir une chambre en Juil-Août. En outre, certains hôtels n'hésitent pas à faire payer la nuit beaucoup plus qu'il n'est affiché. Si vous êtes victime de ce genre de procédés, demandez à voir la liste officielle des tarifs et adressez une plainte à l'EPT. Les prix indiqués ci-dessous concernent la haute saison.

Hôtel Elios, V. Capo, 33 (✆ 081 878 18 12), à mi-chemin entre Sorrente et Punta del Capo. Prenez le bus A sur la Piazza Tasso. Bien que les chambres soient assez quelconques, cet hôtel vaut pour ses deux grandes terrasses et leur vue imprenable sur la baie. Ouvert Avr-Oct. Chambre simple 25-30 €, chambre double 45-55 €. ❖❖❖

Hôtel City, C. Italia, 221 (✆ 081 877 22 10, hotelcity@libero.it), à gauche en sortant de la gare. Bureau de change, tickets pour les bus municipaux, cartes et petit bar. Accès Internet 2,50 € les 30 mn. En été, réservez un mois à l'avance. Chambre simple 37-46 €, chambre double 40-50 €. Cartes Visa, MC, AmEx. ❖❖❖❖

Hôtel Savoia, V. Fuorimura, 46 (✆/fax 081 878 25 11, www.hotel-savoia.com), non loin de la Piazza Tasso. Cet hôtel tranquille, au personnel agréable, possède 15 grandes chambres calmes, toutes équipées d'une salle de bains très propre. Petit déjeuner inclus. Chambre simple 65-70 €, chambre double 80-85 €. Cartes Visa, MC, AmEx. ❖❖❖❖❖

❤ **Camping** : **Nube d'Argento**, V. del Capo, 21 (✆ 081 878 13 44, www.nubedargento.com). Prenez le **bus A** depuis la Piazza Tasso (0,93 €). Au bord de la mer, avec piscine, douches et eau chaude, épicerie et restaurant. Laverie 7 €. Réservation possible uniquement pour les bungalows. Pour le mois d'août, s'y prendre dès juin. 6-9 € par personne, 8-13 € par tente. Bungalow pour 2 personnes 45-80 €. 10 % de réduction pour les détenteurs de la brochure Magic Europe (vous la trouverez sur n'importe quel site de camping) ou de la carte International Camping. Cartes Visa, MC, AmEx. ❖

RESTAURANTS

Vous trouverez des spécialités locales à des prix raisonnables dans les restaurants et les trattorias de Sorrente. Essayez tout de même d'éviter les établissements touristiques. Sorrente est réputée pour ses gnocchis, agrémentés d'une sauce tomate citronnée et de mozzarella. Les cannellonis, fourrés au fromage et aux herbes, sont également fameux, ainsi que le *nocillo*, une liqueur foncée à base de noix de la région. La liqueur la plus fameuse est l'omniprésent *limoncello*, à base de citron. Vous pouvez en goûter gratuitement à la **Fabbrica Liquori**, V. San Cesareo, 51, près de la Via Giuliani. De la Piazza Tasso, suivez la Via San Cesareo jusqu'à ce qu'elle devienne la Via Fuoro. Vous trouverez alors des **marchés** où des fruits frais et juteux n'attendent que vous.

❤ **Ristorante e Pizzeria Giardiniello**, V. dell'Accademia, 7 (✆ 081 878 46 16). Une fois dans la Via Giuliani, prenez la deuxième à gauche. C'est mamma Luisa qui prépare la cuisine dans cet établissement familial. Ses gnocchis sont un délice (5 €). Goûtez aussi les *linguini al carloccio* (avec un mélange de fruits de mer, 7 €). Couvert 1,50 €. Ouvert Juin-Sep, tlj 11h-2h. Oct-Mai : Ve-Me 11h-2h. Cartes Visa, MC, AmEx. ❖❖

Davide, V. Giuliani, 39 (✆ 081 878 13 37). Les meilleures glaces de la ville, tout près du Corso Italia, à deux rues de la Piazza Tasso. Goûtez la glace à la pastèque, particulièrement rafraîchissante, celles à la pêche, à la figue, ou encore celle au caramel dur : elles sont toutes irrésistibles. La mousse, inventée il y a 40 ans par Augusto Davide, permet de confectionner l'incroyable *delizia al limone* et le *mille foglie*. De 55 à 80 parfums par jour, selon la saison. 2 € pour deux boules. Ouvert tlj 10h-24h. ❖

La Pasteria di Corso, V. Pietà, 3/5 (✆ 081 877 34 32), dans une petite rue derrière la Piazza Tasso. Dînez aux chandelles dans cette vénérable *cucina*. Malgré sa proximité avec la place principale, l'endroit est vraiment paisible. Savourez les *antipasti* aux concombres et aux aubergines (10-13 €). *Primi* 6,50-9 €, *secondi* 9-12 €. Couvert 2 €. Ouvert Me-Di 19h-24h. Cartes Visa, MC, AmEx. ❖❖❖

Pizza a Metro, V. Nicotera, 15 (✆ 081 879 84 26), dans le Vico Equense, à 10 mn en train de Sorrente. Prenez le Circumvesuviana jusqu'à la station Vico Equense, allez tout droit en sortant de la gare et remontez la route sinueuse jusqu'à la Piazza Umberto I. Enfin, prenez à gauche dans la Via Roma puis encore à gauche dans la Via Nicotera. C'est, paraît-il, la plus grande pizzeria du monde. Ce complexe de deux étages, qui peut accueillir 3000 personnes, possède des fours gargantuesques dans lesquels cuit la *pizza a metro* (une pizza d'un mètre de diamètre, 18-30 €). Pizzas plus petites 5,50-8 €. Couvert 1,50 €. Service 13 %. Ouvert tlj 12h-1h. Cartes Visa, MC, AmEx. ❖❖❖

The Red Lion, V. Marziale, 25 (✆ 081 807 30 89, www.theredlion.it). De la P. Tasso, lorsque vous vous dirigez vers la gare, suivez la C. Italia et tournez à droite dans la V. Marziale. Un endroit fréquenté par les jeunes de la ville car les prix sont bon marché et la nourriture correcte. Bondé tous les soirs et les week-ends d'été. Menu 10 €. Cartes Visa, MC, AmEx. ❖❖

PLAGES ET VIE NOCTURNE

Outre la sécurité de ses rues, Sorrente jouit d'un paysage agréable et d'une vie nocturne animée, mais l'afflux de touristes est loin de se justifier par l'importance des monuments de la ville : la trinité italienne, *duomo-torre-palazzo* est ici bien réduite. Les plus nerveux préféreront la **Marina Grande**, bien à l'abri du brouhaha du centre-ville.

Les plages sont orientées à l'ouest, ce qui rend les baignades en fin de journée particulièrement agréables. Pour piquer une tête dans l'eau, prenez le bus jusqu'à **Punta del Capo** et descendez pendant 10 mn le sentier qui part à droite de l'arrêt. Sur la côte, vous verrez également les vestiges d'une villa romaine, la **Villa di Pollio**. Si vous allez les visiter, profitez-en pour vous baigner dans la jolie petite baie.

La vieille ville et les alentours de la Piazza Tasso s'animent une fois la nuit tombée. Les rues sont alors prises d'assaut, et les Italiens comme les touristes se perdent dans la contemplation de la baie tandis que d'autres pétaradent sur leurs scooters. Ne manquez pas le plus stylé des bars de Sorrento, le **Gatto Nero**, V. Correale, 21 (✆ 081 877 36 86), son jardin et son décor original. Sur chacun des murs, vous reconnaîtrez des peintures plagiant les modernistes (Picasso et Matisse entre autres). On y vient pour écouter du jazz et du blues, mais l'ambiance ne commence à chauffer qu'aux environs de 23h. Après 22h30, une foule enthousiaste se dirige vers les toits en terrasse couverts de citronniers de l'**English Inn**, C. Italia, 56, où les clients se déhanchent sur de la musique des années 1980. (✆ 081 807 43 57. Ouvert tlj 9h-1h, un peu plus tard le week-end.) Le **Chaplin's Pub**, C. Italia, 18, de l'autre côté de la rue, connaît des nuits assez agitées même si les clients s'intéressent surtout aux demoiselles qui sont derrière le comptoir. (✆ 081 807 25 51. Ouvert tlj 11h-3h.)

LES ÎLES

Les îles de **Capri**, **Ischia** et **Procida** sont la promesse de sites naturels à couper le souffle, d'hébergements confortables et de plages merveilleuses. Ces sites enchanteurs sont aujourd'hui accessibles par ferrys (*traghetti*) ou par hydrofoils (*aliscafi*), plus rapides et plus chers. Mais le calme qui règne sur ces paysages baignés de soleil a son prix, et vous finirez peut-être par dépenser plus que vous ne le souhaitez pour votre hébergement. Pour rejoindre les îles d'Ischia ou Procida, l'option la plus rapide et la moins chère est de partir de Pouzzoles. Pour Capri, Sorrente est le point de départ le plus proche. Toutefois, la route maritime la plus fréquentée pour gagner Capri et Ischia part des ports napolitains de Mergellina et du Molo Beverello. Pour atteindre le Molo Beverello depuis la gare centrale de Naples, prenez le tramway n° 1 de la Piazza Garibaldi à la Piazza Municipio, située près des quais. Les ferrys et les hydrofoils effectuent également des liaisons entre les îles.

CAPRI ✆081

L'empereur romain Auguste tomba sous le charme de cette île merveilleuse en 29 av. J.-C. et l'échangea contre Ischia. Tibère, son successeur, y passa les dix dernières années de sa vie, laissant derrière lui une douzaine de villas éparpillées. Aujourd'hui, les touristes prennent en masse le bateau pour aller visiter la fameuse **Grotte Bleue** et écarquiller les yeux devant les célébrités et les gens qui ont fait fortune. A l'écart des foules bourdonnant dans les luxueuses boutiques de Capri, **Anacapri**, littéralement "au-dessus de Capri", offre des hôtels bon marché, des vues spectaculaires et des sentiers de montagne déserts. Les touristes étant plus nombreux et les prix plus élevés durant l'été, surtout en juillet et en août, mieux vaut venir à la fin du printemps ou au début de l'automne, bien que le voyage se justifie toute l'année.

TRANSPORTS

Ferry : Tous les bateaux arrivent et partent du port de **Marina Grande**, où se trouvent les guichets. Pour plus d'informations sur la façon de vous rendre à Capri, consultez les horaires des ferrys en provenance de Naples et de Sorrente. La compagnie Caremar propose en général les meilleurs prix.

Caremar (✆ 081 837 07 00) possède des ferrys et des hydrofoils. Ferrys pour **Naples** (7 dép/j de 5h50 à 20h05, durée 1h15, 6,20 €) et **Sorrente** (4 dép/j de 7h05 à 18h15, durée 50 mn, 6,53 €). Hydrofoils à destination de **Naples** (4 dép/j de 6h45 à 17h45, durée 40 mn, 11,58 €). Guichet ouvert tlj 7h-20h.

SNAV (✆ 081 837 75 77) envoie des hydrofoils au port de Mergellina, à **Naples** (13 dép/j de 7h15 à 20h10, durée 40 mn, 11 €). Guichet ouvert tlj 8h-20h.

Linea Jet (✆ 081 837 08 19) met en service des hydrofoils pour **Naples** (10 dép/j de 8h30 à 18h25, durée 40 mn, 11,50 €) et **Sorrente** (durée 20 mn, 8,51 €). Guichet ouvert tlj 9h-18h.

Transports locaux : A Capri, les bus **SIPPIC** (✆ 081 837 04 20) partent de la Via Roma pour Anacapri (4 dép/h de 6h à 1h40), Marina Piccola et les arrêts entre ces deux villages. A Anacapri, les bus partent de la Piazza Barile, près de la Via Orlandi, pour la *Grotta Azzurra* (la Grotte Bleue), le *faro* (le phare) et d'autres sites alentour. Il y a également un bus direct (1 dép/h) entre Marina Grande et Anacapri (P. della Vittoria). Le bus coûte 1,30 € par trajet. Billets en vente dans le bus. Si vous prenez le bus plus de 5 fois par jour, procurez-vous un billet valable pour une journée (6,70 €).

Taxi : Stations à l'arrêt de bus de Capri (✆ 081 837 05 43) et sur la Piazza della Vittoria, à Anacapri (✆ 081 837 11 75).

ORIENTATION ET INFORMATIONS PRATIQUES

Il y a deux villes sur l'île de Capri : **Capri** proprement dite, située au-dessus du port, et **Anacapri**, plus haut sur la colline. Les ferrys débarquent à **Marina Grande**, au nord de l'île, d'où part un **funiculaire** pour la **Piazza Umberto I** à Capri (en été, 6 dép/h de 6h30 à 0h30, 1,50 €). Vous pouvez aussi grimper le long escalier étroit (durée 1h). Des boutiques de vêtements (assez chers) et des boulangeries remplissent les petites rues qui partent de la Piazza Umberto I. La **Via Roma**, à droite, se dirige vers Anacapri à travers la montagne. Des bus vont de Capri à Anacapri, puis à la Grotte Bleue, avant d'atteindre le phare, situé de l'autre côté de l'île. Le bus pour Anacapri vous dépose sur la Piazza della Vittoria, la place centrale d'Anacapri. La villa San Michele et le télésiège qui mène au mont Solaro se trouvent juste à côté de cette place. On trouve sur la **Via Giuseppe Orlandi**, qui traverse la place, les hôtels les moins chers et les meilleurs de la ville. Hormis la route du port, la ville de Capri est composée d'étroites rues piétonnes.

Offices de tourisme : L'**office de tourisme AAST** de Capri (✆ 081 837 06 34), souvent bondé, se trouve au bout des quais de Marina Grande. Un autre bureau est situé sur la Piazza Umberto I, sous l'horloge (✆ 081 837 06 86). A Anacapri, l'office de tourisme est situé Via Orlandi, 59 (✆ 081 837 15 24), près de la place principale, à droite en descendant du bus. Chaque bureau propose le guide annuel *Capri è...* ainsi qu'une carte détaillée (1 €). Ouvert Juin-Sep, Lu-Sa 8h30-20h30. Oct-Mai : Lu-Sa 9h-13h30 et 15h30-18h45.

Change : Bien que les bureaux de poste offrent les meilleurs taux, il existe aussi des bureaux de change officiels à Capri, V. Roma, 31 (✆ 081 837 07 85), en face de l'arrêt de bus principal, et sur la Piazza Umberto I. Dans le centre d'Anacapri : P. della Vittoria, 2 (✆ 081 837 31 46). Pas de commission. Ouvert tlj 9h-18h30, horaires restreints en hiver.

Consigne : au niveau du funiculaire de Capri. 2,58 € par bagage. Ouvert tlj 8h-20h, en hiver 8h15-18h.

Toilettes publiques : Au funiculaire de Capri (0,50 €) et sur la Piazza della Vittoria, 5, à Anacapri (0,50 €). Ouvert tlj 8h-21h. Celles d'Anacapri sont déconseillées aux âmes sensibles !

Urgences : ✆ 113 ou 081 838 12 05. **Urgences médicales** : **Pronto Soccorso** (✆ 081 838 12 05), à l'**Ospedale Capilupi** (✆ 081 838 11 11), V. Provinciale Anacapri, non loin de la Via Roma depuis la Piazza Umberto I. **Police** : V. Roma, 70 (✆ 081 837 42 11). **Urgences médicales touristiques** : V. Caprile, 30, Anacapri (✆ 081 838 12 40).

Internet : **The Capri Internet Point** (✆ 081 837 32 83), sur la Piazza Vittoria, à Anacapri. 4 € l'heure. Ouvert tlj 9h-21h. **Capri Graphic**, V. Listrieri, 17 (✆ 081 837 52 12). Quittez la Piazza Umberto I par la Via Longano et prenez à droite. 2,50 € les 15 mn. Ouvert Lu-Sa 9h30-13h et 16h-21h.

Librairie : **Librerie Studio La Conchiglia**, V. Le Botteghe, 12 (✆ 081 837 65 77), à Capri, près de la P. Umberto 1. Ouvert en été tlj 9h-13h30 et 15h-23h. Une boutique plus petite se trouve à Anacapri, V. G. Orlandi, 205 (✆ 081 837 26 46). Ouvert en été tlj 9h-13h et 17h-21h30. Horaires restreints en hiver.

Bureau de poste : Bureau central à Capri, V. Roma, 50 (✆ 081 837 72 40), en descendant depuis la Piazza Umberto I. Ouvert Lu-Ve 8h30-19h et Sa. 8h30-13h. Le **bureau d'Anacapri** se trouve V. de Tommaso, 8 (✆ 081 837 10 15). Ouvert Lu-Ve 8h30-13h30 et Sa. 8h15-12h. **Code postal** : Capri 80073, Anacapri 80021.

HÉBERGEMENT

Se loger à Capri revient très cher toute l'année et les prix sont exorbitants en plein été. Vous aurez beau essayer, vous ne parviendrez pas à faire une bonne affaire en juillet ou en août. Les prix les plus bas indiqués ci-dessous sont appliqués d'octobre à mai. Il est préférable de contacter les hôtels à l'avance pour réserver et vous faire confirmer les tarifs. Il est possible de trouver des hôtels qui ne soient pas complets en juin mais certainement pas en juillet et en août. Le camping sauvage est interdit sous peine d'une lourde amende.

ANACAPRI

❤ **Alla Bussola di Hermes**, V. Traversa La Vigna, 14 (✆ 081 838 20 10, bus.hermes@libero.it). Les lits de l'établissement sont majoritairement occupés par de jeunes Américains à la recherche d'autres jeunes Américains pour passer du bon temps à Anacapri. Rita, la dynamique propriétaire des lieux, semble elle aussi apprécier les étrangers. Une fois à Marina Grande, téléphonez pour qu'on vienne vous chercher. Dortoirs 20-24 €. Chambre double avec salle de bains et petit déjeuner 50-65 €. Cartes Visa, MC, AmEx. ❖❖

Il Girasole, V. Linciano, 47 (✆ 081 837 23 51, www.ilgirasole.com). Téléphonez de Marina Grande et on viendra vous chercher (ce ne sera pas gratuit), ou prenez le bus jusqu'au terminus puis suivez les panneaux. 24 chambres bien meublées. Bar, réfrigérateur et télévison dans chaque chambre. Petit déjeuner compris. Chambre simple 20-32 €, double 70-95 €, chambre triple 100-120 €. Cartes Visa, MC, AmEx. ❖❖

Villa Eva, V. La Fabbrica, 8 (✆ 081 837 15 49, www.villaeva.com). Avant d'essayer de trouver votre chemin dans les petites rues d'Anacapri, appelez de la Piazza della Vittoria et attendez qu'on vienne vous chercher en voiture. 28 bungalows, chacun avec son propre style. Piscine et bar. La plupart des chambres sont dotées d'une salle de bains. Internet 5 € l'heure. Réservez tôt. Chambre simple 25-30 €, chambre double à partir de 70 €, chambre triple à partir de 75 €, chambre quadruple à partir de 100 €. Cartes Visa, MC, AmEx. ❖❖❖

Il Mulino, V. La Fabbrica, 9 (✆ 081 838 20 84, www.mulino-capri.com). Une ancienne ferme reconvertie en hôtel. Sept très belles chambres et une terrasse envahie de plantes vertes. Les jardins alentours sont également splendides. Toutes les chambres ont une salle de bans, la clim. et la TV. Petit déjeuner inclus. Réservez un mois à l'avance en été. Chambres 65-200 € selon la saison. Cartes Visa, MC, AmEx. ❖❖❖❖❖

Hôtel Loreley, V. Orlandi, 16 (✆ 081 837 14 40, fax 081 837 13 99), depuis la Piazza Vittoria, sur la gauche, à 20 m en direction de Capri. Evitez de prendre les ruelles d'Anacapri si vous voulez vous y retrouver. Cet établissement très bien situé, à quelques mètres de la Piazza Vittoria, propose des chambres claires, toutes équipées d'une salle de bains. Chambre double 90 €, chambre triple 110 €, quadruple 130 €. Ouvert Avr-Oct. Cartes Visa, MC, AmEx. ❖❖❖❖❖

VILLE DE CAPRI

Bed and Breakfast Tirrenia Roberts, V. Mulo, 27 (✆ 081 837 61 19). Un B&B excentré mais qui vaut le détour. De la P. Umberto, suivez la V. Roma, empruntez l'escalier sur votre droite ; un panneau indique la direction de la V. Mulo. Tournez à gauche en bas et continuez une dizaine de minutes sur la V. Mulo. Surplombant la Marina Piccola, les trois chambres offrent des vues magnifiques. Piscine, sauna et accès à la plage. Réservation conseillée. Chambre double 90-110 €. ❖❖❖❖❖

Hôtel Gatto Bianco, V. V. Emanuele, 32 (✆ 081 837 51 43, www.gattobiancocapri.com). Accès facile aux plages, aux bus, aux commerces et aux salons de beauté. Les chambres sont agréablement meublées. Elles sont dotées d'une grande salle de bains, de la TV, d'un minibar et d'un coffre. Jolies terrasses. Chambre simple 95-150 €, double 150-210 €. Cartes Visa, MC, AmEx. ❖❖❖❖❖

Pensione Quattro Stagioni, V. Marina Piccola, 1 (✆ 081 837 00 41, www.hotel4stagioni-capri.com). De la Piazza Umberto I, descendez la Via Roma (5 mn à pied). Prenez à gauche quand la rue se sépare en trois et cherchez le portail vert sur la gauche. Bien que les chambres les moins chères n'aient pas, contrairement aux autres, la vue magnifique sur Marina Piccola, beaucoup donnent sur le jardin verdoyant. Petit déjeuner compris. Ouvert Avr-Nov. Chambre simple 40-70 €, double 70-130. Cartes Visa, MC, AmEx. ❖❖❖❖

RESTAURANTS

La cuisine de Capri est aussi fantastique que son paysage. On peut déguster la *mozzarella* locale telle quelle ou avec des tomates, de l'huile d'olive et du basilic dans une

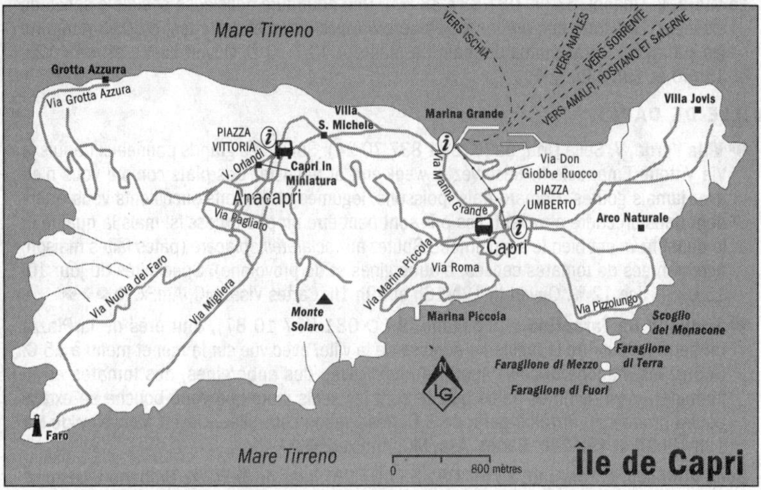

insalata caprese, considérée par beaucoup comme la meilleure salade d'été au monde. Les *ravioli alla caprese* sont farcis à la main avec des fromages locaux succulents. Laissez-vous tenter par la *torta di mandorle* (gâteau au chocolat et aux amandes). Les vins rouges et blancs du cru portent, respectivement, les labels *tiberio* et *caprense*. Un cran au-dessus, vous pourrez goûter le *capri blù*, vin de qualité supérieure (et particulièrement bon marché). Les restaurants servent souvent le *capri DOC*, un vin blanc léger. Si vous voulez éviter les restaurants chers, ou juste préparer de quoi pique-niquer, prenez à droite à l'embranchement, tout au bout de la Via Roma, jusqu'au **supermarché**. (Ouvert Lu-Sa 8h30-13h30 et 17h-21h) A Anacapri, essayez l'**Alimentaria Russo**, dans la Via Orlandi.

ANACAPRI

❤ **Ristorante Il Cucciolo**, V. La Fabbrica, 52 (✆ 081 837 19 17). Suivez les panneaux pour la villa de Damecuta à partir de l'arrêt de bus, ou appelez depuis la Piazza della Vittoria pour qu'on vienne vous chercher (gratuitement). La nourriture est fraîche, les prix bas. *Primi* et *secondi* 6-9 €, *ravioli alla caprese* 5 €. Couvert 1,50 €, service 6 %. Réservez pour Ve-Di. Ouvert Mars-Oct, tlj 12h-14h30 et 19h30-23h ; Juil-Août 19h30-23h. Cartes Visa, MC, AmEx. ❖❖❖

La Rondinello, V. G. Orlandi, 295 (✆ 081 837 12 23), près de la P. Vittoria. Idéal pour un dîner romantique aux chandelles. Nombreux plats de fruits de mer et de poissons. Laissez-vous tenter par les succulentes *gamberoni* (crevettes 8,50 €). *Primi* 8-12 €, *secondi* 10-12 €. Couvert 2 €. Ouvert tlj 12h-15h et 19h-23h30. Cartes Visa, MC, AmEx. ❖❖❖

Trattoria-Pizzeria da Mamma Giovanna, V. Boffe, 3 (✆ 081 837 20 57), près de l'église de la Piazza Diaz. Repas typiques dans une ambiance plutôt sophistiquée. Pizzas 5-8 €. Couvert 1,50 €. Il est recommandé de réserver le week-end en été. Ouvert tlj 11h30-15h et 19h-24h. ❖❖

Ristorante Materita Bar-Pizzeria, P. Diaz (✆ 081 837 33 75). Personnel sympathique, dîner en terrasse devant l'église. *Primi* et *secondi* corrects (6-8,50 €) et pizza excellente. Couvert 1,50 €. Ouvert 12h-15h30 et 19h-24h, ou jusqu'à ce que tout le monde soit parti. Cartes Visa, MC, AmEx. ❖❖

Trattoria Il Solitario, V. Orlandi, 96 (✆ 081 837 13 82), à 5 mn de la Piazza della Vittoria, sur votre droite. La nourriture est savoureuse et le personnel agréable. *Pizza rossa* (3,10-5,20 €) ou *pizza bianca* (5,20-7,80 €) ? Couvert 1,30 €. Ouvert Me-Lu 12h-15h30 et 19h30-24h. Cartes Visa, MC, AmEx. ❖❖

La Giara, V. Orlandi, 67 (© 081 837 38 60). Une nourriture délicieuse et simple servie en extérieur. Le *risotto con limone e gamberetti* (avec citron et crevettes, 8,30 €) remporte les suffrages. Pizzas cuites de main de maître 4,40-7,70 €. Ouvert Lu-Ma et Je-Di 12h-15h30 et 19h-23h. ❖❖

VILLE DE CAPRI

❤ **Villa Verde**, V. Sella Orta, 6a (© 081 837 70 24). Suivez les grands panneaux depuis la Via Vittorio Emanuele II. Réservez le week-end et dégustez des plats comme vous n'en avez jamais goûtés. Homard frais, poissons, légumes et desserts succulents vous attendent dans un cadre attrayant. Les prix sont peut-être un peu excessifs, mais la qualité et la quantité valent bien le supplément. Goûtez aux *scialatelliapiacere* (pâtes faites maison, agrémentées de tomates cerises, d'aubergines et de provolone). Spécialités du jour 10-15 €. Service 12 %. Ouvert tlj 12h-16h et 19h-1h. Cartes Visa, MC, AmEx. ❖❖❖❖

❤ **Longano Da Tarantino**, V. Longano, 9 (© 081 837 10 87), tout près de la Piazza Umberto I. Peut-être la meilleure adresse de la ville, avec vue sur la mer et menu à 15 €. Goûtez les *maccheroncelli "Aumm Aumm"* (avec des aubergines, des tomates et du fromage), ainsi nommés parce que ce sont les seuls mots que votre bouche en extase pourra prononcer. Pizzas à partir de 3 €. Réservation conseillée. Ouvert Mars-Nov, Je-Ma 12h-15h30 et 19h-24h. Cartes Visa, MC, AmEx. ❖❖❖

Buca di Bacco, V. Longano, 35 (© 081 837 07 23), près de la Piazza Umberto I. Les délicieux *pennette alla bacco* (aux poivrons et au fromage) sont la spécialité. La pizza *sfilato*, une *calzone* fourrée au jambon, à la viande et au fromage, n'est pas mal non plus. Pizzas 4-8 €, le soir uniquement. Ouvert Sep-Juil, Je-Ma 12h-15h et 19h30-24h. Août : tlj 12h-14h30 et 19h-24h. Cartes Visa, MC, AmEx. ❖❖

Salumeria Simeoli, V. Botteghe, 12A (© 081 837 55 43), près de la P. Umberto 1. Cette petite épicerie propose des paninis croustillants, ainsi que de la viande et une belle sélection de fromages. Sans doute les prix les moins exubérants de la ville. Ouvert tlj 7h-21h. Cartes Visa, MC, AmEx. ❖

VISITES

LA CÔTE DE CAPRI. Chaque jour, des **bateaux** quittent Marina Grande pour vous faire **visiter** la côte (11,50 €). Deux compagnies organisent les excursions, qui partent toutes les heures de 9h30 à 11h30. L'île est découpée en criques et en minuscules **plages** de galets. Si vous désirez vous baigner parmi les ruines d'une villa impériale, mettez le cap sur **Bagni di Tiberio** (au nord-est de l'île), accessible par bateau (5 €) ou bien à pied à partir de la Piazza Umberto I de Capri. L'une des plus belles plages de l'île est la Marina Piccola, sur la côte sud (bus depuis Capri ou tout simplement à pied : prenez à gauche lorsque la Via Roma se divise en trois, et comptez 10 mn). *(Vous pourrez acheter des billets et obtenir des informations sur toutes les excursions en bateau à l'agence de voyages Grotta Azzurra Travel Office, V. Roma, 53, en face de l'arrêt de bus. © 081 837 07 02, g.azzurra@capri.it. Ouvert Lu-Sa 9h-13h et 15h-20h, Di 9h-12h30.)* D'immenses rochers de lave entourent cette plage. Vous pouvez louer un **kayak** ou un **bateau à moteur** (80 € pour 2h) chez **Banana Sport**. *(Bureau principal sur l'embarcadère de Marina Grande. © 081 837 51 88. Ouvert tlj 9h-18h.)*

LA VILLA SAN MICHELE. L'écrivain américain Henry James affirmait à propos de cette villa d'Anacapri : "Il n'est pas d'autre lieu où tant de beauté et de poésie s'allient à une si complète vacuité." Construite au début du XXe siècle par l'écrivain et médecin suédois Axel Munthe, elle est située sur l'emplacement d'une des villas de l'empereur Tibère et abrite de magnifiques sculptures romaines repêchées au fond de la mer. Le luxuriant jardin de la villa offre une vue remarquable sur l'île, en contrebas. Concerts gratuits de musique classique le vendredi, de juin à août. *(Montez les escaliers de la Piazza della Vittoria et tournez à gauche. Ouvert tlj de 9h30 jusqu'à 1h avant le coucher du soleil. Entrée 5 €.)*

LA GROTTE BLEUE. Les murs de la Grotta Azzura se teintent de reflets bleus lorsque les rayons du soleil caressent les flots turquoise. Pour certains, la balade nautique jusqu'à la grotte est un enchantement. D'autres s'avouent un peu déçus et considèrent que le trajet de 6 mn ne justifie pas le prix de 8,50 €. Malgré les panneaux qui précisent que c'est interdit, nombreux sont les touristes qui se jettent à l'eau dans la grotte histoire de faire durer un peu plus le plaisir. *(A l'intersection de la V. De Tomaso et de la V. Catena, prenez le bus marqué Grotta Azzura. La grotte est également accessible par la mer.)*

LES FALAISES DE CAPRI. Si vous préférez l'intérieur des terres à la mer, de nombreux sentiers s'ouvrent à vous, conduisant à de somptueux panoramas. Beaucoup de visiteurs négligent la beauté naturelle de l'île pour se consacrer à l'environnement urbain, laissez donc les boutiques derrière vous, accordez-vous une pause et profitez des vues splendides. Vous pouvez ensuite visiter la **villa Jovis**, à l'est de l'île. C'est la plus grande des douze résidences que l'empereur romain Tibère fit construire sur l'île. La légende veut qu'il ait fait jeter dans le précipice toutes les personnes qui lui déplaisaient. Depuis la **Cappella di Santa Maria del Soccorso**, qui jouxte la villa, vous aurez une vue inoubliable sur Capri. *(Pour vous rendre à la villa, quittez la Piazza Umberto I par la Via Longano, qui devient ensuite la Via Tiberio. N'hésitez pas à demander votre chemin si les panneaux indicateurs vous paraissent confus. Ouvert tlj de 9h jusqu'à 1h avant le coucher du soleil.)*

Un sentier à flanc de falaise relie l'**Arco naturale**, un gigantesque rocher en forme d'arche, aux **Faraglioni**, trois rochers massifs qui apparaissent sur d'innombrables cartes postales. Comptez environ 1h de marche entre les deux, mais des vues magnifiques après chaque coude du sentier vous ralentiront certainement. *(La Via Tragara va du centre de Capri jusqu'aux Faraglioni, alors que le chemin vers l'Arco naturale rejoint la route de la villa Jovis par la Via Matermania.)*

Dans la ville de Capri, le belvédère de **Punta Cannone** est à l'avant-plan des falaises abruptes de la côte sud. Le plan remis par l'office de tourisme présente des itinéraires de randonnée pour atteindre les endroits les plus reculés de l'île.

AUTRES VISITES. Pour monter au sommet du **mont Solaro**, prenez le télésiège (durée 12 mn) sur la Piazza della Vittoria, à Anacapri. La vue que l'on a du sommet est fantastique : par temps clair, vous pouvez apercevoir les Apennins à l'est et les montagnes de la Calabre au sud. *(Ouvert Mars-Oct, tlj de 9h30 jusqu'à 1h avant le coucher du soleil. A/r 5,50 €.)* Un bus partant de la Piazza della Vittoria vous mènera au **Faro**, le deuxième plus haut phare d'Italie. Là, vous pourrez explorer les fonds sous-marins, prendre des bains de soleil ou plonger dans l'eau depuis les roches volcaniques, en compagnie d'une foule d'Italiens. Le **quartier commerçant** le moins cher de l'île (toutes proportions gardées) se trouve sur la Via Orlandi, près de la Piazza della Vittoria.

SORTIES

Participer à la vie nocturne vous coûtera cher et, comme il est de coutume en Italie, vous ne profiterez de l'animation qu'à partir de minuit. Les prix pratiqués à Anacapri sont plus raisonnables qu'à Capri, et l'atmosphère y est plus décontractée. L'**Underground**, V. Orlandi, 259, est l'établissement incontournable de la ville, sauf le samedi où l'essentiel de l'action se déroule au Club Zeus. L'entrée de l'Underground est gratuite, mais il vous faudra siroter l'un de leurs cocktails pour 5 €. Le **Zeus**, V. Orlandi, 103, à quelques rues de la Piazza della Vittoria, est un cinéma, mais il se métamorphose en discothèque le samedi (et le jeudi en juillet et en août). Vous l'aurez compris à son nom, tout ici rappelle une Grèce d'opérette : l'écriture anguleuse, les colonnes illuminées et même les nuées de fumée artificielle. (✆ 081 83 79 16. Entrée 12 €. Ouvert tlj 24h-4h.) Durant la journée, l'arrière du bâtiment s'enorgueillit de **Capri in Miniatura**, une maquette miniature de l'île qui donne aux paresseux l'occasion de faire le tour de la région en moins de 10 mn. Ouvert toute la journée. (✆ 081 837 11 69 ou 081 837 10 82, entrée 3 €.) Les établissements de Capri sont plus chic mais aussi beaucoup plus chers. Les prix affichés sont dissuasifs, et la clientèle triée sur le volet se rassemble dans les établissements proches de la Piazza Umberto I. **Number Two**, V. Camarelle, 1, est la quintessence de l'extravagance. Les trentenaires, certains célèbres, s'y retrouvent, mais ne soyez pas surpris s'ils affirment ne pas avoir plus de 25 ans. Le **Bar Onda**, V. Roma, 8 (© 081 837 71 47), est une autre boîte tendance qui organise des soirées à thème les week-ends. Si vous voulez en être et vous fondre dans la masse des Italiens branchés, ne perdez pas de vue que les derniers bus s'arrêtent de circuler à 1h40 et que les discothèques ne s'animent que vers 2h. Un taxi au départ de la Marina vous coûtera dans les 17 €.

ISCHIA © 081

La plus grande île du golfe de Naples, Ischia (prononcez Iskia), surprend par la variété de son paysage : plages magnifiques, sources thermales, ruines, forêts luxuriantes, pentes couvertes de vignes, sans oublier un volcan éteint. Vous pourriez toutefois vous croire dans un autre pays car les panneaux, les journaux et même les conversations sont en allemand. L'île est en effet extrêmement prisée par les touristes allemands, qui viennent en masse une grande partie de l'été. En août, les Italiens en vacances viennent s'ajouter à la foule, et cet afflux gigantesque est suivi de près par les prix, qui grimpent alors en flèche. Difficile de trouver une chambre dans ces conditions, mais l'effort en vaut la peine : les plages d'Ischia sont parfaites, tout comme ses thermes. Les sources thermales de l'île ont attiré des touristes depuis la nuit des temps, et sont mentionnées dans *l'Iliade* d'Homère et *l'Enéide* de Virgile. Selon la mythologie gréco-romaine, le géant Typhus, qui habitait sur l'île, répondit au mépris de Jupiter en faisant entrer en éruption les volcans. Aujourd'hui, seules les sources d'eau chaude entrent en éruption. Il y a en tout cas beaucoup à voir et beaucoup d'animation, même si vous ne parlez pas allemand.

TRANSPORTS

Ferry et **hydrofoil** : La meilleure façon de rejoindre Ischia est de prendre un **ferry** ou un **hydrofoil** à Pouzzoles, bien que vous puissiez aussi prendre un ferry au départ de Naples. Presque tous les ferrys partent d'**Ischia Porto**, où se trouvent les principaux guichets des compagnies. Les horaires et les prix changent souvent. Appelez pour plus de détails.

Caremar (© 081 580 51 11) envoie des ferrys à **Naples** (14 dép/j de 6h40 à 20h10, durée 1h30, 6,06 €), **Pouzzoles** (3 dép/j de 8h25 à 17h35, durée 45 mn, 4,25 €) et **Procida** (11 dép/j de 6h55 à 19h, durée 17 mn, 4,02 €). Hydrofoils pour **Naples** (14 dép/j de 7h à 20h, durée 1h, 6,22 €) et **Procida** (11 dép/j de 6h40 à 19h20, durée 25 mn, 2,07 €). Guichets ouverts 7h-21h.

Traghetti Pozzuoli (© 081 526 77 36, www.traghettipozzuoli.it) fait circuler des ferrys à destination de **Pouzzoles** depuis Casamicciola Terme (17 dép/j de 7h à 19h, durée 50 mn, 4,88 €). Les guichets sont situés à Casamicciola Terme et ouverts tlj 7h-19h.

Alilauro (© 081 99 18 88, www.alilauro.it) envoie des hydrofoils à **Naples**, Mergellina (durée 45 mn, 16 dép/j de 7h50 à 22h au départ de Ischia Porto ; 6 dép/j de 9h à 20h20 au départ de Forio) ; **Naples**, Molo Beverello (durée 45 mn, 6 dép/j de 6h35 à 18h50 au départ de Ischia Porto ; 6 dép/j de 7h à 18h30 au départ de Forio) ; **Capri** au départ de Ischia Porto (tlj 10h40) ; **Sorrente** au départ de Ischia Porto (6 dép/j de 8h35 à 17h20).

Linee Lauro (© 081 551 3352, www.lineelauro.it) dispose de ferries pour **Naples**, Molo Beverello (durée 1h30, 6 dép/j de 6h40 à 18h50) et **Pouzzoles** (18 dép/j de 2h30 à 20h30).

Bus : Les bus **SEPSA** partent de la Piazza Trieste, juste à côté du port. Principales lignes : **CS**, **CD** et **n° 1**. La ligne CS fait le tour de l'île dans le sens inverse des aiguilles d'une montre et dessert Ischia Porto, Casamicciola Terme, Lacco Ameno, Forio, Panza, Sant'Angelo, Serrara Fontana et Barano. La ligne **CD** suit le même parcours dans le sens des aiguilles d'une montre (pour les deux lignes, 3 dép/h, 2 dép/h tard le soir, de 5h45 à 1h). Le bus **n° 1** suit le parcours de la ligne CS jusqu'à Sant'Angelo et fait ensuite demi-tour pour revenir à son point de départ (3 dép/h de 6h à 23h30). Les autres itinéraires sont plus courts, desservis moins fréquemment, et les bus s'arrêtent de circuler plus tôt. Tickets 1,20 € pour un trajet, 4,84 € pour la journée entière.

Taxi : **Microtaxi** (✆ 081 99 25 50). Des véhicules sur trois roues qui pratiquent des tarifs plutôt élevés.

ORIENTATION ET INFORMATIONS PRATIQUES

Les principales lignes de bus longent la côte en passant par la plupart des endroits intéressants de l'île. D'**Ischia Porto**, la ville principale (port en forme de cercle presque parfait situé dans le cratère d'un volcan éteint), vous arrivez à **Casamicciola Terme**, dont les plages et les sources thermales sont très fréquentées. Ensuite, vous passez par **Lacco Ameno** (la plus ancienne colonie grecque de la Méditerranée occidentale), qui est tenu pour l'endroit le plus propre de l'île. Le bus continue sa route jusqu'à **Forio**, la ville la plus visitée de l'île, où se trouve une forte concentration de restaurants et d'hôtels. Au sud, **Barano** constitue un bon point de départ pour le mont Epomeo ou pour la plage de **Maronti**.

Office de tourisme : **AAST** (✆ 081 507 42 31), sur Banchina Porto Salvo, près des guichets, au beau milieu du port principal. Fournit une liste des excursions et peut vous aider à trouver un logement. Ouvert en été, tlj 8h-14h et 15h-20h. En hiver : Lu-Sa 9h-13h.

Location de véhicules : **Del Franco**, V. de Luca, 133 (✆ 081 98 48 18). Loue des voitures, des vélos, des *motorini* (scooters) et des bateaux. *Motorini* 17-29 € la journée. Ouvert tlj 8h-22h.

Police : **Polizia dello Stato**, V. delle Terme, 80 (✆ 081 50 74 71 19), deux rues au-dessus de la Via de Luca, à Ischia Porto. Vous aidera à résoudre vos problèmes de passeport. Ouvert Lu., Me. et Ve. 9h-12h.

Urgences médicales : **Pronto Soccorso**, ✆ 081 507 92 67, et à l'**Ospedale Anna Rizzoli**, à Lacco Ameno (accessible par le bus CS, CD ou n° 1).

HÉBERGEMENT ET CAMPING

En dépit de son succès touristique, on trouve à Ischia des hébergements très bon marché. Les solutions d'hébergement à Ischia Porto, Casamicciola Terme et Lacco Ameno sont en général très chères, car beaucoup d'hôtels disposent de piscines (prétendument) alimentées par des sources thermales. La vie nocturne et les restaurants d'Ischia Porto sont ses principaux attraits. La plupart des *pensione* sont à Forio, où vous pourrez donc trouver plus facilement une chambre à un prix correct. Au début du printemps, toutefois, une bonne partie des hôtels les plus luxueux proposent des chambres à des prix nettement moins élevés, et envoient souvent des émissaires sur les quais pour solliciter les nouveaux arrivants. Ne vous reposez pas sur eux pour autant et réservez tout de même. Vérifiez également que les hôtels acceptent les séjours d'une seule nuit.

FORIO

Ostello "Il Gabbiano"(HI), Strada Statale (route nationale) Forio-Panza, 182 (✆ 081 90 94 22), sur la route principale entre Forio et Panza. Accessible par les bus CS, CD et n° 1. Bar, piscine, belle vue sur la mer, accès facile à la plage de Citara. Les propriétaires de l'*ostello* ont passé un accord avec le restaurant et piano-bar voisin, assez tape-à-l'œil, qui offre le dîner aux clients de l'auberge de jeunesse. 100 lits. Petit déjeuner, draps et douche compris. Fermeture 9h30-13h. Couvre-feu 2h. Ouvert Avr-Sep. Dortoir 16 €. ❖❖

Pensione di Lustro, V. Filippo di Lustro, 9 (✆ 081 99 71 63), à gauche des plages de Forio. Truman Capote, l'écrivain dandy auteur de *Petit Déjeuner chez Tiffany*, dormit ici en 1968. Ferez-vous de même ? 10 chambres avec télévision, salle de bains, air conditionné. Petit déjeuner compris. Chambre simple 34 € en été, en hiver 26 €. Chambres doubles toute l'année 50-65 €. Cartes Visa, MC, AmEx. ❖❖❖

Apartments in Ischia, V. Catello, 4 (✆ 081 98 25 94). Quatre appartements en très bon état, avec terrasse et un accès pratique à la plage. Appelez pour réserver et pour vous faire indiquer le chemin. Les appartements peuvent accommoder jusqu'à 6 personnes. Sur présentation de votre guide *Let's Go*, 20 € par personne. ❖❖

ITALIE DU SUD

Hôtel Green Flach, V. Marina, 76 (✆ 081 333 21 33, www.hotel-green-flash.it). Chambres spacieuses avec balcons qui donnent sur la mer. Bronzez dans le patio près de la piscine ou sur la plage toute proche. Bien placé, à proximité des restaurants et des bars. Toutes les chambres ont une salle de bains, la clim. et la TV. Réservez trois semaines à l'avance en été. En demi-pension chambre simple 65-90 €, double 110-160 €. Cartes Visa, MC, AmEx. ❖❖❖❖❖

Hôtel Villa Franca et **Baia Verde**, Strada Statale 270, n° 183 (✆ 081 98 74 20, fax 081 98 70 81). Prenez le bus CS, CD ou n° 1 d'Ischia Porto et descendez à l'arrêt "San Francesco", près de la plage. Deux hôtels avec les mêmes prix et le même patron. Joli patio et 3 piscines : deux bains d'eau froide et un bain thermal. Petit déjeuner compris. 35 chambres. Ouvert Mars-Oct. Chambre simple 45-65 €, chambre double 80-120 €. Cartes Visa, MC, AmEx. ❖❖❖❖

ISCHIA PORTO

Albergo Macri, V. Lasolino, 96 (✆ 081 99 26 03), une petite rue le long des quais, tout près de la Piazza Trieste. Hôtel familial calme. 24 chambres, toutes dotées d'une salle de bains. Sur présentation de votre guide *Let's Go*, Chambre simple 22-27 €, chambre double 51-64 €, chambre triple 70-83 €. Cartes Visa, MC, AmEx. ❖❖

Pensione Crostolo, V. Cossa, 48 (✆ 081 99 10 94). A partir de la gare routière, sur la Piazza Trieste, remontez la rue principale et prenez à droite en haut. Perché au-dessus du port, cet hôtel 3 étoiles propose des terrasses sur la mer et 15 chambres, toutes équipées d'une salle de bains, de la télévision, d'un réfrigérateur et d'un coffre-fort. 30-50 € par personne.

Camping Internazionale, V. Foschini, 22 (✆ 081 99 14 49, fax 081 99 14 72). Prenez la Via Alfredo de Luca depuis la Via del Porto puis tournez à droite dans la Via Michele Mazzella (et non pas la Via Leonardo Mazzella), à hauteur de la Piazza degli Eroi. A environ 15 mn à pied du port. Endroit ombragé et calme. Ouvert Mai-Sep. 6-9 € par personne, 3-10 € par tente. 30-50 € le bungalow (impeccable) pour deux personnes avec salle de bains. ❖

CASAMICCIOLA

Pensione Quisisana, P. Bagni, 34 (✆/fax 081 99 45 20). Prenez le bus n° 3 à Ischia Porto et descendez sur la place. Tout près de la plage. Etablissement familial confortable avec un jardin en terrasse sur le toit. Ouvert Mai-Oct. Chambre double avec salle de bains 45 €. En août, pension complète 51 € par personne. Lit supplémentaire 15 €. ❖❖❖❖

RESTAURANTS

A Ischia, la nourriture (fruits de mer et fruits en particulier) est délicieuse, mais la moindre gargote est déjà très touristique. Prenez les chemins de traverse et autres rues un peu à l'écart afin d'éviter la *pizza margherita* à 6 €, omniprésente dans les principaux restaurants touristiques.

Va Da To, V. Umberto, à Forio. Aussi loin qu'il s'en souvienne, Antonio réalise les meilleurs *granita al limon* de toute la péninsule. On appelle ici son gâteau le *pronto soccorso au limon* (le citron "premier secours"), car il est seul capable de ramener à la vie les touristes qui ont bronzé sur la plage jusqu'à l'étourdissement. Tous les citrons proviennent de son propre jardin et sont pressés avec un art consommé. *Granita* 1,50 €. Ouvert tlj 10h-20h. ❖

Emiddio, V. del Porto, 30, sur les quais. Le propriétaire, jovial, vous servira avec plaisir. Les *ravioli alla panna* (avec du jambon et du lait) sont un régal. Belle carte de poissons. *Primi* 3-7 €. Couvert 1 €. Ouvert tlj 12h-15h et 19h-24h. Cartes Visa, MC, AmEx. ❖❖

La Tinaia, V. Matteo Verde, 39 (✆ 081 99 84 48), à Forio. Une excellente adresse pour la qualité de sa cuisine et la générosité de ses portions. Essayez la spécialité maison, la *zuppa di pesche all'Ischitana*. Pizza 3,50-8 €. *Primi* 4,80-12,50 €, *secondi* à partir de 7 €. Ouvert tlj 8h30-24h. Cartes Visa, MC, AmEx. ❖

Mastu Peppe, V. Iasolino, 10 (✆ 081 98 19 12), sur le front de mer près de l'embarcadère des ferrys. Laissez derrière vous l'agitation de la V. Porto et prenez refuge dans ce restaurant paisible. Les plats sont copieux et bon marché. *Primi* 3,80-9 €, *secondi* à partir de 6 €. Couvert 1,30 €. ❖❖

VISITES ET ACTIVITÉS DE PLEIN AIR

❤ **LES JARDINS MORTELLA.** C'est Lady Suzanna Walton, la femme du compositeur britannique Sir William Walton, qui a conçu et entretenu ses merveilleux jardins exotiques. Parmi les monuments qui parsèment le domaine, on note un **temple du soleil**, monolithique et étonnamment moderne ainsi qu'un **chedi thaïlandais**, aussi incongru que délicieux. Les jardins plantés de vignes, de parterres de fleurs et d'étangs couverts de nénuphars, sont vraiment enchanteurs. Il faut bien plusieurs heures pour en faire le tour. Une carte délivrée à l'entrée permet de se repérer. Les **serres Victoria** abritent de nombreuses plantes tropicales, notamment le nénuphar géant d'Amazonie, l'une des plantes aquatiques les plus rares au monde. Juste au-dessus du **salon de thé**, vous jouirez d'une vue incomparable sur la côte. *(Prenez le bus CD ou CS jusqu'à l'arrêt San Franceso. Descendez la rue et suivez les panneaux "Spaggia". L'entrée des jardins est sur la droite. Les bureaux se trouvent V. Calese, 39. © 081 98 62 20, www.ischia.it/mortella. Ouvert tlj 9h-19h. Entrée 8 €)*

LE CHÂTEAU ARAGONAIS. Le **Castello aragonese** se dresse sur l'îlot d'Ischia Ponte, relié à Ischia par une passerelle du XVe siècle. La forteresse, construite en 1441, est empreinte à la fois de sacré et de macabre. La **cathédrale**, en ruine, est un mélange unique de roman et de baroque. En dessous, la **crypte** abrite de superbes fresques colorées du XIVe siècle réalisées par des élèves de Giotto. Le **cimetière des religieuses**, qui a appartenu à des clarisses du XVIe au XVIIIe siècle, est un peu lugubre. Chaque fois qu'une sœur mourait, on laissait son corps se décomposer sur la roche pour rappeler aux autres sœurs leur propre mortalité. Dans la même veine, le château abrite le **musée des Armes et des Instruments de torture**, à 200 m du guichet principal. Ce petit musée contient quantité d'objets peu sympathiques qui vous feront remercier le ciel (ou qui vous voudrez) de n'avoir pas vécu au XVIe siècle. *(Les bus n° 7 et n° 8 vont à Ischia Ponte depuis le port. Château © 081 99 28 34. Ouvert tlj 9h-19h30. 8 €.)*

L'ÉGLISE SANTA RESTITUTA. Cette église de Lacco Ameno abrite les vestiges d'anciennes villas de Pithecusa, colonie grecque du VIIIe siècle av. J.-C. Grâce à une coupe transversale du sol, on peut compter les nombreuses civilisations qui ont habité l'île. *(Prenez le bus CS ou CD jusqu'à Lacco Ameno, puis descendez la Via Roma, qui longe la côte, en direction de Ponta Cornacchia. Ouvert tlj 9h-12h et 16h-18h. Entrée libre.)*

PLAGES, SOURCES CHAUDES ET RANDONNÉE. La plus belle plage d'Ischia, qui est aussi la plus fréquentée, se trouve à **Maronti**, au sud de l'île. *(Pour vous y rendre, prenez le bus n° 5 depuis Ischia Porto.)* La plage de **Citara**, à 1 km au sud de Forio, est également très fréquentée. *(Pour vous y rendre, prenez le bus n° 1 ou n° 3 depuis Ischia Porto.)* A **Sorgeto** (Sant'Angelo, à la pointe sud de l'île), vous trouverez des sources chaudes, allant de l'eau tiède à l'eau bouillante. Dans un site reculé, la plage est parsemée de rochers sur lesquels vous pouvez vous allonger tout en rafraîchissant vos pieds meurtris (frottez deux pierres poreuses l'une contre l'autre jusqu'à former de la mousse, c'est très bon pour la peau). La plage se situe à 20 mn de marche de l'arrêt de bus de Panza. Vous pouvez également prendre le bateau-taxi au port de Sant'Angelo (5 € par personne, demandez une réduction pour les groupes et n'oubliez pas de prévoir le retour). **Lacco Ameno** et **Casamicciola Terme** sont réputés pour leurs sources thermales, qui attirèrent les premiers visiteurs d'Ischia.

Les amateurs de randonnée prendront le bus CS ou CD jusqu'à Fontana, qui se trouve au-dessus de la plupart des autres villes et constitue un bon point de départ pour, par exemple, l'ascension du **mont Epomeo** (788 m). Du sommet, par temps clair, vous bénéficiez d'un panorama qui s'étend de Terracina jusqu'à Capri.

SORTIES

Les lieux de sortie les plus populaires d'Ischia se trouvent à Ischia Porto. Le meilleur endroit est le **New Valentino**, C. Vittorio Colonna, 97. Le Corso Vittorio Colonna est parallèle à la Via de Luca en partant du port, à quelques mètres de la mer. C'est une discothèque et un piano-bar où vous pourrez aller flatter votre côté obscur. La programmation musicale étant fort variée, assurez-vous que votre côté obscur est en phase avec la musique avant de payer l'entrée, qui n'est jamais à moins de 10,33 €, et monte souvent bien plus haut. (✆ 081 98 25 69. Ouvert Ve-Di 23h-6h.) Le **Blue Jane**, V. Iasolino, sur la plage de Pagoda, près du port, est l'endroit dont il est fait tant de publicité (voyez les flancs de la plupart des bus pour vous en convaincre). On y trouve une discothèque, ainsi qu'un salon appelé le "Lizard Lounge". (✆ 081 99 32 96. Entrée 10-20 €. Ouvert Juil-Août, tlj 23h30-4h. Juin et Sep. : Ve-Di 23h30-4h.)

PROCIDA ✆ 081

Les beaux jardins des maisons couleur pastel dominant le port et les bateaux de pêche équipés de filets prêtent à ce village une atmosphère intemporelle, largement exploitée dans des films aussi différents que *Le Facteur* et *Le talentueux Mr Ripley*. Laissez-vous bercer, au gré de vos promenades dans les ruelles du village, par les inflexions méridionales du dialecte local et par le charme de ses petites épiceries où vous ne trouverez que l'essentiel, faites votre deuil des boutiques et des magasins de souvenirs. Procida a su conserver son cachet, et il est fort à parier que vous garderez cet endroit de rêve dans votre cœur.

TRANSPORTS ET INFORMATIONS PRATIQUES

Des **ferrys** et des **hydrofoils** desservent Procida depuis Naples, Pouzzoles et Ischia. Tous les bateaux se mettent à quai à Marina Grande. C'est aussi là que se trouvent les guichets. **Caremar** (✆ 081 890 72 80, ouvert tlj 6h30-20h) envoie des hydrofoils à **Naples** (5 dép/j, durée 40 mn, 9,58 €). Cette compagnie propose également des ferrys pour **Ischia** (durée 50 mn, 10 dép/j, 2-3,62 €) et **Naples** (durée 1h, 6 dép/j, 4,65 €). **Procida Lines** (✆ 081 526 4611, ouvert tlj 6h-20h) met en circulation des ferrys pour **Pouzzoles** (durée 30 mn, 2,50 €). La **SNAV** (✆ 081 896 99 76) met en place des ferrys pour **Naples** (durée 30 mn, 4 dép/j de 7h35 à 19h50, 8,36 €)et **Ischia** (durée 45 mn, 8 dép/j de 7h50 à 21h10, 3,56 €). Faites-vous confirmer les prix et les horaires au guichet.

La traversée de l'île à pied prend environ 1 heure. Des **bus** (tickets vendus 0,80 € dans les bureaux de tabac, 1,10 € dans le bus) sillonnent toute l'île. Les quatre lignes partent du port, mais leur fréquence varie selon l'itinéraire et la saison. En été, la ligne **L1**, qui couvre la région centrale et s'arrête à **Marina Piccola**, dessert les hôtels et les campings avant d'atteindre le port de **Chiaiolella**, où se trouvent les restaurants les plus fréquentés de l'île et sa plage (3 dép/h de 8h à 19h). La ligne **C1** suit presque le même itinéraire, mais dessert également la partie sud-ouest de l'île (horaires variables). La ligne **C2** circule dans la partie sud-est de l'île (dép toutes les 40 mn de 6h55 à 20h30). La ligne **L2** dessert la partie nord-ouest de l'île, assez calme (1 dép/h de 7h à 21h). Un autre moyen de transport depuis le port est l'adorable **Microtaxi** (✆ 081 896 87 85), même si l'on s'y sent un peu à l'étroit. L'**office de tourisme AAST**, V. Roma, 92, est situé près des guichets des ferrys, au bout à droite du port principal. On y trouve un plan de l'île bien conçu (2 €). (✆ 081 810 19 68. Ouvert tlj 9h-13h et 16h-18h.) En cas d'**urgence médicale**, le **Pronto Soccorso**, V. Vittorio Emanuele II, 191 (✆ 081 896 90 58), accessible par les bus L1 ou C1, est ouvert 24h/24. Le **bureau de poste** se trouve au coin des V. V. Emanuele et V. Liberta. (Ouvert Lu-Ve 8h-13h30, Sa 8h-12h30.) Il dispose d'un distributeur automatique de billets.

ITALIE DU SUD

HÉBERGEMENT ET CAMPING

La Casa sul Mare, V. Salita Castello, 13 (✆ 081 896 87 99, www.lacasasulmare.it). Prenez le bus C2. Juste à l'extérieur des murs de la Terra Murata, ce B&B prend bien soin de ses hôtes, avec un joli jardin qui surplombe la mer et de belles vues sur le village de pêcheurs de Marina Coricella. Les 10 chambres, très claires, contiennent une salle de bains, la TV et un coffre. Certaines disposent en prime d'une terrasse. Réservation nécessaire. Chambre double 88-155 €. Cartes Visa, MC, AmEx. ❖❖❖❖❖

Hôtel Celeste, V. Rivoli, 6 (© 081 896 74 88, www.hotelceleste.it). De Marina Chiaolella, remontez la V. Giovanni da Procida, puis prenez à droite la V. Rivoli. 35 chambres spacieuses et lumineuses, avec salle de bains, clim., TV et terrasse. Certaines donnent sur le jardin planté de vignes. Emplacement très pratique pour accéder aux plages. Réservation nécessaire l'été. En août, demi-pension obligatoire. Chambre simple 50-60 €, demi-pension 85 €, double 60-80 €, demi-pension 138 €. 20 % de supplément pour avoir une chambre avec vue panoramique. ❖❖❖❖

La Rosa dei Venti, V. Vittorio Rinaldi, 32 (© 081 523 14 96). Vue imprenable sur la mer et sur le petit chemin tout à fait praticable qui descend la falaise jusqu'à la plage privée. L'endroit est assez difficile d'accès à pied. Mieux vaut prendre un microtaxi sur le port. 22 *cassete* (petites maisons avec kitchenette et salle à manger) qui changent de l'hôtel. Accès Internet et petit déjeuner possibles pour 2,50 €. *Cassetta* 2-6 personnes 55 €. Cartes Visa, MC, AmEx. ❖❖❖

Hôtel Riviera, Giovanni da Procida, 36 (©/fax 081 896 71 97, hotelrivieraprocida@libero.it), accessible par le bus L1 ou C1, offre des logements agréables avec vue sur un jardin. 25 chambres équipées d'un téléphone et d'une salle de bains. Accès aisé vers les plages de Ciraccio et Ciracciello. S'y prendre 1 à 2 semaines à l'avance pour réserver. Le petit déjeuner est compris. Ouvert Avr-Sep. Chambre simple 42-54 €, chambre double 60-88 €. Cartes Visa, MC, AmEx. ❖❖❖❖

Pensione Savoia, V. Lavadera, 32, sur la ligne du bus L2 (© 081 896 76 16). L'établissement propose des chambres douillettes, un toit en terrasse et une petite cour agrémentée de fleurs et de citronniers. Chambre simple 26 €, chambre double 47 €. 13 € par lit supplémentaire. ❖❖❖

Camping : **Vivara**, V. IV Novembre, accessible par les bus L1 et C1 (en été © 081 896 92 42, en hiver © 081 556 05 29). 5,50 € par personne, 4,50-7,50 € par tente, bungalow pour 4 personnes avec salle de bains 56,50 €. Ouvert 15 Juin-15 Sep. ❖

RESTAURANTS

Après le dîner, commandez dans n'importe quel bar un sirupeux *limoncello*, fait avec les citrons de Procida.

Il Galleone, V. Marina Chiaolella, 35 (© 081 896 96 22), se distingue des autres restaurants de la marina par la qualité de ses fruits de mer et l'amabilité des serveurs. Dégustez votre plat tout en regardant le ballet des bateaux de pêche. *Primi* 7-8 €, *secondi* 8-13 €. Ouvert tlj 12h30-14h30 et 19h30-23h. Cartes Visa, MC, AmEx. ❖❖❖

Da Michele, V. Marina Chiaiolella, 22-23 (© 081 896 74 22). Sur les hauteurs du port. Laissez-vous tenter par le lapin (7 €), l'une des spécialités de l'île. *Primi* 4-9 €, *secondi* environ 10 €. ❖❖

VISITES

Vous pouvez vous rendre à l'**Abbazia San Michele Archangelo** (l'abbaye Saint-Michel) à pied ou par le bus **C2**. L'abbaye se trouve à l'extrémité est de Procida, sur le promontoire le plus élevé du village. Ne vous fiez pas à l'anonymat de sa façade jaunâtre remaniée en 1890, car l'intérieur de l'édifice recèle des fresques dorées datant du XVe siècle et des portraits du Christ en sang. Ne manquez pas de profiter de la vue qui embrasse la côte et observez les hauts faits de l'archange saint Michel blasonnés les dômes. *(Prenez la Via Vittorio Emanuele à gauche du port et tournez à gauche dans la Via Principe Umberto. © 081 896 76 12. Ouvert tlj 9h-13h et 15h-18h30. Entrée libre.)* Sur le trajet, vous découvrirez les murs d'enceinte médiévaux de **Terra Murata** (© 081 896 76 12), la vieille ville située en contrebas du monastère, dans la Via San Michele. Procida dispose de **plages** très convenables, généralement peu fréquentées. Celle de **Ciraccio** s'étend le long de la côte ouest. La ligne **L1** mène à l'extrémité ouest, près de Chiaiolella. **Chiaia**, sur la côte sud-est, est également propice à la baignade. Vous y accéderez en prenant la ligne **L1** ou **C1**.

Les citrons sont partout à Procida, et les autorités locales espèrent que la **Festa del Limone** (Fête du citron), qui se déroule le troisième week-end de juin, deviendra une tradition populaire. Cette fête donne lieu à des événements aussi disparates que des dégustations, un défilé de mode et un débat sur… le citron. Depuis le port de **Chiaiolella**, qui se trouve de l'autre côté de l'île et où les riches Napolitains amarrent leurs bateaux, vous pouvez prendre la passerelle qui vous mène sur l'îlot de **Vivara**, une réserve naturelle qui possède une faune abondante. Laissez-vous aussi tenter par une excursion sous-marine avec le **centre de plongée** de Procida, dont les bureaux se trouvent à Marina di Chiaiolella. (✆ 081 896 83 85, www.vacanzeaprocida.it. Ouvert Lu-sa à partir de 9h30. Durée 2h. 13,50 €.)

LA CÔTE AMALFITAINE (COSTIERA AMALFITANA)

Les charmes de la côte Amalfitaine sont extrêmes et contrastés. Les immenses falaises accidentées plongent à pic dans l'azur calme des flots, tandis que les villages côtiers se blottissent sur les flancs de ravins étroits. Les visiteurs sont attirés par la splendeur naturelle et le caractère unique de chaque village. Bien que certaines parties de la côte soient vraiment hors de prix, il existe aussi quelques solutions d'hébergement très intéressantes.

La côte est aisément accessible de Naples, de Sorrente, de Salerne et des îles par ferry ou par le bus bleu SITA. Le trajet en bus le long de la côte Amalfitaine est aussi impressionnant qu'inoubliable. La route étroite et sinueuse qui serpente à flanc de montagne offre au voyageur de nombreuses vues plongeantes et spectaculaires sur la mer. Asseyez-vous de préférence du côté droit du bus lorsque vous allez vers le sud (de Sorrente à Amalfi), ou du côté gauche dans l'autre sens. Ceux qui ont l'estomac sensible feraient mieux d'opter pour le bateau. Si vous prévoyez de prendre le bus entre 14h et 17h, achetez vos billets à l'avance car les bureaux de tabac ferment l'après-midi.

POSITANO ✆089

Dans les années 1950, John Steinbeck, en visite à Positano, estima que les falaises verticales étaient déjà tellement couvertes d'habitations que les lieux ne pouvaient accueillir plus de 500 visiteurs. D'après lui, le tourisme ne risquait pas, par conséquent, d'affecter cette ville. C'était sous-estimer le sens de l'adaptation dont les *Positanese* ont su faire preuve par le passé. Ainsi, quand la marine à vapeur supplanta les puissants marchands de Positano, ceux-ci se reconvertirent dans la pêche. Suite à l'échec de cette activité, ils se lancèrent plus tard dans la fabrication de dentelles et de vêtements. Enfin, confrontés à l'industrialisation du secteur, ils décidèrent de se tourner vers la mode, et c'est à Positano que l'on doit l'apparition, en 1959, du bikini. Lorsqu'en plus des écrivains, peintres, acteurs et autres cinéastes, le cachet particulier et la réputation chic de la petite ville commencèrent à attirer les millionnaires ordinaires, les habitants parvinrent à loger 2000 visiteurs. On apprécie mieux Positano si l'on a de l'argent à dépenser sans compter dans les boutiques à la mode et dans les restaurants quatre étoiles tenus par des chefs français, sur le front de mer. Quoi qu'il en soit, les falaises majestueuses sont toujours envahies de baigneurs et le lèche-vitrines peut s'avérer tout aussi satisfaisant que le shopping proprement dit. Beaucoup de ceux qui viennent à Positano s'y attardent, car, comme le faisait justement observer Steinbeck, “Positano est un lieu qui vous attire et vous retient”.

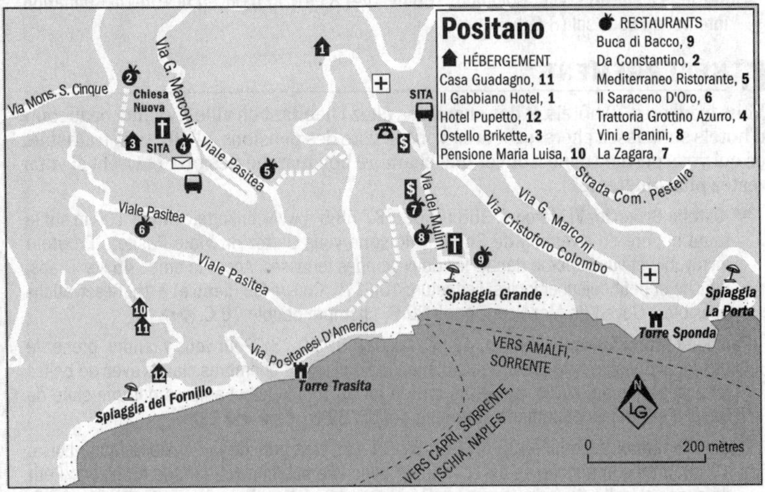

TRANSPORTS

Bus : Les bus bleus **SITA** relient **Amalfi** et **Sorrente** (14 dép/j de 7h à 21h, 1,30 €). Il y a deux arrêts principaux à Positano, aux deux croisements de la rue principale de la ville et de celle qui longe la côte. Vous pouvez acheter votre billet dans les bars ou les bureaux de tabac situés près des arrêts, ou au bar Internazionale, près de la Chiesa Nuova.

Ferry et **hydrofoil** : Ils se mettent à quai au bout de la Spiaggia Grande, à droite. La compagnie **Linee Marittime Partenopee** (✆ 089 81 11 64) envoie des **ferrys** (dép 9h10, durée 50 mn, 10 €) et des **hydrofoils** (dép 10h, durée 30 mn, 14,50 €) à **Capri**. Les ferrys de **Travelmar** (✆ 089 87 29 50) desservent **Amalfi** (6 dép/j de 10h à 18h10, durée 25 mn, 4,50 €), **Minori** (3 dép/j de 12h15 à 18h15, durée 40 mn, 5 €), **Salerne** (6 dép/j de 10h à 18h15, durée 80 mn, 5 €), **Sorrente** (2 dép/j à 9h45 et 15h40, durée 50 mn, 7,50 €).

ORIENTATION ET INFORMATIONS PRATIQUES

Positano est accrochée au sommet de deux falaises qui se jettent dans la mer Tyrrhénienne. Le véritable centre-ville se trouve vers la **Spiaggia Grande**, la grande plage. Pour vous y rendre, descendez le **Viale Pasitea**, qui part de la route côtière entre Sorrente et Amalfi, à hauteur de la **Chiesa nuova**. Le Viale Pasitea devient le **Corso Colombo** et donne de nouveau sur la rue principale de l'autre côté de la ville. Pour vous rendre à la plage plus tranquille de **Fornillo**, prenez le sentier qui part de la Spiaggia Grande. Le bus local orange (3 dép/h de 7h à 24h) portant l'indication "Positano Interno" circule à travers la ville et a son terminus sur la **Piazza dei Mulini**.

Office de tourisme : V. del Saraceno, 4 (✆ 089 87 50 67), près de la cathédrale. Fournit des plans gratuits. Ouvert en été, Lu-Sa 8h-14h et 15h-20h. En hiver : Lu-Ve 8h30-14h et Sa. 8h30-12h.

Urgences : ✆ 113. **Carabinieri** (✆ 089 87 50 11) : Près du sommet des falaises, au bas des marches, en face de la Chiesa nuova. L'**hôpital** le plus proche est à Sorrente.

Pharmacie : Vle Pasitea, 22. Ouvert tlj 9h-13h et 17h-21h.

Internet : **Brigantino**, V. dei Saraceno, 35 (✆ 089 81 10 55). 6 écrans plats et un écran géant branché sur MTV. 2 € les 15 mn. **D. S. Informatica**, V. G. Marconi, 188 (✆ 089 81 19 93), sur la grand-route qui longe la côte, accessible par le bus local. 5 € l'heure. Ouvert Lu-Sa 9h30-13h et 15h-19h30.

Librairie : **La Libreria**, V. C. Colombo, 165 (✆ 089 81 10 77). Ouvert tlj 10h-1h. Connexion internet au sous-sol (8 €/h).

HÉBERGEMENT

Vous trouverez 70 hôtels et des chambres chez l'habitant en ville. Comme beaucoup d'hôtels sont assez chers, procurez-vous la liste des pensions à l'office de tourisme, ce qui vous permettra de trouver une chambre bon marché (les prix baissent si vous restez plus longtemps).

❤ **Ostello Brikette**, V. Marconi, 358 (✆ 089 87 58 57, www.brikette.com), à 100 m sur la route côtière en direction de Sorrente lorsque vous partez du Viale Pasitea. Propreté incroyable et vue superbe depuis les deux grandes terrasses. Accès Internet. 45 lits. Draps, douche et petit déjeuner inclus. Fermeture 10h-17h. Couvre-feu (flexible) à 1h. Réservations possibles. Ouvert fin Mar-Nov. Dortoir 22 €, chambre double 70 €. ❖❖

Pensione Maria Luisa, V. Fornillo, 42 (✆/fax 089 87 50 23). Pour vous y rendre, prenez le bus local dans le Viale Pasitea jusqu'à la Via Fornillo. 12 chambres claires avec de belles terrasses donnant sur la mer et un patron jovial. Toutes les chambres ont une salle de bains. Petit déjeuner compris. Chambre double 62-67 €. ❖❖❖❖❖

Casa Guadagno, V. Fornillo, 22 (✆ 089 87 50 42), tout près de la Pensione Maria Luisa. 15 chambres impeccables au sol carrelé avec vue sublime (chauffage en hiver). Petit déjeuner et salle de bains compris. Réservations nécessaires. Chambre double 85 €, chambre triple 95 €, quadruple 105 €. Cartes Visa, MC. ❖❖❖❖❖

Hôtel Pupetto (✆ 089 87 50 87, www.hotelpupetto.it) à Fornillo. Atmosphère détendue et accès facile à la plage. Profitez du confort de l'établissement – salle de bains, clim., TV – et oubliez les affreux dessus-de-lit. Réservation conseillée en Juil-Aoû. Appelez pour vous faire indiquer le chemin. Chambre simple 60-85 €, double 75-140 €. Cartes Visa, AmEx. ❖❖❖❖❖

Hôtel Il Gabbiano, V. Pasitea, 310 (✆ 089 87 53 06, www.wel.it/hilgabbiano). Des chambres somptueuses qui donnent toutes sur le port. Salles de bains et TV dans les chambres. Les familles et les groupes sont les bienvenus. Petit déjeuner inclus. Chambre double 110 €, triple 145 €, quadruple 180 €. ❖❖❖❖❖

RESTAURANTS

Les restaurants de Positano proposent d'excellents plats, mais à des prix très élevés. Allez plutôt à Fornillo pour prendre un repas assis à des prix moindres. Dans tous les cas, ne passez pas à côté de la grande spécialité almafitaine, la *granita al limone*. Celles servies par **granita stand**, P. dei Mulini, près de l'arrêt de bus interno, sont succulentes (1,30 €).

❤ **Da Costantino**, V. Corvo, 95 (✆ 089 87 57 38). La cuisine de l'établissement est savoureuse, mais vous risquez de vous laisser distraire par l'impressionnant panorama dont vous profiterez depuis votre table. La maison s'est spécialisée dans les *crespolini al formaggio* (crêpes aux fromages, 5,50 €). Pizzas 4,50 €, *primi* 5,50-8,50 €, *secondi* 8-13 €. Ouvert en été, tlj 12h-15h30 et 19h-24h. En hiver : Ma-Je 12h-15h30 et 19h-24h. Cartes Visa, MC, AmEx. ❖❖

❤ **Mediterraneo Ristorante**, V. Pasitea, 236-238 (✆ 089 812 28 28). Tables en extérieur toutes simples et ambiance détendue. La carte est assez complète et permet de ne pas se confiner aux seuls fruits de mer. Essayez les fleurs de *zucchini*. Les *calamarato con polipetti e pomodorini* (pâtes en forme de calamar à la pieuvre et à la tomate) sont pareillement délectables. *Primi* 6-17 €, *secondi* 6-20 €. Ouvert tlj 9h30-0h30. Cartes Visa, MC. ❖❖❖❖

Trattoria Grottino Azzurro, V. G. Marconi, 158 (✆ 089 87 54 66), près du Bar International, à côté de l'auberge de jeunesse. Cet établissement est fréquenté par les stars de la région. On y sert de la cuisine locale à des prix abordables. Pâtes maison et fruits de mer frais pour 5,50 €. Couvert 1,50 €. Ouvert Je-Ma 12h30-15h et 19h30-23h. Fermé Déc-mi Fév. ❖❖

Buca di Bacco, V. Rampa Teglia, 4 (✆ 089 07 56 69). Touristique mais les tables sont dressées sous une superbe treille de bougainvillées. Fruits frais (5-6,50 €). Belle carte de vins. Spécialités régionales autour de 20 €. Ouvert tlj 12h-15h30 et 19h-24h. ❖❖

Vini e Panini, V. del Saracino, 29-31 (✆ 089 87 51 75), près de l'église. Ce petit magasin, avec ses sandwichs à des prix raisonnables et ses appétissants fromages, est parfait si vous envisagez un repas frugal. Panini mozzarella et tomates 2,60 €. Bouteille de *limoncello* 10 €. Ouvert tlj 8h-14h et 16h30-22h. Fermé Déc-Mars. ❖

Il Saraceno D'Oro, Vle Pasitea, 254 (✆ 089 81 20 50), sur la route de Fornillo. Pizzas à emporter (le soir uniquement) à partir de 4 €. Les *gnocchi alla sorrentina* sont délicieux et, pour 6,50 €, c'est une affaire en or. Couvert 1 €. Ouvert en été, tlj 13h-15h et 19h-24h. En hiver : Je-Ma 13h-15h et 19h-23h. ❖

Bar-Pasticceria La Zagara, V. dei Mulini, 6 (✆ 089 87 59 64). Régalez-vous de pâtisseries, de tartes et de *limoncello*. La *torta afrodisia* (gâteau au chocolat et aux fruits, 2,60 €) promet de titiller votre libido. Les prix sont légèrement plus élevés si vous choisissez de manger dans le patio très chic, qui se transforme en piano-bar le soir. Ouvert tlj 8h-24h. ❖

La Taverna del Leone, V. Laurito, 43 (✆ 089 87 54 74), du côté gauche de la grand-route allant à Praiano, desservie par quelques bus SITA. Propose à la fois des repas complets et des casse-croûte. Goûtez aux fraises, aux poires ou aux pêches glacées et même à leurs noix, servies avec un sorbet (1,81 € les 100 g). Couvert 1,55 €. Ouvert Mai-Sep, tlj 13h-16h et 19h-24h. Oct-Avr : Me-Lu 13h-16h et 19h-24h. Cartes Visa, MC, AmEx.

VISITES

Pour certains, les plages grises de Positano constituent son attrait majeur. Chacune possède une partie publique (gratuite) et une partie privée (loin d'être gratuite). La **Spiaggia Grande**, dans la partie principale de la ville, est à la fois la plus grande, la plus fréquentée et la plus chère. Vous passerez la journée au **Lido L'Incanto** (✆ 089 811 17 77) avec des gens qui, comme vous, auront accepté de débourser 10 € pour une chaise longue (*lettino*), un parasol, l'accès aux douches et aux cabines. A l'entrée de la plage, **Noleggio Barche Lucibello** (✆ 089 87 50 32 ou 089 87 53 26) loue des bateaux à moteur à partir de 33 € l'heure ainsi que des barques à partir de 12,50 € l'heure. Pour rejoindre la **Spiaggia del Fornillo**, plus petite mais plus calme, prenez la Via Positanese d'America, un petit chemin sinueux partant au-dessus du port et passant par la **Torre Trasita**. La plupart des plages de Fornillo sont publiques mais il est toujours possible de se rendre à l'une de ses trois plages privées. Marinella est une étroite bande de sable à laquelle vous accéderez par un petit chemin fait de planches. Les ambitieux Fratelli Grassi proposent une

UNE PETITE FOLIE

IL SAN PIETRO

L'hôtel Il San Pietro de Positano est taillé dans la falaise de la péninsule sorrentine. On entre par un ascenseur qui descend dans la roche et conduit jusqu'au hall. Mais vous oublierez très vite que vous êtes dans une grotte. Avec ses statues de pierre, ses tableaux, ses meubles en bois blanc ou sculpté et ses compositions florales éclatantes, la réception est somptueuse. Vous vous trouvez dans un hôtel cinq-étoiles.

L'un des sentiers conduit à une piscine semi-circulaire, un autre mène à un court de tennis bordé de rosiers. La plage, la terrasse pour bronzer et le bar se trouvent sur un promontoire au pied des falaises, juste à l'entrée d'une immense grotte. Les 61 chambres et suites sont aménagées dans des cavités naturelles. Elles disposent toutes d'une salle de bains de rêve (avec jacuzzi et plantes tropicales), de la clim., de la TV, d'un minibar et d'une terrasse privée.

Le dîner est servi dans un cadre enchanteur, sur une terrasse qui domine la baie, au milieu des vignes et des bougainvillées. Pendant que les chefs s'activent et déclinent avec talent les standards de la cuisine locale, admirez le coucher de soleil sur la mer thyrénienne au son d'un piano langoureux.

V. Laurito, 2, Positano 84017. ✆ 089 87 54 55, fax 81 14 49, www.ilsanpietro.it. Chambre double standard-deluxe 385-833 $. ❖❖❖❖❖

excursion en bateau (12 €), alors que le conciliant Puppetto offre une réduction de 10-15 % aux clients venant de l'auberge Briskette. D'après Homère, les sirènes avaient élu domicile au large des côtes de Positano, près des trois **Isole dei Galli**. C'est là, par leurs chants ensorceleurs, qu'elles attiraient leurs malheureuses victimes. C'est sans doute en leur mémoire qu'en 1925, Picasso, Stravinsky, Hindemith et Massine décidèrent de se rendre acquéreurs de l'une des trois îles.

Les sportifs ne pourront que se réjouir des extraordinaires randonnées qu'offre la région de Positano. **Montepertuso**, impressionnant sommet percé d'un trou (*pertusione*), est l'une des trois montagnes du genre dans le monde (les deux autres se trouvent en Inde). Pour arriver sur le site, il vous faudra emprunter le sentier qui suit le versant et marcher durant 45 mn, ou bien prendre le bus qui part de la Piazza dei Mulini, près du port, et passe par tous les arrêts de la ville. Positano offre d'innombrables occasions à ceux qui désirent soulager leur portefeuille. Les inconditionnels du chic pourront passer des heures entières dans les boutiques de la ville aux prix exorbitants. D'autres préféreront faire des excursions en bateau pour visiter les îles proches de la côte. Les aventuriers et les affamés pourront partir en expédition pour pêcher le calamar de nuit. Positano est le point de départ de nombreuses petites croisières à destination de la **Grotte Bleue** et de la **Grotte d'Emeraude**. Des ferrys quittent également le port de nuit. Plus d'une compagnie assurant ces excursions, les prix sont souvent raisonnables pour les petits parcours. Renseignez-vous auprès de l'office de tourisme et des guichets qui longent le port.

SORTIES

Music on the Rocks, un charmant piano-bar/discothèque, se trouve à l'extrémité gauche de la plage en faisant face à la mer. Une clientèle dans la trentaine, chic et élégamment vêtue, vous y attend. De nombreuses stars, de Sharon Stone à Luciano Pavarotti, s'y sont arrêtées. Vous ne pourrez entrer que si vous êtes habillé comme il se doit. (✆ 089 87 58 74. Entrée 20 €.) L'**Easy Pub**, sur la Spiaggia Grande, au niveau de D. del Brigantino, est un endroit branché de mi-Mars à Nov. (✆ 089 81 14 61. Ouvert jour et nuit, concerts à l'occasion.)

PRAIANO ✆ 089

Six kilomètres plus loin, le long de la côte (15 mn en bus par une route sinueuse, 1,30 €), Praiano, petite ville tranquille de 800 habitants, offre d'excellents logements à des prix tout à fait abordables. En fait, la ville est constituée d'une série d'hôtels et de restaurants, étendue sur 10 km de côte. Les restaurants y sont également les moins chers du coin et la vie nocturne, animée, y est réputée.

HÉBERGEMENT. Admirez le vaste panorama depuis le camping **Villaggio La Tranquillità** et l'**Hôtel Continental**, V. Roma, 10 (✆ 089 87 40 84, www.continental.praiano. it), qui font partie d'un même complexe situé sur la route d'Amalfi (demandez au chauffeur du bus de s'arrêter au Ristorante Continental). Un long escalier vous mènera jusqu'à un quai en pierre surplombant l'eau verte et transparente. L'hôtel est tenu par une équipe sympathique (tout le monde saura votre nom). Toutes les chambres sont équipées d'une salle de bains. Petit déjeuner inclus. Parking possible. Camping 14 € par personne, 12,50 € par tente. Chambre simple 60 €, double et bungalow pour deux personnes 60-88 €. Cartes Visa, MC.) Vous pouvez également prendre une chambre à **La Perla**, V. Miglina, 2, un hôtel situé à 100 m de La Tranquillità sur la route d'Amalfi. Toutes les chambres ont une salle de bains et une terrasse donnant sur la mer. (✆ 089 87 40 52. Petit déjeuner compris. Chambre simple 40-62 €, chambre double 93-100 €. Cartes Visa, MC, AmEx.) Sur la route allant de la Perla vers Amalfi se tient l'**Hôtel Ona Verde**, V. Terramare, 3, une très bonne option pour les familles. Les chambres sont simples mais bien équipées avec une salle de bains et une petite terrasse. Un escalier long de 200 m mène à la plage. (✆ 089 04 71 43, www.hotelonevarde.com. Chambre 70-80 €, les prix varient selon la saison.) Pour un logement bon marché, rendez-vous à la **Casa di San Gennaro**, sur la V. Capo Vettica. L'établissement compte 10 chambres sobres mais très propres, avec salle de bains, clim. et TV. Appelez pour vous faire indiquer le chemin. (© 089 87 42 93, www.ilsangennaro.it. Chambre double 40-70 €. Location de scooter à partir de 30 €/j. Cartes Visa, MC, AmEx.)

RESTAURANTS. En bas des escaliers du Villagio La Tranquillità, le **Ristorante Continental** propose des *primi* et des *secondi* pour 8-15 € ainsi que des vins de la région à 5 €. La vue sur la mer est merveilleuse. (Couvert 1,70 €. Ouvert Pâques-Nov, tlj 12h-15h et 20h-24h.) Sur la route en venant de Positano, près de l'église San Gennaro (avec les dômes bleu et or), la **Trattoria San Gennaro**, V. San Gennaro, 99, vous offrira le choix entre le jardin et la terrasse pour servir de cadre à votre repas. Profitez du panorama et des *spaghetti San Gennaro* (aux champignons et aux palourdes) pour seulement 6,50 €. (© 089 87 42 93. Pizza le soir 4,50 €. Couvert 1,50 €. Ouvert tlj 12h-17h et 19h-24h.)

VISITES ET SORTIES. Pour bien explorer la côte, le mieux est de louer un **scooter**. **Praia Costa** (©/fax 089 81 30 82, www.praiacosta.com) en propose à partir de 30 € pour 3h. La Casa di San Gennaro (voir précédemment) en loue également. Il y a une superbe plage accessible par la route allant à Positano (6 km), mais vous devrez être prêt à descendre 400 marches (et surtout à les remonter une fois la visite terminée). Non loin du coude que décrit la route de Praiano à Amalfi, dans la Via Terramare, vous trouverez une passerelle qui commence à la **Torre a Mare** (une tour remarquablement préservée, aujourd'hui aménagée en galerie d'art pour le très apprécié peintre et sculpteur Paolo Sandulli) et vous mènera à **Marina di Praia**, un village de pêcheurs vieux de 400 ans caché au fond d'un petit ravin. Ses restaurants et ses pizzerias s'animent le week-end. Plus bas sur la côte, l'❤ **Africana**, dans la Via Terramare, est la boîte de nuit la plus connue de la côte Amalfitaine. Elle existe depuis le début des années 1960. Des poissons nagent sous le sol en verre de la piste de danse, tandis qu'un vieux chien se promène parmi la clientèle (âgée de 20 à 30 ans) et s'assoupit près du bar. Le rythme de la musique se répercute entre les murs caverneux et les bateaux jettent l'ancre juste à l'extérieur. Vous avez rencontré un(e) bel(le) Italien(ne) ? Jetez une fleur dans le puits et faites un vœu : si la fleur flotte et dérive vers l'extérieur de la grotte en dessous, il se réalisera. Sinon, noyez votre chagrin dans un *cocktail africana* pour 5 €. Le samedi, des spectacles somptueux font passer le prix de l'entrée à 15 €. (© 089 87 40 42. Entrée 15 €, gratuit pour les femmes le jeudi. Ouvert mi-Juin-Sep, tlj 23h-4h.)

Un peu plus loin, toujours sur la route de Praiano à Amalfi, vous découvrirez la **Grotta Smeralda** (Grotte d'Emeraude). Le bus SITA vous déposera devant l'ascenseur qui mène à la grotte. Malgré ses eaux transparentes, les jeux de réfraction de la lumière et ses murs hérissés de stalactites, la Grotte d'Emeraude (22 m de haut) n'est pas aussi impressionnante que la Grotte Bleue de Capri, mais les guides polyglottes essaient de soutenir la comparaison en vous montrant, par exemple, le profil de Lincoln, de Napoléon ou de Garibaldi (suivant votre nationalité) dans la roche. Désolé, la baignade est interdite dans cette grotte. (Visite 5 €. Ouvert tlj 10h-16h.)

AMALFI ©089

Entre les falaises escarpées de la péninsule de Sorrente et les eaux bleues de l'Adriatique, les rues étroites et les monuments d'Amalfi sont blottis au sein d'une nature incomparablement belle. Amalfi, la plus ancienne des républiques maritimes d'Italie, était dès l'époque romaine une ville côtière très active. Flavio Gioia, l'inventeur présumé du compas, y est né. Après les attaques pisanes et la conquête normande, Amalfi perdit sa prééminence maritime, mais elle est aujourd'hui aussi vivante, bruyante et chaotique que d'autres villes de la côte campanienne. Les voyageurs ont tout loisir de se promener le long de la baie ou d'envahir les boutiques, restaurants et autres cafés, nombreux autour de la cathédrale. Pendant les festivals, la musique et les feux d'artifice trouvent un écho majestueux dans les montagnes alentour.

TRANSPORTS

Bus : Les bus arrivent et partent de la Piazza Flavio Gioia, près des quais. Les tickets s'achètent dans plusieurs bars et bureaux de tabac de cette place. Les **bus** bleus **SITA** (✆ 089 87 10 16) relient Amalfi à **Salerne** (20 dép/j de 6h à 22h, durée 1h15, 1,65 €) et à **Sorrente** (13 dép/j de 6h30 à 20h, durée 1h15, 1,85 €) via **Positano** (14 dép/j, durée 35 mn, 1,30 €).

Ferry et **hydrofoil** : Départ des quais à côté de la Piazza Flavio Gioia, où se trouvent les guichets.

Travelmar (✆ 089 847 31 90) fait circuler des hydrofoils à destination de **Minori** (3 dép/j de 12h35 à 19h, 1,50 €), **Positano** (7 dép/j de 8h40 à 16h20, durée 25 mn, 4 €), **Salerne** (7 dép/j de 10h35 à 19h, durée 30 mn, 3,50 €) et **Sorrente** (2 dép/j à 9h15 et 15h, durée 80 mn, 7 €).

Taxi : ✆ 089 87 22 39. **Scooters** : location chez **Financial Tour** (voir plus loin).

ORIENTATION ET INFORMATIONS PRATIQUES

La rue principale d'Amalfi est la **Via Lorenzo d'Amalfi**, qui va du port aux collines situées plus haut. Les ferrys et les bus s'arrêtent sur la **Piazza Flavio Gioia**, près des quais. La **Piazza del Duomo** se trouve en haut de la Via Lorenzo d'Amalfi, après la voûte blanche. La **Piazza Municipio** se trouve à 100 m du Corso delle Repubbliche Marinare, en direction d'**Atrani** lorsque vous partez de la Piazza Flavio Gioia, sur la gauche. Traversez le tunnel pour rejoindre **Atrani**, qui se trouve 750 m plus bas sur la côte, ou suivez le chemin public qui passe près du restaurant à côté du tunnel.

Office de tourisme : **AAST**, C. delle Repubbliche Marinare, 27 (✆ 089 87 11 07), après le portail sur votre gauche lorsque vous remontez la route. Plans gratuits et brochures. Ouvert Mai-Oct, tlj 8h-14h et 15h-20h. Nov-Avr : Lu-Sa 8h-14h.

Police : **Carabinieri**, V. Casamare, 19 (✆ 089 87 10 22), à gauche en remontant la Via Lorenzo d'Amalfi.

Urgences médicales : L'**American Diagnostics Pharmaceutics** (✆ 0335 45 58 74) est de garde 24h/24. Propre et moderne. On y effectue des tests sanguins et des examens de laboratoire.

Internet : **Financial Tour**, V. d'Amalfi, 29. Propose également les services de transfert d'argent de Western Union, et loue des scooters pour 32 €/j. (Internet 4 €/h, ouvert tlj 9h-20h).

Bureau de poste : C. delle Repubbliche Marinare, 35 (✆ 089 87 13 30), près de l'office de tourisme. Dispose d'un bureau de change avec de bons taux. Commission 0,52 €. Ouvert Lu-Ve 8h15-18h30, Di 8h-12h30. **Code postal** : 84011.

HÉBERGEMENT

L'hébergement coûte cher à Amalfi, mais vous en aurez pour votre argent. Les hôtels sont vite complets en août et il est nécessaire de réserver au moins un mois à l'avance.

❤ **Hôtel Lidomare**, V. Piccolomini, 9 (✆ 089 87 13 32, www.lidomare.it). Engagez-vous dans le passage en face de la cathédrale, prenez à gauche en haut des escaliers puis traversez la petite place. Grandes chambres avec terrasses. Hall et parties communes décorés d'antiquités locales. 30 chambres avec salle de bains, téléphone, télévision, réfrigérateur et air conditionné. Petit déjeuner compris. Chambre simple 34-43 €, chambre double 70-120 €. Cartes Visa, MC, AmEx. ❖❖❖

A'Scalinatella, P. Umberto, 6 (✆ 089 87 19 30 ou 089 87 14 92, www.hostelscalinatella.com), en haut de la Via dei Dogi à Atrani. Suivez les flèches peintes sur le mur de droite. Filippo et Gabriele, deux frères fort sympathiques, offrent des chambres à Atrani mais aussi des tentes et des chambres au-dessus d'Amalfi. Laverie 5,50 €. Les prix varient selon la saison, août restant le mois le plus cher. Dortoir 10-21 €, chambre double 26-50 €, avec salle de bains 40-80 €. Camping 5 € par personne. ❖

Beata Solitudo Campeggio Ostello (HI), P. Generale Avitabile 6, Agerola (✆/fax 081 802 50 48, www.beatasolitudo.it), à 30 mn en bus d'Amalfi. Descendez sur la place d'Agerola. Il s'agit de la seule auberge de jeunesse du coin. L'établissement consiste en 3 chambres agrémentées de 16 lits, d'une cuisine, d'une laverie, d'un accès Internet et d'une télévision. L'un des points de chute préférés des personnes visitant Amalfi. Dortoir 9,30 €. Bungalow pour quatre personnes avec salle de bains et cuisine 50 €. Camping 4 €. Cartes Visa, MC. ❖

Hôtel Amalfi, V. dei Pastai, 3 (✆ 089 87 24 40, www.starnet.it/hamalfi). En quittant la Via Lorenzo, sur la gauche, prenez la Salita Truglio et grimpez la colline. Hôtel 3 étoiles tenu par un personnel dévoué. Les chambres sont impeccables et agrémentées de terrasses, de jardins d'agrumes, d'un bar, du téléphone, d'un coffre-fort et d'une télévision. Restaurant. Le petit déjeuner est compris. Réservez pour avoir une chambre avec vue sur la mer. Chambre simple 60-100 €, chambre double 90-125 €. Cartes Visa, MC, AmEx. ❖❖❖❖

Vettica House, V. Muista dei Villaggi, 92 (✆ 089 87 18 14). Appelez depuis l'arrêt de bus à Amalfi, on vous indiquera comment vous y rendre. Un peu au-dessus d'Amalfi parmi les citronniers, dans un petit village au sommet d'un promontoire. Les chambres de l'établissement, très calmes, offrent un panorama exceptionnel. Cuisines disponibles. *Alimentari* tout proches. Chambre double 52 €, quadruple 60 €. Dortoirs à partir de 12,50 €. ❖❖❖❖

Apartments à Amalfi, V. S. Andrea (✆ 089 87 28 04, www.amalfiapartments.com), près du *duomo*, loue deux appartements avec vue sur la mer. Les propriétaires sont par ailleurs célèbres pour leur *limoncello*. Réservez au moins un mois à l'avance et appelez pour vous faire indiquer le chemin. 50-65 € pour 2 personnes, 90-110 € pour 4 personnes. ❖❖

Hôtel Fontana, P. del Duomo (✆ 089 87 15 30). Un peu bruyant mais le personnel est sympathique. L'établissement propose 16 chambres confortables et propres, avec salle de bains en commun. Le petit déjeuner est compris. Chambre simple 55 €, chambre double 85 €. ❖❖❖❖

Hôtel Residence, V. delle Repubbliche Marinare, 9 (✆ 089 87 11 83), près de la P. Flavio Gioia. Un hôtel tout luxe et agréablement désuet, avec ses téléphones à cadran et ses chandeliers en bronze. Les chambres disposent d'une salle de bains, de la TV et de la clim. Petit déjeuner buffet inclus. Chambre double 114-124 €, triple 144-155 €. Cartes Visa, MC, AmEx. ❖❖❖❖❖

Hôtel Luna Convento, V. P. Comite, 33 (✆ 089 87 10 02, www.lunahotel.it). Construit en 1200, cet ancien cloître aménagé en hôtel haut de gamme est absolument charmant. La cour intérieure, plantée de citronniers, est l'endroit rêvé pour un paisible après-midi de lecture. Henrik Ibsen et Richard Wagner ont séjourné ici. Les chambres sont gigantesques, avec de belles vues. Le restaurant en face, établi dans une tour en pierre du XVIe siècle, sert une cuisine réputée. Petit déjeuner buffet inclus. Chambre double 170-270 €, suites à partir de 290-520 €. Cartes Visa, MC, AmEx. ❖❖❖❖❖

RESTAURANTS

A Amalfi, les restaurants sont bons mais chers. Laissez-vous tenter par les fruits de mer, les *scialatelli* (des pâtes locales grossièrement coupées) et le *limoncello*, cette âcre liqueur de citron. Les nombreuses **paninoteche** (marchands de sandwichs) de la ville sont idéales pour ceux qui ont un budget serré.

❤ **Da Maria**, P. del Duomo (✆ 089 87 18 80). Après avoir goûté aux plats de ce restaurant, vous n'aurez plus envie d'aller chercher ailleurs la cuisine napolitaine de qualité. Les propriétaires orienteront les aventuriers sur la spécialité du jour. *Primi* à partir de 10,33 € et pizzas à partir de 3 €. Fermé mi-Nov. Ouvert Ma-Di 12h-15h et 19h-24h. Il est conseillé de réserver. Cartes Visa, MC, AmEx. ❖❖❖❖

❤ **Trattoria La Perla**, V. dei Pastai, 5 (✆ 089 87 14 40), à côté de l'Hôtel Amalfi. Prix modérés. Les fruits de mer sont excellents. Essayez les *scialatelli ai frutti di mare* (9 €) ou le *bignè al limone* (pâtisserie à la crème de citron, 4 €). Menu touristique à 17 €. Couvert 2 €. Ouvert Nov-Mars, Me-Lu 12h-15h30 et 19h-24h. Avr-Oct : Me-Lu 12h-15h et 19h-23h30. Cartes Visa, MC, AmEx. ❖❖❖

Al Teatro, V. Marini, 19 (✆ 089 87 24 73). Depuis la Via Lorenzo d'Amalfi, suivez les indications à gauche, immédiatement après un magasin de chaussures, dans la Salita degli Orafi. Petit établissement populaire dans une rue calme, avec une délicieuse cuisine bon marché. Goûtez les *scialatelli al Teatro* (aux tomates et aux aubergines, 6,71 €). *Primi* et *secondi* à partir de 4 €. Menu 16 €. Ouvert Je-Ma 11h30-15h15 et 19h30-23h30. Fermé de début Janv. à mi-Fév. Cartes Visa, MC, AmEx. ❖❖

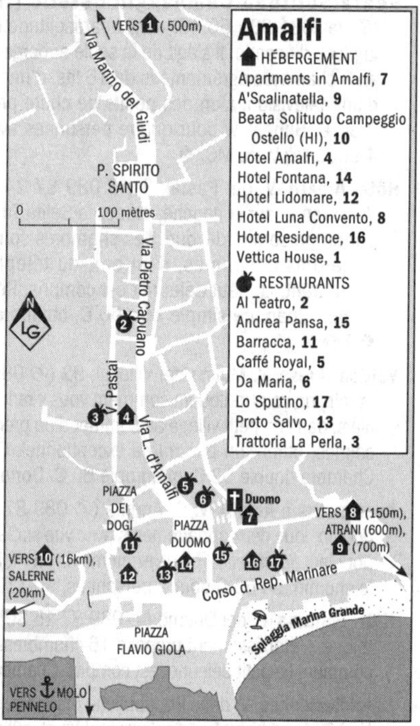

Barracca, P. Dogi, 16 (✆ 089 87 12 85). Suivez les panneaux depuis la P. Duomo. Très belle carte de fruits de mer, dans un endroit à l'écart de l'agitation. Les *spaghetti alla pescatore* sont délectables (avec fruit de mer, 8,30 €). *Primi* 6,20-8,30 €. Menu 15,50 €. Ouvert Me-Lu 12h-15h et 18h-22h30. Ouvert tlj en août. Cartes Visa, MC, AmEx. ❖

Caffè Royal, V. Lorenzo d'Amalfi, 10 (✆ 089 87 19 82), près de la cathédrale. Laissez-vous guider par l'odeur des meilleures glaces et pâtisseries de la ville, concoctées par deux frères. Cônes 2-3 €. Délicieux *gelato* à base de vin local. Crêpes au nutella 5 €. Ouvert Juin-Sep, tlj 7h-2h. Oct-Mai : Ma-Di 7h-24h. Cartes Visa, MC, AmEx. ❖

Proto Salvo (✆ 338 188 18 00), sur la P. Duomo. C'est l'une des meilleures pizzerias de la ville. Attendez-vous à faire la queue. Des salades et des paninis sont également en vente. Ouvert tlj 8h30-24h. ❖

Andrea Pansa, P. del Duomo, 40 (✆ 089 87 10 65). Cette pâtisserie se consacre aux spécialités de la région depuis 1830. Dès les premières bouchées, vous ne douterez plus des raisons de son succès. En hiver, demandez des *sprocollati* (figues et amandes pilées). Leur baba au citron est à déguster en toutes saisons (1,50 €). Ouvert tlj 7h-24h. Cartes Visa, MC, AmEx. ❖

Lo Sputino, Largo Scavio, 5 (✆ 333 247 66 28), à gauche en remontant le Corso delle Repubbliche Marinare. Paninis copieux et originaux (2,60-6,80 €). Bières à partir de 1,80 €. Ouvert Mars-Oct, tlj 10h-3h. Cartes Visa, MC, AmEx. ❖

VISITES

La **cathédrale Saint-André**, *duomo* fondé au IXe siècle, est un savant mélange de grâce, d'élégance et de dignité. La place de la cathédrale, en revanche, est moins raffinée, avec la **Fontana di Sant'Andrea**, où une sculpture en marbre représente une femme qui fait jaillir l'eau de ses seins. Reconstruits au XIXe siècle selon les plans d'origine, la façade et le campanile frappent par la variété de leurs motifs géométriques (style arabo-normand), représentatifs des influences orientales qu'a connues l'architecture d'Amalfi. Les superbes **portes en bronze**, sculptées à Constantinople en 1066, furent à l'origine de l'engouement de toute l'Italie du Sud pour les portes en bronze. L'intérieur est baroque. (Ouvert tlj 9h-18h45. Tenue correcte exigée.)

A gauche de la cathédrale, le **Chiostro del Paradiso** (cloître du paradis), bâti au

XIIIe siècle, est devenu un cimetière hétéroclite de colonnes, de fragments de statues et de morceaux de sarcophages. Les arches élégamment enlacées témoignent, comme le campanile, de l'influence moyen-orientale. Le musée présente des mosaïques, des sculptures et les trésors de l'église. *(Ouvert Juin-Sep, tlj 9h-18h45. Guides polyglottes disponibles. Entrée du cloître, du musée et de la crypte 1,50 €.)*

L'**arsenal**, bâti au IXe siècle sur les quais, près de l'entrée de la ville, retrace le glorieux passé maritime d'Amalfi. En haut de la Via Lorenzo d'Amalfi, plusieurs bandes jaunes indiquent le chemin de la **Valle dei Mulini** (la vallée des moulins). Promenez-vous le long du ruisseau près du vieux moulin à papier et appréciez le paysage de montagnes rocheuses et de champs de citronniers. A l'entrée de la vallée, jetez un œil sur le **musée du Papier** et sur ses diverses collections d'objets… en papier. (© 089 830 45 61, www.museodellacarta.it. Ouvert Ma-Di 10h-18h, 1,50 €). De nombreuses boutiques en ville vendent les livres almafitains traditionnels réalisés avec du papier local.

PLAGES, PROMENADES ET DRAGONS

Alors qu'il existe une petite plage dans Amalfi même, vous en trouverez une bien plus jolie (et gratuite) à **Atrani**, à condition de marcher de 5 à 10 mn. Atrani est un village de bord de mer de 1200 habitants, non loin du virage en coude d'Amalfi. C'était autrefois la ville où séjournaient les principaux acteurs de la République. Aujourd'hui, Atrani est un endroit tranquille, où vous pouvez vous écarter un peu des foules d'Amalfi. Après le tunnel, descendez un petit escalier sinueux qui vous mène jusqu'à la plage et à la Piazza Umberto. L'unique rue pavée d'Atrani, la Via dei Dogi, va de la plage à la Piazza Umberto, où un escalier blanc vous mène à l'**église San Salvatore de Bireto**, dont les portes en bronze du XIe siècle furent apportées de Constantinople. Son nom fait référence à la coiffe cérémoniale posée sur la tête du doge de la République lors de son intronisation. Les rues d'Atrani s'animent le soir. A la **Casbah'r**, P. Umberto, 1, les sympathiques barmen s'y entendent pour mettre de l'ambiance (© 089 87 10 87. Ouvert tlj 7h-1h). Si vous souhaitez manger un morceau, prenez place à la **Piazzetta**, sur la place. Le dîner "Pasta Party" comprend un plat de pâtes, une boisson et une salade composée ou un dessert pour 8 € (Ouvert tlj 19h-24h)

Les randonneurs empruntent souvent des sentiers qui partent d'Amalfi en serpentant à travers les citronniers et les brumes des imposants monts Lattari, d'où ils profitent de la vue spectaculaire sur les environs. A partir d'Amalfi, vous pouvez vous rendre aux **Antiche Scale**, en direction de Pogerola. Allez faire un tour dans la **Vallée des Dragons**, appelée ainsi à cause du torrent (le brouillard qu'il crée évoque la fumée que crachent les dragons) qui traverse cette vallée pour aller se jeter dans la mer. Un autre itinéraire très prisé est le **Sentier des Dieux** (3h), qui vous emmène de Bomerano à Positano et vous permet d'admirer des vues somptueuses. Naturellement, les randonnées sont sportives et une bonne carte est indispensable.

Si vous préférez une courte marche, un chemin conduit à travers les rues et les falaises jusqu'à la cave où le célèbre révolutionnaire Masaneillo se cacha de la police espagnole. Bien que la cave soit fermée de temps en temps, la vue sur Atrani vaut à elle seule la grimpette, qui prend environ 1h dans les deux sens.

EXCURSIONS DEPUIS AMALFI

MINORI

Les bus SITA partent de l'arrêt de la Via Capone et suivent la Via Amendola, qui file ensuite vers le nord en direction de Minori, à 1 km à peine. (Villa romaine © 089 85 28 43. Ouvert tlj 9h-1h avant le coucher du soleil. Entrée libre.)

Bien que son centre-ville soit mieux préservé que celui de Maiori, c'est surtout par ses plages que Minori se distingue. Contrairement à Maiori où seule une maigre portion de plage est publique, la majeure partie de la côte est ici accessible à tous,

gratuitement. Comme les hôtels sont moins chers à Maiori, il est donc conseillé de poser ses affaires à Maiori et de passer la journée à Minori, en empruntant le bus qui parcourt le kilomètre de côte séparant les deux localités.
Minori abrite les ruines d'une antique **villa romaine**. Vous pourrez admirer des mosaïques monochromes représentant une scène de chasse, des arcades merveilleusement préservées ainsi qu'un petit musée. Le site se trouve à quelques rues de la plage, dans la Via Santa Lucia. Après une journée à la plage, faites un tour à la **Pasticceria DeRiso**, P. Cantilena, 28, qui prépare de délicieuses glaces et pâtisseries.

MAIORI

Le Corso Regina est piéton et croise la Via G. Capone au niveau de l'arrêt de bus SITA. Remontez le Corso Regina sur quelques rues et arrêtez-vous au niveau de l'office de tourisme et de son petit jardin, C. Regina, 73. (© 089 877 452, fax 089 853 672. Ouvert Lu-Sa 8h30-13h30 et 15h-18h.) Les services médicaux les plus proches sont à Amalfi. En cas d'urgence, adressez-vous aux carabinieri (© 089 87 72 07).

A quelques kilomètres à peine d'Amalfi et de ses foules de touristes, cette petite ville de la côte attire une majorité d'Italiens. Bien que son style n'ait rien à envier à Positano et que son passé soit tout aussi brillant que celui d'Amalfi, ses hôtels affichent des prix très raisonnables, ses plages sont magnifiques et ses sites historiques intéressants.

La plus grande partie de la ville fut endommagée durant la Seconde Guerre mondiale. Les bâtiments qui avaient échappé aux caprices de l'Histoire cédèrent devant l'inondation qui frappa la localité il y a plusieurs dizaines d'années, ce qui explique l'allure très moderne de l'architecture locale.

Bon nombre de visiteurs viennent ici pour les plages, bien que presque toutes soient privées. Leur accès vous coûtera 5-10 € avec parasol et chaise. La portion de plage à proximité de l'arrêt de bus SITA est publique. Hydratez-vous et restaurez-vous dans les petits stands tout proches.

Si les monuments vous intéressent plus que le bronzage, ne manquez pas l'**église Santa Maria a Mare**. Elle se trouve au sommet d'un grand escalier, sur la gauche d'une petite place, à trois rues du Corso Regina en venant de la plage. En plus d'un panorama embrassant la ville, on y découvre un autel en albâtre du XVe siècle dressé devant la crypte. Les hôtels près de la plage sont bon marché. L'**Albergo De Rosa**, V. Orti, 24 (depuis la plage, prenez le Corso della Regina, puis à gauche deux rues plus loin), offre des chambres agrémentées d'une salle de bains. Le petit déjeuner est compris. (©/fax 089 87 70 31. Chambre simple 26-37 €, chambre double 42-57 €, chambre triple 54-71 €.) Le restaurant **Dedalo**, V. Cerasuoli, au coin du Corso Regina, à proximité de la plage, pratique des prix raisonnables. Menu 14 €, pizzas 3-6 €, avec l'air conditionné en prime. (© 089 87 70 84. Ouvert tlj 12h-15h et 16h30-3h.) Pour un repas un peu plus haut de gamme, essayez le **Ristorante La Vela**, Lungomare G. Amendola. L'établissement est spécialisé dans les fruits de mer et les poissons. Laissez-vous tenter par les *scialatelli* avec fruits de mer et légumes (10 €). (© 089 85 28 74. *Primi* 7-10 €, *secondi* 11-22 €). Ouvert 12h-15h30 et 18h-24h. Cartes Visa, MC, AmEx.)

RAVELLO © 089

Avec ses luxueuses villas perchées à 330 m sur un promontoire dominant un chapelet de villages, Ravello permet d'embrasser la côte et le paysage accidenté d'un seul coup d'œil. Créée en 500 par des Romains fuyant les invasions barbares, la ville dépassa les 70 000 habitants à l'apogée de la République d'Amalfi et plus tard sous la domination normande. Les épidémies et les raids sarrasins réduisirent la population à 2700 âmes. Si la guerre civile et les maladies ont eu raison de son essor, la ville a attiré les intellectuels et les artistes en mal de beauté sauvage et de décadence romantique. Le poète italien du XIVe siècle, Boccace, s'inspira des splendides jardins de la villa Rufolo pour son *Décaméron*, tout comme Wagner pour un de ses opéras, *Parsifal*. En fait, Ravello est toujours connue comme la *Città della musica* (la ville de la musique) en raison des nombreux concerts et spectacles qui s'y donnent tout au long de l'année. Pour ceux qui aiment l'art, Ravello vaut en effet le détour.

TRANSPORTS ET INFORMATIONS PRATIQUES. Vous pouvez prendre le bus bleu **SITA** depuis **Amalfi** (18 dép/j de 6h45 à 22h, durée 20 mn, 1 €), mais le moyen le plus agréable d'atteindre la ville est d'effectuer l'ascension à pied : la marche vous réserve des vues spectaculaires. Ravello est accessible depuis Minori (durée 1h), Atrani (via Scala, durée 2h) et Amalfi (via Pontone, durée 2h30). L'**office de tourisme AAST**, P. del Duomo, 10 (✆ 089 85 70 96), possède des brochures bien utiles, un plan et des informations à jour sur les logements. La meilleure carte reste celle du Club alpin italien, mais vous en trouverez d'autres, également utiles, dans n'importe quel magasin ou kiosque à journaux. Pour appeler un **taxi**, composez le ✆ 089 85 79 17. Les **carabinieri** (✆ 089 85 71 50) sont tout près, dans la Via Roma. La **pharmacie**, P. del Duomo, 14, se trouve sur la gauche de la place lorsque vous faites face à la cathédrale. (✆ 089 85 71 89. Ouvert l'été, tlj 9h-13h30 et 17h-20h30.) Juste à côté se trouve le **bureau de poste**, P. del Duomo, 15. (Ouvert Lu-Sa 8h-13h30.) **Code postal** : 84010.

HÉBERGEMENT ET RESTAURANTS. Si vous pensez passer la nuit à Ravello, nous vous recommandons l'un de ces trois hôtels. L'**Hôtel Villa Amore**, V. dei Fusco, 5, sur la route en direction de la villa Cimbrone, dispose de 12 jolies chambres propres et d'un jardin avec une vue imprenable sur les falaises et la mer. Comme le dit la pancarte de bienvenue, "un séjour à la Villa Amore procure de la paix à l'âme et de la joie au cœur". Toutes les chambres ont une terrasse et une belle vue, et certaines une salle de bains. Réservez un mois à l'avance. (✆/fax 089 85 71 35. Le petit déjeuner est compris. Chambre simple 48-60 €, double 74-85. Cartes Visa, MC, AmEx.) L'**Albergo Garden**, V. Giovanni Boccaccio, 4, juste avant le tunnel en direction de Ravello, à côté de l'arrêt de bus SITA, propose une belle vue sur les falaises. Les 10 chambres ont une salle de bains et un balcon. (✆ 089 85 72 26, fax 089 85 81 10. Petit déjeuner compris. Réservation recommandée un mois à l'avance pour un séjour en août. Chambre double 88-95 €. Cartes Visa, MC, AmEx.) De l'autre côté de la place se dresse l'**Hôtel Parsifal**, V. G. d'Anna, 5, à l'origine un ancien couvent d'Augustins. Avec ses jardins luxuriants et ses vignes rampantes qui surplombent les falaises, l'endroit baigne dans une ambiance médiévale un peu mystérieuse. Les chambres sont très claires et joliment meublées. (✆/fax 089 85 79 72, www.hotelparsifal.com. Petit déjeuner inclus. Chambre simple 50-70 €, double 85-95 €.)

Les fameux vins d'appellation Ravello sont paradoxalement très peu commercialisés dans la région. Essayez de sympathiser avec des gens du coin pour y goûter. Le **Cumpà Cosimo**, V. Roma, 44-46 (✆ 089 85 71 56), mettra tout le monde d'accord : allez déguster les spécialités locales de pâtes en prenant l'*assaggio di primi*, ou encore la spécialité de la maison, la *mista di pasta fatta in casa*, un mélange de cinq pâtes fait maison pour 14 €. (Ouvert 12h-15h et 18h30-24h. Cartes Visa, MC, AmEx.) Le **Cafe Calce**, V. Roma, 2, est très apprécié pour ses pâtisseries et ses cafés. *Limoncello* 11 € la bouteille. (Ouvert Lu-Ma et Je-Di 8h-1h.)

VISITES ET SPECTACLES. Les églises splendides, les murs couverts de lierre et les allées sinueuses de la **villa Rufolo** inspirèrent à Wagner le jardin magique du deuxième acte de *Parsifal*. En été, d'horribles estrades sont souvent installées aux endroits les plus pittoresques, gâchant leur beauté (mais contribuant à de magnifiques concerts). Une **tour** médiévale, ornée de superbes voûtes, de décorations orientales et de statues représentant les quatre saisons, sert d'entrée au célèbre cloître mauresque. Entrez par l'arche près de la Piazza del Duomo et du tunnel. *(✆ 089 85 76 57. Ouvert tlj de 9h au coucher du soleil. Entrée 4 €, moins de 12 ans ou plus de 65 ans 2 €.)*

Sur le portail de la **cathédrale**, vous pouvez admirer le troisième jeu de portes en bronze de la côte Amalfitaine (Ravello fit fondre ces portes par Barisano de Trani en 1179, sur le modèle de celles d'Amalfi). A l'intérieur, la nef centrale, ornée de colonnes antiques, conserve deux chaires couvertes de sublimes mosaïques. A gauche de l'autel se trouve la chapelle de San Pantaleone, le saint de la ville. Derrière le tableau, son sang est préservé dans un vase fissuré. San Pantaleone eut la tête tranchée à Nicomédie le 27 juillet 290. Tous les ans à cette date, une **fête** a lieu en son honneur durant laquelle, paraît-il, le sang du saint se liquéfie. Dans la cathédrale, un **musée** récemment inauguré raconte l'histoire de l'édifice aux époques païenne et chrétienne. *(Cathédrale ouverte Mars-Nov, tlj 9h30-13h et 15h-19h. Déc-Fév : Sa-Di 9h-13h et 14h-17h. Entrée du musée 1,50 €.)*

Pour atteindre la **villa Cimbrone**, suivez le Viale dei Rufo à partir de la Piazza del Duomo. Ses allées et ses vastes jardins fleuris furent rénovés par Lord Grimmelthorpe au XIXe siècle. Des temples grecs et des grottes ornées de statues se cachent au détour des chemins sinueux qui conduisent à certaines des plus belles vues de la côte Amalfitaine. Nombre de célébrités s'y sont succédé. Greta Garbo vécut ici une de ses idylles et Jackie Kennedy y passa quelques mois en 1962. *(Ouvert tlj 9h30-19h30, entrée 4,50 €, moins de 12 ans 3 €.)*

Ravello mérite bien son surnom de "Città della musica". De nombreux **festivals de musique classique** (pendant la semaine du premier de l'an, à Pâques et également en été) accueillent chaque année à Ravello des musiciens de renommée internationale. Les concerts, fréquents surtout en juillet et en août, se donnent dans les jardins de la villa Rufolo (en hiver, ils se déroulent à l'intérieur de la villa ou dans la cathédrale). Les billets coûtent en général 10,33-18,08 € et sont en vente à l'office de tourisme AAST. Contactez la *Società di Concerti di Ravello* (✆ 089 85 81 49) pour en savoir plus.

SALERNE (SALERNO) ✆089

Salerne fut la capitale des Normands de 1077 à 1127, avant Palerme. Son influence déclina ensuite au profit de Naples, avec l'arrivée au XIIIe siècle de la famille d'Anjou. Salerne doit aussi sa notoriété au fait qu'elle abrita la première école de médecine d'Europe. La Seconde Guerre mondiale endommagea fortement la ville (les Américains débarquèrent non loin de là en 1943). C'est donc une ville moderne, presque entièrement reconstruite, qui attend le voyageur habitué aux paisibles villages de pêcheurs. Mais les restaurants et les hôtels sont bon marché, ce qui fait de Salerne une excellente base pour explorer la région. De nombreux trains et bus relient Salerne à la Calabre et vous amènent à Paestum, à Pompéi ou sur la côte Amalfitaine.

TRANSPORTS

Train : La gare se trouve à côté de la Piazza Vittorio Veneto. Consigne disponible. Destinations : **Naples** (42 dép/j, durée 45 mn, 4-10 €), **Paestum** (16 dép/j de 5h52 à 21h52, durée 40 mn, 3,11 €), **Rome** (22 dép/j, durée 2h30-3h, 21,33-33 €), **Reggio di Calabria** (16 dép/j, durée 3h30-5h, 16,64-35,45 €) et **Venise** (13 dép/j, durée 9h, 36 €).

Bus : Les bus bleus **SITA** partent de la gare ferroviaire et desservent **Amalfi** (23 dép/j de 5h55 à 22h30, durée 1h15, 2,94 €) et **Naples** (47 dép/j de 6h à 21h, durée 1h, 2,98 €). Achetez vos tickets dans un bar ou un bureau de tabac.

Ferry et **hydrofoil** : Départ sur la Piazza della Concordia, non loin de la gare, ou sur le Molo (jetée) Marittimo Manfredi, à 15 mn à pied en remontant le front de mer. **Linee Marittime Partenopee** (✆ 089 23 48 92) envoie des ferrys à **Capri** (2 dép/j à 7h50 et 20h10, durée 2h, 11 €) **Triphammer** (✆ 089 87 29 50) fait circuler des ferrys à destination d'**Amalfi** (6 dép/j de 8h20 à 15h30, durée 30 mn, 3,60 €), **Positano** (6 dép/j de 8h20 à 15h30, durée 90 mn, 5,25 €) et **Sorrente** (2 dép/j à 8h20 et 14h10, durée 2h).

Transports locaux : Les **bus municipaux** orange relient le quartier de la gare ferroviaire au reste de la ville. Pour les itinéraires et les horaires, adressez-vous au guichet situé Piazza Vittorio Veneto. Tickets 0,80 € pour une heure, 1,40 € pour le forfait journée.

Taxi : ✆ 089 22 91 71 ou 089 22 99 47.

ORIENTATION ET INFORMATIONS PRATIQUES

Depuis la gare ferroviaire, située sur la **Piazza Vittorio Veneto**, le **Corso Vittorio Emanuele II**, élégante voie réservée aux piétons, bifurque vers la droite. Une marche de 15 mn mène à la Via dei Mercanti et à la **vieille ville**, le quartier le plus intéressant et le plus animé de Salerne. La **Via Roma** est parallèle au Corso Vittorio Emanuele II et mène au front de mer. De là, le **Lungomare Trieste** longe la côte en direction du **Molo Marittimo Manfredi**.

Office de tourisme : **EPT** (✆ 800 221 32 89), Piazza Vittorio Veneto, à droite en sortant de la gare. L'*Agenda del Turista* fournit des informations pratiques sur Salerne et sur la côte Amalfitaine, tandis que la brochure *MEMO* (qui paraît deux fois par semaine) répertorie tous les hôtels, les restaurants, les clubs et les manifestations culturelles. Ouvert Lu-Sa 9h-14h et 15h30-19h.

Location de voitures : **Trafficker**, P. Vittorio Veneto, 33 (✆ 089 22 77 22), loue des voitures à partir de 35 € la journée. Ouvert tlj 7h30-13h30 et 14h30-20h30.

Librairie : **Libreria Iena**, V. Setting Mobile, 38 (✆ 089 40 51 59). Ouvert Lu-Sa 9h-13h15 et 15h30-20h30. Cartes Visa, MC.

Laverie automatique : **Onda Blu**, V. Mauri, 128 (✆ 089 33 32 26), dans le quartier du Mercatello, est la seule laverie en libre-service de la ville. Prenez le bus depuis le Corso Garibaldi, en face de la gare, jusqu'à la Piazza Grasso. La laverie est à deux pas. Lavage 3,50 €, séchage 3,50 € jusqu'à 7 kg. Lessive 0,50 €. Ouvert tlj 8h-22h.

Urgences : ✆ 113. **Police** : ✆ 113 ou 112. **Hôpital** : **San Leonardo** (✆ 089 67 11 11). **Ambulances** : ✆ 089 24 12 33.

Internet : **Mailboxes, Etc.**, V. Diaz, 19 (✆ 089 23 12 95), près du Corso Vittorio Emanuele II, à 500 m de la gare. 1,85 € les 30 mn. Services de courrier express FedEx, UPS, Western Union et fax également disponibles. Ouvert Lu-Ve 8h30-14h et 16h-20h30, Sa. 8h30-13h et 17h30-20h30.

Bureaux de poste : C. Garibaldi, 203 (✆ 089 22 99 70). Ouvert Lu-Sa 8h15-18h15. Un **autre bureau** (✆ 089 22 99 98) est situé Piazza Vittorio Veneto. Ouvert Lu-Sa 8h15-13h30. **Bureau de change** uniquement au bureau principal.

Code postal : 84100.

HÉBERGEMENT

Ostello Ave Gratia Plena, V. Canali (✆ 089 23 47 76, www.ostellionline.org). Prenez la C. V. Emanuele vers la vieille ville, jusqu'à ce qu'elle devienne la V. dei Mercanti, puis tournez à gauche sur la V. Canali. L'auberge est après une église, sur la droite. C'est un peu loin de la gare mais proche des restaurants et des bars. Les chambres sont propres et confortables. La cour est très agréable. Draps, petit déjeuner et eau chaude compris. Fermeture des portes 10h30-15h. Couvre-feu 0h30. Des dortoirs non-mixtes sont disponibles. Dortoirs 4-8 lits 15,50 €. Chambre simple 18 €, double 50 €. ❖❖

Hôtel Salerno, V. Vicinanza, 42 (✆ 089 22 42 11, fax 089 22 44 32), la première rue à gauche du Corso Vittorio Emanuele II, tout près de la gare. Certaines des 27 chambres ont le téléphone et la télévision. Chambre simple 38 €, avec salle de bains 50 €, chambre double 42 €, avec salle de bains 60 €. Cartes Visa, MC, AmEx. ❖❖❖

Hôtel Montestella, C. V. Emanuele, 156 (✆ 089 22 51 22), à 10 mn à pied de la gare, sur la droite. Le hall de réception est décoré de façon minimaliste, pour ne pas dire bizarre, mais les chambres sont jolies et spacieuses. Elles disposent toutes d'une salle de bains, de la TV et de la clim. Certaines ont un balcon. Chambre simple 60 €, double 90 €, triple 100 €, quadruple 110 €. Cartes Visa, MC, AmEx. ❖❖❖❖

Albergo Santa Rosa, C. Vittorio Emanuele II, 14 (✆/fax 089 22 53 46), non loin de la gare, sur la droite. 12 chambres propres et confortables. Les propriétaires vous donneront plein de conseils utiles pour économiser votre argent. Chambre simple 25 €, avec salle de bains 35 €, chambre double 35 €, avec salle de bains 55 €. ❖❖

RESTAURANTS

Les restaurants de Salerne proposent une cuisine typiquement campanienne, comme la *pasta e fagioli* (soupe aux pâtes et aux flageolets), ainsi que des spécialités plus inhabituelles comme la *milza* (de la rate).

❤ **Hosteria Il Brigante**, V. Linguiti, 4 (✆ 089 22 65 92). Depuis la Piazza del Duomo, montez la rampe et serrez à gauche. Joignez-vous aux habitués en dégustant de délicieuses *pasta alla sangiovannara*, au prix dérisoire de 3 €. Aucun restaurant ne peut être plus "authentique" que celui-ci. Ouvert tlj 13h15-15h et 20h45-2h. ❖❖❖

❤ **Gerry**, V. G. Da Procida, 33 (✆ 089 23 78 21). Les meilleures glaces de la ville, faites maison et irrésistiblement crémeuses. Les cônes à 2 € vont vous mettre KO debout. Ouvert tlj 10h-13h et 17h-1h. ❖

Taverna del Pozzo, V. Roma, 216-7 (✆ 089 25 36 36). Quelques-unes des meilleures pizzas de la rue à des prix très raisonnables, servies dans un agréable patio. Pizzas 2,60-7,20 €. Couvert 1,10 €. Ouvert Lu-Sa 13h-15h30 et 20h-2h. Cartes Visa, MC, AmEx. ❖❖

Panineria Sant Andrea, P. Sedile del Campo, 13 (✆ 089 75 04 18). Le service est rapide mais les clients encore plus. Les estomacs curieux goûteront le *polipo* (pieuvre, 6,50 €). Les tables en extérieur sont prises d'assaut l'été. Il y a aussi un comptoir à emporter. Ouvert Je-Di 12h-15h et 21h-1h. Cartes Visa, MC, AmEx. ❖

VISITES ET SORTIES

Bien que la plus grande partie de Salerne soit dominée par des bâtiments modernes sans intérêt, la vieille ville, qui se situe de part et d'autre de la Via dei Mercanti, présente plus d'un attrait. La Via dei Mercanti et les petites rues qui l'entourent ont un goût de Moyen Age. D'ailleurs, on l'appelait déjà la vieille ville au IXe siècle, et il fut un temps où ce quartier de Salerne était la capitale de l'empire normand (1077-1127).

Commencée en 845 et reconstruite 200 ans plus tard par le Normand Robert Guiscard, la **cathédrale San Matteo** est décorée dans le style cosmopolite du régime normand. Les arches du portique, le sol de l'abside et deux chaires dans la nef sont ornés de belles mosaïques et de motifs à l'influence nettement islamique. La **crypte**, ornée de belles fresques et de voûtes, abrite par ailleurs la **dent sacrée** du saint patron de la ville, saint Matthieu. *(Depuis la Via dei Mercanti ou la Via Roma, tournez à droite dans la Via del Duomo et remontez la rue. Ouvert tlj 10h-12h et 16h-18h30.)* A l'est de la ville s'étend le **Parco del Mercatello**, où poussent et mûrissent des plantes exotiques. Le bus n° 6 de la compagnie CTSP (0,80 €) vous emmène jusqu'à ces jardins. Une petite envie de soleil ? Il y a une plage de sable derrière le port (prenez le bus dans le Lungomare Trieste).

En juillet, Salerne accueille le **Salerno Summerfestival**, au cours duquel a lieu une série de concerts (jazz et blues principalement) à l'Arena del Mare, près du Molo Marittimo Manfredi. *(Les concerts débutent généralement à 22h. Le prix de l'entrée est variable. Appelez le ✆ 089 66 51 76 pour obtenir des informations complémentaires.)*

Le soir, les plus jeunes se retrouvent au **Bar-Gelateria Nettuno**, Lungomare Trieste, 136-138 (✆ 089 22 83 75), près de la fontaine. Pour une ambiance plus tranquille, allez la **Cueva del Sol**, V. Roma, 218-220, où l'on sert de petites portions de tacos pour accompagner les cocktails, et notamment le cocktail maison"Spinosa" à base de tequila, de jus de papaye et de citron. (Ouvert tlj 21h-4h). Sur la P. Sedile del Campo, 6, l'**Alcool Cafe**, porte bien son nom. La bière coule à flots et l'on y croise même une canette en forme d'extra-terrestre. (Ouvert Lu-Sa à partir de 21h). Non loin se trouve **Vietri Sul Mare**, qui héberge une centaine d'artisans ainsi qu'une plage agréable (accessible par le bus n° 4 ou 9 depuis la gare, 10 mn, 0,67 €). Au **Café degli Artisti**, V. C. Colombo, 35, on danse sur de la musique latine et on boit de la sangria jusque tard dans la nuit (Entrée 10 €. Ouvert tous les soirs 19h30-3h.)

Il y a de nombreuses discothèques dans les environs de Salerne, mais les prix peuvent être élevés. Essayez de trouver des *flyers* permettant d'entrer gratuitement dans ces discothèques, ils sont délivrés un peu partout (l'entrée est souvent gratuite pour les femmes, accompagnées ou non). L'été, on va danser dans les immenses discothèques en plein air situées sur les côtes ouest et sud. De juin à septembre, la **Fuenti**, boîte de nuit située à Cetara, à 4 km à l'ouest de Salerne, offre 3 pistes de danse en plein air donnant sur la mer. (✆ 089 26 18 00. Entrée 10-15 €. Ouvert Ve-Sa 22h30-5h.) L'**Africana**, sans doute la discothèque la plus spectaculaire des environs, est un peu éloignée, à Praiano, mais en été elle est accessible par un bateau faisant la navette avec Salerne (voir **Praiano**). N'hésitez pas à consulter le magazine *MEMO* (à l'office de tourisme ou à l'auberge de jeunesse) pour plus d'informations sur les événements et manifestations de la ville et sur les autres endroits où sortir dans les environs de Salerne.

Le hameau de **Vietri sul Mare** abrite des centaines d'artisans travaillant la céramique. Vous y trouverez aussi la plage la plus proche de Salerne (prenez le bus n° 4 ou n° 9 depuis la gare, durée 10 mn). Rendez-vous également au **Café degli Artisti**, V. C. Colombo, 35. Concerts de musique latino-américaine, salsa endiablée et sangria à profusion. (✆ 089 76 18 42. Ouvert tous les soirs 19h30-3h. Entrée 7,75 €.)

EXCURSION DEPUIS SALERNE : CERTOSA DI SAN LORENZO

Si vous n'avez pas de voiture, la meilleure façon d'accéder à la Certosa est de vous y rendre depuis Salerne (comptez une journée pour la visite). Les bus partent de la Piazza Concordia. Le bus ne s'arrête pas à Padula mais à l'embranchement situé à 2 km. Suivez les panneaux sur 1 km avant d'arriver au monastère.

Au pied de la petite ville de **Padula**, entourée des paysages vallonnés et agrestes de la Campanie, se dresse l'un des plus imposants monastères européens, véritable chef-d'œuvre de l'art baroque, la Certosa di San Lorenzo. Cet édifice fut érigé au début du XIVe siècle pour abriter une communauté de chartreux et pour faciliter aux rois angevins la maîtrise des routes menant à l'arrière-pays calabrais. Il fut redécoré à la mode du baroque flamboyant en plein XVIIe siècle. Charles Quint fit halte en ce lieu, et l'on raconte que les moines servirent au monarque et à sa cour une omelette faite de 1000 œufs ! Mais la splendeur architecturale du monastère ainsi que la beauté du paysage vous feront vite oublier la fameuse omelette.

La chartreuse est divisée en deux parties, l'une "supérieure", l'autre "inférieure". Les laïcs ont accès à la partie basse, qui se trouve au niveau de la première cour, derrière la grille de l'entrée, mais attention : seuls les moines peuvent pénétrer, audelà de la façade, à l'intérieur du corps du bâtiment. (Ouvert tlj 9h-17h30. Entrée 3,10 €.) Le sentier qui traverse le monastère passe par les deux parties de la chapelle. Ne manquez pas les stalles du chœur marquetées de bois et ornées de scènes rappelant des paysages et des personnages bibliques. L'autel tout proche déploie la finesse de son marbre travaillé. Vous découvrirez ensuite le réfectoire, la cuisine, décorée de très beaux *azulejos*, et l'escalier de la bibliothèque, aspiré dans une ascension fragile que nul support ne vient soutenir. Puis, imprégnez-vous de la béate sérénité du **Grand Cloître**, orné de symboles religieux sculptés aux entablements. A l'extrémité du cloître se dresse un magnifique escalier à double cage, qui tournoie vers l'étage supérieur.

PAESTUM

Avant d'être romain, le sud de l'Italie fut grec. D'abord en Sicile puis dans tout le sud de la botte, les colons grecs exportèrent ici leur modèle de cité et leur culture, dans ce qu'on appelle la Grande Grèce. En arrivant de Pompéi ou d'Herculanum, c'est donc en remontant le temps que vous visiterez le site magnifiquement préservé de Paestum, l'un des plus beaux avec celui d'Agrigente, en Sicile. Les colons grecs de Sybaris fondèrent l'antique Poséidonia au VIIe siècle av. J.-C. La ville devint progressivement un centre commercial prospère, à la jonction des mondes étrusque, latin et grec. La cité tomba aux mains des Lucaniens (peuple autochtone de l'intérieur des terres) au Ve siècle av. J.-C. En 273 av. J.-C., les Romains prirent le contrôle de Poséidonia, qui devint Paestum. La prospérité de cette cité maritime (elle avait obtenu de Rome le privilège de battre sa monnaie) déclina rapidement avec l'extension de la voie Appienne jusqu'à Brindisi (Ier siècle). La malaria et les pirates obligèrent les habitants à l'abandonner au IXe siècle. Ce n'est qu'au XVIIIe siècle que l'on découvrira les ruines, conservées en l'état, de cette antique cité. Comme Paestum n'est pas urbanisée, on pourrait croire que l'on s'est trompé de gare quand on descend du train. Ne craignez pas l'arrivée des vautours ni ce manque d'urbanisme. Les ruines suffisent à justifier le déplacement, surtout lorsque la

Sovrintendenza Archeologica laisse les visiteurs se promener autour des temples (parfois entourés de clôtures).

TRANSPORTS ET INFORMATIONS PRATIQUES. Les **bus CTSP** venant de Salerne (1 dép/h de 7h à 19h, durée 1h, 2,79 €) déposent les voyageurs dans la **Via Magna Graecia**, la rue principale. L'office de tourisme de Salerne vous fournira la liste de tous les bus de retour de Paestum. Des **trains** viennent de **Naples** (7 dép/j de 5h15 à 20h54, durée 1h15, 5,73 €) via **Salerne** (durée 35 mn, 3,10 €). L'**office de tourisme AAST**, V. Magna Graecia, 155, jouxte le musée. (© 082 81 10 16. Ouvert Juil-15 Sep, Lu-Sa 9h-13h et 14h-19h. 16 Sep-Juin ferme à 17h.)

HÉBERGEMENT. A moins que vous n'ayez une raison particulière de vouloir séjourner à Paestum, nous vous déconseillons les hôtels et les restaurants des environs, qui sont hors de prix. De plus, la visite du site se fait facilement en une journée. Cependant, il existe un endroit non loin de là, au bord de la mer. Il s'agit de l'**Ostello "La Lanterna" (HI)**, V. Lanterna, 8, à Agropoli, qui est l'option la moins chère des environs. (©/fax 0974 83 83 64. Draps et douche inclus. 56 lits. Dortoir 12 €, chambre quadruple 48 €.) Pour vous rendre à Agropoli, prenez l'un des **bus CTSP** au départ de Paestum (1 dép/h de 7h30 à 21h15, durée 10 mn, 1,10 €) ou de Salerne (23 dép/j, durée 1h, 2,53 €). Agropoli est également reliée par le train à Paestum (9 dép/j, durée 10 mn, 1,15 €).

VISITES. Les trois **temples doriques** de Paestum sont parmi les mieux conservés du monde. Chronologiquement, l'ordre dorique est le plus ancien : apparurent ensuite l'ordre ionique et l'ordre corinthien. Les temples furent construits sans mortier ni ciment d'aucune sorte. Les agrafes en bronze ne furent ajoutées que bien plus tard pour les protéger des tremblements de terre. A l'époque, les édifices avaient un toit de tuiles en terre cuite supporté par des poutres en bois. Les pierres, visibles aujourd'hui, étaient autrefois recouvertes de stuc, peint à certains endroits pour donner l'apparence du marbre, parfois en rouge et en bleu vifs. Quand ces temples furent découverts au XVIIIe siècle, un certain nombre d'erreurs furent commises dans l'identification de leurs fonctions. Des fouilles récentes ont permis aux archéologues d'en savoir plus sur les dieux que les temples étaient censés honorer, mais les anciennes appellations sont restées. Il arrive qu'en raison de restaurations sporadiques, les temples ne soient pas visibles à cause des clôtures ou des échafaudages qui les entourent. *(Temples ouverts tlj de 9h à 19h30, en hiver ferme à 16h. Fermé les 1er et 3e lundis de chaque mois. Dernière entrée 2 heures avant le coucher du soleil. Entrée 6,50 €, entrée libre pour les citoyens de l'Union Européenne de plus de 60 ans ou de moins de 18 ans.)*

Trois entrées permettent d'accéder aux ruines de Paestum. L'entrée la plus au nord conduit au **temple de Cérès**. Edifié aux environs de 500 av. J.-C., ce temple fut transformé en église au début du Moyen Age et abandonné au IXe siècle. Les Grecs construisirent Paestum sur un axe nord-sud, que suit la Via Sacra (pavée). En continuant vers le sud sur la Via Sacra, vous arriverez au **forum** romain, le centre de la vie publique de la cité (qui remplaça l'agora grecque). Il est encore plus vaste que celui de Pompéi. Sur l'un de ses côtés, une grande fosse, quoique peu profonde, marque l'emplacement de la piscine du **gymnasium**. A l'est du gymnasium se trouve une partie de l'**amphithéâtre** romain (le reste des ruines est recouvert par la route).

Le deuxième temple, en continuant vers le sud le long de la Via Sacra, est le **temple de Poséidon** (en fait dédié à Héra), édifié au milieu du Ve siècle av. J.-C. et qui rappelle le Parthénon d'Athènes, dont il est contemporain. On y retrouve la même harmonie dans les dimensions et le même raffinement dans la recherche de perspectives censées rapprocher l'homme des dieux. Sur le toit, on aperçoit de petites têtes de lion en guise de gargouilles. Le temple situé le plus au sud, appelé **basilique**, le plus ancien des trois, remonte au milieu du VIe siècle av. J.-C. La structure inhabituelle du temple (la salle principale, *naos*, est divisée en deux par une rangée de colonnes) fait penser que le temple était dédié non pas à un seul dieu mais à deux, Zeus et Héra. Le **musée**, de l'autre côté de la Via Magna Graecia, abrite une extraordinaire collection de poteries, de sculptures et de peintures antiques découvertes sur le site et dans les environs, le tout étayé de descriptions et de commentaires. Ne manquez pas la fresque de la célèbre **tombe du**

Plongeur, exemple unique de peinture grecque datant de 475 av. J.-C. *(Musée ouvert tlj 9h-18h30. Guichet ouvert tlj 9h-17h30. Entrée 4 €.)*

Après avoir visité les ruines, vous aurez peut-être envie de vous baigner. A 2 km à l'ouest de Paestum, des **plages** de sable doré s'étirent sur des kilomètres. Malheureusement, beaucoup appartiennent à des stations balnéaires qui en font payer l'accès et la location d'un transat. Renseignez-vous pour savoir où trouver une *spiaggia pubblica* (plage gratuite).

LA POUILLE (PUGLIA)

LES INCONTOURNABLES DE LA POUILLE

VISITEZ les splendides églises baroques de **Lecce** sans dépenser un sou.
RESPIREZ à **Bari**, le paradis des petits budgets.
ÉMERVEILLEZ-VOUS devant les *trulli* d'**Alberobello**, de surprenantes maisons coniques construites sans mortier.

Bienvenue dans l'Italie profonde, où le soleil de plomb et le tempérament passionné des habitants font partie du paysage. Les conversations y sont encore plus gestuelles et animées qu'ailleurs en Italie et, si l'on en vient rapidement aux cris, il ne faut y voir aucune animosité : ainsi s'exprime la vitalité des habitants de la Pouille. Néanmoins, les femmes pourraient trouver le machisme ambiant un rien trop corsé, surtout dans les grandes villes où le mâle lambda peut se faire particulièrement menaçant. Depuis l'Antiquité, la Pouille est appréciée pour ses plaines fertiles et ses nombreux ports naturels. Les Grecs y installèrent leurs premières colonies à la fin du VIIIe siècle av. J.-C. Les Romains contrôlèrent la région à partir de 272 av. J.-C. et la placèrent au centre de leurs relations avec l'Orient. La chute de l'Empire romain inaugura une période de relative instabilité au cours de laquelle la Pouille devint une terre de confrontations, mais aussi de passages (croisades) qui en firent une des régions d'Italie où les mélanges culturels furent très réussis.

Avec l'unité italienne, la région de la Pouille est devenue la plus riche du sud de l'Italie, et Bari, sa capitale, est aujourd'hui la quatrième ville universitaire du pays. La région n'est pas seulement le port d'étape pour la Grèce. Ceux qui ont pris le temps d'apprécier les plages de sable fin, les grottes magiques, les vastes plaines couvertes de blé et les forêts de Gargano ont aussi pu découvrir les magnifiques cathédrales de Bari ou de Barletta, les châteaux forts gothiques et les étranges *trulli*, tout comme le charme des innombrables ports (il y a sur cette côte comme un parfum de Méditerranée orientale).

Des trains directs relient Naples à Bari et Bologne à Lecce. Le réseau ferroviaire est complété par les lignes régionales privées (l'Eurail Pass et la *carta verde* ne sont pas valables sur ces lignes).

ITALIE DU SUD

BARI ✆ 080

Se Parigi ci avesse lo mare, sarebbe una piccola Bari.
("Si Paris avait la mer, ce serait une petite Bari.")
—proverbe italien

Bari, capitale de la Pouille, est une excellente base pour explorer la région ou pour vous rendre en Grèce. La ville est agréable et on peut y vivre avec un petit budget. Un programme touristique appelé *Stop-Over* a permis à la ville de devenir un véritable paradis pour jeunes voyageurs. Tout est fait pour que votre séjour soit plaisant, intéressant et économique. La position exceptionnelle du port de Bari en a fait un maillon essentiel dans l'histoire des Etats qui ont exercé leur influence sur la région. Il fut le centre de la domination byzantine dans le sud de l'Italie et, plus tard, l'un des principaux ports-étapes des croisés. La ville a souvent eu la réputation d'être sale et violente. Toutefois, même si la plupart des touristes ne restent à Bari que quelques heures, le temps d'acheter leur billet de ferry pour la Grèce, cette réputation est exagérée. Aujourd'hui, Bari est divisée en deux : d'un côté la ville moderne avec ses larges avenues et son plan géométrique, de l'autre la vieille ville, sur le déclin. On y trouve tout de même des monuments intéressants et des prix attractifs pour les touristes.

TRANSPORTS

Avion : **Aéroport de Bari Palese** (✆ 080 92 12 172), à 8 km à l'ouest de la ville. Les compagnies Alitalia, Air France, British Airways et Lufthansa proposent des vols vers les plus grandes villes d'Europe. Une **navette** part de la P. Aldo Moro (12 dép/j de 5h15 à 18h30, 4,50 €).

Train : Bari est desservie par quatre compagnies ferroviaires différentes, les arrivées et les départs se faisant sur la Piazza Aldo Moro. Les prix les plus élevés indiqués dans les horaires qui suivent concernent les trains Intercity (IC) et Eurostar (ES).

FS propose des trains à destination de : **Brindisi** (23 dép/j de 4h50 à 0h30, durée 1h-1h45, 6,20-10,33 €), **Foggia** (33 dép/j de 0h15 à 23h55, durée 1h30-2h, 6,70-13,94 €), **Lecce** (24 dép/j de 4h50 à 22h55, durée 1h45-2h15, 7,50-12 €), **Milan** (9 dép/j de 6h56 à 1h, durée 9h, 40,70-73,31 €), **Naples** (8 dép/j, durée 4h30, 21,65-29,95 €), **Reggio di Calabria** (6 dép/j de 7h35 à 21h55, durée 7h30, 28,50-43,48 €), **Rome** (7 dép/j de 5h27 à 0h15, durée 5-7h, 26,12-36 €) et **Termoli** (7 dép/j de 1h à 21h44, durée 2-3h, 9,95-21,28 €).

FSE (✆ 080 546 24 44) propose également des trains au départ de la gare centrale. Ils desservent **Alberobello** (14 dép/j de 5h30 à 19h15, durée 1h30, 3,60 €), parfois via **Castellana Grotte** (17 dép/j de 5h40 à 20h25, durée 1h, 2,43 €).

Ferrotramviaria Bari Nord (✆ 080 521 35 77) possède une gare à côté de la gare centrale. Les trains vont à **Andria** (durée 1h15, 2,63 €), **Barletta** (19 dép/j de 5h30 à 22h, durée 1h15, 3,05 €) via **Bitonto** (durée 30 mn, 1,55 €) et **Ruvo** (durée 45 mn, 2,01 €). Le dimanche, des bus remplacent les trains, au départ de la Piazza Aldo Moro.

FAL (✆ 080 524 48 81) propose des trains le dimanche pour **Matera** (8 dép/j de 6h25 à 19h05, durée 1h30, 3,62 €) via **Altamura**.

Bus : Les bus **SITA** (✆ 080 556 24 46) desservent la région. Ils partent en général de la Via Capruzzi, en face des voies ferrées. Appelez à l'avance pour obtenir les prix des tickets et les horaires.

Transports en commun : Les **bus municipaux** partent de la Piazza Aldo Moro, devant la gare ferroviaire. Un ticket coûte 0,77 €.

Taxi : ✆ 080 55 43 33.

FERRYS

Bari est un port important pour les ferrys à destination de la Grèce, de la Turquie, de l'Albanie et d'Israël, mais il n'offre pas de réductions pour les détenteurs des cartes Inter-Rail et Eurail (contrairement à Brindisi). Comme la **Stazione Marittima** (gare maritime) et ses environs peuvent être extrêmement intimidants, nous vous conseillons de prendre un des nombreux bus allant au port plutôt que de marcher pendant 2 km à travers la vieille ville. **Vous devez arriver au moins deux heures avant le départ**. La plupart des compagnies proposent des tarifs étudiants et des réductions sur les allers-retours (30 % de réduction avec la compagnie Poseidon). Vous trouverez ci-dessous une liste (non exhaustive) des compagnies de ferrys et leurs destinations. La haute saison comprend généralement les mois de juillet et d'août. Dans les fourchettes de prix données, les plus bas prix concernent la basse saison, les plus élevés la haute saison. Appelez à l'avance car les horaires et les prix varient, surtout le week-end. Billets et informations à la

Stazione Marittima ou directement auprès des agences indiquées ci-dessous.

Adriatic Shipping Company (✆ 080 527 54 52, fax 575 10 89) dessert **Dubrovnik, Croatie** (durée 9h, 2 à 3 départs par semaine, 43 €.)

Marlines (✆ 080 523 18 24, fax 080 523 02 87). Destination : **Kotor, Montenegro** (durée 8h, 4 à 5 départs par semaine, 25-39 €).

Minoan Lines (✆ 080 521 02 66, www.minoan.gr) assure des liaisons pour la Grèce. **Corfoue** (durée 7h30, 3 départs par semaine de mi-juin à mi-août), **Igoumenitsa** (durée 11h, départs tlj de mi-juin à mi-août), **Patras** (durée 1h, départs tlj de mi-juin à mi-août).

Superfast Ferrys (✆ 080 528 28 28, www.superfast.com) dessert également la Grèce. **Igoumenitsa** (durée 9h30, 3 dép/semaine, du 25 juillet au 11 août départs quotidiens, 45-54 €), **Patras** (durée 15h30, 3 dép/semaine, du 25 juillet au 11 août départs quotidiens, 42-52 €).

Ventouris Ferries, c/o P. Lorusso & Co., V. Piccinni, 133 (✆ 080 521 76 99, www.ventouris.gr). Guichets n° 18 à 20. Destinations : **Corfou** (durée 10h, 2 à 3 départs par semaine) et **Igoumenítsa** (durée 13h, 4 départs par semaine).

ORIENTATION ET INFORMATIONS PRATIQUES

En sortant de la gare centrale, vous vous trouverez sur la Piazza Aldo Moro. De l'autre côté, face à la gare, la **Via Sparano da Bari** mène vers la vieille ville après avoir traversé la **Piazza Umberto I**. La Via Sparano da Bari est bordée de boutiques chic et de vitrines à la mode. Tout au bout de la Via Sparano da Bari, vous croiserez le **Corso Vittorio Emanuele II** aux abords de la **vieille ville**, appelée Bari Vecchia. Ceux qui souhaitent se rendre sur le **port** pourront éviter les rues sinueuses et interminables de la vieille ville en prenant à gauche le Corso Emanuele II, puis à droite au niveau de la Piazza della Libertà, dans la **Via Giuseppe Massari**. En contournant le château, vous arrivez au Corso Vittorio Veneto, qu'il faut suivre sur la droite le long du rivage. Vous pouvez aussi prendre le bus depuis la gare (1 dép/h). Pour une promenade plus animée, prenez à droite le Corso Vittorio Emanuele II jusqu'au **Corso Cavour**, vous déboucherez ensuite sur la **Piazza Eroi del Mare** (face au port), un endroit animé à la nuit tombée.

Office de tourisme : **APT**, P. Aldo Moro, 33a, 1er étage (© 080 524 23 61, fax 080 524 23 29), à droite en sortant de la gare. Plans de la région et des villes de la Pouille, ainsi que de Bari. Ouvert Lu-Ve 9h-12h.

Laverie automatique : V. Toma, 35 (© 080 556 70 56). Empruntez le passage souterrain derrière la dernière voie ferrée, tournez à gauche dans la Via Capruzzi, puis à droite dans le Corso Croce. Suivez-le, prenez ensuite à gauche dans la Via Toma et continuez sur trois rues. 3 € le lavage. Ouvert Lu-Sa 9h-13h et 16h-20h.

Urgences : © 113. **Police** : © 113. **Carabinieri** : © 112.

Pharmacies : **Lojacono di Berrino**, C. Cavour, 47 (© 080 521 26 15), de l'autre côté du Teatro Petruzzelli. Ouvert Lu-Ve 16h30-23h et Sa-Di 16h30-20h. **De Cristo**, V. Kennedy, 75 (© 080 513 138).

Internet : **Netcafé**, V. Andrea da Bari, 11 (© 080524 17 56, www.netcafebari.it). 4 €/h. Ouvert Lu-Ve 8h30-24h, Sa 8h30-14h30 et 16h30-24h, Di 16h30-24h.

Bureau de poste : P. Battisti (© 080 575 71 87, fax 080 575 70 07), derrière l'université. Une fois sur la Piazza Umberto I, prenez à gauche dans la Via Crisanzio puis la première à droite, la Via Cairoli. Ouvert Lu-Ve 8h-18h30 et Sa. 8h20-13h. **Code postal** : 70100.

HÉBERGEMENT

La plupart des voyageurs ne séjournent pas longtemps à Bari, alors que les hébergements bon marché sont légion.

Hôtel de Rossi, V. de Rossi, 186 (© 080 524 53 55). Bien qu'il soit en plein centre, cet établissement demeure paisible. Les chambres sont plaisantes, avec salle de bains, TV et clim. Chambre simple 35 €, double 55 €. Cartes Visa, MC, AmEx. ❖❖❖

Pensione Giulia, V. Crisanzio, 12 (© 080 521 66 30, www.pagineitaliahotelgiulia.it). 13 chambres spacieuses avec balcon. Chambre simple 40 €, avec salle de bains 50 €, chambre double 50 €, avec salle de bains 65 €. Cartes Visa, MC, AmEx. ❖❖❖

Hôtel Costa, V. Crisanzio, 12 (© 0805 21 90 15), se tient dans le même bâtiment que la pension Giulia. Les chambres sont clinquantes mais étroites. Chambre simple 37 €, avec salle de bains 50 €, double 60/75 €. Cartes Visa, MC, AmEx. ❖❖❖

RESTAURANTS

Il est très facile de trouver un bon restaurant servant les spécialités de la région pour un prix ridiculement bas. Vous garderez probablement un très bon souvenir de la cuisine de la Pouille. Les restaurants traditionnels du centre-ville ne proposent, en général, pas de menu ni de facture détaillée. Si vous devez prendre le ferry, allez faire des emplettes au **Super CRAI**, V. de Giosa, 97, non loin de la Piazza Umberto I. (© 080 524 74 85. Ouvert Lu-Sa 8h-14h et 17h-20h30.) Il y a un **marché aux légumes** tous les jours sur la Piazza del Ferrarese, près du port.

❤ **Osteria delle Travi Buco**, Largo Chiurlia, 12 (© 339 157 88 48), tout au bout de la Via Sparano da Bari. Passez sous les voûtes à l'entrée de la vieille ville puis tournez tout de suite à gauche. Excellentes spécialités du *mezzogiorno* comme les pâtes à l'*arugula* ou les

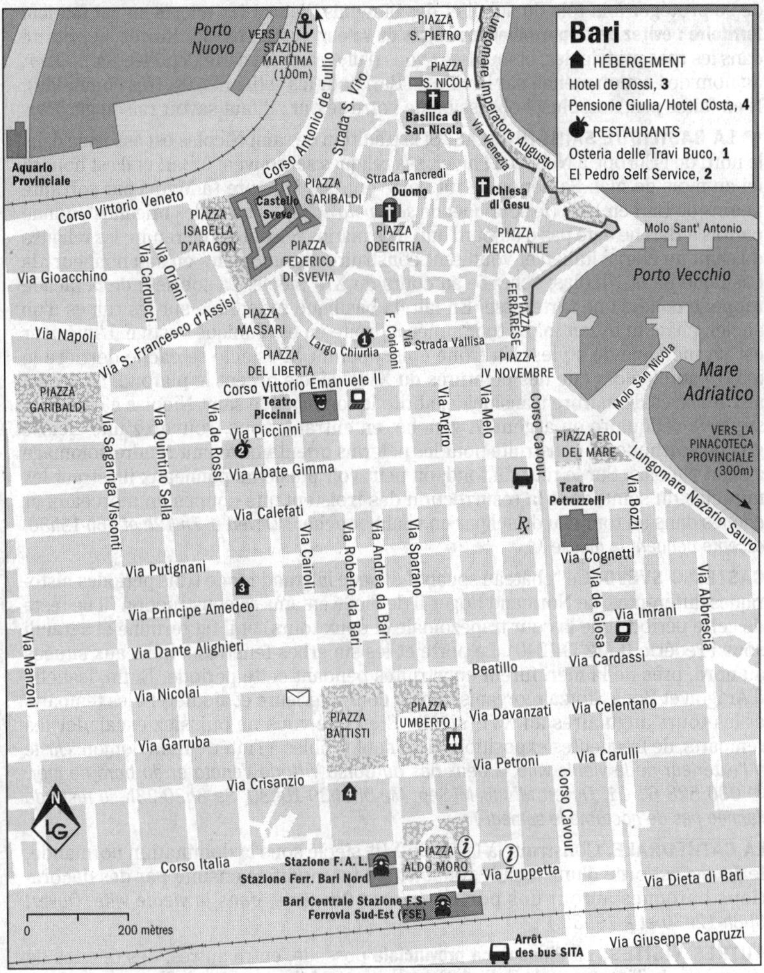

insolites *orrechiette con cavallo* (pâtes en forme d'oreille avec viande de cheval). 16-19 € le repas complet avec la boisson. Ouvert Ma-Di 13h-15h30 et 20h-23h. ❖❖❖❖

El Pedro Self-Service, V. Piccinni, 152 (✆ 080 521 12 94), perpendiculaire à la Via Sparano da Bari. Prenez à gauche (quand vous tournez le dos à la gare) une rue avant le Corso Vittorio Emanuele II. Ce n'est pas un restaurant mexicain mais une cafétéria servant chaque jour des spécialités régionales différentes. Attendez-vous à faire la queue. 9 € le repas complet et la boisson. Ouvert Lu-Sa 11h30-15h30 et 18h-22h. Cartes Visa, MC. ❖❖

VISITES

Port stratégique sur la côte italienne, Bari a suscité dans l'Histoire de nombreuses convoitises. Afin de dissuader les envahisseurs, les habitants de Bari construisirent la ville (intra-muros) comme un labyrinthe. Cette vieille ville contraste avec la ville nouvelle, dont les plans furent dessinés par Murat en 1813, lorsqu'il était roi d'Italie. Ces ruelles sinueuses et ces maisons serrées les unes contre les autres permettaient de se protéger à la fois du soleil et des ennemis. **Hélas ! les voleurs en ont fait leur territoire : évitez de trop exhiber vos objets de valeur, surtout la nuit.** Restez en priorité dans les rues principales, et munissez-vous d'une carte (la carte détaillée *Stop-Over*, du nom de l'action menée par la ville de Bari pour les estivants, est très commode). N'en faites pas, non plus, l'obsession de votre séjour : il faut savoir raison garder.

❤ **LA BASILIQUE SAINT-NICOLAS.** Si la tradition de saint Nicolas est associée dans le nord de l'Europe à Noël et à l'hiver, ses reliques se trouvent à Bari et il est honoré ici au mois de mai. Sa dépouille fut volée en Asie Mineure (à Myra) par soixante marins de Bari en 1087 (le sobriquet de *scippolandia*, la "terre des brigands", donné parfois à Bari ne date pas d'aujourd'hui). Les marins refusèrent de rendre les reliques du saint au clergé italien et voulurent construire un sanctuaire en son honneur : la basilique Saint-Nicolas, achevée au cours du XIIe siècle. La sobriété de la façade rappelle celle d'une forteresse. En fait, la basilique fut édifiée sur les ruines d'un ancien château byzantin. La tour située à droite en est l'unique vestige. L'intérieur est un mélange de styles. Un trône épiscopal du XIe siècle se cache derrière le maître-autel, alors que des peintures du XVIIe siècle ornent le plafond. La **crypte**, aux fenêtres de marbre translucide, abrite le tombeau de saint Nicolas à côté d'un superbe reliquaire en argent. A gauche, en entrant, vous trouverez une châsse grecque orthodoxe, construite pour les pèlerins orientaux venant rendre hommage à saint Nicolas. Sur le mur du fond, on peut voir plusieurs panneaux illustrant les miracles du saint, dont la résurrection des trois enfants coupés en morceaux et cachés dans un tonneau de sel par un vilain boucher. *(Ouvert tlj 7h-12h et 16h-19h30, excepté pendant la messe.)*

CASTELLO SVEVO. Ce "château souabe" évoque la grandeur de trois périodes historiques différentes. Le Normand Roger II de Sicile entama sa construction (il ne reste de cette période que la cour trapézoïdale et deux tours) et il fut terminé et agrandi sous Frédéric II (1233-1240). La porte et les superbes fenêtres à meneaux situées au nord, près de la mer, furent construites pendant cette période. Enfin, Isabelle d'Aragon et Bona Sforza réorganisèrent la cour intérieure et ajoutèrent les remparts et les tours angulaires au XVIe siècle. Bien que vous ne puissiez escalader les remparts, de fréquentes expositions d'art sont visibles à l'intérieur du donjon. *(Juste à l'extérieur de la vieille ville, à deux pas du Corso Vittorio Veneto et du bord de mer. © 080 528 61 11. Ouvert Mi-Juin-Mi-Sept Ma-Di 8h30-19h30, Sa 8h30-23h, le reste de l'année pas de nocturne le samedi.)*

LA CATHÉDRALE. Construite à la fin du XIIe siècle sous la domination normande, le **duomo** est orné d'une façade romane, qui fut modifiée ensuite par des décorations baroques autour des portes. *(Piazza Odegitria, dans la vieille ville. Ouvert tlj 8h-12h30 et à 19h30.)*

AUTRES VISITES. La **Pinacoteca provinciale** possède, entre autres, des œuvres de Véronèse, du Tintoret et de Bellini. Demandez à voir les œuvres de Francesco Netti, l'artiste le plus connu de Bari. *(Lungomare N. Sauro, après la Piazza A. Diaz. 3e étage. © 080 521 24 22. Ouvert Ma-Sa 9h-13h et 16h-19h, Di. 9h-13h. Entrée 2,58 €, étudiants 1,03 €.)* L'**Acquario provinciale** (aquarium) possède une belle collection de poissons. Pas de peinture, pas de chapelle, juste du poisson. Du gros poisson. Pas cuit ni frit, gros et bien vivant. *(Molo Pizzoli, de l'autre côté de la Piazza Garibaldi. © 080 541 22 84. Ouvert Lu-Sa 9h-12h30. Entrée libre.)*

SORTIES

Bars et **clubs** abondent dans cette ville universitaire. La plupart sont ouverts tous les jours de 20h à 1h ou 2h (3h le samedi) et ferment durant le mois d'août. Le week-end, les étudiants envahissent le Largo Adua et les autres places du Lungomare, à l'est de la vieille ville, où **Deco**, P. Eroi del Mare, 18 (© 080 524 60 70), propose une cuisine américaine et des concerts.

Bari est le centre culturel de la Pouille. Le **Teatro Piccinni** organise une saison de concerts au printemps et programme de l'opéra toute l'année (achetez les billets au théâtre). Consultez le bulletin de *Stop-Over* ou la rubrique *Bari Sera* de *La Gazzetta del Mezzogiorno* (le quotidien local) pour obtenir des informations sur tous les événements qui ont lieu à Bari pendant votre séjour.

En 1997, l'équipe de **football** de Bari est montée en première division. Elle est redescendue depuis. Pour appréhender la véritable culture du pays, assistez à l'un des matchs qui se déroulent le dimanche après-midi (et parfois en semaine) de septembre à juin. Les billets (à partir de 15 €) sont en vente au stade ou dans les bars. La **foire du Levant** (Fiera del Levante) est la plus grande foire de l'Italie du Sud et le grand événement commercial de l'année à Bari. Pendant 10 jours en septembre y sont exposés des produits du monde entier, sur l'immense terrain, près du stade municipal. Les 7, 8 et 9 mai se déroule la **fête de Saint-Nicolas**. Chaque dimanche, une effigie de ce saint est promenée d'église en église.

EXCURSIONS DEPUIS BARI

De nombreux trains partent de Bari et permettent de visiter la région très facilement et à peu de frais. Les villes avoisinantes sont regroupées par deux ou trois sur les cinq lignes de chemin de fer : Barletta, Trani et Bisceglie au nord-ouest, le long de la côte ; Bitonto, Ruvo di Puglia et Castel del Monte à l'ouest ; Altamura et Gravina in Puglia au sud-ouest ; Castellana Grotte, Alberobello et Martina Franca au sud ; Polignano a Mare, Monopoli, Egnazia, Fasano et Ostuni au sud-est.

CASTEL DEL MONTE

En été, prenez le ***train*** *Ferrotramviaria Bari Nord (© 088 359 26 84) jusqu'à Andria (19 dép/j de 5h30 à 22h20, durée 1h15, 2,63 €) puis un* ***bus*** *depuis la gare jusqu'au château, à 17 km (dép. 8h30, 13h45 et 16h30, retour 10h15, 14h15 et 19h, durée 30 mn, 1,30 €). Appelez le © 0883 29 03 29 ou contactez l'office de tourisme Pro Loco (© 0883 59 22 83) pour obtenir les horaires. Le Castel del Monte (© 0883 56 98 48) est ouvert tlj 8h-13h30 et 14h30-20h. Entrée 3 €.*

A mi-chemin entre les Murge et la mer, le Castel del Monte repose majestueusement au sommet d'une colline entourée de terres cultivées. Laissez-vous captiver par les mystères et les légendes qui tournent autour de ce chef-d'œuvre, commandé par Frédéric II, le roi souabe qui gouverna l'Italie du Sud au XIIIe siècle. Certains avancent l'idée qu'il aurait été construit pour abriter le Saint-Graal. Plus sérieusement, il a pu servir d'observatoire astronomique ou de lieu de retraite et de réflexion. Remarquez le portail somptueux, inspiré d'un arc de triomphe romain. La visite du château vous permettra de mieux connaître Frédéric II, précurseur des princes humanistes de la Renaissance par son intérêt pour les arts et la science comme par sa manière de gérer la partie italienne de son empire. Tout en haut de l'un des escaliers en colimaçon se trouve une petite pièce utilisée comme perchoir pour faucons de chasse, l'une des passions de l'empereur.

CASTELLANA GROTTE

Le train FSE de Bari à Alberobello s'arrête à la "Grotte di Castellana Grotte" (17 dép/j de 5h40 à 20h25, durée 1h, 2,43 €). Ne descendez pas à "Castellana Grotte", la ville, qui se trouve 2 km plus loin, dans la Via Grotte. Vérifiez les horaires attentivement car tous les trains ne s'arrêtent pas à cet endroit. Pour rejoindre les grottes, traversez le parking et tournez à gauche. Visite courte (1 dép/h de 8h30 à 19h, en hiver de 8h30 à 13h, durée 45 mn, 8 €) ou visite longue (1 dép/h de 9h à 18h, en hiver de 9h à 12h, durée 2h, 13 €).

C'est à Castellana Grotte que se trouvent les plus belles **grottes** d'Italie, découvertes en 1938. Elles sont célèbres tant par leur taille que par leur âge et leur beauté. D'innombrables stalactites et stalagmites se sont développées au cours du temps, dans des formes parfois surprenantes : une Madone, un chameau, un loup, un hibou ou encore un cornet de glace ! Ceux qui ont du temps à tuer peuvent même observer leur croissance – au rythme de 3 cm par siècle. Les visiter coûte cher, mais cela en vaut la peine. Pour pouvoir entrer, vous devez choisir l'une des deux **visites guidées** (© 0167 21 39 76 ou 0804 98 55 11). La visite courte de 1 km ou la longue de 3 km

GAZETTE LOCALE

MYSTÉRIEUX *TRULLI*

Les *trulli*, avec leurs toits coniques et leurs murs blancs et trapus, forment une vision singulière sur les collines d'Alberobello. Ces anciennes maisons de paysans sont chargées d'histoire. Si leur origine reste un mystère, les historiens estiment que leur forme dénote une influence tant italienne qu'arabe. La base carrée est identique à celle employée pour la construction des maisons de fermiers en Basilicate et en Molise. Et les toits coniques font nécessairement penser aux coiffes des minarets. Comme l'Italie à l'époque était en proie aux pillages des maraudeurs turcs, cette hypothèse d'une double influence occidentale et orientale paraît fondée.

Les premiers écrits sur la vie des paysans de la région, au XVIIe siècle, font état d'une existence rude et miséreuse. Incapables de payer leurs impôts au roi Ferdinand IV d'Espagne, qui contrôlait la région, les habitants étaient considérés comme des sans-terre et possédaient très peu de droits. En 1654, le Comte de Conversano décréta que les *trulli* devraient désormais être construits sans mortier pour pouvoir être démontés lors des visites impériales.

En 1996, l'Unesco inscrivit les *trulli* d'Alberobello sur la liste du patrimoine mondial de l'humanité. Il est donc interdit de bâtir de nouvelles maisons, afin de ne pas dénaturer le site. Comme le dit un habitant : "les *trulli* appartiennent à l'histoire désormais".

commencent toutes deux à La Grave, un immense trou que les superstitions locales associent à l'entrée des enfers. La visite longue se termine par la Grotte Blanche, une caverne géante couverte de stalactites.

LE PROMONTOIRE DU GARGANO

Pour aller à ***Siponte****, prenez le train pour Foggia depuis Bari (41 dép/j de 0h40 à 23h55, durée 1h-1h45, 6,70-13,94 €) ou Termoli (13 dép/j de 7h45 à 22h15, durée 1h-1h15, 3,82-6,40 €). De là, un autre train vous emmènera à Siponte (27 dép/j de 5h à 22h30, durée 20 mn, 1,80 €). Pour vous rendre à l'église, prenez le sentier qui commence de l'autre côté des voies ferrées, près du petit parc d'attractions. Pour aller à* ***Monte Sant'Angelo****, prenez le bus SITA depuis la gare de Foggia (10 dép/j de 5h45 à 18h45, durée 40 mn, 3,62 €). Les bus Ferrovie del Gargano (© 167 29 62 47) desservent également* ***Vieste*** *(5 dép/j de 6h45 à 17h45, durée 2h, 4,65 €) via Pugnochiuso (durée 1h45, 4,65 €). Les bus SITA se rendent aussi à* ***San Giovanni Rotondo****, le village natal du célèbre Padre Pio – sa tombe et l'église bâtie en son honneur attirent quantité de pèlerins italiens (9 dép/j de 7h05 à 22h05, durée 1h, 2,58 €). Crypte ouverte tlj 9h30-13h30 et 16h-19h.*

Le promontoire du Gargano possède une longue tradition d'accueil des voyageurs. Ce fut un des hauts lieux de pèlerinage de la chrétienté occidentale, le passage obligé des croisés sur leur route vers la Terre sainte. Il est dit qu'au Ve siècle, l'archange saint Michel apparut dans une des grottes de **Monte Sant'Angelo**. C'est dans cette même grotte que l'on rendait des oracles dans l'Antiquité. Aujourd'hui, la péninsule est surtout connue pour ses 65 km de plages (côtes est et nord) et pour la magnifique **forêt d'Umbra** qui en couvre l'intérieur. L'extrémité sud est plus accidentée et plus sauvage. Le promontoire attire de plus en plus de touristes et la côte se couvre de nouvelles stations balnéaires (**Vieste**, **San Menaio** et **Pugnochiuso**). Il faut donc visiter la région le plus rapidement possible, avant qu'elle ne perde de son authenticité.

A 3 km au sud-ouest de Manfredonia, l'antique cité de **Siponte** fut abandonnée par ses habitants au XIIe siècle après un tremblement de terre et une épidémie de peste. L'unique édifice ayant survécu à ces deux désastres est l'**église Santa Maria di Siponto**, qui se dresse parmi les pins et quelques ruines préromanes. L'église fut construite au XIe siècle dans le style roman de la Pouille, même si les arcades aveugles rappellent le style pisan alors que la coupole dénote une influence plutôt byzantine. Demandez au gardien de vous faire visiter la **crypte** du VIIe siècle.

RUVO

Pour vous rendre à ***Ruvo****, vous pouvez prendre un train de la ligne Ferrovie Bari Nord, au départ de Bari, à la station principale de la FS située Piazza Aldo Moro (19 dép/j de 6h à 22h, durée 40 mn, 1,65 €).*

Quand on est à Bari, il est facile de faire un petit détour d'une demi-journée à **Ruvo** pour visiter l'une des plus belles cathédrales romanes des Pouilles médiévales. En sortant de la gare, prenez à droite dans la Via Scarlatti, puis à gauche dans la Via Fornaci, qui devient ensuite le Corso Cavour. La ❤ **cathédrale** se trouve sur votre gauche lorsque vous arrivez aux jardins publics. Construite au XIIIe siècle, elle possède l'un des plus beaux porches de toute la Pouille, orné d'un mélange de motifs exécutés par les conquérants sarrasins, allemands et français qui dominèrent successivement la région.

ALBEROBELLO ✆0804

La vallée d'Itria, entre Bari et Tarente, est parsemée de maisons curieuses, aux murs blanchis à la chaux et aux toits coniques couverts de pierres grises : ce sont les fameux *trulli*. On raconte plusieurs histoires concernant leur origine. Voici la version de l'office de tourisme : les premiers *trulli* furent construits dans les années 1400, mais ne prirent leur forme actuelle qu'à partir de 1654. Cette année-là, la cour de justice apprit qu'une inspection royale était imminente et ordonna que les *trulli*, considérés comme des habitations de fortune pour les paysans, soient détruits. Après l'inspection, les maisons furent reconstruites, mais cette fois-ci sans mortier pour pouvoir les démonter plus facilement en cas de nouveau contrôle. Aujourd'hui, démonter les *trulli* serait un acte illégal : ceux d'Alberobello sont classés site du patrimoine mondial de l'Unesco.

La plus grande concentration de ❤ *trulli* se trouve à Alberobello, qui contient plus de mille habitations, une église *trullo* et même le **trullo siamois** (à deux toits). Il vous sera sans doute impossible de quitter Alberobello sans acheter l'une des innombrables reproductions dans les magasins de souvenirs.

TRANSPORTS ET INFORMATIONS PRATIQUES. Alberobello est située juste au sud de Bari. Prenez le **train FSE** depuis **Bari** (14 dép/j de 5h30 à 19h15, durée 1h30, 3,60 €). Pour rejoindre les *trulli* depuis la gare, prenez à gauche dans la Via Mazzini (qui devient la Via Garibaldi) jusqu'à la Piazza del Popolo. L'**office de tourisme**, P. Fernando IV (✆ 080 432 51 71), non loin de la Piazza del Popolo, est tenu par un personnel sympathique qui fournit des cartes et des informations utiles. Un **office de tourisme Pro Loco** se tient également dans le quartier des *trulli*. Vous y trouverez d'autres informations, notamment sur les possibilités de visites guidées. (✆ 080 432 28 22, www.prolocoalberobello.it. Ouvert Lu-Sa 9h-13h et 15h30-19h30.) Le **code postal** est le 70011.

HÉBERGEMENT ET RESTAURANTS. Restaurants et hôtels peuvent être chers. Il est préférable de rester à Alberobello simplement le temps d'une journée. La meilleure solution, si vous souhaitez passer la nuit sur place, est de louer un *trullo* par l'intermédiaire de **Trullidea**, V. Montenero, 18 (✆/fax 080 432 38 60, www.trullidea.com). Lorsque vous faites face au quartier des *trulli*, la Via Montenero monte sur votre gauche. Les *trulli*, spacieux, sont dotés d'une cuisine et le petit déjeuner est compris. (Chambre simple 36-46 €, chambre double 68-92 €, chambre triple 77-114 €. Les prix augmentent de 20 % en août. Cartes Visa, MC, AmEx.) Pour rejoindre l'**Hôtel Didi**, V. Piave, 30, au départ de la P. del Popolo, tournez à gauche dans la C. Trieste puis encore à gauche sur la V. Piave. Cet hôtel est remarquable à deux titres ; ses chambres présentent un excellent rapport qualité-prix et il est le seul de la ville à ne pas avoir *trullo* dans son nom. Les 30 chambres ont une salle de bains, la TV, un réfrigérateur et la clim. Certaines disposent en prime d'un balcon avec une vue imprenable sur les *trulli*. (✆ 080 432 34 32. Chambre simple 34-38 € ou 45-50 € selon la saison.) Le **Ristorante Terminal**, V. Independenza, 4, est l'occasion d'échapper au soleil brûlant d'Alberobello le temps d'un déjeuner copieux et savoureux. (✆ 080 432 41 03. Ouvert Ma-Di 12h-15h et 18h40-24h.) L'**Olmo Bello**, V. Indipendenza, 33 (✆ 080 432 36 07), situé sur la gauche avant d'entrer dans le quartier des *trulli*, sert des spécialités locales dans un *trullo* vieux d'un siècle. Goûtez les *orechiette alla buongustaio*, des pâtes en forme d'oreille accompagnées d'une sauce qui ravira les gourmets. (*Primi* et *secondi* à partir de 5 €. Couvert 1,60 €. Ouvert Me-Lu 12h-15h et 20h-23h.)

VISITES. La Via Monte San Michele grimpe vers l'**église** *trullo* **Saint-Antoine**. Pour rejoindre le **Trullo sovrano** (Trullo souverain) en partant de la Piazza del Popolo, prenez le Corso Vittorio Emanuele et allez jusqu'au bout. Cet édifice de deux étages fut édifié au XVIe siècle pour être un séminaire. Il vous donnera une idée assez juste de ce à quoi ressemblaient les *trulli* quand ils étaient encore habités par des paysans. *(Ouvert Lu-Sa 10h-13h et 15h-20h. Entrée 1,50 €.)* Même si Alberobello n'est pas la plus belle ville que vous ayez visitée, son **Museo del Territorio** sera peut-être le musée le plus étrange que vous ayez jamais vu. Composé de 23 *trulli*, ce musée propose diverses expositions temporaires ainsi qu'une exposition permanente expliquant l'histoire et la construction des *trulli*. *(En partant de la Piazza del Popolo, tournez à gauche au niveau du magasin Eritrea pour rejoindre la Piazza XXVII Maggio. Ouvert tlj 10h-13h et 16h30-19h30. Entrée 3,10 €.)* Le **musée de l'Huile** est l'occasion de déguster différentes variétés sublimement parfumées sur du pain de campagne. Renseignez-vous auprès du bureau de tourisme Pro Loco pour vous faire confirmer les conditions d'accès. (Ouvert sur demande, Lu-Sa 9h-13h et 15h30-18h, 0,25 €)

BRINDISI ✆ 0831

Tout le monde passe par Brindisi pour quitter l'Italie. C'est là que Pompée battit précipitamment en retraite devant les armées de César, et c'est également là que les croisés vinrent reprendre des forces avant de partir en Terre sainte. Aujourd'hui, ceux qui font une halte à Brindisi ont des intentions plus pacifiques. Ce sont pour la plupart des voyageurs qui traversent la ville en direction de la Grèce et qui ne s'arrêtent que le temps de prendre leurs billets pour un ferry. En dépit de cette affluence, la ville est sûre, agréable, et les curieux qui font un détour par les agglomérations voisines d'Ostuni et de Lecce ne le regrettent pas. Corfou peut bien attendre un jour de plus.

FERRYS

Brindisi est le principal point de départ pour la Grèce. Ferrys réguliers pour **Corfou** (durée 8h), **Igoumenítsa** (durée 10h), **Céphalonie** (durée 16h30) et **Patras** (durée 17h). En général, les ferrys suivent la route Corfou-Igoumenitsa-Patras, et s'arrêtent parfois à Céphalonie. La compagnie **Italian Ferries** (C. Garibaldi 96/98, ✆ 0831 59 08 40) dessert **Corfoue** (durée 4h), pour un prix à peine supérieur à celui des ferries. Les catamarans partent de la Stazione Marittima et non de la Costa Morena.

La façon la plus économique de voyager sur un ferry consiste à rester sur le pont (*passaggio semplice*), mais le bois dur dans lequel il est fait ne constitue pas un lit confortable et les nuits en mer sont souvent froides et pluvieuses. Si dormir sur le pont ne vous tente pas, vous pouvez toujours vous rabattre sur une banquette à l'intérieur (*poltrona*) ou sur une cabine, mais c'est plus cher bien entendu. Vous pourrez acheter de la nourriture et des boissons à bord du bateau, bien qu'il soit beaucoup plus économique de faire ses courses à terre.

Les prix pour chaque trajet de ferry sont fixés par les autorités portuaires et toutes les agences doivent donc vendre les billets pour une même destination à un prix identique. Bien sûr, certaines compagnies peu scrupuleuses vont déroger à la règle, voire commercialiser des billets sur des ferrys qui n'existent pas. Les compagnies suivantes ont bonne réputation. **Blue Star Ferries**, C. Garibaldi, 65 (✆ 0831 56 22 00), **Med Link Lines**, C. Garibaldi, 49 (✆ 0831 52 76 67) et **Fragline**, V. Spalato, 31 (✆ 0831 54 85 34). En sus du prix du billet, les passagers doivent s'acquitter de la taxe portuaire (généralement 6 €) ainsi que d'un supplément de réservation (3 €). La plupart des compagnies assurent une navette gratuite pour parcourir le kilomètre séparant la Stazione Marittima de la Costa Morena. N'oubliez pas que vous devez vous **enregistrer** deux heures avant le départ.

Méfiez-vous des vols sur le port et sur les ferrys. Mettez des cadenas à vos valises, gardez votre argent sur vous et ne dormez que d'un œil (à la façon des pirates).

TRANSPORTS

Train : P. Crispi (✆ 0831 166 105 050). Ouvert tlj 8h-20h. Consigne disponible. Les prix les plus élevés concernent les trains IC (Intercity), plus rapides. Trains **FS** à destination de : **Bari** (26 dép/j de 4h à 23h34, durée 1h15-1h45, 6-10 €), **Lecce** (33 dép/j de 5h45 à 0h30, durée 20-30 mn, 2,32 €), **Milan** (7 dép/j de 7h48 à 23h24, durée 10h, 41-68 €), **Rome** (4 dép/j de 7h à 21h45, durée 6-9h, 25,31-41,06 €) et **Tarente** (20 dép/j de 4h45 à 22h44, durée 1h15, 3,63 €).

Bus : Les bus **FSE** partent de la gare ferroviaire et sillonnent toute la région de la Pouille. Les billets pour toutes les compagnies sont en vente chez **Grecian Travel**, C. Garibaldi, 79 (✆ 0831 56 83 33, fax 0831 56 39 67). Ouvert Lu-Ve 9h-13h et 16h-20h, Sa. 9h-13h. Les **bus Marozzi** desservent **Rome** (3 dép/j de 11h à 22h, durée 7h30-8h30, 232-35 €). Ceux de la compagnie **Miccolis** vont à **Naples** (3 dép/j de 6h35 à 18h35, durée 5h, 21,17 €).

Transports en commun : Les bus municipaux (✆ 0831 54 92 45) font la navette entre la gare ferroviaire et le port, et desservent également les environs de la ville. Achetez vos tickets (0,62 €) dans les bars ou les bureaux de tabac.

Taxi (✆ 0831 22 29 01) : Les taxis de Brindisi, très peu contrôlés, ont la réputation de duper les touristes étrangers. Ce n'est bien sûr pas toujours vrai, mais la barrière de la langue risque de rendre toute explication délicate. Si possible, mettez-vous d'accord sur un tarif avant de monter et payez immédiatement après. Autrement, depuis la gare, ralliez le port en bus ou à pied.

ORIENTATION ET INFORMATIONS PRATIQUES

Le **Corso Umberto** part de la gare, traverse la **Piazza Cairoli**, la **Piazza del Popolo** et la **Piazza della Vittoria**, où il devient le Corso Garibaldi et continue en direction du port. La **gare maritime** se situe à droite de la **Via Regina Margherita**. Si vous prenez la Via Regina Margherita, qui suit le pourtour du front de mer en vous éloignant de la gare maritime, vous passerez devant la colonne qui marquait autrefois la fin de la voie Appienne. La Via Regina Margherita devient ensuite la **Via Flacco** puis la **Via Revel**, lesquelles sont remplies de bars, de restaurants et de boutiques d'alimentation, et accueillent en été des défilés de carnaval.

Office de tourisme : **APT**, V. Regina Margherita, 5 (✆ 0831 52 30 72). A partir du Corso Garibaldi, tournez à gauche dans la Via Regina Margherita. Peu utile en ce qui concerne les renseignements sur les ferrys, mais le personnel fournit un plan de la ville gratuit et des conseils sur les hôtels, les services locaux et les attractions. Ouvert tlj 8h-14h et 15h-20h.

Consigne : Dans la gare ferroviaire. 5-7 € les 24h. Ouvert tlj 6h30-22h30.

Urgences : ✆ 113. **Police municipale** : ✆ 0831 22 95 22. **Carabinieri** : ✆ 112 ou 0831 52 88 48. **Ospedale di Summa** (✆ 0831 53 71 11).

Internet : **Service Point**, C. Roma, 54 (✆ 0831 52 64 28). 5 € l'heure. Ouvert tlj 15h30-21h. **Sala Giochi,** V. Bastori San Giorgio, la première à gauche après la gare. 5 € les 60 mn. Ouvert Lu-Sa 8h30-22h30, Di 9h-13h.

Bureau de poste : P. Vittoria, 10 (✆ 0831 47 11 11). Ouvert Lu-Ve 8h10-18h30 et Sa. 8h10-12h30. **Code postal** : 72100.

HÉBERGEMENT

Hôtel Altair, V. Giudea, 4 (✆/fax 0831 56 22 89), près du port et du centre. Depuis la gare maritime, remontez le Corso Garibaldi et prenez la deuxième à gauche. 15 grandes chambres dotées de hauts plafonds. Chambre simple 20 €, avec salle de bains 30 €, chambre double 35 €, avec salle de bains 50 €. Cartes Visa, MC, AmEx. ❖❖

Hôtel Venezia, V. Pisanelli, 4 (✆ 0831 52 75 11). Après la fontaine, prenez la deuxième à gauche depuis le Corso Umberto, la Via San Lorenzo da Brindisi, puis tournez à droite dans la Via Pisanelli. L'hôtel le moins cher de Brindisi, mais attendez-vous à devoir partager la salle de bains. 12 chambres. Réservez 4 jours à l'avance. Chambre simple 13 €, chambre double 25 €. ❖❖

Hôtel Torino, Largo Pietro Plaumbo, 6 (✆ 0831 59 75 87, www.brindisiweb.com/torino). Le meilleur trois étoiles de la ville. Les chambres sont très confortables avec salle de bains, TV satellite et clim. Chambre simple à partir de 38 €, double à partir de 50 €. Les prix varient selon la saison. ❖❖❖

Hôtel Regina, V. Cavour, 5 (✆ 0831 56 20 01, www.hotelreginaweb.com). Un trois étoiles moderne et tout confort. Les 43 chambres ont la TV, un réfrigérateur et la clim. Petit déjeuner buffet inclus. Chambre simple 44-70 €, double 55-90 €. Cartes Visa, MC, AmEx. ❖❖❖❖

Hôtel la Rosetta, V. S. Dioniso, 2 (✆ 0831 59 04 61). Un hôtel plutôt haut de gamme, avec un bar bien fourni et un salon très accueillant dans lequel on peut jouer aux échecs. Les chambres ont la TV et la clim. Chambres simples à partir de 50 €, double à partir de 75 €. ❖❖❖❖

RESTAURANTS

Un superbe **marché** sur la Via Fornari, à gauche de la Piazza della Vittoria, vend des tonnes de fruits frais. (Ouvert Lu-Sa 7h-13h). Approvisionnez-vous pour vos trajets en ferry au **supermarché Gulliper**, C. Garibaldi, 106, tout près du port. (Ouvert Lu-Sa 8h-13h15 et 16h15-20h30, Di. 9h-13h et 17h30-20h30.)

Il Foccaceria, V. Cristoforo Colombo, 5 (✆ 0831 56 09 30), a beaucoup plus à offrir que ce que son nom suggère. Vous pouvez commander pizzas ou lasagnes à emporter. Essayez ces dernières pour seulement 3 €. Ouvert tlj 8h-23h. ❖

Luppolo e Farina, V. Pozzo Traiano (✆ 0831 59 04 96). Une pizzeria non-touristique, qui cuit au four ses pâtes avec une science remarquable. La pizza maison, couverte de mozarella et de tomates fraîches et séchées au soleil est une splendeur. Pizza 3,20-7,80 €. Ouvert tlj 19h-24h. Cartes Visa, MC, AmEx. ❖❖

Locanda degli Sciavoni, V. Tarantini, 43 (✆ 0831 52 20 50), à quelques minutes à pied du duomo. Un restaurant sympathique très apprécié des familles italiennes. Le décor est rustique mais savamment étudié. Les *spaghetti alle scampi* sont une valeur sûre. *Primi* 4-7 €, *secondi* 5-8 €. Ouvert Lu-Sa 19h-24h. Cartes Visa, MC. ❖❖❖

Antica Osteria La Sciabica, V. Thanon de Revel, 29/33 (✆ 0831 56 28 70), est situé dans un endroit tranquille du port. Tables sur un patio en extérieur. Les fruits de mer sont la spécialité du chef, par exemple les *maltagliata alle cozze nere* (pâtes locales aux moules 7 €). *Primi* et *secondi* 7-10 €. Ouvert tlj 12h-15h et 20h30-24h. Cartes Visa, MC, AmEx. ❖❖❖

VISITES

En arrivant du Corso Garibaldi, prenez à gauche après la Piazza Vittorio Emanuele dans la Via Regina Margherita, qui longe le bras de mer (la baie de Seno di Ponente). A 200 m à gauche, vous monterez sur une terrasse où se dresse la **colonne** romaine qui marquait la fin de la **voie Appienne**. Si vous regardez attentivement, vous verrez les figures sculptées de Jupiter, de Neptune, de Mars et de huit tritons. Sa colonne jumelle, autrefois placée juste à côté, se trouve désormais à Lecce. La Via Colonne (qui passe derrière la colonne) mène à la Piazza del Duomo. La **cathédrale** date du XIe siècle, mais fut reconstruite au XVIIIe siècle. Frédéric II y épousa Yolande de Jérusalem. *(Ouvert tlj 7h-12h et 16h-19h.)* A côté se trouve le petit **Museo archeologico**, qui abrite quelques très beaux spécimens de l'ancienne colonie grecque : vases de l'Attique, sculptures... *(✆ 0831 56 55 01. Ouvert Lu. et Me-Di 9h30-13h30, Ma. 9h30-13h30 et 15h30-18h30. Entrée libre.)* Depuis la gare ferroviaire, suivez les panneaux (15 mn) pour atteindre la fierté de Brindisi, l'**église Santa Maria del Casale**. Son intérieur est décoré de fresques datant du XIIIe siècle, dont une où vous admirerez Marie bénissant les Croisés. *(Ouvert tlj 7h-12h et 16h-19h.)*

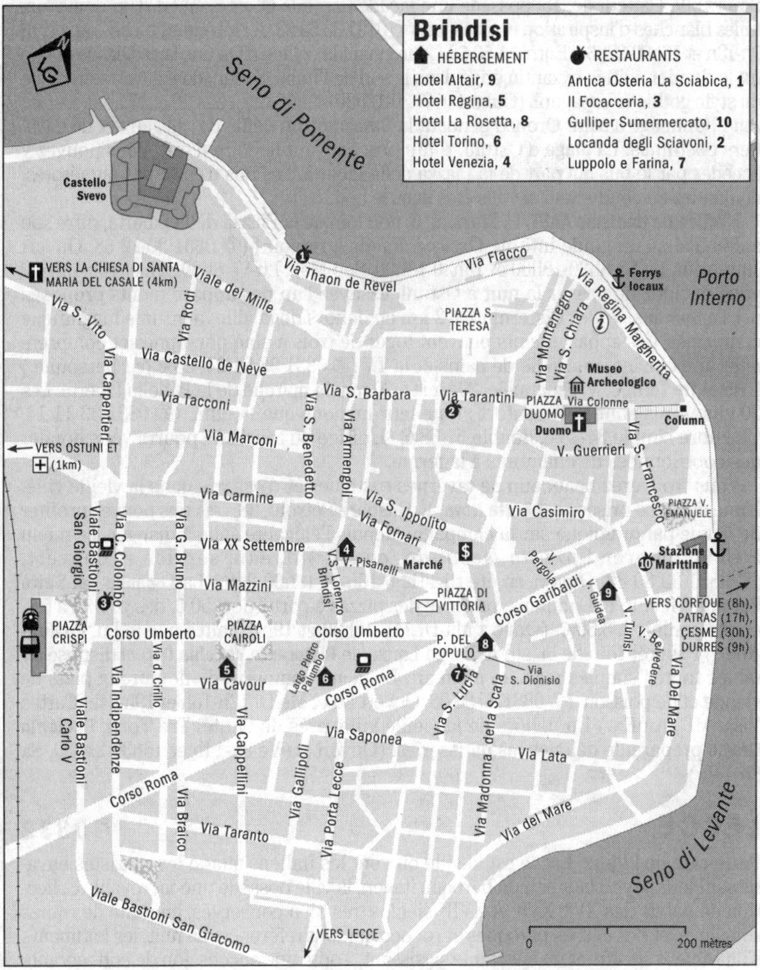

EXCURSION DEPUIS BRINDISI : OSTUNI

Ostuni se trouve sur la ligne de chemin de fer entre Brindisi (16 dép/j de 7h à 22h44, durée 30 mn, 2,32 €) et Bari (24 dép/j de 5h05 à 23h10, durée 1h, 4,52 €). A la gare (© 0831 30 12 68), prenez le bus municipal pour la Piazza della Libertà, située au centre de la ville (Lu-Sa 2 dép/h, Di. 1 dép/h, de 7h à 21h30, durée 15 mn, 0,62 €). Les tickets sont en vente au bar de la gare.

S'élevant au-dessus de la mer et entourée d'un paysage de terre rouge plantée d'oliviers, la *città bianca* (la "cité blanche") d'Ostuni baigne dans une sorte de halo éthéré. La vieille ville, entourée de remparts d'un blanc aveuglant, mérite son surnom de "Reine blanche". Pour une vue superbe de la vieille ville, remontez le Corso Vittorio Emanuele pendant 5 mn. Un magnifique panorama sur les collines des Murge s'offre alors à vous. Juste en sortant de la place, ne manquez pas la petite **église Santo Spirito** ni les impressionnants reliefs médiévaux au niveau de son portail. Retournez sur la place et remontez la Via Cattedrale jusqu'à la vieille ville. Le **Convento delle Monacelle** (couvent des Petites

Sœurs), V. Cattedrale, 15, possède une façade baroque et est couvert d'un dôme aux tuiles blanches d'inspiration mauresque. (✆ 0831 33 63 83. A l'intérieur, musée ouvert tlj 9h-13h et 16h30-22h30. Entrée 1,50 €.) Couronnant la colline d'Ostuni, la **cathédrale** (1437) fut le dernier édifice byzantin érigé dans le sud de l'Italie. Sa façade est caractéristique du style gothique espagnol. (Ouvert tlj 7h30-12h30 et 16h-19h.) Les 26 et 27 août, Ostuni rend hommage à saint Oronzo pendant la **Cavalcata**, un défilé de chevaux et de cavaliers costumés. La **plage** d'Ostuni, toute proche, vaut le coup d'œil. Vous pouvez y accéder par le bus qui part de la Piazza della Libertà. Les bus n'étant pas numérotés, demandez au conducteur si vous êtes dans le bon.

L'**office de tourisme AAST**, C. Mazzini, 6, non loin de la Piazza della Libertà, offre son aide ainsi qu'un guide intitulé *Ostuni*. Facile à retenir ! (✆ 0831 30 12 68. Ouvert Juin-Août, Lu-Sa 8h30-13h30 et 15h30-18h30. Sep-Mai : Lu-Ve 8h30-12h et 16h-19h) Si vous décidez de passer la nuit à Ostuni, essayez l'un des appartements proposés par **Lo Sperone**, V. per Cisternino, à 2 km en dehors de la ville, dans une magnifique campagne. Les appartements peuvent loger de trois à cinq personnes et comprennent une cuisine, une salle de bains et la TV (✆ 0831 33 91 24. 25 € par personne.) L'**Hôtel Tre Torri**, C. V. Emanuele, 294, est à 20 mn de marche de la P. della Libertà. Les 20 chambres sont tout confort ; il ne leur manque que la clim. (✆ 0831 33 11 14. Chambre simple 34-38 €, double 51-68 €.) L'office du tourisme pourra vous donner des coordonnées de chambres à la ferme.

Vous trouverez beaucoup de tavernes rustiques et d'*osterie* dans la vieille ville. L'une des plus prisées est **Porta Nova,** V. Gaspare Petrolo, 38, où vous pouvez profiter de la vue panoramique sur la campagne depuis l'élégante salle à manger. Le menu à 15 € comprend *primo*, *secondo*, *contorno*, eau, service et couvert. (✆ 0831 33 89 83. Ouvert en été tlj 11h30-16h et 19h30-24h.) La **Locanda dei Sette Peccati**, Viccolo F. Campana, propose des pizzas à partir de 3,50 €, des *primi* à 5 €, et des paninis à 3,50 €. (Ouvert Ma-Di 11h-16h30 et 19h-2h ainsi que le Lu. en Juil-Août.) Pas très loin de là, sur le Largo Lanza, le **Ristorante Vecchia Ostuni** dispose de tables toutes simples mais en plein air. Le menu comporte de nombreux plats de viande et de poisson. (✆ 0831 30 33 08. Ouvert Lu et Me-Di 12h-15h et 19h-24h. Cartes Visa, MC, AmEx.) En dehors de la vieille ville, près de l'hôtel Tre Torri, **Panicifio Grecio** prépare de délicieuses pâtisseries. (Ouvert Lu-Ve 8h-14h et 16h30-21h30, Sa 8h-14h.)

LECCE ✆ 0832

Perle rare de l'Italie, Lecce est la ville où vont les Italiens quand les touristes envahissent leur pays. Haut lieu du baroque italien, la ville possède une incroyable collection de palais des XVe, XVIe et XVIIe siècles très bien conservés, quantité de ruines romaines, et des églises baroques et rococo qui font référence. La nuit, les bâtiments s'illuminent et offrent un spectacle saisissant. Toute une succession de conquérants (Crétois, Romains, Sarrasins, Souabes, etc.) ont laissé leurs empreintes sur la ville, mais la forme actuelle de la cité fut définie sous le règne des Habsbourg d'Espagne aux XVIe et XVIIe siècles. La "Florence du Mezzogiorno" constitue un excellent point de départ pour explorer l'ensemble de la péninsule du Salento ou terre d'Otrante, autrement dit, le talon de la botte. Le soir, vous ne manquerez pas de profiter d'une vie nocturne très animée dans cette ville universitaire.

TRANSPORTS

Train : P. Stazione, à 1 km du centre-ville. Les bus n° 24 et n° 28 relient la gare au centre de la ville. Lecce est le terminus du réseau de chemin de fer national au sud-est de l'Italie. Les trains **FS** (✆ 0832 30 10 16) desservent le nord à destination de : **Bari** (10 dép/j de 4h58 à 19h58, durée 1h30-2h, 6-13 €), **Brindisi** (16 dép/j de 5h à 22h52, durée 20-40 mn, 2,01-8,26 €), **Reggio di Calabria** (3 dép/j, durée 9h, 30 €), **Rome** (5 dép/j de 6h à 21h, durée 6h-9h30, 30-44 €) et **Tarente** (5 dép/j de 6h58 à 21h15, durée 2h30, 6-12 €). Les trains **FSE** (✆ 0832 66 81 11) sillonnent la péninsule du Salento.

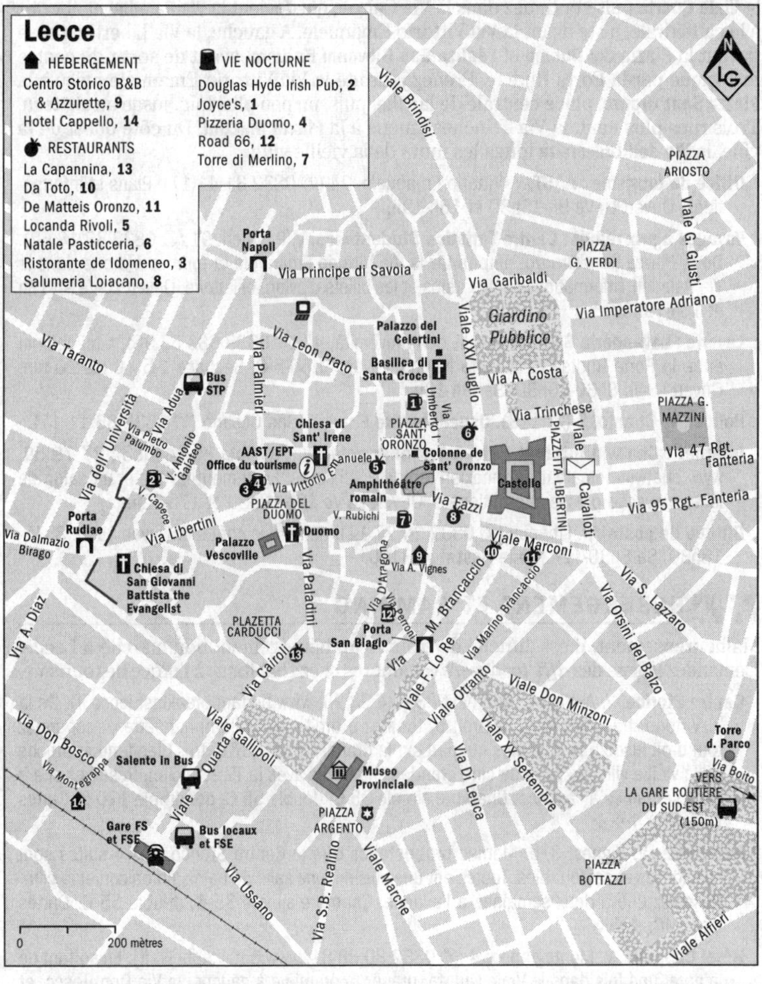

Destinations : **Gallipoli** (11 dép/j de 6h58 à 20h50, durée 1h, 3,40 €) et **Otrante** (dép à 9h32, 12h20 et 17h43, durée 1h15, 2,66 €) via **Maglie.**

Bus : La gare **FSE**, V. Boito (✆ 0832 34 76 34), est facilement accessible depuis la gare ferroviaire par le bus n° 4 (0,52 €). Destinations : **Gallipoli** (5 dép/j, durée 1h, 2,84 €), **Otrante** (3 dép/j, durée 50 mn, 2,60 €) via **Maglie** et **Tarente** (5 dép/j de 7h à 16h, durée 2h, 4,58 €). La compagnie **STP**, V. Adua (✆ 0832 30 28 73), dessert les agglomérations moins importantes de la péninsule du Salento. Procurez-vous la liste des horaires à l'office de tourisme. En juillet et en août, **Salento in Bus** est la façon la plus simple de voyager dans la péninsule. Ces bus mis spécialement en service en été desservent **Gallipoli** et **Otrante** de manière régulière. L'arrêt se trouve V. Quarta, non loin de la gare FS.

Taxi : P. Stazione (✆ 0832 24 79 78) et P. Sant'Oronzo (✆ 0832 30 60 45).

ORIENTATION ET INFORMATIONS PRATIQUES

Lecce est située à 35 km au sud de Brindisi, à l'intérieur des terres. De la gare, prenez le **Viale Quarta** puis continuez dans la Via Cairoli, qui devient la **Via Paladini** et aboutit à la cathédrale, juste avant la Via Vittorio Emanuele. A gauche, la Via Libertini passe devant la **Piazza del Duomo** et l'**église San Giovanni Battista**, avant de sortir du centre historique par la Porta Rudiae. Prenez à droite la Via Vittorio Emanuele jusqu'à la **Piazza Sant'Oronzo**, place centrale de la ville, puis, un peu plus loin, jusqu'au **château**. Trois rues plus haut, la Via Trinchese mène à la **Piazza Mazzini**. Du côté ouest de la ville, la **Via dell'Università** longe les murs de la vieille ville.

Office de tourisme : **AAST**, V. Vittorio Emanuele, 24 (© 0832 31 41 17). Plans et informations. Ouvert Lu-Ve 9h-13h30 et 16h-19h.

Voyages à prix réduit : **Centro Turistico Studentesco**, V. Palmieri, 91 (© 0832 33 18 62). De la Piazza Sant'Oronzo, empruntez la Via Vittorio Emanuele et tournez à droite dans la Via Palmieri. Informations sur les trains et les billets d'avion, billetterie. Ouvert Lu-Ve 9h-13h et 16h-19h30.

Laverie : **Lavanderia Self-Service**, V. dell'Università, 47 (© 0339 683 63 96), à mi-chemin entre la Porta Rudiae et la Porta Napoli. Lavage 1,50-6 €. Séchage 1,50 € les 20 mn. Ouvert Lu-Ve 8h30-20h30, Sa. 9h-13h.

Police : V. Otranto, 5 (© 113). **Ospedale Vito Fazzi**, V. San Cesario (© 0832 66 11 11).

Internet : **Chatwin Internet Café & Traveller point**, V. Castriota 8b (© 0832 27 78 59, www.chatwin-netcafe.it). Connexion rapide 3 € l'heure. Egalement un bar et un salon de lecture avec la presse internationale. Ouvert Lu-Ve 10h-13h30 et 17h-22h.

Bureau de poste : P. Libertini (© 0832 24 27 12), derrière le château. Ouvert Lu-Ve 8h15-18h30, Sa 8h30-12h. **Code postal** : 73100.

HÉBERGEMENT ET CAMPING

Malheureusement, il est difficile de trouver un hébergement bon marché à Lecce. Demandez la liste des *affittacamere* (chambres chez l'habitant) à l'office de tourisme.

Centro Storico, V. A. Vignes, 2/b (© 0832 24 28 28, www.bedandbreakfast.lecce.it). De la V. Vittorio, traversez la P. S. Oronzo, tournez à droite après l'amphithéâtre et continuez tout droit jusqu'à la V. Vignes qui part sur la droite. Ce petit B&B, très bien tenu et proche de la vieille ville, dispose de cinq grandes chambres avec la TV et la clim. Réservez une à deux semaines à l'avance. Chambre simple 35 €, double 55 €, quadruple 120 €. Cartes Visa, MC. ❖❖❖

Azzurrette, V. Vignes, 3/b. Mêmes propriétaires que le Centro Storico. Les 4 suites sont spacieuses et confortables. Toutes ont une cuisine, une salle de bains, un balcon et la clim. Réservez une à deux semaines à l'avance. Chambre simple 35 €, double 55 €. Cartes Visa, MC. ❖❖❖

Hôtel Cappello, V. Montegrappa, 4 (© 0832 30 88 81, www.hotelcappello.it). En sortant de la gare, une fois dans le Viale Quarta, prenez la première à gauche, la Via Don Bosco, et suivez les panneaux. Moderne, confortable et bien situé. Les 35 chambres sont équipées de l'air conditionné, d'une salle de bains, d'un téléphone, d'une télévision et d'un réfrigérateur. Chambre simple 30 €, chambre double 44 €, triple 57 €. Cartes Visa, MC, AmEx. ❖❖❖

Camping : **Torre Rinalda** (© 0832 38 21 61), sur la plage, à 15 km de la ville. Prenez le bus n° 32 sur la Piazza Sant'Oronzo. Très bien équipé, rien ne manque. 8,60 € par personne, 5 € par tente. Cartes Visa, MC, AmEx. ❖

RESTAURANTS

Les spécialités régionales vont des consistantes *cicerietrie* (pâtes aux pois chiches) aux *pucce* (sandwichs fabriqués avec des petits pains aux olives) en passant par les *confettoni* (friandises au chocolat préparées à partir d'une recette secrète).

Depuis un siècle, les amoureux du fromage font leurs provisions pour pique-niquer à la **Salumeria Loiacono**, V. Fazzi, 11, sur la Piazza Sant'Oronzo, une très ancienne fromagerie. (Ouvert tlj 7h-14h et 16h20-20h30.) Le **marché couvert** près de la poste vous donnera l'occasion de pratiquer l'art du marchandage. (Ouvert Lu-Ve 4h-14h30, Sa. 4h-14h30 et 15h30-21h.)

❤ **Ristorante Re Idomeneo**, V. Libertini, 44 (✆ 0832 24 49 73), à quelques dizaines de mètres de la cathédrale. Prix raisonnables, personnel affectueux et salades gigantesques ! Goûtez les traditionnelles *cicerie-trie* (5,16 €). *Primi* 5,20-6,75 €, *secondi* 5,60-7,35 €. Ouvert Me-Lu 12h-15h et 19h30-1h. Cartes Visa, MC, AmEx. ❖❖

La Capannina, V. Cairoli, 13 (✆ 0832 30 41 59), entre la gare et la Piazza del Duomo. Vous pourrez dîner dehors sur la paisible place située en face du restaurant. Pizzas 2,60-5,20 €, *primi* 3,85-5,50 €, *secondi* 4,50-7,35 €. Couvert 1,30 €. Ouvert Ma-Di 9h-14h et 18h30-24h. ❖

Da Toto, Viale F. Lo Re, 9 (✆ 0832 30 10 00), près du cinéma sur le Viale Marconi. Un établissement apprécié des habitants pour son atmosphère tranquille et sa cuisine de très bonne tenue. Les *orecchiette al pomodoro* (4,50 €) ne lésinent pas sur la quantité ; *Primi* 4,50-6,50 €. Couvert 1,50 €. Ouvert Lu-Sa 12h-15h30 et 19h30-24h. ❖❖

Locanda Rivoli, V. Imperatore Augusto, 19 (✆ 0832 33 16 78). Dans un décor rustique, essayez le très chic *risotto alla champagne*. L'endroit devient très animé après 22h. Tables en salle ou en plein air. *Primi* et *secondi* 12-20 €. Ouvert en été Me-Lu 19h-24h. Les horaires varient en hiver. ❖❖❖

Natale Pasticceria, V. Trinchese, 7 (✆ 0832 25 60 60). Cette pâtisserie déborde de gâteaux, de glaces et de bonbons. Essayez les délices fourrés à la crème, une spécialité locale, pour 0,70 €. Ouvert tlj 8h-24h. ❖

De Matteis Oronzo, V. Marconi, 51 (✆ 0832 30 28 00), près du château. Cette confiserie vend des *confettoni* (0,40 €) et des *cotognate leccese*, des friandises aux figues séchées si bonnes que le pape lui-même passe ses commandes ici. Ouvert tlj 7h-21h30. ❖

VISITES

Lecce semble abriter un nombre infini d'**églises**, et les plus belles sont toutes à moins d'un quart d'heure de marche les unes des autres. *(Eglises ouvertes tlj 8h-11h30 et 17h-19h30, sauf indication contraire.)*

❤ **LA BASILIQUE SANTA CROCE.** Si vous n'avez qu'un endroit à visiter à Lecce, privilégiez absolument cette église (1549-1695). C'est le monument le plus représentatif du style baroque de Lecce. Plusieurs architectes renommés ont contribué à la construction de l'édifice. Gabriele Riccardi dessina les plans, et ses élèves continuèrent son œuvre après sa mort. A l'intérieur, au lieu des sculptures et des peintures que l'on trouve habituellement

L'ENQUÊTE

BAROQUE ATTITUDE

Pourquoi y a-t-il autant d'églises baroques à Lecce ? Nous avons demandé aux habitants de nous fournir une explication.

13h05 : une dame à la toilette soignée qui promène un chien tout chétif sur la P. Duomo. "Zingarello ? Zingarello... Désolé, j'abandonne ?" Elle hausse les épaules de dépit.

Tout bien considéré, son aveu de franchise n'est pas totalement hors de propos. Le grand architecte baroque de Lecce travaillait souvent sur plusieurs projets à la fois, qu'il abandonnait lui aussi sans crier gare.

13h32 : un homme en chemise zébrée de fermetures éclairs, qui flâne du côté de la Chiesa di santa Croce. "Les extra-terrestres" murmure-t-il en roulant de gros yeux. Là, nous ne disposons pas de preuve tangible. Les nobles de Lecce étaient peut-être mus par des desseins célestes mais plus sûrement pas des ambitions matérialistes, à savoir construire une église plus somptueuse que celle de la famille rivale.

13h53 : une jeune femme volubile en tee-shirt. "Elles sont sorties spontanément du sol" explique-t-elle en faisant tinter son cortège de bracelets.

De manière surprenante, elle est assez proche de la vérité. Les formes de la nature – fruits, fleurs, faune... – étaient une source majeure d'inspiration pour les architectes du XVIe siècle. En glorifiant les créatures terrestres, ils pouvaient célébrer ce Dieu tout puissant qui leur avait donné vie.

dans les églises baroques, deux rangées de colonnes corinthiennes supportent les murs blancs. L'autel (1614), qui orne la chapelle située à gauche de l'abside, a été sculpté par Francesco Antonio Zimbalo. *(Depuis la Piazza Sant'Oronzo, descendez la Via Templari en direction de l'exubérante façade de l'église.)*

LE PALAIS DES CÉLESTINS. Giuseppe Zimbalo, surnommé Lo Zingarello (le "bohémien") en raison de son penchant à vagabonder d'un projet d'église à l'autre, conçut la partie basse de la façade du **Palazzo Celestini**, et son élève, Giuseppe Cino, le haut. Les visiteurs peuvent jeter un œil à la cour intérieure de l'édifice, aujourd'hui utilisée par des bureaux. En été, des concerts de musique classique ont lieu dans cette cour. Consultez les affiches annonçant les concerts ou demandez de plus amples informations à l'office de tourisme AAST. *(Près de la basilique Santa Croce.)*

LA PIAZZA DEL DUOMO. Fondée en 1114, la cathédrale fut "retouchée" par Giuseppe Zimbalo entre 1659 et 1670. L'intérieur remonte au XVIIIe siècle, excepté pour les deux autels. Le **campanile** (1682) s'élève du côté gauche de la cathédrale. En face, le **Palazzo vescovile** (palais épiscopal), bâti entre 1420 et 1428, a été remanié en 1632. A droite, orné d'un puits baroque, se trouve le **séminaire** (1709), dessiné par Cino. De petits panneaux jaunes disséminés sur la place décrivent, en italien, les étapes de la construction de l'église. Venez de préférence de nuit pour apprécier l'éclairage spectaculaire baignant les façades des bâtiments. *(Depuis la Piazza Sant'Oronzo, prenez la Via Vittorio Emanuele. Cathédrale ouverte tlj 6h30-12h et 17h-19h30.)*

LES RUINES ROMAINES. Lecce n'est pas seulement une des capitales du baroque. L'ancienne Lupae a laissé un certain nombre de vestiges romains tout à fait intéressants. La **colonne Sant'Oronzo**, qui domine la Piazza Sant'Oronzo, en face de l'office de tourisme, est l'une des deux colonnes qui marquaient la fin de la voie Appienne à Brindisi. Aujourd'hui, la colonne est surmontée d'une statue du saint protecteur de la ville. Toujours sur la Piazza Sant'Oronzo, on aperçoit une partie de l'**amphithéâtre** datant du IIe siècle ap. J.-C., qui pouvait contenir, d'après les estimations, 20 000 spectateurs (il semble qu'au moins autant de jeunes gens s'y rassemblent les soirs d'été pour flirter). La moitié de cette construction a été ensevelie pour que soit édifiée l'église voisine. Près de la gare, le **Museo provinciale** abrite des céramiques apuliennes du Ve siècle av. J.-C. *(V. Gallipoli, 30. © 0832 24 70 25. Ouvert Lu-Ve 9h-13h et 14h30-19h30, Sa-Di 9h-13h. Accessible aux handicapés. Entrée libre.)*

AUTRES VISITES. Le **Rosario** (ou **église San Giovanni Battista**) fut la dernière œuvre du Zingarello. Cette église de style baroque présente une décoration compliquée et abondante. *(Prenez la Via Libertini depuis la Piazza del Duomo.)* La **Porta Napoli**, toute ornée, se dressait autrefois sur le chemin de Naples. Cet arc de triomphe fut érigé en 1548 en l'honneur de Charles Quint, dont on reconnaît les armoiries. *(Depuis la Piazza del Duomo, prenez la Via Palmieri.)*

SORTIES

En 1999, l'équipe de **football** de Lecce, après une saison honteuse en deuxième division, est parvenue à remonter en première division. Depuis, elle lutte chaque année pour le maintien. (Les matchs ont lieu de septembre à juin. Appelez le stade au © 0832 45 38 86 pour plus d'informations. Billets à partir de 15 €, en vente dans les bureaux de tabac et dans les agences de loterie qui entourent la ville.) Demandez à l'AAST le *Calendario Manifestazioni*, qui annonce les manifestations saisonnières de toute la province et le programme annuel des fêtes de Lecce. Les gens se réunissent tous les soirs dans les nombreux bars, les pubs pseudo-irlandais (très fréquentés par les étudiants italiens) et les pizzerias le long de la Via Vittorio Emanuele et de la Piazza Sant'Oronzo. Allez danser dans la discothèque branchée, **Torre di Merlino**, V. G. Battista del Tufoi, 10, près du théâtre romain. (Ouvert Je-Ma 20h-3h.) La plupart des boîtes de nuit (surtout durant l'été) se trouvent sur la côte et ne sont accessibles qu'en voiture. Pour avoir des renseignements sur les endroits où sortir et les manifestations nocturnes, demandez le mensuel *Balocco* dans les bars. **Joyce's**, V. Matteo da Lecce, 4, est un pub très fréquenté. Les murs sont couverts de vigne et de pochettes d'albums de U2. Des textes d'*Ulysse* sont présentés sous verre. (De la P. S. Oronzo, marchez en direction de la basilique et tournez à droite dans la V. Matteo da Lecce. Ouvert tlj 20h-2h). **Road 66**, V. dei Perroni, 8 (© 0832 24 65 68), près de la Pta San Biagio, et **Douglas Hyde Irish Pub**, V. B. Ravenna, sont deux autres bars où la bière coule à flots jusque tard dans la nuit.

LA PÉNINSULE DU SALENTO

La partie méridionale de la péninsule du Salento est souvent négligée par ceux qui visitent la région. Tant mieux, on y rencontre beaucoup moins de touristes et vous pourrez d'autant mieux profiter des magnifiques plages de la côte, découvrir les monuments les mieux conservés d'Italie, et admirer des forteresses ou des grottes cachées. Il vous faudra parfois voyager par vos propres moyens, mais ce petit coin du monde a vu passer toutes les civilisations depuis les premières colonies grecques et mérite qu'on y fasse un détour, ne serait-ce que pour goûter au vin et aux olives.

OTRANTE (OTRANTO) ©0836

Otrante est un excellent point de départ pour sillonner la côte Adriatique. Les impressionnantes fortifications, les monuments bien conservés, les petites rues pavées et l'eau limpide de sa plage font de cette ville un lieu très prisé par les touristes en haute saison. C'est aussi un lieu chargé d'histoire, conquis sauvagement par les Ottomans en 1480. Les 800 survivants de la ville, des hommes valides épargnés par Ahmed Pacha, décidèrent de se laisser massacrer plutôt que de se convertir à l'islam. Les Turcs furent tellement impressionnés qu'ils se convertirent au catholicisme et furent eux-mêmes décapités lorsque la ville fut reconquise par les Aragonais l'année suivante. Les restes des "800 martyrs" d'Otrante, conservés sous verre dans la cathédrale de la ville, représentent la principale attraction.

TRANSPORTS ET INFORMATIONS PRATIQUES. Otrante est située à 40 km au sud-est de Lecce, sur la côte adriatique. Il est difficile d'y accéder directement par les transports en commun. Les **trains FSE**, assez rustiques, partent de Lecce (9 dép/j de 6h45 à 19h30, durée 1h15, 2,58 €) pour **Maglie**. De là, prenez le bus pour Otrante, qui est compris dans le billet de train FSE. En juillet et en août, le bus vous emmènera directement au château (durée 30 mn, 2,50 € ; prenez-le à Lecce, en face du Grand Hôtel, situé lui-même en face de la gare). Au bout du **Lungomare** d'Otrante se trouvent la plage et des flots couleur émeraude. Prenez la troisième rue au-delà des **jardins publics** de la Via Vittorio Emanuele pour aboutir dans la **Piazza de Donno** et à l'entrée de la vieille ville. Depuis les hautes fortifications, prenez à droite dans la **Via Basilica** pour vous rendre à la **cathédrale**. Plus loin, sur la place que domine le château, l'**office de tourisme APT** fournit quelques informations sur les transports et les hébergements dans la péninsule. (© 0836 80 14 36. Ouvert tlj 9h-13h et 15h-21h.) Vous pouvez joindre les **carabinieri** au © 0836 80 10 10. Le **Pronto Soccorso** ("premiers secours"), V. Pantaleone, 4 (© 0836 80 16 76), se trouve juste en contrebas de l'office de tourisme. La **pharmacie Ricciardi** est située V. Lungomare, 101. (Ouvert tlj 8h30-13h et 16h30-21h.) Un **café Internet** se tient V. V. Emanuele, 11 (5 € l'heure, ouvert Ma-Sa 7h-14h et 17h-24h) Pour aller au **bureau de poste**, prenez au feu à droite dans la Via Pantaleone. (© 0836 80 10 02. Ouvert Lu-Sa 8h15-18h.) **Code postal** : 73028.

HÉBERGEMENT ET RESTAURANTS. Les logements sont chers et difficiles à trouver pendant la haute saison, durant laquelle la demi-pension est obligatoire dans beaucoup d'hôtels, mais vous pouvez essayer de trouver une chambre chez l'habitant (demandez à l'office de tourisme). Récemment rénové, l'**Hôtel Miramare**, V. Lungomare, 55 (© 0836 80 10 23, www.cliotranto.clio.it/hotelmiramare), propose 55 chambres meublées et décorées avec goût —certaines possèdent un balcon et une télévision— qui donnent sur la plage. Appelez dès mars pour une chambre en juillet ou en août. (Chambre simple 40-75 €, chambre double 65-125 €. Cartes Visa, MC, AmEx.) L'**Hôtel Bellavista**, V. Vittorio Emanuele, 19, juste en face des jardins publics et de la plage, est moins bien tenu, même si ses chambres possèdent toutes une salle de bains, la TV et la clim. (✆ 0836 80 10 58. Chambre simple 47-65 €, double 65-114 €. Demi-pension obligatoire en août.) A 10 mn de marche de la plage, le **B&B Hôtel Pietra Verde**, est encore un peu plus rustique. Les chambres possèdent néanmoins une salle de bains, la TV, un balcon et la clim. Un salon TV plutôt confortable est à la disposition des clients. (✆ 0836 80 19 01, www.hotelpietraverde.it. Parking privé. Chambre simple 40-93 €, double 60-104 €.)

Vous pouvez faire vos provisions (fruits, légumes, viande et poisson) au **marché** situé près de la Piazza de Donno. (Ouvert tlj 8h-13h.) En face des jardins publics, le **Boomerang Self-Service**, V. Vittorio Emanuele, 14 (✆/fax 0836 80 26 19, www.otrantovacanze.it), est le seul restaurant abordable de la ville et sert de délicieuses spécialités locales, dans une ambiance de cafétéria. (Pizzas 3,10-5,50 €. Ouvert Mars-Sep, tlj 12h-0h30.) Pour un dîner dans un cadre agréable, l'**Acmet Pasia**, au bout de la Via Vittorio Emanuele (✆ 0836 80 12 82), propose des tables (couvertes) à l'extérieur donnant sur la mer. (*Primi* 5-8 €, *secondi* de poisson 7-16 €. Ouvert Ma-Di 10h-15h30 et 19h30-1h.) Pour une pizza bon marché, faites un tour chez **i Pelasgi**, Bastione Pelasgi, 8, qui sert des parts bien croustillantes. (Ouvert Ma-Di 13h-15h et 19h-24h.)

VISITES ET PLAGES. Si vous le pouvez, allez visiter la **cathédrale** qui date de 1080 (époque normande, mais l'édifice fut modifié plusieurs fois). A l'intérieur, penchez-vous sur l'immense ❤ **mosaïque du XIe siècle** qui recouvre le sol. Elle est censée représenter l'arbre de vie. Ornée de figures religieuses, mythologiques et historiques, d'Adam à Alexandre le Grand en passant par le roi Arthur, elle s'étale sur toute la nef. Ailleurs, elle montre les 12 signes du zodiaque et le travail agricole abattu chaque mois. Hormis les corps et les colonnes trouvés sur les sites grecs, romains et arabes, la crypte abrite également la **Cappella dei Martiri**, une petite chapelle dans laquelle vous pourrez voir les crânes et les ossements des 800 personnes qui périrent ici pour défendre leur foi, exposés dans de grandes vitrines. *(Cathédrale ouverte tlj 8h-12h et 16h-18h30, sauf heures de messe. Tenue décente exigée.)* L'**église San Pietro** est la plus ancienne église de la ville. Elle fut construite au VIIIe siècle afin de rappeler le passage de saint Pierre à Otrante. L'intérieur est orné de mosaïques bleues, rouges et roses, qui représentent le jardin d'Eden. *(Une fois dans le Corso Garibaldi, allez jusqu'à la Piazza del Popolo, puis suivez les panneaux le long de l'escalier sur la gauche. Ouvert à la demande 9h30-13h et 15h30-19h30.)* Dominant la ville, le **château aragonais** (XVIe siècle) offre un très joli point de vue sur la côte. Vous ne pourrez pas voir grand-chose du château lui-même, hormis sa cour, mais un passage dans les remparts situé dans une rue parallèle mène à une jetée qui court le long du petit port, offrant de belles vues sur la vieille ville et sur les bateaux au mouillage. *(Ouvert tlj 9h-13h30.)*

Les **plages** d'Otrante étant très peuplées en août, leur sable fin et leurs eaux bleu clair sont bien plus agréables au début de l'été. Les plages publiques qui s'étendent le long du Lungomare et, plus loin, Via degli Haethey, sont les plus courues car elles sont faciles d'accès. Pour accéder à plage la plus proche de la Via Pantaleone, vous devez payer 5 € (plus 10 € supplémentaires pour une chaise longue et un parasol). La plage située un peu plus bas sur cette même route lorsqu'on s'éloigne de la V. Presbitero est pour sa part gratuite. Elle n'est pas désagréable si on oublie la proximité des vieux bateaux rouillés qui crachent une fumée noire au moment de leur arrivée dans le port. Le soir, des vendeurs de fruits secs proposent leurs produits au public. Goûtez les excellentes *noccioline zuccherate* ("pralines"). Il est possible d'explorer les fonds sous-marins grâce au **club de plongée** qui se trouve V. Francesco di Paola, 42 (✆/fax 0836 802 740, www.scubadinving.it).

SORTIES. A la nuit tombée, le Lungomare se remplit de gens qui déambulent le long du front de mer ou envahissent les bars, mais ceux qui disposent de voitures filent plutôt jusqu'aux discothèques, à 5-6 km de là. Les 13, 14 et 15 août, Otrante accueille les touristes à l'occasion d'une fête en l'honneur de ses martyrs, la **Festa dei**

Martiri d'Otranto. Le premier dimanche de septembre a lieu la **Festa della Madonna dell'Altomare** ("fête de la Vierge des hautes mers"). Chaque mercredi, un **marché** s'installe autour du château. Vous y trouverez de tout, des chemises aux bijoux, des chaussures aux disques. (Ouvert 9h-13h.)

TARENTE (TARANTO) ✆0994

Son nom vient de Taras, un des fils de Neptune. On a longtemps pensé que Tarente avait été fondée en 706 av. J.-C. par des Spartiates en exil. Mais des fouilles récentes ont montré que ceux-ci ont probablement dû conquérir un site occupé dès le deuxième millénaire av. J.-C. Tarente (300 000 habitants à l'époque, autant que de nos jours), port florissant et centre philosophique, fut l'une des cités les plus importantes de la Grande-Grèce. Aujourd'hui, les seuls vestiges de son passé glorieux sont des pierres éparpillées çà et là, souvent perdues entre les autoroutes et les parkings. La ville a été victime d'une accumulation d'éléments : fort taux de chômage, corruption gouvernementale et racket mafieux. Même la vieille cité perd de son charme, alors que de plus en plus de résidents l'abandonnent pour aller vivre dans les grandes agglomérations du Nord ou aux Etats-Unis (le nom Tarantino vient de Tarente), et il y a peu d'opportunités pour ceux qui décident d'y rester. Cependant, depuis un moment, Tarente connaît un renouveau urbain, et, à midi comme en soirée, les nouveaux riches viennent aujourd'hui remplir les cafés et les restaurants. Les hébergements peu chers sont faciles à trouver, et le musée archéologique mondialement connu, les jardins publics ombragés, les vastes places, les fruits de mer délicieux et bon marché, les plages couvertes de bateaux ainsi que l'étonnant pont tournant permettent de s'évader d'une réalité plus sordide.

TRANSPORTS

Train : P. Libertà (✆ 1478 880 88), en face de la vieille ville lorsque l'on vient du centre-ville. **Trains FS** à destination de : **Bari** (22 dép/j de 4h40 à 22h22, durée 1h45, 6,70 €), **Brindisi** (21 dép/j de 4h53 à 22h, durée 1h15, 3,62 €), **Naples** (6 dép/j de 6h15 à 24h, durée 4h, 22-40 €) et **Rome** (7 dép/j de 6h15 à 24h, durée 6-7h, 23-37 €).

Bus : Ils s'arrêtent sur la Piazza Castello (près du pont tournant). Les tickets sont en vente au **guichet Marozzi**, C. Umberto, 67 (✆ 0994 59 40 89), juste au-dessus de la Piazza Garibaldi. Les **bus SITA** relient Tarente à **Matera** (4 dép/j de 6h20 à 19h20, durée 1h45, 4,81 €). Les **bus CTP** (✆ 0997 32 42 01) desservent **Bari** (départs tlj, durée 1h45) et **Lecce** (départs tlj, durée 1h45).

Transports en commun : Les tickets pour les bus municipaux AMAT vous coûteront 0,70 € pièce (ou 0,95 € les 90 mn ou 1,65 € la journée).

ORIENTATION ET INFORMATIONS PRATIQUES

La vieille cité se trouve dans le centre, sur une petite île reliée par un pont tournant à la nouvelle ville au sud-est, et au quartier de la gare centrale au nord. Faites attention aux pickpockets pendant la journée et évitez de trop traîner dans les rues de la vieille ville la nuit. Depuis la gare, tous les bus à destination de la nouvelle ville vous déposeront près de la **Piazza Garibaldi**, la place principale. A pied, la **Via Duca d'Aosta** mène sur le **Ponte Porta Napoli**, puis sur la **Piazza Fontana**, dans la vieille ville. Une marche de 10 mn le long du front de mer vous conduira à la **Piazza Castello** et au pont tournant. La Piazza Garibaldi est un peu plus loin.

Offices de tourisme : **APT**, C. Umberto, 113 (✆ 0994 53 23 92), non loin de la Piazza Garibaldi. De bonnes cartes sont à votre disposition. Ouvert Lu-Ve 9h-13h et 16h30-18h30, Sa. 9h-12h. Le **guichet d'informations** de la gare possède des plans de la ville.

Urgences : ✆ 113. **Police** : ✆ 112.

Internet : **Chiocciolin@it**, C. Umberto I, 85 (✆/fax 0994 53 80 51), à côté de la Piazza Garibaldi. Vous pourrez aussi y pratiquer vos jeux préférés sur console. Ouvert Ma-Di 9h-13h et 16h30-21h, Lu 16h30-21h.

Bureau de poste : Lungomare Vittorio Emanuele II (✆ 0994 359 51). Ouvert Lu-Ve 8h-18h30. **Code postal** : 74100.

HÉBERGEMENT ET RESTAURANTS

L'**Albergo Pisani**, V. Cavour, 43 (✆ 0994 53 40 87, fax 0994 70 75 93), près de la Piazza Garibaldi, est un hôtel meublé avec goût, bien situé et aux prix raisonnables. (Petit déjeuner inclus. Chambre simple avec salle de bains 25 €, chambre double 44 €, avec salle de bains 46 €.) Continuez le long de la V. Cavour puis tournez à gauche pour rejoindre le **New Astor Hôtel**, Viale Virgilio, 4. Les chambres sont petites mais les canapés de cuir du salon et la vue sur la mer ionienne compensent largement. Les chambres disposent d'une salle de bains, de la TV et de la clim. (✆/fax 0994 59 59 10. Chambre simple 35 €, double 45 €.) L'**Hôtel Plaza**, sur la P. Garibaldi, au coin de la V. d'Aquino, propose des chambres très sobres et confortables. Elles ont toutes une salle de bains, la TV et la clim. (✆ 0994 59 07 75. Petit déjeuner inclus. Chambre simple 55 €, double 78 €. Cartes Visa, MC, AmEx.) L'**Albergo Sorrentino**, P. Fontana, 7 (✆ 0994 770 74 56), possède 13 chambres qui donnent sur la mer. Bien que bon marché, il n'est pas très bien situé et il paraît peu prudent de se promener dans le quartier vers 2h du matin. (Chambre simple 20 €, chambre double 28 €, avec salle de bains 38 €.)

Fruits de mer et poissons sont excellents et très bon marché. Goûtez les *cozze* ("moules") au basilic et à l'huile d'olive ou les spaghettis aux *vongole* ("palourdes"). Achetez votre pain, vos sandwichs et vos pizzas au **panificio** ("boulangerie") situé entre la Piazza Garibaldi et le pont tournant. (Ouvert tlj 7h-23h.) Pour vos fruits, rendez-vous au **marché** de la Piazza Castello. (Ouvert tlj 7h-13h30.) Le restaurant **Queen**, V. de Cesare, 20-22 (✆ 0994 59 10 11), propose d'excellents fruits de mer et des spécialités locales. Le service est impeccable et les prix sont honnêtes. Le repas à 12 € (vin compris) devrait vous rassasier. Le menu change tous les jours mais vous pourrez toujours commander la pizza Queen, sur laquelle il ne manque rien (5 €). (Bière à partir de 1 €. *Primi* 2,50 €, *secondi* 3,60-6,70 €. Couvert (le soir) 1,30 €. Ouvert Lu-Sa 7h30-24h.) La salle du **Nautilus**, V. Virgilio, 2, avec ses murs blancs éclatants et sa vue magnifique sur la mer, est vraiment très agréable. Les fruits de mer sont préparés avec beaucoup de subtilité. (✆ 0994 53 55 38. *Primi* 8-10,50 €, *secondi* 9-13 €. Ouvert 12h-14h et 20h-1h. Cartes Visa, MC, AmEx.)

VISITES

Le ❤ **Museo nazionale archeologico** abrite une magnifique collection de statuettes en terre cuite. Il contient également des céramiques, des sculptures en marbre et en bronze, des mosaïques, des bijoux et des pièces de monnaie. *(Sur la Piazza Garibaldi, C. Umberto, 41. ✆ 0994 53 21 12. Ouvert Lu-Ve 8h30-13h30 et 14h30-19h30, Sa. 9h-24h. Entrée libre.)* Le **pont tournant**, qui relie les deux villes, date de 1887 et permet aux bateaux, par un ingénieux système (futuriste à l'époque), d'accéder au port. Vérifiez les horaires d'ouverture du pont affichés des deux côtés si vous voulez assister à ce spectacle.

SORTIES

Tous les soirs entre 18h et 23h, la **Via d'Aquino** s'anime. L'activité se concentre sur la Piazza Garibaldi, où vous pouvez entendre l'orchestre de la marine accompagner la descente du drapeau au coucher du soleil. Le **Caffè Italiano**, sur la V. d'Aquino, est l'un des lieux les plus fréquentés (ouvert 18h-24h). **Pizzeria & Birreria**, au coin de la V. d'Aquino et de la P. Garibaldi, est bondé tous les soirs. Les clients affamés y dévorent des sandwichs géants. Sur le **Lungomare Vittorio**, l'ambiance est plus relaxe. On s'y promène en famille en fin d'après-midi pour manger une glace. La **semaine sainte** de Tarente attire des Italiens de tout le pays. La procession est une tradition qui remonte aux cérémonies religieuses espagnoles du Moyen Age. Les pénitents avec leurs hautes cagoules pointues défilent alors en procession dans les rues. Ils transportent des statues de saints et s'arrêtent devant chaque église. La semaine sainte débute le dimanche précédant Pâques.

BASILICATE (BASILICATA)

LES INCONTOURNABLES DE BASILICATE

ASSOUVISSEZ vos fantasmes troglodytiques : dormez dans les *sassi* de **Matera**.
DÉTENDEZ-VOUS en été sur les plages de **Maratea**.

Décrite dans *Le Christ s'est arrêté à Eboli* de Carlo Levi comme une terre de pauvreté et de mysticisme païen, la Basilicate est une région peu étendue, peu peuplée et peu visitée. Elle commence en hauteur, dans les contours déchiquetés des Apennins, et s'étire à travers la Murge jusqu'au petit littoral des mers Tyrrhénienne et Ionienne. Montagneuse, presque enfermée dans les terres et manquant de ressources naturelles, elle n'a jamais atteint l'importance stratégique ou la prééminence historique des régions côtières voisines. Ainsi, et pour le bonheur des voyageurs, ses fascinantes grottes préhistoriques, ses splendides panoramas, sa culture locale colorée et ses plages lisses demeurent intacts.

MATERA ✆ 0835

Matera est connue pour ses *sassi*, des habitations anciennes creusées dans la roche. Ces grottes furent habitées jusqu'en 1952, date à laquelle le gouvernement déclara ces habitations (vieilles de 7000 ans) insalubres et mit en place un vaste programme de relogement. Récemment, des yuppies et plusieurs sociétés high-tech se sont emballés pour les *sassi*, les ont restaurés et occupent plusieurs de ces anciennes maisons. D'ailleurs, Matera (qui est désormais la deuxième ville de la région) ne saura cacher longtemps un charme authentique que lui envient bien des villes beaucoup plus visitées de la région. Elle est aujourd'hui surnommée la "capitale de nulle part". En effet, la ville est encore relativement isolée et demeure la seule capitale provinciale italienne à ne pas être desservie par les trains FS. Néanmoins, la beauté des paysages, la culture locale accueillante, avec par exemple la célébration de l'enivrante **Festa di Santa Maria della Bruna**, ainsi que l'hébergement bon marché justifient bien les efforts nécessaires pour se rendre à Matera.

TRANSPORTS

Train : La gare se trouve Piazza Matteotti. Les trains de la compagnie **FAL** vont à **Altamura** (13 dép/j de 6h40 à 20h59, durée 30 mn, 1,81 €) et **Bari** (13 dép/j de 6h03 à 20h24, durée 1h30, 3,62 €).

Bus : Les bus **FAL** partent de la Piazza Matteotti pour **Bari** le Di., lorsque le service ferroviaire est suspendu (6 dép/j de 6h15 à 14h05, durée 1h45, 3,62 €). Les billets sont en vente à la gare ferroviaire. Les bus de la compagnie **SITA** partent du même endroit mais ont leur propre guichet, P. Matteotti, 3 (✆ 0835 38 50 70). Ces bus desservent **Altamura** (3 dép/j de 13h10 à 18h30, durée 30 mn, 1,29 €), **Gravina** (3 dép/j de 13h10 à 18h30, durée 50 mn, 2,07 €), **Metaponto** (5 dép/j de 8h15 à 17h30, durée 1h, 2,63 €) et **Tarente** (6 dép/j de 6h à 17h, durée 1h30, 5,16 €).

ORIENTATION ET INFORMATIONS PRATIQUES

Les grottes de Matera traversent deux petites vallées donnant sur une profonde gorge dans le **Parco della Murgia Materana**. En partant des gares ferroviaire et routière situées sur la **Piazza Matteotti**, descendez la **Via Roma** jusqu'à la **Piazza Vittorio Veneto**, le cœur de la ville. La première vallée, le **Sasso Barisano**, l'endroit le plus moderne, se trouve droit devant. Prenez les escaliers en face de la Banco di Napoli. Pour vous rendre dans la vallée voisine, le **Sasso Caveoso**, où se trouvent les *sassi* caverneux, continuez à droite en bas de la Via del Corso qui débouche sur la Via Ridola, puis tournez à gauche sur la Piazza Pascoli. Vous verrez de très belles églises rupestres, de l'autre côté de la falaise en face du Sasso Caveoso. Vous pouvez vous procurer le plan détaillé des *sassi* à l'office de tourisme et dans les hôtels.

Office de tourisme : **APT**, V. di Viti de Marco, 9 (© 0835 33 19 83, fax 0835 33 34 52). En sortant de la gare, engagez-vous dans la Via Roma et prenez la deuxième à gauche. Ouvert Lu. et Je. 9h-13h et 16h-18h30, Ma-Me et Ve-Sa 9h-13h. La ville possède un **bureau d'information** dans la Via Madonna della Virtù, qui propose de meilleures cartes des *sassi*. Ouvert Avr-Sep, tlj 9h30-12h30 et 15h30-18h30.

Urgences : © 113. **Police** : © 0835 33 42 22. **Ambulances** : © 0835 24 32 70. **Hôpital** : Contreada Cattedra Ambulante (© 0835 24 31).

Internet : **Qui PC Net,** V. Margherita (© 0835 34 61 12). 4 € l'heure. Ouvert tlj 8h-13h et 17h-20h30.

Bureau de poste : V. del Corso (© 0835 25 71 11), près de la Piazza Vittorio Veneto. Ouvert Lu-Ve 8h-18h30, Sa 8h-12h. **Code postal :** 75100.

HÉBERGEMENT

Matera possède une magnifique auberge de jeunesse, ce qui en fait un point de départ peu coûteux pour explorer la région.

❤ **Auberge de jeunesse Sassi (HI)**, V. San Giovanni Vecchio, 89 (© 0835 33 10 09). De la gare, prenez la Via Roma jusqu'à la Piazza Vittorio Veneto, puis continuez dans la Via San Biagio jusqu'à l'église, où des panneaux situés sur la droite indiquent ensuite le chemin. Cet hôtel-auberge, situé au milieu des cavernes préhistoriques, vous permettra de réaliser vos rêves troglodytes les plus fous. Les chambres sont des *sassi* rénovés et possèdent toutes une salle de bains particulière. Draps et serviettes compris. Couvre-feu à minuit. Dortoir 16 € par personne. Cartes Visa, MC, AmEx. ❖

Locanda Di San Martino, V. San Martino, 22 (©/fax 0835 25 66 00, www.locandadisanmartino.it). Ne ratez pas l'occasion de dormir dans ce qui fut une église néolithique. Logées dans une authentique *sassi*, les chambres ont la TV, la clim. et une salle de bains très chic. Chambre simple 55 €, double et suite 80-120 €. ❖❖❖❖

Il Picolo Albergo, V. de Sariis, 11 (©/fax : 0835 33 02 01). Lorsque vous descendez la V. Roma, prenez la troisième rue sur la gauche et engagez-vous dans la V. Lucana. La V. De Sariis se trouve un peu plus loin sur la gauche. Les 11 chambres sont hautes de plafond et possèdent de magnifiques parquets en bois. Bien placé et tout confort : salle de bains, réfrigérateur, clim. Chambre simple 55 €, double 80 €. Cartes Visa, MC, AmEx. ❖❖❖❖

Albergo Roma, V. Roma, 62 (© 0835 33 39 12), près de l'office de tourisme. 10 chambres petites mais à des prix tellement raisonnables. Chambre simple 21 €, chambre double 31 €, avec salle de bains 36 €. ❖❖

Hôtel San Dominico, V. Roma, 15 (©/fax 0835 25 63 09). Un hôtel haut de gamme moderne et cosmopolite (l'ascenseur parle trois langues). Les chambres sont impeccablement équipées avec grande salle de bains, TV et clim. Petit déjeuner inclus. Chambre simple 90 €, double 120 €. Cartes Visa, MC, AmEx. ❖❖❖❖❖

RESTAURANTS

Matera a plusieurs spécialités culinaires : la *favetta con cicore* (une soupe aux haricots, céleri, endives et croûtons, le tout mélangé dans de l'huile d'olive), la *frittata di spaghetti* (pâtes aux anchois, œufs, chapelure, ail et huile) ou le *pane di grano duro*, un pain à base de farine de blé dur, qui reste frais très longtemps, probablement protégé par sa croûte particulièrement dure. Pour faire vos courses, allez au **supermarché Divella**, V. de Viti de Marco, 6.

❤ **Ristorante Pizzeria La Terrazzina**, V. San Giuseppe, 7 (✆ 0835 33 25 03), près de la Piazza Vittorio Veneto et de la Banco di Napoli. On y savoure d'immenses portions des spécialités locales dans une grotte. Plus profond encore se trouve la cave à vins. Les pâtes maison sont savoureuses, notamment les *cavatelli alla boscaiola* (à la sauce tomate, aux champignons et au jambon). Pizzas 2,50-8 €. Couvert 1,55 €. Ouvert Me-Lu 12h-15h30 et 19h-24h. Cartes Visa, MC, AmEx. ❖

Ristorante Don Matteo, V. S. Biagio, 12 (✆ 0835 67 45 42), non loin de la P. Veneto. Les serveurs accueillent les clients au pied de l'escalier taillé dans la falaise. Un établissement chic. L'*antipasto fritella contadino* est d'une extrême finesse. Les prix hélas font preuve de moins de délicatesse. *Antipasti* 10 €, *primi* 8 €, *secondi* 10 €. Ouvert tlj 13h30-15h30 et 20h30-22h30. Cartes Visa, MC, AmEx. ❖❖❖

Ristorante Osteria Arti e Mestieri La Stalla, V. Rosario, 73 (✆ 0835 24 04 55). De la P. Veneto, prenez la V. S. Biagio jusqu'à ce que vous parveniez à une arche. Passez dessous puis descendez les marches et suivez les panneaux qui indiquent le restaurant. Un endroit idéal pour la pause déjeuner, à la fois frais, rustique et qui sent bon les grillades. *Primi* 3-6 €, *secondi* 6-9 €. Ouvert 11h30-16h et 19h-0h30. Cartes Visa, MC, AmEx. ❖❖

Trattoria Lucana, V. Lucana, 48 (✆ 0835 33 61 17), près de la Via Roma. On peut commencer par des *orecchiette alla materana* (pâtes en forme d'oreille et légumes frais, 5,86 €) et continuer avec des *bocconcini alla lucana* (fines lamelles de veau aux champignons, 6,70 €), la spécialité du restaurant. Couvert 1 €. Service 10 %. Ouvert Lu-Sa 12h30-15h et 20h-22h30. Fermé début septembre. Cartes Visa, MC, AmEx. ❖❖❖

Ristorante Il Casino del Diavolo, V. La Martella (✆ 0835 26 19 86). Prenez le bus n° 10 et dites au chauffeur où vous allez. Ce grand restaurant est occupé par une foule d'habitués qui savent apprécier son excellente cuisine (à des prix défiant toute concurrence). Plats 5,60-12 €. Ouvert Ma-Di 12h30-15h30 et 20h-1h. Cartes Visa, MC, AmEx. ❖❖❖

Gran Caffè, P. Vittorio Veneto, 6. Pas de place assise. Achetez un sandwich, un soda ou des *cannoli* pour moins de 5 € et allez manger sur les agréables bancs publics de la place. Ouvert tlj 6h-23h. ❖

Carpe Diem, V. Minzoni, 32/4 (✆ 0835 24 03 59), entre la gare et la Piazza Vittorio Veneto. Cette *tavola calda* (sorte de restaurant rapide à l'italienne) à l'intérieur stylisé propose une succulente *foccaccia*. Ouvert tlj 7h-12h. ❖❖

VISITES

SUR LE CHEMIN DES SASSI. Ces habitations vieilles de 7000 ans se trouvent au cœur de l'écheveau formé par les ruelles en pierre de la ville, c'est pourquoi nous vous recommandons de vous munir d'un **plan détaillé**. Celui que vous trouverez à l'office de tourisme de la Via Madonna della Virtù (ou au guichet situé près de la gare ferroviaire) est le plus précis. Pénétrez dans le monde des *sassi* à partir de la Piazza Vittorio Veneto en prenant la Via del Corso, après l'église Saint-François-d'Assise. Une fois à la Piazza Sedile, la Via del Duomo mène, comme son nom l'indique, à la **cathédrale**, de style roman apulien, situé sur la bien nommée Piazza del Duomo. Observez les belles ciselures des portails extérieurs. A l'intérieur, les stalles du chœur du XVe siècle rivalisent avec la **Cappella dell'Annunziata** du XVIe siècle. *(Ouvert tlj 8h-13h et 15h30-18h.)*

Depuis la Piazza San Francesco, la Via Ridola passe devant la sinistre **Chiesa del Purgatorio** (église du Purgatoire), dont la façade est ornée d'une tête de mort et d'un squelette, et mène au **Museo Ridola**, qui présente les trésors archéologiques de la région. Installé dans un monastère du XVIIe siècle, ce musée abrite de magnifiques objets d'art préhistorique et du début de la période classique. *(V. Ridola, 24. © 0835 31 12 39. Ouvert Ma-Di 9h-19h, fermé lundi après-midi. Entrée théoriquement 2,50 €.)* Pour une étude de l'être humain dans ce qu'il a de plus charmant, allez visiter le **musée de la Torture**. Vous y découvrirez une série d'instruments destinés à martyriser le corps en tous sens afin de mieux briser l'esprit. Edifiant ! *(V. S. Rocco, 147. © 0835 25 64 84. Ouvert 9h-13h et 15h-20h. Entrée 3 €.)*

LES SASSI. De la Piazza Sedile, deux passages mènent aux *sassi* (indiqués *itinerari turistichi*), dans les vallées du **Sasso caveoso** (passez par l'arche à gauche) et du **Sasso barisano** (après le conservatoire à droite). Il est très difficile de connaître l'origine de ces grottes. On en distingue cependant plusieurs sortes selon leur forme. Les plus anciennes, habitées il y a environ 7000 ans, sont des structures en ruine qui bordent le Sasso barisano le long de la Via Addozio. La deuxième catégorie de *sassi* rassemble ceux qui ont été creusés dans la roche autour du Sasso caveoso, dans la vallée à l'est de la cathédrale, et dont les plus anciens datent approximativement de 2000 av. J.-C. La troisième catégorie recouvre les habitations plus élaborées construites dans la roche près de la Via Buozzi (qui commence dans la Via Madonna della Virtù, près de la cathédrale), lesquels ne remontent qu'à un millénaire environ. Par ailleurs, la plupart des 120 *chiese rupestri* (églises rupestres) n'ont pratiquement pas changé depuis le VIe siècle et abritent toutes des fresques datant du XIIe au XVIe siècle. Dans le Sasso caveoso, des enfants vous offriront leurs services de "guide", mais il est préférable de choisir les visites organisées. **Tour Service Matera**, P. Vittorio Veneto, 42 (© 0835 33 46 33), organise des visites guidées de 1h à raison de 5,16 € par personne. Sinon, vous pouvez faire la visite par vous-même en achetant un guide disponible dans n'importe quel kiosque à journaux ou n'importe quelle librairie. Dans les *sassi*, la **Cooperative Amici del Turistica** organise des visites en plusieurs langues dont le français. La **visite de nuit** est à ne pas manquer. *(V. Fiorentini, 30. © 0835 33 03 10. Ouvert au printemps et en été tous les jours 8h-13h et 16h-21h. Horaires variables le reste de l'année. 10 € par personne pour des groupes de 4 personnes au minimum.)*

On trouve des **églises** au cœur des *sassi*. Aussi découvrirez-vous des églises creusées à même la roche et décorées de fresques centenaires. Depuis la place, après le musée, descendez la Via Buozzi et suivez les panneaux jusqu'au Convicino di Sant'Antonio, un vaste ensemble rocheux d'églises dominant les *sassi*. *(Ouvert en été 8h-19h, horaire restreint en hiver, entrée 1,03 €.)* Suivez le chemin bordant la falaise pour arriver aux églises de San Pietro Caveoso, de Santa Maria d'Idris et de Santa Lucia alle Malve, où vous pourrez admirer de magnifiques fresques byzantines du XIe siècle. *(San Pietro ouvert tlj 9h-12h et 15h30-20h. Pour visiter Santa Maria, adressez-vous à Santa Lucia. Santa Lucia ouvert tlj en été 8h-19h, horaire restreint en hiver. Visite guidée de Santa Lucia, 1,03 €.)* Un **sasso** tout proche vous permettra de découvrir le mobilier qui décorait ses deux petites pièces où dix personnes cohabitaient avec deux chevaux. *(Entrée 1,20 € avec visite guidée.)* Un peu plus loin se trouve disposé sur plusieurs étages l'ensemble composant la Madonna della Virtù et San Nicola dei Grechi. Là, les fresques anciennes et les maisons rustiques creusées dans la pierre côtoient des sculptures modernes de Leoncillo. *(Ouvert tlj 9h-21h. Entrée 2,50 €, étudiants 1,25 €, avec visite guidée.)*

LE PARCO DELLA MURGIA MATERANA. Si vous aimez les belles promenades, allez faire un tour dans ce parc situé sur la crête en face des *sassi*, de l'autre côté de la gorge. L'entrée se trouve non loin de la Strada Statale, 7, à quelques minutes à pied par la Via Annunziatella et la Via Marconi. Plus de 150 églises troglodytes sont parsemées dans le parc, en plus des *jazzi*, des caves creusées par les bergers pour abriter leurs troupeaux. Le sol, couvert d'une abondante végétation par endroits puis soudainement dénudé, crée un paysage étrange, une sorte de jardin d'Eden post-apocalyptique. Un lieu à découvrir.

FÊTES

La dernière semaine de juin et la première semaine de juillet, Matera célèbre la ❤ **Festa di Santa Maria della Bruna**. Cette fête comprend de nombreux événements musicaux et culturels, des feux d'artifice et des marchés en plein air où vous pourrez tout aussi bien acheter des outils électriques que vous faire prédire l'avenir par une perruche. Le clou de la fête a lieu le 2 juillet au cours de l'**Assalto al Carro** (voir encadré).

VOUS EN PRENDREZ BIEN UN MORCEAU ?

Lors de la *Festa di Santa Maria della Bruna*, l'excitation atteint son paroxysme au moment de l'*Assalto al Carro*, au cours duquel un magnifique char en papier mâché est conduit à travers la ville par des gens en costumes médiévaux. Lorsqu'il arrive sur la Piazza Vittorio Veneto, la mêlée commence et le char est détruit par la foule en liesse en dix secondes. Remontant au Moyen Age, ce rite, qui, à première vue, semble être un simple exercice de violence de masse, possède en fait des règles intéressantes. Tout d'abord, le char ne doit pas être touché avant d'avoir fait tout le chemin jusqu'à la Piazza Vittorio Veneto (une unité spéciale de *carabinieri* terrifiés essaie d'assurer le bon déroulement de cette opération). De plus, une fois que les brutes en furie qui ont réussi à se frayer un chemin jusqu'au centre de la place ont arraché un bout du char, elles doivent se sauver le plus vite possible, en exhibant les plus gros fragments de leur trophée bien haut au-dessus de leur tête, sous les applaudissements de la foule. Mais il arrive que la première règle ne soit pas respectée, et que le char soit attaqué avant qu'il ait entièrement pénétré sur la place. La première personne obtient le meilleur morceau (en réalité, c'est la deuxième personne qui attrape généralement le meilleur morceau, la première se faisant plutôt piétiner qu'autre chose), et les *carabinieri*, fidèles à eux-mêmes, se volatilisent au premier mouvement de résistance. Les mines renfrognées et les insultes, plutôt que les applaudissements, saluent ceux qui filent prématurément avec le précieux butin du char.

EXCURSIONS DEPUIS MATERA

ALTAMURA

La ville se trouve sur la ligne des trains FAL entre Bari (14 dép/j de 6h03 à 22h02, durée 1h, 2,63 €) et Matera (15 dép/j de 5h08 à 20h59, durée 40 mn, 1,70 €).

Sise au cœur de la partie rurale de la Pouille, la ville, avec son impressionnante **cathédrale** romane, fait figure de centre urbain. Une splendide rosace surplombe le porche le mieux décoré de toute la région. Des fresques illustrant la vie du Christ entourent les sculptures évoquant la Cène. (La cathédrale est sur la Piazza del Duomo, dans la Via Frederico di Svevia, au cœur de la vieille ville.) Altamura s'enorgueillit d'un **musée archéologique** qui présente plusieurs objets trouvés lors de fouilles et remontant à la préhistoire ou à la Grèce ancienne. (Ouvert tlj 9h-19h. Entrée 2,20 €)

Le Viale Regina Margherita part de la gare pour se diriger vers la vieille ville et devenir la Via Frederico di Svevia. Au sortir du centre, la rue se divise pour laisser place à la Via Pietro Colletta et à la Via Matera. L'**hôpital** est dans la Via Regina Margherita (✆ 0803 108 11) et l'on peut joindre la **Guardia Medica** au ✆ 080 310 82 01. Les **carabinieri** sont Piazza Santa Teresa (✆ 0803 10 29 92), en bas de la Via Melodia depuis la Piazza del Duomo.

GRAVINA

Depuis Altamura, le plus simple est d'emprunter la ligne ferroviaire FAL (18 dép/j de 7h08 à 22h14, durée 10 mn, 1,03 €). Les trains FS desservent les petites localités rurales des environs.

La ville est perchée au sommet d'une gorge à laquelle elle doit son nom. Vous pourrez, depuis ses hauteurs, non seulement contempler la ville mais aussi embrasser dans toute sa splendeur la campagne environnante.

Les deux gares se trouvent au bout du **Corso Aldo Moro**, qui traverse la ville et devient la **Via Vittorio Veneto**. Cette artère est le point de départ d'un entrelacs de ruelles menant à la vieille ville. Descendez la colline pour rejoindre la Piazza Notar Domenico et l'**église du Purgatoire**, peuplée des regards sinistres de gisants. Les ours qui soutiennent les colonnes sont l'emblème de la famille romaine Orsini, autrefois seigneurs de Gravina. Tout près de l'église, dans un ancien palais, se trouve le petit **Musée archéologique**. Vous pourrez admirer gratuitement la collection de tombeaux de l'ancienne Lucanie. Le petit parc en contrebas mène au bas du ravin, aux grottes et aux églises abandonnées que l'homme tailla dans la roche. Par superstition, les habitants de la ville évitent l'endroit et les grilles qui y mènent sont souvent fermées. A moins que vous parveniez à en dénicher la clé, l'endroit vous demeurera inaccessible. L'**église di Madonna di Grazie**, tout près des gares, est pourvue d'un bas-relief représentant un aigle, le plus grand de toute la péninsule, déployant ses ailes le long de la façade. En empruntant le Corso Aldo Moro en direction de la gare, prenez à gauche la Via Fontana La Stella jusqu'au pont de pierre qui enjambe le ravin en direction du promontoire d'en face, d'où vous profiterez d'une vue bucolique sur la ville. Jetez un œil aux grottes creusées dans la roche, c'est là que se réfugièrent les habitants fuyant les invasions barbares du Ve siècle.

METAPONTO ✆0835/0831

La ville de Metaponto se réduit à quelques terrains de camping le long de la plage, quelques ruines grecques, un musée et une gare, située à 3 km à l'intérieur des terres. Son intérêt réside dans sa plage, qui a l'avantage d'être beaucoup moins peuplée que celles du reste de l'Italie méridionale, du moins au début du mois de juillet et en septembre. De la mi-juillet à la fin août, Metaponto est envahie par les touristes italiens qui se massent dans les campings. Le reste de l'année, Metaponto prend souvent des allures de ville fantôme.

TRANSPORTS. Metaponto est très facilement accessible en train, bien que la plage et les ruines, assez éloignées de la gare, obligent à un court trajet en bus. Les **trains** vont à **Bari** (4 dép/j de 5h30 à 16h35, durée 2h-2h30, 7,90 €), **Reggio di Calabria** (2 dép/j à 9h59 et 14h17, durée 6h, 21,50 €), **Rome** (3 dép/j de 6h51 à 16h56, durée 5h30-6h, 21,50 €), **Salerne** (dép à 9h36, durée 3h30, 10,10 €) et **Tarente** (20 dép/j de 5h25 à 23h45, durée 30-45 mn, 3,60 €). Les **bus SITA**, de couleur bleue, vont de la gare ferroviaire à **Matera** (5 dép/j de 7h05 à 16h30, durée 1h, 2,63 €).

ORIENTATION ET INFORMATIONS PRATIQUES. On peut diviser la ville en quatre quartiers : le *scalo* (la gare), le *borgo* (le musée), le *lido* (la plage et les hôtels) et les **ruines** du parc archéologique. Alors que le *scalo*, le *borgo* et les ruines sont accessibles à pied (dans un rayon de 1-2 km tout au plus), le *lido* est plus éloigné. Les ruines les mieux préservées de Metaponto, les **Tavole Palatine**, se trouvent à 5 km du *borgo*. Les **bus municipaux Chiruzzi** desservent ce quartier. Le bus n° 1 circule entre la gare, le musée et le *lido* (13 dép/j de 5h05 à 19h55). Les billets (0,70 €) sont en vente dans le bus. La Piazza Nord, où vous déposent les bus, est la place centrale du *lido*. Vous pouvez y louer des vélos. En cas d'**urgence médicale**, contactez le **Pronto Soccorso** (✆ 0835 74 19 97), tout près de la plage. Le **bureau de poste** est à côté du Museo archeologico (ouvert Lu-Sa 8h-13h15). **Code postal** : 75010.

HÉBERGEMENT, CAMPING ET RESTAURANTS. Les nombreux campings bon marché de Metaponto accueillent la plupart des amoureux de la plage. Le **camping Magna Grecia**, V. Lido, 1, se trouve à droite de la route appelée Viale Jonio, qui relie le *lido* à la gare. Le bruit occasionné par la discothèque du camping offre un contraste saisissant avec le silence et la tranquillité de la forêt toute proche. Il y a également des courts de tennis, des salles de jeux, des bars, une piscine et une navette pour la plage. (✆ 0831 74 18 55. 21 Juil-25 Août. 8,50 € par personne, 8,50 € par tente, 3,50 € pour l'électricité, 3,50 € par voiture.) Le **Camping Village Internazionale**, V. Magna Grecia, est moins bien entretenu que les terrains environnants mais reste d'un bon rapport qualité-prix. Des bungalows sont disponibles à la semaine pour des groupes de quatre à cinq personnes. (© 0835 74 19 16. Ouvert fin Mai-Sept, 5-8 € par adulte, 3-4 € par enfant 2-6 ans, 6-8 € par tente, 3-5 € par emplacement de parking. Bungalows 259-724 € la semaine.) Il n'y a pas d'hôtels bon marché près du *lido*, et les prix augmentent de façon spectaculaire en août. L'**Hôtel Kennedy**, Viale Jonio, 1, tout près de la P. Nord, offre des chambres assez grandes, dont certaines avec un coin cuisine et un balcon. (©/fax 0835 74 18 32, www.hrkennedy.it. Petit déjeuner inclus. Chambre simple 48-61 €, double 65-80 €. Cartes Visa, MC, AmEx.) L'**Hôtel Turismo**, P. Lido, possède une intéressante façade de prison, mais aussi d'authentiques meubles des années 1970, des salles de bains particulières, la climatisation. Surtout, il est près de la plage. (© 0835 74 19 17. Ouvert de Juin à mi-Sep. 50 chambres. Chambre simple 45 €, chambre double 68 €. Cartes Visa, MC, AmEx.) De nombreux restaurants et pizzerias se font concurrence sur le bord de mer. Pour un déjeuner bon, pas cher et près de la plage, faites un saut à l'**Oasi Ristorante Pizzeria**, V. Lido, 47. (© 0835 74 18 83. Ouvert tlj 12h-15h et 19h-24h. Cartes Visa, MC.) La supérette **Maria**, près de la Piazza Nord, vend de délicieux sandwichs. (Ouvert tlj 7h-18h.) L'odeur de viennoiseries qui s'échappe de la **Marcelleria 2000**, juste au bout de la P. Nord, est absolument irrésistible. Les sandwichs à la viande sont un excellent choix pour un pique-nique sur la plage.

VISITES. La plupart des gens viennent à Metaponto pour sa plage, et cela se comprend : le sable y est fin comme de la poudre, l'eau turquoise est extrêmement propre et la majeure partie du site est publique. Si vous commencez à être saturé de soleil, prenez le bus n° 1 depuis le *lido* ou la gare jusqu'au *Borgo*. C'est sur ces terres que **Pythagore**, inventeur du fameux théorème, enseigna jusqu'à sa mort en 479 av. J.-C. et que Spartacus lança sa célèbre révolte. Faites également un tour au **Museo archeologico**. Le musée expose des bijoux, des vases et des statuettes antiques, dont la plupart ont rapport aux ruines. A partir du musée, traversez le parc, passez le bureau de poste en suivant une route de campagne et vous parviendrez aux **ruines** du **temple d'Apollon Licius**, aux colonnes doriques, et à celles du **théâtre grec** (VIe siècle av. J.-C.). Il vous faudra faire 5 km de plus pour découvrir les **Tavole Palatine**, les ruines d'un temple grec dédié à Héra, les mieux conservées de Metaponto, et le siège des enseignements de Pythagore. *(Le bus n° 2 relie la gare à toutes les ruines. Ouvert Ma-Di 9h-20h, Lu 9h-14h. Entrée 2,50 €.)*

LA CÔTE TYRRHÉNIENNE

A deux heures au sud de Naples, la région de Maratea offre le spectacle d'un chapelet de petites villes tranquillement allongées le long de la côte Tyrrhénienne. Ce sont là les seuls 30 km de côte que vous verrez sur le flanc ouest de la Basilicate mais la beauté et la diversité des paysages font rapidement oublier l'étroitesse du lieu. Chaque ville développe à sa façon l'un des nombreux atouts qui font aimer la côte au voyageur. Mais rassurez-vous, la mer n'est pas le seul intérêt que ces villes cultivent. Leur paysage rocheux est comme miraculeusement parsemé d'arbres fiers, de fleurs odorantes et de jolies petites églises. De mi-juillet à mi-août, des hordes de touristes prennent d'assaut ces paisibles rivages et viennent troubler (rien qu'un peu) le style de vie dont les Méridionaux profitent toute l'année.

MARATEA, FIUMICELLO ET MARATEA PORTO © 0973

Maratea Centro, proche de la gare ferroviaire, a plus d'un secret à livrer à ceux qui se donnent la peine de les découvrir. Mais si vous êtes venu ici pour la mer, **Fiumicello (Santavenere)** et **Maratea Porto** sont les destinations que vous attendiez. Fiumicello, son petit *ristorante* et ses magasins s'évanouissent le long de la colline jusqu'à disparaître avec la mer sous une plage parfaitement dessinée. La crique de Maratea Porto, qui possède également son lot de restaurants et de magasins, est un havre pour les bateaux mais pas pour les baigneurs. Visible d'où que vous soyez à Maratea, mais difficile d'accès, la statue du Christ rédempteur, *Il Redentore*, située dans le quartier de

San Baglio, à **Maratea Anziana**, contemple depuis 1963 la région du haut de ses 22 m. Les habitants refusent de l'admettre mais le Christ de Rio le dépasse d'une bonne tête. Dépassant les ruines de l'ancienne cité, il présente son meilleur profil au clair de lune.

TRANSPORTS. Les trains qui partent de la gare de Maratea vont à **Cosenza**, **Naples** et **Reggio di Calabria**. (✆ 0973 87 69 06. Ouvert tlj 7h15-12h, 15h40-18h et 21h-23h. Cartes Visa, MC, AmEx.) Fiumicello, Maratea Centro et Maratea Anziana peuvent être desservis en **bus** depuis Cosenza en été. (Juin-Août : 1 dép/h de 9h à 1h. Sep-Mai : horaires réduits.) Les bus de la région sont beaucoup moins nombreux et n'ont pour ainsi dire pas d'horaire fixe : leur trajet se limite à faire la navette entre la gare, Fiumicello et Maratea Porto. Bien que l'arrêt du bus soit en bas de la rue qui mène à la gare, où que vous soyez, n'hésitez pas à héler le chauffeur, il s'arrêtera. Si vous aimez la marche, vous pourrez vous rendre à **Maratea Porto** (4 km) ou à **Fiumicello** (2 km) depuis la gare. Sortez du bâtiment, prenez à droite la Via Profiti et passez sous le pont. Prenez à gauche en bas de la colline en direction de Fiumicello. Maratea Porto est plus bas, sur la même route. Vous pouvez faire appel à un taxi en contactant **Taxi Cabmar** (✆ 0973 87 00 84 ou 0337 90 15 79). Si vous arrivez tard ou si vous désirez vous rendre dans une autre ville, n'hésitez pas !

INFORMATIONS PRATIQUES. L'**office de tourisme AAST** est situé sur le côté éloigné de la Piazza Gesù lorsque vous contournez la colline par la Via Santa Venere. (✆ 0973 87 69 08. Ouvert Juin-Août Lu-Ve 8h-20h, Sa 8h-14h et 15h-20h, Di 8h-13h et 17h-18h, horaires variables le reste de l'année.) De mi-mai à octobre, le **Porto Turistico di Maratea** (✆ 0973 87 73 07), sur le port de Maratea, loue des **bateaux à moteur** pour 77,50 €. Il y a une **Banco di Napoli** avec un **distributeur automatique**, V. Santa Venere, 161. Vous trouverez un accès Internet à **Info Point**, V. S. Venere, 8A, à Fiumicello, après avoir dépassé l'hôtel Fiorella. (1 €pour 12 mn, ouvert tlj 8h30-13h et 17h-20h.) Le **bureau de poste** le plus proche se trouve à Maratea Porto, V. Porto, 27. (✆ 0973 87 67 11. Ouvert Lu-Sa 8h-13h15.)

HÉBERGEMENT, CAMPING ET RESTAURANTS. La plage parfaite de Fiumicello entraîne à sa suite des prix de moins en moins parfaits à mesure qu'on se rapproche de l'eau. L'**Hôtel Fiorella**, V. Santa Venere, 21, se trouve sur la colline à droite quand vous entrez dans Fiumicello. Le bus qui part de la gare ferroviaire passe devant l'hôtel. Demandez au chauffeur de vous y déposer. Avec ses chambres spacieuses et ses bons prix, le Fiorella vous laissera profiter de votre séjour au soleil bien mérité. (✆ 0973 87 69 21, fax 0973 87 65 14. Chambre simple avec salle de bains 40 €, chambre double avec salle de bains 60 €. Cartes Visa, MC, AmEx.) L'**Hôtel Settebello**, V. Fiumicllo, 52, est sur la plage. Les chambres ont une salle de bains et la TV satellite. Certaines ont également un balcon qui donne sur la mer. (✆ 0973 87 62 77, www.costadimaratea.com/settebello. Petit déjeuner inclus. Chambre simple 81,50 €, double 110 €.) A **Maratea Castrocucco**, à 8 km du port, se trouve le Camping Maratea, Località Castrocucco, 72 (✆ 0973 87 75 80 ou 0973 87 16 99). En raison de son emplacement en bord de mer et de l'affluence en été, il est préférable de réserver. (4-8 €par personne, 6-10 €par tente.) Le **Ristorante Le Fenice**, V. Fiumicello, 13, après l'office de tourisme en direction du port, sert de succulents fruits de mer dans un décor planté de bambous. Essayez les *tagliatelle al sugo di pesce*. (✆ 0973 87 68 00. *Primi* à partir de 6 €, *secondi* à partir de 5,50 €. Ouvert 12h-15h et 19h-23h30. Cartes Visa, MC.)

CALABRE (CALABRIA)

LES INCONTOURNABLES DE CALABRE

PARTEZ à la rencontre de la nature dans les parcs du **massif de la Sila**.
ADMIREZ les remarquables bronzes de Riace au Musée national de **Reggio di Calabria**.

Considérée comme la moins développée des provinces italiennes, la Calabre n'est pas appréciée à sa juste valeur. Délaissée par les touristes au profit du Nord, plus tape-à-l'œil et plus cher, cette région de l'extrême Sud a évolué avec une culture bien à elle. Il y a plus de 2000 ans, alors que les villes du Nord n'étaient encore que des villages isolés sans le moindre intérêt, la Calabre était réputée pour ses philosophes, ses artistes et ses athlètes, et incarnait un lieu de culture foisonnant et riche. Fort heureusement pour la fierté des Calabrais, il reste une formidable abondance de témoignages de son glorieux passé, des ruines grecques de Locri au château normand de Cosenza.

COSENZA ✆ 0984

Vers 410, Cosenza reçut son premier groupe de touristes, les Wisigoths. Contrairement aux voyageurs bien élevés d'aujourd'hui, ces 10 000 hommes étaient de véritables barbares, conduits par le roi Alaric Ier. En arrivant à Cosenza, le roi mourut de la malaria et fut jeté dans le fleuve Busento avec le trésor amassé lors de la première mise à sac de Rome. Aujourd'hui, le fleuve sépare la cité historique de la ville moderne, donnant à Cosenza cet aspect caractéristique de rupture entre le passé et le présent. Les sept collines de la ville s'inclinent vers le légendaire **massif de la Sila**, avec ses grandes forêts qui offrent les plus merveilleuses balades du Sud de l'Italie. En hiver, les visiteurs qui se déplacent jusqu'à **Camigliatello** peuvent profiter de belles pistes de ski. L'été, ce sont les plages proches de **Paola** qui permettent de se dorer au soleil ou de surfer sur les vagues.

TRANSPORTS

Soyez prévoyant car les transports publics ne fonctionnent pas le dimanche.

Train : **Gare de Cosenza** (✆ 0984 39 47 46), V. Popilia, sur la *superstrada* (route nationale). Guichet ouvert tlj 6h30-20h25. La compagnie **FS** (✆ 1478 880 88, guichet ouvert 7h-21h) dessert **Naples** (7 dép/j, durée 3h30-4h), **Paola** (15 dép/j, durée 30 mn), **Reggio di Calabria** (4 dép/j, durée 3h), **Rome** (2 dép/j, durée 6h30) et **Sibari** (9 dép/j, durée 1h). La compagnie **Ferrovie della Calabria** dessert cette gare par le train (Camigliatello, 2 dép/j, durée 1h30, 1,91 €) et par le bus (la plupart des bus bleus s'arrêtent à la gare ferroviaire, attendez-les à hauteur du panneau bleu "fermata" devant la gare).

Bus : **Autostazione** (✆ 0984 41 31 24), V. Autostazione. Au bout du Corso Mazzini, sur la Piazza Fera, prenez à droite et descendez la rue jusqu'à la gare routière. Les bus régionaux **Ferrovie della Calabria**, qui desservent l'intérieur des terres, partent de la gare routière ou de la gare ferroviaire, où vous pouvez acheter vos tickets de bus au guichet situé en face de celui délivrant les billets de train. A destination de **Camigliatello** (10 dép/j, 1,76 €) et de **San Giovanni** (10 dép/j, 3 €).

Transports en commun : Les **bus** orange s'arrêtent tous sur la Piazza Matteotti. Les tickets (0,77 €) sont en vente dans n'importe quel kiosque à journaux (le plus grand se trouve à l'endroit où la Via Trieste rejoint le Corso Mazzini, près de la Piazza dei Bruzi) et dans la plupart des bureaux de tabac. Les bus n° 4T, 22 et 23 desservent la vieille ville et s'arrêtent sur la Piazza della Prefettura (2 dép/h de 5h30 à 23h). Les bus n° 15, 16 et 27 circulent entre la Piazza Matteotti et la gare ferroviaire (1 dép. toutes les 7 mn de 5h à 24h). Retrouvez plus d'informations à propos des itinéraires de bus sur les panneaux jaunes suspendus sur la Piazza Matteotti et à tous les arrêts de bus. Attention : les horaires affichés sont votre seul indice concernant l'arrêt de bus où vous vous trouvez. Dans le bus, demandez au conducteur ou à un passager pour savoir quand descendre.

ORIENTATION ET INFORMATIONS PRATIQUES

Le **fleuve Busento** divise la ville en deux quartiers distincts : au nord se trouve la ville nouvelle, harassée par la circulation, et au sud la vieille ville, avec ses édifices anciens. Le **Corso Mazzini**, principale artère et centre commercial, commence sur la **Piazza dei Bruzi**, se poursuit sur la petite **Piazza Kennedy** et s'achève **Piazza Fera**. Pour rejoindre le Corso Mazzini, prenez un bus jusqu'à la **Piazza Matteotti**, puis, en tournant le dos à l'arrêt de bus, remontez le Corso Umberto I sur une rue jusqu'à la Piazza dei Bruzi. La gare routière centrale se trouve dans la **Via Autostazione**. Celle-ci passe juste à droite de la Piazza Fera, au bout du Corso Mazzini, à l'endroit où il se sépare en sept branches.

Le centre historique de Cosenza se trouve de l'autre côté du Ponte Mario Martiri, à droite de la Piazza Matteotti, en tournant le dos à la Piazza dei Bruzi. Dans un joli fatras de constructions médiévales à plusieurs étages, la vieille ville se déploie en rues sinueuses, parfois à peine tracées, et en escaliers pavés qui serpentent entre les maisons. La seule voie aisément identifiable est l'étroit **Corso Telesio**, qui part de la petite Piazza Valdesi, près du fleuve Busento. A travers un quartier de la vieille ville récemment ravivé, il grimpe jusqu'à la statue du philosophe Telesio, située sur la Piazza Prefettura (également appelée Piazza XV Marzo), une petite place claire et impeccable.

Urgences : © 113. **Carabinieri** : © 112. **Police** : **Polizia Municipale** (© 0984 25 422), sur la Piazza dei Bruzi, derrière l'hôtel de ville. Ouvert 24h/24. **Ambulances** : (© 0984 68 13 21). **Croix-Rouge** : V. Popilia, 35 (© 0984 40 81 16).

Pharmacies : P. Kennedy, 7 (© 0984 241 55). Ouvert Lu-Ve 8h30-13h et 16h30-20h. **Farmacia Berardelli**, C. Mazzini, 40 (© 0984 26 452). Ouvert Lu-Ve 8h30-13h et 16h30-20h. Cartes Visa, MC.

Hôpital : **Ospedale Civile dell'Annunziata** (© 0984 68 11), V. Felice Migliori.

Internet : **Casa delle Culture**, C. Telesio, 98. En tournant le dos à la cathédrale, quittez la place par la gauche. La Casa delle Culture se trouve quelques rues plus bas, sur la droite, un peu à l'écart de la rue elle-même. Seulement 7 ordinateurs disponibles. Réservez 1h à l'avance de préférence.

Bureau de poste : V. Vittorio Veneto, 41 (© 0984 22 162), au bout de la Via Piave, près du Corso Mazzini. Ouvert Lu-Ve 8h-16h et Sa. 8h-12h30. **Code postal** : 87100.

HÉBERGEMENT

Hôtel Grisaro, V. Monte Santo, 6 (© 0984 279 52). De la Piazza dei Bruzi, remontez une rue jusqu'au Corso Mazzini et tournez à gauche dans la Via Trieste. L'hôtel, indiqué par de grands panneaux, est facile à repérer. Les grandes chambres aux lits douillets avec télévision sont facilement accessibles grâce à l'ascenseur, notamment pour les handicapés. Au rez-de-chaussée, vous découvrirez une sympathique salle commune équipée d'une télévision et de confortables fauteuils. Il est préférable de réserver. Chambre simple 28,50 €, avec salle de bains 36 €, chambre double avec salle de bains 52 €, chambre triple 67 €, chambre quadruple 78 €. Cartes Visa, MC. ❖❖❖

Hôtel Excelsior, P. Matteoti, 14 (© 0984 74 383, fax 74 384.), est plus prêt de l'arrêt de bus. L'établissement jouit d'une bonne réputation. Il offre des chambres hautes de plafond, équipées de la TV et de la clim. Petit déjeuner inclus. Chambre simple 34 €, double 52 €, triple 68 €, quadruple 78 €. Cartes Visa, MC, AmEx. ❖❖❖

RESTAURANTS

Cosenza est une ville de gastronomes. Les nombreux restaurants proposent de savoureux champignons des forêts de la Sila et du *prosciutto* frais, du poisson de la mer Tyrrhénienne et les fruits des vergers de la région. Si vous désirez vous procurer des fruits ou des légumes vraiment succulents, arrêtez-vous à **Cooper Frutta**, Vle Trieste, 25/29, à proximité du Corso Mazzini. Tout le reste peut se trouver au **Cooperatore Alimentare** d'à côté, Vle Trieste, 35. Vous pourrez acheter de quoi faire un pique-nique sur la Piazza Vittoria toute proche, où vous vous régalerez d'une pêche et d'un morceau de pain tout en regardant les grands-pères jouer au *Gioca Tresete*, un jeu de cartes local.

Gran Caffè Renzelli, C. Telesio, 46 (www.grancafferenzelli.it). Cet établissement vieux de deux siècles fut autrefois le fournisseur officiel du Roi. C'est ici que firent halte les frères Bandiera, célèbres patriotes du *Risorgimento*, pour boire une tasse de l'excellent café que l'on servait déjà. Ils furent arrêtés une heure plus tard par les Bourbons et exécutés sous l'aqueduc de la Valle di Rovina. Allez voir si ça vaut la peine de mourir pour leur cappuccino. Mini-pizza *rustica* 1,03 €. Couvert 0,50 €. Ouvert Lu-Ve et Di 8h-24h, Sa 12h-24h. Fermé le mardi en hiver. ❖

Taverna L'ArcoVecchio, P. Archi di Ciaccio, 21 (✆ 0984 725 64). Prenez le bus 4T pour le village à flanc de colline ou suivez les pancartes le long de la Via Petrarca. Le décor mélange raffinement (avec ses nappes bleu roi) et rusticité (avec sa pierre taillée dans le style local) pour un effet des plus réussis. Large sélection de vins et un menu différent chaque jour avec *piatti* à partir de 15 €. Couvert 1,50 €. Ouvert Lu-Di 13h-15h et 20h30-23h. Cartes Visa, MC, AmEx. ❖❖❖❖

Il Triangolo, V. S. Quattromani, 22 (✆ 0984 22 508), en descendant la rue depuis la P. Matteoti, juste avant le pont entre la vieille ville et la moderne. Ne ratez pas les soirées "danse" du vendredi, très spectaculaires. Pizza à partir de 2,20 €. Ouvert tlj 9h-15h et 18h-tard. ❖

Da Giocondo, V. Piave, 53 (✆ 0984 29 810). Tournez à gauche au bout du Corso Mazzini et de nouveau à gauche deux rues plus loin. Un restaurant avec trois salles que vous choisirez pour son style sans fioriture, sa décontraction toute calabraise et son ambiance très enlevée. Des serveurs en nœud papillon vous apporteront du poisson provenant de la pêche locale, des spécialités régionales et de savoureux fruits au dessert pour accompagner l'un des nombreux vins de la carte. Couvert 2 €. *Primi* à partir de 4 €, *secondi* à partir de 4 €. Ouvert tlj 12h-15h, Lu-Sa également 19h-22h. Cartes Visa, MC, AmEx. ❖❖

Yankee, V. Piave, 17-19 (✆ 0984 21 232). A gauche du Corso Mazzini et de nouveau à gauche une rue plus loin. Si vous voulez savoir comment les Italiens voient les Etats-Unis, observez le décor de cet établissement qui expose pêle-mêle des publicités pour Coca-Cola, l'effigie de Popeye et une peinture murale des étendues sauvages de l'Ouest. On écoute dans ce décor déroutant des tubes qui inondaient les radios il y a cinq ans. Pas de panique, vous êtes bien en Italie. La pizza est bon marché, de style "italien" et très convenable. Ouvert Lu-Sa 9h-15h et 17h-24h. ❖

VISITES

L'ÉGLISE SAINT-FRANÇOIS-D'ASSISE. La petite façade plane de la **Chiesa di San Francesco d'Assisi** cache un somptueux —quoique fatigué— intérieur blanc de style baroque. Vous pourrez voir un certain nombre de peintures décrivant la vie du Christ, réalisées par le Flamand William Borremons. Dans le chœur, tout au bout de l'église, se trouve le corps angélique (mais un peu flétri) d'un moine franciscain mort il y a 500 ans, exposé aux yeux des visiteurs. Les salles du haut, auxquelles on accède par un escalier adjacent à la sacristie, offrent des vues magnifiques sur la ville, mais elles ne sont en principe pas accessibles au public ; tentez votre chance en demandant gentiment. Le plus grand trésor de Cosenza se trouve juste au-dessous de l'église. En effet, lorsqu'en 1222 la cathédrale fut de nouveau consacrée à la suite d'un tremblement de terre, Frédéric II fit don à la ville d'un remarquable **crucifix byzantin** en or fin, dont un éclat était censé provenir de la vraie croix du Christ. Autrefois exposé au public dans la cathédrale, puis transféré à l'archevêché, il se trouve aujourd'hui en sûreté dans le sous-sol du Convento di San Francesco d'Assisi. *(Traversez le pont Mario*

Martiri, tournez à gauche et remontez l'étroit Corso Telesio jusqu'à la cathédrale. Poursuivez dans le Corso Telesio au-delà de la façade, puis prenez à droite la Via del Seggio (ne vous étonnez pas de ses faux airs d'escalier, il s'agit bien d'une rue). Une fois en haut, tournez à droite. L'église se trouve juste après l'angle. Pour le crucifix, suivez le flanc gauche de l'église jusqu'à la dernière porte et appuyez sur le bouton où est indiqué "Laboratorio di Restauro". Appelez à l'avance si vous souhaitez voir le crucifix au © 0984 755 22. Ouvert Ma-Di 10h-19h30. Entrée libre.)

LA CATHÉDRALE. Les soirs de week-end, les jeunes de Cosenza et les habitants des provinces environnantes viennent se détendre sur la place triangulaire qui se trouve à la fois devant et derrière le **duomo**. A l'intérieur, vous pourrez voir la deuxième œuvre d'art la plus prisée de Cosenza, après le fameux crucifix : *La Madonna del Pilerio*, une peinture du XIIe siècle de style byzantin mais où les influences siciliennes sont nettes. Le tableau est encadré par une chapelle baroque ornementée, la première sur votre gauche lorsque vous entrez. La chapelle suivante appartient à l'*Arciconfraternità della Morte* (l'archiconfrérie de la Mort). Bien que son nom fasse davantage penser à un groupe de *heavy metal*, des études récentes ont révélé que ces frères appartenaient à un ordre religieux chargé, par un ancien privilège, d'aider les condamnés. Dans la chapelle sont enterrés beaucoup de citoyens de Cosenza ayant été exécutés pour avoir participé au *Risorgimento*. *(Traversez le pont Mario Maritiri pour rejoindre la vieille ville, puis prenez à gauche le Corso Telesio jusqu'à la Piazza Parrasio. Vous pouvez également prendre le bus n° 22 ou n° 23 jusqu'à la Piazza della Prefettura. De là, en tournant le dos à la Piazza del Governo, tournez à droite et descendez le Corso Telesio. Ouvert le matin et en fin d'après-midi.)*

LE CHÂTEAU NORMAND. Cette construction digne d'un conte de fées, posée sur la colline au-dessus de la ville, est antérieure au *centro storico* et ses ruines constituent un testament silencieux et recueilli du passé tumultueux de la ville. Edifié à l'origine par les Sarrasins, le **Castello normanno-svevo** fut rénové par Frédéric II après que les Cosentini eurent tenté de le renverser. La vue sur la ville, étonnamment compacte en contrebas, est très impressionnante. Envahi maintenant par la végétation, ce bâtiment fut successivement, sous trois monarques différents, une caserne, une prison et un séminaire. Après trois tremblements de terre, il n'en reste que quelques colonnes sculptées aux décorations fleuries et des pièces à ciel ouvert. *(Prenez le bus n° 22 ou n° 23 jusqu'à la Piazza della Prefettura et, de là, grimpez la route sinueuse sur votre droite en tournant le dos au théâtre Rendano. Vous pouvez également y accéder en allant au village situé sur les hauteurs par le bus 4T, puis en suivant le chemin fléché qui monte vers le château (15 mn). Ouvert tlj 8h-20h. Entrée libre. Attention : la montée est particulièrement raide et n'offre pas la possibilité de se reposer à l'ombre. Soyez très prudent lorsqu'il fait chaud et prenez de l'eau.)*

LE THÉÂTRE RENDANO. Le lieu de rassemblement le plus prestigieux de Calabre est le **Teatro Rendano**, un bâtiment construit en 1895 mais détruit par les bombardements de la Seconde Guerre mondiale. Il a ensuite été reconstruit à l'identique. Son intérieur somptueux, aux couleurs pourpre, blanche et or, a accueilli des artistes aussi illustres que José Carreras. Il est extrêmement difficile pour les non-Calabrais d'obtenir une réservation pendant la saison d'opéra (Oct-Déc). C'est un peu plus facile pendant la saison théâtrale (Janv-Mai). Le Rendano accueille des représentations théâtrales en été, en général celles de troupes de la région, pour lesquelles vous n'aurez normalement pas de mal à obtenir des places. *(© 0984 81 32 20. Derrière la statue de Telesio, sur la Piazza della Prefettura. Pour les pièces, les billets peuvent être retirés de 10h à 13h et de 17h à 20h le jour de la représentation, mais il est inutile d'appeler. Billets pour le théâtre à partir de 18 €. Réductions pour les étudiants.)*

SORTIES

Cosenza concentre l'essentiel de la vie nocturne des environs. Dans la ville moderne, **Planet Alex**, C. Mazzini, 12, est un "disco-pub" avec DJ résident. Prenez votre courage à deux mains et appelez votre voisin(e) à l'aide du téléphone qui se trouve sur chaque table. (© 0984 79 53 57. Ouvert tlj 18h30-3h). Dans le centre historique, faites une pause au **J. Joyce Irish Pub**, V. Cafarone, 19, un pub qui fait salle pleine le week-end. (© 0984 22 799. Ouvert tlj à partir de 8h. Cartes Visa, MC, AmEx.)

CAMIGLIATELLO ET LE MASSIF DE LA SILA ©098

Le massif de la Sila, situé dans les environs de la petite ville de Camigliatello, porte un nom d'origine gréco-latine qui signifie "grande forêt sauvage (habitée par des sangliers)". Mais la Sila n'a pas besoin de mots pour se vendre : ses contrées glorieuses mélangent bois, lacs, montagnes et vallées, tous prêts à être explorés par quelque intrépide voyageur. En effet, ce parc national est l'endroit rêvé pour ceux qui aiment la randonnée, le camping et le ski. Souvent méconnue des touristes étrangers, la Sila est une région tout aussi intéressante que la côte.

TRANSPORTS ET INFORMATIONS PRATIQUES. Camigliatello est le meilleur point de départ pour visiter la région de la Sila. Les **trains** de la compagnie Ferrovie della Calabria desservent Camigliatello au départ de Cosenza (dép. tlj, durée 1h30, 1,70 €). Les billets et les horaires s'obtiennent au Bar Pedace, près de l'arrêt de bus.

Orientez-vous grâce aux cartes et à l'aide fournies par l'**office de tourisme Pro Loco**, V. Roma, 5, en haut à droite de la gare et de l'arrêt de bus. Le personnel vous fournira des informations sur les événements et attractions de la région, dont les chemins de randonnée intéressants. Si vous souhaitez vous en tenir à une journée de randonnée sans manquer pour autant les beautés de la Sila, prenez l'un des trois sentiers bien balisés (2,2 km, 3,3 km et 6,5 km) qui partent de l'aire de pique-nique située dans la Via Roma, après l'hôtel Tasso.

La **banque** Banca Carime se trouve V. del Turismo, 73. (© 0984 57 80 27. Ouvert Lu-Ve 8h30-13h20 et 14h35-15h35.) Pour les **urgences médicales**, composez le © 0984 57 83 28. Le **bureau de poste** de Camigliatello, au croisement de la Via del Turismo et de la Via Roma, se trouve à côté de l'hôtel Tasso. Remontez la Via Roma et vous trouverez la poste sur votre gauche, juste après la pancarte indiquant l'hôtel Tasso. (© 0984 57 80 76. Ouvert Lu-Sa 9h-13h.)

HÉBERGEMENT, CAMPING ET RESTAURANTS. La ville offre un choix assez réduit d'hôtels et de restaurants bon marché, et ceux qui existent sont souvent éloignés les uns des autres. Vous pouvez aller à **La Baita**, V. Roma, 97, à 100 m de la gare. Les prix ne vous empêcheront pas de dormir. Toutes les chambres ont une salle de bains. (© 0984 57 81 97. Chambre simple 25 €, chambre double 40 €. En août et pendant la saison de ski : chambre simple 26 €, chambre double 47 €.) L'**Hôtel Meranda**, V. del Turismo, 29, n'est pas beaucoup plus cher. Il possède en outre un restaurant/bar plutôt chic, une discothèque et une salle de jeux vidéos. (© 098 457 80 22. Chambre double en demi-pension 34-60 €, en pension complète 39-60 €.) Le camping **La Fattoria** (© 0984 57 82 41), situé à côté d'un vignoble, est très bon marché à 5,16 € par personne, tente fournie. Des bus desservent La Fattoria depuis Camigliatello.

Le **Tre Lanterne**, V. Roma, 142, est un établissement familial qui marche bien et qui met des champignons partout, dans le style "Sila". Les pizzas, à partir de 3,50 €, ne sont servies qu'au dîner. (© 0984 57 82 03. Couvert 1,50 €. Ouvert Ma-Di 10h30-15h30 et 19h-23h30. Cartes Visa, MC, AmEx.) Le **Ristorante Hôtel Lo Sciatore**, V. Roma, 128, est un établissement haut de gamme qui pratique des prix étonnamment bas. La carte décline les spécialités calabraises, notamment le risotto aux champignons. (© 0984 57 81 05. *Primi* à partir de 4,50 €, *secondi* à partir de 4 €. Pizza cuite au feu de bois à partir de 2,60 €. Couvert 1,60 €. Ouvert tlj 12h30-15h et 19h30-22h. Cartes Visa, MC, AmEx.) Si vous avez envie de varier les plaisirs, vous pouvez aller manger dans l'une des *salumerie* (restaurants traiteurs) où vous pourrez déguster une variété de fromages fumés, de viandes séchées et de marinades de champignons. Vous trouverez des aires de pique-nique à 10 mn du centre, en haut de la Via Tasso, après le bureau de poste.

VISITES ET SORTIES. Si vous aimez la neige, vous serez servi. Allez faire un tour sur les **pistes de ski de Tasso**, sur le Monte Curcio, à environ 2 km de la ville en remontant la Via Roma et en tournant à gauche au niveau de l'hôtel Tasso. En hiver, un service de minibus vous emmènera en bas des pistes depuis l'arrêt de bus de Camigliatello (les tickets sont en vente au bar Pedaggio, juste à côté de l'arrêt de bus). Tasso offre 35 km de magnifiques pistes de ski de fond, mais seulement deux pistes de ski alpin (de 2 km chacune). *(✆ 0984 57 81 36 ou 0984 57 94 00. Les remontées mécaniques fonctionnent tlj 8h-17h. Ticket de remontées mécaniques a/r 4 €, forfait journée 15/20 €.)* Les pistes ne sont toutefois ouvertes aux skieurs que si la neige est au rendez-vous (entre Déc. et Mars).

Le **Parco nazionale di Calabria** (✆ 0984 57 97 57), à 10 km au nord-ouest, est difficile d'accès. Il n'y a que deux bus publics par jour, un le matin, l'autre l'après-midi, à des horaires variables. **Altrosud**, V. Corado, 20 (✆ 0984 57 81 54), propose des visites guidées du parc en italien pour les groupes importants. Horaires et tarifs à débattre lors de la réservation.

Si vous vous intéressez à la culture traditionnelle de la Calabre, ne vous laissez pas avoir par les magasins de souvenirs. Prenez plutôt le bus pour **San Giovanni in Fiore**, à 33 km de Camigliatello, où vous pourrez voir une abbaye du XIIe siècle, des expositions d'objets artisanaux au musée et des festivals traditionnels, dont la **fête de la pomme de terre**. Camigliatello ne se distingue pas par sa vie nocturne. Les jeunes de la ville vont plutôt faire la fête à Consanza. **Le Bistro**, V. C. Alvaro, 68, parvient toutefois à faire salle comble, en partie grâce à ses tables de billard, ses jeux d'arcade et sa musique pop européenne. (Internet 5 € les 50 mn. Ouvert Ma-Di 14h30-3h.)

REGGIO DI CALABRIA ✆ 0965

Il y a plus de 2000 ans, Reggio di Calabria était l'une des villes les plus resplendissantes de la Magna Graecia, c'est-à-dire de l'Ouest de la Grèce antique. Il faut maintenant chercher les vestiges de ce glorieux passé dans le fameux **Musée national** de la ville car depuis, Reggio di Calabria a traversé bien des épreuves. Cible de nombreuses attaques et pillages pendant des centaines d'années, la ville connut une période de grand désarroi. Paradoxalement, c'est le tremblement de terre dévastateur de 1908 qui lui offrit l'occasion de renaître et de se reconstruire. Une nouvelle ville surgit des décombres, exempte du charme du vieux monde mais embellie de magasins à la mode et richement décorée par les *palazzi* du début du XXe siècle.

Bien que la ville soit souvent simplement considérée comme un point de départ vers la Sicile, Reggio di Calabria et ses environs regroupent quelques-uns des plus beaux paysages de l'Italie. Avec la côte tyrrhénienne au nord et la côte ionienne au sud, l'endroit ne manque pas de plages exceptionnelles facilement accessibles. N'omettez pas de visiter les villes voisines, **Scilla** et **Gerace** : la première possède la plus belle plage de tout le pays, et la seconde est l'une des villes médiévales les mieux préservées d'Italie.

TRANSPORTS

Avion : **Svincolo Aeroporto** (✆ 0965 64 05 17), à 5 km au sud de la ville. Pour vous y rendre, prenez le bus orange n° 113, n° 114, n° 115, n° 125 ou n° 131 sur la Piazza Garibaldi, à l'extérieur de la gare centrale (0,90 €). Vols à destination de Milan, Rome, Florence, Turin et Bologne.

Train : Reggio di Calabria possède deux gares. Tous les trains s'arrêtent à la **Stazione Centrale** (✆ 0965 27 427), sur la Piazza Garibaldi, à l'extrémité sud de la ville. Trains à destination de : **Cosenza** (3 dép/j, durée 2h30, 11,21 €), **Naples** (10 dép/j, durée 5h, 31,50 €), **Rome** (10 dép/j, durée 9h, 39,55 €), **Scilla** (20 dép/j, durée 30 mn, 2,10 €) et **Tropea** (5 dép/j, durée 2h, 4,65 €). La **gare du Lido** (✆ 0965 86 36 64), moins bien desservie, est située à l'extrémité nord de la ville, non loin du Viale Zerbi, près du Musée national, du port et des plages. Aucun train ne part de cette gare, qui n'accueille que des arrivées.

Ferry : Au départ du port de Reggio di Calabria, situé à l'extrême nord de la ville, des ferrys et des hydrofoils desservent Messine ainsi que les îles Eoliennes (Lipari, Salina, Vulcano). La compagnie **FS** (✆ 0965 81 76 75), à gauche en face de la mer lorsque vous entrez dans le port, se partage le service d'hydrofoils de Reggio di Calabria avec la compagnie **SNAV** (✆ 090 66 25 06 ou 36 40 44), située juste à droite de FS. Le bureau FS est ouvert tlj 6h30-20h15. Les horaires d'ouverture du guichet de la SNAV sont plus aléatoires. **NGI** (✆ 0335 842 77 84), à côté du bar "Onda Marina", à droite de l'entrée du port, propose un service de ferrys (Lu-Ve 12h20-22h20 et Sa. 12h20-20h20). **Meridiano** (✆ 0965 81 04 14) se trouve au bord de l'eau, près de l'entrée du port (tlj 2h10-23h50, service réduit le Di.)

ORIENTATION ET INFORMATIONS PRATIQUES

Le **Corso Garibaldi** est l'artère principale de la ville et la traverse sur 1 km, parallèlement à la mer et aux principaux monuments. Lorsque vous êtes dos à la **Stazione Centrale** (gare centrale), traversez la **Piazza Garibaldi** pour rejoindre le Corso Garibaldi. Tournez à gauche pour atteindre le centre-ville. Le port de Reggio di Calabria se trouve au bout du Corso Garibaldi et en bas du Viale Genoese Zerbi. De là, des ferrys et des hydrofoils partent à destination de Messine et des îles Eoliennes. A gauche de la gare, les rues jumelles, le **Corso Vittorio Emanuele II** et le **Viale Matteotti**, dessinent le **lungomare** près de la mer. Des bus municipaux circulent régulièrement le long du Corso Garibaldi et de ces deux rues jusqu'à la **Stazione Lido** (gare du Lido), à 1,5 km au nord.

Office de tourisme : **APT** (✆ 0965 271 20), dans la gare centrale. Il dispose de plans gratuits détaillant les hôtels, les monuments, les services publics et les agences. Ouvert Lu-Sa 8h-14h et 14h30-20h. Il existe deux autres bureaux pratiquant les mêmes horaires, l'un à l'**aéroport** (✆ 0965 64 32 91) et l'autre au **bureau principal**, V. Roma, 3 (✆ 0965 211 71 ou 0965 89 25 12). Une autre **agence APT** est située C. Garibaldi, 327 (✆ 0965 89 20 12), près du théâtre.

Change : **Banca Nazionale del Lavoro**, C. Garibaldi, 431 (✆ 0965 805 11). Ouvert Lu-Ve 8h20-13h20 et 14h35-16h05. Des **distributeurs automatiques** sont disséminés le long du Corso Garibaldi.

Urgences : ✆ 113. **Carabinieri** : ✆ 112. **Police** (✆ 0965 53 991) : C. Garibaldi, près de la gare centrale. **Hôpital** : **Ospedale Riuniti** (✆ 0965 39 1 11), V. Melacrino.

Pharmacies de garde : **Farmacia Centrale**, C. Garibaldi, 435 (✆ 0965 33 23 32). Ouvert Lu-Ve 8h30-13h et 17h-8h30 les nuits de garde. **Farmacia Fata Morgana**, C. Garibaldi, 327 (✆ 0965 240 13). Mêmes horaires.

Internet : **PuntoNet**, C. Garibaldi, 70 (✆/fax 0965 33 16 68). 2,50 € l'heure. Ouvert Ma-Ve 10h30-12h30, Sa-Lu 15h30-21h30. **Sweet@Web**, V. Giudecca, 35 (✆ 0965 21 134). 1,50 € les 30 mn. Ouvert Lu-Ve 9h-13h et 16h30-20h30, Sa-Di 17h-21h. Une autre branche se trouve V. de Nava, 142.

Bureau de poste : V. Miraglia, 14 (✆ 0965 31 52 68), en retrait et à gauche de la Piazza d'Italia par le Corso Garibaldi, dans un bâtiment moderne datant du début du XXe siècle. Ouvert Lu-Sa 8h-18h15. **Code postal** : 89100.

HÉBERGEMENT

Hôtel Lido, V. 3 Settembre, 6 (✆ 0965 89 09 65, fax 33 00 44), près de la gare ferroviaire du Lido et à proximité de la plage. Des chambres modernes avec salle de bains, TV et clim. Réservez en été. Chambre simple 46 €, double 80 €, triple et quadruple 100 €. Cartes Visa, MC, AmEx. ❖❖❖❖

ITALIE DU SUD

Hôtel Diana, V. Diego Vitrioli, 12 (✆ 0965 89 15 22), en sortant du Corso Garibaldi, à proximité de la cathédrale sur le trottoir d'en face. Hôtel élégamment meublé, aux plafonds de style XVIIIe siècle, dont les lustres et le sol en marbre témoignent de la grandeur passée. Les chambres sont équipées de la télévision, d'une salle de bains et du téléphone. En août, il faut réserver un mois à l'avance. Chambre simple 27,50 €, chambre double 55 €, avec clim. 65 €. ❖❖❖

Albergo Noel, Vle Genoese Zerbi, 13, près du port, à l'autre bout du Corso Garibaldi en partant de la Stazione Centrale. Une fois dos à la mer, prenez à gauche de la gare. Les chambres sont poussiéreuses et le mobilier en plastique mais l'établissement est très bien situé. Le port, la plage et le musée se trouvent à quelques encablures de là. Les salles de bains sont petites mais la télévision est en couleur. Pour une chambre de Juil. à Sep., il est préférable de réserver. Accessible aux handicapés. Chambre simple 27-30 €, chambre double 37-40 €, triple 47-50 €. ❖❖❖

RESTAURANTS

Les spécialités de la région sont les *spaghetti alla calabrese* (sauce pimentée), le jambon *capocollo* (salami aux piments de Calabre) et les *pesce spada* (espadons, pêchés au harpon). En général, les restaurants de Reggio di Calabria se ressemblent et sont chers. Vous pouvez éviter la douloureuse addition et vous approvisionner pour la plage au **supermarché Dí par Dí**, face à la gare, sur le Corso Garibaldi. (Ouvert Lu-Sa 8h-13h30 et 17h-20h30, Di. 8h-14h.) Les bars le long du Corso Garibaldi font souvent également office de boulangeries. Piochez-y quelques agréables *biscotti* pour rendre vos promenades un peu plus douces.

❤ **Cordon bleu**, C. Garibaldi, 230 (✆ 0965 33 24 47). En dépit de ses beaux chandeliers, de son décor de marbre et de son nom, cet établissement est une authentique *tavola calda* qui sert des spécialités locales à tout petits prix. *Primi* à partir de 3,60 €, *secondi* à partir de 1 €. *Cannoli Siciliani* 1,80 €. Couvert pour les tables à l'étage 0,50 €. Ouvert tlj 6h30-24h, cuisine ouverte de 11h à 21h. Cartes Visa, MC. ❖

Pizzeria Rusty, V. Romeo (✆ 0965 20 012), près du musée. Pizzas vendues au poids avec un grand choix d'ingrédients (champignons, anchois, aubergines, jambon ou artichauts). Joignez-vous à une partie de cartes sur l'une des tables de pique-nique. *Calzoni* 1,30 €. ouvert Je-Ma 10h-13h30 et 18h30-24h. ❖

La Pignata, V. Demetrio Tripepi, 122 (✆ 0965 278 41), la première à gauche quand on remonte la Via Giudecca depuis le Corso Garibaldi. Un intérieur brillant agrémenté de serveurs aimables crée l'atmosphère idéale pour goûter aux spécialités locales. La Pignata est l'endroit où se rendre pour apprécier un peu de luxe à peu de frais. *Primi* à partir de 6 €, *secondi* à partir de 9 €. Couvert 1,50 €. Ouvert 13h-15h et 19h30-23h. Cartes Visa, MC. ❖❖❖

Glenduff House, V. Ravagnese Inf, 83 (✆ 0965 63 67 40), près de l'aéroport. Un restaurant-bar très agréable qui se remplit vite le soir. Préparez-vous à devoir attendre pour une table. Cocktails à partir de 3,10 €. Ouvert tlj 20h30-1h. ❖❖❖

VISITES

❤ **LE MUSÉE NATIONAL.** Le célèbre **Museo nazionale** de Reggio di Calabria ravive le passé et chante les louanges de la merveilleuse *polis* de la Grèce antique. La suprématie dont pouvait se targuer la ville est désormais bien loin, mais le musée est là pour fournir les preuves de sa gloire d'antan, avec l'une des plus belles collections au monde d'œuvres d'art et d'objets de la Magna Graecia (Grande Grèce). Dans les galeries du rez-de-chaussée, une grande variété d'*amphorae* et de *pinakes* (jarres destinées à recueillir le vin et tablettes votives), montrent des scènes de la vie quotidienne de la mythologie. Les salles du 1er étage abritent une importante collection de pièces de monnaie ainsi qu'un étrange sarcophage datant de 2300 ans, dont la forme pourrait évoquer une sorte de sandale.

La pièce maîtresse de la collection se trouve au sous-sol, dans la **Sezione subac-**

quea. Régulièrement, la mer Ionienne livre des trésors enfouis, à la surprise des plongeurs et pour la plus grande joie des archéologues. La plupart du temps, les découvertes consistent en poteries, ancres et statues brisées, toutes exposées. Mais certaines trouvailles se sont révélées plus importantes. C'est le cas notamment des **Bronze di Riace**, qui sont sans doute les plus intéressantes sculptures grecques découvertes à ce jour. Les statues exhibent d'un air détaché leur magnifique musculature dans une galerie qu'elles partagent avec la **Tête du Philosophe**, considérée comme le premier portrait ressemblant de la tradition grecque. Les Bronzes, deux statues de guerriers témoignant d'un grand souci du détail, datent du Ve siècle av. J.-C. et sont vraisemblablement des originaux grecs, par opposition aux copies romaines. Découvertes par hasard en 1972 près de Riace, elles sont depuis exposées dans le musée de la ville. Un affichage détaillé vous renseigne, avant d'entrer dans la galerie où sont entreposés les Bronzes, sur les étapes d'une restauration qui nécessita près de 9 ans d'efforts. *(Piazza del Nave, sur le Corso Garibaldi, près de la Stazione Lido. © 0965 81 03 81. Ouver tlj 9h-19h30. Fermé le premier et le troisième lundi du mois. Entrée 4,13 €. 2,07 € pour les 18-25 ans. Entrée libre pour les moins de 18 ans et les plus de 65 ans.)*

PLAGES ET SORTIES

Quand les jours rafraîchissent un peu, les habitants de Reggio di Calabria, avec leurs éternelles glaces, vont se retrouver au **lungomare**, un long et étroit jardin botanique qui s'étire le long de la côte. Lorsqu'il veut faire comme les guerriers de bronze et prendre un petit bain, le pâle voyageur va se prélasser sur la plage près du **Lido comunale**. Les terrains de jeux, une allée surélevée et des monuments à la gloire des citoyens célèbres de la ville ponctuent la promenade du *lungomare*. Le coucher de soleil avec en toile de fond le bleu des montagnes embrumées de la Sicile toute proche est à voir absolument. Pendant quatre jours à la mi-septembre, les Calabrais célèbrent la **fête de la Madonna della Consolazione**, qui mêle des manifestations religieuses et païennes et se termine par un impressionnant feu d'artifice.

EXCURSIONS DEPUIS REGGIO DI CALABRIA

LOCRI ET GERACE

Les trains circulent le long de la côte entre Reggio di Calabria et ***Locri*** *(23 dép/j, durée 2h, 5 €).*

Lieu de villégiature calme et décontracté par rapport à l'ambiance citadine de Reggio, **Locri** jouit des plus précieux atouts des côtes ioniennes : de vastes plages et des ruines antiques. Située entre Bianco et Siderno, la ville est au cœur des rivages les plus beaux et les plus faciles d'accès. Les longues étendues de sable et de pierre sont parfaites pour de discrètes et tranquilles après-midi à se prélasser au soleil. Mais Locri ne se réduit pas à une "ville de plage". A la fin du siècle dernier, les autorités de la région déplacèrent tous les organismes publics de Gerace à Locri. Le grand **Comunale**, actuellement en rénovation et dont on attend l'ouverture prochaine, domine une place qui tient plus du parc que de la *piazza*. Avec sa verdure à foison et ses bancs, la **Piazza Re Umberto** est un endroit agréable pour se détendre tout en observant les habitants jouer aux cartes.

A la périphérie de la ville, **Locri Epizephyri** récompense ceux qui ont eu le courage de faire une marche de 2 km en montée par la découverte d'une vaste étendue de ruines grecques. Les nombreuses fondations ou supports encore visibles permettent de se faire une idée de ce qu'était Locri jadis. Les voyageurs peuvent explorer le sanctuaire de Perséphone, la nécropole et le temple ionique de Marasa. L'endroit le plus intéressant du site est le théâtre, construit à flanc de colline. Une grande partie est encore visible, notamment la scène et les gradins, ce qui conduit certains visiteurs à se lancer dans des démonstrations improvisées de leurs talents. Le **musée** tout proche (© 0964 39 04 33) présente des objets et des plans du site. Vous trouverez des cartes de la ville d'aujourd'hui à l'office de tourisme **Pro Loco**, dans la Via Savoia, une rue à gauche après la place qui se trouve en face de la gare. (Ouvert Lu-Sa 8h-20h.) Le **distri-**

buteur automatique de la Banco di Napoli, accessible 24h/24, est situé Via Mileto. Prenez à droite en partant de la place devant la gare, puis la première à gauche.

Gerace est l'une des villes médiévales les mieux préservées d'Italie. Depuis que le siège de l'administration régionale a été déplacé à Locri, elle est devenue une sorte de "ville fantôme", ce qui lui a permis de conserver intactes sa beauté et ses splendeurs du Moyen Age. Le bus qui part de Locri dépose ses passagers sur la colline surplombant la cathédrale près du **Largo delle Tre Chiese**, une place entourée de trois églises. La **Chiesa di San Francesco** (sur votre gauche en faisant face à la place) possède un très beau portail décoré dans le style arabo-normand. A l'intérieur se trouve un élégant autel en bois revêtu de marbre noir et blanc. Grimpez sur les hauteurs de Gerace et profitez de la vue étourdissante que l'on découvre en atteignant le **Castello di Roberto il Guiscardo**. En bas de la Via Caduti sul Lavoro, près de l'arrêt de bus, se trouve l'immense **cathédrale** de Gerace, la plus grande de toute la Calabre, qui occupe presque entièrement la Piazza del Duomo. Trente-six colonnes grecques provenant des ruines de Locri servent de support à cet édifice à l'intérieur roman. Vous découvrirez quelques graffitis grecs et la tombe de l'évêque Calceopulo datant du XVIe siècle.

La **Banca Carical**, son **distributeur automatique** et son bureau de change sont dans le Largo Barlaam, en descendant de la cathédrale vers la Piazza del Tocco. (Ouvert Lu-Ve 8h20-13h20 et 14h35-15h35, Sa. 8h20-11h50.) Le **bureau de poste** se trouve Piazza del Tocco. En cas d'**urgence médicale**, adressez-vous à la **Guardia Medica** (✆ 0964 39 91 11).

SCILLA

En partant de Reggio di Calabria, vous pouvez vous rendre à Scilla en ***train*** *(20 dép/j, durée 30 mn, 2,10 €) ou en* ***bus*** *(12 dép/j, durée 20 mn, 1,29 €). La gare de Scilla ne vend pas de billets. Achetez un billet a/r à Reggio ou rendez-vous dans les bars près de la gare. Les billets de bus s'achètent à bord.*

Homère a immortalisé les grandes falaises de la ville dans l'*Odyssée*, faisant de ce lieu la demeure du terrible Scylla (en italien Scilla). Ce monstre aux six têtes, aux douze pieds et au caractère épouvantable détruisait les bateaux qui venaient tout juste d'échapper à Charybde, le tourbillon du détroit de Messine. De nos jours, les touristes n'ont plus à redouter d'être dévorés par ce monstre effrayant, mais ils doivent faire attention à ne pas succomber au charme de la ville qui porte son nom. Ce village de bord de mer ne se trouve finalement qu'à 23 km de Reggio di Calabria, mais le calme y règne. Ses rivages de sable blanc et sa mer turquoise pourraient faire croire que l'on se trouve au bout du monde, ce monde qui semble se rapprocher quelquefois lorsque le *Fata Morgana*, une bizarrerie météorologique qui se produit une dizaine de fois par an, fait apparaître une sorte de loupe naturelle due à la rencontre de l'eau qui s'évapore et de la lumière. Les îles Eoliennes paraissent alors à portée de main. Construite à même la falaise cernant la plage, la ville en épouse les contours, laissant découvrir, à mesure que l'on s'élève, d'incroyables perspectives. Par temps calme, vous pourrez entendre la douce musique des créatures de la mer. Scylla n'est plus, mais certaines légendes locales soutiennent que les sirènes honorent toujours les eaux de leur présence.

La plus connue des falaises de la ville est surplombée par le **Castello Ruffo**, un château datant du XVIIe siècle, témoin du rôle historique de la cité dans le contrôle du détroit de Messine. Pendant 2000 ans, les falaises ont été considérées comme un point stratégique dans la lutte pour la domination de la région et l'on s'est battu pour en prendre possession, depuis les Italiotes jusqu'à Garibaldi. Au pied de la colline où se trouve le château, vous trouverez la **Chiesa di Maria Santissima Immacolata**, la plus grande et la plus impressionnante des nombreuses églises de Scilla. L'autel monumental et les 14 sculptures en bronze représentant le Christ ne sauraient rivaliser avec la beauté des paysages mais méritent largement que l'on se donne la peine de grimper la colline. En août, la ville clôt le **festival de San Rocco**, son saint patron, par un formidable feu d'artifice.

Si vous êtes tombé sous le charme de la ville, vous pouvez envisager de passer la nuit au bord de l'eau à la **Pensione le Sirene**, V. Nazionale, 57 (✆ 0965 75 40 19 ou 0965 75 41 21, www.svagocalabria.com/pensionelesirene), en face de la gare. Refuge propre et douillet de 14 chambres, l'établissement est situé à mi-chemin entre la gare et la plage. (Petit déjeuner compris en été. Il est recommandé de réserver pendant la saison estivale. Chambre simple 30 €, chambre double 45 €.) Il n'est pas souhaitable de se faire dévorer par Scylla, mais en revanche il peut être très agréable de manger à Scilla. Vous trouverez les repas les moins chers à la **Pizzeria San Francesco**, V. Cristoforo Colombo, 29 (✆ 0349 326 06 70), au bord de la plage. La famille qui tient ce restaurant se targue d'avoir inventé la recette de la Pizza Stefania. (Pizza 3,50-6 €. Ouvert 12h-15h et 19h-24h.) Si vous souhaitez vous restaurer dans un cadre digne de l'épopée d'Homère, allez profiter de la vue en grimpant jusqu'au restaurant **Vertigine**, P. San Rocco, 14 (✆ 0965 75 40 15), perché tout en haut de la ville. Vous pourrez dévorer quelques spécialités de la mer, bien placées sur ces hauteurs pour jeter un dernier regard fugitif sur ce que fut leur mère nourricière. (*Primi* à partir de 3,60 €, *secondi* à partir de 5,20 €. Boissons à partir de 1,29 €. Couvert 1,50 €. Ouvert tlj 13h-15h et 19h30-23h. Cartes Visa, MC, AmEx.)

TROPEA ✆ 0963

Vous verrez à Tropea tout ce que promettent les cartes postales : une mer bleu turquoise translucide, des plages de sable blanc, des falaises de roches étincelantes et des rues de vieilles pierres. La ville sert de point de départ vers les plus belles plages de la mer Tyrrhénienne. On y découvre des places cachées au détour de rues sinueuses et des églises pleines de prestance reflétant le scintillement de l'eau. Le jour, cette jolie ville est abandonnée au profit de la plage. La nuit, les rues se transforment en une mer de corps bronzés, particulièrement pendant la période estivale, et Tropea est alors pleine à craquer.

TRANSPORTS ET INFORMATIONS PRATIQUES. Les **trains** sont en provenance de la gare de Reggio di Calabria (10 dép/j, durée 2h). Dans l'autre sens, il y a trois départs quotidiens directs ; les autres s'arrêtent à **Rosarno**. Achetez votre billet chez **Valentour**, P. V. Veneto, 17 (✆ 0963 62 516, ouvert Lu-Ve 9h30-12h30 et 16h-21h, Sa 9h30-12h et 18h-21h, Di 18h-21h). La gare ne dispose pas de guichet. **Autoservizi** (✆ 0963 611 29) a mis en fonction pendant l'été des *pullmini* (mini-vans bleus) particulièrement utiles, qui démarrent de la Via Stazione toutes les 30 mn. Pour 0,80 € par personne, les vans empruntent 27 trajets différents et vont jusqu'à 24 km de la ville. Ils sont souvent le plus pratique voire l'unique moyen d'accéder aux attractions touristiques ou aux hôtels les plus éloignés des environs. Pour connaître précisément les arrêts, renseignez-vous auprès du personnel de l'**office de tourisme Pro Loco** (✆ 0963 614 75), en bas de la Via Stazione, sur la Piazza Ercole. Vous pourrez également vous y procurer des cartes signalant les sites historiques. (Ouvert en été tlj 16h30-22h, en hiver 9h30-13h.) A la **Banca Carime**, V. Stazione, vous trouverez un **distributeur** et une machine automatique pour le change. (Ouvert Lu-Ve 8h20-13h20 et 14h35-

AU MENU

OIGNON SANS ORDONNANCE

Les oignons rouges de Tropea sont connus dans le monde entier pour leur goût doux et sucré. Ils sont également très appréciés pour leurs propriétés médicinales. D'abord vantées par Pline l'Ancien, elles ont été confirmées par la médecine moderne qui a démontré que les oignons avaient des effets anti-grippe, facilitaient la circulation du sang, diminuait la pression artérielle et avaient même des vertus diurétiques. Les habitants prétendent que l'oignon est plus efficace lorsqu'on le mâche cru, à la manière d'une pomme. Néanmoins les cuisiniers locaux n'hésitent pas à l'accommoder à toutes les sauces. La *Marmellata di cipolla* est une confiture d'oignon dont on fait le même usage que la moutarde. Vous trouverez des oignons suspendus par une ficelle dans toutes les épiceries de Tropea. Ils sont vendus 1 € le kilo. Combinés avec un autre ingrédient local, le *peperoncino*, ils sauront relever divinement toutes vos créations culinaires.

La gelateria Tonino, C. V. Emanuele, propose même une glace à l'oignon. On n'en mangerait pas tous les jours mais le goût original et sucré fait presque oublier les effets médicinaux de ce légume bulbeux.

15h35.) En cas d'**urgence**, appelez la **police** (✆ 113 ou 0964 612 21) ou les **carabinieri** (✆ 112). Pour une **ambulance** : ✆ 0963 61 366. Le **bureau de poste** est situé sur le Corso Rigna. En partant de la Via Stazione, prenez la dernière rue à gauche. La poste se trouve à l'angle. (Ouvert Lu-Ve 8h-13h30, Sa 8h-12h30.) **Code postal** : 89861.

HÉBERGEMENT ET RESTAURANTS. Si vous avez pris la précaution de réserver, cela ne vous coûtera pas trop cher de séjourner à Tropea. La meilleure affaire de la ville est le ❤ **Da Litto**, V. Carmine, 25. Sortez de la gare et descendez la Via Stazione à gauche après la station d'essence. Prenez la rue anguleuse qui se trouve sur votre droite, la Via degli Orti, puis de nouveau à droite dans la Via Carmine. Après le virage en épingle à cheveux, l'allée que vous cherchez est la quatrième sur la gauche (le nom n'est pas indiqué). Les bungalows se trouvent dans un jardin et sont indépendants les uns des autres. Ils possèdent tous un patio, une kitchenette et une salle de bains. (✆ 0963 60 33 42 ou 0339 332 15 35, www.vacanzeincalabria.it/litto. Juil-Août : 28-38 €. Sep-Juin : 15 €.) Pour camper au bord de la mer, essayez le ❤ **Campeggio Marina dell'Isola**, un endroit ombragé au pied des falaises de craie, à gauche du Santuario di Santa Maria. (✆ 0963 619 70, www.italiaabc.it/a/marinaisola. 8,50 € par personne, 2,50 € par voiture et pour l'électricité. Douches chaudes comprises et tentes fournies. Cartes Visa, MC.)

Les oignons rouges et doux de Tropea, réputés bons pour la santé et pour la ligne, sont très utilisés dans la cuisine locale. Le **Ristorante Porta Vaticana**, sur la V. Regina Margherita, sert un revigorant *risotto afrodite* (7,50 €), dans une salle à manger à l'éclairage savamment tamisé. (✆ 0963 60 33 87. Ouvert Fév-Oct 12h-15h et 19h30-24h. Cartes Visa, MC.) Le **Tre Fontane**, sur le Largo Mercato, cuisine à la perfection le *fileya alla tropeana* (pâtes aux aubergines et aux tomates, 5 €) et ne s'en cache pas. Les tables sont dressées sur une petite place près d'une fontaine à trois têtes. (✆ 0963 61 419. *Primi* à partir de 4,50 €, *secondi* à partir de 7,50 €. Ouvert tlj 12h-15h et 19h-24h. Cartes Visa, MC, AmEx.) Au bout du Corso Vittorio Emanuele II, vous trouverez le **Pimm's Restaurant**, Largo Migliarese (✆ 0963 66 61 05), où vous pourrez dîner de la pêche locale avec vue sur la mer. (*Primi* à partir de 9 €, *secondi* à partir de 13 €. Couvert 2,50 €. Ouvert en été tlj 12h30-14h30 et 19h30-23h, fermé lundi en hiver. Cartes Visa, MC.) L'*alimentare* situé dans la Via Stazione, au centre-ville, en face de la Via Vittorio Veneto, est parfait pour se procurer les casse-croûte que vous emporterez à la plage.

VISITES. L'étincelant **Santuario di Santa Maria** domine les falaises blanches qui bordent la ville. L'église, d'une rare beauté, surplombe la mer cristalline. Le 15 août, les hommes de la ville portent sa statue, une *Vierge à l'Enfant* vêtue de rose, jusqu'au rivage. En haut de la falaise se trouve l'élégante **cathédrale normande** de Tropea. En dehors de quelques pièces recouvertes de marbre polychrome et de plusieurs sculptures représentant des habitants de Tropéa l'épée à la main, la cathédrale contient deux bombes américaines qui manquèrent miraculeusement leur cible lors de la bataille aérienne de 1943. Pour rejoindre la **plage**, vous devrez emprunter une série d'escaliers qui partent de l'extrémité de la Via Umberto I (à gauche de la Via Stazione) et serpentent jusqu'au bas de la falaise.

LA CÔTE IONIENNE

De Reggio à Riace, la côte ionienne présente des kilomètres de plages magnifiques. Les bandes de sable blanc, les rochers et les dunes, avec en prime les montagnes qui se détachent au loin, forment un paysage idyllique. Autrefois les Grecs venaient nombreux profiter des joies de la côte et les plages étaient aussi bondées que celles de Tropea aujourd'hui. Mais ce n'est plus le cas. Seuls les habitants profitent désormais de ces rivages souriants. Même les stations balnéaires les plus importantes comme **Bovalino Marina**, **Bianco** ou **Soverato** restent peu fréquentées. Les trains qui longent la côte ont des horaires irréguliers et des correspondances multiples. Prévoyez une marge de sécurité pour explorer la région à votre guise. Le trajet en train le long de la côte est en lui-même très plaisant.

SICILE (SICILIA)

LES INCONTOURNABLES DE SICILE

APPLAUDISSEZ un spectacle traditionnel de marionnettes à l'Opera dei Pupi de **Palerme** ou une des superbes représentations qui ont lieu au Teatro Massimo, enfin rénové.
GRIMPEZ au sommet des volcans de Sicile : le **Stromboli** et le Grand Cratère de **Vulcano**, sur les îles Eoliennes, et l'**Etna**, le volcan le plus haut d'Europe, toujours en activité.
REPOSEZ-VOUS des plages et des touristes à **Enna**, une jolie petite ville perchée sur une colline, au centre de la Sicile.
VOYAGEZ à travers le temps et admirez les merveilles laissées par les Grecs à **Taormine**, **Syracuse** et **Agrigente**.

"Sans la Sicile, l'Italie ne peut être entièrement comprise. C'est ici que se trouve la clé des choses."
—Goethe

La Grèce antique chantait les louanges de la Sicile, cette île merveilleuse alors considérée comme la maison des dieux. De nos jours, les touristes la parcourent à la recherche du *Parrain*. Si la Sicile est souvent associée à la mafia, ce n'est bien sûr qu'un des aspects de la culture si variée de l'île. Sa position stratégique et son importance (c'est la plus grande île de la Méditerranée) lui valurent en effet d'être l'objet d'incessantes convoitises au cours des siècles.

La Sicile fut tout d'abord convoitée par les Grecs, qui la colonisèrent au milieu du VIIIe siècle av. J.-C. et fondèrent Syracuse. Aux VIe et Ve siècles av. J.-C., les cités grecques de Sicile étaient parmi les plus puissantes et les plus peuplées de la Méditerranée. Les rivalités entre Grecs et Carthaginois prirent fin en 211 av. J.-C., quand l'île passa sous le contrôle total des Romains, après la chute de Syracuse et de Carthage. Au IXe siècle, les Arabes conquirent l'île et en firent un foyer de civilisation qui n'avait guère d'égal que l'Espagne. Au XIe siècle, les Normands, qui s'installèrent à Palerme, assimilèrent l'apport arabe et fondèrent un royaume puissant. Par le jeu des alliances et des mariages, la Sicile passa aux mains des Hohenstaufen et connut, sous l'empereur Frédéric II, un nouvel âge d'or. Au XIIIe siècle, la Sicile fut brièvement sous la domination française des princes d'Anjou avant de devenir aragonaise. Pendant plusieurs siècles, les Espagnols gouvernèrent l'île. Le règne des Bourbons, qui avaient unifié la Sicile et le royaume de Naples, prit fin en 1860, quand débarquèrent les troupes de Garibaldi. De son plein gré, la Sicile choisit de rejoindre le jeune royaume uni d'Italie. Economiquement, culturellement et géographiquement, la province devait toutefois demeurer un territoire à part.

Plus proche de Tunis (qui jouxte l'ancienne Carthage) que de Rome, la Sicile est presque africaine par l'histoire et la géographie. "La Sicile ne connaît pas de demi-mesure entre la volupté et la sécheresse", écrit Giuseppe Tomasi di Lampedusa, l'auteur du *Guépard*. Marquée par un relief très accidenté, l'île est brûlée par le soleil. Ses 1000 km de côtes sont une succession de falaises abruptes, de grottes et de plages dont le sable passe du blanc au noir. La mer d'un bleu intense laisse place à l'intérieur des terres à des champs de céréales jaune d'or, des oliveraies, des citronniers, des amandiers et des vignes. L'Etna, que les Siciliens appellent simplement "la montagne", est le plus grand volcan d'Europe. Toujours en activité, il domine l'île du haut de ses 3340 m environ. Loin de cette image de carte postale, les grandes villes siciliennes ne sont cependant pas très différentes de leurs sœurs métropolitaines : Vespa, tours et téléphones portables font partie du quotidien de l'île. La Sicile, qui vit pour une large part du tourisme, reste toutefois une des régions les plus pauvres d'Italie. Et malgré l'accroissement du nombre de chômeurs, la petite délinquance et la pauvreté, elle est aujourd'hui devenue elle aussi une terre d'immigration.

LE NORD DE LA SICILE

PALERME (PALERMO) ✆ 091

Contrairement à ce qu'on pourrait croire, on ne peut pas dire que la vie soit vraiment calme à Palerme. Des voitures, des bus, des scooters et même des attelages de chevaux envahissent les rues jour et nuit, sauf le dimanche où la ville est livrée aux poussettes et aux rollers. Capitale de la Sicile, Palerme est au confluent de toutes les cultures méditerranéennes. Fondée par les Phéniciens, qui la nommèrent "Ziz", la cité fut conquise par les Romains avant de devenir byzantine. Elle prospéra sous la domination arabe (831-1071) puis normande (1072-1194), pour devenir un foyer culturel et artistique de premier plan en Europe. Palerme passa ensuite aux mains des empereurs allemands Hohenstaufen (Frédéric II) puis des princes français d'Anjou (Charles Ier, frère de saint Louis) pour finalement dépendre de l'Aragon espagnol pendant près de trois siècles. Les Bourbons de Naples y laissèrent leur empreinte baroque. Mutilée par les bombardements américains de 1943, Palerme en porte toujours les stigmates. L'image de la ville est irrémédiablement associée à la Mafia. Mais l'élection en 1993 d'un maire réputé pour sa politique antimafia a permis à la ville de se consacrer à la restauration de ses joyaux architecturaux.

TRANSPORTS

Avion : **Aéroport Falcone & Borsellino** (appelé autrefois **Punta Raisi**). Informations sur les vols intérieurs ✆ 091 601 92 50, informations sur les vols internationaux ✆ 848 86 56 43. A 30 mn du centre de Palerme. Les **bus Prestia & Comande** (✆ 091 58 04 57) relient l'aéroport (2 dép/h) à la Piazza del Castelnuovo (durée 45 mn) et à la gare centrale (durée 1h, 4,65 €). Un taxi vous coûtera au moins 30 €.

Train : **Stazione Centrale**, P. Giulio Cesare, au pied de la Via Roma et de la Via Maqueda. Guichet (✆ 091 603 30 88) ouvert 6h45-20h40. Consigne disponible. Destinations : **Agrigente** (12 dép/j de 7h25 à 20h20, durée 2h, 6,82 €), **Catane** (3 dép/j de 8h15 et 14h20, durée 3h30, 10,55 €), **Cefalù** (18 dép/j de 4h à 21h05, durée 1h, 3,85 €), **Florence** (3 dép/j de 4h à 17h, durée 16h, 45,76 €), **Messine** (14 dép/j de 4h à 21h, durée 3h, 10,55 €), **Milan** (3 dép/j à 11h10, 16h20 et 17h, durée 19h30, 49,63 €), **Milazzo** (1 dép/h de 7h40 à 23h10, durée 2h30, 9,20 €), **aéroport de Punta Raisi** (22 dép/j de 4h45 à 22h10, durée 40 mn, 4,50 €), **Rome** (8 dép/j de 7h40 à 21h, durée 11h, 41,63 €), **Termini** (12 dép/j de 4h50 à 21h05, durée 30 mn, 2,65 €), **Turin** (dép. 11h20, 13h35 et 14h30, durée 21h, 51,08 €) et **Trapani** (11 dép/j de 6h40 à 20h40, durée 2h30, 6,25 €).

Ferrys et hydrofoils :

Groupe Grimaldi (✆ 091 58 74 04), 100 m avant Tirrenia, avec la mer sur votre gauche. Ses luxueux bateaux sont équipés de salles de gym et de discothèques. Bureau ouvert Lu-Ve 8h45-13h (les ferrys partent à 14h15) et Sa. 9h-12h (les ferrys partent à 16h30). Di dép. à 16h30. Les ferrys desservent **Livourne** (Ma., Je. et Sa. dép. 21h, durée 17h, fauteuil *poltrona* 59-96 €) et **Gênes** (Lu-Sa 6 dép/semaine à 20h30, durée 20h, fauteuil *poltrona* 69-109 €).

Siremar, V. Francesco Crispi, 118 (✆ 091 58 24 03), à une rue du bord de mer, au niveau du port. Les ferrys desservent l'île d'**Ustica** (Lu-Sa dép tlj 9h, Di dép 8h15, durée 2h30, 11,60 €). En juillet et en août, Siremar met également en service des hydrofoils (2 dép/j, durée 1h15, 17,80 €). Ouvert tlj 8h30-13h et 16h-18h30.

SNAV (✆ 091 33 33 33), près de la Via Francesco Crispi, dans le port. L'agence se trouve au bout de la Stazione Marittima. Ouvert 9h-13h et 17h-19h. Deux hydrofoils par jour desservent les îles

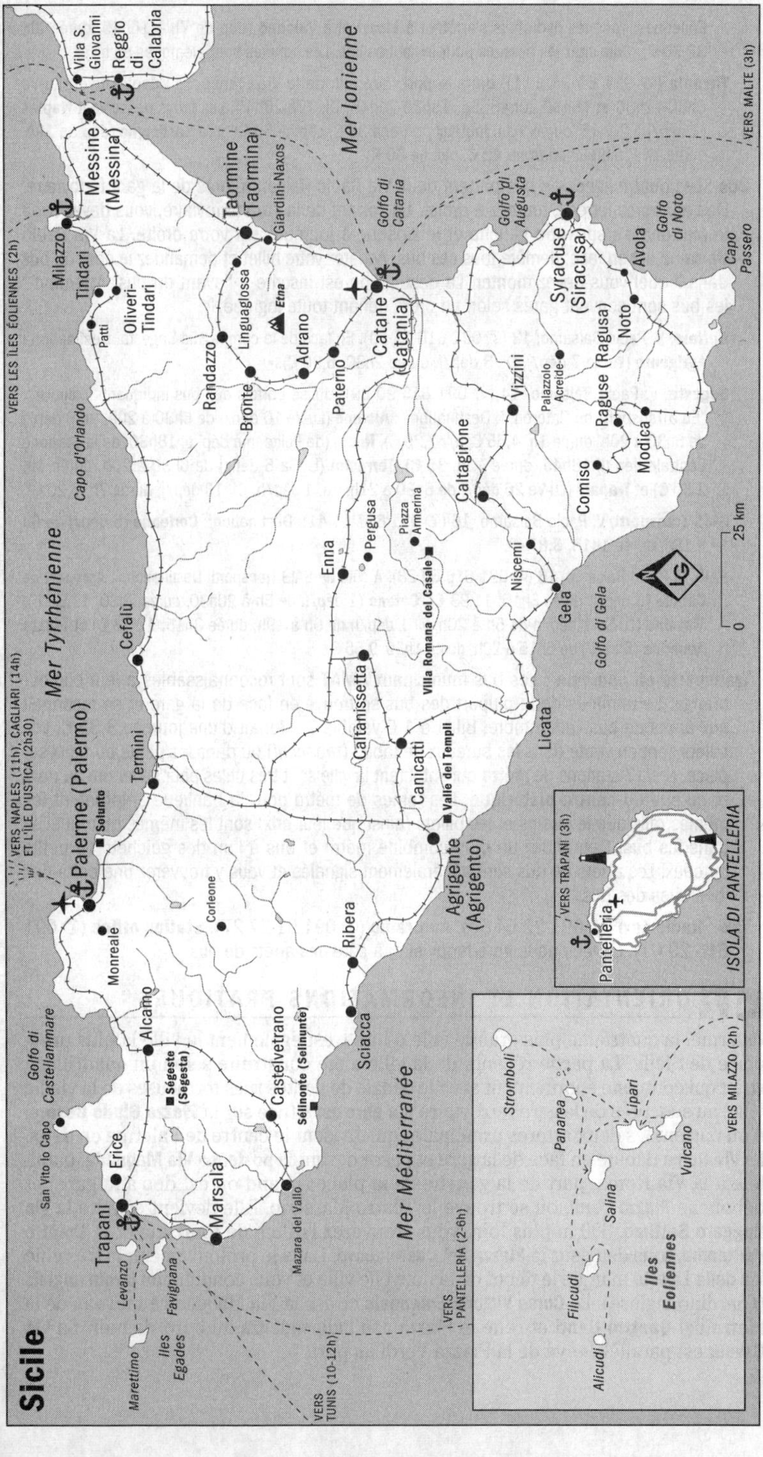
Sicile
Mer Tyrrhénienne
Mer Ionienne
Mer Méditerranée
VERS NAPLES (11h), CAGLIARI (14h) ET L'ILE D'USTICA (2h30)
VERS LES ILES EOLIENNES (2h)
VERS MALTE (3h)
VERS TUNIS (10-12h)
VERS PANTELLERIA (2-6h)
Palerme (Palermo)
Solunto
Monreale
Corleone
Termini
Cefalù
Capo d'Orlando
Patti
Oliveri-Tindari
Tindari
Milazzo
Messine (Messina)
Villa S. Giovanni
Reggio di Calabria
Taormine (Taormina)
Giardini-Naxos
Linguaglossa
Etna
Randazzo
Bronte
Adrano
Paterno
Catane (Catania)
Golfo di Catania
Golfo di Augusta
Syracuse (Siracusa)
Avola
Noto
Golfo di Noto
Capo Passero
Palazzolo Acreide
Vizzini
Raguse (Ragusa)
Modica
Comiso
Caltagirone
Niscemi
Gela
Golfo di Gela
Piazza Armerina
Villa Romana del Casale
Pergusa
Enna
Caltanissetta
Canicattì
Licata
Valle dei Templi
Agrigente (Agrigento)
Ribera
Sciacca
Sélinonte (Selinunte)
Castelvetrano
Mazara del Vallo
Marsala
Trapani
Erice
San Vito lo Capo
Golfo di Castellammare
Alcamo
Ségeste (Segesta)
Levanzo
Favignana
Marettimo
Iles Egades
0
25 km
LG
VERS TRAPANI (3h)
Pantelleria
ISOLA DI PANTELLERIA
Stromboli
Panarea
Lipari
Salina
Vulcano
Filicudi
Alicudi
Iles Eoliennes
VERS MILAZZO (2h)

SICILE

Eoliennes. Tous les hydrofoils s'arrêtent à **Lipari** et à **Vulcano** (dép de 7h à 16h45, durée 3h, 32,30 €). Consultez les horaires pour les autres îles. Les horaires sont aléatoires en hiver.

Tirrenia (✆ 091 60 21 111), dans le port, non loin de la Via Francesco Crispi. Ouvert Lu-Ve 8h30-12h30 et 15h30-20h45, Sa. 15h30-20h45, Di. 17h-20h45. Les ferrys desservent **Naples** (1 dép/j à 20h45, durée 10h, fauteuil *poltrona* 38 €, cabine 55 €) et la **Sardaigne** (dép Sa 19h, durée 14h, fauteuil *poltrona* 42 €, cabine 60 €).

Bus : Les quatre lignes de bus partent de la Via Paolo Balsamo, près de la gare ferroviaire. Dos aux voies ferrées, tournez à droite. En sortant de la gare ferroviaire, vous devez avoir le McDonald's sur votre gauche et le kiosque à journaux sur votre droite. La Via Paolo Balsamo est en face, derrière tous ces bus. Achetez votre billet et demandez le nom du bus dans lequel vous devez monter. La destination est inscrite à l'avant du bus. Attention : les bus sont souvent garés selon un ordre défiant toute logique.

Cuffaro, V. Paolo Balsamo, 13 (✆ 091 616 15 10). En face de la compagnie Segesta. Destination : **Agrigente** (Lu-Sa 7 dép/j, Di. 3 dép/j, durée 2h30, 6,90 €).

Segesta, V. Paolo Balsamo, 14 (✆ 091 616 90 39). Utilise parfois des bus indiquant "Sicilbus", "EtnaTransport" ou "Interbus". Destinations : **Alcamo** (Lu-Ve 10 dép/j de 6h30 à 20h, Sa 8 dép/j de 6h30 à 20h, durée 1h, 4,65 €, a/r 7,20 €), **Rome** (de Politeama dép. tlj 18h30, de la Stazione Centrale dép tlj 18h45, durée 12h, 35 €), **Terrasini** (Lu-Sa 6 dép/j de 6h30 à 20h, durée 1h, 2,50 €) et **Trapani** (Lu-Ve 26 dép/j de 6h30 à 21h, Sa. 1 dép/h, Di. 13 dép/j, durée 2h, 6,20 €).

SAIS Transporti, V. Paolo Balsamo, 16 (✆ 091 617 11 41). Destination : **Corleone** (5 dép/j de 6h à 18h, durée 1h15, 3,87 €).

SAIS, V. Paolo Balsamo, 16 (✆ 091 616 60 28). A côté de SAIS Transporti. Destinations : **Aéroport de Catane** (8 dép/j, durée 3h15, 11,93 €), **Catane** (1 dép/h de 5h à 20h30, durée 2h30, 11,82 €), **Messine** (Lu-Sa 1 dép/h de 5h à 20h, Di 1 dép/h de 9h à 19h, durée 3h15, 12,43 €) et **Piazza Armerina** (8 dép/j de 6h15 à 20h, durée 1h30, 9,55 €).

Transports en commun : Les bus municipaux **AMAT** sont reconnaissables à leur couleur orange. Le terminus de la plupart des bus se trouve en face de la gare et se reconnaît aux arrêts de bus vert sombre. Billet à 1 € valable 2h, forfait d'une journée 3,35 €. Les billets sont en vente dans les bureaux de tabac (*tabacchi*) ou dans les petits bureaux sur place. Les 17 stations de **métro** qui entourent la ville sont très utiles pour se rendre au nord et au sud du **centre historique**. Les rames de métro pour la banlieue empruntent les mêmes rails que les trains et les billets (ainsi que leur prix) sont les mêmes qu'on utilise dans les bus. Demandez un plan combiné métro et bus à l'un des guichets ou petits bureaux. Les arrêts de bus sont généralement signalés et vous y trouverez une carte des itinéraires des bus.

Taxi : **Radio Taxi** (✆ 091 22 54 55). **Autoradio** (✆ 091 51 27 27). **Station office** (✆ 091 616 20 01). En face de la gare ferroviaire, à côté des arrêts de bus.

ORIENTATION ET INFORMATIONS PRATIQUES

Palerme, la quatrième plus grande ville d'Italie, est également la ville la plus urbanisée de Sicile. La partie récente de la ville a été construite selon un quadrillage strict qui contraste énormément avec le dédale de petites rues tortueuses de la vieille ville, au sud, près de la gare ferroviaire. La **gare** est située sur la **Piazza Giulio Cesare**, d'où partent les deux artères principales qui divisent le centre de Palerme en deux. La **Via Roma** débute en face de la gare et passe devant la **poste**. La **Via Maqueda**, parallèle à la Via Roma, part de la gauche de la place (quand on est dos à la gare) et débouche **Piazza Verdi**, où se trouve le Teatro Massimo. Elle devient ensuite la **Via Ruggero Settimo**. 300 m plus loin, vous trouverez l'office de tourisme et le **théâtre Politeama**, tous deux sur la **Piazza del Castelnuovo**. Dans le prolongement, la très chic **Via della Libertà** marque le début de la nouvelle ville et vous conduira au **jardin anglais** (Giardino inglese). Le **Corso Vittorio Emanuele** croise la Via Maqueda au niveau de la **Piazza dei Quattro Canti** et relie la **Piazza dell'Indipendenza** au bord de mer. La **Via Cavour** est parallèle et va de la Piazza Verdi au port.

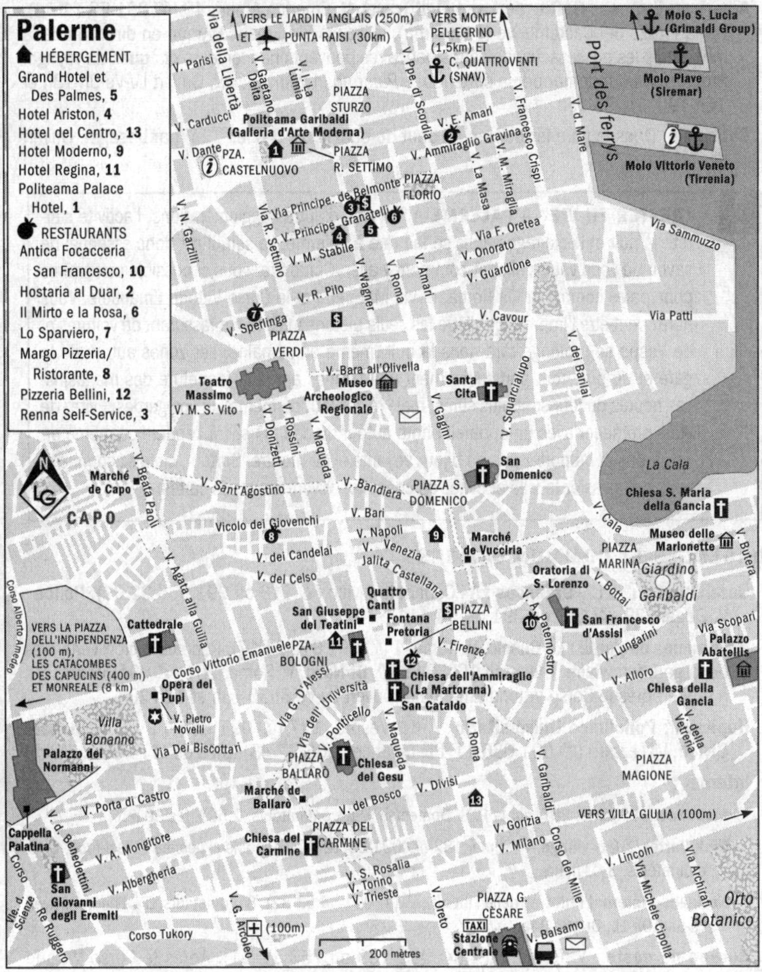

SERVICES TOURISTIQUES ET ARGENT

Offices de tourisme : P. del Castelnuovo, 34 (✆ 091 605 81 11, www.palermotourism.com), au 2e étage du bâtiment de la Banco di Sicilia, en face du théâtre Politeama. De la gare ferroviaire, prenez le bus jusqu'à la Piazza del Castelnuovo, au bout de la Via Maqueda. Traversez la place. Plans détaillés et brochures. Demandez l'*Agenda* mensuel. Ouvert Juin-Sep Lu-Ve 8h30-14h et 14h30-18h, Sa-Di 9h-13h, Oct-Mar Lu-Ve 8h30-14h. Vous trouverez deux **annexes**, à la gare (✆ 091 616 59 14) et à l'aéroport (✆ 091 59 16 98, ouvert tlj 8h30-24h). Un peu partout dans la ville, de petits kiosques d'informations distribuent des cartes.

Change : Vous pourrez changer de l'argent au bureau de poste central et à la gare ferroviaire. La **Banca Nazionale del Lavoro**, V. Roma, 201, et la **Banco di Sicilia**, V. Ruggero Settimo, sont toutes deux ouvertes Lu-Ve 8h20-13h20. Les **distributeurs automatiques** de la Via Roma et de la Via Maqueda n'acceptent pas toujours les cartes internationales. Les distributeurs **Bankomat 3-Plus** sont plus récents et plus fiables.

American Express : **G. Ruggieri and Figli Travel**, V. Emerico Amari, 40 (✆ 091 58 71 44). De la Piazza del Castelnuovo (Politeama), suivez la Via Emerico Amari en direction de la mer. Seuls les possesseurs de cartes bancaires peuvent changer leurs **chèques de voyage**. Profitez-en pour demander la carte rouge *Palermo in your pocket*. Ouvert Lu-Ve 9h-13h et 16h-19h, Sa. 9h-13h.

Consigne : Dans la gare ferroviaire, au bout du quai n° 8. 3 € les 12h (par bagage). Ouvert tlj 6h-24h.

"RESTER EN VIE" À PALERME A l'inverse d'autres agglomérations, l'activité s'arrête la nuit et l'éclairage public se fait rare à Palerme. Le soir, il est donc essentiel de savoir où vous voulez aller et comment y aller. Cantonnez-vous si possible aux artères principales comme la Via Roma, la Via Maqueda et le Corso Vittorio Emanuele. Vous aurez peut-être l'impression d'être les seuls piétons mais le flot rassurant de voitures et de Vespa se prolonge tard dans la nuit, même en semaine. Les zones autour de la gare et du port sont particulièrement mal famées après la fermeture des magasins. Les heures du jour sont plus sûres, mais restez tout de même sur vos gardes. Evitez de vous promener avec un appareil photo autour du cou, un sac à l'épaule ou même un sac à dos et ne portez pas de bijoux voyants ni de montre. Surtout, circulez comme si vous connaissiez la ville et évitez de consulter ouvertement vos cartes.

URGENCES ET COMMUNICATIONS

Carabinieri : ✆ 112. **Urgences** : A l'Ospedale Civico (✆ 118 ou 091 666 22 07). **Police** : V. Dogali, 29 (✆ 113 ou 091 69 54 111).

Pharmacies de garde : **Lo Cascio**, V. Roma, 1 (✆ 091 616 21 17). Repérez la croix verte près de la gare ferroviaire. Ouvert tlj 16h30-8h30. **Di Naro,** V. Roma, 207 (✆ 091 58 58 69), à droite après le Corso Vittorio Emanuele. Ouvert Lu-Ve 8h30-13h et 16h-20h.

Hôpitaux : **Policlinico Universitario**, V. del Vespro, 127 (✆ 091 655 11 11). **Ospedale Civico**, V. Lazzaro (✆ 091 666 11 11, urgences 606 22 43), près de la gare ferroviaire.

Internet :

Mondadori, V. Roma, 287, sur la P. S. Domenico. Deux ordinateurs. 2,50 € les 30 mn.

Nick Carter/cr@zy village, V. Roma, 182 (✆ 091 33 12 72). A la fois cybercafé et fast-food. Deux ordinateurs. 3 € l'heure.

Navigando Internet Point, V. della Libertà, 73 (✆ 091 34 53 32). 8 ordinateurs. 3 € l'heure. Ouvert Lu-Sa 10h-1h, Di 16h-24h.

Bureau de poste : V. Roma, 322 (✆ 091 160 ou 753 11 11). Après le Corso Vittorio Emanuele, continuez dans la Via Roma. Le bureau de poste est sur la gauche, cinq rues plus loin. C'est un bâtiment imposant que vous repérerez facilement à ses colonnes blanches. Ouvert Lu-Sa 8h10-18h30. Autre bureau : Stazione Centrale. Ouvert Lu-Ve 8h-18h30, Sa 8h-12h30. **Code postal** : 90100.

HÉBERGEMENT ET CAMPING

Palerme offre un grand choix de logements aux prix et à la qualité très variables. Cela dit, le prix et la qualité vont souvent de pair. Demandez toujours à voir la chambre avant de payer. Vous trouverez de nombreux hôtels bon marché dans la Via Roma et la Via Maqueda mais les quartiers près de la gare sont dangereux la nuit. Les femmes, tout particulièrement, devront être prudentes la nuit si elles logent dans ce quartier.

❤ **Hôtel Regina**, C. Vittorio Emanuele, 316 (✆ 091 611 42 16, fax 091 612 21 69), à quelques mètres du carrefour de la Via Maqueda et du Corso Vittorio Emanuele, en face de l'Hôtel Centrale. Cet hôtel est très central, ce qui est bien pratique pour visiter Palerme. Imaginez un escalier en marbre usé et un long corridor meublé de secrétaires en bois et de tables décorées, avec des miroirs accrochés aux murs. La petite cour permet de filtrer le bruit de la rue. Utilisation gratuite de la cuisine pour les clients. Chambre simple 21 € (il y en a 7), avec salle de bains 35 €, chambre double 40 €, avec salle de bains 50 €. Cartes Visa, MC, AmEx. ❖❖

❤ **Hôtel del Centro**, V. Roma, 72, au 1er étage (✆ 091 617 03 76, www.hoteldelcentro.it). De la gare ferroviaire, comptez cinq croisements dans la Via Roma. Les chambres sont très hautes de plafond et meublées à l'ancienne. Mais ce sont les beaux rideaux et les détails peints de couleur crème qui donnent tout son charme à ce petit hôtel. Chambres avec télévision et climatisation. Chambre simple 48 €, avec salle de bains 62 €, chambre double 72 €, avec salle de bains 85 €. Cartes Visa, MC. ❖❖❖❖

Grand Hotel et Des Palmes, V. Roma, 398 (✆ 091 602 81 11), entre la V. Pipe Granatelli et la V. Stabile, dans le *centro*. Un hôtel qui atteint les sommets du luxe palermitain, avec ses escaliers en marbre, ses fenêtres aux verres teintés, ses lustres et ses statues grecques dans le lobby. Les chambres spacieuses ont une salle de bains, la TV et la clim. A été rénové en 2003. Petit déjeuner inclus. Sept-Juin chambre simple 121 €, double 185 €. Juil-Aoû chambre simple 114 €, double 175 €. Cartes Visa, MC, AmEx. ❖❖❖❖❖

Hôtel Moderno, V. Roma, 276 (✆ 091 58 86 83 ou 58 82 60). Des chambres vraiment paisibles qui donnent pour la plupart sur une petite cour intérieure. Elles comprennent salle de bains, TV et clim. Chambre simple 55 €, double 75 €, triple 95 €, quadruple 105 €. Cartes Visa, MC, AmEx. ❖❖❖❖

Politeama Palace Hotel, P. R. Settimo, 15 (✆ 091 32 27 77, www.hotelpoliteama.it). Un hôtel de haut standing, très bien placé. Les chambres sont grandes et impeccables. Elles incluent salle de bains, TV, internet et clim. Petit déjeuner inclus. Chambre simple 130 €, double 185 €, triple 210 €. Cartes Visa, MC, AmEx. ❖❖❖❖❖

Hôtel Ariston, V. Mariano Stabile, 139 (✆ 091 33 24 34). De la gare ferroviaire, prenez la Via Roma. La rue de l'hôtel se trouve quatre rues après la Via Cavour, sur la gauche. Si vous n'avez pas envie de marcher, prenez le bus n° 122 et descendez avant la Via Amari. Chambres modernes, très claires, au style minimaliste, chic et très confortables. L'hôtel est bien situé, entre le théâtre Massimo et le théâtre Politeama. Les 7 chambres sont situées au 6e étage. Toutes possèdent une salle de bains, la climatisation et la télévision. Chambre simple 36-40 €, chambre double 54-60 €. ❖❖❖

Camping : **Campeggio dell'Ulivi**, V. Pegaso, 25 (✆/fax 091 53 30 21), à 35 mn de Palerme. De la gare ferroviaire, prenez le bus n° 101 jusqu'à la Piazza De Gasperi, puis le bus n° 628 jusqu'à la Via Sferracavallo. Descendez cette rue sur quelques mètres puis prenez à droite la Via dei Mandarini, juste après la poste. Le camping (extrêmement propre) se trouve sur la droite. Bungalows disponibles. 6,50 € par personne, tente comprise. Douches chaudes gratuites. ❖

RESTAURANTS

Palerme est réputée pour ses *spaghetti ai brocoli affogati alla palermitana* (accompagnés de brocolis épicés), sa *pasta con le sarde* (pâtes aux sardines et au fenouil) et ses *rigatoni alla palermitana* (pâtes avec une sauce à la viande et aux petits pois). Goûtez aux *arancini* (boulettes frites de riz, d'épinards ou de viande) et aux *panini con panelle* (sandwichs aux boulettes de pois chiches). L'espadon (*pesce spada*), une des grandes spécialités palermitaines, se prépare nature ou roulé et fourré en *involtini*. Goûtez encore à la *cassata* locale (une pâtisserie à la ricotta) et aux *paste con gelo di melone* (un gâteau à la confiture de pastèque), et finissez par un bon *gelato*. Ces trois dernières délicatesses auraient été inventées, ou perfectionnées, à Palerme.

Les meilleurs restaurants de la ville se trouvent entre le Teatro Massimo et le théâtre Politeama. Sur les marchés, où tout le monde s'agite dans tous les sens, vous pourrez acheter de quoi manger à un prix plus intéressant que dans la plupart des supermarchés. De plus, le choix est plus grand. Le **marché Ballarò** s'étend dans les petites rues entre la Via Maqueda et le Corso Vittorio Emanuele. Le **marché Capo** se

DANS LA PRESSE

LA MAFIA

Au-delà de la vision hollywoodienne de la Mafia sublimée par *Le Parrain* (costumes à rayures fines, borsalinos et mitraillettes), la réalité est tout autre. La Mafia ne désigne que l'organisation sicilienne. La Camorra de Naples et la N'Dranghetta de Calabre sont des systèmes totalement différents, qui s'ignorent superbement. Le système de la Mafia, très complexe et codifié, est fondé sur une hiérarchie stricte et sur les principes de respect mutuel et de répartition des territoires. Les mafiosi se définissent comme des *uomini d'onore* (des "hommes d'honneur"). Ils n'aiment d'ailleurs pas employer le terme Mafia, auquel ils préfèrent celui de *Cosa Nostra* ("notre chose"). A la tête d'une "famille", on trouve le *don* (le "délégué"), qui représente sa famille auprès des autres. Il est secondé par un ou plusieurs hommes du conseil. Puis viennent les *capodecine* (responsables de dix hommes), qui dirigent des groupes de *soldati*. Tout en bas de l'échelle figurent des jeunes qui ne sont pas encore adoubés mais qui travaillent pour le *don* dans l'espoir de devenir un jour de vrais mafiosi. Chaque famille contrôle un territoire bien délimité : un quartier de Palerme, la ville de Catane, une région agricole, etc. Le système exclut les femmes. Même si elles sont très respectées et font partie intégrante de la

tient dans les rues du quartier du même nom, à l'ouest du théâtre Massimo, et le **marché Vucciria**, le dernier des trois, entre le Corso Vittorio Emanuele et la Piazza San Domenico. Ces trois marchés ont lieu du lundi au samedi, du lever au coucher du soleil. C'est le samedi matin qu'il y a le plus de monde.

❤ **Lo Sparviero**, V. Sperlinga, 23 (✆ 091 33 11 63), à quelques pas du théâtre Massimo en allant vers la Piazza del Castelnuovo. Ce restaurant à l'intérieur très sombre est un secret bien gardé. Prenez place à une des tables de bois sombre, vous vous sentirez très loin de chez vous. Pizzas à partir de 4 €, *primi* à partir de 5,50 €. Couvert 1 €. Service 15 %. Climatisation. Ouvert Di-Ve 11h-15h15 et 19h15-24h, Sa 12h30-16h et 18h30-24h. Cartes Visa, MC, AmEx. ❖❖

❤ **Margo' Ristorante Pizzeria**, P. Sant'Onofrio (✆ 091 611 82 30). A partir de la V. Maqueda, engagez-vous dans le Vco. dei Giovenchi, de l'autre côté du croisement entre les V. Maqueda et Bari. Décor chic avec des murs en pierre de taille et service attentionné. Un excellent endroit pour passer un moment agréable. Goûtez la spécialité du chef, les *ravioli di cernia, spada e crema di asparagi* (8,50 €). Pizza à partir de 4 €. *Primi* à partir de 5,50 €, *secondi* à partir de 7 €. Ouvert Ma-Di 18h-24h. Cartes Visa, MC, AmEx. ❖❖

❤ **Pizzeria Bellini**, P. Bellini, 6 (✆ 091 616 56 91), à gauche de la Piazza della Pretoria, à l'ombre du théâtre Bellini. C'est l'endroit de Palerme le plus romantique pour dîner en terrasse sous les parasols. Très bonnes pizzas cuites dans un four en brique à partir de 3,50 € (vous pouvez également commander des pizzas à emporter), *primi* à partir de 4 €. Couvert 1,50 €. Ouvert Ma-Di 12h-15h et 18h-1h. Cartes Visa, MC, AmEx. ❖❖

❤ **Antica Focacceria San Francesco**, V. A. Paternostro, 58 (✆ 091 32 02 64), sur la P. S. Francesco. Cette *focacceria* est en activité depuis 1834. Derrière le comptoir est posée la cuve à rate. Oserez-vous en goûter, dans un panini ou avec du fromage *maritata* ? 19 salades à partir de 3,60 €. *Primi* à partir de 4 €, *secondi* à partir de 8 €. Couvert 1 €. ouvert tlj 9h-16h et 18h30-24h. Cartes Visa, MC, AmEx. ❖❖❖

Hostaria Al Duar, V. Ammiraglio Gravina, 31 (✆ 0329 670 98 59), à trois rues de la Via Roma en direction du port. Des parfums siciliens et arabes se côtoient sur le menu en souvenir des conquêtes passées. Menu 11 €. Couvert 1 €. Service 10 %. Ouvert Ma-Di 10h-15h et 19h-24h. Cartes Visa, MC, AmEx. ❖❖❖

Il Mirto e la Rosa, V. Principe di Granatelli, 30 (✆ 091 32 43 53). Un bon restaurant végétarien fréquenté par les trentenaires palermitains. Jolie salle voûtée. Goûtez les *fettucine al profumo d'estate*, des pâtes arrosées d'une sauce tomate savoureuse agrémentée de pignons, de poivrons, d'ail et de basilic. *Primi* très copieux (7 €), *secondi* à partir de 5 €. Vous pourrez choisir entre 52 pizzas. Ouvert Lu-Sa 12h30-15h et 19h30-23h. ❖❖

Renna Self-Service, V. Principe di Granatelli, 29 (© 091 58 06 61). Fast-food aussi bondé qu'une cantine, avec une décoration qui va de pair. La différence est qu'ici on ne lésine ni sur la qualité ni sur la quantité. *Primi* à partir de 2 €, *secondi* à partir de 3,40 €. Ouvert Lu-Je et Sa 12h-15h30 et 19h-22h, Ve et Di 12h-15h30. Cartes Visa, MC, AmEx. ❖

VISITES

Un mélange unique de splendeur et de délabrement fait de Palerme une ville qui déroute et qui séduit. Les palais du XVIe siècle en ruine témoignent de la magnificence passée et du déclin de cette vieille cité. A la différence de Naples, Palerme n'a pas été restaurée. Durant la plus grande partie du XXe siècle, la Mafia et les politiciens corrompus ont détourné aussi bien les fonds eux-mêmes que l'attention qu'auraient méritée les paysages délabrés de la ville. Depuis quelques années, cependant, des efforts ont été entrepris pour rénover certains monuments, et le magnifique Teatro Massimo, gloire artistique de la ville, a ainsi été réouvert.

❤ **MONREALE.** Le plus beau joyau de Palerme se trouve en fait à 8 km de la ville : il s'agit de l'abbaye de **Monreale** et de sa magnifique **cathédrale** de style arabo-normand. L'intérieur de la cathédrale impressionne par ses 6340 m² de mosaïques dorées qui tapissent sa voûte et ses murs. Ces mosaïques, qui représentent en 130 tableaux l'Ancien et le Nouveau Testament, sont dominées par un l'immense **Christ Pantocrator** (guide des hommes), qui se trouve au-dessus de l'autel principal. Les petits vitraux de la cathédrale ne laissent passer qu'une faible lumière et, lorsque quelqu'un paie (toutes les 2-3 minutes) pour éclairer une partie de l'église, tous les visiteurs sursautent ! En entrant par la porte latérale, vous vous trouverez face à la Genèse (angle supérieur gauche de la nef centrale). L'Ancien Testament se poursuit dans le sens des aiguilles d'une montre. Remarquez les représentations d'Adam et Eve. Les mosaïques des deux nefs latérales décrivent très précisément les miracles accomplis par le Christ. *(Le bus n° 389 part de la Piazza dell'Indipendenza, à Palerme, pour la Piazza Vittorio Emanuele, à Monreale (3 dép/h, durée 40 mn, 1 €). Pour aller à la Piazza dell'Indipendenza, prenez le bus n° 109 ou n°318 de la Stazione Centrale de Palerme. Informations touristiques (© 091 640 44 13), à gauche de la cathédrale. Tenue correcte exigée. Cathédrale ouverte tlj 8h-18h, Trésor ouvert tlj 9h-18h. Entrée 1,50 €.)*

Juste à côté de la cathédrale se trouve le **cloître**, tout aussi célèbre que la cathédrale. Derrière sa simplicité apparente se cache une des plus belles et des plus inattendues, collections de sculptures siciliennes. En effet, les motifs des 228 colonnes géminées des arcades et des chapiteaux sont tous différents. Chaque chapiteau est ainsi unique, dans une succession des styles gréco-romain, arabe, normand, roman, gothique et bien d'autres combinaisons. Dans l'angle proche de la colonnade inférieure et de ses fondations, repérez le chapi-

"famille", elles sont considérées comme trop bavardes pour participer aux opérations secrètes. Les femmes et les enfants étaient autrefois épargnés par les luttes entre clans, mais depuis quelques années certains *doni* en ont fait des cibles de choix, à la consternation des mafiosi traditionnels.

La Mafia est née dans les campagnes, où les riches propriétaires terriens engageaient des hommes de main pour défendre leurs *latifondi* contre les brigands. Ils étaient puissants parce que tout le monde leur devait des faveurs, ils étaient forts parce qu'ils étaient solidaires et ils étaient craints parce qu'ils n'hésitaient pas à tuer froidement. Aujourd'hui, certains mafiosi affirment descendre du groupe *I Beati Paoli*, une société secrète qui défendait la veuve et l'orphelin à Palerme au XIXe siècle. Après avoir été pourchassée sous Mussolini, la Mafia sicilienne, en liaison avec les parrains américains, participa à la préparation du débarquement allié de 1943 en Sicile. Après la guerre, elle en profita pour s'infiltrer à tous les échelons de la société, gangrenant jusqu'au plus haut niveau le système politique et économique. Depuis le milieu des années 1980, le gouvernement et plus encore la justice italienne la combattent sérieusement mais, malgré l'arrestation de quelques grands parrains, elle reste puissante.

teau représentant Roger II offrant la cathédrale de Monreale à la Vierge. Un balcon qui court le long de l'abside de la cathédrale donne sur les cloîtres et, plus loin, sur Palerme. La deuxième porte du cloître s'ouvre sur une série de **jardins** qui surplombent Palerme. *(Ouvert Lu-Sa 9h-19h, Di 9h-13h. Entrée 4,13 €, étudiants 2,07 €. Accès au toit 1,55 €.)*

❤ **LA CHAPELLE PALATINE.** Le **Palazzo dei Normanni** (palais des Normands) abrite la chapelle Palatine qui renferme, comme la cathédrale de Monreale mais en plus petit, de magnifiques mosaïques. Les rois normands firent venir des artistes de Constantinople pour décorer chaque centimètre carré de l'intérieur de la chapelle avec de l'or, des morceaux de pierres émaillées, de l'or, des sculptures de bois, de l'or et du marbre. De nombreux Palermitains préfèrent ce petit trésor à celui de Monreale. Peut-être le Christ Pantocrator de la chapelle leur est-il plus agréable à regarder et leur paraît-il plus compatissant. Les magnifiques plafonds en bois sculpté, comme les motifs géométriques des mosaïques en marbre des murs, furent réalisés par des artisans arabes de la région. Vous pouvez visiter à l'étage la **Sala di Ruggero** (la salle du roi Roger), accompagné d'un guide. *(Prenez le Corso Vittorio Emanuele jusqu'au palais des Normands. L'entrée se trouve au bout et à droite de la Piazza dell'Indipendenza. © 091 705 48 79. Ouvert Lu-Ve 9h-11h45 et 15h-16h45, Sa 9h-11h45, Di. 9h-9h45 et 11h15-12h45.)*

LES CATACOMBES DES CAPUCINS. Est-ce la collection d'un film d'horreur ou les coulisses du spectacle de marionnettes le plus macabre de l'histoire ? Ce site constitue une visite certes morbide mais très impressionnante. Pendant plus de 350 ans, les moines capucins ont rangé plus de 8000 corps le long des murs des catacombes. Attachés par des fils et des clous, les squelettes grimaçant et ricanant, certains dans un état de décomposition avancé, semblent crier silencieusement après les visiteurs. Revêtus de leurs plus beaux vêtements, ils sont rangés par sexe et par profession. Sachez que ces longs couloirs sont hantés par de nombreux évêques ainsi que par Vélasquez. *(De la gare ferroviaire, prenez le bus n° 109 ou n°318 et changez à la Piazza dell'Indipendenza. Montez ensuite dans le bus n° 327 en direction des catacombes, Piazza dei Capuccini. © 091 21 21 17. Ouvert tlj 9h-12h et 15h-17h30, ferme à 17h en hiver. Entrée 1,50 €.)*

LE THÉÂTRE MASSIMO. L'imposant **Teatro Massimo**, construit entre 1875 et 1897 dans un style néoclassique, possède une des plus grandes scènes d'Europe. Après plus de 27 années de rénovation, le théâtre a rouvert ses portes en 1997 pour son 100e anniversaire, dans une inauguration toute sicilienne (c'est-à-dire avec trompettes et confettis). La version officieuse est que ces nombreuses années de réfection doivent peu à l'art mais beaucoup à la Mafia. Nettoyés et polis, l'extérieur comme l'intérieur ont retrouvé leur éclat d'antan. C'est ici que Francis Ford Coppola tourna la célèbre scène de l'opéra du *Parrain III*. La programmation comprend des opéras, des pièces de théâtre et des ballets, ceci tout au long de l'année. Les prix des places de spectacle sont raisonnables. Lors du **Festival di Verdura**, qui a lieu de la fin juin à la mi-août, des compagnies du monde entier viennent pour une ou deux représentations. *(Via Maqueda, en face du Musée archéologique, à 500 m de la Piazza dei Quattro Canti. © 800 65 58 58, réservations © 091 605 35 55. Ouvert Ma-Di 10h-16h. Entrée 3 €. Visites guidées de 20 mn en anglais, en français et en allemand.)*

LA CATHÉDRALE. Aux XIIe et XIIIe siècles, Palerme et Monreale ont fait la course pour construire leur cathédrale dans le but d'obtenir l'archevêché de la région. Palerme fut surpassée par la beauté de Monreale et on peut comprendre cette défaite lorsqu'on voit le style hybride de la cathédrale. En effet, elle a subi de nombreux ajouts et mêle tous les styles architecturaux du XIIIe au XVIIIe siècle. Remarquez les colonnes arabes, les tours normandes et l'étrange dôme du XVIIIe siècle. Sur la première colonne de gauche avant l'entrée, on peut lire une inscription tirée du Coran. La cathédrale a effectivement été construite sur l'emplacement d'une ancienne mosquée dont cette colonne faisait partie. L'intérieur, de style néoclassique, comprend des chapelles sur les côtés. Les chapelles de gauche abritent six tombes de souverains Normands et d'empereurs de la dynastie Hohenstaufen du XIIe au XIVe siècle. Le palais de l'archevêque est appuyé à la cathédrale par des contreforts massifs et décorés datant de 1460. *(Corso Vittorio Emanuele. © 091 33 43 76. Ouvert tlj 9h30-17h30, fermé Di. matin et pendant les messes. Entrée au trésor et à la crypte 2 €.)*

LA PIAZZA DEI QUATTRO CANTI ET LA FONTAINE DE LA HONTE. A environ 600 m de la gare, la Via Maqueda et le Corso Vittorio Emanuele se rejoignent sur la **piazza dei Quattro Canti** ("les quatre coins"). Chacun des quatre angles de cette petite place construite au XVIIe siècle célèbre une saison, un roi d'Espagne (qui gouverna la région) ou un des saints patrons de la ville. Recouvertes pendant des décennies par la suie et la pollution, les sculptures profitent aujourd'hui de la grande vague de restauration de Palerme pour refaire peau neuve. Les énormes affiches dressées devant vous donneront une idée de ce qui se cache derrière les échafaudages ! La **Piazza Pretoria**, juste à côté, abrite l'immense **Fontana della Vergogna** (fontaine de la Honte) et le **Teatro Bellini**. Cette fontaine décorée de statues doit son nom aux fidèles en colère qui en avaient assez de voir des monstres mythologiques et des nus quand ils sortaient de l'**église San Giuseppe dei Teatini** (1612), de l'autre côté de la rue. Une histoire tout aussi peu glorieuse explique la taille démesurée de la fontaine. En fait, la fontaine de la Honte n'aurait pas été conçue pour cette petite place mais commandée au début du XVIe siècle par un riche Florentin pour sa villa. Il envoya un de ses fils à la carrière de marbre de Carrare pour s'assurer du bon acheminement de la statue, mais ce fils, ayant besoin d'argent très vite, envoya cette fontaine à Palerme et la vendit au sénat de la cité.

❤ LE MUSÉE ARCHÉOLOGIQUE RÉGIONAL. Le **Museo archeologico regionale**, installé dans un ancien couvent très calme au cœur de la ville, renferme une impressionnante collection provenant des quatre coins de la Sicile. Parmi les superbes pièces grecques et romaines se trouve une partie du temple de la victoire d'Himère. Repérez les têtes de lion qui tirent la langue en l'honneur d'une victoire remportée sur la Grèce. Ne manquez pas le célèbre *Bélier*, un bronze de la période hellénistique provenant de Syracuse et datant du IIIe siècle av. J.-C., réputé pour son réalisme. A l'étage, des sculptures retrouvées dans des grottes préhistoriques ainsi que d'immenses mosaïques romaines sont exposées. *(P. Olivella, 4. De la gare, remontez la Via Roma et tournez à gauche dans la Via Bara all'Olivella. © 091 611 68 05 ou 611 07 40. Ouvert Lu-Ve 8h30-16h45, Sa-Di 8h30-13h45. Entrée 4,50 €, étudiants 2 €, gratuit pour les moins de 18 ans.)*

LE PALAIS ABATELLIS. Sur la Piazza Marina, des panneaux indiquent le **Palazzo Abatellis**, qui date de 1495. Ce palais, dont l'architecture gothique est déjà imprégnée de style Renaissance, abrite un des plus beaux musées de Sicile. La collection comprend des sculptures et des peintures religieuses du Moyen Age à la période baroque. Ne manquez sous aucun prétexte l'*Annonciation* d'Antonello da Messina. La magnifique fresque du *Triomphe de la Mort*, massive et morbide, occupe toute une salle. *(V. Alloro, 4. De la Piazza Giulio Cesare, en face de la gare, prenez la Via Lincoln, puis tournez à gauche dans la Via Cervello. © 091 623 00 11. Ouvert tlj 9h-14h, Ma. et Je. ouvert également 15h-19h30. Entrée 4 €.)*

L'ÉGLISE DEL GESÙ (OU CASA PROFESSA). Face à la Piazza Bellini, la Via Ponticello traverse un quartier animé et débouche sur l'église del Gesù (souvent appelée simplement "Il Gesù"), construite de 1363 à 1564, et dont le dôme est couvert d'une mosaïque verte. Son intérieur baroque est un véritable foisonnement de marbres polychromes et on y trouve un *Jugement dernier* qui ferait presque penser à Dalí ! Dans la cour, vous pouvez encore constater les dégâts occasionnés par les bombardements américains de la Seconde Guerre mondiale. Le **Quartiere dell'Albergheria**, au cœur de la ville, ne s'est jamais vraiment remis de la guerre. Vous y verrez de nombreux bâtiments démolis, comme celui situé près de la Chiesa dell'Albergheria, qui a d'ailleurs donné son nom au quartier. *(V. Ponticello, une rue perpendiculaire à la Via Maqueda. Ouvert tlj 7h-11h30 et 17h-18h30. Pas de visites pendant les messes.)*

AUTRES ÉGLISES. La **Martorana**, également appelée **Santa Maria dell'Ammiraglio**, fut construite par un amiral du roi normand Roger II. La structure de cette église du XIIe siècle a été recouverte d'ornements baroques. A l'intérieur, les mosaïques byzantines du XIIe siècle représentent Roger II couronné par le Christ et l'amiral George au pied de la Vierge. *(P. Bellini, à côté de la Piazza Pretoria. Ouvert Lu-Sa 8h-13h et 15h30-17h30, Di 8h30-13h.)* Juste à côté, l'**église San Cataldo** (1154) possède des dômes rouges qui sont un bel exemple d'art arabo-normand. *(Ouvert Lu-Ve 9h-15h30, Sa 9h-12h30, Di 9h-13h.)* Le jardin et le cloître (XIIIe siècle) de l'**église San Giovanni degli Eremiti** (Saint-Jean-des-Ermites) forment l'un des ensembles les plus romantiques de Palerme. Fontaines et arcades en pierre, bougainvillées et palmiers en font une véritable petite oasis. Construite en 1132 par des architectes arabes sur les fondations d'un premier édifice, cette église est coiffée de coupoles roses. Un jardin tropical, derrière l'église, apporte de l'ombre au cloître du XIIIe siècle. *(V. dei Benedettini, 3. De la gare, suivez le Corso Tukory jusqu'à la Porta Montalto, puis tournez à droite. Ouvert Lu-Sa 9h-19h et Di. 9h-13h. Entrée 4 €.)*

TROIS PETITS TOURS ET PUIS S'EN VONT... Le **Museo internazionale delle Marionette** offre un aperçu amusant de la culture sicilienne. Ici, il n'y a pas de petits rôles mais seulement de petits acteurs. Ecoutez et regardez attentivement les histoires de cape et d'épée ou de chasse au dragon que vous racontent ces marionnettes. La collection comprend également des figurines d'autres pays, par exemple d'Inde, d'Afrique, de Birmanie, de Chine, de Thaïlande, de France et de Grande-Bretagne. *(V. Butera, 1. Suivez les flèches à partir de la Piazza Marina. © 091 32 80 60. Ouvert Lu-Ve 9h-13h et 16h-19h. Entrée 3 €, étudiants 1,55 €. Spectacle à la demande.)* Pour voir un vrai spectacle de marionnettes de Palerme, allez à l'**Opera dei Pupi** de Vincenzo Argentis. Des marionnettes en armure de plus de 90 cm se consolent les unes les autres, combattent des dragons et décapitent des Sarrasins, reconstituant ainsi des scènes des romans chevaleresques d'Orlando Furioso. *(V. Pietro Novelli, 1, près de la cathédrale. © 091 32 91 94. Spectacle tlj à 18h, minimum 15 personnes. Place 7,75 €.)*

LES JARDINS. Les jardins et les parcs de la ville offrent un havre de paix au milieu de l'animation de la ville. Beaucoup de gens viennent pique-niquer à l'ombre des palmiers et des bustes de marbre de l'immense et magnifique **Giardino inglese** (Jardin anglais), près de la Via della Libertà. En été, des concerts y ont lieu. En descendant le Corso Vittorio Emanuele en direction du port, on peut découvrir dans le **Giardino Garibaldi** d'énormes et étranges banians (figuiers d'Inde) dont les branches et les racines aériennes semblent s'élever dans les airs pour mieux s'enfoncer dans la terre. La grande **Villa Giulia**, au bout de la Via Lincoln lorsque vous venez de la gare, est un jardin à la française dont les chemins de sable blanc sont bordés de jolis massifs de fleurs et de grandes fontaines. *(Ces parcs sont ouverts tlj 8h-20h.)*

PLAGES ET SORTIES

La plage **Mondello Lido** est réservée aux touristes. Pour y accéder, vous devrez séjourner dans un des hôtels agréés de la ville. On vous y fournira des billets, valables le jour même, que vous devrez présenter à l'entrée de la plage. Pour vous y rendre, prenez le bus n° 806 devant le théâtre Politeama. Descendez à l'arrêt "Charleston", vous êtes tout près.

Le week-end, des cars entiers partent pour **Mondello**, une longue plage qui se métamorphose en petits Champs-Elysées le soir, avec une grande concentration de clubs et de bars. Pour vous y rendre, prenez le bus n° 101 ou 102 de la gare jusqu'à Politeama et la V. della Libertà, puis le bus n° 806 dans la même direction jusqu'à Mondello. **Addaura** est un autre lieu de sortie très prisé par les jeunes de la jet-set italienne. Prenez le bus n° 101 ou n° 107 à la gare ferroviaire, direction De Gasperi, puis le n° 614, le n° 615 ou le n° 677 si vous voulez aller à Mondello.

La vie nocturne de Palerme est concentrée dans des bars difficiles à trouver et d'où il est encore plus difficile de repartir après une soirée bien arrosée. Pour en savoir plus sur les événements culturels et la vie nocturne, procurez-vous un exemplaire d'*Un Mese a Palermo*, une brochure mensuelle que vous trouverez dans n'importe quel bureau APT, ou bien son concurrent *News News*. **Piazza Olivella**, en face du musée Archéologique et **Champagneria**, V. Spinuzza, 59, non loin du Teatro massimo, sont deux endroits très prisés des jeunes palermitains le soir. Ego Pub, P. Olivella, 16, sert des sandwichs en fin d'après-midi et se transforme en pub lorsque minuit sonne. (© 328 657 69 21. Ouvert tous les soirs 17h30-3h.) Le **Candelai**, V. Candelai, 65, fait le plein vers minuit. C'est l'une des rares discothèques du centre de Palerme. Vous y entendrez les classiques du rock en concert. C'est souvent bondé. Si vous voulez profiter des trois ordinateurs connectés à Internet, arrivez tôt. (© 091 32 71 51, www.candelai.it. Ouvert en hiver tous les soirs de 19h jusque tard dans la nuit, en été Je-Di 23h-3h.)

EXCURSIONS DEPUIS PALERME : LE MONT PELLEGRINO ET L'ÎLE D'USTICA

Le ❤ **Monte Pellegrino**, un pain de sucre de calcaire, s'élève au-dessus de la mer et surplombe la ville. Au bout d'une route tortueuse, le **Santuario di Santa Rosalia** (sanctuaire de sainte Rosalie) a été érigé autour de la grotte où Rosalie, une jeune princesse normande, se retira pour vivre dans l'ascèse. Ses restes ayant été ramenés à Palerme en 1624 pour mettre fin (avec succès) à une épidémie de peste, Sainte Rosalie devint la patronne de la ville. Elle fait toujours l'objet d'une profonde vénération de la part des Palermitains, notamment le 15 juillet lorsque ses ossements, conservés dans la cathédrale, font l'objet d'une grande procession dans les rues. Le sanctuaire encadre la grotte où elle faisait ses ablutions. Ses eaux aux vertus surnaturelles sont censées guérir des maux considérés comme incurables. Le sommet du mont Pellegrino, à 30 mn de marche du sanctuaire, offre une vue magnifique sur Palerme et la Conca d'Oro. Par temps clair, on peut même apercevoir les îles Eoliennes et l'Etna. *(© 091 54 03 26. Ouvert tlj 7h-19h. Prenez le bus n° 812 sur la Piazza del Castelnuovo.)*

L'île volcanique d'**Ustica** se trouve à une cinquantaine de kilomètres de la côte, à une distance raisonnable de Palerme. D'abord colonisée par les Phéniciens, puis par les pirates et les condamnés exilés, cette île est un excellent endroit pour la plongée et l'exploration de grottes. Elle abrite ainsi la première réserve naturelle maritime de Sicile et n'hésite pas à se proclamer "capitale mondiale de la plongée". De très nombreux chemins de randonnée sillonnent l'île. Vous pouvez également embarquer à bord d'un des nombreux petits bateaux qui attendent sur le port pour visiter les splendides grottes marines, notamment la **Grotta Azzura** et la **Grotta delle Barche**. Cette dernière fait office de cimetière nautique. De nombreux navires y gisent par le fond. Une croisière d'une heure coûte environ 5 €. Un tour de l'île de 2h30 avec des pauses baignade revient à 10 €. Les excursions

GAZETTE LOCALE

L'ÎLE MYSTÉRIEUSE

Lorsqu'il traça sa carte de Méditerranée, Ptolémée mentionna la présence de deux îles au nord ouest de la Sicile, Ustica et Osteo'des.
Si Ustica existe bel et bien, Osteo'des est en revanche introuvable. Pourtant, les anciens maintiennent que l'île a existé et prennent pour preuve son nom Osteo'des dérivé de "os" et qui ferait référence à un épisode morbide de l'histoire locale. On raconte que pendant la guerre contre Syracuse, des milliers de mercenaires carthaginois impatients de recevoir leur salaire commencèrent à se montrer menaçants. Le sénat de Carthage, craignant que les choses ne s'enveniment, décida purement et simplement d'éliminer les insurgés. Prétextant une campagne militaire, il fit embarquer les hommes à bord d'un navire. L'équipage prit la haute mer et cingla jusqu'à l'île d'Osteo'des. Là, les soldats furent sommés de débarquer et moururent de faim. Bien plus tard, des visiteurs dépêchés sur place découvrirent leurs squelettes. Les historiens considèrent qu'il n'y a jamais eu deux îles, mais une seule, Ustica, désignée sous deux noms différents par des voyageurs mal informés. Mais d'aucun font valoir qu'Ustica est bien trop fertile pour qu'on puisse y mourir de faim. Ils soutiennent qu'Osteo'des a existé mais qu'elle a été engloutie suite à une secousse sismique. Alors, une ou deux îles ? Le débat à ce jour n'est pas tranché.

organisées par **Ostea Piccola Societa Cooperativa**, V. S. Francesco al Borgo, sont un peu plus chères mais ont le mérite d'être menées par des professionnels (✆ 091 844 90 02. Réservation nécessaire. Tour d'une heure 7 €, excursion de 2h30 avec tour complet de l'île et baignades 10-13 €) La même compagnie propose des visites guidées sur les sites archéologiques de l'île, notamment pour voir le **village préhistorique** et la *necropoli* (à partir de 5 €). La plongée sous-marine demeure la première activité de l'île. **Alta Marea**, V. Christofo Colombo, organise des plongées de mai à octobre. (✆ 347 175 7255, www.altamareaustica.it. Les bateaux partent tous les jours à 9h15 et 15h15. Plongée 32 €, avec "stab" fourni 52 €. 10 plongées 310 €) Les plongées sont remarquables de par la présence de nombreuses épaves immergées. On peut voir notamment des ancres romaines ainsi que des amphores.

La compagnie **Siremar**, dont les bureaux à Ustica se trouvent V. Capitano Vincenzo di Bartolo, 15 (✆ 091 844 90 02), dessert l'île par ferrys et hydrofoils au départ de Palerme. Dans le sens Ustica-Palerme, les hydrofoils partent 3 fois par jour (durée 1h15, 17,80 €) et les ferrys une fois par jour à 17h (durée 2h30, 10,50 €).

CEFALÙ ✆ 0921

Dominées par la cathédrale, les petites rues pavées de Cefalù s'enchevêtrent au pied de la Rocca, un énorme promontoire rocheux. Les petites maisons construites à flanc de colline en bordure de mer attestent de l'amour des habitants de Cefalù, ancien village de pêcheurs, pour la mer, tout comme la fréquentation du *lungomare* (la promenade du bord de mer). Le proverbe sicilien : "Le bon vin vient dans de petites bouteilles" s'applique parfaitement à la petite Cefalù, dont les qualités paradisiaques ont été dévoilées dans le film plein de nostalgie *Cinéma Paradiso*. Mais attention : les charmes de Cefalù ont un prix et les *pensioni* jouent de la bonne réputation de cette station balnéaire et de sa proximité avec Palerme pour afficher les prix qu'elles veulent (qui ne sont pas toujours les prix que vous aimez payer).

TRANSPORTS

Train : P. Stazione, 1 (✆ 0921 42 11 69), à l'intersection de la Via Roma, de la Via Mazzini et de la Via Matteotti. Pour vous y rendre, prenez la Via Aldo Moro, la gare se trouve trois rues plus haut sur la gauche. Gare ouverte tlj 4h30-23h30, guichet ouvert 7h05-20h50. Cartes Visa, MC, AmEx. Destinations : **Messine** (12 dép/j de 4h45 à 21h47, durée 3h, 7,90 €), **Milazzo** (15 dép/j, durée 2h, 6,95 €), **Palerme** (34 dép/j de 5h13 à 22h20, durée 1h, 3,85 €) et **Sant'Agata di Militello** (12 dép/j de 7h02 à 21h16, durée 50 mn, 3,45 €).

Bus : Les bus de la compagnie **Spisa**, qui partent de la gare ferroviaire et de la Piazza Colombo, près du front de mer, desservent 26 villages des alentours (1 €). Leurs horaires sont affichés à l'office de tourisme et sur la vitrine du bar de la gare.

Taxi : **Kefautoservizi** (✆ 0921 42 25 54), sur la Piazza Stazione et près de la Piazza Cristoforo Colombo.

ORIENTATION ET INFORMATIONS PRATIQUES

Pour vous rendre dans la vieille ville depuis la gare, prenez la **Via Aldo Moro** puis la **Via Matteotti**, qui débouche sur la **Piazza Garibaldi**, d'où part le **Corso Ruggero**. La **Via Roma** traverse la partie la plus moderne de la ville. Pour vous rendre au **lungomare** (le bord de mer), suivez la **Via Cavour**, une rue perpendiculaire à la Via Matteotti.

Office de tourisme : C. Ruggero, 77 (✆ 0921 42 10 50, fax 0921 42 23 86), dans la vieille ville. Les employés disposent d'un vaste éventail de brochures, de cartes, de listes d'hôtels et d'horaires. Ouvert Lu-Sa 9h30-13h30 et 15h30-19h.

Change : **Banca Sant'Angelo** (✆ 0921 42 39 22), près de la gare, à l'angle de la Via Giuglio et de la Via Roma. Ouvert Lu-Ve 8h30-13h30 et 14h45-15h45. Le **distributeur automatique** de la **Banca di Sicilia**, P. Garibaldi (✆ 0921 42 11 03), fonctionne 24h/24.

Carabinieri : © 112. **Police municipale** : © 0921 42 01 04.

Urgences : © 0921 42 45 44. **Guardia Medica** : V. Roma, 15 (© 0921 42 36 23), dans un immeuble moderne de couleur jaune, dans la ville nouvelle, derrière une grille en fer. Ouvert tlj 20h-8h.

Pharmacies : **Dr. Battaglia**, V. Roma, 13 (© 0921 42 17 89), dans la ville nouvelle. Ouvert Lu-Sa 9h-13h et 16h30-20h30. Cartes Visa, MC. **Cirincione**, C. Ruggero, 144 (© 0921 42 12 09). Ouvert Lu-Ve 9h-13h et 16h30-20h30, Sa-Di 16h30-23h. En août, il est préférable de téléphoner avant de passer.

Hôpital : Sur la Contrada Pietra Pollastra (© 0921 92 01 11).

Internet : **Kefaonline**, P. San Francesco, 1 (© 0921 92 30 91), à l'angle de la Via Umberto I et de la Via Mazzini. 5 € l'heure. Ouvert Lu-Sa 9h30-13h30 et 15h30-19h30. **Bacco On-Line**, C. Ruggero, 38 (© 0921 42 17 53), en face de l'office de tourisme. Vous préférez du rouge, du blanc ou du rosé pour lire vos e-mail ? Les connexions plutôt lentes vous laisseront le temps de choisir. Deux ordinateurs IBM se trouvent dans l'arrière-salle de ce magasin de vins. 2,50 € les 30 mn. Ouvert tlj 9h-24h.

Bureau de poste : V. Vazzana, 2 (© 0921 42 15 28). Dans un immeuble moderne en béton, sur la droite en quittant le *lungomare*, à deux rues de la Piazza Cristoforo Colombo. Ouvert Lu-Ve 8h-17h30, Sa 8h-12h30. **Code postal** : 90015.

HÉBERGEMENT ET CAMPING

Cangelosi Rosaria, V. Umberto I, 26 (© 0921 42 15 91), près de la Piazza Garibaldi. La seule adresse bon marché de la ville. Dans cette résidence privée vous attendent 4 grandes chambres meublées simplement, ainsi qu'une salle à manger avec réfrigérateur et télévision en commun. Salles de bains hommes et femmes séparés en bas, dans l'entrée. Réservation conseillée. Chambre simple 25 €, chambre double 35 €, triple 50 €. Location d'appartements meublés 20 € par personne, min. 2 personnes. ❖❖

Hôtel Mediterraneo, V. Antonio Gramsci, 2 (©/fax 0921 92 26 06 ou 0921 92 25 73). Dans la première rue à gauche en sortant de la gare. 16 chambres chic, très bien meublées, climatisées, avec des lits de rêve, la télévision et une salle de bains impeccable, avec sèche-cheveux. Petit déjeuner compris (sous forme de buffet). Chambre simple 45-80 €, double 60-125 €, triple 80-145 €, quadruple 95-165 €. ❖❖❖❖

Hôtel Riva del Sole, V. Lungomare, 25 (© 0921 42 12 30, fax 42 19 84). Un élégant hôtel du front de mer. Accès facile à la plage. Les 28 chambres ont toutes une salle de bains, la TV et la clim. Restaurant, bar et jardin. Juin-Oct demi-pension 86 €, pension complète 96 €. Oct-Juin avec petit déjeuner 99 €. Cartes Visa, MC, AmEx. ❖❖❖❖❖

Camping : **Costa Ponente** (© 0921 42 00 85, fax 0921 42 44 92), à 3 km vers l'ouest, à Contrada Ogliastrillo. Accessible à pied (45 mn) ou par le bus qui va à Lascari depuis la Piazza Cristoforo Colombo (1 €). Piscine et terrain de tennis. Juil-Août : 6 € par personne, 5 € par tente. Sep-Juin : 5,50 € par personne, 4,50 € par tente. ❖

RESTAURANTS

Dans la vieille ville, vous trouverez de nombreuses trattorias pratiquant des prix abordables, et les odeurs qui s'en échappent attireront certainement les affamés. Dans la partie moderne de la ville, les restaurants sont plus chers, ceux du *lungomare* également, dont les prix sont clairement à la hauteur de la vue que l'on peut avoir en y mangeant. Vous pourrez aussi faire vos courses au supermarché **MaxiSidis**, Via Vazzana, à proximité du *lungomare* et de la poste. On y trouve tous les produits de base. (© 0921 42 45 00. Ouvert Lu-Ve 8h30-13h et 16h30-20h30, Sa 8h30-13h30 et 16h30-20h30.)

❤ **Trattoria La Botte,** V. Veterani, 6 (© 0921 42 43 15), à proximité du Corso Ruggero et à deux rues de la Piazza del Duomo. Un vent de romance souffle sur la terrasse et l'intérieur de ce restaurant éclairé aux bougies. Les menus affichent des *primi* et des *secondi* à partir de 4,62 € mais les gentils propriétaires vous recommanderont la spécialité de la maison, les *casarecce alla Botte*, un plat sicilien traditionnel de pâtes avec une sauce à la viande (6,50 €). Couvert 1,50 €. Ouvert Ma-Di 12h30-15h et 19h30-23h30. Cartes Visa, MC, AmEx. ❖❖

L'Arca di Noé, V. Vazzana, 7-8 (© 0921 92 18 73), en face de la poste. Les comptoirs en bois, où on joue des coudes au milieu de cartes nautiques, d'ancres et de cordes, remplissent la moitié de ce lieu de rendez-vous nocturne. Très fréquenté. Bar et *gelateria* bien approvisionnés pour répondre à la demande des passants. Pizzas à partir de 3,50 €. Ouvert Lu-Sa 6h-3h. Cartes Visa, MC, AmEx. ❖

Pasticceria-Gelateria Serio Pietro, V. Giglio, 29 (© 0921 42 22 93). De la gare, dirigez-vous vers la ville et prenez la première rue à gauche. Un panneau indique la pâtisserie. 30 parfums de glace différents, une douzaine de gâteaux et des piles de biscuits font de cette adresse un palais de délices. Tout ce qui est proposé ici est à la hauteur du superbe *duomo* en pâte d'amande exposé en vitrine, alors régalez-vous. Ouvert Je-Ma 7h-13h et 15h-22h. ; Août tlj 7h-22h. ❖

Al Porticciolo, V. di Bordonaro, 66 (© 0921 92 19 81), près de la C. Ruggero, non loin du *duomo*. Deux établissements se trouvent dans la même rue. Succulents fruits de mer et poissons, notamment la *pasta con le sarde* (avec des sardines, du fenouil et des raisins, 5,50 €). *Primi* à partir de 4 €, *secondi* à partir de 7 €. Couvert 1 €. Ouvert Lu-Ma et Je-Di 12h-15h et 19h-24h. Cartes Visa, MC, AmEx. ❖❖

Ristorante-Pizzeria Trappitu, V. di Brodonaro, 96 (© 0921 92 19 72). Un joli moulin à blé campe le décor. Cuisine de qualité et belle liste des vins. *Primi* à partir de 6 €, *secondi* à partir de 7 €. Ouvert Lu-Me et Ve-Di 12h-15h et 19h-24h. Cartes Visa, MC, AmEx. ❖❖

Al Gabbiano, V. Lungomare G. Giardina, 17 (© 0921 42 14 95). Cette adresse juste au-dessus de l'eau est idéale pour faire une pause après une matinée de plage. *Primi* à partir de 4 €, *secondi* à partir de 8 €. Ouvert en été tlj 12h-15h et 19h-1h, fermé Me en hiver. Cartes Visa, MC, AmEx. ❖❖

VISITES ET PLAGES

LA CATHÉDRALE. L'impressionnant **duomo** surgit au détour des étroites rues de la ville. La construction de cet édifice qui allie les styles arabe, normand et byzantin fut commencée en 1131 à la demande du roi Roger II. Ce dernier, au cours d'une terrible tempête, aurait promis de construire un immense monument en l'honneur du Sauveur s'il en réchappait. Après avoir servi de forteresse, la cathédrale protège maintenant la dépouille du roi. Les pièces les plus connues et les plus célestes de la cathédrale sont les gigantesques mosaïques byzantines de l'abside. Admirez le grand ❤ **Christ Pantocrator** surveillant calmement chaque visiteur qui pénètre dans la cathédrale. *(Ouvert tlj 8h-12h et 15h30-19h. Tenue correcte exigée.)*

LE MUSÉE MANDRALISCA. Ce musée abrite une collection hétéroclite de tableaux, de céramiques grecques et arabes, de monnaies antiques et même d'animaux empaillés. Le baron Mandralisca rassembla au XIXe siècle un nombre impressionnant de tableaux siciliens du Moyen Age et du début de la Renaissance. Ces peintures d'artistes inconnus sont pour la plupart en cours de restauration. Au milieu de ces œuvres se trouvent quelques centaines de coquillages, une étagère pleine de vieux livres et une demi-douzaine de lampes dont l'intérêt est discutable. Repérez le vase grec du IVe siècle av. J.-C. représentant un vendeur de thon qui semble sorti tout droit d'un dessin animé. Mais le chef-d'œuvre de ce musée reste le ❤ **Portrait d'un inconnu** (*Ritratto di un Ignoto*), du maître sicilien Antonello da Messina. Vous ne pouvez pas manquer ce visage au sourire narquois qui se retrouve partout sur les cartes postales et sur les murs des hôtels de Cefalù. *(V. Mandralisca, 13, en face de la cathédrale. © 0921 42 15 47. Ouvert Sep-Juin 9h-19h, Juil-Aoû 9h-23h. Entrée 4,15 €.)*

LA ROCCA. Le nom de Cefalù vient du grec *kephaloidion* (tête), à cause de la forme que suggère la Rocca, le rocher qui surplombe la ville. Du haut de la Rocca, la vue est magnifique. Vous pourrez également y voir des vestiges grecs et les ruines de constructions arabes et médiévales, notamment des réservoirs et des fours. Le **Tempio di Diana** (temple de Diane), dédié à l'agile déesse chasseresse et entouré de pins, surplombe la ville et la mer. Ce temple, d'abord consacré au culte de la mer, fut ensuite un avant-poste de défense. Si vous voulez prendre des photos, venez tôt le matin, lorsque les rayons du soleil n'atténuent pas encore les couleurs chatoyantes de la ville en contrebas. *(Accessible par la Salita Saraceni. 30 mn de montée à pied. De la Piazza Garibaldi, suivez les pancartes indiquant "Pedonale Rocca", entre la fontaine et la Banco di Sicilia. Attention : le sentier est très glissant quand il pleut. Les portes ferment 1h avant le coucher du soleil.)*

LES PLAGES. Les plus belles plages de Cefalù, la **Spiaggia Mazzaforno** et la **Spiaggia Settefrati**, sont à l'ouest de la ville, sur la ligne de bus Cefalù-Lascari de la compagnie Spisa. La **Spiaggia Attrezzata**, très prisée, se trouve juste à la sortie du *lungomare*. Avec son sable blanc, ses eaux turquoise et ses douches gratuites, on comprend pourquoi cette plage est en permanence bondée. Sur la plage de Cefalù, sept rochers affleurent à la surface de l'eau. La légende raconte que sept frères périrent ici en essayant de sauver leur sœur attaquée par des pirates.

LES ÎLES ÉOLIENNES (ISOLE EOLIE)

Les îles Eoliennes (parfois appelées "îles Lipari", du nom de la plus grande), envahies par les touristes l'été, sont surnommées par ses habitants *le perle di mare* ("les perles de la mer"). Glorifié par Homère comme la seconde demeure des dieux, l'archipel a effectivement quelque chose de divin. Une mer éblouissante, des plages incomparables et de coléreux volcans donnent tout son charme à cette région encore à l'abri des promoteurs immobiliers. Chacune des sept îles a son caractère propre. **Lipari**, la plus grande et la plus centrale, possède un parc archéologique, un port très vivant et un très beau musée. **Vulcano**, juste à côté, est célèbre pour ses bains de boue bouillonnants et ses cratères sulfureux, et **Stromboli** pour ses magnifiques couleurs et son volcan toujours en activité. Une clientèle fortunée se presse dans les criques de **Panarea**. Quant à **Salina**, elle possède de superbes falaises et une végétation luxuriante. **Filicudi** et **Alicudi**, les deux îles les plus éloignées, sont encore sauvages et présentent un impressionnant paysage rocheux. Si les prix restent abordables hors saison, ils augmentent fortement de la fin juillet à la fin août. Il vous est donc conseillé de réserver en mai au plus tard si vous prévoyez d'y séjourner en été.

TRANSPORTS

L'archipel est situé au large de la Sicile, au nord de **Milazzo**, le principal port d'embarquement, et le moins cher. On y accède en **train** depuis **Messine** (18 dép/j, durée 45 mn, 2,65 €) et **Palerme** (durée 3h, 9,20 €). Les **bus** de la compagnie **Giuntabus** (© 090 67 37 82 ou 090 67 57 49) desservent aussi Milazzo depuis **Messine** (Lu-Sa 14 dép/j, Di. 1 dép/j, durée 45 mn, 3,10 €) et depuis l'**aéroport de Catane** (Avr-Sep dép. 16h, 10,330 €). Pour aller de la gare au port de Milazzo, prenez le **bus AST** orange devant la gare (1 dép/h, durée 10 mn). Pour vous rendre sur les îles, vous pouvez aussi embarquer à Molo Beverello, le port de **Naples**, mais les **ferrys** sont plus rares. De la fin juillet à la fin août, des **hydrofoils** (*aliscafi*) et des **ferrys** partent régulièrement de **Messine** à destination de **Lipari** (durée 2h30, 16,50 €), **Naples** (durée 6h, 75 €), de **Cefalù** (durée 3h, 21,69 €), de **Palerme** (durée 4h, 31,30 €) et de **Reggio di Calabria** (durée 3h, 17,50 €).
Les hydrofoils sont en général deux fois plus fréquents que les ferrys, deux fois plus chers, mais deux fois plus rapides. Leur fréquence variant selon la destination, renseignez-vous sur place.

Trois compagnies de ferrys et d'hydrofoils assurent la traversée jusqu'aux îles depuis Milazzo. Elles ont toutes leur agence dans la Via dei Mille, juste en face des quais d'embarquement.

Siremar : Compagnie de ferrys et d'hydrofoils. A **Milazzo**, V. dei Mille, 18 (✆ 090 928 32 42, fax 090 928 32 43). A **Lipari** : ✆ 090 981 22 00. A **Naples** : ✆ 081 551 21 12).

SNAV : Compagnie d'hydrofoils. V. dei Mille, 23 (✆ 090 928 45 09), à Milazzo. Egalement un bureau à **Lipari** (✆ 090 981 24 48)

Navigazione Generale Italiana (NGI) : Compagnie de ferrys. A **Milazzo**, V. dei Mille, 26 (✆ 090 928 40 91, fax 090 928 34 15). A **Lipari**, V. Mariano Amendola, 14 (✆ 090 981 19 55), sur le Porto Sottomonastero. A **Vulcano**, Molo di Levante (✆ 090 985 24 01). A **Salina**, P. Santa Marina (✆ 090 984 30 03).

Les tableaux ci-dessous indiquent les destinations, la durée du trajet, la fréquence des départs et le prix au départ de Milazzo. La pleine saison va du 1er juillet au 31 août.

HORAIRES DES FERRYS

Destination	Durée	Pleine saison
Vulcano	1h30	7 dép/j de 7h à 18h30, 5,68 €
Lipari	2h	7 dép/j de 7h à 18h30, 6,20 €
Salina	3h	4 dép/j de 7h à 14h30, 7,75 €
Panarea	4h	4 dép/j de 7h à 14h30, 7,50 €
Alicudi	6h	2 dép/j de 7h à 14h30, 11,70 €
Filicudi	5h	4 dép/j de 7h à 14h30, 10,60 €
Stromboli	6h	4 dép/j de 7h à 14h30, 9,90 €

HORAIRES DES HYDROFOILS

Destination	Durée	Pleine saison
Vulcano	40 mn	8 dép/j de 7h05 à 18h10, 10,40 €
Lipari	50 mn	9 dép/j de 7h05 à 18h10, 11,20 €
Salina	1h30	8 dép/j de 7h05 à 18h10, 12,70 €
Panarea	2h	4 dép/j de 7h05 à 14h50, 13,20 €
Alicudi	3h30	2 dép/j de 7h05 à 14h50, 21,20 €
Filicudi	2h	2 dép/j de 7h05 à 14h50, 17,40 €
Stromboli	2h	4 dép/j de 6h05 à 15h30, 16,10 €

LIPARI ✆090

"Une île flottante, un mur de bronze et de splendides falaises lisses et abruptes."
—Homère

Il y a quelques siècles, des pirates avides ravagèrent les rivages de Lipari. De nos jours, les bateaux et les hydrofoils libèrent des flots de touristes tout aussi voraces. Lipari a toujours été la plus belle des îles de l'archipel. Etant la plus grande des Eoliennes, elle fut toujours la première à être incendiée, rasée, pillée et dépeuplée au cours de deux mille ans d'invasions. On peut percevoir l'influence des civilisations étrangères dans le dialecte local, parsemé d'adjectifs français, de noms arabes et de verbes espagnols. Dans la ville, des maisons aux teintes pastel s'étagent sur un petit promontoire. Les remparts d'un château médiéval, bâti sur les fondations d'une ancienne acropole grecque, dominent la cité. Les plus belles plages de l'île, la Spiaggia Bianca et la Spiaggia Porticello, sont très faciles d'accès en bus. Lipari, grâce à l'auberge de jeunesse du château, est un point de départ idéal pour explorer les superbes rivages des six autres îles.

TRANSPORTS

Transports en commun : **Autobus Urso Guglielmo**, V. dei Cappuccini, 9 (© 090 981 12 62 ou 090 981 10 26). Guichet ouvert tlj 9h-19h30. Les billets peuvent aussi être achetés dans le bus. Dessert les principaux sites de l'île. Des circuits qui font le tour de l'île partent tous les jours à 9h30, 11h30 et 17h. Ils coûtent 3,62 €. Réservation nécessaire.

Location de vélos et de Vespa : ❤ **De. Sco.**, Stradale Pianoconte, 5 (© 090 981 32 88), au bout du Corso Vittorio Emanuele II, tout près du quai des hydrofoils. Choisissez un scooter rutilant sur un fond de musique flamenco. La location pour 24h comprend l'essence. Casque fourni. 15 €/j, en août 30 €/j. Ouvert 8h30-20h. Cartes Visa, MC. **Ditta Carbonara Paola**, C. Vittorio Emanuele, 21 (© 090 981 19 94), à quelques pas de De. Sco., propose une location à 10 € pour 12h. (Juil 12 €, Aoû 22-25 €.)

Taxi : Vous trouverez des taxis dans les deux ports (© 0338 563 29 21 ou 0339 577 64 37 ou 090 988 06 16).

ORIENTATION ET INFORMATIONS PRATIQUES

Les deux ports de la ville sont situés de chaque côté de l'immense promontoire de pierre sur lequel se trouvent le château et le musée. Les restaurants, les hôtels et les magasins sont regroupés dans le **Corso Vittorio Emanuele II** et la **Via Garibaldi**, ainsi que dans le quartier situé entre ces deux rues parallèles. La Via Garibaldi, qui part du port des hydrofoils, fait le tour du château. On y accède par un large escalier de pierre. Le Corso Vittorio Emanuele, l'artère principale de Lipari, s'achève à l'embarcadère des ferrys.

Office de tourisme : **AAST delle Isole Eolie**, C. Vittorio Emanuele II, 202 (© 090 988 00 95, www.netnet.it/aasteolie). De l'embarcadère des hydrofoils, prenez à droite la Via Garibaldi, marchez 200 m puis prenez à gauche la Via XXIV Maggio en suivant le sens de la circulation. Prenez enfin à droite le Corso Vittorio Emanuele II. L'office de tourisme est à 100 m sur la droite. Vous y trouverez des renseignements sur les sept îles. C'est le seul office de tourisme. Le personnel vous proposera un petit guide avec des codes couleur, *Ospitalita in Blu*, disponible en plusieurs langues. Procurez-vous une carte dans un bureau de tabac. Ouvert Juil-Août, Lu-Ve 8h-14h et 16h30-21h30, Sa. 8h-14h. Sep-Juin : Lu-Ve 8h-14h et 16h30-19h30.

Consigne : Au bureau des hydrofoils de la SNAV. 3 € les 12h. Ouvert 6h45-20h.

Bureau de change : Vous trouverez des banques et des guichets automatiques dans le Corso Vittorio Emanuele II. La **Banco Antonveneta** (© 090 9812 118, ouvert Lu-Ve 8h20-13h20 et 14h35-15h35) et la **Banco di Roma** (© 090 981 32 75, ouvert Lu-Ve 8h25-13h35 et 14h10-16h10) changent vos devises. Vous pouvez aussi aller au bureau de poste (seulement pour changer du liquide). Il n'y a pas de guichet automatique sur les autres îles, alors remplissez votre porte-monnaie ici.

Laverie : **Lavanderia Caprara Andrea**, Vico Storione, 5 (© 090 981 31 77), près de la C. V. Emmanuele. Lavage et séchage 4 € par kg. Ouvert Lu-Sa 9h-13h et 16h30-20h30.

Urgences : © 113. **Carabinieri** : © 112 ou 090 981 13 33 en cas d'urgence. **Premiers secours** : © 090 988 52 67. **Urgences médicales** : **Guardia Medica** (© 090 988 52 26), à 50 m du front de mer en remontant la Via Garibaldi, sur la gauche, sous le drapeau italien. Ouvert Lu, Me et Ve 8h30-13h, Ma. et Je. 15h30-17h30.

Pharmacies : **Farmacia Internazionale**, C. Vittorio Emanuele II, 128 (© 090 981 15 83). Ouvert Lu-Ve 9h-13h et 17h-21h. Cartes Visa, MC. **Farmacia Cincotta**, V. Garibaldi, 60 (© 090 981 14 72). Ouvert Lu-Ve 9h-13h et 17h-21h. Cartes Visa, MC, AmEx. Un mini-écran d'ordinateur enchâssé dans la devanture de chaque pharmacie indique la pharmacie de garde 24h/24.

Hôpital : V. Santana (© 090 988 51), à l'extrémité sud du Corso Vittorio Emanuele II. A la fin du Corso Vittorio Emanuele II, descendez la rue sur le côté, entre les boutiques de location de scooters, puis prenez à droite la Via Roma. La Via Santana est la deuxième rue à gauche.

Internet : **Internet Point**, C. V. Emanuele, 185. Ouvert en été tlj 9h-13h et 17h30-24h, horaires variables en hiver. 7 ordinateurs. 2 € les 15 mn. **Net C@fe**, V. Garibaldi, 61 (© 090 98 135 27), propose 2 ordinateurs et une ambiance sympathique. 6 € l'heure. Ouvert tlj 8h-3h, fermé vendredi en hiver.

Bureau de poste : C. Vittorio Emanuele II, 207 (© 090 981 00 51), à 40 m à gauche en partant de l'office de tourisme. Vous pouvez y changer des devises. Ouvert Lu-Ve 8h-18h30 et Sa. 8h-12h30. **Code postal** : Lipari 98055, Canneto-Lipari 98052, autres îles 98050.

HÉBERGEMENT ET CAMPING

Après avoir monté les trois marches pour sortir de l'hydrofoil qui tangue légèrement, vous serez assailli par les offres d'*affittacamere* (chambres privées à louer). Si vous n'avez pas retenu de chambre, surtout en juillet et en août, ces offres sont votre unique salut. Demandez toujours à voir la chambre avant de la prendre et montrez-vous un peu hésitant si vous voulez que le prix baisse de quelques euros. Etant donné qu'un grand nombre de ces chambres ne sont pas agréées (et donc illégales techniquement parlant), il vaut mieux que **vous demandiez poliment que le prix soit écrit noir sur blanc**. Malheureusement, plus l'été avance et plus nombreux sont les touristes à Lipari. Evitez le mois d'août, vraiment infernal : les hôtels sont littéralement pris d'assaut et les propriétaires n'hésitent pas à augmenter leurs prix de 25 %. Pensez bien sûr à réserver, même si vous comptez venir début juillet.

Casa Vacanze Marturano, V. Francesco Crispi, 97 (© 090 981 24 22 et 368 675 933, www.eoliearcipelago.it). Les hébergements sont disséminés sur chacune des 7 îles. Les chambres sont spacieuses. La plupart ont une salle de bains et une cuisine communes. Petit déjeuner inclus à Panarea. Lipari et Salina 20-30 €. Vulcano, Filicudi, Alicudi et Stromboli 26-45 €. Cartes Visa, MC, AmEx. ❖❖

Casa Vittorio di Cassara, Vico Sparviero, 15 (©/fax 090 981 15 23). De l'embarcadère des hydrofoils, prenez la Via Garibaldi, puis la première rue à gauche (le virage est en épingle à cheveux), et enfin la première rue à droite, le Vico Sparviero. La Casa Vittorio est le bâtiment jaune aux fenêtres bleues. Si la porte est fermée, allez au bout de la rue et tournez à droite. Repérez le portail en fer peint en rouge et appuyez sur le bouton blanc à gauche pour appeler le propriétaire. Les grandes chambres sont dispersées de part et d'autre des escaliers de cette immense maison. Les chambres ont toutes un style et une superficie différents. Vous aurez le choix entre des chambres simples très intimes et des appartements de prestige pour 5 personnes. Cuisine commune au dernier étage et terrasse avec vue sur l'océan. Chambre 15-40 €. Les prix varient selon la saison. ❖❖

Pensione Enso il Negro, V. Garibaldi, 29 (© 090 981 31 63), à 20 m et trois enjambées en haut de la Via Garibaldi. 8 chambres avec patio, réfrigérateur, climatisation et une grande salle de bains. Cette *pensione*, à seulement 3 mn de l'embarcadère des hydrofoils, sait allier la classe au confort. Les propriétaires gèrent également 6 chambres à un autre emplacement. Chambre simple 30-47 €, chambre double 50-75 €. Cartes Visa, MC, AmEx. ❖❖❖

Hôtel Rocce Azzurre, V. Maddalena, 69 (© 090 981 32 48, fax 981 32 47), sur le Porto delle Genti. Niché dans une baie, cet hôtel de 33 chambres est plein de charme. Toutes les chambres ont une salle de bains et la plupart ont un balcon. Petit déjeuner inclus. Chambre 55-65 €. En août, demi-pension 100-110 €, pension complète 120-130 €. Cartes Visa, MC, AmEx. ❖❖❖❖❖

Hôtel Europeo, C. Vittorio Emanuele II, 98 (© 090 981 15 89). Bien situé, au milieu du Corso Vittorio Emanuele II et près des deux ports. Attention aux escaliers en colimaçon qui ont tendance à étourdir. Petites chambres claires, avec peu de meubles mais des lits confortables. Poussez les portes du dernier étage et admirez la vue sur la ville. Avr-Juil et Sep 30 €, Aoû 35 €. ❖❖❖

Camping : **Baia Unci**, V. Marina Garibaldi, 2 (© 090 981 19 09www.campeggitalia.it/sicilia/baiaunci), à 2 km de Lipari, à l'entrée de Canneto, c'est-à-dire au bord de la mer. Le camping est à 10 mn de la plage. Personnel très gentil et restaurant bon marché en libre service. Réservation obligatoire en août. Camping ouvert 1Mars-15 Oct. 8-12 € avec tente. ❖

RESTAURANTS

Goûtez les fameuses câpres (*capperi*) et dégustez le *malvasia*, un vin sucré doux, idéal pour accompagner les desserts. Malheureusement, manger pour une somme modique à Lipari tient de l'exploit. Les magasins d'alimentation (*alimentari*) situés le long du Corso Vittorio Emanuele II sont généralement ouverts 7 jours sur 7 et proposent des fruits bon marché. Vous pouvez aussi faire vos courses au **supermarché UPIM**, C. Vittorio Emanuele II, 212. (✆ 090 981 15 87. Ouvert Lu-Sa 8h30-13h30 et 16h-21h30. Cartes Visa, MC, AmEx.)

❤ **Da Gilberto e Vera**, V. Garibaldi, 22-24 (✆ 090 981 27 56). Cet établissement est certainement célèbre dans toute l'Italie, car on y propose les meilleurs sandwichs du pays. Composez vous-même vos paninis (servis chauds) : *prosciutto* (jambon), câpres, tomates fraîches ou sèches, olives, ail, menthe, etc. Vous pourrez également acheter chez Gilberto tout ce qu'il faut pour pique-niquer. Paninis à partir de 3,50 €. Ouvert 7h-4h, hors saison 7h-2h. ❖

La Cambusa, V. Garibaldi, 72 (✆ 349 476 60 61). Asseyez-vous à une des tables couvertes d'une nappe à carreaux et écoutez les conversations des dîneurs. Cette petite trattoria familiale à l'ambiance très chaleureuse est tenue par un couple vraiment adorable. Ses excellentes pâtes (à partir de 5 €) ont conquis le cœur des habitués. Couvert 1 €. Réservation conseillée. Ouvert tlj 19h-23h. ❖❖

Ristorante Sottomonastero, C. V. Emanuele, 232 (✆ 090 988 07 20, fax 981 10 84). Ce restaurant-pizzeria-bar fait toujours le plein. Jolie carte de desserts éoliens. Le soir, des tables sont dressées sur le patio extérieur afin d'asseoir tout le monde. Pizza à partir de 3,50 €. Couvert 1,30 €. Ouvert tlj 7h-24h, fin-Juil-Août ouvert 24h/24. Cuisine ouverte 12h-14h et 20h30-22h. Cartes Visa, MC, AmEx. ❖❖

La Piazzeta, (✆ 090 981 25 22), non loin de la C. V. Emanuele et de Subba (voir ci-dessous). Sur les murs et le menu, vous découvrirez les signatures des clients heureux, parmi lesquels Audrey Hepburn. Le patio qui déborde sur une petite piazza ne manque pas de charme. Pizza à partir de 7,50 €. *Primi* à partir de 7 €, *secondi* à partir de 9,50 €. Ouvert Juil-Aoû 12h-14h et 19h30-23h, Sept-Juin 19h30-23h. Cartes Visa, MC. ❖❖❖

Pasticceria Subba, C. Vittorio Emanuele II, 92 (✆ 090 981 13 52). La plus ancienne pâtisserie de l'archipel, élue l'une des meilleures d'Italie par la presse. Essayez le *paradiso*, un gâteau au citron recouvert d'amandes. Pâtisseries à partir de 1,55 €. Ouvert Mai-Oct, tlj 7h-1h ; Nov-Avr 7h-24h. ❖

VISITES

En dehors des plages, les plus beaux sites de Lipari se trouvent tous près du château (*castello*), sur la colline, entre les deux ports. Des murailles entourent le château, le parc archéologique, l'**église San Bartolomeo** et le superbe **Musée archéologique éolien**.

❤ **LE MUSÉE ARCHÉOLOGIQUE ÉOLIEN.** Ne manquez pas les joyaux du **Museo archeologico eoliano**, les tombes en amphore, les poteries rouges grecques et siciliennes des IVe et Ve siècles av. J.-C., ornées de motifs, ainsi que les trésors découverts dans les eaux proches des îles. Un bâtiment entier, le **Serione geologico-vulcanologica**, est consacré à l'histoire naturelle de l'île. *(✆ 090 988 01 74. Montez l'escalier de pierre de la Via Garibaldi, puis tournez à gauche de l'église. Ouvert Juin-Aoû, tlj 9h-13h30 et 16h-19h ; Nov-Avr 9h-13h30 et 15h-18h. Entrée 4,50 €.)*

L'ÉGLISE ET LE PARC ARCHÉOLOGIQUE. La **Chiesa di San Bartelomeo** fut bâtie initialement au XIIe siècle. Elle fut pillée et incendiée par les Turcs de Barberousse en 1544. Une réplique baroque a été reconstruite, dédiée à saint Barthélémy. L'intérieur se distingue par ses teintes bleues et ses superbes fresques au plafond. Autour de l'église et du musée, des ruines attendent votre visite. Des panneaux expliquent le déroulement des fouilles et datent les découvertes. La pièce principale, et la mieux conservée du parc, est le théâtre, qui est de nouveau utilisé. *(Les deux sites se trouvent en face du musée. Ouvert tlj 9h-13h.)*

SORTIES

Le 24 août, Lipari fête la **Saint Barthélemy** et accueille plus de visiteurs qu'elle ne peut en recevoir. C'est de la folie ! Des processions, des fêtes et des feux d'artifice surgissent de toute part. La **fête du Vin et du Pain**, qui a lieu à la mi-novembre à Pianoconte, n'a rien à voir… Les activités sont plus gustatives.

PLAGES, BAIGNADES ET EXCURSIONS

Lipari est réputée pour ses superbes plages et ses admirables paysages. Prenez le bus Lipari-Cavedi jusqu'à Canneto, à 2 km au nord, pour rejoindre la **Spiaggia Bianca** (la "plage blanche") ou la plage de **Porticello.** La Spiaggia Bianca est idéale pour les adeptes du monokini (et éventuellement les naturistes). Protégez-vous la peau : les galets sont durs et le soleil chaud. Pour explorer les petites criques proches de la Spiaggia Bianca, louez un canoë, un kayak ou un Zodiac. On les trouve sur la plage près de la Via Garibaldi (3-5 € l'heure, 13-20 € la journée). Le sable n'est plus aussi blanc depuis que les écologistes ont fait cesser le déversement de pierre ponce dans la mer. A quelques kilomètres au nord de Canneto, à **Pomiciazzo**, des douzaines de carrières d'où l'on extrait la pierre ponce blanche bordent la route. Quand le ciel est dégagé, la vue sur les îles Salina, Panarea et Stromboli est fantastique. En remontant encore un peu vers le nord, vous arrivez à Porticello. Là, vous pouvez vous baigner au pied des carrières de pierre ponce, dont des morceaux flottent à la surface. Si vous plongez, vous verrez de l'obsidienne polie. La plus belle vue de l'île est sans aucun doute celle qu'on a du **Monte Sant'Angelo**. Pour vous y rendre, prenez le bus Lipari-Quattropani jusqu'à l'arrêt de Pianoconte. Attention : le sentier menant au mont Sant'Angelo est étroit et caché : mieux vaut demander votre chemin, sinon vous risquez de ne jamais le trouver !

Du 1er juillet au 30 septembre, vous pouvez faire le **tour de l'île en bus** (2,58 €) avec les **Autobus Urso Guglielmo** (✆ 090 981 12 62), qui partent de la Via dei Cappuccini. Mais la meilleure façon d'aller voir les nombreuses et minuscules plages de l'île est de faire une excursion à bord d'un **bateau** loué au port des hydrofoils. Les horaires et la fréquence des départs varient. Si les prix vous paraissent trop élevés ou si vous n'avez pas envie de passer la journée avec des touristes, essayez de négocier une excursion individuelle à bord d'un bateau de pêche. N'hésitez pas à marchander. A titre indicatif, il faut raisonnablement compter 8 € par personne et par heure de bateau.

VULCANO ✆ 090

"Allongez-vous et immergez-vous. Vulcain vous serrera contre lui avec douceur, transformant vos pensées en bulles de musique et de culture."

—Lu à Vulcano

Tour à tour présentée comme la demeure d'Eole (le dieu du vent), celle d'Héphaïstos (le Vulcain grec, dieu du feu et des forgerons) et la porte de l'Enfer, Vulcano est le résultat de la réunion de quatre volcans. En hiver, l'île est très paisible. L'été, en revanche, elle est submergée par des flots de touristes, de plus en plus importants à mesure que la température monte. Plages de sable noir, eaux bouillonnantes et bains de boue naturels attirent effectivement les touristes du monde entier. Le nombre de gens qui se pressent vers le plus grand volcan, la Fossa di Vulcano, dépasse l'imagination. Autre petit inconvénient : la prochaine éruption, prévue d'ici 20 ans par certains vulcanologues. En attendant, le cratère dort tranquillement au centre de l'île. Vous pouvez très bien ne passer qu'une journée à Vulcano : l'île est bien desservie depuis Lipari.

TRANSPORTS

Ferry : **NGI Biglietteria**, V. Provinciale (✆ 090 985 24 01), sous une tenture bleue à proximité de la Piazza Levante. Ouvert tlj 8h15-18h30 et 23h-0h30.

Hydrofoil : le bureau de la compagnie **SNAV** (✆ 090 985 22 30) est caché juste à la sortie du port, à côté de Cantine Stevenson. A destination de : **Lipari** (13 dép/j, durée 10 mn, 2,50 €), **Milazzo** (8 dép/j, durée 40 mn, 10,50 €) et **Palerme** (2 dép/j à 7h40 et 16h50, durée 4h, 31,30 €). **Siremar** (✆ 090 985 21 49), en haut d'une rue légèrement surélevée, à l'angle de la Via Porto di Levante. A destination de : **Lipari** (8 dép/j, durée 10 mn, 2,60 €) et **Milazzo** (9 dép/j de 7h20 à 19h50, durée 40 mn, 10,40 €).

Bus : **Scaffidi Tindaro**, V. Provinciale (✆ 090 985 30 47), en face du bar Ritrovo Remigio, près du port. Les bus (irréguliers) relient le port à Vulcano Piano (1,85 €).

Taxi : ✆ 0339 579 1576 ou 0347 813 06 31. Une station se trouve sur le port. Appelez le **Centro Nautico Baia di Levante** (✆ 339 879 72 38 ou 0339 337 27 95) pour profiter d'un service de taxis nautiques 24h/24 (voir plus loin **Location de bateaux**).

ORIENTATION ET INFORMATIONS PRATIQUES

A Vulcano, vous verrez rarement des noms et des numéros indiqués dans les rues. Rassurez-vous, de nombreuses pancartes de grande taille indiquent les directions. Vous pourrez donc vous orienter sans trop de mal dans ce royaume du piéton. Les ferrys et les hydrofoils arrivent à **Porto di Levante**, sur la côte est du Vulcanello, un des quatre volcans de l'île. Dos à l'embarcadère des hydrofoils, la **Via Provinciale** part sur votre gauche et se dirige vers le plus grand volcan et le **Grand Cratère** (Gran Craterre). A droite, la **Via Porto di Levante** fait un demi-cercle en traversant le centre-ville et revient vers l'embarcadère. Elle part de l'embarcadère avant de se diviser en trois au pied de la statue d'Eole au repos. La pharmacie se trouve juste en face. Si vous cherchez la fameuse **Acquacalda** et le **Laghetto di Fanghi**, sachez qu'ils sont à droite. Pour vous rendre sur la très chic plage de sable noir, la **Spiaggia Sabbie Nere**, suivez la Via Porto di Levante, et lorsqu'elle se divise une nouvelle fois, restez sur la gauche.

Office de tourisme : **AAST**, V. Provinciale, 41 (✆ 090 985 20 28). Ouvert Mai-Août, tlj 8h-13h30 et 15h-17h. Pour vous renseigner sur les **chambres chez l'habitant** (*affittacamere*), appelez l'office de tourisme de Lipari.

Banque : **Banco di Sicilia**, V. Provinciale (✆ 090 9852 335), à 100 m du port. **Distributeur automatique**. Ouvert Lu-Ve 8h30-13h30 et 14h45-15h45.

Change : **SNAV**, V. Porto di Levante (✆ 090 985 22 30).

Location de bateaux : **Centro Nautico Baia di Levante** (✆ 339 879 72 38 ou 337 27 95), sur la plage, derrière le bar Ritrovo Remigio et près du quai des hydrofoils. Bateaux à moteur pour 4 personnes (90-150 € plus l'essence). Ouvert 8h-22h.

Location de Vespa et de vélos : **Da Paolo** (✆ 090 98 52 112 ou 338 139 28 09) et **Sprint da Luigi** (✆ 090 98 52 208 ou 347 760 02 75), de part et d'autre du carrefour de la Via Provinciale et de la Via Porto di Levante, mènent une incessante guerre des prix. Mai 12,50-15 €, Juin 15,50-18 €, Juil-Août 25-30 €, Sep. 15,50 €. Vélo 5 €. Sprint propose des tandems à 8 € l'heure et des mini-voitures à 52 € la journée. Da Paolo propose les mêmes mini-voitures à 40 € la journée.

Carabinieri : ✆ 090 985 21 10. **Urgences médicales** : ✆ 090 985 22 20.

Pharmacie : **Farmacia Bonarrigo**, V. Favarolo, 1 (✆ 090 985 22 44), droit devant à partir du port, au bout de la petite place. Ouvert Lu-Sa 9h-13h et 17h-20h, Di 9h-13h. Cartes Visa, MC. En cas d'urgence appelez le ✆ 090 98 53 113.

Bureau de poste : En bas de la Via Provinciale, à Vulcano Piano. Ouvert Lu-Ve 8h30-13h20 et Sa. 8h30-12h20. **Code postal** : 98050.

HÉBERGEMENT ET CAMPING

Les tarifs hôteliers tendent à grimper avec la température, tout comme la probabilité que vous ne trouviez pas de chambre. Appelez à l'avance pour juillet et août. En hiver, vous trouverez sans difficulté une chambre à un prix raisonnable.

❤ **Hôtel Torre**, V. Favorolo, 1 (✆/fax 090 985 23 42) en bas de la rue lorsqu'on vient de l'embarcadère des hydrofoils. L'hôtel est près d'une pharmacie. Situé en plein centre-ville, c'est l'endroit idéal où se reposer après une dure journée passée à l'Acquacalda, qui est juste à côté. Les 8 grandes chambres sont toutes pourvues d'une terrasse, d'une cuisine, de la télévision, de la climatisation et d'une immense salle de bains. La plupart offrent en outre des vues imprenables. Lits pour enfant disponibles. 35 % de plus par personne supplémentaire. Chambre double : Oct-Avr 38 €, Mai 40 €, Juin-Sept 50 €, Aoû 76 €. Les personnes voyageant seules peuvent espérer une réduction en basse saison. ❖❖❖❖

Residence Lanterna Bleu di Francesco Corrieri, V. Lentia, 58 (✆/fax 090 985 21 78). Des appartements d'une ou deux chambres, extrêmement paisibles. Ils sont équipés d'une salle de bains, d'une kitchenette et d'une terrasse. A 400 m seulement des thermes et des bains de boue. Petit déjeuner 4 €. Oct-Avr chambre simple 31 €, double 62 €. Mai-Sept simple 42-68 €, double 84-136 €. Lit supplémentaire 13-19 €. Cartes Visa, MC, AmEx. ❖❖❖❖

Hôtel Residence Mari del Sud (✆ 090 985 32 50), sur la V. Porto Ponente. Un resort de bord de mer tout confort qui propose une foule d'activités, depuis la plongée sous-marine jusqu'aux soirées dansantes des Caraïbes. Les chambres sont petites avec TV, ventilateur et mini-bar. Petit déjeuner inclus. Chambre double 80-190 €. demi-pension 55-110 €, pension complète 82-137 €. Cartes Visa, MC, AmEx. ❖❖❖❖❖

Camping : **Campeggio Togo Togo** (✆ 090 985 23 03) à Porto di Ponente, en face de l'isthme du Vulcanello, à 1,5 km de l'embarcadère des hydrofoils et près de la Spaggia di Sabbie Nere ("plage noire"). Douche chaude comprise. En été, la pizzeria est ouverte et vous pouvez en prime surfer sur Internet. Ouvert Avr-Sep. Réservation obligatoire en août. 10,50 € par personne. 5 chambres doubles et 14 bungalows de 4 personnes avec télévision, réfrigérateur et kitchenette. Avr-Juin et Sep. 21 € par personne. Juil-Août, bungalow pour 4 personnes 83 €.

RESTAURANTS

A la **supérette Tridial**, Via Porto di Levante, vous trouverez des aliments de base et des sandwichs bon marché. (Ouvert tlj 8h-13h et 17h-20h.) Pour les fruits et légumes, il y a un *alimentare* dans la Via Provinciale, en allant du port au Grand Cratère. (Ouvert 8h-13h et 17h-20h.) Les vendeurs de *granite* (boissons à base de glace pilée) et de *gelati* ne manquent pas sur le port. Evitez les rues principales pour un bon repas complet.

❤ **Il Sestante**, V. Porto Levante, 1 (✆ 090 985 20 85), au bout de l'embarcadère des hydrofoils. Dans ce grand bar fréquenté aussi bien par les touristes que par les habitants de l'île, on vous préparera des sandwichs froids ou chauds à la demande (à partir de 2 €). Passez commande et attendez qu'on vous serve, assis sur la superbe terrasse avec vue sur le port. Les glaces sont délicieuses mais nous vous conseillons de goûter plutôt aux excellents desserts. Vous avez le plus grand choix : tiramisu, *cassata* (un gâteau à la ricotta, aux pépites de chocolat et aux fruits confits), *cannoli* (un rouleau fourré à la ricotta et aux fruits confits) sans oublier les délicieux fruits en pâte d'amande. Ouvert tlj 6h-2h. ❖

Cafe Piazetta (✆ 090 985 32 67), sur la Piazzetta Faraglione. Vous avez le choix entre une *gelato*, un cocktail, une pizza ou un *panino Basiluzzo* servi avec tomates, fromage, laitue, huile d'olive et origan (2,80 €). Concerts Juin-Sep sur le patio décoré de bambous. Ouvert Avr-Sep tlj 7h-3h. Cartes Visa, MC, AmEx. ❖

Cantine Stevenson, (✆ 090 985 32 47), sur la V. Porto Levante. Un restaurant où on vient se relaxer le soir en écoutant de la musique classique. La liste de vins est un vrai roman fleuve. Cocktails 5,50 €. Pizza 6,50 €. *Primi* à partir de 6,50 €, *secondi* à partir de 8 €. Ouvert tlj 13h-3h. Cartes Visa, MC. ❖❖

Ristorante-Bar Vincenzino, V. Porto Levante, 25 (✆ 090 985 20 16). Ce restaurant immense et simple sert des spécialités éoliennes. Les *Gamberoni all griglia* (crevettes grillées) sont absolument délectables (16 €). *Primi* à partir de 6 €, *secondi* à partir de 7 €. Ouvert 7h-22h. Cartes Visa, MC, AmEx. ❖❖❖

VISITES

Si vous aimez les sensations fortes, vous allez adorer les merveilles naturelles qu'offre Vulcano.

❤ **LE GRAND CRATÈRE.** Commencez la visite de Vulcano par la promenade d'une heure jusqu'au Grand Cratère, le long d'un sentier sinueux, situé en contrebas des fumerolles que dégage le volcan. La montée est difficile et la pente souvent très raide mais cela en vaut la peine. Par temps clair, du sommet, vous pourrez apercevoir toutes les îles de l'archipel, sans oublier la mer et le Grand Cratère lui-même. En montant, vous passerez à proximité des fumerolles et de curieuses formations rocheuses orange, comme poudrées de poussière blanche. Prenez garde à ne pas trop respirer les fumées sulfureuses que dégage le volcan, très toxiques, même si les autochtones insistent sur le fait qu'on peut les respirer sans aucun danger et prétendent même qu'elles sont bonnes pour les poumons. Entre 11h et 15h, le soleil transforme le volcan en une véritable fournaise, aussi allez-y plutôt en début de matinée ou en fin d'après-midi. N'oubliez pas d'emporter de l'écran solaire, un chapeau, de bonnes chaussures et surtout de l'eau. Certaines portions du sentier de randonnée sont assez difficiles et exténuantes et doivent être considérées sérieusement par les moins expérimentés. Suivez les panneaux et ne vous asseyez pas en route, car les gaz toxiques sont lourds et tendent à s'accumuler près du sol. Quoique vous risquiez une petite chute désagréable, ❤ un sprint direct à flanc de cratère vous fera gagner 30 bonnes minutes pour la descente. *(Pour gagner le sentier en venant du port, prenez la Via Provinciale et suivez-la jusqu'aux panneaux indiquant "Cratere". Le sentier est 300 m plus bas sur la gauche.)*

LAGHETTO DI FANGHI. C'est surtout l'odeur qui vous conduira jusqu'à ces fameux bains de boue, une sorte de trou bouillonnant de couleur marron-gris. Faites comme les centaines de fanatiques qui étalent cette gadoue aux vertus thérapeutiques sur leur corps. Sachez toutefois que cette boue contient un taux élevé d'acide sulfurique et est radioactive. Avant de vous y plonger, enlevez tous vos accessoires en argent et en cuir et protégez vos yeux. Si, par malchance, de la boue pénètre dans vos yeux, allez immédiatement dans le restaurant d'à côté vous les rincer à l'eau claire avec quelques gouttes de jus de citron. *(En haut de la Via Porto di Levante, à droite du port. Entrée 0,77 € la journée.)*

ACQUACALDA. Après la boue, des bulles et encore des bulles ! Ici, juste derrière les bains de boue, le rivage de Vulcano bouillonne comme un véritable jacuzzi en raison des émanations sous-marines de gaz qui remontent à la surface. Vous vous habituerez bien à la chaleur mais pas aux trous dans votre maillot de bain, alors un bon conseil : portez un maillot auquel vous ne tenez pas particulièrement ! Vous pouvez d'ailleurs en acheter un horrible (10 €) juste à côté.

PLAGES

Si les brûlures dues au soufre et la boue radioactive ne vous enthousiasment pas trop, allez bronzer sans trop de souci sur la plus belle plage de Vulcano, la **Spiaggia di Sabbie Nere**. Reposez-vous au milieu de cet arc-en-ciel de sable noir, de mer bleue, de crêtes blanches et de maillots de bain multicolores. Si vous voulez vous amuser un peu plus loin en mer, louez un **bateau** à la Compagnia La Cava, V. Porto di Levante (✆ 090 981 33 00), près du bureau de tabac et de la statue d'Eole.

STROMBOLI ✆090

Stromboli est la seule île de l'archipel à avoir un volcan en activité, ce qui fait fuir les habitants (au nombre de 370) mais attire de nombreux touristes. L'île est plutôt calme en dehors des mois d'été. Ceux qui sont intimidés par les dangers que représente un volcan actif peuvent toujours louer un bateau pour visiter l'île. La pluie de touristes est à son paroxysme entre la mi-juin et septembre. A cette époque, trouver un logement bon marché est mission quasi impossible. En basse saison, la plupart des *pensioni* sont fermées et les propriétaires n'aiment pas trop louer leurs chambres pour moins de trois nuits. En plus, les ferrys se font alors rares : appelez pour vous renseigner.

TRANSPORTS. Sur le front de mer, les compagnies **Siremar** (✆ 090 98 60 16, ouvert tlj 9h-13h, 15h-17h30 et 21h-22h), **SNAV** (✆ 090 98 60 03, ouvert tlj 8h-13h et 15h20h) et **NGI** (✆ 090 98 30 03) proposent des ferrys et des hydrofoils pour les îles. Les horaires sont irréguliers. Vous pouvez louer des bateaux sur le port à la **Società Navigazione Pippo**. (✆ 090 98 61 35. Ouvert 9h-12h et 14h-20h et 21h-22h30. Bateaux à partir de 60 € par jour, grands bateaux 200 € par jour, essence non comprise. Des excursions en bateau de 3h partent tlj à 10h30 et 15h10. 20 €)

ORIENTATION ET INFORMATIONS PRATIQUES. Sur les douces pentes du Stromboli fumant, les trois bourgs de Scari, Ficogrande et Piscita se sont unis en une ligne blanc-de-chaux pour former la ville de Stromboli. De l'embarcadère des ferrys, le vaste *lungomare* (la promenade du bord de mer) est à droite alors que la petite **Via Roma**, qui part de l'angle où se trouvent les bureaux de vente des billets, se dirige vers le centre-ville. Dans sa course vers le sommet de la colline, la Via Roma passe devant le bureau des **carabinieri** (✆ 090 98 60 21), le **seul distributeur automatique** de l'île et la **pharmacie**. (✆ 090 98 67 13. Ouvert Juin-Août, tlj 8h30-13h et 16h-21h ; Sep-Mai Lu-Sa 8h30-13h et 16h-19h30. Cartes Visa, MC, AmEx.) Elle rejoint ensuite la **Piazza San Vincenzo**, descend et devient la **Via Vittorio Emanuele II**, qui va jusqu'au bout de la ville en passant devant la **clinique médicale** (✆ 090 98 60 97).

HÉBERGEMENT. Les hôtels sont réservés dès l'hiver pour le mois d'août et le mieux est sans doute de louer une chambre chez l'habitant (*affittacamera*). Attendez-vous à débourser entre 20 € et 30 € pour votre chambre. Demandez à la voir avant de payer, et n'hésitez pas à vérifier l'eau chaude et la qualité des lits. En ce qui concerne les hôtels, le meilleur est la ❤ **Casa del Sole**, V. Giuseppe Cincotta, après la Via Regina, à la sortie de la ville, en allant vers le volcan. Les grandes chambres, meublées à l'ancienne, font face à une terrasse ombragée et à une cuisine commune. A l'étage, les chambres doubles sont peintes dans des couleurs qui rappellent celles de la mer. En bas se trouvent quatre salles de bains. (✆/fax 090 98 60 17. Ouvert Mar-Oct. Chambres 18-23 €. Les prix fluctuent selon les saisons.) La P**ensione Basile**, en remontant la rue depuis la Casa del Sole, offre des chambres toutes simples et très blanches, ainsi qu'une bonne cuisine sortie des fourneaux de la maison. (✆ 090 98 60 08. Petit déjeuner inclus. Avr-Juin et Sept-Oct 28 €. Juil-Août demi-pension 47-60 €, pension complète 60-73 €. Cartes Visa, MC.) La **Pensione Villa Petrusa**, à proximité de la V. V. Emanuele, à 10 minutes de marche du bord de mer, dispose d'un jardin joliment fleuri, d'un salon TV, d'un bar et de 26 chambres confortables, équipées d'une salle de bains. (✆ 090 98 60 45. Petit déjeuner inclus. Chambre simple ou double 30 €, en août 50 €.) **La Lampara B&B**, V. V. Emanuele, 27, propose quatre chambres décorées dans le style de l'île, avec des carrelages clairs, la TV et une grande salle de bains. (✆ 090 98 64 09. Petit déjeuner inclus. Janv-Avr et Oct-Déc chambre 20 €, Mai-Juin 30 €, Juil 40 €, Aoû 45 €. Demi-pension pour 18 € supplémentaires. Supplément de 10-25 € pour les personnes qui voyagent seules. Cartes Visa, MC, AmEx.)

RESTAURANTS. L'**Alimentari da Maria** est la moins chère. Dans la Via Roma, tournez à gauche juste avant l'église. (✆ 090 98 60 52. Ouvert tlj 8h-13h et 16h-21h. Cartes Visa,

MC, AmEx.) Pour admirer de près l'activité du volcan, rendez-vous à L'**Observatorio**, à Punta Labronzo. C'est le dernier restaurant le long de la V. V. Emanuele. Cet établissement assez huppé, qui fait aussi bar, est excentré. Emportez une lampe torche pour le trajet du retour. Vous pouvez aussi prendre un taxi (départ depuis S. Bartolo toutes les heures de 17h à 23h). (© 090 60 13 ou 337 29 39 42. Pizza à partir de 6,20 €. *Secondi* à partir de 10,35 €. Couvert 3 €. Ouvert 10h-23h). Les habitants considèrent que les meilleures pizzas de l'île sont celles préparées par **La Lampara**, V. V. Emanuele, 27, sur la gauche juste après la P. San Vincenzo. Le *granite* au citron fraîchement pressé est une merveille (2 €). La *frittura di pesce misto*, friture des poissons pêchés par le propriétaire en personne, vaut d'être essayée. (© 090 98 64 09. Pizza à partir de 5,50 €. Ouvert Mar-Nov tlj 9h-12h et 18h-24h. Cartes Visa, MC, AmEx.) A la *rosticceria* **La Trottola**, V. Roma, 34, commandez la pizza *Stromboli*, en forme de volcan et remplie de mozzarella, de tomates et d'olives. (© 090 98 60 46. Pizzas à partir de 3,62 €. Ouvert tlj 8h-14h et 16h-23h.) La **Piazza San Vincenzo** est le centre géographique de Stromboli, son point le plus élevé et le plus ouvert avec ses 500 m^2 (hormis le cratère lui-même).

VISITES. La **Società Navigazione Pippo** (© 090 98 61 35) propose une excursion nocturne en bateau (dép. 22h, durée 1h, 15 €) pour observer la coulée de lave incandescente baptisée ❤ **Sciara del Fuoco** ("traînée de feu"). Le soir, la vision des cascades de lave orange coulant dans la mer est vraiment impressionnante.

Il est officiellement interdit de grimper sans guide sur le volcan depuis 1990, et pour cause : un photographe a été mortellement brûlé après s'être approché de trop près du cratère et, en 1998, un diplomate tchèque, perdu dans le brouillard, est tombé du haut de la falaise. Toutefois, cela n'a pas freiné les curieux. Si vous souhaitez rester dans la légalité, faites-vous escorter par un guide. **Magmatrek**, V. V. Emanuele (©/fax 090 986 5768, ouvert en été 10h-13h et 17h-24h, en hiver 17h-21h), organise des excursions de quatre heures en fin d'après-midi jusqu'au cratère inférieur, qui émergea en 2002 lorsqu'une coulée de lave souterraine perça la croûte volcanique. (Casques nécessaires et fournis. Départs Mar-Mai 17h30, Juin 18h, Juil-Aoû 18h30, Sep-Oct 17h30. 13,50 €) En 2003, les autorités ont interdit les excursions jusqu'au sommet mais la situation peut bien sûr évoluer. **Totem Trekking**, sur la P. S. Vincenzo, loue des équipements de randonnée. (© 090 986 57 52. Ouvert en été tlj 10h-13h et 17h-24h. Horaires réduits hors saison. Cartes Visa, MC, AmEx.) Le charismatique **Mario Zaia** (© 368 67 55 73), que tout le monde appelle ici Zaza, est considéré comme l'un des meilleurs guides de l'île.

Ceux qui choisissent d'ignorer la loi (feignant aussi de ne connaître aucune des quatre langues des panneaux d'avertissement) peuvent s'arranger pour effectuer la descente, plus dangereuse que la montée, avec un groupe de **GAA** (Guide Alpine Autorizzate, les guides officiels de l'île, qui organisent des excursions. Leur bureau se trouve en bas des escaliers qui partent de l'église de la Piazza San Vincenzo). Prévoyez de bonnes chaussures, une lampe de poche et des vêtements chauds pour le sommet (les sacs de couchage sont grandement conseillés pour se protéger du brouillard glacial qui enveloppe parfois le sommet, la nuit). Pensez à prendre de la nourriture et beaucoup d'eau. Ne portez pas de lentilles de contact, car le vent balaye des cendres et de la poussière partout. Pour le reste, soyez le moins chargé possible. Il vous faudra environ trois heures pour monter et deux heures pour redescendre. Si vous atteignez le sommet au crépuscule (dans la journée on ne voit vraiment que de la fumée), vous pourrez camper à la belle étoile et voir la lave rougeoyer et bouillonner pendant la nuit. Un spectacle inoubliable ! Vous pouvez louer des chaussures de randonnée, des lampes de poche et des bâtons de randonnée et acheter un sac de nourriture pour la journée à l'agence des GAA. Des casques sont également disponibles pour se protéger des chutes de pierres.

Pour aller de la Piazza San Vincenzo au volcan, prenez le Corso Vittorio Emanuele II et suivez-le sur un bon kilomètre jusqu'à un grand panneau d'avertissement et une bifurcation. Tournez alors à droite. Quand vous verrez une grande plage, suivez le sentier qui tourne, monte et passe 400 m plus loin entre deux maisons blanches. Prenez uniquement les raccourcis bien balisés, les autres vous mèneraient à un labyrinthe de ronces et de roseaux. A mi-chemin, vous aurez une superbe vue sur la *Sciara del Fuoco* et un premier aperçu du cratère. Le sentier finit en un amas de roches volcaniques et de cendres. Suivez les bandes rouges, orange et blanches peintes sur les rochers. Les panneaux d'avertissement que vous trouverez sur la crête ne sont pas là pour rien. Evitez de grimper la nuit, car le sentier devient très abrupt en fin de parcours. La règle la plus importante de toutes est **d'emprunter pour la descente le même sentier que pour la montée**. Les raccourcis des guides professionnels sont tentants, mais on s'y perd très facilement. De toute façon, Let's Go vous déconseille d'y aller de nuit.

Le **Strombolicchio** est un gigantesque rocher surmonté d'un petit phare qui s'élève à 2 km de la plage de sable noir de **Ficogrande**. Les ravages de la mer ont érodé le rocher, qui est passé de 56 m à 42 m de haut au cours des cent dernières années.

PANAREA ✆090

Panarea, la plus petite des îles Eoliennes, a la réputation d'être le terrain de jeux des célébrités, qui viennent ici pour se retirer du monde mais sans oublier d'emporter leur argent avec elles... Allez comprendre ! Réputée pour son snobisme, Panarea affiche des prix très élevés qui effraient plus d'un petit budget. Ne vous laissez pas intimider et venez goûter pendant une journée à la *dolce vita* sur les plages dorées et dans les eaux claires de l'île. Celle-ci est facilement accessible de Lipari et il est possible de faire l'aller-retour dans la journée.

ORIENTATION ET INFORMATIONS PRATIQUES. Des ferrys et des hydrofoils desservent Panarea (voir **Transports** au début du chapitre Les îles Eoliennes). La petite taille et l'atmosphère détendue de cette île en fait un havre de paix pour les piétons. Les scooters ne sont d'ailleurs autorisés à circuler que de 8h à 11h, dans une zone limitée. Le seul autre moyen de transport est la voiturette de golf que possèdent de nombreux hôtels. Les pancartes n'indiquent pas les distances en kilomètres mais en minutes de marche. Ne cherchez pas les panneaux signalant les rues, il n'y en a pas, mais voici quelques explications rien que pour le plaisir : la **Via San Pietro** passe devant l'église San Pietro et le long d'un chemin de pierre très accidenté menant à la **Punta Milazzese**. La **Banca Antonveneta**, en haut de la Via San Pietro, c'est-à-dire à gauche au premier carrefour important lorsqu'on vient du port, possède un **distributeur automatique**. Le **bureau de poste**, Via San Pietro, est un peu plus loin sur la droite après la banque. Vous pourrez y changer du liquide ainsi que des chèques de voyage American Express. (✆ 090 98 30 28. Ouvert Lu-Ve 8h-13h30, Sa 8h-12h30.) En cas d'**urgence**, appelez les **carabinieri** (Juil-Août ✆ 090 98 31 81, Sep-Juin à Lipari ✆ 090 981 13 33) ou la **Guardia Medica** (✆ 090 98 30 40). Un service de **mini-taxi** est assuré par **Paola+Angelo** (✆ 333 313 8610), sur la V. S. Pietro. Un trajet à la plage coûte environ 8 €. Une **pharmacie** se trouve V. Iditella, 8 (✆ 090 98 31 48).

HÉBERGEMENT ET RESTAURANTS. A Panarea, les prix sont élevés toute l'année et atteignent des sommets au mois d'août lorsque les hôtels sont pleins. Depuis les docks, prenez à gauche, dépassez les distributeurs automatiques de billets et continuez jusqu'aux marches. Là, repérez le panneau avec une raie dessus qui indique la direction de l'**Hôtel Raya**, sur la V. S. Pietro. Cet hôtel très jet-set approche la perfection, tant pour son architecture étonnante que pour ses vues sur la mer. Le service est impeccable et la discothèque est l'une des plus célèbres de l'île. Les prix dépendent de la vue. (✆ 090 98 30 13. Petit déjeuner inclus. Chambre simple économique 88-135 €, simple 177-265 €, double 224-420 €. Carte Visa, MC, AmEx.) Pour des prix beaucoup plus modestes, essayez la **Pensione Pasqualino**, qui partage son emplacement (et sa gestion) avec la **Trattoria Da Francesco**. Les chambres sont spacieuses et le personnel aimable. Pour vous y rendre depuis le port, prenez à droite et montez les marches qui conduisent à ces maisons blanche et bleue. (✆ 090 98 30 23. Petit déjeuner inclus. Chambres 30-52 €, en demi-pension 47-83 €. Cartes Visa, MC.) L'**Hôtel Tesoriero**, Via San Pietro, juste au-dessus du port, est doté de grandes chambres au sol carrelé. Chacune est reliée à une terrasse commune, ombragée par des bambous, avec vue sur la mer. (© 090 98 30 98 ou 090 98 31 44. Petit déjeuner compris. Télévision, climatisation et salle de bains. Chambre double 78-150 €. Supplément personne seule 11-52 €. Demi-pension 60-100 €. Cartes Visa, MC.) C'est dans l'attention portée aux détails qu'on reconnaît les bons hôtels. **La Quartara**, V. S. Pietro, 15, en fait partie, avec sa décoration très pensée. Les chambres ont toutes une salle de bains, la TV, un balcon, un sèche-cheveux et un mini-bar. (© 090 98 30 27. Petit déjeuner compris. Chambre simple 60-200 €, chambre double 110-230 €, avec vue 130-300 €. Les prix fluctuent selon la saison.) Pour goûter à tous les plaisirs de la Méditerranée, offrez-vous un séjour à l'**Hôtel Cincotta**, qui dispose d'une piscine d'eau de mer et propose des massages. L'hôtel se trouve sur la V. S. Pietro, près de l'hôtel Raya. Les chambres sont tout confort, avec des terrasses qui donnent sur la mer. (© 090 98 30 14. Petit déjeuner inclus. Chambre double 120-240 €, demi-pension 52-60 €. Les prix fluctuent selon la saison. Cartes Visa, MC, AmEx.)

Le **supermarché Da Bruno** se trouve en haut de la Via San Pietro, près du bureau de poste. (© 090 98 30 02. Ouvert Juil-Août, tlj 8h-21h ; hors saison 8h-13h et 16h30-21h.) A la **boulangerie**, juste à côté, les habitants de l'île font la queue pour les *biscotti*, les *foccacie* et les parts de pizza. (Ouvert Sep-Juil, tlj 7h-13h30 et 17h-20h ; Août 7h-20h.) Près du port, le **Ristorante Da Pina**, V. S. Pietro, accueille ses hôtes sur des bancs en extérieur couverts de coussin. Ici, on ne s'assoit pas, on s'allonge, et c'est beaucoup plus chic. Les spécialités du chef incluent les *gnocchi di melanzane* (avec aubergines, 10 €) et le *couscous di pesce e aragosta* (poisson et homard, 10 €). (© 090 98 30 32. *Primi* 10 €, *secondi* 15 €. Cartes Visa, MC, AmEx.) Les plats servis à la **Roda's House Cafe**, V. S. Pietro, ne font pas dans la sobriété. Respirez un bon coup avant d'attaquer votre salade Emmenthaler (8 €), qui assaisonne pommes de terre, carottes, saucisses, tomates, œufs, jambon, thon, olives noires et laitue. (Pizza à partir de 5 €. Couvert 1,60 €. Ouvert Avr-Sep tlj 12h-15h et 20h jusque tard. Cartes Visa, MC, AmEx.) Pour lutter contre les fringales du petit matin, faites un saut chez **Ritrovo Naif**, V. S. Pietro, qui vend des cônes de glace, des panini et des confiseries siciliennes toute la nuit. (© 090 98 31 88, www.barnaif.com. Ouvert en été 24h/24).

VISITES ET SORTIES. De la Punta Milazzese, les trois plages célèbres de Panarea s'étendent le long de la côte. Ces plages qui passent des galets au sable sont un échantillon de ce qu'on peut trouver sur les côtes des îles Eoliennes. Pour vous rendre à la **Spiaggia Calcara** (également connue sous le nom de Spiaggia Fumarole), tournez deux fois à droite à partir du centre-ville. La plage est près des sources thermales de l'Acquacalda. Pour atteindre la **Spaggia Zimmari**, repérez les panneaux sur la V. S. Pietro. La marche de 30 mn est très plaisante ; le chemin serpente au milieu des cactus et les lézards ne cessent de détaler sous vos pas. La plage est superbe. Arrivez tôt pour pouvoir étendre votre serviette. Pour admirer les baies et les falaises sans être gêné par le parasol du voisin, choisissez la voie des mers. La compagnie **Eolie Mare**, V. Umberto 1, loue des bateaux et propose ses propres circuits accompagnés. (© 090 98 33 28. Tour 50 € pour deux personnes. Ouvert tlj 24h/24.) **Amphibia**, dont le bureau se trouve sur le *lungomare*, en haut des marches près de l'hôtel Da Francesco, proposes des sorties de plongée sous-marine. (© 335 615 85 29. Ouvert Mai-Sep, tlj 9h-13h et 15h-17h30. Plongée simple 39 €, forfait 6 plongées 204 €.)

La vie nocturne reprend à Panarea en été, quand les cafés ambulants envahissent le front de mer et que la clientèle se prélasse sur d'énormes coussins en buvant du champagne. En haut du petit *lungomare* ,après les bars, se dresse la **boîte de nuit de l'hôtel Raya**. Stars du football, banquiers milanais ou actrices viennent de toute l'Italie pour s'amuser dans ce paradis aux murs recouverts de miroirs et où les rayons laser peuvent jouer avec les étoiles sans rencontrer d'obstacle. (© 090 98 30 13. Ouvert mi-Juil-Aout, tlj 1h-6h. Entrée 30-50 €.)

SALINA ©090

Bien que Salina soit proche de Lipari et à peu près aussi grande, elle est à mille lieues de lui ressembler. En effet, au développement de Lipari s'opposent des paysages encore vierges, des villages tranquilles et les plus belles plages des îles Eoliennes… Salina est un paradis sur terre qui, avec ses plantes et ses fleurs, peut sans problème rivaliser de beauté avec les îles volcaniques les plus spectaculaires. Les formations rocheuses les plus stupéfiantes de l'île se trouvent à **Semaforo di Pollara**, qui a servi de décor au film *Le Facteur* de Michael Radford. L'île n'est pas très touristique et il y a peu de logements bon marché. Il est donc préférable de venir y passer juste la journée.

TRANSPORTS. Des **hydrofoils** (11 dép/j, durée 25 mn, 5,20 €) et des **ferrys** (4 dép/j, 2,84 €) partent de Lipari pour Salina. Le port de **Santa Marina** est le port principal de l'île, mais certains hydrofoils (15 mn de plus) et ferrys (30 mn de plus) arrivent au petit port de **Rinella**, de l'autre côté de l'île. La **SNAV** (© 090 984 30 03) et la **Siremar** (© 090 984 30 04) ont leurs bureaux de chaque côté de l'église de Santa Marina, en face du port. Les **bus bleus C.I.T.I.S.** s'arrêtent devant l'église. Ils desservent Pollara (7 dép/j de 6h05 à 17h15, durée 40 mn, 1,60 €), ainsi que Levi, Valdichiesa, Malfa, Gramignazzi, Rinella et Lingua (12 dép/j de 6h05 à 20h). Consultez les horaires mensuels affichés à côté du guichet de la SNAV.

ORIENTATION ET INFORMATIONS PRATIQUES. Si vous voulez louer un **scooter**, allez chez **Buongiorno Antonio**, V. del Risorgimento, 240. Pour vous y rendre depuis le port, faites face à l'embarcadère des hydrofoils et tournez à gauche, puis suivez la route qui monte en courbe. Prenez ensuite la première rue à gauche, le magasin de location se trouve après la rangée de scooters. **Attention** : les routes de Salina sont vraiment très étroites et très pentues. De plus, elles sont fréquentées par des automobilistes et des chauffeurs de car qui roulent à toute allure sans se soucier des virages. Aussi, il est préférable de bien maîtriser les deux-roues avant d'en louer un. (Scooter 26-31 € la journée, VTT 8-11 €. Ouvert tlj 8h30-20h, horaires réduits en hiver.) En cas d'urgence, appelez les **carabinieri** (© 090 984 30 19) ou les **premiers secours** (© 090 984 40 05). La **Farmacia Comunale**, V. del Risorgimento, 211, est tout au bout de la rue. (© 090 984 30 98. Ouvert Lu. 17h30-20h30, Ma-Ve 9h-13h et 17h30-20h30, Sa. 9h-13h.) La **Banco di Sicilia**, V. del Risorgimento, accepte les **chèques de voyage**, change les **devises** et possède un **distributeur automatique**. (© 090 984 33 63. Ouvert Lu-Ve 8h30-13h30 et 14h45-15h45.) **Salina Computer**, V. Risorgimento, permet d'accéder à Internet (© 090 98 43 444. 1 €pour 15 mn). Au **bureau de poste**, V. del Risorgimento, 130, vous pouvez également changer vos chèques de voyage American Express. (© 090 984 30 28. Ouvert tlj 8h-13h20.) **Code postal** : 98050.

HÉBERGEMENT ET RESTAURANTS. C'est à Santa Marina que vous trouverez le plus de restaurants, mais pour l'hébergement, mieux vaut aller plus loin, dans les petites villes des alentours. Sur le port, la **Pensione Mamma Santina**, V. della Sanità, 40, propose de superbes chambres peintes aux couleurs des îles Eoliennes. Sur la terrasse couleur melon, vous pourrez faire connaissance avec les différents hôtes et apprécier l'amabilité des propriétaires. Pour peu, on se croirait chez soi. Optez pour la demi-pension ou la pension complète, vous ne serez pas déçu par la cuisine du chef, propriétaire des lieux, qui figure dans le *Cucina Italiana*, une référence. (© 090 984 30 54, www.mammasantina.it. Demi-pension Jan 47 €, Aoû 83 €, pension complète Jan 62 €, Aoû 99 €. Cartes Visa, MC, AmEx.) Prenez le bus ou l'*aliscafo* en direction de Rinella pour vous rendre au lieu d'hébergement le moins cher de Salina. Le **Campeggio Tre Pini**, V. Rotabile, 1, dispose d'une supérette, d'un bar et d'un restaurant. Ce camping en terrasse est situé au bord de la mer. (© 090 980 91 55 ou 090 980 90 41. Réservation obligatoire en juillet et en août. 6-8 € par personne et 8-11 € par tente.)

Le ❤ **Ristorante Da Franco**, V. Belvedere, 8 (© 090 984 32 87), propose au menu "courtoisie, hospitalité et qualité" et c'est exactement ce qui vous attend dans la salle à manger ou le jardin de ce restaurant familial. Les 15 mn de montée pour y accéder vous mettront en appétit et vous pourrez admirer au passage une magnifique vue de Salina. Le chef fait régulièrement des apparitions dans la presse culinaire internationale. Goûtez aux *antipasti* et aux *primi* (à partir de 9,30 €) faits avec les légumes du jardin. (© 090 984 32 87. Ouvert Janv-Nov tlj 12h-14h30 et 20h-24h. Cartes Visa, MC, AmEx.) La nuit, le **Ni Lausta**, V. del Risorgimento, 188, accueille les habitants de l'île et les touristes venus prendre un verre ou échanger les derniers potins. Si vous voulez boire, c'est en bas, pour manger c'est en haut. Le soir, dans le jardin en terrasse, vous pourrez déguster au calme des *pasta modo mio*, un plat de pâtes original qui change tout le temps. (© 090 984 34 86. Menu dîner 32 €. Ouvert Avr-Oct. Bar ouvert 17h-3h. Restaurant ouvert 19h-24.) Comme toujours, le repas le moins cher reste bien sûr celui que vous préparez vous-même. Vous trouverez tout ce qu'il faut pour votre pique-nique sur la plage dans un des **alimentari** de la Via del Risorgimento.

VISITES. Si vous voulez voir le plus beau site de Salina, il vous faudra beaucoup de courage. En effet, vous devrez faire un long trajet en bus depuis Santa Marina pour atteindre la superbe ❤ **plage** de **Pollara**. Elle se trouve en contrebas de la petite ville perchée sur des falaises, au milieu d'un cratère à moitié recouvert de végétation. Mais le voyage vaut bien tous ces virages. Admirez le croissant de sable noir, les rochers érodés et la mer d'un bleu indescriptible. Sur la droite, une voûte rocheuse naturelle surgit de la mer pour prendre un bain de soleil contre la falaise. De l'autre côté de l'île, **Valdichiesa** se repose au pied du **mont Fossa delle Felci**, le plus haut point des îles Eoliennes. Suivez le chemin qui monte à 962 m au-dessus de la ville et profitez du superbe panorama qui vous est offert. Si vous préférez vous reposer, optez pour la magnifique plage de **Malfa**, d'où vous aurez vue sur les *sconcassi* (les émanations de gaz sous-marines).

FILICUDI ET ALICUDI ©090

Filicudi et sa lointaine voisine Alicudi sont peut-être le secret le mieux gardé des îles Eoliennes. Filicudi est complètement abandonnée à ses 250 habitants, à part l'été où elle connaît un regain d'activité tout relatif. L'île figure rarement sur les brochures touristiques, elle n'est donc pas trop envahie par les touristes en juillet et en août. Filicudi est un paradis pour les amoureux de la nature et de la randonnée, qui pourront admirer les cactus, les arbres fruitiers, les fleurs et les formations rocheuses.

TRANSPORTS ET INFORMATIONS PRATIQUES. Les deux îles sont reliées par ferry à Milazzo et Lipari. Le **Filicudi Porto** est le port principal de l'île, sur la côte sud. Alicudi, qui ne fait que 2,5 km de large, est peuplé sur ses versants est et ouest. Le sud de l'île est totalement désert. En cas d'urgence sur l'une ou l'autre des îles, appelez les **carabinieri** (© 090 988 99 42) ou la **Guardia Medica** (© 090 988 99 61). A Filicudi, la montée à droite du port mène au **bureau de poste** (© 090 98 80 53). Il n'y a pas de distributeur automatique à Filicudi ni à Alicudi.

HÉBERGEMENT ET RESTAURANTS. Trouver un logement à Filicudi est une tout autre aventure. En effet, il y a peu de logements bon marché. Les deux hôtels les plus abordables de l'île sont perchés en haut d'une falaise qui surplombe le port. Vous pouvez y aller par la rue pavée de l'île, mais le chemin le plus court est l'escalier de pierre très escarpé qui tombe en ruine (comptez 20 mn). Cet escalier se trouve derrière le bureau de la SNAV lorsque vous faites face à la mer. La **Villa La Rossa**, V. della Rossa, est le centre de la vie sociale de l'île, où se croisent jour et nuit habitués et touristes. Les 12 chambres doubles, toutes décorées de la même manière, sont perdues au milieu de ce complexe composé d'un restaurant, d'un bar, d'une galerie marchande et d'une discothèque. (© 090 988 99 65, fax 090 988 92 91. Demi-pension 40-65 €, pension complète 56-81 €) Le somptueux ❤ **Hôtel La Canna**, V. della Rossa, 43, propose des chambres claires, très confortables, avec une vue exceptionnelle. Salle de bains, climatisation, télévision dans chaque chambre. Terrasse commune, accès Internet, restaurant près de l'hôtel. (© 090 988 99 59, fax 090 988 99 66. Petit déjeuner inclus. Restaurant ouvert 12h30-13h30 et 20h15-21h30. Chambre double 60-120 €. Demi-pension 50-90 €, pension complète 70-110 € Cartes Visa, MC, AmEx.) L'**Hôtel Club Phenicusa** se trouve tout près du port. Chaque chambre donne soit sur la mer, soit sur la montagne. (© 090 988 99 46. www.capocalva.com. Petit déjeuner compris. 35-75 € avec vue sur la mer, 30-70 € avec vue sur la montagne. Demi-pension 60-100/55-95 €

Pension complète 70-110/65-105 €. Demi-pension ou pension complète obligatoire en Juil-Aoû. Cartes Visa, MC, AmEx.) Le restaurant **Da Nino**, V. Porto, est toujours rempli de monde. Il sert aussi bien des snacks aux vacanciers pressés de retourner sur la plage que des repas plus consistants. (✆ 090 988 99 84. *Primi* 8 €, *secondi* 12 €. Ouvert 8h-24h. Cartes Visa, MC, AmEx.) L'établissement loue également des scooters (30 €/j) et des bateaux (90-230 €/j).

VISITES. Montez au sommet de la **Fossa delle Felci** pour jouir de la magnifique vue de la Canna, un impressionnant pic de pierre qui s'élève à plus de 71 m au-dessus de la mer. Le paysage montagneux est entouré de ravissantes plages et de superbes grottes, par exemple la **Grotta del Blue Marino**. Les fonds sous-marins de Filicudi vous feront également découvrir les charmes cachés de cette île. Rendez-vous chez **I Delfini** (✆/fax 090 988 90 77), à Pecorini Mare, une petite ville près du port, pour vous informer, louer un bateau ou un scooter ou faire de la plongée sous-marine.

L'EST DE LA SICILE

MESSINE (MESSINA) ✆090

Messine (400 000 habitants) est une ville qui semble marquée par le mauvais sort. Fondée en 730 av. J.-C., la colonie grecque de Zancle (le mot signifie "faucille", en référence à la forme de la presqu'île), dirigée par le roi Minos, est rebaptisée Messene par Anaxilas, tyran de Reggio, en 493 av. J.-C. Un siècle plus tard, les Carthaginois rasent la cité, l'empêchant ainsi de leur faire de l'ombre. Plus tard, elle tombe aux mains des Normands, qui la font prospérer, puis devient un port pour les croisés sous la férule de Richard Cœur de Lion. Elle se transforme ainsi en avant-poste de l'Occident en Méditerranée pendant six siècles. A partir du XVIIe siècle, la ville décline. Après s'être rebellée contre la domination espagnole à la fin du XVIIe siècle, elle gagne son indépendance mais perd ses privilèges économiques en devenant le paria de l'Europe commerciale. Les années qui suivent sont marquées par une longue suite de catastrophes : après avoir perdu la majeure partie de son territoire, Messine est ravagée par la peste en 1743, anéantie par un tremblement de terre en 1783, bombardée en 1848 par les navires du roi de Naples, frappée par le choléra en 1854, dévastée de nouveau par des tremblements de terre en 1894 et en 1908 (ce dernier tuant presque la moitié des 170 000 habitants) et rasée par les bombardements des Alliés et des puissances de l'Axe pendant la Seconde Guerre mondiale. Reconstruite après chaque désastre, la cité paraît avoir été trop souvent ébranlée pour pouvoir se relever tout à fait. La plupart des bâtiments ne datent que de quelques décennies et la ville donne l'impression d'avoir été édifiée à la hâte. Même la cathédrale, rebâtie deux fois au XXe siècle, semble neuve. Elle mérite une visite, surtout pour son clocher et les petits personnages animés de son horloge astronomique.

TRANSPORTS

Train : **Stazione Centrale**, P. della Repubblica (✆ 090 67 97 95 ou 147 88 80 88). Destinations : **Naples** (7 dép/j, durée 4h30, 21,59 €), **Palerme** (15 dép/j, durée 3h30, 10,55 €), **Rome** (7 dép/j, durée 9h, 29,44 €, et aussi des trains *rapido* moins fréquents 40,28 €), **Syracuse** (14 dép/j, durée 3h, 8,19 €) et **Taormine** (26 dép/j, durée 1h, 2,05 €). La plupart des trains s'arrêtent à **Milazzo**, principal port des îles Eoliennes (durée 45 mn, 2,35 €). Consigne disponible.

Bus : Il y a quatre compagnies de bus à Messine.

AST (✆ 090 66 22 44) est le transporteur le plus important de la province. Son bureau de vente est en face de la cathédrale, de l'autre côté de la Piazza del Duomo, dans un minibus orange. Il dessert toutes les destinations, même les localités plus petites et moins touristiques du sud de l'Italie et de la Sicile.

SAIS, P. della Repubblica, 6 (✆ 090 77 19 14). Le guichet se trouve derrière les arbres, à gauche de l'entrée principale de la gare ferroviaire. Destinations : **Aéroport** (6 dép/j, durée 1-2h, 6,97 €), **Catane** (9 dép/j, durée 1h30, 6,20 €), **Florence** (Di. 1 dép., durée 19h, 50 €), **Naples** (3 dép/semaine, durée 22h, 25 €) et **Palerme** (8 dép/j, durée 1h30, 12,39 €).

Interbus, P. della Repubblica (✆ 090 66 17 54), les bureaux (de couleur bleue) sont à gauche de la gare ferroviaire, derrière les bus. Destinations : **Giardini Naxos** (9 dép/j, durée 1h30, 2,50 €), **Naples** (Di. 1 dép., 22 €), **Rome** (2 dép/j, 30 €) et **Taormine** (12 dép/j, durée 1h30, 2,50 €).

Giantabus, V. Terranova, 8 (✆ 090 67 37 82 ou 090 67 57 49). Remontez la Via Primo Settembre, prenez la quatrième rue à gauche, la Via Bruno, puis à droite la Via Terranova. Destinations : **Aéroport de Catane** (Avr-Sep dép. 16h, 10,33 €) et **Milazzo** (Lu-Sa 14 dép/j, Di. 1 dép., durée 45 mn, 3,10 €).

Ferry : **Meridiano** (✆ 0347 910 01 19 ou 0347 64 13 234) se trouve sous les premières grandes grues jaunes des quais, à environ 300 m de la gare ferroviaire et des hydrofoils FS. Ferrys pour **Reggio di Calabria** (Lu-Sa 12 dép/j, Di 1 dép, durée 40 mn, 1,50 €).

Hydrofoil : Les hydrofoils partent des quais situés dans le prolongement de la gare ferroviaire, Messina Marittima. La compagnie **FS** envoie des hydrofoils à **Reggio di Calabria** (12 dép/j, durée 25 mn, 2,60 €) et **Villa San Giovanni** (3 dép/h, durée 30 mn, 1 €). Le bureau de la **SNAV**, C. Vittorio Emanuele II (billets ✆ 0903 640 44), se trouve dans un bâtiment bleu du côté du front de mer, à 2 km au nord de la gare par le Corso Garibaldi. Elle dessert les **îles Eoliennes** : **Lipari** (6 dép/j, durée 40 mn, 16,50 €), **Salina** (4 dép/j, durée 1h15, 19,10 €) et **Panarea** (3 dép/j, durée 1h45, 19,10 €).

Transports en commun : Les **bus** orange **ATM** partent soit de la Piazza della Repubblica, soit de la gare routière, Via Primo Settembre, à deux rues de la gare ferroviaire, sur la droite. Vous pouvez acheter des billets (0,90 €) dans tous les bureaux de tabac et les kiosques à journaux. Informations détaillées sur les panneaux bordés de jaune situés à l'extérieur de la gare routière. Le bus n° 79, qui s'arrête à la cathédrale, au musée et à l'aquarium, ne s'arrête pas à la gare, il faut le prendre sur la Piazza della Repubblica.

Taxi : **Taxi Jolli** (✆ 090 65 05), à droite de la cathédrale quand vous faites face à l'entrée.

ORIENTATION ET INFORMATIONS PRATIQUES

L'office de tourisme et plusieurs compagnies de bus sont groupés autour de la gare ferroviaire, sur la **Piazza della Repubblica**. La **Via Giuseppe La Farina** passe devant la gare. La **Via Tommaso Cannizzaro**, à gauche après les grands immeubles, mène au centre-ville et croise l'artère principale de la ville, le **Viale San Martino** (bordé de palmiers), au niveau de la **Piazza Cairoli**. Depuis la gare ferroviaire, dirigez-vous vers la Piazza della Repubblica. Au bout à droite se trouve la **Via Primo Settembre**, perpendiculaire au **Corso Garibaldi**, qui longe le port jusqu'aux quais d'embarquement des hydrofoils et débouche sur le Corso Cavour.

LA SÉCURITÉ AVANT TOUT. Attention, les alentours de la gare et du port ont mauvaise réputation la nuit, surtout pour les femmes. Mieux vaut, après 22h, rester près de la cathédrale et de l'université, où il y a plus de monde. Faites également attention aux pickpockets et placez votre argent en lieu sûr.

Office de tourisme : **AAPIT (Azienda Autonoma Per l'Incremento Turistico)**, V. Calabria, 301 (✆ 090 64 02 21 ou 67 42 36), sur la droite lorsqu'on quitte la gare ferroviaire. Vous pouvez vous y procurer quantité de plans et d'informations sur Messine, les îles Eoliennes et même Reggio di Calabria. Ouvert Lu-Sa 8h30-18h30.

Change : **F. lli. Grosso**, V. Garibaldi, 58 (✆ 090 77 40 83). ouvert Lu-Ve 8h30-13h, Sa 8h30-12h30. Vous trouverez des **distributeurs automatiques** juste à l'extérieur de la gare, à droite, ainsi que V. Cannizzaro, 24. Il y a une **Banco di Napoli** dans la Via Vittorio Emanuele, en face du port.

Librairie : **Libreria Nunnari e Sfameri**, V. Cannizzaro, 116 (✆ 090 71 04 69). Ouvert Lu-Ve 8h30-13h et 16h-20h, Di 8h30-13h. Cartes Visa, MC.

Consigne : **Stazione Centrale**. 3,87 € la journée. Ouvert tlj 6h-22h.

Police : ✆ 113. **Carabinieri** : ✆ 112. **Ambulance** : ✆ 118. **Accidents** : ✆ 090 77 10 00. **Guardia Medica** : V. Garibaldi, 242 (✆ 090 34 54 22).

Pharmacie : **Farmacia Abati**, Vle San Martino, 39 (✆ 090 63 733, 71 75 89 pour obtenir des informations sur toutes les pharmacies de la ville). De la gare ferroviaire, remontez la Via del Vespro sur quatre rues, puis prenez à gauche. Toutes les pharmacies sont ouvertes Lu-Ve 8h30-13h et 16h30-20h. La liste hebdomadaire des pharmacies de garde est affichée sur la devanture de toutes les pharmacies.

Hôpital : **Ospedale Piemonte**, V. Europa (✆ 090 222 43 47).

Internet : **Stamperia**, (✆ 090 64 094 28) V. Tommaso Cannizzaro, 170. 5,16 € l'heure. Ouvert Lu-Ve 8h30-13h30 et 15h30-20h. **Computer online Internet Point**, V. dei Mille, 200 (✆ 090 678 32 89). 4 € l'heure. Ouvert Lu-Sa 9h-13h et 16h-20h.

Bureau de poste : P. Antonello (✆ 090 66 864 15), non loin du Corso Cavour. Ouvert Lu-Sa 8h30-18h30. **Code postal** : 98100.

HÉBERGEMENT

Messine est considérée comme une étape plutôt qu'une destination en soi. La poignée d'hôtels de la ville ne conviennent en effet pas vraiment aux voyageurs économes, mais plutôt aux hommes d'affaires aux poches bien remplies ! Les hôtels les moins chers de Messine tendent à être regroupés dans l'obscur quartier qui jouxte la gare : soyez très prudent le soir.

Hôtel Mirage, V. Nicola Scotto, 3 (✆ 090 293 88 44). De la gare ferroviaire, tournez à gauche, passez devant les bus puis sous l'échangeur. Les chambres sont simples, presque monacales, avec de grandes fenêtres, donc très claires. Couvre-feu à minuit. Chambre simple 21 €, avec salle de bains et télévision 37 €, chambre double 37 €, avec salle de bains et télévision 51 €, triple 65 €. Cartes Visa, MC. ❖❖

Hôtel Touring, V. Nicola Scotto, 17 (✆ 090 293 88 51), à quelques pas de l'Hôtel Mirage. Des couloirs en faux marbre ornés de miroirs conduisent à des chambres toutes simples meublées de bois sombre. Couvre-feu à minuit. Chambre simple 25 €, avec salle de bains et télévision 40 €, chambre double 36,15 €, avec salle de bains et télévision 62 €, chambre triple 40 €, avec salle de bains et télévision 50 €, avec clim. 68 €. ❖❖

Hôtel Cairoli, Vle San Martino, 63 (✆ 090 67 37 55). De la gare ferroviaire, prenez la Via del Vespro, tournez dans la quatrième rue à gauche, l'hôtel est à quelques mètres, à un croisement. Ce palais converti en hôtel donne l'impression d'être plus grand qu'il n'est. Grand escalier et petite serre. Les petites chambres sont très peu meublées mais bien équipées : télévision, climatisation et téléphone. Petit déjeuner compris. Chambre simple 46 €, double 77 €, triple 103 €. Cartes Visa, MC, AmEx. ❖❖❖

The Royal Palace Hotel, V. T. Cannizzaro, 224 (✆ 090 65 03). Hôtel haut de gamme avec des chambres impeccables pourvues de la clim. Restaurant plein de fantaisie en bas. Petit déjeuner 11 €. Chambre simple 85-112 €, double 119-159 €. Cartes Visa, MC, AmEx. ❖❖❖❖❖

RESTAURANTS

Les restaurants et les trattorias abondent dans le quartier de la Via del Risorgimento. Pour vous y rendre, suivez la Via Tommaso Cannizzaro, non loin de la Piazza Cairoli. La spécialité de Messine est l'espadon, frit, cuit au four ou préparé en ragoût (*pesce stocco*). Une autre spécialité est l'aubergine farcie et la *caponata* (aubergine frite avec des oignons, des câpres et des olives dans une sauce rouge) est un vrai festin ! Les *cannoli*, très riches, et les *pignolate*, très sucrées, régaleront tous les amateurs de friandises.

❤ **Osteria del Campanile**, V. Loggia dei Mercanti, 9-13 (✆ 090 71 14 18), derrière la cathédrale. Très fréquenté par les habitants de la ville. Vous pouvez vous asseoir dans la jolie salle ou opter pour une table à l'extérieur. Goûtez aux *linguini all'inferno marina* ou à toute autre spécialité de Messine. Ouvert Lu-Sa 12h-15h et 17h-23h30. Cartes Visa, MC, AmEx.

Osteria Etnea, V. Tommaso Cannizzaro, 155-57 (✆ 090 67 29 60), près de l'université. Décor arts déco, jolies nappes et vaisselle raffinée dans laquelle sont servies de succulentes pâtes (*spaghetti etnea*, 4,65 €) et d'excellents plats de poisson (à partir de 4 €). Couvert et pain 1,55 €. Ouvert Lu 19h30-23h30, Ma-Sa 12h30-16h et 19h30-23h30, Di 12h30-16h. Cartes Visa, MC, AmEx.

Pizza e Coca, V. Cesare Battisti, N47 (✆ 090 67 36 79). Prenez la Via Primo Settembre (à une rue de la cathédrale) puis tournez à droite. Les pizzas (à partir de 4 €) de ce petit restaurant sont très bonnes et les *bruschette* (3 €) vraiment abordables. Ouvert tlj 12h-15h et 18h-24h.

VISITES

Les tremblements de terre, les invasions et les bombardements ont détruit de nombreux monuments de Messine mais la ville abrite tout de même plusieurs monuments intéressants, certains récemment rénovés. Les églises, romanes et baroques, témoignent de la ferveur religieuse des habitants de Messine et surtout de leur incroyable volonté de reconstruire et de conserver les monuments de leur ville. Certaines se trouvent à l'extérieur de la ville, notamment celle de **Montalto** qui offre une vue imprenable sur la ville et le port.

LA PIAZZA DEL DUOMO. La vaste Piazza del Duomo est un havre de paix au milieu de l'agitation de la ville. Profitez-en pour vous reposer quelques instants à l'ombre de ses arbres. La place est dominée par la **cathédrale** (*duomo*), dont la façade de grès éblouit en plein après-midi. Remarquez les 14 petites chapelles, de part et d'autre de la longue nef, et leurs sculptures représentant différents saints. L'autel principal est dédié à la Madonna della Lettera, la sainte patronne de la ville. Le **trésor** (*il tesoro*) se trouve dans un musée moderne sur deux étages. Vous pourrez y admirer des reliquaires en or, des calices et des chandeliers. Ne manquez pas la *Manta d'Oro* ("manteau d'or") qui sert à recouvrir la Madonne et l'Enfant dans l'autel. C'est la première fois en trois siècles qu'on peut le voir. Le ❤ **campanile** a été construit en 1933 par l'archevêque Paino pour symboliser la difficulté de s'élever vers les plus hautes aspirations. Il est décoré d'une énorme horloge astronomique animée de nombreux animaux, anges et personnages. Midi, c'est l'heure du grand spectacle : un enregistrement de l'*Ave Maria* de Schubert retentit (qui vous fera peut-être grincer des dents), l'énorme lion pousse un rugissement et les automates s'animent pour raconter la légende de la Madonna della Lettera. Au pied du clocher, la **Fontana di Orione**, en pierre, fut construite en 1547 par Angelo Montorsoli, un élève de Michel-Ange, en l'honneur d'Orion, le fondateur mythique de Messine. *(Cathédrale ouverte tlj 7h-19h30. Visites guidées du trésor en anglais, en français et en allemand. Trésor ouvert Lu-Sa 9h-13h. Entrée 2,58 €, moins de 18 ans et plus de 65 ans 1,55 €.)*

LE MUSÉE RÉGIONAL. Cet ancien moulin, converti en musée au début du XXe siècle, abrite la collection du **Museo regionale**, constituée d'œuvres provenant du monastère de saint Grégoire et des églises endommagées après les tremblements de terre de 1894 et de 1908. Autour de la cour, très calme, les galeries du musée retracent chronologiquement le développement de la tradition artistique de Messine. Vous pourrez ainsi voir de nombreuses *Vierges à l'Enfant* datant du Moyen Age et un carrosse baroque, richement décoré, qui pourrait facilement rivaliser avec celui de Cendrillon. Les chefs-d'œuvre du musée sont le **polyptyque de saint Grégoire** (1473), œuvre du maître Antonello da Messina, une *Vierge à l'Enfant* en terre cuite d'Andrea della Robbia et deux œuvres du Caravage, *L'Adoration des bergers* (1608) et *La Résurrection de Lazare* (1609). Remarquez les panneaux des portes en bronze de l'entrée, qui racontent l'histoire de la Madonna della Lettera aux incultes, aux illettrés et à vous ! *(Au bout de la Via della Libertà, au-delà de l'embarcadère des hydrofoils. Prenez le bus n° 8 ou n° 79 de la gare ou de la Piazza del Duomo en direction de la Piazza del Museo. © 090 36 12 92. Ouvert Oct-Mai Ma-Sa 9h-14h et Di 9h-13h. Juin-Sep Ma, Je et Sa 15h-19h. Entrée 4,50 €.)*

LE PORT. L'activité portuaire de Messine est au centre de son histoire et de sa culture. Le port moderne est bien plus qu'un simple embarcadère où l'on vient prendre son hydrofoil, c'est un lieu qu'il ne faut pas manquer à Messine. Commençons par les eaux d'un bleu intense, protégées par les icônes les plus importantes de la ville. La gigantesque **Madonnina**, au milieu du port et face à la mer, une statue dorée de 6 m qui surveille les allées et venues de la ville du haut de sa colonne de 60 m. En bordure du centre-ville, la **Fontana di Nettuno**, œuvre de Montorsoli, embellit le carrefour de la Via Garibaldi et de la Via della Libertà. La statue en marbre du dieu Neptune (aux formes très athlétiques) se dresse au-dessus des deux monstres Charybde et Scylla et semble tendre son bras pour essayer d'apaiser la mer. Les habitants de Messine sont nombreux sur le port tous les après-midi, pour pêcher, bronzer sur les bords de l'embarcadère ou se prélasser à la terrasse des cafés. Venez ici dans la journée, car le soir et la nuit, le quartier du port est dangereux.

SORTIES

Le 3 juin a lieu la **Festa della Madonna della Lettera**, en l'honneur de la protectrice de la ville. La procession s'achève à la cathédrale, où la *Manta d'Oro* est placée sur l'autel une fois par an. Pendant la fête du **Ferragosto Messinese** (13-15 août), la ville est envahie de touristes et de 150 000 pèlerins habillés de robes blanches. Cette fête débute par la *Processione dei Gianti* ("procession des Géants"), deux journées au cours desquelles deux effigies humaines et un chameau géants parcourent la ville.

TAORMINE (TAORMINA) ©0942

Selon la légende, au VIIIe siècle av. J.-C., Neptune fit sombrer un navire grec au large du littoral ionien. Il n'y eut qu'un seul survivant, qui réussit à nager jusqu'au rivage. Inspiré par l'incroyable beauté du paysage, il décida d'y bâtir une ville. Ainsi naquit Taormine (Tauromenium). Pour les historiens, Tauromenium fut fondée par les Carthaginois à la fin du IVe siècle av. J.-C. et immédiatement conquise par le tyran grec Denys. Quoi qu'il en soit, Taormine est une ville superbe, perchée en haut d'une falaise recouverte de maisons, de pins et de jardins et baignée par un rivage d'un bleu brumeux. Etrangers un peu perdus, randonneurs vigoureux ou VIP, tous viennent voir ce que des millions de flashs et de considérations ébahies ne semblent pas pouvoir émousser : un panorama vertigineux s'étendant du bouillant Etna jusqu'à Messine.

TRANSPORTS

La façon la plus simple de se rendre à Taormine est de prendre le **bus** à Messine ou à Catane. Les **trains** sont plus fréquents mais la **gare ferroviaire** est loin de Taormine, au pied de Giardini-Naxos. Des bus relient toutefois la gare ferroviaire à **Taormine** (2 dép/h de 6h50 à 24h) et à **Giardini-Naxos** (Lu-Sa de 6h50 à 24h, Di. de 9h à 24h).

Train : En bas de la colline, à Giardini-Naxos (© 0942 89 22 021). Destinations : **Catane** (36 dép/j de 1h20 à 20h16, durée 45 mn, 3,05 €), **Messine** (31 dép/j de 4h02 à 23h25, durée 50 mn, 2,84 €) et **Syracuse** (16 dép/j de 4h10 à 20h02, durée 2h, 6,70 €).

Bus : **Interbus** (© 0942 62 53 01). Bureau de vente ouvert tlj 6h-21h15. La compagnie **CST** (© 0942 233 01) propose l'*Etna Tramonto*, une excursion en soirée jusqu'au volcan (Juil-Aoû Lu-Me 15h15, Oct Lu et Me 14h15, 55 €). Les bus desservent **Catane** (Lu-Ve 12 dép/j de 7h à 18h, Di. 12 dép/j de 6h30 à 18h, 3,80 €) et **Messine** (Lu-Sa 10 dép/j de 6h30 à 19h20, Di dép. à 8h50, 12h30 et 18h, 2,50 €). Les mêmes bus se rendent à **Giardini-Naxos** et à la **gare ferroviaire** (direction "Recanti" ou "Catania", Lu-Ve 2 dép/h de 6h50 à

24h, 1,20 €), ainsi qu'aux **gorges de l'Alcantara** (Lu-Sa 4 dép/j de 9h30 à 18h30, Di. dép. 9h30, a/r 4,30 €), à **Isola Bella**, **Mazzaro** et **Spisone** (Lu-Sa 14 dép/j de 6h30 à 19h40, Di. 4 dép/j de 8h40 à 17h40, 1,50 €). **SAT**, C. Umberto, 73 (© 0942 24 653, www.sat-group.it), organise des excursions d'une journée jusqu'à l'Etna.

Location de vélomoteurs et de voitures : **Cundari Rent**, Viale Apollo Arcageta, 12 (© 0942 24 700), au coin du bureau de poste et de la C. Umberto. Scooters 24 €/j, 149 €/semaine. Voitures 55-130 €/j. Ouvert tlj 8h30-13h et 16h-20h. Remise de 10 % avec *Let's Go*.

ORIENTATION ET INFORMATIONS PRATIQUES

Pour vous rendre de la gare ferroviaire au centre-ville, prenez un bus bleu Interbus effectuant la montée (2 dép/h de 7h30 à 23h, durée 10 mn, 1,30 €). Les rues étroites et escarpées de Taormine sont piétonnes, les voitures étant toutes abandonnées dans un petit parking au début de la **Via Pirandello**. Du terminus des bus, la Via Pirandello mène au **Corso Umberto I**, l'artère principale de la ville. Son point de départ est l'arche de pierre et elle traverse toute la ville en passant par les quatre places principales. De petits escaliers et des rues transversales descendent vers d'innombrables restaurants, magasins et bars. La **Via Naumachia** descend jusqu'à la **Via Bagnoli Croci**, qui continue jusqu'aux jardins publics.

Office de tourisme : **AAST**, P. Corvaja (© 0942 232 43, fax 0942 249 41), à proximité du Corso Umberto I, de l'autre côté de la Piazza Vittorio Emanuele. Le personnel vous fournira plusieurs brochures, mais leur carte de base est mauvaise, demandez plutôt la carte bleu turquoise "SAT Sicilian Airbus Travel". Ouvert Lu-Sa 8h30-14h et 16h-19h.

Change : Le Corso Umberto I et la Via Pirandello comprennent des douzaines de banques. Les **distributeurs automatiques** et les **bureaux de change** ne manquent pas non plus. Pour ces derniers, essayez **Cambio Valute**, C. Umberto I, 224, juste en face de la Piazza Sant'Antonio. Ouvert Lu-Sa 9h-13h et 16h-20h.

American Express : **La Duca Viaggi**, V. Don Bosco, 39 (© 0942 62 52 55), près de la Piazza IX Aprile. Courrier conservé pendant un mois. Ouvert Lu-Ve 9h-13h et 16h-19h30.

Urgences : © 113 ou 0942 537 45. **Police** : © 112 ou 0942 232 32. **Soins médicaux** : **Guardia Medica** (© 0942 62 54 19). **Hôpital** : **Ospedale San Vincenzo**, P. San Vincenzo (© 0942 57 92 97).

Pharmacie : **Farmacia Ragusa**, P. del Duomo, 9 (© 0942 23 231). Affiche les pharmacies de garde. Ouvert Je-Ma 8h30-13h et 17h-20h30.

Internet : **Internet Cafe,** C. Umberto I, 214 (© 0942 62 88 39). 2 € les 20 mn, 5 € l'heure. Ouvert tlj 9h-20h.

Bureau de poste : P. Sant'Antonio (© 0942 73 230), en haut du Corso Umberto I, près de l'hôpital. Change les **chèques de voyage**. Ouvert Lu-Sa 8h-18h30. **Code postal** : 98039.

HÉBERGEMENT ET CAMPING

Taormine étant une destination très touristique, le prix de l'hébergement est bien sûr très élevé. D'aucuns diront que la beauté de Taormine n'a pas de prix mais, pour ceux qui ont un budget serré, il vaut mieux séjourner dans les villes voisines de Mazzarò, Spisone ou Giardini-Naxos. Empruntez les chemins escarpés si vous voulez vous rendre à pied à Mazzarò ou à Spisone, sinon prenez un bus. Attention : les bus arrêtent de circuler vers 21h.

Taormina's Odyssey Youth Hostel, Traversa A di Via G. Martino, 2 (© 0942 24 533). A 15 mn de marche du croisement entre les V. C. Umberto et L. Pirandello. Suivez les panneaux pour l'hôtel Andromaco, qui est juste à côté. Une auberge très réputée dans le petit monde des *backpackers*. Les prix sont épatants et justifient la marche pour venir jusqu'ici. Réservez l'été. 20 chambres aménagées en dortoirs, une chambre double. 15 € par personne. ❖

La Campanella, V. della Circonvallazione, 3 (✆ 0942 233 81, fax 0942 62 52 48), au bout de la Via Pirandello, dans le virage de la route principale. Le hall d'entrée et les couloirs sont décorés d'un bric-à-brac d'objets traditionnels siciliens, qui contraste beaucoup avec l'ordre qui règne dans les chambres. Petit déjeuner compris. Chambre simple 50 €, chambre double 80 €. ❖❖❖❖

Pensione Svizzera, V. Pirandello, 26 (✆ 0942 237 90, www.tao.it/svizzera), à 100 m de la gare routière. Un peu cher, mais il en vaut la peine. La vue sur la mer est vraiment magnifique, les chambres sont très propres et disposent d'une salle de bains et de la télévision. Petit déjeuner compris (un buffet est dressé dans le jardin en terrasse surplombant la mer). Généralement complet en août, réservation recommandée. Ouvert Fév-Nov et à Noël. Chambre simple 60 €, chambre double 80 €, avec vue 90 €, chambre triple 110 €. Cartes Visa, MC. ❖❖❖❖

Inn Piero, V. Pirandello, 20 (✆ 0942 231 39), près du Corso Umberto I, après la station-service, dans deux immeubles qui dominent la mer. 10 petites chambres blanches étincelantes, toutes avec salle de bains. Réservez pour l'été. Chambre simple 40 €, chambre double 85 €. Cartes Visa, MC, AmEx. ❖❖❖❖

RESTAURANTS

Les restaurants de la ville proposent une cuisine de qualité, et des prix en conséquence. Même le pain, le fromage et les fruits sont chers à Taormine, à moins d'aller au **supermarché STANDA**, V. Apollo Arcageta, 49, au bout du Corso Umberto I, une rue après le bureau de poste. (✆ 0942 237 81. Ouvert Lu-Sa 8h30-13h et 17h-21h.)

Trattoria Da Nino, V. Pirandello, 37 (✆ 0942 212 65), entre la gare routière et le centre-ville. Faites confiance à Nino pour vous conseiller. Ses véritables créations à base de pâtes fraîches ou de poisson frais sont considérées comme les meilleures de Taormine. *Primi* 3-8 €, *secondi* 5-10 €. Réductions pour les étudiants. Posez votre guide *Let's Go* bien en vue sur la table, ça peut aider ! Cartes Visa, MC, AmEx. ❖

Bella Blu, V. Pirandello, 28 (✆ 0942 242 39). Passez sous un véritable toit de violettes pour rejoindre votre table en terrasse avec vue sur la mer, la montagne, les cyprès et les tramways. Ne vous étonnez pas d'entendre les serveurs se mettre à chanter, ils jouent même parfois des morceaux traditionnels siciliens à la guitare ! *Primi* à partir de 4,50 €, *secondi* à partir de 6,50 €. Couvert 1,50 €. Ouvert 10h-24h. Cartes Visa, MC, AmEx. ❖❖

San Pancrazio, P. San Pancrazio, 3 (✆ 0942 231 84), au bout de la Via Pirandello. Les tables en terrasse, bondées, attestent de la grande qualité de la cuisine. Pizzas à partir de 5 €, *primi* et *secondi* à partir de 5,50 €. Couvert 1 €. Ouvert Me-Lu 12h-14h30 et 19h-23h. Cartes Visa, MC, AmEx. ❖❖

Gastronomia La Fontana, V. Constantino Patricio, 28 (✆ 0942 234 78), en haut de la colline (à droite de l'arche, dans la rue du milieu), après la Via Pirandello. Repérez ce lieu prisé des voyageurs à l'odeur de poulet rôti qui se répand alentour. Grand choix de pizzas, de paninis et de savoureuses pâtisseries comme les *cipolline* (1-1,50 € la pièce). Ouvert tlj 12h-15h et 18h-23h, ferme à 1h en août, fermé le lundi en hiver. ❖

VISITES

❤ **LE THÉÂTRE GREC.** Ce théâtre, bien conservé, est le site le plus intéressant de Taormine. De plus, il offre une vue imprenable sur l'Etna, dont les fumées suffocantes et les éruptions occasionnelles peuvent avoir des conséquences beaucoup plus dramatiques que les œuvres de Sophocle et d'Euripide ! Le théâtre, qui date du IIIe siècle av. J.-C., pouvait accueillir 5000 spectateurs. De nos jours, le festival annuel Taormina Arte, qui dure tout l'été, attire autant de monde. *(Montez la Via del Teatro Greco, à proximité du Corso Umberto I et de la Piazza Vittorio Emanuele. ✆ 0942 23 123. Ouvert tlj de 9h jusqu'à une heure avant le coucher du soleil. Entrée 4,15 €, ressortissants de l'Union Européenne de moins de 18 ans et plus de 65 ans 2 €.)*

LA CATHÉDRALE. En suivant le Corso Umberto I, le **duomo** se dresse sur la bien nommée Piazza del Duomo. Edifié au XIIIe siècle, il fut remanié à la Renaissance. L'intérieur gothique abrite des peintures d'artistes originaires de Messine et une belle statue en albâtre de la Vierge. Remarquez la fontaine proche, avec son centaure féminin à deux pattes.

AUTRES VISITES. Derrière l'office de tourisme s'élève l'**Odéon romain**, un petit théâtre en partie caché par la **Chiesa Santa Caterina**, située juste à côté. Glissez-vous dans la **Chiesa Santa Augustina**, sur la Piazza IX Aprile, qui fait aujourd'hui office de librairie municipale. Descendez la Via della di Giovanni et suivez les panneaux jusqu'à la **Villa comunale**, un endroit magnifique et peu visité. Ses jardins luxuriants surplombent Giardini-Naxos et on peut aussi voir l'Etna au loin. La Via della Circonvallazione, parallèle au Corso Umberto I, conduit à un escalier raide et étroit qui serpente jusqu'au **Piccolo Castello** (petit château), où vous échapperez enfin à la foule.

SORTIES ET PLAGES

Bien que ce soit Giardini-Naxos qui accueille les nuits les plus débridées, Taormine reste éveillée bien après l'heure d'aller au lit. Les bars chic bordent la P. Garibaldi, le Corso Umberto I et les rues alentour. Le **Mediterraneo**, V. di Giovanni, 6, est très animé. On y avale aussi bien des crêpes que des cocktails. Ne manquez pas les concerts du mercredi soir. Le **Casanova Pub**, V. Paladini, 2, fait toujours le plein. On y sert des pizzas et des cocktails dans une grande salle intérieure ou en terrasse. (✆ 0942 23 945. Ouvert tlj 10h-7h. Cartes Visa, MC, AmEx.) Avec ses tentes orientales et sa décoration outrancière, le **Cafe Marrakech**, P. Garibaldi, 2 (✆ 0942 62 56 92), attire les fêtards jusqu'à 3h.

De fin juillet à septembre se déroule le festival international de théâtre, de danse, de musique et de cinéma **Taormina Arte**. José Carreras, Bob Dylan ou encore Ray Charles y sont passés. (✆ 0942 62 87 49. www.taormina-arte.com, Guichet, C. Umberto I, 19.) La **Galleria Gagliardi**, C. Umberto, 187a, présente les premières œuvres d'artistes du monde entier. Les expositions changent tous les 15 jours. (✆ 0942 62 89 02. Ouvert 10h-13h et 17h-22h.)

Le **Lido Mazzarò** est la plage la plus proche et la plus populaire de Taormine. **Isola Bella** une île à 100 m du rivage, est une réserve naturelle nationale. Vous pouvez vous rendre à la plage en prenant le **tramway** (✆ 0942 236 05) dans la Via Pirandello (en été, 4 dép/h de 7h45 à 13h30, 1,60 €). La plage de l'île se trouve à 200 m en remontant sur la droite. Les plus courageux peuvent prendre le bus qui parcourt la route étroite et sinueuse menant à **Castelmola** et à d'autres bourgades voisines. Ne manquez pas les magnifiques **gorges de l'Alcantara** (Gole dell'Alcantara), où vous découvrirez des chutes d'eau glacée et des torrents d'eau claire. L'agence **Gole Alcantara** a le monopole des visites. (✆ 0942 98 50 10. Entrée 4,15 €, tenue imperméable 7,75 €.) N'oubliez pas d'apporter une serviette, de la crème solaire, des vêtements de rechange et une paire de chaussures qui vous permettra de remonter les torrents. Restaurants et bar sur place.

GIARDINI-NAXOS ✆ 0942

Comme vous l'indiqueront les habitants et les douzaines de pancartes, c'est à Giardini-Naxos que s'installa la première colonie grecque de Sicile (734 av. J.-C.). A son apogée, la cité, qui s'appelait alors Naxos, comptait 10 000 habitants. Après s'être malheureusement ralliée à Athènes dans le conflit qui l'opposait à Syracuse à la fin du Ve siècle av. J.-C., la ville fut détruite. De nos jours, avec sa végétation luxuriante, ses falaises volcaniques et son grand *lungomare* (la promenade du bord de mer), la ville moderne qui se repose à l'ombre de ses palmiers est beaucoup plus Giardini que Naxos (comprenez italienne que grecque). En outre, la ville est maintenant une des meilleures stations balnéaires de l'est de la Sicile : on nage la journée et on danse toute la nuit.

INFORMATIONS PRATIQUES. Giardini-Naxos n'est qu'à 5 km de Taormine et les deux villes partagent la même gare. Des bus **Interbus** font continuellement la navette entre Giardini-Naxos et les gares routière et ferroviaire de Taormine (40 dép/j, dernier bus à 23h35, 1,20 €). Dans toute la ville, des panneaux indiquent l'**office de tourisme AAST**, V. Tysandros, 54. (© 0942 510 10. Ouvert Lu-Ve 8h30-14h et 16h-19h, Sa 8h30-14h.) En cas d'**urgence**, appelez les **carabinieri** (© 112) ou les **premiers secours** (© 0942 53 932). Les **bureaux de poste** se trouvent V. Erice, 1 (© 0942 510 90) et sur le Lungomare Naxos, 151.

HÉBERGEMENT ET RESTAURANTS. Comme à Taormine, les hôtels sont habituellement complets en août, mais les prix sont plus intéressants. En tout cas, pensez à réserver. Ce ne sont pas les hôtels qui manquent le long de la Via Tysandros, sur le front de mer, mais leur qualité et leurs prix varient beaucoup de l'un à l'autre. L'**Hôtel Villa Mora**, V. Naxos, 47, est en retrait du *lungomare*, avec un accès direct à la plage. Demandez une chambre avec vue. Toutes les chambres possèdent une salle de bains, la télévision et un ventilateur, certaines sont climatisées. (©/fax 0942 518 39, www.hotelvillamora.com. Chambre simple 38-50 €, chambre double 68 €. Cartes Visa, MC.) A la **Pensione Otello**, V. Tysandros, 62, les chambres sont spartiates mais donnent presque toutes sur la plage. (© 0942 510 09. Oct-Juin 25 € par personne, Juil 30 € par personne, Aoû-Sep 35 € par personne.) L'**Arathena Rocks Hotel**, V. Calcide Eubea, 55, est un établissement plein de charme. Reposez-vous près de la piscine ou regardez les vagues battre les rochers depuis votre balcon. Une navette fait la liaison avec Taormine. (© 0942 51 349, www.hotelarathena.com. Petit déjeuner compris. Chambre simple 55 €, en demi-pension 65 €, double 98/118 €. Cartes Visa, MC.)

Vous pouvez vous approvisionner au **supermarché Sigma**, V. Dalmazia, 31, en bas de la rue qui part de l'arrêt de bus principal. (Ouvert Lu-Sa 8h30-13h et 17h-22h.) Les fruits de mer sont la spécialité d'**Angelina**, V. Calcide Eubea, 2. Située à la pointe du port incurvé de Giardini-Naxos, la salle à manger offre une vue sur la mer des deux côtés. (© 0942 514 77. *Primi* à partir de 5,16 €, *secondi* à partir de 6,20 €. Ouvert tlj 12h-16h et 18h30-24h. Cartes Visa, MC, AmEx.) La **Trattoria-Pizzeria Nettuno**, V. Tysandros, 68, concocte également de bons plats de fruits de mer, ainsi que des pizzas cuites au feu de bois. Le vendredi, le menu s'enrichit de spécialités siciliennes et les habitués affluent. (©/fax 0942 57 12 76. Pizza à partir de 3 €, *secondi* à partir de 8 €. Couvert 1 €. Ouvert Lu-Me et Ve-Di 12h-15h et 19h-24h. Cartes Visa, MC, AmEx.) Pour un point de vue spectaculaire sur la mer, rendez-vous au **Ristorante-Pizzeria Lido da Angelo**, V. Unmberto, 253, qui dispose d'un patio surplombant une plage privée. L'endroit est touristique. (© 0942 51 902. Pizza à partir de 3,50 €. *Primi* à partir de 5 €, *secondi* à partir de 7,50 €. Couvert 1 €. Ouvert tlj 8h30-16h et 18h30-24h. Cartes Visa, MC, AmEx.)

VISITES ET SORTIES. Des fouilles entreprises dans les années 1960 ont permis de mettre au jour les anciens remparts de la **cité grecque**, construits avec d'immenses blocs noirs de lave solidifiée. Le **Musée archéologique** présente une collection d'antiquités. Remarquez la tasse en céramique sur laquelle sont inscrits quelques mots. C'est le plus ancien document écrit retrouvé à Naxos. (© 0942 510 01. Ouvert tlj 9h-19h. Entrée 2 €, 18-25 ans 1 €, gratuit pour les moins de 18 ans et les plus de 65 ans.)

Entre la plage le jour et la promenade bordée de bars aux lumières fluorescentes le soir, Giardini-Naxos semble égrener doucement les heures. La ville commence à s'animer autour de 23h, quand des bus entiers de fêtards se déversent dans les bars, les restaurants et les discothèques tape-à-l'œil. Vous pouvez commencer la fête à 20 m de l'arrêt de bus, au bar-pizzeria-karaoké **Mister Roll II**, V. Jannuzzo, 31. (© 0942 65 30 87. Ouvert tlj 20h30-5h, en hiver fermé Ma.) Ceux qui aiment les boîtes de nuit pourront ensuite se diriger à gauche vers le **Marabù**, également dans la Via Jannuzzo. Suivez la rangée de palmiers éclairés et les enseignes lumineuses bleues jusqu'au bâtiment où sont déroulés les tapis rouges. Ici, on passe de la techno, de la pop italienne et internationale et les bons vieux tubes sur lesquels on a tous dansé. (© 0942 65 30 29. Piano-bar jusqu'à 1h. Entrée 13 €. Ouvert de 23h30 jusqu'au petit matin.) Laissez vos chaussures magiques et l'enfant qui est en vous s'envoler vers la **Discoteca Peter Pan**, V. Stracina, 4. (Entrée 10 €. Ouvert Mai-Sep, tlj 23h-4h. Oct-Mai : Sa-Di 23h-4h.) Plus loin sur la gauche, une rue mal éclairée mais très fréquentée vous conduit à la fête qui a lieu tous les soirs en bord de mer, au niveau de la Via Naxos et de la Via Tysandros. Concerts, pop-corn, barbe à papa, ados en rollerblades… et beaucoup, beaucoup de monde !

CATANE (CATANIA) ✆ 095

Avec l'Etna toujours prêt à se réveiller et le taux de criminalité le plus élevé de Sicile, Catane a tout pour être qualifiée de ville dangereuse. Détruite à maintes reprises, souvent par le volcan, la ville a été reconstruite plusieurs fois depuis sa fondation par les Grecs en 729 av. J.-C. Son apparence actuelle remonte au tremblement de terre de 1693, à la suite duquel l'architecte Vaccarini orna la ville d'édifices baroques. Catane est aussi la ville natale du compositeur virtuose Vincenzo Bellini, qui, par ses superbes opéras, a certainement contribué à sa manière à l'embellissement de la ville.

TRANSPORTS

Avion : **Fontanarossa** (✆ 095 34 05 05). Prenez un "Alibus" à la gare ferroviaire ou payez 20 € pour 15 mn de trajet en taxi. Ouvert tlj 9h-13h et 14h-19h. 2 vols quotidiens pour Malte sur les avions de la compagnie **Air Malta**, C. Sicilia, 71 (✆ 095 34 53 11).

Train : P. Papa Giovanni XXIII (✆ 095 53 27 19). Destinations : **Agrigente** (5 dép/j de 5h55 à 13h35, durée 3h, 9,20 €), **Enna** (5 dép/j de 5h55 à 13h35, durée 1h30, 4,60 €), **Florence** (4 dép/j de 16h48 à 21h25, durée 12h, 43 €), **Messine** (27 dép/j de 3h15 à 20h24, durée 2h, 5,05 €), **Palerme** (dép. 14h15, 16h et 19h20, durée 3h30, 11,25 €), **Rome** (6 dép/j de 9h10 à 22h55, durée 10h, 33,47 €), **Syracuse** (20 dép/j de 5h30 à 20h50, durée 1h30, 4,65 €) et **Taormine-Giardini-Naxos** (20 dép/j de 3h15 à 21h40, durée 1h, 3,05 €).

Bus : Toutes les compagnies se trouvent dans la Via d'Amico, de l'autre côté de la Piazza Papa Giovanni XXIII par rapport à la gare ferroviaire. Service réduit Di. **SAIS Transporti** (✆ 095 53 62 01) dessert **Agrigente** (13 dép/j de 6h45 à 21h, durée 3h, 9,81 €) et **Rome** (dép. 19h50 et 21h, durée 14h, 40,60 €). **SAIS Autolinee** (✆ 095 53 61 68) dessert **Enna** (Lu-Sa 7 dép/j de 6h40 à 21h25, Di 3 dép/j de 9h à 20h, durée 1h15, 5,94 €), **Messine** (Lu-Sa 28 dép/j de 5h à 21h, Di 8 dép/j de 5h à 22h05, durée 1h30, 6,20 €) et **Palerme** (17 dép/j de 5h à 23h, durée 2h45, 11,62 €). Les compagnies **Interbus** et **Etna** (✆ 095 53 27 16) desservent **Brindisi** (dép. 13h et 23h, durée 8h, 33,57 €), **Giardini-Naxos** (14 dép/j de 7h à 18h45, durée 1h, 2,58 €), **Noto** (8 dép/j de 8h30 à 19h, durée 2h30, 5,68 €), **Piazza Armerina** (7 dép/j de 8h15 à 19h30, durée 2h, 4,91 €), **Raguse** (12 dép/j de 6h à 20h, durée 2h, 6,20 €), **Rome** (Lu, Je, Ve et Di 21h, Ma et Sa 9h30, durée 14h, 33 €) et **Taormine** (durée 1h15).

Ferry : **La Duca Viaggi**, P. Europa, 1 (✆ 095 72 22 295). Depuis la gare ferroviaire, suivez la Via VI Aprile. Ferrys pour **Malte** (haute saison 85,22 €).

Transports en commun : Les **bus AMT** partent de la gare ferroviaire. Les "Alibus" vont à l'aéroport et le bus n° 27 à la plage. Les billets de bus (valables 1h30, 0,77 €) s'achètent dans les bureaux de tabac ou les kiosques à journaux.

Location de scooters : **Hollywood Rent by Motorservice**, V. Luigi Sturzo, 238 (✆ 095 44 27 20), à 5 mn du port. Scooters et bicyclettes à partir de 6 €, motos à partir de 42 €, voitures à partir de 30 €. Ces tarifs peuvent évoluer. Ouvert Lu-Sa 8h-13h et 16h-20h.

ORIENTATION ET INFORMATIONS PRATIQUES

La rue chic de Catane, la **Via Etnea**, part de la **cathédrale** et relie les jardins baptisés **Villa Bellini**. Les **gares ferroviaire** et **routière** sont situées de part et d'autre de la Piazza

Papa Giovanni XXIII, d'où part le **Corso dei Martiri della Libertà**. Cette artère débouche sur la Piazza della Repubblica, d'où part le **Corso Sicilia**, qui rejoint la Via Etnea au niveau de la Piazza Stesicoro, sous le regard attentif d'un monument à Bellini envahi par les pigeons. Si vous prenez à droite la Via Etnea, vous trouverez des logements à des prix raisonnables, des boutiques à la mode, le bureau de poste puis les jardins Villa Bellini. Le **Teatro Bellini** et l'**université** sont sur la gauche, près de la cathédrale. Malgré sa mauvaise réputation, Catane est une ville agréable si vous êtes suffisamment prudent. Par exemple, ne vous éloignez pas trop de la Via Etnea le soir et empruntez uniquement les rues bien éclairées et fréquentées. Soyez vigilant en toutes circonstances et ne vous laissez pas avoir par des voleurs qui, aidés de complices, essaient de vous distraire en vous demandant de l'argent ou du feu.

Offices de tourisme : **AAPIT**, V. Cimarosa, 10 (© 095 730 62 79 ou 095 730 62 22). Depuis la Via Etnea, tournez dans la Via Pacini (avant le bureau de poste) puis suivez les panneaux. Le personnel vous fournira des brochures sur la ville, la région et l'Etna. Ouvert Lu-Sa 8h-20h, Di 9h30-17h30. Des **annexes** se trouvent à la gare ferroviaire (© 095 730 62 55) et à l'aéroport (© 095 730 62 66 ou 095 730 62 77). Ouvert Lu-Sa 8h-20h.

Voyages à prix réduit : **CTS**, V. Ventimiglia, 153 (© 095 53 02 23), au croisement du Corso Sicilia et du Corso dei Martiri della Libertà. Informations utiles sur les voyages en Sicile, en Italie et au-delà. Prenez un numéro et soyez patient. Ouvert Lu-Ve 9h30-13h et 16h30-19h30, Sa. 9h30-12h30.

American Express : **La Duca Viaggi**, P. Europa, 1 (© 095 72 22 295), en remontant le Viale Africa depuis la gare ferroviaire, garde pendant un mois le courrier des détenteurs de la carte. Ouvert Lu-Ve 9h-13h et 15h-18h30, Sa. 9h-12h.

Urgences : © 113. **Police** : © 112 ou 095 736 71 11. **Ambulance** : (© 095 37 71 22 ou 38 21 13). **Guardia Medica** : C. Italia, 234 (© 095 37 71 22).

Pharmacies de garde : **Crocerossa**, V. Etnea, 274 (© 095 31 70 53). Ouvert tlj 8h30-13h et 16h30-20h. **Croceverde**, V. G. D'Annunzio, 45 (© 095 44 16 62), à l'angle du Corso Italia et du Corso della Provincia.

Hôpital : **Ospedale Garibaldi**, P. Santa Maria del Gesù (© 095 759 11 11).

Internet : **Internet Caffeteria**, V. Penninello, 44 (& 095 31 01 39). 10 ordinateurs, des sandwiches, des cappuccino, bref de quoi faire passer votre faim et votre solitude. 2 € l'heure. Ouvert Lu-Ve 8h30-23h, Sa 11h-23h, Di 15h-22h.

Bureau de poste : V. Etnea, 215 (© 095 715 51 11), dans le grand bâtiment situé près de la Villa Bellini. Ouvert Lu-Ve 8h-18h30, Sa 8h-12h30. **Code postal** : 95125.

HÉBERGEMENT

Bien que ce soit un quartier plutôt chic, on trouve des hôtels à des prix étonnamment raisonnables le long de la Via Etnea. Réservez longtemps à l'avance pour les séjours de fin juillet à septembre.

Pensione Gresi, V. Pacini, 28 (© 095 32 27 09, www.sicilianholiday.net), dans une rue qui coupe la Via Etnea avant le bureau de poste. Bar, salle pour le petit déjeuner et salle de lecture. Les chambres sont équipées de la climatisation, de la télévision, du téléphone, d'un minibar et d'une très grande salle de bains. Les chambres à l'étage sont de qualité supérieure. Petit déjeuner 5 €. Chambre simple 42 €, chambre double 66 €. Cartes Visa, MC, AmEx. ❖❖❖❖

Agorà Youth Hostel, P. Curro, 6 (© 095 723 30 10, http://agorahostel.hypermart.net), près du *duomo*. Les chambres sont bien tenues. Ambiance garantie toute la nuit grâce au bar et aux concerts qui s'y déroulent. Le personnel est très érudit sur l'histoire et la mythologie. Un ordinateur connecté à Internet (connexion lente, 4 € l'heure). Petit déjeuner compris. Dortoir 15,50 €. ❖❖

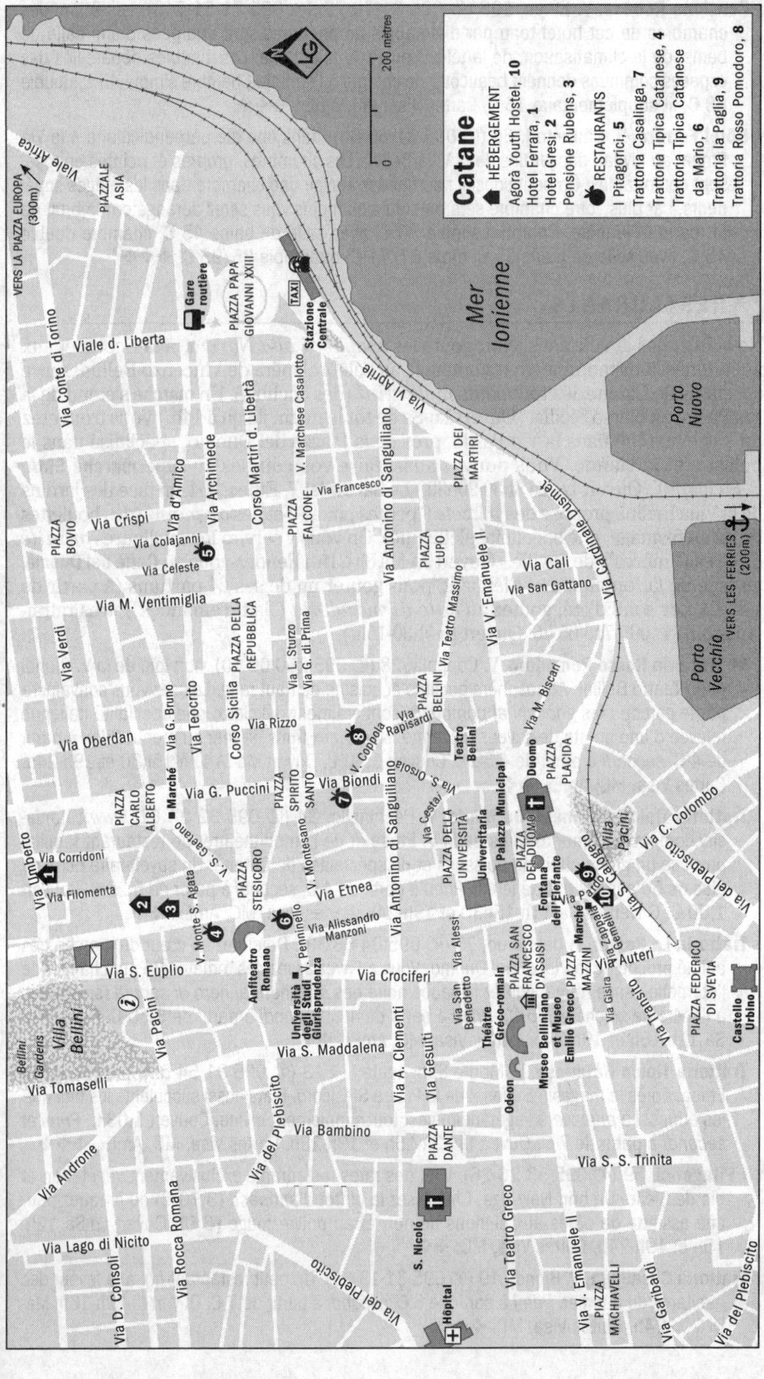
Catane
HÉBERGEMENT
Agorà Youth Hostel, 10
Hotel Ferrara, 1
Hotel Gresi, 2
Pensione Rubens, 3
RESTAURANTS
I Pitagorici, 5
Trattoria Casalinga, 7
Trattoria Tipica Catanese, 4
Trattoria Tipica Catanese da Mario, 6
Trattoria la Paglia, 9
Trattoria Rosso Pomodoro, 8
0
200 mètres
Mer Ionienne
Porto Nuovo
Porto Vecchio
VERS LES FERRIES (200m)
VERS LA PIAZZA EUROPA (300m)
Viale Africa
PIAZZALE ASIA
Gare routière
PIAZZA PAPA GIOVANNI XXIII
Stazione Centrale
TAXI
Viale d. Libertà
Via Conte di Torino
Via VI Aprile
Via Marchese Casalotto
Corso Martiri d. Libertà
Via Archimede
Via d'Amico
Via Crispi
PIAZZA BOVIO
Via Colajanni
Via Celeste
PIAZZA FALCONE
Via Francesco
Via Antonino di Sanguiliano
PIAZZA DEI MARTIRI
Via Cardinale Dusmet
PIAZZA LUPO
Via Calì
Via San Gattano
Via V. Emanuele II
Via Teatro Massimo
Via M. Ventimiglia
Via Verdi
PIAZZA DELLA REPUBBLICA
Via L. Sturzo
Via G. di Prima
Via Teocrito
Via G. Bruno
Corso Sicilia
Via Rizzo
Via Oberdan
PIAZZA BELLINI
Via Rapisardi
Teatro Bellini
V. Coppola
Via M. Biscari
Via S. Orsola
Via Biondi
PIAZZA SPIRITO SANTO
Via G. Puccini
Marché
PIAZZA CARLO ALBERTO
V. S. Gaetano
Via Umberto
Via Corridoni
Via Filomenta
V. Monte S. Agata
PIAZZA STESICORO
V. Montesano
Via Etnea
Via Castai
PIAZZA DELLA UNIVERSITÀ
Universitaria
Palazzo Municipal
Duomo
PIAZZA PLACIDA
PIAZZA DEL DUOMO
Villa Pacini
Via C. Colombo
Via del Plebiscito
Via S. Calogero
Via Pardo
Fontana dell'Elefante
Via Alessi
V. Penninello
Via Alissandro Manzoni
Anfiteatro Romano
Università degli Studi Giurisprudenza
Via S. Euplio
Via Crociferi
PIAZZA SAN FRANCESCO D'ASSISI
Théâtre Gréco-romain
Via San Benedetto
Museo Belliniano et Museo Emilio Greco
PIAZZA MAZZINI
Via Zappala Gemelli
Via Auteri
Via Gisira
Via Transito
PIAZZA FEDERICO DI SVEVIA
Castello Urbino
Villa Bellini
Bellini Gardens
Via Pacini
Via Tomaselli
Via S. Maddalena
Via A. Clementi
Via Gesuiti
Odeon
Via del Plebiscito
Via Bambino
PIAZZA DANTE
S. Nicolò
Via S. S. Trinita
Via Androne
Via Lago di Nicito
Via Rocca Romana
Via D. Consoli
Via Teatro Greco
Hôpital
PIAZZA MACHIAVELLI
Via Garibaldi

SICILE

Pensione Rubens, V. Etnea, 196 (✆ 095 31 70 73, fax 095 71 51 713). Les 9 grandes chambres de cet hôtel tenu par d'aimables propriétaires sont équipées d'une salle de bains, de la climatisation, de la télévision et du téléphone. Les meubles dépareillés des espaces communs donnent beaucoup de charme à l'endroit. Chambre simple 45 €, double 68 €, lit supplémentaire 15 €. Cartes Visa, MC, AmEx. ❖❖❖

Hôtel Ferrara, V. Umberto I, 66 (✆ 095 31 60 00), dans une rue perpendiculaire à la Via Etnea, au niveau des jardins de la Villa Bellini. Les chambres, propres et peintes en rose, sont confortables. Un petit conseil : demandez à avoir une chambre dans les étages supérieurs, car plus votre chambre sera près du ciel, moins vous serez dérangé par le bruit de la rue et la lumière. Chambre simple 30 €, avec salle de bains 45 €, chambre double 45 €, avec salle de bains 55 €, triple 67/77 €, quadruple 85/95 €. ❖❖❖

RESTAURANTS

Ne quittez pas la ville sans avoir goûté les *spaghetti alla Norma*, à la ricotta et aux aubergines, ainsi nommées en hommage au célèbre opéra de Vincenzo Bellini. Autre spécialité de Catane, les tout petits *masculini* (des anchois). Un **marché** s'étend de la Via Pacini au Corso Sicilia. (Ouvert Lu-Sa de tôt le matin jusqu'à 14h.) Vous trouverez un autre marché dans la Via Pardo, près de la Piazza del Duomo, spécialisé dans le poisson et la viande. Vous pouvez aussi faire vos courses au **supermarché SMA**, C. Sicilia, 50. (Ouvert Lu-Sa 8h30-20h30.) Le **Bar Savia,** V. Etnea, 304, en face des jardins de la Villa Bellini, propose des *pizzete* ("petites pizzas") et des *arancini* (des boulettes de riz au fromage, une spécialité sicilienne). On vous y servira les meilleures *granite di gelsi* (" mûres") de la ville. (Ouvert Je-Ma 8h-21h.) Rendez-vous au **Caffè del Duomo**, en face de la fontaine de l'Eléphant, pour goûter un de ses 24 parfums (à partir de 1,30 €). Les soirs d'été, goûtez au *latte di mandorla* ("lait d'amandes"), très rafraîchissant. (✆ 095 715 05 56. Ouvert tlj 5h30-15h.)

❤ **Trattoria Rosso Pomodoro**, V. Coppola, 28 (✆ 095 250 00 10), non loin de la V. Biondi et du Teatro Bellini. Atmosphère paisible et cuisine de haut rang. Laissez-vous convaincre par le garçon : les *gnocchi al pomodoro* sont vraiment délicieux, une spécialité italienne relevée d'une pointe de saveur sicilienne. Nombreux fruits de mer au menu. *Primi* à partir de 4 €, *secondi* à partir de 4,50 €. Couvert 1,50 €. Ouvert Ma-Di 12h-15h30 et 19h-24h. Cartes Visa, MC, AmEx. ❖❖

Trattoria Tipica Catanese Da Mario, V. Penninello, 34 (✆ 095 32 24 61, www.catania-city.com/trattoriamario), près de la V. Etnea et de l'amphithéâtre. Ce restaurant familial propose un grand choix de poissons et de spécialités de Catane. Un savoir-faire riche de plus de 50 années d'expérience. *Primi* à partir de 4 €, *secondi* à partir de 5,20 €. Couvert 1,50 €. Ouvert Lu-Sa 11h-15h30 et 19h-24h. Cartes Visa, MC, AmEx. ❖❖

Trattoria La Paglia, V. del Pardo, 23 (✆ 095 34 68 38). Déjeunez au cœur du marché très animé proche de la Piazza del Duomo. Vous en avez assez des tomates ? Pour changer de l'éternelle sauce rouge, goûtez la sauce noire des *spaghetti al nero di seppia* (spaghettis à l'encre de seiche, 4,65 €). *Primi* à partir de 4 €, *secondi* à partir de 5,50 €. Ouvert Lu-Sa 12h-16h et 19h-24h. Cartes Visa, MC, AmEx. ❖❖

Trattoria Tipica Catanese, V. Monte Sant'Agata, 11-13 (✆ 095 31 54 53), près de la Via Etnea, après le magasin Stefanel de la Piazza Stesicoro. Plats aussi succulents les uns que les autres. La *primavera* végétarienne est tout simplement divine. Couvert 1,03 €. *Primi* et *secondi* à partir de 7 €. Ouvert tlj 12h-15h et 19h-23h. Cartes Visa, MC, AmEx. ❖❖❖

I Pitagorici, 59 (✆ 095 53 26 26). L'un des rares restaurants exclusivement végétarien et bio de Sicile. Un brin New Age. Choisissez le buffet d'*antipasti* (3,70 €) ou craquez pour une assiette de pâtes aux pignons de noix et au poivre rouge (6 €). Ouvert Lu-Sa 12h-15h et 19h-24h. Cartes Visa, MC. ❖❖

Trattoria Casalinga, V. Biondi, 19 (✆ 095 31 13 19). Un petit restaurant qui a la faveur des habitants du quartier. *Primi* à partir de 5 €, *secondi* à partir de 7 €. Ouvert tlj 12h-16h, Ma-Di 20h-24h. Cartes Visa, MC. ❖❖❖

VISITES

LA PIAZZA DEL DUOMO. Le centre de la Piazza del Duomo est occupé par la **fontaine de l'Eléphant** (Fontana dell'Elefante), qui date de 1736. Sculpté dans la pierre de lave par Vaccarini, l'éléphant, symbole de la ville, fut représenté sans testicules. Quand la fontaine fut dévoilée, ce fut un véritable tollé chez les hommes de la ville, qui considéraient cet oubli comme une atteinte à leur virilité. Vaccarini dut réparer l'impair, ce à quoi il s'employa avec zèle en ajoutant une paire de testicules énormes. Il paraît que si vous arrivez à les toucher vous obtenez la citoyenneté, mais le postérieur du pachyderme est si élevé qu'il est pratiquement impossible de les atteindre. Le **Palazzo del Municipio** (XVIIIe siècle), l'ancien **Seminario dei Chierici** et la **cathédrale** sont illuminés le soir.

LA CATHÉDRALE. En vous plaçant derrière la fontaine, vous pouvez faire une très belle photo de la cathédrale, édifice baroque à la façade équilibrée, avec une nef centrale coiffée de voûtes en berceau baroques et des bas-côtés surmontés de coupoles. Elle a été reconstruite après le tremblement de terre de 1693. Lors des restaurations entreprises en 1950, on découvrit des fragments d'anciennes colonnes ainsi que les arcs en ogive des trois absides d'origine. Les deux chapelles du transept sont ornées de superbes boiseries Renaissance (1545). La **Cappella della Madonna** (une chapelle normande, à droite) abrite un sarcophage romain et une statue de la Vierge datant du XVe siècle. Vous pouvez aussi voir la dépouille du Beato Cardinale Dusmet, le prêtre vénéré par Catane. Les os de ses doigts sont visibles à travers ses habits. A droite de l'entrée principale se trouve la **tombe de Bellini**, le compositeur, défendue par un ange de marbre. Les mots et les partitions inscrits au-dessus sont tirés de *Sonnambula*, l'une de ses quatre œuvres maîtresses : "Ah ! je ne pensais pas que je te verrais fanée si vite, petite fleur !" *(Tenue correcte exigée dans la cathédrale.)*

AUTRES VISITES. Au-dessus de la Piazza del Duomo se trouve l'entrée du **théâtre gréco-romain** (415 av. J.-C.). L'**Odéon**, une réplique en plus petit, se niche derrière. Le marbre des deux édifices fut recouvert d'une couche de lave lors de l'éruption de l'Etna en 1669. *(V. Vittorio Emanuele, 266. Ouvert tlj de 9h jusqu'à 1h avant le coucher du soleil. Entrée libre.)* Les efforts de restauration entrepris à Catane sont bien visibles dans les **jardins de la Villa Bellini**, plus haut dans la Via Etnea. Ces jardins sont une succession de petites collines, de minuscules bassins et de bosquets. Le kiosque semble être le lieu de rendez-vous privilégié des habitants et c'est la moitié de la ville que vous verrez défiler les dimanches après-midi, une glace à la main. A quelques rues de là, sur la Piazza Stesicoro, s'étendent les ruines de l'**amphithéâtre romain** du IIe siècle. Elles font partie du décor et de l'ambiance du quartier. En contrebas de la rue, on peut encore voir les tunnels par lesquels les gladiateurs entraient.

SORTIES

La plupart des opéras et des concerts ont lieu au **théâtre Bellini**. La saison symphonique commence en septembre et la saison d'opéra en octobre. Les concerts de musique classique se déroulent jusqu'en janvier, les opéras jusqu'en juin. Si vous êtes étudiant, vous pouvez bénéficier de réductions. Renseignez-vous à l'office de tourisme. (© 095 71 50 921. Guichet ouvert Lu 9h30-12h30 et Ma-Ve 17h-19h.) L'AAPIT édite *Lapis*, un bulletin gratuit sur la vie nocturne de Catane, les cinémas, les concerts et les festivals. Vous le trouverez dans les bars et à l'office de tourisme.

Le soir, la traditionnelle *passeggiata* a lieu autour de la Piazza del Duomo et du théâtre Bellini. Dans ce quartier, les bars s'animent le week-end, attirant une clientèle parfois très agitée. **Il Santo Bevitore**, V. Caff, 15-19, est habité par le soleil des tropiques. (© 347 36 45 04. Ouvert 19h-3h.) En soirée, les étudiants défilent en nombre sur la V. Alessi. **Al Cortile Alessi**, V. Alesi, 30, possède une belle terrasse très agréable pour un dîner. (Ouvert Ma-Di 20h-tard. Cartes Visa, MC, AmEx.) Les habitants de Catane prennent leur voiture (ou font 15 mn en taxi) pour aller danser au **Banacher**, V. Vampolieri, 2, à Acicastello. Les éclairages de cette discothèque en plein air hypnotisent les danseurs jusqu'à 5h du matin. (© 095 27 12 57. Entrée 7,75 €. Ouvert tlj 22h-4h.) Les week-end d'été, les fêtards vont d'ailleurs nombreux à **Acicastello** (comptez 20 mn en scooter), où la *passegiata* se fait de bar en bar, en bord de mer... Ambiance garantie ! Situé sur la côte, loin de l'agitation de Catane, Acicastello n'en est pas moins à portée de la fureur de l'Etna et vous verrez sur le rivage de gros rochers noirs jaillis du volcan.

Le jour le plus festif de Catane est sans conteste celui de la fête de **Sainte Agathe,** la sainte patronne de la ville. Les cinq premiers jours de février sont ainsi volés à l'hiver par une fête ininterrompue illuminée de feux d'artifice.

La Plaja est une plage agréable mais il y a beaucoup de monde et l'horizon est terni par la vue d'une centrale électrique (bus n° 427 Juin-Sep). Il est préférable d'aller à **La Scogliera**, un peu plus loin, où l'on peut se baigner dans l'eau claire sous des falaises (bus n° 334 à partir de la Piazza del Duomo, durée 30 mn).

GAZETTE LOCALE

TOUJOURS SUR LE QUI-VIVE

Depuis qu'elle est enfant, Dominique di Salvo est fascinée par les volcans . Il y a 27 ans, elle a quitté Paris pour venir s'installer sur les pentes de l'Etna. Lors de l'éruption de 2002, son restaurant a été détruit. Mais Dominique n'est pas prête à partir pour autant.

LG : Combien de personnes vivent sur l'Etna ?

DdS : Trois. Nous sommes trois à vivre à 2000 m. Mon mari, mon fils et moi. Les autres personnes viennent seulement travailler.

LG : Et vous n'avez pas peur ?

DdS : Non, pas du tout. L'Etna n'est pas comme le Vésuve dont les éruptions sont explosives. Ici, les coulées de lave progressent lentement.

LG : Votre restaurant a pourtant été détruit récemment...

DdS : Oui, je disais que l'endroit est sûr pour les hommes mais pas pour les bâtiments. Je suis en train de le reconstruire. En attendant, je travaille chez un confrère. Il m'est arrivé par le passé d'employer des restaurateurs dont l'établissement avait été détruit par la lave. C'est ainsi, nous nous aidons les uns les autres.

LG : Qu'allez-vous faire en cas de nouvelle éruption ?

DdS : Eh bien, nous aurons le temps de partir. La plupart des accidents mortels sont dus à des arrêts cardiaques ou des crises d'asthme. Les gens oublient trop souvent que l'organisme est affaibli à 2000 ou 3000 m. Mais c'est un problème général de montagne, et non spécifique aux volcans.

EXCURSION DEPUIS CATANE : L'ETNA

Un bus AST quitte la gare ferroviaire de Catane à 8h15 pour le Rifugio Sapienza. Le bus retourne à Catane à 16h30. Les horaires sont susceptibles de changer. A/r 4,65 €. En cas d'urgence © 0942 53 17 77.

L'Etna (3350 m) est un des volcans les plus actifs du monde, le plus grand et le plus haut d'Europe. Selon le poète grec Hésiode, il abritait Typhon, le dernier monstre conçu par la Terre pour combattre les dieux avant la création de l'homme. Et Typhon continue à faire des siennes : l'éruption de 1985 détruisit la base touristique située près du sommet. Une activité volcanique accrue en 1999 et 2000 s'est achevée par deux éruptions à la fin juillet 2001 et en 2002, avec des coulées de lave roulant sur les flancs rocheux à la vitesse de 100 m par heure.

Une fois à Sapienza, à 1900 m, là où le bus AST s'arrête, vous pouvez grimper jusqu'à la **Torre del Filosofo** (la "tour du Philosophe"), à 2920 m. Comptez 2h30 de marche. Vous apercevrez les sommets de l'Etna et les cratères fumants. Avec de bonnes chaussures, vous pourrez aisément explorer le cratère qui se trouve juste en face du parking. De la tour du Philosophe, il est possible de grimper en deux heures jusqu'aux **cratères**. La vue est somptueuse mais le chemin si difficile et le volcan si imprévisible que la randonnée ne peut se faire qu'accompagné d'un guide. Il y a quelques années, un cratère s'est brusquement réveillé, tuant 11 touristes. Si vous souhaitez quand même grimper au sommet, prenez les précautions nécessaires : emportez de l'eau et des vêtements chauds pour lutter contre les vents féroces et les poches de neige qui persistent même en juillet. Sur le chemin du retour, après la tour du Philosophe, allez voir la **Valle de Bove**, le premier cratère de l'Etna.

CST, C. Umberto I, 99-101 (© 0942 62 60 88) propose des excursions jusqu'à 3000 m. (Juin-Aoû Lu et Ve 15h45, Sept

15h15, Oct 14h15, 55 €) ou 2000 m (toute l'année Ma et Je 8h, 25 €). **Gruppo Guide Alpine**, V. Etnea, 49 (✆ 095 53 98 82), organise des sorties d'une journée au départ de Taormine. Même chose pour **SAT** (✆ 0942 24 653, www.sat-group.it. Les bus pour l'Etna partent Lu 8h30, 27 €. Visites de la zone des cratères en bus et en jeep Ma et Je 15h, 55 €).

Après tous ces efforts, vous pouvez vous reposer au **Camping La Timpa**, V. Santa Maria la Scala, 25, dans les environs d'Acireale, en pleine campagne. Vous avez le choix entre des emplacements de camping et des chambres. (✆ 095 764 81 55, www.campinglatimpa.it. 4, 50 € par personne, 3,60 € par tente, 2 € par voiture. Chambre double 38 €, triple 50 €, quadruple 60 €)

LE CENTRE DE LA SICILE

ENNA ✆0935

Appelée l'*Ombelico della Sicilia* ("le nombril de la Sicile"), Enna est beaucoup plus jolie que son surnom ne veut bien le laisser entendre. En effet, ses rues pavées et sinueuses montent et descendent avant de s'ouvrir sur de magnifiques paysages. Les habitants se retrouvent le soir pour la *passegiata* autour des places et des églises de la ville. Ce ne sont pas les touristes qui viendront perturber leur promenade, car Enna, perchée en haut de sa colline, n'est pas très facile d'accès et bien trop éloignée des plages. Cette ville et son château médiéval accueillent pourtant volontiers les visiteurs. Aussi, ne vous laissez pas intimider et traversez pour vous y rendre une des plus belles régions de Sicile, qui est aussi une des plus pauvres. Une fois au sommet de la ville (948 m), vous pourrez vous reposer de votre voyage en laissant votre regard plonger dans les champs de céréales aux reflets d'or qui s'étendent à perte de vue.

TRANSPORTS

Trains et bus desservent Enna, mais arriver par bus vous épargnera les 8 km de marche (en montée) depuis la gare ferroviaire.

Train (✆ 0935 50 09 10) : Des bus font la navette tous les jours entre la gare et le centre-ville (Lu-Sa 6 dép/j de 6h25 à 20h55, 1,29 €). Horaires affichés dans la gare. Destinations : **Agrigente** (dép. 7h17 et 14h59, 5,45 €), **Catane** (7 dép/j de 6h13 à 19h53, durée 1h, 4,65 €) et **Palerme** (dép. 15h42, 17h21 et 20h31, durée 2h, 7,50 €).

Bus : Gare routière (*autostazione*), Vle Diaz, à quelques rues au-dessus de la Piazza Matteotti. Les compagnies **Interbus** (✆ 0935 50 23 90) et **SAIS** (✆ 0935 50 09 02) partagent le même bureau. Interbus dispose d'une antenne dans la Via Roma, près de l'office de tourisme. Le bus qui dessert **Catane** (Lu-Sa 6-7 dép/j de 6h30 à 18h15, Di. dép. 7h30, 17h30 et 18h30, durée 2h15, 5,94 €) va jusqu'à **Noto, Raguse** et **Syracuse**, **Palerme** (9 dép/j de 5h45 à 18h, durée 2h, 7,75 €) et **Piazza Armerina** (11 dép/j de 7h à 21h45, durée 40 mn, 2,58 €).

Taxi : ✆ 0935 50 09 05, sur la P. Scelfo. ✆ 0935 50 09 06, sur la P. V. Emanuele.

ORIENTATION ET INFORMATIONS PRATIQUES

La gare routière est en dehors du centre historique d'Enna. La **Via Vittorio Emanuele** part de la gare et débouche sur la **Piazza Matteotti**, où la **Via Roma** se divise en deux. Sur la gauche, elle traverse la **Piazza Vittorio Emanuele** et passe devant la **cathédrale** avant de s'arrêter au pied du **Castello di Lombardia**. A droite, elle coupe un quartier résidentiel pour se terminer devant la **Torre di Frederico II**.

Office de tourisme : **AAPIT**, V. Roma, 411 (✆ 0935 52 82 28). Le personnel vous fournira des cartes, des brochures et bien d'autres renseignements tout droit sortis de ses importants rayonnages. Ouvert Lu-Sa 8h30-13h30 et 15h-19h. Des informations sur les visites, les hébergements et les transports sont également disponibles auprès de **AAST**, P. Cloajanni, 6 (✆ 0935 50 08 75), à côté de l'hôtel Sicilia. Ouvert Lu-Sa 8h-14h.

Change : On trouve des **banques**, notamment une agence de la **Monte dei Paschi di Siena** et une agence de la **Banca Mercantile**, Via Roma, entre la Piazza Vittorio Emanuele et la Piazza Umberto I. La poste fait également bureau de change. Vous trouverez un **distributeur automatique** à l'agence **Bankomat 3**, Piazza Umberto I, près de la Via Roma.

Urgences : ✆ 113. **Police** : ✆ 0935 52 21 11. **Carabinieri** : Piazza Europa (✆ 112 ou 0935 50 12 67). **Ambulances** : ✆ 118. **Premiers secours** : ✆ 0935 45 245. **Guardia Medica** : (✆ 0935 50 08 96). Ouvert tlj 20h-8h.

Pharmacie de nuit : **Farmacia del Centro,** V. Roma, 315 (✆ 0935 50 06 50). Affiche la liste des pharmacies de garde. **Farmacia Librizzi**, P. V. Emanuele, 21 (✆ 0935 50 09 08). Ouvert 9h-13h et 16h-20h.

Hôpital : **Ospedale Umberto I**, V. Trieste, 54 (✆ 0935 45 111).

Internet : **Clemme,** V. Lombarda, 31 (✆ 0935 50 47 12). 4 ordinateurs à connexion rapide. 2,50 € l'heure. Ouvert tlj 9h-13h et 16h-20h.

Bureau de poste : V. Volta, 1 (✆ 0935 56 23 12). De la Via Roma, tournez dans la rue juste avant l'office de tourisme AAPIT, la Via Volta sera alors sur votre droite. Ouvert Lu-Ve 8h-16h, Sa 8h-12h30. **Code postal** : 94100.

HÉBERGEMENT

L'Hôtel Sicilia étant l'unique hôtel d'Enna, la plupart des touristes logent à Pergusa, à 7 km d'Enna. Il y a également un Bed & Breakfast non loin, à Calascibetta (voir ci-dessous).

Affittacamere da Pietro, Contrada Longobardo da Pietro (✆ 0935 33 647 ou 340 27 957 636), à 4 km d'Enna. Pour vous y rendre, suivez les panneaux pour le Bed & Breakfast depuis la V. Roma ou prenez le bus pour Calascibetta et demandez à être déposé à l'affittacamere da Pietro. Les 18 chambres ont toutes une salle de bains et la TV. Chambre simple 30 €, double 45 €. ❖❖❖

Hôtel Sicilia, P. Colajanni, 7 (✆ 0935 50 08 50), au bout de la Via Roma, après l'office de tourisme AAPIT. Chambres chic avec télévision, sèche-cheveux, téléphone, salle de bains, et meublées à l'ancienne. Très belles vues. Petit déjeuner buffet compris. Chambre simple 57 €, chambre double 91 €, chambre triple 110 €, chambre quadruple 155 €. Cartes Visa, MC, AmEx. ❖❖❖❖

RESTAURANTS

Vous ne pourrez qu'apprécier vos repas dans cette ville à l'atmosphère si calme. Dans le bien nommé Viale del Belvedere ("la belle vue"), derrière la Via Roma et la Piazza Crispi, vous trouverez de bons restaurants. Pour des sucreries, rendez-vous au **Bar del Duomo**, P. Mazzini, près de la cathédrale, où de délicieux biscuits sont empilés sur des étagères de verre. (✆ 0935 24 205. Ouvert Lu et Me-Di 6h30-24h.) Si vous prévoyez de pique-niquer, sachez qu'une épicerie, une boulangerie et un marchand de fruits se trouvent **Via del Mercato Sant'Antonio**.

❤ **Ristorante La Fontana**, V. Volturo, 6 (✆ 0935 254 65), sur la Piazza Crispi. Belle salle intérieure. Cependant, vous devriez plutôt déguster vos *spaghetti alla donna concetta* sur la terrasse recouverte de fleurs et qui domine la vallée. Couvert 1,04 €. *Primi* à partir de 4,65 €, *secondi* à partir de 7,80 €. Ouvert tlj 12h-15h30 et 19h-23h. Cartes Visa, MC, AmEx. ❖❖

San Gennaro da Gino, Vle Marconi, 6 (✆ 0935 240 67). La cuisine est délicieuse et la vue magnifique. Commencez votre repas par un gigantesque buffet d'*antipasti* et finissez par la spécialité de la maison, une délicieuse *pannacotta* (2,50 €). Couvert 1,50 €. *Primi* à partir de 5,16 €, *secondi* à partir de 6,20 €. Ouvert tlj 13h-15h et 20h-0h30. Cartes Visa, MC, AmEx. ❖❖

Ristorante Pizzeria Ariston, V. Roma, 353 (✆ 0935 26 038). La salle est agréable et la cuisine de qualité. Il y a également une entrée sur la V. Vulturo. *Primi* à partir de 6,20 €, *secondi* à partir de 11,36 €. Ouvert Lu-Sa 12h-15h et 19h30-24h. Cartes Visa, MC, AmEx. ❖❖

Salumeria F. lli Caruso, V. Roma, 407 (© 0935 51 146). Une épicerie qui offre un large choix de viandes et de fromages. Idéal pour préparer son pique-nique. Ouvert Lu-Sa 8h30-14h et 17h30-20h30. ❖

Caffè Roma, V. Roma, 312 (© 0935 50 12 12). Des pâtisseries délicieuses et des glaces servies dans une salle très élégante. Ouvert tlj 6h-23h. ❖

VISITES

CASTELLO DI LOMBARDIA ET LES ENVIRONS. C'est en voyant ce château médiéval que l'on comprend à quel point la ville avait besoin de se protéger d'éventuelles attaques. Si les cours du **Castello di Lombardia** sont aujourd'hui envahies par les herbes et la vigne, la plupart des murs et six des vingt tours ont survécu. Frayez-vous un chemin parmi les pigeons pour découvrir la magnifique vue que l'on a sur la campagne environnante et l'Etna depuis la **Pisana** ("la tour Pisane"), la plus haute tour de la forteresse. La **Torre di Frederico II**, construite sous Frédéric II de Souabe, illustre également la position stratégique et défensive qu'avait Enna. A côté du château, la **Rocca di Cerere** ("roche de Cérès") offre également une superbe vue sur la ville. Selon la légende, Cérès s'y serait réfugiée pour pleurer sa fille, Perséphone, enlevée par Hadès. *(De la cathédrale, suivez la Via Roma, puis la Via Lombardia, qui la prolonge, jusqu'au château. Château © 0935 50 09 62. Ouvert tlj 9h-20h. Les grilles restent souvent ouvertes plus tard. Prenez à gauche la Via IV Novembre pour vous rendre aux jardins publics. Ouvert tlj 9h-20h. Entrée libre.)*

LA CATHÉDRALE ET LE MUSÉE ALESSI. La ville compte plus de douze communautés religieuses qui ont chacune leur propre église mais qui partagent toutes la **cathédrale**. Cet étrange édifice associe certainement autant de styles architecturaux qu'il y a de communautés ! En effet, après sa construction au début du XIVe siècle, la cathédrale a subi des modifications aux XVe et XVIe siècles. Vous pourrez ainsi avoir un aperçu des styles architecturaux en vigueur en Sicile au cours de ces trois siècles. A l'intérieur, remarquez les portes gothiques, les peintures Renaissance et les ornements baroques dorés. Si vous ne craignez pas les foudres de l'enfer, vous pouvez vous allonger sur un banc et admirer le superbe plafond à caissons. (Ouvert tlj 9h-13h et 16h-19h.)

Le **musée Alessi** se trouve dans le presbytère derrière la cathédrale. La collection est très éclectique, à l'instar de la cathédrale elle-même. Vous pourrez y admirer des peintures, de monnaies anciennes et des poteries, ainsi que les trésors de la cathédrale. Ne manquez pas la maquette de la cathédrale en argent. Au rez-de-chaussée est exposée une étonnante couronne d'or, qui vient coiffer la statue de la vierge Marie lors de la Festa della Madonna. La couronne présente des scènes de l'Ascension du Christ. *(© 0935 50 31 65. Ouvert tlj 8h-20h. Entrée 2,60 €.)*

SORTIES

Pendant la **Festa della Madonna**, le 2 juillet, la ville entière sort voir les hommes vêtus de blanc, une ceinture bleue autour de la taille, qui portent trois énormes statues votives dans toute la ville. Ce jour-là, les habitants se rassemblent autour de feux d'artifice en écoutant de la musique et en mangeant des *mastazzoli* (gâteaux à la pomme). La fête continue tout l'été avec des festivités du même genre lors des fêtes de **Sant'Anna** et de **San Valverde**, qui ont lieu respectivement le dernier dimanche de juillet et le dernier dimanche d'août. Mais la plus grande fête est certainement la procession du vendredi saint, qui a lieu durant la **Semaine sainte**, lorsque les différents ordres religieux défilent vêtus de tuniques et de cagoules, comme en Espagne.

En bas de la ville, il y a une procession beaucoup plus rapide et d'un tout autre genre. Il s'agit du **Grand Prix de formule 3**, qui a lieu de mars à octobre à l'Autodromo di Pergusa (© 0935 256 60, fax 0935 258 25). La plus importante des courses se déroule en juillet. Sinon, les autres mois, vous pouvez aussi bien assister à des courses de motos qu'à des spectacles canins.

PIAZZA ARMERINA ✆ 0935

Comme les fondateurs d'Enna, ceux de Piazza Armerina sont montés à l'assaut des trois collines sur lesquelles la ville est perchée. Sa partie médiévale est dominée par la cathédrale au dôme vert-de-gris et par le château du roi Martin. Le temps semble s'être arrêté ici et nombre de rues sont en fait des escaliers de pierre. La plus grande attraction de la ville se trouve au pied des collines. Il s'agit de la célèbre Villa romaine du Casale (Villa romana del Casale), qui renferme d'immenses et magnifiques mosaïques.

TRANSPORTS ET INFORMATIONS PRATIQUES. Des bus se rendent à Piazza Armerina au départ d'**Enna** (8 dép/j de 7h10 à 18h, durée 35 mn, 2,58 €), de **Gela** (5 dép/j de 7h à 19h05, durée 1h, 3,40 €) et de **Caltanissetta** (4 dép/j de 7h40 à 18h05, durée 1h). Les **bus** s'arrêtent sur la Piazza Senatore Marescalchi, à l'extrémité nord de la ville. De cette place, suivez la Via D'Annunzio, la Via Chiaranda puis la Via Mazzini pour vous rendre **Piazza Garibaldi**, le cœur historique de la ville. L'**office de tourisme**, V. Cavour, 15, se trouve dans la cour d'un palais près de la Piazza Garibaldi. (✆ 0935 68 30 49. Ouvert Lu-Ve 9h-13h, également Ma-Je 15h-18h.) Sur cette même place, la **Farmacia Quattrino** affiche la liste des pharmacies de garde. (✆ 0935 68 00 44. Ouvert en été tlj 16h30-20h30, en hiver tlj 9h-13h et 16h-20h.) En cas d'**urgence**, contactez les **carabinieri** (✆ 0935 68 20 14) ou les **premiers secours** ✆ 112.

HÉBERGEMENT ET RESTAURANTS. L'adresse idéale pour ne pas dépenser trop d'argent est l' ❤ **Ostello del Borgo**, Largo San Giovanni, 6. Pour y arriver, suivez les panneaux jaunes. Ce monastère du XIVe siècle, au cœur du quartier historique de Piazza Armerina, a été récemment rénové. Le carrelage jaune des couloirs s'ouvre sur 20 chambres décorées de superbes meubles en bois sombre et équipées de lits merveilleusement confortables. (✆ 0935 68 70 19, www.ostellodelborgo.it. Petit déjeuner compris. Dortoir 15 €. Chambre simple 43 €, chambre double 57 €, chambre triple 75 €, chambre quadruple 91 €. Cartes Visa, MC, AmEx.) Pour un hébergement plus haut de gamme, posez vos bagages à l'**Hôtel Villa Romana**, V. de Gasperi, 18. Cet hôtel trois-étoiles dispose de chambres tout confort, avec salle de bains, TV et clim. Trois restaurants et deux bars font partie du même complexe. (✆ 0935 68 29 11. Petit déjeuner compris. Chambre simple 60 €, double 85 €, triple 115 €, quadruple 125 €. Cartes Visa, MC, AmEx.)

Seuls une poignée de restaurants bordent les rues de Piazza Armerina. Un panini à l'épicerie **Spaccio Alimentari**, P. Garibaldi, 15 (✆ 0935 68 10 84), ne vous coûtera pas trop cher. Si vous voulez manger au restaurant, le **Pepito**, V. Roma, 140, à proximité de la Piazza Garibaldi, fera l'affaire. On vous y servira de bons plats locaux. Goûtez à la célèbre spécialité de la maison, l'*agnello al forno* (agneau au four). (✆ 0935 68 57 37. *Primi* à partir de 5,50 €, *secondi* à partir de 7 €. Couvert 1,10 €. Ouvert tlj 10h-16h et 19h-23h, fermé le Ma en hiver. Cartes Visa, MC, AmEx.) Le **Ristorante Pizzeria da Toto**, V. Mazzini, 29, près de la P. Garibaldi, est une des adresses favorites des habitants. Les prix sont raisonnables et la salle confortable. Essayez l'*insalata capricciosa*, une salade mixte composée d'ingrédients siciliens (3,60 €). (✆/fax 0935 68 01 53. Pizza à partir de 2,60 €. Couvert 1,05 €. Ouvert Ma-Di 12h-15h30 et 19h-24h. Cartes Visa, MC, AmEx.)

VISITES. La ❤ **Villa romaine du Casale** se trouve à 5 km au sud-ouest de la ville, dans une verte vallée. On pense que cet extraordinaire site, connu ici sous le nom de "*I Mosaici*", date du début du IVe siècle. Cette villa romaine est restée cachée 800 ans à cause d'un glissement de terrain survenu au XIIe siècle. Ce n'est qu'en 1916 que les célèbres archéologues Paolo Orsi et Giuseppe Culterra mirent au jour 40 salles avec des sols de mosaïques d'une beauté incomparable. Les mosaïques, immenses et très bien conservées, sont aujourd'hui protégées par des vitres et faiblement éclairées. Elles permettent de se faire une idée de la magnificence de cette villa et de la vie de l'époque. Procurez-vous un guide auprès d'un vendeur du coin, cela vous permettra de comprendre et d'apprécier les plus belles parties de cette villa. La visite commence par les thermes, sur le sol desquels les dieux et les déesses batifolent allégrement. Vous pouvez voir sous le bâtiment les tuyaux qui permettaient de chauffer l'eau. Admirez juste après, dans le grand hall ovoïdal, une course de chars qui ne s'achèvera jamais. Les jambes qui volent sur la gauche sont tout ce qui reste du pauvre conducteur qui a été éjecté de son char. Bien qu'il n'en existe pas de preuve tangible, on suppose que le propriétaire des lieux était Maximien, l'empereur qui partagea le pouvoir avec Dioclétien et gouverna la partie occidentale de l'Empire romain. En effet, les mosaïques donnent l'image d'un propriétaire très riche, passionné par la chasse et très bon commerçant, ce qui correspond tout à fait à Maximien, qui allait jusqu'à faire venir des animaux exotiques. Remarquez la mosaïque d'une des plus grandes salles, qui représente la capture et la vente d'animaux sauvages (lions, tigres et taureaux). Dans le Triclinium, ce sont les travaux d'Hercule qui sont représentés, ce qui pourrait être un indice supplémentaire prouvant que le propriétaire était bien Maximien, car ce dernier fut publiquement assimilé à Hercule. Dans la célèbre Sala delle Dieci Ragazze ("Salle des Dix Jeunes Filles"), vous pourrez voir dix superbes créatures en bikini (oui, oui) faire du sport. Sachez que le Cubicolo Scena Erotica n'est pas aussi osé que son nom veut bien le laisser croire. Enfin, ne manquez pas la salle où est représenté le combat d'Ulysse et de Polyphème. Vous remarquerez que l'artiste avait l'esprit un peu brouillé : au lieu d'avoir un seul et unique œil, le cyclope en a trois ! *(© 0935 68 00 36. Des bus se rendent à la villa de 9h à 17h. Ils partent de la P. Marescalch ou de l'hôtel Villa Romana. Informations sur la V. Umberto, 6 © 0935 85 605. Autrement, le chemin de 5 km est bien balisé. Pensez à apporter beaucoup d'eau s'il fait chaud. Ouvert tlj 8h-18h30. Entrée 4,50 €, moins de 18 ans et plus de 65 ans 2 €.)*

LA SICILE DU SUD

SYRACUSE (SIRACUSA) © 0931

"La plus belle et la plus noble des cités grecques."
—Tite-Live

Nul doute que, si vous aviez visité la Sicile dans l'Antiquité, vous auriez partagé l'admiration de Tite-Live pour Syracuse. Fondée par les Grecs en 734 av. J.-C. sur l'île d'Ortygie, la cité se développa rapidement dans l'île puis sur la terre ferme, recouvrant le détroit, large de 40 m, qui les séparait. Baptisée Néapolis, elle fut l'un des grands foyers de la Méditerranée, jusqu'à rivaliser avec Athènes. Le tragédien Eschyle, le mathématicien Archimède ("*Eurêka !*") et le poète lyrique Pindare y vécurent. Denys l'Ancien, qui fut un des "tyrans" de Syracuse — c'est-à-dire à la tête de la cité — au IVe siècle av. J.-C., est resté célèbre pour son goût immodéré du pouvoir. Il alla jusqu'à faire suspendre une épée au-dessus d'un de ses courtisans, un certain Damoclès. Mais la gloire de Syracuse ne dura pas. Certains affirment que le déclin de la cité commença en 211 av. J.-C., lorsque Syracuse, alliée à Carthage, fut pillée par les Romains au terme de trois ans de siège. D'autres établissent la date fatale en 668, quand l'empereur byzantin Constant II, qui prenait son bain, fut frappé à mort avec un porte-savon. La souveraineté de la cité fut plus sérieusement remise en cause en 879 lorsque les Arabes conquirent la Sicile et consacrèrent Palerme capitale de l'île. Syracuse apparaît aujourd'hui comme une ville un peu débordée par son histoire, tandis que la modernité se fraie un chemin à travers ses ruines éparses. Malgré tout, le parc archéologique, les musées et l'atmosphère délicieuse de l'île d'Ortygie font de Syracuse une escale de choix dans votre itinéraire sicilien.

TRANSPORTS

Train : **Stazione Centrale**, © 0931 67 964, V. Francesco Crispi, à mi-chemin d'Ortygie et du parc archéologique. Destinations : **Catane** (16 dép/j de 4h50 à 21h15, durée

1h30, 4,23 €), **Florence** (11 dép/j de 4h50 à 19h45, durée 14h, 43,90 €), **Messine** (9 dép/j de 4h50 à 19h45, durée 3h15, 8,26 €), **Milan** (12 dép/j de 4h50 à 20h25, durée 19h, 49,78 €), **Noto** (11 dép/j de 5h20 à 20h30, durée 30 mn, 2,27 €), **Raguse** (4 dép/j de 5h20 à 15h10, durée 2h15, 5,73 €), **Rome** (6 dép/j de 8h à 21h10, durée 12h, 37,70 €), **Taormine** (12 dép/j de 4h50 à 21h10, durée 2h, 6,82 €) et **Turin** (dép. 13h40 et 14h20, durée 20h, 49,63 €). Consigne disponible.

Bus : L'agence de la compagnie **AST** (✆ 0931 449 211/15) est juste à côté du bureau de poste, à Ortygie, sur la gauche après le pont de pierre. Pendant la durée du chantier, les bus partent de la Piazza Marconi, de l'autre côté du pont. Destinations : **Gela** (dép. 7h et 13h30, durée 4h, 7,23 €), **Piazza Armerina** (dép. 7h, durée 3h, 7,23 €) et **Raguse** (6 dép/j de 5h30 à 17h30, durée 3h, 5,42 €). **Interbus**, V. Trieste, 28 (✆ 0931 66 710), est à Ortygie, non loin de la Piazza delle Poste, dans la deuxième rue à gauche après le pont de pierre. Destinations : **Catane** (Lu-Ve 17 dép/j de 5h45 à 18h30, Sa-Di 8 dép/j de 6h30 à 18h30, durée 1h15, 4,10 €), **Giardini-Naxos** (1 dép/j à 19h15, durée 2h, 7,20 €), **Noto** (9 dép/j, durée 1h, 2,50 €), **Palerme** (5 dép/j de 6h à 17h, durée 3h15, 13,40 €), **Rome** (dép. 7h15, durée 12h, 60 € a/r) et **Taormine** (1 dép/j à 19h15, durée 2h, 7,20 €).

Transports en commun : Les **bus** orange **AST** partent de la Piazza delle Poste. Les bus n° 21, n° 22 et n° 23 se dirigent vers les Fontane Bianche. Les billets (0,77 €) sont en vente dans les bureaux de tabac.

Taxi (✆ 0931 697 22 ou 60 980) : Comptez 8 € la course entre la gare ferroviaire et Ortygie.

ORIENTATION ET INFORMATIONS PRATIQUES

Le **Ponte Umbertino** relie l'île d'**Ortygie** au reste de Syracuse. Le **Corso Umberto I** relie le pont à la **gare ferroviaire** et traverse la **Piazza Marconi**, d'où part le **Corso Gelone**, qui se poursuit jusqu'au **parc archéologique**.

Offices de tourisme : **APT**, V. San Sebastiano, 43 (✆ 0931 48 12 00). De la gare ferroviaire, prenez à gauche la Via Francesco Crispi, encore à gauche la Via Catania, et encore a gauche le Corso Gelone. Marchez environ 800 m et tournez cette fois-ci à droite dans le Viale Teocrito. La Via San Sebastiano se trouve 400 m plus loin sur la gauche. Vous pourrez vous y procurer un plan touristique bien pratique comprenant un miniguide. Ouvert Lu-Ve 8h30-13h30 et 15h30-18h30, Sa 8h30-13h30. **Office AAT Ortigia**, V. Maestranza, 33 (✆ 0931 46 42 55). Après avoir traversé le pont Umbertino, traversez la Piazza Pancali et prenez le Corso Matteotti sur la droite. La Via Maestranza sera alors sur votre gauche, au niveau de la fontaine de la Piazza Archimede. L'office de tourisme est dans la cour du palais, en face de la pharmacie. Ouvert Lu-Ve 8h-13h50 et 14h45-17h30, Sa 8h-13h50.

Consigne : Dans la gare ferroviaire. 3,90 € les 24h. Ouvert tlj 7h-19h pour les dépôts, 7h-22h pour les retraits.

Urgences : ✆ 113. **Carabinieri** : ✆ 0931 44 13 44. **Premiers secours** : ✆ 0931 48 46 39, à Ortygie. De la Piazza Archimede, prenez la Via Maestranza, puis la Via Coronati, la première à gauche. Ouvert Lu-Ve 20h-8h, Sa-Di 8h-20h.

Pharmacie : **Mangiafico Farmacia,** C. Matteotti, 53 (✆ 0931 65 643). Ouvert Lu-Sa 8h30-13h et 16h30-20h. Cartes Visa, MC.

Hôpital : **Ospedale Generale Provinciale**, V. Testaferrata (✆ 0931 72 41 11), un bâtiment de couleur beige dans une rue perpendiculaire au Corso Gelone.

Internet : **La Bottega di Jenny**, V. Trieste, 24 (✆ 0931 48 01 93), près du bureau de poste. 5,20 € l'heure. Ouvert Lu-Ve et Di 8h-20h30, Sa 8h-12h30. **PC Service di Michele Pantano**, V. dei Mergulensi (✆ 0931 48 08 48), près de la place Archimede. 4,80 € l'heure. Ouvert Lu-Ve 16h-20h, Sa-Di 9h-13h.

Bureau de poste : P. delle Poste, 15 (✆ 0931 48 93 10), à gauche après avoir traversé le pont en pierre. Bureau de **change** BancoPosta. Ouvert Lu-Sa 8h15-19h40 **Code postal** : 96100.

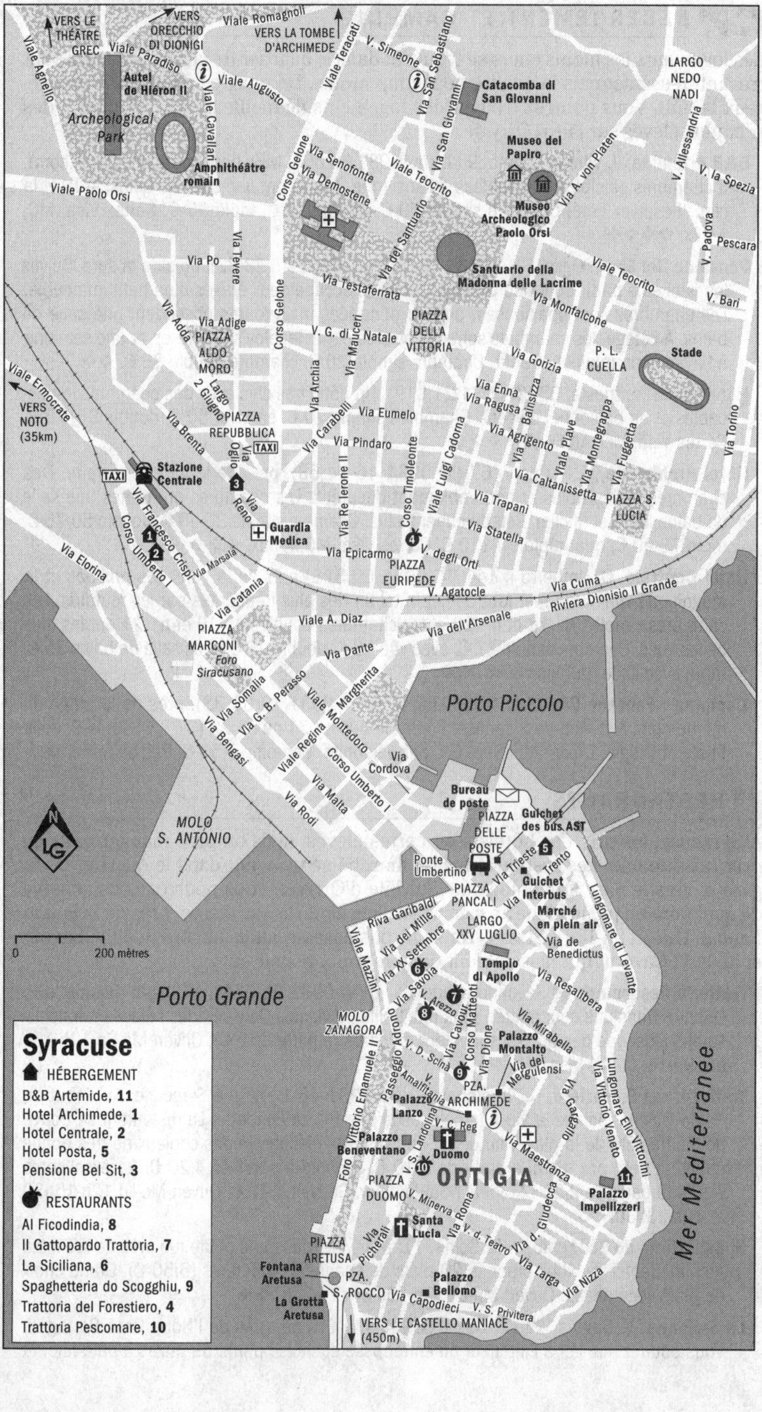
Syracuse
HÉBERGEMENT
B&B Artemide, 11
Hotel Archimede, 1
Hotel Centrale, 2
Hotel Posta, 5
Pensione Bel Sit, 3
RESTAURANTS
Al Ficodindia, 8
Il Gattopardo Trattoria, 7
La Siciliana, 6
Spaghetteria do Scogghiu, 9
Trattoria del Forestiero, 4
Trattoria Pescomare, 10
0
200 mètres
VERS LE THÉÂTRE GREC
VERS ORECCHIO DI DIONIGI
VERS LA TOMBE D'ARCHIMEDE
Viale Romagnoli
Viale Agnello
Viale Paradiso
Autel de Hiéron II
Archeological Park
Viale Cavallari
Amphithéâtre romain
Viale Augusto
Viale Teracati
V. Simeone
Via San Sebastiano
Catacomba di San Giovanni
Via San Giovanni
LARGO NEDO NADI
Museo del Papiro
Museo Archeologico Paolo Orsi
Via A. von Platen
V. Alessandria
V. la Spezia
V. Padova
Pescara
Viale Paolo Orsi
Corso Gelone
Via Senofonte
Via Demostene
Viale Teocrito
Via del Santuario
Santuario della Madonna delle Lacrime
Via Tevere
Via Po
Via Testaferrata
V. Bari
Via Monfalcone
Via Adda
Via Adige
PIAZZA ALDO MORO
V. G. di Natale
Via Mauceri
PIAZZA DELLA VITTORIA
Via Gorizia
P. L. CUELLA
Stade
Largo 2 Giugno
Viale Ermocrate
VERS NOTO (35km)
Via Archia
Via Enna
Via Ragusa
Via Bainsizza
Via Eumelo
PIAZZA REPUBBLICA
Via Brenta
Via Carabelli
Via Pindaro
Via Agrigento
Via Piave
Via Montegrappa
Via Fuggetta
Via Torino
Via Oglio
TAXI
Stazione Centrale
Via Re Ierone II
Corso Timoleonte
Viale Luigi Cadorna
Via Caltanissetta
PIAZZA S. LUCIA
Via Trapani
Via Reno
Via Francesco Crispi
Corso Umberto I
Guardia Medica
Via Statella
Via Elorina
Via Marsala
Via Epicarmo
V. degli Orti
PIAZZA EURIPEDE
V. Agatocle
Via Cuma
Riviera Dionisio II Grande
Via Catania
Viale A. Diaz
Via dell'Arsenale
PIAZZA MARCONI
Foro Siracusano
Via Dante
Porto Piccolo
Via Somalia
Via G. B. Perasso
Viale Regina Margherita
Viale Montedoro
Via Bengasi
Corso Umberto I
Via Cordova
Via Malta
Via Rodi
Bureau de poste
PIAZZA DELLE POSTE
Guichet des bus AST
MOLO S. ANTONIO
Ponte Umbertino
Via Trieste
Trento
PIAZZA PANCALI
Guichet Interbus
Riva Garibaldi
Via dei Mille
LARGO XXV LUGLIO
Marché en plein air
Via de Benedictus
Lungomare di Levante
Viale Mazzini
Via XX Settembre
Via Savoia
Tempio di Apollo
Via Resalibera
Porto Grande
V. Arezzo
Via Cavour
Corso Matteotti
Via Mirabella
MOLO ZANAGORA
Via Dione
Palazzo Montalto
Via dei Mergulensi
Passeggio Adorno
V. D. Scinà
Via Gargallo
Lungomare Elio Vittorini
Via Vittorio Veneto
Mer Méditerranée
Foro Vittorio Emanuele II
V. Amalfitania
PZA. ARCHIMEDE
Palazzo Lanzo
V. C. Reg
Palazzo Beneventano
Duomo
Via Maestranza
V. S. Landolina
ORTIGIA
PIAZZA DUOMO
V. Minerva
Via Roma
Via d. Giudecca
Palazzo Impellizzeri
Via Picherali
Santa Lucia
V. d. Teatro
PIAZZA ARETUSA
Via Larga
Fontana Aretusa
PZA. S. ROCCO
Palazzo Bellomo
Via Nizza
La Grotta Aretusa
Via Capodieci
V. S. Privitera
VERS LE CASTELLO MANIACE (450m)

SICILE

HÉBERGEMENT ET CAMPING

Les logements les moins chers se trouvent dans le quartier de la gare. Les prix sont très intéressants mais la qualité beaucoup moins. De plus, ce quartier est dangereux la nuit. Vous pourrez trouver des logements de meilleure qualité mais à des prix plus élevés sur l'île d'Ortygie.

B&B Artemide, V. Vittorio Veneto, 9 (✆/fax 0931 69 005, www.bedandbreakfastsicili.com). 3 chambres paisibles et meublées à l'ancienne. Toutes ont une salle de bains, la TV et la clim. Réservez l'été. Chambre simple 50 €, double 70 €, triple 90 €. Cartes Visa, MC, AmEx. ❖❖❖❖

Pensione Bel Sit, V. Oglio, 5 (✆ 0931 602 45, fax 0931 46 28 82), près de la gare. Suivez les flèches à partir du Corso Gelone. Cet hôtel occupe deux étages d'un petit immeuble. Les chambres sont spacieuses, un peu dénudées mais toutes possèdent une salle de bains. A l'étage, les chambres sont climatisées et ont la télévision. Réservez une semaine à l'avance pour juillet et août. Chambre simple 20 €, chambre double 35 €. ❖❖

Hôtel Posta, V. Trieste, 33 (✆ 0931 21 819). Un hôtel très chic avec des chambres impeccables et un personnel diligent. Chambres simple 70 €, en hiver 50 €, double 95/75 €. Cartes Visa, MC, AmEx. ❖❖❖❖❖

Hôtel Archimede, V. F. Crispi, 67 (✆ 0931 46 24 58), près de la gare ferroviaire. Des chambres confortables et admirablement décorées. Les chambres ont toutes une salle de bains, la TV et la clim. Pett déjeuner inclus. Chambre simple 35-50 €, double 50-75 €, triple 70-90 €, quadruple 90-120 €. Cartes Visa, MC, AmEx. ❖❖

Hôtel Centrale, C. Umberto I, 141 (✆ 0931 60 528) près de la gare. Les prix bas et la magnifique vue sur la mer font de cet hôtel un des plus fréquentés par les routards. Les chambres simples n° 18 et n° 20 et les chambres doubles n° 19 et n° 21 ont les plus belles vues. Chambre simple 17 €, avec vue 18 €, double 26 €, avec salle de bains 35 €, triple avec salle de bains 37 €. ❖❖

Camping : **Fontane Bianche**, V. dei Lidi, 476 (✆ 0931 79 03 33), près de la plage du même nom, à 20 km de Syracuse. Prenez le bus n° 21 ou n° 22 (0,77 €) sur la P. delle Poste in Ortigia. Ouvert Mai-Sep. 6 € par personne. Camping 7,50 €. Pas de tente. ❖

RESTAURANTS

A Syracuse, les prix des hôtels sont certes élevés, mais on peut manger pour un prix raisonnable. Les restaurants bon marché se trouvent dans le quartier de la gare et vers le parc archéologique. Sur l'île d'Ortygie, vous pourrez vous acheter de quoi faire un pique-nique au **marché en plein air** de la Via Trento, près de la Piazza Pancali (Lu-Sa 8h-13h). Si vous tenez à vous asseoir, allez du côté de la V. Savoia et de la V. Cavour, qui rassemblent de nombreux restaurants.

Trattoria Pescomare, V. Savorino Landolina, 6 (✆ 0931 21 075), à Ortigia, près de la P. Duomo. Dans une cour abritée sous une treille de vignes. On y sert des salades rafraîchissantes ainsi que des poissons joliment préparés (à partir de 5 €). Ouvert Ma-Sa 12h-15h et 19h-1h. Cartes Visa, MC, AmEx. ❖❖

Trattoria del Forestiero, C. Timoleonte, 2 (✆ 0931 46 12 45), à Syracuse. Au début du Corso Gelone, prenez la Via Agatocle jusqu'à la Piazza Euripede. Le restaurant se trouve de l'autre côté de la place, au début du Corso Timoleonte. Repas copieux de très bonne qualité à petit prix. *Primi* à partir de 3,10 €, *secondi* à partir de 4,20 €. 21 excellentes pizzas (à partir de 2,20 €) : idéal pour le dîner. Couvert 1,10 €. Ouvert Me-Lu 12h-15h30 et 19h-23h30. ❖

Spaghetteria do Scugghiu, V. D. Scinà, 11, à Ortygie, dans une petite rue près de la Piazza Archimede. Ici, on vous propose 20 plats de spaghettis différents (5,50 €). Grand choix de plats végétariens. Ouvert Ma-Di 12h-15h et 17h-24h. ❖❖

La Siciliana, V. Savoia, 17 (✆ 0931 689 44), à Ortygie, près de l'Hôtel Gran Bretagna. Vous pourrez manger à l'intérieur ou en terrasse et choisir parmi 59 pizzas à pâte fine. Et en plus vous serez servi avec le sourire ! Couvert 1 €. Pizzas à partir de 3 €. Ouvert Ma-Di 12h-15h et 19h-24h. Cartes Visa, MC, AmEx. ❖

Il Gattopardo Trattoria, V. Cavour, 67 (© 0931 21 910). Une clientèle jeune fréquente ces lieux qui rendent hommage au film de Visconti, avec des motifs de léopard sur le mur. La carte propose les standards de la cuisine sicilienne. *Primi* et *secondi* 5 €. Ouvert Lu-Sa 10h-13h et 20h-23h. ❖

Al Ficodindia, V. Arezzo, 7-9 (© 338 131 25 16), dans une rue perpendiculaire à la Via Cavour à Ortygie. Climatisé et très touristique bien qu'à l'écart des grandes rues. Essayez les *linguine al cartoccio*, aux calamars et aux crevettes cuites dans du vin blanc. Buffet d'*antipasti*, 29 pizzas différentes et spécialités siciliennes. Pizza, boisson et *gelato*. Ouvert Je-Ma 12h-15h et 19h-23h. Cartes Visa, MC. ❖

VISITES

ORTYGIE (ORTIGIA)

L'île d'Ortygie était au cœur de la cité grecque. Au bout du Ponte Umbertino, les ruines du **temple d'Apollon** bénéficient des derniers rayons du soleil couchant… et du regard de nombreux touristes. Ce temple qui date de 575 av. J.-C. est le plus ancien temple dorique périptère (c'est-à-dire entouré d'un rang de colonnes isolées du mur) de Sicile. Syracuse compte également de nombreux édifices baroques, notamment des églises et le **Palazzo Impellizzeri**, V. Maestranza, 22. Beaucoup d'habitants de Syracuse vous le diront, le moment le plus agréable de la journée est la *passegiata*, quand, en fin de journée, les habitants viennent se promener en famille.

LA CATHÉDRALE. Ne jugez pas la cathédrale de Syracuse à sa façade baroque du XVIIIe siècle, l'intérieur est très différent. Construite sur un temple dédié à Athéna, ses architectes ont conservé ses colonnes, qu'ils ont incluses dans le mur. On peut voir les colonnes cannelées sur le côté gauche de la cathédrale. Selon la légende, le temple serait devenu une église, le première église chrétienne d'Occident, grâce à saint Paul. A l'intérieur, la première chapelle sur la droite est dédiée à sainte Lucie, sainte patronne de Syracuse. Le superbe reliquaire abrite, sous verre, un morceau de son bras gauche. Remarquez la statue grandeur nature de sainte Lucie que les habitants font défiler dans les rues le jour de sa fête (voir plus loin **Sorties**). Au cas où vous ne vous rappelleriez plus comment Lucie est morte, les orfèvres ont gentiment ajouté comme indice une dague traversant sa gorge. *(P. del Duomo, au bout de la Via Minerva. Ouvert tlj 8h-12h et 16h-19h. Tenue correcte exigée.)*

LA FONTAINE D'ARÉTHUSE. La **Fonte Aretusa**, sur le Grand Port (Porto Grande), donc à proximité de la mer, est pourtant alimentée par une source d'eau douce. Selon la légende, la nymphe Aréthuse, en voulant échapper au trop entreprenant Alphée, passa à travers un tunnel et fut transformée en fontaine par Artémis, la déesse de la

LÉGENDE

SAUVE-MOI !

Célébrée par les poètes classiques et les romantiques, l'histoire d'Aréthuse est imprégnée dans la culture de Syracuse.
La nymphe chasseresse Aréthuse aimait se promener dans les forêts de la Grèce ancienne. Un jour, séduite par la beauté d'une rivière qui scintillait au soleil, elle décida de se baigner. Elle enleva ses vêtements, entra dans l'eau, et réalisa alors qu'elle n'était pas seule. Le dieu de la rivière Alphée subjugué par la beauté de la baigneuse, avait pris la forme d'un jeune homme et lui faisait des avances pressantes. La nymphe supplia l'agresseur de préserver sa virginité. Le dieu refusa. La jeune fille se tourna alors vers Artemis, déesse de la chasse, qui la transforma en une source d'eau douce jaillissant loin de Grèce, dans une fontaine de l'île d'Ortigia. Mais Alpheus ne voulut pas s'avouer vaincu. Il changea le cours de sa rivière et la fit passer sous la Mediterranée pour joindre ses eaux à celles de la nymphe.
Des textes poignants ont été écrits sur cette histoire. Dans la version de Percy Shelley, l'infortunée Aréthuse adresse sa prière à Artemis : "Oh, sauve-moi ! Oh, guide-moi ! Et laisse les profondeurs m'engloutir car le voilà déjà qui empoigne mes cheveux"
Avant les romantiques, les Grecs aimaient représenter Aréthuse entourée de dauphins. En 1906, un hommage lui fut rendu sur la piazza Archimede d'Ortigia. Ses eaux jaillissent sous la protection d'Artemis, tandis qu'un vigoureux Alphée tente de la ravir.

chasse. Alphée, lui, devint le fleuve du même nom qui coule en Grèce. On raconte que c'est lui qui alimente la source par le biais d'un immense tunnel sous-marin, celui-là même qu'Aréthuse voulait emprunter pour s'enfuir, leurs eaux étant ainsi mélangées pour l'éternité. *(P. Aretusa. De la Piazza del Duomo, descendez la Via Picherali.)*

A SYRACUSE MÊME

❤ LE PARC ARCHÉOLOGIQUE DE NEAPOLI

Les sites les plus intéressants de Syracuse sont rassemblés dans le **Parco archeologico della Neapolis**, au nord-ouest de la ville. Les ruines grecques sont les plus impressionnantes, mais les vestiges romains constituent également un riche héritage. Deux théâtres, une carrière antique et le gigantesque autel de Hiéron se partagent l'enceinte clôturée et peuvent être visités avec un seul et même billet. Prenez une grande inspiration avant de plonger dans la foule des touristes. *(Suivez le Corso Gelone et prenez à gauche le Viale Augusto. L'entrée du parc est en bas de la Via Augusto, sur la gauche. Ouvert tlj 9h-19h. Le guichet ferme 1h avant. Entrée 4,50 €, ressortissants de l'Union Européenne de moins de 18 ans et de plus de 60 ans 2 €.)*

LE THÉÂTRE GREC. Ce théâtre fut creusé dans la roche aux environs de 475 av. J.-C. Si les 15 000 spectateurs que pouvait accueillir le théâtre s'ennuyaient devant *Les Perses* (c'est ici que la pièce d'Eschyle fut jouée pour la première fois), ils pouvaient toujours laisser leur regard se détacher de la scène, aujourd'hui en ruine, et admirer les champs verdoyants, les fleurs multicolores et la mer au loin. D'ici, ils pouvaient également garder un œil sur les éventuelles attaques ennemies. A mi-hauteur des murs de l'allée centrale, on peut encore voir des inscriptions en grec.

LA CARRIÈRE DU PARADIS. Aujourd'hui un joli jardin fleuri, la **Latomia del Paradiso** était autrefois une carrière de laquelle furent tirées les pierres grises utilisées pour construire l'ancienne Syracuse. Il n'en reste plus que deux grottes taillées dans la pierre, l'**Orecchio di Dionigi** ("l'oreille de Denys") et la **Grotta dei Cordari** ("la grotte des Cordiers"). Cette dernière est fermée au public pour des raisons de sécurité. En revanche, vous pouvez visiter la première grotte. Selon la légende, le tyran Denys l'Ancien qui était très suspicieux enfermait ici ses prisonniers et écoutait en cachette leurs conversations. Ce sont maintenant les cris des enfants qui y résonnent.

LES AUTRES RUINES. Un peu plus loin se dresse l'**Ara di Ierone II** ("l'autel d'Hérion II"), roi de Syracuse (241-215 av. J.-C). On pratiquait sur cet autel long de 198 m et large de 23 m des sacrifices publics. L'**amphithéâtre romain** se trouve un peu plus haut après l'autre porte. Cet amphithéâtre du IIe siècle est bien conservé. Vous pourrez y voir les tunnels qu'empruntaient les gladiateurs et les animaux.

LE MUSÉE ARCHÉOLOGIQUE PAOLO ORSI. Le célèbre archéologue sicilien a donné son nom à ce musée qui renferme un nombre impressionnant d'objets datant de la préhistoire à la Grèce antique. La salle circulaire, au cœur du musée, s'ouvre sur plusieurs couloirs qui mènent à des galeries organisées chronologiquement. Dans ces galeries faiblement éclairées, vous pourrez voir un beau torse de kouros, des Gorgones grimaçantes, de superbes vases, sans oublier les squelettes d'un couple d'éléphant nains. *(Vle Teocrito, 66. ✆ 0931 46 40 22. Ouvert Ma-Sa 9h-14h et 15h-18h, Di 9h-14h. Dernière entrée une heure avant la fermeture. Entrée 4,50 €.)*

LES CATACOMBES DE SAINT-JEAN. Les **Catacombe di San Giovanni** comptent plus de 20 000 tombes. Ce labyrinthe souterrain date de 415 à 460. N'ayez pas peur, votre estomac ne va pas se retourner au cours de cette visite, car il n'y a plus de corps. Par contre, vous pouvez y voir des fresques délavées et les restes d'un sarcophage. On peut aussi visiter la **crypte de San Marziano**, qui date du IVe siècle. Marziano fut le premier évêque de Syracuse. *(V. San Giovanni, en face de l'office de tourisme, dans une rue perpendiculaire au Viale Teocrito. Visite guidée obligatoire, départ toutes les 15-20 mn. Ouvert Ma-Di 9h10-12h30 et 14h30-17h30. Entrée 3,50 €.)*

LE SANCTUAIRE DELLA MADONNA DELLE LACRIME. Ce sanctuaire tout de béton en plein centre de la ville a été érigé après qu'une statuette de la Vierge, fabriquée en série, se fut mise à pleurer en 1953 pendant trois jours. Des tests ont démontré que le liquide ressemblait à des larmes humaines. La nouvelle s'étant répandue, la ville fut obligée de créer un sanctuaire pouvant accueillir les pèlerins de plus en plus nombreux qui accouraient sur le lieu du miracle. Un gigantesque sanctuaire a donc été construit en 1966 sur les plans des deux architectes français Michel Arnault et Pierre Parat, lauréats du concours. Le sanctuaire héberge deux musées, le **musée des Larmes** et le **musée de la Liturgie**. *(✆ 0931 214 46. Musées ouverts tlj 9h-12h30 et 16h-18h. Entrée pour les deux musées 2 €. Sanctuaire ouvert 7h-21h, entrée libre.)*

LE MUSÉE DU PAPYRUS. Derrière le musée Orsi se trouve le **Museo del Papiro**. Vous pouvez y voir une petite collection de textes et d'objets en papyrus, notamment quatre ou cinq pages de l'ancien Livre des Morts égyptien, contenant des invocations (traduites en italien) du Mangeur d'Ames et du Serpent-qui-se-dresse. *(✆ 0931 61 616. Ouvert Ma-Di 9h-14h. Entrée libre.)*

SORTIES

Si vous avez envie de vous amuser le soir, suivez les Syracusains qui quittent la ville pour le bord de mer. **Fontane Bianche** est une plage chic où se trouvent un grand nombre de discothèques. Si vous êtes au camping, vous êtes sûr d'avoir un endroit où passer la nuit après le dernier bus. Pour vous y rendre, prenez le bus n° 21 ou n° 22 (durée 30 mn, 0,77 €). Si vous préférez rester à Ortygie, prenez les habitudes des habitants de la ville et faites le tour de l'île en vous arrêtant dans plusieurs bars sur le chemin. En hiver, allez faire un tour au **Troubadour**, un bar où les gens viennent boire un verre après le travail, tout près de la Piazza San Rocco. En été, l'établissement le plus fréquenté est le bar **La Grotta Aretusa**, derrière la fontaine d'Aréthuse. Ici, vous pourrez boire un verre dans une grotte naturelle humide juste en dessous du niveau de la rue. (Ouvert Me-Lu 18h30h-2h.)

En mai et en juin, des **tragédies grecques** sont jouées sur l'extraordinaire scène du théâtre antique. Renseignements à l'office de tourisme APT. Les billets pour l'**Istituto Nazionale del Dramma Antico** sont en vente aux guichets du théâtre (✆ 0931 22 107, ouvert Lu-Ve 15h30-18h30). La fête la plus importante de Syracuse est la **Festa di Santa Lucia**, le 13 décembre. Ce jour-là, six heures durant, les hommes de la ville portent la statue en argent de la sainte patronne de Syracuse de la cathédrale jusqu'à l'église Santa Lucia, de l'autre côté de la ville. La statue y demeure une semaine avant d'être rapportée à la cathédrale le 20 décembre.

EXCURSION DEPUIS SYRACUSE : NOTO

*Les **bus** Interbus et AST partent régulièrement de Syracuse (9 dép/j de 7h10 à 20h30, durée 1h, 2,58 €). Le bureau de vente des billets se trouve dans le bar Efirmedio, en face de l'arrêt de bus. Le **train** s'arrête également à Noto (10 dép/j de 5h20 à 20h30, durée 30 mn, 1,65 €). La gare est à 20 mn à pied du centre-ville, et ça monte !*

Entièrement anéantie par le tremblement de terre de 1693, Noto, à 32 km au sud-ouest de Syracuse, fut totalement reconstruite dans un style baroque par la riche famille Landolino. Remarquez les immenses escaliers, les balcons arrondis et les Amours potelés sculptés sur les façades. Le temps des tremblements de terre est aujourd'hui révolu et Noto est devenue une destination paisible, à l'écart des masses touristiques. En vous dirigeant vers la ville depuis le Corso Vittorio Emanuele, vous verrez l'**église San Francesco all'Immacolata**, construite en 1704. Jetez un œil au crucifix, sans doute l'un des plus sanguinolents de toute la Sicile. (Ouvert tlj 9h30-12h30 et 16h-19h.) Du Corso Vittorio Emanuele, prenez à droite la Via Niccolaci et arrêtez-vous pour admirer quelques instants les balcons du **Palazzo Niccolaci**, soutenus par des chérubins, des griffons et des sirènes. Du haut du **campanile di San Carlo**, vous jouirez d'une vue unique sur la ville (1,50 €). De belles **plages** se trouvent à 7 km de la ville, à **Noto Marina**. Pour y aller, prenez un bus aux **Jardins publics** (Juil-Août Lu-Sa dép. 8h30 et 12h45, 1,20 €).

De l'arrêt de bus qui se trouve devant les **Jardins publics** (Giardini Pubblici), traversez la rue pavée (la fontaine est alors sur votre droite). Tournez à gauche, passez sous les arbres aux branches basses puis sous la **Porta Nazionale**, construite en 1838, qui conduit au **Corso Vittorio Emanuele**. L'**office de tourisme APT**, P. XXIV Maggio, est 500 m plus loin, à droite de la fontaine. (✆ 0931 57 37 79. Carte gratuite. Ouvert Sept-Avr Lu-Sa 8h-14h et 15h30-18h30. Avr-Sep tlj 8h-14h et 15h30-18h30.) Pour aller de la gare au centre-ville, prenez la rue qui monte sur votre droite, tournez à droite au deuxième feu, puis encore à droite.

Si vous voulez passer la nuit à Noto, vous pouvez essayer l'une des trois jolies chambres de **Centro Storico**, C. V. Emanuele, 64. Ce tout petit établissement est tenu par une famille accueillante. (✆ 0931 57 39 67. 28,50 € par personne pour un minimum de deux personnes.) D'autres chambres sont disponibles, sur une base hebdomadaire ou mensuelle, V. F. Illi Bandiera, sur la droite et en haut d'une volée de marches. (✆ 0931 83 58 75. Chambres 20 €. 5 € supplémentaires pour accéder à la cuisine.) La **Trattoria Al Buco**, V. Zanardelli, 1, propose des *affittacamere* de différentes qualités, la plupart dans le quartier historique. Toutes ont une cuisine, une salle de bains, des meubles plutôt excentriques et des couvre-lits en mohair. (✆ 0931 83 81 42. Chambre autour de 30 € par personne.) La **trattoria** sert d'excellentes pâtes maison. Régalez-vous de ses *tagliatelle alle melanzane* (pâtes aux œufs avec des aubergines). (Couvert 0,70 €. Ouvert tlj 12h-15h30 et 19h-24h.) Pour assouvir une grande faim, allez à la **Trattoria del Carmin**, V. Ducezio, 1, qui dispose de trois salles à manger, souvent remplies. (*Primi* et *secondi* à partir de 5 €. Ouvert 12h30-15h30 et 19h-24h. Cartes Visa, MC, AmEx.) A la **Pasticceria La Vecchia Fontana**, C. Vittorio Emanuele, 150, vous pourrez déguster des glaces tout simplement divines pour 1 €. (✆ 0931 83 94 12. Ouvert Me-Lu 7h-1h ou 2h.) Juste un peu plus bas dans la rue, au n° 125, se tient le **Caffè Sicilia**, qui fait le bonheur des amateurs de glace comme de vin. (✆ 0931 83 50 10. Ouvert Ma-Di 8h-23h.)

RAGUSE (RAGUSA) ✆ 0932

Raguse s'est bien gardée d'adopter le rythme effréné de certaines autres villes de Sicile et a réussi à échapper aux foules de touristes. Elle s'est progressivement développée vers le haut d'une colline, à l'écart des autres villes. **Ragusa Superiore**, la ville moderne, fut reconstruite après le tremblement de terre de 1693. La vieille ville, **Ragusa Hybla**, est sur la colline. Les deux villes sont séparées par une vallée. Prenez le temps de flâner dans les ruelles paisibles de Ragusa Hybla, de regarder les palais dont les balcons travaillés sont une merveille, partez à la découverte de ses trésors architecturaux et vous tomberez sans aucun doute sous le charme. La campagne qui entoure la ville renferme également de superbes paysages.

TRANSPORTS

Train : P. del Popolo, dans la ville nouvelle, au bout de la Via Roma. Destinations : **Caltanissetta** (3 dép/j de 14h58 à 17h16, durée 3h, 8,65 €), **Gela** (8 dép/j de 4h08 à 20h20, durée 1h30, 4,25 €), **Palerme** (dép. 14h58 et 16h22, durée 5h, 13,40 €) et **Syracuse** (13 dép/j de 5h20 à 18h30, durée 2h, 5,85 €).

Bus : P. Gramsci, dans la ville nouvelle, près de la gare ferroviaire. Les horaires sont affichés sur le mur en face de l'arrêt. Destinations : **Catane** (Lu-Ve 5 dép/j de 8h à 19h, Sa dép. 5h30 et 14h, durée 2h, 6,20 €), **Gela** (Lu-Sa dép. 9h45 et 16h15, durée 1h30, 3,87 €), **Noto** (Lu-Sa 8 dép/j de 6h50 à 19h15, durée 1h30, 6,20 € a/r), **Palerme** (Lu-Ve 4 dép/j de 5h30 à 17h30, Sa-Di dép. 15h15 et 17h30, durée 4h, 10,59 €) et **Syracuse** (Lu-Sa 8 dép/j de 6h50 à 19h15, durée 2h, 5,42 €). Correspondance à **Gela** pour **Agrigente** et **Enna**. Les billets s'achètent au **Bar Puglisi**, de l'autre côté de la rue. Ouvert Lu-Sa 5h-22h, Di 12h-22h.

ORIENTATION ET INFORMATIONS PRATIQUES

Les **gares ferroviaire** et **routière** sont situées respectivement sur la Piazza del Popolo et sur la Piazza Gramsci. Pour aller dans le centre-ville, prenez le Viale Tenente Lena à gauche en sortant de l'une ou l'autre gare, traversez la Piazza della Libertà et franchissez le pont Senatore Pennavaria, le plus au nord des trois ponts qui enjambent la Vallata Santa. Le **Corso Italia**, qui part de la Via Roma, passe devant le **bureau de poste**, Piazza Matteotti et se prolonge dans la **Via XXIV Maggio**, qui aboutit à l'**église Santa Maria delle Scale**. De là, les escaliers et les rues zigzaguent vers le bas de la colline jusqu'au pied de Ragusa Hybla.

Office de tourisme : **AAPIT**, V. Capitano Bocchieri, 33 (✆ 0932 22 15 11 ou 22 15 29), à Ragusa Hybla. Il est indiqué à partir de la Piazza del Duomo. Vous y trouverez des brochures, des plans et des informations sur les plages et les visites des environs et vous serez en prime traité comme un roi. Ouvert Lu et Ve 9h-13h30, Ma-Je 9h-13h30 et 14h-16h, Sa-Di 9h30-13h.

Urgences : ✆ 113. **Police** : ✆ 112 ou 0932 62 10 10. **Urgences médicales** : ✆ 118. **Premiers secours** : ✆ 0932 62 14 10 ou 62 16 92. **Guardia Medica** : P. Igea (✆ 0932 62 39 46). **Hôpital** : **Ospedale Civile**, Vle Leonardo da Vinci (✆ 0932 24 51 84), dans un bâtiment de couleur pêche.

Bureau de poste : P. Matteotti (✆ 0932 23 21 11), deux rues plus bas après le carrefour du Corso Italia et de la Via Roma. Ouvert tlj 8h-18h30, le dernier jour du mois 8h-12h. **Code postal** : 97100.

HÉBERGEMENT ET CAMPING

Hôtel Jonio, V. del Risorgimento, 49 (✆ 0932 62 43 22). Quand vous faites face à l'entrée de la gare, traversez la place et prenez la Via Sicilia. Tournez à droite et passez devant la station-service. Cet hôtel, proche de la gare et de nombreux restaurants, propose de belles chambres avec salle de bains. Chambre simple 30 €, avec demi-pension 41 €, double 48/70 €. Cartes Visa, MC, AmEx. ❖❖

Mediterraneo Palace, V. Roma, 189 (✆ 0932 62 19 44). De l'autre côté du pont quand on vient de la gare. Un établissement haut de gamme très plaisant. Les chambres sont spacieuses. TV avec *pay-per-view* et salle de bains avec jets d'eau massants. Chambre simple 90 €, double 115 €, suite 230 €. Cartes Visa, MC, AmEx. ❖❖❖❖❖

Camping : **Baia del Sole** (✆ 0932 62 31 84) à Marina di Ragusa, près de la plage. Les bus de la compagnie Autolinee Tumino relient la Piazza Gramsci de Raguse à la Piazza Duca degli Abruzzi de Marina di Ragusa (1 dép/h, durée 30 mn, 2,07 €). A 1 km de la place principale (avec la mer sur votre droite), sur le Lungomare Andrea Doria. 6 € par personne, 4-10,50 € par tente. Douche chaude jusqu'à 18h. ❖

RESTAURANTS

Profitez de votre passage à Raguse pour goûter aux *panatigghie*, une spécialité fourrée au cacao, à la cannelle et à la viande hachée. Mais ça coûte cher et les trattorias qui en servent sont également chères.

La Valle, V. del Risorgimento, 70 (✆ 0932 22 93 41). Les serveurs de ce restaurant, habillés comme dans les années 1930, s'empresseront de poser une délicieuse pizza sur la table que vous aurez choisie dans la salle peinte en vert menthe. *Primi* à partir de 4 €, *secondi* à partir de 5 €, pizzas à partir de 3,36 €. Couvert 2 €. Ouvert Lu et Me-Di 12h-15h et 19h-24h. Cartes Visa, MC, AmEx. ❖❖

Iblantica, C. XXV Aprile, 36 (✆ 0932 68 32 23). La meilleure table de la ville, au cœur du quartier historique. *Primi* à partir de 4,20 €, *secondi* à partir de 6,20 €. Le poisson du jour à 4,15 € est une merveille. Couvert 1,30 €. Cartes Visa, MC, AmEx. ❖❖

Ristorante Orfeo, V. S. Anna, 117 (✆ 0932 62 10 35), dans le centre. De succulentes recettes siciliennes servies dans un cadre très chic et élaboré. Poisson à partir de 7,50 €. *Primi* à partir de 6 €, *secondi* à partir de 7 €. Couvert 1,50 €. Service 1 €. ouvert Lu-Sa 12h-15h et 19h-22h. Cartes Visa, MC, AmEx. ❖❖❖

Pizzeria La Grotta, V. Cartia (✆ 0932 22 73 70), dans la deuxième rue à droite en venant de la Via Roma (lorsque vous êtes dos au pont). Les spécialités habituelles de la *tavola calda* (31 sandwiches au menu) ainsi que quelques créations de type pizza aux frites (succès garanti chez les enfants). Ouvert Je-Ma 17h30-1h. ❖

VISITES ET SORTIES

Les deux villes perchées en haut de leur colline, Ragusa Superiore et Ragusa Hybla, offrent de magnifiques vues sur la campagne environnante. Pour accéder à Ragusa Hybla, vous devrez faire 10 mn de marche le long d'une très jolie rue qui descend de l'église située à l'extrémité du Corso Italia (aussi connu sous le nom de Via XXIV Maggio). Vous pouvez aussi prendre le bus n° 3 (0,77 €) à partir de la cathédrale ou de la Piazza del Popolo. Admirez, du haut de l'escalier Santa Maria, la superbe vue sur Ragusa Hybla, couronnée par le dôme de l'**église San Giorgio**, qui brille d'un superbe bleu turquoise à la tombée de la nuit. (Tenue correcte exigée.) Empruntez l'escalier abrupt sur 200 m pour rejoindre la Piazza della Repubblica. La rue qui part à gauche fait le tour de la ville en passant devant des monastères abandonnés et des champs cultivés. La Piazza del Duomo di San Giorgio surplombe la ville. Le Corso XXV Aprile part de la place et longe deux églises avant de s'achever au **Giardino Ibleo**, d'où la vue sur la campagne alentour est superbe. Le **Musée archéologique**, dans Ragusa Superiore, à proximité du pont Senatore Pennavaria, renferme une collection de poteries provenant de la colonie de Camarina, proche de Syracuse. (✆ 0932 62 29 63. Ouvert tlj 9h-13h30 et 16h-19h30. Entrée 2 €.)

En été, tous les habitants qui possèdent un maillot de bain passent leur week-end à ❤ **Marina di Ragusa**, une étendue de sable où s'alignent des rangées de bikini, où vrombissent des Vespa et où sévissent malheureusement des voleurs. Les bus de la compagnie **Autolinee Tumino** (✆ 0932 62 31 84), qui partent de la Piazza Gramsci, desservent Marina di Ragusa (14 dép/j, durée 40 mn, 1,81 €, a/r 3,36 €). Les horaires des bus sont affichés à la Polleria Giarroste, sur la Piazza Duca degli Abruzzi, à Marina di Ragusa. Sur cette même place, vous pourrez savourer les meilleures glaces de la ville chez **Delle Rose** (1,30 € la boule). Depuis 1990, Ragusa accueille de la fin juin à début juillet un **concours international de piano, de chant et de composition** dans le théâtre du Palazzo comunale.

L'OUEST DE LA SICILE

AGRIGENTE (AGRIGENTO) ✆ 0922

A Agrigente, les magnifiques temples et les hauts immeubles de béton semblent tout droit sortis d'une des pièces du célèbre écrivain Luigi Pirandello, né ici même. Fondée au VIe siècle av. J.-C. par les Grecs, Agrigente semble fière de son allure résolument moderne, comme si elle voulait se faire pardonner les vestiges qui se trouvent en bas de la ville, dans la superbe **vallée des Temples**. Laissez-vous charmer par les rues pavées du centre historique, mariage heureux de l'ancien et du moderne. Malgré ses excellents musées, ses superbes vestiges et son charme, Agrigente n'est malheureusement pas appréciée à sa juste valeur.

TRANSPORTS

Train : P. Marconi, en contrebas de la Piazza Aldo Moro. Guichet ouvert Lu-Sa 6h30-20h. Destinations : **Catane** (dép. 12h20, 17h20 et 18h20, durée 3h15) via **Enna** (durée 2h, 5,73 €) et **Palerme** (11 dép/j de 4h50 à 20h, durée 2h, 6,70 €).

Bus : P. Roselli, sur la gauche en venant de la Piazza Vittorio Emanuele. Les bus **Cuffaro** vont à destination de **Palerme** (Lu-Sa 7 dép/j de 7h à 18h30, durée 2h, 6,71 €) et retournent à **Agrigente** (Lu-Sa 7 dép/j). Les tarifs et les horaires sont disponibles au bar qui se trouve près des bureaux de la compagnie SAIS, sur la P. Roselli. Les bus de la compa-

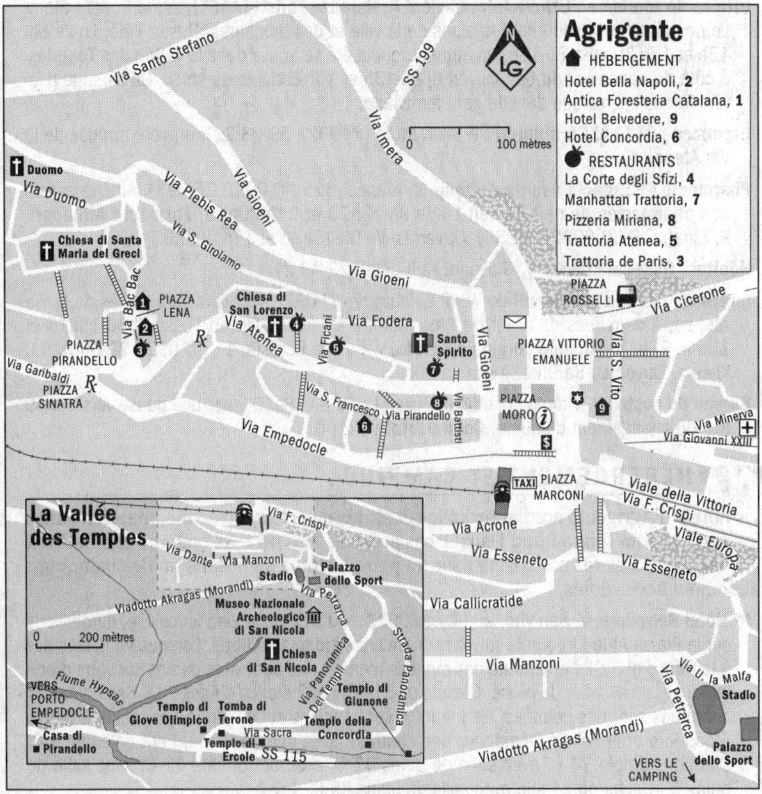

gnie **SAIS Trasporti**, V. Ragazzi, 99 (© 0922 59 59 33), desservent **Caltanissetta** (Lu-Sa 14 dép/j, durée 1h, 4,13 €), **Catane** (11 dép/j, durée 2h45, 9,81 €), et l'**aéroport**. Ils desservent aussi indirectement **Rome** et **Messine**.

Transports en commun : La plupart des **bus municipaux** orange **TUA** partent de la gare ferroviaire. Billet (0,77 €) valable pour une durée de 1h30. Les bus n° 2 et n° 2/ (*barrato*, ou barré) vont à San Leone, la belle plage d'Agrigente. Les bus n° 1, n° 2 et n° 2/ vont à la vallée des Temples. Le bus n° 1/ mène à la maison de Luigi Pirandello, tout comme celui qui part de **Porto Empedocle** (1 €). Les billets peuvent être achetés à la buvette du parking ou à bord.

Taxis : © 0922 26 670. A la gare ferroviaire, sur la P. Marconi. © 0922 21 899 sur la P. Aldo Moro. Un trajet jusqu'aux temples revient à environ 8 € (avec le compteur).

ORIENTATION ET INFORMATIONS PRATIQUES

Le centre d'Agrigente se compose de plusieurs grandes places. La **gare ferroviaire** est située **Piazza Marconi**, une place reliée à la **Piazza Aldo Moro** par un escalier. Si vous êtes dos à la gare, elle se trouve sur votre gauche. De la Piazza Aldo Moro, la **Via Atenea** conduit au **quartier historique**. Au nord de la Piazza Aldo Moro se trouve la **Piazza Vittorio Emanuele**, où sont le bureau de poste et la **gare routière**. Pour vous rendre rapidement à la vallée des Temples, prenez le bus n° 1 ou n° 2. Sinon, marchez un bon moment en direction du bas de la ville.

Offices de tourisme : **Ufficio Informazioni Assistenza Turisti (AAST)**, sur la P. Aldo Moro. Le personnel vous fournira des plans de la ville et des brochures. Ouvert l'été, Lu-Ve 8h-13h et 15h-20h, Sa 8h-13h. Un autre bureau d'été se trouve dans la **vallée des Temples**, à côté du parking et du bar. Ouvert tlj 8h-13h et 15h-coucher du soleil. Un kiosque d'informations est installé dans la gare ferroviaire.

Urgences : © 113. **Carabinieri** : P. Aldo Moro (© 0922 59 63 22), du côté opposé de la Via Atenea.

Pharmacie : **Farmacia Averna Antonio**, V. Atenea, 325 (© 0922 26 093). Affiche la liste des pharmacies de nuit. Ouvert Lu-Ve 9h-13h30 et 17h-20h30. **Farmacia Minacori**, P. Sinatra, 3 (© 0922 24 235). Ouvert Lu-Ve 9h-13h30 et 17h-20h30.

Hôpital : **Ospedale Civile**, V. Giovanni XXIII (© 0922 49 21 11).

Internet : **Libreria Multimediale**, V. di Celauro, 7 (© 0922 40 85 62), tout près de la Via Atenea, à deux rues de la Piazza Aldo Moro. 3 € l'heure. Ouvert Lu-Sa 9h30-13h15 et 16h45-20h15. **Michele Lorgio Fotografo**, V. Cesara Battista, 11 (© 0922 29 660). 5 € l'heure. Ouvert Lu-Sa 9h-13h et 17h-20h.

Bureau de poste : P. Vittorio Emanuele. Ouvert Lu-Sa 8h-18h30, avec une pause vers 13h30 lors du changement d'équipe. **Code postal** : 92100.

HÉBERGEMENT ET CAMPING

Les hôtels d'Agrigente sont abordables et situés dans le centre-ville, mais les bancs des parcs le sont tout autant. Dans le cas présent, "bas prix" et "valeur sûre" ne vont pas de pair. N'hésitez pas à dépenser un peu plus ou à aller dans un des campings, facilement accessibles.

❤ **Hôtel Belvedere**, V. San Vito, 20 (©/fax 0922 200 51). De la gare ferroviaire, rendez-vous sur la Piazza Aldo Moro puis suivez les pancartes indiquant l'hôtel. Lorsque vous êtes dos à la Banco di Sicilia et à droite des rangées d'arbres, les pancartes jaunes sur votre droite indiquent un escalier de pierre. C'est le plus bel hôtel 2 étoiles d'Agrigente. Ses agréables chambres sont très colorées, les meubles sont anciens et son jardin donne sur la Piazza Aldo Moro et la vallée. Demandez une chambre avec une belle vue. Petit déjeuner 3 €. Chambre simple 34 €, avec salle de bains 47 €, chambre double 42 €, avec salle de bains 60 €, chambre triple avec salle de bains 85 €. ❖❖❖

Hôtel Concordia, V. San Francesco d'Assisi, 11 (© 0922 59 62 66). Au bout de la Via Pirandello, dans le quartier historique, juste après l'église. Des chiens blancs ensommeillés vous accueilleront. Les petites chambres à l'atmosphère très chaleureuse possèdent toutes une petite salle de bains. Certaines ont la télévision. Les lève-tard n'apprécieront pas forcément les cris qui montent du marché de bonne heure le matin. Les chambres du bout sont moins bruyantes et plus claires. Chambre simple 17 €, avec salle de bains 21 €, chambre double 34 €, avec salle de bains 42 €. Cartes Visa, MC, AmEx. ❖❖

Hôtel Bella Napoli, P. Lena, 6 (©/fax 0922 204 35) près de la Via Bac Bac. Prenez la Via Atenea sur 1 km et tournez à droite après le palais de justice. De longs couloirs mènent à des chambres très bien entretenues mais décorées sans goût. Immenses salles de bains qui semblent très vides. La terrasse sur le toit offre un joli panorama sur la vallée. 20 chambres, toutes avec salle de bains. Petit déjeuner 3 €. Chambre simple 35 €, chambre double 65 €, chambre triple 95 €. Cartes Visa, MC. ❖❖❖

Antica Foresteria Catalana, P. Lena, 5 (©/fax 0922 20 435), juste à côté de l'hôtel Bella Napoli (tenu par le même propriétaire). Des chambres plus grandes et un brin plus luxueuses. Elles incluent toutes une salle de bains, la TV et la clim. Petit déjeuner 3 €. Chambre simple 40 €, double 75 €, triple 110 €. Cartes Visa, MC. ❖❖❖❖

Campings : Deux terrains de camping se trouvent sur la plage, à 3 km de San Leone, dans un endroit appelé **Le Dune**. Les bus n° 2 et n° 2/, qui partent de la gare ferroviaire, s'y arrêtent. Le **Camping Nettuno** V. L'Acquameno (© 0922 41 62 68), est à droite de l'arrêt de bus. On y trouve un marché, un restaurant, un bar et une pizzeria aux prix raisonnables. 5 € par personne, 5 € par tente. Douches 0,50 €. ❖

RESTAURANTS

Les petits étals de fruits et légumes en face de l'Hôtel Concordia sont ouverts tous les matins, du lundi au samedi. De nombreux petits magasins d'alimentation bordent également la Via Pirandello et la Via Atenea. Laissez-vous aller à acheter quelques friandises dans les confiseries de la Via della Vittoria. La spécialité de la ville est le *torrone*, un nougat aux noisettes. Vous trouverez des restaurants authentiques et peu chers dans les rues autour de la Via Atenea.

❤ **Trattoria Atenea**, V. Ficani, 32 (✆ 0922 202 47). En partant de la Piazza Aldo Moro, prenez la Via Atenea puis la quatrième à droite. La trattoria se trouve juste après la boutique Stefanel. Un restaurant authentique qui propose des plats classiques. Large choix de fruits de mer. *Calamari* (calamars) et *gamberi* (crevettes) à 5,16 €. La spécialité de la maison est la *grigliata mista di pesce* (un assortiment de poissons grillés). Couvert 1,29 €. Ouvert Lu-Sa 12h-15h et 18h30-23h. ❖❖

Manhattan Trattoria-Pizzeria, Salita Madonna degli Angeli, 9 (✆ 0922 209 11), en haut des escaliers qui partent à droite de la Via Atenea, près de la Piazza Aldo Moro. Une petite trattoria plutôt chère mais au menu inventif. Goûtez les *fusilli* à l'espadon, aux aubergines et aux tomates. Table en salle ou en terrasse. Pizza à partir de 3,10 €, poisson à partir de 7,75 €. Couvert 1,50 €. Ouvert Lu-Sa 12h-15h et 19h-22h30. Cartes Visa, MC, AmEx. ❖❖

Pizzeria Miriana, V. Pirandello, 6 (✆ 0922 22 828), juste après la Piazza Aldo Moro. On vous y servira des parts de pizzas (à partir de 1 €) et des paninis (à partir de 1,55 €). Idéal si vous êtes pressé, et intéressant si vous êtes fauché ! Ouvert tlj 8h-22h. ❖

Trattoria "de Paris", P. Lena, 7 (✆ 0922 254 13). Bien située, près de l'Hôtel Bella Napoli. Des tables aux nappes bleues et blanches et une décoration chargée. Mais en dépit de ce que laisse entendre son nom, on mange ici d'authentiques plats italiens. Délicieux *rigatoni alla Pirandello* (tomates, jambon, champignons et crème fraîche). *Primi* 4,13 €, *secondi* à partir de 5 €. Service 10 %. Ouvert Lu-Sa 12h-15h et 19h30-22h30. Cartes Visa, MC, AmEx. ❖❖

La Corte degli Sfizi, Cortile Contarini, 4 (✆ 0922 20 052). Des plats siciliens bien exécutés servis dans un agréable jardin entouré de bambous. Menu dîner 14-16 €. *Primi* 4,15 €, *secondi* 4,65 €. Couvert 1,55 €. Service 20 %. Ouvert Lu et Me-Di 11h-15h30 et 16h30-tard. Cartes Visa, MC, AmEx. ❖❖❖

VISITES

❤ LA VALLÉE DES TEMPLES (VALLE DEI TEMPLI)

La vallée des Temples est à quelques kilomètres de la ville, c'est-à-dire à 30 mn de marche de la gare ferroviaire. De la Via Francesco Crispi, suivez les flèches puis, en bas, tournez à gauche au croisement. Si vous ne voulez pas marcher, vous pouvez prendre les bus n° 1, n° 2 ou n° 27 à la gare ferroviaire, tous s'arrêtent sur un parking où se trouve un snack et de nombreux cars de touristes. Temples ouverts 8h30-23h. Entrée 4,50 €. Musée ouvert tlj 9h-13h30. Entrée 4 €.

De nombreux temples furent construits entre les Ve et VIe siècles av. J.-C. sur ce site. Les guerres Puniques en abattirent bon nombre, d'autres furent détruits par les premiers chrétiens et les nombreux tremblements de terre eurent raison des autres. Les cinq temples qui ont résisté au temps et que vous pourrez admirer sont inscrits au patrimoine mondial de l'UNESCO. Ils sont tous dans un état de conservation différent. Ne manquez pas le coucher du soleil, les touristes se font alors plus rares, la température est moins élevée et la pierre se colore d'une belle teinte dorée qui laisse peu à peu place aux reflets de la lune, un spectacle inoubliable !

La grande avenue passe d'abord devant le **temple d'Hercule** (Tempio di Ercole), le plus ancien de la vallée (VIe siècle av. J.-C.), dont il ne reste aujourd'hui que quelques colonnes abîmées. Plus loin, le **temple de la Concorde** (Tempio della Concordia), avec ses 34 colonnes, ses murs intacts et ses métopes, est un des temples doriques les mieux conservés de Sicile. Erigé au milieu du Ve siècle av. J.-C., il doit son remarquable état de conservation au fait qu'il fut transformé (579) en église chrétienne par l'évêque d'Agrigente. Bien qu'il soit fermé au public, on peut voir à l'intérieur des niches creusées dans les murs et consacrées au culte chrétien. La rue s'achève sur le **temple de Junon** (Tempio di Giunone), construit à la même époque. Admirez les magnifiques colonnes et le fronton. Avec la lumière du coucher du soleil, c'est vraiment magnifique. Les trous en forme d'alvéole de ruche creusés dans le sol, que vous trouverez en descendant sur la gauche, sont en fait les restes d'une **nécropole paléochrétienne**.

De l'autre côté de la rue se trouve l'entrée du **temple de Zeus Olympien** (Tempio di Giove Olimpico), dont la construction est restée inachevée. Si sa construction n'avait pas été interrompue par les incursions des Carthaginois en 406-405 av. J.-C., ce temple aurait été un des plus grands temples grecs jamais construits. Ce puzzle de colonnes et de murs en ruine a intrigué les archéologues pendant de nombreuses années. Mais le véritable intérêt de ce temple réside dans ses énormes télamons (ou atlantes), des statues d'homme de 8 m de haut. L'un d'entre eux a été reconstruit près du site. Ces immenses statues devaient entourer le temple pour soutenir le toit et l'entablement. Au bout de la rue, après le temple de Zeus Olympien, les quatre colonnes du **temple de Castor et Pollux** (Tempio di Castore e Polluce) montent la garde de peur que les Carthaginois ne reviennent.

Le superbe **Musée régional archéologique de San Nicola**, à 1 km au-dessus du parking, possède une magnifique collection de vases à figures rouges et noires, de statues votives en terre cuite et d'urnes funéraires provenant d'Agrigente et de la région. Au cours des récents travaux de rénovation, l'éclairage a été amélioré et des explications (en anglais) ont été ajoutées. Un télamon ainsi qu'une maquette représentant le temple de Zeus tel qu'il aurait été s'il avait été achevé sont présentés dans une des salles. Juste à côté du musée, la **Chiesa di San Nicola** abrite les sarcophages de Phaedra, chef-d'œuvre de l'art du IIIe siècle.

VISITES DANS AGRIGENTE

L'ÉGLISE SANTA MARIA DEI GRECI. L'édifice le plus intéressant de la ville est cette petite église normande du XIe siècle, construite sur le site d'un temple dorique du Ve siècle av. J.-C. Une partie du plafond normand, en bois, ainsi que des fragments de fresques byzantines du XIVe siècle et les colonnes du temple grec originel sont toujours visibles. *(Suivez les panneaux en haut de la Via Bac Bac, près de la Via Atenea. Ouvert 9h-19h ou jusqu'à ce que le conservateur s'en aille. L'église fait l'objet d'une restauration.)*

L'ÉGLISE DU PURGATOIRE (SANTO SPIRITO). Le légendaire Serpotta employa tout son savoir-faire pour donner l'impression que les ornements en stuc de cette église étaient en marbre. Les huit statues des "Vertus" sont censées vous aider à rester hors du purgatoire, mais la plupart des images vous rappellent à quel point le purgatoire est en fait imminent : remarquez la présence inhabituelle d'une tête de mort et d'un tibia sur le confessionnal, et les innombrables représentations de pécheurs condamnés à rôtir (miam !) dans les flammes de l'enfer. A gauche de l'église, sous un lion endormi, se trouve l'accès à un réseau de réservoirs et de canaux souterrains construits par les Grecs au Ve siècle av. J.-C. *(P. del Purgatorio, en quittant la Via Atenea, dans le centre historique. Ouvert Lu-Sa 10h30-13h et 16h-19h. Entrée 1,50 €.)*

SIX TOURISTES EN QUÊTE D'AUTEUR. Si vous avez été attentif, vous vous êtes sûrement rendu compte que vous étiez dans la ville natale du dramaturge **Luigi Pirandello**. Les fans pourront visiter la maison où il est né (elle a été transformée en musée). On peut y voir aujourd'hui des livres, ses notes et des photos de famille. Les cendres de Pirandello sont enterrées sous un énorme rocher près de son pin préféré, à quelques centaines de mètres de la maison. Le musée vient juste d'être rénové. *(Pour vous y* *rendre, prenez le bus Lumia n° 1 jusqu'à la Piazza Kaos. © 0922 51 11 02. Ouvert tlj 8h-13h et 14h-18h30. Entrée 2 €.)* Pendant la **Settimana Pirandelliana**, des pièces de théâtre, des opéras et des ballets sont donnés durant une semaine sur la Piazza Kaos. Ce festival a lieu entre fin juillet et début août. *(Renseignements © 0922 235 61.)* Le **théâtre Pirandello**, construit en 1870, a récemment rouvert dans le bâtiment de l'hôtel de ville. Son architecture intérieure est l'œuvre de Gian Battista Basile, qui dessina également le décor de la Fenice, à Venise.

SORTIES

Le premier dimanche de février, la **Fête des amandiers en fleurs** se déroule dans la vallée des Temples. Début juillet, vous pourrez voir les habitants jeter du pain sur l'effigie de San Calogero pour le remercier d'avoir sauvé la ville d'une épidémie de peste. En été, les habitants d'Agrigente se dirigent vers la plage et les activités nocturnes de **San Leone**, à 4 km d'Agrigente (prenez le bus n° 2 ou n° 2/).

MARSALA ©0923

Lorsque Garibaldi et ses mille partisans en chemises rouges débarquèrent à Marsala, la ville leur fournit une profusion d'hommes et de moyens, devenant ainsi la fière base de lancement du *Risorgimento*. Hors d'Italie, la cité est plus connue pour son délicieux vin de Marsala, qui acquit sa réputation grâce aux talents de promoteur de l'Anglais John Woodhouse. Malgré sa petite taille, Marsala possède un centre historique intéressant et un musée dans lequel vous pourrez voir un bateau carthaginois et des objets trouvés sur le site de l'antique Lilybée (aujourd'hui Marsala).

TRANSPORTS ET INFORMATIONS PRATIQUES. Des **trains** desservent Marsala depuis **Trapani** (18 dép/j, durée 20 mn, 2,65 €), ainsi que des **bus** (4 dép/j, durée 30 mn, 2,58 €). Les bus **Salemi** (© 0923 98 11 20) vont à **Palerme** (Lu-Sa 17 dép/j de 6h15 à 20h30, Di 5 dép/j de 10h30 à 20h30). Dans le sens Palerme-Marsala (Lu-Sa 17 dép/j de 5h15 à 17h30, Di 5 dép/j de 7h30 à 18h.) **Taxi** : © 0923 71 29 92.

Pour vous rendre de la gare ferroviaire au centre historique, prenez à droite le Viale Amerigo Fazio, puis à gauche la **Via Roma**. Elle est prolongée par la **Via XI Maggio** puis par la **Via Vittorio Veneto**. L'**office de tourisme Pro Loco**, V. XI Maggio, 100, dans la vieille ville, juste avant le Palazzo comunale et la cathédrale, fournit les horaires des bus et vous renseignera sur les lieux d'hébergement. (© 0923 71 40 97, www.prolocomarsala.org. Ouvert Lu-Sa 8h-20h et Di. 9h-12h.) En cas d'**urgence**, appelez les **carabinieri** (© 0923 95 10 10 ou 112), les **premiers secours** (© 0923 95 14 10) ou la **Guardia Medica** (© 0923 78 23 43). La **pharmacie**, V. XI Maggio, 114 (© 0923 95 32 54), à une rue de l'office de tourisme, affiche la liste des pharmacies de garde. (Ouvert Lu-Ve 9h-13h30 et 16h30-20h.). Le **bureau de poste** se tient V. Roma, 167. **Code postal** : 91025.

HÉBERGEMENT ET RESTAURANTS. Marsala possède peu d'hôtels. Tous se ressemblent et très peu sont bon marché. Le mieux est d'aller à l'**Hôtel Garden**, V. Gambini, 36 (© 0923 98 23 20). Ne vous laissez pas influencer par la façade de cet hôtel situé près du quartier de la gare, où le béton est roi, car il s'y cache un superbe intérieur de marbre, de miroirs et de magnifiques salles de bains communes. Les chambres, très propres, ont toutes la télévision, un sèche-cheveux et même des carpettes ! (Chambre simple 30 €, avec salle de bains 35 €, chambre double avec salle de bains 51 €, chambre triple avec salle de bains 66 €. Cartes Visa, MC, AmEx.) Le New Palace Hotel propose des chambres très confortables avec salle de bains, TV et clim. Il y a une piscine dans la cour. (© 0923 71 94 92. Chambre simple 80-90 €, double 130-150 €. Cartes Visa, MC, AmEx.) L'**Hôtel Acos**, V. Mazara, 14 (© 0923 99 91 66), dispose de 35 chambres bien équipées, ainsi que d'un bar et d'un restaurant. (Petit déjeuner 5 €, chambre simple 40-52 €, double 57-130 €.)

La **Trattoria Garibaldi**, V. Rubino, 35, sur la P. Addolorata, sert des plats italiens goûteux mais pas donnés. (© 0923 95 30 06. *Primi* à partir de 4,50 €, *secondi* à partir de 6 €. Couvert 1 €. Ouvert Lu-Ve 12h-15h et 19h-22h, Sa 19h-22h, Di 12h-15h.

Cartes Visa, MC, AmEx.) **E & N Café**, V. XI Maggio, 130 (✆ 0923 95 19 69), accueille de l'aube au crépuscule de très nombreux clients venus se régaler de divines friandises. *Cannoli* à partir de 1,30 €, glaces 1,29 €. (Ouvert l'été tlj 7h30-22h, horaires réduits en hiver.) La **Nuova Trattoria Da Pino**, V. San Lorenzo, 27 (✆ 0923 71 56 52), vous propose un grand choix de fruits de mer et de vins de la région. Laissez-vous tenter par l'excellent buffet d'*antipasti* avant de goûter aux *primi* et aux *secondi*. Les *spaghetti vongole gamberi* sont la spécialité du chef (6 €). Face à la porte principale de la cathédrale, contournez-la sur la gauche, passez sous la Porta Garibaldi, puis, de la Piazza Garibaldi, prenez la première rue à droite. Quelques mètres plus loin, vous verrez des flèches. Suivez-les. (Ouvert Lu-Sa 13h-15h30 et 20h-24h, Di 20h-24h. Carte Visa, MC, AmEx.)

VISITES ET SORTIES. Le **Museo archeologico Baglio Anselmi** abrite le célèbre **Bateau punique** dans une galerie spécialement conçue pour lui. Ce navire dont il ne reste plus aujourd'hui que l'armature aurait sombré lors de la bataille des îles Egades, qui mit fin à la première guerre Punique en 241 av. J.-C. Carthage fut vaincue et Rome put affirmer sa supériorité navale. La structure de bois conservée pendant plus de 2000 ans dans le sable sous-marin de Marsala est le seul navire de ce genre qu'on ait retrouvé. Dans les autres galeries sont exposés des objets trouvés sur le site de Lilybée (l'actuelle ville de Marsala) et de l'île de Motya. *(Lungomare Boéo. ✆ 0923 95 25 35. Suivez la Via XI Maggio jusqu'à la Piazza della Libertà. Face au cinéma rose vif, prenez la rue fleurie un peu sur la gauche et, au bout, tournez à droite. Entrée 2 €, gratuit pour les ressortissants de l'Union Européenne. Ouvert Me, Ve et Sa-Di 9h-13h30 et 14h-16h30.)* La **Chiesa San Giovanni** fut construite sur la **grotte de la Sibylle** (Grotta della Sibilla), à laquelle on accède par une trappe. L'oracle aurait passé 28 ans à prêcher ses fidèles à travers un trou du plafond. Les premiers chrétiens prirent possession des grottes au IVe siècle, ce qui explique la présence de fresques représentant des poissons et des colombes. Saint Paul aurait même baptisé des convertis dans le point d'eau de la grotte. Vous pouvez également voir la statue de saint Jean, qui cache la tombe de la sibylle recluse. *(Suivez la Via XI Maggio, puis prenez à gauche la Via Sauro. L'église n'est ouverte aux visites que le 24 juin.)* Derrière la cathédrale, le **Museo degli Arazzi** renferme 8 tapisseries flamandes assez violentes du XVIe siècle qui représentent la guerre de Titus en Palestine, en 66-67 ap. J.-C. *(V. Garraffa, 57. ✆ 923 71 29 03. Entrée 1,50 €. Ouvert Ma-Di 9h-13h et 16h-18h.)* A deux pas de la Piazza della Repubblica et de la cathédrale, le **Museo civico** abrite quelques-unes des mille chemises rouges ainsi que le magnifique uniforme de Garibaldi lui-même. *(Ouvert Ma-Di 9h-13h et 16h-20h.)*

Pour voir comment sont fabriqués les vins de Marsala et y goûter, le tout gratuitement, allez à la **Cantine Florio**, V. Florio. Prenez la Via Francesco Crispi en direction de la mer (elle part du carrefour de la Via Roma et de la Via Amerigo Fazio, près de la gare). Au bout de la rue, prenez le Lungomare Mediterraneo jusqu'à la pancarte "Florio". (✆ 0923 78 11 11. Visites gratuites Juil-Sep à 11h et 15h30. Appelez pour visiter d'octobre à juin.) Sur le chemin du retour, arrêtez-vous à la **Fontana del Vino** ("la fontaine du vin") : une femme aimant le vin boit voluptueusement à côté de l'âne qui porte son tonneau. La place autour de cette fontaine est faite de briques qui représentent l'Union Jack, en mémoire de la présence britannique à Marsala.

Le ❤ **Festival de jazz DOC de Marsala** donne un bon coup de fouet à la ville au cours des deux dernières semaines de juillet. Comme son nom le suggère, il attire les meilleurs musiciens de jazz de la scène internationale. L'emblème coloré du festival représente un bon vieux joueur de basse grattant une bouteille de bois de Marsala haute de 1,80 m (apparemment, il y a déjà goûté !).

TRAPANI ✆ 0923

Une gigantesque mer bleue dessine les contours de Trapani, construite sur une presqu'île au nord-ouest de la Sicile. La vieille ville est ainsi encerclée d'eau et, où que vous vous trouviez dans la vieille ville, vous aurez une ravissante vue sur la mer. Le bord de mer a une activité intense, qu'il s'agisse des ferrys ou des bateaux de pêche. Grâce à la qualité de ses moyens de transport et de ses logements, Trapani est l'endroit idéal pour visiter les ruines grecques de Ségeste, la petite ville perchée d'Erice, la Riserva naturale dello Zingaro (une réserve naturelle à la végétation luxuriante), les îles Egades, et même la Sardaigne ou la Tunisie.

TRANSPORTS

Avion : **Aéroport V. Florio** (✆ 0923 84 25 02), à Birgi, à 16 km de la ville sur la route de Marsala. Des bus partent de la Piazza Malta pour l'aéroport et leurs horaires sont prévus pour coïncider avec les vols. Vols quotidiens pour **Rome** et **Pantelleria**. Cet aéroport n'est pas très fréquenté.

Train : P. Stazione (✆ 89 20 21). Guichets ouverts tlj 6h-19h50. Destinations : **Castelvetrano** (17 dép/j de 4h35 à 20h40, durée 1h, 4,25 €), **Marsala** (15 dép/j de 4h35 à 20h40, durée 30 mn, 2,65 €) et **Palerme** (11 dép/j de 5h à 19h30, durée 2h, 6,25 €).

Bus : Les bus **AST** (✆ 0923 21 021) ont leur terminal principal sur la Piazza Malta. Destinations : **Erice** (Lu-Sa 11 dép/j de 7h30 à 20h30, Di. 4 dép/j de 9h à 18h, durée 45 mn, 1,80 €) et **San Vito Lo Capo** (Lu-Sa 10 dép/j de 6h50 à 20h30, Di. 4 dép/j de 8h à 19h15, durée 1h30, 3,10 €). La compagnie **Segesta** (✆ 0923 21 754) dessert les villes de la région ainsi que **Rome** (dép. tlj 17h30, durée 15h, 38 €).

Ferry : Les ferrys et les hydrofoils (*aliscafi*) relient Trapani aux **îles Egades** (Levanzo, Favignana et Marettimo), à **Ustica**, à **Pantelleria** (une île située à 20 mn des côtes tunisiennes) et à la **Tunisie**. L'embarcadère est situé sur les quais qui font face à la Piazza Garibaldi, à l'angle de la Via Ammiraglio Staiti, qui longe le bord de mer, au sud. Quatre compagnies ont leurs guichets en face des embarcadères des hydrofoils et des ferrys : **Ustica** (✆ 0923 222 00, www.usticalines.it), un guichet jaune en bord de mer, **Siremar** (✆ 0923 54 54 55, www.siremar.it), guichets rayés bleu et blanc, également sur le bord de mer (ouvert Lu-Ve 6h15-12h, 15h-19h et 21h-24h, cartes Visa, MC, AmEx), **Tirrenia** (✆ 0923 52 18 96, www.tirrenia.it), dans la Stazione Marittima (ouvert Lu. 6h30-13h et 15h-18h, Ma. 9h-13h et 16h-21h, Me-Ve 9h-13h et 15h-18h, Sa. 9h-12h, cartes Visa, MC, AmEx) et **Lauro** (✆ 092 392 40 73), sur le front de mer, près de la compagnie Ustica (ouvert Me-Lu 9h-13h et 16h-19h, Ma. à partir de 7h). Vous pouvez également vous procurer les billets auprès des agences de voyages le long de la Via Ammiraglio Staiti. N'oubliez pas que les horaires des ferrys allant d'île en île ne sont pas toujours fiables. Hors saison, la fréquence et les prix peuvent changer. Les horaires sont disponibles dans tous les guichets.

Destination	Compagnie	Fréquence	Durée	Prix
Favignana (îles Egades)	Siremar (ferry)	2 dép/j	1h	3,10 €
Favignana (îles Egades)	Ustica (hydrofoil)	11 dép/j	25 mn	5,08 €
Favignana (îles Egades)	Siremar (hydrofoil)	10 dép/j	25 mn	5,16 €
Levanzo (îles Egades)	Siremar (ferry)	7 dép/j	1h	3,10 €
Levanzo (îles Egades)	Siremar (hydrofoil)	10 dép/j	20 mn	5,20 €
Levanzo (îles Egades)	Ustica (hydrofoil)	10 dép/j	20 mn	5,20 €
Marettimo (îles Egades)	Siremar (ferry)	2 dép/j	3h	6,97 €
Marettimo (îles Egades)	Siremar (hydrofoil)	3 dép/j	1h	11,62 €
Marettimo (îles Egades)	Ustica (hydrofoil)	2 dép/j	1h	10,45 €
Pantelleria	Siremar (ferry)	dép. 24h	6h	22,47 €
Pantelleria	Ustica (hydrofoil)	dép. 13h35	2h30	34 €
Ustica via Favignana	Ustica (hydrofoil)	3 dép/semaine	2h30	19 €
Cagliari (Sardaigne)	Tirrenia (ferry)	Ma. dép. 21h	11h30	38,21 €
Tunis	Tirrenia (ferry)	Lu. dép. 10h	8h30	51,38 €
Tunis	Lauro (ferry)	2 dép/semaine	12h	46,48 €

Transports en commun : L'arrêt principal des **bus** orange **SAU** est la Piazza Vittorio Veneto. Pour vous y rendre depuis la gare ferroviaire, descendez la Via Osorio, prenez à droite la Via XXX Gennaio et continuez tout droit jusqu'au front de mer. Le bureau se trouve sur la gauche lorsque vous faites face à la mer. Les horaires de tous les bus sont affichés. Vous pourrez acheter des billets dans la plupart des bureaux de tabac (0,57 €).

Taxi (© 0923 228 08) : Souvent sur la Piazza Umberto I, à l'extérieur de la gare ferroviaire. (© 0923 23 233), sur la V. A. Staiti, près du port.

ORIENTATION ET INFORMATIONS PRATIQUES

Trapani est située sur une presqu'île à deux heures de train ou de bus de Palerme. Le bout de la presqu'île correspond à la vieille ville, et la nouvelle ville, avec ses grandes rues et ses hauts immeubles, s'étend vers l'intérieur des terres. La **gare ferroviaire** se trouve sur la **Piazza Umberto I** et la **gare routière** juste à gauche, sur la **Piazza Malta**. La **Via Osorio**, qui part de la gare ferroviaire, longe les **jardins de la Villa Margherita** et s'achève au croisement de la **Via XXX Gennaio**. Si vous suivez la Via XXX Gennaio sur la droite, vous tomberez sur le terminus des bus de la ville, la **Piazza Vittorio Veneto**. Si vous la prenez sur la gauche, vous arriverez à la **Via Ammiraglio Staiti**, qui longe le port. L'**office de tourisme** est au bout du **Corso d'Italia**, près de la Via XXX Gennaio. La **Via Garibaldi**, qui part de la Piazza Vittorio Veneto, est prolongée par la **Via della Libertà**, qui conduit à la vieille ville.

Offices de tourisme : **AAPIT**, P. Saturno (© 0923 290 00, www.apt.trapani.it), en haut de la Via Torrearsa en venant du port. Horaires des bus et des trains. De nombreuses brochures, des informations sur les animations culturelles, sur les villes alentour, et un indispensable plan de la ville sont à votre disposition. Ouvert Lu-Sa 8h-20h et Di. 9h-12h.

Change : Vous aurez de meilleurs taux dans les banques du Corso d'Italia qu'à la gare ferroviaire. Ouvert tlj 8h10-13h. Le bureau de poste offre aussi un service de change et accepte les chèques de voyage. Des **distributeurs automatiques** se trouvent à la Stazione Marittima, dans la vieille ville, et dans la Via Scontrino, en face de la gare ferroviaire.

Police : P. Vittorio Veneto (© 113). **Carabinieri** : V. Orlandini, 19 (© 0923 27 122). **Ambulance** : (© 0923 80 94 50). **Premiers secours** : (© 0923 29 629).

Pharmacie de garde : Toutes les pharmacies affichent la liste des pharmacies de garde. Toutes sont ouvertes Di-Ve 9h-13h30 et 16h30-20h. Vous trouverez une pharmacie V. Garibaldi, 9, près de la Piazza Vittorio Veneto.

Hôpital : **Ospedale Sant'Antonio Abate**, V. Cosenza (© 0924 80 91 11), au nord-est du centre-ville.

Internet : **World Sport Line**, V. Regina Elena, 26/28 (© 0923 28 866), en face de la gare maritime. 5 € l'heure. Ouvert Lu-Sa 9h-13h et 16h-20h30. **Point Phone Calls and More**, C. V. Emanuele, 15-18 (© 0923 59 38 60). 3 € l'heure. Ouvert Lu-Sa 9h-13h et 16h-20h30, Di 16h-20h30. En hiver horaires réduits.

Bureau de poste : P. Vittorio Veneto, 3 (© 0923 43 44 04). De la gare, prenez à droite la Via Scontrino, puis à gauche à travers le petit parc reconnaissable à sa fontaine. Continuez sur la gauche en descendant la Via Fardella (les grilles des jardins publics sont sur votre gauche). Le bureau de poste se trouve à gauche après le Palazzo del Governo. Le change se fait au guichet n° 18. Ouvert Lu-Sa 8h20-18h30. **Code postal** : 91100.

HÉBERGEMENT ET CAMPING

Nuovo Albergo Russo, V. Tintori, 4 (© 0923 22 166), près de la C. V. Emanuele. Des chambres spacieuses et confortables, toutes rénovées, avec salle de bains, TV et clim. Petit déjeuner 3 €. Sept-Juin chambre simple 40 €, double 70 €, triple 95 €. Juil-Aoû et Pâques chambre simple 42 €, double 80 €, triple 108 €. Cartes Visa, MC, AmEx. ❖❖❖❖❖

Albergo Moderno, V. Genovese, 20 (© 0923 212 47). De la Piazza Sant'Agostino, prenez le Corso Vittorio Emanuele, tournez à gauche dans la Via Roma puis à droite dans la Via

Genovese après le Caffè Moderno. Les chambres peintes en blanc sont très propres et disposent de la télévision. Si vous en avez marre de regarder le petit écran, vous pourrez toujours admirer les puzzles reproduisant des tableaux célèbres, encadrés et accrochés aux murs. Toutes les chambres sauf deux possèdent une superbe salle de bains carrelée. Chambre simple 25 €, chambre double 35 €, chambre triple 45 €. Cartes Visa, MC, AmEx. ❖❖

Hôtel Vittoria, V. F. Crispi, 4 (✆ 0923 873 044), près de la C. V. Emanuele, vers la gare ferroviaire. 65 chambres immenses et luxueuses, offrant de belles vues sur la côte rocheuse. Les parties communes sont très accueillantes. Bar. Petit déjeuner 5 €. Chambre simple 52 €, double 78 €, triple 105 €. Cartes Visa, MC, AmEx. ❖❖❖❖❖

Pensione Messina, C. Vittorio Emanuele, 71 (✆ 0923 211 98), dans une cour Renaissance après avoir monté quelques escaliers. Bienvenue dans la maison de mère-grand où résonne le tic-tac de la petite horloge au milieu d'un bric-à-brac. Ambiance familiale garantie. Salles de bains communes. Chambre simple 16-18 €, chambre double 28-33 €. Lit supplémentaire 35 %. ❖❖

Ostello per la Gioventù (HI), Strada Provinciale Trapani-Erice (✆ 0923 55 29 64). L'hôtel est à 6 bons km de la gare. Prenez le bus SAU n° 23 à la gare ferroviaire (2 dép/h, 0,77 €) et indiquez votre destination au chauffeur. L'auberge de jeunesse est à 900 m de l'arrêt du bus, le chemin est indiqué. Son éloignement de Trapani est à la fois un avantage et un inconvénient. Le lieu est paisible, au milieu des bois. Allongé sur un des lits superposés rouges, vous sentirez l'odeur des pins et du cappuccino... Seuls les membres des auberges de jeunesse HI sont acceptés. Petit déjeuner 1 €. Douches et draps compris. Fermeture des portes de 10h à 16h, même pour des arrivées. Couvre-feu à minuit (clés à disposition pour les couche-tard). Chambre de 6 lits, 9,30-12 € par personne. ❖

Camping : **Campeggio Lido Valderice**, V. del Detince (✆ 0923 57 30 86), dans la ville balnéaire du même nom. Prenez le bus pour Bonegia ou San Vito La Capo (2,58 €) et indiquez votre destination au chauffeur. Suivez le chemin fleuri en face de l'arrêt de bus (il est perpendiculaire à la route) et, au bout, tournez à droite. Camping bien ombragé à proximité de deux plages. Graviers pour les camping-cars et les caravanes, et terre pour les tentes. 4 € par personne, 4,50 € par tente. Douches chaudes 0,60 €. ❖

RESTAURANTS

Trapani est réputée pour ses sardines et son couscous au poisson (*couscous con pesce*). Goûtez aussi au *biscotto con fichi* (biscuit aux figues). Vous en trouverez dans toutes les boulangeries qui bordent le Corso Vittorio Emanuele. Dans la vieille ville, vous dénicherez de nombreux petits *alimentari*. Un marché aux fruits et aux poissons se tient dans la vieille ville tous les jours le long du *lungomare* le plus au nord, à l'angle de la Via Maggio et de la Via Garibaldi. N'oubliez pas que presque tout est fermé le dimanche à Trapani.

❤ **Pizzeria Calvino**, V. N. Nasi, 71 (✆ 0923 21 464), près du port, à une rue du Corso Vittorio Emanuele. Si la longue file d'attente ne vous a pas convaincu que c'est ici que vous dégusterez les meilleures pizzas de la ville, faites votre choix parmi les 30 variétés proposées et forgez-vous votre propre opinion. Le chef en personne vous apportera votre pizza et attendra patiemment votre verdict. Pizzas à partir de 3,50 €. Ouvert Me-Di 12h-14h et 17h-1h. Cartes Visa, MC. ❖

❤ **Trattoria Da Salvatore**, V. N. Nasi, 19 (✆ 0923 54 65 30), près du port, à une rue du Corso Vittorio Emanuele. Ce petit restaurant familial très authentique et en permanence bondé sert de succulentes pâtes à une clientèle d'habitués. Les débats sur les matchs de football qui passent discrètement à la télévision sont aussi épicés que le couscous maison. Le menu change tous les jours. *Primi* à partir de 4,15 €, *secondi* 6,20-7,75 €. Couvert 1 €. Ouvert Lu-Sa 9h-15h30 et 18h-24h. Cartes AmEx. ❖❖

Pizzeria Mediterranea di Mario Aleci, Viale Duca d'Aosta, 13 (✆ 0923 54 71 76). Des tables aux nappes en plastique et abritées sous une treille accueillent les familles le soir. Très grand choix de pizzas, toutes croustillantes à souhait. Ouvert Ma-Di 9h-13h30 et 17h-24h. ❖❖

Trattoria Miramare (✆ 0923 200 11), en bord de mer, du côté du port, au bout de la Via Torrearsa. La salle est toute petite mais la carte des vins est, elle, très impressionnante. Ils ont fait du couscous au poisson leur spécialité mais la sauce est si épicée qu'ils refusent de le servir aux étrangers, sauf s'ils insistent. Les habitués, eux, se jettent dessus comme si c'était du petit lait. Mais ne vous y fiez pas, c'est vraiment très épicé ! *Tortellini con panna* (à la crème) 6,50 €. *Primi* à partir de 4,50 €, *secondi* 4-12 €. Couvert 1 €. Restaurant non-fumeurs. Ouvert tlj 12h-17h et 19h-23h. ❖❖

Taverna Paradiso, Lungomare Dante Alighieri, 22 (✆ 0923 87 37 51). Une taverna plutôt chic qui passe du blues et sert des fruits de mer jusque tard dans la soirée. *Primi* à partir de 9 €, *secondi* 9-13 €. Ouvert Lu-Sa 12h-15h et 19h30-1h. La cuisine ferme à 22h30. Cartes Visa, MC, AmEx. ❖❖❖❖

VISITES

L'ÉGLISE DU PURGATOIRE. Cette église baroque construite au XVIIe siècle est au cœur de la vieille ville. Elle abrite *I Misteri*, le plus beau trésor de Trapani. Il s'agit de seize groupes de sculptures, presque grandeur nature, qui représentent de manière très réaliste la passion et la crucifixion du Christ. Chaque année, lors de la procession du vendredi saint, les différentes corporations défilent en portant ces groupes de sculptures sur des chars. Chaque corporation porte un groupe de statues en rapport avec son activité. Un épais nuage de fumée d'encens et une musique très douce accompagnent la procession. *(A une rue de la Via Gem Dom Giuglio depuis la Piazza Garibaldi, en face de la Stazione Marittima. Ouvert tlj 9h-12h et 16h-19h.)*

LE SANCTUAIRE DE L'ANNONCIATION ET LE MUSÉE NATIONAL PEPOLI. Le **Santuario dell'Annunziata** est le seul site intéressant de la ville nouvelle. Cette église somptueusement décorée abrite une statue de la Madonna di Trapani qui date du XIVe siècle. Situé juste à côté, le **Museo nazionale Pepoli** présente une collection de sculptures et de peintures d'artistes originaires de la région, des coraux sculptés ainsi que des statuettes. Remarquez la série de tableaux représentant le massacre des innocents. *(Prenez le bus SAU n° 24, n° 25 ou n° 30 sur la Piazza Vittorio Emanuele, à deux rues à droite de la gare ferroviaire. Sanctuaire ✆ 0923 53 91 84, musée ✆ 0923 55 32 69. Sanctuaire ouvert Lu-Sa 7h-12h et 16h-19h, Di 7h-13h et 16h-19h. Musée ouvert Lu-Sa 9h-13h30, Di 9h-12h30. Mieux vaut quand même téléphoner avant pour s'assurer des heures d'ouverture. Entrée 2,50 €.)*

LA TOUR DE LIGNY. La **Torre di Ligny** se trouve au bout de l'immense jetée, près de la pointe de Trapani, sur une petite presqu'île. Depuis la tour, souvent balayée par des vents violents, on peut voir les deux côtés du port de Trapani. La tour abrite le **musée de la Préhistoire** (Museo di Preistoria) et le **musée de la Mer** (Museo del Mare), dans lesquels vous pourrez voir des coquillages, des objets préhistoriques et des pièces retrouvées au cours de fouilles sous-marines. *(✆ 0923 223 00. Ouvert Lu-Sa 9h30-12h, Di 10h30-12h30. Entrée 1,55 €.)*

LA VILLA MARGHERITA. A cheval entre la vieille ville et la ville moderne, la Villa Margherita, c'est-à-dire les jardins publics, est un excellent endroit où se reposer loin du béton et des rues pavées et agitées de Trapani. Palmiers, fontaines, parterres de fleurs, statues et square pour les enfants : le jardin idéal, non ? Chaque année en juillet, la Villa Margherita accueille le **Lugio Musicale Trapanese**, au cours duquel sont donnés des opéras, des ballets et des spectacles sur une scène temporairement installée au milieu des arbres. Ce festival accueille des artistes de renommée internationale. *(✆ 0923 214 54. Spectacles à 21h. Informations à l'intérieur du parc.)*

EXCURSIONS DEPUIS TRAPANI

RISERVA NATURALE DELLO ZINGARO (RÉSERVE NATURELLE DU GITAN)

Billets de bus en vente à San Vito Lo Capo auprès de Mare Monti, V. Amadeo, 15 (✆ 0923 97 22 31). Les bus partent de la P. Marinella (Lu, Me et Ve à 8h, retour à 19h,

8 €, réservation conseillée). Bluvacanze, V. Savoia, 13 (© 0923 62 10 85, www.bluvacanze.interfree.it) organise des excursions Lu, Me et Ve à 9h, retour à 16h. Prix 15 €.

Si vous aimez l'ombre et les endroits retirés, partez dans les montagnes vertes de la Riserva naturale dello Zingaro à 10 km de San Vito. Soyez prudent, car l'autoroute qui mène à cette réserve parfaitement préservée de l'homme est inachevée sur les 800 derniers mètres. En 1981, une manifestation d'écologistes arrêta net la construction de l'autoroute. C'est grâce à cela que la province de Trapani put créer la première réserve naturelle de Sicile (et d'Italie). Sillonnez les sentiers de montagne pour apercevoir des aigles de Bonelli, visiter des grottes et admirer les magnifiques paysages. Suivez le chemin de terre jusqu'à ce que vous atteigniez une série de plages de galets. Etant donné qu'on accède aux plages par les côtés, les plus tranquilles sont celles du milieu. Camper est illégal et les véhicules à moteur sont interdits. En revanche, vous pourrez faire de belles randonnées dont vous vous rappellerez longtemps.

SAN VITO LO CAPO

Les bus pour San Vito Lo Capo, la ville la plus proche de la Riserva naturale dello Zingaro, partent de la Piazza Malta, à Trapani.

La ville de San Vito Lo Capo possède une des plus belles plages de Sicile. A 40 km de la trépidante Trapani et séparée de celle-ci par un immense affleurement rocheux, cet arc de cercle de doux sable blanc est le paradis retrouvé. D'ailleurs, les Italiens viennent de tout le pays pour passer une après-midi ou quelques jours au bord de cette magnifique mer bleu turquoise, peu profonde, sous les doux rayons du soleil. Pensez à apporter un parasol ou à en louer un, car il n'y a pas du tout d'ombre sur la plage. A part sa plage, San Vito n'a pas grand intérêt. En effet, la ville est plutôt monotone, avec de larges avenues et une classique promenade en bord de mer (*lungomare*), sans oublier les touristes en maillot de bain qui vont nonchalamment de *gelaterie* en cafés. Dans l'artère principale, vous trouverez l'**office de tourisme**, V. Savoia, 57 (© 0923 97 43 00).

SÉGESTE (SEGESTA)

Les bus Tarantola (© 0924 31 020) partent de la P. Malta à Trapani à destination de Segeste (5 dép/j de 8h à 17h, retour 4/j de 7h10 à 18h35, 3,10 €). Temple ouvert 9h-19h. Entrée 4,50 €, moins de 18 ans et plus de 65 ans gratuit.

L'extraordinaire ❤ **temple dorique** de Ségeste est un des exemples les mieux conservés de l'architecture de la Grèce antique. Le temple, solitaire, est entouré d'un magnifique paysage : ses pierres dorées se détachent sur le vert des collines et des vignobles environnants. Ce temple, resté inachevé, date du Ve siècle av. J.-C. Il a permis aux archéologues de comprendre comment les Grecs avaient construit ce type de temple. Remarquez l'absence de toit et les colonnes non cannelées. Promenez-vous entre les 36 colonnes et laissez-vous aller à la méditation… puisqu'il n'y a pas de toit, vous pouvez aussi bronzer ! Si votre ventre vous rappelle à des considérations plus terre à terre, sachez qu'on peut pique-niquer à proximité du guichet d'entrée et des magasins de souvenirs. Le second trésor du site est le **théâtre** taillé dans la roche au sommet du mont Barbaro. N'hésitez pas à dépenser 1,20 € pour y monter en bus (2 dép/h) et vous éviter une pénible montée. Le théâtre pouvait accueillir jusqu'à 4000 spectateurs. Une année sur deux, entre mi-juillet et début août, des pièces de théâtre classique ou moderne y sont données. Pour en savoir plus, renseignez-vous au guichet ou à l'office de tourisme de Trapani. Il vaut mieux visiter le temple et le théâtre le matin ou en fin d'après-midi, quand la température est plus clémente et que le soleil donne aux pierres une belle couleur dorée.

ERICE ©0923

La petite ville médiévale d'Erice semble tout droit sortie d'un conte de fées avec son château, ses rues enchanteresses et ses brouillards mystérieux. Perchée à 750 m d'altitude, la ville est restée pratiquement intacte et presque vierge de constructions modernes. Cela peut sembler aujourd'hui surprenant mais Erice fut dans l'Antiquité une cité puissante. Au Ve siècle av. J.-C., sa richesse surpassait celle de sa voisine Ségeste. Dans l'Antiquité, Erice fut aussi une cité religieuse : les Phéniciens vénéraient Atsané, les Grecs Aphrodite, et les Romains Vénus. Aujourd'hui, c'est au panorama, vraiment spectaculaire, que viennent rendre hommage les touristes. Les jours de beau temps, vous pourrez voir à l'infini… ou, plus prosaïquement, jusqu'à l'île de Pantelleria, proche de la Tunisie. Après la traditionnelle promenade du soir, la petite Erice ferme ses portes et l'on peut entendre le vent murmurer une berceuse.

TRANSPORTS ET INFORMATIONS PRATIQUES. Pour vous rendre à Erice, prenez le bus qui part de la Piazza Malta, à Trapani, pour **Erice-Montalto** (Lu-Sa 11 dép/j, Di. 4 dép/j, durée 45 mn, 1,81 €). L'**office de tourisme AAST**, V. Guarrasi, 11 (© 0923 86 93 88), se trouve près de la P. Umberto. Vous y trouverez un plan de la ville ainsi que diverses brochures. (Ouvert Lu-Ve 8h-14h30.)

HÉBERGEMENT ET RESTAURANTS. Le prix des hôtels n'incite pas à rester à Erice plus d'une journée. Mais si vous êtes tombé sous le charme de cette petite ville, posez vos bagages à **La Pineta**, Viale N. Nasi. L'hôtel consiste en 23 bungalows disséminés dans un joli parc. Les bungalows ont tous une salle de bains, une terrasse, la TV et la clim. (© 0923 86 97 83, www.lapientarice.it. Petit déjeuner compris. Chambre simple 50-70 €, double 80-115 €, triple 114-155 €, quadruple 145-185 €. Demi-pension 65-85 €. Cartes Visa, MC, AmEx.) L'**Albergo Edelweiss**, Cortile Vincenzo, 9 (© 0923 86 91 58) est une auberge aux petites chambres blanches et très bien entretenues. On se croirait dans un chalet de montagne. (Petit déjeuner compris. Chambre simple 62 €, chambre double 83 €. Cartes Visa, MC.)

Les quelques restaurants d'Erice ont de quoi effrayer plus d'un touriste. En effet, leurs prix sont aussi élevés que les falaises qui entourent la ville, mais si agréables que cela vaut le coup. Chez **Ulysse**, V. Chiaromonte, 45 (© 0923 86 93 33), on vous proposera d'excellentes pizzas que vous pourrez savourer dans un cadre superbe et climatisé. Pour y arriver, c'est très simple (rien à voir avec *L'Odyssée* !). Suivez les pancartes à l'entrée de la ville, près de l'arrêt de bus. (Couvert 2,07 €. Pizzas à partir de 4,15 €, *primi* et *secondi* à partir de 6,20 €. Ouvert tlj 12h-15h et 19h-23h. Cartes Visa, MC, AmEx.) A **La Vetta**, V. Fontana, 5 (© 0923 86 94 04), près de la Piazza Umberto I, le prix des *primi* et des *secondi*, qu'on vous servira à une des tables installées sur le trottoir, commence à 6 €. Bonnes pizzas à partir de 3,10 €. (Ouvert tlj 12h-15h30 et 19h30-24h. Cartes Visa, MC, AmEx.) Sinon, vous pouvez pique-niquer dans les **jardins de Balio**, au bout du Viale Conte Pepoli en venant de l'arrêt de bus. Asseyez-vous sur un des bancs de pierre taillés dans la falaise et admirez la verte vallée. La **Salumeria Bazar del Miele**, V. Cordici, 16 (© 0923 86 91 81), vend les produits de base de la cuisine sicilienne. Pour des choses plus sucrées, faites un tour à l'**Antica Pasticceria del Convento**, V. V. Emanuele, 14, sur la P. S. Domenico. Vous y trouverez de délicieuses sucreries à 11 € le kilo. Goûtez aux *bellibrutti*, de succulents gâteaux à la pâte d'amande, ou à leurs cousins au citron et aux amandes, les *sospiri*. (© 0923 86 93 90. Ouvert tlj 9h-13h30 et 15h-21h.) La **Pasticceria Tulipano**, V. V. Emanuele, 10-12, est connue pour ses confiseries originales, par exemple le *morbido a coco*, un bonbon aux amandes et à la noix de coco. La *tavola calda* sert des plats à emporter, qu'on peut manger sur les tables ombragées dehors. (© 0923 86 96 72, www.pasticceriailtulipano.com. Ouvert tlj 7h30-24h. Cartes Visa, MC, AmEx.)

VISITES. Les **remparts** d'Erice, qui datent du VIIIe siècle av. J.-C., renferment un nombre surprenant de sites, notamment le **Castello di Venere**, un château normand qui, du haut de la montagne, surplombe la ville. Aujourd'hui couvert de vignes, ce château a été construit sur un temple dédié à Venus, dont l'autel et des parties des murs ont été intégrés aux fondations. Au pied du château, vous pourrez vous asseoir sur un des bancs de pierre à l'ombre des arbres luxuriants des **jardins de Balio**. Depuis les jardins et le château, on a une vue imprenable. Vous pourrez contempler la campagne à l'ouest, les îles Egades, Pantelleria et même, par temps clair, la Tunisie. A l'autre bout de la ville, ne manquez pas la rosace sur la façade gothique de la **Chiesa**

Matrice, construite au XIVe siècle. Du **campanile**, qui est juste à côté, la vue sur Erice est encore plus belle que du château. Il vous en coûtera la modique somme de 1 €. Si vous n'êtes toujours pas rassasié, vous pouvez visiter les 60 églises de la ville. Le **Museo comunale di Erice**, P. del Museo, abrite une petite collection très intéressante d'objets et de joyaux reflétant le passé, ô combien illustre, d'Erice. *(Ouvert Lu-Sa 8h30-19h30 et Di. 9h-13h. Entrée libre.)*

LES ÎLES ÉGADES (ISOLE EGADI)

Les îles Egades sont très appréciées pour leurs paysages encore sauvages et leurs superbes plages. Proches de Trapani, les trois îles (Favignana, Levanzo et Marettimo) sont relativement bien desservies par les ferrys et les hydrofoils. Evitez Favignana, trop touristique, trop embouteillée et trop moderne, et allez tout de suite dans les deux autres îles. Levanzo et Marettimo sont effectivement beaucoup plus sauvages. Ici, pas de complexes touristiques, seulement de petits villages en bord de mer, des mules et des moutons qui paissent tranquillement dans les plaines et des falaises déchiquetées qui se dressent au-dessus de la mer. Les randonneurs seront comblés, les îles Egades sont un des meilleurs endroits de Sicile où marcher. Il faut consacrer au moins une journée à chaque île, car les plus belles plages et les découvertes les plus fascinantes se cachent assez loin des ports. Un conseil : passez à la **Bankomat** de Favignana avant de partir, car il n'y a de distributeur automatique ni à Levanzo ni à Marretimo.

LEVANZO ✆ 0923

Le village de Levanzo se résume à une rangée de maisons blanchies à la chaux sur les falaises au-dessus du port. Le bar situé au-dessus de l'embarcadère est le cœur du village et abrite le bureau de la compagnie Ustica. Sur la gauche, l'**Albergo Paradiso** (✆/fax 0923 92 40 80), est le meilleur lieu d'hébergement de l'île. Les chambres, récemment rénovées, donnent sur la mer et possèdent une salle de bains. (Réservez pour le mois d'août dès la mi-mars. Juil-Août demi-pension 75 €, pension complète 85 €. Cartes Visa, MC, AmEx.) Rendez-vous au bord de mer, passez devant le bureau **Siremar** et prenez le bus n° 27 pour vous rendre à la principale attraction de l'île, la **Grotta del Genovese.** Cette grotte abrite des gravures et des peintures du paléolithique représentant des scènes de pêche au thon ou de danse. La grotte est protégée afin de préserver les œuvres. (Entrée 5 €, pour les enfants de 5 à 11 ans 3 €.) Pour une visite guidée, contactez **Natale Castiglione**, dans une boutique de céramiques près de l'office du tourisme Siremar. (✆ 0923 92 40 32. Réservez au moins un jour à l'avance. Excursions en bateau ou en jeep 13 €. Ouvert 10h-13h et 15h-18h.) D'autres grottes ainsi que des plages sauvages se trouvent à Levanzo. Pour y accéder, longez la côte sur quelques km (en partant à gauche de la ville). Soyez prudent si vous faites de la plongée avec tuba dans les eaux claires situées entre la plage de galets et l'île d'à côté, car, quand le vent se lève, il y a de forts courants marins.

MARETTIMO ✆ 0923

Marettimo, l'île la plus isolée de l'archipel, est très différente des autres. Le port, en courbe, est bordé de maisons carrées d'un blanc immaculé et aux volets bleu vif. Le village, très paisible, est un peu plus grand que celui de Levanzo. Demandez à **Il Pirate** (✆ 0923 92 30 27) s'il est possible de louer une chambre. Le chemin est indiqué à partir de l'embarcadère des hydrofoils. (49-55 € la nuit.) Etant donné qu'il y a peu de routes sur l'île, vous devrez louer une barque pour aller voir les grottes les plus intéressantes. Vous en trouverez au port. Si vous voulez vous aventurer au-delà du port et du village pour pénétrer ce paysage accidenté, empruntez les tout nouveaux sentiers de randonnée qui traversent l'île. Vous ne regretterez pas les deux heures de marche pour atteindre le ❤ **Pizzo Falcone** (884 m), le point culminant des îles Egades. Le départ du sentier se trouve sur le chemin de la mer, après le bureau de Siremar et Il Pirate. Ne manquez pas le coucher du soleil sur l'île, c'est un spectacle inoubliable vu du sommet. Allez-y vers 18h, c'est le meilleur moment et cela vous donnera un but pour votre promenade. Sur le chemin, cachées entre les dangereuses falaises et la luxuriante verdure, vous découvrirez des **case romane**, des ruines d'édifices domestiques ou sacrés datant de l'époque de la domination romaine. A droite du petit village, après la langue de sable, vous verrez un fort espagnol du XVIIe siècle se dresser au sommet de la falaise **Punta Traia**. Selon la légende, un prince avait choisi son épouse parmi deux sœurs de sang royal. La princesse qui n'avait pas été élue, folle de jalousie, précipita sa sœur du haut de la falaise. Dans un geste vengeur, le prince fit suivre à la criminelle le même chemin. Puis il se jeta à son tour dans le vide. On raconte qu'au coucher du soleil, on peut voir les fantômes des deux amants s'enlacer dans les ruines du château.

AU LARGE DE LA SICILE

PANTELLERIA ✆ 0923

Il y a 7000 ans, au néolithique, cette île montagneuse recouverte de forêts, de collines en terrasses et de roches déchiquetées était habitée par des hommes à la recherche d'**obsidienne**, une lave noire pétrifiée aussi rare que l'or. Aujourd'hui, cette île volcanique est le lieu de phénomènes naturels de toute sorte. On y trouve un sauna naturel, de nombreuses sources chaudes et les meilleures câpres de toute la Méditerranée. Attirées par l'isolement et la beauté de l'endroit, de nombreuses célébrités comme Sting ou Giorgio Armani ont élu domicile sur l'île. Pantelleria se trouve à 6h de Trapani, sur la côte sicilienne, et à seulement 5h de Kelibia, en Tunisie. Si vous allez à Pantelleria, vous devrez y passer plus d'une journée. La plupart des hôtels n'accueillent en effet les visiteurs que pour un séjour d'une durée minimum de plusieurs jours, et le trajet d'une nuit en ferry signifie que vous passerez le premier jour de votre visite à dormir. Mais une fois au guidon de votre scooter, vous n'aurez sans doute plus envie de repartir.

TRANSPORTS

Le ferry de minuit qui part de Trapani pourra vous faire économiser de l'argent, mais il vous fera aussi perdre une journée, car vous serez épuisé. Choisissez plutôt l'hydrofoil et détendez-vous dans le ferry du retour, à midi.

Aéroport : ✆ 0923 91 11 72. Vols en provenance et à destination des grandes villes italiennes, notamment Rome, Venise ou Milan. En Sicile, vols pour Palerme et Catane. **Air Sicily** ✆ 0923 91 22 13.

Hydrofoil : Le petit guichet de vente de la compagnie **Ustica** (✆ 0923 91 15 02) se trouve au n°66 du bord de mer (*lungomare*). Ouvert tlj 7h30-13h et 16h-22h30. La vente des billets pour les hydrofoils ne s'effectue qu'entre 15h et 16h20. Vous pouvez également vous procurer des billets à l'**agence de voyage La Cossira** (✆ 0923 91 10 78), à gauche de l'Hôtel Khamma, soit à l'angle de la Via Catania et du *lungomare*. Ouvert tlj 9h-13h et 17h30-19h30. Destination : **Trapani** (dép. 16h40, durée 2h, 34 €).

Ferry : **Siremar** (✆ 0923 91 11 04), V. Borgo Italia, 22, sur le front de mer, propose des ferrys pour **Trapani** (dép. 12h, durée 5h, 20-22 €).

Transports en commun : En semaine, des bus desservent les cinq villages de l'île (1 €) et l'aéroport (1,29 €) depuis la Piazza Cavour. Les horaires étant irréguliers, renseignez-vous auprès de l'office de tourisme.

Location de voitures et de scooters : **Autonoleggio Policardo**, V. Messina, 31, à la sortie du port, en haut de la petite rue qui part sur la droite, après l'immense parc à scooters grillagé (✆ 0923 91 28 44). Scooter : 11 €/j, en août 40 €, voiture 26 €/j, 126 € la semaine, en août 55 €/j. Ouvert tlj 6h-21h.

ORIENTATION ET INFORMATIONS PRATIQUES

Les ferrys et les hydrofoils déposent les touristes à la pointe nord-ouest de cette île qui a la forme d'une larme. La ville de Pantelleria s'étend autour du port en arc de cercle. La promenade du bord de mer, qui s'appelle la **Via Borgo d'Italia** puis le **Lungomare Paolo Borsellino**, va de l'embarcadère jusqu'aux mouillages des bateaux privés. Le Lungomare Paolo Borsellino débouche sur la **Piazza Almanza**, que surplombe le **Castello** et qui est prolongée par la **Piazza Cavour**. C'est ici que se trouve l'essentiel des services, notamment l'**office du tourisme Pro Loco**. Les routes situées aux extrémités du Lungomare Paolo Borselino et qui longent la côte mènent à d'autres villes. Lorsque vous êtes dos à la mer, la route côtière à gauche mène à **Bue Marino**, à **Gadir**, au **lac Specchio di Venere** et à l'**Arche de l'Eléphant**. Celle de droite conduit à l'**aéroport**, à **Sesi**, à **Scauri** et à **Rekhale**. La route intérieure mène également à l'**aéroport**, ainsi qu'à **Sibà** et à la **Montagna Grande**. Ne partez pas sans vous être procuré une carte auprès de l'office du tourisme Pro Loco.

Office de tourisme : **Pro Loco**, P. Cavour (© 0923 91 18 38). Repérez les drapeaux. On vous y donnera des brochures, des cartes et les horaires des bus. Ouvert tlj 9h30-12h30 et 17h30-19h30. Sept-Juin fermé le dimanche.

Change : **Banca del Popolo**, V. Catania (© 0923 91 27 32), en haut de la rue en partant du bord de mer. Ouvert Lu-Ve 8h20-14h. Cette banque dispose d'un **distributeur automatique**, tout comme la **Monte dei Paschi di Siena**, de l'autre côté de la rue, et la **Banco di Sicilia**, P. Cavour, en face de l'hôtel de ville.

Carabinieri : V. Trieste (© 0923 91 11 09).

Guardia Medica : P. Cavour (© 0923 91 02 55), à droite de l'hôtel de ville et en face de la Banco di Sicilia. Service spécial pour les touristes. Ouvert Lu-Ve et Di 20h-8h, Sa. 10h-20h.

Pharmacie : **Farmacia Greco**, P. Cavour, 26 (© 0923 91 13 10). Ouvert Lu-Sa 8h30-13h et 16h30-20h. La liste des pharmacies de garde y est affichée.

Hôpital : V. Almanza (© 0923 91 11 10).

Internet : **Internet Point Da Pietro**, V. Dante, 7 (© 0923 91 13 67). Ouvert l'été tlj 10h-14h et 17h-23h, horaires réduits en hiver. 5 € l'heure.

Bureau de poste : V. Verdi, 2 (© 0923 69 52 11), à côté de l'hôtel de ville et en face de la Banco di Sicilia. Vous pouvez y changer de l'argent liquide ainsi que vos chèques de voyage. Ouvert Lu-Ve 8h-13h30, Sa 8h-12h30. **Code postal** : 91017.

HÉBERGEMENT

Les **dammusi**, ces demeures arabes traditionnelles en forme de dôme, sont spécifiques à Pantelleria. On peut y loger. Leurs murs en pierre volcanique noire, d'une épaisseur de 1 m, gardent l'intérieur frais et l'eau est tirée d'une citerne remplie au moyen de tuyaux qui descendent du toit, sur lequel est installé un système de gouttières. En général, les murs intérieurs du *dammuso* classique sont passés à la chaux et le mobilier est sobre. On dort dans une alcôve et des niches servent à stocker des affaires. Il y a plus de 3000 *dammusi* à Pantelleria : presque tous les résidents en louent une ou connaissent des gens qui en louent. Vous trouverez également des *affitacamere* (chambres chez l'habitant) abordables dans la ville de Pantelleria (la plupart sont des appartements meublés). La qualité des chambres varie considérablement et il vous faudra beaucoup de patience et de persévérance pour trouver un nid douillet. Les meilleurs endroits d'où commencer vos investigations sur les *dammusi* et les *affitacamere* sont les bars qui bordent la plage. Des annonces y sont affichées. Allez au comptoir expliquer votre situation et parler de vos moyens. Il faut compter 25 € par nuit.

❤ **La Vela** (© 0923 91 18 00), à Scauri Scalo. Suivez la route qui longe la mer sur 10 km à l'ouest de la ville de Pantelleria. 12 *dammusi* très luxueux avec cuisine, salle

SICILE

de bains et terrasse. Pierre volcanique noire, dômes blancs, bougainvillée violette et bambous au-dessus des porches. Petites plages et restaurant avec vue sur la mer en dessous. Réservez trois mois à l'avance pour juillet et août. 20-30 € par personne. ❖❖

Hôtel Khamma, Lungomare Borgo Italia, 24 (✆ 0923 91 25 70), en bord de mer, au bout de l'embarcadère. Ce n'est pas le moins cher mais c'est central et certaines chambres ont vue sur la mer. Chambres bien propres avec salle de bains, télévision, climatisation, téléphone et minibar. Durée minimum de séjour en août : 7 jours. Pensez à réserver. Petit déjeuner compris. En août, séjour minimal de 7 nuits. Chambre simple 39-57 €, double 67-103 €, triple 88-134 €. Cartes Visa, MC, AmEx. ❖❖❖

Hôtel Cossyra Mursia, sur la route qui va de Pantelleria à Scauri, avant le *sesi*. Un resort tout confort, dont les chambres sont agencées à la manière d'un *dammusi*. Grande terrasse, trois piscines, un piano-bar, un salon TV et un restaurant réputé. (✆ 0923 91 12 17, www.mursia.pantelleria.it. Chambre double 100-106 €, en demi-pension 116-170 €. Ouvert Mar-Oct. Cartes Visa, MC, AmEx. ❖❖❖❖

RESTAURANTS

La domination arabe au VIIIe siècle a diversifié les activités de Pantelleria, qui passa de la pêche à la culture de son sol volcanique très fertile. L'une des spécialités locales, le *pesto pantesco*, est une sauce aux tomates, aux câpres, au basilic et à l'ail qui accompagne les pâtes ou les *bruschette*. Les raisins de l'île (*zibbibi*) donnent une gelée de raisins de couleur jaune, ainsi que le vin sucré appelé *passito* ou *muscato*. Pour vous rendre au **supermarché SISA**, à Pantelleria, grimpez les escaliers qui partent du bord de mer, au niveau du virage à 90° juste après la Banco del Popolo.

La Risacca, V. Milano, 65 (✆ 0923 91 29 75). Vous pourrez manger en terrasse, protégé du soleil par un toit de bambou. Pizzas (à partir de 4,60 €) uniquement le soir, grand choix. Si vous voulez goûter aux spécialités locales, optez pour le cappero, à base de thon, de câpres et d'origan. Couvert 1 €. *Primi* à partir de 4,60 €, *secondi* à partir de 10 €. Ouvert tlj 12h-14h30 et 19h30-23h. ❖❖

Ristorante Pizzeria Castiglione, V. Borgo Italia, 24 (✆ 0923 91 14 48), sur le *lungomare*, prépare 39 variétés de pizzas cuites au feu de bois. La salle est moderne, la clientèle plutôt chic. *Primi* à partir de 6,50 €, *secondi* à partir de 8 €. Couvert 1 €. Ouvert tlj 10h-15h et 19h-24h. Oct-Mai fermé le Ma. Cartes Visa, MC, AmEx. ❖❖

La Pergola (✆ 0923 91 84 20, à Suvaki, sur la route entre Pantelleria et Scauri, après les *sesi*. Un cadre idéal pour une belle soirée d'été. Nappes jaunes et joli jardin. La *trattoria* sert du couscous ainsi que d'autres spécialités locales. Ouvert 20h-23h30. ❖❖❖

VISITES

A Pantelleria, on flâne, on ne court pas. Ce n'est donc pas la peine de prévoir plus de deux visites par jour. Cependant, l'île est plus grande qu'on ne pourrait le penser de prime abord, et si vous avez très envie de ne plus dépendre des transports en commun (par exemple après avoir attendu plus de 5h en plein soleil), nous vous recommandons de louer un vélomoteur. Vous ne résisterez probablement pas, de toute façon, à la ligne colorée de vélomoteurs attendant un conducteur, juste à côté du port. Il vaut vraiment mieux avoir un véhicule, surtout si vous voulez aller au sud de l'île. De plus, sachez que certains endroits de la côte sont à plus d'une heure de marche de l'arrêt de bus.

❤ **LE BAGNO ASCIUTTO ET LA MONTAGNA GRANDE.** Près de la ville de Sibà, à l'intérieur des terres, se trouvent un sauna naturel dans une grotte (le **Bagno Asciutto**) ainsi que le plus haut sommet de l'île. A Sibà, des pancartes indiquent le chemin du sauna. Les dix dernières minutes se font à pied. Apportez de l'eau et une serviette. La chaleur est difficile à supporter, et il faut entrer et sortir plusieurs fois. Plus loin sur le sentier qui mène au Bagno Asciutto, au pied du Monte Gibole, la **Favara Grande** est un petit cratère d'où s'échappent encore des nuages de fumée chaude. Vous trouverez de nombreux sentiers, jolis mais courts pour la plupart, qui permettent de s'éloigner de la route goudronnée, ou de pique-niquer à l'ombre d'une pinède, tout près du sommet. C'est l'endroit idéal où se détendre un moment après une visite au Bagno Asciutto. Si, vers midi, la chaleur est assez humide, gagnez la **Montagna Grande**, pour la vue qu'on a du sommet. Passé Sibà, la route mène pratiquement jusqu'au sommet et les vues sur la seconde moitié de la luxuriante Piana di Ghirlanda sont magnifiques. *(Pour vous rendre à Sibà, vous pouvez prendre le bus à partir de la Piazza Cavour. Dép. 8h et 12h40. Le Bagno Asciutto et la Montagna Grande sont tous deux clairement indiqués. En scooter ou en voiture, depuis Pantelleria, suivez les pancartes en direction de Sibà.)*

LES SESI ET LE PUNTO DI SATARIA. Les hommes qui vivaient à Pantelleria au néolithique ont laissé derrière eux les **sesi**, des monuments funéraires en forme de dôme construits sans mortier. Les tunnels qui traversent les *sesi* permettaient d'accéder aux pièces où les corps étaient placés agenouillés. Le plus grand *sese* qui reste (la plupart ont été détruits pour servir de matériaux de construction) contient 12 pièces. *(Suivez la route du bord de mer vers l'ouest et tournez à gauche à la pancarte jaune après l'hôtel Mursia.)* Après le village préhistorique, allez au **Punto di Sataria**, où un escalier vous mènera à la grotte bétonnée de Calypso. Détendez-vous en prenant un bain dans une eau thermale à 37° C. Des piscines formées dans la grotte, vous pouvez plonger dans la mer un peu plus bas. *(Des zones sont parfois fermées en raison de chutes de pierre. Les bus pour Scauri-Rekale passent devant chacun des sites. Demandez au chauffeur de vous arrêter au bon endroit. Renseignez-vous sur les horaires de retour. Les bus partent de Pantelleria tlj à 6h40 et 14h. En voiture ou en scooter, suivez la route qui va de Pantelleria à Scauri.)*

LE MIROIR DE VÉNUS. Selon la légende, Vénus se regardait dans le **lac Specchio di Venere** avant ses rendez-vous avec Bacchus, qui venait souvent à Pantelleria boire le délicieux (et envoûtant) vin fait avec le fameux raisin *zabbibo*. Rares sont les mortels qui résistent à la tentation de se regarder dans ce miroir d'un incroyable bleu vert, entouré d'une boue blanche et, plus loin, de verts coteaux. Le soufre qui jaillit de la terre réchauffe l'eau et enrichit la boue. La tradition locale consiste à laisser la boue aux vertus thérapeutiques sécher sur votre corps au soleil jusqu'à ce qu'elle forme une croûte blanche. *(Prenez Piazza Cavour, à Pantelleria, le bus pour Bugeber et demandez au chauffeur de vous y arrêter. Vérifiez les heures de retour avec lui. Dép. Lu-Ve 8h et 12h. Si vous vous y rendez en voiture ou en scooter, allez jusqu'à Bugeber puis, au croisement, suivez les pancartes.)*

LA CÔTE NORD-EST ET L'ARCHE DE L'ÉLÉPHANT. Les meilleurs endroits où se baigner sans trop s'éloigner de Pantelleria se trouvent sur la côte nord-est, à l'ombre de trois petites criques. La première des trois, **Cala Gadir**, est très appréciée pour son *acquacalda*. Il s'agit d'une piscine thermale naturelle, en bordure de mer, qui a été entourée de béton. Mais c'est à **Cala Tramontana** et à **Cala Levante** que vous trouverez les plus beaux endroits où nager. Descendez jusqu'au rivage pour accéder à ces piscines naturelles auxquelles le béton, omniprésent sur l'île, a heureusement oublié de s'attaquer. Ces deux criques, idéales pour bronzer, ne sont en fait qu'une seule et même grotte coupée en deux par une formation rocheuse. De la Cava Levante, vous pourrez découvrir l' ❤ **Arco dell'Elefante**, sur votre droite. Cet étrange rocher, emblème officieux de l'île, ressemble à une énorme défense d'éléphant. *(Les trois criques sont sur la ligne Khamma-Tarcino. Dép. de la Piazza Cavour tlj 6h40 et 14h. Vérifiez les heures de retour. Si vous y allez en voiture ou en scooter, prenez la direction de Khamma ou de Tracino, puis suivez les pancartes.)*

LA PIANA DI GHIRLANDA. Entourée d'anciens volcans, cette plaine fertile peut être le but d'une agréable promenade de deux heures à partir de Tracino. Cet endroit, l'un des plus jolis de Pantelleria, rappelle que l'île vit de la culture. Les collines en terrasses et les champs de câpres sont entretenus par des paysans qui travaillent et rangent leurs outils dans de petits *dammusi* utilitaires. Pour explorer cette région, prenez la route qui part de la Piazza Perugio, à Tracino. *(Prenez le bus de Tracino jusqu'à la nécropole byzantine, puis suivez les pancartes pour rejoindre les sentiers. Si besoin, demandez de l'aide aux habitants.)*

PLAGES ET EXCURSIONS EN BATEAU

Bien que les plages de Pantelleria soient entourées par une mer d'un bleu turquoise splendide, surplombées d'impressionnantes formations rocheuses et qu'il y ait de superbes endroits où se baigner, elles ne ressemblent pas vraiment à ce qu'on a coutume d'appeler "plage". En effet, les plages de sable ont malheureusement été remplacées par des blocs de béton, sans qu'on sache bien pourquoi. Les endroits où se baigner sont répertoriés sur des cartes et classés selon un indice de difficulté d'accès allant de 1 à 3. Il y a de nombreuses criques et grottes-piscines mais elles sont difficiles à trouver. L'endroit le plus proche de Pantelleria est la **Grotta del Bue Marino**, à 2 km (à droite lorsque vous faites face à la mer) le long du bord de mer. Vous verrez des tubas rôder près des côtes, des gens bronzer en haut des roches volcaniques et de jeunes personnes se jeter dans la mer du haut des falaises. Aussi excitantes que puissent vous paraître ces prouesses, soyez très vigilant. La mer est peu profonde par endroits et le fond est parsemé de rochers.

Les ❤ **excursions en bateau** sont une façon très rapide et très agréable de visiter Pantelleria. Naviguez sur des eaux transparentes et découvrez des grottes cachées, une vie sous-marine très colorée et les différentes formations volcaniques. Vous pourrez entrer doucement dans l'eau avec un masque et des palmes ou plonger avec insouciance du pont supérieur pour un inoubliable *bagne dolce* ("doux bain"). Les excursions permettent également d'avoir une belle vue sur quelques merveilles de l'île, certaines accessibles uniquement en bateau : les "Pantoufles de Cendrillon", l'Arco dell'Elefante (l'Arche de l'Eléphant) et I Cinque Denti (les Cinq Dents). Pour choisir votre bateau, sachez que tous ont des avantages et des inconvénients. Avec un petit bateau, vous pourrez entrer dans les grottes, mais avec un grand bateau, vous pourrez vous mettre à l'ombre des bambous, somnoler sur des coussins ou laisser les plus jeunes jouer dans une salle. Une journée complète en mer coûte environ 25 €. La compagnie **Minardi Adriano**, V. Borgo Italia, 5 (©/fax 0923 91 15 02) propose des tours de l'île en bateau.

VIE NOCTURNE

La vie nocturne de Pantelleria se déroule surtout autour du port, où, invariablement, les habitants se retrouvent dans deux bars, le **Tikirikki**, V. Borgo Italia 2/3 (© 0923 91 10 79, ouvert 5h-3h) et **Il Goloso** (© 0923 91 18 14, ouvert Je-Ma 5h30-23h). A une douzaine de kilomètres, dans la petite ville de Scauri, se trouve le club **U Frisco** (© 0923 91 60 52), sur la côte ouest.

L'unique discothèque ouverte l'été est l'**Oxidiana**, également sur la côte ouest, près de l'hôtel Mursia-Cossira. Repérez l'enseigne lumineuse sur laquelle défile la phrase "Tutte le sere" ("tous les soirs"). Les touristes viennent danser sur les pistes en plein air, sur plusieurs niveaux, et se reposer dans les grands poufs. (© 0923 91 23 19. Ouvert Juil-15 Sep.)

SARDAIGNE (SARDEGNA)

LES INCONTOURNABLES DE SARDAIGNE

BARBOTEZ avec les flamants roses le long des ravissantes plages de **Cagliari**.

ADMIREZ les superbes panoramas montagneux et les fresques dignes de Picasso à **Orgosolo**, dans la province de Nuoro.

APERCEVEZ les splendides paysages de la Corse, toute proche, en vous promenant entre les rochers de **Santa Teresa di Gallura**.

Une vieille légende sarde raconte que, lorsque Dieu eut fini de créer le monde, il lui resta une motte de terre. Il la jeta alors dans la Méditerranée et marcha dessus, et c'est ainsi que naquit la Sardaigne. Les contours de ce pied divin formèrent quelques-uns des plus beaux paysages du monde. Les côtes découpées au scalpel, les petites rivières, les collines et les grandes montagnes sont habitées par près d'un million de Sardes, un peuple que certains décrivent comme trop rude et trop machiste pour être italien.

Les nuraghes, ces étranges monuments érigés par d'anciennes civilisations il y a plus de 3500 ans, sont aussi fantastiques que cette légende, mais ils sont, eux, bien réels. Plus de 8000 de ces tours fortifiées en forme de cônes, composées d'énormes blocs de pierre assemblés sans mortier, sont encore debout. Les premiers envahisseurs connus furent les navigateurs phéniciens, suivis des Carthaginois, tout aussi belliqueux. Il fallut cependant attendre les Romains – et leur sens de l'organisation et du négoce – pour que l'île devienne une colonie agricole. Au XIIIe siècle, les Pisans, les Aragonais, la couronne espagnole et enfin les Piémontais occupèrent tour à tour la Sardaigne. C'est de cette île, théâtre de constants bouleversements politiques, que Victor-Emmanuel II, proclamé roi d'Italie en 1861, lança avec Garibaldi la campagne militaire qui devait aboutir à l'unification de la péninsule. En 1948, l'île retrouva un peu de son ancienne indépendance, le gouvernement italien lui ayant concédé une administration autonome. Il y a quelques décennies à peine, les *padroni* (propriétaires fonciers) possédaient des terres et maintenaient les fermiers dans un état de quasi-servitude. Grâce à l'influence du parti communiste italien, la grande majorité des terres appartient aujourd'hui à ceux qui la travaillent. Toutefois, de larges bandes de littoral sont passées aux mains de l'industrie touristique et l'on compte toujours plus de touristes dans les stations balnéaires, sur les plages et dans les bars.

ARRIVÉES ET DÉPARTS

EN AVION

Des avions relient Olbia, Alghero et Cagliari aux grandes villes italiennes. Il est certes plus rapide de se déplacer en avion qu'en bateau, mais les tarifs très élevés découragent la plupart des voyageurs.

EN FERRY

La façon la moins coûteuse de se rendre en Sardaigne est de prendre le ferry de Civitavecchia, de Gênes ou de Livourne jusqu'à Olbia. Attendez-vous à payer entre

20 € et 75 € suivant la saison, la vitesse du bateau et l'heure de départ (les trajets de nuit coûtent plus cher). Les tarifs les plus intéressants sont pratiqués sur les trajets de jour, sur les bateaux les plus lents et avec une place sur le *posta ponte* (le pont). Cependant, la plupart des compagnies de ferrys veulent d'abord vendre toutes leurs places en *poltrone* (sièges réservés), plus chères, avant de mettre en vente les places sur le pont. Les prix varient en fonction des critères énumérés dans le tableau ci-dessous. Le prix le plus bas correspond à celui d'une place sur le pont en basse saison, tandis que le plus élevé correspond à une place réservée en haute saison. Prévoyez une marge supplémentaire de 5 € à 15 € en fonction de la saison, de la durée du trajet et de la taille du compartiment. Le transport d'un véhicule coûte environ 50 €. Les personnes voyageant avec une voiture, une mobylette, un animal ou des enfants doivent arriver une ou deux heures avant l'heure de départ. Les autres doivent se présenter 45 mn avant. Prévoyez plus de temps si l'heure de votre départ se situe en dehors des heures d'ouverture de la gare maritime, car il arrive qu'il soit difficile de trouver l'endroit exact où est amarré le bateau.

Trajet	Compagnie	Fréquence	Durée	Prix
Civitavecchia-Olbia	A1	2-3 dép/j ; 8h30	4h	29,70-46,99 €.
Civitavecchia-Olbia	A2	1-2 dép/j ; 11h	8h	16,78-17,82 €.
Civitavecchia-Cagliari	A2	1 dép/j ; 6h30	15h	25,56-31,76 €.
Gênes-Olbia	A2	Juil-Sep 1 dép/j ; 6h	13h30	27,63-37,33 €.
Gênes-Porto Torres	A2	1 dép/j ; 8h30	10h	27,63-37,33 €.
Gênes-Cagliari	A2	Juil-Sep 3 dép/sem	20h	39,93-45,19 €.
Naples-Cagliari	A2	1-2 dép/sem ; 7h15	16h	25,56-31,76 €
Palerme-Cagliari	A2	1 dép/sem ; 7h	13h30	24,01-30,20 €.
Trapani-Cagliari	A2	1 dép/sem ; lu 9h	11h30	24,01-30,20 €.
Civitavecchia-Golfo Aranci	B	4 dép/j en été	4-7h	17-52 €.
Livourne-Golfo Aranci	B	2 dép/j en été	6-9h	21-53,48 €.
Olbia-Livourne	C	2-3 dép/j	10h	20-46 €.
Santa Teresa-Bonifacio (Corse)	C	10 dép/j en été	1h	8-12 €.
Gênes-Palau	D	1 dép/j	12h	35-59 €.
Gênes-Olbia	E	1 dép/j	8-10h	38-77 €.
Gênes-Porto Torres	E	1-3 dép/j	11h	31-74 €.

A1 : Tirrenia (Unita veloce) - **A2** : Tirrenia (Traditionnel) - **B** : Sardinia Ferries
C : Moby Lines - **D** : Enermar - **E** : Grand Navi Veloci
Les fréquences de départ ci-dessus correspondent à la haute saison. En hiver, les compagnies ne vendent que des billets *poltrone* sur des trajets de nuit.

Tirrenia (✆ 199 123 199 ou ✆ 081 31 72 pour les réservations, www.tirrenia.it) est la compagnie qui possède le plus de liaisons ferrys, le plus d'agences et qui offre presque toujours les meilleurs tarifs. Les agences Tirrenia se trouvent dans la Stazione Marittima de la plupart des villes, parmi lesquelles **Cagliari** (✆ 070 66 60 65), **Civitavecchia** (✆ 0766 658 1925), **Gênes** (✆ 010 269 69 81 ou 269 8228) et **Olbia** (✆ 0789 20 71 00). Il y a également des agences Tirrenia à **Livourne**, Calata Addis-Abeba-Varco Galvani (✆ 0586 42 47 30), à **Palerme**, Calata Marinai d'Italia (✆ 091 602 1111 ou 602 1214), à **Porto Torres**, V. Mare, 38 (✆ 079 518 1011) et à **Naples**, Rione Sirignano, 2 (✆ 081 251 4763).

Sardaigne
VERS GÊNES (6-13h)
Corse
VERS GÊNES (6h-13h30)
Bonifacio
Santa Teresa di Gallura
Budelli
Spargi
Isola Maddalena
La Maddalena
Capo Testa
Palau
Caprera
Isola Asinara
Cala d'Oliva
Golfo dell' Asinara
Costa Paradiso
Costa Smeralda
Arzachena
Fornelli
Stintino
Golfo Aranci
Porto Torres
Castelsardo
Olbia
VERS CIVITAVECCHIA (4-8h) ET LIVOURNE (10h)
Sassari
Oschiri
Grotte di Nettuno
Fertilia
Alghero
Capo Caccia
Chilivani
Coghinas
Siniscola
Temo
Mer Méditerranée
Orosei
Bosa
Nuoro
Macomer
Tirso
Cala Gonone
Oliena
Dorgali
Orgosolo
Golfo di Orosei
S. Caterina
Putzu Idu
S'Archittu
Fonni
Péninsule du Sinis
Sorgono
Tonara
Monti del Gennargentu
Is Arutas
Cabras
Aritzo
San Giovanni di Sinis
Tharros
Oristano
Arbatax
VERS CIVITAVECCHIA (11h) ET LIVOURNE (16h)
Arborea
Jerzu
Barumini
Isili
Costa Verde
Mannu
Portixeddu
Bugerru
Cala Domestica
Mer Tyrrhénienne
Domusnovas
Iglesias
Assemini
Cagliari
Portoscuso
Carloforte
Calasetta
Carbonia
Poetto
Costa Rei
VERS GÊNES (20h)
Isola di San Pietro
Sant' Antioco
Villasimius
Capo Carbonara
Isola di Sant'Antioco
Pula
VERS CIVITAVECCHIA (15h)
Santa Margherita di Pula
Capo Teulada
Capo Spartivento
N
LG
Mer Méditerranée
VERS NAPLES (15h)
VERS TRAPONI (11h)
VERS PALERME (13h)
0
20 km

Sardinia Ferries (✆ 019 215 511, fax 019 215 53 00, www.sardiniaferries.com) constitue une autre bonne option. Agences à **Livourne**, dans la Stazione Marittima (✆ 0586 881 380), et à **Civitavecchia**, Calata Laurenti (✆ 0766 50 714, fax 0766 50 07 18).

Moby Lines possède des agences à **Olbia**, dans la Stazione Marittima (✆ 0789 279 27), à **Livourne**, également dans la Stazione Marittima (✆ 0586 42 67 88 ou 0586 44 39 40) et à **Gênes** (✆ 010 254 1513, fax 2543916)

Grand Navi Veloci (✆ 010 209 459, fax 550 9225 pour réserver, www.grimaldi.it) a des agences à **Gênes**, V. Fieschi, 17 (✆ 010 55 091), à **Porto Torres**, dans le Porto Industriale (✆ 0795 160 34), à **Olbia** (✆ 0789 20 0126), à **Livourne** (✆ 0586 409 804) et à **Milan** (✆ 0289 012 281)

Linea dei Golfi (www.lineadeigolfi.it) a des agences à **Piombino** (✆ 0565 22 23 00) et à **Olbia** (✆ 0789 24 656). Les ferries relient Piombino et Livourne à Olbia (16,50-35.€).

Enermar (www.enermar.it) a un bureau dans le port de **Gênes** (✆ 199 760 003, fax 199 760 004) et à **Palau** (✆ 199 760 001, fax 760 002).

PROVINCE DE CAGLIARI

CAGLIARI ✆070

Cagliari allie l'effervescence d'une ville italienne moderne au charme de la vie rustique qui caractérise le reste de l'île. Les rues élégantes du centre-ville, bordées d'arbres et de boutiques, sont ponctuées d'imposantes places. Près du port, des arcades abritent du soleil de midi les cafés, les magasins chic et les cinémas de la ville. Au-dessus, le quartier du Castello, datant du XIIIe siècle, est le point de départ de rues pavées et sinueuses épousant les courbes capricieuses des collines. Les tours pisanes du Moyen Age surplombent, indifférentes, des groupes de touristes qui tentent de s'orienter dans ce dédale, tandis qu'un amphithéâtre romain accueille les mélomanes accourus pour la dernière représentation du *Carmen* de Bizet. Il faut avoir vu la ville pour comprendre ce qui poussa le diable à enfourcher ses montagnes et les rois de Savoie à en faire leur éphémère capitale.

TRANSPORTS

Avion : Dans le village d'**Elmas** (✆ 070 210 51), à 8 km. Navette ARST gratuite entre l'aéroport et la gare routière de la Piazza Matteotti (24 dép/j de 6h25 à 24h, durée 30 mn, 0,67 €).

Train : **FS**, P. Matteotti (✆ 070 89 20 21). Ouvert tlj 6h10-20h45. Billetterie automatique 24h/24. Destinations : **Olbia** (durée 4h, dép. 6h32, 12,95 €) via **Oristano** ou **Macomer**, **Oristano** (16 dép/j de 5h40 à 21h57, durée 1h30, 4,55 €), **Porto Torres** (dép. 14h30 et 16h28, durée 4h, 12,95 €) et **Sassari** (dép 6h49 et 16h28, durée 4h, 12,10 €). **Ferrovie della Sardegna**, P. della Repubblica (✆ 070 491 304), est une compagnie de chemin de fer privée desservant **Arbatax** (dép. 6h45 et 13h45, 17 €). Bureau d'information ouvert tlj 7h30-20h45.

Bus : La ville compte trois stations de bus.

La compagnie **PANI**, dont le guichet se trouve dans la Stazione Marittima (ouvert Lu-Sa 8h-14h15 et 17h30-19h, Di. 13h30-14h15 et 17h30-19h), dessert **Nuoro** (4 dép/j de 5h30 à 18h15, durée 3h30, 11,31 €), **Oristano** (8 dép/j de 5h30 à 18h15, durée 1h30, 5,84 €) et **Sassari** (7 dép/j de 5h30 à 19h, durée 3h, 12,60-13,43 €).

ARST, P. Matteotti, 6 (✆ 070 40 98 324), guichet ouvert Lu-Sa 8h-8h30, 9h-14h15 et 17h30-19h, Di. 13h30-14h15 et 17h30-19h. Si le guichet est fermé, vous pouvez acheter votre ticket dans le bus. Dessert l'**aéroport** (24 dép/j de 6h10 à 20h45, durée 10 mn,

0,67 €) ainsi que les petites villes locales, dont **Arbatax** (dép. de 10h25 à 15h, 7,64 €) et **Villasimius** (15 dép/j de 5h à 20h10, 2,89 €).

FMS (✆ 800 0445 53 ou 070 58 02 46), sur Viale Colombo, dessert **Calassetta** et **Sant'Antioco** (2 dép/j de 10h à 16h, durée 2h). Achetez vos billets à côté du kiosque à journaux en face de la pharmacie de la Via Roma. Si vous voyagez le dimanche, veillez à acheter votre billet un jour avant.

Ferry : **Tirrenia**, à la Stazione Marittima (✆ 070 66 60 65 ou 800 82 40 79). Consigne disponible. Ouvert Lu, Me et Ve 8h30-19h, Ma et Je 8h30-18h50, Sa. 8h30-18h et Di. 16h-20h.

Location de voitures : **Ruvioli**, V. dei Mille, 11 (✆ 070 65 89 55, **e-mail** info@ruvioli.it, www.ruvioli.it). Toutes les voitures sont climatisées et sont assurées. Vous pouvez faire vos réservations à cette agence, mais c'est à l'agence de l'**aéroport** (✆ 070 24 03 23) que vous prendrez votre voiture. Age minimum 21 ans. Carte de crédit obligatoire. Réservez de préférence sur le site Internet. 47 € la journée, 290 € la semaine. Les deux agences sont ouvertes tlj 8h30-21h. Cartes Visa, MC, AmEx. **Autoassistance** (✆ 070 684 88 74, www.autoassistance.it), à la Stazione Marittima, loue des voitures (50-122 €), des scooters (31-45 €) et quelques VTT plutôt usés (10 €/j).

Transports en commun : Les **bus** orange **CTM** partent de la Piazza Matteotti. Les tickets s'achètent dans le kiosque de la gare ARST. (0,77 € pour 1h30, 1,29 € pour 2h, 2,07 € pour 24h, 7,75 € pour un carnet de 12 tickets.) Les bus **P**, **PQ** et **PF** desservent la plage depuis l'arrêt **Il Poetto**.

Taxis : **Radiotaxi Quatro Mori** (✆ 070 40 01 01)

ORIENTATION ET INFORMATIONS PRATIQUES

D'un côté de la **Via Roma** se trouvent le port de Cagliari, la Stazione Marittima et l'arrêt des bus PANI, de l'autre de nombreuses terrasses de café. Que vous arriviez par train, par bateau ou par bus, vous ne pourrez pas manquer cette rue. A l'extrémité ouest de la Via Roma se trouvent la **Piazza Matteotti**, la gare ferroviaire, la gare de bus ARST et l'office de tourisme. Depuis la Piazza Matteotti, le **Largo Carlo Felice** monte à flanc de colline jusqu'au château et à la vieille ville.

SERVICES TOURISTIQUES ET ARGENT

Offices de tourisme : P. Matteotti (✆ 070 66 92 55). Installé dans un curieux kiosque au milieu du parc, en face des gares ferroviaire et routière. Les employés polyglottes fournissent de nombreuses informations. Ouvert, Lu-Sa 8h-13h30 et 14h30-19h30, en hiver 8h-19h.

Voyages à prix réduit : **CTS**, V. Cesare Balbo, 12 (✆ 070 48 82 60). Informations sur les réductions et les forfaits étudiants. Ouvert Lu-Ve 9h-13h et 16h-19h30, Sa. 9h-13h. **Memo Travel**, V. Pitzolo, 1a (✆ 070 40 09 07). Ouvert Lu-Ve 9h-13h et 16h-19h30, Sa. 9h-13h.

Laverie : **Lavanderia Self-Service**, V. Sicilia, 20 (✆ 070 56 55 21), près de la Via Bayle. Remontez la colline vers l'amphithéâtre romain, en face de l'hôpital. 3,50 € pour 6 kg, 3,50 € pour un séchage de 20 mn. Ouvert tlj 8h-22h (dernière lessive à 21h).

Librairie : **Libreria della Costa**, V. Roma, 65 (✆ 070 65 02 56). Bien fournie en classiques et en best-sellers. Accès **internet** (3 € les 20 mn.) Ouvert Lu-Sa 9h-20h30, Di. 10h-13h30 et 17h-21h. Cartes Visa, MC.

Consigne : Dans la Stazione Marittima. Gratuit.

URGENCES ET COMMUNICATIONS

Urgences : ✆ 113. **Ambulances** : ✆ 118. **Premiers secours** : ✆ 070 50 29 31

Police : ✆ 070 40 40 40.

Consulats : Voir **L'Essentiel**.

Pharmacie : **Farmacia Dottore Spano**, V. Roma, 99 (✆ 070 65 56 83). Ouvert Lu-Ve 9h-13h et 16h50-20h10, en hiver Lu-Ve 9h-13h et 16h30-19h50, Di. 9h-13h.

Hôpital : V. Ospedale, 46 (✆ 070 66 32 37), près de l'église San Michele. Egalement **Ospedale SS. Trinità**, V. Is Mirrionis (✆ 070 281 925).

Internet : **Mail Boxes Etc.**, Vle Trieste, 65b (✆ 070 673 704), près du bureau de poste. 5 € l'heure. Ouvert Lu-Ve 9h-13h et 16h-19h30. Cartes Visa, MC. Fax et UPS

Bureau de poste : P. del Carmine (✆ 070 65 82 57). Suivez la Via Sassari depuis la Piazza Matteotti. Poste restante (*ferma posta*), cartes de téléphone et service de **change**. Ouvert Lu-Ve 8h10-18h40 et Sa. 8h10-13h20.

Code postal : 09100.

HÉBERGEMENT

❤ **Hôtel Aer Bundes Jack Vittoria**, V. Roma, 75, (✆ 070 66 79 70). A partir de la gare ferroviaire ou de la gare ARST, rejoignez la Via Roma et prenez à droite. C'est au 2e étage.

Avec ses 20 chambres majestueuses, ses jolis lustres vénitiens, ses salles de bains et l'air conditionné, cette pension familiale de 1938 est sans doute l'endroit le plus accueillant de Cagliari. Réservation obligatoire. Accessible aux handicapés. Petit déjeuner 4,65 €. Chambre simple 40-50 €, chambre double 66-75 €, chambre triple 101 €. ❖❖❖❖

Hôtel Quattro Morii, V. Angioy, 27 (✆ 070 668 535, www.hotel4mori.it). A l'écart de l'animation du port, vers la Piazza Yenne. Un établissement moderne avec des sols en marbre et des meubles élégants. Une façon plutôt onéreuse d'éviter les traditionnelles *pensioni*. Les 42 chambres sont équipées de l'air conditionné, d'une salle de bains, du téléphone et d'une télévision. Il est vivement recommandé de réserver. Chambre simple 52 €, chambre double 73 €. Cartes Visa, MC, AmEx. ❖❖❖❖

Albergo Palmas, V. Sardegna, 14 (✆ 070 65 16 79). Depuis le Largo Carlo Felice, prenez la première à droite. Une adresse bon marché. L'ameublement des 14 chambres se résume à un fauteuil, un lavabo et un lit, mais toutes ont un balcon. Très bien situé et personnel serviable. Chambre simple 20,66 €, chambre double 31 €, avec douche 36,15 €. ❖❖

RESTAURANTS

Pour acheter de quoi pique-niquer ou pour trouver des restaurants abordables, arpentez la **Via Sardegna**, où des échoppes vendent fruits, fromages et pains. Essayez par exemple le **Mini Market La Marina**, V. Sardegna, 43 (✆ 070 65 99 22), une petite épicerie et une excellente boulangerie. (Ouvert Lu-Sa 7h30-14h et 16h30-20h30. Cartes Visa, MC.) Le gigantesque **Iper Pan La Plaia**, V. La Plaia, 15, vend les produits d'alimentation de base. Le dimanche, faites votre **marché** au bout du stade, à Borgo Sant'Elia. Fruits frais et fruits de mer à profusion, pour ceux qui aiment marchander.

❤ **Trattoria Lilicu**, V. Sardegna, 78 (✆ 070 65 29 70). Tenue par la même famille depuis près d'un siècle, cette *trattoria* occupe une vieille salle avec des poutres apparentes, des tapisseries murales et des tables communes. Plats typiquement sardes, comme les *lacetti di agnelle* (agneau) pour 6,50 €. Les fruits de mer sont très bien préparés. *Primi* 6,50-10,80 €, *secondi* 6,20-10,50 €. Couvert 1,55 €. Ouvert Lu-Sa 13h-15h et 20h30-23h. Réservations indispensables. Cartes Visa, MC. ❖❖❖

❤ **Antica Hostaria**, V. Cavour, 60 (✆ 070 66 58 70, fax 070 66 58 78). C'est l'un des meilleurs restaurants de Cagliari. Les tarifs restent abordables. Fondé en 1852, ce superbe établissement a conservé une jolie décoration art nouveau. Les serveurs en smoking vous apportent en début de repas une corbeille de pain et un cocktail au vin blanc et au jus de poire avec une larme de gin. Follement classe, non ? *Malloreddus gnocchetti* (7,75 €) ou plats plus raffinés comme du veau à la sauce *vernaccia* (9,30 €). *Primi* 3-15 €, *secondi* 8-18 €. Couvert 2 €. Ouvert Lu-Sa 12h45-15h et 20h-23h. Fermé en août. Cartes Visa, MC, AmEx. ❖❖❖

Trattoria Gennargentu, V. Sardegna, 60 (✆ 070 65 82 47). A la fois *salumeria* (charcuterie) et restaurant. Mêlez-vous à la population locale pour déguster une assiette de *spaghetti alle arselle e bottarga* (avec des palourdes et des œufs de poisson, 6,70 €) et une délicieuse *salsiccia arrosto* (saucisse rôtie, 8 €). La carte des vins est aussi longue que le menu. *Primi* 3,90-6,75 €, *secondi* 4,20-9,30 €. Couvert 1,55 €. Ouvert Lu-Sa 12h30-15h et 20h-23h. Cartes Visa, MC, AmEx. ❖❖

Dal Corsaro, Viale Regina Margherita, 28 (✆/fax 070 66 43 18, www.dalcorsaro.it). Une adresse extrêmement élégante. Ici, on sert des mets sardes revisités de manière créative. Ne ratez pas la spécialité du chef, le *minstre'e cocciula e fregolina sarda*, primé par la presse italienne. Vous repartez avec une assiette aux armes de la maison. *Primi* 11-14,50 €, *secondi* 15,50-35 €. Ouvert Lu-Sa 13h-16h et 20h-24h. Cartes Visa, MC, AmEx. ❖❖❖❖❖

Caffè Svizzero, Largo Carlo Felice, 6/8 (✆ 070 65 37 84). Le café le plus chic de la ville. La nourriture est savoureuse. Au petit déjeuner, régalez-vous avec les viennoiseries maison (0,70 €) et un espresso (0,70 €) ou bien venez dîner léger en compagnie de la jet set locale. Panini (3,65 €). Salades (6-8 €). Ouvert tlj 6h-21h30. Fermé Lu. en hiver. Cartes Visa, MC, AmEx. ❖

Caffè Torino, V. Roma, 121 (✆ 070 66 47 65). Admirez le lever de soleil sur le port en savourant une brioche délicieusement chaude (0,70 €) et un espresso. Vous pouvez aussi vous y réfugier lorsqu'il fait trop chaud l'après-midi, pour dévorer une *pizzette* (6,50 €), un feuilleté fourré à la tomate, au fromage et au *prosciutto*, ou des sardines. Ouvert tlj 5h-23h. Espèces uniquement. ❖

AIO ? EIA ! Si, faisant mine d'avoir le nez plongé dans une assiette bien garnie, vous réalisez soudainement que vos années d'italien au lycée vous sont inutiles pour comprendre ce que disent les clients de la table d'à côté, ne désespérez pas, vous venez de prendre votre première leçon de sarde. Comme si les choses n'étaient pas suffisamment compliquées pour les touristes venant du continent, quatre dialectes distincts ont été répertoriés en Sardaigne par le linguiste allemand Weher : le *logudorese* (à Logudo, près du centre de l'île), le *campidanese* (parlé dans les plaines de Campidano, dans la région Sud comprenant Cagliari), le *sassarese* (autour de Sassari, dans le Nord-Ouest) et le *gallurese* (à Gallura, au Nord). Le sarde a subi les influences de l'italien mais aussi des langues des différents conquérants de l'île : les Romains, les Germains, les Arabes et les Espagnols. En prêtant l'oreille, vous ne manquerez pas d'entendre les Sardes se saluer d'un "*Eia*" (prononcé é-ya), qui signifie "oui" mais qu'ils utilisent volontiers à la place de "*ciao*". "*Aio*" (a-yo), vous l'aurez compris, signifie "allons-y" !

VISITES ET PLAGES

LA CATHÉDRALE. Des ruelles étroites grimpent vers le **duomo**, exemple admirable de la géométrie pisane, achevé dans le style roman de la cathédrale de Pise. La cathédrale est dédiée à la Vierge Marie et à Sainte Cécile. Les deux chaires du portail figurant des scènes de l'Ancien Testament. à l'intérieur, les quatre lions au pied de l'autel du XIIe siècle sont l'œuvre de Guglielmo Pisano. C'est dans les stalles en bois sculpté, à gauche face à l'autel, que le roi piémontais se tenait pendant la messe de peur d'être victime d'un régicide. Avant de quitter la cathédrale, visitez le **sanctuaire**, sculpté dans la roche en 1618. Les incrustations de marbre aux couleurs vives, représentant pour la plupart des saints sardes, décorent les 179 niches dans lesquelles reposent les reliques de martyrs chrétiens. Le sanctuaire contient également les monuments funéraires de la famille royale de Savoie ainsi que l'immense cercueil en marbre de l'archevêque de Cagliari Francesco de Esquivel *(P. del Palazzo, 4. ✆ 070 166 38 37. Ouvert Lu-Ve 8h-12h30 et 16h30-20h, Di 8h-13h et 16h-20h.)*

L'AMPHITHÉÂTRE ROMAIN. L'**Anfiteatro romano**, qui date du IIe siècle av. J.-C. fut construit après que les Carthaginois aient succombé aux assauts des Romains en 238. Il épouse la forme naturelle de la roche de la colline sur laquelle il est bâti. Ses cages souterraines renfermaient jadis des animaux sauvages, et l'arène servait aux combats de gladiateurs. Aujourd'hui, les spectacles estivaux auxquels on assiste dans ce théâtre rénové sont un peu plus "civilisés". De juillet à septembre, la ville accueille un **festival artistique**, durant lequel l'amphithéâtre bruit de concerts, d'opéras et de pièces classiques. *(V. Fra Ignazio. ✆ 070 66 24 96. Visite guidée de 30 mn Avr-1er Oct Ma-Sa 10h-13h et 15h18h, la dernière visite part à 17h30. 3 €, étudiants 2 €)*

LE BASTION SAINT-RÉMI. Une fois arrivé sur la **Piazza Costituzione**, vous vous sentirez minuscule devant le gigantisme de l'arc et de ses escaliers en apparence taillés à même la colline. Montez sur ces majestueuses marches (graffitis mis à part), passez sous l'arc et accédez aux terrasses datant du XIXe siècle du **Bastione di San Remy** afin d'embrasser d'un seul coup d'œil la ville qui s'étend à vos pieds. Vous distinguerez le Golfo degli Angeli, des flamants roses et la Sella del Diavolo (la selle du diable), une formation rocheuse émergeant des montagnes. Le bastion, détruit pendant la Seconde Guerre mondiale, fut reconstruit et marque encore aujourd'hui la limite entre les quartiers médiévaux du château et ceux de la ville moderne. Commencez votre visite de la vieille ville par le bastion, puis suivez les ruelles ponctuées d'églises aragonaises et de palais piémontais jusqu'aux murs pisans qui parcourent la colline.

LES MUSÉES. Bien que la lance menaçante au-dessus de l'entrée rappelle la fonction première du bâtiment, l'**Arsenal** abrite aujourd'hui la **Cittadella dei Musei**, un complexe moderne de musées scientifiques, parmi lesquels figure le ❤ **Museo archeologico nazionale**. A côté des nombreuses statuettes de déesses phéniciennes et des verreries romaines, le plus impressionnant reste la petite armée de figurines de bronze nuragiques datant de plus d'un millénaire. *(Prenez le Viale Buon Camino jusqu'à la Piazza dell'Arsenale et passez sous la Torre di San Pancrazio pour atteindre l'Arsenal. ✆ 070 65 59 11. Ouvert Ma-Di 9h-20h. Accessible aux handicapés. Entrée 4 €, gratuit pour les plus de 65 ans et les moins de 18 ans.)* Le même ensemble abrite aussi la **Pinacoteca nazionale**, qui contient des peintures religieuses moyenâgeuses et baroques. On peut y voir des portraits de l'un des peintres les plus importants de Sardaigne, Giovanni Marghinotti. La visite permet de serpenter au milieu des ruines de fortifications du XVIe siècle, visibles du rez-de-chaussée. *(✆ 070 66 24 96 ou 67 40 54. Ouvert Ma-Di 9h-20h. Accessible aux handicapés. Entrée 2 €, 1 € pour les 18-25 ans, gratuit pour les plus de 60 ans et les moins de 18 ans.)*

PALAZZIO VICEREGIO. Construit par les Aragonais en 1216, ce palais somptueux servit plus tard de demeure aux vice-rois espagnols puis savoyards. On y admire le sol en marbre de Pise et une belle collection de meubles du XVIIIe siècle. Les nombreux portraits ont été réalisés par les maîtres sardes comme Giovanni Marghinotti. *(Près de la cathédrale, sur P. Palazzo. Ouvert tlj 9h-13h30 et 16h-19h. Entrée gratuite.)*

LA TORRE DELL'ELEFANTE. La tour de l'éléphant fut érigée par les Pisans en 1307. Elle était la pièce maîtresse du dispositif de défense des remparts. Elle doit son nom non pas à sa taille pachydermique mais à une petite statue de pierre – œuvre de Guantino Gavillin – représentant un éléphant, sur une saillie à dix mètres du sol. Du sommet, on jouit d'une vue imbattable sur la ville et le port. *(A l'angle de V. Università et V. Camino Nuovo. Ouvert en été Ma-Di 9h-13h et 15h30-19h30 ; en hiver 9h-17h. Entrée 2 €.)*

LE JARDIN BOTANIQUE. Endroit idéal pour un pique-nique, l'**Orto botanico** de l'université compte plus de 500 espèces de plantes, dont bon nombre n'existent qu'en Sardaigne. Reposez-vous près des fontaines, fermez les yeux et vous oublierez que vous êtes près d'une ville. *(V. Fra Ignazio, 11. Descendez la Via Fra Ignazio da Laconi en direction de l'université. ✆ 070 675 35 01. Ouvert Mai-Aoû tlj 8h-13h30 et 15h-19h ; Sep-Avr 8h-13h30. Entrée 2 €, gratuit pour les moins de 6 ans et les plus de 60 ans.)*

LES PLAGES. Il Poetto est la plage la plus populaire de Cagliari. Bordée par une eau bleu-vert, elle court sur 10 km de sable blanc, de l'imposante Sella del Diavolo jusqu'au Margine Rosso ("falaise rouge"). Les autochtones prétendent que ce n'est pas une belle plage, par comparaison avec celles, magnifiques, des villes voisines de Villasimius et Chia. Derrière, on trouve le **Stagno di Molentargius**, un étang salé très fréquenté par les flamants roses et par leurs admirateurs à la peau claire. Les bus de ville P, PQ et PF emmènent résidents et touristes *alla mare* (durée 20 mn, 0,77 €). Pour éviter la foule, descendez quelques arrêts de bus après le premier point de vue sur la mer. Pour plus d'intimité, vous pouvez aller à la **Cala Mosca**, une petite plage moins fréquentée entourée de sentiers menant à des criques isolées. Pour y accéder, prenez le bus n° 5 jusqu'à l'arrêt Stadio Amsicora, puis le bus n° 11 jusqu'à la plage.

SORTIES

En juillet et en août, l'**amphithéâtre romain** est le siège d'une grande variété de spectacles : théâtre, concerts, ballets, opéra, démonstrations d'arts martiaux, etc. La plupart des spectacles ont lieu à 21h30. Le prix des places varie de 10 à 42 €. Vous pouvez acheter votre billet à l'amphithéâtre à partir de 19h les soirs de spectacle ou le réserver à **Box office**, V. Regina Margherita, 43 (✆ 070 65 74 28, ouvert Lu-Ve 10h-

13h et 17h-23h, Sa. 10h-13h, Di les jours de spectacle). Toujours en été, un **cinéma en plein air** se tient à la Marina Piccola, près de la Spiaggia del Poetto. Le programme se compose essentiellement de films américains doublés en italien. Les tickets (4 €) se prennent à la Marina.
Le dimanche matin, il y a un **marché aux puces** sur les terrasses du Bastion Saint-Rémi. Un autre, moins important, est ouvert tous les jours sur la Piazza del Carmine.
La plupart des bars et des clubs de la ville sont ouverts de 21h à 5h, mais ferment en août, période durant laquelle les gens préfèrent aller danser en plein air. Certains bars se réservent le droit de sélectionner leur clientèle. Vous devrez payer de 5,16 € à 12,91 € pour obtenir une autorisation d'un soir avec la carte "AICS" (regardez les autocollants à l'entrée pour savoir si c'est nécessaire). **De Candia**, V. De Candia, 1, au sommet du bastion Saint-Rémi, sert des boissons chères à une foule de plus de 30 ans. (© 070 65 58 84. Cocktails 5-6 €. Ouvert l'été tlj 7h-4h.) Les soirs d'été, les habitants de la ville se retrouvent **Piazza Yenne** pour discuter, boire un verre ou se rencontrer en amoureux. Le **Caffè Forum** et le **Bar Centrale** sont très fréquentés, tout comme l'**Isola del Gelato**, P. Yenne, 35, une *gelateria* offrant un choix impressionnant de succulentes glaces, avec une cascade sur le mur dont les eaux se rejoignent en un petit courant s'écoulant sous un sol transparent. (© 070 65 98 24, coupes à partir de 1 €, coupe géante cinq boules 5 €. Ouvert Mar-Nov tlj 9h-2h.) **Antico Caffè**, P. Costituzione, 10-11 (© 070 65 82 06) est l'endroit de prédilection des prix Nobel, des présidents italiens et des stars de télé . Cet élégant café, un peu snob, a 150 ans d'histoire. Excellentes crêpes (3,40-5,20 €), coupes de crème glacée (4,13-5,16 €). Réservez pour une table en extérieur. (20% pour le service. Ouvert tlj 8h-3h. Cartes Visa, MC, AmEx.)

Heureusement, vous n'avez pas besoin de carte AICS pour aller en discothèque. La plupart des boîtes se trouvent le long de la plage, à une quinzaine de kilomètres du centre-ville. Le meilleur soir pour sortir est le vendredi. Faites un tour au **Buddha Beach** (© 070 82 44 70), à Stella di Mare, à 20 km à l'est de Cagliari. Une autre boîte qui fait le plein est **Il Lido American Bar**, à 2 km de la Marina le long du Lungomare Poetto. (Ouvert tlj 10h-5h, cocktails 5,50 €, concerts *live*).

Le 1er mai, les Sardes se réunissent à Cagliari pour la **fête de Sant'Efisio**, célébrée en l'honneur d'un déserteur de l'armée dioclétienne qui sauva l'île de la peste (mais pas sa tête). Une procession costumée escorte son effigie de la ville jusqu'à une petite église de la côte, qui porte son nom.

PROVINCE D'ORISTANO

ORISTANO © 0783

Au VIIe siècle, les habitants de la ville voisine de Tharros réussirent à repousser une succession d'invasions, jusqu'à ce qu'une bande de pirates sans pitié les force à quitter leurs maisons. N'ayant nulle part où aller, ils s'installèrent près d'Oristano. Aujourd'hui, cette ville de taille modeste peut s'enorgueillir d'avoir la plus grande cathédrale de l'île. Malgré cela, il faudrait sûrement une bande de pirates assoiffés de sang pour vous forcer à rester ici plus d'une journée. En effet, Oristano est surtout un bon point de départ pour des excursions à la découverte des merveilles naturelles et archéologiques de la proche péninsule du Sinis, où vous attendent les ruines phéniciennes et romaines de Tharros, l'impressionnant arc de S'Archittu et les superbes plages d'Is Arutas.

TRANSPORTS

Train : P. Ungheria (© 0783 722 70), à 1 km environ du centre-ville. Consigne disponible. Destinations : **Cagliari** (26 dép/j, durée 1-2h, 4,55 €), **Macomer** (10 dép/j de 5h40 à

21h25, 2,90 €) et **Olbia** (dép. 13h20 et 19h48, durée 2h30, 8,85 €) via **Ozieri Chilvani**. Pour rejoindre **Sassari**, prenez la correspondance à Macomer ou à Chivilani.

Bus : **PANI**, V. Lombardia, 30 (✆ 0783 21 22 68), dans le Bar Blu. Ouvert tlj 7h-22h. Destinations : **Cagliari** (4 dép/j de 8h55 à 21h34, durée 1h30, 5,84 €), **Nuoro** (4 dép/j de 7h05 à 19h50, durée 2h, 5,84 €) et **Sassari** (4 dép/j de 7h05 à 19h50, durée 2h15, 7,18 €). **ARST**, V. Cagliari (✆ 0783 711 85 ou 0783 71 776), assure un service local. Destinations : **Putzu Idu** (direction Su Pallosu, 2 dép/j de 7h à 6h18, durée 50 mn, 1,76 €), **Santa Caterina** (direction Scanno Montifero, 8 dép/j de 7h50 à 19h05, durée 40 mn, 1,76 €), **San Giovanni di Sinis** (direction Is Arutas, Juil-Oct 5 dép/j de 9h à 19h05, durée 40 mn, dernier retour à 19h45, 1,45 €) et **Cagliari** (2 dép/j à 7h10 et 14h10, durée 2h, 5,93 €).

Taxi : Ils stationnent sur la Piazza Roma (✆ 0783 702 80) et à la gare ferroviaire (✆ 0783 74 328).

Location de voitures : **Avis**, V. Liguria, 17 (✆ 0783 31 06 38), près du bureau de poste. Voitures à partir de 49 € la journée. Age minimum 21 ans. Ouvert Lu-Ve 9h-13h et 16h-19h30, Sa. 9h-13h. Cartes Visa, MC, AmEx.

Location de deux-roues : **Marco Moto**, V. Cagliari, 99-101. Scooters 44-75 € la journée, VTT 8,50 €/j. Casque fourni et assurance incluse. Age minimum 18 ans. Ouvert Lu-Ve 8h30-13h et 15h30-20h. Cartes Visa, MC, AmEx.

Vélos : **Ciclosport Cabella**, V. Busachi, 2/4 (✆/ fax 0783 721 14). Location de VTT en très bon état (8 €/j). Le personnel est très compétent. ouvert Lu-Ve 9h-13h et 16h-20h, sa 9h-13h et 17h-20h. Cartes Visa, MC, AmEx.

ORIENTATION

Pour vous rendre dans le centre-ville à partir de la gare routière ARST, prenez la sortie de derrière et tournez à gauche. Passez devant la cathédrale et continuez tout droit jusqu'à la Via de Castro, qui aboutit à la **Piazza Roma**, le cœur de la ville. A partir de la gare ferroviaire, suivez la **Via Vittorio Veneto**, la rue la plus éloignée sur votre droite, jusqu'à la **Piazza Mariano**. Puis prenez la **Via Mazzini** jusqu'à la Piazza Roma. A partir de la gare PANI, située dans la Via Lombardia, de l'autre côté de la ville, tournez à droite lorsque vous faites face au Blu Bar. Au bout de la rue, prenez à droite la **Via Tirso**, puis à gauche la **Via Cagliari**, et encore à gauche la **Via Tharros** : vous arriverez directement sur la Piazza Roma.

INFORMATIONS PRATIQUES

Office de tourisme : **Pro Loco**, V. Vittorio Emanuele, 8 (✆/fax 0783 70 620). Bien situé, l'office vous fournira des cartes et des informations sur les fêtes locales. Ouvert Lu-Ve 9h-12h et 16h30-19h30, Sa. 9h-12h30. Il existe un guichet d'informations touristiques sur la **Piazza Roma**. Ouvert Juil-Sep, Lu-Ve 9h-13h et 16h30-21h, Sa-Di 9h-13h et 16h30-22h.

Change : La **Banca Nazionale del Lavoro**, la **Banca di Napoli** et le **Credito Italiano** sont sur la Piazza Roma. Tous sont ouverts Lu-Ve 8h20-13h20 et 15h-16h30, Sa 8h20-11h50.

Consigne : Dans la gare. 1,55 € la journée. Ouvert tlj 6h-19h30. Egalement à la gare ARST (tlj 6h-19h50).

Urgences : ✆ 113. **Croix Rouge** : ✆ 0783 21 03 11. **Ambulances** : ✆ 336 813 490. **Premiers secours** : ✆ 0783 317 213.

Pharmacie : V. Umberto I, 49-51 (✆ 0783 60 338). Ouvert Lu-Ve 9h-13h et 17h-20h20.

Hôpital : V. Fondazione Rockefeller (✆ 0783 31 71).

Internet : **Centre des services culturels** à la **bibliothèque municipale**, V. Carpaccio, 9 (✆ 0783 21 16 56 ou 21 25 08). Accès gratuit. Ouvert Lu-Ve 9h-13h et 16h-19h. **Internet Point**, V. Cagliari, 288 (✆ 0783 70 144), en face de la gare routière ARST, sur la gauche. 4,20 € l'heure. Ouvert Lu-Ve 9h30-13h et 16h30-20h30.

Bureau de poste : V. Marino, 4 (✆ 0783 36 80 15). Ouvert Lu-Sa 8h15-18h30, Sa 8h15-13h. **Code postal** : 09170.

HÉBERGEMENT ET CAMPING

Comme Oristano reçoit surtout des baigneurs de passage, la concurrence est quasi inexistante entre les rares hôtels de la ville, et trouver un hébergement bon marché est assez difficile. Pour connaître les possibilités d'agriturismo intéressantes dans la campagne environnante, vous pouvez vous adresser à l'office de tourisme ou à la **Posidonia Society**, V. Umberto Principe, 64, à Riola, à 10 km d'Oristano. (&/fax 0783 411 660, www.sardegnaturismo.net, ouvert tlj 9h-13h et 16h-19h.)

ISA, P. Mariano, 50 (✆/fax 0783 36 01 01, **e-mail** isarose@tiscalinet.it). A la gare ARST, prenez la sortie de derrière, tournez à gauche, puis à droite dans la Via Vittorio Emanuele. Traversez un bout de la Piazza d'Arborea et la place voisine, la Piazza Martini, et continuez jusqu'au bout de la Via La Marmora. Là, tournez à droite, puis tout de suite à gauche. Prenez la première à droite, la Via Mazzini, en direction de la Piazza Mariano. Toutes les chambres ont des salles de bains ultrapropres, le téléphone, la télévision et l'air conditionné. Petit déjeuner compris en haute saison. Réservations recommandées pour Juil-Août. Chambre simple 40-55 €, chambre double 75-90 €, triple 85-100 €. Demi-pension 73 €. Cartes Visa, MC, AmEx. ❖❖❖❖

Hôtel Piccolo, V. Martignano, 19 (✆ 0783 715 00). A la gare ARST, prenez la sortie de derrière, tournez à droite et traversez la Piazza Mannu. Après la place, empruntez la rue qui part à gauche (et va d'est en ouest) et prenez la première à gauche. Au bout de cette rue, tournez à droite. Depuis la gare routière PANI, prenez un taxi. C'est l'hôtel le moins cher de la ville. Chambres propres, assez spacieuses mais lits bien durs. Les dix chambres ont une salle de bains, beaucoup ont un balcon. Chambre simple 31 €, chambre double 52 €. Espèces uniquement. ❖❖❖

Antonella Bed and Breakfast, V. Sardegna 140 (✆ 0783 73 863). de la P. Roma, empruntez V. Tirso et tournez à droite dans V. Sardegna. C'est à 150 m. Un endroit charmant à proximité de la vieille ville. Trois chambres seulement mais de l'espace et une décoration colorée. Salle de bains et balcon commun. Possibilité d'utiliser la cuisine. Petit déjeuner inclus. Chambre simple 25 €, double 46 €. Espèces uniquement. ❖❖

Camping : **Marina di Torregrande**, V. Stella Maris (✆/fax 0783 222 28), près de la plage et 100 m après la sortie de Torre Grande, sur la route d'Oristano (7 km). Les bus municipaux orange partent de la Via Cagliari, en face de la station ARST (2 dép/h de 7h30 à 12h30, durée 10 mn, 0,78 €). Ce camping propose des salles de bains propres, des douches chaudes, un restaurant/pizzeria, un bar et une épicerie avec des produits frais. Situé près d'une usine de traitement du goudron (ce qui peut occasionner des fumées malodorantes), il est bondé en été. 400 emplacements. Enregistrement des nouveaux arrivants 9h-12h et 16h-19h. Ouvert Mai-Sep. 4,50-5,50 € par personne, 2,80-3,50 € par enfants, 5,16-6,20 € par tente. Location d'une tente de 4 personnes 28,41 €. Bungalows disponibles à des prix variables selon la saison. Camping-car 27-33 €. Electricité 1,60 € la journée. Espèces uniquement. ❖

RESTAURANTS

A la **supérette Euro-Drink**, P. Roma, 22, vous trouverez de quoi vous ravitailler avec, en prime, quelques spécialités sardes comme les *pippias de zuccheru.* (Ouvert Lu-Sa 8h-13h30 et 17h-21h. Cartes Visa, MC.) Un **supermarché SISA** est situé V. Amiscora, 26 (ouvert Lu-Sa 8h-20h).

Ristorante Craf da Banana, V. De Castro, 34 (✆ 0783 706 69). Un peu plus cher que les autres restaurants du centre-ville, mais autrement plus stylé. Plafonds voûtés en brique, lumière tamisée et cuisine raffinée. Le chef Salvatore concocte de délicieux raviolis et des *fettucine* maison nappés d'une sauce à la viande de sanglier (7 €) *Primi* 6-7 €, *secondi*

8-13 €. Réservation conseillée. Ouvert Lu-Sa 12h-15h et 20h-23h. Cartes Visa, MC, AmEx. ❖❖

Tratorria da Gino, V. Tirso, 13 (✆ 01782 714 28). Une des adresses préférées des habitants. Cuisine traditionnelle et familiale. La suggestion du chef : *spaghetti alla bottarga* servis avec un délicieux poisson frais ou une viande. *Primi* 5,50-8 €, *secondi* 7,50-10,50 €. Ouvert Lu-Sa 12h30-15h et 20h-23h. Cartes Visa, MC. ❖❖

Pizzeria La Grotta, V. Diego Contini, 3 (✆ 0783 30 02 06), près de V. Roma. Une pizzeria immense et toujours remplie qui accueille les amateurs de pizza cuite au feu de bois. Le menu sait se montrer original. Essayez la "star" locale : *alla carciofi freschi e bottarga* (aux cœurs d'artichaut et aux œufs de poisson, 7,30 €). Ouvert tlj 19h30-24h. Cartes Visa, MC, AmEx. ❖❖

Ristorante Il Faro, V. Bellini, 25 (✆ 0783 700 02, www.ristoranteilfaro.net). Papa invente les recettes, Maman cuisine et le fils prend les commandes. Ce restaurant haut de gamme revisite la cuisine traditionnelle avec une fantaisie toujours à propos. Le *pecora* (agneau) servi avec des pommes de terre et des oignons de premier choix est un délice. Bien sûr, qualité et créativité ont un prix. *Primi* 10-15 €, *secondi* 10-15 €. Ouvert Lu-Sa 12h45-14h45 et 20h-22h45. Cartes Visa, MC. ❖❖❖❖❖

La **cuisine** sarde est, à l'image de l'île, rustique. Au menu des restaurants, on trouve souvent des plats copieux comme la *sa fregula* (pâtes cuites dans un bouillon au safran), les *malloreddus* (pâtes en forme de coquillages), les *culurgiones* (raviolis au fromage et à la betterave, accompagnés de sauce tomate, de jambon et de saucisses) ou le *pane frattau* (pain très mince garni d'œufs, de fromage et de sauce tomate). Les plats les plus appréciés sont les viandes grillées (porc ou chevreau), le *cardo* (abats d'agneau) et le porc cuit dans un estomac d'agneau. Les gastronomes audacieux peuvent goûter le *casu fatizzu* (du fromage infesté de vers), considéré comme un mets royal, mais malheureusement (ou heureusement ?) difficile à trouver. Les vins locaux, souvent fruités et forts, méritent qu'on s'y attarde. Essayez le *Vernaccia d'uva* (à l'arrière-goût d'amande) pour accompagner un plat de poisson, ou un robuste *Cannonau di Sardegna* pour accompagner les viandes rouges.

VISITES ET ACTIVITÉS DE PLEIN AIR

L'ÉGLISE SAN FRANCESCO. Cette église aux couleurs pastel fut reconstruite (de façon pesante) à la mode néo-classique au XIXe siècle, mais l'intérieur a conservé son aspect originel. Pour preuve, une simple croix, assez laide, sur laquelle est fixé un christ au corps émacié et torturé. Même s'il s'est avéré que l'auteur était en fait un professeur de culture catalane du XVIe siècle, les citadins, à l'origine, ont affirmé que c'est saint Nicodème qui aurait sculpté la croix, une image aussi précise et aussi vivante ne pouvant émaner que d'un témoin direct de la crucifixion. La sacristie, inspirée du Panthéon, renferme un polyptyque du XVIe siècle, *Saint François recevant les stigmates*, et une statue en marbre de saint Basile, par Nino Pisano, du XIVe siècle. San Francesco est la plus grande église de Sardaigne. *(Piazza d'Arborea, au bout de la Via de Castro. Ouvert tlj. Messe Di 9h. Entrée libre.)*

LA TOUR SAN MARIANO II. La Piazza Roma est dominée par la **Torre San Mariano II**, datant du XIIIe siècle, qui fut autrefois une entrée fortifiée de la ville médiévale. Les soirs d'été, les jeunes du coin se réunissent sur la place et sur le Corso Umberto I adjacent pour flirter, boire de l'Ichnusa (la bière sarde) et parler des heures avec leur téléphone portable.

ANTIQUARIUM ARBORENSE. Ce musée abrite une collection modeste mais fascinante d'objets nuragiques, puniques, phéniciens et romains issus des fouilles de Tharros. Des urnes, des coupes, des récipients et des poteries de toutes formes et de toutes tailles sont exposés, ainsi qu'une maquette de l'ancienne Tharros. *(Piazzetta Corrias, près de la Piazza d'Arborea. © 0783 744 33. Ouvert Lu, Me et Ve-Sa 9h-14h et 15h-20h ; Ma et Je 9h-14h et 15h-23h. Accessible aux handicapés. Entrée 3 €.)*

LA BASILIQUE SANTA GIUSTA. Dans sa synthèse des influences lombarde et pisane, cette basilique du XIIe siècle est typiquement sarde. Loin d'inspirer une pieuse tranquillité, la façade sculptée présente deux petits lions dépeçant et dévorant un cerf. *(V. Manzoni, 2, sur la route de Cagliari, à 3 km de la ville. Prenez le pullman ARST en direction d'Arborea et descendez au premier arrêt (1 dép/h de 6h15 à 20h05, durée 5 mn, 0,67 €). Basilique © 0783 35 92 05. Ouvert tlj 7h30-12h30 et 16h-19h30. Entrée gratuite.)*

ACTIVITÉS DE PLEIN AIR. A Rimedio, le **Maneggio Ippocamo**, dans la Strada Oristano Torregrande, organise des promenades à cheval d'une journée. *(© 333 479 49 55. Ouvert Lu-Sa 9h-18h. Excursions 95 €, déjeuner compris. Leçons 15 € l'heure. Réductions pour les groupes de 5 personnes et plus.)* La **Posidonia Society** (voir Hébergements et camping) propose des visites de vignobles et des circuits gastronomiques dans les environs.

FÊTES

Le dernier dimanche du carnaval et le mardi suivant (généralement en mars) a lieu la **Sartiglia**, la plus grande fête d'Oristano. Les habitants d'Oristano revêtent leurs plus beaux habits traditionnels (tenue d'équitation, masques et petits chapeaux) pour célébrer cette fête annuelle qui remonte au XVIe siècle. Il s'agit d'une "joute céleste" : des cavaliers portant des masques blancs et habillés de façon équivoque (leurs vêtements sont androgynes) défilent dans la rue. Peu après, une équipe de *falegnami* (bûcherons) se bat contre l'équipe des *contadini* (fermiers). Toutes deux descendent la rue au galop en essayant de transpercer, du bout de leurs épées, des étoiles en métal de 20 cm de diamètre.

EXCURSION DEPUIS ORISTANO : LA PÉNINSULE DU SINIS

*Pour vous rendre à **Tharros** à partir d'Oristano, prenez le bus ARST jusqu'à San Giovanni di Sinis (direction Is Arutas, Juil-Août 5 dép/j de 9h à 19h05, dernier retour à 19h45, durée 40 mn, 1,45 €). Les ruines ouvrent tlj 9h-19h, entrée 4 €. Pour aller à **S'Archittu**, prenez le bus ARST (8 dép/j de 7h10 à 19h10, dernier retour 19h10, durée 30 mn, 1,45 €). Le bus ARST pour **Is Arutas** n'est en service qu'en juillet et en août (5 dép/j de 9h à 19h05, durée 50 mn, 1,45 €). De même pour le bus ARST vers **Putzu Idu** (direction Su Pallosu, 7 dép/j de 7h à 18h18, dernier retour 19h07, durée 1h, 1,76 €). Pendant le reste de l'année, prenez le bus local orange et suivez les Italiens qui se rendent à la plage, plus ordinaire, de **Torregrande** (2 dép/h, durée 15-20 mn, 0,88 €).*

Aller à Oristano sans visiter la péninsule du Sinis est aussi impardonnable que d'être en Italie et ne pas manger de pâtes. C'est une terre merveilleuse qui abrite de paisibles plages, des falaises blanches abruptes, des collines ondoyantes et des ruines antiques. Les sites sont desservis de façon irrégulière par les transports en commun, mais armez-vous de courage (et d'argent) et louez une mobylette ou une voiture : la péninsule peut se découvrir en une journée.

Sur la pointe sud de la presqu'île, à 17 km à l'ouest d'Oristano, émergent les ruines de l'ancien port phénicien et romain de ❤ **Tharros**. L'essentiel de la ville reste enfoui, mais les fouilles ont révélé des fortifications puniques, un temple romain consacré à Déméter, un baptistère paléochrétien et un temple phénicien. Deux colonnes blanches, dont l'une est brisée, s'élèvent au-dessus des ruines et de la mer. La tour de guet médiévale au sommet de la colline offre une vue superbe. (Ouvert tlj 9h-13h et 16h-19h, entrée 2 €).

Après Tharros, une route en terre court jusqu'au **Capo San Marco**, la pointe de la péninsule où se dresse un phare. C'est ici que les Phéniciens débarquèrent pour la première fois. Des franges de sable blanc bordent la côte.

La petite ville balnéaire de **San Giovanni**, à 1,5 km au nord de Tharros, abrite une basilique paléochrétienne. On estime qu'elle a été édifiée en l'an 470. Respectant les canons du style byzantin, son plan est en forme de croix grecque. La basilique, dédiée à saint Jean-Baptiste, a été abîmée lors des raids arabes. Un habitant de Cabras l'a restauré à ses frais en 1838. C'est l'une des églises les plus vénérées de l'île.

La plage d'❤ **Is Arutas**, difficile d'accès mais très fréquentée, vaut le détour. On y accède en bus depuis San Giovanni di Sinis. Son sable blanc d'une finesse extrême est caressé par des eaux d'un bleu qu'on ne trouve qu'en Sardaigne. A des kilomètres des habitations de la côte, loin de toute civilisation, c'est l'endroit idéal pour à se détendre. Au retour, le bus vers Oristano passe par le village de **San Salvatore** et son sanctuaire élevé en 1780. Chaque année, entre la fin août et le premier dimanche de septembre, des milliers de jeunes gens, pieds nus et vêtus d'une tunique blanche, portent en courant la statue du Saint patron de la Chiesa Maggiore, à Cabras, jusqu'à San Salvatore. Cette course évoque un épisode légendaire de 1506 qui vit les hommes du village se porter au secours de la statue du saint après que les Maures eurent ravagé la presqu'île.

En remontant vers le nord, on parvient aux plages en pente douce et aux eaux peu profondes de **Putzu Idu**. C'est le territoire des petits bateaux de pêche, des algues et des amoureux du bronzage. Plusieurs clubs de plongée proposent leurs services, notamment le **Diving Club Putzu Idu** (*© 0783 53 712*). Il est possible également d'embarquer pour des expéditions en kayak de mer.

Ajoutant à la beauté de la côte, en direction du nord mais toujours sur la péninsule (près de la route menant à Cuglieri), se tient **S'Archittu**, ville calme agrémentée d'une magnifique plage où la jeunesse vient s'étendre et barboter, à 15 m à peine d'un arc calcaire émergeant des flots au milieu d'un extraordinaire paysage rocailleux.

PROVINCE DE SASSARI

ALGHERO ©079

Durant la journée, la brise marine vient caresser les dunes de sable des magnifiques plages du bord de mer. A la nuit tombée, ce sont les ruelles médiévales sinueuses et les voûtes gothiques du centre historique que le vent balaie, fouettant les murs de ses trois tours, rafraîchissant les ardeurs des amoureux du Lungomare tout en répercutant les échos des concerts qui animent sa vie nocturne. Les vignobles, les ruines et les promenades à cheval ne sont qu'à quelques heures des rues pavées et des parcs plantés de palmiers d'Alghero. Si vous avez choisi de rester en ville, vos journées seront bien remplies. L'histoire de la ville révèle des siècles de présence méditerranéenne, depuis les Sardes jusqu'aux Aragonais en passant par les Génois. Le centre historique fascine par ses témoignages d'une culture riche en apports extérieurs surgissant au coin de chaque rue. En plus de l'italien, ne vous étonnez pas d'entendre parler un dialecte ressemblant au catalan, souvenir de la présence des troupes de Pierre Ier d'Aragon, qui conquit la ville au XIVe siècle; la ville est d'ailleurs surnommée "Barcelonetta". L'architecture et la cuisine locales (les restaurants proposent des pâtes aussi bien que de la paella) trahissent également l'influence aragonaise.

TRANSPORTS

Avion (© 079 93 50 39 ou 935 282) : Aéroport près de **Fertilia**, à 6 km au nord d'Alghero. Vols domestiques toute l'année, charters vers l'Europe seulement l'été.

Train : V. Don Minzoni (© 079 95 07 85), au nord de la ville. Prenez les bus **AP** ou **AF** à l'arrêt qui se trouve en face de la Casa del Caffè, dans le parc (3 dép/h), ou marchez 1 km en longeant le port. Ouvert tlj 5h45-21h. Si vous achetez un billet au **guichet FS** du parc, vous pouvez utiliser le bus de ville gratuitement pour aller à la gare. Consigne disponible. Destination : **Sassari** (11 dép/j de 6h01 à 20h47, moins de trains le Di., durée 40 mn, 1,81 €, a/r 3,10 €).

Bus :

ARST (✆ 800 865 042) et **FDS** (✆ 078 95 04 58) : Les bus bleus partent de la Via Catalogna, près du parc. Les tickets s'achètent au minuscule guichet qui se trouve dans le parc. Destinations : **Bosa** (4 dép/j de 6h35 à 19h30, durée 1h30, 1,76 €), **Porto Torres** (8 dép/j de 4h50 à 20h50, durée 1h, 2,58 €) et **Sassari** (18 dép/j de 5h35 à 19h, durée 1h, 2,58 €).

FS (✆ 079 95 04 58) : Bus municipaux orange. Achetez vos tickets (0,57 €) dans un bureau de tabac. Carnet de 12 tickets 5,68 €. Les bus partent de la Via Cagliari, en face du bar Casa del Caffè. Ils desservent l'**aéroport** (6 dép/j de 5h45 à 20h30, dernier retour à 23h45, durée 20 mn). La ligne **AF** circule entre **Fertilia** et la Via Cagliari avec un arrêt au port (1 dép/40 mn de 7h10 à 21h30, retour de Fertilia de 7h50 à 21h50), la ligne **AP** assure une liaison jusqu'à la gare depuis la Piazza della Mercede (3 dép/h de 6h20 à 21h), la ligne **AO** relie le *lido* (plage) et l'hôpital à la Via Cagliari (2 dép/h de 7h15 à 20h45), et la ligne **AC** se rend à Carmine (2 dép/h de 7h30 à 20h).

Taxi (✆ 079 97 53 96) : Les taxis stationnent en face de la banque BNL, dans la Via Vittorio Emanuele, et à l'aéroport.

Location de voitures : **Avis**, P. Sulis, 9 (✆ 079 979 577), ou à l'aéroport de Fertilia (✆ 079 935 064). Voitures à partir de 60 € la journée avec kilométrage illimité. Age minimum 25 ans. Cartes de crédit obligatoires. ouvert Lu-Ve 8h30-13h et 16-19h ; Di 8h30-13h. Cartes Visa, MC, AmEx. **Europcar** (✆ 079 93 50 32), à l'aéroport. 70 € la journée, assurance comprise. 150 km par jour maximum. Ouvert tlj 8h-23h.

Location de deux-roues : **Cycloexpress di Tomaso Tilocca** (✆/fax 079 98 69 50, www.cicloexpress.com), au port, près du croisement de la Via Garibaldi et de la Via La Marmora. Tarifs à la journée : VTT 8-10 €, scooters 25-35 €. Carte de crédit obligatoire. Cartes Visa, MC, AmEx. Ouvert Lu-Sa 9h-13h et 16h-20h30, Di 9h-13h.

ORIENTATION ET INFORMATIONS PRATIQUES

Les bus ARST vous déposeront à l'intersection de la **Via Catalogna** et de la **Via Cagliari**, sur le bord de mer, à deux pas du port. L'office de tourisme, situé **Piazza Porta Terra**, s'étend en diagonale de l'autre côté du petit parc, à droite des tours du **centre historique**, facilement repérables. Le centre-ville est assez éloigné de la gare, mais vous pouvez y accéder facilement avec les bus municipaux orange (lignes AF et AP). Si vous préférez marcher depuis la gare, suivez la **Via Don Minzoni** jusqu'à ce qu'elle devienne la **Via Garibaldi**, au bord de l'eau. La vieille ville est à gauche, la ville nouvelle à droite.

Office de tourisme : P. Porta Terra, 9, près de l'arrêt de bus à droite (✆ 079 97 90 54, www.infoalghero.it), en marchant en direction de la vieille ville. C'est l'office de tourisme le mieux conçu de Sardaigne et peut-être même d'Italie. Les employés, très attentionnés, parlent français et vous offriront une carte avec un index des rues et proposent des visites guidées de la ville et des excursions dans les villages voisins. Ouvert Avr-Oct, Lu-Sa 8h-20h et Di. 9h-13h. Nov-Mars : Lu-Sa 8h-14h.

Equitation : **Club Ippico Capuano** (✆ 079 97 81 98), à 3 km d'Alghero dans la Strada Villanova. On viendra vous chercher à Alghero pour 5 € par personne. Pour les excursions guidées de l'après-midi, réservez 2 à 3 jours à l'avance. 15,50 € l'heure. Séjour d'un week-end : 129 €.

Visites guidées des vignes : L'entreprise **Sella e Mosca** (✆ 079 99 77 00, sella-mosca@algheronet.it), à 11 km d'Alghero en direction de Porto Torres, dispose d'une boutique (ouvert Lu-Sa 8h30-13h et 15h-19h30, Juin-Août tlj) et propose une visite de ses installations (15 Juin-Sep, Lu-Sa à 17h30, sur demande en hiver). La **coopérative viticole Santa Maria La Palma** (✆ 079 99 90 44) a aussi une boutique et organise des visites à la demande (ouvert Juin-Sep Lu-Sa 8h-13h et 15h30-20h, en Aoû également Di 8h-13h ; Oct-Mai Lu-Ve 7h30-13h et 14h30-17h30).

Change : **Banca Nazionale del Lavoro**, V. Vittorio Emanuele, 5 (© 079 980 122), face à l'office de tourisme. **Distributeur automatique** disponible 24h/24. Ouvert Lu-Ve 8h20-13h20 et 15h-16h30, Sa 8h20-11h50. Bureau de **change** également au **bureau de poste**.

Consigne : Dans la gare ferroviaire. 0,77 € la journée.

Librairie : **Mondolibro**, V. Roma, 50 (© 079 98 15 55), vend des classiques et des best-sellers en plusieurs langues. Ouvert tlj 9h30-13h et 16h30-24h.

Urgences : © 113. **Carabinieri** : © 112.

Police : P. della Mercede, 4 (© 113 ou 079 97 20 00).

Ambulances : © 118 ou 079 97 66 34 ou 079 98 70 05. **Premiers secours** : © 079 99 62 33.

Pharmacie de garde : Toutes les pharmacies sont de garde. **Farmacia Puliga di Mugoni**, V. Sassari, 8 (© 079 97 90 26), en face du marché. Ouvert Mai-Oct, Lu-Sa 9h-13h et 17h-21h30 ; Fév-Avr 9h-13h et 16h30-20h30 ; Nov-Janv 9h-13h et 16h-20h. Cartes Visa, MC, AmEx.

Hôpital : **Ospedale Civile**, Regione la Pietraia, V. Don Minzoni (© 079 99 62 00).

Internet : **Bar Miramar**, V. Gramisci, 2 (© 079 97 31 027). 5 € l'heure. Ouvert tlj 8h-13h et 14h30-24h30.

Bureau de poste : V. Cardacci, 33/35 (© 079 972 02 31). Poste restante (à côté du bureau principal) Lu-Ve 8h15-18h15, Sa 8h15-13h. **Code postal** : 07041.

HÉBERGEMENT ET CAMPING

En juillet et en août, les chambres sont prises d'assaut et les prix montent en flèche. Aussi, à moins que vous n'ayez réservé à l'avance ou que vous soyez prêt à prendre une demi-pension, envisagez la possibilité de descendre à l'auberge de jeunesse de Fertilia ou de vous diriger vers les hôtels qui bordent la plage. L'office de tourisme vous donnera tous les renseignements concernant les chambres chez l'habitant à la campagne (*agriturismo*).

❤ **Hostal d l'Alguer (HI)**, V. Parenzo, 79 (©/fax 079 93 20 39), à Fertilia, à 6 km d'Alghero. Du port, prenez le bus orange AF vers Fertilia. A l'arrêt, tournez à droite et descendez la rue. L'auberge est sur la droite. Elle contient 100 lits, un bar, des tables de billard. Il est possible de louer des vélos. Accès internet et téléphone dans le hall d'accueil. Déjeuner et dîner 8 €. Réception ouverte tlj 7h-10h, 12h-14h30 et 15h30-24h. Petit déjeuner inclus. Carte HI obligatoire. Dortoirs 4-6 lits 13 €, chambres familiales 2 lits 16-18 €. ❖

❤ **Hôtel San Francesco**, V. Machin, 2 (©/fax 079 98 03 30, www.sanfrancescohotel.com). En tournant le dos à l'office de tourisme, allez tout droit et prenez la troisième à droite. 21 chambres dans un cloître. Toutes ont une salle de bains, le téléphone, des beaux murs de pierre et des prières de saint François accrochées au-dessus du lit. Petit déjeuner servi en terrasse. Réservation nécessaire pour Juil-Août. Chambre simple 35-55 €, chambre double 60-85 €. Cartes Visa, MC. ❖❖❖

Bed and Brekfast MamaJuana, Vicolo Adami, 12 (© 339 136 97 91, www.mamajuana.it). Dans une rue tranquille de la vieille ville, parallèle à la V. Roma. Quatre chambres d'inspiration médiévale, avec des meubles patinés, des tableaux inspirés, une salle de bains et la TV. La rue est parfois bruyante. Petit déjeuner inclus (il est servi dans un café voisin). Le ménage coûte un supplément. Chambre simple 25-40 €, double 45-70 €. Espèces uniquement. ❖❖❖

Hotel la Margherita, V. Sassari, 70 (© 079 97 90 06, fax 97 64 17), près de l'intersection avec P. Mercedes. 53 chambres spacieuses, avec des meubles en bois et des lustres au plafond. Toutes sont avec salle de bains, A/C, téléphone et TV. Certaines ouvrent sur un balcon. La terrasse sur le toit est un endroit idéal pour sympathiser avec d'autres voyageurs ou simplement prendre un bain de soleil. Petit déjeuner inclus. Chambre simple 45-60 €, double 75-95 €, triple 115-130 €. Cartes Visa, MC. ❖❖❖❖

Camping : **La Mariposa**, V. Lido (© 079 95 03 60, www.lamariposa.it), à 1,5 km d'Alghero sur la route de Fertilia et à proximité de la plage. Réservations recommandées en été. Ouvert Mars-Oct. 7-10,50 € par personne, enfants entre 3 et 13 ans 5-8,50 €. Bungalow (4 personnes) 44-72 €. 3-5 € par tente, 1,76 € par voiture, tente et voiture gratuites Avr-Juin. Réduction de 10 % pour les très grands groupes. ❖

RESTAURANTS

Dans la Via Sassari, à deux rues de l'office de tourisme, vous trouverez un **marché** proposant tous les matins des produits frais sardes. Chaque mercredi, la foule envahit le **marché découvert** de la Via de Gasperi. Depuis la Via Cagliari, prenez le bus spécial sur lequel est indiqué *linea mercato*. Ne manquez pas l'**Antiche Cantine del Vino Sfuso**, C. Vittorio Emanuele, 80, une *cantina sociale* qui propose du vin de table bon marché mais correct, stocké dans des machines futuristes géantes, pour 1 € le litre (ouvert Lu-Sa 8h30-13h et 16h30-20h, cartes Visa, MC). Méfiez-vous des menus attrape-touristes d'Alghero : la plupart s'élèvent à plus de 15 €, pour quelques calamars frits accompagnés de spaghettis à la sauce tomate.

❤ **Al Tuguri**, V. Maiorca, 113 (© 079 976 772, www.altuguri.it). Une cuisine traditionnelle épicée d'une touche d'audace vaut à ce restaurant son excellente réputation. L'inoubliable menu cinq-plats est composé en fonction des arrivées du marché (viande, poisson ou végétarien 26-28 €). Il est conseillé de réserver. *Primi* 8,50-9,50 €, *secondi* 8,50-14,50 €. Ouvert Lu-Sa 12h30-14h et 20h-22h30. Cartes Visa, MC. ❖❖❖❖

Ristorante Da Ninetto, V. PGiobert 4 (© 079 97 80 62). Sur la P. Porta terra, prenez la V. Simon puis à droite la V. Gioberti. Le propriétaire a transformé cet ancien pressoir à olives du VIIIe siècle en un endroit *cosy*. Spécialités de poisson. Pour une douceur, goûtez le *seadas* fait maison (fromage frit et sucré au miel). *Primi* 8-20 €, *secondi* 10-16 €. Ouvert tlj 12h15-14h30 et 19h15-23h45. Cartes Visa, MC, AmEx. ❖❖❖❖

Trattoria Maristella, V. Kennedy, 9 (© 079 978 172). Un peu à l'écart du centre, c'est un repaire d'habitués. On y mange les meilleurs poissons de la ville. La *Fregola con vozze e vongole* (semoule aux fruits de mer) est vivement recommandée. *Primi* 6,50-8 €, *secondi* 7-12,50 €. Cartes Visa, MC, AmEx. ❖❖❖

Osteria Taverna Paradiso, V. Principe Umberto, 29 (© 079 97 80 01). Avec ses voûtes en ogive, l'osteria est un endroit charmant pour dîner dans le centre. Viandes et poisson au menu. Le plateau de fromages vaut le détour. *Primi* 6,20-9,30 €, *secondi* 8,30-13 €. Ouvert tlj 12h-14h30 et 19h30-24h. Cartes Visa, MC. ❖❖❖

VISITES

Une agréable promenade à travers le centre historique vous fera découvrir de minuscules allées et des églises à demi cachées, ainsi que les anciennes fortifications de la cité. Il est difficile de se diriger dans la vieille ville sans un plan : arrêtez-vous donc à l'office de tourisme avant d'aller plus avant. La **Torre di Porta Terra** domine l'entrée de la ville, près des jardins publics. Elle fut financée par la communauté juive au XVe siècle, et est parfois nommée la Torra degli Ebrei. Suivez la V. Roma puis tournez à gauche sur la V. Principe Umberto pour jeter un œil au **Teatro Civico**, construit au XIXe siècle, et au **Palazzo Machin**, un superbe exemple d'architecture gothique catalane.

Commencée en 1552, la **Cathédrale di S. Maria** *(V. Roma.)* ne fut achevée que 178 ans plus tard. Sa façade est un mélange des styles gothique et catalan. Partiellement rebâtie au XIXe siècle, la cathédrale a conservé son remarquable chœur et son campanile gothiques, ainsi que ses admirables mosaïques qui représentent saint Jean-Baptiste.De la V. Roma, il suffit de s'engager sur la V. Carlo Alberto pour découvrir l'**église San Francesco**. La lourde façade néo-classique de cette église dissimule un ravissant presbytère gothique. Erigée au XIVe siècle, l'église fut partiellement rebâtie au XVIe siècle, comme le laissent apparaître les pierres de différentes couleurs utilisées au cours des deux phases de construction. La V. Carlo Alberto se termine Piazza Sullis où se dresse la **Torre dello Sperone**. C'est là que furent emprisonnés les soldats français qui tentèrent de ravir la ville en 1412. Au XIXe siècle, le patriote sarde Vincenzo Sulis y fut aussi tenu en captivité.

Avec ses falaises qui plongent dans la mer et son relief escarpé, la campagne autour d'Alghero est de toute beauté. C'est une destination appréciée des amateurs de VTT et de randonnée. L'office de tourisme met à disposition la liste des sentiers balisés. La **réserve naturelle Le Progionnette** est l'une des plus prisées. Elle se trouve à Porto Conte, sur la route qui mène à Capo-Caccia. Les bus qui desservent les grottes de Neptune (voir plus loin) passent par la réserve trois fois par jour. Les chemins de randonnée serpentent dans la montagne et mènent jusqu'à des promontoires qui dominent la mer. Il n'est pas rare de croiser des chevaux sauvages. La **maison forestière**, à l'entrée de la réserve pourra vous conseiller sur les itinéraires. Leurs cartes sont bien faites. (✆ 079 94 90 60, ouvert Lu-Ve 8h-16h, Sa et Di 9h-17h).

Les bus FDS assurent une liaison directe vers **Porto Conte** (durée 30 mn, dép. toutes les heures de 7h10 à 23h30, 0,88 €). De là, une route non goudronnée conduit à la **Punta Giglio Reserve**. Le trajet à vélo n'est pas de tout repos mais il en vaut la peine. Après 3 km, on atteint le pic calcaire de Punta Giglio, qui offre un panorama unique sur la région. Des baraquements de la Seconde Guerre mondiale se trouvent sur les lieux. Au départ d'Alghero, les routes côtières en direction de Porto Conte et du Capo Caccia sont aussi prétexte à des belles balades à vélo. La circulation routière n'y est jamais très dense.

SORTIES

C'est une fois la nuit tombée que la ville s'anime. Les fêtards prennent alors d'assaut les ruelles exiguës du centre historique et occupent les promenades jusqu'au petit matin (si vous dormez à l'auberge de jeunesse, n'oubliez pas que le dernier bus pour Fertilia part à 23h30). Les bars et leurs terrasses s'alignent le long du **Lungomare Dante** et attirent les habitants en quête de brises nocturnes et de musique. Pour une soirée détente sans complexe, faites un tour à **Poco Loco**, V. Gramsci, 8 (descendez le Lungomare Dante vers la ville et dépassez la P. Sullis). L'endroit est célèbre pour ses pizzas d'un mètre de diamètre qui débordent de toppings ! On y trouve aussi six pistes de bowling, des postes Internet et une salle de concerts qui programme de bons groupes le week-end (✆ 079 97 31 034. Ouvert tlj l'été 20h-3h). Plus près de la mer, le **Bar del Trò**, Lungomare Valencia, 3, organise des concerts après 23h30 (ouvert Mai-Oct, tlj 21h-6h ; Nov-Avr 19h30-3h). La **Discoteca Il Ruscello**, Località Angeli Custodi, 57, à 2 km d'Alghero sur la route de Fertilia, accueille les danseurs purs et durs. Le week-end, le dance-floor est plein à craquer. Il héberge 2000 personnes sur trois étages, la plupart arrivant après 2h. (✆ 079 95 31 68, www.ruscellodisco.com. Ouvert 16 Juil-24 Août tlj 24h30-6h. Le reste de l'année Ve-Sa 24h30-6h. Cover 20 $, incluant une boisson. Cartes Visa/MC/AmEx.)

EXCURSION DEPUIS ALGHERO : ❤ LES GROTTES DE NEPTUNE

*Les **bus** FDS (✆ 079 95 01 79) desservent Capo Caccia et Porto Conte (3 dép/j de 9h15 à 17h15, dernier retour à 18h05, durée 50 mn, 1,76 €). L'autre solution pour rejoindre la grotte, plus agréable et plus simple, consiste à y accéder par la mer. Les **bateaux** Navisarda Grotte di Nettuno (✆ 079 97 62 02, 079 95 06 03 ou 079 97 89 61) partent toutes les heures du Bastione della Maddalena d'Alghero (8 dép/j de 9h à 17h, moins en hiver, durée 1h, 10 €, enfants de moins de 13 ans 6 €).*

Le duc de Buckingham avait surnommé les **Grotte di Nettuno** "le miracle des dieux". Ces grottes magnifiques sont dotées d'innombrables formations géologiques. Elles ont mis entre 60 et 70 millions d'années pour devenir une des plus grandes attractions touristiques de Sardaigne, alors faites attention où vous marchez : un cm^3 de stalactite met un siècle pour se former. Si vous le demandez, une visite guidée peut être effectuée dans pratiquement n'importe quelle langue. Les grottes s'ouvrent sur le **Capo Caccia**, un promontoire particulièrement abrupt dans le prolongement de **Porte Conte**. Une fois arrivé, vous pourrez descendre les fameuses 632 marches qui dégringolent entre les falaises blanches jusqu'à la mer. (© 079 94 65 40. Ouvert Avr-Sep, tlj 9h-19h ; Oct. 10h-16h ; Nov-Mars 9h-13h. Groupes admis toutes les heures. Entrée 8 €, moins de 12 ans 4 €.)

Les **bus ARST** qui vont à **Capo Caccia** s'arrêtent en chemin au **nuraghe Palmavera** (© 079 95 32 00), où s'élève une tour entourée de plusieurs huttes en pierre et datant de 1500 av. J.-C. (Ruines ouvertes Avr-Oct, tlj 9h-19h ; Nov-Mars 9h30-16h. Entrée 2,07 €, avec visite guidée 3,62 €.) Appelez le © 079 95 32 00 pour des informations sur les visites proposées par la **coopérative S.I.L.T**. Visites en français, anglais, allemand ou espagnol si vous réservez votre place à l'avance.)

SASSARI ©079

Première commune libre de Sardaigne en 1294, Sassari reposa sur ses fortifications médiévales jusqu'à la fin des années 1800. Au cours des cent dernières années, elle est devenue un important centre pétrochimique et la deuxième ville la plus importante de Sardaigne. Grâce à son université attirant les jeunes de l'île mais aussi des pays voisins, la ville continue de jouir d'une importante présence étudiante. Assemblée le long des grands boulevards et sur la Piazza d'Italia, qui date du XVIIIe siècle et a été récemment restaurée, la jeunesse rebelle de Sassari jette des regards circonspects aux sinistres processions religieuses dont les participants portent à bout de bras les symboles de la Passion du Christ. Dès que la procession s'éloigne, les adolescents peuvent enfin rallumer leurs téléphones portables et ponctuer de "pronto" leurs conversations. Ville de contraste, à la fois jeune et très pratiquante, Sassari a le niveau de vie le plus élevé de l'île.

TRANSPORTS

Avion (© 079 93 50 39) : A 35 km au sud de Sassari, près de **Fertilia**. Comptez environ une heure pour aller à l'aéroport depuis la gare routière (voir **ARST**, plus loin). Vols intérieurs pendant toute l'année et charters à destination de l'Europe en été.

Train : P. Stazione (© 079 26 03 62), à quelques pas de la Piazza Sant'Antonio. Prenez le bus n° 8 depuis la Piazza d'Italia. Les tickets de bus sont en vente au kiosque de la gare (0,57 €). Consigne disponible. Destinations : **Alghero** (11 dép/j de 6h09 à 20h55, durée 35 mn, 1,81 €), **Cagliari** (7 dép/j de 7h04 à 18h45, durée 3h30, 12,10 €), **Olbia** (6 dép/j de 8h02 à 20h40, durée 2h, 5,60 €) et **Porto Torres** (9 dép/j de 6h à 18h40, durée 20 mn, 1,25 €).

Bus :

ARST (informations © 079 263 92 06, www.arst.sardegna.it). Les billets s'achètent au Tonni's Bar, C. Savoia, 11. Les bus partent de la Via d'Italia, dans le jardin public, et desservent **Nuoro** (dép. 9h35 et 14h50, durée 2h, 6,30-7,64 €) et **Porto Torres** (1-2 dép/h de 5h20 à 22h, durée 35 mn, 1,19 €). Les bus à destination de **Castelsardo** (11 dép/j de 7h20 à 19h45, durée 1h, 2,01 €) et de l'**aéroport de Fertilia** (5-6 dép/j de 7h25 à 19h30, durée 40 mn, 1,76 €) partent devant le Tonni's Bar.

FDS (© 079 24 13 01), dont les bus partent de la V. XXV Aprile, dessert les localités environnantes. Achetez vos billets dans le bar Garibaldi, Emiciclo Garibaldi, 26. Destination : **Alghero** (13 dép/j de 5h50 à 18h15, durée 1h30, 1,50 €) et **Castelsardo** (tlj 11,35, durée 1h, 1,10 €).

PANI, V. Bellini, 25, non loin de la Piazza d'Italia (© 079 23 69 83). Bureau ouvert Lu-Ve 5h30-6h35, 8h30-14h15 et 17h-19h15, Sa-Di 5h30-6h35, 9h-9h30, 12h-14h15 et 17h-19h15. Les bus partent de la Piazza d'Italia, à destination de **Cagliari** (7 dép/j de 6h à 19h15, durée 3-4h, 13,43 €) via **Oristano** (4 dép/j de 6h36 à 19h15, durée 2h15, 7,18 €), **Nuoro** (6 dép/j de 6h36 à 19h15, durée 2h30, 6,77 €) et **Torralba** (6 dép/j de 6h36 à 19h15, durée 40-60 mn, 2,32 €).

Taxi : **Radio-taxi** (© 079 26 00 60). Service 24h/24.

Location de voitures : **Avis**, V. Mazzini, 2 A/B (© 079 23 55 47). A partir de 72 € la journée. Age minimum 25 ans. Ouvert Lu-Sa 8h30-12h30 et 16h-19h. **Eurorent**, V. Roma, 56 (© 079 23 23 35), propose des voitures catégorie B pour 60 € la journée. Age minimum 21 ans. Ouvert Lu-Sa 8h30-13h et 15h30-19h.

ORIENTATION ET INFORMATIONS PRATIQUES

Tous les bus de la ville s'arrêtent aux *Giardini publici* (le parc de la ville) avant d'aller à la gare routière. Puisque ces jardins sont proches des centres d'intérêt de Sassari, descendez à l'arrêt de la **Via d'Italia**, dans le parc, à moins que vous n'ayez réservé une chambre d'hôtel près de la gare. L'**Emiciclo Garibaldi**, de forme semi-circulaire, se trouve droit devant, après la **Via Margherita di Savoia**. Pour vous rendre dans le centre-ville, traversez l'Emiciclo Garibaldi. Vous arriverez sur la **Via Carlo Alberto**, qui aboutit à la **Piazza d'Italia**. Le superbe bâtiment de l'administration provinciale, le Palazzo Provincia, se trouve juste en face. A droite, la **Via Roma** vous mènera à l'office de tourisme et au Museo Sanna. A gauche se trouve la **Piazza del Castello**, avec ses restaurants bondés, où il est agréable de prendre un verre en regardant les va-et-vient des badauds, à 200 m du **Corso Vittorio Emanuele** (une des artères principales de la ville).

Office de tourisme : V. Roma, 62 (© 079 23 17 77), à droite de la Piazza d'Italia lorsque vous faites face au Palazzo Provincia. Passez le portail puis le porche sur la droite : la porte est à droite du couloir. Sonnez et entrez. Le personnel vous fournira un grand plan avec un index, des renseignements sur les hébergements et les horaires des bus et des trains. Ouvert Lu-Je 9h-13h et 16h-18h, Ve. 9h-13h.

Voyages à prix réduit : **CTS**, V. Manno, 35 (© 079 20 04 00). Le personnel aide aussi les étudiants à trouver une chambre. Ouvert Lu-Ve 9h30-13h et 16h30-19h, Sa. 9h30-13h.

Billets de ferry : **Ajo Viaggi**, P. Fiume, 1 (© 079 20 02 22, fax 079 23 83 11, ouvert Lu-Sa 8h30-13h et 15h30-19h30). **Agitour**, P. d'Italia, 13 (© 079 23 17 67, fax 079 23 69 52). Ouvert Lu-Ve 9h-13h et 16h-19h30, Sa 9h-13h.

Change : La **Banca Commerciale d'Italia**, P. d'Italia, 22-23, possède un **distributeur automatique** à l'extérieur. Ouvert Lu-Ve 8h20-13h20 et 14h35-16h05, Sa. 8h20-11h50. Beaucoup d'autres banques ont des bureaux alentour.

Consigne : Dans la gare ferroviaire (© 079 26 03 62). 3 € les 12h. Ouvert tlj 6h50-20h50.

Librairies : **Demetra di Sassari**, V. Cavour, 16 (© 079 20 13 118). Grand choix de best-sellers et de classiques en plusieurs langues. Ouvert tlj 9h-20h30. Cartes Visa, MC, AmEx. **Gulliver Librerie**, V. Portici Crispo, 4 (© 079 23 44 75). Beaucoup de classiques. Ouvert Lu-Sa 9h-21h, Di. 9h-13h et 17h-21h. Cartes Visa, MC, AmEx.

Urgences : © 113. **Police** : V. Coppino, 1 (© 079 28 30 500).

Ambulances : **Croix-Rouge**, C. Vico, 4 (© 079 23 45 22).

Hôpital : **Ospedale Civile**, à l'angle de la Via d'Italia et de la Via Nicola (© 079 20 61 000).

Pharmacie de garde : **Simon**, V. Brigata Sassari, 2 (© 079 23 11 44). Ouvert Lu-Ve 17h-13h, Sa 20h30-13h et Di. 20h30-9h. Affiche la liste des pharmacies de garde ouvertes 24h/24.

Internet : **Dream Bar**, V. Cavour 15 (© 079 23 75 57). 2,60 € les 30 mn. Ouvert Lu-Sa 9h-21h30.

Bureau de poste : V. Brigata Sassari, 13 (© 079 28 21 267), près de la Piazza del Castello. Ouvert Lu-Ve 8h15-18h et Sa. 8h15-13h. **Bureau de change**, cartes de téléphone, poste restante. **Code postal** : 07100.

HÉBERGEMENT

Les chambres bon marché ne sont pas légion à Sassari. Il est conseillé de s'y prendre à l'avance (l'office de tourisme vous sera utile) ou de visiter la ville dans la journée pour rentrer le soir à Alghero ou dans la campagne environnante.

❤ **Il Gatto e la Volpe**, Caniga Località Monti di Tesgia, 23 (© 079 318 00 12, www.ilgattoelavolpebandb.com) se trouve à 5 km de la ville. Une oasis "funky" tenue par de jeunes propriétaires dynamiques, Marcelo et Luigi. Les cinq chambres ont chacune une couleur attitrée (jetez un œil à la chambre orange !). Certaines disposent en outre d'une terrasse, d'une kitchenette et d'une salle de bains. De nombreuses activités sont proposées : excursions vers les plages, visites archéologiques, voile, location de VTT (11 €/j). Passez un coup de fil pour qu'on vienne vous chercher à la gare routière. Réservation conseillée. Accès Internet. Petit déjeuner inclus. Chambre 22 €, possible d'ajouter un lit sup. Espèces uniquement. ❖❖

Hôtel Frank, V. Armando Diaz, 20 (©/fax 079 27 64 56) est un petit établissement tranquille dans le centre. Les chambres ne manquent pas de charme et les employés sont aimables. Toutes les chambres sont équipées d'une salle de bains, de la clim., d'un minibar et de la TV. Petit déjeuner (buffet) inclus. Chambre simple 47-49 €, double 67 €. Cartes Visa, MC, AmEx. ❖❖❖❖

Hôtel Leonardo da Vinci, V. Roma, 79 (©/fax 079 28 07 44). Un luxueux hôtel avec tapis d'Orient, lustres au plafond et planchers en granit d'Inde. Les chambres sont équipées de l'air conditionné, d'un téléphone, d'un mini-bar, d'une salle de bains et d'une télévision. Chambre simple 52-74 €, chambre double 72-96 €. Petit déjeuner buffet 12 €. Cartes Visa, MC, AmEx. ❖❖❖❖

RESTAURANTS

Vous trouverez un grand choix de pizzerias le long du **Corso Vittorio Emanuele**. Si vous avez une carte d'étudiant, vous pourrez déjeuner à la **Mensa universitaria**, V. dei Mille (© 079 21 64 83 ou 079 25 82 11). Les tickets s'achètent 2,70 €. Les repas comprennent un *primo*, un *secondo*, un *contorno* et un fruit. (Ouvert Lu-Sa 12h15-14h30 et 19h30-21h. Fermé la dernière semaine de juillet et en août.) Le vaste **marché** occupe la Piazza del Mercato, située dans la Via Rosello, qui part du Corso Vittorio Emanuele (ouvert Lu-Ve 8h-13h et 17h-20h, Sa. 8h-13h). Le **supermarché Multimarkets** se trouve au coin de la Via Cavour et de la Via Manno (© 079 23 72 78, ouvert Lu-Sa 8h-20h30).

❤ **Trattoria La Vela Latina**, Largo Sisini, 3 (© 079 233 737), sur une petite place non loin de la V. Arborea. Le truculent propriétaire Francesco aime ses clients autant que la bonne cuisine. Sa savoureuse viande de cheval ou d'âne (10 €) fera des adeptes même parmi les plus sceptiques. Pour quelque chose de plus léger, essayez le *brodo di pesce fresco* (ragoût de poisson aux épices, 8 €). *Primi* 6-8,50 €, *secondi* 7-13 €. Ouvert Lu-Sa 13h-14h30 et 20h-22h30. Cartes Visa/MC/AmEx. ❖❖❖

Ristorante/Trattoria L'assassino, V. Ospizio Cappucini, 1 (© 079 23 50 41). Une adresse d'habitués où l'on savoure la cuisine sarde traditionnelle. Tripes, steak de cheval ou porc rôti sont au programme. Menu complet à base de viande ou de poisson 5-8 $. *Primi* 3,50-8 €, *secondi* 5-9 €. Ouvert Lu-Sa 13h-15h et 20h-23h. Espèces uniquement. ❖❖

Trattoria Da Antonio, V. d'Arborea, 2b (© 079 23 42 97), derrière le bureau de poste. L'intérieur voûté, les murs couverts de lambris et l'ambiance feutrée de cet établissement contrastent fortement avec le chahut de la Piazza Castello. On y sert de très bons plats. S'il y a un endroit où vous pouvez vous aventurer à commander sans savoir ce que vous allez manger, ou laisser libre cours à votre appétit, c'est bien ici. Attendez-vous à ce que les serveurs vous recommandent du cheval, de l'âne ou des créatures à tentacules. Plats 5-8 € (couvert 1 €). Ouvert tlj 13h-15h et 20h30-23h. Cartes Visa/MC. ❖❖

Il Senato, V. Alghero, 36 (© 079 277 788). C'est l'une des meilleures tables de Sardaigne et il serait dommage de ne pas vous offrir ce plaisir. Tous les ingrédients sont de premier choix. Ne ratez pas la *dolce della suocera* (4 €), un amour de gâteau à la ricotta, fourré aux amandes et nappé de sucre caramélisé. *Primi* 7-10 €, *secondi* 8-13 €. Ouvert Lu-Sa 12h30-15h et 20h-23h. Cartes Visa/MC/AmEx. ❖❖❖❖

VISITES

LE MUSÉE GIOVANNI ANTONIO SANNA. Ce musée abrite des reconstitutions de nuraghes datant de 1500 av. J.-C., des peintures sardes, des crânes troués (résultats de la chirurgie médiévale) et des arbres pétrifiés. *(V. Roma, 64. © 079 27 22 03. Ouvert Ma-Di 9h-20h. Entrée 2 €, 18-25 ans 1 €, gratuit pour les citoyens de l'Union Européenne, les moins de 18 ans et les plus de 60 ans.)*

LA CATHÉDRALE SAN NICOLÒ. Le **duomo** de Sassari est un édifice roman du XIIIe siècle auquel a été ajoutée, au XVIIe siècle, une façade de style baroque espagnol. Il a été surnommé "l'immense fleur de pierre" par Elio Vittorini (écrivain italien du XXe siècle). Les travaux de rénovation ont permis de mettre au jour de très belles fresques enfouies dans les murs. *(Descendez le Corso Vittorio Emanuele depuis la Piazza del Castello, puis tournez à gauche dans la Via del Duomo et continuez jusqu'à la Piazza del Duomo.)* Nichée dans un creux au détour du Viale Umberto, la **fontana di Rosello** est la plus belle fontaine sculptée de Sardaigne. Elle est l'œuvre des Génois et date de 1605-1606. L'eau jaillit des bouches de huit masques de marbre et de dauphins. *(Ouvert Mai-Sep Ma-Sa 9h-13h et 17h-20h, Di 17h-20h ; Oct-Avr Ma-Sa 9h-13h et 16-19h, Di 9h-13h, accès libre).*

SORTIES

La grandiose **cavalcade sarde**, qui se déroule du deuxième au dernier dimanche de mai, est le plus grand festival folklorique de Sardaigne. Les festivités se composent d'un défilé d'émissaires costumés venus de toute l'île, d'un *palio* (course de chevaux) l'après-midi, et, le soir, de spectacles de danse et de chansons. **I Candelieri**, la fête des cierges, a lieu le 15 août, à l'occasion de l'Assomption. Ce jour-là, les *Gremi*, ou corporations de fermiers, arborent le costume espagnol traditionnel et promènent dans toute la ville d'immenses colonnes de bois en forme de cierges.

A l'exception de l'❤ **University Pub**, V. Amendola, 49a (© 079 20 04 23), Sassari offre peu d'activités aux jeunes. Ce pub, très apprécié par les autochtones, propose de mauvaises boissons à bon marché (bière à partir de 1,60 €) et déborde d'étudiants guillerets pendant l'année scolaire. La décoration est terne et défraîchie. Commandez (mais n'inhalez pas) la bière Cannabis (4 €) ou le cocktail top secret Sardinia Island (5,16 €), dont la recette est mieux gardée que celle du Coca-Cola. (Ouvert Sep-Juil Lu et Me-Di 20h30-1h, fermé en août.)

EXCURSION DEPUIS SASSARI : CASTELSARDO

Pour rejoindre Castelsardo, prenez le bus ARST depuis Sassari. (durée 1h, 11 dép./j de 7h20 à 19h45, 2,01 €) ou le bus FDS qui part tous les jours à 11h35. A Castelsardo, depuis la Piazza Pianedda, montez le long de la V. Nazionale (les bus sont hélas peu nombreux) jusqu'aux remparts. Ouvert Juil-Aoû tlj 9h-24h ; Sep-Juin Lu-Sa 9h30-24h. Entrée pour le château et le musée 1,55 €.

Fondé en 1102 par la république de Gênes, le village médiéval de **Castelsardo** se dresse sur un promontoire rocheux, à proximité de belles plages, ce qui en fait une halte très prisée le long de la Costa Paradiso. Un poète sarde l'avait un jour qualifié de "fleur lumineuse qui sourit du sommet d'un promontoire abrupt, au-dessus du scintillement de la mer" (il s'y connaissait en compliments). Castelsardo est dominé par un vaste château bien conservé, qui renferme un musée d'artisanat en osier sans intérêt mais d'où l'on a une vue imprenable sur la mer.

PORTO TORRES ©079

Fondé en 27 av. J.-C., le village de Turris Libissonis, à l'embouchure de la rivière Mannu, fut la première colonie romaine en Sardaigne et l'un des ports principaux de l'Empire romain en raison de sa situation sur la route du commerce des céréales, entre la Sicile et l'Afrique. Connue aujourd'hui sous le nom de Porto Torres, la ville a gardé un petit goût épicé de sa longue histoire au travers des ruines romaines et de l'église romane du XIIe siècle. Malheureusement, il est difficile de ne pas sentir aussi la pollution de la zone industrielle alentour. Ce port moderne est le meilleur endroit pour visiter la luxuriante Stintino.

TRANSPORTS. Les **trains** (✆ 079 35 11 19), synchronisés avec les ferrys, partent du port à destination de **Sassari** (1-4 dép/h de 6h05 à 10h, durée 35 mn, 1,25 €) et vont jusqu'à **Olbia**. Les **bus ARST** (✆ 079 26 39 200 ou 800 86 50 42) partent du port des ferrys de Porto Torres. Le trafic est restreint le dimanche. Les billets s'achètent dans le **café Acciaro**, C. Vittorio Emanuele, 38, ou dans le bar **Green Point** sur le port. Destinations : l'**aéroport de Fertilia** (dép 8h15 et 14h, durée 40 mn, 1,55 €) et **Sassari** (1-4 dép/h de 6h05 à 22h, durée 40 mn, 1,25 €).

ORIENTATION ET INFORMATIONS PRATIQUES. L'une des artères principales de Porto Torres est le **Corso Vittorio Emanuele**, perpendiculaire à la mer et qui part du port. Le premier arrêt que vous devrez effectuer à Porto Torres est à l'**office de tourisme Pro Loco**, V. Roma, 3 (✆/fax 079 51 50 00), tout près de la **P. Garibaldi**. Le personnel polyglotte vous fournira les horaires de bus ainsi que des informations sur les attractions locales, les plages et les excursions en VTT. (Ouvert Juil-Sep tlj 8h-12h et 16h-20h ; Oct-Avr Lu-Sa 9h-13h.) Pour les horaires de ferries et des cartes, rendez visite à **Ajo Agenzia Viaggi e Turismo**, C. V. Emmanuele, 4 (✆ 079 504 31 20, ouvert tlj 9h-13h et 16h-20h). Un peu plus haut dans la même rue se trouve la **banque BNL**, C. Vittorio Emanuele, 18, avec un **distributeur automatique** à l'extérieur (ouvert Lu-Ve 8h30-13h30 et 14h15-14h45, Sa. 8h30-12h). En cas d'**urgence**, appelez la **police** (✆ 112 ou 079 50 80 29), la **Guardia Medica** (✆ 079 51 03 92) ou une **ambulance** (✆ 079 51 600 68). La **pharmacie** de la ville, C. Vittorio Emanuele, 73 (✆ 079 51 40 88), est un peu plus loin (ouvert Lu-Sa 9h-13h et 17h-20h). Le **bureau de poste** se trouve V. Ponte Romano 83 (✆ 079 51 49 05, ouvert Lu-Ve 8h15-18h15 et Sa. 8h15-12h). **Code postal** : 07046.

HÉBERGEMENT ET RESTAURANTS. Le plus proche du port des ferrys est ❤ l'**Hôtel Elisa**, V. Mare, 2 (✆ 079 51 32 60, fax 079 51 37 68). C'est un trois-étoiles. Les 27 chambres sont toutes équipées d'une salle de bains particulière, d'une télévision, du téléphone et d'un petit réfrigérateur. C'est un peu plus cher que les autres hôtels, mais la différence en vaut vraiment la peine. Certaines ont vue sur la mer. Renseignez-vous auprès du sympathique Alessandro pour connaître les plages du coin et les endroits où sortir le soir. (Petit déjeuner compris. Chambre simple 44-49 €, chambre double 68-73 €. Repas 15,50 €. Cartes Visa, MC.) Les chambres de l'**Albergo Royal**, V. Satta, 8 (✆ 079 50 22 78), ont une décoration agréable, une télévision et une salle de bains privée. A partir des quais des ferrys ou de l'arrêt de bus, remontez le Corso Vittorio Emanuele en tournant le dos à la mer jusqu'à ce que vous voyiez un panneau jaune "Albergo Royal" au-dessus de votre tête. Tournez à gauche et faites environ 300 m le long de la Via Petronia. A partir de là, suivez les panneaux sur 200 m. (20 lits. Chambre simple 25-35 €, chambre double 50-65 €.)

Le matin, vous trouverez un **marché en plein air** au croisement de la Via delle Vigne et de la Via Sacchi. Un supermarché **SISA** se trouve V. Mare 24.

Windsurf, P. Garibaldi, est l'un des restaurants les plus populaires de la ville. Sur deux étages construits autour d'un patio, on sert de savoureuses pizzas cuites au feu de bois. Elles sont tellement bonnes qu'elles ont même remporté un concours gastronomique national. (Pizza 3,63-7,75 €, *secondi* 6-15,50 €. Ouvert tlj 12h-15h et 19h-24h. Cartes acceptées.) Plus traditionnels, les *gnochetti alla sarda* servis à la **Trattoria La Tana** n'en sont pas moins délicieux. Ce restaurant se trouve V. Cavour, 26, près du C.V. Emanuele. La carte propose aussi de bonnes viandes et du cheval (9 €). L'endroit est chaleureux et décontracté. (✆ 079 50 22 46. Pizza 2,50-6 €, *secondi* 5,50-10,50 €. En été, ouvert tlj 12h-16h et 19h-24h, fermé Ma hors saison).

Pour les palais moins téméraires, le personnel sympathique du **Poldiavolo**, sur la Piazza XX Settembre, sert une cuisine rapide et délicieuse. Commandez au chef un *poldiavolo panino* (aubergines, jambon, thon, fromages et légumes frais, 3,10 €). Vous trouverez également des sandwichs et des pizzas à partir de 3 € et des pâtes à partir de 3,10 €. (Ouvert tlj 12h-24h.)

VISITES ET PLAGES. La **Basilica di San Gavino** (XIe siècle), en haut de l'escalier qui se trouve au bout du Corso Vittorio Emanuele, abrite la crypte des trois martyrs locaux (Gavino, Proto et Gianuario). Le fait d'être chrétien valut aux deux derniers d'être persécutés par les Romains vers l'an 300. Gavino, soldat romain, se laissa convertir par ses deux prisonniers et les libéra. Les trois hommes furent finalement capturés et décapités par le gouverneur Barbaro. Les saintes reliques des trois martyrs ne sont pas les seules traces de la période romaine : les colonnes qui supportent l'édifice et jurent quelque peu avec l'ensemble furent directement extraites des ruines romaines toutes proches. *(Ouvert 7h-12h et 16h-19h30.)*

Les ingénieurs chargés du tracé des voies de chemin de fer et les archéologues du dimanche fouillant à coup de dynamite le site de la décapitation des trois martyrs chrétiens endommagèrent considérablement les **thermes romains** qui se trouvent le long de la Via Ponte Romano, à 5 mn du centre-ville. Elles témoignent de l'importance de Turris Libyssonis en tant que centre de commerce de céréales pour les Romains. On y accède via le musée **Antiquarium Turritano** *(Ouvert 9h-20h. Entrée 2,50 €, possibilité de suivre une visite guidée certains jours.)*

Allez prendre des coups de soleil sur l'une des deux plages situées le long du rivage de Porto Torres. Sur l'une, **Scoglio Lungho Spiaggia**, une plage de sable à 250 m du port, l'ambiance est plutôt familiale, avec des dauphins en plastique et la possibilité de plonger du haut des rochers. **Acquedolci**, située à droite sur la même route, est plus pittoresque avec son corail et ses eaux vert émeraude.

EXCURSION DEPUIS PORTO TORRES : STINTINO. Ce n'est que depuis peu que **Stintino**, paisible village de pêcheurs situé à 24 km au nord-ouest de Porto Torres, sur le Capo del Falcone, est devenu un aimant à touristes. En hiver, la population est d'à peine 1000 habitants, et lorsque l'été arrive, ce chiffre est multiplié par vingt. Stintino, c'est d'abord la ❤ **Spiaggia di Pelosa**, une plage à 4 km de la ville. C'est à Pelosa que la Sardaigne livre avec le plus d'emphase sa légendaire mer bleue. Le paysage s'organise autour d'étendues de sable fin, de rivages déchirés par la roche, avec au loin en perspective une île ponctuant les flots. Les enfants s'amusent à caresser les bébés poulpes qu'ils ont capturés dans les rochers alors que les vagues scintillent autour des terres désolées de l'Isola Piana. L'**Isola Asinara**, de l'autre côté de Piana, servait il y a quelques années encore de pénitencier. Vu la beauté du site, on est en droit de se demander si le crime ne paie pas. Après avoir longé la plage, vous aurez le choix entre parcourir une distance de 500 m à la nage ou, munis de sandales, sauter de rocher en rocher sur 50 m pour atteindre l'île la plus proche (couronnée d'une tour aragonaise datant du XVIIIe siècle). Les poulpes ne sont pas les seuls habitants de la côte : ne vous laissez pas surprendre par les épines des oursins lovés au creux des rochers qui jalonnent votre route (si vous oubliez vos chaussures, vous n'aurez sûrement plus le courage de faire le trajet retour une fois sur l'île).

PALAU ✆ 0789

L'attrait principal de Palau est son énorme rocher, la *roccia dell'orsù*. Façonné par le mistral, il ressemble à un ours et figure dans presque toutes les brochures sur la Sardaigne. Ce rocher fascine les hommes depuis des siècles. Homère, par exemple, l'a immortalisé dans l'*Odyssée* (Dixième chant) en l'associant au peuple féroce des *Lestrigoni*, qui vivait autrefois aux alentours. Les habitants de la région sont moins féroces qu'autrefois et Palau est une ville côtière paisible et sans danger, dotée d'immeubles aux couleurs pastel jaunes et roses typiquement sardes. Sa véritable richesse réside dans sa côte. En effet, la ville s'est développée au XVIIIe siècle grâce à sa liaison avec La Maddalena et aujourd'hui, les ferrys qui font la navette régulièrement entre la baie et les îles de La Maddalena et de Caprera y attirent un grand nombre de visiteurs.

INFORMATIONS PRATIQUES. Le port, au bout de la **Via Nazionale** (la seule route de Palau), comprend un bâtiment blanc qui abrite un bar, plusieurs guichets pour les ferrys, et un kiosque à journaux qui vend des tickets de bus ARST (les bus s'arrêtent devant). Des **bus ARST** vont à **Olbia** (18 dép/j, 2,32 € pour le centre, 2,58 € pour le port) et à **Santa Teresa di Gallura** (7 dép/j de 7h55 à 21h25, 1,72 €). Les petits **trains** verts (**Trenino Verde**) qui vont à Sassari sont lents, non directs et coûtent cher. Ils rejoignent **Tempio** en Juin-Août (dép 9h50, durée 2h, 13 €) et, les jeudis, l'un deux va de Tempio à Sassari (dép. 16h50, durée 2h, 15 €). Les compagnies de **ferrys Enermar** (✆ 0789 70 884 84) et **Saremar** (✆ 0789 70 92 70) desservent l'île de **La Maddalena** (3 dép/h de 6h30 à 24h15, durée 15 mn, a/r 5,40 €, voitures 8,40-17,20 €, gratuit pour les vélos). Pour **louer une voiture**, allez au **Centro Servizio Autonoleggio**, V. Nazionale, 2. (✆ 0789 70 85 65. A partir de 45 €, incluant l'assurance et le kilométrage illimité. Age minimum 20 ans. Ouvert tlj 24h/24. Cartes Visa, MC, AmEx.)

L'**office de tourisme** de Palau, V. Nazionale, 96 (✆/fax 0789 70 95 70), se trouve plus ou moins à l'autre bout du centre-ville et vous donnera tous les renseignements sur les plages voisines, les activités de plein air et les visites à faire dans les environs. (Ouvert Lu-Sa 8h-13h et 16h-20h, Di 8h30-13h et 17h-20h.) La **Banca di Sassari**, V. Roma, 9, possède un bureau de **change** et un **distributeur automatique** (ouvert Lu-Ve 8h20-13h20 et 14h30-15h30, Sa. 8h20-12h30). En cas d'**urgence**, composez le ✆ 113, contactez les **carabinieri** (✆ 112), appelez la **Guardia Medica** (✆ 0789 70 93 96) ou téléphonez à l'**hôpital**, à Olbia (✆ 0789 52 20). La **pharmacie Nicolai**, V. delle Ginestre, 19 (✆ 0789 70 95 16, pour une urgence appelez le ✆ 0329 95 34 693). (Ouvert Lu-Sa 9h-13h et 17h-20h. Cartes Visa, MC, AmEx.) Le **bureau de poste** est au coin de la Via Garibaldi et de la Via La Maddalena. (✆ 0789 70 85 27. Ouvert Lu-Ve 8h15-13h15 et Sa. 8h15-12h45.)

HÉBERGEMENT ET CAMPING. Les prix pratiqués sont souvent très élevés. L'**Hôtel La Roccia**, V. dei Mille, 15 (✆ 0789 70 95 28, www.hotellaroccia.com), est moderne et son salon est agencé autour d'un gros rocher. Les 22 chambres ont une salle de bains, la télévision et l'air conditionné. Parking privé. Il est préférable d'appeler avant votre arrivée pour vous assurer qu'il reste de la place. (Chambre simple 40-70 €, chambre double 70-115 €. Petit déjeuner 8-10 €. Cartes Visa, MC, AmEx.) L'Hôtel del Molo, V. dei Ciclopi, 25, dispose de 14 chambres climatisées, toutes avec TV et minibar. Certaines possèdent un balcon et offrent une vue splendide sur le large. L'endroit est calme et le personnel attentionné. (✆ 0789 70 80 42, Petit déjeuner 4 €, chambre simple 35-92 €, double 55-115 €, triple 81-155 €. Cartes Visa, MC, AmEx.)

Plusieurs **campings** sont disséminés autour de Palau. Le plus proche est ❤ l'**Acapulco**, Locanda Punta Palau (✆ 0789 70 94 97, www.campingacapulco.com). Il dispose d'une plage privée d'un piano-bar et d'un restaurant, avec musique tous les soirs (et même un vrai chanteur en août). Des excursions sont organisées vers l'archipel de la Madeleine ainsi que des sorties de chasse sous-marine. Apportez votre tente pour camper. (Ouvert Pâques-15 Oct. Réservations indispensables en été pour les bungalows. 8-16 € par adulte, 5,50-10,50 € par enfant de 4 à 12 ans. Bungalows 30-34 € par personne. Caravanes pour 4 personnes 52-89 €. Demi-pension obligatoire en juillet-août. Cartes Visa, MC, AmEx.) A 500 m en dehors de la ville, ❤ **Baia Saraceno** est un autre terrain de camping très agréable. Les bungalows de couleur blanche sont disséminés parmi les arbres. Le terrain héberge un restaurant, une pizzeria et un bar. Sports nautiques et excursions sont au programme. (✆ 078 970 9403, www.baiasaraceno.com. Adultes 8-16 €, enfants 5,50-10,50 €, bungalows en demi-prension 37,50-51 €, bungalows avec cuisine 62-115 €, caravane pour 4 personnes 52-89 €. Cartes Visa, MC, AmEx.)

RESTAURANTS. On trouve de nombreuses **boulangeries** et des **supérettes** dans la Via Nazionale. Un marché se tient sur le port tous les vendredis matin. On y trouve du fromage frais, de la viande, des vêtements et de l'artisanat divers. Les employés attentionnés de ❤ **L'Uva Fragola**, P. Vittorio Emanuele, 2 (✆ 0789 70 87 65), servent un choix honnête de salades (5,50-10,50 €), de délicieuses pizzas (3,56-8 €), dont une à la pieuvre, et des desserts, le tout à déguster sur une terrasse ombragée. (Couvert 1 €. Ouvert tlj 12h-15h et 19h-23h.) Le **Ristorante Robertino**, V. Nazionale, 20 (✆ 0789 70 96 10), prépare de bons plats de spaghettis accompagnés d'escalopes ou de *zuppa marinara* (soupe marinière) pour environ 10 €. (Couvert 1,55 €. Ouvert Ma-Di 13h-14h30 et 20h-23h30. Cartes Visa, MC.) Le **Ristorante Il Covo**, V.

Sportiva 12, sert des fruits de mer et une roborative cuisine sarde à des prix raisonnables. Les pâtes *tagliolini*, à l'encre de seiche, aux œufs de poisson et au zucchini (9 €) composent un repas peu banal. (✆ 0789 70 96 08. Secondi 5-14,50 €. Menu complet 4 plats au dîner 28 €. Couvert 1,90 €. Cartes Visa, MC, AmEx.)

VISITES. La petite **Spiaggia Palau Vecchia** est la plage qui se trouve à gauche du port, lorsque vous regardez la mer. L'attraction principale de Palau, et pour tout dire son seul intérêt véritable, est son rocher en forme d'ours, la *roccia dell'orsù*. Au départ du port, des **bus Caramelli** (5 dép/j de 7h30 à 18h, dernier retour à 18h20, durée 15 mn, 0,62 €) vont jusqu'au rocher à **Capo Corso**. Les bus Caramelli vont également à **Porto Pollo**, une belle plage à l'eau transparente, bondée de touristes (5 dép/j de 8h15 à 19h20, dernier retour à 19h55, durée 30 mn, 1,19 €). Une **visite en bateau à vapeur** part à 9h50 pour Tempio en juillet et en août (retour à 17h, a/r 12 €). Des compagnies maritimes privées proposent une journée de visite de l'archipel en bateau, y compris des **îles Budelli** et **Spargi** (voir La Maddalena ci-dessous).

L'ARCHIPEL DE LA MADDALENA ✆0789

La Corse et la Sardaigne étaient autrefois unies par une étroite bande de terre : La Maddalena, Caprera et les 50 petits îlots qui les entourent en sont les vestiges. La Maddalena est propre, calme et entièrement consacrée à ses visiteurs, pour la plupart des touristes argentés et des militaires. Les magnifiques côtes de l'île présentent en effet un intérêt stratégique évident, ce qui explique pourquoi un habitant sur cinq sert sous les drapeaux de l'armée italienne ou de l'US Navy. Bien que les touristes américains soient rares, vous rencontrerez de nombreux marins d'outre-Atlantique dans les rues, dans les bars ou en train de faire du kayak dans la mer. Ici, on parle anglais bien plus que nulle part ailleurs en Sardaigne. Les patriotes italiens affectionnent tout particulièrement cette région car l'île de Caprera, toute proche, fut la demeure du héros national Giuseppe Garibaldi, alors en exil.

INFORMATIONS PRATIQUES. Les **ferrys** de la compagnie **Enemar** (✆ 0789 73 54 65) assurent la liaison entre Palau et La Maddalena (2-3 dép/h de 4h à 24h, durée 15 mn, 2,17 €, voiture 3,93-4,13 €), tout comme ceux de **Saremar** (✆ 0789 73 76 60, 1-2 dép/h de 4h30 à 24h, 2,17 €, voiture 3,93-4,13 €). Pour un **taxi**, appelez le ✆ 0789 73 65 00. Pour **louer un scooter**, adressez-vous au personnel de **Nicol Sport**, Via Amendola, 18 (✆ 0789 73 54 00) : ils vous en proposeront pour 20,50 € la journée. Il est possible de louer à la demi-journée. (Ouvert tlj 8h-20h.) **Noleggio Vacance**, V. Mazzini, 1, loue également des scooters, à des prix similaires, ainsi que des VTT (10 € le premier jour, 7 € les jours suivants). (✆ 0789 73 52 00, ouvert tlj 9h-20h).

L'**office de tourisme** est sur la Piazza Barone de Geneys. (✆ 0789 73 63 21. Ouvert Mai-Oct, Lu-Sa 9h-13h et 17h-20h, Di. 9h-13h. Les horaires peuvent varier en fonction de la saison.) La **Banco di Sardegna**, V. Amendola, au coin de la Piazza XXIV Febbraio, dispose d'un **bureau de change** et d'un **distributeur automatique** (ouvert Lu-Ve 8h20-13h20 et 14h35-16h05). En cas d'urgence, appelez les **carabinieri** (✆ 0789 73 69 43), une **ambulance** (✆ 0789 73 74 97), la **Farmacia Russino**, V. Garibaldi, 5 (✆ 0789 73 73 90, ouvert tlj sauf Sa 9h-13h et 17h-20h30), ou l'**hôpital** (✆ 0789 79 12 00). L'accès **Internet** chez **Patsi Net Internet Point**, V. Montanara, 4 (✆ 0789 73 10 55), coûte 5,50 € l'heure. (Ouvert tlj 9h-14h et 18h-23h). Le **bureau de poste** se trouve Piazza Umberto (✆ 0789 73 75 95, ouvert Lu-Ve 8h15-18h15 et Sa. 8h15-12h). **Code postal** : 07024.

HÉBERGEMENT ET RESTAURANTS. L'**Hôtel Arcipelago**, V. Indipendenza Traversa, 2 (✆ 0789 72 73 28), est ce que vous trouverez de moins cher mais il est à 20 mn de marche de la ville. En sortant de la Piazza Umberto, suivez la Via Mirabello en longeant le bord de mer jusqu'au feu rouge (la marche est longue, courage !). Tournez à gauche puis à droite au niveau du Ristorante Sottovento, grimpez la colline jusqu'au panneau qui indique la gauche et suivez-le. Prenez à gauche puis à droite après le magasin d'alimentation. L'hôtel n'est autre que le bâtiment marron qui se trouve sur votre droite. Vous pouvez également prendre le bus pour Caprera depuis la colonne de Garibaldi : demandez à ce que l'on vous dépose au feu rouge (*semaforo*) et, de là, suivez les indications que nous vous avons données plus haut. Les 12 chambres de l'établissement sont équipées d'une salle de bains et de la télévision, et certaines ont même un balcon. (Juil-Août, réservez absolument. Chambre simple 41-55 €, chambre double 51-82 €. Petit déjeuner et tasse de café compris. Cartes Visa, MC, AmEx.) Juste à côté, l'**Hôtel La Conquilla**, V. Indipendenza, 3, dispose de sept chambres tout confort, avec salle de bains, A/C, et minibar. Le patron, André, est d'excellent conseil dès lors qu'il s'agit de prévoir le programme de la journée. (✆ 0789 72 89 90. Petit déjeuner compris. Chambre simple 40-70 €, double 60-90 €. Cartes Visa, MC, AmEx.)

Pour faire vos courses, rendez-vous au **supermarché Dimeglio**, V. Amendola, 6. (✆ 0789 73 90 05. Ouvert Lu-Sa 8h30-13h et 15h-20h, Di. 8h30-13h. Cartes Visa, MC.)

La ❤ **Locanda del Mirto**, à Localita Punta della Gatta, à 7 km de la ville, est une vraie trouvaille. La course en taxi revient à 14 €, mais vous ne les regretterez pas. Cette trattoria traditionnelle sert des plats délicieux – raviolis goûteux, cochon de lait braisé… Le personnel, attentionné, vous aide à décrypter la carte. (✆ 0789 73 75 07. Réservations conseillées l'été. *Primi* 10-12 €, *secondi* 8-18 €. Ouvert 12h-15h et 19h30-24h. Espèces uniquement.) Plus branché, le **Spike Garden** attire une foule d'adolescents qui viennent discuter avec le jeune patron aux cheveux en pointes. Les plats sont savoureux et variés. C'est aussi l'adresse favorite des marins. On peut s'étendre sur les banquettes à l'étage. (✆ 0787 73 88 35. Pizza 3,50-7,50 €, secondi 5-20 €. Ouvert tlj 11h-1h30, Cartes Visa, MC.) Allez chez **Il Forno di Benatti**, V. Principe Amaddeo, pour dévorer une *focaccia sarda* (1 €le kg) avant que les habitués n'aient tout raflé. L'endroit propose une quantité étonnante de pizzas, servies à la part. (Ouvert Lu-sa 7h30-14h15 et 15h-20h.)

LES ÎLES. Les îles de **Spargi**, de **Budelli**, de **Razzoli** et de **Santa Maria** recèlent des trésors de nature vierge. Il y a quelques années, elles ont obtenu le statut de parc naturel afin de les préserver des promoteurs et des hordes de touristes. Pour beaucoup, les eaux scintillantes bleues et vertes qui bordent ces îlots sont les plus claires du monde. Certains endroits, comme l'île de **Budelli**, et sa plage **Spiaggia Rossa**, ont été fermés aux visiteurs. Heureusement, l'île voisine de **Razzoli** est, elle, accessible et ses paysages sont tout aussi paradisiaques. Il est également possible de mettre le cap vers l'île de **Santa Maria** qui recèle une splendide plage de sable fin. De la plage, un petit sentier monte vers un phare qui permet d'embrasser du regard toutes les îles, notamment celle de ❤ **Spargi**. Cette dernière est un joyau, enchâssé dans une eau aux mille teintes de vert. Sur la côte ouest de Spargi, les amoureux se prélassent sur la bien nommée **Calla dell'Amore**. Autour de la **Cala Corsara**, des rochers sculptés par le vent forment de bien étranges figures qui raviront les explorateurs. Si vous ne possédez pas de yacht privé, la seule façon de visiter les îles est d'embarquer pour une **excursion d'une journée**. Plusieurs compagnies, dont **Delfino Bianco di Ulisse** (✆ 0347 366 36 28), envoient des vendeurs sur les docks le matin et en soirée. Pouvant accueillir jusqu'à 100 passagers, les croisières se déroulent dans la bonne humeur. Un guide décrit les fantasques formations rocheuses – la tête d'Indien et le nez de sorcière étant les deux plus appréciées. Les excursions coûtent 25-30 €, incluant un déjeuner à base de pâtes. Des arrêts de 2-3h sont prévus sur plusieurs plages, généralement à la Cala Corsara, sur l'île de Spargi, et à la Cala Santa Maria. Les bateaux lèvent l'ancre entre 10h et 11h le matin et reviennent entre 17h et 18h. Achetez votre ticket un jour à l'avance. Des croisières privées sont aussi possibles.

CAPRERA. Dans l'île paisible de **Caprera**, les bungalows du **Club Med 3** se fondent à merveille dans la pinède. Fidèle à sa tradition, le Club offre tout un panel d'activités (tennis, tir à l'arc, planche à voile et kayak de mer sur sa plage privée) dans un confort impeccable et des prix en conséquence. (✆ 0789 72 70 78. 280-690 €la semaine en fonction de l'âge et du type d'hébergement. Pension complète. Réservations ouvertes tlj 9h30-12h30 et 17h-19h30. Cartes acceptées).

Des bus font la liaison entre La Maddalena et **Punta Rossa**, à Caprera (6 dép./j entre

9h40 et 12h45, dernier retour à 18h40.) Les voyageurs peuvent ainsi accéder aux plages qui bordent l'est de l'île. La **Spaggia del Relitto**, l'une des plus populaires, accueille sur son sable blond une foule nombreuse de vacanciers . On peut y louer des transats (10 €), des parasols (3 €), des pédalos ou des kayaks (10 €l'heure). Pour vous y rendre à vélo ou à scooter, suivez la route principale de Caprera en direction de Punta Rossa. Après la plage de **Due Mare**, tournez à gauche et suivez le chemin sur 750 m. Vous y êtes.

Le silence de l'île est interrompu par les bus conduisant les touristes vers l'incontournable **maison de Garibaldi**. Durant le *Risorgimento*, Garibaldi fut exilé en Tunisie, aux Etats-Unis et, pour finir, à Caprera, en 1854. Deux ans plus tard, il y édifia sa maison et ne cessa de faire l'aller-retour entre l'île et le continent à la poursuite de ses rêves de liberté pour l'Italie. Le bâtiment permet de découvrir la plupart des meubles et des objets personnels du héros national. (Ouvert 9h-18h30, entrée 2 €, tarif réduit pour les enfants, les personnes âgées et les citoyens de l'Union Européenne.) Pour vous y rendre depuis La Maddalena, prenez l'un des **bus** qui partent de la colonne Garibaldi, sur la Piazza XXIV Febbraio, en direction de Caprera (13 dép/j de 8h45 à 18h45, dernier retour à 19h15, 0,67 €).

Non loin de la maison de Garibaldi, la ❤ **Cala Cottica** est une crique au sable fin et aux eaux cristallines. Un vrai décor de carte postale. Pour y accéder, tournez à gauche dans la première rue après la maison de Garibaldi et grimpez en haut de la colline (4 km). De là, marchez le long d'un sentier escarpé pendant 30 mn, en suivant les flèches grises et en tournant à gauche à la bifurcation.

De retour sur **La Maddalena**, une très belle excursion en deux roues consiste à suivre la **Via Panoramica**. Cette route fait le tour de l'île sur 25 km, dévoilant de splendides points de vue sur la mer et des accès à des plages comme la **Cala Lunga** et la **Cala Spalmatore**, prisée des amateurs de sport nautique.

SANTA TERESA DI GALLURA ✆ 0789

Si les hordes de touristes qui envahissent la ville peuvent vous rappeler le continent, les paysages superbes de Santa Teresa di Gallura et sa campagne environnante sont là pour vous rappeler que vous êtes en Sardaigne. La petite ville est une jolie base pour explorer les anses, les criques rocheuses et les plages magnifiques du Capo Testa. Les rues sinueuses, surmontées de balcons, sont charmantes et la ville possède une petite plage (très fréquentée) appelée Rena Bianca, d'où vous pouvez tenter d'apercevoir (entre deux touristes allemands) le rivage corse.

TRANSPORTS

Bus : Les bus **ARST** (✆ 0789 55 30 00) partent de la Via Eleonora d'Arborea, une rue adjacente à la poste donnant sur la Via Nazionale. Vous pouvez acheter vos tickets au Baby Bar, dans la Via Nazionale, à 100 m à gauche de l'arrêt de bus. Destinations : **Olbia** (6 dép/j, durée 2h, 3,72 €), **Palau** (6 dép/j de 6h10 à 20h50, durée 40 mn, 1,76 €), **Sassari** (5 dép/j de 5h15 à 19h15, durée 2h30, 5,83 €) et **Tempio** (3 dép/j, durée 1h30, 3,46 €).

Ferry : **Saremar** (✆ 0789 754 156). Les billets sont en vente dans les bureaux du port, dans la Via del Porto. Ouvert tlj 9h-12h30 et 14h-22h30. Destination : **Bonifacio**, en **Corse** (10 dép/j de 8h à 20h30, dernier retour à 22h, durée 1h, 9-12 € incluant la taxe portuaire).

Taxi : V. Cavour (✆ 0789 75 42 37).

ORIENTATION ET INFORMATIONS PRATIQUES

Le bus ARST s'arrête en face du bureau de poste. De là, tournez à droite, et à l'intersection, prenez à droite dans la **Via Nazionale**. Sur la **Piazza San Vittorio**, dirigez-vous vers l'église située au bout de la rue et tournez encore à droite pour atteindre la **Piazza Vittorio Emanuele**. L'office de tourisme se trouve de l'autre côté de la place.

Office de tourisme : Le **Consorzio Operatori Turistichi**, P. Vittorio Emanuele, 24 (✆ 0789 75 41 27), vous fournira la liste des chambres à louer et des renseignements sur la location de bateaux et de deux-roues ou sur les promenades à cheval. Ouvert Juin-Sep, tlj 8h30-13h et 15h30-20h. Oct-Mai : Lu-Sa 8h-13h et 15h30-18h30.

Excursions en bateau : Le **Consorzio delle Bocche**, P. Vittorio Emanuele, 16 (✆ 0789 75 51 12), propose des excursions dans les îles de l'archipel. Une excursion d'une journée dure de 9h30 à 17h, déjeuner compris. 35 € par personne, 18 € pour les enfants entre 3 et 10 ans. Vous pouvez demander d'autres itinéraires. Bureau ouvert tlj 10h-13h et 18h-24h.

Equitation La **Scuola di Turismo Equestre/Li Nibbari** (✆ 337 81 71 89), dans la ville voisine de Marazzino (à 4 km), organise des excursions avec guide (18 € l'heure). Fermé le Di.

Plongée : **No Limits Diving Center**, V. del Porto, 16 (✆ 0789 75 90 26). Session de cours de 7 jours pour obtenir les certificats PADI (330 €) et excursions avec guide (33-50 €). Ils peuvent aussi vous aider à trouver un hébergement. Cartes Visa, MC, AmEx.

Location de voitures : **AVIS**, V. Maria Teresa, 41 (✆ 0789 75 49 06). Age minimum 23 ans. A partir de 62 € la journée, 361 € la semaine. Ouvert tlj 8h30-13h et 16h30-19h30. Cartes Visa, MC, AmEx. **GULP (Hertz)**, V. Nazionale, 58 (✆ 0789 75 56 98, **e-mail** info@gulpimmobiliare.it), loue des voitures à partir de 50 € la journée, 260 € la semaine. Age minimum 25 ans. Carte de crédit obligatoire. Cartes Visa, MC, AmEx.

Location de deux-roues : **Global Noleggio**, V. Maria Teresa, 50 (✆ 0789 75 50 80,www.globalinformation.it). Vélos à partir de 8 € la journée, scooters à partir de 18 € la journée. Réductions possibles pour les locations longue durée. Ouvert tlj 9h-13h, 15h-20h et 21h-24h. Cartes Visa, MC. **Sarinya Rent a Car**, V. Maria Teresa, 29 (✆ 0789 75 90 90) loue des scooters pour 18-41 € la journée. Ouvert tlj 9h-13h, 16h-20h et 21h30-22h30.

Urgences : ✆ 113. **Ambulance** : ✆ 118.

Carabinieri : V. Nazionale (✆ 112).

Premiers secours : **Guardia Medica**, V. Carlo Felice (✆ 0789 75 40 79), disponible 24h/24.

Pharmacie : P. San Vittorio, 2 (✆ 0789 75 53 38). Ouvert Juin-Août, tlj 9h-13h et 17h-20h. Horaire réduit en basse saison.

Internet : **Infocell**, V. Nazionale (✆/fax 0789 75 54 48), au niveau de la Via d'Arborea. 5 € l'heure. Ouvert tlj 9h-13h et 16h30-20h. **Happy Phone**, V. Imbriani, 1 (✆ 0789 754 317), derrière la tour. 5 € l'heure. Ouvert Lu-Sa 3h-13h, 16h-20h et 21h-24h, Di 10h-13h et 16h-20h.

Bureau de poste : V. d'Arborea (✆ 0789 73 53 24), en face de l'arrêt de bus. Ouvert Lu-Ve 8h-12h45 et Sa. 8h-12h30. **Code postal** : 07028.

HÉBERGEMENT

❤ **Hôtel Moderno**, V. Umberto, 39 (✆ 0789 75 42 33), dans une rue perpendiculaire à la Via Nazionale. Hôtel situé en plein centre. Les 16 grandes chambres lumineuses et le grand sourire du propriétaire font de cet établissement un bijou. Si les prix peuvent paraître élevés en haute saison, ils sont conformes à ce qui se pratique dans la région. Réservation obligatoire. Petit déjeuner compris. Chambre simple avec salle de bains 36-50 €, chambre double 59-62 €. Cartes Visa, MC. ❖❖❖

Hôtel Bellavista, V. Sonnino, 8 (✆/fax 0789 75 41 62), deux rues après la Piazza Vittorio Emanuele. Vues magnifiques sur la mer. 16 chambres grandes et claires, toutes avec balcon et salle de bains. Petit déjeuner 4 €. Chambre simple 31-33 €, chambre double 46-57 €, triple 60 €. Cartes Visa, MC. ❖❖❖

Hôtel Marinaro, V. G.M. Angioy, 48 (✆ 0789 75 41 12, www.hotelmarinaro.it), propose de grandes chambres modernes. La salle à manger est très agréable, surtout la partie en plein air. Toutes les chambres sont équipées d'une salle de bains, de la clim., et d'une TV. Certaines ouvrent sur une terrasse. Petit déjeuner 8 €. Demi-pension obligatoire en août. Chambre simple 45-75 € (demi-pension 60-90 €), double 75-100 € (demi-pension 90-150 €), triple 85-125 €. Cartes Visa, MC, AmEx. ❖❖❖❖

Pensione Scano, V. Lazio, 4 (© 0789 75 44 47). Chambres petites mais lumineuses, avec salle de bains commune. Petit déjeuner inclus. Chambre simple 23 €, double avec salle de bains 45 €. Demi-pension 36-68 €. Cartes Visa, MC. ❖❖

RESTAURANTS

Vous pourrez faire vos provisions dans les *alimentari* qui bordent la Via Aniscara, non loin de la Piazza Vittorio Emanuele. Un **marché** aux fruits et aux vêtements se tient près de la gare routière, le jeudi matin. Faites un pique-nique après avoir acheté de quoi manger au **supermarché SISA**, dans la Via Nazionale, à côté de la Banco di Sardegna. (Ouvert Lu-Sa 8h-13h et 16h30-20h, Di. 9h-12h.)

❤ **Papé Satan**, V. La Marmora, 22 (© 0789 75 50 48). Essayez de repérer l'enseigne en sortant de la Via Nazionale. On ne pensait pas que le prince des ténèbres était un aussi bon cuisinier : cette demeure de Lucifer est classée parmi les cent meilleures pizzerias napolitaines d'Italie, et parmi les quatre meilleures de Sardaigne. Vous pourrez goûter la pizza *alla Papé Satan* (7,50 €), un vrai régal, ou la *quattro stagione* (8 €), divisée en quatre parts (pour les amateurs d'anchois). Couvert 2 €. Ouvert tlj 12h-14h30 et 19h-23h. Cartes Visa, MC. ❖❖

Ristorante Azzura, V. Graziani, 9 (© 0789 75 47 89). De délicieux plats de mer et des pâtes maison comme les tagliatelles aux palourdes, aux œufs de thon et aux tomates fraîches (8,50 €). Les pizzas napolitaines ont aussi leurs adeptes (4,30-8 €). Primi 7-13 €, secondi 4,65- 15 €. Ouvert tlj 12h-14h et 19h30-23h30. Cartes Visa, MC, AmEx. ❖❖❖

Da Thomas, V. Val d'Aosta, 22 (© 0789 75 51 33). Prenez votre repas en plein soleil, tout en étant à l'abri de la foule qui s'agglutine sur la place et sur le front de mer à l'heure du dîner. Peu cher pour Santa Teresa. *Primi* 5-12,50 €, *secondi* 7-13 €. Ouvert tlj pour le déjeuner à partir de 12h30 et pour le dîner à 19h30. Cartes Visa, MC, AmEx. ❖❖❖

Poldo's pub, V. Garibaldi, 4 (© 0789 75 58 60). Ce pub-restaurant sert des viandes très correctes ainsi que des pizzas (3,10-7,50 €) et des calzones (2-7 €). Décor de mosaïques colorées et ambiance détendue. Pâtes 6,50-10 €. Couvert 1,80 €. Ouvert tlj 12h-15h et 17h-2h. Cartes Visa, MC. ❖❖

PLAGES ET RANDONNÉE

La Via XX Settembre va jusqu'à la mer. A l'endroit où la route bifurque, prenez à gauche et passez devant l'hôtel Miramar pour atteindre la **Piazza della Libertà**. Il n'y a pas de mots pour décrire la superbe **tour aragonaise de Longosardo** dont la forme se détache sur le bleu de la mer, avec au loin la côte corse à peine visible à travers la brume qui flotte à la surface de l'eau. (Ouvert tlj 10h-12h30 et 16h-19h, entrée 1,50 €). Après avoir admiré ce beau paysage, descendez l'escalier de la place qui vous mènera à la **Spiaggia Rena Bianca**, une plage très belle mais très fréquentée, dans une crique idéale pour la baignade. On y loue des chaises longus, des parasols, des pédalos et des kayaks. Si vous cherchez un endroit plus tranquille pour bronzer, vous devrez oublier les plages de sable pour vous replier sur les rochers. Au-dessus de la Spiaggia Rena Bianca, vous verrez un sentier serpenter le long des rochers en suivant la côte, permettant à ceux qui le souhaitent d'avoir accès aux criques et aux lagunes situées plus bas. Le chemin étant plein d'épines et recouvert d'herbe, il vaut mieux avoir de bonnes chaussures.

Santa Teresa abrite l'un des villages préhistoriques les plus grands et les mieux préservés de la région, ❤ **Lu Brandali**. De la V. Nazionale, tournez à droite sur une route de terre non signalée en face de SISA. De là, un étroit sentier mène à l'immense **Tomba di Giganti**, un cimetière où les villageois enterraient leurs morts au IIe siècle avant notre ère. En raison de leurs dimensions imposantes, les tombes ont alimenté une légende tenace qui veut qu'elles aient servi de dernière demeure à une race de géants. Des chemins envahis de broussailles sillonnent les restes du vieux village. Vous passez devant deux tours avant d'atteindre les ruines d'un nuraghe. Sur place, les indications sont laconiques. Faites un tour à l'office de tourisme pour en savoir plus sur l'histoire de ce lieu envoûtant.

Les magnifiques plages du ❤ **Capo Testa**, à 3 km de la ville, constituent la première attraction de Santa Teresa. Pour vous y rendre, vous pouvez soit prendre le **Sardabus** depuis le bureau de poste jusqu'au Capo Testa (5 dép/j, durée 10 mn, 0,67 €, a/r 1,24 €), soit braver la circulation et parcourir à pied les 3 km le long de la **Via Capo Testa**, en partant de la Via Nazionale. Le bus s'arrête à la **Spiaggia Rena di Ponente**, où deux bras de mer s'assemblent pour former une longue bande de sable, parfaite pour les sports nautiques (location de planche à voile 12 €l'heure). De la plage, un chemin mène, après 25 mn de marche, à une plage recluse, la ❤ **Valley de la Luna**. Une communauté hippie s'était installée là autrefois. On peut toujours voir des foyers de pierre, des peintures rupestres et des troncs sculptés. Le chemin continue le long du littoral de la presqu'île sur 2,5 km jusqu'à un phare abandonné. Des marches taillées dans la roche en contrebas du phare permettent d'atteindre une tour d'horloge.

VIE NOCTURNE

Le **Groove's Café**, V. XX Settembre, 2, propose le menu restreint d'un pub ainsi que des banquettes moelleuses et un balcon où vous pourrez vous asseoir tout en écoutant de l'*acid jazz* et de la house après 23h. (Ouvert tlj 6h-4h, cocktails 5-7 €). Le **Conti** (© 0789 75 42 71), de l'autre côté de la place, V. Regina Margherita, 2, résonne de rythmes similaires mais dispose d'une piste de danse et d'une mezzanine à l'étage où vous pourrez vous déchaîner tout en écoutant les mix du DJ. (Bières 2,50 €, ouvert tlj 8h-3h)

PROVINCE DE NUORO

De toutes les provinces de Sardaigne, Nuoro est de loin la moins touristique. Peu de gens savent que, située au cœur de la Sardaigne, elle est l'une des provinces les plus spectaculaires du pays. Elle s'étend de Bosa, sur la côte ouest, jusqu'au Golfo di Orosei, à l'est. Entre ces deux villes, la province offre au regard du visiteur un paysage de plateaux aux reliefs doux et de collines arrondies. C'est également là que vous pourrez voir la plus haute montagne de l'île.

BOSA ✆ 0785

Il est difficile de croire qu'une ville possédant un aussi charmant château du XIIe siècle, perchée en haut d'une colline et surplombant la mer puisse rester relativement à l'écart des touristes. C'est pourtant le cas de Bosa. La ville a deux visages. Il y a la Bosa du château, du centre historique et de ses édifices, à l'abandon mais très photogéniques. Puis, à dix minutes en bus, il existe aussi Bosa Marina, avec sa promenade de bord de mer tout en longueur, ses plages peu fréquentées et le traditionnel cortège de bars. C'est à se demander pourquoi la ville est à ce point désertée : à croire que les Sardes savent des choses que nous ignorons.

ORIENTATION ET TRANSPORTS. Bosa désigne en fait deux villes. **Bosa**, la plus grande des deux et celle avec le centre historique, est située à environ 3 km à l'intérieur des terres, tandis que **Bosa Marina** se trouve de l'autre côté de la **rivière Temo**, juste sur la plage. Les bus s'arrêtent sur la **Piazza Angelico Zanetti** de Bosa. Des **bus** vont de Bosa à la **Piazza Palmiro Togliatti** de Bosa Marina (22 dép/j, durée 5 mn, 0,67 €). Les bus pullman en provenance d'Alghero ou d'Oristano continuent souvent jusqu'à Bosa Marina. Au départ de Bosa, les bus **ARST** desservent **Oristano** (6 dép/j de 5h10 à 16h20, durée 1h30, 4,05 €) et **Sassari** (5 dép/j de 6h20 à 18h, durée 2h, 5,37-9,61 €).

Les tickets sont en vente au bureau de tabac, V. Alghero, 7a. Les **bus FDS** vont à **Alghero** (durée 1h30, dép. 6h35 et 15h40, 5 €) et à **Nuoro** (4 dép/j de 6h06 à 19h31, durée 1h45, 5,10 €). Les tickets peuvent être achetés au bureau de la FDS, sur la Piazza Zanetti. (Ouvert 5h30-8h30, 9h30-15h20, en hiver 5h30-8h30 et 9h30-19h35.)

INFORMATIONS PRATIQUES. L'**office de tourisme Pro Loco**, V. Zuni, 5 (© 0785 37 61 07, **e-mail** proloco@bosa.net, www.bosa.net), au croisement de la Via Francesco Romagna et de la Via Alberto Azuni, vous fournira un plan précis de la ville (0,55 €). Vous en trouverez un gratuit dans n'importe quel hôtel. (Ouvert tlj 10h-13h et 17h30-20h30.) Vous pouvez changer de l'argent à l'**Unicredit Banca**, au coin de V. Lamarmora et V. Giovanni, ou au **distributeur automatique** ouvert 24h/24. En cas d'**urgence**, composez le © 113, appelez la **Croix-Rouge** (© 0785 37 38 18) ou les **carabinieri** (© 0785 37 31 16). Vous trouverez un accès **Internet** au **Al Gambero Rosso**, V. Nazionale, 22 (© 0785 37 41 50), à Bosa Marina. Cette cyberpizzeria vous demandera 5 € l'heure de connexion. (Accès possible Lu-Sa 12h30-15h et 19h30-1h.) Egalement à **Internet Web Copy**, P. IV Novembre, 12 (6 €l'heure). **Euroservice**, V. Azuni, 26, loue des voitures (à partir de 64 €/j), des scooters (18-44 €/j) et des vélos (10 €/j) (© 0785 37 34 79, ouvert Lu-Sa 9h13h et 15h-20h). Le **bureau de poste**, V. Pischetta, 1 (© 0785 37 31 39), propose un service de fax et de **change** (ouvert Lu-Ve 8h20-18h30 et Sa. 8h20-12h45). **Code postal** : 08013.

HÉBERGEMENT . Bosa Marina possède une agréable ❤ **auberge de jeunesse**, V. Sardegna, 1 (©/fax 0785 37 50 09). Demandez au chauffeur de bus de vous déposer près de l'auberge. A partir de la Piazza Palmiero Togliatti, prenez la Via Sassari jusqu'à la Via Grazia Deledda et tournez à droite. Après avoir traversé deux rues, prenez à gauche et vous verrez l'auberge au bout de la rue. Située à 50 m de la plage, cette auberge possède un restaurant et un bar ouvert jusqu'à minuit. Le personnel est sympathique. (Repas 9,30 €, petit déjeuner 2,07 €. 50 lits. Dortoir de 6-8 lits 10,33 €, demi-pension 20,66 €, chambre double sur réservation uniquement.) Egalement sur Bosa Marina, l'**hôtel Al Gabbano**, V. Mediterraneo, dispose de chambres modernes et confortables juste de l'autre côté de la plage. Toutes ont une salle de bains, une TV, la clim. et un minibar (© 0785 37 41 23, fax 37 41 09, petit déjeuner buffet 5,20 €, chambre simple 41-57 €, double 57-76 €. Parasol, chaises longues et parking gratuits. Cartes Visa, MC, AmEx.)

A Bosa, le **Bed and Breakfast Loddo Gonaria**, V. Martin Luther King, 5, a des faux airs de manoir. Les six chambres sont immenses et meublées à l'ancienne. Au matin, savourez les délicieux miels et confitures fait maison. De l'arrêt de bus, engagez-vous dans V. D. Manin, tournez à droite à la rivière dans le Lungo T. G. Amendola et continuez jusqu'à V. Martin Luther King. (© 0785 37 37 90. Petit déjeuner inclus. Chambres 22-30 €, espèces uniquement.) Si vous cherchez quelque chose d'un peu plus chic, allez à l'**Albergo Perry Clan**, V. Alghero, 3 (© 0785 37 30 74). A partir de l'arrêt de bus, suivez la Via Daniele Manin et prenez à droite. L'hôtel se trouve à gauche après la Piazza Dante Alighieri. Les 12 chambres ont une salle de bains, l'air conditionné et un téléphone. Certaines ont la télévision. (32 lits. Chambre simple 20 €, chambre double 40 €, espèces uniquement.)

RESTAURANTS Un supermarché **SISA** se trouve P. Giobert, 13 (ouvert Lu-Sa 8h-13h et 17h-20h). Dans une maison médiévale du centre-ville, le **Ristorante Borgo Sant'Ignazio**, V. S. Ignazio, 33, sert des plats traditionnels comme le homard à la *salsa bosana* (avec oignons et tomates 9 €) ou le **azada di gattucio** (8 €), un cousin du requin (© 0785 37 46 62. *Primi* 7-9 €, *secondi* 8-14 €. Ouvert l'été tlj 12h30-15h30 et 19h30-22h30. Cartes Visa, MC, AmEx.) Le **Ristorante Barracuda**, V. Repubblica, 17, est hautement recommandable pour ses fruits de mer et ses poissons savoureux. Les tables sont dressées dans une cour intérieure et l'ambiance est plaisante. (© 0785 37 41 50. *Primi* 6,50-14,50 €, *secondi* 9,50-15,50 €. Ouvert tlj 12h30-16h et 20h-24h. Espèces uniquement.) **Sa Pischedda Ristorante/Pizzeria**, V. Roma 8, prépare un succulent *razza alla bosana* (sauté de poisson à l'ail). Les pizzas cuites au feu de bois sont un régal. (© 0785 37 30 65, pizza 3-8 €, *secondi* 7,50-14 €. Ouvert tlj 12h30-15h et 19h30-24h. Cartes Visa, MC, AmEx.)

VISITES ET ACTIVITÉS DE PLEIN AIR. Plongez-vous dans le passé en vous promenant dans le vieux Bosa, le **Quartiere Sa Costa**. Avec ses ruelles sinueuses, ses rues pavées et ses petites places, il s'agit de l'un des plus beaux centres historiques de Sardaigne. Le **Castello Malaspina** offre une vue panoramique sur la ville. On l'atteint après une marche de 15 mn. Il abrite la **Chiesa Nostra Signora Regnos Altos**, une église bâtie au XIVe siècle et dont les fresques sont dans le style de l'école toscane. Le **musée de la Casa Deriu**, C. V. Emanuele II, 59, présente la collection de meubles, de tapisseries et de tableaux de la riche famille Deriu qui connut son heure de gloire au XIXe siècle. On y admire une collection de céramiques et de peintures signées du maître *bosano* Melkiore Melis. (Ouvert Ma-Di 12h-13h et 19h30-23h30, entrée 3 €). De l'autre côté de la rivière, en remontant la vallée sur 2 km le long de V. S. Antonio, on débouche sur l'**église romane de San Pietro**. Cette église aux pierres massives est l'une des plus anciennes de Sardaigne. (Ouvert tlj 9h30-13h30 et 17h30-20h30, entrée 1 €.)

Vous trouverez une grande **plage** gratuite à Bosa Marina, avec sa promenade (*lungomare*) où s'alignent des bars et sa **tour aragonaise** (ouvert occasionnellement : renseignez-vous à l'office de tourisme). Le **centre de plongée sous-marine** de Bosa, V. Cristoforo Colombo, 2 (✆ 0785 37 56 49, www.bosadiving.it), à Bosa Marina, propose de la plongée avec masque et tuba (24 €), de la plongée sous-marine (31-41 € par plongée, plus le coût de l'équipement), des excursions en bateau de 4 km sur la rivière, d'où vous pourrez jouir de très belles vues sur la ville (6 €), ainsi que des excursions en mer vers les grottes voisines et vers une plage de sable blanc (durée 2h, 13 €).

NUORO ✆0784

Malgré l'impressionnant spectacle de ses montagnes qui se découpent en toile de fond, l'architecture peu imaginative de cette capitale de province trahit ses origines paysannes. Même si quelques quartiers, essentiellement autour du Corso Garibaldi, s'animent pendant la journée, Nuoro reste une petite ville qui, mis à part la visite d'un ou deux musées, ne vous offrira que peu de distractions. Elle peut cependant servir de point de départ pour visiter les localités dignes d'intérêt de la campagne environnante.

TRANSPORTS

Train : La gare est située au coin de la Via La Marmora et de la Via Stazione (✆ 0784 301 15). Guichet ouvert Lu-Sa 7h30-19h. Destination : **Cagliari** (6 dép/j de 5h45 à 18h51, durée 3h30-5h, 10,80 €).

Bus : Les compagnies de bus suivantes desservent toute l'île :

ARST (✆ 0784 29 41 73). Les bus s'arrêtent le long de la Via Sardegna, entre la Via Toscana et la Via La Marmora. Les billets sont en vente au coin de la Via La Marmora et de la Via Stazione. Guichet ouvert Lu-Ve 6h30-21h. Destinations : **Cagliari** (2 dép/j à 14h05 et 19h10, 9,50 €), **Dorgali** (6 dép/j de 6h53 à 19h, durée 1h, 2,01 €), **Olbia** (7 dép/j de 5h30 à 20h50, 6,30-7,64 €), **Oliena** (13 dép/j de 6h53 à 19h45, durée 30 mn, 0,80 €) et **Orgosolo** (8 dép/j de 5h30 à 18h30, durée 30 mn, 1,45 €).

F. Deplanu (✆ 0784 20 15 18) assure la liaison entre la gare ARST et l'**aéroport d'Olbia** (5 dép/j de 5h45 à 17h, durée 1h30, 9,30 €). **Redentours** propose le même service vers l'**aéroport d'Alghero** (2 dép/j, durée 2h45, 12,39 €).

PANI, V. B. Sassari, 15 (✆ 0784 368 56), accessible par la Via Stazione. Guichet ouvert 9h-12h et 17h-19h30, et 30 mn avant chaque départ. Bus à destination de **Cagliari** (4 dép/j de 6h52 à 19h31, durée 3h30, 11,31 €), **Oristano** (4 dép/j de 6h52 à 19h31, durée 2h, 5,84 €) et **Sassari** (6 dép/j de 5h52 à 19h31, durée 2h30, 6,77 €).

Transports en commun : Les **bus municipaux** coûtent 0,57 € par trajet. Les tickets s'achètent dans les bureaux de tabac. Le **bus n° 4** relie la Piazza Vittorio Emanuele à la gare (3 dép/h) et le **bus n° 3** à la Via Sardegna.

Location de voitures : **Autonoleggio Maggiore**, V. Convento, 32 (©/fax 0784 304 61, www.maggiore.it). A partir de 69,72 € la journée. Age minimum 23 ans. Ouvert Lu-Ve 8h30-13h et 15h30-19h, Sa. 8h-13h. Cartes Visa, MC, AmEx.

ORIENTATION ET INFORMATIONS PRATIQUES

Si vous arrivez à Nuoro par le bus PANI, tournez à gauche et prenez la Via Sassari qui vous mènera directement à la **Piazza d'Italia**, où vous trouverez le sympathique office de tourisme et un parc agréable. Si c'est le bus ARST qui vous amène, prenez à gauche la Via di Sardegna (dans la même direction que le bus), puis tournez dans la première rue à droite, la Via La Marmora, et suivez-la jusqu'à la **Piazza della Grazie**. De là, si vous tournez à gauche et remontez la Via IV Novembre jusqu'en haut de la colline, vous atteindrez la Piazza d'Italia. La Via Roma va de la Piazza d'Italia à la Piazza San Giovanni et au centre chic de la ville, la **Piazza Vittorio Emanuele**, que les autochtones appellent simplement "*Giardini*".

Offices de tourisme : **EPT**, P. Italia, 7 (© 0784 300 83), au rez-de-chaussée en été et au 3e étage en hiver. Embusqués derrière leur rangée de guides et de brochures, les employés sont intarissables sur les randonnées à faire dans la région. Ouvert l'été Lu-Sa 8h30-13h30 et 15h30-20h, Di 9h30-13h30). **Punto Informa**, C. Garibaldi, 155 (©/fax 0784 387 77, www.viazzos.it), est un office de tourisme privé, doté de brochures complètes et de guides. Le personnel vous aidera à comprendre le fonctionnement des services de transports sardes et vous renseignera sur les randonnées, les parcours à vélo et autres activités de plein air. Ouvert Juin-Sep, Lu-Sa 10h-13h et 16h-19h. Le **Community of Nuoro Information Center**, à Monte Ortobene, fournit des informations sur les chemins de randonnée et sur les possibilités de tourisme à la ferme (*agriturismi*). Ouvert l'été Lu-Sa 10h-13h et 15h-20h, Di 10h-20h.

Urgences : © 113. **Urgences médicales** : © 118.

Croix-Rouge : © 0784 312 50. **Hôpital : Ospedale Civile San Francesco** (© 0784 24 02 37), sur l'autoroute menant à Bitti.

Internet : **Informatica 2000**, C. Garibaldi, 156 (© 0784 372 89). 5 € l'heure. Ouvert Lu-Ve 9h-13h et 16h-20h, Sa. 9h-13h.

Bureau de poste : P. Crispi, 8 (© 0784 302 78), par la Via Dante. Ouvert Lu-Ve 8h15-18h30 et Sa. 8h15-12h45. Le **bureau de change** prend une commission de 2,58 €. **Code postal** : 08100.

HÉBERGEMENT

Les hôtels bon marché sont rares à Nuoro et il vous faudra vous rendre dans des villes éloignées pour trouver des campings. Prenez-en votre partie et rendez-vous dans les hameaux situés dans les collines voisines. **Testone**, au nord-est de la ville, est une très bonne option pour une expérience d'*agriturismo* (séjour à la ferme). Voici les coordonnées du propriétaire : Via Verdi (© 0784 23 05 39, chambres 39 €) En ville, l'**Hôtel Il Portico**, V. M. Bua, 13, près de la P. Mazzini, est un établissement agréable et bien situé. Toutes les chambres sont dotées d'une salle de bains et certaines ont un balcon. (© 0784 37 535, fax 25 50 62. Pas de clim. Réception ouverte Lu-Sa 12h30-15h et 10h-23h. Chambre simple 40 €, double 55 €. Cartes Visa, MC, AmEx.) L'**Hôtel Ristorante Grillo**, V. Mons Meas 14, est tenu par une famille qui gère avec soin 46 chambres confortables et bien équipées (A/C, TV). Le restaurant au rez-de-chaussée est très populaire. Pour vous y rendre depuis la gare routière ARST, tournez à droite sur Viale Sardegna, puis à droite sur V. Lamarmora. Poursuivez sur 750 m vers le centre-ville puis, après l'église, tournez à droite sur V. Convento ; l'hôtel se tient à l'angle. (© 0784 38 668, www.grillohotel.it. Chambre simple 66 €, double

92 €, triple 120 €, quadruple 140 €. Demi-pension 65-82 €). L'**Hôtel Sandalia**, V. Einaudi, 14 (✆ 0784 312 00, fax 0784 383 53), est un peu excentré. Du centre, il faut marcher 20 mn le long de la route qui mène à Cagliari et Sassari. Près de l'hôpital, vous apercevrez l'hôtel et son enseigne au sommet d'une colline. Depuis la gare ARST, allez jusqu'à la Via La Marmora, prenez à gauche et suivez les panneaux comme expliqué précédemment. Les chambres sont grandes mais l'ameublement est très inégal même si toutes possèdent télévision et air conditionné. (Chambre simple 52 €, chambre double 72 €. Cartes Visa, MC, AmEx.)

RESTAURANTS

Pour faire vos courses, allez au **supermarché Comprabene**, sur la Piazza Mameli. (Ouvert Lu-Sa 8h30-13h30 et 17h-20h30. Cartes Visa, MC.) En face, le **Mercato Civico**, P. Mameli, 20, accessible par la Via Manzoni, est un marché où vous pouvez trouver des fruits frais, du fromage et de la viande. (Ouvert Lu-Sa 7h-13h30 et 16h30-20h, fermé Sa. après-midi en juillet et en août.) Vous pouvez également aller chez **Antico Panifico**, une boulangerie avec un four à bois à l'ancienne située près de la Piazza delle Grazie, V. Ferraccio, 71. Vous pourrez y acheter des petits pains frais, du *pane caratau* (pain croustillant sarde) ou de succulents *panzerotti*, des sandwichs au fromage et à la tomate, fourrés selon votre préférence aux aubergines, aux champignons ou au jambon pour 1,55 € (ouvert Lu-Sa 8h-1h).

❤ **Canne al Vento**, Vle della Repubblica, 66 (✆ 0784 20 17 62), à 15 mn à pied de la Piazza delle Grazie, en descendant la Via La Marmora. Joli décor, égayé de fleurs aux couleurs vives. Une généreuse portion de *pane frattau* (plat traditionnel sarde à base de fromage, d'œufs et de sauce tomate sur un lit de pain fin et croustillant, 4,65 €) vous enchantera le palais. Goûtez le *porcetto*, un plat essentiel de la cuisine sarde à base de poulet, qui est aussi la spécialité de la maison. Primi 5,16-7,75 €, *secondi* 5,16-12 €. Ouvert Lu-Sa 12h30-15h et 20h-22h30. Cartes Visa, MC, AmEx. ❖❖

Ristorante Tascusi, V. Apromonte, 15 (✆ 0784 37 287). Le chef Gian Franco aime parler à ses clients pendant qu'il pétrit la pâte à pizza. Il accommode aussi des plats typiques comme le délicieux *malloreddus al sugo di cinghiale* (des coquillettes à la sauce de viande de sanglier, 5, 16 €). Ce restaurant bon marché est l'un des plus populaires de la ville. *Primi* 4,56-6,20 €, *secondi* 6,20-12,33 €. Ouvert Lu-Sa 12h-15h15 et 19h30-24h. Cartes Visa, MC. ❖

Da Giovanni, V. IV Novembre, 9, à l'étage (✆ 0784 30 562). Le décor est brut mais les plats sont de petites merveilles, notamment le *bocconcini alla vernaccia* (bœuf dans une sauce au vin blanc, 7,78 €). Ouvert Lu-Ve 12-16h et 19h30-23h, Sa 12h-16h. Cartes Visa, MC, AmEx. ❖❖

La Pasticceria Artigiana, V. L. Rubeddu, 8 (✆ 0784 355 42), sert sans conteste les meilleures pâtisseries sardes de la région. Ouvert Lu-Sa 8h30-13h et 16h15-20h. ❖

VISITES ET SORTIES

Nuoro n'a que peu de restaurants mais ne manque pas de bars. La Piazza Vittorio Emanuele (*Giardini* pour les intimes), entièrement cimentée, est le rendez-vous favori des jeunes autochtones, qui viennent s'y asseoir le soir pour causer et fumer. Les plus vieux préfèrent déambuler sur le Corso Garibaldi, un peu plus chic.

LE MUSÉE ETHNOGRAPHIQUE. Ce musée, également appelé **Museo della Vita e delle Tradizioni popolari sarde** expose des vêtements, des bijoux, des masques, des costumes cérémoniels et de la laine, rappelant le temps où la terre, l'homme et le mouton vivaient en parfaite symbiose. Les maisons qui composent le musée sont disposées en cercle à la manière des villages sardes typiques *(V. Mereu, 56. ✆ 0784 25 60 35, **e-mail** renuoro@interbusiness.it. Ouvert 15 Juin-30 Sep, tlj 9h-20h ; Oct-14 Juin 9h-13h et 15h-19h. Entrée 5 €, moins de 18 ans et plus de 60 ans gratuit.)*

LE MUSÉE D'ART DE LA PROVINCE DE NUORO (MAN). L'immeuble blanc immaculé abritant le **Museo d'Arte di Nuoro** (MAN) tranche avec la fadeur des bâtiments alentour. On peut y admirer une collection d'artistes locaux contemporains et des expositions temporaires *(V. S. Satta, 15. © 0784 25 21 10. Ouvert Ma-Di 10h-13h et 16h30-20h30. Entrée 2,60 €, étudiants 1,60 €, gratuit pour les moins de 18 ans et les plus de 60 ans.)*

LE MONT ORTOBENE. Au sommet, vous découvrirez un magnifique panorama, une statue en bronze du Christ Rédempteur et un parc ombragé qui domine les villages alentour. A partir de l'arrêt de bus du Monte Ortobene, vous pouvez redescendre la route et, au bout d'une vingtaine de mètres, vous apercevrez un beau point de vue sur le colossal **Monte Corrasi**, qui surplombe la ville voisine d'**Oliena**. *(Pour aller au sommet, prenez le bus orange APT n° 8 depuis la Piazza Vittorio Emanuele (15 dép/j de 8h15 à 20h, dernier retour 20h15, 0,55 €). Vous pouvez aussi effectuer l'ascension à pied (6 km environ). Attention : le mont est peuplé de sangliers.)*

LA FÊTE DU RÉDEMPTEUR. Nuoro organise un festival annuel, la **Sagra del Redentore**, la dernière semaine d'août. Une austère procession religieuse, au cours de laquelle les gens de la ville méditent sur la question du péché, a lieu le 29 août. Ce rite est précédé d'une parade durant laquelle des gens habillés en costume traditionnel sarde chantent et dansent.

EXCURSION DEPUIS NUORO : ORGOSOLO

Mettez votre destin entre les mains du chauffeur d'un bus ARST (8 dép/j de 5h50 à 18h30, dernier retour 19h40, durée 40 mn, 1,45 €).

Le trajet en bus pour se rendre à la ville paisible d'**Orgosolo** mérite à lui seul le déplacement. La ville elle-même, avec son architecture austère et ses places ombragées, est l'archétype de la ville de montagne sarde. Vous y découvrirez de splendides panoramas montagneux et des fresques cubistes ornant certains murs. C'est **Francesco del Casino**, un professeur de la région, qui a eu l'idée de ces peintures extérieures, après avoir étudié l'art en Amérique latine dans les années 1960. Son œuvre illustre les méfaits de la société, du mercantilisme au fascisme, en passant par l'impérialisme américain. Del Casino s'inspira également du film *Bandits à Orgosolo* (1963), qui immortalisa le banditisme sanglant au sud d'Oliena.

Si vous cherchez un gîte à Orgosolo, descendez au troisième arrêt de bus et suivez les indications jusqu'à l'**Hôtel Sa'e Jana**, V. Lussu, 17 (© 0784 401 247). Cet hôtel familial propose de gigantesques chambres, toutes équipées d'une salle de bains. Le **restaurant** du rez-de-chaussée sert une cuisine sarde copieuse et inventive, avec des *primi* pour 4-5,50 € et des *secondi* pour 5,20-6,80 €. (Chambre simple 37,50 €, chambre double 47,50 €, demi-pension 44-49,50 € par personne, pension complète 88 € par personne. Cartes Visa, MC, AmEx) Le **Petit Hôtel**, V. Mannu, 9 (©/fax 0784 402 009), à la hauteur du Corso

UNE PETITE FOLIE

SU GOLOGNE

Perché sur un pic à 6 km du village d'Oliena, Su Gologne est sans doute le meilleur hôtel-restaurant de l'île. Ouverte en 1960 sous la forme d'une modeste *trattoria*, cette villa aux murs stuccés de blanc est renommée pour sa cuisine traditionnelle et son hospitalité sans pareil.

Les hôtes se réveillent dans une chambre aux meubles anciens, alléchés par l'odeur du petit déjeuner préparé uniquement avec des mets récoltés sur place. Le petit déjeuner est servi sur la terrasse fleurie. L'hôtel propose des visites des sites archéologiques voisins – mais la piscine d'eau de source, le tennis, le minigolf et les jardins ne donnent pas vraiment envie de s'aventurer ailleurs.

Dans la salle à manger, délicieusement rustique, on déguste une cuisine sarde de premier ordre. Le repas commence par des *antipasta* variés, à base de viande, de fromages et de légumes grillés. Des plateaux de raviolis, de pâtes et de *pane frattau* (tranche de pain grillé tartinée de tomate, d'œuf et de fromage) arrivent ensuite. Puis c'est au tour des tendres *secondi* qui accommodent à merveille le veau ou le cochon de lait. Une glace au *ricotta* vient couronner ce festin. L'heure pour le jovial propriétaire Luigi et pour sa famille de récolter les louanges autour de la cheminée centenaire.

© 0784 28 75 12, 28 75 52, www.sugologone.it. Demi-pension 119-154 €. Restaurant : primi 5-8 €, secondi 9-13 €. Menu 5 plats 40 €. Ouvert tlj 12h30-15h et 20h-23h. Cartes Visa, MC, AmEx. ❖❖❖❖❖

Repubblica, est moins luxueux, mais plus sympathique et entièrement décoré par les fresques de del Casino. A partir de l'arrêt de bus situé au niveau du petit parc (avec les peintures murales), revenez en arrière (le poste de police est sur votre droite), prenez la déclivité sur la gauche et suivez les panneaux. (Petit déjeuner 5 €. Chambre simple 28 €, chambre double 40 €, triple 57 €, quadruple 67 €. Cartes Visa, MC, AmEx.)

Pour prendre un repas montagnard typique, contactez l'association **Cultura e Ambiete**. Elle organise des excursions culinaires et des repas en plein air dans le champ derrière son restaurant **Supramonte**, à Località Sarthu Thithu, à 3 km d'Orgosolo. Des bus remplis de touristes débarquent tous les jours pour dévorer des viandes fumées, du *porchetto* rôti, du fromage et des desserts servis sur un plateau de bois. Le service est assuré par quatre pasteurs. (© 0784 40 10 15, www.supramonte.net. Normalement réservé aux groupes mais des individuels peuvent participer en téléphonant à l'avance. Repas 18 €) Le groupe gère aussi un **terrain de camping** (douches chaudes gratuites, 3 € par personne, 4 € la tente. Bungalows avec douche 20 €. Cartes Visa, MC, AmEx.)

DORGALI ©0784

Accrochée sur le versant d'une colline, la petite ville a bien retenu les leçons du tourisme à l'italienne et propose des produits réalisés artisanalement par ses habitants. Les magasins, presque tous consacrés à cette industrie locale, mettent en vitrine des masques en bois sculpté, des poteries et des tapisseries, sans oublier des couverts travaillés à la mode arabo-andalouse et quantité de tee-shirts de mauvais goût sur lesquels vos amis pourront lire que "les Sardes font ça mieux que les autres". En fait, Dorgali constitue plus une halte pratique sur la route des plages spectaculaires de Cala Gonone qu'un lieu où séjourner pour le plaisir.

TRANSPORTS ET INFORMATIONS PRATIQUES. Les bus s'arrêtent au coin de la Via La Marmora et du Corso Umberto. Les **bus ARST** desservent **Cala Gonone** (10 dép/j de 6h20 à 19h45, durée 20 min, 0,67 €), **Nuoro** (7-9 dép/j de 6h05 à 19h50, durée 50 mn, 2,01 €) via **Oliena** (durée 30 mn), et **Olbia** (2 dép/j à 6h35 et 17h25, durée 3h, 6,30 €). La **Via La Marmora**, artère commerçante de la ville, court le long de la colline pour rencontrer le Corso Umberto, qui lui est perpendiculaire et où vous trouverez les meilleures glaces et boissons fraîches. L'**office de tourisme Pro Loco**, V. La Marmora, 108b (© 0784 962 43), propose des cartes, des guides maison de première qualité pour Dorgali et Cala Gonone (2,58 €) ainsi que des renseignements sur les hôtels, l'*agriturismo* et autres possibilités pour se loger. (Ouvert Mai-Sep Lu-Ve 9h-13h et 15h-19h. Horaires réduits hors saison) En cas d'**urgence**, appelez les **carabinieri** (© 112 ou 0784 961 14) ou une **ambulance** (© 118 ou 084 94 266). **Farmacia Mondula**, V. La Marmora 55 (ouvert Lu-Ma et Je-Di 8h30-13h et 16h30-20h). Le **bureau de poste** se trouve au coin de la Via La Marmora et de la Via Ciusa (© 0784 974 12, ouvert Lu-Ve 8h10-12h). **Code postal** : 08020.

HÉBERGEMENT ET RESTAURANTS. Il est plus judicieux de séjourner à Cala Gonone (voir plus loin), dont l'office de tourisme vous aidera à trouver des chambres à un prix raisonnable si vous faites appel à leurs services. L'**Hôtel S'Adde**, V. Concordia, 38 (© 0784 944 12), propose des chambres spacieuses équipées du téléphone, de l'air conditionné, d'une télévision et d'une salle de bains. A l'intersection du Corso Umberto et de la Via La Marmora, prenez la Via Mare et suivez les panneaux. L'hôtel met à votre disposition une navette pour **Cala Gonone** (1 dép/j, 5,16 €) et dispose d'un restaurant et d'une 105-138 €. Cartes Visa, MC, AmEx.)

Les bars et les *gelaterie* s'alignent le long du Corso Umberto. Les habitants plébiscitent le ❤ **Ristorante Colibri**, V. Gramsci, 14, au-dessus de la V. Lamarmora à l'angle de la V. Flores. On y déguste de succulents gibiers ainsi que la spécialité maison, les *penne alla dorgalese* (nappées d'une sauce au porc fumante, 6,50 €). Nul poisson au menu. (© 0784 96 054, *primi* 6,50-7 €, *secondi* 9,50-10,50 €, couvert 2 €, ouvert Juil-Aoû tlj 12h30-15h et 19h30-22h30. Espèces uniquement). Les meilleures pizzas sont peut-être celles servies par **Il Giardino**, V. E. Fermi. Essayez par exemple la *giardino*, couverte de légumes grillés (7 €) ou soignez votre ligne en commandant l'une des copieuses salades de la carte (© 0784 94 257. Pizza 3,50-7,50 €. Ouvert Lu et Me-Di 12h-15h et 19h-24h. Cartes Visa, MC, AmEx.) Pour le dessert, faites un tour chez **Deiana Dolci Sardi**, V. Africa, 3, près de la P. Francetta, en contrebas de la V. Lamarmora. (© 0784 95 096, ouvert Lu-Sa 8h30-13h et 16h-20h.)

VISITES. L'artisanat est la première ressource de la ville. On peut passer des heures à voir les artisans à l'œuvre en flânant sur la V. Lamarmora et dans les ruelles environnantes. Les boutiques qui jouxtent souvent les ateliers proposent des céramiques faites à la main, de la bijouterie, des *tappeti* (tissus en coton et laine), des sculptures en bois ou des articles en cuir. Serafina Senette et sa maman tissent de magnifiques *tapetti* dans leur boutique **Il Tapetto di Serafina Senette**, P. G. Asproni, 22 (© 0784 95 202). Chez **Il Loddo**, V. Lamarmora, 110, Paolo Loddo et son épouse vendent leurs créations originales en céramique (© 0784 96 771)

Le **Museo archeologico**, V. La Marmora, entre la poste et l'école élémentaire, abrite des poteries aux formes provocantes découvertes dans les environs de Dorgali et de Cala Gonone. On peut également y admirer des objets provenant des 70 sites et villages nuragiques de la région.

L'agence de voyage **Coop Ghivine** jouit d'une bonne réputation pour ses excursions dans les montagnes de Gennargentu et le golfe de Orosei : randonnée, découvertes archéologiques, géologiques ou gastronomiques sont au programme. (V. Lamarmora 69e, © 349 442 55 52, www.ghivine.com. Excursion à la journée 40 €par personne, incluant le déjeuner.)

CALA GONONE ©0784

Le trajet en bus pour Cala Gonone est peut-être le plus spectaculaire à faire sur cette île où tout voyage est déjà merveilleux. Située sur des collines descendant vers la mer, la ville est la porte d'accès à des grottes et à plusieurs plages magnifiques qui comptent autant de baigneurs que de galets (et la plage est pleine de galets…) et dont beaucoup ne sont accessibles que par bateau.

TRANSPORTS ET INFORMATIONS PRATIQUES.
Cala Gonone se trouve à 45 mn à l'est de Nuoro par le **bus ARST** (9 dép/j de 6h40 à 19h25) et à 20 mn de Dorgali (10 dép/j de 6h40 à 20h10). Achetez vos billets au Bar La Pinetta sur Viale Colombo. Ne manquez pas de passer par l'**office de tourisme**, V. del Blue Marino (© 0784 936 96). Son personnel s'avère très efficace quand il s'agit de trouver une chambre ou d'indiquer les horaires des bateaux. Accès Internet chez **Internet Point**, V. Cristoforo Colombo, 5 (© 0784 92 00 15, 7 €l'heure.) Si vous êtes intéressé par la location d'un vélo, d'une voiture ou d'un kayak ou qu'une promenade à bicyclette ou une randonnée dans la région vous intéresse, contactez **Prima Sardegna**, Lungomare Palmasera, 32. Voiture à partir de 55 € la journée, VTT (16-21 €), kayak monoplace/biplace (24/42 €)la journée. (©/fax 0784 933 67, www.primasardegna.com. Ouvert tlj 9h-13h et 16h-20h. Cartes Visa, MC, AmEx.) **Dolmen Servizi Turistici**, V. Gasco de Gama, 18, propose des locations de voiture, vélo, scooter ou kayak à des prix similaires (© 347 068 56 04 ou 347 881 66 40, www.sardegnascoprire.it) **Bureau de poste** : à l'angle de V. C. Colombo et V. Cala Luna (ouvert Lu-Ve 8h15-13h15 et Sa 8h15-12h45). **Code postal** : 08020.

HÉBERGEMENT ET RESTAURANTS. L'**Hôtel Marimare**, P. Giardini, 12, est l'un des plus vieux de la ville. Son emplacement est idéal, au cœur du port. Les chambres sont ensoleillées et décorées avec soin (salle de bains, A/C, Internet et TV). Le solarium sur le toit et le buffet du petit déjeuner ajoutent encore à l'agrément des lieux. (© 0789 93 140, www.htlmiramare.it. Chambre simple 40-67 €, double 65-120 €. Cartes Visa, MC, AmEx.) Plus sobre, le **Piccolo Hotel**, V. Cristofor Colombo, 32, n'est est pas moins d'un bon rapport qualité prix. Certaines chambres ont vue sur la mer. (© 0784 92 235. Petit déjeuner 2,50 €, chambre simple 21-41 €, double 31-51 €. Espèces uniquement.)

La plupart des restaurants sont rattachés à des hôtels ou servent une nourriture insipide pour touristes. **Il Pescatore**, V. Acqua Dolce, 7, constitue une heureuse exception. La cuisine est savoureuse (*spaghetti allo scoglio* 9 €) et, ce qui ne gâte rien, on jouit d'une vue sur le port. (✆ 0784 83 174, *primi* 6,50-9 €, *secondi* 7-15 €).

PLAGES ET EXCURSIONS. Cala Gonone est le sésame vers des plages de toute beauté. La V. Blue Marino court sur 3 km le long du front de mer jusqu'à la resplendissante plage de **Cala Fuili**. La ❤ **Cala Luna**, connue pour ses eaux cristallines et ses paysages tropicaux, est accessible à pied ou par bateau. La plage est entourée de falaises calcaires couvertes de végétations. Elle a su conserver son charme de carte postale malgré les bateaux remplis de touristes qui la visitent chaque jour. Pour atteindre la Cala Luna, prenez le chemin bien balisé qui part de la Cala Fuili (4 km). Une autre option consiste à faire appel aux bateaux de **Consorzio Transporti Marittimi**. Les tickets sont en vente au guichet blanc de la compagnie sur le port. (✆ 0784 93 302, 8 départs/j de 9h à 17h, dernier retour à 18h30, billet a/r adulte 8,50-14,50 €). Consorzio assure aussi des liaisons vers **Bue Marino**. C'est la plus célèbre des grottes marines taillées profondément dans les montagnes sardes. Située entre la Cala Fuili et la Cala Luna, elle n'est accessible que par bateau. (Les prix incluent la visite guidée. billet a/r adulte pour Bue Marino13-14,50 €. Billets groupés Bue Marino-Cala Luna 18-23,50 €) Les guides expérimentés savent expliquer les merveilles naturelles de chacune des grottes visitées, notamment les stalactites suintantes de la "Salle de la Lampe". Dans la "Salle des miroirs", un bassin d'eau se reflète sur les parois dans un arc-en-ciel coloré en raison des variations géologiques de la roche. (Visites de 30 mn en français, 8 dép/j, de 9h30 à 17h30, 7 €)

Pour les amateurs de plongée, le **Argonauta Diving Club**, V. dei Lecci, 10, derrière le camping, fournit bouteilles et "stab". (✆ 0784 93 046, www.argonauta.it. Ouvert tlj 8h30-13h et 16h-19h30. Plongée 34 €, avec équipement 44 €. Cartes Visa, MC.)

LEXIQUE

PRONONCIATION ET ACCENTUATION DE L'ITALIEN

LES VOYELLES

L'italien standard comprend sept voyelles : **A**, **I** et **U** n'ont chacune qu'une seule prononciation. **E** et **O** ont deux prononciations possibles, ouverte ou fermée en fonction de la position de la lettre dans le mot, de l'accentuation et de l'accent régional (certains accents ne font pas de distinction entre les deux prononciations). Il est difficile pour les étrangers de deviner la prononciation correcte de ces voyelles, mais vous pouvez entendre la différence, particulièrement pour le **E**. La prononciation approximative des voyelles est indiquée ci-dessous, mais ne vous préoccupez pas trop du **E** et du **O**.

a : *a* comme dans papa (*casa*)
e *fermé* : *é* comme dans épée (*sette*)
e *ouvert* : *è* comme dans père (*bella*)
i : *i* comme dans idée (*vino*)
o *fermé* : *o* comme dans repos, taupe (*sono*)
o *ouvert* : *o* comme dans accord, laurier (*zona*)
u : *ou* comme dans tour (*gusto*)

LES CONSONNES

Les consonnes italiennes ne posent pas de problème en dehors des quelques particularités mentionnées ici. Le **H** est toujours muet et le **R** toujours roulé.

C et **G** : devant **a**, **o** et **u**, le **c** et le **g** sont durs, comme en français dans les mots *carpe* et *goûter*, et en italien dans *colore* (couleur) ou *gatto* (chat). Ces consonnes se prononcent respectivement **tch** et **dj** lorsqu'elles sont suivies d'un **i** ou d'un **e**, comme dans les mots français *match* et *badge*, et en italien dans *ciao* (salut) et *gelato* (glace).

CH et **GH** : le **h** permet d'obtenir un **c** et **g** durs lorsqu'ils sont suivis des voyelles **i** et **e** (voir précédemment) comme dans les mots italiens *chianti* (vin toscan) et *spaghetti*.

GN et **GLI** : **gn** se prononce comme en français (ex : *bagno*, bain), **gli** se prononce "mouillé", comme dans le **lli** de *mil**li**on* (ex : *sbagliato*, faux).

S et **Z** : entre deux voyelles ou suivi des consonnes **g**, **r** et **v**, le **s** se prononce **z** comme dans le français *maison* (ex : *casa*, *Svizzera*, Suisse). Un **double s**, un **s initial** ou suivi de n'importe quelle autre consonne se prononce comme le **s initial** en français (ex : *sacco*, sac, *smarrito*, égaré). **Z** se prononce **ts** (*stazione*, gare) ou **dz** (*zoo*, *mezzo*, demi).

SC et **SCH** : suivi de **a**, **o** ou **u**, **sc** se prononce **sk** comme dans le mot français *scrupule* (ex : *scusi*, excusez-moi). Il se prononce **ch** comme dans le français *Chine* (ex : *sciopero*, grève) lorsqu'il précède un **i** ou un **e**. Le **h** permet d'obtenir le son dur **sk** devant **i** et **e** (ex : *pesche*, pêches, à ne pas confondre avec *pesce*, poisson).

Les **doubles consonnes** : la différence entre les simples et les doubles consonnes est susceptible de poser des problèmes aux francophones. Lorsque vous voyez une double consonne, prononcez bien les deux lettres ou prolongez la première. Ne pas faire la différence entre les doubles consonnes et les simples peut conduire à quelques quiproquos parfois gênants : ne pas confondre par exemple les *penne all'arrabbiata* (pâtes à la sauce piquante) et le *pene all'arrabbiata* (pénis à la sauce piquante).

L'ACCENTUATION

Dans de nombreux mots italiens, l'accent tombe sur l'avant-dernière syllabe. L'accent n'est indiqué que lorsqu'il est placé sur la dernière syllabe (ex : *città*, ville ou *perchè*, pourquoi). L'accent peut également tomber sur l'antépénultième. Il n'est donc pas facile de prévoir où il se trouve et c'est une chose que l'on apprend uniquement en étant attentif à l'italien parlé.

LA FORMATION DU PLURIEL

Le pluriel se forme en changeant la voyelle finale. Les mots en **a** (majoritairement féminins) font leur pluriel en **e** (ex : *mela/mele*, pomme/s). Les mots en **o** (masculins) et en **e** (masculins ou féminins) font leur pluriel en **i** (*conto/conti*, compte/s ou *cane/cani*, chien/s). Il existe plusieurs exceptions à cette règle (*braccio*, le bras devient *braccia* au pluriel), mais ne vous en souciez pas trop. Les mots qui portent l'accent sur la dernière syllabe sont invariables (*città*, *caffè*), tout comme ceux qui se terminent par une consonne (*bar*, *sport*).

MINIGUIDE DE CONVERSATION FRANÇAIS - ITALIEN

Connaître quelques mots d'italien facilitera votre voyage. Même si vous écorchez la belle langue de Dante, vos efforts seront toujours appréciés. Si vous n'êtes pas doué, apprenez au moins *Parla francese ?* ("Parlez-vous français ?"), *Non parlo italiano* ("Je ne parle pas italien") et le toujours utile *Va bene* ("Ça va", "C'est d'accord", "OK").

LE B.A.-BA

Salut	*Ciao*
Bonjour, bonne journée	*Buongiorno*
Bonsoir	*Buona sera*
Bonne nuit	*Buona notte*
Au revoir	*Arrivederci, Arrivederla* (vouvoiement)
Comment allez-vous ?	*Come sta ?*
Je vais bien	*Sto bene*
Mon nom est...	*Mi chiamo...*
S'il vous plaît	*Per favore, per cortesia, per piacere*
Merci	*Grazie*
De rien, je vous en prie, allez-y, puis-je vous aider	*Prego*
Excusez-moi	*Scusi*
Pardon (pour passer)	*Permesso*
Je suis désolé	*Mi dispiace*
Oui/non/peut-être	*Sì/No/Forse*
Je ne sais pas	*Non lo so*
Je ne parle pas italien	*Non parlo italiano*
Je ne comprends pas	*Non capisco*
Qu'est-ce que ça veut dire ?	*Cosa vuol dire ?*
Y a-t-il quelqu'un qui parle français ?	*C'è qualcuno che parla francese ?*
Pouvez-vous m'aider ?	*Potrebbe aiutarmi ?*
Pouvez-vous répéter ?	*Puo ripetere ?*
J'ai compris	*Ho capito*
Je n'en sais rien	*Boh* (onomatopée)
Celui-ci/celui-là	*Questo/quello*
Qui	*Chi*
Où	*Dove*
Lequel	*Quale*
Quand	*Quando*
Quoi	*Che/cosa/che cosa*
Pourquoi/parce que	*Perchè*

Plus/moins	*Più/meno*
Comment dit-on... ?	*Come si dice... ?*
Comment ça s'appelle en italien ?	*Come si chiama questo in italiano ?*
Zut !	*Accidenti !*
Je voudrais...	*Vorrei...*
Où est... ?	*Dov'è... ?*
Combien ça coûte ?	*Quanto costa ?*
Réduit (prix)	*Ridotto*
Réduction pour les étudiants	*Sconto per gli studenti*
Ouvert/fermé	*Aperto/chiuso*
L'entrée/la sortie	*L'ingresso/l'uscita*
La réservation	*La prenotazione*

LES CHIFFRES

1	*uno*	**20**	*venti*
2	*due*	**21**	*ventuno*
3	*tre*	**22**	*ventidue*
4	*quattro*	**30**	*trenta*
5	*cinque*	**40**	*quaranta*
6	*sei*	**50**	*cinquanta*
7	*sette*	**60**	*sessanta*
8	*otto*	**70**	*settanta*
9	*nove*	**80**	*ottanta*
10	*dieci*	**90**	*novanta*
11	*undici*	**100**	*cento*
12	*dodici*	**101**	*centuno*
13	*tredici*	**102**	*centodue*
14	*quattordici*	**200**	*duecento*
15	*quindici*	**813**	*ottocento tredici*
16	*sedici*	**1000**	*mille*
17	*diciasette*	**2000**	*due mila*
18	*diciotto*	**million**	*un millione*
19	*dicianove*	**milliard**	*un milliardo*

LE TEMPS

A quelle heure... ?	*A che ora... ?*
Quelle heure est-il ?	*Che ore sono ?*
Il est 2h30	*Sono le due e mezzo*
Il est midi	*E mezzogiorno*
Il est minuit	*E mezzanotte*
Demain	*Domani*
Aujourd'hui	*Oggi*
Hier	*Ieri*
Ce soir/cette nuit	*Stasera*
Semaine	*Settimana*
Matin	*Mattino*
Après-midi	*Pomeriggio*
Jour	*Giorno*
Nuit	*Notte*
Soir	*Sera*
Bientôt	*Fra poco*
Tout de suite	*Subito*
Maintenant	*Adesso/Ora*
Déjà	*Già*
En avance	*In anticipo*

LEXIQUE

En retard	*In ritardo*
Tôt	*Presto*
Tard	*Tardi*
Les jours ouvrables	*I giorni feriali*
Dimanche et jours fériés	*I giorni festivi*

Les mois (*i mesi*) : *gennaio, febbraio, marzo, aprile, maggio, giugno, luglio, agosto, settembre, ottobre, novembre, dicembre.*

Les jours de la semaine : lunedì, martedì, mercoledì, giovedì, venerdì, sabato, domenica.

RÉSERVATIONS PAR TÉLÉPHONE

Allô ?	*Pronto !*
Parlez-vous français ?	*Parla francese ?*
Puis-je réserver une chambre...	*Potrei prenotare una camera...*
simple/double	*singola/doppia*
avec/sans salle de bains	*con/senza bagno*
avec/sans douche	*con/senza doccia*
pour le 2 août ?	*per il due agosto ?*
J'arriverai à 14h30	*Arrivero alle quattordici e mezzo*
Combien coûte la chambre ?	*Quanto costa la camera ?*
D'accord, je la prends	*Va bene, la prendo*

Quelques réponses que vous pourrez entendre :

Certainement !	*Certo !*
Je suis désolé mais...	*Mi dispiace ma...*
Non, nous sommes complet	*No, siamo al completo*
Nous ne faisons pas de réservations par téléphone	*Non si fanno prenotazioni per telefono*
Nous sommes fermés en août	*Chiudiamo ad agosto*
Vous devez arriver avant 14h	*Deve arrivare prima delle quattordici*
Vous devez envoyer un acompte/ un chèque	*Bisogna mandare un acconto/un anticipo/ un assegno*

TRANSPORTS ET ORIENTATION

Un billet/ticket	*Un biglietto*
Une carte d'abonnement	*Una tessera*
Aller simple	*Solo andata*
Aller-retour	*Andata e ritorno*
Réduction pour les étudiants	*Sconto per gli studenti*
La gare	*La stazione*
Le train	*Il treno*
L'avion	*L'aereo*
Le bus	*L'autobus*
Le car	*Il pullman*
La voiture	*La macchina*
Le ferry	*Il traghetto*
L'hydrofoil	*L'aliscafo*
Le vol	*Il volo*
L'arrivée	*L'arrivo*
Le départ	*La partenza*
Le quai	*Il binario*
Le terminus	*Il capolinea*
Vous vous arrêtez à... ?	*Si ferma a... ?*
A quelle heure part le train pour... ?	*A che ora parte il treno per... ?*
Quel quai pour... ?	*Che binario per... ?*

Est-ce que le train est en retard ?	*E in ritardo il treno ?*
De quel endroit part le bus pour... ?	*Da dove parte l'autobus per... ?*
A quelle heure ouvre/ferme... ?	*A che ora apre/chiude... ?*
Je voudrais un billet pour...	*Vorrei un biglietto per...*
Près/loin	*Vicino/lontano*
Tournez à droite/gauche	*Gira a destra/sinistra*
Tout droit	*Sempre diritto*
En haut/en bas	*Su/giù*
Ici	*Qui/qua*
Là	*Li/là*
Là-bas au fond	*Giù in fondo*
Grève	*sciopero*

AU RESTAURANT : VOCABULAIRE DE SURVIE

Pour d'autres termes concernant la nourriture, reportez-vous à la rubrique **Cuisine et boissons** (p. 105) dans notre chapitre **Histoire et société**.

Le couteau	*Il coltello*
La fourchette	*La forchetta*
La cuillère	*Il cucchiaio*
La cuillère à dessert	*Il cucchiaino*
La serviette de table	*Il tovagliolo*
L'assiette	*Il piatto*
Le verre	*Il bicchiere*
La bouteille	*La bottiglia*
La boisson	*La bevanda*
Le hors-d'œuvre	*L'antipasto*
L'entrée	*Il primo (piatto)*
Le plat principal	*Il secondo (piatto)*
La garniture, les légumes	*Il contorno*
Le dessert	*Il dolce*
Le fromage	*Il formaggio*
Le petit déjeuner	*La (prima) collazione*
Le déjeuner	*Il pranzo*
Le dîner	*La cena*
Serveur/se	*Cameriere (a)*
Le couvert	*Il coperto*
Le service	*Il servizio*
Le pourboire	*La mancia*
Est-ce que le service est compris ?	*E compreso il servizio ?*
L'addition	*Il conto*
Puis-je avoir... ?	*Posso avere... ?*
Puis-je payer par carte de crédit ?	*Posso pagare con la carta di credito ?*

PRÉFÉRENCES CULINAIRES

Bien cuit	*Stracotta*
A point	*Ben cotta*
Saignant	*Al sangue*
Pas assez cuit, bleu	*Poco cotta*
Cru	*Cruda/o*
Brûlé, ébouillanté	*Scottata*
Friture	*Frittura*
Grillé	*Griglia*
Mariné	*Marinata/o*
Ferme	*Al dente*
Frais	*Fresca/o*
Fourré	*Ripieno*
Epicé	*Aromatica*

Assaisonné	*Condita/o*
Sauce au vin	*Al vino*
Sauce piquante	*Piccante*

VOTRE NOUVEL ENVIRONNEMENT

L'hôtel	*L'albergo/la pensione*
L'auberge de jeunesse	*L'ostello per la gioventù*
Chambres à louer	*Affittacamere*
La serviette	*L'asciugamano*
Les draps	*La biancheria da letto*
La couverture	*La coperta*
Le chauffage	*Il riscaldamento*
Le magasin d'alimentation	*Il negozio d'alimentari*
Epicerie	*Alimentari*
Les toilettes	*Il gabinetto*
Carabiniers (gendarmes)	*Carabinieri*
La place	*La piazza, il campo*
L'esplanade, le parvis	*Il piazzale*
La rue	*La via*
La route, la rue	*La strada*
Le boulevard, l'allée	*Il viale*
L'avenue	*Il corso*
L'adresse	*L'indirizzo*
Le bâtiment	*L'edificio/il palazzo*
Le téléphone	*Il telefono*
Le fleuve, la rivière	*Il fiume*
Le pont	*Il ponte*
L'église	*La chiesa*
L'abbaye	*L'abbazia, la badia*
La chapelle	*La cappella*
... en restauration	*... in restuaro*
Le consulat	*Il consolato*
La mer	*Il mare*
La plage	*La spiaggia*
La gare	*La stazione*
L'hôpital	*L'ospedale*
Le bureau de poste	*L'ufficio postale*

EN CAS D'URGENCE

Attends !	*Aspetta !*
Arrête !	*Ferma !*
Au secours !	*Aiuto !*
Va-t'en !	*Va via ! Vattene !*
Laisse-moi tranquille !	*Lasciami in pace !*
Ne me touche pas !	*Non toccarmi !*
J'appelle la police !	*Chiamo la polizia !*
Pouvez-vous m'aider à trouver... ?	*Mi potrebbe aiutare a trovare... ?*
J'ai perdu mon passeport/mon argent	*Ho perso il mio passaporto/i miei soldi*
On m'a volé	*Sono stato derubato*
Appelez un médecin	*Chiamate un medico*

AU MENU

PRIMI

pasta	pâtes
aglio e olio	à l'ail et à l'huile d'olive
all'amatriciana	sauce tomate épicée, oignons et lardons
all'arrabbiata	sauce tomate épicée
alla bolognese	à la viande et à la sauce tomate
al pomodoro	sauce tomate
alla carbonara	crème fraîche, œuf et lardons
alle cozze	aux moules
alla pizzaiola	sauce tomate à l'huile d'olive, poivrons rouges
alla puttanesca	sauce tomate, olives, câpres et anchois
alle vongole	aux palourdes
polenta	fine semoule de maïs rissolée
risotto	riz cuisiné de différentes façons (au jus de viande, aux légumes, etc.)

PIZZA

ai carciofi	aux artichauts
ai fiori di zucca	aux fleurs de courgette
ai funghi	aux champignons
alla capriciosa	œuf, jambon, artichauts, etc.
con alici	aux anchois
con bresala	au bœuf fumé
con melanzana	à l'aubergine
con prosciutto	au jambon
con prosciutto crudo	au jambon cru
margherita	tomate, mozzarella, basilic
peperoncini	aux piments
polpette	aux boulettes de viande
quattro formaggi	aux quatre fromages
quattro stagioni	"quatre saisons"

SECONDI

animelle alla griglia	ris de veau grillé
carciofi alla giudia	artichauts frits
coda alla vaccinara	ragoût de queue de bœuf à la tomate et aux herbes
filetto di baccalà	filet de morue
fiori di zucca	fleurs de courgettes, au fromage et légèrement frites
involtini al sugo	croquettes de veau fourrées au jambon et au fromage, sauce tomate
osso buco	jarret de veau braisé
pasta e ceci	pâtes aux pois chiches
saltimbocca alla romana	tranches de veau et de jambon, fromage fondu
suppli	boulettes de riz frites (au fromage, à la viande...)
trippa	tripes

CONTORNI

broccoletti	brocolis
fagioli	haricots blancs
fagiolini	haricots verts
funghi	champignons
insalata caprese	tomates, mozzarella, basilic et huile d'olive
insalata mista	salade verte
melanzana	aubergines
tartufi	truffes

ANTIPASTI

antipasto rusto	assortiment d'amuse-gueules froids
bruschetta	fines tranches de pain grillé, frottées à l'ail, avec une garniture (souvent de la tomate)
prosciutto e melone	melon avec jambon fumé

GLOSSAIRE

Ce glossaire des termes italiens et français utilisés dans ce guide concerne surtout l'art, l'architecture et l'histoire, mais inclut aussi certains mots d'usage courant.

Agriturismo Vacances à la ferme. Suivant la région, le coût du séjour peut être réglé en effectuant des travaux agricoles.

Amphore Vase antique en terre cuite à deux anses et terminé en pointe vers le bas, utilisé pour contenir des grains ou des liquides (vin, huile).

Abside Partie d'une église arrondie ou polygonale, derrière le chœur.

APT Azienda Promozione Turistica, autrement dit office de tourisme.

Atrium Pièce centrale des maisons romaines ou cour des églises byzantines.

Baldaquin Ouvrage d'architecture en pierre ou en bronze supporté par des colonnes qui, dans une église, surplombe l'autel.

Bas-côtés Egalement nefs latérales. Parties de l'église de chaque côté de la nef, séparées de celle-ci par une série de piliers ou de colonnes.

Basilique Dans la Rome antique, bâtiment civil utilisé pour l'administration. Les premiers chrétiens adoptèrent ce style architectural, un édifice rectangulaire avec des bas-côtés et une abside mais pas de transept, pour en faire leurs églises.

Battistero Baptistère. En Italie, le baptistère se trouve dans un bâtiment séparé de la cathédrale.

Borgo Faubourg ou rue menant à un faubourg depuis le centre-ville (ces faubourgs font aujourd'hui partie de la ville). C'est aussi le nom d'un quartier de Rome.

Campanile Clocher. En Italie, le clocher est généralement séparé de l'église.

Camposanto Cimetière.

Carton Dessin préparatoire pour une peinture ou une sculpture.

Caryatide Colonne en forme de figure féminine.

Castrum Ancien camp militaire romain. De nombreuses villes italiennes furent construites à l'origine sur ce type de plan rectiligne avec des rues droites. Les plus importantes de ces voies étaient le *decumanus maximus* et le *cardo*, qui se coupaient à angle droit.

Cenacolo La Cène (dernier repas du Christ et des apôtres). Ce thème se retrouve souvent dans le réfectoire des abbayes ou des couvents.

Cipollino Cipolin. Marbre veiné de vert ou de blanc.

Comune Commune. Gouvernement d'une ville franche au Moyen Age.

Condottiere Au Moyen Age et à la Renaissance, capitaine d'une bande de mercenaires engagés par les villes italiennes pour se faire la guerre.

Croix grecque Croix à quatre branches égales.

Croix latine Croix dont la branche verticale est plus longue que la branche horizontale.

Cupola Coupole, dôme.

Diptyque Panneau peint en deux parties.

Duomo Cathédrale, siège de l'évêque, et généralement église centrale d'une ville italienne.

Exèdre Dans une église, banc de pierre en demi-cercle adossé au fond de l'abside.

Fumarole Trous dans le sol par lesquels s'échappent des vapeurs volcaniques.

Forum Dans les villes romaines de l'Antiquité, place sur laquelle se trouvent les principaux monuments publics et le marché. Les petites villes n'ont en général qu'un forum central, d'autres, comme Rome, peuvent en avoir plusieurs.

Fresque En italien, *affresco*, peinture murale réalisée sur de l'enduit encore frais. En séchant, la peinture devient partie intégrante du mur.

Frise Bande décorative. En architecture, partie de l'entablement (tout ce qui se trouve au-dessus des colonnes d'un édifice) entre l'architrave et la corniche.

FS Ferrovie dello Stato, la compagnie nationale des chemins de fer.

Gibelin Une des deux grandes factions ennemies du XIIe au XIVe siècle, les gibelins soutenaient le souverain du Saint Empire romain germanique (Frédéric II quand les troubles commencèrent) dans sa lutte contre la papauté. Plus tard, l'appellation perdit son sens primitif et être gibelin signifiait simplement que la ville voisine ou la famille rivale était guelfe (voir plus loin).

Giardino Jardin.

Grotesque Décorations peintes, sculptées ou en stuc représentant des êtres humains ou des animaux fantastiques, bizarres ou contrefaits. Le mot vient de la grotte dans le Domus Aurea de Néron, à Rome. Les éléments grotesques étaient fréquemment utilisés dans l'art de la Renaissance.

Guelfe Faction favorable au pape et opposée aux gibelins.

Loggia Galerie ou balcon couvert.

Lunette Cadre semi-circulaire aménagé au niveau d'un plafond, d'une voûte et renfermant une peinture ou une sculpture.

Lungo, Lung- Littéralement "le long". Le lungomare est la promenade de bord de mer. A Florence, le lungarno est la rue qui longe la berge de l'Arno.

Maestà Vierge à l'Enfant en majesté accompagnée d'anges et, dans l'art du bas Moyen Age et de la Renaissance, également de saints.

Mezzogiorno Le midi, le sud de l'Italie.

Nef Partie centrale de l'église, du portail au chœur entre les piliers des voûtes.

Opera Le bureau chargé de la construction d'un édifice public, la plupart du temps la cathédrale de la ville.

Pala Grand retable.

Palazzo Bâtiment important ou palais.

Palio Bannière. Aujourd'hui, course dans laquelle les habitants de la ville s'affrontent pour une bannière. Se réfère en particulier au Palio de Sienne.

Pietà Scène représentant la Vierge, parfois accompagnée, pleurant sur le corps du Christ.

Pietra Serena Grès tendre facile à sculpter.

Piscina Bassin ou cuvette utilisée par le prêtre avant la messe.

Polyptyque Peinture formée de plus de trois panneaux.

Porphyre Roche égyptienne présentant de gros cristaux dans une pâte vitreuse ou microlithique. C'est une pierre très dure colorée en rouge ou en vert.

Predella Estrade, en particulier celle surélevant les lits du Moyen Age. Dans un retable, soubassement orné de peintures, de sculptures ou aménagé en reliquaire.

Putto (Pl. *putti.*) Petits angelots que l'on trouve dans les œuvres de la Renaissance mais surtout dans l'art baroque.

Rifugio (Pl. *rifugi.*) Refuge de montagne. Dans les Alpes et les Dolomites, ils offrent le gîte et le couvert aux excursionnistes.

Scuola Mot actuel pour école, à l'origine confrérie vénitienne.

Settimana Bianca Littéralement "Semaine blanche", semaine de sport d'hiver en pension complète (comprend parfois le forfait de ski).

Sinopia Esquisse préliminaire d'une fresque réalisée avec un pigment rouge.

Stigmates Marques des cinq plaies du Christ qui apparaissent sur le corps de certains saints.

Télamon Equivalent mâle de la caryatide (voir plus haut). Synonyme d'atlante.

Tessera 1) Chacune des petites pièces (souvent carrées) d'une mosaïque.
2) Carte d'abonnement (train, bus), de membre, ou télécarte.

Thermae Bains publics romains et par conséquent haut lieu social de l'Antiquité.

Transept Nef transversale qui coupe à angle droit la nef principale d'une église.

Travertin Tuf calcaire utilisé dans les constructions de la Rome d'hier et d'aujourd'hui. Toujours clair mais parfois moucheté de noir.

Triptyque Peinture en trois panneaux.

Trompe-l'œil Tableau ou autre support sur lequel les objets sont représentés avec une fidélité qui produit l'illusion du relief (ex : plafond plat donnant l'impression d'une coupole).

Tuf Roche non homogène généralement poreuse. Avec le travertin, c'est le principal matériau commun utilisé dans la Rome antique. *Tufo* en italien.

Villa Dans l'Antiquité, grande maison de campagne généralement incluse dans une vaste propriété.

INDEX

E

F

G

H

I

J

L

L'HISTOIRE DE LET'S GO

UNE EXPÉRIENCE DE PLUS DE 43 ANS

Harvard, 1960. Une association étudiante, Harvard Student Agencies, se lance avec succès dans la commercialisation de vols charter pour l'Europe. Chaque acheteur de billet reçoit un petit fascicule de 20 pages ronéotypées, *1960 European Guide*, qui rassemble quelques conseils de voyage. L'année suivante paraît en format de poche la première édition du *Let's Go : Europe*, rédigée à partir des enquêtes de terrain d'étudiants. Impertinent et précis, le Let's Go regroupe conseils pratiques et adresses bon marché pour sortir des sentiers battus. Le premier "Budget Guide" est né.

Le guide évoluera tout au long des années 1960. En 1969, une section entière est intitulée "Comment voyager sans un sou en Europe en chantant dans la rue". Dans les années 1970, Let's Go se répand hors des campus et passe à la vitesse supérieure. Dans les années 1980 et 1990, la collection Let's Go, qui couvre déjà les Etats-Unis et l'Europe, s'étend aux autres continents. En 2001, Let's Go lance les guides *Métropole*, des guides uniquement sur les grandes cités, enrichis de photos et de nouvelles cartes.

Avec 42 titres, une soixantaine de pays couverts et de nouvelles publications chaque année, les Let's Go sont traduits et adaptés en sept langues. Reconnus sur les cinq continents comme la référence par tous ceux qui souhaitent voyager intelligemment et sans se ruiner, ils ne s'adressent plus uniquement au public des campus. Loin s'en faut. Chaque année, un million de Let's Go sont vendus à travers la planète.

UNE DÉMARCHE ORIGINALE

Chaque mois de février, au terme d'une sélection féroce, Let's Go recrute, au sein du formidable vivier du campus d'Harvard, près de 300 auteurs, enquêteurs, éditeurs et correcteurs de toutes les nationalités. Après plusieurs mois de préparation, les enquêteurs partent deux mois sur le terrain pour vérifier l'ensemble des informations et découvrir de nouvelles adresses. Sac au dos, carnet à la main, voyageant avec un budget limité, ils ont pour mission de visiter systématiquement les adresses d'une région bien délimitée. Pour cette édition, ces troupes de choc cosmopolites et polyglottes (13 nationalités, 21 langues parlées) ont recensé plus de 80 000 adresses à travers le monde, voyagé au total plus de 4050 jours (l'équivalent de 12 ans) et reçu sept demandes en mariage en un seul été. En septembre, à leur retour, les informations amassées sont traitées, disséquées, vérifiées, compilées, les textes lus, relus, corrigés, édités, mis en page par des équipes qui partagent le même enthousiasme et le même sérieux. Pour l'édition française, les textes sont non seulement traduits mais adaptés pour tenir compte des attentes spécifiques des lecteurs francophones.

UNE CERTAINE CONCEPTION DU VOYAGE

Pour les équipes de Let's Go, le voyage individuel ne constitue pas le dernier recours de ceux qui n'ont plus un sou en poche mais la seule véritable manière de découvrir un pays. Emprunter les transports locaux, voyager de façon simple et économique, éviter les pièges à touristes et les adresses surfaites est pour nous le meilleur moyen d'aller à la rencontre des habitants et de leur culture. Ce guide a pour ambition de vous donner les clés qui faciliteront votre voyage. A vous ensuite de le refermer et de découvrir par vous même ce qui n'est pas dans ses pages.

NOTES

NOTES

NOTES

NOTES

NOTES

NOTES

NOTES

LA PAROLE EST AUX LECTEURS

1 Quel guide Let's Go avez-vous utilisé ?

2 Quel âge avez-vous ?

❒ moins de 18 ans ❒ 18-25 ans ❒ 26-35 ans

❒ 36-45 ans ❒ 46-55 ans ❒ 56 ans et plus

3 Quelle est votre situation actuelle ?

❒ lycéen ❒ étudiant ❒ travailleur ❒ sans emploi ❒ retraité

4 Comment avez-vous connu Let's Go pour la première fois ?

❒ par l'édition américaine ❒ par le bouche à oreille

❒ en cherchant dans une librairie ❒ par la publicité

❒ par un article dans la presse ❒ autre : ……………………….

5 Quel est le principal critère qui vous a poussé à acheter ce guide ?

❒ le rapport qualité-prix ❒ la réputation de la collection

❒ la fiabilité des informations ❒ les cartes

❒ le positionnement "voyage pas cher" ❒ autre : ……………………….

6 Globalement, par rapport à ce guide, vous êtes :

❒ très satisfait ❒ plutôt satisfait

❒ plutôt mécontent ❒ très mécontent

pourquoi ? (en quelques mots) :

7 Seriez-vous prêt à racheter un guide Let's Go pour un prochain voyage ?

8 Quel(s) autre(s) guide(s) de voyage avez-vous déjà utilisé ?

9 Combien de voyages à l'étranger effectuez-vous par an ?

❒ un ❒ deux ❒ trois ❒ plus

10 Dans combien de pays étrangers vous êtes-vous déjà rendu ?

11 Quelle est votre prochaine destination de voyage ?

Nom : ……………………………………………………………………………

Prénom : ……………………………………………………………………………

Adresse : ……………………………………………………………………………

ITA04

Merci de renvoyer ce questionnaire à :

Let's Go – Dakota Editions, 45, rue Saint-Sébastien, 75011 Paris.